JN197142

日本仏教典籍大事典

代表委員
金岡 秀友・奈良 康明
藤井 正雄・渡辺 宝陽

雄山閣

●編集委員会（五十音順）

序

近代日本の始まりは仏教との訣別である、という迷妄が世を蔽って久しいものがあった。近世三〇〇年、徳川幕府による治世の理念は儒教を主とし、実際には仏教によって大きく支えられたのは事実であるが、仏教のような世界宗教のもつ超時代性・超国家性に気づかず、「廃仏」「侮仏」を繰り返しつつ、「富国強兵」に努めた明治・大正・昭和政府の帰結が昭和二〇年八月の敗戦であった。

今日、幸いにも仏教の見直しの声強く、社会的には、新宗教、新々宗教の擡頭は、わが国の宗教史においても空前にして絶後なるものがあり、思想界においても、仏教書の出版・講義・講演の盛行は刮目すべきものがある。仏教が一般に普及し、日常に滲透したのは江戸時代であったと考えられるが、今日はそれ以上ではなかろうか。

理由はいくつかあげられよう。

まず第一に、今日の仏教は、程度の差こそあれ、強い学問的根拠をもっていることである。もちろん、江戸時代の仏教もそれを欠いているわけではないが、学問の質と量が違う。今日の仏教は江戸仏教ももっていた「宗乗」(宗派別の学問)はもちろん、ヨーロッパ近代の言語学が発達させた文献学の成果にも通暁し、世界最高の水準を保っている。これが今日の日本の仏教学の第一の特色である。

第二に、明治以降の日本仏教、殊に終戦後の日本仏教は、同じく大発達を遂げた隣接の諸学によって大きく刺戟され、発展したことである。中村元博士の『東洋人の思惟方法』や『インド哲学史』は、本来の厳密な文献学はもとより、古いインド学・仏教学の分野に、新しい歴史学・社会学・経済学等の成果をとり入れ、従来のインド学・仏教学を一変させる新風を吹きこんだ。明治以降、殊に戦後の仏教学は、中村博士によって代表されるような、全人文科学中に新しい、そして不動の位置をもった仏教になったということができよう。

第三の、最後で最大の特色は、第一の特色と第二の特色が今日ようやく融合の機運を見せ始めている、という点である。第二の特色が急激に進行した結果、一時低調になり、時として無視せられたかの観ある「宗乗」は、今や、その日本内的伝承性を、全アジア仏教的位相の中で捉えられるようになり、いうならば「新宗乗」ともいうべき新面目をもって学問の世界に登場して来ている。近時、量・質ともに驚くべき発展をみている密教の研究も、従来未知ないし寥々たるものであった後期資料の蒐集とともに、それを整理するに足る宗乗の伝統がわが国に存続していたという事実を無視することはできないと思う。

○

今日の仏教学の三大潮流として列挙した右の三点は、実はそのまま本事典の目指した目標であり特色である。表面的な「ブーム」は、仏の、そして仏教自体のもっとも忌むところであろう。今日の仏教への大方の志向で欠けるものがあるとすれば、それは何といっても根本典籍へのアプローチが少なく、そうなるだけの困難性が存在していたということであろう。本事典は、もっとも確実で斬新な知識を、もっとも簡便な事典として提供せんと志したものである。大方の仏教者・仏教学者に対してのみならず、仏教学に恩恵を与えた諸学の士への報恩の一助ともなれば望外の喜びである。

昭和六十一年八月吉日

編集委員会代表　金岡秀友
奈良康明
藤井正雄
渡辺宝陽

凡例

項目

一、本事典に収録する項目は、仏教伝来以来明治維新前までの日本の仏教典籍であり、重要度に応じて大・中・小項目に分け叙述した。

一、本事典は大別して概説編と本文編とから成っており、概説編では、日本の仏教を南都六宗・天台宗・真言宗・浄土宗・浄土宗西山三派・時宗・浄土真宗・臨済宗（黄檗宗含む）・曹洞宗・日蓮宗に分類し、宗派ごとにその教義・教典・歴史、さらに本文編では削除した明治以降の各宗派の典籍について叙述した。

一、見出しは漢字書きとし、その下にひらがなの訓みを記した。漢字は原則として新字体を用いたが、旧字・正字を用いたものもある。

配列

一、全宗派の五十音順とした。濁音・半濁音は清音と同等の扱いをし、また、促音・拗音も音順に加えた。

記述

一、同一典籍名の場合は、作者の生年が古い方を先にした。

一、責任の所在を明らかにするために、原稿は全て記名原稿とし、項目の末尾に執筆者名を明記した。

一、項目名の訓みのすぐ下に、先述の南都六宗以下日蓮宗までの分類と、さらに本事典の特色の一つである各宗派必読の宗祖以前の共通の典籍及び特定の宗派に入らない典籍（例えば神道・儒教等の他宗教との比較を論じた書）を「通仏教」として一括して、各々その典籍の該当宗派名を略称で記載した。略称は以下のとおり。

南都六宗→南　天台宗→天　真言宗→真　浄土宗（西山三派含む）→浄　時宗→時　浄土真宗→浄真　臨済宗（黄檗宗含む）→臨　曹洞宗→曹　日蓮宗→日　通仏教→通

一、本文中の用字については、当用漢字・新字体によったが、事典の性質上、全面的にこれに従えない場合もあった。また仮名づかいは原典からの引用以外は全て現代仮名づかいにした。

一、年次表記は原則として元号を用い、適宜（　）内に西暦を付け加えた。ただし、昭和時代はこれを省略した。

一、編著者には生没年を記したが、不明の場合は「生没年不詳」と付記した。なお、生没年のうちどちらか一方が不明の場合は、「?」をもって指示した。また例えば、実弁（―一二八七―一三〇九―）とあった場合、実弁の生没年は不明であるが少なくとも一二八七年から一三〇九年までの間は生存していたことを示す。

一、編著者名が明記されていない場合は、通説・学説によって補わず、「著者不明」等と、適宜その旨記載した。

一、撰・述・著・筆・抄・註・集・編等の記録は、当該典籍の原本（写本・刊本含む）に明記されているものを、生没年の次に記入した。

一、人名について、原則として尊称・師号・諡号・院号等は省略し、また、二通りの呼び名がある場合は、諱で統一した。

〇源空——法然×　〇源信——恵心×

一、「成立年代」とは原則として「撰述年代」を指す。成立年代が明確でない場合には「成立年代不明」と記し、大体の年次または時代が推定される場合は、その旨を明記の上、推定年代を記述した。また成立年が不明の場合刊行年を記した例もある。

一、原本の所蔵者（所）を記述するにあたっては、できるだけ直筆・写本・刊本の別を明記するようにした。また、略称として次のようなものを用いた（ただし、紛わしい時はフルネームを記載した）。

〔所蔵所名略称一覧〕

略称	正式名
黄檗	黄檗宗万福寺文華殿
黄檗堂	竜雲寺黄檗堂文庫
金沢	金沢文庫
九大	九州大学
京大	京都大学
京府総	京都府立総合資料館
京府図	京都府立図書館
慶大	慶應義塾大学
高大	高野山大学
国大	国学院大学
国会	国立国会図書館
国公文	国立公文書館
国史料	国立史料館
駒大	駒沢大学
駒大図	駒沢大学図書館
阪府図	大阪府立図書館
正大	大正大学
彰考	水戸彰考館
書陵	宮内庁書陵部
神宮	神宮文庫
静嘉	静嘉堂文庫
成簣	成簣堂文庫
禅文研	禅文化研究所
早大	早稲田大学
尊経	尊経閣文庫
谷大	大谷大学
天理	天理大学
東史料	東京大学史料編纂所
東大	東京大学
東博	東京国立博物館
東北	東北大学
東洋文	東洋文庫
都公文	東京都公文書館
都中央	都立中央図書館
名大	名古屋大学
内閣	内閣文庫
花園	花園大学
広大	広島大学
仏大	仏教大学
松ケ岡	松ケ岡文庫
洋大	東洋大学
陽明	陽明文庫
立大	立正大学
竜大	竜谷大学

一、〔所載〕の項では略称（略称一覧参照）を用い、全集・叢書類の場合、巻・冊数番号を算用数字で記入した。また、この略称は本文中でも適宜使用した。

例　仏全21・22

一、〔参考〕等の個所で刊行時期を明確にした方が良いと思われる書物については（　）内に刊行年を記載した。その場合、明治・大正・昭和の元号名については、各々明・大・昭と略し、年数も算用数字を使用した。

例　『禅宗学』（昭17）

一、雑誌・単行本・全集名は『　』で括ったが、〔所載〕〔参考〕の項においては、これを略した。

一、参考となる関連項目を、各項目の末尾に必要に応じて「→」で指示した。

一、略称一覧

略称	正式名
正蔵	大正新脩大蔵経
縮蔵	縮刷大蔵経
続蔵	大日本続蔵経
新続蔵	新纂大日本続蔵経
仏全	大日本仏教全書(仏書刊行会版)
仏全(鈴)	大日本仏教全書(鈴木学術財団編)
日蔵	日本大蔵経
日蔵(鈴)	増補改訂日本大蔵経(鈴木学術財団編)
訳一	国訳一切経
訳大	国訳大蔵経
昭新蔵	昭和新纂国訳大蔵経
南伝	南伝大蔵経
卍	卍字大蔵経
卍続	続蔵経
卍続(国)	続蔵経(国書刊行会版)
天全	天台宗全書
伝全	伝教大師全集
恵全	恵心僧都全集
真全	真言宗全書
続真全	続真言宗全書
真安心	真言宗安心全書
智全	智山全書
豊全	豊山全書
続豊全	続豊山全書
智証全	智証大師全集
弘全	弘法大師全集
弘全(筑)	弘法大師全集(筑摩書房版)
弘著	弘法大師著作集
弘伝	弘法大師伝全集
弘弟全	弘法大師諸弟子全集
興全	興教大師全集
慈全	慈雲尊者全集
密大	密教大辞典
浄全	浄土宗全書
浄全続	浄土宗全書続篇
法全	法然上人全集
昭法全	昭和新修法然上人全集
西全	西山全書
西全別	西山全書別巻
浄大	浄土宗大辞典
新浄辞	新浄土宗辞典
時全	昭和底本時宗全書
定時宗	定本時宗宗典(上下)
真宗全	真宗全書
新真宗全	新編真宗全書
真大	真宗大系
続真大	続真宗大系
真宗叢	真宗叢書
真聖全	真宗聖教全書
真聖大	真宗聖教大全
真聖典	真宗聖典全書
親全	親鸞聖人全集
定親全	定本親鸞聖人全集
訳禅叢	国訳禅宗叢書
訳禅大	国訳禅学大成
禅僧伝	近世禅林僧宝伝
続禅僧	続〔近世〕禅林僧宝伝
日禅目	日本禅林撰述書目
扶桑伝	扶桑禅林僧宝伝
禅法語	禅門法語集
延宝録	延宝伝灯録
五文稿	五山文学史稿
五文史	五山文学小史
五文全	五山文学全集
五文新	五山文学新集
五詩伝	五山詩僧伝
沢庵全	沢庵和尚全集
曹全	曹洞宗全書
続曹全	続曹洞宗全書
正法新	正法眼蔵註解新集
正法全	正法眼蔵註解全書
正法蒐	正法眼蔵蒐書大成
禅法全	禅門曹洞法語全集
道元全	道元禅師全集(筑摩書房版)

常済全　常済大師全集
白隠全　白隠和尚全集
日宗全　日蓮宗宗学全書
日全　日蓮宗全書
日教全　日蓮教学全書
富要　富士宗学要集
定日遺　昭和定本日蓮聖人遺文
高僧伝　本朝高僧伝
高名全　高僧名著全集
古文全　古典日本文学全集
古文大　日本古典文学大系
思想大　日本思想大系
国東叢　国文東方仏教叢書
群書　群書類従
新校群書　新校群書類従
続群書　続群書類従
続々群書　続々群書類従
印仏研　印度学仏教学研究
仏研　仏書研究
仏解　仏書解説大辞典

目次

概説

概説編では、仏教典籍の理解を助けるために、日本の仏教を南都六宗、天台宗、真言宗、浄土宗、浄土宗西山派、時宗、浄土真宗、臨済宗（黄檗宗含む）、曹洞宗、日蓮宗に分類し、各々の宗派ごとに原則としてその教義・経典・歴史について叙し、さらに本文で扱わなかった明治以降の代表的出版物について記した。

南都六宗

南都六宗について

一

南都とは、京都を「北京」というのに対して、奈良をいう。南都六宗とは、奈良の六宗で、奈良時代に日本に受容され、研究・実践された代表的宗派に六宗（倶舎、成実宗、律宗、法相宗、三論宗、華厳宗）を数えるものであり、以後、奈良を中心として栄えた。

しかし、奈良時代に日本に受容された宗派は、この六宗に止まるものではなく、実際は、この六宗は、東大寺に行われた宗派であったことが知られており、他の寺々は主として、これらの六宗であったが、他に、真諦三蔵（五九九—六六九）の訳したインドの無着（著）の著した『摂大乗論』を研究する摂論宗、また別三論宗や修多羅宗、その他、天台宗、禅、浄土、真言なども入ってきていた。修多羅とは Sūtra の音訳で、「経」を意味するが、実際には何経を研究したものかがはっきりしない。鎌倉時代の凝然は『涅槃経』を研究する涅槃宗であった、と考え、あるいは現在、『般若経』とか『華厳経』であった、などの考え方が提出されているが、実態は不明である。

こうして、奈良時代の宗派は、六宗に限られる訳ではない。また時代も、奈良時代及びそれ以降に限られず、飛鳥時代の仏教も、ここに入れて考えるべきであろう。したがって、南都六宗とはいうものの、飛鳥・奈良時代及び、その系統の仏教、という意味で考えておきたい。

飛鳥時代の仏教は、初期は特定の宗派に属するものではなく、むしろ通仏教的色彩のものであった、といってよかろう。聖徳太子の宗派を強いてあげる学者もいないではないが、普通は宗派をいわない。三経義疏（法華義疏・勝鬘経義疏・維摩経義疏）は奈良時代以降、聖徳太子の作と伝えられて、実際には太子の作であるか否かについて学界で論争が行われているが、決定的な見解は、真撰論・偽撰論ともに欠くといってよかろう。ただし、『法華義疏』は現に草稿本が伝来し、内容はもとより、紙質・装釘、その他の面からも飛鳥時代日本人によって書かれたものであろうし、おそらく現に伝えられる日本最初の仏典であろう。

推古天皇の時代に、三論宗が伝えられ、少しおくれて法相宗が導入されたのを手始めに、隋・唐で行われた宗派はほとんど日本へ受容された。その淵源をたどれば、インド仏教のいわゆる小乗系の宗派、大乗の中観系・瑜伽唯識系など、インド仏教の大要は伝えられており、したがって、飛鳥・奈良時代の諸宗の教義概説はインド、中国仏教概説になり、とうてい十分な説明はできないが、教理の一端を垣間見るために経典・歴史を含めて簡単に紹介する。

二

南都仏教の通観的な書物には、多くの日本仏教史概説で触れられているほかに、境野黄洋『日本仏教史講話』（森江書店・昭6）、『アジア仏教史日本編Ⅰ飛鳥奈良仏教』（佼成出版社・昭47）、『図説日本仏教史Ⅰ』（法蔵館・昭56）、田村円澄『飛鳥仏教史研究』（塙書房・昭44）、井上薫『奈良朝仏教史の研究』（吉川弘文館・昭41）があり、その他、特殊なものを挙げれば石田茂作『写経より見たる奈良朝仏教の研究』（東洋文庫・昭5）、二葉憲香『古代仏教思想史研究』（永田文昌堂・昭37）、鶴岡静夫『日本古代仏教史研究』（文雅堂・昭37）、同『古代仏教史研究』（文雅堂・昭40）、大屋徳城『寧楽仏教史論』（東方文献刊行会・昭12）、同『日本仏教史の研究』一・二（法蔵館・昭和28再版）、堀一郎『上代日本仏教文化史』上・下（大東出版社・昭18）、家永三郎『上代仏教思想史研究』（法蔵館・昭41新訂）、同『日本思想史に於ける宗教的自然観の展開』（創元社・昭19）、堀池春峰『南都仏教史の研究』上・下（法蔵館・昭55—56）、平岡・山崎編『日本仏教宗史論集・第二南都六宗』（吉川弘文館・昭60）、『井上光貞著作集』第八・九巻（日本古代の国家と仏教、古代仏教の展開）（岩波書店・昭60）、田村円澄『日本仏教史1飛鳥時代』『2奈良・平安時代』（法蔵館・昭57）、常盤大定『仏性の研究』（丙午出版社・昭5）、島地大等『教理と史論』（明治書院・昭6）、井上光貞『日本浄土教成立史の研究』（山川出版社・昭31）、大野達之助『上代の浄土教』（吉川弘文館・昭47）、平岡定海『日本彌勒浄土思想展開史の研究』（大蔵出版・昭52）、豊田武『日本宗教制度史の研究』（第一書房・昭48改訂）、伊達光美『日本宗教制度史料類聚考』（巌松堂・昭5）、関連するものに、岩井大慧『日支仏教史論攷』（東洋文庫・昭32）、堀一郎『我が国民間信仰史の研究㈠』（創元社・昭30）、田中重久『日本に遺る印度系文物の研究』（東光堂・昭18）、石田茂作『東大寺と国分寺』（至文堂・昭41）、田中塊堂『日本写経綜鑑』（思文閣・昭17）、同『日本古写経現存目録』（思文閣・昭48）などがある。

聖徳太子

三経義疏は、鎌倉時代凝然が注釈を施し、特に、勝鬘経義疏は、唐で明空が「私鈔」を著して注釈し、圓仁によって日本へもたらされるなどのことがあった。明治以後も、聖徳太子伝の研究が行われ、『聖徳太子全集』全六巻（未完）が昭和一七年発行された。伝記研究では明治以降の学問的研究四篇が全集第四巻に収められ、家永三郎『上宮法王帝説の研究』（三省堂・昭26・28。増訂版45年）は基礎的な研究を行っている。最近のものでは田村円澄『聖徳太子』(中公新書・昭39)、坂本太郎『聖徳太子』(吉川弘文館・人物叢書・昭54)がある。なお、太子の事蹟についての否定的な研究には、小倉豊文『聖徳太子と聖徳太子信仰』(綜芸舎・昭47)がある。

三経義疏については、御物の草稿本の影印版(聖徳太子奉讃会編・吉川弘文館・昭46)が解説とともに出版され、また勝鬘経義疏は宝治元(一二四七)年の版木によって百部刷ったものが、昭和一五年、法隆寺から出されている。花山信勝『聖徳太子御製法華義疏の研究』(東洋文庫・昭8)、『勝鬘経義疏の上宮王撰に関する研究』(岩波書店・昭19)の研究があり、『法華義疏』上・下(岩波文庫・昭50)、『勝鬘経義疏』(吉川弘文館・昭52)、『維摩経義疏』(百華苑・昭55改訂)の校訳がある。その他に金治勇『聖徳太子教学の研究』(聖徳太子会・昭37)、白井成允『聖徳太子御撰三経義疏の倫理学的研究』(百華苑・昭45)、大野達之助『聖徳太子の研究』(吉川弘文館・昭45)、中村元『日本の名著聖徳太子』(中央公論社・昭45)、家永他『日本思想大系聖徳太子集』(岩波書店・昭50)、金治勇『上宮王撰三経義疏の諸問題』(法蔵館・昭60)、田村・川岸編『日本仏教宗史論集一、聖徳太子と飛鳥仏教』(吉川弘文館・昭60)がある。

三論宗・成実宗

一

三論宗は、インド大乗仏教の中核をなす中観派の直系で、龍樹(一五〇―二五〇ころ)、その弟子提婆(一七〇―二七〇ころ)が、『般若経』に説かれる空の思想を理論づけた。中観派の書物を多く漢訳した鳩摩羅什(三四四―四一三)の訳書の中、龍樹の『中論』『十二門論』及び提婆の『百論』の三つの論を研究する人びとが生まれ、三論宗となり、唐代嘉祥大師吉蔵(五四九―六二三)によって大成された。吉蔵は三論宗概説である『三論玄義』や三論への注釈を行い、その他多くの書を著したが、吉蔵以後は三論宗はあまり振わなかった。

日本へ初めて三論宗を伝えたのは、隋へ留学して法蔵に学んだ後推古三三(六二五)年来日した高麗の慧潅である。その弟子の中、神泰の系統が法隆寺に伝えられ、福亮の弟子智蔵(年寿不詳、六七三僧正、唐へ留学し第二伝となる)の弟子は元興寺の智光(年寿不詳、天平年間受学)、礼光と、大安寺に住した道慈(六七〇―七四四)の系統に分かれた。智光は浄土信仰をもち、『無量寿経論釈』その他を著し、智光曼荼羅を画いたといわれる。道慈は唐へ留学し、三論、真言などを学び、第三伝となり、この系統から善議、勤操、玄叡などを輩出した。

平安時代、智光の系統から出た真言宗の聖宝(八三二―九〇九)は東大寺に東南院を設けて三論研究の場とし、鎌倉時代、この系統から珍海(一〇九一―一一五一)、寛信(一〇八四―一一五三)、『三論玄義検幽鈔』の著者澄禅(一二二七―九九)などが出、宗勢盛んとなったが、この後は再び振わず、現在、宗としては独立していない。

このような情勢を反映し、インド中観派の研究や三論の注釈・研究は盛んに行われているが、日本の三論宗の研究は寥々たるもので、わずかに『大乗三論大義抄』が仏教大系に収められ、まとまった論述としては前田慧雲『三論宗綱要』(前田慧雲全集第一巻所収)くらいのものと思われる。なお、関連するものに、元興寺仏教民俗資料刊行会『智光曼荼羅』(昭44)、『大安寺史・史料』(名著出版・昭59)などがある。

二

成実宗は、インドで経量部の系統に属する訶梨跋摩(かりばつま)の『成実論』を研究する宗派であり、羅什によって漢訳された後、成実論研究の学派が成立した。人空ばかりでなく法空をも説く本書は、大乗論か小乗論かで議論されたが、三論の吉蔵によって小乗の論と決着がつけられた。

日本へは、天武天皇の時代(六七二―八七)、百済の道蔵(年寿不詳)が来日し、成実宗を伝え、『成実論疏』一六巻を著した。成実宗は東大寺などに伝えられたが、三論宗の付属の宗派となっていった。現代において日本の成実宗の特別な研究書は見られず、日本仏教史の中で記述されている程度である。

法相宗・倶舎宗

法相宗は、インドにおける中観派と並び称せられる瑜伽唯識派の系統である。唯識派は中国には摂論宗、地論宗として伝えられていたが、唐代に玄奘(六〇〇―六四)がインドへ留学し、ナーランダーで、戒賢から護法(五三〇―六一)系の唯識思想を学び、帰国した後一三〇〇以上の経論を新たに訳した。その教えを受けた弟子の大乗基(六三一―八二)を初代とし、淄州大師慧沼(六五〇ころ―七一四)、樸陽大師智周(六七八―七三三ころ)と続くのが法相宗である。

法相宗は、世親の著した唯識派の綱要を示す『三十頌』に、護法を中心とし、安慧、難陀その他の人びとの解釈を合わせ編集された『成唯識論』を基本的な書物とし、人間の心の詳細な検討を通じて、心の働きに八種類を数え、客観的に見えるものも、実はすべて最も奥深い心の働きにほかならないという見方の上に、人間も物も含めて、すべては空である、という立場に立つ教えである。

唐で皇帝の厚い庇護の下に大量の翻訳に当たっていた玄奘に直接師事して、初めて法相宗の教えを日本へ伝えたのは道昭(六二九―七〇〇)である。道昭は、玄奘がインドから帰国後八年目に留学し、唯識を学び、また禅(法相宗の禅定であろう)を修めて七年後帰国し、元興寺の東方に禅院を建てて住み、社会事業を行い、大僧都となった。火葬の制は道昭が伝えたといわれる。道昭の在唐中(六五八)に留学してきたのが、智通、智達の両名で、法相宗の第二伝となった。以上の人びとは、玄奘、基という、中国法相宗の初期の師から教えを受け、帰国後元興寺に住し、この系統は、元興寺伝とか南寺伝などと呼ばれている。その後、大宝三（七〇三）年に入唐して法相宗を学んだ人びとに智鳳（新羅人）、智鸞、智雄がいたと伝えられ、第三伝とされる。さらに養老元（七一七）年から足かけ一九年入唐・学問し、唐でも名声を博した僧に玄昉（六九一ころ—七四六）がいる（第四伝）。第三・四伝の人びとは、中国法相宗の後期の慧昭、智周に教えを受け、帰国後興福寺に住し、この系統は興福寺伝とか北寺伝などと呼ばれた。

　こうして、法相宗は、多くの人びとの努力によって日本へ伝えられ、日本で盛んに研究され、盛行した。奈良時代後半に最も栄えた宗派である。南寺伝からは、民衆への布教に尽し、東大寺建立に際しては大勧進となり、大僧正に任ぜられた行基（六六八—七四九）、伝教大師最澄の大乗戒壇独立運動に対し、僧綱の首座として反対の中心となり、『大乗法相研神章』五巻その他多くの著作をなした大僧都護命（七五〇—八三四）などが出た。また、北寺伝からは、僧正義淵（？—七二八）や、特に因明にすぐれ、秋篠寺を開創した善珠（七二三—九七）などの名僧を輩出した。義淵は智鳳に師事し、龍蓋寺（岡寺）などを開き、玄昉や、華厳宗の実質的開創者となった良弁などを育て、実際上法相宗はこの人に始まるとさえ評価する学者もいる、名僧である。

　平安時代にあっても、興福寺が、藤原氏の氏寺であったこともあって、他の南都諸宗の勢力があまり振るわなかった中にあって、法相宗は大きな影響力を持ち続け、天台宗良源と論争した仲算（九三五—七六）、仲算の弟子で『成唯識論』に返り点送り仮名を付したり多くの著述をなした真興（九三四—一〇〇四）、因明に詳しく、『注進法相宗章疏』その他を著し、源空の師でもあった蔵俊（年寿不詳）、など多くの学僧を輩出した。

　鎌倉時代に南都の諸宗が再び勢威を取り戻し、新しい粧いの下に華々しい活動を行った時、法相宗も大いに盛んとなった。代表的な人物に解脱上人貞慶（一一五五—一二一三）、良遍（一一九四—一二五二）等がおり、その後も多くの学僧を輩出した。貞慶は藤原通憲（信西入道）の孫で、彌勒信仰をもって笠置山に隠棲し、『成唯識同学鈔』六八巻など多くの著述をなし、源空の浄土教学を批判する興福寺奏状を執筆した。また良遍には『観心覚夢鈔』『法相二巻抄』などの著がある。

　また、他宗の僧で法相関係の著作をなすものも多く、真言宗豊山派の快道（一七五一—一八一〇）などが知られる。

　明治以後も唯識研究は盛んで、インドの研究が梵本やチベット訳とともに行われている。中国、日本唯識についても、『成唯識論』のテキストとして、述記三箇疏（代表的な四種類の注釈書）を合わせた『仏教大系本』、その要点を付記した『新導本』などが出版され、研究に便宜を与えており、『国訳大蔵経』や『国訳一切経』に書き下し文が注とともにのせられている。『国訳大蔵経』にはまた『瑜伽師地論』『摂大乗論』の書き下し文があり、『国訳一切経』には解深密経、瑜伽師地論、成唯識宝生論、唯識二十論、摂大乗論釈（玄奘訳・無性釈・世親釈）（以上印度撰述部）、瑜伽論記、成唯論述記、同了義燈、同密中相要、唯識二十論述記、因明論疏明燈抄、因明入道理論疏、大乗法苑義林章（以上和漢撰述部）などの訳注が行われている。

　唯識教学の概説は明治以後多く著わされたが、最近のものには、深浦正文『唯識学研究』下巻教義論（永田文昌堂・昭29）、横山紘一『唯識の哲学』（平楽寺書店・昭54）、結城令聞『唯識三十頌』（大蔵出版・昭60）などがある。

　日本法相宗の歴史を概説したものに深浦正之『唯識学研究』上巻教史篇（永田文昌堂・昭29）があり、詳細な研究に富貴原章信『日本唯識思想史』（大雅堂・昭19）、同『日本中世唯識仏教史』（大東出版・昭50）がある。結城令聞『唯識学典籍志』（東大東洋文化研究所・昭37）は、インド、中国（朝鮮）、日本の三部に分け、書籍の読み・梵名・訳・存否を記し、備考を付して、詳細な唯識書籍目録となっている。個人についての解説には吉川弘文館人物叢書に、井上薫『行基』（昭34）、横田健一『道鏡』（昭34）がある。また太田久紀『観心覚夢鈔』（大蔵出版・昭56）は、良遍の著書の全文の解釈である。

　なお、倶舎宗は、世親の書いた『阿毘達磨倶舎論』（玄奘訳）を研究する宗派であり、法相宗と同じく道昭によって伝来されたと伝えられているが、後、法相宗の付属の宗派となった。現在、梵文テキストの発見もあり、倶舎論の研究は盛んに行われているが、日本の倶舎宗の研究はとるべきものに乏しい。

律　宗

　中国では唐代に、インドの部派仏教の一つである法蔵部に伝持された四分律に基づいて造られた律の宗派に、法礪（五六九—六三五）による相部宗、道宣（五九六—六六七）による南山律宗、及び懐素（六二四—七〇七）による東塔宗の三宗があったが、その中でも南山律宗が力を得、日本へ伝えられたのも、南山律宗であった。戒律の必要性は早くから知られていた。朝鮮の仏教の特色の一つに戒律重視があり、その影響を受けて、日本で初めて出家となった司馬達止（等）の娘（嶋女）は、善信尼と名のり、同時に出家した禅蔵尼、恵善尼とともに、「仏法は戒律を本となす」といい、百済へ赴いたのであった。

　戒律は、僧や尼、沙彌・沙彌尼、在家の信者など、それぞれに対して守るべき生活の規範を与え、違反した場合の罰則を伴うものであるが、他の側面として、たとえば、一定の条件を満たした上で、比丘としての戒律を一生守っていくことを誓う時に、比丘としての資格が認められるという性格をもつ。これが受戒するということであり、この儀式には一〇名（地方では五名）の規定どおりに戒律を受けた僧の立会いが必要であった。そこで、戒律重視の立場からすれば、百済へ行って、法式にかなった受戒の儀式を執行してもらうことが必要だったのである。

ところがその後、受戒の儀式が規定どおりには行われなかったのであろう、奈良時代には戒律の制度を具備する必要が認められ、栄叡、普照の二名が唐へ渡り、来日する師を求めた。最初にもとめに応じた僧が、北宗禅の道璿（どうせん）（七〇二―六〇）であった。因みに道璿の孫弟子に最澄が出た。道璿はしかし弟子を伴っての来朝ではなかったので、一〇名以上の僧の来日が必要であり、それに応じて、一四名の僧や三名の尼などとともに、多くの苦難を克服して来朝したのが鑑真（六八八―七六三）であった。日本の戒律は鑑真にまかされ、東大寺で多くの僧や信者が受戒した。鑑真は唐招提寺に住し、東大寺と下野薬師寺、筑紫観世音寺に戒壇が設けられた。平安時代初頭には最澄による大乗戒壇設立のことがあり、律宗は衰微したが、平安末期から戒律復興の必要性が叫ばれ、中ノ川の実範（?―一一四四）、大悲菩薩覚盛（一一九四―一二四九）、興正菩薩叡尊（一二〇一―九〇）、鎌倉極楽寺の忍性（一二一七―一三〇三）らが出、自誓受戒（立会いの僧が一〇名いなくとも、仏・菩薩に自分で誓うことによって受戒できる）という制度により大いに戒律を盛んにしていった。唐招提寺の律宗とともに、叡尊らの系統が、西大寺を本山とする真言律宗として現在に伝えられている。

また京都には月輪大師俊芿（しゅんじょう）（一一六六―一二二七）が出て、中国から直接律宗を伝え、泉涌寺によって天台、禅、律をひろめた。この系統を北京律（ほっきょう）といった。

日本の戒律の系統的な研究には石田瑞麿『日本仏教における戒律の研究』（在家仏教協会・昭38）、徳田明本『律宗概論』（百華苑・昭44、凝然律宗綱要の注釈的研究）、同『律宗文献目録』（百華苑・昭44）があり、また西本龍山『四分律比丘戒本講讃』（為法館・昭30）などがある。個々の人物のものとしては、安藤更生『鑑真大和上伝之研究』（平凡社・昭35）、日本名僧論集『行基・鑑真』（吉川弘文館・昭58）、同『重源・叡尊・忍性』（吉川弘文館・昭58）、『西大寺叡尊伝記集成』（奈良国立文化財研究所・昭31）、和島芳男『叡尊・忍性』（吉川弘文館・人物叢書・昭34）、石田充之編『俊芿律師』（法蔵館・昭47）、関説するものに常盤大定『日本仏教の研究』（春秋社・昭18）などがある。

華厳宗

華厳宗は、インドで成立した『華厳経』（六〇巻または八〇巻に訳される）という尨大な経典に基づいて、中国で法（杜）順（五五七―六四〇）、智儼（六〇二―六六八）の実践と著作をうけて、賢首大師法蔵（六四三―七一二）が大成した、大乗仏教の中でも最も進んだ教学体系の一つとされている宗派である。その教学は、通常、一つ一つ独立した別のものと思われているあらゆる現象が、実は無限に力を互に及ぼし合って成り立っているものであり、宇宙のすべては本来一体のものであることを説くものである。

このような教理体系のあることを知った、法相宗義淵の弟子良弁（ろうべん）（六八九―七七三）は、師を求めて審祥（?―七四二）を得た。審祥は、華厳経研究の盛んな新羅に生まれ、唐へ留学して法蔵に直接師事し、その後来日して大安寺に住していたのである。天平一二（七四〇）年に初めて良弁の住していた金鍾寺で華厳を講じ、三年にわたった。これが日本の華厳宗の最初である。この金鍾寺の所に聖武天皇によって建てられたのが東大寺で、東大寺は現在でも華厳宗の本山である。良弁以後、寿霊（年寿不詳）、等定（?―八〇〇）、普機（天長年間、『華厳一乗開心論』六巻を著す）などの学僧が出た。

鎌倉時代、華厳宗も再び盛んになった。代表的な僧に明恵上人高弁（一一七三―一二三二）が出た。高弁は紀州に生まれ、東大寺尊勝院の学頭となり、栂尾を賜り、高山寺を開創した。四四部の著作があり、華厳、密教にわたり、法然教学を批判した『摧邪輪』三巻、『摧邪輪荘厳記』一巻なども含まれている。

また東大寺には宗性やその弟子凝然が出た。宗性（年寿不詳）は大安寺から東大寺に転じ、維摩会の講師を延応元（一二三九）年に勤め、後、東大寺別当となった。各宗の経論に注し、『日本高僧伝要文抄』を著し、二三〇種の著書が現存する。その弟子凝然（一二四〇―一三二一）は、東大寺戒壇院から唐招提寺へ移り、再び東大寺へ帰った。華厳、禅、法相、浄土及び儒教などに広く通じ、聖徳太子の三経義疏に注を施し、仏教概説『八宗綱要』、仏教史概説『三国仏法伝通縁起』その他、華厳教学を初め声明に至るまで広く著作を行い、一千一百余巻を著した。その後、華厳宗には湛睿（一二七一―一三四五―?）、志玉（一三八三―一四六三）、鳳潭僧濬（一六五七―一七三八）などが出、研究につとめた。

華厳宗の教理概説は明治以後多く著された。亀川教信『華厳学』（百華苑・昭24）、湯次了栄『華厳大系』（国書刊行会・昭52復刊）、通史に高峯了州『華厳思想史』（百華苑・昭17）がある。仏教大系に『五教章』『華厳金師子章』『華厳法界義鏡』が収められており、『国訳一切経』には『華厳経』や『探玄記』の訳注があり、研究の便宜がある。その他、川田・中村編『華厳思想』（法蔵館・昭35）、坂本幸男『華厳教学の研究』（平楽寺書店・昭3）、東京国立文化財研究所『東大寺修二会の構成と所作』他（平凡社・昭50）、小林剛『俊乗房重源の研究』（有隣堂・昭46）、高山寺典籍文書綜合調査団『明恵上人資料』二冊（東大出版会・昭53）、明恵上人と高山寺編集員会『明恵上人と高山寺』（同朋社・昭56）、田中久夫『明恵』（吉川弘文館・昭36）、久保田他『明恵上人集』（岩波文庫・昭61）。平岡定海『東大寺宗性上人之研究並史料』三巻（丸善・昭33―35）、東大寺教学部『凝然大徳事績梗概』（東大寺図書館・昭46）などがある。〔田村晃祐〕

天台宗

教義

天台宗の教義は、中国隋代の天台大師智顗（五三八―九七）が、『妙法蓮華経』（姚秦・鳩摩羅什訳『法華経』）に仏教の真髄を見出し、それを究極の教えとして仏教全体を意義づけた、天台法華教学を基盤としている。日本における天台宗宗祖は、伝教大師最澄（七六六―八二二）であるが、最澄はいかなるものにも仏教的な完成、すなわち成仏を約束する一乗の教義を求めて、『法華経』の一乗教義に依りどころを見出し、その教義をもっともよく発揚する教学として、天台大師智顗の学説を受けいれ、みずから天台法華宗と名乗ったのである。

日本の天台宗は、最澄の志向した一乗の教義思想を基準として、実践的方法として密教をとりいれ、浄土教に展開を与え、易行の諸宗を生み、神道と習合していった。このような教義の発展に沿って、天台宗の教義を概観してみよう。

【教観二門】 天台大師智顗の、『法華経』を究極におく仏教論は、主として『法華玄義』にのべられ、そうしたみかたに立って、『法華文句』は『法華経』そのものを解釈している。さらに智顗の教学で特徴的なことは、ただ教義、教理論にとどまらず、たとえば『法華経』のめざす三昧の境地を、いかにして獲得すべきかという方法論について、日夜修禅、観想の方法を工夫し、諸経の説くところとも照合して仏教の本旨にかない、自己の納得のいく実践体系をうちたて、『摩訶止観』として著わしたところにある。教理的側面を教門といい、実践的側面を観門と呼んで、教観二門のバランスのとれた修習修学を必須とし、教観双美を宗旨としたところに、智顗の仏教者としての根本的な立場がある。

【四教五時の教判】 『法華経』を仏教の究極として位置させた智顗は、釈迦の教説の順序を五時にわけ、その順序を『法華経』信解品のたとえばなしに沿って意味づけた。第一は華厳時である。『華厳経』を説いたが、それは釈迦が悟りの内容を頓かに説いたもので、聴衆は大部分理解できなかった。擬宜の説である。第二は鹿苑時で、ベナレス郊外の鹿野苑で、釈迦に父王の命で随従していた五比丘らに対して説いた。『阿含経』などがそれで、現実に即した苦の超克の方法は多くの聴衆にうけいれられた。誘引の教説である。第三は方等時で、ここでは『維摩経』『楞伽経』『金光明経』等の経典が説かれ、自己の抜苦に目標をおく、前時の教説は、克服されて、自他の悟りをめざすべきであると、大乗仏教への方向づけがなされた。小乗を弾呵する教えだという。第四は般若時で、徹底した空思想を説く『般若経』が説かれ、大乗の教理が厳しく峻別される。淘汰の教説である。そして第五時は、法華涅槃時であり、事理にわたって有空にかたよらない中道実相の教説が明かされ、仏教の究極をのべる『法華経』が説かれる。そして釈迦は今世の機縁を一応終えて、しかも常住の悟境に入る涅槃を迎えて『涅槃経』を説き、悉有仏性を明かした。以上の五時は、『涅槃経』の釈迦を牛、教説を乳にたとえれば、次第に乳味、酪味、生酥味、熟酥味、醍醐味と、順序に味が熟成していくことであり、『華厳経』の日照のたとえをもってすれば、まず高山のみを照らし、次で幽谷を射し、平地をくまなく照らしてゆくという化益のひろがりがいえる。教説の説きかたをもってすれば、華厳が頓であるのに対し、鹿苑、方等、般若と化益をひろげ、そして次第に高きに導く漸教となり、その間、ひとによって理解を深めるものもあって、不定教、秘密教というべきことにもなる（化儀四教）。また、教説の内容は、鹿苑時は小乗の三蔵教のみであるが、華厳時には大乗の理解を施す別教と、完璧な円教がおりまざり、方等時には、小乗から大乗に移行する間の通教に三蔵教が対比され、なお別教、円教までの見通しが示される。般若時には、通、別、円の三教が説かれ、法華時にいたって、純粋に円教だけが説かれる。涅槃時には四教並列し、化導のこれまでと将来とがみわたされる（化法四教）。

【二十五方便・十乗観法】 『法華経』に示される仏の境地とは、だから、仏教の教説の高まりとともに、空、有にかたよった理解ではなく、空・有を超えた中道観に立ち、空というとらえかたも意味があり、有という現象面も仮なるものとしてとらえられるとして、すべてのものごとのありようを、完全にわが心の上にあますところなく明らかにしうるところをめざしている。世界の相は、地獄、餓鬼、畜生、阿修羅、人、天、声聞、縁覚、菩薩、仏の凡聖に通じた十界で、その十界の中にくわしくはおのおの十界が具わっており（十界互具）、その相を一〇の場面すなわち、相・性・体・力・作・因・縁・果・報・本末究竟等の十如にあらわれていることがとらえられ、十界互具の百界に十如をかけて千如と数えられる。しかも、こうしてとらえられる世界は、世間というが、物心の諸要素のあつまりととらえれば色・受・想・行・識・の五蘊世間であり、世間をそこに住む主体でとらえれば衆生世間であり、同時に一個の己に対してすべて他は環境となりうるので、そういう意味で、国土世間ともとらえられる。この三つの次元を考慮に入れれば、千如に三をかけて三千の数が得られる。われらが心の一念に三千を完全にとらえられるとき、『法華経』の示す悟境が実現する。

一念三千の把握の方法を、『摩訶止観』

は二十五方便とそれにつづく十乗観法という綱格で示している。二十五方便は、二五の止観修行の準備段階で、一、具五縁すなわち、持戒清浄、衣食具足、閑居静処、息諸縁務、近善知識、二、呵五欲、色・声・香・味・触の五欲を呵す。三、棄五蓋、貪欲、瞋恚、睡眠、掉悔、疑の五を棄てる。四、調五事、食、眠、身、息、心の五を調える。五、行五法は、以上二〇法を具体化するには、欲、精進、念、功慧、一心の五が必要だという。以上が止観修行の準備段階、前方便である。

十乗観法は、三千の法とあらわれる真理の正しい把握方法である。一、観不思議境、対象の諸法を如実に観察する。二、真正発心、正しい悟境の実現を求める心を発する。三、巧安止観、三千の諸法の中に身心においてみる。四、破法徧、心が一法に執着することのないようにつとめる。五、識通塞、なお生ずる麁細な執着の情と、真理を求める智との得失を比較し、真理把握をえらばせる。六、道品調適、仏教修行の具体的方途である三七科の道品を吟味し空仮中の三観を行い、諸法の空仮中のありよう三諦を把握する方法をみつける。七、助道対治、なお修行上生じる障害には無明煩悩はもちろん、慳貪、破戒、瞋恚、懈怠、散乱、愚痴の六蔽がある。これらを治する。八、知次位、みずからの修行の現時点での到達点を明らかに識別させる。九、能安忍、内外に起る違順の二縁、煩悩、慢心、病魔、名聞利養、尊敬などに動かされることなくこれを忍び拒むべきであるとする。一〇、離法愛、は、仏と相似の位に満足することなく、不完全な法の把握に拘泥せず、本もののさとりを求めるべきであるとする。

この十乗観法は、われわれの具体的な煩悩に覆われた陰入境のこととしてのべたが、さらに、煩悩境、病患境、業相境、魔事境、禅定境、諸見境、上慢境、二乗境、菩薩境の他九境においても進められ、この十境を超えて『法華経』の示す悟境に到達できるとする。

【一乗真実論】　日本に天台宗を創めた最澄は、『法華経』の一乗義に立って宗を立てたが、それを批判した法相宗の徳一は、三乗真実一乗方便、すなわち『法華経』を権教ときめつけ、また一乗の根拠である悉有仏性説を批判し、五性各別を主張した。最澄の一乗真実論は、このように法相宗に対して布張されたものである。三乗すなわち、声聞、縁覚、菩薩と、仏道修行者に三種があり、それぞれ各別の修道があるとするのは、仏教の真奥を聞く機根が未熟であるから、一乗の本意の上に目下の修行にやりがいを与えるための方便の説、実は法華時における一乗の開顕にこそ本意があり、『法華経』こそ真実の教えだとするのである。

【円密一致】　日本の天台宗は、最澄の一乗仏教の探究と、一乗義による宗旨を前提としてはじまった。その基準で、最澄は密教をとりいれ、『法華経』の一乗義にかなった教えであると考えていた。最澄以後、その門弟の圓仁（七九四―八六四）や、義真（七八一―八三三）の弟子にあたる圓珍（八一四―九一）らによって、弘法大師空海のもたらした密教と、規模と内容において遜色のない密教が比叡山にもたらされると、空海が密教単一で宗を開き、他の教義を顕教と判じて斥ける考えに対して、密教も一乗教であるから、『法華経』の円教と同致するとみる、日本天台独特の円密一致観が成立した。圓仁の教判で、『大日経』『金剛頂経』等の密教と、円教というべき『法華経』『般若経』『華厳経』等は、ともに一乗経であるから密教、鹿苑時に属する小乗三蔵教等は三乗教であるから顕教であると、三一権実論と顕密二教論とが合した主張がされたりもする。さらに、圓仁において、釈迦の説法、如来の説法は密教でないものはなく、聴受した側で顕密等の差別を理解の上で示すにすぎないとして、一大円教論が主張され、その門下の安然（―八四一―九〇一―）において、密教のそうした絶対的なとらえかたにおいて、仏・時・処・教の四、すなわち説き手と、説かれた時、説いた場所、説かれた内容は、すべて一に帰すという四一教判もうちたてられた。

【浄土往生の思想】　日本天台のもうひとつの特徴は、浄土往生の教えを盛んにしたことであろう。

往生の思想は、弥勒の兜率浄土、弥陀の極楽浄土などを目的として、中国から顕著であるが、天台浄土教が、弥陀の浄土への往生の業として、源信の『往生要集』によって鼓吹されて以来、浄土往生を宗として源空（一一三三―一二一二）や親鸞（一一七三―一二六二）等の日本浄土教が展開する。端緒は、『摩訶止観』にいう四種三昧のうち、常行三昧の念仏に、五台山に伝わる法照の五会念仏という方法をともなって圓仁が伝えたことにある。その比叡山上に行った不断念仏を発端として、往生浄土の業としての念仏が、観想の念仏と口称念仏があると示され、口称易行の念仏が専修される方向に発展した。一乗教義に裏づけられた成仏の可能性は、末法濁世のこの世界に求めることができず、弥陀仏の建設している極楽浄土に往生してそこで実現するという情感にささえられた方向に考えられていく。『往生要集』の主としてのべるところは、『観無量寿経』にものべる極楽の依正を観想し、三業相応の往生の実現をはかることにある。たまたま同じ時代に、中国では唐末の荒廃から復興した江南の天台宗に、約心観仏の浄土教が展開し、身心に弥陀と浄土をとらえる教義がまとまっていた。

【本覚思想】　一乗教義のゆきつくところ、各個本来の覚性をおもてにしてとらえる本覚の考えかたがおこる。本覚にもとづくところ、現実の当相が、そのまま悟境であり、悟道であるということになる。そうした絶対的な考え方の上には、円・密・禅・戒・浄等の諸行を蔵する天台宗は、そのままに自己の心底に覚性を自覚しうる観心主義の傾向を強め、真俗一貫の要素は、俗諦常住論となってあらわれ、それら諸行ばかりでなく、神仏習合をも促して、仏本神迹の本迹説から、神本仏迹の神道説まで生み出すことになる。平安後期から江戸時代にいたるまで、一行成仏、声明成仏、記家成仏等の論を発生させたばかりでなく、山王神道説の組織だてや、口伝の尊重、玄旨潅頂や乗因の修験一実霊宗神道などをも生みだすところとなった。

経　典

天台宗の正依は、鳩摩羅什訳『妙法蓮華経』である。この経に対して智顗に『法華玄義』『法華文句』そして『摩訶止観』と教観二門の疏釈がある。ほかに、『金光明玄義』『金光明文句』『観音玄義』『観音経疏』『観無量寿経疏』のいわゆる五小部がある。前の三大部には唐の湛然（七一一―八二）の『法華玄義釈籤』『法華文句記』『止観輔行伝弘決』の末書がある。五小部については、唐末の荒廃のなかから復興した江南の天台に天台の正統を継ぐとして知礼が出て、『金光明玄義拾遺記』『金光明文句記』『観音玄義記』『観音義疏記』『観経疏妙宗鈔』を著わしている。

中国天台のなかで、まず智顗の師僧である慧思（五一五―七七）に、『立誓願文』があり、『大乗止観法門』や『法華三昧行法』なども著わしたといわれている。智顗には、三大五小部のほかに、『菩薩戒義記』があるとされるし、ほかに『四教義』『維摩経玄義』『維摩経疏』『三観義』『六妙門』『次第禅門』『法華三昧懺儀』『法界次第』『覚意三昧』『方等三昧行法』『天台小止観』『仁王経疏』等の著作もあった。智顗をつぐ潅頂は、『涅槃玄義』『涅槃経疏』を著わして智顗の見解を展開し、『隋天台智者大師別伝』を著わし、師の行業を顕彰している。湛然には三大部の末疏のほか、『五百問論』『金錍論』『止観義例』などがあり、智度の『天台法華疏義纉』も同時代の成果である。

宋初の天台復興時には、山家派、山外派の二派にわかれ、おのおのその正統を競うが、それは智顗の『金光明玄義』広略二本のいずれを採択するかに端を発した教義論争であった。論争の問難の書を別にして、それぞれの主張によって立つ著作としては、義通に『金光明玄義賛釈』『観経疏記』、知礼に『十不二門指要鈔』『十義書』『観心二百問』があり、山外派に晤恩の『金光明玄義発揮記』、源清の『十不二門示珠指』、宗昱の『註不二門』、智円の『金剛錍顕性録』『観音経疏闡義鈔』『涅槃玄義発源机要』『維摩経略疏垂裕記』『観経疏刊正記』、仁岳の『十不二門文心解』などがある。特記すべきは、この時代高麗の諦観が『天台四教儀』に、天台教観の要点をまとめていることである。

知礼の孫弟継忠に『扶宗集』があり、その嗣従義に『三大部補注』『四教儀集解』、同時期の処元に『義例随釈』がある。ほかに善月の『三大部格言』『山家緒余集』、宗暁の『楽邦文類』『四明教行録』『楽邦遺稿』、志磐の『仏祖統記』、有厳の『玄義備検』『文句記箋難』、処謙の『十不二門顕妙解』、了然の『大乗止観宗円記』『虚渓集』、与咸の『梵網菩薩戒疏注』、元粋『四教儀備釈』、法照『三大部読教記』、可度『指要鈔詳解』、そして蒙潤の『四教儀集註』がある。天台の系統をつぐ法雲に『翻訳名義集』もある。元代を越えて明代の智旭に『法華綸貫』『妙玄節要』『教観綱宗』『弥陀経要解』『大乗止観釈要』があり、最後の光芒を放っている。

日本における天台の宗典は、枚挙にいとまないが、宗祖伝教大師最澄に、まず『願文』があり、後年天台宗開宗の経緯を編んだ『天台法華宗年分縁記』があり、なかに、『天台法華宗年分学生式』を収める。『比叡山天台法華院得業学生式』『勧奨天台年分学生式』『天台法華宗年分度者回小向大式』ならびに『請菩薩出家表』『請立大乗戒表』を列ねれば、天台開宗と年分学生の教育、大乗菩薩教団の完成へのプロセスが語られ、『顕戒論』がそれをしめくくる。入唐関係に『伝教大師将来目録』台州録、越州録があり、『内証仏法相承血脈譜』が宗統を語る。徳一との論争等に関しては、『依憑天台義集』から『照権実鏡』『守護国界章』『決権実論』『通六九証破比量文』『法華秀句』などがある。ほかに、『註無量義経』や『法華論科文』のほか、真偽決しがたいものもあり、そのうち『末法燈明記』は後の鎌倉仏教に多大な影響を与えている。

光定の『伝述一心戒文』は、最澄の企図をよく語り、一乗忠（仁忠か真忠か）の『叡山大師伝』は最澄一生の行業をあきらかにする。つづいて日本天台の主要な業績を摘記するが、まず最澄の終生の課題であった大乗菩薩戒について、円仁の『顕揚大戒論』、安然『普通授菩薩戒広釈』があり、最澄の『授菩薩戒儀』と円珍によるその朱注は貴重である。後代の大乗菩薩戒、円戒については、密教と合した戒潅頂や、戒疏の講述、安楽律勃興時の復古派の主張、たとえば敬光の『円戒膚談』などあげるべきか。

密教では、円仁の『金剛頂経疏』『蘇悉地経疏』、円珍の『菩提場経略義釈』、安然の『瑜祇経行法記』は、唐の一行の編んだ『大日経疏』と並んで、密の五大疏といい、それぞれが釈する『大日経』『金剛頂経』『蘇悉地経』『菩提場経』『瑜祇経』を五部秘経と呼んで所依としている。ほかに、不空訳『菩提心論』も用いる。円仁に三部の供養法に関する著があり、円珍に『大日経指帰』『義釈目録』、ほかに『講演法華儀』等があり、安然に『教時問答』『菩提心義抄』のほか、事相に関し三部の『対受記』等、『八家秘録』がある。覚超の『三密抄』や『東西曼荼羅抄』、皇慶の『四十帖決』、承澄の『阿娑縛抄』、静然の『行林抄』、光宗の『渓嵐拾葉集』、その他教相・事相にわたって主要な著作は多い。

法華円教の著作で挙げるとすれば、義真の『天台宗義集』、円珍の『法華論記』、証真の『三大部私記』、そして中古の講演論草、名目類、近世の大宝や慧澄の講義など注目すべきであろう。

浄土教では源信（九四二―一〇一七）

の『往生要集』『観心略要集』、良源（九一二―八五）の『九品往生義』、そして安楽派の即心念仏の著作などみるべきか。

山王神道では、『渓嵐拾葉集』『耀天記』などから、慈等の『山王一実神道原』、慈本の『一実神道記』、異端とされた乗因の『転輪聖王章』などが主なところである。

史籍、記録の類では、『山家要略』『渓嵐集』『華頂要略』『門葉記』『叡岳要記』『九院仏閣抄』『山門堂舎』近世の子院記、本末帳等数多いし、僧伝の類もある。

歴史―研究成果―

『摩訶止観』の今師相承に、智顗にいたる系譜は龍樹の思想をつぐ、北斉の慧文そして南岳の慧思に展開したという。当代の中国仏教思想史は、塚本善隆、鎌田茂雄等がくわしくしているが、慧思について末法思想が川勝義雄著『中国人の歴史意識』に考察されている。他に平了照に著作の研究がある。天台智顗の研究は、田村徳海、中里貞隆、多田厚隆等によって進められ、佐藤哲英の『天台大師の研究』、安藤俊雄の研究があり、Leon Hurvitz の研究も出た。中国天台のその後については、潅頂の涅槃宗に坂本広博の研究がみえるが、あとは湛然について、中里や日比宣正『唐代天台学研究』がある。安藤には、さらに趙宋の知礼の学説等にわたる研究が、『天台性具思想論』『天台思想史』としてまとめられている。ほかに思想史的に玉城康四郎の『心把捉の展開』があり、智顗の禅観を中心に関口真大の画期的研究があり、『天台小止観の研究』『天台止観の研究』などの業績がある。智顗教学では、多田孝正、池田魯参、禅観中心に村中祐生、懺悔法の面から塩入良道の精密な研究がある。通説としては、天台の泰斗福田堯潁の『天台学概論』、島地大等の『天台教学史』等をあげることができる。明の智旭について、張聖厳『明末中国仏教の研究』がある。石津照璽『天台実相論の研究』、新田雅章『天台実相論の研究』もある。史伝の面では Hurvitz の業績や、池田魯山編『国清百録の研究』がある。

日本の天台宗についても、上記福田堯潁や島地大等の通論に加えて、上杉文秀『日本天台史』、硲慈弘『天台宗史概説』がある。日本天台全体にわたっては、概説的なもの以外には日本天台仏教史全般のなかで扱われるにすぎず、渋谷慈鎧『日本天台宗年表』がまとめられ、渋谷亮泰編『昭和現存天台書籍綜合目録』は最近補遺もされて、空前の成果である。主として中古の天台を中心とはしているが、硲慈弘の『日本仏教の開展とその基調』は、よく一宗の本質を明らかにし、鎌倉新仏教を生む必然性をのべて、比類ない研究となっている。最澄以前については、硲にまとまった成果があったが、これが失われて悔まれる。薗田香融の『平安仏教の研究』、戒律の面からの石田瑞麿『日本仏教に於ける戒律の研究』は、その点に論及し、二葉憲香『古代仏教史の研究』、鶴岡静夫『古代仏教史』などもある。最澄については、塩入亮忠『伝教大師』『新時代の伝教大師の教学』および雑誌『伝教大師研究』での成果は指導的位置にあるといえる。福井康順の『東洋思想史論攷』『東洋思想史研究』ないし『印仏研』『天台学報』等に発表される研究は、厳密な文献実証主義に立って多くの問題を投げかける。戒律の面からは末広照啓の論考があり、石田の前掲書があり、竹田暢典がこれを論及している。またこの面で Paul Groner の “Saichō” が出た。徳一との論争については、上村真肇、壬生台舜の論究があり、田村晃祐は『最澄辞典』その他で綿密な研究を行い、浅田正博が書誌学的方法を用いて迫っている。思想史的には家永三郎『上代仏教思想史研究』、堀一郎『伝教大師』がある。史伝の面では勝野隆信に『比叡山と高野山』ほか、論文がある。木内堯央は『伝教大師の生涯と思想』で、新しい視点を導入してみている。最澄仏教の背景について、景山春樹の研究が注目されるべきであり、由木義文の『東国の仏教』は興味深い。佐々木憲徳に『山家学生式新釈』があり、門下の仲尾俊博は『日本初期天台の研究』等で空海とのかかわりに注目すべき成果をあげている。

最澄門下については、密教の面で清水谷恭順に『天台密教の成立に関する研究』、木内に『天台密教の形成』がある。他に高木豊『平安時代法華仏教史研究』、浅井円道『上古日本天台本門思想史』、朝枝善照『平安仏教史の研究』等がある。

圓仁について、佐伯有清『慈覚大師伝の研究』、小野勝年『入唐求法巡礼行記の研究』がある。圓珍についても小野に『入唐求法行歴の研究』がある。圓珍研究は所功、星宮智光等の研究がすすめられている。圓仁では E. O. Reischauer の巡礼行記研究は有名である。安然については、橋本進吉の伝記研究のほか成果はいまだしであるが、安然を含め、天台密教の要諦たる蘇悉地に関する三﨑良周の研究は、画期的なものである。

良源については平林盛得の『良源』が出色で、横川仏教についてほかに堀大慈の研究がある。源信では、石田瑞麿の数々の論著や花山信勝の『往生要集』研究、さらに井上光貞の『日本浄土教成立史の研究』は、方法論において多大な影響力をもった。浄土教では、石田充之、伊藤真徹、速水侑、山口光円などの論考が、鎌倉浄土教への道筋をあきらかにする。

いわば中世の天台宗については、硲の前掲書のほか、それを継ぐ大久保良順の論考が犀利で、思想史的に田村芳朗の『鎌倉新仏教の研究』がある。他に、村山修一『古代仏教の中世的展開』、黒田俊雄の『日本中世の国家と宗教』は画期的な成果である。ほかに多賀宗隼の『慈円の研究』『栄西』その他は、貴重な成果である。勝野の『僧兵』も特色ある研究である。真盛宗については宗門に『天台宗宗学汎論』がある。神仏関係では大山公淳『神仏交渉史』、村山修一『本地垂迹』をあげておこう。天台宗で論文集『伝教大師研究』上下、『慈覚大師研究』、叡山学院で『安然和尚研究』が出ている。

〔木内堯央〕

真言宗

教　義

インド密教の形成

　インドにおいて明確に従前の大小乗経典と闡別しうる密教経典が成立したのは、従来の通説のとおり、七世紀に入ってからのことであろう。近時の密教経典関係の新資料の発見は刮目すべきものがあるが、それらはいずれもチベット本土や西チベット（ラダック）の後期のものが主で、成立期の初期経典のものは稀で、密教経典・密教成立に関する通説に重大な変化を及ぼしそうなものは今のところ、見られないといってよい（インド・チベット研究会編『チベット密教の研究――西チベット・ラダックのラマ教文化について――』、永田文昌堂、特に、その第四章、頼富本宏「ラマ教の典籍とその資料」63～92頁参照）。

　では、インド密教の独立を告げる経典・教義の成立は、何をもって目安とすべきであろうか。

　ある一宗の独立は、仏教においては、三宝（仏・法・僧）、三蔵（経・律・論）等の全内容に亘って見なければならないと思われるが、ここでは密教の内容を示す三宝が、いつ、どのようにして経典において独立するに至ったかを見てみよう。

　第一の「仏宝」については、やはり法身大日如来を個性的に、独立して論じているか否かを論じなければならない。

　これについては、逆の証明が可能である。『金光明経』の文献学的研究に画期的な成果を挙げた渡辺海旭博士は、珍しく仮説に富んだ論攷を発表しておられる（「純密経としての金光明経」『壺月全集』上巻728頁）。

　博士の主張せんとするところは、大乗諸経典中、密教的色彩を帯びぬものは稀である。〃法華や楞伽は言ふに及ばず、叢書的大聖典の宝積でも大集でも、苟くも大乗聖典である已上は多少とも秘密仏教の色彩を帯びぬものは甚だ少い。どの経文でも陀羅尼のない経典は殆どなく、仮令密呪はなくとも百千の総持を得るとか、陀羅尼門に達するとか説いてあり、仏陀の外に守護神の上場せぬ聖典は先づないといふてよからう。華厳には密呪は一首もない。然し菩薩が総持を得ることは各品到る処に説かれ、特に、守夜神 Rātridevatā や地神 Pṛthivī-devatā が重要なる説法者として多数に出て来る（728頁）〃としておられる。右の文によると、博士が密教の「色彩」を形成する要素として考えておられたのが、次の三点であることが分る。いずれも右の引用文中、右に傍点の○印を付けておいたから、先後関係は、直接文中で見られたい。

(1) 密呪＝総持＝陀羅尼。
(2) 守護神 ｝この二者兼摂することあり。
(3) 説法者 ｝

　もちろん、博士は右の三要素だけをもって、密教経典が成立すると考えているのではない。博士は(4)「証誠の主尊」として登場して、如何なる仏が「教主」として登場するかを極めて重大なことと考え、胎蔵四仏を登場させている『金光明経』をもって、「之を雑密諸小部に比するに、之を純然たる秘密経として見做して毫も遜色なきのみならず、寧ろ遙に小部の密教に勝るものがある（同前）」としておられるのである。これを最大・最重要の証左として、博士の首題「純密経としての金光明経」が生まれたことを想起することができるであろう。

　博士の、密教経典の規定は総合的・多角的であって、右の四点だけをもって、密教経典、特に純密経とするものではない。同論中、『金光明経』の密教的要素として、以下のごとき諸論点を列挙しておられる。

(5) 四天王の呪。
(6) 弁才天の呪法供養。
(7) 堅牢地神や散脂大将の呪法。
(8) 大吉祥天の供養法。
(9) 三十二味の香薬法。

　この規定困難な大乗経典にはじめて本格的研究のメスを揮った博士ならではの指摘として感じられるとともに、密教経典の定義が一定の規約をもちがたいこと、さらにいえば、密教経典たるを主張する基準は何かが、かかる多様な規定自身によって否定、ないしは曖昧にせられていることを見ることができるのではないかと思われる。

大乗から密教へ

　博士の「純密経」の定義は、かくて両刀論法――密呪と主尊――に陥らざるをえない。右の九カ条の指摘を見ても、圧倒的に密呪・呪法の存在を示す指摘であることによってもこれを察することができよう。もちろん博士が、密呪の量的存在だけで、『金光明経』の密教性を証明し畢えたりとする安易な態度をおとりになどなっておられない。かくのごとくたくさんの密呪・懺法が存在するのは、「顕教の理論教義の研究問題若くは観心修行の実行問題から」（729頁）かく成ったのではなく、「全く神秘の憧憬と瑜伽の冥助を祈願祝禱する密教的の態度に外ならぬ（同前）」としておられるのであって、問題意識としては明らかに「大乗から密教へ」「大乗の密教化」を考えておられたのである。近時、かかる角度からの論考ようやく盛んなることを想えば、当時（大正一〇年八月、『秘鍵』第二巻、第一号）にあっての、博士の卓見・先見には瞠目すべきものがある。

密呪の頻出

　しかし、前に触れたように、「純密経」の条件が一様にならず、終には両刀論法に陥らざるをえなかったのは、究極的な密教の定義が那辺にあるやについての混乱ないし曖昧さに由る。当時にあって世界最高の仏教学者として令名高い博士に、かかる方法論上の混乱などあろうはずはないのであるから、博士としては、むしろ、大乗仏教から密教への移行の諸要件を明らかにすることが目的であったのだろう。筆者が博士の論点を紹介して示したのも、これによって、大乗仏教から密教への独立の様相を示そうとしたからにほかならない。とはいえ、博士も、究極的には、一経の基本的性格はその経の教主にありとみておられることは明らかである。

　前々から示して来たように、博士は「純密経」たるか否かの一つの要件として、密呪・陀羅尼の存在を挙げ、『金光明経』は、『法華経』に「陀羅尼品」一品があること以上に、本経では、これが広説され、「浄地陀羅尼品」第六以外に七品（「四天王護国品」第十二に四首の神呪、「無染着陀羅尼品」第十三に一首、「如意宝珠品」第十四に七首、「大弁才天女品」第十五に四首、「大吉祥天女品」第十六に一首、「堅牢地神品」第十八に三首、「僧慎尼耶薬叉大将品」第九に二首等二二首の神呪が説かれ）あり、全体において実に三五首の大小の神呪となっていることに注目しておられる。

　このほか、本経の理論的部分と思われる部分にも、先述の「浄地陀羅尼品」第六には、初地より第十地に至る一〇首の神呪が説かれ、滅罪・除障・浄地・修行の助行として「金勝陀羅尼品」第八が説かれ、さらに「序品」第一においては、本経全体の結構を示しつつ一首の神呪が説かれる。

　本経の「序品」の発想と経典全体の位置は多くのひとの指摘するように『法華経』のそれを承けているものであろうが、構成はほとんど共通しない。

　冒頭、仏陀は、王舎城外の霊鷲山にあって、諸大菩薩、羅漢衆、天竜八部、神仙、諸大国王、浄信善男女の敬礼を受け、晡時に禅定より起って、金光明の如法・最勝の諸経王を宣説し、また吉祥懺悔の要法を演べて、もろもろの罪業を浄除せんとする。

　このとき、四方の四仏――東方阿閦、南方宝生、西方無量寿、北方天鼓音――来り、証明加護する。仏陀釈尊また、それら四仏に四方を囲繞せられて本経の威力を説き、護世四天、大弁才天女等、一切の天神地祇の衛護あるべきことを広説し終る。

　さらに、「流水長者子品」第二十五においても十二縁起を説き、以上合計三五首の神呪が存在していることが分る。

「此豊富の陀羅尼丈でも此経は純粋の秘経として、実に立派なものといふてよい」（731頁）と、渡辺博士は揚言しておられる。たしかに、通途の大乗経典中でも群を抜いて陀羅尼は広説されているということができよう。

　しかし博士は、この密呪の頻出のみをもって純密経の証左とは考えず、先述のごとく、第二、第三の証左を求めて、論証に努めておられる。

釈尊から大日へ

　その一つが密呪の頻出であることはすでに述べたところであるが、『金光明経』が密教経典たる所以の有力な証左として「作壇法」も説かれている。渡辺海旭博士によれば、本経「大弁才天女品」に挙げる大弁才天女供養の洗浴に関する壇場作法は、正に古代インドにおける洗浴苦行の徒（Tirthaka）の聖浴処（Tirtha）の風に倣うものである所以に言及し、密教の大なる包容力と、その基調が明確に示されている『金光明経』の密教性を強調しておられる（733頁）。

　これらは、しかし、附随的な特色であって、ある一経の基本的性格を決定するには十分ではない。最初に言ったように、密教経典か否かを決定するのは、仏・法・僧の三宝のいずれもが密教の特色を具えていなければならず、特に第一の「仏宝」が、密教独特の仏身論の上に立っていることが確認されなければならない。

　その点、先に紹介したように、『金光明経』の主尊が釈尊であることは、いまだもって、この経典が「純密経」とは措定しえない大きな原因としなければならない。渡辺博士は、本経が、滅罪・除障・浄地・修行の「金勝陀羅尼品」第八を説き、胎蔵四仏を主として十方仏諸菩薩の名号を礼拝し、一首の密呪が説かれている点に注目し、特に最後の点こそ、『金光明経』が「純密経」であると判断するのに最重要な証拠として、次のように結論しておられる（731頁）。

　（陀羅尼が頻出する事実を挙げ）此豊富の陀羅尼丈でも此経は純粋の秘経として、実に立派なものといふてよい。況んや東方阿閦、南方宝生、西方無量寿、北方天鼓音の胎蔵四仏を証明として、釈迦が中央法身の毘盧遮那身の意気で説いた大乗経典は他に余り多くはない。本経を秘経と仰ぐべき価値は既に十分であろう。

　文中に付せられた傍点は筆者（金岡）に依るものである。博士の卓見であるとともに、また最大の問題点であろう。胎蔵四仏を従えているという点は動かしえない事実で、密教経典への接近と判断して不可ならざる所以であるが、しかし、中尊が大日如来ではなく釈尊であることは、この経典の主尊が、なお顕教の仏であることを示すものといわざるをえない。

　これらの点を考慮に入れ、以下、主要な密教経典を眺めつつ、密教略史を辿りたいと思う。

真言宗経典成立史

密教経典の成立と分類

　密教とは秘密仏教の略称であり、日本の密教についていう限り、空海弘法大師（七七四―八三五）によって伝えられた真言密教を主として指す。「主として」というのは、このほか、最澄伝教大師（七六六―八二二）によって伝えられた天台宗の密教も世に行われているからである。しかし、天台宗において密教を教義と実践の中に取り入れているのは決して宗門全体でもなければ、その教義と実践の全部でもない。宗派の中にあって密教を取り入れている寺、ひとは「密立て」といわれて、その立場をとらない「顕立て」の寺・ひとと相対する。今日、天台宗寺院の大方は顕立てで密立ての寺院はきわめて少ないという実状である。

こと「密立て」に関していえば、天台宗の根本経典たる『法華経』も、真言宗の根本経典たる『大日経』に比較すれば、初期の密教経典、ないしは先駆経典という解釈さえ可能となる。『法華経』を『大日経』の「始経」、『大日経』を『法華経』の「結経」というのはこのためである。

『法華経』と『大日経』の先後関係、あるいは浅深関係は、教理史あるいは経典史の問題というより、宗教哲学上の問題であろうが、密教内部にあっても、『大日経』こそ、まさに経典成立史上のメルクマールであった。『大日経』において、その名の示すとおり、教主たる大日如来の位置が確立し、この仏の性格、それに信仰・教義・実践等、およそ一つの独立した宗教の、考えうるすべての性格が確立された。このうちのある部分は、さらに発展・拡充・変化して『金剛頂経』となって結実する。『大日経』『金剛頂経』の二経こそ、長い密教経典史を二分するピークで、この二経典を併せて「金胎二経」といい、この二経以後を純粋な密教――純密――というようになったことのみによっても、いかに、この二経の成立が重要であったかを知ることができよう。この二経以前は、独立性を持たない、散説された密教――雑密――といういい方をされるのであるから。

「純密」「雑密」という二分法は、今日採らない学者も少なくない。これに対して用いられた密教経典の分類法としては「作タントラ」「行タントラ」「瑜伽タントラ」「無上瑜伽タントラ」の四分法もある。今日のチベット仏教において採用されている分類法であるが、おそらくは、チベット仏教に流入したインド末期の密教の分類法であろう。しかし、これとても、先の二分類法とまったく別種のものとはいいえない。すなわち、「作タントラ」系の経典は「雑密」系経典に、「行タントラ」は「純密」のうちの『大日経』に当り、「瑜伽タントラ」は初会の『金剛頂経』に当り、「無上瑜伽タントラ」系の経典は『初会の金剛頂経』以後の『金剛頂経』を指すようになる。

同じくチベット密教の分類法として行われる「父タントラ」「母タントラ」「不二タントラ」の分類も、「雑密」「純密」「大日経」「金剛頂経」「後期金剛頂経」に略対同すると考えてよかろう。

密教経典は無数の大小経典を産み出したが、『大日経』と初会の『金剛頂経』の成立までは、いわば準備的段階の密教であり、右二経に至って、密教は完成し、右二経以後は後者、すなわち『金剛頂経』系の経典が、変質し、多様化しつつ、ついにインドの仏教が滅亡するまで継続・生産されつづけて行った、とみることができよう。

密教経典略史

中国と日本の密教史は、右の分類法に従えば前半――「雑密」と「純密」――に力点を置いて受容され、発展したものであり、インドやチベットは、後半――「無上瑜伽タントラ」、すなわち「初会」以後の『金剛頂経』系の密教経典に主力が置かれたものであるということができる。

ここでは、右のインド密教の成立の事情を念頭に置きつつ、日本密教、すなわち真言宗において重視された諸経典中、重要なものを一瞥してみよう。したがって、この考察は、密教経典の、インドにおける成立史を配慮しつつ、日本におけるそれら諸経典の受容の歴史を概観するという二重の考察法となるであろう。

(1)　**空海以前**　空海以前、さらには奈良朝以前に、先述の雑密経典が多数将来されていたことは疑いない。いな、仏教初伝のころ、最初に行われた経典は招福除災を目的とする経典が多く、そのほとんどが「雑密経典」ともいうべきものであった。

これらの雑密経典に交じって、密教経典の代表たる『大日経』もすでにわが国に将来されていたことは忘れてはならない。今日怪僧また妖僧として知られる玄昉は、その本領は学僧であり、天平七（七三五）年、唐から帰朝したときには『開元釈教録』に記されている一切経五千余巻を将来したのであるから、その中には不空以前の翻訳になる密教経典はそのほとんどが、この時に将来されたのであった（栂尾祥雲）。

正純密教の大旆たる『大日経』も、当然すでに将来されていた。『正倉院文書』に依るかぎり、『大日経』は、天平九（七三七）年、天平一九（七四七）年、天平二〇年、天平勝宝五（七五三）年の四度にわたって書写されており、天平神護二（七六六）年吉備由利によって書写されたものは、大和の西大寺に所蔵されている（同前）。これによってみても、弘法大師空海が、久米寺の塔下で感得し、その奥旨を極めんがために入唐の志を立てるに至ったという伝説も肯定することができるであろう。空海出生前に、奈良時代、何度となく繕写せられた『大日経』を目睹する機会は、決して困難なことではなかったはずであった。

同じころ書写された重要密教経典としては『蘇婆呼童子経』（天平八〈七三六〉年）、『蘇悉地経』（天平九・一〇年）、『金剛頂略出経』（天平一八〈七四六〉年）がそれぞれ書写されている。加えて重要注釈書の将来や書写――たとえば『大日経義釈』のような――もこのころ盛んに行われていた（同前）ことが知られている。

ただここで注意しておかなければならないのは、かかる最重要の密教経典が、すでにこのころわが国に将来されていたからとはいえ、では、それら経典の思想や行法が、実際に研究・実行されていたかといえば、決してそうはいえなかった。実際に行われていたのは、最初にも触れたように、修法であり、そのための壇法であり、祓であり、悔過・懺法であり、時に呪法であった。これらについては、すでに幾多先人（栂尾祥雲、宮坂宥勝、松長有慶）の業績があるが、右の諸法に用いられたであろう密教経軌を摘出すれば、『随求即得陀羅尼神呪経』（天平六年）、『陀羅尼集経』（天平九年、ともに書写）、『仏頂経』『千手経』『諸仏集会陀羅尼経』『不空羂索陀羅尼』『十一面陀羅尼』『如意輪陀羅尼』『八名普密陀羅尼』『千手陀羅尼』『仏頂陀羅尼』『金勝陀羅尼』（以上一一経、『正倉院文書』所出）、さらに『無垢浄光陀羅尼経』などは、恵美押勝の乱平定（七六四）の記念として、孝謙女帝の御願として、三重小塔百万基の中に籠められ、これを十大寺に寄進されたのであった。悔過の法の根拠としては『陀羅尼集経』が行われたことも注意せられなくてはならない。

(2) **空海と密教経典**　わが国真言宗の開祖弘法大師空海は、真言宗という大宗派を立宗した、その学識・徳望・力倆・験力のすべてにおいて空前であるのみならず絶後のひとであった。いま、これらの力に加えて、筆者は空海の並外れた努力と、真摯にして精緻な研学の跡をふり返らなければならないと思う。空海の密教学を支えた密教典籍の蒐集将来はその最大の証拠であり成果であるが、空海に関わる密教典籍も、大きく渡唐以前と以後とに分けて考えるべきである。

空海が渡唐前に読了・依用した密教経典は、先述したとおり、結局は奈良朝の仏教時代に将来・書写されたものに由るのであるが、いまそれを、空海渡唐前の著作として唯一確認されている処女作『三教指帰』によって検出してみると、確実な密教経典と目されるものは『虚空蔵菩薩求聞持法』一巻のみである。右書を校訂・注釈・和訳した渡辺照宏・宮坂宥勝両氏は「三教指帰引用・関係文献目録」を摘記しておられるが、それによって書目を数え上げてみると、漢籍類は六九種、仏典関係は二七経である。この二七経中、一経のみが、密教経典であり、他はすべて一般大乗経典、または中国撰述の論書であったことを見れば、空海若年時にあって、まだまだその関心は密教に集中されていなかったことが分る。

これが、空海生涯の総決算ともいうべき詩文集『性霊集』となると、漢籍類八二種、仏典関係一一五種となり、漢籍と仏典の比率が逆転していることに驚かされるが、密教経典の多種にして多様なることにも一驚せざるを得ない。一、二を挙げても、『大日経』『大日経疏』『五秘密儀軌』『金剛頂義訳』『一字頂輪王時処儀軌』『地蔵十輪経』『地蔵菩薩本願経』『字母釈』『十一面神呪経』『宿曜経』『陀羅尼集経』『瑜祇経』『理趣釈経』『略出念誦経』等々があり、そのかなりが空海自身の将来にかかる。

空海の将来した経典は、帰朝報告書である『御請来目録』によれば、「新訳等経都一百四十二部二百四十七巻」「梵字真言讃等都四十二部四十巻」「論疏章等都三十二部一百七十巻」という尨大なもので、特に第一の新訳経の中に含まれた金胎両部の経疏は当時までの重要密軌のすべてを網羅し、以後の入唐・入宗の必要性を抛棄させるほどのものであった。

筆者が本論冒頭において、日漢の密教はインド密教の前半を受容し、蔵蒙仏教は後半を主としたという所以はここにあるといえよう。

〔金岡秀友〕

浄土宗・西山派・時宗

浄土宗

教義

浄土宗は法然房源空（一一三三—一二一二）を宗祖とし、『宗綱』第三条にいう「阿弥陀仏に帰命し、その本願を信じ、称名念仏によって、その浄土への往生を期するにある」を教旨とする。源空の到達した教えとは、当時の南都仏教や天台・真言の平安仏教にみられるエリートの宗教ではなく、まさにマス（民衆）の宗教の主張であった。源空の主著『選択本願念仏集』（以下『選択集』）第三章「弥陀如来、余行をもって往生の本願としたまわず。ただ念仏をもって往生の本願としたまえるの文」のなかで、

若し夫れ造像起塔をもて、本願としたまわば、貧窮困乏の類は、定めて往生の望を絶たん。然るに富貴の者は少く、貧賤の者は甚だ多し。若し智慧高才をもって、本願としたまわば、愚鈍下智の者は、定めて往生の望を絶たん。然るに智慧あるものは少く、愚痴のものは甚だ多し。若し多聞多見をもって、本願としたまわば、少聞少見の輩は、定めて往生の望を絶たん。然るに多聞の者は少く、少聞の者は甚だ多し。若し持戒持律をもって、本願としたまわば、破戒無戒の人は、定めて往生の望を絶たん。然るに持戒の者は少く、破戒の者は甚だ多し。自余の諸行、これに准じて知るべし。（原漢文）

と述べ、ひとにぎりの富者・知者・有識者・持戒者にむけられた貴族仏教・伽藍仏教を否定し、念仏こそが阿弥陀仏の本願なるが故に一切衆生を平等に往生せしめる行であると主張したのである。文中に源空の凡夫たることの実存的自覚と人間は仏の前にはすべて凡夫であるという人間観の確立をくみとることができる。

源空出家の契機は非業の死を遂げた父時国の「はやく俗をのがれ家を出て、我菩提をとぶらひ、みづからの解脱を求には」との遺言であった。叔父の観覚について出家、一三歳で比叡山に登り源光、皇円に師事して「法華三大部」を読了するなど修行するが、めざす救いの道は求められなかった。名利を求める叡山の学風を離れて西塔黒谷の叡空の室に投じ、南都に遊学後、黒谷の報恩蔵に入って、一切経をくり返し読むなかで、唐の善導和尚の「観経疏」のなかの「散善義」にある「一心に専ら弥陀の名号を念じ、行住坐臥に時節の久近を問わず、念々に捨てざるもの、是れを正定の業と名づく。彼の仏の願に順ずるが故に」の一文を読んで専修念仏の一門に帰入した。浄土宗の立教開宗で時に承安五（一一七五）年春三月、源空四三歳であった。「浄土立宗の御詞」とされるのは「われいま浄土宗を立つる意趣は、凡夫の往生を示さんがためなり」（『法然上人伝記』巻四上）であった。

浄土宗の教義を仏教全体の中に位置づける教判は、「選択」の論理であった。浄土宗では『選択集』全文の要約文に相当するものを「略選択」といって重視する。

夫速かに生死を離れんと欲せば、二種の勝法の中には、且らく聖道門を閣きて、選んで浄土門に入れ。浄土門に入らんと欲せば、正雑二行の中には、且らく諸の雑行を抛って、選んで応に正行に帰すべし。正行を修せんと欲せば、正助二業の中には、猶助業を傍にし、選んで正定を専らにすべし。正定の業とは、即ち是れ仏名を称するなり。名を称すれば、必ず生ずることを得。仏の本願に依るが故なり。（『選択集』第十六章の私釈段）

従来の教相判釈が優劣・勝者を規準にして仏教の経典、教説を配列・対比するという、いわば客観的な論証の方法をとっているのに対して、源空の選択は主観的というよりもむしろ信仰を絶対的規準にして主体的に選び捨て、選び取るという決断がみられるところに根本的な相違を見出すことができる。

この選択は次の表に掲げるように、あらゆる仏教の教説を浄土門——聖道門、正行——雑行、正定業——助業と二項を対比して繰り返し選び捨て、最終的に正定業である称名念仏の一行を選び取るに至るのであり、このようにして選び取られた称名念仏とは、源空の人みな凡夫であるとする深い実存的自覚による選択であるとともに、また阿弥陀仏の本願によって選択された、ただ一つの実践行とみるのである。そして、この二重の選択を結ぶものは、決定往生の信心、すなわち仏の本願に乗じて必ず往生することができるという信心の確立ということになる。

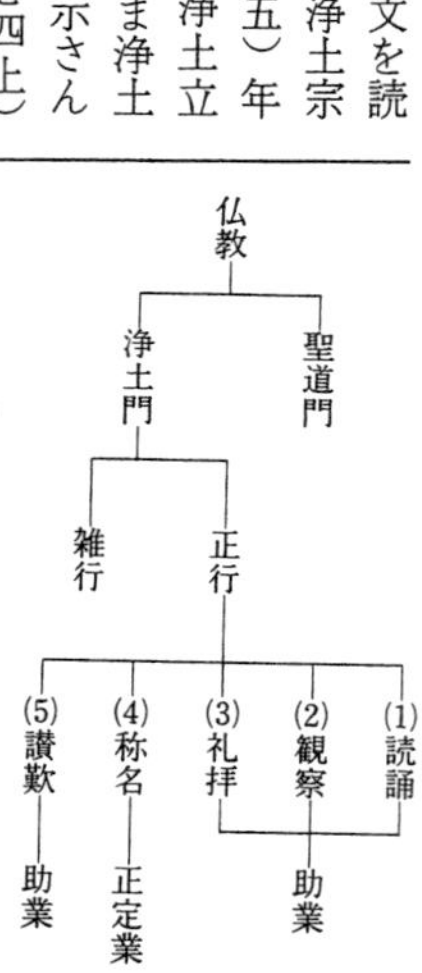

- 仏教
  - 聖道門
  - 浄土門
    - 正行
      - (1)読誦 ─ 助業
      - (2)観察 ─ 助業
      - (3)礼拝 ─ 助業
      - (4)称名 ─ 正定業
      - (5)讃歎 ─ 助業
    - 雑行

したがって、念仏者が決定往生の信心を確立した暁には、「十二箇条の問答」に「たとへは人のみちをゆくに、主人一人について、おほくの眷属のゆくかことし。往生の業の中に念仏は主人也、余の善は眷属也。しかりといひて余善をきらふまてはあるへからす。」と述べているように、他の善根は主人に従う眷属のように助業となること、すなわち、これまで選び捨ててきたあらゆる諸仏の教えはすべて念仏のなかに包み込まれることを明言する。源空には一切の行から念仏一行を選択する立場と同時に、一切の行を念仏の中に包摂する立場とが認められ、念仏

一行選択の究極において、一切の行は念仏に包摂されるとみてとるのである。

かくして選びとられた称名念仏の心がまえ、実施の方法および規範を安心・起行・作業という。安心とは念仏を唱える心のすえ方、心がまえをいい、『観無量寿経』に「若し衆生ありて彼の国に生ぜんと願ぜば、三種の心を発すべし、即ち往生せん。何等かを三となす。一には至誠心、二には深心、三には回向発願心なり、三心を具するは必ず彼の国に生ぜん」と説かれているのに基く。起行とは行を起すという意味で、専ら浄土三部経を読誦する読誦正行、阿弥陀仏とその浄土を観察し思いをこらす観察正行、阿弥陀仏を礼拝する礼拝正行、阿弥陀仏の名を唱える称名正行、阿弥陀仏の仏徳を讃歎し、供養する讃歎供養正行のいわゆる五種正行をいう。この五つの行のうち第四の称名正行が起行の根幹であることはいうまでもない。次に作業とは日常生活の規範をいい、阿弥陀仏やその浄土の聖衆等や三宝を敬う恭敬修、念仏以外の余行をまじえぬ無余修、念仏を相続して懈怠の心が起らぬようにする無間修、前の三修を臨終の夕に至るまで保つ長時修の四修をいう。以上の安心・起行・作業が念仏者の理想とする構格であるが、現実の社会生活における念仏の唱え方として立居振舞を規則化したのが三種行儀である。その第一は日常生活のなかでの尋常行儀、第二は一定の日を限って念仏に励む別時行儀、第三は臨終に際して、別時の行儀に準じて仏像を安置し来迎にあずかるのを期して念仏を唱える臨終行儀である。

経　典

宗憲第六条に記されているように、浄土宗所依の経典は、浄土三部経といいならわしている『仏説無量寿経』（曹魏天竺三蔵康僧鎧訳）、『仏説観無量寿経』（宋元嘉中畺良耶舎訳）、『仏説阿弥陀経』（姚秦三蔵法師鳩摩羅什奉詔訳）の三経とし、その正意の解明は、天親菩薩の『無量寿経優婆提舎願生偈』―以上を三経一論という―および善導の『観無量寿経疏』、源空の『選択本願念仏集』による。

『仏説無量寿経』（全二巻）には阿弥陀仏が修行中で法蔵菩薩であったとき、衆生救済のための四十八願をたて、長い修行によってその願を成就して阿弥陀仏となったことが述べられている。その第十八願が、「設し我れ仏を得たらんに、十方の衆生至心に信楽して我が国に生ぜんと欲して乃至十念せんに、若し生ぜずんば正覚を取らじ」という、いわゆる念仏往生の願である。『仏説観無量寿経』（全一巻）には王舎城の悲劇で救いを求めた韋提希夫人のために、阿弥陀仏および極楽浄土を観想する一六種の方法が説かれている。『仏説阿弥陀経』（全一巻）は『仏説無量寿経』を要約したような経典で、前段では極楽浄土の様子が描かれ、一心に阿弥陀仏の名号を唱えれば必ず往生ができると説き、後段では浄土往生の教えが真実で偽りがないことを六方諸仏が証明し、念仏者を護念すると説く。後段をとくに『仏説証誠護念経』といって独立して読まれることがある。浄土宗では往生浄土の本意は一つで、三経を同価値にみている。

『無量寿経優婆提舎願生偈』（全一巻）は『往生論』ないし『浄土論』ともいい、真宗では『無量寿経論』と呼んでいる。内容は五字を一句にして九六句からなる詩歌で書かれた偈文で、阿弥陀仏の浄土がすぐれていることを説き、次に散文でもって浄土へ往生する方法として五念門―礼拝門・讃嘆門・作願門・観察門・廻向門―を説いている。

『観無量寿経疏』（全四巻）は『観無量寿経』の注釈書で、玄義分・序分義・定善義・散善義各一巻の四巻からなるので『観経四帖疏』ともいい、略して『観経疏』といっている。源空は本疏の一文によって浄土宗を立教開宗し、「偏依善導一師」といい、善導を「弥陀の化身に在す」と崇め、本疏を阿弥陀仏の直説とした。浄土宗として善導を高祖とよんで尊崇するゆえんで、本疏の研究が盛んに行われ多数の注釈書が存する。

『選択本願念仏集』は源空が六六歳の建久九（一一九八）年に九条兼実の願いによって弟子に筆録させたもので、浄土宗義の根本聖典である。

歴　史

源空門下の弟子たちは、元久元（一二〇四）年一一月比叡山の座主真性に送った『七箇条起請文』に署名した弟子だけでも一九〇人にも及んでいる。これらの多数の弟子のなかで後世にまで著名な門弟を年齢の順にあげると、信空（一一四六―一二二八）、隆寛（一一四八―一二二七）、感西（一一五三―一二〇〇）、金光（一一五四―一二一七）、聖光（一一六二―一二三八）、幸西（一一六三―一二四七）、聖覚（一一六七―一二三五）、親鸞（一一七三―一二六二）、禅勝（一一七四―一二五八）、湛空（一一七六―一二五三）、證空（一一七七―一二四七）、源智（一一八三―一二三八）、長西（一一八四―一二六六）等がある。このうち一流をなしたのは、次の表に掲げるように、隆寛の多念義（長楽寺流）、聖光の筑紫義（鎮西流）、幸西の一念義、證空の弘願義（西山流）、長西の諸行本願義（九品寺流）、親鸞の一向義等をあげることができる。

源空没後しばらくの間は門下の中でも最年長者で藤原一族出身の信空が中心となって京都にその教えが伝えられていた。しかし、隆寛が定照の『弾選択』を著したのがきっかけとなり、嘉禄の法難に発展した。このため隆寛は陸奥に、幸西は壱岐に配流となり、この配流が後にその門流の人びとによって各地方に念仏が広まるきっかけとなった。このころ、関東・東北地方に念仏を広めた人に金光ならびに禅勝等をあげることができる。すでに門下のうち聖光房弁長は源空の四国配流以前に生地の九州に念仏の教えをひろめ、筑後に善導寺をたてて浄土宗第二祖となった。嘉禄の法難で源空の遺骸を嵯峨に移し、さらに粟生野（現在の西山派本山光明寺）で荼毘に付したが、その後大谷の遺蹟の廃滅を嘆いた勢観房源智が旧地を復して建てたのが現在の総本山知恩院である。聖光の門弟然阿良忠は主として鎌倉を中心に関東に布教し鎌倉に光明寺を開き、第三祖となった。良忠門下には傑出した六派がでた。すなわち良堯（一二五一－一三二八　白旗派）、性心（藤田派）、尊観（一二三九－一三一六　名越派）、良空（?－一二九七　木幡派）、然空（?－一二九七　一条派）、道光（一二四二－一三三〇〈異説一三三一〉　三条派）の六派である。このうち前三者を関東三派といい、後の三者を京都三派と称している。

しかし、教義を体系化し今日の浄土宗教団組織の基盤を築いたのは第七祖の聖冏（一三四一－一四二〇）である。その弟子聖聡（一三六六－一四四〇）は芝増上寺を開いている。このように各派が本末組織でもって展開してきた寺院を浄土宗という一つの教団組織にまとめあげる機縁を作ったのは知恩院中興の祖尊照（一五六二－一六二〇）である。尊照は家康の内意を得て慶長二（一五九七）年「関東諸寺掟書」五カ条を制定した。元和元（一六一五）年には増上寺の存応（一五四四－一六二〇）の弟子廓山・了的が草案を作り、存応と尊照が協議して出来上がったのが「元和条目」（浄土宗法度、三十五カ条）で、知恩院を総本山とし、増上寺を総録所として各地に本山、檀林、寺院を配する教団体制が完備したのであった。

明治の神仏分離の後、一時一宗の統制がくずれ東西に管長が出て対立したが、福田行誡などが出て収拾された。しかし、戦後の混乱期に金戒光明寺が昭和二一年に黒谷浄土宗を創立、翌二二年には知恩院を中心に本派浄土宗が独立して浄土宗は分裂したが、宗祖七五〇年遠忌の昭和三七年には本派浄土宗が、昭和五二年には黒谷浄土宗とがもとに復して今日に至っている。

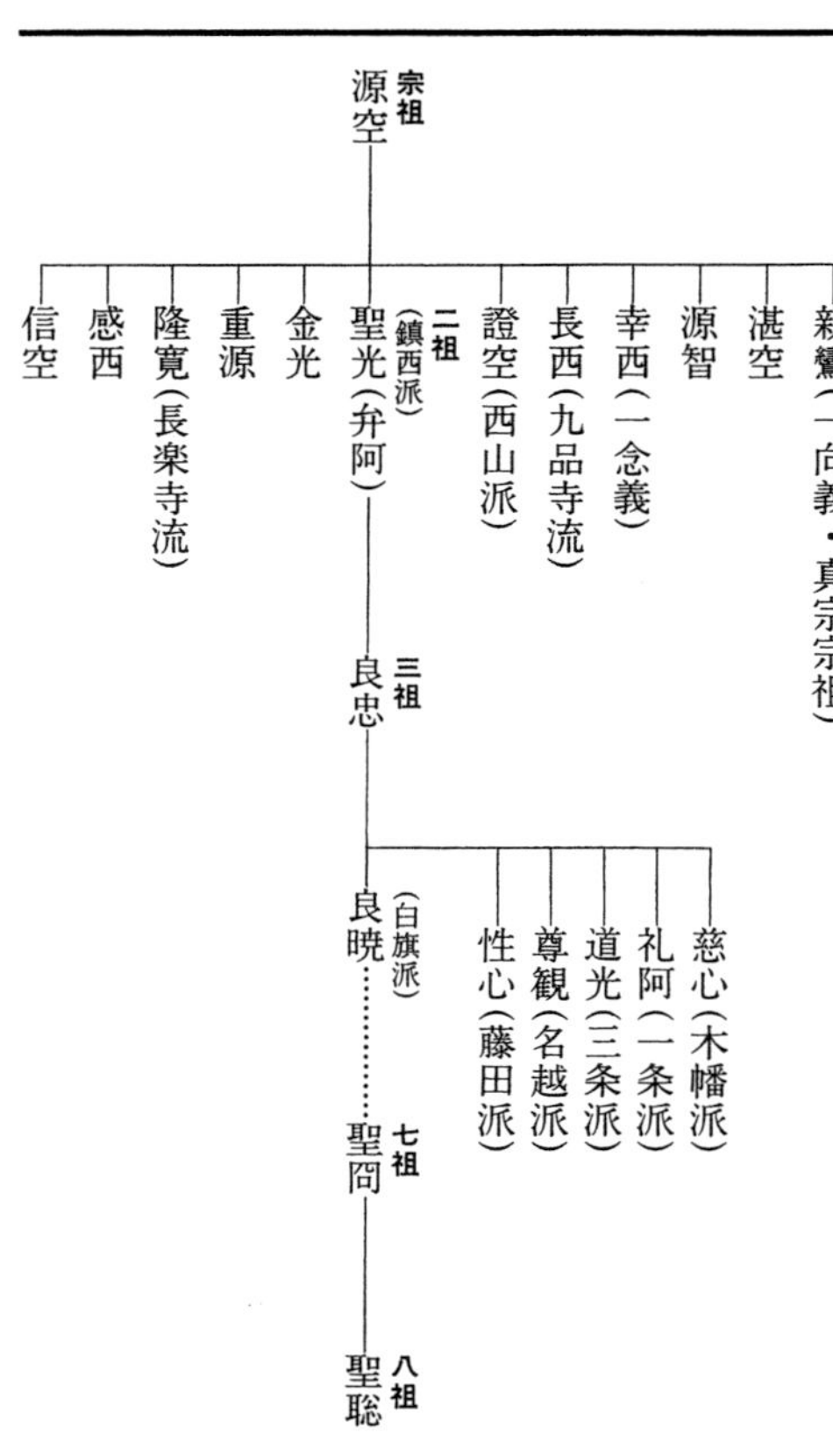

明治以降の典籍

明治以降の教学振興の面では明治仏教の碩学として名高い黒田真洞、大正・昭和にかけては桑門秀我、望月信亨、渡辺海旭、椎尾弁匡はじめ多くの学僧が輩出した。浄土宗の経論釈疏をはじめ選述、伝記、寺誌にいたる文献の集大成は、宗祖七〇〇年遠忌記念事業として浄土宗宗典刊行会編纂『浄土宗全書』全二三巻（明治40－大2、二〇巻、昭6－11、追加三巻）を刊行、これとは別に宗書保存会編纂『続浄土宗全書』全一九巻（大4－昭3、昭40再刊）が出版された。その後、浄土開宗八〇〇年慶讃記念として昭和四五－四九年にかけて各巻の配列を整理して『浄土宗全書』全四二巻として山喜房仏書林から覆刻再版された。なお、覆刻再版の際の解題を一本にまとめたのが『浄土宗典籍研究』（山喜房仏書林、昭50）である。また、伝法に関する典籍を集めた『浄土伝灯輯要』三巻（宗書保存会編）は大正一〇年に刊行されている。

宗祖に関する文献集成は、与謝野寛・与謝野晶子他編『法然上人集』（日本古典全集）（古典全集刊行会、大15）、黒田真洞・望月信亨編『法然上人全集』（浄土教報社、昭2）、長井真琴編『法然上人全集』（大日本文庫刊行会、昭14）、石井教道編『昭和新修法然上人全集』（浄土宗務庁、昭30）、塚本善隆監修『法然上人真蹟集成』（法蔵館、昭48）、大橋俊雄『法然・一遍』（日本思想大系）（岩波書店、昭46）、塚本善隆『法然』（日本の名著）（中央公論社、昭46）などをあげることができる。

辞典・年表については、刊行会編『浄土宗聖典』（東方書院、昭5）、藤本了泰編『浄土宗大年表』（大東出版社、昭16）、仏教大学仏教文化研究所編『新・浄土宗辞典』全一巻（隆文館、昭49）、編纂委員会編『浄土宗大辞典』全三巻、別巻一（山喜房仏書林、昭46－57）があげられる。

宗史研究書としては、主なものをあげると、恵谷隆戒『浄土宗史』（平楽寺書店、昭33）、田村圓澄『法然上人伝の研究』（法蔵館、昭31）、三田全信『浄土宗史の諸研究』（光念寺、昭34）、田村圓澄『法然』（人物叢書）（吉川弘文館、昭34）、法然上人伝研究会『法然上人伝の成立史的研究』（知恩院、昭36）、井川定慶『法然上人絵伝の研究』（法然上人伝全集刊行会、昭36）、塚本善隆監修『法然上人絵伝』（日本絵巻物全集）（角川書店、昭36）、重松明久『日本浄土教成立過程の研究』（平楽寺書店、昭39）、藤堂祐範『浄土教文化史論』（山喜房仏書林、昭54）などがある。

宗義・思想史的研究書としては、主なものをあげると、望月信亨『略述浄土教理史』（浄土教報社、大10）、望月信亨

『浄土教概論』（弘文堂書房、昭15）、石井教道『選択集の研究（註疏篇）』（平楽寺書店、昭20）、田村圓澄『日本思想史の諸問題』（永田文昌堂、昭23）、田村圓澄『浄土思想の展開』（永田文昌堂、昭23）、椎尾弁匡『日本浄土教の中核』（大東出版社、昭25）、石井教道『選択集の研究（総論篇）』（平楽寺書店、昭26）、田村圓澄『日本仏教思想史研究』（平楽寺書店、昭34）、石井教道『選択集全講』（平楽寺書店、昭34）、諸戸素純『法然上人の現代的理解』（浄土宗学研究所、昭39）、香月乗光編『浄土宗開創期の研究』（平楽寺書店、昭45）、梶村昇『法然（角川選書）』（角川書店、昭45）、西川知雄『法然浄土教の哲学的解明』（山喜房仏書林、昭48）、香月乗光『法然浄土教の思想と歴史』（山喜房仏書林、昭49）、服部英淳『浄土教思想論』（山喜房仏書林、昭49）、伊藤唯真『浄土宗の成立と展開』（吉川弘文館、昭56）、坪井俊映『法然浄土教の研究』（隆文館、昭57）、藤吉慈海『浄土教思想の研究』（平楽寺書店、昭58）、峰島旭雄『浄土教思想の比較宗教哲学的研究』（平楽寺書店、昭59）等がある。なお、昭和五二年から『定本法然上人全集』全九巻（同刊行会編、山喜房仏書林）が刊行中である。

浄土宗西山三派

教　義

源空門下四流のなかで、善慧房證空（一一七七―一二四七）を派祖とするのが西山派である。證空は、『法然上人行状絵図』『西山上人縁起』『法水分流記』などが伝えているように、加賀権守親季の長男で、建久元（一一九〇）年一四歳で出家し、源空の門下に入った。その俊逸さは建久九年師源空が『選択集』を撰述したとき「證空二三にして是勘文役たり」（『浄土法門源流章』）と伝え、翌年の正治元（一一九九）年には師に代って九条兼実に『選択集』を講じたほどである。元久元（一二〇四）年一一月源空が天台座主真性に送った『七箇条起請文』には、第四番目に署名していることをみても、源空門下の高弟の一人であった。

源空に常随すること二三年に及んだが、早くから浄土の教学体系を構築しようと志したことは、『浄土法門源流章』に日野の願蓮について天台学を、さらに『西山上人縁起』によると、台密を政春について研鑽したと伝えていることにも窺える。政春の没後は慈円に師事した。『法然上人伝法絵流通』によると、師源空の臨終をみとった一人として名を挙げられている。源空没後の翌年の建保元（一二一三）年には慈円から西山善峰寺の往生院（三鈷寺）を譲りうけて移り住んだ。西山義・西山派のいわれである。西山に住む前に一時東山の小坂に住したことから證空の教学を小坂義とも呼ぶ。嘉禄の法難には、事前に誓状を公家に提出して、比叡山妙香院の僧正良快らの弁護で難を免れた（『明月記』嘉禄三年七月条）こともあり、九条道家らの帰依を受け多くの門弟とともに西山派の基礎が作られた。

證空の西山義は源空の選択本願念仏を天台教学に基づいて構築したものである。證空の著書に体系的に教学を論じたものはなく、ほとんど善導の著書の講説記録ないし聞書である。西山義の理解には善導の著書の講説記録である『観門要義鈔』四一巻が最も重要である。同書によると、教義の構築に『観無量寿経』を中心にして行門・観門・弘願門の三門をたてている。行門とは観経以前の諸経の説をいい、観門とは『観無量寿経』に説く定散二善、弘願門とは弥陀本願の名号をいう。釈尊が定散二善を説かれたのは弥陀の弘願を顕して、衆生をして往生浄土を願わしめるためであると、弘願をもって釈尊一代の仏教を総括する体系を築き上げたのである。西山義を弘願義ともいうゆえんである。

阿弥陀仏トイフハ四十八願成就ノ仏ナリ。故に正シキ弘願の体ナリ。至心信楽欲生我国ノ者生レズバ正覚ヲ取ラジ、ト誓ヒシ菩薩、此ノ願ニ依りて衆生生ルベキ謂極マリテ仏ニ成リ給フ。正ニ知ルベシ、我等ガ生ルベキ行ハ彼ノ願力ニアリ。願成就セル仏ヲ阿弥陀仏ト号スレバ、明ラカニ知リヌ、阿弥陀仏ハ正シク我等ガ往生ノ行ナリト云フ事ヲ。（『観門要義鈔』）

と述べるように、弘願の体である阿弥陀仏の仏体には衆生往生の行が根源的に成就されているとみるのである（仏体即行説）。このように西山義の特色は弘願念仏であるが故に称名念仏のみが往生の正当な要因であって、諸行では往生できないとする念仏一類往生義・諸行不生義をたてたことにあるが、安心の領解の強調に源空の教学との相違がある。源空は正雑二行を分って正行に五種正行を配したが、證空は正雑二行を分つのは行相によるものではなく安心の領解にあるとみたのである。すなわち、雑行とは自力聖道門の安心で修す諸行であって、たとえ称名正定業であっても自力聖道門の安心で修すれば、それは正行ではなく雑行となるとみなしたのである。西山六流のうちの西谷流第三祖の行観は、その著『選択集私記』において「師ノ法然房ハ諸行ノ頭ヲ切ル、弟子ノ善慧房ハ諸行ヲ生取ニス」と述べているように師の源空は選択本願の思想をもって諸行を斥けたが、證空は天台の法華開会の思想をもって弘願のいわれを聞いてそれを領解すれば諸行もみなそれに包摂されるとみたのである。そして安心の領解によって穢土にいながらの往生という即便往生と臨終に肉身を捨てて浄土に往生する当得往生の二種往生説をたてて、現世から来世にわたる往生を説いたのである。

経　典

所依経論釈は、浄土三部経、天親の『往生論』、善導の『観経疏』、源空の『選択集』と浄土宗と同じで、これらに證空の『観門要義鈔』四一巻、『当麻曼荼羅註記』一〇巻を加える。浄土三部経のなかで、真宗では『無量寿経』を重視するが、西山派では観経宗といわれるほどで『観無量寿経』を重視する。西山派の教義は『観経疏』の内容から成り立っているので、浄土宗では日常法式にはあまり用いられない「十四行偈」が用いられるのはそのためである。『当麻曼荼羅註記』を加えているのは、證空が寛喜元(一二二九)年大和当麻寺に参詣して「観経曼荼羅」を拝見して感激し、以後その流通につとめたことにより、事相教旨がたてられ曼荼羅相承は法脈相承とともに宗門最高の伝法となっていることによる。

歴　史

西山教学が哲学的・思索的であったため、證空没後、直弟の間で四流が生じた。すなわち浄音(一二〇一―七一)の西谷流、立信(一二一三―八四)の深草流、証入(?―一二四四)の東山流、道観(一一九五―一二六四)の嵯峨流で西山四流という。その後、證空の孫弟子、すなわち遊観の弟子康空示導(?―一三四七)が本山流(三鈷寺流)を興した。本山流を加えて西山五流といい、さらに西谷流を開いた浄音の弟子了音が六角流を興し、あわせて六流となった。このうち東山・嵯峨の二流は室町初期には法灯が絶えた。西谷流の系統では行観(一二四一―一三二五)がでて『秘鈔』三五巻を撰述して西谷義を大成、深草流には顕意道教(一二三九―一三〇四)がでて『楷定記』三六巻を撰述して深草義を大成、本山流には示導の弟子実導(一三〇九―八八)が『弘深鈔』九巻を撰述して本山義を大成した。このうち本山流は文明から明応にかけては全盛期であったが、六角流とともにその法灯が絶え、西谷・深草の二流のみが後世大いに栄えた。西谷流は京都の光明寺・禅林寺を中心に法灯を継承し、深草流は京都の真宗院、誓願寺、円福寺および三河の一二檀林を中心に法灯を継承している。現在は西山浄土宗(総本山光明寺)、浄土宗西山禅林寺派(総本山禅林寺)、浄土宗西山深草派(総本山誓願寺)の西山三派に分れている。

明治以降の典籍

西山派列祖の典籍を集大成した『西山全書』は、大正二(一九一三)年に浄土宗西山派宗務院から八巻が刊行された。初版八巻は明治四五(一九一二)年に刊行された『大日本仏教全書』から西山関係のみを別刷したものであった。その後、初版に別巻三を加えて第二版一一巻が解説を付して昭和八年に文栄堂書店から刊行され、さらに別巻四を加えた第三版一二巻が昭和四八年に文栄堂書店から出版をみている。

主な教学・思想史的研究書をあげると、三浦貫道『西山教義綱要』(信仰の友社、大13)、同『観経講話』(三浦一行全集刊行会、昭17)、森英純『白木の聖者西山上人』(西山専門学校、昭23)、藤原幸章『観経疏大意講説』(安居事務所、昭38)、奥村玄祐『安心決定鈔』(鈴木学術財団、昭39)、森英純『西山証空上人』(光明寺、昭48)、関本諦承『関本諦承全集』一―三(同朋社、昭53―54)、森英純『西山上人短篇鈔物集』(文栄堂書店、昭55)などがある。

時　宗

教　義

時宗とは、『宗制』第三条の「目的」に「浄土三部妙典を所依の経とし宗祖証誠大師一遍智真上人、立教開宗の本義に基き、熊野本宮の神偈相承と、教主釈尊以来、三国浄土伝燈諸師及び宗祖以下列祖相伝の三国相承との二種相承をもって、念仏往生の教義をひろめ、儀式行事を行い、信者を教化育成し……」とあるように、一遍智真(一二三九―八九)を宗祖とし、二種相承を教義の根幹とする。智真は以下、『聖絵』によると、建長四(一二五二)年から弘長三(一二六三)年まで、一四歳から二五歳までの一二年間、源空直弟子の證空門下の聖達のもとで西山義を学んだが、弘長三年、二五歳のときに父の死を契機に故郷の伊予に帰り、数年間は故郷で在家の生活を送ったのち再度出家している。九州より信濃の善光寺に向かった智真は、文永八(一二七一)年の四月ごろ数日の間善光寺に参籠して、そのときに得た教示によって二河白道の図を写している。

故郷の伊予に戻った智真は窪寺に善光寺で写した二河白道図を本尊として専ら称名念仏の生活に入り、一遍教学の根本である十一不二頌(領解頌義)を感得した。十一不二頌とは「十劫正覚衆生界　一念往生弥陀国　十一不二証無生　国界平等坐大会」で、一度の念仏を唱えるだけで十劫の昔にさとりを得て仏となった阿弥陀仏の世界に往生できるとする西山義に立脚した信の領解であった。かくして、文永一〇(一二七三)年七月には菅生の岩屋寺(愛媛県上浮穴郡美川村)に半年の間参籠し、すべてを投げ捨てた捨聖の生活に入る決意をしたといわれる。半年の後には妻子を伴って大阪の四天王寺ではじめて賦算を行った。賦算とは名号を書いた札を渡すことによって往生のあかしとするものである。高野山から、さらには熊野へと向かい、途中たまたま一人の僧(『一遍上人絵詞伝』によると律僧)に「一念の信をおこして、南無阿弥陀仏ととなへて、このふだうけ給うべし」とさし出すと、僧は「いま一念の信おこり侍らず、うけば妄語なるべし」といって受けてくれない事態に遭遇して、不信の者に賦算を続けることの是非に思いなやみ、熊野本宮証誠殿に参籠して、権現の神意を仰いだのであった。その夜、山伏すがたの権現が現れ、「融通念仏すすむる聖、いかに念仏をば悪しく勧めらるるぞ。御房の勧めによりて一切の衆生はじめて往生すべきにあらず。阿弥陀仏と決定するところなり。信不信をえらばず、浄不浄をきらはず、その札くばるべし」とする神勅を得て、はじめて他力本願の深意を了解するに至ったと伝えられている。その後本宮から熊野川を下って新宮に着いた智真は「六十万人頌」――六字名号一遍法　十界依正一遍体　万行離念一遍証　人中上々妙好華――を感得した。この熊野権現の神勅によって「我が法門は熊野権現夢想の口伝なり」と体得したのであり、この「神勅頌」の感得は智真の成道のときであり、名を智真から一遍と改めた。念仏札の「南無阿弥陀仏（決定往生六十万人）」の六十万人の由来は神勅頌の頭四文字をとったものである。一遍の念仏は略して「一念」という。「往生は初めの一念なり。初めの一念といふもなほ機に付きていふなり。南無阿弥陀仏はもとより往生なり。往生といふは無生なり。此法に遇ふ所をしばらく一念といふなり。三世截断の名号に帰入しぬれば、無始無終の往生なり。臨終平生と分別するも、妄分の機に就きて談ずる法門なり。南無阿弥陀仏には、臨終もなく平生もなし。三世常恒の法なり。出づる息いる息をまたざる故に、当体の一念を臨終とさだむるなり。しかれば念々臨終なり。念々往生なり。故に回心念々生安楽と釈せり。おほよそ仏法は当体の一念の外には談ぜざるなり。三世すなはち一念なり」（『播州法語集』）と述べるように、念仏は只今の一念で、平生すなわち臨終なりと念仏を相続すべきことを主張する。この点で、西山義で説く即便・当得の二種往生の区別はなく、「わが体を捨て南無阿弥陀仏と独一なるを一心不乱といふなり。されば念々の称名は念仏が念仏を申すなり」（『播州法語集』）と述べるように、「南無」ととなえる機（衆生）と阿弥陀仏（法）とは一体で、この機法一体の名号を一遍は「独一名号」と呼んでいる。時宗の念仏とは、まさに「南無阿弥陀仏と一度正直に帰命せし一念の後は、我も我にあらず。故に心も阿弥陀仏の御心、身の振舞も阿弥陀仏の御振舞、ことばもあみだ仏の御言（おんことば）なれば、生きたる命も阿弥陀仏の御命なり。……名号を唱へ、息たえ命終る。これを臨終正念往生極楽といふなり」（『一遍上人語録』巻上）の言葉に集約されている。

経　典

浄土三部経を所依経典とするが、とくに『仏説阿弥陀経』を正所依の経典とする。このほか天親、曇鸞、道綽、懐感、少康、源信、源空、證空の祖釈を所依とし、宗祖の『播州法語集』、真教（一二三七—一三一九）の『他阿上人法語』、遊行七祖託何（一二八五—一三五四）の『器朴論』などを依用し、『法華経』『華厳経』など念仏を説く諸経典すべてを傍依として尊重する。

歴　史

一遍の生涯は徹底した念仏信仰と遊行・賦算を通しての念仏弘通のあけくれであり、当面の生活に必要な十二物以外は所持しなかった。しかし、最後には「我が化導は一期ばかりぞ」、一代の聖教皆尽きて南無阿弥陀仏となりはてぬ」（『聖絵』巻十二）といって所持していた書籍をすべて焼き捨てたのであった。一遍は遊行を共にする移動集団を時衆と呼んだのであり、一寺の建立もなく、立教開宗の意図も全くなかった。一遍の没後、あとを慕って入水自殺をする門弟もあったなかで、一遍より名号の形木を与えられていた聖戒は伊予に戻ったのち山城に移り、関白九条忠教の帰依をうけて京都六条に観喜光寺を建て、一遍遊行のあとを再遊行して『一遍聖絵』を完成した。六条派の興りである。一方、丹生山にこもり称念往生を遂げんとしていたなかで、念仏札を懇請する領主の熱意におされて賦算を与えた真教は、教化の生活に転じ、時衆たちを再編成し、二祖となった。三祖智得（一二六〇—一三二〇）は『知心修要記』『念仏往生綱要』『三心料簡義』等を著して教義の確立を計った。四祖呑海（一二六五—一三二七）は藤沢に清浄光寺（遊行寺）を正中二（一三二五）年に創建、五祖安国のとき同寺は時衆の本山となり、鎌倉武士たちの帰依をうけて盛んになった。七祖託何は『器朴論』三巻を著し、教理の綱格を論じ、宗首を体系化した。かくして、南北朝から室町時代にかけて時衆教団は隆盛をみた。二、三祖のころから分派を生じてきたが、一時は一二派（遊行派、一向派、奥谷派、当麻派、四条派、六条派、解意派、霊山派、国阿派、市屋派、天童派、御影堂派）に分立した。室町後期には戦乱のため道場の焼失と遊行の困難とあいまって衰退した。江戸時代幕府の宗教統制をうけて時宗として公認され、現在、各派の本末関係を解消して、遊行寺を総本山として包括されている。

明治以降の典籍

典籍の集成は、飯田良伝編『時宗宗典』（平凡社、昭6、同8）、『時宗聖典』全四巻（時宗宗学林、大3—10）、大橋俊雄編『時宗全書』（芸林社、昭49）、『定本時宗宗典』上・下（時宗宗務所、山喜房仏書林、昭54）がある。語録・法語類については、藤原正『一遍上人語録』（岩波文庫、昭9）、石田文昭『意訳・一遍上人語録法語』（山喜房仏書林、昭39）、大橋俊雄編『他阿上人法語』（大蔵出版、昭50）などがあり、絵伝については、浅山円祥『一遍聖絵六条縁起』（山喜房仏書林、昭15）、『一遍聖絵』日本絵巻物全集一〇（角川書店、昭35）、『遊行上人縁起絵』日本絵巻物全集二三（角川書店、昭43）、『一遍上人絵伝』日本絵巻大成・別巻一（中央公論社、昭53）が出版されている。史料としては、望月華山『時衆年表』（角川書店、昭45）、圭室文雄編『遊行日鑑』一—三（角川書店、昭52—54）、藤沢市文書館編『藤沢山日鑑』一、二（同所、昭58、59）、圭室文雄編『全国時宗史料所在目録』（大学教育社、昭57）がある。主要研究書としては、史的研究として、磯貝正『時宗教団の起源及其発達』（時宗史研究第一編、昭12）、吉川清『時衆阿弥教団の研究』（池田書店、昭31）、金井清光『一遍と時衆教団』（角川書店、昭50）、大橋俊雄『一遍と時宗教団』（教育社、昭53）がある。教理・思想史研究としては、河野往阿『時宗綱要』（時宗青年会本部、明26）、加藤実法『時宗概説』（向陽寺、昭4）、京都時宗青年同盟『一遍上人の研究』（丁字屋書店、昭13）、平田諦善『時宗教学の研究』（時宗史研究会、昭40）、河野憲善『一遍教学と時宗史の研究』（東洋文化出版、昭56）などをあげることができる。

〔藤井正雄〕

浄土真宗

浄土真宗は、浄土宗の開祖、源空（一一三三—一二一二）の晩年の弟子である親鸞（一一七三—一二六二）によって開かれた宗派である。親鸞にはことさらに新たな一派を立てようという意図はなかった。承元元（一二〇七）年の法難にも、師の忠実な弟子たらんとして、源空に従って流罪の身となっている。所依とする経典も全く浄土宗と同じで、源空の立てた浄土三部経（『大無量寿経』『観無量寿経』『阿弥陀経』）を用いている。

ただ、経典以外の論書および釈書については、若干、所依とするところに違いがあり、浄土宗では天親の『無量寿経優婆提舎願生偈』（浄土論または往生論と通称する）と善導の『観無量寿経疏』および源空の『選択本願念仏集』のみを所依とするのに対し、浄土真宗では、これらに加えて、龍樹の『十住毘婆沙論』易行品、曇鸞の『浄土論註』（往生論註ともいう。通称は論註）、道綽の『安楽集』、源信の『往生要集』なども所依として重視し、阿弥陀仏の本願が七高僧（龍樹・天親・曇鸞・道綽・善導・源信・源空）によって順次明らかにされて来た歴史をも尊ぶ。

なかでも、天親の『無量寿経優婆提舎願生偈』（浄土論）と曇鸞の『浄土論註』（往生論註）に顕わされた内容は親鸞が思想的に最も影響を受けたものであり、特に重要である。そのことは親鸞が天親と曇鸞の名をとってみずから愚禿親鸞と名を改めていることからもうかがわれる。また、この二書から彼独特の「絶対他力」思想が引き出されていることも注意してよい。これらの点からして、浄土真宗は確かに浄土宗とちがうが、親鸞自身の意識のなかでは、あくまで、よき人（源空）の仰せを信ずるよりほかに別の考えはないということであったことは忘れてはならない。現在の浄土宗との相違はむしろ、源空の他の弟子との相違であったといってよかろう。

教義

親鸞は『歎異抄』の中で「親鸞におきては、ただ念仏して弥陀にたすけられまいらすべしとよきひとの仰せをかふりて信ずるよりほかに別の仔細なきなり」と述べている。このことからもわかるように、親鸞は「よき人」すなわち源空の教えそのままにひたすら念仏を称えることを人びとに勧めている。しかるに、親鸞は、源空の他の弟子たちのように念仏の数を競うことには大きな疑問を持ち、これは自力の念仏であって、これによったのでは真実の報土に往生することはできないのではないか、と考えた。念仏が自力の行であるなら、念仏以外の難しい観想行の方が念仏より劣る修行法とはいえないはずであるし、どうして念仏のような易しい行で速やかな往生が可能と説かれるのか疑問である、というのが親鸞の正直な気持ちであったと思われる。

そこで、親鸞は百八十度観点を変えて、自ら称える念仏であっても、その内実は、阿弥陀仏の側から施され、称えしめられる念仏ではないかと考えた。この解釈に指南を与えたのが曇鸞の『浄土論註』である。曇鸞はこの書のなかに、「おほよそこれかの浄土に生ずると、およびかの菩薩人天の所起の諸行は、みな阿弥陀如来の本願力によるがゆえなり。なにをもてこれをいふとなれば、もし仏力にあらずば、四十八願すなはちこれ徒設ならむ」と説いているのである。念仏の背後には阿弥陀仏の本願の力がはたらいているのであり、これが念仏による浄土往生を約束しているのである、というわけである。したがって、親鸞は南無阿弥陀仏を阿弥陀仏の本願からの「召喚の勅命」と受け止め、称える念仏というよりも聞く念仏すなわち聞名の念仏というのが念仏の真の意味である、と理解したのである。ここにおいて、念仏はわが口から出るものではあっても、本願力の働きかけであり、仏から施されたものであり、仏の呼び声を聞くことに意味がある念仏、ということになったのである。したがって、念仏はわれらが称える小行でなく、阿弥陀仏がわれらをして称えしめる大行なのである。念仏は称える数が重要ではない、というわけである。

親鸞が念仏を自分の行としなかったもう一つの理由に、鎌倉旧仏教からの念仏非難があげられよう。鎌倉旧仏教側は、念仏の徒たちはどんな悪人も念仏ひとつで浄土に往生できるといっているが、これは仏性のない者に悟りを説くもので、仏道に反する、と非難したのである。親鸞はこの非難に応えるつもりで『教行信証』を著わし、とくに信巻を説いて、信心が仏性であり、信心が往生の正因であると証明したのである。しからば、いかにして仏性なき極重悪人にこの仏性すなわち信心が得られるのか、というに、大行たる名号（南無阿弥陀仏）と阿弥陀仏の知恵の光明の二が父母のように作用して、われわれの心に大信心を施与するのである、とする。そして、この大信心を賜った時をもって、往生が約束された身すなわち正定聚に入った身とするわけである。

親鸞は念仏によって八十億劫の生死の重罪を除き、その功徳によって往生が可能になるというような、善導などの念仏思想は拒絶した。親鸞はあくまでも、念仏の意味を本願すなわち仏の慈悲に立ちかえって理解しようと努めたので、凡夫往生の可能性は念仏にありと説く『観無量寿経』より、さらに遡って、本願（第十八願）を説く『大無量寿経』を真実の教と見たのである。そして、この経を説いた釈尊は弥陀三昧の中にあって説いたから、この経は阿弥陀仏の直説といってよく、したがって、この真実の教もまた阿弥陀仏によって施し与えられた教えといえるから、親鸞は教、行、信のすべてが仏からの賜物すなわち回向と見るのである。教、行、信のすべてが回向であるなら、当然、その証もまた回向である。この点より、親鸞の仏教は回向の仏教といってさしつかえない。現に、親鸞は『教行信証』のなかで、「謹んで浄土真宗を按ずるに二種の回向あり。一には往相、二には還相なり。往相の回向に就いて真実の教行信証有り」と述べているのである。

親鸞が天親の『浄土論』を重視したということは、もちろん、曇鸞がその注釈を書いたことにもよるのであろうが、もう一つの理由として、この書が他界としての浄土を説かず、あくまで、仏教の悟りの世界を提示しているからであろう。親鸞は浄土をこの世の苦しみの逃避場所として見ることには消極的であった。仏教の本義を逸脱した観念に陥る危険を感じたからである。天親はこの書の冒頭に、「我、一心に尽十方無碍光如来に帰命し、安楽国に生まれんと願ず。」と述べているが、親鸞はこの一心のなかに淳一なる真実信心を見、同時に、無碍光に帰依した者の「生死すなわち涅槃」の境涯をも見取って、生死すなわち涅槃の境涯とは何も、死後の世界と限る必要はなく、現生をも包んで如来が救済活動をする場のことをいうのだと知ったのである。したがって、親鸞は、生死即ち涅槃なりと信心が獲得された時をもって往生の決定した時とした。これを浄土真宗では現生不退または平生業成という。これも浄土宗に見られない親鸞の宗教の特徴である。

こうして親鸞は阿弥陀仏の本願力の活動によって念仏の教えを聞き、大信心を恵まれたという事実に目覚め、その本願力の活動を「絶対他力」と説いたのである。この絶対他力は自力を否定する他力でなく、自力のなかに入り込んで作用し、自力以上の結果をもたらす力であり、また、自力の限界を念い知らせる力でもある。思えば、われわれ煩悩をかかえる存在は、世俗的な利益のみに汲々とし、仏道に目を向けるような善根などもともと持ち合わせていないはずである。それなのに、こうして仏縁を恵まれるとすれば、これはわれわれの内より湧き興ったものではなく、仏の側よりの働きかけの結果であると見なさなければならないだろう。これを親鸞は仏力すなわち他力と言っているのである。

さて、親鸞は、以上のような阿弥陀仏の本願力（他力）の活動を浄土真宗開顕の歴史的事実の上にも見つめている。すなわち釈尊による浄土三部経の開顕、インドにおける龍樹の『十住毘婆沙論』易行品（難行道、易行道の別を説いて易行道の在ることを明かす）と、天親の『浄土論』（すでに述べたように一心〈大信心〉が示されている）、中国では曇鸞の『論註』（他力の回向を開示して、浄土往生を勧める）、道綽の『安楽集』（聖道門と浄土門の別を示して、末法の世では聖道門の悟りが難しいことを告白する）、善導の『観無量寿経疏』（釈尊の正意とはすなわち凡夫往生のために称名念仏の道を示すことであると明かす）、日本に来ては、源信の『往生要集』（浄土に報土と化土の二種の区別があることを弁ず）、源空の『選択集』（真宗の証を立て、念仏の教えを広めた）といった業績である。これらは単なる歴史現象ではなく、本願力のまさしき現在化と親鸞は受け止めたわけである。

分派の歴史

親鸞は師、源空の導きに従って浄土の教えを学び、主に関東一円を中心に教えを弘めたが、晩年は京都に帰り、著述に専念した。弘長二（一二六二）年親鸞が京都で没すると、親鸞の弟子たちは京都大谷に聖人の遺骨を葬り、さらに一〇年後には墳墓を改め、吉水の北に移して御廟堂を建てた。この御廟堂の管理を受け持ったのが親鸞の末娘の覚信尼である。その覚信尼の孫にあたる覚如の時に至って、この御廟堂は本願寺という寺に格上げされ、親鸞の血統と法統（教えの伝統）とを伝える本願寺教団となった。そして、第八世、蓮如の時に、関東の弟子たちの流れを汲む教団から本願寺に帰属する者が現われ、本願寺は、一躍、真宗教団の最大勢力となり、今日に至っているのである。

その本願寺教団が東西に分かれることになった原因は、織田信長の攻撃によって大坂の石山本願寺を開け渡さねばならなくなった時に、第一一世、顕如が意見を異にする長男の教如を義絶したことにある。顕如の没後、当然のように教如は本願寺の後継から外され、弟の准如がその位に就いたことから、徳川家康が教如に同情して京都に寺地を寄進し、東本願寺を建て彼をその住持としたのである。これが東本願寺の起こりである。西本願寺は准如が継承した、本家の本願寺のことである。

他方、関東の弟子たちは二四人の高弟を中心に親鸞の教えを受け継ぎつつ教団を形成して行ったが、なかでも有力な一団を形成したのが高田（栃木県芳賀郡二宮町高田）の真仏・顕智を中心とする高田門徒と茨城県南部、横曽根（水海道市）の性信を中心とする横曽根門徒であった。かれらは関東ばかりでなく、東海・北陸さらに近畿中国地方まで教線をのばしていった。しかるに、幕府が鎌倉からふたたび京都に移ると、関東の教団は内紛などもあって次第に衰え、高田の専修寺も桃山時代には伊勢の一身田に本山機構を移してしまったのである。

浄土真宗教団は今日までに、十派（浄土真宗本願寺派、真宗大谷派、真宗高田派、真宗仏光寺派、真宗興正派、真宗木辺派、真宗出雲路派、真宗誠照寺派、真宗三門徒派、真宗山元派）に分かれてきた。しかし、組織的に大きな力を有し、教学の発展に寄与してきた派は、浄土真宗本願寺派と真宗大谷派と真宗高田派と真宗仏光寺派である。

宗学の歴史

本願寺の第三世、覚如は、永仁二（一二九四）年、親鸞の三十三回忌にあたって、『報恩講式』を作り、親鸞の徳を称え、また、『口伝抄』や『改邪抄』によって親鸞の正意を明らかにせんとした。覚如の弟の存覚は『教行信証』の最初の注釈書である『六要抄』や、『諸神本懐集』などを著わして宗学に大きな基礎を与えた。本願寺の第八世、蓮如は門徒に書き送った書状（『御文』）のなかに、浄土真宗の要義を簡潔かつ平易に表現し、教えの民衆化と安心の統制とに貢献した。これらの業績をもとに親鸞の思想信仰を体系的に把握せんとしたのが宗学である。

草創期の宗学の学者としては慶秀があげられる。彼は顕如に仕えた人で、『正信偈』や『三帖和讃』の解説書を残している。江戸時代に入ると、幕府が学事を奨励したため、本願寺派・大谷派・高田派・仏光寺派の四派には優れた学僧が輩出し、宗学の形成に尽くした。本願寺派には、第一二世宗主准如をはじめ了尊、祐従、准玄らが出て、西吟や月感らを育成し、第一三世、良如の時の寛永一五（一六三八）年に、本山阿弥陀堂の北に学寮を創建した。そして、准玄がその最初の講者となった。彼のあとを襲った西吟は初代能化職として学寮の体制づくりに努めたが、学友の月感からその学説を批判され、両者間の論争は幕府の裁決を仰ぐところまでエスカレートした。この論争は「承応の鬩墻」と言われる。この事件の後、学寮は幕府によって廃止されたが、元禄八（一六九五）年に学林として復興し、知空が第二代能化職に就いた。彼の弟子には、月筌、峻諦、理円、性均らがいる。能化職は、その後、若霖、法霖と次第し、法霖の弟子に道粋、天倪、継成・僧樸らが出て活躍した。

ところで、第四代能化、法霖の没後、彼の学友で播南学派の祖となった智暹は大心海派の義教と能化職を争い、結局、敗れ、そのために、そのことを憤って、義教の師である法霖の本尊論を批判した。学林側は激怒して天倪、僧鎔が反論を書き、明和四（一七六七）年、ついに、本山の鞘之間で両者対論した。これが「明和の法論」である。この後も義教、桂厳、功存らが法霖擁護の書を残している。

明和五年に智暹と義教が相次いで没すると、第六代能化は功存が継いだ。しかし、彼は三業帰命論を説いたため、道粋、憲栄、僧樸らから注意されることとなった。そして、次の第七代能化の智洞もまた三業帰命論を説くに至るや、安芸の大瀛と河内の道隠は彼を激しく非難し、ついに幕府の裁断を仰ぐに至った。この事件を「三業惑乱」という。この裁断の結果は学林側の完全な敗北となり、ここに能化職の権威は失墜し、以後は学林に能化職は置かれず、毎年、地方の碩学を呼んで学事を統轄させる年預制度を採ることになった。そして勧学・司教・助教・得業の学階が制定された（文政七年）。ここにおいて、もはや教学の分裂は不可避となり、各地に多くの学派を生んだ。特に、僧樸の門からは優れた学僧が多く育ち、それぞれ学派を立てた。すなわち、石州学派の仰誓、筑前学派の大同、三業派の智洞、空華学派の僧鎔、芸轍の慧雲である。さらに、僧鎔門下には、越中空華の祖、柔遠と堺空華の祖、道隠が出、道隠からは豊前学派の月珠が出ている。また、慧雲からは石泉学派の祖、僧叡と芿園学派の祖、大瀛、さらに大瀛から龍華学派の曇龍が出ている。このほかにも、義天の孫弟子、興隆が越後派を興し、また、功存の弟子、環中も肥後派を興している。これらの学派から出た勧学としては杏旭、慧航、性海、徳潤、自謙、玄粛、聞号、廓忍、大濤らの名が揚げられる。

他方、大谷派では、初期の学者として、慶秀、円智、了海、羊歩、如晴らが出ている。第一四世、琢如の時の寛文五（一六六五）年に創設された学寮では、了海らがその最初の講莚を敷いた。そして、正徳五（一七一五）年、恵空がこの学寮の初代講師に任ぜられると、宗学がめだって盛んになった。つづく第二代講師、慧然は学寮を高倉に移して規模を整え、制度を定めたので、この時より高倉学寮という。高倉学寮は、以後、大谷派における学説の統一と人材の養成に中心的地位を占め、慧然の弟子の慧琳（第三代講師）、慧畝（第四代講師）、随慧らは多くの優れた学僧を育成した。慧琳からは、宣明（第六代講師）、頓慧（鳳嶺）、宝景（第七代講師）が出、随慧からは、深励（第五代講師）が出ている。このうち、深励・宣明・頓慧・宝景は四大家と称せられ、法海（第八代講師）と共に、五大学系を築いた。しかるに、宝景・法海の学説は深励の学説に近かったので、のちには、頓慧・深励・宣明の三大学系となり、この三学系から、大含（第九代講師）、徳龍（第十代講師）、霊暀（第一一代講師）が出たのである。とはいえ、深励一門が最も多くの学僧を生んだので、後世への影響は大きく、総じて、大谷派の学説は深励説に統一された、といえる。大谷派では本願寺の論争を他山の石として、特に学説の統一に意を用い、高倉学寮の講師職は代々、一系一徹とした。このために、宗学は、概して、固定化を免れなかったうらみもあるのである。

高田派や仏光寺派にも慧雲・慧海・真淳や光教などが出たが、学統を形成するには至らなかったようである。

明治以降の宗学の歴史と業績

明治初期の仏教界は維新政府の神仏分離政策のために、儒学や国学の者たちから排仏毀釈の難を受け、また、寺院の統廃合の憂き目を被るなど、激動の波に洗われた。その上、海外からのキリスト教と科学思想の流入は、仏教教団に存亡の大きな危機感を与えた。大谷派の義導や本願寺派の南渓らは、これに対して、『天恩奉戴録』『随喜閑愁録』や『淮水遺訣』『杞憂小言』などを書いて、護国思想に裏づけられた護法論を展開し、キリスト教から国家と仏教を守ろうと訴えた。しかるに、近代国家建設の時流のなかにあっては、このような受身の議論は受入れられるべくもなく、欧州見聞の旅から帰国した島地黙雷、渥美契縁らの信教の自由論、教団近代化論が大勢を占めるに至るや、仏教教義それ自体も狭い宗門の、さらに小さな学派の見解に留まることなく、海外の新しい研究法が学ばれねばならないこととなった。明治九（一八七六）年、大谷派の南条文雄、笠原研寿は英国に渡って、サンスクリット原典の言語学的研究をこころざし、本願寺派の藤島了穏も一五年にフランスのシルヴァン・レヴィから南方仏教の研究を教えられている。西欧の仏教研究との交流は伝統的な宗派仏教を越えた歴史的実証的な視点をもたらし、かつ、原始仏教・根本仏教への関心を強めた。前田慧雲の『仏教古今変』、藤井宣正の『仏教小史』などは、歴史研究の最初の成果としてあげられよう。これは、また、親鸞の伝記の研究にも史実を重んじる方法を喚起し、長沼賢海らの新たな親鸞研究を陸続と生んだ。親鸞の内室、恵信尼の消息が西本願寺宝庫から新たに発見されたことも一層、これを刺激した。

西洋哲学との接触は外面的な実証主義の面ばかりでなく、内面的な思索にも影響を及ぼした。大谷派に属する清沢満之著『宗教哲学骸骨』はその典型である。彼は精神主義を提唱し、近代の不安と孤独に悩む精神に主体の確立を与える真宗の信仰の意義を開示した。彼の住む浩々洞には暁烏敏、佐々木月樵、多田鼎らが集まって『精神界』を発行し、のちに曽我量深、金子大栄らも加わって、大谷派近代教学の形成に端緒を開いた。

大正時代に入ると、宗門の教学機関にも大学令が施行され、新しい研究体制が導入された。それによって近代的な諸科学が宗学と肩を並べて教えられるようになると、当然のように宗学の近代化が批判というかたちをとって試みられた。野々村直太郎の『浄土教批判』と金子大栄の『浄土の観念』がそれである。この両者の批判は教団の教権と衝突し、それぞれ竜谷大学と大谷大学から追放される結果となったが、野々村教授の追放は梅原真隆らの辞職をも誘発し、ここに顕真学苑を中心とした在野からの宗学の近代化と信仰運動が展開されることとなったし、また、金子教授の追放は曽我量深の辞任を招き、両人の活躍によって、大谷派伝統教学の権威の終幕は下ろされることとなったのである。

このほか、明治三〇年代に近角常観によって開設された求道学舎も、在野の純粋な信仰運動として青年層をひきつけたことは忘れてならない。総じて、明治以降の宗学は教団を離れたところで展開したところに、その特色がある。

以下に、明治以降の基礎的典籍を若干挙げる。

『真宗聖教全書』五巻（真宗聖教全書編纂所編・大八木興文社・昭16—38）。『定本親鸞聖人全集』八巻（親鸞聖人全集刊行会・法蔵館・昭44—45）。『親鸞聖人真蹟集成』九巻（赤松俊秀ら編・法蔵館・昭48—49）。『真宗全書』七五巻（妻木直良編・経蔵書院・大正2）。『新編真宗全書』三〇巻（新編真宗全書刊行会・思文閣出版・昭52）。『真宗大系』三七巻（真宗典籍刊行会・大6—14）。『続真宗大系』一六巻（真宗典籍刊行会・昭11—14）。『真宗叢書』一三巻（真宗叢書編輯所・興教書院・昭5）。『真宗大辞典』三巻（岡村周薩編・永田文昌堂・昭11）。『仏教大辞彙』（竜谷大学編・大11）。『本願寺史』（本願寺史料研究所・浄土真宗本願寺派宗務所・昭44）。『東本願寺史料』（東本願寺宗学院編修部・名著出版・昭48）。『真宗史料集成』一三巻（森龍吉編・同朋舎・昭49—57）。『親鸞聖人著作用語索引』二巻（竜谷大学真宗学会編・永田文昌堂・教行信証の部・昭41、和漢撰述の部・昭46）。『真宗聖教現存目録』（真宗本願寺派宗務院編・永田文昌堂）。『真宗年表』（大谷大学編・法蔵館・昭48）。

臨　済　宗

教　義

臨済宗は晩唐に中国禅五家の一宗として臨済義玄（？―八六七）によって始められたものであるが、その教義的基盤はすでに彼の法祖父に当る馬祖道一（七〇七―八六）によって築かれていたと見るべきである。ダルマから六祖慧能を経てようやく中国の風土に土着した頓修頓悟の大乗禅は、馬祖に至って完全に伝統的経論を離れ、祖師禅として日常生活に密着した思想の花を咲かせたのである。そういう点で「不立文字、教外別伝」の宗旨が実質化したのは馬祖においてであるといってよい。彼はダルマ一心の法を説いて「汝等諸人、各自心是れ仏、此の心即ち仏なるを信ぜよ。ダルマ大師、南天竺より中華に来至し、上乗一心の法を伝えて汝等をして開悟せしむ……」（『馬祖録』示衆）といい、「自性本来具足す。但だ善悪の事中に滞らざるを喚んで修道の人と作す。善を取り悪を捨て、空を観じて定に入るは、即ち造作に属す。更に若し外に馳求すれば転よ疎にして転よ遠ざかる。但だ三界の心量を尽すのみ」（同）と修道の法を説き、「只だ如今の行住坐臥、応機接物、尽く是れ道なり。道は即ち是れ法界なり。乃至、河沙の妙用も法界を出でず」（同）と示して「平常心是れ道」を教えている。

師の黄檗希運（？―八五六）を通してこの宗旨を体得し「黄檗の仏法多子なし」（黄檗の仏法とはこんな当り前のことであったか）と嘯いた臨済も、元はといえば、経律を究めんとする学究であったが「仏法的々の大意」（仏祖の教えの眼目）を問うて師黄檗の痛棒に遇い、体究錬磨の結果これを体解するにいたったという。臨済の教えは『臨済録』一巻に遺憾なく説き示されている。

　赤肉団上に一無位の真人有り。常に汝等諸人の面門より出入す。未だ証拠せざる者は、看よ看よ。（われわれの肉体の中に絶対の真人がいて、常に感覚器官を通じて出たり入ったりしている。それをまだ自覚体認していないものは、見よ、見よ）〔上堂〕

臨済の教えの中心は、「一無位の真人」の体験的自覚にあるのであり、これはブッダの大覚、ダルマの壁観、六祖の定慧を受けるものであり、臨済はこの真人の自覚体験を「真正の見解」と呼ぶ。

　仏法は功を用いる処無し。祇だ是れ平常無事、屙屎送尿、著衣喫飯、困じ来れば即ち臥す。愚人は我れを笑う、智者は乃ち焉れを知る。……夫れ出家とは須らく平常真正の見解を弁得して、仏を弁じ魔を弁じ、真を弁じ偽を弁じ、凡を弁じ聖を弁ずべし。（仏法は作為的なものではない。日常生活の中で無事たることだ。小便したり、着たり、食べたり、寝たりするだけのことだ。愚かな人間は私を笑うだろうが、智者なら真意がわかるはずだ）〔示衆〕

このようにして真実の自己を発見した人間は、独脱無依であって、随処に主と作る大自由人である。彼は一切の権威に先立つ絶対主体性をもっているがゆえに、「殺仏殺祖」の大機大用を現前せしめる。ゆえに、人は臨済の宗風を評して「虎驟竜奔、星馳せ電激し、天関を転じ地軸を斡らす。衝天の意気を負い、格外の提持を用う」（『人天眼目』）といい、「霜を刮るの面、冷厳人に逼る。獣を伏するの威、腥風地を捲く」（『五家正宗賛』）という。しかしまた同時に、孝養をもって聞こえ、純一無雑の性であった臨済には、「穏密純真、言句を衣と為し、暗号密令、他の知を許さず。……真実諦当、法に依って則を立て、受行自在、誰か敢えて窺覦せん」（『五家参詳要路門』）などと評される一面もあり、したがって臨済正宗の禅者は、それぞれ自己の個性によってこの臨済の宗風の一端を標榜した。ためにその風光に自ら各人各様の個性が見られるところに臨済宗総体の特色があるといえよう。

ただ臨済宗は宋代において大慧宗杲が、看話禅を唱え、方法的には古人の古則公案によるを心地開発の捷径とし、悟りをもって則となすことを眼目としたために、同じ禅宗でも曹洞宗の黙照禅と著しい相違の観を呈するのである。とはいえ臨済宗に洞門における『正法眼蔵』のごとき動かすべからざる教義・教則があるわけではない。

経　典

臨済みずからが経論をもって「不浄を拭う反故紙」と決めつけ、「世を救う薬、真理の説明」に過ぎないものと評価し、見るべきものは「即今目前聴法底」（そこで説法を聴いているそれ）以外にないとしているのであるから、一宗の存立根拠とすべき経典はない。しかし臨済宗でも栄西が「与えて之れを論ずれば一大蔵経皆な是れ所依なり。奪って之れを論ずれば一言の所依も無し」（『興禅護国論』）と述べているように、経論にも、真理を指示する方途としての意義は認めるのである。しかし、仏祖の経録を「指月の指」とか「敲門の瓦子」といい、それは真理に承当した暁はもはや不要となり忘れ捨てるべき蹄筌に過ぎないとするのである。

そういう確認の上で、臨済宗で珍重する経録を左に挙げておく。

経については、古来「釈氏十三経」のうち特に『円覚経』『梵網経』『仏遺教経』『四十二章経』『八大人覚経』『般若心経』『金剛経』『維摩経』『楞厳経』『楞伽経』『法華経』などが読まれている。

祖録については、宗門の初心者に対して、「禅宗四部録」が必読書とされている。四部録とは、中国禅第三祖の僧璨鑑智（?—六〇六）の『信心銘』（四言、一四六句の韻文で信と心の不二を説く）、六祖の弟子永嘉玄覚（?—七一三）の『証道歌』（無上道の要諦を二四七句の古詩体で説いたもので節をつけて歌唱する）、五祖法演の孫、廓庵師遠（生没年不詳）の『十牛図』（牧童が本来の自性である牛を追い飼い馴らす過程を十の図と頌で構成したもの）、長蘆宗賾（宋代・生没年不詳）の『坐禅儀』（坐禅の精神と作法を説く。長蘆編『禅苑清規』一〇巻に含まれていたもの）の四書である。

また臨済禅の学人に特に尊重され、わが国においても開版・重版され、多くの禅者によって訓註を付された、いわゆる「宗門七部書」というものがある。

㈠『臨済録』一巻は宗祖臨済一代の言行を録したもので、上堂・示衆・勘弁・行録・碑銘が収められている。

㈡『碧巌録（集）』一〇巻は古来宗門第一の書とされ、宋の雪竇重顕（九八〇—一〇五二）が古人の話頭一〇〇則を選んで頌古を付したもの（『雪竇頌古百則』）に圜悟克勤（一〇六三—一一三五）が垂示、著語、評唱を付したもの。

㈢『大慧書』二巻は詳しくは『大慧普覚禅師書』といい、宋の大慧宗杲（一〇八九—一一六三）が僧侶の門人四二人の問いに対して宗要を説いた書簡文集。

㈣『虚堂録』一〇巻は宋の虚堂智愚（一一八五—一二六九）の語録であり、虚堂の流れを汲むわが国臨済禅の学人にとって基本的テキストである。

㈤『五家正宗賛』四巻は希叟紹曇（生没年不詳）の撰によって七四人の禅者の機語を集めて、各伝ごとに四六文の賛を付したもの。

㈥『江湖風月集』二巻は宋の咸淳年間から元の延祐・至治年間に至る間に作られた詩偈から、七六人の詩二七二首を選び、松坡宗憩（生没年不詳）が編したもの。

㈦『禅儀外文』一巻はわが五山の学僧虎関師錬（一二七八—一三四六）が東福寺一衆のため宋朝以来の名文を選んで集め、四六文の作法を説いたもの。

なお、右の七書のほか、宋の無門慧開（一一八三—一二六〇）の『無門関』一巻や、『宗門葛藤集』一巻も公案集として参禅工夫に用いられている。

歴史

臨済義玄によって挙揚された独自の禅宗は七代目の石霜楚圓（九八七—一〇四〇）の下で黄龍慧南（一〇〇二—六九）を祖とする黄龍派と楊岐方會（九九三—一〇四六）を祖とする楊岐派に分かれて発展した。わが明庵栄西（一一四一—一二一五）は、黄龍派の虚庵懐敞（生没年不詳）の法を嗣いで帰朝し、日本臨済宗の祖となった。栄西は当時の仏教僧の常識であった円密禅戒の四宗を兼修した上、二度に亘って入宋し、帰朝後鎮西や京都において教乗禅を挙揚した。しかしながら栄西の禅は、従来の叡山仏教者の修した修禅と異なるものであるとして強く叡山の徒より迫害を受けた。これに対して栄西は自分の禅が天台大師最澄の禅の再興を目的としたものであり、彼以前に輸入されていた「達磨宗」とは別なるものであることを弁明するために『興禅護国論』を著したのである。栄西は『日本仏教中興願文』などによって僧の持律を強調した。しかし、栄西の禅は九伝して断絶した。

栄西から始まって江戸時代の隠元隆琦（一五九二—一六七三）に至るまで、わが国に四六伝の伝禅が行われたが、そのうちで一派を成したものに二四流があった。二四流のうち曹洞宗系の三流を除いた二一流はすべて中国臨済禅の移入であるが、それらは中国僧によるものや、わが国の留学僧によるものなどさまざまな型態と内容を持っている。

いまこれらを三つの類型に分けてその特色と禅者の動向を一瞥しておこう。

類型㈠はわが国の学僧で入宋までに平安仏教の伝統によって教乗を学び、円密禅戒兼修の洗礼を受けており、帰朝後も、禅の挙揚の傍ら天台・真言の密教を兼修した人たちである。栄西はその嚆矢であるが、円爾弁円（聖一国師・一二〇二—八〇）も台密の奥義を伝授されて後に入宋し、無準師範（一一七八—一二四九・楊岐派）の法を得て七年後に帰朝した。将来した仏書一千余巻といい、九条家の外護によって東福寺第一世となった。円爾の弟子東山湛照（一二三一—九一）は万寿寺を、無関普門（一二一二—九一）は南禅寺を開創した。心地覚心（法灯国師・一二〇七—九八）もまた若くして真言密教を習して入宋し、無門慧開（一一八三—一二六〇）に参じて印可され在宋六年にして帰朝、紀州由良を拠点として独自の禅を挙揚した。心地の系統からでた抜隊得勝（慧光大円禅師・一三二七—八七）は向嶽寺を、慈雲妙意（清泉禅師・一二七四—一三四五）は国泰寺を開いている。

類型㈡は来朝して宋朝の祖師禅を挙揚した中国の禅者たちである。彼らは幕府の庇護を受けて主として関東地方に法幢を掲げた。たとえば蘭渓道隆（大覚禅師・一二一三—七八）は寛元四（一二四六）年に三三歳で来朝し、北条氏の建てた建長寺の第一祖となった。蘭渓は『禅苑清規』（現存最古の禅僧の生活規則）に基いて厳格な禅林生活の中で雲衲を指導し、六六歳で示寂した。法孫の寂室元光（円応禅師・一二九〇—一三六七）は永源寺を開創した。無学祖元（仏光禅師・一二二六—八六）は、来朝するや北条時宗に迎えられて建長寺に入り、元寇の難に直面した時宗の参禅を指導し、ために時宗は禅によって錬った心胆で国難を脱した。弘安五（一二八二）年に円覚寺が開創され無学は第一祖に迎えられた。無学の法孫である夢窓疎石（一二七五—一三五一）は足利氏の帰依を受けて天龍寺の開山となり、七朝の帝師として仰がれた。夢窓の門下から春屋妙葩（相国寺開山、智覚普明国師・一三一一—八八）、義堂周信（一三二五—八八）、絶海中津（仏智広照国師・一三三六—一四〇五）、龍湫周沢（一三〇八—八八）らの学僧が輩出、五山文学の花を咲かせた。

類型㈢は南浦紹明（大応国師・一二三五—一三〇八）の伝えた禅の一派で、二四流のうち臨済宗で今日にまで法灯を伝えるものはわずかにこの一派のみ。南浦は初め蘭渓に参じること一〇年して入宋し、楊岐派の虚堂智愚（一一八五—一二六九）の法を嗣いで帰朝し、太宰府の崇福寺に住すること三十余年、打出した禅客は一八哲七二員といわれ、関東の高峰顕日（仏国国師・一二四一—一三一六）と並んで天下の二甘露門と称された。

正応四（一二九一）年亀山上皇は、禅林禅寺を開創して東福寺から無関普門（大明国師・一二一二—九一）を迎えた。これ南禅寺の始まりである。南禅寺は十方住持刹として流派を問わず学徳兼備の禅僧を迎え純粋禅の道場としての地位を守った。室町前期から応仁・文明の乱に至るまで、その塔頭は数百カ院を数えたといわれる。将軍足利義満が相国寺を建て、至徳三（一三八六）年五山の位次を制し、京都五山として天龍・相国・建仁・東福・万寿を配し、、鎌倉五山には建長・円覚・寿福・浄智・浄妙の五寺を数え、南禅寺を五山之上と位置づけた。

応仁・文明の乱によって烏有に帰した南禅寺を再興したのは金地院崇伝（円照本光国師・一五六九—一六三三）である。崇伝は徳川幕府によって天下僧録司の位を与えられ、公家、武家、寺院などの法度を制定し、外交文書の起草、仏教各派の宗制、寺院の訴訟、キリスト教の禁制などを推進し、黒衣の宰相といわれた。

五山の官寺に対して山林派といわれる一派があった。南浦紹明の法を嗣いだ宗峰妙超（大灯国師・一二八二—一三三七）は大徳寺の開山として入寺し、花園・後醍醐両帝の篤い信仰を得た。かれの弟子関山慧玄（無相大師・一二七七—一三六〇）は花園法皇によって禅刹となった妙心寺に迎えられ、堂舎の荒廃を顧みず門人の教育に専念した。その家風の厳しさのゆえか、打出された法嗣は授翁宗弼（微妙大師・一二九六—一三八〇）ただ一人であり、また一巻の語録も残さなかった。しかし二四流の日本禅の命脈を今日に伝えるものこそ、この大応・大灯・関山のいわゆる「応灯関の一流」である。

臨済禅の地方発展に貢献した禅者についてみると蘭渓道隆の法孫である寂室元光（円応禅師・一二九〇—一三六七）は三一歳で入元し、在元六年にして帰朝し、近江佐々木氏の外護によって永源寺を開創した。心地覚心の門下の慈雲妙意が越中に国泰寺を、抜隊得勝が塩山に向嶽寺を開創したことは先に述べた。

無文元選（聖鑑国師・一三二三—九〇）は入元して古梅正友（一二八五—一三五二）の法を得て帰朝、接化した雲衲三〇〇〇といわれる。のち迎えられて遠州（静岡県）方広寺の開山となった。

愚中周及（仏徳大通禅師・一三二三—一四〇九）も入元し、即休契了（一二六九—一三五一）の法を嗣ぎ在元一〇年にして帰朝、芸州（広島県）に仏通寺を開いた。この他、沢庵宗彭（一五七三—一六四五）の品川東海寺開創と剣禅一如、雲居希膺（大悲円満国師・一五八二—一六五九）の念仏禅の鼓吹、一糸文守（定慧明光仏頂国師・一六〇八—四六）の持戒禅と永源寺中興、盤珪永琢（大法正眼国師・一六二二—九三）の不生禅、愚堂東寔（大円宝鑑国師・一五七七—一六六一）の正法禅鼓吹などを挙げておかなくてはならない。

明の国から隠元隆琦（大光普照国師・一五九二—一六七三）が念仏兼修の明朝臨済禅を将来したのはわが承応三（一六五四）年である。隠元は宇治に万福寺を開創し五〇〇〇の雲衲を接化した。万福寺は今日臨済宗を離れ黄檗宗の本山となっている。

五〇〇年間出の偉傑、日本臨済禅中興の祖と仰がれた白隠慧鶴（正宗国師・一六八五—一七六八）は愚堂の弟子正受老人（道鏡慧端・一六四二—一七二一）の法を嗣ぎ生涯駿州（静岡県）原の松蔭寺に住し、独自に創出した公案体系によって見性第一主義の公案禅を唱え、また近世禅者らしく民衆教化に努力した。東の白隠に対して西に古月禅材（本妙広鑑禅師・一六六七—一七五一）があり、豊後（大分県）の地に持戒禅を挙揚した。古月の一派は惜しくも七代して断滅したが白隠の公案禅はその門下の一人峨山慈棹（大方妙機禅師・一七二七—九七）のもとで隠山惟琰（正灯円照禅師・一七五四—一八一七）の隠山系、卓州胡僊（大道円鑑禅師・一七六〇—一八三三）の卓州系に分かれ公案工夫の方途に多少の相違を生じつつ発展した。特に明治初年には臨済宗各派が矢継ぎ早やに本山および地方に専門道場を開単し、これら白隠下の禅匠を師家として迎えたのであり、それぞれの道場では、法系の伝統が厳格に相続せられて今日に及んでいる。

隠山系では、隠山の下に太元孜元（生没年不詳）が出て備前曹源寺に住し、儀山善来（一八〇二—七八）と大拙承演（一七九七—一八五五）の二哲を打出し、儀山下（備前派）から滴水宜牧（一八二二—九九・天龍僧堂）、越渓守謙（一八〇九—八三・妙心僧堂）、洪川宗温（一八一六—九二・円覚僧堂）らを、また大拙下（美濃派）から独園承珠（一八一九—九五・相国僧堂）を産んだ。隠山下には太元と並んで棠林宗寿（？—一八三七・瑞龍僧堂）があり、その下に雪潭紹璞（一八一二—七三・正眼僧堂）が出た。

次に卓州下には海山宗格（一七六八—一八四七・円福僧堂）、妙喜宗績（一七七四—一八四八・永保僧堂）、蘇山玄喬（一七九八—一八六八・徳源僧堂）、春応禅悦（一七七一—一八四四・梅林僧堂）の四傑が出た。海山系に匡道慧潭（一八〇九—九七・祥福僧堂）が、妙喜系に毒湛匝三（一八四一—一九一九・永保僧堂・南禅僧堂）、霧海古亮（一八六三—一九三五・南禅僧堂）が、蘇山系に羅山元磨（一八二七—六八・梅林僧堂）、鰲巓道契（一八一三—九一・徳源僧堂）、伽山全楞（一八二五—九五・円福僧堂）が、羅山系に無学文奕（一七九九—一八

七九・梅林僧堂)、南隠全愚(一八三五―一九〇四・白山道場)、鄧州全忠(一八四〇―一九二七・海清僧堂)がそれぞれ輩出した。さらに、鰲巔下から鳳州玄瑞(一八七六―一九四六・徳源僧堂)や全機宗円(一八八一―一九四九・妙興僧堂)らが、また伽山下から徹宗知性(一八七九―一九三八・円福僧堂)や玄峰宜雄(一八六七―一九六三・円福僧堂・龍沢僧堂)らが出た。昭和期の臨済宗系道場の師家はいずれも右に挙げた明治の禅匠たちの爐鞴に投じてその鉗鎚を受けた人ばかりであり、明治の禅匠たちの一代の語録が大正末期から昭和にかけて次々と刊行された。その主なものを挙げると、潭海『愚渓集』(永保寺・明38)、真浄宗詮『荆棘録』(清見寺・大4)、石蓮実全『津梁録』(永源寺・大12)、峨山倡禎『息耕語録』(貝葉書院・大13)、黙雷宗淵『暗号密令』三冊(建仁寺・昭5)、儀山善来『凡鳥録』(曹源寺・昭3)、宗般玄芳『毒華集』二冊(円福寺・昭3)、寛慶紹珉『喝山録』(妙興寺・昭15)、霧海古亮『南針語録』(南禅寺・昭17)、晦巌常正『大梅録』(東海寺・昭32)、貫道周一『曇華軒遺稿』(建長寺・昭37)、牧宗宗寿『龍雲法語』(淡交新社・昭39)、滴水宜牧『曹源一滴』(月心寺・昭42)、紫山宗温『紫山録』(春秋社・昭44)、顕川恵恂『古渡録』三冊(建仁僧堂・昭46)、大節鉄操『雲関語録』(万寿寺・昭51)、五葉愚渓『碧層軒語録』(祥福寺・昭51)、大耕義孝『無為語録』二冊(相国僧堂・昭53)、櫪堂承用『大象語録』四冊(相国僧堂・昭53)などがある。

またこれら禅匠たちは、従来のように門下の指導に専念するばかりでなく、一般在家の知識人や檀信徒に対しても禅の宗旨を平易に説くことを要望されたので、これらの講義録や、随筆集などもよく活字化された。このようにして禅の大衆化が進んだのは、明治以来の臨済禅の特色である。『臨済録』『碧巌録』『無門関』『十牛図』などの提唱録は枚挙に遑がないが、一般在家の知識人を対象とした講義録では、竹田黙雷『禅機』(井洌堂・明41)、間宮英宗『禅道俗話』(貝葉書院・大3)、菅原時保『禅窓閑話』(大阪屋号書店・大5)、神月徹宗『西天東土』(暁声社・大12)、古仲鳳洲『金針禅話』(淡川康一・昭13)などがまだ禅の本の珍しい時代の刊行に属するであろう。『釈宗演全集』一〇巻(昭4―5)などもその典型である。この種の禅書は第二次大戦後の世界的禅ブームと活字の時代を迎えて、今日はまさに汗牛充棟のさまを呈している。

また、専門道場の師家とは別に、宗門内外の禅学研究者によって、禅籍の復刊や、啓蒙書の刊行が相ついでなされた。『沢庵和尚全集』全六冊(刊行会・昭3―5)や後藤光村『白隠和尚全集』全八巻(龍吟社・昭9―10)はこの種の作業の先蹤となり、『禅』全八巻(雄山閣・昭16)、『臨済禅叢書』全七巻(弘文堂・昭16―18)、『現代禅講座』全六巻(角川書店・昭31)、『講座禅』全八巻(筑摩書房・昭42―43)、『禅の語録』全二〇巻(筑摩書房・昭44―)、『禅学叢書』(唐代資料編)全一〇巻(中文出版・昭48―55)、『日本の禅語録』全二〇巻(講談社・昭52―56)、『近世禅僧伝』全八巻(思文閣・昭57―)と続いた。

また臨済宗各派本山は研究者を求めて寺史の刊行を急いだ。『妙心寺史』二冊(大6―10)、『東福寺誌』(昭5)、『南禅寺史』(昭15)、『円覚寺史』(昭39)、『向嶽寺史』(昭42)、『建長寺史』(昭52)、『大徳寺誌』二冊(昭44)などである。

研究者による臨済禅関係学術書として特筆すべきものに、日種穣山『禅宗学』(内外書房・昭17)、陸川堆雲『臨済及び臨済録の研究』(喜久屋書店・昭24)、林岱雲『日本禅宗史』(大東出版社・昭13)、飯田利行『学聖無著道忠』(青梧堂・昭17)、小畠文鼎『続禅林僧宝伝』七冊(禅門高等学院・昭13)、荻須純道『日本中世禅宗史』(木耳社・昭40)、柳田聖山『初期禅宗史書の研究』(法蔵館・昭41)、毛利与一『禅と西洋思想』(勁草書房・昭41)、今枝愛真『中世禅宗史の研究』(東大出版・昭45)、柴野恭堂『禅と思想』(思文閣・昭53)、西村恵信『禅学私記』(春秋社・昭53)、藤本槌重『盤珪禅師の研究』(春秋社・昭46)、荻野独園・小畠文鼎『近世禅林僧宝伝』三冊(思文閣・昭48)、玉村竹二『日本禅宗史論集』全三巻(思文閣・昭51)、柳田聖山『祖堂集索引』三冊(京大人文研・昭55―59)などがあり、『鈴木大拙全集』全三三巻(岩波書店・昭55―58)、『久松真一著作集』全八巻(理想社・昭44―49)、『福嶋俊翁著作集』全五巻(木耳社・昭49―51)、『古田紹欽著作集』全一四巻(講談社・昭55―56)、『秋月龍珉著作集』全一五巻(三一書房・昭53)などは現代禅学研究の金字塔である。

花園大学禅学研究会が年一回刊行する『禅学研究』(昭和六一年現在第六四号)や、財団法人禅文化研究所刊行『禅文化研究所紀要』(昭和五九年現在第一三号)は定期学術刊行物であり、同研究所の季刊『禅文化』(昭和六一年七月現在第一二一号)はよく知られた一般向き啓蒙誌である。

禅仏教はいまや世界の精神文化の一翼を担うものとして科学の諸分野からの注目を浴び、それら諸領域からのアプローチも盛んである。佐藤幸治『心理禅』(創文社・昭36)はその野心作であったが、続いて、市川白弦『禅と現代思想』(徳間書店・昭42)、上田閑照『禅仏教』(筑摩書房・昭48)、藤吉慈海『禅浄双修の展開』(春秋社・昭49)、愛宮真備『禅とキリスト教』(柴田健策訳・春秋社・昭49)などが新しい禅学を開拓しつつある。最後に入矢義高『求道と悦楽』(岩波書店・昭58)が拓いた禅録講読の新しい分野は、将来の禅学研究に大きな発展の可能性を産むことになった点を指摘して概説を終えたい。

〔西村恵信〕

曹　洞　宗

教　義

日本曹洞宗の祖、道元の主著『正法眼蔵』に山水経という一章があり、次の言葉ではじまる。

　而今の山水は諸佛の道現成なり。ともに法位に住して、究尽の功徳を成ぜり。空劫已前の消息なるがゆへに、而今の活計なり。朕兆未萌の自己なるゆへに、現成の透脱なり……

そして中国の芙容道楷禅師の「青山常運歩　石女夜生児」の句を引用しつつ

山はそなはるべき功徳の記闕することなし。このゆへに常安住なり。常運歩なり。その運歩の功徳、まさに審細に参学すべし。

と説きすすめる。

　ここには道元の宗教体験によって把握した真実が明快に述べられている。

　まず、今、私の眼前にある山や川は、そのままで、真実のあらわれ（現成）だという。いつも真実に即していて、世界の始まる以前からの同じ真実の相が一貫してながれて今に至っている。普通、私たちは山や川などの自然や、その他すべてのものを、〝そのもの自体〟の立場からみることはしない。何時も人間としての立場から自然やその他の存在を評価し、その意味付けをする。道元はそれを人間のエゴにもとづく解釈であり、真実ではないという。真実とはそうした人間の意味付けや認識とは関わりなく、山が山として在り、川が川として在るところに見出される。

　これは〝存在〟そのものに宗教的価値を見出だす立場といってよく、仏教の基本的な世界観である。すなわち、仏教ではすべてのものは無常であるとみる。それは何故かというと縁起生だからで、つまり、さまざまな原因や条件がかさなって、すべてのものは生滅する。だから、それ自体で永遠に存在するなどというものはないし、万物は常に変化の過程にある。これが無常だし、空ということでもある。変化しつつある一瞬一瞬に縁起という言葉に示される真実の理法は山や川、そして万物存在をつつんでいる。その消息は世界が始まる以前（空劫已前）から働いているし、今も働いている。

　この真実はむろん、普遍的な真実として受け入れられて差支えないが、ただそれだけでは科学で明らかにする真理と変わりない。それが宗教的真実であるためには私たちの自覚あるいは、生の営みと係わっていなければならない。一つの譬えをだすなら、インド音楽を知り、その至妙な音色を楽しむ者には、インド音楽はたしかに存在する。それを知らない人には雑音でしかなく、音楽としては存在しないといってよい。同様に仏教、禅でいう真実も私たちがそれを知り、生活の中に働かせなければないに等しい。しかし、それを知ることは、知性、はからいによるものであってはならない。何故なら、知性とはエゴの働きであり、生き生きとした真実を客観化して生命なきものとしてしまうものであるから。真に〝知る〟とは、私と対象とが一つになったところで真実を生きることであり、ここには〝私〟という観念もない。道元が「（真実の現れとしての）朕兆未萌の自己」というのがこれにほかならない。自分という観念の兆しさえ現れていない状態、ということは一切のはからい、知性の働き出す以前のところで、私も山や川も同じ一つの真実につつまれていることをいうものである。

　道元の場合、真実と一つになる方法として、坐禅が強調される。坐禅は姿勢を正しつつ脳裏に概念を作りだせない状態をつづけることである。概念、観念が構成されていないから、人間としての自我も働いていない。過去も未来もなく、あるのは、今、ここに、存在の真実につつまれている自己のみである。私たちが否応なしにその中につつみこまれている真実を自分の生命の上に働かせ、真実に立ち戻る行為が坐禅である。したがって、坐禅とは、究極的には、坐ること自体に重要な意義をもっている。このことを「本証（もともと真実の中にいること）の上の妙修（それを現す修行）」と言い、只管打坐（坐ること自体を目的とする坐禅）という。

　こうして、真実が単に客観的な観念ではなく、自己の生の営みの上に具現されるものである以上、真実の現れとしての山や川、その他のすべては静的な存在ではなく、いわば、存在としての働きを絶えず働かせているものと感得される。物理的な意味で動いているか、いないか、ということではない。人間も山川草木もすべて生き生きと働きぬいていることを禅者は見てとっている。そこに美を見出している。だからこそ、「柳緑花紅」という平凡な自然の事実に真実の働きを見、また、「春夏秋冬」という四季のかわりに世界の美しさが感得されている。同様に道元も、はるか彼方にけぶる山山（青山）は常に歩いているし、石でできた女性が子供を産むという古句を引用しつつ、山には山としての働きが欠けることなくそなわっていることを説く。山は静止しているというのも真実だし、存在の働きを働かせていることも見落としてはならない。正にそれを見てとることが真実を生きることにつらなるのであるから。禅とはこの真実の働きの中に身を投じて生きることである。

　こうして、坐禅は端的に真実に契合する行である。同時に全生活をあげて真実に契合させる活力を生み、それ以外に真実を生きる道のないことを私たちに納得させてくれる手段でもある。しかし、坐禅ばかりでなく、日々の生活の一齣一齣を真実に合致したものとするための訓練も必要である。道元が僧林生活の規矩をただし、その重要性を説いたのも、真実を現す行為としての坐禅と生活を実践するための最良の環境を作るためだった。道元が強く教えた行持綿密（日々の行為のすべてをおろそかにしない）とは、正にこの生きかたをしめしている。

このように真実の具現としての坐禅や生活の在り方を支えるのは信である。道元の教えは信の仏教といっていい。そしてこの生活をつづけるところに、信は次第に純熟してくるのである。

経　典

全存在を貫いている真実を体得し、生活の上に働かせていくのが禅なら、それは文字に表現しようがない。だから曹洞宗には所依の経典というべきものはない。

しかし、同時に人間によって体得された真実は常に表現を求める。真実の自らに感得された度合いが深まるほど、それは他に伝えたいという衝動がはたらく。言詮（言語表現）を超えたものを言詮するという矛盾を承知の上で、禅者はあえて真実を言葉にうつしてきた。それが語録である。さらに、より体系化された説明形式としての教理や教学の文献もあるし、仏法の生活の規矩やその意味を教える清規も作られた。禅者の提唱や上堂のことばを集めた法語もある。言詮不及の真実を最重要なテーマとしながら、禅はことばの意義を否定していないのである。

曹洞宗においては、まず、両祖とされる道元及び瑩山の教典が中心となる。道元には『正法眼蔵』があり、上堂の法語を弟子の懐奘が記録した『永平広録』がある。また学道の心得を説いた『学道用心集』もあり、いずれも道元ないし曹洞禅を学ぶために必須の教典である。『修証義』は明治期に『正法眼蔵』から抜粋して編集された教典だが、在家教化の中心として今日多用されている。懐奘が道元の折りにふれての座話を記録し、後に編纂されたのが『正法眼蔵随聞記』である。やさしい表現のなかに修行の心得や仏法の考え方を説くが、ここには道元の悟りの目がひかっている。『永平清規』は曹洞宗の僧院生活の在り方と意義を縦横に説く。威儀即仏法、作法是宗旨を強調する曹洞宗において、本書のもつ意味は限りなく大きい。

瑩山の『伝光録』はインド、中国、日本三国の五三人の祖師たちの悟りや伝記を述べつつ、仏法の伝持の在り方を説いたものである。この他、宗門で特に重視するものとして、曹洞宗のその後の儀礼に決定的な影響をあたえた『瑩山和尚清規』がある。また『坐禅用心記』は道元の『普勧坐禅儀』に基づく坐禅の細かな指導書であり、『信心銘拈提』や『瑩山禅師語録』がある。

この他、曹洞宗では大乗経典や中国の禅者の語録をも多用する。仏教である限り、インド以来の仏教教理学、哲学の基礎の上に宗学が築かれ、信仰が鼓吹されるのは当然である。また、すぐれた禅者の語録は禅を学ぶ者に、ちょうど月を示す指の働きをなすものである。どの経典、語録を学んでもよいが、今日の曹洞宗の『曹洞宗宗制』の『曹洞宗儀礼規定』には「日常依用すべき」経典・宗典・語録の三種にわけてあげている。いずれも仏法を学ぶためのものであると同時に、教化や各種儀礼に用いるものである。

それを左にあげておこう。

経典　「法華経」「華厳経」「維摩経」「涅槃経」「梵網経」「地蔵経」「甘露門」　各種陀羅尼

宗典　「正法眼蔵」「永平広録」「普勧坐禅儀」「学道用心集」「永平清規」「伝光録」「坐禅用心記」「瑩山清規」「修証義」

語録　「参同契」「宝鏡三昧」「信心銘」「証道歌」

以上のうち「甘露門」は特に施餓鬼会において用いられ、祖先崇拝とかかわっている。陀羅尼はインド起源で、元来は精神統一や経文を暗記するための手段であったらしいが、次第に言葉や音のもつ神秘力に基づく呪文ないし呪句としてもちいられるようになった。禅が何故に民間信仰たる祖先崇拝や多少なりとも呪的な祈禱儀礼ともかかわるのか、については、曹洞宗が教団として発展していった歴史が答えてくれる。

歴　史

日本曹洞宗の祖は永平道元である、という言い方は普通だし、間違いではない。しかし道元自身は曹洞宗の名を用いることを明らかな言葉でしりぞけている。

曹洞宗とは、中国で、洞山良价（八〇七—六九）の系統を呼ぶ名称であり、特に、唐末から五代にかけて成立したいわゆる五家（臨済、仰、曹洞、雲門、法眼）の一としても知られている。そして道元も法系の上からこの流れに属することは疑いない。しかし、道元は自らの伝持したのは「正伝の仏法」であり、真実に流派の差のあるべきはずのないことを強調した。

しかし、教団は社会的存在である。創設者の意図が何であれ、社会の中に仏法を修行するグループが実体としてある以上、それは何らかの名称をもって呼ばれざるをえないし、法系の伝承からみて道元の教団が曹洞宗として社会的に知られたとしても不思議ではないし、歴史的にもそうみるのが正しい。

永平寺原始教団は次第に拡大した。その一つの契機となったのは日本達磨宗の人たちの集団帰投である。これは大日能仁にはじまる日本禅宗の一派で、後に道元教団の中核を担う俊秀がそろっていた。道元の愛弟子で永平寺二祖となった懐奘、同三祖、四祖の義介、義演、また肥後の大慈寺に住した義尹等がそれで、特に孤雲懐奘（一一九八—一二八〇）は道元に私淑し、嗣法し、嗣法させている。彼らの加入によって道元の教団は安定し、多くの人材をえたといってよい。もっとも、懐奘の嗣法の弟子には中国から道元を慕ってきた寂円（一二〇七—九八）のような人もいる。彼は宝慶寺の開山となり、弟子の義雲は永平寺五祖となって、以降、永平寺は長らくこの法系から住職がでることとなった。

なお、懐奘の兄弟弟子に詮慧がいて、師道元の提唱を書きとめた「聞書」をのこし、これをもとに弟子の経豪が『御聞書抄』をつくった。『正法眼蔵』の最古の注釈で、かれは日本天台の系統をひいている。永平寺原始教団は、こうして、天台系、中国系、そして達磨宗系等の人たちによってなりたっていたのである。

懐奘が引退すると徹通義介（一二一九―一三〇九）が永平寺の住職となった。彼は師命を受けて中国にも学び、経営の才があったという。当時、臨済の弁円（聖一国師）などが盛んに在家信者との関係を密にしつつ、寺門の繁栄をはかっていた。時代の風潮でもあろうか、義介は永平寺の経済的発展を心がけている。行事にも密教的な祈禱儀礼が加えられて、道元時代の只管打坐に専念する雰囲気は希薄になったらしい。これに対する反発もあったのであろう。特に義演を中心とする一派との意見の違いが大きくなり、最終的には義介は永平寺を義演にゆずって、加賀の大乗寺にはいった。その後とも、両者の、というより、両者の弟子たちグループの間に争いがつづいた。これを三代相論という。その理由と背景については種々に論じられているが、義介の世俗化を恐れずに教団を発展させようという考え方と、義演一派のあくまでも修行道場としての純粋性をたもとうとする意向との対立が根本にあることは間違いないようである。

歴史的にみれば、これはその後の曹洞宗教団の性格をきめる問題といってよい。坐禅を中核にすえつつ、一日の生活のすべてを仏法に親しいものとしていく修行は、必ずや、出世間的な性格をもっている。しかし、その修行の場である僧林が大きくなり、一の教団として機能し始めると、教団の活動は出世間のみにとどまることはできない。政治的にも経済的にも、さまざまに世俗との関係が生じるのは当然である。それを拒否し、世間と無関係な存在としてありつづけようと望むことは一つの姿勢だが、この道を選んだ教団は往々にして歴史の舞台から姿を消している。世界の宗教史がこれを証明している。逆に、長らく生きつづけている教団は社会に定着したからこそ永続しているのであり、世俗社会と具体的な関わりをもっている。日本仏教一般でいうなら、僧侶の行う死者儀礼、祖先崇拝儀礼、祈禱と在家信者側からの経済的外護の交換であり、ここに宗教真実たる仏法とすぐれた宗教者への尊敬が種々な脈絡でかかわっている。したがって、教団としての活動の中に仏法とかかわりのない世俗的要素は必ずや加わってくる。逆に、世俗を包みこんだが故に存続する教団あってこそ、正伝の仏法は伝持されうるのである。問題は出世間の正法の生活実践と、教団の世俗的活動の関係・バランスのありかたとその意味づけにある。

この意味で三代相論は曹洞宗が教団として定着する過程において生じるべくして生じた問題だった。そして、教団として相対的に正法を修行する側面が薄められる反面、世俗の要請に応えることによって社会に定着する道をさらにおしすすめたのが瑩山紹瑾（一二六八〈六四〉―一三二五）である。

紹瑾は義介の法嗣で、阿波の成満寺、加賀の大乗寺、能登の総持寺および永光寺に歴住したが、在家信者のための葬儀、法要、祈禱等を大幅に導入した。その考え方は「瑩山今生の仏法修行は此の檀越の信心に依って成就す」という言葉によって示されている。宗義的には公案を導入することによって臨済に近づいた一面があり、「知るべし、臨済門下も尊貴なり、自家門下も超邁なり」といい、道元とは異なる理解をしめしている。さらに道元についても、「日本曹洞初祖永平和尚」と呼ぶ。すなわち、五家の一たる中国「曹洞宗」の流れを汲む日本の曹洞宗であると位置づけるとともに、組織としての「曹洞宗」教団を認めたのである。これも正伝の仏法に固執した道元と違う点である。

紹瑾の弟子の中で最重要なのが明峰素哲（一二七七―一三五〇）と峨山韶(紹)石（一二七六―一三六六）である。前者は永光寺二代として朝廷をふくむ社会の各層に祈禱を行い、永光寺を北陸最初の勅願寺とした。後者は総持寺二世として伽藍の修復拡張に功あり、また門下に五哲とも二五哲ともいわれるほど多くの人材を養成した。

こうして曹洞宗の寺院は次第に全国にひろまっていったが、その傾向は一五―一七世紀に頂点にたっし、この時期までに今日の曹洞宗の寺院のほとんどが成立しているという。一五―一六世紀は戦乱や天災が続き、人心が荒廃した時代である。それだけに一般民衆は心の拠り所をもとめたものであろう。曹洞宗は特に農村や山間の領主層や庶民の間に浸透していった。葬儀や祖先崇拝儀礼は荘厳化され、人びとの素朴な宗教的心情を満足させた。特に領主たちにとっては、菩提寺を中心に行う宗教行事は家門の統一をはかる契機ともなった。僧がさまざまな面で相談役となったことも知られている。社会層をとわず現世利益の祈禱は必須だし、種々の行事をなすに先立っての祈願もなくてはならないものであった。一四世紀末から一五世紀初頭にかけての禅僧の語録では葬祭関係と坐禅についての記述が相半ばしているのに、一五世紀半ごろからは葬祭の記述が急増し、それに伴って寺院が増えていることが報告されている。同時に授戒会はしきりに行われて在家信者の教化もなされている。また江湖会（結制安居）や臘八接心（一二月一日から八日の成道会までつづく坐禅修行）等の修行も盛んに行われた。

こうして曹洞宗は主として地方の領主や農民層に浸透し、一方、臨済宗は都会の上層武士階級に受け入れられた。後に「臨済将軍・曹洞土民」といわれるゆえんである。

この時代までの曹洞宗寺院や僧侶は、

その地域の有力門派寺院を中心に、それぞれの法系によって縦のつながりを持つのみだった。これが全国的な組織に統合されたのは江戸時代のことである。幕府は中央集権的な幕藩体制を確立する一環として、まず各宗門に寺院法度を発布し、僧侶へ学問を奨励し、寺院の本末関係の整備を命じた。後者は各宗派とも総本山のもとに全寺院を本寺・末寺の関係で階層的に位置づけ、統制しようとするものである。またキリシタン禁圧の一法として寺請制度が導入された。これは民衆すべてに檀那寺をきめさせ、寺の僧侶に檀徒である旨の証明をさせる制度である。ここに宗旨人別帳がつくられ、これはさらに戸籍簿と租税台帳の機能を果たすようになった。つまり幕藩体制の維持に寺院が利用され、まきこまれたものであって、この点では曹洞宗も他の宗派と全く同様である。

幕府の学問奨励政策に応じ、曹洞宗も他宗と同じく、江戸の吉祥寺、青松寺、泉岳寺に学寮をもうけた。宗学史の上では暗黒時代といわれる中世以降でも、『正法眼蔵』や『伝光録』等の宗典の編集・書写や五位説の講究、清規の研究などは細々と、しかし、絶えることなく行われてきた。そうした伝承の上に宗学は再び力強く復活するが、その一方の旗頭として月舟宗胡（一六一八―九六）がでて、道元、紹瑾の清規を復興し、授戒会を再興した。その弟子の卍山道白（一六三五―一七一四）は嗣法のありかたをただし、宗統復古に努力した。卍山以前は寺に住職するごとに、その寺の開山の法を嗣ぐ習慣があり、したがって、一人の僧が会ったこともない多くの人から嗣法することが行われていた。しかし嗣法とは訓育を受けた師匠より弟子が法を嗣ぐことである。当然、その師は一人で、しかも直接の伝法（一師印証・面授嗣法）でなければならないと卍山は主張した。これに対して嗣法をさらに厳格に考える独庵玄光（一六三〇―九八）や天桂伝尊（一六四八―一七三五）等があった。さらに江戸宗学の最高峰として面山瑞方（一六八三―一七六九）があり、その他多くの学僧がでて、嗣法論のみならず、禅戒論、清規等の諸面に宗学は盛んに考究された。こうした復古宗学の根底に、個としての人間を重視する考え方が流れていたことは、歴史的には、きたるべき時代にそなえる近代的思惟の萌芽としてとらえてもよいものであろう。

幕末から明治にかけての廃仏毀釈の嵐がおさまると、まず、明治五年、ながらく争っていた永平寺、総持寺の両本山の協和がなり、同七年、曹洞宗宗務局が設置された。今日の組織としての曹洞宗教団はここに発足した。以降、今日にいたるまで曹洞宗は永平寺、総持寺を両大本山とする寺院数一万四二一九カ寺、僧侶数二万一六五六人（昭和五〇年度現在）の日本最大の教団としてありつづけている。

最後に明治以降の状況を宗典、語録自体に関する研究や刊本の出版を中心にみておこう。

まず特記すべきは明治二一年に大内青巒（一八四五―一九一八）が『洞上在家修証義』を編纂したことであろう。これは『正法眼蔵』より抜粋して作った日用教典であり、在家信者教化を目的としたものである。後に明治二三年、滝谷琢宗（一八三六―九七）が改正して『曹洞教会修証義』とされ、今日曹洞宗で最も多用されている宗典である。

日本の近代化に伴い、従来の「宗乗」をより開かれたものにしようとする動きがあり、たとえば忽滑谷快天の『禅学新論』や大内青巒の『禅学三要』のごとく、明治三〇年代より「禅学」の名が用いられた。しかし、西有穆山（一八二一―一九一〇）は江戸時代の宗乗をうちついで『正法眼蔵啓迪』を編述し、禅は学問ではなく実参し行ずるものであると「禅学」を批判した。この禅学という言葉は昭和初期に衛藤即応が唱えた「宗学」におきかえられた。宗乗といい、宗学といい、最近は宗教哲学的アプローチともいうが、明治以降、曹洞教学は「体験あるいは信仰と知性という二つの相反するモメントを統合する学」（鏡島元隆博士）をめざす方向で追及されている。

『正法眼蔵』については神保如天・安藤文英共編『正法眼蔵註解全書』（大3）、永久岳水『正法眼蔵註解新集』（昭6）に多くの古注が集められ、また桜井秀雄・小坂機融・河村孝道共編『正法眼蔵蒐書大成』（昭和49―57）は眼蔵およびその注釈に関する古写本の写真複製による出版である。加藤宗厚『正法眼蔵要語索引』（昭37―38）は有用な出版である。さらに『永平広録註解全書』（昭36―38）は広録の異本と注釈を集めたものであり、大久保道舟『道元禅師全集』上・下（昭44―45）は『眼蔵』や『広録』『永平清規』等、道元の著作が書誌学的考察を経て集められ、編集されてあり、道元研究の基礎となる刊本である。随聞記については最古の写本である長円寺本が発見、刊行された。大久保道舟『新校註解・正法眼蔵随聞記』（昭33）がそれで、以後の出版はすべてこれをもとにしている。『眼蔵』の提唱、解説書は夥しい数にのぼり、最近は『眼蔵』全巻の和訳も西嶋和夫（昭45）、中村宗一（昭46―47）、高橋賢陳（昭46―47）、増谷文雄（昭48―49）各氏によってなされている。

道元伝については、大久保道舟『道元禅師伝の研究』（昭28）、河村孝道『諸本対校・永平開山道元禅師行状建撕記』（昭50）をあげておこう。

瑩山については、孤峰智編『常済大師全集』（昭12）がある。ここには瑩山紹瑾の全著述があつめられている。また、瑩山禅師奉賛会編『瑩山禅師研究』（昭49）、東隆真『瑩山禅師の研究』（昭49）等がある。

以上のほかにも重要な研究は多いが、最後に明治以降に出版された曹洞宗の典籍の集録をあげておく。曹洞宗全書刊行会編『曹洞宗全書』二〇巻（昭4―10）、同『続曹洞宗全書』一〇巻（昭49―52）、永久岳水編『禅門曹洞法語全集』二冊（昭9―10）。

〔奈良康明〕

日蓮宗

教　義

日蓮宗は、鎌倉時代に出現した日蓮（一二二二―八二）が信奉し実践した『法華経』を中心とする仏教教義を根幹とする。日蓮は『法華経』を中心とする仏教流伝を、釈尊→天台大師智顗→伝教大師最澄→日蓮という系譜に集約した。このような系譜意識を「外相承」とよび、「三国四師」ともいう。また、末法での『法華経』の再発見と救済が教主釈尊の心に直結していることを明らかにし、それを「内相承」とよぶ。

日蓮の行動と思想は、『法華経』の予言（未来記）の実現を実践（色読）によって確認するところにあった。具体的にいえば、『法華経』の勧持品第十三の二十行の偈に、末法において法華経を行ずる者があれば、かならずそれに対して俗衆の、道門（出家者）の、そして僭聖の増上慢からの迫害が加えられるであろうとしるされていることの確認体験である。日蓮が「法華経の行者」であることを誇称し、この経文を実践したことを述べているのは、「未来記」を体現したという自負と表裏一体をなしている。しかも、その上で、日蓮は『法華経』如来神力品第二十一に、釈尊の久遠からの本弟子である地涌の菩薩の代表である上行菩薩が仏使として末法に出現する経文を重視する。そして、その上行菩薩の応現こそ今の日蓮自身であることを確信するに至る。法華経行者自覚から上行菩薩応現の自覚は、日蓮の内的世界の変化にとどまるのではなく、そのことによって末法の法華経救済の軌範が明らかにされることを意味している。

立正安国論の思想　日蓮の末法救済の課題は、日蓮の鎌倉在住期初期に直面した飢饉・疫癘・天災地変という現実的混乱を解決する道を求めさせた。それに対する考察の結論が『立正安国論』である。要言すれば、精神的支柱の確立こそが国家を治める基幹であるという一般論の上に立って、至高の聖者である教主釈尊の真精神を現実に映し出すことが正法をこの世界に実現すること（「立正」）であり、そのことによって国土・国家の安定が得られる（「安国」）ということを主張している。日蓮が『立正安国論』進献によってすぐさま松葉ケ谷草庵の焼打、つづいて伊豆流罪という法難を受けたことは周知のとおりである。このころより、『法華経』が仏教経典及びその教理の上にどのような関係にあるかが改めて論じられ、五義（または五綱）が、明らかにされた。五義は五つの範疇からそれぞれ至高の教えを詮顕し（知教）、末法の機に適応し（知機）、時に適合し（知時）、国に適い（知国）、教法弘通の順序に適合（知序）した教えこそが、「本門の法華経」であることを明らかにする。

このように末法に「本門の法華経」の救いが開顕されることの主張は、諸宗に対する批判となって表わされる。念仏無間、禅天魔、真言亡国、律国賊という、いわゆる四箇格言は、「本門法華経」の開顕と表裏一体をなすものであって、純粋に仏教理解の問題なのである。四箇格言そのものは日蓮門下教団の展開とともに、諸宗破折の教団的意味の方に重点が移って行ったが、日蓮自身にあっては、このことは仏教を正しく信受する道を妨げる誹謗正法（略して謗法）の行為による謗法堕獄からの脱却を生涯の命題とした。そしてついに晩年、『報恩抄』で「無間地獄の道を塞ぎぬ」と日蓮の業功を誇称し、それは釈尊入滅後、日蓮がはじめてなしとげたと述べる。

日蓮門下教団の各派は、日蓮の本門法華経の優勝性の理解をめぐって、論争を展開し、法華経本門が迹門に勝れていることを論ずる本迹論が、同時に教団分立の理由となった。

日蓮は本門法華経の信仰こそ末法における教主釈尊の仏教を信受する唯一の道であるとし、その方軌として三大秘法（略して三秘）を明らかにした。すなわち、「本門の本尊」は久遠実成の教主釈尊の救済を、「本門の戒壇」はその救済の象徴的立拠を、「本門の題目」は救済を信受する証としての題目の信受の意味を明らかにする。これらは『観心本尊抄』等で論じられているところである。即身成仏はこれらのなかに包摂されるもので、晩年、『法華経』が常住に説法される霊鷲山に往詣する成仏（霊山往詣）を述べるが、これも同様に三秘の安心に包摂されているものである。

歴　史

日蓮宗は日蓮が確認・色読し、さらにその流布を未来に托した教えを受けつぐ教団で、狭義には宗教法人法による包括法人の「日蓮宗」を指すが、広くは日蓮の門下の系統全般を一括してよぶ。日蓮の門下の代表として後事を托された六老僧の日昭、日朗、日興、日向、日頂、日持らの弟子たちは、それぞれに日蓮の教えを弘めて行き、門流を形成したが、明治維新後、大多数の門流が日蓮宗を公称した。そのほかの宗団としては、戦後に信徒人口を一気に増大した日蓮正宗（派祖日興）のほか、日蓮本宗（戦前は本門宗、派祖は同じく日興）、顕本法華宗（派祖日什）、法華宗陣門流（派祖日陣）、法華宗本門流（派祖日隆）、本門法華宗（派祖は同じく日隆）、法華宗真門流（戦前は本妙法華宗、派祖日真）、日蓮宗不受不施派（派祖日奥）、不受不施講門派（派祖は同じく日奥）、本門仏立宗（派祖日扇）等がある。

教団の継承・展開はおおよそ⑴鎌倉南北朝期（一二八二―一三九一）、⑵室町期（一三九二―一六〇二）、⑶江戸前期（一六〇三―一七五〇）、⑷江戸後期（一七五一―一八六七）の四期に分けることができる（執行海秀『日蓮宗教学史』）。

⑴ **鎌倉南北朝期**（一二八二―一三九一）は日蓮入滅の弘安五（一二八二）年から日興示寂の正慶二（一三三三）年までの鎌倉末期の五二年間と、日蓮入滅後五三年の建武中興（一三三四）から日蓮入滅後日什示寂前（一三九一）の南北朝期の五八年の二期に大分できる。鎌倉末期の五二年間に日蓮の謦咳に直接接した直弟子たちがそれぞれに教団を発展させるよう実践した時期である。弘安五年、日蓮は入滅の直前、本弟子六人に後事を托した。この六老僧はすでに日蓮在世中、各系統の指導者として集団を束ねていたが、日蓮滅後も、各系統の継承と発展につとめた。すなわち、日昭（一二二一―一三二三）は鎌倉浜土の法華寺、越後村田妙法寺の系統（浜門流）の、日朗（一二四五―一三二〇）は鎌倉比企谷妙本寺と武蔵池上本門寺の両山の系統（比企谷門流）の、日興（一二四六―一三三三）は富士の重須本門寺と上野大石寺の系統（富士門流）の、日向（一二五三―一三一四）は上総の藻原妙光寺の系統（藻原門流）の、それぞれ祖となった。日蓮の祖廟がある甲斐（山梨県）の身延山久遠寺は輪番制（直弟子たちの回りもち）による奉仕が行われ、地理的事情等もあってしばらく日興が中心となったが、地頭波木井実長らとの意見の相違等により日興は富士に退出し、日向が奉仕と管理にあたった。これによって日向の系統には身延も含まれることとなる（後に身延門流と称する）。このほか、日頂（一二五二―一三一七）は下総真間弘法寺を退出して富士に赴き、下総中山の法華経寺の門流は日頂の義父、富木常忍（一二一六―一二九九）が中心となって中山門流を形成した。のち、天台宗僧の日什（一三一四―一三九二）が日蓮の『開目抄』『如説修行抄』に心服して同門流に帰伏、後に独立して京都妙満寺等を拠点とする日什門流（今日の顕本法華宗の系統）を形成した。日持は海外の宣教をめざして渡航したと伝えられる。また、日朗門下の日像（一二六九―一三四二）は日蓮の遺命を承けて京都に初めて日蓮の教えを弘め、妙顕寺を開創して四条門流を形成、同門の日印の弟子日静（一二九八―一三六九）も同じく京都本圀寺を開創し、六条門流を形成した。

その後、これらの門流はそれぞれ門下の俊英によって継承されたが、教学的には日蓮の教学をそのまま継承した時期から門流教学が胎動する時期に及ぶとされる。教学的には、初期には日昭『経釈秘抄要文』等があるが、日向『金綱集』、日全『法華問答正義抄』等を除いて大部の著作はない。日興には『百六箇相承』『本因妙抄』等の多くの著作が伝えられるが、それらの多くは後代の成立にかかるものであるとの見解がなされている。日興の身延離山を契機に他の門下との間に、日蓮の厳格な宗教純粋性貫徹の継承をめぐって緊張が起こり、「五一相対の教学」（六老僧のうち、日興とそれ以外の五老との見解の相違）が日興門流で激しく論じられるようになった。こうしたなかに日興門流では『五人所破抄』『富士一跡門徒存知事』等が著されている。

また、日興門下において法華経の本門（後半十四品）重視について論議が起り、天目（一二四五―一三三七）は迹門不読を主張したと伝え、『円極実義抄』がある。なお日興門流の日尊は各地に布教して寺院を建立し、特に京都六角油小路に上行院を建立、日尊の弟子日大も一条猪熊に住本寺を建立した。

⑵ **室町期**（一三九二―一六〇二）は日蓮滅後一一一年、南北朝の統合から日蓮滅後三二一年の慶長七（一六〇三）年までの二一一年間に相当する。慶長七年はあたかも日乾（一五六〇―一六三五）が身延山久遠寺第二一世として入山した年である。この時期は大きく三分して考えられている。まず、応仁の乱（一四六七）の前後に分け、後半を戦国期（一四六七―一五六七）と安土・桃山期（一五六八―一六〇二）に分ける。

応仁の乱以前は日蓮宗の諸門流がそれぞれ発展をとげて行く時期（諸門流分張時代）であり、戦国期になるとしだいに諸門流の対立が起って来る。しかも、この両期を通じて教義的には、それぞれの門流の教学が意識されてくる。そして安土・桃山期になると、従来の日蓮宗の折伏主義の路線をストレートに打出すことが困難となり、統一政権に妥協的にならざるを得なくなる。このように、宗風が一変するとともに学風も一変する。

室町期には、それぞれの系統が政治・経済の中心であった京都の弘教をめざし、その結果、日蓮宗教団の主力が都である京都に移って行った。日什門下の日運に『門徒古事』がある。すでに、日像の創始した妙顕寺（四条門流）と日印系の本圀寺（六条門流）とが隆盛を極め、上行院・住本寺（日尊門流）、妙満寺（日什門流）なども着々とその地歩をかためつつあったが、日陣（一三三九―一四一九）は本圀寺日伝を批判して、『五十五箇条難勢』『本迹二経浅深事』等を明らかにして、分立（法華宗陣門流）。また、妙顕寺からは、南北朝時代に日実（妙覚寺）が分立したのをはじめ、この時期に日隆（本応寺）と日真（本隆寺）が分立した。これらはいずれも、隆盛となった寺内の信仰的弛緩に対する批判でもあった。日隆（一三八五―一四六四）は『私新抄』『十三問答抄』『法華本門弘経抄』をはじめ膨大な著作を著し、日真（一四四四―一五二八）には『天台三大部科註』をはじめ天台学関係の書物がある。

この時代には本覚思想の色濃い日本天台の影響がつよく、それが本迹一致論、あるいは本迹一体論の基底に影響を及ぼしている。前述の妙顕寺においては日霽『顕底抄』、日具『潤亭函底抄』『義山致谷集』があり、妙顕寺の寛容に対して厳格なることをめざした妙覚寺系の日住は『妙法治世集』を足利義政に進献する一方、「寛正の盟約」を結んで京都日蓮系諸門流の一致団結をはかり、また関東諸門流との和融を計った。身延門流では、日朝（一四二二—一五〇〇）が身延山久遠寺先師の天台研究等を継承するとともに、各門流の口伝や秘書を蒐集して、教団的にも教学的にも大きな足跡を残した。日朝の著作のうちでは『法華草案抄』が流布したが、『補施集』は秘められたる大著である。本圀寺日伝については前述したが、その系統の日澄は日什門流の日悦『本迹勝劣』、比叡山の円信の『破日蓮義』に対して、それぞれ『本迹決疑抄』『日出台隠記』を著して論駁した。日澄筆の『日蓮大聖人註画讃』は後にさし絵が窪田統泰によって描かれ、これをもとにして出刊された板本の流布は今日にまで伝えられる。日興門流では大石寺日有（一四〇九—八二）の門下が筆受した『有師御談聞書』『化儀抄』等が伝えられ、江戸時代の同門流教学大成者・日寛に大きな影響を与えた。日要に『御書見聞』等があり、日我『蔓蛇異見抄』は日隆門流教学批判をなし、日教は『百五十箇条』を著して、仏像の造立と、本門法華経以外の読誦を禁止し、日蓮本仏論を主張した。それに対して、日辰は同じ日興門流にあって京都の上行院と住本寺とを合併して要法寺として再建するとともに、『造仏論議』『読誦論議』等多数の著作をなして門流教学の根本を形成しようとしている。安土・桃山の時代になると京都の日蓮門下教団は信長の宗教政策により大きな打撃を受けた。遡って天文五（一五三六）年、一信徒が比叡山の僧を問答論伏したことに端を発して、京都の門下諸大寺は比叡山の僧兵に焼打され、その後、数年の間、日蓮門下寺院の洛内再興は許されなかった。それ以前に、門下各寺は「寛正の盟約」（一四六六）を結び、また帰洛を許された後には復興に尽力するいっぽう「永禄の規約」（一五六四）を結んで法華経の「広宣流布」のために団結をはかり、無用の外圧をさけた。天正七（一五七九）年、安土城の信長の前で宗論を行ったところ、計略にかかって敗北した。安土宗論以後、日蓮門下教団は完全に信長の政策下に置かれ、『立正安国論』を為政者に進献して法華信仰を諫暁したり、他宗徒と直接宗論して論伏させるという折伏主義路線をつらぬくことができなくなった。

一転して本迹一致派の日珖（一五三二—九八）らは『法華玄義』『法華文句』『摩訶止観』の天台三大部を輪講し、原始天台の研究に没頭、従来の日本天台の風潮を大きく変更した。折しも戦乱のために、天台宗の学者は堺に逃れ、講学の機運を高めた。仏心日珖らの三光無師勝会は学匠と謳われた日重（一五四九—一六二三）を生み、その門下の日乾、日遠が日重の学問を継承して、江戸時代の教団状況下の布教と、また新しい規格での僧侶教育機関、すなわち檀林の教学体制が形成されて行く。

(3)　**江戸前期**（一六〇三—一七五〇）は日蓮滅後三二二年から四六九年にあたる。文禄四（一五九五）年、豊臣秀吉が京都東山の方広寺に大仏を造立して千僧供養会を修し、日蓮宗にも出仕を求めた。京都の日蓮宗諸本山は秀吉の命令にどう対処するかに苦慮し、大方が出仕もやむをえないとしたのに対し、妙覚寺日奥（一五六五—一六三〇）は日蓮以来の不受不施の制法と諫暁精神を厳守すべきであると主張しつづけて妙覚寺を追放され、慶長四（一五九九）年対馬に流罪された。日奥には秀吉に提出した『法華宗諫状』等の著作があり、門弟の著作を加えて『万代亀鏡録』としてまとめられている。不受不施派は弾圧され、明治時代に公許されるまで二百数十年、地下に潜行する。宮崎の佐土原に流罪された日講はその地で日蓮遺文『録内御書』の注釈書『録内啓蒙』を著し、今日に至るまで重用されている。

こうした疾風怒濤のなかで、教団的にも中心をなしたのは、日重、日乾、日遠の宗門中興の三師である。日重は安土宗論にも加わった日珖ら三光無師勝会の学問と信仰を学び、その『法華文句無私』をはじめとする天台三大部の講註をうけついだ。日重には『見聞愚案記』等があるが、日重の弟子日遠の『天台三大部聞書』はさらにそれを継承する。日遠は若くして日重に代って京都から関東に下って飯高檀林の第三代化主となり、僧侶教育機関の組織化をはかった。摂受的態度をとる風潮の高まりとともに、教団の布教活動は出版書による論争や祈禱、説教へとその力点を移行させていったが、とりわけ説教で高名なのは霊鷲院日審（一五五九—一六六六）で、『法華口演抄』『法華座敷談義』などの著作はその生涯において行った説教一万余座の精髄である。

僧侶の教育機関として近世初頭より開設されていった各檀林は次第に振興発展し、檀林学閥（法縁）が形成され、本末関係とは別に機能するようになっていった。また教学書、天台学講註書数十点の書籍が法華宗門書堂から刊行された。日乾、日遠は受不施派の思想に基き、関東の教団を再組織すべく京都より下向し、身延山久遠寺、池上本門寺に住持した。日珖以来、関西教団の指揮下にある中山法華経寺とともに、関東諸大寺は関西の受不施側の思想に影響されるようになった。爾来、檀林と各寺院との結びつきが恒常化されるとともに日重門下の影響は大きなものとなっていった。

こうして大きく転換してゆく教団のなかで天台真盛宗、真言律宗に転出する者や日蓮門下教団のなかでも転派した者もあった。前者の代表的な人物が真迢で、『破邪顕正記』を著して日蓮宗を論難し、それをめぐる論難応酬があった。それとは逆に、元政の門下には真言律宗等からの転入者が見られる。

日重の系譜からは伝統的な破折の型に対して、自らの姿勢を正そうとする傾向が生まれている。京都深草に庵をあんだ元政（一六二三—六八）は多くの文人と交わり、『草山集』『如来秘蔵録』等を著し、その生き方によって後代に大きな影響をあたえた。日堯『法華浄心録』、日透『事一念三千義』、日暁『法華安心録』等も「事の観心」を追求している。また了義日達（一六七四—一七四七）は本迹勝劣を主張する各派の学者と論議を戦わしたばかりか、浄土宗の了海、真宗の性均、華厳の鳳潭と論争して法華経を実教とする宗義をつらぬき、また『神仏冥応論』を著して林羅山の仏教排斥を論駁するなど、内外に渉って論争をかさねた。『立正安国論講義』『愍諭繋珠録』等がある。

日什門流の常楽日経（一五五一—一六二〇）は浄土宗増上寺の源誉と江戸城で対論して「慶長の法難」を受け、『謗法顕示筆端』『浄土宗難詰二十三条』を著した。同門流の日乗（一五九八—一六四五）には天台関係注釈書があるほか、『信行要道義』が著名である。日陣門流の日求（一五七六—一六五五）の『童蒙懐覧』、日真門流の日承（?—一六八〇）『三大部承記』、日隆門流の日成（一六六四—一七四三）『本門宗義問答』『衆生成仏長短義』等を見ると、一面で天台章疏の講註を行うとともに、このころ、門流を超えて宗義の確立のための論稿が試みられていることが分かる。日興門流においても同様で、要法寺系の日舒（一六五二—一七一八）は大石寺教学の導入をはかり、日悦（一六五一—一七二六）は室町末期の日辰の伝統を継承して、『破偽顕真録』を著した。同じ日興門流の大石寺教学では、了玄日精（一六〇〇—八三）が『家中聞書抄』のほか『日蓮聖人年譜』を著して同門流における宗史研究の開拓をなし、それに対して日寛（一六六五—一七二六）は『六巻抄』等を著して、大石寺教学の大成をなしとげた。

(4)　**江戸後期**（一七五一—一八六七）は日蓮滅後四七〇—五八六年にあたる。教義学の上では、前期の宗学体系の発見の志向から宗学体系の構築へと展開され、関東の飯高檀林が教学機関の中心として定着した。幕府によって弾圧された不受不施派は地下に潜行したがその活動は活発なものがあり、また日雄、日巧、日珠のように理論闘争をする学者も現われた。

江戸後期には祖師信仰がつよくなり、諸大寺の祖師像を都市部で出開帳することが行われた。また、日限（ひぎり）の祖師・願満の祖師などの特色をかかげる寺院も増加した。室町時代から江戸時代の初めまでは説教も法華経に即して行われたが、この時代になると霊験あらたかな祖師伝が語られるようになり、前述の『日蓮大聖人註画讃』（室町時代に日澄著）が流布し、さらに各種の祖師伝が流布し、それとともに諸尊信仰が各地で行われるようになった。

こうしたなかで注目される教学者日導（一七二四—八九）は、『祖書綱要』を著して日蓮遺文による日蓮教学の体系化を図った。同書は日寿の「刪略」によって流布した。日賢（一七三五—一八一六）は日義の『蒭蕘集』の形式を踏襲して『宗教要解』『宗旨要解』を著し、天台的な論理に傾斜しているが、体系化の一つの試みである。日導を尊敬した日臨（一七九三—一八二三）は妙法五字の戒体を自誓受戒して、行学二道の実践宗学を実践した。その著述はのちに『本妙日臨律師全集』一冊に収められている。少年時代に、日臨に出会った優陀那日輝は日臨のいう観心の宗学（自己の実践にすべてを集中させる教義学）を追求し、日導の教理を学んで、充治園教学を樹立し、やがて明治時代の日蓮宗を日輝の弟子、日薩、日鑑、日修らが背負った。玉沢妙法華寺には日通（一七〇二—七六）が出て『玉沢手鑑』『祖書証議論』を著し日蓮遺文研究に刺激を与えた。なお、日智（一八一九—五四）は日輝に私淑して独特の教義体系を誇った。

この時代、日真門流では、日寿（一七八九—一八五三）が、『法華安心得意抄』を、日什門流では合掌日受（一六九二—一七七六）が『本迹自鏡篇』『略述仏界縁起章』を、永昌日鑑（一八〇六—六九）が『本迹立正義』を著した。日興門流では、大石寺系の日忍（一七〇三—七三）が『根本日蓮宗旨名目』を、要法寺系では日量（一七七〇—一八五一）が『続家中抄』『富士明細志』等を著している。

後期には在家の指導者も現われた。すなわち深見要言（一八一三—二八—）は日蓮遺文の主要な五大部を校訂・出版、小川泰堂（一八一四—七九）ははじめて編年体の『高祖遺文録』を編集、その『日蓮大士真実伝』は万人に流布した。法華宗本門流の出身で八品講を組織した日扇（一八一七—九〇）は『三途成不決断抄』等を著し在家運動を提唱している。

(5)　**明治期**（一八六八—　）になると、加藤文雅、稲田海素らによって霊艮閣版『日蓮聖人御遺文』が活字版全一冊として出版された。稲田海素は『日蓮聖人御遺文対照録』等を編集して、日蓮研究に文献学的基礎を加えた。充治園教学を樹立した優陀那日輝（一八〇〇—六〇）の教義書が相次いで出版され、大正一一年以後、『充治園全集』五巻として刊行、近代伝統教学の指標となった。その他、新居日薩『日蓮宗大意』、小林日董『日蓮学綱要』、河合日辰『観心本尊抄探霊』、北尾日大『新日蓮学綱要』、吉田素恩『本尊法体論議変遷史論』等があげられ、清水龍山は『偽日蓮義真日蓮義』『開目抄鑽仰資料』『本門本尊論』等によって優陀那教学を鼓吹した。いっぽう田中智学（一八六一—一九三九）は『宗門の維新』『本化摂折論』をはじめとする論索を掲げて日蓮主義を標榜し、のちに『師子王全集』三六巻に収録された。その系譜をうけて師子王文庫『本化聖典大辞林』、山川智応『日蓮聖人伝十講』『本門本尊論』『法華思想史上における日蓮聖人』をはじめとする教学研究書、里見岸雄『将来の宗教日蓮主義』等がある。宗教学者姉崎正治『法華経の行者日蓮』は英文『予言者日蓮』を改訂したもので古典的名著として名高い。　〔渡辺宝陽〕

日本仏教典籍大事典

あ

粟生光明寺絵縁起【あおこうみょうじええんぎ】浄　三巻。著者・成立年代不明。原本の編者、成立年代は不明であるが、明暦年中（一六五五—五八）光明寺第三二世倍山のころまたはそれ以前のものである。版本は文化一三（一八一六）年遄空大臻の発願により、門下の照空観道が弟子浄円になさしめたもので、函銘は武者小路公野卿、文段は宝鏡院宮の染筆、絵は画博士土佐の某の古図により洛東岡崎隠士雪堂の筆によるものである。光明寺の歴史を絵と詞書でのべたものである。上巻には蓮生（熊谷直実）の生涯をえがきながら、源空との出会い、出家、念仏三昧院（現在の光明寺）の創立などを、直実、敦盛を討取る図、入仏供養の図を交えて説明し、中巻には源空の流罪、帰洛、臨終のありさま、滅後の嘉禄の法難などを蓮生、法然上人より来迎の像を賜る図、雲中に五色の円相現ずるを諸人の見る図等で、また下巻は源空の遺骸を粟生に移し、荼毘に付したさいのさまざまな奇瑞など、上巻と中巻とを結びつける事柄を記し、終りにはかつて中国の善導の住した寺が光明寺といわれたのと同じように、光明寺の勅額が下賜されたことはまことに不思議であるとのべ、棺より光を放つ図、法然上人の御影を御遺骸と共に移し奉る図、勅額頂戴の図等で説明している。なお末尾には真月が観道の人柄およびこの縁起書写の因縁をのべた一段があり、「文化一三の年神無月の末つかた」と記している。〔所載〕仏全117。〔堀本賢順〕

アキシャ抄【あきしゃしょう】真　二四巻。杲宝（一三〇六—六二）述。貞和二（一三四六）年六月から翌年五月に東寺、西院僧坊と増長院において、杲宝が口述し、弟子の観宝が筆記したもの。アキシャは梵字の最初の字𑖀と最後の字𑖎𑖿𑖬を指し、全体を意味する。口述者の杲宝は根来の頼瑜、高野の宥快と対比される学僧で、『本朝高僧伝』の撰者は「南山の頼瑜、宥快は空海の皮肉をえ、東寺の杲宝はその骨髄をえたり」と評している。前半の一〇巻は密教の血脈・相承を説き、次の一〇巻は真言宗が所依する経論につき論じ、残りの四巻は密教の教主論となっている。観宝の奥書から当初一〇〇巻の予定であっことが知られる。血脈・相承の部は大日如来から空海にいたる密教の伝法を詳説することが主題であるが、巻九では雑部の『真言経』、巻一〇では他門の血脈をものべている。この一〇巻はわずか二カ月で完成している。なおこの一〇巻は巻二を除き、三年後に杲宝が撰した『玉印鈔』一〇巻に相当する（ただし巻九は『アキシャ鈔』になし）。この部は徳一や圓珍などが加えた密教の相承説に対する疑難を破釈し、東密の相承説を確立することを目的としている。次の経論の部は観宝撰の『宝冊鈔』一〇巻に相当する（巻一〇は『アキシャ鈔』の巻二）。ここでは『金剛頂経』『大日経』『蘇悉地経』『理趣経』をはじめ『釈摩訶衍論』『起信論』『菩提心論』につき詳説する。最後の四巻は相当する他書はないが、『大日経』および『金剛頂経』の教主に関し、その仏身論を展開している。〔所載〕真全21。——→玉印鈔、宝冊鈔〔清水　乞〕

秋元御書【あきもとごしょ】日　日蓮（一二二二—八二）著。弘安三（一二八〇）年成立。別名『筒御器鈔』。御器の供養を受け、器に覆漏汙雑の四失があることに寄せて法華経信仰の身心の態度にも謗身謗家謗国謗土の四失の謗法与同罪があることを禁め、信力堅固なる信仰を勧奨せしめている。器の四失の由来は、法華文句の四衆結縁釈にあり、本書は妙楽釈と同様に四失を覆の聞恵欠、漏の思恵欠、汙雑の修恵欠の三段にて釈している。〔所載〕定日遺2。〔桑名貫正〕

阿娑縛抄【あさばしょう】天　二二八巻。承澄（一二〇五—八二）撰。仁治三（一二四二）—弘安四（一二八一）年。承澄は、五摂家藤原基房の孫、松殿小殿下藤原師家の子で、比叡山の忠快に師事、密教に通じ小川僧正と呼ばれ、絵画もよくした。忠快の密教は、台密の穴太流に属し、谷流よりわかれて、聖昭、契中を経て忠快にいたり、小川法印と称して、この一流を小川流ともいい、承澄はその流れの成果を『阿娑縛抄』としてまとめた。『阿娑縛抄』は、胎・金・合の潅頂記、離作業、三摩耶戒、許可、延暦寺潅頂、両寺潅頂、曼供、讃衆用意、合、胎、金、三摩地法、蘇悉地、十八道、護摩と四度、十度を経て、諸尊法にいたり、仏部（薬師、阿閦、釈迦、阿弥陀、仏頂、仏眼）、明王部（孔雀、愛染、不動、五壇法）、観音部（准胝、聖観音、六字、千手、十一面、馬頭、不空羂索、如意輪、葉衣）、菩薩部（普賢延命、普賢、文殊、虚空蔵、弥勒、地蔵、薬王）、経部、天部等にわたり、さらに菩提心論勘文、教相、名目、悉曇、明匠略伝、密宗書籍、諸寺縁起、義釈要文、伝法潅頂日記にわたって、台密事相の全般について、集大成した書目であり、密法実習のかけがえのない参考書である。坂本西教寺聖教蔵の嘉暦四（一三二九）年写本が最古で、叡山天海蔵、曼殊院、真如蔵、承応三（一六五四）年聖教蔵、南渓蔵等の諸本があり、岩田教円によって大日本仏教全書本七巻にまとめられた。〔所載〕仏全7、正蔵（図像部）。〔木内堯央〕

𑖀字観儀【あじかんぎ】真　覚鑁（一〇九五—一一四三）撰。副題に「覚鑁上人御母儀江御勧之」と付記されている。本書は、阿字観法実修の方法を述べたものであるが、その中に、真言密教の根本教体とされる阿字本不生の理についても説いている。本尊については、月輪中に蓮華を書き、蓮上に𑖀字を置く。作法としては、普礼、着座、塗香、護身法、結界、発菩提心呪、三摩耶戒印呪、五大願、五字明誦呪、数息観（法界定印）の順に示し、つづいて、観意として、𑖀字本不生の理を説き、阿息観、月輪の三義、広観・歛観、出定等を説いている。本不生の理として「上、自性法身より、下、六道四生の凡夫、ないし、土木瓦石に至るまでこの本不生の理を備へざるはなし」との法界観を示し、「善悪諸法、器界国土、山河大地、沙石鳥類等の音声に至るまで、みなこれ𑖀字法爾の陀羅尼なり」との真言観を示している。また、「行住坐臥、浄不浄を簡ばず、日夜四威儀に間断なく、一向にこの三昧に住す云云」とするのは、後に、覚鑁の伝法院流秘伝の不断阿字観の根拠ともされるところである。内観の聖者と称される覚鑁には、瑜伽観行に関する撰述は多い。それらの中、阿字観に関するものとしては、『阿字観頌』『阿字観』『𑖀字観』『𑖀字観（阿字観和釈）』『𑖀字観』『釈菩提心義』『八葉観』『阿字月輪観』等がある。〔所載〕興全下。〔栗山秀純〕

阿字観用心口決【あじかんようじんくけつ】真　実慧（七八六―八四七）述。著作の実慧は、空海の高弟であり、師の口決にもとづいて阿字観の用心と、その修観の法を述べたものである。実慧は、河内檜尾観心寺に住していたところより、『阿字観檜尾伝』ともいわれる。まず、阿字観を修する場合の仕方を注意して、暗からず明らかならざる道場に、夜であれば燈を後にして蒲団を敷き結跏趺坐、あるいは半跏坐して、法界定印を結び、眼は半眼にし、金剛合掌して五大願を唱えるとする。そして、観念の順序として、まず能詮の字を観じ、次に所詮の理を思うべし、と述べ、自身の胸中に月輪を、その中に阿字を観ずべきであるとし、阿字すなわち自心の観念を完成する。次の所詮の理とは、阿字は空・有・不生であるという三義を観ずることで、この三義を具足すれば、それは大日法身にほかならないとする。さらに、広略秘観の事として、阿字の略観・広観を「御口ニ云」として説明する。『大日経』の「如実知自心」の自心の本不生なることを観じ、種子は阿字、三摩耶形は八葉蓮華とするのである。広観は六大すなわち大日法身と観ずるのであるとしている。略観は心静なるとき、広観は心散乱しているときに修すべきことを注意している。注釈書は、恵照・阿字檜尾記授要鈔二巻、同・阿字檜尾禅策一巻がある。〔所載〕弘弟全上。〔福田亮成〕

阿字義【あじぎ】真　実範（?―一一四四）述。阿字の義趣を、『大日経』『大日経疏』、さらには空海の『声字実相義』等を根拠として、一四項目にわたって解説したものである。よって、阿字の浅・深の二釈を紹介し、字相浅略釈の無・不・非の三義と、字義深秘釈の有・空・不生の三義とについて有相・無相の義を論じている。阿字は、真言宗義の中心となる重要なもので、類書は少なしとしないが、このような詳細な論は、この書の特色である。〔所載〕正蔵77。〔福田亮成〕

阿字義私記【あじぎしき】真　二巻。亮汰（一六二二―八〇）述。寛文一一（一六七一）年成立。撰者は空海（七七四―八三五）撰と称する『阿字義』一巻を、慶安元（一六四八）年、『阿字義鈔』一巻として注釈し、さらにこれを補正して作られたものが本書である。『阿字義』は阿字本不生の義を明かしたもので、本書はそれを詳述したものである。〔真柴弘宗〕

阿字秘釈【あじひしゃく】天　一巻。圓珍（八一四―九一）撰。「大中一二（八五八）年六月一四日天台に於て記す」とあるが、このころには圓珍は帰国の途についており、おそらくは偽託書とみて間違いない。内容的には『法華経』の一部始終が阿字本不生を説くものとしており、迹門の正宗によって阿字を別釈し、本門の開顕を大日如来本地の身としている。『天台小部集釈』に収録されている。〔所載〕仏全24、仏全(鈴)41、日蔵79、智全下。〔水上文義〕

𑖀字秘釈【あじひしゃく】真　覚鑁（一〇九五―一一四三）撰。『興教大師全集』では、書目を『𑖀字問答（あじもんどう）』としている。そして、副題として『𑖀字秘釈』を示してある。本書は、𑖀字本不生の義について、遮情と表徳の二義によって説いている。遮情の義においてまた二義ありとして、一、自性空無、畢竟不生なるを本不生とし、二、浄功徳の諸法不生なる義を説いて、本とは、本来、自本、本性、本体、本源、本初、根本の義、不とは、空、無、非遠離、断絶の義、生とは、生起、発生、出生、有、在、存等の義と説いている。表徳の義とは、無量の義ある中十義を出している。その中には『大日経』『大日経疏』『即身成仏義』『吽字義』『秘蔵記』等を引用している。表徳の十義とは、一、如実知自心、二、一切衆生本より仏なりとの義、三、一実境界、中道の義、四、正覚等持の義、五、一切諸法は、法身の理体、智体、法体の義、六、三句の義、七、本・不・生とは、法身・応身・化身の義、八、三諦の義、九、身・語・意三密の義、十、体・宗・用の義等としている。〔所載〕興全下。〔栗山秀純〕

阿字秘釈【あじひしゃく】真　一巻。頼瑜（一二二六―一三〇四）述。まず、阿字は大日如来であり万法の体であり一切能生の根源である事をのべ、次に行者が阿字観を修し。阿字の実義に達すれば、父母所生の肉身が速疾に大日如来の覚位に昇る旨を示す。次に誦持門、観字門、解字門の三門に分けて、阿字観および阿字の字相と字義をのべる。つづいて、とくに阿字観の観法について誦持門と観字門の二門あることをのべる。誦持門とは口に阿字を唱え、心に阿字を観じて息を調えること。観字門は阿字の形相を明らかに観ずることで、胎蔵法によれば蓮華の上に月輪を描き、そのなかに阿字あり、金剛界法によれば月輪中に蓮華あり蓮華のうえに阿字ありと観ずる。阿字観が成就して法界ことごとく阿字となれば、阿字本不生際に達し、煩悩即菩提、生死即涅槃の境地に達して速やかに成仏することをうる。さらにこの阿字を常に観じ常に心中において生活するにいたれば、その人は、阿字観を成就したといえるのであり、その心境はとりもなおさず、我と大日との入我々入であり、大日如来との瑜伽（ヨーガ・相応）にほかならない。要するに本書は、阿字の本義を解了し、阿字観法を修することによって、真言密教の深境にわれら凡夫が父母所生身のままで到着することを明示しているのである。本書と同じ題の著作が覚鑁および圓珍の両師にある。〔加藤精一〕

阿闍梨大曼荼攞灌頂儀軌【あじゃりだいまんだらかんじょうぎき】[天] 一巻。作者不詳。灌頂の修法次第を順を追って記したものであり、金剛界系の灌頂儀軌とされるが、胎蔵界系のそれをも認識しているとみられる。『伝全』に収録され、最澄撰ともいわれるが、まったく確証はない。現存するものには、高山寺本、長谷寺本、東寺本等、東密系統のものが多い。〔所載〕正蔵18、縮蔵（余3）、卍続1ノ3ノ3、伝全4。〔水上文義〕

阿字要略観【あじようりゃくかん】[真] 実範（?—一一四四）述。阿字観に関する旧述に、『阿字義』があり、この書が阿字の解説を中心とするのに対し、この『要略観』は阿字の観法を中心とするもので、阿字を修する仕方に身・語・意の三業があるとし、特に意業による阿字観には、色の文字すなわち阿字の形を観ずるのと、声の文字すなわち阿の声を観ずるのであるとする。要するに阿字観とは、即身成仏頓悟の法門であると結論している。〔所載〕正蔵77。〔福田亮成〕

安土宗論実録【あずちしゅうろんじつろく】[日] 一巻。日淵（一五二九—一六〇九）述、日允（生没年不詳）筆記。天正七（一五七九）年にあった安土宗論の模様を伝える資料であること、述者日淵の没年などから推して安土桃山時代の成立と考えられる。文政一〇（一八二七）年刊。刊本には和歌山感応寺一八世日覺（にちげい）の序文・跋文を載せている。原題は『於江州安土法華宗與浄土宗問答略記』。日淵は京都の舞楽宗家加納与祐の子として生まれ、吉美妙立寺日詮について得度し、最初日雄と名乗った。後に日淵と改名。天正五（一五七七）年、京都妙満寺（現顕本法華宗本山）二六世に晋み、天正六年、京都出水通室町近衛町に空中山寂光寺を建立した。学識豊かで『大蔵経』の通覧三度に及ぶという。安土宗論に日蓮教団側の対論者のひとりとして列座した。安土宗論は織田信長が日蓮教団弾圧のために企図したもので、公正な宗義対論ではない。この宗論では浄土宗側の虚言をもって、一方的に日蓮教団側が敗北させられ、詫証文をとられた。本書は、この宗論記録で、信長の出頭命令をうけた日蓮教団側の様子に始まり、問答者の座配、宗論の経過、敗北後の日蓮教団に対する信長の処置とそれへの教団の対応などが詳細に述べられており、安土宗論の資料として最も信頼性の高いものと評価されている。〔所載〕仏全(鈴)61（宗論部）。〔参考〕辻善之助・日本仏教史（近世篇之二）、立正大学日蓮教学研究所篇・日蓮教団全史（上）、同編・日蓮宗宗学章疏目録—改訂版—。〔糸久宝賢〕

安土問答記録【あずちもんどうきろく】[日] 一巻。日珖（一五三二—九八）著と伝えられる。成立年代は奥書に「時天正七年乙卯六月　仏心院日珖略記畢」とあることから、天正七（一五七九）年であるとされる。原題は『安土問答記』。別に『安土宗論略記』ともいう。著者と伝えられる日珖は、戦国期の日蓮教団を代表する僧のひとりで、堺の油屋に生まれ、堺長源寺日沾に師事し、一七歳の時から三井、叡山、南都に学び、さらに神道も修めた。弘治元（一五五五）年、京都頂妙寺三世に晋み、永禄一一（一五六八）年、堺妙国寺を創建。天文法難後の教団復興に尽力し、日詮、常光日諦とともに、天台三大部を講じ（三光無師会）、多くの門人を教育して後世の日蓮教学に多大な影響を与えた。安土宗論に日蓮教団側の対論者のひとりとして列座している。本書は安土宗論の記録で、対論前後の経過内容を記している。本書に日珖の奥書があることから日珖筆と伝えられていたが、辻善之助は、文章が当時のものでないこと、内容に当時の実録や日蓮教団側の他の記録と符合しないものが多いこと、などをあげて、『金山抄』『愍諭繋珠録』などをもとに頂妙寺で編成され、日珖に仮託されたものであると指摘している。正本は京都頂妙寺蔵。写本東史料蔵。〔所載〕仏全(鈴)61（宗論部）。〔参考〕辻善之助・安土宗論の真相（仏教史学第一編第一号所収）、立正大学日蓮教学研究所編・日蓮教団全史（上）。〔糸久宝賢〕

吾道宮縁由【あちのみやえんゆ】[臨] 一冊。東嶺円慈（一七二一—九二）述。天明元（一七八一）年成立。日本臨済宗の中興、白隠慧鶴の高弟である円慈が、天明元年六月、霊宗神道に属する吾道宮（長野下伊那の阿智村昼神）に参詣し、霊祭を行い、その縁由を撰したもの。霊宗道は心学であり、天祖として祀る思兼命は第一の智神、功神であることを表明している。〔所載〕陸川薫編・孔版吾道宮縁由。〔参考〕禅籍目録、東嶺和尚年譜。〔小林圓照〕

厚雙紙【あつぞうし】[真] 一巻。あるいは二巻。定海（一〇七五—一一四九）説、元海（一〇九三—一一五七）記。三宝院流で最も古い諸尊法を集めたもので、形体の上から厚く、さらに後世編ぜられた成賢の『薄草紙』に対比して世に『厚雙紙』という。小野に伝えられている『厚雙紙』に三本がある。一に「仁海の厚造紙」で、上巻二巻あるいは下巻を開いて三巻あるいは五巻とまとめたもの。『敦造紙』ともいう。二は「松橋の厚草紙」で、元海の説、一海の記で上下二巻の本。三に「三宝院の厚雙紙」で、本書は正しくこの本を指す。元海は師定海の一宗の大事秘法の口説を令法久住のために密かに記録したものという。元来書名なきもので、『無名抄』ともいい、醍醐の口伝を集成した故に『醍口鈔』、音を仮借して『第吼鈔』『題孔鈔』とも称せられる。草本と清書本とあり、『大正蔵経』及び国訳密教事相部三に収録したものは清書本である。次の八七カ条を内容とする。七宝、五宝、五薬、五香、五穀、七穀、香花供養観念、一字金輪、仏眼、普賢延

命、八字文殊、文殊、薬師、六字経法、孔雀経法、仁王経法、祈雨法日記、止雨法、法花法、尊勝法、大勝金剛像、愛染法、五大虚空蔵略次第、五大虚空蔵、真言院晦御念誦、十八日観音供、御七日御修法、北斗護摩、光言法、阿弥陀、宝楼閣法、大仏頂法、太元、呪賊経法、理趣経法、不動法、鎮壇作法、文殊鎮家法、開眼作法、御衣木加持、仏寸法、転法輪、五大虚空蔵、法花経、仁王経、大仏頂、尊勝、金輪、愛染、孔雀経、八文、如意輪、金剛夜叉、転法輪、大勝金剛転輪王、準提、摩利支天、無垢浄光、十一面、白衣、葉衣、青頸、阿摩提、六文、守護国界、雨宝、宀一山土心水師、避蛇法、奥砂子平法、聖天供、焔魔天、不動、五十天、三衣印言、八大仏頂、潅頂護摩、後七日、千手別法、五宝、小野僧正消息、二股杵四股鈴、鈴杵義、五色糸、五色粉、道場観、小野護摩、蠟燭事、作壇法。〔布施浄慧〕

阿若集【あにゃしゅう】因　一巻。圓珍（八一四—九一）撰。異称を『教観日記』ともいい、円融一実の理観は大悲阿若観（阿字観）であるとする意図のもとに著わされたといわれるが、『仏解』で田島徳音は、禅宗、浄土教の興隆以後に、その二門に反しないように編集されたもので、圓珍撰とは圓珍に仮託して書かれた偽書であろうと推測している。『天台小部集釈』に録されている。〔所載〕仏全24、仏全(鈴)41、智全下。〔水上文義〕

𑖀・𑖪𑖽界曼荼羅略釈【あばんかいまんだらりゃくしゃく】真　覚鑁（一〇九五—一一四三）撰。『両部曼荼羅功徳略鈔』『二輪円徳抄』『両界抄』等と称す。𑖀字は、胎蔵法理法身、𑖪𑖽字は、金剛界智法身の種子で、この胎・金両部曼荼羅の意義・功徳等を説く。大悲胎蔵界曼荼羅とは、「三世十方一切諸仏の根源、四十二地一切菩薩の所出なり、云々、一切有情の身中に、本来不生不滅の理あり。これを胎蔵界と名づく」と説き、金剛界とは、「毗盧舎那内証の法、金剛薩埵超昇の路なり。云々、迷濁を定泉に澄まして本覚を顕得す。もし行者あって、説の如く修行し、観念成就すれば、即身に成仏し、自心大日尊と成って皆悉く囲繞し、密厳国土、無尽荘厳、内証の眷属、悉く現前す。皆これ観心成仏なり。これすなはち、金剛界智曼荼羅の大意」としている。要するに、大悲胎蔵は、万行を包含する加持の法門、金剛界は、万徳を修得し、万物を成就する現証の法門であり、この両部理智の不二なることを明かしている。〔所載〕興全上。〔栗山秀純〕

阿毘達磨倶舎論法義【あびだつまくしゃろんほうぎ】南　三〇巻。快道（一七五一—一八一〇）作。成立年代は数巻の奥書から天明七—文化三（一七八七—一八〇六）年ころと推定されている。快道は字を林常といい江戸時代中期の真言宗の学匠で、上州の人。長らく大和長谷寺（豊山）に居し、後に江戸湯島の根生院に住した。本書は『倶舎論』の注釈書であるが、きわめて独創的・批判的文献学を展開している。彼の倶舎論研究の方法は㈠新訳『倶舎論』ばかりでなく旧訳をも併用すべきこと、㈡中国の三大疏は後代のものであるからこれに迷わされぬこと（快道は最も権威あるとされた『光記』を排して、『宝疏』の簡潔な記述と明白な判断を買っている。しかしこれをも批判的に用いなければならぬという）、㈢『順正理論』『顕宗論』も有益だが全面的に頼ってはならぬこと、㈣四阿含・発智・六足論など前代の資料を用うべきこと、㈤このようにして、しかもなお作者世親の真意がわからぬときは、『倶舎論』そのものを熟読し、自分で判断すべきこと（快道はこれを「理長為宗」であるという）等である。以上のような批判的方法は、現代仏教学の文献操作と何ら変るものではない。本書の他の特徴は引用文献のきわめて豊富な点と、諸注釈書の見解に対してはげしい批判をなす点である。その他本書にみられる快道の重要な指摘を挙げれば、㈠『倶舎論』は『阿毘曇心論』や『雑心論』を下敷きにして造られた、㈡『倶舎論』は本来第八「定品」までで完結しており、第九「破我品」は別の書であったが、後人がこの二書を合して現在の『倶舎論』になった、等である。前者は後に木村泰賢博士によって証明された。後者はいわゆる快道の「破我別論説」として知られるが、その結論はそのまま肯首できないにしても、『倶舎論』中「破我品」が他と全く異なった性格を持つものであること、および世親は『倶舎論』を製作したとき、最後の部分に独立した「破我論」ともいうべき書を加えて完成させた可能性があること、が現代の研究からも支持されるように思われる。いずれにしても快道のこの説は中国、日本を通じて最も独創的な文献研究の一つであるということができる。〔所載〕仏全90・91、正蔵64。〔加藤純章〕

阿毘達磨倶舎論要解【あびだつまくしゃろんようげ】南　一一巻。普寂（一七〇七—一七八一）作。成立年代は明和元（一七六四）年ころと伝えられる。普寂は江戸時代中期の浄土宗の学匠。この時代は学問が一般に盛んで、仏教学においても勝れた学者が輩出した。本書は『倶舎論』の注釈書である。普寂はまず倶舎論研究には玄奘の新訳ばかりでなく真諦の旧訳をも常に参照すべきこと、また『六足』『発智論』および『婆沙論』によって理解すべきこと、『順正理論』は有部の主張を逸脱しているので注意して扱うべきことなどを述べ、常に「理」を重んじて「精緻」な文献学的方法を用いて研究すべきことを主張している。また中国の普光、法宝の二注釈書に対しては、厳しく批判しながらも公平に各々の是非を論じている。やや後代の快道が普光の多解・複雑を排し、法宝の簡潔を尊んだのとこの点が異なっている。また普寂は『婆沙論』や『倶舎論記』などにおいて一つの問題に対して提示される多解について、多解のいちいちにはそれなりの理由があるのだから研究者は性急にその一つだけを選び取るべきではないと主張する。この態度が、本書が確固たる立場を貫きながらも全体に穏やかな論調を感じさせるのであろう。本書は論旨が簡潔・明快にして『倶舎論』の作者世親の真意によく迫らんとし、近世文献学の最も勝れた成果の一つということができる。〔所載〕仏全89。　〔加藤純章〕

阿毘達磨倶舎論略法義【あびだつまくしゃろんりゃくほうぎ】[南]　五巻。快道（一七五一―一八一〇）撰。成立年代不明。『倶舎論略法義』ともいう。快道の前著である『阿毘達磨倶舎論法義』三〇巻から要処を抜萃し注釈を施した書。『法義』三〇巻同様、『光記』『宝疏』等の中国撰述末疏はほとんど用いず、多くのインド撰述論著の博引によって典拠引証するが、さらに法義の訂正をも含む。また、冒頭の玄談一巻は『法義』第一巻頭部を略述し倶舎論の本旨を述べたもので、『略法義』の総論に当る。〔所載〕仏全91。　〔里道徳雄〕

阿弥陀経緯【あみだきょうい】[浄][真]　二巻。僧鎔（一七二三―八三）撰。僧鎔は本願寺派の学僧で空華学派の祖。越中新川郡市江村の旧家に生まれ、一一歳のとき出家。一九歳で善巧寺の法嗣となり僧鎔と改名、二一歳のとき上洛して僧樸の門に入り修学。晩年は自坊に空華盧を設けて学徒を教育した。門弟には越中空華の祖、柔遠や堺空華の祖、道隠らがいる。

本書は初め、(1)勃興を叙す、(2)宗体を弁ず、(3)弘伝を明かす、(4)名題を釈す、(5)文義を釈す、の五門に全体を分けているが、のちの追考では、(1)教起の所因を弁ず、(2)教相の分斉を明かす、(3)一部の宗体を定む、(4)この経の名題を解す、(5)正しく文義を釈す、となっている。(1)―(3)の変更された点を以下に見る。勃興には月筌の『称讃浄土経駕説』の文を引き、この経が総じて釈迦一代を結ぶ経であり、かつ、『浄土三部経』の結経でもある、とする。追考は、(1)教起の所因を(イ)教伝の相と(ロ)教興の意に分かち、教伝の相としては、馬鳴の「専念弥陀不退易得」の文や竜樹の論、および『通讃』に四訳をあげることよりして、この経は西域および中国にひろく流伝したことが知られる、とする。次に、教興の意としては、とくに十義を挙げ、(1)弥陀の願力が釈迦の願力となってこの経を説かせたこと（願力）、(2)この経が無問自説であることは釈迦の「大悲」の故であること（大悲）、(3)釈迦一代の衆説はこの経に帰入するものであること（為帰）、(4)この経は念仏を説き、三世の諸仏が皆念仏によって成仏することを示すこと（顕本）、(5)この経は方便を説かず、ただちに弘願の本意を明かすこと（選要）、(6)「小善根不生」「我見是利」等と、疑執を断たしむ（断疑）、(7)諸仏の証誠護念は念仏の易なることを示すこと（易行）、(8)信じ難き法を説くこと（難信）、(9)国土、仏、菩薩の三種成就を説くこと（成就）、(10)衆生の貪瞋煩悩中に弥陀回向の無碍の智心を開発すること（開発）、をこの経が説かれたゆえんとする。宗体については、証誠為宗説、証明讃嘆付属流通為宗説を批判し、念仏往生為宗、仏名号為体説をのべる。追考は第二に教相の分斉を明かす、を挿入するがこれは、この経は頓中の頓教にして菩提蔵すなわち本願一仏乗であるとするもの。弘伝については、とくに、中国・日本の注釈書一〇種を推奨する。〔所載〕仏教大系（浄土三部経5）。　〔田中教照〕

阿弥陀経合讃【あみだきょうがっさん】[浄][真]　一巻。観徹（一六五七―一七三二）撰。本書は、『阿弥陀経』の解説をするに当り、(1)所説の大猶、(2)二行の優劣、(3)偏に念仏を勧む、(4)総じて題名を釈す、(5)別して文義を解す、の五門を開いている。このうち、(1)所説の大猶では、初めに依正の荘厳を示して欣慕の縁となし、次に一日七日の念仏往生と諸仏の証明を説き、最後に現当の勝益を示して具縛の衆生の心行を発起せしめるを本経の概略とする。次の(2)二行の優劣では念仏行と諸行との優劣を判定するため七つの規準を立てる。勝劣、難易、多少、因明、願非願、光明の摂・不摂、随宜尽理である。次の(3)偏に念仏を勧むでは、観経のように諸行を説かないのは念仏において決定の信を生ぜしめるためであるとする。ここに問答を設けて、信後の行相、行儀を説かない理由、念仏は尋常および臨終に通じるや否や、尋常の念仏の遍数、を論じている。ここで、元祖源空は六万遍の念仏を課し、鎮西、西山も宗祖親鸞も同様であるから、奉宗の人は「必ず真実に日課を剋定し願行相続し、両尊本意の経典に随順し、祖師慇懃の遺訓を依行すべし」とする点は注意すべきであろう。〔所載〕仏教大系（浄土三部経5）。　〔田中教照〕

阿弥陀経見聞私【あみだきょうけんもんし】[天]　三巻または六巻。栄心（生没年不詳）。成立年代不明、本書は天台大師智顗述とされる『阿弥陀経義記』『浄土十疑論』及び宋代の元照（一〇四八―一一一六）の『阿弥陀経義疏』や日本の源信の『要集略記心要』等の諸釈を引用し経旨を釈している。作者とされる栄心は他に『法華直談鈔』等があるが、その伝も定かではなく、この述作についても疑問が提示されている。刊本万治二年、谷大、正大、竜大。〔所載〕天全11。　〔西郊良光〕

阿弥陀経講義【あみだきょうこうぎ】[浄][真]　八巻。深励（一七四九―一八一七）述。成立年代不明。深励は大谷派の第五代講師。福井県に生まれ、慧琳、随慧の門に入り、宗学を学んだ。寛政二（一七九〇）年に擬講となり、同五年に嗣講に進み、翌六年に講師になった。高倉学寮でたびたび『教行信証』を講義し、公厳や法幢の異義を正し、主要な宗典のほとんどに注釈書を書き、大谷派の近代宗学の大成者となった。宣明、鳳嶺とともに大谷派の三大学系の祖であり、その中心に位置した人である。本書は、慧琳の講義録をもとに『阿弥陀経』を講釈したもので、全体を、(1)説教の時を弁ず、(2)教の興由を明かす、(3)蔵部の摂を顕わす、(4)教の漸頓を判ず、(5)経の宗体を釈す、(6)所被の機を定む、(7)隠顕の義を述す、(8)翻訳の異を示す、(9)経の題目を解す、(10)文に入りて解釈す、の一〇門に分ける。(1)説経の時とは、『三経』が『大経』『観経』『小経』の順に説かれ、『観経』は

『法華経』と同時、『小経』は『涅槃経』と同じく鶴林で説かれた釈尊最後の説法、とするもの。西山派が『小経』を『観経』の流通文と見るのを批判し、釈迦一代の諸教の流通文と見る。(2)興由では、無問自説して本懐を顕わすためなどの一〇の理由を挙げる。(3)蔵部の摂では、この経を菩薩蔵のうちの修多羅蔵とし、無問自説経とする。(4)漸頓については、能被の教は頓教なれども、所被の機は定散自力に覆われているため漸教とみる。(5)宗体については、法霖『聖浄決』の中の「付属流通を以て宗と為し、名号を体と為す」や慧鐺『弊帚録』中の「証誠を宗と為し、名号を体と為す」は、この経の隠義を明かすのみとし、隠義は祖釈に三経とも「本願を宗と為し、名号を体と為す」と明かしてあるので、これ以上の釈を末学が加える要なしと批判する。(6)所被の機については、経の隠義よりすれば、五濁悪時の衆生すべてを含む。顕の義よりすれば、本願の嘉号を己が善根とする機で、漸機、定散の機、不定聚の機、といえる。(7)隠顕については、この経の隠顕と『観経』の隠顕が違うことを強調する。『観経』には真土と化土の二を説くが、この経には真土のみを説く。『大経』にこれを疑城胎宮とするのは、自力の機が聞き誤るからという。よって、この経は、衆生生者乃至若一日等の段、己今当の発願の利益を説く段のみ隠顕が立つがあとは弘願に約するのみ、とする。(9)経の題目については、題目と訳人の名を解釈するが、なかでも題目は、首題の有無、梵本の帰敬について論じたのち、題号の釈に入っている。〔所載〕仏教大系（浄土三部経5）　〔田中教照〕

阿弥陀経甲午記【あみだきょうこうごき】 浄真 三巻。慧雲（一七三〇—八二）著。安永三（一七七四）年成立。慧雲は本願寺派の学僧で僧樸の弟子。同じ僧樸の弟子である越中の僧鎔（空華学派の首唱者）と並び称され、芸轍の鼻祖とされている。本書は『阿弥陀経』の代表的な解説書で、善導の『法事讃』を依用する点はもっとも要をえたものと評されている。安永三年夏興正寺で講じられたので「甲午記」という。他に同経の解説として『阿弥陀経善行記』を遺す。巻頭の玄談は、(1)教興、(2)分際、(3)宗体、(4)所被、(5)伝訳、(6)末疏、(7)名題、について略説し、(8)釈経文に入っている。(1)教興では、ことにこの経を叙べる理由として、(イ)機と法を合して説かんがため、(ロ)廃立を的示せんがため、(ハ)証誠を舒舌せんがため、(ニ)三仏同入のため、(ホ)大本を映顕せんがため、の五理由をあげる。(2)分際では、顕に約せば、横出の分際あるも、隠彰に約せば正しく是れ横超の分際なり、とする。(3)宗体では、体は六字の名号とし、宗は顕宗としては第二十願の行信、隠宗としては三経に一致する選択本願の行信である、という。(4)所被は、正為としては五濁悪世の衆生であるが、兼為として定散の諸機も含まれるとする。(7)名題では、仏説と阿弥陀と経とを分離して釈し、仏とは本師本仏たる阿弥陀仏を言い、説は讃嘆の意で、仏説とは、弥陀が諸仏称揚を説くもの、との意とする。阿弥陀とは南無阿弥陀仏のこととし、経とは、如来興世之正説、速疾円満之金言、遠霑遐代之妙教、十方称讃之誠言なることを示すという。以下は本文の注釈。序分、正宗分、流通分にわけて詳しく行っている。〔所載〕真宗全6、新真宗全3。　〔田中教照〕

阿弥陀経釈【あみだきょうしゃく】 浄 一巻。源空（一一三三—一二一二）述。『小経釈』ともいう。善導の教説に基づいて『阿弥陀経』を解釈し、自説をのべたもの。文治六（一一九〇）年、重源の請に応じ東大寺で行った講説の筆録を、のちに漢文に改めたものと思われる。同じときの講説による『無量寿経釈』『観無量寿経釈』と併せて『三部経釈』ともいう。本書には『古本漢語燈録』『拾遺古徳伝』所収本のほか、寛永版、承応版、正徳版の五本があり、古本所収のものはより原形を伝えたもの、また正徳版はのちに成文化した形跡が認められる。『浄全』は宝永二（一七〇五）年の義山校訂刊行本によっている。内容は、古本では、(1)弁所依教、(2)重釈二行、(3)経来意、(4)釈名、(5)入文解釈の五門に分かれ、(1)で『三部経』が根本聖典であることを示し、(2)で念仏と諸行を比較して念仏を勧め、(3)で本経の説かれる理由をのべ、(4)で阿弥陀仏の名義を釈し、(5)で経の内容を序分、正宗分、流通分に三分している。また寛永版、承応版では(1)来意、(2)専雑、(3)釈名、(4)入文解釈の四節としているが、(1)(2)に対する解釈が欠落している。正徳版は古本と分科を同じくするものの、(1)が明往生所依となり、内容的にも檀林教学対応への配慮が見られる。〔所載〕黒谷上人語灯録（漢語）、浄全9、昭法全、正蔵83。〔参考〕仏解、浄全（解題）、浄大、浄土依憑経典章疏目録、浄土宗典籍研究。　〔阿川文正〕

阿弥陀経松江録【あみだきょうしょうこうろく】 浄真 一巻。月珠（一七九五—一八五六）述。成立年代不明。月珠は本願寺派の学僧で、初め道隠に師事し、堺空華の学風を学んだ。しかし、学説を墨守せず、諸家を折衷して、豊前学派を創し、善譲と行信義について論争した。本書は本文の解説のまえに、(1)興由、(2)大意、(3)宗体、(4)説時、(5)題目について略説する。興由は、一般的にいえば、諸の衆生の転迷開悟のためであるが、特別には、本仏の願海を弘宣し、出世の本懐を顕わすという三経に通じる理由と、方便真門を開示し、極難信の法を顕彰するという『阿弥陀経』だけの理由の二があるとする。大意は、弥陀依正と衆生因果と諸仏同讃の三に分れるとし、弥陀依正においては、三種荘厳が仏徳に収まり、一一の荘厳が光寿本仏の自内証より顕われ、広略相入の義があるなどとする。宗体では、難思往生弥陀経宗を顕宗とし、三経真実選択本願を隠宗とする。また体は宗と相即する名号であるとする。説時では、この経は三経の最後に説かれ、二十願を顕説する摂末帰本の法輪とする。題目では、この経のみが釈尊の無問自説の経であるとする。如来功徳、如来智慧海は深広にして涯底なきゆえに、人の問う能わざるところであり、それゆえ出世の悲懐は問を待たずに時機純熟の法を説くのであるとする。〔所載〕真宗全6、新真宗全3。〔田中教照〕

阿弥陀経聖浄決【あみだきょうしょうじょうけつ】浄真　二巻。法霖（一六九三―一七四一）述。寛政一一（一七九九）年刊。法霖は本願寺派の第四代能化。若霖の法嗣として正崇寺を継承するとともに、華厳宗の鳳潭の浄土教批判に反駁を加え、学林においても多くの学僧を育成した。鳳潭が法蔵菩薩の発願と修行はたんなる寓話にすぎないとし、浄土教は方便を語るもので真実の教えでないと批判したのに対し、法霖は、天台宗の円融思想を援用して、聖道門も浄土門もさとるべき理法については同一のものを目指しているから不二であるが、さとりにいたる道は異なると主張した。「聖浄決」とは、聖道、浄土の同異を明確化するということで、ここには三同七異が明らかにされている。三同とは、理性本具、果海融通、諸法斉名をいう。七異とは、自力他力、断惑不断惑、超出横竪、名通義別、往生成仏、能詮所詮、凡下入報である。聖浄二門の決判は、一般仏教の原理のうえに真宗の教学を打ちたてようとしたもので、法霖自身も、本書の巻末に、自分を世に知らせるのも、また、罪を被らせるのも、この聖浄決であろうと記している。〔所載〕真宗叢4。―→浄土折衝編　〔田中教照〕

阿弥陀経随聞講録【あみだきょうずいもんこうろく】浄　一巻。義山（一六四八〈四七〉―一七一七）説、素中（生没年不詳）記。享保一二（一七二七）年成立。義山の三経講録の一。宝永三（一七〇六）年、義山は門人の素中の懇請により『浄土三部経』を講じたが、その筆録である『随聞記』をもとに、のちに素中が同志の依頼に応じ、みずからの所見を加えつつ講述した講録。義山の該博な見識がうかがわれ、数多い『阿弥陀経』釈書のなかでも注目に値するものである。〔所蔵〕写本、正大、仏大、横浜市大倉山精神文化研究所蔵。〔所載〕浄全14。〔斎藤晃道〕

阿弥陀経選要【あみだきょうせんよう】浄真　三巻。義竜（一七二五―八二）集。安永八（一七七九）年成立。義竜は大谷派の学僧で、嗣講を拝命、没後、講師を追贈された。堺市の尊称寺に生まれ、父の慧然に学び、三五歳で高倉学寮に『七十五法』を内講し、のち『論註』や『選択集』を講じている。本書は、親鸞の解釈と善導の『法事讃』とによって経意を明らかにしようとしたもので、善導の釈に従って玄談を七門に分けている。すなわち、(1)教興の所由を明かす、(2)蔵教の所摂を論ず、(3)所詮の宗体を分別す、(4)説人と教体とを弁ず、(5)顕彰隠密義を料簡す、(6)所被の機を判定す、(7)経題と翻訳とを釈す、である。また、各門に、問答を設けて解説するので、その設問を概説すれば、(イ)大経と小経の関係、(ロ)『法華経』と浄教の出世本懐の異同（以上教興門）、(ハ)善導はこの経を頓教とし、親鸞は教は頓、機は漸とするが如何、(ニ)善導は『観経』を漸教とし『小経』のように、頓教とはしないが如何、(ホ)聖道中に竪超、圓頓教あり、なぜ漸とするか（蔵教所摂門）、(ヘ)執持名号の執持が一心の意味ならなぜ重ねて一心不乱というのか、(ト)証誠護念について、(チ)『愚禿抄』の勧信の解釈に明拠があるか（宗体門）、(リ)隠と彰と同義なら『玄義』に隠彰に異ありというのは如何、(ヌ)『観経』『小経』が顕義ならば『大経』は彰なるや、(ル)隠と密との二字はなぜ論じないか（隠顕門）、(ヲ)教が頓なら機も頓なるべし、(ワ)漸機ならば廻心機と言うべきか（被機門）、(カ)三経訳出の時処が異なるのになぜ三経とするか、(ヨ)三経の次第いかん、(タ)『小経』が最後の経か（経題門）、である。〔所載〕続真大1。〔田中教照〕

阿弥陀経大意【あみだきょうたいい】天　一巻。源信（九四二―一〇一七）。長和三（一〇一四）年成立。本書は源信撰の『阿弥陀経略記』の第一門大意の章を別行したものである。『略記』の自叙によれば親衛藤将軍の依頼によって著わされたものである。この将軍は一説には藤原道綱であるともいわれている。内容は天台教学に基づいて『阿弥陀経』の要点を解釈したもの。〔所載〕仏全31、天台霞標三ノ二。―→阿弥陀仏略記　〔西郊良光〕

阿弥陀経丁亥録【あみだきょうていがいろく】浄真　五巻。法海（一七六八―一八三四）説。文政一〇（一八一三）年成立。法海は大谷派第八代講師で、肥後八代の光徳寺の住職。宝月に師事して宗学を学んだが、随慧からも学び、彼の学風は深励に近似しているといわれる。本書は、夏安居の講録で、五十六会に満講したという。三経は処・時・対機をそれぞれ異にするが、『大経』の弥陀の本願、『観経』の釈迦の教勅、『小経』の諸仏の証誠、この三を備えてはじめて浄土の教義が成立するという。この経の経意をうかがう基本的手本は善導の『法事讃』であるが、この他、七祖や親鸞および先輩代々の指南があるので、これらの軌轍を守って、まれに私釈を加えるのみという。よって本書は穏当にして闡明するところは少ない書といえるが、当代の学を代表する著作であるにまちがいない。講説に当っては、善導の『観経疏』にならって玄義と文義に二大別し、玄義では、(1)部類の前後を弁ず、(2)教興の因縁を明かす、(3)蔵部の所摂を顕す、(4)教摂の分斉を示す、(5)一経の宗体を判ず、(6)得受の機類を定む、(7)冠首の題目を釈す、の七門を分けている。法海は、このほか『無量寿経』『観無量寿経』にも講録を残す。〔所載〕真大4。〔田中教照〕

阿弥陀経丁丑録【あみだきょうていちゅうろく】浄真　二巻。芳英（一七六四―一八二八）述。文化一四（一八一七）年成立。芳英は宝暦一二年に紀伊有田郡箕島村の農家に生まれ、村内の浄応寺にて剃髪し、のちに名草郡川辺村の正念寺に住した本願寺派の学僧。はじめ性相学を智幢に、天台学を野山の某師に、華厳学を経歴に学び、宗学は智洞に師事して門下八僧の一に数えられた。ゆえに三業惑乱の際には一味として文化元（一八〇四）年、江戸に呼び出され、追放の判決をうけた。のち、回心して近江野洲郡小田に隠棲し、円覚社を設けて子弟の訓育に尽くした。本書は、四十八願を講じたさいに聴講生より『阿弥陀経』の講義を要望されたため、翌年に成ったもの。華厳教学に詳しい著者による解説であるため、随処に特異な立場が表明されている。全体を、⑴翻訳時人、⑵釈家分斉、⑶相承大綱、⑷今釈所拠、⑸一経玄旨の五に分けている。⑴は異本、写本について明かし、⑵はこの経の注釈書についてのべる。⑶相承大綱では、諸宗師の釈は聖道・浄土の共通と区別、要門・弘願の共通と区別の二つによって弁定されるが、真宗においては、(イ)顕説不同、(ロ)隠彰一致、(ハ)隠顕合論の三門によってこの経は釈される、という。⑷今釈所拠では、経文は①本懐、②隠顕、③依正、④広略、⑤因果、⑥勧信、⑦証誠、⑧護念、⑨讃嘆、⑩難易の一〇門に分けて考えられるとする。⑸一経玄旨では、(イ)釈名、(ロ)弁体、(ハ)明宗、(ニ)論用、(ホ)判教の五章をもって詳しく解説している。〔所載〕真宗全9、新真宗全3。　〔田中教照〕

阿弥陀経展持鈔【あみだきょうてんじしょう】浄真　九巻。智暹（一七〇二—六八）撰。享保一七（一七三二）年成立。智暹は本願寺派の学僧で、播磨国の出身。第五代能化職の法霖が入寂して以来、義教とともにその後継の地位を争って敗れ、明和の法論をひきおこした。彼の立場は真宗の本尊について、法霖の解釈を批難したものであった。本書は『阿弥陀経』を釈尊一代の結経と見なし、三世諸仏が勧め讃え、つねに展持するものであるとの観点から、『展持抄』という。⑴教興を叙す。⑵蔵教を判ず、⑶宗体を明かす、⑷所被を示す、⑸伝訳を弁ず、⑹名題を解す、⑺正しく文義を釈す、の七門に分けて説く。全体として、天台の円頓教説と浄土教説との違いをもっとも意識してのべている。宗体については、聖道門の人びとの諸説を列挙したのち、『三経』には宗と体に関して隠顕があるとし、また、曇鸞が体のみを挙げ、善導が字のみをあげるのはもともと字と体は不二にして、機法の別を示さんがために二となっているのである。よって親鸞は字と体の両者をあげて、二師の互顕を明確にしたのである、という。〔所載〕真宗叢4。　〔田中教照〕

阿弥陀経明煥記【あみだきょうみょうかんき】浄真　二巻。恵忍（一七〇六—八三）述。宝暦四（一七五四）年成立。恵忍は高田派の学僧。本書は、『小経弊帚録』の著を見て、その解義竽濫なるを改めんとして書かれたもの。明煥とは、魏の徐幹の斉都賦の「彫琢有レ章、灼爛明煥、生民以来非所視見」からの引用。善導の解釈法にならって、⑴教起因縁、⑵教主分別、⑶蔵乗部摂、⑷立教差別、⑸教所被機、⑹能詮教体、⑺所詮宗趣を挙げ、さらに経文に即して、⑻題目具略、⑼伝訳存亡、⑽入文解釈をのべている。⑴教起因縁では、この経に発起序がないことを注意し、これは根本経海一向弘願の大経に摂在するものと見て、摂末帰本、末教はみな、この『大経』の教興に即すとみる。⑵教主分別では、化身と真身に分けてのべる。⑶蔵乗部摂では、二蔵中の菩薩蔵、三蔵中の修多羅蔵の摂、また、弘願一乗、二乗では究竟一乗、三乗では第三の一乗、四乗中の仏乗、五乗中では一乗の摂、十二部中では無問自説また方広の摂とする。しかし、これは横出要門の義であって、横超弘教の立場からはすべてが摂尽されるとする。⑷立教分別では、親鸞の竪出、竪超、横出、横超の四教分別をとり、横超には顕彰隠密の釈があることをのべる。⑸教所被機では、顕の義からは、少善不生、雑善難生、疑城胎宮果遂の義を免れざるも、彰の義からは、人天善悪皆得往生で、「若善男女」という経文に異なるとする。⑹能詮教体では、横出の義により、善の声、名、句を体とする等の説を挙げる。⑺所詮の宗趣では、総じて、名号を宗とし、果遂往生を趣とするが、別して、願聞対、聞思対、思修対、行信対、因果対の五をあげ、それぞれに宗と趣を区別してのべる。しかし、これらの分別も彰辺を談ずれば、真実難信之法を宗とし、弘願の心海に帰入するを趣とするという。〔所載〕真宗全6。　〔田中教照〕

阿弥陀経聞記【あみだきょうもんき】浄真　一巻。恵空（一六四四—一七二一）述。享保二（一七一七）年成立。恵空は大谷派初代講師。本書は六条講堂で七回に分けて講弁をしたものを恵成が記録したもの。まず、『阿弥陀経』は、『観経』の結経、『三部経』の結経、釈迦一代の結経という三点よりして、結経であるとする。次に、『三経』の説かれる理由、この経の説時、末疏、読誦、宗教、無問自説経たることをのべて、経題、訳人、本文の解説に及ぶ。本文解釈に当ってはとくに科段を設けず、順次、簡潔な解説を施す。恵空の類書に『阿弥陀経義要』二巻がある。〔所載〕真大4。　〔田中教照〕

阿弥陀経略讃【あみだきょうりゃくさん】浄真　二巻。慧然（一六九三—一七六四）述。成立年代不明。慧然は大谷派第二代講師。本書は漢文で『阿弥陀経』を簡略に解釈したもの。玄譚と本文解釈より成り、玄譚は、⑴教興、⑵義宗、⑶経題の三に分け、本文解釈では科段を分け、新旧両訳を対照しつつ、こまかく字義を検討して、所説に必ず典拠を挙げている。本末二巻の小部であるが、著者の独特の風格があらわれた好著とされている。〔所載〕真宗全4。　〔田中教照〕

阿弥陀経略記【あみだきょうりゃっき】天　一巻。源信（九四二—一〇一七）。長和三（一〇一四）年成立。別に『小経略記』『阿弥陀経疏』ともいう。智顗の『阿弥陀経義記』の要旨を述べ、『阿弥陀経』を解説したものである。その序文によれば親衛藤将軍の依頼によって筆を取ったとあり、長和三（一〇一四）年一二月、著者七三歳の著作である。その内容は三門に分れており、初に大意、次に題目を釈し、第三には本文の解釈となっている。第一門の大意では、この経の大綱をのべ弥陀の本地は十方は普ねく、広く六道を利するが特にその区である極楽と、一化としての弥陀をたたえ、その慈悲の功の莫大であることが賛美されている。その慈悲のあらわれであるこの経の主旨は、その顕意をとれば、三有の輪廻を脱して七宝の台に達することができ、その密意を探れば三乗の保証を廃して一実乗の果に帰せしめることを説いている。第二門の題目を釈すとは、『仏説阿弥陀経』の「仏説阿弥陀」を経の別号と為して解釈し、「経」をその通号と為し解釈している。第三の本文解釈とは天台智顗の『阿弥陀経義記』に基づいて序、正、流通の三分に分けて次に経文の解釈に入り『称讃浄土教』を対照しながら略説している。この著は晩年の作として、他の著作、『往生要集』『観心略要集』等との思想的脈絡をたどり、著者の思想形成をさぐる上で重視されている。〔刊本〕(会本)谷大、正大、竜大。〔所載〕正蔵57、仏全31、恵全2。〔参考〕阿弥陀経、阿弥陀経義記、阿弥陀経大意、称讃浄土教。〔西郊良光〕

阿弥陀経録【あみだきょうろく】浄真　一巻。僧樸(一七一九―六二)講。成立年代不明。『陳善録』ともいう。僧樸は本願寺派の学僧で、法霖に師事した。本書はまず、経の大意として、この経は如来出世の本懐、五乗斉入の要門、希有難信の法、一大事因縁の法といい、無問自説の経とする。そして、持名の一法(名号)を体とすると述べる。次の来由を明かす項では、窺基の『阿弥陀経通讃』を引いて、「この経は三輪を破せんが為の故に」とし、三種輪すなわち無常輪、不浄輪、苦輪を詳述する。そのあとは、ただちに経題に入り本文解説へと進む。きわめて簡略な解説書であるが、異訳の『称讃浄土経』を参照するだけでなく、天台宗の窺基や南山律宗の戒度の釈書を依用する点に特色がある。〔所載〕真宗叢4。〔田中教照〕

阿弥陀寺清規【あみだじしんぎ】浄　近江金勝(こんぜ、滋賀県栗太郡)の阿弥陀寺三世宗真(?―一五一八)が明応元(一四九二)年に定めた三九カ条からなる末寺法度である。この法度は阿弥陀寺を中心とする近江浄土宗教団の制誡となったもので、室町時代の浄土宗地方寺院の実態を知るうえに貴重な資料である。『湖東三僧伝』はこの清規を一〇カ条に類聚して載せている。原本は安土の浄厳院に現蔵されている。〔宇高良哲〕

阿弥陀秘決【あみだひけつ】浄真　二巻。慧林(一七二一―?)編集。寛延四(一七五一)年刊。慧林は浪華に住んでこの書を著わした本願寺派の学僧という以外、その事蹟は不明。本書は、真宗の学者が真言の教義を研究し、それをもちいて阿弥陀仏の果徳のすぐれた点を明らかにしたもの。全体を、(1)体徳を明かす、(2)種子を顕わす、(3)三摩耶形を示す、(4)尊形を釈す、(5)印契を明かす、(6)真言を明かす、(7)ひろく顕密二教讃弥陀明拠を挙げる、の七門で構成する。〔所載〕真宗全7。〔田中教照〕

阿弥陀秘釈【あみだひしゃく】真　覚鑁(一〇九五―一一四三)撰。阿弥陀如来について、大意、名号、字相字義の三節をもって真言密教の教理によって解釈している。大意としては、阿弥陀如来は、自性法身妙観察智の体とし、「己身の外に仏身を説き、穢止の外に浄刹を示すが如き」を退け、「九識の浄心を開き」「分別取著を離れて性徳の一心を証する」を阿弥陀如来とすると説く。名号としては、無量寿、無量光、無辺光、無礙光、無対光、炎王光仏、歓喜光仏、智慧光仏、不断光仏、難思光仏、無称光仏、清浄光仏、超日月光仏の一三の飜名を挙げ、これは、法身大日如来の差別智印をあらわす密号であるとする。字相字義においては、「[梵字]、[梵字]、[梵字]」の三字を一、本初不生、無我大我、如々寂静の義、二、仏部、蓮華部、金剛部の三部、三、空、仮有、中道の義、四、有、空、不空の義、五、因、行、仏(果)の義によって字相を説き、不可得本不生の真言教体によってその字義を解し、字相字義によって理解すべきことを示す。その理趣は、あくまでも現身、現世に阿弥陀如来を観得すべきことを説いている。〔所載〕興全下。〔栗山秀純〕

阿弥陀仏十劫成仏事【あみだぶつじっこうじょうぶつじ】浄　一巻。良山(―一三八七―)撰。至徳四(一三八七)年成立。浄土宗名越派如来寺開山の良山が浄土宗義上の問題点である(1)阿弥陀仏十劫成仏事、(2)三世諸仏依テ二弥陀ニ一成ル二正覚ヲ一事、(3)弥陀ニ無二師範ノ仏一事、の三項目について、名越派相伝の果分不可説の立場からのべたもの。その所説は(1)余経の久遠と今経の十劫とは相違しない。(2)釈迦も諸仏も弥陀の三昧を根源として正覚を成就することは経文に明らかに説かれている。(3)弥陀所具の事理の万法は余仏所具の事理に勝るので、訓匠軌範等の法も弥陀所具の時は勝る」と、それぞれの問題に答釈している。本書は名越派の伝書として伝えられ、現在如来寺、円通寺、西福寺等に写本が所蔵されている。〔所載〕浄全続10。〔金子寛哉〕

阿弥陀仏説林【あみだぶつせつりん】浄真　七巻。継成(?―一七七四)集・注。明和七(一七七〇)年成立。明和九(一七七二)年刊行。継成は小倉の本願寺派永照寺の住職で、諱は西成。本書は『大蔵経』のなかから阿弥陀仏および浄土に関説している経論の文を二〇〇余り抜粋して編集し、所々に注記を加えたもの。湛然のいわゆる「諸経所讃多在弥陀」の典拠を知るのに貴重。〔所載〕真宗全7。〔小山一行〕

阿弥陀仏白毫観【あみだぶつびゃくごうかん】天　一巻。源信(九四二―一〇一七)撰。成立年代不明。略して『白毫観』という。これは源信が『観経疏』に基づいた天台念仏観の立場に立って『観無量寿経』の十六妙観中の第九仏身観の白毫観等を五種の観法(観業因、観相貌、観作用、観体性、観利益)によって説明している。初の三は事観、四は理観、五は事理として各々を解説している。写本(大林院版)。〔所載〕仏全鈴39、恵全3。〔西郊良光〕

阿母捺羅記【あもだらき】天　一巻、圓珍（八一四—九一）記。成立時期は圓珍が唐から帰国後のいつか。圓珍は智証大師、天台寺門宗宗祖。比叡山で義真に師事し、年分学生として密教を専攻、仁寿三（八五三）年七月から入唐、六年後に帰朝。本書はその成果をもとに胎蔵界大日如来の三昧耶印についての論説。a-m-udrā 阿字印は大日如来法身そのものとして、即身成仏のしくみを説く。〔所載〕文治二（一一八六）年写本で、仏全、日蔵（天台宗密教章疏1）に所収。〔木内堯央〕

安国論奥書【あんこくろんおくがき】回　一篇。日蓮（一二二二—八二）著。文永六（一二六九）年成立。文永五、六年の蒙古の国書到来を見て、一二月八日にみずから書写した『立正安国論』の巻尾に書き加えたもの。『安国論』述作の理由と上奏の手続きをのべ、戦乱の予言の的中したことを記し、未来もまた国難の必至であると警告し、予言的中は『法華経』の真文と日蓮との感応によると記している。真筆を千葉県法華経寺蔵（重文）。〔所載〕定日遺。→立正安国論　〔小松邦彰〕

安国論御勘由来【あんこくろんごかんゆらい】回　一篇。日蓮（一二二二—八二）著。文永五（一二六八）年成立。この年正月の蒙古国書到来を機に述作。『立正安国論』述作の理由と上奏にいたる経過をのべ、『安国論』の大意を提示し、蒙古の来牒をもって戦乱の予言の的中とし、謗法の祈りをやめ正法への帰信を勧めている。予言的中を契機として活発化する諫暁運動の口火を切った書である。真筆を千葉県法華経寺蔵（重文）。〔所載〕定日遺。→立正安国論　〔小松邦彰〕

安居法則並自恣作法【あんごほっそくならびにじしさほう】真　一巻。慈雲（一七一八—一八〇四）撰。慈雲尊者飲光は正法律の開祖として有名であるが、その学殖、識見広大にして、その門を尋ねる人万余に及ぶという。仏弟子が雨期の一定期間を定め、集団で修養するを安居というが、その最初に際して行う作法が安居（結夏）作法であり、安居満了の日を自恣といい、結了の作法を自恣作法という。四分律行事鈔資持記上四之二安居策修篇と自恣宗要篇の意によって撰述されている。〔所載〕慈全6。〔布施浄慧〕

安居要期並自恣雛形【あんごようごならびにじしひながた】真　一紙。慈雲（一七一八—一八〇四）撰。安居に際し、行者が要期中に自ら何を修養すべきかを列記し、その成就に向け精進する意を三宝に誓う書式が安居要期雛形であり、自恣（結了）の日、安居中犯した罪過につき諸衆より挙罪を希い、またそれを懺悔しようと誓う書式が自恣雛形である。〔所載〕慈全6。〔布施浄慧〕

安心決定抄【あんじんけつじょうしょう】浄真　二巻。著者明記なし。成立年代不明。著者については古来覚如、存覚、浄土宗西山派の人、真仏、一遍、了源、乗専等諸説がある。蓮如が真宗正統の書として高く評価し、「当流安心のおもむきは安心決定抄をよくよく披見すべし」とのべていることにより、本願寺派ではだいたい真宗の書として重んじられてきたが、大谷派では恵空が西山派の書と断じてから正統安心の書と認めない者が多い。本書の内容は、本巻においてまず四十八願の本意が第十八願にあることをのべ、『礼讃』の釈を引いて衆生の往生と仏の正覚とが同時であることを強調する。それはまた正覚の一念よりほかに帰命の念はないとするものである。そして、仏体より成就された往生を知らずに流転してきたことを慚愧し、機法一体の南無阿弥陀仏を信受することを勧める。さらに衆生の往生を成就した願行具足の南無阿弥陀仏は名体不二の行であるから、念仏三昧において信心決定する人は身も心も法体の功徳に満たされて機法一体であるとし、さかんに生仏不二の義を説く。末巻では『往生論』の「如来浄華衆正覚華化生」の文を引き、また『法事讃』の「極楽無為涅槃界」の文により、さらに機法一体、往生即正覚の義を広説し、衆生の三業がみな正覚の仏体に乗ると説き、最後に自力他力、四種往生について追説し、さらに『観仏三昧経』を引いて釈し、譬喩をのべて結んでいる。〔末注〕慶秀・私記二巻、了意・鼓吹八巻。〔所蔵〕蓮如写本、本派本願寺蔵。恵空伝写本、近江善立寺蔵。西山派相伝江戸時代写本、上杉慧岳氏蔵。〔所載〕正蔵83、真聖全3。〔小山一行〕

安心決定抄記【あんじんけつじょうしょうき】浄真　三巻。鳳嶺（一七四八—一八一六）説。成立年代不明。鳳嶺は大谷派の学僧。本書は恵空の見解に従って『安心決定抄』を西山派の書であるとする立場に立ち、その内容を検討したもの。第一巻は玄談として作者の真偽、題号についてのべ、第二巻は本巻について機法一体を論じ、第三巻は末巻の『往生論』および『法事讃』の釈について検討し、追説として自力他力の事について論じている。とくに真宗の書と見ることができない理由として、四義十証をあげている点が注目される。四義とは一に祖師の聖教をまったく引用していないこと、二に三経の引用に真仮の別がないこと、三に如来廻向の義がのべられていないこと、四に仏恩報謝についてのべられていないこと、の四である。十証とは、機法一体、正覚一念、仏体即行、名体不二、意業念仏、平信、如来浄華、極楽無為涅槃界、四種往生、帰命釈文の一〇種の用語に真宗所用の義があらわれていないことを示したものである。大谷派において『安心決定抄』を西山義とする説は、本書によって決定的となった。本願寺派におけるこれに対する反論については鬼木沃洲『安心決定抄丙子録』を参照のこと。〔所載〕真大31。→安心決定抄　〔小山一行〕

安心決定抄糅記【あんじんけつじょうしょうじゅうき】浄真　二四巻。月感（一六〇〇—七四）著。成立年代不明。天和二（一六八二）年刊行、享保四（一七一九）年再治重刊。月感はもともと本願寺派の学僧であったが、のちに大谷派に移った。『安心決定抄』の注釈書のうちもっとも詳細なもので、上巻について一六巻、下巻について八巻に及ぶ。内容は三科に分けられ、一に作者を論じて覚如と決定し、二に題号についてのべ、三に文について解釈する。刊本、谷大、竜大蔵。――→安心決定抄　〔小山一行〕

安心決定抄翼註【あんじんけつじょうしょうよくちゅう】浄真　三巻。恵空（一六四四―一七二一）註。宝永五（一七〇八）年成立。恵空は大谷派の初代講師で、京都西福寺に住した。本書は『安心決定抄』について、これを浄土宗西山派の書であるとの立場から解説したもの。初めに『西山法語』等、西山派の書物二八種を掲げて参照検討にもちいたことを示している。本文ではまず作者を西山派の人であると断定してその理由を示し、次に題号を釈してのちいちいちの文に従って詳細に注釈を加えている。末尾には余論重議としてまず重ねて作者のことを弁じ、「斯抄本末二帖当家に伝へて或は覚如、或は存覚の御作にして、一流安心の眼目の書也と人皆久しく思へり。然るを今是は西山家の書也と云ふこと、人の驚く所か。旧来執深くして甚だ許すべからざるものか。然るに今註する所、一々に彼家の書を出して之を校するに、文合し義合し、文一たり、義一たり。見る者知るべし」と結論している。次に正覚同時往生、離三業の信行、明信仏智、機法一体、帰命の事についてのべ、さらに後入追議として八種の仮難を設けて『安心決定抄』の教義上の問題点を付記している。大谷派においてはこれより大体において『安心決定抄』を西山派の書とする説が一般となり、鳳嶺の『安心決定抄記』もこれをうけたものである。〔所載〕真宗全44。――→安心決定抄　〔小山一行〕

安心鈔【あんじんしょう】浄　一巻。證空（一一七七―一二四七）述。広本、略本の二種があり、略本には冒頭に「西山善恵上人曰」とあり、広本には内題の下に「流祖国師説」とある。證空の説述を弟子が筆録したもので、成立の年代は不明である。広・略二本とも「南無阿弥陀仏と称する心を正因正定の業と名く」という文で始まっていて、これがこの説述の主題である。略本は『観経』第八観の入一切衆生心想中の文、善導『観経疏』「定善義」のなかの「彼此三業不相捨離」の文などをあげ、さらに火木の譬えをもって、南無と阿弥陀仏、衆生と仏とが一体となった状態を説き、この二つが一体となった名号のほかに往生なく、安心なしと説いている。広本はこれを敷衍したもので、身口意の三業を正定業に対する助業とし、これを五念門、四修に当て、三縁に言及し、三心を略説して火木、水月の譬えをもって機法一体、往生、念仏についてのべ、韋提希夫人に関して女人往生のこと、浄土往生は生々世々の父母妻子を利益することであり、往生を願う者は衆生の利益を先とすべきであることなどが説かれている。木版本は洛西奥海印寺常光寺の竜空義道によって文政五（一八二二）年に刊行された。底本は念空宗純の所望によって明応五（一四九六）年に書写され、闡空亮範が所持していたものである。〔所載〕森英純編・西山上人短篇鈔物集（昭55）　〔徳岡亮英〕

安心請決略鈔【あんじんしょうけつりゃくしょう】浄　一巻。聖聡（一三六六―一四四〇）説。慶善記。この書は問答体になっており、聖聡が説いたことを慶善が記録したもの。内容は、安心相伝の大事を知らない者の往生の可否について、源空の『一枚起請文』を引き問答を起こし、それに対して、念仏すれば必ず往生すると、口称念仏が阿弥陀仏の本願、釈尊の教えであり、今日まで師資相承して相伝されていることを説き、浄土宗の相伝は『一枚起請文』に習い収むことを肝要としている。〔所載〕浄土伝燈輯要上。　〔戸松義晴〕

安心法門【あんじんほうもん】臨　一巻。沢庵宗彭（一五七三―一六四五）著。成立年代は不明だが、沢庵が中年以後に述作したものと思われる。沢庵宗彭は天正元（一五七三）年、但馬国出石村に生まれ、俗姓は秋庭氏であった。一〇歳にして浄土宗唱念寺に入って出家したが、のちに希先西堂の弟子となって禅に入り、ついに大徳寺の一凍紹滴の法を嗣いだ。南宗寺、大徳寺、東海寺などに住し、後水尾上皇、徳川家光の厚い帰依を受ける。また柳生但馬守に剣禅一如を説いたことはよく知られる。正保二（一六四五）年、江戸品川の東海寺において七三歳で示寂した。本書は参徒のために達磨の『少室六門集』のなかの「安心法門」について提唱したものである。達磨の迷時人逐法を提唱して、「迷とは真に迷ひ妄に馳走するなり。真とは自己なり、自己とは心なり、心に妄心あり、真心あり、自己と云は真心なり、自心に迷って六塵の境に奔走す、人とは我なり、我に真我妄我あるなり」と一字一句を明快に講釈し、「一念不生なれば一法無し、一法無き時を名て真となし……」と禅の宗旨を挙揚している。これは達摩の中心思想の無心であり、盤珪の不生の仏心であり、沢庵の無住心であり、禅そのものである。原本は真蹟の手稿が細川家にあり、また達摩の「安心法門」の沢庵による浄書は堺の祥雲寺にある。〔所載〕駒大沢庵全集2、沢庵全集2。　〔池田豊人〕

安養身土駕説【あんにょうしんどかせつ】浄真　一巻。慧琳（一七一五―八九）撰。延享四（一七四七）年成立。慧琳は大谷派第三代講師。本書は安養の浄土について、経、論、釈および親鸞の著述のうちより正義を取り出してのべたもの。(1)諸師の解を叙す、(2)真宗の所立を陳ぶ、(3)三界の摂・不摂を明かす、(4)所感の因をのべる、(5)問答決疑、に分ける。〔所載〕真宗全56。　〔田中教照〕

安養都卒本来胸中事【あんにょうとそつほんらいきょうちゅうのこと】真　一巻。我宝（？―一三一七）作。『極楽都史本来胸中事』ともいう。安養も極楽も同義で阿弥陀如来の浄土であり、都卒は弥勒菩薩の浄土である。五大を身に配するに衆生内心白蓮花の存する胸は火大に当り、四方に配して西方なる故に極楽である。都卒天は五大に配して火大なる故に胸中にある。作者の存した鎌倉時代の極楽・都卒往生に対する真言密教の立場からの説

示書である。〔布施浄慧〕

安養報身報土義【あんにょうほうしんほうどぎ】[浄]　一巻。明秀（一四〇三—八七）撰。文明一三（一四八一）年成立。明秀は浄土宗西山派の学僧で、円光に師事した。梶取（和歌山市）に総持寺（檀林）などの諸寺を創建し、教旨の宣揚につとめ、晩年明を失するが、その後も口述によって著す。『愚要鈔』三巻、『当麻曼荼羅註記鈔』一〇巻等の著書がある。本書は元来真言宗道瑜進状に対する明秀の返状の一部で、開板のさいに問答の中心が報身報土に関するものであるためこれを題とした。円瑞は序で本書は明秀が浄土教を詳しく学んで別願の妙理を顕したものという。次の六項より成る短篇である。⑴正覚往生互融見之事、⑵正覚往生倶時勝益引㆓合第八観文㆒取㆓合明鏡影像喩㆒、⑶集㆓一切衆生心㆒為㆓蔵菩薩心㆒、⑷御義日（十輪院ノ説ヲ指ス）菩薩同体大悲縁起相融門法性融通門云云、⑸総別化身事、⑹就此問答、などである。はじめに三心証得の機について問い、浄土の三重教相、廃傍助から答釈する。弥陀の四十八願をもって超世の大悲とする義を総願と別願より釈し、また報身報土の問答に、西方極楽に往生成仏の両益あることを示す。次に総願別願に酬ゆる報身成仏の弥陀について万行酬因、別願酬因の二面から説き、そのうち後者について、成仏、正覚の面より説く。すなわち弥陀は三身一報身也。彼此三業不相捨離を成じたる仏体、見聞知ともに正覚の体という。また証得に即便往生（平生の現益）、当得往生（臨終の当益）の二義があることをのべている。〔所載〕西全別2。〔日下俊文〕

安楽集勧信義【あんらくしゅうかんしんぎ】[浄真]　一巻。慧然（一六九三—一七六四）述。元文二（一七三七）年成立。この書は真宗大谷派の第二代講師であり、高倉学寮の創設者慧然によってのべられた道綽の『安楽集』の解説である。谷大に伝わる原本が上巻のみであり、未定稿の著述である。『安楽集』の正意が勧信求往（信を勧めて往生を求める）にあることを宣揚している。大谷派学寮における、最初の『安楽集』解説書である。写本を谷大、宗大に蔵す。〔所載〕真宗全12。〔山崎竜明〕

安楽集義疏【あんらくしゅうぎしょ】[浄真]　二巻。僧叡（一七六二—一八二六）述。成立年代不明。道綽の著述『安楽集』の注解である。全巻を通じて講じてある貴重な著述である。最初に著者が披見した注疏一一部をかかげ、それぞれの是非を論じ、独自の所説を展開している。とくに聖道、浄土の判釈については、一〇門に分って詳細に解説している。文中、講録によるとあるのは、僧樸の『安楽集講録』を指す。広島県長浜石泉文庫、竜大蔵。〔所載〕真宗全12、新真宗全（教義編5）。〔山崎竜明〕

安楽集癸丑記【あんらくしゅうきちゅうき】[浄真]　四巻。秀存（一七八八—一八六〇）述。嘉永六（一八五三）年成立。秀存は大谷派の贈講師。本書は伝統的学説を踏襲しながらも、他方、道粋の『安楽集正錯録』に対する批判を試みるなど、従来の注解書に対する批判において独自の所見を展開する。つまり、曇鸞と道綽の教義に五異五同があり、道綽と善導の間にも異同があることを示している。〔所載〕真大8。〔山崎竜明〕

安楽集講録【あんらくしゅうこうろく】[浄][真]　六巻（四巻）。僧樸（一七一九—六二）述。成立年代不明。本書は道綽の『安楽集』の注釈である。まず「この集、大きく分って二となす。一に題号、二に正文、題の中に二あり、一に題号、二に撰号」と次第して詳細に注釈している。本書を詳しくは『往生安楽浄土集』というが、書名のとおり、安楽浄土へ往生する方法として「称名本願」の易行がのべられている。『安楽集樸録』の名をもって学匠に珍重された書物である。写本を竜大、大和滝上寺に蔵す。〔山崎竜明〕

安楽集私記【あんらくしゅうしき】[浄]　二巻。良忠（一一九九—一二八七）述。建治三（一二七七）年起草、弘安五（一二八二）年再治調巻。別称『安楽集記』。道綽の『安楽集』の注釈書。源空は『選択集』の冒頭に『安楽集』所説の聖浄二門判を引き、浄土門の独立性を示しているが、『安楽集』は善導教学に先行する念仏論の基盤を支える書として重要視されてきた。注釈書も数多いが、本書は釈書の最初のものとしてひろく流布したものである。良忠は浄土宗三祖。若くして天台、倶舎、法相、禅、律を学び、のち二祖弁長に師事して浄土の宗要をきわめ相伝をうけた。豊かな学識と真摯な研究によって講述と著作に力をそそぎ教学を大成するとともに、おもに関東を教化して浄土宗教団発展の基礎を築いた。本書の劈頭で良忠は書題を釈したのち『続高僧伝』、『浄土論』、『瑞応伝』を引いて道綽の伝歴を示し、つづいて『安楽集』所説の十二大門について、諸文献を引用しながら随文解釈を施している。本書の随所に、良忠が具体的な記述を避けて詳細を既成の自著に譲っている個所が目立つことからわかるように、本書は良忠の最晩年、八四歳の著述であり、宗義の本領は既述の著作でのべつくしたあとのもので、新たな創見は見られないとされる。〔末注〕良栄・安楽集私記見聞。〔所蔵〕写本を千葉市大巌寺、寛永五年古活字本を鈴木霊真、寛永一八年刊本を谷大、竜大、横浜市大倉精神文化研究所、慶安二年刊本を京大、正大、竜大、明暦二年刊本を正大、竜大、秋田大学、安政二年刊本を谷大、正大に蔵す。〔所載〕浄全1。〔斎藤晃道〕

安楽集述聞【あんらくしゅうじゅつもん】[浄真]　五巻。善意（一六九八—一七七五）述。成立年代不明。本願寺派の学僧である若霖、法霖等に師事して宗学を研鑽した善意が、とくに『安楽集講録』の著述がある僧樸の学説をうけて、『安楽集』の本文すべてにわたって詳細に講じたものである。写本を竜大、谷大に蔵す。〔所載〕真宗全12。〔山崎竜明〕

安楽集正錯録【あんらくしゅうしょうさくろく】[浄真]　一巻。道粋（一七一三—六四）述。寛保三（一七四二）年七月成立。

延享三（一七四六）年梓刊。道粋は本願寺派の学僧であり、本立院と号す。本願寺三代能化若霖、四代能化法霖の門人。功存の『願生帰命弁』に対し、『帰命弁問尋』を述作して功存の所説を論破した。多くの著述のうち、本書はとくに注目されるものである。本書は道綽の『安楽集』の注釈書であり、燈照の序、継成（?―一七七四）の跋文がある。書名のとおり『安楽集』の本文の錯簡を正し、文字の誤謬をあらためている。『安楽集』上巻に六則、下巻に七則の計一三カ所に校訂を施している。『浄土真宗教典志』には「正崇桃渓汝岱考定し、嗣法法霖疑を弁じ、門人出羽亀崎大信寺道粋託叟録し、以て集中処々錯簡ある者を弁定し、十二大門の経緯煥然たらしむ」とある。つまり、若霖が考定し、法霖が弁じ、その門人道粋が録したものであり、この次第によって『安楽集』一二大門三八科の連鎖のほどが明らかにされている、と記されている（『真宗全』2においては上巻五則とあるが、実際は六則の錯簡が挙げられているので一三則とした）。刊本（延享三〈一七四六〉）年を竜大、正大、谷大に蔵す。写本を竜大に蔵す。〔所載〕真宗全12、新真宗全（教義編5）。〔参考〕浄土真宗教典志2、仏解1、道綽教学の研究。〔山崎竜明〕

安楽集日纂【あんらくしゅうにっさん】浄 真 六巻（三巻）。慧琳（一七一五―八九）述。延享三（一七四六）年成立。『安楽集』の注釈書。最初に来由、旨帰、題号の三門を解明したのち、本文に詳細なる科段を設け、細かい注解を施している。跋語にも示されているとおり、謙虚な学風のうちにも、従来の注釈書、たとえば知空の『安楽集鑰聞』等を批判しつつ、著者の『安楽集』観を披瀝している。写本を谷大、竜大に蔵す。〔所載〕真宗全12。〔山崎竜明〕

安楽集鑰聞【あんらくしゅうやくもん】浄 七巻。知空撰。道綽の『安楽集』を注釈した書である。延宝六（一六七八）年三月刊行された。真宗本願寺派第二代知空が、同じく第一代西吟の安楽集講述を聞いて述作したものである。本願寺派（本派）宗学教興の気運を背景に述せられたものであるが、いささか解微を窮むるには至っていない。本派の初期教学思想を知る上においては良書である。注釈書として『安楽集鑰聞私照記』七巻（延宝7刊）がある。〔久米原恒久〕

い

いほぬし【いおぬし】通 一巻。増基（生没年不詳）作。明確な成立年代は不明であるが、『玄々集』（永延元〈九八七〉年から寛徳三〈一〇四六〉年の間の歌を集めたもの）に本書所収の歌がとられていること、応徳三（一〇八六）年撰進の『後拾遺和歌集』に一〇首入集していることなどから、一一世紀中ごろまでに成立していたと推定されている。伝本によっては『庵主』『増基法師集』と記するものもある。作者増基の閲歴はほとんど不明であるが、中古三十六歌仙の一人に数えられ、『後撰和歌集』以下の勅撰集に二七首入集している。内容は自身をいほぬしという人に仮託し、名所を巡り寺社を参詣するというもので、和歌一二三首を含んでいる。全体は三部に分けることができる。長文の詞書を持つ和歌三〇首からなる「熊野紀行」、四三首の和歌の雑纂歌集、短い詞書のついた和歌五〇首からなる「遠江紀行」である。「熊野紀行」は遊行僧いほぬしがある年の一〇月、熊野参詣を思いたち、石清水より住吉、信太社、吹上浜、吹井の浦、しのせ山、磐代野、ちかの浜、みなべの浜、室の港と巡って熊野を参詣し、みふね島、滝のもと、王子の岩屋、ありまの浦、四十九院の岩屋、楯が崎を巡って伊勢に入り帰京した紀行文であり、第二部の歌集部は賀茂参詣のときの歌が中心となっており、「遠江紀行」は粟田、関山、をかだの原から比叡山をみて名残りを惜しみ、浜名の橋までの約三カ月の紀行である。〔所載〕群書18、扶桑拾葉集上、私家集大成（中古Ⅰ）。〔参考〕岡一男・源氏物語の基礎的研究。〔清水宥聖〕

異義集【いぎしゅう】浄真 一六冊。了祥（一七八八―一八四二）編著。第一一、一五、一六冊が文政一〇（一八二七）年成立と知られるのみである。了祥は大谷派の学僧で深励の門人。本書は、異義の書を編纂したものであるが、第一冊は一名『異義考』ともいい、本書の序論的性格をもつ。第二―五冊には、源空、源空門下、親鸞、覚如、存覚等の偽作が集められる。第六―一〇冊には、誓名不同、専修賢善、知識帰命、の邪計の書が分類されて編集されている。第一一―一三冊に、真偽未決、遺事、教要、教名、三部聖教、等のもの、第一五冊に蓮如の偽作、第一六冊に実如の偽作、が編纂されている。そのうちで序論的性格をもつ第一冊の内容を見ると、まず、邪義は多種多様であるがその多くは一念の異義より起るといって、一念義の淵源を分析し、源空門流の幸西、法本等の一念の思想を詳述している。そして源空、親鸞はともに「偏に一念を非せず、執して多念によらず。信の一念に業成をゆるす」という一致した立場であるとし、さらに一念を⑴一念の義、⑵造悪の義、⑴をまた①口称の義、②心念の義に、⑵を五項に分けて論じている。次に真宗の異義を、⑴悪無礙、⑵別相伝、⑶誓願名号異、⑷有念無念、⑸自力他力、⑹期臨終、⑺多念せんは往生不可、の七つとし、これらもみな一念の異義より出たものという。そして親鸞、覚如の教化、教誡には所対によって抑揚があることを示し、最後に親鸞の『唯信抄文意』『一念多念証文』『末燈抄』『御消息集』等を引いて「往生の正因正業をさだむるには念仏往生に決せり」とのべ、一八願の念仏と一七願の名号は同一位であることを併せて論じ、それが親鸞の正意であると語り、著者の異義集編纂の姿勢がうかがわれる。了祥自筆本を谷大に蔵す。第一三、一四、一五、一六

冊は刊本あり。〔所載〕真宗全58（第一冊）、続真大19（第一—五冊）、真大36（第六—第一〇冊）。〔参考〕続真大19（解題）。〔新作博明〕

易行品閑亭記【いぎょうぼんかんていき】浄真　一巻。善譲（一八〇六—八六）著。成立年代不明。善譲は本願寺派勧学。『易行品』の注釈書であり、善譲の創した私塾信昌閣以外の所で講ぜられたものである。(1)造論縁起、(2)消釈題目、(3)当品大意、(4)随文解釈の四門から構成されている。〔所載〕真宗叢5。〔藤沢正徳〕

異執決疑編【いしゅうけつぎへん】浄真　二巻。恵空（一六四四—一七二一）著。元禄八（一六九五）年成立。恵空は宗祖伝や史蹟の研究を行い、大谷派の初代講師。本書は、他宗や自宗内の異論を破ろうとしたもの。もともと上中下の三巻であったといわれるが、現存する下巻は『表裏問答』と『金鑰記』を掲げただけなので、二巻として扱われる。上巻では他宗の批難に抗弁し、(1)一念混疑以下一〇条に分け、中巻では、自宗門の誤解を正すために、(1)自受他受以下、六条に分けてのべている。なかでも中巻の(3)信行異論がもっともくわしい。〔所載〕真宗全56。〔田中教照〕

已堕未堕弁【いだみだべん】浄　一巻。忍澂（一六四五—一七一一）記。四十八願の第二不更悪趣の願の利益は、悪趣に落ちたもの（已堕）も、落ちていないもの（未堕）も享受するのか、已堕に限るのかを論じ、両堕に通じることを明かしたもの。聖冏の『決疑鈔直牒』に述べられていたものを取上げ、考証と評決を加えたものである。関連書に、円中の『已堕未堕評註』一巻がある。〔刊本〕正徳二年刊。〔深貝慈孝〕

一期所修善根記録【いちごしょしゅうぜんこんきろく】日　一巻。日祐（一二九八—一三七四）記。応安七（一三七四）年成立。日祐が、中山法華経寺三世となってより一二年目の嘉暦元（一三二六）年から没する応安七（一三七四）年に至る、法華経寺を中心に繰り広げた自らの宗教活動を記したもの。法華経転読事、精舎勧進造営並結縁事、妙法蓮華経書写事、京上四ケ度、御堂本尊等唱導勤仕事、身延山参詣事の項目よりなる。〔所載〕日宗全1。〔寺尾英智〕

一期大要秘密集【いちごたいようひみつしゅう】真　一巻。覚鑁（一〇九五—一一四三）著。成立年代不明。覚鑁は新義真言宗の開祖で、世に密厳尊者と称し、のちに興教大師と勅謚される。

　本書は覚鑁の代表的著作の一つで、生涯の最後に当り菩提を求め浄土往生を願うものが、平素、心に留めおくべき九種の用心を、秘密蔵によって説いている。はじめに「それおもうに一期の大要は最後の用心に在り九品の往生は臨終の正念に任せり。成仏を求むる者まさに此の心を習うべし。出離生死は唯この刹那に在り。密蔵の要義を集めて九種の用心と為す」とあり、臨終正念のために重要な文章の引用と解説が次のように展開される。(1)身命を惜しむべき用心門。生涯の最後の時まで安身延寿の方術として仏法に祈り医療を加えて結縁を厚くするように努めよ。(2)身命を惜しまざる用心門。臨終の時を目前に知ったならば身命に心を留めず一刻も早く仏道に入り専ら正念に住するよう努めよ。ここでは『金剛般若経』から「一切有為法、如夢幻泡影、如露亦如電、応作如是観」の句を引用している。(3)本住処を移す用心門。世俗の諸事に執われる本住処を捨て身心の剃髪出家をはからねばならない。釈尊が出城して成道へ歩を進められ、弘法大師が入定し三密の醍醐に著かれたことの真意に習う時である。(4)本尊を奉請する用心門。命まさに尽きようとする時は本尊の像を安置してその御手に幡あるいは五色の糸を掛け一端を自身の手に持って引接を待たねばならない。『華厳経探玄記』の説を引用している。(5)業障を懺悔する用心門。生涯に起造した諸惑業は大菩提の障害となるから必ず懺悔し阿字の本不生際を観じて実想を思念せよ。中川の実範の説を引用している。(6)菩提心を発す用心門。『菩提心論』に説かれるように勝義と行願と三摩地とを戒として発菩提心の真言を誦し即身成仏を念ぜよ。三摩地の菩提心を発するために月輪の十義と阿字の十義とを挙げ、心月と阿字とが菩提心の体性であることを示す。月輪と阿字の各十義は次の、心月円満観、心月潔白観、心月清浄観、心月清涼観、心月明照観、心月独尊観、心月中道観、心月速疾観、心月巡転観、心月普現観、阿字平等義、阿字無別義、阿字無生死義、阿字本不生義、阿字無始義、阿字無住義、阿字無量義、阿字無我義、阿字無為義、阿字無闇義である。(7)極楽を観念する用心門。弥陀は大日の智用、大日は弥陀の理体であって、大日の密厳浄土と弥陀の極楽世界は同一であり十方に遍満しているから、大日に通ずる弥陀の極楽を正しく観念せよ。善無畏の説を引用している。(8)決定往生の用心門。命は必ず出る息を最後とするから、その時こそ南無阿弥陀仏と唱えて、すなわち往生を得なければならない。『無量寿経』等の説を引用している。(9)没後追修の用心門。死後三悪道に迷う場合も追善廻向の功徳に救われ得るのであるから普賢の十大願を行じて無上道を証することが重要である。『守護国界主陀羅尼経』から引用している。

　以上、大日如来と阿弥陀如来との関わりあいを示し真言宗における浄土観あるいは臨終時の念仏観を明らかにするなど、覚鑁の新義の着想が顕著であるといえる。〔所蔵〕刊本（高大）、永禄一〇写（高野山宝亀院）。〔所載〕興全7、密厳諸秘釈3。〔参考〕無量寿経、金剛般若経、華厳探玄記、菩提心論、守護国界主陀羅尼経。〔孤島諒子〕

一言芳談【いちごんほうだん】浄　二巻。また一巻、三巻。編者明記なし、成立年代不明。良忠門下の木幡派祖良空（慈心）（？—一二九七）の語がもっとも時代を下っており、また兼好の『徒然草』にもっとも早く引用されていることから一三世紀末～一四世紀初頭の成立と推定される。あるいは『一言芳談抄』ともいう。本書は鎌倉時代を中心とした念仏者たちの言行を集録した仮名法語集である。取り上げられた人物は二〇数名で、明遍、敬仏などの高野聖系の念仏者と源空、弁長、良忠などの浄土宗鎮西系の念仏者とが目立つ。こうしたことから編者についても両系統から考究されているが、はっきりした結論には至っていない。二巻本は慶安元（一六四八）年林甚右衛門によって刊行されたものであり、一巻本は『続群書類従』所載本の底本で、両者は文字の異同が多少あるが同系本と考えられる。これに対して三巻本は湛澄が標注を作るために三資、清素、師友、無常、念死、臨終、念仏、安心、学問、用心という一〇項目に整理分類し直した順序となっている。これは標注本の標注を削って本文のみを刊行したものである。〔末注〕貞享五（一六八八）年刊の元師撰『一言芳談句解』四巻と、元禄元（一六八八）年に湛澄が撰した『標註一言芳談抄』二巻があり、後者によって世に知られるようになった。〔写本〕内閣、谷大、薬師寺。〔版本〕国会、京大、正大、神宮。〔所載〕続群書28下、仏教古典叢書1、古文大83。──→祖師一口法語

〔丸山博正〕

一実神道記【いちじつしんとうき】天 一巻。慈本（一七九五―一八六七）撰。慈本は比叡山無量院の学僧、号は羅渓、のち松尾明寿院に在って、妙法院宮、曼珠院宮の侍講を勤めている。松尾明神は、『古事記』においても比叡山の小比叡明神の一体の神で大山咋神であるとされ、それゆえに両社の関係は深く、慈本の本書撰述を促すことになったかとも考えられる。山王一実神道は、いうまでもなく、比叡山の山神を主尊として、大比叡、小比叡、聖真子の山王三聖を中心として、この三聖が比叡山上の釈迦、弥陀、薬師の三尊と本地垂迹の関係にあるとみて、この本地垂迹、神仏習合の考え方のもとに、三尊の縦横の摂化を評価し、それにことよせて教学の秘決口伝に俗諦常住の趣旨を立て、中古独特の展開をなさしめていく。本来比叡山神は小比叡である大山咋神のみであるが、伝承によると、応神天皇ないし天智天皇の代に、大和三輪明神を勧請して、大比叡明神とし、これを大宮とし、小比叡を二宮とし、さらに宇佐八幡が来臨し聖女形の聖真子権現、三宮と配されたという。最澄の生誕、入山にからんで、比叡山神とのつながりが多く、最澄に仮託される比叡山相輪樘銘にも、「山王一等思存給孤」と、山王三聖が仏法守護の神という位置づけがみえるが、最澄の時点でそこまで積極的な神仏習合説が組織されたかどうかは疑問視される。あるいは、『伝迹一心戒文』上には比叡法宿禅師の号もみえており、これに華台、聖真子を付しての三聖の名は、むしろその記述にかこつけてできたのかもしれない。山王院に住した智証大師圓珍の山王神への崇敬は、慧亮が先に賀茂、春日神分の年分度者を奏請したことを批判し、大比叡、小比叡両神分に『大日経』業、『一字頂輪王経』業年分度者を奏したことによくあらわれており、以後比叡山の故実記録を伝持する記家の伝統のなかで、原始山王神道説は胚胎し、俗諦常住説に乗った発展をみせた、この神道説が、山王一実神道と熟されたのは、むしろ天海による。天海が徳川家康の葬礼について、金地院崇伝と対決し、ついに山王一実神道の秘決を生前家康に授けてあったとして、久能山から日光に遺骸を移し、東照大権現と神格を与えてこれを祀ったのは、天海に俗諦常住の東土将軍を薬師仏の垂迹と断ずる教義があってのことで、ここで江戸時代に山王一実神道の名が確定し、異端視された乗因の説や、慈等の神道説なども確立したのである。本書はその掉尾に位置し、天地開闢、経営天下、譲国、華冑、海内静謐、海外帰化、軍勢自聚、金色之波、感得舎利、地主大権現、聖真子大権現、慈覚大師御釈、智証大師御釈、相応和尚建立、慈慧大師條式、三諦、礼拝講、慶増僧都遊戯、真源法橋神遊、宝地大法印感見、新田中将祈願、の二九章と、附録に「比叡山記」を付すが、三輪大己貴命を日本の神祇の中心に据え、治国利民の法華一実神道は仏法そのものであり、日本一切神祇の本体なりとする。明治三三年刊本。

〔木内堯央〕

一実神道相承口決【いちじつしんとうそうじょうくけつ】天 一巻。天海（一五三六―一六四二）伝。江戸初期成立。『一実神道相承口決深秘』ともいう。天台宗の山王一実神道を相承口決する式次第と、その内容を記した書。天海伝を信ずれば、神蔵寺実全より授かったものか。これは『渓嵐拾葉集』の和光同塵利益灌頂と通じるものだが、内容は顕密一致仏山王神一致をのべ、東照権現祭祀を意識しており、部分後付文がある。〔所載〕天全12。──→山王一実神道口授御相承秘記

〔野本覚成〕

一実菩提偈【いちじつぼだいげ】天 一巻。覚運（九五三―一〇〇七）記。成立年代不明。覚運は檀那流の祖。良源の弟子で同輩に恵心流の祖源信がいる。天台教学の顕教の内容を七言二〇句に記したもので、『法華経』の最上極味をのべたもの。書式は『念仏宝号』と似ているが、論述というより法儀にもちいる偈文かとも思える。〔所載〕仏全24。──→天台小部集釈（念仏宝号、観心念仏、草木修行成仏記）

〔野本覚成〕

一乗戒建願記【いちじょうかいけんがんき】天 一巻。最澄（七六六―八二二）撰。弘仁一一（八二〇）年成立。最澄は伝教大師、日本天台宗宗祖。一乗仏教を探求し、『法華経』の一乗義により、天台智顗の教理に依拠し天台法華宗を創め、年分学生の度受は大乗菩薩戒、一乗戒によるべきことを提言。南都と拮抗した。本書は題名はその折の作とみられるが、内容は比叡山内外の結界ないし中台荘厳、五口宝瓶、等に及ぶ。後代の撰であろう。〔所載〕伝全3。

〔木内堯央〕

一乗義私記【いちじょうぎしき】南 一巻。珍海（一〇九一〈八八・九三〉―一一五二）述。保延六（一一四〇）年成立。吉蔵の『大乗玄論』の「一乗義」を文々句々引用し、詳釈を加えたもの。ただし、筆記した明遍が記すように不審の事が含

まれる。まず、最初に項目名がなく、出体第二、同異門第三、寿量果第三、と分れている。『大乗玄論』一乗義は最初が釈名門で、私記の最初の項は、釈名門とやや異なり、出体門の途中まで含んでいる。『玄論』第二が出体門であり、これは『私記』の最初の項の大部分と、『私記』出体第二の全体にわたる。しかも『玄論』と異なる文が途中に挿入されている。『私記』同異門第三と寿量果第三は、『玄論』同異門第三の全体の文を引用しながら、解説を加えている。〔所載〕正蔵70。〔田村晃祐〕

一帖抄【いちじょうしょう】因　一巻。俊範（生没年不詳）撰。仁治三―文永九（一二四二―七二）年成立。内題には『恵心流内証相承法門集』とある。椙生の嫡流大和の庄俊範が後嵯峨法皇の勅命を奉じ、かつて東陽座主忠尋より相伝してきた七箇法門の大事をまとめ奏進したもので、その後嘉暦四（一三二九）年春のころに無動寺常楽院法務心聡法印（心賀の嫡弟）が重ねて萩原太上法皇に見せると、法皇が深く感心したと伝えられるものである。この伝法要偈の四箇の大事と、略伝三箇の大事と合わせて七箇の大事が恵心流の根本基調をなし、後世に大きな影響を与えた。〔所載〕天全9。〔多田孝文〕

一乗仏性慧日抄【いちじょうぶっしょうえにちしょう】南　一巻。円宗（―八六九―八三）。別名『一乗仏性究竟抄』という。円宗は三論宗、元興寺の僧、少僧都となった。本書は法相宗が三乗五性教であるのに対し、三論宗は一乗仏性宗であると規定し、一切の衆生はことごとく仏性を有すると考えるという。縁起第一は五番問答で一乗仏性説を立て、名体第二は一番の問答によって真如を正因の体とする。有無を弁ずる第三は、初め因明で百三十一番問答、後に因明で十一番問答により、三論宗の一乗義を詳説する。〔所載〕正蔵70、日蔵32。〔田村晃祐〕

一乗要決【いちじょうようけつ】因　三巻。源信（九四二―一〇一七）著。最澄と南都の徳一との論争を受けて法相における五性格別説を論破し、天台の根本教義である法華の一乗思想を強調したもの。著者は天台宗義の立場から一切衆生に仏性があることを主張し、法相宗において三乗思想の立場から衆生に五性の差別が認められていることについて論じ、一乗思想が真実で、三乗思想が方便であることを立証した。上中下三巻で、大文第一から大文第八までの八門構成である。まず大文第一では、法華によって一乗をたてることについてのべ、法華経より一〇文を引いて一乗が真実であることを示した。そして大文第二では余教二乗作仏の文を諸経論から引き、つづく大文第三では二乗の廻心が界内外にもつづくという二乗廻心の性格を明らかにしている。また大文第四では、一切衆生有性成仏の文を引くためにあたってまず法宝の六経二論を引用したうえで、著者が個人的に一二の文を引用し、相宗一分無性の説を破して、一切衆生が成仏する旨を立証している。大文第五は、第四につづいて定性二乗永滅の説、つまり声聞・縁覚の二乗が永久に仏果を開くことがないという説に批判を加えており、大文第六では、成仏する性質をもたない衆生がいるという無性・有情の執に反駁して、定性二乗無性有性不成仏を論破している。第七門では、仏性の差別について、法相の法爾無漏の種子、瑜伽の真如所縁、法宝の三番の仏性について自身の見解を明らかにし、天台の三因仏性についてのべている。最後の大文第八では、教の権実を弁じている。法華の実教、深密の了義教、余教の一乗について解説し、「平等大慧。是諸仏之本懐。常住仏性。即双林之遺言」と、平等大慧が諸仏の本懐であること、種々の教えには真実と方便の説き方があること、を示して法華一乗が究竟な真実であるとまとめている。また著者は、巻頭で、「諸乗権実古来諍也。倶拠㆓経論㆒。互執㆓是非㆒。余寛弘丙午歳冬十月。病中歎曰。雖㆑遇㆓仏法㆒。不㆑了㆓仏意㆒。若終空㆑手。後悔何追。爰経論文義。賢哲章疏。或令㆓人尋㆒。或自思択。全捨㆓自宗他宗之偏党㆒。専探㆓権智実智之深奥㆒。遂得㆓一乗真実之理。五乗方便之説㆒者也」とのべて著作の動機、内容等を明らかにしている。これによると著作は、多くの賢哲の章疏をひもとき、宗派の枠をこえて権智実智の深奥を探し求めた結果、一乗真実五乗方便という結論に達し、さらにそれより一切の衆生には必ず仏性があるという確信をえたことになる。この三乗か一乗かという問題は、最澄以降、比叡山において傑出した人物が登場し、たくさんの著作がなされたのにもかかわらず、ほとんど手をつけられていなかった。そのことから著者がこの著作によって天台の根本教義である法華一乗の教義を振起させ、一乗真実の理論を確固たるものにしたといってよいだろう。〔浜田智純〕

一代肝心鈔【いちだいかんじんしょう】因　一巻。圓珍（八一四―九一）撰。成立年代不明。圓珍撰とされるが、後世の偽撰仮託文献。別に『観心念仏略記』とも『一念頌決』ともいう。迷の根源の心、元初一念は介爾の心であることを中心に、一念心につき説き、最後には、臨終の十念を、繋縁法界一念法界の一念十念として、決定往生の業を示す、いわゆる本覚法門の書で、割注に覚超作とされる『一念頌決』をおく。〔所載〕仏全28。――↓一念頌決〔弘海髙顕〕

一代決疑集【いちだいけつぎしゅう】因　一巻。良源（九一二―八五）記。寛和元（九八五）年。『決疑集』ともいう。良源は比叡山中興の祖と称され、一二歳で比叡山の理仙に師事、船木良見の外護をうけ、尊意座主から受戒し良源と名のった。承平七（九三七）年の興福寺維摩会で法相宗義昭と対論名声があがる。荒廃した比叡山諸堂の復興や、教学の振興、祈禱の効験で有名。本書は教学上の問題点を掲げ私見を開陳したもの。承応二（一六五三）年刊。〔木内堯央〕

一代五時記【いちだいごじき】日　一八巻。行学日朝（一四二二―一五〇〇）著。文明三（一四七一）年成立。日朝は室町時代の学匠で、身延山久遠寺第一一代貫首である。本書は智顗の教判論の特徴である釈尊の一代五時を基として、その五時説に従って諸経の解説とそれを依経とする諸宗の教義等について論述したもの。大半は引用文によって構成されていることから、一種の仏教概論といえよう。本書の大綱は以下のとおりである。第一巻は一代五時の根拠と、華厳、阿含、方等、般若、法華涅槃等の五時の説法の内容について。第二巻は華厳時の擬宜の説法。第三巻は華厳宗の諸師の論疏とその教義。第四巻は鹿苑時の説法、および倶舎、成実、律の各宗の教義とその論疏について。第五巻は方等時で、法相宗の歴史と教義。第六巻は浄土三部経と浄土宗の教義。第七巻は浄土宗の教義で、とくに善導および源空について。第八巻は善無畏、金剛智、不空、空海等の教義。第九巻は前半が東密で後半に天台密教。第一〇巻は真言密教と五時判、顕教と密教の問題。第一一巻は禅宗の付法の歴史について。第一二巻は禅宗依経の経典について。第一三巻は般若時の解説と三論宗の論疏および教義。第一四巻は法華宗の宗名と、『法華経』の説法について。第一五巻は法華経三部経の最勝性。第一六巻は本門の教主釈尊は三界の教主であること。第一七巻は謗法堕獄の問題。第一八巻は法華最第一について。以上のことから、日朝は日蓮の『一代五時図』にみられる諸経、諸宗の記述を継承しながら、広く諸宗の典籍を渉猟し、日蓮法華宗の勝れていることを明らかにしようとしたことがうかがえる。正本は山梨県身延文庫蔵。明暦二（一六五六）年一八巻九冊として刊行。　〔北川前肇〕

一代五時図【いちだいごじず】[日]　⑴一篇。日蓮（一二二二―八二）筆。文応元（一二六〇）年成立。天台教学の五時判にのっとり、釈尊一代の説法を五時に分類して該当の経典、宗派、人師を図示する。真筆二〇紙完、市川市法華経寺蔵。〔所載〕定日遺3。⑵一篇。日蓮撰。文永五（一二六八）年成立。釈尊一代の説法を五時に分類し、それぞれの仏法相承の系譜によって経典、宗派、人師を図示し、若干の解説を加える。真筆一〇紙完、市川市法華経寺蔵。〔所載〕定日遺3。　〔庵谷行亨〕

一代聖教大意【いちだいしょうぎょうたいい】[日]　一篇。日蓮（一二二二―八二）著。正嘉二（一二五八）年成立。天台の五時教判を依用して釈尊の一代五〇年の教法を分類し、華厳、阿含、方等、般若の四十余年の経々は『法華経』へ誘引するための方便・無得道の教えであり、一念三千の法門を説示し衆生成仏の理を説く『法華経』が、最高の教理であると論じている。巻末にみえる浄土教批判は比較的寛容である。日目写本を千葉県妙本寺蔵。〔所載〕定日遺。　〔小松邦彰〕

一念三千論【いちねんさんぜんろん】[日]　一巻。日寿（一七八九―一八五三）撰。天保八（一八三七）年撰述。弘化二（一八四五）年増補。本書は、『事理一念三千分別論』、あるいは『即身成仏義』とも呼ばれる、日寿は江戸時代後期の日真門流の学匠で、小栗栖（おぐるす）檀林七四世、若狭の本境寺二一世、本山本隆寺四一世。本書は三九の条目をたてて、事と理の一念三千義、あるいは天台家と当家との一念三千義解釈の違いを論じ、信心を基とした本果妙下種による凡夫の成仏を説く。写本は兵庫県妙行寺および立大図書館に所蔵。　〔北川前肇〕

一念三千論【いちねんさんぜんろん】[日]　六巻。日輝（一八〇〇―五九）が四〇歳のころ、天保一〇（一八三九）年ころ著述。日輝は近世末期日蓮教学の大成者として著名であり、加賀金沢で私塾充洽園を開いていたところから、その教学は充洽園教学とよばれる。日輝の高弟日薩は、日輝自ら、三〇歳で『綱要正議』を著したのはその宗義学成立を明らかにし、四〇歳のとき著した『一念三千論』はその全容を表したものであると語った、と述べている。

もともと、「一念三千」は智顗が『摩訶止観』で観不思議境を体験する修行の論理として明らかにしたが、日蓮は主著『観心本尊抄』においてこれに考察を加え、「一念三千仏種」こそ末法救済の仏法であることを明らかにした。日蓮滅後、唱題成仏の論理として論じられたが、江戸時代になって天台の理の観心に対して、日蓮教義の事（じ）の観心が求められ、日透（一六五三―一七一七）によって『事一念三千義』が著わされた。

それに対して本書は真正面から日蓮教義の一念三千論を明らかにしようとした日輝の代表的著作である。全体は大段一〇章から成る。㈠、数量では、玄極の妙理は数量で示すことのできないという論理に対して、一念三千は非数のうちに数を立てるものであることを論じている。㈡、本末では、一念三千論の基本は十界互具によって衆生の世界と仏界とが相即していることを論ずるのであるから十法界が中心であることを述べる。㈢、造成では、法華経の立脚地はこの世界がいかなる要素から成り立っているか（能造）にあるのではなく、衆生をして煩悩を脱せしめる論理（所成）としての十界常住、互具因果が重厚であるゆえんを説く。これは『祖書綱要删略』の批判でもある。㈣、広略では、諸法の実相をとらえるのに、広いレベルからすれば限りなく、略からすれば三千によって一切法を摂するのであり、要からすれば十界常住といえることを明らかにする。㈤、理事では、天台の理性所具の一念三千に対し、日蓮教学の事相常住の一念三千を明らかにし、日輝の信仰のイメージを明らかにする。㈥、本迹では、六条にわたる条箇のもと、一念三千の構成を分析して迹門からの理解に対して本門の一念三千の意義を明らかにしている。㈤、㈥の論述はそれぞれ『充洽園全集』で六〇頁、一〇〇頁余に及び、本論の中心をなしている。㈦、台当では十条にわたって天台に対する日蓮教義信行を論じている。㈧、心念では、一念三千の心・念・一を解釈して、それぞれ自体・起用・刹那の意義から一念三千の意義を論ずる。㈨、空有では、教は有によって起り、行は空によって成ずるとし、法体の実義を明らかにする。㈩、権実では、教・行・人・理に約して権実を明かしているが、叙上の一念三千の実義のイメージが比較的明らかにされている。日輝の説は近代日蓮教学の主流として継承されたが、今日ではその全体がかならずしも容認されているわけではない。しかし、一念三千を論じた書物は他に皆無であり、大きな業績として再評価される必要がある。『優陀那院日輝和上・充治園全集』（昭50校訂発行）第三巻に茂田井教亨の解説がある。また、望月歓厚『日蓮宗学説史』等に解説されている。活字和装本六巻三冊は明治一八年刊行。のち、『充治園全集』第三編（大12）に収載。昭和五〇年校訂復刻。〔渡辺宝陽〕

一念頌決【いちねんじゅけつ】因　一巻。覚超（九六〇—一〇三四）記。成立年代不明。覚超記とされるが、偽撰視されている。本書は『仏全』28所収の圓珍の名をもつ『一代肝心鈔』（『観心念仏略記』『一念頌決』とも）の底本、三井法明院蔵本の巻尾に付されていたものと、対校本の実蔵坊本『一念頌決』（前唐院御作）と題するものの割注となっていたもので、法明院本は『仏全』所収の際に巻尾の文を実蔵坊本にならって割注とした。この割注の部分を別行したものが、『仏全』24所収の『一念頌決』（都率覚超記）とする本書である。本書は『一代肝心鈔』の割注の文とは、一部分を欠くけれどもほぼ一致し、本来法明院本の巻尾に付加されていたことから、『仏全』28の『一代肝心鈔』の末に編者は「恐クハ是背書ノ文脈」と注を添えており、巻尾に付加されていたものとすることが妥当と思われる。また『日蔵』所収の『一念頌決』は『一代肝心鈔』とほぼ同じで、こちらは前唐院御作とする。本書は、元初一念は第八識で、本覚の理より迷い起る心とする解釈や、本覚・随縁真如等の理解は、起信論的域を出ず、本覚法門的ではなく、覚超作と考えてもよい向きもあるけれども、元初一念の成語の使用は、覚超在世より少し下って、静算のころからで、また後世元初一念の主張をする書として引用される覚超の『観一念抄』には、元初一念の成語はなく、『一念頌決』を引文して、元初一念を説く文献も見えない。〔所載〕仏全24。〔参考〕仏全28。——→一代肝心鈔　〔弘海高顕〕

一念多念証文記【いちねんたねんしょうもんき】浄真　三巻。深励（一七四九—一八一七）述。文化一一（一八一四）年成立。深励は大谷派越前永臨寺の住職であり第五代講師（本願寺派の勧学寮頭に当たる）。宗祖親鸞の典籍のほとんどを講じた江戸時代の代表的宗学者。四〇余の講義録があるが造詣深く現代でも真宗学界の模範となっている。本書は講師職に任じていた深励が六三歳のときに命を受けて親鸞の『一念多念証文』（『一念多念文意』『一多証文』とも称する）を黒書院において講義をしたものの聞記である。親鸞老後八五歳の選述に感激し讃嘆したのち、玄談として来意、大意、題号に三分し、本文を随文解釈している。一念多念の問題は源空在世のころより門弟の間に、一念に浄土に往生するからと多念をきらうもの、また多念を立て一念を捨てるものの争いがみられた。源空門弟の隆寛がもともと『一念多念分別事』を選述し行としての称名を一念と多念に分別した。親鸞は『一念多念証文』で一念を信と行に分け、多念を行と理解した。両書ともに一念多念の一方にのみ偏執することを戒めているが、深励は本書において浄土往生は信をもって時剋の一念とする親鸞の発揮に一念業成の真義を明らかにし、真宗の此土不退転をのべている。大谷派三本、本願寺派四本、その他三本ある『一念多念証文』の講録中の重鎮である。〔所載〕真宗全42。——→一念多念証文・一念多念分別事　〔本多静芳〕

一念多念証文記【いちねんたねんしょうもんき】浄真　三巻。霊旺（一七七五—一八五一）述。霊旺は正慶ともいい大谷派円満寺住職にして講師職を授けられた。本書は親鸞の『一念多念証文』の解説書で、霊旺は来意、大意、題号、文意に分別する。来意には、一念多念の諍を縁とし二一個の経論釈を因とし、諍を誡め念仏往生の正意を顕開し、大意には、願成就によって平生業成の宗義を明かす。〔所載〕真大22。——→一念多念証文　〔本多静芳〕

一念多念証文要訣【いちねんたねんしょうもんようけつ】浄真　一巻。宣明（一七五〇—一八二一）述。享和二（一八〇二）年成立。高倉学寮において講述した当時の自筆手控えを写したもの。親鸞の『一念多念証文』を随文解釈するに先立って、親鸞の和語の著作年代、本書の題号、本書引用の一念の証文一四文、多念の証文九文を概説し、隆寛の説と多念義、本書制作の意図を玄談としてのべている。〔写本〕自筆本謄写、谷大蔵。〔所載〕真大22。——→一念多念証文　〔本多静芳〕

一念多念証文録【いちねんたねんしょうもんろく】浄真　二巻。興隆（一七五九—一八四二）述。寛政一二（一八〇〇）年述。文化一二（一八一五）年再治。興隆四二歳のときの稿本を一五年後にふたたび写したもの。『一念多念証文』の講録に科文を付け、親鸞の典籍から数多くの引釈がされている。講録を釈するに当って、来意、大綱、入文解釈の三門に分けている。〔所載〕真宗全47。——→一念多念証文　〔本多静芳〕

一念多念分別事聞持記【いちねんたねんふんべつじもんじき】浄真　一巻。宝雲（一七九一—一八四七）述。文政年間（一八一八—三〇）成立。宝雲は本願寺派勧学。本書は、隆寛の『一念多念分別事』を宝雲が講述し、大恵が筆記したものである。玄談として、縁起、大旨、義例の三門を分かち、題号を解釈したのちに随文解釈を行っている。〔所載〕真宗全46。——→一念多念分別事　〔本多静芳〕

一念多念文意【いちねんたねんもんい】浄真　一巻。親鸞（一一七三—一二六二）述。康元二（一二五七）年選述。『真宗法要』や『仮名聖教』では『一念多念証文』と題し、『一多証文』とも略される。

親鸞は比叡山で二〇年を勤め下山したのち、源空門下で浄土教を修め、それまで来世的色彩の濃かった浄土往生を臨終来迎にでなく、現世における信心獲得の一念からはじまる現生不退転において掲げ、元祖の教えを受け継ぐと同時に、浄土教の真価を発揮した鎌倉時代の求道者であり浄土真宗の宗祖である。ところが源空在世のころより門弟の間に浄土往生の要因を、一念に往生浄土すると多念をきらうもの、その反対に多念を積んで往生するというものの諍論がさかんになっていた。源空寂後もこの諍論はつづき宗祖上洛後の関東の門弟たちの間にも同様の疑問が生じたため、これを誡めるために八五歳の宗祖が釈したものである。

源空門弟にして宗祖と同輩である隆寛が一念多念に各々偏執することを誡めて諸々の証文から『一念多念分別事』を選述している。宗祖はこれを無学愚痴きわまりなき関東の人びとへ仮名をもって釈したのが本書である。隆寛は一般に多念往生義の人といわれているが、一念を捨て軽んじたのではない。互いに一方に偏執して諍論をして誤りにおちいるから、これを誡めるため互いに依り合って往生する旨を当時の人びとにわずか六紙足らずで示した。しかし、それは平生のとき、念々に臨終と思って意をこめて称える一念の称名が積もって多念になると解釈する。つまり一念即多念、平生即臨終であり、一念は信よりも行を前に打ち出しており、多念の弱いものは臨終に正念をえられず往生しない。

宗祖は隆寛の証文の経論釈を抄出して注釈を加え、一念を仏智不思議を信ずるという一念に往生は決定するという信心為本の真宗理解を示している。本書においては「一念をひがごとと思うまじきこと」と「多念をひがごとと思うまじきこと」の二段に分けて、前段の一三の釈文のうち三文のみが『分別事』からの引文であり、後段の八文のうち五文のみが『分別事』からの引文である。宗祖は一念多念いずれにも偏執しないことを隆寛の書を引いて示しながらも、解釈そのものにみずからの己証をあらわしている。つまり前段では成就文の一念を信と理解し、一念には行の一念と信の一念のあることを示し平生業成の立場を打ち出し、後段において乃至十念を数に定まりのないことと理解を示し行の多念を示している。なによりも浄土真宗は念仏往生であり「一念往生多念往生とまふすことなし」としめくくり、一念多念の諍論は、聖道門や占相祭祀の人びとの異学であり、自力の念仏の人びとのこのむ別解であると諭している。〔所蔵〕真筆本を大谷派本山に蔵す。〔所載〕正蔵83、定親全3、親鸞聖人真蹟集成4、親全5。――→一念多念分別事・一念多念証文記

〔本多静芳〕

一枚起請文【いちまいきしょうもん】浄　一巻。源空（一一三三―一二一二）述。建暦二（一二一二）年成立。『一枚起請』『一枚消息』『御誓言書』『黒谷上人起請文』ともいう。一枚の紙に平易な和文で綴られた三〇〇余字の短文。その内容は廃立義に基づいて、無観無解の単信口称による念仏往生義を説く。⑴自説に反する念仏をあげ、⑵往生極楽を目的とする念仏は、「疑いなく、往生するぞと思いとりて申す」ほかにないこと、三心・四修もまた、この念仏のうえにおのずから具わる（行具の三心）こと、⑶前段⑵のほかに別義を隠しだてするならば、釈迦の付属、弥陀の本願に違反して、堕地獄しても異存なしと二尊に誓いをたて、その照鑑を仰ぐ、⑷こざかしい思慮分別を捨てた、単信口称の一行こそ往生極楽の要行であると信じ、ひたすらに念仏を修することを勧む（以上は本文）、⑸本文は自分の所存であるからこれを亀鑑とし、将来とも邪義に惑わされないようにすべし（以上は奥書）。五段からなる本書は源空の主著『選択本願念仏集』と広略の関係をもち、宗門人がつねに拝読する重要な法語である。

本書の伝本には、⑴源智相承本、⑵『善導寺消息』をはじめとする弁長相承本の二系統がある。⑴は現在浄土宗で使用されている本で、源空入滅の二日前、建暦二年正月二三日に門弟源智の懇請により執筆され、その真筆本は京都市金戒光明寺に蔵されている。書式は第一行に「一枚起請文　源空述」、第二―一三行にわたって本文、第一三行後半以下に奥書を記す。なお本文の上に両手印が押されている。⑵は⑴と標題を異にし、⑶の誓言を欠き、奥書をもたない。⑵の系統の標題も「御誓言書」（『和語灯録』一）、「一枚消息」（九巻伝七下・四十八巻伝四五）、「法然上人起請文」（『存覚袖日記』）、「黒谷上人起請文」（貞治四年知恩院蔵板）というように異称が多い。金戒光明寺蔵本の真偽について、偽筆説は源空の伝記類に源智に授与する記事があっても標題を異にし、かつ奥書を記していない点を論拠とし、また真筆説は廬山本『選択集』（古鈔本）内題をはじめ、清涼寺蔵熊谷宛源空書状、二尊院蔵七箇条起請文、興善寺蔵正行房宛源空書状との筆蹟鑑定、さらに国語学的研究、とくに語義を中心とした方法による結論を論拠としている。なお金戒光明寺蔵本には、「念仏之門人多邪義存人……令注置給所如件」という五行七〇字を費した源智の花押をもつ識語が添えられ、奥書執筆の理由を示している。

末注には聖冏・一枚起請之註、聖聡・一枚起請見聞、忍澂・吉水遺誓諺論、隆長・一枚起請但信鈔、義山・一枚起請弁述、関通・一枚起請文梗概聞書、法洲・一枚起請講説など。〔所載〕浄全9、法全。〔参考〕一枚起請文諸釈書類一覧表（小川竜彦・一枚起請文原本の研究）。

〔藤堂恭俊〕

一嘿稿【いちもくこう】臨　二巻。大徳寺第一〇一世春屋宗園の語録。参禅の弟子千利休、千少庵、藪内剣仲、古田織部、小堀遠州、近衛三藐院などの道号説や、千宗旦に与えた偈頌、および円座、布袋、勢高などの肩衝およびその他の道具類の賛偈が収められており、茶道家に因縁が深い。写本は大徳寺および東史料に蔵する。三百五十年遠忌にさいし藤井宗少編『大宝円鑑国師一默稿』が今日庵より出版された。

〔古賀英彦〕

一気十念口決【いっきじゅうねんくけつ】時　一巻。著者・成立年代未詳。遊行三五代法爾の歌があり、著作の上限は寛永年間、それ以後の作。『実法手記』に「恐クハ量光師ノ作ナランカ、記シテ後賢ヲ待ツ」と跋記してあり、元禄ころの作と推定される。一気十念とは一息に十念成就する意。「十念ハ初の九返ハ南無ト唱ヘ第十念ニ南無阿弥陀仏ト唱ヘ終ル」とある。一遍の念仏義を表現した称名法。〔所載〕定時宗。　〔石岡信一〕

一休和尚年譜【いっきゅうおしょうねんぷ】臨　一巻。著者明記なし。この書は大徳寺第四七世一休宗純（一三九四―一四八一）の年譜である。成立時期も明確ではないが、一休の弟子没倫紹等（?―一四九二）直筆とみられる筆写本が大徳寺塔頭真珠庵に所蔵されており、その存在から推定すると、その成立時期は一休の没年文明一三（一四八一）年から没倫の没年明応元（一四九二）年までの間であろう。この書の著者を従来没倫の写本の存在から没倫とする説があるが、この書は没倫が筆写したというのみで、著者であるという確証はない。なおこの写本のほかに同じく一休の弟子である祖心紹越（一四四四―一五一九）の筆写になるものが真珠庵に所蔵されている。この二写本は同系統のものとみられるが、後者のほうが誤字が少ない。従来版本になったうちで『続群書』(9下)本、『大日本史料』本等は、これらの同系統の筆写本を底本に使用したものである。これに対する異本に真珠庵二四世南山宗寿の直筆の写本がある。これは昭和一一年に奥田正造によって活字化出版された。これらの三種類の筆写本を網羅して校注を付し、現代語訳と語注まで完備したものが平野宗浄の著作になる『一休和尚年譜の研究』である。これは『禅文研紀要』7に発表され、その後『日本名僧論集』10に掲載されている。　〔平野宗浄〕

一向上人伝【いっこうしょうにんでん】時　五巻。同阿（一二八六―一三五七）書。嘉暦三（一三二八）年成立。一向寂後四一年目に番場蓮華寺の三代同阿が、一向、礼智阿の伝を著した。内容は一向の生誕より遊行回国、二祖礼智阿との邂逅、礼智阿の遊行、両者の思想にふれている。当時一向衆団を時衆と呼び、踊念仏を行ったことは一遍と似ている。正大図書館所蔵。〔所載〕定時宗下。〔参考〕一向上人御伝記。　〔長島尚道〕

一向専修七箇条問答【いっこうせんじゅしちかじょうもんどう】浄　一巻。伝源空（一一三三―一二一二）述。成立年代不明。『七箇問答』『一向専修内裏七箇条問答』とも称す。智海、重源、証真、成現、永弁など南都北嶺の僧の問に源空が答えて、専修念仏を勧める書。室町末期の写本（大阪上徳寺、兵庫毫寺所蔵）がある。『蓮門類聚経籍録』は偽妄録に入れ、『和語聖教目録』は後人の偽造とす。〔所載〕法全。　〔藤堂恭俊〕

一切経解題【いっさいきょうかいだい】真　一巻。空海（七七四―八三五）撰。成立年代不明。「一切経」の根本思想を追究した書で、その内容は、「一切経」と衆生の本心とを対比して、衆生の本心が根本であり、一切の文字、経典は本心より出たものに他ならないとし、さらに仏心と妄心の関係、縁起と中道、唯心と空性、仏陀観、法身説法の思想など、仏教思想の基本的な問題を論理的に説明している。〔所載〕弘全1。　〔松本　隆〕

一山国師語録【いっさんこくしごろく】臨　二巻。一山一寧（一二四七―一三一七）撰。了真等編。文保元（一三一七）年刊。詳しくは「一山国師妙慈弘済大師語録」。日本禅二四流の一派を形成する一山一寧の祖印寺、宝陀観音寺、建長寺、兼住円覚寺、再住建長寺、浄智寺、南禅寺の上堂語・小参・法語・拈古・頌古・偈頌・賛仏祖・自賛・小仏事・行記を収める。版本としては、応永二、一四版があり、室町時代版（建仁寺両足院）もある。〔所載〕正蔵80、訳禅叢15。　〔吉瀬勝〕

一紙小消息【いっしこしょうそく】浄　源空（一一三三―一二一二）述。これは源空が黒田の聖人に送った仮名交りの書簡で、道光の編纂した『和語灯録』巻四に「黒田の聖人へつかはす御文」として収録されている。黒田の聖人の経歴は明らかではないが、義山の『和語灯録日講私記』第四巻に「伊賀国名張郡黒田荘の人にして石塔現存せり」とある。伊藤祐晃は黒田の聖人は東大寺の大勧進をつとめた重源であろうかとし、三田全信は重源の門人行賢であろうとするが、いずれも確定しがたい。この消息は『西方指南抄』下巻末にも同文のものが収録されているが見出しはなく、舜昌編の『法然上人行状絵図』巻二一にも同文のものがのせられており、末尾に、「此書世間に流布す。上人の小消息といへるこれなり」とあるから、源空滅後一〇〇年ころには『小消息』という名でひろく流布されていた法語である。内容は念仏往生の要旨を罪悪生死の機、本願念仏、信心等について簡潔にしかも格調高い文章で記されている。今日でも浄土宗徒が『一枚起請文』とともに日常勤行式のなかで拝読している大事な法語である。なお『小消息』の文章の系統について藤堂恭俊は(1)道光の元亨版『和語灯録』巻四や『西方指南抄』下巻末のものと、(2)『法然聖人行状絵図』巻二一や『法然上人絵』と、(3)林彦明『三巻七書』の五重相伝の初重『往生記』の和字段の結文として所収されている伝書系統のものとの三系統があるとしている。〔末注〕貞極・吉水大師小消息諺解、法洲・小消息講説。〔所載〕浄全9、親鸞聖人全集5、法然上人伝全集。〔参考〕伊藤祐晃・浄土宗史の研究、三田全信・成立史的法然上人諸伝の研究、藤堂恭俊・知恩二一六。　〔戸松啓真〕

一心金剛戒体決【いっしんこんごうかいたいけつ】因　一巻。最澄（七六六―八二二）撰。最澄は伝教大師、日本天台宗宗祖。一心金剛戒に関する口決を記していて、最澄謹書といいあるいは後年の義真による縁起も示し、一心金剛戒大意決、諸戒不同決、受戒潅頂決、凡位即等覚決、正像末摂化決、梵網塔中二種相承決、因分果分勝劣決、一心金剛摂受折伏決、円

戒非戒決、果戒常住決の十決をつらねる。後代の作とみられる。〔所載〕伝全4。〔木内堯央〕

一心金剛戒体秘決【いっしんこんごうかいたいひけつ】［天］ 二巻。最澄（七六六—八二二）撰。唐貞元二一（八〇五）年成立。円戒の一心金剛戒に関する道邃の口決をまとめたもので、沙門最澄伝受と標し、「延暦廿四年大唐貞元二十一年春三月三日於台州臨海龍興寺浄土院書、本朝天台後学最澄判」と奥書きしてあって一心金剛戒体、自性本具戒、円戒法体行相などから下巻に衆生即仏、一得永不失等の決を記す。所説は本覚の趣き強く後代の著。〔所載〕伝全4。〔木内堯央〕

一心三観文【いっしんさんがんもん】［天］ 一巻。圓仁（七九四—八六四）録。正式には『天台法華宗境智一心三観文』という。一心三観・三諦円融の法門の血脈相承を説いたものである。北斉慧文が竜樹撰『中観論』から得た不二法門を以下慧思・智顗から円仁に至るまでの相承を述べる。仁寿三（八五三）年に圓仁が弟子慧亮（八〇一—五九）に授けたとされているが、おそらくは後人の作となすべきである。〔所載〕仏全(鈴)41。〔多田孝正〕

一心三諦枕【いっしんさんだいまくら】［天］ 一巻。源信（九四二—一〇一七）述。成立年代不明。天台の大事は円融三諦の法門であることを述べて、一心三諦の要義を説いたものである。終りに山王利生の法門これに過ぎずと称し、穴賢々々不可許といって、秘重する態度を示してある。ただしこれは源信の作と称されるが、後世の偽撰であろう。〔所載〕仏全24（天台小部集釈）、天台小部集釈（文政一一刊）1。〔参考〕諸宗章疏録2。〔多田孝文〕

一槌砕瓦【いっついさいが】［曹］ 二巻。玄楼奥竜（一七二〇—一八一三）撰。天明四（一七八四）年成立。卍山系の宜黙玄契が『禅林甑瓦』を著わして天桂伝尊らの立場を邪説として難じたのに対し、天桂の法孫である奥竜が弁護し、一槌のもとに『甑瓦』を撃破せんとした書。『参同契』『宝鏡三昧』を中心に正偏回互や伝心、伝語など曹洞宗旨の根本問題に関する立場の相違を説く。奥竜は狼玄楼の呼称で知られる江戸中末期の禅匠。天保一四（一八四三）年刊本がある。〔所載〕続曹全（室中）。〔佐藤秀孝〕

一百四十五箇条問答【いっぴゃくしじゅうごかじょうもんどう】［浄］ 源空（一一三三—一二一二）述。了慧(恵)（一二四三—一三三〇〈三一〉）集。第一四〇条に建仁元(一二〇一)年の記載がみられるので問答の行われた時期はほぼ知られるが、成立年時は明らかでない。了慧(恵)の門弟である澄円(一二八一—一三七二)の『夢中松風論』巻九に一百四十箇条問答とあって、慧(恵)集輯の『和語灯録』に一百四十五箇条問答とあるのは疑わしいからである。『和語灯録』の成立年代・集輯者に疑問が寄せられるが、刊本にするとき五カ条が付加されたものと考えられる。内容は堂上方の女房たちが念仏生活と世俗とのかかわりをめぐって質問したのに源空が答えたものである。古くなった仏堂・塔の修理に供養は必要かとの問に、功徳はあるが必ずしも必要ではないと答えている第一条をはじめ内容は生活全般に及んでいる。なかでも死・生理・産は人が宿業として背負う人為の及ばざるものであり、ひる・にんにくなどを食べての念仏は形式にすぎず、「仏教にはいみといふことなし、世間に申したらんやうに」と厳然たる態度で穢れ・忌みを否定している。同様に出家者にあるまじき行為を罪とし、産死・病気・親に先立つことなどは人為の及ばぬ必然のものとして罪ではないとしている。全般を通してとらわれをなくし、念仏をありのままに称えることが在俗者の生活規範であると教えている。〔所載〕浄全9、正蔵83、昭法全。〔参考〕浄土宗典籍研究、塚本善隆編・法然、藤井正雄・法然。〔藤井正雄〕

一遍義集【いっぺんぎしゅう】［時］ 一巻。著者明記なし。成立年代不明。本文中に一遍と他阿真教との相見をのべ、それより二百余廻を歴たりといっている。室町中期ころのものか。一遍の行状、真教との関係、時宗流儀の根本問題についてのべていて、後代の宗典に与えた影響が大きい。原本は伝来せず、写本は京都歓喜光寺、兵庫西光寺、京都安養寺、愛知称名寺等にある。〔所載〕定時宗下、時宗叢書（訓読）。〔橘　俊道〕

一遍上人絵詞伝直談鈔【いっぺんしょうにんえしでんじきだんしょう】［時］ 一三巻。賞山（一六六五—一七二六）筆。正徳四（一七一四）年成立。賞山は遊行四五代尊遵の弟子。正徳元（一七一一）年遊行四八代賦国より神戸兵庫真光寺の初代院代に任ぜられた。この書のほかに『一遍上人別願和讃直談鈔』『播州問答私考鈔』等多数の著述がある。本書は宗俊編『一遍上人縁起絵』一〇巻のうち、一遍伝に当たる前四巻の解説書である。後半六巻真教の伝記については「余命あらば追て之を解すべし」といっているから、その計画をもっていながら果たせなかったのである。解説は縁起絵の本文を出し、これについて逐語的に経論釈や史書等を引き詳細な説明をしている。またしばしば『六条縁起』にいわくとしてその文を引いて比較検討している。長く秘蔵されていた『聖絵』が開板されてひろく読まれることになったのは安永五（一七七六）年のことである。賞山は歓喜光寺の原本に直接当たったのであろうか。それともすでに筆写されていたものによったのであろうか。刊行よりも半世紀早くその史料価値を認めていた賞山の識見は高く評価されなければならない。本書は『一遍上人縁起絵』だけでなく『一遍聖絵』にとってもよき注釈書といえるであろう。〔所載〕仏全69、定時宗上。〔橘　俊道〕

——→一遍上人縁起絵

一遍上人縁起絵【いっぺんしょうにんえんぎえ】［時］ 一〇巻。宗俊（生没年不詳）編。嘉元元—徳治二（一三〇三—〇七）年間成立。本絵伝は全一〇巻の中、前半の四巻一七段を時宗祖一遍智真の伝に、後半の六巻二六段を二祖他阿真教の伝記にあてている。従来この絵伝は他に『一遍上人絵詞伝』とも呼ばれていたが、内容が一遍と真教の伝のため『遊行上人縁起絵』と呼ばれることも多い。

前半の一遍伝は巻頭前文の後に、遺恨を持つ親族より襲われるという場面からはじまって、熊野での成道、日本全国への遊行化益、お札くばり、おどり念仏、そして兵庫の観音堂（現真光寺）で寂するまでを描いている。詞書の内容、絵についても『一遍聖絵』と著しく類似している部分も多く、本絵巻制作にあたっては『聖絵』を参照したと思われる。続く二祖伝では一遍の寂後、真教が法燈を継承し、特に北陸、中部、関東地方を布教して教団の基礎を固め、次第に拡大をはかって行き、相模国当麻、無量光寺での歳末別時念仏を修するまでを描いている。

現在、この系統の模本は二〇本ほどが知られるが原本は伝わっていない。この中の数本には原本の奥書までそのまま写したものがあり、編纂者を宗俊としているため宗俊本と呼ばれるが、彼の伝歴はまったく不明である。現存しない原本の制作年代は当絵巻が嘉元元年真教が当麻で別時を修するところで終っていること、また徳治二年に終功した縁起絵の一模本がすでにあったことなどから、この間の成立と考えられる。編纂の意図としては一遍の生涯と教えを記してはいるが、さらに二祖真教の教団確立ということが明らかにされており、一遍より真教への法系の正統性を主張しているといえる。本絵伝は『聖絵』にくらべると布教手段として多くの模本が制作され、系統的に三種に分類される。その中の主なものを挙げれば、

A本系
神戸・真光寺本　一〇巻　元亨三（一三二三）年
京都・金光寺本　四巻　鎌倉時代
京都・金蓮寺本　二〇巻　室町時代
新潟・専称寺本　一〇巻　室町時代
藤沢・清浄光寺本一〇巻　室町時代

B本系
藤沢・清浄光寺旧蔵本一〇巻（明治四四年焼失）
山形・光明寺本　一〇巻　文禄三（一五九四）年
東博本一〇巻（清浄光寺模本）江戸時代
新潟・来迎寺本　八巻　江戸時代

C本系
長野・金台寺本　一巻　鎌倉時代
尾道・常称寺本　四巻　南北朝時代
埼玉・遠山記念館本一巻　永徳元（一三八一）年

〔所載〕国東叢1―5、遊行上人縁起絵（日本絵巻物全集）、定時宗下。

〔長島尚道〕

一遍上人行状【いっぺんしょうにんぎょうじょう】時　一巻。著者・成立年代不詳。『群書類従文献年表』に正安二（一三〇〇）年成立とある。一遍の生涯をきわめて簡略に記した伝記。熊野参籠の年次について、『聖絵』と異なり、建治二（一二七六）年と三年の両度とし、前者で念仏の印板を受け、後者で神託を受けたとある。心地覚心（法灯国師）に参禅、印可を受けた記述あり。〔所載〕定時宗、六条縁起。

〔石岡信一〕

一遍上人語録【いっぺんしょうにんごろく】時　二巻。他阿一海（一六八八―一七六六）が宝暦初（一七五一）年ごろ集録して、宝暦一三（一七六三）年に出版、のち俊鳳が改訂して明和七（一七七〇）年と文化八（一八一一）年の二度にわたって出版した。一海は宝暦六（一七五六）年に藤沢上人第二九世となり、翌年遊行上人第五二世をついだ人物である。俊鳳は浄土宗西山派の学匠であったが、時宗の教義にくわしく、一海の信頼があつかった。一遍にはみずからの著作はなく、その思想・行動を知るためにはすべて弟子・孫弟子らがまとめた伝記や語録類に頼らねばならない。行動と思想では『一遍聖絵』と『遊行上人縁起絵』がまずよるべきもので、とくに思想面で『一遍上人語録』が重要な資料となる。本書は上下二巻に分かれる。上巻は『一遍聖絵』や『遊行上人縁起絵』などに載せる和讃や消息文を収録編集したものである。下巻はその原型を『播州法語集』に求めることができよう。

少し詳しくみると、上巻は別願和讃、百利口語、誓願偈文、時衆制誡、道具秘釈、消息法語、偈頌和歌から成る。別願和讃は一遍が撰したもので、簡明にその思想を伝えている。百利口語はやさしく一遍の思想をのべているが、後代の作のようである。誓願偈文は弥陀の誓願によって一向に称名することを示した偈で、時衆制誡は時衆の日常の心構えをのべたもの。道具秘釈は時衆が日常生活に使う道具を十二光仏に配してそれぞれの徳にたとえたもの。消息法語は、『一遍聖絵』と『遊行上人縁起絵』などからとった一遍の手紙、偈頌、和歌いずれも前掲両縁起などから採用した、一遍の思想を示すもの。下巻は『播州法語集』をもとに、その配列を変えるなど再構成したものである。

本書は宝暦一三年に一海が出版した。時宗としてはいまだ『播州法語集』の出版もなく、教義研究に不便をきたしていた状況であったと思われる。しかしこの初版を上梓したのち、火災にあい、版木を焼いてしまった。そこですでに藤沢上人となっていた一海は俊鳳に再編集を委嘱した。俊鳳は数本の写本『播州法語集』を参考にして下巻を再検討し、上巻にも手を入れ、明和七年に二版を発行した。文化三（一八〇六）年に印版が焼失したので、文化八年にあらためて三版を出版した。一・二版は藤沢山蔵版と称し、三版は日輪寺学寮版と称す。ただし、二・三版は同一内容である。

〔異本〕本書下巻は『播州法語集』をもとする。その最古の写本は鎌倉末期か南北朝期書写の金沢文庫本『播州法語集』である。次に寛正六（一四六五）年書写の『一遍念仏法語』（高野山金剛三昧院蔵）、清浄光寺本『播州法語集』がある。つづいて貞享五（一六八八）年出版の『播州問答集』、享保一二（一七二七）年書写の『一遍上人法門抜書』（滋賀県浄信寺蔵）へとつづく。『播州法語

集』の出版は安永五（一七七六）年である。〔所載〕思想大、定時宗。〔今井雅晴〕

一遍上人語録諺釈【いっぺんしょうにんごろくげんしゃく】時　四巻。俊鳳（一七一四—八七）著。明和四（一七六七）年成立。俊鳳は浄土宗西山派の学僧で密教、禅をも修行した。宝暦一二（一七六二）年、藤沢山に招かれて播州問答集の講義をしている。『一遍上人語録』が初めて刊行されたのがその翌年である。本書は『一遍上人語録』全般にわたって語句の注釈をほどこしたもので、諸経論を広く引用してきわめて細かく解説している。『和語灯録』『四十八巻伝』や西山派関係の論疏法語『定善義楷定記』『一枚起請骨目抄』『竹林抄』『西山白木念仏法語』『五段抄』等多くの所説を引用して注釈を行っている。また別願和讃の釈に『器朴論』を、百利口語の釈に『絵詞伝直談鈔』等を引用しているのはめずらしい。

巻一は『語録』巻上の別願和讃、百利口語、誓願偈文、時衆誓誡を解説し、巻二は消息法語、偈頌、和歌を注解し、巻三は『語録』巻下の門人伝説五二条、巻四に五九条を注釈している。附録には何ら触れていない。また和讃等は四句、和歌は一首、偈頌は一頌、門人伝説は一段ごとに略出して注解する形を取っている。『語録』の全体を通した注釈書としては唯一のもので至便のものとされている。写本は大正三（一九一四）年、遊行六五代尊光が筆写したものがある。〔所載〕仏全66、時宗全書、定時宗上。〔参考〕一遍上人語録。〔長島尚道〕

一遍上人念仏安心抄【いっぺんしょうにんねんぶつあんじんしょう】時　一巻。持阿切臨（?—一六六一）著。明暦二（一六五六）年三月刊。著者は京都七条道場金光寺二二世切臨。黄台山金光寺は歴代持阿と号し、東の藤沢道場と並び称される時宗の本寺であって明治中期まで七条学寮があった。一華堂乗阿の弟子。本書のほか『念仏往生要決』『時宗安心大要』を著わす。また、国学も師から学び、『伊勢物語集註』『源義弁引抄』『狭衣下紐』『大和物語首書』『源氏綱目』『女初学文章』『童子訓』などの多くの著書がある。本書は一遍の念仏安心について平易な仮名交り文で要点を記したものである。一遍の念仏は「三業の外の念仏」と序にあり、また正宗分に「離三業の念仏」とある。称名・名号について、「しようめうのこゑを往生としんじて」「名号の中より仏のらいこうもごくらくもあらはれ候」とのべている。また、他力の念仏については「我身の功をもちひぬを他力の念仏と申也」といい、安心については「今身よりみらいさいにいたるまで身命を仏にゑこうし奉るとちかひをなしてより後は、我身心は則仏の身心也」とものべてある。『仏全』本と明暦本との二種がある。『仏全』本には刊記がない。『仏全』本には序文義、正宗分、後序分の段があるが明暦本にはない。〔所載〕定時宗。〔石岡信一〕

一遍上人年譜略【いっぺんしょうにんねんぷりゃく】時　一巻。著者未詳。慶長五（一六〇五）年成立。『群書解題』では鎌倉末から室町初期ころ成立とあるが根拠にとぼしい。『聖絵』を中心に他書を引用して成立した。一遍の伝記、熊野参籠を建治元年とあることや、親族の者の愛妾二人の髪の毛が小蛇となって食い合う記述があるなど、『聖絵』や『絵詞伝』の年次や行実と相違がある。〔所載〕定時宗、群書。〔石岡信一〕

一遍上人別願和讃直談鈔【いっぺんしょうにんべつがんわさんじきだんしょう】時　三巻。賞山（一六六五—一七二六）筆。正徳四（一七一四）年一月成立。同年八月刊。賞山にはこの書のほかに『一遍上人絵詞伝直談鈔』等多数の著述がある。この書は一遍作『別願和讃』の解説書で、漢文をもちいている。賞山は讃文七〇句、四句一讃として一七讃に区分し、上巻に五讃、中下各六讃を配し、それぞれ詳細な解説をしている。『一遍上人語録』所収の『別願和讃』は七〇句のあとに、浄土往生後の得益をのべた一六句を加えているが、賞山はこれをもちいずまったく無視している。正しい態度である。賞山がとくに力説につとめているのは第一四・一五の両讃である。第一四の「始ノ一念ヨリ外ニ……」の四句を挙げたあと「伝に云此の讃及び下の讃には深々の口伝あり、其の義筆点に題し難し」と断り、「初の一念とは当体の一念なり」といって一遍における当体一念の意義を説く。第一五「思ヒツキナン其後ニ……」のあとで、「此の四句一讃は機法不二・能所一体の意を挙ぐ」として「自力他力を忘却し機法を泯絶する当体を名づけて南無阿弥陀仏と為すなり」といって、時宗教義の根本義を説いている。『定時宗』に漏れたので昭和五六年、別に時宗教学研究所より刊行。〔所載〕仏全68。→一遍上人別願和讃〔橘　俊道〕

一遍上人別願和讃新註【いっぺんしょうにんべつがんわさんしんちゅう】時　二巻。一法（一六六四—一七二五）述。享保元（一七一六）年刊。一法は正徳二（一七一二）年藤沢遊行寺において嗣法し遊行四九代となる。本書は一遍の『別願和讃』を注釈したものである。『別願和讃』には『一遍聖絵』巻九および『一遍上人絵詞伝』巻三に載せられている七〇句のものと、『一遍上人語録』所収の八六句のものとがある。注釈の『一遍上人別願和讃直談鈔』は七〇句本を使い、『別願和讃古註』は八二句しかない。これに対してこの『新註』は八六句本を用いている。本書は第一に題目を、第二は讃文を注釈している。題目にははじめに別願は所讃の仏願であり、和讃は能歎の讃文であると述べている。第二の讃文は序・正宗・流通の三段に分けて注釈し、序文に四四句を配し、前二〇句は人道無常の相状を示すもの、後の二四句は聖浄二門の迷執をしりぞけるものとしている。正宗分は三八句を当て、それを一〇に分けて聖号の大利を標して疑惑を遮し信を証するところである。流通分には四句を配し、住不退、利他、弘願、総結して報恩を明すものに分けている。『別願和讃古註』が簡約であるのにくらべて、より整えられたものといえる。また神勅念仏に準拠した解釈として重視されるものである。〔所載〕仏全68、時宗全書、定時宗上。〔参考〕一遍上人別願和讃直談鈔、別願和讃古註。　〔長島尚道〕

一遍上人法門抜書【いっぺんしょうにんほうもんぬきがき】時　著者明記なし。成立年代の上限は不明。下限は本書写本の奥書から明応八（一四九九）年以前と考えうる。高野山金剛三昧院蔵『一遍念仏法語』（寛正六〈一四六五〉年の奥書あり）との類似関連が多少考えられるが、概して三昧院本のほうがよく整序されている。抜書は先行する仮名書法語を室町中期以降に漢文体にしたものらしい。一般に周知の一遍法語のほか、未見の法語があり、一音（一称名号）の徳を説く。本書はおよそ『播州法語集』に先行するものである。他にも未見の一遍の和歌もある。また「上人発心之事大概」なる一文あり、遊行二一代知蓮作とする『一遍義集』の説と異なると指摘する。さらに遊行二祖の偈、七祖の「踊念仏記」を収める。また「門徒所々道場住持同時衆等可心得次第」なる一文があり、『七条文書』により、遊行一一代自空以降の上人作かと推しうる。別に「法然法語」も収める。現存の抜書は次第に増補されたものとも思われる。末尾には遊行系譜二種（一は一一世まで、一は一九代まで）を付している。本書は写本のみ存し、明応八（一四九九）年、増上寺貞誉の奥書識語のあるものを、滋賀県木ノ本町浄信寺塔頭長照庵四代但阿弥陀仏が、享保一二（一七二八）年に写したもの、同浄信寺塔頭永寿庵の善瑞が寛保三（一七四三）年に写したものがある。〔所載〕定時宗。──→播州法語集・一遍義集。　〔梅谷繁樹〕

一遍聖絵【いっぺんひじりえ】時　一二巻。聖戒（一二六一―一三二三）記。正安元（一二九九）年成立。別に『六条縁起』ともいう。詞書の作者聖戒は一遍の弟子で実弟あるいは従弟といわれる。四国伊予の河野家の出身。京都六条道場歓喜光寺開山。絵の筆者は法眼円伊。この人を大炊御門家出の三井寺僧正円伊とする説と、土佐某という専門絵師とする説とがある。絵巻は絹本着色。絵詞ともに四八段。一遍の生誕から、修学、成道、遊行回国、臨終まで、全生涯を詳細にのべた忠実な伝記である。一遍の伝記として信頼できるばかりでなく、風俗画としても貴重である。都市、農村、漁村にわたり、寺社、武家邸、民屋、市場の光景、あらゆる階層、雑多な職業に従事する人びとの生活が生き生きとして描写されている。わが国の絵巻物のうちの逸品で国宝に指定されている。京都市山科歓喜光寺所蔵。ただし全一二巻中第七巻は東京国立博物館蔵。他にも部分的に散逸した分がある。絵巻成立の年は一遍没後一〇年であり、編者が肉親で直弟子の聖戒である。しかも関白九条忠教の援助によって完成したと伝えられる。一遍のもうひとつの伝記である『一遍上人縁起絵』（宗俊編）の前四本はまったくこれを踏襲している。

本絵巻の模写本には御影堂本（京都旧新善光寺蔵）がある。今は奈良北村家および前田育徳会に分かれ所蔵されている。佐渡大願寺にも模写本がある。

版本には安永五（一七七六）刊『一遍上人六条縁起』がある。これは遊行五三代尊如が京都滞在中、歓喜光寺住職輪山およびその弟子に命じ、校訂上梓させたものである。昭和一五年山喜房仏書林刊浅山円祥著『一遍聖絵六条縁起』は、歓喜光寺原本を底本とし、その不明の文字を旧御影堂本によって補うとともに、安永の版本や『一遍上人縁起絵』『一遍上人語録』その他を参考して校訂、詳細な注解を施した。本書の出版が一遍や時宗の研究の開幕となったといってよい。

『聖絵』に関する美術書は多い。そのなかで角川書店刊『日本絵巻物全集11・一遍聖絵』と中央公論社刊『日本絵巻物大成・別巻』があり、前者は主として白黒写真、後者は全部カラーで絵と詞書を載せている。角川本は巻末に望月信成「一遍上人絵伝について」、五来重「一遍と高野・熊野および踊念仏」、赤松俊秀「一遍智真の生涯とその宗教について」、福山敏男「建築」、宮本常一「庶民の生活」、宮次男「詞書」を添えている。中央公論社本も同様に小松茂美「一人のすゝめによりて成立した一遍上人絵伝」、村重寧「一遍上人絵伝の画風、写実性と宋画風の問題」、古谷稔「一遍上人絵伝の詞書をめぐって」、小松茂美・古谷稔「一遍上人絵伝詞書釈文」を収めている。これは『聖絵』研究の主要論文を網羅した観がある。〔所載〕仏全69、定時宗下。〔参考〕一遍聖絵、一遍上人縁起絵、一遍上人語録。　〔橘　俊道〕

一遍流十念口決【いっぺんりゅうじゅうねんくけつ】時　一巻。著者・成立年代ともに不明。巻尾に「慶安三年八月四日写之畢、相州清浄光寺堪忍之時円陵」とあり、徳川初期の作と思われる。口伝である時衆の十念についての教義・行法を解説したもの。写本は善光寺蔵と但馬西光寺蔵の二書がある。〔所載〕定時宗。　〔石岡信一〕

一法中道【いっぽうちゅうどう】南　一巻。円憲（一一九七―一二五一）・顕範（一二四五―一三一四ころ）・縁憲述。延文二（一三五七）年成立。法相宗の教学における「中」の概念についての三師の解釈をまとめたもの。『成唯識論同学鈔』（七の三）により問題提起し、同古写本（坊本になし）より種々の中道説を掲げ、円憲は三釈を記し、顕範は暦応元（一三三八）年、三時教によって中道を釈し、縁憲は延文二（一三五七）年、三性の一法についての中道を明かした。後の二は法隆寺に伝えられ、書写されている。〔所載〕日蔵33。　〔田村晃祐〕

異本即身成仏義【いほんそくしんじょうぶつぎ】真　空海（七七四―八三五）撰。略して『異本即身義』ともいう。空海の『即身成仏義』の異本で現存するのは、一、真言宗即身成仏義本書問答一巻、二、即身成仏義一巻、三、真言宗即身成仏義一巻、四、即身成仏義異本一巻、五、異本即身成仏義一巻、六、真言宗即身成仏義本書問答一巻、の六本である。この『異本即身成仏義』は古来、空海自身の著作であるか否かの議論があったようで、江戸時代の周海は『即身成仏義述讃』(巻上)において次のように諸説を紹介している。㈠宥快説―清書と草本(下書き)の相違なのか異本は文字に多少増減がある。『大日経』『理趣釈経』『金剛頂経』などに対する複数の講議録が存するのは不思議ではないが、『即身成仏義』を空海一人の著作とすると多くの本があるはずもなく、異本は空海の作ではないとする。㈡『大日経疏除暗鈔』(巻二)に古人の説として、一本の『即身義』を空海の著作とする。㈢周海説―実恵(東寺長者第二代)や真然(空海の甥)など空海の直弟子が聞き書き留めたもの。あるいは『即身義』が真言宗の基本的教理を説いたものなので多くの本を作ったとする。㈣道範、頼瑜、聖憲などは異本全てを空海の著作とみなした。以上信仰の立場からすれば道範などの説が認められ、科学的立場をとれば宥快の説をとることになろう。しかし異本に説く理具・加持・顕得の三種即身成仏説は、即身成仏の真面目を領解した説で、空海の思想を見る場合、たとえ異本といえどもその資料的価値は高いといえよう。六本ともに古版本がある。〔所載〕弘全4、正蔵77。〔松本 隆〕 ――→即身成仏義

因果居士自筆安土門答【いんがこじじひつあずちもんどう】浄 一巻。因果居士(生没年不詳。ただし慶長一七〈一六一二〉年に八八歳)筆。天正七(一五七九)年に浄土宗と日蓮宗との間で行われた安土宗論を、判者として参加した因果居士の自筆の問答記録である。かれは南都の華厳の学者と思われ、中立者として判者に選ばれたのであろう。自筆本は新野氏所蔵本と前田侯爵所蔵本の二本があり、多少文章の出入りがある。〔所載〕仏全97。〔宇高良哲〕

因願成就両文対弁【いんがんじょうじゅりょうもんたいべん】浄真 一巻。栖城(一七九三―一八六一)講語、曇城(一八二二―一九〇七)筆記。成立年代不明。『大無量寿経』に説かれている、阿弥陀仏の誓われた第十八願文と、釈尊の説かれた第十八願成就文とを比較して、それらの間における十異を、因願果成、所被寛狭、聞名説不、三信一心、信楽開不、十念摂開、至心所在、我彼遣喚、現当両益、生仏具欠という項目を挙げて示しながら、それらの間にある深い意味をうかがい、釈迦・弥陀二尊の説意は同じであることを明かしたもの。〔所載〕真宗全51。〔那須一雄〕

隠山惟琰和尚語録【いんざんいえんおしょうごろく】臨 一巻。惟琰(一七五四―一八一七)撰。成立年代不明。昭和一七(一九四二)年に辻東山が編輯して金宝山瑞龍寺より「隠山録」一巻を刊行。本書は、開堂法語、亀鑑示衆、拈古偈、法語、降誕忌偈、成道忌偈、涅槃忌偈、初祖忌偈、拈香語、入仏開眼偈、像賛偈文、塔鐘器銘文、号頌、祖録開巻収巻偈、晋山退山偈、送行偈、葬儀偈文、隠山禅師行状記等を収めている。〔所載〕禅文研。〔鷲阪宗演〕

因明抄【いんみょうしょう】南 五巻。覚憲(一一三一―一二一二)撰。久寿元(一一五四)年、慈恩会の立義のため草せられたものであるが、二巻奥書から久安元(一一四五)年、著者一五歳の時にすでに論述が開始されていたことが知られる。著者の師匠である蔵俊の口授に基づくもので、仏教論理学(因明)の最難関である四相違について、論題別に二一題に分けて論じたものであり、古来、研究者の間で尊重された文献である。〔所載〕仏全84。〔川崎信定〕

因明大疏私抄【いんみょうだいしょししょう】南 九帖。良遍(一一九四―一二五二)撰。承久二(一二二〇)年、著者二七歳の作。『因明入正理論』に対する窺基の注釈『因明大疏』に対しての末疏。内容は同じく興福寺の学僧である善珠の『明燈抄』ならびに願建の『因明入正理論疏集記』(失本)にもとづいて抄出し、私見を加えて解説を試みたもので、大旨は『明燈抄』に依っている。元来は四帖であったものを、建武年間に尊経が五帖となし、その後に享保年間に訓兼が修覆した際に九帖となした。仏全84に所載の刊本は、上巻に四帖、中巻に三帖、下巻に二帖を配した三巻本となっている。〔所載〕仏全84。――→因明論疏明燈抄〔川崎信定〕

因明本作法鈔唯量抄【いんみょうほんさほうしょうゆいりょうしょう】南 二巻。蔵俊(一一〇四―八〇)作と伝えられる。『因明唯量鈔』『唯量抄』とも呼ばれる。『成唯識論』所説の認識根拠(量)について解説したものである。蔵俊には大著『因明大疏抄』四一帖、『因明広文集』三八巻、『勝軍比量抄』一巻、『唯識比量鈔』二巻、『有法差別相違略抄』一巻のように唯識・因明の名著が多く存する。〔所載〕日蔵(法相宗章疏2)。――→唯量抄〔川崎信定〕

因明論疏四相違釈【いんみょうろんしょそういしゃく】天 三巻。源信(九四二―一〇一七)撰。貞元三(九八七)年成立。正式には『因明論疏四相違略註釈』という。源信は比叡山恵心院に屏居し、『往生要集』を選して後世浄土教の祖と仰がれたが、その学問は非常に幅広く、倶舎、因明にまで及んでいる。本書は南都の空晴、仲算、真興に対して、天台学僧の因明研究に関する代表的なものである。窺基の『因明大疏』四相違段の文を逐次に注釈したもので、その文をいちいち掲げながら、明快な解釈を施している。巻頭の自序によると、貞元三(九八七)年二月、同門厳公の広学立義の用意として、注釈を著したとあり、源信三七歳の時の著作である。また奥書によれば、正暦三(九九二)年三月に本書を大宋国の商客であった揚仁侶に付して、務州雲黄山の行辿和尚に送り、慈恩寺の窺基の門人に是非を定めてほしいと依頼したが、果たせず、その五年後の長徳三(九九七)年に、杭州水心寺の沙門斉隠に託し、再び是非を問うたと記されている。因明系図では、源信は良源の学系を承けているとされる。たとえば、本書で「法差別相違」の中、用の勝劣について、二他用伝、勝々伝、勝劣伝という三とおりの考え方が示されるが、文軌、清幹は二他用

伝により、道献、善珠、真興は勝劣伝によったのと異なり、源信は良源、清範とともに二勝伝にしたがったことからも、それが理解できる。〔所載〕恵全5、仏全鈴26。〔多田孝正〕

因明論疏四相違略註釈【いんみょうろんしょしそういりゃくちゅうしゃく】南　三巻。源信（九四二―一〇一七）撰。『因明入正理論疏四相違註釈』『因明四相違疏註釈』『因明四種相違略註釈』『因明相違疏』『因明相違註釈』とも称せられる。本書は貞元三（九七八）年二月、著者三七歳の時に行われた比叡山での法華会立義のために作られたものであり、天台宗の学者による因明研究の代表作である。『因明入正理論』に対する窺基の付した注釈である『因明大疏』にもとづいて、特に四種相違に関して逐一解説を加え、大綱を明示しようとしたものである。巻末の付記によると、本書著述の後、正暦三（九九二）年に宋国の商人に託して窺基門下に本書を届けて、内容の是非を判定してほしい旨依頼し、返事を得ることができなかったのでさらに、長徳三（九九七）年『纂要義断註釈』一巻とともに中国僧に託して再び窺基門下に届けたことが知られる。源信の学識の高さと自信の発露を示す記述といえよう。〔所載〕正蔵69、仏全33、恵全5。〔川崎信定〕

因明論疏明燈抄【いんみょうろんしょみょうとうしょう】南　六巻または一二巻。善珠（七二三―九七）撰。『因明入正理論明燈鈔』『因明明燈抄』『明燈抄』とも称せられる。天応元（七八一）年成立。『因明入正理論』に対する窺基の『因明大疏』の本文を逐一解釈を行った注釈書であって、題名の由来は『因明大疏』の難解な内容を明るく照らしだす燈明のごとき解説書の意。本書は唐の慧沼の注釈によりながら、文軌、玄応、定賓等の因明説を批判し、窺基の『因明大疏』を唯一正当の権威としてわが国の因明学の伝統の中に確立したものである。本書以後、わが国における因明の著述はすべて「大疏」を祖述するものとなり、その研鑽方法もますます精緻・微細なものとなり、他方、「大疏」以外の他の師の書が正系として用いられることはなくなった。本書の存在によって善珠は後世において、窺基の後身または日本の因明学の鼻祖と称せられるにいたる。秋篠寺の開基とされる善珠は興福寺（北寺）系の学統を代表する重鎮であり、元興寺（南寺）系の護命とならび称せられる平安初期南都の逸材である。後進となる護命は彼の『研神章』に「日本聖朝、有大名師、其諱善珠、戒珠無瑕、慧鏡有鑒、延暦年中、於中宮寺、講因明也。微僧在座、約此比量、作決定相違」と述べて、善珠の因明の講述の席にみずから列してその恩恵を受けたことを記している。またこの『明燈抄』に『日本沙門釈善珠抄』と記されていることは、当時のわが国の仏教界において圧倒的に中国撰述文献が重宝されていた事実を考えれば、著者善珠の気魄と自信の表明とみることができる。本書のほかに善珠には『分量決』一巻、『因明義抄』二巻の因明関係の述作がある。本書は最初六巻の書として成立したものであり、後に各巻を本末に分けて一二巻となしたものも行われた。〔所載〕正蔵68、仏全83。〔川崎信定〕

婬欲教誡詞【いんよくきょうかいし】天　一巻。源信（九四二―一〇一七）撰。源信は恵心僧都、慈恵大師良源の弟子、横川僧都。因明、唯識等に通じ、また『往生要集』など浄土教の始祖として有名。本書は五言二十二頌にわたる詩偈のかたちをとっており、婬欲にふけるものは現世に何らの冥加も得られず、来生後世になお悪道に堕ちることを、きわめて人情に訴えて諫めるものである。真偽を確定することはむずかしいが厭離穢土観に通じる。〔所載〕仏全31。〔木内堯央〕

蔭凉軒日録【いんりょうけんにちろく】臨　相国寺鹿苑院蔭凉軒主歴代の公用日記。現存するのは季瓊真蘂（一四六九寂）筆録の永享七（一四三五）年五月二七日から嘉吉元（一四四一）年七月六日までと、長禄二（一四五八）年正月一〇日から文正元（一四六九）年九月五日までの分と、亀泉集証（一四九三寂）筆録の文明一六（一四八四）年八月一八日から明応二（一四九三）年九月二三日までの分。原本はもと相国寺慈照院に伝存したが、大正中期、東京帝国大学図書館の所有となり、関東大震災のとき、図書館とともに焼失した。〔所載〕仏全133～137、増補続史料大成21～25。〔加藤正俊〕

う

薄雙紙【うすぞうし】真　一六巻。成賢（一一六二―一二三一）述。成賢は勝賢より受法し、また自らの付法の弟子に道教、光宝、憲深、頼賢等を擁し、三宝院流を大成し充実した時代の中心的存在で、その著述も多いが、特にこの『薄雙紙』は諸尊法を集大成したものとして名高い。受者の所望に随い一尊ずつ引き離して伝授した故に、その別帖薄きさまをもって『薄雙紙』ともいい、元海の『厚雙紙』に対しての称ともいわれる。一二〇法を上巻二帖に分け、初重、二重という。初重五六法を普通諸尊法といい、二重五六帖を単に諸尊法という。いずれも仏、仏頂、経法、観音、文殊、菩薩、明王、天の八部に分けて収めている。初重＝（仏部）薬師、阿弥陀、釈迦、光明真言、仏眼。（仏頂部）金輪、尊勝。（経法部）法花、理趣経付十七段印明、宝楼閣、六字経法、雨宝陀羅尼、宝篋印経、心経、菩提場経、無垢御光、呪賊経、寿命経、童子経。（観音部）正観音、千手、馬頭、十一面、準胝、不空羂索。（文殊部）八字文殊、五字文殊、通用文殊。（菩薩部）五秘密、虚空蔵、普賢、普賢延命、延命、地蔵、弥勒、勢至、随求。（明王部）不動、降三世、軍荼利、大威徳、金剛薬叉、愛染、烏瑟沙摩、金剛童子。（天等部）

北斗、属星、焔魔天、十二天、聖天、神供、施餓鬼、毘沙門、水天、地天、吉祥天。第二重＝（仏部）阿閦、宝生、定光、善名称。（仏頂部）大仏頂、大勝金剛、熾盛光、白傘蓋。（経法部）孔雀経、守護経、止風雨経、仁王経、最勝王経。（観音部）七星如意輪、都表如意輪、白衣、葉衣、水月、楊柳、阿摩提、多羅、青頸、香王。（文殊部）六字文殊、一字文殊。（菩薩部）金剛薩埵、五大虚空蔵、求聞持、滅悪趣、般若菩薩、持世、薬王、馬鳴、竜樹。（明王部）不動付安鎮法、愛染。（天等部）尊星王妙見、水歓喜、五十天、梵天、帝釈、最勝太子、訶利帝、氷迦羅、宝蔵天、大黒天、襄倶利、摩利支、迦楼羅、弁才天、太山府君、四天王、大自在天、伎芸天、深沙神。初重・二重の伝授については潅頂を受けているか否かによって受法の内容が制限される。写本が数多く流布されているので、それらの間の字句の出没具欠は注意が必要である。〔所載〕正蔵78。〔布施浄慧〕

盂蘭盆御書【うらぼんごしょ】[日]　日蓮（一二二二―八二）著。弘安三（一二八〇）年成立。盂蘭盆会由来の返書。三明六通をえた目連が神通をもっても餓鬼道に堕ちた母を救えず、釈尊の教示にて七月一五日に十方の聖僧を集め百味飲食の供養を行いその功徳にて母を天上界に救えたことから以後この行事がつづられている。しかし本当の親孝行は目連が法華経にて成仏したときに母も同時成仏であるから、何よりも法華経を信ずることの大切さを勧めている。〔所載〕定日遺2。〔桑名貫正〕

雲雨鈔【うんうしょう】[南]　一巻。凝然（一二四〇―一三二一）述。凝然は鎌倉時代華厳宗の僧、多くの著述をなし、律宗に関する著作も多い。本書は律宗の要旨を記したもので、律蔵の結集部数、四分律の内容、鑑真、日本の三戒壇と唐招提寺の戒壇、三聚戒等について説いている。日本では東大寺の戒壇が中国の扱いで授戒に一〇名の僧を必要とし、下野薬師寺及び筑紫観世音寺は辺国扱いで五名の僧でよいことを記し、また唐招提寺に戒壇のあったことを伝える。〔所載〕仏全105、日蔵（戒律宗章疏2）。〔田村晃祐〕

雲居和尚語録【うんごおしょうごろく】[臨]　二巻。雲居希膺（一五八二―一六五九）著。この書は筆写本で、妙心寺塔頭蟠桃院の所蔵で、昭和八年、当時の住職加藤恭山の筆写による。恭山が筆写した原本は紛失して所在不明。筆写本によれば、原本はすでに二種の写本を校合し、校注を付している。雲居は伊予に生まれ、九歳で出家し妙心寺蟠桃院の一宙東黙に参じ、その法を嗣ぐ。仙台藩伊達政宗の再興した松島瑞巌寺に拝請されて入山、念仏禅を提唱して注目される。この書は上下二冊よりなり、上巻には妙心寺などの入寺法語、拈香法語、下火等を掲載し、末尾には雲居独自の『開眼要述』の断片が付されている。『開眼要述』とは伊達政宗の未亡人陽徳院大姉の寿像開眼を記念して、雲居自身の略歴と念仏禅を提唱する根拠を中国禅宗の祖師たちの言説をとりあげ、論述したものであり、漢字仮名交り文である。下巻は祖師像等の像賛、法語、偈頌、字説、諸銘、勧進、道歌などが収録されている。なお上巻の『開眼要述』の全体は最近宮城県で発見された。これは雲居の自筆本で「開眼誡述」と題し、『瑞巌寺博物館年報』9に掲載されている。また下巻の道歌は『往生要歌并後序』延宝九年本、『医世物語并序』延宝九年本その他、松会本、安永本等が版本として刊行されている。瑞巌寺刊の復刻本もある。〔平野宗浄〕

雲居和尚年譜【うんごおしょうねんぷ】[臨]　一巻。天嶺性空（一六六九―一七四〇）撰。撰者の天嶺は松島瑞巌寺第一〇五世で、本書が出版されたのは元文元（一七三六）年である。最初に雲居の円相内頂相があり、つづいて後光明天皇から特贈された慈光不昧禅師号の勅書があり、また中御門院から贈られた大悲円満国師号の宸翰があって本文に入り、最後には天嶺の題跋が付されている。その題跋によれば天嶺は雲居の弟子大亀金葉による『雲居和尚紀年録』をすでに見ていたが満足することなく、新しく自分が年譜を撰したといっている。大亀による『雲居和尚紀年録』は版本になっていないが、五種類の写本が現存する。これは大亀が編集し、弟子の西山恵亮が校訂したもので、西山の序と末尾に拾遺が付されており、宝永三年につくられたものである。大亀本は話題が豊富であるが、神変不可思議な話が多すぎ、文章もあまりよくないので天嶺はこれをとらなかったのであろう。大亀本の五種類の異本は、瑞巌寺本、蟠桃院本、太平寺本、瓦屋寺本、夢庵如幻撰・松島三代開山伝本である。平野宗浄による『雲居和尚年譜』は天嶺本の訓注と、大亀本の訓読および五種類の異本の校注を掲載したものである。〔平野宗浄〕

吽字義【うんじぎ】[真]　一巻。空海（七七四―八三五）撰。別名として『吽字義釈』『吽字一字真言』という。『十巻章』の一つ。古来より『即身成仏義』『声字実相義』とともに「即・声・吽」の三部書と称され、「身・口・意」の三密を詳説する中の意密に相当するとされる。成立年代は不明だが、古来即・声・吽の順序に相前後して著わされたと伝承されるので、『即身成仏義』『声字実相義』以後の成立と推定される。

本書は、『理趣釈』『金剛頂経釈字母品』『守護国界主陀羅尼経』『大日経』などに基づいて、真言・陀羅尼の最後の擬声語「吽」字を、字相と字義との二方面から解釈したものである。まず字相を明かす段では、『理趣経』の説に基づいて吽（hūṃ）字を、サンスクリットの一字と対応させて、h（賀または訶）・a（阿）・ū（汙）・ṃ（麽）と四分し、それぞれ因縁（hetu）・不生（anuttpanna）・損減（ūna）・我（ātman）の意味を持つとして、それぞれに小乗・大乗的解釈を与えている。

つぎに字義を明かす段は別釈と合釈とに分かれ、別釈では、訶（賀）字の実義は、『大日経疏』第七の文によって一切諸法因不可得の義、阿字の実義も同疏の文によって一切諸法本不生不可得の義であると説く。汙字の実義は一切諸法損減不可得の義、麽字の実義は一切諸法吾我不可得の義であると説くが、いずれも不可得を観ずることが字義の根本義で、この四字の実義を知るものは如来であり、実義を知らず字相のみに執着しているものが妄想の凡夫であると説明する。

つぎに合釈では、四字を総合した場合の思想を説明して、阿は法身の義、訶（賀）は報身の義、汙は応身の義、麽は化身の義を示すとし、この四種身をもって全ての真如・法界・法性・実際の理、全ての内外・大小・権実・顕密などの教、三乗・五乗などの行、全ての悟りの果などを摂し尽くすとする。そしてさらに、吽字の字相・字義、諸乗の因・行・果、諸経論の教理に約して、このことをより明らかにしている。特に『大日経』によって示される「菩提心を因とし、大悲を根とし、方便を究竟となす」の三句の法門を示して、吽字こそが三句の法門をあらわす究極の種子であることを、教・理の両証の上から明らかにしている。そして最後に、吽字合説の六義として、大空擁護、自在能破、能満希願、堅固大力、降魔恐怖、等観歓喜をあげて説明している。

このように『吽字義』は、真言・陀羅尼の本質について論じた空海唯一の書で、『声字実相義』の説く法身説法の思想によって示された声字即実相の世界観を、究極の真言吽字の実義を解明することによって、吽という一字の中に実在の根源を求めて、より具体的に明らかにし、真言密教の至極の境地を明快に示しているのである。注釈書は主要なものとして、頼瑜・探宗記三巻、同・愚艸三巻、宥快・鈔一〇巻、宥快口快雅記・命息鈔一〇巻、浄厳・講要一巻、周海・纂要二巻、尊祐・略解三巻、覚眼・撮義鈔三巻、曇寂・私記三巻、亮海・講莚一巻などである。〔所載〕弘全1、真全15、正蔵77。〔松本　隆〕

吽字義釈勘註抄【うんじぎしゃくかんちゅうしょう】[真]　三巻。隆源（一三四二—一四二六）述。本の表紙に、道範口説、北山隠士隆源述とあり、道範の口説を聞いて隆源が述記したものと考えられる。なお題の下に、初心者のために私見を加え、理解しやすくした旨がのべてある。空海の『吽字義』中の文章を挙げながら、それに対する解釈を加えたものである。〔所載〕真全7。〔加藤精一〕

吽字義鈔【うんじぎしょう】[真]　一〇巻。宥快（一三四五—一四一六）撰。別に宥快の口説を記した書に『吽字義命息鈔』一〇巻があり、これを広鈔と呼ぶのに対し、本書を略鈔と称し、両本とも古来から広く用いられ、特に高野山宝門では本書を尊重している。巻頭に『吽字義』は両部の肝心なる論であることを明かし、その内容は諸字門がある中で、特に吽字を選んで解釈をする理由、所依の経典、吽字の構成、題名、撰号、本文等を順次解釈を加えている。〔真柴弘宗〕

雲門一曲【うんもんいっきょく】[臨]　一巻。春屋妙葩（一三一一—八八）撰。南北朝時代成立。春屋は応安二（一三六九）年、延暦寺僧徒による南禅寺三門破却事件で管領細川頼之と不和になり、その後丹後の雲門寺に隠栖。本書はその期間における門下、知友との唱和応酬の詩偈集。書名は寺名にちなむ。博多に偶居中の明国の仲猷祖闡、無逸克勤の詩、周防にいた明国使節、趙秩、朱本の詩と序を収める。〔伊藤東慎〕

え

叡岳要記【えいがくようき】[天]　二巻。著者不明。鎌倉後期?。比叡山延暦寺の東塔、西塔、横川の三塔にわたる、堂舎の成立、縁起、変遷、仏像、尊像の安置状態、仏具の口数その他にまでおよんでいる。おびただしい数の文書や記録が蒐集された形式をとっているが、上下二巻にわたってきわめて組織的に配列されているといえる。上巻では、比叡山そのものの総説からはじまり、比叡山の大結界、四至結界を説き、その範囲や面積を注するほか、結界に関する定制等を記し、つづいて三塔の一六院、あるいは九院の個々について、成立、変遷、本尊、尊像、信仰にわたって、記録、文書を集成してあり、堂塔についての具体的な記事を得ることができる。下巻には、その他の堂塔およそ二十余について、同様に資料を集成しているほか、『大師一生記』（最澄）、前唐院大師（円仁・慈覚大師）、慈慧大師（良源）、智証大師（円珍）、弘法大師（空海）、義真和尚等の伝記を抄出して列ねている。全体の構成は以上のとおりであるが、比叡山の大結界等に説き及ぶに際して、ひろく仏教発祥からの縁由から説きおこし、中国における天台大師智顗と歴代の天台宗興隆伝持の筋道を説き、比叡山延暦寺の開創が、桓武天皇の意志に沿うものだ等と記して、全体に比叡山の天台宗の全貌を、実証的な資料を集成して誇示しようとする一書である。『山門堂舎』と姉妹の関係があるともされる。〔所載〕新校群書18。〔木内堯央〕

永享問答記【えいきょうもんどうき】[日]　一冊。一乗坊日出（一三八一—一四五九）著。永享八（一四三六）年六月成立。日出、鎌倉妙隆寺日妙が、天台宗宝海寺心海と行った問答の記録で、日出の手になるもの。日出は本書を管領足利持氏に提出し、宗義をも上奏した。この折、敗者よりの讒訴によって鎌倉日蓮教団は壊滅されそうになったが、日蓮教団僧俗の強い団結によってこれをまぬがれた。これを永享法難という。写本は鎌倉本覚寺、立大図書館蔵。〔糸久宝賢〕

永源寂室和尚語録【えいげんじゃくしつおしょうごろく】[臨]　二巻。寂室元光（一二九〇—一三六七）撰。永和三（一三七七）年刊。永源寺開山寂室元光の語録。上巻は偈頌、仏祖賛、下巻は小仏事、書簡、法語、遺誡等を性均が編集。江戸期の刊本には寛永二一年一糸文守撰の行状を付載。永和三・正保二・寛文元年刊と冠注本に元禄一〇・享保元・寛延四年刊あり。注釈書は傑岩禅偉・寂室録古抄、無著道忠・寂室録略解あり。〔所載〕正蔵81。〔早苗憲生〕

叡山根本大師御撰述目録【えいざんこんぽんだいしごせんじゅつもくろく】因　一巻。義真（七八一―八三三）記。成立年代は、末尾の「伝教大師御経蔵」から、最澄に大師号が賜下された貞観八（八六六）年後ともいわれ、義真記は怪しくなる。『伝教大師御撰述目録』『修禅録』ともいう。『叡山伝教大師御経蔵目録』から一八八部二六七巻を、ほかに八部一〇巻を列ね巻数、紙数等の注を付す。古来尊重された目録。〔所載〕日蔵（天台宗顕教章疏2）、仏全2、伝全（旧）別、（新）5。〔木内堯央〕

叡山根本大師伝【えいざんこんぽんだいしでん】因　一巻。三善為康（一〇四九―一一三九）記。成立年代不明。別に『伝教大師伝』ともいう。本書は、柱下少史三善為康記『拾遺往生伝』巻上よりの摘出で、最澄の出生俗姓より入滅に至る一生を、編年体に記述した伝記である。往生伝の注記によれば、保安四（一一二四）年の成立ということになる。また『叡山大師伝』との類似も見られる。〔所載〕仏全107、伝全（新）5。〔小方文憲〕

叡山大師伝【えいざんだいしでん】因　一巻。一乗忠（生没年不詳）撰。天長二（八二五）年ころ。『比叡大師伝』『大師伝』『伝教大師伝記』『大師一生記』『伝教大師伝』などともよばれる。撰者の「一乗忠」は古来、伝教大師最澄と初期の比叡山教団にあった、『伝述一心戒文』にみえる「上座仁忠」のことで、歴代天皇の「仁」字に対してはばかるところがあり、「忠」とのみ記したともいわれるが、中国、日本にわたって、仏者が諱の下の一字をもって呼ばれることはつねのならわしで、近来、義真一派の真忠ではないかとの説も生まれている。真忠ならば、やはり最澄とともに初期の比叡山教団の一員で、義真の側に親しかった人物で、『内証仏法相承血脈譜』の筆受者として名を列ね、「建立十六院別当三綱状」では、根本大乗止観院で、大別当義真のもとに、小別当として名を列ねている。さて、本伝記は、最澄の一生をくわしく伝えており、その成立時期は、最澄滅後四年をくだらないとみられるから（福井康順「伝教大師生年考新議」注⑾、『伝教大師研究』正篇）、最澄の伝記としてもっとも早い成立であり、その記載に相当ていどの信頼をおくことができ、最澄の伝記の筆頭に位置されてきた。しかし、内容をこまかく検討してみると、㈠大同元年の円頓菩薩戒授戒会、㈡弘仁三年遺書、㈢空海との交際、㈣最澄の弟子たちの空海からの受法（最澄生前の）、㈤弘仁九年二月、一向大乗寺建立計画の五項ほどが、その記載をまったく欠いているのである。その特徴を、あるいは空海からの密教受法に重点をおいてみると、空海のもとにはしった泰範を総別当に任じた㈡の弘仁三年遺書や、最澄の命で光定、泰範、円澄らが空海のもとで密教の受学をし、比叡山の天台宗年分学生のうち、『大日経』研究を専攻する遮那業学生の指導体制を確立しようとした㈣の件などが関連して、故意に記述が避けられたかのようにみえ、仲尾俊博『「山家学生式」序説』などに、偏狭な宗団意識のしからしむるところであると批判される。しかし、㈠㈤などの点を含めて共通点をさぐってみると、その㈠～㈤のいずれもが、最澄を嗣ぐことになった義真とかかわりのないことがらばかりであり、この『叡山大師伝』は、最澄の後継をあらそった義真と円澄のうち、義真がかかわり、義真が後継者として正統であり必然的であることを打ちだそうとする意図で編まれている（木内堯央「『叡山大師伝』撰述の意図」大正大学研究紀要六八輯）。異本とその成立については、仲尾前掲書所載中西随功『叡山大師伝』（石山寺本）「(a)『叡山大師伝』諸本概説」にくわしい。重文石山寺所蔵本、仁平二（一一五二）年行智写本系の京大人文研所蔵延宝二（一六七四）年丹州写本、宝永三（一七〇六）藤原武済写山口光円所蔵本があり、刊本では、『叡岳四大師伝』巻一、『伝教大師全集』旧版別巻、新版第五、日本大蔵経天台宗顕教章疏二、続群書類従八輯、史籍集覧十二冊、本多綱祐『訳注叡山大師伝』。〔小方文憲〕

叡川義方【えいせんぎほう】因　一巻。良堪（江戸後期）抄出。江戸中期成立。本書は義空撰『古実雑録』三巻から良堪が古実要領を抄出した書。『古実雑録』が元来論義初心者のための書らしく、本書はさらに簡便に編し、五明、九宗（六宗に真言、天台、禅宗を指す）の概説を付加した書で、論義作法心得ともいえる内容であり、和訳『台宗二百題』付録と対照できる。〔所載〕天全20。――→探題古実記〔野本覚成〕

永祖略録蛇足【えいそりゃくろくだそく】曹　一巻。父幼老卵（一七二四―一八〇五）撰。延享三（一七四六）年ころ成立。老卵は天桂伝尊（一六四八―一七三五）の孫弟子無廓鉄文（？―一七七一）の弟子で、天桂の『正法眼蔵弁註』を祖述し私注を施した『正法眼蔵那一宝』（二二巻・寛政三年刊）を著わした江戸期洞門の宗学者。『蛇足』は『道元和尚広録』一〇巻を一巻に抄録した『道元禅師語録』（『略録』と称す）の注解書。本書は天桂の所撰とするが、巻初に「始祖老漢提唱ノ時ノ考、則々ノ下、著語ニ依テ二三子ノ為ニ弁解シ記スル也」とあるからして、天桂の提唱・著語を基として本文の正義を注解したもので、老卵の撰述とみられる。『略録』注解書の中では平易にして簡に要を得たもので、好個の注解といえる。写本として伝わり、旭伝院内、岸沢文庫に所蔵される。〔所載〕曹全（注解3）。〔河村孝道〕

永平和尚安心要訣【えいへいおしょうあんじんようけつ】曹　一巻。成立年代不明。本書は洞下の室中の秘法の書であって、前半は、道元が在宋中如浄より伝えられたものであり、如浄のことばどおり寒巌義尹にのみ伝えられたとする。後半は、道元が天童山の表卒寮の月宗西堂に参じ、問答を交わした記録を付与されたものを、さらに義尹に付与したとする。駒大所蔵本は、静岡県最福寺所蔵の慶長四（一五九九）年書写本の再写本である。〔伊藤秀憲〕

永平和尚業識図【えいへいおしょうごっしきず】曹　一巻。道元に擬した偽撰の書で、丹山隠子、毒海宗性なる者の作と伝える。承応二（一六五三）年刊。天桂（『正法眼蔵弁註凡例』）・面山（『訂補建撕記』）ともに批判、破斥している。人びとの心源たる常住の仏性三昧に遊戯せしめんために、仏性を障礙する業識を集めて一巻の画図となして初心の人に示す意図に発する著述で、第一依儒教行孝悌篇、第二依道教離情欲篇、第三依二乗離生死篇、第四依十地入仏教篇、第五依正覚出魔境篇、第六依成仏定法界篇、第七依遺教論仏乗篇、第八依般若顕仏性篇、第九依教内示禅法篇、第十依教外立宗門篇よりなり、各篇末ごとに一篇の大要を七言絶句体に要約し、和歌を添えて総結している。三教一致論的説相や階次的修証観は道元の説とは全く乖離している。〔所載〕続曹全（宗源補遺）。〔河村孝道〕

永平開山御遺言記録【えいへいかいさんごゆいごんきろく】曹　一巻。道元（一二〇〇―五三）述、徹通義介（一二一九―一三〇九）編。『御遺言記録』ともいい、内容から『永平室中聞書』ともいわれる。道元の入滅直前の遺誡等を義介が記録したという体裁をとっているが、道元の遺誡の部分と、義介が懐奘から法を伝付される経過の部分とからなっており、『永平室中聞書』という書名は後半部分に重点をおいてつけられたものである。前段は、建長五（一二五三）年四月二七日における、達磨宗懐鑒所伝の嗣書についての義介に対する道元の質問と示衆にはじまり、同年八月六日、道元の病気療養のための上洛の途次、脇本御旅宿における義介との別れと、その際の道元の遺誡までで、これが『御遺言記録』と呼ばれる本書の主要部分である。後半は、懐奘と義介の室内嗣法に関する記録で、建長七（一二五五）年二月一三日の子のときから翌一四日の粥罷にいたる両師の問答や伝法の儀軌の次第が詳細に記録されている。本書の伝本は一〇種ほど知られているが、それらはすべて寒巌義尹が懐奘の許しをえて所持していたものを、嘉暦元（一三二六）年に大智が書写したテキストを原本としており、伝承の過程に問題が残されている。内容的には義介が中心にえがかれており、歴史史料としては無批判にもちいることができない部分もあるが、道元直後の永平寺僧団に関する重要な伝承も含んでいると見られる。〔所載〕道元全下、曹全（宗源下）。〔石川力山〕

永平開山道元和尚行録【えいへいかいさんどうげんおしょうあんろく】曹→道元和尚行録【どうげんおしょうあんろく】

永平開山道元禅師行状【えいへいかいさんどうげんぜんじぎょうじょう】曹→建撕記【けんぜいき】

永平開山道元大和尚仮名法語【えいへいかいさんどうげんだいおしょうかなほうご】曹→道元和尚仮名法語【どうげんおしょうかなほうご】

永平家訓綱要【えいへいかくんこうよう】曹　二巻。面山瑞方（一六八三―一七六九）撰。元文三（一七三八）年成立。略して『永平家訓』ともいう。面山は『正法眼蔵聞解』三巻を始めとして、『宏智禅師頌古称提』『僧堂清規』など、多数の著作、さらに一代の語録『面山和尚広録』二六巻を遺す。江戸時代の曹洞宗学の第一人者である。本書は、当時の曹洞において、永平（道元）の祖道の失墜するを慨嘆した面山が、『永平広録』のなかから、修行の綱要となる語を抜萃して八章としたもの。⑴発心出家訓、⑵仏祖正宗訓、⑶諦信因果訓、⑷通達修証訓、⑸揀弁邪見訓、⑹正伝三昧訓、⑺格外玄旨訓、⑻知恩報恩訓よりなる。正発心してより、弁道精進して、最後の父母の恩、祖師の恩に報ゆべきまで、そのいちいちが、修行をするうえで邪解におちいりやすい部分である。面山は、遠孫がこれらの諸点に注意しつつ学道に励むなら、必ずや祖道が悠久たるものになろうとしている。なお面山には、みずから本書に注を付した『永平家訓典嚢』二巻がある。〔所載〕続曹全（法語）。〔永井政之〕

永平紀年録【えいへいきねんろく】曹→永平仏法道元禅師紀年録【えいへいぶっぽうどうげんぜんじきねんろく】

永平教授戒文鈔源攴【えいへいきょうじゅかいもんしょうげんぼく】曹　一巻。万仭道坦（一六九八―一七七五）撰。宝暦二（一七五二）年成立。『禅戒鈔』の著者である万仭が、道元の『教授戒文』とその鈔を挙げて、三帰戒、三聚浄戒、十重禁戒の十六条戒について、おのおの詳細な注解をほどこしたものである。道坦の自序がはじめに付される。写本を駒大に蔵する。→永平教授戒文〔佐々木章格〕

永平教授戒文略弁【えいへいきょうじゅかいもんりゃくべん】曹　一巻。本秀幽蘭（？―一八四七）集。道元が如浄より伝承された禅戒（三帰戒、三聚浄戒、十重禁戒）の十六条戒を明らかにした『教授戒文』を、万仭道坦の『仏祖正伝禅戒鈔』、指月慧印の『禅戒篇』、面山瑞方の『若州永福和尚説戒』などの諸説を引用して注釈したものである。『梵網経』や『菩薩瓔珞経』などの戒学書も取りあげられ、平易な注釈書である。〔川口高風〕

永平元禅師行状伝聞記【えいへいげんぜんじぎょうじょうでんぶんき】曹　二巻。文化二（一八〇五）年刊。著者明記なし。道元の生涯を、上下二巻七項ずつに表題を掲げて物語的に述べたもので、種々の伝説を集成して興味を湧かせるように綴られている。史実としては多くの誤謬もあるが、広く在俗の人に道元の生涯を知らしめようとすることに重点を置いた物語的伝記である。〔所載〕曹全（史伝下）。〔河村孝道〕

永平高祖行状記【えいへいこうそぎょうじょうき】曹　二巻。瑞岡珍牛（一七四三―一八二二）。文化五（一八〇九）年刊。

かつて珍牛その他により、面山瑞方訂補の『建撕記』（けんぜいき）に図絵を挿入し刊行した『訂補建撕記図会』（二巻）に準拠して、より広く世人に道元の偉徳・行状を平易に伝え知らしむべく、浪華（大阪）法華寺に在住中に、平仮名による行状記詞と図絵とをもって法華寺蔵版として刊行した折本型の行状記。図絵は法橋中和によるもの。後に行状記の版木は寂室堅光（?—一八三〇）の法華寺住山中に永平寺に寄進されたが散失したため、昭和に至って吉祥山蔵版として翻刻刊行されて広く流布した。〔所載〕曹全（史伝下）。——→建撕記　〔河村孝道〕

永平高祖年譜偈註解訂議【えいへいこうそねんぷげちゅうかいていぎ】曹　一巻。智顔白逢、明和五（一七六八）年自筆本。白逢が面山瑞方撰『永平祖師年譜偈』における失考十余カ条を指摘し、考証注解して明和二（一七六五）年に刊行した『永平高祖年譜偈註解』に、さらに漢文体により詳細な注解と訂正・論議を加えたもの。末尾に「高祖伝記目次」「永平高祖譜系」「永平寺開基義重考」「本祖道正考」、明和元年刊行の「国朝二十四流稽疑」等について述べている。自筆本は駒大図蔵。〔所載〕続曹全（注解1）。〔河村孝道〕

永平広録鈔【えいへいこうろくしょう】曹　一〇巻。斧山玄鈯撰、一説面山瑞方撰。『永平広録聞解』ともいう。道元一代の語録を集成した『永平広録』（一〇巻）の講述注解の筆録で、片仮名文。写本として伝わり、静岡県旭伝院内岸沢文庫所蔵の古知知常校訂本と、駒大本とが存し、後に刊行された。〔所載〕永平広録註解全書、続曹全（注解1）。〔河村孝道〕

永平寺三祖行業記【えいへいじさんそぎょうごうき】曹　一巻。著者明記なし。成立年代は不明だが、一般に室町時代とされている。略して『三祖行業記』。永平寺の開山初祖道元（一二〇〇—五三）、同寺二祖孤雲懐奘（一一九八—一二八〇）、同寺三祖徹通義介（一二一九—一三〇九）の略伝をまとめて一巻とした。それぞれの出自、業績、門弟、開創寺院、遺偈などを記すが、要するにこの三祖の系脈こそ、わが国に単伝された仏法の源流であり、正統派であることを強調するところに、本書を編録した狙いと特徴がある。したがって、たんなる永平寺三祖の行業を羅列的に集記したものではない。しかし、道元、懐奘、義介の伝記としては、宗門では最古の成立に属する史料として貴重である。漢文体。なお、別に『永平寺三祖行業記』と名づける写本が伝わっている（石川県小間一氏、駒大所蔵）。本書の道元の伝記の部分は、『三祖行業記』、『元祖孤雲徹通三大尊行状記』（略して『三大尊行状記』）と同系統の本文内容であり、懐奘伝、義介伝は、瑩山紹瑾（一二六八〈六四〉—一三二五）撰、『洞谷記』所収『洞谷伝燈院五老悟則并行業略記』中のそれと同じである。元亨三（一三二三）年九月一三日、瑩山が撰述したという奥書があり、末尾に建長元（一二四九）年の道元の遺言（『建撕記』所収と同旨）が掲げられている。〔所載〕曹全（史伝上）。〔東　隆眞〕

永平小清規【えいへいしょうしんぎ】曹　三巻。玄透即中（一七二九—一八〇七）編。文化二（一八〇五）年刊。道元の『永平清規』を骨子に『禅苑清規』『勅修百丈清規』『幻住庵清規』『瑩山清規』等を参酌して編んだという。しかし多く面山（一六八三—一七六九）の『僧堂清規行法鈔』ならびに『同考訂別録』が参考されている。上巻には日資（日分行事）と月進（月分行事）、中巻には年規（年分行事）、下巻には、諸行事の疏語・図説・考証と付録として初心者のための基本作法「新学須知」等が掲げられている。本書の補遺として『永平小清規翼』（黄泉無著）があり、天保九（一八三八）年に合刻刊行された。〔所載〕曹全（清規）。〔小坂機融〕

永平清規【えいへいしんぎ】曹　二巻。道元（一二〇〇—五三）著。嘉禎三—宝治三（一二三七—四九）年の間に六篇が個別に成立、それぞれ伝写されて来たものを寛文七（一六六七）年、光紹智堂（永平寺三〇世、?—一六七〇）が編集刊行、寛政六（一七九四）年、玄透即中（一七二九—一八〇七）が校訂冠注を施して再刊。詳しくは『日域曹洞初祖道元禅師清規』といい、別に『永平大清規』ともいう。

道元が入宋伝法沙門の自覚の下に自らが究尽した正法の開示に当って、最も重要な行の真偽を明かす一貫として叢林における修道の意義と作法とを説いたもので、漢文体で書かれた六篇を編集したものである。すなわち、第一の「典座教訓」（てんぞきょうくん）は、嘉禎三年春、興聖寺（京都）において、修道者に食事を供給する典座職の四六時中の具体的作務と心術について詳述したもの。第二の「弁道法」は、大仏寺（福井県）において寛元二—四（一二四四—四六）年の撰述で、衆僧の修道生活の基盤である僧堂における一日一夜の間隙なき弁道（黄昏坐禅、開枕睡臥法、後夜坐禅、洗面、換直綴、開静、搭袈裟、喫粥、喫茶湯、早晨坐禅、緩歩法、晡時坐禅、坐禅儀、放参法等）について説き、その実修がそのまま仏々祖々の道法実証にほかならないことを示したもの。第三の「赴粥飯法」は、永平寺において食法（朝粥・昼飯）について、その普遍的意義と受用の具体的作法とを説いたもの。第四の「衆寮箴規」は、永平寺において宝治三（一二四九）年正月に記され、これより毎月一・一一・二一日に寮首座が読むこととなったもので、修行僧の古教照心の道場である衆寮を中心にする万般の行儀用心を二八項目に亘って示したもの。第五の「対大己五夏闍梨法」は、寛元二（一二四四）年三月二一日、吉峰寺における示衆で、叢林に夏安居を五回以上つとめた長老（阿闍梨）に対する後学者の作法・心得六二条を南山道宣（五九六—六六七）述と伝えられる『教誡新学比丘行護律儀』から編述したもの。第六の「知事清規」は、寛元四（一二四六）年六月一五日、永平寺においてこの叢林の充実を期して撰述されたもので、現在永平寺に文亀二（一五〇二）年光周（一四三四―九二）書写本が伝わっている。その内容は、前半部分に仏典あるいは灯史類の上で、知事ないし頭首の役にあって優れた足跡を遺した人士を上げて、各々の職における仏道の在り方を示し、後半に『禅苑清規』の監院、維那、典座、直歳の四知事の項を引用し、各知事の基本的職掌を示し、それぞれについてその意義と正しい在り方を懇切に説いたものである。

〔末注〕徳巌養存・永平衆寮箴規然犀、面山瑞方の典座教訓聞解・吉祥山永平寺衆寮箴規聞解・対大己法聞解、瞎道本光の略述赴粥飯法（写本）・衆寮箴規求寂参・対大己法求寂参。〔所載〕曹全（宗源上）、道元全下、正蔵82。〔参考〕道元禅師清規（岩波文庫）。〔小坂機融〕

永平祖師得度略作法【えいへいそしとくどりゃくさほう】曹　一巻。道元（一二〇〇―五三）撰。嘉禎三（一二三七）年成立。在家の男女が出家して仏道を求めるにあたって、まず剃髪を行い、次に坐具、衣鉢を与え、戒法などを授ける儀礼の作法を記したものである。原本はないが、各地に書写して伝承する諸本を校合して、江戸時代に面山瑞方（一六八三―一七六九）が、この表題に統一して、木版に付した。漢文体。〔所載〕曹全（宗源下）。〔東　隆眞〕

永平道元禅師語録【えいへいどうげんぜんじごろく】曹　一巻。道元撰。延文三（一三五八）年刊。『永平広録』に対して、その中から摘録して一巻としたことから『略録』ともいう。『広録』の中から興聖寺、永平寺における上堂語のほか、小参、法語、普勧坐禅儀、坐禅箴、自賛、偈頌を抄録したもの。道元寂後、文永元（一二六四）年に寒巌義尹（一二一七―一三〇〇）が『広録』一〇巻を携えて渡宋し、道元の法兄無外義遠に供覧せしむるに、一巻に再編す。義遠、退耕徳寧、虚堂智愚より序跋を需めて文永四年に持参帰国し、それより九〇年後の延文三年に曇希（永平寺六世・宝慶寺三世。?―一三五〇）が開版した。〔所載〕曹全（宗源下）。〔河村孝道〕

永平秘密頂王三昧記【えいへいひみつちょうおうざんまいき】曹　一巻。義雲（一二五三―一三三三）編。『永平頂王三昧記』『頂王三昧記』ともいう。「世尊拈華」をはじめとする五三則の公案を拈提したもので、まず本則を挙げ、「先老拈云」として拈提の語を載せ、次いで語釈を行い、「乃云」として編者自身の拈語を掲げている。編者が永平寺五世の義雲であるなら、先老はその師の寂円ということになり、曹洞教団初期の公案拈提集という貴重な宗典資料ということになる。しかし冒頭に掲げられた義雲撰述とされる「越州吉祥山永平寺秘密頂王三昧記序」は、形式的には四六文の体裁をなしているが、平仄などまったく無視されており、他の義雲の撰述と比較して見ても同一人の作とは思われない、明らかに偽撰の序文であり、本書は内容的には義雲に託して編述された中世公案集の一本である。中世曹洞宗における実際の修道生活は、道元の只管打坐の禅風と異なり、臨済宗と同様に公案話頭を拈提する看話工夫の禅が一般的風潮であった。この公案の参得のための手引書が多数つくられたが、これを臨済宗では密参録あるいは密参覚帳というのに対し、曹洞宗では門参、本参、秘参等という。この手引書には、入室参禅問答の方法をそのまま記した仮名書きのものと、内容を解説した漢文体のものとが二種類あるが、本書は漢文体の門参のひとつで、丹波永沢寺の室中に伝承されたものである。最古の写本は元和五（一六一九）年書写の駒大所蔵本であるが、伝本はきわめて少ない。〔所載〕続曹全（注解2）。〔石川力山〕

永平仏法道元禅師紀年録【えいへいぶっぽうどうげんぜんじきねんろく】曹　一巻。大了愚門撰。延宝六（一六七八）年跋、元禄二（一六八九）年刊。愚門（?―一六八七）が永平寺三二世として住山中に古篋より発見した道元の「年譜」を基に、道元一代の伝記を編年体に編集し、改作補添したもの。〔所載〕曹全（史伝下）。〔河村孝道〕

慧極禅師語録【えごくぜんじごろく】臨　四巻。慧極道明（?―一七二一）撰。元鶴等編。元禄四（一六九一）年刊。道明は長門の人で号は慧極。木菴性瑫に師事し、門下の三傑と称され、鉄牛道機の法を嗣いだ。本書は、法雲寺、献珠寺、瑞聖寺の上堂語と小参、頌古、源流頌、法語、題賛、偈頌などを収録したもので、別に「瑞聖慧極禅師詩偈」一巻が加えられている。〔所蔵〕駒大。〔参考〕禅学大辞典上。〔鷲阪宗演〕

恵信尼消息【えしんにしょうそく】浄真　一巻。恵信尼（一一八二―?）筆。建長八（一二五六）年二通、弘長三―文永五（一二六三―六八）年八通成立。『恵信尼文書』ともいう。親鸞の妻恵信尼について、実在を疑うところはないが、古来二説ある。一つは顕誓が永禄一一（一五六八）年に著わした『反古裏書』にあるように、恵信尼を九条兼実の娘玉日とし、夫の流罪後も関東で生活をともにしたと伝えるもの。いま一つは空善等の『山科連署記』などにより玉日は親鸞流罪後京都で没し、常陸真岡城主兵部大輔三善為教の娘朝姫を恵信尼とするもの。しかし両説とも対外的弁護の説とみられる。本消息から出生地は越後であり、承元四（一二一〇）年以前、親鸞が越後流罪中に結婚したと思われる。消息一〇通は末娘の覚信尼へ宛てたもので「わうごぜん」「わかさどの」という宛名になっている。初めの二通は越後に住んでいた恵信尼が下人を上洛させて手渡したこと、次四通は親鸞入寂について覚信尼から消息を受け慕情をのべ、あと四通は近況が記してある。文永五（一二六八）年三月一二日付が最後となり、その後逝去したとみられる。みずからを多く語らなかった親鸞の足跡をたどる重要文献となる。他に『大経』巻上の六四行の音韻を平仮名で記したものが一通加わる。大正一〇（一九二一）年本願寺倉庫古文書を調査していた執行所用係鷲尾教導によってたまたま発見された。〔所載〕定親全。〔参考〕鷲尾教導・恵信尼文書の研究。

〔本多静芳〕

悦山禅師語録【えっさんぜんじごろく】[臨]

四巻。悦山道宗（一六二九ー一七〇九）著、禅岩元密編。内題『悦山禅師住摂津州南岳山舎利禅寺語録』。延宝五（一六七七）年南源性派、貞享四（一六八七）年高泉性潡序。内容は、巻首、序文二、請疏、巻一、上堂。巻二、小参、示衆、頌古、機縁、法語。巻三、仏祖讃、題跋、銘、行実。巻四、序、記、書啓、祭文、疏、引、小仏事。なお『南岳悦山禅師語録』一巻、『黄檗悦山禅師語録』四巻、詩偈集に『慈福集』一巻、『谷雲集』六巻がある。版本を黄檗蔵。

〔大槻幹郎〕

悦峰禅師語録【えっぽうぜんじごろく】[臨]

三巻。悦峰道章（一六五五ー一七三四）著、雷音元博編。康熙四九（一七一〇）年毛奇齢序。内容は、巻首、黄檗第八代住持の山門請疏、法眷疏、同門疏。巻一・二、黄檗山万福寺進山より退院の上堂。巻三は内題「甲州竜華山永慶禅寺語録」で、黄檗在山中甲州侯柳沢吉保に開山に請われ、吉保の没するまでの上堂、薦偈等および仏事法語に夫人真光院と吉保永慶寺殿の対霊・封壙法語がある。版本を駒大、黄檗蔵。

〔大槻幹郎〕

円融仏意集【えにゅうぶっちしゅう】[天]

一巻。覚超（九六〇ー一〇三四）記。成立年代不明。本書は天台円融の教義を説いたものである。約一三五〇字ほどの短編であるが、覚超の教学の一端を知る上で重要なものである。本書では最初に円融とは大覚の心源なりと説き、その源は介爾一念の心即空即仮即中であるとして、竜樹の『中論』の文を引証し、空仮中三諦を明かす。そして円融法界や円融仏の意義を論じる。〔所載〕仏全(鈴)41。

〔多田孝正〕

依憑天台集【えひょうてんだいしゅう】[天]

一巻。最澄（七六六ー八二二）撰。弘仁四（八一三）年成立。正式には『大唐新羅諸宗義匠依憑天台義集』という。本書は大唐、新羅における多くの学匠が、天台の教義を拠り所にしていることを、それらの典籍中より列挙して、天台の優越性を示そうとしたものである。本文は一三章より構成される。第一、律宗道宣が天台・章安両大師伝を造れる事。第二、三論宗吉蔵が天台の五重玄義に依り『仁王経疏』二巻を造れる事。第三、法相宗智周が五重玄義に依り『菩薩戒経疏』五巻を造れる事。第四、同良賁が天台に依り『仁王経』を判ぜる事。第五、華厳宗法蔵が天台義に依り華厳義等二三巻を造れる事。第六、同恵苑が法蔵所立の義は天台義の影響と判ぜる事。第七、同李通玄が天台位を判じ華厳会釈一四巻を造れる事。第八、同澄観が天台義を理智円満と判ぜる事。第九、新羅華厳宗元暁が天台の徳を讃ぜる事。第一〇、真言宗一行が天台の三徳に同ぜる事。第一一、仏頂宗惟懿が天台義を引き疏を造れる事。第一二、天竺の名僧が大唐の天台の教迹を渇仰せる事。第一三、天台大師の法鼓天竺に振う事。以上一三章で、各学匠が天台義を依用、重視している事を述べ、天台が他宗より優る点を顕示するものである。なお本書は弘仁四（八一三）年九月一日に著作され、後の弘仁七（八一六）年に至って序文が付加されたと見られる。〔所載〕伝全3、日蔵77。

〔多田孝正〕

慧林禅師語録【えりんぜんじごろく】[臨]

六巻。慧林性機（一六〇九ー八一）著。別伝道経ほか編。天和元（一六八一）年高泉性潡序、元禄一六（一七〇三）年別伝跋。巻一、「慧林禅師住摂州摩耶山仏日禅寺語録」。巻二、「慧林禅師住山城州黄檗山万福禅寺語録」。巻三以下「慧林禅師語録」で、巻三、小参、拈古、頌古、法語、機縁。巻四、讃、仏事、書問。巻五、詩偈。巻六、詩偈、雑録である。ほかに『仏日慧林禅師語録』一巻および一〇巻、『仏日慧林禅師滄浪声』二巻。『慧林和尚耶山集』三巻等がある。版本を黄檗蔵。

〔大槻幹郎〕

円戒啓蒙【えんかいけいもう】[浄]

一巻。伝通院大玄（一六八〇ー一七五六）撰。伝通院住持時の著作であり、寛延四ー宝暦三（一七五一ー五三）年ころ成立。浄土宗の円頓戒相承の要項を述べたもので、天台と浄土の戒法の相違点、戒は念仏の障とならないこと等を五一章に分けて説く。浄土宗の円頓戒とくに如法羯磨の衰頽が含岌に始まること、その復興は布薩戒と両立することなど示唆に富む見解が示されるが、増上寺転住後の『円布顕正記』よりも控えた説である。〔所載〕仏全72、浄全続12。

〔鈴木霊俊〕

円戒十要【えんかいじゅうよう】[天]

一〇巻。亮碩（一七六〇ー九二）述。亮碩は苓通といい京都の出身。園城寺亮恭について得度。密教を学び一八歳で天台三大部を再度読破し、比叡山双厳院に学び、のち顕道をしたい出雲に行き、帰って法華入疏を講ず。師の円戒に関する十書、北嶺三式汲海鈔、一乗比丘戒論、梵網宗五支十戒釈、十義沙弥戒論、大乗九衆戒義、梵網宗海戒体義、梵網宗待絶二妙論、回小向大正義決、久修業章、別教戒義を収む。〔所載〕天全8。

〔木内堯央〕

厭求上人行状記【えんぐしょうにんぎょうじょうき】[浄]

一巻。祐山（生没年不詳）撰・宅亮訳。正徳四（一七一四）年成立。真蓮社広誉心阿貞憶（一六三三ー一七一五）の伝記。貞憶はのちに名を厭求と改めたため、この題名となっている。厭求の弟子祐山により、もと漢文体で書かれたものを、宅亮が明和五（一七六八）年に和文体に改めた。誕生より、出家・民衆教化・隠遁などについて記す。〔所載〕文化二年刊本、浄全18。

〔坂上雅翁〕

円光大師行状画図翼賛【えんこうだいしぎょうじょうがずよくさん】[浄]

六〇巻。円智（一六六三ー八六）述。義山（一六四八〈四七〉ー一七一七）重修。元禄一六（一七〇三）年成立。『円光大師行状翼賛』『法然上人行状絵（画）図翼賛』『翼賛』ともいう。義山、円智が師僧聞証の命によって、『法然上人行状絵（画）図』四八巻の内容について、細部にわたる考証、注釈を施したもの。義山は考証を担当し、円智は文義を釈した。全編の完成まで一七年間（貞享三ー元禄一六）を費しているが、途中円智、聞証が相次いで入寂したため、義山が単独で完成させたものである。全編は事義、地理、寺院、人物、書目の五項に分かれる。事義とは『四十八巻伝』の逐文釈で、これが第一―四八巻にあたる。以下、伝中に現われた地理（四九巻）、寺院（五〇―五二巻）、人物（五三―五九巻）、書目（六〇巻）の注釈であるが、人物については、これを帝王、公家、武家、婦女、僧尼、士庶に細分している。本書は、訓詁考証的な傾向を有し、とくに義山の実地踏査をふまえた論証が注目されるのであるが、しかしその一方で、護教意識が強く表われており、源空の伝記類のうち他流に属するものは改変してもちいている、などの特色が見られる。〔所蔵〕寛永元刊（正大）、宝永元刊（正大）、元禄一六刊（竜大）。〔所載〕浄全16。〔参考〕仏解、浄全、浄全（解題）、浄大。　〔阿川文正〕

円極実義抄【えんごくじつぎしょう】日　二巻。著者については、山梨県常在寺所蔵の下巻の題下に「日弁記」とあり、奥書に「本門寺沙門天目集記」とあることから、古来、日弁、天目の両説がある。いまは『日蓮教団全史上』に従って日弁（一二三九―一三一一）著としておく。日弁は日蓮の直弟子で中老僧の一人に数えられる。日蓮没後、日興のもとを離れて天目とともに本迹勝劣義を主張した。本書は爾前の円、迹門の円、本門の円を相対して、開迹顕本によって説き明かされた本門真実の極円が、日蓮の本義だと主張し、方便品不読誦を立て、他の老僧を批判したものである。教学史上、本迹勝劣義を著わした書として注目に値する。写本は下巻のみ山梨県常在寺所蔵。〔所載〕日宗全1（上聖部）。　〔北川前肇〕

延山宝物目録【えんざんほうもつもくろく】日　一巻。身延山久遠寺二一世日乾（一五六〇―一六三五）著。慶長八（一六〇三）年一〇月一五日に成立。現存する身延山の霊宝目録としては最古のものである。日蓮の本尊と遺文との順に記されるが、特に遺文については、文章の始終や紙数行数を始め、欠損の個所は切取または破損の形状まで記され、明治八（一八七五）年の大火により正本を焼失した現在、その実状を知るに貴重な史料である。身延山久遠寺身延文庫に所蔵される。　〔林是晉〕

延山宝物目録【えんざんほうもつもくろく】日　一巻。身延山二八世日奠（一六〇一―六七）著。身延山の所蔵する宝物の目録。二種の目録が合本されており、最初のものは慶長一〇（一六〇五）年成立の身延二二世日遠のものを万治二（一六五九）年霜月一五日に書写したものである。次いで翌三年一二月朔日に改めて、日蓮の本尊・遺文、歴代本尊、経典、書画その他を記録しなおしている。身延山久遠寺身延文庫に所蔵される。〔林是晉〕

延山宝物目録【えんざんほうもつもくろく】日　一巻。身延山二九世日莚（一六〇九―八一）著。寛文一二（一六七二）年成立。身延の所蔵する日蓮遺文と日蓮書写の聖教類は、寛文一〇年から同一二年にかけて修復がなされ、遺文は巻本九六巻に、聖教類は綴本三六冊に改められたが、そのことにより新たに誌された目録。なお寛文八年九月の成立にかかる仏具宝財等の日莚代奉納目録も合本される。身延山久遠寺身延文庫に所蔵される。　〔林是晉〕

塩山和泥合水集【えんざんわでいがっすいしゅう】臨　三巻。抜隊得勝（ばっすいとくしょう、一三二七―八七）説。得勝の存命中に随侍の僧（一説では通方明道）が編集し、至徳三（一三八六）年刊行した。略して『和泥合水集』ともいう。下巻末の明道（得勝の法嗣）の跋文に刊行の因縁が示されている。

抜隊得勝は相模中村郷の出身、姓は藤原氏で、鎌倉末期から南北朝にかけて活躍した禅者である。幼時に父を失い宗教的な懐疑をもつ。二九歳で治福寺の応衡和尚のもとで出家、鎌倉の肯山聞悟（大覚派）などの関東の諸師に参じ、のち心地覚心の会下である出雲雲樹寺の孤峯覚明のもとで開悟、法灯系の禅を継承した。さらに永源寺の寂室元光や曹洞の宗匠である総持寺の峨山韶（紹）碩を訪れたり、東海地方を巡歴し、晩年、塩山向嶽庵を開創（一三八〇）して禅風を揚げ、至徳四（一三八七）年二月、六一歳で示寂した。著として語録、遺誡、行録など六巻、ほかに仮名法語がある。のち慧光大円大師と諡された。

本書は臨済宗向嶽寺の開山である得勝が塩山の向嶽庵に住して、僧尼や道俗の禅についての疑問に答えて説示したときの法語で、原文は漢字まじりの仮名書き文である。当時、本書の転写の希望が増して、その労を省くことや、筆受の誤りから本旨を失うのを恐れて定本が要請された。得勝にその刊行と首題を求めると「和泥合水の野語」（泥水まみれのつまらぬ語）であるが人の為ならばと内諾を得た。和泥合水とは禅語として、慈悲をもって衆生に同化し済度する意味であり、その趣旨を汲んで題名となった。

本書の内容は、連続した問答とそこに関連派生した師の説示で展開している。上巻ではまず、禅の本質に関する問題提起がある。禅は教外の別伝、文字を立てずというが、師を訪ね道を問い、語録を読んで公案に参究することと矛盾しないかと問う。これに答えて、他人の力によらず自心が仏であり禅である。その自己の真性を徹見せよと、臨済その他の祖師を例示して理解させる。見性成仏が指導の根本で、六波羅蜜もこれ以外でなく、六神通もこの一性の霊妙な効用であると説く。中巻では浄土の所在、念仏と即心即仏などの問答から出発する。下巻では正見と邪見との相違、修道上の心構えが説かれ、最後に無心をも透過した境地に説き及ぶ。全体を通じての懇切な教示は多くの読者を得て、普及した。この書は仮名法語の代表的な作品であり、『抜隊仮名法語』と併せて読むべきである。

原本の所蔵は、至徳三年版が細川家蔵本、旧黒川家蔵本（下巻のみ日大綜合図書館所蔵）として遺存、版木も向嶽寺に現存している。なお寛永三（一三八六）年刊の古活字本、慶安二（一六四九）年の刊本、また元禄版などがある。〔所載〕

禅法語上、禅法全4、禅学大系5（祖録部4）、抜隊禅師法語（鈴木大拙、古田紹欽共校）。〔参考〕仏解1、禅籍目録、古田紹欽・抜隊―日本禅語録11。〔小林圓照〕

円通院建立縁起【えんずういんこんりゅうえんぎ】曹 一巻。瑩山紹瑾（一二六八〈六四〉―一三二五）撰。紹瑾の著『洞谷記』に収録されて伝写されてきた。円通院は紹瑾の終焉の地である洞谷山永光寺の塔頭で、具名を勝蓮峯円通院という。本書は元亨二（一三二二）年六月一八日に円通院を建立し、本尊に悲母懐観大姉一生頂戴の十一面観音を勧請し、院主に永光寺の檀越で、弟子となった黙譜祖忍尼を任命したことをのべている。この縁起のうちで特筆すべき点は、第一に本尊十一面観音の由緒にふれていること、第二に紹瑾自身の出生譚などを述懐していることである。本尊の由緒によれば、紹瑾の悲母懐観大姉が一八歳のとき、その母、すなわち祖母と生き別れになり七、八年の間、行方不明であった。母が清水寺に参詣の路次で十一面観音の頭部を拾い、もしわが母に遇わしめば御身を作り一生頂戴の本尊とせんと祈誓したところ、翌日母に再会することができた。かくて頭部に御身を継ぎ持仏としたというのである。第二点は悲母懐観が三七歳にして懐妊し、この本尊に、わが懐妊の子、人天に益ある子ならば産生平安ならしめよ、然らざれば胎内に朽失せしめよと祈誓して『観音経』を読誦し、越前国多禰観音堂の敷地で出産したこと、以来、万事にわたってこの本尊に祈誓して成育したこと、紹瑾一九歳のおり、瞋恚の増発せんとしたとき、悲母の祈念を想起して翻悔したことなど紹瑾の行状の一端にもふれている。そして本尊台座の右の底に紹瑾自身の生髪臍尾を白鑞筒に入れて安置し、尽未来際当山の鎮護、悲母弘誓度女の祈祷所、瑩山（紹瑾）弘法利生の祈禱所とする旨をのべている。〔所載〕常済全、曹全（宗源下）。――→洞谷記〔松田文雄〕

円通応用清規【えんずうおうようしんぎ】曹 一巻。玄透即中（一七二九―一八〇七）撰。寛政五（一七九三）年成立。本書は撰者が当時の祖師の風儀を失って明様瀟洒な風に染まっている状況を慨嘆し、古風の復古を目指して寛政三年に住した円通寺（岡山県倉敷市）において『永平大清規』および宋代・元代の古清規に基づいて、小叢林である円通寺に応用し、道元（一二〇〇―五三）の真風を発現する清規として著わされたもの。内容は僧堂日分行法、月分行法次第、年分行法と各種図版からなる。面山（一六八三―一七六九）の『僧堂清規行法鈔』によるところ大である。写本、東雲寺（三重県）所蔵。〔所載〕続曹全（清規）。〔小坂機融〕

円通松堂語録【えんずうしょうどうごろく】曹 五巻。松堂高盛（一四三一―一五〇五）撰。成立年代不明。松堂は曹洞宗の人で、静岡県円通院三世。数篇の上堂、示衆の語のほかは偈頌、賛、銘、悼、号、頌、拈香、下火などで構成されている。近年、下火の対象となった人びとを手掛りに、中世曹洞宗の地方伝播を研究する学者によって重視されている。〔所載〕曹全（語録1）。〔永井政之〕

円多羅義集【えんたらぎしゅう】因 二巻あるいは三巻。珍述（圓珍八一四―九一）。成立年代不明（証真の引用と本書奥書にて平安末期）。別に『授決円多羅義集唐決』ともいう。圓珍とするのは、内容からみて疑わしい。本書は圓珍撰『授決集』二巻と全同の五四条を立て、珍述とする序文は『授決集』序文（元慶八〈八八四〉年圓珍叙）に似せた粗文となっている。調巻の不同は二巻本の下が三巻本の中・下と相応一致する。本書は、『授決集』の注釈書として扱われるべき内容を記している。しかし『日蔵』『仏全』本間でも文章の出入り乱脱が見られ、叡山天海蔵写本では、裏書部分が各巻末に記されているので、元来軸本であった本文に表と裏に随時書き込まれた追加注があり、それを『日蔵』『仏全』本が相当個所に配当したことが知られる。しかも、この写本とも文の出入りが見られる。だが、肝心の内容はほとんどが偽書からの引用であり、顕密一致を目的とした口伝法流の者による秘伝書であったごとくである。ちなみに『道行寺書天台一尋集』『良和尚決』『林和尚決注』『天台法華本記』『一行阿闍梨理観抄』『不空三蔵理体集』等が引用される。本書の偽撰は、三井寺秘伝に対抗する意図があったと思われるのは、『授決談義日記』（寛元元〈一二四三〉年成立真如蔵写本）二巻にも引用されないからである。流布本は少ないが、日蓮直筆影印本（金沢文庫本）は貴重である。末注書は見られない。〔所載〕日蔵旧41・新80、仏全旧28・新38、智全下。〔参考〕日蔵、仏全解題ほか本文に記載。――→授決集〔野本覚成〕

圓珍入唐求法目録【えんちんにっとうぐほうもくろく】因 一巻。圓珍（八一四―九一）撰。天安元（八五七）年。『日本比丘圓珍入唐求法目録』『日本国上都比叡山延暦寺僧圓珍入唐求法目録』『日本国上都延暦寺僧圓珍求法目録』ともいう。圓珍は智証大師、天台宗祖。比叡山に登り義真に師事し、年分学生として密教を専攻し、仁寿三（八五三）年七月に太宰府を発って、天安二（八五八）年六月にふたたび太宰府に帰着するまで、唐にあって、福州、台州、温州、越州、蘇州、洛陽を経て、唐の大中九（八五五）年五月下旬長安に到った。以上福州では開元寺般若怛羅に、悉曇、大日、文殊、如意輪、七倶胝の印真言を、存式から四分律疏、法華疏を学ぶ。温州で仏典と道教の書、台州開元寺知建から維摩経、因明の注釈を得、国清寺で物外から天台法門を習う。長安では、圓仁も師事した青龍寺の法全について、胎蔵界、金剛界の潅頂をうけ阿闍梨位潅頂もうけている。また大興善寺智慧輪とは、胎金両界曼荼羅の口決を得たばかりでなく、帰国後も教学で示教を得た。帰途越州の良諝に再会、天台山にもどりここに二年滞在して帰国する。この目録は圓珍六年間の入唐求法の成果を盛った将来目録で、天台、密教、禅、外教にわたる経論章疏等三四一部七七二巻と梵夾法物等一七箇を列ねる。帰国に先立ち唐で整理記録されたもので、「巨唐大中十二年五月十五日」の日付をもつ。原本は園城寺蔵。〔所載〕正蔵55、仏全2、智証全4。　〔木内堯央〕

円頓戒儀秘聞書【えんどんかいぎひきがき】浄　一巻。仁空実導（一三〇九―八八）述。永徳元（一三八一）年成立。本書は叡山東塔北谷の浄行院で行われた授戒会において、本山義の実導が談じた十二門戒儀の講録で、円・密・戒・浄の四宗兼学の三鈷寺流円戒の理論と実践が十二門戒儀を通じて明かされている。古来、本山義のみならず西谷義、深草義の流派においても、伝戒の秘書として珍重されてきた。〔所載〕西山別3。　〔長谷川是修〕

圓頓三聚一心戒和解【えんどんさんじゅいっしんかいわげ】臨　一巻。明庵栄西（一一四一―一二一五）の『圓頓三聚一心戒』を孤峰覚明（一二七一―一三六一）が日本語で注釈したもの。従来、栄西述とするのはあやまりであり、『圓頓三聚一心戒』そのものも栄西作とは考え難い。元応二（一三二〇）年述。宝暦一一（一七六一）年刊。『圓頓一心戒和解』ともいう。覚明は臨済宗に属するが瑩山紹瑾に菩薩戒を受けており、禅戒における済洞一致の思想は後世に大きな影響を与えた。〔所蔵〕竜大。　〔沖本克己〕

閻浮集【えんぷしゅう】臨　二巻（または一巻）。鉄舟徳済（？―一三六六）撰。正平七（一三五二）年成立。鉄舟の道号、偈頌、七言八句、五言八句、贈答を収録した詩偈集。本書には錯簡が多く、続群書12―上所収本（正平七年東陵永璵跋）、正徳元年木活字本、宝永五年相国寺慈照院の別宗祖縁が祖会に書写せしめたもの（正蔵80）との三系統があり、加えて『鉄舟和尚語録』を相互に参照して補完せねばならぬ。詩は古林清茂の偈頌作法を伝承。　〔早苗憲生〕

延宝伝燈録【えんぽうでんとうろく】臨　四〇巻。（別に総目一巻を付す）卍元師蛮（一六二六―一七一〇）著。延宝六（一六七八）年完成。宝永三（一七〇六）年美濃盛徳寺にて板行。日本禅僧の伝記集。卍元はこの盛徳寺（臨済宗妙心寺派下）の住僧である。二二、三歳のころ（正保の末年か慶安の初年）から僧伝編纂の志を立て、各地に史料を求めて東奔西走、寛文九（一六六九）年妙心寺の東西軒に住して禅僧列伝の著述にとりかかり、九年の歳月を費して延宝六年これを完成した。中国の『景徳伝燈録』などの例に倣って『延宝伝燈録』と名づけられたが、本書編纂に当たって著者卍元がもっとも心がけたことは、中国より多元的に何回となく伝来した禅宗各派の伝燈嗣承をこの際明らかにすることと、悟の機縁の語句を収録することであった。このようにして記述された禅僧は都合一〇二三人。中国の伝燈録類の体裁にならい、自序・凡例・目録を首巻とし、巻一より三二まで、日本禅宗の伝燈法系順に世代を追って配列し、それぞれの行状・機縁の語句・問答・偈頌などを収録、それ以後に拾遺・他宗修禅僧・天皇皇后・相将居士の伝を収め、総員数では千百数十名に及んだ。巻三六以後は優れた禅僧の法語・拈古・頌古・雑著を収録する。日本禅宗史研究のためには欠くことのできない基本的な文献である。卍元はこの後さらに研鑽を重ねて、元禄一五（一七〇二）年『本朝高僧伝』七五巻の大著を完成している。〔所載〕仏全108～109。――→本朝高僧伝　〔加藤正俊〕

円門境観還源策【えんもんきょうかんげんげんさく】南　一巻。鳳潭（一六五七〈五四・五九〉―一七三八）述。正徳六（一七一六）年刊。天台宗の光謙と性慶との間で行われた観法をめぐる論争について、天台宗内部において決着がつかないことを歎き、円観の真意を明らかにしようとして著わされたもの。唯心観が初心・久学にわたる要の実践であることを主張し、知礼の教学を部分的に批判している。〔所蔵〕刊本を谷大、竜大他蔵。　〔木村清孝〕

延暦寺灌頂行事【えんりゃくじかんじょうぎょうじ】天　一巻。円仁（七九四―八六四）撰。本書は貞観元（八五九）年に小寺主の正豊から円仁に呈上されたものと、貞観八（八六六）年に安慧がその次第によって灌頂を修したという記録とからなるが、内容に矛盾するところもあって円仁撰とはいいがたい。なお『阿娑縛抄』にも収録されているが、それは後世の混入であろうと推測されている。〔所載〕仏全35、仏全(鈴)57、日蔵80。　〔水上文義〕

延暦寺禁制式【えんりゃくじきんせいしき】天　一巻。義真（七八一―八三三）等撰。天長元（八二四）年成立。撰者は宗祖伝教大師最澄の寂後、義真、円澄、仁忠が大師の遺誡にのっとって二二条式をつくったとするので三人ということになる。もって俗別当大伴国道と藤原三守が検し公布したものという。一五条、一七条のものもある。当山禅侶壊色衣服書等、衣・食・住、保安、風紀、方針等にわたる。『山家要略』に含まれる。〔所載〕日蔵（天台宗顕教章疏2）。　〔木内堯央〕

延暦寺護国縁起【えんりゃくじごこくえんぎ】天　三巻。著者明記なし。成立年代不明。『比叡山護国縁起』『比叡山延暦寺護国縁起』ともいう。本書は、比叡山の記録を取扱った記家の文献である。この性格の書物は鎌倉末以降さかんに記され、『山家要略記』『九院仏閣抄』『渓嵐拾葉集』などと関係し鎌倉末には成立しうる書。他に見られない記録などがあることから、比叡山や天台史研究上重視されるが、引用典籍が『山家要略記』等と同じく偽撰と思われる『扶桑明月集』『古語拾遺』『山家縁起本紀』『江記』等を引くなど、確実な記録とはいえない部分もある。上巻の日吉山王神に関する七条は、当時伊勢神道の興隆とともに増強された大比叡神（大和三輪神）と天皇すなわち国家との密接関係を、日吉大社の重要性として主張する護国思想が、最初におかれている。中巻の五条は桓武天皇勅許による鎮国道場、異国降伏霊場であることや、六所宝塔が住持仏法鎮護国家であること、下巻六条は天台真言禅宗三宗相承していること、比叡山真言宗は正統嫡流で東寺真言宗を傍とし、空海は最澄授法弟子勤操の弟子であり、比叡山の御修法（みしほ）は濫觴である等、法門正統をのべている。この内容は前記類書と少し異なっており、比叡山護国道場の概説書として撰述された書物と見られる。〔所載〕仏全126、仏全新86、続群書27下。〔参考〕渓嵐拾葉集、山家要略記、九院仏閣抄。──→山家最略記　〔野本覚成〕

延暦寺故内供奉和上行状【えんりゃくじこないぐぶわじょうぎょうじょう】因　一巻。円豊（生没年不詳）等記。貞観一六（八七四）年成立。別に『延暦寺供奉和尚行状』『延暦寺故供奉行状』『光定和尚行状』ともいう。伝教大師最澄の弟子として、大同五（八一〇）年のはじめての天台宗年分度者となり、最澄の大乗菩薩戒建立に手足となって働き、のち別当に就任し一山を統轄し、内供奉にあった光定の伝記で、弟子の円豊等の手になった伝記である。〔所載〕日蔵（天台宗顕教章疏1）、続群書8。　〔木内堯央〕

延暦寺座主圓珍伝【えんりゃくじざすえんちんでん】因　一巻。三善清行（八四七―九一八）撰。延喜二（九〇二）年。『天台宗延暦寺座主圓珍伝』『圓珍和尚伝』『智証大師伝』ともいう。三井寺園城寺の派祖、天台寺門宗宗祖智証大師圓珍（八一四―九一）の生涯を記した伝記である。尚書左少丞の藤原佐世と左尚書から翰林学士となった三善清行は圓珍の晩年に親交を深くし、ともに圓珍の行業を記す任に嘱されていた。佐世は奥州に転出して帰途に病死し、清行は備州に長吏として左遷されていたが、その間に圓珍は寂した。たまたま翰林学士としてもどった清行は遺弟たちの懇請をうけてこの伝を著わしたという。そのよりどころとなったのは、僧綱所からの命で圓珍滅後に良勇らが草した草稿で、これを清行が閲読して本伝を作成した。草稿作成にたずさわったのは、良勇であり鴟輿が遺文をしらべ、慶雲、京意、惟膽、悟忍、増命、増欽、慈鏡らで、、その内容を討論して台然が筆受し、これを清行にまとめさせたものだという。行文にありありと遺弟たちが口述したままが残って、生き生きとした圓珍の行業になっており、むしろ清行には、圓珍鑽仰の気持が濃厚であったことが「余此の聖跡に対するに宛も再逢するがごとし、筆を握り涙を流すこと、一字一滴なり。願わくは我れ今日の実録を頼み、他生の冥期を結ばん」とのみずから吐露する執筆態度にありありと出ている。石山寺蔵古写本（願澄筆）、東寺蔵賢宝写本。〔所載〕智証全5、続群書8下。　〔木内堯央〕

延暦寺密乗略目録【えんりゃくじみつじょうりゃくもくろく】因　一巻。撰者不明。平安後期？比叡山延暦寺の密教関係諸師の撰述目録。初期台密の撰述目録として書誌的研究の参考になる。伝教大師撰述四一部、慈覚大師撰述三五部、智証大師撰述四七部、五大院安然撰述八〇部、慈慧大師撰述三部、都率覚超撰述二四部、十八道一一部、胎蔵私記九部、金剛界私記一一部、護摩私記一八部、計二七九部を列ねる。〔所載〕仏全2。　〔木内堯央〕

お

奥師徳行記【おうしとくぎょうき】日　二篇。蓮華日題（一六三三―一七一四）作。成立は延宝七（一六七九）年。古来から『日奥聖人諷誦文』『奥師五十回忌の御諷誦文言』の二つをもって『奥師徳行記』と称するようである。日題が日奥の五十回忌に当り、日奥の大仏供養会・対馬配流等の不惜身命の態度を讃歎し、受不施派・悲田派の盛んなることを嘆き、不受不施義の貫徹を言表したもの。〔所載〕不受不施史料5。　〔中條暁秀〕

往生記【おうじょうき】浄　一巻。源空（一一三三―一二一二）撰。成立年時不明。別に『往生得不得記』ともいう。元来無題の書であったが、便宜上『往生得不得記』を略して『往生記』と呼んでいる。本書は漢文体で記され、(1)難遂往生機、(2)四障四機、(3)種々念仏往生機の三段に分かれ、最後に『一紙小消息』の文がのべられている。このうち(1)では極楽へ往生を遂げ難い人一三種類を挙げているが、これらの人は至誠心、深心、廻向発願心のいわゆる浄土宗の安心が確立していない人びとである。(2)では疑心と懈怠と自力と高慢の四種類の人は往生できないが、信心と精進と他力と卑下の心を持つ人は往生できる人とする。(3)では種々の行の実践によって往生できる人として五種類挙げている。第一は智行兼備して念仏往生する人。第二は義解念仏によって往生する人、第三は持戒念仏によって往生する人、第四は破戒念仏によって往生する人、第五は愚鈍念仏によって往生する人の五種類である。このうち第五の愚鈍念仏の人にはさらに一三種類を示し、浄土往生のもっとも中心となるべき人びとであることをのべている。これらの人びとは無学でしかもひたすら念仏を称え往生を願う人びとである。この書の源空選述については了慧の『漢語灯録跋文』、貞極の『五重廃立鈔』中巻等で早くより疑問視されているが、しかし、聖冏が明徳元（一三九〇）年一一月二八日に『往生記投機鈔』一巻を著作しているので、そのときすでにこの書があったことは確かである。それ以来五重伝法初重の書として重んじられ、今日にいたっている。本書は代々写本として伝承されてきたのであるが、明治一五（一八八二）年ころ、知恩院より三巻書のひとつとして印刻され、次いで大正七（一九一八）年『浄土伝灯輯要』巻上に増上寺所蔵の嘉吉二（一四四二）年の奥書を持つ明誉所持本（現存）が収載されている。〔所載〕浄全9。〔参考〕浄土伝灯輯要、仏解、浄全21（解題）。　〔金子寛哉〕

往生極楽問答【おうじょうごくらくもんどう】因　一巻。覚超（九六〇―一〇三四）。成立年代不明。本書は四番の問答によって三種の心が現前すれば決定往生すと述べている。三種心とは一は心に余縁なく極楽世界を明了に観ず。二は去来坐立、語黙作作し、余の希望無き心。三は夢中に恒に仏菩薩の来迎とその往生極楽国を見ることである。そして五逆の罪人にては臨終の一念にて往生すと述べている。〔所載〕仏全24。　〔西郊良光〕

往生拾因私記【おうじょうじゅういんしき】浄　三巻。了慧(恵)（一二四三―一三三〇〈三一〉）述。成立年代は明らかでないが、永仁四（一二九六）年に了慧が著わした『無量寿経鈔』を引用することからそれより以後の成立と考えられる。了慧は道光とも称し、浄土宗三祖良忠の弟子で、源空、良忠の伝記や、源空の語録の編纂に尽くした功は大きく、またみずからも論疏の注釈を行っている。本書は南都浄土教者である永観（一〇三三―一一一一）の『往生拾因』を注釈したものである。全体を大意、釈名、消文の三門に分け、それぞれ科文をもちい図式的に説明し、読むものの便宜をはかっている。大意では、弥陀の本願にあえることを喜び、万事を抛って一心を求め、火急に称名念仏すれば、広大善根、随順本願等一〇の因があるゆえ必ず往生できると説くことにあると指摘し、釈名では題名と撰号につき説明し、消文においては、本文の要語をあげて解説し、引用経論の出拠をも明示し詳細に説明が加えられている。また永観の著ですでに佚書となっている『阿弥陀経要記』『決定往生行業文』等の引用もみられる。永観について、源空は善導義を補助する一人にあげ、源信とともに浄土教弘通の人師として高く評価しており、『往生拾因』を理解するうえでは重要な注釈書である。承応二（一六五三）年版を正大、元禄九（一六九六）年版を京大、享保八（一七二三）年写本を正大に蔵す。〔所載〕浄全15。〔新井俊夫〕

往生至要訣【おうじょうしようけつ】浄　一巻。証賢（一二六五―一三四五）述。延慶二（一三〇九）年成立。浄土宗第三祖良忠門下六流の中、一条派の流れをくむ著者向阿証賢が、師である派祖礼阿然空の没後、浄土の法門について異義、邪義を唱える者のあることを嘆いて、相伝の正義を記しおいたもの。宗祖以来師資相伝の浄土宗義の肝要が、和文体で、安心・起行にわけて、きわめて簡潔に短い文章で述べられている。弥陀・釈迦の証誠とあるから起請文であり、源空の『一枚起請文』にならったものと思われる。末尾に述作の動機が述べられており、その中に和文とした理由について「義におき（於）てあやしみなく、又をろ（愚）かなるともがらに、およ（及）ばしめんとなり」といっている。その後に延慶二年四月八日の日付がある。後、延元元（一三三六）年五月二四日、源空、弁阿（弁長）、然阿（良忠）、礼阿（然空）、向阿（証賢）と次第する、宗祖以来五代相伝の血脈を付して、僧玄心に授けた旨記されている。天明七（一七八七）年の『向阿上人伝』によれば、延慶二（一三〇九）年四月五日玄真に、正和五（一三一六）年正月一一日円寂に、さらには元弘元（一三三一）年一一月二九日聖阿に、それぞれ授けている。また同伝には親筆本が清浄華院にあると記されている。〔末注〕往生至要訣略解。〔所載〕浄全続9。〔参考〕向阿上人伝、三部仮名鈔諺註序。　〔粂原勇慈〕

往生大要抄【おうじょうたいようしょう】浄　一巻。ただし、本文中に「下の起行の中にあかすべし」とあり、起行について述べた続文あるいは下巻があったと考えられ、本書が残欠であることがわかる。源空（一一三三―一二一二）述。成立年代不明。内容はまず教相判釈として聖道門、浄土門をあげて大意を明かし、これを難行道、易行道に対応させて聖道門を声聞、縁覚、菩薩、仏の四乗を説く難行道、浄土門を善悪わけへだてなく、しかも末法万年の後の人びとにまで通じる易行道であるとしている。ついで浄土門の心行、すなわち安心、起行について述べるとして、安心には至誠心、深心、廻向発願心の三心があることをあげ、最初の二心を善導の『観無量寿経疏』『往生礼讃』などを引用しながら詳説したところで終っている。浄土宗の立場と教義の大要を平易に述べたものと言える。巻末に『黒谷上人語灯録』の編者の道光が「この文に下巻あるべしと見ゆるが、いずくにかくれて侍るか、いまだにたづねえず、もしたづねうる人あらばこれにつげ」と記していることからすると、道光が源空の没後文永年中（一二六四―七四）に源空の遺文、法語、消息などを集めて『黒谷上人語灯録』とした中の『和語灯録』は建治元（一二七五）年に成立したのであるから、すでにその時に続文が散佚していたことになる。〔写本〕竜大。〔所載〕黒谷上人語灯録（正蔵83）、浄全9、昭法全。　〔丸山博正〕

往生兜率密記【おうじょうとそつみっき】真　二巻。尊海（一六二五―九五）著。寛文一一（一六七一）年成立。兜率所在、内院荘厳、慈氏名体、往生難易、往生機根（以上上巻）、九品往生、往生霊鑒（以上下巻）の七門に分かれている。弥勒菩薩所在の住処である兜率に関連する問題点である各項それぞれについて、一般的仏教理解と密教的理解をあげている。〔所載〕真安心下。　〔本多隆仁〕

往生要集【おうじょうようしゅう】天　三巻あるいは六巻。源信（九四二―一〇一七）。寛和元（九八五）年選述。本書は巻頭に「天台首楞厳院沙門源信撰」と記されているように、天台宗の僧源信の集ではあるが、一代仏教のなかに浄土念仏の宗門を開く原動力となった点に重大な意義がある。著者には天台や倶舎論関係への著作も数多いが、本書と『観心略要集』とは西方浄土への往生を勧めた二書として注目される。『観心略要集』の方は天台一乗止観の立場から、もっぱら理観の念仏を勧めているものであるが、本書は事観の念仏を勧め、進んで色相事観の念仏のできない者には一心称名念仏を勧めている。浄土教が日本において今日の姿になる原動力となった著作であり、したがって浄土宗門の人びとから尊崇される書であるともいえる。その内容は往生するための教理と実践について、顕密にわたり、あらゆる経、論、章、疏のなかから約九〇〇文に及ぶ要文を集めて、上中下の三巻に纏め、序、正、流通の三つに分けて、さらに正宗分を一〇門に分けて詳細に論述するのである。一〇門とは一、厭離穢土（この娑婆世界を厭い離れること）、二、欣求浄土（極楽浄土を願い求める）、三、極楽の証拠（極楽浄土に生れることを勧めた文証）、四、正修念仏（正しく念仏を修すること）、五、助念の方法（念仏の修業を助ける方法）、六、別時念仏（日時を限定して修する念仏）、七、念仏の利益（念仏を修することによって得るところの利益）、八、念仏の証拠（諸行の中から選んで念仏だけを勧める証拠）、九、往生の諸行（極楽浄土に往生するための念仏以外の諸々の行業）、一〇、問答料簡（問答によって料り簡ぶ）である。そして流通分において四句の偈が述べられるのである。このように『一切経』の中から六十数部数千巻の経籍を選び出し、それらの中から一千文を抄出し、それを三巻十大門、組織に収めて独自の体系を編み出すというようなことは、並々ならぬ大業であり、特に日本においては前人未到の新分野を開拓して、日本浄土教門独立の一大礎石を作ったということができる。また、内容的にも源信の極めて円熟した深慮のこもった著作である。源信が叡山横川に示寂したのが寛仁元（一〇一七）年であり、本書の著作はそれよりも三二年前、すなわち寛和元（九八五）年四四歳の春とされている。そしてわずか半年の間に大成されたことになっている。源信の出家学道の恩師である良源は、その著作最中の永観三年正月に示寂しているのであるから、本書の中に何らかの言及があってよいのであるが何もない。しかし本書の最古写本として源信在世中の長徳二（九九六）年写の中巻一巻が伝わっており、五五歳以前の編集であることは疑うべくもない。底本天保一〇（一八三九）年刊、西教寺版。写本長徳二（九九六）年中巻のみ、承安元（一一七一）年青蓮院、元久元（一二〇四）年大東急記念文庫。〔刊本〕承元版、建保版、寛永八年・一七年版、嘉永版、長円寺版、明治一〇年・四〇年版。〔所載〕恵全1、仏全31、正蔵84。　〔西郊良光〕

往生要集乙酉記【おうじょうようしゅうおっちゅうき】浄真　七巻。神興（一八一四—八七）述。明治一八（一八八五）年成立。神興は大谷派第一七代講師。夏安居の講録としてまとめられたもの。源信の『往生要集』の注釈書。まず玄談五門を分別して、(1)造書興由、(2)製造意趣、(3)一部大意、(4)述作体格、(5)十門分斉、といった五科がのべられ、本文に即して注釈が試みられている。写本（明治四一〈一九〇八〉年）を谷大、宗大に蔵す。〔所載〕真大12。——→往生要集　〔山崎竜明〕

往生要集義記【おうじょうようしゅうぎき】浄　八巻。良忠（一一九九—一二八七）述。別称『往生要集私記』『往生要集記』。良忠は浄土宗第三祖。多くの浄土典籍を注釈し浄土宗学の体系を築いた。本書は源信の『往生要集』を詳細に注釈した随文解釈書である。著者が下総に教線を張っていた文応元（一二六〇）年から弘長二（一二六二）年ごろにかけて、乗円房を執筆として講述をはじめたものであるが、地元の後援者との不和により著者が鎌倉に移ったため中断。のち晩年に近い弘安五（一二八二）年ごろ慈心を執筆として完成させたものといわれる。注釈にあたって良忠は解題と釈文の二門に分け、解題で書題と撰者について説明し、つづいて釈文に入って本書全体を序分、正宗分、流通分の三段に分けて解釈している。第一巻には地獄道、第二巻には餓鬼道から天を、第三巻に欣求浄土の十楽を、第四巻には正修念仏の作願門まで、第五巻に正修念仏の観察門から助念方法の対治懈怠まで、第六巻に止悪修善から別時念仏の臨終行儀まで、第七巻に念仏利益の六義から問答料簡の極楽の依正まで、第八巻に往生の階位から流通分までを釈す。本書は晩年の著述であるため、具体的な記述を既述の著に譲って省略したり、引用について具体的な書名を省いているのが特徴である。〔末注〕廓瑩・往生要集指麾鈔。〔所蔵〕寛永古活字版本を仏大、竜大、成簣、寛永八年刊本を竜大、成簣、寛永一八年刊本を谷大、正大、竜大、早大、元治元年刊本を正大、谷大に蔵す。〔所載〕浄全15。——→安楽集私記、往生要集　〔斎藤晃道〕

往生要集講録【おうじょうようしゅうこうろく】浄真　一〇巻。柔遠（一七四二—九八）述。成立年代不明。源信『往生要集』の注釈書であるが、第七大門、念仏利益のところで筆が尽きている。玄談に(1)垂範の玄旨を明かし、(2)題目撰号を釈し、(3)一部の宗要を顕し、(4)経論の師承を分別し、(5)摂化の善巧を称歎す、といった五つの科段を設けている。写本（大正元〈一九一二〉年）を谷大、宗大、竜大に蔵す。〔所載〕真宗全16。——→往生要集　〔山崎竜明〕

往生要集直談【おうじょうようしゅうじきだん】浄真　一八巻（二五巻）。羊歩（一六〇八—？）述。『往生要集直譚鈔』とも『往生要集直談鈔』ともいう。延宝二（一六七四）年刊。羊歩は東西本願寺が分派した慶長七（一六〇二）年から六年後に生まれた初期本願寺の学僧であるが、詳細は不明。本書は日本浄土教にとって重要な横川僧都、源信の著述『往生要集』の注釈書である。『往生要集』は地獄・極楽の描写が現実的であるため、巷間ではそれだけ着目されるが、源信の本意は「末代濁世の目足」としての念仏による救済を説示するところにある。本書はまず題号を釈して「往生というは蓮華化生の義也。念仏の行者は娑婆の業命尽たるとき三界六道の繋縛をはなる、是即ち往の字の意也」と示し「一息截断して正覚の華より化生す、是即ち生の字の意也」と「往生」義を規定し「往生極楽の肝要を集め玉ふ故に要集と云ふ」と題号を解釈している。つぎに本文を解釈するのであるが、とりわけ本願念仏の法は難行の法によって「入聖得果」するものではなく、南無の二字を「目」とし、阿弥陀仏の四字を「足」と讃えるように、「南無阿弥陀仏」の「法」こそ、末法濁世の凡夫が極楽往生する道であることを、力を尽くして注釈している。懇切な注釈書であるといえよう。刊本を宗大、竜大に蔵す。〔山崎竜明〕

往生要集釈【おうじょうようしゅうしゃく】浄　一巻。源空（一一三三―一二一二）。成立年代不明。本書は源信（九四二―一〇一七）撰の『往生要集』に対し、大意と釈名と入文解釈の三門に分け、さらに入文解釈を分別三段（序、正、流通）と章門開合（開の一〇門と合の五門）に細分し、総括的に内容の意を解釈した注釈書で、いちいちの文についての解釈をしていない。本書の巻末に、源信の真意は善導、道綽を指南としているから、源信を信奉する人は必ず、善導、道綽の釈義に基づくべきことを指摘し、源空みずからの基本的態度を表明している。源空には本書のほか、『往生要集詮要』『往生要集料簡』『往生要集略料簡』各一巻の書がある。いずれも成立年代不明。これらの四書の関係は不明であるが、『往生要集』を先達として浄土門に入ったと述懐する源空に四種の注釈書があっても不思議ではないが、それらは源空の手控、あるいは聴聞者の筆録かと思われる。正徳五（一七一五）年義山開版本『黒谷上人語灯録』（新本）巻第六所収の『往生要集大綱』と『往生要集略料簡』とは、まさしく本書の異本であり、義山が本書を二分して命名したものである。本書の古鈔本に良聖手沢加点本と承久二年書写本が金沢文庫に蔵される。〔所載〕黒谷上人語灯録（巻第六）、法全。〔藤堂恭俊〕

往生要集偏帰箋【おうじょうようしゅうへんきせん】浄真　一巻。僧叡（一七六二―一八二六）述。明治二九（一八九六）年刊。源信の『往生要集』の注釈書。三門に分けて注釈を試みている。まず、制作の意図を明かし、一部の旨帰を弁じ、別して諸文の義相を弁ず、といったように分科して『往生要集』の注釈を試みている。刊本を竜大、谷大、宗大蔵、写本を竜大に蔵す。〔所載〕真宗叢6。―→往生要集〔山崎竜明〕

往生要集唯称記【おうじょうようしゅうゆいしょうき】浄真　三巻。崇廓（一七二九―八六）述。成立年代不明。崇廓は本願寺派の学僧で、僧樸の門人。豊前学派の祖。源信『往生要集』上巻のみの注釈書。五門に分かって解釈している。つまり⑴教起の所因、⑵一部の綱要、⑶的伝の宗教、⑷題目の釈成、⑸文に随って解釈す、とあるが、『往生要集』上下二巻中、上巻のみの注釈に終っている。しかし『浄土真宗教典志』2には『唯称記』五巻とあり、他に完備の書が存するのか。写本を竜大に蔵す。〔所載〕真宗全16。―→往生要集〔山崎竜明〕

往生要集略讃【おうじょうようしゅうりゃくさん】浄真　四巻。慧然（一六九三―一七六四）述。成立年代不明。源信『往生要集』の簡略なる講義である。本書は慧然独自の見地に立脚しているが、解釈は浄土宗鎮西派廓栄の撰になる『往生要集指麾鈔』二五巻によるところが少なくない。源空の『往生要集大綱』によって、大意、釈名、入門解釈の三段に分かち、次にみずからの義をのべている。写本を谷大、宗大に蔵す。〔所載〕真宗全16。―→往生要集〔山崎竜明〕

往生礼讃甄解【おうじょうらいさんけんげ】浄真　五巻。僧樸（一七一九―六二）述。寛政六（一七九四）年刊。『往生礼讃偈講録』ともいう。中国浄土教の大成者といわれる善導の五部九巻といわれる著述のなかのひとつ『往生礼讃』（詳しくは『勧一切衆生願生西方極楽世界阿弥陀仏国六時礼讃偈』という）の注釈。本書の著者、僧樸は本願寺派の学僧で、京都宏山寺に住した。本願寺四代能化法霖の門人。長爪垢面、勉学の時間を惜しんで生米をかんでいたという。人びとは米かみ僧樸の異名で呼んでいた。学徳兼備にして、多数の門下を養成したが、なかでも僧鎔、慧雲、崇廓、玄智等は著名である。本書は寛政六（一七九四）年四月、七代能化智洞（？―一八〇六）が校刻し、功存（一七二〇―九六）が序を付して刊行した。内容は、最初に『往生礼讃』の弘伝についてのべ、次に題目について解明を試み、礼讃の文句に随って注釈を試みている。なお、智洞は『往生礼讃甄解講林』（『往生礼讃偈講林』ともいう）四巻を著わして、要文を注釈している。刊本を、正大、谷大、宗大、竜大に蔵す。〔山崎竜明〕

往生礼讃甲戌記【おうじょうらいさんこうじゅっき】浄真　四巻。宝景（一七四六―一八二八）述。宝景は大谷派。第七代講師。自筆本の第一巻初に「文化十一年甲戌正月元日（中略）宝景記」とある。本書は文化一一（一八一四）年夏、高倉学寮において講ぜられた講本である。本書はまず、本書と五部九巻との関係、本朝への将来、浄土の行業としての礼讃、放光奇瑞の事、本書等についてのべている。『真大』本は自筆本が底本となっている。自筆本は尾張養源寺所蔵。〔所載〕真大11。〔山崎竜明〕

往生礼讃私記【おうじょうらいさんしき】浄　二巻または三巻。良忠（一一九九―一二八七）述。建治二（一二七六）年ごろ撰述されたと伝えられるが明らかではない。『往生礼讃偈私記』『往生礼讃記』『礼讃私記』『礼讃記』ともいう。善導の『往生礼讃偈』を注釈したもの。著者然阿（ねんな）良忠は、浄土宗の第三祖として、源空以来の専修念仏をひろめ、浄土宗の教学を大成した。数多い著作は総称して『報夢鈔五十余帖』と呼ばれ、良忠自身も記主禅師と尊称される。良忠は『往生礼讃偈』についての講義を、正嘉元（一二五七）年に、上総に遊化した折にすでに行っており、良聖の筆写による『往生礼讃聞書』が今日金沢文庫に伝わっている。このことは、良忠が本書述作の二〇年以前に、すでに『往生礼讃偈』に注目していたことが知られる。本書の内容は、第一に少康が体験した善導の奇瑞を述べ、第二に題名を釈し、第三に本文のいちいちに解釈を加えており、浄土宗の教義上、重要な書である。本書の注釈書には『往生礼讃私記見聞』（良栄）、『同』（聖冏）、『同』（聖聡）、『往生礼讃私記拾遺鈔』（加祐）などがある。中でも加祐は、聖冏がすでに「見聞」と題しているので、「拾遺鈔」としたと述べている。〔所載〕慶長一六年古活字版、宝永六年刊本、浄全4。〔坂上雅翁〕

往生礼讃聞記【おうじょうらいさんもんき】浄真　三巻。義譲（一七九六―一八五八）述。安政二（一八五五）年成立。本書は安政二年の安居において高倉学寮で講じたものの筆録である。開繙の辞についで、行法伝承、五部次第、撰述の興由、一部大綱、について詳述している。のちに二種深信について一〇門分別をなし、その第八門までを釈し、のちの二門を後日に譲っている。二種深信の解釈は注目に価する。写本を竜大に蔵す。〔所載〕真宗全15。〔山崎竜明〕

往生論註覈本決【おうじょうろんちゅうかくほんけつ】浄真　五巻。道振（一七七三―一八二四）著。文政一一（一八一八―九）年成立。『往生論註』の注釈書であり、⑴弁二製作所由一、⑵判二本論大宗一、⑶顕二註論軌轍一の三門で構成されている。⑶の顕二註論軌轍一として本文を注釈するにさいして、大瀛の『往生論註原要』の科段に従って、すこぶる詳細に解釈がなされている。〔所載〕真宗叢5。〔藤沢正徳〕

往生論註記【おうじょうろんちゅうき】浄　五巻。良忠（一一九九―一二八七）選。弘長三（一二六三）年起草、弘安九（一二八六）年改訂成立。別称『浄土論註記』『無量寿経論註記』。本書は世親作『無量寿経優婆提舎願生偈』いわゆる『往生論』を釈した曇鸞の『往生論註』を解釈した末注書である。三経一論と称し『往生論』は『三部経』とともに浄土宗正依の根本聖典である。その末釈である本書は良忠が師承を宣揚するため著わした『報夢鈔』五〇余巻の端緒として起草したもので、元祖源空から二祖弁長への相伝の義を重んじて解釈されており、指南書として重要である。解釈は訓詁すなわち字句釈であるが、良忠は経論釈に例を求め、先師の所伝をあげて釈し、不徹底な個所は考証を加えて私見をのべている。第一巻に『論註』の首題選号、教相、大意を明かし、さらに論目、選号、願生偈の第二行まで、第二巻に観察門の初めから仏国土十七種荘厳功徳を、第三巻に阿弥陀仏の荘厳座功徳から『論註』上巻終まで、第四巻に『論註』下巻初めから観行体相の器体の終まで、第五巻に同じく衆生体から巻末までを釈している。〔末注〕良栄・論註記見聞、聖聡・論註記見聞。〔所蔵〕写本を正大、寛永四年刊本を成簣、神宮、正保三年刊本を正大、慶安二年刊本を谷大、慶安三年刊本を竜大、貞享三年刊本を京大、正大、竜大、正徳二年刊本を正大、竜大、刊年不明刊本を正大に蔵す。〔所載〕浄全1。―→安楽集私書　〔斎藤晃道〕

往生論註聞書【おうじょうろんちゅうききがき】浄真　六巻。宣明（一七五〇―一八二一）著。文政二（一八一九）年成立。宣明は加賀の出身で一八歳のとき学寮に入り、慧琳・随慧二師に師事し、天明七（一七八七）年富山県高岡開正寺（大谷派）の住職となり、四三歳擬講に任じ、二年後嗣講となり、六三歳で第六代講師になった。本書は『往生論註』の講述書であり、慧然の『顕深義記』の奥義を発揮したものである。従来の学説を踏襲することよりもそれを受けて独自の宗風を打ち出している。序に『広文類』（『教行信証』）に三七カ所、『論・論註』の引文があることから、真宗を学するうえで、ぜひとも学ばねばならない大切な聖教であるとしている。その『論註』を四門をもって分別してある。⑴論釈弘通、⑵来意、⑶大意、⑷入門解釈である。⑴では『衆経目録』『大唐内典録』、日本では欽明天皇一三年白鳳年間元興寺の智光が『浄土論』の疏五巻を著わしたといった典籍の記録を紹介し、⑵では総明として報仏恩、別明として弥陀の弘誓をすすめしむとし、⑶では一心をもってし、本願他力を説きたまうこととしている。⑷に入り一巻では、上巻観察門清浄功徳の最初まで、二巻では、同巻同門十八大義門功徳の一部、三巻では総説分廻向門まで、四巻は下巻の起観生信章の称名破満釈まで、五巻は観察体相章の不虚作住持功徳のあとの平等法身の最初までとなっている。〔所載〕真宗全11。〔藤沢正徳〕

往生論註顕深義記伊蒿抄【おうじょうろんちゅうけんじんぎきいこうしょう】浄真　八巻。慧然（一六九三―一七六四）記、慧琳（一七一五―八九）述。宝暦九（一七五八）年成立。『往生論註』の注釈書。慧然の『顕深義記』と慧琳の『伊蒿抄』とを合本したもの。顕深義の題号の由来は、阿弥陀如来の本願力の深義を顕わすところからきている。『伊蒿抄』の名は、本書末尾に「蓼蓼者我。匪レ我伊蒿。毫末モ作者ノ意ニ違ハヌヤウニ義記ヲ講貫センコトヲ志ザストイヘドモ。蓼蓼タル莪ニアラデ。伊蒿ノ罪多カラン」とあり、『詩経』蓼莪の詩に、「蓼蓼者莪。匪レ莪伊蒿。哀哀父母。生我劬労」とあり、親を養おうとしても養うことのできない孝子の悲しみをのべた詩からとったものである。その八巻の項目は、玄談として、序説、造意、大意、⑵一巻として、題号、論註玄譚、造論由来、浄土論題号、浄土論撰号、総説分章門、⑶二巻として、論主自督（世尊我一心）から形相功徳（浄光明満足）、⑷三巻として、所求満足功徳（衆生所願）まで、⑸四巻として、結総説分（八番問答）まで、⑹五巻として、下巻に入り国土体相（観察体相者）まで、⑺六巻として、観菩薩功徳（観菩薩者）まで、⑻七巻として、浄入願心章から最後の総結解釈分までとなっている。〔所載〕真大6・7。〔藤沢正徳〕

往生論註原要【おうじょうろんちゅうげんよう】浄真　六巻。大瀛（一七五九―一八〇四）著。寛政五（一七九三）年成立。正式には『無量寿経論註原要』という。大瀛は鄺亮または芿園と号す。安芸国出生。慧雲に師事し、芿園学派の祖となる。本願寺派三大法難中最大である三業惑乱のさい、『金剛錍』三巻を著わし三業帰命派を破斥したことで有名である。本書は『往生論註』の注釈書であり、「原要」の題号は、序に「原二始於経論一要二終於竜谷」の意からきている。師慧雲の『論註服宗記』を基として、詳釈したものであるが、『論註』上巻観察門の衆生世間中仏八種功徳の第八不虚作住持功徳までで、それ以後は著述されてない未完の書である。項目をみていくと、解二釈此典一略作二三門一先弁二興由一次述二大義一後釈二文句一の三門から成り、一巻は、興由と大義がのべられている。二巻は、標題から三念門偈のまえまでにいたり、三巻は、三念門偈から成上起下偈にいたり、四巻は観察門国土荘厳第一清浄功徳から同第九雨功徳まで、五巻は同第一〇光明功徳から同第一七一切所求満足功徳まで、六巻は同衆生世間の説明から仏功徳第八不虚作住持功徳までである。下巻の注釈については、大瀛門下の高弟普厳(一七七五—一八三五)が『論註服原記』(ただし下巻起観生信章まで)を著わし、『服宗記』『原要』の題字をとっていることから、その師説を発揮したとされている。〔所載〕真宗全10。〔藤沢正徳〕

往生論註筆記【おうじょうろんちゅうひっき】浄真 二巻。宝雲(一七九一—一八四七)著。成立年代不明。『論註』の注釈書。本文を注釈するまえに、(1)縁起、(2)大旨、(3)通妨の三門を挙げている。(1)縁起では、曇鸞が流支より授かったのは『観経』ではなく『浄土論』とし、(2)大旨では報土の因果を開顕したものとし、(3)通妨では、宗義上『論註』の五つの誤解されやすい点を挙げている。〔所載〕真宗全10。〔藤沢正徳〕

往生論註服宗記【おうじょうろんちゅうふくしゅうき】浄真 六巻。慧雲(一七三〇—八二)著。天明二(一七八二)年成立。慧雲は本願寺派の学僧で、芸轍の祖。慧雲の『論註』講述には二種類ある。一には『往生論註山県録』と称し、安永七—八(一七七八—九)年芸州山県で講ぜられたもので六巻三冊ある。本書は『山県録』を改訂したものであり、『論註』下巻の講述は『山県録』と同じである。きわめて詳細な講述書である。〔所載〕真宗全10。〔藤沢正徳〕

往生論註山県録【おうじょうろんちゅうやまがたろく】浄真 六巻。慧雲(一七三〇—八二)著。安永七—八(一七七八—九)年に成立。——→往生論註服宗記〔藤沢正徳〕

往生論註略解【おうじょうろんちゅうりゃくげ】浄真 二巻。円月(一八一八—一九〇二)著。成立年代不明。円月は本願寺派勧学。月珠の門人。『論註』の注釈書。(1)造由、(2)大綱、(3)題号、(4)釈文の四門で構成されている。『論註』は他力義を明かし、その所被の機は下品の凡夫であるとしている。その視点にたって、三厳二九種荘厳の要は不虚作住持功徳であるとしている。その点にかかわる本文についてとくに問答を設定し端的に要点を解釈されている。〔所載〕真宗全16。〔藤沢正徳〕

往生論遊刃記【おうじょうろんゆうじんき】浄真 一巻。法霖(一六九三—一七四一)著。享保一四(一七二九)年成立。法霖は紀州に出生し、本願寺第四代能化となる。華厳宗の碩学鳳潭が真宗宗義を批判したのに対して、それを大いに反駁し、宗学勃興の礎を築いた。本書は『浄土論』の注釈書。『浄土論』は偈頌と長行に分かれているが、本書は偈頌のみを中心として注釈されている。『浄土論』は三経通申の論といわれているが、著者は、『小経』を依経として成立したとしている。その根拠として、「世尊我一心帰命尽十方無碍光如来願生安楽国」とある初一行を『小経』の文と対比して、その意が通ずるとし、また論の教義として、広略相入の義、人法依正不二の義、事理互融の義、三諦相即の理がみられ、それらはいずれも『小経』の義に通ずるとしている。しかしこの論の正意は前出の初一行にあるとしている。ところで、論には行業として五念門行が説かれており、観察門にその中心があるように見うけられるが、いかにして報土正定の業たりうるかと問い、その答として、五念門は一念仏に帰すとし、その義を知らせるために五つの行業ともに念の字をつけているのだ、としている。したがって帰命等の初一行に三念門が含まれているとする。このように観察門を会通しているために、観の字については、とくに詳細に解釈がなされている。〔所載〕真宗全62。〔藤沢正徳〕

横超直道金剛錍【おうちょうじきどうこんごうべい】浄真 三巻。大瀛(一七五九—一八〇四)撰。享和元(一八〇一)年刊。大瀛は芸轍の学僧、浄土真宗の最大の異安心問題である三業惑乱のとき、ひきだされて江戸で三業帰命義と対決したが、江戸の客舎で没した。本書は三業惑乱に関するもので、彼が三業帰命義(祈願義)に対してこれを破し、正義を明らかにしようとしたもの。金剛錍とは邪義を破するために振う道具を意味する。本文の初めには「仏祖相承ノ真金錍ヲ執テコレヲ世間ニ振ヒ、諸邪ノ瞖膜(えいまく)ヲ抉テ以テ清浄無垢ノ真宗ヲ見セシメ……」などと示されている。写本は竜大、刊本は竜大、国会、谷大などに蔵す。〔参考〕竜大蔵刊本、仏解。〔五十嵐明宝〕

黄檗清規【おうばくしんぎ】臨 一巻。隠元隆琦(一五九二—一六七三)撰。弟子の性瑫木菴が校閲し、法孫の性激高泉が編修した。自序に龍飛壬子季、すなわち寛文一二(一六七二)年の年号あり、隠元最末年の作の一つである。詳しくは『隠元和尚黄檗清規』という。刊本は黄檗山万福寺の刊行になる寛文本があり、別に無著道忠による手沢本が妙心寺東海庵に所蔵されている。隆琦は一六五四年に来朝し、宋禅の流れをくむ日本の臨済宗に対し、中国で変容した禅浄一致を説く明代の臨済禅を挙揚し、黄檗宗の基礎を築いた。本書は、祝釐、報本、尊祖、住持、梵行、諷誦、節序、礼法、普請、遷化の一〇章から成り、付録として、仏事梵唄讃、開山預嘱語、塔院規約、古徳語輯要、法具図があり、最後に跋文が付せられている。清規としては、極めて簡単なものであるが、その動機は黄檗宗の特異性を宣揚せんとすることにあり、それ故、日本臨済宗との相違に重点がおかれたためである。その点について序文には、「規制というものは時と場所によって変る。それでこそ随方毘尼というのであって、幻住庵清規も決して普遍的なものではない。私の後継者たるものは、私の定めた法にのみ従わねばならぬ云々」という。その特徴としては明音による呪願や回向の読みを定めている点が挙げられる他、仔細に比較すれば、黄檗宗の特異性を知る好個の資料たり得るものである。〔所載〕正蔵82。　〔沖本克己〕

応理宗戒図釈文鈔【おうりしゅうかいずしゃくもんしょう】南　二巻。叡尊（一二〇一―九〇）撰。本書は『応理宗戒図本文集』『同科節』『同釈文鈔』の三本がひとつになり成立したもので、『釈文鈔』についていえば文永二（一二六五）年に成立している。別名として『応理宗戒釈文鈔』『科注応理宗戒図釈文鈔』がある。叡尊は密教、三論、法相などに通じ、とくに三四歳ころより積極的に戒律を学んだ。また自誓受戒してからは西大寺に住し、律を講じたり、放生池などをつくった。本書は『瑜伽師地論』の巻第四〇の本地分中菩薩地第十五初持瑜伽処戒品第十之一、巻第四二の同品第十之三、巻第七五の摂決択分中菩薩地之四の各々の要文に注釈をほどこしたものである。また題名の方面よりみれば、応理宗が法相宗を意味するから、法相宗の戒律の要文が図表のかたちになり注釈されている書ということになる。内容的にはまず、本地分中菩薩地初持瑜伽戒品の名が解釈され、次には、自性戒、一切戒、難行戒、一切門戒、善士戒、一切種戒、遂求戒、此世他世楽戒、清浄戒といった九種の戒について論釈している。本書の底本といわれるものは、貞享版といわれるもので、三本別々だったものが貞享元（一六八四）年に神鳳寺の法輪によりまとめられたものである。〔所載〕正蔵74、日蔵21。〔参考〕応理宗戒図釈文鈔解題（日蔵解題）　〔由木義文〕

応理大乗伝通要録【おうりだいじょうでんずうようろく】南　二巻。良遍（一一九四―一二五二）著。寛元四（一二四六）年選述。良遍は一乗教義が法相教義を権大乗として批判するのに対して、それは法相唯識への理解が不完全であるからだとし、正しくは一乗教義に劣らぬばかりでなく、むしろ真に中道に契うのが法相唯識であると多くの書物でのべているが、そのもっとも組織的で代表的な作品が本書である。〔所載〕日蔵（法相宗章疏2）。　〔太田久紀〕

応和宗論記【おうわしゅうろんき】因　一巻。著者明記なし。『応和宗論日記』ともいう。応和三（九六三）年八月二一日より五日間清涼殿にて修された法華十講の記録で、三論・法相・華厳一〇人と、天台一〇人が、講者と問者に分かれ論争する。一分無性の有無が中心テーマとなり、法相の仲算が天台の良源に勝ったと記す。『慈恵大師伝』などの記録とは異なる。なお後部に「恩覚奏状」（一一六二年成立）を付す。〔所載〕仏全124。　〔坂本廣博〕

大谷遺跡録【おおたにいせきろく】浄真　四巻。先啓（一七一九―九七）編。明和八（一七七一）年成立。先啓は岐阜県の大谷派安福寺第一四世。大谷派における宗史家。親鸞およびその門弟の遺跡を記述したものである。初めに凡例をあげ、二十四輩、関東六老僧、関東七カ寺、遺西海五弟、遺東奥五哲、河野九門徒、瀬踏七カ寺を示して、その遺跡を概説している。そして本編に入って、各寺の縁起・沿革・宝物等を考証し、遺跡と称されているものはことごとく網羅されている。巻初に目次があり、とくに一巻には嘉応元（一一六九）年から文保二（一三一八）年にいたる一五〇年間にわたる年表が記されている。その意図として編者は「高祖師資の年譜を明にして、古今の訛謬を能弁せしめんが為なり」としている。さらに目次には編者在世当時の遺跡の縁起が〇●□△の四つの印をもって分類されている。〇印は古今不転の旧跡、●印は諸所に移転すれども、嗣子相続の寺々、□印は旧跡再興の寺々、△印は列祖の師資造立の寺々とある。収録されている数は、第一巻三二（〇一一・●一一・□四・△六）カ寺、第二巻四八（〇一七・●二二・□一・△三・不明三・その他一）カ寺、第三巻三九（〇一七・●一〇・□一〇・△二）カ寺、第四巻六五（〇三七・●二〇・不明七・その他一）カ寺、と都合一八四カ寺に及ぶ。編者は一八歳より三〇年間心血を注いで遺跡を巡拝し諸記を参照して本書を完成したものである。〔所載〕真宗全65。　〔藤沢正徳〕

大谷本願寺通紀【おおたにほんがんじつうき】浄真　一五巻。玄智（一七三四―九四）著。天明五（一七八五）年成立。玄智は京都市下京区西中筋住吉町本願寺派慶証寺第七世。江戸宗学において本願寺派唯一の歴史学者。本書は五巻に及ぶ膨大な著述であり、本派本願寺の歴代宗主伝ならびに旁附法冑諸伝等を集録をしたものである。その項目をあげると、⑴歴世宗主伝、⑵旁附法冑諸伝、⑶旁門略伝、⑷諸弟略伝、⑸近世学侶部、⑹殿堂営構、⑺別院縁由、⑻法事諸式、⑼公私文書、⑽僧階次序、⑾諸山綱略、⑿吉水門下支流に及ぶ。第一巻から四巻までは宗祖親鸞から第一七世宗主法如までの歴代宗主伝およびその子孫を記している。第五巻は法冑諸伝として、覚信から静如にいたる一六人の略伝。第六巻は旁門略伝として、東本願寺、興正寺、仏光寺、専修寺、錦織寺、三門徒本山の順にて、その創立、歴代宗主、系譜等を記す。第七巻は諸弟略伝（宗祖親弟部）として、性信に始まり専阿にいたる三九人の略伝ならびに門侶交名帳、第八は諸弟略伝（近世学侶部）として、二七人の略伝ならびに奇跡伝・祥異伝、下間家系図、第九巻は殿堂営構、霊宝品数、大谷廟墳、第一〇巻は別院縁由として、九別院の縁由、第一一巻は法事諸式、第一二巻は公私文書、第一三巻は僧階次序、第一四巻は諸山綱略として二一カ寺の縁由ならびに諸宗の門跡等、第一五巻は吉水門下の支流として、西山・鎮西の諸流とその諸弟略伝、以上のように真宗史を構成する諸要素を完璧

なまでに網羅している大著である。〔所載〕真宗全68。　〔藤沢正徳〕

大谷本願寺由緒通鑑【おおたにほんがんじゆいしょつがん】浄真　五巻。温科子。成立年代不明。『本願寺由緒記』『本願寺由緒通鑑』ともいう。親鸞の誕生から、門弟の真仏の事蹟、興正寺、仏光寺、専修寺、錦織寺の興り、大谷本願寺の建立、越前四カ本山の分流、大坂御堂建立、東西本願寺分立の事などを書きつらね、本願寺派第一二世准如、大谷派第一二世教如までの本願寺の歴史を編んだもの。文中に、本願寺派の僧、甫顔の『表裏問答』や知空の『金鑰記』などが論駁されているので、著者温科子は大谷派に近い者と想定されるが不明。〔所載〕仏全鈴69。　〔田中教照〕

大原声明博士図【おおはらしょうみょうはかせず】因　一巻。編者明記なし。年号から平安末成立。本書は各種の書物から、声明に関する種々を恣意抄出した書で、貞保親王序引用書名を書題とするが、年代は九二四年から一一九五年にわたる古い時代の諸記録である。博士図など楽理から式次第、相承譜、東寺音との相違などが合本された天台声明書らしいが、覚秀集「魚山叢書」中になく、高野山のみ存する点から、貴重本である。〔所蔵〕高野山正智院。〔所載〕正蔵84。　〔野本覚成〕

大原談義聞書鈔【おおはらだんぎききがきしょう】浄　一巻。聖覚（一一六七—一二三五）記。別に『大原問答』『大原十二問答集』ともいう。文治二（一一八六）年の秋、後の天台座主顕真が、京都大原勝林院に源空を招請し、南都北嶺の碩学を集めて浄土の法門について法談を行った。本書は、その時に参集した碩学と源空との間に交された問答を聖覚が記録したと伝えるもので、問答の内容を伝える唯一の書である。聖覚は澄憲の子、入道少納言通憲の孫にあたり、檀那流の流れをくむ叡山北谷竹林房の静厳に天台を学び、中古の学匠といわれた宝地房証真や、慧心流の顕真にも教えを受けたと伝えられる。著書に『唯信鈔』『四十八願釈』『黒谷源空上人伝』などがある。本書の製作については、古来より真偽問題が論じられており、作者未詳とするのが妥当の説と思われる。内容は、一二の問答から成り、第一・八・一一問は顕真、第二・一二問は恵光房永弁、第三問は毘沙門堂智海、第四問は竹林房静厳、第五問は光明山の明遍、第六問は笠置の貞慶、第七問は宝地房証真、第九問は大原の湛斅、第一〇問は俊乗房重源であり、源空は、それぞれの問に対して浄土宗義の要諦を明らかにし、優越性を強調している。本書には注釈書が多く、聖聡『大原談義聞書鈔見聞』、大光院無紘『纂述鈔』などがある。写本では京都知恩寺蔵の永正元年秀誉書写が古く、寛永五年版本の流布本がある（正大）。〔所載〕浄全14。　〔藤本浄彦〕

奥院興廃記【おくのいんこうはいき】真—→高野山奥院興廃記【こうやさんおくのいんこうはいき】

おたふく女郎粉引歌【おたふくじょろうこひきうた】臨　一冊。白隠慧鶴（一六八五—一七六八）著。宝暦一〇（一七六〇）年自筆刻。「女郎の誠とたまごの四角、みそかみそかの能い月夜、天じゃ天じゃと皆様おしゃる。てんのとがめもいやでそろ……」と、おたふく女郎の粉引歌の名調子にのせて、仏法の大事を説き、菩提の道に進むことを示される。〔所載〕駒大白隠全集、白隠全集6（禅法語中）。　〔池田豊人〕

小野大六帖【おのだいろくじょう】真　作者未決。伝法潅頂に関する伝法潅頂三昧耶戒作法、胎蔵界伝法潅頂作法、金剛界伝法潅頂作法、受菩提心戒儀、禅要、阿闍梨大曼荼羅潅頂儀軌の六帖。『小野小六帖』（正蔵78）に対してこの名があり、広沢流にては六帖重書、重書六帖と名づけて秘襲している。初期の伝法潅頂は前三帖の作法に基づき行ぜられたもので野沢通用式という。また醍醐勝覚の新撰式に対し古式とも称せられる。　〔布施浄慧〕

小野類秘鈔【おのるいひしょう】真　七巻。寛信（一〇八四—一一五三）撰。勧修寺流祖寛信は顕密の学を修め、小野の厳覚より瀉瓶して一流を樹立した。住房に因して勧修寺流という。本書は巻名を眼耳鼻舌身意と称し、別巻を加えて七巻よりなる。事相上の諸事項を諸経軌章疏の文を引き、先徳の口決を集めたもの。体裁は雑録であるが、貴重なものを内容としている。保延三（一一三七）年ころの作と見られる。〔所載〕真全36。　〔布施浄慧〕

小野六帖【おのろくじょう】真　七巻。仁海（九五一〈五五〉—一〇四六）撰。別名を『小野小六帖』『小野小雙紙』『小帖雙紙』ともいう。大師伝法潅頂私記、大潅頂作法次第、伝法潅頂千心私記、雑私記大師記、胎疏並儀軌等序要文（千心）、宿曜私記、伝法潅頂の七帖よりなるが、第三帖を秘帖とするため六帖という。空海以来の潅頂及び次第等のことを記し、小野流の重書の一である。千心とは仁海の異名。〔所載〕正蔵78。　〔布施浄慧〕

御文玄義【おふみげんぎ】浄真　一巻。法海（一七六八—一八三四）述。文化八（一八一一）年成立。本書は、御文の玄談にしてあらかじめ心得ておくべきことを、(1)選述の興由、(2)勧化の旨帰、(3)選述の最初、(4)題目意趣、(5)流転の所由、(6)拝読の濫觴、(7)五帖の撰集、(8)撰集の次第、(9)印刻の年代、(10)末注の多少の十門に分けて講述し、とくに、(2)勧化の旨帰では、御文の勧化の本意を他力信心として詳解している。〔所載〕真大32。—→御文章　〔佐竹大隆〕

御文研鏡【おふみけんきょう】浄真　一巻。順芸（一七八五—一八四七）述。成立年代不明。順芸は大谷派の学僧で、深励の門人。本書は、本文初頭にのべるように、法海述の『御文玄義』における十門分別のうち、第一の撰述の興由と第二の勧化の旨帰とについて講述したものである。このうち、第二の勧化の旨帰の項にては、かたわらに、念仏所帰と本願所帰、念仏為本と信心為本の関係等の宗学の根本問題についても回答形式を設けて関説している。〔所載〕真大32。—→御文章

〔佐竹大隆〕

御文摩尼珠海【おふみまにしゅかい】浄真 二巻。宣明（一七五〇—一八二一）述。宣明は大谷派第六代講師。成立年代不明。本書は、御文は第十八願成就文をもとし、善導の六字釈に基づき他力信心の趣きを領解すべきことを勧めているので、まず御文の教化の由来を明かすために『尊号真像銘文』『行巻』『執持抄』の六字釈を講述し、次に、その六字釈は御文全通にいたるものながら、とくに五帖目第一通等二四通に解釈を施し、教化の一途なることをのべている。〔所載〕真宗全49。——→御文章 〔佐竹大隆〕

御文要義【おふみようぎ】浄真 一巻。宣明（一七五〇—一八二一）述。宣明は大谷派第六代講師。成立年代不明。本書は、御文八〇通のうち難解にして誤解されやすい、一帖目第七通、第八通、二帖目第一通、第三通、第一〇通、夏御文初通、二帖目第一一通について、解釈を施したものである。〔所載〕真宗全49。——→御文章 〔佐竹大隆〕

遠羅天釜【おらてがま】臨 三巻。白隠慧鶴（一六八五—一七六八）著。寛延元（一七四八）年、白隠六四歳の著作である。本篇は会下の不伝が角田氏と謀って白隠の自筆を上梓している。また『遠羅天釜』には続集があり、このほうは会下の斯経慧梁が上梓している。白隠慧鶴は駿河の国浮島原に生まれ、俗姓は長沢氏であった。一五歳にして松蔭寺の単嶺について得度、慧鶴と名づけられる。各地の禅将に歴参し、正受老人に印可された。ときに二四歳であった。松蔭寺に帰ってからの活躍はすさまじく、日本臨済禅の中興者であり公案を体系化した功績は大きい。今日、日本臨済禅のほとんどは白隠の系統に属している。書名は白隠秘蔵の茶釜にちなむといわれる。巻の上には、鍋島摂州殿下近侍に答える書、巻の中は、遠方の病僧に贈りし書、巻の下は、法華宗の老尼の問に答うる書である。続集には、念仏と公案と優劣如何の問に答うる書、客難に答う、が収められている。巻の上は『夜船閑話』と同じく、内観の秘法が説かれている。巻の中は、病中の用心、参禅の工夫などが説かれている。続集では、白隠の法華経観が説かれており、法華宗では『法華経』といい、念仏宗では無量寿仏といい、禅宗では本来の面目といい、真言宗では阿字不生といい、律宗では根本無作の戒体という。いずれも一心の異名であると説いている。〔所載〕白隠全集5（禅法語中）、日本の禅語録19（詳注）。 〔池田豊人〕

御義口伝【おんぎくでん】日 二巻。伝日興（一二四六—一三三三）記。弘安元（一二七八）年成立と伝える。別に『就註法華経御義口伝』『日興記』ともいう。日興が日蓮の法華経講義を筆録したものと伝える。日興は天台宗岩本実相寺で出家、のち日蓮に教化され弟子となる。駿河方面を中心に教線を張り、日蓮が臨終に定めた六老僧の一人に加えられた。日蓮滅後、身延の日蓮の墓所給仕をめぐって日向と対立し、身延を退き、富士方面を中心に教線を布いて門流（富士門流・日興門流）の基礎を築いた。本書は、『法華経』の題目、同二十八品、同経の開経とされる『無量義経』、同経の結経とされる『観普賢経』について、日蓮教学の立場から解説を加え、教義を論じたもの。内容的には観心主義的色彩が強く、中古天台の本覚思想に立脚して成立したものと考えられ、日蓮の代表的著作に比しても思想的な隔たりがみられる。古来、日蓮の奥義書として依用されてきたが、日蓮教学の思想史的研究、文献学的研究の成果が発表されるに及び、日蓮、日興に仮託した室町期の日興門流における成立とされるようになった。しかし日興門流を中心とする一部の日蓮系教団では、本書が教団教学の基礎的文献であることから、真撰として取扱っている。元亀二（一五七一）年の写本を富士宮市大石寺、京都市要法寺に所蔵。承応三（一六五四）年、享保六（一七二一）年、寛延四（一七五一）年等の版本がある。〔所載〕正蔵84、定日遺3。 〔庵谷行亨〕

御講聞書【おんこうききがき】日 一巻。伝日向（一二五三—一三一四）記。弘安三（一二八〇）年成立と伝える。標題の次に「自弘安元年戊寅三月十九日連々御講至同三年五月二十八日仍記之畢」、巻末に「自弘安元年戊寅三月十九日至同三年甲辰五月廿八日連々記之畢之」とある。別称『日向記』。日向が日蓮の法華経講義を筆録したものと伝える。日向は高弟六老僧の一人で日蓮滅後、藻原（現茂原）と身延方面を中心に教線を張り、門流（身延門流・藻原門流・日向門流）を形成した。とくに身延では日興の退出後、南部家の外護をえて身延山の基礎を築いた。内容は、『法華経』を中心に教義上の重要項目を列挙し解説を加えたもので、『御義口伝』よりは素朴ながらも観心主義的色彩が強く、中古天台の本覚思想に立脚して成立したものと考えられ、『御義口伝』が日興門流によるに対し、日蓮・日向に仮託した一致派における偽撰とされる。古写本を新曾妙顕寺に所蔵。元禄一六（一七〇四）年等の版本がある。〔所載〕正蔵84、定日遺3。 〔庵谷行亨〕

園城寺伝記【おんじょうじでんき】天 一〇巻。撰者不明。巻三に康永二（一三四三）年の記事があり、それ以後の成立か。巻一に園城寺が胎蔵界、金剛界両界曼荼羅に擬して建立されたこと、胎蔵四菩薩を新羅、三尾、護法等の明神に配し神仏習合的色彩が強い。末寺や新羅明神解説、円珍の事績、増命、余慶の記事、平安時代の動向、金堂供養、竪義等の記事、開口文などと列なる。『寺門伝記補録』とともに園城寺史料として重要。〔所載〕仏全127。——→寺門伝記補録 〔木内堯央〕

か

槐安国語【かいあんこくご】臨 二巻。白隠慧鶴（一六八五—一七六八）撰。寛延三（一七五〇）年刊。本書は『大燈国師語録』に白隠が著語、評唱を加えたものである。初版の版木が元治元（一八六四）年、兵火で焼かれ、明治一八年に初版そっくりの復刻版を大徳寺本山が刊行し、昭和一一年、開山大燈国師六百年遠諱に記念として再版している。初版は二巻三冊本で、巻上の上・下、巻下の上・中・下となっていたが、割り方が不合理なため、復刻版は七巻五冊本としている。

巻一には白隠が「竜宝開山国師の語録を評唱する拙語」と題し、序文を書いている。それによれば白隠の会下や弟子たちが『大燈録』を講じて欲しいといい出したのが寛延二（一七四九）年の一月で、最初は断ったが諸子の熱意にほだされ、ついに大徳寺に『大燈録』を百部講本として注文している。そして序文の年記は同年の三月中旬となっており、巻七の白隠の後語の年記は同年八月二五日となっているので約五カ月を要して講じ終ったものと思われる。序文につづいて白隠の「槐安国語開筵垂示」があり、白隠のなみなみならぬ意気込みが感じられる。

巻一には「竜宝開山語録中事（住大徳語要）」と題し、嘉暦元年から嘉暦三年の七月までの分に着語し、巻二は同じくそれ以降、元弘元年四月までの分、巻三は「住崇福語要」と題し、それ以降、同年七月までの分、巻四は「退崇福帰大徳語要」と題し、元弘元年七月以降、建武三年ころ、すなわち大燈遷化の前年までの分を収録したものである。巻五・六は大燈の頌古四八則を二巻に分けたもので、白隠はこれを『碧巌録』になぞらえ、垂示、本則と着語、評唱、頌と着語、評唱としており、もっとも力を入れたものと思われる。巻七は拈古に着語のみを付したものである。ただし原本の『大燈録』拈古第一一則、臨済上堂がはぶかれている。これは白隠が拈古第一〇則の大燈の着語、「尽く謂う日下に孤燈を挑ぐと、殊に知らず失銭遭罪なることを」の句に感激のあまり、おそらくあとの一則をわざとはぶき、この一句でしめくくったものと思われる。白隠としてはこれがずいぶん気になったと見え、後語まで書いている。その後には「参学、一諾編輯、同、元魯、宗実訂校」と記されている。またその後に現住安国小比丘全乙が後序を書き、寛延三年の年記がある。初版の刊記は「寛延三庚午仲秋上澣日、小川源兵衛発行」となっている。再版本は大徳寺管長牧宗宗寿が序文を書き、また今北洪川の序文を山岡鉄舟が書いている。そしてさらに独園承珠が跋を書いている。

注釈書に『槐安国語骨董稿』上下二巻があり、元魯編、宗実記となっている。なお『槐安国語』も『骨董稿』もともに『白隠全』3に掲載されている。〔平野宗浄〕

海雲山歴住略記【かいうんざんれきじゅうりゃっき】曹　一巻。古岳日峻（?—一七四二）、黄泉無著（一七七五—一八三八）等撰。詳しくは『海雲山普昭晧臺禅寺歴住略記』。長崎の海雲山晧台寺の寺誌および歴住の略伝。享保一一（一七二六）年に一一世日峻が開山亀翁栄鶴と重興開山一庭融頓の功績を中心にまとめ、のち二一世無著が天保二（一八三一）年に追補、さらに一世ごとに加筆して大正一四年の二七世金峰玉仙の伝記に終る。他に『肥前長崎海雲山普昭晧台寺由緒』も存する。〔所載〕曹全（史上）。〔佐藤秀孝〕

改永平寺世牌記【かいえいへいじせはいき】曹　一巻。玄透即中（一七二九—一八〇七）撰。寛政一〇（一七九八）年成立。即中のころまで三代相論などで永平寺住持の義介と義演が前住扱いになっていたのを正式に三世と四世とし、つづいて義雲を五世、曇希を六世とする旨を証左を引き記したもの。当の即中は五〇世。以後現在の世代にまでつづく数え方に定まった。玄透の真筆本の写しが埼玉県楞厳寺に所蔵される。〔所載〕永平寺史（下）、宗学研究13。〔吉田道興〕

戒会落草談【かいえらくそうだん】曹　一巻。雲欞（櫺）泰禅（一七五二—一八一六）垂示。志摩常安寺において、雲欞の住持中の享和四（一八〇四）年二月、授戒会を啓建したときの法話集である。十六条戒がその骨子で、経典をはじめ説話、因縁話を多く取り入れながら、戒法の意義を説いたものであるが、問題とすべき点が少なくない。〔所載〕曹全（禅戒）。〔佐々木章格〕

改悔文【がいけもん】浄真　一巻。蓮如（一四一五—九九）述。成立年代不明。『改悔』『領解文』ともいう。本書は、日ごろの安心領解をのべあらわしたものである。つまり、本願寺第八世蓮如のころには、報恩講のときに、篤信の僧俗が宗祖の御影前に跪坐し宗祖に対して自身の日ごろの心中を改悔して今得たる信心のおもむきを告白したのである。だが、告白するところは種々様々にてかえって不敬におちいる者もあった。そこで蓮如が、信仰告白の標準を定め諸人をして一定の形式のうえに告白させるためにつくったのが、この改悔文である。この文は、(1)安心、(2)報謝、(3)師徳、(4)法度の四段からなる。すなわち「もろ〳〵の」より「たのみまうして候」までが安心、「たのむ一念」より「よろこびまうし候」までが報謝、「この御ことはり」より「ありがたくぞんし候」までが師徳、「このうへは」より最後までが法度である。〔異本〕としては、大谷派依用の河内出口の光善寺所蔵の出口本、「報謝と」のうしろに「そんし」の三字があることだけが出口本と異なる、本願寺派第一八世文如の「右領解出言の文は」という奥書のある本願寺派依用本、甲州万福寺本、水戸磐船願入寺所蔵の科鈔本などがある。〔所載〕真聖典和文部、蓮如上人全書、真宗仮名法典中。〔佐竹大隆〕

改悔文科抄【がいけもんかしょう】浄真　一巻。如晴（一六五一—一七二二）撰。成立年代不明。如晴は大谷派、願入寺の僧。本書所依の改悔文は、茨城県水戸磐船願入寺に伝わる異本である。本書は、改悔文を、(1)信機、信法、専修心を明かすところ、(2)知識恩についてのべるところ、(3)出世間についてのべるところの三段に分け、字句解釈を施したものである。〔所載〕真大35。——→改悔文〔佐竹大隆〕

改悔文記【がいけもんき】浄真　一巻。宣明（一七五〇—一八二一）述。宣明は大谷派の第六代講師。成立年代不詳。本書は、文化元（一八〇四）年に一会にわたり講ぜられたものである。本書は、まず改悔文が信巻に根拠し、願成就の文意を顕わしたもので、名号六字のいわれにほかならないゆえんを注意し、次に興由を説き、題目を解釈したのち、本文を安心、師徳、御掟の四段に分けて説いている。〔所載〕続真大9。——→改悔文　〔佐竹大隆〕

改悔文聞書【がいけもんききがき】浄真　一巻。深励（一七四九—一八一七）述。成立年代不明。まず、改悔文の興由、末注、異本、制作の時処、題号についてのべる。そして、この文を、(1)述一念意、もろもろの雑行以下、(2)述相続思、たのむ一念以下、(3)結帰師恩、この御ことは以下、(4)要順法度、このうへは以下の四段に分け、安心、報謝、師徳、法度の四について述解する。〔所載〕続真大9。——→改悔文　〔佐竹大隆〕

改悔文講義【がいけもんこうぎ】浄真　一巻。霊曜（一七六〇—一八二二）述。成立年代不明。本書は、師である深励の『改悔文聞書』に、形態的にも内容的にも追従するものである。しかし、深励の説を排斥せずに用いながらも、自己の考えをもらしているところも見うけられる。〔所載〕真大35。——→改悔文聞書　〔佐竹大隆〕

改悔文略弁【がいけもんりゃくべん】浄真　一巻。僧鎔（一七二三—八三）述。成立年代不明。本書は改悔という題目の解釈と、改悔文中、とくに法度の部分について論述した書である。つまり改悔を、(1)法席に臨んで出言すること、(2)未発信の人が自力の心を改めて正信を決定すること、(3)領解、(4)信心とする。そして、改悔について四句分別を設定して機のあり方を考え、僧俗に対する皮肉をまじえながら、念仏者の心持を説く。〔所載〕真宗全62。——→改悔文　〔佐竹大隆〕

開元寺求得目録【かいげんじぐとくもくろく】天　一巻。圓珍（八一四—九一）録。唐大中七（八五三）年。『開元寺求得経疏記等目録』、（内題）『日本国求法僧円珍目録』ともいう。圓珍が帰国して官に進めた『智証大師請来目録』のほか、この『開元寺求得経疏記等目録』と、『福州温州台州求得経律論疏記外書等目録』と、『青龍寺求法目録』『日本比丘圓珍入唐求法目録』との四は、いわゆる在唐中、受法の区切りごとに記録した随身録である。圓珍は圓仁帰朝後、仁寿三（八五三）年七月一六日に太宰府を発し、八月一六日に唐の福州連江県に着く。この福州の開元寺で般若怛羅三蔵に就き、梵字悉曇ならびに、大日如来、文殊、如意輪、七倶胝などの契印と真言を習い、さらに存式から四分律疏や法華の註疏等を授かった。圓珍はそのあと九月二〇日に福州から天台山に向かって旅立ち、温州、台州等へおもむき、やがて越州、蘇州、洛陽を経て、大中九（八五五）年五月下旬長安に入り、半年余りを法全からの密教求法に費して、ふたたび天台山へもどる。この『開元寺求得経疏記等目録』は、四六部一五六巻と梵夾二部にわたるが、その内容は般若怛羅と存式らからの受法に関する内容で、『福州温州台州求得経律論疏記外書等目録』と、ほとんど重複する。もって圓珍の入唐当初の受法の具体的なすがたがこれによってつかめるわけである。園城寺に国宝の原本がある。〔所載〕仏全28、正蔵55。　〔木内堯央〕

開山弥阿上人行状【かいさんみあしょうにんぎょうじょう】時　一巻。性阿瑞光（生没年不詳）書。元弘元（一三三一）年成立。否定論もある。『一遍聖絵』の編者聖戒の伝記である。瑞光は聖戒の弟子色阿聖瑞の資で、聖瑞より相伝のままを記したという。聖戒と一遍との関係、善導寺草創、九条忠教の帰依をうけて寺を六条河原院へ移建、『一遍聖絵』の完成などをのべる。〔所載〕定時宗下、一遍上人絵伝（中央公論社版）。　〔橘　俊道〕

開迹顕本宗要集【かいしゃくけんぽんしゅうようしゅう】日　六六巻。日隆（一三八五—一四六四）著。成立年代は、「仏部」第一巻末に「享徳二年八月下旬より宗要を書き初むるなり」、「教相部」第一〇巻末に「康正二年十一月日」とあり、享徳二—康正二（一四五三—五六）年であることがわかる。『開迹顕本宗要抄』『本門法華宗開迹顕本宗要集』ともいう。日隆は室町時代を代表する勝劣派の学匠で、八品門流の祖。本書は天台宗の論義書である「宗要」に対し、本門法華の立場から解釈をほどこしたもの。天台宗が南都の論義から独立したのは、良源（九一二—八五）の時代である。以降、日本天台宗では論義が盛んになった。論義は文書と口述に分かれ、目的とするところは、破邪・顕正、自宗の宗義顕揚、他宗との論争、報恩謝徳、追善供養、修徒の学力考査等である。室町時代ころには論義も形式化し、論題も定まり、宗要、義科、問要の三種に分けられる。その中の宗要は、宗旨の要点を論談決択するのを主眼としている。しかもこの宗要は六部分からなり、檀那流では仏部、菩薩部、二乗部、教相部、五時部、雑部の構成順序となり、恵心流では仏部、五時部、教相部、二乗部、菩薩部、雑部の配列となっている。日隆と同時代の柏原貞舜（一三三四—一四二二）の『宗要柏原案立』は恵心流の形式をとり、室町時代成立の『宗要抄上三川』も同様である。ところで、日隆の著わした本書は、「仏部」一三巻、「菩薩部」七巻、「二乗部」八巻、「五時部」一二巻、「教相部」一〇巻、「雑部」一六巻という配列と巻数である。形式は檀那流に近いが、「教相部」と「五時部」との順序が異なる。日隆が天台宗の「宗要」に注釈をほどこしたことは、天台宗と日蓮宗との教義の違いを明確にするためであったと推測される。正本は尼崎市本興寺に所蔵。〔所載〕日隆聖人御聖教全5（昭30・初版、昭51・改訂再版）。　〔北川前肇〕

改邪鈔【がいじゃしょう】浄真　一巻。覚如（一二七〇—一三五一）述。乗専筆。建武四（一三三七）年九月、乗専の所望により口述筆記されて成立。また、伝蓮如書写本の識語によって覚如は口述だけでなく、みずから同年九月二五日に浄書したことが知られる。覚如は親鸞の曽孫にして本願寺第三世、諱を宗昭という。『口伝鈔』が顕正の書といわれるのに対し、本書は破邪の書といわれ、三代伝持の血脈相承の主張を背景として、当時の真宗教団における邪義異風を二〇カ条挙げて批判したものである。二〇カ条とは、⑴名帳の事、⑵絵系図の事、⑶遁世者の姿をし裳無衣、黒袈裟を着用する事、⑷同行等侶を弟子といって自専し放言悪口する事、⑸同行を勘撥するときに難行苦行を交える事、⑹同行知識に矛盾のとき、本尊・聖教を奪い取る事、⑺本尊・聖教の外題の下に願主の名字をさしおいて知識の名字を記載する事、⑻わが同行ひとの同行といって区別し相論する事、⑼同行に対して、知識に従わねば罰を受ける旨の起請文を書かせる事、⑽優婆塞・優婆夷でありながら出家のごとく強いて法名をもちいる事、⑾二季の彼岸を念仏修行の時節と定める事、⑿同一地域に近接して道場を設け別々に集会する事、⒀世・出世の二法について、「得分せよ」という名目をつねにもちいる事、⒁わざとなまって念仏する事、⒂一向専修の名言を重んじ、仏智不思議にて報土往生を遂げるいわれを沙汰せぬ事、⒃祖師先徳報恩謝徳の集会において、信心の沙汰をする必要がなく没後葬礼を本とすべきがごとく衆議評定する事、⒄因果撥無ということを持言とする事、⒅知識を弥陀に擬し、知識の住む所を別願真実の報土とする事、⒆凡夫自力の心行を仏智証得の行体という事、⒇末弟建立の草堂を本所と称し、本廟本願寺に参詣すべからずという事、以上である。本書識語に明記されている三代（源空、親鸞、如信）伝持の血脈相承の主張はすでに六年前の『口伝鈔』にその端緒が見られるが、覚如は、法統と血統との両者を踏まえた教団統率者として、大谷本廟本願寺が法灯伝持の道場であり諸国門弟門徒を統摂する真宗教団の中心であるという、本願寺中心主義の主張を基本にして、当時の教団内における聖道門や浄土門異流の影響を受けた異説、仏光寺の名帳・絵系図、種々な異義異風を邪説として批判し親鸞の正義を明らかにしようとしている。また本書には「われはこれ賀古の教信沙弥の定なり」「たとひ牛盗人とはいはるとももしは善人もしは後世者もしは仏法者とみゆるやうにふるまふべからず」（三条）、「たゞ道場をばすこし人屋差別あらせて小棟をあげてつくるべきよし」（九条）、「某閉眼せば賀茂河にいれてうほにあたふべし」（一六条）といった他に見られない親鸞の言葉とされるものが記されている。現存古写本については『真宗史料集成』1を参照のこと。〔所載〕浄土真宗聖典、親全4、真聖全3。〔参考〕石田瑞麿・歎異抄・執持鈔、本願寺史1。〔新作博明〕

改邪鈔遠測【がいじゃしょうおんじき】浄真　一巻。義門（霊伝）（一七八六―一八四三）講説、慶秀記。文化一五（一八〇八）年成立。義門は大谷派の学僧で、霊曜の門人。本書は覚如の『改邪鈔』を講説したもので⑴製作来由、⑵一巻綱領、⑶随文解釈、の三段に分けられるが、⑶随文解釈の部分を欠く。⑴を①起縁、②造意に分け、さらに①を1正明、2定㆓筆操觚人㆒にわけて、その2をa正定㆓筆者㆒、b論㆓文体㆒、さらにbを分帖是非、和字成章、造語雅俗に分けて論ずる。②を1為㆑欲㆑述㆓師承直語㆒故、2為㆑欲㆑隆㆓権化清流㆒故、3為㆑欲㆑簡㆓他家所伝㆒故、4為㆑欲㆑砕㆓末徒邪幢㆒故、5為㆑欲㆑擬㆓傍輩明鑒㆒故として論ずる。⑵一巻綱領は①能詮大綱、②所詮要領に分けられ、①は破邪顕正、②は信の一念を明らかにするためであると論じている。〔所載〕真宗全45。――→改邪鈔〔新作博明〕

改邪鈔随筆【がいじゃしょうずいひつ】浄真　三巻。円解（一七六七―一八四〇）説。成立年代不明。円解は大谷派の学僧。本書は覚如の『改邪鈔』の講録で、全体を製作来由、一部大旨、解題号、正釈文の四項に分ける。製作来由はまた縁由と造意とに分けられ、縁由は乗専の所望により製作されたとし、造意については親鸞門弟中の邪義異執禁遏のためにつくるとし、善鸞の異義、如道の邪義、了源の異義の三類についてのべている。一部大旨で本鈔の大綱要領は邪義を破して三代伝持の宗義、他力廻向の信心を顕すものであるとする。さらに題号、本文も詳しく解釈している。〔所載〕真宗全43。――→改邪鈔〔新作博明〕

改邪鈔丙午録【がいじゃしょうへいごろく】浄真　二巻。義譲（一七九六―一八五八）述。弘化三（一八四六）年成立。本書は覚如の『改邪鈔』の講録で、⑴撰述興由、⑵一部大綱、⑶入文解釈に分け、さらに⑴を①造縁、②造意に分けて、①は乗専の願によるとし、②は末徒の邪義を禁制するためとする。⑵は①大意、②旨帰とに分けられ、①は末徒の邪義を対破して三代相伝の正義を顕わすとし、②は一念帰命平生業成の義を顕わすとする。⑶入文解釈では題号、本文、跋文の順に詳しくのべている。〔所載〕真大24。――→改邪鈔〔新作博明〕

戒珠鈔【かいしゅしょう】浄　二巻。恵篤（一四一二―九二）述。成立年代不明。一本に恵篤とあるが、これは仁空実導が正しいと思われる。恵篤は西山六流中、康空示導を義祖とする本山義の人で応仁の乱当時西山三鈷寺に住し、嵯峨の二尊院、證空建立の白河の遺迎院ならびに生瀬の浄橋寺等を兼帯した。一五歳で出家、臨空中統に従って宗学を修め、とくに後土御門天皇の戒師となり、伏見般舟院を開いたことは有名である。諡号は円慈。本書は上下二巻にわたり菩薩戒について問答を施してある。冒頭に「菩薩戒者大小相対戒可言乎」として「菩薩戒は舎那修得の仏戒如来の金剛宝戒なり、三乗中の菩薩にも非ず、因果相望の菩薩にも非ず、ただこれ仏戒の至極において菩薩戒の称を立つるなり、ゆえに所伝の戒はこれ仏戒なりといえどもこの戒は師資相伝をもって本意とするゆえに能伝の人に約して菩薩戒と名づくるなり」と所依の『菩薩戒経』の首題を明かしている。次いで梵網法華有勝劣乎、三重玄五重玄其意同可言乎の項があり、梵網戒者通三聚浄戒乎の項では「定め難きところありといえどもしばらく三聚浄戒に通ずべしということ宗の大旨の存するところなり。およそこの戒は浄満如来修得の仏戒なり、因位の境界に非ざるゆえに経には衆生受仏戒即入諸仏位と説き、先徳は受戒の因即心に六即成就すと釈し給えり云云」と説き、さらに十重四十八軽戒為戒体為戒行乎等広範にわたって菩薩戒の思想を中心にのべている。写本を竜大、西宮市浄橋寺蔵。〔堀本賢順〕

楷定記【かいじょうき】浄　三六巻。道教（一二三八—一三〇四）述。成立年代不明。大体の年次は、その撰述九〇余巻の検討、引用典籍の種類、該博なる学識、雄健なる漢文等の考察から、弘安九（一二八六）年、『研覈鈔』一巻撰述の四九歳から嘉元元年六六歳の示寂にいたる間と推定されている。正式には『観経疏楷定記』という。道教は深草義の大成者で、鎌倉末期のもっとも代表的な宗乗学者のひとりであり、かれは京都市伏見区にある真宗院の開山深草義鼻祖円空立信の門弟である。

本書は『観経四帖疏』（善導集記）に釈された『観経』の旨趣を古今楷定的に祖述したもので、⑴「観経玄義分楷定記」（「玄楷」）一〇巻、⑵「観経序分義楷定記」（「序楷」）七巻、⑶「観経正宗分定善義楷定記」（「定楷」）八巻、⑷「観経正宗分散善義楷定記」（「散楷」）一一巻に分かれる。そして「玄楷」では、①（①は巻数）題号、説偈、②開章、序題、③釈名、④宗教、説人、⑤定散、⑥諸師、道理、返対、顕証、⑦別時、⑧二乗本、⑨二乗末、⑩得益の事項を祖述し、「序楷」では、①証信、化前、②禁父、③禁母、厭苦、④欣浄縁、⑤顕行上、⑥顕行下、⑦示観の事項を、「定楷」では、①日観、②水観、③地観、樹観、④池観、楼観、⑤座観、⑥像観、⑦真身観、⑧観音観、勢至観、普観、雑観の事項を、「散楷」では、①正因、正行、十一門、至誠心、②深心上、③深心下、④廻向心上、⑤回向心下、⑥尽上輩観、⑦中輩観、⑧下上品、⑨下中品、⑩下下品、得益分、⑪経釈、流通の事項について祖述してある。ちなみに「釈顕意述」と各巻初に記されている顕意の二字は、道教の非凡な資質を愛して師の立信がとくに道教のうえに冠らせたペンネームと伝えられる。

本書の大綱や教義の骨目の事項は、A『観経』を讃嘆しての二尊二教の教判論とB『観経疏』を讃嘆しての三重六義の教判論である。そして、Aは以下のように結びつき組織されている（—はその結びつきを示す）。⑴二尊—二教—二門—両宗—二意—念仏往生、⑵発遣—釈迦教—要門—観仏—意密—念仏往生、⑶来迎—弥陀教—弘願—念仏—密意—念仏往生。Bは以下のように結びつき組織されている。⑴観経—三重—六義—三経、⑵序—自力—能請・所請—観経、⑶正宗—仏力—能説・所説—観経、⑷得益—願力—能為・所為—大・小経。そして、自力は序の義の廃立、仏力は相対の廃立、願力は絶対の廃立。絶対とは「単信口称（南無阿弥陀仏）一向専修（念仏）の位に安住するをいう」と廃立行成の深草義が消釈祖述されている。

本書の版本には寛永版、寛文版、寛政版の三種類がある。『西全』『仏全』所収本は寛政版。〔所載〕西全6・7、仏全58・59。〔奥村玄祐〕

海上物語【かいじょうものがたり】通　二巻。草菴恵中撰。寛文六（一六六六）年刊行。撰者恵中は、鈴木正三の弟子であり、師の『驢鞍橋』や『石平道人行業記』の編者である。今日、鈴木正三の著述が残っているのは、恵中の功績も見逃せないが、その伝は詳しくはわからない。本書は、長崎の津より薩摩潟へ向かう船の中での話として展開しているので、その名が付されている。船中に乗りあわせた人びとは、老若男女の種々の身分や職業の人たちであり、めいめいが世間話に花を咲かせていた。そこに黙然として世間話に耳をかさない一人の僧を登場させ、山寺の入相（いりあい）の鐘を聞いて、おもわず高声に南無阿弥陀仏と唱えさせるのである。この念仏に心打たれた人びとが、この僧にそれぞれの疑問を聞いていくのである。避けられない死の一大事から説き明かし、無常の世にあって仏道の尊いことを教える。儒教や道教との関係も三教一枚と説きながら、さらに仏意がはるかに深い点を有漏の善ではなく、無漏の教えにあると説く。鈴木正三は曹洞宗の僧であるが、宗派を越えて禅浄双修を説く。本書もその立場が継承されて、最後は南無阿弥陀仏の唱名念仏で結ばれている。「それ仏道修行の本意は離相離名なり、強き心を以て一切の相に着せず、一念一念に命を捨る心にて、万事に勝て念仏するを臨終正念の念仏と云なり。強き心には一念の病なし、是を無心無念の念仏とも申すなり」という。〔石井修道〕

開心鈔【かいしんしょう】真　三巻。杲宝（一三〇六—六二）述。貞和五（一三四九）年成立。東寺所蔵の草本と流布している刊本には異同が見られる。禅宗と密教に関するものと煩悩菩提に関するものと真言宗の宗義に関するもの三〇章を収めている。各章とも問答体で、宗義を明らかにしようとしている。杲宝の教説を知るのに重要な書である。本書の直筆草本は東寺観智院に秘蔵。慶長木活版を谷大蔵。〔所載〕正蔵77。〔深津繁人〕

海蔵和尚（虎関）紀年録【かいぞうおしょう（こかん）きねんろく】臨　一巻。竜泉令淬（？—一三六五）編。室町初期成立。東福寺一五世で海蔵院に住した虎関師錬（一二七八—一三四六）の伝記を法嗣である竜泉が編年体で撰述したものである。童役を事とした竜泉が師の伝を記したことは、この紀年録が史料として第一等のものといえる。虎関は『元亨釈書』により仏教史家として後世に名を残す。〔所載〕続群書9下。〔西尾賢隆〕

戒壇院本尊供養事【かいだんいんほんぞんくようのこと】南　一巻。撰者不明。建長元（一二四九）年一一月二八日成立。後深草天皇の建長元年一一月二八日、東大寺戒壇院講堂本尊仏として、一丈六尺の釈迦如来像を安置し開眼供養した際の慶讃大法要式次第その他の記録。導師は法務法印定親前権大僧都、呪師は尊勝院宗性権大僧都が務め、大衆百十人参集の下に梵唄の詠進、万歳楽・延喜楽などの奏上があり荘厳を極めたさまが知られる。〔所載〕仏全122、東大寺叢書2。　〔里道徳雄〕

海東高僧伝【かいとうこうそうでん】［通］二巻。覚訓（生没年不詳）撰。高麗高宗二（一二一五）年成立。覚訓は五冠山霊通寺の住持をし、高麗国王より紫衣を賜わった学僧で、高麗国王の宣により本書を撰した。本書は、海東（朝鮮）関係の高僧の伝記を収録するが、現在は逸書であり、巻一・二のみが伝来し、当初の巻数、収載人名は不明である。巻一の初めに流通一の一とし、仏教の起源から中国、高句麗、百済、新羅への伝来をのべ、仏滅より高宗二年までの年次を数えている。次に高句麗解味留王二年に仏教を伝えた順道の伝記から始め、亡名、義淵、曇始、摩羅難陀、阿道、法空（法興王）、法雲（真興王）の伝を収める。巻一は朝鮮三国に仏教を伝え、興隆させた人物を収録する。巻二は中国、インドに留学した僧侶で、覚徳、智明、円光、安含、阿離耶跋摩、慧業、慧輪、玄恪、玄遊、玄大の伝記を集めるが、阿離耶跋摩以降は、求法の旅に出、ついに朝鮮に帰らなかった人びとである。全部で一九名であるが、これらと関係深い人びとの伝も収録し、さらに多くの伝のあとには覚訓が付したと思われる賛がある。資料は『三国史記』、古記、朴寅亮殊異伝や各種僧伝、碑文等を集め、記述したことが文章から窺われる。朝鮮三国のうち、百済関係の伝は少なく、摩羅難陀一人のみで、本書を資料としたといわれる『三国遺事』にも影響を与えたと思う。〔所載〕仏全114、仏全鈴64、正蔵50。　〔松木裕美〕

快馬鞭【かいばべん】［臨］三巻。東嶺円慈（一七二一―九二）著。成立年代は不明だが享和元（一八〇一）年に伊豆竜沢寺より刊行された。東嶺円慈は近江国神崎の人、俗姓は佐々貴氏であった。九歳にして郷里の高山について得度、一七歳で行脚に出て古月禅材はじめ諸老宿に参じ、寛保三年白隠慧鶴の会下に加わり大悟した。師の白隠を驚かし刊行をすすめられたという『宗門無尽灯論』の著作は有名で、日本禅を中興した白隠を扶け、大器の遂翁、微細の東嶺が宗門を興起した功績は大きい。寛政四年、世寿七二歳で示寂した。本書は冒頭の入道の要訣に「夫レ禅宗ノ凡夫地ヨリ直ニ仏地ニ登ルト云ニ、五ノ料簡アリ。一ツニハ同性ノ義。二ツニハ異塗ノ義、三ツニハ憤励ノ義、四ツニハ進修ノ義、五ツニハ帰本ノ義ナリ。是ヲ要路トス」と挙げ、それぞれについて懇切に示し、また四衆に示す法語、道歌二一首、快馬鞭後序を霧隠が撰し、東嶺の行履を記録したものが、中・下巻に収められ、小師の了慧が編集し、参学の玄如が校正を加えた旨が記されており、法叔の太霊の序文をえて、享和元年辛酉二月、伊豆竜沢寺において上梓、江湖に施与されたという。微細の東嶺が求道者のためにきわめて懇切な教示をしており、ひとり禅門のための書ではあるまい。〔所載〕白隠全集、仏全115、禅法全3。　〔池田豊人〕

戒法論【かいほうろん】［曹］→梅山和尚戒法論【ばいさんおしょうかいほうろん】

戒本大要【かいほんたいよう】［真］慈雲（一七一八―一八〇四）説、宗顗尼記。戒本とは、諸部律・梵網菩薩心地・瑜伽菩薩地の三種の戒本のことで、それらの要義を述べたものである。諸部律の戒本は、僧宝の系統を継ぐもの。梵網戒本は、菩薩の立場を明らかにして人びとを教化するためのもの。瑜伽戒本は、正法を護持するためのもので、慈雲が唱導した正法律は、これら三つの戒本を一つにしたものである。〔所載〕慈全14。　〔福田亮成〕

開目抄【かいもくしょう】［日］一巻。日蓮（一二二二―八二）著。文永九（一二七二）年成立。本書撰述の理由は、一に教団の危機打開のため。すなわち建長五年の立教開宗以来の『法華経』弘通は迫害受難の連続であり、ことに文永八年の竜口法難により、日蓮教団は崩壊の危機に瀕した。この危機を打開するため日蓮の弘教に対する弟子たちの疑念を払拭し、外部からの批判に答える必要があった。そこで受難の法華経的意義を明らかにし、迫害惹起の原因たる折伏弘教の時代的必然性を示し、日蓮のいだいてきた抱負と使命感をのべ、危機を根本より一掃せんとしたのである。二に自身の開迹顕本のため。開宗以来の法難の連続は、仏滅後の弘経者の受難を予言した仏の未来記を色読体現したことを意味する。そこで仏の予言を実証した日蓮こそが、正しく末法の法華経の行者であることを明らかにし、末法の導師として三大誓願を立て、みずから本化上行の応現たることを開顕せんとしたのである。三に後世への記念、形見として。佐渡配流となった日蓮は死を覚悟し、後世の門下檀越に一期の大事、日蓮が不思議を留めおかんとして、本書を撰述したのである。

題号の「開目」とは、盲目を開くの意である。その盲目には人に対する盲目と法に対する盲目があり、習学すべき真実の法と尊敬すべき真実の導師を明らかにして、一切衆生の盲目を開かしめるのである。本書の中心は日蓮が法華経の行者であることを確定するところにあるから人開顕の書といわれる。

内容を三段に分けてみると、まず序分には末法の導師を開顕するに先立ち、末法の衆生が信ずべき正法が示される。すなわち仏教、儒教、外道のすべての思想教学を五重相対によってその権実を批判し、法華経本門寿量品の文底事一念三千を真実の法と定め、法華の正法が失われたため日本国は滅亡の危機に瀕しているというのである。

正宗分では、一に迹門の二乗作仏と本門の久遠実成の二箇の大事を挙げて、『法華経』が難信難解、随自意真実の教であることを論じ、この二大法門が成仏の原理である一念三千の精華であることを説く。二に自身の開宗以来の発願、弘経、受難、懐疑をのべ、『法華経』の難信難解が末法の今、現実に起きていることを論じ、末法の法華経の行者はだれかを解明する。三に二乗、諸天、菩薩、諸仏は『法華経』によって成仏得道したのであるから、法華経の行者を守護すべき責任があることを論証し、四に経文と事実の一致を示して日蓮こそが末法の導師であると宣言し、「我れ日本の柱、眼目、大船とならん」と三大誓願が発表される。

流通分では摂受、折伏のいずれが末法相応の弘経法であるかを論じ、折伏下種の弘経が正しいと決するのである。

本書は本仏釈尊から末法の弘経を付嘱された師はだれであるかを解明することを主題としつつ、日蓮の教学体系を概説し、護惜建立、死身弘法の法華経の行者の使命を強調している点で、日蓮遺文中の第一であり、『観心本尊抄』の「法開顕」の書とともに日蓮教学の中枢となっている。〔所載〕定日遺。〔参考〕山川智応・開目抄講話、茂田井教亨・開目抄講讃、清水龍山・日蓮聖人遺文全集講義9、石川海典・日蓮聖人遺文講義2。〔小松邦彰〕

戒律興行願書【かいりつこうぎょうがんしょ】[南] 一巻。貞慶（一一五五—一二一三）撰。承元年間（一二〇七—一一〇）成立。『戒律再興願文』ともいう。鑑真を祖とする四分律宗の再興を訴えた願文。海住王寺に住した晩年の解脱上人貞慶は、文中、南都の戒が聖武朝以来行われたにもかかわらず、現在その衰微がはなはだしいことを嘆き、同時に菩薩十重禁戒四十八軽戒が聖教にないことから出家大僧戒とすべきでないこと等々、四分律の歴史的・教学的優位性を論じている。文末に弟子戒如の「律学事」一篇を付録する。〔所載〕仏全105、日蔵（戒律宗章疏2）。〔里道徳雄〕

戒律伝来記【かいりつでんらいき】[南] 三巻（上巻のみ存し、中・下巻は欠）。豊安（七六四—八四〇）撰。天長七（八三〇）年成立。序文によると、正式の書名を『戒律伝来宗旨問答』という。豊安は鑑真の思想的流れをくみ、唐招提寺の第五代の住持になった人物である。本書は四分律を中心とした戒律伝来を問答形式で撰述したものである。上巻の構成は四つの章からなっている。まず最初の章の仏伝西域では、インドから西域への伝来が説かれ、とくにインドにおける律の相、五部二〇部の分裂、さらには四分律の所属が論じられている。二章の風聖流漢では、漢地（中国）への伝来が説かれている。三章の百済伝日本では、鑑真来朝以前の百済からわが国への伝来が説かれている。本章では百済の許智部ののべた『年代記』や『日本記』が引用され、広庭天皇即位の一三年より高野天皇即位の天平勝宝六年までの一一〇年の間はわが国では、戒法は精厳でなかったとしている。四章の大唐師所伝では、鑑真による戒律伝来と唐招提寺建立が説かれている。本書は天長七年、淳和天皇の勅命により法相、三論、天台、華厳、真言、律といった諸宗の宗要を明らかにすべく編述された、いわゆる、天長勅撰六本宗書のひとつであるという性格から、律宗の立場を明確にするというところに特徴をみることができる。享保五年写本を唐招提寺蔵。〔所載〕正蔵74、仏全105、日蔵35。〔由木義文〕

臥雲日件録【がうんにっけんろく】[臨] 鹿苑僧録をつとめた相国寺の瑞渓周鳳（一三九二—一四七三）の日記。臥雲は瑞渓の別号。文安三（一四四六）年から文明五（一四七三）年瑞渓示寂の直前まで書かれた七冊の日記を指すが、原日記は散佚し、相国寺光源院の惟高妙安が永禄五（一五六二）年に抄録した『臥雲日件録抜尤』一冊のみが伝わる。抄録の原本は田中穣氏蔵（東大史料編纂所寄託）。〔所載〕『抜尤』は大日本古記録、続史籍集覧3。〔加藤正俊〕

嘉会宗義鈔【かえしゅうぎしょう】[日] 二巻。円明日澄（一四四一—一五一〇）著。成立年不明。日澄は字を啓運といい、一如坊と称す。日円に師事し、長じて『日蓮大聖人註画讃』『日出台隠記』『法華神道秘決』『本迹決疑鈔』『法華啓運鈔』など、多くの書を著わした。本書は宗義を論述したもので、五義・三大秘法についての概説である。冒頭に各宗に宗旨と宗教があるとして、天台宗の宗旨は一心三観・一念三千、宗教は四教五時であり、日蓮宗の三大秘法は宗旨、五義・四箇格言は宗教とする。次いで教について略説したのち、台当の異目として、(1)付属（属累塔外惣付、神力塔中別付）、(2)所属法（広略、要法）、(3)所付人（迹化菩薩、本化菩薩）、(4)出世時節（像法四依、末法四依）、(5)修行二異（権実双用摂受、但令用実折伏）、(6)(7)本無、(8)観法位異（観行即、名字即）、(9)所化機（本已有善未謗順縁機、本未有善已謗逆縁機）、(10)得益異（脱益、下種）をあげている。以上の問題を五義・三大秘法に関連させながら論述し、末法の、教は本迹一致の題目、機は本未有善謗法逆機、国は法華経有縁日本国、師は本化別付、行法は折伏下種であるとし、最後に宗旨の三大秘法に言及する。なお叙述中の年代の矛盾から日澄著には疑義がある。刊本は元禄四（一六九一）年で、奥付（天正二年）に、備前国宗善寺日忠より借用、書写とある。〔参考〕日蓮宗教学史、日蓮宗事典。〔庵谷行亨〕

可延定業書【かえんじょうごうしょ】[日] 一篇。日蓮（一二二二—八二）筆。文永一二（一二七五）年成立（弘安二〈一二八〇〉年説もある）。別称『病軽重事』『依法華経可延定業抄』。病床にあった檀越の富木尼に対する日蓮の見舞状。釈尊が人びとに授けられた良薬である『法華経』の信仰によって、病も必ず平癒すると、経文やインド、中国の故事および日蓮が実母を蘇生させた例をあげて富木尼を激励したもの。真筆一〇紙完、市川市法華経寺蔵。〔所載〕定日遺1。〔庵谷行亨〕

柿袋【かきぶくろ】[真] 一巻。真誉（一〇六九—一一三七）撰。『[illegible]経袋』ともいうが、持明院流祖真誉による諸尊法口訣で、これを柿色の袋に入れて秘蔵した故に『柿袋』と称せられる。諸尊法口訣蒐集書多数ある中、最古のものに属するゆえ研究資料的価値ありとされている。ただし、『大正蔵経』収録の本には、題下に五九の尊法名目を列記しているものの、内容は相応していない。おそらく欠落したものであろう。〔所載〕正蔵78。伝流所伝本は四一尊。 〔布施浄慧〕

覚阿上人に与ふる法語【かくあしょうにんにあたうるほうご】曹 一巻。大智（一二九〇―一三六六）撰。延元元（一三三六）年成立。別に『鳳儀開山大智禅師法語』『大智仮名法語』『示㆓菊池寂山入道㆒』ともいう。明峯素哲の法嗣大智の仮名法語である。熊本県広福寺所蔵の写本には内題等はなく、奥書の「延元元年九月十四日書㆓与覚阿上人㆒、以為㆓日用警策㆒」によって書名を定めたものである。しかし、他の異本・刊本にはこの奥書はなく、別名のごとくの内題がある。この法語を何人に与えたかには覚阿上人（不詳）、寂阿入道（菊池武時）、寂山入道（菊池武重）の三説があるが、大智が晩年肥後に帰郷してからのものと考えられる。本書の内容は、生死の大事を了畢しようと思うならば、まず無上菩提心をおこすべきことが説かれる。無上菩提心とは無常を観じることであり、仏道を求める人は生死事大、無常迅速なることを忘れてはいけないとする。この生死の大事を截断するのは坐禅であり、坐禅を修行するうえでの注意が述べられるが、いかなるときも仏道を求めようとする志を堅持するのが真実担道の人であるとしている。さらに五戒を堅持すべきこと、三宝を敬い善根を修すべきこと、衣食住を節倹にし、驕奢名利を好んではいけないこと、果報を望んではいけないこと、等を堅固に護持すべきことが説かれている。〔所載〕曹全（法語）。〔参考〕曹全（解題）。 〔伊藤秀憲〕

学生式講弁【がくしょうしきこうべん】天 一巻。大椙覚宝（一八〇八―九〇）述。成立は明治年間。本書は、日本天台宗の開祖伝教大師最澄の著わした『山家学生式』の中から、約六〇項目について、第二三四代天台座主であった覚宝が、簡単に説明を加えたもので、『顕戒論講弁』三巻の付録として、『天台法華宗年分縁起講弁』一巻とともに撰述されたものである。〔所載〕天全9。〔参考〕山家学生式。 〔小方文憲〕

学生式問答【がくしょうしきもんどう】天 八巻。最澄（七六六―八二二）撰？ 正しくは『天台法華宗学生式問答』という。最澄は伝教大師、日本天台宗祖である。一乗仏教を探求して、『法華経』の一乗思想をよりどころとし、中国隋代の天台大師智顗による『法華経』を基調とする教学に裏づけられて、延暦二五（八〇六）年、天台法華宗開宗を許された。しかし、その理想を実現するためには、純粋に一向大乗の寺を設け、菩薩僧の緊急な養成をめざして、その方途を記した『学生式』を著わした。本書はこの『学生式』について問答体をもってその内容を解説しようとした一書である。巻一に「問て曰く、何が故に此の学生式を立つるや」等、巻二に、「問て曰く、式に曰く法華宗天台年分大乗の類」となす等。巻三に「問て曰く、若し小乗戒に依らずんば大小の臈次其の上下何ん」等。巻四に「問ふ。式に曰く、仏子戒を授くとは、何の経の戒なりとせんや」等。巻五は、「問ふ、若し菩薩戒を授けて別に大乗の類を立てば、其の菩薩戒の師師相伝何ん」など、巻六は「問て曰く巻三の伝法師天台智者大師の行事何ん」などそれぞれ問答体をなしている。巻七は「問ふ第四の伝戒師潅頂大師の行状何ん」など、巻八には住山、国師と標して、「問て曰く、何が故に山中および蘭若等の処に住せしむるや」などの問答がつづく。いわゆる六条式『天台法華宗年分学生式』解釈で終始し、撰述の趣旨において最澄ではなく後人の著であろう。〔所載〕伝全1。 〔木内堯央〕

学信和尚行状記【がくしんかしょうぎょうじょうき】浄 二巻。慧満・僧敏（生没年不詳）。文政四（一八二一）年成立刊行。安芸国厳島光明院に住した学信（一七二一―八九）の行実を和文でほぼ編年体にまとめた伝記。学信の三三回忌に際し、弟子の慧満と僧敏が編集、京都専念寺の順阿隆円が増補して上梓したものである。学信は正蓮社行誉敬阿と号し、増上寺豊誉より華王道人の印章をうけ、晩年は無為と自称したとある。伊予国今治に生まれ、宮島加祐軒で示寂するまでの事蹟、生前の逸事や『蓮門興学編』等の著述のことなどが記され、最後に和歌や『懺悔和讃』などが収録されている。慧満・僧敏それぞれの題辞、隆円の跋、知恩院迎誉貞厳の序がある。〔所蔵〕京大（刊本）。〔所載〕浄全18。 〔粂原勇慈〕

覚禅鈔【かくぜんしょう】真 一三六巻（写本により一定せず）。覚禅（一一四三―一二一三―）撰。各巻の奥書により安元二（一一七六）年より建暦三（一二一三）年の間、覚禅三四歳から七一歳までの三七年をかけた撰集したことが知られる。『百巻鈔』『小野百巻抄』、まれに『浄土院鈔』ともいう。覚禅の名は複数の人物を指すが、『覚禅鈔』を撰した覚禅は勧修寺の興然（一一二〇―一二〇三）と醍醐寺の勝賢（一一三八―一一九六）、あるいは実海（生没年不詳）を師とした。『弘鑁口説』に「源平の戦を知らざる人」といわれ、『醍醐鈔』が「百巻抄は覚禅の作なり。勧修寺方の人なり。源平の乱の時分に製作あり。ここに彼の乱を知らざる程の人なり」と評したほど、密教事相の研究に没頭した人である。実際はこれほど世事にうとい人物ではなく、『大威徳法中』（巻九四）に「寿永二年七月二五日より平氏西国に下落。その後平乱起り、天下静ならず」とか「同年正月二十日、義仲滅亡。二月七日平氏悉く打たる。法験あるに似たり」とのべ、乱世における修法の実体につき、その一端をのべている。本書は天台宗の『阿娑縛鈔』と対比される真言宗の修法を集成した書である。巻一の光明真言法の写本日記によると、一九歳より元暦元（一一八四）年の四二歳まで四二カ所を訪れて収集して来たと記しているので、すでに一九歳のときから『覚禅鈔』を準備していたと推定できる。訪問した四二カ所のすべてを明らかにすることはできないが、書写の場所として東山草庵（観音寺庵室）が多く、ここに止住しつつ、醍醐寺、勧修寺、富小路壇所、綾小路壇所、法住寺、高野山東別所、金剛峯寺往生院、慈尊院などに赴いたと思われる。元久二（一二〇五）年以後は勧修寺浄土院が多いので、ここに移住して書写したのではなかろうか。覚禅の収集態度は『阿娑縛鈔』の承澄が遠く鎌倉にまで赴いたのと対照的に、せいぜい高野山までであり、主として、真言・天台両宗の修法書と図像を所蔵していた壇所において収集したと想像できる。一三六巻の構成は旧来の分類を拡大し、仏部（一〇）、仏頂部（八）、経部（二〇）、観音部（一八）、文殊部（四）、菩薩部（一七）、明王部（二二）、天部（二三）、雑部（一四）の九部となっている。記述形式は必ずしも一定しないが、内容的には、具書、功能などの諸事項、従来どおりの梵号、密号、種子、三昧耶形、形像などが記述されている。形式が一定しない理由は、壇所などにおいて、形式の異なる修法書をそのまま収録したからであろう。内容面の特徴は形像を説く経軌の豊富さである。これと比例して図像の数も三九一と増加している。図像の特徴は従来から知られている図よりも異図、新図を求め、かつ経・軌の説文によって作図したものも多く、この図が実際に修法の本尊とされたかどうか不審な図も載せている。たとえば馬頭観音では「経説明らかならざる故に古像これを図す」という。また胎蔵図像と同系統の図を掲げ、養和年中（一一八一―八二）にこれを書写したこと、またこれが最極秘の蔵本であることを注記している。〔所載〕正蔵（図像部4―5、勧修寺蔵本中心）、仏全（45―51、増上寺蔵本）。〔清水　乞〕

学道用心集【がくどうようじんしゅう】曹　一巻。道元撰。天福二（一二三四）年ころ成立。延文二（一三五七）年刊。『永平初祖学道用心集』ともいう。参禅学道に当たっての用心を一〇カ条にわたって説示したもので、道元の宗教思想の全容を成す『正法眼蔵』参究の枢要を示すものでもある。

内容は第一菩提心を発（おこ）すべきこと。第二正法を見聞しては必ず修習すべきこと。第三仏道は必ず行によって証入すべきこと。第四有所得心を用（も）って仏法を修すべからざること。第五参禅学道は正師を求むべきこと。第六参禅に知るべきこと。第七仏法を修行し出離を欣求する人は、須らく参禅すべきこと。第八禅僧の行李のこと。第九道に向って修行すべきこと。第十直下承当（じきげじょうとう）のこと。の一〇段より成り、観無常心（無常を観ずる心）を基底として仏祖道を修証する不染汚行（ふぜんなのぎょう）。執われ・偏りに染著されない真実のありかた）を懇切に説いている。なお本書の延文本の刊行は日本曹洞宗の典籍の最初の刊行本として重視すべきものであるが、延文本は散佚してその模刻本が存する。別に『学道用心十則』と題する弘長三（一二六三）年義奨の筆写本（岸沢文庫蔵）があり、道元撰述時の原型を知る唯一の手掛りを示している。〔所載〕曹全（宗源上）、道元全。〔河村孝道〕

覚鑁上人伝【かくばんしょうにんでん】真　覚鑁（一〇九五―一一四三）の伝記類。古写本としては『高野山大伝法院本願霊瑞並寺家縁起』二巻（正応五年の奥書あり）、『大伝法院本願上人伝一巻（南北期中期）があり、刊本として、『密厳上人行状記』三巻（寛文一二年刊）、『興教大師年譜和讃』一巻（安永三年刊）がある。その他諸書に収める伝記に、『覚鑁上人伝』（『伝法院座主補任次第』『伝法院本願上人銘』（『真俗雑記』）をはじめ、『元亨釈書』『真言伝』『続群書』215『東国高僧伝』『高僧伝』『伝燈広録』など多数。集成本として、『興教大師伝記史料全集』（昭17）がある。〔清水　乞〕

革弊論【かくへいろん】曹　一巻。黙室良要（一七七五―一八三三）撰。文政三（一八二〇）年成立。一説には瑞岡珍牛（一七四三―一八二二）撰。文政元（一八一八）年ころの成立とも。珍牛や黄泉無著らが尾張曹洞宗寺院へ、古規の遵行を申し渡した触書に対し、大乗寺式の清規、すなわち月舟・卍山の『椙樹林清規』を依用している寺院から反駁してきた五つの項目に対して、黙室が返破したもので、古規復古が唱えられている。別に横関良胤の紹介した珍牛撰のもの（『洞上公論』75所載）がある。写本を愛知教育大に蔵する。〔所載〕宗学研究24。〔佐々木章格〕

隔蓂記【かくめいき】臨　三〇巻。鳳林承章（一五九三―一六六八）撰。寛文八（一六六八）年成立。鹿苑寺（通称金閣寺）の鳳林の寛永一二（一六三五）年から示寂にいたるまでの日記。江戸時代初期の禅院とその周辺、皇室、公家、文化人から庶民にわたるひろい範囲の史料、法要行事、和漢連句、茶器、華器、庭園等に関する記事を収める。鹿苑寺所伝の鳳林の自筆本が昭和三三―四二年にかけて赤松俊秀校注本六巻として刊行。〔伊藤東慎〕

鶴林鈔【かくりんしょう】真　二巻四帖。心覚（一一一七―八〇）撰。『別尊要記』ともいい、事相諸事について心覚の口決を記したものである。成立年代に関しては、奥書に「治承二年四月二十六日粗記二師説一了」とあるところから、心覚晩年の作と思われる。第一帖兼意、第二帖覚印、第三帖宝心、第四帖成就房、恵什、宝運の口伝を集記している。一説にはそのうち、成就、兼意、恵什、宝運、の四師の口決を受けて記されているともいう。目次は第一帖、尊勝法本尊事、尊勝空印事、祈雨法、孔雀経法、求聞持、潅頂問不審事、左遶行道事、持金剛衆無言行道事、三昧耶戒時用小供養法事、金剛線結様、臂訓、大阿闍梨持瓶行道、門前灑水、〈以下略〉。第二帖、法花、尊勝法、歩擲等読事、御素木加持、半只迦大将事、以大法修別尊事、十八道本尊、求聞持、大元法、〈以下略〉。第三帖、潅頂重授事、妙拳士印明事、六帖奥曼荼羅、宝冠五仏事、五宝等納瓶事、〈以下略〉。第四帖、

別壇古摩、星供作法、香像、八千枚事、珠法外、儀記事、求聞持相承、虚空蔵天冠法、為亡者修古摩、水月観音法、〈以下略〉。写本に元亨二年本が現存する。〔村山正俊〕

摑裂邪網編【かくれつじゃもうへん】浄眞 二巻。潮音（一七八三―一八三六）述。文政一二（一八二九）年刊。潮音は江戸駒込の本願寺派西教寺の住職であるが、若くして本山の学校に入って宗学を受け、また江戸の慧澄について天台を学んだり、あるいは神・儒学にも通じた。本書は富永仲基の『出定後語』が大乗を非仏説であるとしているのに対し、大乗仏教をまもるために、その標題を始めとしていちいち文章を引き、逐条ごとに弁駁し破斥している。著者の識見と仏法護持の強固な意志をうかがうことができる。写本を竜大に蔵す。〔所載〕真宗全59。〔参考〕仏解、真宗大辞典。〔五十嵐明宝〕

迦才浄土論余暉鈔【かざいじょうどろんよきしょう】浄 五巻。知俊（一六八〇―一七五五）述。宝暦二（一七五二）年刊行。『浄土論余暉鈔』『余暉鈔』ともいう。知俊は正蓮社法誉源国空然と号し、寛保三（一七四三）年伝通院から金戒光明寺に晋董（四一世）。唐迦才撰『浄土論』三巻の唯一の注釈書である。第一巻「玄義」は総論と各章の概要、第二巻以降が「文句」で、いちいちの字句の解釈である。第二巻は序および第一定土体性章について、三巻は第二定往生人章、第三定往生因章、四巻は第四出道理章、第五引聖教為証章、五巻が第六引現往生人相貌章、第七将西方兜率相対挍量優劣、第八教興時節章、第九教人欣厭勧進其人章の解釈となっている。初めに自序、後に知東の跋がある。〔所載〕浄全続7。〔条原勇慈〕

華山院家四十八問答【かざんいんけしじゅうはちもんどう】浄 一巻。顕意道教（一二三八―一三〇四）記。別に『華山院六八問答』ともいう。奥書に「正応五年壬辰八月一五日沙門顕意謹記」とある。顕意は薩摩島津の人で一八歳のときに上洛、證空の上足円空立信（深草義祖）の門に入る。師の寂後、嵯峨の釈迦堂、竹林寺等に住し著述に精励する。とくに弁論に長じ、本書のほか『仙洞三心義問答記』『賢問愚答抄』『観経義拙疑巧答研覈抄』がある。なお、主著『観経疏楷定記』三六巻は立信の『深草鈔』とともに西山深草派の重要な書物である。本書は四八の問答より成っているが、浄土教に関する諸問題を『浄土三部経』所説の内容を中心として、主として善導疏等を引用して論じている。主な問答は「釈尊出世本懐在㆓念仏往生㆒可㆑言哉」として「玄義分」『無量寿経』を挙げて説明するのを第一問答とし、以下聖浄二門、十劫正覚以前不㆑可㆑有㆓念仏往生㆒歟、五劫思惟発願時歟修行時歟、十方西方浄土可㆑有㆓勝劣㆒耶、大経十九二十願諸行本願歟将又来迎果遂願歟、化前序差㆓一代諸経㆒歟、諸経観経定散同歟異歟、三経念仏宗趣一轍、念仏行者可㆑発㆓菩提心㆒耶、韋提得忍序正之間何時哉、自力他力念仏、摂取光明、三心限㆓念仏者㆒歟亘㆓諸行㆒歟、三心退不退、三心浅深、平生業成人、臨終業成人、下品下生の念声、臨終狂乱人の往生等である。これらの問答の対論者がだれであるか、あるいは自問自答であるかは不明である。〔所載〕正蔵83。〔堀本賢順〕

峨山和尚過眼集【がさんおしょうかがんしゅう】曹 一巻。康安二（一三六二）年に行った峨山韶（紹）碩（一二七六―一三六六）の提唱を、のちに門人がまとめた。峨山と門人たちの問答、瑩山紹瑾、明峯素哲、太源宗真、通幻寂霊らの問答も見られる。峨山をめぐる日本曹洞宗の南北朝時代における曹洞宗侶たちの家風を知る貴重な法語のひとつである。〔所載〕続曹全（法語）。→峨山法語　〔東　隆眞〕

峨山和尚山雲海月【がさんおしょうさんうんかいげつ】曹 三巻。著者明記なし。貞治三（一三六四）年から、石川県総持寺で高弟たち数人に対して、亡くなる二年まえ、八九歳の峨山韶（紹）碩（一二七六―一三六六）が行った提唱を、のちに門人たちが筆録し、編集した漢文体の法語。略して『山雲海月』という。本書は、臨済、曹洞、雲門、潙仰、法眼、楊岐、黄竜のいわゆる中国禅宗の五家七宗のそれぞれの特質を列挙し、兼中到、兼中至、正中偏、偏中正、正中来の五位説をもって宗旨を説いている。かつて道元は、五家七宗に分裂した派閥的禅宗を痛撃して、全一の仏法を力説し、五位説などの機関を拒絶して、じかに只管打坐する仏法を唱導した。本書は、これに反して五家七宗の存在と意義を容認し、五位説を説く。これは明らかに矛盾であるが、一つの理由として、僧団の拡張期ともいうべき室町時代にあって、宗門をひろく解放する意図がひそんでいたと思われる。はたしてその狙いは成功し、以後、さまざまな五位説が滔々として流行するにいたるのであるが、本書はじつにその先駆をなすものである。本書は五位説ばかりを説いているわけではないが、その五位説の特異な項目のせいもあって、疑問視する向きもある。〔所載〕曹全（語録1）。〔東　隆眞〕

峨山和尚談義見聞【がさんおしょうだんぎけんもん】曹 一巻。峨山韶（紹）碩（一二七六―一三六六）述。成立年代不明。『宏智禅師広録』巻六の一部について峨山が談義したのを、門人がまとめた。漢文片仮名混淆文。〔所載〕続曹全（法語）。→峨山法語　〔東　隆眞〕

峨山和尚法語【がざんおしょうほうご】曹 ①二篇。峨山韶（紹）碩（一二七六―一三六六）撰。成立年代不明。万治二（一六五九）年刊の『永平開山道元大和尚仮名法語』に所収。別に『峨山仮名法語』ともいう。第一篇は「学道の用心」、第二篇は「単直不疑の性」とも題される。第一篇は学人が始めて仏道を学ぼうとするときには、まず語、黙、動、静、惣是、惣不是の六句を捨離すべきであることが、第二篇では、単直にして疑わざる本性を自覚すべきことが、説示されている。両篇とも仮名交り文である。〔所載〕曹全（法語）。②『峨山紹碩和尚法語集』五篇中の(1)―(3)に『峨山和尚法語』として所収。各一巻。⑴⑵は成簣堂文庫所蔵の『峨山和尚法語』(題簽)一巻のうちに収められているもので、長禄四(一四六〇)年、峨山の法孫の禅林の書写。⑴は五家七宗、五位、戒体、坐禅等について説示したもの。⑵は原本には無題であるが収録にさいして表記のごとき書名を付したもので、古則をとりあげその意をのべている。⑶は茨城県六地蔵寺所蔵の『無名冊子』なる古写本に収められている漢文体の法語で、正中元(一三二四)年峨山が総持寺の法席を継いだときの上堂法語と考えられている。なお、この『峨山紹碩和尚法語集』には、他に⑷『峨山和尚過眼集』、⑸『峨山和尚談義見聞』の法語も収められている。〔所載〕続曹全(法語)。〔参考〕曹全(解題)。〔伊藤秀憲〕

峨山和尚法語挙揚語【がさんおしょうほうごこようご】曹 一巻一冊。峨山韶(紹)碩(一二七六—一三六六)の法語(『曹全』法語所収)を南英謙宗が段区分し漢文体で達意的評釈を加えたもの。〔所載〕続曹全(注解3)。——→峨山和尚法語〔松田文雄〕

峨山紹碩禅師喪記【がさんじょうせきぜんじそうき】曹 一巻。『総持二代喪記』ともいう。大慈寺(熊本市)所蔵『尊宿出喪式』所収。総持寺第二代峨山韶(紹)碩(一二七六—一三六六)の葬儀記録。〔所載〕続曹全(清規)。——→喪記集〔松田文雄〕

峨山法語【がさんほうご】曹 二篇。峨山韶(紹)碩(一二七六—一三六六)撰。成立年代不明。「学道の用心」、「単直不疑の性」の二篇であるが、第一篇は学道の用心について、語、黙、動、静、総是、総不是など、日常経験的な思慮や行為を離れることが、仏道を学ぶ第一の用心であることを説き、第二篇は禅の真髄は疑念をさしはさむ余地すらない自己の本性を自覚することに尽きるとのべている。峨山は瑩山紹瑾の高弟として、石川県総持寺の第二代に就任し、およそ半世紀にわたって同寺に君臨し、日本曹洞宗団の飛躍的発展の原動力となった人物である。峨山の法語は本書のほかに『甘露白法語』一篇、『山雲海月』三巻、『峨山和尚法語』五篇(『続曹全』法語)があるから、これら各種の法語を総合的に検討し、教団史の展開のうえに位置づけてみなければ正確に論ずることはできないが、僧団の飛躍的展開の原頭に立つ峨山が、その内面においてどのような考えをもっていたかを知るには欠かせない貴重な法語といえよう。〔所載〕田島柏堂・総持二祖峨山韶碩禅師。——→峨山和尚過眼集・峨山和尚談義見聞〔東 隆眞〕

惶根草【かしこねぐさ】通 六巻。源兼勝編集。元文二(一七三七)年成立。明治五(一八七三)年版本は兼勝の自序に加えて、西阜不磷と藤井政武の漢文の序文を添える。また収翠と号した兼勝の編集に対して常謙が校訂を加えた。兼勝の伝記は不明であるが、京都で活動した神道家であったことは間違いない。『惶根草』とは「畏し」に由来し、兼勝独自の命名である。本書はまず「金烏玉兎弁」から始まっており、終始徹底して陰陽五行説による。その視点から惶根は金(かね)徳にも通ずるとされる。また巻六では「人元来仏性の惶根を備へ、因縁あるが故に名号を聞きて風感す。これ自然の道理なり」ともいうように、仏性を惶根とも称す。むしろ惶根は神道、仏教、儒教の三教の根本とされる。仏教の教理によってとくに神道を裏づけた内容となっている。巻二では「神道の密理は仏より来る」ともいわれ、巻三では「神道は世間、仏道は出世なり」と両教を位置づけ、また巻六では「仏道之理、神代より前にあるの弁」といったテーマも詳述される。このように本書は独特の神道観に立脚して、神儒仏一致論を展開している。とくに巻四には、三教自然と三国より成出るの図の弁、三教互に通度するの弁、三法の病を治すべきの弁といった項目が並び、三教それぞれの特色を陰陽五行で弁別しつつ、究極的には一致することを示す。〔吉津宜英〕

加持病患祈禱肝文鈔【かじびょうげんきとうかんもんしょう】日 上下二巻。日輝(一八〇〇—五九)著。本鈔の述作は、持経習学の志あらん人のため自行化他の一助として祈禱修法の用意を明かすものであるといって、次の五意に分けて論ずる。⑴対縁の応遮、⑵感応の縁由、⑶利益の隠顕、⑷依経の取置、⑸要文の開解。下巻には普門品偈頌を解釈している。〔所載〕充洽園全集2。〔松村寿巌〕

呵責謗法鈔【かしゃくほうぼうしょう】日 六巻。日芳(生没年不詳)著。延享三(一七四六)年刊行。越中氷見村真宗円満寺の義教は『浄土真宗論客編』を著し日題の『閑邪陳善記』を破した。これに対し本有日相(一六八八—一七五六)は『決権実義』一巻をもって、義教の法無権実、権実在機説を破した。義教は再び『輪駁行蔵録』五巻をもって日相に反駁した。以上のような経過のなかで、日芳は日相をたすけ、権実、爾前無得道論を著したのが本書である。しかし義教は寛延二(一七四九)年に『千五百条弾憚改』一〇巻を著し、本書を逐条的に批判を加えるに至っている。なお本書には「後編」三巻がある。刊本を立大蔵。〔宮川了篤〕

珂碩上人行業記【かせきしょうにんぎょうごうき】浄 一巻。珂然(一六六九—一七四五)記。元禄一一(一六九八)年成立。東京世田谷九品仏浄真寺の開山である珂碩の行状を弟子の珂然がまとめた漢文体の伝記である。その内容は珂碩の出生、出家の動機、深川霊巌寺の敷地埋築、殿堂建設に関する功績、九品仏造立、釈尊像の造立安置、仏寺創建、念仏利生、入滅である。〔所載〕浄全17。〔丸山博正〕

科註華厳経浄行品【かちゅうけごんぎょうじょうぎょうぼん】南 二巻。空性(生没年不詳)述。元禄三(一六九〇)年ころ成立。別に『華厳経浄行品科註』ともいう。著者は高野山の学僧で、真言密教の立場から実叉難陀訳『華厳経』(『八十華厳』)の第一四巻浄行品を澄観・智顗などによりながら注釈したもの。江戸期に

おける華厳思想の復興を表わす一現象として注意される。〔所載〕日蔵3、日蔵鈴5。　〔木村清孝〕

科註三論玄義【かちゅうさんろんげんぎ】南　七巻。『三論玄義科註』ともいう。尊祐（一六四五—一七一七）注。真言宗豊山派の学問的伝統をついだ尊祐による吉蔵の『三論玄義』の注釈書で、澄禅の『三論玄義検幽集』とともに三論教学最高の権威書として重視されてきたものである。〔所載〕日蔵（三論宗章疏1）。仏教大系4。　〔菅沼　晃〕

華頂禅師仮名法語【かちょうぜんじかなほうご】臨　一巻。華頂文秀（一七四〇—一八二七）語、真寿（生没年不詳）編。天保一〇（一八三九）年刊。近江の正明寺一四世および黄檗山万福寺二五世となった華頂の仮名法語。間話、某甲の所問に答う、明恵上人あるべきようの歌、うすひきうた、西国巡礼する人への示し、おどろかぬこころこそ、何某の老尼への示し、山居のうた、について記す。右の刊本を大正一五（一九二六）年に重刷したものがある。　〔西尾賢隆〕

華頂要略【かちょうようりゃく】天　一五〇巻一七〇冊、附録三八冊、計二〇八冊、首巻一冊。藤原為善（為純）編。天保五（一八三四）年ころまで。藤原為善は京都粟田口青蓮院門跡の坊官で常陸別駕。附録部分は為純の編とするが、為善が得度して為純となったもの。為善は藤原鎌足の後裔、のち進藤姓を名のる。父為雄も青蓮院奉仕、為善は天明二（一七八二）年の生まれ、寛政一一（一七九九）年御番入りののち諸掛を歴任、文化一一（一八一四）年坊官に進み、尊真親王のもとで出家、台命を奉じ、一七世尊円親王編『門葉記』の散逸等を修補し、その年代目録を抜萃し、諸家の旧記七八部を用い本書を編んだ。「此の書は門室の秘事を顕露にするが故に王宮の公文所を除くの外猥りに之れを読ましむべからず」とされてきた。内容は、首巻が総目録、引書目録、本紀では、御門跡の相承次第、三昧流のこと、山上山下各坊、門主伝附弟伝（四巻～三一巻）、門下伝（三二巻～五四巻）で院家、坊官、諸家、医師、供僧、諸役を列ね、華頂山阿弥陀堂、諸寺社、御門領、管領所、多武峯、雑記、洛外、東国、西国、南海の諸寺、由緒寺院、御館入寺院、桓武帝千年忌、潅頂、その他法会、人事動向、雲上、将軍、摂政、親王、諸門跡、所司代、町奉行、諸衆、衣体、年中行事にまで書きおよんでいる。青蓮院蔵のほか、京都府立図書館にも写本がある。〔所載〕天全が門主伝をのぞき五五巻までを刊行、仏全が門主伝を収録。　〔木内堯央〕

合掌私記【がっしょうしき】時　一巻。快存（一六七一—一七五三）述。享保五（一七二〇）年成立。合掌の意義と種類を説き図解を添える。そのうち時宗の合掌は蓮華合掌であるべきことを主張。また宗門の受戒・持蓮華について自説をのべる。快存は享保一一（一七二六）年甲府一蓮寺より藤沢清浄光寺に入り、藤沢上人となった。その春開山呑海の四百年遠忌を修す。その記念にこの書を刊行。〔所載〕定時宗下。　〔橘　俊道〕

葛藤語箋【かっとうごせん】臨　一〇巻。無著道忠（一六五三—一七四四）輯。元文四（一七三九）年成立。草稿のまま数少ない写本が伝わるのみ。無著道忠は、但馬の人で、幼時出石の如来寺に入り、のち妙心寺塔頭竜華院の竺印に投じた。宝永四（一七〇七）年五五歳で妙心寺に住し、正徳四（一七一四）年再住。晩年は著述に専念した。わが国の臨済宗を代表する学匠で、その著書は三七一種九一一巻といわれる。本書はその代表作のひとつで、古今の禅録に収められた古則公案のなかから難解の語を抜き出し、語釈を施したもの。用例を網羅的に蒐集したうえで意義を帰納する方法がとられており、きわめて実証的である。ただし成稿でないため、用例をあげるに止まるものもあり、また解釈の誤りもいくつか見られる。さらに語彙の種類がいささか偏頗で、いわゆる辞書としては不十分である。とはいえ今日にいたるまで、禅語辞典として本書を超えるものはまだ見られず、語録に親しもうとするものにとっては必携の書というべきであるが、写本の少ないせいもあってか、宗門内においても利用されたあとははなはだ少ない。もっとも近年になって謄写版や影印による出版が行われ、比較的容易に入手できるようになった。写本は静嘉、駒大図書館、禅文研に蔵される。　〔古賀英彦〕

合譬集【がっぴしゅう】日　三巻。行学日朝（一四二二—一五〇〇）著。成立年代は不詳。『古事合譬集』ともいう。日朝は室町時代を代表する一致派の学匠で、身延山久遠寺第一一世貫首。本書は、歴史的な故事を条目ごとに引用して、信仰のあり方を重ねて論じている。後世、下巻第六九条謗法の「言を聞けば、耳を洗い、知らずして謗施を受ければ歯をみがくべし」という合譬は、不受不施義を唱えた日奥（一五六五—一六三〇）の「法華宗諸門流禁断謗施条目」に収め、爾来不受不施派諸師の論文に引用される。本書は承応二（一六五三）年刊行されたものが叡山文庫に所蔵される。なお、『国書総目録』には、寛文一三（一六七三）年刊行の『古事合譬集』三巻三冊があることを記している。本書との関連が想定される。　〔北川前肇〕

峨眉集【がびしゅう】日　二〇巻。日深（一七〇三—四三）著。元文五（一七四〇）年に稿を起し寛保二（一七四二）年に脱稿。文化一〇（一八一三）年日運によって刊行。日深は浪花の人で中村檀林に学び、鷹ケ峰檀林の八七世化主となった学者であるが、深草の元政を慕って瑞光寺平楽庵に退隠して著述に専念した。当時の日蓮宗は天台学研究を主とする檀林教学の全盛時代で、その学は三大部の階梯書から趙宋天台の研究に精力が費されていた。日深はこの期の代表的な日蓮宗の天台学者で、本書はその主著である。本書は当時の主流であった義科の論題による天台学究明の集大成ともいうべきもので、九八の論目に義科論題を整理収集して、組織的に天台教学の問題を論述判釈したものである。その基本的姿勢は山外派を廃する四明天台を正統とする立場から台・当二宗を見ようとするもので、そのために権実の教判論を中心とした山家・山外の問題に力点がおかれ、四明教学を鼓吹して四明を天台・妙楽と日蓮を結ぶ間世の師と位置づける。近世日蓮宗教学の弊害である天台心酔の特徴がこの書にもよく表われているが、当時の教学界の典型的な義学書で、後代に与えた影響は大きい。日深はのちに本書の補遺も著わして『峨眉集羽翼』三巻、『峨眉集遺編』三巻（第一巻のみ現存）を残している。本書とともに正本を深草瑞光寺蔵。〔所載〕日全（上下二巻）。〔小野文珖〕

果分不可説【かぶんふかせつ】浄 一巻。良慶（一二六九—一三三六）述。正中二（一三二五）年成立。別に『果分考文鈔』ともいう。浄土宗名越派祖尊観の意をうけ、地論の因分果説、果分不可説の用語概念を借りて、浄土の経論釈には果分不可説の深い意義のあることをのべたものである。その後貞和二（一三四六）年良山が相伝。永徳元（一三八一）年良天に、応永六（一三九九）年良栄が相伝して名越派相伝の書のひとつとなる。〔末注〕良山・果分述伝集並裏書一巻、果分考文抄助証一巻、良天・果分考文抄見聞一巻、果分考文集末書切紙一巻。〔所蔵〕如来寺（いわき市）。〔所載〕浄全続10。〔金子寛哉〕

鎌倉佐介浄刹光明開山御伝【かまくらさすけじょうせつこうみょうかいさんごでん】浄 一巻。了慧(恵)（一二四三—一三三〇〈三一〉）作。弘安一〇（一二八七）年八月成立。浄土宗第三祖然阿良忠の伝記。了慧は良忠の高弟で源空、弁長等の伝記をつくり、源空の語録の整理編纂も行った。良忠の誕生、生家、諸宗の碩学に学んで諸宗に通じ、生仏によって、嘉禎三（一二三七）年九月弁長を訪ねその門に入り、翌年七月相承のすべてを授かり、浄土教弘通のために諸国を経、千葉から鎌倉に入り、そこを根拠に念仏弘通に専念するとともに、「報夢鈔」五十余帖といわれる宗典の注疏を著わし、吉水正流の祖述につとめ、弘安一〇（一二八七）年、八九歳で入寂するまでが記されている。本書は作者の臆測は少しも加えず、先輩の不忘録等をもって、撰述されたといわれ、良忠伝研究にとって重要である。刊本に慶安四（一六五一）年版、貞享二（一六八五）年版、天保七（一八三六）年版の三種があるが、慶安版が比較的正確で天保版はほぼ同じ。いずれも表題は「然阿上人伝」とある。貞享版は「鎌倉佐介浄刹光明寺開山御伝」と題し前二版とはかなり相違し、後世に手が加えられたと思われる記事が多く史料としてはおとる。各版を正大に蔵す。〔所載〕続群書9、浄全17。〔新井俊夫〕

鎌倉殿中問答記【かまくらでんちゅうもんどうき】日 一巻。日静（一二九八—一三六九）記。元応元（一三一九）年成立。『鎌倉殿中問答』とも称す。日静は京都本圀寺第四世。本書は、摩訶一日印（一二六四—一三二八）が、鎌倉において文保二（一三一八）年一二月から翌元応元年九月にかけて、北条高時の命により執事長崎入道円喜の館で諸宗の僧と対論した。それを側近の日静が記録したもの。日印は諸宗の問難に対し、経証をあげてことごとく論破したという。本書は江戸時代に『鎌倉殿中問答』として刊行された。また、本圀寺第二六世了義日達（一六七四—一七四七）は本書に注釈を加えて、寛保元（一七四一）年『鎌倉殿中問答記録略註』（別名『鎌倉殿中問答記』）一巻を刊行した。〔所載〕日教全12（続宗論部）。〔北川前肇〕

我慢抄【がまんしょう】真 一巻。杲宝（一三〇六—六二）記。延文三（一三五八）年成立。杲宝は東寺観智院第一世で、新仏教に対応して教学を集大成した根来の頼瑜、高野山の宥快、長覚と並ぶ東密の代表的な宗学者である。本書は、徳治三（一三〇八）年一月二六日に後宇多法皇が東寺西院において仁和寺真光院の前大僧正禅助について伝法灌頂を受け、その追賞として同年三月二日に円城寺の益信に本覚大師の諡号と大僧正とを賜わったが、同年（延慶改元）一〇月に比叡山の僧徒がねそみから取消しを嗷訴し、いったんは宣旨が取り消されたが、結局諡号が下されるという事件について、五〇年後に杲宝が著わしたものである。一四条から成る。第一条と二条は、事件の発端に関する事実を示して著述の動機をのべ、第三条以下で、比叡山の僧徒の朝廷への申状に対して史実や文献を引いて論破している。たとえば、空海が最澄の孫弟子であるというのを史実をもって反論したり、空海こそが善無畏、不空、恵果の付法正嫡であって、最澄、圓仁の相承は傍流であると論じ、空海は『金剛頂経』は伝えたが、『大日経』を伝えずという申状に対しても論破し、七仏薬師法や熾盛光法が比叡山にのみ相承するという申状をも論破し、弘法大師諡号を賜うときの起請のうちに、空海を除いて諡号を賜らないという記録があるという申状をも論破していること等である。〔所載〕真全21、続群書28下。〔参考〕仏解、真全解題。〔深津繁人〕

伽藍相続弁【がらんそうぞくべん】曹 一巻。万仭道坦（一六九八—一七七五）撰。宝暦一一（一七六一）年成立。元禄一六（一七〇三）年、卍山道白などによる曹洞宗の宗統復古運動は幕府の裁定が下り決着した。それ以前、嗣法のあり方において人法と伽藍法の説が対立していた。本書は幕府の裁定を容認し伽藍法が名実ともに誤りであることを論じたものである。安永四（一七七五）年写本を焼津市旭伝院に蔵す。〔所載〕曹全（室中）。〔吉田道興〕

河田谷傍正十九通【かわたやぼうしょうじゅうくつう】天 一巻。信尊。成立年代不明。信尊は、武蔵国河田谷、いまの桶川市泉福寺開山。月山寺尊舜の『二帖抄見聞』上には、あるいは武蔵の出身で、相生の孫弟子幸範に師事した。幸範は能真の弟子、足立の人。信尊は河田谷にいたり談義所を建立した。信尊についてはまた、「山法師」と自称し、比叡山の法師ともいう。弟子に海日、朗日、尊海、光海とあり、信尊が大和庄俊範の弟子承瑜からの相承を尊海に授けたものが、この書である。本来十九通と称するように、口伝法門における切紙相承の形態を伝えるもので、その内容は、(1)一心三観血脈、(2)大法東漸、(3)一心三観修行用心抄、(4)一心三観事　二重、(5)知三　三重、(6)舜海血脈、(7)不起一心三観、(8)一心三観依文事、(9)止観修行用意事、(10)新成妙覚、(11)已心中記、(12)即身成仏秘要、(13)授仏性戒儀、(14)円頓大戒肝要、(15)二十重、(16)五重法門、(17)被接　初重、(18)被接断位事二重、(19)被接　三重、に初重、相応相承一心三観血脈下、菩薩円戒が付されており、五十二紙からなる。含まれる一心三観血脈は承瑜を経由する椙生流であるが、舜海血脈では無動寺相応和尚による相応流、慶命流を汲み、天台法華宗相承師資血脈譜では皇覚による椙生流となる。本書は、泉福寺一九世広海が、実尊から伝えられたところを慶長一二（一六〇七）年に筆録し、凌雲院慈海の手によって泉福寺に納めたもの。〔所載〕天全9。〔木内堯央〕

勧学記【かんがくき】南　一巻。貞慶（一一五五―一二一三）著。成立年代不明。『学徒教戒』ともいわれるように、後進の学徒に対して学道の心得を説いたもの。一〇〇〇字ばかりの小部のものであるが、尽夜六時空しくす可らざること、修・学の二門怠るべからざること、婬事酒宴を好む可らざること等一〇項目にわたって懇切に説示されている。当時の学徒が昼夜学問に励んだこと、また腐敗した一面もあったことをうかがわせる。〔所載〕日蔵（法相宗章疏）。〔太田久紀〕

寒巌義尹発願文【かんがんぎいんほつがんもん】曹　一巻。寒巌義尹（一二一七―一三〇〇）撰。永仁元（一二九三）年一二月八日成立。寒巌は道元の門弟で、後鳥羽上皇または順徳天皇の第三皇子といわれ、門派では法皇禅師と尊称したりするから『法皇禅師発願文』ともいう。全篇一三九文字を出でぬ漢文体の小品で、格調高く気品に富む。大慈寺で撰した。面山（一六八三―一七六九）はこれを「祇陀大智禅師逸偈」に収録したが、原本と若干の相違がある。大慈寺（熊本市）所蔵（現在熊本県立美術館委託）。〔所載〕続曹全（法語）。〔鈴木格禅〕

願願鈔【がんがんしょう】浄真　一巻。覚如（一二七〇―一三五一）著。暦応三（一三四〇）年、近江伊香の成信の望みによって撰述された（本書奥書）。当初、本書には題号を欠いていたがのちに従覚によって『願願鈔』と名づけられた（『慕帰絵詞』巻一〇）。覚如は親鸞の曽孫、童名を光仙、諱を宗昭、別号を毫摂といい、本願寺第三世である。

本書は『大無量寿経』四八願のうち、第一一願（必至滅度の願）、第一二願（光明無量の願）、第一三願（寿命無量の願）、第一七願（諸仏称名の願）、第一八願（至心信楽の願）の五願を挙げ、それぞれに「この願のこころは」として願成就の文によって願意を説明したものである。本書はまた「今はその正所明に就いて五願を取ると云ふのみ、二十二願を遮して偏取するには非ず、此義は『四法大意』及び『願願鈔』等の指揮に依ってこれを言ふなり」（東陽円月『広文類論題』）とか「浄土真宗は五願建立と申し伝えること正しく此鈔より始まると心得べし」（霊晅『願々鈔丙戌録』）といわれるように五願開示の論拠とされ、浄土真宗の法義の根本を明らかにしようとしたものである。第一三願を注釈するところで「機法一体になりて能照所照ふたつなるにたれどもまたく不二なるべし」とのべられるように『安心決定鈔』とともに「機法一体」の名目の最初期の所論として注目される。写本として蓮如書写本（本願寺派本願寺蔵）、顕恵書写本（京都常楽寺蔵）がある。〔末注〕霊晅・願々鈔丙戌録、宣明・願願鈔講義。〔所載〕真宗史料集成1、真聖全3。〔新作博明〕

願々鈔講義【がんがんしょうこうぎ】浄真　一巻。宣明（一七五〇―一八二一）述。文化一二（一八一五）年九月二〇日―一〇月一日、井波御坊にて講述された。宣明は大谷派第六代講師。本書は覚如の『願願鈔』を解釈したもので、造意を大意と来意に分け、大意は信不退の法義を判釈したものであるとし、来意では本鈔製作の由来をのべている。次に題号について論じ、さらに本文に随って詳しく解釈している。〔所載〕真宗全45。―→願願鈔　〔新作博明〕

寒巌正宗記【かんがんしょうしゅうき】曹　一巻。法華寺哲辰撰。寒巌義尹（一二一七―一三〇〇）の嗣承を続る如浄、道元、懐奘、義介の法嗣説に対して、道元嗣承を正系とする説を主張したもの。『如浄録』『永平略録序』『義堂空華集』『永平録雋原』『永平建撕録』『大慈録』『寒巌遺稿』『列祖行業記』『扶桑高僧伝』『延宝伝灯録』『月坡岱宗録』『東流略譜図』『永平紀年録』『洞上諸祖伝』『続諸祖伝』『永平実録』等を引用して判評している。静岡県普済寺所蔵。〔河村孝道〕

願願鈔丙戌録【がんがんしょうへいじゅつろく】浄真　一巻。霊晅（一七七五―一八五一）述。文政九（一八二六）年秋講ずる。本書は覚如の『願願鈔』を解釈したもので、序弁のあと、(1)来意、(2)大意、(3)題号、(4)本文、の四に分けて論ずる。序弁で「願願鈔をのり手本として略文類の大船に乗りこみ広文類の大海に入るべし。略本は大船の如く、此願願鈔は順風の如し。依て以て広文類の大海に入るべし」というように『願願鈔』を広文類、略文類の二本とと対比して解釈するのを特色とする。〔所載〕真大25。―→願願鈔　〔新作博明〕

観経依釈【かんぎょうえしゃく】浄真　六巻。義教（一六九四―一七六八）著。成立年代不明。義教は本願寺派の第五代能化。本書は『観無量寿経依釈』ともいう。善導の『観経四帖疏』によって『観無量寿経』を解釈したので依釈という。経文を一句ずつ解釈しているところに特色がある。著者はすでに『観経四帖疏講録』一三巻を著わしており、本書はその姉妹書といえる。文中においても、詳細をかの『講録』に譲るところがあり、『講録』の文意も本書によっていっそう明らかに

なる面がある。〔所載〕真宗全4。→観経四帖疏講録　〔田中教照〕

観経厭欣鈔【かんぎょうえんごんしょう】浄　三巻。一冲融舜（?—一五二三）著。宝永元（一七〇四）年刊。『観経』について譬喩、因縁、古歌、道歌をも取り入れて平易に説かれたもの。本書は聖道浄土二教ともに厭欣の信を肝要とするが、聖道における厭欣は自力我執をもって穢土を厭い浄土を欣うのであるからかないがたしと説く。そして『観経』の他力の厭穢欣浄を力説する。〔所蔵〕刊本、正大、竜大、谷大。〔所載〕仏全60、西全8。　〔中西随功〕

観経玄義分庚申記【かんぎょうげんぎぶんこうしんき】浄真　三巻。鳳嶺（一七四八—一八一六）述。寛政一二（一八〇〇）年成立。寛政一二年真宗大谷派の夏安居に講説した筆録である。中国浄土教の大成者善導の『観無量寿経』の注釈書『玄義分』の注釈である。『玄義分』制作の由来、諸師（善導、浄影、天台、嘉祥等）の『観経』観、浄土諸宗と真宗の差異、等を明かしながら、真宗の隠顕両義についてのべる。〔所載〕真宗大9。　〔山崎竜明〕

観経玄義分丁酉録【かんぎょうげんぎぶんていゆうろく】浄真　四巻。慧雲（一七三〇—八二）述。安永四—五（一七七五—七六）年成立。慧雲は本願寺派の学僧で、芸轍の祖。本書の序、跋文によれば安永四年の冬より、翌五年の春にかけて完成したことが知られる。慧雲の『観経微笑記』によれば、安永六年の夏、華園殿に『玄義分』を講じ、本書を著わすとある。著者独特の格調高い文言によって、善導の『玄義分』を注釈している。〔所載〕真宗全14。　〔山崎竜明〕

観経散善義癸巳記【かんぎょうさんぜんぎきしき】浄真　五巻。霊暀（一七七五—一八五一）述。天保四（一八三三）年成立。本書は、善導著『観無量寿経散善義』の注釈である。巻初に序分がなく、直接、本文の解釈に入っている。とくに、『観経』に説かれる三心（至誠心、深心、廻向発願心）の解釈に力を注ぎ、全五巻のうち三巻を費している。浄土諸師の三心観を知るうえでも注目される。〔所載〕真宗大10。　〔山崎竜明〕

観経直談鈔【かんぎょうじきだんしょう】浄　一〇巻一〇冊。随流（一五五八—一六三六）述。成立年代不明。序文に「予源誉余齢七旬不顧於老困為講説資糧集諸疏精要録巻十軸」とあるにより随流七〇歳ころの作である。別名『観無量寿経直談鈔』『観経直譚鈔』『観経勧化後集』。本書は善導『観経疏』の諸注釈書を集め、かれ自身の立場から『観経』を解説したもの。刊本は正保二年版、正保四年版がある。　〔小林尚英〕

観経四帖疏記【かんぎょうしじょうしょき】浄真　一〇巻。僧朗（一七六九—一八五一）述。明治二七（一八九四）年刊。本書の著者僧朗は本願寺派の勧学興隆の実弟として、明和六（一七六九）年に生まれる。本願寺派の学僧として多くの著述を残し、勧学に補せられる。本書は、中国浄土教の大成者善導の『観無量寿経』の注釈書を注解したものである。善導の注釈書は、一般に『観経四帖疏』と呼ばれ、『玄義分』『序分義』『定善義』『散善義』の四帖を指している。本書は、『玄義分』二巻、『序分義』二巻、『定善義』三巻、『散善義』三巻という、全一〇巻の尨大な論著である。僧朗は天保三年の本願寺安居において『大無量寿経』を講じた。ついで、天保一〇年『観無量寿経』、弘化二年『阿弥陀経』を安居において講じている。さらに、嘉永二（一八四九）年には『定善義』を学林において講じている。実に一〇年間で四回安居の講筵を敷いている。生前、広如から実行院の号を賜っていることも首肯できよう。本書は教興の所由、要義を論ず、経疏の流伝、諸注の差別、経疏の題目、入文解釈の六門に分かって注釈している。西山派、鎮西派の所説をあげ、これを評している。明治二七（一八九四）年刊（前田慧雲校刻）、竜大蔵。〔参考〕仏教大辞彙2、鈴木法琛著・真宗学史。　〔山崎竜明〕

観経四帖疏講録【かんぎょうしじょうしょこうろく】浄真　一三巻。義教（一六九四—一七六八）述。宝暦五（一七五〇）年成立。義教は本願寺派の学僧で、大心海派の祖。本書は義教の書とされているが、写伝のさいに門人の注が本文に混入した形跡もみられる。一三巻中、善導著『玄義分』の文に随って注釈を試み、七巻の多きを占めている。しかし他の巻は要文をあげてそれぞれ注釈を試みている。著者の円熟した『観無量寿経』解釈が披瀝されている。写本を竜大に蔵す。〔所載〕真宗全14。　〔山崎竜明〕

観経四帖疏鑚仰記【かんぎょうしじょうしょさんごうき】浄真　一巻。随慧（一七二二—八二）述。宝暦七（一七五七）年より明和五（一七六八）年の間に成立。随慧は大谷派の贈講師で、深励の師。自筆本の跋文によると、前後一二年間を費している。本書は浄影、天台、嘉祥等の浄土教義について言及し、浄土宗の鎮西派、西山派等を通して、中国浄土教の大成者善導の浄土教義について、その真義をのべている。真筆本を、播磨印南郡福乗寺に所蔵。〔所載〕真宗全13。　〔山崎竜明〕

観経定善義講義【かんぎょうじょうぜんぎこうぎ】浄真　四巻。霊暀（一七七五—一八五一）述。霊暀が天保二（一八三一）年に『序分義』を講じ、のち天保四（一八三三）年に『散善義』を講じているところから、本書の成立年時は、天保二年—四年前後とみられる。中国浄土教の大成者善導の『定善義』の注釈書。本書巻頭の文によると、『序分義講記』（天保二年）の続講であろう。両者は解釈方法において類似している。〔所載〕真宗大9・10。　〔山崎竜明〕

観経疏大意【かんぎょうしょうたいい】浄　一巻。證空（一一七七—一二四七）記。成立年代不明。善導『観経疏』の注釈、『自筆御鈔』（『観門義』）が完了した承久三（一二二一）年、具疏の注釈の終了した嘉禄二（一二二六）年ののち間もなくに、それらの総まとめとしてのべられたものであろう。この書はその存在が知られながら上梓されることなく、大正一一（一九二二）年に『西山教義研究』第一号の付録、『西山疏抄尋覧』第一輯として、三浦貫道によって校訂され初めて刊行された。原写本は文化七（一八一〇）年瑞恩の書写で、浄空恬澄が校正し、真空諦承が秘蔵していたものである。文化文政のころにはよく読まれたらしく、文化五年、文化一一年の写本も残されている。證空の短篇鈔物のなかではもっとも大部のもので、組織的体系的に記述されている。冒頭に「先づ念仏宗とは、諸経を会して観経に入るるなり、諸善を開して念仏に摂す」とのべて、念仏と諸善、能詮と所詮、観門と弘願についてのべ、「和尚九巻の義、料簡、此くの如し。此の上に問答を致して、弥、一宗の大旨を演べん」と総説して、以下二三の問答を設けて、善導が諸師と異なる『観経』解釈をして一宗を立てたこと、聖道門と浄土門、『無量寿経』の四十八願と第十八願、憶念と観法、名号、三心、観門と弘願、天台の四土・三身、念仏宗、正行と雑行、念仏の遍数、『観経』欣浄縁の光台現国と華座観の住立空中の三尊等についてのべている。〔所載〕森英純編・西山上人短篇鈔物集（昭55）。〔徳岡亮英〕

観経疏弘深抄【かんぎょうしょぐじんしょう】因　九巻。仁空（一三〇九—一三八八）述。至徳元（一三八四）年成立。本書は善導の『観経疏』の注釈書。実導仁空は西山三鈷寺の康空の門に入り浄土教と円戒を学び、のち明導照源に師事して廬山寺派を継いだ。その教学は円密禅戒に渉り、本書も天台の思想に立脚した解釈をし、浄土宗系の『観経疏』末疏とは見解を異にする。他に『菩薩戒疏指掌鈔』など著書多数。〔所載〕天全4。〔末広照純〕

観経疏私記【かんぎょうしょしき】浄　二〇巻。覚融（一二四一—一三二五）述。元亨元（一三一九）年成立。詳しくは『観経四帖疏私記』といい、また『秘鈔』『鵜木鈔』『鵜木私鈔』『宝幢院私記』ともいう。行観覚融は浄土宗西山派西谷義の学匠で、浄音観智より西谷義の教えをうけ、善導の疏、源空の『選択集』に通達し五部の秘抄等を撰す。また武蔵国鵜木光明寺を拠点に教化弘法し、その近くに宝幢院を創って著述に専念す。すなわち流祖浄音の祖意を体解し、格調高い善導の教え、他力から見た『観経』の高次な教相を説いた。本書は西谷義の代表的著作で、善導の『観経疏』を注釈したものである。廃立、傍正、助正の三重綱目をもって、流祖の真意を発揮し、その教義を完成したもので、西谷義の教相を知るうえでもっとも重要な書である。西谷義における面授口決の要義を説き、口伝指南なくして見るべからず等という。「玄義分」五巻、「序分義」四巻、「定善義」五巻、「散善義」六巻より成る。本書は同時に刊行されたのではなく、玄義私記には刊行年時なく、序分私記は巻頭に東山の蔵本を原本校合した諸本を挙げて「宝永二年歳次乙酉初冬日、嗣西山正宗沙門某甲等謹識」と記し、定善私記は巻尾に「享保八癸卯年五月九丁亥日…」と記し、散善私記の巻尾には「右の鈔記の意趣は末代の学者をして愚迷を翻して真門に帰し、普く往生極楽の指南たらしめんが為、鵜木光明寺宝幢院坊所に於いて記す所なり、元亨元年辛酉十一月十三日沙門覚融在判」とあって行観の私記を著わす意趣をのべている。また、「散善義私記」のみ刊行は文化九（一八一二）年である。〔所載〕西全別6・7・8・9。〔日下俊文〕

観経疏自筆鈔【かんぎょうしょじひつしょう】浄→観門要義鈔【かんもんようぎしょう】

観経疏他筆鈔【かんぎょうしょたひつしょう】浄　一四巻。證空（一一七七—一二四七）記。嘉禄二—寛元二（一二二六—四四）年の間に成立か。別に『観経疏教相他筆御抄』『観経四帖疏教相鈔』『観経四帖疏抄』ともいう。證空は源空の直弟子で、浄土宗西山派を開いた。本書は善導の『観経疏』に対する證空講述の聞書である。書名「他筆鈔」とは同じ證空撰述の『観門要義鈔』を古くは「自筆鈔」と呼称したのに対して、門弟観鏡証入の聞書であると伝えることから後世名づけられたものである。

本書は證空の著述かどうか真偽未詳であり、もし證空の真撰であるとすれば、晩年の著述とされる『観経秘決集』『当麻曼荼羅注』『選択密要決』等の事相部の著述、および事相名目が引用されている。とくに「序分義他筆鈔」「定善義他筆鈔」には後世の付加が多い。

本書は、『観門要義鈔』（『観門義』）と比較すると、同じく善導『観経疏』の注釈ではあるが、『観門義』の後に成立したことは明らかである。『観門義』では釈迦教の立場に立って、いかにしたら一切衆生が弘願の世界に帰入できるか、という問題を中心課題としているが、本書ではさらに進めて弥陀教の立場に立って、衆生が帰入し得た弘願の世界そのものを中心課題としている。

『観門義』と本書との違いは、その依用する特殊用語の違いともなってあらわれている。すなわち、『観門義』がもっぱら行門・観門・弘願の三名目を用いるのに対して、本書では顕行・示観・正因・正行の四名目を用いている。まず顕行とは自力聖道門の立場をあらわし、示観とは他力浄土門の立場をあらわす。いいかえれば、『観無量寿経』に説く韋提希夫人の他力の領解を境として、それ以前の自力修行の立場を顕行であらわし、他力領解以後を示観であらわしている。次に正因・正行とは往生極楽のための正しい原因・正しい行為を意味する用語で、観門によって帰入した弘願の世界をさらに二つに開いた名目である。

本書は證空の、いわゆる教相部の著述として『観門義』につぐ重要な著述であって、『積学鈔』とともに證空晩年の思想を探る上で貴重な資料である。

本書の現存する古写本には、㈠天文五年（一五三五）恵敬書写本、一〇冊、京都大谷大学。㈡文化二年（一八〇五）書写本、七冊、京都大谷大学。㈢文化三年

（一八〇六）以前の書写本、一〇冊、京都大谷大学。などがある。〔所載〕西全4・5、仏全8。　〔廣川堯敏〕

観経疏伝通記【かんぎょうしょでんずうき】［浄］一五巻（一五冊）。良忠（一一九九―一二八七）撰。康元二―正嘉二（一二五七―五八）年成立。『観無量寿経四帖疏伝通記』『観経四帖疏伝通記』『伝通記』ともいう。詳しくは康元二年三月、下総国光明寺において書きはじめ正嘉二年三月、同国西福寺において稿をまとめ、さらに一八年後の建治元（一二七六）年に鎌倉悟真寺にて二年間かかって再校され、さらに入寂の二カ月前に部分的な校訂がなされた。実に前後三〇年の長い年月をかけて完成されたものである。写本としては良暁が元亨二（一三二二）年に書かれたものが鎌倉市の光明寺にある。版本は古活字版、慶長一三年版、慶長一七年版、慶安四年版、文政五年版がある。良忠は浄土宗第三祖で、然阿弥陀仏といい、記主禅師と尊称される。彼は二祖の弁長の教えを継いで専修念仏をひろめ、多くの書を著わして浄土宗の教学を大成した。本書は『玄義分伝通記』六巻、『序分義伝通記』三巻、『定善義伝通記』三巻、『散善義伝通記』三巻よりなり、大乗諸経論や中国およびわが国の浄土教祖師釈を縦横に引用して『観経疏』の全文を解釈し、源空、弁長、良忠と流れる相伝の念仏義の宣揚につとめたものである。良忠に五〇余部の著作があるうちにおいて、もっとも心血をそそいでつくられた代表的なものである。しかも善導の『観経疏』の注釈書としてもっとも権威のあるものであり、また浄土宗義解釈の規準とされている。『伝通記』とは先師弁長の伝承をあげて、これを未来に弘通する鈔記という意であって、当時源空門下のうち、證空、長西、幸西、隆寛等はいずれも『観経疏』の講述につとめ、それぞれ独自の見解をもって解釈し、なかには源空の祖意に反する釈義も行われていたので、源空、弁長と次第相承した浄土宗の正義を顕正するために、しばしば稿を改めて完璧を期されたものである。

本書の特徴を二、三掲げると、安心について総別二種の安心を立て、菩提心を総安心、三心を別安心として三心と菩提心とは大異小同なりといい、また源空の還愚痴について『大智度論』によって邪見愚痴と頑愚痴とを明かし、頑愚痴は無知愚痴なれども三心を具して念仏すれば往生をうると釈し、また九品の行について横竪の二義を立てるなど独自の釈義が見られる。〔末注〕として寂慧の『伝通記見聞』、聖冏の『伝通記糅鈔』、良栄の『伝通記見聞』、了暁の『伝通記糅鈔眼記』、了慧の『伝通記料簡抄』、妙瑞の『伝通記懸談』等がある。〔所載〕浄全2、正蔵57。〔参考〕浄全2（解説）、浄全21（解題）、仏解2、浄大1・2。　〔大谷旭雄〕

観経疏伝通記糅鈔【かんぎょうしょでんずうきにゅうしょう】［浄］四八巻。聖冏（一三四一―一四二〇）撰。応永二（一三九五）年成立。『観経四帖疏伝通記糅鈔』『伝通記糅鈔』『糅鈔』ともいう。聖冏は、寓宗視されていた浄土宗にあって、教義の確立・五重伝法の制定等により宗勢の恢興をはかった人で、浄土宗鎮西白旗派中興の祖といわれている。本書は、善導の『観経疏』を釈した良忠撰『観経疏伝通記』一五巻を注釈したもので、初めの二五巻は『玄義分記』を、つぎの九巻は『序分義記』を、つぎの七巻は『定善義記』を、最後の七巻は『散善義記』を釈す。序文及び奥書によると、良忠は門下諸師に『伝通記』を授けたが、面受相伝の各師が著した注書の説に異同があり不都合であるので、自他私鈔三本を糅して一鈔にしたという。文中諸処に「有云」「今云」「師云」等々として寂慧、定慧、了実、良順、持阿等の説を記しているが、中心となるのは、白旗派寂慧の『伝通記見聞』や、良栄撰『伝通記見聞』所載の性真の説等である。また自流と他流の説を比較し、異解をただし「今私云」として自解を加えたもので、他流の説も取るべきは取って材料としているのは、良忠門下の分流異義の中にあって宗義を統一し、宗勢を拡張せんとした聖冏の意図によるものであろう。該博な識見により浄土宗義のあらゆる問題を網羅しており、単なる『伝通記』の注釈書の集大成というだけでなく、『選択伝弘決疑鈔直牒』とともに宗義を体系づけた重要な書である。〔刊本〕明暦元（一六五五）年刊。〔所載〕浄全3。　〔鈴木霊俊〕

観経序分義講記【かんぎょうじょぶんぎこうき】［浄真］三巻。霊暀（一七七五―一八五一）述。天保二（一八三一）年成立。善導の『序分義』の注釈書。親鸞が『観経』の正宗分よりも序分を重視した点について、観仏三昧と念仏三昧とに関連してのべている。のち、浄土諸家（浄影、嘉祥等）と善導との『観経』観の相違について、その特異な点についてのみ言及している。〔所載〕真大9。　〔山崎竜明〕

観経疏妙宗鈔講述【かんぎょうしょみょうしゅうしょうこうじゅつ】［天］五巻。守脱（一八〇四―八四）撰。成立年代不明。本書は四明知礼が天台智顗の『観経疏』を注釈した『観経疏妙宗鈔』の末注である。守脱には『法華玄義釈籤講述』『摩訶止観輔行講述』『金錍論講述』など多くの著書があり、その教学は本書を含めて霊空や師の慧澄の学系をついで四明教学に立脚しながら日本天台祖師の説も重視した。〔所載〕天全2。　〔末広照純〕

諫暁八幡抄【かんぎょうはちまんしょう】［日］日蓮（一二二二―八二）撰。弘安三（一二八〇）年身延山で執筆。同年一一月一四日に鎌倉の八幡宮が焼失したので、そのことに関連しながら、八幡大菩薩が法華経の行者を守護すべき立場にあるにもかかわらず、逆に謗法者の側に立っていることをあげ、きびしく諫暁をした書である。まず初めに馬にたとえて天・神の威力に増減あることを説き、仏教の良薬を天と人と神とに与えることによって、天・神は威光を増し、勢力を増長せしめることができる旨を明らかにしている。ただし、仏教のうちにも大小・権実の区別があり、末法に入ると小・権の仏法では効果がえられないものであるとしている。しかるに当世の学者はこの点をわきまえず、実大乗の『法華経』を知らずに権小の経典を尊重し、謗法の国と化している。八幡大菩薩は本来正法たる法華の行者を守護すべき役目を持っているにもかかわらず、はかばかしい守護をしないばかりか、逆に謗法の者に加勢するようでは、真の神とはいえないのではないか。菩薩の位から退いて、長く無間大城に沈み、『法華経』守護の誓いにそむいたむくいを受けなくてはならないことになるであろうと、きびしく諫暁しながら、当世の天台座主を初めとして、国主や役人らが法華経の行者に法難を加えることを放置しておくべきでないことを論じ、速やかに守護の神として本来の役目を果たすべき旨を説き、弟子一同に対し「はげませ給へ」とのべている。〔所載〕定日遺2。　〔上田本昌〕

観経秘決集【かんぎょうひけつしゅう】浄　二〇巻。證空（一一七七―一二四七）記。成立年代は『西山略年譜』には承久二（一二二〇）年、『西山年譜要紀』には安貞二（一二二八）年とするが、前者は誤りであり、後者も確実ではない。著者の『事相鈔』の著述は、寛喜元（一二二九）年三月の当麻寺における曼荼羅拝見を機とすると考えられるが、この書は『事相鈔』五部のうち最初に著手され、最後に完成されたもののようである。五部のなかではもっとも大部で、当麻曼荼羅が善導『観経疏』に基づく変相であることの確認と詳細なるそれの観察を経て、證空の円熟した『観経』理解、浄土の法門を、さらに改めて『観経疏』を通して、事相のうえからのべたものである。「玄義分」注五巻、「序分義」注五巻、「定善義」注五巻、「散善義」注五巻より成っている。『教相鈔』である『観経疏自筆御鈔』（『観経疏観門義』）はもっぱら、行門観門弘願、という術語をもちいてのべられているが、本書は他の事相鈔と同じく、定散念仏来迎、という名目を中心とした、慈悲智恵、能譬所譬衆譬といったような事相の特殊名目をもちいてのべられている。『観経』の所詮は南無阿弥陀仏であるとされるが、定散はその南無の機を示し、念仏は南無阿弥陀仏で機と仏とが一体となった姿、来迎は阿弥陀仏で弘願の仏が機を摂取する機への現れ方である。定散はまた唯智恵による能譬、念仏は慈悲智恵を具した衆譬、来迎は唯慈悲の所譬である。譬えれば定散は鏡、念仏はその鏡と鏡に映る影、来迎は鏡に写す顔、面である。本書はこのような名目、譬えを縦横二重三重に自在に駆使して『観経』を理解してゆくものである。本書の注釈書に明秀『秘決集鈔』一〇巻がある。〔所載〕西全1。　〔徳岡亮英〕

観経微笑記【かんぎょうびしょうき】浄真　六巻。慧雲（一七三〇―八二）著。天明元（一七八二）年成立。慧雲は僧樸門下、のちに芸轍の祖となった本願寺派の学僧。本書は慧雲の最後の講録である。(1)興由門、(2)経題門、(3)宗趣門、(4)分斉門、(5)所為門、(6)義例門、(7)廃立門、(8)隠顕門、(9)弘伝門、(10)正釈門の一〇門に分かち、第一巻に(1)―(9)を略述し、第二巻より(10)に入り、逐語的に解釈を施している。〔所載〕真宗全、仏教大系（浄土三部経第三―五）、新真宗全2。　〔田中教照〕

観経曼陀羅聚集聞書【かんぎょうまんだらじゅしゅうききがき】浄　一〇巻。宏善（一四七五―一五五七）著。永正一四―一五（一五一七―一八）年成立。別に『宏善鈔』ともいう。宏善、字は舜叔といい融舜に師事して西山教学を修める。證空の『曼陀羅註記』を逐条的に要所ごとに取り上げ、自問自答の形式でその義趣を解明されている。御義、相伝の一義、或義、私云等種々の義を並説紹介されているところに本書の特色、価値がある。写本を西山短大蔵。　〔堀本賢順〕

観経妙宗鈔聞書【かんぎょうみょうしゅうしょうききがき】浄　五巻一冊。義瑞述、頂雲記。享保一五（一七三〇）年成立。江戸中期の学僧である義瑞が泉州堺明王院で、『観経妙宗鈔』について話したのを頂雲が筆録したもの。義瑞は霊空の『即心念仏安心決定談義本』『即心念仏安心決定談義本或問』に対して、『観経妙宗鈔』の理解が誤っていることを指摘して、かれ自身の見解をのべる。写本は正大蔵。　〔小林尚英〕

観経名目証拠十七箇条【かんぎょうみょうもくしょうこじゅうしちかじょう】浄　一巻。法興浄音（一二〇一―七一）述。述作年代不明。異称として『観経名目証拠』『西山十七箇条』『観経名目』『西山十七ケ条口決』『西山口決十七ケ条』等がある。浄音の略歴は『愚要鈔』の項参照。『西山十七箇条』と題する一本に「延宝年中に空覚が二尊院の宝蔵でこれを写して秘蔵されていたものを、切に請うて許されて写しえたものである」という意味の、空覚の弟子が書いたであろうと推定される奥書がある。おそらく本書流伝の源であると思われる。本書は證空の口決とも、浄音の口決ともいわれているが、文中、第四思惟無不足の事の下に二度使われている「先師曰」の語が證空を指していると思われるので、證空から浄音への口決を浄音が記しておいたものであるといえる。内容は西谷一流の名目を『観経』の現文に配当して釈してある。すなわち仏体仏語（第七観）、仏語仏体（流通分）、能観所観不離（宝地観）、思惟無不足（宝楼観）、識知定散（日想観）、観見一（示観縁）、散善自開によって韋提の能請落居（顕行縁）、定散材木観棟（顕行・示観二縁）、示観縁二段告命の証拠（序正一同・各別）、序は機正宗は法、教我の請末来流通の請、一経は三心経、臨終平生一同、識知の見、先六観は序、十三観は序、上上品の一一門の口決を証拠として挙げ宗義の根幹を簡潔に説明している。浄土宗西山流秘要蔵所収。〔所載〕西全別4。　〔堀本賢順〕

観経要義集【かんぎょうようぎしゅう】浄　一巻。著者不明。正応五（一二九二）年成立。別に『要義集』ともいう。写本には「行観上人述記」とあるが、行観と門人、行観門人および行観の御義等を問答形式で集めたもので八四条ある。内容は、『観経』『四帖疏』『具疏』等における種々の問題を問答料簡したもので、聖道の不二門と浄土の願行具足と異する事、二序三序の事、第七観依正具足見説一同願行具足なる事等についてのべてある。写本を西山短大蔵。〔堀本賢順〕

勧化法音弁類鈔【かんけほうおんべんるいしょう】浄 七巻。慶厳（生没年不詳）筆記。京都清浄華院勢至堂の僧厚誉慶厳が南都阿弥陀寺における自らの説教を記録したもの。後、享保一五（一七三〇）年に刊行されており、この時の自序がある。聴衆の質問に答える形式で、謡に出てくるさまざまな故事来歴や仏教用語を題材として、その解説から徐々に浄土の法門にまで説き及んでいる。各巻の標目は巻一非情不可思議弁、巻二声塵説法弁、巻三三毒名義弁、五鏡名義弁、巻四三界一心弁、巻五九品往生弁、無量寿二字三字弁、巻六利剣名号弁、称念与専念異弁、巻七必得往生弁である。正大所蔵刊本（享保一五年）二本の中一本は、巻一と巻二、巻三と巻四を合冊した五冊本で、巻二と巻四は書写である。〔粂原勇慈〕

漢光類聚【かんこうるいじゅう】天 四巻。忠尋（一〇六五―一一三八）記。成立年代は忠尋の在世中ではなく、鎌倉中期ころの成立と考えられる。忠尋記を否定する説は、硲慈弘『日本仏教の開展とその基調』下巻に、『漢光類聚』が北峯宗印の説を引くこと、また忠尋門下順耀の弟子永心の説を挙げること、さらに、粟田口静明の説をも挙げており、『漢光類聚』における禅学との交渉と静明と円爾との交流をも加味すれば、作者は静明あるいはその周辺と考えることが妥当とされており、忠尋作ではなく、鎌倉中期の成立と推定される。本書は、恵思が霊山浄土多宝塔中大牟尼尊より、直授相伝した法門を、智顗に伝えて、以来相承してきたとされる『天台伝南岳心要』の注釈書で『天台伝南岳心要鈔』あるいは『天台伝南岳心要見聞』の名のほうが正しく『漢光類聚』の名称の由来は、巻四の末に、十禅師に参籠中に、本地仏の地蔵菩薩の夢告によって、「漢光鈔」と名づけられたものである。忠尋記とされる『法華略義見聞』も『漢光類聚鈔』と呼ばれ、『法華文句要義聞書』とともに、三大部の注釈書ともいわれている。この他忠尋作と伝えられている『法華略義聞書』等、一連の文献群と考えられているが、そのなかでも、止観の心要を伝えるという『漢光類聚』（『天台伝南岳心要鈔』）は、中核的存在の文献である。智顗から章安と祖師へ伝えられ、最澄入唐のさいに道邃より相伝を受けた『南岳心要』がいう止観心要とは、智顗の自己内証、己心中所行の法門であるとするのが、『漢光類聚』の説くところで、その『南岳心要』は通常「円頓章」と呼ばれる『摩訶止観』の序の一部分に中心をおいた法文によって形成されており、『止観』一〇巻の全体を広とし、章安の序を略とするけれども、広の部分でも、その抄出の内容は、略の主張に合致する要義で成っており、『漢光類聚』は口伝注釈において、その主張を行うのである。それは、あらゆる機根をば、止観の機として容認し、境智不二門の機・還同有相門の機として、不二ということを信奉し、理解したうえで、現実の世界に還って、これを真実の姿と是認していく機根に統括する行を示し、これを止観の内証とする。また『止観』の心要は、本所通達門の一言といい、その主眼は、『止観』の五巻に「高尚者高尚、卑劣者卑劣」という利鈍のうち、湛然の『止観輔行』の「挙極下位博地初心」により、最極下劣の凡夫を正機として、最下根の者に、最上の教えを伝えることにあり、さらには、地獄・餓鬼の当体止観を主張するにいたる。またそれは、心要が、六塵の境・六作の縁をことごとく所観の対象とする随自意三昧こそが、略止観のあり方とするところにも表われている。この恵心流口伝法門の過渡期に属する文献は、禅宗との関係から生じた法門につき、後世批判されるところとなる。〔所載〕仏全17、正蔵74。〔参考〕天台本覚論、日本仏教の開展とその基調。〔弘海高顕〕

頑極和尚年譜【がんごくおしょうねんぷ】曹 一巻。玄透即中（一七二九―一八〇七）編。文化二（一八〇五）年成立。尾張新豊寺二世頑極官慶（一六八三―一七六七）の伝記を、法嗣の玄透が編纂したもの。行実を年代順に記述し、末尾に入滅後のことや嗣法の弟子などを記し、さらに頑極の『瑩山旧規』に則った日用の実践を讃え、当時の風潮を批判している。関東から九州に及ぶ禅林の動向や、行持のようすを知りうる史料でもある。〔所載〕曹全（史伝下）。〔中尾良信〕

頑極官慶語録【がんごくかんけいごろく】曹 二巻。頑極官慶（一六八三―一七六七）撰。玄透即中（一七二九―一八〇七）ほか編。明和二（一七六五）年ころ成立。頑極の住した天祐寺、清涼寺、新豊寺、仏眼寺の語録および旅泊語録、偈頌、題賛を収め、末尾に『鳳山規約』が付されている。黄檗宗甘露元晧の序文や、黄檗僧に呈した祝偈があることから、頑極が黄檗僧とかなり親密に交遊したことがうかがえる。〔所載〕続曹全（語録2）。〔中尾良信〕

鑑古録【かんころく】浄真 二巻。寂慧（一六五三―一七五二）撰。享保六（一七二一）年成立。寂慧は、本願寺派の学僧で、京都常楽台（京都市下京区東中筋花屋町上ル）の第一三世。寛文四（一六六四）年得度。平素より、常楽台の開基存覚（一二九〇―一三七三）の遺風を慕い、その伝記について研究し、六九歳でこの書を著わした。本書には、まず本願寺派第三代能化、若霖の序があり、つづいて「存覚上人伝鑑古録叙」として、寂慧の自序がある。それには、「存公の行状、筆記ありといえども、脱漏少なからず、憾無きことあたはず、故に孤陋を忘れ、誑謬を顧りみず、広く陳簡遺編を捜し、傍に耳伝口碑を摭ふて、輯めて一巻となす」とあり、従来あった『存覚一期記』だけでは存覚伝としては不十分であるため、新しく本書を著わしたと考えられる。内題として「常楽台存覚上人年譜」とあり、上下巻に分かれ誕生から八四歳の没年にいたるまでの存覚の行歴について記されている。また本書末には、本願寺第八世蓮如が、常楽台へ送った手紙を引用し、存覚の徳風を仰いで結びとしている。序文が漢文体で、本文は和文体である。〔所載〕真宗全68。　〔那須一雄〕

寒山詩闡提記聞【かんざんしせんだいきもん】[臨]　三巻三冊。白隠慧鶴（一六八五―一七六八）著。寛保元（一七四一）年成立。闡提は白隠の室号闡提窟のこと。寒山詩は唐代天台山の僧といわれる寒山の詩集。その禅機と脱俗的な詩風は、わが国の叢林でも愛読された。本書はこれに白隠の禅的解釈ともいうべき評語を付したもの。寛保元年困学寒士飢凍布衲の序文を有するが、これは白隠の仮名であろう。延享三（一七四六）年京都柳枝軒より版刊。〔所載〕白隠全4。　〔加藤正俊〕

寛師伝【かんしでん】[日]　一巻。日量（?―一八五一）著。成立年代は文政八（一八二五）年。原題は『大石寺日寛上人伝』。大石寺二六世日寛の略伝を記したもので、誕生、姓家、出家等の事跡を編年体で記述している。写本は富士大石寺、立大図書館蔵。　〔糸久宝賢〕

閑邪陳善記【かんじゃちんぜんき】[日]　五巻。日題（一六三三―一七一四）著。宝永五（一七〇八）年成立。日題は京都の人、一三歳で野呂檀林に学び二五歳で京都白川心性寺二世律師となる。不受不施派の学僧でさかんなる折状正意論者。悲田派をよく攻撃す。不受不施が厳禁となり元禄四年京都を追放される。諸国を流浪しながら多くの著作活動を行う。本書の由来は、日暁が貞享元年『邪正問答記』二巻を著わし浄土宗の教義を破ると浄土宗の乗誉が宝永四年『増上縁談義咄』五巻をもって日暁へ反駁した。この乗誉の説を破るために日題が宝永五年仲冬に述作し翌六年開版されたのが本書である。序文に「偏に浄土念仏の執見を以て専ら吾祖聖道の所立を嫉謗す……此の書は僉然として真迢が禁義を監写す。余既に昔日中正論に答釈すること審なり……二たび略述反詰し、彼が邪悪を閑（ふせ）ぎ自家の正善を陳ぶ故に銘じて閑邪陳善記と云」うとある。全五巻を二五カ条の条目に分け、さらに細目は一三七カ条に及んで、「惑者に対して評して云く」の形式をもっていちいち評破している。なお跋がある。その論争内容は「権実判の範囲にて、諸宗無得道、諸経の権実等をあげ四宗対破せり。四箇格言関係経論の研究においては第一人者たり」という。昭和五二年再刊。〔所載〕日教全11。〔参考〕仏解、日蓮宗教学史、日蓮宗学説史。　〔桑名貫正〕

願生帰命弁【がんしょうきみょうべん】[浄][真]　二巻。功存（一七二〇―九六）述。宝暦一三（一七六三）年成立。功存は本願寺派第七代能化職（いまの勧学寮頭）に任じた碩学。越前国大田本願寺派平乗寺住職を授かるが、当時同地方に無帰命の邪義が行われた。これはたのまず秘事とも呼ばれ、御たすけの本願がすでに成就してあるのでわれわれは往生をうるに間違いないから後生たすけ給えと弥陀をたのむに及ばないという竜養の主張である。これを調査し教諭せしめるため、宝暦一二（一七六二）年功存が遣わされ、竜養の安心を調査したのち越前本願寺派の僧侶を召集して、同年二月末日から二日にわたり四席の法話をし真宗安心の趣きが説かれ、これを書籍としたものが本書である。その所説は、真宗の安心は後生たすけ給えと弥陀をたのむ帰命であり、十八願文の欲生、成就文の願生に相当して、往生せしめ給えと祈願請求を意業に起すことである。本書は、名義を釈す、相状を挙げる、道理を弁ず、文証を出す、例証を引く、妨難を通ずの六章に分けて願生帰命の必要性を論じ、無帰命の異安心を諭したが、往生を欲求する願生心を帰命とし信心を稀薄にしたため、意業に表われた願生心は身口業にも表われねばならないという三業タノミに通じ、ついに智洞によって三業惑乱という真宗最大の異安心論争となって展開する。〔刊本〕宝暦一四年本を正大、竜大、谷大、明治三〇年本を竜大、谷大、立大。明治三八年本を谷大に蔵すそれぞれ。〔参考〕浄土真宗教典志2。　〔本多静芳〕

潅頂三昧耶戒記【かんじょうさまやかいき】[天]　一巻。圓仁（七九四―八六四）記。成立年代不詳。慈覚大師圓仁が入唐して台密としての三昧耶戒の系譜を伝えたとすれば、真撰とみてよかろう。内容は、密教の三学は慧は一切陀羅尼門、定は一切三摩地門、そして戒は三昧耶戒として、帰命、供養、懺悔、発心、請聖、請和上等、請四菩薩、説羯磨授戒、応修四律儀と、三昧耶戒の授戒儀を説く。〔所載〕日蔵（天台宗密教章疏1）。　〔木内堯央〕

潅頂私記雑尋秘決【かんじょうしきぞうじんひけつ】[真]　二巻。澄禅（一二二七―一三〇七）撰。内題に「治承記口訣」という。『治承記』は勝賢の作った三宝院流による潅頂を示す重要なものであるが、これを基に澄禅が文永一一（一二七四）年二月一八日に、師主親快より伝法潅頂を重受した時の記録と口決である。澄禅が諸事につき尋ね、親快の答えを仰云として、本末二巻にこれを別け記している。〔本〕＝受者加持事、支度事、十弟子執蓋持幡等之人体事、鎮守読経事、讃衆等清書事、大阿闍梨加行之事、撰支干事、閼伽水之事、削支木事、五色糸事、三昧耶戒道場荘厳事、諸僧装束事、職衆人数多少事、受者加持事、立列次第事、大阿闍梨登高座作法事、散花師作法事、大阿闍梨香水洒受者事、誦経導師事五瓶荘厳事、内道場荘厳図之事。〔末〕＝初夜作法事、神供事、後夜作法事、後朝饗饌、鎮守読経事、前〻不審事、堂上時之列作法事、覚洞院潅頂作法事、道場荘厳事、布施支配事、誦経之事、三昧耶戒之日粥漬記録事、このうち前〻不審事以下は親快本式口訣を示している。この書の作者につき澄禅でないように伝えられるところもあるが、それは末巻の奥に文永元年に僧宗久一校了と記されて、澄禅受法の年次より溯ることによる。しかしこれは後世本書転写の時の誤記であると思われる。なお、奥書により本書は弘安八（一二八五）年成立と知れる。〔所載〕真全

27。　〔布施浄慧〕

灌頂私見聞【かんじょうしけんもん】因　一巻。了翁（—一三九七—）談。応永四（一三九七）年。本書中に「応永四年丁丑十月三日、上野州満名庄中村郷華蔵寺に於いて、了翁和尚これを談ぜらる」とあり、了翁が胎蔵界、金剛界、合行等の灌頂にわたって講演した聞書であることが知られる。やはり文中に、金剛界灌頂の秘要記鈔を結んで、「右此の鈔は、上野州世良田山長楽寺真言院義慶の御足下居住の砌、之れを書し畢んぬ。堂州信太庄住呂（侶ヵ）明朝、法をして久住なら令めんが為なり　伝燈大阿闍梨位遍照金剛義慶判」とあるから、長楽寺灌室の義慶から受法した明朝所蔵の玄昭撰の鈔記をテキストとして講じたことが知られる。はじめに「胎」「金」にわけて目次を立て、「灌頂秘要記鈔胎　了翁私之」と標して、灌頂梵語事、七日作壇事、八色幡事、十二天事、神供時分事、門前廊曲所事、儭施儭字事、灌頂三種機事、大壇三匝行道事、胎理智事、住心品三句事、本尊事、無生句印事、覆面事、戒堂門前内道場不同事、投花事、壇立様事、護摩事、正覚壇事、自供座事、三匝繞壇幷曼荼羅事、隠道場事、吉慶漢語事、五瓶繞壇事、七字観事、十二真言王事、支分生事、四菩薩列次第事、因果灌頂事、以字繞字十二真言王事、支分生幷百光王事、果灌頂事、三種灌頂五種三摩耶事。「金灌頂秘要記鈔私」ではやはり神供等から九会等におよび三摩耶戒、胎金曼荼羅危細事、五眼之事等、合行におよぶ。〔所載〕正蔵77。　〔木内堯央〕

灌頂七日行事鈔【かんじょうなのかぎょうじしょう】因　最澄（七六六—八二二）撰。三巻。成立年代不明。最澄は天台宗宗祖、延暦二三（八〇四）年から翌年にかけて入唐し、越州の順暁から灌頂を受けるが、薬儁の『破邪弁正記』にはその灌頂の次第という。内容は胎蔵界灌頂の七日の行事を記し、上巻は五日までで、定処、結界、行道、作壇まで、中巻は第六日の弟子守護等行事、下巻は第七日の作冠から示像まで。真偽不明。〔所載〕伝全3。　〔木内堯央〕

灌頂暦名【かんじょうれきめい】真　一巻。空海（七七四—八三五）筆。弘仁三（八一二）年記録。この年一一月一五日、高雄山寺において行われた金剛界灌頂に入壇した一四五人の名と得仏名が記録されている。この中、日本天台の祖最澄の名も筆頭にあり注目される。また空海真蹟が神護寺に蔵されているが、書道の資料としても高い価値を与えられている。〔所載〕弘全首・3。　〔布施浄慧〕

観心為清浄円明事【かんじんいしょうじょうえんめょうのこと】南　一巻。貞慶（一一五五—一二一三）著。建暦三（一二一三）年の作。法相宗。真言教学で説く月輪観を法相唯識の立場から位置づけたものである。すなわち凡夫の心性も自性清浄なるものであり、その開発は観行によるが、具体的な月輪相によって円満明朗となるという。真言教学との共通性、法相唯識の一乗的一面が顕著に表われている。西方浄土、弥陀念仏についてもふれられている。〔所載〕日蔵（法相宗章疏2）。　〔太田久紀〕

観心往生論【かんじんおうじょうろん】因　一巻。源信（九四二—一〇一七）。成立年代不明。本書には仏道を求める者は観心を宗となし、三千を一念に具し、円融の三諦を一念に具することを往生の旨であると説き、さすれば弥陀の願力によって極悪の人といっても、その信心を起し疑わなければ、心に弥陀を具し、この世界を極楽国としその身を如来と成することができるとしている。〔所載〕仏全31、恵全3。　〔西郊良光〕

観心覚夢鈔【かんじんかくむしょう】南　三巻。良遍（一一九四—一二五二）著。寛元二（一二四四）年選述。法相宗。鎌倉時代。良遍は生駒竹林寺に隠退したところから生駒の良遍と呼ばれる。因明（論理学）に通じ、禅、浄土教を修め、一乗教義への造詣深く、法相唯識学が少しもそれに遜色のないことをさかんに主張しつづけた。非常に内面性、宗教性の深い学風をもつ。

本書は、かれが五一歳のときの選述で三巻五一項目からなる。すなわち、上巻は、⑴所依本経、⑵一代教時、⑶百法二空、⑷四分安立、中巻は、⑸三類境義、⑹種子熏習、⑺十二縁起、⑻三種自性、下巻は⑼三種無性、⑽二諦相依、⑾二重中道、⑿唯識中道、⒀摂在刹那であり、広汎な伝統的唯識教義の要点をとって、良遍独自の立場から簡潔明解にまとめている。本書に三の性格を見出すことができる。⑴法相唯識学入門書としての性格。唯識教義は、心識の構造や働きを分析分類して組織的に論述する識論と、迷・悟の構造を論理的にとらえる三性論（遍計所執性、依他起性、円成実性）と、迷より悟への実践を説く修行論との三部門に分けられるが、『覚夢鈔』はその全体を多くの設問を設けながら明晰に論述しており、入門書の性格を具備している。ただし法相唯識学の根本論典である『成唯識論』と比較すると、三性論の分量が非常に大きくそこに良遍独自の学風を読みとることができる。⑵日本法相唯識教義の概論としての性格。日本では四分三類唯識半学といわれて、四分義（識の働きを相分、見分、自証分、証自証分の四分に分けて捉える教義）と三類境義（認識対象を認識主観との関係で、性境、独影境、帯質境の三に分けてとらえる教義）とが非常に尊重されるが、『覚夢鈔』では、それが独立した項目として扱われている。また三無性を執空義とするか体空義とするか、あるいは三性相互の関係を、対望中道とするか一法中道とするかなど、日本唯識独自の問題が説かれている。⑶一乗教義の批判にこたえる性格。日本仏教のうちで三乗仏教の立場を主張するのはひとり法相唯識のみであり、五姓各別、性相永別などの説が批判された。それに対して良遍は、三性説を差別門、三無性説を平等門と位置づけて、法相唯識が一乗教義にむしろ優越するものであることを熱心に鼓吹したが、『覚夢鈔』でもその意図がつよくみられる。

一乗教義への対応を明確に宣明してい

る点で日本唯識思想史上きわめて重要な位置を占める。良遍はのちに補足的な『観心覚夢鈔補欠法門』を著わしている。〔所載〕正蔵71。　〔太田久紀〕

願心道場旨趣【がんしんどうじょうししゅ】臨　一巻。斯経慧梁（生没年不詳）撰。天明（一七八一—八八）年中成立。五山禅林の頽廃を嘆き、山城八幡に大応派一流の江湖道場（現在円福寺専門道場）を開かんとする斯経の意志が吐露されている。斯経が本書と同時に書いたと思われる「雄徳山円福禅寺制規」は今日の「臨済宗系専門道場規矩」の原型となった。また道場の安恭を祈る願文も同寺達磨像躰内に納められているという。〔所載〕白隠全8。〔参考〕西村惠信・禅僧の生活。　〔西村惠信〕

観心念仏【かんじんねんぶつ】天　一巻。伝覚運（九五三—一〇〇七）。成立年代不明。本書は念仏を修する時にまず一心三観を修し、次に阿弥陀仏の四字を観じ、次に名号を唱することを勧めながらもその主体となるものは一心三観円融三諦であると説き、良源の九品往生を用いて説明している。そしてそれらの功徳に依って極楽往生することを述べている。写本正大。〔所載〕仏全24。　〔西郊良光〕

観心本尊抄【かんじんほんぞんしょう】日　一巻。日蓮（一二二二—八二）著。文永一〇（一二七三）年四月二五日、流罪の地、佐渡一の谷（さわ）で撰述。正確には『如来滅後五五百歳始観心本尊抄』という。日蓮は源空、親鸞、道元について出現した鎌倉仏教の創唱者で、諸宗に批判を加え、法華一乗こそ末法衆生を救う唯一の教法であることを主張した。本書は、冒頭に智顗の『摩訶止観』第五巻「一念三千」の根拠の文章を挙げ、巻末に記しているように、日蓮がこれを注するという形式をとりながら、日蓮の仏教理解、すなわち『法華経』による末法救済の論理を明らかにした。全体は三〇番にわたる問答から成り、第一・能観段（題目の意義についての論）、第二・所観段（帰依する末法の本尊についての論）、第三・流通段（『法華経』が末法に流通することについての論）の三段として理解される。第一段は第二〇答の「一身一念遍於法界」まで、最初に掲出した『摩訶止観』の文について一念三千という教義が仏教思想上いかに重要かを述べ、「我が己心を観じて十法界を見る」ことが観心の意義であるとし（一二番問答）、以下、十界互具（仏界から地獄界に至るそれぞれの世界がまたそれぞれの世界を互有すること）の法門によって、人界に仏界を具有することの不思議を説く。第一八番問答以下は「これより堅固にこれを秘せよ」と警告した後、「釈尊の因行果徳の二法は妙法蓮華経の五字に具足す、我等此の五字を受持すれば自然に彼の因果の功徳を譲り与えたもう」と、『法華経』の題目を唱えたもつことによって、ただちに教主釈尊のすべての功徳をそなえた救いのなかに導かれると説く。第二段では、仏教においてさまざまな浄土が説かれるが、それらの浄土の教主はすべて無始の古仏である本仏釈尊の所変であり無常の仏であって、したがって常住の浄土ではない。それに対して、『法華経』の真髄が説かれ、一念三千の真実義によって「本時の娑婆世界」が常住の浄土であることが明らかにされ、三カ月後に図し顕わされる大曼荼羅本尊の儀相が述べられる。第三段は第二一問以降で、『法華経』が末法の始めの衆生の救済に焦点を置くこと、具体的には上行菩薩が『法華経』の末法弘通の予言を実現するべく出現するであろうこと、仏陀は妙法五字のうちに一念三千の珠を包んで末代幼稚の者の頸にかけられていることを説く。本書は日蓮自ら「日蓮当身の大事」と称して、最重要な法門（教義）を述べたことを明らかにしており、古来尊重されて来た。注釈書としては富木日常の著と伝える『本尊抄私見聞』が最も古く、門下によって「五大部」や『録内御書』が講ぜられる際には最も力を渾めて注せられている。その主なものに、行学日朝『本尊抄見聞』、日講『本尊抄啓蒙』等がある。その他の注釈については、望月歓厚『日蓮聖人御遺文講義』第三巻（昭32、日本仏書刊行会によって復刊）の「解題」中に詳しい。浅井円道『観心本尊抄』（『仏典講座』所収、昭57）に最近の講義類についてふれている。日蓮の真筆が千葉県中山法華経寺に格蔵され『日蓮聖人真蹟集成』に影写が掲載されている。〔所載〕定日遺1、日蓮大聖人御遺文、正蔵9、録内御書。〔参考〕日蓮聖人御遺文講義第三巻、茂田井教亨・観心本尊抄講讃（昭60〜）。　〔渡辺宝陽〕

観心本尊得意鈔【かんじんほんぞんとくいしょう】日　一篇。日蓮（一二二二—八二）筆。建治元（一二七五）年成立。別称『富木殿御返事』。檀越の富木氏が、身延の日蓮に供養の品々を届けるとともに、日蓮の著『観心本尊抄』に説示された法門についての質疑に対する返書。日蓮は供養の礼をのべ、つづいて迹門・本門の位置づけについて法門を教示している。真筆は伝わらず、内容上から偽書説もある。〔所載〕定日遺2。　〔庵谷行亨〕

観心要決集【かんじんようけつしゅう】浄　一巻。聖冏（一三四一—一四二〇）誌。『破邪顕正義』と類似しているので永和三（一三七三）年ころ成立推定。聖冏が富士の大社に参詣時に、神道、儒教、小乗、戒律、唯識、三論、華厳、天台、真言、禅の一〇人が各々物語りをしたという形式で、観心の浅から深へ、年齢の若から老への構成で神儒仏三教の要旨を初学者のために示したものである。〔刊本〕安政四年、明暦元年刊。〔所載〕浄全12。　〔服部淳一〕

観心略要集【かんじんりゃくようしゅう】天　一巻。源信（九四二—一〇一七）述。寛仁元（一〇一七）年か。本書は、源信の真撰であるかどうかが古来疑われ、序に撰述の年代を「強圉之載、夏五月に序す」とのみあって、強圉とは、丁巳という意味ならば、源信の生涯にあてはめてみて、『往生要集』成立後に丁巳の歳は、右の寛仁元年よりほかにはない。また強とは四十歳代を意味し、その丁の年というと永延元（九八七）年になるとみる考え方もある。また内容から、田村芳朗『鎌倉新仏教の研究』では、天台本覚思想に立っている内容からその第二期、源信をへだたる一〇〇年後ほどにこの書を位置づけてもいる。源信は天慶五（九四二）年大和国当麻に生まれ、九歳にして比叡山に登り良源に師事した。その学的盛名は次第に高くなったが、とくに横川首楞厳院を守って永観二（九八四）年一一月から翌年四月までかかって『往生要集』をあらわし、厭離穢土、欣求浄土をすすめ観想念仏を主張した。いま本書とくらべるとき、『往生要集』が濁世末代の自覚のもとに、厭欣の情を中心に念仏往生の道を勧めたのにくらべれば、はるかに哲理的な観心念仏の教理にもとづき、われわれの本覚の身心をはこんで、天台智顗がさし示した空仮中の実相を体現することに、往生成仏ということの真意をあかしていることは、一概に同一著者の書となしがたいところもあって、偽撰視される傾向にある。いま本書の内容をみてみると、全体を一〇門に分ち、(1)娑婆界の過失、(2)念仏に寄せて観心を明す。(3)極楽の依正の徳を歎ず。(4)空仮中を弁じて執を蕩す。(5)凡聖は一心に備わる事を釈す。(6)流転生死の源を知らしむ。(7)出離生死の観を教う。(8)空観を修し懺悔を行わしむ。(9)真正の菩提心を発す。(10)問答料簡、となっている。二宮守人は、本書の記述を検討し、『仏書解説大辞典』のなかで、本書は「それ観法は諸仏の秘要にして衆教の肝心なり。この故に天台宗は之を以て規模と為す」という立場をとり、ときに口称念仏を認める筆致の『往生要集』と対立するようではあるが、「往生極楽の業因は菩提心を根本となす」という菩提心が、そのまま「欣求浄土の綱要なり」といい、第十料簡で、末代行者の不肖懈怠の身にして理観を修することの危ういものは称名念仏もしかたがないのではないかと設問し、「この言をなす者は口を西方を期すと言うといえども、意は実にその志なきなり」と叱責して「彼の繫念定生の願いにいまだ理観を修せよと云わず、聖衆来迎の誓は只是れ至心の称名なり」「ゆえに空仮中の三諦、法報応の三身……一切の法門、悉く阿弥陀の三字に摂む、故にその名号を唱うれば即ち八万の法蔵を誦し、三世の仏身を持つなり」と口称念仏をも意味づけており、彼此同趣旨であるとする。帰するころは一つでも、本書が『往生要集』の教理的補強を企てていることでは目的を異にする。〔所載〕仏全31、恵全1。　〔木内堯央〕

鑑真和尚東征伝絵縁起【がんじんわじょうとうせいでんええんぎ】通　五巻。忍性（一二一七―一三〇三）作。画工は六郎兵衛入道蓮行。筆師で判明する者は、巻一、美作前司宣方、巻三、大炊助入道見性、巻四、足利伊予守後室、巻五、嶋田民部大夫行兼である。永仁六（一二九八）年成立。別に『東征伝』『東征伝絵巻』ともいう。忍性は仁治元年叡尊のもとで出家し戒律を学び、建長四年関東に下向し西大寺流をひろめ、文永四年に極楽寺開山として迎えられた。戒律復興運動を行い、唐招提寺の再興にちなんで絵巻を作成し施入した。巻数が一二巻あったとする説もあるが、不詳。巻一―巻五まで詞書と絵がすべてそろってはいず、錯簡と脱落が認められる。詞書は元開撰『唐大和上東征伝』を和文化し簡略化したものに、豊安著『鑑真和上三異事』の霊異譚を加えたものである。内容は『唐大和上東征伝』より鑑真を主にしており、巻一―巻四まで、鑑真の出家、栄叡、普照との出会い、六次の渡海計画を描くが、本絵巻の主眼は六次にわたる渡航の経緯を細かく描き、いかに鑑真の伝戒意志が強固であったかを示すことにある。巻五は日本で入滅するまでが描かれている。原本は奈良市唐招提寺に所蔵されている。刊本は『東征伝絵巻』と題し『日本絵巻物全集』21（角川書店）、『日本絵巻大成』16（中央公論社）がある。〔参考〕唐大和上東征伝、鑑真和上三異事、延暦僧録、尋尊大僧正記、招提千歳記。　〔松木裕美〕

元祖化導記【がんそけどうき】日　二巻。行学日朝（一四二二―一五〇〇）著。文明一〇（一四七八）年成立。日朝は身延久遠寺一一代貫主で、同寺の興隆のみならず多くの著作をなした当時の代表的宗学者。本書は同時期に成立した円明日澄の『日蓮聖人註画讃』とともに、室町時代成立の代表的な日蓮伝記本。原本は存在しない。ただし、本書成立後二二年目の明応九（一五〇〇）年四月の日定書写本を底本として、天文一一（一五四二）年二月に書写した順幸転写本を身延久遠寺に所蔵する。日蓮の伝記を六二項目に分けて記述するが、その方法は日朝が蒐集した日蓮遺文を基本史料とし、そこに記された日蓮の自伝的部分を抽出編集している。そして、遺文にない部分は『王代記』『太平記』等の諸本によって補い、できるだけ正しい日蓮伝記を作成しようとしている。これは、『御書見聞』『補施集』『法華草案抄』等、多くの日蓮教学、天台学関係書を著作した学僧日朝としての日蓮伝記作成の姿勢を示したものといえる。その意味で、宗教的奇跡と諸人の興味と関心をひくような潤色的記述を豊富に盛り込んで述作された同時期成立の『日蓮聖人註画讃』とは、きわめて対照的な内容を示している。〔所載〕日蓮聖人伝記集。　〔冠　賢一〕

元祖化導譜【がんそけどうふ】日　一巻。日乾（一五六〇―一六三五）著。『日蓮宗宗学章疏目録』は「写本島智良」とするが所在不明である。内容は書名から日蓮の生涯を綴った一代記である。　〔林是晋〕

元祖御一期略伝【がんそごいちごりゃくでん】日　一巻。日玄（?―一七五七）著。『日蓮宗宗学章疏目録』は成立時期を享保年間かとする。内容は書名から日蓮の生涯を綴った一代記の略伝であるが、所在不明である。　〔林是晋〕

元祖年譜【がんそねんぷ】日　二巻。日精（一六〇〇―八三）誌。成立年代は不詳。原題は『日蓮大聖人年譜』。日蓮の伝記を、諸種の日蓮伝記本、日蓮遺文などをもとに、個条書きにしたもの。写本は立

大図書館蔵。〔糸久宝賢〕

元祖蓮公薩埵略伝【がんそれんこうさったりゃくでん】回　一巻。日修（一五三二―九四）著。永禄九（一五六六）年成立。日修は京都本隆寺第七代貫主。当代の代表的宗学者のひとりで、日真門流教学の大成者。本書は『蓮公薩埵略伝』ともいい、漢文体の短編の日蓮伝記本。日蓮滅後の鎌倉末から室町末期までに成立した日蓮伝記本は七点を数えるが、本書はその現存する五点のなかのひとつ。日蓮の誕生、得度、立教開宗、立正安国論上呈等、その生涯のなかで節にあたるべき重要な事柄を簡潔に記述し、要をえた内容となっている。典拠こそ明示していないが、その中心文献は日蓮遺文と考えられ、そこには超人的、神秘化された日蓮の姿はない。むしろ、伝承・伝来等を積極的に除去し、客観的記述をもって日蓮伝に取り組んだ学僧としての著者日修の姿を見ることができる。本書の内容は漢文体であり、その叙述も一般諸人に日蓮の生涯を理解させようとしたものではない。したがって、本書は慶長六年、同じ日蓮伝記本である『日蓮聖人註画讃』とともに、日蓮宗最初の出版書として刊行されたものの、寛文九（一六六九）年に再版されたのみで、その後の刊行はみられない。巻末に付録として「蓮公大師年譜」を載せる。〔所載〕日蓮聖人伝記集。〔冠　賢一〕

観中院潅頂具足支分【かんちゅういんかんじょうぐそくしぶん】因　一〇巻、安然（―八四一―九〇四―）撰。撰述時期不明。安然は、その生没を伝えるものがないにもかかわらず、おびただしい天台密教の教相事相にわたる大著をのこし、あまつさえその教理論は、たまたま圓仁の門流に属し、遍昭が圓仁、安慧、圓珍を師として比叡山教団のなかで独特の擁護のもと、阿闍梨位に進み、花山の元慶寺を拠点として独自の教団を営むようになってからは、圓仁側から遍昭のもとに入って、後進指導にあたることになり、圓仁、圓珍両流の深旨をうけつぎ台密教判の集大成をしている。この書も、『胎蔵具支潅頂記』『具支潅頂』などとも呼ばれているように、一〇巻にわたってことに胎蔵界の支分を具備した潅頂について全般的にのべたもので、第一巻には胎金不同、阿闍梨潅頂と伝法潅頂、三部、伝教、以心二潅頂、五種三昧耶、金剛界潅頂の伝法、阿闍梨潅頂、五部、悉地成就、護摩潅頂をのべる。第二巻は七日作壇行事の第一日から第五日。巻三には第六日行法、巻四には建立曼荼羅法で大悲生都会曼荼羅、巻五は転字輪曼荼羅、巻六には成就字輪秘密曼荼羅、巻七は欠いて伝わらず圓珍が深秘を惜み焼却すると。巻八以後は第七日夜分行事、胎蔵界行法を説き、巻九・一〇には胎蔵界、金剛界潅頂の私記を説いている。まさしく台密潅頂のとくに胎蔵界潅頂の比類のない指南とすることができる。〔所載〕正蔵75、日蔵（天台宗密教章疏2）。〔木内堯央〕

関通和尚行業記【かんつうかしょうぎょうごうき】浄　三巻。遺弟編。江戸期浄土宗捨世僧関通の一代の行状を記したもの。鸞山の『関通老故尊師略伝』一巻、学信の『関通上人行業記』三巻をもとに、遺弟たちの伝聞を加えて関通の三三回忌にあたって刊行されたもので、関通の伝記としてはもっとも整っている。現在、世に行われているものは本書である。〔刊本〕享和二（一八〇五）年刊。〔所載〕浄全17、雲介子関通全集5。〔深貝慈孝〕

澗亭函底鈔【かんていかんていしょう】回　三巻。日具（一四二三―一五〇一）述。明応八（一四九九）年成立。日具は京都妙顕寺第六世貫首。本書は日具晩年の書で、深秘の法門を相承するためのものである。澗亭とは、おそらく「澗底」という谷底にたとえた奥深い教義、函底もまた函の底で同義に解釈できる。本書は日蓮遺文の『開目抄』『観心本尊抄』等二六篇（詳しくは三五篇）にたいし、中古天台にみられる観心思想の立場から注釈し、本迹論においては、妙顕寺の伝統である一往勝劣再応一致を標榜している。正本・京都妙顕寺、写本・立大図書館所蔵。〔北川前肇〕

関亭後世物語【かんていごせものがたり】浄　二巻。隆寛（一一四八―一二二七）述。成立は明確でなく、『後世物語』『自力他力事』『一念多念分別事』などを根拠として和文体でまとめられている。文中「隆寛律師」「長楽寺の律師」などとあるので、後人の作ともみられる。上下巻とも二九ずつの問答から成る消息である。上巻は三心具足の念仏を勧める問答からはじめて、念仏の功徳や自力他力、懺悔滅罪についてのべ、中ほどより数量念仏にふれ、終りに他の神仏を拝むことや、験者との関係などについてのべ、散心念仏が凡夫を救済する本願念仏であることを強調している。上巻は主として平生の念仏に関する問答となっている。下巻は、平生と臨終との関係からはじめて、往生の定不定について言及し、そのあとのほとんどは臨終にさいしての種々の問題が主流をなしている。隆寛は人生の大事を臨終におき、念仏者にとって臨終にとるべき態度や心構えについて明確な立場を示している。とくに生身仏の有無、夢やうつつとの関係、臨終正念など、臨終を迎えたものの逼迫した内容を具体的に問答体でえぐりだしている。数量念仏を強調する点が見受けられるが、一念多念など本願の専修念仏を勧める点は、師源空の教えを受けたものであり、多念義の祖といわれる点については疑問も残る。みずから多念義を唱導することを示した積極的な典拠は見当らない。〔刊本〕元禄五（一六九二）年刊。〔所載〕浄全続4。〔福原隆善〕

関東往還記【かんとうおうげんき】南　一巻。性海。鎌倉時代戒律の再興につとめ、真言律宗の創唱者とされる興正菩薩叡尊（一二〇一―九〇）は、弘長二（一二六二）年二月四日出発し、八月一五日西大寺へ帰ったが、半年にわたり関東へ往復した記録を、随行した弟子性海が、日記風にまとめたもの。もと二巻あったが、現在、前と後が欠けている。『関東往還前記』と名づけられている部分を補っても完本とはならないが、叡尊が北条時頼・実時の帰依を受け、律宗の東国進出の基を固めた様子が知られる。〔所蔵〕尊経閣文庫。〔所載〕西大寺叡尊伝記集成。　〔田村晃祐〕

観導鈔【かんどうしょう】浄　五巻。観導（一二六二—一三四〇—）撰。暦応三（一三四〇）年成立。別に『観経疏観導鈔』という。本書は善導の『観経疏』の注釈書で、西谷義行観の高弟、観導が七九歳のとき、鵜木宝幢院で講述したものを、門弟の意観等が筆録したものである。随所に聴講者と観導との問答が挙げられており、三心は至誠心も深心に極まりて成じ、廻向心も深心のところにて定まるなり。ゆえに至誠心の心は下へ向け、廻向心は上へ向う心なり。深心にて至誠心、廻向心が寄り合って願行具足するなり、としている。写本（序分義一巻欠本）を西山短大蔵。　〔長谷川是修〕

関東浄土宗法度【かんとうじょうどしゅうはっと】浄　一巻。慶長二（一五九七）年に尊照（一五六二—一六二〇）が関東の檀林寺院に出した法度。正しくは『関東諸寺家掟之事』という。元和元（一六一五）年に徳川家康の制定した『浄土宗諸法度』と区別をするためにこのように呼ばれる。内容は本来の統制、学侶の監督、出世の手続き、訴訟の禁止、法談の取締りの五カ条である。原本は増上寺、光明寺蔵。〔所載〕関東浄土宗檀林古文書選。——→浄土宗諸法度　〔宇高良哲〕

観如透師行業記【かんにょとうしぎょうごうき】回　一巻。道樹日幹（一七一五—六九）著。成立年代不明。日幹が飯高檀林の先輩で什門から転じて一致派の宗学の体系化をめざした日透（一六五三—一七一七）の行業を記したもの。日透は『寿量顕本義』『当家本尊義』『本門事一念三千義』の名著を残しているが、本書はその日透の宗学の功績を力説し、為法の志操を称えている。正本は所在不明。　〔小野文珖〕

観念法門甄解【かんねんぼうもんけんげ】浄真　五巻。僧鎔（一七二三—八三）撰。弘化四（一八四七）年刊。中国浄土教の大成者といわれる善導の『観念法門』の注釈である。⑴造意、⑵題号、⑶入文の三門に分別して注釈を試みている。文言の解釈は細かく、詳細をきわめている。弘化四（一八四七）年、行照、道隠の校訂本をもちいて、上梓している。谷大、宗大、竜大蔵。　〔山崎竜明〕

観念法門私記【かんねんほうもんしき】浄　二巻。良忠（一一九九—一二八七）述。建治二（一二七六）年ごろ撰述されたと伝えられるが明らかではない。『観念門記』ともいう。善導の『観念法門』を注釈したもの。著者然阿（ねんな）良忠は、浄土宗の第三祖として、源空以来の専修念仏をひろめ、浄土宗の教学を大成した。数多い著作は総称して「報夢鈔五十余帖」と呼ばれ、良忠自身も記主禅師と尊称される。内容は第一に大意を述べ、第二に題名を解釈し、第三には本文のいちいちに解釈を加えている。中でも大意において、善導は『観経疏』玄義分に『観無量寿経』の宗旨を、観仏・念仏両三昧と標しているが、その行相については明かしていないとし、『観念法門』の文においてその行儀が示されている旨を記している。また、その具名である「観念阿弥陀仏相海三昧功徳法門」の中には、観仏・念仏両三昧の義が含まれているとし、本文について行相・利益・信謗の損益と懺悔方法の三に分け、文に随って解釈をほどこしており、単に注釈書としてのみでなく、浄土宗の教義上重要な書である。本書の注釈書には『観念法門見聞』（良暁）、『観念法門私記見聞』（良栄）、『同』（聖聡）、『観念法門私記相続抄』（聖聡）『観念法門私記私鈔』（加祐）などがある。〔所載〕慶長一六年・宝永六年刊本、浄全4。　〔坂上雅翁〕

観念法門叢林抄【かんねんぼうもんそうりんしょう】浄真　一巻。恵空（一六四四—一七二一）述。正徳三（一七一三）年五月二五日草稿。『観念法門叢林』ともいう。本書は善導の『観念法門』の注釈書。初めに『観念法門』の末疏の摘要、具疏（本疏に対して）の名について、題号と大意、撰号の説明につづいて、本文の解釈を施している。『真大』本は谷大本に、自筆本をもって校訂したものである。自筆本を京都西福寺に所蔵、写本（明治一九〈一八八六〉年）を谷大、宗大に蔵す。〔所載〕真大10。　〔山崎竜明〕

観念法門略解【かんねんぼうもんりゃくげ】浄真　二巻。道振（一七七三—一八二四）述。文政四（一八二一）年刊。善導の『観念法門』の注釈書。本書はまず造意を論じ、その造意を、⑴観念の行相を顕わさんがため、⑵念仏の利益を示さんがため、としている。次に題号以下の本文の解釈に入る。簡潔な文章をもって、その要義が尽くされているから、真宗義としての見解を知るうえで重要である。写本を竜大に蔵す。〔所載〕真宗全15。　〔山崎竜明〕

感応護国徙薪論【かんのうごこくししんろん】曹　二巻。田翁牛甫（？—一七二四）志。正徳三（一七一三）年成立。牛甫は曹洞宗峨山派の人、江戸瑠璃光寺五世である。元禄一五（一七〇二）年、宗弊革正の促進を願い官に強訴した熱血漢として知られる。上巻に、曹洞宗は二〇〇年来、漸次に弊害を生じた。すなわち嗣法において非法不義、異苗繁茂の状態であったおりの元禄一三（一七〇〇）年、興聖寺の梅峰竺信と大乗寺の卍山道白が古稀を過ぎていながら坐してその宗弊をみるに忍びず、革弊の運動を始めたが、長夜漫々として一隙光も見られず、そこで自分が官衙へ出訴するに及んだ、との由縁をのべている。本書の構成は、官難（問）を設け、牛甫がそれに答えるかたちになっている。自分の体験談がもとになっていることはいうまでもない。下巻にも『正法眼蔵』の嗣書や面授の巻の内容、伽藍相続の功罪、三物（嗣書、血脈、大事）の意義、宗門に違乱争論が多い理由などに関しての問答が引きつづき掲載されている。文末に元禄一六（一七〇三）年七月の幕府による裁決の条目「定」が付されている。宗統復古運動に挺身した人の体験談として非常に貴重であり、嗣法論争の一史料として看過できないものである。正徳三年序刊本を駒大に蔵す。〔所載〕続曹全（室中）。──→宗統復古志・洞門亀鑑・伽藍相続弁
〔吉田道興〕

観音玄義記講述【かんのんげんぎきこうじゅつ】天 一巻あるいは二巻。守脱大宝（一八〇四―八四）述。成立年代不明。本書は『妙法蓮華経普門品』の経題を五重玄義をもって概論を述べた『観音玄義』（智顗説、灌頂記）、後にこれを注解した知礼の『観音玄義記』（四巻）とを合し、さらに大宝守脱が講述したものである。『観音玄義』は天台五小部の一とされ、天台教学における性悪論の根本義を示すものとして注目される。後世山家山外論争の一典拠となったことでも有名な書である。〔所蔵〕正大、立大、谷大、以上写本。
〔多田孝文〕

観音懺摩法【かんのんせんまほう】曹 一巻二帖。観世音菩薩の霊感を請い祈禱、報恩のために行う法式に使用するもので、懺摩法の神呪と陳白から成る。宋代に慈雲遵式が定めて確立したが、日本では平安期に天台宗で修行され、鎌倉期に禅宗独自の行持となした。栄西や弁円の将来ともいわれ臨済宗中心であったが、江戸期には曹洞宗でもさかんに修行され、行持用の折本が面山本、大乗寺版の宝暦、明和、安永、寛政、文政、嘉永版など何度も校訂され刊行されている。〔所載〕続曹全（講式）。
〔川口高風〕

勧発頌【かんぽつじゅ】真 覚鑁（一〇九五―一一四三）撰。五言八〇句になる偈頌をもって、発心修行することを勧めている。勧発修行頌、発覚浄心頌ともいう。その趣旨は、世の無常、人生の無常を嘆じ、生死を解脱する道として値い難き真言教法に値い、現世に発心、修行し、悉地に入り、菩提を証し、即身成仏の真城に帰することを勧めている。偈頌中に「聖すらなほ無常に随ふ 凡何ぞ必滅を遁れん」、「風葉の身は持ち難く、霜露の命は消へ易し」と説き、名利、栄楽を厭い、仏・菩薩の苦悩するところを感じ発心すべきことを訓している。すなわち、「修せば必ず悉地に入りなん、入りなば定んで菩提を証しなん、仏も昔は因位に在せしかども、精進してすでに果を得たまへり、秘、今、凡地に居せしとて、勧修せば、いづくんぞ成仏せん」と説いている。
〔栗山秀純〕

感夢記【かんむき】天 一巻。圓珍（八一四―九一）撰。略名を『夢記』ともいう。本書は圓珍在唐中の大中一〇（八五六）年五月一〇日斎後の夢を記したといわれるもので、内容は、右大臣藤原良房が圓仁の天台座主補任の件の可否および花瓶と不思議な書物について圓珍に問うたというものである。圓仁の座主補任の年代などは史実とつじつまはあうが、はたして圓珍真撰とするのはどうであろうか。〔所載〕仏全28、仏全㊎72、智全下。
〔水上文義〕

観無量寿経合讃【かんむりょうじゅきょうがっさん】浄真 二巻。観徹（一六五七―一七三一）撰。本書は、全体を⑴教起の所因、⑵蔵教の所摂、⑶教所被の機、⑷所説の大猷、⑸所詮の宗体、⑹説人の差別、⑺通じて題名を釈す、⑻別して文義を解す、の八門に分け略説する。⑴教起では、玄義分を引いて、「世尊は深く根鈍障重を愍みて為に開演し給ふ所なり」とのべる。⑵蔵教の所摂では、この経を菩薩蔵、頓教とする。浄土は小乗教に説かず、一形十念速得往生は速疾頓成だから、とする。⑶所被の機は、韋提を指して「汝是凡夫心想羸劣」というように、常没の衆生である。⑷所説の大猶とは、定散二善を廻して安楽浄土に往生することであるが、定善は韋提の要請により、散善は仏の自説と見る。⑸宗体については、観仏三昧、念仏三昧を宗となし、一心に廻願して浄土に往生するを体とする。⑹説人の差別では、聖弟子、天仙、鬼神、変化でなく、仏の所説とする。⑺題名については、㈠能説所説、㈡能詮所詮、㈢能観所観に分けて論じる。ここで、観の義を、観矚、観知、観行の三に分け、いまは観行の義としている点は注意すべきである。〔所載〕仏教大系（浄土三部経3―5）。
〔田中教照〕

観無量寿経己丑録【かんむりょうじゅきょうきちゅうろく】浄真 九巻。法海（一七六八―一八三四）述。文政一二（一八二九）年成立。法海は大谷派の第八代講師。本書は善導の『観無量寿経疏』を参考にして講説された『観無量寿経』の解説書。聖道門の立場から解釈する慧遠や智顗、吉蔵などの説と浄土門の立場から見る善導の説との相違を明らかにし、さらに日本における浄土宗西山派や鎮西派と真宗との解釈の違いを詳しくのべる。著者晩年の述作で、大谷派における『観無量寿経』の代表的講義録である。〔所載〕真大3。
〔田中教照〕

観無量寿経講記【かんむりょうじゅきょうこうき】浄真 九巻。霊暀（一七七五―一八五一）述。天保一〇（一八三九）年成立。霊暀は大谷派第一一代講師。本書は高倉学寮で口演されたもので五五会より成る。全体は、⑴諸師と善導との相違を弁ず、⑵経の大意を明かす、⑶宗教を明かす、⑷説人の差別を明かす、⑸釈名、⑹文の解釈に入る、の六門に分けられている。なかでも特色あるところは、第一の諸師と善導の相違で、ここには、浄影、天台、嘉祥らと善導との『観経』観のちがいが、二二カ条にわたってのべられている。すなわち、⑴二序三序、⑵三分五分、⑶序正分科、⑷二縁七縁、⑸定散配属、⑹定散致請、⑺観仏念仏、⑻一教二教、⑼理観事観、⑽報応二身、⑾九品凡聖、⑿韋提凡聖、⒀無生忍得処、⒁得忍の位を定むる、⒂即便微笑、⒃韋提見仏便正観、⒄念仏は観念か称名か、⒅九品通科、⒆三心通局、⒇中三品廻心、(21)二乗開会、(22)称名の九品不通のちがい、である。霊暀は『観経』の達人と呼ばれていたといわれるように、全体にわたって、綿密さ親切さがうかがわれる好著である。〔所載〕真宗全5。
〔田中教照〕

観無量寿経講義【かんむりょうじゅきょうこうぎ】浄真 二三巻。深励（一七四九―一八一七）著。成立年代不明。深励は大谷派の第五代講師。福井県に生まれ、

慧琳、随慧の門に入り、宗学を学んだ。寛政二（一七九〇）年に擬講となり、同五年に嗣講に進み、翌六年に講師になった。高倉学寮でたびたび『教行信証』を講義し、公厳や法幢の異義を正し、主要な宗典のほとんどに注釈書を書き、大谷派の近代宗学の大成者となった。宣明、鳳嶺とともに大谷派の三大学系の祖。

　本書は、善導の『四帖疏』を参照しつつ『観無量寿経』の解説をしたもの。『大経』は薬の能書を説いて薬の妙を教え、『観経』は正しく病人が出たところで薬をのませて薬の効きめを示し病気の治ることを示す教えである、とする。玄談は善導の『玄義分』の七門料簡を参照して初めの三門を略説している。(1)序題門では、序題とはこの経の大意を初めに述べ題する、という意味である、とする。序題門は(イ)教興の所由を述す、(ロ)今経の大綱を明かす、(ハ)信受奉法を結ぶ、の三段に分けている。第一段は、釈迦如来の出世の因縁をのべるもので、釈尊は、仏性の理を開覚させるために聖道門の教えを説いたが、解脱をうるものがないために、韋提の請いに応じてこの経を説いた、というもの。ここで西山の浄土門別途の真如法性説と鎮西の仰信の安心説を批判する。第二段は、釈迦は定散の要門を開き、弥陀は別意の弘願をあらわすゆえ、定散の要門より弘願に入って、この経の顕彰隠密の義をわきまえよと説く。第三段は、善導みずからこの教意を信受し奉行することを説く。これは経の大意の流通分となっているとする。(2)釈名門では、(イ)正に経の題号を釈す、(ロ)訳人名を弁ずの二段を分ける。(3)宗教門は(イ)この経一部の宗体を弁じ、(ロ)大小漸頓の教判をする。この経の宗についてはすでに善導が釈迦は定散の要門を説き、弥陀は別意の弘願を顕わしているから、要門よりすれば観仏三昧を宗とし、弘願よりすれば念仏三昧が宗となる、と一経両宗の立場を流通分に示している、とする。また、流通分は『阿弥陀経』に展開して真門の念仏になるが、流通分の念仏は真門の念仏ではない、というのが深励の立場。体は宗の帰結するところをあらわすから、一心に廻願して浄土に往生するのが体。しかるに、宗に二あるゆえ体も二義に解釈される。すなわち、観仏三昧を宗とする立場では、一心は定散諸機各別の一心。廻願とは定散二善を浄土に回向して願生すること。浄土も方便化土、往生も双樹林下往生、となる。他方、念仏三昧を宗とする立場では、一心は他力回向の一心、回願は他力の一心にそなわる願生心。浄土は真実報土、往生は難思議往生、となる。次に、(4)大小頓漸の教判については、菩薩蔵、頓教に収めるとする。〔所載〕仏教大系（浄土三部経3―5）。　〔田中教照〕

観無量寿経釈【かんむりょうじゅきょうしゃく】浄　一巻。源空（一一三三―一二一二）述。『観経釈』ともいう。善導の『観経疏』の釈義に基づいて『観無量寿経』を解釈し、経の主旨が念仏往生にあることを示したもの。内容は五段に分かれ、(1)観経説示の前後、(2)説示の意趣、(3)経の題名釈、(4)定散二善の釈、(5)経文解釈である。(1)は『無量寿経』と『観経』の説示の前後を論じ『無量寿経』に説く法蔵比丘の願力によって荘厳された浄土に対し『観経』の華座観等が修せられる文義によって、寿前観後説をとっている。(2)は来意として、『寿経』は仏の修因感果を説くのみであるが、この経は行者の修因感果を説くものであると解し、(3)では『仏説観無量寿経』という経題を釈して仏・説・観・無量寿・経と五つに区分し解釈している。(4)では善導の説によって定善・散善の取扱いを示し、『観経』は初の一三観を定心の行、三福九品は散心の諸善を説くものと規定している。(5)ではこの経が二会座（王宮会、耆闍会）の説法より成り、王宮会は序分、正宗分、得益分、流通分の四つに分かるとし、耆闍崛山会にもまた、序、正、流通の三があるとしている。源空当時の教界に善導の『観経』釈解を導入し、かつ経旨を念仏往生にあり、としたところに本書の意義がある。〔所載〕黒谷上人語灯録（漢語）、浄全9、昭法全、正蔵83。〔参考〕仏解、浄全（解題）、浄大、浄土依憑経論章疏目録。　〔阿川文正〕

観無量寿経述義【かんむりょうじゅきょうじゅつぎ】浄真　二巻。大瀛（一七五九―一八〇四）述。寛政一一（一七九九）年成立。大瀛は本願寺派の学僧で、芿園学派の祖。本書は、著者の師である慧雲の『観無量寿経微笑記』六巻に基づき、『観無量寿経』の要旨を、(1)興由、(2)経題、(3)宗体、(4)分斉、(5)教主、(6)所為、(7)説時、(8)経用、(9)義例、(10)弘伝の一〇項目に分けて明らかにしたもの。『観無量寿経』を学ぶための必読書。写本を竜大蔵。〔所載〕真宗全6。――→観無量寿経微笑記　〔田中教照〕

観無量寿経随聞講録【かんむりょうじゅきょうずいもんこうろく】浄　二巻。義山（一六四八〈四七〉―一七一七）説、素中（生没年不詳）記。享保二（一七一七）年成立。義山の三経講録の一。宝永三（一七〇六）年の義山の講演をそのままに筆録した聞書である『随聞記』を、素中が後年、同志の懇請に応じてみずから講述したさいの講録である。一代に一〇〇余遍も『三部経』を講じたという義山の該博な知識と講説の円熟味を感じさせるものとなっている。〔所蔵〕写本、正大、谷大蔵。〔所載〕浄全14。　〔斎藤晃道〕

観無量寿経芭蕉記【かんむりょうじゅきょうばしょうき】浄真　三巻。曇竜（一七六九―一八四一）著。成立年代不明。本願寺派の学僧曇竜は竜華学派を興し、著作は約八二部に及んだといわれるが、現存するものは少ない。本書は安居のとき、学林で講義したものの記録である。(1)興由、(2)説時、(3)蔵摂、(4)立教、(5)宗体、(6)所被、(7)題目、(8)文義、(9)弘伝、(10)正文の一〇項に分けて論ずるが、逐語的な解説はない。〔所載〕真宗全、新真宗全2。　〔田中教照〕

諫迷論【かんめいろん】日　一〇巻。日遵（?―一六五〇）著。慶安三（一六五〇）年版行。日遵は松崎、中村等の檀林で寂静日賢に学び、小湊誕生寺一九世、興津妙覚寺に住し、玉造檀林の開創者。その学的態度は本書に自ら、天台宗、日蓮宗ともに法華経を依経とする故に、天台宗の学のほかに日蓮宗の学として学ぶべき義分なし、とのべるように、その教学は天台学中心であり、その思想の域を出ない。本書は日蓮宗を脱して天台宗に改宗した真迢の『破邪顕正記』に対する反駁書である。大部の書であるが、いたずらに煩瑣な項目を挙げ、論述が徹底しない感があり、のち逆に真迢『禁断日蓮義』に、迷論と評されている。内容は本尊論、題目論、成仏論、戒壇論、摂折論等、広範囲にわたって論じているが、それらはつまるところ権実論に重点が置かれていてそれに付随する問題点である。権実においては、真迢が法華の円と尓前諸経の円と異なることなしとして法華・諸経並存並修の立場を取るのに対し、法華経独一成仏、そして信心為本に立つ法華専修を説き、天台・日蓮の差異を強調する。しかし、たとえば本迹論においては久成始成の差異から久近本迹を、仏陀論においては、久遠実成の釈尊を説きつつも新古に約して多仏も認め、さらに信心正因を説く反面に観心即成・信力遅延説を説くなど天台的解釈もみられる。〔所載〕日教全。〔井上博文〕

願文【がんもん】因　一巻。著者明記なし。成立年代不明。最澄（七六六―八二二）が延暦四（七八五）年四月六日、東大寺で具足戒を受けた三カ月後比叡山に入り、その後間もなく僧としての決意と誓願を披瀝したものであり、そこには青年僧最澄の真摯な求道精神がうかがわれ、最澄の著作の中でも宗教的香気の高いものとなっている。原文は最澄の高弟である仁忠が編述したとされる『叡山大師伝』に載せられている。まずこの世は諸行無常であり、その中で得難い人生を受けたこの身において悟りを得なければ、因果の道理により苦は免れえない。そして自己自身を「愚が中の極愚、狂が中の極狂、塵禿の有情、底下の最澄」と痛切に省み、この深い内省に立脚して、「無所得をもって方便となし、無上第一義のために、金剛不壊不退の心願を発さん」として五つの誓願を立てるのである。この誓願は要するに真理を体得するまでは世間と係りを持たない、「無所得」の生活をするということである。そして修行によって得た悟りは自分一人だけでなく全ての衆生とともに共有しようという大乗菩薩の誓願をもって結んでいる。この願文には天台の思想、特に『天台小止観』の影響があるとみられ、入山以前すでに天台教学を修学していたと考えられる。そしてこの願文は宮中に伝えられ、作成一二年後に最澄は内供奉に補せられ、世間に出ていくことになる。〔所載〕正蔵74、伝全1。〔末広照純〕

観門要義鈔【かんもんようぎしょう】浄　四三巻（玄義分巻第一―五、序分義巻第一―四、定善義巻第一―六、散善義巻第一―六、往生礼讃巻第一―一〇、観念法門巻第一―三、般舟讃巻第一―七、法事讃積学鈔巻上、下）。證空（一一七七―一二四七）記。建保三―嘉禄二（一二一五―二六）年成立。別に『自筆鈔』『薄墨鈔』ともいう。證空は源空の直弟で、浄土宗西山派を開いた。本書は『観経疏』を始めとする善導の全著作（『法事讃』を除く）に対する注釈である。ただ『法事讃』の注釈は欠けて伝わらなかったため、開版の際に積学坊実信の聞書である『法事讃積学要義鈔』をもって補われている。しかしながら、同じく證空の著述とはいえ、『観門要義鈔』と『積学鈔』とは撰述年代を異にするので、両書は分けて考えるべきであろう。『観門要義鈔』は寛文一一（一六七一）年に開版者空覚がその内容から命名したものであって、古くは『自筆鈔』と呼称されていた。「自筆鈔」とは本書が講述者證空自身による自筆の記録という意味で、證空の最も確実な著作と考えられる。また本書の古写本には釈文の左にしばしば講述年月日、および講述場所（京都内外）が記されており、師源空入滅後の、念仏弾圧の嵐が吹きすさぶ中で、證空がいかに活躍したか、その具体的な事例を知ることができる。

本書は注釈書の形式をとってはいるが、単なる注釈書ではなく、善導の著述を通して證空独特な浄土教思想を論述している。すなわち、韋提希夫人の宗教的回心に至る過程を、欣浄縁の光台現国、散善顕行縁の三福自開、定善示観縁の示観の開示、示観の領解の四段階に分けて説明し、さらにこの韋提の回心に相即して、われわれ末世濁悪の凡夫の救いについていろいろな方面から論述している。

その場合、證空は独自の概念をもたせた特殊用語を創造し、その独特な浄土思想論述の手段としている。その特殊用語とは行門・観門・弘願の三名目である。まず行門とは自力修行の法門を意味し、自力聖道門一般の立場をあらわす。具体的には『観無量寿経』所説の定散二善、広げて言えば、聖道八万四千の諸教諸善をさす。この自力修行の法門は濁悪の凡夫にとっては独立した得果の道とはなりえない。ただ浄土教へ誘引するための方便としてのみその存在理由がある。次に観門とは弘願観照の法門を意味し、他力浄土門の立場をあらわす。具体的には韋提希夫人の他力領解後における『観経』の定散二善十六観門、広げて言えば、八万四千の諸教諸善をさす。さらに弘願とは一切善悪の凡夫を弘く救済する阿弥陀仏の果上の誓願を意味し、行、観、弘三門論の究極の原理をあらわす。具体的には『観経』第七華座観において住立空中された阿弥陀仏の仏体をさす。以上の三門の相互関係は、まず弥陀弘願より釈迦観門が開設され、観門よりさらに行門が設けられて、衆生の機根を観門の機根に整え、観門弘願に帰せしめる。逆に衆生の側からいえば、行門の法を聞く功によって機が調えられ、行門の執を改めて観門弘願に帰せしめられるのである。

伝承する證空の著作は教相部と事相部とに大別されるが、本書は教相部随一の大著であり、真偽問題を別とすれば、事相部の著作の下部構造にあたる著作といえよう。

本書の古写本として現存するものは次の四種類を数える。㈠遺迎院本『観経疏自筆鈔』九冊、京都遺迎院。㈡西教寺本『往生礼讃自筆鈔』一〇冊、『観念法門自筆鈔』二冊、坂本西教寺。㈢楊谷寺本『観経疏自筆鈔』七冊。柳谷楊谷寺。㈣大谷大学蔵本『観経疏自筆鈔』一二冊、『般舟讃自筆鈔』三冊、『往生礼讃自筆鈔』四冊、『法事讃自筆鈔』二冊、京都大谷大学。〔所載〕西全3・4、西全別1、仏全9、日蔵89・99。〔廣川堯敏〕

勧誘同法記【かんゆうどうほうき】南　一巻。貞慶（一一五五—一二一三）著。法相宗、鎌倉時代。法相唯識の立場から、仏教の学習・修行の要点を初心者のために六門（勧修門、義相門、修習門、悟解門、利他門、略要門）に分けて説いたもの。唯識の核心が簡潔平易に説かれ貞慶の求道精神があふれている。最後は『金剛般若経』の「過去心不可得云云」の一句をもって心要となすとのべ、禅の影響をみることができる。〔所載〕日蔵（法相宗章疏2）。〔太田久紀〕

感誉壁書【かんよかべがき】浄　一巻。存貞（一五二二—七四）撰。成立年次不明。別に『檀林清規三十三箇条』ともいう。室町時代後期に浄土宗の伝法を大成した存貞が、檀林において僧侶を養成する規準を定めた法度で、壁に張り出したところから壁書ともいわれる。この壁書は後世の『関東浄土宗法度』や『浄土宗諸法度』の先駆をなすものであり、檀林における僧侶養成の規範となったものである。写本は増上寺、蓮馨寺蔵。〔所載〕関東浄土宗檀林古文書選。——→関東浄土宗法度、浄土宗諸法度〔宇高良哲〕

翰林葫蘆集【かんりんころしゅう】臨　六巻。景徐周麟（?—一五一八）著。周麟は五山の詩僧で、その漢詩文を集めたもの。室町後期の成立。⑴入寺法語、⑵疏、秉払法語、⑶秉炬、拈香、陞座法語、⑷真賛、偈頌、序、跋、記、字説、書翰、銘、題、賛、⑸頌、記、説、文、序、跋、書、題、銘、⑹詩、からなる。写本は内閣、国会、書陵に蔵する。〔所載〕五文全4、続群書12下。〔古賀英彦〕

き

義雲和尚語録【ぎうんおしょうごろく】曹　一巻、または二巻。義雲（一二五三—一三三三）撰。円宗、空寂編。宝慶寺寂円の法嗣で、同寺二世、永平寺五世の義雲の語録集で、越前宝慶寺語録、永平寺語録、小参、法語、仏祖賛、小仏事、偈頌等が収められている。本書には『宏智録』の影響が顕著で、従来義雲の思想としては五位説の援用が挙げられているが、これも『宏智録』の引用に基づくもので、義雲が独自の立場から五位説を受容したとは必ずしもいえない。本書は、延文二（一三五七）年に宝慶寺檀越伊自良知冬の助縁を得、法嗣の曇希によって上梓刊行された。これが一巻本の『義雲和尚語録』であり、日本曹洞宗における開版の嚆矢であるが、原本は今日伝本はなく、内閣文庫に天和四（一六八四）年の写本が一本存する。江戸中期の正徳五（一七一五）年、宝慶寺三〇世竜堂即門は、室中より遺篇を収集して拾遺一巻を編集し、上巻には卍山道白の序、黙外愚中の跋、下巻の拾遺には、竜堂の序および「義雲和尚略伝」、面山瑞方の跋を付して再編刊行された。下巻の内容は、拾遺永平寺語録、小参、賛、偈、鐘銘、「永平正法眼蔵品目頌并序」からなっており、これが二巻本である。本書は、日本曹洞宗においては道元に次いで古い語録で、初期曹洞宗教団史や宗学史研究上、貴重な典籍である。注釈書に『義雲和尚語録事略』『義雲和尚語録覰軌』『義雲和尚語録事迹拾遺』『義雲和尚語録聞書』等がある。〔所載〕曹全（語録1）、正蔵82。〔石川力山〕

義雲和尚語録聞書【ぎうんおしょうごろくききがき】曹　二巻。斧山玄鈯（?—一七八九）撰。別に『義雲和尚語録聞解』（駒大本）。竜堂即門が正徳五（一七一五）年に再編刊行した二巻本『義雲和尚語録』に対する詳細な仮名書きの注釈書。『義雲和尚語録』の注釈書には、他にも面山瑞方の『義雲和尚語録事略』があり、主に渉典考証を中心とした漢文体の注が行われているが、本書はこの面山の法嗣斧山による注と見られている。巻下の『正法眼蔵品目頌賛并序』の注釈は、面山の『正法眼蔵品目述賛』の述語と符節を合することも、斧山撰述とされる理由となっている。底本は花園大蔵。駒大本は、文章の整理や簡潔化が見られ、花園本がより原本に近いと見られる。〔所載〕続曹全（注解1）。〔石川力山〕

義科相伝抄【ぎかそうでんしょう】天　一六巻。著者明記なし。別に『静什抄』ともいう。康永二（一三四三）年一二月から観応元（一三五〇）年まで、日光中禅寺の学頭静什の口伝を、弟子の静弁が筆録したもので、義科十六算の、教相義、十如是義、二諦義、眷属義、三周義、即身成仏義、三身義、六即義、四種三昧義、三観義、被接義、名別義通義、仏土義、仏性義、菩薩義を挙げて、整理されている。〔所載〕天全23。〔弘海高顕〕

義科目録【ぎかもくろく】天　一巻。千観（九一八—八三）撰。撰述年代不明。正しくは『十六義科目録』という。千観は園城寺で得度、浄土教信仰で名高いが、論義にも秀で、数々の著作がある。天台の論義に一宗の大綱に関する宗要と、自他宗の相対を論ずる義科との内容があり、本書は義科の十六算、玄義に七科、文句に四科、止観に五科の目録を掲げる一紙余の内容である。底本は西教寺正教蔵本。〔所載〕天全23。〔木内堯央〕

枳橘易土集【きつやくどしゅう】真　二六巻。慧光（一六六六—一七三四）撰。原名を『採揀枳橘集』という。内容は、諸経論中の梵語を摘出するとともに、五十音順に配列を行い解釈を加えたもの。書名の由来は、江南の橘を江北に移せば枳となる語により、梵漢対翻の意をあらわし『枳橘易土集』と名づけることによるという。著者自筆本が法金剛院に存するという。流布本としては明治三八年、哲学館より梵語字典として発刊されたものがある。〔吉田宏哲〕

機教相応門安心消息【ききょうそうおうもんあんじんしょうそく】[真] 一巻。明道（一七六二—一八〇三）撰。明道著『教益甚深門安心消息』の姉妹篇で、真言密教の安心を機根のすぐれた者に説いた書。他の宗派ではあるいは自力あるいは他力による安心を説くが、真言宗では自力他力の二を含して安心すべきことを説き、勝義、行願、三摩地の三種菩提心をもって自心の道心を修習するを自力の安心であると説き、次いで金剛界・胎蔵界の両部曼荼羅の諸尊中、自心の本縁性欲に随って一尊をえらびとって本尊とし、その本尊の三昧に入って観行座禅、読誦礼讃の行によって日夜三時に修行するとき本尊の加被を蒙るを他力の安心としている。〔所載〕真安心1。〔祖父江章子〕

義綱集【ぎこうしゅう】[天] 二巻。圓仁（七九四—八六四）作。成立年代不明。別に『法華義綱』ともいう。本書は円密一致の立場から『華厳経』『法華経』『大日経』の融会を試みたもので、六三の問答体で構成される。その形式は、『円多羅義集』『法華論四種声聞日記』等の系統を引き、『妙義口伝集』と一対をなしているから、おそらくは同人、あるいは同時代、同系統に属する者の偽作と考えられる。〔所載〕日蔵79。〔末広照純〕

義山致谷集【ぎざんちこくしゅう】[日] 二巻。瞻山日具（一四二三—一五〇一）著。明応七・八（一四九八・九）年ころの成立。別に『源流致谷集』ともいう。日具は芸州厳島の出身といい、具覚月明（一三八六—一四四〇）の門に入り、一八歳にして妙本寺（旧名妙顕寺）六世の法灯を継ぎ、二四、五歳ころ後職を日芳に譲って備中野山境智寺に隠棲したが、事実上は山務を統理した。その学歴や在職時代の行状については不明。日具には本書のほかに、開目・本尊・撰時をはじめとする二七篇の御書を観心思想によって注釈したところの『澗亭涵底抄』三巻がある。『涵底抄』が注釈的であるのに対し、本書は達意的に述べたもので、日具の言を借りるならば、前者が「与義一往の釈」で、後者は「再往実義の秘伝」である。つまるところ本書は、本迹未分の寿量文底を神力品なりと説明するもので、いわゆる神力品正意論を主張するものである。本書述作の時代背景を一瞥すると、それは要するに、日具の時代には外にあっては一実神道（三十番神の勧請について）との問題が起こり、内にあっては先に独立した日隆（一三八五—一四六四）が八品教学を主張し、近くは日真（一四四四—一五二七）の分立があって、寿量正意の立場から本迹の勝劣を強調して、それぞれ像門教学の正系を標榜した。かかる事態に臨んで、日具は竜華教学の確立を計らんとして本書を著わしたものと考えられる。なお写本は立大に蔵されている。〔中條暁秀〕

義釈第一私鈔【ぎしゃくだいいちししょう】[天] 二巻。仁空（一三〇九—八八）撰。仁空は恵仁ともいい、藤原為信の男、比叡山に登り、のち大原来迎院の康空に師事、円、密、戒、浄に通じた。本書は応安四（一三七一）年に廬山寺で『大日経』住心品の義釈を講じた筆録。三一条にわたって『大日経義釈』巻一の要点をのべている。坂本西教寺正教蔵本。〔所載〕天全7。〔木内堯央〕

貴迹大略【きしゃくだいりゃく】[浄真] 一巻。恵空（一六四四—一七二一）記。元禄一四（一七〇一）年成立。恵空は大谷派の初代講師。大谷本廟創立より現在の東西本願寺が分立したときまでの経過を詳しくのべる。東西本願寺が互いを正当化し、相手を非難していることを遺憾とし、史実を正そうとしたもの。(1)大谷事、(2)大谷御坊退破事、(3)大谷御墳墓事、(4)江州大津近松御坊事、(5)越前吉崎御坊事、(6)城州山科御坊事、(7)大坂御坊廃退事、(8)顕如教如御不和事、(9)東西御両寺事に分ける。〔所載〕真宗全56。〔田中教照〕

義重山開祖呑竜上人伝【ぎじゅうざんかいそどんりゅうしょうにんでん】[浄] 一巻。霊雲（?—一七二二）記。享保五（一七二〇）年成立。『義重山開祖然誉呑竜上人伝』『義重山開祖然誉大阿呑竜上人伝』ともいう。太田大光院開山呑竜の伝記を、同院二七世の霊雲が『本朝高僧伝』等をもとに記したもので、生没年等を記す伝記として最も古くかつ詳しい。もと『義重山風土聞見録』中巻「君祖伝」の一部として著されたもので、伝記のみでも流布した。直筆原本は大光院蔵。〔所載〕浄全17。〔鈴木霊俊〕

記主竹林顕意道教大和尚伝【きしゅちくりんけんにどうきょうだいわじょうでん】[浄] 一巻。淘空暠俊（生没年不詳）録。跋文によると寛政一一（一七九九）年に円福寺薝蔔林室にて書かれ円福寺宝蔵におさめたものを享和二（一八〇二）年五月にいたり顕意道教（一二三八—一三〇四）の五百回忌につき『観経疏楷定記誤字考』の付録として刊行したものである。本書は顕意の生誕、勉学、出家、教化、著述、逸語等を記述したものである。〔所蔵〕版本、谷大。〔中西随功〕

起信論義記教理抄【きしんろんぎききょうりしょう】[南] 一九巻（もと一七巻）。湛睿（一二七一—一三四六）記。元亨二（一三二二）年成立。別に『起信教理抄（鈔）』『起信論教理抄（鈔）』『起信義記教理抄（鈔）』『大乗起信論義記教理抄（鈔）』などともいう。中国華厳宗の法蔵の『起信論義記』（『大乗起信論』の注釈書）の注釈書。「且つは聞熏に功を積まんが為、且つは祖恩謝徳の為に、広く教文を集め、具さに正理を顕わ」（「序」）そうとして、横浜市金沢区称名寺において著わされたもので、宋の子璿の『起信論疏筆削記』に負うところが大きい。本書はその成立後しばしば講義の草本としてもちいられたらしく、建武元年に下総東禅寺において講義されたおりに添削されている。そして、この原本は一七巻本であったが、暦応三（一三四〇）年の講義のさいに弟子の昭然によってそれに校点が加えられ、一九巻に分巻しなおされた。順高の『起信論本疏聴集記』と並んで、『起信論義記』注釈書中の白眉といわれる。〔所載〕仏全94、仏全鈴28、日蔵22、日蔵鈴42・43。〔木村清孝〕

起信論義記幻虎録【きしんろんぎきげんころく】南　五巻。鳳潭（一六五七〈五四・五九〉―一七三八）輯訂。元禄一四（一七〇一）年成立。別に『起信義記幻虎録』ともいう。中国華厳宗の法蔵の『起信論義記』（『大乗起信論』の注釈書）を注釈したもの。従来の日本の『起信論』解釈が宗密から子璿にいたる路線のうえでなされていたのに対してそれを批判し、法蔵の『起信論』理解の本旨を明らかにしようとしており、これを発端として、顕慧が『幻虎録弁偽』を著わすなど、反対派との間に論争が起った。〔所載〕日蔵22、日蔵鈴43。〔木村清孝〕

起信論決疑鈔【きしんろんけつぎしょう】南　一巻。湛睿（一二七一―一三四六）記。暦応二（一三三九）年成立。別に『起信決疑鈔』ともいう。横浜市金沢区称名寺において著わされたもので、『起信論』の作者、翻訳者、およびその「真如受熏」の教説に関する問題を論じ、馬鳴（アシュヴァゴーシャ）作、真諦（パラマールタ）訳とする伝統説の正しさを主張している。法相宗側の見解への反論書の性格をもち、『起信論義記教理抄』と一対をなす。〔所蔵〕写本を金沢文庫、京都常楽院蔵。〔所載〕仏全94、仏全鈴28。〔木村清孝〕

祇陀寺縁起【ぎだじえんぎ】曹　一巻。撰者不明。二六世祖山林在住のころ（江戸時代）成立。本書は石川県金沢市鳳凰山祇陀寺の由来、寺領、世代、寺社奉行への届書、僧録との往復文書などを蒐集したものである。祇陀寺は明峰素哲の法嗣大智祖継が開創したものである。もと永昌院と称したが、延宝七年、二一世月舟宗胡によって、現寺号に改称されたと伝えている。〔所載〕続曹全（寺誌）。〔大野栄人〕

喫茶養生記【きっさようじょうき】臨　二巻。明庵栄西（一一四一―一二一五）著。初治本の成立は承元五（一二一一）年である。明庵栄西は永治元（一一四一）年備中国吉備津宮に生まれ、俗姓は賀陽氏であった。八歳で出家を願い、安養寺の静心に師事す。一四歳にして叡山に登り、得度して栄西と号す。宗乗の蘊奥を究め、二八歳の年に入宋。ふたたび四七歳で入宋、五一歳で虚庵懐敞より禅を印可されて帰朝。建仁寺、寿福寺等に住し、建保三年、七五歳で示寂した。建保二（一二一四）年二月四日、将軍実朝、前夜から淵酔し病気であることを聞き、良薬と称して茶をすすめ、あわせて茶の功徳を推賞したものが本書である。名称からもわかるように、もっぱら茶の医学的効用について説いたもので、喫茶の作法や心構えについてはほとんどふれていない。「茶は末代養生の仙薬、人倫延齢の妙術なり」という書出しはよく知られるところである。本書には初治本と再治本の二種があるが、栄西の自筆本は発見されていない。寿福寺本、多和文庫本、史料編纂所本等の筆写本と、建仁寺本、群書本、銭屋惣四郎本等の刊本があり、鎌倉寿福寺、香川県志度町の多和文庫、東大史料編纂所（影写本）、京都建仁寺塔頭両足院にそれぞれの原本が、群書本は白蓮社空阿の所蔵本を底本にした文政二年刊の刊本である。〔所載〕仏全115、古典全集。〔池田豊人〕

髻珠鈔【きっしゅしょう】浄　一巻。慧篤（一四二一―九二）述。応永七（一四〇〇）年成立。本書の述者と成立年代とに不合理がみられるが、ここでは取り上げない。内容からみると実導述かと考えられる。本書は述者が先師示導の講説に接して受けた四宗を記すもので、天台、真言、菩薩戒、浄土門の四宗は仏法の妙旨を極むもので、衆生を開悟に導き、国家安寧の洪基という。弘法、度人、治世、和民のために四宗の要義を記述す。すなわち、(1)天台法華宗、これは妙法の証得のため教観二門について四教は三観を詮する教門といって二門を論じ、(2)真言宗では東密台密の教判相違等を挙げ、真言の観行の大旨を出し、(3)菩薩戒では四種の戒の差別を出している。すなわち人天の世戒、二乗の小戒、菩薩の大戒、如来の宝戒などである。このうち如来の戒を、法華の円戒、梵網の仏戒とに分別して、後者は先師示導が伝うものという。(4)浄土の真宗では、浄教は三世の如来指賛の妙法で、五濁の凡夫還源の要道であるという。華厳や法華、円戒、真言などもことごとく弥陀大悲の方便に極まり、浄土の一宗は修因感果の行相には同ぜず、信仏の因縁によって無上の功徳を成じ、これ一乗了義の精要とするという。諸仏および竜樹等の三国の諸師、伝教、慈覚、千観、恵心等も顕密の行業をひろむが、うちには浄土の径路を志し、源空、證空は浄土の真宗を伝えて玄旨を開くという。空覚は後序で応永七年慧篤が和字で書くというから、空覚がいまの漢文体に改めたようである。〔日下俊文〕

橘窓茶話【きっそうさわ】通　三巻。雨森芳洲（一六六八―一七八五）著。もともとは翠巌承堅（一七〇一―六九）の序文を有する延享四（一七四七）年成立の二巻本であったが、のちに芳洲没後三〇年あまり経た天明六（一七八六）年篠崎三島校訂の三巻本が出版された。芳洲は木下順庵の弟子で朱子学を修め、のちに対馬藩に仕え、日鮮間の外交の要職として活躍した。本書はその任地対馬での彼の講説を、彼に中国語などを学んでいた二人の禅僧が筆録したもの。この二人の禅僧は序文を物した翠巌の弟子たちと考えられる。書名は芳洲の本姓橘氏に由来し、その内容は本来の専門である朱子学を始めとする儒学の学び方、儒、仏、道三教の位置づけ、語学、詩文、人物評伝など百般にわたっている。とくに彼は自己の信念から、あるいは翠巌を始めとした禅僧との交流が多かったせいか、仏教に対してたんに批判するだけでなく、かなり好意的に評価するのである。たとえば彼が「余は嘗って三聖一致と言うも、未だ敢えて三教一法と言わず」とのべるところに儒、仏、道の三教のそれぞれの内容を老子、仏陀、孔子の聖者のところでは一致と認めつつも、具体的には差を見るのである。とくに本来は慈悲の聖者である仏陀の教えに王法の側面が欠けることをきびしく批判する。二巻の善本が関西大学東西学術研究所資料集刊一一―二、芳洲文集（一九八〇刊）に収められ、同研究所紀要一一（一九七九）に水田紀久『橘牕茶話』刊前刊後」なる論考がある。

〔吉津宜英〕

橘窓自語【きっそうじご】通　九巻。橋本経亮（一七六〇―一八〇六）著。本書の選述年次は明らかではないが、巻三の末尾に享和元（一八〇一）年冬との奥書があり、また『鼠璞十種』（大正五〈一九一六〉年刊）所収の三村竹清氏所蔵・谷文晁所写本には文化七（一八一〇）年所写とあるので、たぶん経亮の最晩年まで書きつがれ、没後整理され所写伝持されたものと思われる。書名は著者が橘氏であることに由来する。著者は京都の人で、非蔵人や肥後守などを勤めた有職故実の学者である。高橋図南の門下として図南の仕事をも助力した。本書は有職故実、先賢の挿話、神儒仏の物語、美術、芸能、詩歌文学、あるいは事物の起源などに関して随筆風に記したもので、メモのような体裁で、体系的ではない。仏教についても情報は豊富で、人物としては高弁、西行、源空、日蓮、行基、鳥羽僧正、親鸞、一遍などに言及し、寺院としては東寺、東大寺、尾張真福寺、大安寺、長谷寺、法隆寺、正倉院、本願寺、興福寺、太秦広隆寺、比叡山、聖護院などの挿話を伝える。挿話の真偽については批判が必要であるが、著者の該博な知識がこの面でもうかがわれる。しかし、神道家の立場から仏教を批判したような言辞は見出されない。先にあげた『鼠璞十種』につづいて、日本随筆大成一期2（昭2、新版では一期）に収録されている。
〔吉津宜英〕

橘窓文集【きっそうぶんしゅう】通　二巻。雨森芳洲（一六六八―一七八五）著。著者は木下順庵門下の朱子学者で、対馬藩でも藩儒として活躍したので、多くの詩文が残されているが、生前には自分の文集を刊行することを許さなかった。本書は芳洲没後一〇年たった寛政六（一七九四）年に刊行され、丘思純の序文を付す。丘は順庵門下の堀南湖に師事した隠逸の儒医であるが、田能村竹田や橋本経亮の文集にも序を寄せるほどの人であった。本書は巻一に一つの説、四つの論、十の記、巻二に七つの書、三つの序、一つの跋、二つの紀事、一つの伝、二つの賛、三つの雑著、そして劄記から成る。冒頭の一つの説とは大宝説で朱子学の立場から日本の国体のあり方にも説き及ぶ。最後の劄記は「人の釈を学び、道を学び、聖を学ぶとは、皆な万累を去って至楽を得る所以なり」の一文で始まり、儒教のとくに朱子学を中心として挙揚しつつも、あわせて仏教や道教を認めてゆこうとする芳洲の立場がよく表わされている。江戸時代の儒学者は一般的に仏教に対してはきびしい批判をくりかえしたのであるが、そのようななかにあって芳洲はユニークな立場を堅持したといえよう。本書は大正年間、珍書同好会から謄写複製されたが、この本は丘思純の序文を省き、新井白石宛ての芳洲の書翰を冒頭に載せる。関西大学東西学術研究所資料刊一一―二『芳洲文集』（一九八〇刊）には寛政六年本がそのまま影印され、水田紀久氏の解説を加える。
〔吉津宜英〕

義堂和尚語録【ぎどうおしょうごろく】臨　四巻。義堂周信（一三二五―八八）撰。南北朝時代成立。別に『義堂録』ともいう。義堂の語録で巻一に「相模善福寺語録」「京都建仁寺語録」「南禅寺語録」、巻二に陞座、巻三に拈香、小仏事、仏祖慶讃、巻四に道号、真賛、自賛が収められている。五山版を岩崎、内閣、大東急文庫に蔵す。元禄八（一七九五）年無著道忠序刊本が、享保一七（一七三二）年に再刊。
〔伊藤東愼〕

祈禱経之事【きとうきょうのこと】日　日像（一二六九―一三四二）註。文保二（一三一七）年一月一三日筆。本注は日蓮撰述の『撰法華経』略して『撰経』、別称『御祈禱経』略して『祈禱経』の注釈書である。『祈禱経』は詳しくは『末法一乗行者息災延命所願成就祈禱経文』という。妙法広布の行者の自行のための『撰経』であり、日蓮宗祈禱修法の原典でもある。『祈禱経』は法華経一部八巻二十八品より要文句々を撰述し、迹門段と本門段に分け、両段ともに勧請・礼拝より始めているが、五の巻までを迹門経の勘文とされている。各巻の終りごとに「法華妙理　釈尊金言　当生信心　無有虚妄」と日蓮の言葉で結ばれている。迹門段は序品第一より安楽行品第一四まで、本門段は如来寿量品第一六より勧発品第二八までである。しかし迹本の境にある従地涌出品第一五をもって本門の序となすとあるのみで経文はあげていない。日像はかかる『祈禱経』を日蓮滅後三七年に注してこれを門下に授けた。本注は「末法とは正像二千年以後也」「一乗とは」「行者之事」「息災延命所願成就之事」「勧請之諸尊の事」「御勧請之時」「本門寿量本尊等と書き顕し、迹本各別に勧請之事」「自界他方本仏迹仏の事」「題目一返之事」「開迹顕本法華経之事」「三宝之事」「受持者擁護諸天善神之事」「広布を祈る無二之信者貧窮短命等之事」「寿量大薬師之事」「種智還年薬之事」「父母既然也等之事」「涌出品に限て義を以て之を記する事」「南無妙法蓮華経南無妙法蓮華経等と二返之在る事」「品品内とは」「品品の勘文の訖に悉く法華妙理釈尊金言当生信心無有虚妄等と記し給う事」などの条目を立てて説明している。注し終ってのち日蓮著の『祈禱抄』と『祈禱経送状』の「法華経に其身を任せて修行せば、慥に後世は申すに及ばず、今生も息災延命にして勝妙の大果報を得、広宣流布の大願をも成就す可き也」の文を引用して結んでいる。本注以後『祈禱経』に関する多くの注釈・口伝相承が生まれていくのである。〔所載〕日宗全1。
〔宮川了篤〕

祈禱鈔【きとうしょう】日　日蓮（一二二二―八二）撰。文永九（一二七二）年成立。真蹟三〇紙はかつて身延山に存在。

内容は諸宗と『法華経』による祈禱の相違をのべ、正法たる『法華経』の祈禱によらなければ、真の加護・利益はえられないことを強調。とくに真言宗の祈禱について、鋭い批判をしている。なお本書は後半の部分を、『真言宗行秘法事』とも称している。注釈書は『御書鈔』『録内啓蒙』『拾遺』『扶老』等がある。〔所載〕定日遺1。　〔上田本昌〕

祈禱瓶水抄【きとうびょうすいしょう】日　日遠（一五七二―一六四二）註。慶長一二（一六〇七）年四月筆。日遠は近世祈禱法の祖と仰がれており、本抄は祈禱相伝の深秘伝書として重んぜられ今日に至っている。ことに本抄は日蓮撰述の『祈禱経』に関する諸種の相伝と、日遠自身が口伝相伝したところのものを取捨選択し、あるいは添加して大成したものである。したがって本抄は日像（一二六九―一三四二）が日蓮の『祈禱経』を注釈した『祈禱経之事』以来の注釈書といえる。巻頭に「将に此の文を釈せんとするに略して五門と為す。一には略撰の興致を明かし、二には勘文の大意を弁じ、三には題名を釈し、四には別文を釈し、五には行用、読法を弁ず」と述べているごとく、それぞれに説明を加えている。さらに「所願成就とは」「法華妙理等は」「能以平等は」「証明法華とは」「自界他方等とは」「本とは」「題目一遍とは」「涌出品を以て本門の序と為す等とは」「種智還年の薬を服するとは」「伝授印信の作法等」の条目を立てて説明している。また「勧経段」をもうけて守護神の吉神を付説している。本抄に対し近世中山遠寿院流の初祖と仰がれる日久（一六六一―一七二七）は『祈禱瓶水抄』の奥書に「右之一軸者身延山七面山百日参籠並七度参詣の砌り、祈禱堂の衆徒、無礙庵善通日順の指南に依り書写し奉り畢ぬ」と記している。この奥書によっても分るごとく、当時は『瓶水抄』がいかに高い秘伝書であったかがうかがえる。〔所載〕宮崎英修・日蓮宗の祈禱法。　〔宮川了篤〕

虚堂録犁耕【きどうろくりこう】臨　三〇巻、目録二巻。無著道忠（一六五三―一七四四）著。享保一七（一七三二）年成立。無著道忠は、但馬の人で、幼時出石の如来寺に入り、のち妙心寺塔頭竜華院の竺印に投じた。宝永四（一七〇七）年五五歳で妙心寺に住し、正徳四（一七一四）年再住。晩年は著述に専念した。わが国の臨済宗を代表する学匠で、その著書は三七一種九一一巻にのぼるといわれる。本書はそのなかでももっとも大部のもので、古来難解中の難解の書といわれる『虚堂録』一〇巻に厳密詳細な語釈を施したものである。『虚堂録』は南宋末の禅僧虚堂智愚（一一八五―一二六九）の語録で、参学妙源等の編集になる。前録七巻に喜興府興聖禅寺より径山万寿寺にいたる一〇会の上堂と、法語、序跋、真讃、普説、頌古、代別、仏祖讃、偈頌等を収める。続輯三巻および補遺として後録を付し、咸淳五（一二六九）年に福州鼓山で刊行された。虚堂は南浦紹明の師に当たるところから、語録は出版と同時に日本に伝わり、宋版にもれた作品と行状を合わせて覆刻され、わが国中世の禅林においてひろく読まれた。臨済宗ではとくに重んぜられる語録のひとつで、従来その研究もさかんに行われたが、道忠の『虚堂録犁耕』はその成果を集大成したものである。巻頭に虚堂和尚生卒年表を掲げ、みずからの序および注解した語の一覧表を付する。写本は花園大図書館に蔵する。未刊。　〔古賀英彦〕

疑難真宗義【ぎなんしんしゅうぎ】浄真　一巻。南渓（一七八三〈九〇〉―一八七三）述。南渓は本願寺派の学僧で筑前学派の大乗の弟子。本書は真宗学徒の他流の説に暗きを慨嘆して南渓が黒谷末弟某の仮名で鎮西義の正しきことをのべたものである。鎮西正流余流傍出之事、信心業成念仏業成のこと、余行生不のこと、第二十願行体を或は諸行とし或は念仏とすること、弘願念仏に来不のこと、の五項に分けて論じている。〔所載〕真宗全59。　〔新作博明〕

器朴論【きぼくろん】時　三巻。託何（一二八五―一三五四）著。暦応元―文和三（一三三五―五四）年成立。託何は遊行七代上人、生国は上総矢野氏、遊行三代智得の資。京都七条道場黄台山金光寺に住持宿阿、七条道場にあること一七年、暦応元（一三三八）年越前往生院において遊行七代を相続、遊行賦算すること一七年、文和三（一三五四）年京七条道場に帰着して示寂した。寿七〇。本書のほかに『仏心解』『同行用心大綱註』『条条行儀法則』『蔡州和伝要』『東西作用抄』『無上大利註』各一巻の著書がある。さらに、『宝蓮讃』『荘厳讃』『光陰讃』『大利讃』の和讃があり、『託何上人法語』『七祖上人法語』各一巻、『菟玖波集』巻第一七に和歌が収載される。なお、託何の木像（重文）が京都長楽寺、尾道西郷寺に現存する。荘厳寺には七祖と推定される画像がある。

現存刊本の底本は宝永三（一七〇六）年刊、安永五（一七七六）年刊。跋に遊行四五代尊遵、七祖の真翰と対校したことをのべ、施主は南部光林寺存冏、しかし初版が回禄の災にかかったため、遊行五三代尊如が荘厳寺旭堂に命じて再版せしめた。

器朴の器とは、諸仏国を含蔵する器という意で浄土を意味し、諸土は所摂のゆえに朴というとした。また「器はすでによく用うべく、朴いまだ造らず」とみずから説明している。難解な文字を駆使する傾向が強く、構文も難渋であって宗典として親しみにくい。

上巻は第一聖浄難易門、第二本懐非懐門、第三尊二教門、第四諸仏正覚門、第五諸教出離門、中巻は第六大小権実門、第七二種三昧門、第八成仏往生門、第九発菩提心門、第一〇有相無相門、下巻は第一一諸経通讃門、第一二念仏多福門、第一三末法弘通門、第一四臨終要心門、第一五祖祖念仏門、上中下三巻一五門から成る。

内容は「弘願を領解する初一念の時、安心決定して即便往生す。能所一体にして彼此の三業相捨離せず、直ちに不捨の光益を蒙る」と、仏の正覚と衆生の往生が父子のごとく相向かい、能所一体にして念仏の当体において、衆生の三業は仏の三業と一致するとのべている。また、即便往生とは当時往生をうちに含む、只今の一念当体の念仏であり、念仏によってではなく、念仏即往生となるものである。離三業の念仏は同時に成三業となるものであり、それは機の領解においてあるのではなく、ひたすらに乗仏本願にあるものであるとする。また、「名号の外に三心なく、三心の外に菩提心なし」とあり、名号と独立して安心があってはならないとし、只管念仏、名号全一を説く。託何は本書で、一遍教学の根幹を論理的に位置づけし、時宗教学の基礎を確立した。〔所載〕仏全、定時宗。〔石岡信一〕

器朴論考録【きぼくろんこうろく】時　三巻。尊遵（一六三八―一七〇七）著。宝永二（一七〇五）年成立。尊遵は遊行四五代上人。本書は尊遵が藤沢山独住中に著述したと思われる七祖託何の『器朴論』の注釈書で、丁寧、克明に解説を加えている。遊行五一代賦存の蔵本を宝暦五（一七五五）年覚阿伯竜が書写したものが底本となり、『仏全』以下に所収。〔所載〕仏全、時宗聖典、定時宗。―→器朴論　〔石岡信一〕

器朴論要解【きぼくろんようげ】時　二巻。一法（一六六四―一七二五）著。享保六（一七二一）年の成立と推定されている。一法の生家は藤沢（現存）、最上（山形）光明寺より遊行四九代上人となる。遊行一〇年独住五年、病中甲府補処道場に付法して享保一〇年六二歳で入寂。本書は遊行七祖撰『器朴論』の序文の解釈書である。〔所載〕仏全、時宗聖典、定時宗。―→器朴論　〔石岡信一〕

帰命本願鈔【きみょうほんがんしょう】浄　三巻。証賢（一二六五―一三四五）。元亨年間（一三二一―二四）の成立で、『西要鈔』より一年ほど前。三部作『三部仮名鈔』の一つで、一条流の派祖然空の弟子である著者の向阿証賢が、『源氏物語』や和歌の意趣などを折込む流麗な和文体で、浄土宗義の中心である阿弥陀仏の本願を説明し、浄土往生を勧めたもの。上巻の初めにこの書の撰述の因縁が述べられている。源空滅後、宗義についてさまざまな説が出、相伝の正義を糺したいと願っていた著者は、元亨のある年の秋、北白河のあたりに旧友を訪ねるが、一年ほど前すでに往生を遂げたことを聞き、その帰途京都真如堂に参籠する。その夜の夢に現われた老僧と修業僧の交わす法門談義として、『無量寿経』の第十八願文を五節に分け、その本義を説き明かしていく。上巻はこの真如堂参籠の縁起に続いて二僧の問答となり、第十八願の総論として機と心と行の関連から、本願の由来、念仏の意義を説く。第二問答では「十方衆生」とは十悪五逆の機も当然含まれ、これらを救済するから超世の願であることを説く。中巻の第一問答は「至心信楽欲生我国」が『観経』の三心、『阿弥陀経』の一心に相当し、これが帰命の一念に摂せられることを明かして安心を説く。第二問答は「乃至十念」につき、これが臨終の一念まで本願に誓われた称名念仏であることが明かされている。下巻は「若不生者不取正覚」を説明する一問答と、全体を総括してこの書の説が源空以来相伝の正義であることを述べるとともに、真如堂における瑞夢の縁起をもって結んでいる。〔末注〕帰命本願鈔諺註、帰命本願鈔言釈。〔所蔵〕自筆本―清浄華院、刊本―谷大（慶安二年版）、竜大（延宝二年版）。〔所載〕正蔵83、浄全続8。〔参考〕三部仮名鈔諺註、向阿上人伝。―→三部仮名鈔・西要鈔・父子相迎　〔条原勇慈〕

疑問【ぎもん】天　一巻。光定（七七九―八五八）記。成立年代不明。正しくは『疑問六条』という。光定は最澄門下で、大同二―五年分止観業年分度者として、大同五（八一〇）年に得度。空海からの密教受法に際して、最澄らとともに、高雄山寺で潅頂を受け、のち空海のもとにあって密教を受学。弘仁九（八一八）年、最澄が一向大乗寺建立を発願すると、師意を担って嵯峨天皇との交渉の任にあたった。大乗戒建立にかけた情熱と行動は、その著『伝述一心戒文』にくわしく記されている。のち延暦寺別当となり、最澄没後の教団の運営に、着実公平な立場をもってあたり、その発展に寄与した。別当大師とも呼ばれる。この光定が、かねがね比叡山の教団において問題となっていた教学上の疑問を六条にわたって述べたものが本書である。このころ比叡山の教団においては、教学上の疑問は数々あげられ、同じく『疑問』と冠する書は、この光定問のほか、円澄問三〇条、徳円問一〇条、義真問等があげられ、それらは、承和五（八三八）年入唐の円載、圓仁に托され、それぞれ唐の長安や天台山等で決答を得て日本にもたらされた。その決答を唐決と呼んでいる。光定問では、即身成仏、草木成仏といった問題に対する疑問がのり、一乗円教の『法華経』教学による天台宗が密教をあわせ伝持している上で彼此の関係について、要点をおさえた質問が列ねられている。他師もやはり円密の関係についての疑問が多い。〔所載〕卍続2ノ5ノ5。　〔木内堯央〕

疑問【ぎもん】天　二巻。圓珍（八一四―九一）撰。『疑問集』『疑集』また『疑文』ともいう。『上智慧輪三蔵書』によれば、元慶六（八八二）年に密教の数々の疑問を智慧輪三蔵に呈した書である。上巻の前半に「以下新附」と見え、下巻末に「更有二大巻一煩故停レ之。伝教弟子遠塵謹白」とあるによって、質問書はこれ以前にも送られていたと考えられる。遠塵は圓珍の字。『些々疑文』と大同小異といえよう。〔所載〕仏全27、日蔵80、智全下。　〔坂本廣博〕

逆修講法則【ぎゃくしゅこうほっそく】日　一冊。日鏡（一五〇七―五九）著。正本を山梨県身延文庫所蔵。本書には「弘治二丙辰玄月十日」の記載はあるが、著者名はなし。弘治二（一五五六）年は日鏡身延在世中、したがって日鏡作と所伝されてきたが、最近、身延文庫では日鏡所持本の扱いをとっている。内容は逆修講を営み修するさいの法式、要句を書き

綴ったもの。〔松村寿巌〕

逆修説法【ぎゃくしゅせっぽう】浄　一巻。源空（一一三三―一二一二）述。成立年代不明。越智専明の『浄土宗年譜』、藤本了泰の『浄土宗大年表』によれば、建久五（一一九四）年説法としているが、その典拠とする『漢語灯録』が何本によるか不明であるから、確実な成立年時ははっきりしない。本書は東大寺における『三部経』講説以後、『選択集』撰述以前の説法とみられる点において、源空教学成立過程上の重要資料ということができる。源空は浄土宗の宗祖であり、法然は房号、諱は源空、幼名は勢至丸という。本書は遵西の父で少外記という役職にあった中原師秀が、阿弥陀仏来迎引接像を刻み、浄土五祖の影像を図し、その開眼供養にあわせて自身の死後における冥福を祈る仏事である逆修を行うにあたって、源空はとくに請われて初七日から六七日にいたる六会の導師と説法を行った。そのさいの説法の筆録である。初七日は阿弥陀仏、『無量寿経』、『阿弥陀経』について講讃し、第二七日は阿弥陀仏、『観経』ならびに『観経疏』、第三七日は阿弥陀仏、『無量寿経』、『阿弥陀経』、第四七日は阿弥陀仏、『観経』、五七日は阿弥陀仏、『無量寿経』および五祖像、第六七日は阿弥陀仏、『観経』について講讃されている。〔所載〕浄全9、昭法全、真聖全（拾遺部上）、親全（輯録篇1）。〔参考〕伊藤祐晃・浄土宗史の研究（乾）、浄全9（解説）・21（解題）、浄大1。〔大谷旭雄〕

客問対弁【きゃくもんたいべん】曹　一巻。万仭道坦（一六九八―一七七五）撰。宝暦四―九（一七五四―五九）年ころの撰述で、ある禅客の九カ条の質疑に対して、万仭が道元の『正法眼蔵』を依用して答えたもので、その内容は、戒法、公案、五位、三教一致説、面授嗣法、『正法眼蔵』を不可説・不可聞・不可教・不可用の教えとするの義解、『大般若理趣文』の斉字の意味などである。〔所載〕続曹全（室中）。〔川口高風〕

狂雲集【きょううんしゅう】臨　一巻。一休宗純（一三九四―一四八一）著。本書は一休の偈頌と詩を集めたものであるが、その成立年代は不詳である。その理由は、一休自筆の『狂雲集』が現存せず、現存する『狂雲集』の古写本のすべてが転写本と見られ、奥村家本以外の異本類は写筆者が不明であり、またその転写内容についても、順序や掲載数にかなりの相違が見られるからである。

一休宗純は大徳寺第四七世で大徳寺派、すなわち林下の禅僧であるが、幼少に出家してから大徳寺派の華叟宗曇に師事するまでは五山文学の系統の僧に詩文を習い、それゆえ『狂雲集』はひろい意味で五山文学の範囲に入れられる。しかしいわゆる五山文学的なオーソドックスな作品は少なく、そのほとんどは一休独自の強烈な個性で貫かれている。詩の形式として平仄の合わないものや韻を踏んでいないものが多いが、それはたんに無知やルーズさからの結果ではなく、あくまで自由自在に自己の精神内容を言葉で表現しようとしてのことである。その作詩にあたって中国文学、中国禅語録類からの豊富な引用などを見ると、一休の古典籍に精通した高い学殖をしのばせる。その作品数は現在までの研究成果によれば一〇六〇首となっているが、この数は今後少しふえるものと予想される。内容の分類は各異本によって多少相違するが、『狂雲集』、『狂雲詩集（続狂雲集）』、号類、法語と一応分けられている。明治末年までに刊本になったものに寛永本、群書本、民友社本があるが、いずれも誤植が多く、あまり参考にならぬ。筆写本として重要なものには、奥村家本、成簣本、酬恩庵本⑴、同⑵、真珠庵本、蓬左文庫本、藤田美術館本の計七本がある。これらを網羅し校合して注記を付したものに大和文華本（第41号）がある。ともあれこれらの筆写本中最良のものは奥村家本と藤田本である。奥村家本はその筆者が一休の弟子祖心紹越（一四四四―一五一九）であることには相違なく、その収録詩数ももっとも多く、また誤字もきわめて少ない。しかもそのなかに、一休が直筆で書き加えたと思われるものがあり、これが直筆とすれば、この筆写本は一休存命中に編集されたものとなる。『狂雲集』の注釈本は古いものがなく、『訳禅叢』9が初めといえる。しかしこれはテキストも注記もきわめて不備なものである。『中世禅家の思想』（思想大16）のものは奥村家本全体を活字化されたものであり、そのほぼ前半に綿密な語注が施されている。〔参考〕大和文華（第41号）、日本の禅語録12（狂雲集全釈上）。〔平野宗浄〕

教王経開題【きょうおうぎょうかいだい】真　一巻。空海（七七四―八三五）述。成立年代不明。別に『大教王経開題』ともいう。真言宗所依の経典である『金剛頂一切如来真実攝大乗現證大教王経』の開題で、第一の表白文にあたる部分と第二経題を解釈する部分からなる。第二では大曼荼羅、三昧耶曼荼羅、法曼荼羅、羯磨曼荼羅の四種曼荼羅について経意を釈し、法曼荼羅の中では金剛頂十八会をあげて解説し、終りに漢訳の経題を「金剛頂」「一切如来」「摂大乗」「現証」「大経王」「経」に分けて順次解説している。版本は古版本二種。写本は宝亀院所蔵の平安時代古写本と仁和寺所蔵の建長二（一二五〇）年の二つがある。〔所載〕正蔵61、日蔵（密部章疏巻下）、弘全4（古版二本の校合）。〔祖父江章子〕

教王経釈【きょうおうぎょうしゃく】真　一巻。慈雲（一七一八―一八〇四）撰。本書は施護訳『金剛頂一切如来真実摂大乗現証三昧大教王経』の注釈であるが、正宗分の初めの諸仏による一切義成就井の驚覚から五相成身観の第一通達菩提心の個所までのわずかな部分について記されているのみの小部のものである。〔所載〕慈全8。〔福田亮成〕

教誡律儀簡釈【きょうかいりつぎけんしゃく】南　二巻。覚泉慧澂（？）述。宝永二（一七〇五）年成立。真言律宗慈門の弟子慧澂による唐道宣撰『教誡新学比丘行護律儀』の注釈書。注釈引拠が繁瑣であったり文義簡略に過ぎると、初心者の繙読に適さなくなるとの観点から、多くの古来の注釈書を梗概で記すとともに新たに注解を加えて綱要を記している。その注解は簡にして要を得、大意を得る良書として活用される。〔所載〕日蔵34。〔里道徳雄〕

教誡律儀講述【きょうかいりつぎこうじゅつ】南 二巻。湛堂慧淑（—一七一四）撰。正徳四（一七一四）年成立。真言律宗安養寺慧淑が、三河の青龍山において、唐の道宣撰『教誡新学比丘行護律儀』を講義し、後に刊行した教誡律儀の注釈書。条目の各題を釈して内容を示し、次で条目を注解している。典拠はいちいち示さないが、その注するところは先人の諸説を踏まえて正鵠を射ており、それ以前の教誡律儀注釈書を総括する感がある。〔所載〕日蔵34。〔里道徳雄〕

教誡律儀賛行鈔【きょうかいりつぎさんぎょうしょう】南 三巻。円鏡（生没年不詳）述。貞享（一六八四—七）ころ成立。唐の南山律師道宣（五九六—六六七）の教誡律儀、すなわち『教誡新学比丘行護律儀』の注釈書。仏教徒が日常遵守すべき道徳威儀に関して道宣が掲げる四百六十余項目のいちいちについて、多くの律書によって典拠を示し、字義を訓詁し、日々の行儀を初学者でも平易に理解できるように詳述したもの。〔所載〕日蔵34。〔里道徳雄〕

教誡律儀輯解【きょうかいりつぎしゅうげ】南 四巻。玄心正亮（?—一七三一）撰。貞享五（一六八八）年成立。唐の道宣（五九六—六六七）の教誡律儀に対する注釈書。智積院内遍照院玄心正亮撰述のこの書は、始めに五義（一、戒律威儀の必要性、二、経証の義、三、戒の摂属の義、四、該書の異本の弁、五、該書の将来者）を記してこの書の意義を明らかにし、次で本文を分科し注釈を施すが、その論述が詳細周到なことで注釈書中白眉とされる。〔所載〕日蔵34。〔里道徳雄〕

行巻帰命御字訓聞記【ぎょうかんきみょうごじくんもんき】浄真 三巻。制心（?—一八六六）述。安政三（一八五六）年成立。制心は大谷派の学僧。尾張津島（愛知県津島市津島）成信坊の人。第九代講師大含の門人。本書は、親鸞の『教行信証』行巻にのべられている六字釈について、(1)弁行巻起尽、(2)定能釈所釈、(3)示一章大意、(4)明施訓所由、(5)点訓字綱格、(6)略釈帰命義、(7)正入文判釈、という七門に分けて解説したものである。(1)では、行巻中の親鸞の私釈についての見解をのべ、(2)では、行巻における四つの私釈はともに南無阿弥陀仏を所釈としているとし、(3)では、鎮西派・西山派と浄土真宗の六字釈を比較して、「所行に願行を具する義と、能行に願行を具する義」があるとするのが真宗的な理解であるとしている。さらに(4)では、六字釈中に親鸞が字訓を施した理由について「一、通軌を濫ぜざるため、二、諸仏を簡違せんがため、三、三信一心の義を顕わさんがため」ということを示し、(5)では、字訓について正訓・傍訓・義訓という三点より解し、(6)では帰命について、聖道門と浄土門の理解の違いを示し、(7)では、六字釈本文について詳細な注釈が施されている。以上の七門を七会に分けて講述したのが本書である。自筆本が成信坊に現存。〔所載〕真宗全35。→顕浄土真実教行証文類〔那須一雄〕

行巻両一念猶存録【ぎょうかんりょういちねんゆうぞんろく】浄真 一巻。善譲（一八〇六—八六）述。明治三一（一八九八）年成立。善譲は、本書は行巻の両一念章の注釈書であり、得業昇階披露の講述である。空華の得意とする行信論を述し、能所不二、唯信独達他力真宗の語により、真宗の法義を語り問答によって理解やすからしめている。明治三一年五月、一三回忌に門人によって刊行された。原本は竜大図書館所蔵。〔所載〕真宗叢別巻。〔藤田恭爾〕

教機時国鈔【きょうきじこくしょう】日 一篇。日蓮（一二二二—八二）著。弘長二（一二六二）年成立。別称『五段鈔』『五義鈔』『教機時国教法流布事』。弘長元年伊豆へ流された日蓮が、『法華経』色読という信仰体験を経て高揚した宗教的信念を、流罪の地で表明したもので、五義の法門が説示されている。五義とは教、機、時、国、序（教法流布の前後）をいい『法華経』による末法救済の秩序をさす。教とは末法の要法妙法五字七字、機とは末法の謗法逆機、時とは釈尊滅後二千年を経た末法今時、国とは法華経流布必然の国土日本国、序とは教法流布の歴史のなかでも本門法華経が流布すべき情況をいう。末法の時代には法華経の肝心妙法蓮華経の五字七字こそが一切衆生を救済する大良薬であり、その救済の実現、すなわち正法に基づいた仏国土の建設こそが、釈尊の意思であるとの日蓮独自の法華経観が五義の法門である。五義の法門は同年の『顕謗法抄』、文永元年の『南条兵衛七郎殿御書』などにも説示されるが、さらに佐渡流罪を契機として師の自覚を深め、文永九年の『観心本尊抄』、文永一二年の『曽谷入道殿許御書』には、釈尊の勅命を蒙った末法の導師本化上行菩薩との自己認識のもとに、序が師と転換されていく。真筆は伝わらないが、古くは中山法華経寺第三世日祐の『本尊聖教事』（日蓮遺文の目録）に記載されている。〔所載〕改訂増補日蔵91、定日遺1。〔庵谷行亨〕

行基菩薩舎利供養事【ぎょうきぼさつしゃりくようのこと】南 一巻。作者不明。東大寺の勧進、大僧正行基（六六八—七四九）の舎利瓶は竹林寺より文暦二（一二三五）年発掘された。本書は正嘉元（一二五九）年、戒壇院中興第一世円照が願主となり、華厳長吏であった宗性が導師、蔵円僧都が読師となって行った供養の様子を記したもので、華厳会のように盛大であったという。なお、「行基菩薩骨舎利供養事」に弘長元（一二六一）年・同三（一二六三）年の円照願主による供養会が記され、『続史愚抄』に弘長三年の記事がある。円照は竹林寺再興を志していた。〔所載〕仏全122。〔田村晃祐〕

教行証内音訓考【きょうぎょうしょうないおんくんこう】浄真 一巻。慧琳（一七一五―八九）撰。宝暦一一（一七六一）年成立。慧琳は大谷派の第三代講師。本書は親鸞の『教行信証』のうちにある音韻、字訓、文字の正誤等を考察し注解したもの。行巻の証、上衍、自督、謂称、正由、皆乗、不覚、帰言、命言、必言、愚哉後之学者、自局古玉反、信巻の不淳、言至心者、言信楽者、言欲生者、生者即是成也、信巻末の大悲弘普化、以殺彼寿命長故、証巻の即日有人、譬如父擿、真仏土巻の理頽、正轍、起信論云、化身土巻本の不作者応知、智昇法師礼懺儀文云、大悲弘、何以故破能身衆生、化身土巻末の線、位在簾頗右耻之、五年居緒、について注解している。〔所載〕真宗全21。――→顕浄土真実教行証文類　〔田中教照〕

教行信証講義【きょうぎょうしんしょうこうぎ】浄真　――→広文類聞誌【こうもんるいもんし】

教行信証光融録【きょうぎょうしんしょうこうゆうろく】浄真　四〇巻。玄智（景耀・若瀛）（一七三四―九四）述。寛政六（一七九四）年成立。『顕浄土教行証文類講疏』ともいう。総序、教巻四巻、行巻九巻、信巻九巻、証巻四巻、真土巻四巻、化土巻八巻、科図、義例、名目図記、一念業成異説、和融弁一巻、古鈔分科一巻すべて四〇巻より成る。初めに撰者の発願偈および凡例あり。次に玄談六門あり。一に興由を述し、二に制時を記し、三に鈔記を列し、四に綱維を弁じ、五に題目を鈔し、六に本文を釈す。文釈は一節ごとに『六要鈔』『慧空鈔』『樹心録』『宝綱章』『踊湾記』等の諸説を挙げ、のちに自説を出す。本願寺派の学僧、玄智は、一二、三歳のころ僧樸の門に入り学を修む。日夜精励その業ますます進み、世に文殊小僧と称せられる。のち師僧樸の推挙により京都慶証寺玄誓の法嗣となる。当時は義学はさかんなりといえども紀伝、読唱等の典籍備わらざるを見て、それに尽力した。寛政二年ころより、本典の注釈に力をそそぎ、寛政四年に本書を完成した。その凡例に詳説せるごとく『六要鈔』をもって根幹とし、これに先哲の末疏を加え本典の幽微を闡顕せんとしたものである。行信緻密の論はのちにまつべきであろうが、教相および考証の精緻にいたっては、ほとんどここに尽されている。玄智は晩年一切の寺務を謝し、自坊に閉居して専心精力を本書に尽した。原本は散失、写本は竜大に一本、谷大に二本あり。〔所載〕真宗全24・25。――→顕浄土真実教行証文類　〔藤田恭爾〕

教行信証集成記【きょうぎょうしんしょうしゅうじょうき】浄真　七五巻。芳英（一七六三―一八二八）述。成立年代不明。本願寺派の学僧、芳英は性相を智幢に、華厳を経歴に受け、宗学は智洞に受け、門下八僧中に数えられたほどの碩学であった。三業惑乱のおり、東都より召喚を受くるとき四三歳であったが、糾問いくばくならずして回心の誠意を示し、門弟一〇〇余人も同時に回心したと伝えられる。本書の題目は『真宗全』の編者妻木直良氏によるものであり、芳英は題号を定めていない。「集下成汎爾所二見聞一義上」の文から『集成記』と命名したとする。本書の稿は文政三（一八二〇）年より始め同五年に終る。五九歳より六一歳にいたる三年間に成るものである。芳英はまえに本典講録をつくったが、回心後その稿を火中に投じ、改めて起稿したものが本書である。ゆえに、欲生帰命の説を否定し、三業安心を痛撃することは随所にうかがいうる。一・二巻は総序、三・四巻は教巻、五巻―二二巻は行巻、二三巻―三二巻は信巻本、三三巻―四〇巻は信巻末、四一―四六巻は証巻、四七巻―五四巻は真仏土巻、五五巻―六八巻は化土巻本、六九―七五巻は化土巻末に充当する。とくに三一問答において、信楽一心を根本とすることを強調している。また、「誓願一乗海中妙波瀾」の有名な語句が最後に示されている。原本は江州小田部の西遊寺が蔵す。〔所載〕真宗全32・33。――→顕浄土真実教行証文類　〔藤田恭爾〕

教行信証大意【きょうぎょうしんしょうたいい】浄真　一巻。覚如（一二七〇―一三五一）撰。嘉暦三（一三二八）年一一月の作であるが、現行本は文明九（一四七七）年一〇月二七日、蓮如の清書本である。『教行信証名義』『四法大意』ともいう。冒頭の「抑高祖聖人の真実相承の勧化をきゝ」から「その教行信証真仏土化身土といふは」までと、巻末の「さればこの教行信証真仏土化身土の教相は聖人の己証当流の肝要なり」から「みなひとのまことのゝりをしらぬゆへ、ふでとこゝろをつくしこそすれ」の和歌までは文明九年の加筆とみられる。ゆえに本書には、前後の文なく中間の文、すなわち「第一巻には真実の教をあらはし」より「くはしくかの一部の文相にむかひて一流の深義をうべきなり」までを本願寺派では覚如撰としている。しかし、本書の撰者について、覚如説と存覚説がある。概して、大谷派は存覚説をとり、本願寺派は覚如説をとっている。存覚説、覚如説それぞれに長短があるが、用語例をもって判断するとき、たとえば、如来智慧海の文により出世本懐を表わし、生即無生をもって浄土の証果を現わしていること。本師本仏あるいは、真化の二土を分量・無分量によって釈されることは存覚の用法に親しいともいえるが、結論は出ていない。真筆本は欠存、蓮如写本が西本願寺、堺真宗寺、大阪慧光寺、摂津教行寺、京都西法寺に蔵。注疏には道振・略解一巻。玄雄・略釈、善譲・管窺録、俊嶺・聴記一巻、覚寿・略述一巻等あり。〔所載〕真聖全3。――→顕浄土真実教行証文類　〔藤田恭爾〕

教行信証大意要須録【きょうぎょうしんしょうたいいようしゅろく】浄真　一巻。大含（一七七三―一八五〇）述。天保八（一八三七）年作。序に「敬テ案ズルニ存覚上人集メ給フトコロノ教行信証大意ハ。広略ノ文類ヲ学ブ指南ニシテ。ヤスキ仮名文字ヲモテ記シタマヒ。其文僅二十紙ニタラズトイヘドモ。其義六巻ノ要須ヲ提示シテ末学ニ賜フトコロノ聖教ナレバ。苟モ一流ノ法味ヲ味ハン者ハ指ヲ斯書ニ染メズンバアルベカラズ」と示すように、存覚説を主張し、法味愛楽の念で貫かれている。本書は、⑴興由を弁ず、

⑵題目を解す、⑶本文を釈すの三段に分かれている。⑴においては、存覚三九歳のおり報恩のために選集せられ、また法義にそむいたおかしき名言を実語として吹聴するきらいあり、よって『教行信証』の一宗の規模を示し、一流の大綱を分別せんがために彰されたとする。大含は大谷派の第九代講師であり、存覚説を念頭におき、本書にしばしばその個所を指摘している。たとえばまず四由を挙げているが、用語・説相について、存覚説を指示している。たとえば『大経』の取扱い。出世本懐、マメヤカの用語例、生即無生の説相、本師本仏、分量・無分量の用法等である。また浄土宗西山派・鎮西派および浄土真宗の三の宗義の対応がされているのも便利である。住田智見氏所蔵。〔所載〕真大27。──→顕浄土真実教行証文類　〔藤田恭爾〕

教行信証頂戴録【きょうぎょうしんしょうちょうだいろく】浄真　五巻と巻上・巻中・巻下を合して八巻。柔遠（一七四二—九八）撰。成立年代不明。柔遠は越中新川郡高柳の明楽寺の第一三世として誕生。宗学を僧鎔没後はいわゆる越中空華轍を統率して、その学派・学風を大成した。後世、僧鎔、道隠、柔遠を空華三師と称する。本書は『教行信証』六巻を注解したもので、竜大所蔵本の末記に「有レ年文如法主命二越中浦山善巧寺僧鎔一令レ講二此鈔一、而講二信巻一止矣、依レ之講録不レ全二備於一部一。後時遺弟柔遠補二其欠一略備二広書講録一。全二備一部一、于レ時享和三年得二斯録一。遂二写得之功一、由レ斯記二其由来一而已、云レ爾」と示されるがごとく、僧鎔の信巻までの講義を頂戴し、刪補したものであることが記されている。この記載は享和三（一八〇三）年、柔遠没後五年に当たり、本書制作の由来を聞いた門人の記入したものであろうか。本書は三門に分別され一に垂範縁起門、二に釈題解義門、三に分章窺班門とする。浄土の真仮を分別し、真は為得大利、仮は為失大利と明示する。真宗の相続行は所行海を出でざる他力の極致を顕示して、空華の法体大行説を簡明なる文体で展開している。また化身土文類は上・中・下の三巻にわたり詳説されている。そのことから、後世の学僧のとくに多く引用される本典注釈書である。原本は高柳の明楽寺蔵。竜大図書館、研究室、印順勧学の三本が写本。〔所載〕真宗叢7。──→顕浄土真実教行証文類　〔藤田恭爾〕

教行信証摘解【きょうぎょうしんしょうてきげ】浄真　九巻。足利義山（一八二四—一九一〇）著。明治三三（一九〇〇）年成立。本書は『教行信証』六巻の注釈書で、鏡如嗣法主に進講したものである。初め侍講のおり、講書の関節に就き義趣を摘録し、みずから二本を写し、一本を嗣法主（のちの光瑞）に呈し、みずから一本を備えて諸学説を詳細に口述した。（明治二八年）。その本典注釈は広汎にして、僧樸、智暹『樹心録』、僧鎔『一滞録』、柔遠『頂戴録』、道隠『略讃』、月珠『対問記』、興隆『徴決』、善譲『敬信記』等を対比して引用し、僧叡『述聞』、慧海の石泉学派を継承しているが、その自由な論の展開は石泉学派のみに片寄ることはない。また義の深い点も義山の代表的著述といえる。自筆本は明治二九（一八九六）年の記載があるが、余白の部分への書入れがはなはだ多い。これは明治三〇年一一月より大学林にて本典の講義に当たり、種々の書入れをなしたものと思われる。明治三三年一〇月二七日に印刷刊行せられたが、この書入れは大部分逸脱している。『真宗叢』（昭3）は瑞義所蔵の自筆本を底本とし、本文に挿入すべき符号のあるものは本文に入れ、他は所在の位置によって、冠注・傍注の文字を加えて、これを適所に配してある。第一巻は玄談、序文、教巻、第二巻は行巻、第三巻は信巻本、第四巻は信巻末、第五巻は証巻、第六巻は真仏土巻、第七巻は化身土巻本㈠、第八巻は化身土巻本㈡、第九巻は化身土巻末と流通文義を詳釈してある。自筆本は足利家所蔵。〔所載〕真宗叢8・9。──→顕浄土真実教行証文類　〔藤田恭爾〕

教行信証報恩記【きょうぎょうしんしょうほうおんき】浄真　一三巻。鳳嶺（一七四八—一八一六）撰。鳳嶺は大谷派の贈講師で頓慧の別名あり、本書には「頓慧録」となっている。本書は寛政末年より文化初年に起稿され、いくたびも修刪されたものである。大谷派宗学において深励の本典の講録とならび、本典研究の双璧と称されている。智暹の『樹心録』を参考としつつ論を展開、詳述している。原本は、谷大と、河野法雲氏が所蔵する。〔所載〕真宗全21。──→顕浄土真実教行証文類　〔藤田恭爾〕

教行信証文類樹心録【きょうぎょうしんしょうもんるいじゅしんろく】浄真　一〇巻。智暹（一七〇二—六八）撰。成立年代不明。智暹は播磨国印南郡伊保村真浄寺に生誕し、若霖（第三代能化）に師事し、播南学派を起した。本尊義その他について、法霖とその見解を異にして、学林派と対立した（本尊義論争）。終身著述・講法を主とし、門下の育成に従事したが、論争つづくこと六年いまだ解決を見るにいたらざるとき病に倒れ、明和五年に寂す。享年六七歳。本書は、本願寺派における本典注疏として『六要鈔』以外でもっとも古いもののひとつである。すなわち月筌の『本典私考』三〇巻はその存在が詳らかではないことから、現存最古の注疏として珍重すべきものである。本書は、従来多く写伝されたが、真浄寺所蔵の智暹真筆本に比すると、化土巻以下はまったく相違する。流布されている写本は、化巻以下すべて門人の補入により、智暹の真筆に就いてみると、第九巻の初め（化巻本二三丁『阿弥陀経』引意まで）は智暹本人が浄写したものであるが、それ以下（真筆本は第九巻の余および第一〇巻を合して別冊としている）は長子の智城が、智暹の草稿本によって浄写したと示している。ゆえに、その筆蹟は異なってはいるが智暹の撰として誤りはない。真筆本は真浄寺に蔵す。〔所載〕真宗全36。──→顕浄土真実教行証文類　〔藤田恭爾〕

教行信証文類随聞記【きょうぎょうしんし

ょうもんるいずいもんき】浄真　六三巻。石泉僧叡（一七六二―一八二六）述。弟子僧奄筆記、是山恵覚校訂。文政四（一八二三）年成立。本書は石泉の畢生の本典口述を書写したものであり、会所は一四カ寺、席数は七一六席に及ぶ大著である。文政四年から六年にわたる講読。石泉の稟受の前後、法相の表裏、弘願助正を指示し、西山義、鎮西義をも例示して、真宗義をより闡明にし、ときおり図示して理解をやすからしめている。大部の著作であるが延べ書き形式であるから読みやすいといえる。〔所載〕真宗全26―29。――→顕浄土真実教行証文類　〔藤田恭爾〕

教行信証文類六要抄補【きょうぎょうしんしょうもんるいろくようしょうほ】浄真　九巻。慧琳（一七一五―八九）撰。天明八（一七八八）年成立。著者は大谷派第三代講師。本書の題目は前後等しくなく、文体もまた漢和の差がある。それは題言でも一言するごとく天明の大火にあい焼失、現在五巻は火災後さらに新作したものであるによる。第六巻欠。信巻本三心釈以後真仏土巻まで欠、また化身土巻末全部欠、ゆえに前七巻（六巻欠）は天明八（一七八八）年、後三巻は明和八（一七七一）年に成立。本典の文を逐一引用し、『六要抄』と対校し、補のなかに自説を詳述している。大谷派における本典末注の代表的名著である。原本を谷大に二本所蔵。〔所載〕真宗全37。――→顕浄土真実教行証文類　〔藤田恭爾〕

行乞篇【ぎょうこつへん】曹　一巻。指月慧印（一六八九―一七六四）撰。元文三（一七三八）年成立。インドの釈迦以来、中国・日本の一切の賢聖が異趣なく行じ来たった法は行乞であり、それが真の仏行であるとして、仏典、祖録を引用しながら、その意義、用心、作法等を懇切に説明したものである。仏説に基づいた行乞受食の基本精神と行法が伝えられる。文化九年刊『指月禅師仮名法語』に所収。〔所載〕続曹全（法語）。　〔佐々木章格〕

経師観行【きょうしかんぎょう】天　一巻。最澄（七六六―八二二）撰。『経師観解』ともいう。本書が最澄の真撰であるかどうかは疑問であるが、写経行がそのまま止観の行であることをのべたものである。写経は冒頭にものべられるように『法華経』伝持の五種法師行の一であることはいうまでもないが、円教の三心を観照し中道の止観を修するを書写行をもってすることにより、五十二位を満足するという。諸目録に欠き偽撰とみられる。〔所載〕伝全2。　〔木内堯央〕

教時諍【きょうじじょう】天　一巻。安然（―八四一―九〇四―）所製。成立年代不明。別に『教時諍論』ともいう。安然は平安時代中期、比叡山の五大院に住し、台密を大成したとされる。本書は平安時代の各宗の教時論すなわち教判論を総合し、当時の仏教学界の中心的問題を取り上げ、それに批判を加えて、独自の教判論を建設したものである。本書の体裁は未定稿で、論述の形式も整っておらず、しかも途中で終っている。各種目録や先徳の著作中の文等によれば、二巻（二帖）であるはずだが長年未見であった。しかし昭和三年、高野山宝寿院蔵から下巻に相当する一巻が発見され、本書が二巻であることが明らかとなる。新しく発見されたものには『教時諍論』と記されている。内容は最初に日本仏教には九宗あるが、その他に五種の異説があると述べる。一、伝教大師の請年分表の説。二、空海の十住心説。三、道詮の『群家諍論』の説。四、蓮剛の『定宗論』の説。五、伝教大師の『内證血脈譜』の説である。そして結に、安然自身の八宗に仏心宗を加えた九宗説を明示する。次に各宗の諍論を四門に分け、第一に天竺の一仏応化不同。第二に震旦の諸宗師資不同。第三に日本諸情計不同。第四に三国の諸師教不同をそれぞれ立てている。しかし第二、震旦の部の途中で未完のまま終っている。本書が最も問題とされた点は、教理浅深の下に真言を最深の教理として、法華よりも重視した点である。〔所載〕正蔵75。　〔多田孝正〕

教時諍論【きょうじじょうろん】天　一巻。安然（―八四一―九〇四―）撰。成立年代不明。安然は平安時代中ごろの人で、台密の大成者である。本書は平安時代に、諸宗派の間で行われた教・時・仏・土等の諍論を総合し、安然独自の教判論を論述したものである。『教時諍』の下巻に当たり、両者で二巻を構成するものとされ、昭和三年高野山宝寿院蔵から発見された。その内容は、最初に大日如来内証法門は一切時に一大円教を説く事を明かす。第二に一時として、釈迦の五〇年を五教・五時で論じる。第三に結集法蔵の七説をあげ、第四に九宗五異説の内證血脈譜の相承を示す。第五に天竺の諍論を五説、第六に三宝東流として、中国と日本における諍論を各々七説述べる。第七に諍論として、一、安然は伝教大師の苗裔である事、二、如来の説教、三、菩薩論釈、四、三蔵伝教、五、人師章疏の諍論をそれぞれ説き明かす。第八に安然の諍論として、九箇三蔵を難じ、次に三〇の人師を破すとあるが、九箇三蔵の内、真諦を難じて終っており、以下の叙述がない。体裁も整然としておらず、『教時諍』同様、未定稿である。また最澄の『内證血脈譜』の中で「禅門は唯大乗の理観を伝え、天台は唯顕教の定慧を行じ、真言は秘密理事を修す。此の三法を備えたるものは、唯我が一山のみ」とある。これは禅と天台と真言の三門が勝れている点を指摘するものだが、後世真言を最勝とする見方ともされる。〔所載〕正蔵75。――→教時諍　〔多田孝正〕

経釈秘抄要文【きょうしゃくひしょうようもん】日　一篇。日昭（一二二一―一三二三）著。本書は正応元（一二八八）年九月二八日、六老日昭が日蓮の第七回忌報恩のために著作。昭門教学をうかがう唯一のもの。論述形式をとらず、一九項目の文証より成り、『法華経』の超勝と『法華経』に対する信謗の得失とを経・釈から抜粋したもの。なお宗義を論じたものではない。写本は東京堀の内宗延寺永井日虔氏蔵のもの。〔所載〕日宗全1。　〔中條暁秀〕

教証二道弁【きょうしょうにどうべん】浄

眞　一巻。水原宏遠（一八〇八―九〇）述。明治一八（一八八五）年成立。宏遠は本願寺派の勧学で、普行門下にて空華派系ではあるが、諸説も折衷して偏党せず。本書は、教証二道について諸論書を引用して明示し、唯一その教証二道を具足せる真宗においての現実のあり方を直視し痛論したものである。〔所載〕真宗全52。　〔佐竹大隆〕

教示両部秘要義【きょうじりょうぶひょうぎ】因　一巻。圓珍（八一四―九一）記。撰時不詳。圓珍は義真の弟子、第六代天台座主。圓仁についで仁寿三（八五三）年七月入唐、天台山から長安に行き、法全から胎金両部にわたる密教を伝えた。本書はその両部の秘要としての三種悉地の意味をあきらかにしようとする書。『決示三種悉地法』と比較し、圓珍の真撰としてよさそうである。理智の両部に通じた三種悉地に台密の正統をみる。〔所載〕智証全。　〔木内堯央〕

行信一念義【ぎょうしんいちねんぎ】浄眞　一巻。道隠（一七四一―一八一三）述。文化八（一八一一）年成立。末尾に文化八年七月一九日から二二日まで自坊において講述と示されている。「行一念信一念ノコトハ、一流ノ肝要。安心ノ要枢也。」と示し、「初先弁㆓異説㆒後正述㆓今義㆒」とのべて五説を挙げる。その後、空華僧鎔説をのべたのち本説を開顕している。信行ともに弥陀廻向によることを明かす「能称功なく、所称の名号法徳の爾らしむるところなり」と空華の行信一念を明示する。〔所載〕真宗全52。　〔藤田恭爾〕

行信一念贅語【ぎょうしんいちねんぜいご】浄眞　三巻。南渓（一七八三〈九〇〉―一八七三）述。嘉永三（一八五〇）年成立。南渓は本願寺派の学僧で、筑前学派の大乗に宗学を、慧雲に性相を、大宣に一乗を学ぶ。博学達識をもって聞こえる勧学であり、存命中に院号を賜わり、護法の精神とその活躍が評せられたものである。本書は宗義の要である行信を論じた書物であり、空華学派とは異なる見解が示されて興味深い。初めに先哲の行信義を四説を挙げ、各々に不可解として二〇の疑義を呈している。また鎮西義、西山義を対比し、真宗義の闡明につとめていることも重要である。写本を大和梁瀬斉聖氏が所蔵する。〔所載〕真宗全52。　〔藤田恭爾〕

行信延促【ぎょうしんえんそく】浄眞　一巻。香遠（？―一八六八）述。成立年代不明。本書は行信の義についてもっとも穏健な説を示している。「促ノ信ヨリ延ノ称ニ及ブ」「行ノ一念ノ中ニハ。信ノ一念ヲ摂取シ。信ノ一念ノ中ニハ。行ノ一念ナシ」と信称同時を破している。第一章から第一〇章まで問答形式で論述し、行信論の概論としてまとめられて初学者の依用するところとなった。〔所載〕真宗全52。　〔藤田恭爾〕

行信管窺【ぎょうしんかんき】浄眞　一巻。円識（一七九三―一八五二）撰。文政三（一八二〇）年成立。円識は本書は短篇であるが、行信の関係を平易にのべ、「内ニ願力ヲ仰グ之ヲ三心ト曰フ。外ニ願力ヲ形ワス之ヲ十念ト曰フ」と示している。『銘文』『三経往生文類』『願々抄』『口伝抄』を引用し、唯信独達の宗義を闡明にしている。芸州弘願寺に自筆本を所蔵。〔所載〕真宗全51。　〔藤田恭爾〕

行信義【ぎょうしんぎ】浄眞　一巻。月珠（一七九五―一八五六）述。成立年代不明。月珠は、堺空華の道隠に学び、豊前空華を開き、弟子に円月、吐月がいた。石泉学派にもっとも近い空華学派といいうる。本書は信心正因・称名報恩義を平易に述したものである。月珠の特徴とされる「名号ハ具作用、信心ハ正作用、称名ハ持作用」の三作用を挙げている。「機功ヲ脱却シテ願力ニ一任シ、終日称名スレドモ能称ノ功ヲミザルヲ。弘願如実ノ称名トス」と能称の功に執すると定散位に落在することになると示している。原本は東陽円成氏所蔵。〔所載〕真宗全51。　〔藤田恭爾〕

行信桑名記【ぎょうしんそうみょうき】浄眞　一巻。道振（一七七三―一八二四）述。成立年代不明。道振は本願寺派芿園学派の学僧。本書は行信について師の大瀛の説を荘厳し、伝弘したものである。すなわち信は直顕、行は寄顕として行信の関係を顕わし、「唯信独達ノ故ニ、口称ハ報恩トナル」と明示している。また能行家の「称名ヲ報恩行ト許シテ、行信ノ行ト云ハ報恩ノ事業ナリト立ツ」る義について、「行若シ報恩ナレバ、報恩ノ行ニ於テコレ報土ノ真因ナリト。信ズベキコトナリヤ」と疑問を呈して「大行ト云ハ定デコレ報恩ノ業事ヲ指スニアラズ」と判別し、「能修ノ用心」が乃至十念の称名であると「十八願ハ信ト行トヲ並デチコウモノニアラズ」と明確に定義を下している。嘉永四（一八四八）年の写本を京都法光寺に蔵する。〔所載〕真宗全51。　〔藤田恭爾〕

行信弁偽【ぎょうしんべんぎ】浄眞　一巻。僧樸（一七一九―六二）著。成立年代不明。宝暦七（一七五七）年に仰誓の所写あり。本書は、信一念に行一念がそろわねば業事成弁せずとする信称同時の邪説を破すものである。⑴先ズ正義ヲ述ブ、⑵諸文ヲ会ス、⑶其ノ過ヲ出ス、と論述が進展して、⑶の過について、①祖詰ヲ錯解スル失、②大イニ宝章ニ背スル失、③領解ノ辞ト合セザル失、④極短命ヲ被ラザル失、⑤愚俗ヲ惑乱スル失、⑥両念業成ヲ謬執スル失、⑦毫モ三業相応ヲ知ラザル失、⑧三発願、三往生ノ旨ニ相違スル失、の八点を列挙して、信行同時の異解を破し、信心正因・称名報恩義を布衍している。〔所載〕真宗全62（真宗小部集8）。　〔藤田恭爾〕

教相切紙拾遺徹【きょうそうきりがみしゅういてつ】浄　二巻。聖聡（一三六六―一四四〇）記。永享一〇（一四三八）年前後に成立。聖光の『徹選択本願念仏集』の注釈書で、南章から仏章の六通の切紙から成っており、『六字切紙』ともいう。聖聡の『徹選択本末口伝抄』に「委在㆓別紙㆒」とあるのが本書で、『口伝抄』と前後して成立したものと思われる。〔刊本〕慶安四年刊。〔所載〕浄全7。――→徹選択本願念仏集、徹選択本末口伝

抄　〔服部淳一〕

教相十八通【きょうそうじゅうはっつう】[浄] 二巻。聖冏（一三四一―一四二〇）撰。嘉慶二（一三八八）年成立。初めの一〇通は「教相十重」といい、善導の『観経疏』について、のちは「教相乱切紙」八通で、『法事讃』『観念法門』『般舟讃』『往生論註』『安楽集』『釈浄土群疑論』『往生要集』についての伝承された口伝がのべられている。各通の終りに「右代代相承之旨趣如件」等とあり、聖冏、その師了実、良順の署名があり、聖冏が宗義伝承期に第四祖寂慧、第五祖定慧から相承された口伝に自己の解釈を加えて記し、了実の入寂した至徳三（一三八六）年以前に切紙としてまとめておいたものと考えられる。この口伝のうち、「第二重玄義分内序題門」にある施化利生門、発述入源門の説や、「第一重散善義内」「第十重定善義内」などに見られる単信の大信により、聖冏教学の根幹が形成され、『釈浄土二蔵義』へと展開されたと見ることができる。このため難解であり大部の著作がある聖冏教学理解にはこの書が入門書となるであろう。注釈書には聖冏の『三六通裏書』をはじめ、『私記』（随流）、『十八通事理縦横鈔』『同決択』『講録』（以上知鑑）、『枢要鈔』（無紘）、『講述』（白弁）、『講本』（謙翁）、『異安心考』（慧林）など江戸期に数多くつくられている。〔刊本〕慶長一六、寛永一四、正保二、慶安元、文政一二年刊。〔所載〕浄全12。――→三六通裏書、釈浄土二蔵義　〔服部淳一〕

兄弟鈔【きょうだいしょう】[日] 一篇。日蓮（一二二二―八二）筆。文永一二（一二七五）年成立（建治二〈一二七六〉年説もある）。別称『与兵衛志書』『池上書』。身延の日蓮が檀越の池上右衛門大夫宗仲、兵衛志宗長の兄弟に送った書状。池上兄弟は夫婦揃って日蓮に帰依していたが兄弟の父左衛門大夫康光との間に信仰上の摩擦が生じ、兄宗仲は父から勘当された。この知らせを受けた日蓮は、兄弟を激励し法華経信仰を堅持するよう教示した。真筆断片を東京本門寺、京都妙伝寺、石川県大鏡寺、山梨県妙法寺等蔵。〔所載〕定日遺1。　〔庵谷行亨〕

行法肝要記【ぎょうぼうかんようき】[真] 一巻。印融（一四三五―一五一九）撰。成立年代は不明。内題を『伝授私記』といい、異本の内題には『伝誦口伝集私記』という。一座行法に関する小野諸流通用の口訣である。初めに一座行法につき、本覚始覚の配釈、因行証入の分別、六種観、六種法等を説き、四種念誦、閼伽作法をのべ、次に一尊法の次第法則の印明等を順次に釈している。なお、写本に寛延元年本がある。　〔吉田宏哲〕

行法肝葉鈔【ぎょうぼうかんようしょう】[真] 三巻。道範（一一七八〈八四〉―一二五二）著。上巻成立年代不明、中巻寛元二（一二四四）年、下巻宝治二（一二四八）年成立。真言宗における修法の次第についての口訣で、上中二巻は別行次第の口訣。初めに修法坦上荘厳密具のことを説き、行法次第の順にいちいち注解し、終りに一座行法の大意をのべている。下巻は別本に「護摩略観抄」と題した護摩法の口訣で、入護摩以後の各段の意義観念を問答形式で釈している。後人これを合わせて三巻とした。諸流を通じて修法者の参考となる書である。〔所載〕真全23、正蔵78。　〔野村全宏〕

行歴抄【ぎょうりゃくしょう】[天] 一巻。圓珍（八一四―九一）撰。天安三（八五九）年正月二三日成立。別に『行歴記』ともいう。撰者圓珍は五世天台座主となり、園城寺（三井寺）をおこし、天台寺門派の祖となった天台宗の祖師の一人。本書は、圓珍入唐求法（八五三―五八）期間中の日記をわずかに抄出した書である。奥書に「以前行暦(ママ)略記如前　天安三年正月廿三日　比丘圓珍記」とあるが、古目録に『行歴記（抄）』が見出せず、江戸時代にいたって見られる。敬光（一七四〇―九五）の『智証録』中の現在失本『在唐巡礼記』五巻の抄出本らしく、当時は「現存真撰」とされ、年譜には、天安二年に『在唐巡礼記』五巻が製されたとなっている。年次は大中七（八五三）年一一月一九日より大中一〇年正月までが在唐、天安二年一二月二六日より翌三月一日まで帰朝後の略記で、同三年正月圓珍記と矛盾する。その記述内容には在唐二〇年の留学僧円載（？―八七七）の悪行のことや、天台山巡拝、長安での法全より潅頂受法については、他の圓珍撰書と対証できる。圓仁帰朝六年後、会昌破仏後の在唐記録は重要。〔所蔵〕写本、大津市石山寺円満院。〔所載〕石山寺本智証大師行歴抄（複製）、智全下、仏全旧28・新72。〔参考〕智全、敬光撰智証大師撰述目録、塩入良道・行歴抄（仏全新解題）、小野勝年・入唐求法行歴の研究（上下）。――→入唐巡礼行記　〔野本覚成〕

堯了状能破条目【ぎょうりょうじょうのうはじょうもく】[日] 一巻。日講（一六二六―九八）筆。元禄二（一六八九）年成立。日指派の日堯、日了らからの書状に対して、平六日念の名をかりて、その主張を破折したもの。多くは本尊の清濁、本尊所持者の清濁について述べている。正本は岡山教会に所蔵。〔所載〕万代亀鏡録下、日宗全12（不受不施講門派部）。　〔井上博文〕

行林抄【ぎょうりんしょう】[天] 八二巻。静然（生没年不詳）記。仁平四（一一五四）年。静然は台密法曼流の祖、相実の弟子で、和泉守有成の子と伝えるが、生没はあきらかでない。静然は無動寺戒光坊に住して法曼流を受けついだが、池上皇慶の私記にのっとって、相実の口決を克明に記したのが、この書である。静然はなかで、「一、老いて諸を抛ち後世を思うべきが故に、二、有限の身を以て無涯の書に当って記を施さんと欲するが、恐くは唇腐れ歯落つべし。三、僻見邪聞今後有ればなり。四、果報の因を旨とす。五、人は信ぜず空しく心神を労すればなり。六、但伝授のみ有って行無ければ報は泥梨に在らん。但期する所は地に依て倒る者は地に依って起つの譬へにしたがえるのみ」と厳格な姿勢で本書を編んでいる。内容は、釈迦乃至仏母孔雀明王まで一四、法華、仁王乃至河臨法まで八、聖観音から葉衣まで一〇、安鎮一、光明真言一、普賢乃至放光等一四、不動乃至金剛童子一〇、梵天乃至大黒天二〇、神供等四で八二巻を構成し、いちいち、支度、起首時分、向方、行法、尊形、曼荼羅、功能、巻数の七段にわたって記してあり、広範な諸尊法の集大成で、穴太流の『阿娑縛抄』も、本書に刺激されて成立したものとされる。台密における法曼流の権威ある諸尊法であると同時に、平安末から鎌倉初期にかけて、あるいは東密でもこうした事相、諸尊法の集大成が行われたことも注意すべきである。安永四年写本。〔所載〕正蔵76。〔木内堯央〕

玉漱軒記【ぎょくそうけんき】[曹] 一巻。南英謙宗（一三八七―一四六〇〈五九〉）撰。康正元（一四五五）年成立。道元の直弟子了然法明開創の山形県羽黒町旧善見山玉泉寺が荒廃していたのを、謙宗が特請をうけて、国見山玉川寺と改め復興したとき、丈室を古詩「飛泉漱〝鳴玉〟」により玉漱軒と名づけ、仏法の再興が玉漱の実践として、伽藍より境内の山水の整備を本とすることを示したもの。〔写本〕新潟県種月寺蔵。〔所載〕続曹全（寺誌）。〔新井勝竜〕

曲林一斧【きょくりんいっぷ】[日] 一巻。小川泰堂（一八一四―七八）著。天保一〇（一八三九）年の成立。増上寺沙門観阿の『四箇度宗論記』（明暦二〈一六五六〉年著、元禄四〈一六九一〉年刊、文政八〈一八二五〉年再刊）に対する日蓮教団側からの難詰の書。著作の趣旨は、世人がややもすれば『四箇度宗論記』の旨を信じて念仏信仰に入ってしまうことを憂えて、日蓮教団の教義概要を述べようとしたもの。『四箇度宗論記』の文章より二一カ所を引用して各々の文節をあげ、難詰を加えている。〔所載〕仏全㊥61（宗論部）。〔糸久宝賢〕

魚山私鈔【ぎょさんししょう】[天] 二〜三巻。長恵（一四五八―一五二四）撰。『魚山蠆芥集』『魚山集』『声明口伝集』『口伝声明集』ともいう。明応五（一四九六）年。魚山とは中国山東省兗州の魚山に由来し、京都大原一山を魚山ともいう。しかし本書は、高野山真言宗の声明を伝え、二巻に編み、音譜は覚意の五音譜で、上巻に三礼如来唄等、中巻に金五悔、胎九方便等、下巻に仏名、教化、讃等を収める。隆然の諸声明頌文等を付す。〔所載〕正蔵84。〔木内堯央〕

魚山声明集【ぎょさんしょうみょうしゅう】[天] 一巻。家寛（一一七一―七四―）編。『魚山顕密声明集略本』『魚山六巻帖』ともいう。宗淵僧都の『声明六巻帖』序によれば、後白河法皇が家寛から声明業を習い、ときに家寛は詔により、声明三巻を編み、のちこれから六律に準じて抄出して六巻帖としたといっている。六巻帖は本書を六巻にわけていったもので、その内容はつぎのとおりである。（第一巻）始段唄、中唄、散華、梵音、三条錫杖、仏名、伽陀、法華讃歎、仏名、教化、毀形唄。（第二巻）九条錫杖、三礼、如来唄、六種、後唄。（第三巻甲）胎蔵界、四智讃梵語、四智讃漢語、云可唄、散花、対揚、供養文、唱礼、九方便、大讃、仏讃。（第三巻乙）金剛界、供養文、唱礼、五悔、百字讃、百八讃、合行唱礼、四智讃、梵語。（第四巻）潅頂唱礼、諸天漢語讃、吉慶漢語讃、吉慶梵語讃、乞戒偈、心略讃、僧讃、諸天漢語讃、四智漢語讃。（第五巻）普賢讃、阿弥陀讃、蓮華部讃、金剛部讃、授地偈、三力偈、驚覚真言。（第六巻）云何唄、毀形唄。以上が所収の内容である。魚山はこの場合、あきらかに洛北大原を指し、内容も天台声明である。こうして宗淵によってまとめられた六巻帖は、さらに常用のものを抄出して、『魚山声明集』『天台常用声明』などが生まれて現行するが、すべて本書を根源としており、天台声明のハンディな集大成でもある。原版本は大原一山の実光院蔵。正蔵84ノ813に復刻。〔所載〕正蔵84。〔木内堯央〕

魚山蠆芥集【ぎょさんたいかいしゅう】[真] 二巻あるいは三巻。長恵（一四五八―一五二四）撰。鏡寛校。『魚山私鈔』『声明口伝集』『口伝声明集』ともいう。魚山は梵唄のこと、蠆芥とは数多くの声明を集めた意を有し、進流声明の本書である。長恵は野山往生院谷に住し、声明道に精進し、初心者指南書として本書を編じ、永正一四（一五一七）年に再校している。諸讃に五音を付し、読曲、旋律上の由里、注意等子細に記して現流新義声明に影響を及ぼしている。〔所載〕正蔵84。〔布施浄慧〕

魚山目録【ぎょさんもくろく】[天] 二巻。宗快（―一二三八―）撰。嘉禎四（一二三八）年。声明の音律の表示は、高野山では鎌倉時代の覚意の五音譜があるが、天台声明では、その音律の表示は、いちいちの曲によってくわしく指定される。本書はその集大成をなしたもので、五音、律呂、上、中、定曲等、ないし出音等にわたって示しており、魚山すなわち天台声明の本場において編まれた、音律の基本的な宝典といえよう。〔所載〕正蔵84。〔木内堯央〕

虚白録【きょはくろく】[臨] 三巻。南化玄興（一五三八―一六〇四）撰。『定慧円明国師虚白録』ともいう。本書は諸会の語要を集めたもの。巻一は、序、山門疏、「正法山妙心禅寺語」、「再住妙心禅寺語」、「金蓋山瑞竜禅寺語」、「長島山妙興禅寺語」、垂語、法語、偈頌、巻二は、仏事、巻三は、記、道号、像賛、自賛、行状、跋文を収める。外集に詩偈を集録。〔所蔵〕花園、駒大。〔高崎正芳〕

清水寺縁起【きよみずでらえんぎ】[通] 一巻。作者は藤原明衡（?―一〇六六）とあるが真偽は不明。また成立についても、康平七（一〇六四）年ごろと推定されてはいるが確定されたものではない。藤原明衡は平安末期の儒者で、藤原敦信の嫡子である。儒者であった父の薫陶のもとに儒学を学び、幼少から秀才の誉が高かったが、明衡の名を高からしめたのは後朱雀朝以後のことである。式部少輔、東宮学士、大学頭などを歴任し、治暦元年には従四位下に叙せられている。明衡の詩文は『続本朝文粋』『朝野群載』『本朝無題詩』『新撰朗詠集』などに、和歌は

『後拾遺和歌集』などに収められている。本書は四〇〇字にも満たない短文であるが、清水寺草創について要領よくのべられている。延鎮が山林を抖擻中、山の麓において大悲観音を念じ、千手真言を誦す行叡という修行者にあう。延鎮はその地にとどまり庵を結んで練行に励んでいたが、延暦一七年七月二日、その地に狩の途次、水を求めてやってきた坂上田村麻呂にあい、二人は心を同じくし、力を合わせて金色十一面四十手の観音菩薩を造立し、仮に宝殿を造り安置して清水寺と号した。延暦二四年には桓武天皇の御願寺となり、以後、繁栄することをのべている。なお同名の書が他に一本ある。作者不詳で室町時代ごろの成立といわれるもので、清水寺草創の奇瑞譚と田村麻呂事との二部から成るものである。〔所載〕群書24、仏全117、仏全鈴83、国文叢2—6、別本は仏全117、仏全鈴83、続群書26下。〔参考〕群書解題17。〔清水有聖〕

金綱集【きんこうしゅう】日　一〇巻または一四巻。日向（にこう・一二五三—一三一四）著。成立年代は鎌倉期末。日向は日蓮の六老僧の一人で、身延山久遠寺二祖。本書は日蓮晩年（一二七四—八二）の身延山での講義を聴聞・記録し、自ら見聞するところを追加して、これを諸宗破立・問答用意の大綱の心得たらしめるために、広く諸宗の経・論・疏・釈の文言を渉猟して、これをたとえば「華厳宗見聞」・「真言宗見聞」等と諸宗に配して整理編集して、総括して『金綱集』と題されたものである。日蓮直弟の著作としては最も大部のものであるが、その著作の縁由等に関する史料はない。ただ日蓮が再三にわたって『一代五時図』・『一代五時鶏図』等を図示されていることから見て、本書述作の縁由は『一代五時図』等に基づく釈尊一代の経説の位置づけと、各経典を依経とする各宗の位置づけとを継承することにあって、それをさらに綿密にして、諸宗の主張を明瞭にすることが、その主眼であったと考えられる。古来より身延門流の秘書として重んぜられた有名なもので、原本は存しないが、現存の写本は身延三世三位日進・四世日善、及び日王丸等によって筆写されたもので身延山に蔵されている。その時期は嘉暦（一三二六—二八）—建武（一三三四—三五）のころである。なお日祐の『本尊聖教録』、日海の『初心行者位見聞』は一〇巻本であったことを記すが、現今は一四巻本である。〔所載〕日宗全13・14。〔中條暁秀〕

金吾殿御返事【きんごどのごへんじ】日　一篇。日蓮（一二二二—八二）筆。文永七（一二七〇）年成立（文永六年説もある）。別称『大師講御書』『大師講事』『御勧文抄』『報金吾書』『与大田氏書』『法華捨身念願抄』。冒頭に大師講供養への礼と今年は盛況であったことをのべ、つづいて文永五年以来たび重なる蒙古来牒による国内の動揺のようすと日蓮の決死の覚悟を表明している。真筆四紙完、市川市法華経寺蔵。〔所載〕定日遺1。〔庵谷行亨〕

錦繡段【きんしゅうだん】臨　一巻。天隠竜沢（一四二二—一五〇〇）編。康正二（一四五六）年刊。唐、宋、元の有名な漢詩絶句三二八首を門類に分けて編纂したものである。写本、版本十数種に及び、多くの作詩者に手本として愛好されている。内容は、禅味豊かなものが多く味わい深いものであって、初歩の作詩者には、必携の書として重要なものである。注釈、解説も多数ある。写本としては、元亀二年版（東洋岩崎）、慶大、東大等に所蔵。版本は、慶長二年古活字版（国会所蔵）等多数ある。〔吉瀬勝〕

近世往生伝【きんせいおうじょうでん】浄　一巻。如幻明春（？—一六九四—？）編。元禄七（一六九四）年ころ成立。翌年の序、刊行は九年。如幻は真宗高田派の僧。本書には沙門一一、尼僧三、士夫一二、婦女一八、追加二、付録二、計四八人の往生者の伝記を収載しており、刊行者は如幻と交友のあった好堅。その序に「公の心」を奉じ、念仏による救いを伝えたい旨記している。数少ない真宗系の往生伝。〔所載〕近世往生伝集成2。〔長谷川匡俊〕

禁断日蓮義【きんだんにちれんぎ】日　一二巻（目録、追加を含む）。真迢（一五九六—一六五九）著。承応三（一六五四）年成立。明暦二（一六五六）年追加成立。真迢は日蓮宗京都妙蓮寺第一八代貫主。のち天台宗に改宗し、日蓮の思想ならびに日蓮宗を厳しく批難した。本書は真迢が日蓮の思想を批判した寛永一六年刊行の『破邪顕正記』五巻に対し、日蓮宗側から反論し刊行した寂静日賢の『論迷復宗決』『同別記』、日領の『日蓮本地義』『法華格言』、日遵の『諫迷論』に対する再破の書として著わしたもの。その題下に「天台沙門真陽述」と弟子真陽を著者とするが、実際の著者は真迢である。本書は日蓮の思想に対する批判は少なく、日遵の『諫迷論』批判を中心に、日領の『日蓮本地義』『法華格言』、日賢の『論迷復宗決』および日遵、日領、日賢三師の立場の矛盾等の指摘に終始する。それも論理的論述態度ではなく、悪意に満ちた罵詈雑言が目立つ。真迢の日蓮義破折の基本的立場は円体無殊論で、これにより日蓮の爾前無得道論、四箇格言等を否定しようとしたもの。その所論は教義的には権実論にとどまり、宗義の本髄にふれるところはない。ただし、もと日蓮宗本山の貫主であった真迢の『破邪顕正記』および本書による日蓮宗批判は、当時の日蓮教団に大きな衝撃を与え、教団覚醒の起因となった。版本を正大蔵。〔所載〕日教全25—27。〔冠　賢一〕

禁断謗施論【きんだんほうせろん】日　一巻。日奥（一五六五—一六三〇）著。寛永元（一六二四）年成立。なお本書は無年号で『遺滴新目録』は元和八（一六二二）年の著としているが、日豊はこの『禁断謗施論』に対し『笑禁断謗施論』を著わし反論。このなかで寛永元年に著わされたとしているので、この年の成立とみるのが妥当であろう。日奥は『宗義制法論』三巻を著わして、日乾の『破奥記』に反駁した。さらに日乾は一巻を著わして反論した。その書は伝えられていないが、趣旨はだいだい『破奥記』と同じである。これに対し日奥はこの『禁断謗施論』を著わし、謗法供養受不について受容義を合理化せんとして立論している日乾の一一カ条を論難した。巻末には追記があり、日奥の身延参詣抑止論、身延謗法無間論への反論に対する再反論。これにまた追記して日乾の所論を破している。直筆を岡山県金川妙覚寺蔵。〔所載〕万代亀鏡録4。──→笑禁断謗施論

〔松村寿巌〕

経行軌【きんひんき】曹 一巻。面山瑞方（一六八三―一七六九）述。坐禅時の経行の正しい方法や功徳をのべた書。面山当時には、繞行と経行とを同じとしたり、速疾（はや）経行と名づけて走り回るのを経行とする非法が行われていた。そのような状況を嘆き、『宝慶記』に記されている如浄が道元に示した経行の法を中心に、経、律等の経行に関する記述をよりどころとして、仏祖伝来の経行の法を励行せしめんとして著わしたものである。〔所載〕経行軌聞解（元文四年刊本）、曹全（注解4）。──→経行軌聞解

〔伊藤秀憲〕

経行軌聞解【きんひんきもんげ】曹 一巻。面山瑞方（一六八三―一七六九）述。環堂慧中（生没年不詳）編。元文三（一七三八）年成立。みずから編んだ『経行軌』に、門弟たちの求めに応じて、元文三年若狭（小浜市）の空印寺で典拠をあげて解説したのを、弟子の環堂慧中が筆録し、翌四年に上梓したもの。内題には『空印面山和尚経行軌聞解』とある。〔所載〕元文四年刊本、曹全（注解4）。──→経行軌

〔伊藤秀憲〕

金竜軒問答【きんりゅうけんもんどう】曹 一巻。万仭道坦（一六九八―一七七五）問、面山瑞方（一六八三―一七六九）答。明和四（一七六七）年春、道坦が肥前に行く途中、京都南禅寺金竜軒に面山を訪ね、数日問答をかわしたときの記録である。道坦が帰路金竜軒を訪ねたときには面山は若狭に帰っており、道坦への手紙と、金竜軒において撰述した本書が残されていた。本書は、万仭の問は漢文で、面山の答は和文で記述されており、問答は二二項から成っている。ときに面山は八五歳、万仭は七〇歳であった。表題下に「万仭問釣月答」とある釣月は面山の誤りであり、原本の表扉の次にある識語によれば、釣月とは泰智寺一四世心岩釣月のことであり、天明七（一七八七）年に、万仭隠居地であった見性寺において本書を書写した人物であって、これと誤ったものと思われる。駒大所蔵の昭和三年写本はその再写本である。問答の形式は、その多くは最初に経、経疏、『伝燈録』『正法眼蔵』等を引用し、それについて万仭が問い、面山が答えている。その内容は、天台における具の意味、借識、中陰の生死、色即仏性、水乳の禅、在家に袈裟を許すこと、象鼻衣の非法なること、初祖二祖合皿の儀、投子の機縁、洞山五位等、ひろく仏教一般にまでわたっての問であり、面山はつねに道元の立場より老婆親切をもって懇切に説き示している。〔所載〕続曹全（法語）。〔参考〕曹全（解題）。

〔伊藤秀憲〕

く

九院仏閣抄【くいんぶっかくしょう】天 一巻。著者不詳。永徳三（一三八一）年ころ成立か。成立の年次は明記がないので、いつともさだめがたいが、その書写の年次と思われる巻末の記述によって、永徳三（一三八一）年四月六日以前とみることができる。内容は、いわゆる比叡山を開創した最澄が、根本的に九院を列ねたということから、その根本の堂舎九宇に発して、以来比叡山の諸堂の成立に関するさまざまな伝承を集大成したものである。巻初に、梶井流相承、四分記録、伝受故実と標しているが、四分記録は顕・密・戒・記の四宗、四分の記録という意味で、いわゆる比叡山の故実記録を業とした記家の関係で、本書が編まれたことを示唆している。内容はこうして、結界にはじまり、九院・一六院を列ねる。⑴止観院、⑵定心院、⑶総持院、⑷四王院、⑸戒壇院、⑹八部院、⑺山王院、⑻西塔院、⑼浄土院、以上が九院。⑴一乗止観院、⑵法華三昧院、⑶一行三昧院、⑷般舟三昧院、⑸覚意三昧院、⑹東塔院、⑺西塔院、⑻宝幢院、⑼菩薩戒壇院、⑽護国院、⑾総持院、⑿根本法華院、⒀浄土院、⒁禅林院、⒂脱俗院、⒃向真院、これが一六院。その九院、一六院について三光が各三光を具し九曜、一六大菩薩に比定し、安置仏像、供養次第、建築、官牒、文書等それぞれについて蒐集している。『叡岳要記』等と併せ用いるとき、中世にいたるまでの比叡山の全容が知られる。〔所載〕群書16。

〔木内堯央〕

空海僧都伝【くうかいそうずでん】真 一巻。著者に関しては疑問の点も多いが、真済（八〇〇―六〇）とされる。成立年代については、承和二年一〇月二日空海入定後七カ月目に撰述されたものである。本書は短文であるが弘法大師諡号以前の三伝のうちの一つであり、空海をまだ神秘化することのない人間として書かれた点において、ひじょうに重要な資料である。京都東寺所蔵本書古字写本奥によれば石山寺淳祐内供筆の本に依って写したものであるということである。『続群書』『史籍集覧』『弘全』首巻に収められている。なお、正徳六年の刊本が現存する。

〔村山正俊〕

空過致悔集【くうかちげしょう】日 二巻。日重（一五四九―一六二三）集。元和四（一六一八）年成立。日重は本満寺七世、身延山久遠寺二〇世。日重の教学は当時の教学の主流を占め江戸時代一致派の源泉となる。本書は七〇歳作で臨終用心のため、祖書その他よりの要文の抜粋書である。未来成仏を唱え朝夕に心より懺悔滅罪の回向に励み、端座実相行を理、立居振舞の唱題を事懺悔とし臨終正念を勧める。〔刊本〕明暦三（一六五七）年、寛文九（一六六九）年。写本を立大蔵。

〔桑名貫正〕

空観【くうがん】因　一巻。源信（九四二―一〇一七）撰。成立年代不明。通仏教学的な空の説明ではなく、きわめて平易な無欲無染着の心得を説いたものである。その説くところは俗化せず、文学的言辞を用いてその章を成している。また巻末に厭穢欣浄を述べ、帰敬の三宝を示し「南無阿弥陀仏」を「帰依仏」「医」に、「南無妙法蓮華経」を「帰依法」「妙薬」に、「南無観世音菩薩」を「帰依僧」「看病人」にそれぞれ配当し、この三宝に帰依し往生すべきことを教示する。〔所載〕仏全24天台小部集釈、恵全3。〔多田孝文〕

空華庵録【くうげあんろく】曹　一巻。玄透即中（一七二九―一八〇七）撰。慧門禅智（?―一八三〇）編。内題には『勅特賜洞宗宏振禅師永平五十代中興空華庵玄透即中和尚語録』とある。永平寺五〇世玄透即中の語録であり、法嗣の慧門禅智の編になる。前後二篇から成り、上堂、示衆、小参、詩偈等が集録されている。なかでも新刊正法眼蔵到来上堂、祖規復古之奉書降下上堂、小清規新刻到来上堂等は、祖規復古と宗学興隆を目ざしたあとを物語る資料として重要である。〔所載〕続曹全（語録3）。〔伊藤秀憲〕

空華集【くうげしゅう】臨　一八巻。義堂周信（一三二五―八八）撰。南北朝時代成立。また『空華文集』『空華外集』ともいう。南北朝時代、五山屈指の詩文僧義堂の詩文集で、書名は義堂の別号空華道人にちなむ。五山版では文集、一一巻、外集、七巻から成る。文集の巻首に延文四（一三五九）年の中巌円月の序、明の洪武九（一三七六）年、明僧全室宗泐の序、外集巻末に貞治七（一三六八）年、中巌円月の跋を付している。文集は序一、序二、疏、書、記、説、銘、歌、祭文、題跋、雑著、外集は七言八句、七言絶句、五言八句、五言絶句、六言、四言、古詩を収める。この『空華集』の序跋を『義堂和尚語録』にも添えているから語録も同時の開板で、ときに詩文集の『空華集』八冊、語録二冊を併せて一〇冊を『空華集』として伝えるものがある（書陵、東洋文蔵本等）。五山版では巻数、内容等一定していない場合がある。元禄八（一六九五）年、師点序の再刊本は二〇巻で巻一は、古詩、歌、楚辞、四言絶句、五言絶句、六言絶句、七言絶句、巻二―五は、七絶、巻六は五言律、五言排律、巻七―九は七言律、巻一〇は、七言律、七言排律、巻一一―一四は、序、巻一五―一七は、説、巻一八は、記、題跋、雑著、巻一九は疏、巻二〇は、銘、祭文、中巌円月の跋を収める。〔所載〕五文全2。〔伊藤東慎〕

空華談叢【くうげだんそう】真　四巻。諦忍（一七〇五―八六）述。天明二（一七八二）年ころ成立。別に『空華譚叢』ともいう。仏教および世俗の事例を諦忍が五〇年間、客の問に対した記録を問答形式で典籍を挙げ、片仮名交りで書かれ、総数二三五条からなり、無原則的に配された随録集である。〔所蔵〕天明二年刊（正大）。〔所載〕仏全147、仏全(鈴)（纂集部3―94）。〔参考〕仏解、仏全、仏全(鈴)。〔中山清田〕

空華日用工夫集【くうげにちょうくふうしゅう】臨　四巻。義堂周信（一三二五―八八）撰。南北朝時代成立。正式には『空華日用工夫略集』という。略称、『空華日工集』。義堂の誕生から示寂にいたるまでの話録で義堂の原日記に門人が多少加筆したもの。当時の禅院はじめ社会情勢を知る貴重な資料である。もと四八巻あったが、いまはこの略集だけ。広本からの抄出本は京府図蔵の無著道忠自筆本、建仁寺両足院蔵写本などがある。〔伊藤東慎〕

空花和歌集【くうけわかしゅう】浄　三巻。湛澄（一六五一―一七一二）注。元禄六（一六九三）年一二月校訂、同九年三月再訂刊行。『法然上人絵伝』『和語燈録』等に収録された源空作と伝えられる和歌一九首に注釈を施した書。序に源空の歌を評して「実相そなはりて、おのづから世の教誡となり、人をして幽玄ならしむる徳あり」とし、全首を春・夏・秋・冬・恋・雑と分け、類歌を引用して詳しく注釈している。〔所載〕仏全91、浄全続8。〔藤本浄彦〕

弘深鈔【ぐうじんしょう】浄　九巻。仁空実導（一三〇九―八八）述。永和元（一三七五）年から至徳元（一三八四）年にいたる江州宝寿寺および西山往生院における一〇年間の講述の筆録である。善導の『観経疏』の注釈で、『観経疏弘深鈔』ともいう。弘深というのは、善導が同書「玄義分」のなかで、『観経』中に説く韋提の教我思惟教我正受の請に対して、釈尊が所請の定善を説かずにまず散善を説き、ついで韋提を汝是凡夫とたしなめてから定・散二門十六観を開説して、『無量寿経』所説の阿弥陀仏の弘願を顕彰されたことについて、「又仏ノ密意弘深ナリ」とのべて、これはかねてからの仏の密意によるもので、その聖意はまことに弘深であると理解していることによるものである。

　実導は西山往生院すなわち三鈷寺第八世康空示導に師事し、法兄示浄のあとを受けて三鈷寺第一〇世の法灯を嗣ぎ、浄土宗西山六流のなかの本山義を大成し、浄土宗西山流の宗義の宣揚と弘通に尽くした。

　本書はその存在が予想されながらも長く写本のままに坂本西教寺の正教蔵中に秘蔵せられていたものが昭和になって発見され、昭和一〇年に『西全』別巻1のなかに収められて刊行された。写本は一〇巻より成っていたが、その原本は嵯峨二尊院に伝えられていたもので、それを善祐が慶安二（一六四九）年から承応三（一六五四）年にかけて書写し、もともとは江州芦浦観音寺の舜興が他の西山関係の諸写本とともに所蔵していたものである。

　本書は「玄義分」「序分義」「散善義」の釈がそれぞれ本・末で六巻、「定善義」の釈が本・中・末の三巻より成り、玄義分釈の初めの観字事から散善義釈の終りの証定事にいたるまでの六七項目について注釈している。このように項目を設けて注釈する仕方は證空の『他筆鈔』、師示導の『康永抄』以来のもので、また證空の『自筆御鈔』（『観門義』）、『康永抄』と同様に講述筆録の日付も行間に記入されている。

師の示導が後醍醐天皇に、西山の宗旨は釈尊一代の諸経をみな『観経』の化前の序であるとする旨を奏上したと『西山上人縁起』に記されているが、西山六流のうち、西谷義は化前序を機に約して理解して聖道諸経を廃し、深草義は法に約して理解して同じく諸経を廃する立場を取るが、本山義は化前序を法に約して理解して諸経に説かざるところを『観経』に説くとするも、諸経を廃せず、諸経の本意を『観経』に説くのであるとする。すなわち諸経も随機得益のために説かれたのではなく、垢障の凡夫を阿弥陀仏の弘願に乗ぜしめて念仏せしめるために説かれたものであると理解する。このような立場に立って本書は『観経疏』を注釈している。実導の著には本山義をのべるものとして『論義抄』があるが、本書は大部ではあるが理解しやすく、本山義を理解するうえでのもっとも重要な書である。〔徳岡亮英〕

弘戒法儀【ぐかいほうぎ】臨　一巻。隠元隆琦（一五九二―一六七三）撰。明暦四（一六五八）年刊。日本黄檗宗の開祖でもある隠元が日本渡来以前に著した授戒の法儀。在家五戒に始まって、菩薩戒を授けるに至る八日間にわたる法儀を一五段に分けて指示している。密雲円悟を嗣ぐ同門の兄弟子・漢月法蔵にも同名の著があり、それを下敷にしたもので、禅浄一致の立場に立っている。〔所載〕禅学大系（戒法部）。〔沖本克己〕

弘経用心記【ぐきょうゆうじんき】日　五巻。行学日朝（一四二二―一五〇〇）著。成立年時は不明であるが、寛正三（一四六二）年日朝が身延山久遠寺第一一世に晋董した以後と推定される。本書は教・機・時・国・教法流布の前後（序）の五義について、経論疏の引用を基として詳述し、全体は問答形式である。書名は、おそらく日蓮が『顕謗法鈔』の第四段に「行者の弘経の用心を明す」として以下五義を説示していることによるものであろう。第一巻の「教」では、まず教相を明らかにする必要性を力説し、中国における代表的な十師の教判論、日本の十宗の教義を論じ、その結果として智顗の五時八教判によるべきだとする。ついで、日蓮宗の義では、『法華経』の要法である妙法五字が根本となり、末法にこの要法を弘める人が本化の菩薩であり、折伏行によるとする。第二巻の「機」は、末法の今時は本未有善、謗法の機のみがあるので、不軽菩薩のような毒鼓の化導の大切さを説く。第三巻の「時」は、正像末の三時説、『大集経』の五箇の五百歳をもって、今時が末法濁世であるとし、上行等の菩薩が要法を弘める時代だとする。第四巻の「国」は、インド、中国、日本の三国にわたる地理、風土などを示し、正像末の三時が配当される。そして、この日本は一向に法華経有縁の国で、末法には日本に導師が出現し、日が西へ向かうように仏法が西漸し、広宣流布すると説く。第五巻の「教法流布の前後」では、三国仏法流通の次第を詳述し、末法には本化の菩薩が要法を弘めることを記して結んでいる。なお正本は、身延文庫旧蔵の「教」の巻段の「下」一帖が京都市瑞光寺に所蔵。慶安元年七月に五巻二冊として出版。〔所載〕日蓮教学研究所紀要12。〔北川前肇〕

弘経要義【ぐきょうようぎ】日　一巻。日輝（一八〇〇―五九）述。成立年代不明。日蓮教学における弘経の方法を論述したもので、(1)大意、(2)破立、(3)悉檀、(4)本迹、(5)教観、(6)三軌、(7)機根、(8)五修、(9)正助、(10)三秘の一〇門より構成される。(1)は仏道を志す者の基本としての弘経のあり方を示し、意業第一、身業第二、口業第三とする。(2)は、略して論ずれば破は折伏、立は五義であり、広く論ずれば教に約して廃権立実、宗に約して他宗折伏、自宗讃揚とする。(3)は四悉檀（世界悉檀、為人悉檀、対治悉檀、第一義悉檀）に約して人間のあり方を論じ、自行化他、三業、四儀にわたって利益を期すべきとする。(4)は本と迹の同異を論じ、能弘の法相においては時機による用捨があっても所弘の本経は本迹ともに妙法とする。(5)では迹門は教相正意、本門は観心正意であり、自門の徒は観心為主であるとする。(6)は弘経の方軌を論じ、『法華経』法師品の弘経の三軌（室、衣、座）は上士の為で心に約し、安楽行品の四安楽行（身、口、意、誓願）は初心の為で事に約すとし、三軌を本、四安楽行を末とする。(7)は妙宗の縁に順逆を論じ、逆機は毒鼓結縁、順機は一句一偈一念信解一念随喜が下、五種法師が中、三学六度が上とする。(8)は『法華経』の五種法師行（受持、読、誦、解説、書写）について論じ、日輝の独自な見解が詳細に叙述される。(9)は法華経修行の正助を論じ、正法の法体は受持、行相に約すれば随縁不同とする。(10)は具体的論述をさけ、それぞれに関する著作をあげて略説する。正本を本多日生蔵。刊本、明治三（一八七〇）年。〔所載〕充洽園全集3。〔庵谷行亨〕

弘決外典鈔【ぐけつげてんしょう】天　四巻または三巻。村上天皇の皇子具平親王（九六四―一〇〇九）撰述。荊渓湛然の『止観輔行伝弘決』には豊富に外典が引かれ、非常に繁粋であるにかかわらず、末学は必ずしも充分な造詣がなく、また転写の間に多くの誤りがあって理解し難いため、多武峯の増賀の依頼によって、具平親王が止観輔行伝弘決の中の外典を鈔出して注釈したものである。具平親王は増賀の資、慶滋保胤の導きにより増賀に親交し、その止観の法筵に出列し、増賀と具平親王は師資の関係にあったようである。本書には引用される外典として六〇部にものぼる書目が列挙されており、止観の研究には外典の知識が必要であることを示しているが、宝池房証真が、弘決に引く外典については親王の抄注があるのでそれにゆだねるという研究方針を示して以来、本書が直ちに止観の思想を求明するためのものでないという認識が一般化され、学者の間では等閑視されていたようである。本書と同じ旨趣によって三大部全般に亘って外典を鈔注したものに『台宗三大部外典要勘鈔』、別名『三大部外勘鈔』三五巻、康暦二（一三八〇）年写本を含む、があり、その内『法華玄義外勘鈔』一〇巻三冊として寛文一一（一六七一）年刊行されている。〔所載〕宝永六年向松堂刊、四巻一冊、正大、竜大、谷大、立大、三巻本（写本）金沢文庫19。〔多田孝正〕

具三心義【ぐさんじんぎ】浄 二巻。隆寛（一一四八―一二二七）記。下巻の奥書により六九歳の作であることが知られる。善導の『観経疏』「散善義」の三心義を釈したもので、⑴惣明三心義、⑵別明三心義、⑶惣結三心義の三義より解釈する。三心は九品すべてに通ずるものであるという善導の釈をうけ、それは往生の正因であり、散善諸行から念仏に転ぜしめるものという。本書上巻には、隆寛は三心を他力に約して説く独自の釈を設けている。それは他力の願によって三心をおこすから、いちいちの願は他力の願によらないものはなく、これは他力の三心であるという。衆生がおこす三心は本願力によるのであり、三心具足の行もまた他力である。ここに聖道門の三心とは異なる浄土門の三心が標榜される。至誠心については、凡夫には真実心はないが、阿弥陀仏の本願力を仰いで往生を期する真実心を説く。他力によって真実心を具足する。深心については阿弥陀仏の本願の真実によって深められる凡夫の信心をいう。願力の深さにおいて凡夫の深心がある。廻向発願心については、往還二廻向の義を説き、往生者は真実の願に帰して決定往生の想に住し大益を得る。この決定往生の想に住した願生心を強調する。すなわち本書は廻心して他力念仏に帰し、称名相続による三心具足を説くことを強調する。〔所蔵〕金沢文庫。〔参考〕平井正戒・隆寛律師の浄土教附遺文集。〔福原隆善〕

具支灌頂式【ぐしかんじょうしき】真 一巻。元杲（九一四―九九五）撰。別名を『一夜式』といい、本来金胎両部各別に灌頂は行わるべきを、両部合行して一夜に授け畢るように改編したものである。この基本となったのは承和一〇（八四三）年一二月一三日、東寺灌頂院において実慧が真紹に授けた灌頂日記（『小野六帖』第一帖所載）であるという。勧流ではこれを重んずるが、さらに醍醐では勝覚がこれによって新撰式を作り今日に行われる。〔所載〕正蔵78。〔布施浄慧〕

求子妊胎産生秘密法集【ぐしにんたいさんしょうひみつほうしゅう】天 一巻。安然（―八四四―九〇四―）撰。求子妊胎法、胎蔵界立ての構成で、その内容に、⑴欲求男女法、⑵懐妊護胎法、⑶救済産難法、⑷守護嬰孩法、⑸転女成男法の五法を列ね、それぞれ経典儀軌によりどころを求めながら、一貫した修法の次第を示しているわけではない。けだし皇族、貴族等に望まれた童子出産の秘法の根拠をさぐったもので、真撰とはしがたい。〔所載〕日蔵（天台宗密教章疏3）。〔木内堯央〕

旧事本紀大成経【くじほんぎたいせいきょう】通 七二巻。潮音道海（一六二八―九五）撰。延宝年間（一六七三―八〇）刊。詳しくは『先代旧事本紀大成経』といい、『大成経』と略す。本書は黄檗宗の学僧潮音が志摩伊雑（いさは）の宮の神官永野采女（一六一六―八七）と謀り、聖徳太子の撰に偽して刊行したもの。刊行の意図は、神儒仏の一体を唱える志摩神道の采女らが、『大成経』こそ、『古事記』『日本書紀』についで尊重された『先代旧事本紀』そのものであり、これを秘本として伝える伊雑宮こそ天照太神の本宮であると主張するにあった。しかし、天和二（一六八二）年、伊勢神道の奏上によって潮音らは流罪になり、本書の刻版は焼き捨てられた。本書の内容的特色は、神道の経典という稀少性、神儒仏一致思想の大成、聖徳太子の顕彰、三部神道（宗源・斉元・霊宗の三部）の神学大系という点にある。本書七二巻の目次を羅列すると、神代本紀、先天本紀、陰陽本紀、黄泉本紀、神祇本紀、神事本紀、天神本紀、地祇本紀、皇孫本紀、天孫本紀、神皇本紀、天皇本紀、帝皇本紀、聖皇本紀（以上正部）、経教本紀、祝言本紀、天政本紀、太占本紀、歴道本紀、医綱本紀、礼綱本紀、詠歌本紀、御語本紀、軍旅本紀、未然本紀、憲法本紀、神社本紀、国造本紀（以上続部）である。なお正部の目次の目次立ては平安初期に行なわれた『旧事紀』をそのまま踏襲したものという。異本に『長野本』『庵室（いむろ）本』『鷦鷯（さざき）本』の三本がある。〔西村恵信〕

倶舎論明眼鈔【くしゃろんみょうげんしょう】南 六巻。作者名の明記なし。しかし本文中に「珍曰く」とあるところから、平安末期の学僧珍海（一〇九一〈八八・九三〉―一一五二）の著作とされている。成立年代も不明だが、巻一「論本第一」の文中に「大同四年十月中更に之を按ずるに」の文があるので、大同四（一一二九）年前後の作と思われる。その内容は玄奘訳『倶舎論』を理解するのに難解な諸問題点を挙げ、これに答える形式をとっている。これらの問題点は、おそらくそれまでの倶舎宗内で一般に議論されているのをまとめたものであろう。それに対する答は、主として中国の三大注釈書である普光の『倶舎論記』、法宝の『倶舎論疏』、神泰の『倶舎論疏』によって答えているのが特徴である。全体にこの三注釈書の内容をきわめて尊重し、またその理解を深めんとする態度がみられる。作者自身の意見も「今按ずるに」「愚推して云く」「私に云く」等として示しているが、注釈書の見解を出るものではないように思われる。かくのごとく本書にはまだ江戸時代中期の普寂、快道のごとき確固とした『倶舎論』研究の立場の表明は見られず、また批判的精神にも乏しいが、『倶舎論』の内容を中国の注釈書によって詳細に理解しようとするこの時代の情熱が強く現れているといえよう。なお、このような『倶舎論』に関する問答形式は現存する中国、日本の注釈書の中で本書が最初であるといわれている。〔所載〕仏全86。〔加藤純章〕

倶舎論明思抄【くしゃろんみょうししょう】南　元来は四八巻であったが『仏全』収載のものは三七巻で、そのうち二巻は巻首に掲げられた「問題」のみ、『正蔵』収載のものは四五巻でそのうち一巻は「問題」のみである。作者は鎌倉時代の学匠宗性（一二〇二—七八）であり、『仏全』収載中の三五巻はすべて彼の手になるが、『正蔵』収載中前述の三五巻以外は一巻を除いて他の数人の手になるもの、および作者不明のものである。成立年代は宗性作は承久三—文永一一（一二二一—七四）年、他の巻は観応二（一三五一）年まで下る。題名は各巻のはじめに記される「倶舎論第〜巻抄」が正式名と思われるが、第一四巻の宗性自身の奥書から『明思抄』とも名づけられたらしく、今事典はこの題名をとっている。また別に『倶舎論本義抄』ともいう。その内容は玄奘訳『倶舎論』を理解する上で難解な諸問題点をまず掲げ、これに一つずつ答える形式をとっており、前代の『倶舎論明眼鈔』の直接の影響が明らかである。本書の掲げる問題点には『倶舎論』本文に関するものもあるが、特に中国の普光と法宝の二注釈書の難解な個所や矛盾した記述に関するものが多い。これに対する答も、この二注釈書をきわめて尊重ししばしば巧みに会通している。また時に『婆沙論』『順正理論』を引用し結論を下しているのも本書の特徴である。前代の『明眼鈔』に比べて批判的・独創的見解も現れており、たとえば快道の「破我別論説」にヒントを与えるなど、後代の倶舎論研究に大きな影響を及ぼした。〔所載〕仏全86・87・88、正蔵63。〔加藤純章〕

久修園集【くしゅおんしゅう】南　三巻。宗覚（一六三九—一七一九）述。貞享二（一六八五）年成立。宗覚正直は江戸時代初期、天台安楽律の妙立、霊空、洞空、浄土律の忍徴、華厳の鳳潭らと肩を並べる西大寺派の代表的律僧で、京に生まれ、二四歳出家、八幡大乗院乗春の請を受け、河内楠葉の久修園院を再興し住して、律を研鑚し、広めた。本書は、上巻一三項目、中巻一四項目にわたって、主として、僧の衣・食についての規定について論及したもので、下巻一三項目には、主として、宗覚の記した書物の序文や鏡銘などを収め、戒律の精神の顕揚につとめている。〔所載〕日蔵36。〔田村晃祐〕

久修園続集【くしゅおんぞくしゅう】南　三巻。宗覚（一六三九—一七一九）述。元禄一七（一七〇四）年成立。西大寺派律僧宗覚の六八歳の時の自序があり、四七歳の時に著された『久修園集』より約二〇年後に、続編として戒律に基づき、正道に進趣すべき真実の出家の考うべきことについての論文を集めたもの。上巻（一〇項目）、中巻（一三項目）、下巻（一七項目）より成り、陀羅尼の受持、弥陀の十念を説き、仏に供する時は楽を奏してもよいと説き、さらに諸寺の縁起や鏡銘と序、造像記など、かなり広い立場に立っての論説が見られる。〔所載〕日蔵36。〔田村晃祐〕

九條錫杖鈔【くじょうしゃくじょうしょう】真　一巻。亮汰（一六二二—八〇）撰。寛文七（一六六七）年成立。別に『錫杖鈔』ともいう。九条錫杖とは錫杖を振って唱える偈で、この偈に九節があるため名づけられたものである。それは㈠平等施会、㈡信発願、㈢六道智識、㈣三諦修習、㈤六道化生、㈥捨悪持善、㈦邪類遠離、㈧三道消滅、㈨回向発願の九節がある。この中第一節の平等施会に、手執錫杖、当願衆生、設大施会、示如実道という四句一偈があり、これは新訳『華厳経』一四浄行品にみえるが、他の節は出所不明である。本書はこの九条錫杖文に注釈を加えたものである。その内容は題目を始めに、本文たる前記九節を一節ごとに注釈し、最後に流通二節で終っている。また三条錫杖は前記九節の中、最初の三節を唱え普通の法会に用いられるが、九条錫杖は特殊の法会に用いられている。〔真柴弘宗〕

愚中和尚語録【ぐちゅうおしょうごろく】臨　五巻。愚中周及（一三二三—一四〇九）撰。室町時代成立。正式には『仏徳大通禅師愚中和尚語録』、別に『大通禅師語録』『廾餘（こうよ）集』と称する。巻一、示衆法語、供養。巻二、拈香。巻三、下火、祭文、仏祖讃、自讃。巻四、号題、号説。巻五、題跋、書尺、応台、偈頌を収録している。〔所載〕正蔵81。〔竹貫元勝〕

愚中和尚年譜【ぐちゅうおしょうねんぷ】臨　一巻。一笑禅慶撰。応永二八（一四二一）年成立。正式には『仏徳大通禅師愚中和尚年譜』。永享一三（一四四一）年刊（五山版）。臨済宗愚中派の派祖である愚中周及（一三二三—一四〇九）の年譜。愚中は美濃土岐の人、夢窓疎石、春屋妙葩などの訓育を受け、暦応四年に天竜寺船で入元し、金山の即休契了に参じ、観応二年帰朝、丹波の天寧寺などに住し、応永四年安芸の仏通寺を開創した。〔竹貫元勝〕

句中玄【くちゅうげん】曹　一巻。面山瑞方（一六八三—一七六九）集。面山が道元の『永平広録』一〇巻のなかから偈頌一四七首を抜萃し、一首ごとに歌題をつけ、縁由を付して編集したもので、幼学者に偈頌を暗誦させるために著したものである。宝暦九（一七五九）年に刊行されているが、同七（一七五七）年の自序、同八（一七五八）年の慧琳の跋偈があるところから、同七年ころの編集であろう。注釈書に、面山自身の『句中玄聞解』一巻がある。〔所載〕続曹全（歌頌）。〔川口高風〕

口伝鈔【くでんしょう】浄真　三巻。覚如（一二七〇—一三五一）述。乗専の所望により口述され乗専が筆記したもの。覚如は親鸞の曽孫にして本願寺第三世、諱を宗昭という。覚如自筆本の識語によると本書は、覚如が元弘元（一三三一）年一一月下旬の宗祖報恩講中に、先師如信より面授口決された専心専修別発願について談話したおり、伝持した祖師聖人の御己証、相承した他力真宗の肝要を口述し筆記させて成立したことが知られる。冒頭に「本願寺鸞聖人、如信上人に対しまし〳〵て、おり〳〵の御物語の条々」

と記し、親鸞の行実と法語が二一カ条にわたってのべられている。(1)親鸞が源空の使節として安居院の坊へ出向いた事、(2)光明名号の因縁といふ事、(3)無㝵の光曜によりて無明の闇夜はるゝ事、(4)善悪二業の事、(5)自力の修善はたくはへがたく、他力の仏智は護念の益をもてたくはへらるゝ事、(6)弟子同行をあらそひ本尊聖教をうばひとることしかるべからざるよしの事、(7)凡夫往生の事、(8)一切経御校合の事、(9)聖光房を黒谷へ引導したこと、(10)十八の願につきたる御釈の事、(11)助業をなをかたわらにしまします事、(12)聖人本地観音の事、(13)蓮位房夢想の記、(14)体失不体失の往生の事、(15)真宗所立の報身如来、諸宗通途の三身を開出する事、(16)信のうへの称名の事、(17)凡夫として毎事勇猛のふるまひみな虚仮たる事、(18)別離等の苦にあふて悲歎せむやからをば仏法のくすりをすゝめてそのおもひを教誘すべき事、(19)如来の本願はもと凡夫のためにして聖人のためにあらざる事、(20)つみは五逆謗法むまるとしりてしかも小罪もつくるべからずといふ事、(21)一念にてたりぬとしりて多念をはげむべしといふ事、以上のごとくである。覚如は本書で初めて如信よりの宗義伝承を語り、しかもそれが口伝・面授口決であると強調し、親鸞―如信―覚如という本願寺を中心とした真宗相承の系譜を説いている。また同時に、六年後の『改邪鈔』識語に「余壮年之往日忝従受三代黒谷本願寺大網伝持之血脈」と、三代（源空・親鸞・如信）伝持の血脈の主張が明記されるが、本書(1)(9)(10)(12)(14)(19)条で源空と親鸞との関係に言及し、ことに(19)条で「本願寺の聖人、黒谷の先徳より御相承とて如信上人におほせられていはく」といい、源空の正統が親鸞から如信へと相承されたことを語っている。ここに三代伝持の血脈の実質的主張が見られる。つまり、本書で覚如は、法統と血統を踏まえた真宗教団の統率者として、聖道諸宗、西山・鎮西等の浄土異流、親鸞門流に対して、源空より相承した親鸞教義の特色を鮮明にしようとした。しかし覚如の他の著述にも見られるが、本師本仏論、平生業成、信心正因、称名報恩、悪人正機、また宿善、善知識、法華念仏同味の教え、という宗義が展開されるなど、覚如の真宗教義解釈の特徴がうかがわれる。また本書撰述にあたって口伝以外に『恵信尼文書』『歎異抄』等に素材を求めていることが知られる。古写本には覚如系統と乗専系統に大別されるが詳しくは佐藤哲英『口伝鈔の研究』を参照のこと。〔所載〕浄土真宗聖典、親全4、真聖全3。〔参考〕佐藤哲英・口伝鈔の研究、講座親鸞の思想8、石田瑞麿・歎異抄・執持鈔。〔新作博明〕

口伝鈔開出三身章略記【くでんしょうかいしゅつさんじんしょうりゃくき】浄真　一巻。宝雲（一七九一―一八四七）述。成立年代不明。本書は覚如の『口伝鈔』のうち第一五条真宗所立の報身如来、諸宗通途の三身を開出する事をとくに選んで解釈したものである。〔所載〕真宗全46。―→口伝鈔〔新作博明〕

口伝鈔講義【くでんしょうこうぎ】浄真　七巻。法海（一七六八―一八三四）述。一本別に『口伝鈔乙亥記』ともいう。一本（住田本）に乙亥記とあることから文化一二（一八一五）年の講述とされる。法海の諡は易行院、文政一一年真宗大谷派第八代講師となる。本書は覚如の『口伝鈔』二一章を親鸞の法語と行状に分け、一、八、九、一一、一四、一六、の六章を行状に、その他の一五章を法語に配当する。そして(1)一代制作を弁ず、(2)今鈔興由を明かす、(3)一部大意を顕わす、(4)題目を解す、(5)本文を釈す、と五門に分け講じている。(1)で覚如の一二部の著述の概要をのべ、(2)では興由を通別に分かち、通の興由は仏恩師恩の報謝のためといい、別の興由は、先に『執持鈔』で口伝を略述したが、ひろく当流別途の口伝の法要を顕わさんがためであるという。(3)では、第二一章の結文に「いまのこゝろは、一念無上の仏智をもて凡夫往生の極促とし、一形憶念の名願をもて仏恩報尽の経営とすべしとつたふるものなり」とあるように、信の一念に往生治定して、其上は唯仏恩報尽の称名を称えるばかりであるという義は、源空、親鸞、如信の三代伝持であり、それが覚如に相承されているということだと解釈し、これが大意であるという。(4)は、口伝は秘伝に非ずして、「当流は聞其名号信心歓喜にして、善知識の教えに依て本願名号の謂れを聞き開く処が直ぐに信心歓喜の処也。其一念に往生治定する故」に別して口伝を最とするという。(5)では諸書を引いて詳細に解釈している。〔所載〕真宗全45。―→口伝鈔〔新作博明〕

口伝鈔丁酉記【くでんしょうていゆうき】浄真　三巻。澄玄（一七八七―一八五一）述。天保八（一八三七）年八月三日―九月五日東本願寺学寮にて講述。澄玄は大谷派の学僧。本書は覚如の『口伝鈔』を解釈したもので、(1)来意、(2)大意、(3)題号、(4)本文、の順に講じ、(1)を通別に分け、通じては自信教人信、報恩謝徳のためとし、別しては、源空、親鸞、如信の三代伝持の口伝相承の法要を顕述するためとする。(2)は平生業成の玄旨、他力往生の深要を明かすためとす。そして(3)、(4)と詳しく注釈している。〔所載〕真大24。―→口伝鈔〔新作博明〕

口伝鈔録【くでんしょうろく】浄真　二巻。興隆（一七五九―一八四二）著。文化一四（一八一七）年成立。本書は覚如の『口伝鈔』を詳しく解釈したもので、(1)示来意、(2)述大綱、(3)解文義の三門よりなる。(1)は明造由、叙縁起に分けられ、(2)に通別を分かち、通じては真実六法をもって大意とし、別しては他力心行をもって大意とする。(3)で題目、本文、跋語の順に詳釈している。なお詳細な口伝鈔科文がつけられている。〔所載〕真宗全46。―→口伝鈔〔新作博明〕

愚堂和尚語録【ぐどうおしょうごろく】臨　三巻。侍者豊玉・玄永編、祖寧考訂・跋。寛政九（一七九七）年刊。別に『大円宝鑑国師語録』、略して『宝鑑録』ともいう。愚堂（一五七七―一六六一）は臨済宗。諱を東寔という。美濃伊自良の人。一三歳にして剃髪、一九歳で南詢の旅に出立、播磨三友寺の南景岳に参じて大悟、のち妙心寺塔頭聖沢寺の庸山景庸の印記を受く。美濃正伝寺、大仙寺等に住す。寛永五（一六二八）年より妙心寺に四住す。養徳寺（大分）、中山寺（三重）、高井寺（岐阜）等を開く。寛文元（一六六一）年、華山寺（京都）に寂す。世寿八五。法臘七〇。寛文二（一六六二）年、大円宝鑑国師の諡号を賜わる。本書は愚堂東寔一代の語録であり、巻首に後西院帝の宸翰および後水尾院の院宣を掲げ、上巻に寛永一二（一六三五）年妙心再住入寺の法語より三住・四住の入寺法語を収める。四住の法語には、有名な妙心寺開山三百年忌（万治二〈一六五九〉年）の拈香法語が見えるが、老弱のために上堂法語等はないと記されている。その他入祖堂、入仏点眼、賛、道号、仏事香語などを収める。中巻には禁中入室語や対御のほか偈頌が多く、また法語、銘詞、薦跋、雑文等をあつめ、下巻には薦亡香語および行録を編む。なお巻末に雪潭豊玉による『大円宝鑑国師年譜』（寛文三〈一六六三〉年筆）および祖寧による跋文が付されている。版木を大仙寺（岐阜）に蔵す。また松ケ岡に『東濃大仙寺愚堂和尚宝鑑録拾遺』（写本）を蔵す。〔参考〕高僧伝44、正法山誌6。　〔西村惠信〕

愚禿抄【ぐとくしょう】浄真　二巻。親鸞（一一七三—一二六二）述。上下二巻より成り、『二巻抄』ともいわれる。親鸞の真蹟本は伝わらず、永仁元（一二九三）年に親鸞の高弟で、初期真宗教団の重鎮として活躍した顕智が書写した三巻本（下巻が本と末に分かれる）が最古の写本として、真宗高田派本山専修寺（三重県津市一身田町）に所蔵されている。次いで古いのが、存覚書写の二巻本（京都常楽台所蔵）である。本書の成立年代については、現存する多くの古写本の奥書に「建長七歳乙卯八月二十七日書之愚禿親鸞八十三歳」とあることより、一般的には建長七（一二五五）年親鸞八三歳のときの著作であると考えられている。また本抄の内容からみて、親鸞が吉水入室のころ、源空から伝承した要義の手控があり、八三歳になって、これに多少の整理を加えたものとする説もあるが、これには決定的な論拠がなく定説とはなっていない。

さて本書は、漢文体で書かれた四作中の一作であるが、記述の仕方が覚書風であり、また愚禿という、親鸞が越後配流を縁としてもちいた自称を書名にもちいていること、あるいは、教義についてのべてはいるが、その構成の仕方が『教行信証』『浄土文類聚抄』とはかなり異なっていることなどより、親鸞の著作中、特異な位置を占めるものといえる。

内容は、上巻においては、題下に「賢者の信を聞いて、愚禿が心を顕はす云云」と六句をもって題意をのべたあと、いわゆる二双四重の教判により、仏教の教説を分類して体系づけ、浄土真宗の占める地位を明らかにし、その優位性を示している。すなわち、仏教を大乗教と小乗教に分け、大乗教を頓教（速やかに仏になる教え）と漸教（ゆっくり仏になる教え）に分け、さらに頓教を竪超（自力の頓教）と横超（他力の頓教）に、漸教を竪出（自力の漸教）と横出（他力の漸教）に分け、また小乗教を、縁覚教と声聞教に分けている。かくして、自分の信奉するのは阿弥陀如来の選択本願、すなわち横超の一法であることを示している。しかし、この教判だけでは竪超も真実教となるため、次に三経の選択、三往生、仏身、仏土を列して、竪超も漸教に属するものであると示して、浄土真宗こそが絶対不二の教であることを明かし（三権一実）、さらに、本願一乗海（弘願）と、自力で種々の修行をして浄土に往生しようとする要門とを区別して四二対をあげ、自力他力の機を区別して一八対を掲げている。最後に、善導の『玄義分』等の七文を引いて結んでいる。下巻においては、善導の『観経四帖疏・散善義』にのべられている『観経』の三心（至誠心、深心、廻向発願心）についての私釈（三心釈）を解しつつ、自力と他力とを分別し、自力の三心を捨てて、他力の三心に帰せしめようとしている。

注釈は、僧鎔・温故録、霊暀・聞書、頓慧・顕心記、智洞・講林、智暹・樹心録、道振・大光録、道隠・知新録、義教・模象記、宝雲・録などがある。〔所載〕真聖全2、正蔵83。　〔那須一雄〕

愚禿抄温故録【ぐとくしょうおんころく】浄真　二巻。僧鎔（一七二三—八三）述。明和三（一七六六）年成立。僧鎔は本願寺派の学僧。越中善巧寺（富山県下新川郡宇奈月町浦山）の住職。僧樸に学び、僧樸の摂津祐貞寺（大阪市住吉区北島町）を継ぐ。自坊に空華学舎を設けて学徒の育成をはかり、本願寺派の学轍のひとつである空華学派の祖とされている。本書は『愚禿抄』について、初めに造意をのべたあと全体について注釈を加えている。そのうち造意においては、『教行信証』と比較しつつ『愚禿抄』の特色をのべている。まず『教行信証』は、『大無量寿経』により絶対門をもちいて浄土真実を明かすことを目的としているが、『愚禿抄』は、相対門により聖道門と浄土門、自力要門と弘願他力を分別して、浄土真宗の教判を示すことを目的としているとし、さらに両書の相違点として、(1)二種廻向の有無、(2)教・行・信・証の四法が判然と分けられているか否か、(3)聖道門諸宗の名を詳述しているか否か、(4)『教行信証』は曇鸞に依るが、『愚禿抄』は善導・源空に依っている、(5)自利真実文中、聖浄二門について明かしているか否か、(6)仏土を論じるのに三身四土を説いているか否か、という六点を挙げている。なお本書は、道隠の『知新録』とともに、空華学派の『愚禿抄』解説の双璧とされている。宝暦八（一七五八）年の写本を竜大、谷大に蔵す。〔所載〕真宗全37。　——→愚禿抄　〔那須一雄〕

愚禿抄聞書【ぐとくしょうききがき】浄真　二巻。霊暀（一七七五—一八五一）説。成立年代不明。『愚禿抄』について、来意、大意、題号、本文という四門より解説したもの。来意では「弥陀の教法を久しく住せしめ、仏恩を謝せんがために」という親鸞の他の著作と共通している造意と、「広略二文類（『教行信証』と『浄土文類聚抄』）の幽意を顕開せんがため」という『愚禿抄』に限る造意とをのべ、大意では「末代愚鈍の衆生を利他他力の信心海に帰せしめんがため」と示し、『愚禿抄』全体の構成について略述し、以下、題号、本文について注釈している。〔所載〕真大18。──→愚禿抄　〔那須一雄〕

愚禿抄顕心記【ぐとくしょうけんしんき】浄真　五巻。鳳嶺（一七四八―一八一六）述。成立年代不明。『愚禿抄』について、⑴明制作所由、⑵弁一部大意、⑶示判教襲承、⑷釈題号、⑸入文解、という五門より解釈したもの。⑴⑵では、二双四重の教判を示すことが、『愚禿抄』制作の理由であり、大意であることを明かし、⑶では浄土真宗の七祖における教判の相承を示し、⑷⑸では、題号、本文についての注釈がなされている。〔所載〕真宗全38。──→愚禿抄　〔那須一雄〕

愚禿抄講林【ぐとくしょうこうりん】浄真　三巻。智洞（一七三六―一八〇五）編。天明二（一七八二）年成立。智洞は本願寺派第七代能化。明和の法論で、功存、天倪らとともに智暹と対論。寛政九（一七九七）年、第七代能化となる。第六代能化、功存の三業帰命説を継承し、同年の安居で欲生帰命を主張した。これがいわゆる三業惑乱の発端である。智洞の説は異端とされ、文化二（一八〇五）年、幕府の介入により廻心状を提出したが、裁断の前に病死した。本書は『愚禿抄』について、造意、解文という二門に分けて解説したものである。造意としては、⑴広大恩徳を念報せんがため、⑵相対の法門を顕明せんがため、⑶釈尊の綱要を顕示せんがため、⑷選択の意致を演繹せんがため、という四意をあげている。解文では、題号および本文について注釈を加えている。天明二（一七八二）年に、江州彦根で講ぜられたものであり、写本としては、寛政元（一七八九）年写本（竜大蔵）、文政二（一八一九）年写本（谷大蔵）などがある。──→愚禿抄　〔那須一雄〕

愚禿抄樹心録【ぐとくしょうじゅしんろく】浄真　四巻。智暹（一七〇二―六八）撰。寛延三（一七五〇）年成立。寛延四年刊。智暹は、浄土真宗本願寺派の学僧。播磨の真浄寺（兵庫県高砂市伊保町）の住職。本願寺派三代能化若霖に師事。明和元（一七六四）年『真宗本尊義』一巻を著わし、正統とされていた本願寺派四代能化法霖の本尊論を批判した。これが、いわゆる明和の法論の発端である。同四年、門弟とともに本山で対論したが、未解決のまま没した。本書は、まず『教行信証』『浄土文類聚抄』『愚禿抄』の大意を略述している。『教行信証』については「教行信証真仏化身土の六法を以って経となし、経論釈の要文を引いて緯となす。是れ真仮の門を判じ、隠顕の相を明す、是れ則ち一家立義の亀鏡なり」とし、『浄土文類聚抄』については「略して真実の教行信証を明かして、真仮隠顕の相を論ぜず、但だ自得安心の要領を述す」とし、『愚禿抄』については、「要目を標し、総じて諸部広散の義を摂す」とのべ、これらの三書によって浄土真宗の教判は明らかになるということを示している。つづいて三書の成立年時について述べ、これらは『教行信証』『浄土文類聚抄』『愚禿抄』の順に成立したことを示したのち、題号、本文について注釈している。──→顕浄土真実教行証文類・浄土文類聚抄・愚禿抄　〔那須一雄〕

愚禿抄大光録【ぐとくしょうだいこうろく】浄真　二巻。道振（一七七三―一八二四）述。文政三（一八二〇）年成立。明治一四（一八八一）年刊。道振は本願寺派の学僧。安芸の元浄寺に生まれ、学林に懸席ののち、三業惑乱のときに活躍した大瀛に学ぶ。本書は『愚禿抄』について、⑴造意、⑵綱要、⑶文義という三門に分けて解説したものである。⑴では、親鸞の他の著作にも通じる造意として、令法久住のため、久知恩報徳のため、という二意を挙げ、『愚禿抄』についてのみいえる造意として、(イ)如来の教迹を部判せんため、(ロ)列祖の判教を集成せんため、(ハ)選択の蘊奥を開示せんため、という四意をあげている。次に⑵では、『愚禿抄』全体の構成について、(イ)対絶門、(ロ)本末門、(ハ)真仮門、(ニ)開合門、という四つの立場より略述している。⑶では『愚禿抄』全体について注釈している。長崎大光寺（長崎市鍛冶屋町）において講述されたので『大光録』と名づけられた。文政三年刊の原本は漢文であったが、明治一四年、下間安海が延べ書きにして刊行した。他に明治四一年刊本（谷大）などがある。──→愚禿抄　〔那須一雄〕

愚禿抄知新録【ぐとくしょうちしんろく】浄真　二巻。道隠（一七四一―一八一三）述。成立年代不明。『愚禿抄』について、⑴造意、⑵大綱、⑶義例、⑷制時、⑸釈題、という五門に分けて解説したあと、本文全体について注釈を加えている。そのうち⑴では、親鸞の他の著作にも共通している造意として知恩報徳ということを示し、『愚禿抄』についてのみいえる造意として、釈尊の教説、真宗七祖の釈義を明らかにするということをあげ、⑵では、仏教の権実真仮の教判を示すのが、『愚禿抄』の中心問題であると説き、⑷では、『教行信証』『浄土文類聚抄』のあと本抄が成立したという見解を示している。なお本書は、僧鎔の『温故録』とともに、本願寺派空華学派の『愚禿抄』解説の双璧とされている。〔所載〕真宗全37。──→愚禿抄　〔那須一雄〕

愚禿抄模象記【ぐとくしょうもぞうき】浄真　六巻。義教（一六九四―一七六八）撰。成立年代不明。安永九（一七八〇）年刊。義教は、本願寺派第五代能化。『愚禿抄』について、大意、解題目、釈文という三段に分けて解説したものである。聖道門を捨てて浄土門に入り、自力を捨てて弘願他力の弘智に帰し、自力の三心をひるがえして利他の一心に帰させようとするのが『愚禿抄』の大意であることを明かしている。異本として自筆草

稿本二巻、『愚禿抄隔掻記』六巻（円満寺蔵）、安永九年刊本六巻、の三種がある。〔所載〕真宗叢9。──→愚禿抄　〔那須一雄〕

愚禿抄録【ぐとくしょうろく】浄真　一巻。宝雲（一七九一―一八四七）述。成立年代不明。本書は、愚禿抄玄義、同折衷、同相承段文前分別、同相承段私記、同正因段文前分別、同正因段私記、同就行立信章文段分別、二河白道章私記、という八つの小題目をたてて『愚禿抄』を注釈したものである。まず玄義において、興由、大旨、諸例、料簡、釈題についてのべ、以下の項では、全体を注釈している。文体は、漢文と和文が入りまじっており一様でない。〔所載〕真宗全36。──→愚禿抄　〔那須一雄〕

口筆鈔【くひっしょう】浄　智通（一三一四―一四〇三）述。成立年代不明。『選択集口筆鈔』一〇巻、『往生論註口筆鈔』五巻、『観経疏口筆鈔』一六巻、『往生礼讃口筆鈔』三巻を集成。智通所述のものを『口筆鈔』という。西山六角義の立場からそれぞれ解釈しており、『選択集口筆鈔』では、三心念仏によるがゆえに願力得生するなり、諸行往生所説の相は三心念仏の願力を離れて得生すべからず。定散の諸行これ本願にあらず。観仏等の定散を修して念仏せざる者は仏意にそむく、として三心念仏によらざる観仏三昧等の定散修行者を批判している。『選択集口筆鈔』寛文一一年刊を正大、竜大蔵。〔長谷川是修〕

九品往生義【くほんおうじょうぎ】因　一巻。良源（九一二―八五）選述。『極楽浄土九品往生義』ともいい、『観経』の九品段を『天台観経疏』を中心として用いて広く論釈を引用し、独立した論述として完成されたものである。上品上生から下品下生に致る九つの段階を詳細に論述する。九品義の引用書の主なものとして『天台観経疏』『法華文句』『浄名疏』『弘決』義寂、璟興等が引かれており、『無量寿経』や『浄土論疏』を引くことに注目すべきである。その中で特に著しい特色として、中下品義の経文の「法蔵比丘四十八願」につき、具さに康僧鎧訳『無量寿経』の四十八願を願名と経文にわたって概説し、異訳や他の経典まで参酌して、種々の師の釈義を引いて、私釈をかえて、一個の四十八願釈を構成することである。そして下下品を論述し終って、三輩九品につき、義寂が三輩と九品とは文義が違うとするのに対して、三輩九品は同一の義を示すとして結論するのである。このように良源の九品義はいわゆる『天台観経疏』の注たる範囲を越えている部分もあるが、特に『往生要集』成立の教学的基盤として、年代的にももっとも接近し、環境的にも親密な本書は、良源の弥陀念仏に対する教学的な特色をあらわしているものとして、重要な位置をしめているのである。〔所載〕仏全41。〔西郊良光〕

愚迷発心集【ぐめいほっしんしゅう】南　一巻。貞慶（一一五五―一二一三）著。笠置隠退（一一九二）後の作。法相宗。仏滅後、世は汚濁に満ち、仏菩薩は衆生を済度しようとの誓願を催されるも、人は生死の広海に沈没して六道流転をくりかえすのみである。解脱のための自利利他の行願を発すことを十方の神仏に祈誓するという内容。駢儷体の美文で、発菩提心の願いが切々として綴られている。内面的な貞慶の人柄がうかがわれる。〔所蔵〕思想大15。〔太田久紀〕

求聞持次第【ぐもんじしだい】真　一巻。空海（七七四―八三五）撰。ただし真偽未決。求聞持法は虚空蔵菩薩能満諸願最勝心陀羅尼求聞持法を本拠として編成された法で、虚空蔵菩薩を本尊とする供養法である。殊に本尊の真言を百万遍誦満して悉地を得るならば、一見一聞ことごとく記憶できるとされ、宗祖空海が修したことに習い、真言宗では各時代を通じて修せられ今に及んでいる。その修法の作法を記したものが本次第である。『弘法大師全集』第四輯には三本が収録されている。第一本は奥書に「般若寺奉ㇾ受二僧正御房一也」と記されている東寺宝菩提院所蔵の本で、外題に「求聞持次第大師」とある。第二本は題下に「大師中院」と夾注があり、東寺観智院と讃岐与田寺に伝えられるもので、夾注のあるものは与田寺本である。観智院本は第一本と同じく「大師」とのみある。第三本は略次第で宝菩提院等に相承されているものである。いずれも大師真撰のように記録されているが、古くより疑問が投げかけられており、大師真撰に非ずとする説が専である。因みに偽撰説の要旨を略述するならば、空海が勤操より相承したものと入唐して相承したものは同本でこれを和本という。後になって明本が請来されたがこれを黄檗鉄眼刊行に因んで檗本という。次第中結界の個所で、密法の軌則に違背して辟除を除いて結界とするのは檗本に基づいて成立した次第と認める故、大師真撰に非ずと結論している。〔所載〕弘全4。〔布施浄慧〕

求聞持表白【ぐもんじひょうびゃく】真　一巻。覚鑁（一〇九五―一一四三）撰。覚鑁は根来山に新義の法幢を掲げ、真言宗智山派・豊山派等新義派に属する宗派においては、中興の祖と仰ぎ、空海立教開宗の精神を尊び、教学復興をなし遂げた学匠として敬っている。世に興教大師といわれている。覚鑁は宗祖が自ら修された求聞持法を、自らもまた修して悉地を得んとし、前後九度にわたりこれを修法した。求聞持法とは虚空蔵菩薩を本尊とする法で、特に本尊の真言を百万遍誦せば、その悉地成就する時は記憶力勝れるといわれて、宗祖以来真言行人の修する行法となっている。その行法に表白の部分があるが、本文は正しく覚鑁が修法するに際し草したものである。由来白文は修法する人自らが書きこれを表白するものとされているが、覚鑁の求法の心の厚きことと情熱を感ずる表白である。正蔵84に収められているものは保安三（一一二二）年七月二〇日の日付のあるもので、覚鑁二八歳の時高野山上で明寂、永尋の助成を得て行じた時のものである。ただし、この文のみにては、覚鑁が五〇日間にわたる修法の中間に当っての表白としては不完全で、「立申大願事等」（興全下）と合わせこれを用いたものと考えられている。この大願は八の項目よりなり、世に八大願と呼ばれ、覚鑁の並々ならぬ求法への決意を知ることができる史料でもある。〔所載〕正蔵84、興全下。〔布施浄慧〕

供養参【くようさん】曹　一巻。天桂伝尊（一六四八―一七三五）撰。詳しくは『螺蛤老人落草談供養参』という。この仮名法語は、天桂が浪華蔵鷺庵在住（元禄四年以後）のときに、在家の一居士の請益に答えて、諸経論の説を引きながら三宝供養の功・薦亡施食の徳等について懇切に示されたものを、侍者が筆録したものである。〔所載〕洞法語（坤）、続曹全（法語）。〔佐々木章格〕

愚要鈔【ぐようしょう】浄　一六巻。法興浄音（一二〇一―七一）著。講述の日付により建長二―弘長元（一二四九―六一）年の間に記されたことは明白であるが、日付のない部分については不明。『観経疏愚要鈔』ともいう。浄音は三木左中将雅清の子で、建保元（一二一三）年一三歳で證空の室に入る。光明寺の記録には始め慈鎮の室に投じて出家し、のち證空に師事と記す。入室後三五年にわたって基本的修学よりやがて善導教旨に対する深い信仰と学問的体系を確立する。證空入滅後、建長二（一二五〇）年に仁和寺の西谷に一宇の精舎を建立し光明寺と号して法灯をかかげ、徒弟を教養し、以来西谷上人と呼ばれる。五祖異轍善導一師証不由他の証道を強調し、後世その門流を西谷流と呼ぶ。西山四流（六流）の一つである。本鈔は浄音四九歳から六〇余歳にわたって講述された力作で、師のもっとも精力的な活動時代であるといえる。善導の『観経疏』について、観、玄義、依文、先勧大衆発願帰三宝から始まり、得益分、流通分、耆闍会、十六観想体にいたるまで上人の己証が『観経』の経文を随所にまじえつつ、かつ簡潔にのべられている。このうち弥陀正覚の事の一段は、「玄義分」と「定善義」の二カ所に同文が収められているが、師の重要な教旨を伝える言葉としてとくに留意しなければならない一段である。〔所載〕西全別4。〔堀本賢順〕

愚要鈔【ぐようしょう】浄　三巻。明秀（一四〇三―八七）撰。寛正二（一四六一）年成立。明秀は円光に師事して浄土西山義を習学し、宝徳二年梶取（和歌山市）に総持寺等の諸寺を創して、教旨の宣揚につとめ、晩年明を失するが、口述によって著す。『浄土名目見聞』三巻、『安養報身報土義』一巻などの著書がある。本書は浄土門の肝要をだれにでもわかりやすく説かれたものである。かつて明秀が説法した旨趣四七章を集録して浄土教の根本の立場、浄土教より見た一代仏教、浄土教より会通した孔孟老荘、浄土教の証道、浄土教の祈禱、諸仏諸神の種々の問題を解決した西谷流の宝章とされるもので、次の項目よりなる。⑴阿弥陀仏とはいかなる御仏かの事、⑵南無の心とはいかなる心かの事、⑶一心に信仰すとは仰信解信何れかの事、⑷垂示によるはなお解信に非ざるかの事、⑸開導にまかせ急ぎ走りてとはの事、⑹浄土宗は小乗教には非ざるかの事、⑺指方立相は底下の凡夫のために非ざるかの事、⑻密意の広開はいかにあるべきかの事、⑼聖道の先達も究竟して浄土に帰入し給える事、⑽往生の正因は信心か唱名かの事、⑾二六時中西に心を傾けてとはの事、⑿頓中の頓益とは願力に乗じての事、⒀念仏一行のほかに三心等と勧め給うはの事、⒁三心四修五念等の名義いかにとの事、⒂心行業一致に極まりての事、など四七（六八の願数を表わす）の項目について問答し、浄土教初心の人のために示された仮名交りの書である。〔所載〕西全別2。〔日下俊文〕

黒谷源空上人伝【くろだにげんくうしょうにんでん】浄　一巻。安居院沙門釈聖覚（一一六七―一二三五）記。単に『源空上人伝』ともいい、またその内容を一六門に分けて記述するところから『十六門記』ともいう。前序、奥書によると源空没より一五年目の安貞元（一二二七）年に聖覚が記述したことになる。しかし、本書の内容や述作の態度、また他の源空伝との比較等から、聖覚をそのまま作者と断定するにはなお問題が残されており、聖覚の名に託した鎮西門流の徒になる偽作とする説にも首肯されるものがある。本書は、詞書きのみの源空伝で、誕生から滅後の嘉禄の法難に至るまでの源空の行状を一六門に分けて述べている。すなわち、第一託胎前後因縁門、第二出胎已後利益門、第三最初入学仏法門、第四離親登山学行門、第五受戒楽求閑居門、第六発心離山住谷門、第七披攬一代聖教門、第八信修念仏往生門、第九善導来現授教門、第一〇勧進念仏往生門、第一一殿下教命造書門、第一二頭光現顕本地門、第一三流罪帰洛利益門、第一四臨終念仏往生門、第一五没後順縁利益門、第一六没後逆縁利益門より成っている。本書は、他の源空伝と比べると、顕著な特色が各所に散見されるが、とくに源空の浄土宗開創に重点を置き、さらに聖光の正統性を説く立場に特色がある。流布本は延宝四（一六七六）年刊があり（正大・竜大）、安永五（一七七六）年の写本がある（谷大）。〔所載〕続群書9、浄全17。〔藤本浄彦〕

黒谷上人語灯録【くろだにしょうにんごとうろく】浄　一八巻。了慧(恵)編（一二四三―一三三〇〈三一〉）。了慧(恵)は浄土宗三祖良忠の弟子で、源空、弁長、良忠の伝記をつくり、円頓戒の精通者として知られる。本書は、源空の遺文、法語、消息などを集録したもので、漢語で書かれたもの一七章一〇巻を集録した『漢語灯録』、和語のもの二四章を五巻に集録した『和語灯録』と、『拾遺黒谷上人語灯録』三巻（上巻に漢語のもの三章、中下巻に和語のもの八章あり）の一八巻五二章から成る。このうち「漢語灯録」と『拾遺』上巻に文永一一（一二七四）年一二月八日付の序が、『和語灯録』と『拾遺』中下巻とには、翌年一月二五日付の序がある。本書は源空門下に異説がおこりその是非を争ったので、源空の教えを正しく伝えるため真撰を選んで集録したと序に記す。『漢語灯録』には大経釈、観経釈、小経釈、逆修説法等、『和語灯録』には、三部経釈、浄土宗略抄、要義問答等、『拾遺』には三昧発得記、浄土随聞記（漢語）、登山状、東大寺十問答（和語）等を収録。収録遺文は、『法然上人伝記』（醍醐本）や親鸞書写の『西方指南抄』よりも多い。元亨元（一三二一）年七月、円智が『和語灯録』『拾遺』中下巻を開版、寛永二〇（一六四八）年片仮名本が刊行、正徳五（一七一五）年義山が（底本、伊豆薬王山寺蔵本）平仮名本を刊行。そのほか明治一四（一八八一）年、昭和五（一九三〇）年元亨版を再刊。恵空得岸書写本（谷大蔵）と五乗院講師伝承本（善照寺本）がある。〔所載〕浄全9、正蔵83。法全。昭法全。　〔新井俊夫〕

黒谷上人和語灯録日講私記【くろだにしょうにんわごとうろくにっこうしき】[浄]　七巻。義山（一六四八〈四七〉―一七一七）、素中（生没年不詳）述。享保三（一七一八）年成立。道光の集録した『和語灯録』の講義録。第一巻は義山の講説であるが、義山が入寂したため、師の遺命を受けた素中が第二巻以降を日々、講述したものである。綿密な考証をもとにした随文解釈がされており、『和語灯録』研究のための重要書。〔所蔵〕写本を谷大、竜大、正大、東北に蔵す。〔所載〕浄全9。　〔斎藤晃道〕

け

涇渭分流集【けいいぶんるしゅう】[浄]　一巻。聖冏（一三四一―一四二〇）述。応永六（一三九九）年成立。『心具決定往生義』著作時には未見であった名越派明心の口筆を入手し、その内容に驚き撰述したものである。論点は『観経』の「小戒力微」の解釈であり、明心は五逆罪は消えないので不生者があるというのに対し、それは第一義ではなく心具得生である旨を論じている。〔刊本〕寛文三年、慶応二年刊。〔所載〕浄全12。――→心具決定往生義　〔服部淳一〕

京華集【けいかしゅう】[臨]　一巻。横川景三（一四二九―九三）撰。室町時代成立。また『補庵京華集』ともいう。前集、後集、続集、別集、新集、外集（上下）の総称。文明四（一四七二）年から示寂にいたるまでの横川の詩偈、法語、四六文、上堂法語、対明国、対朝鮮国の外交文集を集めたもの。自筆本を尊経閣文庫蔵。横川にはこのほか詩文集『東遊集』、四六文集『薝蔔集』がある。　〔伊藤東慎〕

荊棘叢談【けいきょくそうだん】[臨]　一冊。妙喜宗績（一七七四―一八四八）著。文政一二（一八二九）年成立。天保一三（一八四二）年刊行。著者は駿州沼津蓮光寺の住職で、白隠下四世の法孫に当る。かつて尾州鷲巣山に閑栖中、駿州庵原の柴田慈渓居士が、白隠門下の諸尊宿の所伝なきを遺憾とした言を容れて、白隠門下の三二人に及ぶ言行を記したもので、白隠の門弟接化の手段をもうかがうことができる。〔所載〕白隠全1。　〔加藤正俊〕

瑩山和尚語録【けいざんおしょうごろく】[曹]　一巻。瑩山紹瑾（一二六八〈六四〉―一三二五）撰。瑩山は石川県羽咋市に永光寺を開創し、正和元（一三一二）年ころから正中二（一三二五）年ころにかけての、同寺での修行生活の状況、随想、日記、各種の覚書などを、後世、門流が編録した『洞谷記』のなかに本書は収録されている。永光寺での上堂法語を、侍者の源祖なる人物が編集したもので、その年時は定かではない。おそらく元亨三（一三二三）年から正中元（一三二四）年ころにかけての上堂法語であろう。別名『能州洞谷山永光寺瑩山和尚語録』。わずか八条からなる短篇であるが、積極的、行動的、直截的、しかも明るく力強い、謙譲で優しい瑩山の禅風を伝えて余蘊がない。なお瑩山の語録といえば、『洞谷記』をはじめ、『伝光録』『坐禅用心記』『三根坐禅説』『信心銘拈提』『秘密正法眼蔵』『報恩録』ほかも、そのジャンルに入ることになるかも知れないが、とくに『瑩山和尚語録』というならば、いまは本書をもってあてておく。〔所載〕曹全（宗源下）。〔参考〕東隆眞・洞谷記。――→伝光録・坐禅用心記・三根坐禅説　〔東　隆眞〕

瑩山和尚清規【けいざんおしょうしんぎ】[曹]　二巻。瑩山紹瑾（一二六八〈六四〉―一三二五）撰。別に『洞谷清規』『能州洞谷山永光禅寺行事次序』ともいう。元亨四（一三二四）年の制定と伝える。延宝六（一六七八）年刊。同八年改訂刊。本書は、永光寺（石川県）における行規を日分行事、月分行事、年分行事に分類して詳述したもの。『能州洞谷山永光禅寺行事次序』あるいは、『洞谷清規』の名において写本で伝えられ、室町期の洞門の実践規範としてその展開に重要な役割をなしたと思われるが、近世初頭には埋没して行われなかったようである。江戸期に入って宗統復古を志した卍山道白（一六三六―一七一五）がこれに校訂を加えて『瑩山和尚清規』として刊行し、寛文七（一六六七）年『永平清規』の刊行と相俟って宗門の規矩復興に大きく貢献し、内容・形式の両面に亘って、爾後成立のほとんどの清規に影響を与えた。

本書の特徴は、『幻住庵清規』の構成に示唆を受けて前記の日分・月分・年分の三分類によって行事を明解に説く所にあり、また従前の清規が出家叢林を中心とする修道生活の規範に終始するのに対して、世俗への通路を含む行事中心の清規である点にある。この特質は、禅宗叢林の新しい社会展開を如実に示すものといえる。

本書の内容は、上巻には僧堂における一昼夜の修道生活の在り方を示した日中行事と、叢林の一と月中に行われる行事を記す月中行事、それに次いで諸種の諷経・回向・祈禱が示され、尊宿遷化における送葬の念誦回向が掲げられ、さらに布薩・羅漢等の講式が詳述されている。下巻には、正月三朝の規式より涅槃会、閉炉、免掛搭、閉旦過、入堂掛搭、仏生会、安居（結夏〜解夏）、楞厳会、請知事、天童浄老忌、永平二代忌、永平忌、徹通忌、開炉、達磨忌、四節、成道会、歳末看経等に至る年中行事を詳説し、附録として懐奘、瑩山、明峯各忌の疏と歎仏会の差定を載せている。

なお、延宝九年に『坐禅用心記』『三根坐禅説』を加えて三冊本として刊行されている。〔末注〕準瑩山清規指南簿（享保一四年写本・駒大）。〔所載〕曹全（宗源下）、正蔵82。　〔小坂機融〕

瑩山仮名法語【けいざんかなほうご】曹　三巻。瑩山紹瑾（一二六八〈六四〉―一三二五）が撰述した仮名すなわち和文体の法語で現在次の三巻が知られている。⑴『洞谷開山瑩山和尚之法語』一巻（岩手県正法寺所蔵『正法眼蔵雑文』所収）。本書の題下に「示妙浄禅師」とある。洞谷山永光寺（石川県羽咋市）の開山である瑩山紹瑾が妙浄に与えた法語である。妙浄とは永光寺開創にあたり寺域を寄進した黙譜祖忍尼の夫君海野三郎信直（別称滋野氏）の法名で『洞谷記』によれば元亨元（一三二一）年に授戒し妙浄という法名を授けたという記録が存する。内容は五段に分かれ、第一段は自己の本性、第二段は真知、第三段は無為の三昧、第四段は待悟為足を斥け、第五段は坐禅の挙揚をのべている。〔所載〕常済全（再版）、続曹全（宗源補遺）。⑵『能州洞谷開山法語』一巻（茨城県六地蔵寺所蔵『無名冊子』に所収）。内容は三段に分かれ、第一段は仏法の広宣流布、第三段は正行としての坐禅、第三段は坐禅を通してえられる真実人体についてのべている。〔所載〕続曹全（宗源補遺）。⑶『洞谷開山法語』一巻（『永平開山道元和尚仮名法語』〈万治二年刊〉に所収される「第一九洞谷開山法語」）。内容は問答体で構成され、一一の問答を収めている。対話形式をかりて坐禅の要諦を説明したもの。〔所載〕続曹全（宗源補遺）、旧版曹全（宗源下）。→洞谷開山法語　〔松田文雄〕

瑩山紹瑾禅師喪記【けいざんじょうきんぜんじそうき】曹　一巻。『洞谷開山和尚示寂祭文』（内題）ともいう。『禅林雅頌集』（愛知学院大所蔵）に所収。瑩山紹瑾（一二六八〈六四〉―一三二五）の葬儀における法語・祭文を集めた記録。〔所載〕続曹全（清規）。→喪記集　〔松田文雄〕

景川和尚語録【けいせんおしょうごろく】臨　二巻。景川宗隆（一四二五―一五〇〇）撰。宝暦八（一七五八）年刊。別に『本如実性禅師景川和尚語録』『景川録』『大亀録』ともいう。景川は妙心寺派四本庵のうちの竜泉庵の開祖であり、臨済宗妙心寺第一〇世である。大和高田市の興雲寺、大徳寺、妙心寺、瑞泉寺、竜安寺、竜興寺、大樹寺、大心院等の開堂の法語・上堂・小参・示衆・拈香・偈頌・道号・真賛・仏事・送亡を集録し、行状・諡号勅書等を付録としてつけている。〔所載〕正蔵81。　〔吉瀬勝〕

荊叢毒蘂【けいそうどくずい】臨　九巻。白隠慧鶴（一六八五―一七六八）著。宝暦八（一七五八）年刊。本書は日本臨済禅中興の祖と仰がれる白隠の語録である。松ケ岡に白隠自筆訂正の草稿二本を蔵す。跋文によると、宝暦六（一七五六）年冬、浪花の木田種重（元照居士）が東遊の途、駿州の白隠に参謁したとき、侍者禅恕（のちの提州、大分自性寺一二世、一七一七―七八）が九巻に編んで「荊叢毒蘂」と題して所持していた白隠の語録を示され、白隠の固辞にもかかわらずこれをひそかに持ち帰って上梓したものという。本書の内容は、巻一（示衆）、巻二（示衆、普説、頌古、挙古）、巻三（五位口訣、法語、小仏事）、巻四（弁）、巻五（記説）、巻六（書）、巻七（序、跋、銘）、巻八（賛）、巻九（偈頌）となっている。なお本書刊行ののち、侍者禅恕が本書の遺漏を集めて『荊叢毒蘂拾遺』としたものを駿州の柴義喬が梓行したものがある。『拾遺』一巻には心経著語頌、示衆、雑文、賛、偈頌を収める。さらにこれに「毒爪牙」一篇を付するものもある。貝葉書院刊行流布本九巻三冊は『本録』と『拾遺』を併せ、序文とともに白隠入滅の翌明和六（一七六九）年に追諡された神機独妙禅師記の勅文を掲げる。本書は仮名法語の多い白隠語録のうち、全篇漢文体によってまとめられた語録であり、今日も白隠の末流である日本臨済禅家の貴重な基本典籍としてもちいられている。〔所載〕白隠全2。　〔西村惠信〕

鶏羅山泥縛私記【けいらさんねいばくしき】因　一巻。安然（―八四一―九〇四―）『鶏山提婆記』『双身天私記』ともいう。安然の撰とするが、安然は圓仁、遍昭の弟子、台密の大成者。鶏羅山は大聖歓喜天の住処、泥縛は提婆で天のこと、鶏羅山にいます天、歓喜天のこと。毘那夜迦ともいい、双身の像容である。『蘇磨呼経』『使呪法経』『陀羅尼集経』『毘那夜迦法』『大日経義釈』『十一面経』により画像法、供養法を示す。〔所載〕日蔵（天台宗密教章疏3）。　〔木内堯央〕

渓嵐拾葉集【けいらんじゅうようしゅう】因　三〇〇巻（現存一一三巻）。光宗（一二七六―一三五〇）編。南北朝前期（奥書、応長二―貞和三〈一三一二―四七〉年）。別に『渓嵐集』ともいう。光宗は当時興隆の戒潅頂法流を興円（一二六三―一三一七）、恵鎮（一二八一―一三五六）に受け、比叡山籠山行を興円に従い復興し、のち元応寺主となった天台宗の学匠。

本書は、光宗が当時の学匠八五名および天台・台密の諸流を受学受法した諸内容を、収集したものである。光宗自序は文保二（一三一八）年であるが、現在残存する四割弱一一三巻（序、縁起、目録を加えて一一六巻）中に見られる年号は前後三六年間（光宗三七歳―七二歳）にわたっている。欠巻には光宗出家（三〇歳）以来没年（七五歳）までが存在したかと思われる。『正蔵』底本真如蔵本は、元禄一一（一六九八）年に比叡山横川鶏足院の覚深によって散佚を集め巻数を付したものである。本来、散佚をおそれた光宗によれば「[illegible]（ケイラン）許可作法」（正蔵74）として伝授されるべき書であったのである。現在探索するとわずかに余巻が見られるようである。本書が、秘口決伝授・顕密一致を重視した平安末から鎌倉南北朝前期に及ぶ教学内容を記録しているのは、貴重というほかはない。しかも光宗独自の著述ではなく、受法内容や他師の著作記録（『密法相承審論要抄〈慈遍撰〉』『円宗記』『比叡山霊所巡礼記』『普通広釈見聞』『真言相承見聞』『真言宗名目』『地蔵菩薩儀軌〈不空訳〉』『慈氏菩薩念誦法〈善無畏訳〉』『尊勝仏頂瑜伽法』『厳神霊応章第三』）または口決等をそのまま記録している点は、光宗の書斎にいる思いがする。わずか数葉の記述を集め、そのゆえに一貫性がなく散佚しやすい性格をもっていたとも考えられる。現存するものは、ほとんど密教（顕密一致・台東両密）にかかわるものだが、記家口伝も重要な部分である。

　内容は、序にあるように、当時の教学全体である四分の記録（顕・密・戒・記）にわたり、さらに医療部、雑記録が分類されている。光宗の学法は顕密戒記はもとより、禅宗、華厳宗、三論宗、法相宗、倶舎宗、浄土宗、医方、俗書、歌道、兵法、術法、作業、土巧、算術に及び、おそらく比叡山で総合大学的に学ばれていた学問を、将来に残す意図があったのである。仏教に直接関係ないように見える医方、俗書、歌道、兵法、術法、作業、土巧、算術の欠巻は、仏教具現の姿が見られずまことに残念というべきであろう。四分の記録は、光宗の独創ではなく、『九院仏閣抄』にも見られ、記家の大家義源などがすでにもちいていた分類法であり、いわゆる口伝法門は独自に存在せず、顕密戒記のうちに存在したことが知られる。これには口伝授儀式があり、顕は生智妙悟秘決、密は都法潅頂、戒は鎮護授戒、記録は和光同塵利益潅頂をいい、これが当時の天台教学のあり方を示しているとすれば、関東天台や伊賀抄、盧談の学匠学風がうかがえないので、本書が当時の天台宗のすべてを収集したとは断言できないうらみがある。〔所蔵〕部分。叡山真如蔵、南渓蔵、西教寺、内閣、谷大、東史料、天王寺福田蔵ほか。〔所載〕正蔵74。〔参考〕山家要略記九冊本、九院仏閣抄、山門四分記録、元応寺列祖次第。　〔野本覚成〕

化儀抄【けぎしょう】[日]　一巻。日有（一四〇二、または一四〇九—八三）談。成立は、日有の普段の御談を弟子南条日住（一四一〇—？）が筆受したもので、文明一五（一四八三）年七月三日に浄書し、大石寺一二世日鎮（一四六九—一五二七）に渡したとされている。別に『日有化儀抄』『御条目』『日有仰曰』『日有上人御談』と呼ばれている。日有は南条氏の人にして、富士大石寺中興第九世。大石寺の宗祖御真筆と称される板本尊は日有の手になると伝えられている。系統だった著述はなく、弟子たちに語った聞書として伝わっている。本書は一二一カ条からなり、出家・在家を問わず、日常の仏事法要のこと、本寺・末寺のあり方、檀越や信者のこと、他宗とのこと、本尊の取り扱い方、仏壇・仏具のこと、師弟関係のこと、さらに教学的なことまでが語られており、日蓮正宗の信心修行の基本として今に伝えられている。他宗との関係では、不受不施義を持ち、基本的な布施については守っているが、その他は、世間的儀礼として理解するところが多く、ゆるやかなものである。また、富士門流伝統の教学と異なり、日隆の八品重視の傾向が見え、そこから、日蓮本仏論を展開させているのが、本書における日有の特色といえる。本書の末注には堀日亨（一八六七—一九五七）の『有師化儀抄註解』があり、本書と同じく『富要』第一巻に収められている。〔所載〕富要1。〔参考〕日蓮宗事典、日蓮宗教学史。　〔西片元證〕

華厳一乗義私記【けごんいちじょうぎしき】[南]　一巻。増春（生没年不詳）。天暦年中（九七四—五六）成立。跋によれば増春は三巻の私記を書いたが、本書はその略抄したものである。一乗に三種を分ち、(1)存三一乗（深密・般若）、(2)遮三之一乗（法華）、(3)直顕一乗（華厳）、三乗も三種に分ち、(1)始別終同三乗（阿含）、(2)始同終別三乗（般若）、(3)近異遠同三乗（法華）とするなど、ユニークな解説がある。さらに五教、華厳の教主、同別二教、修行依身、一乗三乗異事、法華と華厳の一乗の相違、法相師の立量と三時教との関係など、一乗関係の事項が広く説かれている。〔所載〕正蔵72。　〔田村晃祐〕

華厳演義鈔纂釈【けごんえんぎしょうさんしゃく】[南]　三八巻。湛睿（一二七一—一三四六）撰。正和三—元応元（一三一四—一九）年ころ成立。しかし、その後も随時、おもに講義を通じて潤色されていったらしい。康永四（一三四五）年にも『華厳演義鈔四下纂釈』第四の講義と再潤色が行われているから、最終的な完成はこのころと推定される。別に『華厳経玄談纂釈』ともいう。中国華厳宗の澄観の『華厳経演義鈔』（実叉難陀訳『華厳経』に対する自分の注釈書『華厳経疏』にさらに注釈を加えたもの）の初めにある総論の部分の、難解な文句、あるいは重要な文句を取り出し、これに注釈を加えたもの。〔所載〕正蔵57。　〔木村清孝〕

華厳経探玄記珍袠【けごんぎょうたんげんきちんきゅう】[南]　巻数不詳（現存一五巻）。深励（一七四九—一八一七）記。天明五（一七八五）年ころ成立。別に『探玄録』ともいう。中国華厳宗の法蔵の『華厳経探玄記』を注釈したもの。現存の部分は、『探玄記』の巻二—四に対応する。全篇が漢文で、『探玄記』の巻二に対する三冊のみ「珍袠」と題されており、以後の分は「探玄録」と記される。〔所蔵〕写本を谷大蔵。　〔木村清孝〕

華厳経探玄記洞幽鈔【けごんきょうたんげんきどうゆうしょう】[南]　一二〇巻（現存四二巻）。凝然（一二四〇—一三二一）述。嘉元二—延慶二（一三〇四—〇九）年成立。別に『探玄記洞幽鈔』『華厳探玄記洞幽鈔』ともいう。中国華厳宗の法蔵の『華厳経探玄記』を注釈したもので、東大寺戒壇院において、実円の要請を受け、六年をかけて撰述されたといわれる。現存する部分は、『探玄記』の巻五―一三および巻一六―一九に対応する（ただし、一部は散佚している）。注釈の基本的特徴としては、とくに澄観の『華厳経疏』およびその復注である『演義鈔』によるところが大きいことが指摘される。〔所蔵〕直筆を東大寺図書館蔵。写本を谷大蔵。〔所載〕日蔵1、日蔵(鈴)1・2。
（木村清孝）

華厳経探玄記南紀録【けごんぎょうたんげんきなんきろく】南　五〇巻。芳英（一七六三―一八二八）記。享保二―文政二（一八〇二―一九）年成立。『南紀録』の表題は、芳英の『探玄記』の講義を聴いた秀存のノートが「南紀考」と題されていたところから『日蔵』の編纂時に命名されたもので、芳英自身は撰述の年時に即して『探玄記丁丑録』などと題している。本書は、凝然の学風を受け継ぎ、伝統的な宗義に則って華厳教学の大成者法蔵の『華厳経探玄記』を注釈したものであるが、その意図は、おもに同時代の先輩の鳳潭、普寂の学説を批判しつつ、澄観、宗密の権威を回復し、五祖説の正統性を確立することにあったと思われる。また本書には、普賢菩薩の実践の極みは他力往生の道にあるとするなど、浄土教者である著者の厳浄一致的な立場が垣間見られる。〔所蔵〕写本を大阪専称寺、谷大蔵。〔所載〕日蔵1・2、日蔵(鈴)2―5。
（木村清孝）

華厳経探玄記別撿【けごんぎょうたんげんきべっけん】南　一巻。鳳潭（一六五七〈五四・五九〉―一七三八）撰。成立年代不明。別に『華厳探玄記別撿』ともいう。中国華厳宗の法蔵の『華厳経探玄記』の初めから巻二の途中までの重要な字句を解釈したもの。後続する部分があったかどうかは未詳である。〔所蔵〕写本を谷大蔵。
（木村清孝）

華厳経探玄記発揮鈔【けごんぎょうたんげんきほっきしょう】南　九巻。普寂（一七〇七―八一）撰。安永二（一七七三）年成立。別に『華厳探玄記発揮鈔』ともいう。著者は浄土宗西山派に属するが、自由で合理的な学問的態度をもち、仏教諸学に通じた。華厳教学を大成した法蔵の主著『探玄記』（仏駄跋陀羅訳『華厳経』六〇巻に対する注釈書を注釈したもの。明和の初め（一七六四）から三縁山（東京増上寺）で行われた『探玄記』の講義のノートがその草稿らしい。全体は、⑴経疏の来由、⑵乗教の大旨、⑶蘖説を指擿す、⑶題号を略釈す、⑸文に随って別に解す、の五門から成り、第二門では澄観の解釈は智儼、法蔵の正統教学に背くとし、澄観が「頗る異義を設け」たために以後一乗の教えが変態、衰微していったと厳しく批判している。おもにこの点に基づき、本書は、伝統的立場においては排斥される。しかしそこに見られる注釈は総じて公正、綿密で、異本の校合も行われており、『探玄記』の解読にきわめて有益である。なお、本書の科段を示したものに、同著者による『華厳探玄記発揮鈔分科』一巻（『仏全』(鈴)6）がある。〔所載〕仏全8、仏全(鈴)6。〔参考〕華厳経（六〇巻本）、華厳経探玄記、華厳探玄記発揮鈔分科。
（木村清孝）

華厳経普賢行願讃諸訳互証考【けごんぎょうふげんぎょうがんさんしょやくごしょうこう】南　一巻。慈雲（一七一八―一八〇四）述。成立年代不明。明和二（一七六五）年ころか。「普賢行願讃」の梵文を挙げ、これに不空（七〇五―七四）訳『普賢行願讃』、ほかに二本の訳文を対照させ、処々に『探玄記』等を引いて訳語を考証し、自らの訳文も付したもの。『普賢行願讃』の梵文は慈雲の梵文学研究に端緒を与えたものである。
（小島岱山）

華厳経普賢行願品簡注【けごんぎょうふげんぎょうがんぼんけんちゅう】南　三巻。空性（生没年不詳）撰。一七世紀後半に成立したと推定される。詳しくは『科別行華厳経普賢行願品簡註』。江戸初期の高野山の学僧であった空性が、『四十巻華厳経』の中の「別行普賢行願品」に注解したもの。『玄談』と華厳宗五教建立綱領と解釈とからなる。真言密教の立場から『華厳経』を注釈したことが注目される。〔所載〕日蔵(鈴)5。
（小島岱山）

華厳経品釈【けごんぎょうほんしゃく】南　一巻。凝然（一二四〇―一三二一）撰。徳治二（一三〇八）年成立。『六十巻華厳経』三四品の組織・内容を平易に略述したもの。各品について、来意・釈題目・入文解釈の三方面より論述がなされている。『探玄記』等の注釈書に基づくのではなく、『華厳経』の本文に随って経旨を明らかにしようとしたことが斬新な点である。〔所載〕日蔵(鈴)1。
（小島岱山）

華厳孔目十地章略箋【けごんくもくじゅうじしょうりゃくせん】南　一巻。賢道（生没年不詳）撰。安永四（一七七五）年ころ成立。智儼（六〇二―六八）の『孔目章』中の「十地品十地章」を詳細に論述したもの。天台の教理が引用されたり、特に、「十地品」を金胎両部の曼荼羅に一致させて十地曼荼羅の意味を示そうとするなど、釈相に特色がある。〔所載〕仏全(鈴)36。
（小島岱山）

華厳孔目章抄【けごんくもくしょうしょう】南　八巻。尊玄（生没年不詳）述。建久元―建保六（一一九〇―一二一八）年成立。『孔目章尊玄抄』または『孔目章問答抄』ともいう。『孔目章』の各段において、疑問を提起し、『華厳経』『探玄記』、その他、各疏鈔文の釈を引用して、問答決択したもの。『孔目章』に対するわが日本における最初の本格的注釈の書である。後世、たとえば東大寺の宗性、凝然なども本抄の影響を強く受けている。現存の本抄が完成されるまでには長年月を要したらしく、本抄第四巻抄下の奥書には「去建久元（一一九〇）年之比被始行毎月講之間」とあり、また第四巻抄上の滅尽章釈の中には「建保六（一二一八）年六月十一日」と記されている。本抄第二巻抄上の奥書に「以今此円経結縁之事、必値弥勒出世、列三会之聴衆耳」

とあり、また第四巻抄下には「仰願以今此結縁之功徳、必為順次往生之因矣」とあり、著者の兜率願生の思想と西方願生の思想とが、この抄書の根底を貫いていることに注目すべきである。原本の一部分を取り上げてそれに対して尊玄が新たに付加した題目を記すと「安住地分五怖畏章」「十怖畏章」「第九地十一種稠林義章」「生稠林章」「十明品十明章」「釈四十五知識文中意章」「融会三乗決顕明一乗之妙趣」となる。これらは、当時の南都北嶺における学府の研究方法に依ったものであろうが、苦心のあとをうかがうことができる。特に天台と華厳との相違点と類似点とを論じた「融会一乗義章」は注目に値する。〔所載〕仏全鈴35、日蔵鈴72。〔小島岱山〕

華厳孔目章発悟記【けごんくもくしょうほつごき】南 二三巻（内第二一、二二、二三巻欠）。凝然（一二四〇—一三二一）述。弘安九—一〇（一二八六—八七）年成立。『孔目章』の詳細な注釈書で、『孔目章』の研究にあたってはぜひとも参照せねばならぬ書である。凝然が四七歳、四八歳の時の講述であって、その才気と博覧強記ぶりをうかがうことができる。尊玄の『華厳孔目章抄』を受けついだものともいわれる。注釈の章は次のとおりである。「総料簡章」「教義分斉章」「一乗三乗章」「転法輪章」「五海章」「十世界章」「因果章」「礼仏儀式章」「十号章」「四生章」「十種浄土章」「四諦章」「業成就章」「五陰章」「十八界章」「十二処章」「唯識章」。このうち最も力が注がれているのは「唯識章」であり、特に阿頼耶識の存在の論証には多くの紙数を割いている。次に分量が多いのは「因果章」で、因果の道理、初教の四縁、生因引因、種子の問題等を論じている。また、「一乗三乗章」も重要視され、特に円教の位と行の所得の益の注釈には二巻を割いている。法蔵・澄観の説を中心に引用・解釈がなされており、その意味では、いわゆる正統華厳の伝統を受けついでいると判断できるが、凝然自身の解釈の部分が少なく、ある意味では独創性の乏しい書ともいえよう。〔所載〕仏全鈴36、日蔵鈴72。〔小島岱山〕

華厳孔目唯識章弁義【けごんくもくゆいしきしょうべんぎ】南 一巻。経歴（一七四〇—一八一〇）。智儼の『華厳孔目章』巻一の「明難品初立唯識章」への解説である。「唯識章」は、法相宗の八識説などを立てながら、究極的には如来蔵に帰することを十門に分って説く。本書は、この考えを同教一乗の立場を示すものと見、大略弁意と入文弁義とに分けて考察する。大略弁意をさらに初述大略と料簡とに分けて概説し、入文弁義は、「唯識章」の十門を最初から解説していくが、第五建立の途中までで終っている。〔所載〕仏全7。〔田村晃祐〕

華厳玄玄海篙測【けごんげんげんかいこうじき】南 一巻。普寂（一七〇七—一八一）撰。安永三（一七七四）年成立。無相法界章、海印三昧章、教起因縁分、五周因果、文殊普賢法門主、同別一乗秘訣、一乗成仏秘訣、須弥山頂表法、大願普賢自体周遍法界、法慧功徳林等表法、十地是一切法本などの項目をあげて華厳の要義を解説したもの。〔所載〕仏全鈴36。〔小島岱山〕

華厳香水源記【けごんこうすいげんき】南 一巻。朗遊（生没年不詳）撰。永仁三（一二九五）年成立。第一五教義では五教の大綱を示し、第二心識義では五教における心識義を明かし、第三断惑義では惑の種類、断惑の相状等を詳細に説明している。巻首において、華厳宗の宗旨は五教一〇宗であると明言している。華厳宗の宗旨の特徴を知るには便利な書である。〔所載〕日蔵鈴75。〔小島岱山〕

華厳五教建立次第【けごんごきょうこんりゅうしだい】南 一巻。凝然（一二四〇—一三二一）述。成立年代不明。華厳の五教判を最高位に置いて、天台の四教、法相の三時教、三論の二蔵三転法輪などを批判したもの。しかしながら法蔵（六四三—七一二）や澄観（七三八—八三九）においてなされている論述の範囲を出ていない。〔所載〕仏全鈴36。〔小島岱山〕

華厳五教章衍秘鈔【けごんごきょうしょうえんぴしょう】南 五巻。普寂（一七〇七—八一）述。宝暦一三（一七六三）年成立。略して『衍秘』ともいう。法蔵の『五教章』を科判して随文解釈したもの。七門から成る。すなわち一に本経の大旨を叙し、二に乗教の分斉を弁じ、三に今経の伝持を明かし、四に今宗の糵説を除き、五に今章の由来を出し、六に略して題名を釈し、七に随文作釈である。本書において彼はいくつかの異色ある学説を展開している。たとえば、一乗を能同とし三乗を所同とする同教論を斥け、同教を円教に属せしめない。『法華経』において同教の立場を見るのではなく、小始終頓がすなわち華厳の同教であるとする。したがって普寂にあっては同教一乗は義あって教なきものとなる。小始終頓のほかに別に同教一乗の教説が存することはないとしている。同教は円教たる別教一乗と小始終頓の三乗との中間に位するが、それは義としては円教に属し教としては三乗のほかではないことになり、同教は一乗建立の体系的意味を失って、むしろ三乗的意味によってのみとらえられることになる。『法華経』『涅槃経』の摂末帰本あるいは会三帰一の立場は普寂にあっては教説としては終教であるが、根本たる華厳の別教一乗に融同する意味において同教一乗と名づけられるものであって、別に同教一乗としての宗教を立するものではない。また、華厳の教主をもって行境の十仏と断じ、解境の十仏説を排している点などが従来の華厳の宗義と異なるところである。〔所載〕正蔵73。〔小島岱山〕

華厳五教章匡真鈔【けごんごきょうしょうきょうしんしょう】南 一〇巻。鳳潭（一六五七〈五四・五九〉—一七三八）述。宝永四（一七〇七）年成立。法蔵の『五教章』の注釈書である。鳳潭は澄観、宗密の立場を排斥して智儼、法蔵の立場を闡明せんとしているが、かえって天台教学と混同して性起と性具とを同一視し、また、同別二教においてもこれを『法華経』と『華厳経』とに配しながらも両者を全く同位のものとしている。彼にあっては同別二教の根本的分判に触れるところがなく、むしろ同別は直ちに一つであるとの見解を持ち、そのため法蔵における同別論の批判的並びに体系的意味を無視する結果となった。五教判においては、宗密の『円覚経』をもって一乗頓教、別教一乗とする説や、澄観の後三一乗の説を独断と臆見であると斥けている。特に頓教論においては、澄観の慧苑に対する論駁の弱点を指摘し、かつ澄観、宗密の禅は皆知解に堕するものとして批判している。また、六相説においても、澄観の一心をもって総となし本となして、衆生と仏とを別とする主張を斥け、天台の妄心観の立場に立っている。すなわち総を一念、別を色心とし現前一念の介爾の心に能く諸法を見することを理総と名づけ、能く諸法を造ることを事総と名づけ、所見の諸法は理別、所造の諸法は事別であって、この二重の総別は混乱することはないとしている。このような本書の独創的見解は当時の学界にも大きな影響を与えた。本書に対する本格的研究が待たれるところである。〔所載〕正蔵73。

〔小島岱山〕

華厳五教章見聞鈔【けごんごきょうしょうけんもんしょう】南 八巻。性通霊波（一二九九?—一三七七）述。建武元（一三三四）年成立。『金沢見聞』『霊波見聞』とも称せられる。法蔵の『五教章』を問答料簡の体裁で疏釈したものである。全巻通じて六三七の問答決択がなされている。湛睿の教学を継いだもので東大寺正脈の軌轍を伝えている書といえよう。教判論に見るべき点がある。すなわち、同教の体大は理に約し、相大は智に約し、用大は世出世間一切の善であるといい、別教の体大は理智無二、相大は本自ら用大を具足する意味であり、その用大とは機に約する業用であるといっている。これは三大において同別二教の立場を区別するものである。また五教の建立についても正しくは起信論を所拠とすべきを説き、法蔵が法について教を分つといい理に約して宗を開くというのはすなわち真如の理を法といい理と指せるものであると主張している。終教については不空と事理平等の二門を解し、頓教には払迹理顕と直顕真性との二義を開き、払迹と事理平等とを対すれば頓浅終深であるが不空と直顕とを対すれば終浅頓深であるとして、法蔵と澄観との一〇宗の列次における終頓の前後を会通している。因門六義についても、因の義は三性にはなく三性は縁起所生の果を説くものと主張している。すなわち遍計は無法、円成は常法住法であってともに因の意味はなく、依他は縁起の果であるからまた、因の意味はないといっている。〔所載〕正蔵73。

〔小島岱山〕

華厳五教章指事【けごんごきょうしょうしじ】南 三巻。寿霊（奈良時代、生没年不詳）述。成立年代不明（奈良朝末）。法蔵の『五教章』を随文解釈したもの。中国、韓国、日本を通じて華厳教学史上、最古の注釈書である。『指事記』とも称す。澄観の影響を受けず、法蔵の教学への忠実なる理解が中心ではあるが慧苑の学説をも時には依用しているところが注目される点である。慧苑が法蔵の五教は智顗の四教の体系に頓教を挿入したものであるということについては寿霊もこれを認容するごとく思われる。法蔵の五教もこの四教に影似して名義やや異なるものとし、かえってこの四を本として五教を似立するといっている。しかし慧苑が頓教は所詮の理そのものであって能詮の教はないという非難に対しては、あくまでも法蔵の立場を主張し、衆生をして開解を生ぜしむるを名づけて教とするが故に名字即空にして頓に理性を顕わして開覚を生ぜしむるは即ち教といわねばならぬと反駁している。また、当時の法相教学への批判が見られる点も注目できよう。すなわち、『解深密経』は、成仏不成仏門により判ずれば始教に属し、空不空門において論ずれば終教に属するとし、さらに華厳一乗と深密大乗との立場を十義によって区別している。また、さらに本書は天台教学への関心を示しているところが特異である。法蔵にあっても天台への融和的態度は明らかであったが、寿霊にあっては当時の鑑真門流の天台教学を顧慮したものと思われる。〔所載〕正蔵72、仏全鈴33。

〔小島岱山〕

華厳五教章深意鈔【けごんごきょうしょうじんいしょう】南 一〇巻。聖詮（生没年不詳）述。正治元（一一九九）年成立。法蔵の『五教章』の中、中巻の義理分斉四門の中の三性同異義、六義為因縁起の二門、および下巻の所詮差別十門の中の所依心識を除き明仏種性以下仏身開合に至る九門を、広く問答料簡を設け、列祖の疏釈を引用してその深意を釈顕したものである。本書は、多くの稀覯の佚文を伝えている点でも貴重な書であり、また、巻一に当時撰述間もない高弁の『金師子章光顕抄』巻上の一文を引用している点なども注目されよう。巻第一は三性義と種子義、第二は種性義、第三は行位章、第四は時分義及び所依身、第五・六・七の三巻は断惑章、第八巻は廻心義、第九巻は仏果義、第一〇は摂化分斉、および仏身開合を明かしている。注釈的態度としては、慧苑、文超、澄観、宗密の学説が多く参照されており復古記も用いられている。注目すべき見解としては、「普賢行願品」にこの願王を捨離せずして一切時においてその前に引導し一刹那の中に極楽世界に往生するを得て阿弥陀仏を見ると説ける一節について、彼は一代聖教中この経文は殊勝であると言い、澄観の解釈を通じて阿弥陀を本師とすることを『楞伽経』の上に証し、「すでに此の如きの機縁あり大師豈に薄地の凡夫順次に往生を許さずと釈せんや」と述べ、真言教中にまたこの心ありと言っている点である。華厳教学の中に往生思想並びに真言の立場に触れるものが瞥見される。〔所載〕正蔵73。

〔小島岱山〕

華厳五教章帳秘録【けごんごきょうしょうちょうひろく】南 五巻。戒定（生没年不詳）述。江戸後期成立。法蔵の『五教章』を注解したもので、もっぱら澄観までの四祖を尊崇して異義の矯正に努めている。始めに凡例を掲げ、次に本文を随文解釈している。凡例に注目すべき見解が存し今その二、三例を掲げてみよう。一、日本の古徳が法華において多同少別の義を分別して法華円教の義を許すことは本章建立乗の趣意を謬解するもので、智儼、法蔵、澄観の旨に違うものである。一、華厳研究の用意としてはまず新旧華厳経を読み次に杜順、智儼、法蔵の著書を読み、しかる後に『通路記』『纂釈』及び諸写本の和刻本を読めば過誤がすくない。澄観の『玄談』及び『大疏鈔』を用いることはもちろんである。一、鳳潭が天台に依るが故に自教を乱す妄論と澄観を罵る説を受け入れることはできないが、三乗性相の法義をのべる点など一助とすべきものがないでもない。一、杜順の著といわれる『五教止観』は杜順作にあらずして、智儼作とすべきである。一、智儼は『捜玄記』を作る時、光統の頓漸円の三教を開いて五教とし、後に『孔目章』『五十要問答』を作る時、化法について五教となす、法蔵は彼の五教を承け化儀の三教を除いた。智儼の五教および同別の判は経意において法蔵と同じではあるが所明はやや異なっている。戒定は真言宗の人であるので、その解釈に真言義を加味するところがあり、その点は注意すべきであろう。　〔小島岱山〕

華厳五教章不審【けごんごきょうしょうふしん】[南]　二〇巻。実英（一五五〇―一六三七?）述。慶長一七―寛永一四（一六〇九―三七）年成立。法蔵の『五教章』三巻の中の上下二巻を、実英が講義するに際し用いた稿本である。多くは湛睿の『纂釈』、審乗の『問答抄』、聖禅の『略文義』等によって解釈している。注釈上の注意点をあげれば、果分不可説を超越して別に総依たる一心の法体を立つべきかを挙げ、果分不可説すなわちこれ所依の一心であるという。同教論においては会昔今成と彰今異昔との二義により、五教についても専ら真如法性隠顕の義によって建立するとし、したがって『起信論』は五教総含の論であるという。また、その行位説において円教の十信は二義に通ずるとの審乗の説を解説して、終教に寄せて行位の不同を分つ時は十信を行にして位にあらずと見るも、十信終心作仏得果に約する時は十信また、位を成ずべきであるという。断惑説では一断一切断一成一切成を解するに、成仏は旧来本成を悟るが故に必ず一切衆生と同時作仏の知見を開くものであり、断惑は旧来本断を覚るが故に必ず一切衆生と同体普滅の断惑を成ずるものでなければならぬとする。一断一切断の意味は、一衆生において煩悩を断ずる時、一切衆生が煩悩を断ずるという意味と、一衆生において一の煩悩を断ずる時一切の煩悩を断ずるという意味とに区別されるが、「小相品」は後の意味であると見、しかも円融の意味においては両意はともに成立するという。〔所載〕正蔵73。　〔小島岱山〕

華厳五教章問答抄【けごんごきょうしょうもんどうしょう】[南]　一五巻。審乗（生没年不詳）述。正和二（一三一三）年成立。広く経論疏釈を引用しつつ、問答体をもって法蔵（六四三―七一二）の『華厳五教章』の旨趣を解説したもの。立論は簡潔で要領を得ており、引用の疏釈も適切であって、この種の抄物の中では最高峰に位置するものとされる。〔所載〕正蔵72。　〔小島岱山〕

華厳五十要問答加塵章【けごんごじゅうようもんどうけじんしょう】[南]　現存二巻（全巻数不明）。凝然（一二四〇―一三二一）述。元応三（一三二一）年成立。智儼（六〇二―六八）の『五十要問答』を一字一句詳細に解説したもの。凝然の没する年の大著で、彼の華厳学におけるあらゆる知識が導入され、専門的で詳細な記述の書であり、凝然の思想や学問的姿勢を知る上に必読の書である。〔所載〕仏全鈴35、日蔵鈴72。　〔小島岱山〕

華厳旨帰採要抄【けごんしきさいようしょう】[南]　一巻。著者明記なし。貞和元―永徳二（一三四五―八二）年ころ成立。法蔵の『華厳経旨帰』の注釈書で、『旨帰』の一〇門中の説経処第一、演（説）経時第二、およびそれに先行する序文科節の三章のみ現存する。『旨帰』の要文を『探玄記』『演義鈔』『大疏』等を援用して注釈したものであるが、いささか簡明すぎるきらいがあり不明の点が多い。注目すべき点は湛睿の『演義鈔纂釈』を引用していることである。〔所載〕仏全鈴36。　〔小泉春明〕

華厳宗一乗開心論【けごんしゅういちじょうかいしんろん】[南]　六巻。普幾（普機とも書く。生没年不詳）撰。天長七（八三〇）年成立。別に『一乗開心論』『華厳一乗開心論』『華厳開心論』ともいう。本書は、天長勅撰のいわゆる六本宗書のひとつであり、華厳宗の教義の綱要をのべたもの。普幾は、華厳教学のみならず唯識や因明（論理学）にも通じた長歳の弟子で、「追って前師の遺風を悲（あわれ）み、顧みて後学の迷道を歎き、総じて記して天皇の広智に聞こえん」ために、本書を著わしたという。しかし、残念ながら「巻下本一」の一巻が伝えられるにすぎない。

現存する「巻下本一」は、本論全体の第三章に当たり、「入一乗開心三昧門を明かす」部分である。著者は、それを明らかにするのに、(1)証成の道理、(2)聖言の道理の二つの方軌を立てる。このうち(1)は、円の内側に書き記される六〇の文字（所説華厳三昧門、無能信量、万法帰入、大士住処、国宝積集、心珠出現、更無異路、広大無尽、深極無二、自許仏説一切示現無有余故、猶如大海、定余所不摂）の意味を八十一比量によって論理学的に解明、提示しようとするもののようである。しかし、八十一比量の内容を記したと思われる「別記」も、またそれらの語の解釈中に言及される「中巻」や「下」も現存しないので、詳しくは知られない。ともあれここの主題が、「一大法身たる毘盧遮那の円智海蔵」において説かれた華厳三昧門が「余の一切の教の摂せざる所」の究極的教義であることを証明することにあることは間違いなかろう。⑵聖言の道理については、それは一千の義海門をもつが、しばらく観行者の心鏡となる十門を出す、といい、三種世間為一大法身門、十種本経為一華厳教門、三業礼仏儀式真似異門、諸教懺悔浅深知不知門、従微至著発菩提心階門、諸乗所持陀羅尼分円門、諸門入定寂用礙不礙門、入三昧門機非器簡持門、正入三昧観心理軌則門、諸宗仏相好広略麁細門の十門によっておもに実践的観点から華厳教学の特徴を他の諸思想とも比較しつつのべていこうとしている。しかし、現存する部分に含まれるのは、このうち初めの二門のみである。そのなかで、まず第一門の理解に関しては、三種世間がそのまま仏ととらえられていることが注目される。第二門は、『華厳経』には一〇種があることなどを説くもので、一〇種とは、異説経、同説経、普眼経、上本経、中本経、下本経、略本経、主伴経、眷属経、主伴経、円満経をいう。これは順序は変っているが、澄観の解釈を受け継ぎ、それをさらに敷衍したものである。

本書における引用は、きわめて多岐にわたる。しかし、華厳思想史という視点から見た場合、それが智儼―法蔵系のいわゆる正統華厳教学だけではなく、澄観によって排斥される慧苑の『刊定記』や『音義』をしばしば引用し、また独自の『華厳経』研究を行った李通玄の『新華厳経論』にもよっていること、および澄観の注釈は実際には参照し援用しながら、その名には言及していないことはとくに重要であろう。なぜなら、前者は平安初期の日本華厳宗が中国華厳宗の宗派意識の形成からまだ自由であったことを意味し、後者は澄観の評価が当時の日本では固まっていなかったことを示唆するからである。〔所載〕正蔵72、仏全13、仏全(鈴)36、日蔵38、日蔵(鈴)74。〔参考〕孔目章、新華厳経論、五教章、探玄記、華厳綱目、華厳経伝記、刊定記、華厳経疏など。　〔木村清孝〕

華厳十重唯識円鑑記【けごんじゅうじゅうゆいしきえんかんき】[南]　二巻（上巻欠）。凝然（一二四〇—一三二一）述。正応五（一二九二）年成立。法蔵の『探玄記』の十重唯識の文により、唯識を華厳教学内の教理として理解する態度を示し、法相宗学から独立したものとして位置づけている。現存する下巻は十重唯識中の第五摂相帰性唯識以下六唯識について慧遠や澄観の説を引用しつつ注釈する。凝然の十重唯識三部作のひとつである。〔所載〕仏全(鈴)36、日蔵(鈴)75。　〔小泉春明〕

華厳十重唯識瓊鑑章【けごんじゅうじゅうゆいしきぎょうかんしょう】[南]　一巻。凝然（一二四〇—一三二一）述。正応五（一二九二）年成立。『円鑑記』『瑺鑑記』とともに十重唯識三部作のひとつである。『瑺鑑記』奥書によれば、『瑺鑑記』を広記とし、同書を略章として「義括二大宗一」とある。十重唯識を華厳の土壌において理解することにつとめた凝然の十重唯識概論ともいうべきものである。〔所載〕仏全(鈴)36、日蔵(鈴)75。——→十重唯識瑺鑑記　〔小泉春明〕

華厳十重唯識瑺鑑記【けごんじゅうじゅうゆいしきじょうかんき】[南]　七巻（第三・六巻欠）。凝然（一二四〇—一三二一）述。正応五（一二九二）年成立。凝然の十重唯識三部作の中心であり、奥書に「具尽二旨帰一」とあるように『探玄記』を根底としてそれを注釈する形式は踏襲されているが、問答体をもちいて唯識・唯心思想を客観的に総括しており、凝然の唯識思想と華厳教学の交渉についての理解を知るうえで重要なものである。〔所載〕仏全(鈴)36、日蔵(鈴)75。〔小泉春明〕

華厳宗種性義抄【けごんしゅうしゅしょうぎしょう】[南]　一巻。親円（生没年不詳）撰。寛仁三（一〇一九）年二月成立。法蔵の『五教章』の第九（一〇）章所詮差別門のうち第二種性差別門により、華厳宗の種性義を論じている。同門の心識差別と同様、種性についても五教各別であるとし、次に五教所立の種性を説明し、種性と種子の異同を論じる。かくて華厳円教の成仏が初発心時便成正覚であることが強調されている。〔所載〕正蔵(鈴)72、日蔵(鈴)73。　〔小泉春明〕

華厳宗章疏並因明録【けごんしゅうしょうしょならびにいんみょうろく】[南]　一巻。円超（生没年不詳）撰。延喜一四（九一四）年四月成立。諸宗の経典論書の散佚、秘蔵による弊を防ぐため、醍醐天皇の勅を奉じ南都六宗等の碩学が撰述し奉進した『五宗録』（玄日『天台宗章疏』、安遠『三論宗章疏』、平祚『法相宗章疏』、栄穏『律宗章疏』、円超の本書）のひとつである。〔所載〕正蔵55。　〔小泉春明〕

華厳宗要義【けごんしゅうようぎ】[南]　一巻。凝然（一二四〇—一三二一）述。正和三（一三一四）年成立。凝然の主著『法界義鏡』の略抄ともいうべきもので、華厳の要義が、⑴敬宗大意、⑵教宗名義、⑶立教開宗、⑷一乗三乗、⑸所立法義、⑹本経次第、⑺修証行相、⑻諸雑法門、⑼章疏分量、⑽祖承弘伝の一〇門に分けてのべられている。なかんずく、⑴が全体の三分の一を占めることからも、平明簡易に華厳を説こうとする意図がうかがわれる。〔所載〕正蔵72、仏全(鈴)36、日蔵(鈴)75。　〔小泉春明〕

華厳修禅観照入解脱門義【けごんしゅぜんかんしょうにゅうげだつもんぎ】[南]　二巻。高弁（一一七三—一二三二）述。承久二（一二二〇）年九月三〇日成立。本書は五位の法門（修道上の位を五段に分かつ。大乗によれば資糧位、加行位、通達位、修習位、究竟位）を一念に総括し、十仏の境界（『華厳孔目章』には二種の十仏を説く、⑴解境の十仏、衆生身、国土身、業報身、声聞身、辟支仏身、菩薩身、如来身、智身、法身、虚空身。⑵行境の十仏、正覚仏、願仏、業報仏、住持仏、化仏、法界仏、心仏、三昧仏、性仏、如意仏）を一観に融し、転輪の事を十方世界に聞く秘術として、修禅観照によって解脱門に入ることを示した華厳の実修観行門における要義を示したものである。

最初にまず次のような図を示している。そして次に二章に分かってこれを解説している。まず第一には、総じて一乗の発心を勧進するとして、初めに五位の修行の楷位を挙げて進修証入の道を示すが、

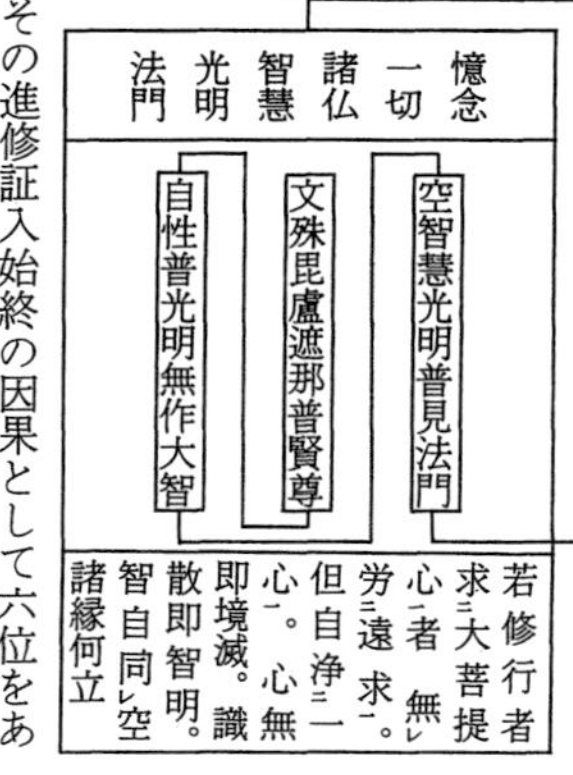

その進修証入始終の因果として六位をあげている。すなわち、十信、十住、十行、十廻向、十地、仏果である。そしてこれについて解説をしている。そしてのちに、仏光の表相を出して因果同体の信を勧めている。また第二においては、正しく印図に従って文義を釈すとして、初めにこの図の大意を標して、五段四対の法門を建て、のちにこれに応じて文義を別釈し、定散用心門と正修観照門に分かっていわゆる五段の詳説をなしている。五段の法門とは、前図における中央の縦の三行と、上下に横の二段ある合計の五段についてのことであり、また四対とは、一に能成所成の対、二に能生所生の対、三に能入所入の対、四に総別教義の対をいう。

本書において注意しなければならない点は、従来の教学本位の華厳宗に対抗して、とくに実修観行に重きをおき、実践本位の学風を興した高弁の態度がもっともよく表われていることであろう。このことは、華厳の教学において善美を尽くせる賢首、清涼等の祖師の指南によらずして、傍系であるところのとくに李通玄の解釈に随って、先述の観行の図印を立てたことが指摘されている（『仏解』3）。高弁の学風を知ることができる。〔向井隆健〕

華厳信種義【けごんしんしゅぎ】南　一巻。高弁（一一七三—一二三二）述。承久三（一二二一）年成立。『華厳経』に説かれる十信について解釈をする。惣別の二門の立場より、まず惣において、初めに仏光の表相を出して因果同体の信を勧め、次に信の行相として一〇種の信を挙げて修を勧め、更に別において、所信の境における信心を説き、次に十甚深法を示し能信の信心は堅固であることを説く。最後に円信の義を釈す。〔向井隆健〕

華厳祖師絵伝【けごんそしえでん】南　六巻。著者明記なし。成立年代不明。新羅の学僧義湘、元暁の二人が求法のため入唐を志したその顚末をえがいたもの。絵の筆者は寺伝には、鳥羽僧正覚猷といい、あるいは藤原信実ともいうが定説はない。色調の特色としては黄朱を多くもちい、異国情趣を巧妙に表現している。本書は原本に題簽がなく、一般には『華厳縁起』といい、寺伝により『華厳祖師絵伝』というのである。現存六巻はいずれの時代にか前三巻を義湘、後三巻を元暁としたものでり、寺伝とは次第が異なることが指摘されている（『仏解』3）。また本書は必ずしも記伝的構成をなすものではなく、部分的説話をもって紀年的記事を省略している。すなわち義湘伝においては、かれが唐に赴き求法中、善妙なる女性に恋慕されてしまったが、やがて彼女を発心させて義湘の大信者となす。のち新羅に帰って華厳大教弘通をなし、浮石大師と名づけられたとする。また元暁伝には、義湘とともに出発し、国境にいたり大雨にあい、前進できなくなった。仕方なく付近の岩窟内に宿ったところ、前夜は安息所と思ったので熟睡できたが、二晩目はこの岩窟が死人置場であることを知り、悪夢に襲われ熟睡できなかった。これによって始めて心のほかに法なしと悟り、義湘と別れて本国に帰り、もっぱら思索研究にふけり華厳の大旨をさぐった。元暁の名、唐にまで聞えたという。高山寺古写本題跋備考には明恵高弁とあるが喜海撰とみる説もある。〔向井隆健〕

華厳通関【けごんつうかん】浄　一巻。定仙（一七七〇—一八四五ごろ）撰。弘化二（一八四五）年成立。宋の復庵著『華厳綸貫』にならい、華厳の思想によって浄土宗の教義を概説したもので、『綸貫』は円極の理を示すのに対し、本書は事理双行を説いて、通過する関門の同じでないことを示すところに特徴があり、法界一行念仏三昧に帰入すべきことを強調した、弟子などに対する遺訓のごときものである。〔所載〕浄全続15、仏全鈴44。〔伊藤教宣〕

華厳手鏡三十条【けごんてかがみさんじゅうじょう】南　一巻。盛誉（一二七三—一三六二）抄。暦応二（一三三九）年成立。盛誉は、凝然の秘蔵の弟子で十重唯識の三部作を付属された禅爾の弟子で、久米田寺系華厳を継ぎ、『大疏鈔玄談義解』等の著述がある。本書は外題のとおり、(1)華厳教主、(2)同教海印、(3)性海説不、(4)廻心同教、(5)二乗入不、(6)同別浅深、(7)三生別教、(8)三生隔不、(9)現身成仏、(10)竜女同別、(11)正覚因果、(12)不説変易、(13)恒説普門、(14)華厳初時、(15)分身有無、(16)久遠同不、(17)本懐華厳、(18)仏慧根本、(19)別位通局、(20)華厳海空、(21)願満成仏、(22)同時説不、(23)世体有無、(24)染浄性起、(25)普光明智、(26)心仏衆生、(27)貪瞋即道、(28)非常成仏、(29)直開恒説、(30)一断悉成、という三〇の華厳教学上の基本的な問題を提起して、これを法蔵—澄観の正統華厳思想の立場から解説を加えていったものである。全体的に天台教学に対する関心が強く、(2)では法蔵の説を引き、華厳の同教の法華の同教に対する優越を論じ、(16)では澄観の説を引き、本迹二門の思想から『華厳経』が迹門につけば久遠成道かつ始成正覚であるとして、『華厳経』には釈迦の久遠成道が説かれていないとする説を否定し、(19)では『華厳経』を別円兼含教と評する智顗の説を、澄観の説を引き『華厳経』が行布円融二互相摂という立場をとるとして論破するなどが特色である。〔所載〕仏全鈴36。〔参考〕本朝高僧伝、高峯了州・華厳思想史。〔小泉春明〕

華厳仏光三昧観秘宝蔵【けごんぶっこうざんまいかんひほうぞう】南　二巻。高弁（一一七三—一二三二）述。承久三（一二二一）年成立。別名『華厳仏光三昧観』ともいう。本書は仏光三昧観に入る秘要を示したもので、全篇を三科に分け、第一科には三昧の秘要は一乗の勝行を修するにあることをのべ、次に第二科には宗家三論のうち、五章の正文を挙げ、第

三科には修観に関する行者の心得を教証理証をもってのべている。〔向井隆健〕

華厳仏光三昧観冥感伝【けごんぶっこうざんまいかんめいかんでん】南　一巻。高弁（一一七三―一二三二）撰。承久三（一二二一）年成立。別名『仏光観冥感伝』ともいう。本書は『華厳仏光三昧観秘宝蔵』の一章を別記したもの。華厳仏光三昧観によって感得した好相や、この観法の相承ならびに感得の事由を記したもの。承久二年夏百余日仏光三昧を修し、初夜に感見した好相や、承久三年六月の好相、夢相、一〇月の夢相などをのべる。〔向井隆健〕

華厳法界義鏡【けごんほっかいぎきょう】南　二巻。凝然（一二四〇―一三二一）述。永仁三（一二九五）年成立。別に『法界義鏡』『華厳宗要』ともいう。上綱の聖忠の命によって東大寺戒壇院において執筆されたもので、華厳教学の綱要書。脱稿後間もなく、甥の実円に書写して与えられている。『華厳宗要義』一巻（一三一四年成立）は、本書の要略本とでも称すべきものである。

本書は、(1)教興意致、(2)弁釈名字、(3)出其体性、(4)顕示行相、(5)観行状貌、(6)立教開宗、(7)本経説相、(8)修証次第、(9)所憑典籍、(10)宗緒相承の一〇章から成る。まず、(1)は『華厳経』の教えが興された意図を明らかにするもので、華厳の法門は不可思議の一真法界で、如来がこの教えを説くのはこの真実の世界に衆生を悟入させるためである、という。一真法界を鍵概念としていることが注目される。次に(2)は、その法界の区別とそれぞれの性格を論ずるものである。すなわち、法界は大きく事法界、理法界、無障礙法界の三種に分けられるが、無障礙法界はさらに事理無礙法界と事事無礙法界に区別される。しかしひっきょう、この法界は不思議解脱の境界であり、真如真諦、仏性法性、中道実相、般若涅槃、唯識唯心、一実一諦、一乗一道、円覚無相、心地仏蔵などといわれるものも、この法界の法門の異名にすぎない、とされる。(3)は、法界の本質を問題とするもので、事と理の関係に即してその無礙円融が示される。(4)は、四法界のそれぞれの内実を明らかにするものである。ここではとくに、理法界以下の説明が杜順撰と伝えられる『法界観門』に大きく依存している点が注意される。(5)では、『華厳経』自体が瞑想の実践の書であり、究極的な瞑想の方法はそこに説き尽くされているとし、そのうえに立つ華厳宗の祖師たちの観法として、①法界観（『法界観門』）、②華厳三昧観（『五教止観』『遊心法界記』『華厳三昧章』）、③妄尽還源観（『妄尽還源観』）、④普賢観（『普賢観行』）、⑤唯識観（『探玄記』）、⑥華蔵世界観（『華蔵世界観』）、⑦三聖円融観（『三聖円融観』）、⑧華厳心要観（『華厳心要観』）、⑨五蘊観（『五蘊観』）、⑩十二因縁観（『十二因縁観』）の一〇種が挙げられる。このうち、⑦と⑤については、精要な観門としてさらに詳しく説明されている。(6)は、華厳宗の五教・十宗の教判の概観である。(7)では、『華厳経』の全体の構想がおもに澄観によりながら解説される。(8)は、修行の進展についてのべるもので、一乗の実践はすべて行布・円融の二門より成るとされる。(9)では、華厳宗がよりどころとする典籍が列挙される。このなかには、義湘の『一乗法界図』一巻、元暁の『華厳経疏』一〇巻（散佚）など、朝鮮仏教の文献も数篇含まれている。最後に(10)は、華厳宗の伝統を明らかにするもので、中国の五祖のほか、新羅の義湘や、澄観によって異端とされた慧苑にも言及され、また道璿以後の日本の伝統について詳しく記されている。〔所載〕仏全13、仏全鈴36、日蔵38、日蔵鈴75。〔参考〕法界観門、華厳五教章、華厳経探玄記、華厳経疏、演義鈔、華厳宗要義など。〔木村清孝〕

華厳法界玄玄章【けごんほっかいげんげんしょう】南　一巻。普寂（一七〇七―八一）撰。安永三（一七七四）年成立。法蔵の『探玄記』を指南として『華厳経』の第一会世間浄眼品から第七会離世間品までを教起因縁分、挙果観楽生分、修因契果生解分、託法進趣成行分、依人入証成徳分の五項に分けて、信解行証の要点を解説する。如来蔵心の果体が盧舎那であり、普賢行の因も如来性起の果も同じ如来蔵心の因果として性起論をとらえる。〔所載〕仏全鈴36。〔小泉春明〕

華厳唯心義【けごんゆいしんぎ】南　二巻。高弁（一一七三―一二三二）述。建仁元（一二〇一）年二月二四日成立。別名『華厳唯心義釈』ともいう。本書は上下二巻に分かれ、上巻には『華厳経』の「夜摩天宮雲集説偈品」に説かれる有名な一節、如来林菩薩の偈「心の如く仏また爾なり。仏の如く衆生然なり。心と仏と及び衆生とこの三は差別無し」等の四頌について解釈するが、その内容は、一頌ごとに和文をもって平易にかつ懇切丁寧に解説され、真如随熏の道理を示している。また下巻には、上巻で説いたところの真如随熏の義に対する世人の誤解や邪執について、問答体で破斥しているのである。そして、真如と無明との関係について、真前妄後、無明無始、忽然念起、真如不変、仏果随流等の教学上の要義を挙げて評釈していることは注目に値する。元来、本書は高徳の聞え高い高弁が遊行中に止宿したところの有縁の信者の家において、婦女子を対機（相手）として説かれたものである。したがってその内容は、一乗甚深の要旨をきわめて平易に解説されたものであり、たいへん貴重なものである。〔向井隆健〕

華蔵考記【けぞうこうき】浄真　三巻。慧然（一六九三―一七六四）誌。成立年代不明。慧然は大谷派の第二代講師で、初代講師恵空の高弟。華蔵は著者の号。本書は宗内の異安心の起源や教義の要点などをまとめた随筆集であり、天の巻には如来の大悲を、地の巻には自力他力の別を、人の巻には信心を、それぞれ中心のテーマとして、神道、儒教および仏教内の他宗の見解を参照しつつ、真宗のすぐれた点を明らかにし、おのずから仏教概論の役も果たしている。〔所載〕真宗全56。〔田中教照〕

血脈類聚記【けちみゃくるいじゅうき】真　一三巻。元瑜（一二二八―一三一九）記、印融（一四三五―一五一九）補記。空海以後鎌倉時代（永仁四年）に至るまで二七四人の付法血脈を示している。また入壇の時、場所、職位、略歴、潅頂の諸記録も記されており、史料的価値もある。作者について第一巻末尾に安祥寺血脈を基に元瑜が抄記した旨あり、次に印融が文明年間に不足分を調べ補記した奥書により冒頭のごとくした。〔所載〕真全9。　〔布施浄慧〕

決権実義【けつごんじつぎ】日　一巻。本有日相（一六八八―一七五六）。寛保元（一七四一）年刊行。越中の真宗の僧義教が元文三（一七三八）年に『浄土真宗論客編』を著して日題の『閑邪陳善記』を破した。そこで日相が義教に反駁を加えたのが本書で、権実論による爾前無得道を論じている。刊本を立大蔵。　〔宮川了篤〕

決権実論【けつごんじつろん】因　一巻。最澄（七六六―八二二）撰。弘仁九―一二（八一八―二一）年成立。最澄は日本天台の宗祖。本書は最澄と徳一（七四九―没年不詳）との間のいわゆる権実論諍の一環として撰述されたもの。序文と本文に分れ、さらには本文は前後二段の二〇条から成っている。前段一〇条は「法華経に依って十問難を発す」ることに対する会釈と救難、後段一〇条は「三車の譬に依って十問難を発す」ることに対する同様の展開である。前段は『法華経』の文に照らして定性二乗の成仏の可能性に関して一〇個の問難を設け、後段は『法華経』譬喩品の三車譬の解釈に関して一〇個の経論を引用して、徳一が一権四実を立てるのに対し一実三権をもって難破するのである。本書には右のような論調のほかに、留意すべき事項が含まれている。たとえば、唐智周（六七八―七三三）の『法華玄賛摂釈』の伝来の消息の一端を伝え、また「若し大乗の中、権実を立てずんば歴劫と直道と何を以てか別異することを得ん。顕教と秘教と将に雑乱の失あるべし」と、顕秘二教の別についての見解がみられる。そして本文末尾に「大乗権実対弁盤節義序」にいう権実の義を引き、続いて「貞観十九年より権実大いに振い、実義将に隠れんとす」と、中国での権実に関する論諍の跡を紹介している。〔末注〕証真・決権実論抄。〔所載〕伝全2、日蔵（旧版）39。〔参考〕妙法蓮華経、照権実鏡、一乗義集、法華秀句。　〔多田孝正〕

決示三種悉地法【けつじさんしゅしつじほう】因　一巻。圓珍（八一四―九一）撰。貞観一五（八七三）年ころ。『決示三種悉地』『決三種悉地義』ともいう。本書は、『教示両部秘要義』とならんで、最澄が順暁から伝えて以来、比叡山に伝わる三種悉地真言についてその典拠を求め、順暁の付法文、大唐東都山南天宮寺門楼柱上題、大日経悉地出現品、持誦法則品、金剛頂文殊五字品、五字陀羅尼誦等々を挙げている。台密の秘典として三種悉地を位置づける。〔所載〕伝全27、日蔵（天台宗密教章疏1）。　〔木内堯央〕

月舟和尚遺録【げっしゅうおしょういろく】曹　二巻。月舟宗胡（一六一八―九六）述。曹源滴水（一六六一―一七一七）編。滴水はこれを宝永二（一七〇五）年に刊行しているが、元禄一二（一六九九）年の卍山道白の序があるので、元禄九―一二（一六九六―九九）年までの成立と思われる。月舟は曹洞宗乗の混乱期であった江戸前期において、加賀大乗寺に住し、『瑩山清規』を刊行して門下に講述し、その履践につとめ、規矩大乗といわれ、宗内にひろく影響を及ぼし、宗乗復古の源流をなした人である。本書は編者が一二歳のころ、月舟に随侍してからその遷化にいたる二〇余年間の説法を潜かに記して、月舟没後、遺録としてまとめたものである。付記されている編者の「月舟老和尚行状」や後記によれば、月舟は平生の言行を記録することを許さず、もし筆記の跡をみれば、怒罵して焼却せしめたといわれ、現今その語録として伝わるものは、その業績に比してきわめてわずかである。本書の内容は上堂、対機、小仏事、真賛、偈頌から成る。「稽首永平真古仏。分明悟本再生身」と頌し、中国曹洞宗から日本曹洞宗にいたる正伝の仏法を強調し、「曹山五位旨訣」をはじめ、道元の『永平広録』『正法眼蔵』を提唱し、仏受用、仏威儀の現成を重んじて、綿密の宗風を挙揚し、江戸期宗乗復興の祖と評されているにふさわしい内容がうかがわれる。〔刊本〕駒大蔵。〔所載〕曹全（語録2）。〔参考〕月舟和尚夜話、月舟和尚遺録拾遺。　〔新井勝竜〕

決定往生集【けつじょうおうじょうしゅう】通　二巻。珍海（一〇九一〈八八・九三〉―一一五二）撰。奥書に「保延五年三月二十一日。病中抄畢」とあるから、保延五（一一三九）年に成立したとみることができる。本書はまず、冒頭で決定往生とは浄土教の宗旨であること、さまざまな経・論が浄土の道を開き、かつ愚かなる者も、智ある者もともに弥陀の行に従っていることをのべ、次いで浄土の文理を考尋し、疑いの心を除き、心を決定往生に定め、終焉に快く阿弥陀の来迎を期するために、この書が著わされたのだとしている。本書の構成は西方行者の必ず知っておくべき三事、さらに三事を一〇に分けた一〇門を示し、決定往生の道を解き明かしている。三事とは、(1)教文、(2)道理、(3)信心のことである。(1)教文では『称讃浄土経』『観無量寿経』『起信論』の文があげられている。(2)道理では衆生には本来的に出離できる分（資質）があるから必ず往生できる道理が、(3)信心では心に信受が生ずるなら決定といい、決定こそ信の相だ、と説いている。一〇門においては(1)依報決定、(2)正果決定、(3)昇道決定、(4)種子決定、(5)修因決定、(6)除障決定、(7)事縁決定、(8)弘誓決定、(9)摂取決定、(10)円満決定が説かれている。〔写本〕寛文五年刊（正大）、寛永七年刊（京大）。〔所載〕正蔵84、浄全15。――→三論玄疏文義要　〔由木義文〕

決定往生秘密義【けつじょうおうじょうひみつぎ】浄　一巻。源空（一一三三―一二一二）撰。成立年代不明。本書は念仏の衆生が親縁、近縁、増上縁の三縁の功徳により摂取不捨の益を蒙り、無漏宝国にいたることを問答体でもって記す。とくに臨終の一念を本有常住本覚如来とし、内証発心実相功徳とし、心是仏、心是極楽国といい、さらには煩悩罪障は本来清浄心であると説いて娑婆即宝国、凡夫即弥陀を臨終来迎であり、還本国であると説く。〔所載〕天台小部集（釈18）、法全、仏全24。　〔長谷川是修〕

月泉良印禅師喪記【げっせんりょういんぜんじそうき】曹　一巻。内題には『当寺二代和尚之葬記』とある。正法寺（岩手県）第二代月泉良印（一三一九—一四〇〇）の葬儀記録。正法寺所蔵の『正法眼蔵雑文』に所収。〔所載〕続曹全（清規）。—→喪記集　〔松田文雄〕

月庵和尚語録【げったんおしょうごろく】臨　二巻。月庵宗光（一三二六—八九）撰。明徳二（一三九一）年刊。大明寺開山月庵宗光の上堂示衆、法語、仏事、安座点眼、下火、賛語、自賛、頌古、偈頌、感懐、次韻、書、道号を興樹が編集。巻末に興樹撰の行実を付す。明徳二年（正鏡跋）・応永一六年（得岩跋）・室町末期刊の五山版、寛文一一年刊本（近江龍護山主跋）が伝存。また高台寺、最明寺所蔵の写本もある。　〔早苗憲生〕

月庵和尚法語【げったんおしょうほうご】臨　一巻。月庵宗光（一三二六—八九）撰。室町末期成立。月庵が道俗に与えた仮名書の法語二四編を収録。応永ころの五山版は龍門文庫（昭59復刻）、最明寺（愛媛県史資料編所収）に所蔵。本書は江戸期に庶民の間でよく読まれて版を重ね、正保三・文政七・天明七・松会版・後刷本も多い。写本は東福寺霊雲院、成簣等に蔵され、版本と若干の異同がある。〔所載〕禅法語上、国東叢2ノ1。　〔早苗憲生〕

決智抄【けっちしょう】浄真　一巻。存覚（一二九〇—一三七三）記。暦応元（一三八八）年、存覚四九歳のとき、備後国において日蓮宗徒が念仏を方便教であると主張したのに対し、門徒の請によってこれを論破するために備後に下り、守護のもとで対論屈伏せしめたという。本書はその内容を同国山南の慶空の請によって記したもの。内容は初めに一代仏教の綱要を示し、聖道・浄土の二門、自力・他力の二教の分別を説き、二二の疑難についての問答という形式をとっている。決智とは仏智一乗の法門を決判するという意味であって、日蓮宗徒が『法華経』をもって唯一の真実教とし、念仏無間を主張したのに対して、法華・念仏ともに仏智一乗の法門であって優劣はないが、劣機のためには念仏の一道よりほかはないことを決判したものである。二二の疑難は主として法華と念仏の真実方便の問題、法華は上機、念仏は衆機を益するということ、法華の終局が念仏であるということ、念仏無間という主張、法華・念仏同一法ということ、さらに出世本懐や五時の教判等に関して論述したものであるが、総じて法華一乗の真実性を一応許したうえで、難易適否を論じてついに念仏に帰せしめんとする態度で貫かれている。真宗と日蓮宗との法論は覚如の時代からあったが、本書は『法華問答』とともにこの時代の日蓮宗との論争を記録した文書として重要である。恵空写伝本、竜大蔵。〔所載〕真聖全3。　〔小山一行〕

決智抄丁亥記【けっちしょうていがいき】浄真　二巻。智現（?—一八三五）記。文化一〇（一八一三）年成立。智現は大谷派の学僧。高倉学寮において講ぜられた『決智抄』の講録。内容は初めに述作の由来を弁じ、一部の大意を示し、題目の所因を解釈し、存覚の伝記を明らかにし、以下文に従って釈義をのべている。「この抄末だ先輩の講説ありしことを聞かず」とあることより、最初の解説書であると思われる。〔所載〕真大27・28。—→決智抄　〔小山一行〕

決膜明眼論【けつまくみょうげんろん】日　四巻。了義日達（一六七四—一七四七）記。日達は鷹峰、六条、中村の三檀林の化主となり、後、京都本圀寺第二六世の法灯を継承する。本書は享保一九（一七三四）年に刊行された華厳の鳳潭（一六五四—一七三八）の『金剛槌論』一巻に対する反論の書で、享保二一年に刊行されている。故に、成立時期は享保一九年より、同二一年の間のことを思われる。本書は一五カ所に『金剛槌論』の文を引用して破斥を加えている。それはまず、『金剛槌論』の題号釈に関してのこと。円体無殊に関してのこと。『無量義経』に関してのこと。天台・妙楽・伝教・四明の所釈についてのこと等を、種々の経典・論釈・史書等を援引して論じている。しかしながら、本書を一見するに、法華最勝を主張する立場に立ってのこととはいえ、日蓮教学と華厳教学の論争というより、天台教学と華厳とのそれの感がある。これが日達の思想を天台与同と位置づける由縁でもあろう。ただし、第三巻に「理同事勝」の問題について「伝教入唐して天台の密禅の三宗を伝うと雖も帰朝の後に法華を以て則ち宗極となす、天台所釈の法華宗は釈迦世尊所立の宗なりと言へり」と結論づけている。また、日達は日蓮の『報恩抄』を基本として、この論をなしている。〔西片元證〕

結網集【けつもうしゅう】真　三巻。運敞（一六一四—九三）撰。天和三（一六八三）年成立。覚鑁を始め新義真言宗諸名徳の伝記を集めたものである。巻首に臨済の高泉の序、自序、道澂の「興教大師年譜」を付している。内容は、上中下巻から構成され、巻上では「密厳尊者年譜」。巻中では密厳以後の名徳二七名の目録。巻下は、智積中興列祖伝で玄宥以下六世宥貞までの伝記が解説されている。刊本に貞享元年の本がある。〔吉田宏晳〕

華表額文【けひょうがくもん】天　一巻。最澄（七六六—八二二）記。本書には二本あって、一本は天台霞標所録の羅渓慈本で、延暦二〇（八〇一）年の日付と最澄建願記とある。一本は『顕揚大戒論縁起』所録のもので、弘仁一一（八二〇）年と記されている。両本とも、山王三種の華表は三部の標門であると表明する最初の二五字が同一で、以下全く異なる。前者に『宗義集』等の引用の注あり。

〔所載〕伝全（旧巻4、新巻5）。〔小方文憲〕

解魔弁【げまべん】浄真 一巻。誓鎧（一七五三—一八二九）著。安永一〇（一七八一）年成立。誓鎧は本願寺派の学僧で、石州学派の祖、仰誓の門人。狐や狸が人に憑するといった祟りをおそれることに対して、それから解放される道は巫山伏の神呪などに頼ることなく、諸有衆生のために誓われた大悲本願の広大深重なるを聞くよりほかはないとする。いわゆる迷信・俗信・祟りなどについて拒絶すべき真宗行者の守るべき道を端的にのべられたものである。〔所載〕真宗全62。〔藤沢正徳〕

顕戒論【けんかいろん】天 三巻。最澄（七六六—八二二）撰。最澄は伝教大師、天台宗宗祖。近江国分寺行表のもとで得度してから、「心を一乗に帰すべし」との教訓を得、一切経論から『法華経』の一乗教義をとり出し、その宣揚達意の功あった、隋の天台大師智顗の教学に憧れ、求めて延暦二三（八〇四）年入唐し、天台山、台州を中心に行満、道邃から智顗直系、湛然の遺風をうけつぎ、道邃から天台教学に即して伝持されてきた大乗菩薩戒を受け、また、越州において順暁から一乗教義にかなうものとして密教を受けつたえた。最澄は帰国後、桓武天皇の裁可を得て天台法華宗を開立し、比叡山一乗止観院に天台宗年分度者をみとめられ、その学生の指導をはじめたが、弘仁九（八一八）年、『法華経』安楽行品の制にしたがい、小乗声聞の戒を伝える従来の僧徒と区別し、道邃所伝の大乗菩薩戒による度受の制を打ちたてようとした。当時の僧制を否定しかねない最澄の主張は、奈良諸宗や僧綱の反対するところとなり、嵯峨天皇もその決裁を保留し、最澄は弘仁九年の六条式、八条式の学生式に加え、弘仁一〇年三月一五日、天台法華宗年分度者回小向大式四条をつくり、請立大乗戒表を添えて上表した。ここでは大乗小乗の住居、威儀すべては截然と区別されるべきで、比叡山に独自に大乗菩薩戒による度受の制をつくるべきことを主張したので、これに対し僧綱は、その五月一九日大日本六統表を上進して、最澄のプラン全体を、仏教史上類がないことと、最澄の唐土における所伝の正統でないことを批判した。本書は、この大日本六統表にこたえて著わされたもので、一向大乗の根拠をあきらかにし、その所伝の正統性を発揮し、なおこの時点で大乗菩薩僧でなければ、護国済民の実が挙げ得ないことを主張した。いわゆる顕戒論に付して上進された、上顕戒論表が、伝述一心戒文と叡山大師伝とに二種伝えられており、前者は「某年十一月二十一日 今荷於表達殿上」とし、後者には「十一年二月廿九日著顕戒論奉進 内裏」とあり、五月一九日の六統表を一〇月二七日になって藤原是雄の手を経て見た最澄は、一カ月をもって本書を完成し、血脈を付して一一月一二日に上進したが、ゆえあって受けとられず、翌年二月二九日あらためて後者の表を付して再上進したものと考えられる。本書の内容は巻上に、序があり、開雲顕月篇第一、開顕三寺所有国篇第二（明拠一—一三）、巻中、開顕文珠上座篇第三（明拠一四—一八）、開顕大乗大僧戒篇第四（明拠一九—三〇）、開顕授大乗戒為大僧篇第五（明拠三一—四二）、巻下（明拠四三—五八）となっていて、四条式の仏寺、仏寺上座、仏戒、仏受戒の順に僧綱の批判をひとつひとつ破斥したもので、一向大乗寺、文珠上座制、記籍を除かず出家せしむる制、大乗菩薩戒、大乗菩薩の威儀、護国念誦転経、菩薩の威力等にわたって最澄の独自の主張がなされ、弘仁一三（八二二）年その滅後に聴許をみる。〔所載〕伝全1、日蔵（天台宗顕教章疏1）。〔木内堯央〕

顕戒論縁起【けんかいろんえんぎ】天 二巻。最澄（七六六—八二二）編。最澄は伝教大師、天台宗宗祖である。『法華経』を正依とし、隋の天台大師智顗の教説を依拠として、入唐してその正系を伝え、桓武天皇の聴許を得て延暦末年天台法華宗年分二人の制を被った。最澄は具体的には大同五（八一〇）年正月から止観業四人、遮那業四人の年分学生を育成することになったが、弘仁九（八一八）年五月、その万全な教育のためには、得度、受戒の段階から大乗菩薩戒によって、菩薩沙弥、菩薩比丘として、一向大乗菩薩僧として養成されるべきだと主張し、一連の学生式をもって具体的な比叡山教団での学制をうちたてた。しかしそれは僧綱の権益を犯し、僧制を逸脱するものとして全面的な反対に会い、僧綱らの反対の表文は嵯峨天皇の裁可をためらわせた。ここに著わされたのが『顕戒論』であったが、その主張のよりどころと、最澄の正統性、天台法華宗の正統性を証明しようとする資料集として本書が編纂され、史記官に上進された。本来二巻あるべきところ上巻のみが残り、巻上に「謝勅差求法使表」から「伝菩薩戒道邃和上書」「順暁阿闍梨付法文」「賜向唐求法最澄伝法公験」「請加新法華宗表」「定諸宗年分度者自宗業官符」「新宗天台法華宗年分学生名帳」など三四首を盛り、巻下には「請天台法華宗伝円大乗戒表」をはじめ「南都西大寺進僧統牒」など九通の奈良の主張がもりこまれていたのである。〔所載〕伝全1。〔木内堯央〕

顕戒論講弁【けんかいろんこうべん】天 三巻。大椙覚宝（一八〇八—九〇）述。講主覚宝は、円密二教に通じ、論講に秀で、回峯行を満じ、学業兼備で、延暦寺、執行代、天台宗管長、天台座主等を歴任、浅草寺を兼ねた。明治一八（一八八五）年二月から四月にかけて顕戒論を講じ、四明天台学に対し、日本天台の伸張をはかった。本書に付録として「天台法華宗年分縁起講弁」「学生式講弁」が付されている。〔所載〕天全5。〔木内堯央〕

顕戒論賛宗鈔【けんかいろんさんしゅうしょう】天 一巻。可透（一六八三—一七三六）。可透は比叡山無動寺の住侶。備前の出身、一二歳で金山寺賢厚の下で得度、一七歳で比叡山に学び、宝珠院を継ぎ、円戒受得後止観業にて一紀籠山を期す。霊空に大戒についてたずね、享保一〇年具足戒を受け大僧となり、一九年五三歳で寂。本書は『顕戒論』の文々句々をゆるがせにせず注を施している。可透にはまた『伝教大師撰集録』がある。〔所載〕天全5。　〔木内堯央〕

顕戒論闡幽記【けんかいろんせんゆうき】天　三巻。真流（一七一一―？）。真流は正徳元（一七一一）年伊勢出身、安楽派興起の時勢にあって、山家伝教大師の本旨は一向大乗戒の風儀にあることを喝破し、兼学の風を一掃させた。この円耳和尚真流には輪王寺宮公啓法親王が加担したが、その没後直ちにまた安楽派の風靡があった。本書では、まず『顕戒論闡幽記』首巻をおき、一論を序・正・流通に三分し、著者をのべ、行における隔小の要を主張している。〔所載〕天全5。　〔木内堯央〕

賢岩禅悦禅師語録【けんがんぜんえつぜんじごろく】臨　六巻。享保一五（一七三〇）年成立。勲西江編。賢岩禅悦（仏灯明覚、一六二八―九六）の語録で、「明覚禅師語録」と称し、多福寺（大分県臼杵）に六巻六冊本で所蔵されている。賢岩は「平生述作不許人録」という人で、孫弟子の編者は先師のものをあつめて謄写し六帙の語録を編纂したと後序（巻六）に誌している。銘文・書簡なども収録されている。　〔早苗憲生〕

玄義私類聚【げんぎしるいじゅう】天　六巻。著者明記なし。明応年間（一四九二―一五〇一）成立。別に『玄義大綱見聞』という。『法華玄義』並びに『釈籤』の要文における中古天台諸流の解釈を尊舜（一四五一―一五一四）が編纂し、講談したものの筆録である。尊舜は恵心流の相承者であるが、檀那諸流の義も併説し、幅広く当時の疏抄を用いる。『文句略大綱私見聞』『止観大綱見聞』と一具をなす。〔所載〕仏全（鈴）5。　〔末広照純〕

玄義本書聞書【げんぎほんしょききがき】天　一〇巻。照源（生没年不詳）談。文和二（一三五三）年成立。別に『法華玄義見聞』ともいう。本書は廬山寺明導照源の叡山夏安居の講会における講義を顕幸が筆録したもので、『三大部見聞』の一部をなす。廬談ともいい、その学風は檀那流の義に基づき、圓仁、圓珍、増賀等さらには恵檀両流の諸談を精細に批判検討しており、中古天台の全貌を知る重要資料である。〔所載〕天全19。　〔末広照純〕

顕訣耕雲評註種月攟摭藁【けんけつこううんひょうちゅうしゅげつくんせきこう】曹　三巻。傑堂能勝（一三五五―一四二七）・南英謙宗（一三八七―一四六〇〈五九〉）撰。文安四（一四四七）年成立。原題は『顕訣耕雲註種月攟摭藁』。本書には南英自筆の零本上巻と、三巻完備の元文四（一七三九）年磐梁筆写本（以上新潟県種月寺蔵）と、享保元（一七一六）年刊本（所在不明）とがある。享保本は、『曹全』（注解5）所載。　〔新井勝竜〕

元元唱和集【げんげんしょうわしゅう】日　二巻。元政（一六二三―六八）撰。寛文二（一六六二）年成立。翌三年刊行。日蓮宗の高僧元政（日政）と明の文人陳元贇の元・元両師の交わした詩文を集めたもの。詩文・和歌で著名な元政は性情の霊妙な活用を尊び達意を主として修辞を重んじない性霊派に属するが、元贇と意気投合し、明の袁中郎を元政が日本で最初に紹介することになった。〔所載〕草山拾遺上。　〔小野文珖〕

元亨釈書【げんこうしゃくしょ】臨　三〇巻。虎関師錬（一二七八―一三四六）撰。元亨二（一三二二）年成立。南北朝時代五山禅僧中、学芸部門の第一人者で、法系は聖一派で東山湛照の法嗣、出生は京都。来朝の宋僧一山一寧から学芸上、深い感化を受け五山文学流行の先駆者の一人となった。一山から虎関が中国の事情に興味をもちくわしい知識を有するに反し、自国の史伝をおろそかにしていることをしかられて発憤、日本最初の僧伝で仏教史も兼ねてつくられたのが本書である。三校草藁が完成した元亨二年、後醍醐天皇に献呈、かつ上表し、同書を『大蔵経』に入れて天下に施行しようとして奏請したが、聴許されなかった。正慶元年、ふたたび同書の入蔵を光厳天皇に上表したが、天下騒乱の最中であるという理由で却下された。虎関の寂後、法嗣の竜泉令淬が延文五年六月、後光厳天皇に入蔵を奏請して、竜泉が後醍醐天皇の庶子である等のゆえをもってようやく入蔵された。

本書は貞治三（一三六四）年から永和三（一三七七）年まで一三年かかり刊行されたが、刊行後わずか五年の永徳二（一三八二）年二月一六日、蔵版所である海蔵院から出火、その版木を焼失した。至徳元（一三八四）年、再刻を企画、性海霊見が募縁、明徳二（一三九一）年、重刊した。成簣に所蔵する。内容はわが国へ来往した外国僧ならびに日本の歴代の高僧の史伝を編集したもので、推古朝以来、元亨年間にいたる七〇〇年間に及ぶ。年代順に配列、各伝の末尾に賛を加え、日本仏教の事迹を記したもので、伝（僧伝）、資治表（仏教通史）、志（仏教文化誌）の三部から成る。巻一―一九の僧伝の部では中国の僧伝等を参考として正伝四一六人、付見二六人の僧俗の伝記を誌す。巻頭の印度僧達磨の伝記は本朝への渡来説を強調、東福円尓伝に巻七全巻を費やしているのは、虎関の禅宗中心、わけてもみずからの法系である聖一派を誇張する撰者の史観がうかがわれる。次の資治表、志は司馬遷の『史記』の編集方法の影響を受けたもので、巻二〇―二六が資治表、巻二七以下が志で学修、度受、諸宗、会議、封職、寺像、書芸、拾異、黜争、序説の一〇部から成り、略例、智進論の二文を付している。巻頭には虎関撰の上元亨釈書表を収める。

本書は五山版のほか、慶長四（一五九九）年、同一〇年、元和三（一六一七）年の古活字版、寛永元（一六二四）年版などがある。〔末注〕元亨釈書徴考一六冊（延宝三年刊）。恵空〈真宗僧〉和解・元亨釈書和解二三巻（元和三年刊）。紘外智逢・幹山師貞修・元亨釈書便蒙一

一巻（享和二年刊）。部分注釈としては王臣伝論・谷重遠注・元亨釈書抄一巻（元禄九年刊）。言語学的著作として『元亨釈書事例異考』等がある。〔所載〕仏全101。　〔伊藤東愼〕

建康普説【けんこうふせつ】曹　一巻。面山瑞方（一六八三―一七六九）撰。漢月禅胡（?―一七六九）・本孟（生没年不明）等編。内題に『建康面山和尚普説』とある。江戸期日本曹洞宗学の大成者といわれる面山が、享保一四年若狭建康山空印寺に住したときに、数多くなした普説が蔵書のなかに埋没していたのをのちに発見し、完全なもののみを集めて、明和二（一七六五）年に自序をつけて刊行したもの。全一三章で、打坐、解制、始行晩参、新製禅杖、除夜、永祖忌掛真、仏生会、評古則、黙照、懺場証明、面壁、仏祖要機、曹山三堕の各普説から成る。内容は解制、黙照、面壁が重複した主題であることからも知れるように、全篇を通ずる体系組織はみられない。永平道元の教えを主張し、宋代公案禅の代表者大慧宗杲を批判し、相対する宋代黙照禅の代表者宏智正覚や、道元の語を尊重して正法の仏法として宣揚している。すなわち公案看話は宋・元・明以降に伝来された禅風であるのに対して、黙照禅は釈尊以来の正伝で、坐禅のところ「十方法界を坐断して身心一如となり、過未を超え絶対の世界を現わす」と道元一辺倒の説示をしているが、その姿勢は「遠孫たる者専ら永祖の示す所に依るべし」とのべているのにも明らかである。〔刊本〕駒大。〔所載〕続曹全（語録2）。〔参考〕永福面山和尚広録。　〔新井勝竜〕

謙斎南渡集【けんさいなんとしゅう】臨　一冊。策彦周良（一五〇一―七九）記。別に『策彦和尚南遊集』ともいう。策彦（謙斎は号）が大内義隆の請により再度入明（一五四七―五〇）のとき、寧波上陸より北京に至るまで、通過した寺院、景勝地などを詠んだ記録から、後人が北上の順路に従って編集したもの。写本は天竜寺妙智院・慈済院にある。〔所載〕牧田諦亮編・策彦入明記の研究上。〔参考〕仏解4（補）、禅籍目録。　〔小林圓照〕

玄旨血脈面授口決【げんしけちみゃくめんじゅくけつ】因　一巻。著者、成立年時未詳。玄旨帰命壇は中古日本天台で、いわゆる慧心檀那両流のうち檀那流に属する特殊法門である。檀那流において、法門の奥旨を口決伝授する肝心のところであるとされる。玄旨帰命壇は『摩訶止観』の一心三観の修行と体験を会得せしめ、即心に無作三身の証得をはかるというものであるが、その一心三観は弥陀の一心三観の法門として、阿弥陀仏を本尊として、その伝授の道場は即弥陀の浄土であり、その伝授の法式も弥陀念仏儀と同義に考えられている。玄旨帰命壇そのものは、かくて一実神道の極意ともされ、東照大権現徳川神君への玄旨の伝授をいい、山王神道によって日光に権現として奉祀したことは有名である。玄旨と帰命壇とは別のもので、本尊についていえば、玄旨は摩多羅神、帰命壇は阿弥陀三尊を用いる。玄旨は玄旨潅頂であり、三観三諦の法を授ける方式に口決伝授の儀礼を伴い、それは密教伝授の潅頂の形式をとる。本書はまさしく玄旨帰命壇のうち玄旨の潅頂について、その面授相承の次第を示したもので、その潅頂の内容について、「法華の法水を以て受者の頂に置くなり。其の法水とは当流の玄承これなり」としており、潅頂の形式に載せて、台密の宗是である円密一致の深奥の義を伝授せしむることを示す一書である。血脈とは口決相承の成立することを指し、五箇血脈が挙げられ一心三観、無作三身の両義に渡る。日光天海蔵他。　〔木内堯央〕

顕彰隠密義【けんしょうおんみつぎ】浄真　一巻。僧樸（一七一九―六二）著。成立年代不明。本書の跋文に「故陳善院抱質尊者遺稿也。明和丙戌（一七六六）之秋。獲二芸州維信子所持本一謄写畢。釋仰誓四十六歳」とあることから刊行はされず筆録されたものであろう。書名は宗祖の三経隠顕（化身土巻）義が展開されるところに出ずる語である。宗学において顕・彰・隠・密の四字がいかに熟語をなすかに焦点がしぼられ、隠彰顕密として三経隠顕の教義論題のなかで論ぜられてきた。僧樸は隠顕是表裏義とし法霖『笑螂臂』の雲竜の喩を出して、「定散雲中有二竜鱗甲一。其断雲罅彰二其鱗角一」と、平易にのべるとちらちらと姿の見えるものが隠であると解説している。そこで、顕と顕彰、隠と隠彰の四義に分ちて義をたてて顕彰隠密の解釈を展開している。密は仏の密意は弘深として、四義にかかるものであるとしている。〔所載〕真宗全62。〔参考〕仏教大辞彙2（顕彰隠密項）、真宗叢1。　〔藤田恭爾〕

顕浄土教行証文類敬信記【けんじょうどきょうぎょうしょうもんるいきょうしんき】浄真　一九巻。善譲（一八〇六―八六）述。嘉永五（一八五二）年成立。本書は後序に「上来恐ナガラ六要抄ニ就テ本典一部ヲ講ジ終ル。顧レバ弘化五庚子年三月二日ニ開演ヲ致シ。嘉永五壬子年三月七日ノ今日ニ講ジ畢ル。凡足カケ五年ニテ満講ニ及ブ」と示されるごとく、五年にわたる本典口述の筆記である。善譲は堺空華学派の性海の学系を承けたが、空華学派の集大成者と本願寺派に慎重される人であり、本願寺派の宗学は著者を中心に完成されたといっても過言ではない。本典研究においても、能所不二鎔融無礙ナル法体大行の所行説を展開し、後学の必読の末注となっている。本書は存覚の『六要抄』に基づいて、僧鎔の『一滞録』柔遠の『頂戴録』を参考にしつつ、祖意の究明につとめ、随所に問答を設けて、所行説の理解をやすからしめんと懇切なる指示がある。写本を松島家、竜大、谷大、豊前福田家に蔵する。〔所蔵〕真宗全30・31。―→顕浄土真実教行証文類　〔藤田恭爾〕

顕浄土真実教行証文類【けんじょうどしんじつきょうぎょうしょうもんるい】浄真　六巻。親鸞（一一七三―一二六二）集。成立年代不明。『教行信証文類』『教行信証』『教行証文類』『浄土文類』『広文類』

『広書』『広本』『本典』『本書』ともいう。本書は浄土真宗の立教開宗の根本聖典である。『高田正統伝』巻五には、「五十二歳即ち元仁元年甲申正月十五日より、稲田に於て教行信証を書き揃へたまふ。始め四十八歳夏の頃より草案ありしかども、ここかしこ抜書の体なり。今年の初春より、巻を六部に分ち、前後始終を書調へられたり。然れども清書は六十六歳の秋なり」といい、また『近江錦織寺伝』には「高祖春秋六十五嘉禎三年江州木部錦織寺に在りて教行証を治し、更に真化身土巻を製す」と示されている。古来の注家は多く化身土巻本に釈尊滅後の年代を勘考して「従㆓其壬申㆒至㆓我元仁元年甲申㆒、二千一百八十三歳也」とあるのに準じて、『高田伝』により、聖人五二歳(一二二四)のとき、常陸稲田の草庵にて制作されたとする。『錦織寺伝』の聖人六五歳(一二三七)に、真化身土の二巻を製すとするのは、清治の年次を伝えるものと見られる。坂東本(東本願寺本)の解体修理により八〇歳代の加筆も発見され、晩年にわたるまで改訂が加えられていたことが知られている。

一部六巻、教・行・信・証・真仏土・化身土を分説し、上は経論の文より、下は人師の疏釈にいたるまで、類を分かち、部を簡び、その本願一仏乗の義を顕すに足るものは、ほとんど引証して、教義を大成している。まず第一巻に教を明かし、『大無量寿経』是れなりと決定して大意をのべ、宗体を判じて出世本懐の経なることを定立している。第二巻に行を明かし諸仏咨嗟の願より出でたる浄土真実の大行(だいぎょう)南無阿弥陀仏これなりと定立する。これは教が詮ずるところの法である。さらに他力・一乗海等の要義を釈したのちに「正信念仏偈」を開述する。第三巻に信を明かし、至心信楽の願より出でたる他力回向の大信にして往生の正因なりとする。これ大行を信ずるの大信である。さらに三心一心の問答を設けてその信相と徳義を詳らかにする。第四巻に証を明かし、上の行信の因によって開悟する無上涅槃の証果であり、必至滅度の願によっていたるところとする。第五巻に真仏土を明かし、光寿二無量の願に酬報した報仏報土とする。これは仏正覚の本体、衆生趣入の境界なるもので、生仏不二、主伴一如の真を示すものである。第六巻に化身土を明かし、化身とは『観無量寿経』の顕説で示される真身観の仏であり、化土とは同経所説の浄土および『菩薩処胎経』の懈慢界、『無量寿経』所説の疑城・胎宮である。この土は方便の教義に止まる疑心自力の行者のいたる処である。その方便の教義には『観無量寿経』の顕説の要門教義と、『阿弥陀経』の顕説の真門教義とがあり、各々に教行信証の四法がある。前四巻の弘願真実と相対して、三門を建立し、真仮を分判する。さらに、今時は末法にして聖道の教は閉塞して通ぜず、浄土の教門のみ独り通じて利益あることを明かし、すすんで邪偽異執の外道に対して真偽を勘決する。また往相・還相の二回向の義を明かし、この往還はともに仏の他力回向なることを判ずる。二相は仏の摂化、四法は衆生趣入の因果である。このように、一部六巻は二相と四法との義をもって貫通する。

真筆本は東本願寺(坂東本)に蔵し、伝清書本は西本願寺、高田専修寺(専信写本が定説)に蔵す。写本に存如・蓮如写本、室町時代写本(ともに西本願寺蔵)がある。写本、延書本は各本山に所蔵。詳しくは『真宗聖教現存目録』(本願寺派宗学院編)を参照されたい。末注は次項以下参照。〔所蔵〕浄土真宗聖典(本願寺版)。〔参考〕仏教大辞彙1、古田武彦・親鸞思想、赤松俊秀・鎌倉仏教の研究。〔藤田恭爾〕

顕浄土真実教行証文類徴決【けんじょうどしんじつきょうぎょうしょうもんるいちょうけつ】浄真 一八巻。興隆(一七五九—一八四二)撰。文政六(一八二三)年成立。『僧音』ともいう。興隆は本願寺派の学僧で、越後学派の創始者である。本書は第一八巻末尾にも示すように、文化八—文政六(一八一一—二三)年にいたるおよそ一三年を経て完成された。自筆本の題号は『辛未録』と題したり、『徴決』と題して一定していない。これは自筆本がまだ全篇の改訂を全うしていないがゆえであろう。『徴決』の題は第一巻の「但至㆔其決㆓宗意㆒。則勤取㆓徴於相承聖教㆒。苟不㆑任㆑臆」の意からとったものであろう。本書の本典との配当は、巻一・巻二が教巻、巻三—巻八が行巻、巻九・巻一〇が信巻本、巻一一・巻一二が信巻末、巻一三が証巻、巻一四が真仏土巻、巻一五—一七が化巻本、巻一八が化巻末となっている。とくに巻七・巻八には「正信念仏偈」が詳説されている。行信論(とくに巻三)において、「所行徳即能行徳。能所不二称名大行」と称名(行)を能称(機)の上に立てながら、大行論を論ずるを特色とし、能所融会の義を展開している。空華学派とも芸轍とも異なる、石泉学派に近い所論とも見られる。本書はまた随所に図示を設けて、解読に便をはかっている。自由討究の学風である。原本は、姫河原三葉文庫(自筆本は巻四・巻九・巻一〇・巻一一の四巻欠本)、写本は、竜大図書館蔵。〔所載〕真宗全22・23。——→顕浄土真実教行証文類　〔藤田恭爾〕

顕浄土伝戒論【けんじょうどでんかいろん】浄 一巻。聖冏(一三四一—一四二〇)撰。嘉慶元(一三八七)年成立。聖冏には浄土宗が独立した宗であることを顕示するために各種の努力の跡が見られるが、本書では浄土宗は正統な宗脈と戒脈の二つの血脈によって相伝されていることを主張しているのである。『浄土真宗付法伝』が浄土宗義の相承を中心に記されているのに対して、円頓戒の相承に主点をおいている。その論点は二つに分けられる。第一は円頓戒は本来天台宗所伝の戒であり、浄土宗伝統の戒ではないのではないかという点である。これについて源空は第一七代叡空の嫡流として慧思の九条の袈裟と湛然の十二門戒儀を相承し、浄土宗に代々伝わっており、また二代の天皇に授戒していることによって浄土宗の戒脈としての正統性を明らかにしている。第二は専修念仏である浄土宗にとって持戒は雑行になるのではないかという点である。これについて持戒は通仏法の基盤であり、善導の造塔や浄土変相作画の例をあげ、念仏を本とするならば余行は助業となり雑行にはならぬことを示し、一得永不失の円頓戒により念仏の信を確立し、「成仏作祖の直因」となるとのべている。浄土宗における大乗戒としての円頓戒を系統的に論じた端緒であるので伝法上重要な書である。注釈書には全長の『私記』と『補註』とがある。〔刊本〕文政八、慶安四、慶応元年刊。〔所載〕浄全15。〔服部淳一〕

建撕記【けんぜいき】曹 一巻。建撕（一四一五―七四）撰。文明四（一四七二）年ころ成立。正しくは『永平開山道元禅師行状 建撕記』という。本題名が省略されて建撕の記述に成る道元禅師行状記という意より「建撕記」と略称されて広く通り名となったもの。建撕は応仁二（一四六八）年五四歳で永平寺に一四世として住したが、享徳元（一四五二）年道元の二百回遠忌のころには永平寺に在り、時の住持一二世了鑑や檀越沙弥元忠（波多野通定）等により遠忌に因んで開山道元の伝記集成を依頼され、その師建綱（一三世）とともに伝記資料蒐集と編纂に従事し、文明三―四（一四七一―七二）年ころまでにはその草稿本を完成したと思われ、道元の伝記資料として最も信憑すべきものであって、後の道元伝の底本をなすものである。

『建撕記』の刊行による流布は、江戸期、面山瑞方が地蔵院法舟より与えられた光周（永平寺一五世）所持本を考証訂補して『訂補建撕記』として刊行したことに始まるが、昭和三〇年以来より今日に至るまでに発見された明州手書本（天文七〈一五三八〉年）、瑞長書写本（天正一七〈一五八九〉年）、延宝八（一六八〇）年書写本、門子書写本（元禄七〈一六九四〉年）、元文三（一七三八）年書写本、恒山書写本（明和八〈一七七一〉年）により、面山訂補以前の行状記の原姿が明らかとなるに至って、訂補本に基づいて樹てられた江戸期以後近代に至る従来の道元の伝記は、歴史学、国文学の史料研究の援用を通して再検討されており、新たな道元禅師伝の研究成果が出されつつある。

殊に古写本『建撕記』によって明らかとなる点のうち、面山訂補本以来、提唱され、定説化されてきた栄西・道元禅師相見説の無根拠性、実父久我通親説への再考を促す記事があり、その真偽の判定は早急に解決されるべき大きな課題となっている。〔所載〕諸本対校道元禅師行状 建撕記、曹全（史伝下）。〔河村孝道〕

元祖孤雲徹通三大尊行状記【げんそこうんてっつうさんだいそんぎょうじょうき】曹 一巻。「門人集記」とあって著者明記なし。一般に、成立年代は室町時代とされているが、延慶二（一三〇九）年、徹通義介（一二一九―一三〇九）が遷化して数年ののち、その高弟瑩山紹瑾（一二六八〈六四〉―一三二五）によって集録されたと推定される。とくに、義介伝は瑩山の撰述であることは明白である。永平寺の初祖道元、二祖懐奘、三祖大乗寺開山義介の略伝をまとめて一巻とした。それぞれの出自、業績、門弟、開創寺院、遺偈などを記し、これら三祖師の系脈こそ、わが国に単伝された仏法の源流であり、正統派であることを強調するところに本書を編録した狙いと特徴があるのは『永平寺三祖行業記』と同じである。したがって、たんなる三祖師の伝記を羅列的に集録したものでない点もまた彼書に同じであり、その体裁、内容も酷似している。『三大尊行状記』と『三祖行業記』をつぶさに比較検討してみると、その表記、内容ともに、随所に相違点が見られる。もと同一本であったにちがいないが、本書が『三祖行業記』に先行する原本であったと推定される。いずれにせよ、道元、懐奘、義介の伝記としては、宗内で最古の史料である。〔所載〕曹全（史伝上）。――→永平寺三祖行業記〔東 隆眞〕

見桃録【けんとうろく】臨 四巻。大休宗休（一四六八―一五四九）説。第一巻は宗休在世中に侍者某編。享保一九年重編。妙心（一五一六入寺）、臨済、瑞泉各寺での法語、偈頌などを集めた第一巻と宗休一代の諸賛、道号頌、諸香語と付録との三巻から成る。享保刊本は無着道忠の叙文（元文二年）を付し、元禄一三年の快川本による異写本〔駒大〕がある。〔末注〕無着道忠・校訛一巻。〔所載〕正蔵81、訳禅叢10。〔参考〕仏解1、禅籍目録。〔小林圓照〕

建仁禅寺戒壇録【けんにんぜんじかいだんろく】臨 一巻。面山瑞方（一六八三―一七六九）述、弟子の天産慧苗等が筆録した。『建仁戒壇録』とも呼ぶ。宝暦一一（一七六一）年面山が建仁寺で菩薩戒を授けた時の経緯を弟子が筆録したもの。面山は江戸期の曹洞宗を代表する学僧であるが、臨済宗にも通じており、特に禅戒は両者に共通し、円頓戒と同じであることを主張する。本書はその具体例の一つである。〔所載〕曹全、禅戒。〔沖本克己〕

源翁能照大和尚行状之記【げんのうのうしょうだいおしょうぎょうじょうのき】曹 一巻。大仙良碩（?―一四五八）撰。永享元（一四二九）年正月一五日成立。那須野原殺生石済度で知られる源翁心昭（一三二六―九六）の伝記。簡潔ながら源翁の生涯を生き生きと画き出している。大仙は源翁の法嗣で、史料の信憑性は高いといえるが、福島県熱塩示現寺所蔵の空広撰『法王能照禅師塔銘』では源翁の示寂を応永七（一四〇〇）年とするのに対し、本書では応永三（一三九六）年正月七日とし、諱も能照とするなど、他の源翁伝と異なる記載も多い。おそらく一所不住の源翁の修道生活、民衆布教者としてのあり方を反映していると見られる。福島県常在院に大仙自筆本を所蔵。〔所載〕続曹全（史伝）。〔石川力山〕

玄秘鈔【げんぴしょう】真 四巻。実運（一一〇五―六〇）。観修寺寛信に就いて学んだ後、醍醐におもむき、元海にしたがって醍醐一流を学んだ。三宝院では、この鈔と、『金宝鈔』『諸尊要鈔』をもって三部鈔として一流伝授の重要な聖教としている。そのうち、特に本鈔は、醍醐の正伝を記しているところから、三部鈔の中においては、本鈔を最後に伝授することになっている。頼瑜、曇寂、元瑜などの解説書が現存している。〔所載〕正蔵78。〔福田亮成〕

儼避羅鈔【げんびらしょう】真　一九巻。栄海（一二七八―一三四七〈四六〉）撰。建武四（一三三七）年成立。内容は、真言深秘の義を鈔録したものであり、小野流の潅頂、口決伝授に関する秘事を集記したものである。儼避羅とは甚深にして測りがたしの義は顕の句義であり、それが書名でもあり、同時に内容でもある。また東密と台密との血脈及潅頂、印信に関する評論が随所に記されている。初め四巻であったが、改訂・増補されて九巻となった。写本に足利初期および建武元年、貞享三年のものが現存する。〔吉田宏哲〕

顕仏未来記【けんぶつみらいき】日　一篇。日蓮（一二二二―八二）著。文永一〇（一二七三）年成立。文永九年二月『開目抄』を著わして本化上行の自覚を公表した日蓮は、翌一〇年二月、『法華宗内証仏法血脈』を著わして塔中別付血脈相承の系譜を明らかにし、同四月、みずから当身の大事と称する『観心本尊抄』を著わして独自の本門の教法を開顕した。その一月後に本書を撰述し、末法における正法弘通の導師を明らかにすべく八番の問答をもって、三国四師の外相承を示し、みずから法華弘通史上の正統的系譜につらなるものと客観的に位置づけ、末法における『法華経』流布の担い手たる自覚を表明したのである。すなわち『法華経』「薬王品」の「後五広布」の文を仏の未来記として掲げ、『法華経』流布のときは末法であることを明かし、このときに本門の本尊と題目を広布する導師は、仏の予言を色読実証した日蓮であることを論証する。そして日蓮弘通の大法が日本から中国・インドへと西漸し、一閻浮提に広布する必然を示し、天変地異がその前兆瑞相であると説き、自利利他の大願をのべる。終りに『法華経』色読の日蓮こそが、釈尊、天台、伝教の三国三師の法華弘通の伝統を継承する末法の正導師たることを顕示する。本書は仏の未来記を実証顕現した日蓮が、『法華経』の閻浮広布という自己の未来記をのべ、歴史的使命感を表明したものとして重要な書である。真筆は明治八年に烏有に帰したが、日進（三位）写本を身延山蔵。〔所載〕定日遺。〔小松邦彰〕

乾峰和尚語録【けんぽうおしょうごろく】臨　五巻。乾峰士曇（一二八五―一三六一）著、鑑翁士昭編。文和四（一三五五）年成立。別に『広智国師語録』ともいう。聖一派南山士雲の法嗣乾峰士曇の語録。相模崇寿・普門・東福・安禅・南禅・円覚・建長等の各寺に歴住の語録、普説・小仏事・陞座・拈香・法語・序・跋・銘・記・疏・祭文・秉払・真賛・自賛・頌古・偈頌・画図・行状から成る。文政元（一八一八）年泉州堺の海会寺から刊行。昭和三年再刊（文政版後刷）。〔加藤正俊〕

顕謗法鈔【けんほうぼうしょう】日　一篇。日蓮（一二二二―八二）撰。弘長二（一二六二）年成立。謗法罪、五逆罪などの重罪と堕地獄、および仏法弘通の心得などについて論じたもので、全体が四段より構成されている。一は八大地獄の因果を明かす段で、克明に地獄の様相と堕地獄の因について言及する。二は無間地獄の因果の軽重を明かす段で、五逆罪以外で無間地獄に堕落する重罪として誹謗正法（謗法）をあげ、謗法が五逆に増した大罪であることを論じ、法華経および法華経の行者誹謗の罪科を明かす。三は問答料簡を明かす段で、五逆罪と謗法罪の軽重をふまえて、謗法の具体的様相について論及する。謗とは背の意であるゆえに釈尊の真実の教えに背くことは謗法であり、悪縁、悪知識を離れて生死をのがれるべきであるとする。四は行者の弘経用心を明かす段で、仏法を弘める者は必ず五義を心得ねばならないとする。五義とは教、機、時、国、序（仏法流布の前後）で、『法華経』による末法救済のあり方を表明したものである。五義についてはすでに同年の『教機時国鈔』に論述されており、本書は謗法の問題にからめながらさらに論究を重ねたものである。ただし本書では教の問題についてのみ論述され、他は不説。真筆二五紙、身延久遠寺曾存。身延久遠寺第一一世日乾の真筆対照本が京都市本満寺に所蔵。〔所載〕定日遺1。〔庵谷行亨〕

顕密一如本仏義【けんみついちにょほんぶつぎ】天　一巻。圓珍（八一四―九一）述。『顕密一如本仏』『顕密二宗本地三身釈』ともいう。法華の三身と密教の三身の同一を説いたものである。ただし内容的には、慧思の徳行は観音品に説かれるといい、法華本仏は胎蔵大日であり、観音は胎蔵八葉のうち東北葉であるから、慧思はこの東北葉であり、大日如来といえると展開したり、割注にも口伝とあるなど、圓珍の著とは認められない。〔所載〕仏全24・28、智全下、日蔵80。〔坂本廣博〕

顕密差別問答【けんみつしゃべつもんどう】真　二巻。済暹（一〇二五―一一一五）撰。成立年代不明。済暹は慈尊院の学僧で学識に富み多くの著述があり、空海の詩文を集めた『性霊集』の補遺三巻（補闕鈔）を編した。本書の内容は顕教と密教の優劣、差別について問答形式で論じたもので、顕密の一乗、仏身、地位などの教学上の問題をとりあげて相違点を述べ、そこから派生的にまた問答を重ねている。答えの方は主として真言宗の開祖空海が著わした『十住心論』『辯顕密二教論』の説を依り所としている。済暹の教相上の見識を知るのに重要な書である。〔所蔵〕嘉応元年の写本が東寺の観智院にある。〔所載〕正蔵77。――→顕密差別問答鈔　〔祖父江章子〕

顕密差別問答鈔【けんみつしゃべつもんどうしょう】真　教尋（?―一一四一）撰。本書は、済暹（一〇二五―一一一五）撰の『顕密差別問答』二巻（『正蔵』77所収〕と同本とされている。これについて諸種の著作目録や伝記によれば、済暹、教尋両師ともに『顕密差別問答』と題する撰述があった。『真全』本の底本は、一応教尋撰と認めているが文体や思想の上から推定すれば、済暹撰と考えられるとされている（『真全』解題、参照）。真言密教における顕密対弁は、重要な課題であり、空海の『弁顕密二教論』『秘密曼荼羅十住心論』等を所依として論じられる。本書では『十住心論』を所依として顕教と密教を対弁し、十住心のうち、特に、他縁大乗心、覚心不生心、一道無為心、極無自性心の四家大乗の所説と対比弁別して論じている。その内容は、顕密一乗、四家大乗、法身観、真言内証果徳、曼荼羅、三密修行、三密平等観、自心、本不生際、三妄、本有浄菩提心、如実知自心、十住心、心地、十徳、十地、地前地上、浅略釈深秘釈、十六大菩薩生、一六〇心、有相無相、法身説法、法界観、神変加持、理智不二、即身成仏等顕密対弁について論じながら、真言密教の教理と修習及び境界・証果等についてその見解を示している。〔所載〕真全22。〔参考〕正蔵77。→顕密差別問答

〔栗山秀純〕

顕密不同頌【けんみつふどうじゅ】[真] 覚鑁（一〇九五—一一四三）撰。五言八四句によって、達意的に顕教と密教を相対してその相違を示し、さらに密教の独自性を表わしている。覚鑁は、他に『顕密不同章』一巻があるが、そこでは、問答形式により両部大経、宗祖の撰述等を引用し論じている。〔所載〕興全上、正蔵79。

〔栗山秀純〕

顕密不同頌諺註【けんみつふどうじゅげんちゅう】[真] 浄厳（一六三九—一七〇二）撰。浄厳は江戸湯島の霊雲寺開祖、新安流祖。大曼荼羅供、梵学を復興し、名著に富む百部余の著作を撰した真言の巨匠。本書は顕密の異なりを五言、八四句の韻文によって対比し、密教の本義を発揚せしめた覚鑁の『顕密不同頌』の注釈書であり、その頌の各句ごとにきわめて懇切な注釈を施している。〔所載〕国東叢2。→顕密不同頌

〔松丸俊明〕

顕名抄【けんみょうしょう】[浄真] 一巻。存覚（一二九〇—一三七三）著。成立年代不明。一説に建武四（一三三七）年成立という。存覚は親鸞の曽孫、覚如の長子。本書は、阿弥陀仏の名号の意義について顕わした書。内容はまず「おほよそ三界やすきことなし。六道みな苦なり」とのべて穢土の出離すべきを説き、「凡夫のすみやかに生死をはなれぬべき道をもとむべきなり」と示して仏法を勧める。次に仏法のうちに末代相応の要行、凡夫出離の直道は弥陀の一教、浄土の一門であるとし、それはすなわち専修念仏、名号を往生の正因と信じて一向に称することよりほかはないけれども、その名義の功徳を聞けばいよいよ信心をもよおすたよりとなるであろうとして、光明無量、寿命無量の二徳を説く。さらに光徳については十二光のいちいちを解釈し、寿徳については久遠実成の覚体、無始本有の極理を示し、この二徳に約された万徳が名号の一行にこもるゆえに専修念仏を勧めるのが経釈の教えるところであるとする。巻尾には四問答を列記しているが、第一問答は浄土無為の境を極楽というのはなぜかという問に対して浄土の楽の性質をのべ、第二問答では浄土門における悉有仏性の解釈についてのべ、第三問答では生仏一体であるのに他力を説くのはなぜかという問に対して生仏迷悟の境を分別して仏智に帰することを勧め、第四問答では往生の生は無生の生であることを示す。文明一〇年写本、竜大蔵。〔所載〕真聖全3。

〔小山一行〕

顕名抄講義【けんみょうしょうこうぎ】[浄真] 一巻。正慶、字は霊晗（一七七五—一八五一）述。文政一二（一八二九）年成立。別に『顕名抄随聞記』ともいう。存覚の『顕名抄』の注釈書。〔所載〕真大27。→顕名抄

〔小山一行〕

見聞愚案記【けんもんぐあんき】[日] 二冊。身延山二〇世日重（一五四九—一六二三）著。慶長二〇（一六一五）年四月一八日から執筆を始め、元和五（一六一九）年三月四日までの四カ年をかけて完成した。すなわち日重が六七歳から七一歳までの晩年の著作であり、若いころから研鑽してきた日蓮教学に関する覚え書を集大成したものといえる。

日重は若狭の小浜で生まれ、京都本圀寺において出家し、三井、奈良にも遊学して、唯識、倶舎を始め、儒学、国学、詩文にまで、ひろく学び、本満寺第一二世となって『天台三大部』を講じたが、のちに本圀寺の学道求法講院が開設されるに及んで、招かれて学徒の指導に当った。教学に関する代表著作たる本書は、日重の教学を知るうえで、もっとも重要な書であるといえる。

内容は、学徒として研鑽していかなくてはならない次第を明らかにし、まず妙法五字七字の意義を学ぶべきことをあげ、もっとも尊重すべきものとしての元意を明確にしている。また『法華経』の主旨を明らかにし、『一切経』のうちでも、『法華経』がいかにすぐれているかを論究すべきであるとしている。おのずと宗祖日蓮のとった『法華経』中心の態度が、はっきりしてくることになる。次に録内・録外の御書について、日蓮教学の所依たる遺文の研鑽を行うべきであるとし、宗学に専念すべき態度がうかがえる。そしてのちに、天台の三大部に通じ、その他の章疏から蔵経に及ぶべき次第が示されている。

本書のこうした態度は、権実判の立場にあって、すべての権教を開会し、真実教を顕示するというところに基本がおかれたからであるといえる。すなわち、権小の教法をすべて捨て去って、真実のみを取るというのではなく、権小を開会するという立場であったと見ることができよう。これは折伏についても妙用論を説き、不受派の日奥の折伏唯一を主張するのとは、また一重異なった見解をもっていたのである。つまり、本書は日奥によって代表される不受派の見解を改訂するかたちをとったものということができる。

全体で約八七六項目にわたっているが、

第一巻から三巻までは、日重が日蓮教学に対する見解をのべたものであり、四巻は字解を中心としての論述がつづき、ひきつづいて『天台三大部』の研究がなされている。二三巻まで検討がつづくが、二四巻は弟子の日乾が著わした『宗門綱格』と、内容が同一であるため、混入したものとみなされている。また本書の特色とするところは、五種妙行論とこれに関連する如説修行のあり方、謗法についての見解、末法を中心とする時代観、といったところにあるとされている。なお日重は三光無師会といわれた日珖、日詮、常光日諦らの影響を強く受けており、本書にもこうした室町期における学匠の教学を受け継いだあとが見られる。また本書は、のちに日重の門下たる日乾、日遠を始め、多くの学人を裨益するにいたった。〔上田本昌〕

見聞取捨抄【けんもんしゅしゃしょう】日 六巻。本寿（嘉伝）日悦（一六五一―一七二六）著。享保元（一七一六）年成立。日悦は要法寺日辰の祖述者として知られる。要門の教学が、大石寺との交流によって本因妙思想が導入されて日辰よりの伝統的教学が薄れつつあることに対して、要法寺門徒は日辰の指南をもって心得べしと述べ、日辰教学を復興せんとした書。寿量一品正意を説いて八品教学を破し、大石寺の迹門不読、仏像不造説を斥している。写本立大図書館所蔵。〔井上博文〕

見聞宝永記【けんもんほうえいき】曹 一巻。損翁宗益（?―一六二〇）述、面山瑞方（一六八三―一七六九）記・編。宝永三―六（一七〇六―〇九）年成立。詳しくは『損翁老人見聞宝永記』ともいう。面山は損翁の弟子。江戸時代の曹洞宗学者。元禄一六（一七〇三）年、江戸において損翁に相見してより宝永二（一七〇九）年損翁の示寂に至る間の面山による参学聞法の記録で、坐禅、見性、禅戒、嗣法、因果、五位、宗統復古論等の曹洞宗旨の重要問題にわたって説示されている。〔所載〕続曹全（法語）。〔河村孝道〕

顕揚鈔【けんようしょう】浄 一巻。示導（一二八六―一三四六）著。康永四（一三四三）年成立。別に『浄土顕揚鈔』『顕揚浄土鈔』ともいう。示導は康空と号し、西山六流中の一、本山義の祖である。盧山寺開山本光禅仙に入室、のち鎌倉弁谷の仏観を師として西山の教義を学ぶ。さらに玄観に随って観門義、積学房鈔等を研鑽し祖意に達することを得、教旨を宣布する。本書は一六カ条の問答より成っていて、その意図するところは、『観経』からみて仏法の帰趣は名号を所詮とする旨を明らかにし、一代仏法のうえに浄土門を顕揚しようとしたものである。すなわち『観経』の眼を開かなければ浄土門の何であるかが顕揚されないし、同時に『観経』によってのみ一代仏法の底に流れる衆生の化益がうかがわれることを明かしている。また諸経と今（観）経を相対するに「一に『観経』は諸経に説かないことを説く、二に諸経の本意を『観経』に説く、三に『観経』のことを諸経に開き説く」という三つの『観経』観によって諸経を融会し、そのうえに浄土門の超出したことを顕揚されたものがこの書であり、書名の由来でもある。なおこの書は、写本の奥書によれば浄空恬澄が発見し、誤脱に筆削を加えたものである。したがって「顕揚浄土鈔目録」として冒頭に一六段の目録を設けてあるのも、「原本非レ有ニ此目録一和書有ニ十六段一蓋表ニ十六観一」、「此条目原書迂僻難レ拠余叩改正、恬澄謹記」とあるように恬澄の添加したものであることがわかる。竜大蔵。〔所載〕西山禅林学報4。〔堀本賢順〕

顕揚正理論【けんようしょうりろん】日 二巻。了義日達（一六七四―一七四七）著。日達は鷹峰、六条、中村の三檀林の化主となり、後、京都本圀寺第二六世の法灯を継承する。日蓮教団内にあっては本圀寺正統論を述べ、教団外にても、当時の名高い学僧、霊空、鳳潭等と論争を重ねる等の碩学である。日達は宝永八（一七一一）年三月刊行された、浄土宗了海（一七〇四―一〇―）の『摧碾再難条目鈔』二巻を論破するため、『愍諭繋珠録』七巻を正徳二（一七一二）年に著した。それに対して、真宗の性均は『台浄念仏復宗決』一巻を著し、享保一五（一七三〇）年に刊行した。本書はその反論として、同一八年に刊行されている。したがって、成立時期は享保一五年から一八年の間と思われる。当時、日達は本圀寺を退き、鷹峰の止足軒に住していた。本書は浄土家との対論書である。内容は権実論について『無量義経』の「四十余年未顕真実」の文をめぐり、論を展開させている。たとえば、『無量義経』の真偽問題、最末に「作礼而去」の文があることより、同経は法華経の序分ではないという主張。四十余年未顕真実は究竟の説ではない、等の論難がある。その他、法華経の称（唱）題は経文には典拠がないこと。日本は五性各別の無性不成仏の機ではないか、等の論難がある。華厳の鳳潭の説を取り入れた、これらの問題に、批判を加えつつ答えている。そして、このことが、鳳潭との論争の起因となるのである。〔西片元證〕

顕揚大戒論【けんようだいかいろん】天 八巻。円仁（七九四―八六四）撰。円仁は慈覚大師、東国下野の出身、比叡山に至り、最澄の弟子となり、弘仁五（八一四）年、年分度者として得度し、摩訶止観を専攻する止観業学生であった。円仁は以後、最澄に随従し、その行業を補佐したが、のち最澄の没後、その念願していた大乗菩薩戒の授戒会が開かれるにいたり、義真を伝戒師に、円仁が教授師を勤めたという。円仁はのち、入唐して、台密の大成をはたし、あたかもその方面の代表者として扱われてきているが、本書はそうした最澄の志のよき継承者としての円仁の、畢世の力作といってよいであろう。人は評して本書はその大部分を経論章疏からの引用であることを指摘するが、はじめに円仁は、最澄の大乗菩薩戒建立の考え方が、『顕戒論』撰述によって一時鎮静したかにみえたが、その寂後再び熾烈をきわめてきたことにかんがみ、その正旨を顕揚する主旨をもって本書を製したというもので、強力な証権をもって、祖意を護持しようとした結果であった。内容は八巻一三篇、大小二戒差別篇一、小極不及大初篇、直往菩薩戒行篇三、顕示菩薩為僧篇四、授三聚戒為僧篇五、分別三聚戒相篇六、菩薩受戒法式篇七、菩薩戒中雑事篇八、出家在家差別篇九、分別犯罪差別篇十、菩薩教授教誡篇十一、菩薩解知因果篇十二、修習菩薩行願篇十三からなり、淳和太皇后の菩薩尼戒壇建立をも護助しようとしている。〔所載〕正蔵74。　〔木内堯央〕

顕立正意抄【けんりっしょういしょう】回　一篇。日蓮（一二二二—八二）著。文永一一（一二七四）年成立。『立正安国論』に予言した内乱・外寇の二難が少しも違わず的中したことをのべ、現在の予言的中から推して、未来の『法華経』不信の謗法罪による堕地獄の予言も必ず的中するであろうと断言し、弟子、檀越に対し不惜身命の法華信仰を貫くように勧めたものである。日春写本を静岡県光長寺蔵。〔所載〕定日遺。　〔小松邦彰〕

こ

五位旨訣退歩就己参【ごいしけつたいほしゅうこさん】曹　一巻。睹道本光（一七一〇—七三）撰。明和九（一七七二）年成立。内題は『五位君臣旨訣退歩就己参』とある。吉祥寺栴檀林における曹山『五位君臣旨訣』の講述をもとに、漢文体で解説したもの。易喩のある曹山『五位旨訣』も含め解釈しており、難解な偏正五位を、曹山の君臣五位の説示をかり、わかりやすく説いている。〔刊本〕駒大蔵。〔所載〕曹全（注解5）。〔新井勝竜〕

五位注【ごいちゅう】曹　二巻。連山交易（一六三五—九四）撰。貞享二（一六八五）年成立。偏正、君臣、功勲の各五位に対する中国各師の頌について、克明に言語の典故をさぐりながら注釈したもの。『曹山五位君臣旨訣』により、伝統的な兼中到中心偏中至説をとりつつ、四種の五位を全同としているところに特色がある。同師『管見録』一〇巻の巻二・三に所収されている。〔刊本〕駒大蔵。〔所載〕続曹全（注解3）。　〔新井勝竜〕

御遺物配分事【ごいもつはいぶんのこと】回　一巻。日興（一二四六—一三三三）、弘安五（一二八二）年一〇月記。日興のほか日持、日朗、日昭が署名・花押を加えている。日蓮滅後、その御遺物を門弟に分与した記録。その前半を欠失するが、日位の写した『御葬送日記』によりうかがうことができる。これにより日昭、日朗等、三六名の弟子、檀越に御遺物が分与されたことがわかる。直筆を東京都本門寺蔵。〔所載〕日宗全2。　〔冠　賢一〕

向阿上人伝【こうあしょうにんでん】浄　二巻。撰者明記なし。絵は古磵、書は雲竹、義柳編。詳しくは『向阿上人絵詞伝』という。天明七（一七八七）年刊。浄土宗の第三祖良忠の孫弟子証賢の絵詞伝。証賢の出生、修学、とくに文学、和歌に秀でていたこと、然空について念仏の教えをうけて清浄華院に住し、嵯峨清涼寺の釈迦如来の霊夢により、『帰命本願鈔』三巻、『西要抄』二巻、『父子相迎』二巻の『三部仮名鈔』を著わし、これを法孫隆尭が開板したこと、晩年は並岡の東池上に隠棲して、貞和元（一三四五）年六月二日、八三歳で入寂したことを記している。〔所載〕浄全17。　〔高橋弘次〕

耕雲種月開基年譜私録【こううんしゅげつかいきねんぷしろく】曹　一巻。南英謙宗（一三八七—一四六〇〈五九〉）撰。成立年代不明。永禄元（一五五八）年写本、安政五（一八五八）年加筆。内題に『耕雲種月開基年代并傑堂和尚行状及謙宗年譜私録』とある。五位の参究で著名な傑堂と南英師資の年譜を、南英が私録として記したもの。傑堂出家以後、文正元（一四六六）年までの記録がある。〔写本〕新潟県種月寺蔵。〔所載〕続曹全（史伝）。　〔新井勝竜〕

康永鈔【こうえいしょう】浄　四巻。示導（一二八六—一三四六）録。康永元—四（一三四二—四五）年成立。『観経疏康永鈔』『観経四帖疏康永鈔』『観経康永鈔』ともいう。（示導の略歴は『顕揚鈔』の項参照）。本書は示導が大慈恩寺で康永元（一三四二）年より毎年夏安居に示浄、実導等に善導の『観経四帖疏』を講じたものを実導が筆録し、かつ添削を加えたものである。鈔中に、「仁曰」「隆曰」とあって、仁空、隆空等との質疑が記述されており、師資の学究的求道の態度をうかがうことができる。「玄義分」は康永元年に始まり、以下「序分義」「定善義」「散善義」と毎年講義され、同四年に終っている。「玄義分」序題門では、此土彼土、聖道浄土の二法は各別にあるのではなく、如来の出現は垢障覆深の凡夫のためであるから化導は一つと説き、また「散善義」深心釈では、諸経と今（観）経とを比較して処、時、対機、利益別の説明について「諸経今経各別に立てて聖道浄土の二門別なるように心得ては、今経は諸経随一の経になる也。しかるに今経は諸経の本意を説きたる経にて有也云云」という。示導は『観経』の定散二善十六観門は「証讃彼仏依正二報使人欣慕」を顕わすとし、名号得生は名号を唱える功力によって往生するのではなく、われらのうえに成ずる正覚の謂れを領解する心を三心といい、この領解する弥陀の功徳の体を名号というとする。ゆえに弥陀正覚の体を尋ね知ることを詮要とするのが示導の根本思想である。〔所載〕西全8。　〔堀本賢順〕

校閲正法眼蔵序【こうえつしょうぼうげんぞうじょ】曹　一巻。洞明良瓚（一七〇九—七三）撰。延享二（一七四五）年成立。良瓚は慈麟玄趾（？—一七九四）に嗣ぎ、肥後広福寺、河内東福寺に住した。本書は、良瓚が書写校閲せる『正法眼蔵』に付したもので、九五巻を各巻の撰述表現形式の上から六項目に分類し、『正法眼蔵』の読解、研究の指針を示している。六項目の分類は、①経典の文を巻首に挙げて各巻の題意を説示するもの四八巻。②初めは題目に関わらずして自らの体験的境涯、見地を述べて最後に巻目題意に合わせるもの六巻。③題目に相違して弁道功夫を説いて学人の謬見を除かんとしたもの三巻。④題意のみを説示して他事を添えないもの三八巻。⑤典故を掲げず題目の意味を結んだもの七巻。⑥典故のみを挙げて題意を説述したもの六巻、とするものである。〔所載〕正法蔵（総目録）。〔河村孝道〕

弘巌和尚語録【こうがんおしょうごろく】臨　一巻。弘巌玄猊（一七四八―一八二一）著。白隠下滄海宜運の法を嗣ぐとともに、幻住派の法系をも嗣承し、高源寺二九世として天明四（一七八〇）年に同寺に入寺した弘巌一代の語録で、別に『古心録』ともいう。法語・授戒偈・詩文・偈頌・讃などよりなるが、和文の名簿序や和歌をも収録する。高源寺に写本を蔵する。大正九（一九二〇）年、同寺住職松田一道が序文と行状を付して刊行した。〔加藤正俊〕

広疑瑞決集【こうぎずいけつしゅう】浄　五巻。信瑞（?―一二七九）述。建長八（一二五六）年成立。従来この書は六巻で源智の作といわれていたが、伊藤祐晃氏により本書は五巻で、しかも信瑞作であることが判明した。成立年は第三巻に末法に入って今で二五〇年であるといい、さらに「自二永承七年一至二建長八年一」とあるによって明らかである。本書は二五個の疑問に対して、ひとつひとつ答え、ひろく和漢の書を引用し、かつ源空、信空、隆寛、覚瑜等の語を抄録している。刊本は大正二年版がある。―→浄土三部経音義集〔小林尚英〕

江湖指南記【ごうこしなんき】曹　一巻。撰者不詳。夏冬の結制安居についての諸規定、叢林行事の日程を仮名書きで記したもの。三月二〇日の結衆の予定や制中配役の準備から、翌年の正月一一日までの冬安居の期間中の叢林行事の主なものについて細説する。冬安居や七夕など、古清規にはない行事も取り入れて、時代即応の面も見せている。遶行位や課誦位、その他結制修行に必要な諸種の牌や牓をほとんどすべて図示しており、実用的な指南書。本書の成立は不明であるが、良中から蘭渓茅が伝授され、元治元（一八六四）年の夏安居時に修補され、さらに智嶽―海雲と伝授されたことが末尾の識語によって知られる。原本は静岡県福王寺所蔵。〔所載〕続曹全（清規）。〔石川力山〕

江湖風月集註【ごうこふうげつしゅうちゅう】臨　二巻。東陽英朝（一四二八―一五〇四）著。『江湖風月集』は、宋の咸淳年間から元の延祐・至治年間にいたる間の、もっとも多く人びとに愛誦された詩謁を、元の松坡宗憩が編集した（異説あり）もの。わが国においては嘉暦三（一三二八）年の五山版をはじめ写本刊本が多く存し、注釈書も多数ある。本書は英朝が抄略して注解を施したもので、その複注もある。〔古賀英彦〕

江湖風月集略註取捨【ごうこふうげつしゅうりゃくちゅうしゅしゃ】臨　二巻。陽春主諾（?―一七三五）撰。享保一七（一七三二）年刊。臨済宗大応派の東陽英朝（一四二八―一五〇四）の『江湖風月集略註』が世に伝わらないのを嘆いた同派の陽春が、他の諸抄を参照しつつ、これらを取捨し、さらに自己の見解を付したもの。禅門における『江湖風月集』の註や抄の類は三〇に及びその普及ぶりが知られる。本書に関して幹山師貞（一五七六―一七四五）の『取捨翼考』（寛保三〈一七四三〉年）がある。〔西村恵信〕

亨師徳行記【こうしとくぎょうき】日　一篇。見竜日裕（一六六三―一七三七）著。成立は享保六（一七二一）年。本書は京都満願寺蔵日亨上人像画讃の文、すなわち『遠沾院日亨上人年譜』をもって『亨師徳行記』と称するようである。当然のことながら本書は日亨の高弟日裕が、師の生誕から入寂までの事跡を記し、その功績の顕彰が主眼である。正本は京都満願寺蔵。〔所載〕御本尊鑑。〔中條暁秀〕

庚戌雑答【こうじゅつざっとう】日　一巻。日輝（一八〇〇―五九）著。嘉永三（一八五〇）年成立。日輝は近世の日蓮宗を代表する教学者。本書は庚戌の嘉永三年、玉沢の日智（字桓叡）（一八一九―五四）の宗学に関する質疑に答えたもの。六二項にわたる答書であって、一貫した著述ではない。その中で注意を引くのは、富士門流教学への一貫した批判、四明教学傾斜への注意、事実の道理を先とし、教相の学を廃すということなどである。また、「立正安国論ハ当時既ニ其ノ用ヲ不レ為。況ヤ今世ニ至テ全ク其ノ立論ノ無実ヲ見ル」と、日蓮の『立正安国論』無用の発言がみられる。〔所載〕充洽園全集4。〔北川前肇〕

広摂不動明王秘要決【こうしょうふどうみょうおうひようけつ】天　六巻（一、二、三のみ現存）。安然（―八四一―九〇四―）撰。成立は、元慶九（八八五）年以前。『広摂不動秘法要決』『広摂不動』『不動秘大決』ともいう。安然は比叡山延暦寺第三代座主圓仁の弟子。遍昭が圓仁、圓珍に師事し、華山に元慶寺を構えると、請われて教授阿闍梨となり、後進の育成にあった。安然は天台密教史上、圓仁、圓珍までの成果を、公平な立場から集大成する立場にあって、教相、事相に関する尨大な著書がある。本書は六巻とみずから『八家秘録』に記しているが、現存は三巻。第一巻は略叙秘法差別分第一で諸経軌所載の不動明王に関する供養法を蒐集したもの。『金剛手光明潅頂経』を胎蔵界不動明王持明行法、『底哩三昧耶経』を蘇悉地不動明王持明行法、『金剛頂瑜伽経』『仁王般若儀軌』を金剛界成身会通行供養法として位置づけている。第二巻は略述尊像差別分第二で、諸経軌の所説のなかから不動明王の像容をまとめ、㈠一切事を作してみな成弁を得る通行の像、㈡一切印を結んでみな成就を得る通行の像、㈢無動尊が現身に三摩地を成ずるを得て持明仙が仙中の王たるを得る別行の像、㈣持明仙を成就して仙中の王たるを得る別行の像、㈤あらゆる戦陣の時他をして帰降せしむる別行の像にわける。第三巻には略解伝受差別分第三として、授受の人、形式行儀について集大成する。京都大学蔵嘉承元年（一一〇六）写本。〔所載〕日蔵（天台宗密教章疏4）。〔木内堯央〕

興師略伝【こうしりゃくでん】日 一巻。日霑（一八一七—九〇）著。慶応元（一八六五）年成立。日霑は富士大石寺六二世。大石寺開基であり、日興門流（富士門流）の開祖白蓮日興（一二四六—一三三三）の略伝記。多く了玄日精『富士家中抄』を依拠としていて、内容に誤脱・誤謬が多い。〔所載〕富要5。〔井上博文〕

幸心院口決【こうしんいんくけつ】真 九巻。貞昭（?—一七五九）記。寛延四（一七五一）年成立。貞昭の付法の弟子快盛による写本の帙裏書に「幸心院口決八巻外問決一帖」と記されているところから『幸心院口決』という。貞昭の伝記は詳らかではないが、寛延三（一七五〇）年に長谷寺蓮華院の住職となり、その後能満院と金蓮院の住職を経て、宝暦八（一七五八）年には武州幸手の宝聖寺住職となったが翌年七月には遷化された。本書は寛延四年四月一〇日から百十数日間にわたり、宥範をはじめとする豊山衆徒など十数名に、醍醐報恩院実雅から伝授された報恩院流一流伝授を、そのとき貞昭が筆録した伝授記録である。概要をみると第一巻から四巻までが四度、第五・六巻が薄、第七巻は秘鈔、第八・九巻が潅頂三巻式という構成で、その記述法は実雅の口説だけでなく貞昭自身の考えも加えながら、有雅の口説四十数回、寛順の口説十数回、真円の口説九回という数多くの補足がされており、また頼瑜の『甲抄』から五回、『秘鈔問答』から六回、教舜の『秘鈔口訣』から九回、そのほか『幸聞記』『入理鈔』『印融抄』などからも引用して容易に理解できるように考慮されている。また豊山事相の面からみると、報恩院流の口訣類は現存するものが少なくて他に数部が存在するだけである。しかも報恩院流正嫡実雅からの伝授に加えて有雅の口説などが記載されていることでもとくに価値あるものである。〔所載〕続豊全8。〔伊藤教宣〕

幸心鈔【こうしんしょう】真 五巻。憲深（一一九二—一二六三）口決、親快（一二一五—七六）記。建長二（一二五〇）年より弘長三（一二六三）年にわたる口訣伝授の記録である。憲深は醍醐三宝院の成賢の弟子で、醍醐寺報恩院に住し、のちに醍醐寺座主を勤め、小野方の三宝院流の末流である報恩院流の祖となる。幸心とは、憲深の住した報恩院の報恩の略字であり、また報恩院流を幸心流などとも称し、本書の『幸心鈔』というのは、憲深の口訣を鈔する意である。筆記者親快は、成賢の瀉瓶の弟子道教の弟子であるが、師道教が早逝したため、憲深に法を受ける。書中の先師僧正とは憲深の師である成賢を指す。巻末には「先師報恩院僧正存日の間、受法の時、面談の次に不審を尋ね、口決を聞く。然るに天性疎学にして口伝等悉く覚悟せず。聊か一端を記し粗廃忘に備ふ。未再治の上、次第又前後し、相違せる文言調へず、訛謬定んで多からん乎。閉眼の剋必ず之を焼く可し。小野末葉親快」という奥書が見え、おりにふれて聞いた口訣を集めたものであろう。内容は諸尊法等の事相に関する秘鈔伝授の際の口決で、巻一には初めに伝授次第の事、同作法の事を置き、その後に観音段印の事、千手の事など都合二六条、巻二には法花法の事、理趣経法の事など四六条、巻三には如法愛染王の事、敬愛普通など一七条、巻四には諸尊壇場に付き存知す可き事、九重阿字観の事など四六条、巻五には守護経の事、心経法の事など一六条の総計一五一条の口決を載せる。うち、巻五は異尊についての口決である。〔所載〕正蔵78。〔苫米地誠一〕

考信録【こうしんろく】浄真 五巻。玄智（一七三四—九四）述。安永三（一七七四）年成立。玄智は本願寺派の歴史学者。初期の写本のほか明治二〇（一八八七）年の刊本がある。『真宗全』は両者を対校して補正。本書は真宗日用の聖典、勤式、作法、行事、教義等三七七項目にわたってその本拠、縁由を考証した一種の百科事典である。写本、竜大蔵。刊本、谷大、竜大蔵。〔所載〕真宗全64。〔小山一行〕

興禅護国論【こうぜんごこくろん】臨 三巻。明庵栄西（えいさい。ようさい）（一一四一—一二一五）著。建久九（一一九八）年成立。寛文六（一六六六）年刊。栄西は永治元（一一四一）年四月二〇日、備中吉備津神社の社家に出生。一三歳で叡山に登り翌年戒壇院で受戒した。のち台密、天台を学び仁安三（一一六八）年入宋し、滞在六カ月で天台新章疏を将来した。文治三（一一八七）年再度入宋して、万年寺の虚庵懐敞に参じ印可を得て帰朝。鎮西に禅を弘め、博多の聖福寺の開山となる。叡山僧徒の論難に『興禅護国論』を撰して対処し、のち鎌倉に下り源頼家や政子の帰依を得て寿福寺を開創。やがて京都に建仁寺を建仁二（一二〇二）年に創建する。建保三（一二一五）年示寂。

本書は日本に禅宗を興すための宣言書、宗義綱領の発表書で、栄西の著作の代表である。自序に「是れ則ち法を持する者の法宝を滅し、我れに非る者の我心を知らんや。啻に禅関の宗門を塞ぐのみに非ず、抑亦叡嶽の祖道を毀る。慨然、悄然たり、是なるや非なるや。仍って三篋の大綱を蘊めて、之を時哲に示し、一宗の要目を記して之を後昆に貽さん。跋して三巻と為し、分って十門を立つ。之を興禅護国論と名づく」と本書の製作の趣旨を述べている。本書は一〇門から成り、第一令法久住門は、戒律と禅定によって仏法を永続させると説き、第二鎮護国家門は、般若を主とする禅宗こそ国家を鎮護し安泰させるとし、第三世人決疑門は、禅宗に対する世人の疑問批難等を挙げてこれに答え、第四古徳誠証門は、中国や日本の古徳が禅法を重んじ実践した事例証拠を挙げ、第五宗派血脈門は、過去七仏から的々相承した禅が仏法の正系であることを示し、第六典拠増信門は、禅に関する諸経論を引用して典拠となし、人びとに信根を増長されようとし、第七大綱勧参門は、禅の大綱を示し、道俗にその参学実修をすすめている。第八禅宗支目門は、禅院の生活の綿密如法であることを、一〇条の規式、一六項の行事規定によって示している。第九大国説話門は、インドや中国に現に仏法が興隆している、それは禅法を主とするものであることを二十数種の事例によって示す、第一〇回向発願門は、禅法般若によって一切衆生に回向し、未来永劫に衆生救済の慈悲方便を励むことを発願している。本書の論述はすべて経律論や注釈書等の典拠を掲げ、反論の余地がないようにしている。巻首にある作者不明の序は、栄西の略伝であり、巻後の未来記は栄西自記の未来に対する予言である。高峰東晙が諸本を校訂し、栄西の伝と未来記とを付して、安永七（一七七八）年二月に重刊した。東晙には「興禅護国論鑿竅」四巻、文化一〇（一八一三）年刊の本書の末釈がある。〔所載〕正蔵80。〔参考〕新・仏典解題事典。〔鷲阪宗演〕

高祖一期行状日記【こうそいちごぎょうじょうにっき】日 日蓮の直弟子日向（一二五三—一三一四）の手になると伝える日蓮の伝記。もし現存すれば日蓮の伝記としては一三世紀末—一四世紀初頭に成立した最も古いものということになるが、残念ながら原本はもとより写本も存在しない。〔林是晋〕

高僧和讃講義【こうそうわさんこうぎ】浄真 三巻。徳竜（一七七二—一八五八）述。天保一四（一八四三）年成立。『高僧和讃聞記』ともいう。大谷派第一〇代講師である。著者は天保六年六四歳のとき、高倉学寮夏安居において『浄土和讃』を講じ、同じく一四年七二歳のとき『高僧和讃』を、また安政元年八三歳のとき『正像末和讃』を講述したが、本書は、その天保一四年四月二三日から四七回にわたってのべた『高僧和讃』の講義の筆録である。その書出しには「この高僧和讃は浄土和讃に相次で、釈尊出世の本懐たる往生浄土の法門を像末法滅の悪世界に弘通したまはんが為に、三朝浄土の高僧、世において、その相承を示したまふ」と記しているが、『浄土和讃』は大聖の真言をたたえているのに対し、『高僧和讃』は太祖の解釈を讃詠したものであるとのべ、また浄・高・正の『三帖和讃』を天台の三大部に比較するなど先人のいまだのべたことのない見解も披瀝されている。写本を谷大蔵。〔所載〕真宗全41。〔参考〕竜大蔵本、仏解。—→三帖和讃 〔五十嵐明宝〕

高僧和讃丁亥記【こうそうわさんていがいき】浄真 三巻。霊暉（一七七五—一八五一）述。文政一〇（一八二七）年成立。まず『高僧和讃』が制作された由来をのべるに当って、『三帖和讃』の順序に関することや真宗七祖の伝承のことを詳しく説き、もって浄土真宗の法脈相承を詳らかにするために撰述されたものであることを宣揚する。さらに選択本願が凡夫の機に相応することを明かすのが大意であるとのべ、そのあと詳しく各々の和讃について講述している。〔所載〕真大20。—→三帖和讃 〔五十嵐明宝〕

高僧和讃聞記【こうそうわさんもんき】浄真 五巻。霊暉（一七七五—一八五一）述。文政一〇（一八二七）年成立。本書は著者の『高僧和讃丁亥記』と同時の筆録であって、『丁亥記』に録されている講筵五六会のうち、初会より第四五会までの文章の底本となったものである。したがって、この部分に関しては、本書と『丁亥記』とは同文である。〔所載〕真宗全6。—→三帖和讃 〔五十嵐明宝〕

高祖紀年録【こうそきねんろく】日 一〇巻、別巻一巻。深見要言（生没年不詳）著。成立年代は未詳ながら刊本に寛政七（一七九五）年の自序を載せる。文化二（一八〇五）年刊。正しくは『本化高祖紀年録』という。先に著した絵入りの日蓮伝記本である『高祖累歳録』の本文と別録を合冊して本文に頭注を加えたもの。本文とは別に折本仕立の別巻があり、これには、小湊誕生寺、清澄寺、身延山久遠寺、池上本門寺の絵図を収載。—→高祖累歳録 〔糸久宝賢〕

高祖御真影記【こうそごしんねいき】浄真 一巻。先啓（一七二〇—九七）選。安永八（一七七九）年成立。先啓は大谷派の著名な真宗史家。真宗の流れを汲む者は御真影（親鸞の絵像・木像の真像）に対して、御存生の姿に向う思いで拝せよとし、その御真影について、本山ならびに各遺跡地に安置せられる木像・絵像の由来を記したもの。木像については一〇体、絵像については四幅ふれており、それに関連する御真影も項目中に記している。〔所載〕真宗全67。〔藤沢正徳〕

高祖年譜【こうそねんぷ】日 一巻。建立日諦、玄得日耆（生没年不詳）共著。安永八（一七七九）年成立。天明元（一七八一）年刊。弘化四（一八四七）年再刊。初刊本は三八紙、再刊本は補足されて五二紙となっている。日蓮の一代記で、貞応元（一二二二）年の生誕、家系の記述に筆を起し、弘安五（一二八二）年の入滅までの生涯を列記し、日蓮の著作・消息（遺文）を撰述年代順に配置、さらに、弘安六年に六老僧が日蓮遺文の編集を門下に告げたこと、日像の京都弘教、大覚妙実の祈雨のことを並記している。なお、初刊本では一人の信徒に複数の消息が与えられている場合、一通のみをあげて他は『高祖年譜攷異』に載せ、門弟の事跡を『本化別頭仏祖統紀』によって記しているのに対し、再刊本では複数の消息があっても全て収載し、門弟の事跡も『本化別頭仏祖統紀』刊行後であるので省略された記述となっている。〔所載〕日全『日蓮上人伝記集』に再刊本の『本化高祖年譜校訂』『本化高祖年譜攷異校訂』会本。—→高祖年譜攷異 〔糸久宝賢〕

高祖年譜攷異【こうそねんぷこうい】日 三巻。建立日諦、玄得日耆（生没年不詳）共著。安永八（一七七九）年の成立。天明元（一七八一）年刊。弘化四（一八四七）年再刊。日蓮の伝記本である『高祖年譜』の条目や語句についてより一層詳細に記したもの。日蓮の伝記の根拠を遺文にもとめて構成し、あわせて『録内啓蒙』『朝師見聞』等の遺文末注書及び

『本化別頭仏祖統紀』『高祖本紀』等の伝記本を引用並記してあるほか、『史記』『高僧伝』『吾妻鏡』『王代一覧』といった史書をも援用して日蓮伝に考証を加えている。『高祖年譜』で遺文を編年に配したのをうけて、本書では系年を考証、教義についても『法華文句』をはじめとする章疏を用いて解説している。初刊本、再刊本ともほぼ同内容であるが、再刊本は、刊行にあたった英園日英の書き入れが各所に見られる。〔所載〕日全『日蓮上人伝記集』に再刊本の『本化高祖年譜校訂』『本化高祖年譜攷異校訂』会本。〔糸久宝賢〕

→高祖年譜

高祖累歳録【こうそるいさいろく】日 折本仕立上下二巻、別録（補遺）一巻。深見要言（生没年不詳）著。成立年代不詳。文化二（一八〇五）年刊。仮名書き絵入りの日蓮伝記本で、全三五条目に亘って編年体で日蓮伝を記す。事跡に伝承を多くとり入れ、ドラマチックな内容となっており、一般向けの読み本としての性格をもあわせもっている。別録には小湊誕生寺、清澄寺、身延山久遠寺、池上本門寺の絵図を収載。〔糸久宝賢〕

広沢山普済寺日用清規【こうたくざんふさいじにちようしんぎ】曹 一巻。秀茂（生没年不詳）誌。大永七（一五二七）年編纂。表題は『遠江浜松庄富塚郷広沢山普済寺日用清規』とある。普済寺は寒巌義尹開創になる肥後大慈寺の末寺で、本清規は足利末期における寒巌派の規矩を示したもの。住持入寺之次第、年中行事之次第、祖堂入牌之次第、初夜点之図等から成る。始め住持入寺の次第で「一番大法螺を吹く」とあり、入寺の最初に法螺が用いられており、独持であるが、涅槃会、開山忌、誕生会、結制、永平忌、祝聖、達磨忌、成道会等、重要な法要に用いられている。これは末寺の衆が出仕して勤めたもののようで、本山格の威容をうかがうことができる。また入寺については、最初に法語を用いる一般的な入寺法をあげ、次に法語無しの入寺法をのべている。法語無しの入寺法は、山門、仏殿それぞれの場合に応じて、『般若心経』『消災呪』『大悲心陀羅尼』を一遍あるいは三遍誦すと定められているが、僧堂下にも例があり、古例といえよう。次に年中行事として、元日から大晦日にいたる行事を記しているが、起床、洗面、坐禅、食事等の日分の清規も含めた詳細なものである。また当時施餓鬼の行われた記載もあり、実施時代溯源上重要である。祖堂入牌の次第は、祖堂に新牌を納める法を、初夜点の図は、初夜後夜における昏鐘、火鈴の鳴らし方を記したものである。〔写本〕静岡県普済寺所蔵。〔所載〕曹全（清規）。〔参考〕三足鼎儀軌。〔新井勝竜〕

広沢聯芳或問【こうたくれんぽうわくもん】曹 一巻。日恩韜光（日思透光）（?—一七九二）撰。成立年代不明。静岡県浜松市の広沢山普済寺の勧請開山、寒巌義尹に関する史伝。設問に答えるかたちで、各種の資料をもちいながら、義尹が道元の法嗣であることを論証せんとしたもの。付録として、義尹の詩文、肥後州大渡橋梁幹縁文、同大慈寺仏殿幹縁文、普済寺五大尊に数えられる鉄山士安、華蔵義曇の遺偈等を収めている。〔所載〕続曹全（史伝）。〔中尾良信〕

合壇潅頂記【ごうだんかんじょうき】天 一巻。最澄（七六六—八二二）撰。最澄は日本天台宗の開祖、延暦二二（八〇三）年から翌年にかけて入唐求法し、翌年四月越州の順暁から三種悉地を中心とする潅頂を伝えた。本書は、台密の谷流、川流、とくに大原の合行潅頂に類似しているが、伝法密印に胎金蘇の三部合行密印を示し、最澄以後かなり発展した密教の内容を伝えていて真撰とはなしがたい。〔所載〕伝全4、日蔵（天台宗密教章疏1）。〔木内堯央〕

広智阿闍梨付法文【こうちあじゃりふほうもん】真 広智撰。天長五（八二〇）年成立。撰者の生没年は不明であるが、下野国都賀郡大慈寺の僧で、圓仁および第四代天台座主安慧が師事した。この付法文は大同五（八一〇）年比叡山妙徳道場において最澄から三部三昧耶牒を付されたことをのべ、次いで善無畏→義林→順暁→最澄→広智にいたる伝法の系譜を明らかにし、弟子徳円を第六の付嘱たることを明記した印信である。〔所載〕日蔵44。〔清水 乞〕

→徳円阿闍梨付法文

荒田随筆【こうでんずいひつ】曹 二巻。指月慧印（一六八九—一七六四）撰。寛保三（一七四三）年成立。本書はまた『不能語荒田随筆』ともいう。指月は武州男衾（おぶすま）郡に生まれ、後年、同国押切の西光寺、小曽根の西光院、川崎（神奈川県）の養光寺と、「光」のつく三寺を開創したところから「三光老人」と尊称せられた。指月は、江戸中期における洞門の大学匠の一人であるが、その学系は、宗統復古を成し遂げた卍山道白（一六三六—一七一五）の流れを汲みながら、面山—万仭と連なる系譜とは異なるようである。本書は、元文五（一七四〇）年八月二八日より、寛保三（一七四三）年二月一五日までの間に筆録され、心ある修行僧等によって叢林に伝写されていたのを、指月の法嗣、睹道本光（一七一〇—七三）が費を投じ、延享二（一七四五）年春、江戸出雲寺和泉掾から刊行した。原本は乾（上巻）・坤（下巻）の二巻にわかれ、その各がさらに上・下に区分されている。「上巻上」には、撰仏、出世不出世、修行成道、自証化他、現在滅度、衣座室、三乗の七篇。「上巻下」に戒定慧、諦縁度、伝教の三篇を収め、「下巻上」には定祖、「下巻下」には定祖之余、次祖の二篇を収録する。指月は仏祖道の衰弊を嘆き、該博な識見を縦横に駆使して、これが恢興を願うとともに、学仏道の標準を示し、道業の純なることを高揚して倦まない。上巻上に「中に就いて、諸見を忘じて法の通塞を知るものは、唯だ永平か」（原漢文）とあるが、全二巻一三篇の根底を一貫しているのは、道元の仏法である。〔所載〕正蔵82、続曹全（語録2）。〔鈴木格禅〕

弘仁三年遺書【こうにんさんねんいしょ】天 一巻。最澄（七六六—八二二）述。

弘仁三（八一二）年成立。弘仁三年五月八日、最澄は病床にあり、その時の遺言を記したものが本書である。泰範を山寺の総別当に、円澄を伝法の座主に、また孝融を一切経蔵の別当とすること等を定めている。『伝述一心戒文』に、弘仁三年大師病床にあり、五月、付法の印書を円澄に授くとあることに相応する。〔所載〕伝全5。〔末広照純〕

甲府神道問答記【こうふしんとうもんどうき】日　一巻。日宣（一七六〇—一八四六）述。弟子日通筆録。文化四（一八〇七）年一一月二八日、日宣は甲府の法花寺において「神道講譚」と題し講説をもうけた。この時、標題の神道とは我等が職分で仏者の説に非ず、として甲斐国の神道家三〇名に問答を申し込まれた。日宣は神道を一〇段に分け説明し、三十番神については『兼益記』に記されている、吉田卜部神道を日蓮が伝授されている、と答えている。三〇名の神道家は日宣の説に感銘し、その日の日宣の後座には三〇名が前列に座し、千余人が聴聞したという。また後に吉田二位良蓮はこの甲府問答の報告を聞き、日宣に賀礼を送った、と記されている。写本を立大蔵。〔宮川了篤〕

広布録【こうふろく】日　三巻。日雄（一六六〇—一七三五）編。成立は江戸時代中期。正式には『勅願所広布録』という。本書は勅願所である京都本圀寺の草創開基由来から始まり、同寺の霊宝目録、諸堂・方丈・塔舎の間敷、朱印高、及び綸旨・宣旨・制札等を録したもので、いわば本圀寺の財産目録とでもいうべきもの。なお日雄は本圀寺の塔中勧持院二〇世である。刊行は宝永三（一七〇六）年。写本は立大に蔵されている。〔中條暁秀〕

杲宝私鈔【ごうほうししょう】真　一二巻。杲宝（一三〇六—六二）述。暦応三（一三四〇）年成立。承応二（一六五三）年の板本では外題に『杲宝私鈔』、内題に『私鈔』とあり、一般には外題をもちいている。暦応三年六月一一日から九月一〇日までの間に東寺西院僧坊での百日講の次に記したもので、『大日経疏』『十巻章』等における宗学の主要問題について七六条を選んで自己の研学のために記したもの。〔所載〕真全20。—→我慢抄　〔深津繁人〕

杲宝僧都事実【こうぼうそうずじじつ】真　一巻。撰者・成立年未詳。杲宝（一三〇六—六二）の略伝。二種の伝記より成り、一は『杲快僧正之口授旧記』により、他の一は撰者自身のものか。前者は杲宝の本名（弘基）、生国（下野国）をあげ、授法の師（頼宝、浄宝）、位階就任の年月日、著撰書をあげる。後者は授法の師（頼宝、栄海）、著撰書をあげ、生国は未詳（あるいはいわく、但州の人と割注あり）とする。また『高僧伝』の記述を「故人曰」として引く〔所載〕続群書（伝部223）。〔清水　乞〕

弘法大師行化記【こうぼうだいしぎょうけき】真　一巻。藤原敦光（一〇六二—一一四四）撰。成立年代不明。『行化記』『大師行化記』ともいう。弘法大師空海の行状について、二十五条御遺告の第一条伝記を主として抜萃しつつ記した伝記書。出家年代の異説を記すなど、大師研究の重要資料である。なお、弘法大師年譜の引用書目によれば、『行化記』は、古来から敦光行化記、行遍写行化記、深賢述行化記、続群書類従本行化記の四本あるとされ、敦光本はその一種である。〔所載〕弘伝2。〔里道徳雄〕

弘法大師行状記【こうぼうだいしぎょうじょうき】真　一二巻。『弘法大師行状絵詞』ともいう。絵と詞による空海の伝記。応安七（一三七四）年より康暦元（一三七九）年に成立。東寺蔵。国宝本（巻物）には詞筆者目録一巻があり、大覚寺二品深守親王をはじめ各巻の担当者が記録され、絵筆者は『考古畫譜』に絵所預大蔵少輔行忠など六人の名前がみえる。仁和寺蔵本（天明ころの写本）では絵筆者は法眼祐尊、巨勢久行、巨勢行忠、法眼善祐の四人である。古来、土佐光信、土佐光宣、土佐光顕が絵筆者であるという説もある。写本としては醍醐寺の二本、東寺観智院の二本、仁和寺の一本などが知られているが、絵を省略するものが多い。内容は、宝暦七（一七五七）年の東寺観智院賢賀の「標題」によると、通計九五カ条で、絵はこれに対応する。〔所載〕弘伝9（東寺蔵、国宝本、絵を略す）。〔清水　乞〕

弘法大師御誕生記【こうぼうだいしごたんじょうき】真　一巻。藤原敦光（一〇六二—一一四四）撰。真言宗の開祖弘法大師空海の伝記。幼年時に泥土で仏像を作ったこと、一五歳で漢学を学び一八歳で遊学し、仏道に入り各地で修行し、入唐求法、帰国してからの事跡等を略述している。〔所載〕続群書318ノ35、弘全2。〔祖父江章子〕

弘法大師御伝【こうぼうだいしごでん】真　二巻。著者明記なし。成立年代不明。空海に関する伝記、年譜、書状、補任状、入定以後の文集、後太上天皇弔空海喪書、祭文、贈書等の文書が集大成されている。下巻の奥書に「略頌鈔に御伝を引き注して云う。成蓮院兼意阿闍梨集三巻文、所引の文、全くこの書と同じ、然れば則ちこの本は兼意の作であろか、但し、三巻二巻可検尋、或は根本中巻を脱するか」とある。〔所載〕続群書8。〔中山清田〕

弘法大師御入定勘決記【こうぼうだいしごにゅうじょうかんけつき】真　二巻。済暹（一〇二五—一一一五）撰。成立年代不明。『御入定勘決記』『御入定勘定記』ともいう。弘法大師の入定・入滅について論じ、入定に入られたとする書。上巻の目次には、入定入滅異説、入定年代異説、入滅定有世人疑謗事、入定説内外伝記各有三説事、滅尽定慈恩伝等例証事、閉眼後往生都率天事、入定期限事、得滅定於聖人尚難得事、大師地位第三事、呉殷非恵果俗弟否事、同同名異名例事、第三地菩薩得滅定並実報身事、がある。下巻の目次には、大師、実に滅定に入らずともいえども利生の為に入定相を示す事、迦葉、実に無余に入らずともいえども、故身を留めて仮に入滅相を示す例証、無余滅、滅尽定と不同の事、大師、遺身を留むるに二意有ること、大師の入定に二意有る中、第二意は末代衆生の為の所帰止の故なり、大師の分身自在なる事、大師受戒年代事、などの内容が盛り籠められている。また、別行の『御入定勘決抄』は該書の草稿本とされる。〔所蔵〕愛知宝生院（貞治三写）。〔所載〕弘伝1。〔孤島諒子〕

弘法大師弟子伝【こうぼうだいしでしでん】真 二巻。智燈撰。貞享年月（一六八四―八七）成立。空海の弟子一九人の伝を記した書。実慧を始めとする空海の弟子の伝は、頼慶、得仁等の編纂になる数種が古来存在するが、智燈はこれを収集網羅して文飾を施し、伝記事末に論賛を加えて本書を編成している。〔所載〕弘伝10、続々群書3。〔里道徳雄〕

弘法大師伝【こうぼうだいしでん】真 一巻。大江匡房（一〇四一―一一一一）撰。成立年代不明。本書は、『続群書』8上所収の『本朝神仙伝』一巻のなかより、空海伝の項を抜き出したものである。『本朝神仙伝』には空海のほか役行者、都藍尼、日蔵、泰澄、教待和尚、東寺僧、円仁の合計八人について、略伝と霊異譚とを記しており、特に空海について詳しい。〔所載〕弘伝1。〔苫米地誠一〕

弘法大師年譜【こうぼうだいしねんぷ】真 一三巻一二冊。得仁（一七七一―一八四三）集。道猷（一七九六―一八五三）校。天保五（一八三四）年刊と天保二二（マ）（一八五一）年刊の二種が存する。序文に「弘法大師一千年御忌報恩謝徳のため、天保五年八月江戸に於て稿を起し、同一一（一八四〇）年に完成」とある。空海の伝記を集大成したものである。巻一、大師世系、援引書目。巻二、在世部として、宝亀五（七七四）年誕生より二四歳『三教指帰』を著わすまで。巻三上、三一歳入唐、三二歳西明寺勅住。巻三下、三二歳潅頂入壇。巻四、三三歳帰朝『請来目録』より三五歳課役免除、京寺住まで。巻五、三七歳京都高雄山寺での鎮護国家の修法より三九歳狸毛筆献上まで。巻六、四〇歳最勝贈答より四三歳勅許で高野山を賜わるまで。巻七、四四歳高野山結界より四六歳東大寺門額を書するまで。巻八、四七歳『新華厳経』を写すより五〇歳華厳法を清涼殿で講修するまで。巻九、五一歳東大寺で三宝供養より五四歳大僧都に任ぜられるまで。巻一〇、五五歳皇妃如意論法より六〇歳高野山を真然に任せるまで。巻一一、六一歳後七日御修法を恒例とするより六二歳三月二一日入定まで。巻一二、拾遺として、般若続経呪願、書三首、答止観座主、詩八首、後夜聞法僧鳥并考、詩一首、最澄贈答一一篇、事相目録、宝物集、徒然草、舎利自記批、真俗交談記、理法身、見聞随身抄、性霊集序、玉川詠并考、已下口碑和歌、跋二首が収められている。〔所蔵〕天保五年刊（正大、谷大、竜大）、天保二二年刊（正大、高大）。〔参考〕密大4。〔中山清田〕

弘法大師略頌鈔【こうぼうだいしりゃくじゅしょう】真 一巻。円明（？―八五一）作。道範（一一七八〈八四〉―一二五二）注。空海の事蹟を一八句の頌文につくり、これに注釈を加えたものである。本書の後半の部分には、御名事、御往所事、般若寺僧正奉拝見大師事、御堂入道殿下奉拝大師事を付録している。刊本に万治元年戊戌極日吉日の開板のものがあり、明治一四年再刊。〔吉田宏哲〕

弘法大師和讃【こうぼうだいしわさん】真 七五句。佐伯慈明（一八一六―七九）撰。明治一〇（一八七七）年制作。慈明は讃州三野郡比地村字東光寺森仁左衛門の長男として生まれ文久二年高野山に登り、事教二相、悉曇、神道等を窮む。備後尾道西国寺第四一世。本和讃は真言宗三和讃のひとつであり、空海の生涯、安心、いろは歌等が内容であるが、讃中の光明真言の功徳には慈明の信仰が反映している。制作後数度、とくに安心に関する修訂がなされた。〔所載〕真安心下。〔松丸俊明〕

校補真宗法要典拠【こうほしんしゅうほうようてんきょ】浄真 本文三一巻・個条一巻。仰誓（一七二一―九四）編、超然（一七九二―一八六八）校補。安政三（一八五六）年刊。『真宗法要典拠』ともいう。初め豊後の霊範は『真宗法要稽拠』一巻を著わして引証故事等のことをのべたが、これを参考にして石州学派の祖、石見浄泉寺の仰誓が『法要典拠』六巻をつくり、備前徳聚寺の大慶の補足も加わり、浄泉寺の法嗣履善が足りないところを補い、改めて一〇巻とした。それは文化八（一八一一）年のことである。その後、親鸞の六百年忌に際し、本願寺派本山にて校補開版が企てられ、近江覚成寺の超然に校補の仕事が命じられた。超然は内弟慈空とともにこれに従事し、既述の書を基礎にし、また内外の諸典を渉猟して校補につとめ、安政二（一八五五）年にようやく完成した。写本は竜大蔵、刊本を谷大、竜大、正大などに蔵す。〔参考〕仏解、真宗大辞典。〔五十嵐明宝〕

光明院開基以八上人行状記【こうみょういんかいきいはちしょうにんぎょうじょうき】浄 一巻。素信（生没年不詳）記。成立年代不明。光明院第一四世、素信の時代から一八世紀成立ということはわかる。『華降山光明院以八寺開祖行状記』、単に『以八上人行状記』ともいう。安芸国宮島光明院開山の以八の伝記。内容は生誕、落飾、修行などの事蹟、禅僧との問答、臨終の奇瑞、門弟の逸話などである。〔版本〕安永八年版―京大・正大、文化一四年版―谷大・正大・東史料。〔所載〕浄全17。〔丸山博正〕

光明玄記科【こうみょうげんきか】天 三巻一冊。守脱大宝（一八〇四―八四）撰。成立年代不明。本書は天台の金光明経玄義に関する四明知礼の注釈書『金光明経玄義拾遺記』の科文である。この拾遺記は、義通や智円の諸説に対する批判、特に智円の『光明玄表微記』の四失に対しては、いちいちこれに反論し、道理を立て文証を引き論破し、天台教観二門の大義を遺憾なく発揮している。山家山外対抗史上も重要な書である。〔所載〕天全2。〔多田孝文〕

光明寺縁起【こうみょうじえんぎ】浄 三

巻。著者明記なし。成立年代は光明寺第三二世倍山（一六五一―七四在住）のころ。のちに観道が文化一三（一八一六）年校訂。正式には『光明寺絵縁起』とする。内容は熊谷次郎直実が源空の弟子となり蓮生と改名。粟生に一宇を創建し、源空より念仏三昧院の寺額を頂いた事に始まり、源空の臨終と嘉禄の法難、石棺の奇瑞と改葬荼毘、諸堂宇の造営等をのべ、四条天皇から光明寺勅額下賜の事で終っている。光明寺にとって貴重な宝書である。原本は粟生光明寺に秘蔵。〔所載〕仏全117。〔長谷川是修〕

光明真言加持土沙義【こうみょうしんごんかじどしゃぎ】南 高弁（一一七三―一二三二）撰。嘉禄三（一二二七）年五月一六日記。『不空羂索神変真言経』第二八巻灌頂真言成就品、菩提流志訳（『正蔵』20）に説く大灌頂光明真言について説いてある。まず、経文の光明真言持誦及び加持土沙の功徳を示し、真言の文字・句義を釈し、真言持誦の加持力により、諸業消滅の功力のあることを説き、広くこれを勧めている。〔所載〕真安心下。〔栗山秀純〕

光明真言四重釈【こうみょうしんごんしじゅうしゃく】真 一巻。道範（一一七八〈八四〉―一二五二）撰。成立年代不明。光明真言二三字について四種の解釈をした注解書。⑴浅略釈では大日・弥陀二如来の心中秘密呪で誦持の種々功徳をのべ、⑵深秘釈では各字句義を釈し、⑶秘中秘釈では五智如来の総真言であり、⑷秘々中秘釈では六大法界の源底で、万法すべてこの光明真言二三字に摂せられることを説く。〔所載〕真安心下。〔野村全宏〕

光明真言鈔【こうみょうしんごんしょう】真 二巻。亮汰（一六二二―八〇）述。別に『光明真言経鈔』ともいう。『光明真言経』を詳しくは『不空羂索毘盧遮那仏大灌頂光真言経』といい、この経の真言を受持し読誦すると無量無辺の功徳があるという。亮汰は本書において、この経を不空訳であることを強調しているが、通玄は『光明真言勧発記』二巻を記し、この経は後人の偽作であることを示している。また亮汰は寛文一二（一六七二）年『光明真言経照闇鈔』四巻を表し、前三巻は『毘盧遮那仏説金剛頂経光明真言儀軌』の注釈、後一巻は『大灌頂光真言経』の鈔とし、さらに延宝八（一六八〇）年これを増訂刊行している。本書の末注に英岳・箋解三巻、寛文の『照闇鈔』には観応・蒙引四巻、延宝本には覚眼・冠註四巻、亮海・評議（写）等数種の注書がある。〔真柴弘宗〕

光明真言初学要覧鈔【こうみょうしんごんしょがくようらんしょう】真 一巻。上田照遍（一八二八―一九〇七）撰。明治一二（一八七九）年成立。光明真言を次の七段に分けて釈したもの。⑴真言の出処、⑵真言能説の主、⑶真言の得名、⑷真言の句義釈、⑸真言の字義釈、⑹真言の観誦の作法、⑺真言加持土砂。撰者の叙には、光明真言の注釈書は古来たくさんあるが、あるいは繁あるいは簡にして初心の者には、真言の奥旨を窮めることは難しいであろうから、これらの巧釈を拾い、真言の奥旨を釈し、繁に非ず簡に非ずして初学の者に便りす、とある。〔所載〕真安心下。〔榊義孝〕

光明真言土砂勧信記【こうみょうしんごんどしゃかんじんき】南 二巻。高弁（一一七三―一二三二）述。安貞二（一二二八）年一一月九日記。高弁は、本書及び「同勧信別記」において弥陀念仏に対し光明真言の持誦及び土砂加持の功徳を説いている。真言密教教義においては、衆生の三業をそのまま三密とするが、それを、真言念誦等真言の行法による三密修行の功力とする。その意味から、「此真言にてすなごを加持しつれば、此、すなごすなはち真言の一一の文字となりて、此真言の字義を具足し句義を成就して、云々（中略）其、つみをのづからきえて極楽世界へ往生する也」「臨終に正念みだれずしてをはらむ人は、なんぞかならずしも土砂の利益をたのまむ。一生善分なき人、他人散砂の利益をうく」等と説いている。〔所載〕真安心下。〔参考〕栂尾祥雲・密教思想と生活、田中海応・光明真言集成。〔栗山秀純〕

光明真言土砂勧信別記【こうみょうしんごんどしゃかんじんべっき】南 高弁（一一七三―一二三二）述。安貞二（一二二八）年一二月二六日記。本邦における光明真言の勧信及び土砂加持の流布は高弁によるところが多い。すでに、「句義釈」「加持土沙義」「勧信記」等を著し、ここに「勧信記」につづいて「勧信別記」を示し、光明真言の功徳を述べて真言持誦及び真言行法による加持力を仰信すべきことを説いて「今は唯仰信を凝して、深く後世の勝利を待ッべし」としている。〔所載〕真安心下。〔栗山秀純〕

光明真言和讃【こうみょうしんごんわさん】真 二巻。二本あり、一本は九六句よりなり、叡尊（一二〇一―九〇）の作と伝えられ、天保九（一八三八）年、明石密蔵院の密厳が印刻した、他の一本はこれを添削改訂し五一句としたもの。九六句本は冒頭に悉曇文字で光明真言を掲げ、次いで七五調の仮名交り文により、『不空羂索経』巻二八第六八品に説く光明真言の諸功徳を平易に詠い、最後に大日如来、不空羂索観音への帰依と真言阿字門への信仰を表わす。〔所載〕真安心下。〔清水　乞〕

光明蔵三昧【こうみょうぞうざんまい】曹 一巻。孤雲懐奘（一一九八―一二八〇）撰。弘安元（一二七八）年八月二八日、懐奘八一歳のときの成立と伝える。懐奘は、道元の後席を継いで、永平寺二世となった人で、生涯、道元の教化を助け、自著は本書のみが伝わっているだけである。その撰述の意図は、冒頭に「正法眼蔵中ニ光明ノ巻アリ。今更ニ此一篇ヲ示スコトハ、偏ニ仏家ノ面目ハ光明蔵三昧ナルコトヲ脱体ナラシメントナリ」とあることによって知られるように、道元の「光明」の巻を敷演して、正法は只管打坐の光明蔵三昧にあることを明かさんとしたものである。次に、内容については、「ソレ光明蔵トハ、諸仏ノ本源、衆生ノ本有、万法ノ全体ニテ、円覚ノ神通大光明蔵ナリ。三身、四智、普門塵数ノ諸三昧モ、ミナ此ノ中ヨリ顕現ス」と明示する。さらに、その光明蔵三昧が、釈尊から伝燈祖師を経て伝わってきたことを、『華厳経』『大毘盧遮那仏神変加持経』『法華経』『大智度論』『景徳伝燈録』『正法眼蔵』等を引用して、明らかにしている。とくに有所得の坐禅を否定して、無所得・無所悟の只管打坐を説くところに眼目がある。古写本の存在が知られず、内容的に懐奘親撰説を否定する人もいる。現在知られる諸本は、明和三（一七六六）年の面山瑞方の序を付して刊行した系統のもののみである。〔所載〕正蔵82、曹全（法語）。〔石井修道〕

好夢十因【こうむじゅういん】真　二巻。知道（一二七八―八七―？）撰。弘安九（一二八六）年一月九日成立。弥勒菩薩に帰依して兜率天に往生する一〇の要因を詳述して弥勒信仰を勧めた書。その十因とは、第一釈尊付嘱、第二高祖上生、第三本誓深重、第四舎利有縁、第五上生最易、第六密行相応、第七遙期引接、第八教主甚深、第九国土甚深、第一〇為度衆生の一〇条である。文中、極楽と兜率天のどちらにも偏すべからずといい、鎌倉期における弥勒信仰の興起をうかがわせる大著である。〔所載〕真安心下4。〔里道徳雄〕

広文類会読記【こうもんるいかいどくき】浄真　一八巻。深励（一七四九―一八一七）述。本書の教行巻（一巻―七巻）までは、文化三（一八〇六）年七月一八日より一一月一一日にわたる四カ月間の講義の筆記であり、信巻（八巻―一八巻）は文化二（一八〇五）年八月二日より一二月二一日にわたる講義の筆記である。本典六巻のうち教・行・信の三巻のみの筆録であり「正信念仏偈」の会読は割愛されて、信巻に移っているが、深励には別に『正信偈講義』の著書がある。行巻の出体釈と信巻初めとに深励の行信論が示されていて、大谷派の所説がうかがえる。また鎮西・西山・今家の三派を並説して、理解やすからしめていることはとくに注目されるところである。また『教行信証講義』一五巻（深励撰、頓慧補）の著書がある。これは本書の異本であり、鳳嶺（頓慧）が証・真仏土・化身土巻を釈して、二師によって完備された御本典注釈書であり、大谷派でもっとも依用、研究されているものである。講師自筆本四冊（教行巻一冊、信巻三冊）が残存する。異本は真大13・15の末尾に掲ぐ。〔所載〕真大13・14・15。〔参考〕仏教大辞彙1（教行信証講義項）。―→顕浄土真実教行証文類　〔藤田恭爾〕

広文類聞書【こうもんるいききがき】浄真　一五巻。鳳嶺（一七四八―一八一六）著。鳳嶺は大谷派の学僧。本書は化身土巻に全力が注がれた講義である。鳳嶺が寛政末年より文化初年にわたる間に起稿された『教行信証恩記』一三巻を、法海が講述されたのが本書であるといわれている。著者は化身土巻に重きをおき、同じ大谷派の深励は行信巻に重きをおくために、大谷派教学においては双璧とされている。また両師の合講として『教行信証講義』一五巻はその意味でも尊重されている本典注釈書である。『教行信証報恩記』は漢文で示され『聞書』は延べ書き文で示されているゆえに、照合しつつ研讃するならば、鳳嶺の教学がより明らかとなる。随所に問答を設け、理解やすからしめんとする配慮をうかがいうる。とくに大谷派教学において、深励、宣明、そして鳳嶺の三師の学系のうちに宗学の発展がすべて収まるといっても過言ではない。とくに鳳嶺の化巻の詳述は、仏教のうちの真宗の位置付けに多分の配慮がなされたことが知られる。とくに本書の一五巻のうちで化巻に六巻の紙量を配していることからも知られるものである（『報恩記』においても一三巻のうち五巻の配分を当てている）。写本は住田智見氏、尾張専養寺、三河慈光寺に蔵する。〔所載〕真大16・17（真宗全21報恩記所載）、〔参考〕仏教大辞彙6（鳳嶺項）。―→教行信証報恩記・顕浄土真実教行証文類　〔藤田恭爾〕

広文類対問記【こうもんるいたいもんき】浄真　一二巻（巻八・上下二巻、巻一〇・本末二巻）。月珠（一七九五―一八五六）誌。安政元（一八五四）年成立。月珠は、豊前国下毛郡桜洲村の浄光寺に誕生。初め宗乗を道隠の門に学ぶが、道隠没後は父の円然について研鑽した。学系は空華を承けたが、晩年諸家を折衷して多く自解を出した。その学派を豊前学派と称す。広如の命により、内殿にて月珠が本典を講説した。信巻末以下を三カ月にわたって講了した。ただ、講説に信巻本以前を省略したのは道隠の講説を継続したからである。明治二二年六月に、門人東陽円月が修整本をもって校訂し、『対問記』と改題し刊行した（改題前は『敬信録』）、赤松連城・水原宏遠の序、ならびに東陽円月の跋がある。本書には、とくに豊前学派の機教行信説が詳説されている。教位の行・機位の信を行巻と信巻に配当し、行巻をおしえの巻、信巻をうけての巻と明別する論を展開している。行巻のはじめに、「以㆓能所不二之称名㆒為㆓他力大行㆒」と示し、称うるものを助くる法とし、その法を信ずるのが信巻（機位）であるとする。また、具作用、正作用、持作用を名号正定業、信心正定業、称名正定業に配当するのも月珠豊前空華の特色である（行巻所明）。明治二二年に刊行され、明治二七年に再版されている。〔藤田恭爾〕

広文類聞誌【こうもんるいもんし】浄真　九巻。宣明（一七五〇―一八二一）述。文化一二（一八一五）年成立。『教行信証聞誌』ともいう。宣明は寛延三（一七五〇）年三月五日、加賀国八田村法円寺に生まる。一八歳に上洛、高倉学寮に入り、亀陵・香酔に師事し、さらに諸学匠に就き、倶舎、唯識、維摩、勝鬘を学びとくに倶舎宣明と称せられた。天明二（一七八二）年三三歳にして越中高岡の開正寺に入寺し、寮舎を修理し一切経蔵を建つ。後進の指導に尽力し、学風を慕って会下に集うもの四五〇余名に及ぶという。霊晧、慧月、亮空はその門下の輩出せるものである。第六代講師となり、深励と大谷宗学の双璧をなす。後世の学者は多く両師いずれかの風格を伝えるものである。本書は寛政六（一七九四）年八月二八日、越中高岡の専称寺において発講され、のち会所は宣明自坊の雲処堂に移ったもののごとくである。爾来文化一二（一八一五）年一二月一八日満講にいたるまで一六五会二二年の久しきにわたって随時講述せられたものである。真実教文類聞誌、真実行文類聞誌、真実信文類聞誌（上下）、真実証文類聞誌、真仏土文類聞誌、方便化身土文類聞誌（上下）と題号が分類され、存覚の『六要鈔』（一〇巻）を座右にしつつ、論が展開されている。大部の著述であるが、処々に問答を設け、懇切な説明をもって大谷派宗学の大成をなしている。また和語で書かれていることも読解しやすいといえる。刊本は谷大、住田、大須賀氏所蔵。〔所載〕続真大5・6。〔藤田恭爾〕

高野興廃記【こうやこうはいき】[真]　一巻。信堅（一二五九—一三二二）撰。成立年代不明。『高野山興廃記』ともいう。本書は高野山開創より鎌倉末期にいたるまでの同山の興廃変遷を記したものである。内容は、高野山建立略年表、高野山與吉野堺相論事、大塔興廃日記、金剛峯寺座主次第、歴代天皇高野崇重事、奥院御影堂事、高野仏事始行事、伝法院建立事等を略述する。高野山史研究上重要な一書である。〔所載〕仏全（寺誌叢書4）。〔村山正俊〕

高野雑筆集【こうやざっぴつしゅう】[真]　二巻。編者、成立年代ともに不明。空海（七七四—八三五）の遺文集。主に上表文、上啓文、出家者への便り、在俗者への便り、また弟子の代りにしたためた書状、あるいは空海へあてた書状なども含めて、巻上に三九種類、巻下に三一種類が編集されている。空海の書簡集としては、他に『発揮拾遺編』一巻と、『拾遺性霊集』二巻があるが、『高野雑筆集』には書簡以外のものとして、仏教の東方への流伝年代に関するノートや和韻の詩なども含まれている。このころの書簡は隋から唐にかけて多く発表された中国古代の書簡文例集『書儀』等を模範にして書かれたものが多く、相手への敬意が言葉を尽くして表現され、季節感とともに筆者の真意が豊かな語彙によって適確に書き示されている。長いものからわずか数行のものまであるが、『遍照発揮性霊集』に集録された文と重複しているものも少なくない。〔所載〕弘全10、続群書12。〔参考〕弘全(別)7。〔孤島諒子〕

高野山往生伝【こうやさんおうじょうでん】[真]　一巻。著者明記なし。成立年代不明。別に『高野往生伝』ともいう。寛治七（一〇九三）年に没した教懐始め、高野山で往生浄土を欣求した、約一〇〇年間三八名の伝記や臨終のありさまをくわしく記したもの。三八名の念仏行者のうちには『拾遺往生伝』などの伝記に記されているものもある。〔所蔵〕延宝五年刊（高大、正大、竜大）。〔所載〕仏全107、仏全(鈴)（史伝部7—68）、浄全続17、続群書8上。〔参考〕仏解、仏全、仏全(鈴)。〔中山清田〕

高野山奥院興廃記【こうやさんおくのいんこうはいき】[真]　一巻。尚祚（?—一二四五）記。元仁二（一二二五）年成立。内題を『注進奥院堂塔興廃事』といい、別に『高野興廃記』『堂塔興廃事』『奥院興廃記録』『奥院興廃記』『高野山奥院興廃記録』などともいう。尚祚は高野山心南院の学匠で高野八傑の一人である。はじめ高野山華王院に入り、密教の奥儀に達した。その後心南院を創建して阿弥陀仏を安置し、真言密教のほか浄土教も兼修している。著作には『初学大要鈔』『御遺告勘註』『壇場巡礼記』などがある。本書は承和二（八三五）年「弘法大師御入定のこと」から、元仁二（一二二五）年「奥院南小庵室修理造営のこと」まで、三九一年間にわたる四一カ条からなり、奥院の興廃に関する先人の残した記録を集めたものである。第一条から第三六条までは貞応二（一二二三）年に成立し、その後元仁二（一二二五）年に第三七条以下五条を加えて一書として成立したものである。このうち(6)奥院拝殿並房舎等事と(7)奥院拝殿第二建立事のあいだに、(一)応試真言宗年分度者学業弁定得度日処事（承和二年八月二〇日発符）と(二)応真言宗僧毎年任諸国講読師事（承和四年八月五日発符）という二件の太政官符が挿入されており、またそのほか、後世に添加されたものがあって、多少再治すべきところもあるが、高野山奥院のことを知るうえで貴重な資料である。〔所載〕仏全(鈴)87（寺誌部5）、続群書（釈家部28上）。〔伊藤教宣〕

高野山事略【こうやさんじりゃく】[真]　一巻。新井白石（一六五七—一七二五）撰。白石の学者名は君美。江戸中期の政治家であり、木下順庵を師として将軍家宣・家継に仕え、幕政にあずかり文治主義的政治をおしすすめた。学者としての業績も多方面にわたり名著が多い。本書は高野山における、学侶、行人、聖（非事吏）の三派の由来から江戸時代のこの三派間の争論等を十カ条に記述したものである。〔所載〕新井白石全集3。〔松丸俊明〕

高野春秋編年輯録【こうやしゅんじゅうへんねんしゅうろく】[真]　一八巻。懐英（一六四二—一七二七）撰。元禄七—享保四（一六九四—一七一九）成立。弘仁七年空海が高野山を開創して以来、数多くの文献古文書類が成立した。とくに本書の編せられた時代もたくさんのものがあったと推測される。それらのなかから幾多の資料記録類を編年体に集録し、一山の歴史を明らかにしたものである。高野山の歴史は古く、またこの当時は、しかるべき総合的な歴史書が存せず、懐英があえて本書を編纂したことは評価すべきことである。もちろん、これを編纂するうえで、資料の取捨、年次の前後等、正確でなく満足しえない点もみられるものの、元禄時代の一僧侶としての著者が、苦心して編纂したということにおいて感謝すべき著作である。古来、高野山には、学侶、行人、非事吏の三派があった。本書に収められるところは、主として学侶における事歴であると非難される点はあるけれども、編集態度は実証的に正確を期して、一山各寺の宝庫を探って古記録を引用しているから、現在もなお資料としての価値をもっている。また本書は、そのなかに高野山の大塔を中心に伽藍の配置を記した絵地図を載せるとともに、高野山西塔の図、また金剛峯寺の図、金堂の図様なども載せている。写本が竜大、高大等に現存する。〔吉田宏晳〕

高野大師行状図絵【こうやだいしぎょうじょうずえ】〔真〕 空海の行状絵縁起で一〇巻あるいは六巻。一〇巻本は作者不明で鎌倉中期制作とされるものと、延徳二（一四九〇）年書写の大和大蔵寺本（原本の高野山惣持院本は現存せず、転写本は高野山親王院本、金沢宝集寺本等）。六巻本は土佐行光画、近衛道嗣詞と伝えられる南北朝時代制作（第一巻は天保一一年）の高野山地蔵院本（重文、紙本着色、昭55復刻）。〔所載〕弘伝8・9。〔松丸俊明〕

高野大師御広伝【こうやだいしごこうでん】〔真〕 二巻。聖賢（一〇八三—一一四七）撰。元永元（一一一八）年成立。たんに『大師広伝』ともいう。空海の出生から入定までの伝記や入定後の大師号の追諡、贈位等の文献資料、さらにはその後ひろまった奇跡伝説などの資料も集められているもので、内容が広汎であり、旁証も豊富であるため、空海の伝記資料としては文献的価値の高いものである。〔所載〕弘全（首）、弘伝2、続群書（伝部1下）。〔伊藤教宣〕

高野日記【こうやにっき】〔時〕 頓阿（一二八九—？）作と伝えるが不明。書中に「名もしらぬ深山の鳥の声はしてあふ人もなし槙のした道」の歌が「高野にのぼり侍りし時」の詞書を付して『草庵集』にみえること、頓阿在世の暦応五（一三四二）年三月二〇日法勝寺炎上と『山家集』焼失の記事がやはり『草庵集』の記述や『西行上人集』の周嗣奥書と重なることなど、本書と頓阿とが無関係とも思われない。なお、文中に高野山を「たかの山」と仮名書する。内容は、ある秋の日高野（たかの）山に参詣の途中、僧に逢ったが、それは旧知の網元の出家姿であった。その網元の草庵に誘われ、西行自筆の『山家集』が法勝寺炎上で焼失した話、藤原隆信画の大原図、同信実画の水無瀬四季図や後鳥羽院御影などの尽きない話に興じているうち、七〇歳過ぎの海象という僧も話に加わり、老僧の話には空海が文盲の寺大工たちのために、いろはの四八字を教えて以来世にひろまり、来世の人びとの教導の用になったと聞いたので、伊呂波四八字を冠字にして四八首を即吟して影前に供養したとして、冠字和歌四八首を付載したものである。作者頓阿は二階堂光貞の子貞宗の子、二四歳で比叡山に登り泰尋と号し、高野山に赴き感空と称し、のち四条道場開山浄阿真観の門に入って頓阿と称した。藤原為世に従って和歌を究め書を能くする。光厳院、花園院、良基、尊氏、兼好、浄弁、慶運等と交わる。〔所載〕国東叢1（紀行部）、続群書18下、扶桑拾葉集中、定時宗下。〔高野 修〕

孝養集【こうようしゅう】〔真〕 三巻。伝覚鑁（一〇九五—一一四三）。正しくは『秘密念仏孝養集』という。

古来、覚鑁の作と伝えられる和文の往生念仏の書である。もし、覚鑁の真作ならば、覚鑁の思想中、念仏の思想は極めて発展したものとみなければならず、覚鑁思想の全般的な理解を根柢から改めなければならないこととなり、さらに日本浄土教史にも重大な変更を加えなければならないこととなる。加えて、本書は和文で全編記されており、もしこの書が真に覚鑁の作であったならば、わが国初の和文の著作は本書ということになり、日本和文史、日本国民文学史の上でも極めて重要な大作ということになるであろうが、これも俄かに首肯しうるところではない。この書が覚鑁の書であるとすれば、右のごとく、その影響力の評価は測り知れないほど大きいものとなろうが、今早急な断案は控えるべきであろう。否、むしろ、次のごとき諸理由から、本書は、やはり、覚鑁に仮託された、後世の真言宗の念仏行人の作と見做すべきであろう。その理由の第一は、「十念」を勧める個所があること、第二に『往生要集』の引証があること等であり、これらは、単に時代の上からも首肯しにくいところであるのみならず、思想的にも覚鑁のそれとは一致しにくいものである。

本書の構造や動機は、巻末によって明らかである。母が仏道を知りたいといっていたところ、なかなか仏道について簡明に記し、それを母に送ることができない。孝養の志を遂げられずとして悲しんでいたところ、三人の聖人がこれを哀れみ、一夏の間に、多数の経・論の文を引き、あるいは先徳の記し置いたものを集めておいてくれた。しかし、このままでは、田舎にいる母には難しかろうと思い、和文に直しておいたというのである。本書は三巻に分けられる。

(1)上巻＝第一、仏法と申すことを明らむる様。第二、人の生まるるより終るまでの有様。第三、善を捨て悪を作ること。第四、作罪によって地獄に堕つること。第五、餓鬼道の愁いの相。第六、畜生道の悲しみの相。第七、阿修羅道の不安の相。第八、人間の八苦の相、第九、天人の五衰の相、第十、終る人を六道には何の処に生ずべきか。命の終るとき、地獄に堕ちるに十五相、畜生に生るるに五の相、餓鬼に生るるに八の相、人間に生るるに十の相、天人に生るるに十の相などを明かす。第十一、終る人の生処を知って孝養すべき様、第十二、功徳作して回向すべき様。

(2)中巻＝第一、三界を厭うべきこと。第二、信心を発すべきこと。第三、極楽を欣うべきこと。第四、念仏を唱うべきこと。第五、菩提心を発すべきこと。第六、仏制の戒を持つべきこと。第七、修行あるべきこと。第八、罪を滅失すべきこと。第九、心を静むべきこと。第十、弥陀の白毫を観ずべきこと。第十一、往生の業を定むべきこと。第十二、法華経を読むべきこと。第十三、仏の御心に叶うべきこと。第十四、仏の助言を待つべきこと。第十五、憍慢を恐るべきこと。

⑶下巻＝第一、兼ねて臨終の用心あるべきこと。第二、道場を厳るべきこと。第三、善知識あるべきこと。第四、病人に順じて勧むべきこと。第五、病人をして苦しまざるよう。第六、兼ねて日に十念を習うべきよう。第七、正しく最後の一念に依って往生をなすべき様。第八、仏・聖衆来迎の様。第九、浄土に生じ楽を受くる様。第十、浄土に生じ娑婆に帰り、縁有る人、諸々の衆生を浄土に導く様。

以上、三巻を総じて計三七項目に亙って念仏の用心を述べ、存生中より臨終に至るまでの仏道・念仏の在るべき相を述べている。三巻は有機的に連結していてにわかに分かち難いが、しいて特色を挙げれば、上巻は、「人間・六道」論、中巻は、「世間・仏」論、下巻は「臨終・往生」論といいえようか。本書が覚鑁の書とは目し難いことは述べたとおりであるが、このことは浄土教研究家によっても認められ、源空（一一三三―一二一二）直前の密教系統の人の手になるものだろうと目されている（石田充之『日本浄土教の研究』）。あるいは、覚鑁の『孝養父母観念』に模したものか。本書の内容には、『往生要集』『往生拾因』は、本書の根幹をなし、『大経』『観経』『小経』『浄土論』『善導』『法照五会讃』『法華経』『薬王品』『菩提心論』『十住心論』『起信論』等に依拠している。念仏往生の思想としては「厭離穢土・欣求浄土」「称名念仏往生」という正道を歩むものであるが、特に第十八願・十九願に注目されていること、覚鑁に仮託されるほど、真言にも念仏の風あったことは注意されるべきであろう。〔金岡秀友〕

綱要正議【こうようせいぎ】日 二巻。日輝（一八〇〇―五九）撰。序文によると天保二（一八三一）年の成立。正式名は『祖書綱要正議』。日導の『祖書綱要』二三巻、ならびにこれを刪略した日寿の『祖書綱要刪略』七巻の宗要を論述したもので、日輝の初期における代表的著作。『祖書綱要』は、天台学偏重の檀林教学を廃し、祖師日蓮の宗義を顕彰するため、日蓮教学を体系化した最初の著作であり、『祖書綱要刪略』は初心者の手引きとして『祖書綱要』を要約したもの。日輝は、元政『草山集』、日深『峨眉集』と『祖書綱要』を近世日蓮教学の代表作とし、とくに『祖書綱要』を宗策中の最宝策と絶讃する。『祖書綱要』『祖書綱要刪略』はともに日本天台の本覚思想や真言の五大思想などの強い影響を受け本覚成仏を論じるに対し、日輝は修成、修因の必要性を説き始覚に即して本覚をみようとし、唱題に事観を論ずる『祖書綱要』『祖書綱要刪略』の宗義顕彰を評価しながらも、五大常住、五大融通などの即物的理本覚思想を否定し、本門三千事常住に立脚した本迹の一致、始覚本覚不二を主張した。その思想的背景には、日輝が私淑した日臨の信心重視の内省的教学が指摘されるが、日輝の教学を今日から評するならば、依然として観心主義的な傾向が強いといえる。刊本は明治一四（一八八一）年、同三一（一八九八）年。〔所載〕充洽園全集3。〔参考〕日蓮宗信行論の研究。〔庵谷行亨〕

講余随筆【こうよずいひつ】浄真 一巻。仰誓（一七二一―九四）述。天明元（一七八一）年成立。石州学派の祖で、本願寺派の仰誓が浅草報恩寺に伝わる『親鸞聖人御遺書五箇条』が偽妄の書であり、邪説をのべていることを論述したもの。『御遺書五箇条』は秘事法門の徒の手になるものと考えられ、唯心己心の仏を唱え、自他無差別の一心境を勧めており、邪説異端であることは明らかであるが、本書は各条に文証、理証を挙げて邪説を説論している。〔所載〕真宗全62。――→真宗小部集 〔本多静芳〕

後諌手引草【ごかんてびきぐさ】日 二巻。日珠（一七六三―一八一七）著。文化三（一八〇六）年一二月八日脱稿。日珠は不受不施派流罪僧で、岡山藩士井上立庵の子として生まれ、幼少のころより日範の下に出家して訓育せられ、のち日恩に師事した。天明三（一七八三）年、日縁より大樹庵を譲られ、教化活動を続けた。寛政五（一七九三）年春、浄敬日得、信者彦七をともなって江戸に下り、二月二九日、不受不施義の再興を願って諌暁書『法華真正行』一巻を呈して寺社奉行脇坂淡路守安董に諌暁したが、三月二八日、三宅島遠島に処せられるとの裁決が下った。同年九月一三日刑が執行され、同日出帆、二〇日に三宅島に到着した。在島二五年、伊ケ谷の草庵で五五歳にて没した。本書は、後世、不受不施派の僧俗が諌暁する際の用意や心得を、ことこまかに書きとめたもので、奉行所での対応・態度、入牢してからの生活用式や作法をはじめ、入牢中、牢名主が日珠に帰依したこと、牢内で行った説法のことなども記されている。写本は金川妙覚寺に三本所蔵。〔所載〕日宗全21。〔参考〕日宗全21（日珠上人略伝・諸本解説）。〔糸久宝賢〕

己行記【こぎょうき】日 一巻。日珖（一五三二―九八）著。永禄四（一五六一）年から天正一三（一五八五）年にかけての成立。本書は日珖の二五年間に亘る日記で、彼が権僧正に任ぜられた三〇歳の時から始まり、永禄規約（永禄七〈一五六四〉年、京都日蓮教団各門流の和睦条約）の事、「三光無師会」（元亀年間〈一五七〇―七二〉に、日珖が日詮、常光日諦とともに堺で始めた天台三大部の講会）の事、安土宗論（天正七〈一五七九〉年、織田信長の命によって日蓮教団と浄土宗とが宗論をし、信長の陰謀によって日蓮教団側が敗北させられた事件）の事、安土宗論の際に提出した詫証文を豊臣秀吉に請願して取返し、一宗安堵した（天正一三〈一五八五〉年）事などを記す。形式は個条書の簡単なものであるが、戦国期の日蓮教団史料として第一級のもの。直筆は堺妙国寺蔵。〔所載〕日宗全19。〔糸久宝賢〕

五教章纂釈【ごきょうしょうさんしゃく】南 三九（総目録を含めると四〇）巻。湛睿（一二七一―一三四六）述。建武元（一三三四）年成立。湛睿は凝然門下とも禅爾門下ともいわれ消息は定かではないが、鎌倉における東大寺華厳の大成者であり、著作も『演義鈔纂釈』『起信論義記教理鈔』等が現存する。本書は『五教章』の注釈書としては凝然の『五教章通路記』に次ぐ大部のもので、『五教章』に準じて一〇門より構成されている。三九巻は上巻一五巻、中巻八巻、下巻一六巻より成り、上巻には、⑴建立一乗、⑵教義摂益、⑶叙古今立教、⑷分教開宗、⑸乗教開合、⑹教起前後、⑺決択前後意、⑻施設異相が含まれ、『起信論』をもって五教判の依拠となすという『起信論』の教学的地位の高さが特徴的である。中巻には⑼義理分斉が説かれ、ここには三性同異義、因門六義、十玄縁起無礙法門、六相円融義という教学的にもっとも重要なものが含まれている。この巻では宋代の二水四家の説が紹介され、三性同異義や因門六義の説明にさいしてそれらを積極的に取り入れている点が特徴的である。下巻には、⑽諸教所詮差別が説かれ、心識差別、種性差別、行位差別、断惑分斉等が詳述されている。凝然によって確立された法蔵―澄観の路線を保つ正統華厳の説、すなわち東大寺戒壇院系華厳がこの湛睿により正しく継承されていることが知られるものである。〔所載〕仏全鈴34。〔参考〕本朝高僧伝、高峯了州・華厳思想史、納富常天・鎌倉の教学―金沢文庫資料を中心とした華厳教学。〔小泉春明〕

五教章聴抄【ごきょうしょうちょうしょう】南　五巻。聖憲(一三〇七―九二)述。建武二(一三三四)年成立。『久米田抄』『五教章聴聞抄』ともいう。聖憲は和泉国の人で高野山で密教を学び、久米田寺で盛誉から華厳を学んでいる。加持門説を大成した新義真言宗の中心人物でもあり、著書に『玉心鈔』『大疏百条第三重』等がある。本書は盛誉の『五教章』の講述を聞書きしたものを抄したもので、『五教章』に基づき、⑴建立一乗、⑵教義摂益、⑶叙古今立教、⑷分教開宗、⑸乗教開合、⑹教起前後、⑺決択前後意、⑻施設異相(以上上巻)、⑼義理分斉(以上中巻)、⑽所詮差別義(以上下巻)、の一〇門より構成されている。教判論で、聖憲は頓教について⑴音声説法と⑵浄名黙理の二法を区別し、前者は能詮の音声と所詮の理性が不二であるところに理性が頓顕することを示し、後者は音声を出すことなく理性を顕わすもので、説法は必ずしも音声を伴うとはかぎらないので、無言の場合も説法は成立すると説き、因果二分についても、本来自爾たる果分を人に知らせるために因分は言をもって説くもので、不可説とは言葉の消滅した不思議の法ではなくて、事事の諸法の果分に寄せたものであると説く点などが特徴である。また高弁の断惑説について一断一切断をひとりに約したのは、多人相望となるべきものを誤謬したものと訂正しているとあるが、典拠は不明である。〔所載〕仏全鈴35。〔参考〕本朝高僧伝、高峯了州・華厳思想史。〔小泉春明〕

五教章通路記【ごきょうしょうつうろき】南　五二巻(現存は一―四、六、八、一〇―二一、二三―二七、三四、三八―五二の三九巻)。凝然(一二四〇―一三二一)述。上巻は正安二(一三〇〇)年、中下巻は応長元(一三一一)年成立。凝然は伊予国出身で延暦寺で菩薩戒を、東大寺戒壇院で円照より通受戒を受ける。円照、宗性に師事し、生涯の著作は一二五部一二〇〇巻余りに及び、高弁とともに華厳宗の双璧とされる。本書は法蔵の『五教章』の注釈書としては最大のものであり、凝然の主著のひとつである『法界義鏡』は本書の概説書というべき存在である。凝然は寿霊の『指事記』を基調として、ひろく古写本を渉猟して参考としたうえで、これまでの元暁、慧遠、李通玄などの説が混然としていた状態から、法蔵―澄観という正統華厳の確立を目指したのである。寿霊を指南としてはいるが、たとえば教判論においては、華厳一乗に同別二教相を認める点は寿霊説を踏襲しているが、華厳の同教を称性をもって別教に摂し、法華の別教を逆に対権をもって同教に属すと論じて華厳の法華に対する優越を示す。この教判論は宋代の諸家の関心事であったが、凝然は一乗において別教とは普法のみを見る立場であり、同教とは三乗の権を一乗に帰入させる立場であるとし、華厳一乗にも同別二教相を認めて、同教は回入会帰を主とするのに対して、法華一乗の同教は回入会帰および遮三破三を内容とすると説くことが特徴のひとつである。〔所載〕正蔵72、仏全鈴33・34。〔参考〕本朝高僧伝、島地大等・日本仏教教学史、高峯了州・華厳思想史。〔小泉春明〕

御経蔵宝物聖教等目録【ごきょうぞうほうもつしょうぎょうとうもくろく】因　一巻。最澄(七六六―八二二)編。『経蔵目録』ともいう。最澄は日本天台宗宗祖、延暦二二(八〇三)年から翌年にかけて入唐し、円密戒等の法門を将来、同二五(八〇五)年一月天台法華宗年分者二人を許され、天台宗が開創した。その基本となる入唐将来の経疏道具等を比叡山一乗止観院の経蔵に納めたが、本書はその目録で叡山蔵の祖型を語る。〔所載〕伝全4、日蔵(天台宗顕教章疏2)。〔木内堯央〕

国阿上人伝【こくあしょうにんでん】時　五巻。写本奥書によれば、編著者は時宗国阿・霊山両派派祖国阿弥陀仏(一三一四―一四〇五)の弟子の相阿とするが信じ難く、成立年代も一七世紀中葉ごろと推定される。国阿の生涯を詳細に記述するが、信憑性は高くない。祖本は京都正法寺旧蔵で絵・詞各五巻であったが、現存写本は詞書のみで正法寺(大正一二年書写)と京都安養寺(寛政年間ころの書写)に所蔵される。〔所載〕大日本史料(応永一二年九月一一日条)、国東叢2ノ5、定時宗下。〔林譲〕

国阿派宗義開出【こくあはしゅうぎかいしゅつ】時　一冊。著者明記なし。成立年代不明。国阿派宗義とあるものの、時宗国阿・霊山両派派祖国阿弥陀仏(一三一四―一四〇五)やその門流の法語・宗風などが記されているわけではない。時宗は『阿弥陀経』による経宗で論釈による宗ではなく、一心不乱の四字により宗義を立てると説く。現存写本は京都安養寺

勝興庵知観の手になる一本のみが知られる。〔所載〕定時宗下。〔林譲〕

極印潅頂三祇師補闕分軌【ごくいんかんじょうさんぎしほけつぶんき】真　一巻。観賢（八五三—九二五）撰。観賢の明記はないが古来般若寺観賢の作とされている。慧印法流の極印潅頂において、小祇師、中祇師、法身師が受者に印明を授く作法次第を記したものである。文中「寛師云」は憲深（一一九二—一二六三）の誤写とする口伝に従えば、本書は観賢より三〇〇年後の成立かとも類推されている。〔所載〕日蔵92。〔布施浄慧〕

極印潅頂道場手鏡【ごくいんかんじょうどうじょうてかがみ】真　一巻。淳祐（八九〇—九五三）撰。撰者について淳祐を当てているが、今後良書を得て決定すべきであろう。本書は、聖宝撰とされる『修験極印潅頂法』による潅頂実修の手鏡である。滅罪潅頂之壇、覚悟之壇、伝法潅頂之壇、結縁潅頂の項及び最末に口伝を付してある。慧印流の事相教相の基底が定まることを示す書と評価されている。〔所載〕日蔵92。〔布施浄慧〕

虚空蔵求聞持法【こくうぞうぐもんじほう】真　一巻。真雅（八〇一—七九）。この書は弘法大師諸弟子全集中巻に収められているが真偽未決である。内容は印・明、求聞持加用大事、初重常十六字、二重十一字、三重八字、四重五字、五重十字、六重二字、七重一字、ダト最秘大事、七日成就法が記してある。いずれも空海の秘口を東寺において伝授されたるものと結んでいる。〔所載〕弘弟全中巻。〔布施浄慧〕

谷響集【こくきょうしゅう】臨　一巻。夢窓疎石（一二七五—一三五一）撰。室町時代成立。夢窓が『夢中問答集』の中で浄土宗を小乗の法門としたことに対して浄土宗鎌倉光明寺の智演（澄円）は『夢中松風論』を著して、これを批難した。これに対して夢窓は再び筆をとって本書を著して論駁した。南北朝ころ刊（五山版）の唯一の伝本は内閣（昭52復刻）に所蔵。江戸初期刊本、無著道忠書写本が伝存。〔所載〕国東叢1。〔早苗憲生〕

極楽願往生歌【ごくらくがんおうじょうか】浄　一巻。西念（生没年不詳）撰。康治元（一一四二）年成立。西念の伝歴は明らかではないが、本書巻末の「極楽願往生歌序」によれば、仏画をよくし、『法華経』をはじめとする多くの経典を読誦し、念仏により西方極楽往生を願ったことが知られる。また、当時盛んであった四天王寺西門に詣でて、西方極楽への往生を願うあまり、日想観を修したのち西門を出でて難波の海へ跳び込み、捨身往生を願ったこともあったと伝えられる。本書は明治三九（一九〇六）年一一月に、京都市下京区の藤井利右衛門氏宅の地下より、『紺紙金字供養目録』『白紙墨書供養目録』などとともに発見され、他の発掘品とともに当時の東京帝室博物館に献納されたものである。内容は、阿弥陀仏の四十八願にちなみ、いろは四十七文字のいちいちを和歌の首尾に配し四七首、最後に別和歌として「ひまもなく心にかくる極楽の猶急がしき道をしらべむ」の一首を結びとして計四八首を列記している。いろは四十七文字は、たとえば「いろいろの花をつみては西方の弥陀に備えて露の身を悔い」というように、和歌の首尾に同字を一字ずつ配しているが、そのために語法上に無理があるものもみられる。もとは片かなと漢字まじりで書かれていたものを、後に活字化する時にひらがなに改めている。〔所載〕国東叢8。〔坂上雅翁〕

極楽浄土宗義【ごくらくじょうどしゅうぎ】浄　三巻（上巻欠）。隆寛（一一四八—一二二七）記。隆寛七三歳の作で、浄土宗義の綱要をのべるものであるが、三巻のうち上巻を欠く。浄土宗義として、報土と辺地との往生機をめぐる隆寛の浄土論の特色が展開される。中巻は解往生機について、(1)報土往生機（本願往生機、問答料簡）、(2)辺地往生機（辺地往生機、問答料簡）に分け、下巻は結浄土宗義について、(1)国土相（報土相、辺地相）、(2)往生機（報土機、辺地機）、(3)宗名（次位名義、教相名義、浄土宗名義）に分けてのべる。内容は、阿弥陀仏の報土に自受用土と他受用土とがあって、凡夫が往生するのは他受用土で、善導のいう無為涅槃界であり、勝上の報土であるとする。源空門下において、『無量寿経』所説による辺地胎生をもちいないものはないが、凝然、懐山、妙瑞等によれば、隆寛はこれを論ずることを特色としているという。とくに本書では九品往生との関係を論じ、辺地胎生と体は一とし、九品を辺地とすることをのべる。三心不具足で他力に帰さないものは辺地往生するという。〔所蔵〕中巻（東京某氏）、下巻（金沢文庫）。〔参考〕平井正戒・隆寛律師の浄土教附遺文集。〔福原隆善〕

五家参詳要路門【ごけさんしょうようろもん】臨　五巻。東嶺円慈（一七二一—九二）撰。自序に天明第七歳戊申の日付があるが、戊申は天明八（一七八八）年である。本書は中国禅宗の五家、すなわち臨済宗、雲門宗、曹洞宗、潙仰宗、法眼宗をそれぞれの巻に配してその特徴を述べ、付録として臘八示衆と看経榜の二門を付けて全体を五巻にまとめたものである。その著述動機は、序文に「夫れ五家の宗は、我が宗向上の大事を伝えんと欲するのみ。然るに只世間流布の文字を解するが如く、妄に解して以て要と為す。故に宗祖各々其の宗の要路を教訓して門戸を分ち、自ら五つの一宗風と為る。知りぬべし、根本は只向上の大事なることを。五家は即ち差別の要門なり」とあるごとく、五家は家風を異にするが、禅宗の要路は向上の大事に尽き、究極的に一致することを、五家各宗の祖師の語録に直接参じることによって明らかにする所にあった。東嶺のあげる各宗の特徴は臨済宗は機峰を戦わせる所にあり、雲門宗は言句を択ぶ所にあり、曹洞宗は心地を極める所にあり、潙仰宗は作用を明らかにする所にあり、法眼宗は利済を先とする所にあるとする。『人天眼目』の雲門天子、臨済将軍、潙仰公卿、法眼大夫、曹洞土民とする説が、誤って宗派の優劣と解されているのを批判する意図も明らかである。なお付録ではあるが臘八示衆と看経榜には東嶺の綿密な家風がよく示されてあり、かえって重要な意義をもつものである。〔所載〕正蔵81。〔沖本克己〕

古月和尚伝記【こげつおしょうでんき】臨　一巻。鱗滔天撰。宝暦元（一七五一）年成立。詳しくは『日向佐土原仏日山金地大光自国禅寺四十二世同所天寿山自得禅寺及筑後久留米慈雲山福聚禅寺開山古月和尚伝記』という。古月禅材の寛文七（一六六七）年九月一二日出生より、宝暦元（一七五一）年五月二六日入寂までの行業を記したものである。本書には鱗滔天撰の「慈雲山福聚禅寺開山古月和尚碑銘」を収めている。〔所蔵〕禅文研。〔鷲阪宗演〕

虎穴録【こけつろく】臨　二巻。悟渓宗頓（一四一六―一五〇〇）撰。門人某等編。元什校閲、宗柱重訂。寛永一六（一六三九）年東海庵刊。詳しくは「大興心宗禅師虎穴録」という。巻上に大徳寺、再住大徳寺、妙心寺、瑞泉寺、再住瑞泉寺の語録、および示衆、法語、偈頌、道号、像賛、自賛、銘を収め、巻下に仏事、行状、付録に雑著を収めている。本書の注釈に「虎穴録証拠」二冊がある。〔所載〕正蔵81。〔鷲阪宗演〕

古月録【こげつろく】臨　四巻。古月禅材（一六六七―一七五一）述。『古月禅師四会録』ともいう。安居ほか諸会の法語、語要を集録する。「備後州比熊山鳳源禅寺雨安居語録」は侍者士性編、「乾徳山慧林寺結冬語録」は侍者士玉輯、また、『四会録』の上と中は侍者士坦編、『四会録』全は侍者元始輯と記されている。なお四巻中には「雑集」も含む。大徳寺佐竹大監氏筆写本（禅文研蔵）の原本は久留米の福聚院のもの。〔高崎正芳〕

五家弁【ごけべん】臨　一巻。虎関師錬（一二七八―一三四六）著。成立年代不明。同じ虎関の『済北宗』巻九におさめる。中国の禅宗の分派たる五家の法脈について論じたもの。その主眼は、宋の覚範徳洪の言にもとづいて、五家のすべてが南岳派に属するものであることを論証しようとするところにある。『済北宗』は、慶安三（一六四〇）年の刊本およびその後刷が存在する。〔所載〕五文全1。〔古賀英彦〕

護国鈔【ごこくしょう】天　三巻。覚超（九六〇―一〇三四）撰。寛仁二（一〇一九）年三月成立。別名には『仁王般若経護国鈔』『仁王護国鈔』とある。この書は羅什訳『仁王般若波羅蜜経』を中心に不空訳『仁王護国般若波羅蜜多経』と対抗しながら法相、三論の注釈を破し天台の立場に立った注釈書であり、末法思想確立において重要な書である。本書を四門に分けて智顗、窺基等の書物を多く用いて詳説している。底本（一七一四刊）。〔所載〕仏全(鈴)19。〔西郊良光〕

五十巻鈔【ごじっかんじょ】真　五〇巻。興然（一一二一―一二〇三）撰。養和二―建仁二（一一八二―一二〇二）年成立。興然が二〇年にわたって収集した諸尊法の集成。巻四六（諸道具）が最古で、巻四九（雑中）が最新、中心となるのは巻四二（諸竜王法）までで、諸尊法の具書をあげ、諸尊の名号、印、真言、種子、三昧耶形、尊形、曼荼羅、功能を説く。巻四三以後は事相に関する一般的事項を内容とする。〔所載〕真全29―31。〔清水　乞〕

護惜正法鈔【ごしゃくしょうぼうしょう】日　三巻。智観日顕（?―一七八〇）著。本鈔は浄土宗の玄翁大淑が寛延二（一七四九）年に『邪啄揉轡録』一巻を著し日蓮宗を批議したことによる反駁書である。全四四の問をもうけ逐条的に論戦し、権実、爾前無得道を論じている。大淑は本鈔に対し宝暦三（一七五三）年に『蓮語自面放痾笑』一巻を著し、応戦するに至っている。刊本を立大蔵。〔宮川了篤〕

後拾遺往生伝【ごしゅういおうじょうでん】通　三巻。三善為康（一〇四九―一一三九）撰。保延三（一一三七）年から同五年までの間に成立。はじめは上巻のみであったが、のちに増補された。上巻は中巻の序によって同巻が書き始められた大治二（一一二七）年以前に、中巻は伝中で没年のもっとも新しい長承三（一一三四）年以後に、下巻は伝中で没年時のもっとも新しい保延三（一一三七）年九月から為康のなくなる同五年八月までの間に、それぞれ年を追って成立している。撰者は『拾遺往生伝』の著者でもあり、上巻の序によれば、先に著わした『拾遺往生伝』を世の人は知っており、往生伝の編纂をやめようとしてもそれはできない。そこでまた往生伝を記した。それゆえ『拾遺伝』につづくという意味で『後拾遺往生伝』と名づけたといい、「来世値遇之縁」を結ぶために編んだとする。本書は上巻に鑑真以下二〇人、中巻に良源以下二八人（うち永暹は二度記載）、下巻に清和天皇以下二七人（うち隆暹は上巻にも記載）が載せられており、実質七三人。為康在世中の往生者が多い。往生者の行業には、座禅、真言、戒律、観音信仰、香華供養などもみえるが、念仏・法華の兼修を含む念仏行がもっとも多く、なかでも数量念仏、臨終念仏、破戒者の念仏は注目される。名古屋市真福寺に正嘉二（一二五八）年乗智書写本があり、版本には延宝二（一六七四）年版、元禄四（一六九一）年版がある。〔所載〕改定史籍集覧19、仏全107、仏全(鈴)68、浄全続17、続群書8上、思想大7。〔長谷川匡俊〕

五重聞書【ごじゅうききがき】浄　一巻。聖聡（一三六六―一四四〇）説、酉仰（一四一八―五九）記。永享一二（一四四〇）年成立。聖聡は、浄土宗の五重伝法を制定した聖冏の直弟として五重伝法普及に努めた僧であり、酉仰はその直弟である。聖聡には永享一一（一四三九）年筆勘の『五重拾遺抄』三巻があるが、酉仰撰『五重口伝鈔』には、聖聡が在世中に五重口決の講釈をし『御鈔』があると記しており、引用する内容から『拾遺抄』はその講録であり、その講釈に連なった酉仰の聞書が本書の中心となるものと考えられる。しかし聞書として、大意・釈名・入文判釈の体裁をとるのは「初重聞書」「二重授手印聞書」のみであり、他は随意に口伝を連ねてあり全体として体系づけられておらず、文体の不統一とも相俟って備忘録的なものであろう。また巻末には「第四重口決」として五念門中の讃歎門に称揚称念の二門が含まれることを五重に説いているが、この部分は、酉仰撰『五重口伝鈔』に「如二酉誉上人御作五重口決一」と記され、同じく酉仰撰『朱切紙十二通』に「五重口決有レ之如二別紙一」と述べられる第四重『決答授手印疑問鈔』に関する口伝であり、「五重決」一本として重視されたものである。本書巻末の聖聡の奥書は、この「五重決」に付随するものと見るべきであり、それに続く酉仰の「于時永享一二年六月六日令一校已畢」とする奥書も、『聞書』・「五重決」いずれに関するものか疑義が残る。また本書には聖聡筆「五重決」が全文記されており、他にも聖聡筆の口決が転記されている可能性はあるが、諸処に「仰云」とあるのは、聖聡の仰せを酉仰が記したものと考えられ、全体としては聖聡の口伝がうかがえる五重伝法研究上の好資料といえる。本書は伝書として秘蔵されていたが、明暦四（一六五五）年、元禄四（一六九一）年刊『無題記』には「聞書伝」として本書の七割強が収録されている。〔所載〕浄土伝燈輯要。〔鈴木霊俊〕

五重拾遺鈔【ごじゅうしゅういしょう】浄　聖聡（一三六六—一四四〇）撰。この書は、五重伝法についての釈義であり、奥書に聖聡と了暁との署名の下に在判とあるので、聖聡が了暁に授与したものであろう。上巻では初重『往生記』『投機鈔』、二重『授手印』『伝心鈔』、三重『領解鈔』『徹心鈔』について『五重指南目録』の条項によって要文の解釈を行い、中・下二巻は四重『決答疑問鈔』『銘心鈔』とについて要文の解釈をしている。これは五重伝法の作者である師の聖冏より相伝した口訣を記したもので、五重相伝における口伝口訣を知るための重要資料である。版本として永享一一年版を谷大、正大、竜大に、承応四年版（二巻一冊）を高野山真別処に蔵す。〔所載〕浄土伝燈輯要上。〔参考〕浄土正依経論書籍目録。〔戸松義晴〕

後出弥陀偈経糠粃録【ごしゅつみだげきょうこうひろく】浄真　二巻。自謙（一七五一—一八四六）集解。明和七（一七七〇）年成立。自謙は石州派仰誓の門人。本書は、『後出阿弥仏陀偈』を、⑴一具人法を名、本願名号を体、生仏因果を宗、除疑獲証を用、横超円頓を教とする五面より大意を釈し、次に、⑵一四の偈文にそい各々の言句を注釈する構成にて、真宗教義を顕彰したものである。原本は島根県瑞泉寺に蔵する。〔所載〕真宗全6。—→後出阿弥陀経偈　〔佐竹大隆〕

五種法師式行儀【ごしゅほっししきぎょうぎ】日　一巻。日輝（一八〇〇—五九）著。五種法師とは、『法華経』法師品に説く法華経修行の五つの行で、具体的には受持、読、誦、解説、書写の行をいう。本書では五種法師式行儀を初会一七法、後会二〇法、合わせて三七法の行儀法式をもって成る。本行儀と関連する法則に『五種法師解説法則』（『充洽園全集』1所収）がある。〔所載〕充洽園全集2。〔松村寿巌〕

五帖御文大綱【ごじょうおふみたいこう】浄真　一巻。宣明（一七五〇—一八二一）述。文化一二（一八一五）年講述。宣明は大谷派第六代講師。本書は御文八〇通のうち、一ノ一、三、四、一三、二ノ二、三、九、一〇、一一、一四、三ノ一、二、六、七、四ノ四、六、九、一四、五ノ一の一九通について、大意をのべたり、まぎらわしい箇所や重要な箇所について講じたものである。〔所載〕真大32。—→御文章　〔佐竹大隆〕

御消息集第二章甲子録【ごしょうそくしゅうだいにしょうこうしろく】浄真　一巻。義導（一八〇五—八一）述。元治元（一八六四）年成立。親鸞が晩年、関東在住の弟子性信へ返答した『御消息第二章』には、関東諸宗、陰陽師からの念仏停止の訴えに、性信が幕府に出頭し、弁解につとめことなきをえた次第の報告に対する親鸞の解答が見られるが、神祇不拝、現世祈りの問題が論点となっている。明治維新直前に国家と真宗の関係を講述した注目すべき書。〔所載〕真大23。—→親鸞聖人御消息集　〔本多静芳〕

御請来目録【ごしょうらいもくろく】真　空海（七七四—八三五）撰。延暦二三（八〇四）年一二月下旬長安に入り、翌二四年恵果にあい六月に胎蔵界の潅頂、七月に金剛界潅頂を受け、八月には伝法阿闍梨位の潅頂を許された。同年一二月恵果の滅を迎え、在唐二年ほどにして大同元（八〇六）年八月帰国された。帰国にさいし、恵果の指導のもとに蒐集され、請来された経律論章疏伝記、仏菩薩像、曼荼羅、密具、伝法阿闍梨影像、付嘱物などを整理し、目録にし、上表文とともに、大同元年一〇月二二日に朝廷に奏進されたのが、『御請来目録』である。新訳の経一四二部二四七巻、不空訳がほとんどで『貞元録』所載のものがそのまま記載されている。梵字真言讃等四二部四四巻、論疏章が三二部一七〇巻、仏菩薩金剛天等の像、法曼荼羅、三昧耶曼荼羅、伝法阿闍梨等の影像一〇輔、道具九種、阿闍梨付嘱物一三種を請来された。同時に、顕密の差別を明確にされている。「夫顕教則談二三大之遠劫一密蔵則期二十六之大生一遅速勝劣如二神通跛驢一」とのぶ。さらに真言密教の付法の系譜として八祖相承が説かれ、のち『秘密曼荼羅付法伝』（広付法伝）に詳説された。古写本に教王護国寺蔵一巻（国宝）、最澄の筆写本と推定されている。この他竹生島宝厳寺蔵一巻（重文）、空海の真蹟とされるが未決。『弘全』編集には、真筆として底本にもちいられた。注釈書に『御請来目録鈔』一帖、宥快『御請来目録勘註』一巻、同『御請来目録聞書』一巻、頼我『御請来目録聞書』一巻がある。〔所載〕弘全、仏全（仏教書目録）、正蔵55。〔遠藤祐純〕

御書見聞【ごしょけんもん】日　四四巻。行学日朝（一四二二—一五〇〇）著。文明八（一四七六）から同一三年の六年間にわたって著作されたものである。日朝は身延山久遠寺の一一世を継承し、伽藍の移転拡充に、著述にと活躍し、中興と仰がれている。本書は、日蓮入滅二〇〇遠忌を記念（文明一三年）として著作されたものといえる。すなわち日蓮の遺文に注釈を加えたもので、『朝師見聞』ともいわれている。本来、この書は何巻本であるか詳らかではないが、身延文庫等に所蔵されている自筆本、および写本類によると遺文二六部注釈四四巻にのぼっている。内容は『安国論見聞』四巻、『開目抄見聞』四巻を始め、『本尊抄見聞』五巻、『撰時抄見聞』二巻、『報恩抄見聞』二巻等の祖書五大部の注釈書が中心となって構成されている。日朝以前にも祖書の注釈書はあったが、いずれも一抄一書の単独なものであり、五大部を始めとして、これだけの部数に及ぶ本格的な注釈書が出たのは、これをもって嚆矢とすべきものである。身延山の法主として、伽藍の移転だけでも大事業であったのに、系統だった祖書の注釈書を制作していくことは、相当の努力を要したことであろう。この書はのちに祖書を研鑽しようとする人びとにとって、大きな参考書となっている。本書のほかに日健『御書鈔』、日講『録内啓蒙』、禅智日好『録内扶老』等があるが、ともに本書の影響を受けている。〔所載〕日宗全15・16・17。〔上田本昌〕

御書鈔【ごしょしょう】[日]　二五巻。日健（生没年不詳）等述、日泰（生没年不詳）集録。永正三（一五〇六）年ころ成立。『健鈔（ごんしょう）』ともいう。日健、日禘（?―一五〇五）、日能（生没年不詳）、常寂日耀（一四四二―一五二二）の四人が、日蓮遺文の「録内御書」一四七篇について講述したものの筆録。そのうち『開目抄（上・中）』を日禘、『撰時抄（上）』『報恩抄（下）』を日能、『観心本尊抄』を日耀が講述し、その他のすべての巻は日健の講述によるから『健抄』と通称される。各篇の講述は、初めに遺文の標題、大綱、述作の時処、縁由、対告者などについて解説し、次に本文を掲出して人名、故事、経論釈等についていちいちに典拠をさぐり原文を引用して解釈を加えている。ただ『本尊抄』だけは条目をつらねて問答体によって解釈している。また各講述の終りに著作の日時等を付記して、遺文の書誌学的考証を行っているが、これは真如日住等が永享・寛正のころから日蓮遺文の蒐集に努め、その編纂の業がさかんとなったことの影響による。講述の詳しい年代は不明であるが、『本尊問答鈔』等に永正三（一五〇六）年と記されているから、この前後の永正年間に講述が行われたと考えられる。なお『本尊抄』は大永七（一五二七）年とあるが、これは日泰の編集後に日珖が校訂したときに『本尊抄』は中山相伝の重要書であるからと日耀の講述を採用したことによる。本書は個別遺文に注釈することの多かったなかで日蓮遺文全体について注釈した最初の試みであり、後世の遺文研究に大きな影響を及ぼした。〔所載〕日全。〔小松邦彰〕

御書註【ごしょちゅう】[日]　一八巻。日性（一五五四―一六一四）述。慶長一四（一六〇九）年成立。日蓮遺文の「録内御書」三七篇について注釈を加えたものであるが、そのうち第一・二巻の『立正安国論』は日修（一五三二―九四）の注で、第三巻の『開目抄』以下のすべてを日性が講述したから『円智註』とも呼ばれる。講述の形態にも異なりがあり、日修の『安国論』は科注の形式をとり、一〇段に分けて細かな科段を立て、本文を抽出して詳しい訓み、出典の検索等の注を加えている。これに対し日性の講述は集注の形式をとり、遺文に引用されている経釈の出典をさぐってその本文を援引し、また人名、故事、古語などの出典を明示している。従来の遺文注釈は一人一抄の注釈書が多く、日蓮遺文をまとめて注釈したものは行学日朝の『御書見聞』、日健らの『御書鈔』等であり、本書は室町末期の代表的注釈書としてのちの遺文研究に大きな影響を与えた。〔所載〕日全。〔小松邦彰〕

御書略註【ごしょりゃくちゅう】[日]　一巻。境達日順（?―一八五四）著。嘉永元（一八四八）年成立。本書は境持日通『御書問答證議論』一〇巻の抜粋和訳と伝う。その内容は日蓮の家系継図、遊学事蹟、檀越、弟子日昭、日朗、日向、三位日進の事、開宗より入滅の事蹟、滅後の像師三菩薩号を詳述しており、祖伝・初期教団動向の貴重な資料である。写本を立大蔵。〔所載〕日宗全18。〔桑名貫正〕

御書和語式【ごしょわごしき】[日]　五巻。久成日相（一六三五―一七一八）述。延宝七（一六七九）年成立。日相は法蓮寺一三世。黄檗宗道海『霧海指南』を『己心北斗興起』をもって破す。他に『日相版法華経』『法華音義』や信仰書等多数あり。本書は和語の法式語辞の指南書でよく遺文の字句文章を解きあかしている。録内御書一四八篇のうち、文献考証し一四三篇を注釈し系年の推定五九篇に及ぶ。初め手元の録内刊本と世流布本をもって注釈を試みたが日莚の勧めにより御真蹟をもって指南の研究に当たる。真蹟考慮の範囲は寛永一年日乾・日遠『五大部百部摺本』、真筆校合本、みずから御真筆を拝したもの。これらを日相は正本、御直本、御真翰、御真筆、御直書、御正筆、御真筆校合本、校合本と呼び刊本の世流布本、異本、或本、或印本、予が本等と比較し衍文（文言余りあるもの）、闕文（章句欠略あるもの）、脱簡、錯簡を考証し改められた。それでも「彼の校合の本を以て所所之を糺す。併ら予直に御正筆を拝せず疑問残れり故に委悉に之を出ず」の限界あり、考証においては「入文にて愚推の当りたる事多し。然れども若し愚推あたらずは祖意に背く事もやあらんと一度は喜び一度は悲み侍る」との態度が見られる。遺文の和語、語辞の研究はこの書が初めてであり、末代の亀鏡ともなっている。〔刊本〕延宝九（一六八一）年。〔所載〕日全。〔参考〕本化聖典解題提要、日蓮聖人遺文の文献学的研究、日蓮宗事典。〔桑名貫正〕

五時略頌【ごじりゃくじゅ】[天]　一巻。源信（九四二―一〇一七）撰。成立年代不明。『四教略頌』とともに行われ、常には『四教五時略頌』『教時略頌』という。一頌七字総じて一六七頌をもって天台教判に明かす華厳時・阿含時・方等時・般若時・法華涅槃時の五時教の枢要を示したものである。『天台四教儀』を初め多くの天台学入門書の中に在って本書は特に簡潔であり、しかもその中に天台教判の要語要義を摂して余すことなく、他のいかなる入門書も遙かに及ばないものである。また頌の形体であるため詩のごとくきわめて口調よく容易に全文を暗誦することができるという特質を持っている。この故に天台学入門の指南として古来重用されて来たが、安楽律が勃興し支那四明天台が移入され全盛となってからは、指南書としての地位を『諦観録』に奪われ本書を顧みる者も少なくなった観もあるが、彼の書に比してすら勝れた特質を持つ書であることを三井敬光（一九二〇―七五）は『山家学則』で認めている。本書の著者について圓珍とする説もあるが、諸の事情により推定して源信と見られており、『天台小部集』にも『四教略頌』とともに首楞厳院沙門源信撰となす。〔所載〕仏全24、恵全3、天台小部集釈15、初学暗誦要文。〔参考〕本朝台祖撰述密部書目。〔多田孝文〕

己心中記【こしんじゅうき】因　一巻。覚超（九六〇―一〇三四）記。成立年代不明。覚超記と伝えられるが、鏡像円融の譬えの口決面授等につき、口伝法門的色彩がつよく、後世の仮託書と思われる。本書は智顗の内証真実の法は、章安が筆に顕わさず、最澄在唐のさいにこれを一言に伝え、鏡像円融の譬えを口決面授してきたことを示し、この鏡像円融の譬えは、羅什は姚興大王に鏡面の像をもって須弥芥子相入の疑問を解き示し、恵思は明鏡の譬えを用いて法界法門を理解することを教え、天台の摩醯首羅面上の三目と一心三観、鏡像の譬えをもって、これを最親の義とし、天台一家では、鏡の喩えは七処でもちいられるも、湛然の『十不二門』中の「自他不二門」の説によって、一家の稟承の血脈としており、従来、四依弘経の大士も、口決を残すことなく、また筆端にのせることもしなかったが、ときは末法に及び人に信心なく、それゆえにいま口決し、示して愚迷を益すとして、道場を浄め、東西に相対して二面の明鏡を懸け、生仏並びて、その中間に坐し、重々相累して、影現の窮り無き状態において、介爾の一念に三千具足する処を明了に証すると、ある種の伝授作法も示される。本書が『河田谷十九通』にも収められ、『一帖抄』には二面の鏡のことが扱われており、この二書より以前に成立していたことは注意を要する。〔所載〕仏全43。〔参考〕一帖抄、河田谷十九通、守護章、十不二門、伝教大師研究別巻。〔弘海高顕〕

己心中義記【こしんじゅうぎき】因　一巻。圓仁（七九四―八六四）撰。成立年代不明。証真の『止観私記』には偽書と疑い、本覚思想の強いとこから圓仁撰を疑う説が多く、鎌倉初頭までには成立していた仮託書であろう。本書は難解な文で、法爾自然たる本理常住の諸法実相を、惣体、惣用、別用と相性体の三妙にて論じ、その主眼は、真如内薫の自心を内因として、大道心を発して寂光仏界に入るを説く。〔所載〕仏全24。〔弘海高顕〕

護身法口訣【ごしんぼうくけつ】南　高弁（一一七三―一二三二）撰。別本として『護身法功能鈔』がある。護身法とは、真言行人が行法の前後に結誦する五種の印明である。その五種とは、浄三業、仏部三昧耶、蓮華部三昧耶、金剛部三昧耶、被甲護身の五印明で、高弁は、これについて五部、五相成身、十信等の五位、自利・利他の義のあることを示し、先師の口訣を記してある。〔所載〕日蔵（華厳宗章疏下）。〔栗山秀純〕

巨水遠沾記【こすいおんでんき】日　二巻。日亨（一六四六―一七二一）撰。執筆年代不明。天和三（一六八三）年刊。本書は身延三三世日亨の檀林時代の宗義書。五義、教行証、即身成仏等の日蓮教学の肝要な項目一五条を立て、教学論を展開する。その要旨は末法における即身成仏の巨益は『法華経』の題目によることを強調し、この法華信仰のみが、釈尊より遠く離れた末法の渇した衆生を沾す巨水であることを明らかにしている。近世の日蓮宗教学の傾向は、その教団再編成時の指導者である日重、日遠の思想を受けて、天台学研究に偏向し、観心論をさかんにする一方で始覚的な信行を追求していた。これに対して日亨は題目五字の口唱による名字即成をのべ、観心悟道を別立せず、本門法華の日蓮の立場を堅持しようとするのである。このことから日亨は日重教学の修正を企て、宗学思想の覚醒をうながしたと評することができる。刊本を立大図書館蔵。〔小野文珖〕

古数奇屋法語【こすきやほうご】浄真　一巻。法霖（一六九三―一七四一）著。詳しくは『日渓古数奇屋法語』という。法霖は号を日渓、松華子、諡を演暢院といい、元文元年浄土真宗本願寺派の第四代能化となる。本書は元文五（一七四〇）年六月二八日本山内の古数奇屋御殿（延亨の初めころまで存在した）において、本山執政の下間少進仲宜、下間帥仲規、島田主膳勝成、上田主殿芳辰等に教諭した趣旨を記したものである。本文の内容は三カ条付一カ条である。つまり、本山御奉公する人びとはただ善知識（門跡様）に仕えることだと心得ているがそうではなく、第一に御宗旨、第二に御本寺、第三に善知識に仕えるのであって、祖師親鸞興行の御安心の宗旨に仕えることを大事にするなら、本山、善知識へも通じるのであるとのべ、⑴御奉公は御宗旨に御仕へあるべしと申事、⑵拙僧は善知識の御機に入度と不ㇾ存候。各も其趣に可ㇾ被ㇾ成候との事、⑶御為めと申詞は法義には少し不相応の事、付、津国に真実の御門徒一人も無ㇾ之と申たる意趣、の三カ条、付一カ条を展開している。要約すると、宗義、本山、門主は三同一体であるが根本の法義を抜きにして、門主に媚びる姿勢や本山のためと称して金銭をもととするような教団運営の弊害を批判

し、実例として摂津の様子を語り、宗門政治家に対しきびしく教諭したものである。〔所載〕真宗全62。　〔新作博明〕

牛頭法門要纂【ごずほうもんようさん】 天　一巻。最澄（七六七―八二二）撰とされるが、最澄に仮託した平安末期の口伝法門の文献とするのが通説で、「寿永元年歳次壬寅三月二十四日、於三条御坊書畢　天台末学比丘顕真記」という裏書をもつ藤田宗継刊行本が示す一一八二年が、その推定年代の参考とされるものである。本書は正しくは『天台法華宗牛頭法門要纂』という。内容は、序文と一〇条からなり、序では、貞元二〇（八〇四）年に入唐のさい、道邃より受けたもので、「伝如来心印窮智者ノ内証」と牛頭法門を讃じ、禅的色彩を示し、第一の鏡像円融は、迷中隔歴ノ鏡像、悟中円融ノ鏡像、円超銅位鏡像の三重の体喩を示して説き、この三重の喩は『頓超秘密綱要』にももちいられる。第二の十界互具は、天台の十界互具の文は、三十七尊住心城の文と「大道雖異不思議一也」という観点から互具を説く。この条は『本理大綱集』の十界互具の条とほぼ全同である。第三の仏界不増は、体相用より諸法の常住不生不滅を説き、第四の俗諦常住は、湛然の『始終心要』と全同。第五の三惑頓断は、心の無来無去と同じく、生の無来、死の無去を説くが、『五部血脈』の「生死覚用鈔」の長行にほぼ等しい。六の分段不捨は、『頓超秘密綱要』と共通の文をもち、第七の煩悩菩提は『心性論』と等しく、第九の生死涅槃は「生死覚用鈔」の偈と同じで、第十の即身成仏は、『五部血脈』の「一念成仏」と等しい。〔所載〕伝全5。〔参考〕天台本覚論。　〔弘海高顕〕

後世物語聞書講義【ごせものがたりききがきこうぎ】 浄真　一巻。了祥（一七八八―一八四二）述。天保七（一八三六）年成立。大谷派の了祥の『後世物語聞書』の講義を筆録したもの。本書は随文解釈に先立ち五門を分け作主を信空とする説をくつがえし隆寛とし、以下同軌、異本、来意、大意と弁じ、この物語は一向専修をすすめるものと断じている。以下本文を注釈しているが、同講義のなかでぬきんでている。〔所載〕真大31。　〔本多静芳〕

後世物語録【ごせものがたりろく】 浄真　一巻。了祥（一七八八―一八四二）述。天保七（一八三六）年成立。了祥の『後世物語聞書講義』と同内容であり、同講義を別人が筆録したもの。『後世物語』は古来信空の作と伝えられていたが、了祥は隆寛の説と断定している。親鸞の消息に「唯信抄後世物語ナントヲヨクヨク御覧候へ」とあるが確固たる研究がなかったのを本書にて作主、同文、異本、来意、大意の五門に分けて明確に講じている。〔所載〕真宗全46。　〔本多静芳〕

五相成身義問答抄【ごそうじょうしんぎもんどうしょう】 真　一巻。済暹（一〇二五―一一一五）撰。金剛界系のもっとも重要な観法のひとつである五相成身観について、その五相成身を発信心位、比観修行位、分証得位、因満位、果満位の五階位に配し、その五位における菩薩の階位、五智五仏、成仏などの問題を論じ、金剛界法中の諸印明の配当を論ずる。文治六（一一八九）年写本を高山寺に蔵す。〔所載〕正蔵78。　〔苫米地誠一〕

五相成身私記【ごそうじょうしんしき】 天　一巻。覚超（九六〇―一〇三四）撰。長和二（一〇一三）年。覚超は兜率僧都、兜率先徳といわれ、『往生要集』で名高い源信にともなわれて比叡山に入り、天元年間（九七八―八三）に得度し、源信に師事、慶円に密教の灌頂をうけ、のち比叡山横川首楞厳院に在って台密等の述作にふけった。その一流を川流と称する。本書は覚超が金剛界における即身成仏のプロセスを示した五相成身観について、諸書を検討し、その本義をあきらかにしようとしたものである。「この観門は甚深中の甚深、秘密中の秘密、苦海の船筏、長夜の燈燭、往生の浄業、成仏の直道」として、速やかに成仏を志すものはこの五相成身観を行うにしくはないが、その義理が不明であったのでそれを明らかにしようとしたのが、本書述作の動機とされている。そのよりどころとしたのは、『蓮華部心念誦儀軌』で、さらに『金剛頂大教王経』『菩提心論』『摂真実経』『守護国界主陀羅尼経』『心地観経』『金剛頂略出経』『大日経』『金剛頂十八会私記』『三摩地軌』『如意輪軌』『自在王軌』『千手観音儀軌』『法華観智儀軌』『金剛頂経疏』『金剛界対受記』『大日経疏』『大日経義釈』と、広範な調査をなしており、五相成身を解釈するのに、釈儀軌文義と明軌外要事に二大分し、儀軌の文から方便と正観とを体系だて、分文、釈義にわたって調身、調息等の方便と五相成身とを解釈する。〔所載〕正蔵76。〔参考〕覚超撰・成身文集2。　〔木内堯央〕

御俗姓【ごぞくしょう】 浄真　一巻。蓮如（一四一五―九九）述。文明九（一四七七）年一一月に成立。詳しくは、『御俗姓御文』または『御俗姓御文章』という。蓮如は諱を兼寿といい、本願寺第八世にして、法義の宣布に生涯を捧げ、本願寺中興の祖として仰がれている。蓮如は、『正信偈大意』を著し、『御文章』を述し、また「三帖和讃」と「正信偈」を加えて四帖として文明五（一四七三）年三月に開版し、従来の「往生礼讃」に代え、朝夕の勤行に用いるようにした。

本書は五帖一部八〇通の『御文章』のなかには収められていないが、同種の別編である。本書は、宗祖親鸞の御正忌報恩講に際して、宗祖の俗姓にはじまり、宗祖の事跡をのべ、信心の一途を懇切に勧めながら門徒の時弊を誡めつつ門徒の心得を説いている教書である。また、その書き出しは、覚如述の『御伝抄』の初頭を参考にしたごとく類似し、また、その、「それ祖師聖人の俗姓をいえば」とあることにより、『御俗姓』という題号がつけられたもののようである。そして、この『御俗姓』は、真宗一〇派のうち、本願寺派、大谷派、興正派においては、現在なお報恩講逮夜法要の席においてこれを朗読し、参詣の僧俗に聴聞させることが慣例となっている。

写本としては、谷大本、教行寺本、本誓寺本、法雲寺本、泉福寺本などがある。このうち、谷大本は、実如の花押を有し室町時代末期の写本とされ、教行寺本は永禄九（一五六六）年の書写本である。また、本誓寺本は、「十帖御文」の第五帖相当のものであり、法雲寺本は蓮如の自筆本と伝えられているものである。〔所載〕正蔵83、蓮如上人全集、真宗仮名法要巻中、真宗仮名聖教二四部之内、真聖典和文之部、真宗法要拾遺5、真聖大下。〔佐竹大隆〕

五大本尊義【ごだいほんぞんぎ】日　一巻。日智（一八一九—五四）著。嘉永三（一八五〇）年成立。本書は本尊の奠定に順逆の二機の為として二種義を主張する。法を相とす十界大曼荼羅を下種本尊、仏を面とす五大尊（一尊四士）を脱益本尊。日輝はこの五大本尊義を認めていない。写本を京都妙顕寺蔵。〔桑名貫正〕

五段鈔【ごだんしょう】浄　一巻。證空（一一七七—一二四七）述。成立年代不明。浄土の一門によって生死を離れるのに五つの段階があるとして、巻初に、「一つには穢土を厭ひ、二つには浄土を欣ひ、三つには三心を具し、四つには念仏を行じ、五つには念仏の益を明す」と記していることから書名がある。證空の主著『自筆御鈔』（『観門義』）、『他筆鈔』などがいずれも善導『観経疏』の注釈で、注釈の文々句々のうちに證空の思想が滲み出ているが、この『五段鈔』は『観経疏』の注釈から離れて、格調高い文章によって、浄土宗西山流の思想を組織的体系的に簡潔にのべたものとして最高のものである。内容の性質上、『観経』、善導の『観経疏』および具疏から多くの文章が引用されているが、第一段は三界六道の厭うべきこと、第二段は内心、心外、別所求の三つの西方浄土についてのべ、第三段はもっとも長く、『選択集』『涅槃経』などの文を引き三心のいちいちについて詳説しているが、とくに廻向発願心については『心地観経』『四分律』『大縁経』の文をも引用して、三つの廻向心、父母の恩、世、出世の孝養などについてのべている。第四段は別時、長時、行住坐臥の念仏、第五段は『観経』の「是人中芬陀利華」の文についてのべている。文政四（一八二一）年に洛西奥海印寺常光寺の竜空義道が応永年間（一三九四—一四二八）融栄書写の本を刊行した。〔所載〕森英純編・西山上人短篇鈔物集（昭55）。〔徳岡亮英〕

五壇法日記【ごだんぽうにっき】真　一巻。承澄（一二〇五—八二）撰。台密の承澄が、仁治三（一二四二）年より四〇年間にわたって密教に関する諸事を採録した『阿娑縛抄』の中、第一二〇巻が本書である。五大明王を本尊とする五壇法は中世盛んに行ぜられたが、応和元（九六〇）年三月一七日に叡山大日院で修せられてより、文永二（一二六五）年に至る一九〇回の記録で、修法の目的、出仕の僧名等を記してある。〔所載〕仏全39。〔布施浄慧〕

兀庵寧和尚語録【ごったんねいおしょうごろく】臨　三巻。兀庵普寧（?—一二七六）述、浄韵（生没年不詳）ら編。応安六（一三七三）年刊。別に『兀庵普寧禅師語録』『兀庵録』『兀庵和尚語録』『宗覚禅師語録』ともいう。中国の霊岩院、南禅寺、宝林寺、わが国の建長寺の語録、法語、序跋、仏祖賛、自讃、偈頌、小仏事からなる。兀庵は渡来後、数年して帰国した禅僧であり、日中の交流史のうえから興味のある語録である。〔所載〕続蔵2・28・1。〔西尾賢隆〕

骨董証道歌【こっとうしょうどうか】曹　一巻。南英謙宗（一三八七—一四六〇〈五九〉）撰。成立年代不明。天正八（一五八〇）年、山形県普済寺快翁存慶（?—一六一三）が書写し、同県光岳寺任翁益運（?—一七四九）が書続したものと思われる。内題に『永嘉大師証道歌』とある。内容は永嘉玄覚『証道歌』を、経典、祖録を引用、提唱注解したもの。漢文体で日本最古の証道歌注解。〔写本〕山形県長泉寺所蔵。〔所載〕続曹全（注解3）。〔新井勝竜〕

御伝絵視聴記【ごでんえしちょうき】浄真　五巻。恵空（一六四四—一七二一）著。宝永元（一七〇四）年成立。正徳四（一七一四）年刊。恵空は大谷派初代講師。本書は覚如の『本願寺聖人親鸞伝絵』の詞書（御伝鈔）を注釈したものである。叙、来意、大意、題号ならびに選者、正文の順に解釈され、本文などは詳細に注釈されている。〔所載〕真大31。→本願寺聖人親鸞伝絵〔新作博明〕

湖東三僧伝【ことうさんそうでん】浄　一巻。信冏（一七五五—一八二〇）著。寛政六（一七九四）年撰と記す。近江金勝（こんぜ）阿弥陀寺に止住した信冏が、開山浄厳房隆堯、第二世堯誉隆阿、第三世厳誉宗真の行状を記した伝記。あわせて第八世までの名を記し、第八世応誉明感については簡略な伝も付記している。さらに『阿弥陀寺清規』抜萃十箇条、別時念仏三制も記載。阿弥陀寺及び中世近江浄土宗教団について知る好著。〔所載〕浄全17。〔柴田哲彦〕

五人所破抄【ごにんしょはしょう】日　一巻。本書は日興の作に仮托されているが、著者については三位日順（一二九四—一三五四）説、日代（一二九七—一三九四）説がある。また日順が草案を作成し日代が清書したとも考えられている。その成立に関しては草案に対する完本の問題等幾多の疑念がみられる。代師本奥書に「嘉暦三戊辰年七月草案　日順」の後人の加筆があり、その述作年代は嘉暦三（一三二八）年ころと推定される。日順は嘉暦元年ころ重須檀所の学頭となり、日興に代って禁裏に奏聞し、日興寂後、檀所の講学をになった初期興門の代表的教学者である。所伝によれば他の五老僧の邪義と日興の正義とを明確にするよう師命を受けて筆を執り、日興に校閲を受けたのが本書であるという。その内容は鎌倉方の五人の立義を批判して日興唯一人が日蓮の正嫡であることを顕示したものである。要するに五・一相対教学の異義をあげて他門を破す富士教学の原点的教義書で、興門分派の因由を示すものである。その要点は、かれらは天台沙門と称し、祖文を漢文に改め、一体仏を造立し、善神捨国を忘れ、唱題より一部読誦を尊び、戒門を知らず、身延不参を難じて逆に祖師の教えに背く。また天目の方便品不読論も祖師の義を歪曲するものであると断ずる。はたしてこの富士方の難が妥当であるか否か、これは見解の相違であろう。日代直筆本を重須本門寺蔵。〔末注〕五人所破抄見聞。〔所載〕日宗全2、富要2。　〔小野文珖〕

五人所破抄見聞【ごにんしょはしょうけんもん】日　一巻。日眼述。著者日眼に二説あり。妙蓮寺三世日眼（?—一三八四）、富士上野の地頭南条時光の子で日華について得度、のち下条妙蓮寺を継承する。本書伝写本奥書に「康暦二庚申年六月四日書畢　本化末弟日眼判」とあり、康暦二（一三八〇）年執筆は年代的に合い、古来本書は妙蓮寺日眼著と伝えられてきた。しかし近年宮崎英修氏は、この奥書の記年法は時代の通格に合わず、戦国期から徳川の初期にかけて後人によって付加されたものであろうと推定し、なお、文中の公家伝奏の記述は史実では文明二（一四七〇）年以後のことであるから、日眼とは妙蓮寺の日眼ではなく、西山本門寺八世日眼（?—一四八六）ではないか、との説を発表している。したがってこの説によると本書の成立時期は写本奥書よりも一〇〇年近く下ることになる。本書は富士方が鎌倉方五老僧の義を破折して日興正嫡を主張する『五人所破抄』の注釈書である。その内容のうちに、二箇相承の存在を示す記事、両巻血脈によって成立する種本脱迹思想、日蓮本仏論等がうかがえるが、日蓮滅後一五〇年ころから二〇〇年ころに形成された特異な富士教学の動向を観取することができる。写本を富士大石寺、富士妙蓮寺蔵。〔所載〕日宗全2。〔参考〕宮崎英修・妙蓮寺日眼著五人所破抄見聞の価値。→五人所破抄　〔小野文珖〕

五人土籠御書【ごにんつちろうごしょ】日　一篇。日蓮（一二二二—八二）筆。文永八（一二七一）年成立。別称『日朗上人土籠御書』『五人御中書』。文永八（一二七一）年九月一二日、鎌倉で幕府に捕縛された日蓮が、佐渡配流の途中相模国依智の本間氏の館から、鎌倉で土牢に幽閉されている弟子の日朗等にあてた書状。鎌倉の弟子、檀越の安否を気づかい、牢中の寒苦を慰め、法華経信仰の堅持を激励している。真筆二紙完、京都市妙覚寺蔵。〔所載〕定日遺1。　〔庵谷行亨〕

古筆拾集抄【こひつしゅうしゅうしょう】真　六巻。印融（一四三五—一五一九）撰。巻第一の奥書に「文亀元年八月二十一日抄了」とあるところから、文亀元年ころの作と思われる。『古筆抄』『古筆拾遺鈔』『諸宗章疏録』ともいう。本書は道範、頼宝、杲宝等の著書を多く引用していて、そのうちでも道範の著から七五条、頼宝、了賢、杲宝の著から六九条を引用している。引用書目中には名著珍書が少なくなく、古徳の説を探るうえに重要な資料を提供している。　〔吉田宏哲〕

五秘密略次第【ごひみつりゃくしだい】真　一巻。実慧（七八六—八四七）撰とされるが、現流の日蔵85所収の次第が、享保一六（一七三一）年に金剛峰寺中院真源の書写になるものであり、この奥に檜尾の次第と擬した故に由る。題下に「金剛極略」と注するように、『金剛頂瑜伽金剛薩埵五秘密修行念誦儀軌』による略次第で金剛界立にて製せられている。〔所載〕日蔵85。　〔布施浄慧〕

五部肝心記【ごぶかんじんき】真　一巻。真済（八〇〇—六〇）撰。『金剛胎蔵総行五部肝心記』とも称せられるが、金剛界法修法の次第である。五相成身観及び五輪器界（道場観）の観法を詳述するほかは顕次第である。振鈴の後に五仏、四波羅蜜、一六尊、八供、四摂の三七尊の真言が列記してある。〔所載〕正蔵78。　〔布施浄慧〕

鼓缶軒記【こふけんき】曹　一巻。南英謙宗（一三八七—一四六〇〈五九〉）記。享徳二（一四五三）年成立。南英が檀越福地洞等の請により、新潟県曹洞宗種月寺を開創したとき、最初に建てた小屋に鼓缶軒と扁額を掲げ、その由来をのべたもの。缶（もたい、腹が大きく口がつぼんだ瓦の酒器）を夕方に鼓って歌うの意で、壮年の血気を捨て、洒々落々の境涯を詩文で叙している。〔写本〕新潟県種月寺所蔵。〔所載〕続曹全（寺誌）。　〔新井勝竜〕

五部陀羅尼問答偈讃宗秘論【ごぶだらにもんどうげさんしゅうひろん】真　一巻。略して『宗秘論』というが、内容は修真と秘密との問答体で、およそ一〇八問答、五二〇行の偈讃より成り、五部の諸尊の真言の功徳が述べられている。空海撰と大概伝えられて来たが、覚鑁が空海の断片的な遺文を編集したのではないかと思われる。その成立年代も保延三（一一三七）年から康治二（一一四三）年であろうと類推されている。〔所載〕正蔵78、弘全2、弘全（弘）4。　〔布施浄慧〕

御文章【ごぶんしょう】浄真　五巻。蓮如（一四一五—九九）述。『御文章』という題号はのちに呼称されたもので、蓮如自身は「文」といっている。第二帖第三通の奥書に、「今この文にしるすところ」とあるごとくである。本願寺派では寂如が貞享元（一六八五）年に開版されたとき、その奥書に「此五帖一部之文章者」としるしたことにより、『御文章』と呼称し、大谷派では『御文』と呼ぶ。そのほかに、『五帖消息』『勧文』『勧章』『宝章』などと呼ばれる。

『御文章』は、真宗中興の祖といわれる本願寺第八世蓮如が門下道俗にあてた、教義に関する消息を編集したものであって、『紫雲殿由緒記』等によれば、第九世実如が、円如に命じて大永元（一五二一）年に編集させたとあるが、定かではない。この五帖八〇通のうち、前四帖は年代順であり、初帖一五通、第二帖一五通と第三帖一三通のうち、第一〇通までの四〇通は、文明三（一四七一）年より同七（一四七五）年までの越前吉崎における執筆、第三帖第一一通より第四帖一五通のうち、第四通までの七通は、文明七（一四七五）年より同九（一四七七）年までの河内国出口における執筆、第四帖第五通より第九通までの五通は、文明一四（一四八二）年より同一七（一四八五）年までの山科における執筆、第四帖一〇通より第一五通までの六通は、延徳四（一四九二）年より明応七（一四九八）年までの摂津、河内、和泉における執筆であるが、第五帖二二通は執筆年月日および場所も不明である。この五帖八〇通は、蓮如の消息のうち、内容的にも形式的にも無難で俗耳に入りやすく、教化に役立つ肝要なものを抽出し編集されたものと考えられるが、選にもれたものは、一般に、夏の『御文章』四通と『御俗姓』を除き、『帖外御文章』といわれている。また、五帖の開版は、第一〇世証如のときに始まったもののようである。なおその五帖の完本のほかに、「お加へ」と称する五帖よりの抜萃本があり、その「お加へ」には、第四帖第七通である。六カ条を最後にして二四通を収めた六カ条本と、第四帖第八通である八カ条を最後にして二三通を収めた八カ条とがある。〔異本〕としては、四冊二四六通を集録する教行寺本、『十帖御本』といわれ、現存は七冊一〇八通を集録する本誓寺本、二冊六二通を収める真宗寺本などがある。『御文章』は信心正因、称名報恩、平生業成の要義をのべ、真宗の教規の全般が何人にもわかるように平易にして簡明に明示されている。その拝読は、『蓮如上人御一代聞書』『実悟記』によれば、蓮如在世のころに門徒に読ませたことに始まり、実如のころには勤行後に声に出して読み聞かせたもののようであるが、今日においても教化に不可欠な聖教として尊重されている。〔所載〕正蔵83、蓮如上人全集、真宗聖典、真宗仮名法典巻上。〔佐竹大隆〕

古文真宝鈔【こぶんしんぽうしょう】臨　一三巻一三冊。笑雲清三（一五〇〇年ころ）編。寛永年中刊。宋の黄堅編『古文真宝』二〇巻は七国から宋までの詩文集成であるが、古来禅林ではこれの抄物に数種を数える。本書は桂林徳昌（一四二八―一五〇九ころ）、湖月信鏡（?―一五三三）、一元演（不詳）、万里集九（一四二八―?）の手になる『古文真宝』の抄（鈔）を集めたものである。寛永活字本を竜大および東大史料編纂所に蔵す。〔西村惠信〕

護法集【ごほうしゅう】曹　続集とも一六巻。独庵玄光（一六三〇―九八）撰。元禄一〇（一六九七）年序刊。詳しくは『経山独庵叟護法集』という。独庵は道者超元に参学し、一時は長崎県の皓台寺に住した曹洞宗の人。病弱であったため皓台寺退院のちは、大刹に入らず、もっぱら著述に従い、その護法の一念は、天桂伝尊らに強い影響を与えた。曹洞宗の宗統復古運動を研究するうえで欠かすことができない人である。本書は、独語、自警語（二巻）、俗談（二巻）、譫語（二巻）、独庵稾（四巻）、溲勃（二巻）、般若九想図賛、辨辨惑指南（二巻）を収録する。独庵の著作の集大成であり、生前に刊行された。〔所載〕曹全（語録1）。〔永井政之〕

護法明鑑【ごほうめいかん】曹　一巻。徳翁良高（一六四九―一七〇九）撰。徳翁が江戸にいたとき見聞した宗統復古運動の顚末を記述したもので、徳翁の口述を法嗣の東湖天積が編集した。寺院によって法を易えるという伽藍法の説を革弊した卍山道白の宗統復古を認容したもので、本書を訂補した『続護法明鑑集』もある。〔所載〕続曹全（室中）。〔川口高風〕

枯木集【こぼくしゅう】臨　二巻。癡兀大慧（仏通、一二二九―一三一二）撰。寛永一八（一六四一）年刊。東福寺僧大慧は弘安六年中冬上旬のころ、ある禅尼の需めに応じて口義したものを弟子に書写せしめて与えた。無心無念、無念分別、無字の一字を守ることをのべ、特に思慮分別の義解をさけ、無念分別をもって仏道を究めていくことに重点をおいて、問答体で説示する。寛永一八・貞享三年刊。〔所載〕禅法語中、国東叢1。〔早苗憲生〕

古本説話集【こほんせつわしゅう】通　一冊。著者明記なし。成立年代不明であるが、平安末期説と鎌倉初期説とがある。本来の書名はまったく不明。昭和一七年に発見され、この梅沢記念館蔵鎌倉中期写本には題簽も内題もなく、翌年重要美術品に認定された際に『古本説話集』と仮題された。以後『いまはむかし物語集』『今昔説話集』などとも称せられたが、現在では『梅沢本古本説話集』『古本説話集』と通称されている。全体では七〇話を収める。各冒頭に目録があり、前半は和歌説話が四六話、後半は仏教説話二四話となっている。これを上巻下巻と通称しているが、上巻は大斎院選子内親王の深い仏道帰依に始まり、赤染衛門、和泉式部、伊勢大輔、清少納言、伯の母、伊勢の御息所など王朝の才女たちや藤原道長、藤原公任、大江匡衡、紀貫之など、著名人の和歌や恋愛に関する説話が中心である。しかし、樵夫や貧女たちなど無名の話も多く含み、話の性格としては歌徳説話が核となっている。下巻は興福寺建立の話を冒頭に、貧女が観音の加護を蒙る話、長谷寺に参詣した男が巨富をえるわらしべ長者譚、吉祥天女に恋する法師など相対的に観音利益譚が多い。仏教信仰も人間の内省にせまる深い洞察はなく、致富譚が多いことを考えても、現世来世の利益と安穏を願う藤原期の貴族信仰のおもかげを残している。全体的には王朝全盛期の風雅の世界への追憶、仏菩薩による生活救済的な信仰にとどまっている。〔所載〕岩波文庫、日本古典全書。〔伊藤孝子〕

護摩儀【ごまぎ】真　一巻。真然（八〇四―九一）撰。題下に「真然　高野後僧正御私記」と夾注がある。最初に息災、増益、降伏、敬愛、鈎召の五種法を述べ、護摩の義、尊、炉、身の三種等を明かし、次に護摩事作法について述べ、また次第の法義を述べている。次に護摩に関する雑記を備忘的に記し、二〇種物の名義を列ねている。密教護摩の形体を知るに興味深い。後世の護摩の口訣書にも本書を出典とするところが少なくない。〔所載〕弘弟全巻中。〔布施浄慧〕

護摩口訣【ごまくけつ】真　一巻。頼瑜

（一二二六—一三〇四）記。頼瑜は三六歳の時醍醐報恩院に憲深を訪ね、報恩院方の法流に基づく伝授を受けているが、その時、成賢の『不動護摩私記』によって護摩法の伝授を受け、その受法記がこの『護摩口訣』である。この書を含め『十八道口訣』『野金口訣鈔』『野胎口訣鈔』とともに、四度に関する受法記は、甲鈔と呼ばれ、今日に至るも重書としてこれに依ることが多い。甲鈔とは甲斐阿闍梨と人に呼ばれたことに因する。幸心流祖憲深に謁し四度の伝授を受け始めたのが、弘長元（一二六一）年六月一六日からであるが、十八道、金剛界、胎蔵界と受法し了って、一二月二四日に護摩に関する伝授が終了したように奥書に見える。本文は問答により伝授の要点が記される。憲深の説は御口云として明かしている。序と目される部分に、護摩義、護摩生起、護摩種類、内護摩、外護摩、息災護摩、五種護摩における形、色、時、面、尊、木、炉の相違等につき経軌を引摂しながら明かし、以後は次第に添ってその作法と意義を詳説している。しかして、第一火天段、第二部主段、第三本尊段、第四諸尊段、第五世天段の五段について述べたる後、破壇事、壇場料理倶具弁備之事、五色糸について触れ、最後に神供口訣を付している。〔所載〕正蔵79。〔布施浄慧〕

護摩次第【ごましだい】因　二巻。圓仁（七九四—八六四）述。『護摩口決』『護摩私記』ともいう。撰号に前唐院とあるが圓仁のことである。圓仁には最澄に師事し、のち、入唐して台密の充実につくした巨匠で、本書はその著として珍重されてきた。上巻に息災法、下巻に調伏法が列ねられる。慧潤という校定者は、覚超の『護摩集』とを引いて圓仁真撰説を出すが、『建立曼荼羅護摩儀軌』との比較や、六段中滅悪趣段を欠くことから後世の撰と考えられる。〔所載〕日蔵（天台宗密教章疏2）。〔木内堯央〕

護摩次第【ごましだい】因　二巻。圓珍（八一四—九一）述。圓珍は圓仁入唐帰朝後ついで入唐し長安の法全から密教を伝え、圓仁とともに台密の充実に寄与した。本書は『諸宗章疏録』巻二、『山家祖徳撰述編目集』などからみて、圓珍撰とされるものであるが、その内容は、圓珍撰に六本の護摩次第の残欠があるとする敬光のいう一本で、大杓、小杓、投物、乳木についての口決をのべているものである。〔所載〕仏全28、日蔵（天台宗密教章疏1）。〔木内堯央〕

護摩秘要鈔【ごまひようしょう】真　一〇巻。杲宝（一三〇六—六二）・賢宝（一三三三—九八）共撰。観応二（一三五一）年成立。護摩に関する事項につき、所説経軌門以下六十三門を立て、この中で護摩の要旨、名義、種類、修法の用心、択地、造壇、護摩支分、供養、破壇、神供等につき経軌及び先徳の研究一五〇余種を駆使し、護摩に関する最高の研究書といわれる。前八巻は杲宝が記し、後二巻は賢宝が追補している。〔所載〕真全26。〔布施浄慧〕

護摩法略抄【ごまほうりゃくしょう】真　一巻。実慧（七八六—八四七）撰。実慧は空海の上足の弟子とし、立教開宗以来空海を扶けて密法弘通のために大きな力を尽したところであるが、かつ受法者として優れた法器で、師の口説を集成し、これがやがて真言事相の依るべき重書となった例が多い。有名な『檜尾口訣』などとともに、本書も後世に及ぼす影響は大きい。なお、ここで撰者につき栂尾法鼓台に伝うる古書本に「伊豆高琳集」とあり、杲隣と擬する説もあるが、今はしばらく実慧の撰と考えられている。本書はきわめて具体的に護摩に関する諸事について述べたもので、一七項に分けてある。今項目を追って内容を見るに、第一略論（四種法を明かす）。第二備物法（同伴、処所、抜折羅、金剛橛、修多羅、赤白芥子、钁鍬、槊杵、草環、杓筋、柴木、閼伽、焼香、華、燃燈、火食）。第三衣服法。第四飲食法、第五坐臥法。第六護摩坐法。第七用心法。第八誦真言法。第九択日時法。第十神供法。第十一炉様法（単に如法とあり記述なし）。第十二造炉法。第十三布茅艸法。第十四補闕少法。第十五燃火法。第十六陳供具法。第十七正護摩法（正しく護摩作法を明かす）已上十七項につき四種法について差別あることを詳説している。石山淳祐の『四種護摩抄』は本書を基に述作されたものであり、『演奥鈔』にも本書の記述を引証する処が多いなど、護摩法についての基本書の一である。〔所載〕弘弟全巻上。〔布施浄慧〕

五味義【ごみぎ】因　一巻（欠）。良源（九一二—八五）述。別に『五味義私記』ともいう。成立年代不明。本朝台祖撰述密部書目では、五味義私記一、山家祖徳撰述篇目集巻上では、五味義私記、諸宗章疏録巻二では、五味義一巻とあるが、残念ながら現存しない。〔多田孝文〕

御遺誡【ごゆいかい】真　空海（七七四—八三五）撰。六本あり。『遺告住山弟子等』承和元（八三四）年一一月一五日。『遺告諸弟子等』（二五条）承和二（八三五）年三月一五日。『遺告真然大徳等』承和二年三月一五日。『遺告弟子等』承和二年三月一五日。『遺誡』（『弘仁の遺誡』）弘仁四（八一三）年仲夏月晦日。『遺誡』（『性霊集』巻第九「高雄山寺択ニ任三綱ニ書」の後文）承和元年五月二八日。これらのうち『弘仁の遺誡』のみが空海真撰と目されている。〔遠藤祐純〕

御遺告【ごゆいごう】真　伝空海（七七四—八三五）。承和二（八三五）年三月一五日という。『御遺告二十五箇條』『二十五箇條御遺告』ともいう。空海の遺言として伝わるもの、全て二五カ条より成るところからこの名がある。内容は、空海滅後、真言宗徒の守るべき心得を、仏法・世法に亙って説き示し、長く準拠の範とせんとしたもの。「御遺告」とは開巻ただちに「諸弟子等に遺告す」とあるところよりとった外題である。空海が生涯を閉じるに当り、いかに優れた教えも、人によって興廃するのであるから、いま私が入滅するに当って、必須の心掛けを記す、といっていること（竊カニ以レバ大法味同ジケレドモ、興廃機ニ任セタリ）で明らかである。この動機に従って、「初メニ（真言宗）成立ノ由ヲ示ス縁起第一」から始まって、実専を長者となすべきこと（第二）、弘福寺を真雅に居すべきこと（第三）、東寺を教王護国寺と称すべきこと（第五）、東寺に供僧二十四口を定むべきこと（第一三）、僧房の内に酒を飲むべからず（第一九）、ただ治病の人が塩酒を、瓶にあらざる器に入れ、茎に副えて秘かに用いよ、としている。金剛峯寺を東寺に加えて宗家の大阿闍梨の眷努すべきところ（第二二）等々としている。古来、空海の真作として尊重せられて来たが、明治以後、釈雲照らによって真偽が問われて以来、今日学者の多くは偽作説に傾いている。写本・刊本・末注は枚挙にいとまがない。〔所載〕弘全5。　〔金岡秀友〕

五輪九字明秘密釈【ごりんくじみょうひみつしゃく】[真]　一巻。覚鑁（一〇九五―一一四三）著。成立年代の明記はないが巻末の識文に「忽然化現して宝生房の云く―（中略）―此に於て鑁、覚えずして涙落ち慙愧熾盛なり。忽に密厳の有相を見て生死の絶えんことを知るのみ」とあるように、師の宝生房教尋入寂の永治元（一一四一）年三月より覚鑁入滅の康治二（一一四三）年一二月までの間に書かれたと推察される。書名は別に『頓悟往生秘観』、あるいは『五輪九字秘釈』ともいう。覚鑁は新義真言宗の開祖で、世に密厳尊者と称し、のちに興教大師と勅諡される。

この書は覚鑁による浄土観の集大成として『一期大要秘密集』とともに重要な著作の一つである。はじめに「十方浄土は皆これ一仏の化土、一切如来は悉く是れ大日なり。毘盧・弥陀は同体の異名、極楽・密厳は名異にして一処なり」と説き、大日の三昧耶曼荼羅である五輪すなわち空風火水地と阿弥陀の九字真言の曼荼羅とは同一体であるということを次の一〇部門に展開して論述する。

⑴択法権実同趣門。もし真言秘密の教えに従って修行しようとするならば皆、深般若の心を発起することが必要である。その心義は重々浅深に分かれ、顕密の区別もある。空海の説かれた十住心体系と顕密二教のとらえかたを詳しく紹介解説して勝義を示す。⑵正入秘密真言門。五輪曼荼羅の説明を、五仏・五蔵・五転・五方・五色・五行と配当させて詳論した五輪具足即身門と、阿弥陀の九字真言を句義と字義との両門から詳述した九字九品往生門とが説かれる。五輪具足即身門を列挙すると次のようになる。

阿（地輪）、肝の臓は眼を主る。阿頼耶識。大円鏡智。宝幢仏。阿閦。薬師。発菩提心。東。木。春。青。

嚩（水輪）、肺の臓は鼻を主る。意識。妙観察智。転法輪智。無量寿。證菩提果。西。金。秋。白。

羅（火輪）、心の臓は舌を主る。末那識。平等性智。華開敷。宝生。多宝。行菩提行。南。火。夏。赤。

訶（風輪）、腎の臓は耳を主る。五識。成所作智。不空成就。釈迦。天鼓音。入涅槃理。北。水。冬。黒。

佉（空輪）、脾の臓は口を主る。奄摩羅識。法界体性智。毘盧遮那仏。具足方便。中央。土用。黄。

以上は善無畏の伝として紹介されたものであるが、このように五臓が五如来であることから自身即仏身であると説き、現身に成仏された空海にならい覚鑁自らも成仏していることを示して正しく五輪と九字の曼荼羅観を確立する。⑶正獲功徳無比門。真言の三密によって齎らされる功徳は最上であることを示す。⑷所作自成密行門。疑惑を生ずることなく真言の教えに従って三密を観ずれば過現所起の無明妄想等があっても清浄となり、日常生活のあるがままに大日の秘密行と一致して無相の三密となることを示す。⑸纔修一行成多門。衆生の機根は種々不同であるが一門一尊の三昧に正しく入って成仏すれば、それがそのまま大日の悉地となることを示す。⑹上品上生現証門。大日の悲願を仰ぎ弥陀の本願を信じて実際に極楽往生した人を明記し往生に関する実践的方法も説き示す。⑺覚知魔事対治門。四種の魔事の説明と四種の魔事対治の方策を示す。⑻即身成仏行異門。即身に大覚位を証するための四種の行を挙げ、唯一密のみであっても、余の二密等を出生して三密具足となるから即身成仏することを示す。⑼所化機人差別門。所化の機根の区別を大きく現身往生・順次往生と分け、現身門に大機・小機の別を挙げ、その二つに各々利・鈍の差異を示す。⑽発起問答決疑門。三つの問答により、五輪曼荼羅の法門により一切が成仏できることを示し一門即普門の旨を説く。三業と三密とを論じて三密門の正意を明示する。〔末注〕五輪九字秘釈拾要記、五輪九字秘釈写誤考証、五智五輪等秘密抄。〔所蔵〕古版（竜大、別置）、写本（谷大）、徳川初期刊（金剛三昧院）（宝亀院）、天文七写（宝亀院）。〔所載〕正蔵79、興全7、密厳諸秘釈6。〔参考〕法華経、観無量寿経、大日経、十住心論、五輪九字秘釈の研究。　〔孤島諒子〕

五輪投地次第【ごりんとうちしだい】[真]　空海（七七四―八三五）撰。『胎蔵界念誦次第』『作礼次第』『[梵字]』等の異名あり。作者について『日蔵』には宗叡とする。『弘全』は京都大通寺所蔵の享保九（一七二四）年の写本を底本とする。胎蔵大法の行法次第をのべたもの。とくに両界曼荼羅について「大慈胎蔵曼荼羅自ニ衆生心処ニ開発。金剛界曼荼羅自ニ如来果界中ニ示現云云」と両者の相違を明かしている。　〔遠藤祐純〕

五倫弁義記【ごりんべんぎき】[浄][真]　一巻。徳竜（一七七二―一八五八）撰。天保三（一八三二）年成立。徳竜はさきに文政五（一八二二）年に自坊で五常義を論じたが、本書は五倫について説いたものである。序弁、総弁、別弁をおき⑴君臣の倫、⑵父子（親子）の倫、⑶夫婦の倫、⑷兄弟の倫、⑸朋友の倫、の順に弁述している。〔所載〕続真大14。　〔新作博明〕

金記立印鈔【こんきりゅういんしょう】[天]　一巻。実導仁空（一三〇九―一八八）講。仁空は廬山寺流の学僧、円密戒浄に通じ、斯流の学風を昂揚し、著書も多い。本書は『十八道立印鈔』『胎記立印鈔』『金記立印鈔』等と一具をなすもので、文和三（一三五四）年六月末日から、十八道、胎蔵界につづいて近江国敏満寺仏土院で四度のうち金剛界を講伝したもので、正睿が筆録、講主自ら添削。加行日数、印明、略行法まで詳説。〔所載〕天全21。〔木内堯央〕

金剛界潅頂行事鈔【こんごうかいかんじょうぎょうじしょう】因　二巻。最澄（七六六—八二二）撰。最澄は日本天台宗宗祖、延暦二二（八〇三）年入唐、越州の順暁について潅頂をうけた。本書は、金剛界七日作壇法、供養儀式をのべる。上巻を欠きそこには第一日ないし第五日の行事がのべられ作壇の前半が記されたはずである。ただ最澄が胎金の弁別をいつしたかは不明で真偽一考を要す。〔所載〕伝全3、日蔵（天台宗密教章疏1）。〔木内堯央〕

金剛界九会密記【こんごうかいくえみっき】真　一巻。元杲（九一四—九九五）述。『胎蔵界三部秘記』と姉妹編。たんに『九会密記』ともいう。慈雲尊者飲光はこの書を偽書、あるいは未得正伝時の作と評しているが、奥書には明師の口伝に私見を加えたものであるとのべている。元杲は金剛界九会曼荼羅の中央成身会を羯磨会であると定義する。つまり、密教の観法の目的は、諸尊の羯磨身を完成することにあり、その過程が九会そのものであり、成身会は九会の総称であると考えている。この前提に立って、羯磨身を完成する行法の次第を向上門の立場でとらえ、降三世三昧耶会から出発して、羯磨会（羯磨身を完成した会であるから成身会ともいう）にいたる九会の要義を説く。最初の三会は金剛界行法にはないが、一印会以後の六会は金剛界行法の六種曼荼羅に当るゆえ、行法次第との関連で解説している。以上が前半の主題である。後半は問答形式により、諸会の問題点を論じる。論点は多種にわたり統一を欠くが、曼荼羅の各会と行法の関係を知るうえで貴重な議論を展開している。終りに法身説法の問題をとりあげ、法身に理法身と智法身の二法身があり、前者は言亡慮絶であるが、後者が説法教化する法身であるという。また大日如来が俗体を装う点につき『法花経』信解品の長者の例を引き、美しい衣服を着た姿を法身、粗衣を着た姿を化身にたとえ、『大日経疏』の浄居天成道の姿とは異なる解釈をとっている。〔所載〕正蔵78（高山寺蔵本）。〔清水　乞〕

金剛界七集【こんごうかいしちしゅう】真　二巻。淳祐（八九〇—九五三）撰。後人の撰という説もある。『胎蔵界七集』三巻と合わせて『石山七集』五巻、『両部曼荼羅七集』五巻、たんに『七集』といわれる。淳祐は生来病弱で、倭軀跛脚であり、法儀を勤めることができず、醍醐山座主の職を退き、石山寺に隠退したので石山内供ともよばれた。『石山七集』は現図曼荼羅の各尊を総括的に取扱った最古の書である。『金剛界七集』は九会曼荼羅の各尊につき、梵号、密号、種子、三昧耶形、印、真言、尊形（図像）の項目をたて、必要に応じて経・軌を援用しつつ説明しているが、密号と尊形は『秘蔵記』に基づいている。しかし『秘蔵記』の尊形の記述は簡略であるので、多く私説をもってこれを補足している。この諸項目は印と真言を除き真寂（八八六—九二七）撰の『諸説不同記』に見えるゆえ、一〇世紀には定形化していた。上巻は、(1)成身会（三七尊と四大神）、(2)三昧耶会、(3)羯磨会（賢劫一六大菩薩の除蓋障菩薩まで）、下巻は一六大菩薩の残りと外部二〇天、(4)供養会（種子のみ）、(5)四印会、(6)一印会、(7)理趣会（一七尊を説くが項目は不統一）、(8)降三世会、(9)降三世三昧耶会を説く。次いで、九会（『一八会指帰』より説文を掲げ、私説を加える）、三七尊の向き（『摂真実経』の説文を引き、五仏など諸尊が大日如来のほうを向くことを説く）、五仏座と三〇尊の座（『金剛頂義決』の説文を引き、五仏の獣座の意義を説く）などに言及する。〔所載〕正蔵（図像部1）、仏全44。〔清水　乞〕

金剛界浄地記【こんごうかいじょうちき】因　一巻。圓仁（七九四—八六四）。圓仁は最澄の弟子、弘仁五（八一四）年の年分度者となり『摩訶止観』を専攻した。最澄滅後、遺命の大乗菩薩戒の振興や、諸寺への講経などの活躍をし、天台教団のなかで重要な立場に立った。一時病を得て比叡山の北峰に横川（よかわ）を開き、禅定と療病にはげんだが、承和二（八三五）年、遣唐使派遣の話が出るに及んでこれに加わり、承和五（八三八）年入唐した。五台山から長安にむかい、義真、元政、法全に師事して、胎蔵界、金剛界、蘇悉地の三部大法を相伝し、足かけ一〇年の歳月を経て、折からの武宗の破仏をくぐりぬけて帰朝し、天台座主ともなり、とくに天台密教の拡充に寄与した。本書は、圓仁の金剛界に関する口決であるといい、『胎蔵界虚心記』『蘇悉地妙心大』と一具をなすものである。本書は金剛界法の浄地印の項から説きおこされ、その名を得たと思われるが、不空訳『金剛頂大教王経』、同『金剛頂蓮華部心念誦儀軌』により、六巻『略出経』、法全、宝月等の別決や、別本金剛界法などを参照し、自身為蓮華真言契、四如来三昧印、五仏潅頂印、四摂、開門、四明印、羯磨四波羅蜜、十六尊羯磨、内外八供、三昧耶四波羅蜜、十六尊八供四摂三昧耶印と次第し、成身会、羯磨会、三昧耶会、供養会の順に説いている。内容は圓仁在唐中の口決をあつめたものとされるが、さらに検討を要する。〔所載〕正蔵75、日蔵（天台宗密教章疏3）。〔木内堯央〕

金剛界大儀軌肝心秘訣抄【こんごうかいだいぎきかんじんひけつしょう】真　三巻。済暹（一〇二五—一一一五）撰。済暹は、空海の没後、事相のみにかたより、省みられることなく衰退していた東密の教相を復興させた初めての学匠で、散逸しかかっていた空海の著作の蒐集にもつとめ、多くの注釈をつくっているが、事相についても多くの名著を残している。本書は、金剛界法の所依の儀軌である不空訳『金剛頂蓮華部心念誦儀軌』に対する注釈書で、初めに題目を釈し、のちに入門消釈に入る。釈題目においては、『金剛頂経』を総題とし、『蓮華部心念誦儀軌』を別題とし、さらに本軌に四品ありとして、第一成身会品、第二羯磨会品、第三三昧耶会品、第四大供養会品を分け、この会は大衆雲集の会ではなく、法を聚集する義であり、十八会経中の諸成仏の義類、諸羯磨の義類、諸三昧耶の義類、諸供養衆の義類を聚集する義であるとする。また金剛界の仏、金剛、宝、蓮華、羯磨部の五部のうちには、金剛は智、蓮華は理で、この二部を最枢要とするので、総題に金剛、別題に蓮華の名があるとする。次いで入門消釈においては、初めに序説分と念誦正宗分との二段に分け、流通分を欠くとし、序説分をさらに帰敬序と懺悔罪障随喜功徳勧請諸仏及発起菩提心願義を明かす二段としている。儀軌の文を釈すにはまず本文を出し、多くの経軌論章疏を引用して注釈をしている。〔所載〕真全24。〔苫米地誠一〕

金剛界対受記【こんごうかいたいじゅき】因 八巻。安然（—八四一—九〇四—）。安然は、圓仁の弟子。天台密教の大成者。圓仁、圓珍、安恵から伝法した遍昭が華山の元慶寺をあずかり、ここに年分度者を賜加されて、その教授阿闍梨として、惟首とならんで安然をむかえた。安然はこうして当時の台密の諸流をたばねて集大成するにふさわしい位置にあり、教相におけるすぐれた論著のほか、事相の面でも集大成した業績が多い。本書は、『胎蔵界対受記』『蘇悉地対受記』にならんで、金剛界について諸師の口決を批判的に集大成した一書である。本書の巻七に、「元慶八年十月十五日夜、中院、首、然二人に胎蔵授位潅頂を与え、この無所不至印および三身説法印を付す。十六日夜、金剛界中大日三昧耶印を付す……」といい、この記事から元慶八（八八四）年一〇月一五日以後本書が成立したことになる。本書には金剛界について一九六印を連ね、不空訳『金剛頂蓮華部心念誦儀軌』『金剛頂大教王経』、そして『略出経』などを用い、金剛界成身会から証金剛印まで三二印（巻一）、成本尊印から陳三昧耶の二〇印（巻二）、大海印から振鈴印の一三印（巻三）、羯磨会大日羯磨印から案立二十天印（巻四）、三昧耶会大日印から説法印の七四印（巻五）、四印会四玄印から正念誦の一〇印（巻六）、念誦法から羯磨解界の一一印が巻七、圓仁、空海、圓珍、献憲、遍昭、高大夫、長意等の口決を対照する。〔所載〕正蔵75、日蔵（天台宗密教章疏3）。〔木内堯央〕

金剛界念誦賦【こんごうかいねんじゅふ】因 一巻。良源（九一二—八五）撰。良源は、延喜一二（九一二）年近江に生まれ、一二歳で比叡山にのぼり理仙に師事。のち興福寺維摩会等で南都僧と仏性論争で勇名を馳せたが、密教修法にすぐれた験力を表わす。比叡山中興の祖、天台座主。本書には東密の元杲『金剛界賦』、勝賢『念誦賦』、憲深『頼瑜三十五日願文』、隆源『聖増五七日願文』等を収める。真偽未詳。天明六（一七八六）年刊。〔木内堯央〕

金剛界曼荼羅鈔【こんごうかいまんだらしょう】真 二巻。信日（?—一三〇七）撰。同じく信日撰の『胎蔵界曼荼羅鈔』二巻と合わせて、『金胎曼荼羅鈔』四巻とも、略して『信日鈔』ともいう。曼荼羅図像の解説ではなく、金剛界曼荼羅の教理的解釈を目的としたもの。『略出経』『摂真実経』『十八会指帰』をはじめ、『秘蔵記』『檜尾記』『五重結護』など東密の文献のみならず、安然の『対授記』、長宴の『四十帖』など台密の文献により、巻上で三〇項目、巻下で一五項目を立てる。巻上では曼荼羅の構造と諸尊の本質を説き、巻下では特殊な問題につき解説している。たとえば、巻上の九会六会事では、金剛界の行法では六会であるのに図画の曼荼羅では九会であるという点につき、『金剛頂経』の初会四大品中の金剛界品は六種の曼荼羅を説くが、これは図画曼荼羅の「成三羯供四一」の六会に相当する。これに他の三会（理趣、降三、降三三昧）を加えて九会としたのであるが、これは経説ではなく、随意の曼荼羅として祖始が加えたものであるという説を出す。また巻下の金剛界六会異説異名事では四種の説を紹介し、これを私説をもって解説し、各会の名義を明らかにしているが、行法の関係を基調としている。したがって、九会に衆生の九識を当て、この九識が転識得智したのが九会であるという。この解釈は天台・真言両宗に共通したものであったようであるが、信日はその典拠を不詳としている。全体として経軌および先徳の説を重んじつつも、主体性を示している。〔所載〕仏全44。〔清水 乞〕

金剛界礼懺文鈔【こんごうかいれいさんもんしょう】真 二巻。亮汰（一六二二—八〇）撰。寛文八（一六六八）年成立。同九年刊行。金剛界礼懺の内題を『金剛頂経金剛界大道場毘盧遮那如来自受用身内證智眷属法身礼懺文』といい、また『金剛頂道場礼懺文』ともいう。金剛界礼懺文は金剛界曼荼羅における大日如来を初めとする諸尊に礼拝し、懺悔することを示しているもので、総敬礼、五悔、礼拝、嘆徳、発願、結偈の六段からなっている。撰者がこれに注釈を加えたものが本書である。〔真柴弘宗〕

金剛亀羊弁【こんごうきようべん】日 二巻。日鑑（一八〇六—六九）誌。慶応二（一八六六）年撰述。什門派（顕本法華宗）の近世教学の大成者日鑑が、興門派の大石寺（日蓮正宗）の教学を破折した書。大石寺の徒が『本因妙抄』等の口伝書を謀作し日蓮本仏論等の偏狭な教義を形成したことを論難し、経巻相承の什門の立場を明らかにしている。石山教学の批判書としてはよく整理されたものである。〔所載〕日宗全6。——→本因妙抄〔小野文珖〕

金剛索【こんごうさく】浄真 一巻。潮音（一七八一—一八三六）撰。文政一二（一八二九）刊。江戸駒込の本願寺派西教寺の住職、潮音は『摑裂邪網編』において富永仲基の大乗非仏説論を破斥したが、本書においては、題名の下に小字で「弾赤裸裸邪説」と記されているように、服部天游のつくった赤裸裸の説を妄情の説として逐一文章を挙げて反駁している。刊本を正大、谷大、竜大に蔵す。〔所載〕真宗全59。〔五十嵐明宝〕

金剛三密抄【こんごうさんみつしょう】天 五巻。覚超（九六〇—一〇三四）撰。覚超は、兜率僧都、兜率先徳といわれ、『往生要集』で名高い源信にともなわれて比叡山に入り、天元年間（九七八—八三）に得度し、良源に師事。慶円に密教の潅頂を受け、のち比叡山横川首楞厳院に在って台密等の述作にふけった。その一流を川流と称する。本書は『胎蔵界三密鈔』に対して、金剛界に関する事相の書である。不空訳『金剛頂大教王経』『金剛頂蓮華部心念誦儀軌』、金剛智訳『金剛頂略出経』によって、『金剛界大法供養私記』の印契、真言を詳細に検討したもので、まず諸儀軌から印契の意味や真言句義の諸説を列ね、安然の『対受記』における批判を参照し、圓仁、南忠、良源、皇慶の口決なるものを参考にして、さらにいちいちに自説を付しており、その見識が知られる。全五巻の内容は、成身会供養儀式中浄地印から成菩提心印まで二八印が第一巻、成身会定中礼諸仏印から本尊根本印まで五二印が第二巻。羯磨会供養儀式中五仏三十二尊、賢劫十六尊二十天、三昧耶会三十七尊までが第三巻。大供養会三十七尊、三摩地法、六波羅蜜、四印会四玄印、三部三昧耶、入定、念誦までが第四巻。五種念誦、五部珠数、八供養、五供養、十六尊、二十天が第五巻である。いうまでもなく覚超が、良源、源信会下の台密川流の師として、本書の師説はその流の特色をよく語っているといってよいであろう。〔所載〕正蔵75。〔木内堯央〕

金剛頂経開題【こんごうちょうぎょうかいだい】真 一巻。空海（七七四—八三五）述。別に『教王経開題』があるが、いずれも『金剛頂瑜伽一切如来真実摂大乗現証大教王経』三巻の開題である。本書は、序論、経題、経文の三部門より説かれる。序論には、法身仏の四種曼荼羅身、三密行が説かれ、経題では惣・別の二門より明かす。『金剛頂経』十八会の初会であることを説き、経題を人・法・喩に約して解す。経文に関する解釈は不十分のままに終っている。〔遠藤祐純〕

金剛頂経開題勘註【こんごうちょうぎょうかいだいかんちゅう】真 一巻または三巻。道範（一一八四—一二五二〈七五歳寂とも〉）著。『金剛頂開題勘注』ともいう。空海の著わした『金剛頂経開題』に対する注釈書である。→金剛頂経開題〔渡辺照世〕

金剛頂経開題問題【こんごうちょうぎょうかいだいもんだい】真 一巻。宥快（一三四五—一四一六）口筆。宥快は真言宗教学史上屈指の学匠といわれ、その著作も大部である。本書は『金剛頂経』の大綱を知る上で必要であり、また他の同種のものとして『金剛頂経開題鈔』一〇巻、『金剛頂経開題論義指示』一巻などの撰述があるが、本書と合せ見ることにより、『金剛頂経』とはいかなるものかが理解できるものである。〔真柴弘宗〕

金剛頂経開題幼学鈔玄談分【こんごうちょうきょうかいだいようがくしょうげんだんぶん】真 一巻。杲宝（一三〇六—六二）記。成立年代不明（一四世紀）。別に『金剛頂開題杲宝鈔』『金剛頂経開題鈔』『金剛頂経開題鈔玄義分』ともいう。本書は空海の『金剛頂経開題』一巻を講ずるにあたり、玄談（本文に入って講義をするまえに、あらかじめだいたいの趣旨や題名の意味、著者の伝記等に関して説くこと）として記した末注書である。『金剛頂経開題』は、唐代の不空訳『金剛頂大教王経』（『金剛頂経』）の解題であって、綱要をのべ、経名を解釈し、経文の一部分（金剛界大曼荼羅広大儀軌品之一）を解説している。末注書としては、杲宝のもの以外に高野山の道範の『金剛頂経開題勘註』五巻、根来の頼瑜の『金剛頂経開題愚艸』三巻、高野山の宥快の『金剛頂経開題鈔』一〇巻等があるが、東密関係の『金剛頂経』の注釈書は少なく、空海の『金剛頂経開題』とともに宥快の『金剛頂経開題鈔』が詳細にわたって説明がされていることからもっとも尊重される。宝永二年刊本を谷大、竜大、種智院、高野山真別処に蔵す。〔参考〕仏解。→金剛頂経開題〔深津繁人〕

金剛頂経蓮華部心念誦次第【こんごうちょうぎょうれんげぶしんねんじゅしだい】真 一巻あるいは二巻。宇多天皇（八六七—九三一）作。別には『法皇次第』『金剛界次第』『金剛界念誦次第』『金剛界大儀軌略抄』『金剛頂蓮華部心念誦次第』などともいう。四度次第中の金剛界念誦次第の一。不空訳『金剛頂蓮華部心念誦儀軌』をもとに益信が撰した『金剛頂蓮華部心念誦次第法』と空海の『金剛界黄紙次第』とによって、宇多天皇（寛平法皇）が簡便にまとめたもの。広沢流に用いられる。〔所載〕日蔵（真言宗事相章疏2）。〔苫米地誠一〕

金剛頂経蓮華部心念誦次第沙汰【こんごうちょうぎょうれんげぶしんねんじゅしだいさた】真 一巻。覚鑁（一〇九五—一一四三）撰。または『金剛界沙汰』『金界沙汰』『金剛界日記』『金剛界口訣』ともいい、十八道および胎蔵界の沙汰と合わせて『十金胎沙汰』とも総称し、また『息災護摩次第』『曼荼羅沙汰』と合わせた五部作の一と考えられる。覚鑁は、荒廃していた高野山の再興につとめ、東台両密、小野広沢の諸流を遍学して大伝法院流を開いた新義真言宗の祖である。本書は覚鑁が奥州東大寺君より受けた口決を記したものと伝えられ、金剛界の念誦次第における問題点について、「問」「尋云」という覚鑁の問に対し、「師口云」「師云」として口訣が答えられている。この東大寺君とは、仁和寺旧蔵本の奥書によれば、醍醐寺勝覚の付法の一人である円勝とされているが、その来歴は詳らかではない。内容は、初めに題目中の蓮華部の語について記し、次いで次第の始終を因行証入方便具足の五句門に配すとして、房舎作法より著座までを因、塗香より五大願までを行、四無量観より陳三昧耶までを証、道場観を入涅槃、大虚空蔵以下終りまでを方便具足とし、次いで胎界には𑖀字字義を、金界には𑖪𑖽字字義を行ずること、普印の事、三部三密の事、五相成身の事、その他、諸尊、印、真言などについて種々の口決を記す。〔所載〕興全上、正蔵79。〔苫米地誠一〕

金剛頂宗綱概【こんごうちょうしゅうこうがい】真　一巻。杲宝（一三〇六―六二）記。貞和五（一三四九）年成立。本書の題名について、東寺観智院蔵本の元文四（一七三九）年に東寺の賢賀が書写したものによると、当時巻頭の数紙が散失していて不明なのでただ『金剛頂宗綱概』と名づけるとある。金剛頂宗とは金胎両部のうち金剛頂部の教法を主とする密教ということで、『金剛頂経』を根本経典とする。東密ではたんに『金剛頂経』というと不空訳『金剛頂一切如来真実摂大乗現証大教王経』三巻を指す。本書の内容は、まず『金剛頂経』の内容の概要を示し、次に、『金剛頂経』に対する疑問に答えるかたちで論じている。仏教は釈尊の所説であるから釈尊が教主（教法を説く主尊の意）であるが、仏身論の発展によって変化が生じた。東台二密においては大日と釈迦の同異の論争があり、台密は大釈同体説、東密は大釈別体説を主張する。以下、見出しに相当する原本の朱書の傍注を掲げておく。能説教主為釈迦歟事、当経為大日直説歟事、教主成就大日与五相成身大日同異事、三十七尊自他受用分別事、一切義成就菩薩成道在処事、私案現証三重之事、初会説処事。〔所載〕正蔵61。――→我慢抄〔深津繁人〕

金剛頂大教王経疏【こんごうちょうだいきょうおうぎょうしょ】因　七巻。圓仁（七九四―八六四）撰。仁寿元（八五一）年。『金剛頂経疏』ともいう。圓仁は慈覚大師、弘仁五（八一四）年の摩訶止観止業年分度者。のち最澄滅後、承和五（八三八）年入唐し、一〇年の間、五台山や長安でことに密教を伝え、帰朝後台密の充実につとめた。『慈覚大師伝』によれば、本書は仁寿元年の作、つづいて斉衡二（八五五）年には『蘇悉地経疏』を完成している。圓仁は、最澄が延暦二五（八〇六）年に定めた止観業一人、遮那業一人の計二人の年分度者に加えて、嘉祥（八五〇）年一二月一六日、金剛頂経業一人、蘇悉地経業一人の計二人の年分度者を奏請してゆるされているから、この『金剛頂経疏』などは、まさしくこの際の年分学生の教育に準備されたものということができるであろう。本書は、不空訳『金剛頂大教王経』三巻の注釈で、本書第七巻のおわりに、潅頂阿闍梨の軌範や諸尊の秘密真言印契など伝法阿闍梨の心裏の記録に属する『経』の下巻の注釈はやめるとするから、『経』の上・中二巻の注釈となる。全七巻のうち一、五、六の三巻を上下二巻に開いているから七巻一〇冊がその全体である。『金剛頂大教王経』の注釈は仏教史上空前のもので、圓仁はその解釈にあたって、天台大師智顗が『法華玄義』で用いた、釈名、弁体、明宗、論用、判教の五重玄義の解釈法を適用し、もって一経の大意・玄義をのべることからはじまっている。『金剛頂大教王経』は、仏部、蓮華部、金剛部、宝部、羯磨部の五部立てで、身密、口密、意密の三密を説き、仏の五智、即身成仏を説く理事倶密の金剛乗であると判定し、菩薩蔵、経蔵、陀羅尼蔵であるから満字教であり、秘密教であり、一乗、大乗、仏乗の経だとする。経体を論じては阿字であるといい、一切有情ことごとく仏性があるからすべてこの経の対告衆となり、説かれるところは大日如来自内証の法であり、劫を歴ずして成仏する極義が説かれる。法界それ自体が大日如来の法体だという絶対的見地から、一大円教論すなわち、あらゆる仏説は真言秘密の法ならざるはなく、すべていわゆる一大円教なりというのである。引用される経論は、『大日経義釈』『法華経』『大智度論』『仏地論』『理趣釈』など博引であるが、主として『大日経義釈』により、以後の台密学説の軌範はここに示されたといいうる。また、経文の解釈にあたっては、「別本」として金剛智訳『金剛頂略出念誦経』の六巻本、「旧経」として四巻の同『略出経』を対照するなど、きわめて客観的・批判的な釈相を展開していることは、『金剛頂経』の注釈としての嚆矢であると同時に質的にも高いものとなっており、東密においてもこれを参考にしている。この中の歴劫成仏は顕教、不歴劫成仏は密教という顕密二教判、阿字教体説、一大円教論、釈迦大日二仏同体説などは台密の宗是を形成することになる。〔所載〕正蔵61、仏全43。〔木内堯央〕

金剛般若経開題【こんごうはんにゃぎょうかいだい】真　空海（七七四―八三五）述。『能断金剛般若波羅蜜経』の開題である。同経は六本現存し、空海も指摘するように経題はおのおの不同である。経の説所がさまざまに説かれるが、いずれも舎衛国祇陀給孤独園である。経を釈するに、浅略と深秘の二釈ありとする。経題と経文について釈し、経題を、人・法・喩をもって解釈する。本書は、『大般若経』十六会が金剛界の十六尊はないし無量の尊であるとのべ、この経に『大般若経』の大綱が含蔵されているとのべる。〔遠藤祐純〕

金剛秘密山王伝授大事【こんごうひみつさんのうでんじゅだいじ】因　一巻あるいは三巻。忠尋（一〇六五―一一三八）録。中古天台の名匠忠尋座主が門主独伝の山王明神に関する口決奥旨を記録したもので、如影随形山王事、法華首題山王事、観心三密山王事、潅頂元意山王事、山王秘密口中伝事、普賢延命山王事等の項目を挙げ、最澄の厳神霊応章、圓仁の内証仏意集等を援引して顕密の天台教義の融会したる山王七社、三輪明神釈を詳説したものである。〔所蔵〕叡山（写本）、日光天海蔵（写本）。〔所載〕天全12。〔多田孝文〕

金剛錍論講述【こんごうべいろんこうじゅつ】因　一巻。守脱大宝（一八〇四―八四）撰。別に『金剛錍講述』ともいう。本書ははじめに『金剛錍論』の科文に、文禄年間（一五九二―九六）の有人作（孤山智円『同顕性録』による）と、宋の仁岳の科文の二つあることをあげ、先さらに講ずるに当り、それを述作意、出所破人、預述仏性大旨、弁題目、入文解釈の五章に大別し解説している。〔所蔵〕立大、叡山勧学院。〔所載〕天全2。

〔多田孝文〕

金剛発恵抄【こんごうほつえしょう】真　三巻。頼瑜（一二二六―一三〇四）記。『金界発恵抄』とも称される。『胎蔵入理鈔』と並んでこちらは金剛界次第の口決である。まず金剛界の五部について論じ、次いで上道観、至道場門観、開道場門観、壇前普礼、弁供、着坐普礼と進み、浄三業から金剛界次第に沿って五相成身観に至り、これを中心に詳説する。中巻に入ると金剛界の重要な構成要素である金剛界三十七尊について論じ、下巻には、金剛界のいわゆる九会曼荼羅の意味づけを行うのである。奥書によれば「永仁五年十月、老眼を拭って加点をおわる。この書一部三巻或人の請に依ってこれを記しおわんぬ。但し、下巻に於ては、たとえ同法の者といえども、定んでその機を見てこれを許せ。先師の秘決等、これに載せればなり。末資、慎しまずんばあるべからず、慎しまずんばあるべからず、権少僧都頼瑜、春秋七十二」とあり、頼瑜がきわめて重要視している先師から嫡々相承された口決を十二分に盛り込んで書かれていることがわかる。〔所載〕正蔵79。

〔加藤精一〕

金光明長講会式【こんこうみょうじょうごうえしき】天　一巻。最澄（七六六―八二二）撰。最澄は伝教大師、日本天台宗宗祖。比叡山に菩薩僧を養成し、その清浄僧の法力で国家を鎮護する方途を提言、仁王般若経、法華経の長講会式とともに本書を著す。伝によれば大同五（八一〇）年三部長講を始修したとあるが、本書は前年の奥書をもつ。三礼、梵言、如来唄、散華、懺悔、受戒、発願、神分、読経、結願の次第をなす。〔所載〕伝全2。

〔木内堯央〕

金山鈔【こんざんしょう】日　一六巻。観妙日存（？―一六七一）著。万治三（一六六〇）年成立。寛文一三（一六七三）年版行。日存は身延中興三師の一人心性日遠の法孫にあたり、飯高檀林に学び、のち求法院檀林の一〇世講主を務め、京都本満寺二二世を継承した。本書は日蓮宗を脱し、天台宗に改宗して日蓮宗を批判した真迢の『禁断日蓮義』に対する反駁書である。真迢は観心正因論の立場から日蓮の題目唱題成仏論を批難したが、日存は、従来の日蓮宗側の反駁が天台ずりの教義によるものであったのに対し、日蓮宗における唱題成仏の真義を主張している。しかしながらまだ不徹底な点もあり、また矛盾する点もみられる。題目論においてはその体と用について、名体不二にして妙法の名のほかに無相の極理なしとし、また妙の名を離れて別に妙体妙徳なしと述べる。修行については捨身強信は唱題の助縁とし正しく成仏の正因は唱題にありとして唱題正因論を述べつつ、ただ信心をもって菩提の正因とすと述べ、信心正因論をも説いていて、その所説に不充分な点がみられる。本書は日遵の『諫迷論』に比して宗学的にさらに進んだものがあり、それは従来の日蓮教学が天台ずりであったのに対し、それより独立して宗学の本義を明らかにし、天台ずりの観心説に対しようとしたものである。〔所載〕日教全。

〔井上博文〕

勤式問答【ごんしきもんどう】浄真　一巻。僧鎔（一七二三―八三）著。成立年代不明。本書は真宗の勤式について、問答を設けて詳説してある。仏祖（阿弥陀と祖師方）の広大な化育を根本として、大恩を報謝することを念頭にすべきことを明かす。布施の大小は仏祖に奉るものなれば、我物とすべきではない。父母妻子の年忌は縁とし、二尊大悲による一心の仏因を因とし、因縁を結ぶべし、けっして追薦廻向に走ることなかれと誡している。如来の教法を我も信じ、人にも教え聞かしめることを本分とすべし、と示している。葬儀については、厚葬は世人の好むところ薄葬は君子のほむるところとし、虚飾を廃し無常を知り、哀毀をもって本とす。盆・彼岸の仏事も仏恩報謝の経営なり、と真宗における作法・勤式の在り方を明示している。今日的意味も深い。〔所載〕真宗全62（真宗小部集7）。

〔藤田恭爾〕

金師子章光顕鈔【こんじししょうこうけんしょう】南　高弁（一一七三―一二三二）撰。承元四（一二一〇）年七月五日記。本書は、賢首大師法蔵（六四三―七一二）撰の『金師子章雲問類解』『大方広仏華厳経金師子章』（『正蔵』45）を釈したものである。高弁は、華厳教学と真言密教の修習・瑜伽観行に努めた人である。本書のほかに、華厳について『華厳修禅観照入解脱門義』『華厳仏光三昧観秘宝蔵』『華厳唯心義釈』『華厳信種義』『華厳仏光三昧瑞応記』『華厳仏光三昧観冥感伝』等があり、さらに「華厳経講式」「次第類」を遺している。本書の巻頭に「僅に一文を誦すに、適々（たまたま）一義を尋ね、偏えに自ら結縁に充つ。さらに、著述を望まず、これ伝燈を嬾するにあらず。ただ愚闇を憚るなり」（原漢文）と記し、さらに請われて撰述することを明かしている。その本旨は、疑難を決し、大義を顕し、特に、断惑、成仏ならびに生仏不増減の義の至要なることを述べたものであることが知られる。釈相は、『華厳金師子章』の十門である、明縁起、弁色空、約三性、顕無相、説無生、論五教、勒十玄、括六相、成菩提、入涅槃についてそれぞれ釈している。〔所載〕日蔵（華厳宗章疏上）、仏全13。

〔栗山秀純〕

今昔物語集【こんじゃくものがたりしゅう】通　三一巻（巻八・一八・二一は欠）。編者不詳。編者については源隆国または隆国を編者の一人とする説と非隆国説とに二分される。前者には隆国説、後人増補説、協同説がある。後者には白川院勅撰説などもあるが、代表的なのは「南都北嶺の如き大寺に所属する事務系統の僧侶」（今野達）とする説である。成立は平安時代後期の嘉承（一一〇六―〇八）

以降まもないころと推定されている。本集はわが国最大の仏教説話集である。説話数の多さだけではなく、インド、中国、日本にわたる規模の大きさにもよる。一二〇〇を超える説話は、天竺（巻一―五）、震旦（巻六―一〇）、本朝（仏法部、巻一一―二〇、世俗部、巻二二―三一）の三部にわけられている。巻ごとに平均して四〇話前後の話が収められ、個々の話は連関して編まれている。この配列を「仏教的教理に基づく連句的展開」（山田英雄）とみることもある。天竺の部は釈尊の伝記を中心とした話である。釈尊の伝記がまとめられたわが国最初のものであり、詳細な出典などの研究は今後に残されている。震旦の部では仏教の渡来とその展開が述べられ、とくに『大般若経』『法華経』の霊験譚が語られている。本朝の部では仏法部と世俗部にわけられ、前者には寺院、法会の縁起譚、『法華経』、観音、地蔵、諸菩薩の霊験譚、往生譚が、後者では奇異、因縁、宿報、妖異などの民間説話が収録されている。世俗部においても、宗教的色彩は濃いものがある。〔参考〕永井義憲・今昔物語の作者と成立。〔鷲見定信〕

金勝王経秘密伽陀【こんしょうおうきょうひみつかだ】[真]　空海（七七四―八三五）述。弘仁四（八一三）年一二月、『金光明経』の講師に公請された真円が空海に教えを請うたのに対し、『金光明最勝王経』一〇巻（義浄訳）の要旨を、品別に頌をもって説かれたものである。『最勝王経』開題の密教的深秘釈に比して、とくに密教的解釈は示さないが、一〇巻三十一品を、四言・五言・七言の頌をもって、巧みにまとめている。〔遠藤祐純〕

金鞭指街【こんべんしがい】[臨]　二〇巻。無著道忠（一六五三―一七四四）著。寛保二（一七四二）年成立。無著道忠は、但馬の人で、幼時出石の如来寺に入り、のち妙心寺塔頭竜華院の竺印に投じた。宝永四（一七〇七）年五五歳で妙心寺に住し、正徳四（一七一四）年再住。晩年は著述に専念した。わが国の臨済宗を代表する学匠で、その著書は三七一種九一一巻にのぼるといわれる。その多くはテキストの語句にそった注解がほとんどであり、道忠がみずからの考えをのべることはきわめてまれである。しかるに本書はひろく禅にかかわる話柄を収集して、それに論評を加えるというかたちをとっており、道忠自身の思想が随所にちりばめられている。そういった点では異色のものであり、かつ貴重な資料であるといわねばならない。⑴玄理一、⑵玄理二、⑶玄理三、⑷玄理四、⑸玄理五、⑹玄理六、⑺玄理七、⑻玄理八、⑼禅教同帰上、⑽禅教同帰下、禅教離合上、⑾禅教離合下、⑿禅談上、⒀禅談下、⒁教話上、⒂教話下、修進上、⒃修進中、⒄修進下、⒅警策上、⒆警策中、⒇警策下、接度、薦亡、以上の標題のもとに集められた種々の問題に照明が当てられる。漢文によって書かれており、その論調は非常にするどいものがある。いくつかの写本を存するが、今その所在を詳らかにしない。一四巻本の写本が金閣寺に蔵されるという。〔古賀英彦〕

根本説一切有部衣相略要【こんぽんせっいっさいうぶえそうりゃくよう】[真]　慈雲（一七一八―一八〇四）撰。有部律による袈裟の体色量や裁製の方法、帞紐の法、被着の法等をくわしく解説したものである。この書の解説書である『有部衣相略要事義文證』は、この書を科釈し、いちいちの典拠をあげたものである。〔所載〕慈全3。〔福田亮成〕

根本大師臨終遺書【こんぽんだいしりんじゅういしょ】[天]　一巻。著者明記なし。成立年代不明。別に『根本大師臨終遺言』ともいう。最澄の遺告で一〇カ条からなり、弟子への訓戒、生活規範を示す。『叡山大師伝』の遺戒文の部分に相当し、第五条以下は『禅庵式』として別行されていたと見られる。最澄が弘仁一三（八二二）年病床にあり、随時に誡告したことを後の人がまとめたものと考えられる。〔所載〕日蔵76、伝全1。〔末広照純〕

根本日蓮宗旨名目【こんぽんにちれんしゅうしみょうもく】[日]　三巻。著者は京都要法寺系の学匠、日体（一六七〇―一七三三）とされるが、写本には「日体伝」とあり、その門下の事行日忍（一七〇八―七三）記とある。成立年時は未詳であるが、執行海秀氏は日体寂後三六年の明和六（一七六九）年とし、このことから、「実質的には日忍の作である」（『日蓮宗教学史』）とする。日体は要法寺第二六世、日眷が本尊として造像することに批判を加え、日蓮本仏論を主張。そのため元禄一五（一七〇二）年異端邪説として追放され、九条に住本寺を創して根本日蓮宗を提唱した。本書は三巻に分かれており、上巻は四〇問答、中巻は四九問答、下巻も同様に四九問答である。題号の「根本日蓮宗」とは、枝葉の根本ということではなく、宗祖日蓮の本意にもとづき、自己の根本を宗とするという意味で、下種仏たる本因妙の日蓮の宗旨にして、下種即成仏の根本ということである。上巻には五綱三秘の概要、中巻には事観と題目の関係、下巻には種脱本尊の相違、正助二行等を説いている。写本は立大図書館所蔵。〔北川前肇〕

建立曼荼羅次第法【こんりゅうまんだらしだいほう】[真]　一巻。空海（七七四―八三五）撰。曼荼羅を建立するに当っての具体的な作法や注意点を説く次第であり、択地からすみうちにいたるまでのおよそ二〇項目の作法を記す。真鍋俊照氏（『弘全』(筑)2解題）によると、慧琳の『建立曼荼羅及揀択地法』を参酌しながらつくられたものと推定されているが、成立時期は不明。〔所載〕弘全2、日蔵（真言宗事相章疏2）。〔苫米地誠一〕

建立曼荼羅大壇儀式略摂行法【こんりゅうまんだらだいだんぎしきりゃくしょうぎょうほう】[天]　一巻。圓珍（八一四―九一）説。『建立曼荼羅儀式』『造壇儀式』ともいう。圓珍は義真の弟子、圓仁の帰朝後、直ちに入唐して長安の法全から密教を伝える。本書はいわゆる造壇法を記す。末に青龍伝法弟子大日本沙門プラジュニャバジラとあり、内容は慧琳集の『建立曼荼羅及揀択地法』『大日経疏』等からの

抄出で著書というよりメモである。〔所載〕仏全27。〔木内堯央〕

さ

摧邪立正抄【さいじゃりっしょうしょう】日 一巻。三位日順（一二九四—一三五四）著。貞和六（一三五〇）年暮春中旬成立。貞和四年、土佐において京都日像門流の日学と富士門流の日華の弟子日寿との間に問答が起った。日寿はその始末を記して、当時重須檀所の学頭で富士教学の第一人者である日順に送った。本書は日順がその問答記録を検討し、日学の所論を破し、五・一の相対を論じて、富士興門学徒の指南に資せんとした。その書名は日像・日学の邪義を摧き、富士興門の正義を樹立するという意である。内容は八段に分かれ、日学の義と富士の義を相対させ、その争点を明らかにしているが、論難の中心は、日学等は本迹二門の得益を示すが、富士は破迹立本、本門一品二半の正宗のうちの題目を肝心とするという本勝迹劣論と、かれらは宗祖を迹化の菩薩とみなすが、富士は「日蓮聖人は忝も上行菩薩の応化末法流布の導師」と仰ぐ、という日蓮応化論である。ここで日順は日蓮を本化の菩薩であると詳論しているが、そこにはのちの富士の日蓮本仏論はでていない。これをみても日蓮本仏論が後世の所産であることは確かである。その他、神天上における祈禱の可否、京都進出の問題、遺文の解釈の相違等が挙げられているが、日興正嫡・興門正統の立場から像門の教理を否定しているのである。正本は富士重須本門寺蔵。写本（日心本）を富士大石寺蔵。〔所載〕日宗全2、富要2。〔参考〕五人所破抄。〔小野文珖〕

摧邪輪【さいじゃりん】南 三巻。高弁（一一七三—一二三二）述。建暦二（一二一二）年一一月二三日記。「一向専修宗選択集の中において邪を摧く輪」と題す。すなわち源空（一一三三—一二一二）の『選択本願念仏集』に対する破釈の論である。本書の初頭に「ここに近代、上人あり、一巻の書を作る。名づけて選択本願念仏集と曰ふ。経論に迷惑して諸人を欺誑せり。往生の行を以って宗とすと雖も、反って往生の行を妨礙せり。高弁、近来、聖人において深く仰信を懐けり。聞ゆるところの種々の邪見は、在家の男女等、上人の高名を仮りて妄説するところなりとおもひき。未だ一言を出しても上人を誹謗せず。たとひ他人の談説を聞くと雖も、未だ必ずしもこれを信用せず。しかるに、近日、この選択集を披閲するに悲嘆甚だ深し」（原漢文）と述べ、「菩提心を撥去する過失」と「聖道門を以って群賊に譬ふる過失」の二失を掲げて破釈している。真言密教、華厳、禅等八宗兼学の高弁が、新興の源空の浄土教に危惧と疑念を懐き、これを痛烈に批判したものである。〔所載〕日蔵（華厳宗章疏下）、浄全8。〔粟山秀純〕

摧邪輪荘厳記【さいじゃりんしょうごんき】南 高弁（一一七三—一二三二）述。建暦三（一二一三）年六月二二日記。華厳教学と真言密教の行法と禅家の瑜伽観行を修習する高弁が、源空（一一三三—一二一二）の『選択本願念仏集』（建暦二〈一二一二〉年九月八日刊）を披覧し、『摧邪輪』を著し、二失一三種の過ちを挙げて破釈したが、重ねて、一六種の過失を挙げてこれを破釈している。〔所載〕日蔵（華厳宗章疏巻下）、浄全8。〔粟山秀純〕

最須敬重絵詞【さいしゅきょうじゅうえし】浄真 七巻。乗専（一二九五—一三五三）撰。文和元（一三五二）年成立。乗専は、本願寺第三世覚如の高弟であり、真宗出雲寺派本山毫摂寺の開基である。覚如の没年に、覚如の二男従覚に、覚如の伝記『慕帰絵詞』を制作させ、みずからも翌年、本書を著わして遺徳を偲んだ。題名の最須敬重の語は、本書第六巻に引用している善導の『観経四帖疏・序分義』において奉事師長の文を釈するうちに、「此の大恩、最も敬重すべし」とある文によっている。すなわち、師覚如に対する最須敬重の意から、その尊い生涯を後弟に伝えようとして撰したものである。本書は、一部七巻二八段より成り、巻一において浄土教の教興より、親鸞・覚如にいたる伝承についてのべ、巻二以下で覚如の一生の行状について叙述している。『慕帰絵詞』と比較して記述が詳細であり、『慕帰絵詞』の補作として編まれたものと考えられる。現存する古写本には、どれも第三・第四（第八段より第一六段）巻が伝わっていないので、その全文を知ることはできないが、西本願寺所蔵の絵詞を絵画に描くための指図書により、ある程度の内容は知ることができる。絵は、この指図書が遺されているだけで伝わらない。室町時代の写本が、竜大（巻一・六）、谷大、京都常楽台（一・二・五・六）に所蔵されている。〔所載〕続群書9、真聖全3。—→慕帰絵詞〔那須一雄〕

最勝慧印三昧耶表白集【さいしょうえいんさんまやひょうびゃくしゅう】真 一巻。著者明記なし。別に『修験最勝慧印三昧耶表白集』『引導伽陀立座重座大事』ともいう。当山派修験道慧印法流の加行に必要な表白類を集めたもの。義範（一〇二三—一〇八八）の作とされる。弁才天女初・正行、大日如来加・正行、護摩初・加行、結願作法、両祖師供の表白と立座之大事、重座之大事、伽陀文、極印法加行之作法、両祖師之所作、鎮守法施を出す。〔所載〕日蔵（修験道章疏1）。〔苫米地誠一〕

最勝王経開題【さいしょうおうきょうかいだい】真 一巻。空海（七七四—八三五）述。義浄訳『金光明最勝王経』の開題である。初めに、経全体の大意を簡明に要約して述べ、次いで経題を梵・漢両面より明かし、経典名を『金光明経』（曇無讖訳）、『金光明最勝王経』（義浄訳）の二を挙げる。金光明を法身、応身、化身に配し、金、光明、最勝、王の五を順次金剛部、宝部、蓮華部、羯磨部、仏

部の五部に配釈し、さらに五仏、五智に配し釈している。〔所載〕日蔵（大乗律章疏第一）、正蔵61。〔遠藤祐純〕

再生敗種義【さいせいはいしゅぎ】[天] 一巻。最澄（七六六―八二二）述。本書は『守護章』以前の書かと考えられる。内容は三段より成り、敗種と貶せられる二乗の人も必ず再生成仏するという天台教義を証明するため、証文を『法華経』『維摩経』『法華論』『大智度論』等に求め、現在、過去、未来の三世の二乗も皆成仏すべしと述べたもの。〔所載〕伝全2、日蔵（旧版）39。〔多田孝正〕

西窓随筆【さいそうずいひつ】[天] 一巻。覚深撰。覚深の経歴はつまびらかではないが、本書の末に雞足院法印といい、元禄六（一六九三）年擬講、一〇年新探題、正覚院に移り豪慧と改め、宝永年中大僧正となり豪寛と名のったと記す。本書は前半は法華大会について出仕の心得から儭施の割振、元三会のこと、そして御修法の安鎮家国等法の心得におよび、その折の十二天供、聖天供、御衣加持の方法などについて記す。〔所載〕天全20。〔木内堯央〕

西蔵宝物録【さいぞうほうもつろく】[日] 一巻。身延山三三世日亨（一六四六―一七二一）著。正徳二（一七一二）年成立。身延の霊宝は東西の二蔵に収められて護持されてきたが、日亨は正徳二年に「蔵書定め書き」の制規を制定し、西蔵には代々の筆、肝要の書を収むべきとした。その西蔵の目録。「当山歴代等曼荼羅録」や、仏像、仏具、経典、位牌等を記録した「宝蔵并中央之間廊下拝殿　一切経堂録　古仏堂録　会合所位牌録　方丈位牌堂録　書写并摺写経録」も合本される。身延山久遠寺身延文庫に所蔵される。〔林是晉〕

祭典開覆章【さいてんかいふくしょう】[天] 一巻。僧慈（―一八〇六―）述。文化三（一八〇六）年成立。天台宗山王一実神道を日光の安楽律派の僧慈が幕末に記した書。(1)立正、(2)門内破邪、(3)須弥山、(4)蝕神、(5)門外破邪、(6)読神史、(7)余疑評の七章で、山王一実神道を法華真言教によるとし、一実の旨を因縁、約教、本迹、観心の四解をなし、乗因の説を破し、本来の山王神道をのべようとしている。地動説の意識が須弥山説等を長述させているものと思われる。〔所載〕天全12。→山家最略記　〔野本覚成〕

在唐記【ざいとうき】[天] 一巻。作者不詳。本書は伝圓仁撰の『在唐決』とは別本で、題下に作者名はない。まず上中下巻として胎蔵部の作法や真言を注解し、次に瑜伽上・下巻として金剛部のそれを注解する。胎蔵に関しては、法全のいわゆる『青竜寺儀軌』に基づくと思われるが、金剛部の典拠については、いまひとつ明らかではない。内容的にも、圓珍撰とも圓仁撰とも断定しえない部分がある。〔所載〕日蔵80。〔水上文義〕

西塔堂並各坊世譜【さいとうどうならびにかくぼうせふ】[天] 一巻。俊静。俊静が正観院探題前大僧正を指すとすれば、その寂年は元文五（一七四〇）年一〇月のこととなる。本書は正徳年中（一七一一―一六）に智湛が編んだ『東塔五谷堂舎並各坊世譜』『横川堂舎並各坊世譜』と合して比叡山三塔堂舎並各坊世譜をなすもので、元亀法難直後の山門西塔の動静現況を如実に語る好個の史料といえよう。〔所載〕天全24。〔木内堯央〕

再難条目【さいなんじょうもく】[日] 一巻。了義日達（一六七四―一七四七）著。宝永六（一七〇九）年成立。日達は本圀寺二六世貫首で、しかも浄土宗、浄土真宗、華厳宗の諸僧との法論を交し、宗内でも本迹一致を唱えて、勝劣派との論争を行っている。本書は京都の紫竹に住する浄土宗光念寺了海を破したもので、『紫竹問答』とも称する。了海はこれに対し、宝永七（一七〇九）年に『摧碾再難条目』二巻を著わしてこれに報い、さらに日達は、正徳二（一七一二）年、了海の書に対する反論を『愍諭繫珠録』七巻として著わした。宝永六（一七〇九）年刊行。〔北川前肇〕

摧破綱要取要編【さいはこうようしゅようへん】[日] 一巻。智勇日進（一七六一―一八二二）著。文政三（一八二〇）年成立。日進は熊本本妙寺第二二世。本書は、『祖書綱要』二三巻の著者日導（一七二四―八九）の教学批判を目的として、日進が前に著わした『宗門得意抄』『堅髙』『立正篇』の、以上三書を取意一括したもの。日導が二種本門―随他意・随自意―を立てたこと、文上・文底を相対して文底を選取することなどを、問答体をもって批判する。それは日導の教学が中古天台教学の特徴である観心偏重であったためである。写本は立大図書館所蔵。〔北川前肇〕

斎別受八戒作法【さいべつじゅはっかいさほう】[南] 一巻。叡尊（一二〇一―九〇）撰。成立年代不明。『八斎戒作法』『斎別受戒作法』ともいう。月の六斎日に一日一夜、在家信者が受戒護持する八斎戒の受戒作法を記した書。内容は六段に分かれ、発戒儀第一では戒及び八戒の意義を記すとともに持戒を勧め、勧請第二では十方諸仏の影現を請い、懺悔第三では罪障の懺悔と清浄身を成ずる文を記し、三帰羯磨第四では三帰依の作法、説八戒相第五では正しく授戒する様、発願廻向第六では持斎の功徳による浄土往生を説いて終る。経証を多く踏まえて八関斎受持の福徳が詳説されている。〔所載〕日蔵（戒律宗章疏2）。〔里道徳雄〕

西方径路【さいほうけいろ】[浄] 一巻。俊鳳（一七一四―八七）著。宝暦三（一七五三）年述。本書は『一枚起請文』『白木法語』によりて口称の一行三昧を強調した法語である。本文に「ただ一すじの南無阿弥陀仏がそのまま西方の径路なれば唱ふる声こそ往生のみちしるべなり」と念仏行者の姿勢を平明に説き示している。あわせて念仏行者の悪無過の思想に対して「罪人は往生すれども罪業は往生の障なり」とあり、戒と念仏の並行をも力説する。〔所蔵〕刊本、谷大、東大、竜大。〔中西隨功〕

西方合契【さいほうごうけい】[浄真] 六巻。慧海（一七〇一―六五）撰。成立年代不明。慧海は高田派の学頭。親鸞の真筆本『西方指南鈔』に基づき流布本の誤謬を指摘しつつ高田派教学の特色を闡明しているため、注目すべき書とされる。内容は教義と歴史の両面にわたるもので、第一巻の総宗師資では親鸞を源空の弟子に非ずとする難を破し、一向専修念仏宗と申す義を明らかにする。第二巻の立教開宗までは、衆生の根機が劣ることを理由に、行相の難易を分別して聖道（難）より浄土（易）をとり、極楽の行因に関しては専雑の得失があることを強調して、諸善（雑）より念仏（専）のほうをとるのが本宗であることを明かす。第三巻の三心即離では、阿弥陀仏の利他の真実によって、衆生は仏の因中の三業の真実を廻向され、至誠心、深心、廻向発願心の三心を具足する、と説く。第四巻の三種往生ならびに往生義では、往生即成仏の義をのべ、難思議往生、双樹林下往生、難思往生の三種往生や、即往生、便往生、正念念仏往生、狂乱往生、無記心往生、意念往生について釈論する。第五巻の一念多念では、一念義を唱える幸西の弟子が親鸞であるという誤解を正す。第六巻の機法一体では、機の深信と法の深信はいずれも、他力の信心であるから、ただ一種のみ、というのが機法一体であり、幸西のいうごとく、無始本覚の弥陀と衆生所具の仏性とは一体であるという意ではないことを明かす。〔所載〕真宗全55。〔田中教照〕

西方発心集【さいほうほっしんしゅう】浄　二巻。源空（一一三三—一二一二）撰。成立年代不明。刊本（慶安版）では「法然上人御作」となっている。上巻には苦と楽のいずれを求むべきか等の一二の自問自答によって浄土への往生を勧め、下巻にも同じく問答体によって、弥陀の四十八願についてのべ、そのうちとくに第十八願をとりあげ、願文の一つ一つの語句について細釈している。本書の撰述について、真宗の泰巌は源空撰を疑い、『蓮門経籍録』下には偽妄濫真類に収め、『法全』でも真偽未詳の部に収められている。おそらく後世の誰かが源空の意をくんで著作したものと思われる。〔刊本〕慶安元（一六四八）年刊。〔所載〕法全。〔金子寛哉〕

済北集【さいほくしゅう】臨　二〇巻。虎関師錬（一二七八—一三四六）著。成立年代は不明であるが、正和三年虎関は京都白川の北に済北庵を開き、書名はその名を取ったものともいわれる。虎関は鎌倉時代後期の五山禅僧で、聖一派東山湛照の法嗣。父は藤原左金吾校尉、母は源氏、京都の人。八歳のとき湛照に入門し、のち南禅寺の規庵祖円に参じ、いっぽう菅原在輔や六条有房から儒学を学んだ。しばしば関東に下向して、一山一寧に参ずるなど、入元することなくして該博な知識をえた。著書は多数あるが、なかんずく『元亨釈書』はもっとも有名である。本覚国師と勅諡される。本書はその漢詩文集。(1)賦、古律詩、(2)唐律、(3)・(4)律詩、(5)・(6)偈賛、(7)記、銘、(8)序跋、(9)弁答、(10)外紀、行記、伝、表、疏、(11)詩話、(12)清言、(13)祭文、(14)・(15)論、(16)—(20)通衡。(11)の詩話は陶淵明や杜甫などの詩について論じ、また唐宋の詩論に及ぶなど、造詣の深さをうかがわせる。清言は主として禅にかかわることをのべ、教禅、仏儒の交渉にふれる。(9)の弁答は世に『五家弁』として知られるもので、五家の法派について論じたもの。そこでは宋の覚範徳洪の言によりながら、すべての法系は馬祖道一の門下に出るものと結論し、青原下の曹洞宗までもが南岳下に属するとされる。慶安三（一六五〇）年刊本およびその後刷が存在する。〔所載〕五文全1。〔古賀英彦〕

犀浦沙弥訓【さいほしゃみくん】日　四巻。凌雲日尚（一七二〇—七八）撰。成立年代は不明であるが、本書は明和三（一七六六）年に刊行されており、それ以前のことである。日尚は金沢高岸寺一三世にして、本書を初めとして三編の著述が伝えられている。本書は漢文体であるが、昭和六年、宗祖六五〇遠忌を記念し、国訳にて『道風軌範』として出版された。その時の凡例には、本書が日尚在世中には完成せず、名古屋妙善寺九世日浣が後をうけ完成させた、とある。本書の内容は沙弥訓とあるように、初心の仏道修行者のために書かれたものであり、叙述の体裁は、経論の引用も豊富にして、初心の者にも解りやすく、親切である。また、『道風軌範』として刊行された目的は、その序によれば、一般僧侶の無道心と行儀の疎懶を正すためである。本書は元・亨・利・貞の四巻一〇二条の項目よりなる。元の巻は沙弥としての心得を示したものである。亨の巻は、三宝に対する供養、仏具・仏事法要、檀越に対する作法等の心得について示したものである。利の巻は、僧侶として寺院における日常生活の行動、行事について述べている。貞の巻では僧として寺における生活や法号授与・葬儀などの百般の行事について示している。なお、本書は国土安穏寺編『道風軌範増補版』として昭和五五年に出版されている。〔参考〕道風軌範増補版、仏解。〔西片元證〕

西曼荼羅抄【さいまんだらしょう】天　一巻。覚超（九六〇—一〇三四）撰。『西曼陀羅集』ともいう。覚超は兜率先徳と号し、源信について天台を学び、のち横川首楞厳院に住んで教授、述作にはげむ。密教は慶円に受け、本書のほか『胎金三密抄』などの著作もあり、いわゆる慈覚大師圓仁の一流を伝えて、皇慶に対して、川流を興した。長元七（一〇三四）年、七五歳で入寂。本書は、西曼荼羅すなわち金剛界曼荼羅の図様や壇場についてのべた一書である。まず、三巻金剛頂大教王経、六巻略出経、そして摂真実経、圓仁撰金剛頂経疏、安然の対受記を勘案して、金剛界曼荼羅を解釈している。ついで、三十七尊種子曼荼羅をとりあげ、十六大菩薩、二十天の種子をくわしく検討し、また諸尊所持の器仗等にも説きおよぶ。つぎの一印曼荼羅は、圓仁将来様のことで、一印十七尊様、四印曼荼羅様、金剛界九種名号を説くが、それぞれに、圓仁門下の長意の口説を全面的に採用し、いわゆる川流が圓仁直系であることがよくわかる。覚超の台密史上の位置が、圓仁、圓珍、安然の大成後にあり、一方に東密の空海の所説があるところから、いつでもそれら諸家の説を併記検討し、金剛界曼荼羅を解釈している。その上で覚超の自説が開陳されるが、とくに空海らの用いる『十八会指帰』を用いて、金剛界曼荼羅としては九会は天竺随宜の図様で、金剛界品の曼荼羅に他の品の曼荼羅を混ずべきでなく六曼荼羅であるべしとは注目すべき説である。〔所載〕正蔵75。〔木内堯央〕

西要鈔【さいようしょう】浄　二巻。証賢（一二六五―一三四五）。元亨年間（一三二一―二四）の成立で、『帰命本願鈔』のほぼ一年後。著者は浄土宗第三祖良忠門下六流の中、一条流の派祖礼阿然空の弟子で、向阿是心と号し、京都清浄華院の第五世に数えられる。『三部仮名鈔』の一つで、同じ三部作の中の『帰命本願鈔』撰述の縁となった、真如堂における夢に現われた老僧が、その翌年九月末ごろ、京都清涼寺釈迦堂に参籠の折、再び夢中に現われて老若男女の質問に答える形で、浄土宗の要義について語る二〇番の問答から成る。上巻は主として安心と起行についてで、十悪の機、五逆の悪人が一念の称名によって救われる本願の意義から安心の総論を説き、続いて三心の具不具、願心の浅深など安心の分際、平生の用心、女人往生、一念と多念、自力と他力、信心の間断に関して信と行の関係など九問答をあげている。下巻は、心念と称念につき念声是一、名号の功徳、摂取不捨、念仏の滅罪生善、弥陀の臨終来迎、釈迦の発遣、諸仏の証誠、辺地および懈慢国の得生、三生果遂などにつき一一問答をあげて説いている。末注書に『西要鈔諺註』四巻があり、浄全続にはこれを本文と諺注とに分けて収載している。他に賀茂真淵の『西要鈔言釈』二巻などがある。〔所蔵〕自筆本―清浄華院、刊本―谷大（慶安二年版）、竜大（延宝二年版）。〔所載〕正蔵83、浄全続8。〔参考〕三部仮名鈔諺註、向阿上人伝。〔粂原勇慈〕

―→三部仮名鈔

最要鈔【さいようしょう】浄真　一巻。覚如（一二七〇―一三五一）述。康永二（一三四三）年、信濃目良の道源のために口述され、従覚が筆記して成立した（本書奥書、『慕帰絵詞』巻一〇）。本書は初めに『大無量寿経』の第一八願文とその成就文を挙げ、信心歓喜、聞其名号を解釈する。つまり成就文の「信心歓喜乃至一念」の信心は凡夫の迷心でなく仏心であって、この仏心が凡夫に授けられるとき信心というのであると示し、さらに善導の『序分義』や『玄義分』の文で信心歓喜を引証している。次に聞其名号を解釈して「聞其名号という聞は、善知識にあふて如来の他力をもて往生治定する道理をきき定むる聞」であるといい、『大経』下巻「其仏本願力、聞名欲往生」の文、同「其有得聞、彼仏名号」の文、『往生礼讃』の文と、『教行信証』「本願の生起本末を聞く」の文意とでもって聞が詮要であることを示している。そして親鸞の『正信偈』「憶念弥陀仏本願、自然即時入必定、唯能常称如来号、応報大悲弘誓恩」の文を引き「そのとき摂取不捨の益にもあづかり住正定聚のくらいにもさだまれば、これを即得往生といふべし」と解釈し、平生業成即得往生の義を示している。さらに「信心歓喜乃至一念のとき即得往生の義治定ののちの称名は仏恩報謝のためなり」といって称名は仏恩報謝なることを明かしている。以上のように本書は願文を成就文によって解釈し、第一八願の最要なる願意は信心正因称名報恩の義であると明示したものである。現存古写本については『真宗史料集成』1を参照。〔末注〕大含・最要鈔講義、制心・最要鈔要註。〔所載〕真聖全3、真宗史料集成1。〔新作博明〕

最要鈔講義【さいようしょうこうぎ】浄真　一巻。大含（一七七三―一八五〇）述。天保一五（一八四四）年、金沢御坊にて講述。本書は覚如の『最要鈔』を講義したもので、『最要鈔』は浄土真宗の一念往生をのべた書であると断じ、造意、題号、本文の三段に分け、造意では覚如の一二部の著述を解説しつつ通別を分かちて論ずる。題号を詳釈するなかに大意を含ませ、次に本文を解説している。〔所載〕真宗全45。―→最要鈔〔新作博明〕

最要鈔要註【さいようしょうようちゅう】浄真　二巻。制心（？―一八六六）記。嘉永四（一八五一）年成立。本書は覚如の『最要鈔』を注釈したもので、体裁、興由、造由、大綱、題目、本文に分けて論じている。造意は十八願意を明かし、名号のいわれを聞き開く一念に即得往生の利益をうること、これが平生業成の義であり、親鸞より相承せる義であると明かすことであるとしている。大綱を大意と旨帰に分け、聞其名号の聞の一字をもって大意とし、旨帰は信心であるという。そして題号、本文（経文、祖文）を詳しく注釈している。〔所載〕真大25。―→最要鈔〔新作博明〕

座右鈔【ざうしょう】浄　一巻。実導（一三〇九―八八）撰。延文三（一三五八）年成立。享保一二（一七二七）年、粟生光明寺蔵版。実導は浄土宗西山派の学僧で仁空と号す。三鈷寺康空示導に師事して学を承け、同寺に住して教えをひろめた。本書は西山同門の衆に祖跡三鈷寺を護持せんがために二五カ条を制定し警告したもので、次の条目よりなる。⑴可㆔童子入室時先授㆓三帰五戒事㆒、⑵可㆔弟子得度時師主告㆓示衆僧㆒事、⑶可㆔剃髪出家時即授㆓沙弥十戒㆒事、⑷可㆔出家後必登㆓山門戒壇㆒事、⑸不㆑可㆛為㆘年未㆑満㆓二十㆒人㆖輒授㆚菩薩大僧ノ戒㆙事。⑹不㆑可㆘為㆓衣鉢未㆑具人㆒授大僧戒㆖、⑺可㆘授㆓大戒㆒時先令㆑修㆗三七日悔過事㆖、⑻可㆘受㆓大戒㆒後日日行㆗六念㆖事、⑼可㆓衣鉢道具体色如法㆒事、⑽不㆑可㆑畜㆓不説浄長衣長財㆒事、⑾不㆑可㆔出家菩薩捉㆓触宝物㆒事、⑿可㆑知㆓不受悪触等過失㆒事、⒀可㆘弁㆓別請別衆食背請等㆒免㆗其過事㆖、⒁不㆑可㆓半月布薩闕怠㆒事、⒂不㆑可㆔安居受日等違㆓法律㆒事、⒃可㆔夏末必行㆓自恣㆒事、⒄可㆔一切衆集時早皆上堂特慎㆓三業㆒事、⒅不㆑可㆘衆差㆓促事㆒遁避㆖事、⒆不㆑可㆔無㆑伴入㆓聚落事㆒、⒇不㆑可㆘不㆑

白二師主上座等一輙至二他処一経上宿事、(21)可レ止二一切邪業非法一事、(22)不レ可三無知不学好二獨住一事、(23)可下不レ択利鈍皆悉学門上事、(24)可互行二慈忍一不レ致二闘諍一事、(25)可下廻二所修行業一欣中求極楽上事、などである。すなわち出家、戒壇、法式、食事、三衣等の日常行事にいたるまで個条書きにした法規である。これらは「如来の教門、厳師の遺誡、今我門の一衆に示す。願わくば同学の法侶皆共に遵行して仏法を久住せしめ世門に師道を遐代に伝えよ」と結んでいる。〔日下俊文〕

作鴻鐘募疏【さこうしょうぼしょ】天　一巻。最澄（七六六―八二二）。弘仁一〇（八一九）年四月成立。本疏は最澄の弟子光定撰の『伝述一心戒文』巻中の「鴻鐘東塔成弁文」の中から、「忝聞。息苦妙術」以下「最澄謹言」までを抄出したものである。中国の天台山を模して比叡山東塔へ鴻鐘を作る募縁疏であり、伝述一心戒文を見ればその詳細は審らかである。また、比叡山開創当時の状況もうかがえる。〔所載〕伝全（新）5。〔小方文憲〕

些々疑文【ささぎもん】天　二巻。圓珍（八一四―九一）撰。巻末に「壬寅七月二十四日略勘之」とあり、敬光（一七四〇―九五）は序において、元慶六（八八二）年七月、大師六九歳のとき記したものとする。『疑問』と近い関係にあり、『疑問』が草稿本で、本書を再治本とみる説もある。〔所載〕仏全27、日蔵80、智全下。〔坂本廣博〕

坐禅三昧経注釈【ざぜんざんまいきょうちゅうしゃく】真　慈雲（一七一八―一八〇四）撰。『坐禅三昧経』とは、鳩摩羅什訳の禅経で、坐禅観法の簡要を抄略し説いたものである。その一部をあげれば、多欲のものには不浄観を、瞋恚多きものには慈心法門を、愚癡多きものには思惟観因縁法門をというごときである。この書は、その注釈書である。観法の実践者としての慈雲を思うとき、重要な書であろう。〔所載〕慈全7。〔福田亮成〕

坐禅用心記【ざぜんようじんき】曹　一巻。瑩山紹瑾（一二六八〈六四〉―一三二五）撰。瑩山は正和元（一三一二）年、石川県に永光寺を開創したが、その永光寺で執筆した。草稿本が明治三一（一八九八）年の時点まで存在していた。本書は、坐禅の意義、目的、特色、具体的な方法、心構えなどについて道元の『普勧坐禅儀』を骨子として、縦横に説き示したものである。『普勧坐禅儀』が坐禅のいわば理念を表に立てて説いたのに対し、本書はその理念に基づいて実践を中心にのべたものといえる。とくに、坐禅を行うにあたって、調身、調息、調心の心得、食事、衣服、環境条件、疾病、生理上の諸事項にいたるまで、懇切丁寧に言及している点は、本書の特色とするところである。本書は延宝九（一六八一）年、石川県大乗寺二七世卍山道白が、『三根坐禅説』とともに、序と後序を付して『改正瑩山和尚清規』中に収載し開版したのが、一般に流布するきっかけとなった。漢文体。注釈書は、畔上楳仙・坐禅用心記落草談、秋野孝道・安藤文英・坐禅用心記講話、ほかがある。〔所載〕曹全（宗源下）。――→普勧坐禅儀・三根坐禅説〔東　隆眞〕

坐禅和讃【ざぜんわさん】臨　一巻。白隠慧鶴（一六八五―一七六八）作。江戸中期成立。詳しくは『白隠禅師坐禅和讃』という。日本臨済宗中興の祖と仰がれる白隠は、その禅機の凄しさをもって五百年間出の禅者と評せられるが、生涯にわたって松蔭寺（静岡県原）に止住し独自の公案体系を創出し四来の雲衲を教育したので、その門下に多数の逸材を打出した。現在日本臨済禅の法はすべて白隠の流れを汲んでいる。他方、白隠は仮名法語、和讃、書画等を創作して一般民衆の教化にも努力した。とりわけ白隠の書画が禅機にあふれ近世禅林墨蹟中の白眉とされているのは人の知るところである。白隠に仮名法語や俗謡風の和讃の多いなかで『坐禅和讃』一篇は今日もっともよく人口に膾炙している。その内容は大乗仏教のすすめる坐禅の功徳を平易なことばで讃歎するものであり、二二行四四句を一篇にまとめた和讃である。まず冒頭に衆生本来仏なりと謳って大乗仏教の根本である悉有仏性を標榜し、この事実に気づくことなく外に向かって仏を馳求する愚蒙を誡める。次に大乗仏教の坐禅（禅定波羅蜜）こそが凡夫をしてこの顚倒から一挙に本来の自己へと転換させる捷径であるとし、みずから坐禅を実践するならば、その功徳は絶大であるとし、悟りの世界の風光を詩情豊かに謳いあげる。最後に現実生活のいまここそ浄土であり、この身が仏であると結ぶ。〔所載〕白隠全6。〔参考〕柴山全慶・白隠禅師坐禅和讃禅話、山田無文・白隠禅師坐禅和讃講話。〔西村惠信〕

雑華蔵海法語【ざっけぞうかいほうご】曹　一巻。雑華蔵海（一七三〇―八八）撰。天明六（一七八六）年成立。『興正蔵海和尚法語』ともいう。蔵海は江戸期の宗学者。指月慧印、瞎道本光の師弟に就いて特に『正法眼蔵』を研鑽し、『正法眼蔵傍註』『正法眼蔵私記』を著した。本書は常陸興正寺に住持中の安永九（一七八〇）年から天明六（一七八六）年に至る法語集で、拈香四篇、下火二篇、在家引導法語、香語類の五〇余篇等から成る。寛政九（一七九七）年筆写本（広島県世尊寺蔵）。〔所載〕続曹全（語録3）。〔河村孝道〕

佐渡御書【さどごしょ】日　日蓮（一二二二―八二）撰。文永九（一二七二）年佐渡塚原で執筆。「日蓮弟子檀那中書」「与門人等書」ともいう。『法華経』をひろめる者は迫害法難を恐れることなく、勇猛精進し不惜身命の覚悟でなくてはならないことを強調し、少しもひるむことなく弘経に徹すべきことを論じている。直前に著わした『開目抄』の内容をさらに端的にわかりやすくした御書として重要視されている。〔所載〕定日遺1。〔上田本昌〕

左府抄【さふしょう】通　三巻。藤原頼長（一一二〇―五六）著。仁平二―久寿二（一一五二―五五）年三月成立。頼長は平安後期の廷臣、鳥羽法皇の寵をうるが後白河天皇に内覧を停められたことにより挙兵し、保元の乱を起すが失敗し薨去。左大臣。左府は左大臣の唐名。頼長が興福寺権別当慧暁より因明を授けられたときの手記で、因明とは仏教での論理学を意味し、玄昉以来因明学の伝統を有する興福寺において『慈恩因明大疏』における四相違段を教授され三巻としたものである。本文中に時日を明確にしてあることから頼長の日記である『台記』とも記事を相応させることができ歴史的史料としても価値があり、平安末期における仏教信仰、とくに南都旧仏教の変遷を始め、当時の政治や文化史にも多くの資料を提供する。保元の乱で薨去する保元元年には『因明論疏』の書写をおこなっており、頼長が法相系における因明論に精通していたことが知られる。写本が興福寺に現存、重要文化財。〔所載〕仏全84。〔魚尾孝久〕

鞘之間論義【さやのまろんぎ】浄真 一巻。浄応（生没年不明）、慶観（生没年不明）記。明和四（一七六七）年成立。浄応・慶観ともに、智暹の門人である。明和元（一七六四）年、本願寺派第三代能化、若霖門下の智暹が、『真宗本尊義』を著わし、同門の第四代能化、法霖の本尊論を批判し、さらに法霖の説を、正定聚と滅度を現世における益とみる一益法門の異義として批判した。これに端を発して、智暹側と本願寺学林側とが対決し、いわゆる明和の法論が起った。本書は、明和四年五月、西本願寺鞘之間において、門主を前にして両派が論じ合ったときの門答を、智暹門下の二人が筆録したものである。智暹が住職をしていた播磨真浄寺（兵庫県高砂市伊保町）に蔵せられていた『対論記』を写しとったものであり、当時の論議をもっとも正確に筆記したものであるとされている。対論は二回に分かれ、五月一七日の第一回目では、学林側より能化代行の功存ら八名が、智暹側より六名が参加して、法霖の説が一益法門の異安心か否かということを中心に論じ合ったが、法霖側を擁護する学林側と、批判する智暹側との折合いはつかず途中で中止となり、二三日、学林側より一〇名、智暹側より九名が参加してふたたび対論したが、前回同様結論は出なかった。以後、二条所司代の沙汰をうけ紛争はおさまったが、教義論争は解決を見るにいたらなかった。〔所載〕真宗全50。〔那須一雄〕

作用抄略標【さようしょうりゃくひょう】時 一巻。著者の明記はないが、享保二（一七一七）年、時宗の藤沢上人第二四世他阿転真が選ばせたものと伝える。南北朝時代初頭の遊行上人託何が撰した『東西作用抄』二五四条から、一二条を新たに撰び出し、時衆の修行生活の規範としたもの。毎月一日に時衆に読み聞かせた。写本が尾道市常称寺、藤沢清浄光寺等に所蔵される。〔所載〕藤沢市文書館紀要5、定時宗。——→東西作用抄〔今井雅晴〕

讃阿弥陀仏偈筌【さんあみだぶつげせん】浄真 一巻。僧鎔（一七二三—八三）。成立年代不明。曇鸞の『讃阿弥陀仏偈』の講述書。筌は筌蹄の意で案内・手びきのこと。本書は五門に分けてのべられている。(1)述㆓大意㆒、(2)明㆓異本㆒、(3)弁㆓科段㆒、(4)釈㆓題目㆒、(5)正解㆑文である。(1)において、この偈は中国浄土教ではじめて観想為宗から称名易行を説いたものであり、それゆえ曇鸞は本師竜樹と敬慕しているのだとしている。〔所載〕真宗全11。〔藤沢正徳〕

讃阿弥陀仏偈服宗【さんあみだぶつげふくしゅう】浄真 二巻。深励（一七四九—一八一七）述。成立年代不明。曇鸞の『讃阿弥陀仏偈』の講述書。この偈は曇鸞がひとえに仏徳を称讃しみずからの報恩の心より制作されたものであるとし、しかも本師竜樹とあるのは『易行品』弥陀章、『十二礼』を祖述したものであるとしている。諸経論を引用し随所に問答を設け、詳細に注釈がなされている。〔所載〕真大8。〔藤沢正徳〕

讃阿弥陀仏偈録【さんあみだぶつげろく】浄真 二巻。慧雲（一七三〇—一七八二）述。明和七（一七七〇）年成立。慧雲は本願寺派の学僧で、芸轍の祖。曇鸞の『讃阿弥陀仏偈』の講述書。五門に分けて釈されている。(1)興由を明かし、(2)宗体を弁じ、(3)科節を分かち、(4)体例を示し、(5)讃文を解されている。〔所載〕真宗叢5。〔藤沢正徳〕

山菴夜話【さんあんやわ】曹 一巻。万仭道坦（一六九八—一七七五）撰。宝暦五（一七五五）年成立。再住の三州（愛知県額田郡額田町）徳雲山万福寺において、宝暦五年一二月下旬に著わした仮名法語である。雪の夜、深山にある万仭の草庵を訪れた二人の客と炉を囲みながら、客の問に対して、禅と経との関係、正伝の坐禅、正法等について、当時の禅者への批判もまじえ語ったことをまとめたものである。〔所載〕続曹全（法語）。〔伊藤秀憲〕

三彝訓【さんいくん】通 一巻。大我（一七〇九—八二）述。宝暦八（一七五八）年成立。大我は江戸中期の浄土宗の学僧。浄土宗義の他、法華、華厳、真言、禅等を究め、儒教、国学等も修め、多くの著作を著して当時の教界を批判した。大我は、寛延四（一七五一）年『鼎足論』四巻を著して神儒仏三教の浅深を判じ、三教相助けて世を益すべきことを論じたが、本書においては程朱の学弊を批判し、三教相立って天下を安んずべきことを論じている。〔小松邦彰〕

山陰雑録【さんいんざつろく】日 三巻。了義日達（一六七四—一七四七）集。正徳五（一七一五）年成立。日達は江戸時代中期を代表する学匠で、諸檀林の能化をつとめ、本圀寺二六世貫首。本書は題号の示すとおり、仏教や宗義に関するものではなく、むしろ仏教からは陰の部分にある儒教や老子の教え、古賢の事蹟、さらに外史にわたるものの著作である。上巻三九項、中巻六六項、下巻三九項を立てて叙述し、日達の博識がうかがえる。正徳六（一七一六）年刊行。刊本は立大図書館所蔵。〔北川前肇〕

三縁義【さんえんぎ】浄 一巻。證空（一一七七—一二四七）著。成立年代不明。證空が晩年の己証をのべたものである。別に『三縁事』ともいう。題下に「西山上人御作分」とある。(證空の略歴は『述成』の項参照)。善導の『観経疏』『定善義』第九真身観三縁釈についてのべたものである。念仏三昧の法体を明らめるためのもので、親縁については「三縁の縁は仏の方についた縁である」とし、この三縁に立する行は仏体において論ずる凡夫の行である、それゆえに他力の行という。一般的に行は因の位で論ずるが、今は果で論ずるから、まず仏に付けて阿弥陀仏者即是其行と釈し、しかもそれを機に持たすゆえに彼此三業不相捨離と釈されていると示す。近縁では、正因・正行の見仏等、見仏について種々あることをのべ、近縁の見仏は念仏の位で観仏行成の見仏に超えたものであると示す。増上縁では他力往生の法体はこの縁において明らむべしと示す。三縁釈が終って自余衆行の事という一頌を立てて、第一九の願は正因の上の正行と心得べきこと、助正分別の事、三心正因と三福正因の事等を説明し、さらに念仏の遍数に言及して必ずしも数を限定して往生を定めるべきではないと結んでいる。浄土宗西山流秘要蔵(谷大)所収。〔所載〕西山上人短篇鈔物集。〔堀本賢順〕

三縁山故大僧正大玄大和尚行状【さんえんざんこだいそうじょうだいげんだいかしょうぎょうじょう】浄　一巻一冊。教意(一七〇〇―七一)説。成立年代不明。別名『大玄大和尚行状』。増上寺四五世大玄の伝記。巻頭に教意の所説と記しながら、千如らの証誠、寂湛らの識、玄雅らの校と記すのは、本伝記の内容に誤謬のないことを示すものであろう。刊本は文化二年版がある。〔所載〕浄全18。〔小林尚英〕

三縁山志【さんえんざんし】浄　一三巻。摂門(一七八二―一八三九)撰。文政元(一八一八)年作、翌二年刊。通称『縁山志』ともいう。浄土宗関東十八檀林志の一環として、別立てで東京芝増上寺の寺史を編纂したもの。内容は創寺来由、中興嘉運、堂閣建縁、鎮坐祠廟、守廟清務、別開蓮社、子院権与、学寮席規、列祖高徳、貫主異職、境内地理、外境属地に分かれている。〔所載〕浄全19。〔宇高良哲〕

三界一心記【さんがいいっしんき】通　一冊。大龍(生没年不詳)著。正保元(一六四四)年成立。別に『三賢一致書』ともいう。大龍は臨済宗の人。本書は儒釈道の三教が一に帰すゆえに三賢一致と副題をつけたという。最初に天地宇宙の根本原理について論じる。天地未分のときにあったこの原理は、大易、大始、大素、大極となって展開する。これが日月星辰となって陰と陽を生じる。大龍は自然界の陰陽二元の相互作用を夫婦の関係に比し、男女が未だ縁をもたぬ段階から、縁を結び、夫婦として和合していくプロセスを説明する。この陰陽の過程は儒釈道の三教が一致して説くところである旨を、各教の用いる要語の羅列によって説明する。さらに、陰陽の交りによって万物が生じる次第を説くのであるが、たとえば『法華経』の「大通智勝仏、十劫坐道場」を、大通智勝仏は孩児であり、十劫坐道場は母の胎内一〇カ月のこと、したがってこのときは仏法は世にまだ現われず、仏道を行うこともできないなどと独得の譬喩を用いて自説を展開する。後半、母胎内一〇カ月の生成のプロセスを図示し、母胎からこの世に生まれ出る瞬間を地獄への顚落の始めとする図説は示唆的である。人間の転迷開悟のありさまについても、これを自然の道理の正しい運行であると見る。跋文によると本書にもと二本があったものと見え、両本を拾穿連文して再編し、童蒙のために仮名書きに改めたという。慶安版をはじめ九版を重ねた。〔所載〕日本思想闘諍史料5。〔西村惠信〕

三界義【さんかいぎ】天　一巻、源信(九四二―一〇一七)。成立年代不明。本書は源信が欲界、色界、無色界の三界についての問題を集約し問答体によって解釈し、その苦楽の様相を説いたもの。その内容は三界の名から始まり欲界二十処の名数、修羅、色界四禅、無色界四空処、地獄、餓鬼、畜生、修羅を鬼畜夫に摂す、人、天、等々を細目に分け解釈、説明している。写本康永三年(正教蔵)、刊本寛永年間(京大)正保三年、慶安五(正大)。〔所載〕仏全32、日蔵39、恵全3。〔西郊良光〕

三学録【さんがくろく】真　一巻。空海(七七四―八三五)撰。具名は『真言宗所学経律論目録』という。弘仁一四(八二三)年一〇月一〇日に上進した目録で、真言宗の学徒の修すべき経律論を指定している。経は金剛頂宗経六二部八三巻、胎蔵宗経七部一三巻、雑部真言経六三部一四六巻、梵字真言讃等三九部四一巻、律部一五部一七四巻、論部二部一一巻、計一八八部四六八巻である。これによって真言宗の教学の基本となる文献が明らかである。〔遠藤祐純〕

三観義私記【さんがんぎしき】天　一巻。源信(九四二―一〇一七)著。天台学枢要の従仮入空観、従空入仮観、中道第一義観の三観について問答形式に解釈したものであるが、巻尾につらねられている問題の項目と本書の内容が符合しなかったり、巻頭の書名の下に「都攣御作」と記されていたりすることにより近年、源信作ではないとされ、昭和四六年復刻版の全集本には収録されていない。〔浜田智純〕

三巻名目不審請決【さんがんみょうもくふしんしょうけつ】浄　一巻。聖聡(一三六六―一四四〇)撰。西誉御口筆とあるので聖聡の口授筆録であることが知れる。浄土宗二祖弁長撰の『浄土宗名目問答』の内容の不審点について解明を加えたもの。内容は四項目すなわち、「二門所立本拠之事」「念仏三昧発得分斎可知之事」「助正二業分別事」「第十八願正称名往生願也可知事」をあげ、自らの立場から解釈をほどこしている。〔所載〕浄全10。〔柴田哲彦〕

三休老人生死弁【さんきゅうろうじんしょうじべん】曹　一巻。万仭道坦(一六九八―一七七五)述。童麟筆録。宝暦一〇

（一七六〇）年より一二年に成立。明和九（一七七二）年刊。万仭は江戸期の宗学者。『正法眼蔵傍訓』『正法眼蔵秘鈔』の注解・書写があり、特に嗣法論に意を注いだ。本書はもと『山菴夜話生死弁』上下二巻より成り、上巻は宝暦一〇年に肥前の宝蔵老人の求めに応じて述し、下巻は宝暦一二年に撰述していることが、明和三（一七六六）年仙舟書写本（河村蔵）によって知られる。明和九年に刊行するに当たって従来の上下二巻の記述を一巻に要約したものと思われる。道元の生死に対する示誡語を引用しながら生死に処するあり方を説示したものである。〔所載〕続曹全（法語）。〔河村孝道〕

三教一致の弁【さんきょういっちのべん】通 一篇。白隠慧鶴（一六八五—一七六八）撰。宝暦四（一七五四）年一〇月二五日の自署。『年譜』によると白隠は往々にして由比（静岡県庵原郡）の桃源寺に赴き『松源録』を提唱しているが、ある時、白隠が乞われて神儒仏三教の聖人画に「三教一致、一致三教、畢竟如何、至善に止まるに在り」（原漢文）と賛して送ったところ、一郷の長家の主人である某居士（不詳）から、「至善」の二字の真意を問う書面が届き、七〇歳の老白隠がこれに与えた一文の答書が本篇の内容である。いわゆる白隠の仮名法語の一例であり、文中より察するに相手の居士は、白隠の『松源録』を聴講し、また私宅に白隠を請じて饗応し再三に亘って「法語」を求めていたという因縁のある人らしい。したがって『三教一致の弁』というものの、近世日本の仏教者によく見る三教一致論のように教義的なものではなく、ごく平易に「至善」の何たるかを説き、禅道修行こそは万教の根本である至善を明かす道である旨を、自分の辛参苦修の実体験を混えつつ懇切に諭したものである。至善が禅家の自性本有の至要であり、同時に老荘における虚無の大道、神道家における高天原に通ずるものと説き、三世古今に至善を精修せずして法を成就したものはない故に、老軀を厭わず日々静坐による妙道を行持せよと薦める。本文は明治三五（一九〇二）年刊の『白隠広録』第一輯の末尾に収められているが、原書の所在は不明である。〔西村恵信〕

三教一致弁【さんきょういっちべん】通 一巻。万仭道坦（一六九八—一七七五）撰。明和六（一七六九）年成立。別に『三教一致破邪弁　万仭私記』ともいう。漢文で書かれた短篇で、三教（道教、儒教、仏教）一致の説を破斥したものである。本書は、まず道元の『正法眼蔵』における「杜撰のともがらいはく、道教、儒教、釈教、ともにその極致は一揆なるべし」（「仏経」）、「（三教は）鼎の三脚のごとし」（「諸法実相」）、「これ（いまの）大宋（国）の諸僧のさかりに談ずるむねなり。もしかくのごとくいはば、これらのともがらがうへには、仏法すでに地をはらうて滅没せり」（「仏経」）、「孔道の道、いまだ阿羅漢に同ずべからず、いはんや等覚、妙覚におよばんや」（「仏教」）という三教一致説批判をあげている。次に、これに対して或問として、『空寂所問経』『起世界経』『清浄法行経』等には、迦葉菩薩が老子であり、儒童菩薩が孔子であって、仏があらかじめ弟子を遣わしたのだとする経証をあげ、毒峰の三教一理説、一元の三教真如本性説・三教鼎三脚譬、如如居士の三教一理論等があり、元明の諸禅師の多くは三教一致であるとして、道元の説を批判している。この批判に対して万仭は、先の諸経は人天対機の説であって仏正法ではないとし、さらに呉書、列子、周漢書等を引いて仏教のすぐれていることを論証し、三教一致を唱える者は群徒を教壊し正法を排謗するものであって、仏家の怨魔であるとしてきびしくしりぞけている。本書は道元の説を敷演したものといえよう。〔所載〕曹全正法蒐20、続曹全（法語）。〔参考〕曹全（解題）。〔伊藤秀憲〕

三教一致弁【さんきょういっちべん】通 写本一冊。野々口隆正（一七九二—一八七一）著。成立時期は不明なるも、隆正の斥儒仏・文武虚実論の成稿以前とみるのが妥当である。隆正ははじめ今井氏、また野々口と称す。葵園と号す。津和野藩士。江戸に生る。平田篤胤門人（「気吹屋門人録」文化四年の条に、亀井隠岐守殿家中今井一造秀清とあり）。また昌平校に入り古賀精里に業を受け舎長たり。文化七年退学、村田春門に音韻を学ぶ。文政元年津和野藩から長崎に遊学、通詞吉雄権之助に蘭学、窮理学を学び蘭学習合の神道といわれるほどに傾斜し古典学としての国学に新生面を開いた。本書は神儒仏の三教一致説に対する反論書である。隆正によると神道の教えが万教の根本であるとし、それを本教といい、「儒書・仏書・蘭書はことごとく皆、わが古伝説の註釈末書」といっているごとく、儒仏二教は本教の注釈であると主張している。したがって本教を「外の教の上におくこそまことなれ」とし、儒仏の下に置くべきでないとしている。そして本教をば大道とおしたて儒仏をば神道中の小道とおとし、そのうちのよきことをば本教扶翼の理論づけに資していることが看取される。一種の比較思想論といってよい。宮内庁書陵部蔵。〔所載〕大国隆正全集4。〔佐野正巳〕

三経往生文類記【さんぎょうおうじょうもんるいき】浄真 一巻。霊昡（一七七五—一八五一）述。天保二（一八三一）年成立。霊昡は越中国中新川郡音杉村円満寺の住僧であって、文化七年、大谷派の嗣講となり、嘉永二年には第一一代講師に任じられている。宗学に功績があり、また石見定観、能登頓成などの異義の調理をした。この著は天保二年二月大坂八尾御坊で講述したもの。まず、『三経往生文類』は『教行信証』の大綱を知らせる大切な聖典であることを示し、来意、大意、題号、本文の四段に分けて解釈している。まず来意では、この文類が法を久しく住せしめて仏恩を報ずるため、また『浄土三部経』について真仮を知らせるための制作であるなどとのべ、大意では難思議往生を明らかにすることがその主旨であると示している。そのあと題号についてその意味を明かし、本文の解釈に入っているが、その解釈は綿密にしてわかりやすい。写本を谷大蔵。〔所載〕真宗全48。〔参考〕仏解。〔五十嵐明宝〕

三教質疑抄【さんきょうしつぎしょう】通 一冊。自雲（生没年不詳）著。万治二（一六五九）年刊。自雲は臨済宗の人。序文（自雲私記）によると、自雲は古来わが国には三教一致について議論がやまず、末学のものは古人の正しい教えを知らず、ただ他人の説明についてまわって惑うばかりであるを嘆き、すでに三峰先生（不詳）が心・気・理の三字をもって、釈・道・儒の三教のことを教えられたが充分とはいえない。自雲からすれば三教はすべて「至誠」の一語に帰すのであるが、本書においては三教一致説の先蹤として、まず宋の孝宗の『原道弁』（漢文）を引用し、これを自雲が仮名混り文で論評する。末世の儒者が道・釈を排するのは誤りで、孝宗が仏の五戒は儒の五常に同じと説き、仏をもって心を修め、老をもって身を治め、儒をもって世を治むるがよいとした明語であるとする。三教は道の違いでなく、説明者の人と場所の違いに過ぎず、すべて心をもって本とする点で一致しているという。また、宋の劉経臣居士が東林の照覚常総（一〇二五—九一）や正覚本逸（生没年不詳）に参じて仏法を究めて著した『明道論儒篇』（漢文）を引用し論評する。また禅者のなかから、大珠慧海（生没年不詳）、中峰明本（一二六三—一三二三）などの三教一致論を列記する。また最後に『論語』の「異物を攻れば斯れ害のみ」を挙げ、聖王賢相名儒はみな三教は轍を異にすれども道は同じと説くという。本書は巻末に「晦渓夜話」「無識無得弁」の二文を加える。〔所蔵〕谷大図書館。〔西村惠信〕

三教放生弁惑【さんぎょうほうじょうべんわく】通 四巻。寛潤（生没年不詳）。享和三（一八〇三）年刊。三教（仏教、儒教、神道）の所説の一致と、慈悲の心を持って不殺生戒を保つべきを、種々なる例を挙げつつ平易に説く。享和元年冬に前泉涌寺僧鎧が序を寄せ、また廬嵩も文を誌している。撰者は真言宗の人であるが詳伝は明らかでない。駒大所蔵。〔永井政之〕

讃経要文集【さんぎょうようもんしゅう】日 一巻。日輝（一八〇〇—五九）著。『妙法蓮華経』の読誦の法式を示し、智顗、湛然、最澄、日蓮等の諸先師の諸書より、内容かつ朗唱諷経するのに適した名文要章を抽出し、本師釈尊、諸尊諸天の回向文等とした要文集である。〔所載〕充洽園全集2。〔松村寿巌〕

三教論衡【さんきょうろんこう】通 一冊。慧訓（生没年不詳）著。延享三（一七四六）年序文。中西与兵衛刊行。慧訓は臨済宗の学僧であるが生国・俗姓ともに不明である。『続日本高僧伝巻四』によると、山城（京都府）の乙訓寺に住し、延享（一七四四—四七）のころ京都にて学僧の誉れが高く、弘く内典外典の学を究め深く諸宗に渉っていたという。著書には本書のほか『文林武林通俗談』『迷雲雑記』が知られるが、本書の序文によると、慧訓は『迷雲雑記』三〇篇において禅教孔老法家兵数のいうところを述べたが、章句に過ぎ、かえって玄旨を遺失した嫌いがあるので、いま再びその綱要を撮って一篇とするという。その内容を目次によってみると、総論第一儒釈道合論、雑論第二詩文章家、雑論第三医卜兵相家、雑論第四内典法相三論、別論第五華厳・天台・禅門・浄土門・事相・律となっている。凡例には「論衡の作す所は書を読むの法軌と為すなり。予嘗つて儒釈禅教の師に従って世出世の道を習う。その道う所に従わば則ち吾が愚益々甚し。然るゆえんは吾が暗短なるに由る。学ぶ所の師を捨て而して黙契する所有り。是に於てか流俗の師となるを悪む。故に言う所の書は時俗に違うことあり。故に書を閲む者をして心神を置くの道を知らしめ、而して流俗の由る所を離れしむ。……今述べるところの者は時弊を言うのみ……」（原漢文）とあり、慧訓が本書によって俗流学者の言を批判し、人びとをして先賢の言へ向かわせようとしたことが察せられる。〔所蔵〕駒大、谷大。〔西村惠信〕

山居茶話【さんきょさわ】通 一冊。任運子撰。承応年間（一六五一—五四）成立。『禅籍目録』も『国書総目録』も、撰者の任運子を大徳寺一八四世の江雲宗竜（別号任運子・一五九九—一六七九）に措定するが、序文に雲頂（但馬大明寺山号）山隠任運子とあるので、この任運子は同寺に一二年間住山した、妙心寺一五一世の霊峰玄奨（別号任運子・？—一六八〇）のこととわかる。また撰述の時期についても、『禅籍目録』『国書総目録』ともに、任運子の序文に承応戊辰仲春朔撰とあることより承応元年（壬辰）とするが、承応元年は九月一八日に改元となっているから、同年に仲春はないことになる。故に成立年代は一応承応年間としておく。霊峰は土岐成頼の後裔・上総万城主土岐修理の子にして、妙心寺一〇五海山元珠の弟子となり、妙心寺塔頭亀仙庵にあって海山に随侍したが、後に海山の檀主徳川義直に招かれて尾州にあった。慶安三（一六五〇）年義直の死去にあい、但州黒川の大明寺に移り住すること一二年、同州牧田の恵林寺を中興し、さらに濃州荒尾の円成寺、池田の弓削寺等を開創、後に幕府の請を受けて妙心寺塔頭麟祥院に住した。本書は禅僧任運子が儒・道二教に通ずる処士無方氏の質問に答える、問答様式の文体（漢文）をとる。内容を一四章に分けて仏教の大意を説きすすめ、最後に三教（儒・仏・道）一理の所以を説示する。版本は京大、谷大、駒大等が所蔵する。〔参考〕川上孤山・妙心寺史。〔加藤正俊〕

三外往生記【さんげおうじょうき】通 一巻。蓮禅（生没年不詳）撰。成立年代不明。ただし保延五（一一三九）年正月以降と推定できる。別に『三外往生伝』ともいう。蓮禅は俗名を藤原資基といい従五位下にいたったが、保延元年後に出家し筑前へ漂泊の旅に出、帰京後阿弥陀峰に幽棲し、久安五年以後に死去したらしい。著者の漢詩が『本朝無題詩』に見える。本書は序文によると、『往生極楽記』『続本朝往生伝』『拾遺往生伝』『後拾遺往生伝』に漏れたものを収録したとし、五一名（付伝一名）の往生伝を掲げる。往生伝の配列は年代順ではなく採訪順であろう。ただし三善為康の往生伝との関係には問題があり、説が分かれる。真福寺本の奥書、承久二年の慶政の記によると、『拾遺往生伝』巻中の講仙、平願、尋寂、南京無名女、巻下の永観の伝も入っていたが、まったく徳行が同じなので削除したとあり、重複があったらしい。その他為康の往生伝と重複して伝を記載されている人物が見られ、これらにより、本書は未定稿と評する考え方と、詳細に比較すると蓮禅は自分で採訪した資料によっており、『後拾遺往生伝』はいまだ見ず、両者は並行して書かれたとする考え方がある。本書の資料として『法華験記』『二十五三昧結縁過去帳』が使用された。写本は真福寺本が重文指定。その他、日大、東北大、書陵等にある。〔所載〕仏全107、仏全(鈴)68、続群書8上。〔参考〕思想大7。　〔松木裕美〕

三外往生伝【さんげおうじょうでん】[浄]　一巻。沙弥蓮禅（生没年不詳）撰。保延五（一一三九）年以後の成立。伝中でもっとも新しい没年時が保延五年正月であることによる。『三外往生記』ともいう。著者の俗名は藤原資基。序によると、その昔慶滋保胤は往生伝を編み、読む者をして発心せしめたといわれ、その後大江匡房、三善為康などがそれぞれ往生伝をつくって保胤につづいた。それを見て身分の尊卑や僧俗の別なく随喜するものが多かった。自分は愚頑であるが、先賢の跡を慕ってあまねく古今の例を訪ね、これまでの往生伝に漏れたものを集めたので、重ねて将来に残すため、いささか行状を記録し、一切衆生とともに九品の浄土に往生したい、とある。「三外」とは先行の三往生伝に記載されなかった往生者を収録したものとの意。しかし、実際には阿闍梨増全以下五一人のうち、『拾遺往生伝』『後拾遺往生伝』所載の往生者数名のいることが確認されており、鎮源の『法華験記』などからも多くを採用している。承久二（一二二〇）年に本書を書写した慶政の奥書によれば、尋寂以下五人は『拾遺往生伝』に載せられているのでこれを漏らしたとみえることなどから、本書は未定稿のまま伝えられたのではないかとの説もある。往生者の行業は、念仏を中心に、法華との兼修も多く、焼身・入水の往生や観音信仰などもあるが、座禅はみられない。名古屋市真福寺に正嘉二（一二五八）年乗忍書写本がある。〔所載〕改定史籍集覧19、仏全107、仏全(鈴)68、浄全続17、続群書8上、思想大7。　〔長谷川匡俊〕

山家学生式【さんげがくしょうしき】[天]　一巻。最澄（七六六―八二二）。本書は、弘仁九（八一八）年五月一三日の「天台法華宗年分学生式一首」（六条式）、同年八月二七日の「勧奨天台宗年分学生式」（八条式）、弘仁一〇年三月一五日の「天台法華宗年分度者回小向大式」（四条式）の三式からなり、これらを総称して『山家学生式』という。本書は日本天台宗の宗祖伝教大師最澄の撰述であり、山家とは天台宗のことで、学生式は修学する者の規則である。この三式は、最澄が延暦二五（八〇五）年以来の年分度者、すなわち年分学生の修学の方規を定めて、嵯峨天皇に上表し、勅許を請うたものである。

「天台法華宗年分学生式一首」は、序文、結文と六条の規定があり、「六条式」という。序文で、桓武天皇の御願に依り、天台宗は国宝・国師・国用となる大乗菩薩僧を養成することを標榜し、具体的に六条を掲ぐ。㈠沙弥として円の十善戒を受持、㈡得度の年に菩薩戒を受け、一二年間叡山で修学すること。㈢止観業の内容。㈣遮那業の内容。㈤、㈥一二年籠山成業の者の処遇。この六条式は『比叡山天台法華院得業学生式』と合せみると、最澄の意図もさらに明らかになろう。

次に「勧奨天台宗年分学生式」は「八条式」と呼ばれ、前の六条式が修学の総説とするならば、この八条式はその細説ともいうべきもので、得度の試験、学生の衣食、違法学生の処分、菩薩戒のこと、聞恵・思修について、学生は生を軽んじ法を重んずること、他宗の学生の規定、成業後の処遇、俗別当について記されている。この中で、六条式と異なるのは、他宗の学生への門戸開放と、俗別当の要請である。

最後の「天台法華宗年分度者回小向大式」は「四条式」と呼ばれ、前二式に勅許が与えられず、翌年上表したもので、大乗戒と小乗戒を峻別するものである。第一条は寺を一向大乗寺、一向小乗寺、大小兼行寺の三種としている。第二条は、三寺の上座の異なりを示し、大乗寺は文殊、小乗寺は賓頭盧、兼行寺は文殊、賓頭盧の両者としている。第三条は、大僧戒を大乗小乗に区別し、大乗戒は『梵網経』の十重四十八軽戒、小乗は二百五十戒とする。第四条は、受戒法にも二種あるとし、大乗戒は釈迦、文殊、弥勒、十方の仏・菩薩を三師七証として現前の一伝戒師より受戒でき、さらに自誓受戒も認め、一方、小乗戒は実際の十大徳を要するとしている。このような主張に、南都諸宗を背景として、僧綱の反論があり、最澄は『顕戒論』三巻を著わすなど大論争となり、勅許が与えられるのは没後七日目であった。しかし、本式の最澄の主張は、今日までの日本仏教の基調となった点を考えると、その意義は大きなものである。〔所載〕伝全（新）1。〔参考〕比叡山天台法華院得業学生式、請菩薩出家表、顕戒論、顕戒論縁起、伝述一心戒文。　〔小方文憲〕

山家最略記【さんげさいりゃっき】[天]　一巻。義源（―一二八九―一三五一―）記。年号から鎌倉末成立。本書は比叡山の信仰、記録、口伝などを伝えた記家の六箇ノ篇章を記したもので、檀那流記家の義源が伝授した書のひとつである。異本が多く、叡山天海蔵『山家要略記』九冊本等の抄出のごとくであるが、独自の口伝部分もある。『仏全』所収本は乱帖重複が多く、数本合篇の不良本で異本との出入りも多い。同類本から義源の口伝が各様に行われたことを示している。本書よりは『山家要略記』のほうが重視されるべきであるが、『山家要略記』はその撰者（部分的に顕真記本もある）も、全体も不明瞭で、印行されにくい文献であったようだ。この書は、主として山王神道口伝を記しており、江戸期に徳川家康が天海により、東照大権現として日光東照宮に祭られる教学根拠とされる重書であり、比叡山日吉（ひえ）神（山王一実神道）の最重要書でもある。引用書は偽撰と目される書を多く引き、短文の事書をつらね、平安以来の諸口伝を記している。本書は、六箇ノ篇章を『山家要略記』より端的に示しており、その意味から当時の記家口伝の伝授状況がうかがえる資料である。類本に『義源勘注』写本があり、関係文献は多い。〔所蔵〕『山家要略記』叡山天海九冊本、内閣文庫五冊本、仙岳院（仙台）三冊本。〔所載〕仏全旧120・新86。〔参考〕曜天記、野本・山家要略記の性格（壬生記念・仏教の歴史と思想、昭60）。――→渓嵐拾葉集　〔野本覚成〕

山家正統学則【さんげしょうとうがくそく】因　二巻。敬光（一七四〇―九五）撰。別に『台宗学則』ともいう。本書は三井の敬光が撰し、弟子の仏猊が修補し、頒行したものである。日本天台において、山家正統の教学を興隆せんとし、初心入門の次第規則を示し、解行策進の用心を説いたもので、止観業学則、遮那業学則、悉曇声明学法、真言梵文学法、禅那学則、円頓戒学則、外典学則、驅鳥止泣から成る。〔所載〕国東叢1。　〔秋田光兆〕

山家祖徳撰述篇目集【さんげそとくせんじゅつへんもくしゅう】因　二巻。編者龍堂は江戸時代末の比叡山の僧。別に『龍堂録』ともいう。この目録に輯録される列祖の最下限は、慈等（？―一八一九）であり、伝教大師最澄以下九四師、千百余部の撰述書目をつらねる。便宜に輯載の人師を列挙してみる。（巻上）最澄、圓仁、圓珍、安然、良源。（巻下）義真、円澄、光定、仁忠、慧亮、安慧、遍昭、玄昭、相応、尊意、明達、浄蔵、千観、慈忍、恵心、覚運、覚超、遍救、皇覚、道邃、鎮源、皇慶、院尊、長宴、明尊、勝範、忠尋、相実、行厳、聖昭、契中、光寂、延懐、澄豪、承澄、忠快、観性、俊範、証真、花園法皇、良助、定珍、天海、豪寛、可透、実観、義空、守篤、円耳、百如、六如、敬光、正脱、慈等。（附録目録）仁快、祐海、政海、栄西、順耀、永心、存海、心聴、恵快、性舜、阿彌陀坊、祐朝、尊海、静明、範源、静昭、舜昌、澄範、長実、静然、邦教、貞舜、智円、亮憲、静仲、静算、覚胤、良和、敬雄、尊通、禅瑜、明禅、朝円、伝信。以上である。編集の態度としてはきわめて公平で、上巻においては、諸目録を参照して注記を施すほか、紙教、存否もあきらかにし、かならず疑偽書を区別し諸師の書目の末につらねているので、その真偽批判は天台宗学上珍重されてきている。しかし、下巻および附録目録では、いくつか採録の根拠を示しているが、真偽の弁判はない。天台宗典の一大目録として権威がある。〔所載〕仏全2。　〔木内堯央〕

三教指帰【さんごうしいき】真　空海（七七四―八三五）著。延暦一七（七九八）年成立。空海の処女作。三教とは儒教・仏教・道教の三つを指し、これら三つの教えのうち、いずれに人生の指針を帰すべきかを述べたもの。全編を戯曲風に、四六駢儷体の美文をもって貫く技巧的な大作で、二四歳の青年の書とはとうてい考えることのできない傑作である。制作の動機は、若き日の空海の求道の告白である。自分の将来の途として空海の目の前にあった三つの道、それが、儒教と道教と仏教とであった。これは空海自身の、この歳に至るまでの半生であった。空海は、一五歳のとき、母方の伯父・阿刀大足について儒教を学んだ。阿刀大足は伊予親王の侍講で、この伯父の縁故によって大学に入学、さらに、味酒浄成から毛詩・左伝・尚書などを、岡田博士から左氏春秋を学んだ（『空海僧都伝』）。そののち、一沙門から「求聞持法」を授かり、土佐の室土崎、阿波の大滝カ岳、石槌山などで久修練行し、このの ち出家を決意したのであった。空海がどのような修行をしていたか、このの ち七年の間――渡唐まで――遙として知られず、おそらく、心中深く期した仏道修行を、あるいは山中で、あるいは水辺で、独り倦まずに続けていたものと思われる。のちの空海の大成は、学者のいうこの「謎の七年間」にあったとみなければならない。その「七年」への出発点は、正にこの『三教指帰』の執筆にあったのである。

先述のとおり、本書の構成は戯曲風である。儒教の兎角公、その甥で、本書の主人公であり、自分の行くべき途を求めている青年貴族の蛭牙公子。この公子に、若き日の空海の悩みが籠められているが、形としては空海とは全く異なる青年貴族として登場させられている。ついで同じく儒教の亀毛先生、道教の虚亡隠士、仏教の仮名乞児の五人である。

(1)上巻＝まず儒教の実効性が示される。兎角公邸の来客である亀毛先生は、兎角公に頼まれ、その甥蛭牙公子の遊蕩生活を改悛させるべく、儒教の考えを懇切に諭し示す。忠孝・立身出世などが説き示され、公子はその甲斐あって改悛する。

(2)中巻＝以上の経過を淡々として愚人のごとく聞いていた虚亡隠士が、超俗の道徳、道教の教えを説き示して行く。長生久存・昇天の神術を旨とする老荘の教えで、この部分は『抱朴子』の教えに主として依存していることが近時の研究で明らかにされている。

(3)下巻＝最後に仮名乞児が登場する。彼は、儒教による世俗の名利も、道教による神仙の脱落も、人世にとって真の意味をもたらさないことを説き明かす。そのために、三世因果の理に則り、仏教の実践活動こそ、自己にとっては解脱の道、世間にとっては真実の忠孝であるとする。「六道輪廻」の真言は、ここでは重要な思想の一つである。このことを示すために、

「無常の賦」「受報の詞」「生死海の賦」などの韻文の枠を凝らして読者に訴える。ここから進んで、五戒十善・六度・八正道・七覚支・四念処・四弘誓願など、仏教の基本となる教理を次々と説明し、仏徳・仏教を讃嘆し、ひとびとも仮名乞児の説に心服し、公子は最後に、三教の趣旨を現わした「十韻の詩」を唱えて巻を閉じている。

以上の広大な所説を活々と数人の人物をもって語らせ、しかも文の技巧に流されることなく、深遠な思想の最深部にまで透徹させた空海の思想と学殖を、さらに手腕に至ってはまさに超人の感を懐かせる以外の何ものでもない。本書は、技巧を凝らした文章で、達意に深遠の思想を演べることの可能性を示した傑作ということができよう。

本書は、他の空海の著作同様、編著といってもよいほど多数の経論・漢籍が引証され、全体を構成している。漢籍類は六九種、仏典は経律論の三蔵はもとより、『法苑珠林』の『法華文句』『摩訶止観』のように、中国撰述の論書も含められ、二七種引用されている。仏典については注目すべきことがある。ここでは、『法華経』『金光明最勝王経』『華厳経』『涅槃経』『婆娑論』等、大物の経論が並んでいるにもかかわらず、密教系の経典としては、青年期の修行の経軌となった『虚空蔵菩薩求聞持経』一巻、『潅頂経』一二巻が見られるぐらいで、まだ密教に触れる以前の空海の思想が歴然と現われている。これに対し、儒・道の書物は大小洩らす所なく、よく空海の若き日の教養を示している。〔金岡秀友〕

三江紹益和尚語録【さんこうじょうえきおしょうごろく】臨　一巻。三江紹益（一五七二－一六五〇）撰。江戸時代初期成立。別に『友林和尚語録』ともいう。三江の語録で建仁入寺語、同再住語、拈香、塔銘、鐘銘等を収める。江戸時代初期の写本を建仁寺久昌院に蔵す。なお三江の詩文集に『鷲峰一枝』一巻、伝記の史料『三江和尚履歴記』（『洛東高台寺会要事迹』と合本）を久昌院に蔵する。〔伊藤東慎〕

三国相承宗分統譜【さんごくそうじょうしゅうぶんとうふ】臨　一軸。東嶺円慈（一七二一－九二）撰。日本臨済宗の中興、白隠慧鶴の法嗣である円慈は、応・灯・関の主流を嗣ぐ愚堂東寔の第五世としても自任していた。一方、神儒仏の三法の根源は同一との観点に立つ。この諸点からインド、中国、日本における宗旨の相承の系譜を明示したもの。禅門神道の系図が見られる。京都聖沢院所蔵など。〔刊本〕小川源兵衛の版（補陀寺蔵）。〔参考〕仏解4、禅籍目録。〔小林圓照〕

三国伝記【さんごくでんき】通　一二巻。玄棟（生没年不詳）撰。成立年代不明。ただし本書序文に辛亥とあり、これを応永一四（一四〇七）年と永享三（一四三一）年にあてる二説があるが、完成年は不明。玄棟の経歴も明らかではないが、説話の内容から近江と天台宗に関係ある僧侶で、本書の巻頭署名より沙弥から沙門になる間に撰述したと推測されている。内容はインド、中国、日本の仏教説話がほとんどであるが、初めに中国の儒教、日本の神道に関係ある説話を収録する。序文によると、天竺梵語坊という僧が南蛮から、大明漢守郎なる俗人が魯国から渡来し、ともに辛亥年八月に京都の清水寺に参詣した。そこで江州和阿弥という日本の遁世者の誘いにより、いざ宵の月を待つ間に交替で物語をして慰めあうという設定で、三国の説話が交互に語られる。この三人の人物は三国の説話を収録するため架空に考案されたものだが、このような叙述形式は『三教指帰』『大鏡』『三部仮名鈔』にみられるが、インド、中国、日本の順に説話を交互に収録する形式は、本書が最初である。文体は漢字片仮名混り文で、本記三五六項、付載六五項、総計四二一の説話が古今内外の資料により抄出収録されている。内容は『私聚百因縁集』と同様であり、古代、中世の説話と宗教思想史、さらに一般中世史の史料として価値がある。国会に近世初期の写本と明暦二年の版本がある。〔所載〕仏全148、仏全鈴92。〔参考〕池上洵一校注・三国伝記。〔松木裕美〕

三国仏法盛衰之事【さんごくぶっぽうせいすいのこと】日　一巻。三位日進（一二七一－一三四六）著。三国の仏法の盛衰は同じではなく、天竺の仏法はすでに衰微し、唐土もこのごろは日本国に及ばないが、その理由は経論釈にあきらかである、として、インド、中国、日本の三国にわたる仏法弘通の次第、盛衰を、経論釈を基として叙述したものである。インドにおける仏法流布を正法時代、中国におけるそれを像法に配し、末法の時代には日本国に『法華経』が必然的に弘まるべきときであることを強調している。日進は身延山久遠寺三世として寺門の経営に尽力するかたわら、教学の研鑽に努めたが、本書は全九紙からなり、日進の他の著作である『破念仏邪義之事』『破邪立正』などとともに合本で、身延山久遠寺身延文庫に所蔵される。なお題名はいずれの場合も後人がその内容によって付したものである。〔所載〕日宗全1。〔林是晋〕

三国仏法伝通縁起【さんごくぶっぽうでんずうえんぎ】通　三巻。凝然（一二四〇－一三二一）。鎌倉時代を代表する華厳宗の学僧の一人凝然が、応長元（一三一一）年七二歳の時、大覚寺法皇の御所、すなわち後宇多法皇に献ずるために著した仏教史概説書である。書名は、インド、中国、日本の三国にわたる仏法の伝通を記した簡明な歴史、という意味である。上巻でインド、中国、中・下巻で日本が扱われ、日本仏教の歴史に詳しい。上巻は、まず毘盧遮那仏が、インドに垂迹して降誕し、『華厳経』を説き、教えを受ける人びとの機根に随って八万の法門に展開したという。こうしてインド、中国、朝鮮、日本などに広まったが、今は三国の伝法の迹を示す、と序言を記している。次に「天竺仏法伝通」として、釈尊の生涯の説法、小乗と大乗の伝通と論書の作製を記し、各宗の依り所とする経・論について説き及んでいる。続いて「震旦仏法伝通」として、インド仏教との関連性を重視し、日本仏教との関連にもわずかではあるが注意をはらいながら、毘曇宗、成実宗、戒律宗、三論宗、涅槃宗、地論宗、浄土宗、禅宗、摂論宗、天台宗、華厳宗、法相宗、真言宗の一三宗の歴史が記される。中・下巻は「大日本国諸宗伝通」として、最初に仏教の日本への伝来とその受容を記し、ついで奈良時代の六宗すなわち三論宗、法相宗、華厳宗、倶舎宗、成実宗、律宗、及び平安時代の二宗すなわち天台宗、真言宗についてその歴史を人物中心に記し、最後に禅と浄土に言及している。この書は、上代日本仏教史研究の基本的文献であり、現在でも重要な参考書である。〔所載〕仏全101。〔田村晃祐〕

三根坐禅説【さんこんざぜんせつ】曹 一巻。瑩山紹瑾（一二六八〈六四〉―一三二五）撰。瑩山が正和元（一三一二）年、能登に永光寺を開創し、同寺において執筆した。本書は、坐禅を学ぶ者の素質、能力に上中下の三種があるが、それぞれの力量に応じて修行すれば、ひとしく仏法の真髄を体得することができることを簡潔に説き示したもの。天童如浄（一一六三―一二二八）の説を道元（一二〇〇―一二五三）が継承したところを、懐奘、義介と相伝して、瑩山があらためて力説したのである。本書と同趣旨は、瑩山の高弟明峯素哲の仮名法語『明峯和尚法語』によって宣揚された。同書で明峯は、坐禅の用心について上中下の機根を前提とする修行のあり方をのべている。瑩山の弟子である明峯が師説を唱えることは、なんら異とするに足りないが、瑩山の三根坐禅説は、つねに瑩山の側近に侍していた侍者明峯の編録によるのかも知れない。本書は、延宝九（一六八一）年、『坐禅用心記』とともに、『改正瑩山和尚清規』の付篇として、石川県大乗寺二七世卍山道白（一六三六―一七一五）によってはじめて開版された。漢文体。解説書に、新井石禅・『常済大師三根坐禅説略解』がある。〔所載〕曹全（宗源下）。〔東 隆眞〕

三時業落草【さんじごうらくそう】曹 一巻。雲櫺泰禅（一七五二―一八一六）撰。明確な成立年代は不詳であるが、雲櫺の生存中に刊行されたものである。内題は『三時業 雲櫺老人落草』とあり、法嗣の象林文竜が集録したものである。善悪業の報を受ける遅速によって順現、順次、順後の三種に分ける道理を、通俗的に説いた仮名法語で、末尾に「因果経和讃」を付している。〔川口高風〕

三時三宝礼釈【さんじさんぼうらいしゃく】南 高弁（一一七三―一二三二）述。建保三（一二一五）年一一月二五日記。高弁は、源空（一一三三―一二一二）の『選択集』に対し、『摧邪輪』を著し、これを破釈したが、ここに本書を示し、専修念仏の行に対する実践行を明らかにしようとした。後年、さらに光明真言持誦を勧め土砂加持の功徳を説くが、これらはいずれも浄土念仏の行に対するものである。本書では、三時に三宝に礼拝・供養する本尊を示している。

万相荘厳金剛界心　大勇猛幢智慧蔵心
南無同相別相住持仏法僧三宝
如那羅延堅固幢心　如衆生海不可尽心

つづいて、これを本尊として礼拝の行儀を説き、本尊の意義を示して「中の一行は、三宝の名字也、左右の二行は、菩提心の名字也。上の梵字は、三宝の梵号也」と説き、この三宝を礼することにより菩提心を発得する事、仏法に入るには、菩提心・大悲心のあることを主張している。先に、『摧邪輪』において「菩提心を撥去する過失」を挙げ破釈しているが、本書の主張も、これを承けているものである。〔所載〕日蔵（華厳宗章疏下）、仏全13。〔栗山秀純〕

三師伝【さんしでん】日 日道（一二八三―一三四一）著。詳しくは『三師御伝土代』という。三師とは日蓮、日興、日目をさし、次の「（日蓮上人）御伝土代」「日興上人御伝草案」「日目上人御伝土代」からなる伝記本である。成立年代は未詳であるが、その成立を日道没年の暦応四年としても、日蓮滅後五九年目で、きわめて早い。その成立年代は、さらに上がる可能性が強い。したがって本書は日蓮伝記本のなかで、もっとも早い時期に書かれたもの。それゆえか三師伝ともに一代記的体裁をとっているが、その記述方法は簡略、かつ素朴である。しかし日蓮遺文に見られない次のような事柄を「御伝土代」に記す。たとえば、伊豆流罪中の念仏者の迫害について、「イヅノ国イトウノハイル、ソノ国ノ念仏アタヲナシ、ドクガイヲオモヒ、ドクノキノコヲモチキタツテ聖人ニ奉ル」と記述するなど、日蓮の伝記を研究するうえで考慮すべき史料となっている。なお「日興上人御伝草案」「日目上人御伝土代」にても同様である。日道直筆は富士宮市大石寺に現存。〔所載〕日宗全2、富要5。〔松村寿巌〕

三師標題【さんしひょうだい】日 二巻。寂静日賢（一五八三―一六四四）著。寛永四（一六二七）年成立。日賢は中山法華経寺第一九世、関東諸檀林の能化をつとめたが、寛永七（一六三〇）年の受・不受の対論によって、遠州横須賀に流罪となる。本書は受・不受論争に先行して、受派の日遠と不受派の日詔、日賢等の間で行われた観心論争の書である。日遠は孤山智円を流れとする山外派を正統と見なし、日詔、日賢等は四明知礼の山家派を正統とした。本書の構成は、三諦、事理、理具三千、事用三千、所破所顕、惣別、鏡喩、六即、四種三昧事理、三法縦横、修性離合、円断同異の一二項からなり、四明知礼、浄覚仁岳、智湧了然の三師の所説を正統として、日遠の説を破している。承応三（一六五四）年刊行。刊本は立大図書館所蔵。〔北川前肇〕

三周義私記【さんじゅうぎしき】因 一巻。源信（九四二―一〇一七）述。成立年代不明。『法華経』の法・譬・因縁の三周説法について問答体でその意義を解明し、法華開顕の様相を明らかにしたものである。この三周義は、『天台論義』に宗要、義科、問要の三種の大別があるなかの義科十六算の一である。智顗（五三八―九七）の『法華文句』の釈に基づき、法華論、瑜伽論などの所説についても問答しつつ、天台の二乗成仏義を論証している。〔所蔵〕竜大（写本）、谷大（刊本）。〔所載〕仏全（旧版）32、恵全3。〔参考〕山家祖徳撰述篇目集下、諸宗章疏録1、浄土真宗教典志1。　〔多田孝文〕

三宗綱義【さんしゅうこうぎ】南　四巻。清算（一二八八―一三六二）記。文保二（一三一八）年成立。清算は奈良白毫寺の律僧、延文年中（一三五六―六〇）西大寺の長老となり、晩年は京都大覚寺に住した。『天台南山慈恩三宗戒体差別義』『業疏記三下三宗綱義』ともいう。三宗とは『四分律行事鈔資持記』（宋・元照）にいう実法宗（小乗仏教の説一切有部）、仮名宗（小乗仏教の法蔵部）、円教宗（大乗教）を指し、それぞれの宗派の戒体を説き、奈良の律宗で用いる四分律は、本来は仮名宗の戒ではあるが、円教に通ずるものである、と主張する。〔所載〕日蔵36。　〔田村晃祐〕

三十帖策子【さんじゅうじょうさくし】真　三〇帖。空海（七七四―八三五）等筆。成立年代不明。別名として、『真言法文策子三十帖』『弘法大師請来法文冊子三十帖』ともいう。空海が在唐の時主として恵果和尚等から伝受相承した秘密儀軌法文等一一四〇余種を書写したもので、冊子仕立ての聖教三〇帖からなるので古来『三十帖策（冊）子』と呼ぶ。空海、橘逸勢、唐の写経生等の筆写に係る。筆跡で空海の真筆を含んでいるため、書道史上でも重要である。〔所載〕続弘法大師年譜3。　〔松本　隆〕

三聚浄戒四字鈔【さんじゅじょうかいしじしょう】南　一巻。定泉（一二七三―一三一二）撰。正和元（一三一二）年ころ成立。別に『三聚浄戒四字鈔』という。定泉は西大寺の信空の弟子である。また信空が叡尊の弟子であることからすれば定泉は西大寺の叡尊の孫弟子ということになる。おもに本書は通受菩薩戒に基づき比丘の性が成立した、比丘の懺悔をのべたもので、四字とは通受懺悔を示している。具体的には西大寺の叡尊と唐招提寺の覚盛の立場の相違を考察し、最終的に叡尊の立場を祖述したものである。内容的には次のような一五の項目が論述されている。共不共門三聚、唯識論料簡、盛律師生馬法印付料簡述記文難竟得条条、末文解釈、今欲為前別等細料簡、菩薩戒可有二門潤色事、四十一巻仏於彼素怛臨見中等文料簡、七十五巻若有毀律儀戒名毀一切菩薩律儀等文料簡、就経律不同戒随行分斉相貌、梵網所説十重六八三聚摂属事、一一戒具三聚、通受懺悔、羯磨文料簡、表無表章料簡、古述料簡。なお、本書の思想的な根拠に三聚のうち、摂律儀は声聞地ならびに諸部の律に譲るという瑜伽論の考え方に基づいた梵網の十重六八や瑜伽の四重四十三を摂善・摂生とみるが、摂律儀とみない立場（それは覚盛ではなく、叡尊の立場であるが）をみることができる。〔所載〕日蔵35。　〔由木義文〕

三聚浄戒通受懺悔鈔【さんじゅじょうかいつうじゅざんげしょう】南　一巻。定泉（一二七三―？）撰。正応六（一二九三）年成立。『三聚浄戒通受懺悔事』ともいう。三聚浄戒通受の比丘が行ずる懺悔法について、叡尊（一二〇一―九〇）の説を元として解釈した書。古くこの懺悔法に関しては、四分律による唐招提寺覚盛（一一九四―一二四九）と有部律系の西大寺叡尊とで解釈を異にしていたが、定泉は七つの問答を設定して詳述し覚盛を論駁している。〔所載〕日蔵（戒律宗章疏2）。　〔里道徳雄〕

三十巻教王経文次第【さんじゅっかんきょうおうぎょうもんしだい】真　二巻。杲宝（一三〇六―六二）述。貞和五（一三四九）年成立。別に『三十巻教王経疏文次第』ともいう。本書は宋代の施護（生没年不詳）が大中祥符八（一〇一五）年に訳した『一切如来真実摂大乗現証三昧大教王経』（『現証三昧大教王経』）三〇巻の大切なところを順序を追って抜き出し解説したものである。施護訳は、いわゆる『金剛頂経』に一八会あるとされるうちの初会の全訳であり、延久四年に六二歳で入宋した天台宗の成尋が熙寧六年に日本に送ったもののひとつで杲宝以後研究されるようになった。しかし、たんに『金剛頂経』といえば、初会の部分訳である不空訳『金剛頂一切如来真実摂大乗現証大教王経』（『金剛頂大教王経』）三巻をさし、『大日経』七巻とともに密教の所依の経典のうちで両部の大経として尊重される。初会には金剛界品、降三世品、遍調伏品、一切義成就品の四大品があるが、不空訳の三巻本はこのうちの金剛界品のしかも五分のうちの最初の分にあたるものである。施護の三〇巻本以前は、不空訳『金剛頂経瑜伽十八会指帰』一巻によって概要しかわからなかった。草本は東寺観智院に秘蔵。〔所載〕正蔵61。〔参考〕仏解。――→我慢抄　〔深津繁人〕

三定聚義【さんじょうじゅぎ】浄真　一巻。僧鎔（一七二三―八三）述。文化一一（一八一四）年に富山照蓮寺にて書写。本書は正定聚、不定聚、邪定聚の三定聚について、(1)広ク他家ヲ引ク、(2)別シテ今宗ヲ彰ワス、(3)問答ヲ決疑ス、の三段に分けて説明している。(1)においては、小乗の倶舎、成実、大乗の相宗、性宗の説を示し、四説に総括しうることを示す。(2)においては、真宗における正定聚、邪定聚、不定聚を三願に分配して示し、(3)においては、現・当にわたる正定の釈を説示し、機は可発の義で人の心が縁によって活動を発すべき機微あることを示し、計九問答を設けて、三定聚を釈している。〔所載〕真宗全62（真宗小部集10）。　〔藤田恭爾〕

傘松道詠【さんしょうどうえい】曹　一巻。道元（一二〇〇―五三）撰。面山瑞方編。延享四（一七四七）年刊。詠歌そのものは建長五（一二五三）年中秋ころまでに成立し、応永二七（一四二〇）年に宝慶寺喜舜により蒐集され、建撕（けんぜい）がこれを自編の『道元禅師行状』の中に収録して行状記を完成した応仁・文明のころには『道元和尚和歌』として五十余首の蒐集があったが、歌数については古写本『建撕記』各々によって相違があり、面山は六〇首を蒐集し『傘松道詠』として刊行し、後に覚巌心梁は『傘松道詠略解』において新たに四首を加えて注解をしている。なおこれらの詠歌すべてを道元の作とするには多くの疑点があり、応永二七（一四二〇）年宝慶寺喜舜が蒐集書写し建撕に与えて行状記に収録された時点での五十余首が「道元和尚和歌」としては信憑するに足るものと言えようが、それらについても改めて厳密なる考証をしてみる必要がある。本書は越前時代の道元の感懐、鎌倉行化中の北条氏夫人の所望に応えて禅要を詠じた道歌、療養のため越前を下山する所感、遺歌ともいうべき仲秋詠歌等が収められている。〔所載〕曹全（宗源下）、諸本対校道元禅師行状建撕記。〔河村孝道〕

傘松日記【さんしょうにっき】曹　一巻。面山瑞方（一六八三—一七六九）撰。享保一九（一七三四）年成立。面山は、享保一九年九月九日、小浜（福井県）の空印寺を出発し、永平寺に登って大虚喝玄（永平寺四〇世・—一七三六）に謁し、孤雲閣で『吉祥草』（一巻）を撰して一〇月八日に帰山するが、この間における道中や永平寺等の見聞やできごと等を、数十の詩偈を交えて、かなり詳細に綴った漢文体の日記で、当時の永平寺等の状況を、一部うかがい知ることのできる貴重な記録でもある。〔所蔵〕駒大図。〔所載〕続曹全（法語）。〔鈴木格禅〕

三帖和讃【さんじょうわさん】浄真　親鸞（一一七三—一二六二）撰。三帖とは『浄土和讃』『高僧和讃』『正像末和讃』各一帖をさし、成立時期は『浄土和讃』『高僧和讃』は高田派本山専修寺所蔵国宝本（以下、国宝本という）によると宝治二（一二四八）年、親鸞七六歳の作。『正像末和讃』は国宝本では正嘉元（一二五七）年、親鸞八五歳の作とある（高田専修寺所蔵顕智書写本には「正嘉二年」の記述がある）。国宝本によると『浄土和讃』には一一六首の和讃があり（竜大蔵文明五年刊本あるいは本派本願寺蔵蓮如写本〈『真聖全』2〉などには、最初に二首の和讃があって全部で一一八首）、その内容は讃弥陀偈讃、大経讃、観経讃、弥陀経讃、諸経讃、現世利益讃、勢至讃であるが、冒頭には「称讃浄土経」の文、終末には『首楞厳経』からの引文がある。そして、ここでは「讃阿弥陀仏偈」や『浄土三部経』などの文意をとって真宗教義の枢要をのべている。また『高僧和讃』には一一七首の和讃があって（文明五年刊本には最後に二首あって、全部で一一九首）、竜樹讃、天親讃、曇鸞讃、道綽讃、善導讃、源信讃、源空讃から成り、これは七高僧の徳とその教旨についての和讃である。さらに『正像末和讃』は国宝本に四一首記載されているが、竜大蔵文明五年刊本などによれば一一八首があり、その内容は正像末三時讃、疑惑罪過讃、聖徳太子奉讃、悲歎述懐讃、善光寺讃から成っているが、そのあとに「親鸞八十八才御筆」と記入のある自然法爾章の文があり、さらにそのあと二首の和讃がある。この『正像末和讃』ではまえの二帖にのべられた教義が正像末の三時代にわたってひろまり、とくに末法時代に相応するものであることを示している。以上がいわゆる『三帖和讃』であるが、その他にも皇太子聖徳奉讃七五首、大日本国粟散王聖徳太子奉讃一一四首の和讃があり、きわめて多くの和讃を親鸞はつくっている。

国宝本によって、『浄土和讃』と『高僧和讃』とは一連のものであり、『正像末和讃』は少し遅れて成立していることがわかるが、異本によって和讃などの出入がある。『浄土和讃』について、竜大蔵文明五年刊本などには国宝本にある最初と最後の経文はなく、最初に「弥陀の名号となえつつ」などの二首が記されている。この二首は勧信と誡疑とを示すもので、三帖全部の大綱を提示しているとの見方がなされている。またこの刊本では『高僧和讃』の最後に「五濁悪世の衆生の」などの二首があるが、そのうちの一首は七高僧の教旨のつづまるところが弥陀の本願を信ずることにあり、他の一首は自行を全うして化他するものであることを示している。一方、『正像末和讃』は専修寺蔵のいわゆる国宝本と竜大蔵文明五年刊本などの間にはその内容に大きな差異があり、その完成には訂正、増減、追加など複雑な経緯があったことを物語っている。

さて、この『三帖和讃』は親鸞の和文体で書かれた代表的著述で、和語の教行信証とか和語の本典と称されて尊重されている。また、その語調はきわめて高貴荘重であり、経論釈や高僧の伝記・徳望などに根拠してつくられているが、その表現は平明でわかりやすく、すべての人が仏徳を讃嘆し、法味を愛楽できるよう格調高い語句をもって讃嘆されている。形式は、七五調四句の形態で一首となっている。

注釈書としては慶秀・私記六巻、知空・思斉記九巻、首書三巻、月感・袖裏二二巻、空誓・註解一九巻、慧空・報恩鈔六巻、略註五巻、慧然・聞信抄六巻、石泉・観海篇八巻、深励・講義一二巻、観道・採集記二四巻、僧鎔・方規一二巻、義山の問答記三巻などがある。古写本を本派本願寺、金沢専光寺などに、文明五年刊本を竜大、谷大が蔵す。〔所載〕正蔵83。〔参考〕真宗大辞典、親鸞聖人真蹟集成3。〔五十嵐明宝〕

三帖和讃歓喜鈔【さんじょうわさんかんぎしょう】浄真　一八巻。信暁（一七七四—一八五八）述。天保七（一八三六）年、同一〇年刊。信暁は京都の大行寺の開基であり、仏光寺派の学頭となって同派末徒の教育に功績のあった人である。本書は『三帖和讃』のいちいちの和讃について、詳細にしてかつ丁寧な解説を施しており、文章も読みやすく書かれている。刊本を竜大、谷大に蔵す。〔参考〕真宗大辞典、仏解。——→三帖和讃〔五十嵐明宝〕

三帖和讃講義【さんじょうわさんこうぎ】

浄真　一二巻。深励（一七四九—一八一七）述。天保六（一八三五）年刊。本書は深励が大谷派の安居においてなした講義を門人が筆記したものであって、一二巻のうち初めの六巻は『浄土和讃』の講義であり、次の三巻は『高僧和讃』についての講義、あとの三巻は『正像末和讃』についての講義である。それぞれはおおむね、⑴造讃の来意、⑵大意、⑶題号・入文講説の順で内容に入り、細部にわたって丁寧な説明が加えられている。大谷派学匠の代表的な和讃の講義である。天保六年刊のほか、明治一四、二二、二七年刊がある。刊本を竜大、谷大、国会に蔵す。〔参考〕仏解、真宗大辞典。—→三帖和讃　〔五十嵐明宝〕

三帖和讃鼓吹【さんじょうわさんこすい】浄真　一三巻。玄貞（—一六七七—一七〇五—）述。享保四（一七一九）刊。『三帖和讃本義』ともいう。玄貞は仏光寺派の学僧。真宗ならびに浄土宗に関する典籍の諺解を多くつくって世に出しているが、履歴は詳らかではない。本書は『三帖和讃』のそれぞれの解説をなしたもので、『浄土和讃』は五巻、『高僧和讃』は四巻、『正像末和讃』は四巻、計一三巻にわたって詳しく講述している。刊本を竜大、谷大に蔵す。〔参考〕仏解、真宗大辞典。——→三帖和讃　〔五十嵐明宝〕

三帖和讃私記【さんじょうわさんしき】浄真　六巻。慶秀（一五五八—一六〇九）述。慶長一一（一六〇六）年成立。正保四（一六四七）年刊（元和年中に刊行したという説もある）。慶秀は真宗学界初期の宗学者で奈良県北葛城郡馬見村の大谷派長福寺の開基となった人。のち、教如が東本願寺を創立しようとしたときに、事務の処理などに尽力した。本書は『三帖和讃』の講義書のうちでもっとも古いもの。まず大意を明かし、題号の説明に関連して、「弥陀の名字をとなへつつ」などの最初の二首をおく意味について、あるいは正釈の六字の名号をここに示される意味について解釈を与え、そののちいちいちの和讃にくわしく注釈を施している。刊本を谷大、竜大に蔵す。〔参考〕真宗大辞典。——→三帖和讃　〔五十嵐明宝〕

三帖和讃註解【さんじょうわさんちゅうげ】浄真　一八巻。空誓（一六〇三—九三）述。寛文一〇（一六七〇）年刊。空誓は江戸の本願寺派妙延寺第二世住職で、早くから宗学に傾注し、大いに真宗の宗義顕揚につとめた。この書では、まず和讃制作の時期や大意などについて明かし、いちいちの和讃に対してきわめて丁寧な注釈を与えている。『浄土和讃』は六巻、『高僧和讃』は八巻、『正像末和讃』は四巻、計一八巻にわたって講述している。『三帖和讃』の講義書のうちでもっとも古いもののひとつである。刊本を竜大、谷大、京大蔵。〔参考〕仏解、真宗大辞典。——→三帖和讃　〔五十嵐明宝〕

三帖和讃聞信抄【さんじょうわさんもんしんしょう】浄真　一一巻。慧然（一六九三—一七六四）述。慧然は大谷派の第二代講師。恵空に従って宗学を修め、兼ねて華厳・天台の学に通じた。彼は全力を後進の教育に尽くして同派の学事を大いに振興せしめ、また学寮の拡大を計り高倉通りに移したため、高倉学寮の名が起った。本書は『浄土和讃』の注釈四冊、『高僧和讃』五冊、『正像末和讃』二冊をあつめている。序文で分科、和讃について、帖外和讃について、『三帖和讃』制作の年代、『浄土和讃』冒頭の二首の和讃についてなどを説明し、そのあとでいちいちの和讃を詳細に注釈している。写本を谷大、竜大に蔵す。〔参考〕仏解、真宗大辞典。——→三帖和讃　〔五十嵐明宝〕

三心義【さんじんぎ】浄　一巻。源空（一一三三—一二一二）撰。『観無量寿経』に説かれる三心（至誠心、深心、廻向発願心）について、まず善導の『往生礼讃』にある三心の解釈に基づいて、三心を具足すれば必ず往生できることを強調し、さらに善導の『観経疏』の三心釈に基づいて、とくに深心の内容については二種深信（信機、信法）、就人立信、就行立信、それに正雑二行についての五種の得失（親疎対、近遠対、有間無間対、廻向不廻向対、純雑対—五番相対）を明らかにしている。廻向発願心の二河白道の譬喩についてはふれていないが、本書は源空が三心について、和語で平易に解釈したものとして貴重である。〔刊本〕元亨版、宝永版、正徳版。〔所載〕浄全9、法全、黒谷上人語灯録（和語第二）。〔高橋弘次〕

三身義私記【さんじんぎしき】天　一巻。圓仁（七九四—八六四）撰。書名の下に「沙門悉記悉者古文仁字也准御本用悉字」とある。圓仁による仏の三身に関する私見を巻尾の「仁雖庸愚為諸幻童記録此義」の主旨に従って問答形式をもちいて著わしたもの。三身とはいかなるものかという問に始まって経論にのべられる仏身の名が不問であることを挙げ、仏地経論（四身）、金光明、楞伽、法華論（三身）、の概説等々をのべてる。内容などからみて圓仁の著作であることに疑いはない。〔浜田智純〕

三身義私記【さんじんぎしき】天　二巻。源信（九四二—一〇一七）著。天台の三身義を論じたもの。著者は『法華経』寿量品の所説をもちいて八五の問答より三身義を明らかにしている。問答は、新成顕本の義にはじまり、法身の理が一切処に遍ずることから草木成仏論にも及び、自受用仏が実報土に居すか寂光土に居すかという問答で終っている。巻末の「恵心御作未能信之」という言葉から、源信の著作かどうか疑わしい。〔所載〕仏全32。〔浜田智純〕

三心私記【さんじんしき】浄　一巻。良忠（一一九九—一二八七）述。建長六（一二五四）年成立。別に『浄土三心私記』ともいう。善導の『観経疏』ならびに『往生礼讃』に説く至誠心、深心、廻向発願心の三心について解説したもの。念仏無間の行者江の禅門の懇請によって良忠みずから漢文体で執筆している。天和三（一六八三）年忍澂が良忠の『伝通記』および『決疑鈔』の三心釈の部分を集めて『三心私記裒益』三巻を著わしている。その後はこの『裒益』のかたちで本書が流布したようである。〔末注〕三心私記縁起、吉水玄信・三心私記裒益講籤、元禄一四（一七〇一）年（裒益）刊。〔所載〕浄全10。　〔金子寛哉〕

三心章【さんじんしょう】浄　一巻。著者明記なし。朝空大周（?―一八一六）述かといわれている。成立年代不明。三心についての別釈である。源空、證空の要文を引きながら、深草、西谷、鎮西の義を挙げて、もっぱら深草の正義を顕示している。大正九（一九二〇）年謄写刊の「深草廃立義＝附三心章等」に収録。　〔勝本顯道〕

三聖円融観義顕【さんせいえんゆうかんぎけん】華　残欠二巻。凝然（一二四〇―一三二一）述。応長二（一三一二）年成立。澄観の『三聖円融観門』の注釈書で『顕影記』ともいう。残欠のため、三聖円融観門から若悟因之玄微則知果海之深妙までの注釈にすぎない。『法界義鏡』第五章で凝然は一〇種の華厳の観門を挙げ、その中心を三聖観と十重唯識観の二においているので、宗教的表象としての三聖観と現実的基盤としての十重唯識を重視したことが知られる。〔所載〕日蔵鈴73。　〔小泉春明〕

散善義問答【さんぜんぎもんどう】浄　若干巻。隆寛（一一四八―一二二七）撰。隆寛七〇歳の作で、善導の『観経疏』「散善義」を釈したものである。現存のものは完本ではなく、第一の首部、第三の末尾、第四の前半、第九の首尾を欠いている。第一から第九は章節を指すといわれるが、第二、第四、第五、第六、第七、第八などの末尾に「愚老隆寛」とあり、分量的にも巻数を指すものとも見られる。本書の伝来については、第五のうちに「貞応元年四月廿五日賜長楽寺律師御房御真本。於六波羅蜜寺内念仏行人生願房房中。未時為興隆仏法利益衆生如形写之了執筆智慶」とあることによって明らかである。内容は問答形式で進められ、第一が三福の差別、第二は一門の料簡、第三は上品上生の第一門から第四門至誠心釈まで、第四は第四門深心釈、第五は第四廻向発願心釈、第六は第五門より第一一門まで、第七は上品中生、第八は上品下生、第九は中品上生、中品中生、中品下生となっており、第一〇以下は下品上生、下品中生、下品下生の内容にふれられるところであるが、以下を欠いている。この部分があれば、隆寛の立場がさらに明確になったであろう。本書では三心釈などにより、仏の因位の行も他力のため、浄土そのものも他力の土であるから、往生する行者も他力でなければならないと説く。〔所蔵〕谷大図書館。〔参考〕平井正戒・隆寛律師の浄土教附遺文集。　〔福原隆善〕

散善義唯信決【さんぜんぎゆいしんけつ】浄真　二巻。道振（一七七三―一八二四）述。成立年代不明。本書は中国浄土教の大成者善導『観経四帖疏』中の『散善義』の注釈である。最初に題号を釈するに四をもってし、次に本文の解釈においては正釈、後序の二科を設けて注釈を試みている。とりわけ正釈において、正宗分、得益分、流通分、耆闍分の四に分かって注釈するが、さらに細科を設けて詳細な注釈がなされている。竜大蔵。　〔山崎竜明〕

三祖要訓【さんそようくん】浄　四巻。弁才（一七五〇―一八二四）述。文化一一（一八一四）年成立。弁才は西山派の学僧で妙空と号す。弁隆について得度、旭雅の下で法脈を受く。本書は善導、源空、證空の他力妙法の要訓を抜出したもので、第一巻は善導について看病の法用、臨終要決を、第二・第三巻は源空について七箇条制誡、臨終行儀を、第四巻は證空について白木法語を摘出して、自力の執情を除すること等がのべられている。写本を西山短大蔵。　〔堀本賢順〕

三大章疏七面相承口決【さんだいしょうしょしちめんそうじょうくけつ】天　一巻。最澄（七六六―八二二）記。成立年代不明。最澄記とあるが後世の口伝法門の文献で、大唐貞元二四年五月に入唐のさいに仏立寺において、『法華玄義』『文句』『止観』の総意を各々七重に相伝を受けたものといわれる。その年号や主旨、用語の使用は、『修禅寺決』や『本因妙抄』と同様で、六七八九識分に修行を明かすことも、同類のものである。〔所載〕仏全5。　〔弘海高顕〕

三大祖師法語【さんだいそしほうご】時　二巻。洞天（?―一七七七）編。安永五（一七七六）年成立。同年京都七条道場刊。遊行二代真教、三代智得、七代託何の法語八篇を収録。(1)『奉納縁起記』真教（一二三七―一三一九）撰。嘉元四（一三〇六）年成立。『一遍絵伝』を熊野本宮へ奉納した願文。(2)『道場誓文』真教述。嘉元四年成立。諸国道場に独住する時衆に知識に身命を譲り、誓戒を守るべきことを戒めたもの。(3)『知心修要記』智得（一二六一―一三二〇）撰。成立年代不明。真教の『道場誓文』と同様時衆への教訓。(4)『念仏往生綱要』智得述。成立年代不明。時宗の念仏の要諦を説き、能所不二、臨終平生一同の往生を強調する。(5)『三心料簡義』智得述。成立年代不明。『観経』に説く三心を解説し、それは口称の念仏に尽きることを説く。(6)『他阿弥陀仏同行用心大綱註』託何（一二八五―一三五四）述。貞和元（一三四五）年成立。真教述作の『同行用心大綱』に詳細な解説を施したもの。(7)『条条行儀法則』託何述。康永三（一三四四）年成立。遊行の途中、四国道後宝厳寺の尼珍一房が帰依、道場を献じて往生した。託何はその遺弟たちに帰命戒を授け、時衆の守るべき行儀法式を示した。(8)『蔡州和伝要』託何述。暦応二（一三三九）年成立。山陰地方遊行中の託何が高駿河守に、いまや闘諍堅固の乱世、生死事大、無常迅速なりと念仏を勧めた書。〔所載〕仏全66、定時宗上。　〔橘　俊道〕

三大秘法之弁【さんだいひほうのべん】日　一巻。日臨（一七九三―一八二三）著。成稿の成立年代は不明であるが草稿は文化一三（一八一六）年西能勢で述作されているので、この後、草稿に書き加えて成ったとみる。持律堅固の江戸後期の行者日臨が、日蓮の『三大秘法抄』に基づいて、本門の本尊、本門の題目、本門の戒壇について論じたもの。三秘を教門の妙解に約し、一秘を観心証道の妙行に解している。〔所載〕本妙日臨律師全集。〔小野文珖〕

三大秘法稟承事【さんだいひほうぼんじょうじ】日　一巻。日蓮（一二二二―八二）撰。弘安四（一二八一）年四月八日身延山で著作。別に『三大秘法抄』『三秘抄』『報大田氏書』ともいう。真蹟が伝わっていないため、古来、その内容等から真偽説が唱えられてきた。すなわち、三位日順、日親、行学日朝らを始め、日導、日輝、智応らは、真撰とみなし、日昭門流、日受、竜山、善知らは偽作説をとっている。写本には日親の筆によるものが京都本法寺にあるほか、行学日朝本、日隆本、日時本がある。このうち日時本には弘安五年の年時が記されている。内容は日蓮教学の根幹をなす三大秘法を明らかにして、門下に示されたものである。三大秘法については、日蓮が身延へ入山した直後に執筆した『法華取要抄』に初めてその名目が発表され、つづいて『報恩抄』でいっそう詳しくのべられるにいたった。しかし三秘のうち本門の本尊と、本門の題目は解説されているものの、本門の戒壇については、たんに名目をあげられたにすぎない。ところが本抄ではその戒壇についても詳述されている。「戒壇とは王法仏法に冥し、仏法王法に合して、王臣一同に本門の三大秘密の法を持ちて」とあり、「霊山浄土に似たらん最勝の地に建立すべきもの」としている。これについては解釈上異説もあるが、三大秘法について、これ以上明確にのべられるものはほかにない。〔所載〕定日遺2。〔上田本昌〕

三大部伊賀鈔【さんだいぶいがしょう】天　三〇巻六五冊。祐朝撰。比叡山中興の祖慈恵大師良源に源を発すると伝承する檀那流、恵心流の天台学、口伝法門がある。恵心流は鎌倉時代に入ると心賀によって関東にも伝えられ田舎恵心、田舎天台、関東天台といって鎌倉新仏教にも多大の影響を与えた。本書は心賀の教えを受けた武州仙波の尊海の四天王の一、豪海が開創した武州金鑽宮談所において、一四世紀の初頭、心賀の後継者心聴によってなされた三大部の講義を、伊賀往生院の学頭代官であり、恵心流三川僧都良意の弟子である下野僧都祐朝が聞き書きしたものである。恵心流の口伝法門の内容は、三重七箇の法門によって一切の口伝を包括する体系組織をもっていた。七箇の法門とは、1一心三観、2心境義、3止観の大旨、4法華深義、5円教三身、6蓮華因果、7常寂光土義であり、各々を、教重・行重・証重の口伝で伝えるものである。その教学は四重興廃の教判と一念信解の思想であるといわれ、経典の理論的文献的注釈よりも独創的な主観に立ち達意的解釈を下し、これによって本迹二門の対立を超越した止観の絶対性を主張する。本書は難解な記家文字（速記録用文字）で記されているため、その細部に亘っては不明な点が多い、続天台宗全書に解読されて収録されるので、関東天台の思想の解明も近いと期待したい。叡山文庫（大津市坂本）所蔵。〔多田孝正〕

三大部随問記【さんだいぶずいもんき】日　三七巻。日遠（一五七二―一六四二）記。成立年代不明。日遠は六歳の時、本満寺日重（一五四九―一六二三）の門に投じ、師日重、法兄日乾（一五六〇―一六三五）に続き、身延山久遠寺第二二世の法灯を継承した。後に宗門中興の重乾遠三師と称された。本書は『法華玄義聞書』八巻、『法華文句随問記』一三巻、『止観随聞記』一六巻の三書の総称である。これらは、天台三大部、すなわち『法華玄義』『法華文句』『摩訶止観』の注釈書である。日遠の師日重が京都本圀寺で三大部を講じた折、日遠も講筵に侍り、筆録した。後に、これを門下の質問に答えながら、整理・修正を加えた所産が本書である。天台教学の立場より述作された本書は、日蓮教学としての立場から見ると問題を有している。それは述作態度が、絶対開会、円体無殊にあることに起因しているからである。近世初頭の日蓮教学界は、原始天台の研究が盛んとなり、日遠も三光無師会、師日重と、その流れに連なる一人である。日遠の当時の教団内における影響力が、教学の傾向に天台教学偏重の方向性を与えた。特に近世諸檀林では顕著にあらわれている。その中心に位置する基盤が本書であるといえよう。〔西片元證〕

三大部復真鈔【さんだいぶふくしんしょう】天　一三巻。普寂（一七〇七―八一）撰。明和八―九（一七七一―七二）年成立。『法華玄義復真鈔』『法華文句復真鈔』『摩訶止観復真鈔』を総称していう。本書は智顗が講述し弟子の章安が筆録補説した、いわゆる三大部について、普寂がその本文を注解し、兼ねて章安の補説および古来の三大部の注釈書等の解釈に対して批判を加えたもの。〔所載〕仏全（旧版）23。〔多田孝正〕

参天台山五台山記【さんてんだいさんごだいさんき】天　八巻。成尋（一〇一一―八一）撰。延久五（一〇七三）年成立。成尋は、父を藤原実方の子貞叙、母を源俊賢の女の子として生まれ（平林文雄『参天台山五台山記校本並に研究』）、七歳にして大雲寺文慶のもとで出家修学し、長久二（一〇四一）年大雲寺別当に、天喜二（一〇五四）年四四歳にして延暦寺総持院阿闍梨の勅命を受けた。長年の夢であった入宋を、延久四年三月に果たし、天台山、五台山を巡礼し、帰朝することなく在宋一〇年ののち宋土に没する。本書は入宋後成尋自身による一年有四月間の記録であり、従僧等の帰国によって、本国にもたらされたのである。巻一は、延久四年三月一五日に乗船し、蘇州、杭州、天台山国清寺にいたるまで。巻二には、国清寺滞在中の様子、諸寺拝巡。巻三には、国清寺を出発し、杭州、蘇州、泗州を経て東京陳留県までの行程。四巻は、汴京（開封）大平興国寺伝法院に止宿し諸僧との交流。五巻は、五台山巡拝。

六巻。外国僧や訳経僧との交流、請来品記録。七巻は、宮中後苑で行った祈雨粉壇法。八巻は、汴京を発し、揚州霊隠寺等を巡拝しながら明州（寧波）に着き、延久五年帰国する従僧に新訳経仏像を托すまでを記述する。当時の中国の仏教はもとより、美術、交通、水利、経済、風俗、言語を研究する重要な資料である。注釈には成島譲倹『刪補天台五台山記』があるが、成尋の母の『成尋阿闍梨母集』も参照したい。〔所載〕仏全115。〔参考〕平林文雄・参天台山五台山記校本並に研究。〔秋田光兆〕

三田問答詰難【さんでんもんどうきつなん】日　一巻。著者は「日講門人　名無子」とあるが、安国日講（一六二六—九八）が名無子に仮りて著わした書。貞享四（一六八七）年成立。悲田派の徒から日講に対して送られてきた『三田問答』二八条に対する反駁書。『三田問答』が供養の意義は悲田に通じることを明かし、日講の恩田や受派の敬田は祖意に及ばざるものとしたのに対し、供養の真意は恩田にあるとして悲田の説を破している。正本は岡山県岡山教会に所蔵されている。〔所載〕日宗全12、万代亀鏡録。〔井上博文〕

参同契吹唱【さんどうかいすいしょう】曹　一巻。面山瑞方（一六八三—一七六九）撰。明和四（一七六七）年成立。詳しくは『石祖参同契吹唱提綱』。唐代の石頭希遷の『参同契』を経論や祖録の引用を挙げて提唱したもの。面山が京都南禅寺の金竜軒で自序を付しており、法嗣の衡田祖量が跋文を撰している。また祖量の法嗣斧山玄鈯はこれをさらに提唱して『参同契聞解』を著わしている。明和六年刊本がある。〔所載〕続曹全（注解2）。〔佐藤秀孝〕

三道合法図解【さんどうがっぽうのずかい】通　一巻。日宣（一七六〇—一八四六）述。日典（—一八二二—）編。文化一二（一八一五）年成立。文政五（一八二二）年刊。日宣は江戸後期の日蓮宗の学僧で、文化七年には甲府法華寺において神道と対論するなど日蓮宗義の顕揚に努めた。三道とは、神道、儒教、仏教のことで、日宣は伊弉諾尊、伊弉冉尊もその本地は久遠実成の釈尊であると位置づけ、法華教学の立場から神儒二教を批判している。〔小松邦彰〕

三道権輿録【さんどうけんよろく】通　二巻一冊。潮音道海（一六二八—九五）撰。元禄七（一六九四）年春の自序。詳しくは『扶桑三道権輿録』という。潮音は黄檗宗の学僧で、生涯の著作は四十余巻にのぼる。本書は『大成経』の偽作によって伊勢神道の告発を受け流罪された潮音が、上野国南牧黒滝山の巌窟で死の前年に撰した神儒仏三道一致論で、天下国家を治むるために三道の一つも欠いてはならぬ旨を論じている。〔所蔵〕内閣、お茶の水女子大。〔西村惠信〕

三塔諸寺縁起【さんとうしょじえんぎ】因　一巻。作者不詳。編者および成立の時期を明らかにすることはできないが、巻尾の「建武四年四月廿九日書写」の奥書から、当然それ以前までの成立ということになる。比叡山延暦寺と諸院をつらね、堂舎、什宝、縁起を記す。はじめに四至結界を出し、東塔は根本一乗止観院以下三七、西塔は釈迦堂以下二一、横川は首楞厳院以下二一の堂舎がみえている。合計七九となる。〔所載〕仏全120。〔木内堯央〕

三難問書【さんなんもんしょ】日　二巻。日蒼（一七七六—一八三八）書。文政七（一八二四）年成立。日什門流の江戸品川本光寺三世日理（のちに日璃）に対する第三回目の問難の書の意で、日理の会答記、再答記を踏まえつつ新たに多数の問題を提起して、日隆の八品教学の立場より什門教学を評破している。その論点は彼の一品二半本果為正に対する八品本因下種論の主張であった。写本を立大、香川県大法寺蔵。〔大平宏竜〕

三衣弁惑篇賛釈【さんねべんわくへんさんしゃく】南　一巻。正亮（?—一七三一）。貞享四（一六八七）年述。宋代天台宗の遵式（九六三—一〇三二）の『三衣弁惑篇』（『金園集』下巻所収、卍続蔵）の注釈である。正亮は奈良大神神社にあった平等寺遍照院の住職となり、浄土、法相、律、真言に通じた南都系律僧であった。僧の三衣（安陀会—五条、鬱多羅僧—七条、僧伽梨—二五条の大衣）についての僧俗の疑惑を弁別する書と説明し、遵式の文を全文引用しながら、正文を四項目（初叙制法衣、断世謬解、因斥絡子、総結励誡）に分けて解説していく。〔所載〕日蔵35。〔田村晃祐〕

山王一実神道原【さんのういちじつしんとうげん】因　一巻。慈等（?—一八一九）著。本書は、仙波喜多院慈等の撰述で、わが国一切の諸神は皆、釈迦、弥陀、薬師の分身にして、法華一実の理により無窮の化導を施すことを七門に分別して述べている。一、綜要、はじめに「夫れ山王とは、三諦一境の称なり。三なりと雖も而も一なり、これを極理となす。乃ち一実の謂なり。神とは不測の霊にして、真誠を心となし、霊妙を道となす」といい、この段は要点を挙ぐ。二、嘉号、山王とは、三諦即一を表し、一実とは、一乗妙法であり、三千即空仮中を体、用となすを神といい、自他の行を道となすと嘉名の所以を明かす。三、真誠、本迹権実を論じ、今山王権現は正直に方便を捨てて聡明叡聖の三諦一実に純誠なるを以って其の真となし、三仏四菩薩等を以って本地と為す。四、承錬、三諦一実の道を承けてこれを重錬し、近くは志を遂げ、遠くは菩提を期すと一実神道の行を述ぶ。五、護祐、一実神道を深く信じ承錬する者の功徳が大であり、自他及び国家を護ることを論ず。六、淘汰、山王三聖出世の化導は、三徳秘蔵の妙理によって、三毒迷倒の衆生を利すことを述ぶ。七、薵茶、慈眼大師が弘めた神道を伝えんとして反って毒害する者について論ず。以上七門について一実神道と法華の妙旨を会通し、傍ら乗因の神道説を異端として破斥している。〔所載〕天全5。〔多田孝文〕

山王一実神道口授御相承秘記【さんのういちじつしんとうこうじゅごそうじょうひき】因　一巻。乗因（?—一七三九）書付。

江戸中期成立。秉因（異端として配流される）が、東叡山凌雲院前大僧正に山王一実神道を伝授すべく覚え書を一二条記した書。『転輪聖王章』撰述後のことで、徳川家康（権現様）の天海より山王一実神道伝授のことや、この習合が宗源神道でないこと、子孫繁昌のため日光山社例があることなど記している。〔所載〕天全12。〔野本覚成〕

山王院在唐記【さんのういんざいとうき】天　一巻。作者不詳。題下に「慈覚大師問、法全和尚答」とあり、別称を『曼荼羅問答』ともいう。題名からすると円珍のものとも思えるが、内容的には胎蔵界曼荼羅に関する諸事項の問答であり、一一月二五日・二七日、一二月三日・一八日の四条の問答となっている。圓仁または圓珍撰というが古来諸説が錯綜しており、撰者や成立年代の特定はしえない。〔所載〕仏全28、仏全鈴38、日蔵99、智全下。〔水上文義〕

山王略抄【さんのうりゃくしょう】天　一巻。道順（生没年不詳）。成立年代不明。本書は山王すなわち比叡山日吉（ひえ）山王二一社の略説である。上七社、中七社、下七社の一社ごとに由来や神名・本地仏、御位などを記している。奥書に恵恩院（不明）に道順が依頼を受けて記すものとあるが、二一社の案内記とでもいえる書であり、『山家要略記』によっていることが引用文献からわかる。〔所載〕天全12。――→山家最略記、七社略記〔野本覚成〕

山王和讃【さんのうわさん】天　一巻。源信（九四二―一〇一七）作。成立年代不明。『山王権現和讃』ともいう。五五句の和讃で、主旨は顕教教理（三身即一、心仏衆生界如三千、無明即法性、草木成仏、阿閦・薬師・観音・文殊浄土）をのべ、この一乗法華を法宿・華台・聖真子の山王大権現に擁護を祈るものである。顕密融合が見えず、山王神の内容が少なく、源信の作に不似合いである。あるいは残欠部かとも思える。〔所載〕恵全3。〔野本覚成〕

三平等義【さんびょうどうぎ】天　一巻。最澄（七六六―八二二）著。「沙門千心記」とあるが、最澄の著作として扱われている。初めに乗平等、世間涅槃平等、身平等の三平等を所被人、所起病、病因、能治の項目にわたって解説している。そのあと、三平等のそれぞれについて乗平等は、声聞に菩提の記を授けること、世間涅槃平等を生死と涅槃が一如にして無二であること、身平等は、仏身や三乗身が一如にして無二であることと説いている。〔浜田智純〕

三部仮名鈔【さんぶかなじょう】浄　七巻。証賢（一二六五―一三四五）。元亨年間（一三二一―一二四）成立。『三部仮字鈔』ともいう。証賢は浄土宗第三祖良忠門下六流の一つである一条流の派祖礼阿然空の弟子で、向阿是心といい、京都清浄華院の第五世とされる。『帰命本願鈔』三巻、『西要鈔』二巻、『父子相迎』二巻の三部作である。日ごろから源空正流の宗義に異義邪義の多いことを嘆いていた著者が、伝灯の正義を三部の書に説き明かしたもの。『帰命本願鈔』は、真如堂参籠の折の夢における老僧と一修行者との法門談義に託し、阿弥陀仏の本願の由来意義を明かして浄土往生を勧め、『西要鈔』は清涼寺釈迦堂における夢の、前に同じ老僧と老若男女との問答に託して、安心・起行を主として要義を説き、『父子相迎』は阿弥陀仏を父、衆生を子に見立て、父子相迎える浄土往生は、本来のすがたであることを明かし、厭離穢土、欣求浄土を勧説している。いずれも仏教典籍に限らず、『源氏物語』の引用や和歌のこころなどを随所に折込む流麗な和文体で、文学的評価も高い。応永二六（一四一九）年隆堯によって初めて刊行され、湛澄によれば、後に京都の愚公なる者が講述して多くの人びとに深い感銘を与えて以後大いに世に行われ、仏説といわれるほど尊ばれるようになった。自筆本が清浄華院にあり、慶安二（一六四九）年版、延宝二（一六七四）年版などの刊本がある。〔末注〕湛澄・三部仮名鈔諺註、賀茂真淵・三部仮名鈔言釈。〔所載〕正蔵83、浄全続8。〔参考〕三部仮名鈔諺註、向阿上人伝。――→帰命本願鈔・西要鈔・父子相迎〔条原勇慈〕

三部仮名鈔要解【さんぶかなじょうようげ】浄　七巻。湛澄（一六五一―一七一二）述。『三部経秘鈔要解』ともいう。向阿証賢の『三部仮名鈔』を注釈したもの。湛澄には、同注釈書として貞享三（一六八六）年撰述の『三部仮名鈔諺註』一四巻がある。本書は、宝永四（一七〇七）年撰述で、序によると「初心の者並に略を好む者の便を慮って」、重ねて注釈したとある。いずれも、『三部仮名鈔』研究にとって重要な参考書である。谷大・竜大刊本。〔藤本浄彦〕

三部経釈【さんぶきょうしゃく】浄　一巻。源空（一一三三―一二一二）撰。本願、念仏と諸行、三心、一七日の称名、六方諸仏証誠等についてのべた和文体のもの。大原問答以前の撰と思われ、東大寺講説のいわゆる『三部経釈』とは異なる。これには二種五本があり、一種は建長六年の金沢文庫本と、正嘉二年の高田専修寺本の両写本で、いずれも『三部経大意』と題している。いま一種は、元亨版、寛永版、正徳版の『和語灯録』所収のもので、これには『三部経釈』と題されている。テニヲハの違いを除き、二種の内容はほぼ同じであるが、とくに至誠心釈の項において、多くの省略削除が見られる。また石井編『昭法全』には、『拾遺古徳伝』に記載されている漢文体の『三部経釈』が収録されているが、内容はまったく異なる。〔所載〕浄全9、昭法全、真聖全。〔阿川文正〕

三部経大意講録【さんぶきょうたいいこうろく】浄真　一巻。法海（一七六八―一八三四）述。成立年代不明。法海は大谷派の第八代講師。本書は『浄土三部経』の大意をのべたもの。『三経』はいずれも完全無欠な（円）、すみやかに悟りを得しめる（頓）、唯一絶対の教え（一乗）であるとのべ、『大経』については、三分七科以下五項目、『観経』については、定散以下五項目に分けて宗義を明らかにし、『小経』については、大意を示して、問答によって要点を説いている。三経典の共通点と相違点を知るのに参考となる書である。〔所載〕真大1。〔田中教照〕

三部経論義記【さんぶきょうろんぎき】浄　一巻。證空（一一七七―一二四七）記。成立年代不明。文政六（一八二三）年刊本あり。承久三年（一二二一）證空記と明記されているが真偽未詳。『浄土三部経』について七カ条の問題を提起して論義したもので、まず講者が経文を示し、擬講の者がそれぞれ三つの問を設けて講者が答える形式である。七カ条の大意は、⑴第十八願の文について、十方衆生とは十界の衆生に通じ弥陀は十界の衆生をその当位で摂取する。⑵特留此経止住百歳について、諸経滅尽末法万年ののちの百年の意で、名号に五劫兆載の願行自覚覚他の功徳が具わっているので、往生ののち、その功徳を自然にもつ。以上『大経』。⑶七宝地上作蓮華想の文について、華座観のみが法蔵比丘願力所成と説かれ、余観の依正が願力によることを顕わす意味があるから、華座は非真非仮で真仮に通じる。⑷合掌叉手乃至五十億劫生死之罪の文について、未断惑の衆生の往生が滅罪に当たる。⑸聞仏所説乃至廓然大悟得無生忍の文について、得益分に一経の益を極めるから父王阿那含の益、示観韋提無生、十三観の益、華開以後の益は無生忍と一同であり、未来に通じ、一代にも通じるとする。「曼陀羅相伝ノ人」の語あり。以上『観経』。⑹今現在説法とあるのは、三経一哲の意より『観経』の説法であり、穢土も浄土も『観経』に極まる。⑺六方諸仏の証誠は、法華多宝一仏、金光明四方四仏の証誠を超過し、般若華厳十方仏の証誠にも舌相証誠ですぐれている。以上『小経』。〔君野諦賢〕

三部曼荼【さんぶまんだ】因　一巻。圓珍（八一四―九一）記。唐大中一二（八五八）年以後の成立。正式には『三部曼荼羅』という。圓珍は智証大師、第五代天台座主、入唐して密教を伝えた。天台寺門宗祖。本書は圓珍入唐中に長安の法全から曼荼羅を伝写し、阿闍梨の口決を受けた成果である。内容の錯簡も指摘されているが、曼荼羅の図位や教理をのべ、ことに後分の胎蔵界曼荼羅の教理と摂入の方軌は充実している。最近聖護院から原本が発見された。〔所載〕仏全28、日蔵（天台宗密教章疏1）。〔木内堯央〕

三宝絵詞【さんぼうえことば】通　三巻。源為憲（？―一〇一一）著。永観二（九八四）年成立。正式には『三宝絵』といい、別に『為憲記』『三宝伝』ともいう。為憲は忠幹の子で文章生より身をおこし、遠江、美濃、加賀国守を歴任する。詩歌にすぐれて『本朝文粋』『本朝麗藻』『拾遺和歌集』に収められ、『口遊』『世俗諺文』『空也上人誄』等の著書がある。本書は、冷泉天皇の皇女尊子内親王の仏道修行のために、仏教入門書として書かれたもので、為憲は内親王の宮人であった。上中下三巻からなり、仏宝、法宝、僧宝とし、最初に総序があり、各巻にも序を付す。総序によると、本書は絵と、経と文による詞とで構成された絵巻物であったらしいが、今日絵の部分はまったく伝来していない。上巻では六波羅蜜の行について説いたのち、釈尊の本生譚を次々と説き、所依の経典を記す。中巻では序でインドから中国、日本への仏教伝来についてのべ、本文で聖徳太子より日本の僧俗一八名の伝記を掲げている。これらは仏法広布の状態を示すためとのべているが、『日本霊異記』その他から資料を集めたものである。下巻は正月から一二月まで、各所で行われる主要な三一の法会の起源、功徳、関係深い僧侶のことなどを説いている。本書は絵巻物より詞書のみが独立し、仏教入門書として世に流布したものであろう。写本は東寺観智院本が国宝指定のほか、尊経閣文庫本が代表的。〔所載〕仏全111、仏全(鈴)90。〔参考〕山田孝雄・三宝絵略註。〔松木裕美〕

三宝住持集【さんぼうじゅうじしゅう】因　一巻。著者明記なし。引用から鎌倉成立。本書は『渓嵐集』などで最澄撰とされるが、偽撰である。諸書引用文を『伝全』『日蔵』編者が収集したもので、原本二巻は現存していない。内容は比叡山記家の内容で、『山家要略記』属の諸書が引用使用しているもので、六箇ノ篇章中、浄刹結界・仏像安置・厳神霊応・法住方軌・鎮護国家に相当する。偽書の残簡で一貫性がなく、他の記家文献と考勘すべき書である。〔所載〕伝全4、新伝全5、日蔵40、新日蔵77。→山家最略記〔野本覚成〕

三菩薩号綸旨賀状【さんぼさつごうりんじがじょう】日　日輪（一二七二―一三五九）書。延文四（一三五九）年二月九日付の書状。京都妙顕寺貫主大覚妙実に宛てたもの。延文三（一三五八）年に妙顕寺が行った祈雨の効験によって、日蓮に大菩薩号、日朗、日像に菩薩号が贈官された。大覚妙実は綸旨案を日輪に送りその旨を伝えた。本書状はこの知らせに対する日輪の表賀の状。直筆は京都妙顕寺蔵。写本は『竜華秘書』として静岡蓮永寺蔵。〔所載〕日宗全1・19。〔糸久宝賢〕

三昧発得記【さんまいほっとくき】浄　一巻。源空（一一三三―一二一二）述。これは源空が建久九（一一九八）年から元久三（一二〇六）年までの間に、たびたび行った別時念仏において口称三昧に入り極楽の依正二報を観見された記録である。源空生存中には他見を許さず秘蔵されていたが、没後源空の遺誡によって弟子の源智に相伝された道具、本尊、聖教等のなかにあったものであろう。源智もまた師の意をくんで秘蔵、披露せず。これが公になったのは、暦仁元（一二三八）年源智の死後である。また親鸞が康元二（一二五七）年に書写した『西方指南抄』中本にも収録されている。〔戸松啓真〕

三昧流口伝集【さんまいりゅうくでんしゅう】因　二巻。良祐（生没年不詳）撰。良祐は台密谷流の祖皇慶（九七七―一〇四九）の弟子大原の長宴の弟子ということになる。三昧流は良祐が三昧阿闍梨と称したことに基づくというが、それは比叡山東塔北谷桂林坊に住して常行三昧堂の結衆であったことに由来する。この書は、いわゆる台密事相二〇七条の口伝を掲げ、初期の台密事相の要点がうかがえるものである。上巻には、目録によれば、神供からはじまるべきところ、つぎの四種曼荼羅事も欠いて、三種悉地事から三部密印事まで（三―六七）を収め、下巻には、六八、両部許可作法から二〇七、行法儀軌を収めるが、順序が目録と比べて錯雑していて、六八―二〇七のうち、七六―八一、八四、八五、八九―九一が後尾につらなっている。ひとつひとつの口決に対して、受法の日や場所、由来が記されていることが多く、良祐の受法の経歴も知ることができ、多くの阿闍梨からの口決が明記されている。本書は、上巻、下巻の奥書によれば、いずれも東叡山千妙寺すなわち茨城県真壁郡関城町の三昧流潅室を経由した所伝で、大正新脩大蔵経本は、比叡山南渓蔵所蔵本を底本として用いている。両巻の主要な内容を紹介すれば、上巻に如来、観音、菩薩、天部、経部、鬼神、仏頂等を扱い、下巻で、大法、両部、不動、器物、壇法、相承、本尊等に言及する。後人の手も加わっているようであるが三昧流の基本的口伝書として重要。〔所載〕正蔵75。〔木内堯央〕

三昧流聖教目録【さんまいりゅうしょうぎょうもくろく】因　一巻。編者不詳。本書は台密十三流の一つである三昧流の聖教をつらねたものである。本書を『台密諸流聖教書目』と対照すると、その三昧流の項との親縁関係が見出せる。三重県津市の西来寺に『三昧流聖蔵目録』一冊が蔵されるが、『諸流聖教書目』「三昧」の下にも、「三昧流聖教目録　一冊」がみえ、それは西来寺三庫蔵書目の抄出というから同一書であり、それがこの目録とみられる。〔所載〕仏全2。〔木内堯央〕

三昧耶戒作法【さんまやかいさほう】真　一巻。観賢（八五三―九二五）撰。題下に般若寺とある。潅頂の三昧耶戒授戒の次第でおそらく結縁潅頂用のごく簡略なものと推定されている。表白、浄三業、普礼、運心、滅罪、懺悔、乞戒、帰依、誓願、奉請、発菩提心、菩薩行位、證菩提心、四波羅夷罪、十重戒を内容とする。〔所載〕真全27。〔布施浄慧〕

三昧耶戒序【さんまやかいじょ】真　一巻。空海（七七四―八三五）撰。本書は『平城天皇潅頂文』の第四文に同じである。『平城天皇潅頂文』の第一文と同年の作とすれば弘仁一三（八二二）年作である。『三昧耶戒』序と記されている点から見て、あるいは『秘密三昧耶仏戒儀』の序文とも考えられる。本書は、短いながら、密戒としての三昧耶戒の内容を明確に示している。たとえば「三昧耶仏戒は、すなわちこれ大毘盧遮那自性法身の所説の真言曼荼羅教の戒なり」と定義される。さらに特徴的なことは、十住心の名目を三度出し解説していることである。第二住心の愚童持斎心、嬰童無畏心、声聞・縁覚の住心、他縁大乗心、覚心不生心、一道無為心、極無自性心、秘密荘厳心をのべ、三昧耶戒は真言乗の戒なることを明かす。真言乗に入って修行するものは、まず信心・大悲心・勝義心・大菩提心の四種心を発すべきであると説く。第一信心は『釈摩訶衍論』所説の十種の信心をもって説く。第二大悲心は、行願心であるとし、外道・小乗の声聞、縁覚の発起する心ではなく、大乗菩薩の利他心・抜苦興楽の大慈悲心である。第三勝義心は深般若心と説かれ、第四大菩提心は、能求と所求の菩提心の二面より論ずる。能求菩提心は本有心に目覚めることであり所求菩提心は四種法身、四種曼荼羅であり三密加持によって現前される。この四種心は『菩提心論』の三種菩提心が基本となっている。そこに説かれるように「この大悲・勝義・三摩地をもって戒となし、時として暫くも忘るることなし」の文をもって三昧耶が戒であり同時に菩提心戒であることを明かしている。〔遠藤祐純〕

三密抄料簡【さんみつしょうりょうけん】因　二巻。覚超（九六〇―一〇三四）撰。正しくは『胎金三密抄料簡』という。覚超は兜率先徳と号し、源信について天台を学び、のち横川首楞厳院にあって後進の指導と述作に専念した。密教は慶円に受け、『胎蔵界三密抄』『金剛界三密抄』などの著や『東曼荼羅抄』『西曼荼羅抄』などがあり、教相・事相について一家をなし、いわゆる台密の慈覚大師圓仁一流を嗣ぐ、川流の派祖とされる。本書は、それら『三密抄』に対する料簡にちがいないが、現存のものには、金剛界について関説したところも、そうした書もなく、厳密にいえば、『胎蔵界三密抄』の料簡なのであろう。内容を概観すると、圓仁将来の『大毘盧遮那成仏神変加持経蓮華胎蔵悲生曼荼羅広大成就儀軌』二巻、唐法全集の別本、いわゆる玄法寺軌の別本（『正蔵』18所収）の次第に記されている。そして、『大日経』『大日経義釈』『摂大儀軌』『広大儀軌』『青龍寺軌』をも対照してその異同を検討しており、まさに川流、ないし覚超の胎蔵界事相に関する意見が明瞭に出されていて、奥義書の体をなしている。その態度は、経、三蔵の軌、一行の釈、諸師の軌、日本の私記と優先順位を明らかにして、谷流の直接の師説を重視するのと対立した考え方を出す。海雲血脈による相承説、潅頂法、曼荼羅図、布字法、数珠、念誦、円密論、除障の功用等にまでも説き及んでいる。〔所載〕正蔵75。〔木内堯央〕

三木一草【さんもくいっそう】曹　一巻。瑩山紹瑾（一二六八〈六四〉―一三二五）述。成立年代不明。元亨年間（一三二一―二三）の成立と推定される。本文は明峯素哲（一二七七―一三五〇）、識語は瑩山。梅、松、柳、竹の三木一草にことよせて、仏法の親密な相伝の意義を説き、次に達磨、薬山、洞山、道元、懐奘、義介、瑩山など各祖師の出家の菩薩戒の相伝、在家信者の別願の授戒の具体的人数などを記している。漢文体。日本曹洞宗初期僧団における戒の授受に関する状況をさぐる貴重な史料。原本は熊本県広福寺に伝承されてきたが、いまは神奈川県総持寺蔵。〔所載〕続曹全（宗源

補遺)。　〔東　隆眞〕

山門穴太流受法次第【さんもんあのうりゅうじゅぼうしだい】因　一巻。作者不明。永和四（一三七八）年成立。『受法次第』『穴太一流相承伝持日記』ともいう。いわゆる台密一三流の一つである穴太流を学修するものの階梯を明らかにする伝法次第を明かす一書である。永和四年一月末から翌月にかけて、兼英の請いで円俊が口授したもの。円俊は行光坊潅頂の祖。内容は、受法次第、伝法次第、口決、血脈、三昧流、教相の六章。〔所載〕仏全2。　〔木内堯央〕

山門僧服考【さんもんそうぶくこう】因　一巻。著者明記なし。江戸時代の成立。天台宗の僧服の規定を記したもので七条袈裟並横被、修多羅、五条袈裟、三緒五条袈裟、種子袈裟（輪袈裟）、袍裳、鈍色袙、素絹、重衣、直綴、縹帽子（花帽子）、素袴、指貫、長袴、念珠、檜扇、襪子、草鞋、鼻高、朱傘の二一項からなり、各項に用法、材質、初例を出し、さらに比叡山と対比して地方の僧服の用例の別等をのべている。〔所載〕仏全74。　〔秋田光兆〕

山門堂舎記【さんもんどうしゃき】因　一巻。著者不詳。別に『山門堂舎』ともいう。本書の成立については、巻尾に、応永二四（一四一七）年の伝写に関する奥書があるが、成立をそれからさかのぼらせるとして、文中に引かれる記事の年号でもっとも新しいのは、長寛二（一一六四）年である。奥書伝写の年とこの長寛二年とのあいだに本書の編纂がなされたとみることが至当であろう。本書は、巻頭に根本中堂から無動寺まで三六項の堂舎名をつらね、それは本文の次第と対応するが、全体の半分にもみたないもので、こころみに、全体に掲載する堂舎名を列挙してみる。根本中堂、法花堂、根本経蔵、常行三昧院、鐘台、八部院、山王院、食堂、浄土院、講堂、戒壇院、四王院、定心院、摠持院、文殊楼院、安楽院、前唐院、延命院、新延命院、五智院、蓮花院、護念院、随自意堂、善学院、静慮院、檀那院、常楽院、普賢院、尊徳院、賢聖院、尊法院、五仏院、実相院、金剛寿院、持明院、無動寺、叡山九院、十六院、宝幢院、講堂、西常行堂、西法華堂、六所神、勧学院堂、首楞厳院、妙音院、妙香院、飯室院中雑等といった内容である。無動寺までが東塔に関する内容で、そのあと比叡山全体を語る九院、十六院の組織が示され、西塔、横川ないし飯室にまで及んでいる。全体が、上、下にわけられるといえよう。古記を重んじ比較的客観的な記述でつらぬかれており、縁起、什物、関係文書が整理されている。〔所載〕新校群書19（釈家部2）。　〔木内堯央〕

讃揚法則【さんようほうそく】浄眞　一巻。僧鎔（一七二三—八三）。宝暦五（一七五五）年成立。本書は教化の心得を一〇カ条にわたって示したものである。「吾レ今、今家ノ讃歎ニ就テ、試ミニ十法ヲ設ケ、以テ自規ト為ス」とし、⑴自信㆓本願㆒、⑵念㆓報仏恩㆒、⑶文義分明、⑷能鑑㆓時機㆒、⑸心不㆓怖畏㆒、⑹威儀整端、⑺語不㆓麤獷㆒、⑻不㆑為㆓名利㆒、⑼不㆑為㆑誑㆑他、⑽教㆑人生㆑信の十法を挙げる。そして⑴の自信本願が中心であることをのべ、「若シ自ラ本願ヲ信ゼズバ、則チ恩ニ報ズルコト能ハズ、乃至人ニ教エテ信ヲ生ズルコト能ハズ也。是ノ故ニ但、自ラ深ク大師ノ勧化ヲ信ズベシ」と、自信教人信、難中転更難、大悲伝普化、真成報仏恩と善導の礼讃の文を引用している。また「今日緇徒之説、即チ是レ大慈高祖伝灯法主之正説也。仰グ可シ、信ズ可シ」と弥陀仏の願力をすなおに説くことを勧めている。この一〇カ条は、教化者の心得として、今日にも十分の意味を与えている。〔所載〕真宗全62（真宗小部集付1）。　〔藤田恭爾〕

三六通裏書【さんろくつううらがき】浄　一巻。聖冏（一三四一—一四二〇）編。弟子聖聡の要請により『教相十八通』についての口伝を了聞が記録したもので、『教相十八通裏書』ともいい、嘉慶二（一三八八）年以降の成立である。初めの一〇通は善導の『観経疏』についての口伝であるが、本書ではこの十重の各重について、七言の頌を掲げ、次に「口伝ニ云」として注釈している。〔刊本〕正保二年刊。〔所載〕浄全12。→教相十八通　〔服部淳一〕

三論玄義検幽集【さんろんげんぎけんゆうしゅう】南　七巻。澄禅（一二二七—一三〇七）述。弘安三（一二八〇）年成立。『三論玄義検幽鈔』ともいう。吉蔵の『三論玄義』の注釈書としてもっとも詳細なもので、古来『三論玄義』を学ぶものの必ずよるべきものとされる。〔所載〕正蔵70、日蔵（三論宗章疏1）。　〔菅沼　晃〕

三論玄義誘蒙【さんろんげんぎゆうもう】南　三巻。聞澄（一六三五—八八）述。吉蔵の『三論玄義』に対する注釈書。注釈はすべて『三論玄義』本文の科段にしたがい、全三巻中、上巻で通序大帰のうちの外道を摧く、毘曇を折く、成実を排すの三つの破邪を、中巻で破邪のうちの大執を呵す、顕正のうちの人の正を明かす、法の正を顕すを、下巻で別釈衆品を扱っている。〔所載〕正蔵70、仏教大系1—4。　〔菅沼　晃〕

三論玄疏文義要【さんろんげんしょもんぎよう】南　一〇巻。珍海（一〇九一〈八八・九三〉—一一五二）撰。天承（一一三一）のころより著わされ、保延二（一一三六）年成立。珍海は最初、東大寺の覚樹の門に入り、三論のみならず華厳、法相、因明など学び、三論系の浄土教にも通じていた。『菩提心集』『大乗正観略私記』『浄土義私記』など、多くの書を著わした。また仏画にも通じ、「仁王経法息災曼荼羅」などを画いた。本書は吉蔵の著わした『三論玄義』、ならびに他の諸疏にみられる大切な事柄について考察、解釈したものである。一〇巻の構成内容は大きく分ければ、⑴大意、⑵造論縁起、⑶山門相承の二諦義、⑷八不義、⑸二智、⑹八識、⑺仏性義、⑻有二乗と無二乗の事、⑼菩薩地位義、⑽三仏義、⑾浄土義、⑿涅槃義、⒀問答三十許というものである。さて、⑴の大意と⑵の造論縁起の内容を紹介すれば次のごとくである。まず(1)大意では、宗意である無得正観、二諦義、八不義、仏性義、一乗義、涅槃義、二智義、教迹義、論迹義といった『大乗玄論』の義科次第、教相事、大乗経無浅深、般若非三乗通教、般若涅槃相対、頓漸二教、三転法論、教相異説、他宗立教、諸経説時、般若部類、大品金剛前後、二夜経が説述されている。(2)の造論縁起では竜樹と提婆の造論と人正・法正、中論・百論の前後、四論・三論の称などが論じられている。一〇巻すべてにこのような詳細な解釈がみられるところに本書の特徴がある。〔所載〕正蔵70、仏全75。〔由木義文〕

三論玄疏問答【さんろんげんしょもんどう】 南　三巻。頼超（生没年不明）記。頼超は東大寺の学僧で、三論宗の教義を問答体で考証的に解釈したものである。第一巻では二蔵三転法輪などの問題と、それに関連した経典の浅深に関する一五の問答、第二巻では二五の問答、第三巻では修行の段階についての二二の問答をあげている。〔所載〕日蔵（三論章疏1）。〔菅沼　晃〕

三論興縁【さんろんこうえん】 南　一巻。聖守（一二一九―九一）述。全体を正明興縁、明仏因果、明結集仏法、明部別、明述成、明簡異、詮理、入道の八段に分けて、三論宗の歴史的由来と理論の二方面から三論宗を概説した綱要書。いずれの面からしても三論宗の教義は破邪を通じて一切有仏性も明かすものであることが強調されている点に特色がある。〔所載〕正蔵70。〔菅沼　晃〕

三論宗経論章疏目録【さんろんしゅうきょうろんしょうしょもくろく】 南　一巻。撰者、成立年代不明の三論宗に関する小部の文献目録。『大品般若経』四〇巻、『大乗起信論』一巻など、三論宗の所依の経論として三五部の文献名をあげ（多くは著者、訳者名をあげている）、ついで鳩摩羅什撰の『大乗菩薩入道三種観』一巻など八四部の経・論・章・疏名をあげている。〔所載〕仏全1。〔菅沼　晃〕

三論宗章疏【さんろんしゅうしょうしょ】 南　一巻。安遠（生没年不詳）録。延喜一四（九一四）年成立。『安遠録』ともいう。醍醐天皇の勅命によって安遠が撰した三論に関する経論疏目録で、経疏部では吉蔵の『法華義疏』一二巻、『法華新撰疏』六巻を始めとして二三部、論疏部では吉蔵述の『法華論疏』三巻、『中論疏』一〇巻など四六部をおさめる。〔所載〕正蔵55。〔菅沼　晃〕

三論真如縁起【さんろんしんにょえんぎ】 南　一巻。光汰記。三論宗は竜樹の『中論』『十二門論』、提婆の『百論』の主張に基づいて破邪即顕正、立破同時の立場に立ち、執われの心を破る以外に別に正とするものを立てないが、空の極致としての真如縁起を認めている。本書は三論宗としての真如縁起を認める理由を、問答体で説明したものである。〔所載〕日蔵（三論宗章疏2）。〔菅沼　晃〕

三論祖師伝【さんろんそしでん】 南　本書は本朝の三論宗祖師の伝記を集め、その法脈を示したものである。『三論祖師伝集』巻下の日本祖師と類似しているが、人名等に多少の異なりがある。編者は不明であるが、第七祖東南院聖宝以下二七代政紹にいたる歴代は東大寺東南院院主職相伝を編年的に記しており、おそらく東南院に関係の深い三論学徒であったろうと思われる。三論宗の始祖は孝徳天皇のとき、元興寺で三論を講じた高麗僧慧灌である。かれは隋に入り吉蔵より三論を相承して推古天皇の三三年に来朝した。智蔵は呉の人で吉蔵に謁して三論を学び法隆寺に住した。道慈は三論を智蔵よりうけ入唐して善無畏より密法をうけて帰朝し、大安寺を建立した。その後大安寺系の善議、安証、勤操とつづく。とくに勤操は最勝会に「三論はこれ君父の宗、法相はすなわち臣子の教」と獅子吼して嵯峨天皇の称賞をうけた。聖宝は顕密二教を該羅して維摩会の講師となり、名山勝境を遍歴して修練し、醍醐寺、東南院を建立した。延敒につづく観理には『唯識章』一五巻等の著述がある。信縁、澄心、済慶、有慶、慶信、覚樹、恵珍、聖慶、通慶、勝賢、定範、道深、通快、聖真、聖実、聖憲、聖兼、聖忠、聖助、聖尋、聖珍、観海、観覚、珍覚、覚尋とつづき、醍醐寺座主政紹をもって終る。ただし、観覚から覚尋までの伝は失している。簡潔にして要をえて、明瞭にその伝記をのべている。〔所載〕仏全鈴65。〔引田弘道〕

三論祖師伝集【さんろんそしでんしゅう】 南本書は三国にわたる三論宗列祖六二名の伝記を集成したもので、上・中・下の三巻よりなる。編纂著述されたのは鎌倉時代初期に東南院三論の学僧であったろうと思われる。上巻の冒頭には三論宗が他宗に優越している点がのべられている。すなわち三論は祖君の宗であるのに対し、法相は臣子の宗にすぎず、華厳天台は天竺ではなく震旦に起ったものである。しかも本朝伝来は孝徳天皇の御宇元興寺の慧観に三論を講ぜしめたのがはじめで他宗はその後である。次に三論は『百論』『中論』『十二門論』を必修とするものであり、釈迦以降のインドにおける継承者は、文殊、馬鳴、竜樹、提婆、羅睺羅、清弁、須利那蘇摩王子であるとし、かれらの伝記を多くの経、伝、記等より資料を抽出してのべている。とくに二祖文殊師利菩薩では、文殊の受持する般若蔵によって竜樹が『中観論』『十二門論』、提婆が『百論』、無着が『順中論』、世親が『百論釈』をつくり、玄奘は大唐に伝え、羅什が訳し、青目、吉蔵が章疏をつくり、智蔵、道慈がわが国に伝えて三論宗と名のったとし、無量の教義はすべて文殊より出たものとする。中巻では『名僧伝』等より羅什の伝記をのべている。下巻では僧叡、道融、曇影、僧肇、恵厳、恵観、道恒、竺道生の八宝、次いで曇済、道朗、僧詮、法朗、吉蔵等の伝記をのべ、さらに日本祖師の項では、慧観、智蔵以下俊海まで東大寺東南院三三代目にいたる歴代の伝記を略述している。〔所載〕仏全鈴65。〔引田弘道〕

し

慈雲尊者詩集【じうんそんじゃししゅう】真 慈雲（一七一八―一八〇四）撰。通計二五九首にわたる。賛や香偈の漢詩文などの集成である。一、二をあげるならば、羅漢という詩文に「梵行既に成立し、衣を携て旧山を離る 此を終って亦何をか作す 寿を持し人間を利す」。〔所載〕慈全15。〔福田亮成〕

慈雲尊者短篇法語集【じうんそんじゃたんぺんほうごしゅう】真 慈雲（一七一八―一八〇四）撰。これは尊者御作の短篇法語一五四首を収めたものである。中には「十方仏土中、唯有一乗法、無二亦無三。月あり花あり楼台あり」というごとき詩文をはじめとして、聖語、あるいは短文評など種々であり、痛烈なる批判もこめられてあり興味深いものである。自然と慈雲の立場が明らかとなってくる。〔所載〕慈全14。〔福田亮成〕

慈雲尊者法語集【じうんそんじゃほうごしゅう】真 一巻。飲光（一七一八―一八〇四）撰。本書の内容は多岐にわたっているが全体で六九篇あり、時・場所などが分っているものと分らないものがある。従来の写本・刊本の異同、出没を考訂してある。写本は高貴寺九・長栄寺七・神光院六・長福寺五・法楽寺二・三宮寺一の各寺と土宜法龍師が一を蔵し、版本は高貴寺が二つとも蔵す。〔所載〕慈全14（観導編第六之五）。〔祖父江章子〕

慈雲尊者文集【じうんそんじゃもんしゅう】真 慈雲（一七一八―一八〇四）撰。四三首の跋文、表白文、記、序、銘、伝、告文などを集成したものである。慈雲の交遊関係の広いことに驚く。その一、二をあげれば、袈裟功徳記、和州小泉城善福寺銅鐘銘并序、古壺銘、肖像自賛、覚法比丘に復する書、即成覚法律師に答する書等のごとくである。〔所載〕慈全15。〔福田亮成〕

紫雲殿由縁記【しうんでんゆえんき】浄真 一六冊。明専（一六〇三―五二）録。『山城国愛宕郡洛陽四条紫雲殿金宝寺縁起』ともいう。本書は延暦二一年最澄、金宝寺創設の縁起より説き起し、享保一二年、第七一世明静の時代にいたるまでの約九三〇年間にわたる金宝寺歴代の記録である。『真宗教典志』（玄智編、真宗全74）によると、寛永一五年（一六三八）年に明専の集録したものを、さらに五代後、玄孫の明沼が延享四（一七四七）年に増修したものである。もと一寺の縁起に過ぎぬものではあるが、金宝寺歴代は本願寺と特殊の親縁が深く、本書は、真宗歴史上、もっとも史料にとぼしい江戸時代以前の史実について、有益な記述を留めているともいえる。天明四（一七四八）年に玄智が『本願寺通記』を完成するに当たり、傍観記として有力なる資料を提供している。本書の金宝寺に現存するものは一六冊本であるが、本文のいかんにかかわらず五、六十枚を集めて別冊としており、分巻の個所は存していない。原本は金宝寺に、写本は竜大にあり。〔所載〕真宗全70。〔藤田恭爾〕

慈恵大僧正伝【じえだいそうじょうでん】天 一巻。覚運（九五三―一〇〇七）、藤原斉信（?―一〇三五）。本伝には本来撰者の名を出していないが『叡山四大師伝』の編者秀雲の序により古来覚運、斉信とされている。覚運は良源の門人中の四哲と仰がれる一人で、檀那院に住んだところは檀那僧都、檀那僧正ともよばれ、その所伝を檀那流と称す。また、この伝記を潤色したと考えられる藤原斉信は、太政大臣為光の子で諸官を経て正二位権大納言に至り、一世を文才をもって鳴らした藤原行成とならび称されている。覚運が稿を作って示寂し、その後を受けて潤色したのは藤原斉信で、この二人によって伝記が成立したと考えられる。その伝記は、慈恵大師良源の誕生よりその示寂及び寂後の追諡等に至るまで詳しく記されたものである。慈恵大師は俗に元三大師または御廟大師と尊称し、諱は良源、姓は木津氏である。延喜一二（九一二）年近江浅井郡に生まれ、一二歳にして叡山に登り、二六歳にして維摩会において南都の義昭を破折し、応和三（一一六三）年の法華会において法相の法蔵にも応論して喝破したと記されている。以後天台座主に補任され、大僧正位に登り、叡山の規模復興に努め、また広学竪義を起こして教学の興隆に寄与し、叡山中興の祖と仰がれ、寛和元（九八五）年正月三日、七四歳にて示寂した。寛和三（九八七）年慈恵大師号が追諡された。〔所載〕群書4。〔参考〕叡岳四大師伝記第四。〔西郊良光〕

慈恵大師講式【じえだいしこうしき】天 一巻。源信（九四二―一〇一七）撰。源信は慈恵大師良源の弟子。横川に住して、因明法相等にも通じ、さらに日本浄土教の祖として、『往生要集』の撰者でもある。『慈恵大師講式』は他に覚超、証真、後宇多天皇等の諸本があるが、この講式は毎日一座の講を前提とする一講式であり、各行頭末の字をつらねると、「敬礼慈慧大僧正天台仏法擁護者、示現最勝将軍身悪業衆生同利益」となり沓冠式ともいう。〔所載〕恵全5、仏全33。〔木内堯央〕

慈恵大師遺告【じえだいしゆいごう】天 一巻。良源（九一二―八五）。良源は比叡山第一八世座主となり、行基以来の大僧正位に登り、叡山の規模復興に努め、広学竪義を起して教学の隆運を導き、叡山中興の祖と称せられ古来三聖二師に列せられる偉大な功を残している。本書は天禄三（九七二）年五月その没後の事を記した遺告文である。原文は京都盧山寺に秘蔵され、特に良源の親書と伝えられ信仰の上に、また歴史上重要な存在である。初めに「天禄三年五月三日初記没後事」と題し、著者の住坊である横川の定心房以下真言堂、西塔本覚房等、自ら所管しているところの諸堂宇、屋舎、次には岡屋庄ないし志積浦等の庄園、及び顕密の法文ないしは鈴杵念珠三衣等の道具、これらのすべての由緒伝来をつまびらかにし、かつその付属を明らかにして、今後の維持修覆の点まで細かく注意を加えている。そして最後に葬送のことについてその廟所、入棺、焼所拾骨、石塔婆建立のこと、ないしはその所役の人名、並びに四十九日追福の事まで細大漏さずに、これを記している。特に岡屋庄一処の年料地子を三分して、一分はその修理料にあて、一分は八講料にあてるべきことを告げた。さらに講説論義の功徳を説いて切実にこれを勧めた一文は多方面に亘って注目すべきものである。〔所載〕群書19。〔西郊良光〕

自戒集【じかいしゅう】臨 一巻。一休宗純（一三九四―一四八一）撰。『一休和尚年譜』康正元（一四五五）年の条を信ずれば成立年代はこの年であるが、現存の『自戒集』がそのまま年譜のいうこの年の成立であるかどうかは疑わしい。本書は異なる三人の筆による筆写本であり、内容も雑文あり、和韻の七言絶句ありで一貫していないが、全編兄弟子である養叟宗頤の悪口でうずまっているといえよう。しかし断片の寄せ集めであるから、どこまで一休の撰になるのか不明である。話題も虚構と思われるものがほとんどであり、七言絶句も『狂雲集』のそれとは質的に相違し、次元も低い。内容的にももっともひどいのは癩病患者に対する差別発言である。「穢多」という差別発言もあるが、癩病患者に対するものは全編にわたっている。その発想は『徹翁和尚示栄衒徒法語』によるといっているが、さらに遡ればその根源は『法華経』にたどりつく。この『自戒集』はそういう意味でたいへんな問題の書といえる。〔所蔵〕酬恩庵。〔平野宗浄〕

慈覚大師在唐送進録【じかくだいしざいとうそうしんろく】天 一巻。圓仁（七九四―八六四）撰。承和七（八四〇）年成立。内題に『天台法華宗請益円仁法師且求所送法門曼荼羅幷外書等目録』とある。本書は圓仁が承和五年入唐して揚州海陵県にいたり、そこにおいて求めた経疏類の目録で、仲宿祢菅雄に托して、本邦延暦寺に送付したものである。総数は一二七部一四二巻（実数一二九部一三一巻）と記載する。その内容は大乗経律論一二部一二巻、梵漢字真言儀軌讃三一部三一巻、章疏伝記四九部六三巻（実数五〇部六六巻）、曼荼羅壇様幷伝法和上等影二二部、外書一四部一四巻を数え、これらを分類して九帙とし、別に曼荼羅、壇様、尊影等の二二鋪を漆泥皮箱に入れ、さらに封皮箱一合の目を載し般若理趣釈経一巻、梵字金剛経、梵本般若心経、梵字金剛経論頌、梵語雑名、一七壇様、護摩壇様、胎蔵手印様、五秘密儀軌等の九部を入れる。これについてはとくに、「持盛一箱。全封不可開出。有一思故。不是惜法門者」と記している。〔所載〕正蔵55、仏全2。〔秋田光兆〕

慈覚大師伝【じかくだいしでん】天 一巻。真寂（八八八―九二七）。真寂は、宇多天皇の第三皇子、斉世親王といい、園城寺宮である。慈覚大師圓仁の寂後、門弟たちの請いによって真寂がこれを執筆することになったが、果さずして第一子源英明に託し、そのいちおうの完成をみて小野道風が清書し、比叡山華芳峰の前唐院にこれを送ったという事情が、英明の子庶明によって、巻尾に記されている。これをいわゆる奉送文と呼んでいる。ところで慈覚大師圓仁の伝記としては、『叡山四大師伝記』の巻二に収められる本書のほかに、『日本三代実録』の圓仁の卒伝、そして京都大原の三千院蔵『比叡山延暦寺真言法花宗第三法主慈覚大師伝』がある。この三本を比較してみると、親縁関係もみとめられ、成立の経緯が問題となってくる。近著、佐伯有清著『慈覚大師伝の研究』（昭61・吉川弘文館）では、まず著者について跋文の「正二位行権大納言兼民部卿」を菅原道真と措定し、もって著者にあてており、諸本の関係については、福井康順「慈覚大師別伝の形成」（慈覚大師研究・昭39）、佐伯前掲書などによれば、道真撰の原本があり、三千院蔵『慈覚大師伝』から『三代実録』のいわゆる卒伝ができ、三千院本はむしろ門弟の所産で、道真の原本は家伝であって、三千院本を参照してつくられたかもしれないこと、そしてその系統に、現行叡山四大師伝記本があるといった説が行われている。〔所載〕続群書8下（伝部211）、史籍集覧12。〔木内堯央〕

慈覚大師入唐往返伝【じかくだいしにっとうおうへんでん】天 一巻。別名として『円仁三蔵供奉入唐請益往返伝記』『入唐往返伝記』という。楽邵（生没年不詳）撰。承和一四（八四七）年成立。本書は圓仁（七九四―八六四）が承和五年から同一四年九月までの一〇年間、入唐請益僧として往還した事跡の梗概である。撰者の楽邵は中国河南省南陽の人で、みずから西蜀の郷貢進士といい、圓仁帰朝のときの唐船の乗組員である。〔所載〕仏全113。〔秋田光兆〕

止観科節【しかんかせつ】天 一巻。圓珍（八一四―八九一）記。大中九（八五五）年成立。正式には『摩訶止観科節』という。本書は湛然の『摩訶止観輔行』の疑点を摘出して解説を加えたもの。著作の意図は、『止観輔行』は長文であり広義ことごとく備えているが、数科数節の義意に不同があり文章では理解しがたいところがあるから、略して科文と数節と義を述べた、と書き起しているところにうかがわれる。〔所載〕仏全（旧版）26。〔多田孝正〕

止観口伝略頌【しかんくでんりゃくじゅ】天 一巻。源信（九四二―一〇一七）撰。別に『止観一部肝要略頌』ともいう。天台三大部の一つ『摩訶止観』一部の要点を四字の偈三〇句にまとめたもの。諸目録には『三大部略頌』をもって源信撰としているが、『法華玄義』と『法華文句』の略頌は覚超の撰である。この略頌はあまりにも簡略すぎて、五略十広の組織をもつ『摩訶止観』一部の大綱を把握しがたい観がある。〔所載〕仏全（旧版）31。〔多田孝正〕

止観坐禅記【しかんざぜんき】天 一巻。源信（九四二―一〇一七）述。成立年代不明。別に『止観坐禅儀』ともいう。坐禅止観の要道を教えたもの。はじめに、初心者のためにくわしく坐禅の作法を教え、つぎに「妙行一念三千の坐禅」といい、これは「密示」として、極度に発達した日本天台的な無作本覚の思想を示している。さらに智顗、湛然、一行、従義らの語をひいて、観心の要旨を示している。〔所載〕仏全（旧版）31、恵全2。〔多田孝正〕

紫巌譜略【しがんふりゃく】臨 一巻。長木恭重・村尾泰軌共編。文政元（一八一八）年黒沢将順の序を付して刊行。京都紫野の竜宝山大徳寺の歴代の略伝を収録し、開山宗峰妙超から第四三三世笑雲宗誾にいたっている。巻末に武蔵品川の東海寺の「塔頭十七順席」および開山沢庵宗彭から第一三七世笑雲宗誾までの東海寺歴代名を所載している。〔竹貫元勝〕

色空法語【しきくうほうご】真 慈雲（一七一八—一八〇四）撰。「色は是れ空なり」という命題を種々なる方向に展開する。「常に空相を以て其の自性に住す」という立場を明確にし、結論として、「色空とは何ぞ、諸法縁起の実相なり、賢聖正智の境界なり」というのである。全体が漢文で書かれてあり、他の法語類に比して簡潔である。〔所載〕慈全14。〔福田亮成〕

信貴山縁起【しぎさんえんぎ】通 絵巻物三巻。筆者不詳。一二世紀後半に制作されたと推定される。別称『志貴山縁起』『信貴山縁起絵巻』『信貴山毘沙門縁起』。筆者は宮廷の絵師または絵仏師の手になると思われ、江戸時代以降は覚猷説もあるが根拠はない。内容は大和と河内の境にある信貴山に籠り毘沙門天を祀って修行した増命蓮の奇跡譚とその姉との再会を描いたもの。第一巻を飛倉の巻（または山崎長者の巻）、第二巻を延喜加持の巻、第三巻を尼公の巻と一般によぶ。第二・三巻は巻頭と中程に詞書があるが、第一巻は詞書を欠く。だが、ほぼ同内容の説話が『古本説話集』下巻や『宇治拾遺物語』巻八に見え、全体の筋を知ることができる。各巻とも独立した内容だが、三巻を通じて物語が発展する構成をもつ。その内容・様式は『源氏物語絵巻』と対照的で、制作に当たっては下絵を別につくり、これに従い大和絵特有の流麗な線描で描き、全般に流動的、躍動的であると同時に、叙事的、説明的であり、墨の線描を根幹に彩色がこれを補う技法がとられている。説話内容はもとより絵巻に描かれる人物層、建築物、風俗など古代史研究のうえからも貴重。現在、奈良県生駒郡の真言宗信貴山朝護国孫子寺に所蔵、国宝。〔所載〕仏全119、仏全鈴85、仏研6、国東叢2—6、信貴山縁起絵巻、国宝信貴山縁起絵巻、日本絵巻大成4、新修日本絵巻物全集3、日本絵巻物全集2、名宝日本の美術11。〔参考〕修業僧明練始建信貴山語（今昔物語集巻11）、拾芥抄、和州旧迹幽考。〔塩入伸一〕

直指単伝録【じきしたんでんろく】曹 一巻。曹州卍源（—一八一一—）著。文政一二（一八二九）年、弟子の独黄が刊行している。曹洞宗の嗣法論についてのべられており、師資面授の嗣法は、自浄心の開悟とともに正師家の印可を受けねばならない。それも以心伝心で、一心の外に法はなく、師家の印証に法衣や付偈、柱杖、払子の伝授とともに嗣書、大事、血脈の三物伝授を定めているが、品物の伝授で法の伝授とすべきではないという。〔所載〕正法蒐20。〔川口高風〕

式叉摩那説戒法【しきしゃまなせっかいほう】真 一巻。飲光（一七一八—一八〇四）撰。沙弥尼が比丘尼になる前の一八歳から二〇歳までの二年間の式叉摩那（学法女、正法女）に対して、その守るべき六法（不婬、不偸盗、不殺生、不妄語、不非時食、不飲酒）の戒を説くさいの次第。終りに有部の六法と六随法を説き、巻末に心念懺悔法を付する。〔所載〕慈全6。〔苫米地誠一〕

識知浄土論【しきちじょうどろん】浄 一巻。弁長（一一六二—一二三八）作。嘉禎三（一二三七）年成立。本書の内容は全体が四四問答からなり、浄土宗の教義の中心となる浄土、念仏等について『智度論』の往生品、浄仏国土品等の立場から解説したものである。その要点は主として西山の一類往生義に対して鎮西義を主張した点にある。江戸時代の浄土宗僧経歴の説によれば、四四問答中⑴初の七問答は浄仏国土についてのべ、⑵次の二二問答は往生浄土について説き、⑶最後の一五問答は仏菩薩の大悲と浄土結縁の利益を明かしているとする。とくに⑴のうち第一四問答の注釈では「此の引文の中に甚だ不審あり」「是の故に古来の先徳亦此の論文を引用せざるは勿論也、加之ず鎮西の正作に非る歟と之を疑ふ者近代亦無に非ざる也」とのべている。しかし経歴自身は弁長真作の立場をとっている。本書の巻末に永享一一年武蔵小石川西誉のもとで了暁が執筆した旨記すので、あるいはこのころ弁長に仮託して誰かが偽作したのではないかともいわれるが、今のところ断定はできない。〔末注〕経歴・識知浄土論私記、同講録、賢洲・識知浄土論略記。慶安二（一六四九）年、宝暦五（一七五五）年刊。〔所載〕浄全10。〔参考〕仏解、浄全（解題）、浄土宗典籍研究。→徹選択集〔金子寛哉〕

自行三時礼功徳義【じぎょうさんじらいくどくぎ】南 一巻。高弁（一一七三—一二三二）述。建保四（一二一六）年一〇月成立。本書は高弁みずから巻頭にのべるごとく、『三時三宝礼釈』の続篇ともみられる。毎日三時に三宝礼を行う深義を解説したものである。名利を思わず真に三宝を礼する者はこれ菩提心の起ったためとする。しかし、三宝礼にも甚深と浅略との別を認め、礼拝の一行でも信心決定してなせば解脱をうるとする。→三時三宝礼釈〔向井隆健〕

四教略頌【しきょうりゃくじゅ】天 一巻。源信（九四二—一〇一七）撰。成立年代不明。『五時略頌』とともに常には『四教五時略頌』『教時略頌』ともいう。一頌七字総じて一六八頌をもって天台教判である蔵通別円の化法四教の枢要を示した書である。『天台四教儀』を初め多くの天台学入門書の中にあって、二、三の大きな特色がある。すなわち最も簡潔である事、しかもその中に天台教判の要語要義を摂して余りなきこと、詩頌であるから容易に全文暗誦し得ること、他のいかなる入門書も遙かにおよばないことである。日本天台にあって本書が古来重要視されて来たことは『西谷名目』がこの略頌を骨格として布衍し成立したことからも推察することができる。後世安楽律が勃興し支那四明天台が移入されてから、顧みる者も少なくなり『天台四教儀』に入門書としての地位を奪われた観があるが、一方三井敬光の『山家学則』やその法孫敬彦の『続山家学則』では本書を推称し勝れた特質を認めている。作者は諸録に圓珍または源信とするが、諸種の事情により推定して源信の述作と見られ、『天台小部集』にも『五時略頌』とともに首楞厳院沙門源信撰としている。〔所載〕仏全24、恵全3、天台小部集釈15、初学暗誦要文。〔参考〕諸宗章疏録2、諸師製作目録、釈教諸師製作目録3、本朝台祖撰述密部書目、山家祖徳撰述篇目集巻下、天台霞標1ノ4。〔多田孝文〕

自行略記【じぎょうりゃっき】[天] 一巻。源信（九四二—一〇一七）。成立年代不明。本書は一三の章段から成り、観心修行の大要を示したものである。その始めは観心の大意から始まり懺悔発願で終っている。そしてこの一三の章段によって往生することを発願したものである。〔所載〕天台霞標、恵全5。〔西郊良光〕

竺仙和尚語録【じくせんおしょうごろく】[臨] 七巻。竺仙梵僊（一二九二—一三四八）撰。高堯編。元禄一五（一七〇二）年刊。竺仙は、明極楚俊とともに元徳元（一三二九）年日本に来朝した。日本禅宗二四流の一。首に元、崇報禅寺行中至仁の序、ついで浄妙寺、浄智寺、無量寿寺語録、天柱集（法語・偈頌・雑著）、南禅寺、真如寺、建長寺等の語録、道俗に示した法語・偈頌・賛語、了庵清欲撰の行道記、臨川危撰の塔銘、および跋二から成る。〔所載〕仏全48、正蔵80。〔吉瀬勝〕

諡号雑記【しごうざっき】[真] 一巻。杲宝（一三〇六—六二）記。成立年代不明（一四世紀）。比叡山の僧徒の主張を論破したもので、その点『我慢抄』と同様である。内容は、智顗、最澄、圓仁、空海、圓珍の諡号の宣下の時期についてその遠近が徳行の優劣とする事、宇多天皇の潅頂の件、『祖師行業記』によって空海を最澄の孫弟子とする事、空海の諡号を賜うさいの起請の件、仁和寺年分度者の太政官符の件などの破斥。〔所載〕続群書28下。〔深津繁人〕

自在金剛集【じざいこんごうしゅう】[天] 九巻。覚千（一七五六—一八〇六）記。享和三（一八〇三）年、覚千は『東叡山子院現住法脈記』によれば、東叡山涼泉院覚同の法脈にあり、宝暦六（一七五六）年、江戸下谷に生まれ、明和八（一七七一）年一二月真如院覚印について得度、浅草寺別当代善王院覚邦につく。天明二（一七八二）年比叡山玉泉院住職、翌年同妙音院に住す。広学竪義を終り、のち大僧正、東叡山修禅院住職、同開山堂潅頂助教授を経て、文化三（一八〇六）年五月二六日五一歳で遷化。本書は、覚千が寛政三（一七九一）年六月に華山元慶寺の恵宅亮雄のもとに通って授かった『諸経軌伝授聞書』を中心としている。亮雄は妙法院堯恭法親王の遺命を受けて再興した元慶寺で、黄檗版・豊山版等の儀軌計一一二巻を講じたという。本書の第一巻から第四巻までにそれが載っており、第五巻にはいわゆる覚千の事相に関する諸説が盛りこまれている。勝身三昧耶印説、四処輪布字法、続験功課法、鎮宅真言、護身法加行、門標等考証、金剛界行法疑決、胎蔵大法疑決。第六巻に金剛界四種曼荼羅など。第七巻は金剛界一印曼荼羅問決など、第八巻に密林書目、山家潅頂要義、第九巻に遮那業学則を載せる。密林書目では、最澄、圓仁、圓珍、安然、良源、覚超等の密部撰述書目として、比叡山各蔵を渉猟して編んだもの。学則は敬光の山家学則批判として編んだもの。〔所載〕仏全34。学則のみ正蔵75。〔木内堯央〕

持妻食肉弁惑編【じさいじきにくべんわくへん】[浄真] 一巻。仰誓（一七二一—九四）述。肉食妻帯の生活をとおす浄土真宗の宗風は親鸞の非僧非俗の宣言以来、戒律を固守する仏教各宗から破戒の徒として罵倒され、誹謗の的であった。真宗の先哲も多く論駁をしている。本書もそれら多くの実例を挙げ、経論釈を引き肉食妻帯を弁じて、群俗の妄見を啓蒙しようとする。〔所載〕真宗全59。〔本多静芳〕

四座講式【しざこうしき】[南] 一巻。高弁（一一七三—一二三二）著。「涅槃講式」建保三（一二一五）年正月二九日成立、「十六羅漢講式」建保三年正月二四日成立、「如来遺跡講式」建保三年正月二三日成立、「舎利講式」建保三年正月二一日成立。「四座講式」とは「涅槃講式」と「十六羅漢講式」と「如来遺跡講式」と「舎利講式」との四講式の総称である。まず「涅槃講式」の大要をのべると、法性の方面からいえばもとより仏には生滅があろうはずはないが、化儀の方面より仏の入滅を悲しみその遺跡をしのぶ旨をのべる。五段に分けて、第一に仏入滅の哀傷を顕わし、第二には仏荼毗の哀傷を挙げ、第三には仏涅槃の因縁を挙げ、第四には仏双林の遺跡を挙げ、第五には発願廻向としている。「十六羅漢講式」は最初に十六羅漢の功績を讃嘆し、第一に十六羅漢ならびに自眷属の住処を挙げ、第二に仏が十六羅漢に正法付嘱のことを挙げ、第三には十六羅漢等が衆生の希望に応じ利益することをのべ、第四に羅漢の功徳をのべ、第五に発願廻向する。「如来遺跡講式」では最初に、仏の遺跡を恋慕した先徳が身命を捨て尋訪した情をのべ、第一に仏の成道の菩提樹の霊異、第二に仏の諸処の遺跡、第三に仏遺跡の功徳、第四に先徳による恋慕尋訪の状をのべ、第五に発願廻向をする。「舎利講式」では最初に仏遺身の福智皆円満の舎利の威光をのべ、三門に分別して、第一に仏舎利の功徳を讃し、第二に仏舎利の当世功徳をのべ、第三には結願廻向としている。〔向井隆健〕

獅子一吼集【ししいっくしゅう】曹　二巻。定山良光（?—一七三六）が宗統復古の一師印証、面授嗣法論に対して、反論した書である。〔所載〕正法蔵20。——→正法嫡伝獅子一吼集　〔川口高風〕

獅子谷白蓮社忍澂和尚行業記【ししがたにびゃくれんじゃにんちょうかしょうぎょうごうき】浄　二巻。珂然（一六六九—一七四五）撰。江戸中期の学僧珂然が京都獅子谷法然院の忍澂（一六四五—一七一一）の一代を享保一二（一七二七）年に記述したもの。漢文で書かれている。上巻は忍澂の出生から三九歳までの道心堅固な生活事実を記し、下巻は四〇歳から至徳元年に示寂するまで、斎戒念仏の自行化他、それに多くの著述を残したことを記している。鎌倉光明寺観徹の題辞、黄檗悦峰の序、前住仁峰の後序などがある。忍澂研究に欠かせない史料である。〔所載〕浄全18。　〔高橋弘次〕

獅子伏象論残闕【ししふくぞうろんざんけつ】浄　『獅子伏象論』は全六巻であるが、その内巻中末一巻のみが存し、かかる書題になったもの。智演（一二八三〈九〇〉—一三七二）述。臨済宗天竜寺開山、夢窓疎石は『夢中問答集』を著わし、称名念仏は小乗浅劣の行であって、大乗仏教の深旨を顕わすものではないと批判した。これに対して智演は該博なる知識をもって『夢中松風論』一〇巻を著わし返破した。しかし、その後、疎石は『谷響集』を著わし、これに再び弁難を加えた。ここで智演は再び本書を著わし、再返破を試みたのである。享保四年、百万遍知恩寺第四三世唫達の後書によると、すでにこの時、中之末一巻のみが流布していたという。内容は利他巨細門第二十二、留経久近門第二十三で、前者は密教と浄土教の利他の益の寛狭を比し、後者では二者の世間流布の長短を論じる等、主として密教より浄土教に対する論難に答えたものとなっている。漢文体。〔所載〕浄全続9。　〔久米原恒久〕

時宗安心大要【じしゅうあんじんたいよう】時　一巻。持阿切臨（?—一六六一）著。成立年代不明。切臨は京七条道場黄台山金光寺二二世。本書は仮名交り文で、時宗の念仏の安心大要を記したもの。「遊行二十九世法の弟子一華堂老師に尋ね、条々を記し付候」とあり、師一華堂から時宗の安心の大要である離三業の念仏を授かったことが記してある。〔所載〕仏全、時宗聖典、定時宗。　〔石岡信一〕

時衆関係制規【じしゅうかんけいせいき】時　一遍智真を師と仰ぎ、みずから弟子と称して寝食をともにし、諸国を遊行して歩いた時衆僧尼が、教団として形成されてゆく過程において、僧尼自身の戒律のみならず、教団運営のうえにおいても制戒を必要とした。そのため一遍は『十重の制文』と『時衆制誡』を定められ、二祖真教は道場経営のため『道場誓文』を定め、その後の歴代遊行・藤沢上人は『防非鈔』『東西作用抄』その他を定めている。本書は、一遍以来近世時宗教団における制戒をまとめたものである。〔所載〕藤沢市文書館紀要5。　〔高野　修〕

時宗闕記集【じしゅうけっきしゅう】時　一巻。著者明記なし、成立年代不明。本書の文言から寛永一八—元禄三（一六四一—九〇）年の間の成立と推しうる。一遍以降遊行三六代上人までの由緒を語るほか、自由通行・人馬徴発許可の室町幕府御教書・徳川幕府朱印、松平徳川氏の祖が時衆であることなどを語る。元禄一七（一七〇三）年写本（神奈川遊行寺蔵『宗要集』所収）、元禄三年写本（東京品川長徳寺蔵）がある。〔所載〕定時宗下。　〔梅谷繁樹〕

時衆宗茶毘記【じしゅうしゅうだびき】時　一巻。『時宗茶毘記』ともいう。遊行二一代知蓮（一四五九—一五一三）作と伝える。全漢文体。本書末尾の葬礼の次第の叙述に鉄砲の語あり、のちに増補された可能性もある。茶毘儀式について、すべて名号の徳を強調し、日時、方角、土地の善悪吉凶の判断を排し、法名も阿弥陀仏号に限り身分差を認めない。京都安養寺宜阿知観の寛政ころの筆写本、同市姫金光寺の室町期写の断簡がある。〔所載〕定時宗下。　〔梅谷繁樹〕

時衆宗霊山記【じしゅうしゅうりょうぜんき】時　一冊。著者明記なし。成立時期も不明であるが、元禄年間にはすでに成立している。「霊山ノ記」と「国阿上人ノ伝」とからなり、ともに時宗国阿・霊山両派派祖国阿弥陀仏及び霊山正法寺（京都市東山区）の由来をのべるが、後者が『国阿上人伝』を圧縮したものであるに対し、前者は同伝と異なる内容を記す。現存写本は京都安養寺所蔵の勝興庵知観の手になる寛政三年書写本のみが知られる。〔所載〕定時宗下。——→国阿上人伝　〔林　譲〕

四十帖決【しじゅうじょうけつ】天　一五巻。長宴（一〇一六—八一）記。『帖決』『天台密教伝四十帖決』ともいう。長宴は大原僧都ともいい、慶命について円密二教をきわめ、のち皇慶について密教事相を伝承する。この皇慶から伝えた口決をおさめたものが、この『四十帖決』一五巻で、一二年間の就学の成果であるという。師の皇慶は、貞元二（九七七）年の生まれ、書写山性空の甥といわれ、七歳で比叡山にのぼり以後、静真に師事。若くして密教に専注し、三部に通じ、別尊法、護摩、潅頂法、悉曇等を極め、金剛薩埵の再誕と称せられた。のち諸国に抖擻行脚し、渡宋を志して九州にあって、景雲から東密をも伝えている。入宋を果さず比叡山にもどり、万寿年中（一〇二四—二六）に丹波国池上の地に移り、晩年はその池上と比叡山井ノ坊とに住し弟子を育成したが、座主補任にまつわる紛争から池上に常住する。しかし永承四（一〇四九）年七三歳で入寂の折には、比叡山東塔井ノ坊にあった。皇慶の付法の弟子は三〇人以上に及び、覚超の川流に対して谷流と称する。しかも、川流に嗣法のやがて絶えるのに対して、谷流は門下大いに栄え、現在につらなる台密の法系はすべて源を谷流に発している。称して皇慶を台密中興の祖と称するゆえんである。さてこの『四十帖決』であるが、その講伝のときは長宴が若年の長元年中から永承四年までの二〇年間にも及んでいるようで、その大半は池上における受法であり、長宴の住坊である比叡山定林房ないし大原勝林院からは、六〇キロにあまる道のりであった。しかし、この長宴の熱心な受法があって、皇慶の密教はひろく伝わることにもなったといえるのである。本書四十帖の内容を示すと、(1)胎行決上、(2)胎行決下、未有合行、(3)秘密成就壇花蔵、(4)胎三壇、(5)百光王事、(6)金行決、(7)虚空眼、(8)胎曼、(9)金曼、(10)略頌等決、(11)金七日作壇行法、(12)両曼指帰、(13)月蓮、(14)三身塔婆、(15)悉地決、(16)三部秘要、(17)仏頂決、一字金輪、大仏頂、熾盛光、請観音経法、観音、六字、十一面、光明真言、随求、北斗、妙見、炎魔、毘沙門、摩利支天、吉祥天、(18)五仏頂記、阿弥陀、千手、如意輪、馬頭、不空羂索、白衣、五秘密、八大菩薩、弥勒、虚空蔵、持世、金剛王、不動、安鎮、降三世、軍荼利、歩擲、烏枢瑟摩、八大明王、金剛童子、(19)薬師、尊勝、法花、仁王、泥塔、葉衣、水天、四天王、聖天、吽迦陀耶、童子経、常瞿利、深沙、(20)欠、(21)仏眼、延命、金剛薩埵、瑜経率塔婆印、勝初瑜伽、十六生後成普賢、金剛手、(22)五秘密、(23)愛染、(24)不動、(25)四尊、(26)涅槃音義、天部座、七十天供、諸天総呪、星供、施餓鬼飯食印、十二天供、冥道供、五如来、祭文、神供、等、(27)取壚土作法、(28)内護摩、(29)三摩耶戒、(30)―(32)潅頂、(33)疏伝授次第等、(34)開眼等、(35)行法肝心等、(36)―(40)雑。以上を長宴は頼昭に付属するが、一方相実が再訂して一五巻としたいわゆる相実本がある。三流の親文、総口決と称される。〔所載〕正蔵74。　〔木内堯央〕

時宗選要記【じしゅうせんようき】時　一巻。暦応（生没年不詳）述。成立年代不明。内容は時宗という名称、南無阿弥陀仏之教、正像末、立宗名、所依の経典、信、遊行、臨終平生、別時念仏、一房について記す。〔所載〕定時宗下。　〔長島尚道〕

時宗統要篇【じしゅうとうようへん】時　七巻。玄秀（一六六一―一七〇三）著。元禄一五（一七〇二）年成立。玄秀は遠州見付の人、遊行四七代唯称の上足で甲斐西念寺に住持す。唯称はもと玄道、見付省光寺二二代。元禄八年玄道が最上光明寺に進転、玄秀も吉田を辞して随逐すること六年、唯称の庇護と策励のもとに元禄一五年本書を脱稿した。しかし、長年粗稿のままで刊行されることがなかったが、元文五（一七四〇）年青蓮寺玄加が書写して藤沢山に収めた。寛延二（一七四九）年、遊行五一代賦存の命によって校訂を加え刊行された。本書は巻一・当流所談一代諸教化前方便弥陀三経本懐真実之章、巻二・当流弥陀浄国自他受用身土中定自受用身土之章、巻三・定散二善弘願名号能所領解之三心有隠顕傍正義次離三業念仏之章、巻四・時宗得名並阿弥陀経宗一念発心之事、巻五・聖道心品分別。他力離機期念仏往生義、巻六・念宗伝来竝本朝五祖之事、巻七・当流所談帰命観仏念仏有二意事の七巻からなる。内容は宗祖一遍の史実（通説と異なる）、念仏三昧、当体即無生、即便当得、その他の教義、偏依善導一師、曇馬以後の浄土の法灯、時衆誓戒、行儀法則等多方面にわたって解説を加えた教義書。〔所載〕仏全、定時宗。　〔石岡信一〕

四十八願釈【しじゅうはちがんしゃく】浄　五巻。聖覚（一一六七―一二三五）作。成立年代不明。本書の製作について表題および内題に「四十八願釈　聖覚法印作」とあることから聖覚撰とされてきたが、その思想内容等から偽撰とする説が主流となっている。しかし、聖覚が承元二（一二〇八）年に書写した四十八願の真蹟本が京都安居院に現存することや、すでに散佚しているが『大経本願義疏』一巻なる撰述が聖覚にあったことが『長西録』に見えるなど、聖覚が『無量寿経』の四十八願に注目していたことが知られ、なお一考の必要がある。本書は、『無量寿経』の阿弥陀仏の四十八願についていちいち詳釈したもので、四十八願のうち第一・第二の両願を序文、第三願以下第四十七願に至るまでの四五願を正宗分、第四八願を流通文というように区分し、願初に自国の願、願末に他国の願を挙げて自利利他の次第を示し、また巻尾に善導源空の夢中問答相を鑽仰している。本書は、第一八念仏往生の願を釈すにあたり、第一七諸仏称揚の願についで本願を発す来由を示した後、「諸願中の願王、往生極楽の一大因縁、出離生死の最上勝行なり」と示して第一八願が力説されているなど、『選択集』『漢語燈録』等の思想によく符合し、浄土宗義上も重視すべき点が多い。なお、本書には『長西録』等に源空の選述とされる『弥陀本願義疏』が最も多く引用されている。版本は元禄三年刊で、竜大、京大、谷大、正大に蔵す。　〔藤本浄彦〕

四十八願要釈鈔【しじゅうはちがんようしゃくしょう】浄　二巻。證空（一一七七―一二四七）記。成立年代不明。證空記と伝えられるが疑わしい。『事相鈔』三八巻の一であって、『無量寿経』の四十八願に対して、事相名目をもって解釈したもの。上巻は我聞如是より解釈し、次に五十三仏は定散の機で観経の五義三段、世自在王如来は念仏、法蔵比丘は来迎なりとし、すぐ四十八願のいちいちを釈す。下巻は第三〇願より第四八願を釈し、末尾に四誓偈、三輩、三毒、流通の大意をのべる。四十八願を開説したのが『観経』であるとし、四十八願を三分し十六観に配当する。すなわち、第一願は日想観ないし第一六願は下輩観（初の一六）、第一七願は日想観ないし第三二願は下輩観（中の一六）、第三三願は日想観ないし第四八願は下輩観（終の一六）とし、初の一六は定散、中の一六は念仏、終の一六は来迎とする。（『観経秘決集』の説と同じ）。さらに初一六を六縁、中一六を一三観、終一六を九品とし『観経』は全分四十八願を開くものとする。一八願は一三観、一九願は九品、二〇願は得益とし、この三願が凡夫往生の体であるから十方衆生の語がある。また、一八願を開説するのが九品とし、不取正覚までが上六品、唯除五逆以下が下三品をあらわすとする。さらに、一七願は定散、一八願は念仏、一九願は来迎で、この三願は安心即便往生で、二〇願は三願を結して定散念仏来迎を説き当得往生であるとする。〔所載〕仏全63、西全2。〔君野諦賢〕

四十八首讃号広略問答【しじゅうはっしゅさんごうこうりゃくもんどう】浄真　一巻。慧雲（一七三〇—八二）撰。成立年代不明。慧雲は本願寺派の学僧。広島市の報専坊に住し、芸轍の祖。本書は、親鸞『浄土和讃』の初めにある「讃阿弥陀仏偈和讃」四八首について、讃文のまえに示された三七句よりなる阿弥陀仏の嘉号との相互関係を簡単に明らかにした小論。終りに三七句と四八首の和讃との関係を図示して一目瞭然たらしめてある。〔所載〕真宗全62。→三帖和讃〔田中教照〕

時宗要義集【じしゅうようぎしゅう】時　二巻。如海（?—一七四七）著。正徳三（一七一三）年成立。如海は福井県坂井郡丸岡町称念寺（長崎道場ともいう、新田義貞の廟所がある）で本書を著わす。享保一三（一七二八）山形光明寺に晋山、寛延二年に寂した。本書は別に『称讃如海上人集記』という。刊行されず写本のまま転写を重ねて宗内に流布していた。『仏全』旧版六九巻で初めて活字となった。内容は、上巻で、第一・神勅問答章、第二・時宗ノ名義問答、時宗得名ノ章、第三・宗義開出ノ問答章、第四・宗門ノ安心以テ二無安心ヲ一為スレ証ト章、第五・名号所具ノ三心問答章、第六・離三業念仏問答章、下巻で、第七・成三業之名義問答章、第八・一念発心問答章、第九・以二一念発心一合二神勅之偈一章、第十・就二三経相伝一時宗鎮西弁二異義一並疏之伝受之章の一〇章から構成されている。時宗は神勅念仏宗であること、時宗の時は臨命終時の義であること。総依三経別依一経であって、一経は『阿弥陀経』であること、機法不離で無安心であること、三心は安心で安心は単位でないこと、他力の三業に帰す念仏のゆえに離三業の念仏であること、離三業即成三業、名体不二で離三業の当体に他力を成ずること、十念即一念十即十生百即百生、称名即臨終、念々往生、念々見仏等時宗独特の種々の教義について細要を説述したものである。〔所載〕仏全、定時宗。〔石岡信一〕

時宗要義問辨【じしゅうようぎもんべん】時　一巻。著者・成立年代不明。元禄・宝永以後の江戸期のもの。享保五（一七二〇）年または安永九（一七八〇）年に記された写本がある。本書は宗名問弁章、階級名義章、役寮称謂章、別時役名章、付言法器章の五章からなっている。章名に記されているように宗名、階級、役寮、別時念仏役について記したもの。ただし、付記は別時について特記してある。〔所載〕定時宗。〔石岡信一〕

時宗要文集抄【じしゅうようぶんしゅうしょう】時　一巻。著者明記なし。成立年代不明。内容は大御台の事、後夜念仏大事、年中三度法要之事として、第一・十二月別時調之日中法事之事、第二・正月廿七日二祖上人遠忌法事之事、第三・七月十四日庭踊躍念仏法事之事について述べ、附・宗門書籍目録として播州問答集、器朴論等、宗門主要書籍一覧を載せている。〔所載〕定時宗下。〔長島尚道〕

時宗要略譜【じしゅうようりゃくふ】時　一巻。呑了（一六五六—一七一一）著。元禄一〇（一六九七）年成立。著者は浅草日輪寺二四世其阿呑了。のち宝永五（一七〇八）年遊行四八代賦国上人となる。同八年藤沢山に独住（藤沢山二三代））、正徳元（一七一一）年品川善福寺で入寂。時宗の概要をのべたものであるが、皇室・徳川家との関係深い点を強調している。〔所載〕定時宗。〔石岡信一〕

四種護摩口決【ししゅごまくけつ】真　一巻。著者明記なし。別に『護摩口決』ともいう。空海の口説を檜尾の実慧（七八六—八四七）が記したものといわれ、表題の下に「檜尾」とある。護摩の修法に必要な作壇法、択地法を説き、五段護摩構成の息災護摩法の次第を詳しく記し、増益、敬愛、降伏法については息災法との相違点を簡単にのべる。さらにその後に天供次第と歓喜天次第とを付する。〔所載〕日蔵（真言宗事相章疏2）。〔苫米地誠一〕

私聚百因縁集【しじゅひゃくいんねんしゅう】通　九巻。住信（一二一〇—?）著。正嘉元（一二五七）年成立。別名『百因縁集』。序、跋によると、常陸国で四八歳のとき集記しており、衆生教化のために経論の衆文を聚め、梵漢和の希代を記録したとある。構成は巻一—四（天竺）、巻五・六（唐土）、巻七—九（和朝）と上中下の三部に分けられ、全体で一四七話の説話集となっている。説話配列は天竺篇巻一が「天竺仏法王法縁起由来」で始まり、唐土篇、和朝篇も国名が異なるだけで同じ題目で整備され、各国における仏法史として意識的に編纂されている。天竺篇は釈迦の前生譚から父母への孝養譚、十王の利益本地譚、阿弥陀信仰譚、称名念仏利益譚、往生譚などとくに浄土系の説話が目立つ。唐土篇は巻五に恵遠、曇鸞、道綽、善導など浄土系高僧伝が多くつづき、巻六は孝養譚が中心である。和朝篇は聖徳太子、行基、智光、最澄、圓仁、増賀、源信、永観、源空など著名な高僧伝が大半で、称名念仏や孝養を強調しているものが多い。概観しても浄土教色の強いことが了然で、和朝においては源空伝や称名念仏に比重が大きいところから、浄土教の思想を史的編纂していることが特色である。大半の説話には出典が明記されており、比較的忠実に書承されている。『今昔物語集』と関連する話も多いが、直接関係は否定されている。出典は『三宝絵』『日本往生極楽記』『発心集』など。〔所載〕仏全148、古典文庫265・267・272。〔伊藤孝子〕

四種法身義【ししゅほっしんぎ】真　一巻。済暹（一〇二五—一一一五）撰。真言密教の仏身論のうちで、もっとも重要な問題である自性、受用、変化、等流の四種法身について論じた書で、いっさいの仏身は法身であるとしながら、法然実有の義と随縁仮有の義によって、天台宗の安然の四一教判を批判する。その他、所見の仏身、五時の次第、五蘊常住などの問題を論ずる。大治元（一一二六）年写本を仁和寺に蔵す。〔所載〕正蔵77。〔苫米地誠一〕

自受用三昧【じじゅゆうざんまい】曹　一巻。面山瑞方（一六八三—一七六九）撰。元文三（一七三八）年正月、自序をつけて刊行。本書は、面山が在家人の求めに応じ、参禅修証の資助として、道元の挙揚した正伝の仏法と坐禅の真義を、仮名文で平易に説きあかしたもので、後尾には、道元の『正法眼蔵』弁道話、三昧王三昧、坐禅箴、坐禅儀および『正法眼蔵随聞記』等の中より、参禅弁道に関する要文を抄出して掲げ、便宜を与えている。京都・貝葉書院より刊行されている。〔所蔵〕駒大図。〔所載〕続曹全（法語）。〔鈴木格禅〕

四帖抄【しじょうしょう】日　四巻。日隆（一三八五—一四六四）著。従来は永享元年作とされたが、現存真蹟本は永享七（一四三五）年以降、『名目見聞』『弘経抄』以前の著。正式には『法華天台両宗勝劣抄』、別に『天台法華不同抄』ともいう。大段八章を分かち台当異目を峻別する事で日蓮教学の独自性を主張しその確立を企図した著述で、日隆教学の方法を典型的に示すものである。真蹟は尼崎市本興寺蔵。大正二年刊行。〔大平宏竜〕

自証説法【じしょうせっぽう】真　一巻。聖憲（一三〇七—九二）述。文中元（一三七二）年ごろ成立。『大疏百条第三重』のうち第五条にあたるものであって、とくに『自証説法十八段』として一冊に分かち、『大疏百条第三重』一一巻のうちの巻第一一とするのが本来である。その意味からすると『正蔵』79のように両書を別に扱うのは不自然である。聖憲は根来山の学匠で新義教学の大成者であるが、その一大主張は『大日経』の教主義にある。古義の主張する自性本地身説に対して自性加持身説を主張するのが新義であって、この学説を大成したのが聖憲であり、その中心をなす論書がこの『自証説法』なのである。そもそも自証の極位にて『大日経』を説くのか、あるいは加持門に住して説法するのかを論究するもので、問者（古義説）は自証の極位で説法するといい、答者（新義説）は自証の極位は言議の境、心思の域を越えているから説法はなく、神変加持三昧に住して説法すると答えるのである。その一八段とは然此自証三菩提、教主成就、心王毘盧遮那自然覚、出居外朝、三種日、従仏菩提自性之徳、仏法離諸相、菩提実義、師子深窟、超八葉絶方処、二教論二重二諦、性霊集第七文、四身横竪釈、阿字三重秘釈、秘蔵記定辺無言説釈、雑問答大日経開題釈、帝釈梵王譬説、諸仏自証三菩提である。のちの注釈書に『大疏啓蒙』が、また解説したものとして『真言の教学』上下（昭56）がある。—→大疏百条第三重　〔伊藤教宣〕

自証説法十八段私記【じしょうせっぽうじゅうはちだんしき】真　亮貞（？—一七一四）著。『自証説法私記』とも。大日如来の説法について、古義派が本地身説法、または自証説を説くのに対し、新義教学は加持身説法を説くゆえんを論議したもの。十八段とは、(1)然此自証三菩提、(2)教主成就、(3)心王毘盧遮那成自然覚、(4)出居外朝、(5)三種日、(6)従仏菩提自証之徳、(7)仏法離諸相、(8)菩提実義、(9)師子深窟、(10)超八葉絶方処、(11)二教論二重二諦、(12)性霊集第七文、(13)四身横竪釈、(14)阿字三重秘釈、(15)秘蔵記定辺無言説釈、(16)雑問答大日経開題釈。(17)帝釈梵王譬説、(18)諸仏自証三菩提の各段をいう。空海の『弁顕密二教論』『性霊集』『秘蔵記』などより一八の証文を引用し、新義派教学を宣揚している。〔渡辺照世〕

示正編【じしょうへん】日　三巻。日鑑（一八〇六—六九）著。天保一四（一八四三）年刊行。本書は日蓮宗批判『伊呂波歌邪正弁』の反駁書として刊行された。上・中巻では爾前無得道、諸宗無得道論を中心とし、下巻では三十番神、七面大明神、清正公などは法華の守護神であると説明し、ことに日蓮を旃陀羅の出と批判するならば、『北本涅槃経』三一に記される釈尊も昔旃陀羅の家より生れたとするのをどのように解釈するのか、と論じている。刊本を立大蔵。〔宮川了篤〕

自笑録【じしょうろく】臨　三巻。侍者某等輯録。本書は良哉元明（生没年不詳。江戸時代）の言行を弟子が集めたもので、巻上に序、示衆、箴規、道号、仏事、祭文、銘、叙を収め、巻中に賛、詩偈を、巻下に詩偈を収めている。序は寛政壬子仲春に住天竜桂洲道倫が記し、跋文を寛政癸丑春正月に山邨良由が記している。本書名は元明の遺偈「棚頭傀儡。今日弄已。自笑一聲。驚レ天動レ地」によったものであろう。〔所載〕白隠全7。〔鷲阪宗演〕

四信五品鈔【ししんごほんしょう】日　日蓮（一二二二—八二）著。建治三（一二七七）年成立。別名『末法法華行者位竝用心事』。日蓮が身延山で撰したもので、著作十大部のひとつ。真蹟一三紙完存し千葉県中山法華経寺に蔵せられ重要文化財に指定。本書は下総国富木五郎左衛門常忍に与えたもので、その冒頭に「其中の分別功徳品の四信と五品とは法華を修行する大要在世滅後の亀鏡なり」とあり、末法の『法華経』の修行の在り方について、富木常忍の不審状に対して根源的な解釈を与えたものである。末法法華経の行者の用心を示し但信口唱を勧め、また仏法と国家の興亡を説き、立正安国こそ末法の法華経行者に課せられた責務であるとする。そしてなかんずく『法華経』分別功徳品一七の後半に説示される、『法華経』の功徳に在世の弟子に約して四信、滅後の弟子に約して五品あることをのべる。四信とは信心の段階を(1)一念信解、(2)略解言趣、(3)広為他説、(4)深信観成の四種に分別したもの。次に五品とは修行の方法を(1)初随喜品、(2)読誦品、(3)説法品、(4)兼行六度品、(5)正行六度品の五種に分別したものである。天台は五品をもって滅後の正行とし、日蓮は四信の第一「一念信解」と五品の第一「初随喜品」を末法修行の肝要とする。末法に在っては三学（戒定慧）を具備することは堪ええないところであり、慧の代りに信心でよいとする以信代慧を成仏の要諦と勧奨するのである。〔所載〕定日遺2。〔参考〕日蓮聖人御遺文講義8、日蓮聖人遺文全集講義19、日蓮宗事典、望月海淑・四信五品をめぐって（『日蓮教団の諸問題』所収）。〔町田是正〕

私新抄【ししんしょう】日 一三巻。日隆（一三八五—一四六四）著。成立年時不詳。日隆は妙顕寺より分派した室町時代の勝劣派の学匠で、京都本能寺、尼崎本興寺等を開いた。その教学の特徴は、本門八品正意を中心とする本因妙下種論にあって、当時の教学界が中古天台本覚思想に心酔し、凡夫の観心が中心であったのに対し、教相主義、日蓮遺文中心主義を標榜した。本書はつけたりの条目を加えると、一三三の条目があって、問答体の形式をとる。日像門流の口伝や秘伝、日存・日道両師からの相承法門、あるいは天台教学、日蓮宗学等の教義を記しているが、それはすべて本門法華に立脚し、本勝迹劣、本門八品上行付嘱の宗義に導くことを目的としている。たとえば、相待・絶待の解釈では、日蓮門下の修行は絶待妙から相待妙に出て相待妙修行を行うにありとする。三五塵点劫解釈では、五百塵点劫を実説と見なし、塵点劫の繰り返しの最初を根本におき、本因妙時の下種を主張。正本京都本能寺所蔵。〔所載〕日宗全8（本門法華宗部1）。〔北川前肇〕

自誓受戒作法【じせいじゅかいさほう】日 一巻。日遠（一五七二—一六四二）述。元和六（一六二〇）年一二月八日成立。身延山二二世日遠は徳川幕府の宗教政策と対立して大野山に隠棲していたが、『梵網疏』と『授菩薩戒儀』によってこの年釈尊成道会に自誓受戒した。本書はその儀式の作法、行軌、心得を記したもので、持戒清浄の宗教をめざしていた日遠の志念がうかがえる。のちの法華律に深い影響を及ぼした。刊本（年時不明）を立大図書館蔵。〔小野文珖〕

地蔵講式【じぞうこうしき】因 一巻。源信（九四二—一〇一七）作。平安時代中期ころ成立。本書は源信作と伝えられ、地蔵菩薩の本願慈悲により浄土へと趣くための講式である。その次第は、総礼、法用、敬白、神分、六種回向から成り、敬白以外はこれを略記している。「いまこの講演の法則は常途に似ず、ただ愚昧の意楽に任せて地蔵の悲願を仰ぐ」とのべ、敬白を五段に分け、格調高い美文で説き明かし、頌を施している。〔秋田光兆〕

地蔵菩薩霊験記【じぞうぼさつれいげんき】通 一四巻。実睿（生没年不詳）原撰本を良観（生没年不詳）が改編したものか。巻一—三巻頭に「三井寺上座実睿編集」とあり、巻四—一四巻頭には「良観続編」とある。本来は上下巻二四話の真名書き本であったものを、和訳して上中下巻として下巻の増補を完成せずに終ったものが現存の仮名書き二巻本二五話（続群書25下）である。一四巻本は仮名書き本上中を巻一・巻二として、三巻を増補して実睿撰と仮託し、新たに巻四から巻一四までを続編として成立したものとす（真鍋広済・実睿の『地蔵菩薩霊験記』の著作年代に就いて）。成立は原本の真名二巻本は鎌倉初期までに成立し、仮名本二巻本は室町期、一四巻本の増補成立は巻第一三話に「天正四（一五七六）年ノ比」とあることから、それ以降ということになる。一四巻本は漢字仮名交り文で一五二の説話よりなる。現世利益思想による地蔵の利益や縁起譚、霊験譚が中心で、対象は中下層の人びとで、説話の地域も全国にひろがっている。本書は『今昔物語』巻一七の地蔵説話と共通するものとして狩谷棭斎に注目され、岡本保孝の『今昔物語出典攷』、芳賀矢一の『攷証今昔物語集』に引用されていたが、現在『今昔』との関係は一四巻本から直接引用というより、現存せぬ真名本二巻本に対して仮名書き二巻本と『今昔』巻一七とが兄弟関係にあると見ている。〔所載〕古典文庫201・203・206・208（一四巻本）、続群書25下（二巻本）。〔伊藤孝子〕

事相名目鈔【じそうみょうもくしょう】浄 一巻。著者、成立年代とも不明。本書は大正九（一九二〇）年岡崎市の太田準悟によって謄写本が刊行されたが、原本は宝永六（一七〇九）年真空見了の書写したもので、怗澄、亮範、覚道、準悟と次第して書写し、準悟の師瑞応が味浜満国寺所蔵の『浄土秘要蔵』所収のものと校合したものである。巻初に西山国師造かとあるが、準悟も言うように本文中に「山師解シテ」とか「祖師釈シテ」として『観門義』の文を引用しているから證空造ではなく、怗澄の記すように「西山末資」の編述するところであろう。編者は随所に真言、天台、唯識などの教旨を挙げて今家の事相教旨と比較し、『大日経』『金剛頂経疏』、五大院の『教時義』、圓仁の『蘇悉地経疏』などを引用し、ときには問答を設けたりして論を進めているから、とくに密教に造詣の深い、一家をなすような学者であったと考えられる。本文巻頭に本書を初標と正釈と結証の三に分けると述べてあるが、結証は散佚しているようである。初標において能譬所譬衆譬、定散念仏来迎、慈悲智恵万行、向上向下右行、伝説直説国中人天の五重の名目を挙げ、これをいちおう善導『観経疏』の五義、流通、正宗、序分、得益、耆闍に配すとしてこれを略説し、正釈においてはまず「能譬者娑婆法界万法為譬」と挙げて能譬所譬衆譬について釈し、西山事相の教旨を詳説している。〔徳岡亮英〕

事相料簡【じそうりょうけん】真 一巻。覚印（一〇九七—一一六四）作。永暦二（一一六一）年二月二六日成立。覚印は保寿院流の開祖である永厳の弟で、その付法の弟子となった保寿院流の阿闍梨である。本書は事相の口伝相承に対する同法の学侶たちの異執を改めんがために著わされた書で、真言の事相は口決を受けて信じ行ずるもので、了簡し論談すべきものではないが、伝来する間には違失もあり、訛謬も多く、別行や抄物等に所伝の法を記し、異説を注しているが意趣を了せず、肝要を欠いているので、ここに本経・儀軌等によって愚案をめぐらして始終を勘見し、注を改めるものであるとする。そして、(1)『瑜祇経』の如射衆星光の偈の事。(2)法華儀軌の決定如来の事、(3)仁王経法幷びに曼荼羅の事、(4)金翅鳥王と佉楼羅と同異の事、(5)摩訶迦羅と大黒天神と同異の事、(6)本命供の図位の不定の事、(7)神供の図様行法の不可なる事、以上の七カ条についてのべ、終りに胸臆に任せて口伝を改め、先徳を難ずるのは、誹謗となるのを恐るべきであるが、唐土の三蔵が古訳を改めて新訳をつくり、善無畏の儀軌を法全が改め、我朝の高祖以来代々次第を改作しているのにならうのであり、未学の者の稽古を勧めるためであるとしている。弘安九(一二八六)年写本を仁和寺、寛政六(一七九四)年写本を石山寺に蔵す。〔所載〕正蔵78。〔苫米地誠一〕

七箇条起請文【しちかじょうきしょうもん】浄 一巻。源空(一一三三—一二一二)述。元久元(一二〇四)年撰述。源空は比叡山で修学の後、本願称名の念仏を専ら修する浄土宗を開宗した僧。代表的な著作としては『選択本願念仏集』一巻がある。この『七箇条起請文』は『七箇条制誡』ともいい、元久元年に興起した比叡山衆徒念仏停止の弾圧、いわゆる元久の法難に際し圧迫回避のため、門人等に対して非行や行過ぎを誡め七カ条にまとめ、自分と門人の署名を付し叡山の天台座主に送った起請文。源空は承安五年、唐善導の説く本願称名念仏にふれることにより専修念仏に帰し浄土宗を開宗した。その後この念仏の教えに帰依するものは増加していくが、その中には源空の専修念仏を誤解し、淫酒食肉等戒を無視し、あるいは他宗を誹謗その上積極的に諍論をくわだてるものなども出るようになった。専修念仏の興隆にかねて不快感を持っていた比叡山の衆徒はこのような状況をとらえ、元久元年一〇月三塔が会合し、座主真性に念仏の停止を訴えたのである。これに対して源空は自分が宣揚している専修念仏義の立場から圧迫をさけるため、座主真性に七カ条にまとめた制誡を提出し、元久の法難と称される弾圧を一時的ではあったが回避した。これが『七箇条起請文』である。京都嵯峨二尊院には原本が所蔵され、源空以下一九〇名の署名が見られる。〔所載〕昭法全。〔柴田哲彦〕

七箇条制誡【しちかじょうせいかい】浄 一巻。源空(一一三三—一二一二)述。元久元(一二〇四)年記。別に『七箇条起請文』『法然上人七ケ条制法』ともいう。比叡山の天台宗徒の念仏禁止運動に対して、源空が門弟たちの非行を七カ条にわたって誡めた規則。源空以下八九人の門弟が自署をして規則の厳守を誓っているので『制誡』『起請文』とも呼ばれる。原本は京都嵯峨二尊院にあり、国指定の重要文化財である。〔所載〕浄全9、昭法全、法全。〔宇高良哲〕

七社略記【しちしゃりゃっき】因 一巻。豪仁(—一五八八—)説。天正一六(一五八八)年成立。本書は、天正一六年六月二〇日より三〇日間に、大津東南寺で行われた探題豪仁の戸津説法初七日間の山王法楽で、それを存心が一一月に浄書した書。仏事廻向がないのは戸津説法の初七日間は神法楽のためという。それは無量義経、序品、方便品、譬喩品、信解品、薬草喩品、授記品の法楽であった。〔所載〕天全12。——→山王略抄 〔野本覚成〕

七条文書【しちじょうもんじょ】時 本文書は遊行二祖他阿真教以降、三代、四代、六代、一一代、一三代、一四代、二一代、二二代、三一代、三二代の各上人書状二四通を一括して称する。およそ正和五(一三一六)年から慶長一八(一六一三)年までのものである。時衆僧尼の守るべき制戒や法式などをしたためており、陣僧の心得についての書状もある。京都長楽寺蔵(七条道場金光寺旧蔵)。〔所載〕定時宗上。〔梅谷繁樹〕

七祖通論【しちそつうろん】浄真 一巻。宝雲(一七九一—一八四七)述。成立年代不明。本書は真宗における七祖すなわち、竜樹、天親(世親)、曇鸞、道綽、善導、源信、源空の本願念仏の歴程をたどったものであり、宗祖親鸞への展開をわかりやすく明示したものである。七祖教学の概論として、各高僧の発揮を適格にとらえている。竜樹については難易二道の開顕であり論ずるところは因に在り、果に及ばず、真に在って果に及ばず、との指摘もある。天親については合三為一は論主の勲功としながらも、五念門行の施設は因中所修で、弘願門中に安立して、十一願・二十二願には言及がないとも指摘している。曇鸞については五念門行を因行果行とした天親の説に対して往還因果の始終とし、十八願・十一願・二十二願の三願の着眼を功としている。しかしいまだ真仮・廃立を論ぜずとの指摘もある。道綽については下々品をもって、十八願を楷定したとし、機を定めて一生造悪、念を定めて十念相続称我名号と規定しているが、廃立と真仮をいまだ論ぜずとの指摘もなされている。善導については真仮・廃立を論じ古今楷定の妙釈があるが、因を論じて果を論ぜず、すなわち十八・十九願に着目したが、十一・二十二願には言及せずの指摘もする。源信については報土・化土の二土を弁立し、正行・雑行の二行の得失を明かしているが、難易選択之論については言及がないと指摘している。そして源空にいたり、難易選択之一門を開示し、真仮を判じて、ここに浄土教義の大成があると指摘している。〔所載〕真宗全62(真宗小部集付3)。〔藤田恭爾〕

七大寺巡礼私記【しちだいじじゅんれいしき】通 一巻。大江親通(?—一一五一)著。保延六(一一四〇)年成立。別に『親通之記』。親通は『本朝新修往生伝』や『元亨釈書』にその伝がみえ、平安左京の人で字は江栄。仏教篤信者でことに仏舎利の功徳をひろく経論や見聞に求め『駄都抄』三〇巻を編じ、晩年に出家したという。本書は親通が嘉承元年に初めて南都巡礼を行い、その後三六年(序の記述)を経て、保延六年にふたたび南都を訪れた見聞記。書上げに当たっては本書序文にも記される嘉承度の記録(『七大寺日記』ともいわれるが断定できない)に増補した跡が見受けられる。記載の寺院は東大寺、大安寺、西大寺(最後に興福院を記述)、興福寺、元興寺、招提寺、薬師寺、法隆寺の順に記述され、七大寺以外の興福院と招提寺が加えられている。これは七大寺巡拝の路順にあった寺院を一緒に記述したもの。記述内容は諸寺院の堂宇、仏像、什宝などの実状に加え、寺院縁起や諸文献を用いての考証を含む。東大寺、興福寺は治承四年に焼失していることからも、平安末期の南都諸寺院のようすをうかがう貴重な史料。諸書に引用される内容には現存本より詳細な部分があり、現存本が節略本であることが知られる。伝本は鎌倉前期のものと鑑せられ、唯一の写本は法隆寺に所蔵。奥書類はない。〔所載〕鵤叢刊5(複写版)、建築史5巻2—6、校刊美術史料寺院篇上。——→七大寺并興福寺諸堂縁起、七大寺年表。 〔塩入伸一〕

七大寺并興福寺諸堂縁起【しちだいじならびにこうふくじしょどうえんぎ】通 一巻。内題に「七大寺并十五大寺興福寺諸堂縁起 秀算」とあり、従来この秀算(伝未詳)を著者とする見解があるが、初筆の人物とは断定できない。また成立年代とも不明だが、本文中に見えるもっとも若い年号は養和年間(一一八一—八二)である。奥書の記載には意味不明な部分が多く、その転写に当たっては大慈三昧院(慈信か)の筆になるものを秀算が書写し、さらに大慈三昧院(尋尊か)が書写したとも読み取れるが、他の解釈も可能。いずれにしてもこの奥書から、本書(秀算筆のものか大慈三昧院筆のものかも判然としない)の伝領者であった尊慶が正保四(一六四七)年に信尊の求めに応じてこれを進上した旨が知れる。本書は初めに上古公家巡礼の南都七大寺名(法隆寺を除き招提寺を加えている)と各寺院の宗学を記す。次に興福寺別当支配の七大寺(興福、薬師、法隆、西大、大安、法花、清水寺)を列記し、さらに『延喜式』の一五大寺を列記する。次に興福寺の略縁起を和銅三(七一〇)年の建立時からふれ、その別号(山階、藤原、北、厩坂、観音寺)を説明し、さらにその諸堂(その数一五)と別院(同六)について各本尊や堂舎建立年代などを記す。最後は三笠山に移座した春日社(法相宗と藤原氏の守護神とする四所明神)の由来を略記する。内容的には藤原氏の氏寺であった興福寺の由来を、考証を混じえて簡略に記したもの。〔所載〕仏全119、仏全鈴84。 〔塩入伸一〕

七大寺年表【しちだいじねんぴょう】通 一巻。恵珍(一一一八—六九)編。永万元(一一六五)年成立。白鳳一一(六八二)年から延暦二一(八〇二)年に至る、南都七大寺(東大寺、興福寺、元興寺、大安寺、薬師寺、西大寺、法隆寺)を中心として、僧綱を主体とした僧侶たちの動静を記したものである。編者恵珍は平安末期の三論宗の僧。源顕国の子で、東大寺で受戒、東大寺東南院の覚樹に師事した。同門に珍海や寛信、重誉などがいる。久安二(一一四六)年維摩会の講師を務め、長寛二(一一六四)年大安寺に住し別当となった。仁安二(一一六七)年権少僧都となり、東大寺の食堂を修補し、主務に任ぜられ法務を兼ねた。三論宗東南院門跡歴代によると、東南院門跡は覚樹——聖忠——恵珍と続き、恵珍で絶えている。嘉応元(一一六九)年大安寺別当職を高弟聖慶にゆずり、東南院へ退き、没した。本書は最初の部分が欠けているが、約一二〇年にわたる政治史、仏教史の重要事項を記し、道昭、義淵、菩提遷那、道鏡、鑑真、良弁、最澄、空海の略伝を掲げ、平城京造営、平城遷都、遣唐使、長岡遷都、平安遷都に言及している。内容は、忠(恵)珍の『僧綱補任』を深賢が抄出した『僧綱補任抄出』にほとんど一致し、散佚した恵珍の『僧綱補任』一二巻本の残欠本であろうと見られている。史料価値は必ずしも高くないが、他本に見られない史料をも含んでいる点に特色がある。〔所載〕続群書27上、仏全12。 〔田村晃祐〕

七代上人法語【しちだいしょうにんほうご】時 一巻。託何(一二八五—一三五四)撰。成立年代不明。遊行七代上人託何は暦応元(一三三八)年越前往生院において遊行を継承した。本書は「或人ニ被遣御法語」「難波殿女姓方ヨリ条々御不審事」等消息法語が主で、時宗教学の体系を確立した託何の思想と信仰を示している。写本は宝暦一〇(一七六〇)年洞天が書写したものである。出雲市高勝寺所蔵。〔所載〕定時宗上。〔参考〕託何上人法語。 〔長島尚道〕

七難消滅護国頌【しちなんしょうめつごこくじゅ】因 一巻。著者明記なし。成立年代不明。別に『三部略長講』ともいう。本書は最澄により始められたとされる護国三部経(『法華経』『仁王経』『金光明経』)の長講会式のひとつでもっとも簡略化したものである。その次第は、まず五悔を唱え、次に五大願、そして護国三部経をそれぞれ読誦し、最後に結願の頌で構成される。この功徳により、天災地変の七難を滅除し、国家安穏を祈願している。 〔秋田光兆〕

十巻章玄談【じっかんしょうげんだん】真 一巻。亮汰(一六二二—八〇)撰。十巻章とは空海(七七四—八三五)が撰述した『即身成仏義』一巻、『声字実相義』一巻、『吽字義』一巻、『弁顕密二教論』二巻、『秘蔵宝鑰』三巻、『般若心経秘鍵』一巻、および龍猛造『菩提心論』一巻の七部一〇巻の書物であるが、これらの要点をあげ記述したものが本書である。 〔真柴弘宗〕

実悟記【じつごき】浄真 一巻。実悟(一四九二—一五八三)著。天正八(一五八〇)年成立。原名を『本願寺作法之次第』という。実悟は本願寺第八世蓮如の一〇男。第二三子。諱は兼了、のちに兼俊という。加賀の願得寺(現在大阪府門真市)に住した。蓮如死去のとき八歳であったが、実如、証如、顕如の代にわたり長寿を全うした。本書は蓮如以後二、三代の時期を中心として、実悟の見聞した本願寺の行事、勤行、作法、衣服、聖教等について記録したもの。「いにしへ東山殿（東山大谷本廟）野村殿（山科御坊）にての事、或は承及見及申事等思出次第不同注置条々目録」として一七二条を列記してあり、本願寺の故実を知る資料となっている。〔所載〕真聖全3。〔小山一行〕

実悟記拾遺【じつごきしゅうい】浄真 二巻。先啓（一七二〇―九七）編。成立年代不明。別に『蓮如上人御法語』ともいう。先啓は美濃国の安福寺に生まれ、第一四世住職となる。親鸞伝、蓮如伝の研究につとめた大谷派の真宗史家。本書は実悟の記録した蓮如の法語を先啓が編集したもの。『実悟記拾遺』と題するが、実悟の見聞を記録した『実悟記』とは体裁を異にし、『蓮如上人御物語』『山科連署記』と類を同じくする蓮如の法語集である。内容は上巻に実悟贈三尼公一〇一カ条、水籠一九六カ条、実悟記一八九カ条の法語を収め、下巻には実悟贈佐栄公一六カ条、実悟記上巻一一カ条、数部撮要一三カ条を収める。明和五（一七六八）年刊行されたが、『蓮如上人御一代聞書』『実悟記』等との重複部分を除いて『真宗全』に収められている。〔所載〕真宗全69。―→蓮如上人御一代聞書〔小山一行〕

十種疑滞【じっしゅぎたい】曹 一巻。瑩山紹瑾（一二六八〈六四〉―一三二五）撰。元応二（一三二〇）年成立。本書は石川県の永光寺開山第一世である瑩山が、後醍醐天皇が、臨済宗の僧で瑩山の門下でもあった孤峯覚明（のちに法燈派の祖とよばれた無本覚心の弟子）を使者として、禅や仏教を中心とする一〇項目の疑問を発したものに対して答えたところをまとめた内容になっている。十種疑滞というゆえんである。その十種疑滞とは、臨済宗、曹洞宗の別、芦葉の達磨大師、不立文字の意義、信心の感応の有無、亡霊供養の意味、『如是経』の転読について、『金剛経』と諸仏との関係、十劫坐道場と仏法不現前のこと、破戒の僧と地獄、天宮の有無である。これに対する応答は、適正で的確である。このことによって永光寺は紫衣を賜わり、曹洞出世開闢之本寺、出世道場に補せられたという。しかし石川県（神奈川県にもある）の総持寺にも、ほとんど同趣旨の『十種疑問』なるものが伝えられている。すなわち本書は、永光寺所伝のものであるが、寺伝は尊重しなければならないにしても、その史実については、総持寺伝とともに疑われている。なお近年、『瑩山帝尊問答』（『瑩山国師十種疑滞』、元亨元年）なる写本が発見された。これは総持寺、永光寺所伝ともやや異なる体裁、内容のものである。今後、史実の有無をふくめて新出写本などの検討がのぞまれる。漢文体。〔所載〕曹全（宗源下）。―→十種疑問〔東　隆眞〕

十種疑問【じっしゅぎもん】曹 一巻。瑩山紹瑾（一二六八〈六四〉―一三二五）撰。成立年代不明。別名『十種勅問』『今上皇帝十種疑問』『十種勅問奏対録』。後醍醐天皇が、臨済宗の僧（のちに法燈派の祖といわれた無本覚心の弟子）で瑩山の門下でもあった孤峯覚明を使者として、禅や仏教に関する一〇種の疑問を、石川県の総持寺開山第一世である瑩山にあてたのに対して、これに応答した内容である。応答は、『十種疑滞』の場合と同様、適正で的確である。いま、十種疑問とは、祖意と教意の別、芦葉の達磨大師、不立文字、死後の世界、亡霊供養の意義、釈尊成道の意義、『金剛経』と諸仏との関係、十劫坐道場と仏法不現前、破戒僧と地獄、趙州無字の工夫となっており、永光寺所伝の『十種疑滞』と大同小異の問答である。この応答の功によって、総持寺は勅願所となり、貴賤道俗を問わず、門庭市をなしたということを、元亨三（一三二三）年弟子の峨山韶（紹）碩が奥書を添えている。寺伝を尊重する一方、史実については疑う学者が多い。因みに近年、『瑩山国師帝尊問答』（『瑩山国師十種疑滞』、元亨元年）なる写本が発見された。なお本書（総持寺所伝）は、永光寺所伝とも酷似する体裁、内容である。漢文体。解説書に嶽尾来尚・『後醍醐天皇十種勅問講話』ほかがある。〔所載〕曹全（宗源下）。―→十種疑滞〔東　隆眞〕

十章抄【じっしょうしょう】日 一篇。日蓮（一二二二―八二）著。文永八（一二七一）年成立。比叡山で修学中の三位房に対し『摩訶止観』の正意を教示したもの。まず四種三昧の真意は『法華経』にあると示し、『止観』一〇章の中心は一念三千の観法を説く第七正修止観にあるとのべ、その一念三千の依拠は本門に限ると論じ、『法華経』の正しい修行は一念三千の観法と妙法五字の信唱にあると説き、念仏行の誤りを破折し、本書を比叡山の講席で公開せよと指示している。真筆を千葉県法華経寺蔵（重文）。〔所載〕定日遺。〔小松邦彰〕

実相義問答【じっそうぎもんどう】天 一巻。覚超（九六〇―一〇三四）撰。成立年代不明。本書は、歴縁対境三業四威儀について常に三諦の観行を用いる所以はいかんという第一問を初め、以下八番の問答を重ねて三諦は一実相であるという義を成立したものである。附記の「別記」には、無明と法性の関係、化法四教の三諦論などがある。説相は趙宋天台の山外派に相似する。本書の末尾には、「年老病重、両目倶暗」とあるから、この書は覚超晩年の作であると思われる。〔所載〕仏全24天台小部集釈17。〔参考〕山家祖徳撰述篇目集下、本朝台祖撰述密部書目。〔多田孝文〕

実相般若経答釈【じっそうはんにゃきょうとうしゃく】真 一巻。空海（七七四―八三五）述。東大寺の円蔵から寄せられた。『実相般若経』のうちの四処の文、(1)現身において一切法平等性金剛三昧を得等、(2)三界の一切衆生を殺害すれども終にそれによりて悪道に堕せず等、(3)一切諸法は空なり。自性なきがゆえに、一切諸法は無相なり、衆相を離れたるがゆえに等、(4)現身のうちにおいてすなわち金剛不空無碍を成就し決定して法に入ることを得等、の疑義について答釈したものである。〔遠藤祐純〕

悉曇聞書【しったんききがき】真　一巻。慈雲（一七一八―一八〇四）口説、弟子某筆受。日本近世悉曇学の巨匠である慈雲の悉曇に関する口説の聞書。『悉曇十八章』の第一章から第九章、第一五章から第一八章と血脈相承についての口説を記す。特に音韻、連声についての口説が詳しい。〔所載〕慈全9上。〔福田亮成〕

悉曇集記【しったんじゅっき】真　三巻。淳祐（八九〇―九五三）集。淳祐は観賢の弟子で、その瀉瓶となったが、体が弱かったために石山寺に隠棲し、石山内供の名がある。本書は唐の智広の撰述した『悉曇字記』一巻の注釈書であり、宗叡の『悉曇私記』（『悉曇字記林記』とも）に次いで古い『字記』の注釈であり、『林記』を引いて釈している。『字記』は悉曇の綴字法を記した書で、一八章より成り、悉曇十八章建立悉曇切継などと称される中国、日本における悉曇学の主要部分を占める内容を記しており、その注釈である『集記』は、本朝悉曇学の最初期の成果のひとつである。〔所載〕正蔵84。――→悉曇字記、悉曇私記　〔苫米地誠一〕

悉曇蔵【しったんぞう】因　八巻。安然（―八四一―九〇四―）撰。撰者は日本屈指の悉曇学の権威であり、とくにこの書は清和天皇の勅命の書である。悉曇に関する書については、安然以前多くの書がもたらされたが、それらについて体系的にまとめた書はなかった。この書については、東密・台密ともに悉曇を学ぼうとする学者は必ず参考にすべきであると近年までされていた。内容も悉曇に関することが網羅されている。梵文本源第一、悉曇韻紐第二、章藻具闕第三編録正字第四、母字翻音第五、字義入門第六、字義解釈第七、録十八章第八、の八篇から構成され、さらに各々に三評を加え二四門から悉曇の諸問題を解明している。梵文本源では本源、相承、字数の三科、悉曇韻紐（字音構成）は一、十四音。二、十二韻。三、二方音の三科。章藻具闕は、存略、同異、増減。編録正字は、題目、成就、正字。母字翻音は正翻、異音、異翻。字義入門は釈二義門一、現二字形一、観二字輪一。字義解釈は合成字、釈二成句一乗用字。録十八章は悉曇、体文、生字の三科を建て、悉曇を遠くインドより発生した原点からほり起し、文字論（たとえば「書に六体あり、形声、会意、象形、仮借、指事、転注」）にまで及び、それらを中国・日本ではどのように受容し相承してきたか、あるいは字数が、本に依って異なることなどが述べられている。巻二にいたると、悉曇文字を漢字音韻法でとらえ、文字の音を構成する要素を分解している。たとえば東（tung）はtは紐で、ung は韻であるごとくに発音を便ならしめている。巻三では悉曇切り継ぎの順序を示し、巻四にいたると智広の『悉曇字記』を引用して一八章を解説している。巻五では字母に関する異説を『大日経』『金剛頂経』『文殊問経』『大涅槃経』『大荘厳経』『空海悉曇釈義』『全真悉曇次第』等経典の文字にかかわる部分と、悉曇に関する書を列挙し、そのうえ経典の注釈書（『華厳刊定記』『潅頂涅槃疏』『法宝涅槃疏』、恵遠『涅槃疏』等々）からも引用してその異説の多きことをのべている。巻六字義入門では、たとえば阿字門は一切ノ諸法ハ本不生ナルガ故ニとし、迦字門は一切ノ諸法ハ等虚空不可得ナルガ故といい、訶字門では一切諸法因不可得故等五十字門、四十二字門、二十八字門の各々字義を示している。巻七では字を半満とに分け合成し、単複二文を釈成し、一仏法に約して、四乗門ありとして乗用字を解釈している。巻八では巻七までにのべてきたことを実際に摩多（字母＝母音）体文（字子＝子音）に分けて書き記し、すべての文字について切り継ぎを行っている。近年梵語の研究がさかんになり、悉曇学と呼ばれるものが少しずつできあがっている。悉曇の切り継ぎが机上では可能であるが、発音のうえから歯と舌を同時に使っては不可能なので歯舌、腭歯、舌腭相拒の法則をうちたてた。本書は、机上で初り継ぎをしたのか発音不能な切り継ぎを行っていたりするが、それを除けば悉曇を体系的に書き顕わした名著といえる。〔浜田智純〕

悉曇輪略図抄【しったんりんりゃくずしょう】真　一〇巻。了尊（生没年不詳）撰。弘安一〇（一二八七）年成立。本書の序文によると、撰者は師である信範の口決を受け、それに私見を加えて製作したことが示されている。本文は巻一の声字実相事に始まり、巻一〇の本不生際事に至るまで、およそ八〇章に区分され、悉曇の音韻、ならびにそれらに関連する諸事項を図に示しながら解説している。〔真柴弘宗〕

室内訓訣【しつないくんけつ】曹　一巻。面山瑞方（一六八三―一七六九）撰。岸沢惟安（一八六五―一九五五）校。正しくは『洞上室内訓訣』という。享保二一（一七三六）年から明和四（一七六七）年までに成立した、一大事、勃陀勃地、押三宝印等の、曹洞宗の室内における訓訣一四件を収録。付録として、祈雨法、移墓法等の『室中口訣諸式十四条』を付す。異本に『洞上室内』十六通秘訣』（内題『瑞方和尚所述十六通秘訣』）がある。〔所載〕曹全（室中）。〔伊藤秀憲〕

室内三物秘弁【しつないさんもつひべん】曹　一巻。万仭道坦（一六九八―一七七五）撰。宝暦年間（一七五一―六四）成立。別に『洞上秘弁』『室中三物秘弁』『三物秘弁』ともいう。本書は嗣書、血脈、大事の三物に関しての口訣をのべたものである。岸沢惟安が所蔵する七種写本を対校し大正一三（一九二四）年に改訂本（『改訂室内三物秘弁』）を出版している。写本・校訂本を焼津市旭伝院に蔵す。〔所載〕曹全（室中）。――→洞上室内三物論　〔吉田道興〕

実如上人闍惟中陰録【じつにょしょうにんじゃゆいちゅういんろく】浄真　一巻。実孝（一四九五―一五五三）記。大永五（一五二五）年成立。本書は、本願寺第九代実如が病に伏せているときより往生、葬体、灰寄、中陰の次第までを、先例と異なる点について留意しながら相違なきように記したものである。また勤式執行に当たる人びと、他宗の参列者等についても記され、当時の本願寺を知るうえでも貴重である。〔所載〕真宗全64。〔佐竹大隆〕

十法界事【じっぽうかいじ】日 一篇。日蓮（一二二二―八二）著。正元元（一二五九）年成立。『法華経』以前の諸経においては成仏得道できないことを四番の問答をもって論ずる。そして十界互具の義について爾前、迹門、本門、観心の四重の興廃を論じて、釈尊一代の仏教を本門寿量品からみるときは、法華経本門開顕以前の爾前諸経ならびに迹門の成仏論は成立しないと主張し、一代仏教は法華経寿量品に帰着すべきことを説く。写本は平賀本がある。〔所載〕定日遺。〔小松邦彰〕

実峰良秀禅師語録【じっぽうりょうしゅうぜんじごろく】曹 二巻または一巻。成立年代不明。実峰良秀（?―一四〇五）撰。実峰は総持寺峨山韶（紹）碩の法嗣で、如意庵をはじめ、石川県の定光寺や、岡山県の永祥寺を開いた人。語録に二種あり。⑴は、侍者宗裔の編集した二巻本で、総持寺語、頌、仏事などを収め、月坡道印が校正し、延宝三（一六七五）年に刊行したもの。⑵は、一巻本で元禄五（一六九二）年に刊行される。延宝本と対比してみると、月坡の序に加え、東皐心越の序、重刻縁由、さらに大沢慈恩編の語録、法晟編の仏事、能卓編の像賛、偈頌、良円「実峰和尚行状」を付す。〔所載〕曹全（語録1〈延宝本〉）、正蔵82（元禄本）。〔永井政之〕

実理学之捷径【じつりがくのしょうけい】通 一巻。沢庵宗彭（一五七三―一六四五）撰。正保三（一六四六）年刊。別名を『沢庵和尚天地人身説』あるいは『沢庵和尚理学捷径』ともいう。沢庵は臨済宗の僧。但馬出石の人。和泉陽春寺の一凍紹滴の法を嗣ぎ京都大徳寺、同塔頭徳禅寺、堺の南宗寺等に住したが、紫衣事件によって出羽へ流罪された。のち将軍家光の帰依を受け四年にして江戸に帰り、水戸頼房、柳生宗矩などの帰依を受け、将軍家光の建てた品川東海寺の開山となり、ここにおいて終焉した。本書は陳北渓の『性理字義』の体裁に倣ったものであるが、その刊行は『性理字義』（寛文一〇年撰）に先立つこと二五年であったために沢庵の新しい識見が世に喧伝されたという（三田村玄龍の緒言）。全篇漢字と片仮名による和文で洋本にして一五頁の短篇であるが、その中において天地人身の原理が本来一元なること、森羅万象は一気より生じ、分かれて陰陽となり、また五行が和合して万物を形成すると説く。また人に心機なるものがあり、これの働きに応じて善悪が生じることを教える。さらに神について言及するが、沢庵の神とは伸に通じ身体の内にあって頭の先から爪の先までのびひろがるものを神というのである。神と仏は同体異名であり、人が悟りを開けばわが身がそのまま神であるが、正直なれば明神、怒るときは邪神となって現われると説いている。自筆稿本を積翠文庫に蔵す。〔所載〕近世仏教集説（国書刊行会・大5）。〔西村惠信〕

資道什物記【しどうじゅうもつき】真 二巻。朗然（一六二八―七八）撰、寛永二〇（一六四三）年宥鑁の前書きがある。『什物記』『資道什物』とも略称され、修験道でもちいられる一三の衣体、法具の教義的説明書。上巻は着衣、無垢衣、宝冠の三項、下巻は鉢、天蓋、商佉、書笈、梵篋、念珠、錫杖、金剛杖、坐具、貶衣の一〇項を説く。そして、これら一三の道具に修験道における深旨が含まれていることを解説し注釈するのである。〔所載〕日蔵95。〔加藤精一〕

至道無難庵主禅師行録【しどうぶなんあんじゅぜんじあんろく】臨 一巻。東嶺円慈（一七二一―九二）集。天保一一（一八四〇）年成立。愚堂東寔の法を嗣ぎ日本臨済宗の中興となった至道無難（一六〇三―七六）の略歴と示衆などを、法孫の円慈が編集したもの。天保一一年と天保一五年（道歌集に付した）刊本がある。〔所載〕白隠全1、正受老人集、至道無難禅師集（行録検討を付す）。〔参考〕仏解5・12、禅籍目録。〔小林圓照〕

至道無難禅師仮名法語【しどうぶなんぜんじかなほうご】臨 代表的なものは『即心記』と『自性記』であるが、他にも数篇の仮名法語がある。『即心記』一巻は寛文一〇（一六七〇）年の撰述、『自性記』は寛文一二（一六七二）年の撰述である。至道無難は慶長八（一六〇三）年、美濃国関ヶ原に生まれ、一五歳のころより愚堂東寔の教えを受け、居士として参禅弁道したが、四七歳のとき至道無難の公案を透過、そのまま法号として受けた。五二歳のとき、愚堂の江戸下向に随行してついに得度、やがて麻布の東北庵に住し、至道庵と称した。延宝四（一六七六）年至道庵にて七四歳で示寂した。京都の選仏寺には無難の真蹟の仮名法語が蔵されているが、幼少のころから仮名書童子と呼ばれるほどであったから、その流麗な筆致はすばらしい。それは関ヶ原の大きな旅宿に生まれた育ちにも起因しよう。のちには旅宿の主人となり五〇歳余まで在俗のまま家業を守った無難の法語は、禅を大上段に挙揚するというのではなく、神・儒・仏をみごとに関連させながらの説法であるところに特色がある。この土壌が正受を経て白隠にいたり、日本禅を大成させるのである。原本は、『即心記』『自性記』が至道庵に、竜沢寺所蔵法語は三島竜沢寺に、相川氏所蔵法語は関ヶ原の相川氏に、大村氏所蔵法語は東京白木屋の大村家にそれぞれ所蔵している。〔所載〕白隠全集1（禅法語上）。〔池田豊人〕

四度授法日記【しどじゅほうにっき】天 四巻。厳豪（一三五〇―一四一六）口授。源豪（―一三八四―九一―）記。『授法日記』ともいう。厳豪は、穴太流に属し、そのひととなりを伝えるものは少ないが、本授法に際しては、金剛界の末にみえるように、西山宝菩提院の光静房にあったわけで、厳豪はその住持とみられる。また『阿娑縛抄』等によれば、厳豪は承澄、澄豪、豪鎮と次第する流れと、良信あるいは澄豪より理本、源契と次第する流れとを相伝している。また厳豪はかつて鎮西の宝持院住持で、上洛して豪鎮から受法し、応安五（一三七三）年に豪鎮が寂すると、厳豪は京都に留まったとみられる。本書は、胎蔵界、金剛界、護摩、十八道の順になっているが、講授の年次は十八道が至徳四（一三八七）年二月二七日から、胎蔵界は明徳二（一三九一）年三月二四日から、金剛界はつづいて同年四月九日から。護摩は同年五月某日からとなっている。厳豪は皇慶撰のいわゆる『書合私記』を用いており、処々に法曼流とちがった穴太の特色が出ており、胎蔵界中の重作三密は圓珍の所伝で、慈覚大師流にこれが加わったとするなど、独創的な、あるいはこの時代にいわれていたいい伝えが盛りこまれているといってもよい。右の系譜からみて穴太流のなかでも西山流の口授講伝なのであって、源豪の名は諸書にみえないけれども、その一流を後に継ぐかなめを果したことはいうまでもない。〔所載〕正蔵75。〔木内堯央〕

四土通達義【しどつうたつぎ】因　一巻。圓仁（七九四―八六四）著。題下に「慈覚撰」とあることから、一応圓仁の著作とされているが、その真偽は定かではない。内容は、『摩訶止観』に基づいて、五略十広の説を踏襲し十界の因果をまとめたものである。また著者は、誓願を発して同居、方便実報、寂光の四土を建立し、所観の境として因果不二に達する大菩提心を発するように説いている。〔所載〕日蔵（天台宗顕教章疏2）。〔浜田智純〕

品川問答【しながわもんどう】日　一巻。日啓（?―一六四八）著。寛永一九（一六四二）年徳川三代将軍家光が品川本光寺にあそんださい、その供の一人増上寺意伝と本光寺住持日啓が念仏無間の問答を行い、意伝を破折した。これを品川問答といい、この顚末を記したもの。写本を立大蔵。〔所載〕史籍雑纂1。〔松村寿巌〕

芝崎文庫【しばざきぶんこ】時　一巻。呑了（一六五六―一七一一）撰。元禄一五（一七〇二）年成立。呑了は宝永五（一七〇八）年、藤沢において遊行を継承し、遊行四八代となり賦国と号した。内容は「宗祖上人謁法燈事」の項で時宗宗祖上人を六時宗上人と述べ、「往古時衆之付号之事」の項で往古の時衆道場として善光寺妻戸時衆と鎌倉向福寺、光触寺を挙げている。出雲市高勝寺所蔵。〔所載〕定時宗下。〔長島尚道〕

緇白往生伝【しびゃくおうじょうでん】浄　三巻。了智（生没年不詳）編。元禄元（一六八八）年一二月成立。翌年刊行。了智は浄土宗洛陽壬生安養庵の住僧。本書は上巻一四、中巻三五、下巻三六、計八五人の「緇白」すなわち僧俗の往生者を収載している。編者は、正嘉（一二五七―五九）以降、往生伝が世に出ていないのを歎き、みずから華洛辺鄙を訪ね、見聞した往生者の伝記を集めたという。〔所載〕仏全107、仏全㊙68、浄全続6、近世往生伝集成1。〔長谷川匡俊〕

止風雨法記【しふうほうき】真　一巻。覚禅（一一四三―一二一三〈一七〉―）撰。承元二（一二〇八）年成立。『覚禅鈔』のうちの一巻。止風雨法に関する中国・日本の記録、経軌の文等を抄記したもの。奥書に「承元二年五月七日於観修寺浄土院書之　覚禅」とある。『覚禅鈔』は『正蔵』『仏全』に収められるが、本巻のみ『続群書』25下にも収載されている。→覚禅鈔〔苫米地誠一〕

渋谷歴世略伝【しぶたにれきせりゃくでん】浄真　徳義（一七九九―一八五五）撰、徳常修補。徳義は真宗仏光寺の坊官で出羽介と号す。渋谷とは京都東山阿弥陀峯の西麓にあたり、もと仏光寺があった地名である。本書は開山親鸞以下仏光寺歴世二五代の法主の略伝を記したものである。付録として仏光寺系図を加えている。〔所載〕真宗全69。〔新作博明〕

死不怖論科釈【しふろんかしゃく】南　一巻。性空。性空は江戸時代初期、南都寂照律寺の僧。門人宝国の元禄一〇（一六九七）年の叙が付せられており、このころの著であろう。中国三論宗の大成者吉蔵（五四九―六二三）は、死に臨んで『死不怖論』を製して、人のために死の怖るべからざることを示した。ここに引かれる短い文であるが、性空はこれを科段に分け、初に題号、次に本文とし、本文は初に「他の迷情を叙し」、次に「己が悟心を明し」、最後に「意を示して勧誡す」の三項目に分け、分りやすい解説を施した。〔所載〕日蔵31。〔田村晃祐〕

四分戒本疏賛宗記【しぶんかいほんしょさんしゅうき】南　二〇巻。凝然（一二四〇―一三二一）撰。正和元（一三一二）年成立。『四分戒賛宗記』『四分戒本定賓疏賛宗記』『四分律戒本疏賛宗記』『四分律比丘戒本賛宗記』ともいう。唐の定賓（七一三―四一―）律師の四分律戒本疏に拠って四分律戒を説いた書。注釈は、定賓、懐素（六三三―七〇七）、法礪（五六八―六三五）の釈疏及び五分律その他諸律の博引傍証を極めて諸戒の意義を具体的に記す。一方で四分律戒の伝訳及びその展開をも述べて日本大乗律に至り、律宗概論の趣すらある。〔所載〕日蔵（小乗律章疏1）。〔里道徳雄〕

四分義極略私記【しぶんぎごくりゃくしき】南　二巻。仲算（九三五―七六）著。法相宗。平安時代。善珠（七二三―九七）の『唯識分量決』一巻のうち、四分義を論述した部分の忠実な注釈である。四分義とは、識の働きを、相分、見分、自証分、証自証分の四分に分析し構造的にとらえたもので、法相唯識独自の教説であり、とくにわが国では、唯識理解の重要な部門として尊重された。四分義、唯識研究上、貴重な典籍である。〔所載〕正蔵71。〔太田久紀〕

持宝金剛念誦次第【じほうこんごうねんじゅしだい】真　一巻。空海（七七四―八三五）撰。『持宝金剛次第』ともいう。持宝金剛とは如意輪観音のことで、本書は同尊の金剛界の別行立の念誦次第である。同じ如意輪観音の金剛界次第である『持宝金剛念誦法次第』より略次第であるが、本書のみに見られる記述もある。また本書と同名の十八道立の次第があり、

『弘全』4（真偽未決部）に収められ、聖宝撰かと疑われるとされる。〔所載〕弘全2、日蔵（真言宗事相章疏2）。〔苫米地誠一〕

四法大意略解【しほうたいいりゃくげ】浄真　一巻。道振（一七七三—一八二四）述。明治一二（一八七九）年刊。道振は本願寺派の学僧で大瀛の門人。『教行信証大意略解』ともいう。覚如撰の『教行信証大意』の文を釈しながら、真宗の教義の枢要なところを示唆したもの。これを釈演したものに藤島了穏の『四法大意略釈』がある。刊本を竜大に蔵す。〔所載〕真宗全46。→教行信証大意〔五十嵐明宝〕

持名抄【じみょうしょう】浄真　二巻。存覚（一二九〇—一三七三）著。成立年代不明であるが、元亨年中（一三二一—二四）と推定される。存覚は親鸞の曽孫、覚如の長子。本書は、執持名号の義を明らかにし、専修念仏を勧めたもの。内容は本巻においてまず「人身うけがたく仏法あひがたし」と説き、仏道においてさまざまの門のあるなかに、念仏往生の一門こそ末代相応の要法、決定往生の正因であるとする。さらに念仏の門に専修・雑修の二門を分け、その得失を論じている。しかるに一向専修の人のきわめてまれであるのはなぜかといえば、日ごろ功を入れてきた諸仏諸行を捨て難いからであろうとのべ、念仏一行のうちに諸善があり、弥陀一仏に帰すれば諸仏の意にかなうと勧める。さらに諸行は難行であるに対して念仏は易行というが、易行であるのみならず勝行であると勝易二徳を並べ、勝益について現当二益をあらわしている。末巻は三問答をあげて簡明に真宗の要義をのべている。第一問答は念仏者の神明に対する態度について、仏法に帰する者は神明につかえずという原則を示し、一切の神祇は念仏者を護るものであるとのべている。第二問答は諸仏諸菩薩の加護ということについて、現世利益の真義を示し、第三問答では一向念仏は信具の念仏なるべきことをのべ、総じて聖浄相対し、浄土異流を簡んで真宗義を明かそうとしたものである。康正三年蓮如写本、本派本願寺蔵。〔所載〕真聖全3。〔小山一行〕

持名抄講義【じみょうしょうこうぎ】浄真　一巻。正慶、字は霊昡（一七七五—一八五一）述。成立年代不明であるが、一本に「文政一一（一八二八）戊子年一一月朔日写畢」とあることより、およそそのころに成立したものと推定される。存覚の『持名抄』について講述したもの。来意、大意、題号、本文と四門を立て、本文については科段を細かく立てて解釈している。〔所載〕真大28。→持名抄〔小山一行〕

持名抄私記【じみょうしょうしき】浄真　二巻。慶秀（一五五八—一六〇九）記。成立年代不明。慶秀は真宗における最初期の学僧。存覚の『持名抄』に対する注釈書。本書は来意、大意、題号等の門を立てることなく、本文を釈するにも科段を分けることがない。すなわち初期の宗学の姿を伝えるものである。〔所載〕真大28。→持名抄〔小山一行〕

時名帳註釈【じめいちょうちゅうしゃく】時　一巻。其阿快存（一六七一—一七五三）著。享保六（一七二一）年成立。快存はのちの遊行五〇世。本書は新発意のために、不断念仏の番帳の僧尼の阿号・弌号について解説したものである。一〇条に分け、阿号・弌号の十二光仏への配当、他阿以下番帳一番から六番までの僧尼六人の能化分と各番に属する各一六人の所化分等について、江戸期のためか『易』を援用したりして説く。〔所載〕定時宗下。〔梅谷繁樹〕

下野流高田衆教目録【しもつけりゅうたかだしゅうきょうもくろく】浄真　一巻。秀諦（生没年不明）述。成立年代不明。秀諦は高田派の碩学。世人が高田正統を誤っているのを慨嘆し、これを明らかにするために、文政年間、秀諦はこの著を編んだ。原本は五巻であるというが、『真宗全』にはそのうちの第二巻全部と第五巻の一部をまとめ、一巻として収録されている。このなかには、とくに高田派歴代および宗侶の述作に関するもので須要なものの目録と解説が記されている。〔所載〕真宗全74。〔五十嵐明宝〕

下山御消息【しもやまごしょうそく】日　日蓮（一二二二—八二）著。建治三（一二七七）年成立。弟子日永に代って地頭下山兵庫五郎光基に宛てた陳状書である。日永と光基は念仏者であって、日永が日蓮の教義を聞き念仏無間、謗法堕獄を知り日蓮に帰依し弟子となり法華信仰に励むと父光基の怒りにふれた。父を何とか法華信仰に改宗させようと日蓮に依頼、本書によって光基は『法華経』のすぐれていることを知り以後檀越となった。〔所載〕定日遺2。〔桑名貫正〕

寺門伝記補録【じもんでんきほろく】天　二〇巻。志晃（一三九四—一四二八ころ）。志晃は応永年間に園城寺慶恩院の住僧。別当海和のたのみで寺門の古記を二〇巻にまとめた。天智天皇即位年より応永四（一三九七）年まで七三六年間の記録集。巻一—五　祠廟部。巻六—九　聖跡部。巻一〇—一七　僧伝部。巻一八—二〇　雑部。このうち僧伝部を例にとると、巻一〇—一二　大師家伝。巻一三—一四、長吏高僧伝。巻一五—一六　非職高僧伝。巻一七　僧伝。〔所載〕仏全127。〔木内堯央〕

始聞仏乗義【しもんぶつじょうぎ】日　一篇。日蓮（一二二二—八二）著。建治四（一二七八）年成立。末代凡夫の法華経修行には就類種、相対種の二種の開会があり、爾前教や法華経迹門に説く煩悩、業、苦の三道は『法華経』の相対種開会によって法身、般若、解脱の三徳と転ずることができる。これは『法華経』のみに説く妙義であって、この法門を聞く聞妙の功徳によって即身成仏が可能となると説く。真筆を千葉県法華経寺蔵（重文）。〔所載〕定日遺。〔小松邦彰〕

釈迦十二礼【しゃかじゅうにらい】南　一巻。覚盛（一一九四—一二四九）撰。成立年不明。釈尊を礼讃する偈文。七言四句を一偈とする一五偈及び三礼文よりなる。第四偈から第一五偈までの一二句末に「故我礼讃牟尼尊」とあることによって題とし、仏の相好・説法・度生の勝相を讃嘆するとともに、懺悔六根罪障・今生必得発菩提心・自他同証無上菩提の三願礼文を付して終る。竜樹十二礼・善導『往生礼讃』の系譜にあり、敦煌本「十二礼文」とも同類である。〔所載〕日蔵（戒律宗章疏2）。

〔里道徳雄〕

寂光土記【じゃくこうどき】因　一巻。圓仁（七九四—八六四）記。成立年代不明。圓仁記とするが、後世の仮託書と思える。本書は予（圓仁）が昔、中国の王績の『酔郷記』により仙郷を思い、これに天台の寂光土を重ねてのべたとする文献で、円頓行者の一念三千、己心中が実相の宝処で、法性の妙土となるも、我等具縛の凡夫は、西方浄土に生ずることを願い、その浄土こそが同居の寂光土と説くものである。〔所載〕仏全24。
〔弘海高顕〕

釈氏二十四孝【しゃくしにじゅうしこう】日　一巻。元政（一六二三—六八）書。承応四（一六五五）年脱稿。至孝の法華隠者深草の元政（日政）が、仏教の万行は孝を本とすの思想から、二四人の篤孝の師を選びその孝志を論じたもの。『高僧伝』『続高僧伝』その他から中国の僧一七名、『元亨釈書』から日本の僧七名が挙げられている。元政は父母師僧への孝順は必ず弘法伝道の徳に展ずると信じていた。〔所載〕草山拾遺上。
〔小野文珖〕

釈氏法衣訓【しゃくしほうえくん】曹　一巻。面山瑞方（一六八三—一七六九）撰。慈方（—一七六八—）集。面山は肥後出身で、損翁宗益の法を嗣いだ。禅定寺、空印寺などに歴在し、晩年は京都に寓居して、明和六（一七六九）年に建仁寺塔頭の西来庵で示寂した。『正法眼蔵渉典録』をはじめ多くの著作があり、婆々面山とも通称されている。集録した慈方の行歴は不詳であるが、提唱を聴いた門人のひとりであろう。本書には、明和五（一七六八）年一〇月に記した自序があり、明和年中に刊行されたが、公にされないうちに板木が烏有に帰したようで、その後、天保三（一八三二）年秋に柳枝軒より再刻された。さらに、嘉永元（一八四八）年に瑜伽宗の仏戒が一〇〇〇部を印施したようで、その縁由の記された跋がある版もみえる。本書は、凡例と第九軽侮見罰訓によって明らかなように、当時の袈裟に対する僧侶の見識のないことを指摘しており、口語に近い文体で漢字片仮名交り文で記されている。しかも、『正法眼蔵』袈裟功徳、伝衣に基づいて説明され、多くの経律論などの引用を駆使している。しかし、当時行われていた五条衣を簡略にした掛絡（から）や鉤の代りに環をもちいることなども是認している点は、律学者から批判されるところである。〔所載〕続曹全（清規）。
〔川口高風〕

錫杖鈔【しゃくじょうしょう】真　→九条錫杖鈔【くじょうしゃくじょうしょう】

寂照堂谷響集【じゃくしょうどうこくきょうしゅう】真　一〇巻。運敞（一六一四—九三）記。一般に、『谷響集』と略称し、前集が一〇巻、続集が一〇巻あり、成立年代は明確ではないが、運敞晩年の撰述である。運敞は天和二年五月に智山第七世能化の席を信盛に譲って、智嶺から瑞応山大報恩寺寂照堂に退隠した。それから元禄二年にいたるまでの八年間に、寂照堂を訪問した人びととの対談を侍者に筆録させたものであり、仏典のほかひろく世俗の典籍に見えるものを含め六七八項を考証している。当初は「対客談叢」と名づけられていたが、元禄二年の刊行のときに改めて『谷響集』と命名したものであり、内容は仏教常識であり、経典の用語、経説、仏具、法儀、行事に関するもの、その他儒教、道教に関するもの、天文、暦数、星辰、方位、漏刻、植物、花卉、禽獣、香薬、音韻、字義、助辞、語謎、はては怪奇異聞の類いにまで及んでおり、その正確な意義や典拠の有無等が論述されている。また巻頭には、運敞と親交のあった臨済正宗の南源、高泉、悦山の序文と運敞自身の序文がのせられている。〔所載〕仏全149。
〔吉田宏晳〕

釈浄土群疑論探要記【しゃくじょうどぐんぎろんたんようき】浄　一四巻。著者明記なし。しかし、古来の記録により道忠（？—一二八一）が文永六（一二六九）年に著述されたといわれている。別に『群疑論探要記』あるいはただ『探要記』とも略称する。道忠は浄土宗第三祖良忠の弟子となり、師命を受けて南都に遊学し、法相の学を修め、この書を著わした。本書は中国浄土五祖中第四祖に数えられ、善導の教えをうけて唐代に活躍した懐感の著『釈浄土群疑論』七巻に対して本文に忠実に逐文解釈を行ったものである。一四巻のうち第一・二・三は論の第一を、第四・五は論の第二を、第六・七は論の第三を、第八・九は論の第四を、第一〇・一一は論の第五を、第一二・一三は論の第六を、第一四は論の第七をそれぞれ注釈したものである。『群疑論』中に引用する経論釈の原文を忠実に引釈し、論の要点をまとめて提示する等、現存する『群疑論』の注釈書のなかではもっとも詳細なものである。引用文中には今日佚失して見られない典籍も含まれ、鎌倉時代における浄土教、および唯識関係、ならびに三階教の典籍等を知るための貴重な文献資料としての意味をもつ書でもある。版本に寛永一一（一六三四）年版および同二一年版がある。『浄全』6所収（初版明治四二年刊）のものは後者の本と手沢の善本を校合し、再版本ではさらに大鹿愍成師の手沢本と再度校勘されている。〔末注〕探要記考一四巻（正大・谷大）。〔所載〕浄全6。〔参考〕浄全21（解題）、浄土宗典籍研究。
〔金子寛哉〕

釈浄土二蔵義【しゃくじょうどにぞうぎ】浄　三〇巻。聖冏（一三四一—一四二〇）撰。至徳三（一三八六）年成立。別に「浄土二蔵義」「釈浄土二蔵頌義」「二蔵頌義」「二蔵義」「頌義」ともいわれている。聖冏は浄土宗第七祖であり、諸宗からも注目された浄土宗中興の学僧である。浄土宗においては第三祖良忠の滅後約一〇〇年間は一宗の学風がふるわず、禅の浄土小乗論、日蓮宗の反念仏論など浄土宗に対する批判があり、とくに禅門の学風に押されぎみであった。聖冏はこれに対して諸著を著わして浄土宗義の顕揚に努力するとともに、浄土宗の伝法制度を確立した。こうして浄土一宗の内容外観を整備し、衰微していた宗勢を挽回して後の檀林教学の基礎を築いたのである。

このような聖冏の代表的著作が本書であり、自著の『浄土二蔵二教略頌』一巻を注釈したものである。内容は第一巻が序分、曇鸞、道綽、善導の中国浄土教祖師の教相義、三乗義、声聞義の一で、第二〜五巻前半までが声聞義の二〜五で、第五巻後半〜第六巻までが菩薩義と声聞蔵として詳説している。次に第七〜八巻までが大乗中の漸教を初分教義、後分教義とに分け、前者を大乗通教、後者を大乗別教に配して解釈している。第八後半〜第一〇巻までが性頓義、第一一巻前半に相頓義、第一一巻後半から第一三巻前半に厭穢義、第一三巻後半に欣浄義、菩提心義、第一四巻に三心義、雑行三福義、第一五巻に雑行義、第一六〜一八巻に五正行義、第一九〜二〇巻に五念門義、第二一巻に一行三昧義、外縁総願義、第二二〜二七巻前半に別願義、第二七巻後半に五種増上縁義、三輩義、第二八巻前半に九品十一門義、第二八巻後半から第三〇巻前半に九品義、そして第三〇巻後半が浄土実義、流通分となっている。これを聖冏の特色である性頓、相頓でみるならば第八〜一〇巻が性頓、第一一〜三〇巻が相頓義の科目として解説されていることになる。

ここで聖冏は、一代仏教を大小乗に分け、大乗を漸頓二教に分け、さらに頓教に性頓、相頓があるとして、性頓には実大乗の華厳、天台、真言、禅を配し、相頓が浄土門であるとしている。相頓の浄土門を説くのが本書の主眼であり、諸宗超過、最上至極の一乗法であるとし、浄土門の優越性を主張している。相頓教であるから易行道であり、易行道であるから往生を得る。往生を得れば速やかに無生を得る。無生はすなわち浄土門であり、浄土門は他力の秘術、他力であるから仏意の教、仏意の教であるから相不退、相不退であるから頓中頓、頓中頓であるから相頓であり、これが浄土宗であるという理論を展開し、浄土門こそ究竟大乗の教であることを強調している。江戸時代から明治にかけて宗義書として重要視された書である。〔末注〕聖冏・二蔵義見聞。聖聰・浄土二蔵綱維義。聖聰・二蔵義本末不審請決。大玄・浄土頌義探玄鈔など。〔版本〕寛永七年版―早大・正大・竜大、寛永九年版―京大・正大、慶安四年版―国会・谷大・正大・竜大、安政四年版早大・正大。〔所載〕浄全12。〔丸山博正〕

釈尊讃嘆説法詞【しゃくそんさんたんせっぽうし】曹 一巻。詮慧説述。経豪筆録。延慶二（一三〇九）年撰、筆録。詮慧、経豪はともに道元に随侍し、詮慧は嗣法の弟子であり、経豪は道元の寂後に詮慧の弟子となった。詮慧には『正法眼蔵聴書』一〇巻があり、経豪は詮慧の『聴書』によって注解した『正法眼蔵抄』三〇巻がある。本書は、道元門下の立場から、釈尊の出世の本懐とその説法の意義、諸仏（釈尊）の広大なる功徳を供養讃嘆するあり方を示したものである。〔所載〕曹全（注解2）、正法蒐14。〔河村孝道〕

釈難真宗僧儀【しゃくなんしんしゅうそうぎ】浄真 一巻。慧琳（一七一五―八九）撰。宝暦一三（一七六三）年成立。慧琳は大谷派の第三代講師。本書は本願寺派の空誓の『楞厳講弁破釈』および『葛藤別紙』、大谷派講師の円澄の『帯妻食肉義』に基づいて、真宗の肉食妻帯に対する他宗の問難に答えたもの。論述は客人の問に主人が答えるかたちをとる。内容は、『楞厳経釈要鈔』第六や『涅槃会疏』等には三種浄肉と十種浄肉の区別を説いているから、宗祖は肉を食すといえどもこの浄肉である。また、妻帯については、『大集経』や『涅槃経』『智度論』などに末世の比丘の蓄妻挾子のことを説いているし、現に日本でも東大寺の明一や、元興寺の慈宝などが妻帯した事実が残っているし、現今でも多くの僧が妻室を置いている。これは末法の世の然らしむるところである。また、真宗で妻帯を許しても自妻で満足するのであり邪婬に走るものではないことにも注意を払うべきである、とする。そして、真宗の宗風をそしる者は、正像末の三時についてよく研究すべきである、と結んでいる。〔所載〕真宗全59。〔田中教照〕

折伏正義抄【しゃくぶくしょうぎしょう】日 一巻。日親（一四〇七―八八）著。永享一〇（一四三八）年三月二六日成立。「九州真俗中」に宛てたもの。つまり、日親の肥前国小城郡松尾山光勝寺の導師職当時の僧俗に彼の所信をのべた書。かつて日親はその導師職にあるとき、その地の信者たちの雑乱化した信仰態度、さらには地頭千葉胤鎮の謗法許容の行為も目にあまるものがあった。それを是正させるため、中山教団の総責任者貫主日有をたびたび責めた。日有はこの諫言を無視したばかりでなく、永享九（一四三七）年七月、使者を送って、日親を中山門徒から擯出（破門）した。本書はこの間における日親と日有の不和の理由と経過を記し、日有の九種の謗法行為を指摘する。さらに末法の世における法華経行者の行動は、身軽法重、死身弘法、つまりみずからの身を軽んじ、仏法を重んじ、自分の命を犠牲にして仏法をひろめることであると強調する。祖意に基づく不惜身命の折伏弘通の宗教活動が、その論理を支えていたことを物語る。写本を福山市常国寺蔵。版本を立大蔵。影印本として日親上人全集1。〔所載〕日宗全20。〔松村寿巌〕

釈摩訶衍論開解鈔【しゃくまかえんろんかいげしょう】真 三六巻。頼瑜（一二二六―一三〇四）撰。〔加藤精一〕

釈摩訶衍論開解鈔愚記【しゃくまかえんろんかいげしょうぐき】真 一巻。快道（一七五一―一八一〇）記。本書は、頼瑜（一二二六―一三〇四）の『釈摩訶衍論開解鈔』全三六巻のうち、第四巻までについて、『開解鈔』の本文をあげ、詳細な解釈をしたものである。それは、文々句々にわたるものではなく、問題視された部分を抜き出し、それに考察を加えたもので、快道の『開解鈔』の研究ノート的なものであろう。残念ながらほんの一部分であり、最後まで完成されていればと思う。〔所載〕続豊全3。〔福田亮成〕

釈摩訶衍論鈔【しゃくまかえんろんしょう】 [真] 一四〇巻。宥快（一三四五—一四一六）口説。別に『釈論宥快鈔』『釈論鈔』『釈論快鈔』ともいう。『釈摩訶衍論』は略して『釈論』といい、『大乗起信論』の注書で、作者・内容等については古来から問題があるが、空海（七七四—八三五）が釈論を依用してからは、真言教学を学ぶにはこの論を研究しなければならない。この『釈論』には注釈書も数多くあるが、本書は種々な注釈書および『起信論』の注書にも目をむけるなど、古来の諸説を集大成したと言える大部なもので、第一巻より四巻にいたるまでが『釈論』を講ずる時の聞書となっているが、第五巻の解釈だけは「愚見鈔」と題し、論究的かつ詳細に説明されている。これらの点は他の注釈書には比類がなく、真言密教の立場から『釈摩訶衍論』を理解しようとした時には、必見しなければならないものである。〔真柴弘宗〕

釈摩訶衍論助解【しゃくまかえんろんじょかい】 [真] 一巻。亮貞（?—一七一四）著。宝永二（一七〇五）年成立。略して『釈論助解』ともいう。「助解」は他に「序解」とする。『釈摩訶衍論』の本文中、処々の要文について解釈をほどこしたもの。なお、亮貞の他の著作に、『理趣経存公記』四巻、『自証説法私記』一巻、『歎徳総標第三重新艸』一巻、『還弁折暁論篇』一巻などがある。〔渡辺照世〕

釈摩訶衍論序鈔【しゃくまかえんろんじょしょう】 [真] 一巻。亮汰（一六二二—一六八〇）撰。『釈摩訶衍論』は『大乗起信論』の注釈書で、作者等について古来から異論があるが、空海（七七四—八三五）はこれを真言宗所学論蔵の一として所用し、自らの著作の中にも顕密優劣等の証文として引用している。撰者がこの『釈摩訶衍論』の大綱をまとめたものが本書である。〔真柴弘宗〕

釈摩訶衍論序注【しゃくまかえんろんじょちゅう】 [真] 二巻。亮汰（一六二二—一六八〇）撰。別に『釈論序注』ともいう。本書は姚興皇帝の『釈摩訶衍論序』を注釈したもので、上欄に文の分科が示されている。本書の奥書には撰者が豊山長谷寺にいた時に草稿し、それを寛文一〇（一六七〇）年再校したことが示されている。〔真柴弘宗〕

釈論安養抄【しゃくろんあんようしょう】 [浄] 三巻。印融（一四三五—一五一九）記。成立年代不明。たんに『安養抄』ともいい、明暦二年版には、題号の下に「釈論勧劣向勝不退門論義」とある。本書は竜樹の『釈摩訶衍論』一〇巻のうち、第一〇巻の主として浄土教に関する事項についての論義である。第一巻は、勧劣向勝不退門之事、極楽世界報身報土之事等の五章、中巻は念仏因縁称名歟之事等の四章、下巻は西方極楽唯楽無苦之事、若観彼仏指上阿弥陀之事等の七章、合計一六の問答がのせられている。明暦二（一六五六）年版を谷大、竜大、正大に蔵す。〔新井俊夫〕

釈論決択集【しゃくろんけっちゃくしゅう】 [真] 一七巻。宥快（一三四五—一四一六）などが輯録。本書は新旧二版があり、旧版は二〇巻で慶安元（一六四八）年に発刊され、これを高野山金剛三昧院の快弁が校訂し、一七巻として安永六（一七七七）年に刊行された。当集は新旧二本とも論題は同数で、高野山宝門に用いる釈摩訶衍論の論則集がある。その論題は巻一の「直入中道」に始まり、巻一七の「称名念仏」に至るまで一〇三カ条をもって論じている。〔真柴弘宗〕

釈論十二鈔私記【しゃくろんじゅうにしょうしき】 [真] 一〇巻。長覚（一三四〇—一四一六）記。宝永四（一七〇七）年刊。宝永三（一七〇六）年に秀憲が、奥書に良和法印著『釈論十二鈔』によって著わされたとしている。問答形式の論集であり、一巻には一二条、二巻には一二条、三巻には一二条、四巻には一一条、五巻には一二条、六巻には一二条、七巻には一五条、八巻には七条、九巻には三条、一〇巻には九条の計一〇五条が収められて、真言宗古義派相伝の宗義集である。『釈論』は略称であり『釈摩訶衍論』のことで、『大乗起信論』の注書である。『釈摩訶衍論』は作者が竜樹であるか真偽の二説があるが、空海は竜樹の真作であるとして『弁顕密二教論』『秘蔵宝鑰』等に引用したのみならず、『真言宗所学経律論目録』中に真言宗正所依の論として、菩提心論とともにこの論が収められ、尊重されている。真言宗では起信論、釈論は顕教論、顕密通論、密教論の三説がある。密教論とするのに二説がある。(1)五相三密を説くので密論である。(2)宥快は、五相三密を説いていないが、不二果分を説いているので密論であるとし、真言宗古義派ではこの説を採用している。『釈論』に不二果分を説くか否やの論では、本書巻一では、不二説を問で論じているが、答は不二可説であるとする。〔所蔵〕宝永四年刊（正大、高大）。〔参考〕釈論決択3、釈論愚案鈔1、釈論第三重1、仏解、密大4。〔中山清田〕

釈論百条第三重【しゃくろんひゃくじょうだいさんじゅう】 [真] 一〇巻。聖憲（一三〇七—九二）述。至徳四（一三八七）年成立。『釈論第三重』『釈摩訶衍論百条第三重』ともいう。聖憲以前『釈摩訶衍論』に関する新義学派の注釈書としては頼瑜の『釈論愚草』二二巻や『釈論開解鈔』などがあるけれども、それらの内容を聖憲が整理して一〇〇条の論題を選定し、みずから講述したものを数人の弟子によって筆録されたのが本書で、聖憲八一歳のもっとも晩年に成立したものと考えられる。『大疏百条第三重』と姉妹篇をなす重要な論書で、根来山ではもっぱら両書の論題をとりあげて研修され、その後勤修される伝法大会や報恩講において論義される論題としてもちいられている。注釈書には運敞（一六一四—九三）

の『釈論第三重啓蒙』四一巻および『釈論談義』二巻がある。現在古写本や版本が存するのみで近時刊行されたものがない。写本は正大、高野山宝亀院、同宝寿院にある。また刊本（寛永一〇）が正大、東大、洋大、竜大、国大（七巻欠）、種智院大学、高野山金剛三昧院、同真別処、同宝城院、成田山にある。――→大疏百条第三重　〔伊藤教宣〕

邪正問答【じゃしょうもんどう】日　二巻。日暁（一六四八―一七一〇）著。貞享元（一六八四）年成立。この年鷹ケ峰檀林二七世化主日暁は八代に滞留中浄土宗の僧と法論を行い論破したが、熊本から呼ばれた真宗の夢伝と論難往復激しい法華と弥陀の宗論を展開した。これが八代問答であるが、本書はその記録で夢伝との法論は七月に始まったが八月にはもう開版されている。本書によって夢伝は敗北した。〔所載〕日教全（続宗論部1）。　〔小野文晄〕

邪正問答鈔【じゃしょうもんどうしょう】南　一巻。高弁（一一七三―一二三二）撰。成立年代不明。本書は仏道修行についての正邪をごく通俗的にのべた短文である。問答体により六問に答えている。その大要は、(1)行者が魔道に入るはなぜか、(2)智徳霊験あるによって魔道に入るとはなぜか、(3)凡夫地における有所得と成仏道、(4)坐禅中の狂乱の人について、(5)魔障の対治の方法、(6)魔境に入らざる方便、について問答する。　〔向井隆健〕

沙石集【しゃせきしゅう（させきしゅう）】臨　一〇巻。無住道暁（一二二六―一三一二）著。弘安二（一二七九）年に起筆し弘安六年に脱稿した。別に『砂石集』ともいう。無住は鎌倉後期の禅僧で、鎌倉の人。若いときから諸宗を兼修し、戒律、俱舎、法華、密教、禅を学び、中年になり東福寺の円爾弁円に師事し法を嗣いだ。尾張に長母寺を開剏して禅教兼ねひろめ、桑名の蓮華寺で亡くなった。古今東西の説話を引用して、仏教の緊要のところや処世訓などを説く啓蒙的な仮名法語である。「彼ノ金ヲ求ル者ハ、沙ヲ集テ是レヲ取リ、玉ヲ翫ブ類ハ、石ヲヒロイテ是レヲ磨ク」（序）から『沙石集』と名づけられた。巻一は神明説話を集め、巻二は弥陀や観音信仰等の利益譚を説く。巻三は世俗的な話題を引き、巻四は遁世者、巻五本は学僧の生態に説き及び、巻五末は出家者の和歌への志向を説く。巻六は説経師の実態を描く滑稽譚、巻七は因果応報による悲喜劇、巻八は煩悩におかされる人間のあさましさを説く。巻九は徳目を具えた人物の美談、巻一〇本は発心遁世譚、巻一〇末は臨終往生譚などを収める。中世の庶民生活、その信仰が描かれ、禅を中心に諸宗融合的思想が特徴的に出ている。本集は成立後いちはやく都にも知られ、賞讃と非難が相半ばしたという。本集は説話集のうちで伝本が多いものに属し、鎌倉末期写といわれる広本系俊海本を最古とし、広本・略本二系統の写本・刊本が多く伝わる。〔所載〕古文大85、岩波文庫。　〔西尾賢隆〕

四夜伝【しやでん】天　一巻。最澄（七六六―八二二）伝、覚超（九六〇―一〇三四）記とされ、最澄が入唐し帰朝のときに、道邃、行満より四夜にわたって相伝を受けたとするものの記録であるが、最澄相伝、覚超記からははるかに時代を下ったもので、成立年代不明。内容は、義科・宗要の伝を中心とし、初夜が法華二十八品の分文、二夜が付経の論草、三夜が、三大章疏の本義伝、四夜は『滝門決』と『明相現時決』である。〔所載〕伝全5。　〔弘海髙顕〕

舎那庵語録【しゃなあんごろく】曹　一巻。斧山玄鈯（？―一七八九）撰。安永二―五（一七七三―七六）年成立。編者不明。銘文、題辞、序文各一篇のほかは、拈香、賛、法語のみで、上堂、小参、普説等がなく、語録というよりも詩文集というべき内容である。斧山は『正法眼蔵聞解』『宏智広録事考』の撰者であり、本書にも安永乙未（一七七五）秋『正法眼蔵』講了の辞がみられ、またきわめて語彙が豊富である。〔所載〕続曹全（語録3）。　〔中尾良信〕

遮那経王疏伝【しゃなきょうおうしょでん】真　八巻。空海（七七四―八三五）口、実慧（七八六―八四七）記。『大日経』の前六巻を釈した『大日経疏』の要文を挙げて、その要旨を記したもの。『大日経』の第七巻の釈である『不思議疏』二巻の『遮那王経不思議疏伝』一巻と姉妹篇である。空海の口説を実慧が筆録したもので、『大日経疏』の釈としてはもっとも古い書である。成立年代は不明だが、一説には、空海、大同二年久米寺に『大日経疏』を講じたとき実慧が筆録するといい、別には、実慧が承和一三年高野山で『大日経疏』を講じたときに旧聞を録したという。　〔遠藤祐純〕

遮那業案立【しゃなごうあんりゅう】天　一三巻。仁空（一三〇九―八八）撰。『遮那業案立草』ともいう。仁空は藤原為信の子で、浄土宗西山派の僧。盧山寺に住し、円頓戒も相承している。本書は一行の『大日経義釈住心品』の論義の草稿で、巻一、義釈第一（玄義分）応安二（一三六九）年。巻二、義釈第一（如是以下）応安三年。巻三、義釈第一、応安四年。巻四、義釈第一、応安五年。巻五、義釈第一、応安七年。巻六、義釈第一、永和元（一三七五）年。巻七、義釈第一、永和二年。巻八、義釈第一、康暦元（一三七九）年。巻九、義釈第一、延文三（一三五八）年。巻一〇、義釈第二、延文五年。巻一一、義釈第二、永徳三（一三八三）年。巻一二、義釈第二、貞治二（一三六三）年、巻一三、義釈第二、貞治三年。巻一には、講師真理、問者正照、二問僧全、三問道珍、巻二には、講師慧鏡、一問志玉、二問智鏡、三問智曠と誌される。また巻八には『私云』として私見が多くみられる。『義釈第一鈔』二巻（天全7）もこの時期のものである。〔所載〕正蔵77。　〔坂本廣博〕

遮那業論談【しゃなごうろんだん】天　一巻。作者不詳。題下に『私集記』とあり、奥書に「正徳元年辛卯六月謄写、探題法印厳覚洪道」と識語があるので、比叡山横川の厳覚が正徳元（一七一一）年に古来の密教論義を収集したものではないかと考えられる。そうであれば同じ厳覚の編した『台密問要集』の延長線上にあるともいえよう。本書は台密にかかわる一五条の問題について四重問答形式で記されている。〔所載〕天全7。〔水上文義〕

惹拏母捺羅記【じゃなもだらき】因 一巻。圓珍（八一四—九一）記。圓珍は比叡山第五代天台座主。義真に師事し、所定の一二年籠山ののち一山学頭となり、圓仁帰朝後入唐して長安の法全を中心に密教を伝えた。本書は、胎蔵界大日三昧耶印についてのべる『阿母捺羅記』に対し、金剛界大日の智拳印についてのべたもの。智拳印に二十余の別名があるといい、その文証を出し、この印によりわが身上に相好具足した大日如来の最勝三昧を実現することを説く。〔所載〕日蔵（天台宗密教章疏1）。〔木内堯央〕

折弁無得道論【しゃべんむとくどうろん】回 二巻。妙有日叡（生没年不詳）著。本書の題名について著者は「折は折伏、彼の邪弁を折伏し、もって論の正説を立つ」と述べているごとく、天台宗に改衣した真迢の『破邪顕正記』に対応して書かれている。上巻では爾前無得道、諸宗無得道を論じ、下巻では源空の『選択集』に説かれる念仏の余行について排斥している。写本を立大蔵。〔宮川了篤〕

沙弥十戒並威儀経疏【しゃみじっかいならびにいぎきょうしょ】南 法進（七〇九—七八）撰。天平宝字五（七六一）年成立。『沙弥十戒法並威儀経疏』ともいう。東晋代失訳経である『沙弥十戒並威儀経』の注釈書。釈尊成道後九年、一子羅睺羅のために説くこの経は、沙弥の三帰五戒・十戒を詳説するが、疏は、沙弥の十八威儀を挙げて総括し、次で、微細威儀七十二事を説いて具体的である。本書は該経唯一の釈書として貴重であるのみならず、父母恩重経を引くなど多くの古経・蔵外文献を引載して重要である。〔所載〕日蔵21。〔里道徳雄〕

沙弥十数【しゃみじっすう】真 慈雲（一七一八—一八〇四）説、悟尼記。沙弥のために一〇項目のいましめを説いたものである。一は一切衆生皆依仰食、二は名色、三は痛痒想、四は四諦、五は五陰、六に六八、七に七覚意、八に八正直、九に九衆生居、一〇に十一切入の一〇である。〔所載〕慈全6。〔福田亮成〕

舎利相伝記【しゃりそうでんき】曹 一巻。道元撰。嘉禄三（一二二七・安貞改元）年成立。貞応二（一二二三）年、道元とともに渡宋した明全（一一八四—一二二五）は、天童山景徳寺において宝慶元（一二二五）年五月二七日四二歳で示寂した。道元は遺骸を荼毘に付して舎利三百六十余顆を拾骨して嘉禄三年日本に帰国し、明全の弟子智姉（一説、明智優婆夷）の請に応じて分骨し、その際に明全の入宋より示寂・収骨に至る次第を記し、舎利を相伝し護持する意義を述記して与えられたもの。伝真筆所在。東史料写真所蔵（石川県松岡氏旧蔵）。〔所載〕正法蔵27（道元真蹟集）、道元全下、曹全（宗源下）。〔河村孝道〕

舎利礼文鈔【しゃりらいもんしょう】真 一巻。亮汰（一六二二—八〇）撰。舎利礼文は仏舎利などを礼敬する旨を述べた文である。本書はその文章たる、「一心頂礼、万徳円満、釈迦如来、真身舎利、本地発心、法界塔婆、我等礼敬、為我現身、入我我入、仏加持故、我証菩提、以仏神力、利益衆生、発菩提心、修菩薩行、同入円寂、平等大智、今将頂礼」などに注釈を加えたものである。この舎利礼文を誦し、その功徳によって成仏することが古来から少なからずいわれ、現在でも葬儀に読誦されることもある。〔真柴弘宗〕

拾遺往生伝【しゅういおうじょうでん】通 三巻。三善為康（一〇四九—一一三九）記。成立は康和四（一一〇二）年以降、天永二（一一一一）年を遠からぬころと推定されている。別に『日本拾遺往生伝』ともいう。三善為康は越中国射水郡の人で射水氏という地方豪族から出身し、一八歳のときに上洛し算博士三善為長に弟子入りし、養子となった。算学と紀伝に通じ、少内記から身をおこし堀川天皇のとき算博士となり、正四位下諸陵頭にいたる。九一歳で没するが、著者の仏道修行は『本朝新修往生伝』に詳しい。他に『朝野群載』『掌中暦』『続千字文』『童蒙頌韻』等の著作がある文人官僚である。著者は本書上巻の序文で、『続本朝往生伝』に遺漏した往生者を収録したと記しているが、本書のあとに『後拾遺往生伝』三巻をも著述している。構成は、上中下巻それぞれ成立期が異なるようであるが、上巻二九人、中巻三四人、下巻三一人を収録する。上巻中巻は僧侶、俗人、尼と婦人に分けてほぼ年代順に収め、下巻は伝記の採訪序列によっている。資料は、国史や各種伝記、『日本霊異記』『法華験記』、寺院縁起、過去帳等を使用するが、とくに『法華験記』から多く採用する。収載人物は半数前後が著者と同時代である。本書は往生の夢告や瑞相の記述が豊富で、平安後期の浄土教の特色を示す。写本が内閣、東史料、彰考、真福寺にある。〔所載〕仏全107、仏全(鈴)68、思想大7。〔参考〕本朝新修往生伝、思想大7。〔松木裕美〕

拾遺黒谷語灯録【しゅういくろだにごとうろく】浄 三巻。了慧（恵）編。上巻は文永一一（一二七四）年一二月八日付の序、中下巻は建治元（一二七五）年一月二五日付の序がそれぞれ付されている。源空の遺文、法語等を集録した『黒谷上人語灯録』に収録され、上巻は漢語で、三昧発得記（付夢感聖相記）、浄土随聞記（付臨終祥瑞記・答博陸問答）が、中下巻は和語で、登山状、念仏往生義、東大寺十問答等が集録されている。元亨元（一三二一）年七月に、円智により『和語灯録』とともに中下巻が開版されている。〔所載〕浄全9、正蔵83、昭法全。〔新井俊夫〕

→黒谷上人語灯録

拾遺古徳伝絵詞【しゅういことくでんえことば】浄真 九巻。覚如（一二七〇—一三五一）編。鹿島門徒の羽前長井の導信の請によって（『存覚一期記』）、正安三（一三〇一）年一一月一九日より一二月五日にいたる一七日間で成立（本書奥書）。本書は源空の行状を九巻七二段に分けて記した絵詞伝で、『拾遺古徳伝』ともいい、詞書のみのものが流布した。本書編纂時までですでに源空の伝記として『法然上人伝記』（醍醐本）、『源空聖人私日記』、『本朝祖師伝記絵詞』（四巻伝）、『法然上人伝』、『黒谷上人伝』（信瑞本）、『源空上人伝』（知恩伝）、『法然聖人絵』（弘願本）、『法然上人秘伝』、『黒谷源空上人伝』（十六門記）、『法然上人伝絵詞』（琳阿本）等々があったが、覚如は、東国の親鸞門弟間における源空伝記の必要性を背景として、先行の諸伝によりつつ親鸞の行実を挿入して真宗における源空伝記を編纂した。これが本書である。親鸞関係の記述としては、第六巻一段建仁元年源空門下に入って口決を受けたこと、同巻二段七箇条起請文署名のこと、同巻四段『選択集』の書写、真影の図画のこと、同巻五段真影の銘、善信の名を真筆で書いてくれたこと、第七巻一段流罪のこと、同巻四段親鸞が死罪から遠流になったこと、第九巻七段流罪赦免ののち、源空入滅を知り、関東に星霜を重ね、帰洛後聖忌のたび先師報恩謝徳のため仏事勤行をしたこと等である。現存古写本については『真宗史料集成』1、井川定慶「法然上人絵伝の研究」参照のこと。〔所載〕真聖全3。〔参考〕三田全信・成立史的法然上人諸伝の研究。〔新作博明〕

拾遺古徳伝絵詞略讃【しゅういことくでんえことばりゃくさん】浄真　三巻。恵証（生没年不詳）述。成立年代は不詳であるが巻尾に「于時、天明八戊申（一七八八）応鐘上浣七日功畢」とある。本書は覚如の著わした源空の伝記である『拾遺古徳伝絵詞』を詳しく注釈したものである。〔所載〕真大26。——→拾遺古徳伝絵詞〔新作博明〕

十一通御書【じゅういっつうごしょ】日　日蓮（一二二二—八二）著。文永五（一二六八）年成立。本書は同年一〇月一一日付で当時の政界の代表者北条時宗、宿屋左衛門入道光則、平左衛門尉頼綱、北条弥源太と仏教界の代表者建長寺道隆、極楽寺良観、大仏殿別当、寿福寺、浄光明寺、多宝寺、長楽寺宛に出された一一通の諫暁書の総称である。文応元年に『立正安国論』に予言された蒙古来襲が現実となる先兆の国書が文永五年一月一八日に到着した。そこで日蓮は同年時宗に『安国論副状』を送り、安国論のごとく邪法を捨て法華信仰を用いよと勧めたが返答なく、時宗に進言するように同年四月法鑑房に『安国論御勘由来』、同八月と九月光則へ『宿屋入道許御状』『宿屋入道再御状』を出し、国難に及ぶのは念仏、禅宗等の邪法のゆえ、その帰依をやめ法華正法に帰すれば国難は去ると諫状したが返答がない。改めて一一通御書の諫状を出し、国難を救うため公場対決をもって諸宗と法の邪正を決することを望んだのが本書の狙いである。しかしこれまた何の返答もなかったのである。一一通御書に対して真偽問題をするものもあるが『種々御振舞御書』に一一通の状と明確に見え、この書は真跡曽存で日意日乾目録にも現存する。日乾のものは宗門では第一級の資料と扱われ疑うべき余地はない。〔所載〕定日遺1。〔参考〕日蓮聖人教学の研究、日蓮辞典、日蓮宗事典。〔桑名貫正〕

宗義決択集【しゅうぎけっちゃくしゅう】真　二〇巻。編者不明であるけれどもおそらくは宥快（一三四五—一四一六）門下の編輯したものであろう。略して『宗決』という。新旧二本の中、旧版は二二巻あったが、明和八（一七七一）年、金剛峯寺快弁が校訂して二〇巻とした。本書は教相決択の主要なるもので、高野山宝門の論議決択書である。内容は巻一の「自性会因人」から、巻二〇の「度生願満」にいたるまでに、論題八八カ条が示されている。〔真柴弘宗〕

宗義制法論【しゅうぎせいほうろん】日　三巻。日奥（一五六五—一六三〇）著。元和二（一六一六）年三月二六日成立。本書は日乾（一五六〇—一六三五）の著述『破奥記』に対する破書である。すなわち、日奥は紀州頼宣の側近に侍した三浦為春（頼宣の母＝養珠院夫人の兄）に対し、その篤信によって『法華宗諸門流禁断謗施条目』一巻を与えた。この一巻が当時身延西谷に隠居していた日乾の目にふれた。日乾は身延当住日遠と相議し反論一巻をつくり弟子隆恕（日暹）の名をもって反論した。これが一般にいう『破奥記』である。これに対しその所論を破したのが、日奥の『宗義制法論』三巻である。まず上巻では、一九条を立てて『破奥記』の所論を破り、中巻は同記にあげられた難破一七条を駁論し、下巻では『禁断謗施条目』に対する『破奥記』の論述を難破し、さらに来難五条をあげて反論している。直筆を岡山県金川妙覚寺蔵。〔所載〕万代亀鏡録3。——→破奥記〔松村寿巌〕

十牛訣【じゅうぎゅうけつ】臨　痴兀大慧（一二二九—一三一二）著、愚中周及（一三二三—一四〇九）編。『東福仏通禅師十牛訣』ともいう。宋・廓庵師遠の『十牛図頌』について仏通禅師が提唱した記録である。一〇行二〇字詰の版本は、廓庵和尚十牛図頌幷序、十牛決（尋牛一、見跡二、見牛三、得牛四、牧牛五、騎牛帰家六、到家忘牛七、人牛不見八、返本還源九、入鄽垂手十）の各問答体の記述と、和歌および図を含む。正保二年版本（九行一七字詰）は提唱本文のみ。〔所蔵〕花園、岸沢、永久、陞川、松ケ岡、駒大。〔高崎正芳〕

宗教要解【しゅうきょうようげ】日　一二巻。玄収日賢（一七三五—一八一六）述。文化元（一八〇四）年ころ、武州一の江妙勝寺隠棲中に著わした教義書。日賢は玄収院と号し、幼にして了義日達（一六七四—一七四七）の門に投じ、中村檀林で研鑽した。のち京都頂妙寺二九世・中山八〇世となり、寛政二（一七九〇）年中村檀林の化主となった。本書は日蓮宗（『法華経』）と他宗（諸経）との今昔権実を論じ、円体同異を究明したものである。本書の論目の一部を記すと、「別理生法」「別向観相」「教証二道」「二円諦理」「相待絶待止観」「次第不次第止観」「浄名三種三観」「今昔破会」「仏慧同異」「法華般若異名」「法華般若互摂入」「観行広略」「法相同」「領知付財」「三麁一妙四麁一妙」「迹門諸経有同有異」「教部与奪」等々で、三三項目から成り立っている。翻って、日賢が本書を述作するに至る背景を一瞥すると、それは近世初頭から中葉にかけて、日蓮宗教学界は浄土宗並びに脱宗者との権実論争花やかなりしころで、日賢も師日達の遺志を継ぎ、他宗との論争を行っている。かかる論争の過程から生まれた教義書の一つが本書である。なお写本は立大に存し、刊行は明治三〇（一八九七）年である。〔中條暁秀〕

（釈浄土）十疑論升量録【（しゃくじょうど）じゅうぎろんしょうりょうろく】浄真 一巻。僧撲（一七一九―六二）著。成立年代不明。本書は華厳の鳳潭（僧濬）の著『念仏往生明導剳』に対しての反論書である。『浄土十疑論』（『浄全』6）は智顗の真作にあらずとする『明導剳』の説に対して、真作なることを論ずるとともに、鳳潭の浄土教義理解の誤りを正したものである。ちなみに、『浄土十疑論』の著者は智顗のほかに懐感説や湛然説がある。対鳳潭説として法霖『浄土折衝編』、『笑螂臂』（何れも『真宗全』60）がある。〔所載〕真宗全62（真宗小部集2）。〔藤田恭爾〕

充治園礼誦儀記【じゅうごうえんらいじゅぎき】日 一巻。日輝（一八〇〇―五九）著。朝夕に行う礼拝、読誦の行軌についての指南書であるが、その行ずる儀軌に観心の方法を示し、「初学の子弟に便」ならしめんとしたもの。内容の大綱は五方便（⑴定立本尊、⑵厳浄道場、⑶浄身整衣、⑷供養香華、⑸磬磬調節）と十正修（⑴勧請、⑵礼拝、⑶讃歎、⑷読誦、⑸運想、⑹唱題、⑺回向、⑻発願、⑼三帰、⑽奉送）である。現行の『宗定日蓮宗法要式』の行軌作法篇はこれに基づいて成されたもの。なお、礼誦儀記の付録として「礼法華式」が載せられている。〔所載〕充治園全集2。〔松村寿巌〕

重刻百利講略註【じゅうこくひゃくりこうりゃくちゅう】時 一巻。尚山（＝賞山、一六六五―一七二六）。安永四（一七七五）年成立。本書は賞山が『百利口語』に対し博引傍証、経典及び宗典により注釈したものである。賞山は正徳元（一七一一）年以前、沼津西光寺の住職の時に『百利講略註』を著わした。後、遊行三二代尊如が京に滞在の間に略註の重刻を思い立ち、賞山が校訂するにいたった。松山市宝厳寺所蔵。〔所載〕定時宗上。〔長島尚道〕

集古雑編【しゅうこざっぺん】浄真 二巻。恵空（一六四四―一七二一）編。元禄一五（一七〇二）年成立。恵空は大谷派の初代講師。天正八（一五八〇）年に大坂の石山本願寺を織田信長に明け渡した経緯からはじまり、顕如、教如父子の軋轢、教如の門主位継承に対する如春尼の妨害、そして徳川家康より京都東六条に寺領を拝領したことなどが、史料を駆使してのべられ、東本願寺が嫡子として正統に家系を継ぐものであることを主張している。〔所載〕真宗全56。〔田中教照〕

宗骨抄【しゅうこつしょう】真 一巻。憲深（一一九二―一二六三）在判。成立年次不明。憲深は醍醐三宝院の成賢の弟子で、醍醐寺報恩院に住し、のちに醍醐寺座主を勤め、小野方の三宝院流の末流である報恩院流の祖となる。本書は、真言、阿字、吽字、四曼四身等の種々の問題について、問答体などによって論じた書で、なかに「師云」「師主云」「口云」などの記述があり、憲深の師である成賢の口説ではないかと思われる。『宗骨抄』とは、醍醐の骨目最極を抄した意であろう。内容は、真言異名第一、雑部真言第二、𑖀字万法総体事第三、𑖮𑖳𑖽字六大具足事第四、𑖮𑖳𑖽字三部五部具足事、𑖮𑖳𑖽字五智具足事、𑖮𑖳𑖽字五転横竪具足事、𑖮𑖳𑖽字即身身六大具足事、𑖮𑖳𑖽字風大両部具足事、𑖮𑖳𑖽字心万法開発事、𑖮𑖳𑖽字自証化他説法恒爾不断事、修行間所魔界対治事第五、𑖎字因業不可得第六、真言行人魔界即仏界用心事第七、九重月輪観事第八、四曼各具四身事第九、流来生死大事第一〇の一〇門一七項目よりなり。真言、阿字等の教相についての口訣だけでなく、吽字、月輪観、四曼などの事相の口訣や、魔界対治、流来生死大事などの真言行者の日常の用心などについての口訣をふくむ。本書の写本は江戸時代の写本が宝亀院にあり、またカリフォルニア大学所蔵の栂尾祥雲博士のコレクション中に寛順書写本（年次不明）があり、写真版で刊行されている。〔所載〕栂尾コレクション顕密典籍文書集成9。〔苫米地誠一〕

十三仏本地垂迹簡別釈【じゅうさんぶつほんじすいじゃくけんべつしゃく】天 一巻。圓珍（八一四―九一）記？ 正しくは『山王院十三仏本地垂迹簡別釈』という。圓珍は比叡山第五代天台座主。本書は圓珍の諸著作目録にまったく収載されておらず、十三仏の組織化がなされた一四世紀前半あたり以降に著わされたものか、不動以下虚空蔵にいたる十三仏に、秦広王以下祇園王まで垂迹の十三王をつらねるが、その配当は『地蔵十王経』に準じそれに加上した独特なもの。〔所載〕仏全28。〔木内堯央〕

十三問答抄【じゅうさんもんどうしょう】日 二巻。日隆（一三八五―一四六四）著。『四帖抄』所引のゆえにそれ以前、おそらく永享七（一四三五）年以降の著。日蓮教学に関する一三の論目を提起し、問答体の形式で解答を示したもので、とくに第一三問答は日隆の本門円戒論をうかがう一資料である。本抄は本果日朝（一三九三―一四六六）の質問に対する解答と伝えられている。真蹟は尼崎市本興寺蔵。〔所載〕日宗全8。〔大平宏竜〕

宗旨疑問指帰略答【しゅうしぎもんしきりゃくとう】浄真 一巻。円智（？―一六七〇）著。成立年代不明。円智は大谷派の学僧で慶秀の学説をうけついで、恵空、玄了、円策などを育成した人である。本書も恵空の提出した一七条の疑問に答えようとして、第九問の弥陀三尊までいったとき急逝し、未完成のまま残されたものを、恵空が清書し、秘蔵していたもの。〔所載〕真宗全55。〔田中教照〕

宗旨雑記【しゅうしざっき】日 二巻。日乾（一五六〇―一六三五）著。寛永四

（一六二七）年成立。日乾は身延山久遠寺二一世。貞松中興の祖、鷹ケ峰檀林の祖。本書は勅命により執筆し、倶舎、成実、律、三論、法相、華厳、禅、浄土（以上上巻）、真宗、天台、日蓮宗の所依経典、祖師、宗義等を略述する。日乾は当時の折伏横行を憂え、宗門擁護のために宗政的立場で権実論を寛容にし、内相承は強調せず外相承を立て題目修行を正行としている。写本を立大蔵。〔刊本〕天和二（一六八二）年。〔桑名貫正〕

執持鈔【しゅうじしょう】浄真 一巻。覚如（一二七〇—一三五一）著。本書奥書によると、嘉暦元（一三二六）年九月、飛騨の願智房永承の求めに応じて撰述、授与され、暦応三（一三四〇）年一〇月一五日に永承が本鈔を携えて上洛したときに書写したことが知られる。覚如は本願寺の第三世にして親鸞の曽孫。童名は光仙、諱を宗昭、別号を毫摂という。一八歳のとき、親鸞の孫如信から真宗の要義を受け、生涯を通じて親鸞の大谷廟堂の寺院化を企て、本願寺を中心に真宗教団を統一、組織化しようとし、三代伝持の血脈を主張し、血統と法統との両者を踏まえた教団統率者として、親鸞の教学を明らかにし宣揚することに努めた。

本書は五章から成り、初め四章は「本願寺聖人仰せにのたまわく」「またのたまわく」といって親鸞の法語を挙げ、伝承の法義を解説している。第五章で「わたくしにいわく」といって覚如自身の領解をのべている。

⑴臨終を待つことや来迎をたのむのは諸行往生を誓った第一九願のこころであって、真実信心の行人は摂取不捨のゆえに正定聚に住し、臨終待つことなく来迎たのむことなしとする。⑵往生浄土のためにはただ信心を先とし「往生ほどの一大事、凡夫のはからふべきことにあらず。ひとすぢに如来にまかせたてまつるべし」といい、親鸞が源空の教えに絶対信順した態度を示し、これこそ自力を捨てて他力に帰する相なりと記す。⑶善導の第一八願の念仏往生の願のこころを釈した「善悪凡夫得生者、莫不皆乗阿弥陀仏大願業力為増上縁」（『玄義分』）によって、凡夫の浄土往生には善も悪もともに用をなさず、ただ阿弥陀仏の大願業力ばかりが殊勝なる縁力であるとする。⑷「光明名号の因縁といふことあり」として「このひかりの縁にあふ衆生、やうやく無明の昏闇うすくなりて宿善のたねきざすとき、まさしく報土にむまるべき第十八の念仏往生の願因の名号をきくなり。しかれば、名号執持することさらに自力にあらず、ひとへに光明にもよほさるゝによりてなり」といい、さらに善導の『往生礼讃』前序の文や親鸞の『教行信証』行巻の両重因縁の文を引いて、光明、名号、信心の関係を説明している。⑸私にいわくとして「平生の一念によりて往生の得否はさだまれるものなり」といい一念往生平生業成の宗義をのべている。

本書を『執持鈔』と名づけたことは、⑷のうちの「名号執持」の語や、⑸のうちの「我すでに本願の名号を持念す」の語からもうかがわれるが、覚如は本書で、親鸞教義の根本を明らかにし、覚如自身の領解が親鸞教義の正旨を伝承していることを示そうとしたといえる。「本願寺」の称の文献上の初見は元亨元（一三二一）年の念仏停止について覚如が草した愁申状に「本願寺親鸞上人門弟等謹言上」とあるによる。これ以後さかんにこの寺号がもちいられたが、本書に「本願寺聖人」と明記されていることは注目される。このことは、覚如が大谷廟堂を本願寺へと展開させ、教団の中心として諸国門弟や門徒を統摂せんとする意の表われであるといえる。古写本として永享二（一四三〇）年書写本（新潟県浄興寺蔵）、蓮如書写本（本願寺派本願寺蔵）。〔末注〕霊晄・執持鈔丙申記、法海・執持鈔丙子録、吉谷覚寿・執持鈔略述。〔所載〕浄土真宗聖典、真聖全3、親全4、真宗史料集成1。〔参考〕石田瑞麿著・歎異抄・執持鈔、仏解。〔新作博明〕

執持鈔丙子録【しゅうじしょうへいしろく】浄真 三巻。法海（一七六八—一八三四）述。文化一三（一八一六）年九月朔日—一六日、名古屋御坊にて講述す。本書は覚如の『執持鈔』を解釈したもので、⑴一代製作、⑵興由、⑶大意、⑷題目、⑸本文、の五門に分け、⑴で覚如の著作一二部を解題し、⑵を通別に分け、通は自信教人信、報仏恩のためであるとし、別をさらに縁起と造意に分ける。⑶では名号を執持するとき往生の業事成弁することを明かすとする。そして題号を釈し、本文を順次、詳しく解釈している。〔所載〕真大25。——→執持鈔 〔新作博明〕

執持鈔丙申記【しゅうじしょうへいしんき】浄真 一巻。霊晄（一七七五—一八五一）述。天保七（一八三六）年一二月講述。本書は覚如の『執持鈔』を解釈したもので、⑴来意、⑵大意、⑶題号、⑷本文に分け、⑴を通別に分かち、通は報仏恩のため、別は願智房の請に応じて三代伝持の法脈を顕わさんがためとする。⑵を義に約すと文段に約すとに分け、義に約せば平生業成の義を明かすとする。⑷本文五章をそれぞれ①明二平生業成義一、②挙レ機示下帰二他力一相上、③明下凡夫託二願力一入中報土上、④明二光明名号因縁一、⑤私釈、と要約して詳しく解釈している。〔所載〕真大24。——→執持鈔 〔新作博明〕

十住心論【じゅうじゅうしんろん】真 空海（七七四—八三五）撰。天長七（八三〇）年成立。正しくは『秘密曼荼羅十住心論』という。空海の主著であり、公的に真言宗の教義を内外に発表した綱要書である。真言宗の日本における開宗をいつと見るかについては、古来から学者に幾説かあったうち、本書の撰述年たる天長七年をもって真言宗の成立と見る説があるほどである（他の二説は高野山開創の弘仁七〈八一六〉年説と、空海の唐より帰朝せる大同元〈八〇七〉年説）。

本書は題名の示すとおり、人間の心の在り方を一〇に分け（十住心）、それぞれの心の在り方を通じて人間の在り方、特色、修行の在り方を眺めつつ、順次高所に至り、ついに至高の境地である密教・大日如来の境地に至る全過程を説く。これによって明らかなように、本書は慥かに、教義綱要書であるが、他面、他の主な宗派との対比を行っているので、教判書ともいえる性格をもっている。事実、この書物は、天長七年に、天台宗、法相宗、律宗等々合計六宗の人びととともに、時の淳和天皇に宗義を述べて奉献したものであるから、教義と教判の双方の性格をもつのは当然のことであった。

このとき、本書と並んで『秘蔵宝鑰』三巻が奉献された。本書には引証文多く、論述詳細を極め考論といわれているのに対し、『秘蔵宝鑰』は論述も簡略明快であり、引証も最少限なところから略論といわれている。両者の成立の先後関係は、『秘蔵宝鑰』に、「詳には広論に説くがごとし」とあるところから『十住心論』が先、『秘蔵宝鑰』があと、と見なくてはならない。

『十住心論』は心の在り方（住心）を説くことを目的として叙述された「仏教概論」であり「密教概論」である。その出典は「住心」ということばを初出させた『大日経』の「住心品」であることは疑いない。そのほか、無数に近い出典は、いずれも広義の基調書となったものとして『菩提心論』『釈摩訶衍論』などが挙げられて来ているが、配列にも思想にも、強く空海の特色が出ていることはいうまでもない。まず「十住心」ということばの意味であるが、これは、一〇の心が一つ一つの場所に在って、定住していることとをいうのではない。一つの心は、その心の境地を十分に味得し、修行し終るや、必ず次の、より高い境地へと移ることが予想されている。この昇化の次第を、古来「心品転昇」といっている。この点からみて「住心」の原語として考えられている「citta-sthāna（心の場）」というのは当っていないのではないかと思われる。心は、徐々に昇って行くときには「地々遷登」といわれ、初地にせよ、第二地・第三地にせよ、今在るところから一挙に極位である密教の境地にまで昇りつめることを「初地即極」というが、そのいずれにせよ「住心」は、止まらずに動き昇るものと考えられていることは明らかである。とすれば「住心」の原語は、もう少し「心が動く」「心が（今……に）在る」を意味するがごときことば、たとえば「citta-sthiti（心が住す）」などが考えられるのではなかろうか。

いずれにせよ、心は一〇の段階をもちつつ、いずれも仏の世界（曼荼羅）でないものはないのであり、それは一々の段階の説明や解釈では到達しえない「秘密」の境地なのである。このところを捉えて「秘密・曼荼羅・十住心論」というのである。ここから、空海の挙げる一〇の「住心」のうち、九までが顕教（密教以外の大小乗の仏教）であり、一つだけが密教（九顕一密）であるという考え方と、九つが顕教であることはそのとおりであるが、立場を変えて考えれば、一〇の住心のすべてが密教ともいえるという立場（九顕十密）も生まれてくるのである。

普通「九顕一密」は『秘蔵宝鑰』の姿勢であり、「九顕十密」が『十住心論』の立場であるといわれていたが、必ずしもそのように限定しにくい。両書ともに双方の立場を併せ含んでいる、とみなくてはならない。〔金岡秀友〕

十住心論科註【じゅうじゅうしんろんかちゅう】[真]　秀翁（一六二六—九九）記。寛文（一六六一—七三）年間成立。秀翁は『倶舎論図記』四巻の作者。科とは経論の文章構造を分析綜合することで、注はその科文のそれぞれについての解釈をすること。本書は『十住心論』の科注であり、『十住心論』の文章構造、内容を知るうえで一目瞭然たるものがある。また十住心のそれぞれに科文の表をつけて読書の便に供し、注もまた詳細である。本書の初めには自性法身薄伽梵より空海までへの付法の系譜と『十住心論』制作の理由、清涼殿における即身成仏の現証が書かれている。次に題号の釈のところで、秘密を釈するに『二教論』の衆生秘密と如来秘密の釈。『義釈』の諸仏所秘、衆生所秘、諸仏密語、法体秘密の四種の釈。安然の『菩提心義』の法体秘密、諸仏内証、非機不授、衆生不覚、未入三摩耶、行人功秘の六釈を挙げ、さらに秘密に大小あり、真言にも大小ありとのべている。十住心にも四種の釈をあげるが、それらは、(1)前九顕第十密。(2)心続生の十住心。これに二義あり、所寄斉（顕）と能寄斉（真言行者の次第）。(3)真言行者の五種三昧道の法門。この五種三昧道と相応する者は一生に成仏す。(4)大日如来の普門の万徳を開示す。この(4)はいわゆる九顕十密の深秘釈にあたり、第一の浅略釈に対するものであろう。〔所載〕続真全13・14。〔吉田宏晢〕

十住心論玄談【じゅうじゅうしんろんげんだん】[真]　一巻。元明（?—一七五七）記。成立年代不明。本書は空海の『秘密曼荼羅十住心論』についての玄談であるが、第一総述大意から第十入文判釈までの一〇門にわたって構成されている。第一総述大意はさらに一一義を列するとして、㈠衆生心、㈡住心四義、㈢二教十住、㈣名体、㈤所住心、㈥廃立、㈦次第十因、㈧五重玄義、㈨三性、㈩依経、㈡問答の一一項目を立てている。以下第二地位階級、第三妄執断位、第四根本無明、第五従顕入密、第六発心二位、第七所被機根、第八成仏差別、第九雑部密教の各項目について論じ、終りに第十入文判釈では、実際には『十住心論』本文の注釈を行うのではなく、十住心を立てる理由を示して「謂く巧方便を以て如実知自心を開き、横竪の二門を立つ。横には十界を改めずして独一法界を成じ、竪には重重の浅深を分して十界輪円四重法界の円壇を成じ、以て心続生の相を示す」のであるとし、また「所詮の宗趣は、如実知自心を以て宗と為し、三句を趣と為す」とし、「教経の初品を名づけて住心と曰ふ。住心とは即身成仏なり」の語をもって終っている。文政四年の写本が長谷寺にある。〔所載〕続豊全3。〔福田亮成〕

十住心論私記【じゅうじゅうしんろんしき】[真]　一二巻。政祝（一三六六—一四三九—?）述。名古屋宝生院第四世政祝は、事教二相にわたる達者として有名である。

本書は、空海の『十住心論』の注釈書で、本文をあげ、詳細なる解説を展開しているもので、数多い『十住心論』研究書の中でもきわめて重要なものの一つであるといえよう。奥書によれば、永享六年に執筆されたもので、政祝六七歳の時の労作である。まず、宗論幷此論製作ノ時代事なる小文をおき、「秘密曼荼羅十住心論」の題名から解説を始め、『大日経疏』からたびたび根拠となる文を引証し、明解なる論述を展開している。「十住心とは一に異生羝羊心乃至十に秘密荘厳心なり。心続生の十住心は即ち能寄斉の真言行者なり。果報の十住心は即ち所寄斉の顕教の学者なり。宝鑰は九顕一密の教体なるが故に、第十独り秘密曼荼羅の義なり。是れ竪差別の謂なり。此の論は横平等の教体なるが故に十住心皆な秘密曼荼羅なりと」ということく、真言宗乗の立場からのきわめて厳密なる解説であることがわかろう。『十住心論』を読む場合に、きわめて良好なる参考書となる。〔所載〕続真全12。〔福田亮成〕

十住心論衆毛鈔【じゅうじゅうしんろんしゅもうしょう】[真]　一八巻。頼瑜（一二二六―一三〇四）撰。本書は空海の大著『秘密曼荼羅十住心論』の注釈書であり、合計六九五条の問題について問答形式によって解説する。多数の論書を引用している点で『十住心論』の理解にはきわめて便利である。書名の衆毛は『十住心論』の序による。なお頼瑜には別に『十住心論愚草』という注釈書もあり、これは七五三条について論釈しているのだが、本書とは条目を異にする。〔所載〕真全10、諸宗章疏録3。〔加藤精一〕

十住毘婆沙論易行品開演日記【じゅうじゅうびばしゃろんいぎょうぼんかいえんにっき】[浄真]　二巻。徳竜（一七七二―一八五八）著。成立年代不明。ただし越後安念寺において、開繙せられたものであるとされている。竜樹の『易行品』の注釈書。『易行品』は難易二道を判ずるうえでは浄土教全体の宝典であるにもかかわらず注釈書は真宗においてのみなされていることを特記し、徳竜の老父順崇の『疾船鈔』の大意によりて講述されている。〔所載〕真大5。〔藤沢正徳〕

十住毘婆沙論易行品蛍明録【じゅうじゅうびばしゃろんいぎょうぼんけいみょうろく】[浄真]　二巻。柔遠（一七四二―九八）著。成立年代不明。竜樹の『易行品』の注釈書（原漢文）。造論縁起、消釈題号、随文解釈の三門を作して注釈されている。そのさいひろく通元、僧樸等東西先哲の講録を引用し、みずから所見をのべている。〔所載〕真宗全9。〔藤沢正徳〕

十住毘婆沙論易行品講纂【じゅうじゅうびばしゃろんいぎょうぼんこうさん】[浄真]　四巻。随慧（一七二二―八二）外述。明治三〇（一九〇〇）年成立。『易行品』の講録。大谷派の歴代九講師の講録書をもって、学説の相違が明確になるように採集したもの。〔末注〕随慧・易行品皷枻記、法海・易行品筆記、徳竜・易行品開演日記、澄玄・易行品聞記、秀存・易行品聴記、竜温・易行品講録、神興・易行品筆記、行忠・易行品講録、雲集・易行品講録。〔所載〕真宗全8。〔藤沢正徳〕

十住毘婆沙論易行品講録【じゅうじゅうびばしゃろんいぎょうぼんこうろく】[浄真]　一巻。僧樸（一七一九―六二）著。成立年代不明。『易行品』の注釈書。(1)教起所因、(2)蔵部所摂、(3)顕教分斎、(4)教所被機、(5)能詮教体、(6)所詮宗趣、(7)造論時節、(8)伝訳縁起、(9)釈論題目、(10)随文解釈、の一〇門に分けて、真宗の立場より大意を記し、詳細に解釈されている代表的な『易行品』の講録である。〔所載〕真宗全9。〔藤沢正徳〕

十住毘婆沙論易行品筌蹄【じゅうじゅうびばしゃろんいぎょうぼんせんたい】[浄真]　三巻。法海（一七六八―一八三四）述。文化七（一八一〇）年成立。竜樹の『易行品』の注釈書。(1)明縁起、(2)弁教摂、(3)顕宗致、(4)解題目、(5)釈題目、以上五門に分けて講述されている。そのさい、高麗本・明本のうち高麗本をもととして、明本との校異を施し、両者の対映のなかで弁別されている。〔所蔵〕真大5。〔藤沢正徳〕

宗旨要解【しゅうしようげ】[日]　一〇巻。玄収日賢（一七三五―一八一六）著。成立年時は明らかでないが、享和三（一八〇三）年ころと見られる。日賢は江戸時代後期の学匠で、頂妙寺第二九世、中山法華経寺八〇世を歴任し、中村檀林の能化。本書は天台宗と日蓮宗の教理の違い、理観と事観の異なりなどを一三の論目をたてて論述したもの。ことに七巻までは山家・山外の論目をのべ、ついで台当の宗旨の同異、三大祕法となっている。また、日賢は、了義日達、日義の教学を継承することをむねとし、日導の教学に批判を加えている。正本・京都妙顕寺、写本・立大図書館所蔵。〔北川前肇〕

重書無題鈔【じゅうしょむだいしょう】[浄]　一巻。著者不明。内容は弁長撰の『浄土宗要集』の注釈書で、表紙上書事、浄土三部経事、道付欠字事、一向専修、専雑二修、随自意、頓教一乗、安心起行、持戒往生、善解義趣、女人往生、三定聚、中品生機、報身報土事、善導不依経、四誓事、三世諸仏浄業事、十悪往生事などについて、相伝の義によって解釈し説明している。〔所載〕浄全10。〔柴田哲彦〕

住心決疑抄【じゅうしんけつぎしょう】[真]　一巻。信証（一〇八八〈八六〉―一一四二）著。成立年代不明。本書は、空海の十住心思想のうち、第八一道無為心を天台宗、第九極無自性心を華厳宗にあてることについてのその二宗の浅深の根拠、二宗と真言宗との浅深の根拠、そして仏身論における顕密の相違などをのべる。一道無畏心、極無自性心の浅深、さらにはその二宗と密教の浅深は、のちの真言教学の重要な課題となる。〔所載〕正蔵77。〔本多隆仁〕

住心品疏冠註【じゅうしんぼんしょかんちゅう】[真]　九巻。覚眼（一六四三―一七二五）撰。本書は、『大日経疏』住心品の注釈書であり、『玄談』一巻と『冠註』八巻からなり、両書の奥書によれば、『玄談』には、「享保七年壬寅季冬十有二日、満八十叟覚眼翁誌。」とあり、『冠註』には、「享保五年僧禄大僧正覚眼七十八翁誌」とあり、『冠註』刊行二年後に『玄談』を刊行したことが知られる。本書撰述の意図は、加持身教主説を強調し、加持身説を基に住心品疏を注釈しようとしたところにある。本書の刊行年時より察すれば、覚眼は、浄厳の『大日経住心品疏冠略解』八巻に対して加持門説を強調せんがために撰述されたことがうかがえる。また本書の特徴として、聖憲の『大疏百条第三重』や運敞の『大疏啓蒙』の百条論義の出拠を示すとともに、その問題点をあきらかにしている。〔所載〕智全3。　〔吉田宏晳〕

十善戒相【じゅうぜんかいそう】圓　一巻。慈雲（一七一八—一八〇四）撰。安永三（一七七四）年正月一八日成立。または『十善仮名法語』『十善略法語』ともいう。本書は後桃園帝の皇后恭礼門院の請によって十善戒の法語を撰し、慈雲自ら三部を書し、後桃園帝、同生母開明門院、恭礼門院に奉献されたものである。〔所載〕慈全13。　〔福田亮成〕

十善戒法語【じゅうぜんかいほうご】曹　一巻。寂室堅光（一七五三—一八三〇）撰。文政元（一八一八）年成立。『十善法語』または『十善戒信受の人に示す法語』とも。本書は『華厳経』などから項目を抜集し、和訓して十善戒の各項の戒義を平易に示したもの。堅光は江戸後期の宗乗家で、とくに戒法と清規に精通した人。〔所載〕曹全（禅戒）、国東叢2－2。　〔佐藤秀孝〕

十善法語【じゅうぜんほうご】圓　慈雲（一七一八—一八〇四）語。十善とは、十善戒のこと、すなわち不殺生、不偸盗、不邪婬、不妄語、不綺語、不悪口、不両舌、不貪欲、不瞋恚、不邪見のことで、在家の人びとが実践する徳目である。空海は、『三昧耶戒序』において、密戒である「三昧耶戒」を主張したが、日常の場での実践に、この十善戒を高唱された。「一切衆生を観ることなお己身および四恩のごとし、と前提し、敢てその身命を殺害せず、敢てその所有の財物を奪盗せず、敢て凌辱汙穢せず、敢て欺誑せず、敢て麤悪語をもって罵詈せず、敢て離間せず、敢て綺語せず、敢て所有の財色を貪求せず、敢て前人を瞋恚せず、敢て愚癡の心行を起さず。これすなわち大慈悲の行願に由るが故に、自然に十不善の心を離る」と。この主調は、『十善法語』の出発点となった。在家の人びととの信仰運動の理念に、この十善戒をおき、真言密教復興運動としても位置づけられるものである。

『十善法語』は、慈雲が京都阿弥陀寺において講演したものをまとめたもので、一二巻からなっている。第一巻から第九巻までは、不殺生戒から不瞋恚戒までが説かれ、第一〇巻から第一二巻までは不邪見戒が説かれている。「師云、人の人たる道は、此十善に在じや。人たる道を全くして　賢聖の地位にも到るべく、高く仏果をも期するべきと云ことじや。経の中に、此道を失へば、鳥獣にも異ならず、木頭にも異ならずと有じや。……人たる道と云は、諸の三蔵学者、文字の輩は浅きことに思ふべけれども、さうでない。……若要を取て言はゞ、世間戒も出世間戒も、声聞戒も菩薩戒も、此十善戒を根本とするじや。初心なる者は、世間戒と聞ては少分なることゝ思ひ、声聞戒と聞ては尽さぬことゝ思ひ、菩薩戒と聞ては高く尊きと思ふ。それは名に著する迷と云ものじや。此十善戒は甚深なること　広大なることじや」とて、十善戒の根本なることを説いているが、慈雲の考えが端的に表明されている。

十善戒の実践が「人となる道」であるということは、当時の多くの人びとによってむかえられた。この書が成ったのは安永四年秋とされ、尊者五八歳の時で、多くの弟子や信者たちによって写し伝えられている。〔所載〕慈全10。　〔福田亮成〕

十善略法語随行記【じゅうぜんりゃくほうごずいぎょうき】圓　一巻。諦濡（一七五一—一八三〇））記。成立年代不明。本書は『人となる道略語随行記』を再治したものであり、『人となる道略語』の解説書である。『人となる道略語』は別名に『十善略法語』といい、板本の『十善法語』の初めに付せられている。本書は、本題の傍注に「依神道意」と記されているごとく、神道による解説が主である。〔所載〕慈全13。——→十善法語　〔本多隆仁〕

重続日域洞上諸祖伝【じゅうぞくにちいきとうじょうしょそでん】曹　四巻。蔵山良機（?—一九二九）編。享保二（一七一七）年刊行。湛元自澄撰『日域洞上諸祖伝』（一六九三年成立）、徳翁良高編『続日域洞上諸祖伝』（一七〇八年成立）につづく、日本曹洞宗の僧伝。蔵山は徳翁の法嗣。能光、義演、如春、契充、曙蔵主、士安、如金、円方、智洪、至簡、純清、旨淵、明照、了光、良韶、円照、祖環、良印、智鑑、正呈、宗珍、宗興、宗可、韶麟（以上巻一）、妙光、性宗、英昌、継覚、智厳、異珍、以遠、明宗、慧春、長応、融永、玄鑑、希曇、光訓、珍目、梵巴、宗印、了康、能範、明白、性讃、道空、了訥、宗璵、宗能、一純（以上巻二）、玄賢、仲仙、良椿、義見、栄玖、洞源、興徳、宗楞、宗竜、宗範、妙康、玄也、洞察、慶瑞、賢春、性菊、堅隆、永珊、徳源、玄晨、祖旭、豊寿、周鑑、義閑、総菊、禅宗、永超、伊白、饔聚、圭頓、建梁、栄樹、文海（以上巻三）、圭徐、慧芳、慧等、闇越、大用、雲渓、祖衷、道定、良高、義光、護洲（以上巻四）、の九四人の伝を収めている。蔵山の跋によれば、湛元と徳翁の二師ののちに自分はいるのであるから、二師の遺された珠を拾って編集したと記している。その例はたとえば、巻頭の瓦屋能光の伝にあらわれている。瓦屋は、入唐して洞山良价に嗣法し、蜀（四川省）で示寂した人である。霊亀山雲光の助刻の記と百拙椿の序が存す。〔所載〕曹全（史伝上）。　〔石井修道〕

宗祖御本尊集【しゅうそごほんぞんしゅう】日　一巻。日亨（一六四六—一七二二）写。表題は『御本尊鑑』。正徳二（一七一二）年成立と伝える。身延山三三世日亨が霊宝格護を志し、日蓮真筆大曼荼羅三四幅を臨写してまとめたもの。この正本を孫弟子日観が書写し、さらに追加集録した『宗祖本尊録』が寛政四（一七九二）年に制作されている。広本と呼ぶべきものである。正本を身延山久遠寺、広本を堀之内妙法寺蔵。刊本、（久遠寺発行）『御本尊鑑』。〔小野文珖〕

宗祖世録【しゅうそせろく】浄真　五巻。慧旭（生没年不詳）著。北溟深諦校。安永六（一七七七）年成立。慧旭は大谷派の僧で三河出身。経歴は不明。本書は、たまたま寛保二（一七四二）年が、親鸞入滅の弘長二年と同じ干支に当ることから、編年体で親鸞の行迹を記録したもの。誕生より入滅までの九〇年間の中国および日本の社会情勢まで記しているところに本書の一大特色がある。〔所載〕真宗全67、新真宗全（史伝編5）。〔田中教照〕

什祖略年譜【じゅうそりゃくねんぷ】日　一巻。永昌日鑑（一八〇六—六九）著。安政五（一八五八）年版行。または『什師略年譜』という。顕本法華宗の開祖玄妙阿闍梨日什（一三一四—九二）の年譜式に述べた略伝記。日鑑以前に永昌日達が元文五（一七四〇）年に『日什上人伝』を著わし、日鑑はこれを和訳してこれを本書と同時に出版したが、この時日達本日什伝の記事や年代の誤りに気づきながらも筆を加えず、ただ和訳したのみであった。これに対して、日達本日什伝の年代や記述の誤り、記載漏れなど訂正し新たに筆を起こしたのが本書で、記事によってはその典拠を挙げている。〔所載〕改版日什大正師伝記（昭45・京都妙満寺）。〔井上博文〕

宗体決疑抄【しゅうたいけつぎしょう】日　一巻。日祐（一二九八—一三七四）作。暦応五（一三四二）年三月中旬成立。日祐は中山法華経寺第三世として、法華経寺、並びに中山門流の基礎固めに活躍した。また、富木日常（一二一六—九九）以来の事業である遺文の収集・格護に努めた。本書は三位日進（一二七一—一三四六）が宗義に関しての二一項の疑問を注して送ったものに対する答釈と伝えられている。本書の末尾には日真（三位日進は日心、日真、日進と改めている）と日祐の文があり、これを裏づけている。本書の内容は主に権実について論じ、妙法五字が宗の体であるとしている。また、顕本論にも触れ、五百塵点仮説論に対して「此の義は法華一部の精神を失う人々の料簡」とし、実説論に立つ。戒壇論では先師の文を引用するのみで「今聖人の戒相に於ては然るべからず。委細は面謁を遂て、申談ずべく候」としている。天台の一念三千と当家の題目との関係についても述べ、唱題を勝れているものとしている。〔所載〕日宗全1。〔西片元證〕

宗統復古志【しゅうとうふっこし】曹　二巻。三洲白竜（一六六九—一七六〇）口授、卍海宗珊（一七〇六—六七）筆受。宝暦一〇（一七六〇）年成立。別に『洞上宗統復古志』ともいう。白竜は卍山道白の法嗣で宗統復古運動に随侍し援助した人である。師席を継ぎ山城源光庵や加州大乗寺などに住している。『語録』『禅戒遊攷』の著がある。宗珊は白竜の法嗣で同じく源光庵などに住し、『禅戒訣註解』の著がある。本書は白竜が見聞した宗統復古運動の顚末を宗珊に語り編録されたものであり、道白側から見たその運動の詳細な記録である。冒頭に白竜の序、次に革弊従事諸師芳啣として功労者の連山交易、独菴玄光、梅峰竺信、卍山道白、田翁牛甫の五師の名をつらねている。その後に目次、革弊略表年（ママ）が付され、本文が始まっている。巻上の内容は寛文三（一六六三）年から同じ志をもつ交易や玄光、さらに竺信などと道交を結び、竺信とともに僧統や官府に上訴しようとして退けられたが、多数の僧俗の援助をうるまでをのべている。巻下には、元禄一五（一七〇二）年一〇月になって官府に強訴し、これを契機にその後、官府はその源委を詰めるようになり、ついに翌年「師資面授、一師印証」の語を含む裁決が下り、宝永元（一七〇四）年一一月、源光庵の復古堂に護法碑を建立するまでの経過をのべている。宝暦一〇年跋刊本を駒大に蔵す。〔所載〕続曹全（室中）。〔参考〕曹全（解題）。—→洞上亀鑑・感応護国徙薪論　〔吉田道興〕

宗統録【しゅうとうろく】臨　五巻。龍谿性潜（一六〇二—七〇）語、性安編。寛文九（一六六九）年刊。詳しくは『特賜大宗正統禅師宗統録』といい、『碧巌録』を提唱したもの。元は『請益録』と称したが勅によって改めた。性潜は妙心寺に住し、法皇の信も厚かったが、隠元の渡来するにあたりその下に参じ、妙心寺に迎えようとした。ために批判を受け、ほとんど憤死に近い没し方をしたが、その学識は時代に高かった。〔沖本克己〕

十二箇条問答【じゅうにかじょうもんどう】浄　源空（一一三三—一二一二）述。成立年代不明。道光編の『黒谷上人語灯録』の「和語灯録」に収められている。女人往生、罪障と往生、名聞利養と往生、一念多念、煩悩と往生、三心と往生、懈怠心と往生、念仏行者の心構え、念仏と助業、止悪修善と本願ぼこりなどについて問答体で平易に説かれている。〔所載〕浄全9、正蔵83、昭法全、高名全4。〔丸山博正〕

十二時頌【じゅうにじじゅ】曹　一巻。伝道元（一二〇〇—五三）撰、本秀幽蘭（?—一八四七）編。天保一〇（一八三九）年（序）の成立。『洞上正宗訣』の付録として収録されている。道元撰と伝えられるが、真偽不明である。寺院における寅刻より丑刻にいたる一日一二時の行事心得を順次説いたものである。〔大野栄人〕

十二時法語【じゅうにじほうご】曹　祇陀大智（一二九〇—一三六六）撰。本書の異本と思われる本秀幽蘭編『洞宗正宗訣』所収本の内題の下に「大智禅師示㆓寂阿禅門㆒菊池肥後守藤武時入道」とある。本書は、一般に大智が檀越の菊池武時に示した法語と伝承されている。菊池武時は、出家して寂阿といい、元弘三年三月一三日に九州探題北条英時の軍と戦って、壮烈な戦死をとげた武将である。本書が、つねに目前の死と対峙しながら生きていた武将に与えられたところにその特色をもつ。内容は、冒頭に「仏祖ノ正伝ハ唯ダ坐ニテ候」とあるように、道元の伝えた正伝の仏法である只管打坐を骨子とする。ついで、寺での生活に入った場合は、寺の規式に従って、寅（午前四時）の刻より丑（午前二時）の刻にいたる一日一二時の仏祖の行持を行うように、時刻を追って心得をのべる。坐禅については、「坐禅ノ用心ハ、仏祖ヲモ世間ノ善悪ヲモナゲ捨テテ、心ニ思フコトナク、為スコトナキヲ坐禅トハ申シ候ナリ」とあるように、只管のありようを示す。さらに、「粥ノ時ハ、身モ心モ唯ダ粥ノ用心ニテ、坐禅モ余ノ勤メモ心ニ懸ケラレマジク候。是レハ粥ノ時節ヲ明ラメ、粥ノ心ヲ悟ルト申シ候ナリ。此ノ時仏祖ノ意残ル所ナク悟ルコトニテ候」とあるように、一瞬の生命をなおざりにしない生き方を勧める。その一日一夜の行持が、身も心もともに仏であって、一生の仏となると説く。〔所載〕曹全（法語）。〔石井修道〕

十二門論疏抄出【じゅうにもんろんしょうしゅつ】南　一巻。尋慧述。元応二（一三二〇）年九月二一日抄出了。『十二門論疏抄』ともいう。聖然の講義を聴いた弟子の尋慧が聞書きしたものとされる。吉蔵の『十二門論疏』のうちの難解な文句、重要な文を出して、『法華義疏』『中論疏』『百論疏』などの説にしたがって解釈している。ときには聖然の説だけではなく、異説をあげることもある。〔所載〕日蔵（三論章疏2）。〔菅沼　晃〕

十二門論疏聞思記【じゅうにもんろんしょもんしき】南　一巻。蔵海述。正応三（一二九〇）年一一月九日。京都東山の摂嶺院坊において蔵海が師の『十二門論疏』の講義を聴き、そのうちの重要な語、難解な語句について聞書きしたものである。巻頭には、『十二門論』につけた僧叡の序についての注釈をおく。〔所載〕正蔵65、日蔵（三論章疏2）。〔菅沼　晃〕

十如是義私記【じゅうにょぜぎしき】因　一巻。源信（九四二—一〇一七）撰。成立年代不明。別に『十如是義』『十如是私記』ともいう。本書は、天台の一念三千の思想の基本である十如是について、文意、三諦点読、十界互具思想、三千世間との関係など、問答体でその意義を明らかにしたものである。『法華文句』の説に基づいて、天台がとくに光宅寺法雲の十如権実説を破した事を述べ、次に天台独自の十如是義を明かし、それに関する荊渓湛然の『法華文句記』の釈義についても解説を加えている。〔所蔵〕寛永寺、正大、立大、谷大。〔所載〕仏全32、恵全3。〔多田孝文〕

十二礼恭敬記【じゅうにらいくぎょうき】浄真　二巻。大含（一七七三—一八五〇）説。成立年代不明。竜樹の『十二礼』の注釈書。(1)興由、(2)蔵摂、(3)教判、(4)宗致、(5)題号、(6)本文の六門をもって注釈されている。〔所載〕真大5。〔藤沢正徳〕

十二礼偈敞蓋録【じゅうにらいげしょうがいろく】浄真　二巻。仰誓（一七二一—九四）著。天明八（一七八八）年成立。竜樹の『十二礼』の注釈書。(1)検㆓伝来㆒、(2)明㆓興由㆒、弁㆓大意㆒、(4)釈㆓首題㆒、(5)解㆓文句㆒、以上五門に分けて注釈されている。本書は僧樸の『講録』と慧雲の『墨江録』との両書を参照して、成立している。〔所載〕真宗全9。〔藤沢正徳〕

十二礼備検【じゅうにらいびけん】浄真　一巻。慧琳（一七一五—八九）撰。宝暦九（一七五九）年成立。竜樹の『十二礼』の注釈書。『十二礼』は竜樹が浄土の依正二報を讃じ願生安楽の本致をのべたものであり、善導の『礼讃』、迦才の『浄土論』に載っていても、これまでこの偈を注釈されなかったとして、この備検をのべたとしている。端的に『十二礼』の大意がのべられている。〔所載〕真大5。〔藤沢正徳〕

十念極楽易往集【じゅうねんごくらくいおうしゅう】浄　六巻（巻六のみ存）。仏厳。密教家の立場から極楽往生に関する要文を集めたもの。大正一〇年京都東寺金剛蔵から『一期大要臨終門』と題する第六巻のみが発見された。九条兼実の日記『玉葉』二五、治承元（一一七七）年一〇月二日の条に「今日終日仏厳聖人書する所の十念極楽易往集を見る、広才の書なり、件の書総て六巻、法皇の詔旨に依て撰集せらる云々」（原漢文）とある。これによると後白河法皇の詔旨により六巻が撰せられたことになり、成立は法皇の即位（一一五八）以降、『玉葉』のこの年時までとなる。題からして、密教家に行われた浄土往生の要義集である覚鑁の『一期大要秘密集』に習って撰集されたものとも見られている。〔粂原勇慈〕

十八契印義釈生起【じゅうはちげいいんぎしゃくしょうき】真　一巻。定深（一一〇八）撰。『十八道義釈』ともいう。成立年代不明。密教の修法次第のうち、十八道の次第について、そこにもちいる一八種の印契の教理的、理論的説明をなす。作者について異説があり、多くは定深とするが、一説には真興といい、あるいは安然とも称する。仁安三（一一六八）年写本を高山寺に蔵す。〔所載〕正蔵78。〔苫米地誠一〕

十八道頸次第【じゅうはちどうきょうしだい】真　一帖。空海（七七四—八三五）撰。十八道の修法次第にもちいる印契の名称のみ一九種を列挙したもの。『十八契印』に欠ける普礼、如来拳を挙げ、『梵字十八道』の真言の配列順序と全同。作者は古来空海とされるが、『三十帖策子』第九帖『歓喜天経』のあとに本書が見られ、また同第二九帖に類似の次第があり、恵果作とする説もある。〔所載〕弘全2、日蔵（真言宗事相章疏2）。〔苫米地誠一〕

十八道口決【じゅうはちどうくけつ】真　二巻。憲深（一一九二—一二六三）口、頼瑜（一二二六—一三〇四）記。弘長元（一二六一）年六月二二日成立。また『十八道口決鈔』『十八道決抄』『十八道面受口決鈔』ともいう。頼瑜は覚鑁没後に根来に大伝法院を移し、新義真言教学を大成した学匠であるが、本書はその頼瑜が三六歳のときに、醍醐寺報恩院において、醍醐の座主である報恩院流（幸心流）の祖憲深より、幸心の一流伝授を受けたおりの十八道次第についての口決鈔である。この一流伝授は弘長元年六月の十八道より同二年正月の護摩伝授までにわたっており、本書とともに『野金口決鈔』『野胎口決鈔』『護摩口訣』がつくられている。奥書に「自弘長元年六月十六日迄同月二十二日七箇日於醍醐寺報恩院奉伝受之次遂日記之定有紕謬歟後賢削定

金剛仏子頼瑜　生年三十六　道決鈔頼瑜記畢」とあり、その後に経軌と口伝とどちらによるか、十八道は何を示すか、十八道儀軌は誰の作か、五種壇法の方はいかん、十指を十度に配する方などについて記す。また巻頭には小野の次第に石山御作と延命印作の二があるとし、伝授作法についての口説を記したのち、「私云」として鉄塔受法の儀式を擬したものかとする。また文中の「御口」とは憲深の口決を示す。同じ憲深の付法の教舜の口伝鈔である『四度行用口伝鈔』を『播鈔』と称するのに対し、この頼瑜の四度の口決鈔を『甲鈔』と称し、親快の記す『幸心鈔』とともに幸心流においてもっとも尊重する書である。なお弘長元年写本が正大にある。〔所載〕正蔵79。→野金口決鈔、野胎口決鈔、護摩口決　〔苫米地誠一〕

十八道沙汰【じゅうはちどうさた】[真]　一帖。覚鑁（一〇九五—一一四三）撰。または『十八道日記』『十八道口決』ともいい、『金剛頂経蓮華部心念誦次第沙汰』『胎蔵界沙汰』と合わせて『十金胎沙汰』とも総称し、また『息災護摩次第』『曼荼羅沙汰』と合わせた五部作の一と考えられる。覚鑁は新義真言宗の祖であり、荒廃していた高野山の再興につとめ、東台両密、小野広沢諸流を遍学して大伝法院流を開いた。本書は十八道次第に対する口決であり、初めに十八といい、所行の道を道というとし、次いで塗香より解界にいたるまでを記す。その後に「十八道次護身法沙汰有ㇾ之巨細事等或失念或依ㇾ法不ㇾ注ㇾ之」とのべて護身法についての口決を載せるが、これは『金界沙汰』に載せるものとほとんど同文である。本書ではその後に先真言宗義可ㇾ習事として、この教はただ信のみをもって門とする不思議乗教神通乗であり、顕教智をもって分別度量すべからずとし、行者は金剛薩埵となり、師は大日なりと思い、慢心を起すべからずと、行者の用心を説いている。終りに「師云。御次第十八道馬頭等者。指㆓十八道次第㆒也。十八道大師御作云云依㆓無量寿儀軌㆒作ㇾ之。通用諸尊共無ㇾ悪。安然此十八道大師御作言云云」とあり、十八道次第が空海の作によるものとしている。もし本書が金胎の沙汰とともにつくられたものなら、本書もまた円勝の口決を記したものであろうか、明らかではない。〔所載〕興全上、正蔵79。→金剛頂経蓮華部心念誦次第沙汰　〔苫米地誠一〕

十八道立印鈔【じゅうはちどうりゅういんしょう】[因]　一巻。実導仁空（一三〇九—一三八八）。仁空は示導の弟子で西山の法流も汲むが、それより前比叡山に学んで、円密戒浄に通じた。本書は文和三（一三五四）年六月一日から一一日にかけて、近江敏満寺仏土院で十八道法を講伝したもの。正睿が筆録し、仁空自身が添削している。加行日数、印明解説等微にいり説明してあり、台密十八道の恰好な手引書である。〔所載〕天全21。　〔木内堯央〕

十八会指帰鈔【じゅうはってしいきしょう】[真]　頼瑜（一二二六—一三〇四）記。本書は、不空三蔵の『十八会指帰』の注釈書である。『十八会指帰』によれば、『金剛頂経』には十八会にわたって説かれた一八部からなる叢書ともいうべきものがある、といわれている。実際のところ、漢訳されたのは、その三会にすぎず、空海の時代には、初会の部分訳のみが請来されたのであった。しかし、この『十八会指帰』は特に『金剛頂経』の存在を権威づけることになったのである。空海は『金剛頂経開題』において、『金剛頂経』に十万偈十八会ありとして、その名称を記しているから、この注釈は、その両書を理解するのに便利である。奥書に「文永八年八月一日於南都中川成身院本経儀軌等披閲之次任愚案鈔之畢」とあるところにより、頼瑜四十五歳の著作である。本文は、『十八指帰』から重要語を取り出し『理趣釈』『都部要目』『演密鈔』さらには空海の『開題』などを依りどころとして論じ、そこに自説を挿入し、あるいは問答をもって論を展開している。ようするに『十八会指帰』という、まったく他に類書がなく、注釈書も不十分である資料に、縦横なる論述をもって、よく理解を深めていることは、新義真言教学の大成者の一人として重視される著者によってはじめてなされたわざであろう。〔所載〕続真7。　〔福田亮成〕

十不二門指要鈔講述【じゅうふにもんしようしょうこうじゅつ】[因]　二巻。守脱（一八〇四—八四）述。明治一三（一八八〇）年成立。本書は趙宋天台の知礼が湛然の『十不二門』を注釈した『十不二門指要鈔』の末注である。大宝守脱は安楽律院の慧澄に師事したのち法華三大部、五小部等の講義を多くしたが、四明教学を基調に日本天台の再評価もしたため、安楽派より非難され、ついに安楽派を脱し寺門派に転じた。〔所載〕天全2。　〔末広照純〕

重弁稿【じゅうべんこう】[曹]　一巻（末尾欠）。無学愚禅（一七三三—一八二九）述。寛政三（一七九一）年冬ないし翌年春の成立。寛政三年秋、金沢藩に仕えていた儒者で占筮の大家新井白蛾が『盲感弁』を著わし仏教批判をした。これに対し大乗寺住持の愚禅が反駁したもの。江戸期における仏教と儒教との対立闘争を知る一史料である。〔所載〕曹全（解題）、稲村坦元蔵本。→駁弁道書　〔吉田道興〕

重編曹洞五位顕訣【じゅうへんそうとうごいけんけつ】[曹]　三巻。洞山良价（八〇七—六九）・曹山本寂（八四〇—九〇一）撰、曹山慧霞（生没年不詳）編、広輝（生没年不詳）釈を晦然が中統元（一二六〇）年に補注して刊行したのを、武蔵見竜寺淵竜が、延宝八（一六八〇）年

校訂改編して刊行したもの。刊本の題名は『重編曹洞五位』。中国曹洞宗関係者の五位関係の著述を集大成している。〔刊本〕駒大蔵。〔所載〕曹全（注解5）。〔新井勝竜〕

宗門緊要【しゅうもんきんよう】回 一巻。慧明日灯（一六四二―一七一七）述。成立時期は不明。日灯は三河の人で恵藤氏。初め律宗の慈任により出家、二四歳の三月一日に草山元政（一六二三―六八）に紹介され師事す。三年にして元政が化し、京都瑞光寺第二世を継承す。元政の忠実な祖述者で、多くの著がある。本書は短文ではあるが、草山教学の要旨をよく示している。本書中の「只現今刹那に就いて南無妙法蓮華経と称し、唱え来り唱え去り、念じ去り念じ来って、一時相続すれば即ち一時の仏、一日相続すれば即ち一日の仏、乃至千万年相続すれば即ち千万年の仏也」の文の行業本意にして、止むことない求道の精神こそ仏徳であるとする点も、元政の意をよく伝えている。また、本書は短文にして、名文であるところから、日々の勤行等の法要に要文として誦されることがある。末注には安永八（一七七九）年に刊行された日建の『宗門緊要集註』がある。〔西片元證〕

宗門綱格【しゅうもんこうかく】回 一巻。日乾（一五六〇―一六三五）著。慶長七（一六〇二）年成立。日乾は日重に師事し、京都本満寺第八世、身延久遠寺第二一世に晋んだ近世日蓮教学の学匠で、師の日重、法弟日遠とともに宗門中興の三師と称される。本書は慶長七年、宗義顕彰のために後陽成天皇に献上したもの。献上の背景には、日奥との受不受論争があったものと考えられている。千僧供養会への出仕に反対して妙覚寺を退出した日奥は、豊臣秀吉に『法華宗諫状』を呈せんとし、のちに後陽成天皇に『法華宗奏状』を呈して不受を主張したため、日乾はこれに対抗して受派の立場を顕彰する必要を感じたものと思われる。本書の奏呈によって日乾は紫衣を賜った。本書は四門から成り、不受義批判というよりも、天台教学に立脚して一般的な受派の宗義を叙述したものである。一に宗教を明かす段は教機時国教法流布前後の五義、二に宗致を啓く段は、本尊、修行、本期（仏教者の心得＝上求菩提下化衆生の道心）の宗旨、三に外難を遮す段は、相待・絶待、権・実、偏・円、四に行者用心を叙す段は、信を論じ、唱題によって自他ともに寂光に到るよう願うべきであるとする。巻頭には草山元政の「日乾尊者伝」が付載されている。刊本は寛政四（一七九二）年。〔参考〕日蓮宗信行論の研究、日蓮宗事典。〔庵谷行亨〕

什門勤行掟之事【じゅうもんごんぎょうおきてのこと】回 一巻。著者明記なし。会津妙法寺四世日叡（?―一四五一）記という。宝徳元（一四四九）年成立。正しくは『日什聖人朝夕勤行掟之事』また『日什門流朝夕勤行掟之事』ともいう。朝夕勤行の掟について他門流では具体的に次第・内容を記しているのに比して、本書では具体的内容の記述はなく、本書相伝の時、あるいは本尊相伝の時に口伝、相承ありとし、当流の本尊・法門は上行菩薩直伝、『法華経』の広宣流布の上に顕れるべき法門であることを強調している。末尾に日運の勤行での普賢品の読誦とその理由をのべている。〔所載〕日宗全5（顕本法華宗部）。〔井上博文〕

宗門正灯録【しゅうもんしょうとうろく】臨 一三巻。東陽英朝（一四二八―一五〇四）著、愚堂東寔（一五七七―一六六一）刊。明応五（一四九六）年成立。寛永三（一六二六）年の古活字版によると、春日局が印写の願力により仏地にいたらんがための喜捨金で出版された。東陽は美濃の人で雪江宗深の法嗣、妙心四派の聖沢派の派祖。巻一は南嶽懐譲、馬祖道一、百丈懐海、黄檗希運、巻二は臨済義玄、巻三は興化存奨、南院慧顒、風穴延沼、首山省念、巻四は汾陽善昭、石霜楚円、巻五は楊岐方会、白雲守端、巻六は五祖法演、巻七は円悟克勤、虎丘紹隆、巻八は応菴曇華、巻九は密菴咸傑、巻一〇は松源崇嶽、運菴普岩、巻一一上・下は虚堂智愚、巻一二上は南浦紹明、巻一二下は宗峰妙超の語録を載せる。巻一三は「正法山六祖伝」と「正法山妙心禅寺記」とよりなる。六祖とは関山慧玄、授翁宗弼、無因宗因、日峰宗舜、義天玄詔、雪江宗深をさす。この巻一三の六祖伝こそ東陽が本書を撰述した真骨頂であり、版本として最初の六祖伝である。それに関山までの伝灯嗣承を明らかにしようと南嶽から大応、大灯までの語要が編纂されたといえる。愚堂により『正灯録』が二度も刊行されたゆえんは妙心寺の一流相承を強く意識したところからきている。寛永七年版は巻一三を省く。『六祖伝』は寛永一七（一六四〇）年に単行本として行者能僊により刊行された。寛永三年版は禅文研等、七年版は花園今津文庫等に架蔵する。〔西尾賢隆〕

宗門之全機三十四関【しゅうもんのぜんきさんじゅうしかん】曹 一巻。長翁如浄（一一六三―一二二八）問、道元（一二〇〇―五三）答、孤雲懐奘（一一九八―一二八〇）編。道元が中国留学中の宝慶元（一二二五）年九月一八日、天童山景徳寺の如浄より伝衣付法のさいに、枯木竜吟、井驢、二僧捲簾をはじめとする三四種の公案話頭について、両師の間に交わされた問答を、道元の法嗣懐奘が、嘉禎三（一二三七）年八月一五日、伝衣付法のさいに伝受し、建長五（一二五三）年正月一五日、道元の宗旨を集大成したさいに改めて編集されたと伝えられるもの。全体が漢文体で記されており、駒大蔵の『如元格外集』に合綴収録されている。本書は、如浄以来伝承されてきた公案話頭に対する拈提参得の仕方を記したと伝えられるが、実際は中世曹洞宗の公案禅盛行の風潮のなかで成立した公案参得の書、すなわち漢文体の門参の一種であり、成立に如浄や道元、懐奘がかかわるのも後世の仮託である。中世における公案禅の傾向は、道元開創の永平寺においても同様で、本書は永平寺における公案工夫の伝統を記したものであり、さらにいえば、中世の永平寺は懐奘の法嗣寂円の系統のいわゆる寂円派が道統を守っていたが、三四種の話頭は寂円派における公案拈提のテキストであった。本書の拈提部分を含まない仮名書きの門参『永平寺三十四話之本参』も寂円派の諸寺院に伝承されている。駒大所蔵の『南谷老師三十四関』は異本のひとつである。〔石川力山〕

宗門無尽灯論【しゅうもんむじんとうろん】[臨] 二巻。東嶺円慈（一七二一―九二）撰。寛延元（一七四八）年成立。白隠慧鶴門下の俊足である円慈の自序（寛延四〈一七五一〉年）によると、二八歳のとき苦修によって疾病重く、短命を覚悟し、僧肇が刑に臨んで論述した故事に擬して、洛東に養生しつつ三〇日で論の草稿を完成した。宗趣を究めていても死せば法門に益なしと思い、維摩経所説の無尽灯の喩のごとく、この一灯の書が後学への利他の願を果す百千灯となるを意図した。内容は一〇章からなり、⑴宗由では禅宗の由来を、⑵信修では信心修行の様子を説く。⑶現境では小知見の誤りを正し、⑷実証では知解を排して真実の見性を勧める。⑸透関では平生の正念相続を説き、⑹向上では明師の鍛錬と難透話頭に参ずる道を示す。⑺力用では同見でも、見解の深浅、受用の親疎によって差があること、⑻師承では真正者の打出が報恩なりとする。⑼長養では、一切事処での受用を説き、⑽流通では自在なる利他の照用が要請される。本論は白隠禅の実践指針の書として重視されている。また本論に行持法一篇、願力弁一篇も付せられる。末書には『講録』金森文龍述、『講話』釈宗演述、『訓註』大峡竹堂訓、中村唯岳註などがある。刊本は寛政一二（一八〇〇）年版である。願力弁は別に安永五（一七七六）年の刊本がある。〔所載〕白隠全7、国訳蔵宗典10、正蔵81、思想全52。〔参考〕仏解5、禅籍目録。〔小林圓照〕

宗要柏原案立【しゅうようかしわばらあんりゅう】[天] 六巻。貞舜（一三三四―一四二二）撰。応永年中（一三九四―一四二七）成立。本書は恵心流宗要論草の一つである。貞舜は叡山では西塔宝園院の学僧、近江柏原成菩提院を開創、ここに住して著述、円戒弘通をした。また尊海―裕海―貞海―貞済―貞裕―貞舜と承けた人であるから、関東天台の系統ともいわれる。本書の内容目次を記せば（第一巻）―仏部―二仏並出。前後自受用。応身八相。自受用智。三身法界。通教教主。二聖発心。三仏出世。自受用所居。葉上釈迦。新成顕本。（第二巻）―五時部―兼但対帯。尓前分身。尓前身土。後番五味。尓前久遠。説五時教。分身儀式。浄穢涅槃。二経勝劣。提謂経摂。倶知常住。悪人授記。五時証拠。（第三巻）―教相部―四門実理。住上寿命。住上超次。三教初焔。八住時節。果頭無人。四教八相。三惑同断。十二品断。通円相即。四教証拠。三教地位。一生妙覚。地上空仮。名別義通。三種四教。十地虎狼。（第四巻）―菩薩部―四依供仏。別教生身。補処住天。三蔵不退。通教不退。別教不退。通報却数。三蔵却数。二土弘経。有数無人。通教出仮。三根被摂。三蔵随悪。大悲受菩。大悲闡提。元品能治。（第五巻）―二乗部―住果縁覚。二乗通力。二乗心心。帯権二乗。法華小益。定性二乗。超前三果。超中二果。羅漢果退。任果声聞。三周証入。五果廻心。別教二乗。二乗智断。三周定性。（六巻）―雑部―法花授記。十界真実。十界互具。不定毒発。六根外境。四土即離。三土三道。三界増減。三因仏性。九識証拠。人天小善。初分二十空。補処智力。塵沙証拠。四信五品。人天感仏。無性有情。草木成仏。決定業転。三惑同体。四依対判。以上の九五算である。〔所蔵〕叡山、正大。〔所載〕正蔵74。〔多田孝文〕

宗要活套集【しゅうようかっとうしゅう】[日] 一巻。日修（一五三二―九四）著。成立年代未詳。日修は室町時代後期の日真門流の学匠で、教学の大成化を試みている。本山本隆寺七世。本書は宗義を論じたもので、約部、約教、相待妙、絶待妙、六重本迹、五重玄義、法華七喩、三種教相、序正流通の三段などの一七条を立て、問答体をもって論述している。その立場は、日蓮遺文によって教学を確立しようとし、寿量品正意の本果妙重視にある。正本は京都本隆寺所蔵。〔所載〕日宗全11（本妙法華宗部2）。〔北川前肇〕

秋葉寺由緒【しゅうようじゆいしょ】[曹] 一巻。撰者不明。一五世祖山観光（？―一八八七）ころの成立。仮名交り文。静岡県大登山秋葉寺は、もと霊雲院と号し、養老二年、行基が草創した。秋葉三尺坊尊が出現して現寺号に改称。永禄年間、曹洞宗に帰し、寛永一三年、士峰宋山を勧請開山とした。以来、一六世祥鳳舜瑞までの事蹟を記している。現廃寺。〔大野栄人〕

宗要抄上三川【しゅうようしょうかみのかわ】[天] 一二巻。信俊（一七二九―一八〇三）述。文明九（一四七七）年から長享元（一四八七）年に至る約一〇年間に渉って深秘の抄物等を見合せ類聚し畢ったものであり、筆写は文明一四年（巻二奥書）同一九年（巻三奥書）に行われている。本書は題号のごとく宗要の論草である。六帖よりなり、仏、五時、教相、菩薩、二乗、雑の六部、九四牒よりなる。室町中期における関東天台の教学、とくに論義に関する代表的撰述の一つである。〔所蔵〕日光天海蔵（写本）、正教蔵宗要12。〔所載〕天全6。〔多田孝文〕

宗要白光【しゅうようびゃっこう】[天] 九巻。恵鎮（一二八一―一三五六）談。元亨元（一三二一）年成立。本書は恵光房流の宗要で、仏部一一条、菩薩部一六条、二乗部一五条、教相部（上下）一六条、五時部一三条、雑部（上中下）二二条よりなる。『天全』所収本は、雑部上の通円相即は教相部下の通円二教相即事と同文として、雑部中の四条も同様に省略されている。また巻末に補遺三条を加える。〔所載〕天全18。〔坂本廣博〕

重笠鈔【じゅうりゅうしょう】[浄] 一三巻（または九巻）。大江（一五九二―一六七一）述。『観経四帖疏重笠』ともいう。『具疏重笠』八巻は伝承されるのみで所在不明。南楚大江は在来の学者の偏狭な西山教義研究をなげき、一代仏教を披覧し、八宗の教学習熟のうえに立つ研究をなした。その結果、他流の抄疏を参考とするあまり、ついに西山教義の独自性を失い鎮西流のいわゆる五祖同轍義に傾き終った。これより『重笠鈔』は後学者の指南とされたために、江戸時代末期怙澄亮範の出現まで西山教義の本意はまったく失われた。正保二（一六四五）年写本を谷大蔵。〔勝本顯道〕

十六鐘鳴【じゅうろくしょうめい】曹　二巻。玄楼奥竜（一七二〇—一八一三）撰。文化三（一八〇六）年ころ成立。玄楼は九歳のときに臨済宗で出家し、のち曹洞宗に転じて諸方を遍参し、天桂伝尊の法嗣象山問厚に嗣法した。晩年に宇治興聖寺二二世として晋住し、その峻烈な学人接得の態度から狼玄楼と称された。本書は文化三年五月に付した自序にあるように、伊勢山田郷の西邨氏、維祺賢者からの、一六種にわたる咨問に答えるものとして撰述されたものであるが、本文冒頭に「善哉也此問、只在家ノ人ノ為ニ非ズ、乍入ノ僧侶ニ於テモ、亦利益ナクンバアルベカラズ」とのべており、たんに一居士に対する返書としてではなく、僧俗を通じての法要として著わしたことを明言している。質問は教理、戒律、禅要等、多岐にわたって発せられているが、これに対して玄楼も経典、祖録等の仏典のほか、『十八史略』『蒙求』といった外典をもひろく引用して、きわめて懇切丁寧に答えて、仏祖正伝の宗旨を説示している。自序に「興聖寺東堂」とあり、「書於難波客居不二庵日向窓下」とあることから、興聖寺を退院したのち、大坂不二庵に寓居していた玄楼が、その該博な知識をもって著わした書であることが知れる。本書は写本で伝えられたものであるが、諸師を遍参し、長年にわたって学人を接得してきた玄楼の宗乗眼を知る好個の史料である。〔所載〕続曹全（法語）。〔中尾良信〕

十六大阿羅漢福田宜耕記【じゅうろくだいあらかんふくでんぎこうき】曹　一巻。面山瑞方（一六八三—一七六九）撰。享保二（一七一七）年序刊。願暉が画いた十六羅漢図像を印行するにさいし、面山がそれら羅漢尊者の住世利益の始末をのべたもの。内容は名義解釈章、内外徳行章、仏親付嘱章、名号住処章、随機応験章、化尽滅度章の六章に分けられている。面山には本書のほか、『羅漢応験伝』二巻、『羅漢供養略作法私記』一巻が存する。〔原田弘道〕

十六羅漢現瑞記【じゅうろくらかんげんずいき】曹　一巻、道元撰。宝治三（一二四九）年成立。別に『十六羅漢現華記』とも『羅漢現瑞記』ともいう。宝治三（一二四九）年正月一日、永平寺において十六羅漢の供養会を営まれた時、木像・絵像の羅漢がすべて瑞華を現じたことを記したもので、その現瑞が永平寺の人（衆僧）法（仏法）を護持する瑞祥であると述べている。『建撕記』の宝治三年の項に委説されるが、本軸は常陸（茨城県）金龍寺に伝真筆として軸装秘蔵されている。〔所載〕正法蒐27（道元真蹟集）、曹全（宗源下）。〔河村孝道〕

授戒会式【じゅかいえしき】曹　一巻。直翁梅指（生没年不詳）撰。文久二（一八六一）年成立。文久元年曹洞宗の戒会啓建にあたり、授戒会の七日間に戒弟の心得べき事項として、戒会用心口宣から信心・礼拝を含め、回向にいたる七〇項目を掲げ、通俗的に説明したもの。末尾に本文中の説戒とは別に「十六条戒略説」を付し、さらにくだけたわかりやすい説明をしている。〔写本〕滋賀県興聖寺所蔵。〔所載〕続曹全（禅戒）。〔新井勝竜〕

受戒法則【じゅかいほっそく】日　一巻。身延山一一世行学日朝（一四二二—一五〇〇）著。『日蓮宗宗学章疏目録』は「正本清水梁山」とするが所在不明である。内容は書名から受戒を行うについての法要儀則である。〔林是晉〕

修行要鈔【しゅぎょうようしょう】南　一巻。貞慶（一一五五—一二一三）著。成立年代不明。題名は門弟のつけたもの。『成唯識論』九巻の菩薩教授頌と呼ばれる「菩薩於定位　観影唯是心云云」の注解である。一〇〇〇字足らずの小部のものであるが、問答体をもって書かれ、観心修行の重要性が強調されている。貞慶がたんなる学解の徒ではなく、深い宗教性をたたえた求道者であることをうかがわせる一部である。〔所載〕日蔵（法相宗章疏2）。〔太田久紀〕

授決集【じゅけつしゅう】天　二巻。円珍（八一四—九一）撰。上巻一八件、下巻三六件の宗旨の奥秘をことごとく集めた秘記。三井寺一門では本書を円珍が全生命を投じてえた結晶であるとし、師から許可をえなければ閲覧できない書として尊重し、許可状および授決集最秘師資相承血脈譜をつくって三井一流法燈相続の信としているのである。それゆえ天台宗寺門派教学の根本権威をなすものである。また論義が行われるさい、本書名を引証する場合には、秘巻（カクレタルマキ）といい本書を呼ぶことをはばかるならいがあると聞く。

本書は円珍が唐に渡ったさい天台山において天台宗の章疏を究め、また良諝座主から口伝されたものなどを書き留め、集めた五四件を、帰朝後、弟子良勇のために『授決集』として授与したものである。

本書の叙によれば執筆の動機、あるいは、良勇に託す気持などがあらわれている。「良勇は童幼のときから（円珍に）随従し、研究怠らず、ほとんど学の完成の域に達せんとするまでになった。顧れば（円珍も）すでに老いた。（良勇も）不惑の年に及ぼうとしている。それゆえもし訓を貽さないならばおそらく他功を損するであろう。老をたすけて在唐の記を抽出し兼ねて付見の文をあつめた。五四件をうることになり一つの本とし、上下に分けて『授決集』と名づけた。道宣の『論衡』や最澄の『顕戒論』等に準じて、まず、条目をつらね、のちに、次に随って釈す。私は愚訥であるので師より授かった大事なことを漏失したり、渉猟を欠いたりしている。薄才であるので恥かしい限りであるが、あえて一本としてただ秘かに良勇に与えたもの。ゆえに唐草および己他の文を尋ねてこれを整理すべきものである」等々として圓珍が在唐中の口伝されたもののなかから主要なるものを元慶八（八八四）年二月二三日に遺訓として記したもの。内容のうち新説と思われるものは、四教判教は漸教を説明するための判釈であるとし、円頓漸の三種判教論。四教は四乗（声聞、縁覚、菩薩、仏）の異名であるということ。六七八九識を四教に配し円教は九識を説くことなどがのべられている。

本書の内容について「年譜に云く、齊衡三年丙子　師（圓珍）四十三歳五月晦日に開元寺に到り、謂座主に謁え、台宗の秘要を受く、皆本朝未伝之教なり」としていて当時においては耳新しいものが多く載せられていたのであろう。また本書が成るにあたって草本を含め、三本が伝わっていたようである。尊通の『扶老鈔』によれば「最初の草本一巻は大師の親筆なり。これには大綱決と六即位仏決の両決がない。清書本上下二巻もまた親筆なり。しかし紛失する。紛失する前に悟忍がこれを書写したもの上下本がある。清書本紛失後に圓珍は悟忍書写本に裏書きを施し、また表にも処々加筆したのでこの三本は同じものである。清書本はその後松月が下巻を伝え、泉恵が上巻を感得とされているものがあった」とされる。〔浜田智純〕

修験故事便覧【しゅげんこじびんらん】日

六巻。忍辱鎧日栄（一六三七—九五）著。享保一七（一七三二）年刊行。日栄は京都唯観流の流れを吸む。唯観流は唯観日勇（一六三三—九一）によって開かれ、日栄は日勇の弟子より相伝した。日栄は唯観流が身延・中山の両流と肩を並べる存在であるとほこっている。以上のような関係上、当時の修法上における諸種の問題究明に本書は重要な位置にある。一巻では魅女、幣、注連、敷符、加持杖、加持名義の事、鏡、諸符、筒封、瘧鬼、疫癘、蘇民将来、疱瘡、野狐、鬼病、鬼嫌唾、などの説明。二巻では、守（伊字三点）、札、求子、石榴、鬮、絵馬、九字、雷、祈禱、正五九月祈禱、七難九厄、について。三巻では、金神、鬼門、星祭、月待、日待、牛王宝印、寺門に獅子の像を置く事、社壇雙方の二神、について。四巻では、大黒天神之弁、甲子に大黒天を祭るの之評、三宝荒神、妙見菩薩、について。五巻では、地祭、庚申、忌火弁、忌経水、臣供養主祈禱、所願成不、験者用心、病人教化、平形念数、祈禱相承、などの出典と縁由について解説している。刊本を立大に所蔵。〔所載〕修験聖典、日蓮宗祈禱聖典。〔宮川了篤〕

修業要決【しゅごうようけつ】浄　一巻。證空（一一七七—一二四七）記。成立年代不明。證空記と伝えられるが疑わしい。別に『自行鈔』ともいう。本書は『事相鈔』三八巻の一であって、『観経秘決集』が四帖疏の事相釈であるのに対し、具疏の事相釈であり、法事讃、観念法門、往生礼讃、般舟讃の順に項目を挙げて釈する。法事讃では、奉請四天王は念仏三昧、奉請師子王は来迎、請法師は定散の機とし、般舟三昧楽が初に二度あるのは慈悲智慧、後に三度あるのは定散念仏来迎とし、三つの異なる題号も定散念仏来迎に配当する等すべてを事相名目をもって釈す。観念法門では五種増上縁を中心に釈し、定散の上の念仏、念仏の上の来迎の他力の意で増上といい、安心を縁というとする。最後に題号を釈し、観仏念仏それぞれに智慧慈悲の二重の義ありとする。往生礼讃では、二つある題号は智慧慈悲であり、安心は三心で定散の機、起行は五念門で念仏で『観経』の五義に配当し、四修は来迎とし、定散も念仏も来迎に摂するとする。要略広の懺悔も定散念仏来迎とし、六時の礼讃の大意を釈する。般舟讃では、まず題号を釈し、十六観定散の所説によって衆譬をつくって往生来迎を教え、広説衆譬の三昧を得るとし、遇木、浄土之縁起出離娑婆之本末を釈し、句々にある般舟三昧等の語の意味をのべ後序を釈するだけである。後序の釈のうちに諸宗を破する。〔所載〕正蔵83、西全2。〔君野諦賢〕

守護国界章【しゅごこっかいしょう】天　九巻。最澄（七六六—八二二）撰。弘仁九（八一八）年成立。別に『守護章』ともいう。徳一の『中辺義鏡』が法相義に立って天台法華義を破していることに対して、最澄が諸家の文を集録し傍証としながら、天台の正義を述べ反駁した書。

上中下三巻に各上中下を分巻して九巻とする。巻上は一三章よりなり、前段九章は教判に関する論難、後段四章は止観立行に関する破釈である。第一章では、徳一が『大乗法苑義林章』を引いて三時教を主張するのに対して、魏本『深密解説経』、唐本『解深密経』の経文の相違を引いて主張の根拠が誤りであるとし、唐慧苑『続華厳経略疏刊定記』、唐澄観『華厳経疏注』を引いて、ともに深密三時の説が成立しないことの傍証としている。第二章では徳一が唐法蔵『華厳経探玄記』および慧苑『刊定記』の別破を傍証として天台所立の四教義を破するに対して、法蔵は天台の四教義については対破していないといい、また『刊定記』の別破の文にも批判を下している。第三章以下では徳一は、『八教大意』を基に化儀化法を難じ、『法華玄義』教相段、『四教儀』に説く四教所詮の諦理、行位について、『法華文句』の住行向地に約して開示悟入を立てること、『八教大意』に四教五味の次第を立てることに関して、それぞれ批判を下しており、最澄はこれを逐一弾破し愍喩して一家所立の義をもって匡している。第一〇章では、徳一が『止観』の釈名に二失、名義を釈するに二失ありと数えること、絶待止観が事理のいずれに相当するか、三徳不縦不横についてなど、『摩訶止観』の所説を難破することを、すべて斥けている。巻中は二六章よりなる。第一章より第八章までは『法華玄義』の釈名玄義を中心とし、第九章より第二六章にいたる一八章は『法華文句』と『法華玄賛』との間の科文や解釈の相違を問題としている。巻下は、定性二乗の成仏不成仏を中心に論じている。一二章より成る。第一章では、徳一が唐法宝『倶舎論疏』に展開する仏性論について『善戒経』『涅槃経』『華厳経』などを引いて難じているのに対し、最澄は経の正文を出して改めている。第二章は定性二乗の成仏について、徳一が古義に報じて立てる説は一乗の理に違すと大薦福寺賓座主の説を傍証としてあげ、また徳一の「五徴三会二非一不」の説はことごとく理に合わないと難じている。巻下之中は定性二乗の成仏不成仏に関して、真如種子、仏智の常不常を論じ、法相三時教判に対する批判、華厳の一乗義を救う論である。巻下之下は「弾謗法者謗法華詞章第十二」の一章のみである。この章は「七教二理を以て法華は権教であるとする説を破する」もので、法宝、義栄両師の説をも援引して、「仏を求むる者、当に身命を捨てて法城を護るべし。夢裏にも義鏡の説を許すこと莫れ」と激しく難じている。〔所載〕正蔵74、伝全2。　〔多田孝正〕

守護国家論【しゅごこっかろん】日　一篇。日蓮（一二二二—八二）撰。正元元（一二五九）年成立。三八歳の日蓮が鎌倉にて著述。日蓮の初期の思想を表明する代表的著作で、源空浄土教批判、ならびに『法華経』による衆生救済と国家安泰を説く。思想内容から文応元年に日蓮が鎌倉幕府に上呈した『立正安国論』の草稿とする説もある。執筆の目的を日蓮は、源空『選択集』の謗法、僻見を破し、一切の人びとに永劫の善苗を種えせしめんがため、と序文にのべ、以下、⑴如来の経教において権実二教を定むることを明かす段は、『法華経』のみが実教で他の緒経は仏の方便権経であるとし、⑵正像末について仏法の興廃あることを明かす段は、末法相応の教法は『法華経』に限ることを論じ、⑶『選択集』謗法の縁起を顕わす段は、一代聖教に聖道浄土、難行易行、正行雑行を立てて法華真言を下す『選択集』の謗法を具体的に指摘し、⑷謗法の者を対治すべき証文を出す段では、『仁王経』『大集経』『涅槃経』『金光明経』等の経文をあげて謗法対治の必要性を説き、⑸善知識ならびに真実の法には値い難きことを明かす段では、人身は受け難く仏法にはあい難いうえに、たとえ人身を受けても善知識と真実の法にはあい難いことをのべ、⑹法華涅槃による行者の用心を明かす段では、法華経の信仰（唱題）によって生死を離れ三悪道を免れるとし、法華経修行者所住の娑婆こそ浄土であることを論じ、⑺問に随って答を明かす段では、法華経信仰者へ寄せられる諸宗からの論難について論じている。真筆一八紙半、山梨県身延久遠寺曾存。〔所載〕定日遺1。　〔庵谷行亨〕

守護正義論【しゅごしょうぎろん】日　一巻。日奥（一五六五—一六三〇）撰。慶長四（一五九九）年一二月成立。日奥は一〇歳の時、京都妙覚寺日典の門に入り、二八歳にして師の後を受け、妙覚寺一九世の法灯を継承した。不受不施義を守るため、豊臣政権、江戸幕府と戦い抜いた。本書は宗旨の正義を示し、遺弟への形見として書かれたものである。本書における正義とは、不受不施義である。序の中で、秀吉の千僧供養出仕命令の事、それに起因して、日奥自身が、重科に問われ流罪に処せられた事について、「万人の疑網を開んが為、一論を造って謗法の源底を顕し、謗者の邪難を摧て、宗旨の正義を示す」とある。慶長四（一五九九）年一一月一〇日、家康により、大坂城で開かれた対論にて、大仏供養の受不について、敗論とされ、翌年六月対馬に配流されるまで、丹波小泉の小庵に逼塞させられることになる。本書は、この小泉の小庵にて、逼塞の間、厳寒の中で撰述されたものである。

　本書は、述作由来を示した序と、三一番の問答の展開された本文と、跋により構成されている。内容は第一問答の「宗旨の依憑となる制法は何か」との問に、不受不施義こそが宗義肝心の制法であると答え、ここから日奥の不受不施義が展開されていく。特に意を用いているのは、国主の布施についてである。三界の主は釈尊である。謗法の国王は、主人である釈尊に背くことになる。施しを受けないことはもちろん、法華経の行者は国主に諌暁せねばならないとしている。法華経の行者の責務を果すことにより、謗法の国に生きることが、国主より土水の供養を受けることにはならない。伯夷・叔斉の故事を学ぶ必要はなく、謗法の国で衣食住を受けることが、咎にはならないのである。以下の問答は、「理性不二」と「事相而二」の問題、摂折二門の問題を論じている。最後に、日奥自身の行動、すなわち、秀吉の千僧供養出仕拒否と、大坂対論の結果流罪に処せられたことを、「予亦仏祖の遺誡に任せて流罪に及び、乃至、種々の大難に値ふ。経文若し真実にして先聖の所行理に契はば予が面目時に当って天下に比類無きか」との位置づけをしている。さらに、弟子たちにも、宗旨の正義を守り抜くことを希望して、本書を配処に赴く身の形見とするのである。〔所載〕万代亀鏡録。〔参考〕日蓮宗事典、日蓮宗教学史、日蓮宗学説史。　〔西片元證〕

寿山清規【じゅさんしんぎ】曹　一巻。寂室堅光（一七五三—一八三〇）撰。文化一五（一八一八）年成立。寂室が『滋賀県清涼寺清規』として制定したもの。年中行事が中心で、毎月一日から三〇日までの日付で叙述している。その年中行事のあとに、僧堂赴粥飯法、出班焼香法等の臨時行事が記述されているが、そのなかの語句により、玄透即中『永平小清規』に依拠しているのが知られる。〔写本〕滋賀県清涼寺所蔵。〔所載〕続曹全（清規）。　〔新井勝竜〕

儒釈筆陣【じゅしゃくひつじん】曹　一巻。独庵玄光（一六三〇—九八）・田麟（田中止邱、一六三七—八二）共著。寛文二（一六六二）年刊。独庵の詩に対して、林羅山系の儒者で、小浜藩・水戸藩に仕えた田麟が和韻することに端を発し、互いに詩を往復、さらに詩論を展開するに及んでいるが、最後は相手を批難するにいたったため、ともに筆を措くことで論争が結着している。儒釈それぞれの立場が、詩文を媒介として、よく表われてい

る。駒大所蔵。〔永井政之〕

種種御振舞御書【しゅじゅおふるまいごしょ】日 建治元（一二七六、または建治二）に日蓮（一二二二―八二）が身延山から安房国の光日房に与えた書で、真蹟はかつて身延山に存した。本書は文永五年正月の蒙古国書の到来と、『立正安国論』に予言した他国侵逼難の的中から筆を起し、諸宗批判、幕府の弾圧による竜口法難、佐渡流罪、次で身延隠棲の懺悔滅罪の内省生活にいたる日蓮の九カ年の振舞を雄渾躍動の文章で叙した自叙伝的な著作である。本書は古来、「種種御振舞御書」「佐渡御勘気鈔」「阿弥陀堂法印祈雨事」「光日房御書」の四篇に分散して伝承されていた。日祐の『本尊聖教録』、行学日朝の『霊宝目録』、日意の『大聖人御筆目録』では、いずれも分散個別の記載となっている。そして日遠、日奠の代になり、「種種御振舞御書」と「佐渡御勘気鈔」を上下一篇とする編纂が示され、明和七（一七七〇）年境持日通は『境妙庵御書目録』で両書に、「阿弥陀堂法印祈雨事」「光日房御書」を加え四書一篇を主張した。さらに明治一三（一八八〇）年小川泰堂は『高祖遺文録』三〇巻を編纂し、そのなかで四書の文脈をもとにして現行のごとく体系づけ一篇とした。本書の真偽については論理的な考証はいまだ呈示されていないし、四書を一篇とするには文体不一致があるとする説も断片的で論証未熟である。〔所載〕定日遺2。〔参考〕日蓮聖人御遺文講義10、日蓮宗事典。〔町田是正〕

拾珠鈔【じゅしゅしょう】因 一〇巻。実俊（生没年不詳）集。延宝二（一六七四）年成立。本書は、山門住心院権僧正実俊が数々の表白を蒐集し書写したもので、美文麗筆のすぐれた句を列ねた文典である。上は安元三（一一七七）年高倉院御筆御八講の表白より、下は観応元（一三五〇）年一〇月新熊野社頭法施の講経表白に至るまで、その間禁裡の御講経、仙洞御所の最勝講、禁裡御持仏堂供養、あるいは如法経供養、和歌政処一品経供養、源氏一品経供養等、あるいはまた法親王、公卿の追薦供養より社頭供養等収録している。〔所載〕天全20。〔多田孝文〕

守正護国章【しゅしょうごこくしょう】日 一巻。日講（一六二六―九八）著。寛文六（一六六六）年成立。日講は不受不施講門派の開祖で江戸初期の代表的な宗学者である。本書は幕府が不受不施派撲滅のため寺領地子供養、飲水行路供養令をだし納受手形の提出を迫ったことに対する四月一七日付の諫状書である。その内容は、㈠釈尊の正法、法華をもって諸宗無得道の権教を折伏するはひとえに三災七難を止め、国家安穏を願い、国恩仏恩を報ずるためと説き。㈡法華の行者は雑乱の行を嫌い専ら謗法を呵責し、与同罪の謗法供養を受けない理由を五カ条挙げている。㈢地子供養への反論。本来官位所領等は世間政道の仁恩であり、寺領供養と謗法供養とは格別のものである。しいて幕府が寺領即供養とすれば謗法供養に当り、受けないことを衆議一決す。㈣堅約を破り悲田供養の新義発生者と逆に訴え出た三人への批判。㈤飲水行路挙足下足、天の三光に身をあたため地の五穀に精を養う義も供養とする意見に、仏法は共業の所感の果報、儒道は陰陽五行の自然の徳化と言い、統領の主に約しても世間政道の仁恩、国家通用の御恩と主張し、宝梁、梵網二経を以て仁恩、供養の格別を訴える。㈥別体ある寺領供養を辞し、飲水行路等を受用し国土に法を弘め国恩報謝を願うため、日奠等の邪徒との是非の糺明を求めた。刊本として明治二二年、昭和三六年版がある。〔所載〕日宗全12。〔参考〕不受不施派の源流と展開、日蓮宗事典。〔林是晉〕

寿昌清規【じゅしょうしんぎ】曹 一巻。心越興儔（一六三九―九六）撰。天湫法澧（生没年不詳）編。内題『寿昌開山心越和尚清規』。享保一二（一七二七）年編。明治四四（一九一一）年刊。祝釐章第一、報本章第二、尊祖章第三、住持章第四、諷誦章第五、節序章第六、机法章第七、遷化章第八の八章に分かれ、終りに門対通用と法具図の付録がある。中国曹洞宗心越開創の寿昌山祇園寺を、心越派下（寿昌派）の総本山格として、その一派に履修せしめるために、心越の遺訓に従って法澧が編纂したもの。第一章は元旦、毎月朔望の諷経、第二は仏降生日、仏成道会、仏涅槃日、弥勒誕日、観音誕日、地蔵誕日の法要、第三章は達磨忌、洞山忌、翠微忌、開山忌、掃開山塔、開山愍忌、第四章は住持日用、住持進退、第五章は朝誦暮課、上供諷誦、小施食式、二時念供養、放生儀式、転経礼懺、霊前諷経、放水灯、第六章は年中行事の特筆すべき項目とそれに関する節序仏事疏である。第七章は開壇弘戒、沙弥得度、堂衆出入、堂規、罰規、擯規、竜蔵、浴室、立僧秉払、朔望唱礼、普請、第八章は進龕、祭時儀軌、出喪訃毘、進塔等から成る。本清規はおおむね『黄檗清規』をうけ『勅修清規』との関係も深い。諷誦の経文に『楞厳咒』『心経』等のほか、たびたび『阿弥陀経』『往生咒』等、浄土宗のものが用いられているのは、とくに注意を要する。〔刊本〕駒大蔵。〔所載〕続曹全（清規）。〔参考〕東皐全集。〔新井勝竜〕

授禅戒作法【じゅぜんかいさほう】臨 一巻。明庵栄西（一一四一―一二一五）撰とされるが真偽は詳らかでない。成立年代不明。禅宗における戒の授け方を記したもので、その内容は純菩薩戒である梵網・瓔珞両経の三聚浄戒と十重禁戒からなる。栄西は『興禅護国論』等によれば大小乗戒兼受の立場であるから、この矛盾が疑われているのである。刊本はなく、駒大所蔵の写本が知られるのみである。〔沖本克己〕

修禅寺決【しゅぜんじけつ】因 四巻。最澄（七六六―八二二）記。成立年代不明。本書は、一・二巻は「修禅寺相伝私注」、三・四巻は「修禅寺相伝日記」の題名をもち、身延山の日朝（行学）・日意両本（岩波『天台本覚論』所収底本）は、一・二帖は「修禅寺相伝私記」の名をもち、通常『修禅寺決』と称される。日本天台宗の祖最澄が入唐し、修禅寺道場(天台山)で相伝を受けたものというが、後世の恵心流口伝法門の偽託書である。その内容は、一心三観、心境義、止観大旨、法華深義の四箇を扱う。これは恵心流七箇大事中の広伝四箇と称されるもので、『伝全』所収のものは、第二巻に心境義をおくが、これは圓仁作とされる『一念三千覆注』(『仏全』24)が全面的にもちいられている。『天台本覚論』所収のものには、その使用はなく、巻一の一心三観の末にある心境義の短篇ではな不十分となり、全集本のように付加されたものといわれる。本書は同じく最澄作とされる『三大章疏七面口決』との類似も指摘され、『修禅寺決』が、臨終の一心三観で「南無妙法蓮華経」の称題を伝えるのに対し、『七面口決』は、念仏を伝えるところの相違もいわれ、またその称題も、日蓮のそれとは似て非なるものともいわれる。しかし日蓮と何らかの関係をもつものと思える。本書は、『断証決定集』『修禅寺決』『漢光類聚』とつづく系統の文献で、『漢光類聚』は「四箇伝法決」として本書を引用する。〔所載〕伝全5。〔参考〕天台本覚論、漢光類聚。

〔弘海高顕〕

手草【しゅそう】因 二巻。安然(―八四一―九〇四―)撰。安然は慈覚大師圓仁に法を受け、のち遍昭が華山元慶寺に年分度者を置くと、招かれてその教授阿闍梨となり、自由な立場から台密事相教相にわたる集大成を果した。本書は、四四三番の問答を連ねて、『大日経』住心品中の要点を挙げ私説を述べるが、日蔵本編者がいうように、下巻は教時問答に全同で、上巻も重複が多く、まさしく『教時問答』の草稿断簡と目される。〔所載〕日蔵(天台宗密教章疏3)。
〔木内堯央〕

首題要議【しゅだいようぎ】日 一巻。日輝(一八〇〇―五九)述。成立年代不明。著者四〇歳以後の成立。正式名『妙法蓮華経首題要議』。『法華経』の題号を釈したもの。(1)法体を定む段では、『妙法蓮華経』は経名であるが、これは乗名であって、円乗の自他因果の本理を顕わすものとする。(2)名義を釈す段では、妙法を本迹二門で論じ、迹門は向上還滅門にして九法界に一仏界を帰する変易の勝能、本門は向下流転にして一仏界に九界を出現する常住の妙用であるとし、この二門が相成じて妙法が顕われ寂照常住であるとする。さらに蓮華については、因果倶円をもって権実相即するを義趣とするとし、次に、経とは教行理展転して経緯を相成する、とする。(3)経意を明かす段は、迹門は法に約して開合を論じ蓮華の義となし、本門は人に約して開合を論じ蓮華の義となす、とする。(4)台判を弁ず段は、『法華玄義』の序、七番共解、五重各説を簡単に解説する。(5)祖章を出す段は、日蓮遺文の数篇をあげて、南無妙法蓮華経は無作三身の宝号であり、円乗の因果を妙法蓮華経とする、とのべる。(6)五章を簡ぶ段は、五重玄について総名通別、経体理事、名体即離、宗体相成、宗用同異の五節に分けて論じる。(7)異名を議す段は、世親の『法華論』の一七名をあげて、これは一端を表わしたにすぎないとし、教菩薩法仏所護念等は大乗の通号、妙法蓮華経は別号とする。(8)行相を論ず段は、略して正行を明かす、ひろく正行を弁ず、妙行増勝を論ず、の三に分けて『法華経』の行相を詳述し、妙経受持の唱題を正行、読誦を助行とする。なお関連のものに『首題功徳章』三巻、『首題略弁』一巻、『蓮華蔵注釈』一巻などがある。正本を池上本門寺蔵。〔所載〕充治園全集1。
〔庵谷行亨〕

述懐鈔【じゅっかいしょう】浄 一巻。舜昌(?―一三三五)撰。『述懐記』ともいう。本書は、『法然上人行状絵図』四八巻を編纂した著者が、天台宗に属しながら他宗の祖師伝を製作したことによる山門大衆の批難に対して、自らの所信を披瀝して書かれたもので、二〇項目からなる。わが国の祖師ならびに中国天台の各祖がみな他力念仏を称揚していることを説き、末世鈍根のわれらが円教を学び念仏を信ずることは不当でないと述べたもの。延宝三年版。〔所載〕浄全続9。
〔藤本浄彦〕

出家授戒作法【しゅっけじゅかいさほう】因 一巻。源信(九四二―一〇一七)撰。源信は恵心僧都、大和国出身、慈恵大師良源の門下。因明、法相等にも通じ教学の権威であるばかりでなく、『往生要集』を著わし、二十五三昧講を指導するなど浄土教の祖でもある。本書は殺、盗、婬、妄、飲酒、讃毀、慳貪、瞋恚、謗三宝を制することを中心とするきわめて整理された得度授戒の作法である。『仏書解説大辞典』で田島徳音は真撰とする。〔所載〕恵全5。
〔木内堯央〕

出家授戒作法【しゅっけじゅかいさほう】曹 一巻。道元(一二〇〇―五三)撰。嘉禎三(一二三七)年成立。別に『出家略作法(文)』ともいう。現在、慶長七(一六〇二)年虎室春策が書写した大乗寺所蔵本の『出家略作法』と元亨四年に瑩山紹瑾が孤峯覚明に授けた。『出家授戒略作法』(島根県雲樹寺旧蔵)とが伝わっている。本書の内容は、出家得度に当って授戒作法の具体的儀軌と意義とを、剃髪、染衣、懺悔、三帰衣、三聚浄戒、十重禁戒の次第において説き示したものである。江戸期に面山瑞方(一六八三―一七六九)は、諸本を対校して本書を『永平祖師得度略作法』として延享元(一七四三)年に刊行したが、これに対し髻珠秀岳は『読大戒訣』三巻(一七五四刊)を著して反駁を行っている。〔所載〕続曹全(宗源補遺)、道元全下。
〔小坂機融〕

出家授戒法【しゅっけじゅかいほう】南 一巻。実範(?―一一四四)撰。成立年代不明。出家者に対する剃度授戒の作法を記した書。その記述は、露地に香水を洒ぎ、七尺四方の四隅に幡を懸け、中に出家者の一座及び和上の勝座を設けるところから始め、剃髪、法名、授与袈裟、受戒、発願の次第を詳説する。唐招提寺一派だけでなく、諸宗一般に広く通用した書である。〔所載〕日蔵(戒律宗章疏3)。
〔里道徳雄〕

出家大綱【しゅっけたいこう】臨 一巻。明庵栄西（一一四一―一二一五）撰。成立年代は建久三（一一九二）年説と正治二（一二〇〇）年説がある。寛政元（一七八九）年刊。内容は末世の自覚に立って、「仏法は斎戒を命根と為す」というごとく、戒法の重要性を説いたもの。護戒法には二門すなわち衣食と行儀ありとし、それらを各々道俗二つに分けて解説する。梵網菩薩戒の立場ではあるが、小乗戒もその中に含むとする考えが記されている。末尾に「斎戒勧進文」が付されている。〔沖本克己〕

出家略作法【しゅっけりゃくさほう】南 一巻。撰者・成立年代ともに不明。出家授戒儀を略述した書。聖衆勧請・剃髪、尼師壇・三衣・鉢盂の受持の後に、懺悔・三帰・五戒・十戒を経て出家位に入ることを示し、さらに三聚浄戒・十重禁戒を示して今身より仏身に至る授戒をいう。聖衆勧請文中に菩提達摩の名が記されるところから禅宗系の書と考えられ、また、文末に、これは小庵小衆の執行のための作法であり、大刹稠人広衆三時は清規に詳しとあって、文字どおりの簡略法であることが知られる。〔所載〕日蔵35。〔里道徳雄〕

出家略作法文【しゅっけりゃくさほうもん】曹 一巻。道元（一二〇〇―五三）撰。嘉禎三（一二三七）年成立。出家して仏道を求める在家の男女に対して、出家の意義と価値、出家得度をなすにあたっての具体的な作法を略述したもの。原本はないが、写本をもとに江戸時代、延享元（一七四四）年、面山瑞方（一六八三―一七六九）が、『永平祖師得度略作法』として板行した。〔所載〕続曹全（宗源補遺）。―→永平祖師得度略作法〔東 隆眞〕

述成【じゅつじょう】浄 一巻。證空（一一七七―一二四七）著。成立年代不明。證空が晩年の己証をのべたもの。別に『述誠』ともいう。題下に「問実信房、答西山上人」と示されている。證空は入道加賀権守親季朝臣の長男で、文治元（一一八六）年九歳のとき久我内大臣通親公の猶子となり、建久元（一一九〇）年一四歳で源空の門に入る。爾来善導疏の講説に力を注ぎ、『自筆鈔』四一巻、『他筆鈔』一四巻、『事相鈔』三八巻等を著わす。西山義の祖である。本書は弟子の蓮生がつねづね上人の講説を聞き、みずからの証得の趣をのべ、さらにその決着の教授を願ったものである。本文は第一より第一八までの問答によって構成されているが、第一〇までが本来の述成の文で、第一一から第一六までは『三縁事（義）』の文中から要文を抜き出してつけ加えられたもののようである。第一七・一八は『三縁事』のなかには類語が見出されない。内容は、(1)帰命の心の確立状態の証得、(2)往生の信心領解、(3)帰命に観仏・念仏の二位あること、(4)『群疑論』の無記往生説に関して真実他力の信心を示す、(5)念仏は他力の行であること、(6)念々不捨者の念々について、(7)念仏即往生ということ、(8)自受用報身の位に衆生を化度し給うこと、(9)諸経所説の法体と『観経』所説の法体のこと、(10)(17)自力他力、(18)弥陀の五劫思惟の意味についてなどである。浄土宗西山流秘要蔵（谷大）所収。〔所載〕西山上人短篇鈔物集。〔堀本賢順〕

出世元意【しゅっせがんい】浄真 一巻。覚如（一二七〇―一三五一）著。成立年代不明。覚如は親鸞の曽孫で本願寺第三世。本書は「法華念仏同体異名事」と書き始められた短文である。『慕帰絵詞』巻一〇の覚如撰述の諸典を挙げた個所には「この外に、『法華念仏同体異名事』といへる薄双紙有之」というだけで『出世元意』の書名はなく、覚如自身の著述のうちにも「釈迦一代の出世の元意」（『口伝鈔』下巻）という言葉が見られるだけである。それゆえ書名は、その内容が如来の出世本懐について説かれたものであるから、後人によって『出世元意』と付加されたとされる。内容は、『法華経』と『大無量寿経』はともに釈尊の出世の本意を明かすもので、法華念仏同味の教えであって、同体異名でともに醍醐味の教えであると示す。本文は「法華念仏同体異名事」で始まり、五味というは乳味、酪味、生蘇味、熟蘇味、醍醐味で、醍醐の味わいをもって最勝とすると示し、次に釈尊が霊鷲山での法華経の会座を没して韋提希夫人の請に応じて王宮に現われ『観無量寿経』を説いたので、念仏は法華同時の説であって同醍醐味の教えであるとのべている。要するに法華念仏は、同味の教えであり同時の説であって同体異名といえると説いている。古写本として蓮如書写本（本願寺派本願寺蔵）、恵空書写本（谷大蔵）がある。〔末注〕宣成・出世元意辛卯録。〔所載〕真聖全3、真宗史料集成1。―→口伝鈔〔新作博明〕

出世元意辛卯録【しゅっせがんいしんぼうろく】浄真 一巻。宣成（一七七七―一八六一）述。天保二（一八三一）年、講義。本書は、覚如が如来の出世本懐について法華念仏同体異名であるとのべた『出世元意』に対する注釈である。(1)来意、(2)大意、(3)釈名、(4)入文に分け、(4)をさらに標名、本文とに分け、標名で法華念仏同体異名事について、本文で五味者以下を解釈している。〔所載〕真大26。―→出世元意〔新作博明〕

述聞制文【じゅつもんせいもん】浄 一巻。良暁（一二五一―一三二八）述。正中二（一三二五）年成立。浄土宗三祖良忠門下六流のうち、名越の尊観と対立した良暁が、白旗流の正統性を主張し著わしたもの。当時、名越・白旗の論争の中心書であった『浄土述聞鈔』の巻頭に付されたのでこの名があるといわれる。短文ではあるが、浄土宗の相伝についての研究の上で、欠くべからざる資料である。〔所載〕承応三年・天保一一年刊本、浄全11。〔坂上雅翁〕

受不受決疑抄【じゅふじゅけつぎしょう】日 一巻。了義日達（一六七四―一七四七）著。元文三（一七三八）年成立。日達は福島の人。了義院と号し、鷹峰、六条、中村檀林の化主、本圀寺二六世。初は興門派に属したが後に一致派の学匠となり、当今法華の学頭と言われる。その教風は天台ずりである。本書は本圀寺を隠居後の六三歳の選述で、不受不施義の邪義に対する批判書である。その内容は寛永七（一六三〇）年の身池対論における身延側（受不施派）と池上側（不受不施派）との両者の論争の相違を歴史的に明かし、教義上からも諸経文を挙げ、財施を受用する仏教の通義を説き、布施する者の福報と法華信仰への引入を力説する。また御書の相違の会通をして受施の立場を主張し、池上側（不受不施派）の敗論の顛末とその邪義を説いた書である。ただし、日達引用中の幕府公用記録書『東武実録』所収の身延側の身池対論の記録は、後年時の編纂者が池上側の記録を都合よく脚色したり、両記録を書き換えたりして史実に反する部分が見られる。故に、本書成立後まもなく不受不施側から『受不受決疑抄返答』をもって論駁された。受・不受の理の論争書は多くあるが本書は全三七丁の中に、よく両者の相違を簡潔に述べている所に特色がある。刊本として元文三年版がある。〔所蔵〕金川妙覚寺。〔参考〕日蓮宗学説史、禁制不受不施派の研究、不受不施派の源流と展開、日蓮宗不受不施派読史年表、日蓮宗事典。〔林是晋〕

受不受法理抄【じゅふじゅほうりしょう】回　一巻。日奠（一六〇一—六七）著。寛文元（一六六一）年八月成立。『受不受法理之事』ともいう。本書は条箇六〇条より成るが、受派の主張への反駁に対し一六科にわけてこれを反論しているので世人は『宜道十六箇条』と称したといわれる。宜道とは日奠の所化名である。なお本書は受不施義を大成したものであるが、これに対して痛烈な破折を加えたのが、日講（一六二六—九八）の『破奠記』二巻である。『法理抄』は享保九（一七二四）年刊行。写本を千葉県茂原藻原寺蔵。〔松村寿巌〕

儒仏合論【じゅぶつごうろん】通　九巻。隠渓智脱（生没年不詳）著。寛文八（一六六八）年刊。隠渓は臨済宗妙心寺塔頭幡桃院四世の学僧である。その伝は『妙心寺史』に纔かに見えるのみで詳らかでないが、垂加神道の山崎闇斎（一六一八—八二）が若き日、まだ妙心寺大通院の湘南の弟子として禅に親炙し絶蔵主と呼ばれていたころ、隠渓はその竹馬の友であったという。闇斎はのち、儒道を学びこれの真髄を得るや破仏論者となり「儒は正にして仏は邪、その懸隔ただに雲泥ならず」（「真辺仲庵に答うる書」）というまでに至った。本書は隠渓が闇斎の破仏論に対して儒仏一致の立場を論じたものである。本書の巻頭に黄檗宗第五世の高泉性潡（一六三三—九五）が寄せた延宝三（一六七五）年浴仏日の序文があるが、その中で高泉は、「禅僧の中に宋儒を效顰し仏法を謗毀するものがあり、これに対して隠渓がその迷妄を憫み広く仏祖聖賢の語を引いてこれを開導している」と述べている。その集むるところの語は実に十万言に達すというが全篇先人の語を集め羅列している。序によると隠渓が弟子をして本書を高泉のもとに運ばせ序を請うたらしく、高泉は隠渓なる人を知らないが、本書によって著者の扶宗衛法の心がよく分ったと絶讃している。隠渓は自序で本書の内容につき「始め性理真説を挙げ、中に天人の始終を記し、末に万物の情態を論じた」といい、「仏を学ぶことによって儒を知る」ことを薦めている。〔所載〕日本思想闘諍史料1。〔西村恵信〕

授宝性院宥快記【じゅほうしょういんゆうかいき】真　興雅（？—一三八三）著。永和三（一三七七）年五月一〇日成立。安祥寺二一世興雅が高野山宝性院門主宥快（一三四五—一四一六）に安祥寺流の法流を授けたときの書簡。裏書の記述から法流伝授の直後に書かれたことがわかる。冒頭に伝法潅頂印信、血脈、小野印信を授けたことを記し、次に伝法印信に関連して、金胎両部相伝上の問題である等葉不等葉の相伝について論じる。これがこの記の主題である。ここでは高野山蓮光院の不等葉相伝に反論するかたちをとる。東密の血脈では、(1)八代等葉（両部ともに大日、金剛薩埵、竜猛、竜智、金剛智、不空、恵果、空海と伝わる）と(2)七代等葉（八代等葉中の金剛智を除く）、(3)不等葉（金剛界は八代、胎蔵は七代）、(4)不等葉（金剛界は八代、胎蔵は大日、金剛薩埵、達摩掬多、善無畏、玄超、恵果、空海の七代）の四説があるが、興雅は(1)(2)(3)の三説をあげ、とくに(4)説の不等葉につき「これは大師六月七月の御潅頂の御伝相なり。八月アサリ位の御潅頂は規模大事の御相伝なり」と、空海が両部の学法潅頂を受けたときは不等葉、伝法潅頂のときは八代等葉の相伝であったが、この不等葉も最極秘の口伝では七代等葉であるといわれているとのべ、等葉相伝であったことを主張している。次に小野印信を授ける理由をのべて書簡を終るが、その日付のあとに余論として三項目加えている。〔所載〕正蔵78。〔清水　乞〕

授菩薩戒儀【じゅぼさつかいぎ】因　一巻。最澄（七六六—八二二）撰。正しくは『授菩薩戒儀式』といい、別に『十二門授大乗円教出家菩薩別解脱戒』『十二門儀式』『叡岳戒儀』『和倭国本』『十二門授一乗比丘戒儀』という。最澄は伝教大師、天台宗祖。『法華経』の一乗義を根本とし、隋天台大師智顗の教説を依りどころとして天台法華宗を開立したわけであるが、その正系を相承したのは延暦二三（八〇四）年から翌年にかけての入唐の際に、台州龍興寺の道邃、天台山仏隴道場の行満とから天台教学を相承したときである。ことに、道邃から菩薩戒を伝えたことは画期的なことで、その系譜が天台の相承に重なり、天台法華の経旨はこの菩薩戒を伝持することによってますます発揚されることを会得したのであった。本書は、その内容にあきらかに山城国乙訓郡山本僧伽藍千手観自在菩薩像前において最澄が授戒をしたとき編まれた戒儀であることを記している。その内容は、唐の天台第六祖荊渓大師湛然の授菩薩戒儀に示された十二門戒儀に則るもので、霊山浄土本来常住釈迦如来を戒阿闍梨に措定し、菩薩金剛宝戒、または、常住仏性一切衆生本源自性清浄虚空不動戒を授ける戒儀であるといっている。やがては、比叡山上の天台宗年分学生に授けられるべき戒儀の原型はここにあって、しかも最澄独自の戒和上説、ないし虚空不動三学説がすでに成っていたことが知られる。懺悔の段には湛然の場合と異なり、『摩訶止観』が引かれる。〔所載〕伝全4、仏全26、正蔵74。〔木内堯央〕

授菩薩戒儀朱註【じゅぼさつかいぎしゅちゅう】因　一巻。圓珍（八一四―九一）注。別に『授菩薩戒儀裏書』『六祖智証大師授菩薩戒儀裏書』ともいう。圓珍は智証大師。比叡山第五代座主。義真門下として年分度者となり、一二年籠山をおわって一山の学頭に推挙された。圓仁の帰国後入唐求法の志やみがたく唐の商船に便して福州に到り、台州、越州、洛陽、長安に学び、円密の法門を伝えた。のち座主となりよく一山を統治した。本書は、最澄が唐の荊渓大師湛然の十二門戒儀にそってまとめた授菩薩戒儀に注したものである。最澄の授菩薩戒儀は山城国乙訓郡山本僧伽藍千手観自在菩薩像前で授戒を行ったときに用いられまとめられたもので、朱注は本来裏書であったものを、とり出して頭注のようにして別行したもので、奥に「従貞観十一年迄仁和元年毎登壇授戒行用件文　仁和元年四月十三日　珍記」と書いてあり、圓珍が座右において菩薩戒授戒の折々にこれを用いたことが明らかである。その注の態度は語注が主であり、よく経論を引き、その意義を正しく見出そうとしている。また、文中の夾注は、主として所作について示すもので、ときには解釈も付する場合がある。頭注にはまた以下の本文を声をあげて読むべきかどうかを示す「音」字があったりする。円戒本尊を丈六即遮那法身如来すなわち大日法身であるといい、三千の威儀を菩薩戒としている。最澄から圓珍の間の菩薩戒受用の発展が知られる。〔所載〕伝全1、智証全。〔木内堯央〕

授菩薩戒儀要解【じゅぼさつかいぎようげ】浄　一巻。義山（一六四八〈四七〉―一七一七）撰。成立年代不明。天台宗第六祖湛然の『授菩薩戒儀』を、智顗の『菩薩戒経義疏』や元照撰『芝苑遺編』等をもとに注釈したもので『黒谷古本戒儀』等とは一線を画す。第三請師の項で、阿弥陀仏を戒和尚、観音を羯磨師、勢至を教授師とする元照の説を取り入れているのは注目され、同門弟の湛慧や西山の俊鳳など浄土律僧への影響が見られる。〔刊本〕寛保元（一七四一）年、文化一三（一八一六）年刊。〔所載〕浄全15。〔鈴木霊俊〕

隼疑問決集【じゅんぎげいけつしゅう】浄　一巻。聖冏（一三四一―一四二〇）撰。成立年代不明。禅宗の覚隼による浄土宗義への再度の疑問に対して聖冏が解答した短編である。覚隼の問は浄土門の機知についてであり、聖冏は機知を詳説し、浄土宗のいう機知泯絶は覚隼の考える三界中の法でなく物機の解知を離れた即相不思議の相頓の教えであることを強調し、論難に答えている。〔刊本〕寛永六年刊。〔所載〕浄全12。〔服部淳一〕

俊鳳和尚行業事実【しゅんぽうわじょうぎょうごうじじつ】浄　二巻。宝幢妙幟（？―一八一三）撰、寛政元（一七八九）年刊。別に『蔡華行実』ともいう。本書は江戸時代末期の西山派の俊傑である俊鳳（一七一四―八七）の生誕から入滅までの行実を記述したものである。本文に「念仏は一切の俗事を妨げず俗人は一切の事をなしながら念仏を勤むべし」「世法に即したる仏法の修行」とあるような念仏生活を勧める。〔所蔵〕版本、谷大。〔中西隨功〕

諸阿闍梨真言密教部類総録【しょあじゃりしんごんみっきょうぶるいそうろく】因　二巻。安然（―八四一―九〇四―）集。仁和元（八八五）年三月叙。別に『八家秘録』『真言密教惣目録』ともいう。編者安然は天台宗台密の高名な学匠で著作も多い。本書は平安初期以来、日本に将来された密教経軌について、入唐八家（最澄、空海、常暁、円行、圓仁、恵運、圓珍、宗叡）の請来書画の内容を二〇に分類整理したもの。初めは一六に整理（元慶九年五月二九日）し、約一カ月後仁和元年三月五日（青蓮院蔵永保元〈一〇八一〉年写本）に二〇に分類し直したもの。『仏全』本、木版本は延喜二（九〇二）年五月一一日叙となっており、一七年後再度訂正した可能性もある。本目録は続々ともたらされた密経儀軌道具等の系統立った分類整理が、当時必要であったことを示し、また現在欠失した書物等の確認にもちいられ、真言宗でも空海後渡来した経軌の取扱いなどに重用された目録。収録書名は重出もあるが、木版本では一七五五巻とし、『仏全』で一一三六書目が数えられる。青蓮院写本と前後出入りなどあり、諸本との慎重な校合が必要である。その各書目について訳述者・将来者と別本との同異、異名や留意点などを簡明に記している。写本は東洋文庫、青蓮院、真福寺、東寺など、他に元文元（一七三六）年版本がある。〔所載〕正蔵55、仏全旧2・新95。〔参考〕三崎良周・安然の諸阿闍梨真言密教部類惣録について（印仏研16―2、昭43）。仏全解題。〔野本覚成〕

浄阿上人絵詞伝【じょうあしょうにんえしでん】時　三巻。著者明記なし。文明（一四六九―八六）ころ成立。時宗・京都四条道場金蓮寺開祖浄阿真観の伝記で、ほかに『浄阿上人行状』一巻がある。三本中、本書が内容体裁ともに整っている。青蓮院尊応の詞書、絵は土佐光信による。『浄阿上人伝』とは内容や文が共通するものがある。京都金蓮寺所蔵。〔所載〕国東叢2―5、定時宗下。〔長島尚道〕

浄阿上人行状【じょうあしょうにんぎょうじょう】時　一巻。著者明記なし。江戸時代成立。時宗・京都四条道場金蓮寺開祖浄阿真観の伝記で、他に『浄阿上人伝』一巻、『浄阿上人絵詞伝』三巻がある。三本中、本書はもっとも簡略で成立年代も新しく、漢文で書かれている。〔所載〕続群書9、定時宗下。〔長島尚道〕

浄阿上人伝【じょうあしょうにんでん】時

一巻。著者明記なし。寛正四（一四六三）年成立。時宗・京都四条道場金蓮寺開祖浄阿真観の伝記で、他に『浄阿上人行状』一巻、『浄阿上人絵詞伝』三巻がある。三本中、本書は巻末に後花園天皇の花押があり、詞書の筆者は甘露寺親長の筆といわれる。『浄阿上人絵詞伝』とは内容や文に共通するものがある。京都金蓮寺所蔵。〔所載〕定時宗下。〔長島尚道〕

聖一国師語録【しょういちこくしごろく】臨 一巻。円爾弁円（一二〇二—八〇）撰、虎関師錬（一二七八—一三四六）編。元徳三（一三三一）年成立。詳しくは『聖一国師住東福寺語録』という。弁円（聖一国師は諡号）は儒学と顕密の教学を修め、入宋して径山の無準師範（臨済宗破菴派）の法を嗣ぎ、仁治二（一二四一）年帰朝した。本書は九条道家の外護のもと、東福寺に開山住持したときの語録を法孫（東福一五世）の師錬が散逸を恐れて、自序の文（元徳三年二月）を付して校纂したものである。内容は初めに浴仏、結夏、解夏、冬至、臘八、除夜の各上堂と小参の語要⒂と無準忌拈香⑴を集め、別の上堂⒃を加えている。次いで法語（筆書6、説示2）と偈頌（祝賀3、和韻5、頌8）、仏祖賛（達磨5、魚籃1、寒山拾得1）、自賛⑿を編集している。巻末には、師範ならびに法兄の四明天童の西巌了慧との弁円あての書簡各二通を収録する。教禅を兼修した鎌倉中期の禅界の中心人物の語録として評価が高い。元徳三年の五山版、応永二四（一四一七）年の刊本、集雲守藤が年譜再刊の余資で重刻した元和六（一六二〇）年の刊本、虎関の法孫令村和尚が元和本に、三林長老請以下の六首の自賛を増補した文政一二（一八二九）年刊本などがある。〔末注〕（幹山師貞・語録注一巻。〔所載〕正蔵80（文政本による）、仏全95、訳禅大19、訳禅叢10、禅学大系5。〔参考〕仏解5、禅籍目録。〔小林圓照〕

聖一国師年譜【しょういちこくしねんぷ】臨 一巻。また『東福開山聖一国師年譜』という。大宰府鉄牛円心が、円爾（一二〇二—八〇）の生涯の行状を弘安四（一二八一）年に編述したもの。応永二四（一四一七）年に東福寺の祖芳が東堂、西堂、大衆、在家等の縁を募って財を集め、刊行し、また東福寺東堂岐陽方秀が校正、元和六（一六二〇）年に再刻。禅文研本は年譜のあとに語録が付せられており『聖一国師年譜及語録』とある。禅文研所蔵。〔所載〕年譜、日仏全73。〔高崎正芳〕

承応鬩牆記【しょうおうげいしょうき】浄真 一巻。祐俊（一五九七—一六八二）記。寛文三（一六六三）年成立。祐俊は京都の本願寺派西光寺住職。承応の鬩牆とは月感、西吟の往復の論難を指す。初代能化西吟と月感とはいずれも紀州和歌山の了尊に師事した同窓である。永照寺西吟は延寿寺月感によって、自性唯心の理談を好み、聖浄二門の区別を混乱せるものとして攻撃されたのである。しかし二師の論難のみに止まらず、興正寺准秀は月感と親族なるがゆえにこれに党し、本山良如とともに江戸に赴き、幕府に裁決を仰ぐこととなった。その結果、学林は廃毀となり、准秀は越後へ、月感は出雲へ流罪となった。空前の大事件に発展したこの論争の一部始終を本書は克明に記述している。またたんに論争のみならず、一一年間に及ぶ本山と興正寺の関係、幕府との関係等、江戸時代初期の忠実なる記録として尊重せられている資料である。祐俊自筆本を西本願寺写字台に所蔵する。〔所載〕真宗全50。〔藤田恭爾〕

帖外九首和讃略註【じょうがいくしゅわさんりゃくちゅう】浄真 一巻。僧鎔（一七二三—八三）述。成立年代不明。『三帖和讃』の外にある帖外九首のいちいちについて釈述したもので、「九首みな善導の釈をとりたまふ」と説明している。仰誓の収集した『真宗小部集』の巻三にある。〔所載〕真宗全62。〔五十嵐明宝〕

嘯岳鼎虎禅師語録【しょうがくていこぜんじごろく】臨 二巻。泰祐編。幻住派湖心碩鼎の法嗣嘯岳鼎虎の語録。元亀元（一五七〇）年六月の丹波瑞巌山高源寺入寺法語から文禄四（一五九五）年冬にいたるまでの香語、偈頌などを年代を追って収録する。写本を高源寺に蔵する。〔古賀英彦〕

小経直談要註記【しょうきょうじきだんようちゅうき】浄 八巻。聖聡（一三六六—一四四〇）口筆。永享七（一四三五）年成立。詳しくは『阿弥陀経直談要註記』という。聖聡は、中世において二蔵三輪の教相に立脚して新浄土宗義を組成した聖冏の直弟であり、師の教義布衍に努め著書も多い。本書は、源空の『三部経釈』をもとに著わされた『直談要註記』四八巻の一部として『阿弥陀経』を注釈したものであり、跋文によると、述作なかばにして眼病にかかり、後半は弟子慶竺に筆受させたという。もとは『大経直談要註記』同様に源空の『阿弥陀経釈』全文を第一巻に置き、都合九巻仕立であったが現行本では失われている。聖聡が依った『阿弥陀経釈』は、同釈に二系統あるうちの承応三年版『阿弥陀経私記』系のものと考えられ欠巻が惜しまれる。内容は、初めに来意分として本経説示の意図を明かし、次いで釈名分釈人分として経の題名、翻訳者について論じ、さらに依文解釈分として、経を序分・正宗分・流通分に分けて経文を出し、中国の浄土教家や、良忠、入阿等の諸師の釈書を引用して詳細な釈を記している。源空の『阿弥陀経釈』に続く釈書で、かつ随文解釈の注書として重要なものである。末書は存在しないが、近世の義山述『阿弥陀経随聞講録』、観徹述『阿弥陀経合讃』等は、本書を参考とするところが多い。〔刊本〕慶安元（一六四八）年刊。〔所載〕浄全13。〔鈴木霊俊〕

上京日次記【じょうきょうにちじき】浄真 一巻。大瀛（一七五九—一八〇四）記。享和三（一八〇三）年成立。大瀛は芿園学派の祖。本願寺派に生起した三業惑乱事件に関する大瀛の日記である。大瀛が命に応じて京都二条公儀所に出頭し、三業帰命説に対する弁論（反論）を展開したさいの、自筆の日記である。翌年、文化元年、大瀛は江戸に下って活躍するが、このときの日記は『続反正紀略』巻五に収載されている。〔所載〕真宗全70。〔山崎竜明〕

笑禁断謗施論【しょうきんだんほうせろん】[日] 一巻。日豊（一六〇〇—六九）著。日豊は身延西谷檀林六世、中村檀林七世化主で、のちに京都妙顕寺一四世、池上本門寺一九世となる著名な学匠であり、日奥（一五六五—一六三〇）が『禁断謗施論』一巻を著わして日乾（一五六〇—一六三五）の所論を破したのに対し、日豊はその破書として本書を著わし日奥の不受不施義を論難した。写本を岡山県金川妙覚寺蔵。——→禁断謗施論〔松村寿巌〕

蕉堅稿【しょうけんこう】[臨] 二巻。絶海中津（一三三六—一四〇五）著。鶚隠慧奯（一三五七—一四二五）編。室町時代初期の成立。絶海の詩文を門人の鶚隠が編集したもの。絶海は夢窓疎石の法嗣で同門の義堂周信とともに五山文学作者の双璧。明僧如蘭から日本語言の気習なしと評せられ、日本人離れした中国人同様の創作力をえていた。また四六文も明僧季潭宗泐を通じ、その師、笑隠大訢（蒲室）の大成した禅林の四六の作法の伝授を受け、日本における蒲室疏法の開祖となった。本書は乾巻に詩偈、坤巻に疏を収める。絶海の生前中の明の永楽元（一四〇三）年、僧録司道衍の序、霊石如芝の跋が付せられている。書名は絶海の別号、蕉堅道人にちなむ。室町時代初期の五山版には『絶海和尚語録』と併せて二本になっているものもあり（尊経閣、東洋文蔵等）、それが本来のかたちで『蕉堅稿』のみの一冊は、国会、積翠、成簣、東洋文等に蔵する。江戸時代、寛文一〇（一六七〇）年の再刊本がある。〔末注〕蕉堅稿考二巻（高峰東晙自筆本）を建仁寺両足院に所蔵。蕉堅稿別考一巻を松ヶ岡に所蔵。〔所載〕五文全2。〔伊藤東慎〕

正眼国師語録【しょうげんこくしごろく】[臨] 一冊。盤珪永琢（ばんけいようたく、一六二二—九三）語。兀庵素徴編。寛政一〇（一七九八）年成立。永琢は、親の生みつけた仏心は不生で、霊妙であると力説し、日本独創の不生禅を唱えた人物である。本書の内容は、永琢の弟子の逸山祖仁（一六五五—一七三四）が編集した『仏智弘済禅師法語』（享保一五〈一七三〇〉年成立）からの六〇章を漢文体にしたものと、玄門慧金編で他に現存しない『竹林夜話』と、『大法正眼国師行業曲記』の後半に付載された山堂智常編の永琢法語集『賛語』（延享四〈一七四七〉年成立）からの二〇章とを、それぞれ採用し編纂したものである。『富士山志（とみすさんし）』（如法寺蔵）では、伊予如法寺の末寺、遍照庵三世の素徴の編として同語録が収録されている。原本としては姫路市網干の竜門寺蔵写本が現存している。この書の編集は『盤珪法語』の漢文体での語録化を企図したもので、平話禅を高唱した永琢の本意に添うものかどうか問題である。また同名の別本で、内題が『大法正眼国師盤珪大和尚語録』といい、永琢の妙心寺開堂（寛文一二〈一六七二〉年）の法語、特賜禅師号記、頌、銘、像讃などが集録されたものがある。この書は原漢文で、編者名、編纂年月などは不詳であるが、義徳院（姫路市網干）蔵本として現存している。〔参考〕仏解6、禅籍目録、赤尾竜治編・盤珪禅師全集。〔小林圓照〕

浄源脈譜【じょうげんみゃくふ】[浄] 一巻。霊山撰。寛保三（一七四三）年成立。京都帰命院の懐誉霊山が、(1)開祖總系、(2)四箇本山（知恩院、知恩寺、光明寺、浄華院）、(3)十八壇林（増上寺ほか）の系譜歴代を記したもの。現行本は門人霊忠が明和五（一七六八）年に書写したものに、歴代としてたとえば知恩院では昭和九年入寂の第七九世現有まで記載しているので、後人の付加によるものである。〔写本〕明和五（一七六八）年写本。〔所載〕浄全19。〔福原隆善〕

浄業課誦【じょうごうかじゅう】[浄] 一巻。忍澂（一六四五—一七一一）撰。天和元（一六八一）年成立。のち享保一九（一七三四）年忍澂について学んだ好誉鶴阿宝洲（?—一七三八）が校訂および偈文の出所を付記して再刊した。撰者忍澂は京都鹿ヶ谷法然院の開山で、白蓮社宣誉信阿、葵翁とも金毛老人ともいう。江戸に生まれ、早く両親に死に別れ増上寺直伝について出家し、広く学問を修め神道にも及んだ。とくに戒律の研究と実践に励み、宗風刷新を求めて鹿ヶ谷の祖跡を復興して法然院を開創、もって中国廬山慧遠の創唱した般舟道場を目指した。本書は般舟道場の六時の勤行に読誦する偈文になぞらえて撰集され、法然院開創当初から実修されていたものと思われる。本書の内容は㈠阿弥陀経、㈡日没礼讃（要懺悔発願文）、㈢初夜礼讃、㈣中夜礼讃（五悔共に略懺悔と名づく）、㈤後夜礼讃、㈥晨朝礼讃（広懺悔）、㈦日中礼讃、㈧梵網十無尽戒法品、㈨観経形像観文、㈩同真身観文、(十一)大経四誓偈、(十二)同流通分、(十三)勢至円通章、(十四)帰敬偈（亦十四行偈と名づく）、(十五)浄業呪願、(十六)五種回向、(十七)四弘誓願、(十八)七礼敬、(十九)入道場文、(二十)睡時入観文の二〇項目からなっている。後に本書を再版した宝洲はこれらに諸法会の行儀、偈文等四五項目を補って『浄業課誦附録』一巻を刊行した。これらは今日の浄土宗の法式の基礎をなしたとみてよい。〔刊本〕高大、竜大、正大。〔藤井正雄〕

聖光上人伝【しょうこうしょうにんでん】[浄] 一巻。了慧（恵）（一二四三—一三三〇〈三一〉）作。弘安七（一二八四）年成立。了慧（恵）は道光、望西楼とも称し、浄土宗三祖良忠の弟子である。源空、良忠等の伝記を編纂し、また源空の語録の整理編集も行う等、多くの著述を残している。本書は浄土第二祖弁長の生涯を記したもの（漢文）。弁長は、筑前香月庄での誕生より、出家、受戒、叡山の観叡のもとへ入室、帰郷、上洛して源空を吉水の草庵に訪ね浄土の法門を聞き師事すること三カ月、帰郷後再度上洛し源空に奉仕、『選択集』の付属をうけ、四三歳で鎮西に帰り布教伝道に従事し、七七歳の夏、『徹選択集』を撰し、浄土の法門をことごとく良忠に付属したことを記し、一二三八年二月二九日の往生の瑞相が述べられている。源空門下である隆寛や證空等のなかで弁長が正統である理由を力説しているところに本書の特色がみられる。版本にはこの本伝の他に信冏（一七五五—一八二〇）が詳注を加えて纂輯し、上人道蹟第一、記主良忠禅師乞戒疏第二、金光禅師行状・附正中山縁起第三の三件の付録を載せるものもある。版本に弘安一〇（一二八七）年、慶安四（一六五一）年、文化一四（一八一七）年、文政四（一八二一）年刊がある。〔所載〕続群書9（本伝のみ）、浄全17。〔新井俊夫〕

浄業蓮社小清規【じょうごうれんじゃしょうしんぎ】浄 一巻。音澂（一七五七—一八三三）撰。寛政一〇（一七九八）年成立。音澂は梵蓮社忍誉浄阿といい、京都鹿ヶ谷法然院内の金毛院の学僧。三河（愛知県）に生まれ、同地遍照院の穏冏について出家、長じて関東に遊学の後、寛政元（一七八九）年上洛し、華頂山内の既成院に寓居して広く他宗の学問にも通じ、さらに西光院、勝円寺、法然院に転じて『倶舎論』『唯識論』『起信論』などを講じた。とくに金毛院で典寿とともに、『大蔵経対校録』を校訂、文政元（一八一八）年には『伝通記』を校訂出版するなど、多くの業績を残したが、著述は本書一巻のみである。本書の序において、これまで鹿ヶ谷忍澂が定めた『白蓮清規』および後にこれをもとにした真宗の慈空の『蓮門清規』があって世に流布された。しかし師の穏冏がいうには忍澂の清規は門人の筆録によるために不完全で、また法然院のみの規則で宗門の通規としては不適当な所もあるので修正して整える必要がある。よって師の意を体して整えられたのが本書撰述の理由だと述べている。内容は㈠大殿規約、㈡衆寮規約、㈢廚房規約、㈣食堂規約、㈤浴室規約、㈥上廁規約、㈦衆事雑式、㈧住持規約、㈨知殿規約、㈩直院四心、(十一)擯出十約、(十二)月分須知、の一二項からなり、各項には細かな個条の日常生活から寺院の運営、年中行事の取り決め及び罰則までも含まれる厳しいものとなっている。巻末には付録として『蓮門清規』を抄出し、用人、賞罰、巡房、普請、分衛、赴請、病僧、瞻病、臨終、送亡、亡物などの項目からなる「蓮門風規」を収めている。〔刊本〕高大、正大。〔藤井正雄〕

勝語集【しょうごしゅう】真 二帖。恵什口、覚印（一〇九七—一一六四）記。また『随聞記』ともいう。本書は、諸尊法広沢方相伝の口決を記したものである。上帖の巻頭に「保延元年十二月十一日於安養谷勝定房随聞記」とある。覚印の付法、心覚の『心覚抄』は、本書をもとにしているといわれている。〔吉田宏哲〕

荘厳経毛渧記【しょうごんきょうもうたいき】浄真 六巻。誓鎧（一七五三—一八二九）集記。成立年代不明。誓鎧は本願寺派の学僧で安芸山県の医家に生まれ、石見の仰誓に宗学を学び、安芸の徳応寺に入った。本書は『仏説無量寿経』の異訳である『大乗無量寿荘厳経』の数少ない解説書のひとつとして重視される。経文をこまかく区切って詳しく解説を施し、随所に独特の識見を発揮していることは、後学の者を警醒させる点が多い。彼の学説は中央から注目されないまま終り、学風として直接的影響を残さなかったことは惜しまれる。〔所載〕真宗全7。〔田中教照〕

照権実鏡【しょうごんじっきょう】天 一巻。最澄（七六六—八二二）撰。最澄は日本天台の宗祖である。本書は、法相宗の徳一の『仏性抄』が『法華経』を権の経典と判ずるのを駁し、謗法の罪を息めさせようと意図したもの。内容は十門から成立している。すなわち㈠養身為一不三鏡、㈡仏説一乗為勝鏡、㈢一乗為海三河鏡、㈣三乗差別非性鏡、㈤諸乗非究一竟鏡、㈥依真説一俗三鏡、㈦於一分別説三鏡、㈧三乗但名無実鏡、㈨倒心三実一権鏡、㈩法華一乗真実鏡というように、各門とも一乗真実を照らす明鏡に喩えられている。経論から短い要文を引き、これに簡単な注解を付して各門の意義を明らかにするが、法華一乗は権方便教ではなく真実教であることを論じている。引用経論は、四〇巻『涅槃経』、三六巻『涅槃経』、『摂大乗論』『大薩遮尼乾子経』一乗品、『楞伽経』『法華経』『仏性論』等で、『法華経』の引用が最も多く、第一〇門には『法華経』と『仏性論』の二書を引用している。これらはいずれも一乗を宣揚する要文であるが、この引用文と最澄の解釈とが『仏性抄』とどのように関連していたかは把えがたい。本書はいわゆる三一権実論諍の展開の中では、最澄撰『依憑天台宗』につぐ先駆的著作であり、最澄の一乗円教真実の思想をよく伝えるものである。なお『修禅録』『竜堂録』によれば最澄に『仏性抄記』という書があったとしている。〔所載〕伝全2、仏全41。〔多田孝正〕

常済大師法語【じょうさいだいしほうご】曹 二一篇。瑩山紹瑾（一二六八〈六四〉—一三二五）撰。曹洞宗全書編纂に当って法語を結集して題名を付したもので、内容は仮名法語三篇と漢文体の法語一八篇がある。『曹全』（宗源下）には「常済大師法語拾遺」と題して、⑴法衣相伝書、⑵諸嶽観音堂縁起、⑶洞谷山四至堺田畠注文、⑷洞谷山文書注文、⑸洞谷山寄田注文、⑹瑩山疏、⑺瑩山和尚上堂、⑻当寺開山十箇条之亀鏡、⑼洞谷山勤行条文、⑽洞谷山明水因、⑾総持寺画像賛、⑿東嶺寺画像賛、⒀雲門折脚図賛、⒁遺偈（以上一四篇漢文体）を収録し、『続曹全』（宗源補遺）には「常済大師法語集」として、⑴洞谷開山瑩山和尚之法語、⑵能州洞谷開山法語、⑶洞谷開山法語（以上三篇仮名法語）、⑷挙哲首座立僧普説語、⑸三木一草事、⑹栄西僧正記文、⑺示性禅姉公（以上四篇漢全体）を収録している。〔所載〕曹全（宗源下）、続曹全（宗源補遺）。——→瑩山仮名法語 〔松田文雄〕

称讃浄土経駕説【しょうさんじょうどきょうかせつ】浄真 四巻。月筌（一六七一—一七二九）編集。享保一五（一七三〇）年刊。月筌は本願寺派の学僧で、大坂天満に生まれ、九歳で得度、一六歳で定専坊の住職となった。その後、知空の門に入り門下の英匠と称された。享保三年、病弱のため住職を辞し、もっぱら聖典の研究に向かった。毎月一五日には華蔵会という宗学の講話会を開いた。この間に、『真宗関節』『浄土和讃嘗解』や本書が書かれた。本書は異訳の『阿弥陀経』である『称讃浄土経』についてはじめて解説したものとして、のちの宗学者たちが重用した書である。(1)教興、(2)蔵教、(3)宗体、(4)所被、(5)伝訳、(6)名題、(7)文義の七門に分けて論ずる。(1)では、大聖の説化は唯、衆生をみな一実に帰せしめんとするものであり、一代の教はこの持名の法門のための序文をなしている。大聖釈尊の本懐は『大経』『観経』にすでにのべられているが、なお仏願の真仮を建立し、衆生が諸善を串習することになぞらえて三輩二善を明らかにするため、この権宜の説が開陳されるのであるという。(3)では、如来の本願を宗とし、名号を体とする。しかるに、本経には隠顕の義があり、顕の義からは、第二十願を宗とし、隠彰の義からは弘願を宗とする。たとえ願に異ありともその徳は仏に帰するものであるから、名号を体とするというべく、宗と体は不二にして二とされる、という。(4)の所被は、具縛の凡夫で五濁悪時の善男女のことであるが、慈門は広大であるから、大小の諸聖も化をこうむるものとする。(5)の伝訳については三存一欠とする。〔所載〕真宗全7。〔田中教照〕

称讃浄土経疏【しょうさんじょうどきょうしょ】浄 三巻。梁道（?―一七三一）撰。詳しくは『称讃浄土仏摂受経疏』。『阿弥陀経』の異訳である唐の玄奘訳『称讃浄土仏摂受経』の注釈書。海誉梁道が増上寺においてこの経文について講説したものを、弟子の定月、団智の両名が、寛保元（一七四一）年に対校し板行したもの。その構成は、大意・釈名・解文の三からなり、定月の序文を付す。〔所載〕明和六年刊本。〔坂上雅翁〕

小山茗話【しょうざんめいわ】日 四巻。道樹日幹（一七一五―六九）著。明和年間に成立。書名は日幹が隠棲した江戸三田小山長久寺の地名に基づく。仏教各宗の経論釈、日蓮の著作および儒書等を多面的に引用し、四七項目にわたって事項の意味、由来、内容を記述した評言録。基本的立場は日蓮の教説に依拠し日蓮宗門史上の各師の事蹟を掲げながら仏教各宗の教義上の誤りを批判是正し日常生活における仏教倫理の要諦を説示するところにある。記述内容は博引傍証で、儒教と仏教との関連性、禅・念仏の教説、『法華経』に関するものなどが所載されている。また「撰時鈔破禅ノ本拠」「四箇格言所破ノ傍止」等日蓮の諸宗折伏に関する教説の正当性を明示したものや「日透日躰両師」「竟師文句記」「像師諫文之語意」等日蓮宗門史上の各師の著述についての記述がある。これらは、いずれも日蓮の教説に対する錯謬や仏教各宗にみられる邪説・妄説をただす意図を明示したもの。たとえば、禅の教外別伝・不立文字の意味を解説してこの語を自宗愛染の技と批判し、日蓮が『撰時鈔』で禅宗を遊女の物狂しき本性に叶う悪法と禅天魔の評破を加えたことに対する非難に反論し『天台大師伝論』を典拠に日蓮による禅批判を論証するとともに日蓮を嫉謗する者を笑止千万と評している。同書はまた、『先師伝』『続種論』を著わした日幹の所信を直截簡明に記し実証的に論じた注釈書としての特徴を備えている。〔所蔵〕立大図書館。〔石川教張〕

定散料簡義【じょうさんりょうけんぎ】浄 一巻。證空（一一七七―一二四七）述。本書は大正一一（一九二二）年に『西山教義研究』第二号の付録、『西山疏抄尋覧』第二輯として初めて刊行された。底本は闡空亮範の輯集と伝えられ、谷大に所蔵されている『浄土西山秘要蔵』所収のもので、内題は「定散料簡三重六義大意事」となっている。『西山教義研究』の目次に「西山證空上人御涅槃語」とあり、『西山上人縁起』に證空入寂の三日前の宝治元（一二四七）年一一月の二三日に「今夜も観経玄義分定散料簡の義を指授せられけり」とある證空入滅間近の説述に擬せられている。善導『観経疏』「玄義分」定散料簡門にのべる能請所請、能説所説、能為所為の三重の六義についてのべたもので、冒頭に「此の門の大意は、欣浄の一段を以て一経の惣体とす。諸経、今経の不同を分別して、通別の五文を以て定散二善として、三重六義の異なりある事を料簡するなり。観経を料簡するは定散を料簡するなり。定散を料簡するは念仏を料簡するなり。定散に三重六義あれば、念仏に又三重六義あるべし」とのべて、定散の三重六義、念仏の三重六義を問答を設けて解説し、さらに善導が「玄義分」該所に設けている三つの問答などを引用して六義を詳説している。〔所載〕森英純編・西山上人短篇鈔物集（昭55）。〔徳岡亮英〕

生死海法語【しょうじかいほうご】真 慈雲（一七一八―一八〇四）述。同一趣旨の二文が存在する。宝暦一二（一七六二）年に大隅法橋のために書かれた法語である。「生死海甚深広大」なる命題をかかげ、心も、その対象である境も、それらはともに無尽であることによって、生死長遠なりと結論するのである。そして、この道理に思いをめぐらすことが、解脱大海に至る道であるとする。〔所載〕慈全14。〔福田亮成〕

障子書文【しょうじがきのもん】真 覚鑁（一〇九五―一一四三）。この書文の末尾に「是密厳上人御房西谷千日御無言間持仏堂障子被書之」と加筆されていることから、覚鑁が高野山に登嶺した翌年の永久三（一一一五）年三月以後、西谷長智院大蓮房において求聞持法等の瑜伽観行を修習する間にその障子に書き記したものとされている。それは、五言二〇句と四言八句よりなり、「万法一心作」とする華厳の三界唯心と「二諦即一法」とする三論の中道説に、さらに「濁水清澄、既是珠力」と説く密教教理における本有浄菩提心を得る瑜伽の修習を明確に示し

ているものである。〔所載〕興全上。　〔栗山秀純〕

声字実相義【しょうじじっそうぎ】真　一巻。空海（七七四―八三五）撰。略して『声字義』という。『十巻章』の一つ。また『即身成仏義』『吽字義』とともに三部書と称され、真言宗の重要な聖典の一つ。身口意の三密を詳説する中の口密に相当するとされる。成立年代は不明であるが、本文中に「五大の義は即身義の中に釈するが如し」とあるので『即身成仏義』より後の成立であり、また『金剛頂経解題』の中に「この名言等の義、甚深無際なること声字義の如し」とあるので、『金剛頂経解題』より前の成立であることは明らかである。空海は『辯顕密二教論』において、顕教と区別する密教の特色の一つとして法身説法の思想を説いたが、本書はその思想の根拠を詳説し、声字即実相（声字がそのまま真理を表わす）の意義を明らかにしたものである。

本書は第一叙意、第二釈名体義、第三問答の三段から構成されている。第一の叙意において声字実相の大意が述べられ、その中に「如来の説法は必ず文字に藉る、文字の所在は六塵その体なり、六塵の本は法仏の三密即ち是れなり」と説いて、本書を著わす所以を述べている。第二釈名体義は、釈名と釈体の二段に分け、釈名の段では声字実相義という表題を解釈し、声字実相の関係を六合釈にあてて詳説している。つぎの釈体の段では、所説の経証として、『大日経』具縁真言品の頌「等正覚の真言、言名成立の相は、因陀羅宗の如くして、諸義理成就せり。増加の法句と、本名行相応と有り」を引き、この頌を解釈して、平等の法仏は実相、真言は声、言名は字であるとし、また阿字本不生がそのまま声字実相であるともいう。

つぎに体義を釈する段では、「五大に皆響きあり、十界に言語を具す、六塵ことごとく文字なり、法身は是れ実相なり」という頌を挙げ、㈠声の体と、㈡真妄の文字と、㈢内外の文字と、㈣実相の四項目に分けて考究している。このうち、㈠声の体に関し、内外の五大（地・水・火・風・空）がことごとく声響を具し、五大が声の本体であり、音響はそのはたらきであるという。㈡真妄の文字に関し、九界の文字は妄であるが、仏界の文字は真実であり、これが真言とも秘密語ともいわれる。字母は阿等であり、その名字の根本は法身であるという。㈢内外の文字に関し、六塵（色・声・香・味・触・法）にそれぞれ文字の相があるとし、そのうち色塵を説明するのに「顕形表等の色、内外の依正に具す。法然と随縁と有り、能く迷い亦能く悟る」という頌を挙げ、これを解釈して、有情と器世間とが相互に依報となり正報となる思想や、法然所成の法身の身土と随縁所成の報身・応化身・等流身の身土の思想などを説いている。しかし色塵のみで他の塵は説かれず、ここで中断されており、以下の㈣実相と第三の問答は解釈がない。ゆえに古来この書は未完成であるともいわれている。注釈書も多くあるが主要なものは、頼瑜・開秘鈔二巻、同・愚艸三巻、杲宝・勘註四巻、杲宝口賢宝記・口筆五巻、宥快・鈔三巻、同・研心鈔一〇巻、覚眼・撮義鈔二巻、曇寂・私記三巻、亮海・講莚一巻などである。〔所載〕弘全1、真全14、正蔵77。　〔松本　隆〕

声字実相義愚草【しょうじじっそうぎぐそう】真　二巻。頼瑜（一二二六―一三〇四）述。弘安三（一二八〇）年五月成立。『声字義愚草』ともいう。頼瑜は新義真言教学の大成者として名高く、事教二相にわたって多くの著作を残しているが、また伝法大会に際して『愚草』と称する数多くの論義書をまとめており、本書もその中の一つである。奥書に「弘安三年五月上旬於高野山伝法院中別所房以伝法会談義之次記之畢此中大会尋付是大会已出論義也其余私加之　金剛末資頼瑜」とあり、本書が弘安三年五月上旬に高野山上の伝法院において開かれた伝法大会の際に問答された論義に、さらに数番の論義を加えて書き記されたものであることがわかる。また頼瑜は同じ伝法大会の折に『声字実相義開秘鈔』という『声字義』の逐語釈を著わしており、本書とあわせて参考にすべき書である。本書は上巻に声字実相義局密歟事、声字実相三種有浅深歟事、於声字義立義科名等四四条、そのうち大会で問答された論義七条、下巻に真言局梵字事、真言通随方言音事、以書写文字説法事など四〇条、うち大会で問答された論義が四条、都合上下巻で八四条、うち大会の論義一三条の論義をおさめる。論義は「問」「答」「難云」「答」「重難云」「答」「或難云」「私云」といった形で一つの問題について問答往復しながら議論を進めており、時に「私云」として頼瑜の私見が述べられている。写本が高野山金剛三昧院（長享元写）、高野山三宝院（上巻、宝徳元写）、高野山宝寿院（宝徳2写）、真福寺（嘉暦3写）、洋大哲学堂、竜大、成田、高大などに蔵す。〔所載〕続真全17。　〔苫米地誠一〕

声字実相義研心鈔【しょうじじっそうぎけんしんしょう】真　一〇巻。宥快（一三四五―一四一六）口説。略して『研心鈔』『声字義研心鈔』といい、『声字義鈔』三巻を略鈔というのに対し、広鈔と呼ばれている。『声字実相義』は空海（七七四―八三五）の撰述中、『吽字義』『即身成仏義』とともに三部書として尊重されるもので、『大日経第二具縁品』の等正覚真言等の一頌を所依として、声字実相の深意を示すものである。したがって古来から諸注書が製作されたが、この広略二鈔が高野山において特に依用された。広鈔たる『研心鈔』は、まず『声字義』の大要を次の五項目に分け説明している。すなわち所学の分斉、部帙摂属、製作年代、一部の大綱、題号釈等である。次に本文を解釈しているが、これは古来から高野山での諸注を列記しながら詳細に釈明されている。　〔真柴弘宗〕

声字実相義鈔【しょうじじっそうぎしょう】真　三巻。宥快（一三四五―一四一六）述。略して『声字義鈔』『声字義快鈔』といい、別に『声字実相義研心鈔』一〇巻を広鈔と呼ぶのに対し本書を略鈔という。その構成は、まず所学の分斉、所依の経典、製作年代、大綱、製作の意趣、略釈題目等の六項目を略述し、次に本文をあげ詳細に注釈を加えている。空海（七七四―八三五）の『声字実相義』は各時代にわたり多くの注書が作られたが、この広略二鈔が主要なるもので、特に高野山では尊重されている。〔真柴弘宗〕

生死本源集【しょうじほんげんしゅう】因 一巻。圓珍（八一四―九一）撰。圓珍は智証大師、比叡山第五代天台座主、天台寺門宗の祖。円密二教にわたってその著作は数多いが、本書は生死の源底を開きわめることが、仏出世の本懐すなわち究極の目標であることを示して、生死のとらえかたを、三世不可得本有無作の生死と、絶対超越的にとらえることによって輪廻転生から解脱しうると説く。偽撰論が有力である。〔所載〕仏全28。〔木内堯央〕

摂折進退論【しょうじゃくしんたいろん】日 一巻。日輝（一八〇〇―五九）著。成立年代不明。本書に対して日智（一八一九―五四）が嘉永二（一八四九）年に『摂折傍正』を著わしたとされるところから、嘉永二年以前の著とされる。日輝は摂受主義に立つ近世日蓮宗教学を大成した幕末の大宗学者であるが、本書はその摂進折退の弘教論を明らかにして時代にかなう宗学の形成を唱えたものである。内容は、日蓮の『開目抄』『本尊抄』『法華取要抄』等を引用し、日蓮当時は後五百歳にあたり当然折伏をとらなければならないが、天文二〇年に末法の初の五百年は尽きた。以後は摂受に趣くべきときであり、当世は一向摂受のときであるとし、八義を立てて折伏を不可としている。結びに末法の初めは執権謗実のとき、今時は執儒破仏のとき、化導不同なりと断ずるのをみれば、排仏論の時代の危機意識から生まれた宗学と評することができる。〔所載〕充洽園全集4。〔小野文珖〕

常修院本尊聖教事【じょうしゅういんほんぞんしょうぎょうのこと】日 一冊。日常（一二一六―九九）記。永仁七（一二九九）年三月六日成立。日蓮の有力信徒で、日蓮滅後僧となった富木常忍（僧名は日常）が、自邸を寺とした法華寺（後の法華経寺）の本尊、聖教の目録として作成。日常は日蓮から送られた著述・書状等をことごとく保管しており、これが聖教の中核を形成している。日蓮遺文の写本の記載もみられ、日蓮滅後間もなくの日蓮真筆の伝来を明らかにするなど、日蓮遺文の文献学的研究を進める上で重要な資料である。原本は市川市法華経寺に所蔵されるが、本文は他筆であり、日常自筆は巻末の紀年・自署・花押のみである。〔所載〕日宗全1、定日遺3。〔寺尾英智〕

浄宗円頓菩薩戒誘蒙【じょうしゅうえんどんぼさつかいゆうもう】浄 一巻。観徹（一六五七―一七三一）撰述。享保一一（一七二六）年成立。『菩薩戒誘蒙』ともいう。浄土宗所伝の円頓戒を三〇カ条の要義にまとめたもの。観徹は、円戒興隆につくした大玄と親交があり、浄土宗の円戒が相承の名のみあってその実なきことを歎き本書を著わしたもので、円頓戒復興の先鞭をつけた。人法二縁章において戒儀を釈するにつき、中国の戒儀のみを挙げて浄土宗正所依の戒儀を特定せず、『新本戒儀』を「世有一本戒儀云々」としているのも当時の状況を反映するものであろう。〔刊本〕享保一八（一七三三）年刊。〔所載〕仏全72、浄全続12。〔鈴木霊俊〕

趙州和尚十二時歌著語【じょうしゅうおしょうじゅうにじかじゃくご】曹 黙子素淵（一六七三―一七四六）、鉄文道樹（一七一〇―八一）著語。「参同契」「宝鏡三昧」「信心銘」等の注釈と合した写本。この写本は、月舟宗胡―徳翁良高―黙子素淵―鉄文道樹の系統による注釈であるから、この系統の人が伝承したものであろう。黙子の年譜等に本書の記述はないが、その語録に趙州従諗を高く評価したことはうかがえる。〔石井修道〕

正修観記【しょうしゅうかんき】因 三巻。源信（九四二―一〇一七）述。成立年代不明。本書は、極楽の依正を観察して来迎に預るべしと勧めたものである。まず極楽の依報の国土は一切が皆、弥陀願力の現れであることを明かし、次に弥陀如来は三身具足の如来であり、三諦一諦円融の弥陀であると教主弥陀を讃歎し、次に極楽正報の中、教主の弥陀仏と諸菩薩を明かし、来迎摂取し給うことを述べて畢る。〔所載〕仏全24天台小部集釈、同31、恵全1。〔参考〕諸宗章疏録2、浄土依憑経論章疏目録。〔多田孝文〕

浄宗護国篇成語考【じょうしゅうごこくへんじょうごこう】浄 四巻。珂然（一六六九―一七四五）述。正徳三（一七一三）年成立。観徹の『浄宗護国篇』の注釈書。跋文によれば、はじめ珂然は、全文を分科し注釈したが、『浄宗護国篇』の版元からの願いから、草稿を三度変更し、全文を刪し分科もせずに、ただ要所のみを注釈したことを記している。摂州生玉法泉寺において著わされた。〔所載〕正徳四年刊本。〔坂上雅翁〕

常住金剛私記【じょうじゅうこんごうしき】因 一巻。良源（九一二―八五）述。別に『常住金剛記』ともいう。良源は比叡山中興、第一八代天台座主。一宗の経営、浄土教、源信等門下の俊秀等で有名だが、その密教修法の効験は一世を風靡した。本書は、良源による不動明王の念誦次第であり、常住金剛は不動明王の金剛名でもある。不動立印儀軌について、安然にかかわる修行次第、秘記を用いまとめたもので、『阿娑縛抄』にも引かれる。後世の付加も多い。〔所載〕日蔵（天台宗密教章疏3）。〔木内堯央〕

正宗賛助桀【しょうじゅうさんじょけつ】臨 二〇巻。無著道忠（一六五三―一七四四）撰。享保一二（一七二七）年成立。無著道忠は、但馬の人で、幼時出石の如来寺に入り、のち妙心寺塔頭竜華院の竺印に投じた。宝永四（一七〇七）年五五歳で妙心寺に住し、正徳四（一七一四）年再住。晩年は著述に専念した。わが国の臨済宗を代表する学匠で、その著書は三七一種九一一巻に上るとわれる。本書は『五家正宗賛』に対する注釈書である。『五家正宗賛』は南宋の禅僧希叟紹曇の撰によって、宝祐二（一二五四）年に成った。初祖菩提達磨から五家の各派にいたる祖師七四人の略伝を掲げ、各派の宗風の綱要を明らかにし、四六文による賛頌を付したものである。わが国にも早くから伝わり、貞和五（一三四九）年に春屋妙葩が天竜寺の雲居庵で刊行してから、五山の禅林においてはもとより、江戸時代に及ぶまで僧徒に愛読され、詩文の手本とされた。したがって、それに対する注釈書もはなはだ多く、東陽英朝ならびに竜渓の『抄』、大圭紹琢の『臆断』など十数種あり、ことに臨済宗においてさかんに行われた。本書はその集大成ともいうべきもので、その周到な考証は一頭地をぬきんでるものである。写本を妙心寺塔頭竜華院に蔵し、松ケ岡に一一冊本を、また建仁寺塔頭の両足院には、東晙筆の四冊本を存する。〔古賀英彦〕

正修論【しょうしゅうろん】臨 一巻。虎関師錬（一二七八—一三四六）著。暦応四（一三四一）年南禅寺を退去し東福寺海蔵院に帰臥しているときに著わしたもので、著者晩年の執筆であり、上梓は門弟の大中成洛によっている。康永二（一三四三）年刊。参禅の学徒のために禅宗の大意を説示したもので、序因第一、正宗第二、資度第三、工夫第四、除障第五、弁境第六、質惑第七、救偏第八、契悟第九、勧通第十の一〇章に分けて論述している。〔竹貫元勝〕

定宗論【じょうしゅうろん】天 一巻。蓮剛（八一五—八〇？）対述。貞観六—一〇（六三二—三六）年ころ成立。蓮剛の伝記は明らかではない。本書は蓮剛が福貴山寺道詮の作である『群家諍論』を対破し、さらに自ら八宗の宗源を定め、『群家諍論』が己れを是とし他を非となしていることを諫めて結論としたもの。一二の章段を列ね、次に各章ごとに章名を掲げて論陣を進めている。一二の章段とは対述法華宗祖第一、惣述法華宗師兄并所学法第二、略述仏祖并付法大師第三、難三論宗立祖有十種未定第四、述立諸宗有四害十失第五、出天台道泛示教大概第六、出真言道略示大綱第七、列三論宗師祖甚小第八、述華厳宗之為道第九、述法相宗枝葉狭疎第十、依仏説次第定八宗之為道第十一、依中道理諫群家論第十二である。第一章から第三章までは、蓮剛が西海道遊化中、しばしば問者あっていかなる宗を奉じているのかと尋ねられたので、わが宗は天台法華宗であると答え、天台山の智顗が遊心の妙典である『法華経』を尊崇し、また天台山の智顗の住処とその妙業を尊崇して宗名とするといい、第二章第三章では『法華経』の大意及び久遠以来仏世滅後の付嘱伝燈の師兄並びに仏祖及び三国相承を叙している。第四章から第一〇章までは、道詮の『群家諍論』を破し、第一一章で蓮剛は八宗の立教開宗の本義を定めている。この章によって題名をつけたと思われる。第一二章は結語に該当する。〔所載〕正蔵74。〔多田孝正〕

椙樹林清規【しょうじゅりんしんぎ】曹 二巻。月舟宗胡（一六一八—九六）、卍山道白（一六三六—一七一五）編。卍山の大乗寺在住時代、延宝八—元禄四（一六八〇—九一）年の間に編述されたものと推定される。別に『椙樹林大乗寺指南簿』ともいう。大乗寺の原本には享保一八（一七三三）年の「題松壽林指南簿」なる識語が存し、本規成立の経緯が識されている。大乗寺は月舟が晋住するまでは法門式微、経法絶滅、晦乱の極みであったが、月舟はここに永平・瑩山両清規を実践すべく努力されたが、いまだ文物ととのわず、かつ礼楽も不充分なところが存した。卍山の代になって聯芳五尊の古規を考索し、大宋五山十刹の古図を勘案し、広く諸家の古清規を撮要して、当寺に適当するものとして本規を集大成したのである。本清規は刊行されなかったが、当時最も充実した清規として、諸方叢林に影響し、書写されてほぼ全国に伝播されたのである。現在も多くの本清規の異本が認められている。内容は、巻之上には、はじめに月舟の雲堂常規、重雲堂之常規を掲げ、日課（日中行事）と月課（月中行事）と椙樹林大乗禅寺指南簿雑記として掛搭、煎点、上堂、小参、亡僧等々の諸行事并に図を載せ、巻之下には、年中行事を正月元旦より夏冬安居をはさんで歳末節分に至るまでの諸行規を記載している。大乗寺は本清規によって宗門に「伽藍瑞竜」に対し「規矩大乗」の名を長く伝えることになるのであるが、損翁宗益（一六四九—一七〇五）、面山瑞方（一六八三—一七六九）、玄透即中（一七二九—一八〇七）と継承される祖規復古派によって黄檗清規に基づく行法として宗祖の修証に契わぬものという非難を受けることになるのである。本清規は、室町期の混乱の中で荒廃し去った規矩を再興する先駆的なものとして意義深いが、宗義的にはやはり限界を有するものであったのである。〔所載〕曹全（清規）。〔小坂機融〕

助正芟柞【じょうしょうせんさく】浄真 二巻。石泉僧叡（一七六二—一八二六）述。文化六（一八〇九）年成立。本書は道命の『助正箋』に対する反論書であり、『助正箋』完成（文化五年）の翌年の二月に脱稿したが、六月に再治した。しかもさらに学友、老父に見せて、麤澁の言辞を除き、文化六（一八〇九）年にこれを世に送ると巻尾に示されている。宗学において、行信半学・助正半学といわれるように重要な宗義に属する助正論の展開があり、空華学派と石泉学派との特色を示すものである。本書は石泉僧叡の弘願助正論を顕わしたものであり、『助正箋』の遂一の文章に当たり、これに反論したものである。石泉の「安心は廃立・行儀は助正あり」の説は「真実行トハ。衆生ノ能行ニシテ。ソノ体第十八願ノ。乃至十念ナリ」と示すように、約機において語る宗学を形成して、大行を約法において語る空華の宗学とは趣を異にしていることが特徴である。「衆生聞二真実教一。稟受行レ之。即真実行。示二其不レ堕二機功一」と稟受の前後・法相の表裏を暗示する説相であり、「就レ論二報恩一則是起行。正業兼二助業一。合二此二義一為二一真実行一。是顕二行文類大旨一矣」と前文の正因を論ずれば安心、報恩を論ずれば起行、この安心と起行にて、真実行が論ぜられるとする。善導、源空の立場を踏襲した所論が『助正箋』の逐一の文章に照合して展開されている石泉の助正論の名著である。五念門と五正行についても、空華と石泉との相違が鮮明にされている。石泉自筆本は芸州長浜石泉文庫所蔵。〔所載〕真宗全50。〔参考〕仏教大辞彙4(正助二業・助正釈問項)。――→助正箋
〔藤田恭爾〕

小乗大乗分別鈔【しょうじょうだいじょうふんべつしょう】日 一篇。日蓮(一二二二―八二)著。文永一〇(一二七三)年成立。釈尊一代の教法について大乗と小乗の区別を詳述し、二乗作仏と久遠実成の教相の二箇の大事と一念三千の観心とは『法華経』のみに説くところであって、『法華経』が真実の大乗経で諸経はすべて小乗、未得道教と論じ、末法に本化出現して逆謗の機に下種すべきを説いて、謗法をきびしく責める。真筆の断片を千葉県誕生寺等に分散所蔵。〔所載〕定日遺。
〔小松邦彰〕

聖浄二門義【しょうじょうにもんぎ】浄真 一巻。僧鎔(一七二三―八三)述。成立年代不明。本書は書名の示すごとく、聖道門・浄土門の二門判をなしている。四種に分別し、(1)釈名、(2)弁相、(3)文証、(4)問答料簡の四に分別して解説している。最後に聖浄の二門を、(1)本末差別門、(2)従本起末門、(3)摂末帰本門、(4)本末無礙門の四門分別をなして、一乗仏教の総括を明かしていることは、とくに注目すべき所論である。そこに誓願一仏乗の大法によって、仏教の本末が組織されている。〔所載〕真宗全62(真宗小部集9)。
〔藤田恭爾〕

章疏録【しょうしょろく】真 一巻。良猷(生没年不詳、江戸中期以降の人)集。真言密教における所依の経論および空海の主要著書についての後世の注釈書を並べたもの。『大日経』『大日経疏』に関するもの一三六部、『釈摩訶衍論』に関するもの六八部、『即身成仏義』関係四一部、『声字実相義』関係一八部、『吽義』関係二一部、『弁顕密二教論』関係五二部、『秘蔵宝鑰』関係二八部、『般若心経秘鍵』関係三八部、『菩提心論』に関するもの四九部、『十住心論』関係五六部、『理趣経』関係六五部の書名および作者名、ときに簡単な注記がある。〔所載〕仏全2(仏教書籍目録2)。
〔加藤精一〕

正信偈大意【しょうしんげたいい】浄真 一巻。蓮如(一四一五―九九)撰。長禄四(寛正元=一四六〇)年成立。蓮如は本願寺第八世。本書は蓮如の弟子の道西の願いによって書かれたものである。最後の奥書に「右この『正信偈大意』は金森の道西、一身才覚のために蓮々そののぞみこれありといへども、予いささかその料簡なき間、かたく斟酌をくはふるところに、しきりに所望のむねさりがたきによりて、文言のいやしきをかへりみず、また義理の次第をもいはず、ただ願主の命にまかせて、ことばをやはらげ、これをしるしあたふ。その所望あるあひだ、かくのごとくしるすところなり、あへて外見あるべからざるものなり」とある。長禄四年は蓮如の四六歳のときである。本書の内容は初めに「抑この『正信偈』といふは、句のかず百二十、行のかず六十なり。これは三朝高祖の解釈によりてほゞ一宗大綱の要義をのべまし〳〵けり」とのべるように、『大経』のこころと三朝七高僧の教意をあらわし、次に文を出して解釈を下している。結びには道俗はみな三国の高祖の説を信じることをすすめ、祖師の御恩によって真実報土の往生をとげることができると、報恩謝徳すべきことをのべている。『正信偈』の研究には参考にすべき書である。なお蓮如には他に『正信偈註解』一巻がある。室町時代写本を京都西法寺に蔵す。〔所載〕真聖全3、真宗法要、真宗仮名聖教。――→正信念仏偈
〔石田雅文〕

正信偈大意講義【しょうしんげたいいこうぎ】浄真 一巻。徳竜(一七七二―一八五八)撰。明和九(一八七六)年刊。徳竜は大谷派第一〇代講師で、宗学を深励に学び、各宗の教義を究め、ことに学識博く徳行をもって聞える篤信者である。本書は浄土真宗の一宗の奥義を示すもので、とくに弥陀の本願と釈尊出世の本懐を説き顕わすものである。本書の大要は来意、題号、入門の三門から成る。天保一五(一八四四)年二月一八日近江長浜別院において講述されたもの。〔所載〕真大29。
〔石田雅文〕

正信偈不及録【しょうしんげふきゅうろく】浄真 一巻。曇蔵(?―一八六一)撰。文政五(一八二二)年成立。後書に「于時文政第五午中釈上旬応請於性応蘭若俄書綴斯備報恩之一助講畢」とある。曇蔵は本願寺派の学僧である。天保一三(一八四二)年の安居に『三論玄義』を、嘉永四年には『易行品』を副講し、同五年七月に勧学を授けられたが九月に故ありて非職を命ぜられた。本書の内容は、(1)造意、(2)大意、(3)題釈、(4)入文解釈の四つから成る。まず造意について三由を挙げる。一に知恩報徳のため、二に七祖の偈釈によって一宗の大綱の要義を顕示さんがため、三に趣入門に勧めて行信二法を開顕せんがためとしている。(2)の大意については、大経の意を顕わすと七祖を讃ずるものとをのべる。(3)の題釈については正信の念仏と念仏に正信するとの二義を出す。前者は、正信は疑蓋无雑の浄信にして安心、念仏は信後の称名にして報恩の大行と解している。後者は、正信は前義と同じ、念仏は所帰の法体にして所行、故念仏に正信すと点すとのべている。(4)に入文解釈については略讃、広讃、結讃の三つに分けてのべる。中を親祖章、綽師章、導師章、信師章、空師章として七祖を挙げて、それぞれ七祖の発揮する内容を挙げて解釈してある。以上を解する場合に序文に示すように、聖道・浄土門の解釈の仕方に注意がのべてある。すなわち、「実相无作の妙行を立つる浄土門は事相差別本願一乗の法門なる故に融即を諦不、唯廃立を先とす」とのべてある。写本は竜大図書館にあり。――→正信

念仏偈 〔石田雅文〕

正信偈丙子記【しょうしんげへいしき】浄真 四巻。宣明（一七五〇―一八二一）撰。『高倉学寮講義年鑑』によると文化三（一八〇六）年と同一三（一八一六）年の二回にわたって『正信偈』を講ぜられたとある。宣明は大谷派第六代講師。本書はあとの文化一三年の夏安居における講義の筆録である。来意、大意、題号、本文の四門から成る。来意について遠近の差別の二義を示し、大意釈にはこの偈の大意は唯他力の信心にあることを講じてある。版を重ねること五二回に及んだ。〔所載〕真大17。 〔石田雅文〕

正信念仏偈会鈔句義【しょうしんねんぶつげえしょうくぎ】浄真 三巻。慧然（一六九三―一七六四）撰。大正四（一九一四）年刊。序文に「今会㆓偈与鈔㆒。以分㆓句義㆒。故編名㆓会鈔句義㆒。此亦擬㆓報恩之一端㆒者乎。維時享保癸丑仲秋。起㆓筆於河陽慈願寺講経之時㆒。故識」と示すごとく、存覚の『六要抄』を標準として解釈していくところに本書の特色がある。本書の来意については自利利他のため、知恩報徳のため、真宗の伝来を顕わすためとのべている。〔所載〕真宗全39。 〔石田雅文〕

正信念仏偈駕説帯佩記【しょうしんねんぶつげがせつたいはいき】浄真 五巻。慧琳（一七一五―一七八九）撰。大正四（一九一四）年刊。本書は慧琳がもっとも力を注がれたものであるが、ところどころ弟子の義陶の補記する部分がある。巻頭に『正信偈興註』を挙げ、これを参考、取捨して講読したものである。西山、真宗、鎮西の安心の比較より史蹟に及ぶところ、また一篇の史学考証に供うべきである。闡幽顕微、他に比類すべきものまれである。〔所載〕真宗全39。 〔石田雅文〕

正信念仏偈夏爐篇【しょうしんねんぶつげかろへん】浄真 三巻。仰誓（一七二一―一七九四）撰。成立年代不明。仰誓は伊賀に生まれ、石見の本願寺派浄泉寺に住した。僧樸門人で後世石泉派の大家となる。この書は古来より推称されながらいまだ刊行せられなかった。解義隠当、引拠該博、しかして精微徹底せずんばやまざるもの、これが本書の特色である。本書の内容は、⑴興由、⑵体例、⑶宗、⑷制時、⑸題目、⑹正解の六門から成る。〔所載〕真宗全40。 〔石田雅文〕

正信念仏偈聞書【しょうしんねんぶつげききがき】浄真 一巻。光教（一四三〇―一五〇三）撰。明治九（一八七六）年刊。文亀三（一五〇三）年三月成立。光教は仏光寺派第一三世宗主で七四歳（本書後書に四七歳とあるは誤り）の講述である。没後一カ月前に清書を終えられたものである。蓮如の示寂四年に当たる。当時蓮師と並んで真宗教義を弘布せられたる光教の法音、ひとりこの書によって聞くことができる。明治九年二月に「活版を以て刷し、末徒に頒布す」と刊本のことを題言に記す。〔所載〕真宗全39。 〔石田雅文〕

正信念仏偈聞書【しょうしんねんぶつげききがき】浄真 二巻。僧鎔（一七二三―一七八三）撰。天明三（一七八三）年成立。本書は僧鎔が六一歳の時の書であり、能州光徳寺において一般僧俗に対し、もっとも難解な教義を平易に一七回にわたって開講せられたものである。第一回の開講が天明三年三月一日であり、この年の秋に帰寂されたので、まさにその遺教である。言々肺腑より出て熱誠人を感動させたこと、師の落涙せしことを門人がしるす。よって摯実篤信の風を仰ぐことができる。〔所載〕真宗全40。 〔石田雅文〕

正信念仏偈慶嘆録【しょうしんねんぶつげきょうたんろく】浄真 二巻。観道（一七五二―一八二二）撰。文化四（一八〇七）年成立。観道は周防国平尾本願寺派真覚寺の人であり、慧雲に師事し蘊奥をきわめた。芸轍の粋を受け、加うるに該博なる自家の見をもってする。その所論はつねに一頭地を抜くものである。博学にして門下に大瀛、僧叡、曇竜がいる。本書の内容は⑴制意、⑵本意、⑶科節、⑷題号、⑸入文に分ける。観道自筆本を矢田観浄氏所蔵。〔所載〕真宗全40。 〔石田雅文〕

正信念仏偈甄解【しょうしんねんぶつげけんげ】浄真 三巻。道隠（一七四一―一八一三）撰。道隠六九歳の文化六（一八〇九）年成立。大正四（一九一五）年九月に刊。本書は行信の論、教義の精、師の時代にいたってまさに爛熟の美菓を結べるものである。本書によってその一斑を味わうことができる。内容は『正信偈』を解釈したもので、大科を総説分、偈義分の二に分かち、総説分のうちをさらに縁起門、大意門、釈名門の三門に分ける。偈義分は依大経示、就師釈述の二門に分ける。〔所載〕真宗全40。 〔石田雅文〕

正信念仏偈呉江録【しょうしんねんぶつげごこうろく】浄真 一巻。慧雲（一七三〇―一七八二）撰。安永八（一七七九）年成立。本書は師五〇歳芸州呉駅に講ぜるところとす。その説もっぱら亡師僧樸の『七家評註』により、その奥義を発揮せり。行文簡際、句々いやしくせず読むにしたがってその滋味を増すものである。始めに「今講専依㆓亡師評註㆒。而唯指㆓点其正義㆒耳。評註所㆑採七部。六要・要解・助考・刊定・剿説・文軌・蹄涔是也」とある。内容は造偈意、科節、入文解釈の三門から成る。〔所載〕真宗全40。 〔石田雅文〕

正信念仏偈評註【しょうしんねんぶつげひょうちゅう】浄真 一巻。僧鎔（一七二三―八三）撰。成立年代不明。僧鎔は真宗本願寺派学界においてもっとも勢力ある空華学派の鼻祖。本書はきわめて簡略なる文辞をもって『正信偈』の注釈を施すものである。先哲の手になれる七部の注釈書を批判し、後生の指南針たるものである。七部とは存覚・六要抄、西吟・要解、知空・助講、性海・刊定説、月筌・勦説、若霖・文軌、法霖・蹄記である。造偈意、一偈大科、題号から成る。〔所載〕真宗全40。 〔石田雅文〕

正信念仏偈報恩記【しょうしんねんぶつげほうおんき】浄真 二巻。道振（一七七三―一八二四）撰。文化一四（一八一七）年成立。道振は芿園学派の祖、大瀛の高足にしてもっとも深く師説を継承する。芿園学派の大成者である。本書は簡略なれども学派の精粋を尽くし、よく芸轍の特色を発揮する点が注意されるべきである。内容は、起尽、造意、科節、題目および偈文句から成る。この書は神代洞通氏所蔵本によってこれを編入する。〔所載〕真宗全40。〔石田雅文〕

正信念仏偈捕影記【しょうしんねんぶつげほようき】浄真　三巻。法霖（一六九三—一七四一）撰。成立年代不明。法霖は本願寺第四代能化。華厳の鳳潭と論争し宗義を解するに天台の教理を応用して発揮するところが多い。本願寺派宗学界の泰斗と仰がれる。本書は従来先哲の末書に多く引用せられてあるがいまだ刊行せられたことがない。行信の説において後世に徴密なるところがあるが、解義において後世の宗学の基礎となる重要な書である。本書は妻木氏所蔵の古写本をもって底本とする。〔所載〕真宗全40。〔石田雅文〕

正信念仏偈文軌【しょうしんねんぶつげもんき】浄真　五巻。若霖（一六七五—一七三五）撰。成立年代不明。若霖は釈汝岱といい知空門人で本願寺派第三代能化である。本書の内容については、「正信念仏偈開首」一巻、「正信念仏偈旁通」一巻、「文句釈」が巻上・巻下三巻の合計五巻から成る。開首には行巻の偈前の釈である「凡就誓願、有真実行信、亦有方便行信。……」の文を引用し、これが釈を示し、その後には『正信念仏偈』の題号を明かす。「正信念仏偈旁通」にはとくに肝要な語句を抜き出して、これについてのべている。すなわち、南無阿弥陀仏、法蔵菩薩因位、竜樹大士章、天親論主章、玄簡大士章、無量光明王、西河禅師章、光明和尚章、横川僧都章、吉水大師章、如来廻向、平生業成、報謝仏恩、不廻向について解釈している。いずれも三国七祖の釈と真宗教義の肝要なる題目を出してのべてある。この書のうちに性他力・修他力の説を掲げていることは注目される。——→正信念仏偈〔石田雅文〕

正信念仏偈文林【しょうしんねんぶつげもんりん】浄真　一巻。恵空（一六四四—一七二一）撰。寛文四（一六六四）年成立。著者は大谷派初代講師。京都西福寺に住み『漢語灯録』の発見者である。本書はふつうの講義とは異なって、達意的に解釈を行っているところに特色がある。もしもこの書の意をとって和訳をしたならば、平易流麗なる一篇の『正信偈』大意となるであろう。他の末注に比べると短い講義ではあるが、よくまとめてある。〔所載〕真宗全39。〔石田雅文〕

正信念仏偈要解【しょうしんねんぶつげようげ】浄真　四巻（二冊本）。西吟（一六〇五—六三）撰。承応元（一六五二）年成立。明暦四（一六五八）年五月刊行。西吟は本願寺派初代能化。本書は『正信偈』を解釈するもので、内容は六つから成る。(1)明造偈意、(2)明偈大旨、(3)明偈所習、(4)明題号、(5)明撰者徳、(6)正釈也、としている。巻首の自序には「便ち鸞師大徳は其鴻勲を纉ぎ承けて、上は仏恩を謝し下は化也の為めに斯の正偈を作りて物をして之を誦せしむ。念仏は是れ良因なり。故に正信を建つるを勧む。（中略）自ら軽才を眷み思ふに葛藤の人を乱さんことを恐れ、直ちに其要義を解し、章を六段に開きて略々祖意を彰し、要解の名を以てす、而して其索に応ずるのみ」といっている。(1)は、仏祖の高恩を知り、またあまねく同体の悲を起して衆生に念仏の法を信ぜしめんことをのべる。(2)はみずから仏に帰し人にその化功を知らせる。七祖の自他の両徳を釈する。(3)は『大本』によってひとえに弥陀の因果功徳利益を明かす。(4)は総じていえば念仏を正信する。『大経』『華厳経』を引いて念仏の利益をあげ、別していえば正信は深信也としている。(5)は親鸞の生涯と教義についてのべ、(6)は偈の文を二句ずつあげ、(イ)総標帰仏、(ロ)別釈其仏徳、(ハ)釈三朝祖勧念仏の三つに分けて説明する。西吟は初代能化として学識高く碩学であった。しかし禅理を混じるために月感の弾劾するところとなる。いわゆる承応の鬩牆がこれである。——→正信念仏偈〔石田雅文〕

諸神本懐集講義【しょうじんほんがいしゅうこうぎ】浄真　一巻。義順（一七九一—一八五八）述。天保七（一八三六）年成立。義順は大谷派の学僧。存覚の『諸神本懐集』について、制作人作、選集所由、一部大綱を論じたのち、本文についてまず綱要をのべ、権社霊神、実社邪神、諸神本懐の三科を立てて論じている。〔所載〕真大27。——→諸神本懐集〔小山一行〕

正善論【しょうぜんろん】回　二巻。日長（一七二六—一八〇九）著。明和三（一七六六）年刊行。日長は日導、日幹、日賢らとならぶ当時関東教学界を代表する人物で、外にむかっては権実論をもって争い、内には本迹、摂折の問題で争っていた。本書は浄土宗の大我（一七〇九—八二）の著した『紫朱論』一巻を反駁した書である。『紫朱論』は従来の権実論よりもむしろ布教上における実践面の批判が主である。趣意を要約すれば、二癡は天台の趣意を盗み、四十余年未顕真実の文を信じ他宗を批判している。その徒は七面、鬼子母、狐、狸まで拝み、爾前の諸行で権実に戯れている。曼荼羅は雑乱はなはだしく、髭題目は鬼蓮である。また徒は日蓮を誉称え無難無病安産安穏前寿富楽を得ると説いているが、逆に災難だらけで貧乏の者が多く、白赤癩にかかり、寺には童男童女の墓ばかり、狐を使って祈禱をしている。以上のような批判内容は当時権実、本迹論に参究していた日蓮宗の学僧を当惑させたことはいうまでもない。本書は上巻四三、下巻四七の条目をもうけ『紫朱論』を排斥した。しかし大我は同四年に『獅虫論』三巻を著して本書に反駁を加えてきた。〔宮川了篤〕

正像末三時義【しょうぞうまつさんじぎ】浄真　一巻。泰巌（一七一一—六三）述。成立年代不明。泰巌は本願寺派の学僧で、月筌の門人。僧樸、道粋とともに、命をうけて『真宗法要』を編集した。僧樸にも『正像末三時義』という著述がある。本書は仏教の時代観ともいわれる、正法、像法、末法の三時思想について独自の立場から、その意義についてのべている。竜大蔵。〔山崎竜明〕

正像末三時義【しょうぞうまつさんじぎ】浄真 一巻。僧樸（一七一九―六二）述。成立年代不明。仏教の歴史観ともいわれる正法、像法、末法の三時思想における、三時の判定についてのべる。中国三論宗再興の祖といわれる嘉祥の『中論疏』『仁王青竜疏』『群疑論』等々に引文された、正像末、三時の区分に対する異説を列挙したものである。写本を竜大に蔵す。〔所載〕真宗全62。〔山崎竜明〕

正像末文【しょうぞうまつもん】天 一巻。最澄（七六六―八二二）撰。最澄は日本天台宗宗祖、『法華経』の一乗思想をもって、本宗を開き、入唐して密教ないし大乗菩薩戒を鼓吹した。本書は、『大集経』のいわゆる月蔵分によって、弘仁三（八一二）年が仏滅後一七四〇年目、末法二四〇年とし、造塔堅固を経て、闘諍堅固にかかろうとすると判じている。証真、可透等が真撰とするが、像法末、末法近しとの説と異なり、偽撰とすべきか。〔所載〕伝全3。〔木内堯央〕

正像末和讃管窺録【しょうぞうまつわさんかんきろく】浄真 六巻。慧剣（？―一八三〇）述。文政八―一一（一八二五―二八）年成立。慧剣は大谷派の学僧。深励の門人。本書は『正像末和讃』の講義であって、文政一一年の高倉学寮夏安居における講本となったものである。『真大』によると、それ以前に、文政八年に成立したというが、その後、改訂増補されたものと思われる。内容は初め『三帖和讃』について、造讃意趣、制作年時、諸本同異、編次輯録、一部大意の五項にわたって説明し、次いで、この『正像末和讃』について、来由、大意、入文解釈の順に注釈を施している。さらに、その入文解釈の分類は、⑴霊告讃文⑵『正像末和讃』、⑶三帖総結となっている。著者自筆本を滋賀県蒲生郡市辺村本啓寺に所蔵す。〔所載〕真大20。〔参考〕仏解。――→三帖和讃 〔五十嵐明宝〕

正像末和讃講義【しょうぞうまつわさんこうぎ】浄真 三巻（ほかに分文科目一巻）。徳竜（一七七二―一八五八）述。嘉永七（一八五四）年成立。徳竜は越後国北蒲原郡水原町の大谷派無為信寺住職。幼くして京に上り、深励に師事して宗学を修め、ひろく余乗にも通じた。のち第一〇代講師職を授けられ、頓成の異解を調理し回心せしめた。とくにその徳行を知られる。本書は嘉永七年四月一五日よりの高倉学寮における安居の講説であって、内容は来由、大意、入文解釈の三科に分けて説明されている。その第三科、入文解釈については、⑴霊告讃、⑵正述讃文、⑶総結文の三つに分けられ、さらに⑵は五科に分けて講じられている。写本を谷大に蔵す。〔所載〕真宗全43。〔参考〕仏解、真宗大辞典。――→三帖和讃 〔五十嵐明宝〕

正像末和讃聴記【しょうぞうまつわさんちょうき】浄真 二巻。松島善譲（一八〇六―八六）述。善譲は豊前国下毛郡蠣瀬村（現大分県中津市東蠣瀬町）の本願寺派昭雲寺に生まれ、得度ののち性海に師事して宗学を修め、郷に帰っては寺内に私塾信昌閣を開設して宗学を教授し、幾多の人材を育てた。その学説は空華の学轍を稟受しつつ一家を成し、宗学界に重んじられている。本書は万延元（一八六〇）年の夏に『正像末和讃』を講じたときの記録であり、第一席より第三九席までより成っている。内容は五門をもって示してあり、⑴造由、⑵制時、⑶弁異、⑷分章、⑸随釈に分ける。写本を竜大蔵。〔参考〕真宗大辞典。――→三帖和讃 〔五十嵐明宝〕

小叢林畧清規【しょうそうりんりゃくしんぎ】臨 三巻。無著道忠（一六五三―一七四四）撰。貞享元（一六八四）年序。道忠は江戸期における臨済宗第一の学僧で、居室を照泳堂または葆雨堂と称した。但馬竹野の人。七歳にして出石如来寺に入って得度、竜華院（京都花園）の竺印に養育され、のち諸禅匠に歴参、二五歳にして竜華院を董す。三五歳のとき、常州長勝寺の太岳祖清より印記を受く。妙心寺に住すること三たびの後、竜華院に退いて著述に専念す。本書を撰したのは道忠三二歳のときであり、妙心第一座に転位され無著と号した翌年に当たる。延享元年示寂、世寿九二、法臘八一、住院五〇年。遺著三七四種・九一一巻は経典語録の註、禅僧伝の考証、清規の整備、禅語彙辞典の編纂のほか、詩文・雑纂など、禅学の全般に及び、その書誌学的考証による禅学の研究方法は、近代禅学研究の発展のための確実な基盤を与えたのである。

本書は道忠三二歳のとき、法兄の某が、地方の小禅院に住するに当って、道忠に依頼して小叢林（地方の禅寺）にふさわしい略清規（簡単な禅寺の行事作法の要領）を編むことを求めたのを機に、これぞ年来の素畜（希望）であったと喜んで撰したものという。道忠は幼少より妙心寺山内に育ったので、諸国を歴訪すると地方の老宿たちから、禅寺の正式な威儀作法について問われること多く、それらに答えるためにもテキストが必要であると考えていたのである。道忠が禅林の清規に寄せる思いは熱く、本書ののちにも『禅林象器箋』を六三歳で、また『勅修百丈清規左觽』二〇巻を六六歳で編んでいる。

本書全体の目次は次のとおり（一部小項目略）である。〔上巻〕自序、通用清規第一（進退、起座、住持、衆僧、侍香、供給、威儀、称呼、唄器）、日分清規第二（毎朝念経、参禅附、献粥飯、毎日午課、毎日晩課、坐禅附、問答附、祝聖、開山諷経附、土地堂諷経、祖師堂諷経、火徳諷経、韋将軍諷経、普庵諷経、鎮守諷経、開山宿忌、開山忌半斎、祖師忌）、月分清規第三（正月――礼問、転読般若、出班焼香附、善月般若、掛搭、入寮茶附、起単、定僧簿、善月懺法、以下一二カ月の行持三一項）、〔中巻〕臨時清規第四（得度儀規、相看茶礼、書院題咏、像設安座点眼拈香、祈禱百座諷経、祖師忌坐諷経、祖師遠忌、煎点、煎点通弁附、展鉢式、展鉢通弁附、檀家薦亡坐諷経、檀家焼香、頓写蓮経、檀家薦亡懺法、懺摩通弁附、檀家薦亡施食法、垂示、入室、説禅、檀家薦亡拈香、尊宿遷化、亡僧津送、在家送亡、喪儀通弁附）、〔下巻〕回向（三時回向、以下諸回向三六項目、尊宿入龕念誦、以下念誦九項目、伝法仏祖名号、亡者忌日名附）、図式（供頭四人六人図、以下五五図、得度安名牒式、以下九書式）

本書は臨済宗清規の基本として今日ももちいられている。道忠自筆本を竜華院に蔵す。〔所載〕正蔵81。――→禅林象器箋・勅修百丈清規左觽　〔西村惠信〕

唱題運想儀記【しょうだいうんそうぎき】[日] 一巻。日輝（一八〇〇―五九）著。「唱え奉る妙法」に始まる唱題の運想を句々にわたって解釈し、運想観心の指南としたもの。〔所載〕充洽園全集2。　〔松村寿巌〕

招提千歳伝記【しょうだいせんざいでんき】[南] 九巻。義澄（生没年不明）。元禄一四（一七〇一）年撰。唐招提寺能満院主義澄は、唐招提寺関係者の伝承の不明を歎き、二〇篇から成る本書を編んだ。「伝律篇」三巻に、初祖鑑真から第六五代智堂照峰（一七〇〇入寺）に至る唐招提寺列祖及び関係者八二名の伝記を載せ、「明律篇」で律の実践にすぐれた僧九八名の伝記を載せ、「王臣篇」「居士篇」で律の信者・後援者、「殿堂篇」で唐招提寺の堂舎の由来、その他広く戒律関係の事項を蒐集、記載している。〔所載〕続々群書、仏全105。　〔田村晃祐〕

掌中記【しょうちゅうき】[日] 一巻。寂静日賢（一五八三―一六四四）著。成立年代不明。日賢は江戸時代初期を代表する学匠であったが、寛永七（一六三〇）年の「身池対論」（受不受論争）によって遠州へ流罪となる。日賢は趙宋天台で論議された山家・山外論争のなかで、山家正統に立ち、山外正統を主張する日遠と対立した。本書は、日遠の説を破折するために、開仏知見、根本無明元品無明、業識菩提之本由、四句推撿略釈、内外自然、随事随理三仮、不思議境得名、一性無性三千宛然、三宝紹隆、根塵相対一念即空仮中、常寂光得名並身土之義、性徳三諦両家意不同、円人以理具為相本の一三項目をたてている。万治二（一六五九）年刊行。刊本は立大図書館所蔵。　〔北川前肇〕

掌珍量噵【しょうちんりょうどう】[南] 一巻。秀法師（?―八〇八）撰。平安初期の成立。別に『掌珍量噵注』という。古来から『法相灯明記』『法相髄脳』とともに、一群の書として伝えられてきたもので、清弁の『掌珍論』に基づいて、空、中道、三無性など法相の要義を簡潔に説いた書である。とくに清弁の空宗と護法の有宗と間の空有の論争を中心テーマとし、両宗の相違点を明確にした点、かつ清弁宗の立場をも擁護している点などが注目に価する。〔所載〕正蔵65、仏全(鈴)31、日蔵(鈴)54。　〔横山紘一〕

聖道権仮弁【しょうどうごんけべん】[浄][真] 一巻。泰巌（一七一一―六三）述。宝暦三（一七五三）年成立。泰巌は本願寺派の学僧で、月筌の門人。一代仏教における浄土真宗の立場を明確にするために著わされたのが本書である。三乗教、および華厳、法華等の一乗教も、すべて浄土教の権方便の教法であると示している。釈尊の本懐も、凡夫のために浄土往生の法門を説示するところに、その深い意味があるとのべている。写本を竜大に蔵す。〔所載〕真宗全62。　〔山崎竜明〕

正燈世譜【しょうとうせふ】[臨] 一巻。大心義統（?―一七三〇）撰。宝永五（一七〇八）年刊。このほかにも①天外宗応編、寛政中ごろ②森其蕉重編のもある。内容は大徳寺の法系図である。大徳寺開山宗峰妙超から始まるものと、龍源派七二世東渓宗牧から始まるものと、大仙派七六世古嶽宗亘より始まるものと、龍泉派七〇世陽峰宗韶より始まるそれぞれの法系図である。付録として横嶽派崇福開山南浦紹明の法系図を掲げている。　〔吉瀬勝〕

浄統略讃【じょうとうりゃくさん】[浄] 一巻。懐山（生没年不詳）述。元禄九（一六九六）年成立。もと『浄土源流解蒙』と題した。この題名は懐山が述したものを、弟子の懐誉が補注を加えた時に付したもので、さらに享保一九年修訂補注し『浄統略讃』としたものである。浄土宗の書物にみえる人名や述語を支那伝灯・本朝写瓶・諸記指南・浄家起源に分類し解説を加えたもの。〔所載〕浄全続17。　〔坂上雅翁〕

浄土依憑経論章疏目録【じょうどえひょうきょうろんしょうしょもくろく】[浄] 一巻。長西（一一八四―一二六六）録。浄土教の経論および中国、朝鮮、日本で撰述された書籍目録で『長西録』『依憑録』ともいう。

本目録の成立年代は不明であるが、本書には、中国僧撰述書である宗暁（一一五一―一二一四）の『楽邦文類』と『楽邦文類遺稿』が記載されていること、泉涌寺俊芿（一一六六―一二二七）の『勧十六観堂縁起』や『仏道宗論』を記載していること、さらに「阿弥陀経救文一巻　銭塘」について「泉涌寺に之れ在り」と注記していることなどから、俊芿（一二一一年帰朝）をはじめ、その門弟の湛海（一二四四年帰朝）、法孫の智鏡らが入宋してもたらした章疏類を参考にして編纂されたことがわかる。したがって成立年代は、長西の晩年と推定される。

編者の長西は、房号を覚明といい、元暦元（一一八四）年讃岐国西三谷に生まれ、九歳で上洛、外典を学び、一九歳の時に出家して源空の門弟となる。源空没（一二一二）後、泉涌寺俊芿について止観を学び道元について禅要を学び問い、出雲路覚瑜について浄土の法門をうけ、その感化により諸行本願義を唱えた。洛北の九品寺に住したことから、その流義を九品寺流ともいう。文永三（一二六六）年八三歳で没。著書に『選択集名体決』『念仏本願義』『浄土疑芥』などがある。

本目録は、群経、諸論、釈経、集義、別出、修行、讃頌、伝記、雑述、偽妄の

一〇篇から成る。第一群経録には浄土宗正所依の浄土三部経とその異訳五部、『般舟三昧経』などの浄土教典八二部、計九〇部。第二諸論録には浄土宗正所依の『無量寿経論』のほか、『十住毘婆沙論』など計八部。第三釈経録には中国、朝鮮、日本においてつくられた浄土三部経の注釈書一〇三部のほか、天台の『浄土十疑論』など二五部、計一二八部。第四集義録には王日休の『竜舒浄土文』、元暁の『遊心安楽道』、源信の『往生要集』など計七九部。第五別出録には中国、日本における撰述章疏のなかで、特に浄土教に関する記述を有する部分だけ別出してその巻数を示したもの計二七部。第六修行録には善導の『往生礼讃』など計六七部。第七讃頌録には白居易の『西方浄土讃』など四〇部。第八伝記録には少康、文諗共撰の『瑞応刪伝』など計一七部。第九雑述録には顕真の『大原座主消息』など計四七部。第一〇偽妄録には不空訳『九品往生経』など計一一部。このように総計五一五部の書目を収録し、巻末に良実房等の加筆で数部の書目あり。

本目録は、わが国における最初の浄土教書籍目録で、経典はもとより中国、朝鮮、日本の章疏等を数多く記載していること、また、現在ではすでに散佚してしまった書目を記載していること、さらに後続する浄土教書籍目録の基礎となること、これらの理由で高く評価されている。寛文二年版を正大、京大に蔵す。〔所載〕仏全96、真宗全4。〔藤本浄彦〕

浄土疑端【じょうどぎたん】浄 四巻。顕意（一二三八—一三〇四）述。弘安六（一二八三）年成立。別に『観経四帖疏疑端』ともいう。顕意は深草義開祖、円空立信について西山の宗要を学び、のち洛西釈迦院竹林寺に住し学徒を指導し、またあまねく顕密の学を究めもっぱら著述につとめ、本書のほか『観経疏楷定記』三六巻をはじめその他一二部二四巻を著わし、大いに所伝の教旨を顕揚した。本書はある学者の請によって『観経疏』のうちから疑問点一二〇条を出し、一宗の要義をもって判決し、初学者の迷いに対してその経路を指示するとともに、当時教界における諸方の明匠に送って高判を求めたものである。すなわち玄義分中に五〇条、「序分義」中に一五条、「定善義」中に二五条、「散善義」中に三条の質疑を出しそれぞれ判決している。奥書に「右の疑端は去年壬午ある学者の請によってこれを出す。然るに彼一両人の所に詣でてその答釈を乞うに、数日淹留書写するのみにて敢てこれを解せず。（中略）。重ねて諸賢に請う。意に随ってこれを答えよ。こゝに於てなお拒んで答えずんば誰か前の所陳を信ぜんや。（中略）抑も決を求むるの意、自挙凌他の為にせず。今聞くならく、諸方の学者自門他流を論せず互に臆説妄談あり。彼等をしてこの警策を見て正路に入らしめんと欲して短疑を挙て諸師の高判を請う」とのべ、著作の本意を示す。これに対し九品寺流の了阿が『略答』をつくり、さらに証忍が『観経義賢問愚答鈔』を選述して報えた。そこで顕意は『研覈抄』をつくってこれに応答した。九品寺義との相違研究に参考となる。正保二年刊本を西山短大蔵。〔参考〕観経疏楷定記。〔長谷川是修〕

浄土疑問解【じょうどぎもんげ】浄真 一巻。恵空（一六四四—一七二一）著。寛文一三（一六七三）年成立。恵空は大谷派の初代講師。一七カ条の疑問をいだいた恵空は諸方の学匠に問うたが答を得られなかったため、みずから解答を試みたもの。阿弥陀仏の化身とは『観経』の真身観の仏であるか否か、(2)薬師仏などの諸仏と阿弥陀仏の関係、(3)光明名号が悪を滅するなら、どうして、その人に苦や迷いがあるのか、(4)法蔵菩薩の願行により、念仏の行者がその果を得るのは他作自受となり仏法に反するのでは、(5)宿善の厚・薄によって成仏の遅速があるか、(6)二十願の果遂の誓いによって十八願に入るのであれば、果遂の誓が宿善になるがそれでよいか、(7)微善をもって成仏が可能か否か、(8)釈尊の像を拝まなくてよいのか、(9)なぜ仏法の高僧を七高僧のみに限定するのか、(10)開眼供養をどう考えるのか、(11)葬送引導と不廻向の教義との関係、(12)なぜ塔婆を用いないのか、(13)忌日の追善の念仏は自力廻向では、(14)鬼門防護について、(15)他の仏を礼拝する是非について、(16)平座説法の是非について。さらに、追加として、妻帯肉食についての疑問をあげる。恵空の疑問に対し師に当る円智と竜渓も『宗旨疑問指帰略答』一巻と『浄土疑問釈答』一巻で解答を試みている。〔所載〕真宗全55、続真大11。〔田中教照〕

浄土疑問釈答【じょうどぎもんしゃくとう】浄真 一巻。竜渓（生没年不詳）述。恵空は浄土真宗において疑問とすべき要項一七カ条を挙げ、自身も『浄土疑問解』で自答しているが、本書は恵空のその疑問一七カ条に竜渓が答えたものである。つまり、(1)弥陀真化、(2)諸仏能化、(3)滅罪尽不、(4)他作廻向、(5)宿善厚薄、(6)果遂宿善、(7)微善成仏、(8)釈迦形像、(9)弥陀三尊、(10)七祖相承、(11)開眼供養、(12)葬送引導、(13)墳墓塔婆、(14)忌日追善、(15)鬼門防護、(16)他仏礼拝、(17)平座説法、の疑問に釈答している。〔所載〕真宗全55、続真大11。→浄土疑問解〔新作博明〕

浄土経論蔵集【じょうどきょうろんぞうしゅう】浄 一〇巻。各巻末に「性蓮社法誉願求」とあるがこれが作者かどうかは不明である。成立年代不明。浄土教の主要な経典である『無量寿経』（一二七一問）、『観無量寿経』（一八二問）、『阿弥陀経』（四四問）の三経から経典理解のうえで問題となる事項五〇〇題をとりあげて、論題集的にまとめられたものである。版本は一〇巻一〇冊または一〇巻五冊、寛文四年本を正大、竜大、早大蔵。〔新井俊夫〕

証得往生義【しょうとくおうじょうぎ】浄 一巻。證空（一一七七—一二四七）記。成立年代不明。證空記とされるが真偽未詳、晩年の著述か。本書は証得往生の意義を五重に分けて説いたものである。第一重の念声不二名体不二とは、弥陀因位の五劫思惟すなわち衆生摂取の念に衆生の往生がかなう謂れがある。摂衆生の念とは願であり、願とは弥陀の仏体であり、弥陀を称念するのを念声不二機法一体という。第二重は三心一心。われらの往生はひとえに仏の願力によると心得るべきで、弥陀の願に順じて益を得るから、三心はひとえに仏の本願であると信じるのを三心一心という。第三重臨終平生一同聞位往生には二義ある。一義、過去の生死輪廻の平生のときに仏道を望んだ心根が、いま、願によって煩悩の命尽きる臨終のときに成就すると心得るをいう。一義、往生の謂を聞いて信心決定して後の平生と命終の臨終は不二である。第四重機法一体。『観経』第七・第八観の文について機法一体を明らかにする。第五重は万法一切の物が弥陀より生じることを明らかにする。第九観の文の意であり、弥陀一仏を見れば諸仏を見ると説く。この五重は機法一体の謂を明らかにするもので、一文不通の者には初重のみでよく、せいぜい二重まで教えるべきで、長楽寺義の者には四重五重はけっして聞かしてはならないとあり、みずからを専修を信じる人として区別している。五重相伝の本といわれ秘蔵されてきたものである。文政一三（一八三〇）年写本を谷大蔵。〔所載〕西山学報7。〔君野諦賢〕

浄土口決集【じょうどくけつしゅう】[浄]　一巻。著者明記なし。建武五（一三三八）年成立。正安二（一三〇〇）年鵜之木宝幢院における行観覚融（一二四一―一三二五）と観導覚愍（一二六二―一三四〇―）等の門弟との法門論議の問答一〇数項と行観の物語とを観導が集めたものといわれている。〔所載〕正蔵83。〔勝本顕道〕

聖徳太子伝暦【しょうとくたいしでんりゃく】[南]　二巻。藤原兼輔（八七七―九三三）撰。延喜一七（九一七）年成立。古来、平氏撰とされてきたが、藤原猶雪博士の研究の結果、著者が判明した。兼輔は藤原冬嗣の孫利基の子、中納言・参議となり堤中納言と号した。本書は聖徳太子伝の決定版ともいうべきもので、太子の両親の結婚から、太子の誕生・生涯・死去、さらに太子の子山背大兄王の死去、蘇我氏の滅亡に至るまで編年体で記してあり、神秘的な装いがつけられ、以後、これに準拠した絵伝や太子像が作られるようになった。〔所載〕続群書8上、仏全112。〔田村晃祐〕

浄土血脈論【じょうどけちみゃくろん】[浄]　二巻。良定（一五五二―一六三九）集。名越派の学僧袋中良定自身の後記によれば天正一一（一五八三）年から元和九（一六二三）年に至って書了した書という。浄土宗の伝統を血脈面より論証をこころみたもの。すなわち『無量寿経』所説の五十三仏、インド、中国、日本の祖師を述べ、さらに『七箇条起請文』に記す源空門下及びその門流を記述し説明しようとしている。〔所載〕続浄全17、仏全68。〔柴田哲彦〕

浄土希聞鈔【じょうどけもんしょう】[浄]　五巻。実導（一三〇九―八八）述。応安年間（一三六八―八九）成立。実導は藤原為信の長男で初め叡山で天台の教観を研学し、一九歳のとき示導の門に入る。翌年円頓一実の妙戒を受け、爾来二〇年間師に随縁して研鑽を積む。洛西三鈷寺一一世、盧山寺第四世として西山教義の顕揚、祖師伝の編纂、寺門の興隆に活躍する。本書巻一の初めに「円慈上人編述」とあるが、実導を指したものか、あるいは恵篤を実導と間違えて円慈と後人が付加したものであろうと思われる。善導の『観経疏』より教義上とくに重要なものを注釈したもので、第一巻は所依経論事から三重六義事にいたる「玄義分」、第二巻は定散名号同異事から観経序分事にいたる「玄義分」、「序分義」、第三巻は厭苦欣浄事から日水両観事にいたる「序分義」、「定善義」、第四巻は第七観事から三心事にいたる「定善義」、「散善義」、第五巻は即便往生当得往生事から正因正行事にいたる「散善義」についてそれぞれ解説してある。なかんずく観一字事、玄義依文分別事、三重六義事、定散名号同異事、五義三段事、顕行示観両縁事、示観領解事、三心事、正因正行事等は、善導疏に基づく西山一流の釈義がなされており、教義を示す重要な項目である。なお三巻の初めに「康安五年一一月八日於盧山寺被談之」、五巻の終りに「康安第四之暦云云」とあるが年次が不次第であり、また康安の年号は一年しかなく応安の誤写ではなかろうかと思われる。正大、竜大蔵。〔堀本賢順〕

浄土見聞集【じょうどけんもんしゅう】[浄][真]　一巻。撰号を欠いているが、古来存覚（一二九〇―一三七三）作とされている。成立年代は確定しないが、『鑑古録』は延文元（一三五六）年の撰述としている。『真大』所載の本、すなわち了祥が『異義集』の第二巻に収めたものは、冒頭に「先啓目録に云く、浄土見聞集一巻。或同題別本あり。浄土真宗見聞集一巻。或は題して浄土論見聞集と曰う」等と付記し、本文は七七日より第三年の受苦の部分を略している。存覚は親鸞の曽孫、覚如の長子。本書は当時民間に行われていた冥界十王の信仰に添って輪廻因果を説き、他力信心の教意に導こうとした誘引の書。初めに『十王経』『十輪経』等の説によって、死後の罪人が中陰七七日から百ケ日、一周忌、第三年と次第に罪料を裁断されて苦を受けてゆく順序を示し、のちには『無量寿経』『観無量寿経』および『教行信証』によって他力信心の獲得を勧め、横超五趣、現生不退の意趣をあらわす。前半の記述はもとより浄土真宗の教義に排斥するところであるが、これは浅智愚闇のともがらを誘引するためであるとことわり、最後には、厭離穢土を先として欣求浄土を説くのは真宗の正意ではなく、欣求を先として信心獲得すればおのずから穢土は厭われるものとのべて真宗の立場を明確にしている。しかし、無常観、穢土悲観をもって勧信の方便としたことは、蓮如の『御文章』における無常の説の基礎となったものと思われる。貞享四（一六八七）年刊本、竜大蔵。〔所載〕真聖全3。異本は真大36。〔小山一行〕

――→浄土見聞集玩索記

浄土見聞集玩索記【じょうどけんもんしゅ

うがんさくき】浄真 二巻。竜温（一八〇〇―一八五）述。安政二（一八五五）年成立。存覚の『浄土見聞集』についての講義録。これを存覚の真撰と断じ、随他の門を開いてのちに他力信行の宗意に帰結せしめる巧妙の書であると評している。撰述来意、一篇大意、製作体裁、依経真偽、釈題簡濫、随文正釈の六門に分けて講説する。〔所載〕真大29。――→浄土見聞集　〔小山一行〕

浄土五会念仏略法事儀讃演底【じょうどごえねんぶつりゃくほうじぎさんえんてい】浄 五巻。東日（生没年不詳）述。法照の『浄土五会念仏略法事儀讃』一巻の全文を注釈したもの。唯一の注釈書とされている。初めに法照の略伝をあげ、つづいて序分、正宗分、流通分の三段に分けて釈している。『法事儀讃』の実施用項を釈し、また五会念仏の利益について問答し勧励している。享保一一（一七二六）年刊。明治一二（一八七九）年再版さる。〔所載〕浄全続7。〔久米原恒久〕

浄土五祖伝【じょうどごそでん】浄 一巻。源空（一一三三―一二一二）撰。詳しくは『類聚浄土五祖伝』といい、『類聚五祖伝』と略称する。源空が中国における浄土教の相承説を考えるうえで、五人の祖師を選びその伝歴を類聚したものである。五祖による相承説は『逆修説法』（五七日）にみられる。その五祖の伝歴を『唐高僧伝』と、『宋高僧伝』を中心に記述していく。第一位曇鸞（六伝）は一続高僧伝第七（第六が本当）、二安楽集、三浄土論（迦才）、四瑞応伝、五新修往生伝（王古）、六竜舒浄土文によって、第二位道綽（四伝）は一続高僧伝第二四、二浄土論（迦才）、三瑞応伝、四新修往生伝（王古）によって、第三位善導（六伝）は一続高僧伝第三七、二瑞応伝、三新修往生伝（王古）、四同、五念仏鏡、六竜舒浄土文によって、第四位懐感（二伝）は一宋高僧伝第六、二瑞応伝によって、第五位少康（三伝）は一宋高僧伝第二五、二新修往生伝（王古）、三竜舒浄土文によって記述されている。王古の『新修往生伝』（三巻）は中巻が散失して伝わらないため、本書に収録されている部分は貴重である。なお本書は重源が宋より五祖の影像を将来し、東大寺に源空を請じて供養したと伝える歴史的記事（『四十八巻伝』第六・第三〇）と無関係でなく、浄土五祖相承説の成立のうえで注目されている。ただ重源の浄土五祖影像請来については、こんにち否定説がつよい。〔所載〕浄全9、法全、黒谷上人語灯録。〔高橋弘次〕

浄土金明集【じょうどこんみょうしゅう】浄 一巻。聖聡（一三六六―一四四〇）撰。本書の巻末に『玉光集』または『体用集』と号すと記されてあり、重要な問題を宗義および一般仏教の立場より一四の項目について説明してあるが、これらの問題は実に金玉の光を放つ問題であるという意味からこの標題が選ばれたのであろう。内容は、(一)菩提とは仏果の異名なる事、(二)真如の事、(三)当処の一心の事、(四)煩悩即菩提・生死即涅槃の事、(五)草木成仏の事、(六)性相両宗の事、(七)無明断智は四智中いずれやの事、(八)無明の事、(九)一乗浄土の事、(十)序題門の事、(十一)三心・四修・五念の事、(十二)即相無生・生相無生の事、(十三)施化利生と発迹入源の機の事、(十四)心性妄心不可得の事、などで、天台、真言、禅などの教説も随所にみられ、一般仏教の教義に精通していたことがわかる。版本として慶安三年版を谷大、正大、竜大に、寛文二年版を正大に蔵す。〔所載〕浄全13。〔戸松義晴〕

浄土三経往生文類【じょうどさんぎょうおうじょうもんるい】浄真 一巻。親鸞（一一七三―一二六二）撰。成立時期は略本が建長七（一二五五）年八月五日（親鸞八三歳）、広本が康元二（一二五七）年三月二日（親鸞八五歳）。

本書は『大無量寿経』『観無量寿経』『阿弥陀経』の三往生について詳しく説かれたものである。まず、『大経』往生とは仏願他力を正信して現生において正定聚に住し、来世に真実報土の往生を遂げることで、これを難思議往生と称すとなし、弥陀の第十八願の願文および成就文を正依の『大経』と異訳の如来会とによって引用し、これを助顕するに『論註』の妙声功徳、眷属功徳、清浄功徳等を明かす文をもってする。次に、『観経』往生とは定散自力心をもって、諸善万行を修し臨終の来迎を期して、方便化土に往生することで、これを双樹林下往生と称すとなし、弥陀の第十九願の願文を正依『大経』と『悲華経』とにより引き、その願の成就として『大経』三輩段を引き、また別に『大経』により第二十八願とその成就文とを引き方便化土の果報を顕わし、これらの諸文の意を助顕するために源信の『往生要集』下末の専雑二修の因の相異によって報化二土の果の差別ありの文を引用している。次に、『弥陀経』往生とは万行超過の弥陀名号を称するのに自力執心をもってし、疑城胎宮の往生をうることでこれを難思往生と称すとなし、正依『大経』および如来会によって第二十願とその成就文とを引き、助顕として善導の定善義と憬興の述文賛の文をもって示すのである。

ところで、親鸞の著作全般から見て、この書の特色をいえば、第一には『教行信証』には正依の第十九願の成就文が「三輩の文これなり」と示されていただけで引用はなかったのに、この『三経文類』では略本に修諸功徳の願成就の文、広本に至心発願の願成就の文として『大経』三輩段の文がはじめて引用されたことである。第二には『大経』第二十願成就文が『教行信証』には明記していないのに、本書の広本に願成就の文として以下胎化得失の文が引用されているのである。第三には第二十八見道場樹願の願文と成就文が並引されていることである。

なお、真宗史家の示すところによると、この書は善鸞事件に関するものかと推測されている。善鸞事件が八四歳のときに起っており、その前年につくられた略本と事件後の翌年につくられた広本に三経の往生が強調されていることは、『教行信証』やこの事件との連関で興味がもたれよう。

注釈書としては霊昛・記、慧琳・臃、興隆・善光録各一巻を『真宗全』に収む。大含・記、宣明・己巳録各一巻を『真大』に収む。円純・講録一巻、慧琳・蠡測二巻、覚寿・略述一巻、玄雄・略釈一巻等の刊本のほか、宝雲・稽古三巻、興隆・捷心記一巻、僧朗・筆記一巻、泰巌・聴記一巻、慧麟・聴記一巻、制心・要決四巻などがある。略本の真蹟本を本派本願寺に蔵す。〔所載〕正蔵83。〔参考〕仏解。〔五十嵐大策〕

浄土三経往生文類記【じょうどさんぎょうおうじょうもんるいき】浄真 一巻。大含（一七七三―一八五〇）述。本書は、一には制作の部類を明かし、二には三経の隠顕を弁じ、三には題目撰号を解し、四には入文解釈を明かしている。全般的には、浄土の法門のうちには真仮があること、三願三機三往生等の名をもって浄土の法門を分別していることなどをのべている。三往生のうち、『大経』往生についての説明は詳細をきわめている。〔所載〕真大21。→浄土三経往生文類〔五十嵐大策〕

浄土三経往生文類己巳録【じょうどさんぎょうおうじょうもんるいきしろく】浄真 一巻。宣明（一七五〇―一八二一）述。文化六（一八〇九）年成立。本書は、序説、来意、大意、題目、本文の順序を追って講弁している。来意を通別に分かち、大意については往生浄土を勧めるを一部の宗要とすとのべ、題号・撰号についても詳しく説明し、本文の講義また微細をきわめている。ことに制作の大意を即得往生の一句といっているのは至言である。〔所載〕真大21。→浄土三経往生文類〔五十嵐大策〕

浄土三経往生文類臃【じょうどさんぎょうおうじょうもんるいけい】浄真 一巻。慧琳（一七一五―八九）述。安永二（一七七三）年成立。安永二年一一月二日より九日まで八席にわたり、京都において講述したもの。『三経往生文類』には広略の二本あるが、ここでは広本を底本とし、略本を参照して講述されている。本文の解釈は丁寧でわかりやすく、とくに疑城胎宮と懈慢辺地の問題にはくわしい。『三経往生文類』講録中の白眉といわれる。写本は谷大蔵。〔所載〕真宗全42。〔五十嵐明宝〕

浄土三経往生文類善光録【じょうどさんぎょうおうじょうもんるいぜんこうろく】浄真 一巻。興隆（一七五九―一八四二）述。文化一四（一八一七）年成立。興隆は越後学派の祖で本願寺派の勧学になった学僧である。本書は信州善光寺駅東康楽寺に留錫中の述作であるので『善光録』という。内容は来意、大意、広略、題目、文義の五門に分かれ、講説されている。写本を竜大蔵。〔所載〕真宗全47。〔五十嵐明宝〕

浄土三国仏祖伝集【じょうどさんごくぶっそでんしゅう】浄 二巻。聖聡（一三六六―一四四〇）撰。応永二三（一四一六）年成立。聖聡は浄土宗鎮西白旗派中興の祖とされる聖冏の直弟であるが、本書は聖冏撰『浄土真宗付法伝』をうけて、浄土三国伝燈列祖の事蹟、浄土宗における諸門流と相伝の趣きを述べたもの。上巻では天竺四祖、震旦八祖、日本五祖・六祖、源空上人四箇流、鎮西流然阿上人六箇流、西山流義善恵上人四箇流、震旦三流を図示し、次いで天竺、震旦諸師の伝と相承論を説く。下巻では源空の略伝と五箇別所を記し、本朝五祖を要説し、源空以降の諸流、浄土宗と念仏衆の相違、浄土宗の戒脈相承論を解説する。本書は『付法伝』と同様に浄土三国伝燈の正統性を宣揚したものであるが、『付法伝』が宗脈のみを取り上げたのに対し、後に聖冏が著わした『顕浄土伝戒論』の説を受けて、三国相承の宗・戒両脈の有無により浄土宗と念仏衆を峻別しており、戒脈とくに布薩戒への言及が特色として挙げられる。従来撰者について疑問が呈されているが、上巻で震旦三流の解説をし相承論を説く部分は、聖冏撰『決疑鈔直牒』第三巻の文であり、下巻巻末の「又浄土宗血脈相承之事」から聖聡の奥書までの部分は、聖聡筆『選択口伝口筆』の「浄土宗血脈相承之事」の文であって、この奥書は本書全巻に対するものではないようである。本書の内容からいえば、聖光と源智が源空正伝であり、白旗流義を鎮西正流とし、また宗脈相承論は聖冏、聖聡の説を出るものでなく、布薩戒への言及が一番の問題となろう。いずれにしても宗戒両脈の相承論、中世浄土教の趨勢等がうかがえる好書である。〔所載〕仏全107、浄全続17。〔鈴木霊俊〕

浄土三部経音義【じょうどさんぶきょうおんぎ】浄 二巻二冊。珠光（生没年不詳）撰。天正一八（一五九〇）年成立。正式には『浄土三部経＝附六時礼讃偈音義』という。『浄土三部経』および『六時礼讃偈』の六字について一字一字の音と訓を記して、正しい読み方と意味を示したもの。序文によると聖聰の御点本を底本として、『玉篇』によって篇格ならびに音義を定めるという。刊本はあるが刊記は不明。〔所載〕浄全続17。〔小林尚英〕

浄土三部経音義集【じょうどさんぶきょうおんぎしゅう】浄 四巻。信瑞（？―一二七九）纂。嘉禎二（一二三六）年成立。別名『浄土三部経音義』『三部経音義』。信瑞は敬西房といい、はじめ隆寛に学び門弟につらなった。洛東弘願寺に住し博学でその名高く、源空の伝記および言行を録した著作をなした。弘長二年に関東を遊化し、源空伝を北条時頼に呈するなど大いに念仏勧化につとめた。本書は『浄土三部経』の経文に音韻と釈義とを略注したものである。内容は第一・二巻は『無量寿経』、第三巻は『観無量寿経』、第四巻は『阿弥陀経』に配している。音義は経典を読誦し意義を理解するうえにおいて必要なものであって、中国でははやくから行われ、わが国でも奈良時代に『一切経音義』が書写されている。この書は『三部経』の音義としては最古のものと思われ、『広韻』『倭名抄』『東宮切韻』はいうまでもなく、『翻訳名義集』『梵唐千字文』ならびに諸経典より資料を抜萃して、詳細な注解を施している。このうち菅原是善著『東宮切韻』は古来より儒家の間によくもちいられたものであるが、いまは散佚して伝わらない。この『東宮切韻』が本書に一五一回も引用されているなど、わが国における音韻学の研究には貴重な資料。写本谷大（三冊）、大正（正徳五写一冊）、東大（寛保三写四冊）、日大（元禄一〇写四冊）、竜大（三巻三冊）（三巻一冊）等蔵。〔所載〕正蔵57、浄全続4。〔小林尚英〕

浄土三部経如法経次第【じょうどさんぶきょうにょほうぎょうしだい】浄 源空（一一三三―一二一二）撰。成立年は明らかでない。『如法書写法則』ともいう。源空が大和の入道見仏の請いによって、後白河法皇一三回忌の追善のために、天台の法華経の如法写経に準じて、浄土三部経を書写する時の法則を定めたもので、その次第は、料紙を作るための植樹からはじまり、起筆、奉納にまでわたっている。〔所載〕正蔵83、浄全9、昭法全8、真聖全拾遺部上、仏教古典叢書。〔参考〕三田全信・浄土宗史の諸研究、同・浄土宗史の新研究、仏解6。〔藤井正雄〕

浄土四義建立私【じょうどしぎこんりゅうし】浄 一巻。虎角（こかく）（一五三九―九三）著。別に『浄土四義私』、単に『四義私』ともいう。虎角は生実（おゆみ）（千葉市）大巌寺二世で、禅にも通じ室町末期の学僧として活躍し、後の檀林教学に大きな影響を与えた。本書は浄土宗義を実体、化用、教門、実義という四義によって解説した書である。まず序で浄土宗は念仏を最となし、その教相はまちまちであるが四義の域を出ないとし、次に四義について各々七言四句の頌をあげた後、「浄土四義建立私」（一・二）、「浄土四義証拠」（四）、「浄土四義私」（三・五・六）という六篇によって四義を詳説している。この四義は『大原談義聞書抄』における実体、化用の説と、聖冏の『浄土二蔵二教略頌』『釈浄土二蔵義』に説かれる教門、実義の説にもとづいたものといえるが、虎角は実体、化用を順観、教門、実義を逆観として四義を建立し、浄土宗義の綱格を示している。こうして浄土門が大乗至極の法門であることを明らかにしようと試みたものと言えよう。〔末注〕貞享二（一六八五）年の文莫撰述『四義宛然古轍』二巻があり、四義を歴然と明らか（宛然）にするの題号のとおり、詳細に解説され「宛然四方頌」「同円形頌」「四角円形図」「法身五輪図」なども記載している。〔写本〕正大、竜大。〔版本〕寛文元年版―谷大・正大・竜大、寛政九年版―正大・竜大。〔参考〕浄土教思想論（服部英淳著）〔丸山博正〕

浄土十勝論【じょうどじっしょうろん】浄 一四巻。澄円菩薩智演（一二八三〈九〇〉―一三七二）著。成立年代不明だが、正中元年作の説もある。別に『浄土十勝節箋論』ともいう。浄土教が他の諸門より勝れ、念仏が仏法諸行門中、随一なることを顕彰した論書。著者智演は良暁（第四祖、鎮西白旗派祖）の門下であるが、初め東大寺円雅に就き出家し、後、西山九品寺等の浄土異流を研鑽した。文保元年、中国に赴き廬山に登って慧遠の宗風を伝え、元亨元年、帰朝後、堺に旭蓮社を開きこの念仏を喧伝した。本書は一〇篇よりなるが、それは三学分外勝、持名最上勝、末法利物勝、具結得脱勝、具縛不起勝、具纏不退勝、立宗根本勝、墳籍卓躒勝、貶教行益勝、超絶師範勝の各々である。またこの注釈書として『浄土十勝論輔助儀』四巻（寛文三版、本論と計一八巻。嘉永五版は首巻一巻を含め計一九巻）がある。この釈書は和字をもって、ある人の問に答えている。〔久米原恒久〕

浄土釈疑集【じょうどしゃくぎしゅう】浄真 二巻。恵空（一六四四―一七二一）撰。寛文七（一六六七）年成立。恵空は大谷派の初代講師。本書は浄土一門に関する二七項目の疑問に答えたもので、本書によって大谷派の教義の淵源を知ることができる。上巻に⑴浄土真実教付依経事、⑵浄土不真実教事、⑶三経三願配当事、⑷三経三往生配当事、⑸三経顕彰隠密事、⑹浄土真実行事、⑺浄土不真実行事、⑻不廻向名義事、⑼往還廻向他力事、⑽称名報恩之事（以上上巻）。下巻に⑾浄土真実信事、⑿浄土不真実信事、⒀信行行信次第事、⒁三経三心即一心事、⒂一向専念捨雑業事、⒃一念多念分別事、⒄心行具足事、⒅浄土真実証果事、⒆浄土不真実証果事、⒇弥陀真身化身事、(21)浄土真化之分斉事、(22)光明摂取事、(23)平生業成事、(24)命終仏来迎不来迎事、(25)厭欣欣厭次第事、(26)往生得否之分斉事、(27)現世利益之事、という二七項目にわたって深義を明らかにしている。〔所載〕真宗全55、続真大11。〔田中教照〕

浄土宗行者用意問答【じょうどしゅうぎょうじゃよういもんどう】浄 一巻。良忠（一一九九―一二八七）述。正嘉二（一二五八）年成立。別に『十七ケ条用意問答』ともいう。筑後の善導寺において浄土宗二祖弁長に師事し浄土の宗要を究めた良忠は、弁長より法の附属を受け浄土宗三祖となった。のち関東を遊化して浄土宗教団の発展の礎を築いた。本書は良忠が下総にあって教勢を張っていたころの述作である。内容は浄土宗の行者が日常用心すべき心得を一七カ条とりあげ問答形式に表現し、在俗信者の教化のために和文体で表現したものである。一向称名の行者の振舞の事、念仏三心の事、自力他力の事、不浄読経の事、不浄にして道場に入るの事、厭欣念仏の事、口称の時、数取るの事、今生の所望を阿弥陀仏に申す事、所作のうち他廻向の事、小便の時、浄不浄の事、所作欠けたる次の日、申し入るや否やの事、造罪念仏の事、造罪往生の事、宿善往生の事、無証往生の事、俗人死去の時、出家さする事、観音の蓮台と宝池の蓮花と同異の事、の一七カ条からなる。本書は小冊子ながら、源空、弁長両祖の相伝の心をうかがい知る資料として注目に価する。〔末注〕妙尊・用意問答輯要。〔所蔵〕延宝四年刊本を谷大、京大、正大、竜大、延宝五年刊本を早大、寛政二年刊本を正大、刊年不明刊本を東北、洋大、正大、竜大に蔵す。〔所載〕浄全10、国東叢2。――→安楽集私記〔斎藤晃道〕

浄土十疑論翼註【じょうどじゅうぎろんよくちゅう】浄 二巻。不必述（生没年不詳）。天台智顗作といわれる『浄土十疑論』を、呉山の広教澄彧の『註十疑論』を採用しつつ私釈を加えて細釈したもの。延宝七（一六七九）年刊。浄土往生への誹謗や疑惑について、十疑を挙げこれに解答を与えたものとして『十疑論』を位置づけ、これに曇鸞、道綽、善導等の釈を用いつつ、浄土往生の重要性を力説する筆法をとっている。本文の字句釈の傾向も強い。〔所載〕浄全続7。〔久米原恒久〕

浄土宗建立私記【じょうどしゅうこんりゅうしき】浄 一巻。顕意（けんに）道教（一二三八—一三〇四）述。永仁四（一二九六）年成立。別に『浄土建立私記』ともいう。道教は、浄土宗西山四流の一つである深草流の祖、円空立信の教えを受け継ぎ深草流を大成した。また、『観経疏楷定記』三六巻をはじめ、多くの著作をのこしたことから記主禅師と尊称される。永仁三年に、同じ西山四流の一つ東山流観鏡証入の流れをくむ漸空と、仙洞御所において三心について問答を行い、それを聞かれた天皇のもとへ、三心問答の内容を書き記し届けたところ、再度の問いがあり、永仁三年一一月二一日にそれに答えた内容を記したもの。このことから、本書は必ず『仙洞三心義問答記』（正蔵83所収）とあわせ読まれるべきである。とくに、浄土宗深草派の建立について、観門（要門）と弘願門の廃立を明らかにし、一乗真実の極致はこの一門にのみあって通入すべき旨を示している。とくに、至誠心については、漸空が先師より相承ありとしていることに対しての天皇よりの問いに、至誠心の解釈は古来より数多くあるが、漸空の料簡は僻見であるとし、詳しい理由は『仙洞三心義問答記』に述べるごとしとしている。また巻末に、永仁四年正月六日、五九歳のときの選述である旨が記されている。〔所載〕文政二年・明治三一年刊本、正蔵83。〔坂上雅翁〕

浄土宗寺院由緒書【じょうどしゅうじいんゆいしょがき】浄 五九冊（二〇・二一・四二の三冊欠）。『元禄寺院由緒書』ともいう。本書の抄写本が『蓮門精舎旧詞』である。本書は江戸幕府が新寺の建立を禁止した元禄五（一六九二）年より間もない元禄八、九年に、浄土宗の総録所たる増上寺の役者が、寺社奉行の命をうけて、全国の浄土宗寺院の開山の由緒、来歴を調べたさいに、諸国の触頭経由で各寺院から報告された由緒書を袋綴の冊子本に仕立てて集成したものである。全国を尾張を境に東西に二分して、知恩院と増上寺が調査を担当して、各寺院から由緒書を二部ずつ提出させ、東西で互いに交換して保管した。増上寺にはこのときの原本が現存している。知恩院には原本はなく、原本から重要な個所だけを抄写した由緒書がある。体裁も原本の一ツ書きを延べ書きに改めている。これを現在、『蓮門精舎旧詞』と呼んでいる。このときの調査事項は、寺そのものの調査よりも開山僧の由来、行状が中心である。このような一定の調査項目で全国的規模で集積された寺伝資料は、明治政府が徴集した寺院明細帳以前には他に匹敵するものがなく、浄土宗教団研究上きわめて貴重である。近年増上寺の史料が刊行され、本書と『蓮門精舎旧詞』の関係が明確になった。〔所載〕増上寺史料集5・6・7。〔参考〕宇高良哲・「浄土宗元禄寺院由緒書」の成立過程について（『坪井先生頌寿記念論文集』）——→蓮門精舎旧詞〔宇高良哲〕

浄土宗諸法度【じょうどしゅうしょはっと】浄 一巻。元和元（一六一五）年七月に徳川家康が諸宗寺院法度の一環として、浄土宗寺院に下した三五カ条からなる規約である。『元和条目』『三十五箇条法度』ともいう。内容は知恩院の宮門跡、寺院の本末統制、僧侶の修行と位階、儀式、宗脈伝授等に関する規定である。この法度は従来個別に散在した種々の法度を集大成したものであり、浄土宗の基本となった法度である。原本は知恩院と増上寺蔵〔所載〕関東浄土宗檀林古文書選。〔宇高良哲〕

浄土宗のこころをよめるながうた【じょうどしゅうのこころをよめるながうた】時 頓阿（一二八九—?）の代表作。『続草庵集』巻四に収められている長歌である。時衆僧としての頓阿の念仏生活がよく出ている長歌である。〔所載〕校註国歌大系（近古諸家集）、定時宗。〔高野 修〕

浄土宗派承継譜【じょうどしゅうはしょうけいふ】浄 一巻。貞準（一六二七—一六八五）撰。貞享元（一六八四）年成立。西山流大血脈譜である。本書はまず弥陀、釈迦、摩訶迦葉以下菩提流支にいたるインド相承を挙げ、次いで震旦相承を三に分け第一慧遠、第二慈愍、第三流支の三流伝を挙げ、最後に日域相承を二として第一に叡山黒谷相承には南嶽、天台以下源空にいたる円戒相承を挙げ、第二を東山吉水相承とし、源空、證空、浄音以下南楚にいたる浄土宗相承を挙げるとともに略伝を編集したもの。なお、貞準入寂後、嗣法の徒により南楚以下貞準までが追加され、以後昌堂が補刊す。西山流にとって貴重なる血脈譜である。刊本を西山短大蔵。〔長谷川是修〕

浄土宗名目問答【じょうどしゅうみょうもくもんどう】浄 三巻一冊。弁長（一一六二—一二三八）述。成立年代不明。妙瑞著『鎮西名目問答奮迅鈔』に、七〇歳以前の作か、または、老後の作かともいう。別名『浄土名目問答』『鎮西名目』『三巻名目』『鎮西名目問答』。弁長は浄土宗第二代、鎮西流の祖である。字は弁阿、聖光房という。九州西北部を中心に活躍したため、鎮西上人、筑紫上人、善導寺上人なども尊称される。本書以外に『念仏名義集』『念仏三心要集』『浄土宗要集』『徹選択集』『識知浄土論』『臨終用心鈔』など多数の著述がある。本書は浄土宗の名目（専門用語）を問答体で解説したもので、一部三巻九四番の問答よりなる。上巻は聖浄二門、専修門、正助二行、三心、四修、五念門、三種行儀などの解説、中巻は難易二道を詳細に解明し、下巻では一念多念ならびに三種行儀について詳説している。なかでも三心の解説は詳しく、至誠心の四句、深心の四句、回向発願心の四句など、四句分別によって念仏行者の用心を説明している。また一念義の邪義なることを力説して、最後臨終の夕まで正念する、いわゆる常念主義の念仏を強調している。刊本は元禄三版、明治二〇版がある。写本を竜大に蔵す。〔末注〕聖聰・三巻名目不審請決一巻、妙瑞・鎮西名目問答奮迅鈔五巻。〔所載〕浄全10。〔小林尚英〕

浄土宗要肝心集【じょうどしゅうようかんじんしゅう】 浄 三巻。良忠（一一九九―一二八七）述。成立年代不明。別に『東宗要肝心集』『肝心集』ともいう。良栄の『東宗要見聞』等によると『東宗要』以前の成立と考えられる。良忠の『東宗要』五巻あるうちの第二（本書巻上）、第三（巻中、このうち一部分は『東宗要』第五巻に相当）、第四（巻下）に相当し、浄土宗義上の要点を集め、問答体によってのべている。この書をのちに増補訂正して五巻本の『東宗要』としたのではないかといわれている。近年金沢文庫から弘安一〇（一二八七）年鎌倉名越善導寺で書写された（上巻のみ）写本が発見されている。この書写年時は良忠の寂年に相当する。現在この写本のほかに正大（慶応四年）および仏大にそれぞれ写本が所蔵されている。――→浄土宗要集（東宗要）〔金子寛哉〕

浄土宗要集【じょうどしゅうようしゅう】 浄 六巻。弁長（一一六二―一二三八）述。別に『鎮西宗要』『西宗要』ともいう。本書の草稿は著者が師源空に教えを受けた建久八（一一九七）年以後逐次その宗義の要点を記したものと思われるが、現在の著述形態になったのは嘉禎三（一二三七）年四月、筑後国上妻郡川崎荘馬場村（現福岡県八女市馬場）天福寺において、弁長（七六歳）が口述し、良忠が筆記してできたものである。このことは本書の巻末に記すところである。浄土宗第二祖弁長が師源空から伝えられた宗義の要点を門下に伝えようとしたが、それを伝承しうるだけの器量の人がなく、それを求めていたところへ良忠が現われたので、これを口伝のかたちで何名かの門下に伝授し、それを良忠が書き記したもので、いわば浄土宗義口伝の書ともいうべき性格のものである。江戸時代の信冏は寛政九（一七九七）年に「校正浄土宗要集凡例」を記しこの間の事情を諸版本の校合をもとに詳しくのべている。

本書は六巻に分かれ、八〇項目にわたって源空の著作のみでは不分明な宗義上の問題点についてのべたものである。第一巻では浄土三部経事以下五項目を挙げ、三経一論を中心に一向専修の口称念仏についてのべ、第二巻では浄土本経証誠事以下二八項目を挙げて浄土往生の機根のことを中心にのべ、第三巻では無生法忍事以下一三項目を挙げて極楽浄土のこと、および『浄土三部経』の付属の文のこと等がのべられている。第四巻では汝若不能念事以下一三項目を挙げ、尋常、別時、臨終の念仏往生、五逆十悪、破戒の往生、念仏三昧のこと等をのべ、第五巻では難行道易行道事以下一五項目を挙げて難易二行、自力他力、本願、仏出世の本懐等についてのべ、第六巻では往生善知識事以下四項目を挙げて念仏行者の心得るべき要点についてのべている。これらの各項目はすべて最初に問を設け、問に答えるかたちで論述され、一問答だけですむのもあるが、多くの場合示された答に関連して再度「難云」または「重難云」と設問し、掲げた問題について細密な評釈を加えている。たとえば第一項目の浄土三部経事では浄土宗所依の経典について源空の『選択集』には見られない細かな論点まで掘り下げ、同本異訳の経典とのかかわりについてまでのべていて、源空の所説を補う面もある。このような著述の形態は当時天台などで行われた論義の影響を受けたものともいわれる。それはともかく、源空、弁長、良忠という三代の浄土宗義が確立される経緯、および当時の浄土宗内部における問題、ならびに浄土宗に対する外部からの疑問等を知るための重要な書である。この書に対する注釈書に良忠の『浄土宗要集聴書』二巻があるが、これはたんなる注釈ではなく、良忠の立場から本書の各項目中で残された問題に対する補足的意味を持つものである。〔末注〕酉誉・了暁・鎮西宗要本末口伝鈔二巻、定慧・了誉・重書無題鈔一巻、白弁・要解二巻、私記六巻。〔刊本〕寛永一〇（一六三三）年、寛文六（一六六六）年、天保二（一八三一）年刊。〔所載〕浄全10。〔参考〕今岡達音・浄全21（解題）、浄土宗典籍研究、浄大。〔金子寛哉〕

浄土宗要集【じょうどしゅうようしゅう】 浄 五巻。良忠（一一九九―一二八七）述。成立年代不明。しかし、本書の記述内容より見て著者晩年の作と思われる。同名の書が弁長にもあり、混乱をさけるため、弁長の書を『西宗要』と呼ぶのに対し、本書は著者が鎌倉に居住したのにちなんで『東宗要』といい、また『鎌倉宗要』『宗要論義』とも呼ばれている。本書の内容は二四の論題について問答体をもってのべている。すなわち第一巻は(1)諸伝所載善導何師当今家、(2)各発無上心者為菩提心為三心耶、(3)何故今経名菩薩蔵頓教一乗耶、(4)何名要門弘願耶、(5)今経題之観通定散耶、(6)成仏往生二種別時意其行相如何、(7)宗意極楽世界者報化二土中何耶、第二巻は(8)宗意許凡夫入報土耶、(9)以念仏外余善可云生因本願行耶、第三巻は(10)宗意許諸行各各生報土耶、(11)九品辺地倶可報土摂耶、(12)一切往生人必可依宿善耶、(13)摂取光明可摂余行者耶、(14)何名正因正行耶、(15)何等名十一門義耶、第四巻は(16)三心名義如何、(17)念仏行者必可行用四修法耶、第五巻は(18)専雑二修与正雑二行為同為異、(19)何名受法不同耶、(20)宗意許中下六品人具菩提心耶、(21)可許浄土教門出世本懐耶、(22)五逆罪人不満十念可往生耶、(23)三経説時前後如何、(24)付属流通通定散耶、等である。このうち(5)、(13)、(22)、(24)の四項は論題を示すのみで、すでに著者が『観経疏伝通記』

および『選択伝弘決疑鈔』等にのべてあるのでそれらに譲り、細釈は省略している。また第(9)は第(8)から、第(20)は第(19)からそれぞれ派生した問題であるので、実質的には一八の論題についてのべていることになる。本書の述作は四項の譲釈によってもわかるように、著者の主要な述作である『伝通記』『決疑鈔』『決答疑問鈔』『西宗要聴書』等を著述したあと、それらのうちで意を尽くさなかった論題を中心にのべたものである。

本書中には西山義、長楽寺義、九品寺義等浄土各派の諸流義をあげ、また敬蓮社、悟阿、信心房、阿弥陀房、明遍、良快、修阿、良遍、宗源、持仏房、証入、薩生、全報房等の説をあげ、源空、弁長より相伝した宗義の立場から、いちいち論破しあるいは批判を加えている。とくに第七、第八、第九、第一〇、第一一、第一六等では凡入報土、諸行非本願、二類各生、九品摂浄土、三心分斎等、浄土宗義の根幹にかかわるものだけに、その論述も精細をきわめている。源空滅後、その門下がそれぞれ一流を構え、良忠のころには各派が自義を主張して譲らず、そのいずれが中心となるのかわからぬ状態となったため、それを決択する必要に迫られていたことが、この書の記述の内容から推測できる。これらの宗内外の異義異説に対応する中心が三代相伝の宗義であったことはいうまでもないが、著者はさらにひろく一般仏教の経典論書も活用し、自説の正統性を主張している。その意味で宗義決択の中心と見られ、良忠門下のみならず後世まで伝書として伝えられ、さかんに引用されている。〔末注〕良暁・浄土宗要集見聞（あるいは坂下見聞・白旗見聞）五巻、良栄・浄土宗要集見聞（大沢見聞）一〇巻、妙瑞・東宗要備講八巻。他。〔所載〕浄全11。〔参考〕今岡達音・浄全21（解題）、恵谷隆戒・然阿上人伝の新研究、服部英淳・三代相伝の要義と異義に関する述作、解説（浄土宗典籍研究）。→浄土宗要肝心集

〔金子寛哉〕

浄土宗要集【じょうどしゅうようしゅう】浄　三巻。顕意（けんに）道教（一二三八—一三〇四）撰。弘安四—七（一二八一—八四）成立。別に『西山宗要』ともいう。道教は、浄土宗西山四流の一つである深草流の祖、円空立信の教えを受け継ぎ、深草流を大成した。また、『観経疏楷定記』三六巻をはじめ、多くの著作をのこしたことから記主禅師と尊称される。本書は他に同名の書が二本あり、浄土宗二祖弁長の『西宗要』、三祖良忠の『東宗要』に対して、『西山宗要』と呼ばれている。開巻冒頭の表題につづいて「西山流深草義」として、その綱要を示している。全体の構成は、奥書きによれば弥陀の本願の教によった大綱四十八および綱目四〇〇あまりからなっている。中でも大綱は、教相・機・行・身土、雑の五部からなり、大綱で問いを出し綱目でそれに略答する形をとっている。奥書きによれば、この『西山宗要』は、もともと故海已講の発起によるものであることを記している。中で問答されている内容をみると、単に西山流深草義の特色がみられるのみならず、たとえば、安養・兜率の往生の難易問題など、当時の浄土宗全体が対峙していた事柄を取り上げている点が注目される。〔所載〕貞享三年・明治一一年刊本、正蔵83。

〔坂上雅翁〕

浄土宗略抄【じょうどしゅうりゃくしょう】浄　一巻。源空（一一三三—一二一二）述。本書は、源頼朝の内室政子の要請で浄土宗の教義の要旨を述べたもので、末尾に「この書はかまくらの二位の禅尼の請によって、しるし進せらるゝ書なり」と付記されている。したがって政子が剃髪して尼となった元治元（一一九九）年以降の成立と推定される。その内容は、まず「このたび生死を離るゝ道、浄土に生るゝに過ぎたるはなし。浄土に生るゝ行、念仏に過たるはなし」と述べ、仏道に聖道、浄土の二門を立て、道綽の『安楽集』を引き、難易の二道をあげて、それぞれの教義の特色を述べている。次に、浄土門の行者は「安心、起行を相応すべきなり」と述べ、「安心とは心づかいの有様なり」と言って三心のさまを具体的に詳述し、起行について「善導の意によらば大分して正行、雑行の二となす」といい、「正行を行ずる物をば専修の行者、雑行を行ずるのは雑修の行者と申すなり」と述べ、親近等の五得五失や、『礼讃』の一三の得失中の二、三をあげ、浄土宗の人は「一向に正行を修して日々の所作に一万二万乃至五万六万十万をも、器量の堪へむに随ひて、いくらなりとも励みて申すへきなり」と述べている。さらに、起行のうち本願の行である称名念仏の種々なる功徳をあげて一向専修を勧説している。了慧（恵）編『黒谷上人語灯録』（文永一一年成立）の中の『和語灯録』巻二収録。〔所載〕正蔵83、浄全9、法全。

〔藤本浄彦〕

浄土宗略要文【じょうどしゅうりゃくようもん】浄　一巻。源空（一一三三—一二一二）述、道光（一二四三—一三三〇）集。建仁四（一二〇四）年二月一七日成立。源空が伊豆山源延のためにつくられた、念仏に関する経釈の要文を集めたものである。一七章よりなり、章ごとに偏目、引文、私釈の順となっていて、『選択集』の構成に類似している。〔末注〕として義導の『浄土宗略要文聴記』がある。〔所載〕浄全2、法全。

〔大谷旭雄〕

浄土十六箇条疑問答【じょうどじゅうろっかじょうぎもんどう】浄　一巻。尊観（一二三九—一三一六）撰。正和三年（一三一四）成立。『口伝十六ケ条』『十六ケ条疑問』『十六条疑問答』ともいう。この書は、白旗派祖良暁（寂慧）の『口伝鈔』に対して一六カ条の疑問を掲げて反論した名越派祖良弁（尊観）の教義書。内容は、標目、本文の二段組織であって、別に五カ条を追加付録されてある。すなわち、(一)三心念仏章、(二)本願乃至十念章、(三)極楽化仏報応二身章、(四)第十八願機必有来迎章、(五)第二十願機乗第十八願章、(六)第三十五願体章、(七)設我得仏自他受用章、(八)具三心者有不生類章、(九)虚仮行者改転意楽章、(一〇)専雑二修得失章、(一一)第十

願願体章、㈢授手印中至誠心二句章、㈢伝通記就行立信章、㈣弁下上品聞経時具三心章、㈤下下品教令念仏章、㈥摂取不捨章である。追加付録は、㈠三心具足行者惜身命否弁、㈡心具行者日相続闕不弁、㈢心具行者意楽十悪造不弁、㈣辺地往生安心観経三心同異弁、㈤懈慢得生者三心具不弁である。この書は名越教義の概要を知る上で重要な資料であり、また浄土宗三祖良忠門下の六派比較研究、名越尊観と白旗良暁との論争を明らかにする上で見逃すことのできぬ資料である。〔末注〕十六条事、十六箇条疑問答見聞（続浄全14）。写本を正大、版本を竜大に蔵す。〔所載〕浄全11、和訳浄土十六ケ条疑問答（大正7）。〔戸松義晴〕

浄土宗論義【じょうどしゅうろんぎ】[浄] 一巻。著者不明。万治三（一六六〇）年成立。本書は教相、事相にわたり西山一流の精義を問答体でのべたもの。内容は心外仏土、超世本願、三心、総別二願、抑止摂取二門、曼陀羅一宗の秘事、華座と住立仏一同、得益と流通段を織らざる事、六縁の終に化前序を織る事、浄土三部経の説時、身土分別、身土料簡、凡夫往生等である。奥書に「此論義草紙深秘古書也云云」とあり、秘書として伝写されたものである。浄土西山流秘要蔵（谷大）所収、竜大蔵。〔堀本賢順〕

浄土述聞鈔【じょうどじゅつもんしょう】[浄] 一巻。良暁（一二五一―一三二八）作。成立年時は不明。ただし、その続篇である『浄土述聞追加』が元亨二（一三二二）年に著わされているので、それ以前であることは確かである。別に『述聞』『述聞鈔』『述聞論義』ともいう。寂慧良暁は、浄土宗三祖良忠門下六流の一つ白旗流の祖となり、現在の浄土宗の礎を築いた。六流の中、特に名越の尊観と対立し、尊観が正和三（一三一四）年に良暁の『口伝鈔』に反駁して著わした『浄土十六ケ条疑問答』に答える形で、良忠より相伝された一〇カ条を明らかにし、その正統性を強く主張したもの。当時の名越と白旗の論争を知る上で重要な書であり、これを補足する意味で、良暁はつづいて『浄土述聞追加』を著わしている。この撰述の由来については、聖冏の『浄土述聞口決鈔』の冒頭に詳しいが、良暁は、元亨四（一三二四）年に『述聞鈔』『追加』の二本をまとめてさらに補足口述し、弟子清源に執筆させた三〇カ条をまとめた『浄土述聞見聞』が伝わっている。本書の性格上、注釈は数多く、先述のもの以外に良暁自身の『口伝切紙』、聖冏『口決鈔』『追加口決鈔』、運岸『集解』その他作者不詳の『口決補正』『口決本末鈔』などが知られる。中でも『口伝切紙』は、論題を本書と同一とするが、さらに内容が詳細に論じられている。〔所載〕承応三年・天保一一年刊本、浄全11。〔坂上雅翁〕

浄土正依経論書籍目録【じょうどしょうえきょうろんしょせきもくろく】[浄] 一巻。編者・成立年代とも不明であるが、題名の下に「白旗流」とあるから浄土宗白旗派に属する者の編と推定される。また記載書目から一五世紀後半に成立したと思われる。本目録には、浄土宗正所依の経論五部をはじめにあげ、曇鸞以下酉仰までの諸師の一二五部と、自他雑作之覚として五部をあげ、合計一三〇部の経論疏が記載されている。『長西録』以後に成立した、浄土宗の書籍を収録したものとしての特殊性をもっている。寛文二年版を京大、竜大、正大に蔵す。〔所載〕仏全1、仏全(鈴)（目録部2）。〔新井俊夫〕

浄土諸回向宝鑑【じょうどしょえこうほうかん】[浄] 五巻。竜山必夢撰。元禄一一（一六九八）年刊。撰者は序に幻化沙門必夢拝選と記し、香炉印に読誉、朱印に竜山と印し、巻末に越之前州敦賀江帰山羊歩軒沙門読誉竜山必夢謹集述畢と記すばかりで生没年も事蹟も不詳、成立年時も不明である。文化七（一八一〇）年再刻されている。表題は『浄土諸回向宝鑑』、内題には『浄家諸回向宝鑑』と記してあるが、一般には『諸回向宝鑑』として知られている。本書はその序によると、当時初学の比丘が宗門の誦経ならびに諸回向など、つねに鍛錬すべき法要を知らないことを慨いたある人の懇請をうけて諸録を編み、宗風の梗概を五帙に誌して初学訓蒙の便を計った書であるという。

本書は和綴木版本五巻からなる。巻一には読誦、観察、礼拝、称名、讃歎、回向の浄家軌則六修法、元祖円光大師七個条憲法、四家法用声明、伽陀、四智讃、後唄、念誦をあげ、三部経を抜粋し、さらに施餓鬼法、盆供儀の法式と施餓鬼の位牌、棚、大幡、七如来幡などの書式等を三〇項目にわたって載せている。巻二には焼香回向文をはじめ各種の回向文や偈文、仏を礼するとき想念すべき文・茶湯を供する文など各種の唱え文、浄土宗で用いる二連数珠のはじまりや霊供に箸を立てる意味、二十五菩薩の画像の説明、坐具や五条・七条袈裟の図、取名許状や袈裟許状などの書式等についてなど、九二項目にわたっている。巻三は葬礼、入棺、出棺の吉方日時、経帷子の由来、書式、龕堂火屋の図、骨箱の書式、鎖龕、起龕の文など葬儀に関する故実・書式、石塔・仏像造立の功徳、率都婆の由来・功徳、開眼供養の回向文、不動、文殊、地蔵、薬師等の神呪、光明真言・随求陀羅尼・守庚申・青面金剛の説、神道服忌令などを七三項目にわたって記している。巻四は浄土仏祖・浄家四派の系譜、元祖大師行状、大師号の由来、涅槃画像、釈尊千輻輪相図、浄土略曼陀羅九品弥陀尊像などの図解、涅槃忌・善導忌・開山忌回向、彼岸本説、盂蘭盆会・放生会・十夜会の軌則、縁起など九六項目にわたっている。巻五は説法式要略義、未出前束帯式、入堂着座式などの諸法式の威儀や軌則、七堂伽藍および諸堂安置の諸像、門跡ならびに諸寺社官位など、二一項目にわたって編述されている。

江戸末期に浄土三部経の訓点清濁等の四声を校訂した大雲（一八一七―七六）は、本書を錯謬はなはだ多しと破斥し、本書所載の経典および偈頌を除く伝記、縁由・意義などに解説をほどこした『啓蒙随録』二巻を著している。また、明治二七年には金井秀道編『浄土苾蒭宝庫』（じょうどびっすうほうこ）二巻が刊行されている。凡例によると下巻は『日用念誦』『浄業課誦』『無縁慈悲集』『諸回向宝鑑』『啓蒙随録』『真俗仏事編』その他を対照取捨し、異同を弁じ誤謬を正したとしているが、二巻とも内容的には本書とほとんど同じで配列を変えているだけである。いずれにしても本書は現行浄土宗の軌規の根幹をなすものとして、広く流布されたものである。〔藤井正雄〕

浄土初学鈔【じょうどしょがくしょう】浄　一巻。源空（一一三三―一二一二）録。道光（？―一三三〇）集。成立年代不明。別に『浄土宗初学鈔』『浄土初学集』ともいう。宗祖源空が、浄土の教えを初めて学ぶ者への指針として、各宗の典籍中に説く念仏義の紹介、およびその意義をのべたものであって、浄土の教えを学ぶ者にとっては基本的なものである。最初に『往生要集』の極楽証拠門の文を引き、次いで自説をのべ、智顗も「往生門に於ては念仏を以て行と為して、余行を以て因となすことなしと見えたり」といい、天台の念仏は『十疑論』によって見るべきであるとのべ、そのあと、法相、三論、真言の各宗における念仏は慈恩の『西方要決』、永観の『往生十因』、珍海の『決定往生集』、不空の『阿弥陀儀軌』等によって見るべきであるとしている。そのあとさらに、華厳宗、天台宗、地論宗、摂論宗、大乗律宗、成実宗、倶舎宗、四分律宗等、すべてで一一宗にわたる各宗の経典論疏をあげ、それらの典籍に批評を加え、いずれも往生極楽の旨を明かすものではないとする。そして最後に『宋高僧伝』の十科の内容をのべ、『続高僧伝』と『宋高僧伝』の習禅編の内容の相違についてのべている。『善本漢語灯録』所収本には以上の全文を収載するが、『正徳版』には高僧伝の記事が見られない。〔末注〕良山・初学題額集三巻。〔刊本〕明暦元（一六五五）年刊（谷大）。〔所載〕浄全9、正蔵83、昭法全。〔参考〕法然上人集（大日本文庫、仏教篇）。〔金子寛哉〕

浄土真宗教典志【じょうどしんしゅうきょうてんし】浄真　三巻本と一巻本とがある。玄智（一七三四―九四）撰。三巻本は安永七（一七七八）年成立。一巻本は成立年代不明であるが、第二讃述部のうちで『浄土真宗略名目図』について「寛政三（一七九一）年辛亥五月、玄智景耀校修梓行」と記していることより、少なくとも同年以後の成立と推定される。玄智は本願寺派の歴史学者。河内の大谷派願宗寺に生まれ、僧樸に師事し、のちに京都の本願寺派慶証寺に住した。本書は真宗依用の典籍について、インド、中国、日本にわたり、経典、論釈、注疏、伝記類に及んで広範囲に収録注記した典籍目録である。三巻本の第一巻は仏祖より諸宗主にいたる典誥として梵土演説部、支那製造部、日本製造部、真偽未決部、偽妄濫真部の五部に分類して収録。第二巻は宗侶章疏として、註疏部、賛述部、弁難部、紀伝部、雑糅部、緒余部、邪偽部の七部を立てる。第三巻は余門抄記として浄土三経章疏と諸典誥註解とに分類し、さらに善導、聖徳太子、源空等の伝記類や往生伝類、および所拠目録等を列記している。このうち第三巻は撰者が安永五（一七七六）年、相模三溝の長徳寺において入手した『浄土書籍目録』と題する写本をもとに補正収録したものという。一巻本はこの三巻本の第二巻を増補改訂して別に刊行したもの。〔所載〕真宗全74（三巻本、一巻本とも）、仏全1。〔小山一行〕

浄土真宗血脈論【じょうどしんしゅうけつみゃくろん】浄真　一巻。恵空（一六四四―一七二一）撰。成立年代不明。恵空は大谷派の初代講師。浄土宗の鎮西派と西山派が立てる師資相承、血脈伝法を批判し、源空からの『選択集』の相伝についても、證空、弁阿、隆寛より親鸞のほうが正統であると説く。鎮西派が宗脈と戒脈との二を伝授しなければ浄土宗といえぬと主張するのに対しては、曇鸞、道綽、善導にも戒脈はないと論難する。〔所載〕真宗全56。〔田中教照〕

浄土真宗金剛錍【じょうどしんしゅうこんごうべい】浄真　二巻。大瀛（一七五九―一八〇四）述。成立年代不明。大瀛は本願寺派の学僧で、芿園学派の祖。本書は智洞らの三業帰命説に対する論難書『横超直道金剛錍』の稿本である。『金剛錍』には異本が四種類あり、本書は最初の稿本であり、『横超直道』の本は最後の修訂本である。三業帰命説が波及するにつれて大瀛が匿名をもって批判、論難を試みた草案が本書である。竜大蔵。〔所載〕真宗叢10。〔山崎竜明〕

浄土真宗七高祖伝【じょうどしんしゅうしちこうそでん】浄真　一巻。玄智（一七三四―九四）編。玄智の『浄土真宗教典志』によれば、初め宝暦一三（一七六三）年に上・中二巻を刊行し、明和二（一七六五）年に下巻を刊行して三冊として流布したが、寛政元（一七八九）年、これを一巻にまとめて改訂刊行したようである。別に『浄土真宗七祖伝』ともいう。玄智は本願寺派の歴史学者。本書は真宗にいう七高僧（七祖）、すなわち竜樹、天親、曇鸞、道綽、善導、源信、源空の伝記を編集したものであるが、善導の下に後善導と称せられた法照、少康の伝記、さらに巻末に聖徳太子の伝記を付す。竜樹伝は鳩摩羅什訳の『竜樹菩薩伝』をとって『入楞伽経』および曇鸞の『讃阿弥陀仏偈』の文を添え、天親伝は真諦訳の『婆薮槃豆法師伝』をとって『付法蔵因縁経』の文を添え、さらに各々諸伝を列記し比較してある。曇鸞伝と道綽伝は『続高僧伝』、迦才の『浄土論』、戒珠の『浄土往生伝』をとり、曇鸞伝には道綽の『安楽集』の文を添えてある。善導伝は『瑞応冊伝』『新修浄土往生伝』をとって『観経疏・散善義』『続高僧伝』『四方往生略伝』の文を付す。源信伝は『恵心院行実』によってつくり、源空伝は『拾遺古徳伝』等の諸伝を参考にして叙述している。〔末注〕玄智・衍繹編八巻。〔所載〕真宗全66。〔小山一行〕

浄土真宗下野流本尊義【じょうどしんしゅ

うしもつけりゅうほんぞんぎ】浄真　一巻。慧海（一七〇一—六五）撰。成立年代不明。慧海は高田派の学頭。本書は下野派すなわち高田派の本尊について論じたもので、⑴本尊の名義、⑵仏体、⑶異解の解釈、⑷本義を示す、の四を内容とする。⑷では、立像本尊を正しいあり方とするものの、わが宗の本意からすれば、立像とも座像とも限定できない。なぜなら行者の安心に従って本尊を定めるべきで、お像に従って安心するのではないから、とのべている。〔所載〕真宗全50、新真宗全（教義編17）。　〔田中教照〕

浄土真宗聖教字箋【じょうどしんしゅうしょうぎょうじせん】浄真　三巻。恵忍（生没年不詳）編集。成立年代不明。恵忍は河内に生まれ、浪華の浄久寺に住していたこと以上には何も明らかでない。本書は『教行信証』の字訓を研究して、宗祖の心を知ろうとし、もって安養の極果を期待したもの。上巻は本典六巻より順に字訓を抽出し、多くの字書によって解説する。中巻は、ことに尒者南無之言帰命について詳しく検討する。下巻では、至心信楽欲生の三心と天親論主の一心との深義を明かしている。また、宗祖は五とおりの字訓法をもちいているとする。すなわち、⑴字書どおりの正訓、⑵相互に転換させうる転訓、⑶音によって義を借りる仮借、⑷同じ訓の字を取って義を彰わす同訓、⑸俗釈によらず本書のコンテキストから秘奥の義を顕わし出す義訓である。〔所載〕真宗全21。　〔田中教照〕

浄土真宗聖教目録【じょうどしんしゅうしょうぎょうもくろく】浄真　一巻。先啓（一七二〇—九七）編。宝暦二（一七四九）年成立。先啓は大谷派の著名な真宗史家。『先啓目録』ともいう。その序において、「刊定真偽、弁別部類、鈔録書目」とのべているように、宗祖親鸞ならびに本願寺歴代宗主（一〇世証如まで）および先徳や真宗各派宗主の著述等三六二部五一九巻を集録したものである。初めに親鸞については、⑴高祖自撰として二九部四三巻（『教行信証』『文類聚鈔』等）、⑵他人の手による滅後編集として四部七巻（『御消息集』『末燈抄』『血脈文集』『帖外和讃』、⑶高祖（親鸞）書写伝持の宝典として一二部一三巻（『弥陀経義集』から『一念多念分別事』まで）と都合四五部六三巻が掲げられている。以後順を追っていくと、二世如信二部三巻（『善巧摂化集』『歎異抄』）、三世覚如二二部三五巻（『報恩講式』から『舎利講式』まで）、存覚三六部六二巻（『六要抄』等）、四世善如二部二巻（『決疑問答』『法語』）、五世綽如、六世巧如は集録されず、七世存如二部二巻（『熊野教化集』『三心三信同一事』）、八世蓮如⑴自撰二二部二六巻（『正信偈大意』他）・⑵滅後編集三部一四巻（『御文』等）、九世実如七部七巻（『聞信鈔』他）、一〇世証如二部二巻（『九箇条掟』『御消息』）、その他先徳真宗各派宗主として二九部三〇三巻を列挙してある。現在ではその真偽の判断を間違いとみなすのも多々あるが、広範に集録している点では他に比類をみない。宝暦七年改刻し増補改正してある。〔所載〕真宗全74。　〔藤沢正徳〕

浄土真宗書目【じょうどしんしゅうしょもく】浄真　一冊。慧琳（一七一五—八九）撰。成立年代不明。慧琳は大谷派第三代講師。本書は、浄土真宗でよりどころとする三経および七祖の著述、さらに親鸞以下歴代宗主の聖教について、その大綱や由来を簡潔に記した目録である。終りに、恵空の『仮名聖教目録』によって、書の真偽をのべて、後学の者の便宜をはかっている。〔所載〕真宗全74、新真宗全（史伝編9）。　〔田中教照〕

浄土真宗僧宝伝【じょうどしんしゅうそうほうでん】浄真　六巻。海蔵（一七四四—？）撰。文政三（一八二〇）年成立。海蔵は安芸の本願寺派西方寺の住職。本書は『禅林僧宝伝』等の他派の正伝にならって、真宗の正伝を編せんとしたものである。著者は『元亨釈書』を読み、一人も真宗僧侶が載せられていないことに、泥中の蓮華としての真宗僧侶の紹介は報恩の一助となろうと筆を執ったことが序文に示されている。巻之一には七祖と宗祖について、巻之二には宗主伝として第二代如信から第一九代本如までと興正寺、仏光寺、東本願寺の宗主を、また、学侶伝として西吟から智洞までを、巻之三には是信から古貫までを、巻之四には智励から智山までを、巻之五には漏潤から僧超までを、巻之六には義端から諦聴までの伝記を、それぞれ挙げている。ことに先輩の異聞を収集し後代に伝えた功績は大きい。『古徳事蹟伝』と『先哲遺事』とを参考にすると学匠がより浮き彫りにされよう。写本を広島の正善坊に蔵する。〔所載〕真宗全66。　〔藤田恭爾〕

浄土真宗帯妻食肉義【じょうどしんしゅうたいさいじきにくぎ】浄真　一巻。円澄（一六八五—一七二六）述。宝永四（一七〇七）年成立。円澄は大谷派の講師。真宗の僧が肉食妻帯をするのはなぜかという客問を設け、依教立証、挹人顕例、詮表邪行、開示正義の四門を立てて真宗の立場を明かす。〔所載〕真宗全59。—→釈難真宗僧儀・持妻食肉弁惑編　〔小山一行〕

浄土真宗付法伝【じょうどしんしゅうふほうでん】浄　一巻。聖冏（一三四一—一四二〇）撰。貞治二（一三六三）年成立。寛永一九（一六四二）年刊。『浄土付法伝』『真宗付法伝』ともいう。聖冏は『元亨釈書』で寓宗扱いをされていた当時の浄土宗にあって、教義の確立、五重伝法の制定等に努め、浄土宗鎮西白旗派中興の祖と称されるが、本書は浄土三国伝燈の仏祖相承の趣きを顕示せんとしたもので、聖冏二三歳の著作である。内容は、本師釈迦如来以下浄土三国伝燈祖師として一八人の伝記を録し、さらに各相承における取捨を記す。この中、天竺四祖として馬鳴、竜樹、天親、菩提流支を挙げ、震旦八祖として恵遠、曇鸞、慈愍三蔵、道綽、善導、懐感、法照を、本朝五祖として行基、空也、源信、永観、源空の浄土三国祖師を解説し、ついで浄土教義伝承を考慮して八祖相承と六祖相承の二系譜を立てる。八祖相承とは馬鳴、竜樹、天親、菩提流支、曇鸞、道綽、善導、源空と次第する経巻相承をいい、六祖とは天親、菩提流支、曇鸞、道綽、善導、源空の知識相承であるという。また知識相承は面授口決を条件とすべきであるが、依用相承と夢中口決相承により時空を隔てた相承が可能だと主張している。浄土宗の師資相承論は、源空の『選択集』を淵源とするが、聖冏撰『決疑鈔直牒』は諸宗の血脈相承と対比させながら詳しく述べ、浄土真宗相承血脈次第に口伝ありとして六祖と流支を除いた二相承を挙げており、参考となる。また五重伝法の第五重譜脈には、本師釈迦如来に次いで六祖あるいは流支を除いた祖師が列記してあり、本書は、浄土祖師論上重要な地位を占めるものである。〔所載〕仏全107、浄全続17。〔鈴木霊俊〕

浄土真宗本尊義【じょうどしんしゅうほんぞんぎ】浄真 一冊。智暹（一七〇二―六八）述。明和元（一七六四）年成立。智暹は本願寺派の学僧で、播南学派の祖。覚如の『改邪抄』によって浄土真宗の本尊を論じたものである。(1)正義を示し、(2)異説を弁じ、(3)『改邪抄』の文を釈し、固執を改めて正趣に帰せしめる、と示されている。法霖の所説に対する駁論であり、のちに明和の法論と称せられる、本尊論争のひきがねとなった著述である。写本を竜大、谷大、宗大蔵、明和二（一七六五）年刊本は竜大に蔵す。〔所載〕真宗全50。―→改邪抄〔山崎竜明〕

浄土真宗唯信訣【じょうどしんしゅうゆいしんけつ】浄真 一巻。雲幢（一七五九―一八二四）識。享和三（一八〇三）年成立。雲幢は本願寺派の学僧で伊予の出身。広島に出て慧雲に学び、広島竹町の自宅を幻華庵と呼んだ。文化一〇（一八一三）年より文政四（一八二一）年まで京都の学林に入り、法主に侍講した。文政七年にはじめて勧学職が設けられた時、いったんはこれに任命されたが病気を理由に辞退し、この年に広島の永照寺で没した。本書は、師である慧雲の説を継承して三業帰命の邪説を批判したもの。問答形式をとり、(1)「後生助けたまえとたのめ」の語の正義は何か、(2)信心のすがたとは、(3)たのむと信ずると同じか、(4)たのむには摂取を請う願求の義があり、欲生正因といえるのでは、(5)安心には三業祈求の儀式を必要とするという三業派の説をどう考えるか、(6)往生の正因は意業の決得だが、意業決得すれば自然と身口へ表顕する筈であるとの考えはどうか、(7)勧章第五帖の南無の二字は後生たすけたまえと申す意なるべしとあり、三業派はこれを身口表顕の証拠とするがどうか、(8)御文第三帖に衆生の三業と弥陀の三業とが一体になるところを善導は彼此三業不相捨離と釈す、とあるが、これは三業帰命の明証ではないか、(9)唯信ばかりを勧めると十劫秘事に類似してしまうのでは、という九項目の問に答えている。〔所載〕真宗全51。〔田中教照〕

浄土真宗諭客編【じょうどしんしゅうゆかくへん】浄真 一巻。義教（一六九四―一七六八）撰。元文三（一七三八）年成立。義教は本願寺派第五代能化。日蓮宗の日題、真言宗の空遍、月海等により提起された真宗批判に対して、客の懇請に答えるというかたちで論破したもので、聖道門、浄土門の立場を明瞭にして浄土教の勝易を説く。〔所載〕真宗全60。―→千五百条弾憚改〔小山一行〕

浄土真宗要義論題【じょうどしんしゅうようぎろんだい】浄真 四巻。慧海（一七九八―五四）説。成立年代不明。慧海は本願寺派の学僧。嘉永四（一八五一）年に勧学職に補任された。本書は真宗学における重要な教義について、主に『大経』を中心に五四項目を挙げて問答体で概略をのべたもの。その題目は、第一巻においては、三経教主、三経大意、三経説時、三経宗体、三経付属、五徳義門、出世本懐、法蔵因位、六八大綱、本願開合、十一願体、光寿無量。第二巻は十七願体、十八願体、所被機類、本願三信、抑止義趣、十九願意、臨終来迎、二十願意、見道場樹、十劫久遠、十二光明、本師本仏。第三巻は信願交際、仏凡一体、意業憶念、聞信義相、聞見一致、合三為一、聞観同異、信行相状、願行具足、信行一念、業因同異、三願欲生、称名破満、歓喜義相、二種深信、一多念相、五重義相、念仏往生、一心五念、帰命義趣。第四巻は総別二序、真実証果、真如法性、三種荘厳、真仏真土、闍王興悪、方便差別、称名通局、七宝講堂、肉食妻帯である。〔所載〕真宗全53。〔田中教照〕

浄土真宗流義問答【じょうどしんしゅうりゅうぎもんどう】浄真 四巻。敬信（生没年不詳）述。正徳六（一七一六）年成立。西山派の匿名学徒の『親鸞邪義決』や浄土宗徒の『聖徳太子未来記』など親鸞および真宗を誹謗する書に対して『虚偽決』や『刋謗録』などが論駁しているが、本書は論鋒を鋭くしており対破の条項をもらすところなくして完膚なきまでに論破している。のちに出た『茶店問答』は本書の抄出。〔所蔵〕竜大、谷大、東大。〔所載〕真宗全59。―→親鸞邪義説・聖徳太子未来記・虚偽決・刋謗録・茶店問答〔本多静芳〕

浄土真要抄【じょうどしんようしょう】浄真 二巻。存覚（一二九〇―一三七三）著。元亨四（一三二四）年成立。存覚は本願寺第三世覚如の長男で、ひろく仏教全般の知識のうえに立って真宗教義を組織づけた。本書は仏光寺の了源の要請によって著わされたもので、浄土真宗の肝要についてのべたもの。別に『真要抄』ともいう。もと『浄土文類集』と題する書物があったのを、『浄土文類聚抄』と混同しやすいために題を変え、改訂補足したものというが、もとの書は伝わっていない。本書の内容は、まず一向専修の念仏こそ決定往生の肝心であるとして『無量寿経』から善導・源空への法義の相承を総説し、次に一四の問答を設けて浄土諸流のなかにおける真宗の立場を詳説する。本巻には第一問答として平生業成、不来迎の義こそ真宗であることをのべ、第二問答にその文証をあげる。末巻は第三問答として現生正定聚不退転の義を論じ、第四問答に臨終一念と平生往生の問題にふれ、第五・第六問答では十念一念の義を論じ、第七以下第九問答までは来迎が諸行往生の益であることを論定し、第一〇問答では来迎と不来迎を対論して念仏と諸行の相違を示し、第一一問答以下には諸行の益たる来迎は化仏による化土往生の姿であることをのべ、最後に第一四問答として善知識の義を論じる。平生業成、不来迎の義を成語として縦横に論じたことは、蓮如の教学形成に資するところ大であった。〔所載〕正蔵83、真聖全3。　〔小山一行〕

浄土真要抄己卯録【じょうどしんようしょうきぼうろく】浄真　三巻。宝景（一七四六—一八二八）述。文政二（一八一九）年成立。宝景は大谷派第七代講師。存覚の『浄土真要抄』に対する講義録。〔所載〕真大26。——→浄土真要抄　〔小山一行〕

浄土真要抄随聞記【じょうどしんようしょうずいもんき】浄真　一巻。正慶、字は霊昕（一七七五—一八五一）講説。成立年代不明。存覚の『浄土真要抄』に対する講録。初めに来意、大意、題号についてのべ、次に本文に従って解説する。大谷派における正雑行信に関する精密な考究がうかがえる。〔所載〕真宗全46。——→浄土真要抄　〔小山一行〕

浄土随聞記【じょうどずいもんき】浄　一巻。源智（一一八三—一二三八）著。ただし源智の真撰を疑う説がある。成立時期不明。道光が文永一一（一二七四）年に編纂した『拾遺黒谷上人語灯録』巻上に収められている源空の語録で、二三条から成る。それらは「一時師語曰」あるいは「師又曰」等、源空自身が語った内容を記録した条と、「或人問曰」あるいは「一時予問曰」等、源智自身を含めた諸人と源空との間で交わされた問答を記録した条とに大別できる。前者が源空の比叡登嶺から浄土帰入に至るまでの経緯や善導との夢中対面、大原談義、あるいは立教開宗の主旨や『選択本願念仏集』の撰述等、源空の生涯における重要な事蹟を主な内容としているのに対して、後者は観念の念仏、発菩提心、持戒、廃悪修善、真言念仏等と称名念仏との優劣先後や異同を取上げて、「往生正業称名為要」「往生行業念仏為正」等、弥陀の本願による称名念仏が唯一絶対の往生行であることを説いている。本書とほぼ同じ内容を有するものに、醍醐三宝院蔵『法然上人伝記』（醍醐本）所収の「一期物語」がある。これには「見聞出勢観房」とあって、条数は本書よりも二条少なく、字句の異同も著しい。しかし「一期物語」は源空滅後の早い時期にまとめられていたと考えられており、本書の研究には参照すべきものである。いずれにせよ源空の思想や事蹟を知る上に本書は重要である。〔所載〕浄全9、昭法全。　〔深貝慈孝〕

浄土折衝篇【じょうどせっしょうへん】浄真　二巻。法霖（一六九三—一七四一）著。享保一六（一七三一）刊。法霖、号は日渓、松華子、諡を演暢院といい、元文元年本願寺派の第四代能化となる。洛西松尾山華厳寺の開山僧濬鳳潭は、叡山霊空光謙の『即心念仏安心決定談義本』を批判して『念仏往生明導箚』を著わし、「駁㆓観経天台疏及妙宗鈔㆒」「駁㆓阿弥陀仏十疑論㆒」「駁㆓往生論註解㆒」「駁㆓観経玄義分㆒」という構成でもって浄土門を論難した。そこで法霖は本書を著わして鳳潭を批判した。本書冒頭で「雑華を学ぶ者有りて、自力聖道を宗とし、深く浄土真宗を疑い漫に鸞導二大師書を破す。……先ず其の衝を折る」といって『念仏往生明導箚』の「駁往生論註解」「駁観経玄義分」の全文にわたって詳細に批判を加えている。　〔新作博明〕

浄土大意鈔【じょうどたいいしょう】浄　一巻。良忠（一一九九—一二八七）撰。建長二（一二五〇）年成立。本書は良忠が先師弁長の遺誡のまま、在家の信者のために浄土門の教えの要旨を平易な和文体で説き示したものである。序に「いま浄土門について聊か往生の要を注す。これすなわち先師の遺誡を改めず、永く後輩の指南に備う」とある。浄土宗第三祖の良忠は若いころから諸宗の教義を学んだが、三八歳のときに弁長に師事して浄土の典籍を学び、翌年には印可を受けて鎮西義を稟承した。その豊かな学識と真摯な研究心により講述と著作に力を注ぎ、浄土の教学の大成を果した。良忠は主として関東一円を教化して浄土宗教団の発展の基礎をつくったが、本書を選述した建長二（一二五〇）年は下総にあって活発な教化活動を始めたころにあたる。本書の内容は、⑴総勧、⑵念仏の行者必ず三心を具すべきこと、⑶念仏の行者四修を具すべきこと、⑷念仏に三種の行儀あること、⑸善知識用意のこと、⑹臨終善悪のこと、⑺念仏者、常の意得（こころえ）のこと、の七カ条よりなる。最初の総勧において人生の無常と出離生死の肝要を説き、末法の今時には念仏によって生死を出離するほかに道がない、と浄土門を示してすすめ、以下、浄土の教意の大綱を要領よくのべている。〔所蔵〕明暦元年刊本を正大、寛政六年刊本を正大、寛政八年刊本を正大、寛政九年刊本を谷大、京大、正大、竜大、天保七年刊本を正大、洋大に蔵す。〔所載〕明治二一年刊本、明治二二年刊本、浄全10。——→安楽集私記　〔斎藤晃道〕

浄土伝灯総系譜【じょうどでんとうそうけいふ】浄　三巻。鸞宿（一六八二—一七五〇）撰。巻頭の自序に「享保竜集丁未之夏」とあるので、享保一二（一七二七）年に鸞宿によって編纂されたものである。『浄土総系譜』『伝灯総系譜』ともいう。鸞宿は江戸中期の浄土宗の学僧である。東漸寺、常福寺などの檀林住職を歴住して、延享二年京都知恩院五〇世となり、翌三年には大僧正に任ぜられている。著作も多く、本書以外に『有鬼論』二巻、『八宗綱要鈔』、『選択集決疑鈔講義並玄談』八巻、『選択集講義並玄談』五巻などがある。

内容は天竺（インド）弘伝、震旦（中国）弘伝、日本弘伝の三部に分かち、天竺弘伝は、釈尊、馬鳴、竜樹、天親をつらね、震旦弘伝は、慧遠流の下に善導、承遠、法照、少康、智覚、有常の六師をつらね、流支流の下に、慧寵、道場、曇鸞、大海、法上、道綽と、一説は曇鸞、道綽、善導、懐感、少康をつらねた二説を記し、日本弘伝においては源空の門下に聖光、證空、源智、信空、湛空、心寂、感西、信寂、円照、空阿、隆寛、禅勝、長西、重源、念仏、金光、宗源、聖覚、幸西、住蓮、安楽、成乗、幸阿、法本の二四人を記し、諸分派のもとに、鎮西、西山、長楽寺、九品寺流の系譜を記している。この次に鎮西正統八祖として、一聖光、二良忠、三良暁、四定慧、五蓮勝、六了実、七聖冏、八聖聡の八人を記している。本書は全三巻のうち、上巻・中巻はほとんど聖光の流れをひく鎮西流の系譜と略伝で占められている。上巻の前半は二祖聖光、三祖良忠、良忠門下の六派が記され、後半は六派のうちの白旗派の良暁、定慧の門流につらなる系譜と略伝が江戸中期の僧まで収録されている。良暁、定慧は関東本山鎌倉光明寺の住持であったところから、この法系を江戸時代の伝法では本山伝という。中巻は蓮勝、了実、聖冏などいわゆる末寺の常福寺、弘経寺、増上寺などの末山伝系の僧の系譜と略伝が収録されており、白旗派のうちでも一定の基準があったようである。下巻には西山義、長楽寺義、九品寺義、親鸞義などの鎮西義以外の諸流派の系譜と略伝が収録されている。これをみると本書は、江戸時代に浄土宗の主流であった浄土宗鎮西流白旗派の正統性を主張するために編纂されたものであることがわかる。鸞宿は、それまでに編述されていた浄土門流の系譜、すなわち『法水分流記』『蓮門宗派』『浄土血脈論』『浄統略讃』『浄源脈譜』『浄土宗派承系譜』などの諸系譜を参考として集大成したものと思われる。現在、鎮西流白旗派の歴史を研究するうえにきわめて重要な資料である。末注書としては、望月信亨校註・校註浄土伝灯総系譜（明39〈一九〇六〉刊）がある。〔所載〕浄全19。

〔宇高良哲〕

浄土八祖列全伝記纂【じょうどはっそれつぜんでんきさん】浄　二巻。直勧（生没年不詳）撰。延宝八（一六八〇）年成立。『浄土八祖伝記纂』ともいう。この書は浄土宗の八祖、すなわちインドの馬鳴、龍樹、天親（世親）、中国の菩提流支、曇鸞、道綽、善導、日本の源空の伝を列記してそれに注釈を加えたものである。第一祖馬鳴伝、第二祖龍樹伝は『付法蔵因縁伝』や鳩摩羅什訳本により、第三祖天親伝は前掲書と真諦訳本により、第四祖菩提流支、第五祖曇鸞、第六祖道綽伝は『続高僧伝』により、第七祖善導は『仏祖統紀』により、第八祖源空は、『元亨釈書』によっている。直勧はこの書についで明和二（一七六五）年『浄土八祖伝』三巻を刊行した。〔所載〕続浄全16。〔参考〕貞極・浄土八祖略伝要註。

〔戸松義晴〕

浄土布薩式【じょうどふさつしき】浄　二巻。源空（一一三三―一二一二）述。成立年代不明。別に『浄土宗頓教一乗円実大戒布薩法式』あるいは『受戒儀』等ともいう。本書は浄土布薩戒伝授の法式をのべたもので、巻初に「若し此の法式を行ぜんと欲するの人あらばすべからく月月二箇度之を行うべし。又すべからく十五日と晦日と定むべし」といい、この法式を一六段に分けてのべている。すなわち上巻には大科第(1)鳴鐘集衆以下、(2)諸衆生可レ住二和合念一、(3)灑水、(4)焼香、(5)警念発願、(6)受者発心、(7)問遮、(8)懺悔、(9)入壇受戒、(10)請師、(11)正受戒、(12)証明、(13)現瑞、(14)説相、(15)普広廻向を、そして下巻には(16)受持功徳をのべている。また奥書にはこの書が源空の弟子聖覚の記述であること、および源空最後の述作であって、善導の思想によって書かれた浄土宗独自の戒儀書であることが記されている。この綱格は天台の『授菩薩戒義』をもとに、浄土教義に合わせて構成されているが、論述内容には源空作とは考えにくい所説も見られる。すなわち第(14)説相中の第三不婬戒の説、ならびに僧侶の妻帯の説、および下巻に事頓理頓門を説くうちの理頓門中に陰陽二道のことをのべ、陰陽交会を深秘秘釈であるとする説などである。これらの点から、江戸時代すでに源空作の真疑が問題となっている。真宗の了祥、西山の南楚、浄土の敬首、大玄等が偽作説をのべ、輪超、岸了、冏鑑、貞極、了風等は真作説をとる。真作説をとる人師は鎌倉光明寺にゆかりのある人が多い。明治末年以降この書をもちいる者は多くないが、布薩戒そのものはまだ検討の余地があるのではないかと思う。〔末注〕大玄・布薩戒講義二巻、円布顕正記二巻、冏鑑・広略戒儀決一巻、輪超・辨正返破論一巻。〔刊本〕慶安元（一六四八）年刊。〔所載〕浄全続13、法全。〔参考〕神谷大周・伝法沿革依憑詮考。

〔金子寛哉〕

浄土宝綱章【じょうどほうこうしょう】浄真　一巻。僧鎔（一七二三―八三）撰。成立年代不明。本書は『教行信証文類』の大要を簡潔に示したものである。内題に「教行証義」と示すことからも、このことがうかがいうる。空華学派説を知るうえでも、所行説が簡明に説示されていることは参考になる。真宗の教行証義を四門に分別している。(1)義相においては、教は『大無量寿経』とし、六意を列挙して顕彰している。行は往相の大行として十七願を挙げ、信は往相の大信として十八願を掲げて能所の因縁が光明、名号に配されて信心の智慧が生ずると看破している。証は無上涅槃之妙果、畢竟平等之法身であり、還相廻向の悲用に及ぶ。化身土については、五意を列挙して、暫用還廃を示す。(2)開合においては、教行信証の四法を五に開くと真仏土を加えることになる。三に合するときは教行証となる（行中摂信）。二に合するときは教証の二法となり、教に行信を摂する。また一に合するときは証一となって往生浄土門の一法となる。(3)所拠においては聖道を対明し三時説を挙げて「証道今盛ナリ」と結び、自宗ヲ直弁して、四法（教行信証）を略示する。(4)問答釈義においては、二種廻向と還相について明かしている。写本に文政九年（浜口氏所蔵）、本山写字台蔵がある。〔所載〕真宗全62（真宗小部集4）。――→顕浄土真実教行証

文類 〔藤田恭爾〕

浄土法事讃癸亥記【じょうどほうじさんきがいき】浄真 四巻。鳳嶺（一七四八—一八一六）述。成立年代不明。本書は『法事讃癸亥記』ともいい、善導の『法事讃』を注釈したものである。(1)制作の来意を明かす、(2)行法の伝来を示す、(3)経によりて意趣を弁ず、(4)五種の配属を決す、(5)新古の注解を評す、(6)題号を釈す、(7)本文を解す、といった七門に分けて注釈を試みている。良忠の『私記』、僧樸の『甄解』によっている。〔所載〕真大12。 〔山崎竜明〕

浄土法門源流章【じょうどほうもんげんるしょう】浄 一巻。凝然（一二四〇—一三二一）撰。応長元（一三一一）年成立。別名として『浄土源流章』『浄土法門源流』『源流章』ともいう。刊本は明暦三年版、寛文一〇年版、文化一一年版がある。凝然は中世華厳教学の大成者として著名である。その学問は声明から梵語学にまで及び、著書は一二七部一二〇〇余巻にのぼる。本書は、インド・中国・日本の三国にわたる浄土門の相承を明らかにし、さらに源空門下の諸流派の大要をのべたものである。その内容は浄土正依の経論として三経一論をあげ、次に弘通浄教祖裔次第として、(1)天竺の二四祖相承、文殊相承、弥勒相承を明かし、(2)震旦の三蔵伝持、血脈不転、五祖（六祖）相承ならびに別依善導の義趣、(3)日本では元祖源空以前の浄土教源流を略述し、ついで源空の化導、浄土教の興隆ならびに源空門下の五流（一念義、多念義、西山義、鎮西義、諸行本願義）の所説をのべて浄土教の流布の様相を明らかにしている。源流と名づける理由は、巻首に「夫れ浄土の教義は由来するところ尚し。（中略）疏（善導疏）日域に伝って四十八願昌りに翫ぶ。源広くして流遠し、根深うして枝繁し。今略して源流を挙ぐ」とあるによる。〔末注〕として懐山の『解蒙』一巻、文雄の『索隠』一巻、恵竜の『玄叙』一巻、住田智見の『浄土法門源流章講録』等がある。〔所載〕浄全15、続群書8下、正蔵84。 〔大谷旭雄〕

浄土本朝高僧伝【じょうどほんちょうこうそうでん】浄 八巻。心阿（生没年不詳）撰。宝永元（一七〇四）年成立。『浄土鎮流祖伝』あるいは略して『鎮流祖伝』ともいう。源空をはじめ浄土宗鎮西派の列祖および高僧一九四人の伝記をまとめたものである。一巻は善導と源空の事蹟をあげ、二巻には弁長、良忠、良暁、定恵、蓮勝、了実、聖冏、聖聡と鎮西流白旗派の八人をあげ、三巻には源空門下の十傑重源など一〇名をはじめ弁長門下、良忠門下、良暁門下、定恵門下の四四名の略伝、九四名の名前が記されている。四巻では寂蓮以下二八名、五巻には周仰をはじめ三一名、六巻には幡随意など二二名、七巻には覚冏など三一名、八巻には東暉など二八名の略伝が記載されている。三巻以下はまさに略伝といわれるものであり、高僧としての外形をあげているにすぎない。主なる高僧伝といえるものは、一・二巻である。さらに付録として、宗名志、四本山志、檀林志、九部志、二読志の五篇を載せているが、いずれも短いものである。本書は滋賀県松江称名寺における選述である。〔所載〕浄全17。 〔田中祥雄〕

浄土文類聚抄【じょうどもんるいじゅしょう】浄真 親鸞（一一七三—一二六二）集。成立年代不明。『略文類』『略書』ともいう。一巻。真宗の要義を略説したものである。覚如（存覚?）の『教行信証大意』に「しかれどもこの書あまりに広博なるあひだ、末代愚鈍の下機において、その義趣をわきまえがたきによりて、一部六巻の書をつゞめて、肝要をぬきいでゝ一巻にこれをつくりて、すなわち浄土文類聚抄となづけられたり」といえる文によって、多く『広文類』（教行信証）よりのちの制作とするのが広前略後説である。三法組織の型態等から略前広後説もあり、まだ決着がついていない。本書は題意から『浄土文類』の抄、すなわち浄土真宗の根本聖典たる『教行信証』六巻の肝要を抜粋したものであって、行中摂信の教行証の三法組織上に真宗の要義を明かされたものである。すなわち念仏は行、正信は信で行信の二法は機受の肝要であり、その精要をいえば、行は所信、信は能信となる。この信の一法をもって、涅槃の真因であると機受の極要を明示している。また三一問答を設けて上の信を詳らかにして、愚凡の受持をやすからしめんとする仏意を顕わしている。かくして『広文類』は教相、安心の二途にわたりつぶさにこれを説示する書であるに対して、本書は、安心に重きをおき、兼ねて教相をも明かす書である。引用の場合を例にとってみると、『広文類』は内外両典にわたり、二〇経、五論、三九種の釈、総じて六四部、三〇〇余文の多岐にわたって構成されている。本書はすなわち外典のみに就き、傍依をはずして、正依のみに就く。五経、二論、五祖の釈文、総じて二九文を引くにすぎない。また構成のうえからは、化身土巻はこれを略して説示がない。『広文類』行巻に示す「偈頌」はこれを、教行証の三法論述ののちにおき、『広文類』信巻に示す三一問答は、これを最後に出すのである。かくのごときの広略両本の相違点がおよそ三〇カ所に及ぶと古来より指摘されている。

内容は(1)序、(2)教、(3)行、(4)信、(5)証、(6)還相、(7)引導（善巧方便）、(8)勧誡、(9)偈頌、(10)安心と一〇科段が可能である。(1)序においては、他力救済の大法を讃嘆する。すなわち、仏力は光明と名号として顕われ、名号は回施されて内因となり、光明は摂取の外縁となって、内外の因縁和合して転迷開悟の証果をえせしむるものである。しかも他力救済の大法は時機相応の法であることをのべ、弥陀の本願を信受奉行し、釈尊の教命を信奉憶持して、矜哀大悲の恩徳を報謝し奉ると示されている。このことから、古来造由として、三義が建てられている。すなわち、(イ)念仏報恩のためのゆえに、(ロ)肝要を抄出せんがためのゆえに、(ハ)有縁を利益せんがためのゆえに、の三義である。(2)教においては『無量寿経』を釈尊の出世本懐と開顕して本願為宗・名号為体の宗体論を展開している。(3)行においては、利他円満の大行は、他力回施の名号として顕現すると論成し、少しも凡夫回向の自力の行に非ざることを宣布している。(4)浄信においては、仏心顕現の願力回向の信心であって、自力成就の信心には非ざることを明かしている。(5)証においては、利他円満の妙果であって、因浄なるがゆえに果また浄なりと、清浄な因果を明かしている。(6)還相においては、利他教化の益なりとする。本国の位相と、他方の摂化との二相をともに還相回向と規定し、往相も還相もともに如来清浄願心の回向成就であると、絶対他力救済を表白せられている。(7)引導においては、大悲摂化の善巧方便を明かし、権化、仁、他力の摂衆生を鮮明にされた。天親、曇鸞の『浄土論』『浄土論註』は本願の道への引導である。(8)勧誡においては、信行を勧め、疑慮を誡めている。(9)偈頌においては、「念仏正信偈」を六〇行一二〇句に展開し、七祖が他力救済の大法をいかに発揮されたかをたどっている。(10)安心においては、三心一心問答を設け、三心即一は本願固有の義、合三為一は論主（世親）の勲功として示している。

写本に室町時代のもの三本（西本願寺蔵）、室町時代のもの二本（東本願寺蔵）、ほか多数写本あり。詳しくは『真宗聖教現存目録』参照のこと。〔所載〕浄土真宗聖典（本願寺本）。〔参考〕仏教大辞彙4、聖典講讃全集12。〔藤田恭爾〕

浄土文類聚鈔崇信記【じょうどもんるいじゅしょうそうしんき】浄真　五巻。大瀛（一七五九―一八〇四）撰。寛政二（一七九〇）年成立。大瀛は本願寺派の学僧で宝暦九（一七五九）年正月二日広島県山県郡恚村に誕生。一一歳のとき剃度し、広島報専坊の慧雲に師事して宗学を修めた。本書は夏安居にさいし広島竜原山仏護寺において『文類聚鈔』を講じたおりの筆録である。玄談を省略し、ただちに本文を釈す。初めに「庚戌之夏。応レ請講三茲典於二竜原一。三月十日。始就二筆硯一。将レ録二講語一。顧余近来塵事擾擾。其賈二宿志一。望洋自失。慚愧不レ啻。聊伝二旧聞一。以擬二解釈一。不二相当一者。哲人正レ之」という。近来塵事擾擾とは、当時三業安心問題が起ころうとしていたことを指すものであろう。

三業惑乱に及んでは、『十六問尋』、『真宗安心十論』二巻、『横超直道金剛錍』三巻を撰して、大いに正義を闡明した。文化元（一八〇四）年に幕府に召され、道隠とともに東下した。幕府において智洞と対論し、窮詰して廻心状を呈せしめた。しかし大瀛は五月四日築地別院にて客死、四五歳であった。このような三業惑乱の渦中にあって、法体大行説を高揚した大瀛は本書においても、一字一句の解釈を『教行信証』と対応させつつ、衆生成仏の因果はすべて阿弥陀如来の名号成就の回施によるものであることを詳細に論述している。この大瀛の流れが芸園学派（芸轍）と呼ばれるものである。

是山恵覚勧学所蔵本、日野宗玄氏所蔵の写本あり。〔所載〕真宗全38。〔藤田恭爾〕

浄土礼誦法【じょうどらいじゅほう】浄　一巻。霊潭（一六七六―一七三七）撰。江戸時代における浄土宗の法式について記述したもの。内容は六時礼讃および日用念誦として鳴鐘偈、鳴鐘作相式、晨昏礼誦、六念法、斎供儀、二時食作法、施食儀略、三要誓などが編纂されている。『遺教経』などを付属させた折本として刊行された。昭和三九年東京一行院の八百谷孝保が新たに編纂しなおして、六時礼讃、日常勤行式、諸法会差定、諸経典、楽符の構成で同名の折本として刊行している。〔藤井正雄〕

浄土略名目図【じょうどりゃくみょうもくず】浄　一巻。聖冏（一三四一―一四二〇）撰。永徳二（一三八二）年成立（『蓮門経籍録』）。聖冏教判五部作のひとつで「源空上人説聖覚法印記沙門了誉図」とあるが、聖冏の著わしたものに間違いない。内容は『釈浄土二蔵義』に説かれるものと同様であり、聖冏教判といわれる二蔵二教二頓を初学者のために図示したものである。その意図は仏教全般における浄土宗の位置を明確にし、二祖聖光が提唱した「聖浄兼学」の意に沿って、浄土教の正しい理解と他宗からの謗難に答えるためであった。初めに聖教を依教分宗と依宗教別に大別し、依宗教別において「建暦法語」を引用して、浄土宗に曇鸞の難易二道判、道綽の聖浄二門判、善導の二蔵二教判のあることを示し、そのうち二蔵二教判について声聞蔵に声聞乗十四位、辟支仏乗二類、菩薩乗七位の三乗を、菩薩蔵に初分教十地、後分教六位六十一地の漸教と、立位不立位の性頓教、内因三、起行二、往生品位二の相頓教の頓教を示し、浄土宗は相頓教であると図示解説している。善導には二蔵二教判の詳細な解釈はなく、聖冏独自による宗義の再構成の試みである。注釈書には明徳三（一三九二）年にみずから著わした『見聞』があり、江戸檀林教育に使用されたために東暉の『首書』『纂註』があり、『見聞』の注釈書も『頭書』『集註』など数多い。〔刊本〕正保二、延宝六、宝永三年刊。〔所載〕浄全12。→釈浄土二蔵義〔服部淳一〕

浄土列祖伝【じょうどれっそでん】浄　五巻。巌的（生没年不詳）撰。宝永二（一七〇五）年成立。『扶桑浄土列祖伝』『扶桑浄土列伝』ともいう。この書は、はじめに、知恩院、金戒光明寺、知恩寺、清浄華院の四箇本山の開基について述べ、次に浄土宗の師資相承の意義を論じ、その後各巻にわたって浄土宗高僧八一人の伝記を記述している。第一巻――源空、弁長、良忠、寂慧、定慧、蓮勝、了実、了誉、西誉、聡誉、（付）慧光。第二巻――音誉、観誉、道誉、感誉、観智、正誉、了的、智慧、定慧、霊巌、随巌、嘆誉、存把、経誉、清巌、讃誉、慶巌、呑龍、大超、良栄。第三巻――證空、重源、白蓮、敬西、礼阿、証賢、道光、如一、慧顗、蓮空、舜昌、慧照、空円、伝誉、称念、浄音、円空。第四巻――安誉、満誉、廓円、聞悦、無絃、説然、智童、魯白、頓誉、玄誉、感随、万無、満霊、珂

山、専誉、欣長、連的、霊玄、祐察、智白、西尊、恢龍、乗誉、廓栄。第五巻――智演、堯淳、貞安、以八、袋中、玄恕、仙誉、隆堯、恩計、報誉。写本を東史料（増上寺蔵本写二冊）、版本を静嘉、東博（扶桑浄土列伝）、谷大、竜大、京都府、旧彰考に蔵す。〔所載〕続浄全16。 〔戸松義晴〕

浄土論管見記【じょうどろんかんけんき】浄真 五巻。洞雲（一七七五―一八三五）著。成立年代不明。洞雲は普厳の号、字を圓護といい、大瀛の門人。本書は天親の『浄土論』の注釈書。本文について解釈するまえに、造論の意趣を弁じて三経通申の論としてその大意がのべられ、詳細に注釈が施されている。〔所載〕真宗全9。 〔藤沢正徳〕

浄土論啓蒙【じょうどろんけいもう】浄真 一巻。慧海（一七九八―一八五四）述。成立年代不明。慧海は本願寺派の僧で、僧叡の弟子。本書は天親の『浄土論』の注釈書。門弟浄観が筆記して、同義山が校訂している。『浄土論』の大意を各章ごとに簡潔に注釈している。〔所載〕真宗叢5。 〔藤沢正徳〕

浄土論講義【じょうどろんこうぎ】浄真 四巻。法海（一七六八―一八三四）述。文化一一（一八一四）年以後の成立とされている。天親の『浄土論』の注釈書。(1)明二造論縁起一、(2)弁二体例差別一、(3)顕二一論宗体一、(4)定二所被機類一、(5)判二教摂分斎一、(6)解二巻首題目一、(7)正依レ文釈レ義、以上七門に分けて詳釈されている。〔所載〕真大6。 〔藤沢正徳〕

浄土論講録【じょうどろんこうろく】浄真 一巻。神興（一八一四―八七）述。明治二（一八六九）年成立。神興は大谷派の宗学者。本書は天親の『浄土論』の講述書。(1)伺二製造意趣一、(2)顕二一論大意一、(3)弁二造論体格一、(4)明二伝法流布一、(5)釈二題目造訳一、(6)解二章句疑滞一の六門に分けて詳細に注釈されている。〔所載〕真宗全20。 〔藤沢正徳〕

浄土論大意【じょうどろんたいい】浄真 一巻。慧然（一六九三―一七六四）著。成立年代不明。ただし没後八〇年の弘化二（一八四四）年に公判された。本書は天親の『浄土論』の注釈書。初学者のために書かれたものであるとし、和語和訓をもちいている。『浄土論』の大意をもっとも簡潔にのべてある。〔所載〕真宗全9。 〔藤沢正徳〕

浄土和讃己未記【じょうどわさんきみき】浄真 六巻。深励（一七四九―一八一七）述。寛政一一（一七九九）年成立。本書は著者が寛政一一己未年に高倉学寮の夏安居において『浄土和讃』について講じた講録である。全部で五四会より成り、まず玄談を七門に分けてのべ、次いで和讃の本文について懇切に説明している。『浄土和讃を深く理解するための好著である。〔所載〕真大19。―→三帖和讃 〔五十嵐明宝〕

浄土和讃講義【じょうどわさんこうぎ】浄真 四巻。徳竜（一七七二―一八五八）述。天保五（一八三五）年成立。『浄土和讃乙未記』『浄土和讃講録』ともいう。本書は著者が天保六年に高倉学寮の夏安居において、『浄土和讃』を講じたときの講録である。著者は、『浄土和讃』と『高僧和讃』とが制作年時も同じく、制作意図も同じことから一連一科と考えるなど、注目すべき見解が披露されている。内容は三門に分けられ、(1)造讃来意、(2)一部大意、(3)題号および本文解説の次第で説明がなされている。なお本書の参考として、同じく徳竜の『高僧和讃講義』三巻および『浄高二帖和讃分文科目』などがある。〔所載〕真宗全41。〔参考〕仏解。―→三帖和讃 〔五十嵐明宝〕

浄土和讃随聞記【じょうどわさんずいもんき】浄真 一巻。若霖（一六七五―一七三五）述。成立年代不明。若霖は本願寺派第四代能化。少年のとき父に従って江戸に行き、本願寺別院にて能化職の知空に面謁したが、それ以後、知空の教導をえた。のち学問上の見解の相違から一時破門となったが、しばらくして許され、宗門興学の大事を托されることになった。本書は江戸時代の『浄土和讃』講述の先駆的位置を占めているもので、『浄土和讃』全体をとらえながら、よく要点を指摘した作品である。若霖の学殖をうかがわせるものといえよう。写本を竜大蔵。〔参考〕真宗大辞典。―→三帖和讃 〔五十嵐明宝〕

小児往生弁【しょうにおうじょうべん】浄真 一巻。著者未詳。成立年代は初めにあるごとく延享三（一七四六）年の夏。慈詮に対して、当時議論紛々の態であった小児往生の問題に対する自己の見解を発表したものである。当時は法霖没後五年に当たり、仰誓は二六歳、僧樸は二八歳、僧鎔は二四歳、慧雲は一七歳であった。説相は乗急戒緩、戒急乗緩、乗戒倶急、乗戒倶緩の四句に分別している。しかし、これを論ずる者自身が「凡論二生不生一。其未レ得二深信一之人也」と信心之行者ではないと論破して、「是則仏願致而非二行者之所一レ擬也」とのべ、還相廻向をもって説示している。ちなみに法霖の『小児往生記』が元文四（一七三九）年に著わされている。そこにも戒緩乗急、戒乗倶緩の二句を出して説き、「畢竟小児ノ往生ハ不定トシルベシ。不定トハ往生ナラヌト云事ニハ非ズ。小児ノ往生ハ成ルトモ成ラヌトモ凡見ニテハ定メラレヌト云事ナリ。仏知見ニテハ明了ナラン」と示されている。その著書の七年後に出たのが本書である。ゆえに法霖の薫陶を受けた先述の誰かが、師の説を布衍したものであると見なされる。〔所載〕真宗全62（真宗小部集10）。 〔藤田恭爾〕

聖人御難事【しょうにんごなんじ】日 一篇。日蓮（一二二二―八二）著。弘安二（一二七九）年成立。建長五年四月二八日の立教開宗から弘安二年にいたる二七年の間、況滅度後の経文を色読して伊豆、東条、竜口、佐渡等の種々の大難にあったが、梵天、帝釈、四天王等の『法華経』守護の善神の加護を受けて今日に及んでいる。日蓮の一門は獅子王のごとき勇猛な信心に住すれば何人も害することはできないと励ましている。真筆を千葉県法華経寺蔵（重文）。〔所載〕定日遺。 〔小松邦彰〕

聖人知三世事【しょうにんちさんぜじ】日 一篇。日蓮（一二二二―八二）著。文永一一（一二七四）年成立。聖人とは過去、現在、未来の三世に精通し照覧する人をいうと定義し、『法華経』の教主釈尊こそ真の聖人であるとする。そして滅後末法においては『立正安国論』に予言した二難の的中をもって日蓮こそが一閻浮提第一の聖人であると公称し、日蓮を迫害するから諸天が日本国を責めるのであると、亡国の危機を警告する。真筆を千葉県法華経寺蔵（重文）。〔所載〕定日遺。〔小松邦彰〕

聖人之御法門聴聞分集【しょうにんのごほうもんちょうもんぶんしゅう】日 一巻。日法（一二五八―一三四一）著。成立時期は鎌倉末と思われる。別に『連々御法門聞書』ともいう。日法は信州の人、日弁（一二三九―一三一一）に従って出家したが、後日蓮の直弟子となり、八三歳で没した。本書は前後が欠けているものと考えられるが、その表題から見て、日蓮の講義をノートしたものと見て差し支えない。いうまでもないことであるが、日法が聴聞記として書したものであるから、日法の領解として解すべきであろう。その内容を一瞥すると、ほぼ日蓮の真蹟が存する『一代五時図』に添うたものであることがうかがえる。すなわち、本書は四一項目全部問答形式をもって綴られている。今その一部を示せば、「見諸菩薩等の文に就て爾前無得道義を明す」「四十余年等の文三乗に亘る等事」等の宗義に関するもの、「華厳宗事」「法相宗事」「能開所開之義を弁じて浄土家之謬を破す」等の他宗対破に関するもの、「日本を扶桑と称するに二義有る事」「彗星の出現は国家人事之吉凶を表す事」「五天竺之国数に就て異説多き事」「帝王称号の異名の事」「天皇之詔の異名の事」等の歴史または国家社会に関するもの、等々である。なお正本は駿州岡宮光長寺に蔵されている。〔所載〕日宗全1。〔中條暁秀〕

正念往生事【しょうねんおうじょうじ】浄 二紙。著者明記なし。成立年代不明。弥陀法界身の義を釈すところの一文である。闡空亮範（一七七五―一八五二）集の『浄土西山流秘要蔵』に所収。〔所載〕浄土西山流秘要蔵。〔勝本顕道〕

称念上人行状記【しょうねんしょうにんぎょうじょうき】浄 二巻。玄周（生没年不詳）集。宝暦一二（一七六二）年成立。『称念上人行業記』ともいう。世俗との交渉を断って持戒堅固に念仏を専修した捨世派の祖である京都一心院開山称念の伝記。『浄土高僧伝』『列祖伝』『緇白往生伝』等の諸伝に掲載された称念の行状に誤謬と遺漏の多いことを嘆いた一心院四〇世の玄周が、伝承を求め古記を拾遺して補い、仮名交り文でまとめたもの。〔所蔵〕明和三年刊本を正大、高野山真別処、天保四年刊本を京大、東北、竜大に蔵す。〔所載〕明治三六年刊本、浄全17。〔斎藤晃道〕

正信念仏偈講義説約【しょうねんぶつげこうぎせつやく】浄真 二巻。随慧（一七二二―八二）撰。宝暦六（一七五六）年成立。随慧は大谷派の学僧で、慧然の門人。本書はその巻の始めに掲げるごとく、『六要抄』以下一八部の末疏を参酌し、『六要抄』および慧琳説を依據として、縦横にその蘊奥を発揮せるものである。ことに考証に精なるところがある。「専ら師説を迷し。間ま旧解を取て講義に備ふ。聊か筆記する処あり。名けて説約と」とある。内容は来意、大意、題号、偈文から成る。〔所載〕真宗全39。〔石田雅文〕

成仏示心【じょうぶつじしん】真 一巻。浄空（一六九三―一七七五）撰。在家出家ともに、臨終の用心として阿字観を修すべきことを勧めた書で、最後断末魔のときには六字の名号も七字の題目も五字の真言も唱えがたいが、本具自然の阿の声は唱えやすく、出入の息はすべて阿声であるから、平生よりつねに阿を唱え、自身阿字身なりと思うべし、とする。終りに訓義として語句の説明を付す。明治一二（一八七九）年刊本あり。〔所載〕真安心4。〔苫米地誠一〕

正法眼蔵【しょうぼうげんぞう】曹 九五巻。道元撰。寛喜三―建長五（一二三一―五三）年成立。寛喜三年京都深草安養院での『辦道話』の撰述より寛元元（一二四三）年七月までの宇治興聖寺在住中の四七巻、同年叡山僧徒より京洛を追却されて七月以後は越前に下って吉峰寺、禅師峯草庵、大仏寺、永平寺在住に至る建長五年の間に撰述した三八巻、およびその間における説示時処不記の一〇巻とから成る道元の「正伝の仏法」の枢要を述べたもの。一〇〇巻の撰述を意図されて、当初七五巻（旧草）を整理編成し、永平寺に入ってより新たに一二巻（新草）を起草して計八七巻を親集したが、新草の起稿中に病いを得て第十二八大人覚巻をもって中断した。『八大人覚』巻は本来ならば第一〇〇巻に位置するものとしてその構想裡にあったものと思われる。道元寂後、江戸期に至る間に『正法眼蔵』の成立編集事情が不明であり、かつ伝写の間に諸種の異本を生じ、江戸期に永平寺三五世晃全が道元の一〇〇巻撰述の意図を体して、宗門古刹に秘蔵される『正法眼蔵』の古写本、永平寺宝庫に所在する未整理の草稿や法語の断簡類を結集して九五巻を得て、次いで五〇世玄透が、穏達、俊量の二学僧により異本校合が行われて開板流布を永平寺、関三刹に願い出ていたのに着目して、道元の遠忌の文化事業の一環として、本山版として開板すべく自ら中心となり穏達、俊量とともに関三刹の許可を得て本山版九五巻の『正法眼蔵』を開板した。以後、この本山版が広く流布して道元禅師撰集九五巻本説が行われるに至ったが、それは晃全の護法意識に発する結集と、これを継承して異本校合と巻次修正と開板とを行った玄透、穏達、俊量の編集によるもので、実際は道元親集の八七巻を基準として、その上に撰述年時順に列次して編成されるべきであるとともに、これらの巻の中には厳密には『正法眼蔵』として認め難いものも含まれており、厳密なる考証批判がなされなければならない。

本書は、全仏法の源頭に立つ釈尊の自内証（悟りの原体験）に直結する道元の深い禅定体験を通して、大乗・小乗や各仏教諸宗派の分立する以前の全一にして純粋なる仏法の本義を、透徹せる思索と独自なることばでもって自由無礙に説き示すとともに、現実存在の一切（万法）を普遍的なる〝仏のいのち〟（仏性）の現成（あらわれ）と捉え、この本証の現事実を具体的に実証する行（妙修）が坐禅であるとする。この「本証妙修」の立場から仏性・修証・生死・因果・戒律・清規の各論、その他仏教上の種々の問題を宗派的見解を超えた仏法そのものの立場より見直し、万人の真実人生への具体的あり方を指標している。〔所載〕道元全、正法蒐、曹全（宗源上）。〔河村孝道〕

正法眼蔵一百八法明門【しょうぼうげんぞういっぴゃくはちほうみょうもん】[曹] 一巻。道元撰、建長四（一二五二）—五年ころ成立。石川県永光寺（瑩山紹瑾開創）所蔵の一二巻本の『正法眼蔵』の第一一に列次されるもの。一二巻本とは道元の直弟子・孤雲懐奘（一一九八—一二八〇・永平寺第二代）が道元に一〇〇巻の『正法眼蔵』撰述の意図があり、旧草七五巻本に次いで一〇〇巻へと新たに草稿して第一一巻『一百八法明門』に書き及んだ時に病いを得て、そのために第一二巻を最後の巻として釈尊入滅時の教誡にならって建長五（一二五三）年『八大人覚』を草して示寂したとするものである。本書は、李附馬が『天聖広灯録』の編纂に当って、その釈尊章に、釈迦の下生に当って護明菩薩（釈尊の前身）が一生補処の菩薩の修行として、「一百八法明門」を大衆のために説き、心に常に憶念すべきことを勧めた『仏本行集経』所載の名字を載せたことを紹介し、この一百八法明門を「参学ノ輩、明メシレルハスクナク、シラザルハ稲麻竹葦ノゴトシ、イマ初心晩学ノ輩ノタメニコレヲ撰ス、師子ノ座ニノボリ、人天ノ師トナレラム輩、審細参学スベシ、コノ都史多天ニ一生所繋トシテ住セザレバ、サラニ諸仏ニアラザルナリ」（永光寺本『正法眼蔵一百八法明門』）と示している。〔所載〕道元全上、正法蒐1、続曹全（宗源補遺）。〔河村孝道〕

正法眼蔵諫蠹録【しょうぼうげんぞうかんとろく】[曹] 二巻。万仞道坦（一六九八—一七七五）撰。明和三（一七六六）年成立。万仞六九歳の時、当時、世間に流布していた天桂伝尊の『正法眼蔵弁註』の所説への論難として『正法眼蔵弁々註』として著わされたもので、万仞は『正法眼蔵古鈔』によって『辨註』の非義を弁駁批判した。明和九（一七七二）年にはこれに補筆改訂して『補闕録』（『闢邪補闕録』とも）とし、さらに安永三（一七七四）年に『諫蠹録』と改題し附序して刊行せんとしたが果し得ず、後に大正三年に『正法眼蔵註解全書』第九巻中に収録され刊行された。上巻には『正法眼蔵』七五巻本の列次順に「第一現成公案、第三仏性、第六行仏威儀、第十大悟、第十二坐禅箴、第十三海印三昧、第十四空華、第十九古鏡、第二十五渓声山色、第二十六仏向上事、第三十七春秋、第四十七仏経」の一二巻における天桂『弁註』の見解への論難、三教一致論の邪解を論破し、「答邪疑者ノ問書」二篇を収め、下巻には「葛藤、説心説性、密語、無情説法、法性、面授、十方、眼睛、菩提分法、龍吟、転法輪、大修行、自証三昧、鉢盂、他心通」の一五巻についての論難・解註が収められている。殊に『面授』巻の弁解は詳細に亘っていて、天桂との立場の相違点と万仞の嗣法論の立場とを明確に示している。なお、標題の「諫蠹」の意味は、万仞自ら序に「古聞、樹木者憂其蠹、保民者除其賊、今也、非憂除、諫言也」とあるによる。〔所載〕続曹全（注解）、正法蒐20、正法全9。〔河村孝道〕

正法眼蔵聞書【しょうぼうげんぞうききがき】[曹]→正法眼蔵聞書鈔【しょうぼうげんぞうききがきしょう】

正法眼蔵聞書鈔【しょうぼうげんぞうききがきしょう】[曹] 七五巻三一冊。詮慧、経豪註解。弘長三（一二六三）年、詮慧『聞書』一〇巻、乾元二—延慶元（一三〇三—〇八）年、経豪『抄』成立。詮慧は叡山で天台教学を究め、道元の帰国後、深草に参問して衣を更（か）えて弟子となり、道元の示寂後は京都に永興寺を開き、弟子の経豪とともに専ら『正法眼蔵』の参究注疏の作業に没頭し、詮慧は弘長三年には『正法眼蔵聞書』七五巻一〇冊を注解し、また道元の寂後、懐奘等とともに道元の『永平広録』一〇巻の編集作業に参加し、第一巻「興聖寺語録」及び第九・一〇巻の頌古・真讃・自讃・偈頌等を編集した。経豪は禅師の古伝記事に見える花山院宰相入道教雅の兄宣経の子とされ、当初は道元禅師の会（え）に参じていたが、道元の示寂後、詮慧の弟子となり、師とともに『正法眼蔵』の研鑽に従事し、その注解作業に当っては師詮慧の『聞書』の詞を傍書して証明を仰いで『聞書抄』三〇巻の注疏を完成させた。本書は『正法眼蔵』最古の注解で、最も道元の真意にかなうものとして、江戸期に続出する注解書の寄方（よるべ）となったものであった。

本書には、経豪自筆と称する古写本が大分県泉福寺に秘蔵されているが、内容検討の上から自筆本ではなく、自筆本を直写したもので、泉福寺輪住直如代に泉福寺に寄付し、以後、本書を謄写した眉山本（元禄一〇年・永平寺蔵）大山本（寛保三年、洞寿院蔵）鉄忍本（寛延四年、総持寺蔵）、格忠本（寛延四年、妙昌寺蔵）、要山本（享保一六年、旧陽松庵蔵）、その他、祖天本（寛延三・四年ころ森福寺蔵）、万仞・慧輪本系等、多くの謄写本が存する。〔所載〕正法蒐（総目録）。〔参考〕正法蒐11—14、曹全（注解1・2）。〔河村孝道〕

正法眼蔵撃節集【しょうぼうげんぞうきゃくせつしゅう】[曹] 一巻。全巌林盛（？—一七六五）撰。享保一〇（一七二五）年尾城（名古屋）興国寺にあっての撰述。林盛は生年を詳らかにしないが、初め儒学を学び、ついで仏教学を研鑽し、後に禅を参究し、特に『正法眼蔵』に参熟した。本書のほかに『大般若経品目提綱歎徳頌』『般若心経鉄船論』の著述がある。『撃節集』には、駒大所蔵本と宝泉寺本、宝泉寺本の再謄写本である岸沢文庫所蔵本とがある。いずれも新しい写本の上に完全本ではなく、駒大本は修訂整備された形をもってはいるが本文中の偈頌一篇と後序がなく、宝泉寺本は偈頌二篇を欠き、しかも脱文・誤字・誤写がある。『撃節集』は、本輯七五巻、別輯九巻、計八四巻の梵清謄写本系の『正法眼蔵』、及び卍山編緝本の「拾遺」五巻のうち『弁道話』『重雲堂式』二巻について、八句偈に各巻の要旨を頌詠したものである。〔所載〕正法蒐（総目録）、続曹全（法語・歌頌）。〔河村孝道〕

正法眼蔵却退一字参【しょうぼうげんぞうきゃくたいいちじさん】曹　九六巻一四冊。瞎道本光（一七一〇―七三）撰。別に『正法眼蔵参註』ともいう。本光は俗姓新井氏、武蔵国（埼玉県）に生まれ、享保一七（一七三二）年二三歳の時に彦根寂寥庵に住し、大店鰲雪（丹波永沢寺独住一一世）に侍し、宝暦一二（一七六二）年より安永二（一七七二）年ころの間に、武蔵神保原、石神山安盛寺一〇世として住し、法を指月慧印（一六八九―一七六四）に嗣ぎ、上州瑞龍山祥雲寺八世として住し、安永二年に寂した。その一代の著述は多く、中でも本書と『永平広録点茶湯』とは代表的著述である。『却退一字参』（参註）は、先師指月の遺命によって明和六（一七六九）年六〇歳の時から一カ年後の明和七年一二月五日、指月の七周忌の正当目に完稿して真前に報告したもので、『正法眼蔵』九六巻の本光独自の編成とその本文の漢文訳と漢文注解とから成り、さらに各巻末に付録を付して『義雲品目頌』を挙げて注解をしている。本光自身、本書の刊行を意図していたが、安永二（一七七三）年に示寂した。この刊行は参学の門人甫天俊昶（?―一八一七）により文化九（一八一二）年に上梓された。その開刻の版本が駒沢大学図書館に秘蔵されている。本書において本光は、『正法眼蔵聞書抄』・梵清謄写本・晃全結集本・通本・六十巻本等の各種異本を蒐集して本文の校合をなすとともに、その注解の立場は『正法眼蔵抄』の高次なる解釈的立場を受けつつ、そこに自らの参究による創意を加えていて、『正法眼蔵』解読に当って大いなる指針を与えるものである。〔所載〕正法蒐（総目録）。〔河村孝道〕

正法眼蔵玄談科釈【しょうぼうげんぞうげんだんかしゃく】曹　一巻。慧亮忘光（一八四一）撰。天保六（一八三五）年成立。同年に仙台輪王寺において『正法眼蔵』開演に際して述べられたもので、①字釈、②正法眼蔵の大意、③「正法眼蔵」をもって題目に号せらるること、の三項目から『正法眼蔵』の題意の玄奥なる宗旨を談じている。〔所載〕正法蒐20。〔河村孝道〕

正法眼蔵御抄来由【しょうぼうげんぞうごしょうらいゆ】曹　一巻。慧輪玄亮（?―一八二三）撰。別に『模写正法眼蔵抄来由』とも。文化四（一八〇七）年成立。慧輪は万仭道坦（一六九八―一七七五）に法を嗣ぎ、上州宝積寺三二世。豊後泉福寺秘蔵の『正法眼蔵聞書鈔』を模写した来由を述べたもの。〔所載〕正法蒐11―14。──→正法眼蔵聞書鈔　〔河村孝道〕

正法眼蔵三百則【しょうぼうげんぞうさんびゃくそく】曹　道元（一二〇〇―五三）撰。嘉禎元（一二三五）年ころ成立。別に『正法眼蔵』とも『真字正法眼蔵』ともいう。道元が中国留学（一二二三―二七）から帰国する間に、披閲し参究した中国禅者の諸種の語録、禅門の灯史書類の中から抜書し抄録した語要、公案を、帰国後、宇治興聖寺在住中に三〇〇個を撰録し、序を付して門下に示したものである。『正法眼蔵序』には、この三〇〇個の古則が、仏々祖々が親しく伝えて来た「正法眼蔵涅槃妙心」（仏法の真実）を開明せるものであると述べている。道元には別に仮字（かな）による『正法眼蔵』九六巻の撰述があるが、各巻の宗要展開の台本となったのが本書『三百則』であり、中国禅宗五流を中心とする各祖師の肝要語を、自らの宗教体験の眼をもって批判的・超宗派的に、各宗派の出ずる仏法の源頭に立って見直し、撰集したものである。

本書は、従来は指月慧印（一六八九―一七六四）の評注による『拈評三百則不能語』（三巻）が『三百則』の存在を示す唯一の資料であったが、そのために道元撰述の真偽をめぐって論議を生み、江戸期中葉には面山瑞方（一六八三―一七六九）による真撰説（面山撰『正法眼蔵闢邪訣』）、心応空印（一七一六―八〇）の反論による偽撰説（心応撰『正法眼蔵迸驢乳』）があり、近年に至るまで学界においても疑問視されていたが、昭和九年、神奈川県立金沢文庫所蔵の弘安一〇（一二八七）年の書写本（中巻）が発見・紹介されるに至って、真字正法眼蔵（三百則）の真撰の事実が明確となった。しかし金沢文庫本が中巻の端本であること、及び拈評三百則本との本文、古則の列順等において著しい相違があることから、他に『三百則』の伝写本資料の探索への努力が試みられ、数種の写本の出現によって、異本研究、出典研究、仮字正法眼蔵展開への思想的研究等の種々の研究成果が発表されている。

本書の撰集の特色は、仏祖単伝の「正法眼蔵涅槃妙心」を把捉せるものとしての三〇〇個の古則公案は、曹洞・臨済・潙仰・雲門・法眼の五宗全般にわたっていて超宗派的である所にその撰集の意図と特色があり、これらの古則公案を各宗派分立以前の仏法そのものの立場から批判的に捉え直して、仮字でもって仏法の真義を説示したものが仮字正法眼蔵である。〔所載〕正法蒐1、続曹全（宗源）。──→正法眼蔵　〔河村孝道〕

正法眼蔵私記【しょうぼうげんぞうしき】曹　九五巻・刊本二冊。雑華蔵海（一七三〇―八八）撰。安永八―天明五（一七七九―八五）年成立。蔵海は道号を雑華、別号を安心院（あじむ）、鬼怒子（きぬし）と号した。豊前安心院村に生まれ、同村永照寺で出家し、寛保元（一七四一）年東都駒込吉祥寺の学寮に入って約二〇年間研鑽し、その間に指月慧印やその弟子瞎道本光に就いて『正法眼蔵』を学び、常陸東光寺、興正寺等に住し、安永八年蔵海五〇歳に、病間に小康を得ては『正法眼蔵』私注の執筆を続けて成ったものが『正法眼蔵私記』で、その参究注解に当っては、詮慧、経豪の『聞書鈔』と参学の師・瞎道本光の『却退一字参』（参註）とを対考し指針としながらも（『行仏威儀私記』）、無批判的に依用することなく自らの見解を達意的に注解している。なお本書の伝写本には、永平寺本九五巻の『正法眼蔵』の列次順の系統（古知知常謄写一〇冊、折居光輪謄写一〇冊、「私記会本」刊行二帙八冊、永久俊雄所蔵謄写本一〇冊）、瞎道本光『参註』列次順の系統（石雲謄写一二冊）、六〇巻本系九五巻の編集列次順の系統（善福寺所蔵謄写端本一〇冊）とがある。〔所載〕正法蒐19。〔参考〕正法蒐（総目録）、講座道元㈢「道元の著作」。　〔河村孝道〕

正法眼蔵抄【しょうぼうげんぞうしょう】圕→正法眼蔵聞書鈔【しょうぼうげんぞうききがきしょう】

正法眼蔵生死巻穿牛皮【しょうぼうげんぞうしょうじのまきせんぎゅうひ】圕　一巻。瞎道本光（一七一〇—七三）撰。寛延元（一七四八）年成立。本光三九歳の時、上州祥雲寺において『正法眼蔵生死』についての仮名書き注釈。晴雲寺（長崎県）所蔵本（現在散佚）の本光直筆の複写本が駒大図書館に所在する。本書の詳細なる仮名注に対して、二三年後に成る『参註』の「生死巻塵塵三昧参」は達意的にして簡潔なる注解となっている。〔所蔵〕正法蒐16。　〔河村孝道〕

正法眼蔵渉典続貂【しょうぼうげんぞうしょうてんぞくちょう】圕　刊本二〇巻六冊。黄泉無著（一七七五—一八三八）撰。文政五（一八二二）年ころより天保七（一八三六）年成立。天保八（一八三七）年刊。無著は別に雖小庵と号し、尾張法持寺大疑覚道に法を嗣ぎ、徳川氏（黄門）の請により尾張大光寺・万松寺に入り、長崎皓台寺にも住した。『永平高祖行状図』を印刻し『永平高祖行状記』を付して世に流布せしめて道元を顕揚するとともに、著述には『渉典続貂』のほかに『永平小清規翼』『般若心経忘筌疏』『雖小庵雑稿』『海雲山歴住略記』『三綱行実』『もろこし談古』等がある。本書は、面山『正法眼蔵渉典録』、万仭『正法眼蔵補闕録』、瞎道『正法眼蔵却退一字参』、老卵『正法眼蔵那一宝』における『正法眼蔵』の故事典拠についてその補足を成したもので、九五巻中「伝衣・仏祖・嗣書・自証三昧・受戒」の五巻は謄写の巻となっているために、無著はこれらの巻の語彙の採録とその渉典とを省いている。本書は天保八年に自らの費を投じて開刻されたが、刊行に当たっては目録を別巻一冊とし、本文九五巻を「鶏向五更啼」の五字冊に配分冊し、さらに九五巻を各字篇に配巻するに達磨の伝法偈「吾本来此土・伝法救迷情・一華開五葉・結果自然成」に分巻している。すなわち、鶏字冊（巻一—巻二、吾・本）、向字冊（巻三—巻六、来・此・土・伝）、五字冊（巻七—巻一〇、法・救・迷・情）、更字冊（巻一一—巻一五、一・華・開・五・葉）、啼字冊（巻一六—巻二〇、結・果・自・然・成）。なお、各篇は無著の門人・随身者に依って校訂が行われていて、各校訂者名が印刻されている。〔所載〕正法蒐21。　〔河村孝道〕

正法眼蔵渉典録【しょうぼうげんぞうしょうてんろく】圕　九五巻一一冊。面山瑞方（一六八三—一七六九）撰。元文三—宝暦九（一七三八—五九年）成立。本書は『正法眼蔵』九六巻における語句の故事、出典について広く経律論の三蔵や他の仏教外の典籍を博覧渉猟し、漢文体で注記したもので、『正法眼蔵』の渉典研究の先鞭をつけたものとして重要である。この渉典を基として後に黄泉無著による『正法眼蔵渉典続貂』が著わされており、さらに昭和年代に至って、これら二書の渉典の方法、摘出した出典資料の学問的批判の上に、より確実なる引用経典語録の研究書も刊行されている（鏡島元隆『道元禅師と引用経典語録の研究』）。面山が渉典撰述の素願を抱いたのは元文三（一七三八）年五六歳の時で、その渉典作業のために遠州可睡斎や宇治興聖寺からの住持の招請をも固辞して没頭している。渉典作業に当たって依拠した『正法眼蔵』は、後に面山自身の編集本としてまとめられた九六巻本で、本集六〇巻を「施・戒・忍・進・禅・慧」の六字冊に配し、これに加えて版橈晃全（一六二七—九三・永平寺三五世）の結集本九五巻の内から三五巻を採ってこれを拾遺として「春・夏・秋・冬」の四字冊に配したものより成り、この編集本の順序に渉典注解がなされている。ちなみに九六巻本とは、本集六〇巻のうち『行持』を二巻にみることに基づくもので、通常には九五巻本とされている。〔所載〕正法蒐21、正法全1—10。　〔河村孝道〕

正法眼蔵渉典和語鈔【しょうぼうげんぞうしょうてんわごしょう】圕　一巻。面山瑞方（一六八三—一七六九）撰。明和元（一七六四）年成立、『正法眼蔵』の和語一五五語について、その典拠を明かし、語意についてその宗義的意味を注記したもの。撰述されてより以後は謄写によって伝えられ、その刊行は明治三〇年、及び大正三年。本鈔は万瑞によって文政三（一八二〇）年に謄写されるとともに、これに触発されて文政九（一八二六）年に初学者の『正法眼蔵』参究の便に資するために『和語梯』を撰述している。〔所載〕正法全9、正法蒐21。　〔河村孝道〕

正法眼蔵陞座【しょうぼうげんぞうしんぞ】圕　一巻。撰者不詳。室町期ころ成立。後人による『正法眼蔵』に仮託した偽撰書。別に『住山』『梅花嗣書』『伝衣』『信書』と称せられる。江戸期に晃全（永平寺三五世）により編集された九六巻本『正法眼蔵』のうち第九四に列次編集されていたが、内容検討の上、偽書として晃全自身に依り削除された。禅客との問答、上堂の本文があることからの題名。文中、五位説や宗派意識の強い表現、説相・文体の稚拙さ、漢文体表記の誤謬等の欠点が指摘できる。天桂伝尊（一六四八―一七三五）は『正法眼蔵弁註』の「凡例」において本書を次のように批判している。「世ニ梅花嗣書ノ巻、或ハ陞座ノ巻ト題スル者アリ、拾遺分ニ混入スルガ若シ、此ハ是レ一百年前、代僧ノ偽作ニ名ヲ祖師ニ託スル者ナランカ」。〔所載〕正法蒐8、続曹全（宗源部）。　〔河村孝道〕

正法眼蔵随聞記【しょうぼうげんぞうずいもんき】曹　六巻。日本曹洞宗二祖、孤雲懐奘（一一九八―一二八〇）がその師、道元の夜話を筆録し、それを基に編纂された。鎌倉末期の成立。

道元は中国より帰国（一二二七年）した五年後の天福元（一二三三）年、山城国（現京都市）深草の興聖寺に移り住んだ。翌年、懐奘は日本達磨宗より転宗して正式に道元の弟子となった。さらに二年後の嘉禎二（一二三六）年には新しく開創された興聖寺僧堂の首座に任じられ、数年後に得道して道元の法を嗣いでいる。

この時までに道元は『普勧坐禅儀』（一二二七）、『辨道話』（一二三一）、『正法眼蔵現成公案』（一二三三）、『学道用心集』（一二三四）等を著わし、自らの信ずる正伝の仏法の思想と実践を精力的に説き示している。越前（福井）に移るのは寛元元（一二四三）年のことで、この興聖寺時代の一〇年間は道元教団の創草期である。修行僧の数は少ないが求道の念あつく、清新の気のみなぎっている時代といっていい。道元も法を説いて倦むことなく、その一端は『永平広録』に示されている。また、朝夕、折にふれて修行僧や訪れる在俗の信者たちに「学道の至要」（本書跋語）を語り、懐奘は「聞くに随って」それを筆録した。「嘉禎年中」（一二三五―三八）のことといい、興聖寺時代の前半にあたる。懐奘は私淑する師のことばをひたすらに聞き、肯い、自らの学道に資したものと思われる。したがって懐奘はこの筆録を特に他人に示すことはなかったらしい。彼の死後、弟子たちがそれを発見、編纂し、「懐奘編」としたのが本書である。

その後、江戸中期の学僧、面山瑞方は、当時知られていた刊本（寛文九・一〇年〈一六六九・七〇〉に慶安四〈一六五一〉年の板本を刷り直したもの）が不備であることを遺憾とし、若狭の空印寺で自ら発見した古写本と校合して新しい版をおこした（明和七〈一七七〇〉年）。これを明和本といい、長らくこれが流布本となっていた。しかし、昭和一七年、大久保道舟師が愛知県長円寺にて江戸初期の書写本を発見した。これは康暦二（一三八〇）年五月、宝慶寺浴主寮にて書写された写本をもとに、寛永二一（一六四四）年八月、長円寺二世の暉堂宋慧和尚が書写したものである。因みに、宝慶寺は懐奘の弟子寂円が開創した寺である。この長円寺本では、明和本の巻六が巻一となっており、また、章のおき方や挿話の有無にいく分の差がある。しかし、文体や書写のスタイル等において、長円寺本が明和本より古形を保っていることが知られている。しかし、明和本の系統が長円寺本の後代の改変ということではく、かなり早い時代より二種の伝承が存在していたらしい。その理由として、懐奘の筆録を弟子たちが編纂した際、原文を忠実に伝えようとしたものが長円寺本の祖形となり、いく分手を加えて読みやすくしたものの系統が明和本に発展したのではないかとも論じられている。

本書は平易な和文で書かれ、『正法眼蔵』や『永平広録』のような難解さはない。私心を捨てて仏道を思い、真摯に学道すべき心得がエピソードをまじえつつ説かれている。しかし、いずれの教えにも、その底には道元の透徹した悟りの眼が光っていて、その意味では実存の書でもある。

なお、本書の現代語訳として、古田紹欽『正法眼蔵随聞記附現代語訳』（昭35、角川書店）、水野弥穂子訳註『正法眼蔵随聞記』（昭37、筑摩書房）、山崎正一校注訳『正法眼蔵随聞記』（昭47、講談社）がある。〔所載〕曹全（宗源下）、正法蒐4、道元全、東隆真・五写本影印　正法眼蔵随聞記（昭51、圭文社）。　〔奈良康明〕

正法眼蔵続絃講義【しょうぼうげんぞうぞくげんこうぎ】曹　五巻。乙堂喚丑（？―一七六〇）撰。享保一六（一七三一）年成立。享保二〇年再治修訂。明治二九年刊。乙堂は上野境野に出生。隠之道顕（一六五三―一七二九・卍山に嗣法）に法を嗣ぎ、江戸盛徳寺第九世として住し、天桂、万回等の所論に反駁し、宗学論を賑わした。上州（群馬県）山田の鳳仙寺に住して示寂。

本書は、天桂伝尊（一六四八―一七三五）が『正法眼蔵弁註』において特に「授記」「面授」「嗣書」を中心に主張する道元の嗣法論について、乙堂がその所説のいちいちに反駁を加えたもので、内題に「正法眼蔵面授章続絃講義」とあり、その意図を知りうる。『弁註』に論ずる「正法眼蔵」の題号論、編輯論・別次論等に対する乙堂の見解、天桂が六〇篇を『正法眼蔵』編集の始初とするのに対して、七五帖がその初めであるとし、さらに六〇篇中に「面授」「嗣書」の巻が編入されていないことから、これを後人の妄添偽撰とする説に対して、乙堂はこれらを真撰として論駁している。乙堂は卍山、面山の一嗣印証（一師により嗣法する）、面授嗣法（一師に就いて人格より人格に仏法を相承する）の立場に立って、天桂が現実の自己の悟証（さとり）を中心とする立場を批判している。〔所載〕正法蒐20、正法全10。　〔河村孝道〕

正法眼蔵都機巻禿苕掃記【しょうぼうげんぞうつきのまきとくしょうそうき】曹　一巻。瞎道本光（一七一〇―七三）撰。寛延二（一七四九）年成立。『正法眼蔵都機』の一巻の詳細な注解。本光四〇歳の時の注で、後に六〇歳に至って『正法眼蔵』全巻の注解『参註』において同一主旨に立ちながらも、より簡潔にして達意的な注解へと改められている。〔所載〕正法蒐18。　〔河村孝道〕

正法眼蔵那一宝【しょうぼうげんぞうないっぽう】曹　二二冊九六巻。父幼老卯（一七二四―一八〇五）注解。寛政三（一七九一）年成立。老卯は羽前鶴岡に出生、一〇歳の時に出家、後に天柱の法孫、鶴岡破鏡庵無廓鉄文に法を嗣いだ。周防岩国藩主吉川公の菩提寺洞泉寺に住し、経倫公の帰依を受けて善住寺を創建、ついで宇治興聖寺に住したが、事によって院を追われ、破鏡庵に隠棲した。天桂伝尊の『正法眼蔵弁註』が成って後、その派下の人びとにより修訂作業が行われていたが、『那一宝』は『弁註』の修訂の完成本ともいうべき性格をもっており、特にその注解に当たっては天桂が棄捨した『正法眼蔵聞書抄』にも参じて『弁註』との思想的調和を試みている。なお『那一宝』の本文構成は、天桂と同じく六〇巻本を尊重しており、これを本集として一五冊六〇巻を、拾遺として五冊二一巻を、別集として二冊一五巻の九六巻より成り、全二二冊中の前二〇冊を吉川経倫公、後二冊分を京都丸屋吉兵衛の助縁によって刊行された。このうち別集一五巻については真偽不明のものとして注解は施されていない。本書は注解の特色とともに、『正法眼蔵』が初めて出版されたものとしても注目に価いする。〔所載〕正法蒐16、正法全。　〔河村孝道〕

正法眼蔵秘鈔【しょうぼうげんぞうひしょう】曹　三〇巻。万仭道坦（一六九八―一七七五）抄録。宝暦八（一七五八）―一〇年成立。万仭は肥前の人。大乗寺大機行休に嗣ぎ、三河長円寺、万福寺に住した。禅戒・嗣法論に意を注ぎ、『正法眼蔵』の参究につとめ、秘鈔・傍訓・諫蠹録等の『正法眼蔵』論を著わし、『洞上伝戒弁』『室内三物秘弁』『面授弁』等の著もある。大分県泉福寺所蔵の『正法眼蔵聞書鈔』の再写本を所蔵する智外鉄忍（参州妙昌寺）の謄写本を再写し、正法眼蔵七五巻本、洞雲寺六〇巻本、秘本二八巻、梵清八四巻本、晃全九五巻本等の本文の再写とその本文の傍らに傍注、欄外に頭注とを書入れたもので、『聞書鈔』の注記文を抜録編成したものよりなる。泉福寺『聞書鈔』の原本は聞書と鈔と並書したものであるのに対し、万仭は聞書（詮慧注）と鈔（経豪注）とを截別して謄写し、殊に『鈔』において『正法眼蔵』本文の句読の間に抄文・聞書文を撰録して並書して万仭独自の注鈔を作成したのが本書にほかならない。なお万仭は『秘鈔』の序記において、泉福寺本古鈔の探索と拝覧への冀求、及び謄写の渇望とその苦難とを綿々と述べている。〔所載〕正法蒐22。　〔河村孝道〕

正法眼蔵闢邪訣【しょうぼうげんぞうびゃくじゃけつ】曹　一巻。面山瑞方（一六八三―一七六九）撰。元文三（一七三八）年成立。寛保二（一七四二）年刊。若州空印寺において撰述したもので、刊行に至るまでに種々の修訂を経ており、修訂以前の草稿本が現存していて、推敲の跡方を知ることができる。本書は、当時世上に流布する天桂伝尊の『正法眼蔵辨解』（後に『弁註調絃』と改む）の邪説を闢けることを意図して撰述したもので、特に邪解として六カ条を挙げ、中でも「面授」「嗣書」「授記」を中心とする問題、『正法眼蔵』の編集論及び真偽論の問題、「嗣書」「面授」二篇に対して偽撰妄添とする天桂の所論等について詳細に論難破斥がなされている。〔所載〕正法蒐20、正法全。　〔河村孝道〕

正法眼蔵弁註並調絃【しょうぼうげんぞうべんちゅうならびにちょうげん】曹　七八巻二〇冊。天桂伝尊（一六四八―一七三五）注解。享保一一―一四（一七二六―二九）年成立。天桂は紀伊の人。出家の後、駿河静居寺五峰海音に嗣法。阿波丈六寺、大阪蔵鷺庵・陽松庵に住した。『般若心経止啼銭』『碧巌集舐犢抄』『六祖坦経』『無門関弁註』『驢耳弾琴』その他多くの著述がある。本書は、天桂が七九歳より八二歳に亘っての著述で、自らが編成する七八巻本の『正法眼蔵』の注解である。この『弁註』が成る以前に、すでに「授記・面授・嗣書」の三篇に対する独自な見解を示した『正法眼蔵弁解』があり、『弁註』はこれを土台として七八巻本に注解したもので、その注解の立場は自己の悟証・知を重んじて、その上に立っての注解であるが故に、卓抜にして尖鋭、論理的明快さをもっている。天桂は注解のみならず、七八巻各巻の本文を逐一吟味して意味不明の文を道元の文に非ずとして自由に改削したりしている。特に「授記・面授・嗣書」を中心として展開される天桂の嗣承論（師弟間の仏法相伝に関する論議）は、卍山、面山、万仭へと展開する嗣承論と対極をなしており、両者は江戸期宗統復古運動（嗣法の乱れを是正して宗祖道元の言われる一師印証・面授嗣法の基本に復する改革運動）を通して、『正法眼蔵』を基底とする宗旨の参究・把握に当たっての二つの流れとして注目すべきものがある。この『弁註』の宗門内における孤高独自なる立場は、やがて天桂の法孫父幼老卯の『正法眼蔵那一宝』へと継承されて思想的融和が試みられるに至った。〔所載〕正法蒐15、正法全。　〔河村孝道〕

正法眼蔵辦道話（正法寺本）【しょうぼうげんぞうべんどうわ】曹　一巻。道元（一二〇〇―五三）撰。寛喜三（一二三一）年成立。流布本の『辦道話』に対して草稿原初本に当たるものが正法寺（岩手県）所蔵本である。『辦道話』は寛喜三年八月十五日道元三二歳の時の撰述で、真実仏法参学の学人のために、自らの身心脱落の宗教体験の上から「正伝の仏法」の本義とその辦道の具体的ありようを平易に詳しく説いたものである。本書草稿本『辦道話』と流布本とは主旨そのものは同一であるが、本文において推敲・修訂によるいく分の相違と、特に問答体を通して示される仏法の真義の説示個処において、草稿本が一九問答より成るのに対して、流布本においては一問を削除して一八問答としている点に違いがある。なおこの両本の修訂についての相違を論じたものに『正法眼蔵序説』（衛藤即応）、『道元禅師伝の研究』（大久保道舟）がある。〔所載〕正法蒐4。　〔河村孝道〕

正法眼蔵弁道話聞解【しょうぼうげんぞうべんどうわもんげ】曹 一巻。面山瑞方注解。江戸期成立。通常『正法眼蔵聞解』(九五巻)は面山の提唱を随侍の門人が随聞解注し筆録したものとするが、面山の提唱聞解は現在では「弁道話」と「現成公案」「三昧王三昧」の三巻を遺すのみで、現行の『聞解』はすべて面山の法孫斧山玄鈯(?—一七八九。面山の弟子衡田祖量に嗣ぐ)の注解を指す。〔所載〕正法蒐17。〔河村孝道〕

正法眼蔵弁弁註【しょうぼうげんぞうべんべんちゅう】曹 一巻。万仭道坦(一六九八—一七七五)撰。明和三(一七六六)年成立。万仭は三休庵と号し、長円寺(愛知県)、万福寺(愛知県)、宝積寺(群馬県)等に住した。『正法眼蔵』の参究を通して嗣法・禅戒の正しい顕揚を図った。本書『弁々註』は、当時世上に流布していた天桂伝尊の『正法眼蔵弁註』に対して、その所説が臆説妄談であることを、自らが書写し所持する『正法眼蔵古鈔』(聞書抄)によって両説を並見して古鈔の立場に依拠して『弁註』の非義を厳しく批判したもので、「弁註云ク」として天桂の弁註本文を挙げ、次いで「弁ニ曰」として万仭自身の批判を述べている。万仭は明和八年に七五巻の各巻の用語の出典を明かした『正法眼蔵渉典補闕録』を著わしており、この作業の後に、かつての『弁々註』に発する注解批判は安永三(一七七四)年に『正法眼蔵諫蠹録』と改題されている。〔所載〕正法蒐20、正法全10。——→正法眼蔵諫蠹録 〔河村孝道〕

正法眼蔵傍訓【しょうぼうげんぞうぼうくん】曹 七五巻二〇冊。万仭道坦(一六九八—一七七五)訓註。安永三(一七七四)年ころ成立。万仭が依拠した『正法眼蔵』七五巻本は、永平寺より能登総持寺伝法庵に伝写秘蔵されていたもので、正慶二(一三三三)年、文明四(一四七二)年と輾転伝写された系統のものである。傍訓の題名のとおり、『正法眼蔵』本文の右傍・左傍に注し、あるいは頭注、題下等に『正法眼蔵聞書抄』の本文の要約、私見の注記のほかに、天桂の『正法眼蔵弁註』を引用して批判をも加えているが、『傍訓』の性格は万仭の私注を中心としたものではなく、むしろ『正法眼蔵聞書抄』の祖述的性格をもっているといえよう。この『傍訓』に見られるごとき本文参究の上に『正法眼蔵諫蠹録』のごとき確固とした万仭の見解がまとめられるに至ったのである。〔所載〕正法蒐23。〔河村孝道〕

正法眼蔵傍註【しょうぼうげんぞうぼうちゅう】曹 八三巻一〇冊ただし第一〇冊欠。雑華蔵海(一七三〇—一七八八)注解。安永五(一七七六)年前後ころ成立。蔵海は別号を安心院(あじむ)、また鬼怒子(きぬし)と号した。豊前安心院に生まれ、出家の後、江戸梅檀林に学び、当代の宗学者指月慧印、その資瞎道本光に参学して『正法眼蔵』に眼を開かしめられた。常陸東光寺・興正寺に住し、安永八(一七七九)年五〇歳、病間に小康を得ては『正法眼蔵』の注解『私記』の筆を起こし、天明五(一七八五)年に『私記』の注解を完了した。『傍註』『私記』のほかに、『碧巌録私記』『興正蔵海和尚法語』等がある。本書『傍註』は、蔵海の『正法眼蔵』の参究注解の総結集をなす『正法眼蔵私記』の前段階的作業ともいうべきものである。「傍註」の題名は岸沢惟安による按名で、『正法眼蔵』本文の傍らに簡潔なる注解を書入れている所からの呼称である。その注解は、『私記』にあっては経豪の『影室抄』と瞎道の『参註』との立場に拠りながらも、自らの参究を通して時に両書の見解を批判して独自の注記をなしているが、『傍註』にあっては批判的な語句はなく、多く右の両書の引文と自らの見解を提唱風に傍記している。『傍註』は多分に『私記』成立の前段階的な参究のメモとしてあり、蔵海自らが言うごとく「愚意ノ発明スルトコロヲ記シ、モッテ忽忘ニ備ル」ものとして「人前ニ呈露スベ」からざる性格のものであったと思われる。〔所載〕正法蒐19。〔河村孝道〕

正法眼蔵迸驢乳【しょうぼうげんぞうほうろじい】曹 二巻。心応空印(一七一六—八〇)撰。安永五(一七七六)年成立。空印は天桂門下の人で、駿河静居寺に住し西来寺を開いた。本書は先に面山瑞方が『正法眼蔵闢邪訣』を著わして天桂伝尊の『正法眼蔵弁解』の所説を論難したのに対して、面山寂後八年に空印が師祖天桂の『弁解』の所説を擁護して、かえって『闢邪説』の所論を反駁したもので、師祖天桂の所説こそ獅子吼決定の一実で、この師祖の獅乳一滴を面山の駁説六カ条の驢乳六斛に投ずれば六斛悉く迸散するという意図に登する空印の著述意図で、それが題名ともなっている。上巻に一七項、下巻に二二項、計三九項にわたっての駁論で、正法眼蔵の編集・題号論、面授・授記・嗣書三巻の真偽論、面授嗣法論に関して論じ、『弁註』『弁望』説の妥当性を論じている。〔所載〕正法蒐20、正法全。〔河村孝道〕

正法眼蔵品目頌洎錯会【しょうぼうげんぞうほんもくじゅきさくえ】曹 一巻。瞎道本光(一七一〇—七三)解注。寛保三(一七四三)年成立。正しくは『義雲和尚語録洎錯会』が題名で、『義雲語録』全体を仮名文で注釈したものの総称で、本書は『義雲録』下巻所収の「正法眼蔵品目頌并序」の注解部分を抄出して注解題目を冠したものである。本光には別に漢文注の「品目頌並序金剛荎草参」(安永元〈一七七二〉年)の撰述がある。岸沢文庫所蔵。〔河村孝道〕

正法眼蔵品目頌金剛荎草参【しょうぼうげんぞうほんもくじゅこんごうちそうさん】曹 一巻。瞎道本光(一七一〇—七三)注。安永元(一七七二)年刊。詳しくは『薦福山義雲和尚敷演正法眼蔵品目頌并序』と題するもので、義雲の「品目頌并序」についての漢字注解である。明和七(一七七〇)年に完成した九六巻の注解『正法眼蔵却退一字参』の各巻末に付載した義雲の頌著とそれに対する瞎道の注解を、門下の曹源等が抜録編集し、これに増語整文して序を付して刊行したもので、仮名注の『泊錯会』とあわせ見る時、『正法眼蔵』に参徹した瞎道の境涯をうかがい見ることができる。なお、各巻に著語した瞎道の「一字参」は、義雲の「著」語の例にならったものといえよう。〔所載〕正法蒐20、正法全10。〔河村孝道〕

正法眼蔵品目述賛【しょうぼうげんぞうほんもくじゅっさん】曹　一巻。面山瑞方（一六八三—一七六九）撰。安永二（一七七三）年刊（ただし『面山広録』第一七巻の当該個所の別刷）。成立は『正法眼蔵渉典録』の完成した宝暦九（一七五九）年前後ころか。永平義雲の『正法眼蔵品目頌著』にならって各巻の題目及び一巻ごとの趣意を述べて頌賛したもので、「述」において散文による題意と一篇の大要を述べ、「賛」において韻文により一巻の内容を賛揚したもので、『正法眼蔵』各巻の趣意をうかがうに好個の手引書ともなるものである。面山編集の『正法眼蔵』九五巻（本集六〇巻・拾遺三五巻）の各巻末に付載したものである。福井県永福庵所蔵（面山・衡田書写本）。〔所載〕正法蒐20、正法全。〔河村孝道〕

正法眼蔵品目頌并序【しょうぼうげんぞうほんもくじゅならびにじょ】曹　一巻。永平義雲（一二五三—一三三三）撰。嘉暦四（一三二九）年成立。義雲は京都の人。初め教院に出家して華厳・法華教学を学び、二四歳の時に禅宗に転じて越前宝慶寺寂円に参じてその法を嗣ぎ、後に宝慶寺に住し、次いで正和三（一三一四）年、永平寺に五代として住し、諸堂を復興し、永平寺中興と称された。本書は、『正法眼蔵』六〇巻の各品目について著語と頌とを付して各篇の大要を達意的に頌釈したもので、『正法眼蔵』を見る場合の確かなる視点を与えるものである。本書は、また六〇巻本正法眼蔵の存在を示すとともに、詮慧、経豪の『正法眼蔵聞書抄』に先立つ曹洞上古代における『正法眼蔵』注解の先駆をなすものである。本書は頌・序ともに『義雲和尚語録』下巻に収録されているもので、従来、本書によって義雲六〇巻本編集説が定説化されてきている。義雲は弘安二（一二七九）年二四歳のころより孤雲懐奘（一一九八—一二八〇）に従って『正法眼蔵』の虚空・安居・帰依三宝等の六〇巻本系列の巻を書写しており、本書『品目頌』の「序」には、道元が和字をもって示された正法眼蔵の各品目に義雲自らの卑語を綴って頌を付してその大旨を述べた旨を記していて、自分自身で六〇篇を列次編成したことは述べられていないことなどからみて、義雲編集説は一考を要するであろう。〔所載〕正法蒐20、曹全（語録1）。〔河村孝道〕

正法眼蔵摩訶般若鉄船論【しょうぼうげんぞうまかはんにゃてっせんろん】曹　二巻。心応空印（一七一六—八〇）撰。安永八（一七七九）年成立。もと『般若心経鉄船論』と題して著わされ、『般若心経』を注釈したものであるが、上下巻のうち下巻に『永平正法眼蔵巻第一摩訶般若波羅蜜』の注解の部分をもって題名としたものである。『正法眼蔵』の立場から『心経』を注解したものとして注目される。〔所載〕正法蒐15、正法新。〔河村孝道〕

正法眼蔵面授巻弁【しょうぼうげんぞうめんじゅのまきべん】曹　一巻。万仭道坦（一六九八—一七七五）撰。明和六（一七六九）年成立。本書は、天桂の一師印証・面授嗣法への批難、嗣書・血脈・大事の三物への論難に対して、天桂の所説を一面認めながらも、それが現実事相面を顧みずに「理ノミヲ取テ事相ヲ捨ル」もので偏見として斥けるとともに、三物を授け受ける師と弟子の機根器量が古人に及ばざる末世においては、仏祖の大法を尽未来際に相続せしめるためには三物・戒儀法式の厳密さ・面授嗣法の重要性を主張したものである。〔所載〕正法蒐20、曹全（室中）、正法新。〔河村孝道〕

正法眼蔵和語梯【しょうぼうげんぞうわごてい】曹　二巻。万瑞（生没年不詳）撰。文政九（一八二六）年成立。万瑞は伊勢の住僧。正法眼蔵参究の初学者のために、宗意の発明に資する一楷梯とならんことを意図して撰述したもの。面山の『渉典和語鈔』が和漢両語の注解であるのに対して、本書は和語のみに限定し、聞書抄や随聞記、古人の和歌や抄物によって解注・渉典を施したもの。万瑞は文政三（一八二〇）年に面山の『渉典和語鈔』を謄写しており、これに触発されて本書を撰述したものである。〔所載〕正法蒐21、正法全。〔河村孝道〕

正法眼蔵和語梯拾要【しょうぼうげんぞうわごていしゅうよう】曹　一巻。万瑞撰、大癡編。万瑞の『和語梯』が書写により伝えられているために謄写の過程で往々誤写して意味の解き謬りなどを来たすことを憂えて、大癡なる僧が西尾（愛知県）の宣和尚と図って板刻印版したもので、長文の注を省略し、『和語梯』の注解文の大要を拾い、参見に便ならしめんために「伊呂波」仮名順に列字編集し、正法眼蔵と聞書抄の引用出処及び各巻目名を略示し図表化して、彦根青木千枝氏の校正を得て、慶応元（一八六五）年に刊行したものである。〔所載〕正法蒐21。〔河村孝道〕

正法山誌【しょうぼうざんし】臨　一冊。無著道忠（一六五三—一七四四）撰。撰述の時期は明らかではないが、無著の壮年時から晩年に至るまでの長年月（一六八四—一七四四）を費して、徐々に成立したものと思われる（本文中に無著九一歳の注記も見られる）。別に『妙心寺誌』ともいう。無著は妙心寺塔頭龍華院の二世。江戸時代の妙心寺派を代表する学匠で、禅籍、祖録の注解をはじめ、清規・法式の解明、妙心寺を中心とする史伝の考証、禅語・俗語の言語学的研究等をもって知られる。本書は正法山妙心寺関係の資料集で、以下に総目次を掲げる。第一巻、像設・塔廟・人物。第二巻、列祖印状・諸祖像賛。第三巻、宝庫書画・書画事考・器物。第四巻、詩偈・文疏・書写大蔵。第五巻、参内・妙心寺議定・規制・規矩・祖師忌・他山祖師忌。第六巻、古今紀談・古今人物雑録上。第七巻、古今人物雑録下・名目。第八巻、境致・殿堂・大徳寺。第九巻、正法山妙心禅寺塔頭。第一〇巻、末寺。各巻ごとに細目を掲げ、関係資料が上述の項目に従って編集網羅され、全巻にわたって無著の批評・解説・考勘等が割注の形で付されている。昭和一〇年、本書に同じく無著の撰になる「殿堂略記」と「大唐名藍記」を合し、『妙心寺誌』の書名を付して妙心寺塔頭の東林院から出版された。なお、昭和五〇年、同書の復刻版が書名を元の『正法山誌』に改めて刊行されている。〔加藤正俊〕

正法山宗派図【しょうぼうざんしゅうはず】臨 一冊折本。万拙知善編。万治三（一六六〇）年刊。関山慧玄（一二七七―一三六〇）に始まる臨済宗妙心寺一派の法脈図。万拙（一六五九年没）は妙心寺塔頭大雄院の三世。本図は妙心開山三百年遠諱を記念したものか。跋に「本山名籍の所載に依り前緒を纂就し、旧図を増補し」とあり旧図のあったことを示す。以来、元禄、寛延、寛政、嘉永、明治、昭和と五〇年ごとに補纂し、『昭和改訂本』（全一二巻、別巻二冊、昭52刊）を最新とする。〔西村惠信〕

正法山清規【しょうぼうざんしんぎ】臨 二巻。無著道忠（一六五三―一七四四）撰。成立年代不明。道忠自筆の草稿および禅悦（生没年不詳）による明和六（一七六九）年の写本がある。本書は臨済宗大本山妙心寺の規式であり、第一巻は月分、日分須知および臨時（入牌祖堂）の規式（享保一七〈一七三二〉年挙行日付）を記し、第二巻は妙心寺初住入寺、再住入寺式の書式、式次の清規を記す。妙心寺の儀式は今日もこれを基としている。〔所蔵〕妙心寺竜華院（自筆草稿）、松ケ岡（明和六年写本）、禅文研（影印本）。〔西村惠信〕

正法山六祖伝【しょうぼうざんろくそでん】臨 一冊。東陽英朝（一四二八―一五〇四）著。明応五（一四九六）年撰述。妙心寺六世の雪江宗深（一四〇八―八六）が、妙心寺開山関山慧玄の「行実記」と「正法山妙心禅寺記」を撰述し、文明一〇（一四七八）年その校正を弟子の東陽に委嘱した。雪江はその後さらに同寺二世授翁・三世無因・四世日峰・五世義天等の伝を編述する意があったが、果さずに文明一八年に示寂した。東陽は、雪江の遺志をついで前記授翁以下四師の伝記を撰述し、さらに先師雪江の伝を加え、先の関山の「行実記」と「正法山妙心禅寺記」を合して『正法山六祖伝』を完成した。以後同書は写本のまま伝世したが、寛永三（一六二六）年、妙心寺の愚堂東寔が自己の属する妙心寺聖沢派の派祖・東陽撰述の『宗門正燈録』一三巻七冊本を刊行し、その一三巻目に『正燈録』の続篇の形で、同じ東陽撰述の『六祖伝』を収録した。これより四年後の寛永七年、愚堂は前記の『正燈録』から最終巻の『六祖伝』を省いて、一二巻本『正燈録』を刊行するが、この時省かれた『六祖伝』が寛永一七年、妙心寺の行者能僊によって初めて独立の単行本として刊行された。妙心寺の初期の歴史を知る唯一の著述で、応永の乱に際して足利義満の怒りに触れ、同寺が取潰された記録などは同書によってのみ知り得る史実である。〔加藤正俊〕

正法寺由来記【しょうぼうじゆらいき】曹 一巻。良道（生没年不詳）撰。延宝五（一六七七）年成立。岩手県大梅拈花円通正法寺は、貞和四年に無底良韶によって建立された。『正法眼蔵』、六代伝衣、仏舎利などの寺宝を伝える。とくに正法寺が、永平・総持寺とともに日本曹洞三箇本寺なりと強調する。二世月泉良印、三世道叟道愛の生国と寄進者名、寺領を記す。〔大野栄人〕

正法清規【しょうぼうしんぎ】曹 二巻。寿雲良椿（?―一五一六）。作者は、永正四（一五〇七）年正法寺続燈庵より正法寺一一五世に晋住し、同六年に本清規を作成、同九年『正法眼蔵』七五巻を書写、同一二年に原初形態を残す『正法眼蔵弁道話』を書写、その他『正法眼蔵雑文』を遺した人である。

本書は、自序に明らかなように、瑩山紹瑾（一二六八〈六四〉―一三二五）の『洞谷山永光寺行事次序』に依りつつ、正法寺の諸事情に適合する清規にしたものである。したがって『行事次序』の疏等に表われる国、郡、郷および総社、別社、諸鬼神等ならびに編成を当国当山之分に相応するように改易したものの、項目・内容等きわめて類似したものである。

本書の乾巻には、年中行事、日中行事、月中行事を、坤巻には、諸回向文等を収めている。すなわち、年中行事には、正月三朝、祝聖修正、涅槃会、閉炉節、免掛搭、結夏準備、仏降誕会、小榜頭、結夏、庫司煎点、土地堂念誦、戒臘牌、楞厳会、主人煎点、首座行礼、書記以下特為煎点、端午、半夏節、季初僧堂巡堂、施餓鬼、衆寮諷経、土地堂念誦、自恣、解夏、天童忌、免丁抄、永平二代忌、永平忌、徹通忌、開炉、達磨忌、衆寮諷経、土地堂念誦、成道会、歳末看経、浴室垂誡、法宝大師上厠作法事を示し、日中行事には、辰時早晨喫粥之法、巳時早晨坐禅、午時斎時、未時法益、申時晡時坐禅、酉時放参、戌時坐禅、亥時開枕打眼、子丑睡眠卯時大開静の諸項を柱に一日夜の叢林の行事を記し、月中行事には、一日より月末までの逐日行事を述べ、遷宮・開堂・仏殿立柱・僧堂立柱の諷経回向を付載している。

坤巻は、祝聖・土地堂・韋駄天・祖師堂・火星神等の諷経、三八念誦、通・応供諷経・為祈禱千巻読経等の回向文、大般若経結願疏、因病祈禱・同音普門品の回向文、請知事、羅漢供養行法事差定、亡者回向、亡僧時諸念誦、布薩作法、尊宿歎霊偈・伏願句、小院之坊主并首座伏願句、亡僧嘆霊句・伏願句、俗人官者嘆霊句、橋供養・大黒天神・山門立柱・開新僧堂等回向文、定光尊者止火偈、逆修回向、尊宿（遷化）諸念誦、祠堂・檀那誕生・懺法祈禱回向・小陳白・尊宿之回向・小陳白（和尚）・亡者之回向・小白、尊宿・住世・在家・亡者之入牌之回向、常住僧衆行儀偈文（焼香、喫粥飯、楊枝、菓子、布施、浴室、剃髪、洗足、洗手、

清面、端坐、小便時、入東司時）等を掲げている。

室町期の数少ない清規として特筆される。写本岩手県正法寺所蔵。〔所載〕続曹全（清規）。　〔小坂機融〕

聖宝僧正伝【しょうぼうそうじょうでん】圓 紀淑人（天暦の初めに寂す）撰。承平七（九三七）年九月一一日記。内題に『注進僧正法印大和尚聖宝僧』とする。醍醐寺開山理源大師聖宝（八三二—九〇九）の伝記で、聖宝示寂後、およそ二〇年に、中納言長谷雄の次子、紀淑人が、宣旨によって著し注進したものである。聖宝の伝暦を年譜を追って記し、皇族出身の家系、得度、修学、受法等を明かし、示寂に至るまでを記してある。〔所載〕続群書8。　〔栗山秀純〕

正法嫡伝獅子一吼集【しょうぼうてきでんししいっくしゅう】曹 一巻。定山良光（?—一七三六）撰。元禄一五（一七〇二）年刊。著者は岩手県黒石正法寺二三世で、梅峰竺信『洞門劇譚』が宗祖道元の宗旨として、因院易嗣による伽藍嗣法を否定し、面授による一師印証を主張したのに反駁し、正法寺二世月泉が開山無底から拝塔嗣法したのを弁護し、開山の法脈の断絶を擁護したもの。〔刊本〕駒大蔵。〔所載〕曹全（室中）、正法蒐20。　〔新井勝竜〕

正法嫡伝獅子一吼集弁解【しょうぼうてきでんししいっくしゅうべんげ】曹 一巻。桂林崇琛（一六五二—一七二八）撰。宝永元（一七〇四）年刊行。定山良光の『正法嫡伝獅子一吼集』に反駁した書で、伽藍法を否定し一師印証、面授嗣法を主張する。臨済宗の崇琛が元禄一五（一七〇二）年に撰したもので、曹洞宗の宗統復古の嗣法論争に宗派の立場を越えて、『一吼集』の異解を指摘している。〔所載〕正法蒐20。——→獅子一吼集　〔川口高風〕

昭穆作述決【しょうぼくさじゅつけつ】浄圓 一巻。道振（一七七三—一八二四）述。明治二五（一八九二）年刊。道振は本願寺派の学僧で、大瀛の門人。昭穆とは儒学においては宗廟のことであるが、著者はこの語をもって列祖の意味とし、その法義の秘決を述作することを表わすのである。すなわち真宗列祖の法門の綱格を簡明にのべたものである。本書は原漢文であるが、孫弟了厳にこれを和文にしてのべた『昭穆作述決複辨』がある。〔所載〕真宗全52。　〔五十嵐明宝〕

唱法華題目鈔【しょうほっけだいもくしょう】日 一篇。日蓮（一二二二—八二）著。文応元（一二六〇）年成立。まず念仏宗の誤りを明らかにし、次に『法華経』は真実で爾前経は方便権教であるとの教判を示し、法華唱題の功徳を説いて法華入信を勧め、末法における法華弘通の方法は折伏であること、滅後弘通の人師の邪正判定の基準は法門によるべきことなどを、一五番の問答によって教示している。『安国論』と同時の述作。写本は日興の抄写本のほかに日朝本がある。〔所載〕定日遺。　〔小松邦彰〕

勝鬘経義疏【しょうまんぎょうぎしょ】南 一巻。聖徳太子（五七四—六二二）。推古一七—一九（六〇九—一一）年の作とも伝えられる。太子は推古天皇に『勝鬘経』を講説したと伝えられる。これについて否定説と肯定説があるが、『勝鬘経義疏』についても偽撰説・真撰説がある。求那跋陀羅訳『勝鬘経』の注釈書であり、経題を解説した後、序説・正説・流通説に分って注を施している。最初に経の要旨を説いて、如来または法雲地（十地の最高位）の大士が、阿踰闍（あゆじゃ）国の人びとを教化するために女性として生まれ、国王の夫人となったものであり、釈迦の教えを受け大乗の道を弘めた、と規定され、その教の内容は、小乗仏教を否定し、大乗仏教の永遠なる悟りを説く一乗の思想を肯定することである、と説いている。中国の江南で行われた解釈を参考にして述作されたものと考えられていたが、敦煌から発見された奈93という番号をもつ勝鬘経本義が依り所となったものであろうとか、義疏と本義は、同一本を依り所にしているので共通する部分が多いのであろう、などと考えられており、さらに、本義は僧旻の著であろうとも推定されている。

表題の下に上宮王私集であることが記され、奈良時代、揚州龍興寺の霊裕（鑑真の弟子であろう）へ伝えられ、唐の明空が義疏に注した『勝鬘経義疏私鈔』六巻が圓仁によって日本へもたらされ、凝然が鎌倉時代『勝鬘経疏詳玄記』一八巻を著した。宝治元（一二四七）年の最初の木版の版木が法隆寺に所蔵されており、昭和一五年この版木で一〇〇部刷られた。〔所載〕正蔵56、仏全4、日蔵（方等部5）。〔参考〕花山信勝校訳・勝鬘経義疏、家永他・聖徳太子集（思想大）。　〔田村晃祐〕

勝鬘経疏詳玄記【しょうまんぎょうしょしょうげんき】通 一八巻。凝然（一二四〇—一三二一）述。正安四—乾元二（一三〇二—〇三）年ころの成立、聖徳太子の『三経義疏』の一つ『勝鬘経義疏』の注である。最初の五巻が散佚し、巻一五以下現存し、第一章如事真実義功徳章への注の部分を欠き、第二十大受章以下の注が存する。義疏の文を略出し、その科文をあげ、義疏の文について詳細に注釈し、解説している。本書はながく最初の五巻が欠けていて、大日本仏教全書も一三巻のみ収めているが、大阪四天王寺でこの五巻が発見されたとのことである。〔所載〕仏全4。　〔田村晃祐〕

浄名玄論略述【じょうみょうげんろんりゃくじゅつ】南 五巻（巻四本末と巻五末欠）。智光撰。成立年代不明。智光は和銅元（七〇八）年か、和銅七（七一四）年か定かではないが和銅年間に生まれている。元興寺に住し三論をひろめた。また浄土教の信仰をもっていた。多くの著作があったと伝えられるが現存する完本は『般若心経述義』のみである。光仁天皇のころ（七七〇—八一）に没したとみられる。本書は別に『浄名玄記』『名玄略述』『浄名経玄論』『浄名玄論略記』ともいわれる。本書は吉蔵の『浄名玄義』八巻の注釈書であり、五門に分けて論述されている。まず、(1)教起所由では、吉蔵が『玄義』を著わした七つの理由（①人びとを信悟させるため、②不二法門を信受させるため、③人びとを了義教に帰了させるため、④不思義解脱の法門により、人びとを容易に悟入させるため、⑤皆有仏性を教え、よい修習を知らせるため、⑥大乗諸経を用い仏事を行わせるため、⑦如来の漸次法門、報応二土を知らせるため）がのべられている。⑵仏教所在では、教判が示され、この『玄義』こそ不二法門である、大乗究竟の教えであるとしている。⑶釈論題目では、題目を通と別の二方面より解釈している。⑷明造論主では、吉蔵の伝記や業績というものが説かれている。最後の⑸随文解釈にいたり、初めて文に随い、注釈が加えられている。〔写本〕建長三年写。〔所載〕日蔵7。〔由木義文〕

声明指南抄【しょうみょうしなんしょう】真 一巻。信澄（生没年不詳）記。享保九（一七二四）年ころ成立。本書は、享保九年一二月上旬、前西蔵院主の端海が懇請を受けて七日間にわたって『魚山集』の梵曲を伝授したものを、弟子信澄が書き記したもの。信澄の跋文によれば、端海は道心堅固で名利を望まず、人びとに尊敬され、声明における音声が清雅にして人びとの耳を悦ばしめるほどであった、という。本書の筆記者である信澄は、下総国香取郡吉田郷の人であり、同国宥鏡の弟子。彼は豊山在住中、端海から『魚山集』の梵曲を伝授された。本書は、端海から伝授されたものを初門の人の一助になるよう、さらにその廃亡をおそれて、信澄が記したもの。本書は、端海が七日間にわたり伝授したものが順に記してある。初日に四智梵語、大日讃、不動讃、四智漢語、心略漢語、仏讃。二日に文殊、吉慶漢語、吉慶梵語。三日に吉慶梵語、阿弥陀讃、四波羅蜜、金剛薩埵、金剛宝。四日に金剛法、金剛業、仏名、教化、三礼、如来唄、云何唄、五日に出家唄、散華、梵音。六日に錫杖、対揚、五悔。七日に胎蔵界、理趣経。東洋大哲学堂本（写本）では吉慶梵語を二日・三日にわけているが、『続豊全』では吉慶梵語を三日にのみおいている。〔所載〕続豊全17。〔本多隆仁〕

称名信楽二願希決【しょうみょうしんぎょうにがんきけつ】浄真 二巻。順芸（一七八五—一八四七）著。文政六（一八二三）年成立。順芸は大谷派の学僧で深励の門人。第十七・十八の両願について、真宗での解釈を深く言及していった書。巻頭に両願文を掲げ、覚如・蓮如の展書本ならびに『三経往生文類』広略両本について、点発を詳示している。〔所載〕真宗全55。〔藤沢正徳〕

称名念仏奇特現証集【しょうみょうねんぶつきとくげんしょうしゅう】浄 二巻。隆堯（一三六九—一四四九）著。上巻は応永二七（一四二〇）年、下巻は永享三（一四三一）年に成立。隆堯は浄土宗の僧で、金勝阿弥陀寺、安土浄厳院の開山。本書は称名念仏によって現世にさまざまな利益、霊験をえた人びとの伝記を編んだもの。当代浄土宗の教化と信仰を伝える貴重な資料。刊本に慶安四（一六五一）年版、正徳二（一七一二）年版がある。〔長谷川匡俊〕

声明用心集【しょうみょうようじんしゅう】天 三巻。湛智（一二四〇—一三二一？）。湛智は蓮入房湛智といい、声明の誦唱と音律楽理とにすぐれていた。天台声明の源流は、京都大原の良忍（一〇七三—一一三二）以来、その地で振るったが、下って四代目に湛智の師常楽房家寛がある。家寛は、後白河法皇に声明業を相承し、かの『梁塵秘抄口伝抄』を成さしめている。一方家寛の弟子湛智は、本書の編者であるが、これまでの大原流声明の楽理を集大成し、本書や、弟子家快の編になる『魚山目録』は、その成果である。本書では、誦唱の実践も手伝って、非合理な声譜を合理化する方向にあって、いわゆる三種五音説すなわち、呂曲、中曲、律曲（上曲、中曲、下曲）それぞれに宮商角徴羽の五音をおく、曲ごとの五音や、三箇変音、商変音、羽変音、甲乙変音のいわゆる曲調上の一音に規則的な転調をみとめる楽理論を主張して、一音に他調、一調に他出の法則をもって、変幻な声明曲の転調変化をあますところなく合理化したのであった。これによって古来ともすると、師承のニュアンスのみで伝えられてきた天台声明は、そのことごとくを客観的な法則楽理の上で位置づけて相伝できることになり、声明業の堕落を救い、今日にいたるまで確固とした唱法を伝えることができたのである。そこには『楽書要録』『悉曇蔵』『和国神楽』等を渉猟した該博な基礎的研究が存している。多紀蔵、叡山文庫蔵、文政七年写本。〔木内堯央〕

聖無動尊決秘要義【しょうむどうそんけつひょうぎ】天 一巻。撰者不詳。別に『不動尊決秘要』『不動秘要決』ともいう。『本朝台祖撰述密部書目』や、『諸宗章疏録』巻三によると、円行（七九九—八五二）撰の『聖無動尊決秘要義』が存したことがいわれるが、それが直ちに本書であるかどうかは定かでない。安然を撰者に擬する説もあるようである。不動明王が大日応化の忿怒尊とされ、根本真言、施食真言などを説明し、画像法から行法までを記す。〔所載〕日蔵（天台宗密教章疏3）。〔木内堯央〕

小蒙古御書【しょうもうこごしょ】日 一篇。日蓮（一二二二—八二）筆。弘安四（一二八一）年成立。別称『与門人等書』。弘安四年五月から七月にかけての蒙古の日本襲来（弘安の役）の渦中において、身延に在った日蓮が門下に発した警告書。蒙古の動向に常に強い関心を寄せていた日蓮は、たび重なる蒙古の日本襲来について、国家の存亡に関わる重大事ゆえに、安易な発言は禁物であると、門弟、檀越に警告したのである。なお、内容上から偽書説もある。真筆は伝わらず京都市本満寺に写本蔵。〔所載〕定日遺2。〔庵谷行亨〕

成唯識論述記序釈【じょうゆいしきろんじゅっきじょしゃく】南 一巻。善珠（七二三—九七）撰。成立年代不明。『成唯識論述記』には基自身の一〇〇〇余字の序文が付けられている。中国の古典故事を縦横に駆使した名文であるため、きわめて難解である。本書は、その一字一字の注釈である。当然中国の古典をはばひろく引用しての解説で、善珠の学識の深さをうかがわせるものである。〔所載〕仏全80。　〔太田久紀〕

成唯識論尋思鈔【じょうゆいしきろんじんしょう】南　一七巻。貞慶（一一五五—一二一三）著。建仁元（一二〇一）年ごろの選述。『成唯識論』巻一より順序をおって唯識学上の問題を提起し議論をした講問論義の論章を編集し、それに決択を与えたもの。のちの『成唯識論同学鈔』に笠置上人御義として引用され、その先鞭となる。『成唯識論本文抄』『成唯識論同学鈔』と並んで、日本中世唯識学上、重要な位置を占める。竜大蔵。　〔太田久紀〕

成唯識論同学鈔【じょうゆいしきろんどうがくしょう】南　⑴六六巻（薬師寺本、『正蔵66』所収）、⑵四八巻（興福寺本、『仏全』76・77所収）、⑶六八巻（延宝七年木版本）、異本によって巻数不揃いである。共通して『成唯識論』巻六の部分が欠け、⑴⑶は英弘『成唯識論知足院鈔』八巻が、⑵は同じく『知足院鈔』八巻と蔵俊『成唯識論善提院鈔』六巻が挿入されている。編者は良算（一一七〇—一二一八ころ）を中心とし、一部興玄（一一六一—？）も参加している。いずれも法相宗。選述の年代は日付の入った一部の奥書から推定して建久五（一一九四）年ごろから建保二（一二一四）年ごろと思われる。

内容は唯識教義についての問答論義の論章を『成唯識論』巻一から順序にしたがって項目別に整理編集したものである。編集された項目の数は、『論』第六巻の部分を除いて、⑴一〇一四項目、⑵一〇四四項目、⑶一〇二二項目である。本書と並んで重要な意味をもつ『成唯識論本文抄』（問答論義のための資料集）に挙げられているのが六〇〇項目であるから、平安末期より鎌倉初期に唯識教義の問題として取りあげるべき項目はだいたい整理が完了していたと考えてよかろう。一項目一論草とはかぎらず収録されている論草の数は項目よりも多い。論草の制作された年代は、日付の入った最古の奥書は延久五（一〇七三）年であるから、一一世紀中ごろより一三世紀初めに及ぶ一五〇年余ぐらいと思われる。

論草の原則的なかたちは、まず問が提起される。経論の語句を典拠にあげながらA・B二つの矛盾する教義を並べ、Aによればこれこれの矛盾が生じ、またBにしたがえばこれこれの撞着におちいるが、これをどのように理解すればよいのかと答を迫る。それに対して答は、同じように経論に基づきながら、矛盾した二説を会通したり、正義を決判したりする。なかには未決として是非を決定しないものや、かりにこの立場に立てばこれこれとなると一面の立論をのべるものなどもある。

本書によって知りうることは、日本唯識学にあっては、論義が重要な役割を果たし、それによって唯識教義の厳密な組織がより精細化されたということである。論草のなかには中国で邪説として排除された円測の学説や、唯識教義と対立する一乗教義を肯定是認するものもあり、まさに日本唯識の宝庫の名にふさわしい内容を備えている。〔所載〕正蔵66。——→成唯識論本文抄　〔太田久紀〕

成唯識論本文抄【じょうゆいしきろんほんもんしょう】南　四五巻。編者は蔵俊（一一〇四—八〇）。法相宗とされるが明確ではない。平安朝末期の編集。おそらく治承四（一一八〇）年以前と思われる。本書は問答論義の草稿作製のための資料集である。法相宗では問答論義がさかんに行われ、それによって唯識教義の研究が深められた。論義は、経論の語句を挙げながらそれを典拠として問が提起され答もまた経論の語句を引用しそれに基づきながら論旨をのべる。したがって、典拠として引用するための資料集があると便利であった。本書はそういう要求に応ずるものであったと思われる。『成唯識論』巻一より順序にしたがって六〇〇の論義の項目が列記され、そのひとつひとつについて典拠としてあげうる経論の文章が編集されている。そこにあげられている典籍の数は二〇〇種類をこえている。説明はいっさいない。論義の草稿の集成である『成唯識論同学鈔』と比較すると、論義の項目の共通するものも多く、引用の経論によっても明らかに『本文抄』が資料集として活用されていたことがわかる。『成唯識論同学鈔』と並ぶ日本唯識の最高の成果のひとつであろう。しかし本書のもっとも重要な意義は、編集されている資料の中に治承四年の平氏南都焼打ちで焼失したと思われる円測『成唯識論疏』、太賢『成唯識論古跡記』、護命『成唯識論解節記』、善珠『成唯識論肝心記』などをはじめとする多くの貴重な典籍が含まれていることである。〔所載〕正蔵65。——→成唯識論同学鈔　〔太田久紀〕

成唯識論了義灯抄【じょうゆいしきろんりょうぎとうしょう】南　七巻。常騰（七四〇—八一五）著。成立年代不明。『注進法相宗章疏』に七巻とある。巻三のみ現存。『成唯識論了義灯』は中国・慧沼の著で『成唯識論』の注釈。本書は、『成唯識論』巻二全体の注釈たる『了義灯』巻三についてのていねいな注解である。散佚した資料も紹介されており、数少ない『了義灯』の注釈として重要である。〔所載〕日蔵（唯識論章疏2）。　〔太田久紀〕

成唯識論了義灯抄【じょうゆいしきろんりょうぎとうしょう】南　四巻。信叡（生没年不詳）著。成立年代不明。現存は巻四のみ。『注進法相宗章疏』に四巻とある。『成唯識論了義灯』は法相宗第二祖慧沼の著作で『成唯識論』の注釈であるが、本書はさらにその『了義灯』に注釈を加えたものである。現存の巻四は『了義灯』巻四本で『成唯識論』では巻三の部分に当たる。全四巻だとすれば、本書は未完成のものと考えられる。〔所載〕日蔵（唯識論章疏2）。　〔太田久紀〕

成唯識論了義灯増明記【じょうゆいしきろ

んりょうぎとうぞうみょうき】南　四巻。善珠（七二三―九七）著。法相宗。奈良時代。中国法相宗二祖慧沼の『成唯識論了義灯』第一巻の注釈。未完の書か。『了義灯』は論義の参考文献としてさかんに研究された模様であるがその基礎となるものである。伝統教学に基づく注釈であるが中国で邪説とされた円測説を対等に評価しているところのあるのは注意を要する。〔所載〕正蔵65。　〔太田久紀〕

承陽大師坐禅箴【じょうようだいしざぜんしん】曹　一篇。永平道元（一二〇〇―五三）撰。仁治三（一二四二）年三月一八日成立。大宋・宝慶元（一二二五）年夏、天童如浄（一一六三―一二二八）の膝下に「一生参学の大事を了畢」した道元は、帰国後ただちに『普勧坐禅儀』を撰述する。道元の宗教の根幹は「只管打坐」である。「只管打坐」とは「ただ坐る」という意であり、何らかの代償を予想し、または要求する方法ないし手段としての坐禅ではないということである。かかる立場から道元は、全盛をきわめていた宋の禅者や禅風について、「坐禅をしらず学せざるおほし」といい、「還源返本」を事とし「息慮凝寂」を旨とする坐禅を、手厳しく批判し拒絶している。道元が「仏祖なり、坐禅箴なり、道得是なり、ひとり法界の表裏に光明なり、古今の仏祖に仏祖なり、前仏後仏、この箴に箴せられもてゆき、今祖古祖、この箴より現成するなり」と、口を極め、言葉を尽して賞揚するのは、ひとり宏智正覚（わんししょうがく・一〇九一―一一五七）撰の「坐禅箴」のみである。しかし道元は「宏智禅師の坐禅箴、それ道未是にあらざれども、さらにかくのごとく道取すべきなり」といって、宏智の坐禅箴になぞらえた一篇の「坐禅箴」を撰する。宏智の「箴」が「黙照微妙」の究竟を説いたとすれば、道元の「箴」は「現成親証」の至極を演べたものといえよう。全篇九六文字の小品ながら、仏教史上画期的な坐禅観の表白であり、道元仏教の極を示す。『正法眼蔵坐禅箴』の末尾に掲ぐ。〔所蔵〕熊本県広福寺、駒大図。〔所載〕正法蒐27（道元真蹟集）、正蔵82、曹全（宗源上）、道元全上、本山版・眼蔵、岩波文庫・眼蔵、古文大81。　〔鈴木格禅〕

承陽大師報恩講式【じょうようだいしほうおんこうしき】曹　一巻。面山瑞方（一六八三―一七六九）撰。大内青巒（一八四五―一九一八）校補。面山の序文によれば、二本の『永平講式』文の脱漏、字の魚魯が存するので改めて撰述したとある。内容は照牌図、道場図、散華偈、四智讃、鐃鈸図、祭文、総礼偈、如来唄、散梵錫、式文（五門）、普回向である。式文第五の遺徳顕揚徽号門には大内青巒校補にさいしての加筆が見られる。〔所載〕続曹全（講式）。　〔原田弘道〕

青龍寺求法目録【しょうりゅうじぐほうもくろく】因　一巻。圓珍（八一四―九一）。圓珍は智証大師、比叡山第五代天台座主。義真門下で一二年籠山ののち、一山学頭、つづいて入唐し、福州、台州、越州、長安等を巡錫し、円密二教にわたる雄大な典籍法門を伝えた。この目録は、圓珍が長安におもむき、青龍寺にあって法全から受法した折に、伝写、蒐集した典籍の目録で、圓珍の目録には他に『開元寺求得経疏記等目録』一巻、『福州温州台州求得経律論疏記外書等目録』一巻、『日本比丘圓珍入唐求法目録』一巻、『智証大師請来目録』一巻等があって、進官の入唐求法目録には本目録の記載と重複するところがもちろん存する。圓珍が法全に師事したのは、唐の大中九（八五五）年七月一五日から一一月五日の間にわたり、本目録の末に、その受法の経緯が詳細に記されている。そこには法全自筆の証明が記され、七月一五日胎蔵界、一〇月三日金剛界、蘇悉地、諸尊瑜伽、一一月五日には阿闍梨潅頂を受けたとしている。この目録には、「日本国上都延暦寺僧圓珍求法目録伍紙、合　胎蔵金剛両部経法等壱佰壱拾伍巻　両部曼荼羅幷道具等」と書き出され、経法と曼荼羅道具等と二項にわけてつらね、「以前経法仏像等、茲於大唐国長安城左街新昌坊青龍寺伝教　和上辺、請本抄写勘定已畢、仍略目録如件　巨唐大中九年十一月十五日求法僧圓珍録」と誌されている。圓珍の長安での密教受法を語る貴重資料である。〔所載〕仏全、正蔵55。　〔木内堯央〕

少林一心戒普説【しょうりんいっしんかいふせつ】曹　一巻。蘭陵越宗（？―一七七九）撰。寛政一一（一七九九）年刊。撰者は無隠道費の弟子で、筑前の山中に草庵を結んで住し、詩文をよくした。本書は、安永二（一七七三）年、越後の徳昌寺の授戒会で、達磨所伝の、一心戒について講説したもの。冒頭で一心戒の来由と意義をのべ、焼香、礼仏、懺悔、三帰、三聚、十重と、受戒の次第に則り、散説をもってまとめとしている。在俗の信者が対象であるため、言葉遣いはやさしいが、十重禁戒のいちいちを三界唯心諸法実相で包摂する点など、当時の禅戒一如思想の一端を知りうる資料である。〔所載〕曹全（禅戒）。　〔永井政之〕

少林無孔笛【しょうりんむくてき】臨　六巻。東陽英朝（一四二八―一五〇四）著、侍者某ら編。宝永六（一七〇九）年刊。別に『無孔笛』『無孔笛集』『東陽和尚語録』『東陽英朝禅師語録』『東陽和尚少林無孔笛』ともいう。東陽は美濃の人で、五歳のとき天竜寺の玉岫種の侍童となる。諸方に歴参ののち、雪江宗深の道望を聞いて竜安寺に掛搭し、雪江の法を嗣いだ。丹波の竜興寺に出世ののち、大徳寺、妙心寺に住した。妙心寺で祖録を提唱すると、五山の衆僧も講筵につらなったという。永正元（一五〇四）年八月二四日美濃少林寺で亡くなった。東陽は妙心四派の一つ聖沢派の派祖であり、その語録が本書である。巻一に丹波竜興寺、大徳寺、再住竜興寺、尾張瑞泉寺、堆雲庵の語録を載せ、巻二に妙心寺、美濃不二庵、美濃定慧寺、再住瑞泉寺、美濃大仙寺、美濃少林寺の語録を載せる。巻三・四は仏事に関するもので、葬送の法語がかなりある。巻五は偈頌、巻六は像賛、道号、雑著、付録は勅書、伝、後序を収める。本書は久しく伝写されている間にみな残編断簡となり首尾備わらないものばかりとなっていたのを法孫の大春元貞が、秘録を捜索すること二〇年にして、諸本を校定して完璧を成した。ときに宝永五年のことであった。これに妙心寺祖璧の序、自跋をそえて刊行し流通させた。無著道忠に『少林無孔笛校証』がある。現今の臨済宗は白隠禅一色だから、その派祖の語録は高い位地を占める。〔所載〕正蔵81。　〔西尾賢隆〕

笑螂臂【しょうろうひ】浄真　五巻。法霖（一六九三―一七四一）撰。享保一七（一七三二）年成立。法霖は本願寺派第四代能化。華厳の鳳潭が『念仏往生明導劄』を著わして浄土門を批難したのに対し、法霖は『浄土折衝篇』を著わし破斥したが、鳳潭がふたたび『浄土折衝篇雷斧』で論難したので、法霖は本書で徹底的に論破した。すなわち「汝の雷は蚊雷で、汝の斧は螳螂之斧であって汝蚊雷子善く聴け」といい、斉の荘公の故事螳螂之斧になぞらえて、車にむかって螳螂が臂（前脚）をあげるがごときであると一笑に付している。のちに鳳潭が本書に対し『却螂臂』をつくったが一顧の価値もなかったという。〔所載〕真宗全60。　〔新作博明〕

丈六開山金岡禅師法語【じょうろくかいさんきんこうぜんじほうご】曹　一巻。明応六―永正一〇（一四九七―一五一三）年前後ころの金岡用兼（一四三八―一五一五）の法語集。金岡用兼は讃岐（香川県）の人で、一一歳で出家し、後に禅門に衣を更え、周防（山口県）竜文寺大庵須益（一四〇六―七三）およびその弟子為宗仲心（一五〇五寂）に参じて、仲心の法を嗣ぎ、洞雲寺（広島県）、桂林寺（徳島県）、慈雲寺（丈六寺、徳島県）を開くとともに、永平寺の伽藍復興のために勧募の助縁をなし、また永正七（一五一〇）年桂林寺在住中に弟子月殿昌桂（桂林寺二世）とともに、義雲謄写六〇巻本を書写した宗吾・光周本系の『正法眼蔵』を謄写して、正法眼蔵謄写・伝播史上に大きな功績を果しており、該本は開山所の洞雲寺に秘蔵されて現在に至っている。本書『法語』は、金岡の師為宗仲心の七周忌拈香（永正八〈一五一一〉年）、月殿昌桂首座、興雲宗繁首座の奠湯奠茶語、阿州大守の猶父備陽刺史新豊院殿十三回忌香語、慈雲寺（丈六寺）開基大川道空（慈雲院・細川成之）の下火・掛真・点眼・安骨仏事・茶湯仏事・一周忌仏事法語、尾州大守建忠勲公三三回忌香語、洞雲三世章山五七日香語、及び茶湯仏事法語、永正一〇（一五一三）年の祭文、永正五（一五〇八）年の徒弟宗晶侍者の五七忌香語、明応六（一四九七）年の塔婆銘、その他の諸種銘・序・下火法語より成る。丈六寺所蔵本（未刊）。　〔河村孝道〕

承和五年入唐求法目録【じょうわごねんにっとうぐほうもくろく】因　一巻。圓仁（七九四―八六四）録。正式には『日本国承和五年入唐求法目録』という。大唐開成四（八三九）年成立。圓仁は承和五（八三八）年から承和一四（八四七）年まで九年間入唐し、帰朝後、第三世天台座主として、比叡山の興隆に努めた。本書は圓仁の請来目録三部のなかのひとつで、もっとも早く作成されたものである。圓仁は承和五年八月に揚州に到着し、翌年二月まで開元寺に円載とともに寄宿し、天台山に入る勅許を待ったが、本目録に記載された諸経疏、曼荼羅等はこの間に求得したものである。その総数は、経疏章伝等一三七部二〇一巻、曼荼羅ならびに印契、壇様、諸聖者影、舎利等で、これらは揚州の諸寺を歴訪し書写した典籍や、宗叡から学んだ悉曇の書、全雅から伝授された念誦法門や胎金両部の曼荼羅、壇様等である。本目録には、不空訳の経軌が多く含まれており、不空訳の密教経疏が急速に揚州の地方までも伝播していたことが推察される。また禅関係の典籍も多く、唐末における禅学の動向をうかがうことができる。なお、『入唐新求聖教目録』には、ほぼ同一の内容でこれから記されている。圓仁は大唐開成四（八三九）年三月、帰朝せざるをえなくなったが、本目録を作成し、経論章疏や曼荼羅・壇様等のみを日本に送付して、自身は赤山で下船している。〔所載〕正蔵55。―→入唐新求聖教目録　〔秋田光兆〕

諸嶽開山十条亀鑑【しょがくかいさんじゅうじょうきかん】曹　一巻。『総持両祖行術録』（元禄四年刊）に合綴されている。別に『当寺開山十箇条之亀鏡』（『曹全』宗源下）、『総持寺十箇条之亀鏡』（『常済全』、『瑩山禅師御遺墨集』解説）ともいわれる。曹洞宗の大本山である諸嶽山総持寺（もと石川県門前町にあり、現在は横浜市鶴見区に移転）の開山瑩山紹瑾（一二六八〈六四〉―一三二五）が正中元（一三二四）年三月一六日に書き遺した漢文体の規約で、総持寺には真筆と伝えられる巻子が所蔵されている。第一条は檀越が無いため托鉢して寺門を経営すること、勅願所であるため、門流の者は本寺として輪住し宝祚の長久を祈ること。第二条はわが宗の第三刹であるが、勅許によって出世の道場となっていること。第三条は定賢律師の請によって教院を改めて禅寺としたので、定賢を開基とすること。第四条から第六条までは門弟の人たちの修行上の心構え、第七条は諸役の勤仕、第八条は小僧・沙弥などの勤行、第九条は寺中諸堂の清掃、第一〇条は門葉の人、同心和合して当寺を修理すべきことをのべ、「右の条々、尽未来際違背すべからざれ。若し法を犯す者あらば、予の門弟子たるべからず。速に擯出せしむべし」と結んでいる。本書は瑩山紹瑾撰とするに、真偽未了の点もあるが、総持寺をして寺統の本寺とし、出世の道場とする瑩山門流の信仰的根拠になっている点は否めない。〔所載〕総持両祖行術録、常済全、曹全（宗源下）、瑩山禅師御遺墨集。　〔松田文雄〕

諸嶽観音堂之記【しょがくかんのんどうのき】曹　一巻。瑩山紹瑾（一二六八〈六四〉―一三二五）撰。元亨元（一三二一）年六月一七日成立。別名『総持寺中興縁起』『諸嶽観音堂縁起』。瑩山が、石川県の諸岳観音堂を禅院にあらためて諸嶽山総持寺として開創するにいたった由来を記したもの。感夢に基づく開創、妊婦の安産を祈願しての山門建立の発願など、総持寺の成立を知る基礎資料。原本（巻子本）は神奈川県総持寺蔵。国指定重文。漢文体。　〔東　隆眞〕

書翰二通【しょかんにつう】眞　服部鑁海（一八四六—一九〇九）撰。明治三六（一九〇三）年成立。服部鑁海が長谷宝秀（一八六九—一九四八）に宛てた二通の書簡。長谷師からの質問に答えて、下根の人の往生浄土には、三品悉地の外に順次往生の一類があると説いたのに対し、長谷師が更に、往生は三品悉地の外なしと論じたため、第二書にて教益甚深門（劣機）を機教相応門（勝機）に対して措定し、機根劣等の人びとへの布教に心をくだき成仏への方便法を明示している。〔所載〕真安心下4。　〔里道徳雄〕

諸儀軌訣影【しょぎきけつえい】眞　一二巻。浄厳（一六三九—一七〇二）口、妙粋（?—一七一七）記。元禄七（一六九四）年成立。または『諸経儀軌訣影』『儀軌訣影』ともいう。浄厳は江戸湯島霊雲寺の開基で、野沢諸流を統合して新安祥寺流を開き、梵学を復興し、また事教二相に多くの著述をなした真言の巨匠である。また黄檗山の鉄眼が新たに『大蔵経』を開版した折には密教の経軌一八七部三二四巻を八帙七四冊として入蔵し、これを別刷して秘密儀軌と名づけ、仁和寺真乗院孝源の口訣を相承して秘密儀軌の伝授を再興した。本書は浄厳が元禄六年五月八日より翌七年五月一六日までの間に行った儀軌伝授の口訣を弟子の性寂（妙粋）が筆記したものであるが、なかに同一一年の伝授によって加筆したところがある。この伝授では二一八部の経軌を一七九会座にわたって伝授しているが、同時に『悉曇字記』の講説一五会座もなされており、本書ではこれを欠いている。初めに密法授受の式、略許可法、儀軌伝授の巻の次第、受者の心得などがのべられ、次いで儀軌の口訣伝授に移る。浄厳による儀軌伝授は都合七回行われており、その伝授次第目録も作られ（『諸儀軌伝授目録』『諸経儀軌伝授次第目録』など）ているが、本書の儀軌の配列はまたそれらと異なるところがある。浄厳以降の儀軌伝授の記録は性寂の『秘密儀軌随聞記』、真常の『秘密儀軌伝授口決』『諸軌稟承録』、宥範の『諸儀軌伝授撮要』など数多くあるが、本書はそれらの嚆矢であり、もっとも重要な書である。〔所載〕続真全3。　〔苫米地誠一〕

諸儀軌伝授撮要【しょぎきでんじゅさつよう】眞　二巻。宥範（一八四三—一九二〇）記。明治三七（一九〇四）年一〇月二六日成立。宥範は明治・大正期に活躍した高野山の学匠で、高野山大学林一等教授、金剛峯寺座主、古義真言宗各派連合総裁を勤めた。本書は、明治三六年九月二一日より翌三七年一〇月二六日まで一〇三座にわたって、大学林において、六一人の受者に対して行われた儀軌伝授のさいに著わされた。初め初席に儀軌相承由来、第二席に第一受法法軌、第二儀軌名義品類、第三血脈相承事、第三席に第四両部宗極、諸儀軌伝授目録などを記し、第三席の第一礼懺部二通より以下、経・軌の伝授口決を記す。すなわち、第一礼懺部二通、第二受戒法五通、第三悉曇部七通、第四壇法部三通、第五念珠法部二通、第六普通部一一通、第七護摩法部五通、第八天等部二八通、第九金剛部（明王）三〇通（以上第一巻）、第一〇諸菩薩部三五通、第一一諸観音部三八通、第一二諸経法部二三通（以上第二巻）の一二部一八九通の口決を載せる。本書の諸儀軌伝授目録の口決によれば、諸儀軌伝授には総別二科があり、礼懺部から護摩法までの七科が総、以下が別であり、本書に収める五部のほか、諸如来部、仏頂部、仏母部、胎蔵界都法部、金剛界都法部、讃歎部の六部があり、総別合して一八科あるとされており、それからすれば本書は具備したものではない。また本書では『伝授記』『訣影』等を参照すべしとする。〔所載〕続真全3。　〔苫米地誠一〕

諸儀軌稟承録【しょぎきひんじょうろく】眞　一三巻。真常（一七一九—一八〇二）集記。寛政九（一七九七）年三月成立。または『諸軌稟承録』ともいう。真常は、河内延命寺の第七世で、宝泉寺無等、霊雲寺光海より浄厳の法脈を相承した新安流の巨匠であり、浄厳の復活した秘密儀軌伝授も行った。本書は、その序によると、無等、教嶽の口決を天明年中に記しておいたものを、寛政五年豊山衆徒の請いによって秘密儀軌伝授を行ったさいに、慧曦の口決を寂然、蓮如の記した本によってふたたび校閲を加えたものである。また奥書によれば、寛政八年一一月二五日より一二月六日の間にみずから点を下している。内容は、第一巻には、初めに入唐八家について簡単に記し、次いで第一礼懺部二部、第二受戒法六部、第三悉曇部六部、第四壇法部三部、第五念珠法部二部、第六普通部八部、第七護摩法五部、第二巻には第六普通部の中の『蘇悉地羯羅経』『蘇婆呼童子経』など三部、第三巻には第八天等部三五部、第四巻には第九金剛部（明王）一三部、第五巻は同金剛部一六部、第六巻は第十菩薩部三五部、第七巻は第一一観音部二八部、第八巻は同観音部一六部、第九巻は第一二諸経法部四六部、第一〇巻は第一三諸仏法部三一部、第一五仏母部四部、第一一巻は第一六胎蔵界都法部八部、第一二巻は第一七金剛界都法部三九部、第一三巻は同一部、総計三〇八部の経軌についての口決を載せる。〔所載〕続真全2・3。　〔苫米地誠一〕

諸経儀軌伝授次第目録【しょきょうぎきでんじゅしだいもくろく】眞　一巻。浄厳（一六三九—一七〇二）述。元禄二（一六八九）年成立。外題には『諸儀軌伝授並調巻目録全』とある。秘密儀軌の伝授は中古以来衰退していたが、浄厳は仁和寺真乗院孝源より口訣を相承してみずから衆徒に講授し、伝授の次第を定め、これより儀軌伝授はさかんとなった。本書はその秘密儀軌伝授にさいしての、諸経軌の目録であるが、題下に「元禄十一戊寅年十月十一日大阿闍梨耶浄厳大和尚」とあって、元禄一一年に行われた伝授のさいのものであることがわかる。また本書は、二四九部の経軌名をつらねる目録と二二三部の経軌名をつらねる目録との二種を載せており、また本書とは別に『仏全』2に『諸儀軌伝授目録』が収録され、同じく「元禄十一年戊寅歳中秋望日」に浄厳みずからが著わしているが、二八〇部の経軌名を挙げ、また礼懺部、受戒部など一八部に分けるなど、本書が経軌名のみを挙げるのと異なっている。またともに『秘密儀軌』録内の経軌についてはその帙名を出している。〔所載〕続真全3。――→諸儀軌伝授目録

〔苫米地誠一〕

諸家教相同異集【しょけきょうそうどういしゅう】因 一巻。圓珍（八一四―九一）撰。『諸家教相同異略集』『甘露門集』ともいう。序に「諸家を尋ぬるにあらずんば、いづくんぞ真味を知らん。故に今略して数家を挙げ、以って亀鑑となす」といい、㈠諸家所立の教相不同なるを明かす、㈡研詳を明かす、の二段に分け、㈠教相不同のうち、⑴隋嘉祥寺吉蔵の三法輪、二蔵判、⑵唐新羅国元暁の四教判、⑶大周法蔵の五教判、⑷恵苑の四教判、⑸唐遍覚三蔵の三時教、⑹大周七宝台寺法宝の五時教、⑺盧山劉虬の七階五時教判、⑻大日本国上宮太子の五時教、⑼隋天台智顗の五時八教判、⑽叡山圓仁の二種教、をあげ、㈡研詳では、相承・所依の経論にふれ、三車四車の問題、一行や鑑真のことにも及んでいる。また『広記』なる書や『依憑天台集』にゆずるところもある。〔所載〕仏全24・26、正蔵74、智全中。

〔坂本廣博〕

諸家念仏集【しょけねんぶつしゅう】浄 九巻。懐音（?―一七一三）撰。寛文一二（一六七二）年成立。この書は、諸宗（八宗）がよりどころとしている諸経論釈の中から念仏に関説した要文を集め、弥陀念仏の教義、見解、釈義を抄出して諸宗における念仏義を解説したもの。すなわち、第一巻―律宗念仏。第二巻―法相念仏。第三巻―三論念仏。第四巻―禅宗念仏。第五巻―華厳念仏。第六巻―真言念仏。第七巻―天台念仏。第八・九巻―蓮（浄土）宗念仏の九巻である。第一巻では道宣、元照の著書を引用して事観・観念称名を説き、第二巻では、窺基、義寂、法位らの著書を引用して観想持名の念仏を説き、第三巻では、龍樹、僧肇、嘉祥らの著書を引用して三論の教義に基づく念仏を説き、第四巻では、『玄門捷要』『蓮宗宝鑑』『浄土或問』『浄土旨訣』などを引用して六種念仏を説き、第五巻では、杜順、子璿、元暁の著書を引用して事事無碍円融の念仏を説き、第六巻では、空海、実範、道範らの著書を引用して名号即秘密真言を説き、第七巻では、智顗、飛錫、知礼らの著書を引用して理観念仏を説き、第八・九巻では、懐感、道鏡、法照、源空、聖光、良忠、天親、曇鸞、善導らの著書を引用して、浄土宗の念仏は有相単信の本願称名念仏であることを論述している。稿本のままであったのを密厳が校正し、仏定が寛政一二（一八〇〇）年に刊行したもので、各宗における念仏思想の概要を知る上では手近な参考資料といえよう。〔所載〕浄全15。

〔戸松義晴〕

助顕唱導文集【じょけんしょうどうもんしゅう】日 五巻。円明日澄（一四四一―一五一〇）撰。文明一六（一四八七）年成立。日澄は室町時代一致派を代表する学匠で、鎌倉を中心に活躍し、宗内外における論争を行っている。本書は、人びとを導くことを目的として、聞法、信心、慈悲、忍辱、布施、精進、智慧、懺悔、廻向、知識、敬師、感応、因果、報恩、仏果、魔障、悪見、外道、戒法、色身、煩悩、無常、雑類事の二三項にわたり、経典、論疏および論語などの諸書より要文を抜粋したもの。寛永二〇（一六四三）年刊行。刊本は立大図書館蔵。

〔北川前肇〕

蔗軒日録【しょけんにちろく】臨 三冊。季弘大叔（一四五〇―八七）撰。本日記は大叔の日記であり、記事は文明一六（一四八五）年四月一日に始まり、同一八（一四八七）年一二月三〇日に終る。上は文明一六年四月から一二月までと文明一七年正月から五月と七月。中は文明一七年八月から一一月までと、文明一八年正月から五月一〇日。下は文明一八年五月一一日から一二月。〔所載〕大日本古記録。

〔鷲阪宗演〕

諸寺縁起集【しょじえんぎしゅう】通 一冊。清範（九六二―九九九）編。原本の箋に「法眼清水清範筆記也」とある。著名な諸寺諸会の縁起が三一項目記されている。康永四（一三四五）年に他の諸縁起等と校合・付記されて現存のかたちに整えられているが、本書は東京護国寺に写本が残ることから、一般に護国寺本と称せられる。「諸寺縁起集」と題するものは現在数種あり、いずれも異なるものである。とくに本書と並んで醍醐寺本が有名であるが、これは一八項目であり、共通する六項目（東大寺縁起、元興寺縁起、大安寺縁起、興福寺縁起、西大寺縁起、薬師寺縁起）も内容は異なるものの部分的に護国寺本を補うことができる。本書の内容項目は次のようである。法花八講縁起事、四天王寺縁起事、笠置寺縁起事、大安寺縁起、元興寺縁起、西大寺縁起、薬師寺縁起、招提寺縁起、長谷寺縁起、東大寺縁起、勝尾縁起、竹生島縁起、角寺縁起、維摩会縁起、常楽会事、法花寺事、超昇寺、興福院縁起、済恩寺、法隆寺、多武峰、橘寺、河原寺、本元興寺、山田寺、当麻、北京御願寺所、矢田縁起、金剛山、有馬温泉、このうち有馬温泉は項目のみで本文を欠く。編者の清範は興福寺、法相宗の僧で已講の労で長徳四（九九八）年権律師となる。すぐれた説経者として有名で、『枕草子』『大鏡』等にその評判を伝えているが、『今昔物語集』『古事談』には文殊の化身とまで説話化されている。〔所載〕仏全118。

〔伊藤孝子〕

諸宗儀範【しょしゅうぎはん】臨 二巻。大心義統（一六五七―一七三〇）述。成立時期不明。安永七（一七七八）年の写本が伝わる。義統は大徳寺二七三世で菩薩戒にも通じていた。江戸時代、仏教諸派は安定期を迎えるが、一方で各宗派の

特色を明らかにする気運が起った。本書もそうした傾向を反映するものの一つで、各宗の特質を儀軌の面から明らかにし、本質的には同一であることを示している。〔所蔵〕谷大。　〔沖本克己〕

諸宗経疏目録【しょしゅうきょうしょもくろく】通　一巻。源空（一一三三―一二一二）作。本書は、法然上人源空の著作や口述を集めた『黒谷上人語灯録』に収められている『浄土初学抄』の中、一一宗の書目を掲げる部分を別行したものである。華厳宗は円澄の『華厳宗章疏并因明録』から三四部、天台宗は玄日の『天台宗章疏』から二四部、三論宗は安遠の『三論宗章疏』から三三部、法相宗は平祚の『法相宗章疏』から四三部、それぞれの宗派の書物中の要をとったものと記されている。ただし、他の目録からのものも含まれている。その他、地論宗九部、摂論宗三部、大乗律宗三七部、成実宗三部、倶舎宗三部、四分律宗四部が挙げられている。各宗の書目の終りに、簡単に各宗の教理に触れており、特に浄土思想との関連について記している。真言宗については解説はあるが書名は挙げていない。『浄土初学抄』は、天台、法相、三論宗の浄土教との関連を記した後、本書に抄出された書目を記し、ついで宋高僧伝、唐高僧伝に言及している。〔所載〕仏全1、正蔵83。　〔田村晃祐〕

諸宗教理同異釈【しょしゅうきょうりどういしゃく】真　一巻。頼瑜（一二二六―一三〇四）撰。建治二（一二七六）年二月一日成立。または『諸宗教理同異秘釈』ともいう。頼瑜は、覚鑁没後に根来に大伝法院を移し、加持身説を唱えて新義真言教学を大成した学匠であるが、奥書に「建治二年二月一日記畢。雖レ憚ニ下愚之才一判ニ五宗之理一。難レ背ニ上綱之命一。綴ニ一章之文一而已　東山醍醐寺沙門頼瑜」とあるところからすると、本書は、建治二年の春に上綱の命によって、醍醐中性院において書かれたものであることがわかる。本書は題名のごとく諸宗（法相、三論、天台、華厳、真言の五宗）について、その教理の同異浅深を論じた書であるが、大きく二段に分かれ、初めに諸宗各々立教の方として、所依の経論と教判とを挙げ、「已上五宗立教不同也。又雖レ言ニ三乗一乗別レ岐顕教密教殊レ途。破邪顕正之義。権実是同。出迷証覚之旨。顕密豈異乎」とする。次いで諸宗究竟の理について横竪の二門、同異の二義をのべるとし、能絶離の言教には四宗の遠近があるが所絶離の理性には五家の差別優劣はない、しかし住心浅深の義によると五宗所証の真理にも浅深があるものとして、以下各宗所説の真理についてのべる。とくに後半には天台の一念三千と華厳の円融十玄、事々無礙、事理無礙と真言の六大、四曼、三密との相違を論ずる。類書に凝然の『八宗綱要』や師錬の『八海含蔵』などがあるが、本書は真言の立場から著わされた諸宗綱要書として、空海の『十住心論』を継ぐものであろう。〔所載〕正蔵79、仏全3、訳一（和諸宗部25）。　〔苫米地誠一〕

助正釈問【じょしょうしゃくもん】浄真　一巻。石泉僧叡（一七六二―一八二六）撰。文化二（一八〇五）年成立。僧叡は本願寺派の学僧で、石泉学派の祖。本書は真宗の法門について、弘願にも助正の二業あることを説示したもの。すなわち初帰の安心においては助業を捨て、正業に就くべきものであることはいうに及ばないが、後続の行儀には助正の二業ありとする。文化元（一八〇四）年の夏、広島の仏護寺において、僧叡が『般舟讃』を講じたおり、廃立安心・助正行儀の説を立てた。しかし聴衆は宗意に異すとして物議をかもした。仏護寺の住持は聴衆に迫られて、僧叡に命じて和解せしめんとしたが、僧叡は応ぜず、翌二年七月に、客問に応じて弘願助正が臆説に非ざることを叙述したものが本書である。石泉（僧叡）は弘願に助正をたて、助正論を展開した。空華学派は弘願に助正なしとし、助正論は立論しない。石泉は『選択集』（第四章）の筆法をもちいて、廃立、助正、傍正の三義によって、真宗の行業を説示した。すなわち安心は廃立、行儀は助正、教相は傍正であるとして、安心建立以後の相続行（報恩行）の修相のうえで、称名を正、同類・異類の助業が助となって、大悲伝化をなすとする。それに対し空華は助正の語義は方便を帯びること常なり、宗祖は助正をもって真実とは明かさずとして弘願助正を建てない。自筆本は芸州長浜の石泉文庫所蔵。〔所載〕真宗全50。〔参考〕仏教大辞彙4（正助二業項）。　〔藤田恭爾〕

助正箋【じょしょうせん】浄真　一巻。道命（一七七一―一八一二）述。文化五（一八〇八）年成立。道命は本願寺派の学僧。本書は、石泉僧叡（一七六二―一八二六）の『助正釈問』（一八〇五年成立）に対しての反論書として、弘願助正を否定した立場で起述されている。弘願助正を認めるか、認めぬかで芿園学派と石泉学派の対立があった。仏護寺主はまず、芿園学派の道振に命じて、『助正釈問』を批評せしめんとしたが、道振は辞してこれに応じなかった。そのため道命に命じて、この書を記せしめたのである。跋には道振が筆を執り、道命の説と同義であることを明記している。本書はまず、駁論の三不可を挙げて、慎むべきことをのべ、「弁斥ハナヲ自ラ分ヲ看テ致サズ。試ニ文ヲ解シ。義ヲ取ノ異ヲ叙シテ。取捨ハ他ノ識者ニ任ス」ときわめて謹厳に叙述が開始されている。次に、本典の行巻の大行を弁じ、五念・五正相対の相違を分別して、五異を挙げている。すなわち(1)所依仏経の異であり、五念は『大経』、五正は『観経』、(2)建立義門の異であり、五念は従本向末、五正は従末向本、(3)真仮純雑の異であり、五念は純真実法、五正は真仮混雑、(4)助正有無の異であり、五念は助正なし、五正は助正あり、(5)行相難易の異であり、五念は至易、五正は難、と判じて、さらに称名について業成を弁ずるときは、助正を建てるが、信因称報と談ずるときは、起行はことごとく報恩行となるがゆえに助正の分別なしとする。写本を京都法光寺、芸州立善寺に蔵す。〔所載〕真宗全50。〔参考〕仏教大

辞彙4（助正釈問項）。――→助正釈問　〔藤田恭爾〕

初心回向儀註釈【しょしんえこうぎちゅうしゃく】回　上下二巻。日輝（一八〇〇―五九）著。弘化三（一八四六）年成立。本書は初心の行人に回向の行軌、意義を理解させるために撰述したもの。回向を帰依、信敬、供養、祈念の四回向に分けて解釈を加え、これらの回向を修して高広深勝の仏果をうべきものとす。〔所載〕充洽園全集2。　〔松村寿巌〕

初心行護鈔【しょしんぎょうごしょう】浄　一巻一冊。仁空実導（一三〇九―八八）著。応安六（一三六七）年成立。たんに『行護鈔』ともいう。実導は本山義祖の三鈷寺康空示導について修学し、円密戒浄の四宗に通ずる。その述作は多義大部に及ぶ。恵仁ともいい勅諡は円応。本書は『座右鈔』『講院学堂通規』と合本一冊になっており、その内容から併読する必要がある。延文三年に制定した衆僧の遵守すべき式目をもととして、さらに応安六年に添削し初心者のために行護すべき条目を記し定めておいたものである。⑴小仏殿等平座勤行九条、⑵食法九条、⑶入浴八条、⑷上厠五条、⑸雑用一八条から成り、その条目は初心者の生活全般の委細にわたり、懇切に指導されてあり基本的に修すべき個条である。趣意は『座右鈔』の跋文に見えるように、師跡をまもらんがために同法の衆徒に対し制定した清規である。同学の法侶みなともに遵行して、仏法をして久しく世間に住せしめ、師道をして遠く遐代に伝えしめよ、といましめている。浄土宗西山流本山義における清規制式の一である。西教寺正教蔵に承応三（一六五四）年舜興書写本あり。享保一二（一七二七）年版、刊年不明版あり、昭和五年再刊。〔所載〕正蔵83。　〔大塚靈雲〕

初心行者位見聞【しょしんぎょうじゃいけんもん】回　一六巻。日海（一三三六―八九）、建徳三（一三七二）年の作と推定される。日海は上総藻原寺四世。初め天台の学僧であったが、宗を改めて身延六世日院（一三一二―七三）のもとに投じ一山の学頭を務めた。本書は日蓮の『四信五品抄』によって、末代法華の行者位を追求しようとするのがその主眼である。今その象徴的な部分、すなわち「初随喜」について一瞥すると、日海は『四信五品抄』の大綱を「謂ゆる此御書の所詮は、末代底下薄地の愚者造悪不善の人也と雖も、権説を捨て但南無妙法蓮華経と唱へ奉る者は但信力の一事を以て三悪趣を離れ終に仏道を成ず可き也。然るに此の信者は何れの位に居する耶といえば、六即に当る時は名字即、四信に当る時は一念信解、五品に当る時は初随喜也。此の如く意得る時は一念信解は初随喜と一物なり。此の初随喜は相似・観行・名字即と云う三釈これ有り。教弥実位弥下という釈の意を以て一念信解・初随喜は名字即というが正意也」と示し、『四信五品抄』に即して末代法華行者の境位が名字即・初随喜にあることを明らかにしようとする意図である。そして、末代初随喜名字即の証人として常不軽菩薩の古事を引いて、その手本としている。以下は、初随喜の信行を十乗観法の面からの論究等々である。要するに本書は『四信五品抄』の講讃を目的とし、信行を論ずるものである。なお写本は立大にあるが写誤が多い。　〔中條暁秀〕

初心頓覚鈔【しょしんとんがくしょう】真　三巻二冊。道範（一一七八〈八四〉―一二五二）記。巻末に「慶安二年九月吉日　於高野山開板」とある。道範記とされているが疑われている。初心者に対しての真言宗義の要旨を説いている。上巻には、真言教の意について、大日の光のこと、大日如来と天照大神について、天照大神と観世音菩薩について、弘法大師御入定と弥勒仏について、大日如来について、十住心論について、真言教と極楽阿弥陀浄土について、が記されている。文中に「一門一門の体は大日の外の弥陀観音等一体一体也、大日は一切の門を一人具足たまえり、然則、大日普門所現の不動也けり、毘沙門也けり、地蔵也けりと云う事を疑心も無く誤も無く信知すべしと云事也」とある。中巻には、『性霊集』の難思について、密教の戒行についてが記されている。下巻には、真言教は甚深無相の法をいう。無相の教は世門では、漢字で書かれているが、文字の経本を教えのよりどころとして良いか悪いかについて、顕教のおきてについて、陀羅尼について、心性について、大日如来の御心について、真言教は悪業重罪の人のためにも巨益をもたらすか、真言教は浄行の僧侶に限っての修行か、俗人も修行してよいのか、俗人の修行は妻子を捨てるべきか、三十七尊について、三密行について、とある。巻末には「又云五逆十悪に過て深重の罪有るは、人身を受けても仏教を学ざる人是也」と結んでいる。〔所蔵〕慶安二年刊本（正大）。　〔中山清田〕

諸神本懐集【しょじんほんがいしゅう】浄真　一巻、または二巻。存覚（一二九〇―一三七三）著。元亨四（一三二四）年成立。存覚は親鸞の曽孫、覚如の長子。跋文によれば存覚三五歳のとき、了源の要請によって当時世に流布する本書の原本について、文言の相違するところや義理の不審なところを添削したというが、添削前の原本については伝わらない。承応三（一六五四）年の刊本に撰号を沙門源空記とする和文調の漢文体で書かれた一本があるが、文中に引用された八幡大菩薩の託宣は一遍が八幡宮に参詣したときの託宣であること等により、源空作とは思われない。しかし、これを存覚の添削した原本と考えるには、内容がほとんど一致していて添削のあとがうかがえない。了祥はこれを誓名不同計の謀書として『異義集』巻二に上下二巻の書名のみを載せ、同巻七に自筆の一巻本全文を収めている。本書の内容は三門に分かれる。まず第一に当時世に崇敬されていた国神のいちいちについてその本地たる仏菩薩を示し、それらの諸仏菩薩は皆本師たる弥陀一仏に摂められると説く。第二に生霊死霊畜類等の邪神について承事のおもいを止めるべきことをのべて迷信打破を強調し、第三に諸神の本懐は仏法を行じ念仏を修することにあると結んでいる。総じて本地垂迹を認めながらも諸神諸仏を弥陀一仏に帰せしめようとしたもので、後代の真宗神祇観形成の基礎となった。端之坊本、谷大、竜大蔵。〔所載〕真宗法要12。異本は真大36。〔小山一行〕

諸神本懐集講義【しょじんほんがいしゅうこうぎ】浄真 三巻。義譲（一七九六―一八五八）説。成立年代不明。義譲は大谷派の学僧。一に詳撰述人、二に染筆興由、三に一部大意、四に神道大綱、五に入門解釈の五門を立て、ひろく神道の典籍を引いて神仏二道の関係を詳細に論じている。〔所載〕真宗全44。——→諸神本懐集 〔小山一行〕

諸神本懐集跋渉録【しょじんほんがいしゅうばっしょうろく】浄真 一巻。桑梁（生没年不詳）撰。文政五（一八二二）年成立。桑梁は本願寺派の学僧で、唯一の神道研究家といわれる。本書は存覚の『諸神本懐集』の講録で、神道と仏教との関係を簡明にのべている。〔所載〕真宗全62。——→諸神本懐集 〔小山一行〕

諸説不同記【しょせつふどうき】真 一〇巻、八巻また一一巻。真寂（八八六―九二七）撰。成立年代は不明。『大悲胎蔵普通大漫荼羅中諸尊種子標幟形相聖位諸説不同記』『胎蔵諸説不同記』という。内容は、初めに『大日経疏』の文を引いて胎蔵本有曼荼羅の体および尊位等を説明し、次に空海請来の現図曼荼羅の各院につき、『大日経』『大日経疏』『大日経疏義釈』の文を引いて各院の趣旨および『大日経疏』と現図曼荼羅との差異などを示し、また諸尊の漢名、梵号、密号、種子、三昧耶形、形相等を明かし、これらの各々を東寺、高雄の曼荼羅に照らし合わせ『大日経疏儀軌古抄』等を比較して諸説の不同を記す。三昧耶形はいちいちこれを図示している。現図胎蔵曼荼羅に関するもっとも権威のあるものである。目次は、巻第一、内胎八葉院、巻第二、内胎八葉院の余、九尊座位、諸座表像、四隅宝瓶、院々界道、巻第三、如来部壇、蓮花部壇、巻第四、金剛部壇、持明使者壇、巻第五、文殊壇、除蓋障壇、巻第六、虚空蔵壇、地蔵壇、巻第七、第三重釈迦壇、巻第八、釈迦壇南方諸天、巻第九、釈迦壇西方諸天、巻第十、釈迦壇北東二方諸天である。寛文六年の写本が現存する。〔所載〕仏全44。〔村山正俊〕

諸尊要鈔【しょそんようしょう】真 一五巻。実運（一一〇五―六〇）。実運の弟子である寛命が、師の口説を記したもので、『秘蔵金宝鈔』をもととして輯録されたものである。〔所載〕正蔵78。〔福田亮成〕

初中後善義【しょちゅうごぜんぎ】浄真 一巻。智洞（一七三六―一八〇五）編。成立年代不明。智洞は本願寺派の学僧で、三業派。初善・中善・後善について明かしたもの。すなわち『法華経』序品にある「演説正法初善中善後善其義深遠」とある文について、光宅の『義記』、嘉祥の『義疏』、天台の『法華文句』などの諸疏から、一五義をあつめて列挙したものである。終りにその一五義がまとめられている。〔所載〕真宗全62。〔五十嵐明宝〕

諸人御返事【しょにんごへんじ】日 一篇。日蓮（一二二二―八二）著。弘安元（一二七八）年成立。弘安元年の春ごろ鎌倉では、日蓮と真言、禅宗の僧と法論が行われるという風聞があった。これに対し日蓮は、もし法論が行われるならば、『法華経』が日本国中にひろまり、「日蓮一生の間の祈請ならびに所願忽ちに成就せしむるか」と宿願達成の期待をのべ、法運隆昌を予想している。真筆を千葉県本土寺蔵（重文）。〔所載〕定日遺。〔小松邦彰〕

諸法実相鈔【しょほうじっそうしょう】日 日蓮（一二二二―八二）撰。文永一〇（一二七三）年佐渡で執筆。最蓮房宛の書だが、真蹟・古写本ともに伝わっていない。方便品の諸法実相、十如の文意を解釈し、妙法五字の法体と本門寿量品の事の一念三千について論じている。さらに「行学の二道をはげみ候べし。行学たへなば仏法はあるべからず。我もいたし人をも教化候へ」と門下に向かって、行学に精進すべきことを強調している。〔所載〕定日遺1。〔上田本昌〕

諸法分別抄【しょほうふんべつしょう】真 一巻。頼宝（一二七九―一三三〇？）口説、了賢記。本書は空海の六大思想、およびその源流としての五大、五色、五字等に関する一五カ条について論じたものである。その項目を挙げれば、身心本元事、六大事、五大形色因縁生事、五大本末分別事、五大通名輪事、五大五色中何為本事、法性内五大世間外五大分別事、五大重立離散本末事、五大相剋相生事、五大仮実分別事、五大重立次第事、諸法能成六大一異事、五字門四万六大分別事、五字有点無点事、色心法体形色同異事の一五条である。このうち第一の身心本元事は、『身心本元抄』『東寺頼宝記』として別立にされており、次の六大事以降は、「頼宝口、空覚上人（了賢）記之」とされている。身心本元事とは、身法と心法の両者のうちいずれが本元であるかの問題であり、頼宝は真言密教では身法が本元なることをのべる。六大事以下の各章は、地水火風空の五大と識大との関係と本質を論じ、総じて六大こそ諸法の本体であることをのべるのであるが、小田慈舟によれば、六大事以下の一四条は、『体大東聞記』または『六大奥義章』と称される別本となっているという。氏の推定によれば、『諸法分別抄』は、『身心本元抄』と『六大奥義章』の両本を後人が合綴したものではないか、とされている（『仏解』の記述による）。〔所載〕正蔵77。〔加藤精一〕

初発心時【しょほっしんじ】南 一巻。禅爾（一二五三―一三二五）草。鎌倉時代成立。『六十華厳』梵行品の初発心時便成正覚の説により、その実修をのべたもので、初心即極が華厳不共の説であることを、『探玄記』『演義鈔』等を援用して論じる。すなわち、分即円を円融の正義となし、一分法界に契うとき、円満の仏智に徹すものであり、行布即円融、円融即行布、明即闇、闇即明の唯一円智にお

いて前後はないと説く。小品であるがすぐれた論である。〔所載〕仏全鈴36、日蔵鈴75。〔小泉春明〕

除膜養珠論【じょまくようじゅろん】日　一〇巻。日寿（一七八九―一八五三）著。成立年代は不明であるが、本書が本能寺第八二世日肇（一七九四―一八五三）の『夢中賓主論』（一八五〇年成立）一〇巻に対する反駁書であることから、一八五〇―五三年の成立と推定される。『日真教学の研究』（林真芳）では、嘉永六（一八五三）年の成立とする。日寿は日真門流の学匠で、若狭小浜本境寺第二一世を経て、本山本隆寺第四一世の貫首に晋んだ。在山中、八品門流の日肇と宗義を論じ、まず日寿が『教論正義』四巻をもって日隆教学を批判すると、日肇は『夢中賓主論』一〇巻をもって応酬。そこで日寿はさらに本書を著わして反論を加えたのである。〔北川前肇〕

諸流血脈【しょりゅうけちみゃく】真　一巻。隆増（一四〇〇ころ）記。または『野沢師記』『血脈鈔隆増記』ともいう。隆源の付法の一人である隆増によって著わされた血脈集。報恩院流を中心とした小野方の祖師名および略伝と仁和寺御流を中心とした広沢方の祖師名および略伝とを挙げ、小野六流、小島流、遮那院流、岳西院流、松橋流、照阿院流、宝池院流、妙法院流、広沢六流など野沢諸流の略血脈譜を載せる。『野沢血脈集』に引かれる。→野沢血脈集〔苫米地誠一〕

白木念仏法語【しらきねんぶつほうご】浄　一巻。證空（一一七七―一二四七）述。『勅修御伝』第四七巻は證空に当てられていて、證空の略伝のあとに、「このひじりの意巧にて人の心得やすからむために、自力根性の人にむかひては、白木の念仏といふ事をつねに申されにけり」と前置きして、一七〇〇余字の法語が載せられている。この法語の末尾に「已上見于門弟記録」とあるので、『勅伝』の編者が当時白木念仏の聖者として著名であった證空の白木念仏の法語を門弟の記録からとって載せたものである。四八巻伝と九巻伝で少し字句に出入りがある。成立年代は不明である。白木とは彩色をしていないすがすがしい木であるが、これを純粋な本願の念仏に譬え、無駄にこれに付け加えられてゆく自力根性を彩色に譬えたものである。人々は大乗の悟、領解、戒、定散などで色付けして、なげき、よろこぶが、皆自力の迷いであって、何の色どりもない白木の念仏とは『観経』下三品、とくに下々品に説かれる臨終苦逼失念のうちに唱えられるような念仏、『大経』の法滅百歳の念仏である、としてこれを詳説している。「中々に心をそへず、申せば生と信じて、ほれぼれと南無阿弥陀仏ととなふるが、本願の念仏にてはあるなり」と結んであるが、白木とはまた無心ということである。證空の歌と伝えられる「山賤が白木の合子そのままに漆つけねばはげ色もなし」はこの法語を歌にしたものである。また西山浄土宗には白木念仏という独特の念仏の唱え方がある。西山でこの法語だけを刊行したものはない。〔所載〕森英純編・西山上人短篇鈔物集（昭55）。〔参考〕井川定慶編・法然上人伝全集、法然上人行状絵図、九巻伝。〔徳岡亮英〕

白木法語弁釈【しらきほうごべんしゃく】浄　一巻。大周（生没年不詳）著。成立は天明のころ（一七八〇年代）か。證空の白木の法語で説かれる念仏は、源空直正の念仏であることを、法語の文々句々に従って源空、證空、隆寛等の義を出して詳細に解釈したものである。また義山や是堪などは源空の正意を弁ぜず、證空が源空の正意を伝えているといい、一念義、西谷義、深草義などの相違を挙げ、また諸経論を引いて詳注、解釈している。写本を西山短大蔵。〔日下俊文〕

尸羅敲髄章【しらこうずいしょう】南　一巻。英泉（一七〇四―一八〇一）撰。成立年代不明。インド、中国、日本にわたる戒学の歴史及び各宗の戒体戒義を概説した書。英泉は戒律の伝灯を図示しつつ諸戒義を論じ、特に日本では天台、相宗、華厳、真言、禅の諸戒義と伝法を詳述している。わけても禅戒については、当時新しく到来した黄檗の弘戒法儀を批判する等、曹洞禅の立場から忌憚ない論を展開している。禅戒の真髄を得る良書である。〔所載〕禅学大系（戒法部）、日蔵（戒律宗章疏3）、曹全（禅戒）。〔里道徳雄〕

白旗式状【しらはたしきじょう】浄　一巻。聖冏（一三四一―一四二〇）撰。別に『白旗制誡』があり、『制誡』の略本が『式状』である。『制誡』は応永二（一三九五）年に聖冏が撰しているので、『式状』も同時期のものであろう。聖冏は白旗派が鎮西流の正流であることを強調して、白旗派の僧侶は安心を守り、他宗、他派に移らないことを、宗義の相伝に際して誓約させた規則である。〔所載〕浄土伝燈輯要〔宇高良哲〕

事理縦横鈔【じりじゅうおうしょう】浄　七巻。智鑑（一六〇六―七八）著。版本内題の下には「鑑寂照」とある。成立年代不明。『十八通事理縦横鈔』ともいう。聖冏が浄土宗の重要な教相についての相承口伝を記録した『教相十八通』について、詳細な注釈が加えられたものである。各巻末に「心に助け給えと合掌叉手して南無阿弥陀仏を称う」と記されている。智鑑には他に『十八通講録』二巻、『十八通事理縦横決択』二巻がある。版本（延宝六〈一六七八〉年九月刊）には『決択』二巻を巻末に付す。延宝六年版本を正大、谷大、竜大蔵。〔新井俊夫〕

芝林集【しりんしゅう】臨　二四巻。南源性派（一六三一―九二）撰。貞享三（一六八六）年刊。南源は明福建省の人で、隠元にともなって来朝。本書は貞享三年高泉性潡の序を巻初におき、南源の五言古、七言古、五言排律、五言律、七言律、七言絶、五言絶、六言絶、雑体、歌、賦、序、記、題跋、銘、啓、書、祭文、疏語を弟子の道曜、道谷、道欽等が編集した詩偈集。南源の「龍飛歳在丙寅仲秋日」の自跋も巻末に付す。〔早苗憲生〕

真雅僧正伝【しんがそうじょうでん】真　『続々群書』に収められる『弘法大師弟子伝』巻上のなかに記述されている。空

海の高弟のひとり真雅の伝記であり、漢文体である。〔渡辺照世〕

心月輪秘釈【しんがちりんひしゃく】真　覚鑁（一〇九五—一一四三）撰。心とは浄菩提心、月輪とは譬喩であるが、本尊ともなり如来の徳性を示している。秘釈とは、秘密釈の意味である。すなわち、真言密教における観法の月輪観にかかわる心月輪についての秘密釈の書である。覚鑁三〇歳（一一二四）の時の作とも推定されている。覚鑁には、月輪観について「月輪観頌二十韻」（甲）「月輪観頌」（乙）の二頌がある。このうち、乙本の方は、月輪観法についてより達意的に示してある。この他に「阿字月輪観」と題する一頌がある。『心月輪秘釈』は『五輪九字明秘密釈』とともに覚鑁の思想を示す重要な典籍とされている。本書では、まず月輪観について総説し、この観法は「浅観少行は現生に初地に登り、理解上勤は、即身に極位を証す。修し易く、証し易きの道、すでに、この行にしくはなし」と説いている。次に本論として、心月の名義を釈するに当り、心、月、心月合論の三門に分けて釈している。まず、心については、心・識・覚・智を論じ、転識得智の理によって示せば、八・九・十識を立て『釈摩訶衍論』により大日経王は、第十無量識と説く。次に、月輪については、三十義を説き、さらに、一心、両部、三密、四曼、五部、六大の義を説いている。第三には、心月合論として、心・月の不二を説く。さらに月輪観法の五種三昧及び実修法を説き、この観法によって解脱一切蓋障三昧を証得すとする。〔所載〕興全下、正蔵79。〔栗山秀純〕

信願同異辨【しんがんどういべん】浄真　一巻。竜温（一八〇〇—八五）述。成立年代不明。本書は信心と願生の分別について種々の説があり、その意味が一準でないのに対し、著者がその義を明らかにしようとしたものである。すなわち、深励の信願の義趣別なりとする説に根拠して、宣明の信即願の考え方を評し、その他、信願混淆、欲生正因、願生帰命などの説を破している。写本を谷大に蔵す。〔五十嵐明宝〕

清規古規録【しんぎこきろく】曹　一巻。撰者不詳。中世末ごろの書写。禅宗寺院における年中行事の抜書きで、瑩山紹瑾の『瑩山清規』を下敷きとして成立したもの。主に叢林における仏事法要のための回向文や疏の書き方を示したもので、清規というよりは回向文の集大成ともいうべきもの。岐阜県関市竜泰寺蔵。〔所載〕続曹全（清規）。〔石川力山〕

神機独妙禅師年譜【しんきどくみょうぜんじねんぷ】臨　一冊。近世臨済宗の中興の祖と称される白隠慧鶴（一六八五—一七六八）の年譜で、詳しくは『龍沢開祖神機独妙禅師年譜』という。神機独妙は白隠遷化後におくられた禅師号で、一般に『白隠年譜』と略称される。白隠の法嗣の東嶺円慈（一七二一—九二）が寛政元（一七八九）年に撰述し、東嶺の寂後、その直弟の大観文珠（一七六六—一八四二）によって、文政三（一八二〇）年の一二月、豆州三島の龍沢寺から刊行された。『年譜』の刊行に当って大観は、東嶺撰述の『年譜』の本文に多少の校讎を加えて内容を調えるとともに、新たに白隠八四年の生涯を二分し、出生より四二歳までを上求菩提、自利行の期間として「因行格」、四三歳以後示寂の年までを、下化衆生、利他行の期間として「果行格」と名づけ、前後二編に分けて刊行した。これが現行の『白隠年譜』であるが、大観が「因行格」「果行格」に二分する前の、東嶺自筆の年譜の草稿本というものも現存（京都市法輪寺蔵）する。草稿本と刊本年譜の内容を比較すると、概して草稿本の方が素朴で人間味に富み、史料も多い。一方、刊本年譜の方は文章内容ともに整備されているが、草稿本にくらべればいささか慈味を欠くといえよう。木版本は前記の龍沢寺蔵版本一種だけである。〔所載〕白隠全1。〔加藤正俊〕

信行一念之弁【しんぎょういちねんのべん】浄真　一巻。僧鎔（一七二三—八三）述。安永八（一七七九）年成立。行之一念と信之一念とを釈した書である。『末燈抄』の宗祖の解釈を逐一追いながら、「信ヲハナレタル行ナシ」「行ヲハナレタル信ハナシ」に拠して行信論を展開している。「十八願の信を離れたる十七願の行もなし、これ往相廻向の一名号なるが故に」と結論づけている。また「この一法（名号法）異名（行信）の所由をも知らず。故に之を分け二つと思えるは、其の実義に暗きなり」と諫め、「如来の誓願不思議なれば、この信の一念に広大難思の慶心をそなふ。その広大難思の慶心の外に現はるるを。歓喜踊躍乃至一念とはまうすなり」と成就文と弥勒付属の一念とを合釈している。そして最後に「信の一念といふも行の一念といふも、ただ是如来如実のみことを仰で信じ喜ぶべきなり。ゆめ〱凡夫の妄情計度をまじへて、如来大悲の法味を損壊することなかれ」と結んでいる。〔所載〕真宗全62（真宗小部集9）。→末燈抄〔藤田恭爾〕

心経幽賛鈔【しんぎょうゆうさんしょう】南　五巻。是阿弥陀仏（一一七七—一二二五—）。元仁二（一二二五）年草。貞慶（一一五五—一二一三）の弟子であった大和国菩提山慈恩院の是阿弥陀仏が四九歳の折、貞慶の十三回忌に当り、一月一日から始めて三十三日間思索をこらし、同法の者のために著したもので、『幽賛』の科文は、泉涌寺の俊芿が宋から将来したものであると記されている（上本）。本書の伝承について、正慶元（一三三二）年の書写、寛正二（一四六一）年・専厳、貞享四（一六八七）年・薬師寺実応、元禄二（一六八九）年・秀応の書写が記されている。中国法相宗の初祖（窺）基（六三一—八二）は、玄奘訳の『般若心経』に注釈を施し、『般若心経幽賛』二巻（正蔵33）と名づけた。心経の「観自在菩薩行深般若波羅蜜多時」の文について、唯識教学の立場を解説し、その実践論を詳細に述べて行の内容を示し、「照見五蘊皆空」の空の立場を、唯識の三性三無性説の三無性に当るものとの立場から、経典の解説を行っていった。是阿の『幽賛鈔』は、最初に『幽賛』の題名の解説を行って、心経自体を幽と名づけ、基の疏を賛と名づくと述べ、問答によって内容を詳説し、『幽賛』の言葉の原典を指示しながら、解説する。以下「経云」「賛曰」として、心経とその注釈を引きながら、注釈の中の言葉を丁寧に解説していく。それぞれの部分の解説を終えた後に、項目を立てて、『幽賛』の分科を明らかにしていく。こうして、本書は『心経幽賛』を読むための不可欠の参考書とされている。〔所載〕仏全6。　〔田村晃祐〕

信行要道義【しんぎょうようどうぎ】日　一巻。日乗（一五九八―一六四五）筆。寛永一七（一六四〇）年成立。天保一四（一八四三）年刊。日蓮宗什門派京都妙満寺三二世日乗が末代の初心者の信行の肝要な心得を論じたもの。その要道は一念信解の信を本門立行の首となし、寿量を以て成仏の下種となすと結している。刊本を立大図書館蔵。　〔小野文珖〕

信行略弁【しんぎょうりゃくべん】浄真　一巻。慧琳（一七一五―八九）述。成立年代不明。慧琳は大谷派第三代講師。本書は行信について論題形式でのべた小論。大谷派における最初の論題型の書として注目される。内容は、行を明らかにするため、⑴大行成就を明かし、⑵能所の濫を簡去し、⑶正業の報謝を弁じる。⑴とは、往相廻向の大行たる南無阿弥陀仏は第十七願において成就するをいう。⑵とは、『教行信証』行巻は、第十七願の所行である法体名号を明かすだけではなく、第十八願の乃至十念に示される能行をも含んでいることを述べたもの。⑶の正定業は、選定の業、決定の業の二義を持ち、業は因の義のことであり、この正定業は能行所行いずれにも通じるもの、とする。また、報謝とは、信後の念仏を仏恩報謝の義と見るもの。次に、信を弁ずるために、⑴字訓を挙げて名を釈す。⑵西鎮の異議を簡ぶ。⑶三祖の綱格を明かす、の三を説く。⑴の字訓による釈名とは、外典において信の字を釈するに、信とは嘘でないとの意味であることを明す。⑵の西山・鎮西の異議とは、鎮西は信を解義分と仰信分に分け、聖道門は解義分を離れないが、浄土門は単直愚痴の人となって仰信する。これが大信心であるとするもの。これに対しては源空が愚痴に帰れというのは、法の不思議を信ぜよということで行者の信心が愚直になることではないと反論する。また、西山は帰命の一念を盛んに談じ、生仏不二を立てるが、これについては行者に廻向された信心を受けたところに往生の決定があり、十劫正覚の昔に我等の往生が決定したのではない、と批判する。⑶の三祖の綱格とは源空の念仏為本と親鸞の信心為本、さらに蓮如の助け給へたのむとの三者を比較考究したもの。源空は行を表とするも裏に信を説く。親鸞は口に称えずとも信ずる時に称ふる行が具足して往生が定まるとする。また、親鸞の信ずると蓮如のたのむは、助けられぬものを御助けと実に聞き分けて信ずるから、助け給えの心は必ず在り、両者は一義である、とする。最後に行信は一念に就くとし、さらに、憶念の念義が信の一念、称名の念義が行の一念に相当するという。〔所載〕続真大13。　〔田中教照〕

信行両一念聞書【しんぎょうりょういちねんききがき】浄真　一巻。行照（一七九五―一八六二）述。天保五（一八三四）年成立。行照は本願寺派の学僧で、越中空華の祖、柔遠の門人。本書は信行両一念について、説者行照の提唱を若空が筆記したものである。まず、成就文の一念と付属の一念について、二文各義の両一念、一文両義の両一念の二途を示し、本典は二文各義、『略抄』は一文両義と定めている。また「行ニハ多念アリ、信ニハ多念ナシ」としながら、第二会から五門をつくりて料簡している。⑴本拠、⑵釈名、⑶出体、⑷義相、⑸分別と科を分ける行信論を展開している。この所論は空華学派の継承するところとなっている。とくに⑸の分別にいたって、問答形式によって行信論の詳説が施されている。自語相違の失、機教相違の失への配慮も詳しい。本願寺派の行信論の集大成といいうる。〔所載〕真宗全52。　〔藤田恭爾〕

心具決定往生義【しんぐけつじょうおうじょうぎ】浄　一巻。聖冏（一三四一―一四二〇）記。明徳二（一三九一）年成立。三条派道光や名越派明心が唱える三心具足しても往生できない者があるとする心具不生説に対して、『観経』『授手印』等を引用して、念仏諸行を問わず三心を具す者は往生することを明かしている。応永七（一四〇〇）年には『追加』を著わしている。〔刊本〕正保二・五年刊。〔所載〕浄全12。――→涇渭分流集、浄土述聞口決鈔　〔服部淳一〕

神偈撮要鈔【しんげさつようしょう】時　一巻。賞山（一六六五―一七二六）著。正徳三（一七一三）年成立。『神偈讃歎念仏要義鈔』につづいて江戸期第二番目の『神宣遊行念仏記』の解説書といえる。全漢文体。先行書に比して独自の主張はなく、『神偈讃歎念仏要義鈔』を略述したと見てよかろう。六十万人頌の神格化をはかりながら、一遍時宗の念仏安心について、万法具足の実相法とし、万行離念・決定往生の名号の徳を語る。〔所載〕定時宗下。――→神宣遊行念仏記　〔梅谷繁樹〕

神偈讃歎念仏要義鈔【しんげさんたんねんぶつようぎしょう】時　一巻。慈観（一六二四―八二）著。寛文五（一六六五）年成立。『神宣遊行念仏記』を基として漢文体で解説を加えたもの。六十万人頌を各句にわたって解説しながら、「南無」即「帰命の三心」について時宗教義に詳しく言及。解説にあたって、浄土関係の経典や論書を引くほか、播州法語や『二祖上人法語』がその板行前に引用されていて注目される。〔所載〕定時宗下。――→神宣遊行念仏記　〔梅谷繁樹〕

神国王御書【しんこくおうごしょ】日　一篇。日蓮（一二二二―八二）著。文永一二（一二七五）年成立。宗教と国家、『法華経』と日本国の関係について、日本の国土・国主の盛衰と仏教の邪正とは深くかかわり合い、謗法充満により国土は衰え乱れると指摘する。さらに日蓮の謗法破折と『法華経』弘通による迫害、弾圧の様相を示し、法華経の行者を守護すべき諸天善神の加護をうながしている。真筆を京都妙顕寺蔵。〔所載〕定日遺。〔小松邦彰〕

神国決疑編【しんこくけつぎへん】[通] 写本一冊、序文五丁、本文四四丁。竜野凞近（一六一六―九三）著。延宝元（一六七三）年成立。草稿は寛文初年。竜凞近と修す。名は凞近、通称伝右衛門。尚舎と号す。生白とも。伊勢山田の人。京に講説し神仏幽玄の理を得て頻りに唱う。全漢文。序文は東山仏瑜伽教沙門泊如運と南禅英中玄賢が書いている。本書は江戸時代の三教一致の代表的著作にあげられているが、内容は神国の起源論というべく、これに関するつぎの三つの質疑つまり、「第一疑日本ハ神国也。然ニ仏法弥綸ジテ卒土之浜ニ而有レバ不レ帰セ之ニ者ノ却テ負フ其ノ責ヲ」とか「第二疑我ガ神宮ハ天下之宗廟也擯セバ仏法ヲ於神宮ニテ朝廷モ亦擯シ天下国家尽可レ従フ神宮之式ニ、然レトモ而朝廷不レ抵ニ排之ヲ天下国家帰仰特ニ深シ」とか「第三疑我ガ神国之書伝、於テ内外二典ノ中ニ、符合スヤ於何ノ教ニ乎」とかの問題について弁証した啓蒙書なのである。総じて、神国の道は儒教と一致するばかりでなく仏教の原理と同一であるという中世以来の伊勢神道を継承した立場をとり、「神道仏法ともおのづから符合」するという主張を堅持しており、仏教の教理に重点を置いて神儒の原理一致を説いたものとおもわれ、出口延佳などにみられる神儒一致・仏教排除の新傾向を論難したものとして論議を呼び、仏者側に多くの共鳴者を得た。版本に付され元禄四年、天保八年とたびたび版を重ねている。内閣文庫蔵。僧敏の『神国決疑編考証』という注釈書もでている。〔佐野正巳〕

神国仏道雪窓夜話【しんこくぶつどうせっそうやわ】[通] 一巻。桑梁述。文化一二（一八一五）年成立。題名は著者が窓辺から雪景色を眺めながらの思惟であることを示す。桑梁は阿波東光寺に住した浄土宗の僧侶である。本書は冒頭である人の問いに寄せてひとつの問題を提起する。つまり、日本は神国であるのに貴賤ともにさかんに異国からの仏法を信じ、また浄土真宗では神明を安置して敬礼しないのはなぜであるかとの問である。これに対して著者はまず神仏一致の深旨をのべ、次に専修念仏の宗風を説く。神仏一致については仏法伝来のときからはいうに及ばず、仏教渡来以前から、そのきざしのあったことを語る。また専修の宗風については南無阿弥陀仏の六字の名号は功徳広大であり、念仏する人はたんに浄土に往生するのみならず、三世の諸仏、三〇部の神王も来たって守護する。浄土真宗で神明を安置せず、礼拝しないのは、尊敬しないのではなく、かえって六字の名号を唯一の窓口として、神明を尊崇していることになるのだと抗弁する。つまり神明を尊敬するあまり、安置しないのだとして、その証拠一〇条を出す。本書には鶴崎福正寺の桂潭の序文を載せ、末尾には教蓮寺の随義の跋文をおく。〔所載〕真宗全62、日本思想闘諍史料4。〔吉津宜英〕

真言安心勧善義【しんごんあんじんかんぜんぎ】[真] 一巻。彦岑（一六四六―一七二七）撰。正徳元（一七一一）年成立。その序によると、来客の質問に答えて真言宗の要義をのべたもの。問答形式により、仮名交り文で、平易に説明している。来客は在家者であろう。その内容は真言安心のこと、阿字のこと、請益安心のこと、慈悲は仏心のためたること、平生の勤行供養のこと、加持のこと、自性土（真言宗徒の極楽浄土）のこと、神変の有無の疑のこと、臨終一念のこと、弘法大師御入定のこと、真言宗伝来相承のこと、計一二項につき論述。〔所載〕真安心上。〔清水 乞〕

真言開庫集【しんごんかいこしゅう】[真] 二巻。蓮体（一六六三―一七二六）撰。空海の著、『秘蔵宝鑰』の初めに、十住心の綱要を示す頌があり、そこに、「顕薬は塵を払い真言は庫を開く」の一文がある。これが書名の由来である。序文で著者がみずからのべているように、本書の目的は、難解な教理書が多く、せっかくの書物も一般の人びとには理解しがたいうらみがあるところから、一般の理解のために著作したという。仮名交りの和文で、一七項目について、真言宗の綱要および安心の大意をのべている。なお『真安心』は、蓮体自筆の日記に基づく照遍著『蓮体和尚行状記』を付す。〔所載〕真安心上。〔加藤精一〕

真言疑目【しんごんぎもく】[天] 一巻（断片）。圓珍（八一四―九一）撰。異称を『宗叡問答』ともいい、圓珍撰とされるがまったく確証はない。本書は杲宝の『理趣釈秘要鈔』に引用される部分が『理趣釈経』の作者に関する問題であり、行順の『行次鈔』に引用される部分が南天鉄塔についてのもので、その双方を集めた残欠を『真言疑目』と称する。『山家祖徳撰述篇目』『祖釈目録』には圓珍撰という。〔所載〕仏全28、仏全(鈴)38、智全下。〔水上文義〕

真言教主問答抄【しんごんきょうしゅもんどうしょう】[真] 教尋（？―一一四一）撰。『正蔵』の目次には「経尋」と記し、本文題下には宝生房とする（『正蔵』77）。宝生房は、覚鑁（一〇九五―一一四三）求聞持修行の際の助成僧となり、大伝法院創建時の学頭である宝生房教尋と考えられる（一伝に永尋説あり）。真言教主とは、教主について顕教においては釈迦とするが、真言密教においては、法身大日如来を教主とする。これについて、本地身説法と加地身説法及び和合説等が論じられ、特に教主義として真言教学における重要な課題とされている。真言古義においては、法性（―一二四五―）、道範（一一七八〈八四〉―一二五二）、杲宝（一三〇六―六二）、宥快（一三四五―一四一六）等、いずれも本地身説法を説き、新義の教説としては、頼瑜（一二二六―一三〇四）、聖憲（一三〇七―九二）によって建てられた加持身説を主張する新古両派の見解を異にする真言教学上重要な課題である。加持身説とは、自性身に本地・加持の二種あることを認め、衆生化他のためには、加持身を現じて説法するとする。本書巻頭に「大日・教王経等に能説の教主、何の身に定む可しや」(原漢文)と掲げ、真言密教不共の仏身観である自性・受用・変化・等流の四種法身すべて真言教主とし、自説としては、これに正兼二義を示し、正意としては本地無相とするを兼ねては、自性法身に加持身あることを認めて、「自性法身は、更に加持受用身に住す。不二の仏体より、種々の所喜見の身を楽い、一平等法より、無尽荘厳を現じ、遂に本地の境界に悟入せしむるなり」(原漢文)と説いている。教主義は、大日経教主及び大日経教主異義の課題として種々論じられる所である。本書では、『大日経』『大日経疏』『華厳五教章』等その他を引証し論じているが、特に、空海(七七四—八三五)の諸撰述を引用し加持身(能加持・所加持)の義のあることを説いている。真言教主について考察する上で本書の所説は、きわめて重要であると考えられる。〔所載〕正蔵77。〔参考〕教主義合纂。〔栗山秀純〕

真言三密修行問答【しんごんさんみつしゅぎょうもんどう】[真] 覚鑁(一〇九五—一一四三)。本書には、甲本と乙本(甲本より二割強短い)の二本がある。二本とも三密修行について明かすことを趣旨としており、内容はほぼ同じと考えられる。甲本においては、『大日経疏』の解釈を主体とし、三密修行により自心の実相である浄菩提心を発得することを説く。浄菩提心とは、無始無終、本来常住、浄妙法身、摩訶毘盧遮那仏、法界体性智であり、無相法身(理智不二)なりと明かす。この無相法身は、微妙寂絶にして人のために顕示すべからざるが故に、これを明して、四種法身(自性・受用・変化・等流)を説く。自性、受用、及び変化等流は、体・相・用であり、その徳は空・仮・中の三諦を因・根・究竟の中に摂すとする。その言わんとするところは「諸仏を衆生とさらに差別なし」とされ、修行者は、如実知自心により自心の本源実際を知ることを説き、如来の自然智となることを明かしている。乙本においては、三密修行の行相について問答し、『大日経疏』第一〇、世間成就品を引用し、字々・句々相応して行者の三密と如来の三密と相応するところに実相である浄菩提心を発得すると説く。浄菩提心、初めて生ずるを見道位と名づけ、十地は真言の修道位とし、第十一地を如来究竟一切智位とする。〔所載〕興全上、正蔵79。〔栗山秀純〕

真言宗安心【しんごんしゅうあんじん】[真] 一巻。慈雲飲光(一七一八—一八〇四)撰。成立年代不明。はじめに禅宗の即心即仏と真言宗の即身成仏とを対置して説き即身成仏の実相を示す。この身のままで成仏することを即身成仏というのであるから現実の肉体を離れず現実の病患貧苦等を負うていても仏に真剣に祈念すれば現実世界が即ち真言の法界であることを得て功徳成満することができる。即身成仏とは万善具足の法であると、真言宗における安心について説く短編。〔異本〕佐伯旭雅述・真言宗安心一巻。〔所載〕真安心上、慈全14(慈雲尊者法語集之内第二)。〔孤島諒子〕

真言宗義【しんごんしゅうぎ】[真] 覚鑁(一〇九五—一一四三)撰。真言宗義の中心をなす思想に十住心思想がある。これは、宗祖空海(七七四—八三五)によって明示された思想であるが、その根拠は、『大日経』住心品にある。真言行は、住心品に示された「如実知自心」の修習であり、その浅深により、三劫・六無畏が説かれる。善無畏(六三七—七三五)は、『大日経疏』において、これを十故に釈している。また、空海は、第三劫、極細妄執及び第六無畏、一切法自性平等無畏を第八・九・十住心とする。ここでは、『大日経疏』において、経の「空性……秘密主如是初心仏説成仏因」までを十故とし、第一〇を「菩提心為因」の句とする。空海の『三昧耶戒序』においては「如是初心仏説成仏因」の文を第九住心とする。この両者の説の相異を指摘し論じている。覚鑁は、古来から指摘されているこの相違は、『大日経疏』において「浄菩提心如意宝珠」を釈する際にも、第八、一道無為心についての釈がなく、六無畏段の釈においても第八住心が釈されていないことに由ることを明かしている。それは、『大日経』において、第八住心のみが他の所に説かれていることによる疑問とされている。〔所載〕興全上、正蔵79。〔栗山秀純〕

真言宗教時義問答【しんごんしゅうきょうじぎもんどう】[天] 四巻。安然(—八四一—九〇四—)作。成立年代不明。別に『教時問答』『教時義』『真言教時問答』ともいう。本書は安然の主著であり、円密一致の立場から全仏教を統括した体系を問答体で論述し、台密(安然は真言宗という)教理の確立をなしたものである。また安然には本書に先駆する著として『教時諍論』二巻があり、『菩提心義抄』一〇巻と合わせて、これら三部は台密教判の集大成といえよう。安然はその事跡詳らかでない点が多いが、幼くして圓仁(七九四—八六四)の門に入り、のち遍昭(八一六—九〇)に師事した。その著作は円、密、戒律、悉曇など多岐に渉る。元慶寺座主となったのち五大院を構えてここに住したことから五大院先徳とも呼ばれ、また後世私諡して阿覚大師(慈覚大師につぐ意)とも称される。

本書は安然の創説である四一十門の大綱を立てて、台密の教相を論じている。まず四一とは、一仏、一時、一処、一教をいい、全仏教を仏、時、処、教の四つの観点に分けて論じ、究極的には一即一切、一切即一の絶待的立場から、全ての仏教は真言密教でないものはないとする教判である。(一仏)十方三世の諸仏は無量の身を現ずるが、すべて一大円仏である真言教主大日如来に他ならない。(一時)諸経、諸宗では種々の説時を立てるが、すべて法身説法の常恒説法に摂められる。(一処)各経典に示される仏の説所は、畢竟真言教の説処である天宮すなわち空間的な制限を受けない法界宮に摂せられる。(一教)衆生に応じて説かれた大小乗、顕密等の一切の仏教は帰するところ真言教そのものである。この真言教はすなわち一大円教に他ならない。この最後の一教についてさらに五重玄義（釈名、弁体、明宗、論用、教相）をもって詳説する。（釈名）真言教名は随自意門では真如そのものつまり密教であり、随他意門では一切の法門つまり顕教である。顕密二教に一応分けるがともに一大円教と名づける。（弁体）随自意門では真如、随他意では一切の法門がこれ経体である。（明宗）随自意、随他意門ともに仏因仏果を宗趣とする。（論用）自受用、他受用の法楽をもって真言密教の力用（はたらき）となす。（教相）説・語・教・時・蔵・分・部・法・制・開のいわゆる十門をもって詳説する。これ要するに真言教は大日如来の所説であり、四種曼荼羅によって常住に説かれている。その語は随自意語（真言教）、随他意語（三乗教）、随自他意語（一乗教）に分けられ、教としては顕示教（三乗教）、理秘密教（法華等の教）、事理倶密教（大日等の教）の三教があるとする。安然はさらに天台教判の四教（蔵・通・別・円）に真言大円教（密）を加え、前四教を随他意、随自他意語、後者を随自意語として、いわゆる北嶺五教判を大成した。すなわち圓仁の一大円教論、理秘密、事理倶密の思想を展開した教判論である。〔所載〕正蔵75、日蔵83。　〔末広照純〕

真言宗欣求安養鈔【しんごんしゅうごんぐあんにょうしょう】［真］巻数不明で上巻のみ現存。著者不詳。内容は、源空の『選択集』を批判して秘密念仏の奥旨をのべている。『秘密念仏鈔』とともに、密教念仏の説を知る貴重な資料である。鎌倉末期、あるいは南北朝ころ、東寺の学匠によりつくられたと推定される。本書は古来流布せず、文和五年、東寺宝菩提院蔵の古写本により、『真安全』に収録され初めて世に出たという。　〔渡辺照世〕

真言宗未決文【しんごんしゅうみけつもん】［南］一巻。徳一（生没年不詳）述。弘仁五・六（八一四・五）年、または一三（八二二）以後の著作の説がある。徳一は平安時代初期、会津に住し、筑波山をも開いたと伝えられ、最澄と一乗三乗・天台教学・法相教学について激しい論争を行った法相宗の僧。空海は弘仁六年、弟子康守を遣わして、真言宗の書物を写し、弘めることを依頼した。本書は徳一が、真言密教を信ずるために疑問をはらしたいとの趣旨で、『大日経』や『菩提心論』など新しい密教教学への一一カ条の疑問を挙げたものである。第一結集者疑、第二経処疑、第三即身成仏疑、第四五智疑、第五決定二乗疑、第六開示悟入疑、第七菩薩十地疑、第八梵字疑、第九毗盧舎那仏疑、第十経巻数疑、第十一鉄塔疑、で、天台の即身成仏論への疑問に言及されている。空海は正面から反論を試みることなく、第一一への反論（広付法伝）を行ったに止るが、後に安然、済暹、房覚、杲宝、宣淳、了賢などの反論が行われた。〔所載〕正蔵77、日蔵32。　〔田村晃祐〕

真言浄菩提心私記【しんごんじょうぼだいしんしき】［真］覚鑁（一〇九五―一一四三）撰。本書は、未完、未定稿ではないかと推定されているが、覚鑁による浄菩提心を説く重要な典籍である。巻頭に「それ、真言の浄菩提心は、これ自性法身の心地法界にして、大日如来の心王の具体なり。また、一切衆生の色心の実相、普門海会の平等の種子なり」と説いている。したがって、その趣旨は一切諸法、三界唯心、同一法界等を思想的基盤として、さらにこれを真言密教の立場から、本有浄菩提心の実相を無始無終、本来常住の法身と説いている。これは、同じく覚鑁の『三界唯心釈』をさらに敷衍したものと考えられる。本書の中に引用されている典籍の主なものを示すと次のとおりである。『大日経』『大日経疏』『金剛頂経』（礼懺文）、『金剛頂義訣』『分別聖位経』『瑜祇経』『不空羂索経』（『瓔珞経』）、『普賢観経』『華厳経』（八〇巻）、『華厳五教章』『華厳一乗教分記』『菩提心論』『中論』『起信論』『金剛仙論』『十住心論』『二教論』『声字義』『付法伝』『御請来目録』等である。〔所載〕興全上、正蔵79、日蔵（真言密教論章疏巻下）。　〔栗山秀純〕

真言所学釈摩訶衍論指事【しんごんしょがくしゃくまかえんろんしじ】［真］覚鑁（一〇九五―一一四三）撰。『大乗起信論』の釈書である『釈摩訶衍論』の要文を示しこれを秘密釈したものである。本書の略題は、『釈摩訶衍論指事』と称し、同名の書籍に空海撰になる一書がある。また、覚鑁には、『（釈摩訶衍論）愚案鈔第一本・末』二巻がある。〔所載〕興全上、正蔵69、日蔵（真言密教論章疏1）。　〔栗山秀純〕

真言諸宗違目【しんごんしょしゅういもく】［日］一篇。日蓮（一二二二―八二）著。文永九（一二七二）年成立。真言宗を始めとする諸宗と『法華経』との邪正を明らかにし、謗法糾明のために『法華経』の予言どおり法難にあった日蓮こそ、正法弘通の法華経の行者であるとのべ、諸天善神の守護をこうむらない理由を示して、赦免運動の不必要を説き、門下の人びとを訓誡した書である。真筆を千葉県法華経寺蔵（重文）。〔所載〕定日遺。　〔小松邦彰〕

真言所立三身問答【しんごんしょりゅうさんじんもんどう】［天］一巻。圓仁（七九四―八六四）または圓珍（八一四―九一）。圓仁は比叡山第三代座主、圓珍は第五代座主、ともに唐に渡って密教を伝え、台密の充実をはたした人師。圓珍は天台寺門宗宗祖でもある。一概に本書はいずれにしても偽撰とされるが、大正蔵経所収本には圓仁の撰号がみえ、日本大蔵経所収本には圓珍の撰号を付するものがある。『国書総目録』では二書を一項にまとめ圓珍著と表示しているが、この両者には相違がある。圓仁本の問答十七番中、圓珍本は前半六番まで全同で、その直後に突如として月輪観の次第を説いた「和尚筆語」なるものが付されて、第七番以後の問答を欠いている。これだけでは、圓珍本は圓仁本の断簡ともとられるが、日蔵本編者は圓珍本末に、「この書は在唐記下巻中よりこれを抄出す」と注をのせている。『在唐記』もまた偽撰とみられることが多い。書誌学的に真偽等を論ずることはむずかしいが、内容でいうと、大日法身の説法を成立せしめようとして、顕教三身、密教三身を区別し、顕教では理体恒然不説法といい、密教では、理内三身と随機三身とを立て、後者で法身説法が行われるとする。圓仁の『金剛頂経疏』では、大日如来寂照二徳の上で法身説法をいっており、倶体倶用の範囲を出ておらず、本書を圓仁撰とするのはむずかしいであろうし、圓珍に託するのも一考を要する。〔所載〕正蔵75、日蔵（天台宗密教章疏1）。〔木内堯央〕

真言伝【しんごんでん】真　七巻。栄海（一二七八―一三四七〈四六〉）撰。成立は、正中二年六月ともいうが不明確。仮名書きで、第七巻奥書に記するようにインド、中国、わが国に渉り、不思議霊験の事蹟に富める高僧、居士伝を、本伝や日記、行状碑文、伝説などによって書き集めたもの。真言系の高僧伝としては、古いものの代表とされる。刊本に寛文三年、天保三年、正保三年のものがある。〔吉田宏晳〕

真言念仏集【しんごんねんぶつしゅう】真　二巻。慧浄述。成立年代不明。作者の伝歴も明らかではないが、本書巻下に「範師報ニ乎正智院一書曰」とあり、道範に学んだ人のようである。本書は真言密教の宗義を説き、阿字観に基づいて真言即念仏の趣意をもって弥陀念仏、往生浄土の意義を説いており、その内容とは、仏身論においては、大日、弥陀の同一体を論じ、弥陀をもって大日の智用とし、大日をその理体とする説をあげている。刊本に寛文一〇年の本がある。〔吉田宏晳〕

真言付法纂要抄【しんごんふほうさんようしょう】真　一巻。成尊（一〇一二―一〇七四）撰。康平三（一〇六〇）年成立。撰者成尊が巻頭に「今祇みて令旨を奉じ伏して恭しく命を仰ぎ聊か時代の年歳を記して偏に等閑の照覧に備う」とのべているように、本書は令旨によっての撰述である。第一高祖大日如来、第二伝法祖金剛薩埵、第三祖竜猛、第四祖竜智、第五祖金剛智・善無畏、第六祖不空・一行、第七祖恵果、第八祖空海として、付法の八祖、伝持の八祖の略伝を記す。そして、日本に伝えられた真言教は、家々不同であるが東寺一家が諸家にすぐれているとして、次の一〇の理由を挙げている。(1)潅頂殊勝、(2)受学殊勝、(3)梵文殊勝、(4)相承殊勝、(5)誓学殊勝、(6)宝珠殊勝、(7)道具殊勝、(8)入定殊勝、(9)法則殊勝、(10)外護殊勝。〔所載〕正蔵77。〔榊義孝〕

真言付法伝【しんごんふほうでん】真　一巻。空海（七七四―八三五）撰。『略付法伝』とも称す。『秘密曼荼羅経付法伝』を『広付法伝』と称するのに対するものである。『広付法伝』のような叙意がなく、大日如来、金剛薩埵、竜猛、竜智、金剛智、不空、恵果の付法の七祖を挙げ、ついで善無畏、一行の二人を加える。『広付法伝』によって付法の八祖が成立し、本書によって伝持の八祖が成立された。〔遠藤祐純〕

真言菩提心義【しんごんぼだいしんぎ】天　一巻。圓仁（七九四―八六四）撰。圓仁は比叡山天台宗第三代座主。最澄のもとで天台法華宗止観業年分度者となり、『摩訶止観』の研究に没頭したが、のち志して承和五（八三八）年の遣唐使に便して入唐し、揚州、五台山、長安等に足かけ一〇年の滞留巡礼をはたし、折からの唐武宗の会昌の破仏に遭遇しながら、日本に帰って、天台密教の面でその大成をはたした。本書は、不空の『菩提心論』で立てる行願菩提心、勝義菩提心、三摩地菩提心の三種菩提心について、一〇番の問答を用いてその意義を闡明にしようとした一書であり、『日蔵』は天台宗顕教章疏2に収めているが、いわば密教に立つ教相の論書であることがわかる。一〇番の問答は、圓仁門下の長意の問、圓仁の決答の形式をとっているが、『仏解』で田島徳音がいうように、後代の仮託の書とみることが穏当であろう。一〇番の問答のテーマをつらねてみるとつぎのようになっている。(1)三種菩提心の名義、(2)行願菩提心、(3)勝義菩提心、(4)三摩地菩提心、(5)浄菩提心遍一切処、(6)浄菩提心の色相、(7)修三種菩提心人の歴劫不歴劫成仏義、(8)色界浄居天宮証浄菩提心、(9)修菩提成覚時破四魔前後、(10)証菩提時得四種涅槃の一〇番にわたっている。〔所載〕日蔵（天台宗顕教章疏2）。〔木内堯央〕

真言本母集【しんごんほんもしゅう】真　三四巻。頼宝（一二七九―一三三〇？）撰。著者は東寺の三宝と称されるひとりで、東寺の教学の大成者である。真言宗の宗義について二二九条にわたって問答形式によって書かれており、真言宗を代表する宗義書のひとつである。すなわち、宥快『宗義決択集』、印融『杣保隠遁鈔』、聖憲『大疏第三重百条論議』と並んで、後世に大きな影響を与えた労作である。〔所載〕続真全21・22。〔参考〕諸宗章疏録3。〔加藤精一〕

真言名目【しんごんみょうもく】真　一巻。頼宝（一二七九―一三三〇？）述。真言密教における教学上の重要事項二〇項を挙げ、これを簡明にのべたもの。その項目は、六大体大、四曼相大、三密用大、三種即身成仏、三劫、六無畏、十地、十縁生句、五智、四種法身、五転、十住心、両部大日、不二、有相無相、遮情表徳、浅略深秘、本有修生、字相字義、顕密分別の二〇である。ここに説かれる内容は、名目の名称のとおり、きわめて簡単で、これら重要な事項を一言をもって表現するごとくであり、研究書ではなく、初学者のために書かれた重要項目一覧ともいうべきものである。しかしここに挙げられている二〇の項目は、まことに重要なもので、研究者が、この項目に沿って研究し、項目相互間の関係を考えながら思想的な討究をすることにより、真言教学の大綱を理解することができるように思われる。〔所載〕正蔵77。〔加藤精一〕

真察大僧正伝【しんさつだいそうじょうでん】浄　一巻。大我（一七〇九―八二）撰。宝暦一一（一七六一）年刊。本書は知恩院四九世真察（一六七〇—一七四五）の伝記で、その出生、出家、修学から下谷幡随院、飯沼弘経寺、鎌倉光明寺、知恩院へと進む間の教化利益と臨終のようすを簡略にのべる。付録に観了の序文、元文三年真察が知恩院住持となったときの、沖黙、曇海などの詩文を収録。〔所載〕浄全18。〔小林尚英〕

真実経文句【しんじつきょうもんぐ】真 一巻。空海（七七四—八三五）述。『大楽金剛不空真実三摩耶経般若波羅蜜多理趣品』一巻を、縁起分、正説分、流通分に大科し、さらに細科し経全体の構造をのべる。すなわち「如是我聞—清浄潔白」を縁起分とし七事に分かち、「説一切」以下を正説分とし、それを二段に分け、はじめに理趣の体相を一七章に明かし、次に功能を歎ず。最後に流通分を明かす。おおよそ『理趣釈』によりながら空海独自の理解を示す。〔遠藤祐純〕

[梵字]要秘鈔【しんしゃようひしょう】真 八巻。弘融（?—一三三七—?）。建武四（一三三七）年六月二日記。『誅遮要秘鈔』ともいう。本書の巻頭に「それ仏教の大範は、衆生の成覚にあり。成覚の教義は、門を八方に開き、教えを十二に分つといえども、その心体の要鈔は、総持の秘教にあり。秘教の玄理は、潅頂の瑜伽に極む。云云」と記し、潅頂について、口伝為本とする真言密教の教風を尊び、諸流を尋ね、本源を求めてその要諦を八巻にまとめてある。各巻の主題は、潅頂の種類、密蔵の伝来、潅頂の本源・相承、潅頂の意義、両部潅頂行儀の本拠、潅頂の得益、潅頂の諸流、潅頂両部の印明等である。〔所載〕仏全52。〔栗山秀純〕

真宗安心異諍紀事【しんしゅうあんじんいじょうきじ】浄真 一巻。玄智（一七三四—九四）草。成立年代不明。宝暦一三—寛政三（一七六三—九一）年の約三〇年間に起った安心争論の記録。〔所載〕真宗全68。〔小山一行〕

真宗仮名聖教関典録【しんしゅうかなしょうぎょうかんてんろく】浄真 一三巻（一八）巻。琢成（—一八二三—四四—）撰。天保三（一八三二）年脱稿。琢成は大谷派の学僧。『浄土真宗仮名聖教』ともいう。浄土真宗における仮名聖教の著作年代等をととのえ、題号、本文にわたり、先哲の諸疏を引文して、欠を補っている。とくに本文の典拠について考証している。本書は人物部、書目部とあったことが知られるが、今日では部門の存否さえ不明である。刊本を谷大、宗大、正大に蔵す。〔所載〕真宗全48。〔山崎竜明〕

真宗仮名聖教御引文【しんしゅうかなしょうぎょうごいんもん】浄真 一巻。（三巻）。琢成（—一八二三—四四—）撰。天保一五（一八四〇）年成立。また『仮名聖教真宗法要御引文』ともいう。「甲辰夏安居、釈義舜琢成識」という識語がある。三九部の内訳は、親鸞、覚如、存覚、蓮如にわたっている。上の聖教の引文等を精査して、誤りを正し、考証を行っている。本書は版本として三帙であるが『真大』本では、合して一巻としてある。竜大、谷大、宗大蔵。〔所載〕真大21。〔山崎竜明〕

真宗関節【しんしゅうかんせつ】浄真 五巻。月筌（一六七一—一七二九）述。享保五（一七二〇）年成立。月筌は本願寺派の学僧で、知空門下の人。本書は、護法篇、報謝篇、源頭篇、回向不回向問答、来迎不来迎問答の五篇より構成され、真宗教義の五つの要目を論議・釈明したものである。〔所載〕真宗全53。〔佐竹大隆〕

真宗行信逢源艸本【しんしゅうぎょうしんほうげんそうほん】浄真 一巻。玄雄（一八〇四—八一）著。成立年代不明。玄雄は仿園学派の学系である曇竜（竜華学派）に師事し所行説の系統に存する学僧である。本書は真宗の行信論を示したものであり、逢源の語は「信ゼヨ往生スト云ヒ。称名セヨ往生スト明シタマヘルトコロニ。左右ノ別ナキニアラズ。左右アリト云ヘドモ。信心正因称名報恩ニ落チ合ハザルハナシ。所レ謂左右逢源タダ一途ノ教導ナリト、存ズ可キコトナリ」からとった語であろう。特色として、仏教にもとより絶待・相待の二門ありとして、この二門の判によって、「直ニ法ノ尊高ヲ知ラスルハ絶待門ナリ。又余法ヘ相待シテ取捨セシムルハ相待門ナリ」と弘願法を分別している。そこで「信ジテ往生」は絶待門に相当し、「称ヘテ往生」は相対門に相当するものである。そして「称ヘテ往生」は要門・真門に対して、弘願は「能行立信」にあらずに、名号を所信として、「唯信正因」の旨を明かすのであると明示している。そして論及し、逢源するところ、ことごとく十八願成就の一文一義にいたるとするのである。また転教口称釈についても懇切な解説がのべられている。最後に自著の『行信旋火輪』と『信因称縁評決』を参考に資している。写本を京都法光寺が所蔵する。〔所載〕真宗全51。〔藤田恭爾〕

真宗行信略論【しんしゅうぎょうしんりゃくろん】浄真 一巻。大厳（一七九一—一八六五）述。成立年代は初めの文に「十四年前壬午ノ夏」と記されていることから文政五（一八二二）年に小冊子を示し、いま一四を経たことから天保六（一八三五）年の成立と推算しうるであろう。著者は本願寺派に属し、履善の門下であり、石州学派の系統の学僧である。本書は真宗の行信論を華麗なる書下し文にて釈出した名著である。内容は、⑴元祖立教ノ旨ヲ略述ス、⑵高祖ノ其義ヲ開示スル趣ヲ弁ズ、⑶正シク今典ニ就テ其ノ義ヲ論ズ、⑷今典ノ両題ヲ安ズル意ヲ釈ス、として、三法・四法の別は通途に釈されるものと異なり、四法を了した三法であることを明示し、信心正因・称名報恩義を展開している。また浅近の事実をもって玄妙の法門にたとうとして、僧樸の臈満位に登ったことを喩えていることは興味深い。写本を前田慧雲氏が所蔵する。〔所載〕真宗全12。〔藤田恭爾〕

真宗故実伝来鈔【しんしゅうこじつでんらいしょう】浄真 四巻（同追加・同増補各一巻を含む）。浄慧（一六九四—?）記。明和二—五（一七六五—六八）年成立。浄慧は大谷派の学僧で恵空の門人である。後人が真宗の故実を忘失するのを憂い、宗義繁昌の一助とするためにこれを著わしたという。内容は、真宗において依用する木像、絵像、名号の左右掛様、仏前の荘厳、法衣、行事などについてくわしく記述されている。写本を谷大、竜大などに蔵す。〔所載〕真宗全47。〔五十嵐明宝〕

真宗護法編【しんしゅうごほうへん】浄真　二巻。観道（一七五二―一八二二）撰。文化一四（一八一七）年成立。観道は本願寺派の学僧で、慧雲の門人。本書は、著者が自己の法義護持のために執筆された真宗綱要で、総述大綱、安心領解、廃立宗義、現当利益、報謝行義、信後敬慎、宿善分別、勧化大旨、号令法度、追福作善、形像安置、位牌安不、塚墓建不、神明安不、会合法話、非僧非俗、堂舎営造、好倹遮侈、護法防難、雑談随筆の二〇章より成る。〔所載〕真宗全55。〔佐竹大隆〕

真宗紫朱弁【しんしゅうししゅべん】浄真　四巻。泰巌（一七一一―六三）撰。宝暦四（一七五四）年二月成立。本書の述者泰巌は本願寺派の学僧で月筌の門人。僧樸、道粋とともに、命をうけて『真宗法要』を編集した。徳望高く、著述多数。『浄土真宗教典志』2には「真宗紫朱弁四巻附録一巻」とあり、また『続紫朱弁』二巻（宝暦六〈一七五六〉年刊）がある。本書は、端的にいえば、一往再論の説、および称仏を廃するの計を破斥したものである。本文には「一往再論といえる三冊の書あり、誰人の作といふことをしらず、印刻して世に流行すること年旧たり、予頃者始てこれを披閲するに、真宗の法義を問答して再往の深趣をのべ、却て愚昧の者をして邪径に入らしむるに媒するものなり」とのべたあと、語を強くして「凡そ一流の緇素仏祖莫大の洪恩を荷担する輩、誰かこの書を読んで紫の朱を奪ふことを悲歎せざるべけんや」といった文言が、本書の特徴をあらわしているといえよう。明和六（一七六九）年刊本。谷大、宗大、竜大蔵。〔参考〕真宗僧名辞典、仏教大辞彙4、仏解6。―→正像末三時義〔山崎竜明〕

真宗聖教和語説【しんしゅうしょうぎょうわごせつ】浄真　五巻。霊伝（一七八六―一八四三）述。天保三（一八三二）年―一四年の講述を慧教、説言、法雲、将了等が筆記したもの。霊伝は姓を東条、一名義門といい、真宗大谷派の人で霊曜に師事して宗学を修める。国語学者としても著名である。本書はもと、『大経』の「入衆言音開化一切」によって『入言小補』と名づけられたという。霊伝は、当時の宗学さかんなるも、真宗学者の国語に対する無知、粗雑さを慨嘆し、(1)為㆔妙弁㆓語意㆒故、(2)為㆔防㆓止他謗㆒故、(3)為㆔或関㆓法義㆒故、の三点によって、真宗聖教の国語学的研究の重要性、必要性をのべ、順次、巻一―三で『大無量寿経』、巻四で『観無量寿経』『阿弥陀経』、巻五で『三経往生文類』『尊号真像銘文』『一念多念証文』『唯信抄文意』の訓点、仮名遣い、語意について国語学的方法を駆使して解説している。三経については点本、延べ書本により、諸書の訓点、仮名遣いで引証し、存覚の点本と対照させて親鸞の原意をさぐろうとしている。とくに大・小経のところでは親鸞の加点本によったと伝えられる延べ書本で厳密に講述している。『三経往生文類』は東西本願寺蔵版本（建長本、康元本）、『銘文』『一多証文』は東西本願寺蔵版本、町版等、『唯信抄文意』は妙安寺、願得寺、本誓寺本、東西本願寺蔵版本、坊本、町版等、諸本を対照し、親鸞、列祖の著書や国語文献等によって論証しながら、著述当時の語意究明につとめている。霊伝の研究方法、功績が以後の真宗学に与えた影響は多大なるものがある。〔所載〕真宗全57。〔参考〕浄土真宗聖典、親全8。〔新作博明〕

真宗小部集【しんしゅうしょうぶしゅう】浄真　八巻。仰誓（一七二一―九四）編。成立年代不明。仰誓と同世代および先輩の小論文を散逸を防ぐために類別したもの。安心部、註疏部、叙述部、論弁部の四編より成るが『天台小部集』の体裁にならったものである。安心部八編、註疏部一一編、叙述部二五編、論弁部七編より成り、『真宗全』には釈一の収集として付録三巻を加えてある。真宗内外の問題をひろく集め整理されている。〔所載〕真宗全62。〔本多静芳〕

真宗帯佩記【しんしゅうたいはいき】浄真　二巻。慧琳（一七一五―八九）記。明和元（一七六八）年成立。慧琳は大谷派の第三代講師。本書は真宗の作法次第等の故実をのべたもの。上巻には、(1)本尊に立像を依用するのはなぜか、(2)なぜ仏像の光明に串後光と船後光との別があるのか、(3)画像の本尊を御門葉へ授けたまふのは覚如の時はじまったか、(4)裏書に方便法身尊形または方便化身尊形という銘があるのはなぜか、(5)祖師の御在世に晨昏勤行されしは三経のみか、(6)和讃の六首引・三首引および念仏の節づけはいつ始まったか、(7)七遍返しという読経作法はいつ始まったか、(8)本堂で漢音の弥陀経を読むことは往古からあるか、(9)御影堂での毎朝百遍の念仏は何のためか、(10)坂東節はいつ始まったか、(11)正信偈、文類、十四行偈、光顔巍々の偈、三経の伽陀を勤修するのはいつ始まったか、(12)式文を拝読するのはいつからか、(13)二日二五日二七日の早引のお勤めは往古からあるか、(14)一一月二五日に祖師の御伝鈔を拝読するのは古代よりあるか、(15)報恩講の初夜に一人ずつ名のりて改悔することは昔からあるか、(16)御文の拝読はいつ始まったか、(17)逮夜という名はどこから来ているか、(18)経を読み、正信偈和讃を勤めるのは報謝の勤めか、(19)二月一五日の涅槃忌は、昔から勤めないのか。の一九項目を挙げ、下巻には、(1)慈鎮和尚をなぜ崇めないのか、(2)昔から七高僧御影を本堂にかけたか、(3)当流で用いる袈裟と浄土宗の袈裟と異なるのはなぜか、(4)七条袈裟を用いるのは中古以来か、(5)葬処で仏像なきまま拝むのはなぜか、(6)年忌についてはどの経文に出るか、(7)小児も死せば往生するか、(8)南無阿弥陀仏は至心信楽欲生我国乃至十念のどこにおさまるや、⑼南無は信、阿弥陀仏は行といえるか、⑽一念帰命は信か、⑾一念帰命に信行具足するか、⑿報謝の称名は行か、⒀三経の隠顕について、⒁不信者の葬礼法事を営むときの心得、⒂信心決定した人でも怨念に引かれて流転するか、⒃幽霊がたたりをし、禍をなす時、どのように法事を営むか、⒄輪廻の主体は何か、⒅家畜類も仏果を得るか、⒆肉食妻帯について、の一九項目を挙げて簡潔に答えている。〔所載〕新真宗全（史伝編2）、続真大16。　〔田中教照〕

真宗伝燈録【しんしゅうでんとうろく】浄真　三巻。知空（一六三四―一七一八）撰。安永五（一七七六）年刊。知空は本願寺第二代能化で、本願寺第一代能化西吟の門人である。知空は一九歳で『安楽集鑰聞』七巻を著わす。著述すこぶる多く、等身に及ぶといわれるほどである。浄土真宗の伝統系譜を示した書物である。まず、上巻には浄土真宗の祖親鸞が「和国の教主聖徳皇」（『聖徳太子和讃』）と賞讃した聖徳太子についてのべている。次に、中巻では浄土真宗の伝統の祖師、いわゆる七高僧といわれるインドの竜樹、世親、中国の曇鸞、道綽、善導そして日本の源信、源空の七祖の伝記を示して、浄土真宗教義の伝統をのべている。そして、下巻に親鸞の伝記を記して、書名のとおり、浄土真宗の伝燈について明かしている。一般には真宗の伝燈といえば、七高僧が中心になるが、本書は聖徳太子が上巻にあげられているところに特色があるといえよう。『浄土真宗教典志』2には「上巻叙二上宮伝一。中巻叙二七祖伝一。下巻叙二宗祖伝一」とあり、のちに「兼論二宗義法式一」と記されている。〔参考〕浄土真宗教典志巻2、仏解6。　〔山崎竜明〕

真宗肉食妻帯弁【しんしゅうにくじきさいたいべん】浄真　一巻。知空（一六三四―一七一八）述。成立年代不明。知空は本願寺派第二代能化。寛文（一六六一―七三）のころ、黄檗宗の鉄眼が『首楞厳経』を講じ、かたわら真宗の風儀を攻撃した。真宗の学僧空誓は、京都より知空を招請して論駁の講筵を張った。その筆録が『楞厳聞書』（一名『持妻食肉弁』）である。本書は真宗における肉食妻帯の宗風について弁明したものである。〔所載〕真宗全59。　〔山崎竜明〕

真宗仏性辨講述【しんしゅうぶっしょうべんこうじゅつ】浄真　一巻。道振（一七七三―一八二四）述。明治二五（一八九二）年刊。道振は安芸国豊田郡本郷村（現本郷町二丁目）の本願寺寂静寺住職。少にして大瀛に師事して宗学を学び、終に上足となって、その師説の拡張に功績があった。本書は真宗教義上での仏性の問題を論じたもので、仏教教義における仏性説の基盤を見失うことなく、真宗義に即する仏性論を明かそうとしたものである。無自性仏性の説に特色がある。『真宗全』には同人の『仏性義論』と『仏性弁』とが添加されている。刊本を竜大、京大蔵。〔所載〕真宗全52。〔参考〕仏解。　〔五十嵐明宝〕

真宗仏身彰実義【しんしゅうぶっしんしょうじつぎ】浄真　一巻。甄洪（生没年不詳）述。明和三（一七六六）年成立。浄土真宗の本尊論。同門の本願寺派法霖（一六九三―一七四一）の説に従って、本尊を『観無量寿経』第七華座観の住立空中の尊像を模したものとし、他の異説を撃破して、印相、像相等について諸経論を引証して詳細な説明を施したものである。〔所蔵〕刊本を谷大。〔所載〕真宗全50。〔参考〕浄土真宗教典志2。　〔本多静芳〕

真宗法要撮要説【しんしゅうほうようさつようせつ】浄真　一巻。明増（一七三七―一八一一）述。成立年代不明。明増は熊本の本願寺派の学僧で僧鎔の門人。本書は題目の示すように、真宗法要の要義をとって、注釈したものである。玄談において、七祖の釈と宗祖の釈の同異を弁別せんためとして三門分別を列挙している。⑴隠顕互論門、⑵顕露共説門、⑶摂機誘引門の三門である。それと、宗祖を釈するについて三門をあげる。すなわち、⑴順釈相承門、⑵取意直顕門、⑶対機巧便門である。この三門を図示して次のごとく明かしている。

念仏往生門（開成六門）
順釈相承門　総―七祖
取意直顕門　別―我祖
対機巧便門
隠顕互論門　総―七祖
顕露共説門　別―我祖
摂機誘引門
総合十二門

この「両々の三門に各々総別あり、故に開すれば十二門を成ず」と分別を明かし、つづいて『三経往生文類』『尊号真像銘文』『一念多念文意』『末燈抄』について、先哲の説を引くと同時に十二門への配当を施して、論述を進めてゆく。ことに行信の真仮について、精緻なる論を展開している。著者は空華学派の僧鎔を師として、その学系に属する所説を開陳している。写本を竜大に蔵する。〔所載〕真宗全47。　〔藤田恭爾〕

真宗法要典拠【しんしゅうほうようてんきょ】浄真　三二巻。仰誓（一七二一―九四）編。天明四（一七八四）年成立。超然（一七九二―一八六六）校補。安政三（一八五六）年校補開版成立。正式には『校補真宗法要典拠』といい、本文三一巻、個条一巻より成る。仰誓は島根県本願寺派浄泉寺住職で、学林で宗学を研修し当地にて破邪顕正につとめ、二十余部の著作を残した。超然は滋賀県覚成寺住職で、学林に兼籍して宗学を修め、京都および各地の三業安心の裁判後の異安心の徒を矯正し、六十余部の著作がある。本書は親鸞以下本願寺歴代法主等の選述にかかる和文の書籍三九部六七巻を編集した『真宗法要』の資料となるべきものを集大成したもの。霊範の『真宗法要稽拠』一巻を参考とし、仰誓が『法要典拠』六巻をつくり、以下同浄泉寺住職履善に授けた。さらに備後豪徳寺の大慶による増補が贈られ、履善はこれら二書を校修し補足を施し文化八（一八一一）年に『法要典拠』一〇巻とした。元来宗祖五百年忌の記念事業として編集された『法要典拠』は、五百五十年忌に履善の拾遺によって基礎がつくられ、六百年忌に当って本山より嘉永四（一八五一）年に超然に校補開版の命が下り、円照寺の直弟慈空とともに従事し、安政二年一二月一八日をもって終了した。〔写本〕竜大別置。〔刊本〕安政三年本を谷大、竜大、明治二七年本を立大、明治三一年本を谷大、正大、東大、明治三二年本を東大、谷大にそれぞれ蔵す。――→真宗法要・真宗法要稽拠　〔本多静芳〕

真宗唯信鈔【しんしゅうゆいしんてつ】[浄][真]　一巻。雲幢（一七五九―一八二四）著。成立年代不明。雲幢は本願寺派の学僧で、慧雲の門人。『浄土真宗唯信鈔』ともいう。本書は浄土真宗における往生浄土の正因である信心の旨を明らかにしようとしたものである。まず、行信の関係をのべ、その後に唯信正因こそ七祖一轍の正意であることを示している。写本を竜大蔵。〔所載〕真宗全51。　〔五十嵐明宝〕

真宗要法記【しんしゅうようぼうき】[時]　一巻。知蓮（一四五九―一五一三）著。成立年代不明。知蓮は上州岩松新田の生まれ。遊行一八代の弟子。京都七条金光寺一二代の時は珠阿を名のる。明応六（一四九六）年五月八日三九歳で敦賀西方寺において遊行二一代上人を相続、遊行一六年、永正一〇年五月八日府中（静岡市）長善寺において五五歳で入寂。写本は藤沢清浄光寺、京都安養寺、同西蓮寺、同金光寺に所蔵する。書名の「真宗」とは浄土の真実を伝える宗の意、「要法記」は時宗の流義の肝要の法を記すという意味である。本書では時宗を阿弥陀経宗とも呼んでいる。本書の構成は四三章からなる漢文の問答体の書で、内容は時衆の日常の念仏生活に必要な衣、袈裟、珠数、特蓮華、手巾、阿弥衣等、法衣・法具等の意義効用や、安心、帰命、名号実体、臨終念仏、立義、立宗等宗の教義に関する解説、飯散、道師、肉身仏体等宗門独特の信仰について、または六時勤行（礼讃）、別事法要、踊躍念仏、勤行念仏等についての意義解説を示すものである。内容はきわめて簡略に要旨を記したものであるが、いずれも宗門の特徴を示す事項の解説であり、今日の時宗の教義や儀式に多くの影響を与えている。〔所載〕一遍義集、定時宗。　〔石岡信一〕

真宗録外聖教目録【しんしゅうろくがいしょうぎょうもくろく】[浄][真]　一巻。知空（一六三四―一七一八）編。成立年代不明。『浄土真宗録内録外聖教目録』『続真宗浄典目録』『浄典目録続補』ともいう。本書は本願寺の存覚編『真宗正依浄典目録』（『浄典目録』ともいう）所載の著述を録内とし、『浄典目録』を基礎にして著わされた一雄の『真宗正依典籍集』に収められたもの、および知空みずからが収めたものを録外として、その書目がつらねてある。本書の題号についていえば『浄土真宗教典志』2にはここに掲げた題号があり、同3には『浄典目録続補』とある。なお、『真宗全』74におさめられる竜大所蔵の写本には、題号とみられるものはない。したがって題号は冒頭に掲げた三種をもって、呼称するのが妥当であろう。本書は、録内に六十余部、録外には先掲の『真宗正依典籍集』によるもの四十部、知空みずから集めたもの三一部、の典籍が記されている。この書は編者が真宗の聖教を整理する必要から編まれたものであろうが、さまざまな真宗典籍があげられ、当時流布していた書目を知ることもできる。〔所載〕真宗全74。〔参考〕浄土真宗教典志、仏解6。――→真宗伝燈録　〔山崎竜明〕

神儒偶談【しんじゅぐうだん】[真]　二巻。慈雲（一七一八―一八〇四）撰。宝暦四（一七五四）年成立。京洛の儒者先生が吉野の花見に往き、日没して山中に迷い、一宿を借りた庵の老翁より神道の話を聞くという体裁をとって、雲伝神道の趣旨を述べたもの。『全集』編者によれば多く神道折紙の意に依るものとされる。〔所載〕慈全10。　〔福田亮成〕

神儒仏三法孝経口解【しんじゅぶつさんぽうこうきょうくげ】[臨]　二巻。東嶺円慈（一七二一―九二）述。天明五（一七八五）年五月より寛政元（一七八九）年一二月に至る述作成立。日本臨済宗の中興、白隠慧鶴の法嗣である円慈は、神儒仏の三法（三光）は根源において同一との観点に立つ。『神儒仏三法合図』などの作品もあり、神道名、三光崛霊道豊三魂命を称していた。本書は天明五年、六五歳のとき、至道庵にて撰述したもので、その年九月以降、その新撰をもとに講説している。晩年の円慈の胸中には宗乗を挙揚し孝戒を示論し後昆を導くことがあった。寛政元年一二月、この口解と白隠年譜と巡礼歌円解の三撰の完成を記念して、至道庵の閣上に扁して「三成」とした。本書の内容は、第一に神乗孝経、第二には儒道孝経、第三は釈門（仏教）の孝経より成立している。この書に前後して父母恩難報経の注も上梓され、円慈の孝養・報恩の思想を通じての庶民教化の一端がうかがわれる。また寛政二年正月に、同三年秋には齢仙寺（滋賀）で、病中をおして最後の講経として本書が講説された。寛政四（一七九三）年二月二八日、齢仙寺内の父母の歯髪塔の再建供養をし、閏二月に没したので、齢仙は父母の墓所であり、戒経の「一切衆生是我父母」の教えと並んで、円慈は世間・出世間の孝を全うしたと評された。〔刊本〕寛政三年伊豆、円通山版、別に神儒仏三法孝経（二冊）松ケ岡文庫蔵がある。〔参考〕禅籍目録、東嶺和尚年譜。　〔小林圓照〕

信受本願義【しんじゅほんがんぎ】[浄][真]　一巻。慧然（一六九三―一七六四）述。成立年代不明。慧然は大谷派第二代講師。本書は御文『改悔文』を注釈したもので、全体を六条に分けて解説する。文に即して宗学の肝要が存分に披瀝されているので、後世の大谷派宗学に寄与した点が大きい。ただし、行をはなれた信を認めない立場から、信の一念には、たすけたまえと仏をたのむ非色非心の名句文が同時にあらわれ、やがて音声・口称となる、と見る。また、たのむ一念の時というのは、業道の成就する時の近因等起すなわち動発勝思として、とやかく思ったり、たのむべきであろうと思う審慮思、決定思の遠因等起以後に起るものとする。そして、すでにたのむ心が意業にあらわれて口に名句文をあらわすは刹那等起と考えられる、とする。これは性相学の学説を依用した信一念論で、のちに、慧琳や義忠の批判するところであるから、本書を読むさいには注意を要する。〔所載〕真大35。〔田中教照〕

信心銘抄【しんじんめいしょう】曹 一巻。撰者不明だが、万安英種（一五九一―一六五四）撰ともいわれる。寛永一〇（一六三三）年刊行。本書は『四部録抄』の一部である。『四部録抄』は信心銘、証道歌、十牛図、坐禅儀の四部をまとめて万安が注釈を施したものである。なかでも本書は句ごとに簡潔な注釈を付し、宗旨宣揚に努めたものである。なお同名の『信心銘鈔』があり、天桂伝尊の撰述とされる漢文注釈もある。〔所載〕続曹全（注解2）。〔原田弘道〕

信心銘註【しんじんめいちゅう】曹 一巻。連山交易（一六三五―九四）撰。貞享三（一六八六）年刊行。連山が水戸光圀の帰依を受け、天童山大雄院住山時に著わした諸祖録の注釈書『管見録』一〇巻のうちの第六巻である。三祖僧璨の『信心銘』を注釈するにあたって、『首楞厳経』『維摩経』『智度論』『大乗讃』『翻訳名義集』等の内典の大乗諸経論を、『荘子』『礼記』等の外典を引用し、簡潔に達意的に注釈を施したものである。〔原田弘道〕

信心銘拈提【しんじんめいねんてい】曹 一巻一冊。瑩山紹瑾（一二六八〈六四〉―一三二五）撰。享保一九（一七三三）年刊（跋）、元文元（一七三六）年刊、寛延三（一七五〇）年刊。本書は中国禅宗第三祖鑑智僧璨の撰とされる『信心銘』一巻（四言一四六句）を二句ごとに分けて宗乗眼をもって漢文体で評釈したものである。享保一九年刊本の跋文によれば、本書は長く総持寺の室中に秘蔵されていたが、享保九年、天産霊苗が同寺に輪住したときに閲覧して上梓を企て、同一九年に攝津泉流寺蔵版として刊行した。しかしこの跋文には撰者名について「則譔者之名闕」としている。撰者名についてふれるのは寛延三年の刊本に載せる万回一線の序文で、そのなかで本書の撰者を仏慈師祖としている。仏慈は瑩山紹瑾の禅師号である。『信心銘』の評釈には中国宋代の真歇清了が撰述した『信心銘拈古』があり、恒山画竜が自己の評釈に並び加えるに『信心銘拈古』『信心銘拈提』をもって編集し『信心銘夜塘水』上下二巻を寛政二（一七九〇）年に刊行した。ゆえに『信心銘夜塘水』は一書を繙くに三者の評釈を比べみることができる。〔所載〕正蔵82、禅学大系（祖録1）、曹全（宗源下）、常済全。〔松田文雄〕

信心銘弁注【しんじんめいべんちゅう】臨 一巻。一糸文守（一六〇八―四六）撰。『信心銘』は禅宗第三祖の僧璨が禅の極致を信心不二と説いたもので、全文五八四字から成り立っている韻文である。一糸がこれに注釈したのが本書であるが、語注というよりは、むしろ講義を圧縮したようなものである。一糸は大徳寺の沢庵に参禅をしたが法は妙心寺の愚堂に嗣法した。三九歳という若さで示寂したが、学問も書画もよくし、当時の禅界の弊風を革新しようとする意気に燃えた気迫の禅者でもあった。本書の原本の所蔵は不明であるが、現在は昭和二年に校訂者宮裡祖泰によって禅宗資料調査会から出版されたものが唯一のものである。仮綴じで四八頁からなり、二百部限定版で飯田攩隠の序文があり、一糸の略伝も付されている。〔平野宗浄〕

信心銘夜塘水【しんじんめいやとうすい】曹 二巻。恒山画竜（？―一七九二）撰。寛政二（一七九〇）年成立。中国禅宗三祖僧璨の作とされる『信心銘』に対して、天桂派下の画竜が二字八句ごとに注解をなしたもの。南宋代の真歇清了の『信心銘拈古』と日本の瑩山紹瑾の『信心銘拈提』を併せ掲げており、『信心銘』の本旨を参究するに便がよい。これをさらに講じたものに堀口周道の『信心銘夜塘水講義』一巻が存する。〔所載〕曹全（注解4）。〔佐藤秀孝〕

心遂醒悟論【しんずいしょうごろん】日 日鑑（一八〇六―六九）が、幕末の学匠日輝の著述『本迹帰宗論』に対して什門教学の立場から反駁し、安政三（一八五六）年に著わして勝劣義を主張した論書（『破日輝一致義』の別称あり）。本書は日鑑四二歳のとき、加賀本長寺において草案し、後年、大坂蓮成寺において補訂を加えたものである。本書の内容は、大意列名、随文弁駁の二段に分かれ、第一段は次の一〇条となっている。(1)一部修行本迹勝劣、(2)正助合行傍正勝劣、(3)開迹顕本体内勝劣、(4)捨劣得勝本勝迹劣、(5)不二一致待絶不同、(6)二羽両輪不離分喩、(7)正依迹門故名一致、(8)正依本門故名勝劣、(9)一致勝劣立名前後、(10)約教約部一部勝劣、一〇条の大要を略説すれば、(1)は開顕のゆえに一部を修行し、能開所開の次第があるゆえに本勝迹劣という。すなわち約教勝劣の義である。(2)はこれを行に約して論じたもので、一部唯本のゆえに正助合行、傍正あるゆえに本迹勝劣という。(3)は理に約した勝劣論で、顕本しおわれば本迹不二であるが、能開所開のゆえに体内の勝劣があり、これを不思義の勝劣と名づける。(4)は捨劣は天目等の義で日蓮在世に絶え、勝劣は日蓮の立行とする。(5)不二は開顕絶待の名、一致は相待の名という。(6)は山家の釈であり権実不離に喩えたもの。日蓮は転用して本迹不離に喩えたのであり一致の義ではないという。(7)一致の名は方便品等による実相理同の名であると断ずる。(8)勝劣の名は本門事成によるとのべる。(9)一致の名が先に起きたために勝劣の名が起きたという。(10)約教約部の勝劣こそ日蓮の所立とする。また第二段の随文弁駁では、日輝の『本迹帰宗論』の本迹双立一〇カ条に従って批判を加えている。日鑑は日受の学説を継承して什門教学を大成したのであって、教義は常楽日経の折伏的精神を汲み、根本的宗学は什門の伝統である『開目鈔』『如説修行鈔』の両抄を根拠にしているのである。〔参考〕望月歓厚・日蓮宗学説史、執行海秀・日蓮

宗教学史、日蓮宗事典。　〔町田是正〕

信施論【しんせろん】曹　一巻。面山瑞方（一六八三―一七六九）撰。明和六（一七六九）年ころ刊行。信施とは信者が三宝に捧げる布施のことであるが、本書はこの信施の来由を示し、信施に応える徳行を説き、破戒無慚の僧徒を破折して、時代の流弊を戒め、正さんことを意図して著わしたものである。その内容は今日の僧徒にとっても意義をもつ、布施の精神を教えるものである。明治四一（一九〇八）年に再刊されている。〔所載〕禅学宝典。　〔原田弘道〕

新撰往生伝【しんせんおうじょうでん】浄　八巻。風航了吟（?―一八〇二）編。寛政五（一七九三）年以前の成立で、文政一三（一八三〇）年の刊行。了吟は浪華大福寺に住した浄土宗の学僧。本書は古代の往生伝を継承し、新たに念仏往生者の伝記を集録したもの。構成は沙門九〇（第一―五）、法尼一二（第五）、善男四三、童男七（以上第六）、善女三〇、童女三（以上第七）、計一八五人および付録（第八）からなる。〔所載〕浄全17（沙門往生類のみ収録）。　〔長谷川匡俊〕

神宣遊行念仏記【しんせんゆぎょうねんぶつき】時　一巻。伝遊行二一代知蓮（一四五九―一五一三）作。写本では作者古来未詳としつつ、七代託何作と推測。成立年代不明。全漢文体。一遍は宇佐八幡に名号の持念を、熊野権現に六〇万人の札を授けられたと説く。本書の中心は六十万人頌の解説で、一遍について、一は理性、遍は事相とし、万法名号をいう。また一遍以下遊行歴代を阿弥陀如来と説く。写本は出雲高勝寺蔵の一本のみ。〔所載〕定時宗下。　〔梅谷繁樹〕

真俗雑記問答鈔【しんぞくざっきもんどうしょう】真　二七巻。頼瑜（一二二六―一三〇四）撰。『真全』37所収本によれば、二七巻に分けられているが、その第一巻の初めに、『秘蔵口伝抄第四・亦名真俗雑記問答鈔』とあるところから見れば、本書は『秘蔵口伝抄』と称され、全三〇巻であることが知れる。『真全』ではこの第四を第一として、それからはじめているので二七巻になる。さらに最終巻には、各巻の条目が示されており、これによって、欠けている前三巻の内容が知れる。しかしこの条目は、初巻から第一二巻までのものであり、それ以降第二九巻までは記されていない。しかし前一二巻の条目だけでも六五〇項目をかぞえるのである。そして、全巻を考えれば総説一三二〇項目を数えるのである。したがって、本書は、一代の学匠と仰がれた頼瑜の真言密教についての学殖のひろく深いことを如実に示すものであり、後世の学者に与えた影響は多大である。他の項でも紹介されているように、頼瑜は、空海の著作について、きわめて正確でなおな解釈をされていることで定評がある。このために頼瑜の注釈書は、後学の者にとって、空海の思想の理解に欠かせないのである。本書は真言密教全般にわたる頼瑜の考え方が示されており、さながら、真言教学を知るための百科辞典ともいえるのである。〔所載〕真全、諸宗章疏録。　〔加藤精一〕

身池対論記【しんちたいろんき】日　一巻。日樹（一五七四―一六三一）著。寛永七（一六三〇）年成立。寛永七年二月二一日、『法華経』の未信者である国主の供養に対する受不受の問題と、寺領を供養とするか仁恩とするかをめぐって、身延久遠寺日暹を代表とする受不施方と、池上本門寺日樹を代表とする不受不施方とが、江戸城内で行った対論の記録。この対論を身池対論また延池諍論ともいう。対論の内容は池上側が優勢有利であったが、幕府は身延利運に裁決するため法理に勝敗を求めず、先年家康が不受不施を禁止した御裁きに違背したという理由で、池上側を敗者とする政治的な結論を下し、日樹以下を流罪とした。対論の記録には、いわゆる池上本と『東武実録』所収の身延本とがある。両方とも対論の問題点はだいたい同じであるが、その叙述形式はそれぞれ異なっており、対論の結果も当然のことながら自派に有利なように記されている。前者は池上側の記録で、対論終了後ただちに日樹が筆録し、対論当日の日付でその内容を日樹とともに列席した五人が確認し連署したもの。後者は公用記録で幕府祐筆の手になる対論当日の実記とされているが、実際は対論後三六年目の寛文六（一六六六）年より間もないころ、身延側で作成されたもので、『東武実録』はそれをそのまま収録した。現在では身延本は、対論後池上本その他の諸書をもとにして編集脚色され身延側の勝利に終る記録としてつくられたものであることが論証されており、身池対論の真相を知る基本史料とはならない。池上本は岡山県鹿瀬本覚寺、身延本はその写本が身延山久遠寺蔵。　〔北村行遠〕

真沼上人法語【しんちょうしょうにんほうご】天　一巻。著者名明記なし。成立年代不明。真沼撰述の『破邪顕正記』と『禁断日蓮義』を抄録し私注を加え、さらに存海作といわれる『行者用心集』に引用されている『明恵上人伝記』の一部を引いて、その後に「真沼上人伝」と「真沼上人撰述目録」をつけている。本書は天台宗の念仏を説いている源信の『往生要集』の念仏をすすめ、日蓮宗末徒の法の勝劣を論ずることに執着することを破却し、また明慧の説く浄影大師流の往生義を用いずに法の最勝と機の摂取の義を用いて念仏往生を立て、円戒をまもり本願に頼って決定往生することを説いている。『禁断日蓮義』は真沼の弟子である真陽の作であるが『禁断義』は「真陽作、真沼治本」であるから真沼作であると注に述べている。真沼伝には、日蓮宗より天台宗に改宗した理由と西教寺に住し戒称一致の説を弘めたことを記し、正覚院住職となったこと等を記している。その伝については本書及び『続日本高僧伝』と横川、東塔の記録等によって知ることができる。つまり本書は法勝寺流の念仏、つまり西教寺の戒称一致の天台念仏を『破邪顕正記』『禁断日蓮義』から抄録したものである。〔所載〕正蔵77、破邪顕正記、禁断日蓮義、明恵上人伝記、行者用心集。　〔西郊良光〕

神勅教導要法集【しんちょくきょうどうようぼうしゅう】時 五巻。法阿関牛（生没年不詳）著。元文三（一七三八）年成立。宗祖一遍の四五〇年遠忌のため、甲府稲久山法阿関牛によって著わされた。本書は江戸期における宗学の発展と皇道思想の発達の影響によって、神勅念仏の高揚をはかった「六十万人頌」の解釈書。〔所載〕仏全、定時宗。〔石岡信一〕

神勅要偈深秘鈔【しんちょくようげじんぴしょう】時 一巻。義乗（一七七五―？）記。文化二（一八〇五）年成立。『名体不離之事』とともに一冊にまとめられている。神偈とは「六十万人頌」のことである。偈の大意を述べ、偈文を解釈している。元、松江市乃木善光寺にあり、出雲市高勝寺所蔵。〔所載〕定時宗下。〔参考〕神宣遊行念仏記、神偈讃歎念仏要義鈔、神勅教導要法集、神偈撮要鈔。〔長島尚道〕

神道俗談弁【しんとうぞくだんべん】浄真 一巻。誓鎧（一七五三―一八二九）著。文化一四（一八一七）年成立。誓鎧は本願寺派の学僧で、仰誓の門人。本書は一〇カ条の条目をたてて、神道ならびに破仏家の邪偽性を批判している。初めの二カ条は神道者の身分につき、次の二カ条は神道の体について、次の三カ条は仏法をそしることにつき、最後の三カ条は真宗を誹謗するについて論じている。〔所載〕真宗全59。〔藤沢正徳〕

神道同一鹹味抄【しんとうどういつかんみしょう】日 三巻。日珖（一五三二―一五九八）述。天正一八（一五九〇）五月、日珖五九歳のとき成立。本書は京都頂妙寺における『日本書紀』（神代巻）についての講述で、これを日重（一五四九―一六二三）が筆録し、弟子日遠（一五七二―一六四二）が慶長一四（一六〇九）年に書写し、上中下三巻、合して六巻としたものである。その後元禄元（一六八八）年六冊本で刊行された。内容は日蓮宗の法門から神道を論じ会融しようとしたもので、書名は『法華経』の海のなかでは神道も日蓮宗と同一の鹹味であるという意である。つまり当家の法門にかなう神道的説明が展開されているのであり、一例をあげれば、素戔嗚尊、稲田姫は『法華経』の提婆、竜女の応化、三種の神器は空仮中の三諦等、『法華経』的解釈が随所にのべられ、法華神道の代表的著述とみられる。日珖にはこの他『神道私抄』の著がある。刊本を立大図書館蔵。〔小野文珖〕

神道弁【しんとうべん】浄真 一巻。正楷（生没年不詳）。成立年代不明。神道の字義を端的に解釈したもの。『法苑珠林』『舎利弗悔過経』『広弘明集』『肇論疏』などの典籍を引用し、神道の字義は本来仏教内での用語であるとして、神道家の僻案を批判している。〔所載〕真宗全62。〔藤沢正徳〕

真如観【しんにょかん】天 一巻または三巻。源信（九四二―一〇一七）。成立年代不明。その内容に天台、達摩三宗の一致説、及びその巻頭に見られる菩提要集云々の記事（菩提要集は散逸していかなる本か不明）などによって室町時代の恵心流に属する者の作であると考えられる。別には『存略観心実相真如観』『実相真如観』『存略観』『真如観空観』『観心実相真如観』ともいわれている。本書は漢文体であったものに違いないが、原文を後の人が仮名の和文に改めたものであろうと考えられる。その構成は大きく三段に分かれている。第一段は中道観つまり真如観の大旨を示しており、第二段は真如の理性と法華の大旨を示しており、以下第三段は問答料簡となっている。全体を通して法華（天台）と真言、達摩禅、口唱念仏の各々の一致を説くことを目的としている。その内容は、中道の異名は実相、法界、法身、法性、如来、第一義と名づけられていることを挙げ、この内の真如にことよせて中道観を明かすとし、我心即真如の理であると思うならば疾速成仏、極楽往生は叶い、我身は真如と同一であると知れば法界及び十方の諸仏諸菩薩も全て我身に摂することであると説いている。さらに法華経等の一切の法門、仏菩薩、因位万行、果地、万徳、自行化他の功徳等々も我身に備わるものであり、これまでのように観ずるならば万行を一心に具し一念に一切の法を知り得るものであり、これを成正覚、即身成仏といい決定往生ともいうものであるとしている。〔写本〕竜大、谷大、正大。〔刊本〕谷大、竜大。〔所載〕仏全33、恵全1、国東叢3。〔西郊良光〕

神仏水波弁【しんぶつすいはべん】通 二巻。本願寺派の南渓詢道（一七八三〈九〇〉―一八七三）述。写本。文政七（一八二四）年成立。中井竹山や平田篤胤の浄土真宗への誹謗に対し、『角毛偶語』とともに本書を著わして、神仏一致の旨を説く。内容は神仏一致、聖賢帰仏、神前転経、魂識不滅、不祈現福、不用棚章の六章に分かれ、前四章は仏教の法理にしたがって叙述し、後二章は真宗の教理によって説明している。〔佐藤秀孝〕

神仏同宗五部伝書【しんぶつどうそうごぶでんしょ】通 五巻一冊。密成僧敏（一七七七―一八五二）編。神仏二教の一致を説く書五部を集成したもので、『神道深秘』（伝最澄）、『神国決疑編』（龍熙近）、『神国神字弁論』（諦忍）、『論客護法論』（春貞）『神国仏道雪窓夜話』より成る。〔所載〕日本思想闘諍史料、真宗全。〔河村孝道〕

神仏逢原【しんぶつほうげん】通 一巻。常音（？―一八五八）述。明治二年写本。神道と真宗を論ずる。〔佐藤秀孝〕

神仏冥応編【しんぶつめいおうへん】通 五巻。了義日達（一六七四―一七四七）述。享保五（一七二〇）年成立。『神仏冥応論』とも。日達は日耀の門人で、江戸中期の日蓮宗の学僧。法華教学の宣揚につとめた。本書五巻は神儒二教に対して批判を加えたもので、林羅山の仏教排斥を駁し、破邪顕正している。〔佐藤秀孝〕

新聞顕験往生伝【しんもんけんげんおうじょうでん】浄 三巻。真阿珂然（一六六九―一七四五）編。正徳元（一七一一）年成立。追加伝を含めた刊行は翌年七月以降。珂然は浄土宗の学僧で摂津国生玉法泉寺に住し著作も多い。本書は上巻一七、中巻一四、下巻七、傍伝一〇、追加二、計五〇人の往生者を収めている。「新聞」の名のとおり、編者在世時の往生者が多く、地域的には近畿地方に集中している。〔所載〕近世往生伝集成2。〔長谷川匡俊〕

心要鈔【しんようしょう】南 一巻。貞慶（一一五五―一二一三）著。法相宗。鎌倉時代。法相教義を八門（菩提心門、二利門、三学門、一心門、観心門、念仏門、発心門、覚母門）に分け、その核心を簡潔に論述している。『聖教八要』ともいわれる。貞慶らしい求道心に貫かれ、一乗的色彩がつよくみられる。念仏については弥勒念仏を法相宗の正統と位置づけながらも、弥陀念仏を諸仏の功徳は平等であるとして認めている。〔所載〕正蔵71。〔太田久紀〕

親鸞邪義決之虚偽決【しんらんじゃぎけつのこぎけつ】浄真 一巻。帰郷子（生没年不明）述。寛文二（一六六二）年成立。たんに『虚偽決』ともいう。帰郷子は、『真宗流義問答』によれば、本名を玄覚といい、西吟門下の人。本書は、浄土宗西山派に属する紀伊梶取の総持寺の一学僧が、匿名をもって『親鸞邪義決』という書物一巻を作って、親鸞を誹謗したことに対して、破斥、反駁したものである。その『親鸞邪義決』ののべるところは、親鸞は成覚坊幸西の弟子であった、親鸞は無知誑惑にして一宗廃立、一法名目をしらない、心に道心なく来世の罪愆を顧みない、年は名刹を求め度世の計となす、一念の偽法を弘め、無行の罪過をいい、無念の新義をたてる、永劫三途の業をおそれない、師教にそむく肉食妻帯を認める等々である。その中傷・誹謗に対し、いちいちの文ごとに反駁・破斥する。〔所載〕真宗全59。→親鸞邪義決 〔佐竹大隆〕

親鸞聖人遺徳法輪集【しんらんしょうにんいとくほうりんしゅう】浄真 六巻。宗誓（一六四五―一七二八）著。宝永八（一七一一）年成立。宗誓は大谷派の真宗史家。書中に宗誓の名は記されてないが、鷲尾教導の研究によって宗誓の著と判明した。その序には、元禄六（一六九三）年仲春旅立ち、親鸞旧跡の関東信州を巡訪し、同七年帰郷後、さらに同一一（一六九八）年ふたたび巡訪に出発し、その結果本書が成立したと記されている。主として親鸞のゆかりとされる遺蹟・寺院の縁起・宝物が記載されている。第一巻は越前国に始まり越後国浄福寺にいたる一九カ寺、第二巻は越後国蒲原郡弥彦庄鳥屋野御敷地から相模国永勝寺までの三カ所の寺院その他、第三巻は下総国から関東六老僧（明光、陵源、玄海、源誓、専海、了海）ゆかりの寺院三〇カ寺、第四巻は甲斐国光沢寺から越中国願楽寺を収めた二八カ寺、第五巻は上下二巻に分かれていて、上巻冒頭に二四輩のいわれが記され、その門弟名が列挙されていて、二四輩遺跡寺院について収録されている。上巻は性信の報恩寺について詳細にふれている。下巻は報恩寺掛所聞光寺の宝物に始まり、第二真仏房の高田専修寺から第九善性房の東弘寺。第六巻は第一〇是信房の本願寺から第二四の唯円房の西光寺まで。そして追記として大網願入寺縁起ならびに蔵する宝物一九点が記されている。〔所載〕真宗全65。〔藤沢正徳〕

親鸞聖人血脈文集【しんらんしょうにんけつみゃくもんじゅう】浄真 一巻。親鸞（一一七三―一二六二）記。編者不明。編年不明。略して『血脈文集』ともいう。親鸞は叡山で二〇年の修行ののち、源空門下で浄土の法門を修め、念仏停止の法難で流罪となるが、これを機縁に関東に念仏をひろめた。後年上洛したのちも東国の門弟に与えられた書簡五通を集め、七段より成るのが本書である。(1)笠間念仏者の疑問の解答、(2)性信宛の善鸞義絶の宣誓状、(3)慶西宛御返事、(4)性信宛御消息、(5)配流の記録、『教行信証』後序抄出、性信付属の本尊銘文、(6)金剛信心の事、(7)奥書、このうち、(2)(4)に当たる二通が本書にのみ伝えられるのに対し、他の三通は『末燈抄』『御消息集』等にもみられる。

五通のうち四通までが性信宛であること。さらに第三通の宛名となっている慶西は『交名牒』により下総の関係者ということから、性信の横曽根系門徒とみられる。また第四通の次にある源空、親鸞の配流の記録、そして性信の申預る本尊の銘文の記載などから、本書名のとおりに、源空、親鸞、性信の三代伝持の血脈を示す意図をもった編集とみられる。これより一般に編者は横曽根系門徒と考えられている。さらにこの血脈編集の背景に嘉元（一三〇三―〇五）のころに唯善の大谷横領事件の訴訟があった。性信は親鸞門下の高弟であったため善鸞事件の仲介役として活躍し、彼の系統を引く横曽根門徒も関東教団のなかで大きな地位を占めていたと思われる。しかし『存覚一期記』『交名牒』などから横曽根門徒は唯善と親交が深かったため、鹿島、高田等の門徒および覚如の努力で唯善の野望が破られると、従来の立場を継承するのが難しくなった。そこで、源空、親鸞、性信の三代伝持を掲げて、復権を意図して編まれたのが本書といわれる。唯善事件解決の延慶二（一三〇九）年以降の編纂であろう。

本書は『末燈抄』『御消息集』と並び宗祖の消息としての資料となるばかりでなく、本願寺系統が、源空、親鸞、如信という三代伝持を示し、また高田門徒系統が、源空、親鸞、真仏という三代伝持を示して血脈を明らかにしたことと対比して、横曽根門徒の教団構成が企てられたことが知られる。さらにまた真宗の原始教団の構成と展開を知る資料として重要なものである。流布本は宝暦年間（一七五一―六三）に福井の順宗の刊行したものがある。写本には、富山専琳寺蔵の室町時代古写本、対校本である恵空写伝本、愛知上宮寺に『大祖聖人御文』と題し第一章が略されている本書の異本とされる室町時代古写本がある。なお順崇刊行本、専琳寺本、上宮寺本を対校した梅原真隆校訂本『親鸞聖人血脈文集の研究』に詳しい。〔写本〕竜大蔵。〔所載〕

親全。〔参考〕真宗法要拾遺2、真宗仮名法典巻中、真宗法語帖外聖教、仮名聖教恵空筆写八部のうち。──→末燈抄・親鸞聖人御消息集　〔本多静芳〕

親鸞聖人御直弟散在記【しんらんしょうにんごじきていさんざいき】浄真　一巻。宗誓（一六四五─一七二八）著。元禄六（一六九三）年成立。宗誓は大谷派の宗史家。本書は、親鸞ゆかりの旧跡を実地調査した記録で、二四輩の次第によらず越後・信州に及んでいる。越中極成寺、越後浄興寺、越後本誓寺、越後常敬寺、越後浄福寺、越後詫明寺、信州西厳寺、信州康楽寺、関東七カ寺、関東六老僧等。縁起・宝物・文書を詳細に記録してある。〔所載〕真宗全65。　〔藤沢正徳〕

親鸞聖人御消息集【しんらんしょうにんごしょうそくしゅう】浄真　一巻。親鸞（一一七三─一二六二）筆。編者不明。編年不明（鎌倉時代末期の書写が最古とされている）。

親鸞は叡山を下り源空門下のとき、念仏停止と流罪を受け、これを機縁として東国に浄土の法門をひろめた。後年上洛するが、門侶に消息のかたちで真宗安心を与えた一部を編集したものが本書である。宗祖の消息にはこのほかに『末燈抄』『親鸞聖人血脈文集』がある。

本書（広本）には、まず造悪無碍を誡める書簡で始まり、一念多念の問題、善鸞事件に関する書簡、また自力他力、如来等同、弥勒等同、十二光仏のことなど数多くの問題が収められている。しかし、これらの書簡を貫いているのは善鸞事件にかかわるものである。この事件は父の代行として関東に赴いた善鸞が、門弟たちの信ずる念仏は、しぼめる花である十八願に基づくものであり徒事であって、自分が父親鸞から直接聞いた法門こそ正しいとするものである。彼は領家、地頭、名主等の地方権力や鎌倉政権と結託して、門弟を自分の統制下におこうとした。宗祖は彼に信頼を寄せていたがついに義絶し、念仏の輩の集いは権力による統率ではなく、同信を基調とした御同朋の自覚のうえに成り立つ旨を示したのが本書である。同事件は建長七（一二五五）年から表面化したため、本書はそれ以降の書簡とみられる。さらに本書が同事件を契機としたと思われる理由に、常陸または下野の門弟に宛てられたものが多く、義絶状に善鸞が同地方の門弟を惑乱したことがのべられている点に一致がみられる。同事件の解決には、本書および『末燈抄』などから性信が主となっていたことが知られ、本書の編集には前述の両国の門弟があたったとみられている。

本書には広略二本あり、広本は一八通、略本は一一通が収められている。通説では、成立の古い広本のうち『末燈抄』と共通する八通が省略され、『真宗法要』や『仮名聖教』等に収められて流布したものが略本とみなされる。しかし、恵空写伝本の扉の裏の記から、略本は『法要』よりもはるか以前、恵空時代に流布していたことが知られる。

本書の編次は広本に従ってみると次のようになる。⑴宛名不記建長四年二月二四日、⑵宛名不記年時不記、⑶宛名不記年時不記、⑷宛名不記年時不記、⑸宛名不記一一月二四日、⑹宛名不記二月三日、⑺性信宛七月九日、⑻教忍宛一二月二六日、⑼念仏人宛九月二日、⑽慈信宛九月二日、⑾慈信宛一一月九日、⑿真浄宛一一月九日、⒀性信宛年時不記、⒁覚信宛一一月九日、⒂浄信宛一〇月二八日、⒃真仏宛一一月二五日、⒄唯信宛一〇月二一日、⒅慶西宛二月二五日、なお、⑴⑵⑶⑷⑸⒁⒂⒃の八通が略本で除かれている。〔写本〕愛知県桑子妙源寺蔵。〔所載〕正蔵83、定親全。──→末燈抄・親鸞聖人血脈文集　〔本多静芳〕

親鸞聖人御消息集録【しんらんしょうにんごしょうそくしゅうろく】浄真　一巻。興隆（一七五九─一八四二）述。文政九（一八二六）年成立。親鸞の『御消息集』を漢文で注釈したもので本願寺派の御消息録のなかでも重鎮とされる。さきに『真宗法要典拠』に編ぜられているが、本書は各章を縁起、釈文、解義等に分け精詳に法義を論じている。巻末に『御消息集』の科文がつき、全一一章を一章ごとに分科している。〔所蔵〕竜大。〔所載〕真宗全47。──→親鸞聖人御消息集・真宗法要典拠　〔本多静芳〕

親鸞聖人正統伝【しんらんしょうにんしょうとうでん】浄真　六巻。良空（一六六九─一七三三）述。享保二（一七一七）年成立。詳しくは『高田開山親鸞聖人正統伝』という。高田派の学僧、良空が高田派の所伝により、親鸞の行状を編年体に記述せしものである。洪音の序、慧照の跋を加え真宗各派中において、高田専修寺のみ正統の本流にして他は支流なることを明かさんがため本書の標題を付したものである。凡例に七則ある。すなわち、⑴真仏、顕智の手記にかかる本伝六巻、⑵鹿島順信房『下野伝』二巻、信正房『正中記』三巻、良学房『至徳記』三巻、光円『五代記』二巻、存覚『正明伝』四巻、以上六伝は下野高田専修寺の宝庫にのみ存する秘録にして、逐一にこれを参考にし、⑶河内転法輪寺に伝わる『磯長夢記』、高田派本山に伝わる『六角堂夢記』、⑷三河山中法蔵寺に伝わる『法然上人伝』、越前黒目称名寺の『親鸞聖人伝（増補二巻伝）』や、⑸覚如『二巻伝』『拾遺古徳伝』『正源明義鈔』『康楽寺伝』を参照し、⑹大谷廟は顕智、専空によって造られたものであるとして、⑺全編にわたって、諸伝をことごとく参照して遺漏なきことを期したものであると、七則を明示している。初めに綱領、外戚、藤原氏、入胎、降誕、二歳、三歳、四歳等年齢の次第をおって詳述している。自序にも示すごとく、親鸞の血脈正統は高田派にありと主張する。この説に対し、『非正統伝』（大慶、玄智）を本願寺派が、『鉄関』（一巻）を大谷派が作成し、反駁を加えた。江戸時代の刊本あり。〔所載〕真宗全67（『非正統伝』も真宗全67）。〔参考〕仏教大辞彙4。　〔藤田恭爾〕

親鸞聖人正統伝後集【しんらんしょうにんしょうとうでんごしゅう】浄真　四巻。良空（一六六九─一七三三）述。享保六（一七二一）年に開板。良空は、高田派の学僧で、五天または慧日院と号す。親鸞の伝詳らかならざるをうれいて、高田派本山の宝庫に入りて、真仏、顕智等の古記録を捜索し、史実を示さんと努力を傾注した。一・二巻は『高田山専修伝統実録』巻上・巻下と題し享保五（一七二〇）年に成立。三巻・四巻の前半は『正統伝鉄関踏破』巻上・巻下と題し、四巻の後半は『御伝絵解御一代記踏破』と追加として『親鸞聖人行状記打破』が掲載されている。本書の前二巻は、『高田山専修伝統実録』と示すごとく、高田派歴代一六世の伝記を掲載し、巻下の末尾に付録として「親鸞聖人門弟牒」と題し四四名、「二十四輩牒」、「真仏上人門弟牒」と題し二六名、「顕智上人門弟牒」と題して二一名を列記している。本書の三巻と四巻の前半は大谷派の『鉄関』を批判する書にして『鉄関踏破』と題せられ、一関から三十六関までの鉄関を逐一踏破するかたちをとって論述されている。四巻の後半の部分は『御伝絵解御一代記踏破』と題されて、『絵解』に関して三カ条の踏破を載せ、『一代記』に関して五カ条の踏破を掲げている。また『親鸞聖人行状記』に対して二三カ条の誤謬を指摘して、『正統伝』以後の偽造であろうとしている。江戸時代の刊本あり。〔所載〕真宗全66。〔参考〕仏教大辞彙4・6。――→親鸞聖人正統伝

〔藤田恭爾〕

真朗上人法語【しんろうしょうにんほうご】因　一巻。真朗（一八三六―九二）撰。明治一二（一八七九）年成立。天台真盛宗の独立は明治九年山門長管赤松光映が津で即心念仏を説いたことに端を発し、大波乱となり、明治一一年五月別派として公許されるにいたる。ここに西教寺住職真朗が、真盛宗の安心法語をつくり、円戒と念仏の関係を定めたのである。戒称二門の語もここにはじまる。〔所載〕正蔵77。

〔坂本廣博〕

す

垂釣卵【すいきんらん】浄真　一二巻。曇竜（一七六九―一八四一）述。文化九（一八一二）年成立。天保一〇（一八三九）年刊。曇竜は本願寺派の学僧で、安芸に生まれ、慧雲、大瀛について宗乗の奥義を究め、のち竜華学派の祖となり、博多万行寺にてさかんに後進を育成した。本書の垂釣卵とは千鈞のごとき重き石を鳥卵の上に垂れて、これを潰え去るように、邪論をたちまちに、しかも効果的に破斥することを示している。『真宗全』の解題によると、神道者矢野大倉という者が、平田篤胤や富永仲基の遺風をうけて仏家を誹謗し衆愚を瞞弄する説を示したが、著者は仏典内外より確証を示しつつ、その誣告の甚だしいことを明かしている。初篇（五巻）は主として三世因果を破る見解に対する反駁であり、後篇（五巻）は神仏一体説と神前念仏が不敬に当たらないことを弁護している。辛未本（七巻）と壬申本（一二巻）がある。刊本を竜大、国会蔵。〔所載〕真宗全61。

〔五十嵐明宝〕

雖小菴雑稿【すいしょうあんざっこう】曹　三巻。黄泉無著（一七七五―一八三八）撰、鼠猫（生没年不明）等編。『正法眼蔵渉典録続貂』の著者である黄泉無著の語録。上巻には上堂、小参が約四〇篇、銘、賛、下火、疏が約七〇篇、中巻は詩偈部で長短合わせて約一五〇篇、下巻は文部で序文、書簡等を中心に四七篇が収録される。写本を鳥取県雲竜寺に所蔵し、これを謄写したものが静岡県旭伝院岸沢文庫に蔵する。〔所載〕続曹全（語録3）。

〔佐々木章格〕

随身金剛次第【ずいしんこんごうしだい】真　一巻。空海（七七四―八三五）口決、真雅（八〇一―七九）記。天長八（八三一）年二月六日成立。また『如意輪法』『随心金剛次第』ともいう。如意輪観音の略次第である。奥書に「和尚の云く、是れは普通行なり。別尊行法に非ず。深秘なる耳。如意輪は口密、愛染王は意密、不動は身密なり。或は吽字を以て之を観ぜよ。具さには吽字の釈に之有り」とある。〔所載〕弘弟全中、日蔵（真言宗事相章疏2）。

〔苫米地誠一〕

随得集【ずいとくしゅう】臨　一巻。竜湫周沢（一三〇八―八八）著。宝永四（一七〇七）年刊。五山詩僧周沢の漢詩文集。智悦祖縁の跋によれば「師、平日諸子の編録を許さず、今の得るところは巨海の一滴なり」とあり、滅後門人たちが得るに随って集録したものらしく、制作年次を追わず、詩体によって分類することもしない。そこに本書の名のゆえんもあるようである。〔所載〕五文全2。

〔古賀英彦〕

随要記【ずいようき】因　四巻。皇慶（九七七―一〇四九）撰。皇慶は書写山性空の甥ともいわれ、七歳で比叡山に登り静真に師事。密教を専ら学修し、三部、諸尊法、護摩、潅頂、悉曇に通じた。のち諸国を行脚し、九州で景雲から東密も伝えた。万寿年中（一〇二四―二六）に丹波国池上に移り、晩年まで、比叡山井ノ坊と池上とにあり、台密事相の講授を行い、台密中興の祖と称せられる。台密谷流の祖である。本書は、圓仁の記である『随要記』に皇慶が注した『随要記私記』というべきもので、圓仁の記に対しては、法性房の私記、教王房の私記も存したということで、さらに大原や双厳の私記もやがて行われたらしいがいまは伝わっていない。本書は内題に、「胎蔵金剛大潅頂随要私記　谷」と書いてあるし、『了因決』や定珍の『鸚鵡抄』にも圓仁の記に皇慶が私記を付したものと伝えている。さらに大原の記すなわち『秘要記』は、本書に対する長宴の記である。そして、本書は、台密胎蔵界金剛界の潅頂について明確な指南を与える書として評価されている。本書の上巻は、ことに三摩耶戒授戒について記し、胎蔵金剛三昧耶戒随要記と標されており、胎金各別に三摩耶戒儀を出し、現行の合行の三摩

耶戒の発生を考えるうえで問題となるとされる。下巻はまさしく胎金両部の潅頂の伝法の次第で、後代の潅頂記に全同であり、『仏解』で大森真応は、上巻が圓仁の記で谷の記に合巻したものかという。〔所載〕正蔵75。〔木内堯央〕

雛僧要訓【すうそうようくん】臨　一巻。大暘山楚軾（一七七八―一八五九）編。大典顕常（一六三四―一七一六）撰する所の『雛僧須知』に諸方の尊宿の垂訓を増補したもの。天保甲辰歳（一八四四）編。弘化三（一八四六）年刊。顕常は臨済宗の学僧で広く諸宗に通じていた。宗門の敗傷風化を嘆いて、新戒の未熟な僧およびそれを指導する老宿のために初心の心得を記したのが『雛僧須知』であり、同様の動機で著されたものも多かった。楚軾はそれらを合せて八四カ条とし、さらに付録三三カ条を付して合計一一七条にまとめたのである。はじめの四八カ条が『雛僧須知』のもの。これらは『教誡律儀』『日用清規』および『沙弥戒律儀』をもとに、日常の行儀を平易かつ具体的に説いたものであるが、諸本を寄せ集めたものであるから、配列、内容ともに整理は行き届いていない。付録三三条は僧侶として知っておくべき最低限度の教理や道具の説明である。教理や思想の書に比較するまでもなく、いかにも平俗であるが、現実にはこうしたテキストによって寺院が運営されているのであるから、そうした実際面を知る上で意義のある書といえる。〔沖本克己〕

宗鏡録助覧【すぎょうろくじょらん】臨　一巻。無著道忠（一六五三―一七四四）述。正徳三（一七一三）年成立。跋語にいう「宗鏡録一百巻、往年看閲し、五十四巻に到りて事に因りて中廃せり。今年六月朔日より続きて第五十五巻已下を閲す。毎日十紙、八月廿四日に到りて功を畢えたり。第廿四日の紙数剰欠無し。故に知る可し、日数八十四日にして紙数八百四十張なりと。」写本を妙心寺塔頭竜華院に蔵す。〔古賀英彦〕

崇峻天皇御書【すしゅんてんのうごしょ】日　日蓮（一二二二―八二）著。建治三（一二七七）年成立。同僚の讒言にあい蟄居中の四条金吾頼基に主君江馬氏が病いのため、その医術が必要となった。日蓮はふたたび同僚の妬みから頼基の身を案じ、情実をもってこと細かにその身の振り方を指示された。頼基の気性が短気で急に顔へ怒りを表わすため、崇峻天皇の短気な質ゆえに忍を破り蘇我馬子に殺された例を挙げ諭すにちなんで、この書名となった。〔所載〕定日遺2。〔桑名貫正〕

図像抄【ずぞうしょう】真　一〇巻。恵什（―一〇九二―一一四四―）撰。撰者については永厳（一〇七五―一一五一）と恵什とする二説がある。醍醐寺本の奥書に保延五（一一三九）年秋より翌年の春にかけて永厳が上皇のために撰したという記がある。『尊容抄』『十巻抄』『恵什抄』『平等房十巻抄』『永厳僧都抄』ともいう。内容は諸尊の図像二四二図をあげ、諸尊の梵号、密号、種子、三昧耶形、形像あるいは道場観、印、真言を説くが、全体の統一を欠く。掲図を持つ最古の修法書。〔所載〕正蔵（図像部3、高野山真別処円通寺本）、仏全（別巻、常楽院本）。〔清水　乞〕

数息観大要【すそくかんたいよう】真　一巻。飲光（一七一八―一八〇四）撰。寛政一二（一八〇〇）年の春、京都阿弥陀寺の大衆に数息観について示したおりに、その大要をまとめたもの。貪欲の患を除くためには不浄観を、一切の煩悩を制伏するためには数息観を作すべきであるとし、数息観の坐法を示し、次いで退分、住分、昇進分、決択分の数息観の四段階について略説する。〔所載〕慈全14。〔苫米地誠一〕

捨子問答【すてごもんどう】浄　二巻。権律師隆寛（一一四八―一二二七）記。本書は、捨子と修行者の問答に託して多念義の要義を説いたもので、上下巻それぞれ八問答から成る。念仏と滅罪、諸教と念仏の勝劣、三心と念仏、往生と煩悩、三心具足、念仏と余行、念仏相続、念仏と万行の功徳、念仏と数遍など、当時源空門下で諍論された諸問題について多念義の説を述べ、とくに称名相続不退を強調している。貞享二（一六八五）年刊。〔所載〕浄全続9。〔藤本浄彦〕

せ

誓願寺縁起【せいがんじえんぎ】浄　二巻。慧明（生没年不詳）校。寛政四（一七九二）年刊。詳しくは『絵詞要略誓願寺縁起』という。本書は浄土宗西山深草派本山誓願寺の絵入り和文縁起である。上巻には撰述の趣旨、本尊阿弥陀如来造顕の因縁談、本尊が春日明神の真作とされるゆえん、天智天皇の勅願寺とのことなどの記述がある。下巻には桓武天皇の遷都により当寺も山城に移転された旨、源信の参籠、和泉式部が性空を善知識として当寺にて往生したこと、一遍の参籠と夢告のことなどの記述がある。〔所蔵〕版本、国会、京大、西山、早大、東大、名大、竜大、等。〔所載〕仏全（寺誌叢書1）。〔中西随功〕

西源和尚語録【せいげんおしょうごろく】臨　三巻三冊。特芳禅傑（一四一九―一五〇六）著。一六世紀の初の成立。妙心寺派の四派の一、霊雲派開祖特芳の語録。巻之一に「龍宝山大徳寺語」、「青龍山瑞泉寺語」、垂語、仏事上、巻之二に仏事下、銘、像賛、巻之三に偈頌、道号、疏、拾遺、勅書、伝、さらに付録として疏と祭文を収める。享保四（一七一九）年と元文三（一七三八）年、明治三三（一九〇〇）年の三度刊行されている。〔所載〕正蔵81。〔加藤正俊〕

西山口決伝密鈔【せいざんくけつでんみっしょう】浄　一巻。法興浄音（一二〇一―七一）述。述作年不明。本書には『西山口伝密鈔』『西山口決鈔』『西山鈔出聞書鈔』『西山三十箇条口決』『西山口伝御書』『西山三十箇条』『西山口決三十帖』『西山上人面授相承口決三十箇条』『西山口伝密鈔三十箇条』等多くの異称がある。浄音の略歴は『愚要鈔』の項参照。本書は、第一の弥陀総別二願から、第三〇の自身建立の口決にいたる三〇カ条の口決である。すなわち西山流の教義口伝三〇カ条を録したもので、その条項は『観経』および『観経疏』に関するものが多い。そのうち廃、助、傍の三重分別、仏体仏語の法門、即便当得の口決等を主要とする。なかんずく仏体仏語、仏語仏体については二条（第七、第八）、即便当得については五条（第一六、一七、二〇、二一、二二）にわたってのべられていることは注目すべきである。この他『観経』両三昧宗、王宮・耆闍に関すること、序分の三相違、現説各別・一同、三心九品一機、九品念仏往生等についてのべられている。なお異本があり項目に出入りがある。たとえば第二八条仏果に二益無き定判の口決が浄土相承次第の口決とあったり、第二九条一百番義の口決がなく第二八条を第二九条として挙げてある。浄音の真撰であるかどうかは疑わしく、恬澄は後人によって付加されたものかともいう。浄土宗西山流秘要蔵所収。〔所載〕西全別4。

〔堀本賢順〕

西山三軸巻物【せいざんさんじくまきもの】浄　三巻。作者・成立年代不明。宝暦二（一七五二）年、成誉が連海所持本を浄写したとの奥書がある。西山派の教義の骨髄を伝えるものである。一に十通、教旨信仰の条々を示して安心領解の徹底を期せしめるもの、二に円戒、すでに安心を領解したのちの実行の規準を示したもの、三に両部、十通の教旨信仰を伝えた仏祖および歴代能化の系統を記したもので、法脈相承時に伝灯師より伝授される。正大蔵。

〔堀本賢順〕

西山上人縁起【せいざんしょうにんえんぎ】浄　六巻または八巻。仁空実導（一三〇九—八八）撰。至徳三（一三八六）年成立。別に『西山鑑知国師図絵全伝』あるいは『西山上人御伝起記』ともいう。仁空は山城三鈷寺の学僧である。康空示導に師事して浄土宗西山派の学を究め、三鈷寺に住して門葉を張る。嘉慶二（一一七〇）年寂す。勅諡号を円応という。本書は浄土宗西山派祖善恵房證空についての絵詞である。本文は六巻二四段、絵相は二一段よりなり初めに序がある。次に證空の俗姓、誕生より命終にいたるまでの自行化他の行状を記述せらる。撰者は證空滅後一四〇年後の至徳三（一三八六）年一一月の忌日に報恩のために撰述する。そのさい、当時の貴紳に染毫を請い、さらに絵所に図画を加えしめ、これを三鈷寺の吉祥蔵に納める。本文の第一巻の序から第四段までは尊道親王、第二巻の三段は道円親王、第三巻の七段は一条経嗣、第四巻の四段は公勝、第五巻の二段と第六巻の一段とは有孝、の染筆である。原本には撰者名を記さずに巻ごとに染筆者名を載せているゆえに後人誤りて五君の撰とされたこともある。その後、文化一三（一八一六）年に妙空弁才が再版したときに更めて撰者を銘記して京都市西七条の真導寺に蔵める。内容は巻一には撰述の因由、誕生、源空への入室出家、修学、『選択本願念仏集』の勘文の役ならびに代講のこと。巻二には太子御陵での蓮生との出会い、浄土教領解の深奥なること、当麻曼陀羅を拝見し善導の『観経疏』の意趣を織りあらわしていることを感得したこと。巻三には西山往生院三鈷寺の開創と変遷について、その他の證空開創の歓喜心院、遣迎院、浄橋寺の縁由について、巻四には有馬温泉での霊夢により四天王寺に不断念仏始行のこと、自行化他の利益の広多なること、十一面観音の化身なること、白川遣迎院における入滅のこと。滅後に蓮生が願主となり華臺廟（西山往生院の證空の廟所）に多宝塔を建立し観念三昧院と号したこと。巻五には滅後の門葉、ことに本山義の系譜について、巻六には善光寺如来の霊告と八幡大菩薩の霊験、撰者の師康空示導の行業について、最後に仁空実導の自伝と撰述の縁由について記している。〔末注〕霊空是湛・西山上人伝報恩鈔。〔所蔵〕写本は京大、版本は谷大、竜大。版本は正保三（一六四六）年、正保四年、正保五年、万治二（一六五九）年、文化一〇（一八一三）年、文化一三年、刊年不明の諸版がある。〔所載〕国東叢1（伝記上）。

〔中西随功〕

西山上人十徳鈔【せいざんしょうにんじっとくしょう】浄　一巻。貞暉（？—一七〇九）著。寛文一一（一六七一）年成立。本書は證空の出生、行状等の伝について十徳を挙げ称讃したもので、次の項目よりなる。⑴種姓豪貴徳、⑵早年発心徳、⑶顕密兼学徳、⑷己証冥符徳、⑸勤行精進徳、⑹三昧発得徳、⑺緇自帰敬徳、⑻本地救世徳、⑼多造伽藍徳、⑽臨終正念徳、などである。

〔日下俊文〕

西山上人伝報恩鈔【せいざんしょうにんでんほうおんしょう】浄　七巻八冊。霊空是湛（一六六五—一七四八）撰。明和元（一七六四）年刊。別に内題に『西山上人縁起報恩鈔』とある。撰者については本書の付録に大我が「霊空上人伝」を記している。それによると尾張熱田に生まれ、一三歳伊勢大林寺にいたり鑒空について得度し浄土教を学ぶ。そして一七歳尾張正覚寺に入りて学につとめ、二一歳炬範より法を伝え、二四歳洛西報国山光明寺にいたり絶道に師事する。三九歳大林寺に入りふたたび鑒空に師事し、五一歳請に応じて桑名浄土寺に住す。五八歳請に応じて東山禅林寺（第五四世）に住す。六八歳信行庵に退隠する。そのさいに本書を著わす。のちに京極仏陀寺に入り八四歳にて寂す。序文には禅林寺（第五六世）瑞空愿亮、光明寺（第四五世）真空恵玉、誓願寺（第六八世）逸空俊曉、円福寺（第四三世）真翁徹瑞、立政寺貫空炬道。跋文には総持寺竜峯義仙、曼陀羅寺真空実堂、仏陀寺堅空実印、各々宗師は霊空の挙を鑽仰している。さらに霊空の自序が記され、その文に「欲レ久ニセント其家一者ハ必堅ニ柱礎一欲レ長ニセント其流一者ハ必深ニ淵源一」との意趣より仁空実導の『西山上人縁起』に注釈を加え祖徳を鑽仰している。それにつけて疑問・誤見を決し史実に考証を加えている。さらに

『西山上人縁起』のほかに舜昌の『勅修御伝』第四七巻をも付して解を施している。〔所蔵〕版本、谷大、京大、西山、竜大。〔中西随功〕

西山上人略年譜【せいざんしょうにんりゃくねんぷ】浄 一巻。貞暉（生没年不詳）編。寛文一一（一六七一）年刊。本書は仁空実導撰の『西山上人縁起』につづいて出版された證空の伝記である。生前の嘉応元（一一六九）年より證空滅後の四義分立、蓮生の入滅の正元元（一二五九）年まで編年する。そのほとんどは根本史料にはあたらず従来の『源流章』『行状絵図』『九巻伝』『縁起』の踏襲にあり誤謬もみられる。〔所蔵〕刊本、谷大。〔所載〕西山禅林学報17。〔中西随功〕

西山白木章【せいざんしらきしょう】浄 二巻。著者明記なし。成立年代不明。本書は『四十八巻伝』に記される證空の法語、白木念仏を解説し、併せてその生涯を記したものである。證空が一四歳で源空の室に入り体解した白木念仏は仏祖の心にかなった、善導、源空の正真の念仏の継承であるという。平生の信心決定の念仏の功徳を挙げ、他力の念仏をすすめ、自力の人の念仏とくらべ真実白木の「ツクロイナキ」念仏を解説する。写本を西山短大蔵。〔日下俊文〕

西山善恵国師要話録【せいざんぜんねこくしようわろく】浄 一巻。関本諦承（一八六〇—一九三八）選。明治二六（一八九三）年成立。本書は證空の生涯における要話を一六話にまとめたものである。主な内容は、證空の誕生、出家の経緯に始まり、源空が『選択集』述作のときに勘文の任にあたった事、『般舟讃』発見の事、『曼荼羅註記』著述の事、後嵯峨天皇に菩薩戒を授けし事、『女院御書』選述の事、白木念仏・鎮勧用心の法語の事、白河関詠歌の事、各種書簡の事等となっている。證空の要話を知るうえで貴重な書である。〔所載〕関本全集2。〔長谷川是修〕

西山善慧上人御法語【せいざんぜんねしょうにんごほうご】浄 一巻。著者明記なし。成立年代不明。題号および末尾の「西山證空上人御詞也」の文と内容よりして、本文は證空（一一七七—一二四七）の自筆もしくは弟子の聞書と思われる。證空は西山派の祖で源空門下の上足である。本書は機法一体、念声一体の義についてのべたものである。阿弥陀仏の内証の智慧は、名に極まり弥陀の成正覚を聞けば迷いの衆生はない。仏の一代定散の教えが南無阿弥陀仏の体だと説くのが『観経』の体であるから生諸仏前等と説く。仏が衆生往生の体であると心得るのが南無阿弥陀仏であり、心に思うも口に唱えるも一つであるから念声一体という。口に南無阿弥陀仏と唱え心に謂を思うほかに諸仏もなく、十方浄土も仏の正覚も衆生の往生もない。仏とはわれらにかわって修行して凡夫のうえに成就する別願の体であると顕わすほかに、諸仏の功徳や諸法の利生の体はない。念仏を唱えることにより往生するのではなく、仏がわれらの往生の体であるところを南無阿弥陀仏というのであるから、念仏を唱えよと勧めるのである。穢土は迷い浄土は悟りであり、迷悟が一つになったところを仏については正覚、凡夫については往生といい、また六字の名号という。この謂れを心得ているのを三心、帰命、南無、発願、帰依、正念、憶念、菩提心等といい、これがそのまま名号であり、即便往生、機法一体、証得往生ともいう。元禄二（一六八九）年写本がある。〔所載〕西山上人短篇鈔物集。〔君野諦賢〕

西山善慧上人略伝【せいざんぜんねしょうにんりゃくでん】浄 一巻。純固（?—一六七四）著。成立年代不明。浄土宗西山派の祖證空の略伝で、仁空実導撰『西山上人縁起』（一六四六年開板）をうけ要をとって簡略に整理したものである。證空は治承元年一一月九日出生、一四歳で源空の室に入り、二三年師に常随し、師滅後西山三鈷寺に住し法をひろめ、宝治元年一一月二六日寂す。證空の信心、行業、生活、伽藍仏塔等の創建、著作等を記す。〔日下俊文〕

西山年譜要記【せいざんねんぷようき】浄 一巻。籠谷（生没年不詳）選。延宝七（一六七九）年成立。本書は證空の行状記録をまとめた実導の『西山上人縁起』を底本にし、貞暉の『西山上人略年譜』を参照にして作成されたものと思われる。内容は證空の生涯の行状記録を逐年記述するとともに、その間における西山門流の要説をのべたもので、「西山年譜」と「西山要記」の二要項がまとめてのべられている。證空研究上欠かせない重要な書物である。〔所載〕西山禅林学報17。〔長谷川是修〕

西山復古篇【せいざんふっこへん】浄 一巻。俊鳳（一七一四—八七）著。天明四（一七八四）年成立。俊鳳妙瑞は浄土宗西山派の学僧で、真言、禅、天台、鎮西、時宗等の学を研め、詩・和歌を善くし、禅・戒に造詣が深く、證空、一遍の念仏を履践することを理想とした。本書は祖承の正義が失われつつあった当時の宗学界によせた自己批判と警策の書で、次の九項目よりなる。(1)西山流義学文事、(2)西山流義安心事、(3)西山両脈相承事、(4)西山流義秘鈔事、(5)西山流義十通事、(6)西山四宗兼学事、(7)西山流義刑免許事、(8)浄土現世祈禱事、(9)西山流義盛衰事。(1)では学文は證空の真撰によってすべし、手引きに『楷定記』『鵜木抄』『康永抄』等をもちいて正義を思択せよ、「正義とは光明吉水の本意と相応するを言う」といい、(4)では事相三八巻について、これらは證空の真撰とは見ず、寛法の作という。ただ注記は師の真撰のものの書写であって、現今のものは脱文等はあるが必ずしも偽書ではない。(6)は證空の自行日課、また学解門学行門を分別し、雑修雑行者との相違を出している。(9)では派祖の寺塔建立、曼荼羅や不断念仏の創始、宗祖滅後の洛中における證空の教化弘法、弟子等の寺院創建と浄教の興隆、さらに応仁の乱以降の衰微、末寺数百寺の他宗他流への転派の事実等を記し、西山の宗義復興のために源空、證空の本意に相応した真正の菩提心、至誠に厭欣の志を起

こせと言っている。写本を竜大、谷大蔵。〔日下俊文〕

西山夜話【せいざんやわ】臨　一巻。夢窓疎石（一二七五―一三五一）著。春屋妙葩編。元禄一三（一七〇〇）年刊。七朝の帝師と仰がれた夢窓疎石と弟子との問答・教誡等を収めている。柳田聖山氏は、『日本の禅語録』七に収録の「西山夜話」の現代語訳に一八項目の見出しを付けている。それは、「腰がすわらぬわけ」「古人の格式」「歩けば腕が前後にふれるように」「禅の相手」「理致と機関」「少年時代の思い出」「仏国のことば」「ひとり坐禅」「隠れて隠れて隠れようのないところ」「このくにの傾き」「三等の弟子」「言葉と心」「達人と初心者」「ひとりよがり」「小玉を呼ぶ手だて」「碧巌集」「事実は語黙にかかわらぬ」「口頭禅」の順序である。夢窓疎石が波瀾万丈の世を生きた自己を総括し、中国、日本の仏教の歴史とその奥義が明かされる。坐禅と学問、理致と機関といった区別が、ひっきょうは小玉を呼ぶ方便にすぎないという。「馬祖・百丈以前は、多く理致を示して少しく機関を示す。馬祖・百丈以後は、機関多くして、理致は少し。風穴・興化に至って唱へ弥高く、和するもの弥峻なる、亦これ通途変格の体裁なり。当に知るべし、祖師の宗旨の畢竟して理致機関の中に在らざることを。都て是れ小玉を呼ぶの手段なる耳」（西山夜話）。〔所載〕続群書233、正蔵81。〔鷲阪宗演〕

棲浄斎安心注進書【せいじょうさいあんじんちゅうしんしょ】浄真　一巻。誓鎧（一七五三―一八二九）著。安永五（一七七六）年成立。誓鎧は本願寺派の学僧。棲浄斎は誓鎧の号。当時流布した俗生帰命の異安心を論破するために、その安心上の疑問（弥陀をたのむことの解釈についての相違）を次から次へと提出し、その正統安心の心得を師仰誓に乞うたものである。〔所載〕真宗全62。〔藤沢正徳〕

栖心斎随筆【せいしんさいずいひつ】浄真　四巻。興隆（一七五九―一八四二）撰。成立年代不明。本書はひろく仏教一般にわたって難文を解釈し、とくに真宗安心に関しては力を尽くして精要がのべられている。第一巻は七〇項目、第二巻は一〇八項目、第三巻は五一項目、第四巻は五五項目を記載してある。大谷派慧琳の『三余随筆』と並び真宗随筆の双璧と称せられている。〔所載〕真宗全51。〔本多静芳〕

清拙和尚語録【せいせつおしょうごろく】臨　一巻。清拙正澄（一二七四―一三三九）。永錤等編。泰定元（一三一四）年跋刊。清拙は中国松源派の代表的人物であり臨済宗愚極智慧の法嗣。本書は清拙の在元中の語録を集めたもので、巻首に袁州総管府請疏、巻末に径海の跋を付して刊行された。康永元（五山版）年一巻も存する。清拙正澄撰。清牧等編。明徳二（一三九一）年刊。清拙正澄の来朝以後の語録で、建仁寺、南禅寺、再住南禅寺等の語録を収録したものである。このほかに南北朝ごろ開版の五山版も存す。また、正徳二（一七一二）年刊行の木活本は三冊本である。〔吉瀬勝〕

誠拙和尚語録【せいせつおしょうごろく】臨　三巻。誠拙周樗（一七四五―一八二〇）撰。『誠拙禅師語録』とも称し、円覚寺一八九世誠拙周樗の語録で、詩集『忘路集』『虎頭巌集』『碧照集』などと内容をほぼ同じくする。大正一〇（一九二一）年刊（孔版）のものは、倉光大愚が校訂し、上堂、小参、法語、論、箴、銘、序、真讃、頌古、諸讃、礼祖塔、仏事、秉炬、偈頌を録し、退耕庵主独園撰「誠拙禅師行状」を巻末に収める。〔竹貫元勝〕

清澄寺大衆中【せいちょうじだいしゅうちゅう】日　日蓮（一二二二―八二）著。建治二（一二七六）年成立。真言師蜂起のゆえに真言宗と仏法の邪正を匡すために身延参拝のおり、『十住心論』『秘蔵宝鑰』等の真言疏やその他の本の持参を依頼した。真言宗がもっとも法華の正義を失う邪宗であることをいい。日蓮の蒙古来襲の予言が適中したごとく法華退転は堕無間地獄と予言し、領家の尼が退転したように清澄の人びとが退転して地獄へ堕ちないように心配して誡めている。〔所載〕定日遺2。〔桑名貫正〕

西鎮興記【せいちんこうき】浄　一巻。大江（一五九二―一六七一）著。成立年代不明。大江は南紀総持寺の学僧で字を南楚という。長感応沾に師事して西山教義を学び、霊巌について鎮西流の宗要を修す。本書は写本三丁からなる短篇で、初めに證空、弁長の略伝をのべ、次いで両師の相違を四つに分けて説明し、とくに第三・第四の浄教習学の年数の異、伝法伝戒の異について證空を正統とのべている。写本を西山短大蔵。〔堀本賢順〕

西鎮今家安心説【せいちんこんげあんじんせつ】浄真　一巻。泰巌（一七一一―一七六三）述。宝暦七（一七五七）年成立。泰巌は本願寺派の学僧で、月笙の門人。源空門下のうち、代表的ともいえる浄土宗西山派、鎮西派、真宗の三流における教義、安心の比較を簡略にのべたものである。泰巌は真宗の学僧であるから、題号に今家とあるのは、真宗を意味する。つまり真宗学僧の三家観であるともいえよう。識語に「宝暦七年十月」とある。〔所載〕真宗全61。〔山崎竜明〕

青鷂原夢語【せいようげんむご】曹　三巻。万回一線（？―一七五六）撰。元文三（一七三八）年成立。同五年上中下三巻二冊として刊行。一線の伝は詳らかでない。丹波の人で癡鈍者と号した。丹波太寧寺盧州全潮について出家受業し、摂津浄春寺万苗幻如の法を嗣いだといわれる。かつて退蔵峯（大阪陽松庵）において天桂伝尊（一六四八―一七三五）に参じ、その影響を大いに受け、愛媛県渓寿寺に住した人である。本書は中国禅宗史上において曹洞下の大陽警玄（九四三―一〇二七）と投子義青（一〇三二―八三）の嗣法が臨済下の浮山法遠（九九一―一〇六七）を介して代付された問題を取扱った関係から、大陽に託され、その法を代って伝えるべくその出現を待つ法遠が、会聖嵓で青鷂の夢徴を得て、義青にまみえたという故事によってかく名づけられた。

本書の撰述は、先に著わした『證道歌直截』において、卍山道白（一六三六―一七一五）の『対客二筆』の代付否定説を反駁したため、公音道鏞（一七〇一―？）によって元禄の制度に違するものとして、この書の破却が関三刹に訴えられたことに由来する。本書の内容は、大陽と投子の代付を否定し面授を力説する大了愚門（一六一三―八七）の『永平紀年録』を逐一論駁し、『大慧武庫』『五灯会元』『続灯録』『従容菴録』『永平広録』『洞門劇譚』『伝法正宗記』『聯灯会要』『僧法伝』『禅林類聚』『普灯録』『宏智録』『禅海十珍』『洞上古轍』『叢林盛事』『雲臥紀譚』『人天眼目』『山堂要訣』『大智偈頌集』等、彼の問題に関説する能う限りの資料に考証検討を加えている。さらに、この書撰述の端緒となった自著の『証道歌直截』の当該個所に詳細な注釈を施し、歴史的実証に則って代付の本質的親伝性を主張し、卍山等の歴史を無視した形式主義を論難している。本書の意義は、当時すでに後退しつつあった天桂系の宗学を、この嗣法問題の実証的主張によって擁護の切札とした処にある。しかし、宜黙玄契の『禅林甑瓦』、乙堂喚丑の『洞上叢林公論』によって反撃を受けた。〔所載〕続曹全（室中）。

〔小坂機融〕

西来家訓【せいらいかくん】曹　一巻。徳翁良高（一六四九―一七〇九）撰。江戸時代の成立。本書は備中西来寺二世徳翁良高が、西来門下に説いたものである。沙門、勅請出世、伝法師承、古人得法、菩薩戒、衣法付嘱、住持交代、坐禅、幼学初心、不択老少、撥艸瞻風、仏法興隆、護法、永平寺、総持寺、などについて記している。良高は月舟宗胡の法嗣で、卍山道白の法弟である。宗統復古運動を意図して、門下に示したものである。

〔大野栄人〕

青藍抄【せいらんしょう】日　六巻。證誠（承慧）日修（一五三二―九四）記。天文七（一五三八）年成立。正しくは『真諦法流正伝抄』といい、略して『真流正伝抄』ともいう。日修は京都本隆寺日真門流教学の大成者で、開祖不軽日真の門弟、慶隆日諦に学んだ。若くして叡山に学び建仁寺で『一切経』を閲覧し、また神道を講じるなど多才な学僧で、正親町天皇に『立正安国論科註』を供して法印に叙せられ、後陽成天皇には『天台三大部科註』を献じた。

本書は、その序と奥書によれば天文七年に前予州大守源経孝（日孝）の請によって、『法華経』二八品について大略三五〇余カ条の注解を加え、越前平等会寺の日念に口決したものである。その表題は、本書に示される法門が日真より日諦を通して正しく日修へ伝えられてきた師資相承の宗義であることを表している。日真の門下には寿量日鎮、顕本日唱、慶隆日諦、證誠日雄らの学僧があり、他門では妙満寺日岳、要法寺日辰などが会下に列している。それぞれ教学に異なりをみせていて、日修は日諦をもって正統とし、その教学を「従藍出従藍而青」と讃えたところから、本書に『青藍抄』の別称が生じたという。

本書は『法華経』の注釈ではあるが、『法華文句』などのように文々句々の注釈ではなく、品々の注釈であり、真門による法華経教義書といえるものである。各巻の構成は、まず第一巻に序ならびに法華宗常恒得意の大意を述べ、そして序品―譬喩品、第二巻は信解品―宝塔品、第三巻は提婆品―涌出品、第四巻本は寿量品、第四巻末は分別品、第五巻随喜品―属累品、第六巻は薬王品から普賢品となっている。本書に示される教義についてみると、まず本迹論については冒頭に当宗は一経三段の一致説に対して二経六段の本迹勝劣の立場であることを示し、本迹の義分は寿量顕の処にあり、真実の本迹は久近本迹であると述べ、久近本迹に約して仏の事顕本の上に本地と垂迹とを分ける本迹勝劣であり、本迹の実相は同体とする。したがって本迹取捨の立場は取らず、修行においては破権・助行のためとして迹門の読誦義を述べ、日興門流の迹門不読説を難じている。また顕本論は寿量一品正意から報身事顕本論を説く。その立場から下種論においては本果下種（富士門流が下種の人に約して本因下種というのに対して、本果下種ではなく、下種の法体を本果仏所証久遠本時証得の法―本果を体とするもの）を説く。下種を人に約しては、本因上行とする。つまり先仏の本果の法を本因の菩薩が下種するというのである。

本書は表題が示すように日諦よりの教義を祖述したものと考えられるが、後世遠成日寿が「混雑していてその実得がたし」と評していて、説明に不充分な点がみられ、また「勝手すぎる義」とも評しているように日修独自の思想が強く表われていて、むしろ日修による真門教学大成書というべき書であろう。

本書の注解には遠成日寿の『改正真流正伝鈔並私解』がある。この書は原本と私解が明確に分示されていて、本書からも日修の原形を知ることができる。写本立大図書館所蔵。〔所載〕日宗全10・11。

〔井上博文〕

清流紀談【せいりゅうきだん】浄真　二巻。竜護（一七九三―一八五六）編著。超然校補。天保四（一八三三）年長光寺習静舎刊。竜護は、諱を覚応、字を子感といい、初め周山と号し、のちに竜山と改める。別号を竜護山人・観月臥松楼主人といい、本願寺派大坂長光寺の住。本書は、本願寺派における学寮創建（寛永一六年）以来の学匠五〇余人の言行逸事等を記述したものである。〈上巻〉には、西吟、知空、桃渓、法霖、月筌・月渓、峻諦、性海・慈海、泰巌、義教・古貫、智暹、僧樸・僧朗、道粋、霊潭・玉潭、僧鎔・暢空、慧雲、崇廓・海印、玄智・大珠、〈下巻〉には、仰誓・履善・誓鎧・自謙、大同、円珠、大乗、大慶、柔遠、道隠、廓亮・曇碩・智蔵、居敬・大喜多文豹・香習尼・滝蓬田、明増、恵琮、衆鎧、義諦、密厳、道振、桂潭、観道・超倫・円浄・行円、等の学匠が載せられている。しかし、本書凡例に「大谷の清き流に心をすます人々」を録すというように功存、知洞等の三業惑乱時代の学林派の人びとは除かれ、一方、在野で学林を批判した廓亮（大瀛）の項は詳しく記述されている。〔所載〕新編真宗全史伝編10。〔参考〕真宗大辞典。〔新作博明〕

清涼寺縁起【せいりょうじえんぎ】浄　元信（生没年不詳）著。京都市右京区にある通称釈迦堂で知られる清涼寺の縁起を仮名交り文で綴ったもの。原本は諸処に絵が挿入されている。六編より成り、第一と第二は本尊釈尊の八相の略述。第三は木像作製の由来、第四は法橋奝然（ちょうねん）が本寺に将来せしめた由来、第六は本像の渡来以後の利生霊現の諸相を挙げている。そして最後に三国伝来現身の釈迦とされる本尊の天竺、震旦、日本渡来以後、永正一二（一五一五、刊行年）年までの年数を略記す。〔所載〕仏全117、国東叢2、続群書27。〔久米原恒久〕

施餓鬼作法【せがきさほう】曹　一巻一帖。面山瑞方（一六八三—一七六九）撰。享保一二（一七二七）年刊（跋）。内題に「改正施餓鬼作法　甘露門　在家葬式法」とある。しかし内容は施餓鬼法会の準備、幡の書法、行法次第をのべ、『甘露門』の読誦作法を略述し、末尾に口訣、感応、鑑戒の文を付記したもので、在家葬式法にはふれていない。本書では施餓鬼を大施餓鬼と通常の施餓鬼に分けている。大施餓鬼は大施架を中庭に設け、中央に万霊牌、左右に華燭一対、茶湯珍饈（ちんしゅう）、供物一対に五菓（瓜茄麵饅餅）を盛り、四方の柱に四天王幡、他に大幡二流、五如来幡、小幡二五流を掛け殿前の小架に浄飯、洒水、菓物の三器と花爐燭を備えるとし、通常の施餓鬼は小施架を殿前に設け、中央に万霊牌、左右に華燭、中間に香爐、供物は浄飯、浄水、菓物各一器、幡は大幡二流、四天王、五如来幡の一一流のみとするとしている。また大幡、四天王幡は白色、五如来幡、二五流幡は五色に作り、施架の高さは三尺を過ぎずとしている。『甘露門』の読誦作法では読経中に結ぶ印契を指示している。口訣には施餓鬼に関する注意、感応、鑑戒には施餓鬼の霊験譚が記されている。〔所載〕続曹全（清規）。〔参考〕面山瑞方撰・施餓鬼作法口訣。〔松田文雄〕

施餓鬼法会儀【せがきほうえぎ】日　一巻。日輝（一八〇〇—五九）著。施餓鬼会の行軌法式を掲げ、施餓鬼会法要の指南書としたもの。これが現在日蓮宗で修せられる施餓鬼会法式の規準ともなっている。〔所載〕充洽園全集2。〔松村寿巌〕

絶海和尚語録【ぜっかいおしょうごろく】臨　三巻。絶海中津（一三三六—一四〇五）著。慧奯・俊承等編。室町初期の刊（五山版）。「初住甲州府乾徳山恵林禅寺語録」（俊承等編）、「住山城州万年山相国承天禅寺語録」（慧奯等編）、「再住万年山相国承天禅寺語録」（慧璀等編）、「三住万年山相国承天禅寺語録」（慧奯等編）および陞座、拈香、真讃、自讃、偈頌を録する。巻頭の序文は杭州浄慈寺の道聯が永楽元（一四〇三）年に誌したものである。〔所載〕正蔵80。〔竹貫元勝〕

雪樵独唱集【せっしょうどくしょうしゅう】臨　蘭坡景茝（一四一九—一五〇一）の作品集。同一題名で雪樵の詩集、語録、四六文、偈頌等を収めた異本がある。(1)相国寺長得院所蔵本、一巻。(2)成簣本、一巻。(3)大東急記念文庫所蔵本、四巻（一巻欠）。(4)四六文集を集めたものに、成簣・尊経・両足院所蔵の三系統がある。〔所載〕玉村竹二編・五文新5。〔鷲阪宗演〕

折衝篇中必定釈名之弁【せっしょうへんちゅうひつじょうしゃくみょうのべん】浄真　一巻。功存（一七二〇—九六）述。明和五（一七六八）年成立。功存は本願寺派第七代能化。法霖の『浄土折衝篇』は華厳の鳳潭の『明導剳』の法難を撃破したが、智暹の発した一益達解の難を受けることとなった。この傍難を『折衝篇』の文について解明を試みたものである。〔所載〕真宗全50。——→浄土折衝篇・折衝篇通釈〔本多静芳〕

折衝篇通釈【せっしょうへんつうしゃく】浄真　一巻。桂巌（一七〇三—七八）述。明和五（一七六八）年成立。桂巌は本願寺派の学僧で、泰巌の兄。功存の『折衝篇中必定釈名之弁』と同じく、法霖の『浄土折衝篇』の文中、智暹の発した一益達解の難をさえぎるために解釈したものである。〔所載〕真宗全50。——→浄土折衝篇・折衝篇中必定釈名之弁〔本多静芳〕

折衝篇雷斧弁訛【せっしょうへんらいふべんか】浄真　一巻。性均（一六七九—一七五七）著。『浄土折衝篇雷斧弁訛』ともいう。享保一七（一七三二）年刊。性均は江戸の本願寺派安養寺の住。洛西松尾山華厳寺の開山鳳潭は、叡山霊空光謙の『即心念仏安心決定談義本』を批判して『念仏往生明導剳』を著わした。その浄土門論難が真宗七祖にも及んだので本願寺派第四代能化、法霖は『浄土折衝篇』を著わして反論を加えた。ところが鳳潭が『浄土折衝篇雷斧』でふたたび論戦を展開したので法霖も『笑螂臂』で再批判した。本書はそのような情況下で、性均が鳳潭の『浄土折衝篇雷斧』を簡潔に批判したものである。「浄祖宗脈を詆訶して吾宗を毀訾し、造言鄙陋、悪口妄譚、読むに忍びず」と書き出し、雷斧というが癩雷朽斧であるといい、「吾祖の円頓とは大悲円満頓極、本願超世の異名であって、直ちに天台華厳所判の円教と云うことではない」とのべている。そして「斧云」と、(1)善導屈㆓堕矛盾之失㆒、却讃㆓妙判㆒。(2)道綽堕㆓三罪㆒、悔㆓一往釈㆒。(3)錯認㆓禅語㆒、作㆓死猫児㆒。(4)独耽㆓善導㆒而道綽非㆓今家㆒乎。(5)浄宗専依㆓観経㆒……汝愚禿宗専依㆓大経㆒弘願為㆑宗、不㆑知㆓己宗㆒。(6)不㆑知㆓南無（安心）阿弥陀仏（起行）之幽旨㆒者、此是吉水義、汝愚禿宗不㆑取㆓口称起行㆒故、亦昧㆓却己宗㆒也。(7)……噫極愚卒矣、寔可㆑云㆓復覆也、念仏覆宗訣㆒而已。以上のような論難七項を挙げてそれに対して簡潔に真宗義を示して批判を加えている。〔所載〕真宗全60。〔参考〕仏全98。——→浄土折衝篇〔新作博明〕

雪窓夜話【せっそうやわ】浄真　一巻。桑梁撰。文化一一（一八一四）年成立。桑梁は本願寺派唯一の神道研究家。本書は神道側の排仏論に対抗して、神仏一致の深旨を儒教、王法についても言及しながら文献から立証し、のちに、神明安不を中心に真宗の専修の宗風を示し、真宗と神道との関係を明らかにしようとしたものであり、最後には、三世因果の説にも及んでいる。〔所載〕真宗全62。〔佐竹大隆〕

雪竇頌古百則称提【せっちょうじゅこひゃくそくしょうてい】[曹] 二巻。面山瑞方（一六八三—一七六九）述。天明八（一七八八）年刊。『雪竇頌古』一〇〇則を面山が評唱、拈提し、弟子の慧観（？—一七七五）が編集したもの。本書をさらに解釈した『雪竇頌古称提聞解』も存す。面山には『宏智頌古』一〇〇則に対する『隰州古仏頌古称提』も存し、臨済、曹洞の根本聖典の両方を評唱、拈提で示したものである。〔石井修道〕

説黙日課【せつもくにっか】[日] 二巻。日講（一六二六—九八）著。別名『鶴城叢書』ともいう。日講は不受不施の寛文法難によって寛文六（一六六六）年四一歳の時、日向佐土原に配流され、元禄一一年七三歳で寂するまでの三三年間、この地で長い流謫生活を送った。その間の日記。書名は日講が謫居した庵を鶴樹軒、文庫を説黙亭と称したところから後人が名付けたもの。流僧日講の日常生活はもとより、惣滅後の不受不施派の動向、佐土原藩内の動静をも詳細に記しており、それらを知る上で貴重な資料である。領主島津氏から厚く遇された配所生活。反面、長年厚遇を受けた芸州夫人との訣別。島津飛騨守の死去とその家督相続。病気療養のこと等が年月日を追って記される。特に、日講は配流後いくばくもなく講学の師として仰がれたが、『法華経』、祖書の講義はなかなか許されなかった。ようやく許されたのちは、これまでの法華講数と合して一〇〇〇座を成就し、宿願の一つを果している。祖書の講義も一〇年を要して満講したのち、畢生の大著『録内啓蒙』の草稿に着手し、三年半で草案を成就、更に多くの努力を重ねてそれから五年後の元禄八（一六九五）年完成させた。一二月二七日入眼して「生涯の本望は之に過ぐべからず」と記し日講の自筆は終っている。以後は弟子の恵照が摘要を書き、元禄一一年三月の日講の葬儀の模様を叙し、翌年の一周忌後、恵照二四年ぶりの帰国の記事で終る。天保三（一八三二）年中村晴積の写本により更に文久四（一八六四）年青巌臺宝美が写したもの。〔写本〕東史料、立大、旧清水最勝閣、若山甲蔵。〔所載〕日宗全12、万代亀鏡録。〔参考〕日蓮宗不受不施派の研究、日蓮宗事典。〔林是晉〕

雪夜炉談【せつやろだん】[曹] 一巻。面山瑞方（一六八三—一七六九）述、環堂慧中（生没年不詳）記。面山が若狭の空印寺における冬安居の一夜、客の問に答えて、宗門正義の嗣承観をのべたものである。卍山道白が『正法眼蔵面授』巻を刊行し、その跋に非面授の三字を『眼蔵』本文に書き加えたことが、天桂伝尊からの攻撃を招いたが、本書は卍山の主張が正しく、天桂の主張が誤っていると論じている。〔所載〕続曹全。〔原田弘道〕

洗雲集【せんうんしゅう】[臨] 二二巻。高泉性潡（一六三三—九五）著、雷洲道享（一六四一—一七〇八）・道清編。内題『高泉禅師洗雲集』。元禄二（一六八九）年自序、巻末に翌三年茨木方淑捐資刊行の識語。高泉の文と謳われた文人僧の渡来以前を含み貞享年間にいたる詩文集。なお『法苑略集』五巻、『仏国高泉禅師詩偈輯要』六巻、『一滴草』四巻、『翰墨禅』二巻、『高泉禅師詩偈』一巻、『檗林新草』二巻、『瑞竹軒文稿』二巻などがある。版本を駒大、黄檗蔵。〔大槻幹郎〕

仙厓和尚語録【せんがいおしょうごろく】[臨] 五巻。仙厓義梵（一七五〇—一八三七）撰。語録には「仙厓和尚語録」「聖福寺普門円通禅師語録」の二種が聖福寺に所蔵。この他、瞌睡余稿（香語、法語、偈頌、自筆）、点眼薬（文化丁丑立秋自筆）、すて小舟（和歌集、自筆および嘉永六年刊）、触鼻羊（自筆）などを合わせて『仙厓和尚語録』と称している。〔所載〕仙厓和尚遺稿（倉光大愚編）、仙厓語録（三宅酒壺堂編）。〔早苗憲生〕

禅戒規【ぜんかいき】[臨] 一巻。虎関師錬（一二七八—一三四六）撰。元亨二（一三二二）年著。詳しくは『禅門授菩薩戒規』。師錬は五山の学僧として高名であるのみならず、広く儒仏に通じていた。また禅戒一致思想を唱え、その立場から臨済宗における菩薩戒すなわち十六条戒の授受の歴史的意義、具体的方法などを十一門に分けて説いたもので、宗門への影響は大きく、また彼自身の主著の一つに数えられるものである。〔所載〕禅学大系（戒法部）。〔沖本克己〕

禅戒訣【ぜんかいけつ】[曹] 二篇。卍山道白（一六六九—一七一五）撰。三洲白竜（一六六九—一七六〇）編。成立年代不明。正徳五（一七一五）年成立の『対客閑話』とほぼ同時のものと推定される。別に『（鷹峰）卍山和尚禅戒訣』という。道白は、梅峰竺信とともに曹洞宗の宗統復古運動の推進者として有名であるが、江戸期の曹洞宗の宗学者として諸分野に多大の業績を残している。禅戒に関してもその一つで道元以後に述作をなした最初期の一人と見なされている。前掲の『対客閑話』もその述作の一書である。本書は、道白の本師月舟宗胡が儀則の遺法すなわち道元の『教授戒文』を復興させ、それを道白が普説して、道白の法嗣白竜が編纂したものである。本書は二篇より成る。其一には、菩薩戒（禅戒）は禅門の一大事であるとしてその意義をのべている。禅戒は、これを信ずる人にとって仏祖の命根命脈であり、護持しかるがるしく扱うべきではない旨を記している。其二には、原始仏教以来の戒の変遷を略述し、最澄の円頓戒は、達磨の一乗戒とともに但受菩薩三聚羯磨、五八戒の大僧戒であるとし、洞門宗侶は禅戒すなわち菩薩甘露摩尼戒を護持し、声聞海水精戒に執持してはならぬとしている。なお本書に白竜は注解を施している。いわば宗胡、道白、白竜の三代にわたる禅戒の述作がつづいたわけである。元文元

（一七三六）年刊本を駒大に蔵す。〔所載〕鷹峰卍山和尚広録47。──→禅戒訣註解　〔吉田道興〕

禅戒訣註解【ぜんかいけつちゅうげ】曹　三巻。卍海宗珊（一七〇六─六七）注解。成立年代不明。序の年時から宝暦三（一七五三）年ころと推定される。別に『卍山和尚禅戒訣註解』『鷹峰卍山和尚禅戒訣註解』ともいう。卍山道白の『禅戒訣』と『東林完戒普説』に注解を施したもの。禅戒を円頓戒によって基礎づけ、その意義を明らかにし、禅戒一如の立場を強調している。宝暦一三（一七六三）年跋刊本を駒大に蔵す。〔所載〕曹全（禅戒）。──→禅戒訣　〔吉田道興〕

禅戒試参請【ぜんかいしさんしょう】曹　一巻。晴道本光（一七〇一─七三）編述。明和四（一七六七）年成立。別に『宗伝戒文試参請』『教授戒文試参請』ともいう。武蔵（成田市）竜淵寺における随徒に『教授戒文』を注釈したもの。三帰、三聚浄戒の段までを詳細に説いているが、十重禁戒については簡略にのべ、それは指月慧印の『禅戒篇』を看読すべきことを勧めている。大正一二年写本を焼津市旭伝院に蔵す。〔所載〕曹全（禅戒）。　〔吉田道興〕

禅戒鈔【ぜんかいしょう】曹　一巻。万仭道坦（一六九八─一七七五）輯。宝暦八（一七五八）年成立。正式には『仏祖正伝禅戒鈔』という。道坦は曹洞宗における禅戒の体系を集大成し、また『正法眼蔵』の研究に関しても多大な業績がある。本書は序に経豪の『梵網経鈔』を偶然入手しこれを読むこと百遍、そこに一隙の明をうかがいえて著わすにいたった由をのべている。その対象は嗣法分限上の真子に授けようとしたもので一般の僧俗に流布しようとしたものではない。本書はまず『教授戒文』の句を挙げ、これを注釈するために『梵網経鈔』を抜き出し、さらにその文証として経論を引くという形式をとり、三帰衣、三聚戒は簡略な叙述にし、十重禁戒は詳細にわたっている。その眼目は禅戒一如の立場にあり、その宗旨の敷演をしているわけであるが道坦自身の個人的見解は表面に出していない。本書には規約六条が付され、道坦のなみなみならぬ本書の熱情を見ることができる。すなわち、調巻のときでも固く秘して室外に出さぬこと、一般書肆における売買の禁止、未受戒の僧に授与したり戒会のほかにみだりに講筵することの禁止、江湖会中に僧侶が講談し案頭に放置し他見させることの禁止、一五年後にこの板木を毀つことを命じているのである。〔末注〕丘宗潭・改訂仏祖正伝禅戒鈔、西有穆山・岩上覚成編・仏祖正伝禅戒鈔講話。宝暦八年序刊本を駒大に蔵す。〔所載〕曹全（禅戒）。〔参考〕曹全（解題）。──→禅戒本義　〔吉田道興〕

禅戒鈔本義【ぜんかいしょうほんぎ】曹　一巻。万仭道坦（一六九八─一七七五）撰。明和三（一七六六）年成立。万仭には、別に『教授戒文』を中心として十六条戒を釈した『仏祖正伝禅戒鈔』や『仏祖正伝禅戒本義』などがある。本書は、群馬県宝積寺住山中の撰者が、禅戒の由来を知らしめんとして、諸書を引用しつつ論じたもの。内容はほぼ同じであるが、巻末に「正授菩薩戒作法」「塔婆」を付した異本もある。駒大所蔵。〔永井政之〕

千呆禅師語録【せんがいぜんじごろく】臨　一五巻。千呆性侒（一六三六─一七〇五）著、大衡海権（一六五一─一七一五）・霊源海脈（一六五二─一七一七）等編。内題『聖寿千呆禅師語録』。元禄七（一六九四）年高泉性潡、同八年法雲明洞序、同年快音ら浄資敬刻の識語、巻一、序、示衆。巻二・三、法語。巻四、開示、秉炬。巻五、挙古、別古。巻六、拈古、代古、答古。巻七、頌古。巻八、仏祖正脈賛、祖師源流頌。巻九、機縁。巻一〇、書問。巻一一、諸賛、自題。巻一二、雑著。巻一三─一五、内題「聖寿千呆禅師禅余艸」で詩偈を録する。なお、『黄檗賜紫千呆禅師語録』（元禄一六年成立）一〇巻がある。版本を駒大、黄檗蔵。〔大槻幹郎〕

禅戒伝耳録【ぜんかいでんじろく】曹　一巻。如宗了派（?─一七六五）編。元文六（一七四一）年には、すでに成立していたと推定される。卍山道白の法孫大乗寺の雪心白痴（一六七五─一七四一）の戒会の提唱を了派が筆録したもの。戒由、戒本、普勧、発心、勤求、懺悔、大小、通戒、神戒、天戒、人戒、三帰、三聚、十禁、信受の一六項目について戒法の主旨を説いている。明和四年（一七六七）写本を駒大に蔵す。〔所載〕曹全（禅戒）。〔吉田道興〕

禅戒篇【ぜんかいへん】曹　一巻。指月慧印（一六八九─一七六四）撰。享保二〇（一七三五）年成立。戒源、得戒、伝持、戒次、戒伝、戒義、勧戒、受法、修懺、戒蔵の一〇項より成る。戒源、戒蔵では信がその本源であり、得戒、受法では自誓受戒を誡め、伝持、戒次では三聚・三帰・十重を説く。伝戒ではこれが仏祖正伝であり、戒義では十六条戒を『教授戒文』の所説に基づいて詳細に説かれ、本書の中心をなしている。卍山道白の『禅戒訣』の旨趣を承けたものである。元文二年の刊本がある。〔所載〕曹全（禅戒）。──→永平教授戒文・禅戒訣　〔佐々木章格〕

禅戒問答【ぜんかいもんどう】曹　一巻。一丈元長（一六九三─一七五三）撰。寛保二（一七四二）年成立。仮名文で前半（本編）に一五、続編に八の合計二三の禅戒に関する問答より成る。内容には、たとえば戒体を天台の性無作の仮色とするなど、いくつか問題を含む。原本（自筆本）は所在不明。写本（複写）は駒大蔵。なお、これとは別に乙堂奐丑に同名の『禅戒問答』（写本、焼津市正泉寺蔵）がある。〔所載〕曹全（禅戒）。〔吉田道興〕

禅戒遊刃【ぜんかいゆうじん】曹　二巻。三洲白竜（一六六九─一七六〇）書。宝暦七（一七五七）年ころまでの成立と推定される。本書には序跋識語の類がない。加行、懺悔、戒源、戒体、護持の五章より成る。受戒の内面性が重視されるなど、月舟宗胡や卍山道白の禅戒思想を継承している面とさらに独自の見解もいくつか含まれる。原本の所在不明。写本を焼津

市旭伝院に蔵す。〔所載〕曹全（禅戒）。〔参考〕曹全（解題）。〔吉田道興〕

禅戒略談【ぜんかいりゃくだん】[曹]　一巻。著者明記なし。不得（生没年不明）筆。「予嘗知融仙」の語があるので、著者は曹洞宗石雲融仙（一六七七―？）と同時代の人と思われる。当時の禅界に甚大な影響を与えた黄檗隠元『弘戒法儀』の所説と三段戒とを批判し、それに同じた融仙『叢林薬樹』を非難して、月舟・卍山の禅戒説こそ、釈尊正伝の戒法であると主張したもの。〔写本〕静岡県旭伝院所蔵。〔所載〕続曹全（禅戒）。〔新井勝竜〕

善光寺縁起【ぜんこうじえんぎ】[浄]　四巻。作者・成立年代とも不明。長野善光寺の本尊阿弥陀如来像に関する縁起（漢文）。第一巻は三国伝来といわれる一光三尊の如来像の天竺・百済における利益、第二巻は日本での利益因縁、第三巻は難波の堀江に捨てられた如来像が善光により善光寺に安置されたこと、第四巻は善光寺に関する種々の霊験譚が挙げられている。善光寺の縁起は、中世以降に生まれた説話をまとめた一種の伝説集であって、わが国初伝仏像等については異説のあるところである。写本を国会、早大、東大、洋大に蔵。寛文八（一六六八）年刊本を谷大、神宮蔵。〔所載〕仏全120、仏全鈴86、続群書28上。〔新井俊夫〕

千光祖師年譜【せんこうそしねんぷ】[臨]　一巻。高峰東畯（一七三六―一八〇一）編。江戸時代後期の成立。正式には『日本禅宗始祖千光祖師略年譜』という。編者は建仁寺両足院の僧、千光祖師すなわち建仁寺開山栄西の伝記をはじめとする建仁寺史研究の権威、さらに広く五山文学研究の先駆者。本書は栄西の生誕から寂年に至るまでの年譜、黄龍派の法孫としての自覚のもとに編次したもの。栄西伝としては最初に成立した総合的史料集、本文三四紙、毎半葉九行、毎行二〇字、年次の項は一字頭出。巻末の一八紙には付録として「洛陽東山建仁禅寺開山始祖明菴西公禅師塔銘」（如蘭撰）・「太白名山千仏閣記」（楼鑰撰）・「日本国千光祖師祠堂記」（虞樗撰）・「天童山五鳳楼記」（同）・「題虚菴和尚法語」、頂相自讃、蘭溪道隆・無学祖元・大休正念・一山一寧・清拙正澄・月江正印・龍山徳見諸師作の栄西の頂相讃、道元・蘭溪道隆の栄西「忌日上堂」法語、清拙正澄の栄西「入定塔」偈、「入定塔拈香」、鏡堂覚円の「題千光祖師塔松」偈、無涯仁浩・中岩円月・龍湫周沢・蘭洲良芳・義堂周信・一庵一麟の「忌日拈香」法語を収める。本書の編者には栄西伝に関する研究として安永四（一七七五）撰の「霊松一枝」二巻があり、本書に収録されていない栄西伝史料の全文を載せている。編者の自筆本は両足院に収蔵されているが、その写本が松ケ岡にある。〔伊藤東慎〕

千五百条弾惲改【せんごひゃくじょうだんだんかい】[浄真]　一〇巻。本願寺派の義教（一六九四―一七六八）撰。寛延二（一七四九）年成立。義教は本願寺派第五代能化。日蓮宗の日芳の『訶責謗法抄』九巻を批判したもの。『浄土真宗論客編』とともに他宗からの批判を糺弾した書として知られる。これに対して日蓮宗側からは日顕の『経王金湯編』一〇巻、日暁の『妙義論』一〇巻等の反論がなされた。〔所載〕真宗全60。――→訶責謗法抄　〔小山一行〕

前後両番尽理集【ぜんごりょうばんじんりしゅう】[天]　一巻。源信（九四二―一〇一七）。成立年代不明。本書はその成立について室町時代、もしくは山寺二派分立の後との説があり、源信の著ではないとされている。その内容は天台宗の論義のうち宗要の一である後番三昧の算に関して、問答体によって他宗と天台宗の五味の相違を明かしたものである。〔所載〕仏全32、恵全3。〔西郊良光〕

善財善知識行位抄【ぜんざいぜんちしきぎょういしょう】[南]　二巻。喜海（一一七八〇―一二五〇）。上巻は仁治三（一二四二）年三月、下巻は寛元元（一二四三）年成立。上巻では入法界品の五五善知識の行位を説明し、三宝を恭敬する心が信であり、凡夫も初一念の信により成仏できると説く。下巻では凡夫にいかに信をおこさせるかを論じ、初心と仏果、凡夫と普賢の同等を説き、いわゆる栂尾流の華厳（厳密）を提唱している。〔所載〕仏全鈴36。〔小泉春明〕

撰時抄【せんじしょう】[日]　本来一巻であったと思われるものが、現在五巻に分巻されている。日蓮（一二二二―八二）述。建治元（一二七五）年成立。日蓮の宗教活動は波瀾に満ちたものであり、二度の流罪をはじめとして数多くの法難を蒙った。日蓮のこの行動を支えたものは、教主釈尊の誓願が末法の人びとを済度することにあることを知り、日蓮みずから仏使としてこの世に生命を享けたという強い自覚にある。ことに、日蓮の仏使自覚＝法華経の行者自覚は、文永八―一一（一二七一―七四）年にかけての佐渡流罪中に闡明化され、『法華経』に予言された仏使だと自己を規定する。それを法華経流通史という歴史的場で位置づけるとき、「三国四師」の表明となる。

本書は、佐渡流罪赦免の翌年の著述であって、みずから教主釈尊の法脈を継承する自覚から、題号の下に「釈子日蓮述」と記している。自己を「根本大師門人」「本朝沙門」「扶桑沙門」あるいは「法華経の行者」と規定する日蓮が、「釈子日蓮」と明記したのは、この一例だけである。それは、本書中に、「日蓮は閻浮第一の法華経の行者なり」（定日遺）とあることと呼応する。すなわち、日蓮は末法という時代に出現して釈尊の衆生済度の誓願を継承する仏使という自覚のもとに、釈尊予言の末法という時代、後五百歳の時代をまさに法華経流布の必然の時として価値づけたという意識が、この釈子日蓮、あるいは閻浮第一の法華経の行者、聖人という自負となるのである。そこに、日蓮の「師」自覚を見ることができる。

日蓮はこのような「師」自覚のもとに本書を執筆しており、「夫れ仏法を学せん法は必ず先づ時をならうべし」という文にはじまる。日蓮は仏法を受けとめ、仏道を成就するためには、まず時代を認識することが大切だと主張する。この「時」とは、五義の「時」と同義だと考えられる。その「時」とは自然的な時間ではなく、釈尊予言の「時」であり、「時代」である。日蓮はいまを『大集経』に基づいて白法隠没闘諍言訟の時代、三時説の「末法」だと認識する。この時代は、三類の怨敵があり、法華経違背の謗法の機が充満する時代である。日蓮は、この末法の時代に、「機」を中心とした仏教観は誤りであり、釈尊は末法の時代に大白法たる妙法蓮華経を留めおかれたと説く。そのことを踏まえて、インド、中国、日本にわたる法華経の流通史を記し、権大乗の浄土教の念仏が隠没したのちに、必然的に題目が流布し、その妙法五字を流通するのが日蓮自身だと説いている。さらに、本書はこの日蓮の法華経流通史の視座から、諸宗の諸師の謗法を指摘し、日本においては浄土、禅、真言の三宗に批判を加え、もし真言師が祈禱するならば、日本国は必ず亡びるであろうと警告する。しかも、浄土、禅、真言等の元祖を仏教における師子身中の三虫と評し、天台宗の慈覚、安然、慧心等を『法華経』・伝教の師子身中の三虫と批判している。それらの人びとは、釈尊、法華経の違背の人びとであるからにほかならないという。このような謗法の国が他国からの侵略という滅亡の危機にあるとき、その救いは『法華経』の題目にあることを確信する。そして、日蓮は不惜身命の精神をもって法華経を弘通することを記し、門下にもそのことを勧奨して本書を結んでいる。本書の正本は一一〇紙からなり、一〇七紙が静岡県三島市妙法華寺に所蔵。残り三紙のうち、一紙数行が京都立本寺ほか三カ所に散在し、一紙数行は欠けている。〔所載〕定日遺。

〔北川前肇〕

選択集乙丑記【せんじゃくしゅういっちゅうき】浄真　三巻。法住（?—一八七四）述。別に『選択集聴書』『選択集講義』『選択集周山録』『選択集慶応乙丑記』ともいう。慶応元（一八六五）年成立。法住は二〇歳のとき了祥に師事。明治四年五月、真宗大谷派第一六代講師に昇任。六九歳で示寂。『選択集聴書』の初めに「慶応乙丑夏仲夏十五日開講尾州開華院嗣講師説」とある。『周山録』には「天保八、三月日、会所福井真浄寺」とある。本書は源空の『選択本願念仏集』の注釈である。初めに、『選択集』の価値がきわめて高いことをのべ、その主張は廃立の二義にあり、その真意を伝えたのが親鸞であり、「選択本願念仏を教行信証の四法に開いて、顕浄土真実巻とし、定散の法を顕浄土方便として第六巻に展開された」とのべている。本書は来意、大意、題号、本文の四門分別をし、さらに細分して注釈を試みている。造意の十由のなか第一として「すみやかに生死を離れんと欲せんがため」とし、第一〇には「古今楷定のため」とのべている。本書は『選択集』が一法（念仏）、一師（善導）、一向専修の旨を確立するためになされた著述であることを明らかにしている。明治四一（一九〇八）年写。谷大、宗大、竜大。石川県林山文庫に蔵す。〔参考〕仏解6、石井教道・選択集の研究（注疏篇）。——→選択本願念仏集

〔山崎竜明〕

選択集昨非抄【せんじゃくしゅうさくひしょう】浄真　五巻。了祥（一七八八—一八四二）撰。文政一三（一八三〇）年成立。了祥は大谷派の学僧で、大谷派第五代講師、深励の門人。著述がきわめて多いが、とくに『歎異抄』の注釈書として名高い『歎異抄聞記』は、師の深励の所説とは異なったものとして注目されている。了祥にはすでに、『選択集』の注釈書として『和鳴記』四巻、『拾遺』三巻があるが、本書を述作するにあたり、「予もむなしく文義になづみ、多巻をつむを本意として、よしなき藻鹽の草をつみ、又昨非いますでにおもひあたれり」とのべている。従来の注釈書と異なり、一文一文を注釈するのではなく、教義的側面と、歴史的視点を介在させながら、諸仏を検索し、真宗の元祖源空の真意を探究することに情熱を傾注している。その姿勢は了祥みずからが「今や志すところは、直に元祖大師の素意を探り、吾祖相承の面目を明して一向専念の宗意を磨かんとす云云」と記すところからも明らかである。本書はたんなる『選択集』の注釈にとどまることなく、源空の素意にさかのぼり、その文言の典拠についても探究する。『選択集』の独自な注釈であると同時に、浄土教概論の体裁をとるものであるともいわれている。自筆本を愛知県万徳寺（了祥の自坊）に蔵す。〔所載〕真宗全19。〔参考〕仏解6。——→選択本願念仏集

〔山崎竜明〕

選択集真宗義【せんじゃくしゅうしんしゅうぎ】浄真　一〇巻。大含（一七七三—一八五〇）述。天保七（一八三六）年成立。先師の深励、養父鳳嶺等の著述の原意を求め、本書は(1)縁起を弁じ、(2)造意を明かし、(3)大意を述べ、(4)題号を解し、(5)本文を釈す、と次第して源空、親鸞の本意に迫っている。写本を谷大に蔵す。〔所載〕真宗全20。——→選択本願念仏集

〔山崎竜明〕

選択集叢林記【せんじゃくしゅうそうりんき】浄真　八巻。恵空（一六四四—一七二一）述。元禄六（一八六三）年八月成立。源空『選択集』の注疏をたずねて西山派、鎮西派、真宗の三家の相違を示している。いちいち論目をあげて注解と浄土諸家の批評を試み、各章の末尾に摧邪輪事と示してこれに批判を記す。特色ある注解書である。本書によれば元禄六年に起稿し、同九年に成っていることが知られる。写本を竜大、谷大、宗大に蔵す。〔所載〕真宗全17。——→選択本願念仏集

〔山崎竜明〕

選択集通津録玄談【せんじゃくしゅうつうしんろくげんだん】浄真　四巻。慧雲（一七三〇—八二）述。安永八（一七七九）年成立。本願寺派の学僧、芸轍の祖、慧雲による源空『選択集』の注釈書。(1)興由、(2)綱要、(3)所依、(4)弘伝、(5)文釈の五門に分けて注釈。西山派八部、鎮西派八部、真宗五部の末疏を参考にし、法霖、僧樸の宗学によって批判し、『選択集』

の真義を論じている。写本を竜大に蔵す。安永八（一七七九）年、竜大蔵。〔所載〕真宗全18。──→選択本願念仏集
〔山崎竜明〕

選択集二行章記【せんじゃくしゅうにぎょうしょうき】浄真　一巻。令玄（一七七五―一八四九）述。弘化二（一八四五）年成立。『選択集二行章随聞記』ともいう。令玄は本願寺空華学派の柔遠について宗学をおさめ、さらに天台の学を他師に求めた。越中水橋の自坊において学寮を設け、講筵を開いて三〇年に及んだという。その門侶は数百名を数えるという。本願寺勧学に昇階し七五歳で示寂した。内題に「選択集二行章開演」とあり、下部に「選択集義」と横書されている。表紙には「弘化二年七月二十三日開筵八月十七日満講也」とあり、令玄の講義を門人正旭が筆録したものである。本書は源空の『選択本願念仏集』二行章の注釈である。⑴集一部の綱要、⑵今章の来由、⑶当文正釈の三門に分けて注釈がなされている。そして、『選択集』全一六章を四法に配して、第一章は教、第三章は行、第八章は信、第一一章は証とみたて、帰するところは、本願念仏にあり、それを願成就の文で相承しつつ、真実四法を建立したのが親鸞であるとしている。この点において、西山派、鎮西派とその趣が異なっていることをのべている。本書は二行章全体にわたって講義がなされているが、源空と親鸞とが一致した立場にあることを論述している。写本を竜大に蔵す。〔参考〕仏解6、石井教道・選択集の研究（注疏篇）。──→選択本願念仏集
〔山崎竜明〕

選択集二十五箇異同弁【せんじゃくしゅうにじゅうごかいどうべん】浄真　一巻。深励（一七四九―一八一七）述。明治三〇（一八九七）年刊。本書は源空の『選択集』の注釈書。『選択集』講義のうち二五箇異同を論じた部分を独立させたものである。つまり源空と親鸞の異同についてのべるのであるが、それは両祖の時代と化導上の相違であり、基本的には同質であることを論述している。竜大蔵。〔所載〕真大11。──→選択本願念仏集
〔山崎竜明〕

選択集戊寅記【せんじゃくしゅうぼいんき】浄真　四巻。僧朗（一七六九―一八五一）述。文政二（一八一九）年第一巻成立。僧朗は本願寺派の勧学。本書は源空の『選択集』の注釈書である。全四巻はそれぞれ成立年時を異にしている（三・四巻のみ同時）。本書は、⑴興由、⑵所詮、⑶弘伝、⑷末註、⑸題目、⑹入文解釈の次第で注解されているが、結局『選択集』の真意は親鸞によって開顕されたものであることがのべられている。写本を竜大に蔵す。〔所載〕真宗叢6。──→選択本願念仏集
〔山崎竜明〕

選択集要津録【せんじゃくしゅうようしんろく】浄真　一一巻。道隠（一七四一―一八一三）撰。成立年代不明。源空の『選択集』の注釈書。⑴制作縁起、⑵親授相承、⑶処拠経説、⑷大部大綱、⑸正解題目、⑹解釈標体、⑺正釈本文の七門に分けて注釈されている。各章に良忠の『決疑鈔』等の巻数をあげて参考とし、取捨している。基本としては法霖、僧樸の所説に基づいている。写本を竜大に蔵す。〔所載〕真宗全18。
〔山崎竜明〕

選択註解抄【せんじゃくちゅうげしょう】浄真　五巻。存覚（一二九〇―一三七三）述。暦応元（一三三八）年成立。存覚は本願寺派三世覚如の長子で、父覚如と相容れずたびたび義絶された。通仏教の立場より真宗義を発揮し、多くの著述をものしたが、親鸞の主著『教行信証』を注解した『六要鈔』はとりわけ重要な著述である。本書は、暦応元年、備後山南（さんな）の慶願の請に応じて、源空の『選択集』の要義を注釈したものである。全五巻であるが、各巻三〇余条の項目をあげて、『選択集』各章の要文を解釈している。また、所々に問答を設けてその文意の解明を試みている。真宗大谷派では本書を依用することがあるが、本願寺派においては、もちいられることはまれである。常楽寺第三世光覚の伝写と推定されるものには「先老御草」（応永年間、一三九四―一四二八）とあり、明覚の寛正四（一四六三）年の写本には「当時開山存覚上人御述也」とある。この写本と刊本を比較すると、誤脱等が多いが、その趣旨においては大差がない。明暦元（一六五五）年刊を正大、寛文二（一六六二）年刊を竜大、正大、大正元（一九一二）年写を谷大、宗大、写本を竜大、刊本を谷大、宗大に蔵す。〔所載〕浄全8。〔参考〕竜谷大辞彙、仏解6。──→選択本願念仏集
〔山崎竜明〕

選択本願行信義記【せんじゃくほんがんぎょうしんぎき】浄真　三巻。円護（一七七五―一八三五）述。成立年代不明。円護は本願寺派の学僧で、大瀛の門人。『普厳』ともいう。行信半学という語もあるとおり、真宗においては行信論が重要視される。本書は、真宗の行信義について詳細なる考察を試み、芸轍における行信論の最高峰ともいわれている。三業惑乱の大瀛の著『横超直道金剛錍』の真意は、本書によって開顕されたともいえよう。文政一二（一八二九）年写本を谷大、竜大に蔵す。〔所載〕真宗全52。
〔山崎竜明〕

選択本願念仏集錐指録【せんじゃくほんがんねんぶつしゅうすいしろく】浄真　七巻。柔遠（一七四二―九八）述。成立年代不明。源空の『選択集』の注釈。著者は本願寺派の学僧で、空華学派の祖、僧鎔の門人。空華学派における『選択集』注解書の権威ともいわれる。⑴制作縁起、⑵伝授不同、⑶所詮の綱要を彰す、⑷正しく題号を釈す、⑸随文解釈、の五門に分けて注釈する。僧樸の説を採用しつつ、自説を展開している。〔所載〕真宗全19。──→選択本願念仏集
〔山崎竜明〕

選択本願念仏集枢要【せんじゃくほんがんねんぶつしゅうすうよう】浄真　五巻。宣明（一七四九―一八二一）撰。成立年代不明。本書は慧琳の門人、宣明の遺録というべき著述である。若干の写脱はあるものの、玄談、題号および『選択集』の文々に詳細なる科文を設けて、簡略に『選択集』の本義を注解している。〔所

載〕真大12。――→選択本願念仏集
〔山崎竜明〕

撰集抄【せんじゅうしょう】通　九巻九冊。作者不詳。成立年代は寛元、宝治、建長（一二四三―五六）にわたる前後一〇年間と推定される。仏教説話集。古版本には『西行記』とあり、説話中にも西行の述作と思われる記事があることから西行の著述とされたが、近年の研究では古写本には作者西行とする記述がないこと、西行没年（一一九〇）以後の説話がみられることなどから、西行に仮託されたもので作者は不詳とされている。内容は発心、遁世、往生を中心とした一二一話の仏教説話が集録され、各説話の後半部分には編者みずからの批評が付加されている点に特色があり、先行する説話の新しい展開をみせる。その批評は文芸的意識が強く美文調であり、仏教的教義よりはむしろ編者の宗教的感傷にとどまっている。歌人西行仮託の書であるので『八代集』をもとにした和歌説話も少なくないが、西行では冒すことのない誤謬もみられる。だが、中世遁世者の文芸意識と仏教思想との融合がみられる点では注目すべきものである。〔写本〕広本系と略本系があるが広本が原形で、橋本進吉氏、松平文庫、陽明、書陵、内閣、彰考等に蔵される。〔所載〕仏全91、続群書32。〔参考〕西尾光一・西行仮託の説話評論（日本文芸所収）、同・撰集抄における説話評論（山梨大学学芸部研究16）
〔魚尾孝久〕

禅宗弁【ぜんしゅうべん】曹　独庵玄光（一六三〇―九八）撰。元禄五（一六九二）年刊の『経山独菴続護法集』の末尾に付されている。禅宗の不立文字、教外別伝、直指人心、見性成仏は、経論によるものではなく、一切の経論が禅宗によることをのべ、そのことは『大般若経』理趣分『華厳経』『四十二章経』『円覚経』の所説にあらわれていることを説き、禅宗が仏祖の正宗にして諸仏の霊源であることを示している。〔所載〕曹全（語録1）。
〔中尾良信〕

千手経述秘鈔【せんじゅきょうじゅっぴしょう】南　三巻。高弁（一一七三―一二三二）撰。成立年代不明。本書は『千手千眼観世音菩薩広大円満無礙大悲心陀羅尼経』の注釈であり、五門に分けて、一に大意をのべ、二に宗旨を明かし、三に翻訳を弁じ、四に題目を解し、五に経文を釈している。『仏解』には、撰者は未了と判定している。
〔向井隆健〕

千丈実巌和尚語録【せんじょうじつがんおしょうごろく】曹　三巻。千丈実巌（一七二二―一八〇二）撰。素謙・良紋・寿仙（いずれも生没年不詳）編。明和三（一七六六）年ころ成立。享和元（一八〇一）年刊。上巻は、『参同契』『宝鏡三昧』を注釈した「杓卜編」と、『十玄談』を注釈した「蛇足編」を収め、中巻は釈尊、達磨、二祖断臂、永平忌および諸尊宿等に関する香語、下巻は尊宿、亡僧、檀越に対する秉炬と、普説、法語を収める。〔所載〕曹全（語録5）。〔中尾良信〕

禅時論【ぜんじろん】時　一巻。著者・成立年代ともに不明。託何の作という説もあるが、室町末期宝厳寺関係の時衆によって執筆されたものと推定されている。本書は五山の一禅僧が行脚し、奥谷（松山市道後）宝厳寺において連歌について問答する随筆。「禅時論」とは禅僧と時衆の問答という意味と思われる。〔所載〕定時宗。
〔石岡信一〕

禅籍志【ぜんせきし】臨　二巻。聖僕義諦著。正徳六（一七一六）年刊。禅門古徳の語録、文章、詩、偈等の中から、弟子義恮の選録した二四四部について、義諦が単録禅要類、把断公案類、宗門全史類、宗門略史類、叢林礼範類、禅教総史類、宗門随筆類、禅教雑説類、宗師注経類、拾遺の一〇門に分け、この中で既見のものについては撰者名、成書の因由、鏤行の時節、内容を記し、評を加えたものである。〔所載〕仏全1。〔参考〕禅学大辞典下。
〔鷲阪宗演〕

川僧慧済禅師語録【せんそうえさいぜんじごろく】曹　三巻。川僧慧済（?―一四七五）述。詳しくは『前総持川僧済禅師遺録』という。大休実道（?―一七〇九）が校正し、安永三（一七七四）年刊行。川僧は三河の人で、華蔵寺で出家す。如仲天誾の法嗣の真巌道空に近江の洞寿院で参じて、法を嗣ぐ。のちに洞寿院の後席を継ぎ、さらに遠江の一雲斎、能登の総持寺、越前の竜沢寺に歴住す。晩年、法嗣の逆翁宗順の請によって尾張の乾坤院の開山となる。文明七年七月九日、一雲斎で示寂す。本書は、巻上の冒頭が「能州諸嶽山総持禅寺入院語」で始まってはいるが、その入院法語の末尾には「此下失録」とあるように一般の語録の上堂語や小参は編集されていない。内容は、「遺録」と呼ばれるゆえんである。小仏事、銘、仏祖賛、像賛、祭文、偈頌、自賛、下炬（あこ）等であるが、巻中と巻下が下炬で編集されているところに本書の特色をみることができる。下炬は葬儀のときに唱える法語であり、下炬の内容は出家者の比丘、比丘尼、沙弥、沙弥尼はもちろん、在家の優婆塞、優婆夷に及び、その数は出家者のものより多い点が注目される。在家者の職業は、不明ながらも、武家の男女を中心とすることは想像できるが、なかには鍛冶の文字も見出される。川僧が庶民の群に伍して農耕をこととし、武家から農民にいたる各層の帰依をうけたとされる一端がうかがえる。巻首に面山瑞方の序、巻尾に大疑弁玉と大山百老の跋を存す。〔所載〕曹全（語録1）。
〔石井修道〕

禅祖念仏集【ぜんそねんぶつしゅう】浄　二巻。慧中撰。元禄七（一六九四）年成立。元禄八年刊。鈴木正三の弟子である慧中は、当時の禅僧が野狐禅で念仏を軽視したのを遺憾として、念仏三昧をすぐれた方便で、すべての人が達成できる（勝方便万機普成）法とし、仏祖みなこの念仏を讃嘆し、浄土に往生したことを実証しようとして著わしたものである。〔所載〕仏全70、浄全続15。
〔大谷旭雄〕

仙代問答記【せんだいもんどうき】日　一巻。薩摩日叡（一三〇九―六九）記。『日仙日代問答』とも称す。日叡は日向国定善寺開祖。本書は、日興が入寂した翌年の建武元（一三三四）年一月七日、大石寺の上蓮坊において行われた、日仙（一二六三―一三五五）と日代（一二九四―一三九四）との間の方便品読不読の論諍を記録したもの。日仙は迹門無得道の故に読むべからずといい、日代は日蓮、日興も読誦したので読むべしと主張し、迹門の得道を認めたという。なお、当日の問答は日仙の勝ちとなり、日代は日蓮、日興、日目等の本義に背いた本迹迷乱の説であるというので、重須の本門寺を擯出し、西山氏の外護を得て西山本門寺に住している。ところが、同問答の記録として、日満の『方便品読不之問答記録』一巻があるが、これは逆に日代が日仙を論破したと記し、日叡の記録とはことなる。日代が重須から西山へ移ったことは史実として確かだが、問答の結果がどうであったかは、不明。〔所載〕日宗全2、富要6。〔北川前肇〕

選択私集鈔【せんちゃくしじゅうしょう】 浄 八巻。堯慧善偉（一三三〇―九五）作。成立年代不明。本書は深草義でもっとも古い『選択集』の注釈書で、内容は『選択本願念仏集』とは元来選択せられたる本願の念仏を、源空が『三部経』および善導の釈義等により要文を集めて一類念仏往生の正義を顕わしたものであるとし、称名念仏を説く『選択集』十六章段はことごとく第三本願章にありとし、諸師の異解を挙げては取捨し、文をおって問答解釈し、くわしく宗意を説明している。〔所載〕仏教大系51。〔長谷川是修〕

選択集私記【せんちゃくしゅうしき】 浄 五巻。覚融行観（一二四一―一三二五）著。成立年次不明なるも永仁年間（一二九三―九八）ころ。詳しくは『選択本願念仏集秘鈔』という。

行観は西山六流のうち西谷流の第三祖、事実上の西谷義大成者であり、現行流布する善導『観経疏』等の注釈『秘鈔』三五巻は行観の述作であり、私記上人ともいわれている。行観は、源空の偏依善導義を継承した證空の弘願一乗義、念仏一類往生説をさらに徹底し深化させるために、『選択集』三輩章私釈段中の廃立、傍正、助正の名目に、さらに難易、通別の二途の廃立を加え、この二種の名目をもって、『観経』所説の定散二善要門傍正の義を詮顕している。本鈔はそれら私記類中比較的初期に武蔵国鶉木宝幢寺において撰せられた。

この鈔の特色とする点は「偏依善導一師証不由他」にあることは論をまたない。したがって『選択集』は第三章私釈段中の「選二捨一切諸行一唯偏選二取念仏一行一（中略）今試以二二義一解レ之」の文を引くことによって、源空の「試」（こころみ）の分とし、「本味」（ほんみ）はあくまで弥陀直授の『善導疏』に譲られた集であるとする立場で一貫されてある。たとえば、標題の「選択本願念仏集」の読みを「選二択本願一念仏集」と下るは誤りであり、弥陀直授の意志に基づく選択本願念仏である限り、源空の意志は集にのみ存するのが正しいのであるから、返らずに読むが正義だと、二類往生、諸行往生説に対応している。またその論旨は現行流布本の『選択集』の体裁内容にまで言及している。たとえば流布本では序が挿入されてあるが、選述時勘文の役であった證空相伝の義によれば謂無事と退けられ、第一・第二章が序分、第三本願章が正しく正宗分、第四章以下は流通分と「不レ似二常途釈レ経作文之分一」弥陀直授説を支持している。また三輩章私釈段に同類異類の助業説をあげられたなかで、「先就二上輩一而論二正助一」のうえに「次異類助成者」の六字の挿入は、大いなる誤りで、原本には存しなかった旨を指摘、その他、念仏本願章のなかに「万徳所帰名号」とあるを、『観経』所説の名号、善導本意の名号は定散文中唯標の名号であり、常途の定散を立ち越えた非定非散名号こそが真実の名号なりと、本鈔述作三〇余年まえの製作にかかる『選択伝弘決疑鈔』を批判している。これらは第一六章私釈段で八種選択を立てられてあるのを、そのうえに師の選択、なおそのうえに疏の選択を加えて、一〇種として「往生得否依二善導一師之釈一所レ定也」と疏そのものに落居するのは、五祖異徹を本義とするこの流義の徹底ここにきわまるというところである。

本鈔の真筆は現存しないが、京都禅林寺には、室町時代古写本を蔵し、『浄全』『西全』に収録する。ほかに禅林寺版木版本あり。〔所載〕浄全8、西全別4。〔池田円暁〕

選択順正記【せんちゃくじゅんしょうき】 浄 四巻四冊。俊鳳（一七一四―八七）述。『選択集順正記』ともいう。成立年代不明。源空の『選択本願念仏集』に対して、縁起、大意、正本、解釈本文と西山義よりの釈義がなされている。〔所蔵〕谷大。〔勝本顯道〕

選択伝弘決疑鈔【せんちゃくでんぐけつぎしょう】 浄 五巻。良忠（一一九九―一二八七）述。建長六（一二五四）成立。別に『選択集決疑鈔』ともいう。良忠は弁長の弟子。浄土宗第三祖で鎌倉時代の代表的な宗学者である。その著書は『報夢鈔』となづけられ五十余帖を数える。中でも本書は『観経疏伝通記』一五巻とともに良忠の著作を代表するものである。書名の意味は、弁長より伝えた源空の『選択集』を遺弟等に弘め、適宜に問答体を用いて疑義を決択し、諸文を記したということである。はじめ在阿の要請で著わした時は四巻で、再治の建治三（一二七六）年以後は現行の五巻となったようである。

内容は源空の『選択集』を師弁長伝授の正義によって釈出したもので、浄土宗における『選択集』の伝灯的解釈はすべて本書に示されている。はじめに弁長より所伝の「念仏の三義は一義となる」の説を掲げて、『選択集』所説の念仏は選択本願の念仏であることを述べ、善導の本願念仏と源空の選択本願念仏は辞は異なるが義は同じと断定する。巻頭の「南無阿弥陀仏、往生の業には念仏を先と為す」については、前後関係の先ではなくして最要の意とし、『往生要集』や広本『選択集』に「念仏を本と為す」とあることを援用するなど注釈はゆきとどいている。

『選択集』に篇名を付して便ならしめたのは本書である。すなわち第一聖道浄土二門篇以下に捨雑行帰正行、念仏往生本願、三輩念仏往生、念仏利益、末法万年特留念仏、光明唯摂念仏行者、三心、四修法、化仏讃歎、約対雑善讃歎念仏、付属仏名、念仏多善根、六方諸仏唯証誠念仏、六方諸仏護念、以弥陀名号付属舎利弗の一六篇である。本書によると『選択集』の第一篇は浄土宗の教相判釈の大綱を、後の一五篇は起行の細目を説いていることになる。中でも第二篇において諸行往生の得否、第三篇において第一八、一九、二〇の三願の勝劣難易を論じて念仏と諸行を明かし、第八篇において三心を細釈、第一二篇において定善散善を釈することが詳しい。随処に源空門下の異流や諸説に対して、相伝の義を顕彰していることが注目される。

本書の注釈には良忠自身が項目の主なものに補釈を行った『選択伝弘決疑鈔裏書』一巻のほか、弟子の良暁が重要点目を取出して解釈を施した『決疑鈔見聞』（別名『坂下見聞』）五巻と、同じく弟子の性心が細釈した『選択決疑鈔見聞』（別名『藤田見聞』）一〇巻や聖冏が注釈を加えた『決疑鈔直牒』一〇巻およびその弟子聖聡の『選択口伝口筆』などがある。

本書は江戸期まで『選択集』の本文とは別行せられていたが、忍澂によって元禄一三（一七〇〇）年に会本『選択伝弘決疑鈔』が刊行せられ現在に至っている。〔刊本〕天和三、慶長一四、一九、寛永七、九、明暦二年刊。〔所載〕正蔵83、仏教大系12・13、浄全7。〔深貝慈孝〕

選択本願念仏集【せんちゃくほんがんねんぶつしゅう】浄　一巻。源空（一一三三—一二一二）撰。建久九（一一九八）年請により撰述されたもので、略して『選択集』という。承安五（一一七五）年四三歳に比叡山を下りて浄土宗を開いた源空が、選択本願の念仏すなわち南無阿弥陀仏と口に称えることによって万人が平等に救われるという教義を、大乗仏教のうちに体系的に位置づけた根本宗典である。成立の由来は建久八（一一九七）年ころから源空はしばしば病をわずらい、かねがね源空の教えや戒を受けていた兼実の別請にもおもむくことができなかったので、それを歎いた兼実に、「浄土の法門年来の教誡を承るといえども、心腑におさめ難く、要文をしるし給わりてかつは面談になずらえ、かつはのちの御かたみに」と懇請されてつくられた。源空の選択思想はすでに文治六（一一九〇）年二月五八歳のとき重源の請によってなされた東大寺における三部経講説の講録である『無量寿経釈』『阿弥陀経釈』にのべられており、さらに建久五（一一九四）年六二歳のとき遵西の父師秀の逆修をつとめたときの『逆修説法』にみられる。制作にあたって執筆は遵西、感西等、経釈の要文を引き合わせる役は證空があたった。このときの草稿本について聖冏の『直牒』巻第七によると、題号の「選択本願念仏集」および「南無阿弥陀仏往生之業念仏為先」の二一字は源空の自筆、第一編から第三編の「能令瓦礫変成金」まで遵西の筆、それ以下第一二編まで感西の筆、第一三編から第一六編の私釈段の「一切経法応知」まで他筆（筆者不明）、それより終りまでふたたび感西の筆であるとしている。現存する京都廬山寺蔵の国宝『選択集』は、源空の当時の草稿本であって、今日伝えられている選択集諸本の原型である。それをもとにつくられた兼実献呈本は現存しないが、源空在世中の元久元（一二〇四）年に書写され、訓点も同時に加えられたと思われる古鈔本が奈良当麻の往生院に所蔵されている。刊行されたものは藤堂祐範によれば七〇余種に及び、現存最古の版本は京都法然院蔵の延応元（一二三九）年の版本であるという。元禄本（元禄九年、義山開版）の後序によると建暦二（一二一二）年刊版本によって多少の修飾を加えたというから最古の刊本は建暦本（現存せず）であった。元禄本は鎮西派所用の訓点としてもちいられてきた。内容は一六章段に分れて各章は経論釈からの要文とそれに対する私釈段からなっている。その多くは『浄土三部経』と善導の五部九巻である。すなわち源空は善導が唱えた本願念仏が諸善万行のうちからえらばれた易行であり勝行であり、しかも称名念仏は弥陀、釈迦、諸仏が選択されたものであるから万人にとって平等の実践行であり他力絶対行であるゆえんを鮮明にしたのである。弟子のなかで『選択集』を付属された者は信空、隆寛、聖光、證空、親鸞、源智、幸西等である。なお親鸞には『教行信証』のあとがきに元久二（一二〇五）年に許されてこれを書写したことを記しているがその真蹟は現存しない。赤松俊秀によればそれを書写した顕智本が専修寺に現存するという。また源空系浄土各派の末注書はきわめて多く鎌倉期以後昭和二〇年までに五〇〇余部があり、石井教道『選択集の研究註疏篇』に出ず。〔参考〕藤堂祐範・選択集大観、石井教道・選択集の研究、赤松俊秀・親鸞。〔戸松啓真〕

選択密要決【せんちゃくみつようけつ】浄　五巻。證空（一一七七—一二四七）記。成立年代不明。證空記と伝えられるが疑わしい。證空が『選択集』撰述にさいし勘文の役だけでなく執筆しているのに、本書に撰述の事情と執筆者の交替についてのべているところでまったくふれていないこと等による。本書は『事相鈔』三十八巻の一であって、定散念仏来迎、慈悲智慧等の事相名目をもって『選択集』を注釈したもので、『選択集』は口伝によって理解すべき書物であるから本書は秘要秘事であるとして、『密要決』と名付けたのである。まず題号について『選択本願念仏集』は来迎、南無阿弥陀仏は念仏、往生之業念仏為先は定散であるとし、撰述の縁起をのべ、つづいて十六章段の大意をのべる。十六章段は日観より十六観に当たり、また第一・第二章段は仮観の意で、道綽、善導の人師に当たり、第三章段より第六章段の依報は『大経』の唯智慧に当たり定散の機であり、第七章段より第一二章段の正報は『観経』の慈悲智慧に当たり念仏であり、第一三章段より第一六章段は『阿弥陀経』の唯慈悲に当たり来迎であるとする。形式として表章は下り本文は上り私釈は下るのは三尊の体を顕わすとし、再度題号より順に本文を項目を掲げて事相名目をもって注釈する。『選択集』は広説衆譬を明かすと見るべきで、仏と衆生、念仏と来迎は不離であるとする。〔所載〕浄全8、西全2。〔参考〕西全（解題）。〔君野諦賢〕

先哲遺事【せんてついじ】[浄][真]　三巻。玄妙（生没年不詳）著。成立年代不明。本願寺派学匠二五名の伝記逸話を集録したもの。第一篇には義教、安貞、芳山、忘機、善容、義教に付随して僧樸、芳山に付随して善譲との七名、第二篇には順正、智洞、藉明、柔遠、顧行、梅花翁、慧琮、赤巌、日渓、濂渓、道隠、辨明、大瀛、芳英、大痴の一五名、第三篇には霊潭、僧鎔、柔遠、杳旭の四名を集録する。このうち、柔遠は第二・第三篇に重複している。〔所載〕真宗全66。〔佐竹大隆〕

善導和尚十徳鈔【ぜんどうかしょうじっとくしょう】[浄]　一巻。超然（?—一七一七）撰。延宝八（一六八〇）年成立。超然が隆寛（一一四八—一二二七）の『善導和尚十徳抄』という書を見て、この書において繁略を正し詳らかにして印判に付したもの。源空が箇条に出した善導の十徳に対する私見。〔勝本顯道〕

善導和尚類聚伝【ぜんどうかしょうるいじゅでん】[浄]　一巻。覚愉（一一五八—一二三三）撰といわれるが、源空の弟子で一念義を提唱した幸西（一一六三—一二四七）の撰述であろう。鎌倉期に写本と刊本各一あり、江戸期に写本二刊本一がある。詳しくは『唐朝京師善導和尚類聚伝』といい、『京師和尚類聚伝』とも略称する。長西の『浄土依憑経論章疏目録』第八伝記録部（『長西録』）にに「京師和尚類聚伝一巻　幸西成覚房」同じく良栄の『東宗要第一見聞』巻一にも「覚愉類聚伝、是亦集㆓和尚諸伝㆒」とあるが、小笠原宣秀の「唐朝京師善導和尚類聚伝に就いて」（竜谷学報—三一〇号）では、幸西撰とし覚愉のものは現在流伝の本とは異なるとしている。本書の内容は善導に関する伝記を列記したものである。まず「凡十二家中に二十五伝を得たり。正伝十他伝十五」と標して、文諗・少康の「往生西方浄土瑞応删伝三」、遵式の「往生西方略伝三」、清月の「往生浄土略伝二」、戒珠の「浄土往生伝二」、王古の「新修浄土往生伝三」、陸師寿の「新編古今往生浄土宝珠集四」、王日休の「竜舒増広浄土文二」、宗暁の「楽邦文類二」、道鏡の「念仏鏡一」、玄暢の「帝王年代録一」、道宣の「続高僧伝一」、賛寧・智輪の「大宋高僧伝二」とあり、いずれも中国における善導の伝記文であるが、これらが類聚されている。なかに現在散失している『往生西方略伝』『往生浄土略伝』などの引用文もあり、その資料的価値は高い。〔所蔵〕谷大、正大。〔高橋弘次〕

仙洞三心義問答記【せんとうさんじんぎもんどうき】[浄]　一巻一冊。顕意道教（一二三八—一三〇四）著。永仁三（一二九五）年成立。『仙洞三心問記』『仙洞三心問答』『浄土三心問答鈔』『三心問答記』ともいう。著者は公空道教といい浄土宗西山流深草義の大成者である。薩摩島津の人、初め西山證空門下聖達の室に投じて剃髪したが、のち上洛して真宗院にあった深草義祖円空立信につき諸宗の幽義をきわめた。顕意の思想は、師円空の深草義をうけて證空の『観経疏』主義を徹底したもの。数多くの著作は現在、記主上人と尊称され深草義の所依典籍である。本書は顕意が西山の義虎と呼ばれる一端であろうが、永仁三年一一月亀山法皇の院宣によって、仙洞御所において東山義漸空了観（洛東三福寺開山）と浄土宗三心の要義について論じた御前問答を記録し献じたものである。まず西山の本義は南無の一念をもって三心の法体となすと問起し、以下漸空の所立をあげてこれを破斥し、問答の大略を記す。終りに漸空が風気の由と称して早目に退出したので一巻にして進上してこれを録すとある。その付記した自義というのは、(1)至誠心をもって専修の本となす、(2)本願の至心等をもって『観経』の三心に配す、(3)至誠心は自力を捨て他力に帰す事、(4)信心をもって三心の体となす、(5)本願の三心は信心即具する等である。深草・東山各所立の三心義を比較するには好著であり、東山義系鈔物が伝承しない現在、その教義をうかがうには貴重である。続編『浄土宗建立私記』一巻を併せて参照されたい。愛知崇福寺永仁四（一二九六）年写本、文政二（一八一九）年、明治三一（一八九八）版本等あり。〔所載〕正蔵83。〔大塚靈雲〕

善導十徳【ぜんどうじっとく】[浄]　源空（一一三三—一二一二）撰。成立時期不明。善導の徳を垂迹門、本地門、観心門の立場から讃歎したもの。実際には天台に例をとって十徳を歎じた垂迹門が詳しいので題名となっている。内容はまず一、至誠念仏、二、三昧発得、三、仏従口出、四、為師決疑、五、造疏感夢、六、化導盛広、七、遺身入滅、八、敬徳造寺、九、遺文放光、十、形像神変の十徳を挙げ、つぎにいちいちについて解説をほどこすものである。もとは同じく源空編の『類聚浄土五祖伝』の善導伝にみることができ、その内容から十徳を数え出したものであろうか。本地門および観心門は省略文で、これのみで内容を把握することは困難である。偏依善導一師を標げた源空の善導への追慕ぶりは『選択本願念仏集』の第一六章に詳しいが、これは垂迹としての人間善導の徳を具体的に示し、善導鑽仰の助としたものとして注目してよい。〔所載〕正蔵83、浄全9、昭法全。〔深貝慈孝〕

善導大意【ぜんどうたいい】[浄]　一巻。良遍（一一九四—一二五二）草。寛元四（一二四六）年成立。別に『善導大意抄』ともいう。法相宗の学僧良遍が善導の教説について、自身の理解を述べたもの。世間における善導教義の受容に不信をいだき、重要な釈についての自解を出している。篇目は三心、四修、専雑、正雑、本願、念仏、制悪、本師、礼讃、経宗、報化、私尋（問答）の一二を数える。三心の中では至誠心を重んじ、これを欠くと他の二心も具足しないという。至誠心の釈も分に随った至誠で、不相応の真実浄心ではないとする。本願は四十八であるが、修因往生に限れば、第一八、一九、二〇の三願のみとし、第一八願は弥陀大悲の至極であるという。また弥陀信仰は釈迦の説示であるから、本師釈迦の恩徳を報ずべきことを説き、戒品も堪えるにしたがって受持すべきであるという。散善三福を念仏とする義では、常に阿弥陀仏を憶想して彼の仏を見るために修する余行はみな念仏行という。発菩提心は九品のすべてに通じるとし、正定業の念仏には助行の五念門を用いるべきことを主張するなど、おおむね南都浄土教の伝統に立つ。また善導が理観をのけて色相観をとったのは劣機のためとし、自体として、堪機のものは理観を用い、弥陀法身如来を観じるとする。論証には多く懐感の『群疑論』の説を用い、善導の純粋浄土教的解釈を通仏教的に説く場合もある。〔刊本〕正徳三年刊。〔所載〕浄全15。 〔深貝慈孝〕

善導大師別伝纂註【ぜんどうだいしべつでんさんちゅう】浄 二巻。忍澂（一六四五—一七一一）述。延宝七（一六七九）年成立。正式には『集成光明善導大師別伝纂註』という。善導の一〇〇〇年遠忌の報恩のため、忍澂がひろく僧伝を歴覧し、各伝の同異を考証して善導伝を集大成してみずから注釈を加えたもの。この種の書が多く鑽仰にすぎる態度が目立つのに対し、本書は資料の扱い方も研究的姿勢が貫かれており、善導伝の研究書として見逃すことのできない重要書となっている。〔所蔵〕延宝八年刊本を国会、正大、竜大、彰考、寛政八年刊本を谷大、東北、文久二年刊本を高野山真別処、刊年不明刊本を正大、洋大、成簣に蔵す。〔所載〕浄全16。 〔斎藤晃道〕

先徳明匠記【せんとくみょうしょうき】天 一巻。定珍（一五三四—七一—）著。天正八（一五八〇）年撰。正しくは『日本大師先徳明匠記』という。定珍は天文三年の生まれ、出身はつまびらかではない。比叡山に学び恵心流、檀那流の両流の奥義に達し、椙生流、宝地房流、竹林房流の血脈も相伝し、いわば当代天台教学の諸流を一身に担った学僧である。常陸国いまの茨城県の小野にある檀林逢善寺の学頭として、顕密に通じてかずかずの著作を遺し、いわゆる関東天台の総師であった。本書は、逢善寺談義所で定珍が恵檀両流の伝授をするに際して、まず四大師についてのべ、先徳への相承付法を明かし、比叡山三塔十六谷とその学風を紹介し、恵心流とその血脈次第、檀那流とその血脈次第、それに宝地坊流次第、椙生流のこと、関東への天台伝来のこと、そして章疏の解題に入って、阿弥陀坊抄（阿抄）、類聚、伊賀抄、河田谷六帖、生智妙悟決、大文大章、雑雑抄、伊豆抄等にわたり、おわりに諸流相承血脈次第におよんで、椙生流、恵光坊流、恵光院（門跡方）、竹林坊流、毘沙門堂流、宝地坊流、猪熊流それぞれの相承次第をつらねている。本書はここまでに、「常陸州小野逢善寺第十五世学頭法印定珍、為幼学誘引、馳愚矇之禿筆」と記し、ときに天正八年庚辰七月六日、往年四七歳とする。ついで四箇大寺之事を付する。『仏解』の田島徳音稿によれば、本書に承応版、寛文版等の写本、享保版などがあり、出入が存するという。〔所載〕仏全111。 〔木内堯央〕

禅苑亀鏡文求寂参【ぜんねんききょうもんぐじゃくさん】曹 一巻。瞎道本光（一七一〇—七三）撰。明和六（一七六九）年刊。本光は求寂とも号す。指月慧印（一六八九—一七六四）に師事し、その法を嗣いで江戸吉祥寺栴檀林において多くの宗典を講じた。本書は、現存最古の清規である『禅苑清規』の巻八に収められる「亀鏡文」について、その字義を注解したものである。〔所載〕続曹全（注解3）。 〔小坂機融〕

禅苑清規【ぜんねんしんぎ】曹 一〇巻。長盧宗賾（生没年不詳）集。北宋崇寧二（一一〇三）年刊。同政和元（一一一一）年重添足本刊。南宋嘉泰二（一二〇二）年重雕本二冊刊。宝祐二（一二五四）年高麗本（政和本重刻）一冊刊。他に五山版（一冊本）、宝永本（三冊）、寛政本（二冊）等（嘉泰重雕本再刻）刊がある。別に『崇寧清規』ともいう。編集者宗賾は、伝を詳らかにしないが、雲門宗の円通法雲法秀に参じ、後、同宗の長盧応夫について法を嗣ぎ、崇寧年間（一一〇二—〇六）真定府（河北省）洪済禅院に住して本清規を編集した。後、師席崇福禅院にも住し、さらに浄土思想の盛行する長盧寺に転じて禅浄融合の立場で教化を張った人でもあった。本書は、百丈懐海（七四九—八一四）によって制定された『百丈古清規』が、当時すでに散逸し、古清規に多くの変容が加えられて、見るに堪えぬものとなっていたことを慨嘆し、百丈の古意を発揚しようとして編集制定されたものである。よって本清規は、現存する最古の清規であり、後代中国、日本に成立した清規類の淵源となるものである。禅宗における清規の成立は、その灯史や語録の成立と相俟つもので、その禅宗における自覚的相承は、禅宗の盛衰、あるいは正否に関わるものであり、本清規の後代の受容は、まさにそれを物語っている。本清規の崇寧二年の初刊本は現在知られていない。したがって高麗本が最も古型を伝えている。それによれば、第一は受戒等出家・行脚の基本的事柄、第二は叢林の月分年分の諸行事作法、第三は叢林運営重職（知事）の進退・規定、第四は修道者の指導的役職（頭首）の規定、第五は諸行事における煎点（茶礼）、第六は看経、設斎、出入、書信、休息、便利等の心得、第七は尊宿の召請・遷化・入退等の諸規定、第八亀鏡文、濾水法（後に坐禅儀、自警文、一百二十問が加わる）、第九は沙弥・童行の規定、第十は百丈規縄頌（後に勧檀信、斎僧儀が加わる）が示される。この中には北宋期の社会情勢を反映した変容も多く見られるが、後代のそれに比すれば、百丈の古意をうかがうに足る清規といえる。〔所載〕続蔵2・16・5、曹全（清規）。　〔小坂機融〕

専念仏定和尚行業記【せんねんぶつじょうかしょうぎょうごうき】浄　二巻。大察（一七六〇―一八〇二）・隆円（？―一八三四）輯録。文化元（一八〇四）年成立。京都専念寺に住し、寛政一二年六七歳で寂した仏定の伝記で和文体。仏定は諱を誡誠、字は蒙光といい、謙蓮社遜誉僊阿と号す。著者はともに仏定の遺弟とある。観阿大察は仏定の入寂まで長年親しく仕え、順阿隆円は江戸時代末期に活躍した学僧で著書も多い。この伝記は上巻が主に伝歴、下巻には彼の語録や詩歌が収められている。また「附録」に、彼の愛読した「無能和尚警策」、寛政一〇（一七九八）年の著作『訓蒙持誡章』、さらに大察の伝を隆円が付している。また仏定、大察ゆかりの豊岡来迎寺の縁起が後年加えられている。文化元（一八〇四）年隆円の序、文化八（一八一一）年付定玄の序、天保三（一八三二）年付貞典の序、同年付信定の新刻の縁起などがある。〔所蔵〕京大（刊本）。〔所載〕浄全18。　〔粂原勇慈〕

泉福源灯録抄【せんぷくげんとうろくしょう】曹　五巻。第一巻は文安三（一四四六）年に妙海（生没年不詳）撰、第二巻は法天竜雲（生没年不詳）が天保一〇（一八三九）年撰、第三・四巻は梅聞祖芳（生没年不詳）が明和二（一七六五）年記、第五巻は明和八（一七七一）年に梅聞祖芳が記したものである。春堂僊玉（？―一八五九）などが五巻に編纂した。本書は大分県東国東郡国東町妙徳山泉福寺の諸事を記録した『泉福源灯録』六巻から抄出したものである。第一巻は妙海の妙徳山法王林泉福禅寺草創記。当地に万寿・永昌の臨済系の寺はあるが、曹洞宗に属する寺はなかった。法王林という文殊堂のあった旧地に建立し、無著を開山第一祖とした経緯をのべている。第二巻は法天竜雲の妙徳山泉福禅寺記、旦過記、附説などを収録する。伽藍の変遷と、外護者について記している。第三巻は梅聞祖芳の妙徳山泉福寺聖堂重建記。聖堂を重建した経緯を記している。第四巻は永祖明祖二影新刻記。永祖・明祖の尊像をつくる経過について記す。第五巻は妙徳山泉福禅寺諸堂造営等雑記、附録、春堂の附説から成っている。歴代の住持によって、諸堂が造営されたことを記録している。附録は芙蓉道楷の法衣、経豪の『正法眼蔵注疏』、道元将来の『宏智録』の三物を後に伝うべしという。春堂の附説には、六世中興の梅聞祖芳の功績をたたえている。　〔大野栄人〕

薝蔔集【せんぷくしゅう】臨　一巻。横川景三（一四二九―九三）撰。室町時代成立。横川の四六文集で内閣蔵本によると「栢岩住相国法眷」にはじまり「正宗住建仁道旧」にいたるまで三五篇を収める。巻末に横川の学業の師、瑞渓周鳳の寛正三（一四六二）年一二月八日の跋を付す。『続群書』所収本の「敬劄」の部分のみに名づけられた『薝蔔集』の名を建仁寺両足院蔵本では全体に付している。　〔伊藤東慎〕

杣保隠遁鈔【せんぽいんとんしょう】真　二〇巻。印融（一四三五―一五一九）著。永正一〇―一二（一五一三―一五）年成立。真言宗宗義の大成書。とり上げられた項目は全部で一〇〇項目に及ぶ。印融は室町中期の学僧で、著書もすこぶる多いが、本書はその代表的著作で、かつ大著である。問答体で論述を進めているが、著者の立場は高野山の一学風たる寿門方で、宝門方の『宗義決択集』に対し論駁する形をなす。著者の印融は武州久良岐郡久保邑のひとで早く京都、奈良に留学し、はじめ醍醐三宝院の賢継に醍醐流を、ついで長円、円鎮に西院流能禅方の奥旨を学んだ。のち高野山の名刹無量光院に住したが、関東の密教の衰えたることを嘆き、武州烏山三会寺において本書等を著述した。印融が本書を起稿したのは八〇歳の時で、武州杣保氷河郷由木村明王堂においてであり、のち同国浦羽延命寺に移り翌年完成した。題名は、この地名に基いている。内容は、およそ真言宗宗義のすべてに亙っているといって過言ではなく、これによって真言宗義の大要と、殊に室町時代に大成した高野山教学、世にいう「応永（一三九四―一四二八）の大成」と、その継承的教学を一目にすることができよう。しかも内容はただ綱目の列挙に止まらず、随所に著者独自の実践的志向があらわれていることは興味ぶかい。このことは、すでに綱目の選択中にうかがえる。たとえば「発心即到」「初地即極」「草木成仏」「等流身仏形」「一門普門」「三密具不具」「住心品三句悉説」等々一として重要ならざるものはなく、また著者自身の卓見で貫かれていないものはない。　〔金岡秀友〕

詮要抄【せんようしょう】日　一巻。日求（一五七六―一六五五）著。本書の成立は、写本による限り不明であるが、『日蓮宗学説史』（望月歓厚）には承応二（一六五三）年の成立とする。日求は江戸時代初期の日陣門流の学匠。京都本禅寺第一〇世。本書は五八の条目をもって著述されている。はじめに葬送の儀礼、廻向のこと、龍女成仏等のことを論じ、さらに本迹勝劣義に及んで、他門の義を破し、日陣門流の正統性を力説している。写本は立大図書館所蔵。　〔北川前肇〕

選要略記【せんようりゃくき】日　一巻。日陣（一三三九―一四一九）著。応永三（一三九六）年成立。日陣は京都本圀寺建立日伝との本迹論争によって分派した法華宗陣門流の開祖。本書は日陣が日蓮法華宗の重要な教義を、三九の条項をたてて釈したもの。内容は、宗祖日蓮のこと、権実の問題、本迹論、摂受折伏の問題、成仏の問題、三身論、戒壇論等であって、平易に末代の初心の行者のために示している。正本は新潟県本成寺所蔵。〔所載〕日宗全7（法華宗部）。　〔北川前肇〕

千里一鞭【せんりいちべん】曹　一巻。天桂伝尊（一六四八—一七三五）撰。父幼老卯（一七二四—一八〇五）編。安永四（一七七五）年刊。道元の『正法眼蔵四馬』に簡潔な所見を加えた「永平高祖道元古仏示誨」と在家の信者（霊照院尼）に与えた法語や賛、歌詠などを集めた「退峰始祖天桂和尚法語」より成る。「落草談供養参」の法語とともに『天桂伝尊和尚法語集』として扱われる。〔所載〕続曹全（法語）、国東叢2－2、洞法語乾。〔佐藤秀孝〕

禅林口実混名集【ぜんりんくじつこんめいしゅう】臨　二巻。格峰実外（断橋、一六五二—一七一五）撰。正徳五（一七一五）年刊。本書は内外四十余種の漢籍祖録を渉猟して達磨から明の真行に至るまで、およそ一九〇人の禅門の古徳の略伝を記し、また異称、通称、字号を挙げて、その由来を記述したもの。いわゆる中国禅宗異称字典ともいえる。正徳五年刊本は成簣、妙心寺春光院に所蔵。〔所載〕訳禅叢2ノ5。〔早苗憲生〕

禅林句集【ぜんりんくしゅう】臨　二巻。東陽英朝（一四二八—一五〇四）編。貞享五（一六八八）年刊。別に『句双紙尋覓』『禅林集句』『禅林雑句』ともいう。東陽は美濃の人で雪江宗深の法嗣、妙心四派の聖沢派の派祖。句集は禅林の初学者がまず習うもので、儒家が小学より入るようなものである。乾巻には一字関より五言対句、坤巻には六言より八言対句までを収める。すべてで五〇〇〇余句あり、貞享五年刊行のさいに、五〇〇〇句がさらに己十子により増加されている。ひとつひとつ出典が示され、『法華』『楞伽』『金剛』『維摩』等といった経、『大智度論』『成唯識論』『起信論』といった論、『碧巌録』『臨済録』『雲門広録』『百丈広録』等といった語録、『論語』『周易』『礼記』『詩経』等といった儒家の『十三経』『杜詩集註』『白氏長慶集』『唐詩絶句』『宋詩選』等といった知識人の詩集、等々から禅門で慣用する佳句秀句を採録していて、捜索するのに便利でよくもちいられる。ただし、句のなかには玉石を混淆しており、出典にも多少誤りを存している。現在も雲水が公案を拈提するさいによくもちいており、僧堂に掛搭するときの必携用具となっている。活字本としては柴山全慶の『訓註禅林句集』、山本峻岳の『和訓略解禅林句集』などがある。なお、無著道忠には『禅林句集典証』一巻、『禅林句集辨的』七巻がある。——→少林無孔笛　〔西尾賢隆〕

禅林執弊集【ぜんりんしゅうへいしゅう】臨　二巻。花園末葉亡名子撰。元禄一三（一七〇〇）年成立。禅風の衰弊を嘆じてこの書が著わされた。嗣法の香の析くべからざるの弁、経行は疾走すべからざるの弁、花園の派下は古より茶法を嗜まざるの弁、僧尼は訟を好むべからざるの弁、禅者は専ら仏教祖録を学び傍ら外典を学ぶべきの弁、禅僧は濫りに詩を好むべからざるの弁等が収められている。刊本は国会、京大等に所蔵する。〔西尾賢隆〕

禅林象器箋【ぜんりんしょうきせん】臨　二〇巻。無著道忠（一六五三—一七四四）編。寛保元（一七四一）年草稿。本書は道忠が八九歳のとき、彼が一生涯にわたって渉猟した禅学研究資料に基づいて編んだ一七二四項目の禅林日常語彙事典である。自序によると唐の百丈懐海（七四九—八一四）が禅居を創めてより禅林に師徒、堂舎、礼則、器服などの生活文化が成立し、それからの固有の名称がすべて独自の意義内容に基づいているにもかかわらず、自分（無著）はそれらの出拠に無知である。それで志を起し、多くの歳月をかけて旦夕群書を博覧して本書を編んだという。けだし、本書はじつに禅門における禅語事典の先蹤というべきものである。巻頭の援書目録によるとその参照されている文献は、経疏、律、論、漢土選述（和国）、僧史、禅史、伝、行状、禅集、清規、禅録、禅文（教儒付）などの内典四八八部、および経、史、子、集、襍、和書などの外典二八六部にわたっている。総目（部門）は、区界、殿堂、坐位、節時、霊像、称呼、職位、身肢、叢軌、礼則、垂説、参請、執務、雑行、罪責、報禱、諷唱、祭供、喪薦、言語、経論、文疏、簿券、図牌、飲啖、服章、唄器、器物（総、荘厳具、供養具、儀物、道具、資身細器、資身麤器、行装具、飲食器、浴具、厠具、喪具）、銭財の二九類門となっている。草稿本を京都竜華院に蔵す。〔所載〕柳田聖山・禅宗叢書9（影印本）。〔参考〕高峰東晙・禅林象器箋（冠註・解説・索引付）。〔西村惠信〕

禅林寺略記【ぜんりんじりゃっき】浄　二紙。是湛（一六七八—一七六一）直筆。釈迦堂に揚げるところの篇額の文である。禅林寺の略歴を記す。禅林寺蔵。〔勝本顯道〕

禅林甑瓦【ぜんりんそうが】曹　一巻。宜默玄契（生没年不詳）著。寛保元（一七四一）年夏以前脱稿、冬に刊行。著者は慈鱗玄趾の法嗣。和歌山県の瑞竜寺に住し、『洞山録』『曹山録』を編集刊行した。本書は、卍山道白（一六三六—一七一五）の一師印証、面授嗣法による儀規重視の嗣法観に立脚して独庵玄光（一六三〇—九八）の『俗談』（五項）、万回一線（?—一七五六）の『青鷂原夢語』（『永平広録』に関する四件）、大慧宗杲（一〇八九—一一六三）の『宗門武庫』、天産霊苗（?—一七四三）の「原夢語序」、無得良悟（一六五一—一七四二）の『洞上仏祖源流影讃』、天桂伝尊（一六四八—一七三五）の『参同契毒鼓』等をいちいち引用して、邪説妄解として論駁し、卍山系の面授論を主張せるものである。なお、本書に対し、玄楼奥龍（一七二〇—一八一三）が『一槌砕瓦』を著わし、天桂の『毒鼓』を挟んで対立し、宜默の批判を逐一反駁して、師翁天桂の主張を徹底擁護している。〔所載〕続曹全（室中）、正法蒐20。〔小坂機融〕

そ

草庵和歌集巻第十釈教【そうあんわかしゅうまきだいじゅうしゃくきょう】時　正集一〇巻、続集五巻。頓阿（一二八九—?）作。和歌集。正集は延文四（一三五九）年、続集は貞治五（一三六六）年成立。頓阿は光厳院、花園院、良基、尊氏、兼好、浄弁、慶運等と交わり、歌道の人であるとともに、浄業の聖であり『高野日記』と本書正・続篇にその念仏信仰がうたわれている。正集第一〇は羇旅、哀傷、釈教、神祇と部類されている。〔所載〕校註国歌大系14、私家集大成（中世Ⅲ）。〔高野　修〕

喪記集【そうきしゅう】曹　七篇集成。『続曹全』編集にさいし、同編纂委員会が初期曹洞宗関係の喪記類を集成したもので、⑴「徹通義介禅師喪記」、⑵「瑩山紹瑾禅師喪記」、⑶「明峰素哲禅師喪記」、⑷「峨山紹碩禅師喪記」、⑸「通幻寂霊禅師喪記」、⑹「月泉良印禅師喪記」、⑺「大徹宗令禅師喪記」、の七篇が収められている。喪記の記録内容は、その典型を示せば次のとおりである。示疾の記事に始まり、遺嘱、遺偈、遷化についてのべ、次いで仏事次第を順次に詳述する。その記述は、それぞれの仏事の準備、配役、進行等についてのべ、ときには配置図を添えて説明する。仏事次第は⑴「徹通義介禅師喪記」によれば入龕（遷化した室で納棺）、移龕（式場、法堂西間に霊棺を移す）、龕前念誦（大夜、逮夜）、挙哀、掛真仏事（肖像を掛ける）、対霊小参とつづぎ、翌日に鎖龕、挙龕（起龕）、下火仏事を行い、帰寺後に掛真、奠茶湯仏事を行うとしている。次に忌中（中陰）仏事、抄割式、唱衣について記し、抄割式にはその略伝がのべられ、貴重な伝記資料となっている。唱衣はその所有物（とくに法衣）を売却して薬餌費、看護費、葬儀費に当てるため、品目、数量、価格等を估唱することであるが、その概略を記している。〔所載〕続曹全（清規）。〔松田文雄〕

葬儀薦典要句【そうぎせんてんようく】日　一巻。日輝（一八〇〇—五九）著。葬儀法式の開棺、茶湯、霊膳、水、菓子等にもちいる要句を集めたもの。日蓮宗葬歛式に諷誦する要句の基礎となる要文集である。〔所載〕充洽園全集2。〔松村寿巌〕

祖暁和尚法語【そうぎょうおしょうほうご】曹　一巻。天巌祖暁（一六六七—一七三一）撰。享保八（一七二三）年ころ成立。別に『清涼和尚法語』ともいう。天巌の彦根清涼寺における法語が、写本で伝えられたもの。原本は、無得良悟、徳翁良高、月舟宗胡、天巌祖暁の法語の四篇を集録した『良悟良高月舟祖暁夜話』であるが、編者、書写年代とも不明。内容は、会下の学人を策励し、修行の用心を示した普説である。〔所載〕続曹全（法語）。〔中尾良信〕

雑行雑修弁【ぞうぎょうざっしゅべん】浄　真　一巻。僧樸（一七一九—六二）撰。成立年代不明。『雑行雑修七家説』ともいう。写本は仰誓が安永九（一七八〇）年に書写し、現存する。本書は別名『七家説』ともいわれるように、二行（正行・雑行）二修（専修・雑修）について、七家の説を挙げている。⑴九品寺覚明義、⑵乗円（鎮西）義、⑶鎮西末学義、⑷満願房義、⑸白河法蓮房義、⑹安居院聖覚法印義、⑺今家義、の七家である。また七家の説を各々図示して、わかりやすく示している。真宗義の二行二修義を懇切に示し、自力の機執、信罪福心、の機失を廃することを開陳している。〔所載〕真宗全62（真宗小部集6）。〔藤田恭爾〕

僧綱補任（残闕）【そうごうぶにん（ざんけつ）】通　一巻。作者不明。寿永二（一一八四）年と元暦二（一一八五）年の二年分だけの僧綱補任の残欠本である。見任僧綱（当時の僧綱）ばかりでなく前僧綱を含む。年齢・法臈・任日・寺院などを記す。寿永三年では大僧正一名、僧正二名（一名入滅・一名大僧正へ）、権僧正四名、大僧都二一名、少僧都一六名、律師三一名、法印二八名、法眼二九名、法橋八七名に上る。また、大威儀師、威儀師、従儀師、維摩注記、三会、二会、東寺灌頂、天台灌頂、八幡、熊野、仏師、住学生などについても記す。〔所載〕仏全111。〔田村晃祐〕

僧綱補任抄出【そうごうぶにんしょうしゅつ】通　二巻。深賢（?—一二六一）抄出。推古天皇三二（六二四）年から永万元（一一六五）年に至る約五〇〇年の僧綱の補任について記した書。『僧綱補任略記』ともいう。巻頭に東大寺東南院の経蔵に所蔵される忠珍僧都撰の一二巻本より抄出したことが記されている。忠珍とは、東南院主恵珍であることが、恵珍の『七大寺年表』との関連などから考えられている。すなわち、恵珍の著した一二巻の『僧綱補任』を深賢が二巻本に抄出したものが本書である。恵珍（一一一八—六九）は、東大寺東南院の覚樹に師事、三論宗を学び、長寛二（一一六四）年大安寺に入り、本書巻下によれば別当になった。東南院門跡にもなっている。嘉応元（一一六九）年大安寺別当職を高弟聖慶にゆずり、東南院へ退き、同年没した。本書は、百済の観勒による日本の僧綱制度の樹立から記述を始め、編年体で僧正への補任を中心とし、簡単な仏教史上の事柄—主な法事や寺院造営、僧兵の闘争などや、高僧の動向、特に道昭、行基、菩提僧正、道鏡、鑑真、遍昭、尊意、延昌、定昭、良源、源信などの略歴を記している。全般的に飛鳥・奈良時代は簡略に、平安時代、特に後半に詳しく、上巻の部分には天台関係の記事の多いことが目立つ。抄出者深賢については知られていない。〔所載〕群書4、仏全111。〔田村晃祐〕

蔵山和尚語録【ぞうさんおしょうごろく】臨　一巻。蔵山順空（一二三三—一三〇八）述、侍者編。延宝八（一六八〇）年成立。別に『円鑑国師語録』『円鑑禅師蔵山和尚語録』『蔵山録』ともいう。円爾弁円の法嗣である蔵山の語録。肥前高城寺・山城東福寺の語、法語、小仏事、賛、自賛、偈頌、それに虎関師錬撰の「円鑑禅師伝」とからなる。京大と東福寺大機院とに写本がある。〔所載〕正蔵80。〔西尾賢隆〕

僧生仮名法語【そうさんかなほうご】曹 一巻。館開僧生（?—一三八〇）撰。江戸時代の成立。別名『洞谷僧生和尚法語』。『永平開山道元大和尚仮名法語』中の第二一章のみを収録したものである。仮名書きで、語、黙、動、静、摠是、摠不是の六句のいずれも用いることなく、この六句を離れることの要を説示する。悟りとは「然バ南台ニ静坐ス一炉ノ香、終日凝然トシテ万事忘ズ、已心ヲヤメ妄想ヲ除クニアラズ、都テ事ナシト云ヘリ」と結ぶ。〔大野栄人〕

曹山解釈五位顕訣鈔【そうざんげしゃくごいけんけつしょう】曹 一巻。瞎道本光（一七一〇—七三）述。明和三（一七六六）年撰。通称『五位顕訣鈔』という。本光がみずから編集した『曹山解釈五位顕訣』を句ごとに和文体で解釈したもの。傑堂・南英共著『顕訣耕雲評註種月撈摝藁』を多く引用し、それを是非しつつ、自己の参究の成果をのべ、伝統的な偏正五位説を主張している。〔写本〕静岡県旭伝院所蔵。〔所載〕曹全（注解5）。〔新井勝竜〕

草山集【そうざんしゅう】日 三〇巻。元政（一六二三—六八）著。延宝二（一六七四）年秋刊行。元政（日政）は江戸前期の日蓮宗の高僧で著述消息詩文類を数多く残したが、生前、寛文三（一六六三）年ころまでの述作類を門弟が集録して二〇巻となし、元政みずから「草山集」と題して世に出した。書名は京深草山に庵を構えた元政のことを自他共に草山と称したところからつけられた。元政が草山不可思議の名で題辞を書き、親交のあった太嶽が序を寄せている。この年元政四一歳であった。その後、元政が四六歳で遷化すると、門弟たちは「集」以後の詩文を集めて続集一〇巻をまとめ、前後合わせて『草山集』三〇巻を編纂した。寂後六年、通憲の「元政行状」を巻首に載せ、開版したのである。

本書は、天（叙）、地（書）、玄（書）、黄（記）、宇（記）、宙（伝）、洪（行状墓誌）、荒（銘）、日（銘箴讃頌）、月（仏事）、盈（雑著）、呉（雑著）、辰（賦）、宿（五言古）、列（七言古）、張（五言律）、寒（七言律）、来（五言絶）、暑（七言絶）、往（雑体）、秋（詩）、収（詩）、冬（詩）、蔵（詩）、閏（文）、余（文）、成（文）、歳（文）、律（文）、呂（文）、の一九種三〇巻から成っており、元政一代の著作の大部分はこのなかに所収されている。のちに日輝が『峨眉集』『祖書綱要』とともに日蓮宗の三大宝策と称えたごとく、日蓮宗の貴重な教学的資料である。というのは法華律（草山律）を始唱して日蓮宗教団に特異な教風を揚げ、草山教学としてのちの日蓮宗教学に多大な影響を与えた元政の教学論が随所に散見できるからである。病弱で詩人であった彼は大部な教学書を残すことができず、またそれを志さなかった。彼の思想は詩の語句に、紀行文や伝記の一文に真情的に籠められているのであり、そこに体系的・論理的教学を望むことはできないが、逆に直観的に法華の世界に飛翔する宗教表現の魅力がある。そういう意味で『草山集』は日蓮宗教学史の上で大きな位置を占めているのである。と同時に、当時の文壇で第一級の文人として目され、現在でも近世文学者として評価の高い元政の詩文集であり、文学的にも貴重な資料とされている。

当時の日蓮宗教学は天台学に偏向し、祖師の学を忘れていた。その風潮を「およそ吾宗の学者、幼にして名目四教儀を習い、やや教観に渉って六十巻の中に皓首す」と批判し、「霊山の別付独り濁末を済う」と本化別頭の教を鼓吹した元政の『草山集』は、宗学開展の先兆、本化発揚の烽火と称されているのである。〔末注〕元政の弟子日燈は『草山集』の注疏を作り『草山集鈔』三〇巻を残した。現在日燈の注を頭注として本末合した『標註草山集』が刊行されている。正本を深草瑞光寺蔵。〔所載〕日全。〔参考〕本満寺発行標註草山集。〔小野文珖〕

草山清規【そうざんしんぎ】日 一巻。慧明日灯（一六四二—一七一七）撰述。天和三（一六八三）年一二月成立。日灯は三河の人で恵藤氏。初め律宗の慈任により出家、二四歳の三月一日に草山元政（一六二三—六八）に紹介され師事す。三年にして元政が化し、京都瑞光寺第二世を継承す。元政の忠実な祖述者で、多くの著がある。本書も、元政の遺風を法規とし、修行の心地、行儀を述べ、草山門下の修行の指針となるものである。その序の中にも、非才ではあるが、元政の教風の失われるを惜しみ、瑞光寺の法孫に伝えることを目的として、書かれたことが示されている。内容構成は日資、月進、年規、斉儀、名分、家訓の六章より成り立っている。第一の日資とは、日々の生活における規範を朝昼晩課と行事を分けて規定したものである。第二の月進とは、月々定められた行事である。第三の年規とは、年中行事のことである。第四の斉儀とは、食事の作法のこと。第五の名分とは役位についた者の役割と心得である。第六の家訓とは、草山門下として遵守すべき事項を示したものである。この清規の基本精神となるのは法華律である。日蓮は、戒定慧の三学を、妙法五字の受持一行に包含させたが、元政は三学分修を主張し、その顕れが本書である。これは時代の潮流・要請のなすところであろう。本書の末注には台厳日憲（一八二九—一九〇九）の『草山清規纂註』がある。この書は『草山清規』との会本となり、『標註草山集』に収録されている。〔所載〕標註草山集。〔西片元證〕

草山要路【そうざんようろ】日 一巻。元政（一六二三—六八）撰。明暦元（一六五五）年成立。元政（日政）が深草に入って最初に著わした書で、集まる門弟のために修道の要旨を示し、草山の教風の大本を明らかにしたもの。序、起信第一、決疑第二、持戒第三、衣食第四、住処第

五、知識第六、誦経第七、止静第八、志学第九、指帰第一〇より成る。元政の代表的著作で草山の理想と目標が掲げられている。正本を深草瑞光寺蔵。〔所載〕標註草山集。〔小野文珖〕

草山和歌集【そうざんわかしゅう】回　一巻。元政（一六二三—六八）撰。法華の隠者深草元政（日政）の和歌一二一首を集めたもの。寛文一二（一六七二）年に刊行。元政は詩人として有名であるが歌道においても一家をなし、その文学的立場は性霊派といわれ、「心情を重んじて偽飾を捨て、志を述るのみ」（『草山集』）の歌を数多く残している。本書はその代表的な歌集である。正本を深草瑞光寺蔵。〔所載〕草山拾遺上。〔小野文珖〕

総持寺住山記【そうじじじゅうさんき】曹　一五二一帖。著者明記なし。室町時代中期から成立したか。別名『摠持禅寺開山以来住持之次第』『住山記』。石川県総持寺の歴代の住職の次第を記した名簿。総持寺は、元亨元（一三二一）年、瑩山が定賢権律師から譲りうけた諸岳観音堂を禅院にあらためて開創し、その開山第一世に就任して以来、明治四二（一九〇九）年までの五七八年間、五七五六世のそれぞれの住職名、出家得度の師、嗣法の師、入山の年月日などが書き込んである。室町時代以降、歴代住職は入山すると署名、捺印している。開山以来、一代も絶やさず、約五八〇年間、およそ五八〇〇人の名前が連綿と書きつらねてある本書は、他に類例を見ないと思われ、総持寺にとっては不滅の伝統を裏づける証明書の役割を、曹洞宗教団、学界にとっては、総持寺を中心とする教団史、禅宗史を解明する貴重な史料というべきである。なお総持寺は、明治三（一八七〇）年七月二五日、約五五〇年間の輪住制度を廃して勅命により独住第一世として、諸獄奕堂が住職してより独住制となって現在にいたる。原本（折本）は神奈川県総持寺蔵。〔所載〕曹全（大系譜）、横関了胤・総持寺誌。〔東　隆眞〕

総持寺上梁文【そうじじじょうりょうもん】曹　一巻。嶺堂麟鳳（?—一七七三）等撰。石川県鳳至郡門前町の大本山総持寺（現在の能登祖院）における、諸堂の上梁文と祝頌を収録したものである。内容は⑴寛保三（一七四三）年撰「諸嶽山輪蔵上梁文並序」、⑵慶長一五（一六一〇）年撰「惣持寺山門棟札三枚ノ写」、⑶天保二（一八三一）年撰「（仏殿）上梁文並序」「上梁文祝頌」、⑷明治二二年新井如禅撰「僧堂記」である。写本を神奈川県総持寺に蔵する。〔所載〕続曹全（寺誌）。〔佐々木章格〕

総持十六詠【そうじじゅうろくえい】曹　一巻。嬾庵大淳（?—一七八一）撰。明和三（一七六六）年刊。『総持寺十六詠』（『続曹全』歌頌）ともいう。大淳が諸嶽山総持寺に輪住したおり、同寺の佳境一六カ所をえらび、七言絶句で詠じたもの。その詠題は玉橋朱霞、璧磵緑水、亀阜松籟、鶴山桂蟾、香楼鯨音、霊塔雁影、象山晩雷、獅巌時雨、雄峰掬泉、禅石瞰海、官池芙蕖、社庭芝草、泊瀬春潮、社丘霜葉、蒼松竜燈、紺宮鳳翰である。〔所載〕蘆雪禅師語録上、続曹全（歌頌）。〔松田文雄〕

総持抄【そうじしょう】天　一〇巻。澄豪（一二五九—一三五〇）。澄豪は『仏家人名辞書』に同名二人を掲げるが、記事に混同がすでにみえる。冷泉院顕成の子で一九歳で出家し、小川承澄について受法。二三歳で潅頂入壇し、四九歳で大阿闍梨にのぼっている。伝法和尚とも法円上人とも呼び、『総持抄』一〇巻は、右辞書は慧光房澄豪の著とするが、いまの澄豪に帰すべきものであろう。本書に巻六金剛夜叉法奥に永仁二（一二九四）年と記され、第十の奥に建武四（一三三七）年とあり、ときに七九歳と記すから、本書は承澄からの口決を四五年をも費してまとめたことになる。内容は巻一に阿閦法、宝生仏、弥陀事、釈迦法事、薬師法事。巻二に、金輪法事、尊勝法事、大仏頂法。巻三に、仏眼法事、虚空蔵法事、五大虚空蔵事、舎利法事。巻四に、聖観音法事、十一面法事、馬頭観音法事、千手法事、准胝法事、不空羂索法事、白衣観音法事、仁寿殿二間観音供事。巻五に、不動法事。巻六は、降三世法事、軍荼利法事、大威徳法事、金剛夜叉法事。巻七は、弥勒法事、延命法事、法華法事、地蔵法事。巻八は、閻魔天法事、水天法事。巻九は欠。巻一〇は、仁寿殿観音、潅頂之時胎金印信事、御即位時奉授帝王事、六月能延法者、胎蔵界曼荼羅十三大院、曼荼羅出現時代、曼荼羅別名、潅頂等両界曼荼羅者、金剛界曼荼羅事、阿弥陀印事、薬師、釈迦、弥陀、大日。それぞれ種子、三形、曼荼羅、根本印、眷属等にわたる。〔所載〕正蔵77。〔木内堯央〕

総持寺両祖行術録【そうじじりょうそぎょうじゅつろく】曹　二篇一巻。元禄四（一六九一）年刊（跋）。『諸嶽開山二祖禅師行録』（『曹全』史伝上）ともいう。内容は総持寺開山瑩山紹瑾（一二六八〈六四〉—一三二五）の伝記である「侍者寂霊合掌稽首書」の識語をもつ『諸嶽開山瑩山仏慈禅師行実』と総持寺二代峨山韶（紹）碩（一二七六—一三六六）の伝記である「侍者慧明誌」の識語をもつ『諸嶽二代峨山和尚行実』の二篇を編集したものである。前者の識語にある寂霊とは通幻寂霊であり、後者の識語にある慧明とは了庵慧明である。紹瑾の示寂の年にわずか四歳であった寂霊が侍者を務めるはずがなく、また韶（紹）碩と慧明との相見、師事関係も疑問視され、内容的にも、韶（紹）碩が徳治元（一三〇六）年三一歳のとき三韓を経て入元した記事を載せるなど、寂霊、慧明に仮託した後世の撰述であると思料される。刊本に付されている梅峰竺信の跋文によれば、この二篇の伝記は鳳山慧丹の所持本で印施にさいして題辞をもとめられたという。慧丹は総持寺山内にあった芳春院の住持を務めているから、本書は総持寺に伝承されてきた伝記であることに間違いはあるまい。『新纂禅籍目録』には元禄四年の刊本に巻頭に両祖の肖像と賛を刻したものと、この肖像のないものとの二種の存することをのべている。〔所載〕曹全（史伝上）。——→仏慈禅師行実

〔松田文雄〕

送終略示【そうしゅうりゃくじ】[真]　一巻。上田照遍（一八二八—一九〇七）述。成立年代不明。著者は巻末に、「世上の送終に就いて理に応ぜざる行事多し、故に余が見聞する好軌を明かして以って世上の種種の妄業を止めしめんと欲する」とのべている。一、二挙げると、⑴今は多く棺を仏堂に安置するが、私は仏堂に置くべきではないと思う。僧房内の清潔な処に安置すべきである。⑵七日七日ごとに塔婆を建立することはもっともよいことではあるが、塔婆は大日如来の三摩耶形であるから清浄処に建てるべきであって墳の上に建てるのは非法であろう。〔所載〕真安心下。〔榊義孝〕

相承三宗血脈【そうじょうさんしゅうけつみゃく】[天]　一巻。著者明記なし。成立年代不明。日本天台宗相伝の禅門次第、法華血脈、真言一宗前後両伝（最澄、圓仁）の三宗相承（禅、円、密）の血脈譜を記したものである。本書は『延暦寺護国縁起』（作者不詳）からの抄出であり、この『延暦寺護国縁起』は安然撰『教時諍論』を論拠とし、さらに自説を付加したものである。本書はそれを簡潔にまとめ、血脈を明らかにしている。〔秋田光兆〕

奏進法語【そうしんほうご】[天]　一巻。真盛（一四四三—九五）撰。明応元（一四九二）年成立。真盛は中国以来の天台止観四種三昧の中の常行三昧における理観念仏と日本天台における称名念仏を継承し、さらに独自の円戒中心の称名念仏に発展させ、戒称二門を確立した人である。『高僧伝』に「明応元年帝召ニ盛於清涼殿ニ稟ニ円頓無作大戒ニ尋上ニ念仏要旨ニ」とあり、また本書の終りに「西教寺真盛刊」「飛鳥井殿参与」とあるように後土御門天皇に円戒をお授けした際、念仏安心の要旨を記すようにとの勅語を蒙り、よって飛鳥井大納言に就て、この書を奏進したのがこの法語である。その要旨は、自己の称える称名念仏の力によって往生するものと為す常人の考えは、念仏と往生とは別の物とする考えであり、いまだもって十分ではない。弥陀の本願力に乗じて「唯だ様も候はず南無阿弥陀仏と唱ふるが即ち往生なり」と他力本願念仏の正意を示している。さらに「南無阿弥陀仏と申すは仏の正覚即ち我等が往生なり」と念仏即往生即得正覚の義を説き、本願を「御忘れなきばかりが念仏なり」と信を奨めて「いかにもいかにも念仏の功を励ませ給へ」といい行を奨め、信行相応の本願念仏を高唱したものである。この法語に示すように、真盛の念仏は念仏即往生を主張しており、この思想は源信の称名念仏の正統を継承し、祖述したということができるのである。〔所載〕国東叢1・3。〔西郊良光〕

蔵田抄【ぞうでんしょう】[天]　一巻。豪海（生没年不詳）筆記抄。貞和三（一三四七）年成立。内題には『相伝七箇条抄』ともいう。本書は武州金鑚談所の開山豪海が貞和三年上洛して常楽院法務心聡に会い、同年七月晦日から九月九日に至るまで約四〇日に渉り、土御門西洞院御坊において心聡より『一帖抄』の伝授を承け、これを筆録抄記したものである。〔所載〕天全9。〔多田孝文〕

僧伝排韻【そうでんはいいん】[天]　一〇八巻。堯恕（一六四〇—九五）編。延宝八（一六八〇）年成立。堯恕は、後水尾天皇第一〇皇子（第九皇子、第六皇子等の説もある）で、二四歳のとき天台座主に就任、やがて二品親王に叙せられた。座主が有名無実になっていることを慨嘆し、また天台教学に精通していたばかりでなく、文学、芸術にも造詣が深かった。著作も少なくないが、その中で最も大きな業績が『僧伝排韻』の編集である。本書は中国における高僧伝以下四八種にのぼる各種僧伝の索引である。述作の由来として、古今多くの僧伝の中、たとえば高僧伝及び六学僧伝は事蹟によって分類し、『伝燈録』及び『仏祖統紀』は機縁に従って記し、『仏祖歴代通載』及び『釈氏稽古略』は年代に従って分類しており、統一がとれていないばかりか、事蹟、機縁、年代を知らない者は当惑せざるを得ない。外典には便利な人名索引があるにもかかわらず、仏教界においては未だ見ないことを遺憾とし、『万姓統譜』にならって韻によって僧伝を排し、この書を作ったという。序に続いて、釈氏には氏姓がないので諱によって分類すること、梵語の一科を立ててインド来朝の人を摂し、また亡名の一科を設けることなどの、凡例十条をあげ、本書述作の方針や注意事項等を述べている。本文は僧名の下にその略伝を出し、さらにその伝を収録している書名巻数を示している。古来より中国仏教研究者必帯の辞典とされてきた。〔所載〕仏全99—100。〔多田孝正〕

曹洞護国辨【そうとうごこくべん】[曹]　三巻。太白克酔（？—一七〇〇）撰。延宝四（一六七六）年ころ成立。宝永六（一七〇九）年刊。本書は偏正五位によって天地万物の事象を説明し、ひっきょう、五位思想は天下常久、護国泰平に通じることを説いている。仏典のみならず、和漢の典籍をひろく引用して論述しているが、ときに三教（神、儒、仏）一致の色彩が強く出て、曹洞五位の本来の特徴がうすらいでいるのは、江戸幕府の宗教行政の影響といえる。〔所載〕曹全（注解5）。〔中尾良信〕

草堂集【そうどうしゅう】[曹]　三巻、大愚良寛（一七五八—一八三一）撰。昭和四七年刊（影印）。『続曹全』の底本は良寛の自筆本によったもので、天・地・人の三冊に分かれ、二三五首の詩と七首の歌が載せられている。この詩稿では、見せ消ちや、訂正・書込みを消したものなどがあって複雑であるが、良寛の詩作の過程を知るための資料としては、唯一のものであろう。〔所載〕続曹全（歌頌）。〔原田弘道〕

造仏論義【ぞうぶつろんぎ】[日]　一巻。日辰（一五〇八—七六）著。永禄元（一五五八）年成立。日興門流教学の仏像不造義を破折せんとした書で、その論点は下種論に置かれている。このことは日辰と同時代に日真門流の証誡日雄が富士教学の不造義を破折する目的で著わした『仏像造否之論』が経論釈から人本尊・法本尊・末法行儀などによって造仏論を主張するのと異なっている。日辰が下種論に論点を置いているのは、富士教学が本因下種―宗祖本仏、釈迦脱仏―造仏堕地獄の主張から仏像造立を否定しているからであり、これに対して本書では、本果下種を主張し、下種は本因妙ではなく本門の教主、久遠の本果釈尊であることを明かし、造仏義を主張した。〔所載〕日宗全3。〔井上博文〕

僧妙達蘇生注記【そうみょうたつそせいちゅうき】通 一巻。作者不詳。成立年代不明。蘇生譚。地獄に堕した僧妙達が閻魔大王のもとに赴き因果応報の理を説かれ蘇生するに、世人に因果応報の理を知らしめるとともにみずからも善行を実践して都卒天内院に生まれることができたという内容である。沙婆世界での善行功徳、造寺造塔、写経等の功徳を積んだ者が来世では長者や王子となって都卒天に生まれ変っていることを例証することによって善行を勧めるところに本書の主眼がある。しかし短文でまた前文を欠いていることから重きをおかれない点があるが、現存本が天治二（一一二五）年で平安後期における地獄譚、因果応報譚として仏教説話展開をさぐるうえで注目に値する文献である。〔所載〕続々群書16。〔魚尾孝久〕

草木成仏記【そうもくじょうぶつき】日 一巻。日導（一七二四―八九）著。日導は近世日蓮宗学の組織者と見なされている。熊本本妙寺第二〇世。日導の思想の根本は、中古天台の理本覚思想に傾斜し、その立場から宇宙法界の永遠性や絶対性を論証し、ひいてはありのままの凡夫まで絶対肯定しようとする。草木成仏もまた、心のない草木も、真如の顕現であり、五大をもった永遠の存在であることを意味するものである、と説く。〔北川前肇〕

草木成仏私記【そうもくじょうぶつしき】天 一巻。安然（―八四一―九〇四―）撰。『斟定草木成仏私記』ともいう。安然は台密の大成者で、入唐を企てるが果たしていない。『教時問答』や『八家秘録』など多数の著作があるが、没年は不明。天台の草木成仏は『摩訶止観』の「一色一香、無非中道」に始まり、湛然は『輔行伝弘決』に十義をあげ、無情に仏性があるという。本書は、初めに天台人の問答、華厳の旧人の問答、三論師の問答をあげ、それぞれ斟定し、次に『唐決』をあげ、「無情もまた発修し成仏す」という。また本朝の立義における有人の説をあげ、唯心なれば境を泯ずとして、草木独り心あって修行するには非ずという説を円教説ではないとしている。さらに世人の情にたって矯めた問答をたて、それを斟定し、最後にみずから問答をたてて、草木成仏の義を明らかにするのである。文化七年真超の写本あり。〔坂本廣博〕

草木成仏論【そうもくじょうぶつろん】天 一巻。覚運（九五三―一〇〇七）問、良源（九一二―八五）答。『草木発心修行成仏記』ともいう。本書は、無情仏性は法華の妙旨であり、草木成仏は本門の密義であるといい、本門の意とは、迷情の事と悟中の事とを合一する説であるという。また修行に安位と昇進の二あり、昇進位にあっては、有情も無情も発心し修行し成仏するというのである。〔所載〕仏全24。〔坂本廣博〕

雙龍大和上垂示【そうりゅうだいわじょうすいじ】真 二巻。慈雲（一七一八―一八〇四）説、準境居士記。寛政一一（一七九九）年成立。本書は寛政五年より同一一年に至る七年間の京都阿弥陀寺における五〇席にわたる講説の聞書である。上巻には神儒仏三道、十善戒などについての垂示があり、下巻には神道に関する垂示が多い。〔所載〕慈全13。〔福田亮成〕

叢林集【そうりんしゅう】浄真 九巻。恵空（一六四四―一七二一）著。享保二（一七一七）年刊。恵空は大谷派の初代講師。本書は恵空の四〇部を越える著述中でもっとも大切なもので、全九巻中、前半の六巻は義集として四八項目を挙げ一宗の法門に関することをのべ、後半の三巻は事集として三〇項目を挙げ、史伝故実に関することを解説している。ことに浄土真宗の位置づけを六義二対によって明らかにする点が注目される。今、項目の名を挙げれば以下のとおりである。(1)学問、(2)三経大綱、(3)果分不可説、(4)隠顕法門、(5)廃立助正傍正、(6)浄土真宗、(7)三願配当（第一巻）、(8)真宗之教、(9)本願真仮、(10)超世無上本願、(11)本願開合、(12)第一之願、(13)第十一之願、(14)第十七之願、(15)第十八之願（第二巻）、(16)第十九之願、(17)第二十之願、(18)弥陀報身、(19)自受用他受用、(20)本師本仏、(21)十劫久遠、(22)仏土真仮（第三巻）、(23)往生成仏、(24)不来迎、(25)平生業成、(26)不廻向、(27)報謝念仏、(28)一念多念、(29)信心歓喜（第四巻）、(30)利他之信心、(31)信心菩提心、(32)三心自力他力、(33)永捨雑行雑修、(34)現世利益、(35)総論疑問（第五巻）、(36)為得大利、(37)衆罪消滅、(38)宿善遇法、(39)相違前後、(40)摂取不捨、(41)韋提得忍、(42)即往生便往生、(43)萬機一機、(44)機法一体、(45)望々重々、(46)五念門、(47)二種廻向、(48)出世本懐（第六巻）、(49)一宗本尊、(50)寺院道場、(51)仏前荘厳、(52)法衣装束、(53)法事勤行、(54)説勧方軌、(55)葬礼中陰、(56)物忌祭祀（第七巻）、(57)流伝弘通、(58)聖人御夢想、(59)聖人御娶妻、(60)聖人御賢息、(61)聖人御奇特、(62)聖人御名字、(63)御代々略伝、(64)源空上人を開山とせざる事、(65)一流の法義展転せざる事、(66)太子弘通、(67)七祖相承（第八巻）、(68)聖人御墳墓、(69)本願寺、(70)寺務譲り状之事、(71)聖人御真影、(72)仏光寺、(73)専修寺、(74)錦織寺、(75)願入寺、(76)瑞泉寺、(77)二十四輩、(78)宗旨留難（第九巻）〔所載〕新真宗全（史伝編1）。〔田中教照〕

双林寺聯灯録【そうりんじれんとうろく】曹 一巻。大興玄隆（生没年不詳）・曇英慧応（一四二四―一五〇四）・玉隠英璵（一四三二―一五二四）撰。文亀二（一五〇二）年の成立。群馬県双林寺の聯灯録で、開山月江正文、二世一州正伊、三世曇英慧応の伝を記し、それぞれの遺書、遺誡、壁書、禁制などを編集してい

る。とくに二・三世の伝は『続群書』に収録され、一級史料といえる。〔大野栄人〕

叢林薬樹【そうりんやくじゅ】曹　二巻。石雲融仙（一六七七—？）著。享保四（一七一九）年刊。融仙は、長崎皓台寺独庵玄光（一六三〇—九八）の法嗣。さきに卍山道白（一六三六—一七一五）に受戒しながら、この戒法を誤りとして、正徳二（一七一二）年槇尾山普聞律師について改めて大小乗兼受の瑜伽戒を相承した。これによって融仙は、やはり慈光寺玄忍より瑜伽戒を相承した天桂伝尊（一六四八—一七三五）と立場を同じくすることになった。本書の題名は、序にいうごとく、仏陀時代の名医耆婆が、一枝の薬王樹をもって病者を治した故事に本書をなぞらえたもので、本書をもって、卍山の『対客閑話』の害毒を照破して叢林学道者の補いとせんことを意味している。『対客閑話』は、特に道元（一二〇〇—五三）の『正法眼蔵』『永平広録』を根拠とし、諸経論を傍証として如浄（一一六三—一二二八）より正伝せる禅戒とその儀軌の相承を説いているが、この禅戒に関わる個所一〇を挙げて、一乗菩薩の大戒は天台、華厳、三論、浄土、真言等の諸宗が、古今ともに行持するところのものであるという立場から、逐一論拠経律論を質して論駁し、月舟宗胡（一六一八—九六）建立の血脈戒壇は、澆末の法施であって天童如浄（一一六三—一二二八）の旧規ではなく、これによって自制の禅戒を主張することは、仏説を厭背する所行であると難じた。さらに三宝物の互用と返魂草（たばこ）の常用に対する誤りを質し、経衣に法華経を大乗経王実相の大利とする見解に対し、一切の経咒の功徳は斉一であると批判し、最後に坐禅誦経の余力に書巻に対することについて後生を導く上で正しい考え方に立っていないとして『梵網経古迹記』『華厳経疏』『大般若経』等の諸経書および『宗鏡録』『輔教編』『禅門宝訓』等の諸禅籍を引証して反論している。〔所載〕曹全（禅戒）、禅学大系（戒法部）。〔小坂機融〕

祖規復古雑稿【そきふっこざっこう】曹　一巻。玄透即中（一七二九—一八〇七）撰。寛政八（一七九六）年刊。別名『永平玄透禅師祖規復古雑稿』『祖山玄透禅師雑稿』。本書は、荒廃した福井県永平寺に入山して寺域を整備し、伽藍を復旧し、『正法眼蔵』をはじめとする祖録を開板し、禅院の規則を復古し、道元五五〇回大遠忌を修行し、永平寺に一一年間も住して、同寺の復興に尽くした玄透（第五〇世）の祖規（永平寺の規則）復古の趣旨を、侍者の貞順尼が編集して、上梓したものである。玄透は岡山県の円通寺で、かの良寛と修行した仲間である。内容は、重刊永平清規序、与某長老書、上官衙書、経行弁、木魚弁、嘆宗幣詞などから成っている。要するに玄透が主張したいのは、現下の宗侶の大半は、道元の祖意を忘却して中国は明代の禅風に雷同し、かつ時流に迎合しているとして、こうした宗門の弊風を匡正して、道元の宗旨に復するには官衙の権力に頼るほかないとまで思いつめたわけである。江戸時代は曹洞宗学の復興期といわれているが、その潮流をなした一方の大きな動向を、本書によって確認することができる。漢文体。〔所載〕続曹全（清規）。〔東　隆眞〕

続護法明鑑集【ぞくごほうめいかんしゅう】曹　一巻。徳翁良高（一六四九—一七〇九）述。徳翁の『護法明鑑』を、徳翁の命を受けて徳峰即現（？—一七四七）が訂補し刊行したもので、刊行は徳翁示寂後の享保四（一七一九）年である。内容は、草稿の『護法明鑑』とほとんど同じであるが、完成本であり、より詳しく記されている。なお末尾に図像一葉が入っている。〔所載〕続曹全（室中）。〔川口高風〕

息災護摩私記【そくさいごましき】天　一巻。覚超（九六〇—一〇三四）。覚超は兜率先徳と号し、源信について天台を学び、横川首楞厳院を董して教授述作に励む。台密川流の祖。本書はいわゆる四種法のうち息災法による護摩法の次第を示したもの。北方を向方にして円形の息災壇であるが、示す曼荼羅は大日如来と本尊の二極をもった大曼荼羅で特色がある。奥に「超祖の記によって撰するところ、等覚の頂闍梨」の秘蔵とある。〔所載〕覚超僧都全集4。〔木内堯央〕

息災次第【そくさいしだい】真　一巻。空海（七七四—八三五）撰。『護摩息災次第』『息災護摩次第』ともいう。護摩に、その目的によって四種（息災、増益、調伏、敬愛）あるいは五種（鉤召を加う）あるうちの息災護摩法の修法次第である。大日如来を本尊として火天、本尊、諸尊（三七尊）、後火天、世天（十二天、七曜、二十八宿）の五段で構成されている。同じ空海作とされる『護摩次第』一巻とは段数が異なる。〔所載〕弘全2、日蔵（真言宗事相章疏2）。〔苫米地誠一〕

続山家学則【ぞくさんげがくそく】天　一巻。敬彦（一八〇七—六〇）著。敬彦は、園城寺塔中法明院第七代、近世初頭の三井寺の学僧敬光の弟子敬長に師事。敬光の安楽派に対峙した復古主義にくみして、敬光の『山家学則』に続けてこの『続山家学則』一巻を著わした。天台正統の教学を学ぶには、伝教、慈覚、智証の上古三聖の説によるべしと、末代のあるいは中国宋の教学を珍重する風を批判して、初学の修学課程を明らかにする。〔所載〕近世仏教集説。〔木内堯央〕

続宗義決択集【ぞくしゅうぎけっちゃくしゅう】真　一五巻または一二巻。妙瑞（一六九六—一七六四）撰。明治二四（一八九一）年刊。『宗義決択集』にもれた古論草一四七章を集録したものであり、慶応二年佐伯旭雅部類に従って改訂編次し、明治二四年源宏忍さらに校訂し一二冊として刊行した。内容は、真言の宗義に関する論義決択をのべたものである。〔吉田宏晢〕

続種論【ぞくしゅろん】日　一〇巻。日幹（一七一五—六九）著。宝暦三（一七五三）年刊行。本書刊行当時、日蓮宗と真宗の義教、浄土の大淑等との論戦がくりひろげられていた。すなわち日題の『閑邪陳善記』に対し、義教は元文三（一七三八）年に『浄土真宗諭客編』を著わしてこれを破した。そこで陣門の本有日相は同五年に『決権実義』一巻を著して義教の法無権実、権実在機説を破したが、再び義教は『輪駁行蔵録』五巻を著し日相に応じた。時に富山の日芳は『呵責謗法抄』六巻を著し日相をたすけたが、義教はまたまた寛延二（一七四九）年に『千五百条弾憚改』一〇巻を著し『呵責謗法抄』に批判を加えた。ここにおいて日幹は本書を著し、義教の権実論を逐条的に反駁したのである。刊本を立大蔵。

〔宮川了篤〕

息諍解謗編【そくじょうげぼうへん】浄　二巻。音空（一八一四—七六）記。元治元（一八六四）年刊。本書は鎮西流伝通院の学徒元利が『勧誘同法記』と題する書物を著わし一念義と西山義を難じたことに対して、著者が西山流はもとより他流の抄疏を集めて弁駁したものである。西山と公阿弥陀仏旦空の序跋文がある。西山と鎮西の教学の相違を明瞭に比較検討している。〔所蔵〕刊本、谷大、竜大、京大。

〔中西随功〕

息諍解謗編余意【そくじょうげぼうへんよい】浄　一巻。音空（一八一四—七六）記。文久元（一八六一）年成立。本書は『息諍解謗編』において意を尽くさないところを補い一二カ条の要点を挙げて、仮に疑問を設けて答釈する。⑴教相ト安心ノ差別、⑵然師滅後ノ異義、⑶西鎮安心ノ義別、⑷西鎮教相ノ義別、⑸諸行ト念仏ノ利益、⑹摂機乗願往生、⑺御伝燈録ノ取捨、⑻御伝燈録ノ義違、⑼西鎮往生ノ得否、⑽帰投浄宗ノ学匠、⑾西山秘抄ノ偽否、⑿西山正統ノ述義。〔所蔵〕写本、谷大、正大。〔所載〕深草叢書3（謄写）。

〔中西随功〕

即身義羽翼自考記【そくしんぎうよくじこうき】真　一冊。妙瑞（一六九六—一七六四）著。詳しくは『即身成仏義身心帝網鈔羽翼自考記』という。また『即身義帝網鈔羽翼自考記』ともいう。刊本はなく、宝暦八（一七五八）年の写本が高野山宝城院にある。—→即心成仏義

〔祖父江章子〕

即身義身心帝網鈔【そくしんぎしんしんていもうしょう】真　二巻。妙瑞（一六九六—一七六四）述。上巻は宝暦七（一七五七）年の秋、八幡山横坊で空海が著わした『即身成仏義』を講じている間に書かれたものであり、下巻は同年一一月に高野山に戻ってから起稿し一二月一〇日に脱稿し、翌宝暦八（一七五八）年に版行している。別に『即身成仏義帝網鈔』『即身義帝網鈔』『即身帝網鈔』ともいう。妙瑞は江戸時代に活躍した顕密双修の真言宗の学僧で高野山で修行し事相・教相に通じ弟子を育て著書も多く、即身義については本書の他『即身義帝網鈔羽翼自考記』がある。内容は⑴叙意、⑵造時、⑶釈名、⑷質古、⑸六釈、⑹機根、⑺消文解釈の七つに分けて即身成仏義を講じたものである。竜大蔵。—→即心成仏義

〔祖父江章子〕

即身義東聞記【そくしんぎとうもんき】真　一〇巻。杲宝（一三〇六—六二）記。嘉暦二（一三二七）年成立。別に『即身東聞記』『即身成仏義東聞記』ともいう。本書は杲宝が二二歳のとき、東寺の学頭坊にて師の頼宝（一二七九—一三三〇）が口説したものを筆記した『即身成仏義』の末注書である。本書は『即身成仏義』の文章を逐一解説している。一〇巻の構成は、第一巻は即身成仏義以下、第二巻は又云若能依此勝義修現世得成無上覚以下、第三巻は依如是等教理証文成立此義以下、第四巻は彼種子真言曰[illegible]以下、第五巻は又大日経云我即同心位一切処自在普遍於種種有情及非情……中三句者表六自在用無辱徳以下、第六巻は又云大日尊言金剛手有諸如来意生作業戯行舞……出生一切声聞辟支仏諸菩薩位以下、第七巻は四種曼荼羅各不離者以下、第八巻は三密加持速疾顕者謂三密者一身密二語密三心密法仏三密甚深微細等覚十地不能見聞故曰密以下、第九巻は纔見曼荼羅能須臾頃浄心以歓喜心瞻覩故則於阿頼耶識中種金剛界種子以下、第一〇巻は法然具足薩般若者大日経云……如来法身衆生本性同得此本来寂静之理然衆生不覚不知故仏説此理趣覚悟衆生以下である。万治二年刊本を洋大蔵。〔参考〕仏解。—→即身成仏義

〔深津繁人〕

即身成仏義【そくしんじょうぶつぎ】真　一巻。空海（七七四—八三五）撰。略して『即身義』ともいい、高野山御影堂に納められている空海真筆と伝えられる写本では、『即身成仏品』の標題がつけられている。『十巻章』の一つ。『声字実相義』『吽字義』とともに三部書と称され、身口意の三密を詳説する中の身密に相当するとされる。成立年代は不明であるが、法相宗の徳一の『真言宗未決文』に対する答釈とみると弘仁六（八一五）年以後となる。また『大日経解題』の中に『即身成仏義』を引用しているが、それを天長元（八二四）年ころとするとそれ以前となろう。空海が真言密教を開いた当時の仏教界は、無限に長い時間の修行の後にはじめて成仏しうるという、いわゆる三劫成仏説が一般的であった。本書はこれを否定し、この身のままで成仏しうるという即身成仏の真意義を説き明かしたもので、日本仏教思想史上重要な意味をもつものといえる。

本書の内容は、まずはじめに即身成仏説の裏づけとなる経論の文が引用される。「二経一論八箇の証文」と呼ばれるもので、すなわち『金剛頂経』系の㈠金剛頂一字頂輪王瑜伽一切時処念誦儀軌、㈡金剛頂瑜伽修習毘盧遮那三摩地法、㈢成就妙法蓮華経瑜伽観智儀軌、㈣再び三地法の文、『大日経』の㈤悉地出現品、㈥真言行学処品、『菩提心論』の㈦三摩地法門を歎ずる文、㈧同論巻末の結釈文、である。

つぎに、「六大無碍にして常に瑜伽なり（体大）　四種曼荼各々離れず（相大）　三密加持すれば速疾に顕わる（用大）、重重帝網なるを即身と名づく（無碍）　法然に薩般若を具足して　心数心王刹塵に過ぎたり　各々五智無際智を具す　円鏡力の故に実覚智なり（成仏）」という二頌八句が掲げられ、この八句を

順次解説してゆく形式で即身成仏の内容が明らかにされる。すなわち、宇宙の森羅万象を法身大日如来の顕現と見て、六大、四種曼荼羅、三密加持を、体大（本体）・相大（形状）・用大（はたらき）の三大思想で解釈し、六大、四種曼荼羅によって原理的に成仏の可能性を明らかにし、三密加持によって実践的に成仏の可能性を明らかにしている。

本書は空海の思想の中核である即身成仏思想を組織化したものであり、小篇ながらも真言教学の精要を示したものと見ることができる。

写本に高野山御影堂蔵古写本、高山寺蔵古写本などがあり、刊本に建長三（一二五一）年の春日版、乾元三（一三〇三）年・元応元（一三一九）年の高野版、寛永二（一六二五）年の十巻章などがある。注釈書も多くあるが、主要なものは、覚鑁・即身義章一巻、道範・鈔一巻、頼瑜・顕得鈔三巻、同・愚艸四巻、頼宝口杲宝記・東聞記一〇巻、杲宝口賢宝記・要学鈔六巻、宥快・鈔一〇巻、浄厳・冠註二巻、覚眼・撮義鈔二巻、曇寂・私記五巻、亮海・講莚三巻などである。〔所載〕弘全8、真全34。――→異本即身成仏義　〔松本　隆〕

即身成仏義聞書【そくしんじょうぶつぎききがき】真　三巻。道範（一一八四―一二五二〈七五歳寂とも〉）著。略して『即身義聞書』ともいう。本書三巻のうち、初めの二巻は道範の即身成仏義の講述である。最後の一巻には、別に質疑応答の題目を掲げ、道範の問に対して宝性が答え、また真性の問に道範が答え、さらには道範の問に源朝が答えるなど、一二カ条の論難、答釈を集めたものである。従来、南山教学を研究するものの、必読とされる。　〔渡辺照世〕

即身成仏義顕得鈔【そくしんじょうぶつぎけんどくしょう】真　三巻。頼瑜（一二二六―一三〇四）述。『即身義顕得鈔』『即身成仏顕得鈔』ともいう。文永五（一二六八）年刊。明徳三（一六五七）年の写本あり。空海の『即身成仏義』の注釈書であるが、その内容は宗内において高く評価されている。文段中の処々に天台の安然等の学説を破し、あるいはまた真言古義方の諸学説との差異を明示するなど、新義方におけるそれ以降の末釈の所依となっている。大筋としては空海の文章をすなおに深く理解するに格好な書であることを強調しておきたい。〔所載〕真全13。　〔加藤精一〕

即身是仏【そくしんぜぶつ】曹　一巻。指月慧印（一六八九―一七六四）撰。宝暦五（一七五五）年成立。即是の心仏なる理について、竜潭、徳山、睦州、夾山、趙州、紫湖、投子等の語を挙げて、これを拈提したものである。静岡県旭伝院岸沢文庫蔵写本『三光老人仮名法語』に所収。〔所載〕洞法語（乾）、続曹全（法語）。　〔佐々木章格〕

即心念仏安心決定談義本【そくしんねんぶつあんじんけつじょうだんぎぼん】天　一巻。光謙（一六五二―一七三九）撰。別に『即心念仏談義本』という。光謙すなわち霊空光謙は、比叡山安楽律院第二代。幻々菴と号した。福岡の出身で、比叡山星光院を董していたが、妙立に出合い、十重禁戒を受け、三四歳で沙弥となり、星光院を辞した。中古以来の玄旨帰命壇等の天台の大勢に批判の矢をむけ、高祖天台の三大部や知礼の『指要鈔』等を講じて、趙宋の学風を伝えた。本書はそうした教学にのっとり、己身弥陀、唯心浄土の立場から、一、即心念仏起りの事、二、即心念仏四字の義理の事、三、即心念仏の申し様の事、四、即心念仏は往生無生なる事、五、末世の要行は即心念仏なる事、六、即心念仏の功徳利益の事、七、即心念仏の回向発願事の七項にわたってのべられている。光謙は、本書は大津善通寺の清堂のもとめに応じて書かれたものであることを、みずからしたためている。いわく、末世の仏弟子が往生浄土を願うのは結構だが、持名念仏にも理持の念仏、事持の念仏とがあり、浄土宗の念仏は事持の念仏で、天台宗の念仏は即心念仏、約心観仏などと呼ばれ、まさしく理持の念仏であるという。観称双修の念仏、事理弁行の念仏を旨としている。本書の公開後、浄土門はもとより諸宗に大いに驚きをもって受けとられ、はげしい論争がはじまった。対するものに義瑞、敬首、臥雲、鳳潭などがあった。〔所載〕仏全98。　〔木内堯央〕

即心念仏弾妄録【そくしんねんぶつだんもうろく】浄　一巻。性慶（一六六七―一七三七）著。享保一四（一七二九）年成立。霊空の『即心念仏談義本』に対し『弁偽』で非難したが、さらに『或問』で応酬してきたことに答えた書。天台の念仏義について、両師の以前からの対立が尾を引いている。ここでは第一に念仏に理観と事観があること、第二に旁義の廃除、第三に内外境観は別問題であることが示される。〔刊本〕享保一四（一七二九）年刊。〔所載〕仏全98、浄全続13。　〔福原隆善〕

即心念仏断妄録細評【そくしんねんぶつだんもうろくさいひょう】天　一巻。光謙（一六五二―一七三九）述。霊空光謙は筑前の人、比叡山正覚院で台学が極め、星光院に住して妙立に会い、その安楽律に傾倒。即心理持の念仏を主張して『即心念仏安心決定談義本』を著わすや、三井の義瑞の反論があり、これに略箴とならべて本書を著わし、詳細に反論。『即心念仏弾妄録』の文を引き、いちいちに反論し、むしろ義瑞の取意に錯謬ありとする。〔所載〕仏全98。　〔木内堯央〕

即心念仏断妄録略箴【そくしんねんぶつだんもうろくりゃくしん】天　一巻。光謙（一六五二―一七三九）述。霊空光謙は筑前出身、比叡山正覚寺で台学を究め、星光院に住して妙立の講を聞き、その風に帰す。即心理持の念仏こそ趙宋四明の約心観仏の説にかなっているとして『即心念仏安心決定談義本』を著わす。三井の性慶が『弾妄録』を著わし駁するに対し、本書と、『細評』とをもって反論、本書は性慶の感情的なことを諫め、理持念仏を勧めている。〔所載〕仏全98。　〔木内堯央〕

即心念仏摘欺説続＝附略論安楽浄土義非

曇鸞撰駁【そくしんねんぶつちゃくごせつぞく、つけたりりゃくろんあんらくじょうどぎひどんらんせんばく】浄　一巻。敬首（一六八三―一七四八）著。享保一四（一七二九）年成立。霊空が四明教学を導入して主張した即心念仏をめぐって、敬首が『摘欺説』を著わして非難した続編である。枝葉の諍論の回避を訴え、即心念仏の奥行をのべる。また『略論安楽浄土義』について非曇鸞撰説を批判している。〔刊本〕享保一四（一七二九）年刊。〔所載〕仏全98、浄全続13。〔福原隆善〕

息心立印鈔【そくしんりゅういんしょう】因　一一巻。実導仁空（一三〇九―一三八八）撰。仁空は恵仁、円応和尚ともいう。比叡山で円密の修学をはたし、のち大原来迎院示導康空の弟子となり、師に従って三鈷寺に移った。仁空の仏教は西山三鈷寺の教風をも継ぎ円・密・戒に通じ、比叡山教学の正統を継承宣揚している。本書は、仁空の諸尊法の講伝を録したものである。講伝の期間は応安二（一三六九）年から永和二（一三七五）年までで、会場は廬山寺であった。内容は、第一巻ないし第三巻を応安二年八月一日から講じ、釈迦、薬師、金輪、仏眼、普賢延命、延命の六にわたる。第四巻は、応安四（一三七一）年七月二〇日からの講伝で、聖観音、千手、馬頭、十一面のいわゆる観音部上の四である。第五巻は、応安六（一三七三）年二月一六日からで、観音部下の、不空羂索、如意輪、葉衣、白衣の四を収める。第六巻は、翌七年六月一四日からで、文殊八字、大随求、虚空蔵、弥勒、地蔵の五を収める。第七巻は同月二七日からの講伝で、不動、降三世、軍荼利の三をつらね、第八巻は八年二月九日からで、大威徳、金剛夜叉、金剛童子、愛染の四、第九巻は永和二（一三七五）年四月一七日からで北斗、毘沙門、吉祥天、梵天、帝釈、琰魔、摩利支天。第一〇巻は五月一日からで、歓喜天、訶哩帝、水天、大黒。第一一巻は九曜、五星供、伊舎那火天、羅刹天、風天、日天、月天、地、天、三天王弁財天を収む。〔所載〕天全21。〔木内堯央〕

続々宗義決択集【ぞくぞくしゅうぎけっちゃくしゅう】真　一四巻。祥道（一八〇六―五八）編。成立年代不明。宥快門下の論義決択の書に、『宗義決択集』があり、さらに妙瑞編になる『続宗義決択集』があるが、本書は、それらの姉妹編で、高野山内の論義の原稿一七三条をまとめたもの。明治二八（一八九五）年広安恭寿が校訂して刊行。巻一は『即身義』に関するもの、巻二は『声字義』に関するもの、巻三は『吽字義』に関するもの、巻四は『二教論』に関するもの、巻五―七は『秘蔵宝鑰』に関するもの、巻八は『般若心経秘鍵』に関するもの、巻九は『菩提心論』に関するもの、巻一〇―一四は『大日経疏』に関するものである。〔榊義孝〕

続即身義東聞記幼学鈔【ぞくそくしんぎとうもんきようがくしょう】真　著者明記なし。成立年代不明。副題に「此書撰述縁起事」とあり、空海の『即身成仏義』撰述にまつわる清涼殿宗論の縁起について記すもので、『続真全』で二頁少々の小部のものである。本書は万治二年刊の頼宝（一二七九―一三三〇）述、杲宝（一三〇六―六二）記とされる『即身義東聞記』一〇巻の第一巻の初めに付されているもので、杲宝の弟子の賢宝（一三三三―九八）の述とされるものに『即身義幼学鈔』あるいは『即身義東聞記幼学鈔』六巻という本のあるところよりすると、本書もまた賢宝の手になるものか。〔所載〕続真全17。〔苫米地誠一〕

俗諦不生不滅論【ぞくたいふしょうふめつろん】天　一巻。圓仁（七九四―八六四）述。別に『俗諦不生不滅』ともいう。本書は真諦の不生不滅義とともに俗諦の不生不滅義をも弘伝すべきことを説いたものである。『法華経』には「世間相常住」とあり、また法性の理からも俗諦の不生不滅は強調されなければならないとし、問答体をもって論じて、答えを師である最澄に仰ぐ形をとっている。〔所載〕仏全41、日蔵（旧版）40。〔多田孝正〕

続日域洞上諸祖伝【ぞくにちいきとうじょうしょそでん】曹　四巻。徳翁良高（一六四九―一七〇九）編。宝永五（一七〇八）年成立。湛元自澄の『日域洞上諸祖伝』につづく、日本曹洞宗の僧伝。契聞、慧義、道珍、晄瑛、旨廓、侑籍、見方、定紹、霊用、永宗、殊禅、桂金、見芳、守勤、玄淳、智幢、慶字、霊曜（以上巻一）、覚卍、仁泉、宗璨、守邦、円給、曇璿、行古、宗睦、長棟、了空、不識、侑松、淳亨、仲珊、宗種、崇永、梵機、慶順、明潭、宗英、須益、韶薫、宗欽、存彜、正順、青牛、高盛、素裔、子通（以上巻二）、東純、仲心、道安、道会、国康、需糠、道円、正授、宗昕、禅亨、瑞見、永満、長宗永、明鑑、用兼、長樹、祖圭、存佐、瑞春、宗賀、瑞麗、玄策、玄玻、楊富、宗俊、淳甫（以上巻三）、梵貞、総藝、珠白、洞授、英種、道印、宗胡、不禅、愚白、玄光、元寂、香林、正智、宗心、竺信（以上巻四）、明全、住吉明神、杉氏重隆（以上付録）、の九一人の伝を収めている。自序によると、臨済宗には、虎関師錬の『元亨釈書』三〇巻があるが、曹洞宗に史伝が少なく、湛元自澄の『日域洞上諸祖伝』を承けて編集したとある。凡例について「洞上諸祖伝考疑並補遺」を設けて、徳翁独自の見解を示している。徳翁は、備中西来寺の住持で月舟宗胡の法嗣である。冒頭に卍山道白が、宝永五年に撰した序が存す。〔所載〕曹全（史伝上）。〔石井修道〕

即非和尚行業記【そくひおしょうぎょうごうき】臨　一巻。寛文一二（一六七二）年、法雲明洞（一六三八―一七〇六）撰。詳しくは『広寿即非和尚行業記』（『賓主聯璧』の前段に録す）。即非如一（一六一六―七一）の伝記。他に即非の伝記に化林性合撰「広寿即非和尚行実」（『即非禅師語録』）、高泉性潡撰「広寿即翁大和尚舎利塔銘」・宋徳宜撰「広寿山福聚禅寺開山即非大和尚塔銘」（『即非禅師全録』）、仙門浄寿「広寿山福聚寺即非一禅師伝」（『檗宗譜略』）など。版本を駒大、黄檗蔵。〔大槻幹郎〕

即非禅師全録【そくひぜんじぜんろく】臨　二五巻。即非如一（一六一六―一六七一）著。法雲明洞（一六三八―一七〇六）・千呆性侒（一六三六―一七〇五）等編。康熙三三（一六九四）年沈廷文序、元禄五（一六九二）年高泉性潡跋、同六年千呆・玉岡海崑募貲敬刻の識語。巻一に道影自賛、序、「聖寿山崇福禅寺語録」。巻二、「広寿山福聚禅寺語録」。巻三、陞座、小参、秉払。巻四、法語。巻五、挙古、拈古。巻六、頌古、代古、答古。巻七、機縁、答問。巻八―一一、賛。巻一二、自賛。巻一三・一四、書問。巻一五、書問、啓、疏。巻一六―二三、詩偈。巻二四、銘、序、跋、文、雑著。巻二五、仏事、遺嘱語、末後事実、行業記、広寿開山塔銘、聖寿舎利塔銘、跋である。本書は先に上梓の『即非禅師語録』一二巻（うち巻七―一二は内題『即非禅師余録』）、『広寿即非和尚後録』五巻を底本とする全集的性格をもつもので、返り点・送り仮名を付している。版本を駒大、内閣、黄檗蔵。　〔大槻幹郎〕

続法相宗初心略要【ぞくほっそうしゅうしょしんりゃくよう】南　二巻。作者は明記されていないが貞慶（一一五五―一二一三）の作と伝えられる。鎌倉時代初期の作。上下二巻からなるが、上巻は散逸し下巻のみが現存する。別に『続法相初心略要』『法相宗初心略要続篇』という。『法相宗初心略要』を著わした貞慶が、意を尽くさなかったところを「四分事」「二諦事」「八識聚三性事」など一一の項目にわけて法相の要義をさらに詳しく解説したもの。〔所載〕仏全鈴31、日蔵鈴63。　〔横山紘一〕

続本朝往生伝【ぞくほんちょうおうじょうでん】通　一巻。大江匡房（一〇四一―一一一一）撰。康和（一〇九九―一一〇四）年間の成立。別に『続日本往生伝』ともいう。本書の最後の伝に康和三年の年次を記しており、この年以降の成立とわかる。大江匡房は匡衡の曽孫で、後三条、白河、堀川の三天皇の侍読を経て、正二位権中納言兼大宰権帥にいたった平安後期の代表的学者である。『江家次第』『本朝神仙伝』『江都督納言願文集』等、数多くの著作がある。本書の序によると、慶滋保胤の『日本往生極楽記』が成立したのち、百余年が過ぎたので遺漏を補い、その後に往生した人びと四二人の伝を収める。著作の動機としては、著者が大宰府から帰京する直前である康和四年に息子隆兼が死亡したことが、著者の往生信仰を深めたことによるといわれる。構成は一・二が天皇、三―五が公卿、六―一一が僧綱、一二―三〇が凡僧、三一―三七は殿上、地下、三八―四二が尼と女性という順であり、身分の上下で並べる。収録された人びとは著者に身近な人びとが多い。天台の良源の系統につながる人びとや大江氏の一族、大宰府で取材した資料も含め、聞き書き等により記述したらしい。写本が真福寺宝生院、書陵、大東急記念文庫、金沢にある。〔所載〕仏全107、仏全鈴68、群書5、思想大7。〔参考〕日本往生極楽記、思想大7解説。　〔松木裕美〕

素絹記【そけんき】天　一巻。定珍（一五三四―一六一一）著。元亀二（一五七一）年撰。正しくは『素絹由来並顕密流伝来由』という。定珍は天文三年の生まれ、出身はつまびらかではない。比叡山に学び恵心・檀那の二流に通じ、椙生、宝地房、竹林房の流れも嗣ぎ、戒儀にも通じた。そして常陸国小野逢善寺の学頭。本書は良源にはじめて素絹が勅許されたことから、天台真言二宗における衣体、素絹の色など四九点について詳述している。〔所載〕仏全74。　〔木内堯央〕

蘇悉地羯羅経略疏【そしつじからきょうりゃくしょ】天　七巻。圓仁（七九四―八六四）。『蘇悉地経疏』ともいう。圓仁は慈覚大師、比叡山第三代座主。弘仁五（八一四）年分天台業年分度者として得度、『摩訶止観』を専攻した。しかし承和五（八三八）年遣唐使に便して入唐するや、密教の相伝に専心し、揚州の全雅、長安の元政、義真、法全などに師事した。帰国後潅頂の修行や密教の伝授にはげんだが、嘉祥三（八五〇）年一二月一四日、金剛頂経業一人、蘇悉地経業一人の計二人の年分度者を奏請して許された。本書はそうした事情のもとに、『蘇悉地経』の注釈としては仏教史上はじめて、圓仁の手によって生まれたのである。本書の対象とする経は、現在『大正新脩大蔵経』第十八巻所収の別本二にあたる『蘇悉地経』である。圓仁はこの経を三部の教王、諸尊の肝心なりといい、ここに注釈を施したもので、玄義分を欠いて略疏と称したのであった。『金剛頂経疏』撰述以後に成立しているから、そこにはより徹底した教判論も示され、三乗教は理事俱密を説かざるゆえに顕教といい、世俗勝義円融不二を説くのを理密といい、三世如来の身・語・意三密にわたる所談を事密というとする。法華、華厳、維摩、般若といった経典は密教であるが、如来秘密の意を尽していないから唯理秘密教であり、『大日経』『金剛頂経』そして『蘇悉地経』は、事理俱密教と判じている。本書にはこうした教判論の上で一経を釈するのである。〔所載〕仏全43、正蔵61、日蔵（密経部章疏下1）。　〔木内堯央〕

蘇悉地羯羅重玄門儀軌【そしつじからじゅうげんもんぎき】天　一巻。安然（―八四一―九〇四―）。『蘇悉地羯羅重玄門』ともいう。『蘇悉地経』の大正蔵本別本二にそって、天台密教の大成者である安然が、その蘇悉地の重玄門すなわち秘奥を開示しようとしたものである。本書は安然の『八家秘録』にも名が載っており、その真撰を信じられるが、例によって安然が師承を重視し、所伝を忠実に記録している点でも、蘇悉地法の本質を知る上に好個の資料である。〔所載〕日蔵（天台宗密教章疏3）。　〔木内堯央〕

蘇悉地記【そしつじき】天　一巻。作者をつまびらかにしないが、『仏書解説大辞典』で田島徳音は、『阿娑縛抄』を参照して、三昧阿闍梨良祐の『蘇悉地略』が本書の成立にかかわっているとみられている。大正蔵経本の『蘇悉地供養法』のうち別本一ないし二が参酌されたかたちで、蘇悉地の念誦供養法をメモした形式で、潅頂や護摩については記すことはなく、供養法の部分だけを記している。他書と補完しあって用いるべきだという。〔所載〕日蔵（天台宗密教章疏3）。　〔木内堯央〕

蘇悉地起請状【そしつじきしょうじょう】天　一巻。圓珍（八一四―九一）等。『蘇悉地連署状』ともいう。慈覚大師圓仁所伝と伝える蘇悉地大法持誦要集末の無動寺蔵真超写本、天台霞標本、智証大師全集本等が伝わるが、貞観一六（八七四）年一一月一一日付で、圓珍と圓仁門流の承雲と、元慶寺の遍昭とが連署して、蘇悉大法は一家の肝要だから、「自今已後伝法には須く弟子を教授し、阿闍梨位に登らしめてのち方に件の法を授くべし」と盟約したもの。〔所載〕仏全28。　〔木内堯央〕

蘇悉地対受記【そしつじたいじゅき】天　一巻。安然（―八四一―九〇四―）撰。安然は、天台密教の大成者。圓仁の教系に属し、遍昭が花山元慶寺を復興して年分度者を置くと、その教授として圓珍門下の惟首とともに加わった。安然の出自、没年等はなはだ伝えるところが少ないが、元慶年間にかけて受法、著作、伝法、ないし入唐の企てなど精力的な活動が伝えられている。いまの『蘇悉地対受記』は、『胎蔵界対受記』『金剛界対受記』とならんで、安然が当時の密教の巨匠たちからそれぞれの密教事相を対面して伝受した内容を記したものである。この『蘇悉地対受記』は、蘇悉地供養法に沿って印明のひとつひとつを諸師の伝授した口説を並べて記しているが、たとえば『仏書解説大辞典』で田島徳音は所出の阿闍梨の房号、略名を『阿娑縛抄』密宗書籍の説に照合し、本書と圓仁撰とする『妙成就記』『蘇悉地妙心大』との関係に注目し、なかに「角説」として安然の弟子筋に位置する玄静の説が混入し、諸目録も安然の著書に本書を掲げぬものがあり、他の『対受記』より整然としていないとして、偽撰とされる。しかし、「角説」は道海の説である「海説」より前に置かれ、『妙成就記』を原著圓仁、圓珍が写し師説を朱書し、遍昭、承雲らが編集したものとみるから、ことに「角説」を圓仁の直弟の説と考えざるを得ず、したがって本書は安然真撰とすべきである。青蓮院、高山寺、吉水蔵、東寺宝菩提院蔵。〔所載〕正蔵75。　〔木内堯央〕

蘇悉地妙心大【そしつじみょうしんだい】天　一巻。圓仁（七九四―八六四）撰。『妙心大』ともいう。圓仁は慈覚大師、比叡山第三代座主、最澄から数えて日本天台の第四祖。最澄門下で弘仁五（八一四）年の天台宗年分度者として、『摩訶止観』を専攻したが、最澄滅後、承和五（八三八）年に遣唐使に便して請益僧として入唐し、五台山、長安に学んで、ことに密教の面で多大な成果を収めた。空海の所伝が、胎蔵界、金剛界の両部にわたりこれを一具として扱うものであったのに対し、圓仁は青龍寺の義真から蘇悉地法を相伝し、胎金両部を一層完全にし、密教の奥義を示すという蘇悉地法を加え、台密独自の三部大法立ちの密教事相を確立した。本書は、圓仁の蘇悉地法を伝える一書であるが、同じく圓仁の撰とされる『妙成就記』があって、彼此の関係が問題となる。『妙成就記』にはすでに「妙心大」と尾題をもっている場合があり、同時に『妙成就記』末の三字明の部分は、本書の一部をそのまま残していることになる。とくにそのなかの「吽浄業三部三昧耶護身其後作」の文字は、本書の冒頭に置かれている。また、日本大蔵経本の『妙成就記』には、尾題に付して、「妙心大　別記有一巻」と記していて、本書は『妙成就記』の別記と考えられていることもうかがわれるのである。『妙成就記』は、圓仁の所伝に圓珍が朱注を施し、それを遍昭、承雲らが編輯したものとされるから、本書はそれと一体をなす圓仁直系の蘇悉地の口決である。〔所載〕正蔵75、日蔵（天台宗密教章疏1）。　〔木内堯央〕

祖師伝【そしでん】日　一巻。日辰（一五〇八―七六）著。永禄三（一五六〇）年成立。日辰は京都要法寺第一三代貫主、日尊門流教学の振興に力をそそいだ代表的宗学者。本書は日蓮以下、日興、日目、日代、日尊、日印、日大の富士門流および日尊門流初期の先師の伝を集めたもの。「大聖人御一期在生の次第」と題する日蓮伝は、日辰が永禄二（一五五九）年二月に富士重須で書写したもの。日蓮遺文を中心に、日蓮の生涯のなかで節になる重要な事柄をまとめた要をえた短篇伝記。ただし、それ以前の成立になる日道の「御伝土代」との関連は見出せない。日興伝は誤りの目立つ短篇伝記、日目伝も短篇ではあるが、このころ興門内の対立調停のため富士諸山を走りまわっていた日辰は、「門徒存知事」「本尊分与帳」「原殿御返事」「日興跡条条事」等の文献を採録、両伝に転載した。「西山本門寺日代伝」は日代譲状（二通）、日代置状（四通）、与日代書を示して、日代が日興の補処であることを、薩摩日叡の記録とともに載せて証拠とした。さらに方便品読不の問題から、北山本門寺を追われた日代の立場を尊重し、「日代を以って迷乱に処する人は還て浅学の致す所なり」ときめつけている。以下、日尊その弟子日印、日大の伝を収めるが、日蓮伝を除く諸師の伝は伝記として体系化されたものではない。直筆を京都要法寺蔵。その写真を本満寺刊『日蓮上人伝記集』に載せる。〔所載〕富要5。　〔冠　賢一〕

祖書綱要【そしょこうよう】日　二三巻。日導（一七二四―八九）、天明五（一七八五）年成稿。日導は熊本妙寺の塔頭、東光院の日禅に師事した。京都の鷹ケ峰檀林に学び、日禅に出会い、その後、中村檀林に進んだ。寛延二（一七四九）年、同学とともに五人で「同盟起請文」を結び、天台学研究の弊風に対して日蓮宗学の宣揚を誓う。日導はその誓いを果たすべく、日蓮遺文によって日蓮の教義体系を明らかにする構想を立て、安永九（一七八〇）年正月に稿を起し、天明五（一七八五）年脱稿した。

本書は二三巻六四章からなるが、六四

章の構成をそのままにして、文章を圧縮したのが『綱要删略』であり、内容を知るのに便利である。第一章では日蓮宗の宗学（教義学）研究上の次第順序について日蓮遺文を中心とする学問修得についての見解を述べ、第二〜四章では題目論について述べ、釈尊の因行果徳を具足した妙法五字こそ『法華経』の極理であることが明かされる。第五章では『法華経』の経旨を述べて、末法救済を主眼とすることを明かす。第六章で遺文研究の重要性を指摘した上で、第七〜一〇章において代表的遺文をとりあげ、佐渡流罪以前の日蓮の教学に対してそれ以後の教義が一段と深められていること（佐前佐後法門異相）を述べ、その相違を明らかにする。第一三章では日蓮教義で外相承と内相承の二面性があることを述べる。第一四〜一八章までは顕本論について述べる。すなわち、『法華経』の寿量品で久遠釈尊が本覚無作三身であることを顕らかにし、文上と文底との二種本門について述べる。第二三章では『観心本尊抄』が日蓮一代の終窮の極説であることを明らかにし、第二四章からの約三〇章は本迹論について広範な検討を加え、日達ら一致派の所見に対する反駁を明らかにしている。第四四〜四九章では信心成仏義が明かされる。中でも第四九章では末法における法華行者の位階用心について述べる。第五四・五五章は神力・嘱累品の総別付嘱、第五六章は『観心本尊抄』の大綱と四種三段の相貌、第六〇章は三大秘法、第六一章は本尊の名目について三種の異目、第六二章は信行論、第六三章は本門戒壇、第六四章は迹門・本門の円戒の相違について、それぞれ述べている。『祖書綱要』は書写によって伝えられ、成稿して一一八年の明治三五年に至り木版によって刊行された。ところで、日導は存命中、自ら本書の枢要を删定しようとしたが果さず、その遺志をうけた弟子、浪華妙徳寺の日運も病魔のため志を果せず、日運はその弟子日述と相談して、越後角田妙光寺の日寿にこの事業を依頼した。日寿（一七四一—一八〇五）は『祖書綱要』二三巻の主要なる部分を、六四章の構成を変えることなく、そのまま删略して七巻にまとめ、『綱要删略』とした。『綱要删略』は享和元（一八〇一）年五月に木版として出版され、大いに流布し、日蓮宗教学に大きな影響を与えた。何よりも日蓮遺文による教学の体系的叙述は画期的なものであり、日導は近世日蓮教学の組織大成者として位置づけられる。なお、『綱要删略』は本文を删定するとともに、しばしば日導に対して批判の言を加えていることも一つの特色となっている。〔渡辺宝陽〕

祖書証議論【そしょしょうぎろん】日 一〇巻（ただし写本は巻六欠）。境持日通（一七〇二—七六）著。成立年代は不明。正式には『御書問答証議論』といい、別に『門葉縁起』ともいう。日通は下総の人。一二歳の時玉沢二五世境妙日宗（一六四四—一七二八）の室に入り、中村檀林に学び、後中村の文能となり玉沢三三世に瑞世。明和六（一七六九）年境妙庵に退き著述に専念した。まず本書の内容は、「宗祖俗姓氏之叓」（巻一の第一）という日蓮の家系の考証から始まり、遊学に関する事蹟、立教開宗から入滅に至るまでを、遺文を抽出編集して詳しく叙述。さらに「六老中老年中輪番帳成叓」（巻十の第一）及び「像師寺ヲ妙実ニ譲ル叓」（巻十の第五八）等とあるように、日蓮教団初期の動向を詳述したものである。形式はたとえば「問　宗祖何歳ノ御出家シ給フ耶　答　十二歳ノ御時登山時出家シ沙門ト作リ給也」（巻一の第七）との問答形式をもって綴られている。特に本書において注目すべきことは、「七面大明神出現ノ事」（巻四の第一）等の七面天女信仰関連にかなりの紙面を割いている点、「録外四ノ新池抄ハ後人ノ偽作之事」（巻十の第二九）とあるように遺文の真偽問題に言及されるなど、単なる日蓮伝ではない。加えて玉沢教学の特色の一つでもある宗祖凡師本仏論を本書の巻四・八・九の三巻に亘って展開されている。なお境達日順（?—一八五四）述の『御書略註』は、本書を抜萃和訳したものである。写本（巻六欠）立大蔵。〔中條暁秀〕

祖書編集考【そしょへんしゅうこう】日 一巻。日覧（一七五七—一八二四）著。日蓮遺文の集成本である録内御書、録外御書の成立について考察したもの。日蓮の一周忌に直弟である六老僧により、録内御書が集成されたとする説に対し、先学の断片的疑義に自身の見解を加えて一〇の疑義にまとめ否定。また録外御書についても、一〇の疑義を提起して否定するなど、その成立についての根本的問題を究明した最初の文献。版本を立大蔵。〔冠　賢一〕

祖書略要【そしょりゃくよう】日 一三部。日輝（一八〇〇—五九）著。成立年代不明。三〇歳前後から五〇歳前後に及ぶ。日輝は日臨の影響をもっとも受け、金沢立像寺に充洽園を興し多くの人材を養成する。近世日蓮宗学の大成者という。本書は、(1)観心本尊鈔略要、(2)開目鈔科文、(3)文底秘沈決瞙、(4)撰時鈔略要、(5)後五百歳遠沾妙道記、(6)法華題目鈔略要、(7)唱法華題目鈔略要、(8)当体義鈔略要、(9)十法界事略要、(10)十法界明因果鈔略要、(11)三世諸仏惣勘文鈔略要、(12)正誑談、(13)立正観鈔略要の注釈書をいう。内容は(1)が日遠の科文をあげて要文を諸末注により注釈し、自説と科文末注の相違をあげ本鈔の要論はすでに一念三千論、双照談等に論及したことを明かす。(2)は注釈がなく科文のみであるから略要のなかに入れるべきでないとする。(3)文底と文上の問題釈、開目抄・本尊抄の関係を論ず。(4)要文を諸末注で釈しながら自説の相違を説き本鈔を破立の終りの書という。(5)『法華文句』の後五百歳遠沾妙道の注釈書。(6)(7)は両鈔の関係を互いにのべ要文を注釈する。(8)偽書説を否定し蓮華釈が重点で凡夫の当体にこそ成仏ありと説く。(9)爾前無得道を論じ本鈔の本迹の異目は便である。(10)十界の因果を法華の信謗にて説いた。(11)観心中心に立ち即身成仏を説き唱題を勧む。(12)御義口伝の『普賢経五箇大事』の『観普賢』口決の文釈。(13)本鈔は日輝作ではない。〔所載〕充治園全集2。〔参考〕日蓮宗学説史、充治園全集2、日蓮宗信行論の研究、日蓮宗事典。〔桑名貫正〕

祖書録外考文【そしょろくげこうもん】日　八巻。体量日耀（?—一八五三）編集。天保五（一八三四）年成立。『録外御書啓蒙』『録外考文』ともいう。嘉永三（一八五〇）年刊行本は再治本である。日耀は丹後妙円寺二〇世、東京日限本覚寺二一世。本書は寛文二（一六六二）年開版の『録外御書』二五巻二五九鈔に基づき、それらをすべて注釈している。そのうち四四鈔のみは条目を挙げていないが、各鈔について条目を挙げ、それらの出典根拠を示す。その条目の合計は一八六八に及ぶ。和本八冊本では各巻ごとに条目を載せているが、明治以降の『日全』本では『録外微考』との合本となり一括し冒頭に記載している。昭和五二年刊行のものは巻末に索引があり便利である。従来、『録外御書』の注釈書は『録外微考』のみで、その注釈も簡略なるがゆえに初学者においては本文の典拠に困っていた。その出典典拠等を補充したものが本書であり、『録外御書』の最大の末注書となっている。明治一九（一八八六）年日薫の删略本は、日耀が一巻ごとに一〇〇余紙の注釈をしたために読者をして繁の難があった。その繁の要本文を切らず『啓蒙』『扶老』等の引用文を省略し、それらの書名の丁数のみを挙げ、おおむね删略し、そのうえ補充している。删略本が世に公に出たのは本覚寺後住の松田日耀の願いによるものである。〔所載〕日全。〔参考〕本化聖典解題提要、日蓮宗事典。〔桑名貫正〕

息耕録開筵普説【そっこうろくかいえんふせつ】臨　一巻。白隠慧鶴（一六八五—一七六八）述。元文五（一七四〇）年春成立。白隠は駿州原松蔭寺の住僧で、近世臨済宗中興の祖と称される。元文五年春、白隠は前年来の大衆の要望にこたえ、虚堂録会を松蔭寺に営弁するが、四百余名の大衆が参集する大盛会となった。その開筵に先だち、雲衲を提誨するために述べた普説一篇がすなわち本書である。息耕は『虚堂録』の著者虚堂智愚の別号である。この普説一篇は、真正の見性は大法の淵源に徹底しなければならぬことを道破するとともに、黙照の邪禅を排し誤った浄土往生思想に批判を加え、古今の禅匠の得法の消息を仔細に列挙し、大衆をして生死の根源に到らしめ、さらに禅門の宗勢を振起せしめんがために、心肝を傾けて告報されたもので、大衆ためにふるい立ったといわれる。同年の『白隠年譜』（五六歳）も「是より（白隠の）道価天下に冠たり」と結んでいるように、この虚堂録会は白隠の盛名を天下に流通する、画期的な結制であった。この普説、侍者東胡によって筆録され、参学の徒原訳が校訂し、白隠の校閲を経て後、巻頭に侍者玄軾の『普説印施解』と、東濃桂林の禅祚天啓の序文を付し、寛文三（一七四三）年九月、駿州沼津の書肆紀伊国屋藤兵衛より印行された。印行までの諸般の労をとったのは弟子の文忠であった。白隠の最初の本格的な著述といえる。安政七（一八六〇）年再刊。〔所載〕白隠全2。〔加藤正俊〕

祖門旧事紀【そもんくじき】浄真　五巻。第二巻および残篇のみ現存。玄智（一七三四—九四）撰。天明三（一七八三）年成立。玄智は本願寺派の歴史学者。天正一九（一五九一）年以後の本願寺の年中行事、諸法会差定、旁門並諸末寺、諸国別院、歴代の条制等に関する日記を抄録して記したもの。『実悟記』『反故裏書』等の記事を継ぐ資料。〔所載〕真宗全64。〔小山一行〕

曽谷入道殿許御書【そやにゅうどうどのがりごしょ】日　二巻。日蓮（一二二二—八二）著。文永一二（一二七五）年成立。『構索抄』『太田禅門書』『取要撰時抄』の異称がある。日蓮教学の綱格である五義（教機時国師）について論述した書。初めに末法の重病者には要法の良薬を構索しなければならないと提示し、末法日本国の五逆謗法の衆生の救済には要法の妙法五字でなければならないことを示し、その任に当たる師は上行菩薩であることを明らかにする。そして良薬を構索する方法として五義を詳説し、まず末法の機とその化導の問題をとりあげて、末法の逆謗の機には折伏下種すべしと説く。次に末法の師と教について、三災続出し逆謗の機充満する末法を救済する正師は本化上行菩薩であり、その救済の要法は一大秘法の妙法蓮華経の五字であると論ずる。そして要法流布の時と国を明かして、闘諍言訟白法隠没の末法こそが要法の流布すべき時であり、その国は日本国であるとする。さらに聖教蒐集の依頼によせて、地涌の菩薩に先立って妙法五字を流布する日蓮の責任と自覚を公表している。伊豆流罪中の『教機時国鈔』に初めて開示された五義の第五教法流布の前後を考える序判が、前後を考えて要法をひろめる師判に転換していることから、日蓮の教学展開と内省純化を知る重要な書である。真筆を千葉県法華経寺蔵（重文）。〔所載〕定日遺。〔小松邦彰〕

存覚法語【ぞんかくほうご】浄真　一巻。存覚（一二九〇—一三七三）著。文和五（一三五六）年成立。存覚は本願寺第三世覚如の長男。諱は光玄。前後二回、父覚如によって義絶されたが、その著作はひろく仏教全体を見通す立場から真宗義を解釈しており、初期真宗教学の組織化に功績があった。本書は契縁禅尼の求めに応じて浄土教の大綱を著わしたもので、末世相応の法は弥陀の本願にあるとし、ことに女人悪人は他の諸仏諸菩薩に心を寄せず、弥陀一仏のみをたのんで念仏の一法に帰して生死を出離すべきであると勧める。内容は初めに『教行信証』総序の「難思の弘誓は難度海を度する大船、無导の光明は無明の闇を破する恵日なり」の文を解釈し、次に弥陀如来の発願、浄土建立の正意は、衆生をして三輪を離れしめんがためであるとして、無常論、不浄輪、苦輪について解釈し、悪人正機の立場をのべる。さらにこの三輪よりのがれる道は浄土往生にあることを説き、また女人はことに三輪に沈むものであるがゆえに弥陀の本願によるべきであるとし、最後に賀茂の大明神が韋提希夫人の本地垂迹であると示して女人往生を勧めている。真筆本、垂井専精寺蔵。〔所載〕国東叢1ノ3。真聖全3。　〔小山一行〕

存覚法語聞書【ぞんかくほうごききがき】浄真　一巻。大谷派の義導（一八〇五—八一）述。慶応元（一八六五）年成立。義運は大谷派の学僧。『存覚法語』に対する講述の筆録。初めに玄談として、来意、大意、題号釈の三科を立てて説き、次いで本文に従って解説する。〔所載〕真大28。——→存覚法語　〔小山一行〕

存覚法語鼓吹【ぞんかくほうごこすい】浄真　四巻。了意（一六一二—九一）述。成立年代不明。了意は大谷派の京都本性寺の住職で、ひろく和漢の書に通じて文才もあり、仮名草子の著作に従事して少年、婦人の教化につとめた。本書は『存覚法語』の解説書。元禄六（一六九三）年刊本、谷大蔵。——→存覚法語　〔小山一行〕

尊号為体弁【そんごういたいべん】浄真　一巻。僧鎔（一七二三—八三）撰。宝暦七（一七五七）年成立。本書は真宗義における名号為体について所論がなされている。口称為体の邪義に対して、五カ条の失をあげて、今宗の本意を明瞭にしている。⑴本書ヲ僻解スル失、⑵諸祖ニ違背スル失、⑶宗意ヲ誣罔スル失、⑷願体雑乱ノ失、⑸宝章ヲ読マザルノ失、の五カ条である。信心為本であり口称為本ではなく、第十七願は行を以て信を奪い、第十八願は信を以て行を奪う。宗祖は大信・大行を分かち、両願に配するのである。「正意ヲ塞グコトナカレ」と諭している。〔所載〕真宗全62（真宗小部集8）。　〔藤田恭爾〕

尊号真像銘文【そんごうしんぞうめいもん】浄真　略本は一巻。広本は二巻。親鸞（一一七三—一二六二）撰。略本は建長七（一二五五）年六月二日八三歳書写。広本は正嘉二（一二五八）年六月二八日八六歳書写。

親鸞が当時礼拝の対象である本尊として安置された尊号、ならびにこれに添えて崇敬せられた伝統相承の善知識である先徳の真像の讃文である銘文を、文字もわからぬ人びとのために懇切に解釈したのが本書である。

尊号とは如来の名号のことで、南無阿弥陀仏の六字、南無不可思議光如来の九字、帰命尽十方無碍光如来の十字などの名号をいい、真像とは善導、聖徳、源空等の絵像をいう。尊号の上下にある経論釈の文、真像の上段に記した讃文の意義を解説するのが本書である。所釈の銘文は、略本で九類十六文あり、⑴『大経』の三文、⑵『浄土論』の二文、⑶智栄の一文、⑷隆寛の一文、⑸善導の『観経玄義分』の一文と『観念法門』の二文、⑹源信の『往生要集』の一文、⑺源空の『選択集』の三文、⑻聖覚の一文、⑼『正信偈』の一文が記されている。広本では、一三類二一文に増広され、⑴の次に『首楞厳経』の一文と『十住毘婆沙論』の一文、⑵の次に迦才の『浄土論』の一文、⑷隆寛の一文が⑹の次に移行し、⑸の次に『太子伝暦』の二文が入る。本書の主旨は、朝夕に敬仰し礼拝する尊号と真像に記された銘文のこころを知りたいと願う門弟たちにあてて、法味愛楽のために随文に注釈をして授与したものと考えられる。

建長本と呼ばれる略本と、増広され正嘉本と呼ばれる広本が残っており、いずれも真蹟本で一カ所のみの順序を除けば同一内容である。略本は下野高田の覚信に付与せられたもので福井大谷派の法雲寺に所属されるが、高田派専修寺に伝持されたことを示すものである。広本は顕智の伝持するもので高田派専修寺に所蔵される。略本は十六文の解説のみで所釈の銘文が記されていないが、おそらく銘文集の別冊がそえられてあったのが広本にいたって一冊にまとめられた。広本は二一文の所釈の銘文がそれぞれ冒頭に掲げられ解説が記され、全体として略本よりも増広され形式が整備されている。古来一般に流布する『尊号真像銘文』は略本である。なお、明治四四年に仏光寺派本山から出版された広本と同じ奥付の一本があるが、冒頭に五名号と『大経』の一文を掲げている点が異なり、光明本尊に権威をおこうとしているまったくの偽選である。〔所蔵〕略本の古写本は、室町中期のを備後照林坊、室町末期のを、竜大に常楽台顕恵本、谷大に端坊旧蔵本があり、和歌山真光寺、京都永福寺にも写本がある。江戸時代刊本に、承応三（一六五四）年と正徳三（一七一三）年のものがあり、後者は本末二巻に分かれている。——→真宗法要・仮名聖教（これらも略本が所収されている）　〔本多静芳〕

尊号真像銘文鑴【そんごうしんぞうめいもんけい】浄真　一巻。慧琳（一七一五—八九）述。明和八（一七七一）年口授成立。『尊号真像銘文講録』ともいう。本書は親鸞の『尊号真像銘文』の注釈である。まず十字九字の名号の上下に経論の讃文を記したのち、本文の精要を詳述し、さらに歴史上の見解をも発表したもの。慧琳が大谷派第三代講師職について六年後の講述である。〔所蔵〕天明二年写本を谷大、明治四二年写本を谷大、写本を竜大、谷大にそれぞれ蔵す。〔所載〕真宗全48。——→尊号真像銘文　〔本多静芳〕

尊号真像銘文講述【そんごうしんぞうめいもんこうじゅつ】浄真　四巻または二巻。霊暀（一七七五—一八五一）述。成立年代不明。本書は親鸞の『尊号真像銘文』を大谷派第一一代講師職の霊暀が注釈したもの。四門に分け、一に来意、二に大意、三に題号を明かしたのち、四に本文として随文解釈をして教義を詳述している。〔所蔵〕谷大。〔所載〕真大21。——→尊号真像銘文　〔本多静芳〕

尊号真像銘文講説【そんごうしんぞうめいもんこうせつ】浄真　二巻。義門（一七八六—一八四三）述。天保一〇（一八三九）年成立。義門は大谷派の学僧で霊曜の門人。本書は親鸞の『尊号真像銘文』本巻のみを法雲寺親筆本などを参照して、詳細な比較研究を施し、国語学的検討を加え、いちいちの出拠を明らかにしている。義門独自の新しい形式と解釈をあわせもち、宗学研究に新鮮味を与えている。〔写本〕谷大蔵。〔所載〕真宗全42。——→尊号真像銘文　〔本多静芳〕

尊号真像銘文棲心録【そんごうしんぞうめいもんせいしんろく】浄真　一冊。興隆（一七五九—一八四二）述。寛政一二（一八〇〇）年成立。興隆は、越後国姫川原の本願寺派正念寺に生まれ、同寺住職となる。畿内にて各宗を学び造詣が深く、四四歳で安居代講となり、六九歳で司教、七二歳で勧学となり、七七歳で安居本講となっている。異母弟僧朗、その義嗣慧麟とともに正念寺から同寺に勧学を輩出したので三葉勧学と称せられ、三葉文庫を伝える。本書は親鸞の『尊号真像銘文』を興隆が四二歳のときに講述したものであり、興隆示寂の二月前に門人釈道隆が浄写した。『銘文』は尊号と真像との上下に付された讃文の意義を解説したものであり、尊号とは弥陀如来の六字、九字、十字の名号をいい、真像とは善導、源空等の絵像をいう。この『棲心録』は書斎の号をとって（『栖心録』ともいう）では五門に分け、一に大旨をのべ、二に所讃をのべ、三に異本を弁じ、四に題目を釈し、五に文義を解している。所讃において「諸説存没同異図」を付して尊号真像とその銘文との関係をわかりやすくしている。また文義では文句を分けて簡略な説明句を付けている。これらに本書の特色がみられる。〔写本〕竜大蔵。〔所載〕真宗全47。——→尊号真像銘文　〔本多静芳〕

尊号真像銘文伝薫【そんごうしんぞうめいもんでんくん】浄真　一巻。鳳嶺（一七四八—一八一六）述。成立年代不明。本書は親鸞の『尊号真像銘文』を大谷派贈講師鳳嶺（頓慧）が詳述したもの。二門より成り、まず玄談にて『尊号真像銘文』の題号を明かし、次いで本文を随文解釈している。〔所蔵〕住田智見氏蔵。〔所載〕真大21。——→尊号真像銘文　〔本多静芳〕

尊師実録【ぞんしじつろく】日　二編。上行日大（一三〇九—六九）著。成立年代は暦応三（一三四〇）年五月。日大は京都要法寺の前身のひとつである上行院を開創した日尊の弟子で、要法寺のもういっぽうの前身である住本寺を開創した人。本書は日大が師日尊の伝記と遺告を書きとめたもので、「日尊上人御一期図」「日尊上人仰云」の二編から成る。前者は日尊の誕生、信仰、身延登山、布教活動、遷化などについて、その年代と事跡を略記したもの。後者は一、方便品読不読論争の事、二、本尊書写の事、三、身延への参詣可否の事、四、久遠実成の釈尊像造立有無の事、五、滅後の弘通興隆の事、六、聖犯二類の僧徒の事、の六項目に亙って日尊の教義解釈を書きとめたもの。正本は京都要法寺蔵。〔所載〕日宗全2。　〔糸久宝賢〕

尊勝要文【そんしょうようもん】因　一巻。源信（九四二—一〇一七）著。三蔵仏陀波利が、五台山大聖老人の指示で唐に伝えた『尊勝陀羅尼経』の利益、功徳等を説いたもの。巻頭にはその伝来の経過がのべられている。『波利本尊勝陀羅尼経』のうちから四要文（修行の方法、受持読誦の功徳、聴聞勝利、疎遠因縁利益）を取り出し、この陀羅尼を聞けば、菩提心を発し、衆生は必ず解脱をうるとある。　〔浜田智純〕

損翁和尚行状【そんのうおしょうぎょうじょう】曹　一巻。普峰慧月（?—一七一二）、黠外愚中（一六七九—一七三七）・面山瑞方（一六八三—一七六八）等撰。宝永二（一七〇五）年成立。正式には『奥州損翁和尚行状』という。仙台泰心院八世損翁宗益（一六四九—一七〇六）の伝記。元禄期における宗統復古運動当時の洞門宗侶の思想、動向、他宗派との交流、対決等を知る史料である。宝暦元（一七五一）年刊本を駒大に蔵す。〔所載〕曹全（史伝下）。　〔吉田道興〕

損翁宗益禅師略録【そんのうしゅうえきぜんじりゃくろく】曹　一巻。損翁宗益（一六四九—一七〇五）撰。益湛（生没年不詳）等集。元禄一四（一七〇一）年ころ成立。別に『三陽損翁益大禅師略録』『損翁宗益略録』ともいう。三陽とは泰心院の山号。宗益が住した祥雲寺と泰心院における小参、上堂、偈頌、雑著を収めたものである。写本を焼津市旭伝院に蔵す。〔所載〕続曹全（語録）。〔参考〕曹全（解題）。——→損翁和尚行状・見聞宝永記　〔吉田道興〕

損翁老人見聞寶永記【そんのうろうじんけんもんほうえいき】曹　一巻。面山瑞方（一六八三—一七六九）撰。宝永五（一七〇八）年成立。面山が、その師損翁宗益（一六四九—一七〇五）の行実・垂訓を記録した短篇法話集。すこぶる有益である。〔所蔵〕駒大図。〔所載〕続曹全（法語）、面山選集。　〔鈴木格禅〕

尊問愚答記【そんもんぐとうき】浄　一巻。道光（一二四三—一三三〇）撰。成立年代不明。本書の巻尾に「華山院問華蔵寺答」とあることから、花園天皇の問に対して道光が浄土宗義のうえから経論の証拠を示して答えたものである。釈尊出世の本懐、聖浄二門の判釈、自力と他力、往生と滅罪と称名に関すること、臨終と来迎等四八の問答からなっている。ごく簡単にのべられている個所もあるが明確な答が示されている。承応四（一六五五）年版を谷大、正大、竜大、元禄七（一六九四）年版を早大、正大に蔵す。京都檀王法林寺に自筆本があるという。〔所載〕続浄全9。　〔新井俊夫〕

た

他阿上人法語【たあしょうにんほうご】時　八巻。他阿真教（一二三七—一三一九）述。成立年代不明。他阿真教は一遍寂後、大上人と呼ばれ、全国各地の道場に門弟を送り時宗教団の基礎を確立し拡大していった。本書は遊行二祖他阿真教の消息法語・和歌などを輯録したものである。刊本は敦賀西方寺の長順が安永四

(一七七四)年遊行五三代尊如の命を受け諸本を校訂し、同七(一七七八)年一月、越前岩本、成願寺蔵版として刊行した。この刊本は巻一に道場誓文、他阿弥陀仏同行用心大綱、往生浄土和讃および消息法語二八編を、巻二に消息法語一六編、巻三に同一九編、巻四に同一七編、巻五に同一二編、巻六に同二七編、巻七に安食問答、巻八に和歌二七一首とその詞書を収めている。巻一の道場誓文は嘉元四(一三〇六)年九月に著わされ、時衆教団の愛執を教誡し、称名の要を説き、同行用心大綱は永仁六(一二九八)年武蔵国村岡において病をおして、時衆の平生の覚悟・用心を示したもの。往生浄土和讃は弥陀念仏の和讃で平易な中にその思想・信仰をあらわし、消息法語は三祖をはじめ道俗への教示を集め、和歌は他阿真教の歌人としての姿を浮きぼりにしている。なお刊本は安永本の他に寛政六(一七九四)年にも刊行されている。〔所載〕仏全67、時宗全書、時宗二祖他阿上人法語(大橋俊雄編著)、定時宗上。〔参考〕二祖他阿上人法語重校決疑録一巻。〔長島尚道〕

太一卉木章【たいいちきもくしょう】南　一巻。凝然(一二四〇―一三二一)撰。正応四(一二九一)年成立。太一とは鑑真の伝来した南山律宗の開祖道宣(五九六―六六七)の住した終南山を指し、したがって本書は戒律について述べながら南山律宗について略説したものである。全体を一六章に分け、いわゆる小乗戒が実は一乗円満の大戒である、とする。インドの律の歴史を略説し、律蔵について述べ、四分律の宗の解説に種々ある中、妙旨浄戒を宗とし、教主は丈六の報身とする。〔所載〕日蔵(鈴)69。〔田村晃祐〕

大智禅師逸偈行録【だいちぜんじいつげあんろく】曹　一巻。面山瑞方(一六八三―一七六九)編。享保二(一七一七)年成立。本書は僅々二〇葉を出でぬ小冊子であるが、内容は「祇陀大智禅師逸偈」「祇陀大智禅師行録幷序」「附録」の三部に大別されている。「逸偈」は、さきに、門人光厳等が編集した「大智禅師偈頌」(二二九首)に収録されていない偈頌等を拾集したもので、「山居」以下、七言絶句一三首、七言律詩一首、菊池武澄の葬儀における法語、それに「発願文」が添えられて終る。この「発願文」は、大智を得度した寒巌義尹(一二一七―一三〇〇)のものであるが、編者の未必の過誤によるものか、意識的な措置によるものか必ずしも判然としない。編者はこの時、原本が大慈寺に秘在することを知らず、大智の願文とのみ思いこんで収録した形迹がある。「行録」は、大智の行実について、その誕辰から入滅に至るまでが終始鑽仰の誠をもって叙述されており、それまでの不明確さや誤伝を一掃して、大智禅師伝を確立し、以後の定説となった。「附録」は、大智の肖像に対する別源円旨(一二九四―一三六四)の賛、大智初七日における天菴懐義(?―一三六一)の祭文、二百五十年忌における雪蕉元詰の香語、大智の諱を考証した「諱考」、大智が徹通義介(一二一九―一三〇九)より次第して、相伝したという六祖慧能の霊牙に関する記録「六祖大鑑禅師霊牙略記」の五篇を載せる。本書は、享保三(一七一八)年、眉山後学性琴(生没年不詳)の序を付して、京都・小川多左衛門より刊行された。〔所蔵〕駒大図。〔所載〕続曹全(歌頌)。京都・貝葉書院より発売されている。〔鈴木格禅〕

大会日記【だいえにっき】南　一巻。元乗(一四五五―一五一一―)。永正八(一五一一)年、南都三大会の一つ、興福寺の維摩会の開催に当り、一二年の中断の後であったので行事奉行に当った寺主元乗が、遺漏なきよう、先例を集め、行事の実際をまとめたもの。先例として嘉禎三(一二三七)年、建治二(一二七六)年、古記(応永一四年＝一四〇八)、享徳二(一四五三)年の例が記載されている。『維摩会竪義日記』『会中第六日寺務職維摩会々始之記』などとともに、維摩会の実状を知るのに重要な資料である。〔所載〕仏全124。〔田村晃祐〕

大円広慧国師広録【だいえんこうえこくしこうろく】臨　一五巻。高泉性潡(一六三三―九五)著。雷洲道享(一六四一―一七一八)・雪村道香(一六四二―一七一八)等編、百拙元養重輯、大仙道竜校閲。内題『黄檗高泉禅師語録』。元禄六(一六九三)年一乗院宮正覚法親王序。巻一上、「山城州黄檗山万福禅寺語録。同下、小参、仏事。巻二、「奥州甘露山法雲禅院語録」。巻三、「山城州法苑禅院語録」。巻四、「加州明法山献珠禅寺語録」。巻五、「山城州天王山仏国禅寺語録」。巻六、「摂州摩耶山仏日禅寺語録」。巻七、「山城州天王山仏国禅寺語録」。巻八、拈古、頌古、代古。巻九、仏事。巻一〇―一一、法語。巻一二、源流讃。巻一三、讃。巻一四、自讃、機縁。巻一五、徴号宸翰、碑銘、遺偈である。本書は既刊の『高泉禅師語録』二四巻、『黄檗高泉禅師語録』四巻を底本に、百拙が取捨編集したものである。版本を黄檗蔵。〔大槻幹郎〕

大円宝鑑国師年譜【だいえんほうかんこくしねんぷ】臨　一冊。雪潭豊玉編輯、安山玄永考証。寛文三(一六六三)年前後に成立。江戸初期の臨済宗妙心寺派の中興の祖である愚堂東寔(ぐどうとうしょく)の行状の編年記録である。内容は、天正五(一五七七)年四月八日、美濃伊自良村での出生より、寛文元(一六六一)年一〇月一日、山科華山寺にて八五歳の示寂までの生涯に及ぶ。編者の豊玉(また、風玉)と玄永は、ともに法嗣十五哲の一人で、年譜のあとに豊山の跋文がある。行状のうち播磨三友寺での見性と妙心聖沢院における庸山景庸の下での大悟徹底(一六一一、三五歳)を強調する。この独悟的なあり方と悟得をも奪う明師の指導の下での悟徹という要素は、白隠系の行伝の祖型となる。慶長一三(一六〇八)年に始まる同志と結んでの歴訪行脚、あるいは万治二(一六五九)年の妙心開山三百年遠諱などでの東寔の存在は注目に価する。この年譜は、東寔の語録(行状、師伝を含む)である『宝鑑録』『宗統八祖伝』などの諸伝の根本資料となっている。原写本の所在は、大仙寺（岐阜八百津町）、慈渓寺（大垣市）、今津文庫（花園）、東史料などである。〔所載〕濃州大仙愚堂国師貽徳集（辻東山編、松ケ岡文庫）、年譜抄訳（木村黙宗訳、禅文化20）。〔参考〕仏解7、禅籍目録、愚堂・無難・正受（古田紹欽著）、日本禅の正灯・愚堂（伊藤古鑑著）。　〔小林圓照〕

大応国師語録【だいおうこくしごろく】臨　二巻。南浦紹明（一二三五—一三〇八）著。正式には『円通大応国師語録』という。編者は各禅寺語録によって相違する。上巻の「初住筑州早良県興徳禅寺語録」は侍者祖照等編、「太宰府万年崇福禅寺語録」は侍者慈禅等編になっているが、両者ともに生没年伝記不明。下巻の「洛陽万寿禅寺語録」は侍者宗心編、宗心の字は即庵、崇福、万寿等の住持となる。次の「巨福山建長禅寺語録」は侍者克原編であるが、つづいて掲載されている法語、仏祖賛、真賛、自賛、偈頌等もおそらく克原の編と思われる。克原は耕雲と号し、法を西澗子曇に嗣ぎ、万寿寺一〇世となる。

本書の成立は各禅寺語録の年代順に徐々に形成されたようである。西澗子曇の跋は文永九（一二七二）年に書かれており、これは大応の示寂より三六年もまえになる。さらに明極楚俊（一二六二—一三三六）の跋によれば、元徳二（一三三〇）年のころには、すでに現形のような『大応録』が編せられていたらしいことがわかる。しかし当時の筆写本は現存しない。『大応録』の刊行は応安五（一三七二）年大応の塔所である竜翔寺において、法嗣の滅宗宗興（一三一〇—八二）らによって企画され、そのとき、季潭宗泐（一三一八—九一）の敍、用彰廷俊（一二九九—一三六八）の塔銘、西澗子曇、明極楚俊、径山智及（一三一一—七八）等の跋を付して出版された。これが本書の版本として最古のものである（積翠本、大東急文庫本）。本書の著者である大応は南浦紹明といい、入宋して臨済宗楊岐派松源崇岳の流れを嗣ぐ虚堂智愚に参じ、その法を嗣いで帰国、日本臨済禅の基礎を築いた。本書は日本撰述の禅語録の刊行としては蘭渓道隆の『大覚録』に次ぐきわめて初期に属し、そういう意味でも貴重な書であるが、今日の日本臨済禅がすべて応燈関一流に属することを考えるとき、その思想的な意義から見て本録はとくに重要な位置を占める。従来不立文字・教外別伝の宗旨を標榜する禅宗のなかで、きわめて独自な方法で言葉を大切にしたのが虚堂智愚であった。これは『虚堂録』を読めば明確に理解しうる。大応の語録はその師虚堂の禅風の影響を強く受け、さらに日本人独自の季節感を加味したといえる。本書の版本はその後、寛永一八（一六四一）年大徳寺の江月宗玩によって補刻本が刊行され、一般に流布し、さらに明治四〇（一九〇七）年にふたたび復刻刊行された。訓注本としては『訳禅叢』12所収本、横井聖山の基中堂本がある。〔所載〕縮蔵（霜8）、禅学大系（祖録部5）、訳禅叢12、正蔵80（続諸宗部11）。　〔平野宗浄〕

大戒決疑弾妄録【たいかいけつぎだんもうろく】因　三巻。真流（一七一一—？）。真流は伊勢の出身、横川祥空院主、『顕戒論闡幽記』や『率渓弊掃』などでみられるように、安楽派の興起するなかで宗祖にかえる復古主義の旗頭として、可透のいわゆる『大戒疑篇』における霊空への傾斜に対して、決然これを指弾したものが本書である。すわち兼学律を妄説として、その謬論を正そうとした。安楽派のすすめる籠山は本義の籠山とはちがう等、可透問、霊空答、真流弾とつらねて主張を明らかにしている。〔所載〕天全5。　〔木内堯央〕

対客閑話【たいかくかんわ】曹　一巻。卍山道白（一六六九—一七一五）撰。三洲白竜（一六六九—一七六〇）編。正徳五（一七一五）年成立。別に『卍山和尚対客閑話』という。道白は、元禄期に曹洞宗の宗統復古運動を推進した中心人物であり、博学多識で知られる。また洞門において最初期に禅戒の意義と作法を宣揚した人でもある。白竜は道白の法嗣であり、『宗統復古志』や『禅戒遊仭』等の著述がある。跋によると本書は、道白の八十寿を祝すため、足利浄徳寺住持の漱石玄英の援助によって刊行されたものであることが知られる。ちなみに道白はこの年に寂している。本書の内容は、題名のごとく道白が来客の問に応じて禅戒などに関して答えたものである。その一七問答中、直接禅戒にかかわるものは前三問（禅戒の意味、禅戒と教戒の相違、重受戒義の扱い）であり、後一四問は禅戒と関連して三衣、割截しない三衣、挂絡衣、三宝物の受持作法、臨済宗の一食卯斎と長坐不臥、喫煙（返魂草〈たばこ〉）、誦経の呉音・漢音の別など、当時の禅門における生活習慣についての見解が示されている。本書はとくに洞門の初期に属す禅戒論における論書として注意すべきものである。なお第一問中に当時流行していた黄檗派下の弘戒法儀に説く漸受戒は明代洪武中、新規に撰述したものにすぎぬとして斥けている。道白の同種の著に『禅戒訣』がある。正徳五年刊本を駒大に蔵す。〔所載〕曹全（禅戒）、正法蒐20。　〔吉田道興〕

大覚禅師語録【だいかくぜんじごろく】臨　三巻。蘭渓道隆（一二一三—七八）述、智光・円顕（ともに生没年不詳）編。鎌倉末期刊。別に『大覚録』『蘭渓禅師語録』ともいう。この語録は常楽寺・建長寺・建寧（仁）寺の語録、常楽寺・建長寺・建寧寺の小参、普説、法語、頌古、偈頌、仏祖賛、小仏事よりなる。本録により蘭渓が鎌倉、京都において宋朝禅の規矩に従い禅を挙揚した一端がうかがえる。〔所載〕禅学大系（祖録部4）、正蔵80、仏全95。　〔西尾賢隆〕

大覚禅師坐禅論【だいかくぜんじざぜんろん】臨　一巻。蘭渓道隆（一二一三—七八）著。道隆は北条時頼の招請により来朝（一二四六）した建長寺（鎌倉市）の開山である。その系統は松源派で、宋代禅院の清規に基づき、純粋な祖師禅を挙揚した。本書は、連続した三五の設問からなり、坐禅についての問答体の語録である。禅の宗旨は仏の内心にあり、坐禅は仏・菩薩を生み出した諸法の根本だと主張する。内容は、(1)坐禅が根源なることの意義、(2)見性の証拠、(3)一心法と万行との対比、(4)成仏の定・不定、(5)修行の用心、(6)端坐の方法、(7)眼半目の意味、(8)安禅の果徳、(9)(10)見性成仏と善根功徳、(11)無心とは、(12)持戒・読経・唱名の勝劣、(13)(14)無心を説く根拠と功徳、(15)心・身と迷悟の根本、(16)迷情の来処、(17)大乗菩薩と無心、(18)発心者と無心、(19)見性成仏、(20)本有の自性、(21)回光返照、(22)(23)一念不生と念、(24)(25)(26)坐中の念起とその過、(27)「物を転ずる」こと、(28)一心の根本、(29)入門者と煩悩、(30)知慧の獲得、(31)悟と三時、(32)得法と神通、(33)見性成仏と即心即仏、(34)生仏一味、(35)仏出世の意義などを挙げ、顕密両教を脱皮して禅宗の確立を意図した坐禅論である。〔末注〕今北宗温解・釈宗演註。和解一巻(寛永二〇〈一六四三〉年刊の版本には大覚禅師省行文、大慧発願文、中峰和尚坐禅論が付録されている)。〔所載〕訳禅叢12(原文・国訳・解題とも)。〔参考〕禅籍目録。

〔小林圓照〕

大覚妙実消息【だいかくみょうじつしょうそく】日 一巻。大覚妙実(?—一三六四)書。成立年代不明。京都妙顕寺貫主大覚妙実が後継者である朗源に与えた消息。全一五カ条、七〇紙から成り、貫主として留意せねばならない事項について解説を施している。本消息は、初期日蓮教団(京都四条門流)における法要儀礼をはじめ、法華宗の宗号の由来、僧徒の統率、他門流との応対、日蓮、日朗、日像三者に対する菩薩号贈官の事などについて述べたもので、当時の日蓮教団史を知る上での貴重な史料となっている。正本は京都妙顕寺蔵。写本は『竜華秘書』として静岡蓮永寺蔵。〔所載〕日宗全19。

〔糸久宝賢〕

大鑑禅師小清規【だいかんぜんじしょうしんぎ】臨 一冊。清拙正澄(一二七四—一三三九)著。成立年代は不明だが、元禄一〇(一六九七)年に刊行されている。大鑑禅師は清拙正澄の諡号である。清拙は元の福州の人、俗姓は劉氏であった。愚極智慧の法を嗣ぎ、嘉暦元(一三二六)年に古先印元とともに来朝、鎌倉の建長寺、浄智寺、円覚寺に歴住した。その家風はきわめて峻厳で、杭州霊隠寺の規矩を伝え、日本の叢林における正しい修行生活を指導した。そのもとをなすものが本書である。また信州の刺史小笠原貞宗の請により、開善寺を創したが、いわゆる小笠原礼法はこの因縁によって興ったものである。本書は、両班出班拈香之法から、諸堂諷経の清規、坐具礼拝之法、維那須知法、日中毎日粥時念文、施食、僧堂衆僧須知、相看求掛搭礼、四節日巡堂礼、四節僧堂茶礼、秉払提綱法、精進勧にわたって詳述してある。清拙はみずから百丈の再世をもって任じただけに綿密の清規といえる。元禄一〇年刊本には、旨外居士太路の「新刻清拙大鑑禅師清規叙」があり、『清拙清規』の三四の本を得て校正した旨がのべられている。そのなかに大鑑四世の孫月甫名光の明応三(一四九四)年のものもある。また叙に「今日諸宗葬儀、遡其余波、謂之小笠原礼」とあるのも見のがせない。寛永二年写今津洪嶽氏蔵本(現花園蔵)、元禄一〇年刊本は『正蔵』81・4。

〔池田豊人〕

大休念禅師語録【だいきゅうねんぜんじごろく】臨 六冊。大休正念(一二一五—八九)述、志淳(生没年不詳)ら編。弘安七(一二八四)年自序。別に『大休和尚語録』『蔵六録』『仏源禅師語録』ともいう。仏源派の派祖である大休の語録。禅興寺・建長寺・寿福寺・円覚寺の語録、禅興建長寿福小参、告香普説、大小仏事、頌古、仏祖讃頌、自讃、偈頌雑題、題序跋雑記、法語、自撰の無生銘、補遺よりなる。弘安七年版本等がある。〔所載〕仏全96。

〔西尾賢隆〕

大経聞書【だいきょうききがき】浄 八巻。礼阿(?—一二九七)撰。異本としては、龍温(一八〇〇—八五)撰(写本—竜大)と神興(一八一四—八七)撰(写本—竜大)の二あり。撰者は写本の一つに一条派の祖である礼阿とされているが、本書の随所に礼阿を先師と呼んでいること、また、了恵の『無量寿経鈔』にも関説し対論しているが、その後序に記されている年号より、本書は礼阿滅後の制作であることは明白である。第一巻には経の大意、宗体、判釈、題名より序分までを釈し、第二巻には正宗分としてその始終の分科を試み、第三巻には本願の大旨を論じ、第十七願までを釈し、第四巻には、第二十願までの三願について三心、十念、生因、菩提心などを釈し、第五巻には第四十八願まで釈し、第六巻には四誓偈以下上巻の終りまでを釈し、第七巻には三輩往生などの項を引用して釈し、第八巻には弥勒を対告衆としての説法以下を釈してある。それは広く祖師の釈文、中国以来諸師の説もあげ、問答あるいは難をあげて解答をして、良忠門下で論義された文義解釈の細部にまで論述されている。〔所載〕続浄全17。

〔戸松義晴〕

大経光讃【だいきょうこうさん】浄真 三巻。月珠(一七九五—一八五六)述。成立年代不明。月珠は道隠の門下で本願寺派の勧学。学系としては空華学派に属するが、必ずしもその学説を墨守せず、晩年には諸家を折衷して創見をのべているので、彼の住地にちなんで豊前学派と呼ぶ。行信の問題に関しては石泉学派に近く、善譲とは多年論争した。本書は、初めに、(1)興由、(2)題目、(3)大意、(4)宗体、(5)義例、(6)分斉、(7)説時について略説し、次いで経文の解釈をなしている。興由としては、極悪劣機を拯済し、悲願の真利を光顕せんがためとし、題目に無量寿とあるは「若不生者」の誓願を成就した諸徳を明示するとし、この経の大意は、『教行信証』教巻に「斯経の大意は、弥陀、誓を超発し、広く法蔵を開きて凡小を哀んで、選んで功徳の宝を施すことを致す。釈迦、世に興出し、道教を光闡し、群萠を拯い、恵むに真実の利を以てせんと欲す」とあるとおりとし、宗体については、本願を宗とし名号を体とする。また、義例については、僧鎔・道隠は四門を出すが、月珠は生仏、広略、真仮、本末、遠近の五門を出して、師説と違っている。この経の法蔵の分斉については、諸経に相望する場合と三経に相望する場合の二に分けて示す。説時は定説なしとしながらも、聖道諸教の後と考えている。〔所載〕真宗全3、新真宗全2。　〔田中教照〕

大経直談要註記【だいきょうじきだんようちゅうき】浄　二四巻。聖聡（一三六六—一四四〇）作。永享五（一四三三）年成立。『無量寿経直談要註記』『大経要註記』ともいう。聖聡は、中世において新浄土宗学を組成した聖冏の直弟であり、師の教義を布衍大成させた学匠である。本書は、『無量寿経』『観無量寿経』『阿弥陀経』の浄土三部経に対する『直談要註記』四八巻の初編として著わされたもの。内容は、玄義分・大意分・随文解釈に分けられ、玄義分には自序に記すように源空の『無量寿経釈』全文を載せ一巻としている。大意分からは、道光撰『無量寿経鈔』の他多くの経論釈を引用し、自説を述べるが、主として源空作とされる『弥陀本願義疏』と聖覚作と伝える『四十八願釈』に依り、二蔵三輪義に立脚した注釈が施されている。この『弥陀本願義疏』は偽作の疑いが持たれており、依用を疑問視する向きもあるが、聖聡は師説をうけ源空真作として扱っている。すなわち、本書第三巻に、菩提流支造『麒麟聖材論』の二蔵三法輪の名目が師資相伝され、善導、源空に至ることを、聖冏が『弥陀本願義疏』等により確信し涙したことを記し、それを思うと涙で袖が乾かぬと述べている。また門弟中に二蔵の名目は聖冏の私作であるという者があるが、それはこの重書（義疏）を見ないからだとし、一点の疑念をも抱いていない。右のような問題点もあるが、浄土宗における『無量寿経』の釈書としては源空、道光、礼阿に次ぐもので、新浄土宗義による釈として注目すべきものである。〔刊本〕慶安四（一六四七）年刊。〔所載〕浄全13。　〔鈴木霊俊〕

胎記立印鈔【たいきりゅういんしょう】天　一巻。仁空（一三〇九—八八）講。廬山寺の実導仁空が、『十八道立印鈔』、本書、『金記立印鈔』にわたる講伝を、文和三（一三五四）年六月一日から七月にかけて講じた折、六月一四日から二三日まで、敏満寺仏土院でこの胎蔵界を講じた。いわゆる儀軌、私記の略解から、諸会、略法にいたるまで、網羅的に講説がゆきわたっており、廬山寺流の密法の大概と位置とが、看取できる。〔所載〕天全21。　〔木内堯央〕

題九相図【だいくそうず】曹　一巻。大愚良寛（一七五八—一八三一）撰。死人の頭蓋骨である髑髏は、人間の情識分別を離れたあり方の譬喩として、中国以来しばしば詩文の題材とされてきた。本書もこうした伝統のうえに成立した漢詩髑髏詩の一種。この世のありとあらゆるものごとをすべて髑髏のあり方としてとらえて詠じたものである。同種のものとして一休宗純の『一休骸骨』がある。良寛の自筆本を長岡市羽賀順蔵氏所蔵、昭和一六年に影印本を刊行。〔所載〕続曹全（歌頌）。　〔石川力山〕

大愚築和尚語録【だいぐちくおしょうごろく】臨　一巻。大愚宗築（一五八四—一六六九）撰。端州慈靖重編。明和七（一七七〇）年の跋あり。南山道人の筆写本には黙印素周撰の行実を付する。偈頌、小仏事、銘、賛辞、真賛、瑞竜寺香語等を収める。　〔古賀英彦〕

台家本勝篇【たいけほんしょうへん】日　三巻。本昌日達（一六九一—一七七二）著。元文三（一七三八）年版行。一致派の学説を挙げて批判し、日什門流の本迹勝劣義を述べたもので、『当家本勝篇』一巻が祖師日蓮の遺文中より本勝を記した（迹門より本門が勝れている）部分を抜萃しているのに対して、本書は天台書から本勝の文義を出し注釈したものである。　〔井上博文〕

太元宗勘文【たいげんしゅうかんもん】真　一巻。寂明（一八〇九—九二）述。延久二（一〇七〇）年成立。後七日太元帥御修法の用意次第等について詳しく記した書。初め常暁による太元帥法勤修の縁由を記し、次いで本書撰述の理由を述べ、その後に修法開始の日時、用意すべき諸物、堂荘厳、大壇建立、敷曼荼羅上安布道具等、護摩壇など実際の儀式次第について記している。〔所載〕仏全116。　〔福田亮成〕

大光普照集【だいこうふしょうしゅう】真　一巻。諦忍（一七〇五—八六）述。延享五（一七四八）年ころ成立。あらゆる生物の機根を二六項目に分類し、人間の諸の階級、職業、能力等の別なく、動植物にいたるまでの実例をあげ、念仏によって機根の別もなく阿弥陀仏の大光により救われるとやさしく説いている。〔所蔵〕寛延二年刊（洋大、早大、東北、広大、竜大）。〔所載〕仏全70、仏全鈴（真言部全43）、浄全続15。〔参考〕仏解、仏全鈴。　〔中山清田〕

醍醐寺雑事記【だいごじぞうじき】真　三巻。慶延（?—一一八六—?）撰。慶延が見聞し古記録等により記した醍醐寺誌で、上醍醐・下醍醐について記し、さらに諸堂宇、諸院家等の建立記録、本尊、諸行事、庄園の目録、文書等を輯録したもので醍醐寺研究の上できわめて重要な資料とされている。〔所載〕群書16（新19）。　〔栗山秀純〕

醍醐乳味鈔【だいごにゅうみしょう】真　寂照（一八三三—一九一三）編。醍醐三宝院幸心方聖教の口訣末鈔を内容とするもので、英峯の聞書きに基づいて作成されたものである。明治三六年三月に、大阪市太融寺にて発行され、さらにはその聖教類の刊行もなされた。〔所載〕太融寺刊本（明36）。　〔福田亮成〕

胎金血脈図【たいこんけちみゃくず】天　一巻。圓珍（八一四—九一）撰。圓珍は比叡山第五代天台座主。義真の弟子で、一二年籠山ののち学頭に任ぜられたが、志あって圓仁帰国後単身入唐し、台州、越州、長安に学び、とくに長安で法全から受法した。圓仁が海雲の血脈、圓珍が造玄の血脈をもたらしており、胎蔵界金剛界にかかわる血脈はそろったが、それを参照して編まれたのであろう。『仏解』で田島徳音が指摘するように内容粗略で偽撰とみられる。〔所載〕仏全28。〔木内堯央〕

胎金曼荼羅諸尊種子集【たいこんまんだらしょそんしゅじしゅう】天　一巻。安然（―八四一―九〇四―）撰。安然は圓仁門下、のち遍昭をたすけ元慶寺年分度者の教授阿闍梨となる。その立場から台密教相事相について大著をものし、その集大成に功があった。本書は元慶八（八八四）年の記年もあり、内容は胎蔵界諸尊種子と金剛界諸尊種子とからなり、それぞれ経軌図像から尊位種子の異同を示しており、きわめて客観的研究の成果である。〔所載〕日蔵（天台宗密教章疏2）。〔木内堯央〕

胎金瑜伽記【たいこんゆがき】天　五巻。圓珍（八一四―九一）撰。『瑜伽記』『胎金両界瑜伽記』ともいう。圓珍は比叡山第五代天台座主。義真門下で一二年籠山ののち一山の学頭に推挙され、のち圓仁について入唐し、台州、越州、長安等を歴訪し明師について円密の奥旨をうけつたえた。ことに密教については、長安青龍寺の法全について胎蔵界、金剛界、蘇悉地の三部を相伝している。この『胎金瑜伽記』は、内容として『大悲蔵瑜伽記』上・中・下三巻、『サバルナヴァジラダーツ（原梵字）』一巻、『雑私記』一巻の計五巻をなす。『大悲蔵瑜伽記』三巻とは、いわゆる『大毘盧遮那成仏神変加持蓮華胎蔵菩提幢標幟普通真言蔵広大成就瑜伽』すなわち『青龍軌』三巻に対応するもので、諸目録等、この部分を一巻、二巻と表示しているとおりで、三巻とは『青龍軌』三巻に関する口決の書であることをおのずからあらわしていることになる。大中九（八五五）年八月から九月にかけて、圓珍が法全から学んだノートである。『サバルナヴァジラダーツ』はいわゆる金剛界に関する部分で『金剛瑜伽記』とも記され、大中九年一〇月から一一月までの受法の記録で、金剛界九会のうち四会の諸尊の印契を明らかにしている。そのうち三十六印をつらねる。『雑私記』は三二項にわたり胎金両部から諸尊法に到る師記や相承論、教相論におよび脈絡がなく、圓珍の手になるとしても後年の備忘のメモであろうか。〔所載〕仏全27、日蔵（天台宗密教章疏1）。〔木内堯央〕

大師御行状集記【だいしおんぎょうじょうしゅうき】真　経範（一〇三一―一一〇四）撰。本書の序によれば、大師（空海）御入定後二五五年を経てその伝記に数あるも相違あり、正説を書せず、転々書写して魚魯を糺さず云云、今、御手跡ならびに正説を尋ね集記すと雖も、秘事においては憚りあるによって記せず（趣意）と述べ、弘法大師の伝記を一〇三条に分けて述べている。〔所載〕続群書8、史籍集覧12。〔栗山秀純〕

大師在唐時記【だいしざいとうじき】天　一巻。著者明記なし。仁寿三―寛平三（八五三―九一一）年ころ成立。別に『大師在唐記』『在唐記』ともいう。本書は圓珍の在唐時の記録とされ、青竜大師の金剛界九会の私記、胎・金・蘇の印や意義、七日作檀法の行時、護摩の作法について問答と和尚筆語を記している。しかし『在唐記』と称する書は五種あり、圓仁撰とされる『在唐決』との類似も多く不明な点が多い。〔所載〕仏全鈴28。〔秋田光兆〕

台宗官名法衣録【たいしゅうかんめいほうえろく】天　覚範（―一八一六―）著。覚範は、本書の奥書きによると、岩鬼山薬王院一三世住職。みずから「台密沙門覚範」と名乗っているから、密教に志をむけていたことであろう。内容からすると、天台宗の官名と法衣とに関する書物という意味で、僧正、僧都ないし律家大和尚号までと、台宗法衣、五条、坐具、袍裳等から縹帽子ないし草鞋までを示し、図版が付されている。〔所載〕天全20。〔木内堯央〕

台宗僧侶経歴衣体記【たいしゅうそうりょけいれきえたいき】天　一巻。長厳（?―一八〇二）撰。長厳は東叡山円覚院住職。本書は首題の下に、「享和二戌年二月二十三日、脇坂淡路守殿江差出帳面天台宗僧徒経歴撰養衣體之次第」とあり、奥に長厳と住公院尚詮が名をつらねており、そうした事情の下で長厳と尚詮が連名で提出したもの。比叡山密教、顕行修行之事から出世、昇進、衣体、師弟制度、弟子のこと別当、院家、関東檀林、学寮所化昇進次第などをのせる。〔所載〕天全20。〔木内堯央〕

第十八願刁刁記【だいじゅうはちがんちょうちょうき】浄真　四巻。曇竜（一七六九―一八四一）述。成立年代不明。この著は四十八願中の王本願といわれる第十八願について、その細部にわたる解釈を示すものである。題中の刁刁とは風にかすかにそよぐさまを表わし、本願の深広にして涯底なき旨趣に対し、それを探って示す内容が寝言のようであることを刁刁という語で表現している。第一巻には興由、次第、得名、顕義、正釈の五門をもって意趣を説明し、第二巻以下は随文解釈している。〔所載〕真宗叢4。〔五十嵐明宝〕

大乗円戒顕正論【だいじょうえんかいけんしょうろん】南　一巻。宗覚（一六三九―一七一九）。貞享元（一六八四）年の安居の始めに執筆したもの。宗覚は河内楠葉久修園院にいた西大寺系の律僧で、本書は律宗の立場から、天台宗の最澄に始まる大乗戒のみを用いる戒律の考え方を批判したものである。第一、円教の菩薩（天台宗の僧）が、いわゆる小乗仏教に伝えられた戒律を用いないのを批判し、第二、『梵網経』の十重戒だけを用いることを批判し、第三に、天台宗の初心の僧に小乗戒を禁じているのを批判し、第四に、『梵網経』の戒だけが末法の時代に相応するというのを批判し、最後に小乗戒によらずに、比丘・比丘尼など七衆の区別ができるというのを批判している。〔所載〕正蔵74、日蔵36。〔田村晃祐〕

大乗起信論講述【だいじょうきしんろんこうじゅつ】天　一巻。守脱（一八〇四―八四）撰。真諦（四九九―五六九）訳

『大乗起信論』の講述で、一、造論の意、二、論の題目を釈す、三、入文解釈、の順に説き、三、入文解釈のうちを、㈠序分、㈡正説分（⑴因縁分、⑵立義分、⑶解釈分、⑷修行信心分）、㈢回向分（⑸勧修利益分）と分科している。法蔵の疏によるところ多く、処々に割注している。〔所載〕天全2。　〔坂本廣博〕

大乗玄聞思記【だいじょうげんもんしき】南　一巻。蔵海（一二三五―九一―）記。弘安一〇（一二八九）年成立。蔵海は鎌倉時代の三論学の学匠。伝記不明。本書は弘仁一〇年、一二名の人びとのために八日にわたって講義した記録であり、他にも三論関係の著書が現存する。本書は、中国三論宗の大成者吉蔵の『大乗玄論』巻二、八不義の第三明智慧中道より八不義の終りの、料簡不有有の項までの文句を摘出し、吉蔵の『中論疏』その他多数の経論を引用することによって解説していったものである。〔所載〕日蔵31。　〔田村晃祐〕

大乗玄問答【だいじょうげんもんどう】南　一二巻。珍海（一〇九一〈八八・九三〉―一一五二）抄。本書の三巻中に久安五（一一四九）年一二月二九日の年月日がみられることから、成立年代は久安五年ころとみることができる。本書は吉蔵の『大乗玄義』五巻を問答形式により論釈したものである。一二巻の構成内容は次のごとくである。問答第一には玄義巻第一の上の二諦義の上が、第二には玄義巻第一の中の二諦義短冊の上が、第三には玄義巻第一の下の二諦義短冊の下が、第四には玄義巻第二の八不義が、第五に玄義巻第三の上の仏性義が、第六には玄義巻第三の中の一乗義が、第七には玄義巻第三の下の涅槃義が、第八には玄義巻第四の上の二智義の上が、第九には玄義巻第四の下の二智義の余が、第十には玄義巻第五の上の教迹義の上が、第十一には玄義巻第五の中の教迹義の下が、第十二には玄義巻第五末の論迹義がそれぞれ論釈されている。とくに第十一においては浄土論、ひいては極楽浄土論が論釈されており、珍海の浄土観を知るうえで重要といえよう。また引用の方面よりみると、徳一の『法相了義燈』や空海の『二教論』、玄叡の『大義鈔』、仙光の『中論疏記』などがみられ、注目されよう。〔所載〕正蔵70。――→三論玄疏文義要　〔由木義文〕

大乗三論大義鈔【だいじょうさんろんだいぎしょう】南　四巻。玄叡（？―八四〇？）集。天長七（八三〇）年成立。別に『三論大義鈔』ともいう。玄叡は西大寺の実敏の門にあったが、のち実敏の指導のもと大安寺の安澄につき三論を学んだ人である。博学であったため、その名声もひろく知られていた。このため、天長勅撰六本宗書のひとつである本書を執筆することになったと考えられる。

本書は三論宗の宗義を問答形式により示したものである。内容構成はまず自序、次いで⑴述自宗と⑵諍他宗に分けられた宗致というかたちになっていた。自序においては本書が著わされるにいたった縁由が簡単にのべられている。⑴の述自宗については、さらに問答大意と往復別義に分けられている。問答大意では外道、毘曇、成実、方等の四宗が論破され、次いで三論宗の大意が示されている。往復別義では吉蔵の『大乗玄論』などに基づき、八不義、二諦義、二智義、方言義、仏性義、不二法門義、容入義、一乗義、教迹義、三身義の一〇義が大意門、釈名門、問答分別門の方面より論述されている。⑵の諍他宗についても、さらに諍論不可と正述諍論に分けられている。諍論不可では正しい諍論は人びとを仏法に導き利益をもたらすが、誤った諍論は人びとを三塗に導くとし、正しい諍論の可、誤った諍論の否を説いている。正述諍論では空有諍論、常無常諍論、種子爾不爾諍論、有性無性諍論、定不定諍論、変易生死諍論、三一権実諍論、三車四車諍論、教時諍論、説不説諍論の一〇論が論述されている。空有諍論ではまず清弁の空説と護法の有説が考察され、次いで窺基や円測の説というものが論破されている。常無常諍論では常、無常、亦常亦無常、非常非無常の四句は世俗諦の方面よりすれば是であるが、真諦の方面よりすれば非で、四句は超絶されると説かれている。種子爾非爾諍論では五種姓（菩薩定性、縁覚定性、声聞定性、三乗不定性、無性有情）が本有であるとする法相宗の立場を悉有仏性の三論宗の立場から論破している。有性無性諍論では、悉有仏性の立場をとらない法相宗を論破し、悉有仏性の立場を主張している。定性不定性では法相宗の主張する五姓各別の説のうちの、声聞不定性、縁覚不定性の説を論破している。変易生死諍論ではまず変易身と分段身との同異が論じられ、次いで分段身を捨てないで変易身をうることができるとする法相宗の立場を論破している。権実諍論では『解深密経』の一乗は真実の了義で、『法華経』の一乗は密意の不了義であるといった法相宗の立場等を論破している。三車四車諍論では三車説の立場から四車説の天台宗、華厳宗を論破している。教時諍論では法相宗、天台宗などの教判を論破し、説不説諍論では天台宗と真言宗の仏身説を反駁している。本書は日本の初期三論教学を知るうえで、よい書といえよう。〔写本〕寛保元（一七四一）年刊。〔所載〕正蔵70、仏全75。　〔由木義文〕

大乗寺護法明鑑【だいじょうじごほうめいかん】曹　一巻。逆水洞流（一六八四―一七六六）撰。明和九（一七六六）年成立。『大乗護法明鑑』とも。洞流は加賀大乗寺の三八世。三九世の一入覚門とともに、前住の立場から大乗寺のあるべき姿やそれまでの経緯などを論じたものであり、当時の諸禅者へ警告を発した書。昭和六年に岸沢惟安により筆録された。　〔佐藤秀孝〕

大乗寺中興記【だいじょうじちゅうこうき】曹　一巻。泰林光心（一六六七―一七二八）撰、頴川文挙（生没年不詳）書。正徳元（一七一一）年の成立。光心は長崎皓台寺八世重関了道の法嗣である。元禄一三年、肥前（長崎市か佐賀県かは不明）永昌寺に住したが、間もなく肥後天草（熊本県本渡市）松栄山東向寺六世として入院し、退董後は迦葉軒を結んで住した。正徳三年から享保一一年の間に、『西来徳翁高禅師塔銘幷序』『松栄山東向禅寺記』一巻、『無得（良悟）禅師語録後序』『肥後天草松栄山東向禅寺再興記』一巻等を撰述した学僧である。本書は大乗寺の変遷と月舟宗胡が中興するにいたった経緯について記録したものである。大乗寺が徹通義介によって開創され、以来代々外護をえて祖師道を高揚した。ところが二五世白峰玄滴の示寂後、衰微し後任を欠いた。議論の結果、寛文一一年、月舟宗胡を請して二六世とした。在住一〇年間に永平寺の旧規を範に叢林を復興した。次いで卍山道白が二七世として入院し一二年間在住し、山城源光庵に退いた。徳翁良高が後住となり、威儀を整えた経緯を記している。とくに月舟宗胡が大乗寺の中興であるだけでなく、四海洞門の中興と呼称し、月舟宗胡の高徳を讃仰するために撰述したものである。〔所載〕続曹全（寺誌）。　〔大野栄人〕

大乗寺由緒略記【だいじょうじゆいしょりゃっき】曹　一巻。密山道顕（一六五二—一七三六）撰。元禄一六（一七〇三）年成立。月舟宗胡—明州珠心—道顕と嗣承する加賀大乗寺二九世の道顕が寺社奉行に差し出した口上書。越前永平寺三世で大乗寺開山の徹通義介の略伝を中心に、大乗寺の開創に関する由来をのべ、義介の法嗣である瑩山紹瑾の開いた能登の永光寺や総持寺を大乗寺の末寺であるとする。また道元親筆とされる『一夜碧巌』と白山権現とのかかわりを記し、ついで貞和二（一三四六）年より年譜形式で、大乗寺外護の檀越や、寺の経緯、沿革を個条書きで示している。ほかに大乗寺に関しては、正徳元年に泰林光心が撰した『大乗寺中興記』なども存する。〔所載〕続曹全（寺誌）、加賀大乗寺史。　〔佐藤秀孝〕

大乗対倶舎抄【だいじょうたいくしゃしょう】天　一四巻。源信（九四二—一〇一七）撰。寛弘二（一〇〇五）年成立。別に『大乗対倶舎鈔』ともいう。源信は横川恵心院に住した天台宗徒として深く顕密の教法に通じ、その関係における多くの著述を残すとともに、特に『往生要集』の名著によって平安期の浄土信仰を鼓吹した。本書は源信が『倶舎論』と、それに対応する大乗の教義を大乗の諸論から抜粋して対照させ、合わせて大乗独自の要義をも示したものである。述作の意図と概要とは、冒頭に述べられた次のような自序において明らかである。すなわち『倶舎論』は阿毘達磨教学の長い歴史を承けて仏教の基本的な法相を明らかにし、聖・凡の因果を詳らかにするものであるが、これは小乗論であり、それに匹敵する卓越した大乗論が見出されない。大乗には『瑜伽師地論』や『成唯識論』があるが、前者はあまりに広博であり、後者はまたあまりに難解である。そこで同志の者とともに、大乗の諸論から要文をぬき出し、これを『倶舎論』本頌に対比、対照せしめた。これが本書を『大乗対倶舎抄』と名づけた所以でもある。一部一四巻のうち、初めの一二巻は小乗所立を主題とし、それに関連する大乗所説を対応させ、後の二巻はもっぱら大乗所立特に『唯識論』『摂大乗論』の所説を採録して小乗と異なる点を明らかにした。したがって縁起論的系統の大乗小乗比較対顕とみることができる。〔所載〕仏全（旧版）85、恵全4。　〔多田孝正〕

大聖人御遷化記録【だいしょうにんごせんげきろく】日　一巻。日興（一二四六—一三三三）記。弘安五（一二八二）年一〇月一六日成立。日興は日蓮の最高弟のひとりで、駿河地方を中心に教えをひろめた。富士門流の祖。本書は日蓮の入滅前後の事の次第を、日興が書きとどめた記録。弘長元年の伊豆流罪、文永八年の佐渡流罪、同一一年の身延入山、そして弘安五年九月一八日に武州池上入御について記したのち、入滅に先立つ一〇月八日に本弟子六人が制定されたことを記す。いわゆる、のち六老僧とよばれる日蓮門下の最高弟で、日蓮滅後の後継者として教団の後事を托された。入門の浅いものから年序を経て記しているが、そこに「一　弟子六人事　不次第」とあるように、差別なく六人をして滅後の法灯としたことを示す。さらに一〇月一三日辰時に日蓮が遷化し、同一四日戌時に日昭・日朗によって入棺の儀が、同日子時に葬送の式が営まれたこと、そして御棺を中心とする葬送の次第を書き記す。最後に釈迦立像仏と『註法華経』を「墓所ノ寺」、すなわち久遠寺の塔頭に置くことを遺言してこの記録は終わる。なお、「註法華経同籠置墓所寺」の記述について『日宗全』『富要』等、みな「墓所傍」としているが、これは誤読で、西山本門寺蔵の正本にあるように「墓所寺」と読むのが正しい。〔所載〕日宗全2、富要（史料類聚）。　〔冠　賢一〕

大聖人御葬送日記【だいしょうにんごそうそうにっき】日　一巻。日位（？—一三一八）記。『御葬送日記』ともいう。弘安五（一二八二）年一〇月成立。日蓮の葬送次第を日記に認めたもの。他に日興による『御遷化記録』（『日宗全』2所載）がある。弘安五年一〇月一三日辰の時の入滅より始めて、翌一四日辰の時筑前公、越中公（『御遷化記録』では戌の時日朗、日昭）による入棺、子の時よりの葬送の次第、そして「御遺物配分事」の順に記し、最後に「御遷化御舎利は同月一九日池上御立ち有り」と結んでいる。一九日は日蓮の初七日忌に当り、遺言どおり遺骨は身延奉遷の旅についたのである。また、『日宗全』2所載の日興の手になる「御遺物配分事」の前半は正本を欠くが、この「御葬送日記」によって補われたものである。直筆は静岡市池田本覚寺に所蔵される。〔所載〕日宗全1。　〔林是晋〕

大乗法門章【だいじょうほうもんしょう】南　四巻（内、巻二、三現存）。願暁（—八三五—七四）撰。承和七（八四〇）年ころの成立。願暁は平安初期の三論宗の学匠、元興寺に住した。勤操、薬宝の弟子、聖宝、隆海の師。唯識・密教にも通じ、僧都となる。本書は主として浄影慧遠の『大乗義章』によりながら、問答体で大乗仏教の教理を説明したもので、巻二は賢聖義・三十七品義・涅槃義など七項目、巻三は二障義（七小項目を立てる）・三聚義・四生義など、二一項目をたて、多くの経論を引用しながら解説を施している。〔所載〕日蔵31。〔田村晃祐〕

大乗法相研神章【だいじょうほっそうけんじんしょう】南　五巻。護命（七五〇—八三四）撰。弘仁一三（八二二）年ごろの成立。別に『研神章』『法相研神章』ともいう。護命は美濃の人で一六歳で元興寺にて出家、行基の門下の勝虞について法相を学ぶ。最澄の円頓戒壇の設立に反対したことでも有名。本書は淳和天皇の勅によって天長七（八三〇）年に上進されたいわゆる天長勅撰六本宗書のひとつである。本書は、惣顕三界差別門、惣顕五趣差別門、惣顕四生差別門、略顕善悪因果門、略顕三千大千門、略顕唯識惣摂門、略顕仏教利益門、略顕仏教時会門、略顕諸宗各異門、略顕因明正理門、略顕種姓差別門、略顕最初発心門、略顕修行位次門、略顕因円果満門の十四門より構成される。このうち三界差別門ないし三千大千門によって器世間と有情世間との構成と成立とが詳説されている。さらに唯識惣摂門では三界唯心の理が『華厳経』『大智度論』『成唯識論』『瑜伽論』『弁中辺論』などの文を引用しながら、さらには三性説、三類境説などにも言及しながら巧みに説かれている。また仏教時会門では『解深密経』の「無自性品」にある三時教判の説をよりどころとして、華厳宗の法蔵の立てる小乗教、大乗始教、大乗終教、頓教、円教の五教説や、恵苑の立てる迷真異執教、真一分半教、真一分満教、真具分満教の四教説を批判する。さらに諸宗各異門において、華厳、律、三論、法相、天台、成実、倶舎の各宗の大要が簡潔に紹介され、同時に法相宗からみて他宗の説の問題点を指摘、批判する。たとえば華厳宗では一分無性種姓に関して一切皆成仏の立場で解決する点、また清弁の真性有為空等の量、また唯識が三車説をとるのに対して、天台宗が四車説を立てる点などが批判の対象とされている。

要するに本書は、因明（因明正理門参照）をも含んだ唯識の大要が要領よく略説された好著であるが、さらに当時の北寺と南寺との思想的対立もうかがい知ることができ、唯識教理上重要な位置を占める書である。〔所載〕正蔵71、仏全(鈴)31、日蔵(鈴)65。〔横山紘一〕

大乗法相宗名目【だいじょうほっそうしゅうみょうもく】南　一六巻。蔵俊（一一〇四—八〇）あるいは璋円（一一七四—？）の作といわれる。平安末—鎌倉初。法相教義の全体を一一門（器界、三科、種姓、三乗名位、三乗所観、染法、浄法、八識心王、五十一心所、雑法門、遷落法門）に分けて、重要教義につき経論の文を列記して説明している。法相教義のすぐれた辞典であると同時に資料集でもある。〔所載〕仏全82。〔太田久紀〕

大疏愚草【だいしょぐそう】真　一八巻あるいは二四巻、二五巻。頼瑜（一二二六—一三〇四）述。成立年代不明。別に『大日経愚草』『大日経疏愚草』ともいう。頼瑜は新義真言宗の学僧で教相事相に亙り著作が四百五十余巻ある。特に教相においては加持身説法説を提唱し、新義真言宗の教学的基礎を確立した。この書は『大日経』住心品疏三巻に対して問題点を選び論述したもので、総合計四三三条に及ぶ、設問形式による決択書である。『大日経疏』巻一に対して一三巻一八七条の設問、『大日経疏』巻二に対して九巻一八九条の設問、『大日経疏』巻三に対して二巻五七条の設問が論じられる。聖憲（一三〇六—九二）の『大疏百条第三重』が選述される以前の、『大日経疏』に関する新義真言宗の論述は、この書によって展開されたものが多い。〔刊本〕竜大、高大。版本は正大に所蔵。〔参考〕本朝台祖撰述密部書目。〔孤島諒子〕

大疏啓蒙【だいしょけいもう】真　五八巻。運敞（一六一四—九三）述。成立は第一〇巻の終りに「丙寅十二月下澣応学徒之請草之」とあるところから推定して貞享元年、著者七一、二歳のころ、その草稿を整理して開版したものと思われる。別に『大日経疏啓蒙』『大疏百条第三重啓蒙』『御指南』とも呼ばれる。本書は聖憲の『大疏百条第三重』を注釈し、その引文の典拠を指示したきわめて重要な著作であり、のちの研究者たちにより、本書は御指南といわれたほどであり、いかに必要欠くべからざる著書であるかがわかる。内容は『大疏百条第三重』によるといえるが、独自の見解も提唱している。たとえば一乗経劫の論題において不経劫を主張した点などは、特筆されるべき点である。本書は、おそらく研究者の依頼に応じて修補されたものと思われる。また『大疏百条第三重』の末釈としてもっとも大切なものであるが、他に『海応記』『宥豊記』『如意蔵』『快道記』『諸宗章疏録』第三等がある。なお貞享元年と貞享二年の刊本が現存する。〔所載〕智全1—2。〔吉田宏晢〕

大疏指南鈔【だいしょしなんしょう】真　九巻。長覚（一三四〇—一四一六）記。寛政三（一七九一）年刊。別に『大日経疏指南鈔』『大日経指南鈔』ともいう。長覚は道範の学系を引き、不二門学説を唱道し、宥快の而二門学説と相対している寿門学派の祖で、寿門三千の学徒を誘掖し、南山学徒を宝門の宥快とともに両分し、教学を振興大成した。『大日経住心品疏』に関する九〇条の論が収められている。空海は住心品の思想を『十住心論』で著わして、真言行者の菩提心の展開の次第をのべ、第一住心より第一〇住心までを詳説し、真言行者の住心の次第が第一より第九までを顕教とし、第一〇を密教とする考えと。第一より第一〇までを密教とする考えの二通りあるがいずれも真言宗が、もっともすぐれていることを明確にしたものである。『大日経指帰』『真言宗教時問答』『勅修御伝』『真言見聞』『五教章匡真鈔』等は十住心の教判を論難している。しかし、十住心の思想が人の信心浅深の段階を示し、思想批判の態度を明らかにしたことは、日本仏教思想史上注目されている。本書は南山寿門の学風を知るに必須の書である。寛耕が栄鑁に命じて諸本を対校して開版する。論旨を理解しやすいように『大疏指南鈔釣物』九巻（寛政三年刊）があるが、寿門の学徒印融の撰であり、具に疏文を引いて傍注を加えている。〔所蔵〕東寺（京都）。〔参考〕仏解、密大、新仏典解題事典。〔中山清田〕

大疏談義【だいしょだんぎ】㊇　一〇巻。運敞（一六一四—九三）述。成立年代は奥書に「大疏百条談義之草上下二冊筆記之竟、蓋便後学耳、貞享紀元甲子首夏」とあるので、貞享元（一六八四）年、七一歳のときの著作。別に『大日経疏談義』『大疏百条談義』とも呼ばれる。運敞は智山第七世の能化であり字元春、泊如と号し、八〇年の生涯において、その著書『大疏第三重啓蒙』『釈論第三重啓蒙』等数十部あり、智山の学徒は尊称して近代の師といい、その啓蒙を尊敬して御指南という。本書は上下合わせて二冊とし、内容は聖憲の『大疏百条第三重』によって、その難勢答者の大意義趣をのべたものであり、『釈論談義』とともに新義真言宗智山派の教学史上もっとも大切なものである。ただしこれを談義と称するのは論議における難答の論旨や論派を解説する場合、いわゆる談義御判談としてもちいるために、つくられたこととしての書名であり、この談義大成以来、論義の場合これを読むことをならいとしている。刊本に貞享元年刊と貞享二年刊の二本がある。〔吉田宏哲〕

大疏百条第三重【だいしょひゃくじょうだいさんじゅう】㊇　一〇巻（一一巻）。聖憲（一三〇七—九二）述。文中元（一三七二）年ごろ成立。『疏第三重』『大疏第三重』『大日経疏第三重』『大日経疏百条』『大日経疏百条第三重』などともいう。本書は『大日経疏』に関する頼瑜の『大疏愚草』一八巻をもとに、三重の問答という構成によって『第三重』が成立したのである。もともと『大疏愚草』は頼瑜以後根来山で研究していたと考えられるが、煩雑であるために聖憲がその研究課題を整理して一〇〇条にまとめ、初め『大疏百条第二重』としたが、二重のうえにさらに一重の問答を加えて『第三重』としたのである。その一〇〇条は『住心品疏』の最初から順次に並べられたもので、密教独自の問題点や顕密対弁の問題点、大乗仏教の問題点が分類せずに配列されており、仏陀観、仏身論、曼荼羅に関するもの一二、顕密対弁を論ずるもの一二、教学的に解釈するもの三〇、修行、速疾成仏に関するもの六、真言教学に直接関係ないもの二〇となっている。その論題の設定は『大日経疏』の文から直接とった論題〈正論〉と、文義に関して設定した論題〈因題〉との二種がある。また論義の形式は論議すべき問題点があらかじめ決定している〈定判論議〉と、自由に討論する〈両方（両様）論議〉との二種がある。本書を和訳・解説したものに『真言の教学』上下（昭56）がある。〔所載〕正蔵79、仏教大系（大疏）。—→自証説法、釈論百条第三重〔伊藤教宣〕

胎蔵縁起【たいぞうえんぎ】㊈　一巻。『叡山集』ともいう。『叡山集』とは伝教大師最澄の集録した意か。内容は善無畏と一行の伝で、最澄の『内証仏法相承血脈譜』における、胎蔵金剛両曼荼羅相承師師血脈譜の記事に対応する。善無畏の伝はあきらかに『開元釈教録』のそのままであるが、一行伝は、『血脈譜』に「釈氏要録」と出す文章が、本書一行伝の抄出であることがわかり、一行伝は『宋史』芸文志に出る『釈門要録』の一行伝かと考えられる。〔所載〕伝全2、正蔵（図像2）、日蔵（天台宗密教章疏1）。〔木内堯央〕

胎蔵界吽字次第【たいぞうかいうんじしだい】㊇　一巻。空海（七七四—八三五）撰。または『[illegible]』『胎蔵次第』『胎蔵界備在次第』『胎蔵界念誦次第』などともいう。本書を吽字次第と称するのは、巻頭の上堂の箇所に「[illegible]字等云云」とあるのによる。また冒頭に「先発心解心択地作壇（備在=経第七=）」とあるところから『胎蔵界備在次第』とも称するが、同文を有して同じく「備在次第」と称する本が他に二種ある。胎蔵界法の念誦次第は非常に数が多く、同じ著者によるものをふくめて、同名の異本が多く、また一本に多くの名称があるので十分に注意する必要がある。

胎蔵界の念誦次第は『大日経』を本拠とする修法の次第であるが、具体的には同第七巻「供養法」とその別訳とされる『要略念誦経』一巻、胎蔵四部儀軌と称される『摂大儀軌』三巻、『広大儀軌』三巻、『玄法寺儀軌』二巻、『青竜寺儀軌』三巻などの経軌に基づき、『大日経疏』二〇巻、『不可思議疏』二巻を参照して実際の修法に使用される次第がつくられるのである。東密における胎蔵界念誦次第は、多く宗叡請来の『青竜寺軌』により、台密では圓仁請来の『玄法寺軌』によるとされる。また実際の次第では十八道次第と同じく『金剛頂蓮華部心念誦儀軌』一巻からも印明がとられている。

本書は空海撰述とされるが、作者については古来より異説があり、(1)弘法大師空海作、(2)遍照寺寛朝作、(3)池上平救作の三説があって定かではなく、『弘全』の編者は真偽未決部に収めている。空海撰と伝えられる『胎蔵次第』には『弘全』に収められているだけで次の一二種がある。(1)胎蔵梵字次第、(2)胎蔵略次第、(3)胎蔵普礼五三次第、(4)作礼方便次第、(5)五輪投地次第、(6)胎蔵略次第、(7)胎蔵略次第（大師御筆本）、(8)大師御筆次第、(9)胎蔵略法次第（欠本）、〔以上『弘全』2真撰部〕、(10)胎蔵備在次第、(11)備在次第、(12)胎蔵界吽字次第（本書）、〔以上『弘全』4真偽未決部〕。これら諸本のうち、(6)(7)(8)は極略で項目名のみをつらねるが『大日経』第七巻とよく一致し、空海真撰の可能性が高い。しかし他の本は儀軌の影響が看取され、空海撰とは考えがたい。すなわち(3)(5)は『青竜寺軌』に、(4)は『玄法寺軌』によると思われる。(1)(2)(10)(11)(12)は同系の本で、さらに(1)(12)と(2)

⑽⑾の二種に分けられるが、⑽⑾は⑵に、⑿は⑴に後世の筆が加えられたものと思われる。これらは諸尊の印明が振鈴の次にまとめられ、秘密八印品、密印品よりとられており、胎蔵四部儀軌の配列とは異なるが、地神、大海、持華、須弥山、五色界道などは儀軌からとられたものであろう。とくに本書では地神勧請偈が『青竜寺軌』より、奉請偈が『広大軌』より引かれ、四部儀軌請来以降の成立であって、空海の撰述ではないことが明らかである。

なお本書は⑴とともに西院、保寿院、持明院流など広沢各流で四度の本次第として尊重されており、宏教は本書によって『胎蔵界次第』一巻をつくり、現在西院、保寿院流に依用している。〔所載〕弘全4。〔参考〕大日経、胎蔵四部儀軌、胎蔵界念誦次第。〔苫米地誠一〕

胎蔵界虚心記【たいぞうかいこしんき】㊝ 二巻。圓仁（七九四―八六四）記。『胎蔵虚心記』『胎記』ともいう。圓仁は慈覚大師、第三代天台座主。弘仁五（八一四）年年分度者として最澄の門下にあり、止観業を専攻しながら、承和五（八三八）年、日本最後の遣唐使に便して入唐し、足かけ一〇年五台山、長安を中心に受法し、会昌の法難に遭遇して急遽帰国した。ことに長安における密教の受法は、元政、義真、法全等につき、もたらした経軌は弘法大師空海のそれをしのぎ、ために天台密教―台密―は発展した。本書は圓仁の手になる胎蔵界の次第で、虚心合掌の項からはじまるところから書名がついた。寛永寺蔵本に「慈覚大師在唐の日、宝月三蔵に値い面受せしところ、この記は五大院の記に出ず」とあるが、この注記以外にその事実を証するものはなく、ことに安然の『胎蔵界対受記』でいう「慈覚大師密記」なるものは、まったく本書の内容と相当しない。渋谷亮泰編『昭和現存天台書籍綜合目録』には、圓仁撰『胎蔵記』の名があったとするが、それが安然の「密記」に合致するかどうかは決めかねる。本書は安然の『対受記』はもちろん、以後の人師にまったく反映していないことを思えば、あるいは偽撰ともとれるが、上記寛永寺本の注は、あえて本書の特殊性を説明しようとしたものかもしれない。内容は経文、師説、義釈をつらね、上巻には虚心合掌、護身印から除業仏頂印、下巻には広大発生仏頂から怖魔印までをのせる。〔所載〕正蔵75、日蔵（天台宗密教章疏1）。〔木内堯央〕

胎蔵界沙汰【たいぞうかいさた】㊟ 覚鑁（一〇九五―一一四三）撰。覚鑁には、四度にかかわる次第、沙汰等が八部あるが、本書はそのうちの一書である。胎蔵界次第は、「長承四年三月二日於金剛峯寺草之」との奥書が記されている一本がある。また、沙汰と称する師伝、口決を記したものは、『十八道沙汰』『金剛界沙汰』と本書である。また、金剛界曼荼羅についての伝を記した『附曼荼羅沙汰』一巻もある。本書は、一伝には、『胎蔵界日記』とも名づけられている。〔所載〕興全上、正蔵79。〔栗山秀純〕

胎蔵界三部秘釈【たいぞうかいさんぶひしゃく】㊟ 一巻。元杲（九一四―九五）述。胎蔵現図曼荼羅に関する論書。全体は一七の問答より構成されている。まず金剛界は五部（仏部、金剛部、宝部、蓮花部、羯磨部）を立てるのに対して、胎蔵界では三部を立てる理由を論じる。つまり胎蔵界は衆生を教化する他受法楽の行相を表わしているのであって、仏の大定、大智、大悲が展開している世界である。大定は仏部、大智は金剛部、大悲は蓮花部に相当する。曼荼羅の各院についていえば、中院は仏部、観音院は蓮花部、薩埵院は金剛部に配当される。さらに仏部に遍智院、釈迦院、文殊院、持明院、虚空蔵院（蘇悉地院）、蓮花部に地蔵院、金剛部に除蓋障院を配当し、外金剛部院は三部の護法とする。次に、以上の配当の理由を説明して、前半を終る。後半は個別的な問題に言及する。⑴中院と観音院における観自在菩薩の相違を本覚と本誓により区別し、本覚は仏、本誓は菩薩であると定義し、中院の普賢、文殊、弥勒を各々三世仏、過去化、未来仏とする。⑵持明院中の五尊を三部に当て、とくに降三世と勝三世につき、これを未決としている。また穏和相の般若菩薩を忿怒尊のなかに置く理由につき、忿怒は降魔を表わし、降魔は智力によるゆえ、大智たる般若菩薩をこの院に置くという。⑶中院の四仏の方向が金剛界四仏と相違する理由をのべる。本書は胎蔵曼荼羅の教理的解釈を示す基本書として後世への影響は大きい。〔所載〕正蔵78。〔清水　乞〕

胎蔵界四重曼荼羅略問答【たいぞうかいしじゅうまんだらりゃくもんどう】㊟ 一帖。済暹（一〇二五―一一一五）抄。済暹は、空海の没後、事相のみにかたより、省みられることなく衰退していた東密の教相（教理的研究）を復興させた初めての学匠で、散逸しかかっていた空海の著作の蒐集にもつとめ、多くの注釈をつくった。本書は胎蔵界四重曼荼羅の十三大院の重位列次や諸尊について、『摂大儀軌』『広大儀軌』『玄法寺儀軌』『青竜寺儀軌』等に基づきながら問答形式によって論述した書。初めに第三重釈迦・世天より第二重文殊院等、第一重遍知院等、中台八葉九尊にいたる修因向果の次第、中台八葉院より第三重にいたる従本垂迹の次第、不次第の次第の三次第についてのべ、その後、各院の諸尊の自性法身、自受用身、他受用身、変化身、等流身の摂属について論じている。『正蔵』所載本は嘉承二（一一〇七）年写の東寺観智院蔵古写本で、写真版で載せられている。〔所載〕正蔵（図像1）。〔苫米地誠一〕

胎蔵界七集【たいぞうかいしちしゅう】㊟ 四巻。淳祐（八九〇―九五三）撰。淳祐は観賢の弟子で、その瀉瓶となったが、体が弱かったために石山寺に隠棲し、石山内供の名がある。そのため本書と『金剛界七集』二巻とを合わせて、『石山七集』といい、別に『両部曼荼羅七集』『七集』ともいう。しかし本書の淳祐撰には異論がないが、『金剛界七集』は、後人が本書にならって撰したとする説もあり、ふつうにはともに淳祐撰と称している。本書は自筆本の奥書によると、延長元（九二三）年八月二〇日に上巻の本末の二巻が成立したことが記されており、淳祐三三歳の撰である。内容は、現図胎蔵生曼荼羅の四一四尊のいちいちの尊について、初めに漢名を挙げ、次いで梵号、密号、種子、三昧耶形、印相、形像の七種について記し、その七種を集めたことによって七集の名がある。またさらに『大日経疏』を始め、その他の経軌類から諸尊の本拠となる文を引いて載せている。本書は、同種の類書中で最古のものであり、図像学、あるいは曼荼羅研究にはもっとも重要な資料のひとつである。また同種のものには、真寂撰の『大悲胎蔵普通大曼荼羅中諸尊種子標幟形相聖位諸説不同記』一〇巻（『諸説不同記』）や恵什の『図像抄』（『十巻抄』）、心覚撰の『別尊雑記』五七巻（『要尊雑記』『五十巻鈔』）などがある。〔所載〕正蔵（図像1）、仏全44。

〔苫米地誠一〕

胎蔵界生起【たいぞうかいしょうき】天　一巻。覚超（九六〇—一〇三四）述。覚超は源信の縁で比叡山に登り、慶円に密教を学び、横川に隠棲して、つとめて世事をきらった。その密教の法流は川流と呼ばれ、皇慶の谷流と並んで圓仁の流れをくむものであった。本書は、胎蔵界大法の次第を説明しようとしたもので、その次第の必然性に目をむけて解説しているところに、「生起」と題する意味あいが存在しているといえよう。胎蔵界大法を大分して、奉請供養分、総別念誦分、供養奉送分と三段にみている。奉請供養分は、行法の中心をなす総別念誦分に到るまでの当然の前提であり、遠方便としての九方便等、近方便としての護身法等ののち、供養儀式として作壇および五輪成身によって依報正報を建立し、道場観で召請する諸尊の依報正報を観想し、ついで諸尊召請の治路等を修し、成身結界をなして念誦の環境をととのえ、来到の諸尊を供養讃歎して総別念誦分に入っていく。総別念誦分は、総念誦として胎蔵界曼荼羅三部、四重の諸尊に対する念誦を行い、別念誦は中台本尊の念誦で、大法の中心をなす。こうして総別の念誦による所修の功徳を部母に奉献して欠減の生ぜぬよう祈請し、召請の逆に三部諸尊を供養奉送するのである。覚超には、『三密鈔』『三密鈔料簡』等もあるから、それらと本書とを組み合わせることによって、覚超の胎蔵界大法に対する巨視的な生起次第の見解がうけとれる。〔所載〕正蔵75。

〔木内堯央〕

胎蔵界対受記【たいぞうかいたいじゅき】天　七巻。安然（—八四一—九〇四—）著。『胎蔵界大法対受記』ともいう。安然は慈覚大師圓仁の門下にあって密教を学び、のち遍昭が華山元慶寺を再興し、みずから座主となって、年分度者を下賜されるにいたって、安然らをその教授阿闍梨として迎えた。安然は、その教育指導に専注するとともに、きわめて自由で意欲的な密教の教相事相の研究に従事し、かずかずの著作をものして、いわゆる天台密教—台密—の集大成に大きな成果をあげた。本書は、冒頭に「安然、貞観十八年二月をもって入唐の事あり……」として、道海から玄法寺二巻儀軌、長意からも同二巻儀軌、三月に讃岐守湛慶から三巻儀軌、元慶六（八八二）年六月には遍昭から二巻儀軌をそれぞれ伝えたとする。すなわち本書はそうした胎蔵界大法についての諸阿闍梨からの受法のさまを整理して記したもので、夢で圓仁から胎蔵界伝法印を授かった話、遍昭から胎蔵界真言、釈迦伝法印を受けたこと、他に南忠の私記、宗睿の私記をも手に入れ、高野和上、円行和上、慧運和上の記を参照したこと、圓仁将来玄法寺両巻三巻儀軌、惟正将来両巻儀軌異本、圓珍将来青龍寺三巻儀軌、宗睿将来青龍寺三巻儀軌、惟謹の三巻儀軌、無畏三蔵摂大儀軌三本など、いわば当代の胎記口決を網羅し、胎蔵界二五三印、六月修法、相承、次第六種、儀軌といった項目で、胎蔵界大法の集大成を完成している。〔木内堯央〕

胎蔵界念誦次第要集記【たいぞうかいねんじゅしだいようしゅうき】真　二〇巻。杲宝（一三〇六—六二）撰。延文五（一三六〇）年一〇月一〇日成立。『東源抄』『要集記』ともいう。現存の賢賀書写本は第一巻の巻首一両紙を欠き、題名を私に加えたことが記されている。杲宝は東寺観智院第一世で、師の頼宝、弟子の賢宝とともに東寺の三宝と称され、高野の宥快、根来の頼瑜とともに中世真言教学最高の学匠の一人である。本書は初め文和三（一三五四）年ころに書き始め、延文五年まで七年をかけてつくられた書で、淳祐の瀉瓶である元杲の『胎蔵界念誦私記』一巻に対する注釈である。杲宝は栄海より勧修寺流を受法しており、その根本次第である元杲の次第に注釈したもので、元杲の次第を「延次」「延命院次」等、栄海の次第を「先師僧正私次第」などと称し、勧流の厳覚、興然、栄然、栄尊等の口伝を始めとして、諸経軌論章疏、および台東両密、小野広沢諸流の口決などをひろく引用している。本書は第一巻に胎蔵界諸儀軌次第事として安然の『八家総録』『胎蔵界大法対受記』と空海の『御請来目録』などから胎蔵界の儀軌を挙げ、次に曼荼羅事として、三部分別、重位分別、諸尊分別について記し、次いで諸会行用次第事として、諸儀軌次第等の印明次第などを列挙する。第二巻以降はまさに元杲の『念誦私記』に対する注釈である。〔所載〕真全25。

〔苫米地誠一〕

胎蔵界曼荼羅鈔【たいぞうかいまんだらしょう】真　二巻。信日（?—一三〇七）撰。成立年代不明。『信日鈔』とも呼ばれる。内容は胎蔵曼荼羅に関する種々の要旨を解説したものである。上巻には、曼荼羅大綱事、胎蔵界名字事、因曼荼羅事、大悲胎蔵曼荼羅経疏種類事、蓮華一本曼荼羅、白檀九位曼荼羅事、嘉会壇曼荼羅、阿闍梨所伝曼荼羅秘密曼荼羅此中九類曼荼羅、八葉院八葉蓮華事、八葉蓮華根元事、観蓮華不観余花事、中台日并四葉四仏事、四葉四菩薩事、仏心赤色事、四仏四菩薩因果事、中台俗形四仏出家事、両部大日宝冠五仏事、四仏事、五仏平等事、遍知院事、二人迦葉遍知印左右事、

五大院五尊事、降三世在胎界事、観音院金剛手院事、釈迦院事、観音院金剛手院事、釈迦院であり、下巻には、文殊院事、支分生曼荼羅普賢三摩耶事、虚空蔵院、虚空蔵院蘇悉地相通事、蘇悉地院、地蔵院事、除蓋障院事、四大護院事、八葉間三古事、除蓋障菩薩居地蔵院事、曼荼羅中在十界事、曼荼羅瓶事、於胎蔵一曼荼羅有四筋事、一曼荼羅配当三部重重事、以外部配当三部事、以四大護院配当三部事、三部釈事、三重曼荼羅三身配当事、現図曼荼羅四重配当事、四重法界輪壇表示事、以菩提心大悲方便配当一曼荼羅事、五行持胎蔵曼荼羅事、為末世説胎蔵事、三部部母事、三部明王事、三種部主事、三種明妃事、三種忿怒事、有二種帝釈事、両部一心事、支分生曼荼羅事、中辺本末曼荼羅事、二界総別曼荼羅事、二界大日出従一阿字事とある。明暦四年の刊本がある。〔所載〕仏全44。〔村山正俊〕

胎蔵界略記【たいぞうかいりゃくき】天　一巻。円珍（八一四―九一）撰。『胎三巻略記』『胎蔵界行事略記』ともいう。円珍は智証大師、天台宗第五代座主、天台寺門宗祖。義真の門下で一二年籠山を終り、比叡山一山学頭に推され、のち入唐し台密を充実。本書は、残欠断簡で大日本仏教全書編者が私に表題をつけたもの。内容は二部分にわかれ、前半は蘇悉地に関する口説、後半は法全の経歴についてのべていて、胎蔵界口決の要点はみえない。〔所載〕仏全28。〔木内堯央〕

胎蔵界礼懺文鈔【たいぞうかいれいさんもんしょう】真　一巻。亮汰（一六二二―八〇）撰。『胎蔵界礼懺文』は胎蔵界大曼荼羅における大日如来を初めとしての諸尊に礼拝し懺悔することを説いたもので、本書はこの礼懺文に注を加えたものである。撰者はほかに『金剛界礼懺文鈔』二巻、『金胎礼懺科注』三巻などの著作をのこしているので、金胎両部の礼懺文を知るために必要と思われる。〔真柴弘宗〕

胎蔵三密抄【たいぞうさんみつしょう】天　五巻。覚超（九六〇―一〇三四）撰。覚超は、兜率僧都、兜率先徳といわれ、『往生要集』で名高い源信にともなわれて比叡山に入り、天元年間（九七八―八三）に得度し、良源に師事、慶円に密教の潅頂を受け、のち比叡山横川首楞厳院に在って台密等の述作にふけった。その一流を川流と称する。本書は、覚超みずから「今この大教王は甚深の中の甚深、秘密の中の秘密なり。本経本疏諸師の儀軌、文略にして迷い易く謬り易し。近代の人師、所伝各異なり、学者誰れか是非を知らん、只だ仰で信ずるのみ、我が師とする所、今聊か所思ありて諸文を抄集す」というように、まず覚超が自己所伝の軌記を掲げ、これに対して諸文を引く形式がとられ、玄法軌をまずかかげて、青龍軌、摂大軌、広大軌等から、『大日経』はもちろん、『大日経義釈』をも引いて、よくこれを整理し、胎蔵界大法の次第について、一目にして深旨が読みとられるように編纂されている。その撰述態度は、上掲の文といい、本文の「夫れ三密の教を学ぶ者は、先ず当に五事を知るべし……」といった書きかたから後学の指南をめざしたことがあきらかで、安然の『胎蔵界対受記』とあわせて、台密胎蔵界の必須のよりどころとして評価されてきている。他に本書引用の疏記としては、『大日経供養次第法疏』『法華観智儀軌』『熾盛光儀軌』『聖観自在軌』『準提陀羅尼経』『諸仏境界摂真実経』等におよぶ。〔所載〕正蔵75、覚超全集27上。〔木内堯央〕

胎蔵次第【たいぞうしだい】真→胎蔵界吽字次第

大僧都空海伝【だいそうずくうかいでん】真　一巻。藤原良房撰。成立年代不明。弘法大師空海の伝記書。全文四〇一文字の小篇であるが、藤原良房が勅を奉じて撰述した書で、『続日本後紀』第四に収められただけに、古来重視されて来た。謚号拝受前の三伝の一として、いまだ神秘化されない人間空海を記している点、また、文章が達意である点等、空海伝の基本資料とされて来た書物である。〔所載〕弘全1、弘伝1。〔里道徳雄〕

胎蔵入理鈔【たいぞうにゅうりしょう】真　三巻。頼瑜（一二二六―一三〇四）述。胎蔵界念誦次第の口決であり、金剛界についての『金剛発恵抄』と並んで金胎両部の次第に関する頼瑜の考え方を知るうえで重要な資料である。本書は問答体で書かれてあり、まず胎蔵と名づける意味、金胎両部に浅深ありや等の基本問題から説き始め、塗香、三密観、三部三昧耶、加持香水、唱礼、九方便、五大願、四無量観、作壇、道場観に進み、それぞれの項について問答をつづけ、次に胎蔵曼荼羅を観ずることから、中台八葉を中心に、胎蔵曼荼羅上の各尊について説明を加え、問答をつづける。この間に頼瑜は、多くの先徳たちの解説を引用し、すなおなかつ客観性をもった解説をつくりあげている。真言密教における胎蔵法の修法の教理的意味づけをめざしている点で重要である。奥書に、「正安二年九月十二日、或人の請に依りて、根来寺中性院の坊に於てこれを記しおわんぬ、金剛仏子頼瑜、七十五」とあり、つづけて、「同（正安）三年十二月二十四日、同院に於て少々再治す、頼瑜、七十六」と誌されているところから、本書は頼瑜の七五、六歳の作である。〔所載〕正蔵79。〔加藤精一〕

大智禅師偈頌【だいちぜんじげじゅ】曹　一巻。大智（一二八九―一三六六）撰。光厳（生没年不詳）等編。『祇陀開山大智禅師偈頌』ともいい、『大智偈頌』と通称して、古来より禅僧に親しまれた。大智は、現・熊本県宇土郡不知火町に生まれ、幼名を万十といった。永仁三（一二九五）年、大慈寺（現・熊本市）の寒巌義尹（一二一七―一三〇〇）について出家し、正和三（一三一四）年入元、正中元（一三二四）年帰国する。入元前、すでに瑩山紹瑾（一二六八―一三二五）の膝下に証悟したと伝えるが、帰国後、瑩山の指示によって高弟明峯素哲（一二七七―一三五〇）に嗣法し、道元手縫の袈裟を相伝した。これより先、加州吉野郷に祇陀寺を開創するが、菊池武時の請に応じて肥後に赴き、菊池一族を提撕すること約三〇年。正平一三（一三五八）年、肥前加津佐に移り、正平二一（一三六六）年一二月、同地の水月庵に寂した。示寂に当って大智は、説示筆耕の一切を火に投じたと伝説する。しかし大智の秋霜枯淡の家風と純禅孤高の赤心は、在元一〇年の言語的洗練と豊かな詩魂と相俟って、自ら多くの名品を頌出せしめた。滅後、門弟等によって二二九首が蒐集せられて一本となり、叢林においてすこぶる珍重され、広く流布した。室町中期に刊行された五山版が最も古く、江戸時代だけでも寛永本、延宝本、元禄本、宝暦本、延享本、文政本等七種を数え、注解、提唱本また一五種を挙げることができる。本書の人気と需用は今も根強いが、編集した門人光厳については、全く知る所がない。〔所蔵〕駒大図。〔所載〕続曹全（歌頌）。〔鈴木格禅〕

大智禅師偈頌鈔【だいちぜんじげじゅしょう】曹 二巻（上・下）一冊。万安英種（一五九一—一六五四）の撰と伝えるが、やや明確さを欠く。承応三（一六五四）年初刊。寛文三（一六六三）年に再刊。祇陀大智（一二八九—一三六六）は詩の名手と仰がれ、その偈頌は禅僧の間に珍重された。大智偈頌の注釈本は、江戸期だけでも、五種を数えるが、本書は最古の注釈書である。漢字と片仮名の混淆文で、きわめて簡潔に、達意的に各偈頌の主旨を述べている。序・跋ともにない。〔所蔵〕駒大図。〔所載〕続曹全（注解2）。〔鈴木格禅〕

大智禅師法語【だいちぜんじほうご】曹 一巻。大智（一二九〇—一三六六）撰。延元元（一三三六）年成立。宝暦一三（一七六三）年刊。在元十有一年の遍参の後、帰朝した大智は、翌正中二（一三二五）年、能登の永光寺（ようこうじ）に瑩山紹瑾（一二六八〈六四〉—一三二五）を拝し、ついで加州吉野郷（現・石川県吉野谷村）の山中に跡を隠さんとするが、徳光自ら彰れ参玄の学侶あとをひいて一宇を草するに至った。祇陀寺である。時に肥後に菊池氏あり、一二代当主武時の懇請と天菴懐義（?—一三六一）の斡旋に応じて肥後に赴いた大智は、龍門（現・菊池市）に鳳儀山聖護寺を、石貫（現・玉名市）に紫陽山広福寺を開創して菊池一族を薫陶する。本書は、仮名で書かれた「鳳儀開山大智禅師法語」（「大智禅師の仮名法語」と通称する）と「十二時法語」の二篇よりなる。両者とも短篇であるが、道元（一二〇〇—五二）、瑩山の宗教を伝承した大智の、寸毫も妥協を許さぬ仏法の大義と信の純潔が、平明な文字の行間から溢れ出ており。それによって大智の指導の様子や、菊池一族の大智に対する帰依や修行の態度が推測できる。本書は長く巷間に埋もれていたが、宝暦一三（一七六三）年夏、たまたま洞門の学匠指月慧印（一六八九—一七六四）の知る所となり、印刻されて世に流布した。指月に「序」を求めたのは法嗣瞎道本光（一七一〇—七三）である。「序」の中で指月は、菊池武時に示した法語であるとしているが、説示の時は武時の死後であり、一三代武重は寂山と号したので、法語の末尾にある「覚阿上人」については未確定である。〔所蔵〕熊本県広福寺、駒大図。〔所載〕曹全（法語）、曹洞宗古文書上。〔鈴木格禅〕

大中寺縁起【だいちゅうじえんぎ】曹 一巻。撰者不明。室町時代の成立。関三刹の一であった栃木県下都賀郡大平町太平山大中寺について、太平志、門境十一、草創、山号、寺号、開山遺誡、寺役、月岑仙洞二庵、寺法、三朝賀儀五節人事、鎮守祭礼、入院式、御朱印改賜年表、祝融などについて記録する。つづいて開山快庵明（妙）慶より、四八世無相心戒にいたる歴代年譜を詳細に記録している。〔所載〕続曹全（寺誌）。〔大野栄人〕

袋中上人伝【たいちゅうしょうにんでん】浄 一巻。巻末の良呈泰雄の識語によると、袋中の在俗の門弟山田某の記述を義山（一六四八〈四七〉—一七一七）が修訂して湛慧（一六七五—一七三九）の繕写本に画図を入れて完成されたという。寛延二（一七四九）年成立。『袋中上人絵詞伝』ともいう。内容は江戸初期に活躍した浄土宗名越派の学僧袋中良定（一五五二—一六三九）の八七年間にわたる生涯を三四段に分けて記述した絵詞伝である。記述には『勅修御伝』の影響が随所にみられる。本書には鶯瀧寺本、如来寺本、史料編纂所本、浄全本、本覚寺本、袋中庵本の六種の異本があるがほぼ同じ内容である。〔所載〕浄全17、国東叢1ノ3、琉球神道記、弁蓮社袋中集（横山重編）。〔藤井正雄〕

大徹宗令禅師喪記【だいてつそうれいぜんじそうき】曹 一巻。別称『立川開山大徹和尚示寂祭文』。『禅林雅頌集』（愛知学院大所蔵）に所収。大徹宗令（一三三三—一四〇八）の葬儀における法語・祭文の記録。〔所載〕続曹全（清規）。——→喪記集〔松田文雄〕

大伝法院本願上人伝【だいでんぼういんほんがんしょうにんでん】真 一巻。『続群書』『続史籍集覧』に収められる。内容は、新義真言宗の祖覚鑁の漢文伝記である。巻末に「文政元年（一八一八）冬以両三本校合令書写矣。智積院僧正弘基」とある。〔渡辺照世〕

大道和尚法語【だいどうおしょうほうご】臨 一巻。大道文可（一六八〇—一七五二）撰。宝暦四（一七五四）年成立。丹波の鬼大道と呼ばれた法常寺の文可の機鋒鋭い法語集。明石滞在中、四衆のためにした法語と広瀬玄洞に与えた六条の問答等を収める。本書は師の寂後二年に刊行された。〔所載〕禅法語下、禅法全5。〔伊藤東慎〕

大燈国師語録【だいとうこくしごろく】臨 三巻。宗峰妙超（一二八二—一三三七）著。正式には『竜宝開山特賜興禅大燈高照正燈国師語録』という。編者は各禅寺語録によって相違する。第一巻は「大徳語録」のみで侍者性智編であるが、性智の伝記はまったく不明。第二巻は「筑州太宰府万年崇福禅寺語録」侍者宗貞編。「洛陽竜宝山大徳禅寺語録、退横岳帰本寺」（「後大徳録」）侍者恵眼編。頌古、拈古、大燈国師行状」が掲載されており、宗貞の伝記も不明であるが、恵眼は妙心寺開山となった関山慧玄（一二七七—一三六〇）のことか?。第三巻は「特賜興禅大燈国師参詳語要」となっている。本書が応永年間に刊本になるまでの筆写本は現存しない、したがって応永版（五山版）のものが本書の最古本となる。成立に関してはそれ以上のことは不明である。その後元和七（一六二一）年に大徳寺一五六世江月宗玩（一五七四—一六四三）が、応仁の乱で焼けた本書の版木を復刻したのが元和版で、これがもっとも世間に流布したものである。

大燈は宗峰妙超といい、南浦紹明の法を嗣いだ。花園・後醍醐両朝の帰依を受け、紫野大徳寺の開山となる。本書の「大徳語録」は嘉暦元（一三二六）年大徳寺の法堂が完成してその一二月八日に大燈が開堂したときの語録に始まり、元徳三（一三三一）年までの五年間、大徳寺で行われた上堂、小参の語録を集めたものである。「崇福語録」は太宰府の崇福寺から拝請を受け、元徳三年、四月から六月まで崇福寺に住持したときの語録である。「後大徳語録」は同じく七月からおそらく建武三（一三三六、大燈の遷化の前年）年までの六年間、大徳寺で行われた上堂、小参の語録である。その次に頌古が四八則、拈古が一一則収録されている。「大燈国師行状」は徳禅寺に住した春作禅興が応永三三（一四二六）年に撰したものである。「参詳語要」というのは、『雪竇語録』のほとんど全体にわたって大燈が着語したものである。その内容は「参詳語要一」として『雪竇語録』中事、挙古、勘弁、後録。「参詳語要二」として雪竇語録中事、『洞庭語録』、拈古、室中挙古、勘弁、雪峰和尚塔銘、雪竇伝法賜紫、受師号上堂、となっている。本書は全体的に見て『大応録』からもっとも多く影響を受けているが、『虚堂録』の影響も大きい。また「参詳語要」に見られるごとく、大燈は雪竇がかなり気に入っていたようであるが、その系統の祖師である雲門にもっとも私淑していた。本書と『雲門広録』を綿密に読むと両者の禅風に共通した向上の精神に貫かれていることがわかる。〔所載〕正蔵81（続諸宗部12）、訳禅叢12（訓注本）、日本の禅語録6（訳注本）。〔平野宗浄〕

大燈国師年譜【だいとうこくしねんぷ】臨　一巻。正式には『大徳開山興禅大燈高照正燈大慈雲匡真弘鑑常明国師年譜』という。編者は大徳三四九世巨海宗如（一六九六—一七七〇）である。大燈年譜のもっとも古い形態をなすものは応永三三（一四二六）年の「大燈国師行状」（春作禅興撰）であるが、年譜らしい形を始めて整えたのは沢庵宗彭（一五七三—一六四五）自筆自撰の大燈年譜である。巨海はこれを見ていたと思うが、ほとんど他見を許さなかったらしく、遺失することを恐れ、みずから新たに年譜製作を決意し、明和四（一七六七）年稿本ができあがったという。版本が始めてできるのは明和八年であるが、その稿本らしき写本（旧瑞源院蔵）が竜光院に所蔵されている。本書には編者の巨海の跋と、大徳三五四世心瑛宗悦（一六九一—一七七五）の名が付せられている。また本書は「祥雲夜話」を年譜の後に付しているが、沢庵本では年譜中に組み込まれていたが、これを切り離したのは巨海の見識である。「祥雲夜話」は「破尊宿夜話」ともいい、元来単行のもので筆写本が数本あり、室町時代のものもある。これについては『禅文研紀要』9、『日本の禅語録』6を参照。また『大燈国師年譜』筆写本の異本は芳春院旧蔵本があり、大徳寺蔵版の『竜宝山祖師伝』1に掲載されている。〔平野宗浄〕

大燈国師百二十則【だいとうこくしひゃくにじゅっそく】臨　一巻。宗峰妙超（一二八二—一三三七）撰。本書の成立時期は不明である。もちろん宗峰の直筆本はなく、諸種の筆写本もいずれが最古のものとは定めがたい。ただ石井家蔵本のみは写筆者が大徳九三世清庵宗胃（一四八四—一五六二）であり、その筆写年代が永正一六（一五一九）年であることがわかっている。本書の内容は宋代の臨済禅が使用してきた多くの公案のなかから、宗峰が修行者の指導のために一二〇則の公案を任意に撰び、その各則の重要な個所に宗峰みずからが着語したものである。この方法は『雪竇頌古』百則に円悟克勤が着語したことに始まるが、宗峰にはほかに『参詳語要』（『雪竇語録』に宗峰が着語したもの）や『碧巌百則大燈国師下語』などがあり、本書が宗峰の撰である可能性は強い。この石井本のほかに同系統の異本として、竜光院本と霊泉院本があり、少し順序が違うが内容はほとんど同じである。この三本とは別の系統の異本として東海寺本、幡竜庵本、霊泉院別本、今津本がある。後者四本についてはまだ研究の余地がある。なお本書に関しては石井本を鈴木大拙氏の解題で復刻し、荻須純道著『日本中世禅宗史』が同じく石井本を活字化し、『禅文研紀要』3では平野宗浄が三本の校合をしているので参照されたい。〔平野宗浄〕

大燈国師遺誡【だいとうこくしゆいかい】臨　宗峰妙超（一二八二—一三三七）撰。従来この遺誡は『大燈国師年譜』のなかにのみ掲載されていた。そして現在遺誡として伝えられているものはその示衆法語と遺誡を合わせたものである。その前半である示衆法語は年譜の正慶元年の条に記されており、遺誡は建武二年の条に成立されているので、明らかに別のものである。最近公開された大徳一五六世江月宗玩の著『墨跡の写』（禅林墨跡鑑定日録）によれば、宗峰の自筆による遺誡（示衆法語はなし）が実在していたことを記録している。しかも建武二（一三三五）年一一月の年記があり、年譜の記録と一致するので、一般に流布している「大燈国師遺誡」は宗峰の真作としてほとんど疑いはない。この遺誡の内容は『臨済録』および『血脈論』の思想をふまえており、これによって宗峰の禅風は、唐代の禅への復古の精神に基礎づけられていることは明らかである。またこの遺誡は『虚堂録』普説の話をふまえており、虚堂、大応とつづく直系の禅の宗旨が

脈々と伝えられていることを証明している。〔平野宗浄〕

大道禅師仮名法語【だいどうぜんじかなほうご】通　一巻。大道文可（一六八〇—一七五二）著。宝暦四（一七五四）年刊。大道は臨済宗の人。武蔵（埼玉県）に生まれ、一九歳で出家、豊後（大分県）多福寺の賢巌禅悦（一六一八—九六）に参じて法を嗣ぐ。さらに日向（宮崎県）大光寺の古月禅材（一六六七—一七五一）、伊予（愛媛県）如法寺の逸山祖仁（一六五五—一七三四）らに歴参の後、丹波（京都府）法常寺に住した。本書は大道が宝暦二（一七五二）年、出雲（島根県）に赴く途次、播磨（兵庫県）明石にて四衆に示した垂誡を、大野與左衛門、寺岡文左衛門の両人が列席、筆録し、大道自身が点検して上梓したもの、および広瀬玄洞居士の問いに対して大道が答えた法語一文とから成り立っている。仮名法語では、衆生の悉有仏性を語り、この理を覚ることが悟りであり、宗旨の違いを越えて一つであるこの理を知る人は仏、知らざる人は凡夫と説く。仏とは妄念悪念なく、安心の胸中さっぱりしたる所をいう。禅宗に限らず真言のダラニ、法華の題目も悪念を止めるの道であり、さらに諸芸の修業も禅定に同じ旨を平易に説いている。広瀬居士との問答は六問六答の短いもので、亡者供養の功徳、前世・来世に関する問題、六欲を本心の妙用とすること、各人が成仏する必要の有無、凡夫の成仏と仏祖の成仏との同異などを論じている。〔所載〕禅法全5、禅法語下。〔西村惠信〕

大徳寺世譜【だいとくじせふ】臨　一巻。正しくは『竜宝山大徳禅寺世譜』という。大徳四五七世悦叟妙怡（一七九三—一八六一）編。従来この書を悦叟の編としているが、悦叟の跋文と大綱宗彦（一七七二—一八六〇）の序文によれば、おそらく了仲居士（伝記不明）の編が正しい。これより古く『竜宝山正燈世譜』というのがあり、宝永五（一七〇八）年に改正され、さらに文政六（一八二三）年に再校正されたものが出たが、『正燈世譜』は見るのにわずらわしい欠点があり、その欠点を補うために『大徳寺世譜』がつくられたと思われる。初版は嘉永七（一八五四）年である。その内容は大綱の序文があり、まず「竜宝摘撮」と題し大徳寺山内塔頭寺院の紹介を悦叟がのべている。つづいて目録があり本文、脱偈録、筑前州横岳山崇福寺住持世次、真珠・酬恩両庵歴代世次と順に掲載され、悦叟の跋文が付されている。本文は大徳寺に住持した人びとの略歴が記されており、便利ではあるが十分とはいえず『正燈世譜』を参照して利用すべきものである。現在流布しているものは大正七年松花堂遺跡保存会事務所より発行されたものであるが、その後、昭和五四年の時点までの増補されたものが出版された。これには索引が付されている。〔平野宗浄〕

体内本迹勝劣義【たいないほんじゃくしょうれつぎ】日　一巻。忍定日憲（一六九四—一七七〇）記。宝暦元（一七五一）年成立。日蓮は『法華経』本門に立脚する教学思想を展開したが本迹について後世一致・勝劣の議論が興った。日憲は、本地総名体内に能開・所開の能所勝劣を存するのが日蓮の義でありそれは絶対のうえの相対と規定されるという日隆の義を承け、二二カ条にわたって論じたのが本書である。〔所載〕日宗全9。〔大平宏竜〕

大日経解題【だいにちきょうかいだい】真　各一巻七種。空海（七七四—八三五）撰。成立年代不明。『大日経解題』の著作に七種があり、それぞれの本の最初の語句をとってそれらを区別している。㈠法界浄心本。笠仲守が亡母の追福のための法莚を開いた時空海が講演したものと推定される。内容は『大日経』が大日如来の究極の境地を開示したものと説き、ついでこの経の題目を逐次に分析、解釈し、さらに四種法身や三大、人法喩や梵名などの諸方面から釈している。特に加持の解釈では、『即身成仏義』の六大無碍云々の二頌八句を全文掲げ、空海の『大日経』解釈の独自性を示している。㈡衆生狂迷本は、密教の三密、五相成身、四種曼荼羅、金剛心こそ悟りの境地であることを示し、ついで題目を分析、解釈している。この本の特色は、経題と品類の解釈のほとんどを『大日経疏』によっている点にある。㈢今釈此経本。この本は『大日経略解題』とあり他の諸本と異なる。内容は⑴大意を述べ、⑵題目を釈し、⑶入文判釈しているが、入文判釈は第五世間成就品までで終っている。㈣大毘盧遮那本の内容は⑴⑵は前と同じく⑶は特に namaḥ（帰命）evaṃ mayā śrutam（如是我聞）の意味を梵語を挙げ解釈している。㈤隆崇頂不見本は、孝子の亡母の一周忌の追善供養の際の講演の文。内容は、その法要を営む趣旨を述べ、つぎに至心勧請帰命礼、至心懺悔、至心受戒、至心発願とを述べ、法界浄心本と同一の文をあげ、題目を分析、解釈し、入文判釈し、廻向文で終わる。㈥三密法輪本は、初めに「和尚為升忌日講文」とあり、『大日経』の趣旨を述べ、題目を釈し、特に「大」について一三の解釈をあげている。㈦開示受自楽本は法界浄心本と大小同意であり、二頌八句も同じく掲げている。〔所載〕弘全1、正蔵58、日蔵（密教部章疏上）。〔松本　隆〕

大日経義釈更問鈔【だいにちきょうぎしゃくきょうもんしょう】因　一巻。圓珍（八一四—九一）撰。『更問抄』『記問八帳』ともいう。圓珍は智証大師、比叡山第五代座主。義真に師事し、一紀一二年の籠山をおえて一山の学頭に推挙され、圓仁についで入唐し主として台密の充実に貢献した。その『大日経』研究は入唐以前から徹底していて、本書は、所学の『大日経義釈』の疑問点を唐の長安で法全に討したノートで、残念ながら上巻が失われている。〔所載〕仏全26。〔木内堯央〕

大日経義釈捜決抄【だいにちきょうぎしゃくそうけつしょう】因　一二巻。仁空（一三〇九—八八）著。仁空は廬山寺流の学僧、円密戒浄に通じ、斯流の学風を昂揚し、数多の著書がある。仁空は円応和尚ともいい、中務少輔藤原為信の長男、比叡山に登り円密二教を学び、大原来迎院示導康空に師事、円頓菩薩戒を受け、師について西山三鈷寺で修行した。かくしてのち廬山寺を董することになる。本書は康暦元（一三七九）年六月から永徳元（一三八一）年五月までの三年間、比叡山東塔北谷浄行院で、『大日経義釈』の住心品に相当する巻一、巻二の二巻を講じたものを、会下の志玉、快運、承教らがノートを輯成したもの。内題に「義釈聞書」とあり、開講の日時も誌してある。くわしくはこの講演は三期にわかれていたようで、康暦元年六月一一日から八月二九日までの七九日間で巻一を講じ、翌年六月一二日から七月二六日までの三八日間に巻二の三六丁までの半分を、永徳元年四月二日から五月二三日まで五一日間に巻二の後半を講じている。仁空の博識は全巻にあふれ、台密のみならず東密についても鋭い舌鋒があり、諸師先徳の教説をくまなくとりあげていて、精緻をきわめ、天台に立った義釈の本格的な研究書としてその価値は高い。文政八（一八二五）年の刊行があるが、原本はそれまで嵯峨二尊院に蔵せられていて、元慶寺の恵宅亮雄がその流布をはかり、刊行したという。〔所載〕天全10。

〔木内堯央〕

大日経義釈目録【だいにちきょうぎしゃくもくろく】天 一巻。圓珍（八一四—九一）撰。『義釈目録』『大毘盧遮那成道経義釈目録』ともいう。圓珍は比叡山第五代天台座主。義真門下で一二年一紀の籠山を終り、一山の学頭に推挙され、のち、圓仁のあとをついで入唐し、福州、台州、越州、長安等に学び、ことに長安では青龍寺で法全に師事し、胎蔵界、金剛界、蘇悉地の三部を相伝し、天台密教—台密—の充実に大きな功があった。天台寺門宗宗祖でもある。本書は、この圓珍がその入唐以前から傾注していた『大日経』研究、ことにその注釈書である『大日経義釈』の研究のひとつの成果で、巻初に「大毘盧遮那成道経義釈目録縁起」と題する序文をおき、ここで、西大寺得清請来一四巻、高雄寺空海本二〇巻、慈覚大師本一四巻、圓珍将来本一〇巻、山階寺玄昉将来本の五異本の存在を示し、その正本を得ようとする研究態度をあきらかにし、元慶八（八八四）年五月二六日としている。本文では、第一延暦寺蔵本一部一四巻、第二同蔵本一部一四巻、第三高雄寺本一部二〇巻、第四総持院蔵本一部一四巻、第五圓珍随身本一部一〇巻の五本について、各本の各巻巻首の数行を採録して、その異同をあきらかにしている。おわりに評して、五本のうち二〇巻疏以前の三本には菩提心論における『法華経』方便品開示悟入四仏知見を五種阿字に配当する記事がないことを示し、諸本の勝劣の規準にしている。仁和四（八八八）年の奥記がある。〔所載〕仏全26、日蔵（天台宗密教章疏上2）。

〔木内堯央〕

大日経教主義【だいにちきょうきょうしゅぎ】真 一巻。曇寂（一六七四—一七四二）撰。享保一四（一七二九）年成立。曇寂は、新義真言宗の人で字は慧旭。備後に生まれ、六九歳で寂すまで専ら著述活動を行い、他に『大疏私記』『金剛頂経私記』『秘鈔私記』等がある。この書の後記に「享保十四年己酉十月」とあることから、筆者五五歳の時に書かれたものと思われる。冒頭に「今将明遮那経教主義、有二種一弁古説二申分按」とあり、それまでの『大日経』の教主に関する研究を比較検討し、本地身説法、加持身説法のいずれの立場をも越えた、いわば本地身加持身の二而不二の立場を発揮した書として注目される。この書の最後の部分には、空海の『弁顕密二教論』の説から解き明かした「他受用身随機之説謂之顕也。自受用法性仏説内証境是名秘也。此釈明著以他受自受随自随他判二教異。故与疏択其義永異。各各別伝而已」の文があり、筆者の論の基本が知られる。能化に約せば加持説時即自証説であり、時聞に約せば本地を全うして加持説だということになる。異本には、真教著の一巻と、実詮著の一巻がある。〔所蔵〕高大（元文六写）。〔所載〕正蔵77。〔参考〕大日経、弁顕密二教論。

〔孤島諒子〕

大日経教主本地加持分別【だいにちきょうきょうしゅほんじかじふんべつ】真 一巻。杲宝（一三〇六—六二）草。『大日経』の教主大日如来の身格は本地法身であるか、加持身かという問題について、本地法身を教主とする立場から論じた書。冒頭、『大日経』第一の「毘盧遮那仏、持金剛秘密主に告げて言く」、同第六の「復た次に、薄伽梵毘盧遮那、執金剛秘密主に告げて言く」の文を挙げ、これを釈して「毘盧遮那とは是れ本地法身の異名也」と述べて論の立場を明らかにするとともに、加持身説からの論難に対して答える問答形式により、綿密な議論を展開している。全篇を通して『大日経疏』『弁顕密二教論』『大日経開題』『十住心論』『真言問答』など多数の論書が弘く引用され、それらを典拠とし、あるいはその解釈をめぐってさまざまな角度から両説が検討されており、遼の覚苑の『大日経義釈演密鈔』や安然の『教時義（教時問答）』などの説を批判しつつ、本地法身説法説が主張されている。『大日経』の教主に関する本地身説と加持身説の二種の見解は、真言宗が古義・新義二派に分裂する原因となった教相上の一大問題であるが、杲宝が自ら筆をとって草したこの書は、古義の考え方を詳細に論じたものとして重要である。杲宝の草本（文明六〈一四七四〉年写本）が東寺観智院に蔵され、巻頭の一両紙を欠いていたものを、寛保二（一七四二）年賢賀が他本から補った旨の奥書がある。〔所載〕正蔵77。

〔佐藤弘行〕

大日経口之疏鈔【だいにちきょうくちのしょしょう】真 八五巻。宥快（一三四五—一四一六）口説。別に『大日経疏鈔』『口ノ疏宥快鈔』ともいう。『大日経住心品疏』の注釈書で、宥快の口説を門人が筆記したものと思われる。本書は『大日経住心品の疏』を諸説をあげながら文句を詳細に解説したものであって、同種の注釈書は多数あるが、杲宝の『疏鈔』、頼瑜の『指心鈔』とともに、住心品疏を理解するためには最も重要なものである。

〔真柴弘宗〕

大日経供養持誦不同【だいにちきょうくようじじゅふどう】因　七巻。安然（—八四一—九〇四—）撰。『大悲胎蔵持誦不同記』『大日経供養持誦不同記』『持誦不同』ともいう。安然は圓仁の法系で、のち遍昭が華山元慶寺をはじめると、その年分度者の教授阿闍梨として迎えられて、圓仁系・圓珍系に対する第三の立場から、自由な研究を重ね、天台密教の教相・事相の両面で数多くの著作をものし、天台密教—台密—の大成者と称されるにいたった。本書は、安然が、胎蔵界秘密曼荼羅ならびに潅頂七日行法について口決、奥伝を交えて詳細に論述した大著で、あるいは、水尾玄静のために安然が抄出したものと、玄静の臨終、伝記を記した『禅門臨終記』に見えているという。本書命名の意義については、『阿娑縛抄』に、七日の潅頂行法についてその持誦の不同を記したことによるといい、第七巻は、それらと別に諸尊の曼荼羅図位を説いていて、かならずしも一連のものではなく、秘奥の一巻だとみている。七巻の構成は、第一に胎蔵嘉会壇中修七日行法で、大日経具縁品、転字輪品と諸経軌によって説く。第二は胎蔵四種念誦法で、大日経世間成就品、世間悉地品、供養法による。第三は胎蔵秘密曼荼羅壇事業潅頂七日行法で、経の字輪品、秘密品等による。他に真実智品、入秘密法品、入曼荼羅位品、具縁品も用いる。第四は、秘密曼荼羅図尊分で巻七にあたり、経の秘密品、悉地出現品等によっている。胎蔵界事相研究の無二の大著。〔所載〕正蔵75、日蔵（天台宗密教章疏2）。

〔木内堯央〕

大日経四重秘釈彼処不言章【だいにちきょうじゅうひしゃくひしょふごんしょう】真　三巻。信恕（一六八一—一七六三）集。宝暦九（一七五九）年九月一五日成立。信恕は豊山長谷寺第二四世能化であるが、本書巻下の末に「上先師僧正信有。面受英岳大僧正口説。所自記也。予幸得伝之。今因授於諸徒。以欲斯伝不泯耳」とあるごとく、信有より受けた英岳の口説に基づいて著わしたものである。また後序には「昔年英岳僧正。於当寺丈室。為学徒伝之。爾来絶而不継。誰不慨然哉。今茲己卯秋九月上旬。予興継絶之微志。（中略）未暇浄書。直以稿本招学徒。而口授之。想錯誤多矣。達人糾之則幸也。其受者。都計七十有余頭。云云」とあり、英岳以来絶えていた四重秘釈の伝授を再興したものであり、本書は宝暦九年九月に行われた伝授の際の稿本であることが知られる。本書は、『大日経』所説の阿字を釈するのに初重秘密釈、第二重秘密中秘釈、第三重秘秘中秘釈、第四重面授の秘奥の四重があるとし、前三重は文伝があり不可思議三蔵の『大日経供養次第法疏』に載せるが、第四重は八祖相承の面授の口訣であり、文伝ではないとする。本書構成は初めに一段文相を解し、二に別して四重釈義を示すとし、初めのうちに⑴明本経感見縁由、⑵叙末疏述作本意、⑶挙面授文伝次第、⑷略揚本経文、⑸正解末疏文があり、また二の別示四重釈義に⑴顕三重秘釈微意、⑵示第四重面授秘奥の二つを立てている。〔所載〕続豊全1。

〔苫米地誠一〕

大日経主異義事【だいにちきょうしゅいぎじ】真　一巻。宥快（一三四五—一四一六）私記。別に『大日経主異義』『一九人異義』ともいう。『大日経』の教主について古来から種々なる説があるが、本書は次の一九人の高僧が、順次その主張する点が示されている。すなわち法性、覚阿、道範、覚鑁、実範、済暹、信証、慧心、蓮花院、信日、真辨、隆恵、重誉、頼瑜、圓仁、圓珍、安然、覚苑、覚超の一九人の異義を列挙したものである。本書は小冊子であるけれども、端的明瞭に示されているので、古来から名著として尊重されている。また、照遍は本書に私見を加え、法瑞の『般若寺教主通解』と合本して、『大日経教主管見』一巻として明治一五（一八八二）年刊行している。

〔真柴弘宗〕

大日経住心品科註【だいにちきょうじゅうしんぼんかちゅう】真　三巻。亮汰（一六二二—八〇）撰。『大日経』を詳しくは『大毘盧遮那成仏神変加持経』といい、七巻三六品からなる。前六巻に三一品があり、その最初が第一住心品で教相を説き、第二具縁品以下は事相を示し、最後の七巻五品で供養法を説いている。本書は主要なる真言密教の教相が説かれている第一住心品に注を加えたもので、住心品理解のためには必読にあたいするものである。

〔真柴弘宗〕

大日経住心品疏私記【だいにちきょうじゅうしんぼんしょしき】真　一六巻（第一巻欠）。済暹（一〇二五—一一一五）撰。べつに『大疏私記』『大日経疏私記』『大疏鈔』などともいう。済暹は、空海の没後、事相のみにかたより、省みられることなく衰退していた東密の教相（教理的研究）を復興させた初めての学匠で、散逸しかかっていた空海の著作の蒐集にもつとめ、多くの注釈をつくった。本書は『大日経疏』に対する注釈書であり、『住心品疏』の文々句々について、詳釈している。『大日経疏』に対する注釈としては、その再治本である『大日経義釈』の複注である『大日経義釈演密鈔』一〇巻が中国において遼代に覚苑によってつくられており、本朝においても実慧や観賢などの『大疏』の注釈があるが、文句のいちいちを詳釈した書としては、『演密鈔』を除き本朝初めての注書であり、類書中でも注意すべき書である。また『十住心論』『二教論』など祖典の引用も多く、済暹の学殖のひろさがうかがわれる。調巻の不同が多く、古目録に六巻、一二巻、一四巻、三〇巻などと記され、また完本が現存せず、『正蔵』本は石山寺、東寺宝菩提院、仁和寺所蔵の古写本を対校しているが、いずれも端本で、第一巻はなお欠巻である。〔所載〕正蔵58。

〔苫米地誠一〕

大日経住心品疏私記【だいにちきょうじゅうしんぼんしょしき】真　二〇巻。曇寂（一六七四—一七四二）述。成立年代不明。別に『大日経疏私記』ともいう。曇寂は山城五智山の学僧で著作は多く顕密二教に通じ、八二部四一五巻を成すという。現存するものは数多いが、とくに本書を注意すべきである。地蔵院流の達匠としても名高い。第一〇巻奥書に「享保八年才次癸卯六月二十三日　沙門曇寂手書　同十四年己酉春三月再閲添削　元文二年丁巳春三月重正治　同第二竜集丁巳二月七日以　寂和上御本焼香敬写脱手金剛仏子妙乗　宝暦九卯年卯月十三日以善住師御本写之竟　順庸」第二〇巻奥書に「享保九年才次甲辰二月初七日閣筆　同十四年己酉夏五閲校治　沙門達摩扇底　元文二年才次丁巳夏四月初十日重正治竟　宝暦十辰極月初三日善住師以御本書写了　順庸」とあり、何度も校正している。『大日経住心品疏』に書かれている文句を注釈し、『大日経』教主は本地身か加持身であるかの、本地説、加持説に対し、二説和合の本加和融説を説いている。『大日経』の住心品を中心として著わされているが、住心品は心をのありかたを扱う章ともいわれ、大いなる光の仏が「如来加持広大金剛法界宮」という宮殿におられて執金剛秘密主の質問にこたえ、一切智者（仏陀）、の智を説明するという形式である。「菩提心を因となし、大悲を根となし、方便を究竟となす」という文句の教えが説かれている。〔所蔵〕原本を谷大。〔所載〕正蔵60。〔参考〕仏解、密大。〔中山清田〕

大日経住心品疏専心鈔【だいにちきょうじゅうしんぼんしょせんしん（じん）しょう】 真　富春（豊春とも書く）如宝（一七五一—一六三一）述。『大日経疏専心鈔』『大日経専疏専心鈔』『住心品疏専心鈔』ともいう。一一巻。写本には一〇巻本、七巻本がある。鎌倉時代の真言宗の学僧で新義真言宗の祖である頼瑜述の『大日経疏指心鈔』により真言宗両部の大経のひとつである『大日経』の住心品を釈したのが本書である。内容は初めにいく人かの注釈家の説を紹介し、次に釈尊以来の深遠なる仏道を、(1)教起因縁、(2)当経宗趣、(3)今経教体、(4)所被機根、(5)部属本類、(6)結集異説、(7)三国伝来、(8)疏由来、(9)題号、(10)入文判釈の一〇科に分けて要旨をのべ、一〇の入文判釈で疏文を釈している。〔祖父江章子〕

大日経疏義述【だいにちきょうしょぎじゅつ】 真　三〇巻（第二二巻を本末に開き三一冊にする）。宥祥（?—一三〇五—）記。嘉元年間（一三〇三—〇六）ごろ成立。別に『大疏義述』『浄不二鈔』ともいう。宥祥は金剛号を清浄金剛といい、徳号を不二と号することから『浄不二鈔』というのである。宥祥以前における『大疏』の注釈書が東密においては三十数種に及び、実慧、済暹、実範、尚祥、道範、頼瑜など数多くの学匠によって著述されたものがあるけれども、本書ではそれらをほとんど引用せず、空海と安然の著書（『菩提心義』『教時義』）を引用し、大部分は私見を記している。そして『教時義』のなかでの空海の十住心建立を破釈する文については安然の説を支持し、『教摩義』は『釈摩訶衍論』の不二摩訶衍を釈する重要な論書であることを強調するなど、天台の学説の影響を受けている点が目立ち、その解釈の方法や内容は東密との相違がみられる。また『大日経』の教主については『大疏』における解釈のうちでもっとも重要な問題であり、教主義に関する著述が古来多くみられ、その主流は自性本地身説、自性加持身説という二説であるが、本書においてはそのいずれであるのか不明瞭である。しかし後世高野方、東寺方という学派に対して宥祥のそれが伊豆方といわれるように、宥祥の学説とその著書は本書を中心として重要な位置をしめるものである。刊本を竜大蔵。〔所載〕真全3・4。〔伊藤教宣〕

大日経疏撮要鈔【だいにちきょうしょさつようしょう】 真　一四巻。周海（一七〇五—八九）著。延享元（一七四四）年八月制作。周海は真言宗豊山派の代表的な学匠であり、宝永二年、大和の初瀬に生まれ、彦根や丹州、武州大乗院、湯島の根生院等に留住したが、主として豊山派長谷寺にて講説・著作をなした。晩年は武蔵の西光院（現川口市）に住し、寛政元年一一月一五日、八五歳にて入寂。著作は多く、一六部一四〇巻を数え、宗乗・余乗にわたる幅広い学風を特色とし、内容的にもすぐれたものが多い。宗乗の面では『大日経疏』、空海の著作、余乗の面では唯識・倶舎・因明にわたり多くの研究成果を著わし現存する。本著は『大日経住心品疏』三巻の注釈書であるが、それ以前の注釈書中の代表とされる頼瑜の『大日経疏指心鈔』一六巻、杲宝の『大日経疏鈔』二七巻、宥快の『大日経疏鈔』八五巻を根本資料とし、加えて円珍の『大日経疏鈔』一巻、中国覚苑の『大日経義釈演密鈔』、頼瑜の『大疏愚草』一八巻、杲宝記・賢宝補の真言宗所依の主要経論についての解説書である『宝冊鈔』一〇巻等を参照して、『住心品疏』の釈文を克明に注釈しており、とくに住無為戒、声論、三劫についての釈に力点がおかれている。『住心品疏』注釈の白眉といえる。〔所載〕続豊全2。〔松丸俊明〕

大日経疏指心鈔【だいにちきょうしょしんしょう】 真　一六巻。頼瑜（一二二六—一三〇四）述。別に『大日経指心鈔』『大疏指心鈔』ともいう。成立年代は第一巻から順に書かれたものではなく、また年代不明の巻もあるが巻末に記された頼瑜生年から推察して一二六二年から一二八〇年のころまで、約一二年にわたって記述したものと思われる。

頼瑜は新義真言宗の人で字を俊音といい、紀伊に生まれた。世に中性院法印、甲斐法印、甲斐阿闍梨等と称せられる。七九歳で入寂されるまで著作が非常に多く、真言密教の事相教相両面に通じて約百余部四百五十余巻が数えられる。特に教相面においては加持身説法説を提唱し、新義真言宗の教学的基礎を確立した。その法流を中性院流といい、実践に裏づけされた高い見識は、その後の学僧たちが瑜公と仰ぐことからも知られよう。

この書は『大日経』住心品疏の末注書であり、宥快や杲宝の注釈と並んで研究されるべき重要な解釈が示されている。巻一には経題について、大毘盧遮那成仏経疏とは、沙門一行阿闍梨記とは、入真言門等とは、など四七項目の語句が解釈され、文永一一年四九歳と記されている。巻二には如是我聞等とは、経初五義等とは、など四二項目が扱われ、大師相承血脈が金胎に図示されている。後書には建治四年とあるから五四歳の時であろう。巻三には、次明所住楼閣及師子座とは、信解者始従真正発心等とは、など六一項目が選ばれ、弘長元年三六歳と記されている。巻四には、前明諸執金剛一向是如来智印とは、亦是毘盧遮那内証功徳とは、など七二項目が解かれ、建治二年とあるから五二歳の記述と思われる。巻五には、爾時執金剛等とは、如来自証之智等とは、など六七項目が釈され、生年五〇歳と記されている。巻六には、預測如来等とは、我観一切等とは、など六五項目が扱われ、建治元年五〇歳と記されている。巻七には、経若我若我所とは、若能執所執とは、など八七項目が書き出され、建治四年と記されているところから五四歳の著と思われる。巻八には、疏云此是那羅延等とは、以能造之主等とは、など八八項目が説かれ、年号も署名生年の記もない。巻九には、経唯願世尊説彼心とは、初列六十心名次釈其相とは、など八〇項目が説かれ、前巻同様に年号、年齢の記がない。巻一〇には、若以浄菩提心等とは、真言門行者等とは、など三九項目が釈され、建治二年、生年五二歳と記されている。巻一一には、大乗行発無縁乗心法無我性とは、即是明第二重等とは、など四六項目が述べられ、文永一〇年、生年四八歳と記されている。巻一二には、経云秘密主彼如是捨無我等とは、など二〇項目が記され、記述年号及び生年号の記はない。巻一三には、前二劫中雖云度二乗地等とは、など一五項目が詳述され、文永三年、生年四一歳と記されている。巻一四には、統論三劫始終等とは、など二八項目が挙げられ、文永三年、生年四一歳と記されている。巻一五には、疏猶是答前心相句とは、など四三項目が説明され、文永九年、生年四七歳と記されている。巻一六には、経謂如幻陽焔等とは、など七三項が明かされ、「金剛仏子頼瑜生年四十七」と記されている。以上約八百七十余項目にわたって詳細に検討され卓越した注釈書といえよう。〔所蔵〕高大（寛文元年開版）。〔所載〕正蔵59。〔参考〕大日経疏。　〔孤島諒子〕

大日経疏除闇鈔【だいにちきょうしょじょあんしょう】真　七巻。道範（一一八四—一二五二〈七五歳寂とも〉）著。また鈔は抄につくる。略して『除闇鈔』ともいう。『大日経疏』巻一の四大菩薩の釈段までに関して、一〇九条を設けてその要義を記している。後堀河天皇の貞応三年閏七月、御室（仁和寺、道助親王か）の抑せによって、宗禅検校のもとにおいて道範など数人の学僧を集めて談議が行われたのち、この書がつくられた。道範が四七歳のときという。道範は覚海、静遍の二師に学んだが、本書は覚海の説のみ記している。この点『遍明鈔』において両師の説をのべているのと異なる。なおこの書は江戸時代、高野山に完本は存在しなかったが、宝暦二年六月、淡路の浄信が多年にわたり苦心の結果、ようやく山城山崎の神照寺の経庫において底本をえて、これを校正し開版した。　〔渡辺照世〕

大日経疏抄【だいにちきょうしょしょう】因　一巻。圓珍（八一四—九一）述。圓珍は比叡山第五代天台座主、義真の弟子として一期一二年の籠山を終り、一山の学頭に推挙され、圓仁についで入唐し長安の法全から胎・金・蘇三部の密教を伝え、台密を発展させた。この圓珍が、『大日経』住心品の疏から三五条を抄出して、諸師ならびに私見を加え、かつ唐の法全、元政等の説もつらねている、一種の研究ノートである。〔所載〕仏全26。　〔木内堯央〕

大日経疏鈔【だいにちきょうしょしょう】真　四巻。観賢（八五三—九二五）述。『大疏鈔』『般若寺鈔』『御鈔』『大日経疏般若寺鈔』『般若寺大疏鈔』『般若寺大日経疏』『般若寺大日経疏鈔』など異称・尊称が多いが、実慧の『遮那経王疏伝』に次いで古い大疏の注釈書である。般若寺とは観賢の住房に因み称せられるところである。大疏は東密の依用する大日経注釈書なる故に、その末釈書も多く、本書と同題名を冠するものに杲宝や宥快の述作もあるが、それぞれに作者の名を呼んで区別している。『大日経』第一巻住心品より第三一巻嘱累品までを釈し、住心品を序説分、以下二九品を正宗分、最後嘱累品を流通分と三門に分つ見解を示し、住心品の名義、次に経題を釈し、次に真言義、三種乗行、通序義等条目を挙げつつ経疏の文を引きつつ釈している。本書に関して古来より有名な事として伝えられているものに、頼瑜の大日経教主につき、自性身が上の加持身説を樹立した論拠として依用したことである。すなわち「加持身者是曼荼羅中台尊、此名仏加持身、当報身也、亦名字門道具足仏也。亦名具身加持也」なる文により、古義の中台は本地身、三重の諸尊たる受用、変化、等流の余三身を加持身とした教主論と対立した。この新義により、教主義の論活発となり、真言教学史上の新しい論義の課題となった。〔所載〕日蔵（密経部章疏巻上）、仏全42。　〔布施浄慧〕

大日経疏鈔【だいにちきょうしょしょう】真　二九巻、あるいは二七巻。杲宝（一三〇六—六二）撰。『大疏鈔』『大疏杲宝鈔』『大日経疏』『杲宝鈔』などともいう。『大日経住心品疏』の注釈で、元徳、嘉暦ころ、杲宝二四、五歳ころの作。師の頼宝の口説を杲宝が筆録したものと考えられている。巻一玄談では、内容を本経結集・本経流伝・本経翻訳・今経感得・疏異本・疏義釈名字分別・義釈加後人詞非根本・義釈再治の八科に分け、『大日経』の成立、弘通、翻訳などについて述べ、さらに『大日経』の注釈として東密の依用する『大日経疏』と、台密の用いる『大日経義釈』を比較して両者の相違を論じ、『大日経疏』の優れることを主張する。巻二以下の諸巻では、

『大日経疏』の文章、語句のいちいちについて詳細な注釈を施している。また本書とは別に、延文六（一三六一）年杲宝五六歳ころの作に『大日経疏口筆玄談』一巻があり、本書巻一玄談と同じような問題を論じているが、『口筆玄談』は本書を根本的に改訂したものと考えられる『口筆鈔』二四巻の首巻に相当するらしく、両者は全くの別本である。承応二（一六五三）刊、寛文元（一六六一）刊。〔所載〕仏教大系44—48、大日経疏。〔佐藤弘行〕

大日経疏探頤録【だいにちきょうしょたんいろく】真　一八巻。無等（?—一七六四）著。無等は新義真言宗豊山派の事相家。他に『護摩口訣』二巻、『金剛界伝授私記』『胎蔵界伝授私記』『真言行者四度別行随筆』各一巻の著がある。〔渡辺照世〕

大日経疏伝授鈔【だいにちきょうしょでんじゅしょう】真　一八巻。宥快（一三四五—一四一六）口、快全（?—一四二四）記。別に『大疏愚記』ともいう。本書は『大日経疏講伝』の聞書で、主として経疏の伝来・口伝等を示すとともに、疏の要文を解釈したものである。巻一から巻一七までは大疏第一九巻までの解釈で、応永二一—二二（一四一四—一五）年宝性院での講伝筆録であるが、巻一八は大疏二〇巻の解釈で、元中三（一三八六）年智明院学頭の伝授で尊雄の記であることが示されているので、別書と見るべきである。また別に『伝授記』一巻。宥快口、快全記のものがあり、これは応永二二（一四一五）年二月一四日宝性院での講伝筆録で、奥疏伝授の史伝・一二口伝等が記され、前の『一八巻伝授鈔』の一部分であろう。〔真柴弘宗〕

大日経疏百条第三重評判付六大法身評記【だいにちきょうしょひゃくじょうだいさんじゅうひょうばんふろくだいほっしんひょうき】真　英岳（一六三九—一七一二）撰。聖憲の『大疏百条第三重』一〇巻の最初の論題である六大法身について、そのうちの重要句を解説したもの。このなかで重要な解釈と思われる個所をあげると、真言宗が五智を立てる理由について、法界体性に人法身心相好を具すと立てるから智を加えて法界体性智というと釈している。また六大を法仏というが、智に関しては法界体性智というと釈している。また阿字と六大とに関して、これらはともに能造であり、一法の開合の不同であるとし、疏家は能生を阿字となし、宗家は能生を六大とするが、これは阿字を六大の字とする意味であるという。それは阿字は一切の字に遍じてもし阿字がなければすなわち字を成ずることがないからである。次に、大日一尊を六大とする意味は、相対に約す浅略の義であり、実義を論ずる義とは絶対に約する秘中の深秘の義であるという。最後に六大法身名目として、廃立、微隠、難勢、苦労、重難、理尽、長行、窄頌文、因便、自語相違、勿論、異求、末資、仰信、往々、挙一全収、一具多具、常同常別、差別、相監、源底、歴然、斟酌、且、という語句を挙げ、その出典およびそこにおける語法を記している。〔所載〕続豊全3。〔吉田宏哲〕

大日経序分義【だいにちきょうじょぶんぎ】真　一巻。実範（?—一一四四）。内題に、四種法身説法相事とあるごとく、四種法身について東密・台密の諸説を述べ、『大日経』『金剛頂経』の教主を論じ、かつ『大日経疏』『十住心論』『二教論』等の関係などにも言及している。別書『大日経要義鈔』とあいまって、実範の大日経研究の全体を知るうえで重要なものであるといえよう。〔福田亮成〕

大日経疏遍明鈔【だいにちきょうしょへんみょうしょう】真　二一巻。道範（一一八四—一二五二〈七五歳寂とも〉）著。略して、『大疏遍明鈔』『遍明鈔』ともいう。主として、静遍相伝の義をのべ、さらに覚海相伝の義をも記している。配所に讁居の間の撰述であるため、経軌典籍によっていちいち典拠を示すことなく、証文等多くは取意の文である。なお、『除闇鈔』においては、静遍の説を記さない。万治二年刊、合一〇冊。〔渡辺照世〕

大日経疏妙印鈔【だいにちきょうしょみょういんしょう】真　八〇巻。宥範（一二七〇—一三五二）記。初め善通寺の僧であった宥範は、下野の宥祥に従って長年にわたって大疏を学び数回の講伝を受けた。これらの講伝を筆録したのが本書である。宥祥は南北朝から室町期における大疏研究の第一人者であり、大疏弘伝の功労者であった。第一巻は大意縁起分と題して玄談。第二巻以降は大疏の注釈をのべてある。〔所載〕正蔵58。〔加藤精一〕

大日経疏爛脱【だいにちきょうしょらんだつ】天　一巻。圓珍（八一四—九一）撰。圓珍は比叡山第五代天台座主。義真の門下で一期一二年の籠山修行を終り、一山の学頭に推挙され、圓仁帰朝後、なお入唐求法の志を抱き、入唐し台州、越州、長安を歴訪し、ことに長安の法全から密教を伝えた。本書はこの圓珍の『大日経』研究の成果として、空海将来二〇巻『大日経疏』に存する字句行文の錯雑した爛脱の部分をとり出し備忘とした断簡である。〔所載〕仏全28。〔木内堯央〕

大日経品目大意【だいにちきょうほんもくたいい】真　二巻。宥祥（一三〇三—?）。『大日経』の各品の大意をのべたもの。上巻は住心品第一から字輪品第一〇まで、下巻は秘密曼荼羅品第一一から百字位成品第二一までが著わされており、それ以降百字成就特誦品二二から嘱累品第三一および第七巻の供養次第法に属する第三二から第三六についての記述は欠けている。本来存在していたのが散逸したのであろうか。宥祥は高野山における『大日経』および『疏』の研究の先覚者として第一人者で、『大疏義述』三〇巻等の著作は、後世の教学に大きな影響を与えている。〔所載〕日蔵（密教部章疏2）。〔加藤精一〕

大日経要義鈔【だいにちきょうようぎしょう】真　七巻。実範（?—一一四四）。『大日経』の注釈書である。巻一は大意、釈題目、入文判釈の三門をもって『大日経』の要旨を述べ、巻二以下においては、名体、廃立、教文、次第、次位、断惑、警覚、五相、百心、摂法の一〇段をもって解釈している。特に十住心の次第浅深の問題において圓珍、安然等台密の諸師の非難を弁斥している。『大日経』の注釈としては、初期の著作であり、注目されるものである。〔福田亮成〕

大日経略開題【だいにちきょうりゃくかいだい】真　一巻。空海（七七四—八三五）述。大日経開題は本書を含めて七種ある。『弘全』所収の本書は、古版本と仁和寺蔵古写本と東寺宝菩提院蔵の古写本を校合したものである。第一に大意をのべ、第二に題目を釈し、第三には文に入って判釈すと三門より解釈する。入文判釈における解釈は、他本にない釈を示しているが、第五世間成就品までの解説で終っている。〔遠藤祐純〕

大日略観【だいにちりゃくかん】真　覚鑁（一〇九五—一一四三）撰。法身大日如来の曼荼羅について述べてある。本書の四仏は、宝幢、阿閦、薬師、弥陀とされているがその典拠は不明で、他の曼荼羅の四仏とは異なっている。本書と同様、大日如来の曼荼羅を観想することを述べたものに『大日遍照釈』の一頌がある。〔所載〕興全下。〔栗山秀純〕

大寧寺置文【たいねいじおきぶみ】曹　一巻。惟忠守勤（？—一四四七）撰。文安三（一四四六）年の成立。嘉吉三年秋、細川下野守持春（常忻）の請に応じて、惟忠守勤が兵庫県神護山太寧寺建立の工を起し、辛苦の末、文安二年秋、方丈を完成したことを記録する。つづいて太寧門下のために、百丈に従って寺院生活をなすべしとして、二六時中行儀、二時安居、四時坐禅、三時勤行を厳しく規定している。〔所載〕続曹全（寺誌）。〔大野栄人〕

大梅拈華録【だいばいねんげろく】曹　一二巻一一冊（巻八の首尾ならびに巻九欠）。定山良光（？—一七三六）誌。久隠人・明山人（いずれも生没年不詳）が、正徳五（一七一五）年編集し、翌年書き改められている。大梅拈華とは、岩手県黒石曹洞宗正法寺の山号。定山はその二三世で、時機に応じて説示したものを、道友が輯集して定山に自序を乞い、のちに伝えたもの。巻一・巻二は小参、上堂、普説、示衆、巻三—巻六が雑記、巻七—巻一〇が頌古、賛、偈頌、巻一一—巻一二が香語、銘、題から成っている。定山は、梅峰竺信・卍山道白の一師印証を重んじ、因院易嗣を否定する宗統復古運動の立場には反対であるが、それは正法寺の開山と二世が拝塔嗣法であったことによる寃をそそがんがためであった。したがって他の宗義一般に関しては、むしろ復古的立場をとったのであり、本書では、復古運動反対者のよく唱える、嗣書、血脈、大事の三物各別説に対しては一致説をとり、坐禅の一方にとらわれるのを戒め、禅堂の呼称を否定して僧堂と称し、また待悟の坐禅を否定して、大悟十八・小悟無数と教えるのを十八界上の活計にすぎぬと批判し、あるいは洞山が雪峰の沙米一斉去をうべなわなかったことなどを挙揚している。すなわち道元の宗風に仔細に参じており、その立場から迷悟身心一如の綿密な本証妙修の宗旨を、いたるところで説いている。〔写本〕岩手県正法寺所蔵。〔所載〕続曹全（語録2）。〔参考〕定山和尚語録。〔新井勝竜〕

大梅夜話【だいばいやわ】臨　一巻。一糸文守（一六〇八—四六）撰。本書には一糸の序文があり、寛永二〇（一六四三）年三月の年記があって、そのころの成立と思われる。「大梅」とは一糸の開山になる法常寺の山号。「夜話」というのは正式なかたちでなく、自由に古人の事跡や自分の思ったことを話したものの記録であり、漢字仮名交り文となっている。われわれが見ることのできるのは、大正五年三月、徳富蘇峰が発行した成簣堂叢書本（五百部限定本）のみである。本書は『大梅夜話』本文と『大梅夜話解説』の二冊の和装本である。本文の部は筆写本をそのまま影印本としたものであり、解説のほうは本文の解説をしているのではなくて、次のような内容で活字化されている。まず巻頭には「一糸和尚」と題して徳富蘇峰が論文を書き、次には知明浄因撰の「一糸和尚行状」と、同じく知明の編になる「仏頂国師（一糸文守）年譜」がつづいて掲載され、無品親王の塔銘があり、一糸の序文が活字化されている。そして最後には当時の臨済宗禅僧蘆津実全と宮地宗海の序文が掲載されている。〔平野宗浄〕

大毘盧遮那経指帰【だいびるしゃなきょうしき】天　一巻。圓珍（八一四—九一一）撰。正しくは『大毘盧遮那成道経指帰』といい、別に『大日経指帰』ともいう。圓珍は智証大師、弘仁五（八一四）年三月一五日、讃岐国那珂郡金倉郷に生まれ、父は和気宅成、母は佐伯氏で空海の姪の子であったという。のち叔父の仁徳にともなわれて比叡山に登り、一五歳の天長五（八二八）年義真に師事した。同一〇（八三三）年の年分度者として得度し、戒壇院で受戒し、一紀一二年の籠山修行に入った。承和一三（八四六）年、一二年籠山を終って比叡山一山の学頭に推された。仁寿元（八五一）年、入唐求法を志し、圓珍の帰朝後さらになにを伝えるべきかを悩んだ末、太宰府にむかった。この書はこの太宰府滞在中の著作である。のち福州、温州、台州そして天台山に学び、越州から洛陽を経て長安に到り、ここで圓仁も学んだ法全から、胎蔵界、金剛界、蘇悉地にわたる密教の秘奥を伝え、みずから阿闍梨灌頂も受けて、台州を経て天安二（八五八）年に日本に向かい、六月太宰府に帰着、一二月には上京した。とくに帰朝後、台密の充実に功があり、園城寺を託されてここを一拠点とし、灌頂等もさかんに行い、貞観一〇（八六八）年天台座主となったのである。のち年分度者をたまわり、天台宗としては遍昭についで少僧都に推され、僧綱の職位につらなったのである。寛平三（八九一）年一〇月二九日七八歳の生涯を閉じるが、その意欲的な一生は、その一門をまとめいわゆる寺門の一流が萌すまでになったのである。このように台密の巨匠としての圓珍が、しかも年分学生として日ごろ研鑽した『大日経』研究の成果をひっさげて、入唐直前にまとめたものが本書ということになる。本書が台密史上画期的な書物であることは、圓仁の主張に先立って、そのもたらしたであろう、唐国の天台宗の『大日経』に対する認識の不備を、するどく批判したことにある。その内容を概観すれば、まず序と判教とそして総判釈の三部から成り立っていることが知られる。序において「唐朝の老宿は醍醐を生蘇に貶し、本国の幼童は甘露を毒乳に濫じ、遂に平等淳味をして、差別の雑血に混じ、久成の師子は未化の羝羊に同ぜしむ」といっており、唐の広修、維蠲といった天台山の学匠たちは、『大日経』を判じて、天台智顗所立の五時教判では第三時に配していることを批判し、あわせて親族に属する空海を本国の幼童ときめつけて、その天台法華の宗義を、第八住心に配して、真言密教より下等に判じていることに抗議しているのである。圓珍はそれら随他の権説とする『大日経』の所判を、『法華経』『涅槃経』とならべて第五時の仏陀の正説に配し、平等一味醍醐味の教と判じて、あわせて『法華経』の経説と『大日経』とが同致しているという、最澄以来の円密一致教判を武器としてその証拠を『大日経』の各品にさぐり出そうとするところが、この一書の目的で、『大日経』の教説を大乗中の王、秘中の最秘とする。〔所載〕日蔵（真言密経章疏上1）、正蔵58、仏全26。〔木内堯央〕

大毘盧遮那経住心鈔【だいびるしゃなきょうじゅうしんしょう】真　七巻。信証（一〇八八〈八六〉—一一四二）撰。成立年代不明。別に『大日経住心鈔』『大日経于栗多鈔』『底瑟多于栗多鈔』ともいう。別名にあるごとく、住心の心を質多ではなく、于栗多としている。本書は『大日経』の初品の住心品の最初の部分を解釈し、さらに注釈的な語句解釈を離れ、問答体をもって真言宗の教義を説明する。〔所載〕仏全㊞14。〔本多隆仁〕

大毘盧遮那成道経心目【だいびるしゃなじょうどうきょうしんもく】天　一巻。圓珍（八一四—九一）撰。別に『大日経心目』『大日経略釈』ともいう。圓珍は智証大師。天長五（八二八）年義真に師事し、同一〇年年分度者となり得度、受戒し、一二年の籠山行に入って、これをうると一山学頭となり、折しも圓仁の帰朝をみたが、みずから入唐求法の志がかたく、仁寿元（八五一）年入唐のために太宰府におもむいた。本書についても、『大日経指帰』と同じく、この太宰府滞在中の著作といわれている。本書は、『大日経』の経題釈で、総釈、別釈、料簡の三をたてている。だが、本書中に、「日本国上都比叡山延暦寺真言唱業内供奉沙門圓珍、遊天台次届於鎮西府城山四王院、案本経釈賛述之」をもって、帰朝直後、太宰府にあってこれを草したという『仏書解説大辞典』の田島徳音の説もあるが、これはその奥書の「遊天台次届……」の文の読みちがえであろう。こうした入唐時の予備の研究は、安然の『胎蔵界対受記』にもみえており、本書が指帰のむしろ教判論に傾いたのに対して、経題釈をみせていることは、むしろ好一対の著作といってよいであろう。第一総釈は経題を、阿娑縛三部三字と、体智用の三にことよせて、教主と仏土と法界の一致を説き、別釈で経文に七重の義を立て、三種三昧耶に配当していく。第三料簡詳釈は、第二の別釈を別の角度から解釈し、胎蔵本経の秘奥をあきらかにし、圓珍独自の大日経開題をなしたことになる。〔所載〕正蔵58、仏全26。〔木内堯央〕

大毘盧遮那成仏経疏玄談【だいびるしゃなじょうぶつきょうしょげんだん】真　英岳（一六三九—一七一二）編。英岳は元禄八年豊山能化職に補せられ、同一六年職を辞して江戸湯島に隠棲した。宝永六年将軍綱吉薨じたのち江戸を去って与喜寺に隠れ、もっぱら著作をこととしたとあるから、この『玄談』も宝永以後に書かれたものと推定される。本書は次の十門に分け大疏を講じている。(1)教起因縁、(2)蔵教所攝、(3)説経会処、(4)当経宗趣、(5)所被機根。(6)経本部類、(7)結集伝訳、(8)求法感通、(9)示疏来由、(10)解経疏題、とする。(1)の教起因縁とは、この経の因は一切智、往昔大悲願、三句のためといい、またその縁は三時を越えたる如来の日を時とし、法界宮を処となし、三身をもって瑞相を現じ等である。また蔵教の所摂とは『浄不二鈔』を引いて密蔵のうちに戒定慧の三蔵を開き、『大日経』は定蔵であるとする。また顕密を教によって判ずるのみでなく、教によらずただ人によって顕密を論ずることがあり、『般若心経秘鍵』はこの場合である。これに対して密教を応化の教に属するとする者に覚苑、賛寧、広修、天台山維那を挙げ、かれらは胸臆をもって軽易にこれを弁論すと非難している。また『演密鈔』の説教の会処についての解釈の批判等、『大日経疏』に対する古今顕密の釈を広汎に渉猟し、浅略深秘等の一六重玄の法により、宗眼を具して講じている。〔所載〕続豊全1。〔吉田宏晢〕

対賓法語【たいひんほうご】真　一巻。学如（一七一六—七三）述。成立年代は不明である。内容は真言宗の宗意安心を平易に説いた書であり、三句の法門、往生浄土のことなどを主としてのべている。題名の示すように、一信者の来訪を機として対話する形式で書かれている。明治一八年の刊本が存在する。〔所載〕真全1。〔吉田宏晢〕

大布薩講式【だいふさつこうしき】曹　—→洞上大布薩法【とうじょうだいふさつほう】

大仏殿千僧供養事【だいぶつでんせんぞうくようのこと】南　千僧供養は、頻婆沙羅王が釈尊に対して一〇〇〇人の僧を供養することを約束した故事に基づき、インド、中国で行われ、日本でも飛鳥時代より行われた。東大寺大仏殿で行われた記録には、嘉禎四（一二三八）年、東大寺鎮守八幡宮の遷宮を報告するため、大勧進行勇が願主、尊勝院良禎法印が導師、東南院道快が呪願師となって行われ、東大寺四百口、興福寺五百口、他の寺百口の僧を集めて行われたものと、宝治元

（一二四七）年、将軍藤原頼嗣を願主、宗性僧都を導師として行われたものが記録されている。〔所載〕東大寺続要録、仏全122。〔田村晃祐〕

大辯才天秘訣【だいべんざいてんひけつ】[真] 三巻。浄厳（一六三九—一七〇二）撰。貞享二（一六八五）年制作。正徳三年九月刊。浄厳は湯島の霊雲寺開祖、新安流祖。百部余の著作を撰した真言の巨匠。本書は河州延命寺の鎮守弁才天の百座供養の会中に撰されたもので、次の一七項に分けてその秘訣がのべられている。四重秘釈、本説、名字、功徳、本誓、住処、形像、眷属、縁日、種子義、三形義、印契義、真言義、印形合弁四重義、念誦用心、念誦観想、本経真偽。〔所載〕近世仏教集説。〔松丸俊明〕

当麻曼陀羅縁起【たいままんだらえんぎ】[通] 二軸。作者不詳。当麻曼陀羅成立の由来を記したもの。鎌倉光明寺本によると詞書は後京極良経（一一六九—一二〇六）、絵は住吉法眼慶恩の筆とするが『光明寺寺誌』とは必ずしも一致せず、良経とするには疑問がある。成立時期は詞書の筆者は良経としても文章作成まで別本である禅林寺本の成立が弘長二（一二六二）年であることからしても鎌倉時代中期の成立と思われる。内容は横佩大臣（藤原豊成）の娘中将姫が天平宝字七年当麻寺にて出家し生身の如来を見たいと発願するに、満願の日化尼が出現しその教えにより蓮茎にて糸をつり五色に染めると、化女が飛来しその蓮絲にて一丈五尺の曼陀羅を織りあげ、尼はこの曼陀羅を観想して宝亀六年往生の素懐をとげたという。当麻曼陀羅そのものは阿弥陀浄土変相図で『観無量寿経』を図解し、中央に四十八願の阿弥陀浄土の相、右に序分義一七項、左に定善義一三観、下方に九品来迎の義を描いているが、絵巻では中将姫が発願し往生するまでの記事を中心に描いており、写経する姫から来迎までの一四図から成る。当麻曼陀羅の流布は源空門下の證空によって各地に安置されることによるが、縁起そのものはそうした浄土教隆盛期における弥陀来迎の思想が絵巻物文化との融合をしたときこうした縁起絵巻が成立したと思われる。〔所載〕群書24、仏書11、浄土宗全書13、日本絵巻物集8。〔参考〕当麻曼陀羅註記、当麻曼陀羅疏、当麻曼陀羅八講論義鈔。〔魚尾孝久〕

当麻曼荼羅供式【たいままんだらくしき】[浄] 一巻。證空（一一七七—一二四七）記。成立年代不明。證空記と伝えられるが疑わしい。当麻曼荼羅の供養の法式を明らかにしたもので、差定次第は、道場洒水、大衆無言行道三帀入道場、四智讃（方壇の四方を顕す四智を讃する偈文）、惣礼伽陀（弥陀三尊等を道場に請する偈頌）、導師登壇、四箇法要（唄、散華、梵音、錫杖）、仏名（三尊供養の偈）、表白、式文、伽陀（式文を讃える句）、念仏、六種廻向（閼伽、塗香、華鬘、焼香、飲食、灯明の六種供養の功徳を一切に廻向）、廻向（願以此功徳の文）、講経、論義、礼讃とし六月二三日あるいは三月一四日に行うとしている。天台の二十五三昧式の形式にならってつくられている。四箇法要の唄は如来妙色身世の六字を唱え、散華は偈を唱えながら花を散じ、梵音は八句の偈を唱え釈迦諸仏等を供養し、錫杖は三宝供養の三つの偈を唱え各々錫杖を三振する。表白は曼荼羅の縁起をのべる。この供式の中心は式文で五門があり、第一は曼荼羅の中央、第二は右縁、第三は左縁、第四は下縁の受け取り方についてのべ『当麻曼荼羅註』の説と一致する。第五はこの曼荼羅供により来迎往生を願うべきであるとのべる。講経以下は不明。伽陀四箇法要等には墨譜（はかせ）が付けられているが式文にもあったと思われる。白木方空が安政五（一八五八）年開版再興した供式もすぐ途絶えている。〔所載〕仏全63、西全2。〔君野諦賢〕

当麻曼陀羅疏【たいままんだらしょ】[浄] 四八巻。聖聡（一三六六—一四四〇）述。永享八（一四三六）年成立。『曼陀羅疏』『当麻変相鈔』ともいう。本書は、縁起因縁生信分八巻、正説変相法門分三九巻、廻向法界往生分一巻から成り、諸曼陀羅への言及から当麻曼陀羅の縁起、図相、銘文等について『観経疏』などにより解説を施したもの。聖聡は、浄土変相図を浄土帰入の因縁・善知識と捉えており、当麻曼陀羅を浄土宗所依と位置づけ顕彰に努めた。本書は、浄土宗侶による当麻曼陀羅解説書では現存最古のもので後への影響も大きい。〔刊本〕慶安二（一六四九）年刊。〔所載〕浄全13。〔鈴木霊俊〕

当麻曼荼羅注【たいままんだらちゅう】[浄] 一〇巻。證空（一一七七—一二四七）撰。元仁元（一二二四）年成立。別名を『当麻曼荼羅註記』『曼荼羅註記』『曼荼羅注』ともいう。證空は浄土宗西山派の祖、一四歳源空の門に入り、得度し浄教を学し、円頓菩薩戒を稟伝す。師選択集撰述時に勘文の役、執筆を司る。天台、真言等を学び、師滅後西山往生院に住して師承をひろむ。門下すこぶるさかんにして西山四流をつくる。本書は證空が当麻寺に詣で、浄土の変相を拝し図相を解説したもので、師の滅後「先師上人に遇るが如く、高祖和尚に謁するが如し、浄土一宗の釈義の不審悉く晴れ」、この変相は善導の『観経』の疏四巻を織り一分の違いもないという。まずこの曼荼羅の右の縁を序分義（向かって左）、左縁は「定善義」、下縁は「散善義」、中央（八重）を「玄義分」の意を表わす。右縁は下より上へ六縁七段を明し、念仏の行者の安心を表わす。左縁は上から下へ韋提能請の定善十三観を明かし、下縁は左から右へ上上品より下下品の九品を織って、中央には『観経』十六観を二分して初八重（能譬）と後の八重（所譬）に分ける。前者は日観より第八観まで下から上に、また智慧（右）から慈悲（左）にいたる等と説く、すなわちこの変相は方縁は機について教を、中央の八重は教を離れて衆譬を、虚空の飛行は他力をつくりて来迎を教えるのである。西山独特の事相教旨を、慈悲、智慧の二重の法門、定散、念仏、来迎の三重の法門をもって

これを解釈している。〔所載〕仏全63、西全2。〔日下俊文〕

当麻曼荼羅八講論義鈔【たいまんだらはっこうろんぎしょう】浄 一巻。著者明記なし。成立年代不明。證空（一一七七—一二四七）記と伝えられるが疑わしい。当麻曼荼羅の中央の絵相を八重に分け、これを日観より像観の八観、『玄義分』の序題門等の八門に配当して、八座の論義をする法式をのべたもので、天台の法華八講を擬している。その法式次第は、入道場、講師読師登壇、如来唄、散華、表白（講師）、神分、勧請、経名（読師）、『観経』惣釈（講師）、日観解釈、祈句、論の起句、日観の問答（三問三答の論義）、講師読師下壇三拝し本座に復して日観の論義終るとする。第二水観の論義は第二座の講師読師登壇し、「願我臨終見諸仏」の文を唱え、経名、水観の解釈、祈句と次第して前に同じで三問三答の論義がある。第三地観以下も各々祈句、解釈、論義以外は同様である。第八像観の論義が終ると講師十四行偈を始め、大衆唱和のうちに下壇し、礼讃、光明遍照の文、念仏、廻向の次第が示されている。廻向は「供式のごとし」とあるから六種廻向か。論義の内容は『当麻曼荼羅註』巻一〇の要旨と一致する。本書は当麻曼荼羅供式とともに白木方空が安政五（一八五八）年に開版したもので、それ以前の流伝については不明な点が多く、以後も論義が行われた記録がなくすたれたようである。〔所載〕仏全63、西全2。〔君野諦賢〕

当麻曼荼羅弁釈【たいまんだらべんしゃく】浄 八巻。昌堂（一六四二—一七〇一）述。貞享二（一六八五）年成立。元禄二（一六九〇）年刊。序には『当麻変相辨釈』と題する。證空の『当麻曼荼羅註記』の末注書ではなくて、ただちに銘文、絵相について釈したものである。多くの古鈔を引用し、その間に自釈をなしている。〔勝本顕道〕

大曼荼羅供養讃【だいまんだらくようさん】回 一巻。日輝（一八〇〇—五九）著。大曼荼羅を供養し、讃歎する法会にもちいる讃歎文を記したもの。その法会を初会、中会、後会の三会に分け、それぞれに瞻仰、焼香、散華、讃歎、敬礼、合掌、運想、唱題、持名、回向の十法を修することを記す。〔所載〕充洽園全集2。〔松村寿巌〕

台密諸流聖教目録【たいみつしょりゅうしょうぎょうもくろく】天 一巻。撰者不詳。題下に「伊勢西来寺三庫書目中より抄出」とあり、三重県津市の天台真盛宗の名刹西来寺で、三一世宗淵（一七八六—一八五九）が築いた三庫について、自ら『三庫書目』を編んだという、いまその第一、二冊の「西来寺三庫経書等目録」から本書を抄出したのである。三昧、法曼、山、谷、川、葉上、穴太、三井の八流計五三九部をつらねている。〔所載〕仏全2。〔木内堯央〕

台密問要集【たいみつもんようしゅう】天 一〇巻。厳覚（—一六八八—）編。厳覚は貞享から元禄のころの人師で、比叡山横川兜率谷の鶏頭院主である。古来相伝されてきた密教論義の草本を輯めたものが本書で、覚千の『自在金剛集』によれば一二巻あったごとくである。豪実に『台密問要略鈔』があるがそこでは四巻という。しかし大谷大学に厳覚自筆本が伝わり一〇巻がみつかった。これによれば『大日経義釈』から六一算を立て論釈している。〔所載〕天全7。〔木内堯央〕

台密問要略鈔【たいみつもんようりゃくしょう】天 四巻。豪実（—一八二七—三二）撰。豪実は比叡山東塔執行探題大僧正、真迢ともいった。そのころ残簡としてあった『台密問要集』四巻をもとにして、仁空の『遮那業案立』によって再興されつつあった密教論義に、さらに論拠を加えようとしたもので、『問要集』の初答を出さないことから、実用にはこれを加えることが便宜であるとして著述されたもの。扱う論目二八条である。〔所載〕天全7。〔木内堯央〕

大無量寿経庚寅録【だいむりょうじゅきょうこういんろく】浄真 八巻。法海（一七六八—一八三四）説。文政一三（一八三〇）年成立。法海は大谷派第八代講師で、肥後八代の光徳寺住職。本書は夏安居の講録で、上巻の勝果段までを五七会にて講義したもの。翌天保二年に引続き講義したものが『大無量寿経辛卯録』一〇巻で、両書併せて『無量寿経』全巻の注釈を完了するものとなっている。本書はまず、浄土教の流伝について簡単にふれ、その後、玄義と文義に分けて講義する。玄義については、⑴教起の因縁を明かす、⑵一経の大意を顕わす、⑶宗体の不同を弁ず、⑷教摂の分斉を判ず、⑸得受の機類を定む、⑹三経の次第を決す、⑺巻首の題目を釈す、⑻翻訳の人名を解す、の八門を分かつ。⑴については、この経が出世本懐の経であることをのべ、⑵については、この経は弥陀本願の本末と釈迦出世の本懐と二尊の正意を顕わすばかりとする。⑶については、『涅槃経』の仏性、『維摩経』の不思議解脱、『般若経』の空慧、『大集経』の陀羅尼に対し、『大経』は本願を宗とす、と説く。⑷分斉については、二超二出の教判により、頓教横超の摂とする。⑸では(イ)所被の機を明かすと、(ロ)正しく得受の機を定むの二に分けてのべ、⑹では、初めに浄土の正依の経典を三部と定めた経由をのべ、次に、『三経』の次第を(イ)寿・観の次第、(ロ)観・小の次第、(ハ)三経の次第について個別に論ずる。⑺に題目を釈し、⑻に翻訳人名を解して本文に入り、一句ごとに詳細な注解を行っている。〔所載〕真大1。〔田中教照〕

→大無量寿経辛卯録

大無量寿経辛卯録【だいむりょうじゅきょうしんぼうろく】浄真 一〇巻。法海（一七六八—一八三四）説。天保二（一八三一）年成立。法海は大谷派第八代講師。本書は夏安居の講義録で、前年の講義（『大無量寿経庚寅録』）に引続くもので、『無量寿経』上巻勝報段より下巻の最後までの講義を記録したもの。〔所載〕真大2。〔田中教照〕

→大無量寿経庚寅録

大無量寿経要解【だいむりょうじゅきょうようげ】浄真 三巻。法霖（一六九三—

一七四一）撰。天明三（一七八三）年刊。法霖は本願寺派第四代能化。本書は『無量寿経』の要点を問答形式により解説したもの。序文では、異訳、『三経』の説示の前後、頓漸、経の宗体、教主、題名の解釈についてのべ、次いで本文の解説は序文、正宗文、流通文に三分する。浄土のさまざまな荘厳は他受用という点からすれば方便化身となり、衆生を浄土に誘引するためのものといえるが、それらが一法句に合する点よりすれば、化土がそのまま真土の相すなわち自受用の寂光土といえる、とするなどはその特色を示し、西吟、知空、若霖、月筌の説とは異なり、注目される。〔所載〕真宗叢3。〔参考〕善賢大円・真宗教学の発達。〔田中教照〕

退養雑毒海【たいようざつどっかい】臨　一巻。東嶺円慈（一七二一—九二）著。天明八—寛政四（一七八八—九二）年中に成立。略して『雑毒海』ともいう。白隠慧鶴の法を嗣いだ高弟の円慈が、南方発足文（一七三七）に始まり神仏二聖和歌註序（一七八八）に終る、書状、寺記、鐘銘など四〇の雑文を自ら収録したもの。自筆稿本、諸写本（松ケ岡文庫〈三冊本〉・積翠軒文庫〈一八六七〉など）がある。〔所載〕白隠全7。〔参考〕禅籍目録。〔小林圓照〕

大楽経顕義鈔【だいらくきょうけんぎしょう】真　三巻。済暹（一〇二五—一一一五）撰。本書は『大楽経』すなわち『大楽金剛不空真実三昧耶経般若波羅蜜多理趣品』（『理趣経』）に対する注釈であり、経典のいちいちの文句に対するものとしてはわが国最初のものである。巻頭に「此の書頗る之れを秘すべし。大概は是れ理趣釈の深意に拠て義旨を消釈す。但し科段章句は真実経文句の意に依る。凡そ義勢は顕密の諸教を引き用ふなり」というように、空海の『真実経文句』の科段に従って『理趣経』を分け、不空訳の『理趣釈』を始めとして『大日経』『大日経疏』『菩提心論』『十七尊義述』『密厳経』『智度論』『中論』『成唯識論』『二教論』『十住心論』『秘蔵宝鑰』『秘蔵記』『四種曼荼羅義』その他の経論を引用しながら、『理趣経』の文句に注釈を加えている。初めに玄談として教の起因を明かすうち、一には総じて真言法教の起因を、二には別して経の起因を明かし、次に経の題目を釈し、のちに本文を釈している。〔所載〕正蔵61。〔苫米地誠一〕

高雄口訣【たかおくけつ】真　一巻。真済（八〇〇—六〇）撰。天長年間（八二四—三三）成立。別に『実相寺口決』、また『金剛界曼荼羅次第法』ともいい、『日蔵』ではこの題名で収載するが、内容からは『高雄口訣』のほうがよいと思われる。本書は空海の一〇大弟子の一人であり、高雄神護寺第二世および第三世東寺長者となった真済が、天長七（八三〇）年、同九（八三二）年等に、師空海より受けた諸種の口訣を集めたもので、空海晩年の口訣ということになる。また空海直接の口訣として、実慧の記した『檜尾口訣』とともに、真言宗においてもっとも尊重する書である。巻頭に「以㆔天長七年十月十五日戊時㆒始承曼荼羅次第法㆓」とあって、前半に曼荼羅次第法についての口訣を載せる。内容は、温室洗浴法、[梵字]二字義、入厠穢所、上堂法、洗漱等法、二種沐浴義、礼仏法、食時法、奉献供具法、六種供養義、四種五種両部修法色法差別義、珠数法、四種念誦義、四種薩埵義、五仏所坐義、四礼法、帰命義、奉請奉還解結義ほか劫波三義、二種釈義、三劫成仏義、万劫修威儀義、五部梵語并諸印真言、止観倶行義、五種法内外義、五種壇様義、四種曼荼羅義、不動剣印義、四曼本修義など合計六二条の事相教相にわたる口訣を載せる。なかにおいて劫波の義に差別義として三部三密を当てる事は『護摩口決御作』のみに見られる記述であり、六大無礙常瑜伽等の頌を四種曼荼羅頌と称し、また声音文字同異義のうちに人の名前の種類である名、字、号、謚の別を説くなど、不審な点も見られる。〔所載〕弘全2、正蔵78、日蔵（真言宗事相章疏2）。〔苫米地誠一〕

託何上人法語【たくがしょうにんほうご】時　一巻。託何（一二八五—一三五四）撰。江戸中期成立。遊行七代託何は暦応元（一三三八）年越前往生院において遊行を継承した。本文は平易であり、時宗の教義を知るには最適である。内容は「小早川安芸禅門之許ヘノ御書」「加賀国歩殿ヘノ御書」等消息法語が主である。松江市乃木善光寺所蔵。〔所載〕島根大学論集13、定時宗上。〔参考〕七代上人法語。〔長島尚道〕

沢鈔【たくしょう】真　一〇巻。覚成（一一二六—九八）記、守覚（一一五〇—一二〇二）集。成立年代不明。または『沢抄』『十巻鈔』ともいう。保寿院流第二祖の覚成が、流祖の永厳より受法した諸尊法などの折紙を記し、北院御室守覚法親王に授け、守覚法親王がこれに裏書、傍注などを加えて一〇巻にまとめたもの。また「故宮云」として覚性法親王より受けた仁和御流の口伝を加えている。また同じく永厳より覚成が受法した折紙を守覚法親王が類聚したものに『沢見鈔』六巻があり、内容はほぼ同じであるが、『沢見鈔』が諸尊法のみであるのに対し、本書は諸作法や裏書、傍注等を加える点が異なり、『沢見鈔』より重視されている。また『沢鈔』『沢見鈔』の沢は広沢の沢であり、ともに広沢方各流の通聖教として尊重されている。なお第一〇巻は広沢流の秘事が説いてあるとして、唯授一人の秘法とされる。また第一〇巻奥書に「御本記云　全部十箇巻。皆為長者僧正覚成抄度度以自筆書献予部類之此内尊法作法併伝受僧正了。師匠永厳法印雖為成就院僧正門弟。予所稟承多相違。仍更所尋問也抄傍所注付并裏書等狼藉殊甚。敢不可及外見。背我命輩三宝証罰。若自授他人時。除注裏書等可略抄之　沙門——北院御室御名」とあり、伝授のおりには注、裏書等を略すべきとしている。写本を金沢、高野三宝院、高野真別処、仁和寺、宝菩提院等に蔵す。〔所載〕正蔵78。——→沢見鈔〔苫米地誠一〕

沢水仮名法語【たくすいかなほうご】臨

一冊。沢水長茂（生没年不詳、あるいは一七四〇没とも）著。近侍の僧恵俊が元文五（一七四〇）年に撰し、さらに宝暦一三（一七六三）年に活明が増補して重刊している。沢水は抜隊の法語をえて工夫し、亀庵に印可されたが、元文の末に示寂したといわれ、世寿一六〇余歳であったといわれる。この法語は「白骨無常を示す事」をはじめ、四衆に示した法語三六篇が収められている。〔所載〕禅法語下。〔池田豊人〕

他師破決集【たしはけつしゅう】真　五巻。了賢（一二七九―一三四七）撰。承応二年刊。空海所立の真言教学における問題点を挙げ、経および論書を引きながら、諸論師の説を批判し検討している。まず第一巻では、法身説法という法身とはいかなる仏身か、『大日経』の説処、釈迦と大日との関係、五智は各々別体の仏体なること、『大日経』の結集者は誰か、『大日経』第七巻の説者は誰か、について論じ、第二巻では、真言宗は南天鉄塔の相承なりや、金剛薩埵と竜樹との関係、空海の付法伝に、呉殷の纂文を引くことの意味、両部曼荼羅は不空三蔵によって伝来されたのか、について論じ、第三巻は主として十住心思想の諸問題についてただし、第四巻は『菩提心論』と空海教学の関係および『即身成仏義』における問題、さらに『釈摩訶衍論』の真偽についてふれる。最後の第五巻は、『大日経疏』の疏の意味が内容と合致しないのではないか、について論じ、その後は悉曇についての諸問題を論ずる。このうち、第一巻は、とくに仏身観を中心に諸経論を引用しており、研究には便利である。了賢自身は、大日如来と釈尊とは別体なることを主張し、大釈同体説に対抗していることが本書の特色のひとつである。〔所載〕真全12。〔加藤精一〕

玉鏡【たまかがみ】真　一巻。以空（一六三六―一七一九）撰。寛文二（一六六二）年成立。摂州勝尾寺の以空は木食苦行の聖天行者であり、後水尾、明正、霊元、東山、中御門の五代の天皇の帰依を受け、しばしば玉体加持の修法を修した大徳であるが、教相の学には意をとめなかったごとくであり、その釈には往々に誤りが見られる。本書は寛文二年三月に後水尾法皇および皇后東福門院両院のお召によって宮中において光明真言を講じたおりに、その大旨を記して両院に献上したものであり、そのときに法皇より『玉鏡』の題号が下されたものである。本書は初めに世間の無常について説き、次いで真言宗の余宗にすぐれることをのべ、真言の功徳を嘆ずる。そして光明真言がそのうちでも功徳の広大であることを説き、光明真言と阿弥陀仏の名号念仏との功徳の勝劣を論じ、念仏の極楽往生よりも真言の成仏のよりすぐれていることを説き、また浄土往生の行としての光明真言についてのべ、浄土門の諸師もまた光明真言をすすめているとする。そして光明真言土沙加持法の利益をのべ、その後に『毘盧遮那仏説金剛頂経光明真言儀軌』を引いて、光明真言のいちいちの字を諸仏菩薩等に配当して解釈している。そして最後にみずからの木食行について記し、本書を終っている。本書中に解釈の典拠としてもちいられる不空訳『光明真言儀軌』と称するものは、本邦にてつくられた偽経であるが、以空は本書のほかにも『光明真言和談鈔』を著わし、本軌を重じている。刊本を竜大、谷大に蔵す。〔所載〕真安心下。〔苫米地誠一〕

玉沢手鑑【たまざわてかがみ】日　境持日通（一七〇二―七六）著。玉沢妙法華寺の縁由を諸記録によって編纂したもので、おそらく日通玉沢入山（宝暦六〈一七五六〉年、五五歳）以降の筆録であろう。詳しくは『玉沢手鑑草稿』という。浜門流（日昭門流）の所伝は本書が第一とされ、同門流の展開をみるうえで不可欠の史料である。所伝によれば、この手鑑は五冊として版行される予定であったのが焼失してしまい、この草稿のみが残ったという。内容は六老僧の次第、妙法華寺の由来、足利尊氏、今川氏真、徳川諸公の朱印状が収められている。また伽藍の様相、什物目録と奉納願主、棟札銘文、妙法華寺の年中行事、同山歴代（初祖日蓮より日通まで）、山内山外の塔頭末寺等が詳細に記されている。写本は日鎮による文政五（一八二二）年のものが伝えられる。日鎮の写本は一冊を乾坤の二冊とし、書写に当っては日寛が真翰と校合したという。〔所載〕日宗全19。〔松村寿巌〕

打聞集【だもんしゅう】真　覚鑁（一〇九五―一一四三）述。詳しくは『覚鑁聖人伝法会談義　打聞集』と題し、「うちぎきしゅう」とも称す。また、内題には「真言宗談義聴聞集」と題す。これを略して「聴聞集」（ちょうもんじゅう、または、ききがきしゅう）と称す。覚鑁の事蹟の中で特に重要なことは、大伝法院の創建と伝法会の復興である。本書は、覚鑁の談義を聞書したもので著作ではないが、真言宗における空海の撰述を研究し、宗典研鑽には必読の書である。本書の中に収められている談義の書目と明記されている年時は次のとおりである。『二教論』『菩提心論』『釈摩訶衍論』＝「長承三年正月谷談義」「長承三年春伝法会談義十三日」、『十住心論打聞集』＝第一保延四年三月廿一日始之、第二保延四年八月廿五日ヨリ秋季談、第三、第四、第五、第六、第七保延五年四月二日、第四巻、義、第十巻同月八日、保延五年秋季伝法会談義第八巻十住心論始、第九、『保延六年談義打聞集』、保延六年秋談義十住心論第十巻、〔永治元年十一月廿二日伝法会十住心論談了〕、釈摩訶衍論、康治元年八月廿九日即身成仏義談論之、康治二年四月一日被始[梵字]字義、康治二年秋談義声字実相義、等と記されている。これらのことから本書により覚鑁四〇歳代の談義の様子が判明すると同時に、高野山から根来山へ移住された（一一四〇年末）当時の厳しい状況の中でも宗祖空海の主要撰述を中心に『菩提心論』『釈摩訶衍論』等を講じていたことが知られる。覚鑁は康治二年一二月の示寂である。特に、永治元（一一四一）年三月から康治二（一一四三）年一二月の示寂の間には、『五輪九字明秘密釈』の大著を残されている。本書の談義は、覚鑁の教学・思想が如実に示されており、その内容も事相・教相に亘り、真言教学研究には、最も重要な典籍といえる。〔所載〕興全上。〔栗山秀純〕

他利利他深義【たりりたじんぎ】[浄真] 一巻。慧琳（一七一五—八九）述。明和六（一七六九）年六月二四日成立。慧琳は伊勢の出身で、のち大谷派第三代講師となった。本書はわずか五頁の小本である。曇鸞の『浄土論註』には他利・利他の語を示している文章があり、親鸞は『教行信証』の証巻にその文章を引用しているが、この他利・利他につき、先輩の三様の説をあげ、それらを批判しつつみずから深義を開顕している。明和七年の写本を谷大に蔵す。〔所載〕真宗全56。〔五十嵐明宝〕

他利利他辨【たりりたべん】[浄真] 一巻。慈潮（?—一八二六）撰。成立年代不明。慈潮は大濤ともいう。本願寺派の勧学。本書は『往生論註』の終りの利行満足章に出す他利と利他との釈をのべるものである。『論註』の綱要を論じ、親鸞の教義の特色である絶対他力説の根底をなすもので、他力廻向の宗義を明かすものである。内容は初めに略して綱要を標し、後にひろく解義をのべる。解義は古説を評すと今義をのべるの二つに分けられている。安居においてこの他利を説くこと巧みにして名声をえたものである。〔所載〕真宗全56。〔石田雅文〕

達磨大師講式【だるまだいしこうしき】[曹] 一巻。高弁（一一七三—一二三二）撰。本書は高弁が首倡し、忍性が自写した一本が鎌倉極楽寺に伝えられているという。また万安英種（一五九一—一六五四）が教院から探索し梓行したことが、跋文に「安師（万安）この文の久しく塵封蠹損するを慨いて力を梓行流布に致す」（原漢文）とあって知れる。面山は『僧堂清規』（五）で覚阿の作に擬している。『洞上五講式』の一である。〔所載〕続曹全（講式）。〔原田弘道〕

達磨多羅禅経説通考疏【だるまたらぜんきょうせつつうこうそ】[臨] 六巻（別に二巻・一八巻）。東嶺円慈（一七二一—九二）撰。天明元（一七八一）年成立。日本臨済禅の中興、白隠慧鶴の高弟である円慈が、宋代の契嵩の『伝法正宗論』により、この禅経を初祖菩提達磨所説のものとし、『経典祖録』を引証して注疏したものである。『本疏序説』や年譜によれば、この禅経を宝暦一二（一七六二）年に得て、明和二（一七六五）年に研究を始め、安永三（一七七四）年山梨県清泉寺で初めて講じたが、安永五年、火災のため稿を失う。翌年、亀井（東京）の長寿寺で講じ、天明元年六月、信州玉林寺で考疏を完成、補注した。天明四（一七八四）年同寺で上梓。のち天明六年大坂国恩寺で講じ、天明七年、嵯峨（京都）要行院で最終の講説をしている。内容は総評、別釈、証論、勧修に分けられる。数息観に始まり十二因縁観に終るこの『禅経』（覚賢訳）の教相を、阿含・涅槃などが素材の基本（皮体）であり、華厳、法華、楞伽三経が肝腸となって義理を証明し、達磨の祖意が経の骨髄であるとしている。『禅経』の本旨とは別に、円慈の禅体験を通じてこの『禅経』に新意義を与え、その禅定・観法を白隠禅の実践体系のなかに積極的に取り入れようとした大著である。本書の本格的な末注書はない。〔刊本〕天明四年刊（玉林寺版・駒大蔵）、明治26・27刊（足利恵倫校本）、別に円慈には『達磨多羅禅経略頌』一冊、文化一四（一八一八）年刊、竜沢寺版がある。〔参考〕仏解7、禅籍目録、東嶺和尚年譜。〔小林圓照〕

断疑生信録【だんぎしょうしんろく】[日] 一巻。日鑑（一八〇六—六九）記。慶応二（一八六六）年執筆。明治二六（一八九三）年刊。日鑑が信徒の請によって、日什門流の教学要旨をまとめ、「本迹名義一致名義」から「信念口唱臨終安心」まで二三章を立て、什門の根本宗義を述記したもの。断疑とは開権顕実開近顕遠の深義の疑いを断ち、生信とは開迹顕本廃迹立本の事一念三千の信を生ぜしめるの意。刊本を立大図書館蔵。〔小野文珖〕

湛月紹圓禅師語録【たんげつじょうえんぜんじごろく】[臨] 一巻。湛月紹円（一六〇七—七二）述。『湛月和尚住山一会語録』『湛月和尚再住妙心一会録』のことか。内容は、達磨忌、仏成道、開山忌、歳旦上堂、索語、提綱、自叙、謝語、拈提。仏涅槃、結制上堂、釣語、提綱、自叙、謝語、拈提。解制上堂、提綱、自叙、謝語、拈提等からなる。写本を花園慈雲院文庫蔵。〔高崎正芳〕

断邪顕正論【だんじゃけんしょうろん】[日] 五巻。蓮華日題（一六三三—一七一四）著。正徳二（一七一二）年の成立。同年の刊行。本書は浄土宗の了海著『摧碾再難条目抄』（さいてんさいなんじょうもくしょう）二巻を破折したもの。なお『摧碾再難条目抄』は真超の『禁断日蓮義』を骨子として、浄土宗的に焼直したもので、破日蓮義がその主旨。〔所載〕日教全12。〔中條暁秀〕

断証決定集【だんしょうけつじょうしゅう】[天] 一巻。最澄（七六六—八二二）説、圓仁（七九四—八六四）記。成立年代不明。両師に偽託した後世の書で、道邃、行満の相伝を扱い、教観二道につき断惑証理を説く。一心三観・一念三千の観を中心として、還同有相門をも説き、また『天台伝南岳心要』の引文や禅味をおびることは、『修禅寺決』『漢光類聚』への影響を示し、四重興廃や顕密一致論では、密劣円勝の立場をとる。〔所載〕伝全5。〔弘海高顕〕

弾誓上人絵詞伝【たんぜいしょうにんえしでん】[浄] 二巻。宅亮撰。明和四（一七六七）年成立。明和四年刊。本書は古知谷阿弥陀寺開山弾誓の行状絵詞伝である。撰者宅亮は弾誓の一五〇回忌の法会にあたり、伝記行状のないことをなげきこの書を梓行した。宅亮の跋に、当寺の旧記を捜りあるいは地方にある弾誓開基の地を尋ね、いちいちにその事実を糺したとあり、詳細確実を期したものである。〔所載〕浄全17。〔大谷旭雄〕

探題古実記【たんだいこじつき】[天] 一巻。舜芸（—一四四五—五四—）授。江戸末成立。本書は、比叡山論義の故実を記した書。まず霜月会・六月会の端緒より、探題職次第や算箱・算題（宗要・義科）。実助の補で宗要集血脈。憲海の付で大堂竪義淹頂次第・宗要義科伝授。徳潤の付で義科宗要事。良諶の追加で貴族遂業例その他を江戸末まで書き留めている。論義古実研究上重要である。〔所載〕天全20。――→探題古実私記　〔野本覚成〕

探題古実私記【たんだいこじつしき】因　一巻。著者明記なし。嘉暦三（一三二八）年記。本書は『探題古実記』を注した書ではないが類書である。檀那恵光院流の精義古実に探題条条を付し、さらに恵心流の『探題私記』（応永二三〈一四一六〉年注）と義科聞書を付し、さらに別請竪義の普寂の裏書等を付して、恵檀両流の論義古実の要書である。内容は前記書より詳細であり、作法等研究者に好書である。〔所載〕天全20。――→叡山義方　〔野本覚成〕

歎徳文【たんどくもん】浄真　一巻。存覚（一二九〇―一三七三）著。『報恩講歎徳文』ともいう。成立年時については『真宗法彙』所収本奥書によると、存覚が俊玄（のち本願寺第四世善如）の請により報恩講御忌にもちいるために延文四（一三五九）年一月一六日に草了し、貞治五（一三六六）年五月に再稿浄写したという。存覚は覚如の長男で、父に従い教化を助け越前、三河、信濃を巡化した。元亨二（一三二二）年義絶され、その後再度義絶されるが、了源に宗義を教え、暦応元（一三三八）年備後で日蓮宗徒と対論するなど、仏教の広汎な知識をもって親鸞の教義を解釈し、覚如とともに初期本願寺教団の教学を組織した。本書は報恩講において、親鸞の恩徳を讃嘆するための諷誦文であるが、本文の終りでのべられるように、親鸞の徳を称揚することは覚如の『報恩講式』で十分であるが、讃嘆しつくしがたき徳を重ねてのべるために撰述したという。その内容は親鸞一代の行実と讃嘆であって、簡潔にして流麗なる文体で名高い。親鸞が伯父範綱につき修学し、慈鎮のもとで出家得度修学したこと、天台修学のこと、六角堂参籠のこと、吉水入室のこと、源空相伝のこと、『教行信証』撰述のこと、二双四重教判のこと、『愚禿鈔』撰述のこと、流罪のこと等々にふれ、親鸞の恩徳を讃え、浄土真宗の宗義を顕揚しようとしたものである。写本としては伝実如書写本（本願寺派本願寺蔵）、蓮如書写本（同蔵）等があり、延べ書本として『報恩講私記』と同綴の蓮如書写本（同蔵）がある。〔所載〕浄土真宗聖典、真聖全3、親全4、真宗史料集成1。　〔新作博明〕

歎徳文講義【たんどくもんこうぎ】浄真　二巻。大含（一七七三―一八五〇）説。弘化三（一八四六）年、浅草御坊にて講ず。大含は大谷派第九代講師。本書は存覚の『歎徳文』を解釈したもので、⑴興由、⑵題号、⑶本文に分けられる。⑴を総別に分かち、総は仏恩報謝のため、別しては親鸞の在世と滅後の二世の徳を讃歎するための讃歎門の勤行であるとする。⑶を①総歎徳、②別歎徳、③述歎徳、の三項に分け、②をさらに1初在世徳、2滅後徳に分け、1をa修学内外、b思惟出離、c祈求霊告、d帰入浄土、e選集流通、f師弟同科、g弘法利生、に要約して詳述している。〔所載〕真大31。――→歎徳文　〔新作博明〕

断悪生善【だんなくしょうぜん】日　三巻。日奥（一五六五―一六三〇）著。撰述年代不明。不受不施義を主張したため、配流された対馬の地で日蓮徒の浄土教批難に反駁した浄土宗実慧の『摧邪興正集』を閲読し、同書破折のために述作したもの。その序に経釈の正文をかんがえ筆を染めて彼の悪義を破す。名づけて断悪生善というように、念仏の悪行を断じて法華の大善を生ぜしめんとしたもの。〔所載〕万代亀鏡録上。　〔冠　賢一〕

歎異抄【たんにしょう】浄真　一巻。著者明記なし。著者については古来、如信説、覚如説、唯円説、あるいは唯円・如信・覚如の合成説などがあったが、最近では唯円説が有力でほとんど定説化している。唯円説は了祥の『歎異抄聞記』や景耀の『浄土真宗教典志』において主張されていた説である。本書の成立は、著者を唯円とすれば、本書総結の文に「露命わづかに枯草の身にかゝりてさふらふほどに」云々といっている点から見て唯円の晩年のころと考えられる。唯円の没年は正確には決定することができないが、正応のころ（一二八八―）没したようであるから、本鈔の成立年代も正応のころをあまりさかのぼらない時期であるといえる。

本書は巻頭の前序と総結の後序に明言されているように、親鸞の滅後に先師口伝の真実の信心に異なる異義が生じたことを歎き、同心行者の不審をのぞくために、師親鸞の語られたことのなかで、著者の耳の底にとどまっていたことを記して異義を批判したものである。本文は一八章から成り、前半の一〇章は著者が親鸞から聞いた法語である。すなわち⑴阿弥陀仏の本願にはただ信心を要とする、⑵よき人の仰せを蒙りて信ずるほかに別の子細なし、⑶善人なおもて往生をとぐ、いわんや悪人をや、⑷念仏はすえとおりたる大慈悲心、⑸父母の孝養のために念仏せず、⑹弟子一人もたず、⑺念仏者は無碍の一道なり、⑻念仏は行者のために非行非善なり、⑼念仏を称えても踊躍歓喜のこころ起らず、⑽念仏には無義をもって義とする、である。このうち第一〇章の後半には、親鸞滅後に異義の発生したことを歎いた文があり、第一一章以下の序のかたちとなっている。そして第一一章以下の後半の八章は、親鸞滅後に発生した異義とその批判を記し、そのなかで親鸞の法語も回顧されている。すなわち、⑾誓願不思議と名号不思議とを異なるものとする異義、⑿往生に学問の必要を説く異義、⒀本願ぼこりによる造罪是認の異義、⒁念仏による滅罪を説く異義、⒂即身成仏を説く異義、⒃廻心懺悔を説く異義、⒄辺地の往生者は地獄におちると説く異義、⒅施入物の多少にしたがって大小仏になると説く異義、についての批判である。そして最後に源空門下における信心相論のことを記し、異義者に迷わされるようなときには聖教をよく見るべきことを説いて、聖教の真意を誤らないために、大切の証文として親鸞の述懐を挙げている。

〔異本〕本抄の原形的なものとしては、現存写本中最古のものといわれる蓮如書写本（西本願寺所蔵）と、永正一六（一五一九）年の写本である端坊旧蔵本（谷大所蔵）があり、その他にも数本ある。〔末注〕深励・歎異抄講林記、了祥・歎異抄聞記。〔所載〕正蔵83。〔参考〕定親全（言行篇）。〔岩崎豊文〕

歎異抄講林記【たんにしょうこうりんき】浄真　一巻。深励（一七四九―一八一七）述。成立年代不明。深励は大谷派の第五代講師。寛延二（一七四九）年越前国坂井郡の大谷派大行寺に生まれ、のちに京都に上り宗学を慧琳および随慧に学び、寛政二年擬講に任ぜられ、同五年嗣講に、同六年講師に累進し香月院と号した。本書は深励が越中富山永福寺において、『歎異抄』を講じたときの聞記である。講義にあたって、⑴論㆓定能選人㆒、⑵述㆓一部大綱㆒、⑶正入㆓文解釈㆒の三門に分けている。⑴では、『歎異抄』を如信の選述と定め、それについて三文一理を挙げて論証している。⑵では、『歎異抄』一部は勧信誡疑の四字をもって大綱とし、如信が宗祖親鸞の真面目を伝えたものであるとのべている。⑶では、初めに題号を、次に本文に入り、詳細な解釈を施している。本書の初めに著者自身がのべているように、従来『歎異抄』について講説したものはなく、本書はほとんど最初のものであるにもかかわらず、その講説は詳しく論証も適切であるため、以来本書は『歎異抄』研究者にとっての指南となった。思想的には、第一章下の講説のように、著者自身の行信論についての見解もうかがうことができる。〔所載〕真大23。→歎異抄　〔岩崎豊文〕

歎異抄講録【たんにしょうこうろく】浄真　一巻。義天（一八二七―八九）述。明治二〇（一八八七）年成立。大谷派の義天が、明治二〇年七月高倉学寮の夏安居で『歎異抄』を講じたときの筆録である。まず本書は如信の撰述であり、口決相承の要義を顕わしたものであることを強調し、次に行信の次第について所見をのべ、また、本書の大意が勧信誡疑にありとする。題号から本文に入っての解釈は詳細である。〔所載〕真宗全43。→歎異抄　〔岩崎豊文〕

歎異抄聞記【たんにしょうもんき】浄真　二巻。了祥（一七八八―一八四二）述。成立年代不明（明治四〇年刊）。了祥は天明八（一七八八）年愛知県三河国岡崎市の大谷派万徳寺に生まれ、のちに京都に上り高倉学寮において深励に師事して宗学を研鑽し、郷里に帰ったのちも研究をつづけた。本書は了祥の『歎異抄』についての講苑の最後のものである。天保一二（一八四一）年八月一二日に開莚し、翌一四年四月、本鈔第一一章の下の誓願不思議と名号不思議十門分別のうち、第五門を弁じたのち、了祥は四月八日に入寂している。内容は文前に⑴論㆓定作主㆒、⑵校㆓定異本㆒、⑶詳㆓論異計㆒、⑷弁㆓明来意㆒、⑸詳㆓究大意㆒の五門に分けている。⑴では、『歎異抄』の作者を唯円と定め、唯円について二人説をあげていることは注目すべきである。⑵と⑶については詳しくのべられていない。⑶については了祥の編集になる『異義集』に詳しいので参照すべきである。本文の講説に入ってからは、本鈔と『唯信抄』『往生要集』『選択集』との関係、ならびに本抄と蓮如の教化などについてものべている。本書は『歎異抄』についての講録の少ないなかで、広汎な観点から背景となる異義についても詳しく検討し、本文の一文一句にわたって細かく講述しているので、『歎異抄』研究者の指南とされた。〔所載〕続真大別2。→歎異抄　〔岩崎豊文〕

歎仏会法式【たんぶつえほっしき】曹　一巻、撰者不明、禅山嶂編。元禄四（一六九一）年刊。別名『重正歎仏会式風版』（題簽）。歎仏会の次第作法、各偈文、仏名、差定、座位図等を編録したもので、本書の特徴は過去七仏を含めた九五仏に対する讃礼ということになる。しかし面山は『僧堂清規考訂別録』（三）で、従来依用の歎仏会式の将来は黄檗宗の伝来、江戸初期まで下るとのべ、よって改撰して『唱礼法』を撰述したとある。〔所載〕続曹全（講式）。〔原田弘道〕

檀林飯沼弘経寺志【だんりんいいぬまぐきょうじし】浄　一巻。摂門（一七八二―一八三九）撰。文政四（一八二一）年刊。『飯沼弘経寺志』ともいう。浄土宗関東十八檀林の寺史を編纂した檀林志のひとつであり、茨城県水海道市の弘経寺の寺史を記録したもの。内容は開営沿革、綸旨公書、再営伽藍、霊宝、廟墳所在、歴代法流、門下源流、末寺の八項目である。本書は檀林志のなかでもっとも完備している。〔所載〕浄全19。〔宇高良哲〕

檀林岩付浄国寺志【だんりんいわつきじょうこくじし】浄　一巻。摂門（一七八二―一八三九）撰。文政四（一八二一）年刊。『岩付浄国寺志』ともいう。浄土宗関東十八檀林の寺史を編纂した檀林志のひとつであり、埼玉県岩槻市の浄国寺の寺史を記録したもの。内容は転住弘通、朱璽正宝、諸堂院宇、舎利瑞縁、霊宝伝器、鼻祖諸伝、列世法徳、境内景勝、阿部家譜、北条氏系、負笈遊化、本末栄運の一二項目に分かれている。〔所載〕浄全20。〔宇高良哲〕

檀林瓜連常福寺志【だんりんうりずらじょうふくじし】浄　一巻。摂門（一七八二―一八三九）撰。文政四（一八二一）年刊。『瓜連常福寺志』ともいう。浄土宗関東十八檀林の寺史を編纂した檀林志のひとつであり、茨城県那珂郡瓜連町の常福寺の寺史を記録したもの。内容は創立沿革、堂塔伽藍、向山浄鑑院由緒、檀林系譜、開山法流、会下徒匠、祀祭霊名、什宝古文書、諸末寺略記など一九項目である。〔所載〕浄全19。〔宇高良哲〕

檀林江戸崎大念寺志【だんりんえどさきだいねんじし】浄　一巻。摂門（一七八二―一八三九）撰。文政四（一八二一）年刊。『江戸崎大念寺志』ともいう。浄土宗関東十八檀林の寺史を編纂した檀林志のひとつであり、茨城県稲敷郡江戸崎町の大念寺の寺史を記録したもの。内容は寺縁本由、大小伽藍、什宝霊器、朱賜領件、累世師名、輪下正衆、本宇有縁の七項目に分かれている。本書は檀林志の末尾であり、著者摂門の略伝が付されている。〔所載〕浄全20。〔宇高良哲〕

檀林生実大巌寺志【だんりんおゆみだいがんじし】浄　一巻。摂門（一七八二―一八三九）撰。文政四（一八二一）年刊。『生実大巌寺史』ともいう。浄土宗関東十八檀林の寺史を編纂した檀林志のひとつであり、千葉市の大巌寺の寺史を記録したもの。内容は創立正伝、朱璽宝章、道場造建、什宝類員、原氏廃亡、世代略伝、上足鴻漸、席中俊鳳、支隷寺院、配属二箇の一〇項目に分かれている。〔所載〕浄全20。〔宇高良哲〕

檀林鎌倉光明寺志【だんりんかまくらこうみょうじし】浄　一巻。摂門（一七八二―一八三九）撰。文政四（一八二一）年刊。『鎌倉光明寺志』ともいう。浄土宗関東十八檀林の寺史を編纂した檀林志のひとつであり、鎌倉市の光明寺の寺史を記録したもの。内容は山門来歴、伽藍数所、宝器什具、開祖行実、同師創寺、二世伝略、同師系統、開師資名、累世貫主、境内所在、眺望八景、北条系譜、内藤氏統、会下清徳の一四項目である。〔所載〕浄全19。〔宇高良哲〕

檀林川越蓮馨寺志【だんりんかわごえれんけいじし】浄　一巻。摂門（一七八二―一八三九）著。天文一八年ころ、川越城将大道寺駿河守政繁が母蓮馨尼のために建立し、身内の感誉存貞を小田原から呼び寄せて開山とした。当初上尾市平方にあったが、永禄年間に現在地に移された。内容は、寺院栄運、伽藍大小、彫像画尊、什具新古、歴祖法位、門下伝灯、大衆起寺、所賜朱章、直末一八の九節に分れ、当時の伝承を記録している。〔所載〕浄全20。〔久米原恒久〕

檀林小石川伝通院志【だんりんこいしかわでんずういんし】浄　一巻。摂門（一七八二―一八三九）編。文政四（一八二一）年刊。『小石川伝通院志』ともいう。関東十八檀林の一つ小石川（東京都文京区小石川）伝通院の寺志、沿革で、古山開剏、将軍再営、法殿堂舎、院寮列名、賜朱璽章、開山高徳、法弟上足、歴世山主、伝燈師哲、尊尼系伝、所葬高霊、門末由縁の一二項と光雲寺、常覚寺の付説からなっている。〔所載〕浄全19。〔田中祥雄〕

檀林鴻巣勝願寺志【だんりんこうのすしょうがんじし】浄　一巻。摂門（一七八二―一八三九）編。江戸時代後期（一九世紀前半）の刊。『鴻巣勝願寺志』ともいう。関東十八檀林の一つ鴻巣（埼玉県鴻巣市）勝願寺の寺志、沿革で、開基略縁、散在堂宇、什宝万器、高貴霊翰、山主法諱、当山十境、開基氏系、牧野譜略、真田氏系、山下俊英、門末数十、仮受支触の一二項からなっている。三祖良忠の由緒寺院である。〔所載〕浄全19。〔田中祥雄〕

檀林小金東漸寺志【だんりんこがねとうぜんじし】浄　一巻。摂門（一七八二―一八三九）編。江戸時代後期（一九世紀前半）の刊。『小金東漸寺志』ともいう。関東十八檀林の一つ小金（千葉県松戸市小金町）東漸寺の寺志、沿革で、創建起源、現存堂宇、什宝数点、毎夏禁礼、宝章主翰、上古領知、縁山添末、開山略伝、列世法将、山本墓碑、輪下秀匠、門列各縁の一二項からなっている。〔所載〕浄全19。〔田中祥雄〕

檀林下谷幡随院志【だんりんしたやばんずいいんし】浄　一巻。摂門（一七八二―一八三九）編。江戸時代後期（一九世紀前半）の刊。『下谷幡随院志』ともいう。関東十八檀林の一つ幡随院（東京都小金井市前原）の寺志、沿革で、山門清闢、梵閣本末、開祖略伝、妙龍水碑、不濡石名、開祖法脉、剃度資名、学寮子院、歴世浄徳、輪下衆哲、明石家系、島津家譜、牧野家系、植村氏譜、末支清刹の一五項からなっている。〔所載〕浄全20。〔田中祥雄〕

檀林滝山大善寺志【だんりんたきやまだいぜんじし】浄　一巻。摂門（一七八二―一八三九）編。江戸時代後期（一九世紀前半）の刊。『滝山大善寺志』ともいう。関東十八檀林の一つ滝山（元東京都八王子市大横町）大善寺の寺志、沿革で、発開正因、道場勝区、像画瑞軀、得譲什器、金章玉翰、安禅景望、累世山主、境中残名、旧檀戒諱、十夜勧進、禀承弘通、門末由縁、仮隷両寺の一三項からなっている。〔所載〕浄全20。〔田中祥雄〕

檀林館林善導寺志【だんりんたてばやしぜんどうじし】浄　一巻。摂門（一七八二―一八三九）編。江戸時代後期（一九世紀前半）の刊。『館林善導寺志』ともいう。関東十八檀林の一つ館林（群馬県館林市）善導寺の寺志、沿革で、旧開元伝、再開叢林、殿堂棟甍、現存霊物、所賜産璽、内末二坊、古山累徳、興祖行状、全職歴世、檀主肖像、所葬士尼、榊原系略、眺他十勝、簑笠遊化、新古成末、仮属五院の一六項からなっている。〔所載〕浄全20。〔田中祥雄〕

檀林新田大光院志【だんりんにったいこういんし】浄　一巻。摂門（一七八二―一八三九）編。江戸時代後期（一九世紀前半）の刊。『新田大光院志』ともいう。関東十八檀林の一つ新田（群馬県太田市金山町）大光院の寺志で、開基遠近、再得光彩、境中霊名、仏祖肖容、宝書章翰、龍公行実、代々師名、法流英師、清衆超倫、派末創因の一〇項からなっている。同寺開山は然誉呑竜。〔所載〕浄全20。〔田中祥雄〕

檀林深川霊巌寺志【だんりんふかがわれいがんじし】浄　一巻。摂門（一七八二―一八三九）編。江戸時代後期（一九世紀前半）の刊。『深川霊巌寺志』ともいう。関東十八檀林の一つ深川（東京都江東区）霊巌寺の寺志で、剏開叢林、当山創建、本尊迎置、珂山功操、所建諸堂、門塀境景、称三別院、子院八宇、発意八庵、七谷学舎、朱璽賜章、開山広済、歴世師名、当主法脉、遠祖遺弟、伝灯哲徳、諸侯墳墓、彫銘二三、大島堂跡、末寺一一の二〇項からなっている。〔所載〕浄全

20。 〔田中祥雄〕

檀林本所霊山寺志【だんりんほんじょれいざんじし】浄 一巻。摂門（一七八二―一八三九）編。江戸時代後期（一九世紀前半）の刊。『本所霊山寺志』ともいう。関東十八檀林の一つ本所（東京都墨田区）霊山寺の寺志、沿革で、大潮開本、山門隆夷、改造堂舎、真俗記章、瑞祥像画、照満芳由、親王法廟、世代主名、坊舎起縁、境中八勝、有名三碑、所葬列名、末寺数宇の一三項からなっている。〔所載〕浄全20。 〔田中祥雄〕

檀林結城弘経寺志【だんりんゆうきぐぎょうじし】浄 一巻。摂門（一七八二―一八三九）編。江戸時代後期（一九世紀前半）の刊。『結城弘経寺志』ともいう。関東十八檀林の一つ結城（茨城県結城市結城）弘経寺の寺志、沿革で、当山起原、堂閣縦横、什器伝来、寺録前後、累代列名、多賀谷系、結城家系、在席伝燈、末流遠近の九項からなっている。〔所載〕浄全20。 〔田中祥雄〕

ち

智円鈔【ちえんしょう】浄 智円（一二八三―一三七二）選。『観経疏智円鈔』一六巻、『観経具疏智円鈔』一七巻、『選択集智円鈔』一〇巻、『住生要集智円鈔』三巻を集成。建武四（一三三七）年『般舟讃智円鈔』成立。暦応三（一三四〇）年『選択集智円鈔』成立。その他は成立年代不明。別に『聞書』『私聚鈔』『鈔』ともいう。六角義の立場からそれぞれ解釈し、信心は三心、智慧は定散とし、往生の願心により定散を聞きて三心発り信心顕わるとしている。諸師と和尚、あるいは源空門下の諸説と対比して自派の顕彰につとめているので、門下諸派の研究に参考となる。『選択集智円鈔』写本を正大、竜大、谷大に所蔵。『観経疏智円鈔』および『観経具疏智円鈔』の写本を浄橋寺に所蔵。 〔長谷川是修〕

智覚普明国師語録【ちかくふみょうこくしごろく】臨 八巻。春屋妙葩（一三一一―一三八八）撰。南北朝時代成立。夢窓疎石の法嗣で相国寺開山春屋の語録。明の永楽二年、姚広孝の序、国師号宸翰、天竜寺・南禅寺語録、陞座、拈香、小仏事、仏祖賛、自賛、頌古、偈頌、行業実録、浄慈寺道聯撰の「日本国智覚普明国師塔銘并序」を収める。応永一二年の五山版、天保八年刊本がある。 〔伊藤東慎〕

智覚普明国師年譜【ちかくふみょうこくしねんぷ】臨 一巻。芳通編。成立年代不明。詳しくは『宝幢開山智覚普明国師行業実録』という。春屋妙葩の応長元（一三一一）年一二月二二日出生より嘉慶二（一三八八）年八月一二日入寂までの行業を記したものである。本書は、「普明国師語録」二巻が古海昌範によって天保八（一八三七）年に再板された。その下巻に収められている。〔所載〕正蔵80。 〔鷲阪宗演〕

竺山得仙禅師語録【ちくさんとくせんぜんじごろく】曹 二巻。竺山得仙（僊）（一三四四―一四一三）撰。寛政五（一七九三）年筆写。詳しくは『護国竺山和尚語録』という。撰者は大徹宗令の法嗣で、本書はその所住地における上堂語などを収録する。巻一には、富山県立川寺、石川県総持寺、同永光寺の入院法語、および法語、賛語、偈頌、巻三には、大阪府護国寺、群馬県真浄寺、栃木県桂林寺における法語や偈頌を収める。寛政五年筆写は元英雄山によるもので、桂林寺の所蔵になる。〔所載〕続曹全（語録1）。 〔永井政之〕

竹林鈔【ちくりんしょう】浄 二巻。著者明記なし。奥書より顕意（一二三八―一三〇四）作とされる。成立年代不明。正徳三（一七一三）年刊。別に『山叢林』ともいう。顕意は浄土宗西山深草派の学匠で深草流教学の大成者円空に師事し、のち嵯峨竹林寺に住した。本書もそれにより『竹林鈔』と名づけたものであり、一六カ条をあげ経論釈を引用して深草義を明らかにしたものである。⑴廃立行成、浄土門を立てるときは廃立であるが、三心既具無行不成で念仏に万行功徳の行成の義がある。⑵観仏念仏、観仏三昧は釈迦教、念仏三昧は弥陀教の二尊二教の立場を明らかにする。⑶念仏王三昧、念仏三昧は一切の三昧の王である。⑷即便当得、即便往生は平生で法を面とし、当得往生は臨終で機を面とするが、不離一体である。⑸領解ノ後ハ平信ニ帰ル、念仏の功徳を心得た領解ののちは平生より往生決定疑いなしと信ずる。⑹六字法門、南無阿弥陀仏の六字に願行具足する義を明らかにする。⑺機法一体、⑻三心、⑼聖道浄土、⑽自力他力、⑾二種信心、機法二種の信心は帰命の心が根本である。⑿六字玅解抄、六字の名号は機法生仏一体無二の道理を体とする。⒀念仏三昧為宗、口称念仏三昧を頓教一乗の宗極と顕わすところに弥陀の願意が顕われて念仏宗が立つ。⒁一心帰命、帰命には帰依、帰奉、帰還の三義がある。⒂十劫正覚、弥陀の十劫正覚と諸経（宗）の義とを会通する。⒃浄土頓教、聖道門にも頓教があるが、鈍根の者には浄土門こそ真の頓教である。〔所載〕正蔵83。 〔君野諦賢〕

智証大師請来目録【ちしょうだいしょうらいもくろく】天 一巻。圓珍（八一四―九一）集。圓珍は智証大師、比叡山延暦寺第五代座主、義真の弟子として年分得度し、一二年の籠山を経て一山の学頭に推挙され、慈覚大師圓仁が帰朝後、さらにみずから入唐求法の志をかためて、仁寿三（八五三）年唐の商船に便して入唐し、福州に上陸し、さらに台州に行き天台山に学び越州から洛陽を経て長安にいたり法全から密教を伝え、ふたたび越州、台州を経て、唐の天安二（八五八）年台州を出発し帰国の途についた。六月には太宰府に帰り、一二月には帰京した。本書はこの六年におよぶ入唐求法の成果を盛りこんだ目録で、みずから「前後総計肆百肆拾壱本壱仟巻、道具法物等都て計壱拾陸事」と掲げていて、大乗経律論部・四五部、小乗経論伝記部・二五部、曼荼羅持念教法部・九四本一二八巻、道具部・十事、法華部・一八本一〇二巻、止観部・八本四六巻、雑経疏部・二九本一一〇巻、雑碑銘部・一七本一五巻、別家章疏伝記部・一七四本五〇五巻、雑載部・二六本二七巻、道具等・八事。となっていて、天台法華、止観の法門、密教はもとより、禅、律、外教にいたるまでの厖大な受法蒐集のあとがしのばれる。圓珍には開元寺、福州温州台州、青龍寺の個々の求法目録のほか、長安蒐集の「日本比丘圓珍入唐求法目録」があるが、本目録は全体に及び、私的入唐であったためか、太政大臣藤原良房に送られている。〔所載〕正蔵55、仏全2。〔木内堯央〕

智證大師年譜【ちしょうだいしねんぷ】〔天〕一巻。尊通（一四二七—一五一六—）編。応仁元（一四六七）年成立。別に『曩祖大師年譜』『清和陽成光孝三朝国師智恵金剛智證大師年譜』『山家六祖智證大師年譜』ともいう。本書は敬光が編した『唐房行履録』の上巻にも収められ、桃華老人撰の「序」と樝庵恵鳳の「願智證大師後」の跋文から成る。入唐中の圓珍を知るうえで、貴重な資料である。〔所載〕仏全（鈴）28・113。〔秋田光兆〕

智無智通用集【ちむちつうようしゅう】〔天〕五巻。勝範（生没年不詳）撰。寛文六（一六六六）年版行前江戸初期成立。追善作法を四四項目に分け、その表白例文や作法やその方法を説明した書。天台宗の顕密融合の理念が生かされ、その作法がよく整理されているところから、江戸初期の追善作法状態がわかる。同時代の『浅学教導集』と合わせて、当時から天台宗が必要としていた寺院葬送儀礼がうかがえる。〔所載〕天全20。〔野本覚成〕

茶事十六ヶ条【ちゃじじゅうろくかじょう】〔臨〕一冊。清巌宗渭（一五八八—一六六一）著。成立年代不明。清巌は大徳寺の第一七〇世住持。とくに茶の湯に嗜みが深く、当時の茶の湯の有様を一一種に分けて批判している。茶禅一味、禅茶＝真茶の道を示した茶道書であるが、『清巌禅師十八ヶ条』とも伝えられていて、書かれざるところに清巌の真意を察知すべきか。〔所載〕茶事集覧2、新修茶道全集9。〔池田豊人〕

茶店問答【ちゃみせもんどう】〔浄真〕二巻。秀園（生没年不詳）述。明和五（一七六八）年成立。安政六（一八五九）年、江戸、谷中の感応寺あたりの茶店における、女性と老尼の問答である。本書の中心となっているものは、浄土真宗における妻帯、食肉の問題、また法式の問題である。しかし、この書は浄土宗を批判するものであるとしてうけとめられ、浄土宗側から論駁書として『茶店問答弁訛』三巻が著わされた。竜大蔵。〔所載〕真宗全59。〔山崎竜明〕

茶店問答弁訛刮【ちゃみせもんどうべんかかつ】〔浄真〕二巻。寂有（生没年不詳）述。成立年代不明。秀園の『茶店問答』に対して、浄土宗側より『茶店問答弁訛』（善済道人説、尚全筆記、安永八〈一七七九〉年刊）二巻が、駁論として著わされ、一五カ条にわたって『茶店問答』を批判しているが、本書はそれに対して反難を試みたものである。浄土宗と浄土真宗の相論のありようが本書からうかがわれる。写本を正大、竜大、谷大、宗大に蔵す。〔所載〕真宗全59。—→茶店問答〔山崎竜明〕

中院流四度口伝【ちゅういんりゅうしどくでん】〔真〕四巻。宥快（一三四五—一四一六）撰。成立年代不明。また『四度口伝』『中院流四度宥快口伝』『四度口決中院』『中院流四度口決』『中院流四度口訣』ともいう。本書は高野山の学匠宥快による中院流の四度加行の次第に関する口伝を、弟子が記したもので、十八道、金剛界、胎蔵界、護摩各一巻ずつの四巻となっている。宥快は根来の頼瑜、東寺の杲宝と並び称される真言教学史上屈指の巨匠であり、南山教学の大成者として名高く、後世に大きな影響を与えている。また中院流は小野方の分派のひとつであり、成尊の付法の明算をその開祖とする高野山相伝の事相法流である。本書第一巻の十八道口伝は空海撰とされる『十八道念誦次第』一巻によって伝授を行っており、第二巻金剛界口伝は淳祐の『金剛界念誦次第私記』二巻により、第三巻胎蔵界口伝は同じく淳祐の『胎蔵界念誦次第』一巻により、第四巻護摩口伝は道範の『息災護摩私次第』一巻によっている。またこのうち第一巻の巻末には、十八道本尊、十八道加行作法、十八道次第書写事、伝授事、盛華事など一二条の口決を付記する。写本を谷大、京大、高野光台院、高野三宝院、高野真別処に蔵す。〔所載〕正蔵78。〔苫米地誠一〕

中院流大事聞書【ちゅういんりゅうだいじききがき】〔真〕一巻。宥快（一三四五—一四一六）口、成雄（一三八一—一四五一）記。成立年代不明。また『中院流大事』『中院大事聞書』『中院大事口決』ともいう。宥快は真言教学史上屈指の巨匠、筆記者の成雄は宥快の正嫡であり、宝性院の後を嗣いでいる。本書は中院流の印信などに関する大事の口決を記したもので、許可潅頂の事、伝法潅頂の印信に二通ある事、第三重の印信の事、瑜祇の印信の事、中院流には臨終大事・大塔習・御影堂開閉習などのある事、法流分派の事、四度次第の相違の事、潅頂作法の事、邪義の相交われる事などについて記したものである。写本を高大、高野金剛三昧院、高野宝亀院、宝菩提院に蔵す。〔所載〕正蔵78。〔苫米地誠一〕

中巌和尚語録【ちゅうがんおしょうごろく】〔臨〕二巻。中巌円月（一三〇〇—七五）撰。南北朝時代成立。室町時代の五山版があるといわれるが、明和元（一七六四）年、播磨大解宗脱の編刊本によると、上巻は相模万寿寺、下総竜沢寺、豊後万寿寺、京都万寿寺等の語と、下巻に建仁寺、建長寺、相模の崇禅菴等の語、拈香、普説、秉払を収める。〔異本〕『五文新4の『東海一漚集』。〔伊藤東慎〕

中巌月和尚自歴譜【ちゅうがんげつおしょうじれきふ】〔臨〕一巻。中巌円月（一三〇〇—七五）撰。南北朝時代成立。正式には『仏種慧済禅師中岩月和尚自歴譜』という。年代順に配列された自叙伝、年譜、後半に門人の補筆がある。自伝で中巌の私見が加わり公正を欠くきらいがあるとして、明和版の編者大解宗脱は中巌の不名誉な個所を削っている。『五文新』4には『続群書』本と明和本が対比して収録されている。〔伊藤東愼〕

中観論疏記【ちゅうがんろんしょき】南　八巻。安澄（七六三―八一四）撰。延暦二〇―大同元（八〇二―六）年成立。『中論疏記』ともいう。古来、三論宗の代表的著作とされ、内容は吉蔵の『中観論疏』の全体にわたる解釈である。『中論疏』の本文をあげ、いちいちの語句・文章の解釈、字義の説明だけでなく、疏の解釈には引用経論の出典を明らかにし、異説をあげて中正な判断を下す。〔所載〕正蔵（巻一末、巻四末、巻五末、巻六末を欠く）、日蔵（三論章疏上下、諸種の写本を校合した完本）。〔菅沼　晃〕

中観論二十七品別釈【ちゅうがんろんにじゅうしちほんべっしゃく】南　一巻。たんに『中観論品釈』ともいう。内容は吉蔵の『中観論疏』に基づき、来意、題目、入文解釈の三門を立てて『中論』全二七品の要旨をのべたものである。『中論』あるいは『中観論疏』のいちいちの語句を解釈するのではなく、それらの摘要と見るべきである。〔所載〕正蔵65、日蔵（三論章疏）。〔菅沼　晃〕

註金剛錍論【ちゅうこんごうべいろん】因　一巻。中国天台六祖の荊渓の著『金剛錍論』を随文解釈したもので簡易明解であり、最古の注釈書として非常に重要なものである。本書には序が付され序題下に前入唐求法沙門最澄とあり、本題下に比叡山止観院注とあるところから最澄の撰述と見られ「伝教大師全集」に収められている。内容は序段と正説段とからなり、正説段を一、正しく宗旨を立つ、二、法の異名を会す、三、非を簡び是を顕わす、四、法の正体を出だす、五、法の洗接を弁ず、六、体の所帰を顕わす、七、法の師承を明らかす、八、迷は悟に従う、九、教の所属を判ず、一〇、結撮して束ねる、の一〇段から仏性の義が解説されている。本書は古来から最澄撰を疑われているものの一つで、宝池房証真は、六祖荊渓の弟子と見られる明曠の『金剛錍論私記』を最澄が依用し注釈としたのではないかとし、『台宗学則』では、最澄が『明曠私記』を会本とし『註金剛』と題を与えたのであろうとしている。『金剛錍論開講要議』で慧澄は、『註金剛錍論』開山大師撰は全く明曠の私記を用い合して会本としたものであり、最澄撰とするのは疑わしい、おそらく最澄の親撰した注書が早くから亡逸してしまったので、後人が大師に仮託しこの書を造ったものであり、大師が非難されるべきでない、と述べている。〔所載〕伝全4、卍続2ノ5ノ3。〔多田孝正〕

注三十頌【ちゅうさんじゅうじゅ】南　一巻。貞慶（一一五五―一二一三）注。建久三―建暦元（一一九二―一二一一）年のころの成立。別に『注唯識三十頌』ともいう。世親の『唯識三十頌』に対してその要旨を簡潔に注釈をしたもの。『唯識三十頌』の本格的な注釈書『成唯識論』を読むまえの初学者のために書かれたもの。唯識教理を平易に説き示そうとする当時の唯識学風が端的に現われた書であり、この点蔵俊作といわれる『百法問答抄』や良遍の『観心覚夢鈔』『二巻抄』などと軌を一にする。〔所載〕正蔵68、仏全鈴25。〔横山紘一〕

中正論【ちゅうしょうろん】日　二〇巻。日題（一六三三―一七一四）著。延宝四（一六七六）年成立。本書はもと本門法華宗本山妙蓮寺一八世真迢が天台宗に改宗し寛永一四年『破邪顕正記』五巻を述作し、日蓮の爾前無得道や本化上行能化の有無等を批判した。これに対し日蓮宗側は寂静日賢『論迷復宗決』、日領『日蓮本地義』『法華格言』、日遵『諫迷論』をもって反論するが、真迢は承応三年弟子真陽の名をもって『禁断日蓮義』一〇巻を著わし再度の反論をした。そこで日題は「近来真迢所製の破記禁義の両書有るに天性邪智諂曲の故にや、深く権実の教理に迷い肆に吾宗を誹謗し徒に諸宗に阿党せり……予此の倒惑を悲て……一々に渠儂（かれ）が矯邪を弁折し兼て諸宗を糺明す」というごとく真迢両書への反駁書である。その方法は真迢の数多くの難詰に対し、全二〇巻を一七六の項目に分け七一七条（実際は七一八）の細目を立て問答形式にて反論する。細目の内容を見ると真迢名指し批判よりも『禁断義』の真陽批判が多い。本書は権実批判が中心なためその反駁もまた権実判にとどまり宗義の顕正研鑽までは高まらないが他宗対破の白眉である。延宝五（一六七七）年刊、昭和五一年再刊。〔所載〕日教全4―8。〔参考〕日蓮宗教学史、日蓮宗学説史、日蓮宗事典。〔桑名貫正〕

注進法相宗章疏【ちゅうしんほっそうしゅうしょうしょ】南　一巻。蔵俊（一一〇四―八〇）著。安元二（一一七六）年撰。後記によると院宣を受けて、蔵俊が編集した法相宗関係典籍の目録で、三四七部の書名が収録されている。現存しない典籍も多く、貴重である。のち『蔵俊録』と呼ばれて尊重される。これより二六〇余年前の平祚の『法相宗章疏』に収録されているのが一七〇部であるのとくらべると、いかに整備されたものであるかがわかる。〔所載〕正蔵55。〔太田久紀〕

中道空観【ちゅうどうくうかん】南　一巻。光胤（一三九六―一四六八）述。嘉吉元（一四四一）年成立。光胤は南都相伝の学風をつぐ興福寺法相宗の最後の学者ともいわれる人で、他に『訓論聞書』『表無表章聞書』などがある。本書は法相宗が説く諸法中道の教えを、諸法空、因縁仮有などによって平明に説き明かしたものである。〔所載〕日蔵（法相宗章疏2）、仏全80。〔菅沼　晃〕

中堂供養願文【ちゅうどうくようがんもん】因　一巻。良源（九一二―八五）撰。天元三（九八〇）年。正しくは『天元三年中堂供養願文』という。良源は慈慧大師、比叡山第一八代天台座主。近江の出身で尊意について出家し、論義において法相宗を屈し、横川の後興をはたしたが、座主に就任以前承平六（九三六）年、火災で一山の堂塔を焼き、この天元三年その努力が実って倍旧の後興をみた。そのときの慶讃願文で、廻廊をつらね、一宇二隔に造ったと記す。〔所載〕仏全（霞標1）。

〔木内堯央〕

中道事【ちゅうどうのこと】南　一巻。良遍（一一九四―一二五二）述。良遍は良慶の遺風をついだ法相宗の学者で、『観心覚夢鈔』『真心要訣』『大東伝通要録』など多くの著作を著わして鎌倉期に法相宗の興隆につくした。本書は、まず遍計所執性、依他起性、円成実性の三性について唯識中道を明らかにし、さらに唯識観としての中道観も『般若経』の諸法皆空と帰するところは同一であることを説いている。〔所載〕日蔵（法相宗章疏2）。

〔菅沼　晃〕

註仁王経【ちゅうにんのうきょう】因　三巻。最澄（七六六―八二二）撰。具名を『註（仏説）仁王護国般若波羅蜜経』という。羅什（三五〇―四〇九）訳『仁王般若経』の注釈書で、巻上に序品、観空品、巻中に教化品、二諦品、巻下に護国品、散華品、受持品、嘱累品を解釈している。証真は『玄義私記』巻六に、「この仁王註は全く嘉祥の疏を写したもので、すべて私の詞無し」と評している。〔所載〕伝全4。

〔坂本廣博〕

注法華経【ちゅうほけきょう】日　一〇巻。日蓮（一二二二―八二）注記。注記の年代については、(1)立教開宗（建長五〈一二五三〉年）の前後、(2)佐渡流罪（文永八〈一二七一〉年）以前、(3)身延入山（文永一一年）以後、の諸説があるが、(3)の佐渡流罪以後の身延期とするのが有力である。

本書は、一般の注経とはその形式・内容ともに異なり、『法華経』の本文に注釈を加えたものではなく、日蓮が所持した巻子本の春日版の『法華経』一〇巻の本文行間、天地、紙背に諸経論釈の要文を撰集し注記したものである。

本書撰集の目的は、諸宗破折のために諸宗所依の経論釈から要文を引用し、諸宗教義の論拠を示したものと考えられる。本書に注記された章句は、天台教学関係論釈の引用を中心に、華厳、真言等の経釈にいたる総数二七〇部二一〇六章の要文が集められている。なかには現存しない経論釈からの引用二四部もあり、また孫引きのものも見られる。これら多数の書き入れられた章句のすべてが経論釈からの引用文であって、日蓮自身の解釈はまったく加えられていない。わずかに引用経論釈に、別教に一念三千を明す乎、真言の一行が天台に帰するの文、慈恩改悔の文等々の設問、標目を加えた部分に日蓮の言を見出すのみである。

書き入れられた章句のうち八〇五章は天台三大部からの引用であって、注記要文の大半は天台法華宗関係のものである。インドの竜樹、天親、中国天台では南岳、章安、妙楽、明曠、智度、智雲、道暹、従義、宗昱、遵式、有厳ら、日本天台では最澄、圓仁、圓珍、安然、源信、道邃、証真、千観、蓮実房らの著作から引用されている。さらに、華厳、三論、法相、真言等の諸宗の経論釈からの引用も多数あり、諸宗教義の大綱とその論拠を示しているが、それに対する日蓮の評言は記されていない。浄土宗関係からの引用はわずか七章と少なく、浄土宗の祖である善導や源空の著作の名も見えないが、これはすでに佐渡流罪以前に浄土宗破折はほぼ完了していたためか、または別に要文を所持していたからか、と推測されるのである。本書に書き入れられた章句のなかには、遺文にはまったく引用されない典籍や要文も多くあって、本書から日蓮が諸宗教学の研鑽にいかに努力したか、また日蓮の諸宗批判がいかに慎重かつ周到なる用意のもとに行われたかを知ることができるのである。

本書は、日興の『御遷化記録』に「経は、私集最要文、注法華経と名づく」とあることから、『私集最要文注法華経』の名で刊行されたこともある。

本書は、日蓮滅後に日昭に譲与され、玉沢門流の伝持するところとなり、真筆を三島市玉沢妙法華寺に所蔵する。〔参考〕山中喜八編・定本注法華経。

〔小松邦彰〕

註本覚讃【ちゅうほんがくさん】因　著者明記なし。成立年代不明。本書はまず最初に「本覚讃」の名のもとに『蓮華三昧経』をあげ、それに対して和讃の形で注釈したものである。作者の名は明記されていないが、『天台霞標』四編巻之三（一八六一、『慈本録』）の元三慈慧大師の項に『註本覚讃』として紹介されており、慈恵大師良源（九一二―八五）の作とみなされるようになった。しかし、良源作とは考えられず、そこに現われた本覚思想の体裁からみて、一一五〇（平安末期）から一二〇〇（鎌倉初期）年にかけての成立と考えられる。また末尾には、『華厳経』（八〇巻本）夜摩天宮菩薩説偈品第十六の偈（破地獄偈）を引用して結びとしているが、同じものが源信著『往生要集』巻下にあり、これにならったものとも思われる。〔所載〕仏全24、恵全5。〔参考〕天台宗聖典、天台本覚論（思想大所収）。

〔多田孝文〕

註無量義経【ちゅうむりょうぎきょう】因　三巻。最澄（七六六―八二二）述。別に『無量義経注釈』『無量義経註鈔』ともいう。本書は、法華三部経の一、開経である『無量義経』の注釈書である。最澄の著作として諸目録に記載され真撰であるとされる。『伝教大師全集』三に所載の最澄撰『無量義経開題』と合せ見ると、本書の構成は、教興大意、釈経題目、入文解釈の三段に分つ。教興大意では、この経は諸菩薩のために無上大乗の無相教を説いたものであるとする。経題釈では、五重玄義を採用せず語句の意味を釈するのみである。よって本書は、未だ天台三大部閲読以前の成立かともいわれる。ただし入文釈では、序分に当る徳行品第一を教起因縁分とし、解釈に、千如性相、三千世間法、五味、四土、空仮中三諦、六即位など天台の中心的課題を用いる。正説分である説法品第二は、正教所説分とし、十一分科するも、七段の解釈で終わる。中では、前品同様の天台思想に加えて、五時四教十六門、四種十二因縁、四種四諦、七種二諦、五種三諦、円融相即などが用いられる。十功徳品第三は、依教奉行分に当て、この段は、「広行の流通」「流通自利益」「讃歎流通」を明かすとし、流通分としてとらえている。本書は、以上のように天台思想も多く見られるが、未だ完全な理解に至っていない。あるいは奈良に所蔵されていたと伝える中国南北朝の劉虬、隋の吉蔵、唐の円測などの本経注書の影響とも考えられる。いずれにしても、本書は、現存最古の注書として、さらにまた最澄の思想形成史上、重要な意味を持つものである。〔所蔵〕叡山、正大、身延。〔所載〕正蔵56、日蔵12、伝全2。　〔多田孝文〕

註論講苑【ちゅうろんこうおん】浄真　一二巻。深励（一七四九―一八一七）著。自筆本一二巻のうち、前六巻には『註論丁卯講苑』、下巻には『註論戊辰講苑』とあるから、文化四―五（一八〇七―八）年成立。本書は曇鸞の『論註』の講述書。詳細にしかも平易に講述されている大谷派の代表的な『論註』の注釈書。(1)『論註』の造由、(2)『論註』の大意、(3)本論の三分有無、(4)五念門の正助、(5)一心五念五功徳、(6)入出往還、(7)二法身二身の異について論じたあとに入文解釈されている。〔所載〕続真大2・3。　〔藤沢正徳〕

潮音禅師語録【ちょうおんぜんじごろく】臨　六巻。潮音道海（一六二八―九五）著、鳳山元瑞等編。巻頭に仏工友学筆道影、自題、目次、黄檗第七代悦山道宗序。巻一に万徳山広済寺請疏、同寺進山より退院上堂。巻二、稲葉石見守正休請啓、大慈山小松寺進山より退院上堂。巻三、亀田祖巌、小川実徹ら請啓、黒滝山不動寺進山より元禄七年結冬上堂。巻四、延宝二年江戸紫雲山瑞聖寺首座寮秉払以来の小参。巻五、法語。巻六、拈古、頌古、源流。巻尾に元禄九年鳳山撰の「黒滝潮音禅師行業記」を付す。奥付に佐賀小城藩主鍋島紀伊守元武こと法名金粟元明奉貲敬刻の識語、洛陽書肆古川三郎兵衛の刊記。なお寿山元峋編『黒滝潮音和尚年譜』二巻に「語録四十二巻」とあるが（松ケ岡蔵の写本二八冊がそれか。筆者未見）今日流布されているのは本書の六巻本である。潮音には経典の注疏から神道に関する幅ひろい著作がある。版本を駒大、黄檗蔵。　〔大槻幹郎〕

長時院律法開祖湛慧和上行状【ちょうじいんりっぽうかいそたんねわじょうぎょうじょう】浄　一巻。僧尾（生没年不詳）撰。安永七（一七七八）年一〇月刊。たんに『湛慧和上行状』ともいう。湛慧（一六七五―一七四七）の誕生から入寂にいたる生涯の特筆すべき行状を記し、とくに浄土宗徒にとって持戒念仏の必要なことを力説した。湛慧は浄土律の開祖であり、永世律院規約をつくって長時院をはじめ浄土宗律院を創設した。〔所載〕浄全18。　〔小林尚英〕

勅修百丈清規抄【ちょくしゅうひゃくじょうしんぎしょう】臨　一二巻。雲章一慶（一三八六―一四六三）述、桃源瑞仙（一四三〇―八九）記。別抄二巻、雲桃抄一〇巻から成り、『雲桃抄』『百丈清規抄』と略称する。『百丈清規抄』には他に義堂周信のものなどがあるが、所在は明らかでない。抄物つまり仮名による講義録で、『勅修百丈清規』の提唱を本文に従って九章に分け、序文を付したものである。→百丈清規左觿　〔沖本克己〕

千代見草【ちよみぐさ】日　二巻。日遠（一五七二―一六四二）著。成立年代不明。本書の原本はみられず、宝永七（一七一〇）年九月の刊記をもつ刊本が最古のものとされている。近世日蓮教団のなかにあって比較的早い時期に受不施派の立場から、近世の一般民衆を対象として、彼らが実践すべき法華信仰の修行内容を平易に説いた布教書。上下二巻に分かれており、上巻では臨終正念に至る自利の立場から、法華信者の題目による臨終正念の意義とその具体的方法とを説き、下巻では利他の立場から、病者に対する看病の功徳、死体処理、葬送、死後の法会に至る心構えやその対処の仕方などを説く。きわめて実際的な教示が見られるところから、近世法華信仰の実践的なテキストということができよう。なお著者については、後人が日遠に仮託したものかもしれないという見解も示されている。〔所載〕近世仏教集説、国東叢2―2、思想大57。　〔北村行遠〕

鎮勧用心【ちんかんようじん】浄　一巻。證空（一一七七―一二四七）述。證空の法語としてはもっとも短く、対句を多く使用して格調高い簡潔な、一九〇字ほどの法語である。寛元三（一二四五）年後嵯峨院に請われてのべられたとする説、證空没年の寛元五（一二四七）年道覚法親王の請によってのべられたとする説などがあるが確実ではない。證空晩年のものであろう。念仏信者日常生活の心構えといったようなものをのべたもので、「はげまざるも喜ばし正因円満の故に」、「不信につけてもいよいよ本願を信じ」といった表現もあり、直接さとすような、語りかけてくるような力強さをもっている。題号はのちに付けられたもののようで、仮名書と漢文体との二種があり、漢文体のものは和語を漢語に訳してあるが、仮名書のものが本来のものであろう。軸物としたものも多く、あるいは證空画像の上部に賛のように書かれたものもある。西山三鈷寺所蔵のものは證空親筆と伝え、京都盧山寺には後柏原院宸翰のもの、東山禅林寺には浄音筆と伝える漢文体のものが所蔵されている。江戸時代にいたって注釈書が多く刊行された。是空・私鈔、恵空・述意鈔、教山・新鈔、逸空・会要鈔、湛好・講要などである。明治以後には、三浦一行・西山御法語鎮勧用心（明治四二〈一九〇九〉年）、真空諦承・鎮勧用心講話（大正一五〈一九二六〉年）などがある。〔所載〕森英純編・西山上人短篇鈔物集（昭55）。　〔徳岡亮英〕

鎮将夜叉秘法【ちんじょうやしゃひほう】天　一巻。最澄（七六六―八二二）記。最澄は伝教大師、日本天台宗祖。延暦四年比叡山に入り、『法華経』の一乗義を究め、同二三年入唐帰朝し、ときに密教を伝えた。本書は奥書に「延暦二十四歳次乙酉十月三日、厳旨を奉じ註進件の如し、不動金剛最澄上」とみえるが、最澄が桓武天皇皇子葛原親王に伝えた秘法という。毘沙門天に対する鎮将夜叉法の略法と考えられる。〔所載〕伝全4。〔木内堯央〕

鎮将夜叉秘密念誦法【ちんじょうやしゃひみつねんじゅほう】天　一巻。最澄（七六六—八二二）記。最澄は伝教大師、天台宗宗祖。延暦四年比叡山に入り、『法華経』の一乗義を究め、延暦二三年入唐帰朝し、密教を伝えた。本書の奥にも『鎮将夜叉法』と同じく「延暦二十四年歳次乙酉十月三日奉厳旨註進如件不動金剛最澄上」とあって、内容には小異がみられるくらいでほぼ同じである。両者はあるいは伝持途中に二種に別れたものか。〔所載〕伝全4。〔木内堯央〕

鎮西聖光上人香月系譜【ちんぜいしょうこうしょうにんかつきけいふ】浄　一巻。義山（一六四八〈四七〉—一七一七）輯。浄土宗第二祖弁長の遠祖香月君（かつきのきみ）に始まる系譜。江戸時代の宗学者義山が『円光大師行状画図翼賛』刊行後『御伝翼賛遺事』と一緒に編したもの。弁長が香月家の宗族古川弾正左衛門尉則治の弟で、香月荘楠橋邑の産であることを示している。義山の滅後享保一四（一七二九）年刊行。〔所載〕浄全16。〔深貝慈孝〕

陳善院抱質尊者別時意章講解【ちんぜんいんほうしつそんじゃべつじいしょうこうげ】浄真　一巻。僧樸（一七一九—六二）著。成立年代不明。略して『別時意章講解』ともいう。陳善院抱質尊者は僧樸の尊称。本書は善導の「玄義分」の大門第六を講解したおりの筆記である。中国浄土教において起った一事件に別時意説がある。これは摂論宗の徒が、『観無量寿経』所説の念仏往生は『摂大乗論』、四意のうちの別時意に相当するもので方便説である。ゆえに即時の往生のごとく説いているが実は然らず、往生の遠因となるのみと主張した。これに対して、浄土教の徒が、経と論との間を会通して即時の往生なることを主張した事件である。そのなかで善導が「玄義分」に別時意章を設けて、古今楷定の名釈をなしたといわれている。この章を扱ったものが本書である。別時意は二十願にあり、十八願は願力によるがゆえに、兆載永劫の法蔵菩薩の修行による名号の回施であるから、願行具足し往生即涅槃なりとする。先哲の論釈を引用し、西山・鎮西と対比しつつ真宗義をのべて、十八願直入の宗祖の本意を明確にしている。明和（一七六六）年仰誓の写本がある。〔所載〕真宗全62（真宗小部集2）。〔藤田恭爾〕

つ

通幻和尚誕縁志【つうげんおしょうたんえんし】曹　一巻。卍山道白（一六三六—一七一五）撰。元禄一一（一六九八）年成立。別に『永沢開山通幻禅師誕縁志』ともいう。兵庫県永沢寺の悟舟白禅が、通幻寂霊（一三二二—九一）の生誕に関し古来二説あることについて、鳥取市景福寺某僧の撰述を筆写させ、さらに卍山に嘱して考証したものである。悟舟の序と末尾に明徳二（一三九一）年撰の「通幻和尚遺誡記文」が付される。元禄一二年の刊本がある。〔所載〕続曹全（史伝）。〔佐々木章格〕

通幻寂霊禅師喪記【つうげんじゃくれいぜんじそうき】曹　一巻一冊。『竜泉通幻禅師喪記』（表題）、『総持五世通幻大和尚喪記』（内題）ともいう。通幻寂霊（一三二二—九一）の葬儀記録。略年譜を付して元禄一一（一六九八）年刊。大慈寺（熊本市）所蔵『尊宿出喪式』『永沢寺通幻禅師行業』に所収。〔所載〕通幻禅師全集、続曹全（清規）。——→喪記集〔松田文雄〕

通幻禅師語録【つうげんぜんじごろく】曹　一巻。通幻寂霊（一三二二—九一）撰。越前竜泉寺本と普済善救（一三四七—一四〇八）編の丹波永沢寺本があり、前者のほうがよく整備された再治本、後者が草稿本と思われる。別に『通幻大師三山語録』ともいう。総持寺、丹後永谷寺、竜泉寺、再住総持寺における、上堂、小参、法語、拈香、下火、賛等を収めている。通幻の禅風や民衆教化のようすを伝える重要な資料である。〔所載〕曹全（語録5）。〔中尾良信〕

通六九証破比量文【つうろくくしょうはひりょうもん】天　一巻。最澄（七六六—八二二）著。『法華秀句』に本書の名が見られることから弘仁一二（八二一）年以前成立と推定される。窺基（六三二—八二）著『成唯識論掌中枢要』上巻中の六証文・九証文の立量である定性二乗の小乗成果・無性有情の説に対し、最澄は天台の義により各々の証文を破し一乗家の説を明かしている。〔所載〕日蔵39、伝全2。〔多田孝正〕

土籠御書【つちろうごしょ】日　一篇。日蓮（一二二二—八二）筆。文永八（一二七一）年成立。別称『日朗土籠御書』『与日朗書』『日朗御書』。鎌倉で逮捕された日蓮が、佐渡配流の途中相模国依智の本間氏の館より、鎌倉の土牢に幽閉されている弟子日朗へ与えた書状。日朗の身を案じながらもその法華経信仰を称え、諸天守護の必然性を説き再会を期している。内容の類似から同年同月の『五人土籠御書』の改作説もある。真筆は伝わらない。〔所載〕定日遺1。〔庵谷行亨〕

妻鏡【つまかがみ】臨　一巻。無住道暁（一二二六—一三一二）著。一説に正安二（一三〇〇）年成立とされるが、未詳。無常観から説き起し、真に修行する者が少ないことを嘆じ、輪廻の業を説き、諸苦の因は貪欲を本となすとのべ、女人の罪を説き、解脱の要道として心地修行と口称念仏の実践を説き、即身成仏の道を説く。寛永一八（一六四一）年刊本等がある。〔所載〕国東叢1（法語部）、続群書28下、古文大83（仮名法語集）。〔西尾賢隆〕

て

貞安問答【ていあんもんどう】真　一巻。慶長六（一六〇一）年成立。正保五（一六四八）年刊。『安慶問答』ともいう。浄土宗の貞安と真言宗の頼慶との宗論問答を〈貞安問、頼慶答〉の形式で進める。これに対して〈頼慶問、貞安答〉の形式になる『宗法問答』も存する（史籍雑纂1）。慶長六年、貞安は阿波の地で念仏名号の談義をのべて諸宗を破し、とりわけ真言宗不成仏を唱えたところ、高野山の頼慶が五カ条の反論をなした。その内容は「念仏宗の談義について真言家より不審の条」として、(1)真言の教理の深奥は師資相伝であって、他宗の者には容易に理解しえないのに、どうして批判ができようか、(2)念仏六字の名号と真言とについて、(3)念仏宗成仏・真言宗不成仏について、(4)『法華経』の解釈について、(5)達磨大師、弘法大師ともに入定に際して弥陀の名号を唱えたということについて、の五カ条である。本書はその論争往復の文書を記し、両者の議論はついに頼慶の論破に終ったという。貞安（一五三九―一六一五）は安土問答の論者として知られ、とりわけ天正七（一五七九）年、安土浄厳院での日蓮宗日珖らとの法論が名高い。京都大雲院の開山でもある。頼慶（一五六二―一六一〇）も、この後は名声大いに挙がり、この時代の宗門論争に活躍するいっぽうで、高野山遍照光院住職として徳川家康の帰敬も受けた。〔所載〕真全21、史籍雑纂1。

〔吉崎一美〕

貞応抄【ていおうしょう】真　三巻。道範（一一八四―一二五二〈七五歳寂とも〉）著。貞応四（一二二五）年九月成立。貞応三年閏七月一三日、道助親王の問いに対して、撰述されたもの。内容は密教教学の主要問題であるから、道範の学説の大要を知るに便宜な書である。真言教主三身分別事、驚覚仏三身分別事、一道極無地前地上事、四種法身横竪分別事、三種即身成仏事、即身成仏宿善事、即真而真事、付三性事、五蔵顕密分別事、一門普門分別事、自証極位説法有無事、識大顕形有事の一一条について記している。道範は、主として静遍、覚海に受学しているから、本書の所説は両師の影響の多いのはもちろんであるが、実範、融源等の説を祖述した所も所々に散見される。〔所載〕正蔵77。

〔渡辺照世〕

貞極大徳伝【ていごくだいとくでん】浄　一巻一冊。恵頓（一七二五―八五）撰。安永七（一七七八）年刊。別名『貞極大徳伝』貞極（一六七七―一七五六）の誕生から入寂までの行状を訳した書。かれは戒律を守った生活をつづけ、日課念仏は六万から八万遍称え、『選択集』『勅伝』の講義を得意とした。本書は江戸時代中期における高僧の研究資料として貴重なもの。〔所載〕浄全18。〔参考〕四休庵貞極全集。

〔小林尚英〕

剃度直授菩薩戒儀軌【ていどじきじゅぼさつかいぎき】曹　一巻。逆水洞流（一六八四―一七六六）訂校。宝暦二（一七五二）年刊行。出家授戒作法をのべたもので、在家五戒、沙弥十戒の授戒はのべられていない。面山の『永平祖師得度略作法』とはまったく異なり、菩薩十六条戒の戒条にも相違がみられる。また、袈裟の授与は九条衣の相伝により、七、五条衣も一時に授与すると解釈している。〔所載〕続曹全（禅戒）。

〔川口高風〕

摘空華【てきくうげ】浄　一巻。普寂（一七〇七―八一）。安永七（一七七八）年自筆分成立。『徳門和上行状記』『徳門和上自伝』ともいう。江戸時代中期の学僧で、江戸目黒長泉院に住した宣蓮社明誉普寂徳門の自叙伝で、弟子慧秀古岑の再三の要請に応じて記したもの。天明七（一七八七）年普寂の七回忌に際し、霊山寺一六世鸞山が補遺を加え、合せて刊行している。自叙部分は、宝永四（一七〇七）年一向宗桑名源流寺における生誕から、安永七（一七七八）年七二歳までの事歴が綴ってある。鸞山の補遺は自叙の補足とその後天明元（一七八一）年七五歳入寂までの行実、著述目録、賛として普寂自筆の『好相記』の一部を収録している。著述目録には法華、華厳、倶舎、唯識他広範にわたる三〇部八七巻が、既刊未刊に分けて記載され、自叙分、補足分とも講説や著述に関する記事が大半を占めるなど、病弱の身を自策自励精進した学僧の面が表わされている。長泉院蔵版。刊本は天明七、寛政三年版がある。〔所載〕浄全18。

〔条原勇慈〕

鉄牛禅師語録【てつぎゅうぜんじごろく】臨　一五巻。鉄牛道機（一六二八―一七〇〇）著、知幻元成・湛堂元定等編。外題『鉄牛禅師七会語録』。巻首、道影自題、康熙一八（一六七九）年張玉書、貞享二（一六八五）年高泉性潡等序文七篇、請疏九篇、目次別冊、巻一―三、目次の標題「武蔵州紫雲山瑞聖禅寺語録」、内題『鉄牛禅師住紫雲山瑞聖禅寺語録』（以下巻六まで内題を略し、目次の標題による）。巻三は「相模州長興山紹太禅寺語録」を併録。巻四―五、「武蔵州牛頭山弘福禅寺語録」。巻六、「駿河州福寿山瑞林禅寺語録」、「陸奥州両足山大年禅寺語録」、「山城州葉室山浄住禅寺語録」、「下総州補陀山福聚禅寺語録」。巻七以下、内題を『鉄牛禅師語録』、巻七、小参、行由。巻八、源流、頌古、拈古。巻九、機縁、聯燈。巻一〇、法語。巻一一、問弁、小仏事。巻一二、小仏事。巻一三・一四、薦偈。巻一五、賛、跋である。なお『鉄牛禅師語録』六巻、『瑞聖鉄牛禅師語録』一二巻、『鉄牛禅師自牧摘稿』一五巻、いずれも版本がある。版本を駒大、内閣、黄檗蔵。

〔大槻幹郎〕

鉄眼禅師仮字法語【てつげんぜんじかじほうご】臨　一巻。鉄眼道光（一六三〇―八二）著、元禄四（一六九一）年の弟子による奥書があり、本書の由来と開板のことを記す。内題『瑞竜鉄眼禅師仮字法語』。鉄眼は浄土真宗の僧であったが、長崎に渡来した隠元に参じまた木庵に謁してその法嗣となる。『大蔵経』の刊行を志し、その達成のため講経と勧化に奔走し、隠元より譲り受けた明蔵によって、いわゆる『黄檗版大蔵経』を完成した。昭和七年宝蔵国師の号を受ける。

本書はさる女性のために書かれたものといわれ、和漢混淆文のいわゆる仮名法語である。『般若心経』の「五蘊みな空なりと照見すれば一切の苦厄を度す」についての講説を通じ、悟りの要諦を明らかにしたものである。章節は設けられていないが、およそ六段に分けられる。第一段は序章で、五蘊みな空なりと云々の意味をのべ、五蘊とは色受相行識の五つで、色は身であり、受想行識は心であるとする。この色心の迷いのゆえに凡夫となって三界を流浪するもので、この迷いを超脱するための五蘊の義を説いているのである。鉄眼はこの講説にあたり『楞厳経』や『円覚経』から多く引用し、また唐の圭峰宗密の語をあげている。両経は教禅一致の立場に立つ人びとの所依の経典で、圭峰は宋・元・明のこの立場を代表する禅僧である。鉄眼が教禅一致の立場を示していることは、隠元の黄檗禅すなわち明末禅のひとつの方向を受けついだ黄檗僧の一人であるといえよう。

源了円は本書の解説で、迷いから悟りへの現象学ともいうべきものが展開されているとし、精神の最高の自由世界へと客観的には深まり、主観的には迷いの苦悩を深くして進んでいく精神の弁証法的運動の論述に、ふつうの禅書にはない魅力があり、空海の『十住心論』のような組織性があるとする。そして抜隊の『塩山仮名法語』のような端的さがないかわり、一種の組織性が本書をある深みをもつすぐれた仏教入門書たらしめていると評価している。

本書は法兄潮音道海の『霧海南針』に次ぐ仮名法語で、ついで法雲明洞の『仮名法語』、仁峰元善の『安心問答』『虎角自信抄』、華頂文秀の『仮名法語』などの黄檗僧による仮名法語の先蹤をなすものである。同時にまた黄檗興隆期の布教活動の一端を示すものといえよう。現代語訳に、源了円による『日本の禅語録』17（鉄眼）『禅の古典』9（鉄眼禅師仮名字法語）がある。版本を駒大、黄檗蔵。〔所載〕禅学大系（祖録5）、仏教文学書1、岩波文庫。　〔大槻幹郎〕

鉄山和尚語録【てつさんおしょうごろく】臨　一巻または二巻。鉄山宗鈍（一五三二—一六一七）撰。室町時代末・江戸時代成立。刊本はなく、写本で内閣、松ケ岡、東洋文、妙心寺天球院などに所蔵され、伝本ごとに内容が異なる。永禄八（一五六五）年の写本（内閣）は一冊で、歳旦、二祖三仏忌などの詩偈を収録し、慶長年間の写本は二巻二冊（松ケ岡）で、永禄天正期から慶長一〇年ころの作を収録する。　〔竹貫元勝〕

徹髄鈔【てつずいしょう】浄　一巻。聖聡（一三六六—一四四〇）作。成立年代不明。本書は、奥書等によれば浄土宗の奥義を記した口伝書であり、諸処に秘すべき旨が記されている。聖聡は『大経直談要註記』巻三で、三代相承につき「末学、骨髄に徹して之を会得すべきもの也」と述べており、本書には会得すべき奥旨が一七カ条の問答として記されているのである。〔刊本〕承応三（一六五四）年刊。〔所載〕浄全13。　〔鈴木霊俊〕

徹選択本願念仏集【てっせんちゃくほんがんねんぶつしゅう】浄　二巻。弁長（一一六二—一二三八）撰。弁長は源空について八年間、浄土宗義を学び『選択集』の相伝をうけて、浄土宗第二祖となり筑後（久留米市）の善導寺を中心に念仏の教えをひろめた。本書の撰述年時は、奥書に上巻は嘉禎三（一二三七）年六月一九日、下巻は同年六月二五日とある。示寂する前年の撰述である。『徹選択集』と略称する。弁長の弟子良忠（浄土宗第三祖）の『徹選択鈔』上によると、本書の奥書の日付どおりではない。下巻が先にできて、その内容が『徹選択集』の名にふさわしくないというので、上巻の内容があとで加えられたと記されている。いずれにせよ上下二巻の内容がそれぞれに異なっているのも、その撰述の経緯によるものと思われる。本書はたんなる『選択集』の注釈書ではない。

上巻ははじめに「選択本願念仏集　南無阿弥陀仏　往生之業念仏為先」の題号について解釈し、それに諸師所立の念仏、善導所立の本願念仏、然師所立の選択念仏の三義のあることを明らかにし、三義ともに口称の念仏であり、観念の念仏でないとする。そしてこの源空の選択本願念仏の義は、聖道浄土兼学のものでなければ、これを徹通することはできないと主張する。そして『選択集』の篇目にしたがって注釈していくが、それは必ずしも一定していない。第三篇においては、先仏の選択、世自在王仏の選択、法蔵菩薩の選択、竜樹菩薩の選択、そして源空の選択と、選択はたんに歴史的な選択の義にとどまるものでないことを明らかにする。第一二篇においては、菩提心に願と行とあり、菩提心行は聖道門の菩提心であり、菩提心願が浄土門の菩提心であるとし、高弁の批判にこたえている。第一六篇においては、『選択集』の八種の選択集をさらに開顕して、二二種の選択の義があるとする。これらは上巻の特色とされる。

下巻は念仏三昧の義がのべられ、念仏三昧とは不離仏の義であり、不離仏の義とは値遇仏の義であるとする。この内容を竜樹の『智度論』における「浄仏国土成就衆生」の理念でもって明らかにしていく。念仏は不離仏・値遇仏の義であるとして、これは三福六度の行に通ずるもので、これを通の念仏とする。善導・源空の念仏は、諸行のなかから口称念仏の一行を選んだので、これを別の念仏とする。つまり念仏に通別（総別）の二義あることを明らかにして、通の念仏とは万行ことごとく念仏であり、別の念仏とは口称名号の一行が念仏であるとする。このことについて良忠は「選択集の念仏は正しく本願称名の一行に局り、智度論の念仏は広く三福六度の行に通ず。然るに本集の念仏は未だ通の念仏の相を釈せず。故に別より通に徹するなり。故に徹選択集と云う」（『徹選択鈔』上）といい、本書下巻の特色をよく物語っている。弁長はこの下巻の終りに「そもそも予浄土門に入りて春秋を送り、念仏の行を修めて寒暑日を重ねるに、すでに以て四十余廻なり。然る間、時時至極大乗の経論を披き、度度念仏往生の文義を窺うに、法蔵菩薩の行因いよいよ深く、弥陀善逝の悲願いよいよ広し」と記して、本書撰述の意趣を明らかにしている。いずれにせよ、弁長は下巻によりみずからの思想的主張を明らかにしているものといえる。〔刊本〕寛永五年版、慶安四年版、天保八年版。〔所載〕浄全7。──→選択本願念仏集　〔高橋弘次〕

徹通義介禅師喪記【てっつうぎかいぜんじそうき】曹　一巻一冊。永平寺第三代大乗寺開山徹通義介（一二一九―一三〇九）の葬儀記録。瑩山紹瑾（一二六八〈六四〉―一三二五）撰。筆写本として伝えられ、大慈寺（熊本市）所蔵『尊宿出喪式』に所収。〔所載〕続曹全（清規）。──→喪記集　〔松田文雄〕

徹底章【てっていしょう】南　一巻。元休（生没年不詳）述。元休は備中松山に住し、北京律（泉涌寺系の律）を修めた人。本書は嘉暦二（一三二七）年教基が元休の自筆本より書写したもので、それ以前、余り遠くない時期の著であろうといわれる。最初に南都（奈良）と北京（京都）との自誓受戒の僧が、三聚浄戒の羯磨を行うことによって、比丘としての本質を得ることができるか否か、の質問をたて、北京律について解説して、比丘性を得ることを明かし、南都の鎌倉時代の律について説き、さらに鑑真以来の伝燈について記し、南北二京とも伝来の久しく絶えていることを歎いている。〔所載〕日蔵35。　〔田村晃祐〕

鉄笛倒吹【てってきとうすい】曹　二巻。玄楼奥竜（一七二〇―一八一三）撰。天明三（一七八三）年成立。但馬竜満寺の奥竜（狼玄楼）が中国禅宗灯史や語録から先人古徳の機縁古則一〇〇則を選び評唱と頌を付したもの。体裁は『碧巌録』『従容録』に似る。明治八年の刊本には法嗣の風外本高の著語と梅崖奕堂の冠注を加えている。注解に本高撰で奕堂編の『鉄笛倒吹鈔』や『鉄笛倒吹講話』が存する。天明三年刊本がある。〔所載〕曹全（頌古）、訳一（諸宗部23）。　〔佐藤秀孝〕

徹翁和尚語録【てっとうおしょうごろく】臨　二巻。徹翁義亨（一二九五―一三六九）撰。応永三二（一四二五）年刊。上巻は「大徳禅寺語録」で、上堂、垂示、小参、拈香、下巻は「霊山語録」で、法語、仏祖賛、小仏事、下火、陞座、勘弁、偈頌、行状を禅興が編集。応永三二年に信者の助縁を得て禅興が梓行した五山版、江戸初期の古活字版、寛文九年刊（正蔵81）あり。近年、五山版の祖本と推定される尾崎家本が発見紹介された。　〔早苗憲生〕

鉄文道樹和尚仮名法語【てつもんどうじゅおしょうかなほうご】曹　一巻。鉄文道樹（一七一〇―八一）撰。成立年代不明。別に『天地庵仮名法語』ともいう。黙子素淵の法嗣鉄文道樹の仮名法語で、「虚語法語」（万事が虚語であると認識し、その根源を極め真実を明らかにする）と「坐禅階子」（主人公である自己を了知し、人人具足している本来成仏の事実を身証する）の二篇より成る。安永三年の刊本あり。〔所載〕続曹全（法語）。　〔佐々木章格〕

寺泊御書【てらどまりごしょ】日　日蓮（一二二二―八二）撰。文永八（一二七一）年に越後の寺泊で執筆。『贖命重宝鈔』ともいう。富木常忍に宛てた書で、竜の口法難のあと佐渡島へ向かう途次の様子をのべ、さらに『法華経』の弘通に身を惜しまず、本化の菩薩として、法華経の行者たることを論じている。上行自覚の書といわれる『開目抄』の序分に当たる書として、古来、教学上重要視されている。注釈書に『御書鈔』『啓蒙』『扶老』等あり。〔所載〕定日遺1。　〔上田本昌〕

伝衣象鼻章巴歌【でんえぞうびしょうはか】曹　二巻。玉州大泉（一七三九―一八一四）撰。内題は『伝衣象鼻章稿巴歌』とある。逆水洞流（一六八四―一七六六）の撰述した『伝衣象鼻章稿』に対して、大泉が述釈を施したもので、それを大泉の侍者の法山が編集した。仏祖相承の伝衣の諸説をあげ、衣法不二、袈裟の尊貴性を説いている。象鼻とは正法の大衣といい、黒衣、紫衣は道心をもつならばどちらでもよいとするひろい自由な見解をとる。〔所載〕続曹全（清規）。　〔川口高風〕

天巌祖暁語録【てんがんそぎょうごろく】曹　一巻。天巌祖暁（一六六七―一七三一）編。成立年代不明。別に『江西祖暁禅師語録』ともいう。天巌の諸方遍参時代と甲斐江西院住持時代の偈頌、賛、示衆、香語等を収め、巻尾に遺誡と遺偈を付している。黄檗山の門頭に掲げられた「曹洞滅却」の榜を、問答の末に奪い取ってきたという天巌の宗風をよく伝えている。天明九（一七八一）年の写本が伝わっている。〔所載〕続曹全（語録1）。　〔中尾良信〕

伝教大師消息【でんぎょうだいしょうそく】天　一巻。最澄（七六六―八二二）。別に『伝教大師御書簡』ともいう。本書は日本天台宗の宗祖伝教大師最澄の書簡集で、四〇通を収録している。書簡の書かれた期間については、年月日のないものもあり明確ではないが、年号の最も早いものは大同四（八〇九）年八月二四日付で、最も遅いものは弘仁七（八一六）年五月一日付である。収録されている書簡の特色は、全てが真言宗関係宛である点である。なかでも空海と泰範に宛てたものが最も多い。その他に「高雄三綱政所」「乙訓真言院」「慧兄・繍兄・泉兄」「智泉」宛のものがある。空海宛に関しては、年少の空海に対して、求法弟子、受法弟子、小弟子、下弟子、下資、永世弟子等を用いて、師に宛てた形式をとり、その内容は、空海の許へなかなか参向できぬことをのべたもの、書物借用を請うもの、書物返却の際のもの、弟子円澄や法縁の徳について依頼したもの、あるいは贈物に添附したものなどである。泰範宛のものは、ともに潅頂を受けることを促すもの、書物の返却を求めるもの、書物の内容を問うもの等であるが、当時、最澄の許を去り空海の弟子になろうとしていた泰範に、教理的に天台真言同一を指摘したり、心情を明かすなどして天台にもどることを促すものも多い。空海、泰範宛以外も含めて、当時の伝教、弘法両大師の関係を知るには貴重な資料である。〔所載〕伝全（新）5。〔小方文憲〕

伝教大師将来越州録【でんぎょうだいししょうらいえっしゅうろく】因 一巻。最澄（七六六―八二二）録。延暦二四（八〇五）年成立。別に『越州録』『越府録』ともいう。最澄は空海とともに延暦二三（八〇四）年に入唐したが、帰朝一カ月前に越州竜興寺へ往き、順暁から密教の伝授を受けた。本書はその際に密教の経軌を中心に、天台の章疏や伝記類を収録したもので、帰朝後朝廷へ上表した目録である。最澄の入唐求法目録は二本あり、本書の他に台州国清寺で収録した『台州録』がある。『台州録』と本目録が朝廷に献上されたが、その巻首には延暦二四（八〇五）年七月一五日の「進官録上表文」が付されている。本目録の内容は六帖に分かれ、第一・第二帖は密教経典、図様等三八部四四巻、第三帖は『四教義』や『止観輔行』『釈籤』の序文、科文、諸師の伝記等二一部二二巻、第四帖以下は『金剛経疏』『諸賢問答』等、天台章疏以外の経疏、碑文、史伝、律鈔、讃歌等四三部四九巻、合計一〇二部一一五巻である。また密具として五種七口が録されている。本目録に収録されている『大輪金剛陀羅尼経』『普賢金剛瑜伽法』『十八会瑜伽法』等は金剛界系の儀軌や図像集で、他に明瞭に胎蔵界系と判定できるものはない。最澄の受法は善無畏系の胎蔵法といわれているが、本目録に関してその限りではなく、最澄の密教受容に関して貴重な史料といえるであろう。〔所載〕正蔵55。――→伝教大師将来台州録 〔末広照純〕

伝教大師将来台州録【でんぎょうだいししょうらいたいしゅうろく】因 一巻。最澄（七六六―八二二）録。延暦二四（八〇五）年成立。別に『台州録』『円宗録』ともいう。最澄は天台の典籍の不備を補わんと延暦二三（八〇四）年入唐するが、本書はその際に台州国清寺で天台の章疏を中心に収録したもので、帰朝後延暦二四（八〇五）年七月一五日、朝廷へ上表した目録である。最澄の入唐求法目録は、本書と越州で密教経典を主に収録した『越州録』の二部からなり、さらに巻首には「進官録上表文」が録されている。本目録の内容は、「法華部」として『法華玄義』『法華文句』等一五部五三巻、「止観部」に『摩訶止観』等一一部三一巻、「禅門部」に『禅門修証』等一四部二七巻、「維摩部」に四部二二巻、「天台諸祖伝」に二八部四三巻、「涅槃部」に一〇部五一巻、「雑疏部」に『華厳経骨目』等一一部一五巻、その他として『円教六即義』等一一部一一巻、「天台闕本目録」一四部四一巻、「天台随部目録」一四科、「天台疏点経目録」七部五五巻、「大乗経律幷陀羅尼目録」一三部一七巻、「別家抄記等目録」六部二六巻、「別物」三種である。総計一二〇部三四五巻と記されているが、その巻数には紙継の錯簡や写誤が多く、実数は一四三部三九二巻、一四科、別物三種である。おおむね湛然（七一一―八二）以前の天台の章疏を中心に網羅されており、目録として貴重である。〔所載〕正蔵55。――→伝教大師将来越州録 〔末広照純〕

伝教大師選集録【でんぎょうだいしせんじゅうろく】因 一巻。可透（生没年不詳）編。可透の伝記をくわしくすることはできないが、享保一〇（一七二五）年六月に、可透によって本書は編集されている。伝教大師最澄の著述を、宗承教観部・二八部、弘賛経論部・五五部、光顕大戒部・一四部、闡揚密乗部・四三部、破摧顕実部・六八部、図伝雑録部・五八部、疑偽書・一一部、計二七七部を出し、適切な分類といい龍堂の目録とともに参考すべき書。〔所載〕伝全5。〔木内堯央〕

伝教大師付法文【でんぎょうだいしふほうもん】因 一巻。最澄（七六六―八二二）撰？最澄は伝教大師、いうまでもなく日本天台宗宗祖、法華一乗の教を正依として、入唐し密教や菩薩戒を加え、大乗菩薩教団の建立をはかった。本書は、いわゆる『生知妙悟決』の一部として扱われているが、その論ずるところは台密の中心思想である阿字体大説すなわち阿字をもって諸法の本体とする学説で、文中「大師所立」とみえるところから偽撰とされる。〔所載〕伝全4。〔木内堯央〕

伝光録【でんこうろく】曹 一巻。瑩山紹瑾（一二六八〈六四〉―一三二五）提唱、侍者編。正安二（一三〇〇）年正月一一日より同三年一月ころまでに成立したと推定される。別名『瑩山和尚伝光録』『大乗二世瑩山紹瑾大和尚伝光録』。本書は瑩山が、正安二年より、石川県の大乗寺でその門下に提唱した説法を、その側近の僧が編録したもの。その内容は釈尊を仏法の宗教的、歴史的伝統の根源として、第一祖摩訶迦葉から第二祖阿難陀、第二八祖・中国第一祖菩提達磨から第二祖慧可を経て大鑑慧能から青原行思へ伝わり、洞山良价、雲居道膺とつらなり、天童如浄、日本元祖道元、第二祖懐奘にいたる、インド、中国、日本の一仏五二祖の大悟の内容と略伝、および伝法の次第、さらにこれに関する解説を記した語録である。瑩山は、入宋僧道元によってわが国に将来され、新しい全一的仏教を創唱した単伝正直の坐禅仏法の正統性と純粋性について、歴代の祖師の系脈をたどって過去にさかのぼり、その原点に釈尊をすえ、逆に釈尊から伝えられた一条の光明が、綿々とつらなる歴代の祖師を貫流してわが道元へ及び、道元からのちはただちに先師懐奘にいたっていることを明らかにした。このことは、懐奘から義介を経て瑩山自身に直通し、それゆえ瑩山自身の立場がおのずから正伝の仏法の嫡流であることを証明することにも通ずるわけである。本書成立の歴史的背景には、道元の没後における永平寺内部の紛争、その結果、師の義介（永平寺第三祖）が永平寺から対派によって追逐されたことなどがある。義介の後継者として石川県の大乗寺第二代の地位に就任した瑩山としては、直接には義介の法脈の正統性を内外に宣揚し再確認する必要があった。また道元には、『正法眼蔵』九五巻ほかの大著があって、そのなかには嗣書、行持、仏祖の巻など、釈尊や歴代伝灯の祖師の系譜、あるいは行業を断片的にではあるが明確に跡づけられており、さらにこれを補して一仏五二祖の全仏祖にわたって系統的にまとめられるとともに修行の要点を的示されたものとして、本書の存在意義は非常に大きい。その体裁、内容の独自性は、日本禅宗史上最初で、他に類を見ないであろう。日本の曹洞宗では、道元の『正法眼蔵』と並んで宗典として尊重され、学道の指南書となっている。原本については、明治三一（一八九八）年の時点で、草稿本が存在していたことが報告されている。写本は、永享二（一四三〇）年以降に書写された愛知県の乾坤院所蔵本をはじめ二〇数本の存在が明らかとなっている。版本は、安政四（一八五七）年上梓されて以来、二〇種余り出版されている。明治以降、一部に本書の成立について疑難がもたれたこともあった。漢文片仮名混淆文。解説書に石川素童・『伝光録白字弁』、安谷白雲・『伝光録独語』ほかがある。〔所載〕曹全（宗源下）。〔東　隆眞〕

転重軽受法門【てんじゅうきょうじゅほうもん】回　一篇。日蓮（一二二二—八二）著。文永八（一二七一）年成立。法華経の行者の受難について、一に『涅槃経』の転重軽受の法門を引いて現世の受難は過去の謗法罪を消滅するものだから法難も法悦であるとのべ、二に末法悪国に折伏弘教を行うときには受難は必至であると死身弘法の覚悟を示し、三に受難は『法華経』の況滅度後の予言を実証するものであるとの三義を示し、行者の受難は成仏の確証にほかならないと『法華経』色読の法悦をのべている。日蓮の滅罪観を知るための重要な遺文である。真筆を千葉県法華経寺蔵（重文）。〔所載〕定日遺。〔小松邦彰〕

伝述一心戒文【でんじゅついっしんかいもん】因　三巻。光定（七七九—八五八）著。別に『一心戒文』という。光定は天台宗年分度者としては最初の、大同五（八一〇）年正月金光明会で得度した止観業の学生である。この同期で比叡山に残ったものは少なかった。光定は最澄によく師事し、その行業のすべてにかかわってこれを補佐し、ことに大乗菩薩戒請立運動に際しては、病身の最澄にかわって、要路との交渉や教団経営に努力し、最澄没後、別当として発揮した手腕は大きく評価され、別当大師と通称される。本書は一心戒を伝述する文というべきか、その骨子を、最澄の大乗戒建立に対する努力と、情熱、主張において、それを補佐したみずからの記録を含め、あわせて、円澄が正統な後継者であるべき旨をも記している。所載内容は上巻に被最初年分試及第得度聞伝宗旨文、承先師命建大乗寺文、荷表与之四条式達殿上文、冷泉太上天皇鐘銘文、荷顕戒論達殿上文。中巻に承先師命顕菩薩僧文、年分度者勘籍之事、一乗戒牒度縁捺太政官印文、一乗三学達弘仁皇帝勅二中納言文、弘仁太皇書先師位記文、太皇御筆書一乗戒牒文、鴻鐘東塔成弁文、造戒壇講堂料九万束達天長皇帝下近江国文、宮中聴衆安居講師申充寺家文、菩薩僧位次官符達天長皇帝下文、年分二度者不寄義真円澄両大徳寄中堂薬師仏并比叡明神文。燈分達天長皇帝分為於二分供中堂薬師仏一分供三昧堂講法華経文、弘仁太皇御在所仕奉太皇太后回忌文、先師作六条式戴国師国用文。造一心戒文達承和皇帝上別当藤原大納言成弁寺家伝文。〔所載〕伝全1、正蔵74。〔木内堯央〕

天台円宗三大部鈎名目【てんだいえんじゅうさんだいぶくみょうもく】因　三巻。源信（九四二—一〇一七）撰。成立年代不明。本書は天台三大部説相とその所用名数の複雑な構成を鳥瞰図式をもって一目のもとに理解し記憶しやすいようにした宝典。上中下の三巻から成り、『玄義』『文句』『止観』の順に配巻されている。鈎型図示のみであるが、天台関係の典籍類はもとより倶舎・唯識からひろく『大蔵経』を渉猟した上での著作である。〔所蔵〕比叡山真如蔵、写本上巻一冊（肥前川原田氏）。〔所載〕仏全31、恵全2。〔多田孝文〕

天台霞標【てんだいかひょう】因　二八巻。敬雄（一七一三—八二）撰、慈本（一七九五—一八六七）補。敬雄は武蔵の人、比叡山に学び、浅草寺に住し金龍道人と崇められ、のち吉祥寺住職、四七歳寺務を辞し諸方に遊学。慈本は、比叡山無量寿院の学僧、羅渓と号す。のち松尾明寿院に在って、妙法院宮、曼殊院宮侍講をつとめる。敬雄は、天台霞標を明和八（一七七一）年宗祖九五〇回忌を期して三巻二五師分を刊行、のち九〇年後慈本がこれを補った。初篇巻一　最澄、義真、圓仁、光定。巻二　圓珍。巻三　円載、遍昭、相応、浄蔵、安然、玄昭、静観。巻四　良源、源信、覚慶、寂照、成尋、円昭、頼増、澄観、延朗、皇円、覚阿、尊通、天海、諸祖伝、諸祖撰述目録。二篇巻一　最澄。巻二　義真、円澄、光定、圓仁、大楽、安慧、圓珍。巻三　良源、千観、源信、覚運、性空、聖応、明尊、明快、証真、天海。巻四　行表、広智、教侍、素然、宗叡、空也、俊仍、慧鎮、真盛、詩文。三篇巻一　最澄、義真、圓仁、圓珍、尊意。巻二　尊敬、良源、慈忍、源信、寂昭。巻三　延鏡、覚円、勝月、尊助、澄豪、珍賀、雲快、実助、円俊、豪盛、全宗、詮舜、天海、公海、守澄。巻四　聖徳太子、鑑真、栄西、妙立、詩文。四篇巻一　最澄、円基、妙澄、徳円、光定。巻二　圓仁、遍昭、圓珍、相応、明達、安然、由性、祥喜、恒舜。巻三　良源、源信、覚超、増賀、巻四　達磨、善無畏、円光、霊空等の関係文書集。〔所載〕仏全125—126。〔木内堯央〕

天台三大部科註【てんだいさんだいぶかちゅう】回　三〇巻。日真（一四四四—一五二七）著。成立は明応九（一五〇〇）年。中国の智顗（五三八—九七）講述の

『法華玄義』『法華文句』『摩訶止観』の天台三大部に科文注釈を加えたものである。なお正本は京都本隆寺に蔵されている。〔中條暁秀〕

天台直雑【てんだいじきぞう】因 三〇巻。著者明記なし。康暦—応永年間（一三七九—一四二七）成立。別に『雑々私用抄』『直問集』『雑々集』ともいう。本書は、恵心嫡流の杉生流における問要論草の代表的述作で、広く諸師百家の学説を真摯に取り扱い論断決着する点において、日本天台研究上重要な一資料である。作者に関しては、従来、思尋や皇覚の弟子である順耀、または恵檀両流の法門完成後の順耀の著作に後世補足されたものであろうなど異説があり、その製作年代に関しても不明であった。近年、真如蔵古写本直雑の奥書によって、その作者が叡山横川戒心谷聖行房直海であり、南北朝時代の康暦より応永年間に至る前後約二〇年間にわたって類聚したものであることが判明した。本書は、根本中堂、大講堂等の法華八講より尊勝院等の例講問答の草案を集めたもので、その論目は実に二五四条にわたっている。全巻を通じ、その論考がきわめて内観的である上に文献主義の立場を守って真摯な自由討究の態度を持ち、広く疑問点を指摘し開陳するなどの特色がある。直海自筆の日光山天海蔵『八帖抄見聞』一巻の奥によれば、直海法印は、貞治六（一三六七）年上州蓮沼へ下向して恵心流口伝法門を講授するほどの碩匠であった。『宗要集聞書』の著者直兼法印を師とし、一海、政海、心聰、心賀などの感化を受け、諸流にも通じて、自らも杉生嫡伝をもって任じていた。〔所載〕天全3・17・25。〔多田孝文〕

天台四教五時津金寺名目【てんだいしきょうごじつがねじみょうもく】因 二巻。尊舜（一四五一—一五一四）述。成立年代不明。別に『津金寺名目』『天台円宗四教五時津金寺名目』『四教五時名目』『天台四教五時名目』『津金名目』ともいう。本書の成立由来についてはまず次のような二つの伝説がある。一つは信州津金寺の学者華光坊穏海が戸隠明神に参籠祈願して、天台宗の大綱々目一帖を授かったという説。いま一つは越後の玄法御房という檀那流の名匠の門下の運日が『戸隠名目』というものを作ったという説がある。現存の本書はその後尊舜がこの名目を基に講談したものである。本書は、天台宗において一代仏教を談ずる総目録であって、正に天台宗綱要であると同時に、天台の立場からの仏教概論としての性格をもつものである。その内容は、天台宗の宗名釈、円宗と名づける理由、宗（八宗九宗を含む）を釈して、天台の法門に及ぶ。さらに、この法門の所被の機根（三乗）、三乗機根の修行（四門）、所断の煩悩（三惑）、断惑証理（二諦三諦）、所顕の仏身（三身）、三身所居の国土（四土）などを解釈してある。その特色は、台密や円頓戒などに対しても一往の注意を払い、その他天台の要義の説明も中古以来に発達した日本天台独特の解釈と方法論を施すなどの点にある。中国天台におけるこの種の書とは全くその風格を異にすることに注目すべきである。〔所蔵〕叡山（刊本）、叡山、正大（写本）。〔多田孝文〕

天台四教五時西谷名目【てんだいしきょうごじにしだにみょうもく】因 二巻。著者明記なし。成立年代不明。正式には『天台円宗四教五時西谷名目』と名づけ、または『西谷名目』ともいう。本書は、源信撰の『四教五時略頌』を初心者向きに解釈したものであり、天台教観の綱要名目を列釈したものである。初めに化法の四教を詳述し、次いで化儀の四教と五時を略述し、続いて三身、四土、三因仏性、三徳三道等の四教五時に関連する項目について解説し、最後に四教五時の証拠を論じている。本書は、最初から四教と五時の名目を解釈することに主眼をおいたものであるから、それを平易に説明している点は古今随一であって、江戸時代に諦観の四教儀が用いられる以前は、利用度の高い入門書であった。よって本書に関する末注の書は、その数はなはだ多きに上る。また、末尾には八宗すなわち法相宗、三論宗、華厳宗、天台宗、真言宗、倶舎宗、成実宗、律宗の名を連らねてその教綱を概説している。本書の作者は古来宝地房証真、蓮実房勝範、東塔西谷の宝樹房などをその作者であるとする説、さらには清衡の発願による中尊寺一切経の書写を主宰した蓮光の著作ではないかとも言われて、今なお決定するには至っていない。本書は、その説相から見て、恵檀両流の口伝法門の学風以前の成立であろう。〔所蔵〕高大、正大。〔所載〕正蔵74。〔参考〕平了照・和訳西谷名目。→四教略頌、五時略頌 〔多田孝文〕

天台小部集釈【てんだいしょうぶしゅうしゃく】因 旧一五巻、新一九巻。編者明記なし。寛文二—延宝八（一六六二—八〇）年刊。本書は湮滅のおそれのある天台宗の小巻本を集めて刊行したもので、慧思（五一五—七七）から尊海（一二五三—一三三二）にいたる一八名七二部六九巻の集合本である。真偽撰を問題にしない。三井敬光が整理（安永七〈一七七八〉年自序）した最澄撰関係『山家余雋』三巻、圓仁撰関係『華芳遺篇』二巻、圓珍撰関係『台密要集』四巻、その他『山家雑詮』一一巻の別行刊本もある。敬光が対校異本の欠失を嘆いているが、現在でも異本、写本は少ない書が多い。本書内の各書の解題は、それぞれの書名を参照。〔所載〕仏全24、仏全新41。〔野本覚成〕

天台真言二宗同異章【てんだいしんごんにしゅうどういしょう】因 一巻。証真（生没年不詳）撰。文治四（一一八八）年成立。証真は叡山総学頭の職にあった天台の大学匠で、『三大部私記』の著者として有名である。本書の冒頭に「空海は一乗宗は劣であるといい、最澄は法華・真言の義は等しいという。安然の『教時義』に説かれるところが天台宗の意であるのに、末学のなかには法華は密宗に及ばずとなすものがあるゆえ、本書を著わした」といい、一、立文の意、二、外難を遮す、の二段に分け、一、立文意のうち、㈠教同（⑴一仏乗、⑵秘密蔵、⑶円教、⑷醍醐、⑸智論による、⑹界外の義、⑺一行は天台義による）の七意より法華・真言二教の同等であることを明かし、以下、㈡行同、㈢人同、㈣理同と四一をもって説く。二、遮外難についても同様の順に説いている。〔所載〕正蔵74。〔坂本廣博〕

天台大師和讃【てんだいだいしわさん】天　一巻。源信（九四二―一〇一七）撰。『天台智者大師和讃』『天台和讃』ともいう。源信は恵心僧都。大和当麻に生まれ、比叡山にあって良源に師事、その一字を襲いで源信と号した。倶舎、因明、法相などにも通じて、精緻な学風は、やがて覚運の檀那流と並んで、天台法門恵心流の祖と目されるにいたっている。源信は、日本浄土教発展のきっかけをつくった『往生要集』の著者として知られ、また圓仁、良源をついで比叡山北峯横川を中心に、一般民家への化導にも心をくだき、和文の法語や和讃で、源信の著とされるものは多い。この『天台大師和讃』は、いうまでもなく天台宗の中国隋代の祖師天台大師智顗の一生の行業を讃えた和文の讃というわけで、梵讃、漢讃に対する和讃としても、早いころの作品ということになる。七五調、二三二句にわたり、そのいくつかの部分は、『梁塵秘抄』に採られていて、その成立が平安末以前と考えられ、阿弥陀仏の来迎図山越阿弥陀図の構図が源信に託されるように、源信撰と仮託されたものと考える説が有力である。源信撰は一三世紀後半に川越仙波の喜多院六世隠海の『天台大師和讃註』あたりがその始唱であろうとされる。『天台霞標』では「慧心僧都、顔真卿作大師画讃に依て大師和讃を作る」とするが、内容はむしろ灌頂の『天台智者大師別伝』に親しいといえるであろう。のち、一一月二四日の霜月会に諷誦されるようになった。〔所載〕国東叢8、恵全2。〔木内堯央〕

天台仏法流布吾国事【てんだいぶっぽうるふわがくにのこと】天　一巻。大伴国道（生没年不詳）書。天長二（八二五）年八月成立。別に『参議国道書』ともいわれ、延暦寺俗別当参議大伴国道の書状で、延暦寺僧徒法臈座次問題紛糾の際に、義真と円澄に対して、最澄の大乗戒壇建立の精神ともいうべき仮受小戒制度の変更案として提出されたものである。他に記事も多く天台宗史研究の好史料である。〔所載〕仏全125。〔小方文憲〕

天台菩薩戒義疏見聞【てんだいぼさつかいぎしょけんもん】浄　七巻。了慧(恵)（一二四三―一三三〇〈三一〉）書。題下の注記によると弘安三（一二八〇）年四月覚空より戒疏の講義を聞いて筆録し、翌四年に終了したとあり、奥書には、その後元徳二（一三三〇）年一二月了慧八〇歳にいたって完成したと記されている。了慧は道光と称し、浄土宗鎮西派に属する三条派の祖である。本書は智顗の『天台菩薩戒義疏』に注釈を加えたものであり、一乗円頓戒を説き、南都の学説とは対立している。円頓戒を源空門下湛空より受学し、また建仁寺八世円琳から伝受た覚空の講説をもととしているが、『円琳鈔』に注を加えているところもみられる。第一巻では了慧(恵)自身の伝戒の系統をのべ、南都北嶺の戒の相違について、さらに中国日本の儀式の相違、梵網戒と七衆の関係を説いて、天台の戒の特徴を論じている。第二巻以後は、『菩薩戒義疏』の題名撰号、四十八軽戒まではあるが本文の要句について詳しく解説している。解釈するにつき、了慧は科文をもちい、図式的に説明しようとしている。また本書に引用する書物は広汎で、大小乗の戒律に関する書籍の大部分にわたっており、天台戒疏の『道凞鈔』や『蘊斎記』、証真の『鈔』などの佚書もみられる。江戸中期写本を正大蔵。〔所載〕仏全71、仏全鈴16。〔新井俊夫〕

天台法華玄義釈籤要決【てんだいほっけげんぎしゃくせんようけつ】天　一〇巻。道邃（―一一〇七―五七）述。中国天台の道邃とは別人である。本書は、湛然の『法華玄義釈籤』の注釈書であり、同じく道邃の『法華疏義決』『摩訶止観論弘決纂義』とともに、『三大部要決』として一括される。内容は、数百にわたる内外各種の典籍を引用し、しかも別本異訳、異義異説に対して考証批判をするなど、厳正な客観的方法を用いている。〔所載〕仏全15。〔多田孝正〕

天台法華宗義集【てんだいほっけしゅうぎしゅう】天　一巻。義真（七八一―八三三）奉。天長七（八三〇）年成立。別に『天台宗義集』ともいう。義真は、最澄の高弟で、延暦二三（八〇四）年最澄の入唐に際し通訳として随行し、大師滅後はその後継者となり、初代天台座主として比叡一山を統裁したとされる。本書は天台法華宗の教義を教観二門に渉り略述したもので、淳和天皇の天長年間（八二四―三四）に、各宗の学者が勅を受けて自宗の教義を述べ呈出した、いわゆる天長勅撰または天長六本宗書とよばれるものの一つである。なお天長勅撰は、本書の他に三論宗玄叡による『大乗三論大義鈔』四巻、法相宗護命の『大乗法相研神章』五巻、華厳宗普機の『華厳一乗開心論』六巻、律宗豊安の『戒律伝来記』三巻、真言宗空海の『十住心論』一〇巻である。本書の内容は、教門に四教義・五味義・一乗・十如是義・十二因縁義・二諦義が立てられ、観門に四種三昧義・三惑義が説かれている。これら八項目は問答形式で述べられ、智顗や湛然、最澄等の著作が引証されている。天台円教の重要な教義が要約されているところから、天台学の入門書的な性格を持つが、中国天台における明曠の『天台八教大意』や諦観の『天台四教儀』が主に教相の大綱を示すのに対し、本書は教観二門に渉って説かれる点が好対照である。また後世日本天台における義科論義の発展に影響を与えている。〔所載〕正蔵74。〔末広照純〕

天台法華宗生知妙悟決【てんだいほっけしゅうしょうちみょうごけつ】天　一巻。最澄（七六六―八二二）問、道邃（―七九六―八〇四―）答。貞元二一（八〇五）年成立とする真撰説、弘安（一二七八―

八八）前後の成立とする偽撰説あり。本書は最澄が入唐して天台山の道邃に一心三観について疑問を提出し、道邃が決議を与えたもので、いわゆる「唐決」の一種である。〔所載〕仏全24、日蔵40、伝全5。　〔多田孝正〕

天台法華宗伝法偈【てんだいほっけしゅうでんぼうげ】因　一巻。著者明記なし。成立年代不明。別に『伝法要偈』ともいう。天台法華宗が久遠実成の釈迦牟尼仏より由来し、インド、中国の頌徳を経て最澄に至るまでの付法を記したもの。『内証仏法相承血脈譜』との関係では、本書は傅大士を欠き、南岳大師上宮先身説を加える等その系統を異にする。伝最澄撰であるが偽撰であろう。後世口伝法門で重視される。〔所載〕伝全5。　〔末広照純〕

天台法華宗年分縁起【てんだいほっけしゅうねんぶんえんぎ】因　一巻。最澄（七六六―八二二）上表。延暦二五（八〇六）年成立。最澄の上奏により定められた年分度者に関する文書集である。本書は三通の文書から成り、まず最澄が上表した「まさに絶えとする諸宗を続け、更に法華宗を加えんことを請う表」一首が載せられている。最澄が中国から帰国した翌年、延暦二五（八〇六）年の正月三日に朝廷に提出した上表文で、南都六宗に加え、天台法華宗にも毎年定期的に二名の年分度者が許可されるよう請願したものであり、一宗の独立、公認への願いがそこにこめられている。朝廷はこれを受けて翌日、南都の僧綱に意見を求め、僧綱も直ちにこれに応えて、最澄の提案に賛意を表わした。これが第二の同年正月五日付けの「内裏、諸宗の年分一十二を問い定められる所を賀する表」一首である。これは最澄が南都諸宗の存続を認めており、かつ最澄と桓武天皇との関係を僧綱が考慮したからであろう。そして同年一月二六日、太政官符が発せられ、最澄の申請どおりに各宗の年分度者数や学業すべき経論が定められた。それが最後の「更に法華宗の年分二人を加え、諸宗の度者を定むる官符」である。これによって天台法華宗が、はじめて公認され、さらには学ぶべき典籍が、一人は『大日経』、一人は『摩訶止観』と指定され、のちの止観業、遮那業の制につながってくるのである。〔所載〕伝全1。　〔末広照純〕

天台法華宗年分縁起講弁【てんだいほっけしゅうねんぶんえんぎこうべん】因　一巻。覚宝（一八〇八―九〇）述。明治一八（一八八五）年成立。本書は最澄の『天台法華宗年分縁起』の講義録。大椙覚宝は顕密二教の学解に勝れ、また明治仏教混乱の時代に天台宗管長、天台座主として宗門復興に尽した。その教学は守脱の影響を受け、日本天台特に山家祖典の研究講述に努めた。他に『顕戒論講弁』三巻がある。〔所載〕天全5。　〔末広照純〕

天台法華宗年分得度学生名帳【てんだいほっけしゅうねんぶんとくどがくしょうみょうちょう】因　最澄（七六六―八二二）撰。最澄は伝教大師、天台宗祖。『法華経』の一乗義に立脚し、隋の天台智顗の教説を相承し、天台法華宗を開創し、年分度者二人を認められたが、純粋な大乗菩薩教団を樹立すべく構想し、大同二（八〇七）年分から弘仁一〇（八一九）年分までの年分学生の名帳を作り、一向大乗教団となすべきことを主張した。天台法華宗年分縁起中に最澄自筆本がある。〔所載〕伝全1。　〔木内堯央〕

天台法華宗付法縁起【てんだいほっけしゅうふほうえんぎ】因　一巻（全三巻）。最澄（七六六―八二二）編。最澄は伝教大師、天台宗祖。『法華経』の一乗義にもとづき、天台智顗の教説を相承して、天台法華宗を創めた。本書は、古目録等にその名をみるが、完本を伝えておらず、『伝教大師全集』の編者が断簡を集録した。新版では、『上宮太子拾遺記』『太子伝雑勘文』『三国仏法伝通縁起』から五文を採集した。恵思、智思、聖徳太子、恵勇、思託、等の伝にかかわる。〔所載〕伝全5。　〔木内堯央〕

天台法華疏記義決【てんだいほっけしょきぎけつ】因　一〇巻（巻一欠）。邃（―八〇五―）あるいは（一一〇七―五七）撰。湛然の『妙法蓮華経文句記』に文献尊重主義、教相中心主義、祖典尊重の態度をもって客観的に注釈したものである。『玄義釈籤要決』『摩訶止観論弘決纂義』とともに播磨正覚坊道邃の撰、あるいは湛然の門興道道邃の撰とされて、いまだ決定の段階に至らない。〔所蔵〕正大、立大、京大。〔所載〕仏全15。〔参考〕常盤大定・続支那仏教の研究（昭16）。　〔多田孝文〕

天台名目類聚鈔【てんだいみょうもくるいじゅうしょう】因　一三巻。貞舜（一三三四―一四二二）撰。応永九（一四〇二）年ころ成立。巻一―六の本末と巻七の一三巻である。本書は仏教の起こる由来より始め、諸宗のこと、荘老、神家を説き、天台宗のことに入り、蔵通別円の四教へと説きすすむ。各巻末の年号より考えると、初め四教の部分ができ、巻一・二はのちに加えられ体裁を整えたものと思われる。なお貞舜には他に柏原案立の著がある。〔所載〕天全22。　〔坂本廣博〕

天台名匠口決抄【てんだいめいしょうくけつしょう】因　六巻。著者明記なし。成立年代不明。本書に扱われる問題は、一七八条あり、それぞれの解説と口伝を挙げるもので、恵心・檀那両流の異義や、山門と寺門との相違等を扱うところから、作者を三井系の学者、あるいは檀那流の学匠とする説があるが、固定した流派の主張とするよりも、題名のごとくに天台宗の名匠の口決を抄集したものと思われる。〔所載〕仏全18。　〔弘海高顕〕

天台霊応図本伝集【てんだいれいおうずほんでんしゅう】因　一〇巻。最澄（七六六―八二二）集。『霊応図集』『天台霊応図伝』『天台霊応伝』という。目録に全一〇巻とするものもあるが、現存は巻一、二の二巻のみ。天台宗宗祖、比叡山第一祖伝教大師最澄が、本宗高祖先徳の遺業を語る諸伝等を蒐集したもの。現存巻一には、孫興の遊天台山賦、潅頂の天台山国清寺智者大師別伝、巻二には顔真卿の

智者大師伝、道澄の天台大師略伝、曇翠胡の智者大師影堂記を載せる。〔所載〕伝全4。〔木内堯央〕

天地神祇審鎮要記【てんちじんぎしんちんようき】因　三巻。慈遍（生没年不詳）記。元弘三（一三三三）年成立。別に、『山王審鎮要記』『審鎮要記』ともいう。本書は、叡山の学僧で吉田神道の卜部兼顕の子であり兼好の弟である慈遍が、古くからの山王神道に関する多くの記述に見られる異説を整理し、是正しようとし、元弘三年に一通二神道大趣一、二別二弁一権現応作一三結二審要一の大段三門を設け、さらに小科二十有余を分け、流麗の文章をもって山王神祇と天台教義の融和を試みたものである。〔所載〕天全12。〔多田孝文〕

殿中問答【でんちゅうもんどう】通　三巻。林道春（一五八三―一六五七）問、天海（一五三六―一六四三）答。別に『天海道春殿中問答』『三道帰一問答』『殿中三教問答』ともいう。林道春は号は羅山。江戸初期の儒学者で、いわゆる林家の祖。幼時に建仁寺で仏教、儒教を学び、二二歳で藤原惺窩の門に入り、のち、家康から秀忠、家光、家綱の四代の侍講となり、主知主義的な儒学をうちたてたといわれる。天海は慈眼大師、比叡山や園城寺、南都で華厳、天台、唯識、密教、禅を学び、武蔵川越の喜多院に入寺し、家康の知遇を得、諸般の顧問役となった。天台宗の復興、上野寛永寺の開創に力を発揮。家康没後、東照大権現として日光に祀ったのは、天海の案による。いわば当代の儒仏両教の立役者を、慶長一二（一六〇七）年三月二八日、駿府城に召して対論せしめた記録とされる。大正大学蔵本では、林道春、南光坊と角書にされ、『殿中問答』と標されるが、内容は神儒仏三教の是非論である。序に、増上寺存応が天海を推薦したと記してある。巻上に九番、巻中に二二番、巻下に七番の計三八番問答からなり、道春の仏教は胡神の法とするに対し、儒者と神道との結びつきを批判するほか、地獄、魂魄、経説、神仏関係、仏教の倫理性、聖徳太子論等にわたり、もっぱら道春の説を天海が屈伏せしめた内容になっている。天海は「八宗の耻を雪ぎ天台宗を輝かし」たとされる。偽撰説が有力だが、道春の究理の論、五倫五常、神儒一致への批判が主題。正大他蔵。〔木内堯央〕

伝灯広録【でんとうこうろく】真　二六巻。祐宝（一六五六―一七二七）撰。成立年代不明。正篇『大毘盧遮那無上正宗伝灯広沢録』八巻と続篇『金剛頂無上正宗続伝灯広録』一三巻と後篇『金剛頂無上正宗伝灯広録後』五巻の三篇二六巻よりなる真言宗の高僧伝中、もっとも広範なものである。正篇には広沢方の法流を受法した人師の伝を載せ、続・後篇には小野方の法流の伝を載せる。またそれぞれに(1)伝法嗣祖流派分、(2)伝法傍出分、(3)潅頂護法分の三に分類されている。正篇巻第一には広沢流祖益信ほか計五名、第二は寛平上皇、第三は真寂など益信の付法四名、第四は寛空とその付法の計七名、第五は寛朝、済信とその付法の計二五名、第六は性信、大教院流祖覚意、観音院流祖寛意、常喜院流祖心覚、成就院流祖寛助、保寿院流祖永厳ほかそれぞれの付法など計四五名、第七は寛助の付法や聖恵から始まる華蔵院流、信証の西ノ院流、寛遍の忍辱山流、覚鑁の大伝法院流、真誉の持明院流のそれぞれの諸師計五三名、第八の上下には覚法以下の仁和御流の伝法者計四九名の伝をおさめる。続篇巻第一には小野方の祖聖宝とその付法など二三名、第二には観賢とその付法や真興以下の小島流の師など一七名、第三は淳祐と石山流の師など七名、第四は元杲など一一名、第五は仁海をはじめとする三一名、第六は成尊及び明算を祖とする中院流の諸師など二一名、第六之余には義範など五名、第七には勝覚と仁寛を祖とする立川流、聖賢の金剛王院流、賢覚の理性院流の諸師など四二名、第八には定海とその付法及び一海を祖とする松橋流の師など四六名、第九には実運、勝賢とその付法など一五名、第一〇の上には成賢とその付法、道教、深賢及び親快方の諸師など二六名、第一〇の下には実勝方六名、第一一には憲深以下の報恩院流二六名、第一二には頼賢を初めとする意教方一四名、第一三には定済の宝池院流、玄慶の岳西院流の諸師など二二名、後篇巻第一には勝覚の付法の範俊とその付法など五名、第二・三には厳覚以下の勧修寺流計二三名、第四には宗意以下の安祥寺流一八名、第五には随心院流祖増俊の伝を載せる。写本を高大・正大・東史料・谷大・竜大に蔵す。〔所載〕続真全33。〔苫米地誠一〕

伝燈抄【でんとうしょう】日　一巻。日親（一四〇七―八八）著。文明二（一四七〇）年成立。ただし本抄の奥付には著作年月日の記載なし。文中の「日親ハ去ル生年二十一歳春二月八日ヨリ弘通ヲ始行シテ今年六十四歳ニ至ルマデハ四十四年也」との記述より、六四歳（文明二年）の著作とみる。日親がこの書を著わしたのは『伝燈抄』の表題が示すごとく、また冒頭に「当流相承次第並ニ諸門家相違ノ事」の項目を立てたのも、日親自身の日蓮からの正統性を示すところからくる。なお日親の正統についての主張は、他門流の行儀等を謗法として糾弾するうえで成り立つ。これは日蓮にならった日親の壮烈な受難の宗教活動が、その論理を支える。日蓮以来の正しい血脈を継ぎ、仏法の正流を相承するという日親自身の立場を確立し、これを明確に打ち出すための著作が『伝燈抄』である。まず中山門家の批判よりはじまって、日向、日朗、六条、日昭、日興、日什という当時有力な門家を糾弾するのもこれゆえである。なお本抄には、日親がその伝道活動のなかで、実際に見聞した宗門の動向が書き綴られている。その内容はじつに具体的で、一四、五世紀における日蓮宗の展開をうかがううえで、必要とすべき史料を提供してくれる書でもある。本抄の写本は京都本法寺に蔵す。池上本門寺二五世日顒の手沢本もある。〔所載〕日宗全18。〔松村寿巌〕

天童小参抄解註【てんどうしょうさんしょ

うげちゅう】曹 一巻。大智（一二九〇―一三六六）解注、了庵慧明（一三三七―一四一一）点破、細注。正しくは『天童小参抄、大智和尚解註、恵明上座後来点破微細之註』。中国の宏智の語録『宏智録』中の『天童小参録』の仮名書きの注釈。中国へ留学、帰国の途中で高麗に立ち寄った大智の注を伝えていることは確実である。大智には他に同種の撰述として『無尽集』『古今全抄』があり、とくに後者は『宏智録』の影響が強い。『天童小参録』は当時きわめてよく読まれた。〔所載〕続曹全（注解3）。〔石川力山〕

天童如浄禅師行録【てんどうにょじょうぜんじあんろく】曹 一巻。面山瑞方（一六八三―一七六九）編。延享元（一七四四）年七月一七日、若狭の永福庵で成立。詳しくは『大宋国慶元府太白名山天童景徳禅寺第三十代堂頭長翁如浄祖師行録并序』という。道元は入宋して、宝慶元年五月一日に如浄に面受し、一生参学の大事を了畢して、安貞元年に帰国した。面山は道元にとって大事な師である如浄の行状が不明であり、後世に書かれた史伝が杜撰であることを歎き、『如浄語録』や『正法眼蔵』等の古記録を参照して、如浄の伝記を完成したのが本書である。本書は如浄の命日の寛延四（一七五一）年七月一七日に、若狭空印寺の洞水喝禅の跋文を付して刊行されている。さらに、面山は、本書に和文体の注解を加え、『天童如浄禅師行録聞解』を撰述している。当時知られる諸資料を駆使して完成された本書は、面山の該博な面目をあらわしてはいるが、古い伝承とは認められない創説も見受けられる。如浄の行状は、現在でも不明の部分が多く、本書の批判的研究による近年の成果に、鏡島元隆著『天童如浄禅師の研究』（昭58）があり、今後は、同書の成果に導かれて、さらに厳密な研究が必要である。本書は如浄の宝慶三（一二二七）年の示寂の年を、紹定元（一二二八）年と誤ったために、その後の如浄伝の研究に混乱をまねいた。〔所載〕曹全（史伝下）。〔石井修道〕

伝絵津梁材【でんねしんりょうざい】浄真 一巻。通玄（生没年不詳）著。明和四（一七六七）年成立。別に『後素伝津梁材』ともいう。本書は覚如の『本願寺聖人親鸞伝絵』の概要を簡単に示したものである。〔所載〕真宗全62。―→本願寺聖人親鸞伝絵〔新作博明〕

伝絵大意【でんねたいい】浄真 一巻。僧樸（一七一九―六二）説。伝瑞記。本書は覚如の『本願寺聖人親鸞伝絵（御伝鈔）』を要約したもので、上巻を宝暦三（一七五三）年に、下巻を同五年に講じている。本書の特色は『報恩講式』の三徳と対応させ、上巻八段を自行とし、真宗興行の徳、本願相応の徳にあてさらに細分して各段を論じ、下巻を化他とし、真宗興行の徳、本願相応の徳、滅後利益の徳に各段を配当して論じている。〔所載〕真宗全62。―→本願寺聖人親鸞伝絵〔新作博明〕

転非命業抄【てんぴみょうごうしょう】真 賢覚（一〇八〇―一一五六）著。一二世紀成立。賢覚は真言宗小野流、理性院流の開祖である。本書は不空訳『金剛寿命陀羅尼念誦法』に説かれる金剛寿命真言の功徳を論じたものである。冒頭に唵縛日羅喩瞞娑嚩賀（oṃ vajra yuṣai svā-hā）の真言を載せ、次いでこの真言を毎日三回、計千回念誦すれば、真言の功徳によって寿命を増すことができる、という仏説を引用する。論述の主題は経文中の「信心清浄、業障銷滅、更増寿命」（正蔵20・575中）の句を、出典を明らかにしていないが「転非命業使寿命終無夭死短命之怖」という経説をもって解釈する点にある。まず「信心清浄」の句を解釈し、修行者を信心清浄の人と信心不牢固の人の二種に分け、次に、経説により、人間の寿命は百年であって、それ以前に死することを中夭ということを証明し、百年の寿命は決定業であるが、これは真言の力によって、心が清浄になり、さらに長寿をえることができる。これを転非命業という。その実例として、竜樹の三〇〇歳、竜智の七〇〇歳などの例をあげ、不空、金剛智、空海などが一〇〇歳を生きなかったのは本人の自由意志によるものであったとする。その他、即身成仏や信心不牢固なる修行者について論じ、最後に修行者を二種類に分ける経証をもって終っている。仁建三（一二〇三）年の写本。〔所載〕正蔵78。〔清水 乞〕

伝法院流伝授愚聞記【でんぼういんりゅうでんじゅぐもんき】真 四巻。如宝（生没年不詳）口、堯如（生没年不詳）記。宝暦二（一七五二）年成立。如宝の伝記は不詳であるが、延享二（一七四六）年九月六日の伝法会に唄師として名をつらねてから、宝暦六年まで毎年出仕している。一臈にまで進んだと伝えられる学僧で、『大日経疏専心鈔』の著作もあるゆえ事教二相に通じていたことがうかがわれるが、異義を唱えたために追われて大念仏寺に逃れたという。堯如の伝記も不詳であるが、『専水訣』（『伝流伝授日記』）によって江戸本所前弥勒寺線如の弟子であることのみ明らかである。本書は、宝暦二年五月二二日から同九月一六日にいたる六十日余にわたって、如宝を大阿闍梨として大伝法院流の一流伝授が開催され、そのさいに受者堯如が記録したものである。すなわち如宝が慧任の口説をもとに、卓玄等各師の記によって補ったものが『専水訣』九巻であり、また堯如とともに伝授を受けた盛彦の記録が『伝流伝授聴聞記』九巻であって、それぞれ親子兄弟の関係に位置するものである。その内容は四度の伝授についてははぶかれており、小巻、伝流抄をはじめとする諸尊法や潅頂部、その他の伝授が、春夏秋冬の四巻に分けて収められているが、小巻と伝流抄は伝流抄、小巻の順に伝授されたことがうかがわれる。写本を桜井市長谷寺に蔵す。〔所載〕続豊全7。〔伊藤教宣〕

伝法潅頂応永記【でんぽうかんじょうおうえいき】真 一巻。宥快（一三四五―一四一六）著。応永五（一三九八）年成立。『応永記』『伝法潅頂応永記中院』『伝法潅頂日記』『伝法潅頂日記中院流応永記』

などともいう。本書は宥快が応永五年六月一日に高野山宝性院において宥信・頼宥の二人に中院流の伝法潅頂を授けた折の日記であり、初めに職衆の名を列ね、次いで儀式作法の次第を詳しく記録している。写本を谷大（安永4写）、高野山金剛三昧院（天保4写）、高野三宝院（享保6写・延享4写・宝暦元写）、高野山真別処（宝暦二写・他一軸一帖）、高野山宝亀院（写）に蔵す。〔所載〕真全27。〔苫米地誠一〕

伝法室内密示聞記【でんぽうしつないみつじもんき】曹　一巻。面山瑞方（一六八三—一七六九）撰。成立年代不明。別に『室内伝法密示儀軌』『室内伝法随聞記』『室内密示聞記』という。洞門における嗣法が面授であることを強調し、さらに嗣法の儀軌や三物等の由来、伝承、意義に関して詳述している。瑞方の同種の著に『洞上室内口訣』『洞上室内三物論』等がある。嘉永二（一八四九）年写本を駒大に蔵す。〔所載〕曹全（室中）。——→洞上室内三物論　〔吉田道興〕

伝法要決鈔【でんぽうようけつしょう】因　五巻。仁空（一三〇九—八八）撰。応安四（一三七一）年より、永和四（一三七八）年に成立。仁空は戒学を興隆し、天台、密教、浄土の四宗を唱えて門流を大成した。本書は『密教伝法潅頂』の講録で、潅頂加行事より、受法、許可、内外道場の荘厳事等を、一巻に三摩耶戒、二巻に胎潅、三巻に金潅、四巻に合潅川流、五巻に合潅谷流を説く。〔所載〕天全21。〔弘海高顕〕

伝律図源解集【でんりつずげんげしゅう】南　二巻。亮然重慶（生没年不詳）撰。貞享元（一六八四）年成立。凝然（一二四〇—一三二一）の諸書に拠りつつ古本を纂集し、律宗伝法の次第を明らかにした書。上巻はインド・中国、下巻は日本の律伝承を記すが、特に上巻の支那伝律の項では律宗の教判・円融三学の行相・三聚円融の行等を中心として律宗の要旨をのべ、小乗律即大乗律の立場を宣揚する。また、下巻の日本伝律では北嶺戒壇は南都一門にほかならずとして南都戒壇の日本における正統性を主張している。〔所載〕仏全105。〔里道徳雄〕

添略中正論【てんりゃくちゅうしょうろん】日　六巻。蓮華日題（一六三三—一七一四）著。本書はいみじくもその書名が示せるごとく、『禁断日蓮義』一〇巻を破した『中正論』二〇巻を抜萃し、渉覧に便ならしめるために添略したもの。刊行は元禄三（一六九〇）年である。〔中條暁秀〕

伝流印可幷諸大事伝授記【でんりゅういんかならびにしょだいじでんじゅき】真　一巻。亮貞（一六四八—一七一九）記。貞享五（一六八八）年成立。亮貞は一四歳で得度し、寛文九（一六六九）年豊山に上り、冬はじめて論席に列して以来講学積み、元隆光とともに豊山の竜虎といわれた。元禄一六（一七〇三）年豊山第一五世能化を拝命、享保四年九月一七日寂す。七二歳であった。本書は、貞享五年四月一六日から同七月一四日まで、仁和寺真乗院道場において、真乗院孝源を大阿闍梨として大伝法院流の一流伝授が行われ、豊山小池坊第一三世卓玄を正受者に、都合五名の受者に授けられた、そのさいの伝受記録である。別に卓玄も『伝流四度伝授聴決鈔』『伝流受法日記』を残している。内容をみると、初日の初重印可の模様を記することから始まり、孝源にいたるまでの伝法院流血脈上の各阿闍梨の略説と伝法の経緯を記している。次いで伝流五重のうち、五月一七日の第二・三・四重の印可のほか、木幡五重、中院二重、道淵僧正伝受記、禅助大僧正大事写、顕証和尚私記など第二度の印可について、六月一八日の小島印可幷常喜院印可等第三度の印可について、七月六日の持明院柿袋秘法、十六大菩薩総潅頂密印、臨終大事、大位三重大事の四箇大事のこと、五月一九日の三部経大事、即身義大事、菩提心論大事、釈論大事、舎利大事、多聞天王大事、自身引導大事の七箇大事について記している。桜井市長谷寺蔵。〔所載〕続豊全8。〔伊藤教宣〕

伝流四度伝授聴決鈔【でんりゅうしどでんじゅちょうけつしょう】真　一巻。卓玄（一六三三—一七〇四）記。貞享五（一六八八）年成立。卓玄は一九歳で覚有について得度し、秀瑜について両部潅頂を受けた。寛文四（一六六四）年には三二歳で初めて講莚を開き、また将軍家の寵愛もあって、しばしば江戸城中にて講莚を開いた。貞享元（一六八四）年三月将軍綱吉の命により豊山第一三世能化に任ぜられ、一二年間在位していた。元禄三（一六九〇）年には覚鑁上人五百五十回忌に当たり智山信盛と協議して諡号を奏請し、興教大師の号を贈賜された。同一七年正月二五日寂す。七二歳であった。本書は、貞享五年四月一六日から七月一四日までの八四日間、仁和寺真乗院道場において、孝源を大阿闍梨として大伝法院流の一流伝授が行われ、卓玄自身を正受者として授けられた、そのさいに問答式によって師の口説を集記したものである。伝授の全容は亮貞の『伝流受法日記』に記されており、また『伝流印可幷諸大事伝授記』も残されている。内容をみると、大伝法院流の四度に関する部分について一問一答し、荘厳図四葉がそえられている。十八道に関するもの二八カ条、金剛界に関するもの一七カ条、護摩に関するもの一九カ条、胎蔵界に関するもの一九カ条の、都合八三カ条からなるものである。桜井市長谷寺蔵。〔所載〕続豊全8。〔伊藤教宣〕

伝流伝授聴聞記【でんりゅうでんじゅちょうもんき】真　九巻。盛彦（—一七五一—八九ごろ）記。宝暦二（一七五二）年成立。盛彦は生没年とも不詳である。宝暦七（一七五七）年の大会には散華師として、同九、一〇年には竪問役をつとめている。同一〇年一二月豊山管明院から第三二世豊山小池坊能化として移住している。同一三年五月には潅頂修行し、明和二（一七六五）年四月には三宝院流潅頂を開壇している。本書は、宝暦二年五月二二日から同九月一六日にいたるまでの六十余日にわたって、如宝を大阿闍梨とする大伝法院流の一流伝授が開かれた、このさいの伝受記録である。すなわち如宝が慧任の口説をもとに、秀算、尊如、卓玄、快意、亮貞等各師の記によって補ったものが『専水訣』（『伝流伝授日記』）九巻であり、また盛彦とともに伝授を受けた堯如の記録が『伝法院流伝授愚聞記』四巻であって、それぞれ親子や兄弟の関係に位置するものである。その記述内容は『専水訣』とほぼ同じであるが、八巻・九巻にそのおさめられ方の相違がみられる。第二巻の末尾には饗応および謝礼金のことが記されており、当時の伝授の様子がうかがわれる。長浜市総持寺蔵。〔所載〕続豊全7。〔伊藤教宣〕

転輪聖王章【てんりんじょうおうしょう】〔天〕 一巻。乗因（生没年不詳）述。本書は、『転輪聖王章内伝』『山王一実神道口授御相承秘記』各一巻とともに享保（一七一六—三六）年間、慈眼大師相承の一実神道が三山に断絶したため輪王寺准后公寛大王の命により、信州戸隠山別当勧修院乗因がその宣存より相伝の大義を記述したものである。本章のはじめに、転輪聖王が領する閻浮提の大法を一実神道といい、天海がこの法門を弘めた、その徳に報いるために諸文を録して『転輪聖王章』と題したという。この法門を明かすに七門を挙げ、天台三大部をはじめ諸経論を引いて、神道と台門の会通を計る。一、世教縁起門、出仮の菩薩は衆生を利益するに世間、出世間、出世上の法薬があるが、今は国家を鎮護し万民を利益せんがために世間の法薬を用うとしている。二、時方随宜門、時を観じ、薬を観じ、さらに方を立てなければ効益する能わず。すなわち、東方が輪王の福徳を感ずる所である。三、蔵乗摂属門、蔵は二蔵、乗は五乗であり、今は五乗に約してこれを判ずれば、一実の神教は人天乗である。四、神道法体門、十善、五戒は深く五常、五行を知れば、また、五戒に似たり。五、和光同塵門、和光同塵とは四住の塵に同じく処々に結縁す。本より迹を垂れて輪王の身を現ずと。六、開迹顕本門、東方の聖神は皆大権の応作なり。七、問答決疑門、三種法薬の中、何故世間浅劣の法薬を用うるかなど諸疑について決す。以上七門について論じ、終りに慈眼大師像賛を付している。〔所載〕天全12。〔多田孝文〕

転輪聖王章内伝【てんりんじょうおうしょうないでん】〔天〕 一巻。乗因（生没年不詳）述。本書は同著者の『転輪聖王章』の内伝である。この章のはじめに、転輪聖王が領する閻浮提の大法を一実神道といい、天海がこの法門を弘めた。その徳に報いるために諸文を録して『転輪聖王章』を述作したとしている。その内伝である本書は、秘密参社之事、山家要略之事、山王神体之事、三輪金光之事、和光同塵之事、唐土山王之事、天地麗気之事、一実戒法之事、宗旨建立之事の九項目を立て、一実神道と天台教学の会通を試みたものである。〔所載〕天全12。〔多田孝文〕

と

洞雲髑冲語録【とううんどくちゅうごろく】〔曹〕 一巻。洞雲髑冲（一六八九—一七四〇）撰。二休・有照（いずれも生没年不詳）編。成立年代不明。寛政二（一七九〇）年刊。別に『大田洞雲禅師語録』ともいう。信濃自成寺および大田山竜雲寺における開堂、法語、拈古、香語、雑著を収めている。若年のころ参じた量外頑器の訃報、三周忌、七周忌に対して、いずれも拈香法語が示されており、洞雲の量外に対する気持が知られる。〔所載〕続曹全（語録1）。〔中尾良信〕

東叡山寛永寺子院記【とうえいざんかんえいじしいんき】〔天〕 一巻。撰者不詳。巻首に東叡山寛永寺子院三六院の由来を総説して、ついでいちいちの院につき、由緒と外護の状況、現況について記す。凌雲院、寒松院、東漸院、津梁院、大慈院、勧善院、春性院、林光院、観成院、福聚院、護国院、浄円院、真如院、現龍院、普門院、涼泉院、修禅院、泉龍院、吉祥院、覚成院、常照院、本覚院、東円院、一乗院、松林院、等覚院、宝勝院、養寿院、元光院、明静院、見明院、青龍院、顕性院、円珠院、明王院、寿昌院、で、焼亡して復興していない院名もあるが、正徳年間の記事が一番新しく、成立の時期が推定できる。〔所載〕仏全120。〔木内堯央〕

東叡山子院現住法脈記【とうえいざんしいんげんじゅうほうみゃくき】〔天〕 三一巻。編者不詳。東叡山各子院歴代住職を法脈別に記してその伝を掲げたもの。天海大僧正ほか三一子院にわたっている。福聚院胤海法脈から、勧善院亮雄まで三一法脈が記され、それぞれの伝記記事を勘案すると安政（一八五四—五九）年間にいたるまでの紀年がみえているから、江戸時代末の成立とみてよいであろう。〔所載〕天全24。〔木内堯央〕

東叡山諸堂建立記【とうえいざんしょどうこんりゅうき】〔天〕 一巻。撰者不明。文中「右宣存権僧正記」とあるのを、『仏書解説大辞典』で不破幹雄がとりあげ、宣存が『東叡山縁起』の作者であることと、諸社寺創建の由来の右の記以前は宣存の縁起と一致しているところから、宣存の著に後人が付加したものとされる。しかも冒頭内題には「東叡山縁記」とあり、ついで神社仏閣創建由来、武州東叡山鐘銘そして中堂以下霊廟の記事が付される。〔所載〕仏全120。〔木内堯央〕

東海一漚集【とうかいいちおうしゅう】〔臨〕 五巻。中巌円月（一三〇〇—七五）撰。南北朝時代成立。中巌は別名、中正子、中正叟、東海一漚子。南北朝時代、五山屈指の詩文僧。入元したのち元僧東陽徳輝に嗣法した。本書は中巌の詩文集で明和元（一七六四）年刊本は播磨大蔵院の大解宗脱が編集、天竜寺の桂州道倫の校正を受けて刊行したもの。巻一に古詩、律詩、絶句、賛、巻二に疏、説、上梁文、銘、巻三に表、書、記、論、雑文、祭文、巻四に「中正子」一〇篇と自跋、巻五に自歴譜と東陽徳輝等の諸偈を収める。中巌の文中には当時の五山禅僧共通の文芸的情操のほかに政治的色彩の濃い原民・原僧の二篇等があり異色である。鎌倉幕府が滅亡、後醍醐天皇によって新政府が樹立されると、新政府の民政と宗教政策を進言するなど、師のはげしい性格が散見する。〔異本〕写本として丹波法常寺蔵三冊、内閣蔵一冊、播磨大蔵院蔵四冊、妙心寺竜華院蔵一冊などがある。このほか中巌の作品の拾遺ともいうべき『東海一漚別集』『一漚余滴』各一巻（建仁寺両足院蔵、写本）がある。〔末注〕高峰東晙・東海一漚集事苑補六巻（自筆本を建仁寺両足院に所蔵、ただし明和元年版の疏までの注)。〔参考〕五文全、禅籍目録、五文新。　〔伊藤東慎〕

東海和尚紀年録【とうかいおしょうきねんろく】臨　一巻。武野宗朝（生没年不詳）編。慶安二（一六四九）年成立。別に『沢庵和尚紀年録』ともいう。受戒の弟子宗朝により著わされた沢庵宗彭（一五七三—一六四五）の編年体の伝記。宗朝は幼年から沢庵の左右にあり、紀年録は行状とともに史料として第一等のものといえる。沢庵は遺誡で年譜、行状の作成を禁じたが、宗朝は天下後世の標模が廃することのないよう紀年録を著わす。〔所載〕沢庵全6。　〔西尾賢隆〕

等海口伝抄【とうかいくでんしょう】天　一七巻。等海（—一三四三—四九—）編。別に『宗大事口伝抄』ともいう。等海は武蔵国府中の住で、本書について奥書に、康永二（一三四三）年八月一〇日から貞和五（一三四九）年六月二日までにこれを記しおわったとみずから記しているから、撰述年、およびそのひとの時代が知られよう。本書は、円頓坊尊海の『二帖抄』についてその相伝口決をあまさず整理したもので、その本書奥書で等海は、執筆方針を、「云聞云見一分無私案之観皆悉相承耳」と記しており、ひるがえってこの期の口伝の実際をあきらかにすることができるであろう。巻一は境一心三諦等四目、巻二は智一心三観事で一六目、巻三は一心三観一念三千両重相承之事など九目、巻四は宗旨宗教事など一二目、巻五は南岳所承限円頓一理事など一五目、巻六は止観略頌事など一四目、巻七は止観大旨の修大行下、巻八は四重五重三諦習合止観十章事など二八目、巻九は名字即位修十乗観法事など一六目、巻一〇は六処元意之事など一四目、巻一一は最略経毎品題妙法蓮華経事など三二目、巻一二は円教三身、巻一三は摺形木五百塵点事など一九目、巻一四は究竟寂光有身土別など一三目、巻一五は迹門譬喩蓮華為本々門当体蓮華為本事など二〇目、巻一六は玄文止観被接起自四箇大事起事など二二目、巻一七は真言与天台同異事など一〇目となっている。口伝論目等当時教学の範囲と主張をうかがいうる貴重な一本である。〔所載〕天全9。〔木内堯央〕

東海瓊華集【とうかいけいかしゅう】臨　七巻。惟肖得巌（一三六〇—一四三七）撰。写本。室町時代永享六（一四三四）年刊。五山詩僧惟肖得巌の詩文・法語集。相国寺、万寿寺、天龍寺、南禅寺に住持する。同名の『東海璚華集』に二系統がある。一は語録、散文（内閣、彰考、建仁寺両足院所蔵）、二は詩を集めたもの（建仁寺両足院所蔵）である。一は住山法語と陞座法語、説・銘・賛・祭文・記・叙・道号等を収め、二は、七言・五言の絶句、七言・五言の律詩。絶句。律詩のみを集めた三種がある。〔吉瀬勝〕

東海夜話【とうかいやわ】臨　二巻。沢庵宗彭（一五七三—一六四五）著。成立年代不明。沢庵の経歴は『安心法門』項参照。品川東海寺における夜話がすべてならば晩年ということになるが、泉南や大徳寺などにおけるものもあり、沢庵が左右の侍者等に垂示したものを集めたもので、自筆と侍者の筆写とが混合している。『玲瓏随筆』は本書から抄出して大正年間に刊行されたもの。「万のことに事理の二あり。事は其業（わざ）なり、業をする人は、業をばすれども、その道理を知らず。理を知る人は、其業をば作さざれども、其道理を知る……」と、仏教の事と理とについてのべ、具体例を挙げて懇切に事と理が相応すべきことを説いているが、全編を通じて自然の道理、世間の道理、仏法の道理について強調していることが注目され、とかく論理を超えた深遠なところに傾きがちな禅に、みごとな道理で裏打ちしているといえる。〔所載〕沢庵全集5、古文全15、駒大沢庵広録、禅法全1。　〔池田豊人〕

答客議【とうかくぎ】曹　一巻。卍山道白（一六三六—一七一五）撰。元文元（一七三六）年刊。卍山は梅峰竺信とともに、曹洞宗の宗統復古に尽力した人。本書は、宗統復古運動に反対する人びとによる批判八件について弁駁したもの。門人三洲白竜が編集し、『卍山和尚広録』巻四八に収録される。〔所載〕曹全（語録2）。　〔永井政之〕

桃渓遺稿【とうけいいこう】浄真　一巻。若霖（一六七五—一七三五）。本書は、若霖の詩文集である。若霖は諱を汝岱といい、号を桃渓といい、知空の門人で、博覧強記、著述はすこぶる多い。各所に旅をして、旅中感懐をのべ、詩を詠じてそれをとどめておいたという。また、書画に讃を寄せたり、その文藻は絢麗であったという。〔所載〕真宗全73。　〔山崎竜明〕

東渓宗牧禅師語録【とうけいそうぼくぜんじごろく】臨　一冊。宗牧（一四五四—一五一七）撰。成立年代不明。本書は山門疏、入寺法語、室中語要、入室勘弁、仏祖讃（四八篇）、自讃（一二篇）、偈頌（一五一頌）、頌古（一〇首）、道号頌（一六八頌）、諸仏事（五三篇）、香語、拈香（一六篇）、法語（一五篇）、書、塔頭化縁疏、東渓宗牧師行実、年譜を収めている。本書は細合喝堂編輯により淡交新社から昭和四一年刊行した。　〔鷲阪宗演〕

当家宗旨名目【とうけしゅうしみょうもく】回　二巻。日実（生没年不詳）述。成立年については、奥書に寛正二（一四六一）年とあるが、文中に応仁元（一四六七）年の記事がみえる（この記事は後年の添加であろうか、不明）。正式名『当家宗旨教機時国名目』。日実は日源、日親より本尊相伝を受けた中山法華経寺系の学匠で、『本尊相伝』『受玉自玉抄』などの著作がある。本書は、三大秘法、五義、祖書目録、祖師伝などを問答体で論じた宗義の概説書。冒頭に題号のゆえんを論じて、「当家」とは「法主大聖人之御一家」、「宗旨」とは「弘通し給ふ処の法門」、「名目」とは「大綱網目」の意であるとする。つづいて当家の名目とその意義、高祖（日蓮）が上行菩薩であることの証明、宗旨、付属、三大秘法、法門の仰出し（立教開宗）、首題受持の証文とその功徳、当家宗旨教機時国（五義）の法門、名目（以上、上巻）、御書目録および御書の概説、六老僧、高祖御遺言ならびに御遺物配分の事、相伝、像末と本迹（以上、下巻）など、多くの事柄について論述している。日蓮遺文や日蓮の伝記を多用し、祖伝、宗義のひろい範囲にわたって論を展開しているが、本迹未分の根本法華を説くなど、その基調をなしているのは日本天台の観心主義思想である。刊本は元禄八（一六九五）年。〔所載〕日蓮上人伝記集（本満寺発行本）。〔参考〕日蓮宗教学史、日蓮宗事典。〔庵谷行亨〕

当家摂折【とうけしょうしゃく】[日]　一巻。日臨（一七九三―一八二三）著。成立時期は不明。日臨の『忍草雑記』のなかにも本書より整理された「当家摂折」の一篇がある。柔和忍辱、持律堅固の律僧である日臨の摂受折伏論である。日臨は折伏より摂受の道を選んだ元政に私淑しており、当然摂受主義者である。本書でも「正定[二]当今行者[一]摂進也、折退也」と、摂進折退の論拠を弁ずるのである。〔所載〕本妙日臨律師全集。〔小野文珖〕

当家諸門徒継図之事【とうけしょもんとけいずのこと】[日]　一巻。著者未詳。「日憲」の書き入れ本あり。日憲については京都本法寺日憲（?―一五二五）とする説（日蓮宗宗学章疏目録）と千葉県峰の妙興寺日憲とする説（日宗全18諸本解説）の両説あり。成立年代は記述内容から慶長八（一六〇三）年と推測され、原筆者についても身延門流系の人物と考えられている。原題は『当家諸門流継図之事』。内容は関東日蓮教団を中心に各門流の法脈を略記したもので、「六門徒之事」、「中老門家之事」の大科二条に分れており、文中各所に日憲の補筆が見られる。〔所載〕日宗全18。〔糸久宝賢〕

当家正義本迹易解抄【とうけせいぎほんじゃくいげしょう】[日]　一巻。本昌日達（一六九一―一七七二）記。元文三（一七三六）年成立。略して『本迹易解抄』ともいう。本書は諸門流の本迹説に批判を加え、本迹にそれぞれ事理を立て、理同事異の本迹勝劣を説いたもの。すなわち、理においては迹門所説の理のほかに本門の理なしとして本迹理同とし、事においては本門の事は久遠実成の智恵、迹門の事は化他因果の事智で、これに対して本門の事智は勝れ、迹の事智は劣るとする。当宗にては事を表とし理を裏とするから、当家の本迹は勝劣であると説く。〔所載〕日宗全5。〔井上博文〕

当家朝口伝【とうけちょうくでん】[日]　二巻。行学日朝（一四二二―一五〇〇）述。文明一三（一四八一）年成立。『当家朝口伝記』ともいう。日朝は室町時代の学匠で、身延山久遠寺第一一世貫首。本書は上下二巻からなる日朝の宗義に関する相伝書で、上巻は文明一三年一月、下巻は二月に著わされている。上巻は一八項からなり、おもなものは説道故実事、宗論問答事、破立事、本迹二門事、本迹一致、五重玄義得意事、法華弘通者用心事、御書習事等である。ここで注目すべきは、日朝は本迹の一致勝劣の論議を踏まえて、自己の立場が本迹一致であると表明していることである。その場合、当時の中古天台教学の口伝、秘伝等からの引用がみられる。下巻は、『観心本尊抄』に関する相伝、観心の事、『摩訶止観』の相伝、寿量品の解釈、題目論、下種論、仏陀論、本尊図顕の事、開会の事、折伏化導の事、鎮護国家の事、毎日の勤行に関する相伝等五五項目と多岐にわたる。この巻では、『観心本尊抄』を中心とする解釈が目を引くが、その立場は、凡夫の観心を重視し、教相を軽視する中古天台教学からなされている。日朝自身、一〇代後半から二〇代にかけて関東天台の学問所である川越の仙波談所へ遊学して、中古天台教学を摂取したことによるものであろう。写本は、山梨県身延文庫および立大図書館に所蔵。〔北川前肇〕

当家秘要録【とうけひようろく】[日]　二巻。日蒼（一七七六―一八三八）著。文政八（一八二五）年成立。日蓮教学の諸問題のうち、宗旨の三箇・宗教の五箇より釈して本因妙正意に関する諸義を論じ、上巻末より下巻にかけて本迹の問題をのべる。日隆の八品教学に立脚しつつ主に本迹一致義を評破する点に特色をもつが、教学思想の究明よりも一般信者の啓蒙を目的とする著述である。写本を立大、枚方市大隆寺蔵。〔大平宏竜〕

当家法門目安【とうけほうもんめやす】[日]　一巻。日祐（一二九八―一三七四）著。成立時期は奥書に、鎮西小城郡へ法門弘通のため、差し下した智観房日貞のため、延文四（一三五九）年七月九日に、書写し与えた旨が述べられており、それ以前のことと思われる。本書は単に『目安』とも呼ばれることもある。日祐は中山法華経寺第三世として、法華経寺、並びに中山門派の基礎固めに活躍した人である。また、富木日常（一二一六―九九）以来の事業である、遺文の収集・格護に努めた。本書は門下に対して、弘教の際の教義概要書として書かれたものである。この種の宗学概論書には、本成日実（一一四六一―）の『当家宗旨名目』、寂照日乾（一五六〇―一六三五）の『宗門綱格』等があるが、本書は上代日蓮教団の教義受容をうかがうことのできる貴重な資料といえる。内容は、日蓮の『一代五時図』等に示された、法華経を中心とする仏教観。謗法を恐れねばならないこと。摂受折伏のこと。立正安国論に基づく勘文提出のこと。三国仏法弘通についてのこと等に要約できる。本書は以上のことを「教主有縁事」に始まる三〇の項に分けて論じている。特に、最後の「謗法堂舎参詣不可有事」の項は、問答体にて、量的にも多くのスペースを割いており、当時この問題が重要視されていたことを想像させる。〔所載〕大崎学報89。〔西片元證〕

当家本尊義【とうけほんぞんぎ】日　一巻。日透（一六五三―一七一七）著。享保二（一七一七）年二月成立。什門より転じて一致派日蓮宗の教学の体系を志した日透の日重門流の教学を背景にした本尊論。法本尊、仏本尊を並存し、傍正を論ずれば観心の法本尊を当家の正意とすると結論づける。正本は所在不明。写本を立大図書館蔵。〔所載〕大崎学報1・2。〔小野文珖〕

当家本尊論義落居【とうけほんぞんろんぎらっきょ】日　一巻。日遠（一五七二―一六四二）書。元和九（一六二三）年成立。『今家本尊論義落居』の名で明治四二（一九〇九）年に身延山発行の『本尊論資料』に所収。身延山二二世日遠の宗義書。当家（日蓮宗）の本尊論義を落着させんとして法本尊、人本尊、大曼荼羅本尊の三種の本尊を立て、第三の曼荼羅本尊を観心本尊、一体三宝本尊として本来尊勝の義とみなしている。〔小野文珖〕

道元和尚行録【どうげんおしょうあんろく】曹　一巻。撰者不詳。延宝元（一六七三）年刊。寛文一三（一六七三〈延宝元〉）年以前の成立で、肥前慧日寺徒峰臨探牛首座（唐津龍源寺一三世・長得寺開山）の勧募により刊行。『建撕記』成立（文明四〈一四七二〉年ころ）より『永平実録』（宝永七〈一七一〇〉年）に至る二百三十余年間における唯一の道元禅師伝。付録の四条のうち、永平勝境、永平字辯の二編があり、道元の行歴とともに、永平寺を宣揚する意図をもって撰述、刊行されたものである。ただし史実考証の面において正確さを欠いている。〔所載〕続群書225、続曹全（史伝）。〔河村孝道〕

道元和尚伊呂波歌【どうげんおしょういろはうた】曹　一巻。撰者不詳。寛文九（一六六九）年ころ成立。道元に仮託して撰せられた後人の偽書（面山改訂『訂補建撕記』乾巻）。「イロハ」四八文字と「一十百千万億」の六字、計五四字に配して禅要を短歌形式に詠じ、これに一首ごとに漢文体でもって注解を加えたもので、多分に臨済家に参じた者の注解と思われる。〔所載〕続曹全（注解1）。〔河村孝道〕

道元和尚仮名法語【どうげんおしょうかなほうご】曹　一巻。撰者不詳。明暦三（一六五七）年、万治二（一六五九）年刊。別に『仮名見性抄』『永平道元和尚見性論』とも呼称される。道元撰とされるが、すでに江戸期において天桂伝尊（一六四八―一七三五）、面山瑞方（一六八三―一七六九）によって偽撰として斥けられている。「向上、向下、理致、機関、大疑、大悟、大用、大徹、本来面目、見性、得法、無相、無念、教内、教外、示㆓出家人㆒、示㆓僧俗因果㆒、示㆓一無位人㆒」の一八条目について、仮名でもって平易に説述したもので、建長二（一二五〇）年、道元が山下の老夫婦に授与されたものと記すが、内容はおよそ道元の宗旨に遠いもので、面山は一八条の中の第一六条のみが道元の語であると述べている（『訂補建撕記』）。〔所載〕続曹全（宗源）、曹全（宗源）。〔河村孝道〕

道元和尚広録【どうげんおしょうこうろく】曹　一〇巻。道元（一二〇〇―五三）撰。寛文一二（一六七二）年卍山道白刊。詳しくは『永平道元和尚広録』とも称する。道元一代の法語を普く編集したもので、興聖寺、大仏寺、永平寺における上堂・小参・法語・頌古・真賛・自賛・偈頌より成る。第一巻興聖寺語録、第九巻頌古・自賛・真賛を詮慧が、第二巻大仏寺語録、第三・第四巻永平寺語録、第八巻小参・法語を懐奘が、第五・第六・第七巻永平寺語録を義演が、各々中心となって分担編集をしている。卍山の寛文一二年開板の流布本に対して、近年昭和期に至って、卍山の改訂校讐以前の古写本の『広録』が永平寺庫蔵より発見された。慶長三（一五九八）年に、永平寺二〇世門鶴が宗椿、祚光の助筆を得て書写したもので門鶴本と称され、流布本広録と上堂則数・列次や本文字句上にははなはだしい相違があり、門鶴本に未載の『坐禅箴』が流布本に付加されているなど、開板に当たって卍山により改訂の手が加わっていることを知り得るとともに、『永平広録』の原初形態を知る資料としても貴重である。しかも本書は、『正法眼蔵』とともに道元の二大大著として、その深遠な宗教思想を結集したものとして重要でもある。なおこの『広録』に対して、『広録』の中から抄録して一巻としたものに『永平元禅師語録』一巻があり、『広録』に対して『略録』と称する。〔所載〕曹全（宗源）、道元全。〔河村孝道〕

東皐心越語録【とうこうしんえつごろく】曹　一巻。心越興儔（一六三九―九六）撰。元禄五（一六九二）年刊。表題は『東皐心越禅師天徳寺入院開堂語録』。心越は、曹洞宗の人で中国金華の出身、俗姓は蔣氏。濶堂大文の法を嗣ぎ、長崎興福寺の澄一道亮の招きにより、延宝五（一六七七）年に来朝した。黄檗宗鉄牛道機らの讒により幽閉されたが、水戸光圀の保護によって、天和三（一六八三）年、水戸天徳寺（当時、大中寺の末であったが、のち祇園寺と改名されて、寿昌派の本山となる）に入院。そのときの開堂法語をまとめたものが本書である。心越には書画、篆刻、琴などをよくした文化人としての一面もあり、それらも含めて、著述の集大成を意図した『東皐全集』二冊（浅野斧山編）もある。〔所載〕続曹全（語録1）。〔永井政之〕

洞谷開山法語【とうこくかいさんほうご】曹　一巻。洞谷山永光寺開山瑩山紹瑾（一二六八〈六四〉―一三二五）撰。万治二（一六五九）年に刊行された『永平開山道元和尚仮名法語』に「第十九洞谷開山法語」として収録された和文体の法語である。『瑩山和尚法語』（『常済全』）ともいわれる。本書の内容は問答体で構成され、問は答を導き、その答は次の問を誘う形式になっている。すなわち第一の問が「工夫用心何れか是れ仏」で、その答が「即心即仏」であり、第二の問がその答をうけて「何れが是れ即心即仏」である。このように工夫用心、即心即仏、非心非仏、父母未生前とすすみ坐禅の問題に導く。全篇を通じて一一問答あり、第五問以下が坐禅に関するもので、とくに第一〇問は工夫について、第一一問は道について詳述している。いわば撰者は対話形式をかりて坐禅の要諦をわかりやすくのべたものであるといえる。〔所載〕旧版曹全（宗源下）、続曹全（宗源補遺）、常済全。〔松田文雄〕

洞谷記【とうこくき】曹　一巻。瑩山紹瑾（一二六八〈六四〉―一三二五）撰。本書は紹瑾がみずから生涯幽棲の寂静処、終焉偃息の地と定めて開創した洞谷山永光寺（石川県羽咋市所在）に関する在住期間の諸記録、置文などを編集したものである。現在『洞谷記』の筆写本には、石川県金沢市大乗寺に所蔵する永享四（一四三二）年、英就（竜）によって書写された一巻と、享保三（一七一八）年智灯照玄によって重編されたものとの二種が知られる（両書はともに石川県立美術館に委託保管）。通称として前者を古写本、後者を流布本という。他に写本として永光寺所蔵本、駒大図書館蔵本が知られるが、ともに流布本の再写である。古写本『洞谷記』は流布本にくらべて記述が少なく、かつ編年が未整理である。

流布本『洞谷記』の内容を概説するに、首に「洞谷山永光寺草創記」と題する文を載せる。それには正和元（一三一二）年、能登賀島郡酒井保内の中河の地頭酒匂八郎頼親の嫡女（出家して祖忍尼と改名）とその夫、海野三郎信直（のちに受戒して妙浄と改名）の両名が敷地を寄進した記事、正和二年仮庫裡建立、文保元（一三一七）年、方丈造立、入院儀式、文保二年の記事、世に「御自伝」といわれる記事、元応二（一三二〇）年の除夜小参における「当山因由」（縁起）と題する記事を含んでいる。次に「元応三年（元亨改元）辛酉孟春日記」を載せる。孟春日記と題しているが、記事は立春歳旦から一二月二二日に及んでいる。次に「洞谷十境」、つづいて元亨二年より正中二（一三二五）年八月にいたる記事を載せる。このうちには元亨二年六月一八日の項にある「円通院建立縁起」、元亨三年九月二八日の伝燈院造畢の記事のあとに載せる「洞谷伝燈院五老悟則并行業略記」、「山僧遺跡寺寺置文記」、「諸門中悉知」、「当山尽未来際置文」など初期曹洞宗史に関する貴重な記録を含んでいる。また正中元年四月八日の開堂法儀はその次第を詳述し、正中二年五月二三日の項には「両願」、ついで八月一日の「洞谷門下僧禄御書」、仲秋初八日の「洞谷譲与御状」を載せている。以上が瑩山紹瑾の記録の編集である。

しかし流布本『洞谷記』には、さらに開山御遷化、新住持入院、陞座罷礼賀次資、接尊宿、接官、引座、馳書、住持出入将息、住持出入帰、住持現存譲与付弟等事、普請赴斎等事、住持遺物商量等事、吉凶斎商量、斎僧銭商量事、看経之法、檀那忌、発心作僧事、祖師忌、立僧、羅漢供祭文の記事を付し「洞谷記終」と結んでいる。これら開山御遷化以下の文をみるに、内容的に後世の補綴であることは疑いえない。さらに「洞谷記終」の後に、明らかに後世のものである観応元（一三五〇）年三月二三日付の明峰和尚置文、応永二二（一四一五）年三月二八日付の明峰派峨山派儀絶時管領畠山方訴訟目安、同年四月五日付の自畠山致返報の三通をも付記している。〔所載〕曹全（宗源下）、常済全。〔松田文雄〕

東国高僧伝【とうごくこうそうでん】通　一〇巻。高泉性潡（一六三三―九五）撰。貞享五（一六八八）年刊。高泉は黄檗宗の学僧。雲外と号す。寛文元（一六六一）年、二九歳のとき隠元の命をうけて来朝し、宇治の黄檗山五世となる。本書のほか『扶桑禅林僧宝伝』（一〇巻）、『続扶桑禅林僧宝伝』（三巻）を撰述したほか著作が多い。黄檗中興の祖と仰がれる。本書は泊如運敞と高泉の序（貞享四年）に続いて第一巻々首に聖徳太子伝を掲げ、以下各巻を正伝と附伝に分け、南都元興寺道昭伝より東叡山天海伝までの高僧の伝記を正伝二八七人、附伝四六人について列伝したものである。高泉は日本における高僧伝としては虎関師錬（一二七八―一三四六）の編んだ『元亨釈書』以来三五〇年余の久しきに至って取るべきもののないのを遺憾とし、時の太上皇帝八〇年の聖誕を祝して本書並びに『扶桑禅林僧宝伝』各一〇巻を撰したのである。しかるに後者は延宝三（一六七五）年に上梓されたのに対して、本書は刊行に至らなかったもののようであるが、高泉の在家の弟子であった京都の茨木方淑なるものが発心して刻版を見るに至った。方淑は第一巻の巻末に「高僧伝を編み志成るを喜ぶ」の一文を付しているのを見ても方淑の本書に寄せた情熱を察することができる。本書を批評したものに卍元師蛮（一六二六―一七一〇）の『東国高僧伝弾談』一〇巻（写本・内閣文庫）および本願寺の学僧性応知空（一六三四―一七一八）の『東国高僧伝評』（正徳四〈一七一四〉年刊）一冊がある。〔所載〕仏全104。〔西村恵信〕

洞谷五祖行実【とうこくごそぎょうじつ】曹　一巻。著者明記なし。成立年代不明。別に『御開山及四哲行状略記』ともいう。能登洞谷山永光寺開山瑩山紹瑾（一二六八―一三二五）と、その法嗣である二祖明峰素哲（一二七七―一三五〇）、三祖無涯知洪（?―一三五一）、四祖峨山韶（紹）碩（一二七五―一三六五）、五祖壺菴至簡（?―一三四一）の、同寺歴住五人の行実をまとめたものである。全体としても比較的短いものであるが、その約半分を開山瑩山の伝記にあて、残りを明峰以下の四哲の伝記にあてている。瑩山自身が『洞谷記』で語っている前生譚を冒頭でのべ、かなり詳細な行実をのべているものの、後醍醐天皇が下問したと伝えられる十種勅問についてはまったくふれていない。本書にはところどころに細字の注記が書き込まれているが、これは本書を襲蔵してきた永光寺の住持等によって、次々に追記されたものと思われる。四祖峨山伝の末尾にある元和二（一六一六）年の注記が、もっとも新しい年記のもので、峨山開基の塔頭である大雄庵や、永光寺と総持寺の間に峨山がひらいたと伝えられる、いわゆる峨山道が当時残っていたことを記している。本書は『曹全』に収録されるまでは、永光寺書庫に秘蔵されていたのであり、五祖行実の本文が成立して以後、歴代の住持やその代筆者等によって注記が書き加えられ、現在のようなかたちにまとめられたものと思われる。〔所載〕曹全（史伝上）。〔中尾良信〕

洞谷清規【とうこくしんぎ】曹　二巻。瑩山紹瑾（一二六八〈六四〉―一三二五）記。詳しくは『能州洞谷山永光禅寺行事次序』という。延宝六（一六七八）年『瑩山和尚清規』として刊行された。ただし現在石川県大乗寺に下巻の部分に当る「稔中行事」のみが『洞谷清規』一巻として、永享六（一四三四）年書写されたものが伝わっている。〔所載〕曹全（宗源下）。――→瑩山和尚清規　〔小坂機融〕

東西作用抄【とうざいさようしょう】時　一巻。他阿弥陀仏託何（一二八五―一三五四）著。康永元（一三四二）年の成立。託何は暦応元（一三三八）年に遊行上人第七代となり、組織、教義、儀礼の三方面から時宗教団の発展に尽くした。本書はそのなかでも儀礼にかかわるものである。全二五四条で、序文と後序とを有する。その序文によれば、自分（託何）は真の指導者といえないためか、すぐれた時衆はいないようであると、まず教団の現状を反省する。しかし自分が指導者であるには違いないので、時衆の本来あるべき姿を説こう、という。つづいて全二五四条の本文がある。その内容は、修行生活の一般的な心構え、人間関係（指導者、同行、先輩、尼、女人、外護者などに対して）、行法、日常生活（睡眠、衣、食、住、発言、座り方と歩き方、人と接する態度、俗世界に対する態度）など、多種多様にわたる。条文の配列については、二ないし三条、あるいは一〇条あまりにわたって同種類の内容がつづく場合もあり、そうでないこともある。雑然とした配列順序である。細かい規定や初心者に対する注意が多く、託何自身も後序でそのようにのべている。当時の禅宗の清規の盛行に刺激されてつくられたものであろう。時宗教団では後世にいたるまで影響力をもった。写本を清浄光寺、彰考館、沼津市光明寺が所蔵する。〔所載〕定時宗。〔今井雅晴〕

洞山五位蒿測【とうざんごいこうそく】曹　一巻。撰者不詳。天保七（一八三六）年竺仙筆写。洞山偏正五位、洞山功勲五位、曹山君臣五位、曹山旨訣五位、石霜王子五位についての漢文体による注釈。中国禅宗の五家の宗旨をまとめた『五家宗旨』と、和文体の『参同契宝鏡三昧註』が合綴されている。駒大所蔵。〔永井政之〕

東寺長者補任【とうじちょうじゃぶにん】真　五巻。撰者不詳。弘仁一四（八二三）年空海が嵯峨天皇より東寺を賜わって以後、寛永一一（一六三四）年長者増孝にいたるまでの東寺務継承の記録。次第を記し、長者の略伝、歴世の治乱興廃、諸寺院の盛衰等を付す（『続々群書』史伝部）。このほか二種あり、一は弘仁一四年から貞治六年長者定憲の補任まで（『群書』補任部）、他は『続々群書』の例言および『続群書一覧』に杲宝撰とされるものである。〔松丸俊明〕

東寺塔供養記【とうじとうくようのき】真　一巻。東寺長者道意（一二七一―一三三六）記。建武元（一三三四）年、京都教王護国寺（東寺）の塔建立にさいしての供養の式次第と、約二カ月の間の準備のさまを記す。供養の儀式は守覚法親王の『曼荼羅供養次第』を指針となす。また応徳三（一〇八六）年、藤原伊房の『東寺塔供養記』（群書18）に準拠する。いちいちの記述は藤原本よりもはるかに詳細である。〔所載〕群書19。〔吉崎一美〕

道宗覚書【どうしゅうおぼえがき】浄真　一巻。道宗（?―一五一六、六五歳没と五五歳没との説がある）著。文亀元（一五〇一）年成立。道宗は越中赤尾の人で、蓮如に帰依した篤信者。本書は、蓮如の門弟である道宗が、仏法聴聞のため心をもちいるべきことなどを自己への誡めとして記したものである。頭書に「文亀元十二月廿四日思立候条」と記し、一、後生の一大事。命のあらんかぎり、ゆだんあるまじき事、で始まり二一カ条を掲げ、最後に「わが心へ」で結んでいる。道宗の信心の世界を披瀝した本書はまた真宗門徒の信仰形態を知る好史料でもある。〔所載〕〔参考〕真宗史料集成2（行徳寺本）、思想大17（道善寺本）、真宗全62（『越中赤尾弥七入道道宗自箴二十箇条』）。〔新作博明〕

洞宗或問【とうしゅうわくもん】曹　一巻。徳翁良高（一六四九―一七〇九）撰。宝永元（一七〇四）年成立。前年の元禄一六年、宗統復古が幕府の裁定により「師資面授、一師印証」「三物伝授、二物重受」と決められた。本書はその意義を明らかにしたものであり、裁定後の洞門宗侶の反応の一端をうかがい知れよう。良高の同種の著に『護法明鑑』がある。写本（原本、宝暦九年刊本）を栃木県海蔵寺に蔵す。〔所載〕続曹全（法語）。〔吉田道興〕

洞上雲月録【とうじょううんげつろく】曹　三巻。傑堂能勝（一三五五―一四二七）提唱、南英謙宗（一三八七―一四五九）編、風外焉知（?―一七一二）考訂。成立年代不明。元禄一六（一七〇三）年刊。五位に関する先徳の語句を、傑堂が提唱し、弟子の南英が編集したものが写本で伝わり、南英自筆本を発見した風外が、考訂を付して刊行した。峨山韶（紹）碩以後、臨済の石霜五位が主流を占めていたのに対し、本書は曹洞五位を主張している。〔所載〕曹全（注解5）。〔中尾良信〕

洞上伽藍雑記【とうじょうがらんざっき】

曹 一巻。荊巌慧璞（?—一七八二）輯。明和七（一七七〇）年ころ成立。本書の内容は禅院の諸堂に安置する仏菩薩をはじめ、三門・仏殿等の伽藍、雲板・木魚等の法器、三衣・裙子等の僧物、さらに十仏名・食作法等の作法につき、それらの縁由や意義を詳細に論述しているものである。同種の書に面山瑞方の『洞上伽藍諸堂安像記』がある。安永四（一七七五）年刊本を駒大に蔵す。〔所載〕曹全（清規）。　〔吉田道興〕

洞上伽藍諸堂安像記【とうじょうがらんしょどうあんぞうき】曹 一巻。面山瑞方（一六八三—一七六九）述。宝暦四（一七五四）年の自序があるところから、それまでに撰述され、宝暦九（一七五九）年に刊行された。略して『諸堂安像記』ともいい、曹洞宗寺院の殿堂内に安置されている仏、菩薩、羅漢、明王、守護神などの由来、意義を経律論にもとめて記され、また、禅門の習慣なども詳しく説かれている。〔所載〕続曹全（清規）。　〔川口高風〕

洞上室内口訣【とうじょうしつないくけつ】曹 一巻。面山瑞方（一六六三—一七六九）撰。宝暦一二（一七六二）年成立。日本曹洞宗では、嗣法にさいして血脈、大事、嗣書の三物が授受される。面山は三物と円相について、宗旨の立場から、漢文体をもって解説している。なお面山は、峨山派の所伝が永平祖師の正伝であり、明峰派のそれは傍出であると主張する。〔所載〕曹全（室中）。　〔永井政之〕

洞上室内三物論【とうじょうしつないさんもつろん】曹 一巻。面山瑞方（一六八三—一七六九）私記。享保一五（一七三〇）年成立。本書は洞門の室内に伝わる三物（嗣書、血脈、大事）に関し、卍山道白の著『洞門衣袽集』を妄談の説としていちいち反論し、自己の説を正義として掲げたものである。道白と瑞方の対立論争の一端を示す書でもある。写本を駒大に蔵す。〔所載〕曹全（室中）、永福面山禅師選集。——→洞上室内密示聞記　〔吉田道興〕

洞上室内断紙揀非私記【とうじょうしつないだんしけんぴしき】曹 一巻一冊。面山瑞方（一六八三—一七六九）撰。寛延二（一七四九）年成立。筆写本として伝わる。曹洞宗内に伝承されている断紙（切紙）約一四〇通について、その真妄を弁じ、妄談僻説であると断定したもの。末尾に延享二（一七四五）年、永平寺で閲覧した切紙の目録「永平寺室中断紙目録並引」を付し、同じく破斥している。〔所載〕曹全（室中）。　〔松田文雄〕

洞上唱礼法【とうじょうしょうらいほう】曹 一巻一帖。面山瑞方（一六八三—一七六九）撰。『歎仏会法式』に対して、面山が経文を典拠に改正し編集したものである。凡例によると、三五仏を削除して『薬王薬上菩薩経』を典拠に五三仏のみとし、それに過現未の三仏、釈迦牟尼仏、三国伝燈祖師、永平開山、総持開山、護法竜天を加えている。寛延三（一七五〇）年に制定したものを、翌年に法嗣の玉岡本浄が跋を付して刊行した。〔所載〕続曹全（講式）。　〔川口高風〕

洞上僧堂清規行法鈔【とうじょうそうどうしんぎぎょうほうしょう】曹 五巻。面山瑞方（一六八三—一七六九）述。寛保元（一七四一）年ころ成立。宝暦三（一七五三）年刊行。面山は、師損翁宗益（一六四九—一七〇五）の遺誡に応えて、一生を宗祖道元（一二〇〇—五三）の宗風を宣揚することに捧げ、歴史的、書誌的、思想的研究と真摯な修道実践をもって、これを遂行し、正法眼蔵、戒法、清規、室内、坐禅等の編集・校訂・註解・論述を後代に遺した人である。本清規は、当時宗内に蔓延していた黄檗禅風の叢林の結構を道元の宗義が実証しうる僧堂を中心とする古規叢林に復元することを目指すものであった。したがって教家の十六観堂にならったという黄檗式禅堂を改めて修道生活の全体を僧堂におく古規に復し、『永平清規』『瑩山清規』を基礎にして従前の諸清規を批判的に準用し、さらに享保二〇（一七三五）年古規僧堂の存した三州龍渓院に輪住する機会に本規を実修して適否を検討して完成したのである。その内容は、巻第一には、僧堂日分行法次第と日分行法次第教訓と日分行法別規（具体作法と回向文以下同じ）を、巻第二には、月分行法次第と同別規を、巻第三には、年分行法次第（正月修正礼賀から一二月歳末礼賀）と同別規を、巻第四には、上堂、小参、普説法と仏祖会行法と疏、大牓、簿、牀暦、諸牌とその具体的書法を、巻第五には、進山、開堂、当晩小参法と諸職法と喪法（尊宿・平僧、唱衣）と僧堂新到須知と別行法式十八条（諸注意と指示）と空印寺当住瞎堂普観の跋等を掲げ、宗門清規中最も整備されたものといえる。なお『洞上僧堂清規考訂別録』は、本来本清規と一なるものであるが、紙幅増大を考慮して別録としたものである。〔所載〕曹全（清規）。　〔小坂機融〕

洞上僧堂清規考訂別録【とうじょうそうどうしんぎこうていべつろく】曹 八巻。面山瑞方（一六八三—一七六九）輯。宝暦二（一七五二）年ころ成立。宝暦五（一七五五）年刊行。本書の内容は、『洞上僧堂清規行法鈔』の考証篇であって、巻第一は日分行法考訂、巻第二は日分行法別規考訂、巻第三は月分行法別規考訂、巻第四は年分行法別規考訂上、巻第五は同下、巻第六上堂、小参、秉払、普説垂示、仏祖会、諸疏、諸職等の考訂、巻第七は入院開堂式、喪法、亡物、牓、諸牌、僧籍職務牀暦常用牌、結算、立春大吉等の考訂、巻第八は、諸雑事四〇項についての考訂等からなり、中国、日本に成立した古今の諸清規を参照検尋して行きとどいた考証がなされたものである。〔所載〕曹全（清規）。　〔小坂機融〕

洞上叢林公論【とうじょうそうりんこうろん】曹 二巻。乙堂喚丑（?—一七六〇）撰。寛保元（一七四一）年成立。乙堂は卍山道白の法嗣の隠之道顕に嗣法した人。卍山道白や梅峰竺信等が宗統復古運動を起して元禄一六年に決着をみた一師印証による嗣法は、代付や重嗣を認めない考え方であった。本書は、卍山の系統に属する乙堂によって著わされた一師印証を主張するものである。直接的には、万回一線の著である『青鷂原夢語』に反駁したものである。『青鷂原夢語』は、卍山道白とは立場を異にする天桂伝尊や独庵玄光の説を承けて、投子義青は大陽警玄の面授嗣法ではなくて、浮山法遠の代付による嗣法であることを主張した。代付を認めることは、道元の面授説の正しい考えではないし、当時みだれていた嗣法を正すことはできないとして、乙堂が反駁したのである。現在、投子の代付は史実として認められ、師を真理とし、嗣法も先験的な内容を重んずる真理の伝達とする天桂の考え方も高く評価されているが、この考えも理の偏重に傾くことになりかねない。乙堂が主張する説も、形式的な経験の相見を面授とする嗣法観に堕す危険性がある。曹洞宗の重要な嗣法の問題の真義を明かそうとした書である。〔所載〕続曹全（室中）。〔石井修道〕

唐招提寺釈迦念仏願文【とうしょうだいじしゃかねんぶつがんもん】南　一巻。貞慶（一一五五―一二一三）撰。建仁三（一二〇三）年成立。本文は二文から成り、一は願文、他は敬白文である。唐招提寺は南都戒律の中心であったにもかかわらず、当時衰微の極にあり、解脱上人はその復興を発願し、建仁元年九月一九日から七日間釈迦念仏会を厳修した。その際の願文が第一文である。解脱上人貞慶は烈々たる気迫をもって興律の願文を綴る。敬白文はその五二年後の建長六（一二五四）年九月に念仏会を修した際の唐招提寺僧衆による敬白文である。鎌倉期の興律運動資料としても重要である。〔所載〕仏全105。〔里道徳雄〕

洞上大布薩法【とうじょうだいふさつほう】曹　一巻。面山瑞方（一六八三―一七六九）較正。宝暦三（一七五三）年成立。瑞方がそれまで謄写流伝していた諸本を考訂したものである。内容は、照牌図、道場図、聞鐘偈、布薩偈、浄水偈、香湯偈、浴籌偈、敬白、唱白、受籌偈、還籌偈、唱白、散華偈、焼香偈、如来唄、唱白、回向文、後唄、三帰礼、普回向、四快偈より成る。明治期、較正重刻本を刊行。〔所載〕続曹全（講式）。〔吉田道興〕

洞上伝戒弁【とうじょうでんかいべん】曹　一巻。万仭道坦（一六九八―一七七五）述。成立年代不明。本書は「血脈者、三国伝戒之源流也」とあるごとく、三物中の一の血脈（伝戒）を中心にその伝戒相承の経過や意義等を論述したもの。末尾に伝戒と受戒の語義の相違について記している。なお道坦には同種の著に『三物秘弁』『洞上伝法弁』がある。写本を焼津市旭伝院に蔵す。〔所載〕曹全（禅戒）、正法蒐20。―→洞上伝法弁〔吉田道興〕

洞上伝法弁【とうじょうでんぽうべん】曹　一巻。万仭道坦（一六九八―一七七五）述。宝暦一一（一七六一）年成立。師翁の卍山道白等による嗣法の本質は権実一体、理事一体の立場にあるとし、これに対し権と実、理と事とを分かつような立場にある者（天桂伝尊）を暗に非難破斥し、一師印証、面授嗣法の正義を顕わそうとしたものである。写本を焼津市旭伝院に蔵す。〔所載〕曹全（室中）、正法蒐20。―→洞上伝戒弁〔吉田道興〕

洞上得度或問【とうじょうとくどわくもん】曹　一巻。面山瑞方（一六八三―一七六九）撰。宝暦一三（一七六三）年刊。面山が延享元（一七四四）年に上梓した『永平祖師得度略作法』に対する質疑に答えたもの。全篇一二条の問答体で、前八条は道元門下の得度は単授十六条戒によるとの通念に対し、そのまえに沙弥十戒を授受するのを正義とし、後四条は正伝の袈裟について論じている。〔刊本〕駒大蔵。〔所載〕曹全（禅戒）。〔新井勝竜〕

道場法師伝【どうじょうほうしでん】通　一巻。著者明記なし。ただし同文を掲載する『本朝文粋』巻一二では都良香（八三四―七九）作とする。成立年代不明。本書の資料は『日本霊異記』上巻「得雷之憙令生子強力在縁　第三」であり、都良香が抄出し簡略化したものであろう。本書を独立した一書として収録しているのは『群書』のみであるが、『扶桑略記』巻三には本書を本伝と呼び『日本霊異記』で補っており、さらに『日本高僧伝要文抄』にも収録されているから、独立した伝として世に知られていたらしい。これら相互を比較すると小異がある。都良香は文章博士を勤めた学者で、『日本文徳天皇実録』の編纂に加わり、『都氏文集』を著わし、漢詩は『和漢朗詠集』『新撰朗詠集』に収められた。都良香が本書を抄出した意図は明らかではない。内容として民間の雷神信仰と仏教が結びつき、史実の記録とはみなしがたいが、民間信仰を知るうえではよい史料となるであろう。『日本霊異記』では童子が十有余歳のころ、大力の王と石の投げ比べをして勝った話、また優婆塞となったのち、諸王らが元興寺の水田に引く水を妨害したとき、大力をもって水田に水を入れた話が書かれている。都良香は皇室をはばかってこのような話を省略した流布本を作成したのだろうか。『日本霊異記』中巻四、二七縁に道場法師の孫娘がやはり大力であった話が載っている。〔所載〕群書5。〔参考〕日本霊異記、群書（解題4の上）。〔松木裕美〕

東大寺戒壇院受戒式【とうだいじかいだんいんじゅかいしき】南　一巻。実範（?―一一四四）撰。保安三（一一二〇）年八月四日。実範は、平安末期、途絶えていた律宗を復興した僧。本式は、東大寺戒壇院における沙弥戒や大僧戒の受戒の手続きや受戒の式次第を記したもので、ほぼ、法進の作といわれる『東大寺授戒方軌』を踏襲しながら、法進式では別紙とされている十三問難、十遮や沙弥戒、四波羅夷罪その他を記入し、やや詳細になっており、また天皇や太上天皇春宮太子の御願円満を万民豊楽とともに祈るなど、やや相違することもみられる。〔所載〕仏全122、日蔵35、正蔵74。〔田村晃祐〕

東大寺供養式【とうだいじくようしき】南　一巻。建仁三（一二〇一）年一一月三〇日、後鳥羽上皇の参列を得て行われた東大寺の千僧供養の式次第並びに太上天皇の願文の記録。この供養は、治承四

（一一八〇）年、平重衡の南都焼討により東大寺の堂塔がほぼ全焼、以後、重源を勧進として復興が進められてきたが、復興がほぼ完成したので催された総供養の儀式であった。太上天皇の御在所、御座、御休息所、侍臣座、王卿座、殿上人座、證誠座、唄師座、衆僧集会座、楽屋などが設けられ、胡楽、林邑楽、高麗楽などを含めた式次第が細かく記されている。御願文は参議藤原親経の執筆したもので、炎上と復興の様子が記され勧進大和上の願行が完遂され、結縁の衆生の現世と来世の善根の成熟が願われている。導師は東大寺別当延果、呪願師は興福寺前別当信円。〔所載〕続々群書11、仏全122。　（田村晃祐）

東大寺受戒方軌【とうだいじじゅかいほうき】　南　一巻。法進（七〇九―七七八）の作とされる。『最初戒和上唐大僧都法進式』ともいう。法進は鑑真来朝の際随行してきた揚州白塔寺の僧。東大寺戒壇院での授戒の仕方を規定したもの。全一〇章のうち、第一最初法式章（付食堂法）、第二授沙弥戒章、第三講遺教経章、第四請三師七証章、第五授大戒作法章（付入壇法）、第六説相教訓章の六章のみ現存する。沙弥戒または大僧戒を受ける手続きや式次第が具体的に知られる。なお、日蔵本には、布薩戒師作法・大乗布薩戒法・自恣作法の三作法書が付載されている。〔所載〕続々群書11、日蔵35。　（田村晃祐）

東大寺大仏開眼供養【とうだいじだいぶつかいげんくよう】　南　一巻。記録者不明。平家焼討のため焼亡した東大寺大仏の復興がなり、文治元（一一八五）年八月二八日に行われた開眼式関連の記録。元暦二（八月一四日文治と改元）年七月二九日の殺生禁断の宣旨に始まり、八月二三日の重源の大仏の御腹蔵への舎利二粒の奉納とその願文、一一七日、後白河法皇の御幸と天平の創建の際、菩提僧正が大仏開眼に用いた筆と墨を正倉院から取出させて用いたこと、二八日式次第と実際の様子、開眼師定遍、呪願師信円、導師覚憲、特に定遍の動静、出仕の諸司、千僧の所属寺院などが詳細に記されている。〔所載〕続々群書11、仏全122。　（田村晃祐）

東大寺大仏開眼式【とうだいじだいぶつかいげんしき】　南　一巻。記録者名記載なし。文治元（一一八五）年。大仏開眼供養の式次第・敬白文及び諷誦文を集録したもの。当日の机などの配置、式の順序、特に高麗・林邑・胡楽の順序、舞、啓白、願文などについて細かく記されている。法皇の願文は参議左大弁藤原兼光、呪願文は文章博士業実朝臣の作であり、全文が収録されている。〔所載〕続々群書11、仏全122。　（田村晃祐）

唐大和上東征伝【とうだいわじょうとうせいでん】　南　一巻。真人元開（七二二―八五）撰。宝亀一〇（七七九）年成立。別に『鑑真和尚伝』『大唐大和尚東征伝』『鑑真和尚東征伝』『唐鑑真過海大師東征伝』『法務贈大僧正唐鑑真過海大師東征伝』『唐鑑真大和上伝記』『法務贈大僧正唐鑑真大和上伝記』ともいう。真人元開とは淡海真人三船の法名である。天智天皇の子大友皇子の曽孫で葛野王の孫、池辺王の子で御船王と呼ばれた。天平年中、唐僧道璿のもとで出家したが、勝宝三年に淡海真人を賜姓され還俗した。宝字八年、恵美押勝の乱の鎮定で功績を認められ正五位上勲三等となり、宝亀三年、大学頭兼文章博士となった。文人の首と称せられ、漢詩を得意とした。『続日本紀』の稿本の作成者。『懐風藻』の撰者。歴代天皇の漢風諡号を撰んだという説もある。

本書は、唐より日本に渡来し、伝戒師となった鑑真（六八八―七六三）の伝記である。鑑真に従って渡海した弟子、台州開元寺の僧思託の依頼により撰せられた。思託はこれよりまえに鑑真の伝記を著述していたらしく、『延暦僧録』によると、鑑真は生前人から誇りを受けた事があり、思託はいかに鑑真が不屈の努力で日本への渡航をなしとげたかを記録して後世に伝えようとし、三巻の伝記（広伝）を完成していたとある。その書名は『大唐伝戒師僧名記大和上鑑真伝』（『顕戒論』）、『大唐揚州竜興寺和上鑑真名記伝』（『伝述一心戒文』）または『大和尚伝』（『東大寺要録』）とも呼ばれ、今日逸文しか伝わらない。本書は、思託が当時文人の首と呼ばれた元開に依頼し、広伝をもとにして文章を整え、圧縮して一巻としたものであり、史料価値は高い。

内容は以下のようなものである。中国における鑑真の出家、その後の修行により化主と称された事をのべ、一方日本から伝戒師招請の使命を帯びた栄叡、普照が遣唐使に従い入唐し、道璿を請し、先に日本へ送った事。すでに中国にて一〇年を経過した二僧は、遣唐使の到着を待たず諸僧を請し揚州に下り、大明寺の鑑真の弟子を請したが、鑑真の弟子たちは一人も鑑真と別れ日本に伝法したいと希望する者がいなかったので、鑑真みずからが渡海の決意をし、弟子たちも同行を申し出たこと。その後、第一回目の渡航計画が誣告により失敗したのを始めとして、渡航に成功する第六回目の渡航まで一二年間を要しているが、本書はこの間の艱難辛苦を詳細にのべ紙幅を費している。本書の主旨は、いかに鑑真が純粋に宗教的使命感により日本へ伝戒したかを示すことにある点がわかる。日本到着後、東大寺に戒壇を築き授戒、唐招提寺の開創と講律、最後に宝字七年の遷化と和上像の造像を記す。付録に和上を追慕する詞七首を収めるが、宝亀一〇年以後に詠まれたものもある〔所蔵〕金沢、東大寺観智院、高貴寺、大東急記念文庫（写）。〔所載〕仏全(鈴)72、寧楽遺文下。〔参考〕日本高僧伝要文抄、招提千載記、蔵中進・唐大和上東征伝の研究。　（松木裕美）

唐大和上東征伝【とうだいわじょうとうせいでん】　通　二巻。賢位（生没年不詳）撰。元亨二（一三二二）年成立。賢位は華厳宗の僧侶。本書は『仏全』所収本に高楠順次郎により添書が付されているように、唐招提寺所蔵の写本の他に類本が発見されず本文の対校はできない。文章は漢字片仮名交り文で、上下二巻の構成だが、賢位は本書を絵巻物とする予定で詞書として著述したらしく、上巻に「絵アルベシ」と書いているところがあるが、絵を入れるところをすべて指定していず、原初的草稿のようである。著述の資料は、元開撰『唐大和上東征伝』や思託の三巻本『大唐伝戒師僧名記大和上鑑真伝』、豊安著『鑑真和上三異事』等が使用された。『大唐伝戒師僧名記大和上鑑真伝』は逸文しか残存しないので詳細な比較はできないが、残存部分で比較すると賢位は新たに資料や伝説を収集しているらしい。『唐大和上東征伝』と比較すると、その特色はいっそう明らかである。上巻の初めに序文のようなものを付し、戒律と律宗の大切さをのべ鑑真渡来の意義を強調している。本文では、鑑真在唐時の事柄や六次にわたる渡航計画等はあまり新たな資料を付加した様子はないが、下巻の日本到着時、およびその後の記録に新たな資料を付加し、本書独自の記録が見える点は尊重すべきであろう。賢位によりいっそう伝奇的鑑真像が描かれたといえよう。〔所蔵〕唐提寺（写）。〔所載〕仏全113、仏全(鈴)72。〔参考〕唐大和上東征伝、鑑真和上三異事。〔松木裕美〕

藤沢三十三代諦如上人豆州熱海御入湯記【とうたくさんじゅうさんだいたいにょしょうにんずしゅうあたみごにゅうとうき】時　諦如は、安永八（一七七九）年五月一一日に藤沢三三代となった上人で、藤沢山（藤沢市清浄光寺）に在山すること二一年の長きにわたったが、遊行は相続されなかった。この『熱海御入湯記』は、寛政元（一七八九）年四月二四日—五月一八日まで熱海に入湯したときの記録であるが、湯治日記というものではなく、むしろ遊行上人回国記に類するものである。原本は京都市屋道場金光寺蔵。〔所載〕時宗教学年報11。〔高野　修〕

藤沢山知事記録【とうたくさんちじきろく】時　上巻。眼阿（生没年不詳）書。成立年代不明。本書の末尾に「眼阿書之」とあり「巻上」とあるので「下巻」があったのか、書かれなかったのか不明である。内容は相州藤沢山清浄光寺開基之事、同再興之事、本尊之記、四代上人記、鐘楼鐘銘の事が書かれている。遊行七一代他阿一心上人所蔵。〔所載〕定時宗下。〔長島尚道〕

東長儀【とうちょうぎ】真　三巻。著者明記なし。成立年代不明。東寺長者の行うべき行事儀式の次第を集めたもので、上巻に、(1)東寺三綱初参次第、(2)東寺拝堂次第、(3)東寺御影供次第、(4)東寺安居終次第、中巻に、(5)東寺潅頂次第、下巻に、(6)長者受御斎会請次第、(7)真言院後七日御修法次第、(8)神泉御読経次第、(9)高野拝堂次第を収める。本書奥書に「北院御室東長儀三巻」とあり、北院御室とは守覚法親王（一一五〇—一二〇二）を指し、すなわち守覚親王の撰とされるが、疑いもある。写本を東博、静嘉に蔵す。〔所載〕続群書26下。〔苫米地誠一〕

当道潅頂次第【とうどうかんじょうしだい】真　一巻。実弁（—一二八七—一三〇九—）記。成立年代不明。本山派修験道相伝の潅頂次第で、智水潅頂のあとに潅頂之私記を読み、行者之表徳号之功能を授け、『法華経』所説の実相印として金剛合掌の印を授けるものとする。裏書に口決として、役行者の役字を彳と殳とに分け、字の表示、字形の功能、音について義を成ずる三義について説く。また「明応五年六月二十九日　先達両部之行人法印　猷助　書之」の識語のあとにさらに秘密潅頂事、為説実相印之事の二つの口決を載せる。〔所載〕日蔵93（修験道章疏2）。〔苫米地誠一〕

東塔五谷堂舎並各坊世譜【とうどうごこくどうしゃならびにかくぼうせふ】天　一巻。智湛（一七一一—一六一）編。智湛は比叡山執行代、あわせて『横川堂舎並各坊世譜』を編んでいる。根本中堂ないし浄土院、前唐院の東塔堂会につづいて南谷、定心院神祠等、東谷聖尊院等、北谷本願堂等、西谷千手堂等、そして無動寺がつらねられる。そして内題に「東塔山門中興伽藍坊舎記」とあり、薬樹院全宗行状も付し、元亀回禄後復興の状況を示す。〔所載〕天全24。〔木内堯央〕

多武峯略記【とうのみねりゃっき】天　二巻。静胤（生没年不詳）撰。建久八（一一九七）年成立。本書は多武峯に関する諸旧記ならびに古老の諸説、さらに官符その他の文書等をそれぞれの項目に従って撰集したものである。上下二巻からなり、上巻は一三項目、下巻は九項目で構成されている。当山の寺誌として史料的価値は高い。本書の奥書には建久八年、多武峯南院において静胤がこれを撰すと記されているが、静胤の事蹟は不明。〔秋田光兆〕

東宝記【とうぼうき】真　八巻。杲宝（一三〇六—六二）記。教王護国寺（東寺）の寺誌。仏宝篇、法宝篇、僧宝篇の三篇よりなる。仏宝篇（上・中・下）では東寺草創の縁起、真言宗規、寺号の由来をはじめ、南大門、金堂などの諸堂宇、法具、歴代修法の次第などについて述べ、法宝篇（上・中・下）では潅頂、御影供、安居講などの法会や論義、三十帖策子などについて、僧宝篇（上・下）では長者、別当、三綱、年分度者、阿闍梨職などについて述べる。杲宝没後の応永年間のことにまで記録が及んでいるが、これは杲宝の弟子賢宝（一三三三—九八）による加筆と思われる。東寺の寺誌として大変重要である。東寺蔵の草本（一二軸、目録一冊）は国宝に指定されている。〔所載〕続々群書12。〔佐藤弘行〕

唐房行履録【とうぼうぎょうりろく】天　三巻。敬光（一七四〇—九五）編。明和四（一七七五）年成立。本書は敬光が『国清百録』や『四明教行録』に擬して、唐房（圓珍）に関する資料を収集したものである。上巻は尊通の『智證大師年譜』を主として序跋を集め、中巻は圓珍の度縁等三一種を収め、下巻は『風藻餞言集』等圓珍に関する文書を集めたもので、智證大師伝研究資料として重要なものである。〔所載〕仏全(鈴)113。〔秋田光兆〕

東曼荼羅抄【とうまんだらしょう】天　三巻。覚超（九六〇—一〇三四）撰。覚超は、兜率の先徳。源信にいざなわれて比叡山にいたり、慶円から密教を学び、隠棲の思い強く、横川に入り、のち首楞厳院を董した。その密教は圓仁にさかのぼり、その正系を伝持するものとして、皇慶の谷流に対し、川流と称して、それを二分することになった。本書はこの覚超が、胎蔵界曼荼羅についての経軌の説や口決をまとめたもので、『西曼荼羅抄』すなわち『金剛界曼荼羅』に関する教説をのべた一本とは一対をなすものである。本書の内容は、三巻のうち、上巻、中巻および下巻半ばまでは曼荼羅法、下巻後半に六月成就法を記している。曼荼羅法には、安然所立のいわゆる四種曼荼羅を示すが、安然の『観中院撰定事業潅頂具足支分』では、四種曼荼羅の名を出すのみで、その第七巻に記されてあるべき、第三、第四曼荼羅は伝本を欠してうかがい知ることができないが、本書でそれをくわしく知ることができる。これすなわち、大悲胎蔵生都会曼荼羅、三味相応転字輪曼荼羅、成就字輪秘密壇曼荼羅、真実修証秘密位曼荼羅の四であり、それぞれ『大日経』によりどころをもつものである。一は具縁品により、二は成就悉地品、転字輪品、三は字輪品、秘密本品、四は真実智品、布字品、百字生品、入秘密法品、入秘密位品にもとづいているという。けだし台密における曼荼羅の古典的解釈法ということができる。〔所載〕正蔵75。　〔木内堯央〕

童曚懐覧集【どうもうかいらんしゅう】回　三巻。日求（一五七六—一六五五）著。寛永九（一六三二）年正月二六日成立。日求は越中の人、本成寺一二世日芸に師事し、洛に上り内外の典籍を究め、元和九（一六二三）年本禅寺一〇世を継承、在山三三年。陣門の学匠。本書は江戸長応寺日耀の懇請により、時あたかも日蓮の第三百五十遠忌をトして、日陣（一三三九—一四一九）・日覚（一四八六—一五五〇）の教学に依準して、権実・本迹等を編述して、陣門教学の大綱を明示するもの。表題が示せるごとく、いわば法華宗陣門流にあっては覚醒の書とでもいうべきものである。本書の目次の一部を例示すれば、「一、大小相対付蔵円相対之事」「三、権実相対之事」「五、爾前法華二円之事」「六、開会之事」「九、本迹二門円教之事」「十、無作三身之事」「十三、爾前迹門本門三身之事」「十六、本迹実相同異之事」「二十一、本迹二門五重玄之事」「二十六、当家大綱之事」「二十七、六老等法流之事」等々である。特に末尾第二十七にあるように、日求は陣門が朗門の正嫡なることを史的に立証するに努めて、陣門の優位性を強調した。なお本書の刪略として『指示童曚大綱抄』一巻がある。写本は立大蔵。〔所載〕日宗全7。　〔中條暁秀〕

童蒙発心抄【と（ど）うもうほっしんしょう】回　五巻。著者の明記はないが、通説では深草の元政の跋により、日遠（一五七二—一六四二）とされている。成立年代不明。別名は元政の跋に『仮名要文』とある。日遠は身延二二世にして、師の日重、法兄の日乾とともに、宗門中興の三師と称され、近世初頭を代表する宗学者である。本書は、仮名書きであることより、末法の愚癡・無智の者に対する宗教的啓蒙書としての性格を持つと思われる。内容は後世の安穏をひたすら願うことの勧めと、そのための正しい教えを示すことである。第一巻では最初に、後世の安穏を心にかけることの切実性を説き、生死を離れ、仏道に至ることを要求している。それには修行と智慧が必須のものとなる。ために、仏法僧の三宝を憑むことが重要であるとする。以下、三宝についての説明が展開されていくのである。まず、仏宝については、釈尊が帰依すべき仏であることを「此土有縁・無縁」「権教実教の仏」の点より述べている。次いで二・三・四巻では法宝についての説明がなされ、法華経を信ずべきことを「勝劣」「権実」「得道の有無」の点より述べている。第五巻では、僧宝について祖師日蓮の顕正がされている。以上は浄土宗批判を通しながら進められている。本書の原本は現存せず、刊本に万治三年本と天保再版本とあり、前者の存在は確認されていない。〔所載〕日遠上人全集1（天保再版本）。　〔西片元證〕

童蒙本迹易解抄【どうもうほんじゃくいげしょう】回　三巻。日耕（一七一二—七三）著。宝暦五（一七五五）年成立。『本迹童蒙易解抄』とも称するが、いまは正本に従う。日耕は八品門流の学匠で、忍定日憲（一六九四—一七七〇）の後輩にあたる。本書は一致派の了義日達（一六七四—一七四七）が寛保三（一七四三）年『本迹雪謗』を著わして、本迹一致を強調したことに対し、八品正意の本勝迹劣の立場から評破したもの。日耕は、本迹一致は天台宗の一致説と同一であって宗祖日蓮の義ではないと力説し、本門の仏智で、しかも仏種である妙法五字の下種による救いを根本に置いている。正本・名古屋市長栄寺、写本立大図書館所蔵。　〔北川前肇〕

洞門衣裓集【とうもんえじょしゅう】曹　一巻。卍山道白（一六三六—一七一五）筆。正徳元（一七一一）年仲秋、三州白龍（一六六九—一七六〇）編、刊行。

本書は、卍山の著『東林前録』『東海一滴集』『閑居録』より抽出して一書となしたもので、題名は卍山自身の命名で、それは「舟の欠漏あるとき塞ぐに衣裓を以てし、以て濡漏に備う」という程子伝によるものである。すなわち、洞門の嗣法護持の用心に備える意をもって、宗門に重ねて宗統紊乱の弊害を起させぬことを願って編集されたものである。

卍山は広島の人、一線道播について出家随事、さらに文春の鉗鎚を受けて開悟、二八歳の時『正法眼蔵』嗣書を拝覧して当時の嗣法の乱脈を自覚したという。四三歳の時に月舟宗胡（一六一八—九六）に相見し、機縁が契ってその法を嗣いで大乗寺の後席を董した。後、大阪の興禅寺、京都の禅定寺を経て、洛北に源光庵を開創し、元禄一三（一七〇〇）年大阪臨南寺の梅峰竺信（一六三三—一七〇七）と協力して江戸に出て、嗣法の乱脈を正すべく革弊を官に訴え、艱難の末に元禄一六年台命が下り、ついに宗統の改革を果し、自ら復古道人と称し、曹洞宗中興の祖と仰がれるに至った人である。

　本書の内容は、宗統復興運動に反対する批議八件について弁駁した「対客随筆」と、客の問いに答える形式で、革弊の労苦が法のためなること、三物中の嗣書のみ師資面授、一師印証としたことの正統性、血脈と戒牒の同別、血脈の戒譜が栄西（一一四一—一二一五）、道元（一二〇〇—五三）に始まり、教下済下、あるいは洞済両伝雙聯の用心純厚を明らかにした「対客二筆」と、菩薩戒をもって禅門の一大事とし、禅戒の意義、伝承、功徳を説いた「菩薩戒口訣」と、三物中の大事図の起源、内容、意義を解説した「菩薩戒大事図説」と、自心証契の禅門に面授親承の正規ある意義を明かした「題正法眼蔵面授巻後」と、拝塔嗣法の本である正法寺の嗣承を明かし、後人の非法を質す「無底月泉道叟同嗣峩山考」と、「答問禅旨文」「答問禅源法語」「答問禅要法語」等九編からなっている。〔所載〕曹全（室中）。　〔小坂機融〕

洞門亀鑑【とうもんきかん】曹　一巻。徳翁良高（一六四九—一七〇九）撰。元禄一六（一七〇三）年成立。良高は月舟宗胡の法嗣で法兄の卍山道白と並ぶ俊秀である。黄檗下の諸師との道交がひろく、また『続日域洞上諸祖伝』『洞宗或問』等著書も多い。本書は宗統復古運動の結着直後の元禄一六年一〇月、総持寺合山（普蔵院、妙高庵、洞川庵、伝法庵、如意庵、芳春院、宝円寺）の要請により、すべての洞門宗侶がもっぱら古仏の垂範に基づき幕府の御条目によって遵行すべき亀鑑を二〇条にまとめて示したものである。その内容は、『永平家訓』『瑩山清規』により法幢を建てるべきこと、慈悲を体とし忍辱を依とし無諍三昧に住すべきこと、出世転位は公規を遵守し僧臘の満期を待つべきこと、伝法嗣承は面授によるべきで代付は停止のこと、嗣法は寺院の移転につれ変えてはならぬこと、儀規を略していたずらに血脈を付すべきではないこと、嗣書を除き血脈と大事は重受されること、衣法付嘱はその人をえらぶべきで非器に授くべきではないこと、寺院に住持を招請するさいには公明正大に行うこと、ないし各人は永平寺と総持寺の霊蹤を訪れ二尊（道元、瑩山）の真儀を拝し覆蔭の徳に酬いるべきこと等を示している。同種の良高の書には『洞宗或問』がある。宗統復古運動結着後の洞門宗侶のあるべき姿を記したもの。原本は横浜市永久俊雄氏蔵（複写、駒大蔵）。〔所載〕続曹全（室中）、禅法全（乾）——→護法明鑑・洞宗或問　〔吉田道興〕

洞門劇譚【とうもんげきたん】曹　一巻。梅峰竺信（一六三三—一七〇七）撰。元禄一三（一七〇〇）年刊行。本書の成立は、刊行年より遙か以前に撰せられたもので、嗣承問題を真向から論じた文献として独庵玄光（一六三〇—九八）の『独語』『俗談』に次ぐものである。撰者は、難波（大阪）の船橋氏の出自、幼年播州安養寺の長屋養について出家し、内外の書籍を精究、興聖寺の万安英種（一五九一—一六五四）に参じ、さらに関東に赴いて諸叢林を尋ねて参学、興聖寺に帰って龍蟠松雲の心要を得て法を嗣ぐ。寛文八（一六六八）年但馬養源寺に住し、九年後、師の後席興聖寺に住し、貞享元（一六八四）年墨江臨南寺に退隠したが、水戸光圀の懇請により同四年耕山に館し、三年後旧席に復した。元禄四（一六九一）年卍山道白（一六三六—一七一五）と邂逅、その革弊の志に共鳴し、ともに江戸に上って宗統復古の訴願に及び、前後四年の労苦の末、大業を成就した人である。本書の内容は、まず中国の僧伝中より一三師を取り上げて、その嗣承の在り方を詳述し、その是非を論評、さらに当今の祖宗に羞ずべき五事を挙げ、以院易師の非を説き、絶嗣滅胤に対する誤謬、宗法相続の真意、寺院の本末と嗣承等々を屢説して、宗門嗣法の本義を明らかにし、また宗門人師の猛省を促している。その後、本書において投ぜられた嗣承の論義に抵抗する多くの異見が簇出した。梅峯はこれに『林丘客話』一巻を著して、宗統復古の大業成就に至る経過と、一師印証、面授嗣法に基づく人法中心の嗣法観への難疑に答えたのである。〔所載〕曹全（室中）。　〔小坂機融〕

当流安置本尊方便法身之尊形弁【とうりゅうあんちほんぞんほうべんほっしんのそんぎょうべん】浄真　一巻。法霖（一六九三—一七四一）述。『方便法身尊形弁』ともいう。法霖は本願寺派第四代能化。本書は真宗の本尊について問答体でもって簡潔にのべたものである。真宗の本尊は方便法身で『観経』の第七華座観の住立空中尊であり、それは報身仏である。そして立像であるのは本願をもって衆生を招喚したもう相であり、弥陀一尊であるのは『大経』の意によって一向専念無量寿仏の義を立てんがためであるとする。法霖はまた『方便法身義』で方便法身の義を三経に約して詳述している。〔所載〕真宗全62。　〔新作博明〕

東嶺和尚年譜【とうれいおしょうねんぷ】臨　正式には『竜沢創建東嶺慈老和尚年譜』という。一冊。大観文珠（一七六六—一八四二）編。寛政九（一七九七）年草稿。明治四四（一九一一）年刊。大観は臨済宗。美濃の人。一六歳のとき東嶺に謁し二八歳でその印記を受く。のち法常寺（亀岡市）・玉蔵院（京都市）等に住したが五五歳のとき南禅寺僧堂の幹事となり、これを蒼蔔林と改め今日の南禅寺専門道場の基をきずく。天保一三（一八四二）年示寂。世寿七七。賜号を普照慧燈禅師という。本書は大観三二歳の編であるが、その内容は白隠慧鶴の高足東嶺の七二年にわたる生涯を詳細かつ正確に記録したものであり、近世禅僧伝としてはよくまとまったものの一つである。東嶺は生来の弱質にもかかわらず故郷（滋賀県）の大徳寺よりはるか日向の大光寺に古月禅材（一六六七—一七五一）を訪ねて参禅したあと、さらに駿州の松蔭寺に住していた白隠のもとに移って不惜身命の修行を貫徹し、二九歳にして白隠の印記を受けた。東嶺はその後東奔西走して民衆の接化に尽力したが、彼はまた、唯一宗源神道の神乗を究め、衆徒のために神乗の潅伝を行うなど神仏習合思想の実践家として知られる。本書は東嶺のかかる活面目を遺憾なく伝えている。自筆草稿本を亀岡法常寺に蔵す。〔異本〕侍者曇珠編・竜沢創建勅諡仏護神照禅師東嶺慈和尚年譜（享和元〈一八〇一〉年本）。〔所載〕白隠全1。〔参考〕西村恵信・東嶺和尚年譜（訓注）。〔西村惠信〕

登蓮法師集【とうれんほうししゅう】通　一巻。登蓮（生没年不詳）著。成立年代不明。平安朝末の私家集。登蓮は久安—治承（一一四五—八一）ころの人、筑紫安楽寺出身の僧で近江阿弥陀寺に住したという。平安末期歌壇で活躍し俊恵の主宰した歌林苑の会衆の一人で、広田社歌合、別雷社歌合などに参加し、中古六歌仙の一人、集中「刑部卿忠盛みまかりて後、ながら月の廿日ごろに、かのあたりの人のもとへ申しつかはしける」の詞書から忠盛の没した仁平三（一一五三）以後の成立。歌数はわずかに二六首で、四季、恋、雑の順に配列されている。私家集としては歌数が少ないことから本集を残欠であるとする説と、少ないながらも配列が一般的歌集の順序で混乱がないこと、各部の歌数が均一であることから完本とする説がある。『無名抄』に掲載されている「ますほの薄」の逸話のごとく、芸道への執心を知ることができ、世外者の自由な詠風である。本集のほか『登蓮恋百首』（『続群書』14）があり、『桑華書志』所収「古蹟歌書目録」よると自撰家集『蛍雪集』二巻にあったとするが現在は散佚。〔所載〕続群書14、続国歌大観諸歌集。〔参考〕松野陽一・登蓮法師の作風—歌林苑歌会と漢詩句摂取歌（文芸研究98）。〔魚尾孝久〕

栂尾明恵上人遺訓【とがのおみょうえしょうにんいくん】南　一巻。高弁（一一七三—一二三二）述。嘉禎四（一二三八）年六月二日成立。この書は栂尾明恵上人高弁の平生の訓話を弟子高信が記録したものである。書首に、高弁の示寂三年ののち、文暦二（一二三五）年夏のころから集めはじめたことがのべられ、書末に高山寺の閼伽井小坊において嘉禎四年六月に記されたことがみえるので、三—四年の間に集記したものと考えられる。〔向井隆健〕

栂尾明恵上人伝記【とがのおみょうえしょうにんでんき】南　二巻。喜海（生没年不詳）撰。成立年代不明。この伝記に多くの本があり、和歌山県の上山氏本、法隆寺本、親王院本、徳富氏本、大阪津田氏本、施無畏寺本等である。このうち上山氏本は高信の自筆本とされ最古本である。本書は喜海の述作であり、もっとも世にひろく流布され、多少修飾をへたものであるが、よく栂尾明恵上人高弁の真面目を伝えており、修道に志す者の格言が充満している。〔向井隆健〕

栂尾物語【とがのおものがたり】真　三巻（上巻は一・二）。建暦三（一二〇三）年より寛喜元（一二二九）年にわたる高弁（一一七三—一二三二）の口説。筆者不詳。各巻首に建暦三年一〇月一九日栂尾高山寺（巻上）、承久二（一二〇五）年六月一三日槇尾西明寺（巻中）、寛喜元年一〇月一三日（巻下）の日付があり、さらに巻中には「同一五日、一六日、二一日、二四日」の日付がみられる。別に『栂尾物語』と題するものあり。本書は覚書の文体をとり、教相、事相にわたる要義をのべるが、重複が見られる。巻上がもっとも長く、まず『大日経疏』の性質に言及し、三昧、三密三平等、加持、菩提心、即身成仏、『大日経』の三三昧耶、陀羅尼の本質、五智などの教相的項目につき説明し、事相面では五相成身、大欲印、浄三業印、両部曼荼羅、護身法、潅頂をはじめ、広説、略説の項目が多数にのぼる。さらに顕教と密教との比較が即身成仏、顕教・密教各々の所依などの項目にみられる。巻中は浄三業、『円覚経』および疏の本旨と密教の証大覚位の関係、金剛界大法、字輪観、大仏頂、入仏三昧耶、法界生、転法輪、加持、五輪、阿字本不生、『円覚経』の初心頓悟の功徳など事相を中心とする項目を説く。巻下は略説の項目が多く、その記述は多種にわたる。たとえば「入嚩羅」の読み方につき「入」が濁音のときには光明、清音のときには自在の意味となるから違えずに読め、というように、初心者に対する細心な配慮がうかがえる。〔所載〕仏全42。〔清水　乞〕

富木殿御書【ときどのごしょ】日　一篇。日蓮（一二二二—八二）著。文永一一（一二七四）年成立。この年四月八日、日蓮は第三回目の国家諫暁を行ったが容れられないことを知って、五月一二日鎌倉を去り身延山へ入られたのである。一二日から一七日までの道中の日記と到着時の感懐を記している。日蓮の身延山生活の最初の書状で、『法華経』弘通に挺身してきた日蓮の身延入山の心情が語られた書として有名。真筆を千葉県鏡忍寺蔵。〔所載〕定日遺。〔小松邦彰〕

富木入道殿御返事【ときにゅうどうどのごへんじ】日　一篇。日蓮（一二二二—八二）著。弘安元（一二七八）年成立。人の病いには身の病いと心の病いの二つがあり、身の病いは医薬によって治るが、謗法の心の病いは『法華経』本門の絶対信奉の力によらなければ治すことができないと教示する。悪世謗法の病を治す方法は法華本門の題目に限ると明示された法門から『治病大小権実違目』とも呼ばれる。真筆を千葉県法華経寺蔵（重文）。〔所載〕定日遺。〔小松邦彰〕

富木入道殿御返事【ときにゅうどうどのごへんじ】日　一篇。日蓮（一二二二—八二）著。弘安元（一二七八）年成立。『稟権出界抄』ともいう。富木氏は下総真間の天台宗弘法寺の了性房と法論し「権を稟けて界を出づるを名けて虚出となす」の文をあげて屈伏させた。これに対して日蓮は「稟権出界」の文について経釈をあげ、迹門以下を小乗教と定め、諸宗の誤りを示し、日蓮弘通の法門は三国末弘の第三の法門であるとのべる。真筆を千葉県法華経寺蔵（重文）。〔所載〕定日遺。〔小松邦彰〕

富城入道殿御返事【ときにゅうどうどのごへんじ】日　一篇。日蓮（一二二二—八二）著。弘安四（一二八一）年成立。『承久書』ともいう。この年七月、蒙古軍は大風のため敗退した。これを真言師の調伏によるという風聞に対し、日蓮は承久の乱の先例をあげて、真言の調伏が成就する可能性のないことを示し、真言亡国を強調している。このころ、日蓮は病床にあって筆をとることができなかったので門下に口述代書をさせ、最後にみずから署名と花押を加えた。その書を千葉県法華経寺蔵。〔所載〕定日遺。

〔小松邦彰〕

読経用心【どきょうようじん】天　一巻。源信（九四二―一〇一七）記。本書は読経する時始め洗手漱口より、経を置くまでの各条にわたる読者の用心を示したものである。用心の中心は一文字即実相であり、この用心の善をもって自他ともに西方に往生せんことを期する思想をもって一書を通貫している。本書は形式上源信述の『涅槃講式』『普賢講作法』と一類のものである。〔所蔵〕叡山、正大。〔所載〕仏全24、恵全5。〔参考〕諸宗章疏録2、天台宗章疏目録、諸師製作目録、天台霞標、本朝台祖撰述密部書目、山家祖徳撰述篇目集巻下、浄土真宗教典志1。

〔多田孝文〕

徳一未決答釈【とくいちみけっとうしゃく】真　一巻。杲宝（一三〇六―六二）撰。空海と同時代の法相宗の学匠徳一が、その著作『真言宗未決文』一巻において、一一カ条の質疑を挙げ、真言宗を批判したことに対して答釈した書。『真言宗未決文』には、結集疑・経処疑・即身成仏疑・五智疑・決定二乗疑・開示悟入疑・菩薩十地疑・梵字疑・毘盧遮那仏疑・経巻数疑・鉄塔疑の一一カ条を挙げるが、本書は菩薩十地疑以下の五カ条に対する答釈である。菩薩十地疑事・梵字法然疑事・法身説法疑事・大日経第七巻説者事・鉄塔相承疑事の条科を立て、諸経論の所説を援引しながら徳一の質疑に答えている。本書に前半の六カ条への答釈が見られないことは、あるいは本書が二巻本として著され、その前半が散逸したものかとも考えられているが、『玉印鈔』『宝刪鈔』などにこの問題に関する杲宝の見解が散見される。〔所載〕正蔵77。

〔佐藤弘行〕

徳翁良高禅師語録【とくおうりょうこうぜんじごろく】曹　二巻。徳翁良高（一六四九―一七〇九）撰。大光寂照（一六六〇―一七二六）等編。天和二（一六八二）年から元禄年間にかけて成立。正徳四（一七一四）年刊。徳翁は月舟宗胡の法嗣であり、月舟門下において卍山道白と並び称された碩徳である。本書の内容は、大光寂照が編集した『下総正泉寺語録』、即道元妙が編集した『備中定林寺語録』、芳巌祖聯が編集した『加賀大乗寺語録』、黙子素淵・蔵山良機が編集した『備中西来寺語録』『逆旅雑稿』『秉払一章』を上巻に収め、下巻には小仏事、題賛、偈頌、西来家訓、徳翁高公禅師塔銘を収めている。また巻首には卍山の序文を、巻尾には大光の跋語を付している。『逆旅雑稿』は、越後慈雲院・林泉寺、信濃松嶽寺・金鳳寺、備中円通禅庵、美濃小松寺休休庵、備後功徳寺、播磨久学寺等の結制安居における垂示を集めたものである。徳翁が吉祥寺から正泉寺に晋住したのが天和二年、西来寺への晋住が元禄九（一六九六）年であり、ほぼ元禄年間を通じての示衆を集めたものと思われる。黄檗の潮音道海撰とされる『二衆寂滅儀』に、本書にない法語八種が収められていることから見て、徳翁の語録は本書以外にも多く残されたものの、散佚して伝わらなかったものと思われる。〔所載〕曹全（語録3）。

〔中尾良信〕

独照禅師語録【どくしょうぜんじごろく】臨　四巻。独照性円（一六一七―九四）著。月潭道澄（一六三五―一七一二）編。内外題とも『直指独照禅師語録』。天和三（一六八三）年高泉性潡序、奥付に延宝四（一六七六）年是心捐資、岡元春書の識語。巻一、示衆、小参、法語、問答機縁。巻二、法語、拈古。巻三、詩偈。巻四、詩偈、薦偈、小仏事、祭文である。なお『直指独照禅師続録』二巻、『直指独照禅師後録』一巻がある。版本を駒大、黄檗蔵。

〔大槻幹郎〕

読助正釈【どくじょしょうしゃく】浄真　一巻。僧鎧（一七六九―一八四〇）著。文化二（一八〇五）年以後数年内に成立。師の石泉僧叡が著わした『助正釈問』（初帰の安心には助業を捨て正業につくが、後続の行に助正二業ありとする説）を読んで、その疑問を提出した書。その疑問に僧叡が答えた書が『助正釈問酬読』である。義を明らかにするため、僧叡が僧鎧に著わすことを命じた書といわれている。〔所載〕真宗全50。――→助正釈問

〔藤沢正徳〕

読書二十二則【どくしょにじゅうにそく】真　戒定（?―一八〇五）撰。本書は空海の書のすぐれたところを挙げ、それに対してその後の真言宗の学者の及ばないことを指摘し、ついで書を読む学則二二則をあげる。本書でとりあげる学者は真済、済暹、観賢、真澄、実範、道範、覚鑁、頼瑜、宥快、聖憲、杲宝、印融があり、これらの諸学者の文章についてきびしくその長短を論じている。次に物があれば必ずその道があり、読書にも道、術、法がある。そこでこの条則二二を次に挙げる。(1)漢文を読むには漢文法によるべきである。(2)篇、章、句、字の法を知れ。(3)各書の文法語格を知れ。(4)その書の作者の時情とその志を知れ。(5)作者の心に住すべし。(6)意の雅俗を知るべきである。(7)外道の因明、小乗大乗一乗法門の性相義門差別を知れ。(8)義門差別を守るべきである。(9)書体を知れ。書体には立教、解釈、義章、随文科釈、随文説法、有法書、無法書等多くがある。(10)大聖でなければ誤失があるのは当然である。(11)正識正見正義をもって本となせ。(12)理および教を信じ、その高名に惑うな。(13)世世の学風を知るべし。(14)典籍を学ぶ者は常人の口伝相伝を信ずべからず。(15)その書を読む者は必ずまずその世を論ずべし。(16)大師の書を学ぶ者は必ず文章法を知れ。(17)必ず科釈の法を知れ、(18)書中に不明のところがあれば多くはこれは誤りである。(19)文簡にして義明らかなるは多くはこれ

は正義である。文煩にして義味は多くは邪義である。以上、学者の味読すべき見解が多い。〔所載〕大正79。 〔吉田宏晳〕

独湛禅師全録【どくたんぜんじぜんろく】臨 三〇巻。独湛性瑩（一六二八―一七〇六）著。悦峰道章（一六五五―一七三四）編。巻首、慧輅諱暉序、毛奇齢撰「東渡黄檗伝臨済正法第三十三世独湛禅師墖誌銘」、近藤登之助貞用の初山宝林寺請啓。巻一―七、宝林寺、二山国瑞寺、黄檗第四代住持期の上堂。巻八、小参。巻九―十一、法語。巻一二、曹渓源流頌、行由。巻一三、正宗頌、拈古、頌古、和韻古徳十牛頌。巻一四―二一（欠本）。巻二二、祭文。巻二三、銘、引。巻二四―二六、古体。巻二七―二九、詩偈。巻三〇、雑体、歌、辞、賦、説。巻尾に元禄一〇（一六九七）年香国道蓮後序がある。このほか先に板行の『初山独湛禅師語録』一巻、『黄檗第四代独湛和尚開堂法語』一巻があるが本書に重複する。なお本書とほとんど重複しない詩偈集『梧山旧稿』四巻がある。写本を黄檗蔵。 〔大槻幹郎〕

得度式行儀【とくどしきぎょうぎ】日 一巻。日輝（一八〇〇―五九）著。剃髪、染衣して仏門に入る得度の法式を記したもの。具体的には得度式の指南書として、その座配、式次第、諷誦する式文等よりなる。〔所載〕充洽園全集2。 〔松村寿巌〕

得度或問弁儀章【とくどわくもんべんぎしょう】曹 二巻。逆水洞流（一六八四―一七六六）撰。宝暦一三（一七六三）年に撰述し、明和二（一七六五）年に刊行された。面山の『得度或問』に反論したもので、得度式における沙弥戒授受の説を否定し直授菩薩戒を正儀とする。また、第二巻は伝衣、袈裟について『得度或問』の説を批難し、正伝の袈裟を明らかにしている。〔所載〕続曹全（禅戒）。 〔川口高風〕

徳本行者伝附法弟小伝【とくほんぎょうじゃでんつけたり、ほうていしょうでん】浄 三巻。行誡（一八〇六―八八）編。慶応三（一八六七）年に行誡が徳本の門弟の助力をえて徳本の生涯の行状を三巻に記したもので、付録として鸞洲等高弟一二人の小伝が加えられている。この行誡本の資料となったものは、小石川一行院所蔵の行者一世の記録六〇余巻であったが昭和二〇年の戦災で焼失。その写本が岡崎荒井山九品院と和歌山無量光寺に現存。戸松啓真編『徳本行者全集』五巻は九品院本を底本として昭和五〇年に刊行。〔所載〕浄全18。 〔戸松啓真〕

登山状【とざんじょう】浄 一通。源空（一一三三―一二一二）。『拾遺黒谷語灯録』中、『円光大師行状画図』（『勅伝』）三二に収録されているもので、専修念仏に対する延暦寺衆徒、南都教団の鬱陶を緩和するために書かれた書状。日付はなく、成立の情況も必ずしも明確ではないが、『勅伝』によると、南都北嶺の憤りが次第に和らいだころとあるから、おそらく『七箇条起請文』『送山門起請文』の書かれた元久元（一二〇四）年より後、建永元（一二〇六）年ころまでの成立と推定しうる。執筆は聖覚となっている。内容は仏道修行の勧進に始まり、諸法門の中、浄土宗の意味と念仏往生の義を詳述、本願念仏による願往生を説いている。特に諸宗ともに仏法であり、念仏のみの誹謗、諸宗相互の毀謗を不都合とし、弟子たちへの説諭とともに南都北嶺への牽制もうかがわれる。〔所載〕浄全9、正蔵83。〔参考〕和語灯録日講私記、円光大師行状画図翼賛。 〔条原勇慈〕

土砂勧信記【どしゃかんじんき】真 二巻。高弁（一一七三―一二三二）作。安貞二（一二二八）年成立。『光明真言土砂勧信記』という。文体は仮名交り文。元暁（六一七―八六）の『遊心安楽道』に悪業者の極楽往生の方便として、『不空羂索経』巻二八より、光明真言による土砂加持の功徳が引かれているのに基づき、真言と土砂を華厳宗の立場から解釈し、もっぱらその功徳を信じることの重要性を説く。下巻では土砂の浄・穢、往生すべき仏土など、説明は具体的である。『土砂勧信記別記』あり。〔所載〕真安心下。 〔清水 乞〕

都率往生難易法談【とそつおうじょうなんいほうだん】真 一巻。高弁（一一七三―一二三二）説。寛喜元（一二二九）年隆弁記。都率天への上生と阿弥陀如来のおわします極楽浄土への往生の難易をある人の問いに答えるかたちで説いたもので、このことはすでに元暁が明らかにしたことで必ずしも極楽往生の業を改めて都率天への上生を願わなくてもよいとしている。 〔祖父江章子〕

都率往生問答訣【とそつおうじょうもんどうけつ】真 一巻。月海（？―一七五〇）著。元文二（一七三七）年ごろ成立。元文二年、正井喬栄が書翰を送り、月海が極楽浄土往生は凡夫には至難であるから都率往生を願え、と主張しているのに対し、現在は極楽往生を願う者が多く、都率往生を願う者はほとんどいない、と反論したのに対する月海の返書。諸経論により自己の主張を論証し、空海をはじめ都率往生願った高僧の記述を紹介し、弥勒信仰を説く。〔所載〕真安心下。 〔清水 乞〕

都法潅頂秘録【とほうかんじょうひろく】天 一巻あるいは二巻。圓仁（七九四―八六四）記。貞観四（八六二）年。圓仁は比叡山第三代座主。弘仁五年最澄のもとで出家し、以来その行業を扶けてきたが、承和五（八三八）年入唐し、ことに長安の元政、義真、法全などから密教を伝え、天台密教を大成した。本書には胎蔵界、金剛界、蘇悉地、会行潅頂、秘密潅頂、瑜祇潅頂等を四重ずつに印明等をあかし、台密深秘の講伝書といえる。〔所載〕日蔵（天台宗密教章疏1）。 〔木内堯央〕

呑海上人御法語【どんかいしょうにんごほうご】時 一巻。呑海（一二六五―一三二七）述。正中元（一三二四）年成立。遊行三代智得は文保三（一三一九）年因幡国で呑海に遊行四代を継がせ、当麻道場に引退、翌年入滅。真光は臨終の智得から遊行相続を受けたとして、他阿弥陀仏を称し呑海に通告した。呑海は智得から正統な相続を受けた遊行聖は自分である。遺言は虚言であるとして受け付けず、対立が始まる。この法語は呑海が正統な遊行聖の立場から、真光の行動は誓戒を破る逆罪であり謗法であると非難する。そしてある人の質問に答えるかたちで一一カ条の問答によって、真光の言動を批判、破邪顕正につとめている。真光は何度か呑海を訪ねて自己の非を認めて廻心するが再参離反し、結局当麻道場を占拠し居住する。呑海は正中二（一三二五）年安国に遊行五代を継承させてのち、藤沢道場（清浄光寺）を開いて独住した。それ以後当麻山は遊行藤沢と対立関係をつづける。この事件が端緒となって、他にも真光に同調するものがあり、遊行に対立するものがあったという。京都の四条道場の浄阿が遊行と対立するのもこれが誘因であったかもしれない。時宗教団の最初で最大の事件であり、後世に及ぼした影響も大きい。それだけに初期時宗教団史の研究には欠かせない史料である。原本はなく、唯一の写本が尾道市西郷寺にある。〔所載〕定時宗上。〔参考〕七条文書（京都長楽寺蔵）、島根大学論集11。〔橘　俊道〕

頓超秘密綱要【とんちょうひみつこうよう】因　二巻。著者明記なし。引用から鎌倉成立。『智者全肝』『天台智者心秘要決』ともいう。智顗（五三八—九七）撰最澄将来と裏書に記されるが、内容からみて口伝法門檀那流の書であり、戒潅頂の書であることから鎌倉偽撰であろう。天台宗鎌倉末には戒潅頂が興隆したが、その重要秘書。『牛頭法門要纂』の部分を引用し、己心本覚の仏性に頓に目覚めることを、一六問答体でのべた書。最澄偽撰『頓超秘密綱要略注』（伝全5）があるが、ほとんど上巻のみの注であり、本文の主旨を敷衍していないので、かなり後世の戒潅頂秘書を忘却した注であろう。本書巻末には戒潅頂使用の「天台御発願文」一紙の文章があり、出典拠でもある。戒壇の作壇法が記されるところから、戒潅頂戒壇建立の重要教義書であり、興円、義源が鎌倉末に使用している。〔所蔵〕一軸写本（鎌倉宝戒寺）他写本。刊本（叡山真如蔵）。〔参考〕天台大師「頓超秘密綱要」偽撰の意義（印仏研33—2、昭60）。——→頓超秘密綱要略注〔野本覚成〕

頓超秘密綱要略註【とんちょうひみつこうようりゃくちゅう】因　一巻。最澄（七六六—八二二）記。成立年代不明。本書は智顗撰に偽せられた『頓超秘密綱要』、あるいは『天台智者心秘要決』『天台智者全肝』と呼ばれる中古天台戒潅頂のなかで、神秘的で権威をもつ鎌倉末ころの製作かとされる文献の注釈書である。したがって鎌倉末以降の成立と推測される。その大部分は本編の上巻の注釈に多くを割いている。〔所載〕伝全5。〔弘海髙顕〕

な

内証仏法相承血脈譜【ないしょうぶっぽうそうじょうけちみゃくふ】因　一巻。最澄（七六六—八二二）証脈。弘仁一〇（八一九）年成立。最澄の仏法の系統を示した五種の相承血脈譜で、弘仁一一（八二〇）年『顕戒論』とともに朝廷に上奏した。そこには達磨法門（禅）、天台法華宗（円）、菩薩戒（戒）、胎蔵金剛両曼荼羅（密教）、雑曼荼羅（密教）のいわゆる円密禅戒四宗の血脈が収められている。達磨法門では、釈迦牟尼尊から第二〇代目に菩提達磨が位置し、慧可以下の北宗禅を経て行表、最澄に至る系譜と、また最澄入唐時、天台山禅林寺翛然からの牛頭禅伝受を示す。天台法華宗では、大牟尼尊から始まり、『摩訶止観』でいう金口相承の竜樹まで一三祖を述べ、次に『法華経』「大智度論』の経論と（経巻相承という）、その翻訳者鳩摩羅什とその師須利耶蘇摩を血脈に入れ（訳主相承）、以下慧文、慧思、智顗の今師相承ないし最澄までを記す。さらには慧思と智顗の霊山同聴の伝説により、両者が釈尊から直接相承する（直授相承）血脈も示す。これは最澄が、形式的な師資相承よりも天台教学の心髄を把えた相承を重視したといえる。菩薩戒では、盧舎那仏から羅什—慧思へ続く系譜と、盧舎那仏から慧思と智顗に直受する血脈を示し、道邃を経て最澄、義真に至る。密教では胎・金・雑密の系譜を示し、順暁から最澄への胎金両部相承を明かす。〔所載〕日蔵75、伝全1。〔末広照純〕

内典十宗秀句【ないてんじっしゅうしゅうく】通　一巻。凝然（一二四〇—一三二一）綴。正応六（一二九三）年成立。倶舎宗、成実宗、律宗、浄土宗、法相宗、三論宗、天台宗、禅宗、華厳宗、真言宗の一〇宗すなわち南都六宗・平安二宗に浄土、禅を加えた各宗の歴史及び教理を、各宗一〇首（二〇行）ずつの秀句にまとめたもの。内容は概説的で、たとえば同じ凝然の『浄土源流章』では源空とその門下について詳説しているが、本書では浄土経典の内容の紹介を中心にして、浄土の中の特定の宗派に片寄らない。〔所載〕仏全3。〔田村晃祐〕

内典塵露章【ないてんじんろしょう】通　一巻。凝然（一二四〇—一三二一）述。凝然は鎌倉時代、華厳宗、東大寺の僧。倶舎宗、成実宗、律宗、法相宗、三論宗、天台宗、華厳宗、真言宗、禅宗、浄土宗の一〇宗についての概説書。『八宗綱要』より簡略に記され、教理を述べ、歴史については特に日本の伝承に詳しく、鎌倉時代の学匠についても紹介されている。禅では道璿、栄西、円爾に言及され、浄土では源空及びその孫弟子に至るまで記されているが、道元、親鸞への言及はない。書名は塵や露の微細なるものをもって、山海の大なるものを益す、の意であろう。〔所載〕仏全3。〔田村晃祐〕

中御室御潅頂記【なかおむろごかんじょうき】真　一巻。大江匡房（一〇四一—一一一一）草。寛治六（一〇九二）年成立。白河天皇の第三皇子であり、中御室と称された仁和寺第三世覚行法親王（一〇七五—一一〇四）が、寛治六年三月一九日に仁和寺観音院において寛意より伝法潅頂を受けられたときの記録。『大日本史料』3の2には本書全文とともに関連資料が集められている。写本を国会、東史料に蔵す。〔所載〕続群書26上。〔苫米地誠一〕

南無阿弥陀仏作善集【なむあみだぶつさぜんしゅう】浄　一冊。重源（一一二一—一二〇六）撰。成立年代不明であるが、本文に「於行年六十一蒙東大寺造営、勅定至当年八十三成廿三年」とあるので、建仁三（一二〇三）年中と推定される。重源は俊乗房、また南無阿弥陀仏といい、東大寺を再建した勧進聖である。南無阿弥陀仏の呼称については、『勅伝』一四に文治二（一一八六）年の秋、大原談義の席に源空に扈従した重源について、「又一の意楽をおこして、我国の道俗、炎魔王宮にひざまづきて、名字を問れんとき、仏号を唱へしめむために、阿弥陀仏名をつくべしとて、みづから南無阿弥陀仏とぞ号せられける。これ我朝の阿弥陀仏名のはじめなり」とあるのによる。本書は重源の善根功徳の記録なので、題の意味は重源の生涯の事蹟のことをいう。内容は初めに「奉造立修復大仏并丈六員数」と題してその目録を掲げ、次に東大寺以下の重源由緒の寺院における事業、さらに社会公共的事蹟、または重源自身の伝記、作善のことどもを備忘録風に記している。また信濃国善光寺に参詣し、一度は一三日間に百万遍念仏を満じ、一度は七日七夜の不断念仏を勤修したことおよび霊験のことを記している。原本は東大蔵（一軸、重文）、コロタイプ版ならびに活字解読と解説を付したものには、奈良国立文化財研究所『南無阿弥陀仏作善集』（奈良国立文化財研究所研究史料第一冊）がある。〔所載〕大日本史料4・9、美術研究30。〔参考〕小林剛・俊乗房重源史料集成、同・俊乗房重源の研究。〔大谷旭雄〕

行川法難記【なめがわほうなんき】日　一巻。日憶（一六九二—一七六五）著。享保三（一七一八）年一二月一八日の成立。原題は『法難日記之事』。日憶は不受不施派の僧、はじめ字を覚教といい、のち可全と改めた。享保三年、上総行川の妙泉寺、本寂寺よりの訴えで表面化した不受不施事件「行川法難」に連座し、当初は自訴せずに、内部の連絡、残された信徒の教導にあたっていたが、まもなく捕えられ、享保四年、八丈島に流罪となった。在島四六年、明和二年六月一六日、七四歳で入寂。本書は「行川法難」の経過を記したもので、冒頭に、事件に連座した僧に加えられた処置や流罪先を記し、本文では上総行川における不受不施僧の布教の成果をはじめ、事件の発端から、取り調べ・裁決の経過を詳細に記し、末尾の部分には、事件に連座した信徒の動向・処置などを書き留めている。正本は千葉県正立寺蔵。写本は岡山県妙覚寺蔵。〔所載〕日宗全21。〔参考〕日宗全、諸本解説。〔糸久宝賢〕

難易二道血脈図論【なんいにどうけちみゃくずろん】浄　一巻一冊。顕意道教（一二三八—一三〇四）著。成立年代不明。『二道血脈図論』ともいう。顕意は公空道教といい、浄土宗西山流深草義の大成者であり、一〇数部八〇余巻の著述から記主上人と敬称される。薩摩島津の人、姓は伊集院氏。初め肥前原山の聖達の門に入り剃髪し、のち深草真宗院にあった深草義祖円空立信について西山流の奥義をきわめた。嵯峨釈迦院より竹林寺に住し、良慧、道意、寿覚等数多くの門葉を育てその教風は大いに発展した。

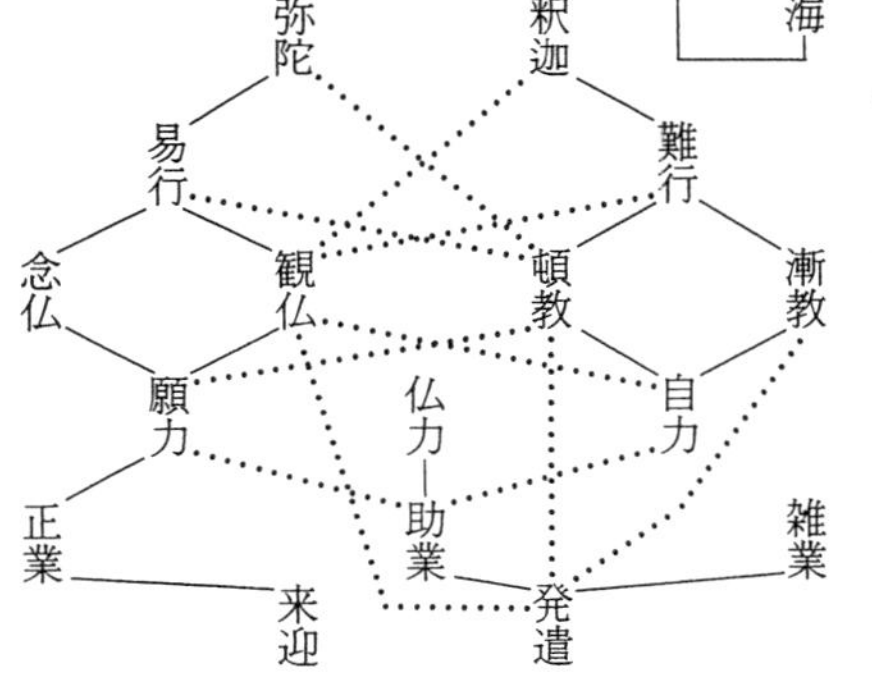

本書は次の図が示すように、深草流における教相要綱を七階にまとめた教判論である。一九条の問答体からなる全六丁の小冊である。まず法性法身の真如海より弥陀釈迦報化二身と起り群迷を摂す。これより難行易行、漸教頓教、観仏念仏と開いて、おのずと衆生自力、釈迦方便の仏力、弥陀正因弘誓の願力におさめ、雑業、助業、正業にも配し、最後に釈迦教意の発遣、弥陀願意の来迎の二尊二教の義意にまとめている。文政二（一八一九）年、明治三一（一八九八）年版本あり。〔所載〕正蔵83。〔大塚靈雲〕

南院国師語録【なんいんこくしごろく】臨　三巻。規庵祖円（一二六一—一三一三）述、慧真（生没年不詳）ら編。延元元（一三三六）年刊。別に『規庵録』ともいう。南禅寺二世規庵の語録で、禅林寺（のちに南禅寺と改む）・南禅寺の語録、偈頌、行状、付録よりなる。『禅林寺・南禅寺語録』のなかに小参もかなり含まれている。行状に大覚寺統の皇室が、南禅寺を五山に准ずるときに幕府の承認を求めたことがみえる。〔所載〕正蔵80、仏全95。〔西尾賢隆〕

南海流浪記【なんかいるろうき】真　一巻。道範（一一七八〈八四〉—一二五二）記。高野山正智院の学匠道範が仁治四（一二四三）年正月大伝法院のことで讃岐に配流された時に、宗祖弘法大師の遺跡を巡礼し、また善通寺などで講席を開いたり、著述に専念した七年間のことを記したもので、数多くの著作の中で和文で書かれている。嘉永四年刊本あり、所蔵は谷大、京都東寺専門学校、高大。〔所載〕国東叢1（第七紀行部）。〔祖父江章子〕

南柯法語【なんかほうご】浄真　二巻。超然（一七九二—一八六八）稿。文政九

（一八二六）年成立。超然は本願寺派の学僧。本書は老若数人が問答しているのを夢に見たようにして、真宗の宗意安心上の要義をのべているもの。法体つのり、安心ぼこり、疑いながらの往生、称名正因などの異義が一読して理解でき、三心一異の疑難も氷解できるよう説明が加えられている。当時の宗学上の論点を知る珍重すべき書である。写本を竜大に蔵す。〔所載〕真宗全54。〔五十嵐明宝〕

南条兵衛七郎殿御書【なんじょうひょうえしちろうどのごしょ】日　一篇。日蓮（一二二二—八二）筆。文永元（一二六四）年成立。別称『南条兵衛七郎書』『南条御所労抄』『上野殿御書』『慰労書』。病床の檀越南条兵衛七郎を慰め、法門を開示して法華経信仰の堅持を激励した見舞状。真筆断片一〇紙、若狭長源寺など一〇カ所に散蔵。直弟子日興写本を富士宮市重須本門寺蔵。〔所載〕定日遺1。〔庵谷行亨〕

南禅寺月中須知及南禅寺常住諸回向並疏【なんぜんじげっちゅうしゅうちおよびなんぜんじじょうじゅうしょえこうならびにしょ】臨　一冊。本書は、「五山之上瑞龍山太平興国南禅禅寺月中須知」文明一一（一四七九）年六月堂司玄賀誌と「南禅寺常住諸回向并疏」元禄四（一六九一）年四月八日周団修補の二書からなっている。総題は「南禅諸回向正因庵」と記している。〔所蔵〕竜大。〔鷲阪宗演〕

南都叡山戒勝劣記【なんとえいざんかいしょうれつき】南　一巻。貞慶（一一五五—一二一三）著。成立年代不明。最澄が『顕戒論』を著わして南都伝統の戒を小乗戒とし、大乗戒を主張し、戒壇が設立されてより、南都においては戒についての論義が重ねられた。本書はそうした歴史をふまえて、南都の戒論の立場から叡山の戒論を批判し、南都の正統性を主張したものである。まず菩薩所修の六波羅蜜のうち、戒波羅蜜には律儀戒、摂善法戒、饒益有情戒の三種があるが、律儀戒は、比丘であるならば大小乗のいずれたるを問わず必ず比丘戒を受けねばならず、叡山の主張するように、大乗比丘は十重禁戒、四十八軽戒を受けるだけでよいとするのは最澄の新義であって、釈尊の正説ではないと批判する。不空三蔵、鑑真、聖武天皇等の実例を挙げている。さらに、最澄も南都興福寺で幼少期を過ごしており、円仁も東大寺戒壇院で比丘戒を受けているのであって、南都の門流とも呼ぶべきであるとのべ、ふたたび菩薩十重禁戒、四十八軽戒をもって出家戒とする教証はどこにもなく、もしそれを認めるならば、欲天、色天等も大僧となるであろうとしている。天台の門葉、戒律の根源に帰れとしめくくる。小部の著作であるが、叡山の戒論に対する南都の立場を宣揚したもので、日本仏教の戒律研究のうえで重要な位置を占める。〔所載〕仏全105。〔太田久紀〕

南都高僧伝【なんとこうそうでん】南　一巻。仲廉（生没年不詳）。一三、四世紀ころの作。南都の高僧の伝記という書名であるが、実際は、南都ばかりでなく北嶺（比叡山）関係の僧伝もあり、伝記もあれば、皇鑁流法皇灌頂血脈や師資の系譜などもおさめられ、空海とその弟子が二カ所に掲げられるなど、雑多なものを含んでおり、メモ風のもののように思われる。最初の「年八十になる居士仲廉か認せし日本国の名僧伝」というのによれば、八〇歳の仲廉という人のメモか。一三世紀の人の伝記が最も新しく、内容はあまり信頼できない。〔所載〕仏全101。〔田村晃祐〕

南都七大寺縁起【なんとしちだいじえんぎ】通　一巻。実叡。建久三（一一九二）年。建久二年一二月後鳥羽天皇の皇后、出家し、南都の諸寺を巡礼するに当り、沙門実叡に、南都の七大寺すなわち東大寺、興福寺、元興寺、大安寺、薬師寺、西大寺、法隆寺、及び法華寺、唐招提寺、当麻寺、長谷寺、新薬師寺、超昇寺に関する創立由来を記述させたものである。関係する僧やお堂についてのエピソード、詩歌などを記し、興味深く書かれている。巻首やや欠く。〔所載〕国東叢2ノ6寺誌部。〔田村晃祐〕

南都僧俗職服記【なんとそうぞくしょくふくき】南　一巻。上司延興。江戸時代末期編集。巻末に延興の子延寅が文政一一（一八二八）年、亡父の書を清書した、と記している。延興は故実家上司家の当主で三位、子孫のために、奈良の諸寺における僧と寺役の在家の人の職服について記したものである。全体を六項目に分け、㈠僧を二八種に分ち、それぞれの立場とその法衣について説き、㈡法服に二〇種をあげて解説し、㈢袈裟に二四種、㈣児装束に八種、㈤諸具に一一種、㈥俗服に二四種あげて説明している。〔所載〕仏全73。〔田村晃祐〕

南屏燕語【なんぺいえんご】臨　三巻三冊。古梁紹岷（一七五三—一八三九）著。文政九（一八二六）年成立。初めの二巻に、禅僧の遵守し履行すべき規範・徳目を、来意・用心・日課・閲経・坐禅・学問・礼拝・懺悔・慚愧・服相・詩偈・文章の一二項に分けて説き、後の一巻に無著道忠著『禅林象器箋』から称謂・名目・法器の語を抜粋抄録する。すべて仮名交り文。天保二（一八三一）年と明治二一（一八八八）年刊行。〔所載〕日本随筆全集4、日本随筆大成（二期）9。〔加藤正俊〕

南遊集【なんゆうしゅう】曹　別源円旨（一二九四—一三六四）著。『別源南遊集』ともいう。曹洞宗宏智派の円旨の詩偈集。元応二（一三二〇）年に入元し、至順元（一三三〇）年に帰国するまでの在元一一年間の詩偈を集めたもの。雲外の天童十境の韻をついだ詩偈を収む。円旨の詩偈集には他に『東帰集』があり、帰朝後のもので、雲外雲岫の序等を付す。〔所載〕五文全1。〔石井修道〕

に

新尼御前御返事【にいあまごぜごへんじ（にいあまごぜんごへんじ・にいのあまごぜん

ごへんじ】回　一篇。日蓮（一二二二—八二）筆。文永一二（一二七五）年成立。別称『安房国新尼御書』『与東条新尼書』。安房国の領家の新尼・大尼より身延の日蓮のもとに供養の品々と本尊授与の依頼が寄せられたことに対する返書。真筆、山梨県身延久遠寺曾存。真筆断簡二行、愛知県龍谷長福寺蔵。行学日朝の写本、身延久遠寺蔵。〔所載〕定日遺1。

〔庵谷行亨〕

二月堂供養式【にがつどうくようしき】南　元久三（一二〇六）年正月晦日に行われた東大寺二月堂の供養の式次第を記したもの。治承四（一一八〇）年の平重衡の南都焼討に、東大寺のほとんどの堂舎は焼けたが、法華堂・二月堂のみ難を脱れた。この供養は改築に近い大修造（堀池春峰氏説）の落成供養であったと推定されている。導師は、後に九七代東大寺別当となった三論宗の頼恵（一一六八—一二三五）、呪願師は擬講の顕範が務めている。〔所載〕続々群書11、仏全121。

〔田村晃祐〕

二教論鈔【にきょうろんしょう】真　三〇巻。宥快（一三四五—一四一六）口説。俗に『二教論宥快鈔』または『二教論快鈔』といい、宥快の口説を門弟が筆録したものと思われる。また空海（七七四—八三五）の『弁顕密二教論』注書中最も重要なものである。二教論は真言宗の教判に関する根本的なものであるが、本書は古来からの諸説を集大成したものである。現版本では内題に「二教論上巻鈔初日」等となっている。「初日」とは、高野山勧学会に本書上下二巻を三〇日分に配当したためである。

〔真柴弘宗〕

二箇相承【にこそうじょう】日　二巻。日興門流において伝承される『身延相承』『池上相承』のこと。日蓮（一二二二—八二）が入滅にあたり日興（一二四六—一三三三）に一切を付嘱したという二つの相承書。しかし日蓮の真筆も日興の記録もなく相承の系譜もあいまいで、興門上代においても文献に見えないところから、その成立は日蓮滅後一五〇年ころ、富士の興門の徒が自門の正統を証明しようとして謀作した偽書とするのが妥当であろう。現行本によれば、「身延相承」というのは弘安五年九月□日、日蓮が一期の弘法をあげて日興一人に付嘱し、富士山に本門寺戒壇を建立することを託したもので、「血脈次第日蓮日興」と書されている。「池上相承」というのは弘安五年一〇月一三日、日蓮が日興に「可為身延山久遠寺別当也」と身延の後董を任じたかたちをとっている。両者の相承名はその相承地の地名をとるのであるが、その伝承については両者の内容が逆になっていたり、字句や日付に異同があったり、思想的な矛盾をもっていたりして最重要な付嘱状としては問題が多すぎる。とくに日興唯授一人の主張は日蓮の遺言ともいうべき日興の記録した本弟子六人の「定」に違背するもので認めがたい。結局日興の正嫡と興門正統の文証を必要として後人によってつくりだされたものである。ただし、興門では正本は天正九年の富士の騒乱のときに紛失したと伝う。〔所載〕日宗全2。〔参考〕富士門家中見聞。

〔小野文珖〕

西院流伝授口訣【にしのいんりゅうでんじゅくけつ】真　一二巻。唯阿（一七五一—一八二三）記。文化一三（一八一六）年八月二二日成立。唯阿は豊山派の第三九代能化であり、本書は、衆徒の請によって、文化一三年四月一八日より同年八月二二日まで、八七席にわたって西院流の一流伝授を行ったさいの伝授記である。唯阿は河内延命寺の真常より西院流の伝授を受けたもののごとくであり、真常は宝仏寺無等より、無等は孝源の付法である仁和寺頼遍より相承している。したがって本書は、第一巻十八道口訣の終りに「文化十三年丙子年三月為此流伝授用意孝源真常両阿闍梨口散在故聚記之為手鑑而已」とあるごとく、孝源、真常の口説を中心とし、さらに秀慶、無等などの口説を引く。内容は、四度、「八結」、「金玉」、『異水』など西院流聖教すべての口訣であり、第一巻の初めに小野広沢両流事として野沢十二流の分流について記し、のち十八道口訣、第二巻に金剛界伝授口訣、第三巻に作壇略作法、護摩口訣、護摩頸次第伝授口訣記、破壇作法、神供伝授口訣、第四巻に胎蔵界伝授口訣、第五巻から第八巻に八結口訣、第九巻から第一一巻に金玉口訣、第一二巻に異水口訣を載せる。なかんずく、四度および「八結」については詳細であるが、「金玉」、「異水」については簡略であり、「八結」を正統相承、西院根本聖教であるとし、「金玉」は金剛峯寺顕覚より宏教が相伝したものであるとして正統とせず、「異水」も異流異法であると評する。〔所載〕続豊全9。

〔苫米地誠一〕

二十五三昧起請【にじゅうござんまいきしょう】天　一巻。源信（九四二—一〇一七）撰。正しくは『横川首楞厳院二十五三昧起請』という。源信は恵心僧都あるいは横川の僧都ともいわれる。大和国当麻の出身で、比叡山で良源の弟子となり、因明、倶舎、法相に通じ、天台法門を深く討究し、積年の法相宗との懸案であった仏性論争に帰結をもたらす『一乗要決』の撰述などを行い、良源をついで横川首楞厳院を董した。一方、一般士庶に浄土往生を勧める『往生要集』をあらわし、この二十五三昧講をおこして、念仏結社を指導したりした。本書は、首楞厳院における結社の運営にあたり、まず寛和二（九八六）年九月一五日付で、その講の中心をなした慶滋保胤が、『往生要集』の別時念仏の方法をもとに、念仏三昧の行事、用心、看病、臨終用意等にわたる「起請八箇条」を草したものを、補訂して一二カ条にまとめたものである。二五人の発起衆、一九人の結縁衆からなり、源信、覚超、花山法皇等が加わったものであった。一二カ条の補訂で注意されるのは、念仏とならんで『法華経』の講経聞法が加わり、天台の宗是が明瞭に打ち出されていることである。この一二カ条には、永延二（九八八）年六月一五日と記されて、不断念仏、講経、光明真言土砂加持、父母兄弟の恩、護三業、病者用心、看病、往生院、安養廟、亡者への問葬念仏、懈怠者の擯斥にわたっている。八条、二二条ともに『起請』ともいう。〔所載〕恵全1、正蔵84。

〔木内堯央〕

二十五三昧式【にじゅうござんまいしき】因 一巻。源信（九四二―一〇一七）撰。正しくは『横川首楞厳院二十五三昧式』という。源信は恵心僧都、あるいは横川の僧都ともいわれる。大和国当麻に生まれ、比叡山では良源に師事し、その一字をとって源信となった。因明、法相、倶舎等にも通じ、天台教学の蘊奥を究めて、法相宗とのあいだの積年の諍論に対し、『一乗要決』を著わして決着を与えるなど、学僧としての盛名が高いが、あわせて、横川首楞厳院にあって、念仏結集二十五三昧講をリードし、『往生要集』を著わして、その実践に教学的根拠を与えるなど、いわゆる日本浄土教の始祖たるの位置を占めるにいたっている。本書はこの二十五三昧講の講式であり、その次第は、伽陀、三礼、如来唄、礼仏頌、表白、二十五三昧根本結縁衆二十五人連署の発願文、そして勧請、四奉請、誦経（阿弥陀経）、地獄道、五念門十二礼（一礼）、念仏、十二礼（二礼）念仏、誦経、餓鬼道、十二礼（三礼）念仏、十二礼（四礼）、念仏、誦経、畜生道、十二礼（五礼）、念仏、十二礼（六礼）、念仏、誦経、修羅道、十二礼（七礼）、念仏、十二礼（八礼）、念仏、誦経、人道、十二礼（九礼）、念仏、十二礼（十礼）、念仏、誦経、天道、十二礼（十一礼）、念仏、十二礼（十二礼）、念仏、三礼、七仏通戒偈、後夜偈、神分、霊分、祈願、九条錫杖と次第し、六道の厭相をのべながら、各道の苦の衆生を救おうという趣旨になっている。〔所載〕恵全1。
〔木内堯央〕

二十五菩薩和讃【にじゅうごぼさつわさん】因 一巻。源信（九四二―一〇一七）撰。別に『二十五菩薩迎接賛』ともいう。源信は恵心僧都、横川僧都、比叡山良源の弟子、天台教学その他に通暁した学匠であるが、『往生要集』の撰述や、二十五三昧講の指導など浄土往生を勧奨する実践行に功多大。この和讃も、阿弥陀仏とともに臨終に迎請する極楽二十五菩薩をたたえ、引接をたのむ趣旨で、来迎図に応じきわめて絵画的迫力がある。真偽未詳。〔所載〕恵全1、国東叢8。
〔木内堯央〕

二十三問答【にじゅうさんもんどう】臨 一巻。夢窓疎石（一二七五―一三五一）著。正保二（一六四五）年刊。本書は、疎石が仏法の道理を道俗の問に応じて平易に説いた仮名法語で、二三章からなっているので『二十三問答』といい、また『夢窓国師法語』ともいう。本書の二三章を列挙すると、一、道心おこすべき事。二、一心のむけやうの事。三、よしあしかぎりなき事。四、よしあしの源の事。五、根本のむまれしなざる事。六、仏生れ死にたまはぬ事。七、仏は人にかはりたる事。八、仏むしけらとなる事。九、妄念による事。一〇、現在の果を見て過去未来を知る事。一一、善根に有漏無漏のかはりある事。一二、浄土をねがふ事。一三、懺悔に罪をほろぶる事。一四、懺悔に二つある事。一五、誓願の事。一六、廻向の事。一七、臨終の事。一八、何事も思はず徒らなるはあしき事。一九、祈禱の事。二〇、仏と菩薩行の中にいづれ勝劣の事。二一、心のなきを仏にする事。二二、心のおこるをいかゞすべき事。二三、私のことばにあらず皆経文なる事。以上のごとくである。「たとひ目に物を見るときも、心は見る物に執着せず、耳に声を聞くときも、聞くことに執着せず、鼻に香をかくときも、香に執着せず、舌に味ふとも、味に執着せず、心にさまさま念ありとも、二念をつかず、念おこるともその念をいろはず心うこかす、わか心もとよりぬしなき法界にて、仏なりとふかく信するが肝要にて候。」〔所載〕禅法語上。
〔鷲阪宗演〕

二十四輩散在記【にじゅうよはいさんざいき】浄真 一冊。宗誓（一六四五―一七二八）著。元禄六（一六九三）年成立。宗誓は大谷派の宗史家。本書は元禄六―七年の間、親鸞とその門弟の遺跡を巡拝調査した結果成立したもの。報恩寺に始まり第二四唯円御房跡信楽（西光寺）にいたる二四輩の次第により、その縁起・寺宝・文書等をことごとく網羅している。〔所載〕真宗全65。
〔藤沢正徳〕

二十六条式【にじゅうろくじょうしき】因 一巻。良源（九一二―八五）。別名『慈恵大師二十六条式』『籠山内界式』ともいわれる。本書は良源が籠山僧の地境いを規定して僧風の刷新を計らんとして著わされたものである。東西南北をそれぞれ東は悲田院、西は水飲に限り、南は般若寺、北は楞厳院に限るとし、この地境の外に出てはいけないとするのである。最澄は籠山を『山家学生式』で一二年と規定し、大戒を受けて山門を出ず、前の六年は門慧を正とし、思修を傍とし、後の六年は思修を正とし、門慧を傍とすとして規定し、遮那、止観両業を修習せよと述べている。良源は近代は大変この制式が守られていない。東西南北出入往来自由になっており、各院主は大師の制式を守らせることをしなければならないとして、禁制を立てるとして、前後の六年間修学する所、門慧思修を徹底させて、怠りなくすべきであるとし、僧綱を作り上げたのである。この式目によって良源は僧風の刷新を計ろうとしたのである。良源は叡山中興の祖と仰がれているが、論義を発展させただけでなく、僧風をも刷新し、叡山の地位を高めた点で評価されるものである。〔版本〕元禄元（一六八八）年七月一六日、天台霞標三ノ一。延宝七版、延宝八版―京大、谷大、東北大。〔写本〕京大、実蔵坊、西教寺正教蔵、盧山寺。〔所載〕仏全41、籠山内界式、慈恵大師二十六条式。
〔西郊良光〕

二帖御抄見聞【にじょうごしょうけんもん】因 三巻。尊舜（生没年不詳）。明応一〇（一五〇〇）年成立。別には、『一流相伝法門見聞』『一流相伝法門見聞私』『慧心流二帖抄』『二帖書』ともいう。本書では、『二帖抄』を本帖と呼び、この本帖に関する古今の文書を博渉し、山上山下東西の明師碩徳を巡って深義の相承を受け、法中の聖財を類聚し、明応一〇年に完成したものである。七箇法門の深義に関しては、ほとんど尽されている。〔所載〕天全9。〔多田孝文〕

二帖抄【にじょうしょう】因　二巻。心賀（―一三二九―）述。別に『二帖御抄』『一流相伝法門見聞』ともいう。本書は尊海（一二五三―一三三二）が心賀から承けた恵心流の口伝を一海（年代不詳）が筆録したものである。その内容は一心三観、心境義、止観大旨、法華深義の山家四箇大事と、円教三身、常寂光土義事、蓮華因果の略伝三箇大事を合わせた、いわゆる七箇大事あるいは七箇法門と言われるものを、教重・行門・証道の三重に説示し、天台の一念三千の法門の淵底を尽して伝授している。このうち、上巻は一念三千と同義である一心三観の名の下に、境・智に分別してまずその素地である諦理を明らかにし、次に正しく境智融合の妙処（一念三千）を示し、止観大旨の下に冷煖自知（宗旨）と言句伝承（宗教）の異質を判じ、次いで法華深義を開示して上巻（四箇大事）を畢っている。すなわち上巻は、一念三千を解義して相伝するが主体で、これはすなわち自行の因修にあたる分である。下巻はこれに対して、仏身（正報）、仏の住する国土（依報）、仏の妙因妙果を明かす略伝三箇、すなわち行果の枢要を開説伝授する分と、付録として巻末に、一、真言と天台の同異、二、天台と法相の同異、三、天台と華厳の同異、四、天台と三論の同異、五、天台と禅宗の不同、の五項を掲げて、諸宗との同異勝劣を批議する分により構成されている。〔所載〕天全9。〔多田孝文〕

二祖上人詠歌【にそしょうにんえいか】時　他阿真教（一二三七―一三一九）作。古くは『大鏡集』といい、『他阿上人法語』巻八には『他阿上人歌集』となっている。清浄光寺蔵本の原本は境葛籠（十二光箱）に納められていた。水戸彰考館蔵による歌集は、天正一七（一五八九）年三月遊行三二代普光が筆写したものを、高田与清が弟子慧充に命じて筆写させたものである。現在、藤沢山蔵本は失われている。歌集には一四一七首の和歌が収められており、そのうちの釈教を中心に抜抄したものが、安永七年に出版されており、『仏全』67にも同一の版本が収められている。なお水戸彰考館本は河野憲善によって時宗教学研究所から校訂翻刻されている。〔高野　修〕

二祖他阿上人法語重校決疑録【にそたあしょうにんほうごじゅうこうけつぎろく】時　一巻。長順（？―一八〇〇）誌。一八世紀末成立。本書は『他阿上人法語』八巻の校訂録ともいうべきものである。『他阿上人法語』は長順の校訂により安永七（一七七八）年と、再び彼が校訂しなおして寛政六（一七九四）年に再版された。この時に付して一巻としてこの決疑録が刊行されたともいわれている。〔所載〕時宗全書、定時宗上。〔参考〕他阿上人法語八巻。〔長島尚道〕

二諦義私記【にたいぎしき】因　一巻。最澄（七六六―八二二）著。真諦・俗諦の二諦について、『法華玄義』『摩訶止観』『法華玄義釈籤』の説をもちいて天台宗の立場からの説を問答形式で展開し、天台二諦論の真髄の解明につとめている。化法の四教および三種の被接に立つ七種の二諦を中心として説かれている。題の下には「伝教大師述」とあるが、他の真撰書と違い、諸目録、とくに『修禅録』『可透録』『竜堂録』等は最澄の真撰とは認めていない。〔浜田智純〕

日域洞上諸祖伝【にちいきとうじょうしょそでん】曹　二巻。湛元自澄（？―一六九九）撰。元禄六（一六九三）年自序を撰し、翌年刊行す。日本曹洞宗の代表的な僧伝のひとつ。道元、懐奘、僧海、詮慧、義介、寂円、義準、紹瑾、義尹、義雲、韶碩、素哲、宗真、寂霊、宗令、良秀、玄妙、大智、円旨、円見、聞本、覚真、妙融、慧明、真梁、善救（以上巻上）、明見、自性、祖祐、曇貞、祖厳、得僊、一祐、覚延、天誾、能勝、梵清、慧徹、正猷、永本、清良、法俊、祖命、正音、祐栄、恔手、謙宗、正文、為璠、禅竜、性欽、芝繁、慧済、正募、正伊、正厳、祖寅、禅洞、等都、性岱、性印、妙慶、慧応、明遵、玄虎、洞奭、正悦、周洋、契嶷、舜玉（以上巻下）、の七〇人の伝を収めている。自序に本書の撰述の経過や目的がのべられている。それによると、道元が入宋して如浄の法を伝えて日本に曹洞正宗を開いてより、その法孫は枚挙にいとまがないほどになったが、その伝記は失われ、行実の全体を知ることができなくなった。僧史に記録されているもの一〇人ほどであって、残念である。そこで古記録を集め、遺老にただして七〇人の伝記を書いたが、まだ一〇分の一か、一〇〇分の一にしか当たるまい。今後は、誤りを正し欠を補って欲しいことをのべている。また、別源円旨と月篷円見は宏智派に属するが、曹洞宗の英士だから立伝した旨が記されている。湛元は長崎晧台寺の第六世である。〔所載〕仏全鈴70、曹全（史伝上）。〔石井修道〕

日莚上人御伝記【にちえんしょうにんごでんき】日　一巻。智雲日晴（一六五二―一七二三）著。成立は享保八（一七二三）年七月。奥書に「七十二才の老眼を拭て之を書く」とある。本書は身延山久遠寺二九世・同円光庵開基隆源日莚の波瀾に富んだ一生（特に身延山三一世の後住問題にからんでの「江戸対論」・「秋田配流」が注目される）を門弟の日晴が記したもの。正本は秋田市久成寺に蔵されている。〔中條暁秀〕

日金記【にちきんき】日　一巻。日什門流会津六人のひとり日金（？―一四一六）の所説を、宗尊、日叡（会津妙法寺四世）、日戒の三人が書き記したものと伝えられる。『日什門徒建立由緒』『日什聖人御由来事』（宗尊記）、『日什名相本地之口決』『日什聖人朝夕勤行掟之事』（日叡記）、『日什御一期間記』（伝　日戒記）の五篇より成る。ただし、一説によれば、『日金記』とこの五篇とは内容が相違しているとの説もあるという。五篇の内容は、各々、日什独立の理由とその教学的意義、日什の略伝と当初の弟子六人（会津六人）の略伝、「日什」という名の由来についての二カ条の意味、勤行の得意、日什の略伝、となっており、その意図するところは、日什門流の京都における拠点である妙満寺に対抗し、会津妙法寺が門流の正嫡であり中心であることを強調しようとしたことにある、といわれている。〔所載〕日宗全5。〔参考〕日宗全5諸本解説、執行海秀・日蓮宗教学史。〔糸久宝賢〕

日什御奏聞記録【にちじゅうごそうもんきろく】回 一巻。日穆（にちぼく・生没年不詳）記。永徳元（一三八一）年一二月の成立。別に『日穆記』ともいう。日穆は天台宗羽黒山東光寺の僧であったが、日什に従って中山門流に帰伏改宗した。会津六人のひとり。日什の上洛諫暁にも同行し、鎌倉本興寺に住して同所で入寂した。本書は永徳元年に日什が行った上洛諫暁の顛末を書き留めたもので、上洛の日程、洛中における諸多の手続きのありさま、関白二条師嗣への内奏と問答の内容、管領斯波義将への面謁、二位権少僧都の宣旨を受けたこと、帰路の日程などを詳細に筆録している。〔所載〕日宗全5。〔参考〕日宗全5諸本解説、立正大学日蓮教学研究所編・日蓮教団全史上。〔糸久宝賢〕

日什上人由来【にちじゅうしょうにんゆらい】回 一巻。成立年代不明。正しくは『日什聖人御由来之事』という。著者明記なし。古来より『日金記』五篇の一とされ、日金の仰せを宗尊（生没年不詳）が筆録したものと伝える。日什の改宗の由来を述べるとともに、教学的には『法華経』の本迹勝劣の思想がうかがえ、教団的には京都妙満寺に敵対し、会津妙法寺中心説、妙法寺戒壇説が述べられている。〔所載〕日宗全5（顕本法華宗部）。〔井上博文〕

日什大聖師伝【にちじゅうだいしょうしでん】回 一巻。本昌日達（一六九一—一七七二）記。元文五（一七四〇）年成立。または『日什上人伝』ともいう。顕本法華宗の開祖玄妙阿闍梨日什（一三一四—九二）の伝記。漢文体であったものを、のち安政五（一八五八）年永昌日鑑が読みやすくするため、和訳して版行した。〔井上博文〕

日乗上人日記【にちじょうしょうにんにっき】回 日乗（一六四八—一七〇三）の元禄四（一六九一）年より同一六（一七〇三）年までの日記。本日記の内容は、日々のできごとを如実に記し、さらに詩歌、随想、記行文、論説等にも筆をすすめ、元禄時代の世相、年中行事、武家や庶民の生活をみるうえでも信憑性の高い日記といえる。なお、日乗と水戸光圀の関係が深かっただけに、光圀に関する記事も多く記載されている。原本は常陸太田市久昌寺に現存。〔所載〕日乗上人日記（全一巻）。〔松村寿巌〕

日像菩薩徳行記【にちぞうぼさつとくぎょうき】回 一巻。日将（生没年不詳）著。日将はかつて京都妙顕寺の境内にあった弘経寺の歴世。明和九（一七七二）年五月成立。本書は妙顕寺開山日像（一二六九—一三四二）の生涯にわたる事蹟を三五の章段に分け、日像の行動を称えた一代記である。その章段は次のごとくである。像師誕生、出家得度、玄旨本尊並朗聖添翰、高祖直授、忍力試行、上都発駕、向日神八幡神感、帝都弘法、三度追却、向日神感、花洛根本、宗号綸旨、寺領寄付、塔中本尊、遺誡六条、示寂、祈雨法験、菩薩勅許、菩薩号綸旨、四海唱導、番神勧請、法理糺明、諸寺分散、受不受論、常徳寺、石塔寺、宝塔寺、真経寺、能州本土寺、同妙成寺、越前妙泰寺妙勧寺、敦賀妙顕寺、若州妙興寺、紫衣勅許、公方御礼、となっている。版本を立大蔵。また日董（一八四八—一九〇五）の編集本『四海唱導日像菩薩徳行記』が、明治二二（一八八九）年一月に開板されている。さらに『日蓮宗学章疏目録』によると、不染日勇（?—一八八七）による『日像菩薩徳行記』一巻があると記す。〔松村寿巌〕

日像門家分散之由来記【にちぞうもんけぶんさんのゆらいき】回 一巻。著者明記なし。成立年代は、京都妙顕寺一三世日広の没年（天文二一〈一五五二〉年）までを記していること、書写奥書に元亀三（一五七二）年二月二日とあることから、この二〇年の間であると推定される。本書は、京都四条（日像）門流（竜華日像が開創した妙顕寺を本寺とする門流）の分裂伸張の様子を記したもので、妙顕寺から諸寺院が分裂・独立していった過程を年代順にあげ、その背景についても述べている。写本京都妙顕寺蔵。〔所載〕日宗全18。〔糸久宝賢〕

日大直兼台当問答記【にちだいじっけんたいとうもんどうき】回 一巻。日大（一三〇九—六九）記。貞治二—三（一三六二—六三）年成立。また『日大直兼十番問答記』ともいう。日大は日興門流日尊の弟子で、本覚法印と称し、畠山阿闍梨と号した。日尹（印）との上行院後薫問題から分立し、住本寺を創した。本書は日大が貞治二年一二月二三・四日、翌三年正月二六日の両度にわたって、天台宗の山門無双の碩学、一代聖教惣鐘と称せられた坂本の円実房直兼のもとを訪れ、天台宗と法華本門宗との教学の同異に関して行った問答の記録である。集約して十番の問答から成るために単に『十番問答記』ともいう。内容は恵心流と本宗との法門の似同・相違点、並びに恵心流と本宗との、絶対本門、本門観心、五字観、種熟脱の見解、教観の関係、付属相承などの相違点について問答している。日大はこれを通して特に富士門流の教義が山門の教義とどの程度の同異があるかを確認しようとしているが、一尊四士造立の際の印相を合掌印とする事、方便品・寿量品の読誦と唱題を心法所具の三法妙に配す事に称讃を得る反面、相違する点では山門の義を不審としながらも「不難之、得心上止畢」と反論を止めている。なお文中、「大聖人、俊範ヨリ天台之法門ハ御相伝世」とあるところから、日蓮の叡山遊学時の師を俊範とする説があるが、俊範の一聴講生であったろうとする説もあり確証されてはいない。正本は現存しないが、会津実成寺日仁（後・京都要法

寺二五世日舒）の写本が京都要法寺に所蔵されている。〔所載〕日宗全2。〔井上博文〕

日妙聖人御書【にちみょうしょうにんごしょ】［日］　日蓮（一二二二―八二）撰。文永九（一二七二）年佐渡で執筆。『楽法梵志書』ともいう。梵志を始め雪山童子、薬王、不軽等の例をあげて、仏法を求めることがいかに難事であるかを説いている。日妙は女人で、夫と離別し、一幼子をつれ、鎌倉から佐渡へ長途の旅をしたが、この書は後日、日妙に与えられた書簡である。「日本第一の法華経の行者の女人なり」とあり、篤信の一人。〔所載〕定日遺1。〔上田本昌〕

日祐置文【にちゆうおきぶみ】［日］　一紙。日祐（一二九八―一三七四）記。延文四（一三五九）年六月一七日付。中山法華経寺三世日祐が、同寺について定めた置文。第一条に本尊、聖教の格護を先師日常、日高の置文どおり怠慢なく行うべきこと、第二条に両寺（法華寺・本妙寺、後の法華経寺）の本尊、聖教等は先師の意により弁公日尊一人に付嘱すること、また門徒は一致して事に当り、異議の人には衆議を経て教訓を加えるべきこと等を定める。自筆本市川市法華経寺所蔵。〔所載〕日宗全1、中山法華経寺史料。〔寺尾英智〕

日隆大聖人徳行記【にちりゅうだいしょうにんとくぎょうき】［日］　上中二巻。不染日勇（？―一八八七）編。明治二一（一八八八）年以前の成立。先行の各種日隆伝を参照し、集大成を試みたもので、この後の日隆像に大きく影響した。著作当時の日隆遺跡の描写に特色があるが、全体になお検討すべき点が多い。上巻は明治二一年、中巻は翌二二年に刊行され、日隆五五歳の牛窓本蓮寺行化までを記述する。下巻未刊。〔大平宏竜〕

日蓮聖人御弘通次第【にちれんしょうにんごぐつうしだい】［日］　一巻。身延山久遠寺三世三位日進（一二七一―一三四六）著。正中二（一三二五）年に成立。現存する日蓮の伝記としては最も早く成立したものの一つであるが、伝記本としての体裁にはまだ至っていない。日蓮の生涯の節となる重要な事柄のみを年譜的に記しており、誕生から入滅に至るまでの記述はきわめて簡略である。全一紙半からなる短いもので『三国仏法盛衰之事』などと もに合本で身延山久遠寺身延文庫に所蔵される。〔所載〕日宗全1。〔林是晋〕

日蓮聖人註画讃【にちれんしょうにんちゅうがさん】［日］　五巻。円明日澄（一四四一―一五一〇）著。成立年代不明。日澄は『法華啓運鈔』等、多くの著作をなし宗義を興隆した宗学者。本書は室町期成立の代表的な日蓮伝記本のひとつで、日蓮の生涯を絵と漢文の詞書であらわした絵巻物。日蓮伝記本における最初の絵詞伝でもある。原本は存在しない。ただし日澄没後二六年目の天文五（一五三六）年に、京都の絵師窪田統泰が制作したものを京都本圀寺に蔵する。この本圀寺本は漢文体の詞書をもつ極彩色のもので、原本にもっとも近いと考えられる。他に江戸期初頭に制作された数点の諸写本がある。五巻三二項目に分けられた内容は、日蓮を超人的な覚者として捉えたため、宗教的奇蹟かつ一般諸人の興味と関心をひく潤色的記述が多い。事実、漢文体詞書を集めた本書は、日蓮宗最初の出版書として慶長六（一六〇一）年に刊行された。ただし、その内容は本圀寺本の詞書を刊行したものではなく、当時流布していた諸写本の詞書を集め校検した混合本文である。したがって、その内容は刊行の時点で新たに作成された第二次成立本ともいうべき性格をもつ。この慶長六年本を底本とした江戸時代の諸刊本は、すべて右の性格を有する。しかし、江戸中期以降成立の日蓮伝記本は本書の亜流、または種本としたものが多く、後世の日蓮伝に大きな影響を与えた。〔所載〕日蓮聖人伝記集、続群書9。〔冠　賢一〕

日蓮大士真実伝【にちれんだいししんじつでん】［日］　五巻。小川泰堂（一八一四―七八）著。慶応三（一八六七）年成立。江戸後期成立の代表的日蓮伝記本。幕末の社会状勢を危機意識のもとに受けとめた著者が、その生涯を救国の仏教者日蓮としてえがいたもの。京都平楽寺版が大正七年から昭和九年までに二〇版を数えたのを始め、諸版の刊行は明治以降の日蓮伝記本出版史上、記録的な出版となり、諸人の日蓮像構築に大きな影響を与えた。〔冠　賢一〕

日蓮大菩薩一代記【にちれんだいぼさついちだいき】［日］　二巻。原著者は円明日澄（一四四一―一五一〇）。日澄が著し窪田統泰がさし絵を付した『日蓮聖人註画讃』を底本として仮名書き絵入りに再編集したもの。原題は『日蓮大菩薩御一代記』。天和三（一六八三）年刊、文化一一（一八一四）年再刊。日蓮の伝記本で、条項は『註画讃』と全同である。――→日蓮聖人註画讃〔糸久宝賢〕

日蓮大菩薩記【にちれんだいぼさつき】［日］　一巻。加倉井忠珍（生没年不詳）著。『日蓮大菩薩記稿』ともいう。寛政九（一七九七）年一〇月著、享和元（一八〇一）年刊。日蓮の伝記を個条書きにしたもの。末尾に日蓮の大菩薩贈官の経緯に関する説を引用している。〔糸久宝賢〕

日蓮本地義【にちれんほんじぎ】［日］　二巻。日領（一五七二―一六四八）著。寛永一八（一六四一）年成立。元禄一三（一七〇〇）年刊行の『蓮祖大士窮源抄』は本書の再訂本。日領は小湊誕生寺一六世、小西檀林の玄義・文句の能化で日樹等とともに寛永七年の身池対論により配流された不受不施派の流罪僧である。本書は、日蓮宗より天台宗に改宗し日蓮の爾前無得道や、その本地上行菩薩の能化説を邪見とする真迢『破邪顕正記』五巻に対する反駁書である。本書の内容は「日蓮本地是上行菩薩」の応化なることを証明し日蓮の正当性を強調したものである。その本地、証明成立の方法は、⑴日蓮大聖但だ南無妙法蓮華経を改める事、⑵結要の四句、全く題目の五字なる事、⑶宗祖独り始て委く惣命別名異を格す事、⑷大曼荼羅の中に始て本化の四菩薩を顕し玉う事、⑸後五百歳の時刻に出世し玉う事、⑹已謗法華人間を利益し玉う事（以上上巻）、(7)已謗法華の国土に出世し玉う事、(8)鼻祖強義に始て四箇の名言を説き玉う事、(9)蓮祖の強敵に三類有る事、(10)鼻祖蓮公、始終一概に廃権立実の化導を為し玉う事（以上下巻）、の十ケ道理を掲げ論述し、次に「十ケ証文」「十ケ遮難」をもって説明し、ことごとく真迢の邪説を論破している。日領の日蓮本地論を強調したことに一応評価しながらも、宗門においては彼の宗学の学風になお台学思想があると見る意見が多い。寛永一九年刊、昭和五二年再刊。〔所載〕仏全97、日教全10。〔参考〕日蓮宗学説史、日蓮宗教学史、日蓮宗事典、近世日蓮宗出版史研究。──→蓮祖大士窮源抄　〔桑名貫正〕

日渓演暢講主小児往生説【にっけいえんちょうこうしゅしょうにおうじょうせつ】浄真　一巻。法霖（一六九三―一七四一）著。元文四（一七三九）年成立。別に『小児往生記』ともいう。法霖は本願寺第四代能化。本書で「寛文年中、本山良如上人の御時代、越前国に於てこの諍ありて注進す。これに依て興正寺殿、常楽台、下間刑部卿などを御殿に召し集められ、御評議の上、大法主良如上人より仰せ出されし旨を先師（若霖）へ伝えられ、先師より予（法霖）にこれを伝えらる。先師も予も皆この義に同せり」といって小児の往生について問答体で簡潔に論じている。〔所載〕真宗全62。〔新作博明〕

日光山各院世代記【にっこうさんかくいんせだいき】天　一巻。編者不詳。日光山の、護光院、無量院、龍光院、桜本院、観音院、日増院、唯心院、修学院、照尊院、実教院、教城院、大楽院、安居院、養源院、医王院、浄土院、光樹院、遊城院、華蔵院、南照院、慧乗院、藤本院、安養院の計二三院につき、それぞれ各院ごとに歴代を掲げ略伝を和文で記している。なかには自記もあるが、天全、大忍などの記者の名も出る。〔所載〕天全24。〔木内堯央〕

日出台隠記【にっしゅつたいいんき】日　本末二巻。円明日澄（一四四一―一五一〇）記。明応三（一四九四）年成立。日澄は京都本圀寺日円に学び、法華本迹の一致勝劣、台当勝劣にあたって数多くの論書を著わした一致派の学僧で身延の行学日朝と並び称せられた。本書は比叡山の流れを汲む叡山沙門円信・美濃国華王院住持の著わした日蓮宗教学への批判書である『破日蓮義』に対する反駁書。本書の題意は「日蓮法華宗が顕われ出る時、天台宗は隠れる」の意で、日蓮宗の教義と天台宗の教義との相違・勝劣を顕わし、日蓮法華宗の優位性を示したもの。すなわち、円信が、日蓮法華宗の宗号の事、日蓮の仰ぐ天台・伝教の事、あるいは開会の事などを批難したのに対し、「一、三国伝来の事、宗号に付ての事、並びに入唐せざる難を会す事、勅許なき事を会す。二、天台、伝教は弥陀如来を信ず、等の難を会す事」というように、一々に六二条目を挙げて、円信の天台勝日蓮法華劣を破し、日蓮法華勝天台宗劣を強調している。特に、開会については、円信が開会平等論の立場から日蓮宗の権実論を批判したのに対し、体内の権は仏の証智であるから捨つべきではないが、開会の上には体外の権はないから、体外の権は永く棄捨すべしとしている。この権実論争は近世に入っても続き、円信の『破日蓮義』は『禁断日蓮義』に影響を与え、本宗から数多くの反駁書が出版される一方、本書も寛文九（一六六九）年版行された。〔所載〕仏全97、日教全。──→破日蓮義　〔井上博文〕

日親上人徳行記【にっしんしょうにんとくぎょうき】日　一巻。日匠（一六二七―八九）著。本書は日親（一四〇七―八八）の激動の生涯を二〇の章段に分け、日親の行徳を称えた一代記である。ほぼ編年体で章段は構成され、誕生薙染、学成、発誓感瑞、試忍力、霊夢、上洛弘法、一乗寺、法性寺、治国論、禁獄諸責、冠鐺、義教現報、本阿弥、大慶寺、播州横難、著述、本法寺建立、逆修、示寂、滅後応験、となっている。版本を立大蔵。〔松村寿巌〕

日親上人徳行記【にっしんしょうにんとくぎょうき】日　二巻。成遠日達（一六五一―一七〇八）著。宝永元（一七〇四）年成立。先に刊行された日匠の漢文体『徳行記』を一般信徒の便にも供するため、これを仮名文に改め、さらに章段ごとに絵を挿入して劇的要素をもりあげている。章段の項目は両本ともほぼ同じであるが、仮名文は第一三段本阿弥のあとに常国寺の項目を追加し、全二一段となっている。版本を立大蔵。〔松村寿巌〕

日天子崇敬略記【にってんじそうけいりゃくき】日　一巻。日輝（一八〇〇―五九）著。祖師日蓮が日天子を崇敬していた事実を遺文をもって詳細に説き明かし、日天子が法華経の行者を守護する広大な力を有していることなど、その崇敬の意義を撰述している。〔所載〕充治園全集2。〔松村寿巌〕

入唐記【にっとうき】真　一巻。心覚（一一一七―八〇）編。成立年代不明。内容は、入唐求法の日本僧二十数人を挙げて、かれらの出身および経歴、入唐帰朝に関しての諸史料に見る記載を集めて、年代順に編集したものである。智通、智達、道照、道慈、知鳳、慈訓、玄昉、永忠、栄叡、行表、行賀、善義、戒明、最澄、空海、円行、恵運、圓珍等を取りあげる。たんに名前を挙げただけのものもあり、きわめて簡単な書である。〔所載〕仏全（遊方伝叢書2）。〔村山正俊〕

入唐求法巡礼行記【にっとうぐほうじゅんれいこうき】天　四巻。圓仁（七九四―八六四）撰。承和一四（八四七）年以降成立。書名は仏教読みからいえば「じゅんれいぎょうき」と読むのが自然であろう。圓仁は下野国都賀郡の人で、九歳のとき広智のもとで出家し、一五歳のとき比叡山に登り最澄に師事し修学する。承和五（八三八）年に入唐し在唐一〇年ののち帰国、新たに諸種の法門を伝えて、天台宗を大成し、叡山の基礎をきずく。仁寿四（八五四）年延暦寺座主に、貞観八（八六六）年には慈覚大師と諡される。
　本書は圓仁が入唐し、江蘇、安徽、山東、河北、山西、陝西、河南の七省を旅して、密教、悉曇、止観などを学んで帰国するまでを日記体で綴られた記録である。第一巻は承和五年六月一三日から開成四（八三九）年四月一八日まで。乗船、渡航、九死に一生をえて揚州上陸、天台山国清寺参詣の許可がえられぬまま開元寺滞在、運河で楚州に向かうが、巡礼不許可のために残念ながら帰国の途につくも、登州に漂着、ふたたび巡礼、留唐の決意をするまで。第二巻は開成四年四月一九日から同五年五月一六日まで。登州赤山浦に上陸し、法華院滞在、遣唐使一行と別れて求法旅行を計画し、新羅人張詠らの協力によって旅行証明をえて、最初天台山に詣でる予定であったが、五台山が文殊の霊場だけでなく天台教学もさかんなことを知るに及んで、五台山に向かい大華厳寺にいたるまで。第三巻は開成五年四月二八日から会昌三（八四三）年五月二六日まで。五台山での五台の頂をめぐっての霊跡巡礼、山中伽藍、各宗にわたり実践される教え、貴族的庶民的信仰に感銘をうけた五〇余日の求法生活、その後下山して長安にいたって資聖寺に滞在、阿闍梨を求めて密教法の求法に専念する様子、武宗による仏教弾圧のきざしが見えはじめる長安の様子の記録。第四巻は会昌三年六月三日から承和一四（八四七）年一二月一四日まで。圓仁の庇護者の仇士良の隠退、武宗の仏教弾圧、弟子惟暁の死去、圓仁らも還俗追放を受け道士に変装して長安を逃れ、命からがら赤山浦にたどりつき、帰朝するまでを記録するのである。

以上が本書の概略であるが、日本の中国求法僧の記録には、圓珍の『行歴抄』、成尋の『参天台山五台山記』があるが、本書は旅行行程の記載の正確さ、記録内容の豊富さにおいて他にぬきんでている。たとえば、遣唐使節団の組織や土産品と唐朝の応対、困難な渡航状況、大陸の交通、都市や河川の地理、唐土の経済、留学僧の経済、圓仁の提出した申請書等から行政事情、地方行政、僧団の機構、仏教行事と儀礼、民衆の行事、沿海地方での新羅人の活動、とくに五台山・長安の仏教、会昌の廃仏等が詳細に記録され、中唐期の中国を知るうえで貴重な資料となるのである。〔所載〕仏全113、訳一。〔参考〕小野勝年・入唐求法巡礼行記の研究。足立喜六訳注・塩入良道補注・入唐求法巡礼行記。〔秋田光兆〕

入唐新求聖教目録【にっとうしんぐしょうぎょうもくろく】因　一巻。圓仁（七九四—八六四）上。承和一四（八四七）年成立。別に『慈覚大師求法目録』ともいう。圓仁は承和五（八三八）年から承和一四（八四七）年まで入唐し、在唐期間中多くの経疏儀軌を求得して、帰朝後天台教学を大成し、比叡山の興隆につとめた。本書は圓仁の請来目録三部のなかのひとつで、経論章疏伝記等五八四部八〇二巻、ならびに胎金両部曼荼羅および諸尊壇像、舎利、高僧真影等五九種の目録である。圓仁はこれを三部に分けている。第一に長安で求めた経論章疏伝等四二三部五五九巻、胎金両部大曼荼羅および諸尊曼荼羅、壇像、道具等二一種である。第二に五台山で求めた天台教迹、および諸章疏伝等三四部三七巻。ならびに五台山の土石等三種である。このなかには法照撰『浄土五会念仏略法事儀讃』一巻が含まれており、これは比叡山における念仏法門の発展に寄与することとなる。第三に揚州でえた経論章疏伝等一二八部一九八巻、胎金両部大曼荼羅および諸尊壇様、高僧真影、舎利等二一種である。これは『承和五年入唐求法目録』によったもので、その内容もほぼ同じである。本目録中著しく多いのは密教経典、儀軌の類いであり、その数は空海の請来した典籍数を凌駕するものである。とくに真言・讃は密教声明の発達をうながしたとされる。本目録は帰国の年ただちに制し表進したものである。〔所載〕正蔵55。〔秋田光兆〕

——→承和五年入唐求法目録

日本仏法中興願文【にっぽんぶっぽうちゅうこうがんもん】臨　一巻。栄西（一一四一—一二一五）著。元久元（一二〇四）年成立。寛政元年東山沙門東晙（生没年不詳）が、『願文』と『出家大綱』を一本として記録し、それが近世になって新たに出版された。『願文』の内容は、まず仏法がインドより中国漢土に東流し、宋にいたる間の伝播の様相と、日本に伝わりひろめられた状態の要点をのべる。そして栄西当時の仏教界の邪見を憂えて、正しい菩薩戒によって自利利他を慈助し、仏法の興隆を望み、また仏法と王法の解釈をのべ、官府の政策としても仏法興隆に尽くす必要を説き、仏法がひろく流行し、群生が究竟彼岸にいたるようにという願いをこめて著わされたもの。以上を当時の官府に訴えたものであるから、内容はごく簡潔である。〔所蔵〕駒大、禅文研。〔所載〕高名全（栄西禅師篇）。〔高崎正芳〕

二弁竜燭篇【にべんりゅうしょくへん】浄　三巻。常音（？—一八五三）撰。嘉永元（一八四八）年成立。常音は本願寺派司教で紀伊の真教寺に住し、知洞門人であった。本書は鎮西派の学僧である長門大日比西円寺法洲の『不可会弁』一巻と、『強会弁』四巻の二書を反駁するためにつくられたものである。内容は三巻のうち上巻において『不可会弁』の論を破し、中下二巻において『強会弁』の説をくだいている。両会弁は『大日比三師（法岸・法洲・法道）講説集』（明治四四〈一九一一〉年刊）三冊中の下巻に収められている。〔所載〕真宗全56。〔石田雅文〕

日本往生極楽記【にほんおうじょうごくらくき】通　一巻。慶滋保胤（？—一〇〇二）撰。寛和二—永延元（九八六—八七）年九月前後に成立。別に『日本往生記』『日本往生伝』『往生極楽記』などともいう。保胤は文章博士菅原文時に師事し、早くから文人として名声を博した。康保元（九六四）年勧学会を主催し、寛和二（九八六）年叡山横川において出家、寂心と号した。この前後から源信と親交があり、二十五三昧会という念仏結社を組織している。行基伝に付した注記等によれば、本書はその大部分が出家の前年（九八五）を下限として成立し、完成は兼明親王逝去の永延元年九月前後とされる。保胤は中国の迦才の『浄土論』や『瑞応删伝』にならって、わが国の異相往生者の伝記を編んだ。典拠としたのは「国史」「諸人別伝」と「故老」よりの聞書である。収載往生者は、追加の聖徳太子と行基を除くと、比丘二五人、沙弥二人、比丘尼三人、優婆塞四人、優婆夷六人の計四〇人。往生者の多くは保胤と同時代人で、地域的には近畿のほか、陸奥、信濃、伊予などの遠国にまでわたっている。往生者の行業は、念仏を中心としつつ、法華と念仏、法華と真言、真言と念仏の兼修など多様であり、念仏も称名より観念の念仏のほうが多い。本書の版本には寛文九（一六六九）年版、延宝二（一六七四）年版などがある。〔所載〕仏全107、仏全鈴68、群書5、浄全続17、思想大7。〔長谷川匡俊〕

日本感霊録【にほんかんれいろく】[通] 二巻（抄録本一巻のみ現存）。義昭（生没年不詳）編。成立年代不明。上限はもっとも新しい記事が承和一四（八四七）年であるのでそれ以後、下限は『東大寺要録』（嘉承元―長承三〈一一〇六―一一三四〉）に所引されているので要録成立以前となるが、九世紀末にはすでに成立していたと考えられている。原撰本は二巻で五八話が蒐集されていたと推定されるが現在は散佚し、一五話を収録した高山寺旧蔵久安三年抄録本と、『東大寺要録』巻四所引佚文一話、『南法華寺（壺坂寺）古老伝』所引佚文一話が知られるのみである。『日本霊異記』を継承する仏教説話集で書名のごとく善悪奇異に対する応報譚が集録されているが、編者みずからの求道精神にはふれず、また現報は悪行に限るなど『霊異記』の応報観とは異なる点がある。抄録本はほぼ年代順に元興寺に関する説話のみを配列しているが、『東大寺要録』所収の佚文は東大寺童子と千手観音の話、『南法華寺古老伝』所収の佚文は壺坂山千手観音の話であり、必ずしも編者義昭が所属した元興寺に関する話のみを集録したとはいえない。詳細については完本の発見が待たれる。〔写本〕久安三年抄録本は竜門文庫に、ほか彰考、内閣、静嘉にも所蔵されているが、すべて久安三年抄録本より出たものである。〔所載〕続群書25。〔魚尾孝久〕

日本高僧伝指示抄【にほんこうそうでんしじしょう】[通] 一巻。宗性（一二〇二―七八）著。建長元（一二四九）年成立。宗性は、道性、光暁に華厳を学び、聖禅、良忠等の諸匠から倶舎、因明、唯識等を学び、弁暁からも教えを受け、東大寺尊勝院に住んだ。寛元四年ころ権大僧都となり、文応元年東大寺別当に任ぜられ、文永八、九年ころ権大僧正となったらしい。宗性の著作は華厳宗、『法華経』、法相、倶舎等多方面にわたり数多いが、本書と関係が深いのは『日本高僧伝要文抄』と『弥勒如来感応抄』である。本書の奥書に建長元年秋より冬にいたり東大寺知足院別所信願の御庵室にて、日本高僧諸伝記を披見し、のちのためにその内容の主要のことを書いたとある。宗性四八歳の著作である。内容は一五人の僧侶各人の伝記の要目を列挙してあるので、信願のところにあった伝記の行実を項目別に抄出したものが本書であると思われる。『日本高僧伝要文抄』に収録された伝記と本書の項目を比較すると、本書の項目より想像できる日本高僧諸伝記は、内容が『日本高僧伝要文抄』より豊富である。『日本高僧伝要文抄』の巻一・二は建長元年七―一〇月に同所にて著わされ、本書と同時期である。本書は『日本高僧伝要文抄』執筆の資料でもあろうが、信願のところにあった日本高僧諸伝記の内容を簡略に知らせるためのもので、『日本高僧伝要文抄』を補う目的があったのではないか。自筆本が東大寺図書館にある。〔所載〕仏全101、仏全鈴62。〔松木裕美〕

日本国天台宗章疏目録【にほんごくてんだいしゅうしょうしょもくろく】[天] 一巻。撰者不明。末に弘治二（一五五六）年に深秘の書を懇望して写したとある。内容は日本天台の著者別目録で、最澄、圓仁、圓珍、安然、源信、覚超、義科書、良舜、明賢、順耀、永心、性舜、朝晴、仏眼院、良聖、忠尋、勝範、皇覚、俊範、薬王房、俊承、政海、憲実、祐朝、経海の著書そして唐決を掲げる。義科書をまとめ唐決をまとめ、論義の用意に宛てたものか。〔所載〕仏全1。〔木内堯央〕

日本大師先徳明匠記【にほんだいしせんとくめいしょうき】[通] 一巻。定珍（一五三四―一六〇四）編。天正八（一五八〇）年成立。別に『先徳明匠記』『明匠記』『台家先徳明匠記』『日本先徳明匠記』『本朝大師先徳記』ともいう。本書は、常陸国逢善寺で第一五世学頭であった定珍が、天台止観業の口決を相承した初学者のために、天台教学諸流の次第や口伝書の見方、四カ大寺等を略述したものである。〔所載〕仏全111、仏全鈴65、続々群書12。〔松木裕美〕

日本洞上聯灯録【にほんとうじょうれんとうろく】[曹] 一二巻。嶺南秀恕（一六七五―一七五二）集。享保一二（一七二七）年成立。中国で、潙仰、曹洞、臨済、雲門、法眼の五家が成立した。潙仰、雲門、法眼の三宗は、中国ですでに伝を断ったが、曹洞と臨済の二宗は日本へ伝来した。本書は、日本へ伝わった道元と宏智派の東明慧日、東陵永璵の三派の曹洞宗の機縁語要を編集したものである。日本で編集された僧伝のうち、曹洞宗の人びとの伝を収めたものは、虎関師錬編『元亨釈書』（一三二二年成立）、高泉性潡編『扶桑禅林僧宝伝』（一六七五年刊）、卍元師蛮著『延宝伝燈録』（一六七八年成立）、湛元自澄撰『日域洞上諸祖伝』（一六九三年成立）、徳翁良高編『続日域洞上諸祖伝』（一七〇八年成立）、蔵山良機編『重続日域洞上諸祖伝』（一七一七年刊）の六書がある。しかし、六書に立伝された数は、およそ二五〇人で、それぞれの伝に詳略や異同があり、のちの者がどれを信頼すべきかに迷うので、それらを参考にして、一貫した編集方針に基づいて合計七〇〇余人の伝を集めたのが本書である。嶺南の三〇年に及ぶ苦心の作である。本書の目録をみれば、『景徳伝燈録』以来の燈史がもつ性格である嗣法を明らかにし、永平下二五世まで立伝している。巻末には考証を設け、嶺南の説を展開している点は注目される。大虚喝玄と豁然居士富逸の序、自序および林信充と華嶽秀曇の後序がある。編集完成より一六年も経た寛保二（一七四二）年に刊行された理由は、嗣法の内容とかかわっていたためと考えられる。嶺南は、如実秀本の弟子で、江戸青松寺の二〇世である。〔所載〕曹全（史伝上）。〔石井修道〕

日本法華験記【にほんほっけげんき】通 三巻。鎮源（―一〇四〇―）著。正しくは『大日本法華経験記』という。別に『日本法花験記』ともいう。長久年間（一〇四〇―四四）成立。鎮源は『霊山院釈迦堂毎日作法』『霊山院式』の結縁暦名のうちにみえるが、その伝記は不詳である。首楞厳院沙門と撰号で号するが、そうだとすれば、比叡山横川首楞厳院にあって、源信と同時代の僧ということになる。本書三巻には計一二九人の伝が載せられ、それは菩薩、比丘、在家沙弥、比丘尼、優婆塞、優婆夷、異類にわたり、その順に収載されている。著者は宋の義寂が『法華験記』三巻を書いたが、当然日本のことにはおよんでいないので、著者の周囲に喧伝される『法華経』の霊験譚を得がたい史書や都や地方の僧俗の口碑を渉猟してこれをあつめ三巻にまとめたと序にいっている。しかも「意は沓に愚暗のために作るのみ。専らに賢哲のために作らず」としており、一般士庶に『法華経』の威験を伝え、その信を鼓舞しようという意図に出ていることはあきらかである。巻上に聖徳太子、行基、伝教大師等四〇項、中巻に嵯峨の定照以降持経者明蓮まで四〇項、下巻に越後の神融から紀伊国の女にいたるまで四九項を出す。岩波日本思想大系本で井上光貞は、本書が『日本霊異記』をまったく参照せず、『三宝絵』『日本往生極楽記』に依存し、その他いくつかの僧伝を用い、なおむしろ序にあるように、見聞知識を主としていることが多いとする。〔所載〕続群書8、思想大7。〔木内堯央〕

日本霊異記【にほんりょういき】通 三巻。弘仁（八一〇―二四）年間成立。原名は『日本国現報善悪霊異記』。『日本霊異記』、『霊異記』は略称。撰述者は奈良薬師寺の僧景戒（生没年不詳）。景戒については『霊異記』中の自伝以外はほとんど不詳。自伝によれば、当初は妻子とともに在俗の生活を営んでいたが、延暦六年の夢で発心し、翌年に沙弥の生活に入る。同一四年には薬師寺から僧位をうけた。没年は弘仁一三年（五六歳）と推定されている。編纂意図は仏法の説く因果応報の理を具体的な話を通して人びとを教化善導することにあった。景戒は序文において「祈ハクハ奇記を覧る者、邪を却け、正に入り、諸悪作すこと莫く、諸善奉行せんことを」と記していることに明らかである。そのため、善悪の現報が描かれる。善なる行為には造寺、造塔、写経などの三宝への崇信があげられる。悪しき行為には三宝への不敬の他に殺生、不孝、偸盗、邪婬などの世俗的な倫理に反することも含まれる。こうした現報の種々相を描くだけではなく、行基に代表されるヒジリ・沙弥などの民間宗教者について多くの記述がなされている。景戒が現報や行基を描くことによって仏教を庶民のレヴェルで語ろうとしたことが知られる。本書が日本最古の仏教説話集である以上に、奈良時代の庶民信仰の実情を知るうえでの貴重な文献とされているのもこのような景戒の視点にある。〔参考〕堀一郎・日本霊異記の文化性。〔鷲見定信〕

若州永福和尚説戒【にゃくしゅうえいふくおしょうせっかい】曹 二巻。面山瑞方（一六八三―一七六九）撰。慧恩（生没年不詳）等記。宝暦二（一七五二）年成立。別に『説戒』という。瑞方が但馬大用寺の授戒会に請されたときの説戒を慧恩等が筆録したもの。勧戒普説、三帰戒、三聚浄戒、十重禁戒、加行の因縁に関し、独自の見解をのべている。宝暦一〇（一七六〇）年刊本を駒大に蔵す。〔所載〕曹全（禅戒）。→説戒略要〔吉田道興〕

入学新論【にゅうがくしんろん】通 一巻。帆足万里（一七七八―一八五二）著。天保一四（一八四三）年成立。本書は、原教、原学、原名の三篇より成る。原教で、天下の教えを正と権の二つに分かち、儒教を正とし、仏教を権とする。二教の異同をのべながらも、二教を偏廃してはならないことを論ずる。原学は、六経の神髄を論じ、原名は、漢字の由来変遷をのべて、文字の真義を明らかにしている。〔所載〕帆足万里全集。〔石井修道〕

入出二門偈義疏【にゅうしゅつにもんげぎしょ】浄真 一巻。僧叡（一七六二―一八二六）撰。成立年代不明。僧叡は石泉学派の祖で行信の説において精緻をきわめる。弘願助正説を唱えて道振と争い、あるいは法相表裏稟受前後をいって本山の取調べにあう。内容は親鸞の『入出二門偈頌文』の七言一四八句の偈頌を懇切に解説し、他力往生の内容を示したものである。〔所載〕真宗叢9。→入出二門偈頌文〔石田雅文〕

入出二門偈講録【にゅうしゅつにもんげこうろく】浄真 二巻。宣明（一七五〇―一八二一）撰。成立年代不明。宣明は大谷派第六代講師で深励と並んで宗学の双璧である。本書の内容は題号と本文とからなる。本文を述本論意と叙師釈義の二分科に分けている。天親の『浄土論』の釈義を中心に、曇鸞、道綽、善導の釈義を引きながら『入出二門偈頌文』を解釈しているところに特色がある。〔所載〕真大18。→入出二門偈頌文〔石田雅文〕

入出二門偈頌【にゅうしゅつにもんげじゅ】浄真 一巻。親鸞（一一七三―一二六二）作。成立年代不明。略して『二門偈』または『往還偈』ともいう。本偈頌は、七言一四八句より成る。世親の『浄土論』に拠ってうたった第一句から第八八句、曇鸞の『浄土論註』に拠ってうたった第八九句から第一〇八句、道綽の『安楽集』に拠ってうたった第一〇九句から第一二八句、善導に拠ってうたった第一二九句より最終句まで、という四段に大別することができる。第一段の「世親菩薩依大乗」以下の二八句では、『浄土論』願生偈の意に拠り、世親の信仰をたたえ、「菩薩入出五種門」以下の六〇句では、『浄土論』解義分に拠りつつ、他力回向の立場に立った親鸞の入出二門観をうたっている。第二段では、曇鸞が世親の『浄土論』を注釈したことをのべたあと、『浄土論註』に拠り、入出門が他力であることを示している。第三段では、道綽の『安楽集』第三大門の聖浄二門の分別を示す文と、第二大門の終りの三不三信釈に拠り、末法の世において起悪造罪の凡夫が、三信相応の一心によって救われるのが、他力易行道であることを示し、第四段では、善導に拠り、真実の信心をえた人は、芬陀利華、好好上々人、最勝希有人と称され、安楽土にいたることを説いている。

「入出二門」とは、入門と出門の略である。入門とは、浄業を修することにより浄土に入る門という意味で自利門のことをいう。出門とは、浄土よりこの世にかえって迷える人びとを教化する門という意味で利他門のことをいう。親鸞は、世親が『浄土論』において説いた入出二門の行（五念門）と、その結果（五果門）に法蔵菩薩の永劫の修行と成道とを読みとり、五念門、五果門、すなわち入出二門は阿弥陀如来の本願力廻向により衆生に施されるものであると説いたが、このような親鸞の立場がよく表われている書である。

本偈頌の現存する書写本は、⑴茨城県聖徳寺蔵・室町時代書写本、⑵福井県法雲寺旧蔵・鎌倉時代書写本、⑶真宗高田派本山専修寺蔵・真慧書写本の三系統に分けられる。これらのうち、聖徳寺本には、「愚禿八十歳三月四日書之」と、法雲寺本、専修寺本には「建長八歳丙辰三月廿三日書写之」と奥書が記されている。また聖徳寺本には、偈頌の始めに、「無量寿経論一巻―入出二門偈従斯出」の五行九句、および曇鸞、道綽、善導に関する偈頌のまえに「曇鸞和尚　大巌寺」「道綽禅師　玄忠寺」「善導大師　光明寺」という句がそれぞれ付されており、用語にも異同がある。一方、専修寺本には、右の三師の標示をあらわす句は付されているが、偈前の五行九句はなく、文中の用語は聖徳寺本と法雲寺本の中間的位置にある。〔所載〕正蔵83、真聖全2。〔那須一雄〕

入出二門偈頌参考【にゅうしゅつにもんげじゅさんこう】浄真　二巻。了空（生没年不詳）撰。明和七（一七七〇）年の刊行。本書の内容は題名、選号、偈文の三つから成る。題名では、「此の偈の本は『浄土論』によって明す所の頌の故に題を入出二門と為す。是れ一心五念の行を得て彼土に入出する義なり」とのべる。選号では愚禿親鸞作とのべて、愚禿と親鸞の説明をしている。偈文では本文を二つに分ける。一には論によって入出二門をのべ、二には師釈を挙げて義を助成す。前者をまた二つに分ける。一に合に約して一心を示し、二に開に約して五念を示す。こうして細かく釈成するが結局、入出二門は他力を顕わすのである。本書は親鸞八四歳の撰述である『入出二門偈頌文』を忠実に注釈したものである。すなわち、天親の『浄土論』、曇鸞の『往生論註』によって一心五念、入出二門を挙げ、五念門行は阿弥陀仏がすでに因地において成じ給われたもので、この五念門行を修せられるゆえんは本願力廻向のためであるとしている。また「当に知るべし。入出二門を開けば五念門也。合するときは則唯一心也。一心は即ち是れ帰命、所帰の法体に南無の二字在り。仏の回施に依って得る所の信心、念仏なり。故に三師（鸞師、綽師、導師）の高判、論の旨に体会して入出の二門咸く弘願他力廻施の利益を顕す」とのべる。―→入出二門偈頌文〔石田雅文〕

入出二門偈略解【にゅうしゅつにもんげりゃくげ】浄真　一巻。道振（一七七三―一八二四）述。成立年代不明。道振は本願寺派の学僧で、大瀛の門人。親鸞の『入出二門偈頌文』についての解説書である。⑴弁造意、⑵釈題号、⑶解文句、という三門から成る。⑶では、内容について全体を四段に分け、前二段すなわち世親の『浄土論』および曇鸞の『往生論註』の釈義が、この偈の中心であり、後二段の道綽・善導の釈義は、それを助顕するものであると解釈したあと、本文について注釈している。〔所載〕真宗全37。〔那須一雄〕
―→入出二門偈頌

入真言門講演法華儀【にゅうしんごんもんこうえんほっけぎ】天　二巻。圓珍（八一四―九一）撰。正式には『入真言門住如実見講法華略儀』といい、別名に『法華略儀』『講演法華儀』『講演法華略儀』『入真言講演法華儀』ともいう。本書は密教と『法華経』との一致を明らかにしたもの。空海（七七四―八三五）の釈迦仏を応身とし、大日如来を永遠の法身としてその優位を説き、『法華経』を『華厳経』より低い地位に置く教判を立てるのに対し、『法華経』と密教の一致、釈迦・大日同体の理論を主張し、止観と台密の面目を発揮称揚したものである。内容はまず法華三昧に入り心中にある八葉の蓮華を観想することを説き、それは入楞伽経の如実見に住することであると普礼・勧講・懺悔・受戒・発願と天台流の五悔の形式を踏襲しつつ説き示している。特に普礼法では蓮華三昧経の本覚讃を引用している点が注目される。次に『法華経』の開経である『無量義経』と『法華経』とその結経である『観普賢菩薩行法経』とをそれぞれ大意・釈名・入文判釈とに分けして解釈する。『法華経』の釈では、妙法とは金剛界大日如来の月輪、蓮華とは大悲胎蔵界八葉の蓮華であるとし、天台の五教判の上から、法華を法界体性智、華厳を大円鏡智、方等を平等性智、般若を妙観察智、阿含を成所作智と金剛界の五智に当てて、法華修行は密教の実修によって完成すると結ぶ。〔所載〕仏全旧24・27・新41、日蔵41、智証全下。〔多田孝正〕

女院御書【にょいんごしょ】浄　二巻。證空（一一七七―一二四七）述。上下二巻より成るが、上巻と下巻とは別書で、上巻は単独に寛文一一（一六七一）年に空覚によって刊行され、文政三（一八二〇）年に南紀総持寺の弁才がこれに下巻を加えて二巻の書として刊行した。上巻の女院は四条女院とされていて、内容は説述形式、下巻は巻頭に「北白河の女院の御尋によりて西山国師の答たまへる条々」とあるごとく北白河女院で、内容は問答形式でのべられている。上巻の成立年代は寛元二（一二四四）年ころ、下巻は貞応元（一二二二）年ころから嘉禎四（一二三八）年までのあいだである。上巻は悲歎に沈める女院のため、念仏、念仏往生、諸経念仏、観経念仏、弥陀の本願、十方衆生、命を惜しむことと浄土往生、阿弥陀仏、三縁などについてのべ、十方衆生の種々相、因位、中間、果上の阿弥陀仏についてはそれぞれ表をもって示し、浄土門の教えを組織的に平易に説述されてある。下巻は女院との間の一一章の問答となっているが、北白河女院は源空の教えをしばしば聴聞していて、源空没後その教えについての疑問点を證空に尋ねたものである。念仏、念仏の五種の利益、三心、三心を具せぬ念仏、自力の念仏、他力の行、念仏の遍数、本願相応、念仏者の臨終狂乱などについてのべられてある。〔所載〕森英純編・西山上人短篇鈔物集（昭55）。　〔徳岡亮英〕

如実事観録【にょじつじかんろく】日 二巻。日受（一六九二―一七七六）述。明和七（一七七〇）年成立。本書は『如実事観録序』の「台当異目編」一巻があり、『如実事観録』上下巻からなっている。日受は日什門流の代表的な学匠で、品川本光寺第二六世、本山妙満寺第九二世。さらに宮谷檀林五八代の能化である。まず「序」では天台と当宗の観心の相違、仏界縁起、三身即一の寿量顕本応身正意、応身の慈悲としての但信口唱の事観義等を論じている。その間諸師の異説を破し、日蓮遺文の真偽を考証し、『開目抄』中心説を提唱している。ついで、上下二巻では、日透（一六五三―一七一七）の『事一念三千義』を逐条的に評破し、事理二観を分別して、事観と信心との関係、末法に助行として観心を用いる可否を遺文に準じて論じ、信心正因を説いて、日透の説を台家当家の二途を摂しない事観だと断じた。〔所載〕日宗全6（顕本法華宗部2）。　〔北川前肇〕

如浄禅師語録夾鈔【にょじょうぜんじごろくきょうしょう】曹 五巻。玄峰淵竜（一六四三―?）撰。天和三（一六八三）年に撰述を開始し、貞享元（一六八四）年に初稿を終える。貞享四（一六八七）年に再校し、元禄三（一六九〇）年九月一一日、玄峰五八歳のときに三校を終え、版下として完成したが、刊行は果たせなかった。本書は、道元の師如浄の『語録』に対する注釈書で、現存する注解書のうちではもっとも詳細なものである。如浄は、嘉定三年に建康府清涼寺に住し、台州瑞岩寺、臨安府浄慈寺、明州瑞岩寺、再住浄慈寺を経て、明州天童景徳寺に住している。その『語録』は、五刹の住持の記録である上堂および小参、普説、法語、頌古、讃仏祖、小仏事、偈頌で構成され、本書の注釈はその全体に及ぶ。『如浄語録』は、延宝八（一六八〇）年に卍山道白によって刊行されたものが、もっとも流布したが、本書は、古写本によって『如浄語録』を刪定して、先年刊行本の前後改易、脱落増加を指摘している。近年、『如浄語録』の古写本が、総持寺より発見紹介されるに及んで、その指摘の正しいことが証明され、注釈の態度や方法が高く評価され、資料的価値の高いものである。本書も静岡県正泉寺より近年発見紹介されたものである。玄峰は東京都葛飾区亀有見性寺の住持で、延宝八年に『重編曹洞五位』を付点刊行している。本書には延宝九年の梅峰竺信の校讐引、貞享元年の中峰下一八世碩竜撰の自序が存す。〔所載〕続曹全（注解3）。　〔石井修道〕

如説修行鈔【にょせつしゅぎょうしょう】日 日蓮（一二二二―八二）著。文永一〇（一二七三）年成立。本書は人々御中と宛名があるように門下一般に与えた末法における如説修行の指南書である。竜口・佐渡の法難に門下のなかから法華退転者が出、また日蓮の布教方法に懸念をいだく者に改めて誡めた書である。大きく三段にて釈す。(1)『法華経』を末法にて流布する場合、猶多怨嫉の迫害がある事、真実の『法華経』の如説修行の行者の師弟檀那には三類の敵ある事はあらかじめ申したとおりであって日蓮の法難に動揺すべきでない事、(2)如説修行について。法華の行者は現世安穏なのに三類の強敵の法難を受けた理由に往事の釈尊、不軽、天台、最澄等の歴史的先例を挙げ、いま、日本国は邪国謗法故に悪鬼充満して亡国となるため、法華正義に基づき権実を匡す折伏の戦を起す必要を説く。次に行者の態度。法華以前の修行は不成仏、法華釈尊の金言を明鏡とする事。一乗流布のとき、実教をもって折伏する歴史的先例から日蓮の迫害に値える正当の実証。末法の如説修行の行者は日蓮と弟子檀那との宣言。(3)退転は地獄行との誡め。いかに強敵重なるとも退転せず恐れず、八裂きになっても命のある限り唱題を唱え、唱え死にの覚悟をもって成仏を遂げることを勧め本書を不離随身と誡めている。後年の熱原法難はこの書の実践となった。〔所載〕定日遺1。〔参考〕日蓮聖人御遺文講義、日蓮聖人遺文全集講義、日蓮辞典、日蓮宗事典。　〔桑名貫正〕

女人往生聞書【にょにんおうじょうききがき】浄真 一巻。存覚（一二九〇―一三七三）著。元亨四（一三二四）年成立。本書は空性坊了源の求めによって女人往生の義をのべたものである。阿弥陀如来の第一八願に十方衆生の救いが誓われ、第三五願に女人の往生が誓われていることの意味を解明している。そこでは、女人が五障三従の罪をもち、諸寺において女人禁制の事実があることを示して、その女人の救いを誓い、女人往生の願を起されたのが、阿弥陀仏であると説いている。善導の『観念法門』、親鸞の『和讃』等々を引文して女人の救いの必然性を力強くのべている。存覚は『大経』の四十八願に「まず女人往生の願をたてて別してこれをすくひ、つぎに『観経』には韋提希夫人を正機としてこれがために念仏往生のみちをとき、をはりに『阿弥陀経』には善男子善女人とつらねて念仏の機男女にわたることをあらはせり」と三経をあげてのべている。寛文九（一六六九）年を谷大、竜大、文化八（一八一一）年を谷大、文政八（一八二五）年写本を谷大、古写本を竜大、恵空写伝本を竜大に蔵す。〔所載〕真聖全3。〔参考〕仏解8。――→選択註解抄　〔山崎竜明〕

女人往生聞書壬辰記【にょにんおうじょうききがきじんしんき】浄真 一巻。琢成（生没年不詳）述。天保三（一八三二）年七月講。本願寺存覚の『女人往生聞書』の講義であるが、来意、大意、題号、本文の四科段に分け、詳細に講ぜられたものである。本書は、『女人往生聞書』の注釈、講義の代表的なものともいわれている。〔所載〕真大28。――→女人往生聞書　〔山崎竜明〕

女人往生章【にょにんおうじょうしょう】浄 一巻。慈泉（一六四五―一七〇七）記。天和四（一六八四）年成立。別に『本願念仏利益章』ともいう。慈泉は西山派の僧で洞空と号し慈空に師事する。念仏を行ずるも戒律遵守を宣揚する。本書は『無量寿経』第三五願を中心に五障三従の女人が「もし弥陀の名願力によらずんば千劫万劫恒沙等の劫にてもついに女身を転ずることをうべからず」と善導の釈をもちいて念仏による女人往生をすすめている。谷大、西山短大蔵。

〔堀本賢順〕

如来師子円絃国字答【にょらいししえんげんこくじとう】日 一巻。大川日淙（生没年不詳）著。寛政六（一七九四）年刊行。元文元（一七三六）年から寛政期にかけて当時の日蓮宗は、浄土、真宗の諸家との間で権実論争が盛んであった。本書はそうした状況のなかで、浄土諸家の批判に対する応戦書である。刊本を立大蔵。　〔宮川了篤〕

如来二種廻向文【にょらいにしゅえこうもん】浄真 一巻。親鸞（一一七三―一二六二）作。康元元（一二六二）年成立。本書は、いくつかの経論を引用することにより、阿弥陀如来の二種の廻向について示した短篇の書である。はじめに、世親の『浄土論』の廻向の釈を挙げたのち、阿弥陀如来の廻向に、往相廻向（阿弥陀仏が、浄土に往生する因果を悉く衆生に施すこと）と、還相廻向（浄土に生まれた衆生を穢土に還して、迷える衆生を救わせること）の二種があることを説いている。そして、『大無量寿経』の第十七願文、第十八願文、第十一願文と、『無量寿如来会』の第十一願文を引用し、また『大無量寿経』巻下の「次如弥勒」の語、および『竜舒浄土文』を参考にして、往相廻向に、真実の行業、真実の信心、真実の証果があることを示している。次に還相廻向については、『浄土論』の「出第五門」の文を引用して、その出拠を示し、この廻向は『大無量寿経』の第二十二願に誓われてあるとのべ、最後は師源空の「他力には義なきをもて義とす」との言葉で結んでいる。

本書には、親鸞の真蹟本がなく、愛知県岡崎市上宮寺と、三重県津市真宗高田派本山専修寺に写本が二本伝来する。上宮寺本は、『和讃』や『経釈要文』等と合綴された室町時代初期の写本であり、表題には『往相廻向還相廻向文類』と記されている。袋綴、紙数八葉、半葉五行、一行一三字より成り、ところどころに朱書で訓点が施されている。奥書に「康元元丙辰十一月二十九日　愚禿親鸞八十四歳書之」とあることより、康元元（一二五六）年撰述と考えられる。また専修寺本は、鎌倉時代の写本であり、外表紙中央に「如来二種廻向文」、左下に「釈顕智」、内表紙中央に「二種廻向文」、左下に「釈覚信」という袖書がある。袋綴、紙数九葉、半葉五行、一行一四字内外より成る。奥書には「正嘉元年丁巳壬三月廿一日書写之」と記されている。これらのことにより、専修寺本は、上宮寺本著述の翌年の正嘉元（一二五七）年に書写されて覚信に授けられ、これを専修寺三世顕智が所持したものと考えられる。上宮寺本と、専修寺本とを比較した場合、上宮寺本に、上欄の注記があること、漢文の引用において返り点・送り仮名を付していること、および両本間に若干の文・語句の異同があること程度で、ほとんど内容的に違いはなく、両本とも同一目的をもって著述されたことが知られる。上宮寺写本は、明治四四年にコロタイプ版に印行されたことがある。〔所載〕正蔵83、真聖全2。　〔那須一雄〕

如来秘蔵録【にょらいひぞうろく】日 一巻。元政（一六二三―六八）書。寛文六（一六六六）年成立。寛文八年刊行。元政（日政）が如来秘密の真実義として『涅槃経』の扶律談常の精神を論じたもの。内容は戒法を論じて十門に分け、持戒を仏法の本とする。元政の戒律堅持の教えは後世、草山律、法華律とよばれ日蓮宗の歴史に特異な光芒を放つが、本書はその基盤を明らかにしたものである。正本を深草瑞光寺蔵。〔所載〕草山拾遺上。　〔小野文珖〕

仁和寺御伝【にんなじごでん】真 一巻。尊海（一四七二―一五四三）撰。成立年代不明。本書は序・上・下に分かれている。序に本書の意義をのべる。上・下に、宇多法皇（寛平法皇）から後南室覚深（一六四八年寂）の伽藍再興にいたるまで約七三〇余年間の、仁和寺御歴代の伝記を列叙している。本書の最後の部分にある厳島御堂、宮守理、後南の三伝は後人の付加といわれる。〔所載〕群書3。　〔本多隆仁〕

仁王経開題【にんのうぎょうかいだい】真 一巻。空海（七七四―八三五）述。『仁王経』は、つぶさには『仏説仁王護国般若波羅蜜経』という。本書は、経を三つに大科し、⑴経の起る意を叙す、⑵経の題目を釈す、⑶経の本文を解すとしている。⑷本文解釈をさらに来意、品名、本文解釈に細科して明かす。題目を釈す段に『仁王経』の四訳を挙げる。弘仁元（八一〇）年一〇月七日上表の「国家の奉為（おんため）に修法せんと請う表」（『性霊集』巻第四、『弘全』3）に『守護国界主経』『仏母明王経』とともに護国経典として挙げ、『仁王経』を高く評価している。〔遠藤祐純〕

仁王長講会式【にんのうじょうごうえしき】 因 一巻。最澄（七六六―八二二）記。弘仁四（八一三）年成立。『長講仁王般若経会式』ともいう。大同五（八一〇）年に始まる。三部長講会式の一で、⑴三礼、⑵梵音頌、⑶如来唄、⑷散華、⑸礼仏、⑹勧請、⑺自懺悔、⑻他懺悔、⑼刹利懺悔、⑽大臣懺悔⑾受戒頌、⑿発願、⒀神分、⒁入経文、⒂結願頌の順序に修せられる。〔所載〕正蔵74、伝全4、日蔵77。〔坂本廣博〕

仁王般若合疏講録【にんのうはんにゃがっしょこうろく】 因 三巻。光謙（一六五二―一七三九）撰。羅什（三五〇―四〇九）訳『仁王般若経』と智顗（五三八―九七）の疏（いずれも疑いあり）を清の道霈が合疏にしたものの注釈である。初めに五重玄義、次に随文解釈している。巻一に序品、巻二に観空品、教化品、巻三に教化品の余、二諦品、護国品、散華品、受持品、嘱累品を説く。〔所載〕仏全6。〔坂本廣博〕

ね

涅槃講式【ねはんこうしき】 因 一巻。源信（九四二―一〇一七）撰。源信は恵心僧都、横川僧都、大和国当麻出身、比叡山良源の弟子、因明、法相、倶舎に通じ、天台教学の蘊奥を極め、天台法門恵心流の祖とされる。一方『往生要集』の撰述や二十五三昧講の指導など、一般士庶に往生浄土を勧める実践行にも活躍し、ために和讃、講式の多くを源信に仮託する。本書は釈迦涅槃会にあたり、釈迦を恋慕し来世に望みをつなぐ構成である。〔所載〕恵全5。〔木内堯央〕

涅槃講式【ねはんこうしき】 曹 一巻一帖。仏陀入滅を悲しみ、かつ供養する儀式を順次に叙述したもの。初めは高弁（一一七三―一二三二）の四座講式（涅槃、十六羅漢、如来遺跡、舎利）の一。のちに禅宗でも取り入れ、改訂されて今に伝わる。面山瑞方（一六八三―一七六九）、香外石蘭（?―一七七七）の較正本『重正涅槃講式』（風月版・明和四〈一七六七〉年刊）が知られる。〔所載〕四座講式、正蔵84、続曹全（講式）。〔松田文雄〕

念持真言理観啓白文【ねんじしんごんりかんけいびゃくもん】 真 一巻。空海（七七四―八三五）撰。略して『理観啓白』ともいう。全文が頌文の形式をとっている。四字一句の四言体が二七二句、五字一句の五言体が八句、七字一句の七言体が六句の計二八六句よりなっている。巻末に真言観法とあるように、真言念持についての観念、陀羅尼の種類・意義・功徳についてのべたものである。このうち、六大無礙常瑜伽の『即身義』の二頌八句の文を引き、あるいは二教一論八箇の証文の『金剛頂瑜伽修習毘盧遮那三摩地法』の文「現在証二得歓喜地一故後十六生成二正覚一故」が引かれ、『即身義』との関係が見られる。また「覚二名諸仏一迷二名衆生一衆生癡暗無レ由二自覚一如来加持示二其帰趣一」の文や「五大有レ響十界具レ言六塵文学法身実相」の文があって、『声字実相義』との関係が見られる。本書の巻末に「真言不思議観誦無明除一字含千理即身証法如行至円寂去去入原初三界如客舎一心是本居」と『般若心経秘鍵』の有名な二頌八句が説かれている。さらには、四陀羅尼（法陀羅尼、義陀羅尼、呪陀羅尼、忍陀羅尼）や五持（聞持、法持、義持、根持）等は『梵字悉曇字母並釈義』との関連を示している。また「一字入レ臓万病不レ生即身証二得仏身空寂一」の文は、覚鑁の『五輪九字明秘密釈』に引用される有名な句である。空海の重要な論との深いかかわりをもつ本書は、真言の観法を通しての秘密体験を説く論であるといえよう。延宝九（一六八一）年刊『小部輯釈』に収載。〔所載〕弘全2。〔遠藤祐純〕

念死念仏集【ねんしねんぶつしゅう】 浄 七巻。知空（一六一六―八〇）撰。成立年代不明。貞享元（一六八四）年、弟子了智により刊行された。知空は浄土宗の僧で洛西壬生寺のそばに安養菴を建て、浄業を修し教化も行った。本書は、出家した姉の寿因のために、専念口称を勧め励ますために撰したといわれる。第一巻、末代衆生三心具足して念仏行ずれば決定往生する事以下、無常の意をもよおす詩歌の事まで、七巻三四章にわたり問答形式によって、念死念仏の二念は西方の要術、浄業の故実であるとして念仏の策励を勧めている。刊本には貞享元（一六八四）年版、明治二一（一八八八）年版とがある。いずれも正大蔵。〔新井俊夫〕

拈評三百則不能語【ねんぴょうさんびゃくそくふのうご】 曹 三巻三冊。指月慧印（一六八九―一七六四）註。明和四（一七六七）年刊。『三百則』は道元の撰集で、これに指月が拈提評釈したものである。伊勢松阪養泉寺第一一世孝存梅友（?―一七八七）の請によって指月が拈評し、侍者慧洪、顕孝等が、その評釈に随って編輯し、明和三年に一入覚門（金沢大乗寺三九世）の序、指月の法嗣瞎道本光の跋を得て、明和四年に刊行した。禅宗祖師たちの真理のことば（古則）三〇〇個のいちいちについて、これを簡潔に評釈したものである。なお『三百則』そのものについては、古くより撰集の真偽をめぐって論じられているが、金沢文庫所蔵の弘安一〇（一二八七）年書写の真字の『正法眼蔵』（中巻端本）が発見、紹介されることによって、道元真撰が証明された。ただし古則本文は指月が拈評するに当たって取捨増削の手が加えられているため、三百則本来の姿を伝えていないし、古則の数も三百一則とあり、内容的にも多くの問題があるが、三百則そのものは中国禅宗諸祖の悟道の因縁を曹洞宗旨の上から参究する場合の視点を与えるものであるとともに、三〇〇個の撰集は、道元の仮字正法眼蔵の成立する前段階的作業として撰集され、この古則を自らが体得した正伝の仏法の本義を委説する台本としても用いられていることからしても、本書は重要な資料である。〔所載〕正法蒐14、続曹全（注解1）。　〔河村孝道〕

念仏往生決心記【ねんぶつおうじょうけっしんき】[浄]　一巻。良遍（一一九四—一二五二）撰。建長三（一二五一）年成立。撰者は法相宗の学者で、生駒僧都あるいは勝願院とも呼ばれる。本書は、至心称念こそ心得決定という冒頭の言葉を受け、その理由を四段に分けて説くものである。第一の「教文甚明故」では『阿弥陀経』に依りつつ称名念仏が勝行であることを説く。第二の「道理甚強故」では、阿弥陀仏の大悲願力によって、散乱下劣の凡夫であっても、その願が成就することを説く。第三の「現証甚多故」では、永観の『往生拾因』を引用し、その中の教信沙弥の例をもってその証の一とする。第四の「成就甚易故」では、『観無量寿経』に説く十六観や善導の釈書に留意しつつも、称名の易行性を重視する。また各段には別時意や臨終の十念等、それぞれに関連した問答が展開されているが、いずれも最初の至心称念こそ心得決定の根本という立場において論じるものである。なお良遍は法相の教義によって浄土思想を解し、懐感の『釈浄土群疑論』等によって諸行本願義を主張したといわれるが、入滅の前年に至心称念を強調する本書が著わされていることは、良遍の浄土信仰を研究する上で注目すべき点である。元禄一〇（一六九七）年と宝永八（一七一一）年の版本があり、義山の跋と興福寺清慶、湖東安養寺戒山の序文が付されている。〔所載〕浄全15。　〔深貝慈孝〕

念仏往生要決【ねんぶつおうじょうようけつ】[時]　一巻。切臨（?—一六六一）著。明暦四（一六五八）年成立。切臨は七条道場二二世持阿。切臨は一〇数種五、六〇冊にのぼる著述がある。本書のほかに『念仏安心抄』一巻、『時宗安心大要』一巻がある。遊行二九代上人—一華堂乗阿—切臨と相承された時宗念仏の安心の大要についてのべたもの。〔所載〕定時宗。→時宗安心大要　〔石岡信一〕

念仏現益弁【ねんぶつげんやくべん】[浄真]　一巻。僧樸（一七一九—六二）記。宝暦六（一七五六）年一二月成る。僧樸は本願寺派の学僧で、越中射水郡小泉村の出身、一八歳より法霖に師事し、宗学を修む。弟子に僧鎔、慧雲、仰誓、大同、智洞、玄智、大麟等あり。序に「世人ノココロエマチ〳〵ニシテ。アルヒハ此念仏ニハ現益ナキカトウタガヒ。アルヒハタヾ当益ノミヲツノルヤウニマドヘル。マコトニモテナゲカワシキ次第ナリ。故ニ今略シテ三門ヲタテテ。カノ疑惑ヲ弁ゼント欲ス」と示すごとく、真宗における念仏の在り方と、後序に示すごとく、真宗における祈禱の可否を弁ずることに主眼がそそがれている。「三門ヲタテテ」とは、(1)現益ヲ得ル証文ヲ出ス、(2)現益ヲ得ル人ヲ挙グ、(3)略シテ宗意ヲ述ブ、の三段である。第一の証文には、『三部経』を引用し、『大経』の「仏所遊履」の文、「則我善親友」の文、『観経』の「念仏衆生、摂取不捨」の文、「若念仏者、当知此人、是人中芬陀利華」の文、『小経』の「諸仏護念」の文を明示している。また善導の『観念法門』の五種増上縁の勝益を挙げ、「アキラカニ念仏行者現世ニ大益ヲウルコトヲ示シタマフ。ダレガコレヲ擬議センヤ」として経論に拠してのべる。宗祖の現生十種の益に言及し、他力念仏の行者の勝益を示す。また「雑修ノ中、現世祈禱モ雑修ノ類トサダム」「祈禱祭祀ヲモパラニスルモノハ、無常迅速生死事大トツユモワキマヘヌ無道心者ノスルコトナリ」と現世祈禱を否定している。単行古写本を竜大に蔵。〔所載〕真宗全62（真宗小部集6）。　〔藤田恭爾〕

念仏三心要集【ねんぶつさんじんようしゅう】[浄]　一巻一冊。弁長（一一六二—一二三八）作。寛喜三（一二三一）年成立。本書に「授手印に曰く」「名義集に曰く」などと記してあるから、『末代念仏授手印』や『念仏名義集』制作以後のものである。すなわち最後の化導のために七〇歳になって執筆したものである。弁長は浄土宗第二代で鎮西流の祖で、字は弁阿、聖光房という。九州西北部を中心に活躍したため、鎮西上人・筑紫上人・善導寺上人などとも尊称される。述作の意図は本文のなかに「弟子弁阿弥陀仏（弁長）は故法然上人よりかくの如く種種に念仏の法門を受け伝えて候也。日本国の一切の人人を助け奉らんがために、年七旬になりて最後の化導と同じワナ、ク〳〵注し置き候也」と記しているのによると、源空より口伝せられた法門をひろく伝えることにあった。内容は当時流行していた源空門下の異義邪説に対して、源空の正しい安心起行のおもむきを記したものであり、ときに三心の問題について詳述してある。とくに巻末には、安心の疑い、起行の疑いの問題について釈明してあって、三祖良忠の著作である『決答疑問鈔』に記されている問題と同様な問題が取扱われている。後半には『末代念仏授手印』『念仏名義集』の書名を掲げ、その文を引用するほか、「師云」として弁長の詞を載せているので、後半は後人による追加とみなされる。刊本は元禄七年版、寛政四年版がある。〔所載〕浄全10。→浄土宗名目問答　〔小林尚英〕

念仏三昧法語【ねんぶつざんまいほうご】[因]　一巻。真盛（一四四三—九五）。この法語は真盛が念仏門に入った当時の心境を素直に表現したもので、文明一四（一四八二）年一二月に四一歳で、叡山での交衆を絶ち、ただ一人黒谷に住し、繰り返して閲蔵した結果、仏教の中において、天台の一心三観の法を超えるものはないとし、しかし、凡夫がたやすく生死を離れるためには、難解であるとし、『一切経』を五回閲見した後に述作されたものであることが絵詞伝に伝えられている。すなわち法語には、「念仏三昧に入りぬれば、極楽もただちに現じて、三世の諸仏も日夜にあい奉り、諸の神達も常に唱名の床に来り玉ひぬ。吾日吉明神は同伴となり玉ひて、思ひと思ひ心のまま也。かける目出度念仏を、うき世の余所に見る人は宝の山に入りながら、手を空しふして帰るが如し。我ながく一切衆生を導いて、末世念仏の行者の床のほとりに来て、不信なる心をおこらん時一心の内に入りて大信心の行者となすべし。若し一心に弥陀を念じて散乱心の行者あらば我、永く成仏すべし」と、一向専修念仏に帰すべきことが強く主張せられており、真盛の当時の熱烈な信仰の様子が吐露された唯一の書であるといえる。〔所載〕正蔵77、国東叢1。〔西郊良光〕

念仏者追放宣状事【ねんぶつしゃついほうせんじょうのこと】日 日蓮（一二二二―八二）記。正元元（一二五九）年成立。ただし、直筆は伝わらず、写本として平賀本がある。詳しくは『念仏者令追放宣旨御教書集列五篇勘文状』といい、源空の唱える専修念仏を破折するために出された南都北嶺の奏状、および宣旨、院宣、御教書、山門の下知状を挙げ、それにしたがって、念仏を捨て正法に帰依すべく専修念仏廃止の促進を策したもの。〔所載〕定日遺3。〔冠 賢一〕

念仏諸経要文集【ねんぶつしょきょうようもんしゅう】浄 一〇巻。無住（?―一六四七）著。号は報誉。因幡国の人。江戸時代初期の高僧であるが、その伝記は不明。大乗・小乗を修得した後、安芸国に赴き、厳島の経蔵で諸経典を読解。その要文は『金玉拾撿集』六〇巻とした。他に本書があるが、これは念仏往生に関して必須要文を諸経の文中から選取し解説したものである。他に『諷誦指南』四巻。『無縁慈悲集』二巻がある。〔久米原恒久〕

念仏大意【ねんぶつたいい】浄 源空（一一三三―一二一二）述。成立年代不明。本書は聖浄二門を対比しながら、数多い出離の要路のなか、とくに念仏の優位性を、「よくよく身をはかり、時をはかるべき」との視点から力説している。浄土門を念仏門としたり、『法事讃』の生盲闡提の文を引用する点に特徴がみられる。伝本の諸本のうち、『西方指南抄』下末と元亨版『和語灯録』二とはよく対応する。〔所載〕浄全9、法全。〔藤堂恭俊〕

念仏法語【ねんぶつほうご】天 一巻。源信（九四二―一〇一七）。成立年代不明。源信は、比叡山横川恵心院に住し、天台宗徒として深く顕密の教法に通じ、その関係における多くの著述を残すとともに、特に『往生要集』の名著によって平安期の浄土信仰を鼓吹した。本書は『恵心僧都法語』または『横川法語』とも呼ばれる。内容は、『往生要集』の核心を平易に述べたもので、熟読すれば、その意趣を得られるのみならず、往生行者の安心起行をことごとく理解できるのである。しかも文章は仮名文で書かれており、簡約短篇である。前後二段に分れる。前段は、三悪道をのがれて人間に生まれ、阿弥陀仏の本願にめぐりあった喜びを述べ、後段は、凡夫の地体である妄念のうちより申した念仏は、濁りにしまぬ蓮のごとく仏の来迎にあずかり決定往生疑いなしという。すなわち、凡夫往生の真髄である他力念仏の信仰を吐露しているのである。なお、『恵心僧都全集』第五巻では真阿僧都筆刊本を底本とし、浄土真宗所伝本をもって校訂しているが、真宗所伝本には「人かずならぬ身のいやしきは、菩提をねがふしるべなり」の二四字を欠くばかりか、本文の異同が少なくない。〔末注〕玄智景耀・横川法語述賛、霊超・横川法語講義、暁烏敏・横川法語講話。〔所載〕仏全（旧版）31、恵全5。〔参考〕浄土真宗教典志第一・第二。〔西郊良光〕

念仏宝号【ねんぶつほうごう】天 一巻。覚運（九五三―一〇〇七）。成立年代不明。本書は三段に分かれており、その第一は念仏宝号で『法華経』関係の仏法僧三宝が大部分記される中で阿弥陀仏を主体としその一致を示し、第二の観心偈では『起心論』と『法華経』と止観の一致を述べ、第三の念仏偈は、日本天台独自な弥陀念仏を説いている。この本の撰述については疑問が提示されている。刊本正大、写本竜大。〔所載〕仏全24。〔西郊良光〕

念仏本願義【ねんぶつほんがんぎ】浄 一巻。長西（一一八四―一二六六）撰。成立年代不明。正式には『選択本願念仏集名体決並念仏本願義』という。長西は源空門下で一派を立てた中のひとりで九品寺流といわれる。洛北九品寺に住して源空が非本願の行として廃捨した諸行をも本願の行であるとする諸行本願義を主張した。長西の著述は多かったようであるが、ほとんど伝わっておらず、本書は現存する中の貴重な一書である。内容は源空の『選択本願念仏集』の題号と題下の一四字（南無阿弥陀仏、往生之業念仏為先）、および第三章段を解釈したもので、まず「名体決」は釈名、弁体の二に大別した上で、釈名を「選択」「本願」「念仏」の三にさらに分けて解釈し、弁体では『選択本願念仏集』の真髄を六字の名号とみなして、すべてが念仏に帰すべきことを明かさんとしたものである。次に「本願義」は『選択本願念仏集』第三章段の「ただ念仏をもって往生の本願となしたもう」という篇目について論じ、これは阿弥陀の第十八願にのみ立脚した説であり、善導の意による易行易修の行門であるとし、教門の立場からは第十九・二十願が諸行往生の願であり、諸行往生を否定するものではないと主張している。諸行本願義を前提にして善導を根底に置き源空の教義を会通、解釈したものと言うことができる。原本は正安二（一三〇〇）年の写本である。〔所載〕浄全8。〔丸山博正〕

念仏名義集【ねんぶつみょうぎしゅう】浄 三巻三冊。弁長（一一六二―一二三八）述。成立年代不明であるが、本書に「歳七十にまかり成りて候身の目も見へず手もわななき候」とあり、著者七〇歳すなわち寛喜三（一二三一）年ころの作と思われる。内容は、上巻は主として五種正行を説く。中巻では三心を説示し、三心具足について説明する。この三心具足にちなんで源空滅後において異義がきそい起ったために、それを破斥して中巻が終る。下巻では、四修、五念門、三種行儀などを平易に解説している。また下巻末に源空滅後、門下に一念義、西山義、寂光土義などの異義が続出したが、これらは「全ク故法然上人ハ仰セラレ候ハザリシ也」としていることから『末代念仏授手印』と同様に、これら異義に対して源空の正義を伝えるために書かれたものである。ただし『末代念仏授手印』では浄土宗の義と行が体系化してのべられているが、本書は立てられた項目についての平易な解説が主となっている。異義のうちでは、とくに一念義に対する批判が目立っている。刊本は寛文八年版、寛延四年版、寛政四年版（和字念仏名義集）がある。〔所載〕国東叢2、浄全10。—→浄土宗名目問答　（小林尚英）

念仏無上法王義【ねんぶつむじょうほうおうぎ】浄　九巻。隆典撰。江戸初期の増上寺三〇世生誉霊玄の『弥陀経仮名序』を注釈したもので、今経超勝、念仏者得大利、念仏者護念現証、念仏易行得大利、諸宗高祖帰念仏、儒釈同帰西方、念仏超勝現益、念経感応現証等について解釈している。宝永四（一七〇七）年の刊本には、心光院主縦誉心岩の筆になる画図が挿入されている。〔刊本〕宝永四年刊。　（福原隆善）

念仏略記【ねんぶつりゃっき】因　一巻。源信（九四二—一〇一七）。成立年代不明。別名『念仏往生略記』ともいう。四字一句二〇行のわずかな偈文で、称名の功徳は弥陀の因行果徳を初めとして、十方三世の諸仏の功徳をことごとく摂するため、常に称名すべしと説き、最後の臨終においては一心に念仏すれば生死の罪は滅し、極楽世界に往生し上求下化の大願を円満すると詠じている。〔所載〕恵全5、仏全鈴39。　（西郊良光）

は

梅花無尽蔵【ばいかむじんぞう】臨　七巻。万里集九（一四二八—？）著。成立年代不明。明応（一四九二—一五〇一）ころにはほぼ現在のかたちになり、以後、追加されたようである。本書は万里がみずから作品を分類整理し、年代順に排列。自注をつけ作品の生まれた動機や用語の注釈を加え、史料として有益。室町中期の地方の事情を知る史料としても類例がない。『続群書』本は巻七の後半を欠くのに対し、国会・東史料本は完本である。〔所載〕五文新6。　（西尾賢隆）

廃偽帰真伝【はいぎきしんでん】日　一巻。神宮寺日進（生没年不詳）著。明治一八（一八八五）年一〇月刊。本書は幕末期に真宗の僧によって偽作された『大聖日蓮深密伝』が、明治一八年三月に刊行されたことに対する反駁書である。『大聖日蓮深密伝』は略称『深密伝』の名で知られている。『深密伝』は全二八章（明治二二年版のみ二七章）の稿節と奥書からなり、巻頭に「厳戒、門外不出秘要蔵也、未為貫主不許閲焉」と記されている。内容は、「宗祖は不義の子で、身分のいやしい旃多羅の生れのため、子供のころから軽蔑され育った。したがって、いきどおる心から天下に名をあげたく思い出家し、南無妙法蓮華経をもって他宗を批判したのである。しかし、口ではお題目をとなえていても心には弥陀を念じていたのである。また宗祖の数々の奇蹟は幼少のころてなづけた妙太郎、法太郎なる狐の兄弟が手助けしてくれたものである。以上のような事柄は、宗祖がわれわれに語ってくれたものではあるが、これは我宗の一大事でもあるから決して他に洩さず、秘しとおさなければならない。六老僧花押」となっている。また奥書は、身延山第一の秘書で六〇歳未満の貫主は拝見してはならない、と記している。本書はこうした内容を「道理文証ニ相違シテ空言多シ」として各章を摘出しながら反駁している。刊本を立大蔵。　（宮川了篤）

売茶翁偈語【ばいさおうげご】臨　一巻。売茶翁高遊外（一六七五—一七六三）著。梅山校。宝暦一三（一七六三）年金竜道人詔鳳敬雄序、同年七月京都の書肆通書堂板行の刊記がある。外題『売茶翁偈語＝附名公茶具銘』。巻頭に伊藤若冲筆売茶像と自題、序に次いで大典竺常の「売茶翁伝」、本文のあとに寛保元（一七四一）年大潮元皓の跋、付録として売茶所用の茶具銘がある。梅山の跋文に本書の成立をのべ、大潮が批点し跋を付した自選集があったが、売茶の意向で上梓をみなかった。そこで梅山は金竜に上梓のことをはかり、売茶の侍者であった無住の所持する自選集に、法兄大用所集を加えて考訂したとある。後印の流布本は金竜の序、梅山の跋文を除いている。版本を駒大、黄檗蔵。〔所載〕福山朝丸編・売茶翁。　（大槻幹郎）

梅山和尚戒法論【ばいさんおしょうかいほうろん】曹　一巻。梅山聞本（一三三九—一四一七）撰と伝える。たんに『戒法論』とも。江戸時代以前における曹洞宗の戒法に関する唯一の著述。備中洞松寺に秘蔵される。ただし聞本の親撰かどうかは定かでない。授戒道場における儀式作法荘厳などに関して、問答体でその意義を解説したもの。聞本は峨山下の太源宗真の高弟で越前竜沢寺の開山。〔所載〕曹全（禅戒）。　（佐藤秀孝）

梅天無明禅師法語【ばいてんむみょうぜんじごろく】臨　一巻。梅天無明（一五九九—一六七六）述。寛文一二（一六七二）年刊。『梅天禅師法語』『梅天無明和尚法語』ともいう。安永二（一七七三）年本の序には、師の愚堂東寔からの梅天の号と偈、大春元貞による賛および白隠慧鶴の序文が含まれている。内容は、禅の要諦が修道序文、修道分、長養分、邪正分、流通分に分けて記述されている。巻末には「梅天無明和尚行業記」が付されている。〔所蔵〕禅文研。　（高崎正芳）

梅洞由筆【ばいとうゆひつ】浄真　六巻。宝雲（一七九一—一八四七）述。成立年代不明。五念門、三願、四法、起観生信、破闇満願、行信相成、果遂、選択、曇鸞・善導・源空・親鸞の相承、一心帰命、十声称仏、問答等と広汎にわたって、宗学の論題を扱っている。宝雲は大同、大乗の筑前学派の流れであり、宝雲と南渓とは学友となる。能行派に属する所説であり、とくに行信相成と最後の問答にそれが顕著に見られる。著者は性相の学を究め、各宗に推称せられたほどの碩学であった。宗学者として稀有な存在といいうるが、また空華学派の所行説と対比すると興味深い。写本は竜大、豊前金剛寺に所蔵する。〔所載〕真宗全54。　〔藤田恭爾〕

梅峰禅師語録【ばいほうぜんじごろく】曹　五巻。梅峰竺信（一六三三―一七〇七）撰。覚英（生没年不詳）等編。元禄六（一六九三）年ころ成立。元禄一〇年刊。別に『夢窩梅峰禅師語録』ともいう。但馬養源寺、宇治興聖寺における梅峰の語録、小参、法語、普説、偈頌等、多岐にわたる示説が収められている。また序文を付した無生居士（源高門京極兵部）をはじめ、多くの居士との交遊を示す詩偈がみられる。〔所載〕曹全（語録2）。　〔中尾良信〕

破奥記【はおうき】日　一巻。日乾（一五六〇―一六三五）著。元和元（一六一五）年暮から翌年初めごろの成立。日蓮宗不受不施派の開祖日奥は慶長一七（一六一二）年対馬流罪から赦免されて京都に帰ったが、元和元年夏のころから養珠院の兄にあたる三浦為春と交渉があり、為春に『法華宗諸門流禁断謗施条目』と名づけた一書を与えた。日奥はこの中の身延の条で日乾の名をあげて、日乾のために身延が謗法の山になってしまったと攻撃した。これを見た日乾はすぐさま当住の日遠と相談し、日遠の弟子隆恕すなわち日暹の名をもって反論一巻を作り、これに反駁したのが本書である。無題であるが内容から見て一般に「破奥記」と呼ばれている。その論点は、⑴微信たりといえどもこれをいだけばその施は謗施ではない。⑵謗者の供養も善巧方便のために受ける。⑶高祖に不受を制するの文なし。⑷祖文を会通する。⑸先師の義を会通。⑹国土の恩は国主の施である。⑺身延山不参を説くは大謗法・堕獄、等と論難している。本書は元和二年正月一五日日奥の手許に届けられた。日奥はこれを一見するや『宗義制法論』を著わして反論した。爾来両者の間の論難往復はこの両書を基調として展開されることとなった。やがてこの論争は日暹と池上本門寺の日樹との間にも引き継がれていき、寛永七（一六三〇）年の身池対論の主要な論点となっていったのである。〔写本〕立大、金川妙覚寺。　〔林是晋〕

波木井殿御報【はきいどのごほう】日　日蓮（一二二二―八二）述。弘安五（一二八二）年九月八日身延山を下山した日蓮は、一九日武蔵国池上宗仲の館に到着した。病疾と一〇日の余に及ぶ旅で、すでに筆を執ることもできず、弟子日興が代筆したものである。身延から池上までの道程をのべ、在山中九年間の世話になったことに対するお礼と、「いづくにて死に候とも、墓をば身延沢にせさせ候」と遺言状のかたちをとっている。〔所載〕定日遺2。　〔上田本昌〕

破偽顕真抄【はぎけんしんしょう】日　一巻。日悦（一六五一―一七二六）著。享保九（一七二四）年成立。また『破偽顕真録』ともいう。浄土宗大願寺の僧行誉が『十疑論再治決答』を著わして日蓮宗義の批判をしたのに対する反駁書。当時浄土宗と日蓮宗とで権実論争が行われていて、浄土宗側が五時判の否定から法華経最勝説を否定したのに対し、日蓮宗側からは諸宗無得道論を強調した。本書も基本的にそれにそって浄土宗の諸義を破している。　〔井上博文〕

雹編【ばくへん】天　九巻。『雹論』（『渋谷目録』）ともいう。本書は撰者名を明らかにせず、序の終りに「時宝暦戊寅五月下浣　天台飯渓淵蔵珠謹撰」とみえる。宝暦八（一七五八）年の撰と知られる。ことに真流の諸著に対し、「祖式紊乱宗義ヲ転覆セラルルコト」と評し、安楽派の主張を集大成した一書である。管領宮公遵法親王は霊空らを推し、ついでの公啓法親王は真流に加担し、公啓法親王薨じ、公遵法親王再任し本書等を主張する安楽派が地歩を占めた。〔所載〕天全8。　〔木内堯央〕

駁弁道書【ばくべんどうしょ】曹　二巻。乙堂奐丑（？―一七六〇）著。元文四（一七三九）年成立。儒教側の太宰春台（純）著『弁道書』の仏教排斥論に対し、奐丑が一節ごとに反駁したもの。序文は漢文、奐丑の本文は片仮名交り、春台の引用文は平仮名交りという構成である。当時の儒教、仏教、神道の対立関係を知る史料の一として意義がある。元文四（一七三九）年刊本を駒大に蔵す。〔所載〕続曹全（法語）、日本思想闘争史料3。　〔吉田道興〕

破邪顕正記【はじゃけんしょうき】天　五巻。真迢（一五九六―一六五九）撰。寛永一四（一六三七）年成立。真迢は初め日蓮宗の僧であったが、寛永一一年天台宗に改宗する。のち西教寺に入り、円頓戒と念仏をひろめる。本書は問答形式にて、「邪宗を捨て正法に帰するはこれ恒例なる事」「日蓮の所立は法華の正義に背くが故に上行菩薩の化身に非ざる事」など六七条を立てる。ひろく仏法を学びそのうえでの改宗であること、日蓮が他宗を誹謗するに対して、始終法華の経文を重視すべきことなどを説くのであるが、「又これ以前天台宗より日蓮宗へ難状（円信『破日蓮義』など）ありといえども、彼は日蓮の書をみずして、難じたまえるが故に、其の義極成せず。今予が難破は、それとは各別なり」というごとく、天台、日蓮両宗を学んだうえでの論難という自信に満ちている。巻末に『破邪顕正記続補』一巻。寛永一六（一六三九）年成立あり。〔所載〕仏全79。　〔坂本廣博〕

破邪顕正義【はじゃけんしょうぎ】浄　一巻。聖冏（一三四一―一四二〇）撰。永和三（一三七七）年成立。『鹿島問答』ともいうように、聖冏が常陸国鹿島神社に参詣し、社頭の安居寺に寄宿したときの聞書という形式で書かれている。弥陀の名号を称える若い女の服装をした老女と、「唯識三十頌」を誦す破衣の老翁という不思議な二人によって、鹿島神社の縁起から、浄土宗と神明とくに本地垂迹について、夢窓国師や日蓮の論難など専修念仏への誤解に対して一八の問答が展開されている。答者である老翁は鹿島明神の本地は世間でいわれているような観世音菩薩ではなく、悲智兼ね備えた阿弥陀仏こそ本地であり、機縁によって変現するとし、垂迹の神は本地の仏を守護するのであるから、心行具足の念仏者には現世の福楽を祈らずとも神明の冥加があり、神前においても称名すべきで、和光同塵の本意をよく理解することが大切であるとする本地垂迹説をのべている。次に疎石が『夢中問答』に浄土宗が諸行を難行道と名づけたのを非難し、浄土宗を小乗であるとしたものや、日蓮が念仏無間との攻撃、踊り念仏や聖徳太子を本尊と祠ることなどを論破し、生即無生、他力の実体などを説いている。これは当時の浄土宗と念仏の立場を表わし、聖冏の和歌、神道や諸宗への遊学の跡がよくあらわれている。〔刊本〕承応四、文政二年刊。〔所載〕浄全12。──→天地麗気記私鈔、麗気記拾遺鈔　〔服部淳一〕

破邪顕正抄【はじゃけんしょうしょう】[浄][真]　三巻。存覚（一二九〇―一三七三）著。元亨四（一三二四）年成立。別に『破邪顕正申状』ともいう。聖道門の諸僧、山臥、巫女、陰陽師等から寄せられた専修念仏への非難に対して、その誤りを正すべく著わされた一種の釈明反論の書。幕府・朝廷への訴状という形式をとる。内容はまず上巻に「専修念仏は仏法にあらず」との非難、「法華・真言を雑行と称している」との非難、「念仏は伝来の八宗のうちに入らない」との非難、「念仏は小乗の法である」との非難をとりあげて反論し、中巻には「念仏者が戒行を保つことを否定している」との非難、「阿弥陀経等を外道の教と排して和讃を往生の業としている」との非難、「神明を軽んじている」との非難、「触穢をはばからず吉凶を選ばない」との非難、「仏法を破滅し、王法を否定する」との非難、「念仏者は死後の行方を教えない」との非難を列記して釈明し、下巻には「仏前に肉味を供えている」との非難、「魚鳥に別名をつけて道場において食している」との非難、「仏前に婬事を行じている」との非難、「灯明と称して銭貨を師範に納めるのは邪法である」との非難、「念仏が往生の業であれば師資相承を立てるべきではない」との非難、「無智の身で人を教化すべきでない」との非難をとりあげ、総計一七条の論難について詳細にその誤解を正し、明確に反論している。存如写本、竜大蔵。乗専写本、毫摂寺蔵（上巻）。実如写本、本派本願寺蔵。〔所載〕真聖全3。──→破邪顕正抄戊辰記　〔小山一行〕

破邪顕正抄戊辰記【はじゃけんしょうしょうぼしんき】[浄][真]　三巻。義導（一八〇五―八一）述。明治元（一八六八）年成立。義導は大谷派の学僧。存覚の『破邪顕正抄』に対する解説書。初めに存覚の著作における本抄の位置を考察し、次にその制作の由来をのべ、大意を要説し、題号を考証し、さらに存覚のあげた真宗への論難一七条について、詳細に解説を施す。〔所載〕真大27。──→破邪顕正抄　〔小山一行〕

破邪弁正記【はじゃべんしょうき】[天]　二巻。薬儁（生没年不詳）撰。具名を『天台宗遮那経業破邪弁正記』という。天仁二（一一〇九）年成立。仁和寺恵什の疑難に対して、薬儁が論破したものといわれるが、本書巻頭に割注して、『小反（済朝）子反（闍梨）』とあるによれば、対論者は済朝闍梨ということになろう。名を明瞭に載せることをさけ隠語にしたわけである。天仁元年高隆寺において勘状がつくられ、また二年正月にも難がよせられた（巻下）。これらに対する論難書で、「毀つ者迷執の由来を弾破する門第一」以下の七章よりなる。論難の中心は、⑶最澄は蘇悉地の一法を受法したのみ、⑷両部の儀軌を将来していない、⑸順暁は金剛界潅頂を受けていない、⑹最澄は空海の潅頂の弟子、の四点と思われるが、薬儁はそれぞれ五門、六門、三門、六門を立て論破しているが、論点がずれているものもある。〔所載〕天全7。　〔坂本廣博〕

破邪明証【はじゃみょうしょう】[浄][真]　一巻。月感（一六〇〇―七四）述。承応二（一六五三）年成立。月感は本願寺派（のちに大谷派）の学僧。西吟の説に対する弾劾の明証を、三三条にわたってのべたもの。『破邪問答』上巻に収められている。──→破邪問答　〔小山一行〕

破邪問答【はじゃもんどう】[浄][真]　三巻。編者、成立年代ともに不明。承応元（一六五二）年、本願寺派の初代能化西吟が本山において『安楽集』を講じたところ、翌年同派の学匠月感は宗義を混乱するものがあるとして本山に訴状を提出して弾劾した。西吟はこれに対して反論を著わし、月感はさらに論難を加えた。本書は両者の間の論争にかかわる文書を集めたもので、上巻に「謹奉訴状」（月感）、「七箇条御伺」（西吟）、「七箇条証拠」（月感）、「破邪明証」（月感）の四篇、中巻に「仮名答書」（西吟）、「真名答書」（西吟）の二篇、下巻に「再破」（月感）一篇を収めているところから、月感側によって編集されたものと思われる。〔所載〕真宗全50。　〔小山一行〕

破十軍修仏道私記【はじゅうぐんしゅぶつどうしき】[天]　一巻。最澄（七六六―八二二）口決。成立年代不明。本書は『天台霞標』等の比較的後世の目録に初見し真偽は明らかではない。仏道修行において障りとなる一〇の魔軍（欲、憂愁、飢渇、渇愛、睡眠、怖畏、疑悔、瞋恚、利養虚受、自憍慢人）を破する方法とその功徳を述べ、初期日本天台における修学の特色を見ることができる。〔所載〕日蔵40、伝全4。　〔多田孝正〕

破清濁【はせいだく】[浄]　一巻。了月（?―一五〇四）撰。延徳四（一四九二）年成立。浄土宗第二祖弁長撰の伝書『末代念仏授手印』の末注書。著者了月の伝歴は詳かでないが、檀林（茨城県）瓜連常福寺第六世で上蓮社英誉と号す。彼は、飯沼弘経寺第二世了暁慶善が文明一四（一四八二）年に著した『授手印請決』に対し異を唱え、同一六年『顕授手印請決邪正義』を著した。了暁は同一五年に寂したが、弟子勢誉愚底は延徳二（一四九〇）年『授手印請決清濁』を作って『邪正義』の説に反論、師了暁の説を弁護した。これに対し了月はさらにこの書を著して『清濁』の説を破し、再び伝法における信法半印の押し方を、能左所右とすべきことを強調したものである。〔所載〕浄土伝灯輯要下。〔条原勇慈〕

長谷寺縁起文【はせでらえんぎぶん】[真] 一巻。菅原道真（八四五—九〇三）執筆。寛平八（八九六）年成立。本書は大和長谷寺の行空・慧義・円詮の三綱、別当智照、俗別当藤原良世にかわって、菅原道真が作成し、朝廷に奏上したというかたちをとっている。本文は、『行基菩薩国府記』七巻、『流記文』三巻、『本願上人上表状』一通によると前文にのべられている。偽書説がある。〔所載〕仏全(鈴)85。〔本多隆仁〕

長谷寺造供養【はせでらぞうくよう】[真] 一巻。菅原在豊（?—一四六四）草。康正二（一四五六）年成立。本書は、長谷寺本堂舞台修造のさい、造供養を厳修し、『大般若経』六〇〇巻を開題したときの敬白文。本書は当供養にあたり長谷寺の弟子らの奉った敬白文であり、菅原在豊の草案によるもの。本書の前半には長谷寺の縁起が、長谷観音の由来とともに記されている。〔所載〕仏全(鈴)49。〔本多隆仁〕

破草鞋【はそうあい】[臨] 一巻。百拙元養（一六六八—一七四九）著。享保四（一七一九）年の自序、自跋、同六年安積澹泊跋。享保三年但馬豊岡大雲山興国寺第五代住持として進山、翌年伏見天王山仏国寺での祖翁高泉二五回忌のため上京に当たり、摂津、播磨の勝を巡ったさいの紀行詩集である。近衛家の諸大夫進藤圭斎が師澹泊にこの写本を贈ったことから跋文をえて板行される。なお百拙の詩文集に本詩を含む『漁家傲』のほか、『竹隠詩集』『新漁家傲』『東麓樵集』『西山晩草』『釣雪間稿』『葦庵文藁』、和歌集『霞の衣』がある。また語録に『百拙禅師語録』『百拙禅師続録』『奏対録』があるがいずれも筆写本がある。版本を駒大、黄檗蔵。〔大槻幹郎〕

八邪弁要【はちじゃべんよう】[浄真] 一巻。月感（一六〇〇—七四）著。寛文九（一六六九）年成立。月感は本願寺派の学僧。本書は当時行われていた異義について、秘事伝法、五根即仏等の八種をあげて概略を記述したもの。写本、竜大蔵。〔小山一行〕

八帖抄【はちじょうしょう】[天] 一巻。心賀（—一三二九—）談、一海（生没年不詳）筆録。本書は『二帖抄』伝授の席に尊海と同席した一海が、その後『二帖抄』を心賀の説にしたがって補遺した、天台口伝法門の一つで、恵心流の口伝を記したものである。内容は主として一心三観に関し、三八の項目に記したものである。著者については直海口筆『八帖抄見聞事』一巻の冒頭に記されている。〔所蔵〕正大、立大、日光天海蔵。〔所載〕天全9。〔参考〕天台本覚論。〔多田孝文〕

八帖抄見聞【はちじょうしょうけんもん】[天] 一巻。直海（生没年不詳）口筆。貞治六（一三六七）年成立。本書は、『八帖抄』について直海が貞治六年九月一八日から一〇日間にわたって、その師直兼をはじめとして政海、一海等の恵心流の相伝を口筆したものである。『八帖抄』の内容次第に順じ、さらに諸々の口伝を挙げ、口決を記したものであり、いわゆる注釈書ではない。〔所蔵〕日光天海蔵。〔所載〕天全9。〔多田孝文〕

はちすの露【はちすのつゆ】[曹] 一巻。大愚良寛（一七五八—一八三一）撰、天保六（一八三五）年貞心尼編。昭和四五年刊（影印）。良寛の略伝、短歌、長歌、施頭歌を集録し、これに良寛と貞心尼との間に交わされた歌を加え、末尾に「良寛禅師戒語」（九二カ条）、「鵩島なる稲川惟清翁の書そへしこと葉」を付している。晩年の良寛の人と作品を伝える珍重すべき歌集で、貞心尼自筆本が柏崎市立図書館に存する。〔所載〕続曹全（歌頌）。〔原田弘道〕

八万四千諸波羅蜜義三門分別【はちまんしせんしょはらみつぎさんもんふんべつ】[浄][真] 一巻。僧樸（一七一九—六二）著。成立年代不明。本書は八万四千の法門について、その由来を記したものである。三門すなわち、⑴賢劫経文ヲ出ス、⑵釈家ノ異解ヲ評釈ス、⑶種類ヲ出シテ判ズ、の三門を出して分別するゆえに、この題がある。第一門は『賢劫経』の所説を引用し、「第一光曜より分舎利に至るまで三百五十度無極の法門あり、一々の法門に六度あって二千一百の度無極を成ず。また其の各々に、貪婬、瞋恚、愚癡、等分の四事あって、合して、八千四百となる。また其の各々に四大と六塵あって、合して八万四千となる」と示している。第二門は浄影、嘉祥、天台、荊渓（湛然）、至相（智儼）、賢首、清涼（澄観）の諸説を紹介している。第三門は、所説の系統を示して、所治（煩悩）に約する説と、法蔵（法門）に約する説と、所治の衆生行および能詮の法蔵に約する説の三説ありと分類している。〔所載〕真宗全62（真宗小部集6）。〔藤田恭爾〕

破鳥鼠論【はちょうそろん】[日] 一巻。著者は「日講門人　名無子」とあるが、名無子に仮りて安国日講（一六二六—一六九八）が著わした書。元禄五（一六九二）年成立。表題は悲田新受の徒を鳥鼠にたとえ、それを破する書の意で、悲田新受の徒が不受の美名にかくれて名聞のはかりごとをし、敬田受不受にくみして利をむさぼる鳥鼠であると評している。正本は岡山県岡山教会所蔵。〔所載〕日宗全12、万代亀鏡録下。〔井上博文〕

八斎戒作法得道鈔【はっさいかいさほうとくどうしょう】[南] 二巻。通玄撰。正徳二（一七一二）年成立。『斎別受八戒作法得道鈔』『八戒作法得道鈔』ともいう。叡尊（一二〇一—九〇）撰の『斎別受八戒作法』の全文に対して注釈を施し、通別の二受戒法及び有部律などの受戒儀における不同などを明らかにしている。また、在家戒から出家戒への道程を詳述して『得道鈔』と称し、古来重用されてきた書である。〔所載〕日蔵（戒律宗章疏

2)。　〔里道徳雄〕

八斎戒作法要解【はっさいかいさほうようげ】[南]　二巻。覚深撰。延宝七（一六七九）年成立。『斎別受八戒作法要解』ともいう。西大寺叡尊（一二〇一—九〇）の『斎別受八戒作法』に対する注釈書。諸経律論から同書に関説するところの要義を博引して解釈を施し、要を尽している。最後に八斎戒法の福徳を記し道俗の受戒護持を奨めて終る。日本大蔵経本は釈文の末に科注を施すが、本来これは別本であり合糅したものである。〔所載〕日蔵（戒律宗章疏2）。　〔里道徳雄〕

八宗違目抄【はっしゅういもくしょう】[日]　日蓮（一二二二—八二）撰。文永九（一二七二）年佐渡塚原にて執筆。天台の『法華文句』『摩訶止観』等を始め、ひろく経論を引用しながら、倶舎、成実、律、華厳、三論、法相、真言、浄土の八宗と『法華経』の立場との相違を論じている。おもに本尊と十界互具、一念三千についてのべ、寿量品の三身具足の仏をもって本尊とすべきこと、一念三千は『法華経』に限ることなどを明らかにしている。〔所載〕定日遺1。　〔上田本昌〕

八宗綱要【はっしゅうこうよう】[通]　二巻。凝然（一二四〇—一三二一）述。文永五（一二六八）年成立。凝然は鎌倉時代の華厳宗の代表的な学僧。東大寺の円照、宗性、源空の弟子長西、真言の真空等について学び、東大寺戒壇院中興第二世となり、仏教学及び仏教史について広範な著作を行い、一千一百余巻を著した。本書は二九歳の時、故郷伊予の円明寺で著した最初の著作であり、仏教概説として古来、現在に至っても広く読まれ、解説・注釈が行われている。最初に二蔵（小乗と大乗）、三蔵（経・律・論）、三学（戒・定・慧）など、仏教の要項が記され、ついでインド、中国、日本の仏教史が概説されている。続いて各宗の解説に移り、倶舎宗、成実宗、律宗、法相宗、三論宗、天台宗、華厳宗、真言宗の八宗の概説がなされる。これは奈良時代の六宗に平安時代の二宗を加えたもので、八宗で日本仏教の全体を指す言葉として用いられている。実際にはさらに禅宗ならびに浄土宗が最後に挙げられており、一〇宗について概説されている。叙述の方法としては、まず宗名の根拠を説明し、ついで依り所とする経論を挙げ、インド、中国、日本にわたる歴史を説明し、ついで教理の要領をかなり詳細に説き、最後にその宗の意義を簡単な言葉で表現して締めくくっている。大乗仏教宗派の並べ方は空海の『十住心論』と同じであるが、凝然は最後に、並べ方は浅深の順序に従ったものではないと断っており、人間に生まれ聖教に値うことは困難なことであり、たま〳〵あうことができたので黙止することができず記した、と述作の動機を説明している。〔所載〕仏全3。〔参考〕平川彰・八宗綱要（大蔵出版）。　〔田村晃祐〕

抜隊和尚語録【ばっすいおしょうごろく】[臨]　六巻。抜隊得勝（一三二七—八七）著。塩山向嶽寺蔵版本には法嗣の通方明道による後記があり、至徳四（一三八七）年となっており、「如今成九巻而置之本庵向岳室中矣」とあるが、『和泥合水集』三巻を加えて九巻である。抜隊得勝は相模国中村に生まれ、俗姓は藤原氏であった。四歳にして父を失い、その三回忌のとき、「父すでに形なし、何が供養を受くるや」と僧に訊ねたが釈然とせず、二九歳にいたってついに出家した。鎌倉建長寺の肯山や、常陸の大光らに参じたが、むしろ山野に閑坐して苦修、「道は無心にして人に合し、人無心にして道に合す」と疑情を破り、出雲の雲樹寺に孤峯覚明を訪ねて参禅。ついに許されて抜隊の道号を授かった。昌秀庵主に請せられて塩山の向嶽寺開山となるが、千余人の学侶が雲集し、寺規はきわめて厳格であった。本書は通常の語録とは趣きを異にして、拈香仏事、秉炬仏事、掩土仏事で大半が占められており、巻末に偈頌、問答、垂示、遺誡、行録があげられている。入寺や上堂の法語、示衆がなく、抜隊は伝統的な公案禅には批判的であり、在家禅的な傾向がかれの禅の特色であると見ることができよう。至徳版の完本は細川家に蔵されているが、他に寛永版、慶安版がある。また塩山向嶽寺蔵版は『正蔵』80・4に収録されている。　〔池田豊人〕

抜隊仮名法語【ばっすいかなほうご】[臨]　一巻。抜隊得勝（一三二七—八七）著。成立年代は不明だが、寛永二〇（一六四三）年の刊記のある刊本がもっとも古い。以後、慶安二（一六四九）年、享保二（一七一七）年に刊行されている。本書は『塩山仮名法語』『塩山仮字法語』『抜隊法語』とも呼ばれている。『塩山和泥合水集』も仮名法語であるが、これとは別物で、時代も下っている。本書は、熊坂の男に与う。神竜寺尼長老に与う、中村安芸守月窓聖光に示す、臨終にいたる病人に示す、一方居士本間将監に示す、正法庵主強いて所望するによって之を与う、古沢尼公に与う、井口禅門への返答、また井口殿への御返事、亦比丘尼への御返事等、一二篇の仮名法語が一巻に収められている。「輪廻ノ苦ヲマヌカレント思ハバ、直ニ成仏ノ道ヲ知ベシ。成仏ノ道トハ、自心ヲ悟ル是ナリ。自心ト云ハ、父母モイマダ生レズ我身モイマダナカリシサキヨリシテ、今ニ至ルマデウツリカハル事ナクシテ、一切衆生ノ本性ナルユヘニ是ヲ本来ノ面目ト云ヘリ」と始まっており、抜隊の法語の論調がわかる。『塩山仮名法語』は江戸時代しきりに版を重ね流布したらしく、『葉隠』に引用されているほどである。〔所載〕禅法語、古文全15（禅法語上）、現代禅講座5（詳注）。　〔池田豊人〕

破奠記【はでんき】[日]　二巻。日講（一六二六—九八）著。寛文九（一六六九）年一二月二六日、流謫地である日向国佐土原で著わされた。不受派を寛文の惣滅へと追い込んでいった身延二八世日伝（のち日奠と改む）が寛文元（一六六一）年八月不受派を論破した『受不受法理之事』に対する反駁書である。『受不受法理之事』は謗者への財施は施さず、謗者の財施は受け、法施は施して権教は受くべからずと徹底した受不施義を主張したものであるが、一六科に分けて論じているので世人はこれを「宜道の一六箇条」と称した。宜道とは日伝の所化名である。これに対して日講は寛文六年春下総野呂檀林において駁論の筆を取った。しかしたまたま寛文五、六年にわたる不受派の惣滅に際会し、自身も同六年五月二九日島津飛騨守忠高の邸に拘禁されたのである。そしてその預りとして日向の佐土原へ流罪を命じられ、六月二六日江戸を発ち、七月二〇日佐土原の配所に到着した。その後は身辺多忙で執筆する機会をもたなかったが、同九年一二月一六日『破奠記』草案を始め、二六日脱稿、改題して『宗門光顕志』と名づけた。〔所載〕万代亀鏡録、日宗全12。〔林是晋〕

破日蓮義【はにちれんぎ】[日]　二巻。円信（生没年不詳）述。永正元（一五〇四）年成立。円信については本書序文に「延暦寺沙門」と名のる以外詳細不明。『日蓮宗宗学章疏目録』に延暦寺座主と記すが、同寺歴世にその名をみない。本書は日蓮宗の教義を難詰・破折した書。序文によれば円信が文亀二年に請われて桑名仏眼寺にて法華講を始めた時、日蓮宗僧より対論を求められ、それに対する答、並びに美濃華王院住持（本文に「不審条目華王院住持アタウ」とあるが、円信と同一人か別人かは不明）の日蓮宗への難を合せて六二条の難問を記して返答したもの。さらにこれに対する日蓮宗僧日憲の答釈、それに対する円信の反詰、この三部を上下二巻としたのが本書。本書は、日蓮宗で称する法華宗の宗名は天台法華宗の盗用であること、日蓮宗は弥陀信仰を否定するが法華経に弥陀信仰があること、さらに日蓮宗は法華経のみ実教とし、諸経を権経として否定しながらも日蓮宗の仏事・行事作法・法衣等法華経以外の諸経を依拠としていること、法華経以外に説く諸尊・諸天等をまつること、日蓮宗は天台宗と区別しながらも叡山で学ぶこと、などの化儀や教団のあり方から教義についても難詰している。特に開会については、円信は開会平等論の立場から日蓮宗の権実論を批判している。本書に対して日蓮宗側から反駁書として円明日澄『日出台隠記』が著わされた。のち本書は真迢『禁断日蓮義』に影響を与え、近世初頭日蓮、天台両宗で権実論争が盛んになった。〔所載〕仏全97、日教全。〔井上博文〕

→日出台隠記

埴谷抄【はにやしょう】[日]　一巻。日親（一四〇七―八八）著。文明二（一四七〇）年五月一三日成立。日親は下総国埴谷の生まれである。日親はその純粋な求道といっさいの妥協を許さない宗教姿勢のために、出身の中山法華経寺から破門されていた。しかし、日親がその謗法行為をはげしく責めたてた日有が没し、幼少のころより日親と知己であった日院が貫主に就任したことから、和解の話がすんだ。文明二年には日親と義兄弟の埴谷次左衛門尉が書状を送って、中山への復帰をうながした。この書状に対する日親の返書が『埴谷抄』である。このなかで、日親は中山復帰の不首尾の事由を詳しく説明し、さらに日有以来の中山法華経寺の法理の誤り六カ条を挙げ、中山貫主のあるべき信仰の姿をきびしく教示して、中山貫主の改悔を求めたものである。そこには祖師日蓮の不惜身命、折伏弘通の行動をみずからも実践し、日蓮以来の血脈を受け継ぐという正統意識の確信がうかがえる。写本は京都本法寺に筆者は不明であるが、慶長六（一六〇一）年九月一七日、功徳日通の奥書のあるものがある。版本・影写本を立大蔵。影印本として日親上人全集1。〔所載〕日蓮教学研究所紀要1。〔松村寿巌〕

盤珪和尚行業記【ばんけいおしょうぎょうごうき】[臨]　一巻。蒙山祖印（一六五五―一七〇五）編。元禄七（一六九四）年一二月成立。不生禅の創唱者、盤珪永琢（一六二二―九三）の伝記中、江戸期刊行の唯一のもの。原漢文で、永琢示寂の翌年に弟子祖印が編し、元文五（一七四〇）年如法寺で開版した。巻末には祖印の識記と節外祖貞の拝題と石霜慧潭の跋文がある。〔所載〕赤尾竜治編・盤珪禅師全集。〔参考〕禅籍目録。〔小林圓照〕

𑖪𑖽字義【ばんじぎ】[真]　覚鑁（一〇九五―一一四三）撰。𑖪𑖽字は、金剛界大日如来の種子である。この𑖪𑖽字を釈したのが本書であるが、他に『𑖪𑖽字義抄』一巻があり、𑖪𑖽字の典拠を『瑜祇経』と明かしている。また、『𑖪𑖽字密観』（興全下）があり、金剛界五部三十七尊を観ずる密教観法を明かしている。𑖪𑖽字にかかわる三部の書籍の中では、『𑖪𑖽字密観』が最も詳しく述べられている。本書では、𑖪𑖽字を釈するに当り、十六義を掲げている。すなわち、離言、水輪、塔婆、大悲、金剛、智身、潅頂、殊勝、周遍、証果、心、界、密、曼、仏、大の十六義である。さらに、𑖪𑖽字離言説の義に十門ありとして、勝義遮情、密号差別、遮表実義、観修行相、滅罪断惑、往生浄刹、即身成仏、総摂法界、勧修利益、問答決疑の十門を示し釈している。しかしながら、本書は、未完の書とも考えられている。〔所載〕興全上、正蔵79。〔栗山秀純〕

播州書写山縁起【ばんしゅうしょしゃざんえんぎ】[天]　一巻。快倫（―一六四四―）。寛永一一（一六四四）年撰。播州書写山理教房前住内供奉快倫の撰録と記す。書写山円教寺は康保三（九六六）年、性空によって開創されたところで、本書は、性空存命のころ、花山法皇行幸の折、みずから性空の姿形と行業をしたためた『悉地伝』を下賜されて、私意を交えず記したとする。『悉地伝』を真名の文といい、本書は仮名交り文で絵伝でもあったらしい。〔所載〕仏全117、国東叢2ノ6。〔木内堯央〕

播州法語集【ばんしゅうほうごしゅう】[時]　一巻。持阿（生没年不詳、ただし鎌倉時代の人と推定される）撰、版本は江戸時代の洞天（?―一七七七）の編。時宗の開祖一遍には、自筆の法語集などはない。しかしかれの思想は、その弟子や孫弟子たちによって、いろいろなかたちで整理され伝えられていった。『一遍聖絵』や『遊行上人縁起絵』がそれであり、『一遍上人語録』や本書もその表れである。本書の撰者持阿は一遍の門弟であるが、詳しい経歴は不明である。播磨国弘嶺八幡宮において一遍から聞いた法語を書き記したのが本書であるというが、確証はない。内容は、一遍が説いたとする時宗の教理を全八六条にまとめる。『一遍上人語録』の下巻に相当する部分である。ほぼ一遍の思想を伝えていると思われるが、『一遍聖絵』や『遊行上人縁起絵』に示される一遍の思想と相容れない部分もあり、無条件に本書の全条文を一遍の思想として扱うことはできない。これは『一遍上人語録』についても同様である。本書の最古の写本は鎌倉末期あるいは南北朝期ごろの書写と認められる金沢文庫所蔵本である（巻首・巻尾欠で七三条の法語を収める）。つづいて室町後期と推定されれる清浄光寺本（同、一九条を収める）がある。版本は兵庫真光寺洞天の編で、安永三（一七七四）年に同寺に参詣した遊行上人第五三代他阿尊如の命を受け、翌四年に上梓した。〔所載〕思想大、定時宗。　〔今井雅晴〕

播州問答私考鈔【ばんしゅうもんどうしこうしょう】時　五巻。賞山（一六六五—一七二六）著。享保九（一七二四）年の成立。安永七（一七七八）年の刊行。賞山は遊行上人第四五代他阿尊遵の門弟で、正徳元（一七一一）年に兵庫真光寺初代院代となる。同四年には『一遍上人絵詞伝直談鈔』一三巻を著すなど、江戸時代中期の時宗の屈指の碩学。本書は『播州問答集』上下二巻の注釈書で、全文を同書の三二章に対応させ、それぞれに章名を立てている。著述にあたり、人びとに念仏往生の何であるかをわかりやすく知らせるために説くのであるとしている。全三二章の注釈は、平明で、要旨が明確にくみとれる。これは『播州問答領解鈔』が全一二巻であるのに比べ、本書は全五巻に集約してあることも役立っているであろう。またそのころさかんになった俗語の使用が目立っており、これも漢文のかたさになめらかさを与える要因となっている。著者は多くの教義書を著しており、それらの書物と同様に多数の資料を準備して、論証を説得力のあるものとしている。時宗の教義を顕彰しようとの態度にみち、時宗教義の概説書とはいえ、教団の内外に親しまれてきた。なお、賞山は正徳四年の没であるという説もある。享保九年八月二三日付の写本を沼津市光明寺が所蔵する。版本は遊行上人第五三代他阿尊如の命により、真光寺の浄阿徴禅が校訂して刊行した。〔所載〕仏全、定時宗。——→播州問答集　〔今井雅晴〕

播州問答集【ばんしゅうもんどうしゅう】時　二巻。持阿（生没年不詳、ただし鎌倉時代の人と推定される）撰。版本は貞享五（一六八八）年に刊行。持阿は一遍の門弟。一遍には自筆の法語集などは残っていない。かれの思想は『一遍聖絵』や『遊行上人縁起絵』などの絵巻物のように、弟子や孫弟子によって整理され伝えられていったものであり、本書もそのひとつである。本書は、播磨国弘嶺八幡宮において、持阿が一遍に念仏の教えについて質問し、その答えを与えられたことを、問答体で記述している。漢文体であるが、本来、一遍の法語集は和文体であったろう。それが五山文学などの影響によって漢文体に書き改められたものと考えられる。というのは、本書がいかにも和文の言回しを施した漢文体でつづられているからである。したがって、持阿撰とはいっても、もとのかたちからは大いに変化していると判断される。版本は、江戸時代中期の、一遍の四百回忌記念として出版された。このとき、中心となって編集に働いた量光は当時流布していた誤りの多い『播州問答集』を、『播州法語集』やその他の教義書をもとにして修正し、各条項も整理して三二編からなる問答体にあらためて出版したのである。本書は『一遍上人語録』下巻の編集にも大いに影響を与えたと考えられる。なお、量光には廓竜と共著の『播州問答領解鈔』一二巻がある。〔所載〕仏全、定時宗。　〔今井雅晴〕

播州問答領解鈔【ばんしゅうもんどうりょうげしょう】時　一二巻。量光（一六四〇—九五）と廓竜（生没年不詳）の共著。元禄一七（一七〇四）年の成立。量光は遊行上人第三七代他阿託資の門弟で、山形光明寺に住む。元禄四（一六九一）年、遊行上人第四四代となり、他阿尊通を名のる。廓竜は薩摩国浄光明寺の住職であったが、量光との関係は明確ではない。本書は『播州問答集』上下二巻の注釈書である。著者の一人である量光は、貞享五（一六八八）年の『播州問答集』刊行のさいに中心となって努力した。この縁からか、山形光明寺在住のときその注釈書の著述もはじめた。のち遊行上人となったため、第六巻までつくったあとを元禄七（一六九四）年に廓竜に依頼し、翌年没した。廓竜は一〇年後の元禄一七年に下六巻の著述を終ったものである。本書は、一遍と門弟持阿の教義に関する問答集である『播州問答集』の内容を、二九の問答としてとらえる。全体を二大綱に分け、最初の教相は判教の大綱、他の二八編の問答は起行の綱目としている。そしてたんなる訓詁にとどまることなく、ひろく資料を集めて宗義を多角的に解説し、深く安心の内容を説いている。しかし後半の廓竜著述部分は、前半にくらべて著しく精彩を欠くようである。元禄一七年の写本（七条金光寺旧蔵）と正徳四（一七一四）年の写本（清浄光寺蔵）とがある。版本はない。〔所載〕仏全、定時宗。——→播州問答集　〔今井雅晴〕

般舟讃懐愧録【はんじゅさんかいぎろく】浄真　四巻。僧叡（一七六二—一八二六）述。成立年代不明。僧叡は善導『般舟讃』をもって『観無量寿経』を頌讃するものとしている。安心・起行の二門について僧叡独特の釈義を披瀝している。まず最初に縁起を弁じ、題目を解し、本文の解釈という順になっている。本書の題目は「常に慚愧を懐き、仰いで仏恩を謝す」の文によっていることが、終りに記されている。写本を竜大に蔵す。〔所載〕真宗全15。　〔山崎竜明〕

般舟讃甄解【はんじゅさんけんげ】浄真

五巻。柔遠（一七四二—九八）述。弘化四（一八四七）年刊。⑴来経、⑵題号、⑶本文の正釈という順にしたがって、善導の『般舟讃』（『観経』等によって讃嘆供養別時法要の行儀を述べる。）を注釈したものである。柔遠の門人、行照が校刻した。谷大、宗大、竜大蔵。〔所載〕真宗叢6。〔山崎竜明〕

般舟讃私記【はんじゅさんしき】浄 一巻。良忠（一一九九—一二八七）述。成立年次は不明。『般舟讃記』ともいう。善導の『般舟讃』を注釈したもの。著者然阿（ねんな）良忠は、浄土宗の第三祖として、源空以来の専修念仏をひろめ、浄土宗の教学を大成した。数多い著作は総称して「報夢鈔五十余帖」と呼ばれ、良忠自身も記主禅師と尊称される。そもそも『般舟讃』は、浄土宗の宗祖源空未見の書といわれているが、良忠は善導の行儀分の著作の一つとして浄土宗の教学大成の上で解説を加えたとみることができる。その内容は、まず題目を解釈し、次に本文を前序・正讃・後序の三に分け、そのいちいちに注釈をほどこしている。題目については、『般舟讃』の具名『依観経等明般舟三昧行道往生讃』を解釈し、「観経等」は所依の経教を、「明般舟等」は讃歎正行を表わすとし、般舟三昧は『観無量寿経』所説の念仏三昧の異名であるとしている。本文の中では、聖浄二門の問題、浄土について、浄土三部経、念仏と称名などの関係について詳細に注釈しているなど『般舟讃』の末注を代表するものである。本書の注釈には、『般舟讃私記見聞』（良栄）、『同』（聖聡）、『般舟讃私記私鈔』（加祐）などが知られる。なお浄全所収本は、良仰が校正したものを底本としている。〔所載〕慶長一六・宝永六年刊本、浄全4。〔坂上雅翁〕

般舟讃丁巳録【はんじゅさんていみろく】浄真 二巻。竜温（一八〇〇—八五）述。安政四（一八五七）年成立。『般舟讃聞記』ともいう。善導の『般舟讃』の講義である。本書は親鸞が『教行信証』に『般舟讃』の文を一九カ所も引文している重要性に着目し、真宗学者は慎重にこの著述を領解することを論じている。来意、大意、伝来、題号、本文の五部に分けて注釈している。〔所載〕真大11。〔山崎竜明〕

万仭道坦語録【ばんじんどうたんごろく】曹 一巻。万仭道坦（一六九八—一七七五）撰。益端（生没年不詳）等編。宝暦六（一七五六）年ころまでの成立。別に『万仭和尚語録』という。道坦の止住した備中東光寺、同吉祥寺、三州長円寺、同万福寺、肥前泰智寺、再住万福寺における各語録を集録。禅戒や『正法眼蔵』等の本各的な研究活動以前の言動を把握するうえで考慮すべき史料である。写本を駒大に蔵す。〔所載〕続曹全（語録3）。〔吉田道興〕

番神問答記【ばんじんもんどうき】日 二巻。日具（一四二三—一五〇一）著。明応六（一四九七）年筆。本書は『法華神道秘訣』『神道同一鹹味鈔』とならび、法華神道三大書と称されている。また『神光興耀記』『番神問答鈔』『番神問答』の別称がある。明応六年に吉田兼倶より三十番神の勧請について、妙顕寺及び妙蓮寺、本圀寺に質疑が寄せられた。日具が妙顕寺当住の日芳に代ってこれに答えたのが本書である。刊本を立大蔵。〔宮川了篤〕

幡随意上人行状【ばんずいいしょうにんぎょうじょう】浄 一巻。妙導撰。寛保三（一七四三）年成立。延享三年刊。本書は江戸下谷幡随院（現東京都小金井市）開山幡随意の伝記である。本文は漢文体で、内容は幡随意の出生から、出家、修道、教化、示寂などにわたっている。幡随意の徳を讃嘆しつつ生涯を正確に記述しようとしている幡随意伝の好書である。〔所載〕浄全17。〔大谷旭雄〕

反正紀略【はんせいきりゃく】浄真 一三巻。超然（一七九二—一八六八）述。嘉永三（一八五〇）年九月重修。超然は近江の人、高宮の本願寺派円照寺大濤の第二子として生まれ、のち神崎郡福堂村（現栗見村）の覚成寺に住した。早くから本山学林に懸籍し、宗学を修め、三業帰命の残余撲滅や、その他、ひろく宗門のために尽力した。本書は本願寺派最大の諍論である三業惑乱事件の明細録であって、等観の『白狐通』や玄諄の『日次記』『巻舒自在』など当時の実歴者の記録をもとにして統括し、それに彼自身の見聞したところをもって不足を補い、再三の編次訂正を経て完成させている。これによって当時の本願寺派僧俗の状態をくわしく知ることができる。この事件の記録としてはもっとも詳細なものである。写本を谷大、竜大に蔵す。〔所載〕真宗全71。〔参考〕仏解。〔五十嵐明宝〕

万代亀鏡録【ばんだいききょうろく（まんだいききょうろく）】日 八巻、付録二巻。本書の内容は日蓮宗不受不施派の派祖日奥（一五六五—一六三〇）の著述を集大成したもの。本書の刊行は日正が編纂者となって、明治二一（一八八八）年八月和装本巻一を出版、逐次版を重ね同二三年五月巻八をもって日奥の諸著書を集成。さらに身延、池上の対論書等を集録して、同年一一月、翌年一〇月に付録巻一・巻二として出版。また昭和五七年一〇月には、この妙覚寺蔵版を巻一より巻四、巻五より巻八、付録巻一より巻二と三分冊にまとめ、新しく解説を加えて復刻刊行されている。この『万代亀鏡録』の底本となったものは、すでに江戸時代に発行された。『万代亀鏡』と称される六冊本で五巻二一章からなる木版本である。本書には不受不施禁制からくる地下出版のため編者、版元、開版年などの刊記はないが、日講（一六二六—九八）の編纂といわれている。なお日蓮宗不受不施講門派でも、これを底本として、代表編纂者兼発行人大崎日行によって昭和六年に上巻、昭和八年に下巻の『万代亀鏡録』二巻が刊行されている。先の妙覚寺蔵版は次のような著書が収録される。巻第一に、法華宗奏状、安国論由来記、禁中奏聞由来、法華宗諫状、末法相応本化所立之法華宗法門之条々、三箇条尊答、諫暁神明記、巻第二に、延命表、守護正義論、唱題勧発鈔、御縁起、巻第三に、宗義制法論、巻第四に、禁断謗施論、賜京師信徒書、巻第五に、門流清濁決疑集、中祖鑑抜萃、名詮自性記、研心鏡、巻第六に、円珠真偽決、巻第七・八に、断悪生善、付録巻第一に、身池対論記録、不受決、守正護国章、巻第二に破奠記などであって、江戸時代の『万代亀鏡』と比べると心即到記を省き、新しく延命表、唱題勧発鈔を加え、御難記を賜京師信徒書と改題し、付録二巻を加えている。一方、講門派版は『万代亀鏡』収録のままを生かし、これに堯了状能破条目、説黙日課、慇諭盲破記、梅鶯囀記、石上物語を加えている。〔松村寿巌〕

万安英種文集【ばんなんえいしゅもんじゅう】曹　一巻。万安英種（一五九一—一六五四）撰。承応三（一六五四）年直後、数年の間の成立と推定される。別に『万安和尚文集』という。英種は道元の初開道場である山城の興聖寺を慶安三（一六五〇）年に宇治の地に再興し入院した。済門の名師と道交を結ぶ。門下に月舟宗胡、鈴木正三、連山交易、梅峰竺信等の俊秀を輩出した。なお晩年に雑学事件に巻き込まれているがそれは濡れ衣である。本書は、偈頌、仏事、賛、銘、書簡等の数篇より成る。なかに先師（江戸起雲寺源室永高）や両親の年回忌法語が含まれ人情豊かな一面もうかがえる。また起雲寺退院之因、碧岩講釈之因や興聖寺の上堂語、それに辞世語が含まれ、伝記史料として重要であろう。また『興聖寺永代家訓』の二六条には、英種の面目がもっとも端的に示されている。たとえば第二六条に「住持遷化の時、別に無縫塔を安ずべからず。所以（ゆえ）は何（いかん）。俗諦は化儀を専にするも真諦は然らず。且つまた人力の費を致すべからざるが為なり。開山塔の傍に一箇の無縫塔あり。骸骨をその下に埋めるべし。予は先資の始めなり」（原漢文）とある。本書を他師の語録と比較するとき、分量のうえで非常に少ないが、あえて門下には自分の語録を残そうと意図しなかった一面を表わしているかも知れない。しかし古徳の語録類の提唱をなし英種述と伝えられる抄物は多数ある。〔所載〕続曹全（語録1）。〔吉田道興〕

万庵集【ばんなんしゅう】臨　一二巻（昭4刊『崇文叢書』六巻）。万庵原資（一六六六—一七三九）著。万庵は南英に師事し、詩文をよくし小文殊と称された。のち南英の法灯をつぎ、また徂徠、南郭、烏石等と詩相をもって交わり、元文四年正月七四歳で示寂。本書は「解脱集」（巻八）と「江陵集」（巻一二）を含み、両集とも仏教以外の多様な詩文を集録している。崇文叢書本を禅文研、駒大に所蔵。〔高崎正芳〕

般若心経鈔【はんにゃしんぎょうしょう】臨　一冊。盤珪永琢（一六二二—九三）著。寛政一二（一八〇〇）年刊。正式には『摩訶般若波羅蜜多心経鈔』という。巻末に「安永三年中秋日無名子」とあるのが編者か。本書は臨済禅を不生の仏心の語によって平易に説いた盤珪が和文で『心経』の要諦を説いたもの。禅の第一義的表現や、仏教の用語を避けて民衆の『心経』理解に供している。〔異本〕盤珪和尚心経燃犀（写本）、盤珪和尚般若心経註解（写本）。〔所載〕禅法語下。〔西村恵信〕

般若心経注解【はんにゃしんぎょうちゅうげ】天　一巻。源信（九四二—一〇一七）撰。具名を『摩訶般若波羅蜜多心経註解』という。初めに経題を釈し、次に随文解釈する。「反照心源、本来空寂」が主題で明瞭に説かれるが、波羅を清浄、蜜多を諸法、心経を梵語といい、また舎を色、利子を受想行識とするなど梵語の知識には疑問がある。「直指本心、決定是仏」等ともいい、偽撰と考えることができよう。なお『恵心僧都全集』には収録されていない。〔所載〕仏全33。〔坂本廣博〕

般若心経毒語注【はんにゃしんぎょうどくごちゅう】臨　一冊。白隠慧鶴（一六八五—一七六八）・東嶺円慈（一七二一—九二）共著。宝暦一〇（一七六〇）年草稿。文久元（一八六一）年刊。別に『鵠林東嶺両禅師毒語注心経』また略して『毒語心経』ともいう。東嶺の跋文によると、宝暦三（一七五三）年、師の白隠が東嶺に命じて『摩訶般若波羅蜜多心経』に注釈をせしめ、みずからが『心経』に付した著語および頌と合体させ、あたかも宋の冶父道川の『川老金剛経』に擬せんとしたもので、病いを契機に白隠の志たかまり一挙に完成されたものという。本書は冒頭に東嶺による『心経』の総釈という判釈があるが、判釈においては、(1)『心経』の異訳を挙げ、(2)他訳にあって当訳に欠けた部分を序文、正宗分、流通分について補い、『心経』の説時、説処、列衆、正説、流通を判釈することによって、(3)この経を総結している。次に『心経』全体の教理的構成を図示し本書の目次に代えている。本文では白隠が『心経』の一紙二七四言に対し逐語的に禅的著語と頌を加え（これを「毒語心経」という）、その後に東嶺が教理的注を加えている（これを不注という）。最後に東嶺の跋を付す。本書は禅者による『心経』注のなかでもっともよく知られ、今日も臨済家において提唱のテキストにもちいられている。〔所載〕日蔵10。〔参考〕永久岳水・禅門般若心経註解全集、柴山全慶・毒語心経、大森曹玄・毒語注心経。〔西村恵信〕

般若心経秘鍵【はんにゃしんぎょうひけん】真　空海（七七四—八三五）。成立年代不明。別に『心経秘鍵』『秘鍵』ともいう。

本書は、『般若心経』に対する注記の形をとりつつ、実はほとんど完全に空海の思想を述べており、これは「開題」というべきものではなく、教理書とみるべきものである。

まず第一に本書の特色として挙ぐべきことは、本書は単なる『般若心経』の注記書ではなく、心経を純然たる密教書とみている点である。従来、心経は『大般若経』六〇〇巻の精要を略出したものではなく、大般若菩薩の大心真言三摩地の法門とみる。このように独得な見方ができるのも、空海は経典の特質を見抜くのは一にかかって人に在るのであり、決して経典の文字の表面的意義によるものではない、という、真言家独特の観察法があるからである。「顕密は人にあり、声字はすなわち非なり」という立場がそれである。また「医王の眼には途に触れてみな薬なり、解宝の人は砿石を宝と見る」ともいっている。この立場から空海は、『般若心経』をまず序論においてとりあげ、次いで本文にうつる。序論に当るものとして、最初に「帰敬序」「発起序」「大意序」「題目解釈」「翻訳同異」と述べて、次いで本文解釈にうつる。

本文を五段に分けて解釈する方法は、本書をもっとも有名にしたものである。第一の「人法総通分」は「観自在菩薩、行深般若波羅蜜多時、照見五蘊皆空、度一切苦厄」の文に当り、本経の説法主が観自在菩薩であること、この菩薩が深般若の波羅蜜行を行うとき、この世をつくりなす力は、その実体はなく空であることを照見して、あらゆる苦しみをとりのぞくことを示している、とする。この段を因・行・証・入・時の五つに分ける。

第二段を「分別諸乗分」といい、空海はこの段で、従来の仏教各派の教えのすべてが展開されているとする。内容的にはここに「仏教概論」が説かれている、とみる。「色不異空、空不異色。色即是空、空即是色……」の有名な四句から始まり、「無智亦無得、以無所得故」に至る。全段を建・絶・相・二・一に分け、それを順次、普賢菩薩（華厳宗）、文殊菩薩（三論宗）、弥勒菩薩（法相宗）、声聞・縁覚（小乗教）、観自在菩薩（天台宗）の内証の法門とみる。

第三段を「行人得益分」という。『心経』を実践し信心する人（行人）が得る利益を説明する部分ということで、前段を「哲学編」とすれば、この段は「宗教編」ということができよう。「菩提薩埵、依般若波蜜多故……」から「得阿耨多羅三藐三菩提」に至る。その利益は人に七、法に四で、人の七とは、声聞・縁覚・法相・三論・天台・華厳と真言行人とを加えたものである。法は、因・行・証・入の四である。

第四は「総帰持明分」といい、ここにもっともよく空海の特色が出る。『心経』一経の真趣旨は、ここに至って、ことばの中にはなく、ことばを越えて仏の真言にありとするに至っている。「故知般若波羅蜜多、是大神呪、是大明呪、是無上呪、是無等等呪、能除一切苦、真実不虚」がそれで、これを名・体・用の三つに分け、右の四種の呪をそれぞれ、声聞・縁覚・大乗・秘密蔵の真言とみる。

第五は「秘密真言分」といい、梵語の呪（真言）をいい、全呪を五分して、順次、声聞・縁覚・大乗・真言の行果を明かし、菩提へ証入する意義を明かしている。

結論として二つの問答が設けられている。陀羅尼は密教の人のために説くものであり、また、顕教の経である心経も、密教の眼をもってみるときは、密教の経典となるのだとして結ぶ。

密教眼をもってみた心経説として、古来、密教家でこれを重視しないものはなく、覚鑁、頼瑜、杲宝、宥快、印融、亮海等の注釈が現存している。〔金岡秀友〕

般若心経秘鍵聞書【はんにゃしんぎょうひけんききがき】真　六巻。杲宝（一三〇六―六二）口、賢宝（一三三二―九八）記。『秘鍵聞書』『心経（秘鍵）鈔』『秘鍵杲宝鈔』『秘鍵宝口鈔』などともいう。貞和四（一三四八）年、東寺西院御影堂の勧学会談義に際して、四月から九月にかけ、五回に分けて、『般若心経秘鍵』を杲宝が講じ、学衆の一人であった賢宝がその講義を筆録したもの。覚鑁らの『秘鍵』の注釈をはじめ、顕密の諸経論を援引して『秘鍵』を釈し、宥快の『般若心経秘鍵鈔』一〇巻とともに、『秘鍵』注釈の二大権威とされている。〔所載〕日蔵20（旧版10）、真全16。〔佐藤弘行〕

般若心経秘鍵披陳【はんにゃしんぎょうひけんひちん】真　二巻（下巻欠）。成立年代不明。周海（一七〇五―八九）撰。周海は真言宗豊山派の代表的な学匠であり、宝永二年、大和の初瀬に生まれ、彦根や丹州、武州大乗院、湯島の根生院等に留住したが、主として豊山派長谷寺にて講説・著作をなした。晩年は武蔵の西光院（現川口市）に住し、寛政元年一一月一五日、八五歳にて入寂。その著作は多く、一六部一四〇巻を数え、宗乗余乗にわたる幅広い学風を特色とし、内容的にもすぐれたものが多い。宗乗の面では、『大日経疏』、空海の著作、余乗の面では唯識・倶舎・因明にわたり多くの研究成果を著わし、現存する。本著は、空海の『般若心経秘鍵』の研究解説書であるが、初めに『般若心経秘鍵』の制作の因縁、所詮の宗趣、教主の分別、経と釈の題目、撰者の号などの諸問題をとりあげて論究し、つづいて本文のいちいちの文句について、覚鑁の『略註』、道範の『開宝鈔』、頼瑜の『開蔵鈔』、その他『杲宝鈔』『宥快鈔』等を引用しながら、逐次詳細な解説を施している。なお『秘鍵』の制作年代については、末尾の上表文がのちに添加されたものであろうとの見解から、承和元年制作説もあるが、周海は制作の因縁中に、その上表文を引いており、弘仁九年制作説をとっている。下巻が欠けて伝わっていないことは惜しまれる。〔所載〕続豊全3。――→般若心経秘鍵　〔松丸俊明〕

般若心経不不註【はんにゃしんぎょうふふちゅう】臨　一巻。東嶺円慈（一七二一―九二）注。宝暦一〇（一七六〇）年成立。白隠慧鶴の『心経著語並頌』（毒語心経）に対応して、法嗣の円慈が細注したもの。合本して『般若心経毒語注』（毒語注心経）という。心経本文を観体、宗趣、力用の三点から解釈する。刊本に関しては、怠忍順海上梓の嘉永七（一八五四）年刊、明治一六・二四年刊がある。〔所載〕日蔵10、塗毒鼓続、心経註解全集。〔参考〕禅籍目録。〔小林圓照〕

般若心経略釈【はんにゃしんぎょうりゃくしゃく】南　一巻。真興（九三四―一〇〇四）撰。成立年代不明。玄奘訳『般若心経』の注釈。真興自身基疏によるとのべているように、基の『般若心経幽賛』に基づき法相唯識学の立場での解釈である。『心経』には、「五蘊等」「受想行識等」のごとく、「等」のあるものとないものがあるが、本書は「等」の字のないのは伝写の誤りとしている。円測の説をとりあげたり空海説を引くのも特徴である。〔所載〕仏全6。〔太田久紀〕

般若理趣経愚解鈔【はんにゃりしゅきょうぐげしょう】真　五巻。玄広（一五五六—一六一六）記。『般若波羅蜜多理趣品』（不空訳）の注釈書である。第一巻は、当経三国伝来之事、当経勧請句之事、一経大意之事、大意之事、当経両部分別之事等一三の項目を立てて論じ、第二は序分の大意と、五成就にわかち論じ、第三以下本文解釈に入る。『理趣経』には、古来より多くの注釈書が存在しており、本書はその中でも特に重要視されるものの一本である。主に東密の古義派が多く依用するものである。新義派が主に依用する『理趣経純秘鈔』（亮汰）が、不空訳の『理趣釈』を文々句々にわたって解釈の根拠としているのに対し、種々なる経論から本文の句を解釈し、あるいは問答をもってより深い理解をうながしており、より説得力ある解説であるといえよう。大正一二年合本で刊行（真言宗京都大学）されている。〔福田亮成〕

般若理趣経純秘鈔【はんにゃりしゅきょうじゅんひしょう】真　三巻。亮汰（一六二二—一八〇）述。寛文一二（一六七二）年成立。『理趣経』は密教において、書写・読誦・修習等多く用いられているので、その注釈書もすこぶる多く、本書は真言宗豊山派の学僧によった注釈書である。まずその構成は説会、相承、訳時、異訳、請来等を略述し、次に経の本文を解釈している。本書の注釈書には英岳・講義五巻、亮貞・存公記四巻、隆光・解嘲三巻、隆慶・授決三巻、良俊・講録三巻、文秀・頭書三巻、観山・講義一巻、興隆・口筆一巻などがある。〔真柴弘宗〕

万民徳用【ばんみんとくよう】通　一冊。鈴木正三（一五七九—一六五五）撰。寛永八—慶安五（一六三一—五二）年成立。本書は「修行之念願」（慶安五年撰）、「三宝之徳用」（慶安三年撰）、「四民（武士・農人・職人・商人）日用」（寛永八年撰）から成る。これを集成して刊行したのは、正三の没後六年目の寛文元（一六六一）年である。著作のいきさつに関しては、『驢鞍橋』（中巻、八七）、『石平道人行業記』、『石平道人四相』に詳しい。

正三は、石平道人、玄々軒と号す。家康や秀忠に仕えた三河武士であったが、四二歳で出家した。諸国を歴遊、洞済の名宿（万安、雲居、物外、大愚、愚堂）を尋訪し参禅工夫するとともに高野山や大和で経律を学び、さらに念仏をも修した。弟子恵中の編『石平道人行業記弁疑』や『驢鞍橋』によれば曹洞禅門の流れに属すというが宗派的な関連は少ない。また元武士ということもあり、すこぶる勇猛を極め、世に仁王（原文「二王」）禅ないしにらみ禅と称された。

本書は、『石平道人行業記』の慶安五年の条下に「師第一の法典なり」とあるように、正三の述作七部中でもその真面目を伝えるものとされる。まず「修行之念願」は正三最後の述作であり、そこに仏法は人間の悪心を滅する法で仏弟子が真道に入り迷いの衆生を引導することを念願とする、との主旨を述べている。次に「三宝之徳用」には仏法の宝を武勇・諸法度・五倫の道・諸芸能・渡世身すぎ等に使い、合わせて仏法修行の功徳を並べ挙げている。さらに武士・農人・職人・商人の四民日用が続く。その中、「武士日用」の冒頭には、仏法と世法が車の両輪に譬えられることに関する問答があり、その末尾の個所に義ある人は勇猛堅固の心剣で生死の敵を截断し泰平に住すべきことを記す。また「農民日用」「職人日用」には、農業をはじめ他の事業もみな仏行であるとし、その所作所為の上に真実勇猛の念仏をすることにより自己の真仏が顕然するとの旨を記す。「商人日用」には、得利の増すべき心づかいを修行することが肝要であるとし、この身を捨て念仏し一生は浮き世の旅であることを観じ一切の執着を捨て欲を離れて商いをすることにより福徳充満の人となることを説く。なお正三の『盲安杖』に説く人間として守るべき一〇種の徳目は、「武士日用」中に説く浮心・沈心の各一七種の徳目に展開し、また『反故集』上巻の四問四答の下注に、これは「武士日用」の真註であると示しているように、本書は正三のほとんどの述作の真註ともすべき内容をも含んでいる。本書は、近世仏教において職業倫理を説いた先駆的著作として絶讃されている。〔所蔵〕寛文元年、江戸和泉屋庄二郎刊、松ケ岡。〔異本〕京都山本平左衛門刊、永久俊雄。再刊、江戸岡田屋嘉七等、駒大図。校正新刻本、明治二二（一八八九）年、東京須原茂兵衛刊、守永弥六校、駒大図。〔所載〕鈴木正三道人全集、禅門法語集下巻、日本古典文学大系仮名法語集。——→驢鞍橋　〔吉田道興〕

ひ

燧嚢【ひうちぶくろ】浄　二巻。関通（一六九六—一七七〇）述。元文二（一七四二）年成立。関通自身が得た念仏往生の確信の趣きを述べたもの。自得章と讃歎章から成る。念仏して生死を離れることは本願の不思議であることが、鉄と石を打合せて火を得るという譬にあてて説かれている。同じく関通の『燧嚢俚語』四巻は本書を解釈したもので、あわせて読むのがよい。〔刊本〕寛保三年刊。〔所載〕関通上人全集1。〔深貝慈孝〕

比叡山延暦寺元初祖師行業記【ひえいざんえんりゃくじがんしょそしぎょうごうき】因　一巻。圓珍（八一四—九一）抄。元慶五（八八一）年七月二〇日成立。別に『延暦寺元初祖師行業記』『祖師一生行業記』『比叡山元初祖師行業記』『伝教大師行業記』『行業記』『比叡大師行迹』ともいう。智証大師圓珍は、天台第六祖で、義真に師事し、仁寿三（八五三）年に入唐し、約五年間顕密の両教を学び、天台密教の確立に大きな貢献をしたのである。本書は書名に明らかなように、最澄の伝記である。本書の末尾には、「此挾㆔寺別当藤納言閣下召㆓祖師行記㆒、撮㆓故僧仁忠記忠記文㆒進奉。元慶五年七月廿日比丘圓珍記」とあって、その由来がしれる。「藤納言」とは、権中納言従三位藤原三守で、最澄生前よりの外護者の一人であって、当時の初代延暦寺俗別当の一人でもある。本書はこの三守のもとめに応じ、圓珍が『叡山大師伝』を約五分の一にして略抄したものである。しかし大師伝にはみられない「字薬澄」など、若干の相違はみられる。また先に引用した圓珍記の中の「仁忠」については、『叡山正師伝』の撰者「一乗忠」の問題で種々の論義がなされている。〔所載〕伝全（新）5。〔参考〕叡山大師伝、天台霞標。　〔小方文憲〕

比叡山最澄和尚法門道具等目録【ひえいざんさいちょうかしょうほうもんどうぐとうもくろく】[天]　一巻。最澄（七六六―八二二）記。最澄は伝教大師、日本天台宗宗祖。最澄は『法華経』により一乗の宗天台法華宗を開き、みずから入唐して、その正統を相承した。その時将来した法門道具の目録をつくり、その比叡山の鎮国道場、止観院経蔵に収納することを記した目録。巻首から羯磨金剛目録と称され真筆の国宝文書として現存。〔所載〕仏全2。　〔木内堯央〕

比叡山相輪橖銘【ひえいざんそうりんとうめい】[天]　一巻。最澄（七六六―八二二）撰。弘仁一一（八二〇）年。最澄は日本天台宗宗祖。『法華経』一乗の教義をもって宗を開き、入唐して天台智顗の正統を相承、比叡山に大乗菩薩教団の建設をめざした。全体四字一句で六四句からなる銘文で、神祇冥道に相輪橖建立によって法楽を与え、護国済民を祈るという趣旨。本地垂迹説もみえ、西塔相輪橖建立の旨を述べたもので、真偽は疑わしい。〔所載〕伝全5。　〔木内堯央〕

比叡山天台法華院得業学生式【ひえいざんてんだいほっけいんとくごうがくしょうしき】[天]　一巻。最澄（七六六―八二二）記。弘仁九（八一八）年五月一五日成立。別に『比叡天台法華院得業生式』ともいう。伝教大師最澄は、大乗の精神に基づく菩薩僧養成をめざし、その具体的方策として、政府より賜わる年分学生について規定した三式からなる『山家学生式』を上表した。本書の従来の評価は、その第二式の八条式の試案等の低いものである。しかし、本書は、上三式の最初の天台法華宗年分学生式（六条式）の二日後に発表されており、その内容についても六条式と共通点がみられる。つまり、得業学生は止観業、遮那業を修学する各九名とし、一期九年の後、順次試業をし合格させるものは、一二年の叡山常住修学を規定し、成業の後の任用についても、国宝、国師、国用の三品を立てるなど同等とみえる。したがって、六条式が公認の年分学生に関する規定とするならば、本書は比叡山私設の得業学生に関する規定である。要するに、最澄の菩薩僧養成の構想は、年分学生二名、得業学生一八名をもって構成し、止観業、遮那業の両業を修学せしむるものであったと思われるのである。このように、本書は、最澄の大乗菩薩僧の教団確立の決意がうかがえる貴重な資料といえる。〔所載〕伝全（新）1。〔参考〕山家学生式。　〔小方文憲〕

秘宗教相鈔【ひしゅうきょうそうしょう】[真]　一〇巻。重誉（生没年不詳。保延〈一一三五―四〇〉ころの人という）述。保延五（一一三九）年成立。『秘密教相鈔』『教相抄』ともいう。本書は真言密宗の教学上の重要問題四八条を選んで要義を問答説述した書である。主として『大日経』および『大日経疏』に関するものである。真言宗の教相上の著述としては比較的初期に属するものであり、のちの学匠に及ぼした影響は少なくない。四八条中その第一条目は、大日経所説三瑜祇行料簡であり、以下、百六十心本惑唯取五鈍簡五利、百六十心断位。六十心三妄執中摂不摂。浄菩提心幷信解行位料簡。大日経所説菩提心為大悲為根本等三句料簡、胎蔵界三重曼荼羅分別菩提心大悲方便三句、胎蔵界曼荼羅中台外別説観音院等、胎蔵五仏相当因行証入方便究竟五位第十曼荼羅聖飛天等浅深、胎蔵曼荼羅四種法身料簡。金剛界九会料簡、四種曼荼羅料簡、菩薩位数、大日経所説六無畏位分、菩薩証理位、十地浅略深秘二釈、十地位超越有無、発菩提心之相、成仏相、即身成仏、五相成身料簡、一座成覚料簡、草木等成仏不成仏、果分功徳可説不可説、如来内証境界等覚十地不能入室料簡、顕密所説陀羅尼浅深、顕密二宗地位対当、等とあり、最後の四八条目は、竜智阿闍梨所住国界である。安元二年の写本と延宝三年の刊本が存する。〔所載〕仏全42。　〔吉田宏晢〕

秘宗文義要【ひしゅうもんぎょう】[真]　五巻。静遍（一一六五―一二二三）撰。建保三（一二一五）年成立。静遍は浄遍とも書き、平頼盛の子で、禅林法印、大納言法印と称す。仁和寺に住して瑜伽の誉れが高く、源空が専修の法を立てたのをそしり、書を著わしてこれを破そうとして、『選択集』を読むに及び、末世においてその益あることを知り、『続選択集』をつくるにいたった。巻四の奥書に「貞応元（一二二二）年八月四日高野山常住金剛院僧房において之を談じおわる。（中略）抑此書といっぱ、果理教行の義に就いて経軌論疏の文を集め各々一部に分けて四巻となす。所謂三密の真髄、一宗の肝要なり。而して空しく多歳を送り未だ再詳に及ばず、今まさに座禅の砌にあたり幸いにその苦学の便を得、仍去月上旬より始めて今朝に至るまで日々学堂を排し一々疑問を扣える」とあり、巻五の奥書には「建保三（一二一五）年正月、殊に心願の趣有るに依って真言院御修法比、万事を抛って鈔出す」とあるので、建保三年成立とした。内容は、一巻より五巻まで順次果理教行の義に就いて問を設け、それについて経軌論疏から証文を引き、それに「私云」と私見をのべる形式をとっている。奥書にあるように、後学のために問題点とそれに関する経軌論疏の証文を書きつらねたものであり、頼瑜等に見られる問答形式の論義書の先駆的な存在といえよう。〔所載〕真全22。〔参考〕本朝高僧伝。〔榊義孝〕

秘鈔【ひしょう】真　守覚法親王（一一五〇—一二〇二）集。一八巻。別に『御書』『白表紙』『広蓋鈔』『七日鈔』などともいう。醍醐の秘事秘訣を集し、各尊も五大の種子で字輪観にもちいられているので『秘鈔』と名づけられたという。『野鈔（野月鈔）』『野沢』の両鈔に口伝を書き加えられているので、流れにより尊数、調巻は不同であるが、このことは、受者の機根に応じて受与するためで、一度に受与しないためであるとされている。〔所蔵〕古写本（京大）〔中山清田〕

秘蔵記【ひぞうき】真　伝空海（七七四—八三五）。撰述年代不明。古来、弘法大師記と伝えられるが、撰者については四説ある。㈠恵果口説、空海録。㈡不空口説、恵果録。台密はこれに従う。㈢唐の文秘の記。㈣日本先徳の口説と見る説。本書には広略二本がある。広本は二巻、略本は一巻。東密にあっては略本を恵果説、大師（空海）録の正本と見、広本はこれに文秘を増補したものと見る。いま、略本の内容を示すと、「両部曼荼羅」「四種壇法」「三部五部」「道場観」「三句五転」等々合計せる法相約一〇〇条より成る。その編纂は、一時に全体を俯瞰し、一定の方針の下に述作した独立の著書とは認めにくい点が多々ある。右に示したように、著者あるいは述者・録者等種々の議論ある所以である。しかも行文中、密家の著作とは認めがたい顕教的著作も少なからずあり、その題名の訓み方についても、欧語の辞書では「ひぞうき」のほか「pi tsáng chi」の華音を挙げるほどである（Encyclopaedia of Buddhism, Ceylon）。さらにはこの『秘蔵記』なる題名も、略本にはもともと題名なく、安然の『八家秘録』には「秘密記」一巻、海和尚作とのみあり、『秘蔵記』なる呼称は後世の付加なることを知る。略本といい、広本というも、二種の著作とみるべきではなく、略本は完結せる一本で、広本はこれを第一巻とし、新たに「三世千仏」「密教観想道場観」「両部曼荼羅」「諸尊位形相」等、新たに設けられた項目が続くという形をとっている。東密諸家が略本をもって正本相承のものと見、広本下巻を後人——文秘の——の増補と見る理由はここにある。本書は早くから刊行され、明和四（一七六七）年高野山補陀洛院真海版、同大聖院等の略本刊本あり、広本も同蓮福院版あり。補陀洛院版を底本として、『弘法大師全集』四に略本刊行。巻末に「密教道場観」も併録。〔金岡秀友〕

秘蔵金宝鈔【ひぞうこんぽうしょう】真　一〇巻。実運（一一〇五—六〇）。観修寺寛信によって説かれた密教事相の諸項目を輯録した聖教である。特に東密三宝院流においては、『玄秘鈔』と『諸尊要鈔』とをもって後三部と称し、一流伝授の最も重要な資料である。〔所載〕正蔵78。〔福田亮成〕

秘蔵宝鑰【ひぞうほうやく】真　三巻。空海（七七四—八三五）撰。『宝鑰』と略称、上中下の三巻よりなる。『宝鑰』は『秘密曼荼羅十住心論』一〇巻を広本とするのに対し略本といわれる。両論ともに勅命によって撰せられたことは間違いないと思われるが、その撰述年代は必ずしも明らかではない。勅選書は、天長年間淳和天皇が諸宗の学匠に命じ、各宗の主張するところを論述させたもので「天長勅選六本宗書」として知られている。豊安の『戒律伝来記』に「爰詔㆓八宗之学者㆒」とある点から見て、本来八宗の学匠に対し宗論の撰述を命じたと思われる。護命の『法相研神章』の序によれば、勅命の下されたのは天長七（八三〇）年かあるいはそれ以前であったことがわかる。これによれば『十住心論』の撰述は天長七年前後であり、その略論としての『宝鑰』は、のちの撰と考えられる。天長七年は空海五七歳のときで晩年の作といえる。『十住心論』も『宝鑰』も主旨はまったく同じで、衆生の心の在り方あるいは心品が転昇していく次第を一〇の段階に分け、転昇次第のうちに世間心、出世間心あるいは小乗大乗の諸宗の主張をすべて包摂し、統合し同時に教判も兼ねる。『十住心論』が第三住心以後浅略釈と深秘釈を説き九顕十密の立場をとるのに対し『宝鑰』は九顕一密を説く。『宝鑰』の引用経論はきわめて少ない。『大日経』は第八住心を除きすべての住心に引かれ、『菩提心論』も第二・第八住心を除いて引かれ、『釈論』は第六・七・八・九住心に引かれる。その他『金剛頂経』『守護国界主陀羅尼経』が第九住心に、『一字頂輪王儀軌』が第十住心に引かれる。第二住心を除き、他はすべて竜猛の『菩提心論』『釈論』によっていることが注目される。とくに第十住心には『菩提心論』の三摩地段全文が引用され、『宝鑰』全体にわたって『菩提心論』が引かれている。『宝鑰』の第五・六・七・八・九住心の初めの文は『十住心論』の文をそのまま引いているが、その他は『十住心論』に説かれない点が新たに加えられている。とくに『宝鑰』は冒頭の十住心名の下に頌が付されている。『宝鑰』は『十住心論』のように深秘釈を説かず、第六住心以下に『釈論』所説の五重問答を加えるなど、九顕一密の教判的な色彩が強く出されている。上巻には世間三箇住心、中巻には声聞・縁覚の住心、下巻には大乗仏教の住心が説かれる。十住心の名目は、第十秘密荘厳心を除き、『大日経』住心品に求めることができる。こうした十住心思想の構想は、弘仁一三（八二二）年『平城天皇潅頂文』のなかにすでに認められるのである。主な注釈書は、道範『秘蔵宝鑰問談鈔』四巻（写本）、藤原敦光『秘蔵宝鑰鈔』三巻（真全11）、頼瑜『秘蔵宝鑰勘註』八巻（版本、真全11）、頼瑜『秘蔵宝鑰愚艸』五巻（写本）、杲宝『秘蔵宝鑰私鈔』六巻（写本）、宥快『秘蔵宝鑰鈔』四五巻（版本）、政祝『秘蔵宝鑰私記』三巻（真全11）、運敞『秘蔵宝鑰纂解』

七巻（版本、智全7）、浄厳『秘蔵宝鑰鼇頭』一〇巻、覚眼『秘蔵宝鑰撮義鈔』一〇巻（版本、智全8）、曇寂『秘蔵宝鑰私記』三巻（写本）、慧曦『秘蔵宝鑰開宗記』一〇巻（写本）、妙瑞『秘蔵宝鑰見光鈔』三巻（版本）、亮海『秘蔵宝鑰講莚』（写本、智全8）、卓義『秘蔵宝鑰勘注記』一巻（豊全10）、戒定『秘蔵宝鑰帳秘録』一巻（続豊全3）、元瑜『秘蔵宝鑰講翼』一〇巻（草本）。〔遠藤祐純〕

秘蔵宝鑰鈔【ひぞうほうやくしょう】真　三巻。藤原敦光（一〇六二—一一四四）。成立年代不明。『秘蔵宝鑰敦光鈔』『宝鑰敦光鈔』『秘蔵宝鑰藤原敦光注』ともいう。弘法大師空海の『秘蔵宝鑰』を注釈した書。宝鑰の語句に玉篇等を引きつつ音釈・語釈を加え、さらに諸師の論書を博引し解釈している。時には要義を記すが、要は諸家の説を集大成しつつ宝鑰の意を発揮せしめるところにある。東密、古義派、南山では専らこの書を用い、大部な最古の末疏として最重要書である。〔所載〕真全11。〔里道徳雄〕

秘蔵宝鑰鈔【ひぞうほうやくしょう】真　四〇巻（合一五冊）。宥快（一三四五—一四一六）撰。空海（七七四—八三五）は『弁顕密二教論』と『十住心論』との二種で真言宗の地位を確立し、後者の『十住心論』を広論というのに対し、『秘蔵宝鑰』を略論として撰述している。しかるに本書は『秘蔵宝鑰』の注釈書の中において、古来からの諸説を集大成し、さらによく文句を解釈するとともに要義をも記されている。撰者は十住心建立の意趣を『十住心論義林』に、㈠顕密合論に約する十住心、㈡真言行者の浄心転昇に約する十住心、㈢秘密曼荼羅の功徳に約する十住心の三義を示し、また本書に前の秘密曼荼羅の功徳の義をさらに分けて、㈢五種三昧道に約する十住心、㈣普門大日の万徳を開示する十住心との二種に分け、四義をだして説明している。この二門四義は古来から多くの先師に依用されているところである。〔真柴弘宗〕

秘蔵宝鑰帳秘録【ひぞうほうやくちょうひろく】真　戒定（？—一八〇五）記。戒定は教義の自由討究を主張した人物として知られ、この帳秘録も随処にその傾向が見られる。本書はまず秘蔵宝鑰なる題号を釈し、また二教論はこの章の玄談なりといって横竪の教判の関係について論じている。次に序篇を釈するなか、外教といえどももとは古仏の宣説するところなりといい、展転して謬失したといってもそのもとは出離のためであるという。次に第一異生羝羊心から第一〇秘密荘厳心までの十心について、そのいちいちを科文し重要個所を釈する。そのうち第一住心に関して情慾は凡夫の通情なりとし、情慾を慎むは婬ではなく正慾であり、情慾に放縦なるを婬・邪慾というとする。第四住心において、今世の大乗の学者が出家剃髪して山林に住し世に用がないのは、みなこれは声聞形の僧となり。出世間の風を学ぶといえどもいまだ出世の位をえざるがゆえに六趣を利益すること能わずという。また第四住心と第五住心の差は智の浅深により断惑、漏尽は同じという。第五住心には二智に関する運敞の説を批判している。第六住心の覚悟の域は梨耶有為の相にひとしくして源底の心本に至らずとする。これに対して第七住心は空心にして梨耶薀習気の心に非ずであり、理事相即を至要とすると。第八住心と第九住心の違いは天台所説の無相無言の法身に対して華厳は無礙円融の仏身であり、さらに真言の仏は法爾法身本来不二の仏であると釈す。〔所載〕続豊全3。〔吉田宏晳〕

秘蔵要門集【ひぞうようもんしゅう】真　一〇巻。杲宝（一三〇六—六二）編、賢宝（一三三三—九八）補刪。顕密の諸経論、章疏の要文を、密教教学上の諸問題にしたがってまとめた要文集。巻一から巻八までは二巻ずつ教・理・行・果に分け、巻九では釈論に関して、巻一〇では伝灯相承に関する要文を集めている。各巻とも三三の項目より成り、巻一〇のみ最後に廻向発願門の一項目を加えて三四の項目を挙げる。本書は巻一から巻九までで『秘蔵要文集』と題し、巻一〇は『秘密伝灯要文集』と題するが、巻一〇の末尾に「貞和四年七月十日。於二東寺西院僧房一全部十巻要文。千余類聚終篇了。（以下略）」との杲宝の奥書きがあり、これにより、巻一〇は最初から『秘蔵要文集』の一巻として編まれていたことが知られる。東寺観智院に文安二（一四四五）年写本、応永二三（一四一六）年写本（巻九・一〇欠）を蔵す。〔所載〕真全22。〔佐藤弘行〕

悲歎讃及獲得名号法語略註【ひたんさんおよびぎゃくとくみょうごうほうごりゃくちゅう】浄真　一巻。僧鎔（一七二三—八三）述。成立年代不明。親鸞の「愚禿悲歎述懐」（和讃）一六首とそれにつづく五首と獲得名号自然法爾章とを解釈した書である。「初メハトリワキ凡夫ノムナシキサマヲナゲキ。後ハ末世仏法ノスタレユクスガタヲ悲シミ玉フ」と和讃の造由を規定し、自然法爾章に移って「如来ノ因果自然ニシテ行者ノ因果成ジルコトヲ示シ。仰信ヲス、メテ知解ヲ要トセザルコトヲ明シ玉フ」と造由を略述している。〔所載〕真宗全62（真宗小部集3）。〔藤田恭爾〕

悲田記【ひでんき】日　一巻。勧持日禅（？—一六七七）著。成立は寛文五（一六六五）年。日禅は碑文谷法華寺、養安寺・松ケ崎・野呂檀林の能化たり。不受派中の悲田派の人。本書は寛文五年幕府が出した「土水供養令」によって紛争を見た三田、すなわち敬田派と恩田派との中間に介して、悲田派こそ中庸を得たるものであると、悲田の説の優位を主張したもの。〔中條暁秀〕

人となる道【ひととなるみち】真　慈雲飲光（一七一八—一八〇四）選述。安永二—三（一七七三—七四）年成立。『十善法語』『十善戒相』等の別称あるも正しくは別本なり。本書の著者慈雲尊者飲光は、今釈迦とまで時人に尊ばれ慕われた江戸中期の高僧で、学徳に優れることはもちろん、多くのひとを化導するにも懇切を極めた布教家でもあった。尊者の行学は、正しい戒律の復興（正法律）と、正しい仏語の解読（梵学）と、わが国固有の宗教たる神道の研究（葛城神道）と、万人への布教を四つの柱としていたが、本書はその第一の眼目たる戒律復興の精神の凝集した説法集である。本書はもともと一二巻なる大著『十善法語』の要をとり、粋を集めた説法集で、意をとって「人と成る道」と尊者みずから名を付けたものである。藍本たる『十善法語』一二巻は毎月、八日と二三日を定日として講演を重ね、のち、漢文・和語二とおりの書物として世に行われるに至ったものである。本項の冒頭に記した成立年代は、すなわち、この月二度ずつの定講が重ねて一三回に及んだ日時を記したものである。漢文・和語の『十善法語』は、それぞれ、時の後桃園天皇並びに御祖母開明門院、御生母恭礼門院、堀川局宣子、蓮心院通子（のちの法泉慧琳尼）等に献納された。『人と成る道』は、後者、すなわち仮名本の『十善法語』の略本ともいうべきもので、数少ない「十善法語」「同略法語」等中の傑作である。本書を天覧された後桃園天皇には、「朕今日始めて人君たるの道を知れり」とのおことばがあったという。「十善道」とは、身に三――不殺生・不偸盗・不邪婬、口の四――不妄語、不綺語、不悪口、不兩舌、意の三業――不貪欲、不瞋恚、不邪見の十善の業道をいい、終生これを持つことにより、もとの善に帰るとするもので、尊者独得の性善の考えが強く打ちたてられている。〔金岡秀友〕

檜尾口決【ひのおくけつ】真　①一巻。または二巻。実慧（七八六―八四七）記。『金剛頂瑜伽蓮華部大儀軌』『金剛頂瑜伽蓮華部大儀軌記』『金剛界檜尾口決』『檜尾金口訣』『金剛界口決檜尾』『檜尾御口訣』ともいう。実慧は空海の上足で檜尾僧都ともいい、空海を嗣いで東寺第二世長者となり、晩年に河内檜尾山に住した。よって実慧の記した口決を『檜尾口決』と称する。本書は実慧の弟子恵運の持本であり、空海の口決を実慧が記したものとされ、東密においては空海の口決としてきわめて尊重する。『日蔵』所収本の元禄一二（一六九九）年に性亮の記した奥書には「夫金剛頂大儀軌者高祖弘法大師口決。門人実慧闍梨筆記也。乃注金剛頂蓮華部心念誦儀軌文。解印契難結。補究句所欠。開観心秘蔵。示念誦次第。使瑜伽行人炳然易通暁。云云」とあって、不空訳『金剛頂蓮華部心念誦儀軌』を注したものとされるが、儀軌本文にない項目についての口決もふくんでいる。金剛界の念誦次第についての口訣である。空海の作とされる金剛界念誦次第には『金剛界黄紙次第』があるが、必ずしも一致しない点も見られる。本書の巻数を一巻とするものと二巻とするものとがあるが、もと一巻であったものをのちに二巻に分けたものらしく、諸本分巻の位置は一様ではない。写本を京大（文化14写、一冊）、正大（元文2等空写、二冊）、高野光台院（元禄12写）、高野三宝院（天保3覚宋写）、高野真別処（下巻一冊）、成田、仁和寺（治承4写）、高山寺（建久4写）、大通寺（享保9写）に蔵す。〔所載〕日蔵85、弘弟全上。②一巻。または二巻。実慧（七八六―八四七）記。『真言秘要記』『真言秘要訣』『真言秘要記及阿闍梨口決』『金剛界秘要記』ともいう。①の『金剛頂瑜伽蓮華部大儀軌』とほぼ同一であるが、本書のほうがより詳細である。本書の作者について、空海口・実慧記とする説と実慧口・恵運記とする両説があるが、頼瑜、杲宝等の諸師は実慧口・恵運記とし、空海口・実慧記の①と本書②とを区別する。写本を醍醐三宝院に蔵す。〔所載〕弘弟全上。③一巻。実慧（七八六―八四七）記。『檜尾雑記』『檜尾御口訣』ともいう。本書の作者についても空海口・実慧記説と実慧口・恵運記説の両説があるが、奥書には「右抄実慧僧都於高野大師所伝習之口決也。尤可尊重尤可尊重云云」とあり、『弘弟全』編者は空海口・実慧記とする。また仏眼法の口決のなかには「次闍梨伝大阿闍梨口説云。云云」とあり、五大尊位等の口決中には「然是大阿闍梨之所行耳」という句が見られ、空海口とするとこの大阿闍梨は恵果ということになるが、また大阿闍梨を空海、闍梨を実慧であるとすると、本書は実慧口・恵運記であることとなる。本書は事相の口決一四条を並べたもので、なんら体系的なものではないが、古来東密においては『高雄口決』とともに空海の口説として尊重されている。本書の内容は、仏眼法、金剛寿命法、五大尊位等、六足尊真言印、忿怒法、五忿怒主伴、怨形、七日等不解界、護摩有多事、閏月小月宿、炉諸尊位、閼伽等偈、諸部相応物、息災等真言、である。写本を京大、高大（鎌倉時代写）、正大（寛政元写）、高山寺（建久6写）、高野金剛三昧院（永正6写）、高野真別処（『護摩口訣』のうち、一冊）、醍醐寺（延文5写）に蔵す。〔所載〕正蔵78、弘弟全上。〔苫米地誠一〕

秘密安心又略【ひみつあんじんりゃく】真　一巻。法住（一七二三―一八〇〇）述。成立年代不明。法住は真言宗豊山派三二世で密教の教学の他に浄土・戒律などの余乗を学び、各地で講座を開き、著書も多い。秘密安心に関しては次の二つがある。『秘密安心略章』『秘密安心往生法話』。本書は問答形式により真言宗の安心をこの宗の根本教義のひとつである有相無相を出発点として説く。無相は法身大日如来の自内証そのものなので常人にはとうてい達しがたく、そのため在家の信者には仏菩薩に対する念仏誦呪をすすめ、有相の諸善行即無相との深信をもつことが肝要であると説き、次いで因果不二自他平等を念願すべきことをのべ、終りに問いに答えて観音信仰を広宣している〔所載〕真安心1。〔祖父江章子〕

秘密安心往生法話【ひみつあんじんおうじょうほうわ】真　一巻。法住（一七二三―一八〇〇）撰。寛政一二（一八〇〇）年法恕記。この書は真言宗の根本教義のひとつである即身成仏三力不思議の秘密安心を提唱し、それにはわれわれの心内身中に常在する阿字本性の菩提心をひたすらに信じ、それぞれの分に応じて一心におこたりなく修行すれば、如来大悲の加持力をこうむり三密無尽の功徳力を成就し、生死の苦を離れて密厳浄土に往生するという、真言宗の安心の要諦を説く。〔所載〕真安心1。 〔祖父江章子〕

秘密因縁管絃相成義玄談【ひみついんねんかんげんそうしょうぎげんだん】 真 光隆（?—一八五四）。本書は、真言宗豊山第三二世法住（一七二三—一八〇〇）能化の書である『秘密因縁管絃相成義』二巻の解説書である。本書は第一に要義を弁ず、第二入文注釈と大きく二つに分けられ、第一を三門に分け、第一講演解義因縁、第二此章起縁、第三教主異義とされ、第二入文解釈も三つに分けられ、一に題目、二に撰号、三に正入文解釈となっている。文中、「因に此の章を以て玄談することを弁ず、講要の如し」とあることより、『講要』の執筆後に著述されたものであり、ともに『秘密因縁管絃相成義』を解釈したものであるが、少しく視点をかえて書かれているもののようである。特に第三教主異義についてその記述をあげてみよう。弘法大師空海は、自己の教学のきわめて特徴的なものとして、法身説法説を主張したが、後に教主義と称するごとく法身の説法ということについて多くの異説が展開したが、それについて以下のごときまとめをしている。「第三自性身説とは、中に於て大いに三家の別あり」と大別して、法住能化の立場を、「第三会合家に四家あり。一には南都戒旦院長老恵光。二には智山の曇寂。三は五智山の如幻。第四は此の章なり」ということである。後は、「五点」「六大無碍」「一多法界」などの単語の解釈と、難語釈を展開している。〔所載〕続豊全1。 〔福田亮成〕

秘密因縁管絃相成義講要【ひみついんねんかんげんそうしょうぎこうよう】 真 光隆（?—一八五四）。本書は、真言宗豊山第三二世法住（一七二三—一八〇〇）能化の書である『秘密因縁管絃相成義』二巻の注釈書である。すなわち、この書の記述をもとに、その要語や要義を整理し、または典拠を示し、さらには図式化して解釈を展開したものである。法住能化は、この書の底本となった『秘密因縁管絃相成義』のほかに、『大日経疏玉振鈔』一〇巻を著しているが、これらの二書において、『大日経』の教主の問題についての従来の諸説を論破し、独自な本地身説、加持身説を統一した本加和合説を主張したのである。光隆のこの『講要』は、文字どおり手引書ということができる。本文は大きく三つに分けられ、一に題額、二に撰号、三に入文となっている。入文判釈では、所宗を標し章を開き、章門を列し、列に随って別釈するという構成となっている。いわゆる本加和合説は「主総伴別四身」という図にまとめられているので掲げてみよう。

横即自利　法爾安住——五智光明心殿
　　　　　修成顕現——行者自證五智光明心殿
　　　　　　　　合修成顕現四身—法身—本地
　　　　本加合論——他受
　　　　　　　　変化—加持
　　　　　　　　等流
竪即利他　以本加合論四身—為法身—即
　　　　質
即離合論　他受
　　　　以離質三身——変化—離質
　　　　等流

ということである。〔所載〕続豊全1。 〔福田亮成〕

秘密儀軌伝授随筆【ひみつぎきでんじゅずいひつ】 真 二巻。著者明記なし。成立年代不明。第一巻の内題には『秘密儀軌伝授』とあり、第二巻の内題には『秘密儀軌伝授記』とある。また第二巻中には伝授儀軌の目次を載せる所があり、そこには「秘密儀軌伝授口説二」あるいは「秘密儀軌伝授記三」と記されている。秘密儀軌の伝授は湯島霊雲寺の開祖浄厳（一六三九—一七〇二）によって復興され、以降次第に盛んとなり、多くの伝授記が作られたが、本書もその中の一つである。第一巻には伝授の法軌、伝授の大意、加持の説に三種あること、入唐八家の相承師について記し、終りに「授此諸儀軌伝授浄厳大和上従仁和寺孝源大僧正伝授之。其後今七十余巻。経軌等者併霊雲寺開山浄厳大和上点本也。最可秘重之也」とある。第二巻には二〇席にわたる四二部の経軌の伝授が記されているが、そのうち八部については伝授に及ばずとして題目が示されるのみである。また伝授の順も他の儀軌伝授の目録などと異なっている。本書の著者は不明であるが、本書の『底哩三昧耶不動尊威怒王使者念誦法』の記の後に「慧儀和上伝授次第此次出録外底哩三昧耶念誦儀軌上中下巻。一日御伝授文」とあって、本書の著者が霊雲寺三世慧曦（一六七九—一七四七）より伝授を受けていることが知られる。また『続真全』所収の本書は宝暦九（一七五九）年快良書写本であるから、それ以前の成立であり、とすると本書の著者としては慧曦の弟子である霊雲寺第四世法明（一七〇三—六三）あたりが考えられようか。写本を高大に蔵す。〔所載〕続真全4。 〔苫米地誠一〕

秘密三昧耶仏戒儀【ひみつさんまやぶっかいぎ】 真 一巻。空海（七七四—八三五）。密教における三昧耶授与次第をのべたもの。三昧耶戒は、入壇灌頂に先立って必ず受けねばならない密教の戒である。本書はその構成から見て、善無畏三蔵『無畏三蔵禅要』と同書の作法を大幅に取り入れている不空訳『受菩提心戒儀』が根幹におかれているようである。明暦二（一六五六）年の版本がある。〔所載〕弘全（真言宗事相章疏1）、正蔵78。 〔遠藤祐純〕

秘密荘厳伝法灌頂一異義【ひみつしょうごんでんぽうかんじょういちいぎ】 真 覚鑁（一〇九五—一一四三）撰。略して『灌頂一異義』とも称す。覚鑁は、灌頂作法に三部を遺し、「灌頂一異義口訣」を加え灌頂部に五部がある。当時の真言各流の事相を研鑽し総合的な事相の一流とされる伝法院流の流祖覚鑁の撰述で、その要旨を伝えるものとして注目される。本文では、両部各別、両界不二、一印二明、同明異印、両界互通、五部同秘、万行皆是、三密平等、秘奥最極、輪円具足の十門に分けて述べ、序と結語とにおいて総称している。 〔栗山秀純〕

秘密荘厳不二義章【ひみつしょうごんふにぎしょう】真　覚鑁（一〇九五―一一四三）。秘密荘厳とは、金剛・胎蔵の両部曼荼羅に象徴される法界宮である。覚鑁には、本書に加え、『秘密荘厳両部一心頌』の一頌がある。覚鑁の両部についての思想は、秘密荘厳の心法は、本有の三密・性徳の曼荼羅であり、両部は、不一不二であるとする。したがって、両部の外に不二を設けることを誤りとする。さらに両部の五智について述べ、不二の義に五義あることを説いている。〔所載〕興全上。〔栗山秀純〕

秘密正法眼蔵【ひみつしょうぼうげんぞう】曹　一巻。瑩山紹瑾（一二六八〈六四〉―一三二五）撰。総持寺開山瑩山紹瑾が、一〇則の公案話頭について拈提し、曹洞の宗旨を開顕したもの。初めに瑩山の自序を付し、第一拈花微笑之話、第二門前刹竿之話、第三廓然不識之話、第四聖諦亦不為之話、第五無情説法之話、第六六外一句之話、第七倩女離魂之話、第八托鉢下堂之話、第九枕之話、第十道不会之話の一〇則について、「瑾上座、右伏以」として、漢文体で話頭の奥旨を拈弄している。伝本として永光寺本、六地蔵寺本等数種ある。道元は宗旨の指標として公案を取り上げることはあっても、拈提工夫の手段としてもちいることはなかったとされるが、瑩山以後、曹洞宗においても臨済宗と同様の公案話頭の拈提を中心とする禅風が一般的になったといわれる。その意味において本書は、宗学史上重要な意味をもっていると考えられるが、ただし自撰とされる序文は室町期の添加とする見解も出されており、また「学人須欲成大善知識、先参此十則大事、若参不得、未許称吾児孫、実哉斯言、可秘可秘矣」という拈提末尾の文言は、のちに成立する公案参得のための手引書である門参の秘書的性格に一致するものであり、拈提部分は瑩山に託した中世公案禅の盛行下に成立したものと考えられる。ただし一〇則の本則に関しては、拈提部分を含まないそれだけを前提とする門参が存することが知られ、瑩山の手裡において成立していたと考えられる。注釈書として傑堂能勝の『注解』や『私記』がある。〔所載〕曹全（宗源下）。〔石川力山〕

秘密即身成仏義私記【ひみつそくしんじょうぶつぎしき】因　一巻。作者不詳。通称『異本即身成仏義』ともいい、撰者は安然に擬せられるが、古来問題視されるところで明らかではない。題下に撰者名はなく、いわゆる空海の『即身成仏義』に六種の異本があるうちの第五本と内容は全同である。しかし内容的には天台教学に基づいた即身成仏論も展開されているので、空海撰と断定することもできない。〔所載〕弘全4、日蔵83、正蔵77。〔水上文義〕

秘密念仏広話【ひみつねんぶつこうわ】真　法住（一七二三―一八〇〇）述。二巻。本書は法住が在家初心者のために著わした『秘密念仏略話』一巻を承けて、衆生を教化する阿闍梨に、初めに阿弥陀仏の字義の釈をして秘密念仏の本義を明らかにし、次に阿弥陀の句義について無相に即する有相の念仏を解説し、終りに順次往生の口称業を詳述している。自筆本は豊山蔵。〔所載〕真安心3。〔祖父江章子〕

秘密念仏私記【ひみつねんぶつしき】真　一巻。曇寂（一六七四―一七四二）記。享保一五（一七三〇）年成立。秘密念仏の本義を顕教の経論と『大日経』『大日経疏』等の密教経論を対照し論述している。冒頭に「秘密念仏とは、謂く三密平等に於するなり。一切衆生は本より法爾に三密平等に住す」とあり、三密平等の行により自心のうちに仏を見るのが秘密念仏であるとしている。〔所載〕真安心下。〔参考〕仏解。〔中山清田〕

秘密念仏鈔【ひみつねんぶつしょう】真　三巻。道範（一一七八〈八四〉―一二五二）記。貞応二（一二二三）年脱稿、正保二（一六四五）年刊。『秘密念仏集』『秘密宗念仏鈔』とも称する。道範は高野山八傑の一人にあげられ代表的な学匠であるが、一四歳で明任の門に入り、静遍よりも受法する。静遍は『選択本願念仏集』を読み、破斥しようとしたが、かえって『続選択集』を著わしたという人である。その後実賢、守覚法親王より広沢法流を、さらに高野山で中院流の極秘を極めたという。真言密教の立場より浄土教の称名念仏、極楽往生思想を解釈したものである。真言密教釈によって、顕密二教の念仏、往生思想の深義を不二門学説の立場から大日即弥陀思想がのべられている。上巻には、名号、称名本願、念仏三昧、十念のことが記されており、中巻には、蓮華三昧、大悲三昧、極楽名号、西方、十万億仏土、四十八願、十六想観、来迎、二十五菩薩のことが記されており、下巻には九品蓮台、専修無間修、尋常行儀、臨終用心のことが記されている。この書のほかに浄土門に関する著作として『秘密念仏印』などがある。真言密教思想と浄土教思想は不二であるとしており、浄土教研究者にも重要視されている。底本は現在所在不明である。〔所蔵〕高野山宝城院蔵、慶長一一年写本、正保二年、貞享三年、明治四〇年刊本。〔所載〕真安心下、仏全70、仏全(鈴)98、浄全続12。〔参考〕仏全、仏解。〔中山清田〕

秘密曼荼羅教付法伝【ひみつまんだらきょうふほうでん】真　二巻。空海（七七四―八三五）撰。秘密曼荼羅教は密教のことである。本書は、『広付法伝』とも『秘密付法』とも、たんに『付法伝』とも呼ばれ二巻からなる。構成は、第一因起感通分を立て、それを⑴叙意、⑵付法の阿闍梨の名号とその徳の説述、⑶問答決義の三に分けている。第一のみを挙げ、第二以下を説かないが、付法伝としては完結したものと見られる。まず叙意では、法報応化の四身によって、報応化身は随他意の顕教を説き、常住三世浄妙の法身のみが密教を説くと、教主、教法の点から顕密の相違を明かす。次に付法の阿闍梨として七名を挙げる。第一祖毘盧遮那如来は自受法楽の境界に住し、『金剛頂経』に説かれるとする。第二祖金剛薩埵は、法仏より灌頂の職位を受け、一切如来に加持の教勅を請う。詳しくは『分別聖位経』のごとしとする。以上の二祖は、超歴史的存在として密教流布の源泉におかれる。第三祖竜猛以下の相承によって人間界に密教が流布されるが、第三祖、第四祖竜智に関しては、数百歳説など神話的伝承が付されている。それはチベット伝の仏教史にも見られ、中国成立の説でなくひろくインドでの説と思われる。第五祖金剛智、第六祖不空、第七祖恵果に関しては、種々の歴史的資料に基づいて説かれているが、空海の視座から説かれている。問答決疑は、溺派子と了本師の問答である。注釈書として宥快『秘密曼荼羅教付法伝鈔』三巻（写本）、運敞『秘密曼荼羅教付法伝纂解』二巻（版本）、泰音『秘密曼荼羅教付法伝纂解鈔』六巻（版本）、『秘密曼荼羅付法見聞鈔』六巻（版本）、信竜『秘密曼荼羅付法伝鈔』六巻（写本）がある。〔遠藤祐純〕

百囲論【ひゃくいろん】日　三巻。守真日住（一七三六―一八〇二）著。寛政八（一七九六）年成立。つぶさには『根本日蓮宗興門百囲論』という。日住は要法寺第三一世。小栗栖檀林五二代能化で、日蓮本仏論を主張した学匠。本書は、京都における寛政の本尊論争にかかわる日住反論の書である。本書執筆の背景はつぎのようである。日住が要法寺に住すると、数代前から論議があった仏像造立の可否、曼荼羅本尊義に決着をつけ、造像は謗法の義であり、文字曼荼羅のみが下種の本尊だと断じた。寛政七（一七九五）年春、このことを他の京都一五山に伝達し、一五山は日住にその弁明をせまり、『本尊問答抄』を著わして答えた。四月には本隆寺日東が要法寺を訪れ、仏像安置の儀について抗議した。一一月、ついに一五山を代表して日東は日住を「新義異流」として幕府に訴え、要法寺塔頭の貫道日成は不造論の張本人として江戸に護送され、日住も蟄居を命ぜられた。その中で、日住は日蓮の根本義は興門流にあって、諸家に勝れること百義があることを得た。そこで、百囲―たくさんのとりでの意―をもって他派にのぞむという意味から、『興門百囲論』という本書を著わしたのである。本書では文上脱益、文底下種益を根本において日蓮本仏論、曼荼羅本尊を主張し、造像は堕地獄であることを強調している。正本・要法寺、写本・立大図書館所蔵。〔北川前肇〕

百詠詩集【ひゃくえいししゅう】浄真　一巻。慧鐺（一六九四―一七五一）作。成立年代不明。慧鐺は越前の出身で本願寺派の学僧。本書は、真宗教義に則して、百題を漢詩に詠んだもの。題目は、法蔵比丘からはじまり、現土選択、五劫思惟と進み、四十八願や十二光、さらに浄土の諸功徳を二五首詠んで、平生業成、師徳で終っている。〔所載〕真宗全73。〔田中教照〕

百五十箇条【ひゃくごじゅうかじょう】日　一巻。日叶（一四二八―？）作。文中に文明一二（一四八〇）年の年号があり、成立はそれ以後と考えられる。日叶（のち日教）が一五〇の項目を立てて日尊門下の宗義を論じたのであるが、おおよそ初めより九〇条までは当時の関東天台の口伝の項目に準拠して、興門教学との同異勝劣をのべたものであり、それ以後は日蓮の教義を興門正嫡の立場から論じている。写本を京都要法寺蔵。〔所載〕富要2。〔小野文珖〕

白牛通方録【びゃくごつうほうろく】日　一巻。日堯（一六三四―一七一四）著。正徳三（一七一三）年成立。日堯は日重教学の影響を受け摂受の立場をとり、悲田派を攻撃す。本書は摂受折伏問題を論じたもので、摂受の立場に立っている。後世の折伏派からは攻撃の的となった。貞享二（一六八五）年作の『白牛通徹録』とは同一異本の再治本で内容も同じである。正本を甲州大野山本遠寺蔵。写本を立大蔵。〔桑名貫正〕

辟支仏義集【びゃくしぶつぎしゅう】因　二巻。圓珍（八一四―九一）記。仁和三（八八七）年成立。本書は辟支仏の本義について、その諸説を多く経論から引証し批判したものである。引用の件数は八八件で、倶舎、般若、華厳、法華、涅槃等の経文、並びに諸師の論疏の説をあげている。一乗家の主張をもって三乗家を破斥する態度も見られ、最澄以来の三一権実論争上に位置するともみられる。〔所載〕仏全鈴38、智全中。〔末広照純〕

闢邪篇【びゃくじゃへん】因　一巻。光謙（一六五二―一七三九）撰。光謙、字は霊空。比叡山安楽律院第二代。比叡山星光院にあって、坂本に巡化した妙立に会い、その門に入り十重禁戒を受け三四歳にして沙弥になり星光院を辞した。天台智顗の三大部、趙宋四明の学風をとうとび、ことに玄旨帰命壇の法門に対して、中古の邪義と断じたのが本書である。安楽派のこの批判は、以後の天台宗のありかたを決定したといえる。元禄一一年刊本。〔木内堯央〕

百丈清規左觽【ひゃくじょうしんぎさけい】臨　二〇巻、目録一巻。無著道忠（一六五三―一七四四）撰。享保三（一七一八）年に完成し清書されたが、その後も増補改訂され、また別に『左觽緒余』二巻（一七二一）、『庯峭余録』五巻（一七二五）、さらに『庯峭緒余』一巻が書き足された。これらも広く本書に含めるべきであろう。道忠は臨済宗随一の学僧で著した注釈書は総数三七四部九一七冊に達するといわれる。そのほとんどが刊行されておらず、本書も妙心寺龍華院に伝わる自筆本および少数の写本があるのみであったが、最近（一九七七）影印版が発行された。詳しくは『勅修百丈清規左觽』といい、『勅修百丈清規』の注釈である。ここに左觽とは本文の左側に付した注記のことであり、そこから察せられるごとく、本文に即して各語句の語義、出典を精密に考証したもので、いわば禅語辞典の性格をもつ。その博識は驚嘆すべきであるが、単なる辞典にとどまらず、語句の考証を通じて禅院の制度文物の意義を明す思想史的な価値をもつ書である。なお、余録の題名である庯峭とは手本となる者を指し、ここでは具体的には『百丈清規抄』を指す。すなわち従来の『百文清規』注釈書のうちで最も秀れた『雲桃抄』のうちで、自らと見解の異なる部分を列挙して改訂を加え、もって『百丈清規』の完全な注釈となす意図を示しているのである。〔所載〕禅学叢書8。〔沖本克己〕

僻難対弁【びゃくなんたいべん】浄真 一巻。仰誓（一七二一―九四）著。明和二（一七六五）年成立。仰誓が石州浜田付近を巡回していたとき、神明を祭らず祈禱の礼守をもちいない真宗義に対して非難する神道者の一小冊子が流行していた。そこで、それによって生じる真宗信徒の疑惑を除くために、その非難に対する弁明を述べたのが本書である。まず僻難を掲げ、そのあとそれに対して逐一弁明するかたちをとっている。〔所載〕真宗全59。〔岩崎豊文〕

百余尊法【ひゃくよそんぼう】因 六巻。編者不詳。『百五十尊法』などという。『百余尊法』とは、天台密教において仏、菩薩、明王、天、経、その他諸尊に対する供養法を集大成したものである。その成立には、たとえば『行林鈔』や『阿娑縛抄』、ないしは『渓嵐拾葉集』といった諸書が先駆けとなって、諸尊ごとの供養法の支度、時分、向方、差定、次第、とくに本尊印明、讃等個別の項目を一尊ごとに示し、ないしは修法の日記、効能等にいたるまで集大成していこうとすることがあずかっているといえよう。それは平安時代から鎌倉時代初期にかけて、まさに応病与薬の言葉そのままに、現世利益を求める施主の希望にそって、さかんに修法が求められたことに対応するものであったであろう。修法をする僧の側からいえば、それらをまとめて便覧できる諸尊法集の編集は、大きな需要を満たすものであったであろう。渋谷亮泰編『昭和現存天台書籍総合目録』の諸尊法の項には、『百余尊法』『百余尊等』と名づける伝本が数多くみられる。文永一〇（一二七三）年写六巻本、宝暦一三（一七六三）年写五巻本『船中鈔』、天明五（一七八五）年写六巻本『百二十尊行軌』、文明一〇（一四七八）年写八巻本『諸尊法』、慶安五（一六五二）年写四巻本、寛政六（一七九五）年写本、天明二（一七八二）年記本、文久二（一八六二）年写五巻本〔穴太流〕、安永四（一七七五）年写八巻本等にその名が付され、諸尊法とするものは多数にのぼっている。〔木内堯央〕

百六箇相承【ひゃくろっかそうじょう】日 一巻。日蓮が日興に唯授一人の口決相伝として授与したと伝えられているが、日興門流において日蓮に仮託し秘書として制作されたものである。その作者や成立時期は不明であるが、一説には日蓮滅後一二〇年ころ、大石寺五代日時の名があがっている。それは本書と対になっている『本因妙抄』の写本の問題、本書の記事から推測される日什との交渉等から想定されているのであるが、ただし本書や『本因妙抄』は日興門流の京都日尊系に相伝されている事実もあり、その他本書の成立については幾多の疑念がある。具名を『具騰本種正法実義本迹勝劣正伝』といい、「脱種合一百六箇在之」というところから、一般に『百六箇相承』『百六箇口決』等と称され、『直授相承本迹口決相伝』というところから『直授本迹口決』とも称されている。本書は脱の上の本迹勝劣口決五一カ条、種の本迹勝劣五六カ条が列記され、巻末に日興嫡嫡付法惣貫首の事、滅後における法門異義出来を誡しむる事がのべられ、最後に日興の日尊等の相伝書の件が付記されている。本書と『本因妙抄』とを合わせて興門では両巻血脈と称して他門不共を喧伝しているが、種本脱迹の勝劣論が過ぎて、釈迦脱仏日蓮本仏を指向するなど、日蓮の教義から逸脱したことは明らかである。本書は興門の正統化のために生みだされた教義書であろう。写本、日辰本を要法寺、日山本を妙本寺蔵。〔所載〕日宗全2、富要1。――→本因妙抄〔小野文珖〕

白骨観【びゃっこつかん】因 一巻。源信（九四二―一〇一七）。成立年代不明。本書は非常に短い文であり、『大日本仏教全書』に収録されるものは漢文であるが、『恵心僧都全集』には漢文、仮名文ともに収録されている。「此の骨我と為すや、我に非ずや」の問より始まり、「我に非れば身を離れず、自他共に白骨である」と観じ、白骨の身において生きることの無情を嘆じ、阿弥陀仏によって臨終の往生を願うことを説いている。刊本寛文八、正大。〔所載〕仏全24、恵全3。〔西郊良光〕

百法問答抄【ひゃっぽうもんどうしょう】南 九巻。蔵俊（一一〇四―八〇）の作といわれるが不明。百法は一切法をさし、その全体にわたって一〇〇余の項目を立て、平明簡潔に問答体をもって解説したもの。明解な論旨の展開は法相唯識学の概論書としてきわめてすぐれている。ただし色境に形色、無表色を含める、正根の細相を心法の例で説明する、安危共同を種子に限定する等、三、四の誤りのあることに注意が必要。〔所載〕日蔵（法相宗章疏2）。〔太田久紀〕

百法問答鈔私考【ひゃっぽうもんどうしょうしこう】浄 九巻。聞証（一六三四―八八）撰。『大乗百法明門論』の注釈書『百法問答鈔』（作者不詳）八巻を細釈したもの。著者は浄土宗の学僧であるが、法相唯識を研鑽し、『百法問答鈔』はその入門書として学ぶべきことを勧めた。本書は所収の名目や法数のいちいちについて、経論釈を用いて、解釈したものである。〔刊本〕天和三年刊。〔深貝慈孝〕

氷壺録【ひょうころく】曹 三巻。寂室堅光（一七五三―一八三〇）撰。千準（生没年不詳）等編。嘉永五（一八五二）年成立。別に『寂室堅光和尚語録』『堅光禅師語録』ともいう。一の巻には長州妙青寺、同功山寺、武州豪徳寺、江州清涼寺、同天寧寺の語録、片の巻には小参集（五九篇）、月の巻には示衆集（四四篇）が収められ、謹厳な人格がうかがえる。嘉永五年刊本を駒大に蔵す。〔所載〕続曹全（語録3）。――→十善戒法語・菩薩戒童蒙談〔吉田道興〕

病人用心【びょうにんようじん】真 一巻。上田照遍（一八二八―一九〇七）述。成立年代不明。真言宗の教旨は即事而真、娑婆即法界の理趣であるが、このように悟る人は少ない。十分に阿字観を修して往生浄土に廻向し、順次往生することが肝要である。在家の人は真言を不断に唱え、浄土を願えば速やかに順次往生をうる。真言宗は安養兜率の二浄土は行者の意楽に任すとのことであり、この浄土はすなわち理智不二の浄土にして無浅深ということが宗の極談である、と説く。〔所載〕真安心下。〔榊義孝〕

表無表章義鏡【ひょうむひょうしょうぎきょう】南　一冊。善珠（七二三—九七）撰。成立年代不明。慈恩大師基（六三二—八二）撰『大乗法苑義林章』中の一章である表無表章の疏である。わが国最古の釈書で、もとは全巻を注釈したものであったが、散佚して五章のみ残り、さらに律部のこの章が別行した。一章を、弁名・釈名・仮実・具支多少・得名・分斎・依多有無・四大所造・応成差別・先得後者・問答分別の十門に分ち注を施すが、現存は第四までである。〔所載〕日蔵34。〔里道徳雄〕

表無表詳口抄【ひょうむひょうしょうくしょう】南　二巻。元輪（弘安ころ〈一二七八—八八〉生存）撰。成立年代不明。『表無表章元輪抄』『表無表章元輪詳口鈔』ともいう。法相宗の学僧元輪が、表無表章中の重要問題を撰び、古今の学匠の説を援用しつつ論述した書。表無表をめぐって論述は要を得て明快であり、古来、学修者の範となった。論は主として叡尊の口伝に拠りつつ論題を七題、さらに本文から一六題を設定し、盛律師、広量房、唯心律師、専英法印、一勲忍房巳講、信願上人、光円房等の口伝を掲げ論ずる。初期戒律思想史上の重要資料でもある。〔所載〕日蔵34。〔里道徳雄〕

表無表章顕義鈔【ひょうむひょうしょうけんぎしょう】南　三巻。撰者・撰出年代ともに不明。表無表章の注釈書で、章の全体を十門に分け、問答体をもって内容を漸次説明している。ただ、十門中、第四具支多少門の中近声律儀三支所摂で終っていて未完本らしい。設問の妥当なこと、経律論等を広く引証して明快に本義を明かし要を得ていることなど、その構成内容とともに作者の非凡な力量を示している。〔所載〕日蔵34。〔里道徳雄〕

表無表章顕業鈔【ひょうむひょうしょうけんごうしょう】南　六巻。堯戒定泉（一二七三—一三一二）述。如空英心（一二八八—一三四七）記。延慶三（一三一〇）年成立。『表無表章鈔』ともいう。表無表章を十門に分別し、古来の学説を網羅して詳細を極めるが、要は表無表業を明らかにする点にある。その解釈は、西大寺叡尊の教義に立脚し、説明は、時に科図を用いるなど懇切丁寧であり、戒体研究の無上の良書として知られる。〔所載〕日蔵34。〔里道徳雄〕

表無表章集解【ひょうむひょうしょうしゅうげ】南　二巻。景（最）行（生没年不詳）撰。寛治元（一〇八七）年成立。『大乗法苑義林章表無表集解』『法苑義林章表無表章集解』『法苑義林章集解』『表無表章末取決文』『大乗法苑義林章集解』『法苑義林章集解』ともいう。慈恩大師基（六三二—八二）撰『大乗法苑義林章』中の表無表章の注釈書。薬師寺学僧であった景行は、義林章三三章の全篇に注したと考えられるが、現行はその第九・一〇章に相当するこの集解のみである。智周の『決択記』、義寂の『大乗義林広章』『明了論』『対法疏』や慧遠、円測、玄範などの注釈文を引用して典拠は広範をきわめ、古来、善珠の『義鏡』とともに尊重される。〔所載〕日蔵34。〔里道徳雄〕

表無表章詳体文集【ひょうむひょうしょうしょうたいもんじゅう】南　三巻。叡尊（一二〇一—九〇）撰。文永四（一二六七）年成立。『表無表章文集』『表無表文集』ともいう。興正菩薩叡尊が基撰の『法苑義林章』中の表無表章に関して善珠撰『義鏡』、景行撰『集解』を始めとする諸経論釈から律文を集め、戒体無表の深義を明らかにした書。全体は『義鏡』と同じく十門に分けられるが、要は三聚浄戒の円体を明らかにするところにある。多くの古注引用と相俟って円頓戒体研究上の良書でありつつ重要資料となっている。〔所載〕日蔵34。〔里道徳雄〕

表無表章随文釈【ひょうむひょうしょうずいもんしゃく】真　五巻。慈雲（一七一八—一八〇四）。天明三（一七八三）年三月一八日成立。または『表無表色章随文釈』ともいう。慈恩大師窺基撰『大乗法苑義林章』第三巻文末の「表無表色章」についての注釈である。巻末の慈雲の跋語には四巻とあるが、『全集』所収本では五巻となっている。〔所蔵〕高貴寺。〔所載〕慈全5。〔福田亮成〕

日吉山王権現知新記【ひよしさんのうごんげんちしんき】天　三巻。覚深（＝豪観、—一六八八—一七〇三—）撰。別には、『日吉山王知新記』『山王知新記』ともいう。本書は覚深（後に豪観と号す）の編集とされる。山王二十一社をはじめ、末社、社外の諸事、種々の行事とその次第、山王権現霊験事、日吉の詠歌集まで色彩画像をも挿入し、およそ山王に関する諸般の事跡を詳述したものである。〔所蔵〕叡山文庫。〔所載〕天全12。〔多田孝文〕

弘前城下曹洞諸寺院縁起【ひろさきじょうかそうとうしょじいんえんぎ】曹　一巻。不説黙道（生没年不詳）撰。元禄一五（一七〇二）年成立。青森県弘前城下の曹洞宗寺院四四カ寺について、開創縁起、由緒とその世代について概説編集したものである。原本は長勝寺一六世般叟徒泊が各寺についてせんさくし、黙道が編述、革秀寺一一世顕古元牛が書写したものという。末尾には長勝寺について「太平山記」と「兼平山居伝」および末庵略記が付される。写本を東京河村孝道氏が蔵する。〔所載〕続曹全（寺誌）。〔佐々木章格〕

ふ

霧海南針【ぶかいなんじん】臨　一巻。潮音道海（一六二八—九五）著。『黒滝潮音和尚年譜』寛文六（一六六六）年条に、土井大炊頭利重夫人緑樹院が、潮音の道歌によって発心し四弘六度義の解釈を求め、即日筆を取って「霧海南針」と名づけて贈り上梓されたとある。巻尾に「寛文七歳仲春吉旦板行」とある。本書は黄檗僧最初の仮名法語で、他に鉄眼の『仮字法語』、法雲明洞の『仮名法語』ほかがみられる。版本を駒大、黄檗蔵。〔大槻幹郎〕

深草鈔【ふかくさしょう】浄　一〇巻。立信（一二一三—八四）述。文永一〇（一二七三）年成立。別に『観無量寿経四帖疏深草鈔』『観経四帖疏深草鈔』『観経四帖疏鈔』『観経深草鈔』『観経疏記』ともいう。立信は證空の弟子であり、浄土宗西山深草派の祖である。姓は多田源氏、字は円空、極楽房と号す。一五歳のとき證空の門に入り以後二〇年間にわたり西山教学を学んだ。宝治年中（一二四七年ころ、一説に建長三年〈一二五一〉）洛南深草に真宗院を開創、さかんに師の西山教学をひろめた。これを深草流という。本書は文永一〇年に深草真宗院で講述したものを弟子顕意が記録したものである。善導の『観経疏』を注釈したもので、「玄義分」四巻、「序分義」二巻、「定善義」三巻、「散善義」一巻より成る。證空相伝の義意を問答体で記し五九三カ条を挙げ、二尊教の教義を決定した深草一流の宝疏といえる。なお第一巻の内題に「玄義分聞書」、第七巻に「観経正宗分定善義見聞」、第一〇巻に「散善義聞書」とある。また奥書には「文永一〇年一二月於二深草道場一右筆云云是則依二師命之難一レ背、且応二発起御願一以二当座目録一註二筆紙一者也、恐其言拙其義脱、再治期後日、輙不レ可レ及二外見一歟、一見之後者必可レ被レ返二本所一云云、其義尤可レ宜下同縁同行之中若一見之人紀二是非一顕中其是上、必々可下称二南無阿弥陀仏一給上也」と記してある。本鈔は顕意の『楷定記』とともに深草派における重要な典籍である。竜大蔵。〔所載〕深草叢書4・5・6。〔堀本賢順〕

深草廃立義【ふかくさはいりゅうぎ】浄　一巻。大周（生没年不詳）著。成立年は天明のころ（一七八〇年代）か。本書は浄土西山派深草義の立てる廃立の義を解説したものである。すなわち相待廃立、絶対廃立の二つを分別す。前者は釈迦一代八万四千の法門を廃し、『観経』所説の念仏を立つと、後者は自力定善散善の諸教を開会して一実念仏の法、助正一類の念仏を立つという。つまり諸経、『観経』の定散の益は釈迦仏の方便で、唯弘願念仏のみ実益をうると説いている。〔所載〕深草叢書3。〔日下俊文〕

深草復興記【ふかくさふっこうき】浄　一巻。大周（生没年不詳）集。文化一三（一八一六）年成立。浄土宗西山派深草義の祖立信とその門流について説いた書で、この流義が混雑を来たしたため深草の真義を復興すべきことを説く。また深草、西谷義所立の本願、三心、廃立等の説を出し、その相違を示し、西谷義は仏祖、善導吉水派祖の素意、所立と相違すといって、深草義の正統性を説く、西谷義の横竪四修を判じ、昌堂の傍正開会説は西谷義と相違すると説く。〔所載〕深草叢書3。〔日下俊文〕

不学無知章【ふがくむちしょう】南　一巻。慧淑（一七一四—）。正徳四（一七一四）年、またはそれ以前の著。野中寺第六代の湛堂律師慧淑瑞松は、江戸時代の代表的戒律学僧。戒律への不学と無知について研究し、不学は心についてで、頓に当り、無知は事に随い、不学の後にくるものがあるから漸であるとする。不学に⑴解行並無、⑵有解無行、⑶無解有行、⑷解行中廃の四種があるが突吉羅罪にあたり、無知は、根本無知が波逸提、遅疑が突吉羅の罪に当るという。〔所載〕日蔵36。〔田村晃祐〕

普勧坐禅儀【ふかんざぜんぎ】曹　永平道元（一二〇〇—五三）撰。天童如浄（一一六三—一二二八）の膝下に一生参学の大事を了畢した道元が、在宋五年の遍参に終止符を打って帰朝したのは、嘉禄三（一二二七・安貞元）年八月のことであった。この年道元は、『普勧坐禅儀』一巻を撰する。後年、学者によって『普勧坐禅儀撰述由来』と名づけられた道元自筆の文書によれば、道元が『普勧坐禅儀』を撰述した理由ないし動機について次のごとくいうことができる。その一つは、「坐禅儀」を撰せようという参禅学道の人びとの要請があったこと。その二は、大宋の禅林において一般化し、また日本の禅林においても依用せんとしていた『禅苑清規』（長蘆宗賾・生没年不詳・撰）に載せる「坐禅儀」が、「百丈（懐海・七二〇—八一四）の古意」を損い、「少林（達磨）の風」を失するものであること。その三は、それゆえ在宋五年における見聞の真訣を拾い、如浄より正伝した心表の裏受を明記するものであること。『普勧坐禅儀』は、道元帰朝後の第一作であるとともに、自己の宗教の根源的立場とその世界を、時代に表白した第一声である。この『普勧坐禅儀』を、撰述の年号に因んで一般に「嘉禄本」という。天福元（一二三三）年中秋、道元は山城国深草の興聖寺（後年、宇治に再興さる）において、「嘉禄本」を浄書する。これを「天福本」といい、また、現に福井県の永平寺に秘蔵されているところから、これを「親筆本」とも称する（昭和一五年、国宝の指定をうく）。浄書の原本となった「嘉禄本」が散逸して伝わらず、現にこれを見ることができないから、断定は避けねばならないが、「天福本」は、「嘉禄本」にある程度の修訂を加えたものではないかと推測されている。寛元元（一二四三）年七月、道元は山城（現・京都市）を発ち、越前志比庄の草庵・吉峰寺に入る。この冬一一月、道元はここで『正法眼蔵坐禅儀』を撰し、ほとんど時を同じうして、前年の仁治三年三月一八日、興聖寺において撰述した『正法眼蔵坐禅箴』を、重ねて会下の修行僧たちに示衆している。このことは、流布本『普勧坐禅儀』の成立に、きわめて深い関わりを有つものであるとせられている。「流布本」は、道元の上堂や説法・偈頌等を集大成した通称『永平広録』の第八巻に収録されており、曹洞宗門では夜間最後の坐禅の終りに、毎日これを一斉に読誦したあと、法に随って寝に就くのを常とし、また一般に、この本を依用するところから、「流布本」と称するのであるが、この「流布本」には、「天福本」になおその痕跡をわずかにとどめていた宋朝禅的な余薫や、第二義的と思われる坐禅の効用功徳に類する表現は完全に一掃され、『正法眼蔵坐禅儀』同じく『坐禅箴』において挙揚された唐代の、薬山惟儼（七五一―八三四）の「非思量の話（わ）」や南嶽懐譲（六七七―七四四）に起因する「不染汚の修証」等が加筆されて、その面目を一新するに至った。しかしながら道元の、畢生の内的苦闘と求道の果てに学び得、到り得た宗教的帰結は、各『普勧坐禅儀』の冒頭の語にあると思われる。〔所蔵〕福井県永平寺、駒大図。〔所載〕道元真筆集成、正法蒐27（道元真蹟集）、曹全（宗源上）、正蔵82、縮蔵（霜8）、日蔵45、訳一（諸宗部23）、道元全下。〔鈴木格禅〕

不空羂索毘盧遮那仏大潅頂光明真言句義釈【ふくうけんじゃくびるしゃなぶつだいかんじょうこうみょうしんごんくぎしゃく】[南]　高弁（一一七三―一二三二）集。貞応元（一二二二）年四月一九日記。『光明真言句義釈』と略称する。高弁には、光明真言について、本書のほか、「加持土沙義」「勧信記」「勧信別記」等がある。後世「光明真言」についての句義・釈解の基となっている。光明真言の本拠は、『不空羂索神変真言経』第二八巻潅頂真言成就品第六八、菩提流志訳（『正蔵』20）とされ、同第二八巻清浄蓮華明王品第六七等により、光明真言二三字の字句を釈している。その巻頭には、「如来の密語に二の意趣あり。可釈の義と不可釈の義となり。初めは機縁に応ずるが故に、無量甚深の義理の中において略して一分を出して、人をして恵解を生ぜ令む。後は、これ如来の密語なるが故に、思議の境界に非ず。ただ仰信を生じて之を持念すべし。今は初門に就て多含の一義を出して、いささか持者の信心を勧む」（原漢文）と述べ、もっぱら真言密教理に基づいてこれを釈している。〔所載〕正蔵61、真安心下。〔参考〕田中海応・光明真言集成。〔栗山秀純〕

福州温州台州求得目録【ふくしゅううんしゅうたいしゅうぐとくもくろく】[因]　一巻。圓珍（八一四―九一）撰。正しくは『福州温州台州求得経律論疏記外書等目録』という。圓珍は智証大師、天台寺門宗宗祖。義真に師事して年分得度者となり、受戒ののち一紀一二年の籠山行を果たし、一山の学頭に任じられ、圓仁の入唐帰朝後、みずから入唐求法の志を固めて、仁寿三（八五三）年唐の商船に便して入唐し、福州に上陸し、温州を経て台州へ行き、天台山に学びさらに越州から洛陽を経て長安に学んだ。のち台州へもどり天安二（八五八）年彼国を発し、六月には太宰府に帰着した。この間圓珍の蒐集した法門等は、福州開元寺、長安青龍寺等個々の目録にのるが、本目録は表題のとおり、往路の福州から温州、台州にあって求得した内外の章疏にわたる目録である。はじめに、「経過福州温州台州求得経律論疏記外書等都計四百五十八巻」とし、朱書で国清寺での四三〇巻、本国より将来五二巻の計四八二巻を天台にあって備え、そのうちからこれを大中八（八五四）年九月二日に記したとする。その記録のしかたは、それぞれの地の寺や交友の宅などをくわしく記して求得の場所をあきらかにしており、道教関係書籍の求得の系譜もあきらかである。本書の原本は、滋賀県園城寺の蔵で、国宝に指定されており、圓珍の墨蹟と求法の努力がしのばれるものである。阿娑阿哩耶曼蘇悉坦羅、清零、知建、観座主等の僧や張徳真、安栖羽、宗古などの名がみえる。〔所載〕正蔵55。〔木内堯央〕

武渓集【ぶけいしゅう】[臨]　二巻二冊。臨済宗の古月派に属する月船禅慧（一七〇二―八一）の詩偈を、弟子の物先海旭（一七三六―一八一七）が編集し、天明三（一七八三）年、京都の小川源兵衛より刊行した。この時無注本と首書本の二種がつくられ、寛政二（一七九〇）年には無注本が、文政二（一八一九）年には首書本が、それぞれ小川源兵衛より再版されている。近世の禅僧詩偈集の中の白眉とされる。〔加藤正俊〕

普賢観経文句【ふげんかんぎょうもんぐ】[因]　一巻。圓珍（八一四―九一）撰。成立年代不明。別に『普賢経文句』『観普賢菩薩行法経文句』『観普賢経文句』ともいう。本書は『法華経』の結経である『観普賢経』の注疏として圓珍が『普賢経記』二巻とともに著したものである。文句の成立年代は不明であるが、記が文句を補う目的で作られたこと、記の撰述は巻尾に「仁和四年六月廿一日略して勘え了る」とあること、さらに圓珍の伝記の記事を合わせ見ると、文句は仁和三（八八七）年、もしくは仁和四年に書かれたものであると思われる。その内容は、『普賢経』に説かれている普賢観と大乗経典の受持読誦による六根の懺悔清浄について、まず、一経を序、正、流通の三段に分けて大綱を示して、終始一貫して分科を詳述し、整然と釈している。その説相は、経文の字義の平易な解釈や説明のみにとどまらず、さらに、天台宗旨によって、「観普賢」の観を重視し、経文のいちいちを円修円観することに重点をおき記されたものである。要するに、一文一句ことごとく自心の円観を修する指針であり、文々句々みな修観の法門であることを明示しようとしているのである。本書に示されている圓珍の釈風は、天台三大部のそれと同様であるが、特に、当時は盛んに唐風を尊重したことから、唐代の教禅融合思想を反映したものとも考えられる。〔所載〕仏全26、智全2。〔多田孝文〕

普賢経記【ふげんきょうき】[因]　二巻。圓珍（八一四―九一）述。仁和四（八八八）年成立。別に『観普賢菩薩行法経記』『観普賢経記』ともいう。本書は、まず経題を五重玄義をもって解釈し、次に入文解釈においては、内典外典を広く引用し文々句々を説明し、初学の者にも理解しやすいように記述してある。ただし経文の構成を知るためには、圓珍の観普賢経文句と合わせ参照すべきものである。〔所載〕正蔵56、仏全26、智全2。〔多田孝文〕

普済寺日用清規【ふさいじにちょうしんぎ】曹　一巻。秀茂（生没年不詳）編。大永七（一五二七）年成立。詳しくは『広沢山普済寺日用清規』という。寒巌派の東海における中心である浜松普済寺の室町後期の行規で、その内容は、入寺之次第、無法語入寺之次第、正月歳旦より大晦日に至る一年中の行事之次第、用改旦之次第、祖堂入牌之次第、初夜点之図等からなる。天正一〇（一五八二）年復創の後、『普済寺日定規』を再編、適応すと。〔所載〕曹全（清規）。〔小坂機融〕

豊山伝通記【ぶさんでんずうき】真　三巻。隆慶（一六四七〈四九〉—一七一七〈一九〉）集録。享保四（一七一九）年二月、隆慶遷化ののち遺弟文照が師僧の行状を加えて刊行。豊山長谷寺に伝わる古記録を集めたもの。上巻は菅原道真の長谷寺縁起文をはじめ一二項目を挙げ、中巻は当寺中興第一世専誉より第二三世まで歴代化主の伝記（豊全本では第二一、第二五・六・七、第三〇、三二世伝を補修として加う）。下巻は乙訓寺等、室生寺等の縁起および隆光、快意の年譜を載す。〔所載〕仏全106、豊全5。〔加藤精一〕

富士一跡門徒存知事【ふじいっせきもんとぞんちのこと】日　伝日興（一二四六—一三三三）著。日興仮託の書で、著者こそ不明であるが、日興滅後の五・一相対が表面化したころの成立と考えられている。日興の門弟が守るべき条々を書き記したもので、日興と鎌倉方五師との相違を明確にしている。ただ「本門寺を建つべき在所の事」によれば、このころでさえも富士山本門寺、戒壇建立の考えは日蓮よりの相伝ではなく、日興の発想であると考えられていたことがわかる。〔所載〕日宗全2、富要1。〔冠　賢一〕

不思議疏略鈔【ふしぎしょりゃくしょう】真　三巻。亮汰（一六二二—八〇）撰。『大日経疏』二〇巻は『大日経』前六巻三一品の注釈書であり、住心品の疏を「口ノ疏」といい、具縁品以下の疏を「奥ノ疏」という。そして『大日経』巻七供養法五品の注書として、新羅の僧不可思議が、善無畏の口説を聞いて作ったものに『不思議疏』二巻がある。撰者はこれに注を加え、供養法をより明確にしたものが本書である。〔真柴弘宗〕

富士所立抄【ふじしょりゅうしょう】日　一巻。日要（一四三六—一五一四）著。成立年代不明。日要は日興門流の千葉県保田妙本寺一一世で、円明日澄、慧光日真らと同時代の学僧。その教学は日隆門流教学の影響をうけ八品下種正意論を説き、そこから日蓮本仏論を主張し、釈迦仏造立は堕獄との論を展開して、のちの日我に影響を与えたが、要法寺日辰より批判をうけ破折されている。本書はわずか一〇紙にもみたない小部のものであるが、表題が示すように富士門流教学における本仏論・本尊論・下種論・本迹論などの要点をまとめたものであるが、簡潔すぎてその説明に不充分な点もみられる。要は、今末法は脱益の時ではなく下種の時であり、その下種の導師は本因妙の菩薩とする。釈尊と上行菩薩を師弟の関係にみずに久遠本仏の本因本果から関係づけ、本因の菩薩を上行、本果を釈尊とし、日蓮はその再誕であるとして日蓮本仏論を主張している。その意味で末法にては脱益の釈迦仏不用としてその造仏を否定し、他門流のみならず当門にても釈尊が造仏されていることを難じている。要するに本書は隆門教学の本因妙思想の影響を受けて日蓮本仏論を説いているのである。写本立大図書館蔵。〔井上博文〕

父子相迎【ふしそうこう】浄　二巻。証賢（一二六五—一三四五）。三部作『三部仮名鈔』の一つで、元亨年間（一三二一—二四）、『帰命本願鈔』『西要鈔』と相前後して成立したものとされる。阿弥陀仏を父に、衆生を子に譬え、慈悲の本願によって済度しようとする慈父弥陀と、称名念仏によって救済を願う仏子衆生とが、互いにたずね合う関係を、父子相迎とし、厭離穢土、欣求浄土を説いたもの。父子相迎とは善導『般舟讃』の「父子相迎入二大会一」からとったもの。上巻初めの序の部分は、同じく善導の『観経疏定善義』の「帰去来魔郷不レ可レ停」の意趣をひらいたものである。本来、阿弥陀仏と同じ仏性をもつ衆生が、本国である慈父弥陀のもとを迷い出て、他郷の穢土に留まっている現状を歎き、はやく魔郷を厭い、本国極楽に帰って慈父弥陀に再会することを勧めた書である。上巻は衆生が魔郷の穢土に留まり、仏国を願う心を起さないのは倒見が主原因であるとする。つまり娑婆世界の現実につき不浄を浄、苦を楽、無常を常、無我を我とおもう浄・楽・常・我の四顚倒を詳説して穢土である娑婆世界を厭うべきことを勧める。さらに、信機信法を説いて極楽往生を勧めている。下巻は衆生が極楽浄土に迎えられる様子、極楽の勝れたありさまを詳しく述べ、迷いの四顚倒をひるがえして自家極楽に帰れと勧めている。〔末注〕父子相迎諺註、父子相迎言釈。〔所蔵〕自筆本—清浄華院、刊本—谷大（慶安二年版）、竜大（延宝二年版）。〔所載〕正蔵83、浄全続8。〔参考〕三部仮名鈔諺註。—→三部仮名鈔・帰命本願鈔・西要鈔〔条原勇慈〕

富士門家中見聞【ふじもんけちゅうけんもん】日　三巻。日精（一六〇〇—八三）誌。上巻に寛文二（一六六二）年成立の奥書がある。一般に『家中抄』（けちゅうしょう）と呼ばれる。日精は江戸時代初期の富士門流の学匠で、大石寺一八世を継承したが、数年にして退き、江戸に常在寺を創した。日精は教義学者というより、宗史研究者といえる。本書は、上巻に富士門流の祖日興の伝記、中巻に日興の弟子で本六人、新六人と呼ばれる人たち、下巻は日尊、日大をはじめ、大石寺一七世日盈までの伝記を記している。正本は静岡県大石寺所蔵。〔所載〕富要5（宗史部）。〔北川前肇〕

諷誦文【ふじゅもん】日　一巻。日什

（一三一四―九二）撰。成立は嘉慶二（一三八八）年八月二一日。原題は『敬白　請諷誦事』、別に『置文諷誦章』ともいう。日什は会津黒川の生まれで、若年のころより比叡山に学び、慈遍に師事した。晩年、富士門流を経て中山門流の拠点寺院のひとつであった真間弘法寺に帰伏して改宗、のちに独立して日什門流（現在の顕本法華宗）を形成した。京都妙満寺をはじめ、各地に寺院を建立し、数度にわたる上洛諫暁活動を行った。『諷誦文』は、日什の弟子日妙の忌日法要に日什みずからが撰述諷誦した回向文で、百カ日忌のもの（前分の諷誦）と、一周忌の際のもの（後分の諷誦）の両本がある。前者が簡略であるのに対し、後者は詳細な内容となっている。なお、一周忌の際の『諷誦文』の紙背に、日什の直筆で『日什門徒等可存知事』（置文）が記されていた（現在は相剝され個々に保存されている）ことにより『置文諷誦章』の名称がある。内容は、日妙追善のために、日妙が生前書写した大曼荼羅を捧げ、あわせて『法華経』の書写、題目七字の書写、唱題を修したことを宣べ、各々についてその得意と功徳とを表白したものである。日什の著書が皆無に等しいことから、日妙への回向文であるとともに日什の教義内容を述べたものであるという性格をもあわせもつ本書は、日什教学を把握する上できわめて重要視されている。『置文』『諷誦文』とも正本は京都妙満寺蔵。〔所載〕日宗全5。〔参考〕日宗全5（諸本解説）、立正大学日蓮教学研究所編・日蓮教団全史上、執行海秀・日蓮宗教学史、河村孝照編・日什教学研究序説。　〔糸久宝賢〕

諷誦文抄【ふじゅもんしょう】回　二巻。本昌日達（一六九一―一七七二）書。延享三（一七四六）年成立。正しくは『置文諷誦抄』という。顕本法華宗の開祖玄妙阿闍梨日什撰述の『諷誦章』を、元文五（一七四〇）年、日什三百五十遠忌に際し、門流の僧俗のために注釈を加え講義したものを一書にまとめたもの。本書に未再治本と再治本があり、未再治本写本は京都寂光寺に所蔵。〔所載〕日宗全5（再治本）。　〔井上博文〕

普照国師広録【ふしょうこくしこうろく】臨　三〇巻。隠元隆琦（一五九二―一六七三）著。無得海寧ほか二三人の編とあるが、全嗣法者を順次割り振ったもので、南源性派（一六三一―九二）が隠元の生涯にわたる既刊・未刊の語録、詩偈等を再編集したものである。隠元の三周忌から七周忌、すなわち延宝三（一六七五）年から同七年の間には成立したものと思われる。巻尾に「黄檗開山塔院蔵版」とある。本書は既刊のうち字句の短縮または改変されたものがあり、本文はすべて返り点・送り仮名を付して、いわば隠元語録の要約普及版ともいいうるものである。

本書の内容は、巻首に頂相と八二歳の自題があり、流布本はついで享保七年隠元五〇回忌に当たり中御門天皇に上進した黄檗第一一代独文方炳と松隠堂塔主慧極道明の上表文、寛文一三年一乗院宮真敬法親王書の隠元より後水尾法皇への奏対機縁、同年の大光普照国師徽号勅書、享保七年仏慈広鑑国師、明和九年径山首出国師、文政五年覚性円明国師の加号勅書があるが、順次追加されたものであろう。当初は頂相と古黄檗の檀越劉沂春の序文のみであったと思われ、目次には序とのみある。巻一―三は「福建福州府福清県黄檗山万福禅寺語録」。巻四、「浙江嘉興府崇徳県福厳禅寺語録」。巻五、「福建福州府長楽県竜泉寺語録」。巻六・七、「再住福州府黄檗山万福禅寺語録」。巻八、「日本国西海道肥前州興福禅寺語録」、「西海道肥前州聖寿山崇福禅寺語録」。巻九、「五畿内摂津州慈雲山普門禅寺語録」。巻一〇、「五畿内山城州黄檗山万福禅寺語録」。巻一一―一二、小参。巻一三、入室、機縁。巻一四―一五、法語。巻一六、頌古。巻一七、拈古、代古。巻一八、源流頌、行実。巻一九、啓、書問。巻二〇、書問。巻二一―二五、詩偈。巻二六、詩偈、歌。巻二七―二八、題讃。巻二九、仏事、銘、引。巻三〇、記、序、文、跋である。目次には「附」として塔銘、年譜とあるが、別項『普照国師年譜』に当たるもので同帙にされたものは見当たらないようである。

隠元の著作は、在世中に多数の上梓をみておよそ現存するもの四三種一七三巻を数える。しかし一巻、二巻本からこれらをまとめた一六巻、一八巻本があり、同一書でもわずかな増補を重ねて、たとえば『黄檗和尚太和集』のように四種の異版があったり、何種類にも重複して編録されている場合もある。これらを集大成し、底本に一八種を選び底本にないものを諸本から補足して年次順に再編成した平久保章編の『新纂校訂隠元全集』がある。これによって隠元語録の全容が明らかにされることとなった。本書によれば、本広録には現存版本中の約二八%が収録されているにすぎない。しかしわずかながら本広録のみに収録のものがあり、それは問答機縁一四、法語二、書問一、詩偈二、鐘銘二である。なお本書には広録本の差異を示すため、それぞれの個所に併録されている。これによってその性格を明らかにしている。版本を内閣、駒大、黄檗蔵。〔参考〕新纂校訂隠元全集。　〔大槻幹郎〕

普照国師年譜【ふしょうこくしねんぷ】臨　二巻。隠元隆琦（一五九二―一六七三）の伝記。内題『黄檗開山普照国師年譜』。巻頭に道影と自題、上巻は独耀性日（生没年不詳）編録のことが跋言にあり、生年万暦二〇年から渡来の前年まで。下巻は渡来の順治一一（承応三、一六五三）年から没年寛文一三年までを編年体で記す。跋言に天徳山国分寺住持南源性派（一六三一―九二）撰述のことを記し、なお「重ねて編述を加え、遺る者は之を補い、繁は之を略す」とある。独耀に継いで東渡後を補ったが、以前について簡略化したところもあることをのべ、また高泉性潡と校閲して誤りないことを期したが、両人は師の門にあることもっとも久しく、師の履歴はみな耳聞し目撃したもので正確であることを強調している。独耀撰述の年譜は、承応三年一〇月逸然性融によって『黄檗隠元禅師年譜』一巻として、渡来後の記事も加えて板行され、なお翌明暦元年中の記事を追加した増補本・又増補本が板行されるが、いずれも独耀撰述としている。これらと本年譜を比較すると、早年の記事はほぼ同様であるが、崇禎二年三八歳以後は繁簡の違いとともに、記事の内容・年次を異にするものがみられる。したがって上巻についても南源が修訂を加えている。この成立は南源の延宝八（一六八〇）年国分寺入寺以後で、その公刊は国師号が公表された元禄七（一六九四）年九月以降と考えられる。なお後刷の流布本には杜立徳撰「塔銘」が付されている。版本を内閣、駒大、黄檗蔵。〔所載〕続々群書3、新纂校訂隠元全集附録。〔参考〕平久保章・隠元。〔大槻幹郎〕

負薪記【ふしんき】日　一巻。日辰（一五〇八—七六）著。永禄元（一五五八）年成立。日辰は要法寺教学の大成者として知られる学僧であるが、本書は教義書ではなく、当時の京都における本圀寺、本能寺などの日蓮教団の動向を記したもので、なかでも日尊門流の動向についてふれ、その不振をなげき日辰の所信をのべている。天文法難以後の日蓮教団の動向がうかがい知れる貴重な資料である。正本は京都要法寺に所蔵されている。〔所載〕日宗全23。〔井上博文〕

補施集【ふせしゅう】日　一一二巻。行学日朝（一四二二—一五〇〇）著。その成立年代は本書の奥書によるかぎり、『開経』の注釈が日朝六〇歳の文明一三（一四八一）年八月にはじまり、その注釈は前後しながら、序品第六巻が明応六（一四九七）年八月となっており、一七年の歳月を経たことになる。その間、日朝は数回病床に臥し、明応年中には世上が混乱したために、身延山東谷の行学院を去って山中に避難したことがうかがえる。日朝は室町時代を代表する一致派の学匠で、身延山久遠寺第一一世。その思想的特徴は、権実判を中心とした教相に立脚して、他宗と日蓮宗との違いを明らかにすることを目的としている。この権実判を基として、諸宗へ批判を加え、折伏主義を主張する。しかし、若い時期から当時隆盛をきわめていた関東天台の中心、川越の仙波談所に遊学しているため、天台教学を積極的に摂取し、天台教学と日蓮教学の違いを明確に論じることはない。むしろ、日蓮教学理解も、中古天台観心主義思想に傾斜している。

本書は日朝が『法華文句』を中心として法華経二十八品、さらに『開結二経』『法華玄義』『摩訶止観』『涅槃経』等に注釈を加えたものである。その注釈順序は、序品から方便品へといように一貫していない。日朝の注釈態度は、『一代五時記』『御書見聞』『弘経用心記』『四宗要文』等に共通し、経論疏の引用列記が中心となっている。そのため、日朝自身の見解よりも、本文に関する文献を引用しつつ、注釈するという態度である。勝劣派の日隆（一三八五—一四六四）が台当違目を根幹としたのに対し、日朝は釈尊の一代聖教を総合的に把握すること、あるいは諸宗兼学の上で、五時八教判を基として日蓮教学の超勝性を見出そうとしており、宗学そのものを論じる面が稀薄となっている。

さて、本書の構成をみておくと、序品七巻、方便品一〇巻、譬喩品八巻、信解品五巻、薬草喩品三巻、授記品一巻、化城喩品四巻、五百弟子受記品二巻、人記品一巻、法師品三巻、見宝塔品四巻、提婆達多品三巻、勧持品一巻、安楽行品三巻、涌出品五巻、寿量品五巻、分別品六巻、随喜品三巻、法師功徳品三巻、不軽品三巻、神力品三巻、嘱累品三巻、薬王品三巻、妙音品一巻、普門品二巻、厳王品一巻、勧発品二巻、開経三巻、結経三巻、法華大綱一巻、法華玄義三巻、摩訶止観三巻、涅槃経四巻となっている。正本は山梨県身延文庫に所蔵。〔北川前肇〕

歩船抄【ぶせんしょう】浄真　二巻。存覚（一二九〇—一三七三）著。成立年代不明。暦応元（一三三八）年、存覚四九歳のとき備後国において日蓮宗の徒と対論して屈伏せしめたのちに、同国山南光照寺の慶空の要請によって著わしたという。存覚の『浄典目録』には一巻と記されているが、流布本はいずれも本末二巻に分かれている。存覚は親鸞の曽孫、覚如の長子。本書の内容は、当時日本に行われていた聖道諸宗および浄土宗についてその大綱をのべ、浄土の一門こそ凡夫相応の易行であることをのべたもの。初めに「一代の諸教まち〳〵にわかれて諸宗の所談各別なり。別なりといへども帰するところの極理は一致なり。いずれも生死をはなれて涅槃を証し、まどひをひるがへしてさとりをうべきがゆへなり」とのべて一代仏教が究極的には一であることを示しながら、「しかれども機根万差なるがゆへに仏教また万別なり」とし、本巻には法相宗、三論宗、華厳宗、天台宗をとりあげ、末巻には真言宗、律宗、倶舎宗、成実宗に及んでいわゆる八宗の大意を略述し、さらに仏心宗をあげ、いずれも下根の凡夫が末世に証悟することはできないとして最後に浄土宗についてのべる。すなわち竜樹の難易二道の教判によって陸道の歩行を難行とし、水道の乗船のごとき浄土門を勧めたものである。〔所載〕仏全3、真聖全3。〔小山一行〕

歩船抄甲辰記【ぶせんしょうこうしんき】浄真　二巻。義譲（一七九六—一八五八）述。弘化元（一八四四）年成立。義譲は大谷派の学僧。本書は『歩船抄』の解説書。内容は五門より成る。まず書の興由を概説し、次にとりあげられている八家一〇宗の大綱を概観し、『歩船抄』の題号について考察し、さらに存覚の伝記をのべ、最後に文に従って解釈している。〔所載〕真大28。——→歩船抄〔小山一行〕

扶桑寄帰往生伝【ふそうききおうじょうでん】臨　二巻。独湛性瑩（一六二八—一七〇六）著。延宝元（一六七三）年自序、宝永三（一七〇六）年悦峰道章跋、同四年無塵居士捐資により板行。独湛が渡来して浄土教の盛行に感銘し、明の雲棲袾宏の『寄帰往生伝』にならい、推古から江戸時代寛文年間にいたる念仏往生者を讃仰した略伝である。巻上、沙門往生類は泰澄以下九〇名。巻下、皇帝往生類応神皇帝外五名、皇后往生類二名、皇子往生類聖徳太子外三名、臣僚往生類和真綱外二六名、尼僧往生類中将新尼外一五名、士庶往生類熊谷二郎直実外二九名、婦女往生類藤氏外二六名で、計一九六名をあげ、一九〇名には賛を付している。版本を竜大、谷大、黄檗蔵。〔所載〕仏全107、浄全続6。　〔大槻幹郎〕

扶桑護仏神論【ふそうごぶつしんろん】[通]　三巻。潮音道海（一六二八—九五）の著。貞享四（一六八七）年の自序がある。『黒瀧潮音和尚年譜』の同年条に「師閲林氏羅山文集、闢其中異義、製扶桑護仏神論三巻」とある。自序には「林氏、陽揚神道、陰抑神法、顕闢仏道為邪説、而不忍黙為此論」として、論述の主旨を述べている。林羅山の『本朝神社考』と『羅山先生文集』中の弁・論およそ四〇項目を取りあげ反駁を加えたものである。たとえば羅山が「我朝神国也、神道乃王道也」とあるが、口には神国を説き神道を論ずるが、心は神国を軽んじ神道を蔑し、また仏法が興隆して王道神道を扶助したことを排斥しているが、むしろ王道神道を排斥しているのは羅山であるとする。「神社考厩戸皇子伝」「火雷神弁」「浦嶋子弁」「山王論」「神武天皇論」など一部を引用し、羅山の儒学論を批判するが、その論拠の多くを『先代旧事大成経』に求めている点に特色がある。潮音は遍参の後黄檗山の隠元隆琦に参謁、木庵性瑫の室に入って嗣法する。上野国館林藩主であった徳川綱吉に迎えられ万徳山広済寺初代となり、またその母桂昌院の帰依をうける。かねてより神道に傾倒し『先代旧事大成経』を信奉し、偽書事件に発展して処罰されたが、なお信念を変えなかった。この後上野国甘楽郡南牧村の黒瀧山不動寺開山となるが、本書はここでの著作である。また熊沢蕃山の『集義和書』を批判した『摧邪論』がある。〔所蔵〕写本を京大、神宮、黄檗堂文庫。　〔大槻幹郎〕

扶桑禅林僧宝伝【ふそうぜんりんそうぼうでん】[臨]　一〇巻。高泉性潡（一六三三—九五）撰。延宝三（一六七五）年の上表文および自序。序文に唐の道宣の『高僧伝』、宋の覚範恵洪の『禅林僧宝伝』に範をとり、虎関師錬の『元亨釈書』ならびに記録断簡によって僧伝二〇巻となし、延宝三年後水尾法皇に上進し、刊行をすすめられたという。しかし教門の諸師はすでに詳しいので禅宗僧伝の不備を補ってはとの意見により、禅伝のみ一〇巻としたとある。巻一、京兆建仁寺明庵西禅師伝外六。巻二、京兆東福寺開山聖一国師伝外一五。巻三、万寿寺神子尊禅師外一四。巻四、京兆大徳寺開山大燈国師伝外九。巻五、東福寺虎関本覚国師伝外一三。巻六、雲樹寺国済三光国師伝外一一。巻七、天竜寺無極玄禅師外一七。巻八、高源寺遠谿雄禅師伝外一一。巻九、東福寺円光国師伝外九。巻一〇、京兆妙心寺開山関山国師伝外一二で、計一一七名の禅僧伝である。巻末に「口占」七言絶三句があり、書家岡元春の書、田原政利刊行の刊記がある。なお本書についで貞享三年自序の『続扶桑禅林僧宝伝』三巻が、室町時代の禅僧四八名を加え元禄六年に上梓されている。この間前記未刊の僧伝も若干手を加え『東国高僧伝』一〇巻として、貞享五年茨木方淑により開板されているが、これに対し卍元師蛮の『東国高僧伝弾誤』や知空の『東国高僧伝評』がある。これら高泉の著作は、江戸時代の僧伝編纂および宗統の再編を促す役割を果たした。版本を谷大、黄檗蔵。　〔大槻幹郎〕

普通授菩薩戒広釈【ふつうじゅぼさつかいこうしゃく】[天]　三巻。安然（—八四一—九〇四—）。元慶六（八八二）年五月一五日成立。別に『普通広釈』ともいう。安然は慈覚大師円仁の門下。遍昭が華山元慶寺に入り、その座主となって、年分度者二人を認められてから、その教授阿闍梨として迎えられ、悉曇、密教の教相・事相にわたってかずかずの著作を残し、密教をとりいれた日本天台の独自の教判論を確立したといわれる。この書は、中国の天台宗第六祖、荊渓大師湛然の措定した十二門戒儀に沿って、真俗七衆を対象とする菩薩戒儀を説明したもので、いうまでもなくそこに安然独自の密教の立場を踏まえた解釈が縦横に展開しており、伝教大師最澄の大乗菩薩戒の確立につづいて、慈覚大師円仁の尼僧戒壇を含めた戒儀や菩薩戒に対する見解がみられるが、さらにその上に本書の主張は乗っているといえるのである。いわゆる十二門とは、第一開導、第二三帰、第三諸師、第四懺悔、第五発心、第六問遮、第七授戒、第八証明、第九現相、第一〇戒相、第一一奉持、第一二広願である。そもそも菩薩戒の戒儀には、『梵網菩薩戒経』や『菩薩地持経』『菩薩瓔珞本業経』などの経や中国、日本にわたっての諸師等のまとめたものがあるが、伝教大師最澄もその『授菩薩戒儀』で採用した湛然の十二門戒儀を基礎としているのである。第一開導の項は、全三巻のうち巻上全部を用いて説かれており、その中は六段に分かれ、一、根機を定むべし。最澄の円機已熟説をとりあげて論じている。二、信心を観ずべし。菩薩戒を受ける根本に信のあるべきをいう。三、意楽を察すべし。人びと各々異なる意楽をみとめ、それぞれに受戒を許す。四、道場を択べ。釈尊成道の境界から、インドの説法処、ないし中国ないし日本の人師の授受の戒場等外道場と、自身の内道場とをあきらかにする。五、師相を示す。諸仏の師、真仏、仏像、舎利、道具、経巻（法身舎利）等が師となりうること、次に菩薩の師、次に凡夫の師について戒師たるべきものの相を明かし、自誓受戒の問題に論じ至る。六、戒徳を顕す。蔵通別円四教の菩薩の戒徳を相対させ、円戒の真意義は、直ちに即身に六即成仏するにあるとする。そこに大直道、直至道場の法とする。第二門の三帰から巻中に入る。三帰では外道三宝等と対比し、三種戒品の広釈にいたる。第三門の請師では、釈迦、文殊、弥勒の三師、証師、同学等についてのべる。第四門、懺悔では、『心地観経』と並んで『普賢観経』の六根懺悔を範とする。第五門ないし第六門については、受戒の自立性と受戒資格を円戒と他と比較する。巻下に入って第七門授戒ないし第十二門広願までは、具体的な円教菩薩戒授戒の手続きに関する部分で、授戒では三聚の戒相を蔵通別円四教に分け、円の三聚浄戒を伝受戒、発得戒、性徳戒の三方便から解釈し、現前伝戒師を論じてくわしい。以下あるいは円密一致に立ち、草木成仏等にまでも言及している。〔所載〕正蔵74、天台宗叢書4。〔木内堯央〕

仏海微瀾【ぶっかいみらん】日　一巻。日臨（一七九三―一八二三）著。文政五（一八二二）年成立。弘化三（一八四六）年刊行。遠州横須賀において身延西谷学徒隆禀と真宗大谷派僧了慶との間に宗論が起り（横須賀問答）、日臨が隆禀に代り海周の名をもって真宗側の代表権律師大霊を論難沈黙せしめたのが本書である。問答十段を設け、権実を明らかにし、念仏無間の経証を挙げ真宗を破す。〔所載〕本妙日臨律師全集。〔小野文珖〕

仏眼禅師語録【ぶつげんぜんじごろく】臨　三巻。鉄山宗鈍（一五三二―一六一七）撰。詳しくは『霊光仏眼禅師語録』と称す。香語、拈香、下炬、道号など、鉄山宗鈍の諸作を収めている。その収録は『鉄山和尚語録』よりも詳密である。東史料に影写本（原本は静岡県臨済寺本）が所蔵されている。〔竹貫元勝〕

仏光国師語録【ぶっこうこくしごろく】臨　一〇巻。無学（子元）祖元（一二二六―一二八六）撰。一真等編。鎌倉時代成立。祖元は弘安二（一二七九）年来日した宋の禅僧、鎌倉円覚寺の開山であり、仏光派の祖。巻一・二が「台州真如禅寺語録」で、「住山録」（巻一）と拈古、天童首座秉払語、鎖口訣、礼祖塔、往来偈頌（巻二）を収め在宋中の部であり、来日のときすでに二巻にまとめられていたといわれる。巻三は「住日本国相州巨福山建長興国禅寺語録」、巻四は「相州瑞鹿山円覚興聖禅寺開山語録」、巻五は建長普説、巻六は普説、巻七は法語、請益問答心要、巻八は仏祖讃、偈頌が収録され、古林清茂の序が付されている。巻九・一〇は帰山光一の編で、巻九は拾遺雑録、巻一〇は年表雑録であり、告香普説、書簡、偈頌、行状、塔銘、碑銘などを収録している。全一〇巻の上梓は嘉慶（一三八七―八）ころまでになっていて、五山版の古版本が数種あるほか、寛文四（一六六四）年版、宝永二（一七〇五）年版、享保一一（一七二六）年版などがある。寛文四年版は六冊本で天竜寺の天外承定、江岳元策などにより刊行され、享保一一年版の上梓は義海昌宣、東嶽是岱、峻道碩隆によってなり、古林清茂の序文を除き、享保一一年当時僧録であった乾崑元雄が序を付している。〔所載〕正蔵80、仏全95（いずれも享保一一年版）。〔竹貫元勝〕

仏光寺中興了源上人伝【ぶっこうじちゅうこうりょうげんしょうにんでん】浄真　一巻。唯了（一三二二―一四〇〇）著。至徳二（一三八五）年成立。仏光寺の中興の祖といわれる了源の伝記を第二子である唯了が五〇回忌の記念に著わしたものである。仏光寺派第七世の了源の生い立ち、得度、教化から諸寺建立をなし、七里峠にて山田八郎、田中兵衛の二人に刺殺されるが、一カ月後に兵衛は仏光寺に登り、報告し、剃髪して仏光寺に仕えるにいたるまでを示している。またこの伝記と本願寺派の『一期記』とを併読すると、覚如、存覚との交際が知られる。写本を仏光寺に蔵す。〔所載〕真宗全68。〔藤田恭爾〕

仏国応供広済国師（顕日）行録【ぶっこくおうぐこうさいこくし（けんにち）あんろく】臨　一巻。叔京妙祁（一三七二―一四三六）撰。室町時代正長元（一四二八）年編。詳しくは『前住相模州巨福山建長興国禅寺勅諡仏国応供広済国師行録』という。無学祖元の法嗣高峰顕日の行状記である。那須雲巌寺、相模浄妙寺、浄智寺、建長寺、再住浄智寺にも住した。〔所載〕続群書228、仏全（伝記叢書本朝僧宝伝）。〔吉瀬勝〕

仏国国師語録【ぶっこくこくしごろく】臨　二巻。高峰顕日（仏国、応供広済、一二四一―一三一六）撰。嘉暦元（一三二六）年刊。本書は高峰顕日の語録で、上巻は泰定三年の霊石如芝、および清拙正澄の序文が巻頭におかれ、仏国禅師初住下野州東山雲巌禅寺語録（妙環編）、住相州稲荷山浄妙禅寺語録（玄仁編）、住相州金宝山浄智禅寺語録（妙康）、再住金宝山浄智禅寺語録（妙準・妙環編）、住相州巨福山建長禅寺語録（玄挺・妙環編）、入寺、小参、上堂等の法語を収め、下巻は普説、法語、仏祖賛、自賛、頌古附偈頌、機縁問答、泰定三年三月五日古林清茂の跋文と正長元年一二月八日妙祁編の高峰和尚行録を付載。高峰顕日は後嵯峨天皇の皇子、東福寺の円爾について出家し、のち来朝僧兀庵普寧に参じ、ついで円覚寺開山無学祖元に師事して法をつぐ。生来隠逸を好み、下野那須に隠棲し、雲巌寺を開創。北条貞時、高時の帰依をうけ、鎌倉の万寿、浄妙、浄智、建長寺の住持をつとめ、鎌倉禅林で法化をはり、その門派は隆盛をきわむ。門下から夢窓疎石を打出。著書は語録のほか、仏国国師御詠、法語が伝存。仏国録は嘉暦元年刊につづいて室町期に二回梓行され、江戸期には寛文四年の木活字版、宝永六年刊本がある。『訓注仏国録』（昭和50刊）は嘉暦版の復刻と訓読注釈、書誌解説、仏国の伝記を考証しており、現時点における仏国録の最新の研究書である。〔所載〕正蔵80。〔早苗憲生〕

仏語心論【ぶつごしんろん】臨　一八巻。虎関師錬（一二七八―一三四六）撰述。正中二（一三二五）年成立。「四巻楞伽」、すなわち求那跋陀羅訳『楞伽阿跋多羅宝経』の注釈で、本文の字数一九万二二〇〇余に及ぶ大著。自序は正中二年一一月一五日に書かれ、翌嘉暦元年三月にみずから衆に講じ、後序を誌している。『日蔵』（方等部章疏3）所載のものは、慶安元（一六四八）年見叟智徹が興聖寺の虎関真筆本をえて、翌二年原本の重刻を計画し、万治二（一六五九）年完成。

〔竹貫元勝〕

仏慈禅師行実【ぶつじぜんじぎょうじつ】曹 一篇。通幻寂霊（一三二二―九一）の撰とされるが疑わしい。『総持寺両祖行術録』（別称『諸嶽開山二祖禅師行録』）に合綴されている諸嶽山総持寺の開山瑩山紹瑾（一二六八〈六四〉―一三二五）の伝記で、内題には「諸嶽開山瑩山仏慈禅師行実」とあり、末尾の識語には「侍者寂霊合掌稽首書」と記している。『総持寺両祖行術録』は総持寺山内の芳春院住持鳳山慧丹が宇治の興聖寺の住持であった梅峰竺信の跋文をえて元禄四（一六九一）年に刊行し、世に流布するにいたったものである。通幻寂霊は嗣承関係では瑩山紹瑾―峨山韶（紹）碩―通幻寂霊と相承した紹瑾の孫弟子にあたる。識語に「侍者寂霊」とあるが、両者の生存年をみれば、紹瑾の示寂の年が寂霊の四歳のときであり、紹瑾の侍者という要職にあったとは考えられない。おそらくは総持寺の開山としての瑩山紹瑾のこの伝記を権威づけるために、峨山下五哲の一人であり、総持寺五院の一である妙高庵の開基としての通幻寂霊の名をかりた後世の仮託であると思われる。

本書の伝記内容をみるに、編年的に叙述しているが、細部にわたらず要点をのべているといってよい。師の諱は紹瑾、号は瑩山、越前多禰郡の人。姓は藤氏。母三七歳にして懐妊し、多禰観音に祈誓して出生、爾後、同観音に祈願して成育。舞勺の歳（一三歳）永平二代孤雲懐奘について受具、のち、大乗寺（金沢市）徹通義介に参じ、趙州平常心是道の話を挙するを聞いて大悟。大悟のときの問答に、「黒漆昆崙夜裏走、逢茶喫茶逢飯喫飯」という紹瑾の答弁があったと記録している。そして三五歳にして大乗寺第二代となり、さらに永光寺（羽咋市）、浄住寺（金沢市）、総持寺（能登、石川県門前町）を開創し、元亨（一三二一―二四）年中、十則の勅問に奏対し、総持寺をして皇室の功徳寺、賜紫出世の道場の綸旨をえたと記している。次に弟子の礼をとった臨済宗法灯派の孤峰覚明との問答をあげている。この記事は全文の四分の一にも相当し、本書の性格の一端を示している。すなわち、勅問奏対、総持寺の賜紫出世道場、紹瑾への仏慈禅師号勅諡には孤峰覚明の奏上があったという意識の表れをみせているといってよい。次に嗣法の門人として明峰素喆（哲）、無涯智洪、峨山韶（紹）碩、壺菴、珍山の名をあげ、正中二（一三二五）年八月上澣（上旬）に示疾、一五日夜半、門人に遺嘱し「自耕自種閑田地、幾度売来買去新、無ㇾ限霊苗繁茂処、法堂上見ニ挿ㇾ鍬人ニ」の遺偈を書した示寂。荼毘して大乗、永光、浄住、総持に建塔す。閲世五八、坐夏四六、勅して仏慈禅師と諡す。「師は一生の垂語拈提の編録を許さず、『清規』（『瑩山清規』）、『坐禅用心記』等、僅かに存す」と本書を結んでいる。

本書は本文の伝記内容、とくに大悟の問答、叙述形態から考えて、室町末期から江戸初期にかけての撰述と思われる。〔所載〕曹全（史伝上）。〔松田文雄〕

仏日常光国師語録【ぶつじつじょうこうこくしころく】臨 二巻。空谷明応（一三二八―一四〇七）撰。室町時代成立。『常光国師語録』ともいう。仏日常光国師は空谷の諡。上巻に美濃天福寺、京都の等持寺、相国寺、天竜寺語録のほか小参、陞座、拈香、小仏事等を、下巻に仏祖賛、自賛、偈頌、拾遺と天章澄彧の「常光国師行実」を収める。相国寺心華院（廃寺、現在の大光明寺）所伝の享保七（一七二二）年写本がある。〔所載〕正蔵81。〔伊藤東慎〕

仏心解【ぶっしんげ】時 他阿託何（一二八五―一三五四）著。成立年代不明。「仏心」とは涅槃妙心であって念仏にほかならないことを説いたもので、序と本文からなり、序には『東山西谷問答集』をある人から贈られたが、見れば「その詞質知り易く、その趣深くして棄て難」い、これを参考として託何自身の解釈をのべたものである。東山とは教門、西谷とは禅門の意で、本文は七段の文とその結びよりなり、各段の初めに西谷の問、次いで東山の答、第一段は聖浄二門の了義・不了義について、第二段は浄土、第三段は念仏と九品分別、第四段は難易二道について、第五段は発菩提心と菩薩行、第六段正像末三時、第七段は称名について論ずる。最後に結論として仏心について託何の解釈を記している。本書は初め和文で書かれたが、寛延三（一七三〇）年に選述され、漢文体となった。〔所載〕定時宗。〔高野 修〕

仏像幖幟義【ぶつぞうひょうしきぎ】浄 一巻。聖冏（一三四一―一四二〇）記。成立年代不明。仏像についての書ではなく、僧侶のもちうる衣服について記されている。服は裙子と偏衫の衫服があり、衣には安陀会、鬱多羅僧、僧伽梨の三種の架裟があることを示し、その材料、形、着法などを解説し、絹衣は二利の益があれば着用は自由であると論じている。注釈書には義海の『図説』『箋註』がある。〔刊本〕刊行年不明。〔所載〕浄全12。〔服部淳一〕

仏祖袈裟考【ぶっそけさこう】曹 一巻。徳巌養存（?―一七〇三）撰。元禄一六（一七〇三）年刊行。曹洞宗における最初の袈裟研究書であるが、漢文体のため、『正法眼蔵』の引用文も漢文訳されている。袈裟について、ひろく経律論、史伝などを引用して説明する。中国律宗の祖の道宣説を尊重し、絹衣を否定する。色も青黒、木蘭、鼠色を非法という。伝鑑真製の密布僧伽梨衣の伝衣が本書撰述の縁由である。〔所載〕続曹全（清規）。〔川口高風〕

仏祖正伝大戒訣【ぶっそしょうでんだいかいけつ】曹 三巻。面山瑞方（一六八三―一七六九）撰。享保九（一七二四）年成立。別に『大戒訣』と略称す。上巻には釈尊を戒源として祖師が禅戒（菩薩大戒）を伝承してきたこと、中巻には禅戒の総別二論を展開し、下巻には二六条戒等の本領をそれぞれ大乗諸経論や祖師の語録を引きながら証している。瑞方には他に『仏祖正伝大戒訣或問』がある。延享五（一七四八）年刊本を駒大に蔵す。

〔所載〕曹全（禅戒）。〔吉田道興〕

仏祖正伝菩薩戒教授文【ぶっそしょうでんぼさつかいきょうじゅもん】曹　一巻。道元（一二〇〇―五三）撰。ただし元亨三（一三二三）年八月二八日、瑩山紹瑾が石川県の永光寺で、訓訳、和語体にしたものを、慧球尼が受戒するためにあたって同尼に書いて与えた真筆本が現存する（富山県海岸寺蔵）。国指定重文。道元の説く十六条戒の精神と内容をわかりやすく示したもので、わが国の仏教戒律史研究上の好個の資料でもある。〔所載〕続曹全（宗源補遺）。〔東　隆眞〕

仏祖正伝菩薩戒作法【ぶっそしょうでんぼさつかいさほう】曹　一巻。道元（一二〇〇―五三）撰。道元が中国留学中の宝慶元（一二二五）年九月一八日、天童山景徳寺において師の如浄より中国曹洞宗伝来の戒脈を授与されたさいの受戒作法を記録したもの。最古の伝本は、懐奘―義尹―釈運と伝えられたものを、正中二（一三二五）年六月一二日、大智が筆写した熊本広福寺所蔵本で、他に大乗寺本、総持寺本、永平寺本等伝本は多い。永平寺本は義雲系統に伝承されたもので、住持の交替ごとに書写を聴許した旨の識語を有する。〔所載〕道元全下、続曹全（宗源補遺）。〔石川力山〕

仏智弘済禅師行業略記【ぶっちこうさいぜんじぎょうごうりゃくき】臨　一巻。逸山祖仁（いっざんそにん、一六五五―一七三四）編。享保一五（一七三〇）年成立。略して『行業略記』という。仏智弘済（盤珪永琢、一六二二―九三）とは、形式化した公案禅を批判し、霊妙である不生の仏心のままで生きればよいとする「不生禅」を創唱した人物である。編者の祖仁は備中の生まれで丸亀の玄要寺で得度し、延宝八（一六八〇）年に永琢の会下に入り、師の信任厚く、元禄元（一六八八）年から随侍して、晩年の三侍者の一人となった。のち節外祖貞の法を嗣ぎ、永琢の法孫として如法寺の五世に住した。この書は祖仁の七六歳のときの編纂で、永琢の晩年の、最も親しく接したものの記録として信頼度は高い。記するところは、完全な編年体ではないが、永琢からの直説ぶりが推定でき、また祖仁自ら見聞し、意見を述べた所もある。永琢の日常の言行を知りうる貴重な資料である。全文は和文で、同じく逸山編集の『仏智弘済禅師法語』（和文）と合本して一冊となり、いわゆる和文の「法語」に対応する、和文の「行録」（あんろく）の体裁をつくっている。巻末には祖仁の自跋がある。原本は天明三（一七八三）年に祖仁の法曽孫に当る濬嶺師詰の筆写した龍門寺蔵写本が現存している。〔所載〕国東叢2ノ5（伝記部）、鈴木大拙編・「岩波文庫」盤珪禅師語録、藤本槌重編著・盤珪禅師法語集、赤尾竜治・盤珪禅師全集。〔参考〕禅籍目録。〔小林圓照〕

仏智広照浄印翊聖国師（中津）年譜【ぶっちこうしょうじょういんよくしょうこくし（ちゅうしん）ねんぷ】臨　一巻。直弟叔京妙祁（一三七二―一四三六）撰。応永三〇（一四二三）年成立。絶海中津（一三三六―一四〇五）の年譜で、書名は仏智広照国師・浄印翊聖国師の両国師号による。静嘉、積翠、大東急文庫などに五山版が蔵される。『勝定国師年譜』は別本である。〔所載〕続群書9下、正蔵80。〔竹貫元勝〕

仏頂国師語録【ぶっちょうこくしごろく】臨　五巻。一絲文守（一六〇八―四六）撰。文光重編。享保三（一七一八）年序刊。一絲は、相国寺雪岑崟に参じ、後、沢庵宗彭に参ず。愚堂東寔の法嗣。後水尾上皇の帰依を受けて、賀茂に霊源院、丹波（京都府）に大梅山法常寺を開いた。寛永二〇（一六四三）年近江の永源寺に住した。（第九一世）。世寿三九で示寂。延宝六（一六七八）年定慧明光仏頂国師の号を賜った。弟子に、石鼎文頑、如雪文巌、智明浄因、了誼、雪光光頓等がある。一絲文守の語録には、二種がある。光頓が寛文七（一六六七）年に編んだ「大梅一絲和尚語録」五巻、竜大所蔵。享保三（一七一八）年に法孫文光が重編した「定慧明光仏頂国師語録」五巻、駒大所蔵、とがある。内容は、巻一、示衆・普説、巻二、法語・書問・巻三、頌古・讃・仏事、巻四、序・記・銘・説・榜・跋・辨・警策・祭文・詩偈、巻五、詩偈からなる。末尾に侍者浄因が編んだ年譜と、真敬法親王撰の塔銘がある。巻首には中御門天皇の勅序を収めている。また、昭和一一年に享保本を複製した滋賀県高木独鳳三巻もある。駒大所蔵。〔所載〕正蔵81・136 No2565、駒沢大学国訳禅宗叢書2ノ10。〔吉瀬勝〕

仏灯国師語録【ぶっとうこくしごろく】臨　二巻。約翁徳倹（一二四三―一三二〇）撰。玉翁徳杲等編。文保二（一三五三）年刊。約翁徳倹一代の語録である。上巻には、長勝寺語録（徳杲編）、東勝禅寺語録（可禅編）、禅興禅寺語録（元甲編）、浄妙禅寺語録（元規編）、建仁禅寺語録（元規・曇治編）、南禅禅寺語録（元矩・元旨編）、下巻には、仏祖賛・偈頌・小仏事・塔銘を収録する。写本は、東史料所蔵。版本は、享保年間版、国会三巻一冊、内閣文三巻三冊、駒大図書館三冊所蔵。〔吉瀬勝〕

仏道手引草【ぶつどうてびきぐさ】曹　三巻。大賢鳳樹（一七五八―一八二二）述。文政三（一八二〇）年の成立。本書は大賢鳳樹が、文政二年仲秋に本文を撰述し、翌三年に無学愚禅が刊行した仮名書き法語である。上巻は中国・日本における仏教の受容と伝播について、中巻は慈悲法門と布施、持戒について、下巻は十重禁戒と忍辱、精進、禅定、智慧について説いている。とくに持戒、六波羅蜜の重要性が強調されている。〔所載〕続曹全（法語）。〔大野栄人〕

仏徳禅師語録【ぶっとくぜんじごろく】臨　二巻。元翁本元（一二八一―一三三二）撰。妙虎編。室町時代刊。臨済宗仏光寺派。三河の人。高峰顕日に参じて出家受戒する。同参の夢窓疎石とともに美濃の虎渓に至って庵を構えて住する。嘉暦三（一三二八）年請を受けて相模の万寿寺に住し、つづいて南禅寺に住する。写本としては、東史料（彰考蔵本写）所

蔵。版本としては、至徳元版（五山版、二巻）、（日本・成簣所蔵）。　〔吉瀬勝〕

仏日真照禅師雪江和尚語録【ぶつにちしんしょうぜんじせっこうおしょうごろく】臨　一巻。雪江宗深（一四〇八―八六）著。妙心第三七九世可山禅悦編。明和二（一七六五）年成立。初版は衡梅院（妙心寺塔頭）蔵版、のち再版される。注釈本は可山禅悦の『仏日真照禅師語録蠡測』。〔所載〕正蔵81。　〔平野宗浄〕

仏法護国論【ぶっぽうごこくろん】浄真　一冊。月性（一八一七―五八）述。安政三（一八五六）年成立。著者月性は不及門下の人で、周防国の本願寺派妙円寺の僧で、維新期の代表的な勤王僧の一人である。本書は、幕末における真宗の護国、護法、防邪の一体論を説いたものである。つまり諸外国が侵略を行うとき、戦と教とによって行う。そのとき「今ノ時、国家モッテ中興スヘシ。今ノ勢、仏教モッテ再ヒ隆ナルヘシ」と国・法一体をとりつつ、戦では海防策に重きをおき、教では、とくに真宗門徒のあり方を「汝們、大法主ノ教化ニヨリ、無上ノ法ヲ聞キ、他力ノ信ヲ得、現当二世ノ利益ヲ蒙ル者、夷船ノ諸所ニ攔入スルヲ見キ、、コレヲ度外ニオキ、大法主ノ憂ルトコロヲ憂ヘサルハ、マタ我門徒ニハアラサルナリ。他宗ナリ、他門ナリ、宗門ノ罪人トイフヘシ」として、他力信心すなわち仏願他力の一心を聞持することを急務とし、一心堅固にしてキリスト教に惑わされない心構えを説いている。〔所載〕真宗史料集成10。　〔佐竹大隆〕

仏法夢物語【ぶっぽうゆめものがたり】真　一巻。知道（―一二七八―八七―？）撰。成立年代不明。客人の問に答える形式をもって真言仏法の奥義を開陳した書。三問答からなり、第一問は無明による夢は我心にほかならぬさまを詳述し、第二問善悪の理、第三問無我不生の理は阿字本不生に説き及びつつ解答している。夢幻と人生を比べつつ人の世の本然の姿を平易に論述し、古来愛読されて来た。別本もしくは異本に『夢知識物語』がある。〔所載〕真安心下5。　〔里道徳雄〕

仏母曼拏羅念誦要法集【ぶつもまんだらねんじゅようほうしゅう】天　一巻。圓珍（八一四―九一）撰？　別に『仏母念誦法要集』『仏眼仏母曼荼羅要集』『仏眼仏母念誦集』ともいう。圓珍は第五代天台座主、義真の弟子、一二年籠山の後一山の学頭に推され、のち入唐、密教等を伝える。本書は仏眼仏母曼荼羅の造坦法と、曼荼羅会中の諸尊の真言を集めたもの、安然の八家秘録に圓珍、高太夫の共編とする。高太夫は湛契で、仏母曼荼羅の簡潔な供養法である。〔所載〕仏全27、日蔵（天台宗密教章疏1）。　〔木内堯央〕

仏門衣服正儀編【ぶつもんえぶくしょうぎへん】南　二巻。鳳潭（一六五七〈五四・五九〉―一七三六）述。享保一一（一七二六）年成立。『仏門衣服敞惑編』ともいう。鳳潭は江戸時代華厳宗の再興を志し、山城松尾に華厳寺を開いた。本書は僧の衣服についての研究書で、南山律宗の開祖道宣の著作中にも矛盾があることを指摘し、五〇段に分って、道宣からの引文をかかげ、それについて多くの書物から引用しながら内容の検討を行い、自らの意見を記す。上巻に三衣について記し、下巻（余）で坐具などにも触れており、最後に、多くの僧の衣についての記述があり、特に紫衣について詳述し、道元が紫衣を受けながら着なかった理由に触れている。さらに不割截衣、絡子、偏衫、直綴、威儀細、山伏の服飾に及んでいる。なお、慈雲尊者は本書を批判し、『仏門衣服正儀編評釈』を著した。〔所載〕仏全73、日蔵35。　〔田村晃祐〕

仏門衣服正儀編図巻【ぶつもんえぶくしょうぎへんずかん】南　一巻。鳳潭（一六五七〈五四・五九〉―一七三六）撰。享保一一（一七二六）年成立。『仏門衣服正儀編』に続け、図巻を著し、三衣（僧伽梨・鬱多羅僧・安陀会）のそれぞれの大きさなどを図示し、坐具・帯、その他についても図示しながら説明を行っている。さらに一七種の僧衣をはかる尺度を示し（僧衣量度尺図）、仏像の衣服に説き及んでいる。〔所載〕仏全7、日蔵35。　〔田村晃祐〕

不動尊愚鈔【ふどうそんぐしょう】真　一巻。著者明記なし。成立年代不明。不動尊の名字、種子、三形、形像および八大童子などについて解説したもの。当山相承の義として、男女陰陽二根交会して赤白の二諦を下し、しかも未だ腎臓（男子を生ず）、あるいは命門腑（女子を生ず）に入らず、入胎せざるところの男女不二の色心を不動尊とするなどの説を主張しており、立川流の邪教に属するものとして依用すべからずとされている。刊本を洋大、東博、谷大、香川大、京大、正大、東大、竜大、高野金剛三昧院、高野宝亀院、竹清、成田等に蔵す。〔所載〕近世仏教集説。　〔苫米地誠一〕

不動智神妙録【ふどうちしんみょうろく】臨　一巻。江戸時代初期の大徳寺の住僧・沢庵宗彭（一五七三―一六四五）が、柳生宗矩のために仏法の極意を剣にたとえて説いた仮名法語。成立年代は不詳であるが『万松祖録』の寛永一二（一六三五）年の項に「宗矩公、屢和尚の禅論に依て、又深密の理を得給ふ伝書は、和尚が書しものとか聞ぬ。世に和尚が書し剣法の一書あり。神明録石火機不動智などと表題す。是なん、柳生侯の為に書しものとか聞く」とあり、このころ成立したものと思われる。安永八（一七七九）年刊。内容は「無明住地煩悩」「諸仏不動智」「間不レ容レ髪」「石火之機」「心の置所」「本心妄心」「有心之心、無心之心」「水上打ニ胡蘆子一捺着即転」「応無所住而生其心」「求放心」「急水上打毬子、念々不停留」「前後際断」「水焦上、火洒雲」（この項を欠くものもある）の一三項目の解説と、宗矩に宛てた一通の手紙とからなる。ここで沢庵は不動の妙智を次のように説く。「動かぬということは、心が前後左右、四方八方に自由に動くことである。自由に動くのは、心がどこにでも止まっていないからである。どこにも心が止まっていないことが、動かぬということである。心がそのような状態にあってこそ、初めて自由自在でありうる」と。

これはまさに『金剛般若経』の「応無所住而生其心」という言葉の意味するところのものであって、『不動智神妙録』の核心をなす思想である。〔所載〕沢庵全5。〔加藤正俊〕

不動頂蓮義【ふどうちょうれんぎ】因　一巻。安然（—八四一—九〇四—）。別に『頂蓮義』『問答不動頂蓮義』という。安然は圓仁の資、遍昭が元慶寺に年分度者を認められ安然を教授阿闍梨として召請、安然はここで台密事相教相の一大集成をした。本書は真偽はあきらかではないが、不動明王が頂上に置く蓮華の意義を解釈したもので、一説に東密の所伝ともいう。一方本書に『蓮華三昧経』文を引くのは、安然の他著にも共通する。頂蓮は行者の修因得果の標幟とする。〔所載〕日蔵（天台宗密教章疏5）。〔木内堯央〕

不動明王念誦次第【ふどうみょうおうねんじゅしだい】真　一巻。空海（七七四—八三五）撰。成立年時不明。『納涼房次第』『不動納涼房式』『不動尊納涼房式』ともいう。本書は不空訳『立印軌』を所依として、十八道に金剛界法などが加えられ、かなり完備された次第であり、後世に与えた影響は大きい。〔所蔵〕写本を京都市大通寺、香川県大川郡大内町与田寺、和歌山県伊都郡高野町金剛三昧院、同高大に蔵す。〔所載〕弘全2、日蔵鈴85。〔伊藤教宣〕

不動明王秘教要決【ふどうみょうおうひきょうようけつ】因　一巻。安然（—八四一—九〇四—）。『要決』『不動明王要決』ともいう。安然は慈覚大師圓仁の資、遍昭に元慶寺年分度者の教授阿闍梨として召請され、台密の集大成を果した。本書は、不動尊と矜羯羅、制吒迦の二童子とが仏部、蓮華部、金剛部の三部の教令輪身であると示す。撰者は安然とし、『広摂不動明王秘要訣』の一部ともされるが、釈相にへだたりもある。真偽不詳とすべきか。〔所載〕日蔵（天台宗密教章疏4）。〔木内堯央〕

不動明王立印儀軌修行次第【ふどうみょうおうりゅういんぎきしゅぎょうしだい】因　一巻。安然（—八四一—九〇四—）。『不動私記』『不動次第』『不動修行次第』ともいう。安然は圓仁の弟子。遍昭に請われて元慶寺教授阿闍梨となり、台密の集大成に功があった。本書は不空訳『金剛手光明潅頂経最勝立印聖無動尊大威怒王念誦儀軌法品』いわゆる『立印儀軌』によって、胎蔵界行法として組織された不動明王の修行次第で、安然の撰としてもよいであろう。〔所載〕日蔵（天台宗密教章疏4）。〔木内堯央〕

不動立印次第【ふどうりゅういんしだい】因　一巻（断片）。圓珍（八一四—九一）撰。本書は『宝秘記』に引用されるものを集めたもので「山王院大師御次第、天台第五座主次第」として、行軌の次第と思われる「三三昧耶、被甲、大精進印、法螺印、道場観、出定結根本等十四印、仏母印」の語がのべられ、「已上依実相房御本略抄出之也、件本云以蔵内悟忍阿闍梨本、写得之畢」と識語される。圓珍の撰かどうか不明。〔所載〕仏全28、仏全鈴38、智全下。〔水上文義〕

不能語規律【ふのうごきりつ】曹　二巻。指月慧印（一六八九—一七六四）撰、法嗣賢秀慧忍等録。元文三（一七三八）年成立。指月が随徒に示した普説中、規律に関するものが収録される。上巻では日用助道法を中心に、下巻では日弁ずる五事（坐禅、行食、看読、晩参、偃息）、普請等について、切磋琢磨を旨とする叢林での修行僧の生活規律の基本精神とその行法が説かれている。寛保二年の刊本がある。〔所載〕曹全（禅戒）。〔佐々木章格〕

父母恩重経鈔【ぶもおんちょうぎょうしょう】真　二巻。亮汰（一六二二—八〇）撰。延宝三（一六七五）年成立。撰者は長谷寺において鈔解一巻を作り、さらにそれを添削したものが本書である。本鈔に用いた『父母恩重経』は『正蔵』八五巻所載の燉煌本とは多少異なっている。それは盂蘭盆供の前にある阿難白仏言以下の文字を欠き、また偈頌、父母の十恩徳ならびに真言等が加えられている。〔真柴弘宗〕

布留散東【ふるさと】曹　一巻。大愚良寛（一七五八—一八三一）撰。昭和四七年刊（影印）。本書は良寛が遍参行脚のうち故郷出雲崎に帰り、ふるさとの自然と人を詠んだ自筆の歌集である。「あふみぢをすぎて」と題する短歌に始まる道中の詠歌六首に次いで、「くがみにてよめる」と題する三四首の歌が初めに記されている。短歌五一首、長歌三首、施頭歌八種を収めている。撰者自筆本が存する。〔所載〕続曹全（歌頌）。〔原田弘道〕

分略四恩論【ぶんりゃくしおんろん】浄真　二六巻、または三〇巻。月感（一六〇〇—七四）著。明暦年中（一六五五—五七）の成立。月感はもともと本願寺派に所属したがのちに大谷派に転派した学僧。父母、国王、衆生、三宝の四恩および非情、施者、師長の恩徳についてのべたもの。宝永二年刊本、竜大蔵。〔小山一行〕

へ

平乗霊山師安心問答【へいじょうれいさんしあんじんもんどう】浄真　一巻。功存（一七二〇—九六）述。天明三（一七八三）年成立。仰誓の門人である誓鎧が、天明三年六月一七日、学林において能化の功存に三業帰命説について問い尋ねたのに対して、功存が答えた問答の趣を筆記したものである。本願寺派の三業惑乱についての貴重な資料である。〔所載〕真宗全62。〔岩崎豊文〕

平城天皇潅頂文【へいぜいてんのうかんじょうもん】真　一巻。空海（七七四—八三五）述。内題に後入のものと思われる『大和尚奉レ為二平安城太上天皇一潅頂文』が付されている。成立は、空海帰朝後一七年の弘仁一三（八二二）年である。本書は「夫れ」で始まる四文よりなっている。とくに最後の文は『三昧耶戒序』として独立している。本書は仁和寺所蔵の古写本、動潮による刊本（天明元年、一

七八一）がある。『弘全』は、後者を底本にこの二本を校合したものである。〔遠藤祐純〕

碧巌集古鈔【へきがんしゅうこしょう】[臨] 一〇巻。編者は不明。扉には「大応・大燈・徹翁秘鈔」とあるが、三師のみではない。成立時期も不明である。おそらく室町末期の大徳寺系のだれかが語注を書き、それに上述の三師以下言外、華叟、養叟、春浦等大徳寺初期の祖師の着語が見られる。「先師云」「師云」の語も多いが、だれのことか不明である。大徳寺系仮名鈔とでもいうべきであろう。旧京都美大所蔵。〔平野宗浄〕

碧山日録【へきざんにちろく】[臨] 五巻。太極蔵主（一四二一—八六）撰。長禄三（一四五九）年正月より応仁二（一四六八）年までの日記であり、その間の記事をのせている。写本としては、内閣本（寛正四・六欠、明治写五冊）、東史料（尊経蔵本写五冊）は五冊となっているが、前田家本は六冊になっている。古活字本として、『改訂史籍集覧』二五に収められている。五山僧の手になる日記であり、その当時の寺院、政治の動きを知るのに貴重な資料である。太極は詩偈に巧みであり、各所に折りに触れて録されている。〔吉瀬勝〕

別願和讃古註【べつがんわさんこちゅう】[時] 一巻。法爾（一五六三—一六四〇）撰。寛永四—一七（一六二七—四〇）年間成立。法爾は寛永四（一六二七）年藤沢山において三五代遊行上人を継承した。本書は『別願和讃』の注釈で和讃も注も和文で平易である。題名も『別願之註』というのが正しい。『古註』は写本のまま伝えられたが現存していない。〔所載〕定時宗上。〔参考〕一遍上人語録・別願和讃、一遍上人別願和讃新註。〔長島尚道〕

別行【べつぎょう】[真] 七巻。寛助（一〇五七—一一二五）撰。永久五（一一一七）年成立。また『別行鈔』『略行鈔』『略行集』『集行鈔』『七巻鈔』『成就院七巻鈔』『尊法七巻鈔』などともいう。本書は広沢方最古の諸尊法集であり、広沢方諸流の通聖教として古来より尊重されている。諸尊法の道場観、本尊観、字輪観、真言、印契、種子、三昧耶形、梵号、密号などを記し、あるいは所依の経軌などから形像や修法の功能などを引き、あるいは修法次第を載せている。奥書に「已上七帖僧正御房始自永久五年四月二十二日迄于八月七日一百三箇日。於池上塔下東御房令長斉之間撰集之。于時末葉覚任祇候座下引勘定文句了。仍記之」とある。内容は、第一巻（諸仏）大日、阿閦、宝生、無量寿、不空成就、薬師行法次第、阿弥陀、釈迦、法華、弥勒、随求、第二巻（仏頂）仏眼、八大菩薩、八大明王、一字金輪、尊勝、八大仏頂、第三巻（観音）准胝、聖観音、千手、馬頭、十一面、不空羂索、如意輪、白衣、多羅菩薩、毘倶胝、葉衣、大勢至、第四巻（菩薩）普賢延命、愛染王、金剛王、般若菩薩、普賢、五字文殊、八字文殊、一髻文殊、虚空蔵、求聞持法、地蔵、持世菩薩、薬王、馬鳴、竜樹、普通諸仏、諸菩薩、縁覚、声聞、第五巻（忿怒）不動、降三世、軍荼利、大威徳、金剛薬叉、烏枢沙摩、金剛童子、無能勝、歩擲金剛、大輪金剛、第六巻（諸天上）十二天供略作法、聖天、持国天、増長天、広目天、多聞天、吉祥天、供養四天王食陀羅尼、施餓鬼、童子経供養作法次第、童子経法、童子経供養作法、訶利帝母、弁才天、迦楼羅天、摩訶迦羅、氷迦羅天、嚢麌梨、第七巻（諸天下）摩利支天、水天、地天供作法、琰魔王供次第、太山府君、拏吉儞、星宿供、妙見菩薩、本命星供作法（淳祐内供次第）、本命供次第（元杲僧都次第）、諸尊形色印契真言（諸曜諸宿三九）。写本を高大、金沢、観智院金剛蔵、高野金剛三昧院、高野三宝院、高野真別処、真福寺、宝菩提院等に蔵す。〔所載〕正蔵78。〔苫米地誠一〕

別行鈔【べつぎょうしょう】[真] ①七巻。寛助（一〇五七—一一二五）撰。『別行』『七巻鈔』『略行鈔』『略行集』『成就院七巻鈔』『尊法七巻鈔』ともいう。—→別行 ②一巻。真済（八〇〇—六〇）撰。『高雄神護寺口決』『高雄別行鈔』ともいう。—→高雄神護寺口決 ③二巻。超然（生没年不詳）述。以上『仏解』による。〔苫米地誠一〕

別時作法問答【べつじさほうもんどう】[時] 一巻。知蓮（一四五九—一五一三）述。明応六—永正一〇（一四九七—一五一三）年ごろ成立。別に『時衆別時記』ともいう。歳末別時念仏会について三五項の問答を設け、道場の荘厳、行事、意義などについて詳細に解説。写本は京都円山安養寺、藤沢時宗宗学林にある。〔所載〕定時宗下、時宗叢書（一遍義集付録、訓読）。〔橘　俊道〕

別時念仏励声記【べつじねんぶつれいしょうき】[時] 一巻。一法（一六六四—一七二五）撰。享保六—一〇（一七二一—二五）年ころ成立。歳末別時念仏会の概略を記述。期間の七日のいわれ、念々臨終念々往生、臨終平生無二無別の宗義を説く。さらに報土、後灯等の道場荘厳の意義、阿弥衣、片切念仏、十二光箱、滅灯等の用具や儀式の解説をしている。原本はないが写本が時宗宗学林にある。〔所載〕定時宗下。〔橘　俊道〕

別尊雑記【べつそんざっき】[真] 五七巻。心覚（一一一七—八〇）撰。成立年代は仁和寺本の各巻とも奥書を欠き、決定的なことはいえないが、巻一四『請雨経』の裏書に承安二（一一七二）の年記がみえ、また東寺観智院金剛蔵本に応保二（一一六二）の年記がみえるので、このころ編集中であった。『五十巻鈔』『別尊類聚鈔』『要尊雑記』ともいう。編集方針は『図像抄』と同じく、⑴如来部、⑵仏頂部、⑶諸経部、⑷観音部、⑸菩薩部、⑹忿怒部、⑺天等（甲・乙）に諸尊を分類し、一二一尊法を収録する。各尊法について、兼意の『成蓮鈔』二〇巻、寛助の『別行鈔』七巻、恵什の『図像抄』一〇巻、実運の『秘蔵金宝鈔』一〇巻、『諸尊要抄』一五巻、『玄秘抄』四巻から、先行の四師の説を引用し、さらに注や裏書で本文を補足したり、自説を加えている。掲する図像は『図像抄』の掲図を基本としているが、異図の収集にもつとめ、『図像抄』の掲図が一四二であるのに対して、三〇九図に上る。四師の説を引用しているので、記述の項目に統一を欠くが、図像は『図像抄』の引用文のあとに載せ、図像抄にあける経軌の説文と図像の不一致を異図を加えることにより解決している。心覚はもと天台宗三井（園城寺）の僧であった関係から天台宗の図像を見ることができたのであろう。東密、台密にわたる図像が収録されている。原本は仁和寺心蓮院蔵があるが、五七巻中二二巻は後補。〔所載〕正蔵（図像部3）。

〔清水　乞〕

辺鄙以知吾【へびいちご】臨　二巻二冊。白隠慧鶴（一六八五―一七六八）著。宝暦四（一七五四）年撰述、刊行。文久二（一八六二）年再版。白隠は近世日本臨済宗の中興の祖と称される。書名の「へびいちご」は蘭菊のごとき薫りもなく、漢方の薬効もないつまらぬ草の名で、それを用いてつまらぬ書きものという意を表している。副題に「何某の国何城の大主何姓何某侯の閣下近侍の需に応ぜし草稿」とあり、さるところの大名に与えた手紙の草稿ともいうべきもので、その大名が白隠を信奉した岡山の池田継政であることは、文中「国清練若」（池田家菩提寺）の寺名が見えることにより明らかである。白隠はおよそ大名たるものは、修養と倹約を旨として身辺をつつしみ、諸衆を撫育せねばならぬと、政治を行う者の心得を、和漢古今の例を挙げて細述し、治国の要道を示すとともに、『延命十句観音経』の読誦と、死の字に参究すべきことを説く。しかしこの書が幕府の忌諱に触れて禁書となっていることは案外知られていない。おそらく「百石の所領にして千石の羽振をなし、千石の所領にして万石の威勢を張り、武士にも似合ぬ綾羅絹布を目ざましく着かざり、男女室に在るは人の大倫なりとて、一人にてすむべき妻女を五人も召しかかへ（中略）、益なき銭財を費し尽し、領内の百姓を非道にむさぼり掠め苦るしめ」というような政治批判が禁書の理由となったものと思われる。〔所載〕白隠全9。

〔加藤正俊〕

宀一山記【べんいちさんき】真　著者不明。融円の書写が正平八（一三五三）年とあり、全体の成立は鎌倉末とされる。『宀一秘記甲』『宀一山秘事』ともいう。宀一山（宀一は室生の二字のウ冠と生の終画をもって、その秘号とする）すなわち室生寺の縁起。本所が霊地であり、真言の根本道場として、空海以来、東寺長者がその経営に務めたこと、竜穴のこと等を記す。建長六年平等寺草本（西田長男氏蔵）あり。〔所載〕続群書27、仏全85。

〔松丸俊明〕

遍口鈔【へんくしょう】真　六巻。成賢（一一六二―一二三一）口、道教（一二〇〇―三六）記。天福元（一二三三）年成立。『秘密口伝鈔』ともいう。成賢は勝賢の甥にしてその付法であり、醍醐山座主となる。成賢には多くの弟子があるうち、道教はその瀉瓶であり、三宝院流の末流である地蔵院流の開祖となる。本書は道教が成賢より受けた諸口決九一条を記したもので、地蔵院流に主としてもちい、唯授一人嫡嫡相承の重書とする。内容は、雨言法部主事、雨言法二字観事、如意輪法秘密事、彗星御祈用心事、五古独古事、遍智院護摩堂事、同院潅頂堂事、同壇潅頂事、金剛薬叉法事、弁供事、供養事、阿弥陀法事、金輪真言読加孔雀明王真言事、片壇作法事、後夜念誦事、仏眼法事、授印可事、転法輪法事、如法尊勝事、如法云事、後七日事、御斎会御本尊事、不動法九徹事、火界呪事、銀銭事、不潅鈴事、一法界事、仁王経法事、毘沙門法事、北斗法事、聖天供事、炎魔天供事、天等供法施事、童子経書写事、雨言法事、普賢延命法事、六字曼荼羅事、如意宝珠事、指量事、転法輪法事、華箭事、愛染法用別護摩壇事、結縁潅頂大阿闍梨作法事、無言行道事、胎蔵五輪成身事、九重阿字観事、字輪観事、三部潅頂事、光明真言加句事、辟蛇法事、奥砂子平法事、宀一山事、土心水師事、竹木目事、精進峯事、北斗法用八葉印事、尊星王閣事、四葉華印事、両界十八道等授弟子事、初心弟子可授法年齢事、潅頂道具臂釧事、護摩加持物事、潅頂道具片供事、結界明王事、本命日星供事、北斗総印相当七星等事、星供誦如炎摩天真言事、愛染事、持彼事、一肘観事、人形杵事、又愛染事、愛染染愛事、愛染形像事、不動法本尊加持事、救蛇苦経法事、乳木付法事、駄都法事、後七日法事、六字法事、尊勝曼荼羅事、後七日持香水事、蠟燭作法様事、星供幡作事、須事、大元法事、須秘口決事、そして建久七年六月一一日より一四日にうけた潅頂・血脈に関する口決四条を収める。写本を谷大、京大、高大、正大、高野金剛三昧院、高野三宝院、高野持明院、高野真別処、高野宝亀院、真福寺等に蔵す。〔所載〕正蔵78。

〔苫米地誠一〕

辯顕密二教論【べんけんみつにきょうろん】真　二巻。空海（七七四―八三五）著。成立年代は明確でないが、先学諸師の研究によると、弘仁六（八一五）年四月二日に書かれた『性霊集補闕抄』巻九の「諸の有縁の衆を勧めて秘密蔵の法を写し奉るべき文」が、顕教に対する密教を種々な角度から明らかにしたもので、その内容が本書と酷似していることから、おそらく弘仁六年前後の成立、すなわち空海の数多くの著作の中で比較的前期に属するものと推定される。本書は『顕密二教論』あるいは単に『二教論』ともいう。空海は真言宗の開祖でインド伝来の正統密教を日本に伝え、漢詩文にすぐれ、書は日本三筆の一人で在唐中に得た諸の知識をもって日本文化の形式に多大な寄与をした。

内容は六経三論等を典拠として顕教に対する密教の特色を四つに分けて述べている。六経とは(1)不空訳『五秘密儀軌』一巻、(2)金剛智訳『瑜祇（ゆぎ）経』二巻、(3)不空訳『分別聖位経』一巻、(4)善無畏訳『大日経』七巻、(5)菩提流支（ぼだいるし）訳『入楞伽経』一〇巻、(6)不空訳『金剛頂大教王経』三巻のことであり、他に『六波羅蜜教』『守護経』などの文が引用されている。三論は⑴不空訳『菩提心論』一巻、⑵羅什訳『大智度論』一〇〇巻、⑶筏提摩多（ばつだいまた）訳『釈摩訶衍論』一〇巻のことで、これらのほか『十地論』『般若燈論』などを引用している。

次に四つの特色とは⑴法身の説法であること―顕教では諸仏の説法は報身または応身においてなされると説き、法身仏は仏の自内証そのものであるから説法せずと説くのが通例である。しかし密教では宇宙の真理にめざめたものには現実世界すべてが絶対の真理であり、その働きが法身大日如来の説法であると考える。⑵絶対の世界を説くことが可能であること―顕教では現実の世界について説くことはできるが、絶対の世界は、言語・文字等を越えた、いわゆる「言語道・断」の体験の境地であるから説くことはできないとするが、密教では特定の言語・文字・特種の手態などを象徴として可能であるとの見方をする。⑶成仏が速いこと―顕教では三阿僧祇百劫という長い期間修行しなければ成仏できないとするが、密教ではこの身このままで成仏することが可能であると説く（――→即身成仏義）。⑷教えの利益が勝れていること―顕教では救われないような重い罪障を犯したものでも、密教では陀羅尼の功徳によって速やかに救われる。これが密教の教えの利益がすぐれている点である、と説示されている。

本書は上述のように顕教に対する密教の特色を整理して、それらを明らかにするために著わされた教相判釈書の一である。空海の主著の一である『秘密曼荼羅十住心論』を縦の教判とすれば本書は横の教判に当る。

注釈書の主なものは済暹・弁顕密二教論懸鏡抄（六巻）、頼瑜・弁顕密二教論指光鈔（五巻）、宥快・弁顕密二教鈔（三〇巻）、同・弁顕密二教論興国鈔（五巻）などがある。〔所載〕弘全1、正蔵77、真全25、十巻章。〔祖父江章子〕

弁顕密二教論懸鏡抄【べんけんみつにきょうろんけんきょうしょう】真　六巻。済暹（一〇二五―一一一五）撰。『顕密二教論懸鏡抄』『懸鏡抄』とも称す。済暹は、空海の没後、事相のみにたより、省みられることなく衰退していた東密の教相（教理的研究）を復興させた初めての学匠で、散逸しかかっていた空海の著作の蒐集にもつとめて、多くの注釈をつくった。本書は空海の『弁顕密二教論』に対する最初の注釈であり、それ以降の『二教論』研究の指針となった。初めに来意を弁じ、次に題目を解釈し、第三に本文を消釈する。その本文を消釈する初めに『二教論』の科段を示しているが、それによると、序分、流通分を欠いて正宗分のみであり、全体を五分し、大門第一総標綱要分、大門第二総釈開宗分、大門第三略示証説成義分、大門第四広説問答料簡分、大門第五問答決疑成宗分とし、さらにそのうち、大門第四を五分して、⑴徴問総標証説分、⑵勧進依証信解分、⑶示説顕密優劣分、⑷問答決疑顕義分、⑸依請広示証説成義分とし、またさらに⑷問答決疑顕義分に六重問答を分け、⑸依請広示証説成義分を総挙請問分と広示証説成義分との二つに分けている。本書は典拠となる経論を綿密に示し、諸注釈書中では学問的に価値の高い、参考に資すべきもののひとつといえよう。〔所載〕正蔵77。〔苫米地誠一〕

弁御消息集【べんごしょうそくしゅう】浄　一巻。了祥（一七八八―一八四二）著。成立年代不明。大谷派の学僧で深励の門人である了祥が『親鸞聖人御消息集』について評弁したものである。ただし、『御消息集』のすべての文についての評弁ではなく、若干の文についてのものである。内容は漢語燈録御消息集対検で親鸞の一念多念の真義を明らかにし、再詳不審章で関東の教団の動向を考察し、再詳弥陀経義集等において、源空の著作の真偽を論じている。〔所載〕新真大別巻5。〔岩崎豊文〕

遍照発揮性霊集【へんじょうほっきしょうりょうしゅう、またはへんじょうはっきせいれいしゅう】真　空海（七七四―八三五）著。承和二（八三五）年撰か？　別に『性霊集』ともいう。空海生涯の詩文の集大成。空海が本名のままで、あるいは他者の依頼に従い、そのひとの名において発表した詩文合計一一〇を編纂している。この多数の作品は、『経国集』の中の空海の作品と併せて空海の全詩文の、現存する限りの集大成となる。換言すれば、『性霊集』には『経国集』所載の空海の作品七首は載せていないのであって、これによって、『性霊集』は『経国集』の編年である天長四（八二七）年以後に、本書が編纂されたことを物語る。これらにより、本書の編年は、先に掲げたごとく、空海入寂の年たる承和二年説と、右の天長四年説を含めて空海晩年の編とされる説とが行われている。

空海の全生涯に亙る詩文といっても、本書に収載する詩文は、年次のはっきりしているものは、延暦二三（七〇四）年のものがもっとも古く（第三八、為大使与福州観察使書）、ほかも、大同四（八〇九、第一九）年、弘仁元（八一〇、第二〇）年、弘仁七（八一六、第三六）年等々、いずれも唐より帰朝したのちのもので、その他も、天長（八二四―三三）、承和（八三四―三五）等、最晩年の作品がほとんどを占めている。したがって本書は、正確には「空海晩年の諸作品集」ということになろう。

本書は空海の作品のみで成り立つ書物である――ただし、第九三番のみは例外で、これは第九二番に対する勅答――が、編者は空海ではない。空海の十大弟子の筆頭で、天安元（八五七）年、空海に大僧正位を追贈することに成功した真済（八〇〇―六〇）の撰である。本書は、はじめ全一〇巻の構成で世に出たものであったが、いつのころからか、また、いかなる理由によるかは不明であるが、八・九・一〇の三巻は散逸してしまった。これを惜しんだ後年の、空海の法脈に立つ仁和寺の済暹（一〇二五―一一一五）は承暦三（一〇七九）年、博捜して空海の詩文を蒐め、『補闕抄』第八巻、第九巻、第一〇巻とし、形として当初の全一〇巻に整えることができた。これが今日の『性霊集』全一〇巻である。ただし、この補闕集によって、原初のものをどれだけ蒐めえたかは不明である。原初にあっては、詩文のみでなく、『高野雑筆集』『発揮拾遺篇』に収載されているごとき書翰・消息の類も入っていたのではないかとも見られている（渡辺照宏、宮坂宥勝）。

本書の内容をなす詩文は、空海と親交のあった嵯峨・淳和両帝をはじめ諸親王・高官・高僧との書簡、その他各種願文・達嚫文、献上の詩文・碑銘等。書・啓・状・啓白文等を順次編集し、最後に詩や讃を収め、最後には有名な「九想詩」を収めている。真言宗徒のみならず、古来詩文家・文人・学者に珍重されている。〔所載〕弘全3、岩波古文大71。

〔金岡秀友〕

弁諸神本懐集【べんしょじんほんがいしゅう】浄真 一巻。了祥（一七八八—一八四二）記。成立年代不明。了祥は大谷派の学僧。存覚の『諸神本懐集』について、制作考覈、本文簡弁、山王七社の事、竈門の事、五所同体の事、少守御前の事、素盞鳴神親の事、八幡の事、稲荷のこと、権実邪正分別の一〇章に分けて論述したものであるが、歴史的考証を重んじる学風がうかがえる。〔所載〕真大27。—→諸神本懐集

〔小山一行〕

弁檀越浄【べんだんおつじょう】南 一巻。慧淑（—一七一四—）。宝永年間（一七〇四—一一〇）の著作であろう。慧淑は野中寺第六代和上、湛堂律師と称し、江州安養寺の戒山慧堅（一六四九—一七〇四）の弟子。戒律関係の著作が多い。本書は檀越浄について弁じたもの。戒律によって僧は与えられた食物を貯蔵し所有することは許されないが、僧の餓えることを避けるため、四種の例外規定が設けられていた。檀越浄はその一つで、食物または貯蔵場所が俗人のものであれば許されることである。寺においても俗人のものであればよいとのことについて、使用人の手によって受ければよいといわれているが、慧淑は施しを受けるごとに已が物にあらずと観ぜよ、という。〔所載〕日蔵36。

〔田村晃祐〕

弁道法語【べんどうほうご】曹 一巻。天桂伝尊（一六四八—一七三五）。成立年代不明。別に『天桂老人弁道法語』ともいう。正式には『摂之退蔵峰天桂老人弁道語句』という。本書は、われわれの心のほかに仏はなく、仏のほかに心はないことを知ることが必要であって、断ずべき煩悩、得べき悟りもないことがわかりやすく説き示されている仮名法語である。〔所載〕洞法語坤。

〔伊藤秀憲〕

辨惑指南【べんわくしなん】真 四巻。浄厳（一六三九—一七〇二）撰。元禄四（一六九一）年刊。浄厳は江戸湯島の霊雲寺開祖、新安流祖、梵学を復興し、名著に富む百部余の著作を撰した真言の巨匠。本書は、巻一・二に密教の基礎と、一七条からなる顕教大乗諸宗の説との対比を釈し、巻三には覚鑁の『顕密不同頌』を注釈し、巻四には同師の『五輪九字秘密釈』中の顕密不同の文を注釈して顕密二教の相違を詳説している。他本との合本として明治二七年に刊行され、国会・正大他に現存。

〔松丸俊明〕

ほ

蒲庵稿【ほあんこう】臨 一巻。古渓宗陳（一五三二—九七）撰。慶長一三（一六〇八）年刊。京都大徳寺真珠庵本と写本、東史料本一冊（京都大徳寺塔頭芳春院本）とがある。版本としては、享保四（一七一九）年刊。二巻一冊京大図書館所蔵。古渓は臨済宗の人。古渓自ら蒲庵と号していた。越前の人。笑嶺宗訢の法嗣であり天正元（一五七三）年大徳寺に住し、総見院の開山となる。常楽庵、大光院に住する。当時の政治の動きを知るのに貴重な史料である。

〔吉瀬勝〕

報恩院口決【ほうおんいんくけつ】真—→幸心院口決【こうしんいんくけつ】

報恩記【ほうおんき】浄真 一巻または二巻。存覚（一二九〇—一三七三）著。成立年代は明記されていないが『存覚一期記』には暦応元（一三三八）年の条に「仮名報恩記一帖を作る」とある。元禄四（一六九一）年刊本は二巻に分けている。存覚は親鸞の曽孫、覚如の長子。本書の内容はまず「孝養父母は百行の本なり。内典にも外典にもこれをすゝむ。報恩謝徳は衆善のみなものとなり。たふときもいやしきもこれをおもふ。生けるときには孝順をさきとして養育のちからをはげますべし。死せん後には追善を本として報恩のつとめをいたすべし」とのべ、『孝経』等の外典をはじめ『観無量寿経』等二十余りの経論釈を引いて、孝養父母が三福のひとつであって三世諸仏の浄業の正因であると説く。次に同じく三福のひとつとして、奉事師長について同様にひろく典籍を引用して孝行を強調する。師長については世俗の学恩のみならず、観音、勢至、聖徳太子等、仏法習学の師恩に及び、生死出離の世間の世間道としての報恩を語り、死後の報恩については「追善のつとめには念仏第一なり」と説きながら、最後に念仏三昧は大道の指南、黒闇の灯燭であると結ぶ。随他方便してついに真宗義に誘引せんとする説き方のなかに、存覚の化風の特色がうかがえる。元禄四年刊本、谷大、竜大蔵。恵空伝写本、谷大蔵。〔所載〕真聖全3。

〔小山一行〕

法苑義鏡【ほうおんぎきょう】南 六巻。善珠（七二三—九七）。法相宗第四伝の祖玄昉の弟子、奈良時代を代表するすぐれた唯識、因明の学僧。秋篠寺を開創、秋篠の善珠と呼ばれる。『成唯識論了義灯増明記』『唯識分量決』など多数の著作がある。本書は、法相宗祖基（六三二—八二）が宗義を宣揚しようとした『大乗法苑義林章』の注釈書である。基は百本の疏主といわれるように多数の経論の注釈を著わしたが、みずから宗義を論述したのは『法苑義林章』ただ一つの

みであった。したがって、法相宗の学徒からは非常に尊重されたのであった。『義林章』は七巻二九章からなるが、本書はそのうち、六章について実にていねいな注釈を施している。すなわち、第一巻では五心章を扱い、率爾心、尋求心、決定心、染浄心、等流心について釈し、第二巻では諸乗義林を扱い、一乗、二乗、三乗、四乗、五乗等を釈し、第三巻では二諦義を扱い、世俗諦、勝義諦の二諦について釈し、第四巻では断障章を扱い煩悩障、所知障とその断滅を釈し、第五巻では大種造色章を扱い、地、水、火、風の四大種についての諸部派の学説を釈し、第六巻では表無表章を扱い、表業、無表業について釈している。注釈にあたっては、多くの論典、末注を引用しているが、その範囲はひろく、慧遠、円測、太賢、元暁、神廓、玄範、順憬等善珠の視野の大きさをうかがわせる。のちの『義林章』研究の先駆となる重要な著作である。〔所載〕日蔵（法相宗章疏1）。〔太田久紀〕

報恩記講述【ほうおんきこうじゅつ】浄真 一巻。竜温（一八〇〇—八五）述。明治二（一八六九）年成立。別に『報恩記講義』『報恩記講録』『報恩記随聞記』ともいう。竜温は大谷派第一五代講師。存覚の『報恩記』について、大阪難波別院において講述したもの。内容は興由、大意、体裁、題目、本文の五門を立てて解釈している。〔所載〕真大28。→報恩記 〔小山一行〕

報恩記殿中講話【ほうおんきでんちゅうこうわ】浄真 三巻。南渓（一七八三〈九〇〉—一八七三）述。成立年代不明。別に『報恩記講話』ともいう。南渓は本願寺派の学僧。本書は宗主の命を受けて殿中で存覚の『報恩記』を講じたもの。〔所載〕真宗全46。→報恩記 〔小山一行〕

報恩講式【ほうおんこうしき】浄真 一巻。覚如（一二七〇—一三五一）著。永仁二（一二九四）年成立。一説に正応五（一二九二）年以後永仁三（一二九五）年以前の三年間とするものもある。別に『報恩講私記』といい、たんに『式文』ともいわれる。覚如は本願寺の第三世にして親鸞の曽孫。童名は光仙、諱を宗昭、別号を毫摂という。生涯を通じて親鸞の大谷廟堂の寺院化を企て、本願寺を中心に真宗教団を統一、組織化しようとし、三代伝持の血脈を主張し、血統と法統との両者を踏まえた教団統率者として、親鸞の教学を明らかにし宣揚することに努めた。

本書は親鸞の忌日に行う講会の勤式作法を記したものであり、真宗において親鸞の御正忌を報恩講と称するのは本書に始まる。『慕帰絵詞』巻五「将又往年にや報恩講式といへるを作せり。是も祖師聖人を歎徳し奉れば、遷化の日は月々の例事としていまもかならず一座を儲て三段を演るものなり」といわれ、『最須敬重絵詞』巻七「本願寺聖人の化導の始終を記せられたる一巻の式文あり、報恩講式となづく。本所の例事として毎月の御忌に勤行せられ、当流の聖典に加て諸国の道場にこれを安置す」ともいわれるように当初は月々の忌日に営まれていたことがわかる。

内容は惣礼、三礼、如来唄、表白、廻向より成り、表白は、(1)真宗興行の徳を讃ず、(2)本願相応の徳を嘆ず、(3)滅後利益の徳を述す、の三項に分けられる。(1)では、叡山時代の修学のこと、宿因多幸にして源空に謁し浄土の一宗を授けられ、念仏の一行を示されたこと、聖道難行の門をさしおいて浄土易行の道に帰し、西土の教文をひろめるため東関に教化したこと。このような他力真宗の興行こそは親鸞によるゆえ、師恩を報ずべきであるとのべている。(2)では、念仏修行の人は多いが専修専念の輩はまれである。しかし親鸞こそは人びとにもっぱら他力易行の要路を示し、ひとえに善悪凡夫の生因を明らかにしたことをのべ、善導の『観経定善義』の文や『往生礼讃』の「大悲伝普化、真成報仏恩」の文を引いて、親鸞が本願の名号を流行して衆機の往益を助成することは仏の本願のこころに相応するものであるという。悪時悪世界の今、親鸞の勧化を受けずしていかに無上の大利をうることができようかと示している。(3)では、親鸞入滅して久しいにもかかわらず廟堂に往詣するもの絶えることなく、万人多く真宗に帰し、教えは遺弟によってひろめられますます繁盛をきわめているとのべるとともに親鸞を「弥陀如来の応現と称し、また曇鸞和尚の後身とも号す」と鑽仰している。現存古写本として応仁二（一四六八）年蓮如書写本（大谷派本願寺蔵）が存す。延書本として蓮如の自筆本（本願寺派本願寺蔵）が存するが『嘆徳文』と同綴になっている。〔末注〕大含・報恩講式講義。〔所載〕浄土真宗聖典、真聖全3、親全4、真宗史料集成1、講座親鸞の思想8・9。〔新作博明〕

報恩講式講義【ほうおんこうしきこうぎ】浄真 二巻。大含（一七七三—一八五〇）説。成立年代不明。大含は大谷派第九代講師。本書は覚如の『報恩講式』を講義したものである。『報恩講式』は報恩謝徳のために親鸞の在世、滅後の徳を讃歎し、他力の信心を道俗四輩に勧化する自信教人信の宝典であるといって、(1)興由、(2)題号、(3)本文、の三段に分かち、(1)を総別に分け、総は自信教人信報恩謝徳のためであり、別は勤行の法に具えるためという。次に題号、本文を詳釈している。〔所載〕真大31。→報恩講式 〔新作博明〕

報恩抄【ほうおんしょう】日 二巻。日蓮（一二二二—八二）撰。建治二（一二七六）年七月二一日身延山において執筆。真蹟は二紙二七行が池上の本門寺に所蔵されているほか、断片が山梨県妙了寺、高知県要法寺、東京本通寺、京都本満寺等に散在している。身延山の二一世日乾によって記された『御書目録』によると、かつては四巻二九紙からなる真蹟が、久遠寺に所蔵されていたことがわかる。ただし、上記の断片等は、なんらかの理由で欠けていたため、明治八年の久遠寺火災からまぬがれることができた。写本には日乾の真蹟対照本が、京都の本満寺に現存している。

本書は、日蓮が幼少のみぎり、清澄寺へ登って最初に仕えた旧師たる道善房が死去されたことを知り、本来ならば、ただちに山を下って墓参すべきところであるが、ともかく本書を述作し、奉送して墓前で読み上げさせられたのであった。道善房がいつ死去されたかは明確でないが、「去る月」と『送文』にあり、『本化別頭仏祖統紀』等には、三月一六日とあり、『御書略註』によれば六月一四日としている。いずれにしても道善房への報恩をこめ、知恩報恩の大事を記されたもので、身延におけるもっとも代表的著作の一つとして、古来、五大部のひとつに数えられている。

まず始めに、老狐、白亀等畜生でさえも、恩を報ずるのであるから、人倫はいうまでもなく知恩報恩すべきことの大事をあげ、「父母、師匠、国恩をわするべしや。此の大恩をほうぜんには必ず仏法をならひきはめ、智者とならで叶ふべきか」とのべている。しかし、日蓮のいう真の報恩というのは、世間一般でいうところの世俗的報恩ではなく、出世間の立場でいう真実報恩であり、成仏するための救済活動のなかに、まことの報恩があると考えたのであった。したがって真実の教えは何か、成仏のための道はどれか、を究明することが肝心であり、選び出された最高の教えによって、すべての衆生が救済されるのであることを強調している。すなわち『法華経』によってのみ、一切衆生の成仏が認められることを明らかにし、すべての目標を成仏にしぼって論じているのである。このため、ときには父母、師匠の心にそむくようなことになる場合もありうるとし、悉達太子が父王に背いて出家し、その結果悟りを開いて、三界第一の孝となった例をあげている。さらに、仏一代の聖教を学び、真実の経典について、『法華経』によらなくては、まことの成仏もありえず、したがって真実の報恩もありえないことを論述している。この道理をわきまえない人びとのために謗法者を呵責し、折伏行を修してゆく必要性を説き、日蓮自身が忍難弘経の道を進んできたことを明らかにしている。

一切の恩のなかでも、三宝の恩をもっとも重いものとし、日蓮の生涯は「父母、師匠、三宝、国恩を報ぜんがため」であったことをのべ、とくに日蓮教学の根幹をなす三大秘法を明確にして、しめくくっている。〔所載〕定日遺2。

〔上田本昌〕

宝覚禅師語録【ほうかくぜんじごろく】臨　一巻。東山湛照（一二三一—九一）述。成立年代不明。別に『三聖開山慧日第二世宝覚禅師語録』『東山和尚語録』ともいう。円爾弁円の法嗣で三聖寺を開創した東山の語要を集めたもので、弘安四（一二八一）年二月二七日三聖寺晋山法語、上堂語、小参、偈頌、祭文、自賛等を収める。京大、東京料、成簣（室町中期）等に写本がある。〔所載〕正蔵80。

〔西尾賢隆〕

宝鑑録【ほうかんろく】臨　三巻。愚堂東寔（一五七七—一六六一）撰。豊玉・玄永輯編。祖寧考訂。寛政九（一七九七）年刊。詳しくは『大円宝鑑国師語録』という。巻首に宸翰、院宣、巻上に再住正法山妙心寺語、同三、同四住語、正法山入牌祖堂語、点眼、賛辞、自賛、道号、仏事を、巻中に禁中入室語、対御、偈頌、法語、銘詞、薦抜、雑著を、巻下に薦亡、行録、伝記、跋を収めている。〔所蔵〕禅文研。—→愚堂和尚語録

〔鷲阪宗演〕

宝篋印陀羅尼伝来記【ほうきょういんだらにでんらいき】真　一巻。康保二（九六五）年、道喜述記。『宝篋印陀羅尼経』には無量の功徳が収められているとのことから、これを書写して塔中に納めた宝篋印塔造立の信仰が、わが国に流布するにいたる経緯をのべる。天慶九（九四六）年入唐の日延が中国よりこの塔を持ち帰り、応和元（九六一）年に道喜がこの塔をえたという。〔所載〕仏全116（遊方伝4）。

〔吉崎一美〕

宝慶記【ほうきょうき】曹　一巻。永平道元（一二〇〇—五三）録。孤雲懐奘（一一九八—一二八〇）編。寛延三（一七五〇）年刊。南宋・宝慶元（一二二五）年夏道元は、前年の秋、天童山景徳寺に晋住した長翁如浄（一一六三—一二二八）の膝下に投ずる。本書は、「老僧は親父の無礼を恕すに一如せん」という如浄の許しを得て、時候にかかわらず、威儀を具せず、頻頻として方丈に上り、道を問い法を問うた道元が、その問いと、これに対する如浄の示教や折に触れての慈誨等を、逐一記録した参学の備忘である。道元が如浄に提出した問法の許可を仰ぐ書面と、これに応じた如浄の答書が巻首に掲げられ、次で宝慶元年七月二日における、「教外別伝にして而も祖師西来の大意と為すは、その意如何」という参問から本書は始まっている。道元は、建長五（一二五三）年八月二八日入滅するが、この歳、一二月一〇日、高弟孤雲懐奘が道元の遺書の中からこれを発見し、一巻にまとめて浄書した。懐奘はその末尾に、「之を草し始めしも、なお余残あるものか。恨むらくは功を終えず、悲涙千万端なり」（原漢文）と記している。これによってみれば本書は、文字どおり参学のメモとして、不統一に記録保存されていたのであり、始めから一本にまとめられてはいなかったようである。このことから本書の原資料は、どこまでも道元自身における若き日の参学の手控えであり、これを他人に披見せしむべき意図を、持ってはいなかったもののごとく思われる。懐奘筆写の原本は、現在、愛知県豊橋市の全久院に秘蔵されており、末尾に、永平寺五世の義雲（一二五三—一三三三）が正安元（一二九九）年一一月二三日、大野の宝慶寺（現・福井県大野市）において、初めてこの書を拝見したという識語が載せられている。本書には、初め宝慶寺に伝わり、次第して全久院に秘蔵されている全久院本の他に、寒巌義尹（一二一七—一三〇〇）の筆写したもの（寒巌本）や、さらにこれを筆写した大智（一二八九—一三六六）の手沢本（大智

本）等があり、また、義雲の系統に属する宝慶寺本（現在散逸）等の古写本がある。江戸中期の学匠面山瑞方（一六八三―一七六九）は、元禄一一（一六九八）年一六歳の時、親教師である肥後流長院（現・熊本市）の遼雲古峰（一六五二―一七〇五）より大智本を筆写したものを授けられたが、約五〇年の後、道元の五百年忌を記念してこれを開版せんとした。すでに面山は、多くの類書を披見していたが、その写誤の多きを慨き、ついに宝慶寺本と考讎して跋を撰し、一万巻に限って印行することを述べ、梓に上せた。その後、面山の随身であた義璞朴衎は、京都において親しくこの版を承け、明和八（一七七一）年、京都三条沢屋五兵衛事島田氏より印行せしめた。これによって参禅学道の人は、以後、多大な恩恵と便益を与えられた。如浄の慈論は、後に道元によって超克せられてゆく点も存するが、それにもかかわらず本書は、如浄と道元の「道」に対する態度や、気脈の通じあった両者の、親しく濃やかな関係を叙べて余す所がない。〔所蔵〕愛知県全久寺、福井県永平寺、永福庵、京都市龍華院、熊本県広福寺、大慈寺、長野県広沢寺、島根県松源寺、静岡県最福寺、駒大図、国会図、岸沢文庫。〔所載〕正法蔵27（道元真蹟集）、曹全（宗源下）、岩波文庫、日蔵（宗典・曹洞1）、道元全上。 〔鈴木格禅〕

宝鏡三昧歌論【ほうきょうざんまいかろん】曹 面山瑞方（一六八三―一七六九）撰、天虚慧苗（？―一八〇三）等編。別名『宝鏡三昧吹唱＝附歌論』。本書は面山が洞山の『宝鏡三昧』について行った講義。頭首と本文中四カ所に「垂示」として提綱を掲げ、全文を三五節に分け、節ごとに「吹唱云」と冠して懇切な提議を行っている。なお巻首に『宝鏡三昧歌論』があり、書名・伝来等について覚範の所説を反駁している。〔所載〕続曹全（注解2）。 〔原田弘道〕

宝鏡三昧金鎞【ほうきょうざんまいこんぺい】曹 一巻。天桂伝尊（一六四八―一七三五）撰。享保六（一七二一）年刊行。『報恩編』三巻のうちの中巻。本書は洞山良价の『宝鏡三昧』を著者独自の識見をもって、古人の注釈にも批判を加えつつ宗趣発揮に努めている。享保本、延享元（一七四四）年の是正本、嘉永二（一八四九）年本等は漢文であったが、明治一八（一八八五）年本は著者の一五〇年忌に当たって大内青巒が演訳して和文体として刊行したものである。〔原田弘道〕

宝鏡三昧吹唱【ほうきょうざんまいすいしょう】曹 一巻。面山瑞方（一六八三―一七六九）撰。宝暦一二（一七六二）年刊。詳しくは『宝鏡三昧吹唱＝附歌論』という。洞山良价の『宝鏡三昧』を提唱したもので、『参同契吹唱』とともに洞上五位について委曲をつくしている。宝暦一二年、卍山の自序についで、同一一年の「洞山祖師宝鏡三昧歌論」を収し、『宝鏡三昧』は、正しくは『宝鏡三昧歌』と称すべきを主張、さらに漢文体をもって注釈（吹唱）している。本書に注釈を施した斧山玄鈯撰の『宝鏡三昧吹唱聞解』や『参同契宝鏡三昧吹唱事考』がある。〔所載〕続曹全（注解2）。――→宝鏡三昧・参同契吹唱 〔永井政之〕

宝鏡鈔【ほうきょうしょう】真 一巻。宥快（一三四五―一四一六）記。宥快は高野山教学の大成者で、同時代の長覚（一三四〇―一四一六）とともに真言宗教学史上重要な地位を占め、事相教相に通じ、著書もきわめて多い。内容は初めに真言密教のすぐれている点を述べ、弘法大師空海以後の系譜を記したのち、事相中の野沢諸流の相承を説き、次いで立川流が興った理由とその伝播の状態を示し、立川流が仏法をよく理解していない人たちを惑わす邪宗であることを明らかにしている。本書は中世において真言宗の各流に大なり小なりの影響を与えた立川流を衰えさせた一因ともなった書である。写本は文安六（一四四九）年高大蔵、安永七（一七七八）年谷大蔵などがある。刊本は明暦二（一六五六）年刊。〔所載〕正蔵77。〔参考〕諸宗章疏録3。 〔祖父江章子〕

宝慶由緒記【ほうきょうゆいしょき】曹 一巻。建綱（？―一四六九）撰。詳しくは『越前宝慶由緒記』。越前大野宝慶寺は、道元が中国留学中に天童山の如浄会下で同参であった寂円が、如浄滅後に来朝して道元に参じ、懐奘に法を嗣いでのち、開創した寺で、本書はこの宝慶寺開創の由来と、二世義雲、三世曇希のころまでの寺史を記したもので、宝慶寺開創縁起ならびに寂円派のまとまった記録としてはもっとも古い史料である。建綱は寂円の法孫（寂円派）で、宝慶寺一四世、永平寺の一三世住持。内容は、寂円の中国における事蹟、日本渡来と道元会下の参学、懐奘膝下における大悟の機縁、弘長元年の大野木本野奥銀椀峯下隠棲と、檀越となる伊自良氏真空沙弥との邂逅、宝慶寺開創、弘安元年の七堂伽藍建立、嫡子義雲の開堂、三代相論後の永平寺晋住と永平寺中興、曇希の永平寺継席からなる。宝慶寺はもとより、永平寺の初期僧団の動向をも伝える貴重な記録であり、三代相論の語の初出史料でもある。ただし末尾の「永平伝法第十二世兼宝慶伝法第十四世嗣祖比丘建綱為㆓後鑑㆒証記焉」という識語に見られる永平寺一二世という表記は、実際には永平寺に住持していない寂円派の祖寂円を永平寺三世として、永平寺における寂円派の伝統を確立しようとしたもので、本書成立の歴史的背景として、中世永平寺の衰退と法燈の乱れ、そしてこれを復興しようとする寂円派の対応が想定されている。〔所載〕曹洞宗古文書下。〔参考〕永平寺史。 〔石川力山〕

宝冊鈔【ほうさくしょう】真 一〇巻。杲宝（一三〇六―六二）口、賢宝（一三三二―九八）補。貞和六（一三五〇）成立。杲宝口、観宝記『[梵字]（アキシャ）鈔』第二、および第一より二〇の内容にもとづき、これを改訂増補して、真言宗所依の経論のうち主要なものについて、翻訳、相承の次第、請来などの概略を述べたもの。第一において『金剛頂経』、第二では『大日経』について論じ、以下第三で『蘇悉地経』、第四で『大日経供養法』、第五で『理趣経』『理趣釈』、第六で『般若心経』、第七で『菩提心論』『菩提心義』、第八で『釈摩訶衍論』、第九で『大日経疏』『大日経義釈』、第一〇で両部大経の結集者についてそれぞれ論じている。全篇にわたって、顕密の諸経論をはじめ、章疏、僧伝、経録、請来録などから弘く引用し、質疑に対して答釈を加えながら、各経論の概要を述べ、優劣を論じている。東寺観智院に貞和六（一三五〇）年写本を蔵す。〔所載〕正蔵77。　〔佐藤弘行〕

法事讃刊定記【ほうじさんかんじょうき】浄真　三巻（中・下巻は散失）。慧雲（一七三〇―八二）撰。明和九（一七七二）年成立。慧雲は本願寺派の学僧で、芸轍の祖。善導の『法事讃』の注釈。玄談として三門を設け、⑴縁由、⑵造意、⑶義例を説く。次いで、題号を釈したのち、本文の注釈に及んでいる。本書は明和九（一七七二）年四月の筆録であるが、本願寺の学僧、僧樸の説によりつつ、著者の見解が発揮されている。〔所載〕真宗全14。　〔山崎竜明〕

法事讃甄解【ほうじさんけんげ】浄真　七巻。（二巻）。僧樸（一七一九―六二）述。宝暦一二（一七六二）年成立。安永六（一七七六）年校刊。善導の『法事讃』の注釈である。まず、造意、題号の解釈、本文の正釈といった、三門に分別して注釈を試みている。また、宝暦一二年の安居における講説を筆記したものに『法事讃随聞記』（『法事讃講録』ともいう）六巻がある。竜大、谷大、宗大蔵。〔所載〕真宗叢6。　〔山崎竜明〕

法事讃私記【ほうじさんしき】浄　三巻。良忠（一一九九―一二八七）述。建治二（一二七六）年ごろ撰述されたと伝えられるが明らかではない。『法事讃記』ともいう。善導の『法事讃』を注釈したもの。著者然阿（ねんな）良忠は、浄土宗の第三祖として源空以来の専修念仏をひろめ、浄土宗の教学を大成した。数多い著作は総称して「報夢鈔五十余帖」と呼ばれ、良忠自身も記主禅師と尊称される。良忠は『法事讃』についての講義を、建長八（一二五六）年に下総の福岡西福寺においてすでに行っており、良聖の筆写による『法事讃聞書』の一部が、今日金沢文庫に伝わっている。このことは、良忠が本書述作の二〇年以前に、すでに『法事讃』に注目していたことが知られると同時に、善導の行儀分について早くから講義を行っていたことがわかる。内容についてみると、行儀分の諸注釈書の中でも特徴的なことは、善導の著作、いわゆる五部九巻の撰述の前後について述べていることである。それによれば、まず『観経疏』を最初とし、以下行儀分について、五種正行にもとづき『法事讃』『観念法門』『往生礼讃』『般舟讃』の順としている。次に題号を解釈し、以下本文のいちいちに注釈を加えている。本書の注釈書には、『法事讃私記見聞』（良栄）、『同』（聖聡）、『法事讃私記私鈔』（加祐）などがある。〔所載〕慶長一六年・宝永六年刊本、浄全4。　〔坂上雅翁〕

法事讃積学要義鈔【ほうじさんしゃくがくようぎしょう】浄　二巻。実信（一一七二―一二五九）著。成立年代不明。実信は下野国宇都宮城主、宇津宮弥三郎頼綱の出家した名で蓮生と号す。元久二（一二〇五）年熊谷直実のすすめによって出家、承元二（一二〇八）年源空の門に入り、承元三（一二〇九）年太子御綾に證空を訪ね、爾来四〇年師事する。この間、證空の当麻寺曼陀羅拝見に随う。また歌人としてもすぐれ、陸奥への随行の途中白河の関で『観経』欣浄縁を御詠したことは有名で、浄土教の旨趣を詠嘆した。実信は證空より法義の己証を授かり、『観経疏』五部九巻にわたって相承口訣の義を書きとどめているが（実導『西山上人縁起』）、現存するものは本書のみである。西山派においては證空の『法事讃観門義』が世に伝わらないためこれをもって補遺している。およそ、善導の『観経疏』は安心を説き、『法事讃』等の具疏は起行を勧めるものであるが、なかんずく『法事讃』二巻は読誦正行を明かし、転経の法事行法を明かしている。本鈔の冒頭に転読、転経、行道、法事を釈して経を読誦しつつ仏をめぐり奉りて仏と離れざる義の謂をねがって幾度かめぐり奉るといい、また読誦正行の行法として、これは一夜の行法にして『阿弥陀経』を転経し、念仏を策励する行法と定めたのである。さらに法事とは世事を捨てて仏事に成り還る意、讃とは経所説の名号を讃歎することであると、證空の思想をよく説述している。〔所載〕西全4。　〔堀本賢順〕

放生慈済法会【ほうじょうじさいほうえ】回　一巻。日輝（一八〇〇―五九）著。捕獲された魚鳥等生類を山野河海に放ち、生命を全うさせることによって善根を積もうとする放生会の指南書としたもので、式次第および式文が載せられている。日輝はことにこの法会に臨むものは、その放生の因縁を観ぜねばならぬと、一〇番の因縁の運想を説き、放生会行法を修すことを明かしている。〔所載〕充治園全集2。　〔松村寿巌〕

法然上人行状絵図【ほうねんしょうにんぎょうじょうえず】浄　四八巻。舜昌（一二五五―一三三五）撰。知恩院蔵、国宝。後伏見上皇の勅命により成ったと伝えられ、ゆえに『勅修御伝』『勅伝』といわれる。また全編二三五段（古説二三七段）・四八巻に及ぶ法然伝の決定版として、『四十八巻伝』とも称される。詞書と絵図とから成り、現存する絵詞伝としてはわが国最大のもの（全長五四八メートル）であるとともに、美術的にも絵巻物中の白眉といって過言ではない。

知恩院第八世如一は、源空門下就空の『法然上人伝法絵流通』にも、本願寺三世覚如の『拾遺古徳伝』にも知恩院の名が示されていないのを憂い、知恩院を中心とした法然伝を欲していた。折しも後伏見上皇の勅願によって法然別伝の作成を求められたところから、史才に秀でた弟子比叡山功徳院の舜昌を推してその責に任じ、吉水門下の旧伝を集めこれを編集せしめたのである。獅谷（鹿ケ谷）法然院の忍澂（一六四五―一七一一）の『御伝縁起』（『浄全』16）によれば、「法印つゝしみ承りて近代杜撰の濫述をば択びすて、たゞ門人旧記の実録をのみ取用て、類聚して編をなせり。しげきをかりては、要をあつめ、漢字を訳しては、和語となし見る人ごとに、尋やすくさとりやすからしむ。をよそ二百三十七段、段ごとに画図をあらはし、巻を四十八軸にとゝのへて、奏進せらる。上皇叡感かぎりなく、更に才臣に命じて、事実を校正し、文章を潤色せしめ、絵所に仰てくはしく丹青の相を成しめ給ふ」。こうして、徳治二（一三〇七）年から一〇年余を費して、正副二本が完成する。正本は官庫に納め、副本が知恩院に下賜されたのであるが、のちに舜昌が本伝編集の功により知恩院第九世となったとき、正本も知恩院に下されたところから、第一三世誓阿の代に、非常の災をおもんぱかり、副本を大和の当麻寺往生院（奥院）の宝蔵に移したのである。

正本の詞書の筆者について、『御伝縁起』には、後伏見上皇・後二条天皇・伏見法皇を挙げ、また能書の人びととして青蓮院尊円法親王、三条太政大臣実重公、姉小路済氏卿、世尊寺行尹卿、従四位定成卿の名を挙げ、それぞれの分担執筆の個所を明記している。絵については、『御伝縁起』ではただ絵所、絵師の旨をいうのみで実名にはふれていない。道恕筆の『行状絵図目録』等には、土佐吉光の全巻一筆説を記すが、寺伝によると、土佐吉光、土佐邦隆、姉小路長隆、土佐光顕、飛騨守惟久、土佐行光等の合作となっている。また往生院（奥院）本については、奥院文書に、詞書、伏見天皇第一巻、世尊寺行俊卿第八・第二〇巻、後伏見上皇余の四五巻、外題、尊円法親王、絵図、土佐吉光一筆と記されている。〔所載〕浄全16、法然上人伝全集、法然上人伝の成立史的研究。〔阿川文正〕

防非鈔【ぼうひしょう】時 一巻。解阿（生没年不詳）著。暦応四（一三四一）年成立。底本は安永四（一七七五）年刊（七条道場蔵版）。木版本で安永四年兵庫真光寺院代洞夫の序があり、遊行五三代尊如の命によって洞天が校訂。著者解阿は『往古過去帳』の「延文三年四月解阿」と思われる。解阿は時宗一二派の一派、解意派祖の観鏡をはじめ、解意派の本山常陸松原新善光寺の歴代の住職。延文三年は本書成立の一八年後である。本書は教団の風規紊乱の実状をおそれ、経論を引いて戒法を説き、殺生戒偸盗戒から始めて、一切女人に親近することを停止すべき事、一切女人と手を触れたり、互に物を渡したり、同席することを停止すべしとある。男女関係に限らず、着座次第その他諸般にわたって教団生活の規矩を定めたもので、時衆清規と称すべきものである。現在の時宗教団においては、円頓菩薩戒の相承が行われているが、教団発足当初からのものではないといわれている。しかし、厳然たる仏戒が念仏至上とともに存在したことも確かであり、只管念仏が厳しい生活規矩を生み、おのずから僧伽の法規ともなり、その内省が成文化されて本書の出現になったと思われる。〔所載〕仏全、定時宗。〔石岡信一〕

法服格正【ほうぶくかくしょう】曹 一巻。題簽は『法衣服正』とある。黙室良要（一七七五―一八三三）纂集。黙室は肥後天草の出身で、瑞岡珍牛に参侍し、宗乗を学んで嗣法す。永源寺二〇世、大光院鑑寺、慶雲軒（現在の大本山永平寺名古屋別院）二世、普門寺の法地開山である。梅檀林で『法華経』を講じ、慶雲軒においては『正法眼蔵』の提唱を行っており、近世眼蔵家のひとりにあげられている。本書は文政四（一八二一）年ころに著わされたもので、全久院二九世提宗元綱が大檀那から袈裟についての質問を受け、それに対して、黙室は珍牛、黄泉無著、寂室堅光ら宗門の碩学にただし、さらに、律は寛海豪潮に教示を受けて著わした。また、本書は玄透の提唱した古規復古運動を推進したもので、法衣の復古を主張するために、具体的な衣財、色、寸法、搭け方、裁縫などを明らかにしたものである。とくに、従来の袈裟研究のうえにたち『正法眼蔵』袈裟功徳、伝衣の二巻を中心とする道元の教えに基本をおいて説いており、しかも、漢字片仮名交り文で著わしているため理解しやすく曹洞宗の袈裟研究の集大成書と評価されている。自筆本は普門寺に所蔵するが、明治二九（一八九六）年には畔上楳仙の発願により、西有穆山の序と滝谷琢宗の跋を付した『洞上法服格正』が刊行されている。なお、注釈書としては、『法服格正入紙』『法服格正事考』などがある。〔所載〕続曹全（清規）。〔川口高風〕

法服正儀図会略釈【ほうぶくしょうぎずえりゃくしゃく】曹 一巻。祖道（?―一七六六―一七八六―?）撰。明和三（一七六六）年に撰述されたが、自序によれば、刊行は天明六（一七八六）年である。漢文体であり、慈雲飲光の『方服図儀』の編目次第による。法服の裁製方法を中心に、袈裟の正儀などを本格的に研究しており、黙室の『法服格正』を成立させる基本となった書といわれる。〔所載〕続曹全（清規）。〔川口高風〕

方服図儀【ほうふくずぎ】真 慈雲（一七一八―一八〇四）。これに広・略の二本がある。略本は上下二巻であり、広本は上中下の三巻本である。その内容は、袈裟衣の勧誡、勝徳、名義、制縁、正儀、証文、斥非、問答の八章に分って論述したものである。略本は印行されているが、広本は『全集』第一輯におさめられている。この書を注釈したものに『方服図儀科』『方服図儀玄談講解』『方服図儀講解』等がある。〔所載〕慈全1。〔福田亮成〕

宝物集【ほうぶつしゅう】通 諸本により、一・二・三・七巻と異なる。著者明記なし。成立年代不明。著者、成立年代について記録上明証はないが、平康頼作で治承三（一一七九）年以後数年間の成立とするのが通説。多くの異本が存し、現在七系統に分類されているが、諸本全体の系統論との関連のうえで作者、成立を考える必要がある。治承二年春、薩摩国の島から帰京し、東山に籠居中の作者が、天竺より伝来の釈迦像が天竺へ帰るとのうわさを聞き参詣する。そこで寺僧が隣の局の者に、この像の由来を語るのを聞くが、深更に及び宝物論となる。宝として隠蓑、打出の小槌、黄金、玉、子と順次に提示されるが、最後に声の少し訛った僧が仏法こそ生々世々の宝であると説く。すると若い女房がなぜに仏法が第一の宝であるかを尋ね、件の僧は諸行無常、六道輪廻の苦、人間八苦等のことを説き、さらにそれらを厭離し、成仏する道に一二門あることをのべる。すなわち、発菩提心、三宝帰依、持戒、諸の行業を積むこと、発願、業障懺悔、布施、観念、善知識、臨終正念、法華経修行、阿弥陀仏恭敬である。そして各門について例話、証歌をあげて詳しく説く。やがて後夜の勤行とともに僧はいずかたへともなく紛れて姿を消す。作者がこの話を書き留めたという形式をとっている。例話に天竺、震旦、本朝の発心譚、霊験譚、縁起譚が多数あることから説話資料として重宝がられ、『保元物語』『平家物語』『発心集』日蓮遺文などに影響を与えた。〔所載〕仏全147、仏全鈴91、続群書32下、古典文庫258・283。〔参考〕小泉弘・古鈔本宝物集＝研究編（昭48）。

〔清水宥聖〕

方便化身土章【ほうべんけしんどしょう】[浄真]　一巻。慧琳（一七一五―八九）撰。明和七（一七七〇）年成立。慧琳は大谷派第三代の講師。本書は、方便化身土について学説が一定しないことをうらんで書かれた小論。全体は(1)宗の所立を弁ず、(2)諸師の解を叙す、(3)その往因を分別す、(4)問答決疑の四に分けられる。(1)では、親鸞の『教行信証』化身土巻の要文を『六要鈔』を批判しつつ解説し、次の(2)諸師の解を叙べる項では、(イ)疑城胎宮の往生を三輩九品に摂するか摂しないか、(ロ)疑城胎宮と九品の土との異同、(ハ)疑城胎宮と懈慢国との異同、の三を明確にし、往因を分別する項では、疑城胎因は仏智を疑って善本を修習する者が生まれる処、懈慢界は諸の功徳を修し、定散二善や三福九品の諸善を廻向して往生を求める雑修執心不牢の人が生まれる処と定め、最後の問答決疑の項では、疑城胎宮と観経の含華とは異なるはずなのになぜ『定善義』は「疑惑を帯びて生ずれば華未だ開かず」というや、など九項目について問答する。〔所載〕真宗全56。――→顕浄土真実教行証文類

〔田中教照〕

方便品読不問答記録【ほうべんぼんどくふもんどうきろく】[日]　一巻。日満（一二七二―一三六〇）筆。建武元（一三三四）年成立。この年正月七日、富士大石寺（日蓮正宗）上蓮房において、重須日代と讃岐日仙との間に『法華経』の方便品読・不読の問答があったが、この書はその仙・代問答の記録である。その他に薩摩日叡の記録もあるが日満のこの書は日仙の負けと記し日代の側に立っている。〔所載〕日宗全2、富要6。

〔小野文珖〕

奉命演説記【ほうめいえんぜつき】[浄真]　一巻。功存（一七二〇―九六）述。天明三（一七八三）年成立。天明三年本山報恩講満座の翌日、対面所において法如、文如両門主出座のもとで、法談を仰せ付けられた本願寺派第六代能化の功存の演説を記述したものである。内容は領解文を安心、報謝、師徳、法度の四段に分けて解説し、真宗一流の肝腑、他力安心の骨目を明らかにしている。〔所載〕真宗全62。

〔岩崎豊文〕

法門可被申様之事【ほうもんもうさるべきようのこと】[日]　一篇。日蓮（一二二二―八二）著。文永六（一二六九）年成立。主師親三徳具足の釈尊と唯一真実の『法華経』にそむく浄土念仏の教えが謗法堕獄の業であると示し、禅、念仏の信仰がさかんな当時の叡山仏教をきびしく批判し、三位房の修学態度をさとして法華経の行者としての自覚をうながしている。そして謗法のさかんな日本の亡国の危機を説き、これを救うのは日蓮一人であると立正安国の旨を教示する。真筆を千葉県法華経寺蔵（重文）。〔所載〕定日遺。

〔小松邦彰〕

忘路集【ぼうろしゅう】[臨]　一巻。誠拙周樗（一七四五―一八二〇）著。天保九（一八三八）年刊。誠拙の詩集で、偈頌三三〇余首を収め、序は真浄元苗が誌し、跋は門人志毛井及時が付している。『誠拙和尚語録』との重複がみられる。『忘路集』には略本と広本の二本があり、略本は上梓されたが、広本は『虎頭巌集』（円覚寺仏日庵蔵、写本）と題し、その異本を『碧照集』（相模金井玉泉寺蔵、写本）と称す。

〔竹貫元勝〕

慕帰絵詞【ぼきえし】[浄真]　一〇巻。従覚（一二九五―一三六〇）作。観応二（一三五一）年成立。従覚は本願寺第三世覚如の次男で、存覚の弟。長兄存覚の義絶によって覚如を補佐する立場にあったが、本願寺歴代には入っていない。本書は門弟乗専の請により「帰寂を慕う」心によって制作された覚如の伝記絵巻『慕帰絵』に対する詞書である。原本は本派本願寺所蔵の重要文化財で、絵は第二・五・六・八巻が藤原隆章、第三・四・九・一〇巻が藤原隆昌の筆になる。第一巻と第七巻は紛失していたものを文明一四（一四八二）年に補写したもので藤原久信の筆。詞書は三条公忠、一条実材、六条有光等の筆になる。早くからその詞書のみが『慕帰絵詞』として独立して書写、刊行された。全一〇巻を二六段に分け、第一巻は覚如の生誕俗姓を記し、以下九巻までは覚如の行状、詠歌等を年次を追って記録し、第一〇巻には聖教述作、門弟列名、および入寂の次第についてのべる。『最須敬重絵詞』とともに覚如の伝記として知られる。〔所載〕真聖全3。

〔小山一行〕

慕帰絵詞人物考【ぼきえしじんぶつこう】[浄真]　一巻。性海（一六四四―一七二七）志事。明信（生没年不詳）後集。元文元（一七三六）年成立。性海と明信は本願寺派の学僧。本書は性海の志を継いで明信が編集したもので、『慕帰絵詞』に登場する五六人の人物について略解を記す。〔所載〕真宗全46。――→慕帰絵詞

〔小山一行〕

法華経音義補闕【ほけきょうおんぎほけつ】[日]　五巻。久成日相（一六三五―一七一

八）著。元禄八（一六九五）年成立。『法華経』に使用された文字の音・義・訓を解説したもの。表題の『補闕』とは心性日遠の『法華随音句』に欠けるところを補うという意図の表明。日相の系譜を溯ると日遠に至るが、本書は日相の独自の見解も多数導入して、日相版法華経とともに日相の代表的著作。なお元禄一一（一六九八）年、昭和四七年に刊行されている。〔所載〕法華音義類聚坤。　〔中條暁秀〕

法華経開示鈔【ほけきょうかいじしょう】南　二八巻。貞慶（一一五五―一二一三）作。承元二（一二〇八）年の成立。別に『法華開示鈔』ともいう。貞慶は幼時にして興福寺に入り、覚憲に師事して法相と律とを学ぶ。のちに山城の笠置寺に住み、法相の中興の祖といわれるように法相教学の集大成と宣揚とにつとめた人物である。本書は窺基の『法華玄賛』に対して四四〇もの論題を設けて論議風に問答決択した書であり、仲算の『妙法蓮華経釈文』や、光雅の『法華経総釈』などとならんで、法相宗（日本）における代表的な『法華経』注釈書のひとつである。そのうち三乗と一乗との関係について本書の主張をまとめると、「法華の一乗思想は五姓のうちの不定姓のために説かれた密意である」という見解から一乗思想と三乗（五姓）思想との調和融合をはかろうとする貞慶の姿勢が注目される。また本書には、中国の智周の『釈瑜伽論記』、栖復の『鏡水抄』、嘉祥の『涅槃経疏』、玄寂の『法華略音訓』などからの、わが国の徳一の『中辺義鏡残』『仏性略抄』、常騰の『法華論註』など多くの佚書からの引用文が含まれており、この意味でも本書は『法華経』研究者にとって欠くことのできない書である。〔所載〕正蔵56、仏全(鈴)2、日蔵(鈴)21―23。　〔横山紘一〕

法華経開題【ほけきょうかいだい】真　空海（七七四―八三五）述。『法華経』に関する開題は五本ある。(1)『法華経開題』（開示茲大乗経）。(2)『法華経開題』（重円性海）、(3)『法華経開題』（殑河女人）、(4)『法華経釈』、(5)『法華経密号』である。これら五本は関連し共有する部分が少なくない。いずれも従来の『法華経』理解に従わず、密教的な立場からの理解を示しているのが特色である。著作年代の知られているのは『殑河女人』天長六（八二九）年、『法華経釈』承和元（八三四）年である。　〔遠藤祐純〕

法華経両界和合義【ほけきょうりょうかいわごうぎ】因　一巻。圓珍（八一四―八九一）集。『法華経』を前半二〇品、後半八品、あるいは前半一四品、後半一四品に分け、胎蔵界、金剛界に充たるといい、実際には前半一四品の文々句々を胎蔵界の八葉九尊に、後半一〇品を金剛界の三七尊に充てて解釈している。また五智如来を金、胎、顕密などについて説き、十如是をもって深密中の密義としている。『講演法華儀』と思想的に近く、これまた偽撰であろう。〔所載〕仏全27、日蔵80、智全下。　〔坂本廣博〕

反古裏書【ほごうらがき】浄真　一巻。顕誓（一四九九―一五七〇）撰。永禄一〇（一五六七）年ころ成立。顕誓は蓮如の孫、蓮誓の第九子。『反古裏』『反古裡裏』『真宗相承記』等ともいう。本書は、源空以後、親鸞の事跡をのべ、その後本願寺一一代顕如にいたる本願寺歴代の変遷ならびに諸寺の由緒を記し、まさに真宗史概説というべき一資料であり、またみずからの感慨を叙述したものである。〔所載〕広本は真宗法要25他、真宗寺本は真宗史料集成2、竜大本は真宗全68。　〔佐竹大隆〕

菩薩円頓授戒灌頂記【ぼさつえんどんじゅかいかんじょうき】因　一巻。惟賢（―一三五九―）。惟賢は京都白河法勝寺の住持。鎌倉の円頓宝戒寺の開祖であった彼は、貞和五（一三四九）年七月二五日、比叡山黒谷青龍寺で慈威国師恵鎮について灌頂受戒を受け、その儀則を、この延文四（一三五九）年に法勝寺にあってまとめたものが本書である。戒灌頂は発生的には密教の灌頂と、円頓菩薩戒の授戒とが結びついたものであるが、くわしくは重授戒灌頂といい、円頓菩薩戒の戒体を強固に相伝し伝持していく上に、有相三密の儀則を立てて、灌頂伝授していくもので、比叡山黒谷における秘儀となっていて、この法を伝承する一統を戒家と称するにいたっている。本書にはその戒灌頂なるものの口決相承の大部分を収めており、この戒灌頂について、それ以前の良忍や善恵にまったくその儀則や教義のきざしがないとして、ひとつの妄説と批判するものたちに対して、その系譜と内容とを明らかにすることを旨としている。たとえば戒脈の由来は、多宝塔中釈迦如来に発して、まったく円戒の系譜そのままに、ついに黒谷の恵尋に伝わっており、恵尋にいたってその弘布を奏聞して、ややもすれば退嬰的であった僧風を刷新してその威儀をたださしめ、時代の教風にかなったかたちで円戒の授受儀則が発揚されたことで、惟賢はこれを円頓大戒興立の表現と主張した。戒灌頂は法勝寺から西教寺に流れ、伝持されている。〔所載〕正蔵74。　〔木内堯央〕

菩薩戒義記聞書【ぼさつかいぎききがき】因　一三巻。仁空（一三〇九―八八）撰。別に『永徳記』ともいう。講主仁空は恵仁ともいい、実導仁空という。延慶二年藤原為信の長子として生まれ、比叡山に円密の学を修め、大原来迎院示導康空を慕ってその門に入り、菩薩戒を受け、のち康空について西山三鈷寺に住し、のち廬山寺を董した。本書は、天台大師智顗撰という『菩薩戒経義疏』二巻を講述したもので、『菩薩戒義記上巻聞書』ないし『下巻聞書』と標しており、さらに『菩薩戒指掌抄』とも書かれている。まさに掌を指すごとく仁空の講説は巨細にわたる。永徳元（一三八一）年五月二六日から六月三日までの『大日経義釈捜決抄』を講了して直後の期間に上之一を講じ、翌年五月東塔北谷浄行院から南谷実蔵坊に処を移し、授戒相伝をはさみ再び浄行院から講じて上巻を終り、翌三年三月から下巻に入り、至徳二年四月二七日まで計一五〇日を費して講了したので、

『永徳記』という。仁空の円密戒浄四宗にわたる蘊蓄を傾けた本書は廬山寺の学風がもっとも円熟したかたちで盛りこまれており、日本天台の戒疏への見解はここに完備しているといわなければならない。世におよそ五本の伝本があり、滋賀西教寺、実蔵坊、京都西山専門学校、滋賀園城寺法明院、島根浄土宗桑門秀我師蔵等で、天台宗全書の編者はこの五本を対校し、存没を補完してその完本、底本を提供してくれている。その内完本は実蔵坊真如蔵本のみであるという。〔所載〕天全15。 〔木内堯央〕

菩薩戒義疏鈔【ぼさつかいぎしょしょう】浄 六巻。円琳（一一九〇―？）集。成立年代不明。嘉禎三（一二三七）年再治。『菩薩戒義記鈔』『円琳鈔』ともいう。天台智顗撰『菩薩戒経義疏』について、証真、俊仍の説をもとに多くの経論注疏を引用して注釈を施したもの。奥書に記す師証真の『義疏私記』は失われており、現存する『義疏』注釈書としては日本最古のもの。現行本には脱文が指摘されているが、本書の注釈書ともいわれる道光撰『天台菩薩戒義疏見聞』により部分的におぎなえる。〔所載〕仏全71、浄全続11。 〔鈴木霊俊〕

菩薩戒羯磨文釈文鈔【ぼさつかいこんまもんしゃくもんしょう】南 一巻。叡尊（一二〇一―九〇）撰。文永二（一二六五）年成立。『菩薩戒本釈文鈔』ともいう。弥勒菩薩所説の菩薩戒羯磨文について科文を立て、注釈文を類纂した書。全体は、受戒羯磨・懺悔羯磨・得捨差別の三門に分けられる。釈文は自説を交じえず、遁倫の『瑜伽論記』を中心とし、さらに諸経論の要文を援引し明解である。本鈔は承応元（一六五二）年、栂尾平等心院板行本においては、本文・科文・釈文の三者別本であったが、のちに会本となった。〔所載〕日蔵21。 〔里道徳雄〕

菩薩戒疏講述【ぼさつかいしょこうじゅつ】天 二巻。守脱大宝（一八〇四―八四）。大宝和尚守脱は伊勢の産、飯室安楽律院守良の弟子。慧澄に受講。学風安楽律一派に反し、その擯斥にあうが、日光ついで園城寺に入り、明治一七年同宝寿院に寂。その間東京天台宗大学林、真宗本願寺大教校等に講演。本書は徹底した日本天台の伝統の立場から天台の菩薩戒疏を講じたもので、序に戒によって顕密持名が生きてくるむねをのべている。〔所載〕天全3。 〔木内堯央〕

菩薩戒潜底鈔【ぼさつかいせんていしょう】南 一巻。道基（生没年不詳）撰？。延文三（一三五八）年成立。菩薩戒に関する西大寺学派の論議書。三聚浄戒については『梵網善戒本業経』『瑜伽論』等の所説を示し、また、七衆にわたる通別の戒相及び戒体懺悔等について三〇カ条の論議項目を挙げて決択している。ただし、本文は第二自恣悪戒者通十波羅夷否事で終っている。撰者は道基説のほかに定泉寺清算かとする説等あって不定である。〔所載〕日蔵（戒律宗章疏2）。 〔里道徳雄〕

菩薩戒通受遣疑鈔【ぼさつかいつうじゅけんぎしょう】南 一巻。覚盛（一一九四―一二四九）撰。寛元四（一二四六）年成立。『菩薩戒遣疑（偽）鈔』ともいう。南都円頓戒の立場から北嶺大乗戒を論破した書。始め覚盛は東大寺大仏殿内において自誓自戒し大比丘となったが、興福寺真空等に北嶺義と目され破斥された。これに対し覚盛は北嶺新義の問題点を述べつつ北嶺義を破斥し、さらに三蔵所説の根拠を示して南律中に大乗菩薩戒義を解明するに至った。この書は南都円頓戒律の基本書として重要視される。〔所載〕正蔵74、日蔵（戒律宗章疏2）。 〔里道徳雄〕

菩薩戒通別二受鈔【ぼさつかいつうべつにじゅしょう】南 一巻。覚盛（一一九四―一二四九）撰。嘉禎四（一二三八）年九月成立。別に『菩薩戒二受問答抄』『菩薩戒二受鈔』『通別二受要誌』『通別二受問答抄』ともいう。覚盛は貞慶が律を復興するため選んだ二〇人の一人で、南都律宗の復興の礎になった人物である。本書は二六の問答によって、菩薩戒における通受・別受をつまびらかにしたものである。最初の問答を紹介すれば次のごとくである。まず「通受・別受、其の軌則如何ん哉」と、通受と別受の軌則が問われている。これに対し、通受とは三聚羯磨等により摂律儀、摂善、饒益の三聚を同時に総受することだと答えている。さらに別受とは白四羯磨等により、別にただ比丘らの七衆律儀を受けることだとも答えている。本書において注目されるのは、自誓受通により比丘の性が成立すると主張したことである。南都において一般に、菩薩も具足戒を受けなければ比丘の性を成立させることはできないという立場をとっていた。これに対し、覚盛は『占察経』の「立願自誓して菩薩律儀の三種戒聚を受くれば、則ち具に波羅提木叉出家之戒を獲ると名づけ、比丘・比丘尼となす」という文に基づき、自誓受通により比丘の性が成立することを主張したのである。注釈には良遍の『菩薩戒通別二受鈔』がある。〔所載〕日蔵35、正蔵74。 〔由木義文〕

菩薩戒通別二受鈔【ぼさつかいつうべつにじゅしょう】南 一巻。良遍（一一九四―一二五二）述。寛元二（一二四四）年成立。別に『菩薩戒通別二受事』『菩薩戒委曲』『菩薩戒二受鈔私領解』という。良遍は唐招提寺の覚盛の弟子である。本書は師覚盛の同名の書の領解をのべたもので、内容的には菩薩戒の通別二受のうち、通受により比丘の性が成就するのだと説かれている。覚盛との思想的な相違はない。〔所載〕日蔵35。 〔由木義文〕

菩薩戒別受行否鈔【ぼさつかいべつじゅぎょうひしょう】南 一巻。良遍（一一九四―一二五二）撰。建長二（一二五〇）年成立。『別受行否』ともいう。大乗戒における通・別の二受は、日本戒律史上、鑑真の戒壇建立前と後を分つ等重大問題であったが、この書は、五問答を設定して論証し両者を会通している。小篇であるが、大悲覚盛に戒学を承けた法相宗僧良遍の、南律中興運動における基本的立場が窺知される。〔所載〕日蔵（戒律宗章疏2）。 〔里道徳雄〕

菩薩戒本宗要科【ぼさつかいほんしゅうようか】南 一巻。叡尊（一二〇一—九〇）撰。文永一二（一二七五）年成立。『戒本宗要科文』『戒本宗要科』ともいう。新羅太賢撰述の『菩薩戒本宗要』に対する科文。古来、戒本宗要解釈上、基本的体系を指示する科文として多くの末疏に準拠され使われて来た。現在は、宗覚正直撰『菩薩戒本宗要纂註』に排入されてその姿を見うる。〔所載〕日蔵21。〔里道徳雄〕

菩薩戒本宗要雑文集【ぼさつかいほんしゅうようぞうもんじゅう】南 一巻。大悲覚盛（一一九四—一二四九）撰。安貞三（一二二九）年成立。新羅太賢の『宗要』に対して諸経論を博引しつつ持犯の法相を分別解明した書物。菩薩戒に通別二受の不同があり、古来、戒体随行の解釈について諸説があったが、覚盛は太賢の整理によりながら諸説を雑纂体系化して戒品の本然を示した。七衆戒体持犯懺悔についての文章は短いながらも要義を尽している。〔所載〕正蔵74。〔里道徳雄〕

菩薩戒本宗要輔行文集【ぼさつかいほんしゅうようぶぎょうもんじゅう】南 二巻。叡尊（一二〇一—九〇）撰。弘安八（一二八五）年成立。新羅太賢『宗要』に対する注釈書。諸経論の要文を博引抄録して文意鮮明に努め、ために『宗要輔行文集』という。その引文のいちいちには割註を付して叡尊一流の教義を示し、初心者の疑を解くとともに、論は七衆の持犯の教義を述べ、戒の円成を説こうとする。〔所載〕正蔵74。〔里道徳雄〕

菩薩戒問答洞義抄【ぼさつかいもんどうとうぎしょう】南 一巻。如空英心（生没年不詳）撰。徳治三（一三〇八）年成立。『菩薩戒洞義抄』ともいう。菩薩戒について、大悲菩薩の七衆性論、及び興正菩薩の戒体随行論を元にして問答体で解明した書。全体は二門に分かれ、第一門では菩薩の戒相を明かし、第二門では諸宗の邪見を破斥し、受戒者は戒体随行によるべきであると説く。〔所載〕正蔵74、日蔵（戒律宗章疏2）。〔里道徳雄〕

菩薩蔵頓教一乗海義決【ぼさつぞうとんぎょういちじょうかいぎけつ】浄 一巻。顕意（けんに）道教（一二三八—一三〇四）述。文永五（一二六八）年成立。正式には『菩薩蔵頓教一乗海義要決』、別に『一乗要決』『一乗海義決』『六字一乗体義』ともいう。道教は、浄土宗西山五流の一つである深草流の祖、円空立信の教えを受け継ぎ深草流を大成した。また、『観経疏楷定記』三六巻をはじめ、多くの著作をのこしたことから記主禅師と尊称される。本書は、善導の『観経疏』玄義分に『観無量寿経』について、声聞蔵・菩薩蔵、漸教・頓教の二蔵二教判の教相判釈を示し、この経を菩薩蔵に収め、頓教の摂であると述べているが、その理由を詳しく述べるところがない、そこで、道教がこの点について文理を尋ね詳説したものである。その内容は、題名にも明らかなように、善導『観経疏』玄義分、冒頭の「われ菩薩蔵頓教一乗海に依って、偈を説いて三宝に帰して、仏心と相応せん」という偈文から導かれた『観無量寿経』の内容を、菩薩蔵の収・頓教の摂、としている。なお尾題に「六字一乗体義」とあることは、開巻冒頭に表題につづいて、「南無阿弥陀仏」と六字の名号をまず記してから、本文に入っていることからも合わせ見るべきである。〔所載〕文政二年・明治三一年刊本、正蔵83。〔坂上雅翁〕

菩提場所説一字頂輪王経略義釈【ぼだいじょうしょせついちじちょうりんのうきょうりゃくぎしゃく】因 五巻。圓珍（八一四—九一）撰。仁和三（八八七）年ころ。『菩提場経略義釈』『菩提場経義釈』『一字頂輪王経疏』『一字経義釈』ともいう。圓珍は智証大師、比叡山第五代座主。義真の門下にあって一期一二年の籠山行をおえ、一山の学頭に推挙された。圓仁の帰朝をみてなお入唐求法の志堅く、唐商船に便して入唐し、福州、越州、長安等を歴訪し、ことに、長安青龍寺で法全から、胎蔵界、金剛界、蘇悉地の三部大法を受け、帰国ののち天台密教の充実に尽した。仁和三（八八七）年、請うて、大比叡・小比叡両明神分として、大日経業と一字仏頂輪王経業の年分度者を奏請し、これをゆるされた。本書は真言の枢機、法城の門戸たる『一字頂輪王経』に対して、『大日経』の義釈に準じて注釈を加えたもので、その教理論そのものも多く『大日経義釈』によっている。本書が釈する本経は、不空訳『菩提場所説一字頂輪王経』五巻十三品で、菩提流志訳『一字仏頂輪王経』五巻を別本、別訳として参照し、同訳『五仏頂三昧陀羅尼経』を旧訳として用いている。巻一、二に序品を釈し教起因縁分とし、経名、品名、五序を釈し、巻三、四と五の前半に示現真言大威徳品第二以下護摩品第一三までを釈し聖教所説分とし、巻五後半に依教奉行分を置く。この三分は序・正・流通の三分を意味している。大日釈迦一体論等の思想が盛られている。〔木内堯央〕

菩提心義略問答抄【ぼだいしんぎりゃくもんどうしょう】因 一〇巻。安然（—八四一—九〇四—）抄。仁和元（八八五）年成立。別に『胎蔵金剛菩提心義略問答抄』『菩提心義』『菩提心義抄』ともいう。本書は『教時問答』でも示される五教判に立脚して、菩提心の本質と証悟に至る行相を問答体で示し、衆生本具の菩提心をもって正しく真言行法を修すれば菩提を証するとしている。その構成は、濆真撰とされる『菩提心義』一巻で立てる五門（釈名門、体性門、弁一異門、相状門、行願門）と、竜樹造不空訳とされる『菩提心論』一巻の三門（行願、勝義、三摩地）に依拠し、五門は通じて菩提心の義を、三門は各々菩提の行相を釈したものとしている。本書の特徴の一つは、蔵通別円密の五教判の立場から顕密教理の浅深を論じ、特に円教は理観のみを知る理秘密教、密教は事理ともに知る事理倶密教とし、究極には諸教は真言密教に摂せられるとする一大円教論を展開し、一つは四重秘釈（浅略釈・深秘釈・秘中深秘釈・秘秘中深秘釈）を用いて顕密行果の優劣を論じ、三門でいう三摩地の菩提心を究極とするところにある。さらには五門のうち行願門では菩提心を胎蔵、全剛両部の行相に約して論じ、真言教の甚深なるを示す。本書の目的は空海真言宗が重視する『菩提心論』を依用しながら、顕密一致の立場で空海あるいは法相宗の密教を超えるところにあったといえる。〔所載〕正蔵75、日蔵83・84。〔末広照純〕

菩提心論教相記【ぼだいしんろんきょうそうき】〔真〕二巻。亮汰（一六二二—一八〇）撰。『菩提心論』を詳しくは『金剛頂瑜伽中発阿耨多羅三藐三菩提心論』『瑜伽惣持教門説菩提心観行修持義』と題するように発心と修行との二つの方面が説かれている。そこから二つの題名がつけられ、空海（七七四—八三五）は龍猛造として『菩提心論』を最重要視している。本書は真言宗豊山の学僧である亮汰が注釈を加えたもので、初めにまず論示、依経、部属、訳時、記意の五項目に分けて説明し、次に本文に入り、科注と脚注を加え、『菩提心論』の解説を施している。また本書の最後に真賢の『菩提心論教相記講要』一巻が付加されている。〔真柴弘宗〕

菩提心論三摩地段秘記【ぼだいしんろんさんまじだんひき】〔真〕一巻。亮汰（一六二二—一八〇）述。『菩提心論』は詳しくは『金剛頂瑜伽中発阿耨多羅三藐三菩提心論』といい、また一つに『瑜伽惣持教門説菩提心観行修持義』とも題し、空海（七七四—八三五）は密蔵肝心の論として、真言修学をするものは必修すべきであるとした。当論は顕密二教の勝劣を示すとともに、即身成仏の義を説き、勝義・行願・三摩地の三段をもって構成されている。本書は特に事相（観法）を強調してある三摩地段に注を加えたものである。〔真柴弘宗〕

法華安心得意抄【ほっけあんじんとくいしょう】〔日〕一巻。日寿（一七八九—一八五二）述。成立年時は詳らかではないが、『日真教学の研究』（林真芳）では、天保四（一八三三）年とする。日寿は江戸時代後期の日真門流の学匠で、若狭小浜本境寺第二一世、本山本隆寺第四一世貫首。本書は、末代凡夫の宗教的な安らぎ、あるいは成仏の問題を正面に据えて論述したもので、日寿の宗義理解の深さがうかがえる。正本・京都本隆寺、写本・立大図書館所蔵。〔北川前肇〕

法華安心録【ほっけあんじんろく】〔日〕一巻。日暁（一六四八—一七一〇）著。元禄一〇（一六九七）年執筆、同一三年刊行。別名を『台当異目』という。日暁は貞享元年の八代問答で真宗の説法僧夢伝と宗論を行いこれを屈服せしめた学僧であるが、当時の日蓮宗教学の天台与同の摂受主義、観心主義的傾向を批判し、これを修正せんとしていた。本書は天台と当家（日蓮）との相違を明らかにして、本化別頭の日蓮法華の宗旨を樹立し、信心正因の唱題成仏を絶対とし、法華の安心を得ようとするものである。天台の理一念三千と当家の事一念三千の異なりから筆を起して項目九七カ条、補闕七カ条から成る近世日蓮宗教学論の好著である。日蓮宗で安心の語を用いるのはめずらしいが、そこに真宗との激しい信心論争の影響を見ることができる。元禄一三年に本書の再治増補版をつくり一五年に『法華安心録羽翼』として出版している。〔所載〕日教全21。〔小野文珖〕

法華安心録羽翼【ほっけあんじんろくうよく】〔日〕一巻。日暁（一六四八—一七一〇）著。元禄一三（一七〇〇）年執筆。同一五年刊行。本書は一三年に開版された『法華安心録』（別名『台当異目』）の増補再治本。内容は一二八カ条より成り、『安心録』で論じた天台と日蓮の教義の相違をさらに詳しく説いて日蓮宗教学の独自性を示し、唱題成仏による安心を明らかにするのである。〔所載〕日教全（続宗論部8）。〔小野文珖〕

法華音義【ほっけおんぎ】〔日〕日遠（一五七二—一六四二）の作とされ、承応二年春仲旬の刊行。本書は日蓮宗関係にあっては日遠の著述のひとつに数えられているが、その根拠は『日蓮宗章疏目録』によるのであろうが、日遠には『法華随音句』などの音義書があり、本書と随音句との間には異同が目立ち、本書を日遠の作とするには難がある。〔参考〕兜木正亨・法華経音義について（棲神43）。〔町田是正〕

法華勧愚抄【ほっけかんぐしょう】〔日〕二巻。久成日相（一六三五—一七一八）著。元禄元（一六八八）年成立。略して『勧愚抄』ともいう。問答形式をもって綴られている。すなわち、問者の疑問に答え、真実の仏道修行とは何かについて、無量の悪業・悪念の具体的な事例を示して、唱題中心の法華信仰を勧奨するのがその主眼である。刊行は貞享五（一六八八）年。〔中條暁秀〕

法華観心讃行儀【ほっけかんじんさんぎょうぎ】〔日〕一巻。日輝（一八〇〇—五九）著。この観心讃は、日輝の法華観心の世界を『法華経』の品々ごとに讃頌し、これを法式にまとめ、行儀としたもの。日薩は、この観心讃は至愚の者といえどもよく本門の妙旨を得ることができる。かつその行儀を修することにより祖意を幽賛するの功をつくすことができるといって、この行儀を修することをすすめている。〔所載〕充洽園全集2。〔松村寿巌〕

法華肝要略註秀句集【ほっけかんようりゃくちゅうしゅうくしゅう】〔天〕三巻。最澄（七六六—八二二）述。『可透録』『龍堂録』にはいずれも偽疑部に録す。おそらくは秀句十勝鈔等の日蓮教学の影響を受け、かつ山家の『法華秀句』よりさらに強く法華最勝を主張しようとした学徒の偽作であろう。上中下三巻に分れ、爾前法十二部経、今円昔円、爾前頓法華大日、約教約部、当分跨節などの各項を問答体で記述されたものである。〔所蔵〕谷大、竜大、日光天海蔵。〔所載〕伝全5。〔多田孝文〕

法華義疏【ほっけぎしょ】〔南〕四巻。聖徳太子（五七四—六二二）私集。推古天皇二三（六一五）年作とも伝える。聖徳太子は、用明天皇と穴穂部間人皇女との間に生まれた。両親とも蘇我稲目の孫に当る。また蘇我馬子の娘召古郎女を、四人の妃の一人としており、蝦夷とは義兄弟の関係にあった。一四歳の時、蘇我氏を滅ぼした戦に従軍している。崇峻天皇が馬子に弑せられた後、女帝の推古天皇が即位すると、天皇の甥、聖徳太子は二〇歳で摂政に任ぜられた。憲法十七条を制定し、冠位十二階を定めて官吏個人の身分の序列化を行い、小野妹子を二回、中国へ遣隋使として派遣し、隋の使を日本へ迎えるなど、内政・外交に力を振い、日本を文化的な国家にする基礎を築いた。

　仏教の関係では三宝（仏教）興隆の詔を出して、それまで個人や氏族が信奉していた仏教を国家として受容し、興隆を図り、憲法十七条の第二条に、仏教を篤く敬うべきことを示し、その他の条にも仏教的思想をとり入れた。推古天皇へ『勝鬘経』を講義し、夫人に「世間は虚仮であり、唯仏のみが真である」と説き、遺言として「諸の悪を作すこと莫れ、諸の善を行え」と戒めた、という。大阪府磯長（しなが）の叡福寺に、ほとんど同時に没くなった母后と太子と夫人の三名が葬られている。

　太子の著書として『三経義疏』（法華経・勝鬘経・維摩経の注釈書）が伝えられている。しかし奈良時代の文書や著書に記述され引用されているが、太子時代に遡る証拠となる文献はなく、偽撰説も行われている。本書は『法華経』の古い形である二十七品本を用い、梁の光宅寺法雲（四六七―五二九）の『法華義記』を依り所として注釈を行いながらも『義記』に盲従することなく、所々に『義記』の説に疑問を提出し、著者の考えを示している。全体を序説・正説・流通説に分ち、正説をさらに仏になる因を明かす部分と、仏の果の永遠（長遠）であることを明かす部分に分ける。因を明かす部分（方便品―安楽行品）は、一乗思想すなわち、すべての人は仏になることができることを説き、あらゆる善（万善）が結局は同一の仏の結果をもたらす、同一の因であることを明かし、そこで、どのような善を行っても仏果に到ることができるとしている。こうして得られる仏果（従地涌出品―分別功徳品の途中）が、寿量品で説かれているような永遠な仏であることを示すのが、正説の後半の部分であると見ており、この経典を説くことが、釈迦如来がこの世に生まれた、本当の目的であった、と主張している。最初の四品についての解説が特に詳しい。

　本書は草稿本が法隆寺に伝えられ、明治初期皇室へ献上された。題の下に「此是大委国上宮王私集非海彼本」と記され、奈良時代の書入れと見られている。削除・訂正・追加などもかなりある。内容・装潢・書法などは、飛鳥時代のものと見て矛盾はない。真撰説も多く出されている。

　奈良時代、誠明、得清によって、唐へ伝えられ、唐に残留した鑑真の弟子雲裕に伝えられた。鎌倉時代に法隆寺で開版され、版木が現存する。以後、多く出版されている。

〔所載〕法華義疏（影印本・聖徳太子奉讃会）、正蔵56、仏全14、日蔵（法華部1）、岩波文庫、思想大2、日本の名著2。〔参考〕花山信勝・法華義疏の研究（東洋文庫）、金治勇・三経義疏の諸問題。　〔田村晃祐〕

法華行者値難事【ほっけぎょうじゃちなんじ】[日]　一篇。日蓮（一二二二―八二）著。文永一一（一二七四）年成立。武蔵前司北条宣時は偽御教書を下して日蓮を迫害しようとした。日蓮はこれを『法華経』の「如来現在猶多怨嫉況滅度後」の文に符合するものとのべて、法華経の行者の受難の意義を明らかにし、弟子たちに不惜身命の信仰を勧める。本書に「本門の本尊と戒壇と題目」と三大秘法の名が初めて開示された。真筆を千葉県法華経寺蔵（重文）。〔所載〕定日遺。　〔小松邦彰〕

法華輝臨遊風談【ほっけきりんゆうふうだん】[天]　七巻。良助（一二六八―一三一七）著。本書は著者が嘉元元（一三〇三）年青蓮院門跡管領を止め多武峯に隠棲し、文保元（一三一七）年示寂するまでの間に述作したと推定されている。一貫して中古天台の本覚法門の思想に立脚し『法華経』二十八品並びにその開経である『無量義経』と結経である『普賢観経』に対して解釈を加えた書である。〔所載〕仏全14。　〔多田孝正〕

法華啓運抄【ほっけけいうんしょう】[日]　五五巻。京都本圀寺系の円明日澄（一四四一―一五一〇）著。文明一五（一四八三）日澄四三歳ころより妙法寺での講説を文亀二（一五〇二）から三年に清書したもの。日蓮宗の『法華経』講述書として代表的なもので、中世末期の日蓮宗教学を知るうえで貴重な資料である。日澄は当時の一致派において行学日朝と並び称せられる学匠であった。本書は日澄の独自の『法華経』の解釈というよりは、文々句々について諸書の解釈を列記し、天台三大部を基本としながら字義と関連づけ、日蓮の『法華経』理解へと導引している。本書第六巻序品見聞のうちで著述の目的について、「此の抄に記す所の法門は、本末、釈意、当家の大綱、御書に取合せ之を談ずる事日澄愚案の法門なり。後に見て取捨有るべきか。深く之を秘すべし」とあり、明らかに諸釈の類聚によって、そこに関連づけ日蓮遺文と対照しつつ、『法華経』の経意を把握し、文々句々を解釈するとともに、日蓮宗義の大綱を断片的ではあるがのべて、『法華経』解釈と日蓮宗義を一致させようとしたのである。日澄より一〇〇年後、本圀寺系の日重、日乾、日遠によって日蓮教学は折伏から摂受へ、観心重視の天台学偏重へと内省的転換がされていくとき、本書が折伏を強調し、天台学を超克し、謗法意識・唱題勧奨等の特徴がみられることは、近世の摂受主義的日蓮宗学と明らかに対比できる。〔参考〕渡辺宝陽・日蓮宗信行論の研究、執行海秀・日蓮宗教学史、日蓮宗事典。　〔町田是正〕

法華玄義略要【ほっけげんぎりゃくよう】[天]　一巻。圓珍（八一四―九一）記。唐大中一一（八五七）年成立。別に『玄義略要』ともいう。本書は智顗の『法華玄義』を略述したもの。圓珍が在唐中、おそらく天台山国清寺と五峯とにおいて二カ年にわたって、著作されたと伝えられている。東叡山沙門亮潤の跋語によると、延暦寺座主圓珍の著であり、逸して久しく伝わらなかったが、浄教俊が『法華玄義』を講じようとしたとき発見し、上足の凌雲院実観が正徳三（一七一三）年上梓するに至ったという。『法華玄義』の撮要としては本書が最初で、明の智旭の『玄義節要』に対比され、中唐天台教学研究上主要な著述であるといわれるが、たしかに天台学入門書としては特異の性格をもっている。すなわち『玄義』の略抄ではあるが、初めに二門五義を「名」、二門二十八品を「文」としてこれを総別と解し、いわゆる本迹の五重玄義と本迹二門の相成を述べ、さらに最後に観心をもって五重玄義を釈す科を設けるなど、天台三大部が一貫したものであることを示している。また五重玄義の第五判教相は最も紙数が多く、教・相・判に分科し、いわゆる三種教相を挙げており、前二教相について化儀と化法を分段し、化儀の頓漸及び不定二種について五時をへて合論するというように、天台の教判論を五時八教とする『天台四教儀』その他の多くの説に対して、『法華玄義』の説相を最も忠実に発揮している。さらに化法四教については『玄義』の説相とは異なり、『大本四教義』を引用しながらも、独自の説を出して四教行位を詳説している。〔所蔵〕叡山文庫。〔所載〕仏全26、智全中。〔参考〕撰目類聚、山家祖徳撰述篇目集。〔多田孝文〕

法華験家訓蒙【ほっけげんけくんもう】［日］　六巻。斎藤巍鑒（日一・一八五三―九二）著。日蓮宗では別に「ほっけげんかくんもう」とも呼んでいる。明治二一（一八八八）年刊行。本書は日蓮宗祈禱修法に関する諸事項を、約一四〇項目にわたって考証、解説したものである。したがって相伝書の類ではないが、祈禱の緊要を述べており、祈禱修法の縁由と歴史を知る上では貴重な存在である、といっても過言ではない。本書が刊行されるにはそれなりの事情があった。明治の排仏毀釈に引き続き同五年の巫覡の取り締り、翌六年の梓巫、市子、憑祈禱、狐下げ等の禁止。さらに同年六月七日の「禁厭祈禱を以て医薬を妨ぐる者取締の件」などが出され、一五年七月一〇日には「禁厭祈禱は医師診断施療中の者に限る件」が布告された。ここにおいて日蓮宗は各府県本宗教導取締中と寺院に対し、「医師施療中の者に限り其望に応ずべき」である、という祈禱取締規程を発布した。またこれを実施するうえで、中央と地方に修験者取締りを強化していった。一方、明治九年に現行の五行制度が施行され、同一五年ころには初行僧二八名に増した。こうした状況は嘉永六（一八五三）年に玄能以上という規定をもうけた厳しさに対し、学識の低下がさけばれはじめた。同時に諸外国の思想文化の流入によって、無宗教育や宗教批判者が多くあらわれるばかりではなく、宗内の宗学者からも修験者に対し軽視するむきがあった。本書の刊行は以上のような諸事情があっただけに意義があった。藤原日迦（大正五年に日蓮宗第二〇代管長）は「真に験家の韜略」と称賛した。刊本を立大蔵。〔所載〕日蓮宗祈禱聖典。〔宮川了篤〕

法華口演抄【ほっけこうえんしょう】［日］　四巻。日審（一五九九―一六六六）著。寛永一八（一六四一）年成立。『法華経』薬王品の教説を説くために、日蓮遺文を中心に『天台三大部』『涅槃経』『無量義経』『倶舎論』『法苑珠林』等、多くの経疏の文章を示したもの。ただし、日審の見解は「私云」としてわずかに示すにすぎない。本書は日審の『法華経』談義のための素材で、日審が肥前地方に伝道したころ、著作したもの。版本を立大蔵。〔冠　賢一〕

法華座敷談義【ほっけざしきだんぎ】［日］　一巻。日審（一五九九―一六六六）著。承応二（一六五三）年成立。内題は『円頓覚道法語』。『法華経』の談義本で、十如、十界、十二因縁、一心三観、三千三諦を平易に説きあかし、最後に臨終の用心についてのべたもの。江戸初期日蓮宗の代表的説教者の一人である日審の説教談義の内容を知ることのできる貴重な文献の一つ。版本を立大蔵。〔冠　賢一〕

法華三大部講義【ほっけさんだいぶこうぎ】［天］　三五巻。慧澄痴空（一七八〇―一八六二）撰。近世天台学の重鎮であり、四明学風の闡揚に最も努めた痴空の著わす所であり、現今三大部を学ぶ者の一番身近な指南書である。著者慧澄律師、名は痴空、近江の人、姓は高橋氏。寛政元（一七八九）年一〇歳で比叡山安楽院覚忍の下で剃髪し、一九歳性潭につき菩薩戒を自誓受戒する。享和元（一八〇一）年性脱につき倶舎論を学び、山城尾張方面において攻学大いに努める。文化六（一八〇九）年衆請に応じ比叡山無動寺に倶舎論頌疏を講ず。三〇歳の時である。同九（一八一二）年東台浄名院に入り法華玄義・文句を講ずること前後六年、文政六（一八二三）年比叡山坂本世尊院において摩訶止観を講ず。天保元（一八三〇）年紀州粉河十禅院を経て東叡山浄名院に移り、自在心院普賢行院の両親王に侍講す。同一〇年安楽院に帰り、爾来比叡山東叡山を往返し三大部五小部等を数々講じた。文久二（一八六二）年病にかかり門下に遺誡し、盍然として寂す。世寿八三歳。遺骨は浄名院に葬られる。三大部講義ほか、十不二門指要鈔、観経疏妙宗鈔、観音玄義、菩薩戒疏、止観大意ほか多数の講義録が在する。〔所載〕本書は、東叡山版（嘉永二年刊）の単行本が存するが、「仏教大系」「天台大師全集」の摩訶止観・法華玄義・法華文句に各々会本として集録されていて、容易に見ることができる。〔多田孝正〕

法華三大部私記【ほっけさんだいぶしき】［天］　三〇巻（各一〇巻）。宝地房証真（生没年不詳）著。永万年中～承元元（一一六五―一二〇七）年成立。別名として、『天台三大部私記』『止観私記』『法華疏私記』『法華玄義私記』という。中国の智顗（五三八―九七）が、鳩摩羅什訳『妙法蓮華経』（法華経）に対して、題目にことよせて一経の哲理を解明した

『妙法蓮華経玄義』（法華玄義）一〇巻、一経の文々句々について、因縁・約教・本迹・観心の四つの観点（四種釈）から解釈をほどこした『妙法蓮華経文句』（法華文句・法華疏）一〇巻、そして、『法華経』の経意に立って仏教の実践修道の方法をまとめた『摩訶止観』一〇巻との、三部の書、すなわち、天台三大部（法華三大部）に対して、日本平安時代末の比叡山の学僧、宝地房証真が注釈したもの。三部の私記それぞれ独立した一書といえるが、永万年間（一一六五―六六）以来四〇年を費して書きつづけられたものでもあり、合して一部の書として扱われる。宝地房証真は、当時の天台宗を二分していた恵心流、檀那流の二学流を、それぞれ隆恵、永弁から相伝し、宝地房流を名のった。その考えかたには、本覚の思想をもつ恵心流の方によるところがあるといわれる。が、その説相から見れば、純然たる教相主義に立つものである。比叡山総学頭の職にあり、『一切経』を一六回閲読して、源平の争乱を知らなかったという話が伝わっているが、生没は審かではない。他に『大論私記』二巻、『観音玄略』一巻、『天台真言二宗同異章』一巻等、十数部の著作がある。『法華三大部私記』は『法華玄義私記』一〇巻、『法華疏私記』一〇巻、『止観私記』一〇巻からなる。いずれも、冒頭に、和漢・古今の注釈が数多いが、私見をもってこれをとりまとめ、評釈を加え後進にのこすといっている。

智顗の三大部には、唐代の湛然（七一一―八二）によって、『法華玄義釈籤』『法華文句記』『止観輔行伝弘決』の三部の注釈がほどこされているが、証真は、『法華玄義私記』『法華疏私記』においては、『釈籤』『文句記』の文をとりあげて解釈を展開し、『止観私記』では、『摩訶止観』の文そのものにことよせて注釈している。

「法華玄文とは仏教の綱要なり」（玄義私記）、「天台止観は、これ仏道の資料なり」（止観私記）という評言といい、湛然の注に忠実なことといい、正統な天台教学の継承者であることはいうまでもないが、その撰述態度はきわめて自由、自主的で、証真独自の説が堂々と主張されることもまれではない。

以後の日本天台、および『法華経』の解釈で参照されることもしばしばで、江戸中期の浄土宗の普寂による『法華三大部復真鈔』には、湛然・知礼と並んで証真の説が批判的に扱われている。天台三大部の研究史上、最重要書の一である。〔所載〕仏全21・22、仏教大系（玄義・止観）。〔参考〕妙法蓮華経、法華玄義、法華文句、摩訶止観、玄義釈籤、文句記、止観輔行伝弘決。〔木内堯央〕

法華直談抄【ほっけじきだんしょう】[日] 一巻。日忠（一四三八―一五〇三）著。文亀二（一五〇二）年成立。『開迹顕本妙経直抄』とも、『似玉抄』とも称す。日忠は京都妙蓮寺第九世。学室道輪寺を創し、学頭をつとめた。本書は『法華経』二十八品の講義で、『法華文句』『法華文句記』および日蓮遺文等をもって、本門八品正意の立場から解釈をほどこしている。〔所載〕『日忠聖人全集』第一巻（昭14）に序品から法師品までを収録し、第二巻（昭19）は見宝塔品から如来寿量品までを収録。〔北川前肇〕

法華直談鈔【ほっけじきだんしょう】[天] 一〇巻本末、『法華経直談鈔』ともいう。栄心（生没年不詳）集。天文一五（一五四六）年以前の成立。栄心は江州の談義所成菩提院系の学僧で、末寺の菅原寺に住し、天文一五年に没したと考えられる。この本は『法華経』二十八品を品ごとに談義したもので、それぞれ来意、釈名、入文解釈の順に説かれる。もと八巻本であったが、第一巻を三巻に分け、全一〇巻としたようである。序品（巻一・二）、方便品（巻三）、譬喩（巻四本）、信解（巻四末）、薬草・授記（巻五本）、化城（巻五末）、五百弟子・学無学人（巻六本）、法師・宝塔（巻六末）、提婆・勧持（巻七本）、安楽・涌出（巻七末）、寿量（巻八本）、分別功徳・随喜・法師功徳（巻八末）、不軽・神力・嘱累（巻九本）、薬王・妙音（巻九末）、普門（巻一〇本）、陀羅尼・妙荘厳・勧発（巻一〇末）。説話を多くまじえ、平易に法華を説いている点が特色といえよう。〔所載〕法華直談鈔（昭54）。〔坂本廣博〕

法華迹門観心絶待妙釈【ほっけしゃくもんかんじんぜつだいみょうしゃく】[天] 一巻。圓仁（七九四―八六四）釈。成立年代不明。別に『法華迹門観心十妙釈』『法華本迹門観心十妙釈』『観心十妙釈』『直至道場講』『法華迹門観心』ともいう。本書は、『法華玄義』の迹門十妙に各々観心絶待妙釈を施したものである。述べる所は己心三諦の観心に境・智・行・位・三法・感応・神通・説法・眷属・利益の十妙を接入する時、己心の三諦は円融無礙、唯心自在にして、所観の諸法が妙理にあらざることなく、平等に寂光に引導されると説く。〔所載〕仏全24、日蔵78。〔多田孝文〕

法華宗諫状【ほっけしゅうかんじょう】[日] 一巻。日奥（一五六五―一六三〇）著。文禄四（一五九五）年成立。不受不施義を厳守し、豊臣秀吉の主催する京都方広寺千僧供養会への出仕を拒否した日奥が、妙覚寺を退出するに際し、沙門として国恩を謝するには仏恩を報ぜねばならないが、仏恩を報じる最も重要なことは『法華経』を弘通することにありとし、奉行前田玄以を通じて秀吉に上呈したもの。〔所載〕万代亀鏡録上。〔冠　賢一〕

法華秀句【ほっけしゅうく】[天] 五巻（上巻本・末、中巻本・末、下巻）。最澄（七六六―八二二）撰。弘仁一二（八二一）年成立。徳一に対する権実論争の撰述の一であり最澄の没する前年の最後の大作である。本書は法華十勝を挙げ唯識・三論・華厳兼て真言に約して天台法華の秀勝を示し論証している。法華十勝とは仏説已顕真実勝一、仏説経名示義勝二、無問自説果分勝三、五仏道同帰一勝四、仏説諸経校量勝五、仏説十喩校量勝六、即身六根互用勝七、即身成仏化導勝八、多宝分身付嘱勝九、普賢菩薩勧発勝十である。第一仏説已顕真実勝は上巻本末に亘り、徳一が十教二理を立て天台の一乗真実に対抗するに逐一に弾破し、徳一が四教二理を立て定性二乗・無性有情の不作仏を証することに対しても臆説であると難じている。これらの論難はすでに『守護国界章』において展開されており本書との関連は密接である。第二仏説経名示義勝以下の九勝は下巻において論述され最澄の天台法華に対する信条とも考えられその顕正的な態度と内容は著者の教学研究に重要な地位を占める。現行三巻のうち巻中本末はインド、中国の仏性論争の集成であり、性格を異にしていることから元来本書は現行上巻本・末と下巻とで三巻をなしていたと見られ、『仏解』には日蓮著『法華十勝事』を参照し現行本上末は当時は中巻と称されていたことを指摘している。〔所載〕日蔵39、天全3。〔多田孝正〕

法華宗旨問答抄【ほっけしゅうしもんどうしょう】回 一巻。著者明記なし。肥後阿闍梨日像（一二六九—一三四二）著と伝える。成立年代不明。日像は祖師日蓮より京都開教の遺嘱を受けたと伝えられ、永仁五（一二九七）年上洛した。その弘通に法華宗の宗名を名乗り、権教（諸経）を破し実教を顕揚するという立場から諸宗より迫害を受け、京都を追放されること三度、そして三度赦され（三黜三赦、さんちつさんしゃ）、建武元（一三三四）年弘通の公許を得た。本書は迫害が京都追放となって表われる以前の書と考えられている。本書の冒頭から法華宗の宗名を名乗ることは決して不法ではなく、法華経に依ったこと、三国相承の宗名であることなどを問答体で証拠だてている。また諸宗批判に対して、破権の立場から権教を捨つけれども開会の立場からは権教を捨つべきではなく、法華宗は開会の道理を失やとの問を設け、当宗は破権、開会ともに具え廃権立実を大綱とし、それは開会の妙理と答えている。さらに何故に諸宗を無間の業人というやとの問に対し、当宗の私曲ではないとし、諸宗は諸経を依経とする法華不信・謗法の者であり、謗法堕獄は経論あるいは祖師日蓮の釈疏等に分明であることを明かしている。後世、池上本門寺仏寿日現は、法華折伏破権門理、捨邪帰正の善美はこの書に尽きると評し、自ら天文七年書写している。〔所載〕日宗全1。〔井上博文〕

法華宗諸門流禁断謗施条目【ほっけしゅうしょもんりゅうきんだんほうせじょうもく】回 一巻。日奥（一五六五—一六三〇）撰。元和元（一六一五）年成立。紀伊徳川頼宣、水戸頼房の生母である養珠院の兄、三浦為春に与えた書。三浦為春の篤信を嘉尚し、当宗謗施禁断の条目、身延、池上、中山、富士、四条、六条の諸門流に堅持されてきた不受不施の法式ならびに旧記等の詮要をとって八条としたもの。〔冠 賢一〕

法華宗内証仏法血脈【ほっけしゅうないしょうぶっぽうけちみゃく】回 日蓮（一二二二—八二）撰。文永一〇（一二七三）年佐渡一谷において執筆。真蹟は伝わっていないが、行学日朝の写本がある。内容は『法華経』の内証血脈について、久遠実成、三身即一の釈迦大牟尼尊が霊鷲山で説かれた諸経中の王たる『法華経』を、上行菩薩の流れを汲む日蓮に付嘱し、血脈相承したものとする考えを明らかにしたものである。「内相承」ともいう。〔所載〕定日遺1。〔上田本昌〕

法華取要抄【ほっけしゅようしょう】回 一篇。日蓮（一二二二—八二）著。文永一一（一二七四）年成立。この年二月、佐渡流罪をゆるされた日蓮は鎌倉に帰り、四月八日幕府に召喚され、蒙古来襲の予想を問われて第三度の諫暁を行ったが、容れられぬことを知り身延山へ入った。そして佐渡において草案し身延で整束した法門の肝要、すなわち本仏釈尊の要法を開示し、この要法を授与されることによって末法の衆生の救済が実現されるということを門下に発表したのが本書である。内容はまず『法華経』が諸経の肝心であり、教主釈尊が諸仏の中心であることを明かして、諸経諸宗の不孝謗法の失を指摘し批判する。そして末法の衆生を救済する大法は妙法蓮華経の五字の要法であることを論じ、この要法を弘通する三大秘法「本門の本尊と戒壇と題目五字」が明示される。さらに三災七難等の天変地異の興起は邪法の流行によるとし、この災異の続出や日蓮の値難は要法の広布と上行菩薩出現の前兆であると断じ、本門の三つの法門を建立し、一天四海一同に『妙法蓮華経』の広宣流布は疑いないとのべている。本書に記されたこの年の正月、二月の天変は、本年中に蒙古来襲の予知を確信させたものであり、またこれを後世の南北朝対立を予言したものであるとする人もある。真筆を千葉県中山法華経寺蔵（重文）。〔所載〕定日遺。〔小松邦彰〕

法華鷲林拾葉鈔【ほっけじゅりんしゅうようしょう】因 二四巻。尊舜（生没年不詳）談。永正七（一五一〇）年成立。尊舜は月山寺の学僧で他に『三大部見聞』を談じている。本書は『法華経』二十八品の直談で、各品とも来意、釈名、入文解釈の順に談ぜられるが、冒頭「直談由来の事」に、直談とはただちにことわることであるといい、経論の説にかかわることなく、また注釈の義を指南とすることなく、妙法の経旨を直説すること説くごとく、口伝法門にふさわしく、意のままに法華を談釈するのである。全五一九条よりなり、各品は以下のごとく説かれる。序品（巻一—四）、方便（巻五・六）、譬喩（巻七・八）、信解（巻九）、薬草（巻一〇）、五百（巻一二）、人記・法師（巻一三）、宝塔（巻一四）、提婆・勧持（巻一五）、安楽（巻一六）、涌出（巻一七）、寿量（巻一八）、分別・随喜（巻一九）、法師功徳（巻二〇）、常不軽・神力・嘱累（巻二一）、薬王・妙音（巻二二）、普門（巻二三）、陀羅尼・厳王・勧発（巻二四）。〔所載〕日蔵24・25・26。〔坂本廣博〕

法華疏慧光記【ほっけしょえこうき】南 六〇巻。ただし一〇巻のみ現存。凝然（一二四〇—一三二一）述。正和三（一三一四）年成立。凝然は鎌倉時代華厳宗の僧。東大寺に住し、仏教学の広範囲にわたる多くの著作を行った。聖徳太子の『三経義疏』に注釈を行い、華厳兼律三経学士金剛欣浄沙門と称した。聖徳太子の『法華義疏』の注釈書である『慧光記』は、全六〇巻の中、第二六、三〇、三四（以上、譬喩品）、四二・四五（以上、信解品）、五一（五百弟子受記品）、五二（授学無学人記品、法師品）、五八（分別功徳品―法師功徳品）、五九（法師功徳品―妙音品）、六〇（観世音品―普賢勧発品）の一〇巻が現存する。ただし、第五八巻は、第五九巻の後に入れられている。内八巻は東大寺に自筆原本が所蔵されている。なお、凝然の師宗性にも『法華経上宮王義疏抄』一巻（残欠）が現存し、『法華義疏』第一巻の注釈である。〔所載〕仏全(鈴)2。〔田村晃祐〕

法華諸品大意【ほっけしょほんたいい】[天] 一巻。最澄（七六六―八二二）述。成立年代不明。別に、『法華大綱』『法華経釈』『法華心要』『法華経二十八品大意』ともいう。本書は『法華経』を讃嘆するために、各品の要旨を流麗精緻なる構文をもって簡潔に示したものである。最澄の親撰であると評されているが、明らかな証拠はない。〔所蔵〕谷大（刊本）、叡山（写本）。〔所載〕日蔵12、仏全24、伝全2、日本風教叢書1、世界大思想全集52、高名全1。〔多田孝文〕

法華神道秘訣【ほっけしんとうひけつ】[日] 四巻。円明日澄（一四四一―一五一〇）著と伝える。すなわち、文中に日澄死後四八年の永禄元（一五五八）年の文があり、日澄の著に疑いをかけている。したがって、同じ日澄と名乗る四条門流の人の作ではとの説もある（鈴木常耀「法華神道秘訣の著者に就いて」『大崎学報』84）。本書は『番神問答記』『神道同一鹹味鈔』とならび、法華神道三大書と称されている。第一巻では、法華宗においては神天上法門は一箇の重き事であるとして説き、諸神の本地は仏菩薩、諸仏菩薩の根本は本地の釈迦仏、釈尊出世の本懐は法華経。したがって、垂迹の諸神も仏とともに本意は『法華経』にあると説いている。二巻では八幡大菩薩のみにふれ、その諸伝を説きつつ八幡大菩薩の本地は『法華経』にある、と結んでいる。三巻では諸神、諸神のなかでも大神二十二社について説明している。四巻では諸神本地は『法華経』にあるとの道証を語り、法華神道こと三十番神について述べている。当巻における番神説は日具の『番神問答記』を受けついだもので、起源については慈覚勧説。縁由には『兼益記』の日蓮所伝説、またそこに説かれる供奉三十二神は宗建立以来きわめ尽した根本の儀であるが、鎮守勧請の次第は別と説いている。刊本を立大蔵。〔宮川了篤〕

法華随音句【ほっけずいおんく】[日] 二巻。日遠（一五七二―一六四二）が元和七年に著わし、寛永二〇年五月刊行された。正本は山梨県大野山本遠寺に蔵せられる。『法華経』の音義、音訓における指導的な指南書。日遠には別に『法華音義』二巻があるとされるが、『音義』はおそらく刊行者の道可処士が初学者の学習向けに便宜のため刊行したものであろう。〔町田是正〕

法華懺法【ほっけせんぼう】[天] 一巻。本書は伝教大師最澄が相伝し、あらためてその弟子の慈覚大師圓仁が、唐の五台山、長安に巡礼してこれを相伝し、圓仁が例時作法と一対にこれを完成したともいう。本来、天台大師智顗の『摩訶止観』二上で、修道の方法を常坐、常行、半行半坐、非行非坐の四種三昧にまとめ、半行半坐三昧のなかに、方等三昧と法華三昧とをつらねている。『摩訶止観』の法華三昧の項には、別に智顗のまとめた法華三昧の行法があることを示唆しており、現在、『法華三昧行法』『法華三昧懺儀』と称する書が日本に伝えられている。法華三昧は、智顗が師である南岳大師慧思のもとで発得したところで、それを組織だてたものであった。勧修、前方便、入道場、正修方法、証法の五科のうち正修方法の、厳浄道場、浄身、三業供養、奉請三宝、讃歎三宝、礼仏、懺悔、行道遶旋、誦経（法華経）、思惟一実境界のうち、具体的な三業供養から誦経あたりまでが、この法華懺法に該当する。中心をなす懺悔法は『観普賢経』の普賢菩薩の修行に範をとるもので、懺悔、勧請、随喜、回向、発願の五悔となっている。法華懺法は例時作法と一対となり「朝懺法夕例時」ないし「朝題目夕念仏」の天台法儀の綱格となり、漢音の読みと、序曲、定曲からなる旋律による散華行道の法儀は、一般に親しまれ、京都大原には声明懺法による御懺法講が残っている。朝課勤行、回向法要等に常用されている。〔所載〕正蔵84。〔木内堯央〕

法華懺法聞書【ほっけせんぼうききがき】[天] 一巻。著者不明。明応元（一四九二）年講。本書は天台宗全書編纂にあたって、日光天海蔵から発見された古写本で、首題のもとに「明応元年七月　日　坂本於東南寺」とあって、その時点、その寺における某の法華懺法に対する講演の聞書ということになる。外題には『見聞鈔』と記されているとするが、懺法の用語にそってそれを説明したもので、全体的な解題にはなっていない。最古の注釈である。〔所載〕天全11。〔木内堯央〕

法華懺法私【ほっけせんぼうし】[天] 六巻。定珍（一五三四―七一―）撰。定珍は下野小山の出身、常陸小野逢善寺雄海に師事、比叡山に登り碩学を歴訪、逢善寺に晋住して学頭として関東天台を振起せしめた。法華懺法の中古学匠による解釈として、実海の『法華懺法鈔』と好一対で、無相の理心に注目して西方己心の原則に立って述べることが多い。釈相は精密で、かならず経論疏、字書等を引き、定珍の学風、当世の教学がうかがいうる。〔所載〕天全11。〔木内堯央〕

法華懺法抄【ほっけせんぼうしょう】[天] 一巻。実海（―一四四九―一五三二―）撰。享禄四（一五三一）年。実海は武州仙波喜多院の住。文安から天文にいたる間に、関東天台の巨匠として、『塩味集』等著述にあけくれた。本書はその実海の法華懺法に関する講録で、前篇は懺法全体を概観し、後篇は安楽行品の説明で、弟子慶厳の追記。他に類書のなかった法華懺法の注釈として、有相読誦行を主張し、読誦の言音中に一心三観ありとする。〔所載〕天全11。〔木内堯央〕

法華懺法毫談鈔【ほっけせんぼうもうだんしょう】天　二巻。醇香（—一七七〇—）撰。醇香のことはくわしくはわからないが、良厳の序によると明和七年に「春秋已七十」とあり、その年齢が察しられる。醇香はまた巻頭で役小角を祖とする修験の人であることを自称し、瑜伽護摩と双修する法華懺法について童蒙のためにこの書を作ったという。懺法の大綱をのべ、敬礼の一句一句より洋細にこれを説明し、初学者に恰好の書である。〔所載〕天全11。〔木内堯央〕

法華懺法略抄【ほっけせんぼうりゃくしょう】天　一巻。慈門（—一七四三—七一—）撰。慈門は、奥に「御学問御指範尊重院慈門認之出ス」とあり、法親王かの指範役にある学匠とうけとれ、巻末近くに寛保三壬戌年三月三日　園頭中将殿江被差出とあり、成立年次が推考される。天台宗全書本で正味三頁、懺法の字釈から全体の次第を追ってその意義を略述している。巻末に、御懺法講が御経供養より丁寧である旨を頭中将に仰せ入ると撰述動機を出す。〔所載〕天全11。〔木内堯央〕

法華草案抄【ほっけそうあんじょう】日　一二巻。行学日朝（一四二二—一五〇〇）講述。成立年時は不明。日朝は室町時代の学匠で、身延山久遠寺第一一代貫首。本書は日朝の法華経講談である。正本は現存しないが、日朝門下の日意（一四四四—一五一九）が永正四（一五〇七）年に書写したものが、山梨県身延文庫に所蔵されている（ただし五冊欠本）。その第一二巻の末には、つぎのような日意の叙述がある。日朝は在世中に『法華経』一部二十八品の文々句々を講談し、三〇余巻におよんだ（おそらく『法華講演抄』三六巻であろう）。しかし広きにわたる法談であるために取捨し難い。そこで、聞きなれたやさしい個所を各品から抜粋し、下機の聴聞者、あるいは初心者を勧発するために編纂したのが本書だというのである。この記述に従えば、本書は日朝の法華経講談の要約といえよう。本書の構成は、第一巻序品・方便品、第二巻譬喩品・信解品、第三巻薬草喩品・授記品・化城喩品、第四巻五百弟子受記品・授学無学人記品・法師品、第五巻見宝塔品、第六巻提婆達多品・勧持品、第七巻安楽行品・従地涌出品、第八巻如来寿量品、第九巻分別功徳品・随喜功徳品・法師功徳品、第一〇巻常不軽菩薩品・如来神力品・嘱累品・薬王菩薩本事品の焼臂まで、第一一巻薬王品の薬王歎経から妙音菩薩品、第一二巻観世音菩薩普門品・陀羅尼品・妙荘厳王本事品・普賢菩薩勧発品となっている。本書は江戸時代に刊行されているが、『国書総目録』では承応年中（一六五二—五四）としている。〔北川前肇〕

法華即身成仏義【ほっけそくしんじょうぶつぎ】日　一巻。日導（一七二四—八九）著。安永九（一七八〇）年成立。日導は江戸時代後期の一致派の学匠。『祖書綱要』二三巻を著わし、近世の日蓮宗学の組織者と目されている。本書は和文体で、平易に成仏の問題を論述し、凡身のまま本有無作三身であることを強調する。しかし、妙法五字が地水火風空の五大であるとか、五陰であるというような中古天台の配当釈がみられ、観心思想の色彩が強く押し出されている。明治一五年刊行。〔北川前肇〕

法華大意【ほっけたいい】日　二巻。日遠（一五七二—一六四二）著。成立年代不明。慶安二（一六四九）年刊。江戸時代の書籍目録『元禄目録』において「日遠ノ法華音義ト一同作」とあることから日遠の作とされる。内容は爾前の諸大乗と『法華経』とを比較相対して、『法華経』のすぐれていることを論じた権実相対の論書。古来、本書に類する著作は汗牛充棟の感があり、本書を日遠の著述とするきめ手は見当たらない。〔町田是正〕

法華題目鈔【ほっけだいもくしょう】日　日蓮（一二二二—八二）著。文永三（一二六六）年成立。本書は清澄寺での執筆、ある女人の念仏信仰の誤りをただし、四番問答をもって法華題目の功徳を教えて法華信仰を勧めている。第一番問答は『法華経』の題目の功徳は但信唱題成仏、免悪道を説き、第二番問答で口唱成仏、法華経力をのべ、有信と無信を証釈し有信は成仏、無信は堕悪道。次に経力の不思議の譬をあげ、その例証に世間の不思議と法華題目の経力とを譬合し、法華の題目に値い難きを説く。第三番問答は法華の題目を唱うる証文をあげ法華題目こそ広略要中の要と示す。第四番問答は妙法五字釈で題目の功徳を譬にて十界依正を収め尽す徳とのべ、経の字に一切法を含む例を挙ぐ。妙字釈に開義・具足義・蘇生義を立て、蘇生義の例証に悪人提婆成仏・女人竜女成仏を示す。終りに女人の法華の題目を離れて成仏なきことを論し、弥陀の名号は女人不成仏・不往生の悪知識の教え。女人へ念仏を教える人は父母の敵にまさり、早く心を翻して念仏を捨て法華の題目信仰を勧めている。なお念仏否定のうえで題目を一日に六万十万千万遍後に余裕あらば念仏も可の意は時間的問題から重ねての方便的否定である。また本書の妙法五字の実体は後年の『本尊抄』で初めて神力品の四句の要法であると明かされた。〔所載〕定日遺2。〔参考〕日蓮聖人御遺文講義、日蓮辞典、日蓮宗事典。〔桑名貫正〕

法華題目和談抄【ほっけだいもくわだんしょう】日　三巻。元政（一六二三—六八）撰。万治三（一六六〇）年成立。正本は『題目和談抄』、刊本に法華の二字を冠している。元文五（一七四〇）年刊行。孝子元政（日政）が母の仏道成就の指南として『妙法蓮華経』の法華の題目を和文でやさしく説き明かしたもの。名文でかつ教義書としてもすぐれていることで一般に流布した。〔所載〕草山拾遺上。〔小野文珖〕

法華長講会式【ほっけちょうごうえしき】天　二巻。最澄（七六六—八二二）撰。

『長講法華経先分発願文』『長講法華経後分略願文』『長講願文』『長講法華経会式』ともいう。最澄は伝教大師、日本天台宗宗祖、『法華経』を所依として一乗仏教を確立し、中国隋代の天台大師智顗の立場を入唐して相伝。本書は、『法華経』を長講して修因となし一切衆生、大小神祇、尊霊、冥霊の離苦得脱をはかる式文。一部後年『延喜式』神名に対応し、偽撰部分もある。〔所載〕伝全4。　〔木内堯央〕

法華澄心録【ほっけちょうしんろく】［日］　一巻。唯観日勇（一六三九—九一）集。貞享五（一六八八）年五月執筆。安永九（一七八〇）年刊行。正本は『澄心録』、通称に法華を冠している。仏教を学する者の心を澄ますために経論疏釈より集録したもの。無常に始まり追善に終わる四〇数項目の仏道修行の肝要な点をあげて日勇自身の所懐も記す。正本は所在不明。刊本を立大図書館蔵。　〔小野文珖〕

法華二十八品肝要【ほっけにじゅうはちほんかんよう】［天］　一巻。著者明記なし。成立年代不明。別に『法華切文』『法華肝要』『伝教随身抄』『法華一部要文』『法華経二十八品肝要』『法華経二十八品之大事』ともいう。本書の跋によれば、撰者は最澄であるとされているが、その真偽には疑問がもたれている。『法華経二十八品』の各品より、肝要の文を数字の間に摘出し列ねたものである。〔所載〕伝全3、日蔵24。　〔多田孝文〕

法華二論義得意抄【ほっけにろんぎとくいしょう】［日］　六巻。日辰（一五〇八—七六）著。永禄三（一五六〇）年成立。正式には『開迹顕本法華二論義得意抄』という。日辰は近世初頭の日興門流を代表する学僧で、それ以前の富士門流の教義を破し、要法寺教学（尊門教学）を大成し、その教学は日興門流の主流となった。本書は『無量義経』『法華経』『観普賢経』の法華三部経を解釈したものであるが、『法華文句』などのように文々句々の解釈ではなく、品々を解釈したものである。日辰は本書以外にも数多くの法華経注釈書を著わしている。それらの中に、法華三部経の各品について二つの問題点を挙げ、二論義式に解釈した『略二教論義』がある。それをさらに細かく問難答釈したものが本書である。したがって本書と『略二教論義』に挙げられた各品二つずつの問題点は同じである。この二書について日辰は本書奥書に「人前の論義においては略本を用ふべし。もし得意においてはこの本を用ふべきもの也」と述べている。本書の構成は第一巻に無量義経、序品、方便品、第二巻に譬喩品、信解品、薬草品、授記品、化城品、第三巻五百品から安楽品まで、第四巻涌出品、寿量品、第五巻寿量品、第六巻は分別品以下勧発品と観普賢経から成り、巻末に鎮守論義を収めている。知られるように寿量品に数多くの紙数をさいているが、ここに日辰教学の特色がある。

日辰は寿量品正意論者で知られるが、それは主として、八品正意とする慶林日隆の教学を批判したものである。本書は特に寿量品正意として寿量品に説かれる釈尊を本仏・本尊とする。曼荼羅についてもそこに列せられている十界の聖衆は釈尊の本因本果に亘って下種を受けた聖衆であり、寿量品を聴聞して久遠下種に帰結して得脱したのであるから、曼荼羅は寿量品所顕の本尊であるとする。寿量品の本因本果が顕れてからこそ、妙法、本尊、弟子、聖衆等の大事が顕れるのであるから、寿量品こそが法華経の能開であるとする。そこに慶林日隆の主張する八品説に対して日辰が寿量正意とする理由がある。宗祖日蓮が八品を説くのは上行菩薩に約してのことだという。釈尊は一代聖教中法華経寿量品において自らの久遠なることを説かれたが、それを証するために上行等の四菩薩を上首とする地涌の菩薩が出現し、釈尊は末代のために上行菩薩に法を付属された。上行菩薩の来還・付属は法華経中でも八品において起ったことであって、一代諸経、迹門でもなかったから「於八品」「限八品」等と宗祖日蓮は八品超過の相を示されたのであって、しかしそれには勝劣浅深はない、とする。さらに八品の間には付属・本尊・四大菩薩・南無妙法蓮華経等という人法の大事を説くから広く、総じて言えば八品為正であるが、人法も究極は寿量品に帰結するのであるから根本は寿量品であり、この寿量品の本因本果の釈尊こそが本仏・本尊である、という。そのような意味から寿量品正意を主張する。この立場から日辰は富士教学の仏像不造義を否定し、造像義を主張している。本書は日辰の代表的な著作で、その教学を知る重要な書である。正本は京都要法寺に所蔵されている。〔所載〕日宗全3。　〔井上博文〕

法華本迹十妙釈【ほっけほんじゃくじゅうみょうしゃく】［天］　一巻。圓仁（七九四—八六四）釈。成立年代不明。別に『法華本門観心十妙釈』『法華本迹門観心十妙釈』『観心十妙釈』『頓証菩提講』『法華本門観心』『法華迹本十妙釈』『法華本門観心絶待妙釈』ともいう。本書は、『法華玄義』の本門十妙に各々観心絶待妙釈を施したもので、同じく圓仁釈の『迹門観心絶待妙釈』と合わせて一部をなすものである。〔所蔵〕正大。〔所載〕仏全24、日蔵78。　〔多田孝文〕

法華本迹雪謗【ほっけほんじゃくせつぼう】［日］　五巻。了義日達（一六七四—一七四七）識。寛保三（一七四三）年成立。日達は中村檀林、求法院檀林、鷹ケ峰檀林等で『法華玄義』『法華文句』を講じた学匠で、京都本圀寺第二六世貫首。日達は享保一四（一七二九）年に『高祖御譲状註釈』一巻を刊行し、本圀寺が日蓮の法脈を継承する正統の門流であることを主張した。このため日蓮の教えを汲む他門流はこれに反論を企て、立本寺の日応（?—一七三八）は『諫迷治蠱録』、妙顕寺の観具日諦（一六七四—一七三二）は『規矩準縄録』、本圀寺より分派した日陣門流の本有日相（一六八八—一七五六）は『御譲状註釈弁偽』を著わした。これらに対し、日達は『獅子吼章』二巻をもって応酬したのである。このような経緯をへて、本書はとくに日相の著述に反駁するために執筆されたものである。本書の「序」によれば、日達は本圀寺の流れが正統であることをしらしめるために『髙祖御譲状』を注したところ、さまざまな疑難を受けるに至った。そこで、毀謗の汚名を雪ぐために「雪謗」と名づけて刊行すると記している。まず本書は、日相の文を引用し、つづいて日達が反論するという形式をとっている。その主張は、陣門流の本成寺は本圀寺の末寺であること、本迹勝劣義は誤りであることなど、陣門流の義を破し、さらに興門流の日悦（一六五一—一七二六）の『本迹破邪決答』に批判を加えた。日相はただちに『撃大毒鼓論』一五巻を撰し、抜粋して日達に送り、本迹一致論を非難した。このように、本書の投げた波紋は広がり、勝劣派の諸山は陣門流と手を結んで延享三（一七四六）年幕府に訴え、ついに『法華本迹雪謗』の原板焼却事件へと発展するのである。本書は寛保三（一七四三）年刊行。刊本は立大図書館所蔵。〔北川前肇〕

法華曼荼羅諸品配釈【ほっけまんだらしょほんはいしゃく】因　一巻。圓珍（八一四—九一）撰。『講演法華儀』『法華経両界和合義』とともに圓珍撰の『法華経』と密教の一致を主張したものとされるが、これら三書は諸仏菩薩の『法華経』諸品に対する配釈が各々異なり、おそらく偽撰であろう。本書は胎蔵曼荼羅の中台八葉院諸尊を『法華経』諸品に配釈して、その一致を論ずるものである。〔所載〕仏全27、仏全（鈴）51、日蔵80、智全下。〔水上文義〕

法華文句要義聞書【ほっけもんぐようぎききがき】天　巻数不明（第一、五、七、九巻の四巻のみ現存）。忠尋（一〇六五—一一三八）述。成立年代不明。別に『法華文句要義口伝鈔』（本書第七、第九内題）、『法華文句要義鈔』（本書第一尾題）、『法華文句要義』ともいう。本書は、『法華文句』の要義を収めた『法華略文』の問題点を挙げ、これを主題として扱った口伝書である。説相から見て後代の成立とされる。〔所載〕仏全3。〔多田孝文〕

法華文段経【ほっけもんだんきょう】日　一〇巻。日遠（一五七二—一六四二）著。慶長一七（一六一二）年刊。文段とは文章を区切る意であり、たとえば寿量品の文底三段などはそのひとつである。『法華経』の真意を理解させるために文章を区切って読ませるもので、日蓮宗でよく用いられた方法である。正本は山梨県大野山本遠寺に所蔵。〔町田是正〕

法華問答【ほっけもんどう】浄真　二巻。存覚（一二九〇—一三七三）述。暦応元（一三三八）年成立。本書は、存覚（親鸞の曽孫である覚如の長男）が、四九歳のとき備後国において、日蓮宗の僧との間に行ったと伝えられる教義論争についてまとめたものであり、一二の問答より構成されている。すなわち、第一から第四の問答では、(1)『観無量寿経』は『法華経』の「爾前方便教」であるか否か、(2)『法華経』の弥陀と西方浄土の弥陀の同異について、(3)『法華経』の教えと、念仏の教えのどちらが正行か、ということについて論じ、第五から第九の問答では、『観無量寿経』と『法華経』の説時について論じ、第一〇から第一二の問答では、『法華経』と、『大無量寿経』『観無量寿経』『阿弥陀経』等の浄土経典とのどちらが釈尊の出世本懐の経であるか、ということについて論じている。日蓮宗に直接反論した存覚の書には、他にも『決智抄』がある。このような書があるということから、日蓮宗への対応という問題を避けては通れなかった当時の浄土真宗教団の状況がうかがわれる。本書の写本には、西本願寺蔵室町時代写本、および浄興寺（新潟県上越市）蔵応永三二（一四二五）年写本があるが、いずれも漢文体である。〔所載〕真聖全3。〔那須一雄〕

法華問答正義抄【ほっけもんどうしょうぎしょう】日　二二巻。少納言律師日全（一二九四—一三四四）著。正慶—康永（一三三三—四四）の成立。日全は中山日祐の弟子分で、武州一の江妙覚寺の祖。その伝は詳らかではないが、叡山に学び、身延山に登って三位日進（一二七一—一三四六）に師事し、関東の仙波に学んだという。したがって、かの日向の『金綱集』との関係は深い。本書は古来から中山門流の秘書として重んぜられてきた有名なものである。すなわち、第一巻から第一二巻までは『法華経』開結一〇巻の要文を釈して法華正義の顕揚を目的とし、第一三巻から二一巻までは法華教学の立場から浄土・真言・禅・天台等の見聞について記し、最後の二二巻は法華天台止観勝劣及び当家の観心の行相を論じたもので、いわば今日でいう宗義概説の書に相当する。本書において注目すべき点は、第二二巻の「法華与天台止観勝劣事」中にいう尊海の止観勝法華思想を、「私曲の浮言」・「天魔の説」と指弾して、観心主義思想を排している点、加えて、日進が二度に亘って書写した日蓮の『立正観抄』の止観勝法華とも関わって興味深い。なお昭和一九年中山法華経寺方丈焼亡の際その正本を焼失。今は立大蔵の写本によって該書を知るのみである。第一・四・七巻は欠本。〔中條暁秀〕

法華問答壬辰記【ほっけもんどうじんしんき】浄真　三巻。宜成（一七七七—一八六一）述。天保三（一八三二）年成立。宜成は大谷派第一二代講師。延元三（一三三八）年存覚が備後国国府で日蓮宗徒と対論し、そのとき著わした『法華問答』二巻の注釈書。本書は(1)来意（初弁二謗難興起一、二明二酬対相承一）、(2)大意、(3)釈名、(4)入文の四科に分けて詳釈されており、『法華問答』は謗難を因縁として真宗の正意深義が顕わされていると評価している。〔所載〕真大29。—→法華問答〔藤沢正徳〕

法華訳和尋迹抄【ほっけやくわじんしゃくしょう】日　三巻。日遠（一五七二—一六四二）著。寛永一九（一六四二）年刊。版本が国会、谷大、立大に蔵せられ、正本は日遠寂地の池上本門寺に所蔵。〔町田是正〕

法華略義見聞【ほっけりゃくぎけんもん】

因 三巻。忠尋（一〇六五—一一三八）述。成立年代不明。別に『漢光類聚鈔』（巻上奥書）、『漢光類聚』（巻中奥書）、『法華経略義見聞』ともいう。撰者とされる忠尋は、天台口伝法門の大成者といわれる人物で、天台恵心流を伝えて天台宗学を復興、その一派を東陽流と称する。本書は南岳所説とされる『法華略義』についての口伝注解の書である。忠尋撰とされる天台の口伝書には、智顗の法華三大部のそれぞれの要義を抄録した『天台伝南岳心要』『法華略義』『法華略文』に対する注解がある。その中『法華玄義』の抄録である『法華略義』には、二つの口伝書があり、その一つが本書で、もう一つが『法華略義聞書』一巻である。撰述年代については、他の忠尋撰とされる口伝書と同じく、単に文態文相等からのみではなく、たとえば中尋より四代後の粟田口静明の意見があるなど、後の弟子の筆録と推定される。本書の内容は中古天台における法義、名相の解釈を取り扱ったものである。本書の成立年代に関する疑問、内容的にも不明の点が少なくないが、全体としては『法華略義』の概説から始まって種々な問題を細かく論議しており、天台口伝法門を知る上においては貴重な資料の一つということができよう。〔所蔵〕西教寺正教蔵、実蔵坊真如蔵。〔所載〕仏全16。〔参考〕岩田教円・天台の口伝法門と東陽房忠尋、硲慈弘・中古天台慧檀両流に関する研究。
〔多田孝文〕

法華霊場記【ほっけれいじょうき】回 七巻。豊臣義俊（?—一六五四）著。貞享二（一六八五）年成立。『山城法華霊場記』ともいい、天文法難後に復興した京都日蓮宗本山諸寺の霊場としての由来、縁起等を編集したもの。一巻に本圀寺、二巻に妙顕寺、三巻に妙覚寺、立本寺、本隆寺、四巻に妙満寺、妙泉寺、寂光寺、要法寺、五巻に本法寺、頂妙寺、六巻に本満寺、本禅寺、妙伝寺の一四カ寺を載せる。版本を立大蔵。〔冠　賢一〕

法華論科文【ほっけろんかもん】因 一巻。最澄（七六六—八二二）鈔。成立年代不明。最澄にとって『法華経』は日本天台宗の宗義確立にとって最も重要な経典であり生涯に亘る研究課題であった。世親（五世紀ころ）造、菩提留支・曇林等訳『法華論』二巻（詳しくは『妙法蓮華経憂波提舎』という）はこの『法華経』注釈の漢訳として唯一貴重な論書である。この論の説く分科（「譬喩品三」まで）を「信解品四」より最後の「勧発品二八」までにあてはめて『法華経』全体を分科し解釈したのが本書である。しかし最澄は論の分科をそのまま敷衍するのではなく「序品」の六瑞段の釈にみられるように智顗（五三八—九七）著『法華文句』との比較も述作の目的であったと思われる。「序品」は論の説く七成就によって七分されている。「方便品二」の釈では論に従って五分し、さらに全体で四五節に分けるとして「五甚八甚四七成二五何等三四四」の略頌を示す。「五甚八甚」とは論の第一歎妙法功徳具足分の証甚深五項と阿含甚深八項。「四七成・二五何等」は第二歎法師功徳分の四成就・七成就および何等の五句の証法・説法二種釈。以下は第三定疑分の三項、第四定記分の四項、第五断疑分の四項である。第三品以下は論が一括して七喩・三平等・十無上義によって分類するを、最澄は各品について右の三義の有無を指摘したうえで各々所説を配置している。〔所載〕日蔵25、伝全3。〔多田孝正〕

法華論記【ほっけろんき】因 一〇巻。円珍（八一四—九一）述。『論記』『法華論憂波提舎記』『妙法蓮華経憂波提舎記』ともいう。製作年代は明らかではないが「年譜」によれば入唐中に著作にとりかかり、後推敲を重ね完成は帰国後であったと思われる。本書は世親（五世紀ころ）造、菩提留支ならびに曇林等訳『妙法蓮華経憂波提舎』二巻（＝『法華論』）の注釈であり、論の順序そのままに随文解釈したものである。円珍は当代にいたるまでの天台一家の『法華経』研究の成果である智顗（五三八—九七）著の法華三大部及び『浄名疏』、湛然（七一一—八二）著の三大部注釈書及び『五百問論』、また智度（年代不詳）著『天台法華疏義纉』等の書を用いている。そしてさらには法雲（四六七—五二九）、吉蔵（五四九—六二三）、窺基（六三二—八二）の『法華経』の解釈はもちろん、道暹（—七六六—七七九—）等の近世の学説も従横に用い、澄観（七三八—八三九）の『華厳経』の新疏を採り上げるなど引用経律論は数十におよぶ。こうした大部の引用により『法華論』の大旨をくまなく検討した上で、著者は常に「今案」として円密一致の思想等の独創的な見解と立場をあきらかにしている。円珍は三井園城寺の中興寺門派開祖であり、とくに台密の大成者として著名であるが本書の述作によって日本天台教義の確立にも大きな貢献を果していることを忘れてはならない。〔所載〕仏全25、日蔵25。〔多田孝正〕

法華論四種声聞日記【ほっけろんしゅしょうもんにっき】因 一巻。円珍（八一四—九一）叙。成立年代不明。世親の『法華論』に四種の声聞の内、初めの二種の声聞には授記せずとするを、四種の声聞の本地を論じて胎蔵の四種の阿字と金剛界の四菩薩に宛てて声聞すべてに授記することを明かしている。本書で金剛界とする四菩薩は胎蔵界のものである等の不明瞭な記述から真撰を疑う説もある。〔所載〕日蔵41、仏全24。〔多田孝正〕

発心集【ほっしんしゅう】通 八巻。鴨長明（一一五五?—一二一六）著。成立年代不明。従来、『方丈記』が成立した建保二（一二一二）年以後と考えられていたが、近年疑問視されてきている。鴨長明は鎌倉時代の歌人。下賀茂神社祢宜鴨長継の次男として生まれたが、父の夭折により神官としての昇進の道も閉ざされ、五〇歳の春、出家遁世、大原、日野外山に住する。内容は一〇二話の仏教説話から成るが、序文によると、賢いものを見ては仏道を願うとし、愚かなものを見ては自らを改めるため、己のあさはかな心を反省するため、見聞したものを集めたものであり、また、天竺、震旦の話は遠くのことであるから、ただ我が国の人の話を中心として記したものであるという。実際、何話かの例外があるものの大部分がわが国の僧侶の説話である。仏教説話集は一般に啓蒙、教化が第一義にあげられるが、本書は自照性の強いことが特徴となっている。巻一第一話は玄賓の遁世譚であるが、他にも平等、千観、増賀、南筑紫、永観、寂心、寂照など多くの発心遁世譚を載せている。これらはたんに発心遁世譚としてあるのではなく、かれらの内部にあった葛藤をも活写している。これは長明自身に内在する心への凝視、みずからの心のありようによるものである。それは「心の師とは成るとも、心を師とする事なかれ」という有名な序文冒頭の一言からもうかがえる。他に和歌、管絃などの数奇と仏道に関する説話も見逃せない。〔所載〕仏全147、仏全鈴91、発心集（角川文庫）。〔参考〕方丈記・発心集（新潮日本古典集成）〔清水宥聖〕

発心不退章【ほっしんふたいしょう】真 二巻二冊（和文）。享和三（一八〇三）年、等空（一七四五—一八一六）撰。序文にいう。「下根の者は発心のみにては退堕なき能はずと雖も、若し浄土に往生すれば常に仏を見るが故に退することなし」と。真言密教の浄土往生説を初心道俗のために平易に説き明かす。初めに一切皆苦を説きおこし、次いで発菩提心の功徳、または往生の正因、日常の勤行則を挙げ、最後に密教の教義を示す。〔所載〕真安心下。〔吉崎一美〕

発心和歌集【ほっしんわかしゅう】通 一巻。選子内親王（九六四—一〇三五）作。寛弘九（一〇一二）年八月成立。選子内親王は天延三年、賀茂斎院に卜定されて以後、円融、花山、一条、三条、後一条の五代の天皇に勤仕したので大斎院と呼ばれた。摂関家と昵懇で、斎院の優雅さおよびその女房たちの文学的活動が、定子、彰子の後宮にも多大な影響を与えた。斎院という神に仕える身でありながら、しだいに仏教に帰依、とくに『法華経』と念仏を深く信仰。また和歌にも長じ、和歌によって仏に結縁しようとしたことが、本書の序文によって知られる。内容は、撰述趣旨をのべた漢文体の序文と和歌五五首とからなる。和歌は経典の要文、偈文を掲げ、それを題として詠じたものである。四弘誓願四首、『般若心経』一首、『華厳経』における普賢十願一〇首、『転女成仏経』一首、『如意輪経』一首、『阿弥陀経』一首、『大般若経』理趣分一首。『仁王経』上下各一首、『本願薬師経』一首、『寿命経』一首、『無量義経』一首、『法華経』二八首、『普賢経』一首、『涅槃経』二首からなる。釈教歌は勅撰集では当初哀傷の部立などに収められており、『後拾遺和歌集』にいたって初めて釈教の小部立が設けられた。ところが本書はそれより早く編まれており、なおかつ単行の釈教和歌集としても嚆矢といわれる。『般若心経』の和歌をはじめとする四首が『新古今和歌集』以下の勅撰集の釈教の部に入集。〔所載〕群書24、国東叢1（歌頌部）、釈教歌詠全集1、私家集大成中古2。〔清水宥聖〕

法水分流記【ほっすいぶんるき（ほうすいぶんるき）】浄 一巻。静見（一三一四—八三）勘録。永和四（一三七八）年成立。静見は深草流祖顕意道教の孫弟子で、大和来迎寺を開基し、六五歳で本書を著わし七〇歳で入寂する。源空の滅後一六六年後の南北朝時代に勘録された、源空門下の諸流系譜の最古のものとされている。源空門下の諸流として白川門徒（信空系統）、多念義（または長楽寺義と号す。隆寛系統）、鎮西義（または筑紫義と号す。弁長系統）、一念義（幸西系統）、大谷門徒（または一向宗と号す。親鸞系統）、嵯峨門徒（湛空系統）、西山義（または小坂義と号す。證空系統）、紫野門徒（源智系統）、九品寺義（または諸行本願義と号す。長西系統）の九系統にわける。そのうえに「雖未必伝上人宗義於浄土教帰学諸輩」として他宗の本籍に属しながらも浄土教に帰敬された良快、公胤、住心、明遍、静遍、良遍、円照、悟阿、制心、了敏、真空を挙げる。奥書によると永正七（一五一〇）年に三河法蔵寺の康翁が写伝している。深草流の系譜に静見から康翁まで載せられているのは、おそらく康翁が書きついだものであるとされる。本書は大正七（一九一八）年に谷大図書館に所蔵されていたものを仏教史学会より刊行された。底本は奥書によると元禄九（一六九六）年に匪空が深草円福寺において書写したものを元禄一三（一七〇〇）年に京都十念寺明空沢了が手沢したものである。惜しむべきは文字の誤謬と線の脱落に注意を要する。〔中西随功〕

法相宗賢聖義略問答【ほっそうしゅうげんじょうぎりゃくもんどう】南 四巻。仲算（九三五—七六）著。成立年代不明。巻一と巻四のみが現存。基に『二十七賢聖章』一巻という著作があったと『蔵俊録』などに記されているが、本書はその注釈である。二十七賢聖は十八有学と九無学をいい、欲界の見惑を断じた聖者である。注釈は問答体をもって明解にすめられている。〔所載〕正蔵71。〔太田久紀〕

法相宗初心略要【ほっそうしゅうしょしんりゃくよう】南 二巻。貞慶（一一五五—一二一三）著。法相宗。鎌倉時代。法相教義を初心者に知らせるために、その重要項目を選び簡潔に解説をしている。巻上、二七項、巻下、一〇項目ある。体系的な論述というよりは、辞書的性格がつよい。伝統的解釈に従いながら、貞慶の他の著作にも共通にみられるように、よく消化された文章でのべられている。〔所載〕日蔵（法相宗章疏1）。〔太田久紀〕

法相髄脳【ほっそうずいのう】南 一巻。慈蘊（—八〇三—）撮略。延暦二二（八〇三）年以前の成立。本書は『法相灯明記』『掌珍量導』などとともに一群の書として伝えられたものである。本書は慈恩の『二十唯識疏』『中辺釈』など一〇あまりの唯識論書から引用文を集めた短いものである。その奥書のまえに「以上の文は延暦二十二年遣唐の学生霊船に付して大唐に渡る。本書は六枚半の書なり」とあることから、唯識の重要教理に関して書き綴ったものを、遣唐学生である霊船に託して唐に持ちゆき、唐においてその内容の検討、説明を求めようとしたものと考えられる。〔所載〕仏全(鈴)31、日蔵(鈴)63。〔横山紘一〕

法相灯明記【ほっそうとうみょうき】[南] 一巻。慚安（?—八一五）集。弘仁六（八一五）年の成立。本書は『掌珍論導』『法相髄脳』などとともに一群の書として伝えられ、北寺・南寺の間で争われている法相義に関する問題点、たとえば三類境の扱い方、三無自性、所縁縁、中道義理などに関する解釈の相違について、内明の一〇義と因明の六義との合計一六カ条にまとめたものである。当時の両寺間の論争点を知るうえで絶好の書である。〔所載〕正蔵71、仏全(鈴)31、日蔵(鈴)63。〔横山紘一〕

法則【ほっそく】[日] 身延一一世行学日朝（一四二二—一五〇〇）著。日朝は身延山久遠寺発展の基礎を築いたが、諸法会もまた組織化し、多くの法則を遺した。天台大師講、伝教大師講、山王講、仏涅槃会、仏生会、伊豆御難会、竜口御難会、御影講、延師七々日忌、延師七年忌、学師三三年忌、日殿百日忌、日出供養、日軌供養、四天王、十羅刹女、大黒講、稽古講、立正会、法華十軸略釈等の法則が合して一四冊で身延山久遠寺に所蔵される。〔林是晋〕

法則【ほっそく】[日] 身延二八世日奠（一六〇一—六七）著。身延山久遠寺身延文庫日奠の部に五巻の法則が架蔵される。すなわち、能州妙成寺における慈勇宗健の逆修頓写法則。承応二（一六五三）年滅の養珠院妙紹日心大姉頓証菩提の頓写法則。寛永一六（一六三九）年滅の日奠母七年忌頓写法則。これは寛永一三（一六三六）年滅の父の一七年忌にも用いられている。身延山久遠寺仏殿における清性院殿観月日春幽儀三回忌千部供養法則。さらに頓写法則が一巻である。〔林是晋〕

法則彙集【ほっそくいしゅう】[天] 三巻。妙空（—一七八二—）編。妙空の名は、本書坤巻の末に元三大師堂供養法則を出した後に「天明二壬寅年暮秋二十八日般舟三昧院妙空」と記すことによる。その法則の前には、宝永甲申年（元年、一七〇四）の紀年と「般舟三昧院如空」の名があり、歴代書き留めておいた諸堂供養、諸法会の法則集というべきか。乾・坤二巻に加えて、追加一巻があり、普門品、心経、大般若、節分の法則を出す。〔所載〕天全20。〔木内堯央〕

法則集【ほっそくしゅう】[日] 一巻。身延一五世日叙（一五二三—七八）著。日叙が、実然法印作の堂供養法則、橋供養法則。恵儼作の楞厳講、四季講。実海作の父三三回忌、根本大師講等の諸法則を類聚したものである。原本は身延山久遠寺に所蔵される。〔所載〕日蓮教学研究所紀要6。〔林是晋〕

法則集【ほっそくしゅう】[天] 一巻。信承（生没年不詳）撰。本書は表題のもとに安居院流といい、信承法印は安居院聖覚の弟子であるという。安居院流といえば、唱導の一家であり、澄憲、聖覚と次第する。聖覚は、京都安居院に住したので、一流を安居院流と呼ぶのであるが、法然源空に師事して浄土の口決を承け、唱導をもってよくその布教を助けたとする。しかし、比叡山において竹林房静厳に師事して円密二教に通じたひとで、終始天台の法流を汲んでいるわけで、そのおびただしい法則、表白の類は、安居院流唱導書として現在にまで伝わっているのである。法則は、神分、霊分、祈願、表白の組織を統べたもので、法会のなかにさしはさんで、一会の意義や祈願のおもむきを宣明するもので、唱導布教が、そうしたかたちで発生していることにも注意せねばならない。本書は、法則次第として、入堂、礼拝、登礼盤、開眼等、神分について、表白について、願文読の事、発願、呪願、仏名、教化、説法、別願、廻向、総廻向、布施、布施呪願、纒頭、口伝となり、この口伝で、「説道に至ては、仏の使として、他に代りて直至道場頓証菩提を教ふる師なり」として、天台説法の落立、説法の心得と功徳、発声、当道すなわち唱導家の意義の重さ、役割の重大さをかえりみ、三礼、如来唄、そして永仁六（一二九八）年の書写の記があり、「此書者安居院信承法印制作矣可秘可秘唯受一人云々」そして六種回向となっている。〔所載〕天全20。〔木内堯央〕

法則鐘銘集【ほっそくしょうめいしゅう】[日] 一巻。身延二七世日境（一六〇一—五九）著。日境が鐘銘、石塔銘等を類聚したものである。その内容は、『本朝文粋』所載の鐘銘、相州長寿禅寺鐘銘、武州六浦称名寺鐘銘、摂州能勢真如寺鐘銘、日光山鐘銘、江戸瑞輪寺鐘銘、甲州信立寺鐘銘、お万の方の逆修石塔銘、身延二世日向上人三百年忌塔婆銘、洛陽大仏（京都方広寺）鐘銘等である。原本は身延山久遠寺に所蔵される。〔林是晋〕

法則諷誦集【ほっそくふじゅしゅう】[日] 一巻。身延二七世日境（一六〇一—五九）著。まず夫婦男女の曠劫の宿縁を述べ、頓写の功徳をたたえて、三宝の照鑑を乞い、ついで玄悟院常知日橋台霊第七回忌法会の意趣を申し述べ、諸天並びにわが国の神祇を勧請して法楽を捧げ、諸仏・諸尊に法会の意趣を白し述べる段で終っている。後欠。原本は身延山久遠寺に所蔵される。〔所載〕日蓮教学研究所紀要6。〔林是晋〕

法灯国師坐禅儀【ほっとうこくしざぜんぎ】[臨] 無本覚心（一二〇七—九八）著。鎌倉時代成立。無本は諱を覚心、心地房と号し、心地覚心の称でも呼ばれ、法灯派の祖である。高野山の伝法院主覚仙などに密教を学び、金剛三昧院退耕行勇に台密禅を学び、建長元年入宋し無門恵開の法をついで建長六年帰朝、金剛三昧院に第一座となり、紀伊由良荘地頭葛山景倫の招請で西方寺（のちの興国寺）の開祖となる。亀山上皇が法灯禅師と諡され、後醍醐天皇が円明国師と追諡された。真言密教の出である兼密禅の挙揚者として注目される。無本が坐禅についてふれているものに『法灯国師法語』の一一「坐禅之事」の条があり、坐禅の行法について説示している。それに対し、坐禅の本旨についてのべている著が『坐禅儀』で、初心の人は念起坐禅ということを心得るべきで、心は体、念は用であり、六凡四聖の相は衆生の心中よりあらわれ出るもので、一切は唯一心のつくり出すものであり、その心の源を知ることを見解とも、悟道とも、生死を出離することも、解脱とも、世尊とも、如来とも、成仏ともいい、それを見明らめようと思い、志深き人を、道心者、仏法者、禅門、人道、坐禅者などというのであり、悟をうるか否かは道心の有無によるものとしている。〔所載〕禅林叢書2（正保二〈一六四五〉年九月刊本）、仏全96、仏全鈴48（いずれも慶安版）。〔竹貫元勝〕

法灯国師法語【ほっとうこくしほうご】臨　一巻。無本覚心（一二〇七―九八）著。鎌倉時代成立。詳しくは『由良開山法灯国師法語』。本書は、道俗の教化のために著わしたもので、まず無常をすすめ、菩提心を発さしめて、坐禅の行を教え、自己の心を悟らしめることを目的に、一一項目に分けて禅の要諦を説示している。⑴無常の事、⑵衆生顚倒の事、⑶身の始終の事、⑷衆生父母兄弟の事、⑸斎戒の功徳の事、⑹人身を受くるといへども仏教に逢ひ難き事、⑺自他心同じ事、⑻一切衆生仏性の事、⑼諸教のうち宗門の勝れたる事、⑽公案の事、⑾坐禅の事となし、真言密教の出であり兼密禅の巨匠である無本は、禅門は仏心宗であり、最上乗の法で、坐禅は諸行中でもっともすぐれ、公案の工夫をなすべきことを強調していて注目される。〔所載〕禅林叢書2、仏全96、仏全鈴48。〔竹貫元勝〕

払惑袖中策【ほつわくしゅうちゅうさく】因　二巻（巻上・下）。最澄（七六六―八二二）撰。成立年代不明。『袖中策』『払惑袖中記』ともいう。上巻に八相成道を含む仏の問題、下巻に仏性問題、三身仏に関するもののほか雑多な問題、上下各巻二〇項、合計四〇項の論題について問答形式で解決を与えたものである。古来本書については真偽撰の問題がある。〔所載〕日蔵40、伝全3。〔多田孝正〕

本因妙抄【ほんいんみょうしょう】日　一巻。伝日蓮（一二二二―八二）記。ただし日蓮に仮託して日興門流で自門の正統化のために制作された相伝書。写本には弘安五（一二八二）年一〇月一一日の日付があるが、遷化の二日前に日蓮が筆を執るような状態になかったことは周知の事実であり、作者ならびに成立時期は不明である。一説には古写本の文献的問題、内容における明確な中古天台口伝法門の影響等より日蓮滅後一二〇年ころに謀作されたのではないかと推定されている。本書は『百六箇相承』と合わせて興門では両巻血脈と称し、他門不共の秘伝書として最高の教義書として扱う。のちの大石寺教学はこの両巻血脈の思想を展開したものである。具名は『法華本門宗血脈相承事』といい、「本因妙之行者日蓮記之」とあるところから『本因妙抄』と通称されている。内容は中古天台口伝法門の『三大章疏七面相承口決』に準拠して興門の口伝が述記され、昔迹本観の四重興廃の立場から、教観種脱の本迹勝劣を主張している。その結論は、文上一品二半脱益、理一念三千。文底久遠名字即題目下種、事一念三千。「仏は熟脱の教主、某は下種の法主なり」と判じ、以後の日蓮本仏論の根拠となるのである。写本は日時本を富士大石寺、日辰本を京都要法寺、日我本を保田妙本寺等蔵。〔所載〕日宗全2、富要1。〔参考〕三大章疏七面相承口決、百六箇相承。――→金剛亀羊弁　〔小野文珖〕

本覚讃釈【ほんがくさんしゃく】因　一巻。源信（九四二―一〇一七）述。成立年代不明。別に『本覚讃註』『本覚注讃』『本覚讃注』『本覚讃注釈』『本覚讃草案』ともいう。本書は「本覚讃」に対して天台、密教等の融然たる思想をもって、研究的態度にて問答形式を用い、精密なる論述をしたものである。「本覚讃」とは七字一句八行の『蓮華三昧経』の偈のことである。この本覚讃について、和讃体の仮名文六二句をもって解説したものが『註本覚讃』である。この『註本覚讃』をさらに注釈したのが、本書、『本覚讃釈』である。内容は、一行の『大日経疏』や五大院安然の『教時義』を引用しつつ、論を展開している。安然の『教時義』を応用したとも考えられる。密教色の濃い本覚思想の論説で、『註本覚讃』での論をより前進させた本覚思想が見られる。もし源信の真撰であれば、その思想は本門久成の理に存し、本門無作三身を本覚の実義となすが、本書には「本覚真如」の語があるところから、源信作とはされない。成立は、一二〇〇年ころ（鎌倉初期）と考えられる。末尾には、法蔵の『華厳経伝記』巻四の説話（破地獄に関するもの）を引いて結びとしている。この説話は、『往生要集』巻下に掲載されており、本書もそれにならったとも考えられる。本書は、『本覚讃』『註本覚讃』とともに、日本仏教史上、特に本覚思想を研究する者にとっては、重要な文献である。〔所載〕仏全24（天台小部集釈16）、恵全5。〔多田孝文〕

梵学津梁【ぼんがくしんりょう】真　慈雲（一七一八―一八〇四）。わが国に伝来した梵学は、空海所伝を中心に伝承してきた。空海の、梵学に関する著作は、『梵字悉曇字母並釈義』『大悉曇章』二巻及び『御請来梵字悉曇章』の三種が現存しており、この三書によって、空海の梵字・梵学に関する知識とその系統を察するに、空海所伝の悉曇章の母音と子音は総計五〇まで、普通、中国・日本に伝わった字母の記号、すなわち mātṛkā の数四七字より三字多い五〇字で、これは『金剛頂経』「釈字母品」（『正蔵』18）にあるものである。これは、空海三著の中、第一の『梵字悉曇字母並釈義』に従ったものであるが、この限りにおいて、それは、『金剛頂経』「釈字母品」の系統であり、不空の所伝である。さらに、不空は、師を金剛智に仰ぎ、金剛智の師は那爛陀寺の寂静智である。金剛智は、寂静智から「声明論」を学んだのであるから、このように遡ると、空海の梵字・悉曇学、したがって、日本の梵字・悉曇学は那爛陀寺系統のものであることが分る。空海の系統は、他の真言教学と並んで、日本真言の柱石となったが、それと同じく、梵学も日本真言のみならず、日本仏教中所伝の梵学の指標となっており、悉曇にあっても、もちろん例外ではない。

『梵学津梁』は約一千巻より成る大冊で、およそわが国に伝わった梵学に関する資料の大成であり、文法・辞典的考察の回顧、集成、展望であり、諸家の研究の大成である。慈雲はこの目的を達成するために、全編約一千巻を七分して祖述した。

①本詮＝梵文資料の集成である。従来から日本に伝えられている梵文の写本を可能な限り集め、再転写して集成したもの。本書の中心部分であり、世界的資料の検討付き蒐集である。

②末詮＝右資料の解読。慈雲の梵語解読力を知る第一級の資料。

③通詮＝文典に相当する部分。チャールズ・ウィルキンスがバガヴァッド・ギーターを英訳した年よりも約二〇年も前に、現存梵本と漢訳とによって文法を帰納的に解明し、翻訳に成功したことは世界的偉業と評価されている（渡辺照宏『日本の仏教』）ほどである。杉田玄白の「クルムスの解剖図譜」の翻訳を四年かけて完成し、これを『解体新書・形態新名目編』と名付け刊行（一七七四）したのと符節を合する江戸中期の壮挙であった。その規模と重要性においていずれを大と評しえぬところである。

④別詮＝右につづいて、在来の梵語関係の図書を集大成し、わが国の梵学史を一覧できるようにしたもの。

⑤略詮＝次の広詮と並んで、梵語の辞典編纂の準備を志したもの。略詮では、当時の蒐集しうる資料すべての中の名辞を蒐集し、字母順に配列している。

⑥広詮＝右に解釈を付したもの。

⑦雑詮＝前の六部門の補遺に相当するもの。梵語に直接・間接に関係する参考資料が蒐集されている。④の「別詮」の補遺に当るものとして、杲宝の『創学鈔』、浄厳の『三密鈔』、寂厳の『稽古録』等があり、②の「末詮」の補遺としては、『普賢行願讃講述』一〇巻、『法華梵訳』一巻等がある。間接的な資料として収集されているものに、新井君美の『采覧異言』、荻生徂徠の『満字考』、さらに法顕の『仏国記』、玄奘の『大唐西域記』、義浄の『南海寄帰内法伝』等も収められている。これを要するにこの部門は、「日印梵学関係総資料」ともいうべき部分であろう。

いま、この全てを通覧していえることは、本邦所伝の梵文資料は、その直接のものたると、間接のものたるとを問わず、ことごとく蒐集網羅し、これを、あるいは辞典とし、あるいは梵漢和辞典として、さらに研究書・翻訳書として、整理・講読・翻訳し、終局において仏典講読を真の姿に戻さんとした一大総合研究であり、ことにその資料整理の集大成であった。仏教の研究と実践を一生かけて研究・実践し、戒律においては、「正法律」を、袈裟の作成については『方服図儀』を、仏・神の関係については「葛城神道」を研究・創出した慈雲尊者飲光の、量・質具わった大研究である。

総目録が『谷大図書館梵学津梁総目』（丹山文庫）であり、『慈雲尊者全集』（第九下）に出る。〔金岡秀友〕

本願行信旋火輪【ほんがんぎょうしんせんかりん】浄真　一巻。玄雄（一八〇四—八一）著。成立年代不明。玄雄は本願寺派の勧学。真宗教学の中心問題ともいうべき行信の交際について、全信成行、全行成信、機法互奪、本末相摂、光号信識、両重因縁、取願広略、立法開合、信心正因、称名報恩の一〇項目を立てて詳細に論じたもの。〔所載〕真宗全51。〔小山一行〕

本願寺聖人親鸞伝絵【ほんがんじしょうにんしんらんでんね】浄真　二巻。覚如（一二七〇—一三五一）撰述。永仁三（一二九五）年成立。覚如は本願寺の第三世にして親鸞の曽孫。童名は光仙、諱を宗昭、別号を毫摂という。一八歳のとき、親鸞の孫如信から真宗の要義を受け、生涯を通じて親鸞の大谷廟堂の寺院化を企て、本願寺を中心に真宗教団を統一、組織化しようとし、三代伝持の血脈を主張し、血統と法統との両者を踏まえた教団統率者として、親鸞の教学を明らかにし宣揚することに努めた。

本書は、覚如が親鸞の遺徳を鑽仰するため、その生涯の行実をまとめて、詞書と絵図を交互に記した絵巻物である。覚如の詞書と康楽寺浄賀の絵図からなる絵巻物として成立したが、写伝される過程で、覚如在世当時から詞書の冊子と絵図の竪幅絵伝とに分離することがなされ、現存最古の絵伝としては建武五（一三三八）年（広島県光照寺蔵）のものがあり、詞書のみの写本としては貞和五（一三四九）年（岐阜県楢谷寺蔵）のものがある。毎年の報恩講に詞書を拝読することは『空善記』『天文日記』『私心記』等に見られ、少なくとも蓮如の時代には恒例となっており、本書を『御伝』と称していたことが知られる。なお近世には『御伝鈔』の称が流布している。

基本的な古本とされるものは、⑴『善信聖人親鸞伝絵』五巻。（高田派専修寺蔵永仁三年書写本）、⑵『善信聖人絵』二巻。（本願寺派本願寺蔵室町時代書写本、一名「琳阿本」）、⑶『本願寺聖人伝絵』四巻。（大谷派本願寺蔵康永二年書写本）、の三本で、永仁初稿本は建武三年の戦火で焼失したが、初稿本より康永本にいたるまで再三増訂されており、⑶の東本願寺本が現行流布本（上巻八段、下巻七段）の原点をなしている。内容を現行流布本によって示すと、上巻、⑴出家学道、⑵吉水入室、⑶六角夢想、⑷蓮位夢想、⑸選択付属、⑹信行両座、⑺信心諍論、⑻入西鑑察、下巻、⑴師資遷謫、⑵稲田興法、⑶弁円済度、⑷箱根霊告、⑸熊野霊告、⑹洛陽遷化、⑺廟堂創立、となる。専修寺本には「蓮位夢想」と「入西鑑察」の段がなく、西本願寺本には「蓮位夢想」の段がない。諸本を比較すると専修寺本がもっとも原初的な年代順の構成形態となっているが、西本願寺本の「入西鑑察」の段は、のちに増補された形跡があり、三本のうちでも西本願寺本が古体を有し、初稿本にもっとも近いものであろうといわれる。

本書は親鸞の伝歴を記した最初の書であって、意図するところは、源空と親鸞の関係に多くの段をもちいつつ親鸞の生涯をのべんとするところにあるが、源空の教えを相承するのは親鸞であり、その遺跡が大谷廟堂であることを説き、浄土門諸流の間に親鸞を位置づけ、親鸞の遺弟、諸国門徒に対しても、親鸞の立場を示そうとしている。そして修験道や箱根、熊野等の当時さかんであった旧仏教や民俗信仰に対し、また東国門徒の間に流布していた聖徳太子や善光寺如来に対する信仰等に対しても、真宗門徒に重要な指針を与えようとした。しかし「熊野霊告」の段などに見られる本地垂迹説による神祇観は親鸞と立場を異にする覚如の時代状況の反映といえる。さらに本願寺の寺号は元亨元（一三二一）年の文書をもって初見とされるが、諸本の題号の異同に見られる「善信聖人」から「本願寺聖人」への移行は、覚如の本願寺中心主義の一端を物語るものである。

なお東本願寺蔵の康永本の系統の古写本では『本願寺親鸞聖人伝絵』（千葉県照願寺蔵）、『本願寺聖人親鸞伝絵』（大谷派本願寺蔵、一名『弘願本』）がよく知られている。〔所載〕真宗史料集成1、浄土真宗聖典、真聖全3、親全4。〔参考〕宮崎円遵・本願寺聖人親鸞伝絵私記、梅原真隆編・御伝鈔の研究。〔新作博明〕

本願寺表裏問答【ほんがんじひょうりもんどう】浄真　三巻。甫顔（一五七一―？）録。甫顔の伝記は詳らかではないが、跋文によると、顕如の天満移住すなわち天正一三（一五八五）年に、剃力を戴きしとき志学（一五歳）であるとの記事を基とすると元亀二（一五七一）年ころの誕生と推せられる。没年も定かではない。本書は寛永一五（一六三八）年仲春に南方野叟常徳寺箋子なる者によって校刊された。東西本願寺の両派分裂の事実を録したもの。分離の始めは、大谷派を裏方といい、本願寺派を表方と呼んだことより「表裏」の書名があり、一巻の後半から三巻の前半まで問答体によって論述されているので、『表裏問答』の書名となった。この書は力をきわめて本願寺派の正嫡なることを主張している。今日においてはこれらの論争はほとんど耳を傾ける価値がないとはいえ、当時は宗派の死活問題に関する大事件であった。顕如の子教如と准如との東西分家について、准如（西）の正統性を、三過七難の筆法で主張するものである。三過とは不孝の同罪、五逆謗法の同罪、八邪の過であり、七難とは悲母為盗難、王命違背難、先言違背難、相承違背難、法度破滅難、真影蔑如難、必堕獄相難として教如を批判、論述をすすめるのである。しかも、儒教道徳による審判を随所に展開することは、江戸時代における論拠のどの辺りにあるかを考察するうえで興味深い。『紫雲殿由縁記』第一二にこの著者を明覚寺宗□（一字欠字）という。この本願寺派の著者に対し大谷派には行感『翻迷集』二巻、恵空『叢林集』九巻、『東本願寺系図』一巻（著者未詳）、恵空『集古雑編』等がある。また本願寺派には知空『金鑰記』一巻等もある。〔所載〕真宗全56。〔参考〕続真大16、真宗全63、仏教大辞彙6。〔藤田恭爾〕

本願鈔【ほんがんしょう】浄真　一巻。覚如（一二七〇―一三五一）著。建武四（一三三七）年八月一日成立。別に『本願信心鈔』（『高宮聖教目録』）ともいう。覚如は親鸞の曽孫で本願寺第三世である。本書の内容は、初めに『大無量寿経』下巻、第一八願成就の文「諸有衆生、聞其名号信心歓喜乃至一念、……即得往生住不退転」、同巻往覲偈の文「其仏本願力、聞名欲往生、皆悉到彼国、自致不退転」、同巻流通分弥勒附属の文「仏語弥勒、其有得聞、彼仏名号、……則是具足無上功徳」、同巻往観偈の文「設満世界火、必過要聞法、会当成仏道、広済生死流」、善導の『往生礼讃』の文「設満大千火、直過聞仏名、聞名歓喜讃、皆当得生彼」、と「弥陀智願海、深広無涯底、聞名欲往生、皆悉到彼国」をつらね挙げ、源空より親鸞が相承した報土往生他力不思議の信心というのは、善知識を通じ本願の生起本末を聞く信一念に往生は定まるということであると釈している。次に『選択集』巻上「当知、生死之家以疑為所止涅槃之城以信為能入」の文、『正信偈』「憶念弥陀仏本願、自然即時入必定、唯能常称如来号、応報大悲弘誓恩」の文を引いて、信一念に往生定まったのちの称名は如来の恩徳に報ゆる称名であると説き、さらに『教行信証』信巻の「真実信心必具名号、名号必不具願力信心也」の文によって、他力の信心には名号が必ず具わり、これが仏恩報謝のつとめであるとしている。このように本書は第一八願成就文によって弥陀の本願の真意を簡潔にのべたものである。現存古写本については『真宗史料集成』1参照。〔末注〕霊晅・本願鈔戊申記。〔所載〕真聖全3。〔新作博明〕

本願成就文承命録【ほんがんじょうじゅもんしょうみょうろく】浄真　一巻。巧便（一七八二―一八五二）撰。弘化二（一八四五）年成立。巧便は本願寺派の勧学。本願寺派広如宗主の命によって第十八願成就文について宗義をのべた講録。〔所載〕真宗全6。〔小山一行〕

本願鈔戊申記【ほんがんしょうぼしんき】浄真　二巻。霊晅（一七七五―一八五一）述。嘉永元（一八四八）年、浅草御坊にて講述す。本書は覚如の『本願鈔』を解釈したもので、(1)来意、(2)大意、(3)題号、(4)本文、の四門に分けられる。(1)に一念業成の義を顕わすための制作であるとし、(2)はただ聞の一字に極まるとする。(3)について、本願といわれるのは総じては願成就を指し、別しては聞其名号の信心こそ弥陀の他力本願であるからとする。(4)をさらに①経釈（経釈文、私釈）、②相承之釈（選択集、行文類）、③結釈、に分けて詳述している。〔所載〕真大25。――→本願鈔〔新作博明〕

本願醍醐篇【ほんがんだいごへん】浄真 一巻。曇竜（一七六九—一八四一）述。成立年代不明。本願寺派の学僧で、竜華学派の祖と呼ばれる曇竜が、その教爨ともいうべき博多の万行寺において行った講述を、門下の稲渓蘭秀が筆記したものである。内容は、初めに信後の造罪について三門を挙げて釈し、その後で摂取は已造・未造に通ずることを論じ、さらに信後の行為について一〇条の失を挙げて教誡している。〔所載〕真宗全51。〔五十嵐明宝〕

本化高祖年譜攷異校訂【ほんげこうそねんぷこういこうてい】回 三巻。英園日英（一七九三—一八五六）編。弘化四（一八四七）年刊。建立日諦、玄得日耆共著の『高祖年譜攷異』（安永八〈一七七九〉年刊）を日英が改訂して再刊したもの。〔所載〕日全『日蓮上人伝記集』に『本化高祖年譜校訂』と会本。——→高祖年譜攷異 〔糸久宝賢〕

本化高祖年譜校訂【ほんげこうそねんぷこうてい】回 一巻。英園日英（一七九三—一八五六）編。弘化四（一八四七）年刊。建立日諦、玄得日耆共著の『高祖年譜』（安永八〈一七七九〉年著、天明元〈一七八一〉年刊）を日英が改訂して再刊したもの。〔所載〕日全『日蓮上人伝記集』に『本化高祖年譜攷異校訂』と会本。——→高祖年譜 〔糸久宝賢〕

本化別頭高祖伝【ほんげべつずこうそでん】回 二巻。日省（一六三六—一七二一）著。享保五（一七二〇）年成立。日省は飯高檀林で『法華玄義』、水戸三昧堂檀林で『法華文句』を講じたのち、身延山久遠寺第三二代貫主。本書は詳しくは『本化別頭末法高祖日蓮大菩薩伝』というように、本化上行菩薩としての日蓮伝記を、漢文体であらわしたもの。享保五（一七二〇）年、八三歳の日省が記した跋によれば、本書述作の目的を次のようにいう。日蓮が入滅してからすでに五〇〇年、いまだ日蓮の正伝を見ない。『元祖化導記』『日蓮聖人註画讃』は日蓮遺文を抜萃し、次第の節目を示したもので別伝と称すべきものとはいえない。そこで、自分が壮年のころから日蓮謫居のあとを訪ね、古老の話を聞き、名家を尋ね、断碑を捜すなか、たまたま元禄一一年、身延久遠寺に入山するにおよび、身延所蔵の旧記等をもとに作成したのが本書であるという。従来の伝記本を断片的日蓮伝と規定し、その断片的日蓮伝の空白部分を埋めるべく、みずから調査した多くの日蓮伝に関する伝説・伝承資料を加味したその内容は、全篇にわたりたしかに具体性を増してはいる。しかし、弘長元年の伊豆流罪前に再度、伊勢の天照皇大神宮の廟を拝した事蹟、文永八年一〇月二八日の厳島明神の影現等、日蓮の事蹟に関する事柄の資料を吟味することなく日蓮伝のなかに位置づけている。版本を立大蔵。〔所載〕日蓮上人伝記集。〔冠 賢一〕

本化別頭仏祖統紀【ほんげべつずぶっそとうき】回 三八巻。日潮（一六七四—一七四八）著。享保一六（一七三一）年成立。日潮は飯高檀林化主、のち身延山久遠寺第三六代貫主。一大学系である潮師法縁祖。本書は日蓮、六老僧および諸山の先師の事蹟を列伝体の形式でのべたもののほか、寺記等の記録を集めたもの。日蓮の四五〇遠忌を期して脱稿した最初の宗門史書。本書の内容は次のとおり。釈尊（一巻）、日蓮（二—八巻）、八祖世家（九—一〇巻）、中老一八祖（一一巻）、当機直授伝（一二巻）、九老僧（一三巻）、身延山歴代（一四巻）、興栄両山歴代（一五巻）、妙顕寺歴代（一六巻）、本国寺歴代（一七巻）、諸山総列伝（一八—二一巻）、別頭真隠伝（二二巻）、比丘尼伝（二三巻）、優婆塞・優婆夷伝（二四—五巻）以下、別頭四十二章（二六巻）、宗旨漢語（二七—三二巻）、法運通別一覧志（三三—五巻）、扶宗明文志（三六—八巻）を収録。ただし活字本は二五巻までと、「扶宗明文志」「法運通別一覧志」のほか、「難得意条条記」を巻尾に収める。本書の中心は二五巻までで、そこに収録された四四三名に及ぶ先師の事蹟は、日潮の門弟の助力をえて膨大な史料を蒐集し、体系化したもの。鎌倉・室町期の先師についての事蹟こそ傍証を必要とするが、江戸期のそれについてはほぼ正鵠をえている。また、不受不施僧はひとりも入っていないが、教団史研究の基本史料のひとつ。〔所載〕本化別頭仏祖統紀（日全）。〔冠 賢一〕

本化別頭教観撮要【ほんげべつずきょうかんさつよう】回 一巻。日臨（一七九三—一八二三）著。成立時期は不明であるが正本が身延醒悟園にあったところから文政四（一八二一）年前後に執筆されたと推定される。日臨は江戸後期の持律堅固な法華行者であり、体験的な宗学者であった。わずか三一歳という短い生涯であったがその残した足跡は大きい。幕末近世日蓮宗教学を大成して、次代の指導者を数多育成した日輝は彼の弟子である。本書は日臨の短篇ばかりの宗義書のなかではもっとも長文なもので、代表作とみていい。その内容は題号の示すとおり、本化別頭の日蓮教学の教相と観心の要をとってまとめたものである。日臨にとってそれは、本門の本尊、本門の題目、本門の戒壇の三大秘法を論ずることであった。かれは綱要日導の観心宗学の立場に立って、みずからの信仰実践で観得した三秘論を、「本地三法は即ち是れ宗致の真秘なり」と説いて展開するのである。したがって本尊論では本門本尊より観心本尊に結帰し、戒壇論は日蓮の『三大秘法抄』を最重要な指南と仰ぐところから、理戒壇・事戒壇、分の戒壇・満の戒壇、戒法に総戒・別戒を論じて力説する。題目論は妙法を一心の本源万法の正体とみるところから、妙法受持は己心即法界三千を観ずることであり、究極において妙法己心本仏をめざすのである。正本は焼失。〔所載〕醒悟園叢書2、本妙日臨律師全集。〔参考〕三大秘法抄、三大秘法弁。〔小野文珖〕

本光国師日記【ほんこうこくしにっき】臨 四六巻。以心崇伝（一五六九—一六三三）撰。慶長一五（一六一〇）年から寛永一〇（一六三三）年まで、二四年間の日記。公武社寺の法度や外交上の書牘案文、江戸幕府開創期の事件などを詳細に記す。崇伝は徳川家康の黒衣の宰相として活躍し、幕府の中枢に参与し、この記録は一般史書に伝わらぬ記事が多く、初期江戸幕府の政治史研究に貴重。〔所載〕大日仏138―142、史料纂集。〔早苗憲生〕

本圀寺年譜【ほんこくじねんぷ】[日]　一七巻。日陵（一七四五―一八一九）編。文政元（一八一八）年成立。昭和七年追加成立。正しくは『勅賜本圀寺年譜』。日陵は日蓮宗京都本圀寺第三五代貫主。日蓮の誕生年より編者日陵が没する前年の文政元年まで、約六〇〇年間の本圀寺を中心とする記録、およびそれ以降、昭和五年四月までの記録を日芳が同七年に書き継いだもの。内容は一巻（貞応元―弘安六年）、二巻（弘安七―元亨三年）、三巻（正中元―文和四年）、四巻（延文元―応永三年）、五巻（応永四―嘉吉三年）、六巻（文安元―明応元年）、七巻（明応二―天文一〇年）、八巻（天文一一―天正八年）、九巻（天正九―寛永二年）、一〇巻（寛永三―延宝八年）、一一巻（天和元―享保二〇年）、一二巻（元文元―享和三年）、一三巻（文化元―七年）、一四巻（文化八―一〇年）、一五巻（文化一一―文政元年）、一六巻（文政二―明治元年）、一七巻（明治二〇―昭和五年）。ただし、明治二年から明治一九年までは欠失。とりわけ編者日陵が生きた時代の文化元―文政元（一八〇四―一八）年間の記録（第一三―一五巻）は詳しい。また、傍証を必要とするが、史料の乏しい室町初期から江戸初期の本圀寺の歴史、ならびに京都日蓮教団の動向を解明する貴重な史料となっている。直筆を京都本圀寺蔵。〔冠　賢一〕

梵字悉曇字母並釈義【ぼんじしったんじもならびにしゃくぎ】[真]　一巻。空海（七七四―八三五）撰。成立年代不明。別名として、『梵字悉曇字母釈』『悉曇字母釈』『悉曇字母並釈義』『悉曇字母表並釈義』ともいう。『大悉曇章』と並び梵語に関する著作の一つ。梵字悉曇の起源からはじめ、陀羅尼の意義を述べ、最後に五〇の字母を出し、そのそれぞれの音と字義を示している。小部のものではあるが日本人の手になる最初の悉曇研究書で、日本梵学史上注目されるべき書である。〔所載〕弘全2、正蔵84。〔松本　隆〕

梵字十八道【ぼんじじゅうはちどう】[真]　一巻。空海（七七四―八三五）撰。十八契印を本として構成されている修法次第、すなわち浄三業、普礼、仏部、蓮花部、金剛部、被甲護身、地界、墻界、大虚空蔵、如来拳、送車輅、請車輅、迎請、馬頭、散網界、火院、閼伽、花座、供養（十八儀には普礼なし）の一九の真言を梵字で表わしたものである。本書は、石山寺所蔵古写本と権田雷斧手写本とを校合して、『弘全』に収められている。〔遠藤祐純〕

本迹一致対論用意抄【ほんじゃくいっちたいろんゆういしょう】[日]　三巻。常寂日耀（一四四二―一五二二）談。文明二（一四七〇）年の日存の『本迹対論用意抄』に対抗して述作されたもので、成立はこれ以降。上巻は日蓮の遺文から本迹一致の論を集録し、中巻は日存の勝劣論を破し、下巻は日向、日弁の本迹異論をのべる。正本・刊行年時は不明、刊本を立大図書館蔵。〔小野文珖〕

本迹帰宗論【ほんじゃくきしゅうろん】[日]　一巻。日輝（一八〇〇―五九）述。成立年時は不詳であるが、未完の『本迹日月燈』（漢文）ののちであると推測される。日輝は幕末の学匠で、金沢の立像寺二二世に晋み、加賀藩主の外護を得て寺内に充洽園という学舎を設立。宗学研鑽と門下教育にあたった。本書は、一〇条からなる和文体の著述で、古来より論議が喧しい本迹勝劣一致の考え方に対し、日輝独自の思想を提示している。すなわち、日輝は本迹の二門は、寿量品の観心である妙法五字に帰結するといい、それは凡夫の観心修行、実修実証によって成就するものだというのである。ここに、観心の世界を根本とした迹門本門の相資、双立を主張する。したがって、従来論議されてきた教相論上の一致、勝劣の論議は否定されることになる。ここに日輝の観心証道の実学、あるいは主観主義の仏教観が提示される。〔所載〕充洽園全集4。〔北川前肇〕

本迹決疑抄【ほんじゃくけつぎしょう】[日]　二巻。円明日澄（一四四一―一五一〇）記。延徳四（一四九二）年成立。日澄は京都本圀寺第一〇世日円の資で、『法華啓運抄』五五巻をはじめ多くの著作をなした室町時代一致派を代表する学匠の一人。本書は、日什門流日悦が『本迹勝劣抄』を著わし、本迹勝劣を立てて一致を批判したために、日悦の立義を破折するために著わされた。全体で五六カ条（ただし第五三欠）を上巻は、(1)迹門十四品を小法という事から、(37)単衣鈔の一一の文字は皆金色の仏也という事まで、本迹の相違についてのべ、下巻は、(38)御祈禱経に本迹勝劣の明文あるの事から、(56)迹劣本勝は高祖の御修行によるの事まで、本迹の勝劣についてのべる。以上のように五六のさまざまの難問に対し、あらゆる面から具体的に解答を加え、本迹一致論を展開している。日澄の本迹論の主旨は、実相に約して一体、あるいは題目に約して一致とするもので、題目における本迹超絶論といえよう。なお、関連した著作に『本迹決要抄』二巻がある。刊本はあるが刊行年の記載はない。〔参考〕日蓮宗教学史、日蓮宗学説史。〔庵谷行亨〕

本迹研窮鈔【ほんじゃくけんきゅうしょう】[日]二巻。円成日成（一六六四―一七四三）著。寛保元（一七四一）年成立。『本迹研究抄』とも記す。日成は日隆門流の学匠で、尼崎本興寺第三五世、細草檀林第一九代能化。本書は、八品教学の特徴である末法の本因妙下種に立脚した本勝迹劣義を強調。末法下種の法体は本門の発迹顕本、一念三千にあって、その教法たる妙法五字の付嘱は八品の説相にあるとする。本書は五条からなり、(1)本迹大体、(2)本迹不同誠証、(3)一致宗諸解之弁、(4)本迹不思議一、(5)一致派大倒之条である。ことに、一致派への批判の対象は、身延門流、本圀寺門流等であり、著書として『見聞愚案記』(日重)、『法華啓運抄』(円明日澄)、『御書鈔』(日健)、『法華安心録羽翼』(日暁)等が列挙されている。なお、本書は二巻のほかに、『研窮鈔別記』一巻がある。〔所載〕日宗全9(本門法華宗部2)。　〔北川前肇〕

本迹見聞【ほんじゃくけんもん】回　一巻。著者明記なし。文明四年写本に日朗自筆をもって撰すとあり、古来より大黒阿闍梨日朗(一二四五—一三二〇)著と伝える。執筆年代の記載はないが、正応五(一二九二)年に係年されている。日朗は日蓮直弟六老の一人で、日蓮没後、鎌倉を中心に弘教活動を行い、教団の中心的人物である。その門下に朗門の九鳳と呼ばれるなど傑出した僧が多く、特に日像は京都開教を果たして、その門から多くの分流が派生した。本書表題の本迹とは法華経本門と迹門のことで、この本門・迹門の教相に異なりがあるため、古来より本門・迹門の教相が一致・一体か勝劣かで論争されてきた。本書は本門を中心として開迹顕本しての本迹未分を説いている。当時、天目や日興門流などで本勝迹劣から迹門不読・迹門無得道が論じられていたが、本書は、迹門無得道は始成に約すからであって、五百億塵点劫の久遠成道時においては法華経は本迹二八品ともに本地の法華経であって、非本非迹の本迹未分であるとし、迹門の実相と本門の寿量品とは同一法体であるとする。この本書にみられる本迹未分同体論は室町時代に盛んであった中古天台思想の特色であって、日朗の教学とは異なるものがある点から、日朗より後世の作とする説が出されている。正本は現存せず、写本がある。〔所載〕日宗全1。　〔井上博文〕

本迹自鏡編【ほんじゃくじきょうへん】回　本書の巻数は、『本迹自鏡編』二巻、「下巻余之一」一巻、同『補闕』二巻からなっているから、合すると五巻となる。日受(一六九二—一七七六)著。成立年時は、『本迹自鏡編』が宝暦一〇(一七六〇)年五月、その後眼疾のため下巻の中途で中止となり、小康を得て「下巻余之一」が宝暦一二(一七六二)年、さらに『補闕』は明和六(一七六九)年に脱稿している。日受は江戸時代の代表的な日什門流の学匠で、品川本光寺第二六世、本山妙満寺第九二世。また宮谷(みやざく)檀林五八代の能化である。本書は、当時日陣門流の本有日相が勝劣義を盛んに主張し、本圀寺了義日達が本迹一致を鼓吹していたことに刺激をうけ、陣門流および一致派への批判を主眼として執筆したもの。ことに、陣門流批判は、日陣、日求、本有日相等の教学、さらに陣門流所伝の史実に対してであり、一致派では、日達、日講、扶老日好、只信日好等である。また富士門流教学にまで筆が及んでいる。日受の立場は、一部修行・本勝迹劣義である。〔所載〕日宗全6(顕本法華宗部2)。　〔北川前肇〕

本迹勝劣集【ほんじゃくしょうれつしゅう】回　一巻。日陣(一三三九—一四一九)著。成立年代不明。日陣は室町時代の学匠で、京都本圀寺第四世日静と本迹の一致勝劣を争って別立し、法華宗陣門流の祖となる。越後本成寺第三世。本書は、本迹の法体である実相には浅深の異なりがあるという立場から、本勝迹劣を主張したもの。　〔北川前肇〕

本迹勝劣抄【ほんじゃくしょうれつしょう】回　一巻。日承(一六一四—八一)説。寛文九(一六六九)年成立。日承は法華宗真門流本山本隆寺一二世の貫首で、小栗栖(おぐるす)檀林の初祖。本書は一致・勝劣の問題を広く各宗派間の中で略述し、ついで日蓮法華宗の中でも、本迹一致、勝劣、あるいは八品正意、一品二半正意、寿量品一品正意等があることから、これらの問題を紹介しながら、結果としては本迹勝劣の妥当性を強調している。まず、本書の前半では、㈠三教(儒教、仏教、道教)の一致勝劣、㈡釈尊一代における一致勝劣、㈢満字と半字との一致勝劣、㈣中道実相論における一致勝劣、㈤円頓一実における一致勝劣、㈥本迹の一致勝劣、㈦本門十四品の一致勝劣、㈧八品の一致勝劣論、㈨一品二半の一致勝劣、㈩一品一半の一致勝劣の一〇種から論述している。後半の正説では、㈠小乗大乗異、㈡権実異、㈢麁妙異、㈣方便真実異、㈤得道未得道異、㈥虚妄真実異、㈦究竟未究竟異、㈧有名無実故、㈨随自随他異、㈩所開廃会故の一〇条をたてて本勝迹劣の証文を列挙する。本書の特徴は、日承の論述が中心ではなく、引用文が大半をしめている。写本が姫路市妙立寺、立大図書館に所蔵。　〔北川前肇〕

本迹対論用意抄【ほんじゃくたいろんゆういしょう】回　二巻。中正日存(一四三六—八〇)著。本書の上巻奥書に「文明二年十二月十九日　妙満寺十四世　日存」とあって、日存三五歳(一四七〇)の成立。下巻は「生年三十八歳」とあることから、文明五(一四七三)年の成立である。日存は『法華経』の迹門と本門との成仏得道の有無をもって本勝迹劣を論じ、本迹一致の説を批判している。その立場から、本迹の一致、勝劣を論争する場合の心得、あるいは用意として、日蓮の遺文、あるいは天台智顗の三大部および妙楽湛然の注釈の要文等を引用し、日存が注釈を加えたものである。上巻は日蓮の教義を中心に本迹の勝劣を論じ、迹門には得道の義は説かれておらず、本門にのみ成仏得道の義が明かされていると主張している。この上巻は一〇項目からなり、⑴迹門無得道違文之事、⑵迹門無得道之証文之事、⑶約下種門迹門無得道云事、⑷迹門無得道付経文可難事、⑸本迹一致証文事、⑹妙法重本迹之事、⑺諸御書本迹天台過時之迹門云事、⑻付機本迹同異可論事、⑼口伝伝来不可用事、⑽録外謀書構引事、等である。ここでは注目すべきことは、日存が日蓮の本迹勝劣義を論じる場合、録内御書を中心として録外御書を用いないよう明示していることである。下巻は智顗、湛然の著書を引用して本迹一致を論じる立場に対し、日存は両者ともに本迹浅深の義があることを強調して、一〇項目からそのことを論証する。⑴故但於名以分本迹之事、⑵体玄義同異之事、⑶長遠秖是証体用事、⑷本迹二門各有宗用事、⑸略開三繋珠之事、⑹不軽菩薩二十四字之事、⑺兼得迹門法之事、⑻今開迹即顕本無二無別之事、⑼住本顕本之事、⑽本迹雖殊不思議一之事、等である。なお本書に対し、中山門流の日耀は『本迹対論一致用意抄』三巻をもって反駁している。〔所載〕日宗全5（顕本法華宗部）。

〔北川前肇〕

本迹同異決【ほんじゃくどういけつ】回 二巻。日陣（一三三九―一四一九）記。応永一二（一四〇五）年成立。日陣は六条門流の京都本圀寺日静について修学し、越後本成寺を拠点としてひろく北陸、奥羽、関東まで教線を伸張した。応永四年に上洛し、本圀寺において『法華経』を講じ、本勝迹劣義を主張して同門の建立日伝と論争するにいたり、本圀寺と決別して京都に本禅寺を創立した。日陣の法脈を日陣門流（本成寺派・本禅寺派）といい、現在では法華宗陣門流として継承されている。応永四年の本圀寺における日陣の本迹勝劣義に対し、日伝は、応永一一年一〇月三日、比叡山の学匠大智院を後援として、本迹一致の立場から五五カ条にわたる難勢を送って日陣の立義を破し、同時に日陣を本圀寺から追放した。日伝の宗義は、宗章、機根、師弟因果などに約すれば勝劣であっても、顕妙、体章においては勝劣なしとする本迹一致論であった。これに対し、日陣は、翌応永一二年、本迹は能説の教相であるゆえに勝劣高下を論ずべきであるとして、ふたたび日伝に論難を加えた。これが本書で、日伝の五五カ条に対し、二四カ条について反論している。日陣の本迹論はいくつかの論点がある。能説の教相に約せば本迹異なりて勝劣、所説の体理に約せば非久非近、非実非権の本理にして一体、已今本迹に約すれば迹門権実の理円と本門本迹の理円異なりて勝劣、久近本迹に約せば久遠の本理も近迹の本理も二なくして一体とする。すなわち、日陣の本迹論は能説の教相の上に本迹の分別を立て勝劣を論じたもので、『法華経』迹門の実相為体論におちいりやすい日伝の体章一致論の難点をさけたものといえる。教相上の前後に本迹を立てる日伝の一致論に対し、日陣は約時・約説の立場から本迹を論じた点に両者の相違点があったといえよう。なお本書は日伝の五五カ条の難勢のうち二四カ条について反駁したのみで、残る三一カ条についても論述があるものと推測されているが、その所在は不明である。関連した著作に『撰要略記』一巻（応永三年）、『本迹勝劣集』一巻（応仁元年）などがある。写本を鷲津本興寺蔵。〔所載〕日宗全7。〔参考〕日宗全23、日蓮宗学説史、日蓮宗事典。

〔庵谷行亨〕

本迹日月燈【ほんじゃくにちがっとう】回 三巻。日輝（一八〇〇―五九）述。本書の成立年時は不詳であるが、日輝は四〇歳のとき『一念三千論』を著わしているが、その後であろうと推測される。日輝は幕末の一致派の学匠で、儒教や神道からの排仏思想が盛んな時代に、仏教の独自性を確立しようとした。本書は、従来日蓮宗で論議されている一致勝劣の義に対し、教相として論じるのではなく、教観一致、相体一致の立場から、本迹相資、一体を主張している。本書は三段の科文を設けながら、一段の三小科で終っている未完の著である。〔所載〕充洽園全集4。

〔北川前肇〕

本迹日迅記【ほんじゃくにちじんき】回 一巻。日迅（？―一六六一）記。日迅は江戸時代初期の日什門流の学匠で、宮谷（みやざく）檀林の三世、吉美（きみ）の妙立寺一二世を歴任し、本山妙満寺第三一世の貫首にすすんだ。本書は、本迹名相事、門之義事、本迹異目文証出等の条目に従って論述がなされ、本迹勝劣を表明しつつも、一念三千においては名と義が互顕することから迹をなお用いるとして、『法華経』二十八品の一部を読誦すると説く。仏陀論においては、無作本覚の仏を我等衆生とみる立場と、もう一方では如来の久遠の教化を力説する部分がみられる。写本を立大図書館に所蔵。

〔北川前肇〕

本迹問答記録【ほんじゃくもんどうきろく】回 一巻。日経（一五六〇―一六二〇）記。成立年代不明。日経は日什門流の僧で、本山妙満寺二七世。強烈な折伏主義を貫き、宗内的には一致派および受派の日重を批判し、宗外的には浄土宗をはじめ諸宗と宗論を交した。本書は奥州二本松の一致派の僧日浄と本迹論をめぐって行った際の記録。そこで、『日経日浄本迹問答』（望月歓厚『日蓮宗学説史』）とも、『経師抄』（窪田哲城『日什と弟子たち』）とも呼ばれる。なお窪田哲城氏は、写本に慶長一六年六月、日経判とあることを紹介している（同上）。日経は一致派の迹門本門実相同体の考え方を批判し、本門の久遠開顕によって、本迹勝劣を立てる。けれども、本迹における勝劣は、権実判のごとく取捨してはならず、勝劣宛然であるから、『法華経』一部修行の義があるとする。写本は静岡県大石寺所蔵。

〔北川前肇〕

本迹問答高広義【ほんじゃくもんどうこうこうぎ】回 一巻。建立日伝（一三四一―一四〇九）述。成立年代は詳らかでないが、応永一一（一四〇四）年ころと考えられる。『五十五ケ条の難勢』とも呼ばれる。日伝は本圀寺第四世日静の弟子で、同門に日陣があった。日伝は本圀寺第五世を継承し、日陣は越後の本成寺にすすんだ。応永四（一三九七）年日陣が、本圀寺において本迹の法体は異なるという勝劣義を立てたことから両者に論争がおこり、日伝は本迹の実相は同体であるという立場から反論し、ついに決別するにいたる。本書は日伝が本迹一致の立場から、日陣を破したものである。

〔北川前肇〕

本迹問答抄【ほんじゃくもんどうしょう】回 一巻。唯本日伝（一四二一―六三）著。宝徳二（一四五〇）年成立。詳しくは『妙法弘経本迹問答抄』。日伝は玉沢妙法華寺第一〇世。同時代の日親（一四〇七―八八）の『伝灯鈔』によれば、「按察阿闍梨日伝、後には常楽坊と号しき。此の人又貫首となりき。彼日伝本迹の法門を京都田舎にて問答して、本迹勝劣所立の人人を云詰たりき」（『日宗全』18）とあることから、盛んに本迹の問答を行ったことがうかがえる。本書は、その本迹論に関する諸門流の立場を批評している。日朗門流と日頂（中山）門流は本迹無勝劣の一致であって、これでは宗祖日蓮が出世したことが無用になるといい、身延門流の本迹未分説は、折伏の立行を明らかにしないものであると評し、日興門流の迹門無得道論は誤りだと論破し、さらに日什門流と日隆門流の教学は、その帰するところ迹門無得道論に堕するものだと評破する。そして、日伝の立場とする日昭門流では、機根にそれぞれ勝劣を立て、法体においては一致だと論じる。正本・玉沢妙法華寺、写本・立大図書館所蔵。〔北川前肇〕

本迹立正義【ほんじゃくりっしょうぎ】日 一巻。永昌日鑑（一八〇六―六九）述。嘉永三（一八五〇）年成立。または『本迹正義抄』ともいう。日鑑は江戸時代末期を代表する日什門流の学僧で、一致派の日輝と同時代の人。日鑑は日輝の摂受的態度に対して常楽日経の折伏的精神を汲み、学的態度は合掌日受の学説を受け日什門流の伝統的教学を継承し、その大成をなした。本書はその表題の示すとおり法華本迹の正義を示すというもので、その構成は、本迹名義、一致名義、勝劣名義、一体一致、理融絶待、理念三千、事念三千、台家体同、当家体異、事異理同、捨劣得勝、正助合行、久近本迹、法体本迹、高祖本門、台荊得意、御書綱格、口伝用捨、録外取捨の二〇個の条目を挙げている。元来、日什門流の他門流に対する主張は、一致派に対しては法体勝劣を主張し、勝劣派に対しては行門上の一致を説いて一部修行を主張して中間的立場にあった。本書は久近本迹、事異理同、正助合行の項目にみられるように、そうした立場をふまえ、什門の伝統的宗義の大綱を簡潔にまとめたもので、かつ平易に述べ、読みやすくするためカナ交り文としている。〔所載〕日宗全6。〔井上博文〕

本尊観【ほんぞんかん】天 一巻。源信（九四二―一〇一七）。成立年代不明。初め無量寿仏の身相を挙げ、この相を憶念すれば生死の重罪は滅し、上品の蓮台に往生すると説いており、さらに阿弥陀仏を法門の主としてその四字を称す事は全ての経論を読誦した功徳と同じである故に諸仏の浄土の相をこの文に摂すものであるとしている。本尊を阿弥陀仏と観ずることを明かしている小篇である。写本叡山真如蔵。〔所載〕恵全3、仏全31、仏全鈴39。〔西郊良光〕

本尊義一百八十難【ほんぞんぎいっぴゃくはちじゅうなん】浄真 二巻。天倪（?―一七八九）述。明和二（一七六五）年成立。詳しくは『本尊義並答釋中一百八十難発問』という。天倪は、本願寺第四代能化法霖の門人。智暹の『浄土真宗本尊義』および性均に対して論戦を試みる。著述多数。本書は、智暹の『浄土真宗本尊義』に対する天倪の疑義からうまれたものである。天倪の難詰に対して、智暹はただちに『本尊義答釈』を著わして本願寺学林に送った。そのとき、天倪は郷里豊前にあったが、『答釈』を読破し、明和二年一〇月一日、さらに難詰書二巻（本書）を草した。具名によれば、『本尊義』と、『本尊義答釈』の二書を批判した著述のようになっている。しかし、実際は『本尊義答釈』の主要な文言をとりあげて、反論を試みている。本書に疑難としてあげられているもの一八七難と、本書の補遺に一五があり、合計二〇二ほどがあげられている。この本尊義をめぐる論争は、本願寺の三大法論のなかのひとつ。いわゆる「明和の法論」と呼ばれるもので、激論がたたかわされた。『本尊義一百問』（明和三〈一七六六〉年）、『本尊義答釈破文』（高霖）、『本尊義破邪顕正』（義教、明和四〈一七六七〉年）等々の著述が論争のきびしさを語っている。写本を竜大に蔵す。〔所載〕真宗全49。〔参考〕仏解10、仏教大辞彙6。―↓浄土真宗本尊義〔山崎竜明〕

本尊義答釈【ほんぞんぎとうしゃく】浄真 一巻。智暹（一七〇二―六八）述。明治二（一七六五）年七月成立。智暹は本願寺派第三代能化、若霖の門人で、播南学派の祖。『浄土真宗本尊義』一巻を著わし、法霖の説を批判したが、本願寺学林派の天倪らは難詰書を送りその返答を迫った。その解答が本書である。真宗の本尊は『大無量寿経』会上の、阿難等がみたてまつった威徳巍々如須弥山王の仏身であり『観無量寿経』華座観の住立空中尊に擬したのではないとのべている。写本を竜大に蔵す。〔所載〕真宗全49。―↓浄土真宗本尊義〔山崎竜明〕

本尊義破邪顕正【ほんぞんぎはじゃけんしょう】浄真 一巻。義教（一六九四―一七六八）述。明和四（一七六七）年成立。義教は本願寺派第五代能化。智暹の『浄土真宗本尊義』をめぐる本願寺学林派との諍論がきびしく、明和の法論が展開された。智暹の帰国後、義教は本願寺の命により『本尊義』弁駁の講義を本山鴻之間においてなした。その筆録が本書である。本書は『本尊義』の要文四箇をとりあげ批判した小篇であるが、これを漢文に訳したのは仰誓であるといわれる。写本を竜大に蔵す。〔所載〕真宗全50。―↓浄土真宗本尊義〔山崎竜明〕

本尊決疑論【ほんぞんけつぎろん】日 三巻。守真日住（一七三六―一八〇二）誌。享保元（一八〇一）年成立。『末法適時本尊決疑論』ともいう。日住は要法寺第三一世、小栗栖檀林五二代能化。本書は日住が本尊様式をめぐって、京都の諸山に批判を加えたことに端を発した論争に、自己の立場を表明したもの。富士門流に属する要法寺は、初祖日辰にあっては釈尊本尊、大曼荼羅本尊、諸尊勧請による造像等も許容した。その後も仏像を造立してきたが、大石寺日寛が出て、釈迦脱仏、日蓮本仏論を打ち出し、仏像造立の非と、大曼荼羅本尊に限ることを主張した。これに影響を受けた要法寺では、二派に分かれて論争が起こった。日住は要法寺の造像の伝統を否定し、日寛の思想を継承し、さらに京都の諸寺諸山に非難を加えた。これによって、寛政七（一七九五）年一五山は幕府に日住を訴え、法性院の貫道日成が不造論の張本人として江戸へ護送されたのである。このような経緯を経て、さらに論争はつづき、本隆寺日東、妙覚寺日琮と要法寺日住（隠居）、日立（現職）とが争い、本書をもって諸山へ反論したのである。本書は六一条目をもって、諸山の本尊様式の誤り、あるいは諸山の訴状に対し逐一反駁している。写本は立大図書館所蔵。〔北川前肇〕

本尊聖教録【ほんぞんしょうぎょうろく】回　一冊。著者は明記されないが、日祐（一二九八—一三七四）の自記である。康永三（一三四四）年成立。『両寺法花本妙本尊聖教録』ともいう。南北朝時代の中山法華経寺の本尊、聖教等の所蔵目録。日祐の主要な活動の一つである聖教蒐集の成果を示すもの。記載された聖教は経典・仏教書のほか文学書等にも及び、当時の日蓮宗僧の勉学範囲や文化の地方伝播を明らかにする資料である。また、日蓮の真筆遺文の伝来過程を研究する上で貴重な目録である。後半部分には、聖教の保管に関する記事がみられる。康永三年以降に日祐自身による記事の追加がある。最近、原本に錯簡があることが明らかとなった。自筆本市川市法華経寺所蔵。日宗全1に翻刻されていたが、錯簡部分を訂正して日蓮教学研究所紀要（立正大学）12に所載。〔寺尾英智〕

本尊分与帳【ほんぞんぶんよちょう】回　一帖。日興（一二四六—一三三三）記。永仁六（一二九八）年成立。正しくは『白蓮弟子分与申御筆御本尊目録事』（びゃくれんでしぶんにあたえもうすおふでのごほんぞんのもくろくのこと）。日興が出家、在家の弟子に与えた日蓮自筆本尊の目録のこと。日蓮の一七回忌にあたり、まとめたものと考えられている。授与者の内訳は僧一六名、檀越四八名の六四名。日興は檀越を俗弟子、女人弟子、在家人弟子に分けて記載するが、俗弟子は武士、在家人弟子は百姓農民と区分していたと考えられている。その日蓮自筆本尊を与えられた僧と檀越の分布は、日興の根拠地である駿河の三八名を中心に、甲斐、伊豆、武蔵国に及ぶ。なお現在、確認されている日蓮自筆本尊は一二五幅であるが、『本尊分与帳』に記載された六四幅のうち、八幅が確認されているという。とすれば、残りの五六幅を加えた一八一幅の本尊が、少なくとも日蓮在世中に図顕されたことを示す。また、本書には僧俗の師弟、師檀関係や、本尊授与のちに日興から離れていった日興最初の弟子である日持、あるいは越後房日弁、治部公日位、築前公、因幡房日永、和泉房日法等八名の僧、日持の親族である松野氏等四名の計一二名の名を知ることができるなど、日蓮在世中および初期日興門流の動向をうかがう貴重な史料となっている。直筆を静岡県北山本門寺蔵。〔所載〕日宗全2、富要（史料類聚）。〔冠　賢一〕

本尊問答鈔【ほんぞんもんどうしょう】回　一篇。日蓮（一二二二—八二）筆。弘安元（一二七八）年成立。別称『法華本門本尊問答鈔』。清澄寺の浄顕房の本尊請与と本尊についての質疑への返書。冒頭に、末代悪世の本尊は法華経の題目であるとし、『法華経』『涅槃経』『摩訶止観』などを引いてこれを論じ、つづいて、諸宗の本尊を破し、仏は所生、『法華経』は能生であるゆえに、能生の法をもって本尊とすべきであるとし、その証文として『普賢経』を引く。さらに、真言宗について論究し、日本国における真言宗の隆盛は、日本国をあげて法華経の大怨敵となり、ついに他国によって日本国が滅亡する基であるとする。最後に、法華経の本尊は仏滅後二二三〇余年の間未曽有であり、末法の今時こそ弘通されるべきであるとし、日蓮はその任をになう地涌の菩薩の先がけとしてこれをひろめ、この功徳を父母、師匠、一切衆生に回向するとし、浄顕房の信仰を勧奨している。本書の法本尊説示は他の日蓮遺文にみられる仏本尊（久遠釈尊本尊）と異なるかにみえるが、浄顕房が台密の学僧であることから、密教の本尊に造詣深い対告者を考慮に入れての説示と考えられる。また、法仏不二の原理から、題目本尊も釈尊本尊も本質的には不二と考えられる。真筆は伝わらない。日興の写本断片が富士宮市重須本門寺蔵。日源の写本完、岩本実相寺蔵。〔所載〕定日遺2。〔庵谷行亨〕

本朝高僧伝【ほんちょうこうそうでん】臨　七五巻（別に総目一巻を付す）。卍元師蛮（一六二六—一七一〇）著。元禄一五（一七〇二）年成立。卍元は相模小田原の人。俗姓熊沢氏。別に独師と号した。一八歳にして出家、江戸高輪の東禅寺に掛搭した。二二、三歳のころ（正保の末年か慶安の初年）、僧伝編纂の志を立てて諸方を遊歴し、列祖の語録、行状、碑文、塔銘等を蒐集整理して立伝につとめ、寛文九（一六六九）年、京都妙心寺の東西軒に住して禅僧列伝の編纂に取りかかった。これより九年の歳月を費して、延宝六（一六七八）年春禅僧列伝を完成。書名を『景徳伝燈録』にならって『延宝伝燈録』と名づけた。時に五四歳であった。翌年美濃加納の盛徳寺に入寺して荒廃した同寺を中興。天和三（一六八三）年には、徳川光圀の請により水戸の清音寺に住した。しかし卍元には『伝燈録』編纂の初めより、別に虎関師錬の『元亨釈書』にならって、教の内外、彼此の宗派を論ぜず、全日本仏教を通じての僧伝を編纂せんとする大志があったので、翌貞享元年早くも同寺を退院し、妙心寺の幻住庵に移った。元禄期に入ってからの約一〇年間は、美濃の盛徳寺と京都の間をしばしば往来しつつその完成につとめた。元禄一〇（一六九七）年、檀越松平忠雅の請に応じて妙心寺塔頭盛徳院に住したが、三カ月で席を弟子の師点に譲ってさらに僧伝の編纂に専心、元禄一五（一七〇二）年三月、五〇余年の悲願であった『本朝高僧伝』七五巻の大著を完成した。中国の梁・唐・宋の三高僧伝に準じて法本・浄慧・浄禅・感進・浄律・檀興・浄忍・遠遊・読誦・願雑の一〇科に分け、わが国への仏教渡来以来一〇〇〇余年にわたって出世された諸先徳一六六二人の行状、行履のすべてを網羅した（ただし非僧非俗の宗風の一向宗と、自讃毀他制止の禁令を出された日蓮宗は除いている）。その援引書目だけでも支那撰述四二部、本朝撰述五三八部の多きに達した。同年冬、卍元は二書を携えて江戸へ下向し、開板に要する費用の勧募につとめ、宝永三（一七〇六）年、美濃の盛徳寺で『延宝伝燈録』の刻板を完成し、翌四年『本朝高僧伝』を開板した。その示寂は宝永七年二月一二日、妙心寺盛徳院の東西軒においてであった。世寿八五歳。美濃の盛徳寺の山後に塔し海雲塔と号した。当時黄檗山第五代の高泉性潡（一六三三―九五）は、卍元の苦心収集の史料を借用し、豊富な財力をたのんで卍元より先に『扶桑禅林僧宝伝』一〇巻や、『東国高僧伝』一〇巻を出版した。卍元は悲憤やる方なく、その誤謬三百余点を指摘糺弾して、『東国高僧伝弾誤』一冊を著している。なお、慶応三（一八六七）年に『本朝高僧伝』の後をつぐ形で、釈道契が『続日本高僧伝』一一巻を著している。〔参考〕荻須純道・師蛮の本朝高僧伝について（禅文化研究所紀要6）。今津洪嶽・師蛮（禅文化15・16）。荻須純道・卍元師蛮（禅文化70）。〔所載〕仏全㊖63。――→延宝伝燈録
〔加藤正俊〕

本朝新修往生伝【ほんちょうしんしゅうおうじょうでん】通 一巻。藤原宗友（生没年不詳）撰。仁平元（一一五一）年一二月成立。宗友は省試を経て文章生となり、能登掾に任じられた人物で、三善為康と親交があったらしい。序によれば、慶滋保胤が『日本往生伝』を、大江匡房が『続本朝往生伝』を編み世にひろめ、その後三善為康が『拾遺往生伝』『後拾遺往生伝』をつくってそのあとを継いだ。近年は往生者はあっても世にまれなので、いま未聞のものを調べて、その概略を記す。総数四一人を載せ、名づけて『本朝新修往生伝』という。ここに古風を訪い、新情を動かし、願わくば濁世発心の人を記して、西方浄土への往生引接の縁としたい、とある。収載往生者は沙門戒深以下四一人であるが、そのうち円宗寺少綱、勢縁、助重、行範、快賢、維乗房、源伝、藤行盛、佐伯成貞の九人は『後拾遺往生伝』のとくに下巻の記事と内容が類似する。撰者と為康との親近関係から相互に情報の交換があったためとの見方もある。往生者の多くは撰者とほぼ同時代の人である。往生者の行業は、念仏によるものが最多で、観音信仰や法華との兼修を加えると大部分を占める。焼身・入水による往生、数量念仏などもみえ、また為康の伝記を収めている。名古屋市真福寺に正嘉二（一二五八）年の写本があり、版本は元禄一〇（一六九七）年版がある。〔所載〕改定史籍集覧19、仏全107、仏全㊖68、浄全続17、続群書8上、思想大7。
〔長谷川匡俊〕

本朝神仙伝【ほんちょうしんせんでん】通 一巻。大江匡房（一〇四一―一一一一）著。成立年代不明であるが、三善為康の『拾遺往生伝』巻上の善仲・善算の注記に「今按、帥江納言、以二此両人一入二神仙伝一其理可レ然」とあることから、『拾遺往生伝』巻上の推定成立天仁二（一一〇九）年以前とされる。内容は本朝で神仙と考えられる人物の伝を集記したもので、本文は漢文体である。目録には三七名が挙げられているが、七名の本文が諸本とも脱落している。三七名は倭武命、武内宿禰、浦島子のような伝説的な人物や役優婆塞、泰澄、日蔵のように仏教道教の両方を備えた者、空海、圓仁のごとき仏教史上の重要な人物、都良香、橘正道のような文人、さらには東寺僧、比良山僧、愛宕僧と明記するだけの無名の僧など多彩である。しかし、長寿や不老不死で行方が知られない、天空に飛昇する能力を持つ、鬼神を呪縛、瓶鉢などを自在に飛ばす超越した呪力を持つ、深山に住み山中で原始的な生活を営む、食物を絶ち、ときには仙薬などを服用する（思想大7文献解題）など、いずれも中国の神仙思想の特徴といくつか兼ね備えている。仏教者が大半を占めているのは、仏教の修行過程や法華持経者たちの山岳信仰や苦行主義などに、神仙的な要素と共通するものが見出せるからである。本書は完本が存在しないため、数種の写本を相補うことによって内容が明らかになっているが、今後の課題は欠部七伝の補塡にある。〔所載〕続群書8上、日本古典全書、思想大7。
〔伊藤孝子〕

本朝祖師伝記絵詞【ほんちょうそしでんきえし】浄 四巻。躭空（生没年不詳）撰。嘉禎三（一二三七）年成立。『伝法絵』あるいは『四巻伝』ともいう。源空滅後二五年目に成立した宗祖絵伝中最古のものである。全篇和文にて六二段の詞書ならびに画図より成っており、はじめに序文をあげ、ついで源空の出生、父との死別、比叡登山、大原談義、四国配流、赦免、入滅、中陰法要、嘉禄の法難、遺骨埋葬にいたるまでの一代記を四巻に収めている。詞書の内容は、これ以後の各種宗祖伝の原型となるべきもので、資料としても評価されている。奥書に「嘉禎三年丁酉五月に始之、同十一月二十五日於相州鎌倉八幡宮本社之辺図之。鎮西筑前国之住人左兵衛尉源光忠（法名観空行年卅三云々。願主沙門躭空六十九」とあり、絵図は筑前の国の住人左兵衛尉源光忠（法名観空）の筆となっている。この伝記の原本は不明であるが、善導寺本には躭空の奥書に続いて「永仁二年甲午九月十三日書畢執筆沙門寛恵満七十」とあることから永仁二（一二九四）年寛恵の写した写本であることが明らかにされる。所蔵は筑後善導寺であり、同寺より明治四五（一九一二）年に単行本として出版されている。〔所載〕浄全17。
〔田中祥雄〕

本朝台祖撰述密部書目【ほんちょうたいそせんじゅつみつぶしょもく】因 一巻。撰者不詳。諸目録を参酌して、天台宗関係の密教書目をとりあげ、これを著者別に

編集している。最澄、圓仁、圓珍、安然、玄静、良源、諸祖、覚起、慈応、長宴、悉曇、四度、蘇悉地、諸目、伝記、他蔵、さらに祖釈目録顕之部をつらね、最澄、義真、円澄、光定、徳円、圓仁、圓珍、安然、良源、源信、覚運、慈忍、覚超、覚慶、千観、安海、中古明匠、論義書を出す。〔所載〕仏全2。〔木内堯央〕

本朝法華験記【ほんちょうほっけげんき】因 三巻。鎮源（生没年不詳）著。『大日本国法華経験記』『本朝法華霊験記』ともいう。鎮源は霊山院釈迦堂毎日作法の結縁衆のなかに名を連ねていることから、横川首楞厳院の住僧であること、そして源信をとりまく人びとのひとりであったことだけは確かである。内容は、日本における『法華経』の霊験を『法華経』信者の伝記としてまとめたものである。上中下の三巻からなり、あわせて一二九の伝記が収められている。その人物は、聖徳太子、行基といった菩薩、最澄、圓仁、相応等の比丘、美濃国沙弥薬延等の在家沙弥、釈妙等の比丘尼、宮内卿高階良臣、左近中将源雅通等の優婆塞、筑前国の盲女のような優婆夷、そして信濃国の蛇と鼠、猿、といったような人間以外のものの七つに分類できる。構成としては、慶滋保胤の『日本往生極楽記』と同じであるが、蛇や猿、道祖神といった人間以外のものの記述があることに特徴がある。またとりあげられている人物を検討すると、『日本霊異記』『三宝絵』『日本往生極楽記』と重複する部分が多い。このことから、本書がこれらの著作をもとに編集されていることが明らかである。それに、本書の序には宋の義寂の『法華験記』の名もあげられているので、それもこの書の範となったと考えられる。著者は本書の序において、ひろく人口や見聞を素材としたとのべているが、前述の諸書や先行書を参考にしながらも著者自身の見聞が生かされている部分が多く、その点が着目されるべきである。〔浜田智純〕

本朝法華伝【ほんちょうほっけでん】日 三巻。元政（一六二三—六八）撰。万治三（一六六〇）年成立。寛文元（一六六一）年刊行。法華の隠者元政（日政）が、唐僧詳の『法華伝』にならい日本仏教の法華信行の高僧の伝記や弘伝の事項を九〇余集めて選述したもの。発願、転読、持誦、講讃、書写、神感、聖応、聴聞、雑縁、流伝の一〇項から成る。享保四年には和文の本書が五巻本で刊行されている。〔所載〕草山拾遺上。〔小野文珖〕

本典一滞録【ほんでんいったいろく】浄真 一六巻。僧鎔（一七二三—八三）述。安永年間（一七七三—八〇）成立。著者は本願寺派の学僧で、空華学派の祖として越中空華の柔遠や、堺空華の道隠を育てた。僧樸の弟子で、石州の仰誓、筑前の大同、三業派の智洞、芸轍の慧雲等が同時代の同門である。本書に異本数種あり。『本一滞記』『御本書顕考記』『広文類講記』『侍講記』ともいう。本書は『教行信証』の注釈書で、寛文本を底本として、文如嗣法のために錦華殿において、安永二（一七七三）年より数回にわたって侍講し、奉呈した筆録である。天明八（一七八八）年に仰誓の書写したいわゆる仰誓本を中心として、伝写せられたものである。竜大所蔵の二本、是山勧学所蔵本、照明寺所蔵本の計四本によって、教行二巻の講義は安永二（一七七三）年一一月一八日より翌年の三月一五日までの侍講であることは明らかである。しかし信巻本（三一問答下）の講義を中途にて止め、信巻末、証巻、真仏土巻の講を欠き、化巻に及んで講録が存するのであるが、その理由は現在においても詳らかではない。本書は後世の宗学界に影響を与えたことは深く、後学は多くこれを引用している。『六要抄』によって論述を展開している。空華学派の祖として、所行説を展開し、行巻称無碍光如来名の釈には「信心なければ如実修行にあらず、行不レ離レ信、信不レ離レ行、仏願廻向の行信をまたうけとる処が如実修行相応なり」と示し「たのむ一念の処にゆづり与へ給ふ大行を口称へもちだして、うれしや南無阿弥陀仏ととなへあらはす、称へあらはせども自の行にあらず、ただこれ如来の大行を行ずるなり、このすがたを称無碍光如来名との給ふ」とのべている。後期の宗学の微細に分枝するこの個所の解釈と対比するときには、参考になる。是山所蔵本、照明寺所蔵本、竜大所蔵本二本。〔所載〕真宗叢8。〔参考〕仏教大辞彙。——→顕浄土真実教行証文類 〔藤田恭爾〕

本典仰信録【ほんでんごうしんろく】浄真 八巻。円月（一八一八—一九〇二）述。明治三〇（一八九七）年成立。円月は本願寺派の学僧。本書は自序にも示すがごとく、師匠の月珠の『対問記』と道隠の『本典略讃』を承けて展開されている。別題号に『六要便覧』『広文類対問記助覧』と題することからも知られる。とくに豊前空華の機教行信義を踏襲して、大行出体釈を機位の称名ととらえて「終日の称名即ち是れ法体なり」と能所不二を展開することは、いわゆる空華学派とは趣を異にしている点である。月珠の『対問記』の延べ書き本として、親しまれ、研讃されている本典注釈書である。明治三〇年興教書院より刊行。自筆本は松岡信忠氏所蔵。〔所載〕真宗叢7。〔藤田恭爾〕

本典指授抄【ほんでんしじゅしょう】浄真 一八巻。法海（一七六八—一八三四）述。文化文政（一八〇四—二九）ころ成立。円竜（?—一八四五）覆述。法海は大谷派の第八代講師。昭和五年に豊後日田の光徳寺に生まれ、のちに肥後八代の光徳寺に入住した。九州学派の重鎮であって香月院も影響を受けたといわれる。円竜は、真宗大谷派の贈講師。筑後榎木津覚了寺住職。慧琳→鳳嶺→円竜→雲集の学系をなすものであるが、九州学派の相互の研鑽はさかんだったようである。生年月日は不詳。本書は法海の説を円竜が覆述せられたものである。しかも師説を稟承して、少しも自己の胸臆を交えていない。序文にも「今般任二三子本望一其ノ説ヲ伝フ。実ニ恐ルニ余リアリ」と示してその趣旨を伝えている。自説を記すときには必ず「竜云」として箇別が示されている。全体が三門に分けて釈されている。(1)制作意趣、(2)一部の大綱、(3)選述年代である。その略述が終って、入文解釈と展開されるが、そこでは存覚の『六要抄』と智暹の『樹心録』を参考にしている。一巻は教巻、二・三・四巻は行巻、五・六巻は信巻本、七巻は信巻末、八・九巻は証巻、一〇・一一巻は真仏土巻、一二—一六巻は化巻本、一七・一八巻は化巻末という配当になっている。本書は懇切に大谷派の宗学を開陳しており、とくに大行出体釈において、本願寺派との比較に便である。原本は藤原猛雪氏所蔵。〔所載〕真宗全34・35。〔参考〕仏教大辞彙1・6、続真大20。〔藤田恭爾〕

本福寺跡書【ほんぷくじあとがき】浄真 一巻。明誓（一四九一—一五四七）著。成立年代不明。明誓は本願寺派本福寺第六世。本書は『本福寺記録』五部のうちの第三部であり、明誓の自筆本が現存することから、成立年代は存命時代と確定しうる。本書は堅田の本福寺の寺跡を本福寺開基の家系より始めて、法住の母妙専および法住の本福寺再興のことを詳述し、寺宝・遺訓を載せている。父祖よりの伝聞を記し、著者の一生のうちに経歴・事件をのべて、子孫に誡むべきことを書き伝えたものである。とくに寛正六（一四六五）年大谷本願寺破却の件は祖父明顕からの伝聞であり、宗史上もっとも正確な記録を留めたものとして貴重な資料とされている。この五部について、第一部は『本福寺由来記』、第二部は『教訓并俗姓』、第三部が『本福寺跡書』、第四部は『本福寺門徒記』、第五部は『本福寺明宗跡書』と題されている。第二部を除いて、明誓のかかわったものであることからも、重複する個所が多いことがまた、信憑性の高いことである。原本は堅田本福寺に蔵する。〔所載〕真宗全69（本福寺次第艸案も所収）。〔藤田恭爾〕

本法寺縁起【ほんぽうじえんぎ】日 一巻。日親（一四〇七—八八）著。文明一九（一四八七）年成立。正本を京都本法寺所蔵。本縁起の作製は、日親弘通の拠点である本法寺の規模の拡張と整備を計るため、一門の真俗にこれを示し、勧進に乗り出すことにあった。なお、この縁起書は寺の縁起というよりも、みずからの忍難弘教の生涯を綴った自叙伝的記述が、多くの比重を占めている。〔所載〕日宗全22。〔松村寿巌〕

本妙臨師小伝【ほんみょうりんししょうでん】日 一巻。日昇（一八三二—九一）著。身延波木井醒悟園開祖日臨律師（一七九三—一八二三）の小伝。日臨は江戸後期の持律堅固な法華行者であり、体験的な宗学者であるが、その門から近世日蓮宗教学を大成した日輝が出た。日昇はこの日輝の弟子である。本書は数行の小伝であるが簡要でよく日臨の人となりを表わしている。〔所載〕本妙日臨律師全集。〔小野文珖〕

翻迷開悟集【ほんめいかいごしゅう】浄 四巻三冊。沙門松誉（生没年不詳）述。本書は江戸中期の鎮西派の学僧であった著述者が、京都の日蓮宗久蓮寺淵海の著わした『邪正問答書』二巻を難破会通したもので、正徳二（一七一二）年の自叙がある。まずこの書の生起を説き、次に法論興起の虚説、覚経取意の文、弥陀万徳の経証等、二七項目にわたって難破会通を試み、浄土宗へ帰入させる意図のもとに作られている。竜大、京大版本。〔藤本浄彦〕

翻迷集【ほんめいしゅう】浄真 一巻または二巻。行感述。元禄七（一六九四）年成立。木辺派の行感の著作と推定されている。東西両本願寺の分離問題に関して、大谷派の正嫡を主張したものである。本願寺派の甫顔が『表裏問答』において本願寺派の正嫡を主張したのに対して、行感がその問答のいちいちの文句を掲げて論駁したものである。〔所載〕真宗全56。〔岩崎豊文〕

梵網経開題【ぼんもうきょうかいだい】真 一巻。空海（七七四—八三五）述。本書は『梵網経』盧遮那仏説菩薩心地品に対する開題である。『梵網経』は『瑜伽論』所説の三聚浄戒、『菩薩瓔珞経』所説の十無尽戒とともに梵網戒と称される大乗戒を説く経典である。これによって最澄は、天台宗独自の大乗円頓戒を主張し、従来の戒を捨し、南都の宗徒と対立したのである。十重四十八軽戒を説くこの経典を三昧耶戒を根本の戒とする空海は、密教の立場から大意を解するのである。経全体を大・三・法・羯の四種曼荼羅に配して解釈している。本書の「今この……諸教の興り、蓋しこれがためか」は『教王経開題』、『法華経開題』（開示茲大乗経）、『理趣経開題』（生死之河）の一部にほぼ同文である。それに次いで、この経の教主は遍照如来で、十地の菩薩も窺知できない唯仏与仏の談を示すとする。『梵網経』の梵名を挙げ、その漢訳名を示し、漢名について三昧耶身、法曼荼羅身、大曼荼羅身にあてて解釈し、つづいて、梵名の[illegible](Brahma)を四字合成とし、そのいちいちについての字相字義を細釈している。終りに経の大意をのべるのに『釈摩訶衍論』所説の三十三法門の十六所入法と十六能入門の三十二法と、不二摩訶衍と一心と三大（体相用）の三十七法門を金剛界三十七尊に比定している。本書の注釈書に頼瑜『梵網経開題愚艸』（写本）、宥快『梵網経解題鈔』三巻（版本、宝暦八年）がある。〔遠藤祐純〕

梵網経古迹記綱義【ぼんもうきょうこしゃっきこうぎ】南 一〇巻。彦證清算（一二八八—一三六二）撰。延文—康安年間（一三五六—六一）成立。『梵網経古迹綱義』『梵網経上巻古迹記綱義』『梵網経古迹講義』ともいう。『梵網経』に対する新羅太賢の注釈書である『古迹記』上巻に対して問答体でその綱要を示した書。覚盛、叡尊らの西大寺伝によりつつも創見を加え、清算の律部綱要八種中の白眉である。引書は多様を極め、唐の法銑、音覚等の佚書も含んで資料的にも貴重である。〔所載〕日蔵20。〔里道徳雄〕

梵網経古迹記輔行文集【ぼんもうきょうこ

しゃっきぶぎょうもんじゅう】南　一〇巻。叡尊（一二〇一—九〇）撰。成立年代不明。『梵網経古迹記下巻科文輔行文集』『梵網経古迹文集』『梵網古迹文集』ともいう。新羅太賢撰述の『梵網経古迹記』下巻について、西大寺興正菩薩叡尊が科文を付し、諸経論の要文を蒐収採録して本経および『古迹記』と会合した書。その引用経論が広範適切であることから、輔行文集と称せられ、律学、なかんずく太賢の古迹記研究では基本的著作である。〔所載〕日蔵19。　〔里道徳雄〕

梵網経疏日珠鈔【ぼんもうきょうしょにちじゅしょう】南　五〇巻。凝然（一二四〇—一三二一）撰。文保二（一三一八）年成立。『梵網戒本疏日珠鈔』『梵網経本疏日珠鈔』『梵網香象疏日珠鈔』ともいう。賢首大師法蔵（六四三—七一二）撰『梵網経菩薩戒本疏』六巻に対して凝然が注釈を施した書。巻首から三巻は『梵網経』の解題であるが、巻首に中国、朝鮮、日本の諸家釈書を掲げて釈し、次に『梵網経』の教起所因、諸蔵所摂、摂教分斉、顕所被機、能詮教体、所詮宗趣、釈経題目、明教本末、伝訳縁起を説き、第四巻から随文解釈に入る。華厳学と南都律の両者に立って著わされたこの書は、古来から戒壇院正統律を明示する書として重用されてきた。〔所載〕正蔵62。　〔里道徳雄〕

梵網経要解【ぼんもうきょうようげ】浄　一〇巻。諦忍（一七〇五—八六）著。明和五（一七六八）年成立。『梵網経』上下二巻について中国、朝鮮、日本の諸師の説をもとに、仮名文で随文評釈したもの。諦忍は、真言、浄土を兼学した律僧であり、その自説は真言密教の思想に依ることが文面からうかがえる。本書の注釈書には同師著『梵網経要解或問』がある。〔刊本〕明和五（一七六八）年、明和六年、明和七年、明和八年、安永六（一七七七）年刊。〔所載〕日蔵36。　〔鈴木霊俊〕

梵網経略疏【ぼんもうきょうりゃくしょ】南　四巻。善珠（七二三—九七）撰。成立年代不明。『梵網経略抄』ともいう。『梵網経』上下二巻を本末にそれぞれ分けて四巻とし略釈したもので、鑑真和尚（六八八—七六三）渡来以来、最も早い大乗戒経疏である。ただし、下巻の明忍以下の偈文の釈を欠く。戒の名称が新羅太賢の『古迹記』に拠るなど、太賢の影響を強く見出し得るが、同時に、師玄昉に承けた法相学を伝えていて初期仏教学の重要資料となっている。〔所載〕日蔵18。　〔里道徳雄〕

梵網経略抄【ぼんもうきょうりゃくしょう】曹　一巻。詮慧（生没年不詳）述、経豪（生没年不詳）記。延慶二（一三〇九）年成立。詮慧は伝を詳かにしないが、叡山の横川で教学を修めた天台の学僧であり、道元（一二〇〇—五三）を深草に尋ねて参学、その法を得て京都に永興寺を開き道元の『正法眼蔵』の最初の注釈書『御聴書』一〇巻を遺した人である。その弟子経豪は、叡山で参学して法印となったが、叔父花山院の因縁で道元の門に投じ、その寂後詮慧に師事し、永興寺にあって師を補佐し、『正法眼蔵抄』を遺した人である。本書は、詮慧の『梵網経』に対する所説を経豪が一切余詞を交えず正確に輯録したものであるという（識語）。その内容は、まず『梵網経』の上下調巻の事情を述べることに始まり、開経偈、梵網経菩薩戒序、菩薩戒序等の要所について解説し、大乗諸仏子の根本としての菩薩戒は、声聞戒に対する菩薩戒ではなく、色心の相対を超えた仏戒であると説き、次いで十戒事を詳説し、四十八軽戒について注意を施し、さらに懺悔事の一項を付して、直指単伝の懺悔について説示している。この『略抄』の特色は、十戒と懺悔との詳説の部分にある。すなわち『梵網経』の十重禁戒を如来の正戒として説くに当って、これを道元に帰せられる『教授戒文』を提示して、参究解説するという点と、一般の理・事の懺悔を透脱して、証上の端坐をもって懺悔となす不染汚の懺悔を説き、その中で梵網戒には示されない三帰・三聚浄戒を懺悔法と一体なるものとして説き、後に主張される十六条の禅戒の大系を暗示している点にある。江戸期の禅戒の大成者万仭道坦（一六九八—一七七五）はこれに準拠して禅戒の宗義的確立を行ったのである。〔所載〕曹全（注解2）、正法蒐14。　〔小坂機融〕

本門弘経抄【ほんもんぐきょうしょう】日　一一三巻。日隆（一三八五—一四六四）著。執筆年時は、日隆六一歳の文安二（一四四五）年にはじまり、六九歳の享徳二（一四五三）年全巻が完成した。つぶさには、『法華宗本門弘経抄』という。日隆は室町時代の日蓮宗を代表する勝劣派の学匠で、本門八品正意、上行菩薩付嘱の本因妙下種の題目を教義の中心とした。その立場から、本迹一致を主張する当時の諸派、ならびに天台宗に対し厳しい批判を加えた。法華宗本門流の祖。日隆には三〇〇余巻にのぼる著作が存在している。それらは、本門法華の立場をもって、天台教学と宗祖日蓮の教学との違いを明確にし、本門教学の独自性を主張することを目的としている。日隆の著作の根底には、天台教学と本門法華の教学の異なりの比較検討がみられる。さらには、自己を日像以来の正統の四条門流の法脈継承者と位置づけ、叔父にあたる日存・日道の教えを積極的に記すことになって、分立した本興寺門流の正統性を主張する。本書も随所にその考え方が見られる。

さて、本書は日隆が天台教学と日蓮教学の違いを明らかにすることを主眼として、『妙法蓮華経』二十八品に注釈を加えたものである。その立脚点は日蓮が樹立した本門法華の思想であり、末法に付嘱された妙法五字＝仏種による衆生の成仏、あるいは実践修行等の特質を記す。しかも、具体的に『法華経』の文を注釈する場合には、智顗の『法華玄義』『法華文句』『摩訶止観』、さらに湛然の三大部注釈等を駆使している。日隆の天台六大部引用意図は、天台教学の立場から『法華経』を解釈するためでなく、日蓮の本門法華教学を援証することにあって、事実、日蓮遺文を最終の依拠としていることが明らかである。室町時代の教学界の大勢が、中古天台本覚思想に傾斜し、口伝法門や教相軽視の観心主義思想に影響を受けて、中国の原始天台への批判が強い中で、天台六大部を中心に据え、しかも祖書中心の教学を樹立しようとしたことは、注目に値する。

　本書は、まず『妙法蓮華経』の首題の大意を一〇巻にわたって叙述する。この大意の段は、㈠本門最上経王、㈡本門流通如説修行、㈢本門流通大意釈名入文判釈の三科に分けられる。㈠では、法華経本門が諸経の中の経王であることを明かし、天台宗の迹門重視を批判する。㈡では、本迹両意の流通の大旨を示し、本門流通の実践は折伏の如説修行にあることを明す。㈢では、本迹二門に分別して、本門に⑴本門流通大意、⑵本門流通釈名、⑶入文判釈の三科を立てる。ことに⑵では、本迹二門の通号である妙法五字を総釈し、ついで本門の妙法五字と観心の意味を追求し、日蓮教学における教相と観心の特殊性を示す。また別号の序品第一の意義を解釈する。⑶では、序・正・流通、二経六段、あるいは本門の四種釈を解説している。つぎの第一一巻から第七二巻までの六二巻は、迹門一四品の文義を解釈し、第七三巻から巻末までの四一巻は本門一四品の文義解釈である。これらの中に、謗法の義、円頓の義、顕本義、本尊義、下種論、付嘱論等の宗義が闡明化され、随所に日隆思想の特徴をみることができる。正本は尼崎市本興寺に所蔵。刊本は大正一四～昭和九年にかけて、原漢文に和訳を添えた『原文対訳日隆聖人全集』全一一巻が出版された。さらに、日蓮生誕七五〇年を祝して、昭和四五年に『原文対訳法華宗本門弘経抄』として再版されている。　〔北川前肇〕

本門事一念三千義【ほんもんじいちねんさんぜんぎ】〔日〕　上下二巻。日透（一六五三―一七一七）が享保二年に著わした教義書。日透は本迹勝劣を旨とする日什門流から一致派に転じた人で、本書において「事がまま」の観心論を主張し、実際的な観心修行の問題が核心となっている。事一念三千論は、題目受持の信行を基礎づける重要教義であるが、日蓮宗学史上これに関する独立した論著が少なく、わずかに日輝の『一念三千論』を見るほかは本書を数えるのみで、この意味でも本書は教学史上に特異な意味をもつと考えられる。本書の論ずるところは、題目と観心との関係、正行と助行等の問題がのべられるが、要するに日透の『法華経』への沈潜の世界が根本となっている。本書の文中に「所詮事観とは諸法の事がままに具を観ずる是なり」「吾祖本化の弘経事一念三千を立つ事ままに互具を観ずる是なり」とあって、本門の事観への内省が日透の課題であったと思われる。望月歓厚は『日蓮宗学説史』のなかで、日透の事観論について修行論と所行体論とによって考察し、日透の事観論の基本的な考え方を次のように示している。『法華経』の詮旨は十界互具にあるが、十界互具・一念三千とは事相の互具融通ということで、本門においては事のままに事の互具を観ずるのであって、この境界は仏の知見せられる世界であり、凡夫の迷情によって互具を観じ顕すのとは決定的な相違があるとし、この事がままの妙法こそ日蓮の本門開顕の最大目的であったとするのである。この望月歓厚の所論を参照しつつ、日透がみずから本書執筆の趣旨を巻頭にのべているところを披見すれば、「夫れ十界の諸法事理不二なり。事理は自ら無相にして一味平等なり。事は自ら有相して互具相即す（中略）是則ち諸法の本来仏知仏見所証の妙躰なり」とあって、仏陀の教意は十界互具に究極されており、『法華経』以前の諸経はいまだ互具を説かず、『法華経』に入っても迹門は理性所具の理の一念三千を明かすにとどまり、真の十界互具は本門事観において示され、その究極の法とは仏知仏見所証の妙躰であるというのである。日透は理の一念三千の凡夫所見の眼見による修証を否定し、如来の証得を直に示した事の一念三千への参入を目的となし、直参直入は事がままによらねばならないとしたのである。次に日透における観心論の出発点は何か。それは末法衆生救済の事行としての唱題のほかに事観を修する必然性があるかということであるが、本書のうちで、「証法を紙墨の事相に図顕したまう曼荼羅に向て唱題するを直に当家所立の事の一念三千と成せられ」とあることから、日透は事の一念三千を意業において修すること、日蓮の『観心本尊抄』に教示される自然譲与の救済を自覚的に修観する態度の必要性を説き、その態度の存否に事の一念三千の顕現がかかわっていることを強調しているものと思われる。〔参考〕渡辺宝陽・日蓮宗信行論の研究、執行海秀・日蓮宗教学史、望月歓厚・日蓮宗学説史、日蓮宗事典。　〔町田是正〕

本門自誓受戒作法草案【ほんもんじせいじゅかいさほうそうあん】〔日〕　一巻。本妙日臨（一七九三―一八二三）著。成立時期は文政二（一八一九）年四月七日。日臨は江戸の人、勉学の後二二歳にして、一切経拝読の願を起こし、身延に止まること二年、その後二八歳の時に再度身延に登り、醒悟園を結び三一歳にして化す。多くの著を残した。本書は草案と題されているが、日臨の著述中に成稿があるわけではない。内容は自誓受戒の理念・儀相が述べられている。自誓受戒とは、自ら誓って戒を受けることをいう。本書では誓うべき本尊の相を二種示している。第一は妙法を戒体、釈尊を戒師、上行菩薩を伝戒師とする。これは『法華経』神力品を本拠としている。第二は妙経全体を戒体、釈尊を大和尚、文殊師利菩薩を羯磨師、弥勒菩薩を教授阿闍梨とする。これは『観普賢菩薩行法経』を本拠とする。日臨の自誓受戒は草山元政（一六二三―六八）と日導（一七二四―八九）の流れを汲むものと考えられる。近世日蓮教学は重乾遠の三師をその源流としている。その中、日遠（一五七二―一六四二）の『自誓受戒作法』は智顗（五三八―九七）の『梵網疏』と最澄（七六六―

八二二）の『授菩薩戒儀』を依拠とし、日蓮の思想もうかがえず、全くの天台与同である。一方、元政と日導には本化別頭の祖書中心の志向が看取される。本書も、その流れを継承するものである。〔所載〕本妙日臨律師全集。　〔西片元證〕

本門心底抄【ほんもんしんていしょう】日　一巻。三位日順（一二九四—一三五四）記。貞和五（一三四九）年成立。元来は『心底抄』、日時写本に「本門」の二字が冠せられ通称となった。日順は八歳のとき向門の寂仙日澄のもとに出家したが、師とともに日興の門に転じ、日澄示寂後もっぱら日興に師事し、嘉暦元年ころ重須檀所の学頭に補せられ、日興の分派を正統化した『五人所破抄』を草し、日興遷化後は富士の講学を担った興門初期の教学者である。日興の教学は日澄を経て日順により発展させられていったと見られている。本書は法門の心底である本門の三大秘法について論じたもので、末法能弘の師は神力別付の上行応化日蓮、所依の経は上行付嘱の『妙法蓮華経』であることを明らかにする。本門の本尊とは一閻浮提未曽有の大曼荼羅のことであり、この本尊に向かって唱題することが事の法門であり、即身成仏であるという。本門の戒壇については、小乗の戒壇、迹門の戒壇がある以上、本門の事壇建立は必定であるとし、事壇建立を力説する。その戒壇の本尊は曼荼羅図のごとく仏像を安置すべしと論じて、のちの大石寺教学とは相違している。また建立地についても富士戒壇説を唱えていないのは、石山教学の推移を考えるうえで注目すべきである。写本（日時本・日眼本）を富士大石寺蔵。〔所載〕日宗全2、富要2。〔参考〕両巻血脈。——→五人所破抄　〔小野文珖〕

本理大綱集【ほんりたいこうしゅう】因　一巻。最澄（七六六—八二二）述。成立年代不明。最澄述とされるが、その一部は圓珍作とされる『顕密一如本仏義』の一節を抜き書きし、改竄して、一致の立場を明瞭にしたもので、日蓮の『本理大綱集要文』や、円爾の『大日経見聞』に引文があり、平安末から鎌倉の初めにかけての口伝法門の文献である。第三章の「十界互具」の文は『牛頭法門要纂』のものと一致する。〔所載〕伝全5。　〔弘海高顕〕

本立院帰命辨問尋【ほんりゅういんきみょうべんもんじん】浄真　一巻。道粋（一七一三—六四）述。宝暦一三（一七六三）年成立。本立院とは道粋のこと。真宗教学上に三業惑乱の大事件を招くもととなった功存が、問題の書『願生帰命辨』を著わすに当って、道粋に批評を請うたのに対し、道粋がなした批判の書である。七カ条の質疑を出して、功存の欲生中心の三心説に再考をうながしている。写本を竜大に蔵す。〔所載〕真宗全62。　〔五十嵐明宝〕

ま

摩訶止観見聞添註【まかしかんけんもんてんちゅう】因　一〇巻。尊舜（一四五一—一五一四）談。高観（一六一二—一五一）添註。正保元—慶安四（一六四四—五一）年成立。別に『止観見聞添註』ともいう。本書は『摩訶止観』の綱格を尊舜が講じたものを門弟に筆録せしめた『摩訶止観見聞』に対して、高観が添註をほどこしたものである。この書は江戸時代初期における日本天台の学風をよく示しており、各節ごとに詳しい注釈をほどこすのみならず、諸典籍を引き、諸学・諸流の異義、異説にも触れている。その説相は、恵心流の教学に立っているといえる。〔所載〕仏全（旧）29。　〔多田孝文〕

摩訶止観論弘決纂義【まかしかんろんぐけつさんぎ】因　一〇巻（二・三・九・一〇欠）。邃（—一八〇五—）あるいは（—一一〇七—五七）撰。成立年代不明。別に『止観要決』『止観要文』『止観輔行纂義』『摩訶止観輔行纂義』『摩訶止観弘決纂義』ともいう。本書は湛然の『摩訶止観輔行伝弘決』に対する注釈書であり、『輔行伝弘決』の注釈の繁多なところを簡潔に、簡略に過ぎる点を補足しているところに特色がある。〔所蔵〕正大、谷大。〔所載〕仏全15。　〔多田孝文〕

摩訶般若心経釈【まかはんにゃしんぎょうしゃく】因　一巻。最澄（七六六—八二二）撰。『般若心経』を天台流に簡明に解釈したもので、一、経題を釈す。二、随文解釈。一、経題を釈するうち、摩訶を大・多・勝すなわち空仮中の意といい、般若を実相・観照・文字の三般若で解釈し、波羅蜜に十波羅蜜を、心に本覚心をあてる。明撰の疏（偽撰？）によったもので、後人の偽撰と考えられている。〔所載〕仏全24、伝全3、日蔵20。　〔坂本廣博〕

摩訶般若波羅蜜多心経述義【まかはんにゃはらみったしんぎょうじゅつぎ】南　本書は奈良朝三論宗の学僧で、浄土曼陀羅の作者として有名な元興寺の智光（生没年不詳）が、玄奘訳『摩訶般若波羅蜜多心経』（『正蔵』8）を注釈したものであり、かれの著作のうち唯一完全なかたちで現存するものである。著作年は序文より天平勝宝四（七五二）年、智光四四歳のときであることが知られる。本書は本経を伝訳の年代、経の主旨、経の題目、随文解釈の四門をもって注釈している。まず伝訳の年代では、羅什、玄奘、菩提流支の三者をあげ、その訳時を概略する。経の主旨では、無所得般若を宗となし、さらにこれを般若無生正観を正、所観の無相中道を傍として二つに分けている。また基、測等が般若教を第二時不了義経となすのは迷謬甚だしいと非難し、『解深密経』とこの『心経』とは、文に隠顕の言はあるが、所詮の義については別異はないと説明している。経の題目では、摩訶、般若、波羅蜜多、心、経の五つに分けて梵語の語義等を説いている。随文解釈では、全体を正観法と神呪法に大分して呪を重視した立場をとり、さらに前者を観自在と舎利子に対する場合とに分けている。これは経の冒頭の「観自在菩薩」を、「観自在」を呼びかけ、「菩薩」を以下に対する主語とするかれ独自の解釈による。また本書は般若空の立場を「但空」ではなく「畢境空」として「法界」等と同義とする。これは法相への対抗上空の絶対性をつよく出したものと言えよう。〔所載〕日蔵（新）20、仏全㊙1、正蔵57。〔引田弘道〕

枕双紙【まくらそうし】[天] 一巻。源信（九四二—一〇一七）記。成立年代不明。本書は本来別々の三四条の切紙の部分と、「枕双紙、横川沙門源信記」と題されるものが合本となっており、三四条の部分は、金沢文庫の『三十四箇事書』と配列等の相違があるが同一で、各箇が別々に相伝されていたことを示す。三四条の末尾には「相伝系図」の題下に「釈皇覚示之」とあり、源信より覚源までの系統を示す。〔所載〕仏全32。〔弘海高顕〕

麻山集【まざんしゅう】[時] 二巻。盧峰（？—一六九七）記。元禄四（一六九一）年成立。著者盧峰とは後の当麻山三八代他阿是名のことである。本書は相模原市当麻の元大本山無量光寺にとって唯一の貴重な文献である。内容は上巻が当麻山の現況を、下巻には時宗門徒の法則を記している。原本は無量光寺本、向得寺本、青梅乗願寺本の三本があったが、現在は向得寺本のみが残っている。〔所載〕定時宗下。〔長島尚道〕

蟇蛇異見抄【まだいけんしょう】[日] 一巻。要賢日我（一五〇八—八六）記。天正一四（一五八六）年成立。日我は進大夫阿闍梨とも称し、日興門流の室町時代後期を代表する学僧。千葉県保田の妙本寺を継承し、西の京都要法寺の学僧広蔵日辰と同時代で、「西辰東我」と称された。本書は日隆門流の教義に批判が向けられていて、一一四カ条から成り、隆門教学と富士を中心とする日興門流の教義とを併記しつつ、論述されている。まず本迹論については、法華経上において本迹をみずに種脱に本迹をみ、種本脱迹を説き、経文上の本迹は迹の中の本迹であって本の本迹ではないとする。したがって本門八品のみならず一品二半でさえ在世の得益であって、末法の用ではないとする。隆門が妙法五字を本門八品所顕、上行所伝とするのは脱益の迹妙で教相の分を免れないものであって、本法寿量の文底久遠に及ばざるとし、それを教旨とする。要するに教判論において八品と文底寿量とを対比させて批判しているのである。当時、富士門流は隆門と交流があり、日要などは隆門教学の摂取に努め、その教学は隆門の八品主義に影響を受けて、文上一品二半文底八品説を主張していた。日我は日要の祖述者といわれる反面、八品主義を排して富士教学を確立しようとしたのであり、その代表作が本書である。したがって本書は隆門教学に批判が向けられてはいるが、日蓮本仏論の根幹となる本因妙思想までは排しきっていない。写本立大図書館蔵。〔井上博文〕

末代念仏授手印【まつだいねんぶつじゅしゅいん】[浄] 一巻。弁長（一一六二—一二三八）撰。安貞二（一二二八）年成立。『授手印』と略称される。

　弁長は弁阿あるいは聖光房さらに浄土宗二祖鎮西上人とも尊称され、浄土宗における、いわゆる二祖三代の一角をなす。本書の他『徹選択集』『浄土宗要集』『念仏名義集』等の著作がある。

　本書序文から造書の主旨をうかがうと、浄土宗祖の源空が示寂の後、その門下で師の念仏義解釈で異義異説がほしいままに出されるようになり、これを概嘆した弁長は師説を「白骨に留め、口伝を耳底に納めた」とする立場から正義を後世に伝え、これをもって正邪の定判とするため安貞十年一一月肥後白川河の辺、往生院において二十有余の衆徒とともに四八日の別時行を修し、この間に本書を選述したという。

　この書の伝承本はいずれも巻子本で、その体裁は袖書、序文、本文、血脈相伝手次、裏書となっている。本文の内容はその冒頭「末代の念仏者、浄土一宗の義を知りて浄土一宗の行を修すべき首尾次第の条条の行の事」とあるごとく、浄土一宗の義と浄土一宗の行、すなわち「宗義行相」の説明と、さらにこれをまとめ図示した「奥の図」とからなっている。相伝によれば浄土一宗の義とは五種正行、助正二行の二項目で、一宗で行ずるべき最要の行を知るところから宗義とし、三心、五念門、四修、三種行儀の四項目を一宗の行相とする。以上六項目の内容を「六重二十二件五十五の法数」と称し、これが最終的に念仏の一行に結帰することを説き示している。このような内容からも、この書が宗祖の義を祖述し相伝することを意図し選述されたことが知れる。

　この『授手印』はその伝承本によって袖書の偈文と手印の有無等差異が見られ、袖書については相伝者の異なる伝承本によってはそれぞれ異なった偈文が記されている。三祖良忠に相伝された袖書の偈は、いわゆる要偈あるいは四句偈と称され、浄土宗の伝法上きわめて重要な意味を持つものとなっている。

　以上のような内容から浄土宗伝法の立場からきわめて重要な位置をしめる書で、明徳四（一三九三）年聖冏創設の五重伝法で、機・法（行）・解・証・信と初重から第五重まで次第する五重伝法の二重の書として組みこまれ今日に至っている。

　注釈書としては、良忠の領解末代念仏授手印・決答授手印疑問鈔、聖冏の授手印伝心鈔・領解授手印徹心鈔・決答疑問銘心鈔、性心の授手印決答見聞、良心の授手印受決鈔、良祐の決答見聞、聖観の授手印決答聞書・領解抄聞書、慶善の授手印請決、了月の顕授手印請決邪正義・授手印請決破清濁、愚底の授手印請決清濁等がある。

　弁長自筆と称される伝承本。㈠聖護伝承本（熊本往生院）、㈡生極楽伝承本（久留米善導寺）、㈢唯称伝承本（佐賀大覚寺）、㈣円阿伝承本（博多善導寺）以上四本現存。

良暁筆伝承本。㈠賢仙伝承本（伊香立新知恩院）、㈡寂真伝承本（敦賀西福寺）以上二本現存。〔所載〕浄全10、浄土伝灯輯要。　〔柴田哲彦〕

末代無智御文和語説【まつだいむちおふみわごせつ】浄真　一巻。義門（一七八六—一八四三）述。成立年代不明。義門は大谷派の学僧で、霊曜の門人。本書は、蓮如の御文のうち、五帖目第一通の末代無智章について訓点、テニヲハ、言葉遣い等、和文上の解釈を施したものである。また、源空より蓮如にいたる文章論を展開し、蓮如の文章を稚拙ではあるがわかりやすいように、修辞よりも実務的に配慮されているとする。とくにこの一通は文章論的にも最高のものとする。〔所載〕真宗全57。——→御文章　〔佐竹大隆〕

末燈抄【まっとうしょう】浄真　一巻または二巻。従覚（一二九五—一三六〇）編。正慶二（一三三三）年成立。従覚は本願寺第三世覚如の第二子であり、早くから父覚如の本願寺創建に助力した一人である。本書は正慶二（一三三三）年四月、従覚三九歳のとき、従来安置していた親鸞の書簡数通に当時披見した本を合わせて、合計二二通を、歳月日時の相違などをただして書写し編集したものである。しかしその後、この最初の本は焼失したため、従覚は建武五（一三三八）年西山久遠寺において、転写本からふたたび写伝したが、その本は現在伝わっていない。本書は一般に『末燈抄』といわれているが、この外題は、編者の原本が焼失して現存せず、また現存最古の乗専書写本も表紙が逸しているため、初めからつけられていたものか否かは明らかでない。『末燈抄』という外題のある早い写本は蓮如の文安四（一四四七）年の写本であるが、その本文の筆跡が蓮如のものとは認めがたいため、この写本は蓮如の所持本と見るべきであり、したがって『末燈抄』という外題も蓮如の命名ではなく古くからあったと考えられる。本書は内題に『本願寺親鸞大師御己証並辺州所々御消息等類聚抄』とあるとおり、親鸞の法語を意味する己証の文と所々に散在していた消息の文を類聚したもので、二二通より成る。二二通のうち、己証に当たるのは第一通、第五通、第二二通であり、その他は消息である。第二通、第一一通、第一四通、第一五通の消息は、親鸞の真蹟が現存する。

本書の内容は、他力についてのべたものが多い。第二通に「他力と申すことは、弥陀如来の御ちかいの中に、選択摂取したまえる第十八の念仏往生の本願を信楽するを他力と申すなり。如来の御ちかいなれば、他力には義なきを義とすと、聖人のおおせごとにありき」とのべているのを始めとして、第五通では自然法爾という法語を解釈して、義なきを義とする他力の義を示し、第七、第九、第一〇、第一三、第一九の各通でも、他力には行者のはからいのないことをのべている。また第一三通では摂取不捨の事として正定聚についてものべ、第七、第一五、第一八の各通では、諸仏、弥勒、如来等同の問題をのべている。第一六、第一九、第二〇の各通では、本願ぼこりについて誡めている。これらの他に第一通では選択本願は有念でもなく無念でもないこと、第九通では誓願を離れた名号もなく名号を離れた信もないこと、第一〇通では仏智不思議と信ずべきこと、第一一通では信を離れた行もなく行の一念を離れた信の一念もないこと、第一二通では信心と名号の具足すべきことについてのべている。

〔末注〕法海・末燈抄壬申記一巻、慧然・末燈抄記一巻、僧鎔・末燈抄管窺録六巻、慧琳・末燈抄觿三巻、宣明・末燈抄節義一巻、履善・末燈抄義概二巻など。室町時代中期写本、同、末期写本を竜大、恵空写伝本を谷大に蔵す。〔所載〕正蔵83。〔参考〕梅原真隆・末燈抄の研究　〔岩崎豊文〕

末燈抄管窺録【まっとうしょうかんきろく】浄真　六巻。僧鎔（一七二三—八三）述。成立年代不明。僧鎔は享保八（一七二三）年、越中国新川郡の農家に生まれ、一九歳のとき本願寺派善巧寺に入り、法嗣となって僧鎔と改名した。二一歳のとき京都に上り、僧樸に師事して宗学を研究し、その後越中の自坊に空華学舎を設けて学生を教育し、宗学においては空華学派の祖となった。本書は僧鎔が『末燈抄』について講述したものである。文前に、⑴教起因縁、⑵一部大帰、⑶解釈題目の三門を分別し、⑴では、『末燈抄』が覚如の第二子である従覚の編集であることを論じ、⑵では、本抄の大綱が、他力不思議を信ずべきことを勧める勧門と、誹謗を抑止し、学匠沙汰や念仏者の悪行および吉水門下の異義を誡める誡門との勧誡二門に収まることを論じ、次に聖教の大例について八例をあげて示している。⑶では、本抄を外題には『末燈抄』といい、内題には『本願寺親鸞大師御己証並辺州所々御消息等類聚抄』ということについて、ともに後人の所目であって、『末燈抄』という外題は、了慧が吉水の法語を『語燈録』と名づけたのと同様の意でつけられたと解すべきことをのべている。その後本文の解釈に入り、第一通から第二二通まで、行信論と史論の両面から詳細に講説している。〔所載〕真宗全47。——→末燈抄　〔岩崎豊文〕

末燈抄壬申記【まっとうしょうじんしんき】浄真　四巻。法海（一七六八—一八三四）述。文化九（一八一二）年成立。大谷派の第八代講師法海が文化九年八月三日より九月一二日にいたる間、高倉学寮において『末燈抄』を講述したときの筆録である。内容は、⑴編集、⑵異本、⑶外題、⑷内題、⑸本文の五門に分けて詳細に論じている。とくに、第一二通の信行一念章は、親鸞が高田の覚信房に与えたものであろうと推定しているが、現に、高田派にはこの書簡の真蹟が秘蔵されていることから、著者の識見の深さが証明される。〔所載〕真宗大23。——→末燈抄　〔岩崎豊文〕

末燈抄節義【まっとうしょうせつぎ】浄真　三巻。宣明（一七五〇—一八二一）述。

文化元（一八〇四）年成立。大谷派第六代講師の宣明が文化元年一〇月二日より一一月六日まで、羽州山形専称寺において『末燈抄』を講述したものに、同一二月浅草御坊においてみずから加筆したものである。初めに編者、次に異本、標題について論じ、その後、本文に入って二二通を詳解している。異本の校合や歴史的事実の検証などにまでわたったすぐれた『末燈抄』研究である。〔所載〕真宗大23、新真宗大別5。――→末燈抄　〔岩崎豊文〕

末法相応本化所立之法華宗法門之条々【まっぽうそうおうほんげしょりゅうのほっけしゅうほうもんのじょうじょう】日　一巻。日奥（一五六五―一六三〇）著。文禄四（一五九五）年成立。豊臣秀吉主催の京都方広寺千僧供養会の出仕を拒否した日奥が、その席次が浄土宗の次位になったことを知り、『法華経』は最勝の経でこれを依経とする法華宗は諸宗の最上にあるものであり、諸宗の謗法を止め、法華一宗に帰すべきことを秀吉に諫言したもの。〔所載〕万代亀鏡録上。〔冠　賢一〕

末法燈明記【まっぽうとうみょうき】天　一巻。最澄（七六六―八二二）撰。成立年代不明。本書は、末法時において灯明とすべきは破戒無戒の僧侶であり、持戒堅固の僧ではないとする末法無戒論を唱えるものである。本文は三段に分けられる。初めに『大術経』『涅槃経』などを引用して、法に正像末の三時があり正法五百年像法一千年のあとは末法に属するとし、あるいは『大集経』の月蔵分に説かれる解説・禅定・多聞・造寺・闘諍の五堅固各五百年説を引き、造寺以降は末法であるとしている。さらに仏滅年について穆王五三年壬申（B.C. 九四九）説と、周匡王四年壬子（同六〇九）説の二説を挙げ、本書は後者を採って平安の現在（延暦二〇年）は仏滅後一四一〇年であり、まさに像法最末の時と規定している。つぎに現時はもはや末法に等しいから、教えのみあって実践（行）やさとり（証）はなく、すでに戒法もないのであるから持戒はもちろん破戒もありえず、すなわち無戒である。故に正法像法時の制をもって末法の僧尼を律すべきではなく、むしろ形だけの名字の比丘でも世の宝、灯明として擁護すべきであると断じ、最後に『像法決疑経』『遺教経』『大悲経』『仁王般若経』などの諸経を挙げてこれを引証している。

本書は最澄撰とされるが、最澄の真撰である『顕戒論』や『山家学生式』などに一貫して唱えられる大乗菩薩戒の主張と、本書の末法無戒論は全く相反するものであるとし、また栄西（一一四一―一二一五）の『興禅護国論』に引用されるまでの間、本書が全く依用されていないなどの理由から、偽撰説も江戸時代より提起されており、真偽未詳である。真撰とすれば本文中に「我延暦二十年辛巳云云」とある八〇一年の撰述であり、偽撰とすれば、『興禅護国論』までの九―一二世紀間に著わされたものであろう。真撰説としては『修禅録』をはじめ『日朝録』『日本国天台宗章疏録』『天台霞標』『謙順録』などの書籍目録は真撰として扱い、また鎌倉仏教の祖師らは前述の『興禅護国論』をはじめ、源空（一一三三―一二一二）の『和語灯録』、親鸞（一一七三―一二六二）の『教行信証』、日蓮（一二二二―八二）の『四信五品抄』など、すべて最澄の真撰として本書を引用している。また本書の末疏では雅竜の『聞書』、僧鎔の『籤述』、了祥の『講義』などが真撰としている。これに対して偽撰説は、『竜堂録』『可透録』などの江戸時代の天台系の目録類には疑偽部に編せられ、雲昭（一八二七―一九〇九）は『末法開蒙記』で七要を挙げて偽撰説を唱え、以降現在まで多くの真疑論が展開されている。

本書著者の真偽はいずれにしろ、深刻な末法観を基調として末法相応の仏教を主張する本書が、鎌倉仏教に重大な影響を与えたことは事実であり、日本仏教思想における本書の位置はきわめて重要である。〔所載〕伝全5、日蔵77。〔末広照純〕

末法灯明記講義【まっぽうとうみょうきこうぎ】浄真　一巻。了祥（一七八八―一八四二）述。了順記。天保二（一八三一）年講述。了祥は、号は亀水、管水、謚を妙音院といい、大谷派深励の門人。『末法灯明記』は最澄作と伝えられるが真偽未決である。しかし栄西、源空、日蓮、親鸞、の諸著に引用され、とくに親鸞の『教行信証』化巻本に大部分引用されるなど、鎌倉仏教に多大な影響を与えている。了祥は本書でまず、『末法灯明記』を最澄入唐三年前、延暦二〇（八〇一）年の作とし、この記は浄土真宗無戒名字の僧の行儀の根本となる書であるといって、本文を詳しく説明している。別に来意、大意、解並述懐讃解の項を設けて論じている。来意では『令義解』や国史書、『日本霊異記』等によって「灯明記」撰述にいたる時代背景を論ずる。大意は末法灯明の四字に示されており、末法無戒を明らかにすることであるとし、栄西、真迢、義山の『末法灯明記』解釈に検討を加えている。さらに三門に分け、(1)で最澄の意は小戒、大戒によらず末法無戒であるといい、無戒に四意を立てて論ずる。(2)で源空の意をのべ、(3)親鸞の意をのべるにあたり、①顕真宗僧儀依怙、②顕四法建立依怙、③顕正像末讃為本、④顕真宗自有戒門、⑤正弁吾祖意致、の五門を立てる。①は化巻に「灯明記」を引用した意を詳論する。次に④を先に論じ、『梵網経』の十重禁戒、四八軽戒に対応させて真宗の誡を論ずる。③では「正像末和讃」というが意は末法和讃で、一方「灯明記」は「正像末灯明記」ともいえ両題は一意であるといい、「正像末和讃」を化巻に対応させてのべ、悲歎述懐和讃八首を化巻末の意趣をのべつつ解釈している。〔所載〕真宗全58。〔参考〕仏解、松原祐善・末法灯明記の研究。――→末法灯明記　〔新作博明〕

真間起請文【ままきしょうもん】日　一紙。玄妙日什（一三一四―九二）記。康暦元（一三七九）年成立。もと会津羽黒山東光寺に住した天台宗の学僧で玄妙と称した日什が日蓮の教義に信順して日蓮宗に改宗し、最初富士門流に学んだが、のち真間弘法寺に帰入し、この時、帰伏状を書いている。本状はさらに真間門流を捨て他門流に移らざる旨を認めたもの。しかし、のち日什は真間門流を離れて独立した（日什門流、現顕本法華宗）。正本は真間弘法寺に所蔵されている。〔所載〕日宗全5。〔井上博文〕

真間帰伏状【ままきぶくじょう】回　一紙。日什（一三一四—九二）筆。康暦二（一三八〇）年三月二三日の成立。日什は会津黒川の生まれで、若年のころより比叡山に学び、慈遍に師事した。晩年、富士門流を経て中山門流の拠点寺院のひとつであった真間弘法寺に帰伏して改宗、のちに独立して日什門流（現在の顕本法華宗）を形成した。京都妙満寺をはじめ、各地に寺院を建立し、数度にわたる上洛諫暁活動を行った。『真間帰伏状』は日什が改宗した際に提出した誓状で、『真間起請文』と一双をなすものである。内容は、いったんは富士門流に帰伏したけれども、これを捨てて真間弘法寺に帰伏する、というもの。正本は真間弘法寺蔵。〔所載〕日宗全5。〔参考〕立正大学日蓮教学研究所編・日蓮教団全史上。〔糸久宝賢〕

卍海宗珊語録【まんかいそうさんごろく】曹　一八巻。卍海宗珊（一七〇六—六七）撰。泰岳隠禅（?—一七九八）重編。京都源光庵における語録、開堂語、上堂、小参、仏祖賛、法語、頌古、拈古等を収めている。泰岳が宗珊伝と跋を撰し、安永七（一七七八）年梵林の序を付した。寛政一〇（一七九八）年泰岳自筆本が現在伝わっている写本の原本であり、刊行しようとしながらも、果たせなかったものと思われる。〔所載〕続曹全（語録1）。〔中尾良信〕

卍山和尚広録【まんざんおしょうこうろく】曹　四九巻二九冊。卍山道白（一六三六—一七一五）撰。元文元（一七三六）—五年刊。卍山は備後（広島県）の人、出家してのち加賀（石川県）大乗寺月舟宗胡（一六一八—九六）に参じて法を嗣ぎ、大乗寺、興禅寺（大阪府）、禅定寺（京都府）、源光庵（京都）に住した。その一生は、当時の嗣法の乱れを革正復古して道元の本旨に帰るべく宗統復古運動に挺身し、元禄一六年に官裁を得て曹洞宗門の嗣承を匡し、自ら復古道人と称した。本書は一代の語録を門人の三洲白龍（一六六九—一七六〇）が集成刊行したもので、大乗寺（巻一—三）、興禅寺（巻四）、禅定寺（巻五）、東福寺（巻六）、東林寺（巻七）、源光庵（巻八）の上堂示衆のほかに、拈古・頌古（巻九）・法語（巻一〇）・警誡（巻一一）・小仏事（巻一四〜一九）・仏祖賛（巻二〇）・自賛・諸種賛（巻二一）、塔銘・碑銘（巻二二）、鐘銘・諸種銘（巻二三—二四）、記（巻二五〜二八）、書（巻三三〜三四）、序（巻二九〜三一）、跋（巻三二）、口・説・考・雑著（巻三五）、伝・疏・祭文・上梁文（巻三六）、字説（巻三七）、号偈（巻三八）、詩偈（巻三九〜四四）、宝林聯珠（巻四五）、祖系考略（巻四六）、禅戒訣（巻四七）、答客議（巻四八）、塔銘・銘・碑陰・道行・年譜（巻四九）より成り、卍山の思想の全容と、詩文の才、交遊・行実を知ることができる。なお本書に未収録の語録には別刊の『卍山和尚東林語録』（前録・後録）四巻がある。また本『広録』に収録されていながら別刊のものに『宝林聯珠』（一七一二刊）、『禅戒訣』（一七三六）、『答客議』（一七三六）がある。第四九巻には、嗣法の弟子三洲白龍による『鷹峰和尚年譜』があり、卍山の一生の行実が委細に年表化されていて、本書を見る場合に資している。〔所載〕曹全（語録2）、禅学大系（祖録5）。〔河村孝道〕

曼陀羅縁起【まんだらえんぎ】浄　二巻。快空太悦（?—一六八六）編。寛文一一（一六七一）年成立。詳しくは『当麻曼陀羅縁起』という。本書は当麻曼陀羅が蓮糸でもって化尼、化女により、一夜のうちに織りなされたとする中将姫物語を絵詞形式にてのべたものであり、曼陀羅絵図の図相の説明はしていない。〔異本〕『縁起』一巻、弘長二（一二六二）年道観証慧編。『縁起』一巻、作者未詳、『浄全』13所載。『縁起』一巻、大順撰。『縁起』三巻、称阿撰。〔所蔵〕刊本を西山短大蔵。〔長谷川是修〕

曼陀羅長感記【まんだらちょうかんき】浄　三巻。長感（?—一六二四）著。成立年代不明。別に『長感鈔』『曼陀羅註記長感記』ともいう。長感は西山派の学僧で字は応沾、南紀総持寺の第一九世である。甫叔に師事する。本書は逐条的に證空の『曼陀羅註記』一〇巻の文を講述したものである。巻上には第一巻—第三巻、巻中には第四巻—第七巻、巻下には第八巻—第一〇巻がそれぞれ配され、事相教旨が高揚されている。写本を西山短大蔵。〔堀本賢順〕

曼陀羅伝授秘要鈔【まんだらでんじゅひようしょう】浄　一巻。亮範（一七七五—一八五二）纂。天保六（一八三五）年成立。曼陀羅伝授に当たり、證空の『当麻曼荼羅註記』に則り、歴代相承の秘訣をもって口授せんがために集めた口訣である。明治三〇（一八九七）年写本を西山短大蔵。〔勝本顕道〕

曼荼羅伝授付録【まんだらでんじゅふろく】真　一巻。飲光（一七一八—一八〇四）説、祥蘂（一七五〇—一八二三）記。本書は秘密八印、四面大日、九重月輪、三会秘訣、二根交会、前一肘観、四波女形、開会神道、三昧耶戒決、五古秘訣の一〇項目について、慈雲の口授せる秘訣を記したものであり、各項さらに祥蘂の付説がある。嘉永三（一八五〇）年写本を高貴寺に蔵す。〔所載〕慈全8。〔苫米地誠一〕

曼荼羅問答【まんだらもんどう】天　一巻。圓仁（七九四—八六四）問。圓仁は慈覚大師、比叡山第三代座主。弘仁五（八一四）年最澄のもとで天台宗年分度者となり、承和五（八三八）年入唐、主として長安で元政、義真、法全に密教を学ぶ。本書は、華蔵世界、聞持の人、種子、師子座、印、本尊の形相、根本印、加持、菩提心等八三条の問答で、胎蔵界法全体の要点についての法全の答とされる口決をのせる。成立は早そうだが真撰かどうかは疑問。日蔵（天台宗密教章疏1）。〔木内堯央〕

卍庵仮名法語【まんなんかなほうご】曹　一巻。卍庵撰。文化一三（一八一六）年刊。『参禅要路』とも。卍庵は江戸中期、伊勢の人とされるのみで伝不詳。あるいは卍山派下の卍庵智堂のことか。一般参学者に参禅の要路、工夫の用心を示した法語。信心純一に正念を相続し、一切の障害を離れ、本来の面目に相見すべきことを説く。見性悟道を重んじている。〔所載〕洞法語（坤）。〔佐藤秀孝〕

万年志【まんねんし】曹　二巻。嶺南秀恕（一六七五―一七五二）編。延享元（一七四四）年ころ成立、刊。東京都芝の万年山青松寺の山誌である。上巻に世代の人法系譜、開山から二〇世秀恕にいたる二〇人と世代外一人の伝記を収め、下巻に霊跡、寺宇、祖塔等や鐘銘、上棟銘、開基道滝居士伝等の寺誌、雑著を集録している。秀恕伝は弟子秀苗、華嶽秀曇（いずれも生没年不詳）等が合撰したもの。中世末から近世初頭の曹洞宗を知る好史料である。〔所載〕曹全（史伝上）。〔中尾良信〕

み

三井続燈記【みいぞくとうき】天　一〇巻。尊通（生没年不詳）撰。文明一五（一四八三）年二月撰。尊通は伝を詳しくしないが、拓菴といい三井寺南泉坊北林坊と歴任し、「智証大師年譜」などもまとめている。本書は三井園城寺と住僧たちの記録を集大成したもので、『寺門伝記』（『園城寺高僧伝』）の続篇という意味で、表題のように名づけられた。収録の年限は平治元（一一五九）年から文明年間まで、所収の僧数二二〇名ほど、その他文書記録類に亘る。〔所載〕仏全111。〔木内堯央〕

未決答決【みけつとうけつ】真　一巻。房覚（生没年不詳）記。空海とほぼ同時代に活躍した法相宗の学匠徳一（七四九―八二四）が『真言宗未決文』（『正蔵』77）で空海に提した一一の疑問に対し、第一結集者疑より第一一鉄塔疑にいたる一つ一つの項目に『付法伝』『大日経開題』などを引用して真言宗の立場から答えた書である。保元元（一一五六）年正月に大和壺坂にてこれを記すとあり、貞治四（一三六五）年書写の記録がある。なお『真言宗未決文』に対して杲宝は『徳一未決答釈』を、豊山の俊海は『真言宗未決氷釈』を天保六（一八三五）年にそれぞれ著わした。〔所載〕正蔵77。〔祖父江章子〕

三沢鈔【みさわしょう】日　日蓮（一二二二―八二）著。建治四（一二七八）年成立。三沢氏への返書。仏法を学ぶ者は大地微塵だが成仏は爪上の土。行者に三障四魔あり日蓮大覚悟のうえで法難を忍ぶは真の法華経の行者、大安心で身延隠退した事。日蓮内証至極の法門は佐渡以後に本領がある事。内房老婆へ不見参は神仏主従、下部湯のついで詣りの尼僧本分を厳訓との伝言。真言が第一の亡国の法門をのべ、亡国現証の古例をあげて国家を憂えている。〔所載〕定日遺2。〔桑名貫正〕

未正語【みしょうご】曹　一巻。指月慧印（一六八九―一七六四）撰、門人何必記録。享保一八（一七三三）年成立。はじめに五位についての総説を挙げて、上は祖仏の淵源を究め、下は生霊の根帯を尽くし、迷悟の域に徹するものであるという主旨をのべ、ついで偏正五位と功勲五位について、それぞれ解説したものである。五位は洞山・曹山の所説であるため、中国・日本の曹洞宗において重視された。寛保三・四年の刊本がある。〔所載〕曹全（注解5）。〔佐々木章格〕

水鏡【みずかがみ】臨　一休宗純（一三九四―一四八一）撰。正式には『一休水鏡』という。しかし江戸時代以前の筆写本、版本はなく、一休の真作かどうかは疑わしい。成立期もあいまい。初期のものとして古活字版、寛永九年版がある。内容は和歌・狂歌をまじえた仮名法語。〔末注〕一休かゝみ抄二人比丘尼上下（明暦三年刊）、水鏡注目無草（延宝三年刊）、手島堵庵・目なし用心抄（天明六年刊）。〔所載〕続禅法語。〔平野宗浄〕

弥陀如来名号徳【みだにょらいみょうごうとく】浄真　一巻。親鸞（一一七三―一二六二）作。成立年代不明。本書は、『大無量寿経』上巻に阿弥陀仏の光明の徳相として説かれている十二光についての解説、および十字名号（帰命尽十方無碍光如来）、八字名号（南無不可思議光仏）についての教示より成っている。親鸞の真蹟本は現存せず、長野県松本市正行寺に、切断個所や脱丁、誤綴のある不完全な写本一本と、愛知県岡崎市上宮寺に、後半部分と推測される断簡があるのみである。これらの現存する写本に基づいて本文の構成を示せば、次のとおりである。⑴無量光、⑵無辺光、⑶無碍光、⑷清浄光、⑸歓喜光、⑹智慧光、⑺無対光、⑻炎王光、⑼不断光、（この間欠落）、⑽超日月光、⑾十字名号（途中が欠落）、⑿難思光、⒀無称光、（この間欠落）、⒁八字名号。正行寺本の体裁は、粘葉綴、半葉六行、一行一七字内外、紙数一一葉、白紙一、振り仮名、左訓、朱書の句点がある。表紙の中央に「弥陀如来名号徳」と記され、右下に「釈了智」の袖書がある。また本文の終りには、「文応元年庚申十二月二日書写之愚禿親鸞八十八歳書了」「応長元年十二月廿六日釈□□五十七歳書写之」との奥書がある。文応元（一二六〇）年とは、親鸞遷化の三年前であり、親鸞の著作中、最後の年記の見えるものである。〔所載〕真聖全2。

〔那須一雄〕

弥陀本願義【みだほんがんぎ】浄　四巻。隆寛（一一四八―一二二七）述。承元二年六一歳の作という。金沢文庫に湛睿と入阿の二部の手沢本が現存するが、いずれも完本ではない。両本ともに「伽陀婆羅摩述」となっている。「伽陀婆羅摩」（奥書は伽婆羅摩）は何人であるか明確でないが、隆寛の別名と見られている。長西の目録には「無量寿経四十八願　四巻　隆寛山僧」とあり、本書を指すものと見られる。第一巻は弥陀の第一願から第十六願まで、第二巻は第十七願から第三十二願まで、第三巻は第三十三願から第四十八願まで、第四巻は料簡門である。『無量寿経』の四十八願を釈するものとして、隆寛以前にも静照の『四十八願釈』があり、同時代に聖覚の『四十八願釈』がある。隆寛は四十八願を所居土、能居土、能化主、所化機の四種に分類し、能化主中の第十八・第十九・第二十の三願を往生の願としている。この三願により、三類の機根を認めながら、最後は一類往生を主張するのが特色である。さらに第十八願は他の四十七願を統摂する根本の願とする。〔所蔵〕金沢文庫。〔参考〕平井正戒・隆寛律師の浄土教附遺文集。〔福原隆善〕

密軌問弁【みっきもんべん】真　二巻。慧光（一六六六―一七三四）撰。著者は多数の著述を残しているが、とくに大日教主に関しては、本加和合の説を唱え、正徳年間、浄厳の意志をつぎ、槃山の大蔵印版よりもれた密部の胎蔵四部儀軌数十巻を開版したが、これについて問答往復して宗義の討論を行ったものを筆録したのが本書である。また慧光みずからのちに『鈔』二巻（写本）、『啓迪』五巻（刊本）を著わして注解を行っている。また末書として『断疑』一巻（写本）、『開書』四巻（写本）等がある。正徳元年の刊本あり。〔所載〕続真全4。〔吉田宏哲〕

密軌問弁啓迪【みっきもんべんけいてき】真　五巻。慧光（一六六六―一七三四）撰。『密軌問弁』を注解したもの。本書は宝林教学の大成とみられるほどさかんに研究され、同門の人びとにより多数の末書がつくられた。本寂の『発探』五巻（写本）、光天の『講録』四巻（写本）、智明の『講解』三巻（写本）、『講蒙』一巻（写本）、慧曦の『序解』一巻（写本）、『正路記』一巻（写本）等がある。〔所載〕続真全3。〔吉田宏哲〕

密教論義法則【みっきょうろんぎほっそく】因　一巻。撰者不詳。密教論義は台密にあっては、一三流の分派発展とともに、教相研究も進んで、南北朝時代の廬山寺派、黒谷流によくその講席を張ることが多くなり、たとえば実導仁空による『遮那業案立』などいくつかの論義書も生まれるに至った。本書は山門寿量院に伝わる、天保二（一八三一）年昌恩写の一本であるが、三礼、唄讃、神分、勧請、経釈、釈名、入文判釈、祈願の次第で『大日経』講の次第を示す。〔所載〕天全7。〔木内堯央〕

密厳院発露懺悔文【みつごんいんほつろさんげのもん】真　覚鑁（一〇九五―一一四三）。保延元（一一三五）年三月の作と考えられている。七言四四句による頌文で、宗教者として、菩薩の苦悩の精神をもって絶待の懺悔を発露し表詮したものである。菩薩の代受苦の精神そのもので他者の罪をも代って懺悔滅罪せんとの誓いを表明している。〔末注〕吉堀慈恭・密厳院発露懺悔文諺語一巻。〔所載〕興全下、正蔵79。〔栗山秀純〕

密厳浄土略観【みつごんじょうどりゃくかん】真　一巻。覚鑁（一〇九五―一一四三）著。成立年代不明。真言密教における浄土思想を、具体的な浄土の描写を通して表現する小論。大日如来の浄土は密教の世界観を示す密厳仏国土であるから、曼荼羅にしたがって東南西北に各々、阿閦如来、宝生如来、阿弥陀如来、釈迦如来の浄土が位置づけられ、その中央にある。そこには七覚法領、八功徳海があり、大菩提心の正相である須弥山が聳え、樹林、花、果実、法鳥、さえずり、風、蓮華等々がことごとく大日如来の徳を現じて限りなく美しい。その中央に五峰八柱の宝楼閣があって、三二相八〇種好の妙相を具足された大日如来が、自内証の諸眷属とともに法界に満ち満ちている。もし大日如来に帰依し密厳浄土に生まれたいと願うものがあれば、大日如来は一切諸仏を召集し四種法身を引率して自受法楽の座より起たれ応機満願の門に赴き、象王に乗じた阿閦、宝馬に乗じた宝生、孔雀に乗じた弥陀、金翅に乗じた釈迦等と各眷属に囲まれて、大覚獅子王に乗ぜられ、自性所成の諸尊聖衆とともに、その行者を迎え浄土に還られる。この時、行人の草庵は金場に変じ穢土は浄刹となり一切が六大の性仏を現ずる。本尊が行者に冥会し行者が本尊に渉入するこの仏国土のありさまは、覚鑁の強い信仰心によって、どこまでも尊く荘厳な美しさに満ちて活写されているといえよう。〔所載〕正蔵79、興全7、密厳諸秘釈9。〔参考〕興教大師選述集上。〔孤島諒子〕

密宗安心略辦【みっしゅうあんじんりゃくべん】真　一巻、竜暢（一八二七―一九一二）述、竜瑛記。明治四一（一九〇八）年、竜暢が香川県屋島寺において三宝院流を伝授したとき、受者の質問に答えたものを弟子竜瑛が整理して一巻とした。内容は六項目にわたる。即身成仏、阿字本不生、機根建立、往生浄土、安心決定、祖師先徳往生浄土を願う文証という真言宗の僧俗一般の心得るべき教理を平易に説く。〔所載〕真安心下。〔清水　乞〕

密宗要決鈔【みっしゅうようけつしょう】真　三〇巻。海慧撰。本書は真言密教の事教二相に亙り各種の問題を提示して、その帰趣を示している。重誉の『秘宗教相抄』などとともに、後代の決択書の先駆をなすものとして注目される。毎巻奥書があって加点または脱稿の日を記しているが、それによるとだいたい正治二年春から初夏へかけて著述したものと思われる。内容は三劫六無畏、十縁生句、五種三昧道、三月持誦、五種悉地、三句、十地、十六大生、十九執金剛、即身成仏、菩提心、四種法身、四種曼荼羅、六大、教主、諸経（『大日経』『金剛頂経』『法華経』『理趣経』『般若心経』）、住心、教相、梵文、付法、事相料簡、胎蔵界曼荼羅、胎蔵界行法、金剛界曼荼羅、金剛界行法、五相成身、両界相対料簡、護摩、別尊曼荼羅、諸尊同異の三一項目に分け、さらに細分化して累計四九四条の要目をのべている。また裏書が別に三六条目ある。事教二相の主要問題はほとんど網羅しているといっても差支えない。ただし『釈摩訶衍論』に関する条目は皆無である。〔吉田宏哲〕

密乗撰述目録【みつじょうせんじゅつもくろく】[天] 一巻。撰者不詳。成立年次等は不明であるが、最澄以来の台密学匠の著作を、著者別に輯録したもので、所載の人名でもっとも新しいものは千妙寺の亮憲かと思われ、江戸初期までが収載されていることになる。最澄、円仁、円珍、安然、良源、覚超の各師のあとは、十八道所依記録、胎蔵私記、金剛私記、護摩私記と、四度の私記をつらね、慈応、頼昭、行厳、聖昭、契中、承澄、澄豪の系譜を出す。〔所載〕仏全2。〔木内堯央〕

身延伽藍建立記【みのぶがらんこんりゅうき】[日] 一巻。身延一二世日意（一四四四―一五一九）著。文明一〇（一四七八）年正月八日成立。日蓮の身延入山以降、身延山久遠寺は隘狭な地にあったが、日意の師にあたる行学日朝により今の地に移転拡張されたことを述べる。そしてすでに五世日台が久遠寺の伽藍が現今の地に移される前兆の夢を見ているとして、これを紹介している。原本は現存しない。〔所載〕本化別頭仏祖統紀。〔林是晋〕

身延記【みのぶき】[日] 一巻。妙心日奠（一六〇一―六七）著。成立年代・所在等は不明。本書は『身延山史』及び『扶老』（『身延山御書』を注す処に「日奠ノ身延記」とある）によってその存在を知るが、『本化別頭仏祖統記』によると、「平生著述多シ、今存スル者西谷名目解ノミ」とあって、すでに日潮のころには存せぬ旨を記している。〔中條暁秀〕

身延行記【みのぶこうき】[日] 三巻。元政（一六二三―六八）記。万治二（一六五九）年執筆。元禄一七（一七〇四）年刊行、槇島昭武注。刊本の内題に『身延道の記』とあり、この称も流布している。深草の隠者元政（日政）が母を連れて身延山に詣で、江戸の本門寺に師を訪れて帰郷するまでの紀行文。和文に和歌や詩をちりばめた非常な名文で、元和上皇より賞せられたほどの文学的にも価値の高い書。〔所載〕標註草山集。〔小野文珖〕

身延山御書【みのぶさんごしょ】[日] 日蓮（一二二二―八二）撰。弘安五（一二八二）年身延山で執筆。一説には建治元年の作ともいわれる。身延山の自然美を流麗な筆致で描き、古典文学としても価値が高い。「伝へ聞く釈尊の住み給ひけん鷲峰を我朝此砌に移し置きぬ」と身延山をもってインドの霊鷲山と同等に考えている。身延霊山説をもっともわかりやすく説いた書として注目されている。注釈書には『録内啓蒙』『扶老』等がある。〔所載〕定日遺2。〔上田本昌〕

身延山七面記【みのぶさんしちめんき】[日] 一巻。元政（一六二三―六八）撰。成立年代不明。身延山の西にそびえる七面山に勧請されている七面大明神について記した書。七面大明神は天女身で本体は竜神、身延山の総鎮守と仰がれているが、元政（日政）は『七面大明神縁起』（『草山集』所収）も著わし、寛文六年には深草の山上に七面天女の祠も建立し七面信仰を称揚している。正本を深草瑞光寺蔵。〔小野文珖〕

身延山房跡録【みのぶさんぼうせきろく】[日] 一巻。身延三三世日亨（一六四六―一七二一）著。正徳二（一七一二）年冬成立。身延山久遠寺の支院である諸房の歴代・略縁起・什宝等を載録して、各谷ごとに書上げてある貴重な記録。日本全国から身延山に参詣する信者を宿泊させるため、あらかじめ全国有縁の諸寺院や地方を房に割りふった「日本国参詣宿房定」も載せる。直筆は身延山久遠寺に所蔵される。〔所載〕日宗全22。〔林是晋〕

身延山由緒【みのぶさんゆいしょ】[日] 一巻。身延三三世日亨（一六四六―一七二一）著。宝永三（一七〇六）年正月成立。日亨が身延山久遠寺の由緒を書上げて、翌宝永四年甲府の奉行所へ差し出したもの。身延山開闢、法花宗号の事、開基檀那、会式関免許、身延山は法華宗第一の寺であること、先住日脱、日省の賜紫参内、昼夜に宝祚万歳武運長久を祈禱していること等について個条書に記す。追加され三冊よりなり、合本で身延山久遠寺に所蔵される。〔林是晋〕

身延墓番帳【みのぶはかばんちょう】[日] 一巻。日興（一二四六―一三三三）著。弘安六（一二八三）年成立。弘安五年一〇月一三日の日蓮入滅後、身延山久遠寺に廟所が設けられ、翌年正月二三日の日蓮百カ日忌の法要のころ久遠寺輪番のことが議せられた。輪番とは久遠寺の廟所を護持する輪次守塔の制のことである。身延山の経営を本弟子六人、すなわち六老僧を中心に運営しようとするもので、六老僧にその門下の諸師一二名を加え、一二カ月に配当してその当番を定めた。これを日興が執筆し、この時に出席した日持、日興、日朗、日昭が加判している。池上本門寺と西山本門寺に現存するが、後世、富士門流では日興付法正嫡、五老は傍系であると主張するようになると、五老僧は墓所のみの輪番であり、身延山久遠寺貫首は日興であるから、西山本に「墓所可守番帳事」と記されるのであって、池上本に「久遠寺番帳事」とあるのは偽書、謀書であるとして、この輪番帳を強いて「身延墓番帳」と名づけた。さらに、池上本に蓮華房、白蓮房とあるのが西山本ではそれぞれ阿闍梨号を付されていること、池上本に一〇月佐土公、一一月但馬公・卿公とあるが西山本では入れ代っているとの相違があるが、池上本は草案で西山本をもって改訂された正本であるとみられている。〔所載〕日宗全2。〔参考〕日蓮教団全史上。〔林是晋〕

御廟決【みみょうけつ】[天] 二巻。源信（九四二―一〇一七）著。上巻巻末に「右決者御廟涌出也。恵心依夢中告。

流ニ感涙ヲ拝見。私言加ヲ秘而恵心之作ト云也」と記されていることから、良源の夢中の告により著者が記したものとされている。天台の宗義を九〇項目、顕密二門にわたり問答形式で説明しているが、宗義の要目をまとめていることから、また設問の内容（草木成仏、十界互具等）からみても『要法門』や『文殊楼決』と同じかたちの著作といえる。〔浜田智純〕

明恵上人法話【みょうえしょうにんほうわ】南　一巻。高弁（一一七三—一二三二）述。成立年代不明。明恵上人高弁の法話を弟子のだれかが筆記したもの。初めに仏道を願うには、我執を離れて一心を清め、仏と一体になることが必要であると説き、次には貴人も善知識にあって仏道を聴聞する必要をのべ、最後に、人間は無常であるから仏道修行の要を説くとし、忍辱がその第一であることを強調してのべている。〔向井隆健〕

明恵上人夢之記【みょうえしょうにんゆめのき】南　高弁（一一七三—一二三二）著。本書は四〇年間の記録ともいわれる。したがって大部になるはずであるが、現在高山寺に蔵するものがまとめられているにすぎない。原本は軸物であり、巻首に「上人大師御夢記　明恵上人遺法御愛子慧叉　生々世々護持ノ本也」とあり、文政元（一八一八）年に修補されている。〔参考〕奥田正造編・明恵上人要集（昭8）。〔向井隆健〕

妙覚寺法式【みょうかくじほっしき】日　一巻。明珠日成（?—一四一五）著。応永二〇（一四一三）年六月一三日の成立。別に『応永新条目』ともいう。京都妙顕寺を退出して独立し、妙覚寺を創建した日成が定めた法度。全九カ条より成り、王侯除外の不受不施義を中核にすえ妙覚寺門流僧徒の、神社参詣、謗法供養の受不受と謗者への供養の施不施、僧徒への教化次第といった事項を中心として、一門の行儀ありようを規定している。〔所載〕万代亀鏡録。〔糸久宝賢〕

明義進行集【みょうぎしんぎょうしゅう】浄　三巻（現在は巻二・三のみ）。信瑞（?—一二七九）撰。成立年代不明。信瑞は敬西房といい、はじめ隆寛に学び門弟につらなった。洛東弘願寺に住し、博学でその名高く、源空の伝記および言行を録した著作をなした。弘長二（一二六二）に関東を遊化し、源空伝を北条時頼に呈するなど大いに念仏勧化につとめた。本書は源空の念仏義に帰した諸宗の学僧八人の思想、事蹟を挙げ、無観称名義を宣揚して末学の異義を正そうとした書。現在伝わらない巻一は、巻二の巻頭の書出しから源空に関する記述と想定される。巻二以下には「彼（源空）ノ化導ニ随テサハヤカニ本宗ノ執心ヲアラタメテ、専ラ無観ノ称名ヲ行シテ往生ノ望ヲトケタルヒト」のうち、主だった者の伝を入滅の次第順序で挙げている。すなわち第一禅林寺僧都静遍、第二高野の僧都明遍、第三長楽寺隆寛、第四空阿弥陀仏、第五白河上人信空、第六出雲路の上人覚瑜、第七安居院法印聖覚、第八毗沙門堂法印明禅である。なお巻末に著者みずから無観の称名を主張した長文の跋が掲げられている。本書は『和語燈録』にその名が出るだけで所在が明らかでなかったが、大正七（一九一八）年、金剛寺（河内天野）から巻一を欠くが、巻二、三の弘安六（一二八三）年恵鎮筆の写本が黒板勝美氏によって発見された。刊本は大正一三年版がある。〔所載〕仏教古典叢書5、法然上人伝全集。〔参考〕望月信亨・信瑞の明義進行集と無観称名義（浄土教之研究）。——→浄土三部経音義集〔小林尚英〕

明義対弁【みょうぎたいべん】浄真　一巻。天旭（生没年不詳）著。宝永八（一七一一）年成立。覚如は『口伝鈔』の「十八願につきたる御事」のなかで、源空真影の銘中の「彼仏今現在成仏」の文について、『往生礼讃』にはある「在世」の「世」の字を源空、親鸞とも除いて引用していることは理由があってのことであると論じている。これについて本書の著者の天旭はさきに『捃聚鈔』で「世」の字の有無で一義を論ずるべきでないと『六要鈔』を引用しつつ疑義を呈した。ところが宗誓が『遺徳法輪集』で外道天魔の所為であると論難したので、天旭は本書でもって反駁した。それゆえ本書は『捃聚鈔』の補遺の性格を有する。〔所載〕真宗全65。〔新作博明〕

妙経宗義抄【みょうきょうしゅうぎしょう】日　一二巻六冊。ただし跋文には一七巻とある。日輝（一八〇〇—五九）述。成立年不明。著者晩年の講述。正式名『妙法蓮華経宗義鈔』、略して『宗義鈔』。安政二（一八五五）年から入寂にいたるまでの『法華経』講義を弟子が記録したもので、日輝五六歳から六〇歳にかけての講述。『法華経』の巻末より講義を開始し、巻五の従地涌出品にいたって終っている。逆次に講義をしたことについては、病中、しかも、晩年の志につき、完結を期しえないことを予想しての配慮かとも考えられている。『法華経』各品の注釈を順にあげると、涌出品二巻、寿量品二巻、分別品一巻、随喜功徳品・法師功徳品（六根品）一巻、不軽品一巻、神力品・嘱累品一巻、薬王品一巻、妙音品一巻、普門品・陀羅尼品（惣持品）一巻、厳王品・勧発品一巻。智顗の『法華玄義』『法華文句』があるものの、宗義顕揚のためには、さらに加えて、本化教学に立脚した『法華経』解説書作製の必要を感じた日輝は、『法華文句』の科文にしたがい、日蓮の独自な思想をふまえて、『法華経』を講述し、本門十四品の解説を完結したのである。正本、池上本門寺蔵。刊本、各巻を単行本として明治年間に刊行。〔所載〕充洽園全集1。〔庵谷行亨〕

妙行心要集【みょうぎょうしんようしゅう】天　六巻。源信（九四二—一〇一七）述。序に観心は成仏の直道であり、師の良源より受けた一心三観をつづったものという。巻上本に弥陀身相、丈六白毫など三一条、巻上末に仏性常然、色香中道など二〇条、巻中本に広引夢譬、細尋夢譬など一六条、巻中末に信法止観、行近二処など二〇条、巻下本に三輪清浄、智具五心など二一条、巻下末に縦横不二、功徳

体義など一四条を説く。〔所載〕仏全33、恵全2。〔坂本廣博〕

妙顕寺六箇条式目【みょうけんじろっかじょうしきもく】[日] 一巻。竜華日像（一二六九—一三四二）著。暦応四（一三四一）年七月二四日の成立。原題は『禁制条々』。日像が、彼の開創した妙顕寺とその門流（四条門流）の運営、信仰について遺誡したもの。日像の口述を弟子顕乗坊が筆記し、日像が加判している。全六カ条から成り、内容は、本寺貫主権を強調し、本寺中心主義を前面にうち出したものとなっている。正本は京都妙顕寺蔵。写本は『竜華秘書』として静岡蓮永寺蔵。〔所載〕日宗全1・19。〔糸久宝賢〕

妙好人伝続編【みょうこうにんでんぞくへん】[浄真] 八巻。僧純（一七九一—一八七二）編。天保一三—安政五（一八四二—五八）年間に次々に成立。僧純は越後に生まれ、僧朗に従って真宗学を修め、のち美濃国垂井（現岐阜県不破郡垂井町）の本願寺派専精寺に入って住職となった人。本山の財政紊乱のおり、これの再建などに尽力し、また角坊別院の創立などに功績があった。彼は石見浄泉寺の仰誓が編集した『妙好人伝』二巻（二二人の伝）を天保年間に刊行し、さらに彼の意志を継承して妙好人の言行を集録し、続編から第五編（各二巻）を著わした。続編には三七人の伝記、第三編には一九人の伝記と神明等の帰仏や念仏行者の心得、第四編には二七人の伝と家内相続弁の一文、第五編には二一人の伝と四恩のことが記されている。なお僧純の続編のほかに松前の象王という人の続編二巻（二三人の伝と一非人の言行）がある。刊本は竜大などに蔵す。〔参考〕妙好人伝。〔五十嵐明宝〕

名号万徳鈔【みょうごうまんどくしょう】[浄] 一巻。聖聡（一三六六—一四四〇）述。応永二八（一四二一）年成立。本書は「大原問答」で提示された、他力頓教が勝となるのは、修しやすく功高く、行じやすく理が深いためであるという説につき、十重の勝劣を挙げて、南無阿弥陀仏の六字名号が万徳所帰である道理を明らかにしたもの。理の深いことを強調しているのは聖冏・聖聡教学の特色であり、自らの宗教信念を披瀝した専修念仏勧進の書である。〔刊本〕寛文二（一六六二）年刊。〔所載〕浄全13。〔鈴木霊俊〕

名字口唱決【みょうじくしょうけつ】[日] 二巻。忍定日憲（一六九四—一七七〇）撰。宝暦七（一七五七）年成立。正しくは『即身成仏名字口唱決』という。本門八品上行所伝の題目下種による名字即成が日蓮の成仏論の本意であるとの日隆の義を承け、その意を発揮せる著。大文一〇科に分かち、第七科に一〇箇の下種義、第八科に六一条の即成の道理をのべる。臨終時の相好の顕現を説く点に特色がある。〔所載〕日宗全9。〔大平宏竜〕

明矢石論【みょうしせきろん】[南] 六巻（第三・五・六巻現存）。宣淳（一二二四—一三〇五—）。正安元（一二九九）年撰。嘉元（一三〇三）年再治。天台の立場から真言・法相教学を問答形式で批判した書。題名は魔を破する矢や弩（いしゆみ）を明かす論の意味。巻三は一部欠けているが、二十六問答で、釈迦と大日、『法華経』と『大日経』の優劣などを論ずる。巻五・六は、徳一が真言教学について、一一項目にわたる疑問を記した『真言宗未決文』と、これに対する仁和寺済暹の反論『疑難決断抄』をとり上げて、天台の立場から批判するが、むしろ済暹批判に重点がおかれている。〔所載〕日蔵32。〔田村晃祐〕

命終心事【みょうじゅうしんのこと】[南] 一巻。貞慶（一一五五—一二一三）著。成立年代不明。『成唯識論』巻三「生死証」の段に、命終心が説かれており、その注釈とみるべき一部である。六〇〇字余りの小部のもの。唯識では、人が死ぬときの意識の状態を取扱うが、本書では、麁相現行位（六識皆起時、意識独起時、狂乱時）、細相現行位、悶絶位に分け、さらに本有より中有、中有より生有のときの二種に分けて説いている。〔所載〕日蔵（法相宗章疏2）。〔太田久紀〕

妙宗本尊弁【みょうしゅうほんぞんべん】[日] 一巻。日輝（一八〇〇—五九）述。成立年代不明。日輝の代表作『一念三千論』（一八四一年成立）以前の成立。別称『本尊弁』『本尊広弁』。日輝の本尊観を論述した代表的著作。従来、日蓮教学史上、本尊については多くの論が展開され、これを大別すると人法本尊、教観本尊などの問題がある。人法本尊論は、一尊四士（人本尊）と大曼荼羅（法本尊）がその代表的本尊形態とされるが、日輝は、大曼荼羅は寿量品の久遠本仏の表現であるとする。教観本尊論は、客観的相の本尊と主観的観門の本尊が論じられ、日輝はその両様を容認している。人法問題に視点をあてて整理すると、日輝は釈尊と大曼荼羅を次のように説示している。釈尊＝本有無作三身常住の仏。能顕は修因感果の久遠仏、所顕は文底無始無作の仏。大曼荼羅＝本有無作三身即始覚の三身なる十法界の形貌。したがって日輝にとって、大曼荼羅は釈尊の当体であり、能顕は釈迦、所顕は法身本仏である。すなわち、日輝は能所、教観、人法、名体などに約して本尊を論ずるが、その究極とするところは寿量教主無作三身釈迦仏であり、その所説は観心主義的教風に立脚した人本尊説とみることができる。なお日輝の本尊観を論述したものとして、他に『妙宗本尊略弁』一巻がある。刊本は明治一七（一八八四）年。〔所載〕充洽園全集3。〔参考〕日蓮宗学説史、日蓮宗信行論の研究。〔庵谷行亨〕

妙成就記【みょうじょうじゅき】[天] 一巻。圓仁（七九四—八六四）撰。『妙成就私記』『妙心大』『妙法記』『妙成就義』『伝法記』『妙成就記並註』『成就記朱註』ともいう。嘉祥三（八五〇）年成立。圓仁は比叡山第三代座主。弘仁五（八一四）年天台宗年分度者として最澄の門下に学び、承和五（八三八）年入唐し、五台山から長安に入り元政、義真、法全から胎蔵界、金剛界、蘇悉地の三部大法を相伝し、足かけ一〇年の求法の旅を終え、折から興った武宗による会昌の破仏をくぐりぬけて帰国、天台密教—台密—の確立の原動力となった。本書は妙成就すなわち蘇悉地法に関する著作で、首題の下に「黒字先師所伝（慈覚大師）、朱字後師所伝（山王院）」と明記する一本もある。他にこの二師の業績を遍昭と承雲が編纂したとするみかたもある。ところで内容は、圓仁著とされる『蘇悉地妙心大』との関係が問題で、『妙心大』の前半が蘇悉地の略次第で、本書と類似している。また本書末の三字明の項は『妙心大』にも同じ記述があり、本書末の「吽浄業三部三昧耶護身後作」の文字はまた『妙心大』の冒頭にある。本書の一伝本には三字明の前で「嘉祥三年八月五日午時拝書了」とあり、圓仁が年分度者を許される直前、圓珍が入唐を準備していた時にあたり、本書は圓仁の草本を圓珍がその嘉祥三（八五〇）年の時点で写し取り、唐へ携行して法全らの師伝を朱注したものとすることができようか。『蘇悉地供養法』の略抄をなす一書である。〔所載〕仏全27、正蔵75、日蔵（天台宗密教章疏1）。〔木内堯央〕

妙正物語【みょうしょうものがたり】日　一巻。伝日典（一五二八—九二）著。寛文二（一六六二）年成立。備前国住人妙正・妙善父子の信仰譚を中心に、専修念仏を破折し法華経信仰に導くことを主眼としながら現世における法華経の功徳と死後の成仏を説いた物語。祖書中心主義に基づき諸宗協調の摂受的立場を批判し専修念仏をはじめ諸宗を折伏するとともに不受不施義を唱導した日典の教説を平易に説き示している。〔石川教張〕

明全和尚伝【みょうぜんおしょうでん】曹　徳翁良高（一六四九—一七〇九）が編した『続日域洞上諸祖伝』（正徳四〈一七一四〉年刊）の付録に所収する。明全（一一八四—一二二五）は建仁寺の栄西に参じた人で、貞応二（一二二三）年正月、道元らと入宋し宝慶元（一二二五）年五月二七日に示寂した。道元が舎利と戒牒を奉じて帰朝している。本伝は、道元の記したものによって、徳翁が略伝を作成したものである。〔川口高風〕

名体不離之事【みょうたいふりのこと】時　一巻。義乗（一七七五—？）記。文化二（一八〇五）年成立。『神勅要偈深秘鈔』とともに一冊にまとめられている。名義とは口称の名号であり、体とは来迎の仏である。口称の外に来迎なく来迎即口称ということであると説く。元は松江市乃木善光寺に蔵し、現在、出雲市高勝寺所蔵。〔所載〕定時宗下。〔参考〕名体不離文深秘。〔長島尚道〕

名体不離文深秘【みょうたいふりもんじんぴ】時　一巻・補遺。正随（生没年不詳）述。慶応三（一八六七）年成立。内容は『大原問答』に「体外無名々外無体」とあるのを引いて、吾が門は色心不二として、口称と仏体と相即相入するという。同じく正随の補遺に、別願所成、名号酬因、所讃の弥陀と総願所成、万善円備、能讃の弥陀とを述べる。出雲市高勝寺所蔵。〔所載〕定時宗下。〔参考〕名体不離之事。〔長島尚道〕

名別義通私記【みょうべつぎつうしき】天　一巻。良源（九一二—八五）撰。良源は慈慧大師。延長六（九二八）年座主尊意について出家受戒し、法相宗学僧と応和の宗論をたたかわせ、密法に霊験あらたかで、比叡山の中興を果した、第一八代天台座主である。この書は天台論義の義科十六算にみえる名別義通義に対する良源の見解ということができ、いわゆる断惑の行位移行において、名は別教を用い、義は通教で示す難点についてまとめたもの。〔所載〕仏全24。〔木内堯央〕

妙法治世集【みょうほうちせしゅう】日　一巻。真如日住（一四〇六—八六）撰。寛正六（一四六五）年成立。日住は本覚寺二世、妙覚寺一三世。室町中期宗政界の中心者で代表的学匠。師日延の意志を継ぎ『録外御書』の集成に努む。関東諸門流の中山と身延、比企と平賀、真間と中山の和融の業績は大きい。本書は幕府の政治不安と社会状勢の不安から足利義政を三度目に諫暁した諫状である。その内容は初めに目安、本文は題号釈、正像末三時と五箇五百歳、釈迦一代五〇年の説教の生起次第、仏有縁無縁事、真言宗之事、禅宗事の六段に分かれ三三問答体形式をもって諸宗を責めている。訴訟の元意は諸宗の所立は教の権実に迷い謗仏謗法堕獄の元凶で善神の威光が消え、社会不安の原因の根本である。国土安穏にする方法は邪法の布施をやめ、上行別付嘱の妙法五字の要法をひろめるしかない。日蓮の妙法五字こそ正法治国、治国利民の秘法であるとし「破邪顕正は諸仏の通制将た御政徳の大法也」と諫暁した。三度目の諫暁は将軍義政からお誉めの言葉があり、これが洛中に喧伝され山門衆徒の怒りにふれ洛中本宗寺院は理不尽の破却の企てにあう。幸い日住の信者侍所頭人京極持清の尽力でことなきを得る。翌寛正七年、これを契機に洛中本宗寺院は致劣一致団結し寛正の盟約を結んだ。寛正六（一四六五）年刊、昭和三五年再刊。〔所載〕日宗全19。〔参考〕日蓮宗教学史、日蓮教団史、日蓮宗学説史、日蓮宗事典。〔桑名貫正〕

妙法蓮華経出離生死血脈【みょうほうれんげきょうしゅつりしょうじけちみゃく】天　一巻。最澄（七六六—八二二）著。成立年代不明。最澄が入唐して、妙法の奥義、出離生死の実因を、道邃・行満の二師から相伝したという唐決様の偽撰書である。『法華経』を信ずる者は凡夫であっても、経法力、仏力、信力の三力によって、速やかに生死を出でて、菩提を証すと伝え、末尾には良源の言と、恵心流の血脈次第を挙ぐ。〔所載〕伝全5。〔弘海高顕〕

妙法蓮華経梵釈【みょうほうれんげきょうぼんしゃく】天　一巻。圓珍（八一四—九一）撰。成立年代不明。題に『[梵字]釈』というは『法華経』の梵名 Saddharma-puṇḍarīka-sūtra を悉曇文字で書いたものである。本書は『法華経』の梵名を『大日経』等による十六門の釈経方法の中の一つ「一字摂多門」により解釈し、この経が真言教と合一の義であることを明かしている。〔所載〕日蔵12、仏全27。〔多田孝正〕

明本抄【みょうほんしょう】南　一三巻。

貞慶（一一五五―一二一三）記。建暦二（一二一二）年の成立。別に『因明明本鈔』ともいう。『明要抄』とともに貞慶が亡くなる前年につくられた因明に関する書。本書は因明を組織的に解説したものではなく、因明学のなかでもっとも理解が困難な四相違因についての問題点を六八種の論題にまとめたものである。〔所載〕仏全鈴26。〔横山紘一〕

明要抄【みょうようしょう】南　五巻。貞慶（一一五五―一二一三）。建暦二（一二一二）年の成立。別に『因明明要抄』ともいう。『明本抄』とともに貞慶が亡くなる前年に制作した因明に関する書で、『明本抄』と姉妹篇をなす。『明本抄』が四相違因について六八の論題をあげているのに対して本書は、三三種の論題にまとめあげている。『明本抄』で取扱わなかった論題にふれたり、あるいは同じ論題について別の角度からの判断を収集している。〔所載〕仏全鈴26。〔横山紘一〕

岷峨集【みんがしゅう】臨　二巻。雪村友梅（一二九〇―一三四六）撰。元の皇慶二（一三一三）年から泰定年間（一三二四―二八）に成立。雪村の元時代の詩偈集で、題名は流謫された四川省の山河、岷江、峨眉山に由来。詩作年代順に配列され優品が多い。元禄七年刊本には英中玄賢の緒言、大有有諸撰の雪村和尚行道記、乾峯士曇撰の祭雪村和尚文を併載。元禄七年刊本以外に諸種の写本が伝存する。〔所載〕五文全1、五文新3。〔早苗憲生〕

明極楚俊和尚語録【みんきそしゅんおしょうごろく】臨　二巻。明極楚俊（一二六二―一三三六）撰。希融等編。室町時代刊。その他に、写本として兵庫広厳寺蔵本五巻。内閣、東史料にある。日本禅宗二四流の一。竺仙梵僊をともなって元徳元（一三二九）年渡来した。仏日燄慧禅師の号を賜り、建長寺、南禅寺、建仁寺、広厳寺に住持した。上堂語・小参・法語・拈古・頌古・偈頌・賛仏祖・自賛・小仏事・行記を収める。摂津の広厳寺、京都建仁寺両足院所蔵。〔吉瀬勝〕

愍諭繫珠録【みんゆけいじゅろく】日　七巻。了義日達（一六七四―一七四七）著。正徳二（一七一二）年成立。日達は江戸時代中期を代表する学匠で、諸檀林の能化をつとめ、京都本圀寺第二六世貫首にすすんだ。江戸時代の日蓮宗は、他宗との宗論を文書によって交したが、おもに浄土宗および浄土真宗とであった。本書は京都紫竹に住した浄土宗光念寺了海を論破したものである。宝永のはじめ、浄土宗から盛んに日蓮宗への批判があった。そこで日達は宝永六（一七〇九）年『再難条目』一巻を著わして了海に批判を加えた。そこで、了海（？―一七〇四〈〜一〇〉）は『摧碾再難条目鈔』二巻を、宝永八年に刊行して反駁した。翌年日達は本書を著わして、論難を加えたのである。その経緯を「序」には、つぎのように記している。一人の客が新書を持参して語るには、洛北の紫竹村において日蓮の教えを破し、浄土宗を顕揚する者がある。この僧は公場で難詰され、ついに雌伏してしまったが、怒りがしずまらず、『摧碾再難鈔』を著わしてわが宗を批判している。あえて応酬することはないが、邪義が喧伝されていることから、彼の曲情をひるがえすために、筆をとったというのである。本書は題号の示すように、「迷徒を愍諭し、現今邪見の幢を倒して、将来繫珠の縁を為す」ことにある。その構成は、了海の文を掲げて、ついで反論を加える形をとり、『阿弥陀仏根本神咒経』の真偽問題、浄土三部経と『法華経』の権実勝劣、難行易行の問題、末代相応の法門の問題、教主論等である。正徳二（一七一二）年刊行。〔所載〕日教全18・20。〔北川前肇〕

愍諭弁惑章【みんゆべんわくしょう】天　一巻。最澄（七六六―八二二）述。成立年代不明。徳一が天台宗の一乗義を難じたのに対し一二の篇目をたて法相宗の法華経観を破す。付録の「両経俱無誤」は『正法華』『妙法華』『添品法華』三訳の同異を会通させたものである。第一二篇は承和一四（八四七）年の立量、安慧（七九五―八六八）鈔記とあることより本書の著者を安慧とする説もある。〔所載〕伝全3。〔多田孝正〕

む

無隠禅師語録【むいんぜんじごろく】曹　六巻。無隠道費（一六八八―一七五七）撰。蘭陵越宗（？―一七九九）・覚湛（生没年不詳）・道川（生没年不詳）編。成立年代不明。明和二（一七六五）年刊。因幡興宗寺、石見円光寺、加賀実性院、長門大寧寺における上堂語、仏事、および普説、法語、拈香、題賛、詩偈等を収めている。右四カ寺の語録という意味で別に『無隠禅師四会語録』ともいう。〔所載〕曹全（語録3）。〔中尾良信〕

夢窩梅峰禅師語録【むかばいほうぜんじごろく】曹　五巻。梅峰竺信（一六三三―一七〇七）述。覚英（生没年不詳）等編。元禄六（一六九三）年成立。元禄一〇（一六九七）年刊。夢窩とは叙によれば、曹洞宗梅峰が興聖寺を辞したのち、如夢窩と称したので、弟子が本書の題に用いた。巻一は大原山養源寺語録、仏徳山興聖寺語録、小参、法語、巻二は普説、仏事〈開光、拈香、挙火、祭文〉、巻三は偈頌、真賛、自讃、巻四は代別、疏、字説、巻五は記の各種目のもとに、その示説がのべられている。同師が卍山道白と宗統復古を成就したことは有名であるが、師が優れた禅定家で、詩文の大家でもあることは本書で知れる。また本書で道元の教えは一師印証であり、禅戒の授受はおのずからその伝授中にありとして、禅戒における洞済両授を否定している。そしてこのようにその純粋性を強調するにあたり、その淵源としての洞山とくに曹山の語を多く引き、正中妙叶兼帯の宗風を高揚している。しかし江戸時代宗乗自覚の初期にあるため、洞上の正脈を強調しつつも、臨済公案禅の首導者大慧宗杲は臨済正宗であり、相対する曹洞默照禅の首導者宏智正覚は曹洞正宗であり、両宗同じく達磨・六祖の正系を引くもので、正傍の差はないとする。ここに洞済宗旨を混同し、当時の禅戒に大影響を与えた、明末洞下永覚の『洞上古轍』に同じているのがわかる。〔刊本〕駒大蔵、曹全（語録2）。〔参考〕洞門劇譚、林丘客話。〔新井勝竜〕

夢感聖相記【むかんしょうそうき】浄 源空（一一三三―一二一二）述。源空が夢中において腰より上は尋常相、腰より下は金色の仏相をした善導と対面し専修念仏を弘通するのを称讃されたことを記したもので、諸伝記に「二祖対面」としてとり入れられている。本文の末尾に「建久九年五月二日記之源空」とある。これと同様の内容の和文のものが親鸞の書写した『西方指南抄』中末に「法然上人御夢想記善導事」として収録されているが、それには年時が記されていない。この二祖対面の時期については、承安五年説と建久九年説との二説がある。〔所載〕拾遺漢語灯録（浄全9）。〔戸松啓真〕

むさしぶり【むさしぶり】通 一巻。海量著。文化三（一八〇六）年成立。題名を漢字で表わせば「武蔵風」となる。著者の伝記は不明であるが、冒頭で「このみとせばかり武蔵の大城のもとにとどまりて、今の世のありさま、古のころのたぶりをよくおもふに」とあり、武蔵の地で三年いたころに書かれたことが知らされる。はじめは武蔵野の風光に託して日本の古代からの文物のすばらしさを随筆風に謳歌する。後半は一転して神道、儒道そして仏教の三道あるいは三教の一致を主張する。まず「おほよそ吾皇朝の学びのたぶり、神と、儒と、牟尼仏と、三つの道みさかりにおこなはる中に、まづ牟尼みほとけの道は、色かたちなき心をとりとなふるをしへにもあなれば、広く大ひなること、其かぎりなし」と仏教を誉め、次に「ことさへぐから国の道」として儒教を紹介し、その修身治国平天下の教えを称える。最後に「吾皇朝の手ぶり」として神道を出し、それが古へからのまつりごとの根本であることを示す。著者はとくに仏教者が自宗の教えの一片のみを固執して、同じ仏教なのに他宗を知らずして誹謗し、あまつさえ儒教や神道を無視する態度を厳しく批判し、そのような姿勢は「ひろく人をいざなひ、みちびくことあたわざる」ものだと決めつける。〔所載〕日本思想闘諍史料5（昭5）。〔吉津宜英〕

無常講式【むじょうこうしき】浄 一巻。後鳥羽上皇（一一八〇―一二三九）撰。一般に講式とは、講会に行う儀式の順序・次第を定めたものであるが、この書は一般の講式とは違って、巻頭に無法則、無道場を断わり、本文全三段に世の無常を説き、「厭うべきは五道六道の苦、欣うべきは西方浄土、憑むべきは阿弥陀仏」であるとして、念仏信仰の極致を明かしている。おそらくは、元久三（一二二一）年北条義時追討の院宣を下したが失敗し、法名良然と号し隠岐配流の悲惨な体験を背景に現世の苦悩と彼岸への憧憬を表白したもので、よくその心情を吐露した浄土文芸の傑作として早くから浄土教徒の間に流布したものと思われる。異本としては、高弁（一一七三―一二三二）撰があるとされている。写本を京大（仁和寺記録21）、東史料（同上）、仁和寺（建長元年奥書。明治三二年国宝指定）に蔵す。〔参考〕石崎達二・後鳥羽上皇御製無上講式の研究、宝田正道・後鳥羽上皇の御信仰。〔戸松義晴〕

無障金剛略念誦次第【むしょうこんごうりゃくねんじゅしだい】真 一巻。真然（八〇四―九一）撰。承和六（八三九）年成立。『無障金剛次第』『無障金剛念誦次第』ともいう。無障金剛とは金剛界大日の金剛号で、本次第の前半は金剛界の次第であるが、独自の運想も記し、事供以後は師説によって別の次第を記している。〔所蔵〕写本を和歌山県伊都高野町金剛三昧院、京都市高山寺、同観智院、高大に蔵す。〔所載〕日蔵（鈴）85、弘弟全中。〔伊藤教宣〕

無上大利和讃註【むじょうだいりわさんちゅう】時 二巻。託何（一二八五―一三五四）作。康永二（一三四三）年成立。遊行七代託何みずからの和讃に自注を施したもの。上下二巻で、和讃の句を一六節に分け、各節ごとに頌を配し、経典、論書をひろく引いて託何らしく漢文で解説をしていて、難解に流れる一方、時宗の安心への言及が薄れている。一遍法語への言及がないからである。写本は神奈川遊行寺蔵（明治初年）一冊。〔所載〕定時宗下。〔梅谷繁樹〕

無尽集【むじんしゅう】曹 一巻。大智（一二九〇―一三六六）撰。禅宗における主要な機関四五種について仮名書きで注解評釈したもの。内容は、五位図、正中偏、偏中正、正中来、兼中至、兼中到、曹山三堕、四種異類、三滲漏、三路接人、明安三句、宏智四借、華厳六相、宏智八句、髑髏前霊、毘盧頂平、弊衣垂手、汾陽五門句、宗門三印、石頭参同契、石霜七去、汾陽十智、浮山九帯、臨済四喝、四料揀、四賓主、三玄、雲門三句、寂音十智頌、興化四椀、四睡、四瞎、三朝王子、五家宗要、雲門宗、潙仰宗、曹洞宗、法眼宗、巴陵三句、一字関、黄竜三関、兜率三関、五眼、三種法身、八識湛水からなる。全体的に中国以来の曹洞禅の伝統である五位説を基調として注釈していることが特徴である。大智は明峯素哲の法嗣で、中国留学を経験しているが、「我入唐ノ時、於天童山金室、此旨忽然トシテ会得ス、云云」とか、「我レ異朝本朝、自家他家ノ尊宿ヲ勘弁スルニ、云云」という表記に、留学体験の一端を記しており、また道元や師の明峯の語等を引用して宗旨を展開している。本書は同じく大智の『古今全抄』と合綴されたものが、谷大図書館に所蔵されており、他に岸沢文庫に『無尽鈔』の標題を有する異本が存する。ただし『古今全抄』の末尾には、「時永和元（一三七五）年乙卯七月吉日、於能州洞谷撰之、祇陀大智叟、在血判」という大智滅後の識語があり、中世公案禅の影響のもとに再編された形跡をうかがわせる。〔所載〕続曹全（注解3）。〔石川力山〕

無尽荘厳蔵三昧念誦次第私記【むじんしょうごんぞうさんまいねんじゅしだいしき】真　一巻。空海（七七四―八三五）撰（ただし古来諸説あり）。成立年時不明。『無尽荘厳次第私記』『無尽荘厳念誦私記』ともいう。本書は不空訳『蓮華部儀軌』を所依として、『大日経』にいう無尽荘厳蔵の語をとったと考えられる金剛界法の次第である。〔所蔵〕写本を大津市石山寺、京都市大通寺、故権田雷斧氏が蔵す。〔所載〕弘全2、日蔵(鈴)85。〔伊藤教宣〕

夢窓国師語録【むそうこくしごろく】臨　三巻。夢窓疎石（一二七五―一三五一）一代の上堂の語と詩文、年譜・塔銘・碑銘等を集大成したものである。巻首に東陵永璵が文和三（一三五四）年四月八日に書いた序文があり、上巻に南禅、浄智、円覚、再住南禅、天龍、再住天龍という六会の上堂の語を収め、下巻に陞座、拈香、小仏事、仏祖賛、自賛、偈頌を集録して、巻末に妙葩の後叙と楚石梵琦の跋を付している。妙葩は疎石寂（一三五一）後、三年目に自ら年譜を編し、その行実を具して東陵永璵に塔銘をもとめ、これを文和三（一三五四）年一一月に建立し、年譜に『西山夜話』と塔銘を合せ、語録と同時に刊行している。元禄一三（一七〇〇）年に開山三五〇年を記念し、天龍寺で語録と年譜を一括して再編し、総題を夢窓国師語録とする新修本が出版される。現在、『正蔵』80に収めるものがそれで、上巻はほぼ原形のままであるが、下巻は原版を下之一とし、年譜を下之二とし、康永四（一三四五）年の陞座を下之一の陞座に移し、永璵の塔銘につづいて、明の洪武九（一三七六）年に宋濂が撰した日本国天竜禅寺開山夢窓正覚普済国師碑銘を新加し、夢窓国師語録拾遺として、臨川家訓、三会院遺誡、西芳遺訓、末後垂訓のほか偈頌、祭文、疏、梁牌、法語、発願文を収め、後醍醐以下七朝の国師号宸翰を付録している。〔所載〕正蔵80、訳禅叢5。〔鷲阪宗演〕

夢窓国師年譜【むそうこくしねんぷ】臨　一冊。春屋妙葩（一三一一―八八）編。文和二（一三五三）年成立。正式には「天龍開山夢窓正覚心宗普済国師年譜」という。その編集年時の早さから、夢窓研究の第一資料とされる。春屋は夢窓の俗甥で、夢窓遷化後の夢窓派の統率者。夢窓遷化より二年後の文和二年に、夢窓誕生の建治元（一二七五）年より、遷化の観応二（一三五一）年に至る一代七七年の夢窓の行履を、夢窓に最も近い春屋がまとめたもの。その年譜に合せて、康永四年八月三〇日光厳上皇が天龍寺に臨幸して開堂を命じたときの陞座説法一編を付するほか、「西山夜話」「臨川家訓」、および東陵永璵撰文の夢窓国師塔銘をあわせ集録して開版する。語録の刊年は明らかであるが年譜の刊年は不明。おそらく編集の完成と同時に臨川寺で出版されたと推定される。降って元禄一三（一七〇〇）年、夢窓の三五〇年諱に語録と年譜を一括再編し、総題を『夢窓国師語録』とする新修本が天龍寺で刊行された。上巻下巻（下之一、下之二）の三冊本で、年譜を改めて下之二に修め、先の康永四年の陞座説法を年譜から分けて下之一に移し、東陵の塔銘に続いて明の洪武九年、宗濂が撰した夢窓国師碑銘を加え、さらに語録拾遺として「臨川家訓」「三会院遺誡」「西芳遺訓」「末後垂訓」のほか、偈頌、祭文、疏、梁牌、法語、発願文、後醍醐以下七朝の国師号宸翰を付録している。同種のものが昭和九年天龍寺で再刊された。〔所載〕正蔵80。〔加藤正俊〕

夢中松風論【むちゅうしょうふうろん】浄　一〇巻。付録一巻。智演（一二八三〈九〇〉―一三七二）述。臨済宗天竜寺開山、夢窓疎石は『夢中問答集』を著わし、称名念仏を小乗浅劣の行であり、大乗仏教の深旨を著わすものではないと批判した。これに対し智演（和泉国堺旭蓮社開山澄円菩薩智演ともいう。良暁門下の一人）は、本書を著わし、その博識をもってこれに返破を加えたものである。著者は、中国廬山において禅浄双修の教えを受けるなど、該博な知識をもった仏教者であった。全一〇巻中、初めの四巻は正破文であって、他力を憑む浄土門は大乗であること。念仏者は誹謗大乗の人でないこと。念仏往生を説いている経典の文証、浄土教は了義教であること等を示している。以下の六巻は浄土教の要義解説であり、問答形式で俗士が『夢中問答集』の文をあげ、これに僧が答える形をとっている。しかし内容的には疑点も多い。付録一巻は本書への再破書『谷響集』への再弁書である。〔所載〕浄全続9、慶安五年刊。〔久米原恒久〕

夢中問答集【むちゅうもんどうしゅう】臨　三巻。足利直義の問に対する、夢窓疎石（一二七五―一三五一）の答。康永元（一三四二）年跋文および同三（一三四四）年上梓の跋文、疎石は臨済宗仏光派。号は夢窓。伊勢の人。幼歳にして出家し天台を学んだのち禅門に転じ高峰顕日（一二四一―一三一六）の法を嗣ぐ。初め竜山庵（山梨県）、虎渓庵（岐阜県）、吸江庵（高知県）、泊船庵（神奈川県）、退耕庵（千葉県）等に隠栖したが、正中二（一三二五）年後醍醐天皇の勅により南禅寺（京都市）に住し、また足利尊氏の請を受けて天竜寺（京都市）の開山となる。後醍醐天皇、光厳天皇以下南北両朝の七人の天子から国師の号を受け、七朝帝師と仰がれた。正平六（一三五一）年示寂。世寿七七。法嗣に春屋妙葩、無極志玄、絶海中津などがあるが、彼らは日本中世禅林の主流を形成し、五山文学の峰をなした。

　本書は、足利尊氏の弟直義（左兵衛将軍、居士号を古山という。一三〇六―五二）が久しく疎石に参禅したとき仏法について質問し、疎石がこれに答えた九三問答を編んだ仮名法語集である。竺仙梵僊（中国僧、南禅寺三世、一二九二―一三四八）の跋文によると、尊氏の娘婿である伊予太守の大高重成が梵僊の法嗣大年法延を介し疎石の許しを得て上梓したものという。

　問答の内容は、攘災招福、加持祈禱などの現世利益的俗信から仏教本来の信仰にいたり、さらに禅門における坐禅、公案、理致、機関、教外別伝の旨にいたる幅広い仏教教理上の問題について、仮名文字で平易に説いたものである。

　本書は、康永三（一三四四）年の五山版を初版とし、以後室町初期（応永ころ）の刊本、室町末期の写本（天理図書館、京都建仁寺両足院）のほか元和年中の古活字本、寛永一一年本、正保四年本、貞享三年本、文政二年本、文政四年本、明治二六年本と版を重ね、昭和に入っても佐藤泰舜校訂本、樋口琢堂校訂本、江部蔵円（鴨村）註釈本、川瀬一馬訳注本などが刊行されひろく人口に膾炙している。

　ちなみに本書は三巻とも標題の下に「此集有両本、此本為正」と割注があるが、柳田聖山氏によると、すでに疎石の当時から異本があって疎石みずからが定本をつくる意志をもっていたことを示すという。とくに鎌倉光明寺の澄円（一二八三―一三七二）が本書を駁して『夢中松風論』一〇巻を著わしたが、これに対して疎石は『谷響集』二巻をもって反論した。澄円はふたたびこれを駁して『獅子伏象論』六巻を著わすという経緯があった。このことを見ればいかに疎石が『夢中問答集』を自家の根本的テキストとして世に問おうとする意欲をもっていたかが察せられる。〔所載〕禅学大系（祖録部4）、高名全16。〔参考〕柳田聖山・夢窓（日本の禅語録7）、唐木順三・禅家語録集（日本の思想10）。〔西村恵信〕

無動尊瑜伽成就法軌次第【むどうそんゆがじょうじゅほうきしだい】真　一巻。空海（七七四―八三五）撰（古来不明なるも伝承による）。成立年時不明。『不動次第』『不動明王次第』『無動尊秘次第』などともいう。本書は『大日経』胎蔵法によって構成された不動明王の略念誦次第であるが、わずかに『大日経』巻七に一致する真言がみられる程度である。〔所蔵〕写本を大津市石山寺、故権田雷斧氏が蔵す。〔所載〕弘全2、日蔵（鈴）85。〔伊藤教宣〕

無得道論【むとくどうろん】日　一巻。日遠（一五七二―一六四二）記。成立時期は不明。日遠は六歳の時、本満寺日重（一五四九―一六二三）の門に投じ、師日重、法兄日乾（一五六〇―一六三五）に続き、身延山久遠寺第二二世の法灯を継承した。後に、宗門中興の重乾遠三師と称された。本書は源空（一一三三―一二一二）の『選択本願念仏集』二巻に対する破斥の書である。本書の序に「彼の謗法を責め立るに、念仏無間の名言を以てす。今此の義を挙んと欲するに、條門甚だ多き故、略して、彼の文義に於て、以て、難問を加え、経の金言を引いて、以て、正理を立るのみ」とある。日蓮も『選択本願念仏集』の対破には相当意を用いているが、本書は、『選択本願念仏集』の文を取りあげ、経文を引用しつつ、二一条に整理して論破している。以下、まとめてみると、念仏が堕獄の教であること。法華を歴劫、千中無一の雑行、難行として、念仏は易行・聖行・必得往生の行であるとした等の行に関すること。此土有縁の釈尊に背き、無縁の阿弥陀仏を信ずること等の教主に関すること。阿弥陀仏の救済には限界のあること。『法華経』と『無量寿経』の流布に関することなどが挙げられる。なお『仏解』には貞松日富が、本書を日遠門弟の備忘としたことを紹介し、本書序文の末尾に「條々を記録すること左に在り尓云ふ」とある。このことは今後の研究課題となろう。〔所載〕浄全8。〔西片元證〕

無得良悟和尚法語【むとくりょうごおしょうほうご】曹　一巻。無得良悟（一六五一―一七四二）撰。編者、成立年代不明。別に『慈願開山無得良悟和尚法語』ともいう。『良悟良高月舟祖暁夜話』の書名で、徳翁良高、月舟宗胡、天巌祖暁の法語とともに写本で伝えられたものである。木菴性瑫、潮音道海等の黄檗僧や、盤珪永琢に参じたことを示す法語もあり、当時の禅林の動向を伝えるものとして興味深い。〔所載〕曹全（語録3）。〔中尾良信〕

無能和尚行業記【むのうおしょうぎょうごうき】浄　二巻。宝洲（?―一七三八）撰。享保五（一七二〇）年成立。著者宝洲は伊勢から享保二（一七一七）年招かれて奥州相馬郡（現福島県）に来たり、崇徳山興仁寺に住し、その間無能の行業を聞き、敬慕の念を持つが、間もなく無能は没した。有縁の信者や僧の請いによって無能の行業を記したのがこの書である。上巻は無能の出家修行と教化の伝記を中心にのべ、下巻は御法話や諸人感応、勧進御詠歌、制戒七二件などを記している。享保四（一七一九）年、三七歳の若さで入寂した無能の行跡を知るための貴重な記録である。享保六（一七二一）年刊。〔所載〕浄全18。〔金子寛哉〕

無文和尚語録【むもんおしょうごろく】臨　二巻。無文元選（聖鑑、円明、一三二二―九〇）撰。享保一三（一七二八）年成立。奥山半僧坊方広寺開山無文元選の語録。明治年間の重刊本によれば、上巻は文明庚子年の友勝の真讃、明治二七年九月の荻野独園の序文、瑞泉寺無学の題辞、明治二七年六月の東福寺敬冲の改刻序、明治甲申初冬日の円覚寺洪川宗昷の序、明治乙未春日の南禅寺舜応の題辞、享保一三年六月天龍寺性琴の序、享保丁未初夏の古月禅材の序、無著道忠の題辞等を巻初におき、小仏事、偈頌、道号の順に配列。享保戊申孟秋日前建長寺玄璠の跋、享保一三年三月方広寺智融の後序、明治三年五月龍水宗賁の後序を収載。下巻は無文禅師行状で、明治二七年六月相国寺独園の序、建仁寺崇澂の序、祖秀校訂の方広開山無文元選禅師行状、付録として岐陽方秀撰の遠江州深奥山方広寺法宝輪蔵記、享保一三年三月の方広寺祖宗の跋、同じく淵龍寺祖秀の後序を付す。無文は後醍醐天皇の皇子、建仁寺普光庵の明窓宗鑑について出家し、可翁宗然、雪村友梅にも師事、のち博多聖福寺の無隠元晦の指示により元に渡り、大覚寺の古梅正友、楚石梵琦、笑隠大訢に参じ、帰朝後筑前、山城岩倉、美濃武儀郡に隠棲し、遠州の是栄居士に迎えられて方広寺の開山となる。本書は享保一三年序刊、

明治三・二八年刊、昭和二八年刊本あり。注釈書は無文録別考がある。〔所載〕正蔵80、禅学大系祖録部4　〔早苗憲生〕

無門関私鈔【むもんかんししょう】臨　二巻（上下）四冊。規伯玄方（生没年不詳）述、江戸期成立。慶安三（一六五〇）年刊。『自雲鈔』『禅宗無門関私鈔』ともいう。無門慧開著『禅宗無門関』四八則のそれぞれに、自雲が注解を加えたもの。「幻門自雲記」とある注解の文体は、漢字片仮名交りで読みやすい。自雲の学問見識をもとにして、初学が禅録を理解しやすいように説かれている。版本は禅文研、駒大等蔵。〔所載〕国東叢（1・2注釈）。　〔高崎正芳〕

無量義経疏【むりょうぎきょうしょ】因　三巻。憐昭（生没年不詳）記。寛平七（八九五）年成立。本書は『法華経』の開経とされる『無量義経』を注釈したもので、昭和初年に西教寺より発見された。憐昭は安慧、安然らとともに圓仁門下であり、法華総持院十禅師の随一とされ、この他に『即身成仏義』一巻がある。また伝最澄撰『愍論弁惑章』も安慧か憐昭の撰ではないかとされ、その教学は唯識法相等に造詣が深い。近年、平了照の研究により円測の撰とのみかたが有力である。〔所載〕天全19。　〔末広照純〕

無量寿経安永録【むりょうじゅきょうあんえいろく】浄真　一二巻。慧雲（一七三〇—八二）著。慧雲は本願寺派の学僧。広島塩屋町専照寺第八世義周の二男として、享保一五（一七三〇）年に生まれた。二歳の時、同じ広島寺町報専坊第一一世恵照の養子となり、得度して宝雲と称したが、のち慧雲と改称した。一七歳で上京し僧樸の門に入る。比叡山、高野山でも天台や真言密教を学んだ。三三歳の秋、広島に帰り、甘露社を設け講義と著述に専心し、芸轍の祖といわれた。本書は空華学派の道隠の『大無量寿経甄解』と並び称される『大経』の注釈書。第一巻と第七巻に玄談を載せる。第一巻の玄談は、⑴興由、⑵綱要、⑶所被、⑷名題、⑸弘伝の五門に分かれ、第七巻の玄談は、天台宗の教学にならって、名、体、宗、用、教の五重玄義を釈している。⑴興由は、総・別にわけるが、別では、『教行信証』教巻の「如来興世之正説、奇特最勝之妙典、一乗究竟之極説、速疾円融之金言、十方称讃之誠言、時機純熟之真教」にありとする。⑵綱要では(イ)大意、(ロ)尋本、(ハ)得失、(ニ)正宗、(ホ)浅深、(ヘ)同異、(ト)摂法、(チ)次第、(リ)料簡、(ヌ)新通に分けてのべる。⑶所被では十方、劣機、法滅の悪機、万機こそ所被の衆生とする。⑷名題では、五存七闕の異記を示し、それぞれの題名を釈している。⑸弘伝では、インド、中国、日本での伝播をのべている。〔所載〕真宗全3、新真宗全2。　〔田中教照〕

無量寿経優婆提舎渧【むりょうじゅきょううばだいしゃたい】浄真　四巻。履善（一七五四—一八一九）著。天明六（一七八六）年成立。履善は本願寺派の学僧。仰誓の子。本書は『浄土論渧』ともいう。『浄土論』の注釈書。本書はその序に、師慧雲の著わした『論註服宗記』六巻を参照してその論意を明らかにせんとつとめたとしている。⑴興由門、⑵部摂門、⑶所依門、⑷分斎門、⑸宗体門、⑹所為門、⑺大綱門の七門に分けて詳釈されている。〔所載〕真宗全9。　〔藤沢正徳〕

無量寿経会疏【むりょうじゅきょうえしょ】浄真　一〇巻。峻諦（一六六四—一七二一）述。宝永七（一七一〇）年刊。峻諦は本願寺派の学僧。寛文四（一六六四）年、越前福井本覚寺に生まれる。一〇歳の時、三国港の勝授寺に入った。のち京都に出て知空に学び、三七歳にして本書の草稿を完成させた。峻諦の好学は宗主にも知られ、「進学図」の書を賜っている。本書は、本願寺派の初期の宗学における『無量寿経』の代表的注釈書で、詳細に異訳を対照し、他の経典をも参照、引用して詳論する。内容は、大綱を弁ず、文科に随って釈す、に大別され、前者は、教興、説時の前後、蔵教の摂属、宗体、伝訳の時事、誦持の益を明かし、後者では、経題、訳主、序文、正宗分、流通分を解説している。なかでも、正宗分は五科に分けられ、⑴法蔵因位の行を明かす、⑵広く本願成就の相を明かす、⑶世尊、別して勧令し欣厭を生ぜしむるを明かす、⑷現土の証誡、⑸十方来生の相を述べる、とし、また、流通分も三科に分けて、⑴法を嘆じて付属す、⑵時会の得益、⑶信受し行ない奉る、を詳説している。竜大図書館所蔵の自筆本は『仏説無量寿経科解』一〇巻となっているが、これは草稿本と見るべきものである。〔所載〕真宗叢3。　〔田中教照〕

無量寿経合讃【むりょうじゅきょうがっさん】浄真　四巻。観徹（一六五七—一七三一）撰。本書は、⑴教起の所因、⑵蔵教の所摂、⑶立教の不同、⑷教所被の機、⑸浄教の本末、⑹所説の大猷、⑺宗体の定判、⑻身土の分別、⑼通じて題名を釈す、⑽別して文義を解す、の一〇門に分けて解説する。⑺宗体の定判で、念仏を宗とし、往生を体とする、という点が一般と異なっている。〔所載〕仏教大系（浄土三部経1—3）。　〔田中教照〕

無量寿経甄解【むりょうじゅきょうけんげ】浄真　一八巻。道隠（一七四一—一八一三）著。文化七（一八一〇）年成立。道隠は本願寺派の学僧で僧鎔の弟子。堺空華の祖。慧雲の『無量寿経安永録』と並んで、本願寺派における代表的な『無量寿経』の注釈書。中国の代表的注釈家である浄影、嘉祥、元暁、憬興のものを参照するだけでなく、日本の諸注釈も参照して、経文を句々解説し、諸注釈の是非を明らかにしているから、浄土真宗の眼で見た『無量寿経』の最高の注釈書といってよい。〔所載〕真宗全1、新真宗全1、仏教大系（浄土三部経1—3）。　〔田中教照〕

無量寿経顕宗疏【むりょうじゅきょうけんしゅうしょ】浄真　一五巻。性海（一六四四—一七二七）述。天和三（一六八三）年成立。性海は、京都粟田口の真覚寺に明性の第五子として生まれ、円照寺を嗣ぎ、名を慈航と改めた。宗学は本願寺派初代能化、西吟に学んだ。本書は真宗最初の『無量寿経』の注解書として重要な典籍である。西吟撰・性海輯『無量寿経顕宗疏玄概』によれば、本書は、(1)教興の所因を明かす、(2)蔵教の分摂を明かす、(3)宗教旨帰を明かす、(4)所被の機品を明かす、(5)訳釈の誦持を明かす、(6)総じて題号を解す、(7)文義を釈すの七門に分けられるとする。(1)教興の所因では、凡愚逆悪のために弥陀悲願が開かれたとし、教興について教主八相の化儀をもって、出興の一〇義をあげる、すなわち、(一)教主八相の化儀をもって、出興の本懐がこの経を説くためなること。(二)真実の利を与えんがため道教を光闡すること。(三)法蔵の因行は廻願深厚なるを信ぜしめんがため。(四)果成の身土は欣楽を生ぜしめんがため。(五)三輩の諸行をめぐらすは専念の一行に帰せしめんがため。(六)諸仏の証勧と菩薩の往観は凡愚に信を増さしめんがため。(七)三毒五悪のいましめは、大善の果号を修め、痛焼苦を免れるため。(八)胎化を現わすは、仏智を信じ正定聚に入れしめるため。(九)弥勒に名号を付属するのは凡夫を救う術であるため。(十)諸難を削るは宿縁を慶び、仏縁、遇い難きの想いを増させるため。(2)蔵教の分摂では、蔵は二蔵、三蔵中の修多羅蔵、菩薩蔵、教は二乗、二教のうちの大乗中の一乗と頓教に摂せられるとする。(3)宗趣旨帰では、天台の実相と曇鸞の仏名号と善導の往生と、体は異なるように見えるが、いずれも真如一実の功徳大宝海がその趣であり同じ体といえるとする。(4)所被の機品では、料簡としては三輩九品に細分するが、総収すれば、万機を摂す、とみる。〔所載〕真宗全2。〔田中教照〕

無量寿経玄談【むりょうじゅきょうげんだん】浄真　一巻。円澄（一六八五—一七二六）述。宝永（一七〇九）年成立。円澄は大谷派の講師。本書は、円澄が二五歳で『無量寿経』を講義しようとし、まず、その大綱についてのべた小論。全体を、(1)教興の因由、(2)出世本懐、(3)蔵乗の所摂、(4)教法の分斉、(5)能詮の教体、(6)所詮の宗趣、(7)所被の機宜、(8)三経の関係、(9)経の題目、(10)本文の一〇門に分け、前の九項目について略説している。教興の因由では、総別を分ち、とくに『無量寿経』が説かれた理由として、(1)弥陀願力の撃破する所、(2)釈迦出世の本懐であったこと、(3)衆生に生死の苦を捨てさせ、浄土に生まれさせんため、(4)凡愚に速かに涅槃を得させ、菩提を証させんため、の四を挙げ、また、『三経』の関係については、(1)説時の前後、(2)権実の差別、(3)本願の廃立、(4)三聚の機類、(5)往生の差降、(6)身土の真仮、(7)隠顕の料簡の七項に分けてのべるなど、簡単ではあるが、たくみに経意を明かしている書として注目される。〔所載〕真宗全3。〔田中教照〕

無量寿経講義【むりょうじゅきょうこうぎ】浄真　一九巻。深励（一七四九—一八一七）述。享和二（一八〇二）年成立。深励は大谷派の第五代講師。福井県に生まれ、慧琳、随慧の門に入り、宗学を学んだ。高倉学寮でたびたび『教行信証』を講義し、主要な宗典にほとんど注釈書を書き、大谷派の近代宗学を大成した。宣明、鳳嶺とともに大谷派の三大学系の祖。

本書は、『大無量寿経』をくわしく注解したもので、一〇門に分けて玄談を論ずる。(1)『大経』の興る由来を弁じる門では、この経が釈尊の出世の本懐であることを中心に、阿弥陀仏の大悲、大智が諸仏にすぐれていること。ことに末法の衆生を度し、法滅の時代の人びとを潤さんがためにこの経が特に説かれたとする。(2)この経の宗と体とを弁ずる門では、『大経』の正宗分は、上巻に如来浄土の因果を説き、下巻に衆生往生の因果を明かすが、詳しくは浄土論によって科段を設けるべきとする。(3)頓漸二教をもってこの経の教相を判釈する門では、親鸞の教判に対待門と絶待門と二つがあり、対待門では二超二出の判が説かれ、絶待門では『大経』所説は本願一乗なりとし、それは「頓極頓速円融円満之教」と名づけることにあらわされているとする。(4)『大経』の教主は報身か応身かを定める門では、報身とし、『観経』『小経』は釈迦応身のすがたとする。(5)本師本仏を明かすの門では、この経の所説の弥陀は諸仏の本師本仏であることを明かす。(6)この経の所被の機を明かす門では、法より見れば五乗の機類すべてに及ぶ悲願も、その正為は凡夫にありとする。また機より見れば、直入の機と回入の機に分けられ、無宿善の機は信を取りがたし、とする。(7)『大経』と『観経』とどちらが先に説かれたかを決する門では、『大経』を前とする。このほかに、(8)示翻訳差別、(9)釈一経題目、(10)解翻訳人名を論じて一〇門の玄談としている。〔所載〕仏教大系（浄土三部経1—3）。〔参考〕西谷順誓・真宗の教義及宗学之大系。〔田中教照〕

無量寿経四十八願聞記【むりょうじゅきょうしじゅうはちがんもんき】浄真　二冊。興隆（一七五九—一八四二）述。天保六（一八三五）年成立。興隆は本願寺派の勧学。本書は、興隆七七歳の天保六年、安居の折に学林で講義したもの。『無量寿経』の中の四十八願について詳しく解説している。玄義を述す、文義を述すに大別され、前半では、無量寿経全体の大意、宗体、出世本懐、利益、異訳などについてのべ、後半では、願前の文、四十八願の解釈、著者の感懐をのべている。本書はのち『大無量寿経文天録』の一部に加えられた。『本典徴決』などとともに興隆の行信論を見るに不可欠の書。〔所載〕真宗叢3。〔田中教照〕

無量寿経釈【むりょうじゅきょうしゃく】浄　一巻。源空（一一三三—一二一二）述。『大経釈』ともいわれる。文治六（一一九〇）年、東大寺講説の『三部経釈』のひとつで、源空五八歳のときの講述をのちに成文化したもの。とくに本書は、長西が『念仏本願義』に、「月輪禅定殿下被ㇾ尋二念仏要義一之時、選二略彼三部経釈一即進二覧之一、今選択集此也」と伝えているように、のちの『選択集』のもとになったものと考えられる。全編は五門に分けられ、経の大意、立教開宗、浄教本末、釈名、入文解釈と次第している。このうち、立教開宗は聖浄二門（道綽）の釈を依用するものであり、『選択集』冒頭に、そのまま引用せられている。浄教本末では、『三部経』のうちでも『無量寿経』を正往生経、他の二経を傍往生経と判じているが、これは『選択集』には正依の三経、傍依の往生経として補正援引されている。この理由として、法蔵菩薩の四十八願（本願）が説かれる経であるからとする。また、入文解釈においては、一部二巻の『無量寿経』を序、正宗、流通の三段に分ち、正宗では四十八願の興意、依願修行、所得依正、往生行業の四説を挙げて解している。本書のうちには、すでに選択本願や廃助傍の三義等の釈解が顕現せられており、『選択集』との関係の密接なることがわかる。さらに、南都仏教で重視する血脈相承や、念仏以外の諸行への痛烈なる批判も見られ、全編烈々たる立教開宗への熱意がみなぎっているのである。〔所載〕黒谷上人語灯録（漢語）、浄全9、昭法全、正蔵83。〔参考〕仏解、浄全（解題）、浄大、浄土依憑経論章疏目録。　〔阿川文正〕

無量寿経集解【むりょうじゅきょうしゅうげ】浄　一五巻。白弁（生没年不詳）述。『大経集解』ともいう。『無量寿経』の注釈書で享保九（一七二四）年講述。本書は異訳経典をはじめ、中国、日本の各宗派の注釈書をひろく引用し、浄影寺慧遠の『無量寿経疏』と勝授寺峻諦の『無量寿経会疏』の科段を参考に分析をほどこし、源空の『無量寿経釈』、了慧(恵)の『無量寿経鈔』の意を受けて、鎮西白旗流の解釈を示したものと言える。〔所載〕浄全続1。　〔藤本浄彦〕

無量寿経鈔【むりょうじゅきょうしょう】浄　七巻。了慧(恵)（一二四三―一三三〇〈三一〉）撰。浄土宗三祖良忠の弟子である了慧(恵)が、師良忠に『無量寿経』の注釈がないことから、師の講説を聞いた講旨をもとに、永仁三（一二九五）年春草稿本を書き、同門の慈心、礼阿等と談論し、永仁四年正月にその功を終え、翌五年に治定し終ったと、了慧(恵)が後序に記している。本書は、浄土宗の根本聖典である『無量寿経』に注釈を加えたもので、ひろく経論および諸師の釈を引いて解説されている。とくに異訳の『無量寿経』をもって対校していること、また慧遠、吉蔵、義寂、憬興、法位等の諸師の釈が引かれていること、さらに師良忠の講旨にもとづいているとはいえ、作者の私見も記されており、かなりの注意をはらって撰せられていることがわかる。大意、題名、経文解釈の三門に分け、経の正宗分は、慧遠の疏によって三つの大科に、さらに源空の釈によって七つの小科に分けられ解説されているのが特色である。浄土宗において、四十八願の呼称等、『無量寿経』を理解するために欠くことのできないもので、後世、聖冏、義山等は本書を重要視している。版本に慶長一九（一六一四）年、同二〇（一六一五）年、寛永八（一六三一）年、延宝七（一六七九）年、延享五（一七四八）年の各版がある。〔所載〕浄全14。　〔新井俊夫〕

無量寿経随聞講録【むりょうじゅきょうずいもんこうろく】浄　六巻。義山（一六四八〈四七〉―一七一七）説、素中（生没年不詳）記。享保一二（一七二七）年成立。本書は浄土宗の学匠であった義山が、宝永三（一七〇六）年、『三部経』を講説したときの聞書である『随聞記』をもとに、義山の滅後、素中が同志の懇請に応じて、これを講述した講録本である。義山の豊富な典籍知識によって円熟した講説となっており、『無量寿経』研究の重要な講本のひとつとなっている。〔所蔵〕写本、正大、谷大蔵。〔所載〕浄全14。　〔斎藤晃道〕

無量寿経要義【むりょうじゅきょうようぎ】浄　一〇巻。岸了（一六四七―一七一六）著。号は到彼、入蓮社通誉仰阿と号す。新田大光院、鎌倉光明寺五四世を経て、知恩院四四世となる。勢州の人、初め松坂樹経寺に入り、のち江戸伝通院で修学し、増上寺に入山、その学徳の高さを評された。正徳五（一七一五）年、六九歳で知恩院に入るが翌年没した。『無量寿経』を解説し、本願に誓われた称名念仏往生の義理を顕彰した。　〔久米原恒久〕

無量寿如来供養作法次第【むりょうじゅにょらいくようさほうしだい】真　一巻。空海（七七四―八三五）述。成立時不明。『紅頗梨秘法』『無量寿如来作法次第』『無量寿供養作法次第』ともいう。不空訳『無量寿如来観行供養儀軌』によって、無量寿如来念誦供養次第を記したもので、空海述『無量寿如来次第』の異本であるが、𑖮𑖿𑖨𑖱𑖾字中心の観想であり普供養の順など多少の相違がみられる。〔所載〕弘全2、日蔵(鈴)85。　〔伊藤教宣〕

め

明暗双々集【めいあんそうそうしゅう】臨　一〇巻。沢庵宗彭（一五七三―一六四五）著。成立年代不明。沢庵の経歴は『安心法門』の項参照。大徳寺の大心義統、俊峰宗英、周山宗甫、桃林宗陽、桂隠宗仙、天柱義雪、竜巌宗棟、梅堂義琇、雲秀宗台、良堂宗温の一〇人が合輯したもので、沢庵が大徳寺に住山したときの法語をはじ偈頌雑文を収めたものである。浄写本数本がつくられ、南宗寺、祥雲寺、東海寺等に置かれた。〔所載〕沢庵全集1、訳禅叢2・9。　〔池田豊人〕

迷悟抄【めいごしょう】真　一巻。覚済（一二二七―一三〇三）述。文永九（一二七二）年成立。別に『醍醐寺門塵』ともいう。本書は加茂氏の女某に乞われて真言宗安心の概要をのべたもので、平易な国文問答体である。成仏の遅速、仏身論などに関する顕密対弁と、『即身成仏義』の二頌八句や、如実知自心、十界平等自他不二などについて解説している。〔所蔵〕写本を京都市高山寺、同醍醐三宝院に蔵す。〔所載〕国東叢1、真安心1。　〔伊藤教宣〕

明匠略伝【めいしょうりゃくでん】天　一巻。承澄（一二〇五―八二）撰。建治元（一二七五）年成立。正しくは『阿娑縛

『三国明匠略記』といい、『三国明匠略記』『明匠等略伝』『明匠略記』『明匠事』ともいう。『阿娑縛抄』一九四巻から一九六巻にかけて、阿娑縛抄明匠等略伝で、上巻に天竺震旦で釈迦乃至不空および慧思乃至法全の三六名、中巻は日本上で最澄から良真の一五名、下巻は行基乃至覚超の二一名をつらね、同略伝のさらに簡略化した『三国明匠略記』には長意から心賀までをつらねる。〔所載〕仏全41。〔木内堯央〕

冥途記【めいどき】通　これは『扶桑略記』巻第二五、天慶四（九四一）年三月条に「道賢上人冥途記云」として佚文が存するのみで、他に伝本がないため巻数、成立時期は不明である。道賢は延喜一六（九一六）年、一二歳にして金峰山に入り、塩穀を断って籠ること六年、母が病いに患うことを伝え聞き入洛。しかし修行怠らず、ある年、国土に災難の多くあらわれるのを歎いて、ふたたび金峰山深く入り、天下を鎮護せんことを祈念する。三七日の無言断食を企てたが、天慶四年八月二日午の時に作法中に壇上で頓死する。そして地獄をはじめとする六道を経めぐって一三日に蘇生する。その六道をめぐって見聞したことを記したものが『冥途記』である。道賢は息絶えると執金剛神と二十八部衆に囲繞され六道をめぐる。そこで日本太政威徳天とあう。威徳天は日本にあっては菅原道真という。威徳天は日本国を大海に沈め、八四年ののちに住城にしようとしたが、日本は普賢、竜猛等によって密教の流布している地であり、この教法を愛するゆえに、昔の怨念は一〇分の一にやすまり、そのうえ、化身菩薩等が名を神明に仮り、国々に満ちているため巨害をいたしていないが、ただ十六万八千の眷属がなす損害は禁ずることはできないとのべる。また道賢は地獄において四人の罪人にあうが、それは延喜帝とその臣下であった。延喜帝は生前、父の命に背いて無実の菅丞相を罪におとしいれたため地獄において鉄窟の苦を受けていることをのべる。道賢は金峰山浄土において蔵王菩薩の託宣により名を日蔵と改める。〔所載〕扶桑略記は国史大系12、史籍集覧1。〔清水宥聖〕

明峯和尚法語【めいほうおしょうほうご】曹　一巻。明峯素哲（一二七七―一三五〇）撰。成立年代不明。別に『洞谷二代明峯和上法語』『明峯仮名法語』という。本法語は万治二（一六五九）年刊の『永平開山道元大和尚仮名法語』に収められており、瑩山紹瑾の法嗣である明峯素哲の仮名法語である。「坐禅ト者、本是大安楽ノ法門也」で始まり、坐禅弁道の用心に関してのべているが、「坐禅ニ上中下ノ三根アリ」として、後の五分の三程を費して上中下根の坐禅について説いている。これは、学人の機根に上中下の三種があるように、坐禅にもその根に応じて三種あるとして、その各について示したものである。師の瑩山には『三根坐禅説』という漢文の著述があるが、明峯のこの説は、多少の字句の相違はあるが、まさに師の『三根坐禅説』全文を書き下し文に改めたものといってよいほどのものである。この点に関しては、両者の思想、禅風、さらにはこの法語の成立した背景等の究明をまたなければならない。〔所載〕禅法語中、洞法語乾、曹全（法語）。〔参考〕曹全（解題）。――→三根坐禅説〔伊藤秀憲〕

明峰素哲禅師喪記【めいほうそてつぜんじそうき】曹　一巻一冊。大乗寺（金沢市）第三代明峰素哲（一二七七―一三五〇）の葬儀記録。写本として伝えられ、現在は石川県立美術館に委託保管されている。〔所載〕続曹全（清規）。――→喪記集〔松田文雄〕

明和法論次第【めいわほうろんしだい】浄真　一巻。仰誓（一七二一―九四）著。成立年代不明。真宗史上における明和の法論の始末を学林側の仰誓が詳細に記録したものである。内容は、明和二（一七六五）年に智暹が先師法霖を達解安心一益法門の邪人と罵り、『浄土真宗本尊義』を著わして学林側の先師の説を評破したことに始まり、学林側の天倪、僧鎔等との間の論争について詳述している。明和法論史についての好資料である。〔所載〕真宗全50。――→浄土真宗本尊義〔岩崎豊文〕

面山和尚広録【めんざんおしょうこうろく】曹　三六巻六冊。面山瑞方（一六八三―一七六九）。面山は肥後（熊本県）の人。出家の後に正師を求めて江戸に出て青松寺に錫を留め、折しも宗門の嗣法の乱れを糺す宗統復古運動のために青松寺に滞在中の卍山、損翁、徳翁の師に参見し、損翁宗益（一六四九―一七〇五）に師事してその法を嗣いだ。師損翁の「永祖の面を見て他の面を見ざれ」の示誡を守って一生を道元の仏法の宣揚に捧げ、その著述は正法眼蔵渉典録（一〇巻）、僧堂清規（五巻）、訂補建撕記（二巻・修訂補註）を始めとする道元の著述を中心として六十余部にも及ぶ尨大な数に上っている。本書は、面山の一代の記録を弟子の衡田祖量、慧中等が編集したもので、禅定寺語（巻一）、空印寺語（巻二）、龍渓院語（巻三）、永福庵語（巻四）、法語（巻五）、小仏事（開光・慶讃・拈香・薦抜・送亡）（巻六～九）、拈古・頌古・普説（巻一〇）、詩偈（巻一一～一五）、像賛（巻一六）、自賛・諸賛（巻一七）、増銘・碑銘・鐘銘・諸銘（巻一八）、記（巻一九～二〇）、序・跋（巻二一～二二）、書（巻二三）、考・説・弁・文・祭文・上梁文（巻二四）、伝・疏・号偈・歌（巻二五）、年譜（巻二六）等より成る。〔所載〕曹全（語録3）。〔河村孝道〕

面山瑞方逸録【めんざんずいほういつろく】曹　一二巻。面山瑞方（一六八三―一七六九）撰。衡田祖量（一七〇二―七九）重輯。正しくは『永福面山和尚逸録』という。『永福面山和尚広録』二六巻の逸録で、巻一―三に像賛、巻四に画賛、巻五―六に詩偈（五七言長篇、五律、七律）、巻七―九に詩偈（七絶）、巻一〇に紀行、巻一一に記、その他、巻一二に拾遺雑録を収める。〔所載〕続曹全（語録2）。〔伊藤秀憲〕

も

盲引盲篇【もういんもうへん】曹　一巻。瞎道本光（一七一〇—七三）撰。寛保二（一七四二）年述。大察上座の請に応じて説かれた法語で、道元の伝えた宗旨を、種々の面から示したもの。すなわち問処道得、三界唯心、如是法等で、能所彼此なく、回互不回互一方究尽兼帯綿密の宗旨を自在に挙拈し、難解な眼蔵参究の手引きとしたものごとくである。〔写本〕駒大蔵。〔所載〕続曹全（法語）。〔新井勝竜〕

木庵和尚年譜【もくあんおしょうねんぷ】臨　二巻。木庵性瑫（一六一一—八四）の編年体伝記、悦山道宗（一六二九—一七〇九）編。外題『黄檗木庵和尚年譜』、内題『黄檗二代賜紫木菴和尚年譜』。巻末に元禄八（一六九五）年東瀾宗沢の捐資、京都岡元春書の識語がある。上巻は生年万暦三九年から渡来の前年まで、下巻は渡来した順治一二（明暦元）年から没年貞享元年までである。版本を駒大、黄檗蔵。〔大槻幹郎〕

木庵禅師全録【もくあんぜんじぜんろく】臨　三〇巻。木庵性瑫（一六一一—八四）著、鉄山智定以下四〇名編。外題『黄檗木庵禅師全録』、内題『黄檗木庵禅師語録』。黄景昉・張潜夫序、巻一—六、上堂で象山慧明寺進山より渡来し、黄檗山万福寺住持期。巻七—八、小参、秉払、普説。巻九、答問、機縁。巻一〇、拈古、巻一一、頌古。巻一二、源流頌。巻一三、法語。巻一四、法語、行実。巻一五—一六、仏祖讃。巻一七、諸祖讃并自讃。巻一八—二二、偈頌。巻二三—二六、詩偈。巻二七、古体、歌。巻二八、書啓。巻二九、雑録、雑題、銘、引。巻三〇、序、記、跋、文、小仏事である。巻尾に「嗣法門人同刻」とあり、鉄山以下唐和僧三六名、嗣法居士二名が列記されている。本書は渡来前より延宝五年の間の語録類を再編追録して、名目上の編者を嗣法順に割り振ったものと思われ、成立は天和元（一六八一）年前後、刊行は同四年ころと推定される。ほぼ木庵語録の大要を知ることができるが、その全容は一〇種に及ぶ板行の語録による要がある。版本を黄檗堂蔵。写本を黄檗蔵。〔大槻幹郎〕

黙雲詩藁【もくうんしこう】臨　四巻。天隠竜沢（一四二三—一五〇〇）著。貞享五（一六八八）年刊。竜沢の漢詩集のうち、七言絶句のみ三五四首集めたものである。題材によって巻一に天門、鳥獣鱗虫を、巻二に草木を、巻三に草木鳥獣、器材食服、人類、懐古、送行、遊観を、巻四に雑とわけている。元禄三（一六九〇）年には三冊本として刊行された。〔所載〕続群書340。〔鷲阪宗演〕

没後遺誡文【もつごゆいかいもん】浄　一巻。源空（一一三三—一二一二）書。建久九（一一九八）年成立。別に「没後起請文」ともいう。源空六六歳の時、病中に認めた遺言状である。源空没後の追養供養は念仏一行を修すべきことを説き、遺産は信空等の入室の弟子七人に与えることを定めて、相続争いを禁じる内容。教誡を兼ねたものである。〔所載〕昭法全。〔参考〕正徳版漢語灯録巻10、円光大師行状翼賛巻39。〔深貝慈孝〕

文句無師【もんぐむし】日　二五巻。日珖（一五三二—九八）・常光日諦（?—一五七九）・日詮（?—一五八五）述。永禄一一—元亀二（一五六八—七一）年の成立。別に『三光無師書』ともいう。堺頂源寺において日珖・日詮・日諦の三師が互いに輪番で講主を一定せずに『法華文句』を講じた。その会下にあった日諦の門人日厳（—一五六八—?）が、講録二五巻にまとめた。本書の刊行は元禄一一（一六九八）年。〔中條暁秀〕

文句略大綱私見聞【もんぐりゃくたいこうしけんもん】天　七巻。著者明記なし。明応年間（一四九二—一五〇一）成立。別に『文句大綱見聞』ともいう。『法華文句』並びに『文句記』について恵檀両流の学説を集録し、法華各品、『文句』の要旨を中古天台流に究明しようとする書で、尊舜（一四五一—一五一四）が講談し、それを門弟が筆録したものである。『玄義私類聚』『止観大綱見聞』と一具をなす。〔所載〕仏全㊗5。〔末広照純〕

文殊楼決【もんじゅろうけつ】天　一巻。源信（九四二—一〇一七）著。『宗要深義集』ともいう。天台の宗意に関する八八の設門に対し、大聖文殊尊がそれに答えるという問答形式をとっているが、それにより、宗要の深義が明らかにされている。設問の内容は、四教実理、二乗成仏等さまざまであるが、最澄の経典理解に関するものも多く、最澄の真意をひろく伝えようとする著者の姿勢がうかがわれる。〔浜田智純〕

聞証和尚行状記【もんしょうかしょうぎょうじょうき】浄　一巻。珂然（一六六九—一七四五）撰。元禄一一（一六九八）年著わされる。江戸時代の学僧聞証（一六三八—八八）の出生から出家の動機、増上寺での修学、関東、関西の諸寺の遊歴、とくに唯識を学び浄土宗学に法相、唯識の不足を指摘し、多くの著述を残していることなどを記述している。漢文で書かれており、巻末には著述の目録が記されている。〔所載〕浄全17。〔高橋弘次〕

文底義【もんていぎ】日　一巻。唯妙日東（?—一八二四）著。天明三（一七八三）年成立。日東は、日真門流本隆寺三〇世で、真門教学の樹立を計った学僧。正本・写本ともに現存せず、現行のものは遠成日寿や日久、日政らによって嘉永七（一八五一）年に改正された『改正文底義』である。その序は「時天明癸卯秋七月　摂州久成寺　了道日照（改名日東）」とあって日東の手になるものであり、これによって日東が『文底義』を著わした事、および成立年代が知られる。現行本は日寿らによって改訂されたとはいえ、日東の教学を伝えるものとして、これをもって古来より日東著としてあつかわれてきた。本書は真門教学の立場からの本迹勝劣・唯寿量の教相を説き、一部修行について論じ、そして顕本論・本尊論、さらに本果実証の事一念三千、本果下種論等について述べていて教学全般にわたってのそれをうかがい知ることができる。しかし、先にも述べたように現行本は日寿らの筆が加えられているのであって、それがどの程度なされたのかは不明で、したがって日東原本との同異をうかがい知ることはできない。奥書によれば、日東の『文底義』は文言が足らず後人が疑惑を懐く故に評議して改書した、というからかなりの修正が加えられたと考えられる。とすればすでに指摘されているように現行本はむしろ日寿著と考える方が妥当かも知れない。〔所載〕日宗全11（現行本）。〔井上博文〕

門徒古事【もんとこじ】回 一巻。鶴林日運（?—一四二五〈二六〉）筆録。応永三二（一四二五）年一二月一三日の成立。別に『日運記』『運記』ともいう。日什門流（現在の顕本法華宗）の開祖日什の中山門流帰伏以前の事跡に筆をおこし、中山門流と日什、日什の上洛伝奏、各地諸寺院の開創等の日什伝を記し、あわせて門下の諫暁活動や日什の教義の概要を書き記したもの。〔所載〕日宗全5。〔糸久宝賢〕

文類聚抄挙燭篇【もんるいじゅうしょうきょしょくへん】浄真 五巻。道隠（一七四一—一八一三）述。成立年代不明。開巻に「初会閏正月十五日薩州師開講説」とあることから、道隠在世中は天明四年（四四歳）と享和三年（六三歳）の二回であるから、どちらかの年の講説とみられる。初めに『文類聚抄』の末注書を列記していることは参考になる。しかも随所にそれらの注釈書を引用して詳述している。しかしながら本書は、「念仏正信偈」までの講説である。道隠の『文類聚抄法鑑』六巻（『真宗全』38）は全文の注釈が施されており、空華学派に尊重せられる末注である。原本は竜大図書館に蔵する。〔所載〕真宗叢9。〔藤田恭爾〕

文類聚抄慶哉録【もんるいじゅしょうきょうさいろく】浄真 四巻。憲栄泰巌（一七一一—六三）纂述。寛延元（一七四八）年成立。本願寺派の学僧、憲栄泰巌は摂津国小曽根常光寺の住にして、教遵桂巌（一七〇三—七八）の内弟子なり。正徳元年誕生。舎兄桂巌とともに月筌（一六七一—一七二九）の室に入って宗学の内奥を極めた。本書は自序に示すように本願寺派の法霖『文類聚抄蹄涔記』と大谷派の慧然『文類聚抄講讃』とを経とし、自分の識見を緯として大著述を成したもの。往々師説により華厳の教理をもって宗義を発揮するところあり。ときに『蹄涔記』を破して『講讃』に伴う等、縦横の識見を徴す。本書は漢文にて著わされている。一行ごとに注釈を施し、一句ごとに解釈を示す。巻一は自序から『大経』巻下の第十八成就文までを釈成す。巻二に『大経』下の「為得大利」の文から浄信釈の終りまでを釈成す。巻三は証から「念仏正信偈」の「唯信釈迦如実言」までを釈成す。巻四は「念仏正信偈」の「印度西天之論家」から終りまでを釈成し、その後に「浄土文類聚鈔科文」を続筆し、その後には「浄土文類聚鈔慶哉録自序科釈」として巻一の冒頭の自序を詳釈する。大部の著述である。直筆原本は後裔である大西大宣氏が所蔵。〔所載〕真宗全36。〔藤田恭爾〕

八重葎【やえむぐら】臨 三巻。白隠慧鶴（一六八五—一七六八）著の仮名法語。第一巻は「高塚四娘孝記」。内容は地獄の苦を救い後世を弔う最善の功徳として『法華経』の書写を奨め、遠州高塚の小野田五郎兵衛久繁の孫娘四名の、仮名法華経書写の善行を述べる。宝暦九（一七五九）年七月二五日の撰述。第二巻は「延命十句経霊験記、九州何某侯の殿下近侍之左右に贈りし法語」。書名のとおり九州の大名某苑に『延命十句観音経』読誦の霊験功徳を説いた書簡の体裁をとる。国君たる者は養生長寿せねばならぬと説き、そのためには『延命十句経』読誦に勝るものなしとその読誦を奨め、その霊験功徳の実例を挙げる。第一巻より三カ月後の宝暦九年一〇月二五日の撰述。同年江戸の植村藤三郎によって、一・二巻ともに白隠の自筆刻本が刊行された。第三巻は「策進幼稚物語」。白隠半生の修行の経歴を細叙して垂戒したもので、それに「高山勇吉物語」を付している。前の二巻の刊行より二年後の宝暦一一年、白隠の自筆刻本が刊行されている。この第三巻から序文や跋文、それに「高山勇吉物語」を省いた本文だけが、「幼稚物語」の名で京都の小川源兵衛（興文閣）より上下二冊本の版本として刊行されている。刊年不明。〔所載〕第一巻第二巻は東京龍吟社刊の『白隠全集』の第六巻に、第三巻は昭和一三年刊の「大日本文庫」中の『白隠禅師集』に収録されている。〔加藤正俊〕

薬師儀軌【やくしぎき】因 一巻。最澄（七六六—八二二）撰。正しくは『薬師如来儀軌』という。最澄は伝教大師、日本天台宗宗祖。『法華経』の一乗義をもって宗をたて、入唐して天台智顗の法系を相承、あわせて一乗義にかなうものとして密教も伝える。本書は、いわゆる十八道立ての薬師如来の供養法で、房中作法からはじまり終頌にいたるまでを記すが、運心供養には特色があるが、本尊真言、根本印はかならずしもあきらかでない。最澄撰とはなしがたい。〔所載〕伝全4。〔木内堯央〕

薬師如来念誦法【やくしにょらいねんじゅほう】因 一巻。最澄（七六六—八二二）撰。最澄は日本天台宗宗祖、『法華経』の一乗義をもって宗をたて、入唐して天台智顗の法系を相承、一乗義のゆえをもって密教も相承。本書は『薬師儀軌』とともに、最澄の手になるという薬師如来の念誦法で、これも十八道立ての次第をもってなり立っている。最澄が比叡山に一乗止観院を建て薬師如来を本尊としたことから仮託したものか。〔所載〕

伝全4。〔木内堯央〕

薬師仏供養文【やくしぶつくようもん】日　一巻。日輝（一八〇〇—五九）著。薬師仏は方等部、通教の仏であるが、開権顕本すれば本門寿量の大薬師仏であると釈す。この『薬師仏供養文』は、『薬師経』に説かれている七難を起さず、九横を消滅し、妙法の良薬によって信心清浄に、無上道心を成ぜんことを祈るために撰述したもの。〔所載〕充治園全集2。〔松村寿巌〕

野金口決鈔【やこんくけつしょう】真　一巻。憲深（一一九二—一二六三）口、頼瑜（一二二六—一三〇四）記。弘長元（一二六一）年九月成立。または『野金口決』『野金鈔』ともいう。頼瑜は覚鑁没後に根来に大伝法院を移し、新義真言教学を大成した学匠であるが、本書はその頼瑜が三六歳の弘長元年に、醍醐寺報恩院において、醍醐の座主である報恩院流（幸心流）の祖憲深より、幸心一流の伝授を受けたおりの金剛界次第についての口決鈔である。この一流伝授は弘長元年六月の十八道より同二年正月の護摩伝授までにわたっており、本書とともに『十八道口決』『野胎口決鈔』『護摩口決』がつくられている。本書の奥書に「弘長元年暮秋中旬於醍醐寺報恩院奉伝受金剛界之次御口決僅抽九牛一毛塵滴巨海之一諦記之畢斯則雖耻後賢之披覧為恐当時之廃亡而已　金剛仏子頼瑜三十六　加一覧畢委細珍重可為末資之亀鏡歟　金剛仏子憲深　云云」とあり、頼瑜が憲深の口決を記したのち、さらに憲深が校閲したものであることが知られる。また文中の「御口」とは憲深の口決であり、「私云」として頼瑜の私見の加えられているところがある。同じ憲深の付法の教舜の口伝鈔である『四度行用口伝鈔』を『播鈔』と称するのに対し、この頼瑜の四度の口決鈔を『甲鈔』と称し、親快の記す『幸心鈔』とともに幸心流においてもっとも尊重する書である。〔所載〕正蔵79。—→野胎口決鈔、十八道口決、護摩口決〔苫米地誠一〕

夜船閑話【やせんかんな】臨　一冊。白隠慧鶴（一六八五—一七六八）著。成立年代は不明であるが、寛保元（一七四一）年に撰述された『寒山詩闡提記聞』の中に、すでに本書の原型に当るものが述べられており、その後宝暦七（一七五七）年に京都小川原兵衛より白隠自筆の刻本と版本の両種が刊行された。近世日本臨済宗中興の祖とされる白隠には多くの著述があるが、その中でも本書は異色のものとされ、宗門外の人びとにも広く養生の書として読まれた。かつて白隠は修行中に究理弁道の度が過ぎ、重い禅病にかかったが、京都白川山中に巌居する白幽真人のことを聞き、その人を訪ねて「内観の法」や「媆酥の法」などの観法の伝授を受け、身心ともに健やかになって大悟徹底することを得た。後年白隠は門下の修行僧が、求道心に燃えながら肉体の病や禅病に悩むのを見てこれを救おうと、一身の元気を臍輪・気海丹田・腰脚・足心の間に充たしめる「内観の法」や、清浄な媆酥（乳製品の一種）の鴨卵大のものを頭上に置くと瞑想し、媆が体温で溶けはじめ、頭に浸みわたり、次第に両肩・双臂・胸膈の間に達し、ついで肺・肝・胃腸・背骨等の内臓器官を潤下し、ついに雙脚を濕潤し、足の裏に至って止むという観想の法を繰りかえす「媆酥の法」を説いた。これらは神仙長寿不死の神術であり、修禅者は必ず参禅と内観とを兼修すべきだと強調している。〔所載〕白隠全5。〔加藤正俊〕

野胎口決鈔【やたいくけつしょう】真　二巻。憲深（一一九二—一二六三）口、頼瑜（一二二六—一三〇四）記。弘長元（一二六一）年一〇月成立。または『野胎口決』『野胎鈔』とも称する。本書は『野金口決鈔』に対して名づけられたもので、弘長元年に頼瑜が憲深より受けた報恩院一流の四度の伝授の口決鈔のうちの胎蔵界次第に関する口決鈔である。下巻の奥書に「弘長元年十月上旬。於醍醐寺報恩院。従朔日至第五日五箇日之間。奉伝受胎蔵之次。逐日馳筆畢。未再治草本也。不可出箱外矣。願以両部伝受之日。必為九品往生之縁而已　求法沙門頼瑜在判」とあり、その後に「伝受人数事」として内大臣法務法印権大僧都定済、当寺座主左大臣法眼和尚位俊誉、法眼和尚位定勝、金剛権律師弘義、左内臣阿闍梨実助、治部阿闍梨俊真、兵部阿闍梨源聖、俊音房阿闍梨頼瑜、上野公大法師亮深の名をつらね、終りに「報恩院御自筆御記云同七日加一見畢提婆之投針也資徳窮底闍梨之瑩玉也師朦払塵也　老比丘憲深」とある。本書中には「御口云」として憲深の口決を、「御記云」として憲深の師成賢の口決を出し、さらに「私云」として頼瑜の自説をのべている。頼瑜には本書のほかに胎蔵次第の注書として『胎蔵入理鈔』があり、教舜の『四度行用口伝鈔』、親快の『幸心鈔』と共に、頼瑜の記す本書は、報恩院流においてもっとも尊重する書である。写本を高大、正大、宝菩提院、宝亀院に蔵する。〔所載〕正蔵79。——→野金口決鈔、十八道口決、護摩口決〔苫米地誠一〕

野峰名徳伝【やほうめいとくでん】真　寂本（一六三一—一七〇一）。高野山宝光院の学僧寂本により著せられた。寿長、無宝等高野山の高僧七十余名の伝記集である。この書の意味は、かの有名な師錬の『元亨釈書』には、維範、琳賢等の数人のみとりあげられていることを遺憾として意図されたものである。〔所載〕仏全106。〔福田亮成〕

大和三教論【やまとさんきょうろん】通　七冊（前編四巻・後編三巻）。前編は天明六（一七八六）年刊、後編は寛政二（一七九〇）年刊。武田大（号琴亭、没年明和中）著。大坂の人で卜筮者である。校者は山城沙門定玄。浪華の諸上人の喜捨によって蓮華室蔵板として刊行された。偽作として排斥処断された『旧事大成経』の思想を継承し神儒仏の三教を折衷して三教一致論を説いた書。吉田神道の思想をもとり入れ、神儒仏の三教を、根本・枝葉・花実に比している。「花実仏法第九上篇」「花実仏法第九下篇」というふうに。武田大は三教舎主人といったようであり、また本書を以て塾範としており、識語に「固ヨリ非レ供スルニ大方君子之観一也聊カ論ジテニ三教之概一ヲ以テ為ニ塾範一耳但示下四方三門之諸生負レ笈ヲ挟レ筴ヲ游フニ京師ニ者ノ学ビニ一叟覗一先生一老僧之言一ヲ未ニ厭食足ニ来ニ于吾カ三教舎中ニ者ノ上ニ云レ爾已ミ」と豪語している。なお、神儒仏三道を根本・枝葉・花実に当てるのは『大和三教論』ばかりでなく、『神儒仏一座物語』(享保六年撰)にも記述されている。つまり『旧事大成経』が偽作として排斥処断された後にも聖徳太子流の神道がわが国民思想に浸透されやすい傾向があることは注目していい。静嘉堂文庫蔵本は、前篇を欠いている。〔佐野正巳〕

ゆ

遺誡【ゆいかい】因　一巻。円珍(八一四—九一)撰。正しくは『遺制十一カ条』という。円珍は比叡山第五代天台座主、義真の門下に入って年分得度し、一紀一二年の籠山をはたし、一山学頭に推され、円仁につづいて入唐求法し、台密のみならず一山教学を充実、天台座主となって一山をよく統括した。寛平三(八九一)年二月、最後近きを期して弟子に遺制し、臨終近い一〇月二八日、この一一カ条を著わす。増命等の弟子に付され、円仁を尊び一門融和を訴う。〔所載〕仏全28。〔木内堯央〕

唯識観用意【ゆいしきかんようい】南　一巻。良遍(一一九四—一二五二)著。建長元(一二四九)年記。一五〇〇字ばかりの小部の作。自心を修す可きの道理、此の観決定して罪を滅す可き事、依詮観最要の事の三段から成る。善悪迷悟ことごとく自心の作であるから自心を修めることが肝要であり、修とは学がただそのことを習うのと違ってそのことを作すことだとのべ、自心の妄想を観ずることが滅罪であると、良遍らしい内面の修行を強調している。〔所載〕日蔵(法相宗章疏2)。〔太田久紀〕

唯識義【ゆいしきぎ】南　六巻。真興(九三四—一〇〇四)撰。成立年代不明。別に『児島私記』『六巻私記』『唯識義章』『唯識義私記』『唯識章私記』『唯識義林章私記』という。慈恩の『法苑義林章』のなかの「唯識章」に対する注釈書である。本書は唯識の義を、一〇門にわけて数多くの経論の文章を引用しつつ明らかにしたものであり、唯識の理を学ぶ者にとって一読を要する好著である。また本書には神廓の『摂論疏』、神泰の『摂論疏』、信叡の『義林章記』などすでに散逸して現存しない書の文章がいくつか引用されている点でも価値のある書である。〔所載〕正蔵71、仏全鈴30、日蔵鈴62。〔横山紘一〕

唯識義私記【ゆいしきぎしき】南　六巻。一巻がそれぞれ本末に分かれる。真興(九三四—一〇〇四)法相宗。のち真言宗。平安時代中期、真興は仲算より唯識、因明、仁賀より密教を受けた。立身栄達に無関心で三会の講師を勤めたのもおそく、清廉な生涯を送り子島寺に隠退、子島僧都、子島先徳と呼ばれる。子島流あるいは壺坂流密教(東密の一派)の元祖。『蓮華胎蔵界儀軌解釈』三巻など密教関係の著作もある。『成唯識論』訓読をほぼ完成したことは日本唯識史上きわめて重要である。本書は基の『大乗法苑義林章』のうちの唯識義林と呼ばれる一章の注釈書である。基は百本の疏主といわれるように多くの経論の注釈を残したが、自分の主張を論述したのはこの『大乗法苑義林章』のみであった。『義林章』は七巻二九章よりなるが、とくに唯識義林の一章は五重唯識観(遣虚存実識、捨濫留純識、摂末帰本識、隠劣顕勝識、遣相証性識)について十段に分けて組織的にのべ、観心を中心とした唯識教義全体の綱要書の性格をおびている。したがって本書も唯識概論の観を呈している。真興の注釈はじつに丁寧親切で、また平明明解である。平安期に形成された平明な漢文の型といわれるが、当時の唯識の学風を示す代表的名著である。昭和六〇年上田晃円によって本書と並ぶ観理『唯識義私記』一五巻が発見公表され、平安期の『義林章』研究の実態を明らかにするのに重要な意味を加えた。〔所載〕正蔵71。〔太田久紀〕

唯識分量決【ゆいしきぶんりょうけつ】南　一巻。善珠(七二三—九七)。法相宗。奈良時代。玄昉(法相宗第四伝の祖)について唯識、因明を学ぶ。宝亀一一年、秋篠寺を創建。秋篠の善珠と呼ばれる。慈恩大師の再身と尊崇された。本書は、(1)唯識分量決、(2)掌珍論為量顕過決、(3)玄奘三蔵唯識比量浄過決の三段よりなる。(1)は四分義ののべられたところで一五門に分けて論述されている。すなわち、①釈名決疑、②立分不同、③行相異説、④大小二宗行相不同、⑤能所量果、⑥内外分別、⑦能縁所縁、⑧三量分別、⑨四縁分別、⑩同種別種、⑪開合不同、⑫唯識解釈、⑬一用多用、⑭四分相縁、⑮諸門分別である。四分義は、識の働きを四分(相分、見分、自証分、証自証分)に分析し、その構造を組織的にとらえた重要な教義であるが、中国の典籍では散説されているのみであり、この一五門による組織的把握は四分義のあらゆる問題を包摂しており、善珠の力量のなみなみならぬことを物語っている。四分義は日本ではとくに重視されるが嚆矢は本書にあるといってよかろう。(2)は『掌珍論』の立論に対する因明(論理学)の議論を、①真性有法決、②三支顕過決、③対敵顕過決、④余量同異決、⑤文外顕疑決の五項目により論述、(3)は玄奘が戒日王の請によって立てたといわれる唯識比量を、①真故決、②極成色決、③自許決、④初三摂決、⑤眼所不摂決、⑥因顕過決の六門で論述。いずれも因明の造詣の深さをうかがわせるものである。〔所載〕正蔵71。〔太田久紀〕

唯信抄講義【ゆいしんしょうこうぎ】浄真　一巻。霊晫(一七七五—一八五一)述。天保一〇(一八三九)年成立。霊晫が天保一〇年秋、八幡御坊において『唯信抄』を講述したときの筆録である。内容は、⑴来意、⑵大意、⑶題号、⑷本文の四門に分別して講述している。そのうち来意に通別を分けて弁じ、特別の来意とは、出離の道が念仏よりほかにないことを明らかにし、かつ破邪顕正することとしている。また本抄の大意は『唯信抄』の題号のうちにありとして、題号の解釈の下で弁じている。〔所載〕真宗大30。

〔岩崎豊文〕

唯信抄講説【ゆいしんしょうこうせつ】浄真 二巻。義門（一七八六―一八四三）述。文政五（一八二二）年成立。大谷派の嗣講である義門が文政五年九月一三日から同月晦日まで、丹波教誓寺において聖覚の『唯信抄』を講説したものである。内容は、文前に⑴明二製作来由一、⑵述二一部大意一、⑶弁二三師似レ異の三科に分けて論じたのち、本文の解釈に入っている。⑶では、源空、聖覚、親鸞の相違点をあげているのが注目される。とくにこの『唯信抄』および親鸞の『唯信抄文意』の用語について、国語学上の知識をもって詳説している。〔所載〕真宗全45。

〔岩崎豊文〕

唯信抄文意【ゆいしんしょうもんい】浄真 一巻。親鸞（一一七三―一二六二）撰。建長二（一二五〇）年成立。本書は親鸞が聖覚の著である『唯信抄』を注釈したものである。ただし『唯信抄』の全文を注釈したものではなく、抄の題号と抄中に引用されている要文を注釈したものである。親鸞が聖覚を尊信し、関東の門弟に『唯信抄』を読むことを勧めていたことは、二月三日付御消息に「たゞ詮ずるところは、唯信鈔、後世物語、自力他力、この御文どもをよくよくつねにみて、その御こゝろにたがへずおはしますべし」とあり、また同様の文が御消息中に数例あることによってうかがうことができる。親鸞は後跋ともいうべき文のうちに「ゐなかの人々の文字のこゝろもしらず、あさましき愚癡きはまりなきゆへに、やすく心得させんとておなじことを度々とりかへしとりかへしかきつく」と記しているように、『唯信抄』に引かれた経釈の要文を、人びとが了解しやすいように、わかりやすく注釈したものである。

内容は初めに『唯信抄』の題号を釈したのち、要文の釈に入り、次の一〇文を釈している。すなわち、⑴『五会法事讃』の文、「如来尊号甚分明（ないし）観音勢至自来迎」の四句、⑵『五会法事讃』の文、「彼仏因中立弘誓（ないし）能令瓦礫変成金」の八句、⑶『法事讃』の文、「極楽無為涅槃界（ないし）教念弥陀専復専」の四句、⑷『観経』の「具三心者必生彼国」の文、⑸『散善義』の「不得外現賢善精進之相内懐虚仮」の文、⑹『五会法事讃』の「不簡破壊罪根深」の文、⑺『大経』第十八願の「乃至十念若不生者不取正覚」の文、⑻非権非実の文、⑼『観経』の「汝若不能念者（ないし）除八十億劫生死之罪」の文、⑽『往生礼讃』の「若我成仏十方衆生（ないし）不取正覚」の文、である。これらのうちで⑴の解釈では、自然、大涅槃、正定聚などについてのべ、⑶の解釈では阿弥陀仏観をのべ、⑺の解釈では一念多念の問題についてのべていることなどが注目される。

本書の真蹟本は高田派本山専修寺に二本が所蔵されている。そのうち第一本は大正一五年コロタイプ玻璃版として複製刊行されたもので、奥書には「康元二歳正月廿七日愚禿親鸞八十五歳書写之」とある。第二本の奥書には「康元二歳正月十一日」とあり、第一本より早い書写である。〔異本〕本抄には一〇数本の古写本がある。そのうち盛岡本誓寺本には、奥書に「建長二歳庚戌十月十六日愚禿親鸞七十八歳書之」とあり、もっとも早い選述年時を記している。その他には河内光徳寺本、前橋妙安寺本、静岡教覚寺本、専修寺所蔵の異本などがある。〔末注〕深励・唯信抄文意録、法海・唯信抄文意辛巳録、履善・唯信抄文意義概。〔所載〕正蔵83。〔参考〕定親全（和文篇解説）。

〔岩崎豊文〕

唯信抄文意義概【ゆいしんしょうもんいぎがい】浄真 一巻。履善（一七五四―一八一九）述。成立年代不明。本願寺派の学僧で、仰誓の子である履善が『真宗法要』所収の『唯信抄文意』を、高田専修寺所蔵の本と対照しつつ、⑴題号、⑵正文、⑶撰号の順に解釈したものである。本書は履善の著である『真宗法要義概』中より一篇を抜いて一本としたものである。〔所載〕真宗全47。

〔岩崎豊文〕

唯信抄文意辛巳録【ゆいしんしょうもんいしんみろく】浄真 四巻または三巻。法海（一七六八―一八三四）述。文政四（一八二一）年成立。大谷派第八代講師の法海が文政四年七月より九月にわたり、江州五村御坊において、『唯信抄文意』を講述したものの筆録である。内容は、文前に、⑴興由、⑵大意、⑶題目の三門に分けて弁じたのち、本文について詳細に解説している。〔所載〕真宗大22。

〔岩崎豊文〕

唯信抄文意録【ゆいしんしょうもんいろく】浄真 三巻。深励（一七四九―一八一七）述。文化九（一八一二）年成立。深励は大谷派の第五代講師。寛延二（一七四九）年越前国坂井郡の大谷派大行寺に生まれ、のちに京都に上り宗学を慧琳及び随慧に学び、寛政二年擬講に任ぜられ、同五年嗣講に、同六年講師に累進し、香月院と号した。本書は深励が、文化九年越前金津の自坊において、『唯信抄文意』を講述したときの聞記である。第一巻は二月二三日より六会、第二・第三巻は六月四日より二一会をもって、同月晦日に講徹している。内容は、文前に⑴弁二来意一、⑵述二大意一、⑶釈二題号一の三門を分別して論じている。⑴では、親鸞が聖覚を尊信し、門徒方に『唯信抄』を見るよう勧めていたが、門徒方から『唯信抄』所引の文の意が知られないという歎きがあり、それが縁となって親鸞が本書を撰述したことをのべている。⑵では、親鸞が黒谷の正意を伝えて念仏往生の義を釈しながら、しかも信心が肝要であることを示したのが、本書の大意であるとのべている。⑶では、題号に釈の字がないのは、本書には新たに釈し顕わしたことは少しもないという親鸞の思召しであるとのべている。文前の三門ののち、本文に入ってからは、深励一流の講弁で、一字一句おろそかにすることなく精緻をきわめた解説が施されている。〔所載〕真宗全42。〔岩崎豊文〕

維摩経義疏【ゆいまきょうぎしょ】[南] 三巻。聖徳太子（五七四—六二二）。推古二〇—二一（六一二—一三）年著との伝承がある。鳩摩羅什訳『維摩詰所説経』三巻の注釈で、聖徳太子の『三経義疏』（法華義疏、勝鬘経義疏とともに）の一部である。『三経義疏』については多くの偽撰説・真撰説が出されており、また本書だけに対する偽撰説も出されているが、反論も行われている。本書は、最初に、経の趣旨を述べる。維摩詰居士は、本来は悟り（正覚）に達した聖者であるが、人びとを教化するために俗人の仏教信者の形をあらわし、毗耶離（びやり）村にいた。人びとを教化する縁が尽きて、もと住していた世界である阿閦仏の妙喜国へ帰る前の最後の教化の機会として病気をあらわした。病気によって質問する人びとに、真実の道理は、人間の思惟や言葉での表現を超えたものであることを示すためである。そこで文殊菩薩が釈尊の旨をうけて見舞いに赴き、二人で問答を行って菩薩の種々の立派な行をあらわして、新しく発心したばかりの菩薩に大乗の行をすすめた。それで維摩居士の病気の本体は大慈悲を本とするものであり、そこであらわされる教の要点は、小乗を抑えて大乗を称揚することである、という。全体を序説・正宗分・流通分に分ける。正宗分は二分し、上根の人を化す、中根の人を化す、下根の人を化すという、維摩の方丈において行われた部分と、ついで釈尊の所へ帰り仏がその説の正しいことを証明する部分に分けて考察する。『三経義疏』の中でも、本書には論語・老子その他中国古典を引用する独特な点がある。〔所載〕正蔵56、仏全5。〔参考〕花山信勝・維摩経義疏。〔田村晃祐〕

維摩経疏菴羅記【ゆいまきょうしょあんらき】[通] 四〇巻（三〇巻のみ現存）。凝然（一二四〇—一三二一）述。鎌倉時代華厳宗の凝然は若年のころから『三経義疏』に関心を抱き、そのすべてに注釈を行った。本書は四〇巻中の最初の三〇巻のみ現存するが、第三〇巻は元応二（一三二〇）年八一歳で著されている。翌年没くなっているので最晩年の著である。『維摩経』一四章のうち、第五章までの義疏の注で、太子以後中国で著された多くの注釈書も参照している点に特色がある。〔所載〕仏全5。〔田村晃祐〕

唯量抄【ゆいりょうしょう】[南] 二巻。著者名明記なし（蔵俊か）。保元元（一一五六）年成立。別に『因明唯量鈔』『唯識論唯量抄』『成唯識論唯量抄』『因明本作法唯量抄』『因明本作法鈔唯量抄』ともいう。『法相宗目録』によれば蔵俊（一一〇四—八〇）の作とする。唯識教理の理解に欠くことのできない因明について『成唯識論』のなかから問題点を取りあげ、その問題に答えるために必要な資料を収集したものである。本書は蔵俊の別の作『唯識比量抄』とともに蔵俊が左大臣頼長の求めに応じて制作したものであるが、その草案が完成し、いまだその清書の終らないうちに、保元の乱で頼長の不慮の死にあい、そのために賢覧に供することができず遺憾であったという旨が『唯識比量抄』の巻末に記されている。本書は『成唯識論』の読破に欠くことのできない因明の知識をうるためには必読の書である。〔所載〕仏全(鈴)31、日蔵(鈴)65。〔横山紘一〕

幽谷余韻抄【ゆうこくよいんしょう】[曹] 二巻。千丈実巌（一七二二—一八〇二）撰。梅香（生没年不詳）等編。成立年代不明。享和元（一八〇一）年刊。幽谷老人千丈実巌の詩文集『幽谷余韻』三〇巻より、孫弟子梅香等が、疏、啓、上梁文等を抄出し、千丈の法友であった近江曹沢寺の量外寛江（生没年不詳）が梓行したものである。千丈は江戸後期における洞門第一の文芸家であり、本書も文章軌範的意図のもとに刊行された。〔所載〕続曹全（語録3）。〔中尾良信〕

遊心安楽道私記【ゆうしんあんらくどうしき】[浄] 二巻。義海（?—一七五五）撰。新羅元暁の著『遊心安楽道』一巻を注釈したもの。本書を三分し、㈠解題目では書名を釈し、迷者救済の要門としての浄土を示し、㈡選述人名では元暁の略伝を記し、㈢随文解釈では、本文に則って解釈し七項に分って論じている。華厳宗の学匠の中、浄土教に最も深く理解を示した元暁の著であるにもかかわらず本宗では異説とされる。この異同を論じたもの。寛永四年刊。〔久米原恒久〕

瑜伽大課誦【ゆがだいかじゅ】[真] 三巻。浄厳（一六三九—一七〇二）撰。成立年代不明。江戸湯島霊雲寺の開基である浄厳は、近世における真言の巨匠として名高く、慈雲と並ぶ近世悉曇学の権威であり、野沢諸流を併せて新安祥寺流の開祖となり、鉄眼の開版した『黄檗版大蔵経』中に秘密儀軌数十巻を編入し、また事教二相にわたる数多くの著作を残している。本書は東密所伝の礼懺文、陀羅尼等を日常の勤行にもちいるかたちにまとめたものであり、経文には博士を付し、梵文には翻音を付し、漢訳の句義を入れ、折本のかたちで印行したものである。内容は上巻が礼文、九方便、金剛界三十七尊礼懺文、七仏略戒経、唯識三十頌、仏説摩訶般若波羅蜜多心経、大乗起信論立義分第二、金光明最勝王経大弁才天女陀羅尼、同呪讃二首、仏母大孔雀明王陀羅尼四首、千手千眼観自在菩薩大身陀羅尼、千手千眼観自在菩薩広大円満無礙大悲心陀羅尼、千手千眼観自在菩薩根本陀羅尼、中巻が大仏頂大陀羅尼、菩提場荘厳陀羅尼三首、大宝広博楼閣善住秘密陀羅尼三首、仁王護国般若経陀羅尼、大雲輪請雨経施一切衆生安楽陀羅尼、無垢浄光陀羅尼、除蓋障菩薩自心印陀羅尼、一切如来心秘密全身舎利宝篋印陀羅尼、仏頂尊勝陀羅尼、出生無辺門陀羅尼、雨宝陀羅尼、観自在菩薩普賢陀羅尼、観自在菩薩能滅衆罪千転陀羅尼、観自在菩薩懺悔真言、観自在菩薩随心呪、滅罪清浄真言、除怖畏邪道真言、浄一切業障真言、除瞋真言、

十一面観自在菩薩根本陀羅尼、聖如意輪観自在菩薩根本陀羅尼、慈氏菩薩根本陀羅尼、下巻が普遍光明清浄熾盛如意宝印心無能勝大明王大随求陀羅尼、無量寿如来根本陀羅尼、阿閦如来滅除重罪陀羅尼二首、釈迦如来大陀羅尼、薬師如来大真言、仏眼仏母大真言、宝髻如来陀羅尼、準胝仏母陀羅尼、阿吒薄拘大元帥金剛無辺神力甘露陀羅尼四首、毘沙門天王陀羅尼二首、大吉祥天女陀羅尼二首、不空羂索観自在菩薩陀羅尼である。刊本には刊年不明の初版霊雲寺蔵本および享保三（一八〇二）年河内延命寺蓮体和尚再刻本、文化一三（一八一六）年霊雲寺重刻本とがあり、また昭和五四年に文化一三年版が霊雲寺より復刻された。〔苫米地誠一〕

瑜祇経修行法【ゆぎきょうしゅぎょうほう】天　三巻。安然（―八四一―九〇四―）撰。正しくは『金剛峯楼閣瑜伽瑜祇経修行法』。別に『瑜祇経行法記』『瑜祇経行法次第』ともいう。安然は慈覚大師圓仁の弟子。のち遍昭が華山元慶寺を董して年分度者を請いゆるされると、その教授阿闍梨として迎えられ、比叡山からも独立した立場から教相事相にわたり天台密教―台密―の集大成とされるような大著をものしている。本書はこの安然が、金剛智訳『金剛峯楼閣一切瑜伽瑜祇経』にそって、その行法の次第と意義とをあきらかにしようとしたもので、かならずしも経疏ではありえない。この経は、胎蔵界、金剛界両部の大法の肝心であり、安然によれば、金剛界蘇悉地法の経であると位置づけ、蘇悉地法の胎蔵界にかたむいている内容とが、これと一対をなすとするのである。本書は、そうした前提をのべたあとで、三部大経の部類、諸密法との比較を通じ、本経を位置づけて、各品についてのべることになる。序品第一一切如来金剛最勝王義利堅固染愛王心品第二、摂一切如来大阿闍梨位品第三、金剛薩埵冒地心品第四、愛染王品第五、一切仏頂最上遍照王勝義難摧邪一切処瑜伽四行摂法品第六、一切如来大勝金剛心瑜伽成就品第七、一切如来大勝金剛頂最勝真実大三昧耶品第八、金剛吉祥大成就品第九、一切如来内護摩金剛儀軌品第十、金剛薩埵菩提心内作業灌頂悉地品第十一、大金剛焔口降伏一切魔怨品等十二、の次第で、大阿闍梨の深行秘密法を明かす。〔所載〕正蔵61。〔木内堯央〕

瑜祇経秘伝鈔【ゆぎきょうひでんしょう】真　祐宣（一五三六―一六一二）述。本書は、金剛智訳の『金剛峯楼閣一切瑜伽瑜祇経』（二巻）の注釈書である。祐宣は、京都智積院の第二世（慶長一一〈一六〇六〉年五月に就任）として、多くの著作をのこしたが、そのなかでも重要書の一つである。奥書によれば、高野山において、天正四（一五七六）年に著作されたことは、「天正四年六月十三日於金剛峯寺奉伝受之訖同為廃妄已上七巻秘伝鈔草之了　金剛仏子祐宣四十一歳」とあることによって自明である。この文からもうかがえるごとく、全体を七巻と数えたようである。経文を引用し、注釈を展開してゆくのであるが、その確かな経典研究の態度は厳密なもので、現在においても『瑜祇経』理解のためには有効な書であるといえよう。当経は真言宗学の上からは、その所属をめぐって諸説があり、空海は『十住心論』『二教論』などでは、『金剛頂経』の一つとして引証している。祐宣は、この経を位置づけて次のように述べている。「理知不二の性仏、金胎一体の秘宮に住し、両部均等の不二なるが故なり。但し、大師『二教論』『十住心論』に、此の経を引き給う意は、今の経を金剛頂と標し給うが故に金界を本とすると見たり。爾りと雖も両部均なり」と結論している。〔所載〕続真7。〔福田亮成〕

[梵字]口決【ゆぎそたらんくけつ】真　五巻。道範（一一七八〈八四〉―一二五二）聞書。別名を『瑜祇経口決』ともいう。仁治二年一一月二日より三〇日までの間、二品親王道助が、実賢を法性寺御所に召したとき筆録を聴聞者道範に命じて記されたものであるが、まま私見を加えると奥書に記されている。この書のほかに『[梵字]口伝』（『瑜祇経口伝』）建保六年は撰者不明であるが、内容が本書に類似する点が多いために、道範撰と見る説もある。『[梵字]口伝』は貞応三年に実賢の口伝を録してあり、『瑜祇経』の題目、訳者、説時、教主、眷属の事、一経十二品の大意がのべられている。『[梵字]口決』は第一巻、大意事で「此の経は両部蘇悉地一心の曼荼羅也」とある。つづいて題目事、訳者事、一経文段事がのべられ、第三巻には『教王経』『略出経』『摂真実経』『大日経』『大日経疏』『理趣経』『理趣釈』『宝楼閣経』『十七尊義述』『菩提心論』『釈摩訶衍論』等の経論疏ならびに空海、圓珍、安然、真興、仁海、厳覚、雅西、仁済、静遍、源運、実運等の著書、口決を弘用している。第四巻は玉氏口等（玉氏は瑜祇の略字）。冒地心品事、瑜祇灌頂印明非内非外印用事、がのべられている。〔所蔵〕慶安三年深任書写本（高野山宝寿院蔵）。〔所載〕真全5。〔参考〕仏解、真全（会報21）、密大。〔中山清田〕

遊行会下箴規【ゆぎょうえかしんぎ】時　一巻。著者明記なし。江戸時代の元禄年間（一六八八―一七〇四）以降の成立と推定される。曹洞宗の『永平清規』にならい、時宗の修行僧の規範としてつくられた。全五三条から成り、とくに仏法や指導者・長上に対する心構えや、日常生活のあり方について説いている。この箴規が実際にどの程度使われたかについては明確でない。京都歓喜光寺に写本が所蔵される。〔所載〕定時宗。〔今井雅晴〕

遊行縁起【ゆぎょうえんぎ】時　著者・成立年代ともに不明。絵巻物、紙本着色、縦三五・二センチ、横一四・五五八メートル。絵は三図、遊行一三代尊明・一四代太空・一五代尊恵の絵詞伝。絵は軽妙な線描に淡彩を加え、説法ないし賦算の姿として、遊行上人と上人をとりまく人たちの動きが描かれている。〔所載〕日本仏教、定時宗（何れも詞書）。〔石岡信一〕

遊行系図【ゆぎょうけいず】時　一巻。著者明記なし。江戸時代後期の書写。巻頭に、水戸藩の儒学者小宮山昌秀が文政一三（一八三〇）年に捺した印がある。ただし、本文が昌秀の手になるかどうかは不明。『遊行歴代系図』ともいう。宗祖一遍以来の時宗の遊行上人の歴代系譜を記す。記事の末尾は明和三（一七六六）年、遊行五二世である。茨城県水戸市の彰考館の所蔵。〔所載〕定時宗。　〔今井雅晴〕

遊行五十六代上人御相続御参府記【ゆぎょうごじゅうろくだいしょうにんごそうぞくさんぷき】時　遊行傾心は、はじめ藤沢三七代を文政六（一八二三）年三月三日に相続され、文政七年三月一八日に遊行を相続された上人である。このように藤沢上人から遊行上人へ相続する例は江戸時代に入ってからのことであり、また藤沢上人を相続して遊行上人を相続しない上人もいる。本書は遊行を相続した傾心の幕府への相続報告を兼ねて、朱印状を頂戴し、遊行回国に出られたときの記録である。原本は京都市屋道場金光寺蔵。〔所載〕時宗教学年報10。　〔高野　修〕

遊行三十一祖京畿御修行記【ゆぎょうさんじゅういっそきょうきごしゅぎょうき】時　一巻。著者明記なし。成立年代不明。遊行三一代同念が天正六（一五七八）年から同八年まで、織田信長治下の中部・近畿を遊行した記録、参内、公家武家衆との交渉、民衆教化の実況等記録は正確で信頼できる。原本はなく唯一の写本が鎌倉別願寺にある。〔所載〕大谷学報52—1、定時宗下。　〔橘　俊道〕

遊行四十二代西国御修行之記【ゆぎょうしじゅうにだいさいごくごしゅぎょうのき】時　遊行尊任の遊行回国記である。尊任は寛文八（一六六八）年五月二五日藤沢山にて遊行四一代独朗より遊行相続、遊行回国一六年、貞享二年三月二五日藤沢山にて尊真に遊行相続し、藤沢山に独住九年、元禄四年九月一五日入寂。本書は、延宝元年摂州尼崎から備前岡山、周防山口、筑前博多、肥前平戸、肥後熊本、薩州鹿児島、豊後竹田、伊予松山、土佐高知、讃岐高松、和泉堺、大和郡山までの約三年間の遊行記録である。原本は京都市屋道場金光寺蔵。〔所載〕藤沢市文書館紀要4。　〔高野　修〕

遊行四十二代尊任上人回国記【ゆぎょうしじゅうにだいそんにんしょうにんかいこくき】時　三浦釆女筆。尊任が遊行を相続したのは寛文八（一六六八）年五月二五日、藤沢山清浄光寺においてである。本書によると「六月二日に御一の箱拝見、三日に御算伝受」して二四日には遊行の回国に発足、貞享二年三月二五日に藤沢山に帰山するまで、一六年間遊行の旅をつづけている。本書は、藤沢山から品川を経て利根川を渡って古河、宇都宮さらに喜連川に移られている記録である。和歌が多く収められており、筆者は「遊行上人尊下　三浦釆女」とある。原本の所在は不明、筆写本が京都市屋道場金光寺にある。〔所載〕時宗教学年報10。　〔高野　修〕

遊行十六代四国回心記【ゆぎょうじゅうろくだいしこくかいしんき】時　一巻。著者不明。永享二（一四三〇）年遊行一六代南要四国巡教の記録。奥書に「年代在前、右筆其阿銀（筆者注＝銀の脇に「識歟」とあり）之」とある。永享二年七月下旬から一一月にかけて、四国阿州二階堂九品寺を振出しに、土佐、伊予三国を巡教したおりの出来事を記録したもの。〔所載〕定時宗。　〔石岡信一〕

遊行十四代上人法語【ゆぎょうじゅうよんだいしょうにんほうご】時　一巻。編者明記なし。成立時期不明。遊行一四代太空は謡曲『実盛』に登場する遊行上人である。本書の内容は念仏往生綱要、知心修要記、口称口密往生門、七代上人法語、遊行一四代上人法語である。写本の後書には「宝暦十（一七六〇）年冬、京都七条道場において直阿洞天記」とある。出雲市高勝寺所蔵。〔所載〕島根大学論集14、定時宗上。　〔長島尚道〕

遊行代々上人御和讃【ゆぎょうだいだいしょうにんごわさん】時　一遍（一二三九—八九）『別願讃』、二祖真教（一二三七—一三一九）『往生浄土』、三祖智得（一二六〇—一三二〇）『弘願』『称揚讃』『六道讃』、七祖託何（一二八五—一三五四）『宝蓮讃』『荘厳浄土』『光陰讃』『無上大利』、一一代自空（一三一八—一四一二）『一教讃』、一四代太空（一三四七—一四三九）『懺悔讃』は、初期時衆の作といわれ、ほぼ作者の遊行歴代上人の在位時に成立したと考えられる。時衆和讃は仏教文学の精華といわれる。〔所載〕定時宗。　〔高野　修〕

遊行代々法語【ゆぎょうだいだいほうご】時　一巻。編者明記なし。現存の写本は江戸時代成立。内容は五代法語三、六代法語五、四代の終焉の法語、七代法語四、三祖法語、四祖消息、二祖法語三、四祖法語、六代消息、一一代消息である。原本のタイトルには「遊行」の語はない。写本は、元碧南市大浜称名寺に蔵す。現在、京都市姫、武田賢善師が蔵す。〔所載〕定時宗上。　〔長島尚道〕

遊行藤沢御歴代霊簿【ゆぎょうとうたくごれきだいれいぼ】時　一巻。法阿澄学編。天保一一（一八四〇）年の書写。時宗では宗祖一遍以来の歴代上人の系譜が相伝されていたが、上人以外は見ることができなかった。これを藤沢上人第三〇世他阿一如の命によって澄学が書写した。原本成立の時期は不明で、かつ明治四四（一九一一）年に焼失した。清浄光寺の所蔵。〔所載〕定時宗。　〔今井雅晴〕

遊行・藤沢上人御参府記【ゆぎょうとうたくしょうにんごさんぷき】時　将軍御代替りが行われたとき、遊行・藤沢両代々上人は、登城して御祝儀を申上げ、同時に将軍より御朱印を頂戴することを先例としていた。本書は『家慶公御代替参府記』といい遊行寺宝物館蔵となっている。江戸幕府の当初から御代替りおよび遊行・藤沢両上人継目相続についての記録もあり、この参府記は幕府と遊行・藤沢両上人との関係を知るうえで貴重な史料である。〔所載〕時宗教学年報9。　〔高野　修〕

遊行得名之事【ゆぎょうとくみょうのこと】時　一巻。著者明記なし。成立年代不明。

内容は、遊行とは『大経』上の「遊諸仏国修菩薩行」の中間を省略したもの、また『法華経』にも見られる。南門とは南帝の門流の意、南方修行門という意もある。一遍上人以来日本国中修行成就の徳分に南門と名づけると述べる。写本は『遊行名義事』と同様眼阿の写したものと思われる。遊行七二代他阿一心上人が所蔵。〔所載〕定時宗下。〔長島尚道〕

遊行二十四祖御修行記【ゆぎょうにじゅうよんそごしゅぎょうき】時　遊行二四代他阿不外の回国記録。筆者は遊行二五代仏天。文政四（一八二一）年一二月智阿が原文を書写し、さらに同七年一二月山崎美成が校合したものが水戸彰考館蔵となっており、それをさらに天保一二年正月晶山陳人が書写したものが宮内庁書陵部に現存する。仏天の記録した原本は藤沢山清浄光寺に現存せず。本書は、永正一〇（一五一三）年清浄光寺灰燼後の本尊の行方、遊行回国記と遊行の様子などを知ることができる。〔所載〕藤沢市史研究3、定時宗。〔高野　修〕

遊行八代渡船上人廻国記【ゆぎょうはちだいとせんしょうにんかいこくき】時　一巻。著者・成立年代不明。『佐渡上人記』『佐渡渡海記』の別称あり。原本または古写本は現存しない。水戸光圀（一六二八―一七〇〇）が編纂した『続扶桑拾葉集』に「廻国記」として、徳川斉昭の編纂した『八洲文藻』に「廻国記」として全文収録してある。内容は渡船の佐渡遊行化益の行実を記した廻国記。〔所載〕定時宗。〔石岡信一〕

遊行法語集【ゆぎょうほうごしゅう】時　一巻。編者明記なし。現存の写本は江戸時代成立。原本にはタイトルの「遊行」の語はない。本書の内容は二祖四十八願御詠歌、二祖、三祖、四祖、五代、六代、七代各法語、四条浄阿弥陀仏由来之事等である。最初の編集は室町末期と推定される。写本は『遊行代々法語』とともに、元は碧南市大浜称名寺蔵。現在、京都市姫・武田賢善師が蔵す。〔所載〕定時宗上。〔長島尚道〕

遊行名義事【ゆぎょうみょうぎのこと】時　一巻。連山（生没年不詳）述。元禄年間（一六八八―一七〇三）成立。連山は遊行四六代尊証（一六九五―一七〇〇間遊行上人）の座下であった。内容は、遊行とは求法のために行脚すること、また時宗の遊行は庶人化益のために諸国を巡って修行することと述べる。写本は宝永元（一七〇四）年眼阿が書写したもの。遊行七二代他阿一心上人が所蔵。〔所載〕定時宗下。〔長島尚道〕

遊行霊宝仏面帳【ゆぎょうれいほうぶつめんちょう】時　一巻。知蓮（一四五九―一五一三）作。永正二（一五一〇）成立。知蓮は敦賀西方寺において遊行二一代を相続した。本書の内容は知蓮が遊行中、大和の長谷寺において一老婆から長谷寺本尊の仏面にかけてあった観音梵字を織った戸帳を布施として受けた。老婆は観音の化身とされ、それ以後これが遊行の霊宝の一つとなった、といういわれをのべる。〔所載〕定時宗下。〔長島尚道〕

譲状【ゆずりじょう】日　二紙。妙親日英（一三四六―一四二三）筆。成立年代は応永二四（一四一七）年八月。日英が所管の聖教、本尊、堂職、田畠、弟子檀那の管理統率権を弟子の寅菊丸（後の日親）、千代寿竜丸（日親の兄）両人に譲与する旨を記したもの。一紙目は目録がほとんどで、一紙目の末尾より二紙目全体にかけて寺門運営の留意事項を記す。正本千葉県市川市中山法宣院所蔵。〔所載〕中山法華経寺史料。〔糸久宝賢〕

諭迷復宗決【ゆめいぶしゅうけつ】日　一巻。寂静日賢（一五八三―一六四四）著。成立年代は、本書が流罪地で著されたことから寛永七（一六三〇）年以降と推測される。寛永一八（一六四一）年刊行。日賢は本圀寺日禛について出家、のちに本法寺日慈に師事したと伝えられる。学識豊かで、日蓮教団の僧侶育成機関である飯高、中村、松崎の三檀林において能化職（最高教授職）を務め、慶長一八（一六一三）年には、中山法華経寺第一九世に晋んだ。寛永年間に行われた受・不受の論争では関東不受派の重鎮として活躍したが、幕府の裁決は不受派の敗北と下され、日賢もこれに連座したことにより、中山法華経寺歴代を除籍され遠江横須賀へ流罪となった。本書は流罪地において著されたもので、日蓮教団より脱宗して教団批判を展開した真迢（一五九五―一六五九）著の『破邪顕正記』五巻に反論を加えたものである。真迢が脱宗するに至った迷いを諭し、再度改宗して復宗するよう述べたもので、全九篇からなり、真迢が主張した「即身成仏・此土浄土・釈迦一仏等の否定」と「浄土念仏の勧奨」を批判している。〔所載〕仏全鈴61（宗論部）。〔参考〕宮崎英修・不受不施派の源流と展開。〔糸久宝賢〕

諭迷復宗決別記【ゆめいぶしゅうけつべっき】日　一巻。寂静日賢（一五八三―一六四四）著。成立年代は、本書の本篇にあたる『諭迷復宗決』が寛永七（一六三〇）年以降と考えられることから、ほぼ同時代と推測される。寛永一八（一六四一）年刊行。脱宗者真迢の日蓮教団批判に応えた『諭迷復宗決』を一九項にわたって補足したもの。〔所載〕仏全鈴61（宗論部）、日教全11（続宗論部）。〔糸久宝賢〕

夢知識物語【ゆめちしきものがたり】真　一巻。知道（―一二七八―八七―？）撰。成立年代不明。客人の問いに対して解答を与える形式をもって真言の妙意を明かす書。第一問は生死の世が夢幻のごときものと把えられ、夢とうつつはともに法界の姿であるとし（第二問）、善悪を超えて阿字本不生に立つべきこと（第三問）を説いている。『仏法夢物語』の別本であるらしく、同趣の挿話が多出する。〔所載〕真安心下5。〔里道徳雄〕

由迷能起【ゆめのき】臨　一巻。白雲恵暁（一二二三―九七）撰。永仁二（一二九四）年成立。別に『白雲和尚夢の記』『夢の記』ともいう。仮名法語のひとつ。客との問答にかこつけ、わが心が仏であると知らないことにより、衆生はみな六道四生の夢を見ているといい、衆生の生死流転も夢にほかならないとする。この夢からの脱却は一阿字を唱えることにあるとする。本書は八一歳の作、白雲七世の孫守懌の写本が現存。〔所載〕仏全95。〔西尾賢隆〕

夢のさとし【ゆめのさとし】真　慈雲（一七一八―一八〇四）。「三界無安喩如火宅」なる法語をかかげ、京都の大火を糸口として『宋高僧伝』や『大智度論』第一四巻、『首楞厳経』などから火災の故事を並べあげ、「此火災も天災ならば聖主賢臣の世に出給うて、王法も仏法もその正しきに復り、……かりの住居の一夜の夢の内に、長きねむりをおどろかすさとしとも、筆をとゞめ侍る」と結んでいる。すぐれた法語の一つである。〔所載〕慈全14。〔福田亮成〕

夢の知識【ゆめのちしき】浄　一冊。関通（一六九六―一七七〇）筆。関通の三〇歳から七〇歳ごろまでの随筆をまとめたもの。夢の世という現実にあって、頼むべきは念仏という知識のみ、という自得のさまが述べられている。秩序だってはいないが、内容は正続二篇に分けることができる。続篇は「客問安心編」「修進説」「普勧念仏文抜書」の三篇を中心にまとめたものである。〔刊本〕明治二五年刊。〔所載〕関通上人全集3。〔深貝慈孝〕

よ

要義問答【ようぎもんどう】浄　一巻。源空（一一三三―一二一二）述。仏法にあい、浄土菩提を願う要義を問答形式でのべたもの。源空の法語として、問答の対話形式をとるものが数種あるが、これもそのひとつである。一三の問答があり、簡潔なものから丁重なものまで多彩である。内容は、まず総括的に、人界に生じ仏法を求める必要性を説いたあと、問答形式で出家の尊さを説くことから始まり、浄土念仏にいたるまでの過程や念仏者の心得などをのべている。たとえ名利の心が離れず道心なくとも、出家者には仏道の因の強さがあることを示し、生死をこえる道は、聖道・浄土の二門があるが、愚者は浄土門によるべきであるという。浄土も西方浄土がもっとも有縁であり、願生者は一向に念仏することである。浄土の経典以外にも多くの実践はあるが、機をはからえば自力では生死を離れられないので、自他宗の祖師も念仏一門を勧める。浄土の経論疏を読み、三心を具足し、四修を心得、西方の一行を一心不乱に行じる。滅罪の功徳ある念仏の他力性を強調し、しかもそれまでの観相念仏を排除した称名念仏を勧める。問答は出家者の心得から始まっているが、仏法を求めるものや念仏者の心得やつとめを示したものであり、あるいは源空の信仰の過程を振返りのべたものであるとも見ることができる。〔所載〕黒谷上人語灯録3、正蔵83、浄全9。〔福原隆善〕

要尊道場観【ようそんどうじょうかん】真　二巻。淳祐（八九〇―九五三）撰。本書には広略二種の本があり、広本は二巻で『要尊道場観』あるいは『諸尊道場観』と題し、略本は一巻で『要尊道場観』と題する。あるいは淳祐の撰であることにより『石山道場観集』ともいい、淳祐は観賢の弟子でその瀉瓶となったが、体が弱かったために石山寺に隠棲し、石山内供の名があることによる。本書は諸尊の道場観を集めたもので、道場観、印契、真言、讃、梵号、密号、字輪観などを載せる。また道場観集ではあるが、それのみではなく、なかに神供、水天供、地天供、土公供、施餓鬼法、深沙大将次第、童子経法などの次第をふくむ。本書に収録する諸尊の道場観の数や配列には、写本によって相違が見られ、一定していない。『正蔵』所載本は広本で、八二種の道場観、次第を有しているが、これは五〇種を収めている高野山金剛三昧院蔵本を底本とし、八二種を収める成田図書館蔵本と九六種を収める高山寺蔵本とを校合したものである。その内容は、仏一二種、経法三種、明王八種、菩薩二五種、諸天等三三種、施餓鬼法一種であり、この道場観等を十八道次第にあてはめることにより、諸尊法の修法をすることができる。永仁四（一二九六）年写本を高野山金剛三昧院、宝暦一三（一七六三）年写本を高大、年次不明写本を成田図書館、高山寺に蔵す。〔所載〕正蔵78。〔苫米地誠一〕

要尊法【ようそんぼう】真　一巻。永厳（一〇七五―一一五一）撰。成立年代不明。また『要尊鈔』ともいい、平等房永厳の作のために『平等鈔』ともいう。あるいは『平等鈔』二巻の上巻ともする。永厳は寛助の付法であり、広沢六流のひとつである保寿院流の開祖となった。本書は『七巻抄』と『十巻抄』より肝要なる諸尊法二三種を選び出し、抄記したものとされる。道場観、本尊印明、散念誦、護摩などについて記した略次第集であり、口決、裏書が多い。本書の典拠となった『七巻抄』とは寛助の『別行』を指すとされるが、『十巻抄』については明らかでない。一般に『十巻抄』と称されるものに恵什の『図像抄』、永厳の『図像抄』、覚成記・守覚集の『沢鈔』、朗澄の『諸尊法私記』、静然の『十巻抄』（『行林鈔』の一部、天台宗）などがある。このうち本書の典拠として考え得るのは永厳の『図像抄』と恵什の『図像抄』であるが、永厳の『図像抄』は初め恵什がつくったものであり、のち法流の争より不和を生じて、恵什が別に『図像抄』をつくり、両者に出没があるとする伝説がある。『正蔵』所収『図像抄』はだいたいは恵什作と推定されているが、署名がなく恵什、永厳とも確定できないとされる。また『伝流伝授聴聞記』『専水訣』『伝法院流伝授愚聞記』には本書のいう『十巻抄』として恵什の『図像抄』を指示している。しかし『正蔵』所収『図像抄』と本書とは内容が一致せず、これを本書のいう『十巻抄』とはなしがたいと思われる。かえって覚成が永厳の口訣を記したとされる『沢鈔』に一致する点が見られる。また巻頭には久安二（一一四六）年あるいは仁安三（一一六八）年の日付を有する仏眼印明、一字真言、六種供養、仏眼御修法、北斗供などに関する記述があり、後世裏書等の混入したものかともされる。また本書中には寛空、性信法親王、覚行法親王等の口説を記しており、とくに覚行法親王については、『中御室御記』よりの引用が多い。写本を高大、高野金剛三昧院、高野真別処、仁和寺、宝菩提院三密蔵等に蔵す。〔所載〕正蔵78。〔参考〕図像抄、沢鈔、別行、仏解。〔苫米地誠一〕

永沢寺行事之次第【ようたくじぎょうじのしだい】曹 一巻。編者不詳。天正一〇（一五八二）年よりかなり以前の成立。詳しくは、『青原山永沢寺行事之次第』という。内容は、後夜・早晨・日中等の住持の行事に始まり、点之打様之事、三箇之本寺入院之儀式、前住御開山忌之次第、御真前給仕之次第、檀那青野殿年始之礼正月十三日本走ノ次第等からなるものである。〔所載〕曹全（清規）。〔小坂機融〕

永沢寺由緒【ようたくじゆいしょ】曹 一巻。撰者不明。江戸時代の成立。別名を『永沢寺由来書』ともいう。本書は六条の個条書されたものである。通幻寂霊によって開創された兵庫県三田市青原山永沢寺が能州総持寺の門首であり、後円融天皇の勅願所であったという。その後の伽藍の再建、寺領の寄進などについて記す。寛永六年、丹（京都）・但・播（兵庫）三国の僧録職をえたことを記録している。〔所載〕続曹全（寺誌）。〔大野栄人〕

燿天記【ようてんき】天 一巻。著者不詳。成立年代不明。別に『山王燿天記』ともいう。本書は巻頭に「貞応二（一二二三）年十一月　日」とあり、奥書には「于時延徳二（一四九〇）年庚戌五月十八日遂書功畢。右筆、内蔵頭祝部宿禰胤長生年五十七」とある。その間に日吉祭礼講問事、祭礼本説事の二項については「文明十六（一四八四）甲辰七月廿八日教運私加之」の識語あり。内容は、主として日吉山王社に関する縁起、行事次第などの諸記録を類聚したものである。本書の項目は次のとおりである。一、現任社司、二、大宮事、三、山王御位階事、四、十禅師事、五、八王子宮、六、客人宮、七、聖女事、八、岩瀧社事、九、悪王子事、一〇、夷三郎殿事、一一、三宮事、一二、鼠禿倉事、一三、御輿次第事、一四、日吉社行幸事、一五、禰宜、一六、礼拝講事、一七、祭日儀式事、一八、御輿出御次第事、一九、御輿馬勤仕事、二〇、御輿集会事、二一、御戸開事、二二、小比叡社正印事、二三、社司座主補任事、二四、霜月祭事、二五、小比叡社三番事、二六、御戸開事、二七、御神楽事、二八、大宮縁起抄事、二九、社頭正月行次第事、三〇、大和三輪神事、三一、日吉社司事、三二、山王事、三三、両所三聖事、三四、相応和尚伝事、三五、智証大師伝事、三六、十禅師宝殿焼失事、三七、護因事、三八、日吉大宮事、三九、山王記、四〇、大宮事、以上である。〔所載〕続群書2下。〔多田孝文〕

要法門【ようほうもん】天 三巻。源信（九四二―一〇一七）著。初門の者のために三大部にかかわる要目につきその文を抄出して解釈したものである。巻末に「依二海公請一聊集二此文一」とあることから、著者が海公の要請によりこの書をまとめたことがわかる。上中下三巻にわたり、五蘊、十八界等一〇〇項目について要目が略記されている。編纂の形式が、智顗の『法界次第』に類似していることが指摘されている。〔浜田智純〕

鷹峰聯芳系譜【ようほうれんぽうけいふ】曹 三巻。卍海宗珊（一七〇六―六七）撰。明和元（一七六四）年の成立。宗珊は明和三年冬、卍山道白の開創した山城源光庵を再興した人で、『宗統復古志』二巻、『鷹峰卍山和尚禅戒訣註解』三巻の著者でもある。鷹峰とは源光庵のことで、卍山道白系の法脈系譜と史伝を記録したものである。宗統復古運動の実践者で卍山道白の資四四人、復古的嗣三二人、復古受莂一〇人の伝記などを収録している。〔所載〕続曹全（史伝）。〔大野栄人〕

横河堂舎並各坊世譜【よかわどうしゃならびにかくぼうせふ】天 一巻。智湛（―一七一一―一六―）。智湛は山門執行代、本書は『東塔五谷堂舎並各坊世譜』とともに、智湛が正徳年間にまとめたもの、やはり元亀回禄以後の復興した堂塔の状況をまとめたものであろう。西塔については俊静が世譜を編んでいる。一本には『横川山門中興伽藍坊舎記』と標している。横川の中堂等堂舎と恵心院以下天正再興以後の住持を記し、谷ごとにまとまっている。〔所載〕天全24。〔木内堯央〕

吉水実録【よしみずじつろく】浄 一五巻（目録一巻含む）。珂然（一六六九―一七四五）撰。元禄一〇（一六九七）年成立。珂然が源空およびその門下の伝記を、司馬遷の『史記』の体裁にならい記述したもの。一巻―三巻は源空の伝記、四巻は鎮西・西山派列伝、五巻は長楽寺派列伝・順逆列伝（時国、定明）・業師列伝（善導、観覚など）、六・七巻は信空以下二三人の弟子列伝、八・九巻は蔵俊以下一三人の高僧親附列伝、一〇巻は帝王列伝・搢紳列伝（兼実、基親など）、一一・一二巻は平重衡、熊谷次郎などの士庶列伝、一三巻は尼女・雑収・背宗列伝、一四巻では浄土宗運廃塞志・浄土依憑法門志・浄土仏祖正統志・高僧輔持浄教志を述べている。版本を谷大、正大、阪大、竜大、日比谷加賀文庫、西尾市立図書館岩瀬文庫に蔵す。〔戸松義晴〕

吉水瀉缾訣【よしみずしゃびょうけつ】浄 五巻。隆円（?―一八三四）撰。文政六（一八二三）年一一月二九日と序に記す。撰述者隆円は九歳で岱水智覚尊者につき得度し、増上寺修学を経て後、滝山大善寺、北野回向院、京都専念寺等に止住した江戸時代後期の学僧。序において隆円自ら浄土宗伝法には出家者と在家者に対する別個の相伝があることを述べているが、本書は専ら出家者に対する相伝のために撰述された書である。本書の構成は因縁分第一、道場分第二、密室分第三、宗脈分第四、引導分第五、円戒分第六、璽書分第七、及び増補の伝法或問、さらに文政九（一八二六）年三月に増補の、或問増補の九段よりなっている。その内容は、浄土宗伝法を形成する五重、宗脈、戒脈、璽書について説き示しており、伝法を学ぶには必見の要がある書。〔所載〕浄土伝灯輯要。〔柴田哲彦〕

頼基陳状【よりもとちんじょう】回　日蓮（一二二二—八二）著。建治三（一二七七）年成立。檀越四条頼基に代って主君江馬光時に宛てた陳状書である。山門の逐電僧竜象房と三位房の法論で竜象は負け鎌倉を逐電す。頼基は同席したことで同僚らの讒言にあい光時より日蓮と『法華経』を捨てよの起請文を要求された。日蓮は頼基の所領没収と追放の覚悟を知り、竜象、良観の策略やことの次第を弁明し訴人対決を期したが、同秋陳状提出せずにことなきをえた。〔所載〕定日遺2。〔桑名貫正〕

ら

来迎和讃【らいごうわさん】因　一巻。源信（九四二—一〇一七）。寛和二（九八六）年成立。本書は念仏行者の臨終の際において弥陀、観音、勢至の弥陀三聖が引接する様子と、行者がその諸仏諸菩薩によって極楽浄土に往生する状況を仮名文の詩偈にて詠じたものである。〔写本〕竜大、正大。〔所載〕恵全1、国東叢第1・8。〔西郊良光〕

羅漢供養講式文【らかんくようこうしきもん】曹　断簡二本。道元（一二〇〇—五三）撰。宝治三（一二四九）年ころ成立。十六羅漢讃歎の講式文の草稿。現在石川県大乗寺に「第一明住処名号」の草稿（末尾欠）、愛知県全久院に「第二明興隆利益・第三明福用利益・第四明除災利益（一部分）」が道元の真筆草稿本として伝えられている。〔所載〕正法蔵27（道元真蹟集）、道元全下（筑摩版）。〔河村孝道〕

羅漢供養式【らかんくようしき】曹　一巻一帖。通称は『羅漢講式』十六羅漢およびその眷属等を賛嘆供養する儀式の次第、方法を順次に記したもの。初めは高弁（一一七三—一二三二）の『四座講式』（涅槃、十六羅漢、如来遺跡、舎利）の一であったが、のちに禅宗でも取り入れ改訂されて今に伝わり、蘭渓道隆（一二一三—七八）、面山瑞方（一六八三—一七六九）の校訂本が知られる。刊本に蘭渓道隆校・羅漢講式（文化一三年・慶応一年刊）がある。〔所載〕正蔵84（十六羅漢講式）、続曹全（講式、重正羅漢供養式風版）。〔松田文雄〕

洛東華頂義山和尚行業記並要解【らくとうかちょうぎざんかしょうぎょうごうきならびにようげ】浄　一巻。珂然（一六六九—一七四五）撰。寛保元（一七四一）年珂然七三歳のとき著わした。『義山和尚行業記』と略称する。江戸時代の学僧義山（一六四八〈四七〉—一七一七）の出生からその生涯を記述したもの、漢文で書かれており、随所に細注を施し義山の行業が詳しく記されている。義山研究には第一の史料である。〔所載〕浄全18。〔高橋弘次〕

洛東禅林変相弁疑【らくとうぜんりんへんそうべんぎ】浄　一巻。俊鳳（一七一四—八七）著。天明五（一七八五）年成立。洛東禅林寺に伝わる当麻曼荼羅の由来について説いたものである。すなわち当麻曼荼羅は模写されたものを入れると四本あり、第二の変相は当麻寺で写されて肥後の玄通山満善寺に、のち浪華の玉造曼荼羅堂へ、さらに洛東禅林寺に伝えられたものであると伝え聞く、その虚実は知らぬ、という。写本を谷大蔵。〔日下俊文〕

り

理契記【りけいき】回　一巻。日航（？—一六六三）著。慶安三（一六五〇）年成立。日航は不受不施（三浦派）の僧。本書によれば、謗供を受けず施主を立てることは古来より制とする主張などもみられるが、受不受論の全体を通してみると、両者を調和せんとする態度もうかがえる。直筆を立大蔵。〔松村寿巌〕

理趣経開題【りしゅきょうかいだい】眞　一巻。空海（七七四—八三五）述。成立年代不明。『理趣経』は、大日如来の自内証を明かすものであって真理へ導く清浄なる般若を一七段に分けて構成し、各段に教主・真言等を配当した経典である。真言宗では密教の極意を示す最重要経典の一つとして朝夕読誦される。『理趣経開題』には次の三本がある。(1)「弟子帰命」という語で始まるもので冒頭に「忠延師が先妣（亡き母）の為に『理趣経』を講読する文」とある。はじめに願文を示し次に経題の字義解釈を説く小論である。(2)「生死之河」の語で始まるもので冒頭に「施主の為に理趣般若経を講ずる文」とある。はじめに願文を示し次に『理趣経』の具名を挙げ、大・三・法・羯の四種曼荼羅について経の解釈をする。(3)「将釈此経」の語で始まるもので冒頭に「大楽金剛不空真実三摩耶経」とある。『理趣経』を大意・題目・入文判釈とに分けて説いているが、入文判釈における三つの文節の指示個所と、同じく空海撰の『真実経文句』の内容とが異なっている点、注意を要する。以上三本ともに正平六年と承応三年の刊本があり、(1)のみ永仁四年の写本が宝亀院より出ている。〔所載〕正蔵61、弘全4。〔参考〕理趣経、真実経文句、弘全㊊3。〔孤島諒子〕

理趣経訓読鈔【りしゅきょうくんどくしょう】眞　頼宝（一二七九—一三三〇？）東寺学頭の一人。『真言本母集』三七巻の著作がある。本書は、不空訳『理趣経』の注釈書である。まず、大興善寺等ノ事、此ノ経相伝ノ事、別訳経不レ可レ有二相乱一事、三段分別ノ事、題額ノ事を論じ、後に経文全部を注釈している。記述は簡単なもので、要領より大意をまとめてあり便利である。注釈の根拠は、不空訳『理趣釈』を中心とし、空海の『開題』等、あるいは、「師伝ニ云」として、各々展開している。奥書に、「観応二年十一月十一日以二病中拝除一任二師伝一一経要持記レ之畢。以二常憲阿闍梨一為二筆者一。蓋是為二経訓読一也　権少僧都頼我判」とあるところより、東寺の学頭法悟院頼我法印が師伝に任せて口説し、これを常憲に筆記させたもののようである。この記述を肯定すれば、頼我説ということになる。さらに、観応二（一三五一）年という年号は、頼宝の活躍年とはあわないということも疑問がもたれる点である。しかし、頼宝著の『理趣経訓読鈔』の存在は、頼慶（一五六二―一六一〇）の『仮名抄』中に、「頼宝訓読抄ノ第三段ノ下ニ云。上来ノ三段ハ即薩埵ノ三身ヲ表ス」と記されている。しかしなおかつ、本書の著者が頼宝であることに疑問がもたれていることにはちがいない。〔所載〕真全6。〔福田亮成〕

理趣経玄譚【りしゅきょうげんだん】[真] 作者不詳。本書は、不空訳の『理趣経』についての講伝を筆録したものである。内容は、まず、理趣会曼荼羅と九会曼荼羅との関係を述べ、次には九会の総意趣、さらには一経と当経との同異。大意之事として、題額について『理趣釈』や、空海の『開題』の説、さらには先徳の口説等を紹介している。その先徳の名は、円光、道範、杲宝、玄広、玄超、頼慶等を見ることができる。また事相の口決には、印融、快運、禅進、長栄などが参照されている。「已上十家を略して文を弁するが故に、正しく経に付きて其の義一辺ならず。愚解の我が身心に付て、此の三摩地を釈するの義、実に但為利益説の法門にして直に大楽の抄釈なり、是れ元と円光及び道範、道宝等の説を相伝し、秘説を含んで教相を談ずる処なり」と述べ種々なる説を総合して、大意をまとめて、次のごとく述べている。「無相大楽は深信の成ずる所なり。有相三密を以て受生の（妙適）根元を達悟し、今日以後、事作に於て怖畏なからしむ、是れ大楽の義なり」と喝破しているが、『理趣経』が主題とする〈大楽〉を、ぎりぎりのところでおさえているということができるであろう。〔所載〕続真7。〔福田亮成〕

理趣経講輯【りしゅきょうこうしゅう】[真] 八巻（『国書総目録』に一二巻とあるのは、八巻中の一・二・七・八の上下を各一巻に数えるためである）。正しくは『般若理趣経講輯』という。撰者道空については詳細が不明であるが、江戸時代に智積院運敞の門に学び、曇寂らとともに新古和融の学風を提唱して大いに学誉をふるった如幻道空（一六六六―一七五一）であろうとされる。しかしこの如幻道空にしても姓貫不詳である。本書は『理趣経』の異訳本の対照によって、その真意を究明把握せんとしたものである。すなわち、⑴金剛智訳『金剛頂瑜伽理趣般若経』、⑵菩提流志訳『実相般若波羅蜜経』、⑶施護訳『遍照般若波羅蜜経』、⑷法賢訳『最上根本大楽金剛不空三昧大教王経』の諸訳を不空の経文のいちいちと対照してその義をとるなど、また従来の伝統の学説にも十分に注意して、そのとるべきところはとり、その誤りは率直に指摘するなど、原典研究の純学術的な著作であると評価されている。〔所載〕智全4。〔吉崎一美〕

理趣釈訣影抄【りしゅしゃくけつえいしょう】[真] 一巻。浄厳（一六三九―一七〇二）口、妙粋（生没年不詳）記、普照（一六六三―一七四六ころ）写。浄厳は江戸湯島の霊雲寺開祖、安祥寺流を本流として諸流の大事奥義を伝え、その統合をなしたために新安流の祖とも称される。また中古衰頽していた経軌の伝授講伝にも尽力し、さらに儀軌の出版に関しても栂尾山高山寺法鼓台の聖教をもとに空海の録によって新編成し、黄檗山万福寺鉄眼開板の『大蔵経』に秘密儀軌を編入せしめ、別刷もした。経軌一八七部三二四巻を収め、わが国最初の密教経軌開板となった。その他梵学を復興せしめ、名著に富む一〇〇部余の著作を撰した真言の巨匠である。筆記者妙粋は泉州大島郡安堂村の人、河陽磯長山閼伽井坊にて剃度し尊海と称し、浄厳の学風をしたい江戸に下りその法席に列した。妙粋が筆記したそれを正徳五（一七一五）年覚心が写し、さらに寛保三（一七四三）年より延享三（一七四六）年ころ、八〇歳より八三歳に及ぶ普照が書写したとされる。本書は浄厳の五回の諸儀軌伝授のうち元禄六年五月八日から翌年五月一六日までの講伝一九三会座中の一〇三―一一六会にあたる、『理趣釈』を内容とする一四会の講伝の記録である。内容的には、不空訳の『十七尊義述』や『理趣釈』に関する注釈書の白眉とされる賢宝の『理趣釈秘要鈔』や亮汰の『純秘抄』、道宝の『秘決抄』等をはじめ空海の著作や『大日経』『疏』その他多数の著作を参考にし、『秘決抄』等に対する批判的な態度をも含めながら、簡潔明瞭な注釈を施している。〔所載〕続真全7。〔松丸俊明〕

理趣釈難儀【りしゅしゃくなんぎ】[因] 一巻（断片）。圓珍（八一四―九一）撰。杲宝の『理趣釈秘要鈔』に引用される『理趣釈経』に関する一五条の教義問答であるが、まったく断片的である。なお大正一五年に中野達慧が『理趣釈難儀並折破』を発見し、川上充明が謄写印行したものが『訳一』（経疏18）に収録されており、本書のことではないかと思われる。撰者については断定できない。〔所載〕仏全28、仏全㊞38、智全下。〔水上文義〕

理智一門集【りちいちもんしゅう】[因] 一巻。圓珍（八一四―九一）撰。本書は文中に『不空智吉蔵経』なる偽経が引用されるなど、圓珍撰とはしがたい部分が見出せる。偽撰であろう。内容的には六条の問答によって、円密一致、胎金不二の観点から草木成仏を論ずるもので、それは最後に「草木の心は大日一心に即したもの」とするところに端的にうかがえる。『天台小部集釈』に集録される。〔所載〕仏全24、仏全(鈴)41、日蔵80、智全下。〔水上文義〕

理智不二界会礼讃【りちふにかいえれいさん】[真] 一巻。聖宝（八三二—九〇九）作、観賢（八五三—九二五）加節。昌泰三（九〇〇）年成立。別に『懺法』『不二礼懺』『理智不二礼讃』ともいう。理智不二という思想は真言教学において重要な思想であるが、空海の著作には理智不二という言葉自体は、ほとんど見られない。空海以後間もないこの時期に成立した本書に理智不二が中心テーマとして展開されていることは興味深い。〔所載〕日蔵92。〔榊義孝〕

律苑行事問弁【りつおんぎょうじもんべん】[南] 一〇巻。諦忍妙龍（一七〇五—八六）撰。宝暦三（一七五三）年五月五日成立。律を行ずる中で、その儀法は諸説があって必ずしも一定しないとして、広く経律論に記される諸説を引用しつつ、問答体で、あるべき行法を論証した書。二八問におよぶ問いは律苑諸行事にわたり、答はきわめて具体的であり、参考書として最良である。〔所載〕日蔵36（戒律宗章疏3）。〔里道徳雄〕

律苑僧宝伝【りつおんそうぼうでん】[南] 一五巻。慧堅撰。元禄二（一六八九）年二月一二日成立。中国・日本にわたる律宗諸師の伝記集。第一巻曇摩迦羅尊者から第九巻景雲寺上恒律師までの中国律師、第一〇巻鑑真和上から第一五巻神鳳寺円忍律師までの日本律師を掲出している。正法伝持の諸師の正伝がこれまでない事に鑑み、慧堅は中国、日本の諸資料を網羅してこの伝を成すと記す。〔所載〕仏全105。〔里道徳雄〕

栗棘蓬【りっきょくほう】[臨] 二巻。物先海旭（一七三六—一八一七）撰。禅訥編。文政五（一八二二）年初刊、文政一〇（一八二七）年再刊。奥州田村郡小野の出身である物先は、月船禅慧に二〇年参じ、奥州相馬長松寺、月船旧蹟江戸東輝庵に住して学徒の指導教化につとめ、世寿八二で遷化した。弟子の禅訥は、師の偈頌を同書に編集し、二五〇首余を収めた。序は文政二（一八一九）年に円覚寺の誠拙周樗が誌し、松平治郷（不昧宗納居士）が跋文を付している。〔竹貫元勝〕

律家円宗料簡【りっけえんしゅうりょうけん】[南] 一巻。月輪俊芿（一一六六—一二二七）撰。成立年代不明。南律すなわち円頓律宗の俊芿は、釈尊一代中の戒に関する所説を、梵網・鹿苑・瓔珞・法華涅槃の四種と把えた上で、北律すなわち大乗戒律との諸問題を論じている。要点は円頓律宗の受戒における増受戒と不増受戒の義をもって南律北律を料簡し、円頓戒の戒体の優位性を論証しようとするにある。〔所載〕日蔵（戒律宗章疏3）。〔里道徳雄〕

律宗瓊鑑章【りっしゅうぎょうかんしょう】[南] 六〇巻（巻第二と巻第六のみ現存）。凝然（一二四〇—一三二一）述。嘉元四（一三〇六）年二月二一日成立。本書はそのほとんどが失われているので全体の輪郭を知ることはできないが、律宗の教理史を著わした書とみることができる。巻第六の構成は第九の所学典籍と第一〇の伝持相承から成っている。所学典籍では数多くある律宗の所依・所学の法門が通受、別受の方面より論述され、さらに五分律や、その疏などが考察されている。伝承相承では律の歴史が、インド、中国、日本を中心に説かれている。まずインドの律の歴史においては僧祇律の相承、善見論の相承、説一切有部の相承などが説かれ、次いで中国の律の歴史では中国への律の伝来と展開、四分律宗の成立などが中心に説かれている。日本の律の歴史では日本への仏教伝来、道璿、鑑真の来日、戒壇院や唐招提寺の建立、東大寺、西国の観世音寺、東国の薬師寺の戒壇と唐招提寺の戒壇、律宗の相承、実範、貞慶、覚盛、睿尊ならびに覚盛の門流などが説かれている。なお本書の第一の伝持相承の章は、凝然により著わされた『律宗綱要』巻下の律宗の歴史を取り扱った部分とほとんど同文であり留意される。一部著者による自筆本が東大寺に所蔵されている。また巻第二の写本は金沢文庫に所蔵されている。〔写本〕享保三年刊。〔所載〕日蔵36、仏全105。〔由木義文〕

律宗行事目心鈔【りっしゅうぎょうじもくしんしょう】[南] 一巻。忍仙（生没年不詳）撰。成立年代不明。西大寺一門における行事所依の法を記した書。所説は西大寺中興第一祖叡尊と第二祖慈道に専依するとして、叡字から目、慈字から心を採って『目心鈔』と名づけるという。上巻には与欲、法界、受持三衣、説浄、説戒、羯磨成処、布薩、自恣、六念、中巻には四薬、諸浄法、止作難々行事、戒本大要行事、法同行事、尼衆行事、下巻には略結界、略布薩、略結夏略受日、略自恣、略分物などの法を明かす。〔所載〕正蔵74。〔里道徳雄〕

律宗綱要【りっしゅうこうよう】[南] 二巻。凝然（一二四〇—一三二一）述。本書下巻中に「今、大日本国嘉元四年丙午に当るに、已に一百九十一年を経たり」とあるから、本書は嘉元四（一三〇六）年ころに成立したと考えられる。凝然は伊予の国の生まれで、東大寺の戒壇院の円照に師事し戒律を学んだ。また東大寺の宗性からは華厳などを、さらに九品寺の長西からは浄土教について学んだ。著作としては『八宗綱要』『三国仏法伝通縁起』『華厳法界義鏡』など一二〇余部一二〇〇余巻あったといわれる。

　本書は簡単にいえば、律宗の教理と歴史をまとめたものである。構成内容については平川彰氏が『律宗綱要』の詳細な目次（訳一〈諸宗部4下〉所収）をつくっている。それに基づき内容をあげると次のごとくである。まず律宗の教理においては、⑴戒の意義、⑵三聚浄戒の体系、⑶受戒の種類、⑷三聚浄戒の典拠、⑸三聚浄戒の異説、⑹律宗の教判、⑺律宗所依の経典、⑻戒律制定の十理由、⑼道宣の三観教、⑽戒律の学習、⑾摂律義戒と四分律（以上、巻上）、⑿律宗の修道論（巻下）となっている。具体的な内容としては、定学と慧学を包含した戒学を考えていること、律宗の立場とは摂律儀戒、摂善法戒、摂衆生戒から成る三聚浄戒であること、三聚浄戒には摂律儀戒のみを受ける別受と三聚浄戒すべてを受ける通受があることなどがあげられている。教判に関しては三観三宗を立てている。これは仏教全体を化教と制教に分け、さらに化教を性空教、相空教、唯識教の三観、制教を有宗、空宗、円宗の三宗として考察するものである。所依の経典に関しては、『法華経』『涅槃経』『楞伽経』などがあげられている。修行に関しては、一切衆生悉有仏性の立場に立ち願楽位、見位、修位、究竟位の四位説や、五十二位説が説かれている。全体的に道宣の思想的立場より、発展している傾向がみられる。次の律宗の歴史（巻下）においては、(1)インドにおける律の歴史、(2)中国仏教における律宗の発展、(3)日本の律宗となっている。(1)のインドにおける律の歴史では僧祇律の相承、善見論の相承、説一切有部の相承などが説かれている。(2)の中国仏教における律宗の発展では中国への律の伝来、展開、さらに四分律宗の成立などが説かれている。(3)の日本の律宗では日本への仏教伝来、道璿、鑑真の来朝、戒壇院や唐招提寺の建立、東大寺、西国の観世音寺、東国の薬師寺の戒壇と唐招提寺の戒壇、律宗の相承、実範、貞盛、覚盛、睿尊、ならびに覚盛の門流などが説かれている。

本書の注釈書は不思議なことに見当たらない。これは南部の律が凝然滅後、ふるわなかったためとみられる。大正蔵本の本書は万治三年刊東大寺蔵本が底本となっている。〔所載〕正蔵74、日蔵36。〔参考〕平川彰・律宗綱要解題（訳大・諸宗部・4下所収）。　〔由木義文〕

律宗作持羯磨【りっしゅうさじこんま】南　一巻。叡尊（一二〇一―九〇）撰。建長三（一二五一）年成立。四分律に拠る唐招提寺系の行事宗義に対して、後来の有部律の立場から多くの異議が出されたが、叡尊がこれらを検討し、新たに止悪作善のための行事所用羯磨文を撰述し学僧の指針とした書。本書中には興正菩薩一門の用いる羯磨のみならず一般所用の羯磨も記されており資料的にも重視される。〔所載〕正蔵35、日蔵（戒律宗章疏2）。　〔里道徳雄〕

律宗章疏【りっしゅうしょうしょ】南　一巻。栄穏（生没年不詳）撰。延喜一四（九一四）年成立。醍醐天皇の勅令を奉じて律宗の重要典籍六二部を記し奉献した書。他宗の書を合せた五宗録（または諸宗章疏）の一部を成す。書名下に巻数・訳著者名を掲げ、鼻奈耶律、四分律、根本説一切有部律、沙弥・在家・羯磨・律鈔・雑・梵網の順に整理著録している。当時における重要律宗典籍を知る資料でもある。〔所載〕正蔵55、仏全1。　〔里道徳雄〕

律宗新学作持要文【りっしゅうしんがくさじようもん】南　一巻。覚盛（一一九四―一二四九）撰。寛元二（一二四四）年成立。『律宗詞句要文』ともいう。律宗で日々の行事に用いる羯磨の要文を集め、与欲法第一・結界法第二、以下、通受懺悔法第一五まで、一五に分類し記した書。受戒法を始めとしてその作法は西大寺流の行事羯磨より行じやすいため、唐招提寺流のこの書が宝典として多く用いられて来た。〔所載〕日蔵（戒律宗章疏2）。　〔里道徳雄〕

立正安国論【りっしょうあんこくろん】日　一巻。日蓮（一二二二―八二）撰。文応元（一二六〇）年成立。別称『安国論』。災害や流行病蔓延の惨状を憂えた日蓮が、正嘉元年の大地震を契機に鎌倉幕府の政道を糺さんと、前執権北条時頼に上呈した四六駢儷体の私的勘文。正嘉年間から文応年間にかけて鎌倉を中心に天変地夭が続出し、飢饉・疫癘が充満した。仏教者としてその原因究明を志した日蓮は、災難興起は国をあげての正法違背と邪法隆盛にあるとして、多くの経典を引いて論証し、早く正法に帰すべきことを為政者に諫言したのである。全体は一〇の問答体で構成されている。第一は国難の原因を示す段で、天変地夭の続出は日本国をあげての正法違背邪法帰依のためであるとする。第二は国難の原因を証す段、その証文として『金光明経』『大集経』『仁王経』『薬師経』をあげる。第三は謗法の実在を証す段で、諂曲の法師が邪法を説いて人倫を惑わしていると、『仁王経』『法華経』『涅槃経』を引いて論証する。第四は謗法の人法を出す段で、源空の『選択集』こそ謗法の根源であるとする。第五は国難の原因を決す段で、源空の教えは邪法であるとして、邪法の出現による社会荒廃の具体例をあげる。第六は上奏の可否を決す段で、『立正安国論』上呈の正当性を示す。第七は国難の対治を証す段で、謗法を止め正法の僧侶を重んずることによって国中安穏にして天下泰平となるとする。第八は謗法の禁断を決す段で、謗法を禁断するためには謗法者への布施を止めるべきであるとする。第九は謗法対治の領解および勧奨の段で、災害続出の原因が理解されたうえは、謗法を止め正法に帰依して仏国を建立せねばならないと訴える。第一〇は問者が謗法対治を領解する段で、答者の意見を充分理解した問者が、みずから謗法を止めるのみならず、他の誤りをも誡めようとその決意を表明する文をもって結びとする。本書は正法（法華経）に基づいた社会の建設を標榜した日蓮の代表的著作で、古来より、五大部・三大部のひとつとして重要視されてきた。日蓮の思想上の位置づけとして、宗教を個人の救いとともに国家のレベルで論じる国家諫暁、『法華経』による仏国土の建設という立正安国の表明、仏の教えが人間社会の未来を導くという『法華経』による宗教的歴史観、謗法呵責の手段としての止施、『選択集』を中心とした源空浄土教批判、仏法と王法など、日蓮が生涯にわたって論究する多くの問題点を提起している。本書は幕府に黙殺され、念仏者の反感をかい、種々の法難にあうことになる。なお本書は日蓮によって数回書写され、そのいくつかが現存している。文永六（一二六九）年、日蓮が矢木胤家に授与した真筆書写本三六紙（第二四紙欠）、市川市中山法華経寺蔵。真筆二〇紙完、山梨県身延久遠寺曾存。真筆断片一四紙各所散蔵。直弟子写本として、日興本を静岡県玉沢妙法華寺蔵、日向本を山梨県身延久遠寺蔵、日高本を中山法華経寺蔵、日法本を静岡県岡宮光長寺蔵、日進（三位）本を鎌倉市妙本寺蔵、日弁本を多古妙興寺蔵。このうち日興本、日弁本には題号の下に「天台沙門日蓮勘之」とある。〔所載〕正蔵84、改訂増補日蔵91、定日遺1。

〔広本〕一巻。建治・弘安のころ成立。略本（中山法華経寺所蔵本）にみられない真言宗に対する破折の文が添加されている。このことから広本は、後年、日蓮が増補したものと考えられている。題号の下には「沙門日蓮勘」と署名が入っている。真筆二四紙完、京都市本圀寺蔵。〔所載〕定日遺2。　〔庵谷行亨〕

立正会問答【りっしょうえもんどう】[日]　五〇巻。身延一一世行学日朝（一四二二―一五〇〇）著。日朝が門下の教育のために身延山久遠寺で行った論議の草案、および問答の趣を注したもの。寛正七（一四六六）年から文明七（一四七五）年にわたって成立している。日朝は文正二（一四六七）年三月一八日に立正会の法則を著わしたが、やがてこれが年中行事化し、三月一八日に立正会の竪儀の式が修せられるようになっていった。原本は身延山久遠寺に合して二〇冊で所蔵される。　〔林是晉〕

立正観鈔【りっしょうかんしょう】[日]　一篇。日蓮（一二二二―八二）著。文永一一（一二七四）年成立。当時叡山天台宗に流行していた止観は法華に勝るという法門を評破した書。観心を偏重して教相を無視する無教偏観主義は天台、伝教の意に反する邪法であることを明かし、天台の一心三観は『法華経』迹門に立脚した行法であると、『法華経』が止観にまさることを論証し、さらに末法の正観は妙法五字であることを示す。日進（三位）写本を身延山蔵。〔所載〕定日遺。　〔小松邦彰〕

立正治国論【りっしょうちこくろん】[日]　一巻。日親（一四〇七―八八）著。永享一二（一四四〇）年成立。直筆が京都本法寺に現存。幕府への諫暁の書。永享一一年第一回の将軍足利義教への諫暁が不首尾に終ると、死を覚悟して第二回目の諫暁を計画した。それは翌年五月六日に営まれる鹿苑院殿（足利義満）の三十三回忌法要を期して断行せんとした。このとき、日蓮の宗教行動をわが身のうえに再体験していこうとする日親は、日蓮の『立正安国論』になぞらえて、『立正治国論』を著わし、幕府に建白せんとした。内容は『立正安国論』にならい、『法華経』をはじめとする諸経典をひろく引き、邪師を信ずることは国を乱す根本と説く。そして『法華経』の文を引いて、正法＝法華経を立てることは、治国＝国を治める基であることを示す。しかし、日親はこの諫暁を目指して『立正治国論』清書中の二月六日に捕縛され、灼熱の鍋を冠せられ、舌端を切られたりという過酷な拷問をうけることとなる。これによってのちになべかむり日親と呼称される。なお本書は『折伏正義抄』『伝燈抄』『埴谷抄』などとともに日親の代表的著作のひとつ。　〔松村寿巌〕

略述法身義【りゃくじゅつほっしんぎ】[浄][真]　一巻。智暹（一七〇二―六八）述。明和元（一七六四）年成立。智暹は本願寺派第三代能化、若霖の門人で播南学派の祖。『浄土真宗本尊義』一巻を著わすが、第四代能化法霖の『本尊義』を批判したものであったため、本願寺学林派学僧の非議を招き論争が活発になった。いわゆる明和の法論といわれるもので、多年にわたり紛争がつづいた。智暹の『浄土真宗本尊義』の所説は、浄土真宗の本尊論は『大無量寿経』に説かれるとおり、阿難、および四衆所見の威徳巍々如須弥山王の仏身である。けっして、『観無量寿経』第七華座観の住立空中尊ではない、ということを強調した。この所説は法霖の所説を否定したものであったため、学林派は、その不当性を論じ、『本尊義』の頒布禁止を本山に請求した。智暹とその門下はただちに上洛して、『本尊義』の流布、あるいは学林派との対論を本山に願いでたのである。その結果、明和三（一七六六）年五月一七日本山鴻の間において学林側（功存、継成、天倪）と智暹側（智暹、行界、泰乗）が討論したが、結論にいたらず中止した。のち、曲折があったが、結局、両成敗的な裁決がなされ、いちおう落着した。智暹は『本尊義』破斥の個所をあらため、これを改題して、明和五（一七六八）年一一月に『略述法身義』として刊行することが許された。写本を竜大、正大、刊本を谷大、宗大、竜大に蔵す。〔所載〕真宗全50。〔参考〕浄土真宗教典志2、仏解11、仏教大辞彙6、同11（浄土真宗本尊義）、本願寺史2、真宗僧名辞典。―→浄土真宗本尊義　〔山崎竜明〕

略文類壬辰録【りゃくもんるいじんしんろく】[浄真]　五巻。法海（一七六八―一八三四）述。天保三（一八三二）年成立。題目に示されるように天保三年の夏講に講ぜられたものである。古来より難解な個所に問答を設けて詳述されていることは、大谷派の教学を理解やすからしめているといえる。また広本・略本の異同を一二カ条挙げていることも参考となる。〔所載〕真大18。　〔藤田恭爾〕

略論安楽浄土義講義【りゃくろんあんらくじょうどぎこうぎ】[浄真]　二巻。大含（一七七三―一八五〇）述。成立年代不明。大含は豊後国岡村（現大分県直入郡豊岡村）の大谷派満徳寺に生まれ、のち鳳嶺の養子となって豊前国下毛郡古城（現大分県下毛郡鶴居村）の正行寺に入り、住職となった。その間、高倉学寮に入って宗余乗を学び、天保五年には講師職を授けられた。本書は曇鸞の『略論安楽浄土義』を注釈したもので、初めに略論の撰述の理由を論じ、次に大意を明かし、のち題号・選号に関してのべ、つづいて本文に入り、文々句々について詳釈するのである。そのうち、初めの撰述の理由については、『讃阿弥陀仏偈』に略してある義を論ずるために撰集したものであると示し、大意を明かすところでは安楽浄土の因果を明かし、勧信誡疑のためであることをのべている。以上、すべて二三会よりなり、精要を尽くしている。〔所載〕真宗全11。〔参考〕仏解、真宗大辞典。〔五十嵐明宝〕

略論安楽浄土義詳解【りゃくろんあんらくじょうどぎしょうげ】浄　二巻。巌的（生没年不詳）述。元禄四（一六九一）年成立。泉州堺に住し庶民教化、宗義顕揚につとめた巌的が曇鸞の『略論安楽浄土義』の一文一句一字を詳しく注釈したもので。ひろく列祖先徳の釈義を引用し、既成の注釈書である良山の『略論裏書』をもちいつつ、間々、自問自答の問答形式や「愚案」という書出しをもちいて私見を加えている。〔所蔵〕元禄六年刊本、谷大、正大、竜大蔵。〔所載〕浄全続6。〔斎藤晃道〕

隆寛律師略伝【りゅうかんりっしりゃくでん】浄　一巻。著者・成立年代とも不詳。多念義を唱導したといわれる長楽寺隆寛の家系、修学付法、捨聖帰浄、選択集相伝、配流、禅勝房との法談、入寂の生涯を和文体で簡潔にまとめたものである。凝然の『浄土法門源流章』や信瑞の『明義進行集』などとともに、隆寛の伝記をみる基本的資料である。〔刊本〕貞享二（一六八五）年刊。〔所載〕浄全17。〔福原隆善〕

琉球神道記【りゅうきゅうしんとうき】浄　五巻。良定（一五五二—一六三九）著。慶長一〇（一六〇五）年成立。良定は京都檀王法林寺の中興開山で、近世初期の名越流の学僧として多数の著書を著すとともに二十余の寺院を建立、近世浄土宗の発展に貢献した。弁蓮社入観、広く袋中の名で知られている。奥州（福島県）に生まれ、同地の能満寺で出家し、増上寺に学び、諸国を遍歴して名越・白旗・藤田の各流の奥義をきわめ、台密・禅・周易・暦・天文・地理・兵法を学んで印可を得、多くの著述を著した。慶長八（一六〇三）年中国に渡って経論を求めようとしたが果さず、琉球に漂着した。国王尚寧王の帰依を得て桂林寺に居住した。本書は稿本にはないが版本序によると、神国でありながら伝記がないという馬幸明の請をうけて大明万暦三三（一六〇五）年に撰述されたという。この間に他に『琉球往来』一巻を著している。三年滞在の後、慶長一一年帰国、筑後善導寺をへて石見湯津薬師堂に至り本書の清書をはじめ、慶長一三年城州山崎大念寺に留まって本書五巻を完成した。版本は慶安元（一六四八）年のことである。内容は仏の功徳と神社の威光を示したもので、巻第一は須弥山、四禅、四空処、四州および天竺の王継・世界の増減を明かす三界事、巻第二は過去七仏事、釈迦八相事、釈迦如来昔縁事、仏生国事、転輪聖王事、仏圀殊勝事と天竺の仏教を述べ、巻第三は盤古王事、歴代王位事、三皇事、五帝事、十四代事と震旦に触れ、巻第四で釈迦牟尼仏、文殊師利菩薩、普賢菩薩等を奉安するわが国の諸寺を挙げて垂迹の本地を示し、巻第五で琉球の波上権現護国寺、洋権現臨海寺・尸棄那権現神応寺、天久権現性元寺、末好権現満寿寺、普天間権現神宮寺、八幡大菩薩神徳寺、伊勢太神長寿寺、天満天神長楽寺の縁起を語って垂迹の神祇を明らかにしている。近世初期の琉球の事情を知る上での史料的価値が高い。自筆の稿本（京都袋中庵蔵）、祥誉の写本（史料編纂所蔵）、新井白石自筆の抜抄本「琉球記」（東洋文庫蔵）があり、版本には同版で二冊本・三冊本・五冊本とがあり、神宮文庫、静嘉堂文庫、彰考館、帝国図書館、沖縄図書館、鈴鹿三七氏が所蔵。〔参考〕横山重編・琉球神道記弁蓮記袋中集。〔藤井正雄〕

竜華伝抄【りゅうげでんしょう】日　一巻。元政（一六二三—六八）撰。万治元（一六五八）年成立。明暦元（一六五五）年に脱稿した『竜華歴代師承伝』の広本ともいうべき増補版。正しくは『竜華歴代師承伝抄』。竜華（京都妙顕寺）の歴世伝は『師承伝』と同じく一三世日饒までであるが、その間の妙顕寺に関する事件や事項、綸旨や重要資料を元政（日政）が詳しく記述したもの。〔所載〕草山拾遺上。→竜華歴代師承伝〔小野文珖〕

竜華年譜並備考【りゅうげねんぷならびにびこう】日　三巻。日覺（一七五七—一八二四）著。三巻を総称して『竜華年譜並備考』とするが、その内訳は上巻を「竜華年譜」、中・下巻を「竜華年譜備考」とする。ここでいう竜華とは京都妙顕寺開山日像（一二六九—一三四二）をさし、上巻では日像の生涯の事蹟を年譜にしてまとめ、中・下巻では日像有縁の事項を詳細に記す。天保一二（一八四一）年刊本を立大蔵。〔松村寿巌〕

竜華秘書【りゅうげひしょ】日　三帙仕立。日富（一七七八—一八四〇）が、京都妙顕寺所蔵の文書を臨写、編纂したもの。天保九（一八三八）年成立。『竜華秘書』とは竜華蔵中秘書という意味で、古来、妙顕寺日像に竜華の名を付すことから、妙顕寺蔵中の秘書ということである。日富は天保初年のころ京都に遊学し、同九年妙顕寺四一世日行のはからいで蔵中の文書を臨写して七類に分けた。その内容は、聖師部（日朗、日輪、日像等の書簡類）、歴祖部（妙顕寺歴代書簡、歴譜等）、帝王部（院宣、綸旨等）、公卿部（権大納言通氏書状等）、武将部（足利将軍の御教書等）、武臣部（前田玄以禁制等）、雑々部となっている。本書は妙顕寺・四条門流の展開のみならず、日像以来の京都における日蓮門下の動向を知るうえで欠くべからざる根本史料。嘉永四（一八五一）年日性による第一転写本が静岡市貞松蓮永寺に所蔵。〔所載〕日宗全19。〔松村寿巌〕

竜華歴代師承伝【りゅうげれきだいししょうでん】日　一巻。元政（一六二三—六八）撰。明暦元（一六五五）年成立。万治元（一六五八）年刊行。竜華とは四条門流の本寺京都妙顕寺のこと。本書は妙顕寺の出である元政（日政）の妙顕寺歴代伝である。日像より一三世日饒までの事歴を録してある。本書刊行の年、元政は増補版ともいうべき『竜華伝抄』を執筆している。正本を深草瑞光寺蔵。〔所載〕草山拾遺上。〔小野文珖〕

竜谷講主伝【りゅうこくこうしゅでん】浄真　一巻。宗朗（?—一七七六）撰。成立年代不明。明和五（一七六六）年刊行。宗朗は、安芸国高田郡高田原（広島県高田郡甲田町高田原）の本願寺派高林坊の住職。本書の題名となっている竜谷講主とは、寛文一六（一六三九）年における本願寺派学寮の創設に伴い、その翌年より設置された能化職（学寮の講主）のことをいう。本書は、七代までつづいたこの能化職のうち、承応の鬩牆で月感との論争が有名な初代能化西吟、紀州、江州、播州、泉州、和州、河州等の各地を巡り、異義を破し、堂舎の建立・修復に尽くした第二代能化知空、武蔵国金沢（神奈川県横浜市金沢区）に生まれ、のち近江正崇寺（滋賀県蒲生郡日野町）の住職となった、知空の高弟の第三代能化若霖、紀伊国に生まれ、若霖の門弟となり正崇寺を継ぎ、初期浄土真宗教学の体系を確立した第四代能化法霖という四学匠についての略伝を記したものである。本願寺派における学匠伝の嚆矢とされており、本書成立ののち、覚応編著の『清流紀談』（天保四〈一八三三〉年刊）等がつづいた。〔所載〕真宗全66。〔那須一雄〕

隆師尊縁起【りゅうしそんえんぎ】日　一巻。日寛（?—一七〇五）著。元禄一五（一七〇二）年成立。『開祖徳行記』『三井縁起』『寛記』等の異称がある。現存する日隆（一三八五—一四六四）の伝記としては早い時期のものに属し、後世の日隆像形成に与えた影響が大きかったとみられる。日芳の『開祖徳行記私評』（一八一一成立）は本書を考証したものであり、その功罪を批議している。写本を枚方市大隆寺蔵。〔大平宏竜〕

竜樹願往生礼讃偈録【りゅうじゅがんおうじょうらいさんげろく】浄真　一巻。環中（一七四二—一八〇六）述。成立年代不明。環中は本願寺派の学僧で、功存の門人。竜樹の『十二礼』の注釈書（原漢文）。巻頭に目次と科段が設けられている。本文を解釈するまえに、(1)議二論例一(2)弁二造主一(3)定二伝訳一(4)解二題目一の四門に分けて、文献的考察などがなされている。〔所載〕真宗叢5。〔藤沢正徳〕

立信上人御法語【りゅうしんしょうにんごほうご】浄　成立年時不明。この法語は和漢混交文七八〇字から成るが、文の内容から立信（一二一三—八四）晩年の作と推定される。前半は深草派祖円空立信上人真像（京都市伏見区真宗院蔵）の木版画の賛に刻記されている。全文は大正八（一九一九）年に刊行された。内容は機法一体、願行具足の六字釈によって信を立てよと教えられたもの。〔所載〕深草日課聖典、在家勤行式。〔奥村玄祐〕

竜水和尚仮字法語【りゅうすいおしょうかなほうご】曹　二巻。竜水如得（一七八七寂）撰、瀬古烝然編。安永八（一七七九）年成立。詳しくは『摂州退蔵峰竜水和尚仮字法語』、別に『丹丘菴蚌蛤禅』ともいう。天桂伝尊の法嗣竜水如得が摂津退蔵峰（大阪府陽松庵）において、信心の在家、随身の学者に示した法語を侍者雄道が筆録し、門人烝然が上梓したものである。一部漢文体の個所もあり、参禅弁道の道俗の参考書である。安永八年と天明三年の刊本がある。〔所載〕洞法語（坤）、続曹全（法語）。〔佐々木章格〕

滝泉寺申状【りゅうせんじもうしじょう】日　一巻。日蓮（一二二二—八二）著。弘安二（一二七九）年成立。弘安二年九月、駿河熱原滝泉寺における日蓮の弟子日秀、日弁等と浄土教徒との対立から、苅田狼藉の当事者として百姓二〇名が逮捕され鎌倉に送られた。いわゆる熱原法難である。本書は院主代行智の訴状に対する反訴で、この処置の不当をのべ、かれらの釈放を要求したもの。直筆を千葉県法華経寺蔵。〔所載〕定日遺2。〔冠　賢一〕

流祖上人箇条名目【りゅうそしょうにんかじょうみょうもく】浄　一巻。従来は證空の著述とされるが著者明記なし。別に『西山口決二十七箇条』ともいう。奥書には「西山義秘蔵之法門也」と記されている。本書は浄土教領解の仕方を、第一離三業念仏之事、第二三心具足事、第三安心起行之事、等の二七カ条の要点をとりあげて問答体でのべている。西山義特異の名目（要語）を知るに便なる書である。〔所載〕正蔵83。〔中西随功〕

竜泰寺略記【りゅうたいじりゃっき】曹　一巻。大洞正桃（?—一六〇五）撰。岐阜県関市竜泰寺の寺史を、同寺一一世の大洞が撰述したもの。元亀三（一五七二）年五月一四日の正桃自筆の書写本を竜泰寺に所蔵。〔所載〕続曹全（寺誌）。〔石川力山〕

竜沢寺記【りゅうたくじき】曹　一巻。撰者不詳。元禄一三（一七〇〇）年成立。詳しくは『大日本国南海路予州奈良谷禹門山竜沢寺記』。愛媛県東宇和郡城川町の竜沢寺の前身と、その開創譚、檀越の外護による伽藍の整備等について記した寺誌。末尾に副録として、竜神に関する異説を掲げているが、これは同寺の梅嶺宗春によるもので、本書もあるいは同師の撰述かもしれない。原本は竜沢寺所蔵。〔所載〕曹洞宗古文書下、続曹全（寺誌）。〔石川力山〕

竜沢寺如仲天誾和尚置文【りゅうたくじじょちゅうてんぎんおしょうおきぶみ】曹　一巻。如仲天誾（一三六三—一四三七）撰。永享九（一四三七）年正月二五日成立。内題『橘谷山大洞禅院二代和尚之置文』。如仲が、門弟たちのために遺命として残したもの。本書はこの竜沢寺輪住の心得その他遺弟に対する細々とした遺誡、諸注意を記す。末尾に、天正一二（一五八四）年二月五日撰述の「当院二世如仲大和尚肖像賛」を付しており、如仲の伝記の一端や遺弟たちの名を連ねる。慶安元（一六四八）年七月、三州暾の筆写本を静岡県袋井市可睡斎に所蔵し、また同県森町崇信寺も写本を所蔵。〔所載〕曹洞宗古文書上、続曹全（寺誌）。〔石川力山〕

立法華肝要集【りゅうほっけかんようしゅう】日　一巻。上行日叡（一三五二—一四〇〇）著。成立は明徳二（一三九一）年六月一八日。本書は少しく宗義についての考案を述べたもので、身延七世日叡の教学を、延いては室町前期の宗学をう

かがい知るのに最適なものであろう。正本は身延山久遠寺に蔵されている。〔中條暁秀〕

竜門歴代伝記【りゅうもんれきだいでんき】曹 一巻。天岩円長（?―一七八四）撰。天明三（一七八三）年の成立。天岩は宮城県泉市竜門山洞雲寺の三世である。草創は慶雲年間と伝えられ、応永初年、明峰素哲を勧請して、曹洞宗に帰したという。本書は独住一世栓蒼行寧、独住二世兀庵円梁の伝記、および天岩の伝記が遺弟によって補筆されている。〔所載〕続曹全（史伝）。〔大野栄人〕

了菴慧明禅師語録【りょうあんえみょうぜんじごろく】曹 一巻。了菴慧明（一三三七―一四一一）撰。編者、成立年代不明。寛永一〇（一六三三）年書写。別に『大雄山最乗禅寺御開山御代』ともいう。神奈川県最乗寺開山了菴の、古則公案や機関に対する代語を集めたものとされる。のちに曹洞各派で代語がさかんに行われるが、本書が了菴自身の代語か否かは未詳。了菴派下の代語集として、貴重な史料である。〔中尾良信〕

両一念義章【りょういちねんぎしょう】浄真 一巻。道振（一七七三―一八二四）述。文化七（一八一〇）年講述。道振は本願寺派の学僧で、大瀛の門人。本書は真宗安心の義趣を平明に講じたもので、親鸞教義の行一念、信一念について、経釈文処、列祖行化、行化意別、祖釈文義の四門より弁じている。写本を竜大に蔵す。〔所載〕真宗全52。〔五十嵐明宝〕

了因決【りょういんけつ】因 八巻。了恵（―一三三五―）。了恵は上野国世良田長楽寺の僧、その伝記をくわしくすることができない。この了恵の本を老師御本と称して了義がうけつぎ、了宴がともに受けて、義慶、明朝へと伝わっていることが多くの巻からうかがわれる。以後の伝持は、明暦四（一六五八）年に天海蔵本を善祐が書写し、江州栗太の蘆浦観音寺舜興が蔵していたものが、比叡山麓坂本西教寺正教蔵に架蔵されていて、大正蔵経本の底本となったのである。巻頭に「了因決目六」があり三九〇余項がみえるが、『正蔵』にまとめられたものは四七巻に調巻されている。しかしそれはいちおうの編纂である。目六、阿闍梨位護摩用心、秘経題号、大阿闍梨位印、虚心、義釈疏、胎曼、潅頂面受決、東寺不伝胎蔵蘇悉地事、真言行者秘決、声字実相決、四重曼荼羅、秘密潅頂、心虚空菩提面受、五秘密面受、本有即身成仏、大阿闍梨観行、雙円性海等、伝法次第、鉄塔相承、三重悉地、法華読誦作法、光言、以心潅頂、四種壇、許可、起座用心、結誦印明作法、毘沙門天、投花、愛染、不可見阿闍梨短、後火天段、相承、潅頂、八字、入三昧地、法性塔、四曇三密、谷大原利記相承、潅頂秘印、潅頂已後、八字、念珠、十二重、法華最極秘決、五色糸金剛線、両坦会坦、胎名字、秘密潅頂、決という内容である。台密葉上流潅頂の拠点である世良田長楽寺の重要な秘決として後世に伝持されたものである。〔木内堯央〕

了翁禅師紀年録【りょうおうぜんじきねんろく】臨 一巻。仁峰元善（一六五八―一七三〇）編。外題『天真了翁禅師紀年録』、内題『黄檗天真院了翁禅師紀年録』。了翁道覚（一六三〇―一七〇七）の編年体伝記である。巻頭に元禄一三（一七〇〇）年千呆性侒等の序文、巻末に「附末後仏事法語」があり、宝永四（一七〇七）年元善等記録、同年悦山道宗の跋文がある。版本を駒大、黄檗蔵。〔所載〕鈴木吉祐編・了翁禅師集録。〔大槻幹郎〕

了翁禅師語録【りょうおうぜんじごろく】臨 一巻。了翁道覚（一六三〇―一七〇七）著、仁峰元善（一六五八―一七三〇）編。外題『天真了翁禅師語録』、内題『仏国了翁禅師開堂語録』。元禄一五（一七〇二）年大随道爾序、翌一四年伏見天王山仏国寺開堂疏、同門疏、進山より翌年退山までの上堂、小参、雑著、天真稿に法語、蕙偈、偈頌、自讃等三五首が録される。版本を駒大、黄檗蔵。〔所載〕鈴木吉祐編・了翁禅師集録。〔大槻幹郎〕

了音鈔【りょうおんしょう】浄 八巻。了音（生没年不詳）講述。文永二（一二六五）年の開講、終講年時不明。正式には『観経玄義分抄出』以下、『序分義・定善義・散善義各抄出』、別に『八幡鈔』『六角鈔』『本願寺鈔』『観経疏六角鈔』『観経了音鈔』『観経疏了音鈔』『観経四帖疏了音鈔』『観無量寿経四帖疏六角鈔』ともいう。了音は、浄土宗西山四流の一つ西谷流の祖である浄音の直弟子で、山城国八幡や京都の六角に住し、善導の『観経疏』の講義を行い、称念寺、本願寺の学頭をつとめたことが伝えられるが、詳しい伝歴は明らかではない。この『観経疏』の講義は文永二年七月五日に、京都六角の本願寺において開講され、それを筆録したのが本書であるが、筆録者は明らかではない。内容は、『観経疏』中の問題点を取り出し、西山派や他流の異義を論じたあとに、了音自身が師の浄音から相承した義をもとに、自義を述べる形をとっており、他の『観経疏』の末注によく見られるような逐語釈ではない。その特色として、現在は伝わらない当時の他流の異義が述べられており、また、鵜ノ木の行観によって大成される以前の西谷流の教義を知るうえで貴重な資料である。さらに、その論述が平易なため、西山教学の入門書としても価値があるといえる。〔所載〕享保五年刊本、仏全56・57、西全5・6。〔坂上雅翁〕

領解末代念仏授手印鈔【りょうげまつだいねんぶつじゅしゅいんしょう】浄 一巻。良忠（一一九九―一二八七）撰。嘉禎三（一二三七）年、筑後善導寺で良忠の師弁長より印可を受け撰した。『領解鈔』と略称する。良忠は然阿あるいは浄土宗第三祖、記主禅師とも尊称され、『観経疏伝通記』『選択伝弘決疑鈔』等多くの述作や、さらに数十に及ぶ寺院建立などなし、浄土宗教団の基礎を確立した人物。上記のごとく弁長よりその述作書『末代念仏授手印』とともに、その宗義行相の主旨を相伝された良忠が、その領解した旨をしたため、その義趣に対する師の印許を得た後出された書。したがって領解の書であるとともに授手印注釈の書でもある。授手印の内容が五種正行、助正二行、三心、五念門、四修、三種行儀のいわゆる「六重二十二件五十五の法数」の相伝であるから、同じく六章に分け相伝領解の義趣を詳述し釈している。したがって授手印同様伝書としての性格が濃厚で、明徳四（一三九三）年聖冏が創設した五重伝法では三重「解」に配当されて、浄土宗伝法の中では源空の『往生記』、弁長の『末代念仏授手印』と合して三巻書と称され、きわめて重要な位置をしめている。伝承本として明誉了智花押本（増上寺）、鎮誉魯耕花押本（増上寺）、浩誉聡補本（知恩院）、安誉虎角本（生実大厳寺）、名越道残本（敦賀西福寺）等が現存。〔所載〕浄全10、浄土伝灯輯要。〔柴田哲彦〕

領解文講義【りょうげもんこうぎ】浄真　一巻。遠藤玄雄（一八〇四—八一）述。明治元（一八六七）年成立。玄雄は本願寺派の学僧で、曇竜の門人。本書は、⑴興由をのべ、⑵安心を大綱として示し、⑶領解、改悔という題目を解釈し、⑷安心、報謝、師徳、法度の四段に分けて文義を解釈する。玄雄は、安心、報謝、師徳は仏法にて、法度は王法であるとの態度をとり、仏法王法真俗二諦の宗風を示されたものとみるところに本書の特徴がある。〔所載〕真宗叢10。——→改悔文〔佐竹大隆〕

領解文要解【りょうげもんようげ】浄真　一巻。曇竜（一七六九—一八四一）著。成立年代不明。本書は、三段よりなる。つまり、⑴蓮如の制作意図を五項目より説き、⑵文義を願および成就とし、一往其文を対配すると、再往通局を弁明するとの二門より綱要をのべ、⑶領解、改悔という題目を解釈し、次に安心、報謝、師徳、法度の四段に分けて文義を解釈する。このうち安心については、五義よりその解釈を施している。〔所載〕真宗叢10。——→改悔文〔佐竹大隆〕

領解文略解【りょうげもんりゃくげ】浄真　一巻。憲栄泰巌（一七一一—六三）記。成立年代不明。憲栄は本願寺派の学僧で智洞の孫弟子。本書は、まず領解あるいは改悔というこの文の題目の字句を解釈し、次に、この文を安心、報謝、師徳、法度の四段に分けて文義を解釈する。そして最後に、雑行、雑修を中心課題として、七つの問を設け、答釈を施す。この答釈中には、神祇崇拝にくみする神道論と真宗との融合思想もうかがえる。〔所載〕真宗叢10。——→改悔文〔佐竹大隆〕

両山歴譜【りょうざんれきふ】日　正式には『本門法華宗本興本能両寺歴譜』という。両山とは京都本能寺、尼崎本興寺の法華宗（本門流）両寺をいい、両山一寺の制度のもとに門流の本寺として栄えた。ともに日隆（一三八五—一四六四）の建立。本書は日隆以下両山歴代の事蹟が、歴代貫主によって次々に書き記されて近代にいたっている。なお、本書はその性格上か、門流の秘書としてか、いまだ公開されていないが、同門流の展開をしる好史料となりうる。『本能寺本』等がある。〔松村寿巌〕

梁塵秘抄【りょうじんひしょう】通　本来は二〇巻より成ったものと思われるが、現存は巻一断巻、巻二、口伝集巻一断巻、口伝集巻十のみ。著者は明記されていないが、『口伝集』巻一〇より後白河院撰であることは明白。成立年時については不明であるが、『口伝集』巻一から巻九までが嘉応元（一一六九）年までに撰述され、巻一〇が治承三（一一七九）年以降のこととされる。後白河院は源平争乱の激流渦まく時代に中心的位置にあって辛苦をなめられたが、その心の支えとして、文学、芸能、美術などへの傾倒があった。そのひとつが今様である。今様とは今様歌の略で、現代風の歌というほどの意。本書はその今様の、歌詞部一〇巻、口伝部一〇巻からなるとされるが、歌詞部には現存巻にあるもののほかに、娑羅林、足柄、黒鳥子、伊地古、古川、旧古柳、権現、田歌などが含まれていたといわれる。巻一は長歌、古柳、今様合わせて二一首、巻二には法文歌、四句神歌、二句神歌合わせて五四五首を収める。法文歌は仏歌、経歌、僧歌、雑法文に、四句神歌は神分、仏歌、経歌、僧歌、霊験所歌、雑に分類され、仏法僧の三宝を基にしている。また法文歌中の経歌は、華厳、阿含、方等、般若、法華という天台教学の五時教判による。また『口伝集』巻一〇は後白河院の今様修練の回顧録ともいうべきもの。〔所蔵〕天理大。〔所載〕古文大73、日本古典文学全集25、新潮日本古典集成、群書19（口伝集のみ）。〔参考〕小西甚一・梁塵秘抄、西郷信綱・梁塵秘抄（日本詩人選22）。〔清水宥聖〕

霊山国阿光英問答【りょうぜんこくあこうえいもんどう】時　一冊。著者は兵庫薬仙寺住持松含。単に『光英問答』ともいう。時宗国阿・霊山両派派祖国阿弥陀仏の伝を記し、霊山常楽院住持であり後に国阿に帰したという光英との問答形式をとり時宗教義をのべる。国阿やその門流の宗風などを特に記すわけではなく、『国阿上人伝』『時衆宗霊山記』などを参考にしたと考えられ、信憑性は高くない。元禄三年正月に大坂の書林岡田三良右衛門が板行。竜大所蔵。〔所載〕定時宗上。——→国阿上人伝・時衆宗霊山記〔林譲〕

寮則抜萃【りょうそくばっすい】時　一巻。著者明記なし。安永九（一七八〇）年の成立。藤沢上人第三三代他阿諦如の代につくられた。時宗の学徒のために江戸浅草日輪寺に学寮があり、その寮則を抜粋したもの。修行から日常生活にいたるまでの規則が二八条にわたり定められている。もとの寮則は伝わらない。藤沢上人第三九世他阿一如の代（天保六—弘化三〈一八三五—四六〉年）の写本が清浄光寺に所蔵される。〔今井雅晴〕

両部大教伝来要文【りょうぶだいきょうでんらいようもん】真　二巻。禅遍（一一八四—一二五五）撰。建保二（一二一四）年成稿。寛喜元（一二二九）年再治。鎌倉雪ノ下無量寿院の宏教が禅遍と名のる時代に撰する。『金剛頂経』『大日経』の伝来について、鉄塔相承より禅遍にいたる東密における付法相承を記し、さらに

『海雲血脈』や『造玄血脈』によってそれ以外の付法についても記す。〔所載〕仏全106。　〔苫米地誠一〕

両部秘密許可并大結界式【りょうぶひみつこかならびにだいけっかいしき】因　一巻。最澄（七六六―八二二）撰。最澄は伝教大師、日本天台宗宗祖。『法華経』の一乗義をもって宗を立て、入唐して天台智顗の法系を相承し、あわせて一乗義にかなうものとして密教、菩薩戒を伝えた。本書は、表題のとおり胎蔵界、金剛界の秘密許可と大結界式についてのべ、秘密許可の次第を胎金にわたってのべ、大結界式として比叡山寺地結界を付す。偽書か。〔所載〕伝全4。　〔木内堯央〕

両部曼荼羅義記【りょうぶまんだらぎき】真　五巻。本円（一三〇一―七七―）述。永和三（一三七七）年成立。真言宗所依の経典である『大毘盧遮那仏神変加持経』（『大日経』）の胎蔵曼荼羅と、『金剛頂一切如来真実摂大乗現証大教王経』（『金剛頂経』）による金剛界曼荼羅の根本両部曼荼羅について、それぞれの枢要な点と、曼荼羅に描かれた各尊の坐位などについて、杲宝（一三〇六―六二）の『秘蔵記私鈔』の解を主とし、それに真言宗伝持の五祖善無畏、宗祖空海の釈を引用し、さらに多くの学匠の説を参考にして図を入れて釈した書。一巻から三巻までは胎蔵、あとの二巻は金剛界曼荼羅についてのべている。本円の草本によって覚心が享保二（一七一七）年に転写した写本が金剛三昧院にある。〔所載〕仏全44。　〔祖父江章子〕

両部曼荼羅私抄【りょうぶまんだらししょう】真　二巻。真如房澄舜撰。天文七（一五三八）年。金剛界・胎蔵界の両部現図曼荼羅の要義を釈し、また諸尊の形相座位等を明かす。本書は台密小川流相伝の説を主となし、あわせて東密の説を加味するという。同名の書として延徳三（一四九一）年印融（一四三五―一五一九）抄記の『両部曼荼羅私抄』（二巻。洋大・正大・竜大他）がある。こちらは東密三宝院流の相伝とされる。よって前者は天台密教系、後者は真言密教系の著作ということになり、あいまって両系統の相違を考えるための貴重な資料ともなろう。すなわち、⑴本書は胎蔵界・金剛界の順に釈せられるが、後者は金剛界・胎蔵界の順であること。⑵金剛界九会の初三会を本書は成身会・羯磨会・三昧耶会とするが、後者は羯磨会・三昧耶会・微細会とすることなどが指摘されている。本書の列挙するいちいちの要目は『仏解』に譲るとして、ここではその内容の一部を紹介するにとどめ、もって全体を賢察していただきたい。「問う。胎蔵界曼荼羅の周辺に牡丹草を描く意味は何か。このことは諸師に異議がある。（中略）が、牡丹草は獅子の愛でる草花である。獅子は仏母の〈三形〉であり、〈能生能母胎蔵〉の義と相応する。これによって牡丹草を描くのであると」〔所載〕正蔵（図像2）。　〔吉崎一美〕

両部曼荼羅随聞記【りょうぶまんだらずいもんき】真　慈雲（一七一八―一八〇四）述。祥薬記。河内の高貴寺において寛政七、八（一七九五、六）年の夏、西大寺流の許可（こか）をうけ、曼荼羅講伝を受けた、弟子菩提華祥薬の記したものである。これには二本あり、略本は上下二巻、広本は六巻である。両部曼荼羅の基本的な問題を詳細に取り上げたもので、現在においても両部曼荼羅研究には不可欠のものである。講伝筆受の部分は和文であり、菩提華の補記の部分は漢文である。特にこの補記の部分は、典拠を記したもので、経軌から空海の著作にいたるまで広く渉猟したものである。広本の巻一は、両部に共通する密蔵体性、理界智界等の三〇項目を述べているが、この部分は、曼荼羅入門書的意味を有し、特に重要である。〔所載〕慈全8。　〔福田亮成〕

両部曼荼羅対弁抄【りょうぶまんだらたいべんしょう】真　二巻。済暹（一〇二五―一一一五）撰。済暹は、空海の没後、事相のみにかたより、省みられることなく衰退していた東密の教相（教理的研究）を復興させた初めての学匠で、散逸しかかっていた空海の著作の蒐集にもつとめ、多くの注釈をつくった。本書は両部曼荼羅について、その両部の同異を問答体によってのべたものである。まず両部とは何かという問に、胎蔵界と金剛界の曼荼羅であるとし、その両部に一〇種の不同相があるので両部を分けるのであるとして、⑴名字不同門、⑵真言印契不同門、⑶教令輪身不同門、⑷在纒出纒不同門、⑸心蓮心月不同門、⑹理智不同門、⑺五阿五相廃立不同門、⑻三部五部不同門、⑼速疾成仏与即身成仏不同門、⑽九会十三大会建立不同門の一〇条を挙げ、これを平等のなかの差別の義であるとする。また両部には一〇種の同相があるとして、⑴相別体同門、⑵説教利生同用門、⑶修行同相門、⑷滅罪得福同相門、⑸周遍作用同用門、⑹超過三世同性門、⑺自本垂迹修因向果同相門、⑻三句三門廃立相通門、⑼同用護摩門、⑽同用潅頂門の一〇条を挙げ、これを差別のなかの平等の義であるとする。大治四（一一二九）年写本が高山寺にあるほか、京大、日大、高大にも写本がある。〔所載〕正蔵（図像1）。　〔苫米地誠一〕

了誉上人行業記【りょうよしょうにんぎょうごうき】浄　一巻。著者、成立年代不明。浄土宗第七祖了誉聖冏の誕生から西化までを記している。とくに五〇歳前了実に入門してからの宗義伝承期と各宗と神道、和歌等を学んだ他宗遊学期に詳しいが、大きな行蹟である五重伝法に関する記述は見当らない。他の伝記に『了誉上人絵詞伝』（鸞州、文政5）、『聖冏禅師伝』（野沢俊冏、大8）がある。〔刊本〕元禄九年刊。〔所載〕浄全17。　〔服部淳一〕

林丘客話【りんきゅうかくわ】曹　二巻。梅峰竺信（一六三三―一七〇七）撰。宝永二（一七〇五）年成立。宝永三（一七〇六）年刊行。梅峰は難波舟橋氏の出自、幼年播磨安養寺長屋養について出家、受具の後、奈良において内外の書籍を精究、宇治興聖寺万安英種（一五九一―一六五四）に参じ、さらに関東に出て諸叢林を訪うて参学、再び京都に帰って龍蟠松雲（一六〇六―八二）を礼し、ついに心要を得て法を嗣ぐ。寛文八（一六六八）年但馬養源寺に住し、延宝四（一六七六）年興聖寺に晋住、貞享元（一六八四）年墨江（大阪）臨南寺に退隠したが、同四年秋、水戸光圀の懇請により耕山に館したが、三年にして病により臨南寺に帰った。元禄四（一六九一）年卍山道白に邂逅しその革弊の志に共鳴して、同一三年、卍山と江戸に下り、宗統復古の訴願を関三刹に提出し、さらに官衙に出願した。この歳『洞門劇譚』一巻を上梓して嗣法の本義を明かし、日夜奔走すること前後四年にして同一六年革弊が認められ、ここに大業が成就されたのである。その九月に大和白雲山興禅寺に入り、宝永二年本書を撰述、同四年臨南寺において示寂。本書は、自らの『洞門劇譚』や卍山の『洞門衣袽集』等に示された嗣承の論義に抗して数々の異見が簇出し、さらに官裁の「定書」中の三物論に轟然と非難が興ったので、これに答えて宗弊改革の正統性を明らかにしたものである。内容は、はじめに自題、客話引例を載せ、巻上は、述作の事由、嗣法紙伝の意義、宗祖道元の真意、両山提出文書、中国の王者の信仰、王法と仏法、元禄一六年の革弊裁決文、三物起原と歴史、嗣書一物の一師印証、血脈・大事の重授の論証等を論じ、巻下は切紙、立宗の困難、洞済接化、五位等の機関、濫嗣濫法の史実、儒道の伝承、書画道、九流医道、済派の源流、古塔主、大陽・投子・法遠の代付、松源崇岳（一一三二―一二〇二）と白雲守端（一〇二五―七二）、笑隠大訢（一二八四―一三四四）と石窓法恭（一一〇二―八一）の偈、および嗣法紙伝への難詰に答えている。〔所載〕曹全（室中）。〔小坂機融〕

臨済録撮要鈔【りんざいろくさつようしょう】臨　五巻。鉄崖道空撰。元禄四（一六九一）年刊。具名を『臨済慧照禅師語録撮要鈔』という。『臨済録』の全体にわたって詳細な注釈を施したもの。ひろく諸経論を引用し、文は漢文をもちいる。巻首に元禄四年の高泉性潡の序、「読臨済語録鈔賦贈仏日鉄崖和尚」と題する悦山道宗の偈、および「貞享五年歳在戊辰林鐘初三日」の識語のある鉄崖自身の序が附せられている。〔古賀英彦〕

臨済録疏瀹【りんざいろくそやく】臨　五巻。無著道忠（一六五三―一七四四）撰。享保一一（一七二六）年成立。無著道忠は、但馬の人で、幼時出石の如来寺に入り、のち妙心寺塔頭竜華院の竺印に投じた。宝永四（一七〇七）年五五歳で妙心寺に住し、正徳四（一七一四）年再住。晩年は著述に専念した。わが国の臨済宗を代表する学匠で、その著書は三七一種九一一巻にのぼるといわれる。本書はそのなかでももっとも有名なもののひとつで、『臨済録』一巻の語句に綿密な注解を施したもの。『臨済録』は唐代の禅僧で、のちに臨済宗の祖と仰がれる臨済義玄の語録である。成立年次は明らかではないが、その弟子三聖慧然の編になる。宣和二（一一二〇）年円覚宗演が重刊した。巻首に馬防の序を付し、つづいて上堂、示衆の語を録し、さらに勘弁と行録とを収め、巻末に真定十方臨済慧照玄公大宗師道行碑ならびに臨済正宗碑銘を載せる。わが国においても元応二（一三二〇）年、永享九（一四三七）年、延徳三（一四九一）年の五山版をはじめ、元和九（一六二三）年の古活字本等数多く存する。また注釈書の数も現代にいたるまで纏綿と絶えることなく出版されているが、本書を超えるものは未だにない。達意的な解説はつとめて避け、厳密に客観的学問的な姿勢のもとに博引旁証あますところがない。写本を禅文研に蔵する。また近年影印による出版がなされた。〔古賀英彦〕

臨終行儀【りんじゅうぎょうぎ】浄　一巻。源空（一一三三―一二一二）筆。建久元（一一九〇）年一〇月の成立と巻末に記されるが、源空筆の真作を疑う説もある。原本は静岡県沼津乗運寺蔵の漢文体であったが昭和二〇年に焼失した。京都浄福寺には和文の同本が所蔵されている。漢文体には省略の形跡があるが、和文には見られない。内容は臨終時の具体的な行儀をのべたものではなく、善導の著述を中心に引用して念仏行者のために臨終時の心がまえを説いたものである。〔所載〕法全、昭法全。〔参考〕三田全信・臨終講式の研究（『浄土宗史の新研究』所収）。〔藤井正雄〕

臨終行儀注記【りんじゅうぎょうぎちゅうき】真　一巻。著者明記なし。成立年代不明。別に『臨終記』『臨終行儀』ともいう。臨終行儀は一期の大要であるとして、その大事を一三条に分け解説したものである。序に、善悪の二報は臨終時の一念によるものであって、このときにその利を失すれば地獄へおちる。このことを朝夕に心がけ、一生空しく過すことなかれと戒めている。〔原本〕慶安三（一六五〇）年校本。〔所載〕仏全70、仏全鈴（威儀部1―49）、浄全続15。〔参考〕仏解、仏全、仏全鈴。〔中山清田〕

臨終節要【りんじゅうせつよう】浄　二巻。性憲蓮居（?―一七一九）著。成立年代不明。臨終の人に念仏をすすめ、臨終時の要儀等を説く、次の項目よりなる。上巻には『華厳経』賢首品、善導和尚臨終正念要訣、臨終の用意に七条あり、知死期、下巻には仏祖要語として病人用人、看病用人、雑附を挙げている。永観、千観、源空、證空等の言葉を引いて、看病、臨終時の心構えをのべ、後序にはこれらの行儀はまた釈尊が示し、行じたものという。〔日下俊文〕

臨終用意事【りんじゅうよういのこと】南　一巻。貞慶（一一五五―一二一三）述。『臨終大事用意』『臨終之用意』ともいう。本書は法相宗中興の祖と称せられる貞慶が臨終のときの心得を六カ条に分けて平易な文体で説いたもの。臨終の近い病人に対する看病人の心すべきことや、死体に対する心得など、すべて仏に帰一するようにつとめるべきであるとする〔所載〕日蔵33（法相宗章疏2）。〔菅沼　晃〕

臨終要決纂解【りんじゅうようけつさんげ】

浄 二巻。慈泉（一六四四—一七〇七）撰。天和二（一六八二）年成立。本書は善導の『臨終要決』を恵心、永観等の慈訓を引いて解釈したもので、臨命終のときの指南、浄業の者の用心を示した随文解説の書である。上巻には善導和尚別伝、臨終顚倒、臨終現境、臨終善悪四句分別などを挙げ、下巻は看病法用、酒肉五辛、看病五徳、看病五失、浄土門臨終説法、臨終儀式、善知識、臨終十種不能念仏、臨終大事方在平生などについて説いている。〔日下俊文〕

臨終用心記【りんじゅうようじんき】日 二巻。禅智日好（一六五五—一七三四）著。享保五（一七二〇）年成立。本書は成仏に凡位の即身成仏（名字即成）心の成仏と聖位の成仏（解行具足）身心の成仏を説き、後者に重きをおき、安易に名字即成におちいることの危険を排して、実践を強調して臨終において未来成仏の安心をいうのである。〔刊本〕享保一四（一七二九）年。——録外微考 〔桑名貫正〕

臨終用心事【りんじゅうようじんのこと】真 一巻。道範（一一七八〈八四〉—一二五二）撰。真言宗徒が臨終の時の心得を説いたもので、⑴病により上堂行法することができない場合、⑵長くわずらい身口を清めることができない時、⑶急病の時の三に分けて、いかなることをなすべきかを説いている。刊本は京大。〔所載〕真全2。〔祖父江章子〕

臨川寺家訓【りんせんじかくん】臨 一巻。夢窓疎石（一二七五—一三五一）撰。暦応二（一三三九）年成立。臨川寺の住持、道人、山門の規矩、四時の坐禅、臨時の祈禱、僧衆の和合、守口摂意、僧舎、本末寺の勝劣、涅槃堂供式、飲酒の過失など夢窓門下の統制、寺院運営上の規則を制定。有名な我に三等の弟子ありの遺誡を収む。夢窓自筆本は天龍寺所蔵。刊本としては貞治四年刊『夢窓年譜』、江戸期刊『夢窓録拾遺』に収載。〔所載〕正蔵80、続群書9下。〔早苗憲生〕

れ

霊巌上人略伝【れいがんしょうにんりゃくでん】浄 一巻。著者不明。檀林霊巌寺の開山で、知恩院第三二世雄誉霊巌の生涯を和文体で編年的に記述した伝記。天文一三（一五四四）年出生から寛永一八（一六四一）年示寂までの主たる行状、すなわち一五歳で生実大巌寺道誉貞把の門に入って後、南都、伊勢、房州等の遊化、霊巌等諸寺建立、知恩院三二世としての入山、祖山火災後の復興等を記している。〔刊本〕安政六年刊。〔所載〕浄全17。〔柴田哲彦〕

例講問答【れいこうもんどう】日 四七巻。行学日朝（一四二二—一五〇〇）作。文明四—六（一四七二—七四）年成立。日朝は室町時代を代表する一致派の学匠。身延山久遠寺第一一世貫首。本書は、日朝が身延入山後、門下を教育するために、当時天台宗で盛んに行われていた論議の形式を摂取し、その問答用意のための草案といえる。論議としては、ほかに「三日講問答」「立正会問答」等がある。本書は、法華経のほかに、法相宗、禅宗、律宗、浄土宗、真言宗、天台宗、三論宗、華厳宗、日蓮宗などの内容にわたり、日朝の学問の博さと、他宗理解をもとにする他宗破折の意図がうかがえる。正本は山梨県身延文庫に所蔵。〔北川前肇〕

例講問答書合【れいこうもんどうかきあわせ】天 一二巻。著者明記なし。鎌倉—南北朝期成立。『台祖密目』で猪熊良聖（一二九一—一三六二）撰。安居院聖覚（一一六七—一二三五）とするのは誤り。本書は天台宗論義の論題二〇〇を、宗要（一〇〇題）、業義と義科（一〇〇題）、副義（そえぎ）を組み合わせ配当した書。元来顕教の教理修得の儀礼であるが、顕密一致の論義も見られ、他流書と対照して盧談系の論旨が見られる。〔野本覚成〕

例時作法【れいじさほう】天 一巻。編著者不詳。日本の天台宗で、法華懺法と一対となして日常の勤行に用いられるものは、例時作法である。法華懺法の朝課勤行の儀則であるのに対して、例時作法は晩課勤行に用いられ、朝懺法夕例時、ないし、朝題目夕念仏の天台宗のたてまえはそこに存する。法華懺法が六根懺悔を中心におくのに対して例時作法は往生極楽を期するもので、『阿弥陀経』の諷誦を中心として、臨終等の別時ではなく、毎夕の例時に修する作法という意味である。古来その伝承は慈覚大師圓仁に帰せられ、安然は法照の極楽の水島樹林の音声を写したという「長短二声合殺五声」すなわち五会念仏としてこれを圓仁が伝え、仁寿元（八五一）年常行三昧として始修したと伝える。しかし現行の例時作法は直ちに『摩訶止観』の常行三昧によっているかというと、かならずしもそうではなく、法照の『浄土五会念仏略法事儀讃』とも合致しない。全体の次第は、伽陀、三礼、七仏通戒偈、黄昏偈、無常偈、六為、四奉請、甲念仏、阿弥陀経、甲念仏、甲刹、四向、後唄、三礼、七仏通戒偈、初夜偈、九声念仏、神分霊分祈願、大懺悔、五念門で、後半三礼以下は初夜作法をなす。ひとつに二十五三昧講の『起請八箇条』に例時の名が出、その次第構成の点から敦煌スタイン発見一三〇六文書、智昇の集諸経礼懺儀、往生礼讃偈、ないし五念門の一部には奈良声明三十二相文、迦才浄土論と共通するものがあり、一〇世紀末までの成立とされる。〔所載〕正蔵77。〔木内堯央〕

例時作法略抄【れいじさほうりゃくしょう】天 一巻。慈門（一一七四三—七一一）抄。慈門は、『法華懺法略抄』をも著わした、尊重院の僧。おわりに「右明和八年辛卯之夏、依梶井宮御尋早卒記之、七十五老僧正慈門」とあり、本書の成立が、梶井門跡法親王の依頼で例時作法を略抄したもので、法華懺法の略抄と合して請いに応えたものであることがわかる。ときに慈門は僧正であり、七五歳というから慶長一二（一六〇七）年の生誕となる。

〔所載〕天全11。〔木内堯央〕

鈴杵義【れいしょうぎ】真　一巻。真然（八〇四—九一）口決。成立年代不明。別に『杵鈴義』ともいう。本書は真言密教の行法の法具である金剛鈴、五股金剛杵についての作法・意義を示し、振鈴作法とその教学的意義をのべる。本書は『弘弟全』に二本、『日蔵』に一本収められている。それら三本はともに底本を異にし、相違がみられる。〔所載〕弘弟全中。〔本多隆仁〕

連環弁道略【れんかんべんどうりゃく】浄真　一巻。慧海（一七〇一—六五）撰。享保一八（一七三三）年成立。慧海は高田派の学頭。駿河国府中の高田派浄円寺に生まれて、のちに静岡の浄円寺に住した。華厳を鳳潭に学び、宗学を慧雲に学んで、本願寺派の学僧法霖や大谷派の学僧慧琳と交わった。日ごろから称名念仏にいそしみ、浄土真宗の源流は下野国高田の専修寺にあるとの自誇を懐いて、本願寺は傍流であるといっていたという。高田派の学頭に推されて、『下野流本尊義』『浄土解行論』『大経幽讃記』など五〇部を著わし明和二年に寂した。本書は鳳潭の『明導劄』を批判したもので、五一カ所について駁論をのべている。その主なものは、瑜伽唯識の天親と浄土教の天親とは、依経、論文、教相、始教・終教の別からして同一に論じられないこと、安養の報土を六大の法界としないのは、衆生の楽欲に因順するからであること、安養身土については、古今に六家の釈があるが、浄土門では、所因順と能因順に分けて考えること、前者は要門・横出・権大乗で、後者は弘願一乗横超の義である。高田派では、『愚禿抄』によって四土を明かし、四を合して真化の二土とし、応化を合して三土ともするが、いずれも酬因感果のゆえに報土報身とみる。経には隠顕があり、顕からすると師資矛盾するが隠説より見れば同一であるということ、玄義分に釈迦教と弥陀教の二門を立てること、などについてのべている。〔所載〕真宗全60。〔田中教照〕

蓮蔵海五分録【れんぞうかいごぶんろく】曹　一〇巻。玄楼奥竜（一七二〇—一八一三）撰。詳しくは『蓮蔵海玄楼奥竜禅師五分録』。たんに『五分録』とも。遊月等集。奥竜は蓮蔵海と号し、狼玄楼と称せられた江戸末期の天桂派下の禅匠。本書はその一代の語録を編集したもの。経歴に準じて、出家游方分、西福寺・永平寺兼帯分、保安寺・華厳寺兼帯分、竜満寺分、興聖寺分の五分に分け、示衆、語要、論説、詩偈などを編纂する。〔所載〕続曹全（語録3）、禅学大系（祖録5）。〔佐藤秀孝〕

蓮祖大士窮源抄【れんそだいしぐげんしょう】日　四巻。日領（一五七二—一六四八）著。成立年代不明。日領は鏡忍寺、誕生寺歴世。中村檀林能化。徳川家康が邪義ときめつけた不受不施義を強く主張す。寛永七年身池対論に負けた池上側の不受派僧である。幕命により処罰を受け流罪僧となったために日領存命中の著作の多くは出版年代の刊記は無刊記本である。本書もその例外でなく没後元禄一三（一七〇〇）年に刊行。本書は寛永一九（一六四二）年の『日蓮本地義』二巻とその内容は全同で、それを四巻本にした再訂本である。本書は日蓮宗を脱宗して天台僧となり逆に日蓮宗を攻撃した真迢の『破邪顕正記』五巻に対する反駁の書である。真迢は『法華経』依経の天台宗の立場にあるから、その教義批判も権実論の範囲内で、約部為正の爾前奪釈や日蓮の能化有無の問題であった。これに対し日領は一貫して日蓮上行菩薩本地義を強調している。日領の証明の方法は「十ケ道理・十ケ証文・十ケ遮難」を挙げ真迢の説を論破している。従来、本宗において本書に六カ条くらいをもって日領の思想は台学偏重ありという説が多い。それらの批判を見ると、批判の前後の文章、または全体から管見すると必ずしもいちがいに六カ条全部がその批判の対象に当たるとは思えない部分もある。〔所載〕仏全97、日教全10。〔参考〕日蓮宗学説史、日蓮宗教学史、日蓮宗事典、近世日蓮宗出版史研究。→日蓮本地義〔桑名貫正〕

蓮如上人遺徳記【れんにょしょうにんいとくき】浄真　三巻。蓮悟（一四六八—一五四三）編、実悟（一四九二—一五八三）記。成立年代不明。蓮悟は蓮如の第一六子。『蓮如上人行状記』ともいう。本書は、蓮如の生涯を誕生から入寂まで順を追って叙述した伝記たる蓮如伝の原型として、蓮如像の形成に大きな役割を果たしたものである。本書の構成は、蓮如の遺徳を三段にわける。⑴真宗再興の徳。蓮如の俗姓よりはじめ、蓮如が念持の義を詳らかにしたことを讃嘆しつつ、永享三年、宝徳元年、長禄元年、文明三、九、一二、一四年等の事跡をのべている。⑵在世の不思議。明応五年より明応八年の往生に至るまでを中心に、夢告などの不思議をのべている。⑶滅後の利益。「凡愚の易往の教文を残して失道のものの指南とし、滅後利益の言光を暉かして闇冥のものの、慧日としたまう」として、蓮如往生以後の瑞事の不思議や蓮如直筆の名号の不思議などをのべつつ、蓮如の遺徳を偲んでいる。他方、奥書によれば、大永四（一五二四）年より天文二（一五三三）年の間に蓮悟編、実悟記、兼興添削の書としてなされているが、天文年間の成立ということについては一考を要するものである。〔所載〕国東叢1、真宗仮名聖教12、蓮如上人全書、真宗聖教大全上、真宗法要23、真聖典和文部、真宗史料集成2。〔佐竹大隆〕

蓮如上人縁起【れんにょしょうにんえんぎ】浄真　一〇巻。了雅先啓（一七二〇—九七）述。宝暦九（一七五九）年成立。先啓は大谷派の著名な真宗史家。本書は、本願寺第八代蓮如の生涯を誕生から入寂、さらには中陰、一周忌、滅後の遺徳まで順を追って叙述した伝記である。このうち第七・八・九の三巻には、主として蓮如の法語が収録されている。また著者は、蓮如の遺徳讃嘆ではなくしと、諸種の関係典籍を渉覧・検討し一代の実録を記すことにつとめている。〔所載〕真宗全69。〔佐竹大隆〕

蓮如上人御一代聞書【れんにょしょうにんごいちだいききがき】浄真 一巻、また二巻、四巻。成立年代不明。『蓮如上人御一代記聞書』ともいう。本書は、本願寺第八世蓮如のおりおりの法語、訓誡、行状を箇条書に記録した和文での言行録で、また、第九世実如（一四四八—一五二五）を始め、親しく蓮如の教えを受けた人びとの言行をも収める。

元禄二（一六八九）年開版の丁字屋坊刊本は、四巻二四九カ条より成る。明和三（一七六六）年西本願寺開版の『真宗法要』本は、各個条の序列や文言などから見て、主として丁字屋坊刊本によって編集し、さらに他本によって箇条の数をふやし、意味の不明な箇所を修補したもので、二巻三一四カ条より成る。文化八（一八一一）年東本願寺開版の『真宗仮名聖教』本は、丁字屋坊刊本を底本として、恵空が願得寺蔵『蓮如上人御物語聞書』を書写した古写本などによって校合したものと伝えられ、一巻三一六カ条より成る。これらは、その各箇条の配列順序も箇条数もそれぞれ異なっている。

編者については古来、蓮如門弟の空善と蓮如第一六子たる蓮悟説と、蓮如第二三子たる実悟説とが有力である。これは、たとえば『真宗仮名聖教』本三一六カ条中、四四カ条が『空善日記』と『空善聞書』に、四二カ条が蓮悟の『蓮如上人御物語次第』に、一六〇カ条が実悟の『蓮如上人仰条々連々聞書』に、五八カ条が実悟の『蓮如上人御法談』に、二四八カ条が実悟の『蓮如上人御自言』に、それぞれ掲載されているところなどから、空善・蓮悟説や実悟説が生まれてくるのである。そして今日では、実悟説がもっとも有力ではあるが、『空善日記』の完本と目される一本と抄略本とのかかわりにおいて、実悟は実際には完本を見ていなかった可能性が指摘される。よって、『蓮如上人御一代聞書』のほうは明らかに完本を依用しているのであるから、この指摘に従えば、実悟もまた本書の編者たりえぬこととなる。また一説には、顕悟とする見解もある。

編集時代は、書中で蓮如を前々住上人、実如を前住上人と呼称し、また実悟往生後の大永六（一五二六）年正月と享禄二（一五二九）年二月の兼縁（蓮悟）の『夢記』も存することより、第一〇世証如の時代であろう。〔所載〕国東叢1、真宗法要21・22、真宗仮名聖教4、蓮如上人全書、真宗聖教大全上、真聖典和文之部。〔佐竹大隆〕

蓮如上人御一代記聞書講義【れんにょしょうにんごいちだいききがきこうぎ】浄真 一一巻あるいは一〇巻、六巻。深励（一七四九—一八一七）述。成立年代不明。本書はまず、聞書きの集録者を考究し、次に集録の来意、題号を解する。そして、聞書きの各章の初めに坊本、古写本、『真宗法要』本を対照し、終りに列章の次第を解しながら、各章の言句の注釈を施し、全箇条を講ずる。また深励は集録者について実悟説を採用している。〔所載〕真大29・30。——→蓮如上人御一代聞書〔佐竹大隆〕

蓮如上人御一代記聞書筆誌【れんにょしょうにんごいちだいききがきひっし】浄真 五巻。智現（?—一八三五）述。成立年代不明。智現は大谷派の学僧。本書は、まずその序において、聞書きの集録者について空善・蓮悟説をとりつつ考究し、さらに本書を師の深励の『聞書講義』の補足的なもの、との抱負をのべている。そして『真宗仮名聖教』本を底本として聞書きの三一六カ条についていちいち言句の注釈を施しながら、本願寺・大谷両派学解の相違にも言及している。〔所載〕真宗全44。——→蓮如上人御一代聞書〔佐竹大隆〕

蓮能御往生記【れんのうごおうじょうき】浄真 一巻。実孝（一四九五—一五五三）記。成立年代不明。実孝は蓮如の第二五子。本書は、本願寺第八代蓮如の裏方で著者実孝の母である蓮能の往生、葬体、灰寄、中陰の次第を記したものである。書中、此儀未決として、火屋の庭を出るとき、白扇をすてること、わらじを門前の河原にぬぎすてはだしで帰ることという、民俗的葬送習俗とでもいえる新作法もでている。〔所載〕真宗全64、真宗史料集成2。〔佐竹大隆〕

蓮門課誦【れんもんかじゅ】浄 一巻。瑞山（?—一七〇七）撰。延宝九（一六八一）年成立。竜空瑞山は洛安養寺で出家得度し、法蔵寺に移り、のちに応仁の乱で荒廃した深草真宗院を中興した。寺門の制規を立て朝礼暮念の西山深草の宗風興隆のため、六時の法式集を整え、通西慈空、専意一向の補をえてできたのが本書である。のち誓願寺第五九世として晋んだ。本書は西山流勤行式で、日常諷誦すべき礼讃経文等を集め、とくに礼讃の音譜は専意一向が付したものである。まず勤行前の堂内の準備、入堂、堂内の威儀を定めて、晨朝日中等の六時を挙げている。晨課には『菩薩戒経』、諷誦文、大経肆誓偈、晨朝礼讃偈（善導）広懺悔、作梵説偈発願、讃念仏等を挙げ、昼課は肆誓偈（略）、礼讃偈、懺悔作梵説偈等（略）を挙げその次第を示している。晡課（日没）は『仏説阿弥陀経』、諷誦文、肆誓偈（略）、日没讃、要懺悔、作梵等（略）、無常偈、讃念仏行道等を出して、次に外堂施食儀を、ここでは無量寿如来根本陀羅尼、変食陀羅尼、甘露水陀羅尼等を載せ、初中後課では、初夜は礼讃偈、無常偈、中夜は礼讃偈、五悔、後夜は礼讃偈、無常偈、讃念仏、『観経』真身観を挙げ、初後夜礼讃のちに「懺悔以至発願如上」として略す。この他斎仏儀（四奉請、念仏、呪食、偈、『弥陀経』、念仏、偈、廻向等）、臨斎儀（十方施主云々、『般若心経』、展盋、受食、呪願、五観、正食、等得、受粥、結斎）を挙げている。奥書に通西慈空筆受、専意一向墨譜とある。安政六年再梓。昭和五〇年復刊。〔日下俊文〕

蓮門経籍録【れんもんきょうじゃくろく】浄 二巻。文雄（一七〇〇—六三）編。成立年代不明。初め寛保年間（一七四一—四三）に京都了蓮寺の文雄がこの浄土宗の典籍目録を編集し、その後文政—天保（一八一八—四三）ころに京都金戒光明寺の天従が補足し、文久二（一八六二）年に徹定がこの両本に取捨選択を加えて増補したものを、福田行誡が更に再校、追録して刊行したものである。正しくは『蓮門類聚経籍録』という。本書は浄土宗鎮西派、西山派および真宗の一部にわたる浄土教関係の種類別経論典籍目録である。上巻は、無量寿経類、大経疏釈類、観経疏釈類、小経疏釈類、傍依経本類、正依論釈類、支那祖釈類、支那傍讃類、下巻に、選択註疏類、大原談義類、遺嘱法語類、伝戒章疏類、列祖諸仏類、往生伝記類、曼荼羅讃述類、浄土名目類、列祖伝籍録、正統師籍類、他師章疏類、禦侮筆陳類、偽妄濫真類などの項を組み立て、書名、巻数、著者名を挙げ、簡単な解説をも加えている。浄土宗の経論典籍目録には長西編『浄土依憑経論章疏目録』から望月信亨編『浄土宗章疏録』まで種々あるが、分類がもっとも整然としているのは本書である。了蓮寺には文雄自筆の古今内典章疏録が現存しており、これが草稿本になったものであろう。写本は谷大、正大、竜大にある。〔所載〕仏全96（仏教書籍目録1）。〔参考〕藤堂恭俊・福田行誡和上と『蓮門類聚経籍録』（『浄土教の思想と文化』所収）。〔宇高良哲〕

蓮門精舎旧詞【れんもんしょうじゃきゅうし】浄　五〇冊。増上寺の浄土宗寺院由緒書の重要個所を抄写したものが本書であり、知恩院所蔵。編者が常元とされているのは、第一冊だけ仏元の委嘱で常元が、享保五（一七二〇）年に調査した蓮門由緒聞書が誤って混入したためである。第二冊以降はすべて由緒書の抄写本である。〔所載〕浄全続18・19。→浄土宗寺院由緒書　〔宇高良哲〕

蓮門小清規【れんもんしょうしんぎ】浄　二巻。慈空通西（一六四六―一七一九）書。延宝八（一六八〇）年成立。深草真宗蓮社における蓮門日用の規律を定め、行事予定を示したものである。上巻には日用須知凡八条目として、昼分、夜分、日分、月分、営備、門風、名分、履践の八項目、下巻には修習正助二法として五種正行、五種助縁の二および食作法、犍推方法、蓮門十訓があげられ、それぞれのあり方を説く。深草派にとって貴重なる僧侶の指南書である。刊本を竜大蔵。〔長谷川是修〕

ろ

驢鞍橋【ろあんきょう】曹　三巻。鈴木正三（一五七九―一六五五）撰。万治三（一六六〇）年刊。正三はもと三河武士で関ケ原の戦いや、大坂冬の陣、夏の陣にも参戦した。出家して曹洞宗に属し、三河の恩真寺に住したが、その交際や思想は、曹洞宗にとどまらぬ自由な立場にある。『曹全』本は寛文九（一六六九）年刊本によるが、上巻には正三の鼓揚した仁王禅の修行方法や参禅の心構えが説かれ、中巻では宗義、下巻には法語などが収録される。いずれも正三晩年のものであり、門人の恵中が編集している。〔所載〕続曹全（法語）、鈴木正三道人全集、禅法語（下）。〔永井政之〕

朗源譲状【ろうげんゆずりじょう】日　一紙。大覚妙実（?―一三六四）書。延文元（一三五六）年五月八日の成立。京都妙顕寺貫主大覚妙実が、朗源をその後継者と認定し、法脈を付嘱することを認可した状。正本は京都妙顕寺蔵。写本は『竜華秘書』として静岡蓮永寺蔵。〔所載〕日宗全19。〔糸久宝賢〕

鹿苑日録【ろくおんにちろく】臨　一五八冊。景徐周麟・梅叔法霖・有節瑞保ほか著。長享元（一四八七）年より享和三（一八〇三）年に至る鹿苑僧録の公用日記及び関連日件録一一一冊、雑集四六冊、断簡一冊。僧録は五山派官寺の住持・僧階・寺領の任免・昇叙・管理を司り、相国寺鹿苑院主が任命された。原本は相国寺慈照院に伝存したが、後に東大図書館の所蔵となり、大正一二年関東大震災によって焼失した。昭和九―一二年、写本によって慶安四年までの日記・雑録が翻刻された。〔加藤正俊〕

録外微考【ろくげびこう】日　二巻。禅智日好（一六五五―一七三四）撰。成立年代不明。本書には『録内拾遺』を二〇数回、『録内扶老』を五回引用しているので享保一三（一七二八）年以降の成立である。日好は光悦の孫で京都の人。水戸、六条、中村檀林の化主、玉沢妙法華寺二七世。江戸青山本通菴に隠棲し三六年間研究著述活動をする。また重門教学を継承し、元政の事戒主義を慕い実践した。本書は、寛文二（一六六二）年刊『録外御書』二五巻二九九篇に基づき、そのうち上巻に九〇篇、下巻に七七篇、計一六七鈔を注釈し、下巻末に「録外書異本覚」を載せて他本との校訂を行っている。その内容は、一六七鈔の本文の一部の出典典拠を簡単に挙げ、ときには地名、人名、事蹟等の説明も見られる。特徴とすべきことは正本所在を明かし一部正本との校合、偽書と断定すること二鈔、御書同士の全同や重複の指摘、御書の広略の異なり、『善無畏鈔』の末の半分とか断定し文献学的考証をなした点である。本書は日好最晩年の注釈書であって、『録内御書』の注釈書『録内拾遺』『録内扶老』と比較すると力及ばず、全般的に簡略的な注釈に終っている。しかし本書は『録外御書』の最初の注釈書である。享保二〇（一七三五）年刊、明治一五（一八八二）年（『録外考文』と合本の出版）、昭和五二年再刊（巻末に『録外考文』も含めて索引あり）。〔所載〕日全。〔参考〕本化聖典解題提要、日蓮聖人遺文の文献学的研究、日蓮宗事典。〔桑名貫正〕

六三分別【ろくさんふんべつ】浄真　二巻。履善（一七五四―一八一九）撰。文化七（一八一〇）年成立。履善は本願寺派の学僧で、仰誓の実子であり、芸轍の慧雲に師事し研鑽した。著述は一〇〇余部の多きに及び、宗学者中の第一に数えられている。本書は、真宗の教相として代表的な六三法門を詳述したものであり、三願、三経、三蔵、三門、三機、三往生の六種の要論による聖浄真仮の水際を明かしたものである。三願分別では、十八願・十九願・二十願を、(1)大意、(2)興由、(3)願目、(4)次第、(5)願事、(6)会諸難と六門に分けて論述する。三経分別では、『大経』『観経』『小経』を、(1)同別、(2)所依、(3)興由、(4)宗体、(5)分斉、(6)所為、(7)部時の七門に分けて論述する。三蔵分別では、福智蔵、福徳蔵、功徳蔵を、(1)典拠、(2)所依、(3)名義と三門に分けて論述する。(以上上巻)。三門分別では、要門、真門、弘願門を、(1)名義、(2)開合、(3)分斉、(4)法件と四門に分けて論述する。三機分別では、正定聚、邪定聚、不定聚を、(1)其人、(2)其名、(3)得位、(4)異名、(5)釈疑と五門に分けて論述する。三往生分別では、難思議往生、双樹林下往生、難思往生を、(1)異解、(2)随釈、(3)問答の三門に分けて論述する。「文化七(一八一〇)年五月二十三日著書完成」と跋文にあり。石州菅三綉氏が所蔵する。〔所載〕真宗全56。〔参考〕仏教大辞彙6。〔藤田恭爾〕

六時居讃註解【ろくじいざんちゅうげ】時 二巻。著者・成立年代ともに不明。江戸中期の作と推定される。本書は『六時居讃』の注釈書。文中『法華薬王品』『播州問答集』『器朴論』『法事讃』『大原問答』『定善義』『往生要集』『翼讃』と広瀚な典籍を引いているため、宗学の大家の筆による宗典であると思われる。なお、『居讃』は『六時礼讃』のすぐあとにつく和讃である。〔所載〕定時宗。――→六時居讃〔石岡信一〕

六所造宝塔願文【ろくしょぞうほうとうがんもん】因 一巻。最澄(七六六―八二二)記。弘仁九(八一八)年成立。大日本国を東・西・南・北・中央・総の六カ所に分け、そこに鎮護国家のための法華多宝塔を建立せんと発願し、その場所と四字一句、二三句偈の誓願文を記したものである。これは最澄が『法華経』の一乗思想によって、護国済民を目指した具体的な表われと考えられる。〔所載〕伝全5。〔末広照純〕

六即詮要記【ろくそくせんようき】因 二巻。源信(九四二―一〇一七)作。成立年代不明。本書は智顗(五三八―九七)が修行の指南、判位の規範のために創説した天台教義における円教の行位、六即位(すなわち、理即、名字即、観行即、相似即、分真即、究竟即)の意義について天台三大部を初め湛然(七一一―八二)の釈義などを縦横にもちいて、問答体で詳細な検討を試みたものである。〔所載〕仏全32、恵全3。〔多田孝正〕

録内啓蒙【ろくないけいもう】日 三六巻。日講(一六二六―九八)撰。元禄八(一六九五)年五月五日撰述す。日講は江戸幕府により禁制された不受不施派の碩学である。京都の人で、一〇歳の時妙覚寺日習の門に入る。師の日習をはじめとして、不受不施派の先師たちの薫陶を受け、篤学の不受不施義を奉ずる僧となる。寛文五(一六六五)年幕府の土水供養令に抗し、翌六年日向佐土原の地に配流となる。配所生活も安定した延宝五(一六七七)年より、遺文講述を開始し、約一〇年を経て終了した。貞享四(一六八七)年四月、本書の草稿に着手し、録内目次の順に筆を進め、元禄三(一六九〇)年一〇月、三年半にして完成す。翌年より、再治・校正に着手し、元禄八年五月五日、三六巻の清書・写本が弟子恵昭日念(一六五六―一七三二)の手により完成する。

本書は録内に収められた日蓮遺文一四五抄の解説書であり、当時の天台教学偏重の風を改め、祖書中心の教学の樹立を目指し、述作された。遺文一四五抄を一抄ごとに、大意・述作由来・述作年代・題号釈等を考証し、本文解釈は随文解釈の形態をとっている。人名・古語・故事・地名等については出典を探り、本文を引用している。引用された経論等も、原典との対照確認をして、本文を載せている。遺文の本文解釈、特に宗義に関しては、受派の天台学偏重の傾向にある日重、日遠等の学説を引用しながらも、批判を加え、自義の不受不施・折伏義に立脚した教学を展開している。また、「本文分科」「私科」の名で科段を立て、一抄の大意の理解を容易にしている。

日講の綿密精緻にして該博な考証と、書誌学的考察を加えた本書は、遺文に関する百科事典的な性格を有している。特に、本書と同時に完成した、『録内啓蒙条箇』六巻は、『啓蒙』にて解説された個条を抽出列記しており、目次索引の役割を持つ。両書を併用することにより、百科辞典的利用には便なるものがある。日講滅後五年目、元禄一五(一七〇二)年に刊行されるや、多大な影響を当時の教学界に与え、今なお、遺文注釈史上に不朽の功績を残す最高権威である。本書は昭和五〇年に『日全』中に上下二巻で刊行されている。〔参考〕仏解、日全録内啓蒙上下、日蓮辞典、日蓮宗事典、日蓮宗教学史、日蓮宗学説史。〔西片元證〕

録内拾遺【ろくないしゅうい】日 八巻。禅智日好(一六五五―一七三四)撰。享保三(一七一八)年成立。本書は『録内御書』一三三鈔についての注釈書で、『御書見聞』や『御書註』の典拠、事跡、古語熟字は大部に限って余章の説明はなく、『啓蒙』の注釈も未検脱漏があるゆえに新古の章疏を二百余件にわたり補っている。享保一七(一七三二)年刊、明治四五(一九一二)年、昭和五一年再刊。〔所載〕日全。――→録外微考〔桑名貫正〕

録内扶老【ろくないふろう】日 一五巻。禅智日好(一六五五―一七三四)撰。享保一三(一七二八)年成立。日好は重門の教学を受け継ぎ、元政の風を慕い事戒主義を唱えた。本書は一度、壮年の日に書かれたが中村檀林化主のおりに火災にあい灰燼となる。序文に「為扶老軀之遺忘備幼学之視聴」の理由からふたたび七三・七四歳のときに著作された。行間には病いにかかりながらも述作された様子が見られる。本書は『録内御書』の一三四鈔についての注釈書で一巻―六巻は五大部をときには述作年代、由来、題意論旨、題号釈をなし、のち入文の注釈をしている。七巻―十五巻は正本の所在、すぐ入文の注釈である。日好は『啓蒙』『円注』『宏記』『草案抄』『啓運抄』等の注釈書の業績を踏まえつつ注釈を施しているが、たびたび『啓蒙』等の説に反論を加え日好独自の解釈が見られる。一例を挙げると『開目鈔』に末法も摂受あることを七カ条あげて『啓蒙』の説に不審、同じく末法にも小権の化あること三カ条あげて『啓蒙』の説を批判している。本書は、初心の学者には最初とっつきにくいけれども、のちの研鑽には必見の好著である。享保一三（一七二八）年、元文五（一七四〇）年刊。明治四四（一九一一）年、昭和五二年再刊。〔所載〕日全。〔参考〕日蓮宗教学史、日蓮宗学説史、日蓮宗事典。──→録外微考　〔桑名貫正〕

六人立義破立抄私記【ろくにんりゅうぎはりゅうしょうしき】日　二巻。日教（一四二八―?）著。延徳元（一四八九）年六二歳のとき執筆。『六人立義私記』と略称される。この書は富士門流の五・一相対教学を論じた『五人所破抄』を講述したもので、日興の血脈相承を立て、他の五人の異義を破し、興門の正嫡を強調している。その内容は日蓮本仏論を掲げる特異な大石寺教学の色彩が濃い。写本を重須本門寺蔵。〔所載〕富要4。　〔小野文珖〕

六物綱要【ろくもつこうよう】南　一巻。普寂（一七〇七―八一）述。『仏制比丘六物綱要』『六物図要』ともいう。比丘の六物、すなわち、比丘が必ず所持しなければならない六種の生活用具である三衣、鉢、尼師壇（坐具）、（漉水囊（ろくすいのう）。水をこすための布製の袋）について、その律蔵における典拠、制定の意図、制意、受持などについて名数および所出、制意、受持の如非、正しく六物を弁ずという四門によって、説いたものである。〔所載〕日蔵35。　〔菅沼　晃〕

六物図依釈【ろくもつずえしゃく】南　四巻。慧淑述。元禄八（一六九五）年成立。『仏制比丘六物図依釈』ともいう。宋の元照（一〇四八―一一一六）の『仏制比丘六物図』の注釈で、『六物図』の本文を分科し、その大綱をのべたものである。〔所載〕日蔵35。　〔菅沼　晃〕

六物図採摘【ろくもつずさいちゃく】南　三巻。大江（?―一六七一）述。『仏制比丘六物図採摘』『六物採摘』ともいう。浄土宗西山派の大江が宋の元照の『仏制六物図』を講義したものを筆録したもので、全体を大意、釈名、入文判釈の三門に分け、比丘の所持すべき六物について仮名交り文で解説している。〔所載〕日蔵35（戒律宗章疏2）。　〔菅沼　晃〕

六物図纂註【ろくもつずさんちゅう】南　四巻。宗覚（一六三九―一七一九）述。延宝六（一六七八）年成立。『仏制六物図纂註』ともいう。元照の『仏制六物図』の注釈で、本文を詳細に分科したのちに、語句、文章のいちいちについて解説している。〔所載〕日蔵35（戒律宗章疏2）。　〔菅沼　晃〕

六要抄【ろくようしょう】浄真　一〇巻。存覚（一二九〇―一三七三）撰。延文六（一三六〇）年成立。存覚は、本願寺三代覚如の長子であり、京都常楽寺の開基でもある。奈良の興福寺、東大寺に学び、さらに、比叡山に登り、玄智の室に入り諸教を研鑽した。次いで慈道法親王の門人となり、十楽院に参じて、講師の選に入るまでになる。阿彰空の『観経疏』の講説を京都樋口安養寺で聞く。このように仏教全般にわたり深い素養を二〇歳までに学んだことが、存覚の幅のひろい教学と、通仏教に対する『法華問答』『決智抄』の名著を可能にした。本書は初めに題目を解し、のちに本文の字句をおって解釈している。一〇巻の配当は、本典の第一巻、行巻は新本・新末の第二・第三巻、信巻は旧本・旧末の第四・第五巻、証巻は第六巻、真仏土巻は第七巻、化身土巻は旧本新本・旧本新末・旧末の第八・第九・第一〇巻とされている。本典の最古の注釈書であると同時に、「六要さん」として、本典の研鑽に常に座右に置かれ親しまれてきた書物である。本典の注釈書では必ず「六要ニ云ク」と引用されている名著であり、西山派の堯恵は『私集抄』（『浄土論註』の注釈書）に、『六要』の『論註』解釈を引用して論述するほどに他宗にも影響の大なる書物である。本書も存覚の深くひろい仏教の素養が随所にうかがえるものであると同時に、大乗仏教の本源として、誓願一仏乗をとらえた功績はまことに大であるといいうるものである。〔末注〕柔遠・六要抄指玄録一一巻、慧琳・六要抄補一〇巻、崇廓・六要抄助覧一巻等。空覚書写本を西本願寺に蔵する。〔所載〕真聖全2（宗祖部）。──→顕浄土真実教行証文類　〔藤田恭爾〕

驢耳弾琴【ろじだんきん】曹　七巻。天桂伝尊（一六四八―一七三五）撰。享保一八（一七三三）成立。天桂は慶安元（一六四八）年五月五日、紀州城下（和歌山市）に生まれ、後年、老螺蛤・老米虫などと号したが、享保二〇（一七三五）年一二月一〇日、八八歳をもって浪花の蔵鷺庵（現・大阪市天王寺区）に没した。天桂は卍山道白（一六三六―一七一五）、梅峰竺信（一六三三―一七〇七）を盟主とする宗統復古運動にも加担したが、道元の仏法に対する理解のあり方は卍山と相容れず、激しくその所説を論難した。天桂が六五歳に発願し八二歳で完成せしめた『正法眼蔵弁註』二二巻の注解をはじめ、他に『六祖坦経海水一滴』五巻、『報恩篇』三巻、その他多くの書を著わしている。本書は八六歳の年、摂津の退蔵峰陽松庵（現・大阪府池田市）において撰述された。「驢耳弾琴」とは、聞きわける力を持たないほど機根の貧しい者の耳にも、仏法の真実の美しい音色を説き聞かせようというほどの意で、そこに著者の誓願と、天桂一流の皮肉と諧謔が秘められている。七巻一〇章の内訳は、巻一「本成仏義」、巻二「一生成仏」「艸木成仏」、巻三「三無差別」、巻四「仏性有無」、巻五「性善性悪」「教外別伝」、巻六「諸教判釈」、巻七「甚大久遠」「諸法実相」であり、博引傍証、論説に委曲を尽した雄篇である。本書の中心は「要する所、悉く諸仏出興の本懐、衆生本成の密旨を知らしむるにあるのみ。千文万句、一貫して他事あることなし」（原漢

文）という凡例の語につくされている。〔所蔵〕駒大図。〔所載〕続曹全（語録2）。〔鈴木格禅〕

六巻抄【ろっかんじょう】日　六篇七巻。富士大石寺二六・二八世堅樹日寛（一六六五―一七二六）書。正本の執筆年時をみると、「三重秘伝抄」享保一〇（一七二五）年三月上旬、「文底秘沈抄」同三月下旬、「依義判文抄」同四月中旬、「末法相応抄」上下同五月上旬、「当流行事抄」同五月下旬、「当家三衣抄」同六月とあり、それぞれ大石寺大坊において述記されている。「末法相応抄」が上下二巻であるが、体裁としては六巻の叙述をなしているところから『六巻抄』と呼称されるのである。しかし、この正本は再治本で、現在伝わっていないが草案本があったことが確かめられている。その草案本の成立はいつごろかというと、日寛が学頭職についてから、おそらく正徳三（一七一三）年以降、享保一〇年の間に筆記されたものであろう。

日寛は上州の出身で、一九歳のとき日永の門に出家した。二五歳のとき上総の細草檀林に入檀し、二〇余年研学に励み能化に進んだが、四七歳の年日永の命を受けて石山蓮蔵坊の学頭職に就任し、一門の教学振興に当たった。五四歳のとき二六代の大石寺法灯を継承し、のちにふたたび猊座につく。享保一一年六二歳で入寂するまで、石山教学の講義、執筆に精力を傾注し、富士大石寺教学を大成したのである。富士系の歴史のなかでもっとも功績のあった宗学者で、現在の日蓮正宗、創価学会教学もこの日寛の教義をそのまま踏襲しているのにすぎないのである。

本書はこの日寛の宗義に関する主著で、のちに大石寺門下はこの『六巻抄』を門流根幹の教義書として尊重し、これを指南として『法華経』、遺文を読むようになった。その内容は興門が他門不共・唯授一人として伝える両巻血脈書や秘伝書を解説、体系づけたもので、日興分派を正統化するために独特な大石寺教学を構築して富士教団の理念、志向、行儀を確立したものである。「三重秘伝抄」は爾前と迹門との権実相対、本門と迹門との本迹相対、本門と文底との種脱相対の三重の関係を秘伝とし、種脱相対による文底本因の肝心こそ日蓮の深義であり、これは興門のみに相伝されたものという。「文底秘沈抄」は、文底秘沈の事一念三千を具現したものが本門の本尊、戒壇、題目の三大秘法であるとし、独特の三秘論を示す。「依義判文抄」は三大秘法の文証と五義判の文証を究明する。「末法相応抄」は末法相応の行は大曼荼羅を礼拝する但唱題目であり、読誦謗法、造像謗法を犯してはならないという。「当流行事抄」は正行、助行を論じ、久遠元初の自受用身の当体南無妙法蓮華経を正行とし、方便、寿量の読誦を助行と説く。「当家三衣抄」は三衣をのべて行儀から興門正統を説明している。これらの理論は日蓮教学とは異質な、富士門流でのみ形成された教団宗学である。正本は富士大石寺蔵。〔所載〕日宗全4。〔参考〕本因妙抄、百六箇相承、執行海秀・興門教学の研究、茂田井教亨・大石寺日寛の教学。〔小野文珖〕

魯寮詩偈【ろりょうしげ】臨　一巻。大潮元皓（一六七八―一七六八）著。延享元（一七四四）年刊。紫石浄介序、無隠道費後序。大潮は享保一三年江戸深川に魯寮と扁して住したが、この前後享保八―寛保二（一七二三―四二）年の詩偈を年次順に編集したもので、文人僧大潮の面目を示すものである。姉妹篇に『魯寮文集』二巻。ほか『松浦詩集』二巻、『西溟余稿』文部三巻、詩部三巻等がある。版本を駒大、黄檗蔵。〔大槻幹郎〕

論義鈔【ろんぎしょう】浄　八巻。実導（一三〇九―八八）他撰。文和二（一三五三）年成立。詳しくは『観経四帖疏論義抄』、また『観経疏論義鈔』ともいう。本書は西山三鈷寺康空示導の七回忌に当たり、実導およびその門人らが談議をなし、これを筆録した聞書きの仮名交りの抄物で、本山義三大書のひとつである。玄義、序分、定善、散善各二巻で、玄義上巻は観応三年九月三日於浄土院、下巻は同年九月一七日西山花台廟、序分は文和二年二月二四日より花台廟、定善は同年卯月二三日より同所、散善は同年六月一日より同所、七月二二日より花台廟にて添削を始め書冊としたのである。主な論義の題目は次のとおりである。帰三宝与念仏為同為異事、浄土真宗意不発菩提心者往生浄土事。念仏行者現生超断四流事、凡夫所具真如通両垢如如事、観経出世本懐歟事、観経首題無量寿名体之中何耶事、観経所説観限定善事、往生浄土経時劫成仏之事等（玄義）、有何所以作五門釈観経耶、観経証信限如是我聞一句耶、観経法花以前説耶、闍王調達観経機耶、韋提唯厭世間苦耶、観経王宮会秘密化儀耶、観経教主報化二身中何耶等（序文）、有何意従日観初句為正宗耶十三観通散機耶（定善）、十三輩想為同為異耶、何名正因正行耶、十一門中第三第五機名別歟、発三心位即往生耶、凡夫自力善皆雑毒虚仮行歟等（散善）である。諸師各宗を出して論義し、善導の御釈を離れては凡夫の往生は正しく顕われざるところありと源空は言う等、また西山の名目を出し解説、論談する。〔日下俊文〕

論義鈔分解【ろんぎしょうぶんげ】浄　四巻。著者明記なし。成立年代不明。文和二（一三五三）年以後の作。別に『観経疏論義鈔分解』ともいう。本書は本山義示導の門人が『観経疏』につき論義した内容を記した『論義鈔』に注釈を付したもので、了音、浄音等西山門下諸師の義を示し、本山義の顕正につとめており、たとえば三心は各別にあらずと示す論義に注釈を付して、三心は発願往生の心にして一心即三心なり、ことごとくみな真実深信中に廻向し、彼の国に生ぜんと願ずるゆえに廻向発願心と名づく、としている。本山義の書冊中貴重なものである。嘉永三（一八五〇）年写本を西山短大蔵。〔長谷川是修〕

わ

或問答【わくもんどう】曹　一巻。万仭道坦（一六九八—一七七五）述。道坦の著『客問対弁』（九篇）と大同小異であるが、本書は洞山五位論、三教一致論、面授・嗣書論、女子出定話論、徳山托鉢話論、正法眼蔵論の六篇から成る。これらは道坦の著『正法眼蔵諫蠹録』『永平破五位弁』等に所載する対客問答を抜録編成したもの。写本を焼津市旭伝院に蔵す。〔所載〕正法蒐20。——→客問対弁

〔吉田道興〕

或問本師字義【わくもんほんしじぎ】浄真　一巻。道粋（一七一三—六四）述。成立年代不明。道粋は本願寺派の学僧で、法霖の門人。本書は親鸞の撰述のうちで、『正信偈』には曇鸞、源空の二祖に本師の字をもちい、『和讃』には浄土七祖中五師に本師をもちいて天親、善導の二祖にもちいてないが、その用不に別があるかとの問に対して、本師の字をもちいてなくとも七祖の間に間然すべきもののないことを明かしたものである。写本を竜大に蔵す。〔所載〕真宗全62。

〔五十嵐明宝〕

和光再暉【わこうさいき】天　一巻。賢暁（?-）。賢暁の名は本書撰者とのみしか伝わらず、そのひととなりをあきらかにすることはできないが、本書にとりあげられる人師にして、たとえば慈等は文政二（一八一九）年寂、当然それ以降の撰であろう。本書は、撰者が山門神蔵寺の有道と貧道（撰者）との問答体としているが、それは架空の設定で、神蔵寺流の賢暁としてよいか。山王一実神道の来由を談じ、乗因ないし慈等等の所説を批評する。〔所載〕天全12。

〔木内堯央〕

和光同塵利益潅頂【わこうどうじんりやくかんじょう】天　一巻。撰者等不詳。『天台宗全書解題』の筆者は、その巻末に「師資相承血脈譜次第」として、「付嘱梨本門跡　梶井正流」と標し、道邃、伝教ないし光宗、慈顕とするところから一四世紀半ば以降の撰と考えている。内容は、山家大師霊山聴法事、山王潅頂受戒事、天台山鎮守山王、山王潅頂、塔中山王、観心三密山王、如影随形山王口決そして血脈などで、江戸期以前の山王神道の口決がみられる。〔所載〕天全12。

〔木内堯央〕

和訳日什上人伝【わやくにちじゅうしょうにんでん】日　一巻。永昌日鑑（一八〇六—六九）著。安政五（一八五八）年版行。本昌日達が元文五（一七四〇）年に著わした顕本法華宗の派祖玄妙日什の伝記『日什上人伝』を和訳、すなわち漢文体であったものを書き下し文に改めたもの。その凡例によれば「今私ニ刪補セズ旧本ノ儘ナリ」と述べるように、日鑑は日達本にいっさい筆を加えず、ただ和訳したのは、童蒙の便を考えてのことという。版本は『什師略伝記』と題し、本書並びに『什師直授略』『什祖伝匡妄』を収めている。昭和四五年京都妙満寺より『改版日什大正師伝記』として刊行。

〔井上博文〕

執筆者一覧

・各宗派別五十音順　編集委員会の＊印は代表委員

編集委員会

＊金岡　秀友（かなおかしゅうゆう）　東洋大学教授
金子　寛哉（かねこかんさい）　大正大学講師
河村　孝道（かわむらこうどう）　駒沢大学教授
木内　堯央（きうちぎょうおう）　大正大学教授
小松　邦彰（こまつほうしょう）　立正大学教授
里道　徳雄（さとみちのりお）　東洋大学助教授
田中　教照（たなかきょうしょう）　武蔵野女子大学教授
田村　晃祐（たむらこうゆう）　東洋大学教授
長島　尚道（ながしましょうどう）　大正大学講師
＊奈良　康明（ならやすあき）　駒沢大学教授
西村　恵信（にしむらえしん）　花園大学教授
広川　堯敏（ひろかわたかとし）　大正大学講師
福田　亮成（ふくだりょうせい）　大正大学助教授
＊藤井　正雄（ふじいまさお）　大正大学教授
＊渡辺　宝陽（わたなべほうよう）　立正大学学長

南都六宗

太田　久紀（おおたきゅうき）　駒沢女子短期大学教授
加藤　純章（かとうじゅんしょう）　二松学舎大学教授
川崎　信定（かわさきしんじょう）　筑波大学教授
木村　清孝（きむらきよたか）　東京大学助教授
小泉　春明（こいずみはるあき）　武蔵野女子大学講師
小島　岱山（こじまたいざん）　華厳学研究所主任研究員
菅沼　晃（すがぬまあきら）　東洋大学教授
引田　弘道（ひきだひろみち）　愛知学院大学講師
向井　隆健（むかいりゅうけん）　大正大学助手
由木　義文（ゆうきよしふみ）
横山　紘一（よこやまこういつ）　立教大学教授

天台宗

秋田　光兆（あきたみつよし）　大正大学綜合仏教研究所研究員
小方　文憲（おがたぶんけん）
坂本　廣博（さかもとこうばく）　叡山学院助教授
末広　照純（すえひろしょうじゅん）　大正大学講師
多田　孝正（ただこうしょう）　大正大学専任講師
多田　孝文（ただこうぶん）　大正大学講師
西郊　良光（にしおかりょうこう）　大正大学講師
野本　覚成（のもとかくじょう）　天台宗典編纂所主事
濱田　智純（はまだちじゅん）　大正大学講師
弘海　高顕（ひろうみこうけん）　大正大学講師
水上　文義（みずかみふみよし）　叡山学院講師

真言宗

伊藤　教宣（いとうきょうせん）　大正大学綜合仏教研究所研究員
遠藤　祐純（えんどうゆうじゅん）　大正大学綜合仏教研究所助教授
加藤　精一（かとうせいいち）　大正大学助教授
栗山　秀純（くりやましゅうじゅん）　大正大学助教授
孤島　諒子（こじまりょうこ）　東洋大学哲学科卒
榊　義孝（さかきよしたか）　大正大学綜合仏教研究所研究員
佐藤　弘行（さとうひろゆき）　東洋大学大学院博士後期課程修了
清水　乞（しみずただし）　東洋大学教授
祖父江章子（そふえあきこ）　東洋大学内東洋学研究所研究員
苫米地誠一（とまべちせいいち）　大正大学綜合仏教研究所研究員
中山　清田（なかやませいでん）　東洋大学講師
野村　全宏（のむらぜんこう）　高野山真言宗旧城寺住職
深津　繁人（ふかつしげひと）　佼成出版社
布施　浄慧（ふせじょうえ）　大正大学講師
本多　隆仁（ほんだりゅうにん）　智山教化研究所研究員
眞柴　弘宗（ましばひろむね）　東洋大学講師
松丸　俊明（まつまるとしあき）　大正大学綜合仏教研究所研究員
松本　隆（まつもとたかし）　東洋大学大学院
村山　正俊（むらやましょうしゅん）　大正大学綜合仏教研究所研究員
吉崎　一美（よしざきかずみ）　ネパール・トリブバン大学在学
吉田　宏哲（よしだひろあき）　大正大学教授

渡辺　照世（わたなべしょうせい）　川口善光寺院代

浄土宗

阿川　文正（あがわぶんしょう）　大正大学教授
新井　俊夫（あらいとしお）　大正大学助手
宇高　良哲（うだかよしあき）　大正大学助教授
大谷　旭雄（おおたにぎょうおう）　大正大学教授
久米原恒久（くめはらつねひさ）　大正大学綜合仏教研究所
粂原　勇慈（くめはらゆうじ）　大正大学綜合仏教研究所研究員
小林　尚英（こばやししょうえい）　大正大学講師
斎藤　晃道（さいとうこうどう）　五百羅漢寺住職
柴田　哲彦（しばたてつひこ）　大正大学講師
鈴木　霊俊（すずきれいしゅん）　大正大学綜合仏教研究所研究員
高橋　弘次（たかはしこうじ）　仏教大学教授
田中　祥雄（たなかしょうゆう）
藤堂　恭俊（とうどうきょうしゅん）　仏教大学教授
戸松　啓真（とまつけいしん）　大正大学教授
戸松　義晴（とまつよしはる）　大正大学総合仏教研究所研究員
長谷川匡俊（はせがわまさとし）　淑徳大学教授
服部　淳一（はっとりじゅんいち）　大正大学総合仏教研究所研究員
深貝　慈孝（ふかがいじこう）　仏教大学助教授
福原　隆善（ふくはらりゅうぜん）　仏教大学助教授
藤本　浄彦（ふじもときよひこ）　仏教大学助教授
丸山　博正（まるやまはくしょう）　大正大学助教授

浄土宗西山三派

池田　円暁（いけだえんぎょう）
大塚　靈雲（おおつかりょううん）　浄土宗西山禅林寺派宗学研究所員
奥村　玄祐（おくむらげんゆう）　真浄院住職
勝本　顯道（かつもとけんどう）　西山教学研究所研究員
君野　諦賢（きみのたいけん）　西山短期大学助教授
日下　俊文（くさかとしふみ）　西山短期大学助教授
坂上　雅翁（さかがみまさお）　淑徳短期大学講師
徳岡　亮英（とくおかりょうえい）　西山短期大学教授
中西　随功（なかにしずいこう）　西山短期大学専任講師
長谷川是修（はせがわぜしゅう）　西山短期大学講師
堀本　賢順（ほりもとけんじゅん）　西山短期大学教授

時　宗

石岡　信一（いしおかしんいち）　時宗教学研究所長
今井　雅晴（いまいまさはる）　茨城大学助教授
梅谷　繁樹（うめたにしげき）　園田学園女子大学助教授
高野　修（たかのおさむ）　藤沢市教育文化センター
橘　俊道（たちばなしゅんどう）　時宗宗学林学頭
林　譲（はやしゆずる）　東京大学助手（史料編纂所）

浄土真宗

五十嵐大策（いがらしだいさく）　千代田女学園講師
五十嵐明宝（いがらしみょうほう）　大東文化大学教授
石田　雅文（いしだまさふみ）　平安高校教諭
岩崎　豊文（いわさきとよふみ）　早稲田大学大学院生
小山　一行（おやまいちぎょう）　香覚寺住職
佐竹　大隆（さたけともたか）　浄土真宗本願寺派正見寺住職
那須　一雄（なすかずお）　宗学院研究生
新作　博明（にいさくはくみょう）　唯称寺住職
藤沢　正徳（ふじさわしょうとく）　光教寺副住職
藤田　恭爾（ふじたきょうじ）　西本願寺伝道院研究員
本多　静芳（ほんだしずよし）　万行寺住職
山崎　龍明（やまざきりゅうみょう）　武蔵野女子大仏教文化研究所研究員

臨　済　宗

池田　豊人（いけだほうじん）　花園大学禅文化研究所員
伊藤　東愼（いとうとうしん）　両足院住職
大槻　幹郎（おおつきみきお）　花園大学非常勤講師
沖本　克己（おきもとかつみ）　花園大学文学部助教授
加藤　正俊（かとうしょうしゅん）　花園大学教授
吉瀬　勝（きちせまさる）　花園大学宗教部主事
古賀　英彦（こがひでひこ）　花園大学助教授
小林　圓照（こばやしえんしょう）　花園大学教授
早苗　憲生（さなえけんせい）　禅文化研究所資料室主任
高崎　正芳（たかさきまさよし）　花園大学教授
竹貫　元勝（たけぬきげんしょう）　花園大学助教授
西尾　賢隆（にしおけんりゅう）　花園大学助教授

平野　宗浄（ひらのそうじょう）　花園大学教授
鷲阪　宗演（わしさかそうえん）　花園大学助教授

曹　洞　宗

東　隆眞（あずまりゅうしん）　駒沢女子短期大学教授
新井　勝竜（あらいしょうりゅう）　駒沢大学教授
石井　修道（いしいしゅうどう）　駒沢大学教授
石川　力山（いしかわりきざん）　駒沢大学助教授
伊藤　秀憲（いとうしゅうけん）　駒沢大学助教授
大野　栄人（おおのひでと）　愛知学院大学助教授
川口　高風（かわぐちこうふう）　愛知学院大学助教授
小坂　機融（こさかきゆう）　駒沢大学教授
佐々木章格（ささきしょうかく）　曹洞宗宗学研究所所員
佐藤　秀孝（さとうしゅうこう）　曹洞宗宗学研究所所員
鈴木　格禅（すずきかくぜん）　駒沢大学教授
永井　政之（ながいまさし）　駒沢大学講師
中尾　良信（なかおりょうしん）　曹洞宗宗学研究所所員
原田　弘道（はらだひろみち）　駒沢大学教授
松田　文雄（まつだぶんゆう）　駒沢大学教授
吉田　道興（よしだどうこう）　愛知学院大学助教授

日　蓮　宗

石川　教張（いしかわきょうちょう）　東京立正女子短期大学講師
糸久　宝賢（いとひさほうけん）　立正大学仏教学部専任講師
井上　博文（いのうえはくぶん）
上田　本昌（うえだほんしょう）　身延山短期大学教授
庵谷　行亨（おおたにぎょうこう）　立正大学助教授
大平　宏龍（おおひらこうりょう）　興隆学林専門学校教員
小野　文珖（おのぶんこう）　立正大学助教授
冠　賢一（かんむりけんいち）　立正大学教授
北川　前肇（きたがわぜんちょう）　立正大学助教授
北村　行遠（きたむらぎょうおん）　立正大学講師
桑名　貫正（くわなかんしょう）　身延山短期大学講師
寺尾　英智（てらおえいち）　立正大学日蓮教学研究所研究員
中條　暁秀（なかじょうぎょうしゅう）　身延山短期大学助教授
西片　元證（にしかたげんしょう）　立正大学日蓮教学研究所研究員
林　是晋（はやしぜしん）　身延山短期大学助教授
町田　是正（まちだぜしょう）　身延山短期大学教授
松村　寿巌（まつむらじゅごん）　立正大学教授
宮川　了篤（みやがわりょうとく）　立正大学非常勤講師

通　仏　教

伊藤　孝子（いとうたかこ）　大正大学綜合仏教研究所研究員
魚尾　孝久（うおおゆきひさ）　目白学園女子短期大学非常勤講師
佐野　正巳（さのまさみ）　神奈川大学教授
塩入　伸一（しおいりのぶかず）　大正大学綜合仏教研究所研究員
清水　宥聖（しみずゆうしょう）　大正大学専任講師
松木　裕美（まつきひろみ）　東京女学館短期大学助教授
吉津　宜英（よしづよしひで）　駒沢大学教授
鷲見　定信（わしみさだのぶ）　大正大学講師

日本仏教典籍大事典

索　　　　引

凡　　例

1．本索引は宗派別見出し項目索引、書名索引、人名索引、事項索引の四種より成る。

2．書名索引の頁数のうちゴチックで表記している個所は、本文中に見出しとして掲載されていることを示す。

3．見出し項目索引は本文の宗派分類に従って、宗派別の五十音に配列してある。

4．人名に関しては、索引に収載するにあたって、姓・名等補ったものもある。

　例　　実朝――源実朝

5．本文中で書名等で極端に長いものは、索引に収載するにあたって、多少略したものもある。

6．事項索引では学派・流派名、著名な論争・法難等宗教史上の事歴を中心にして、また通仏教的特徴を生かすために他宗教に関するものも収載した。

宗派別見出し項目索引

南都六宗

〖あ〗

〖か〗

〖さ〗

天　台　宗

〖か〗

〖さ〗

〖た〗

真　言　宗

〘あ〙

〘か〙

〘さ〙

〖た〗

〘な〙

〘は〙

〘ま〙

〘や〙

〘ら〙

浄土宗・浄土宗西山三派

〘あ〙

〖か〗

〖さ〗

〖た〗

〖な〗

〖は〗

時　宗

〖ま〗

〖や〗

〖ら〗

浄 土 真 宗

〖あ〗

〖か〗

〖さ〗

〘た〙

〘な〙

臨　済　宗

曹　洞　宗

日　蓮　宗

〖か〗

〖さ〗

通　仏　教

〖た〗

〖な〗

〖は〗

〖ま〗

〖や〗

〖ら〗

書　名　索　引

〖あ〗

〘う〙

〘え〙

〖お〗

〖か〗

〖き〗

〖く〗

〖け〗

〖こ〗

〖さ〗

〖し〗

〖そ〗

〘た〙

〖ち〗

〖と〗

〘な〙

〘に〙

〖ね〗

〘の〙

〘は〙

〖ふ〗

〖へ〗

〖ほ〗

〘ま〙

〖み〗

〖む〗

〘め〙

〘も〙

〖よ〗

〖ら〗

〖り〗

〖る〗

〘れ〙

〘ろ〙

〘わ〙

人 名 索 引

〖あ〗

〖い〗

〖う〗

〖え〗

〖お〗

〖か〗

〖き〗

〖く〗

〖け〗

〖こ〗

〖す〗

〖せ〗

〖た〗

〖ち〗

〖つ〗

〖て〗

〖と〗

〖な〗

〖に〗

〘ね〙

〘の〙

〘は〙

〖ひ〗

〖ふ〗

〖へ〗

〖ほ〗

〖ま〗

〖み〗

〘む〙

〘め〙

〘も〙

〘や〙

〘ゆ〙

〘よ〙

〖ろ〗

〖わ〗

事 項 索 引

〖あ〗

〖い〗

〘う〙

〘え〙

〘お〙

〘か〙

〘け〙

〘こ〙

〘さ〙

〘し〙

〖ち〗

〖つ〗

〖て〗

〖と〗

〖へ〗

〖ほ〗

〖ま〗

〖み〗

〖む〗

〖め〗

〖も〗

＊本書は、弊社より刊行した『日本仏教典籍大事典』（昭和61年11月5日発行）の新装版です。

昭和61年11月5日　初版発行
平成30年9月25日　新装版初版発行
《検印省略》

日本仏教典籍大事典（にほんぶっきょうてんせきだいじてん）【新装版（しんそうばん）】

代表委員　金岡秀友・奈良康明・藤井正雄・渡辺宝陽
発行者　宮田哲男
発行所　株式会社 雄山閣
東京都千代田区富士見2-6-9
TEL　03-3262-3231 / FAX　03-3262-6938
URL　http://www.yuzankaku.co.jp
e-mail　info@yuzankaku.co.jp
振替　00130-5-1685
印刷・製本　石川特殊特急製本株式会社

ISBN978-4-639-02598-6 C3515
N.D.C.183　716p　27cm